THE
SAGE ENCYCLOPEDIA
OF
SOCIAL SCIENCE RESEARCH METHODS

社会科学研究方法百科全书

（精编版）

A—D

[美]迈克尔·刘易斯–伯克（Michael Lewis-Beck）
[美]艾伦·布里曼（Alan Bryman）
[美]廖福挺（Tim Futing Liao）—主编

沈崇麟　赵　锋　高　勇—主译

重庆大学出版社

图书在版编目(CIP)数据

社会科学研究方法百科全书:精编版. A—D/(美)迈克尔·刘易斯-伯克,(美)艾伦·布里曼,(美)廖福挺主编;沈崇麟等译. -- 重庆:重庆大学出版社,2022.10

(万卷方法)

书名原文:The SAGE Encyclopedia of Social Science Research Methods

ISBN 978-7-5689-3468-8

Ⅰ.①社… Ⅱ.①迈… ②艾… ③廖… ④沈… Ⅲ.①社会科学—研究方法 Ⅳ.①C3

中国版本图书馆CIP数据核字(2022)第152843号

社会科学研究方法百科全书(精编版)

(A—D)

[美]迈克尔·刘易斯-伯克 [美]艾伦·布里曼 [美]廖福挺 主编

沈崇麟 赵 锋 高 勇 主译

策划编辑:雷少波 林佳木

责任编辑:姜 凤 版式设计:雷少波

责任校对:邹 忌 责任印制:张 策

*

重庆大学出版社出版发行

出版人:饶帮华

社址:重庆市沙坪坝区大学城西路21号

邮编:401331

电话:(023)88617190 88617185(中小学)

传真:(023)88617186 88617166

网址:http://www.cqup.com.cn

邮箱:fxk@cqup.com.cn(营销中心)

全国新华书店经销

重庆升光电力印务有限公司印刷

*

开本:787mm×1092mm 1/16 印张:25.75 字数:629千

2022年10月第1版 2022年10月第1次印刷

ISBN 978-7-5689-3468-8 总定价:750.00元(共5册)

配套数字资源

译　者（按姓氏拼音排序）

高　勇（中国政法大学）
李　洋（北京社会科学院）
马　妍（中国社会科学院）
沈崇麟（中国社会科学院）
王　玥（首都师范大学）
杨　可（中国社会科学院）
叶鹏飞（中国劳动关系学院）
赵　锋（中国社会科学院）
郑晓娟（北京大学）

词条审定专家（按姓氏拼音排序）

郭金华（北京大学）
郭志刚（北京大学）
何江穗（中国政法大学）
柯惠新（中国传媒大学）
李　原（中国社会科学院）
渠敬东（北京大学）
沈崇麟（中国社会科学院）
夏传玲（中国社会科学院）

词条撰写人

Abdi, Hervé
University of Texas, Dallas
Adair, John G.
University of Manitoba, Canada
Aditya, Ram N.
Florida International University, Miami
Adler, Peter
University of Denver, Colorado
Adler, Patricia A.
University of Colorado, Boulder
Aiken, Leona S.
Arizona State University, Tempe
Albritton, Robert B.
University of Mississippi
Aldridge, Alan
University of Nottingham, United Kingdom
Allison, Paul D.
University of Pennsylvania, Philadelphia
Altheide, David L.
Arizona State University, Tempe
Altman, Micah
Harvard University, Massachusetts
Alvesson, Mats
University of Lund, Sweden
Amoureux, Jacque L.
University of Iowa, Iowa City
Andersen, Robert
McMaster University, Canada
Anderson, Carolyn J.
University of Illinois, Urbana-Champaign
Angle, John
US Department of Agriculture, Washington, DC
Angrosino, Michael V.
University of South Florida, Tampa
Anselin, Luc
University of Illinois, Urbana-Champaign
Aronow, Edward
Montclair State University, New Jersey
Ashmore, Malcolm
Loughborough University, United Kingdom
Atkinson, Robert
University of Southern Maine, Gorham
Atkinson, Rowland
University of Glasgow, United Kingdom
Bacher, Johann
Universität Erlangen-Nürnberg, Germany
Baird, Chardie L.
Florida State University, Tallahassee
Bakeman, Roger
Georgia State University, Atlanta
Bakker, Ryan
University of Florida, Gainesville
Baltagi, Badi H.
Texas A&M University
Barr, Robert
University of Manchester, United Kingdom
Bartunek, Jean M.
Boston College, Massachusetts
Batson, C. Daniel
University of Kansas, Lawrence
Beck, Nathaniel
University of California, San Diego; New York University
Becker, Saul
Loughborough University, United Kingdom
Becker, Mark P.
University of Minnesota, Minneapolis
Benton, Ted
University of Essex, United Kingdom
Berk, Richard A.
University of California, Los Angeles
Billig, Michael
Loughborough University, United Kingdom
Bishop, George F.
University of Cincinnati, Ohio
Black, Thomas R.
University of Surrey, United Kingdom
Blaikie, Norman
Formerly at the University of Science, Malaysia and the RMIT University, Australia
Blascovich, Jim
University of California, Santa Barbara
Boehmke, Frederick J.
University of Iowa, Iowa City

Boklund-Lagopoulos, Karin
Aristotle University of Thessaloniki, Greece
Bollen, Kenneth A.
University of North Carolina, Chapel Hill
Bornat, Joanna
The Open University, United Kingdom
Bornstein, Robert F.
Gettysburg College, Pennsylvania
Bottorff, Joan L.
University of British Columbia, Canada
Bourque, Linda B.
University of California, Los Angeles
Box-Steffensmeier, Janet M.
Ohio State University, Columbus
Brady, Ivan
State University of New York, Oswego
Brennan, Robert L.
University of Iowa, Iowa City
Brewer, Marilynn B.
Ohio State University, Columbus
Brick, J. Michael
Westat, Rockville, Maryland
Brookfield, Stephen D.
University of St. Thomas, Minneapolis-St. Paul
Brown, Courtney
Emory University, Atlanta
Brown, Steven R.
Kent State University
Bryman, Alan
Loughborough University, United Kingdom
Buck, Nicholas H.
University of Essex, United Kingdom
Burkhart, Ross E.
Boise State University, Idaho
Burr, Vivien
University of Huddersfield, United Kingdom
Byrne, David
University of Durham, United Kingdom
Cameron, Amna
North Carolina State University, Raleigh
Carless, Sally A.
Monash University, Australia
Carmines, Edward G.
Indiana University, Bloomington
Chapin, Tim
Florida State University, Tallahassee
Charlton, Tony
University of Gloucestershire, United Kingdom
Charlton, John R. H.
Office for National Statistics, United Kingdom
Charmaz, Kathy
Sonoma State University, California
Chartrand, Tanya L.
Duke University, North Carolina
Chell, Elizabeth
University of Southampton, United Kingdom
Chen, Peter Y.
Colorado State University, Fort Collins
Christ, Sharon L.
University of North Carolina, Chapel Hill
Ciambrone, Desirée
Rhode Island College, Providence
Civettini, Andrew J.
University of Iowa, Iowa City
Clark, M. H.
The University of Memphis, Tennessee
Clarke, Harold D.
University of Texas, Dallas
Clegg, Chris
University of Sheffield, United Kingdom
Clinton, Joshua D.
Princeton University, New Jersey
Coffey, Amanda
Cardiff University, United Kingdom
Cole, Michael
University of California, San Diego
Cooper, Harris M.
Duke University, North Carolina
Copp, Martha A.
East Tennessee State University, Johnson City
Corbin, Juliet M.
The University of Alberta, Canada
Corter, James E.
Columbia University, New York
Corti, Louise
University of Essex, United Kingdom
Cortina, Jose M.
George Mason University, Virginia
Couper, Mick P.
University of Michigan, Ann Arbor
Coxon, Anthony P. M.
University of Edinburgh, United Kingdom
Craib, Ian
Late of University of Essex, United Kingdom
Cramer, Duncan
Loughborough University, United Kingdom
Crano, William D.
Claremont Graduate University, California
Croll, Paul
The University of Reading, United Kingdom
Croon, Marcel A.
Tilburg University, The Netherlands
Currivan, Douglas B.
University of Massachusetts, Boston
Dale, Angela
University of Manchester, United Kingdom
De Boef, Suzanna
Pennsylvania State University, University Park

de Vaus, David A.
La Trobe University, Australia
Denzin, Norman K.
University of Illinois, Urbana-Champaign
Dixon-Woods, Mary
University of Leicester, United Kingdom
Doreian, Patrick
London School of Economics, United Kingdom
Dovidio, John F.
Colgate University, New York
Dressler, William W.
The University of Alabama, Tuscaloosa
Drew, Paul
University of York, United Kingdom
Easterby-Smith, Mark
Lancaster University, United Kingdom
Edwards, Derek
Loughborough University, United Kingdom
Edwards, W. Sherman
Westat, Rockville, Maryland
Eisenhardt, Kathleen M.
Stanford University, California
Eliason, Scott R.
University of Minnesota, Minneapolis
Ellis, Charles H.
Ohio State University, Columbus
Essed, Philomena
University of Amsterdam, The Netherlands
Fairclough, Norman
Lancaster University, United Kingdom
Fetterman, David M.
Stanford University, California
Filmer, Paul
Goldsmiths' College, United Kingdom
Finkel, Steven E.
University of Virginia, Charlottesville
Flint, John
University of Glasgow, United Kingdom
Foley, Hugh J.
Skidmore College, New York
Fontana, Andrea
University of Nevada, Las Vegas
Fowler, Jr., Floyd J.
University of Massachusetts, Boston
Fox, James Alan
Northeastern University, Massachusetts
Fox, John
McMaster University, Canada
Franzosi, Roberto
University of Reading, United Kingdom
Frederick, Richard I.
US Medical Center for Federal Prisoners, Missouri
Freedman, David A.
University of California, Berkeley
Frey, James H.
University of Nevada, Las Vegas
Friendly, Michael
York University, Canada
Fuller, Duncan
University of Northumbria at Newcastle, United Kingdom
Furbee, N. Louanna
University of Missouri, Columbia
Gallagher, Patricia M.
University of Massachusetts, Boston
Gallmeier, Charles P.
Indiana University Northwest, Gary
Garson, G. David
North Carolina State University, Raleigh
Gephart, Jr., Robert P.
University of Alberta, Canada
Gergen, Kenneth J.
Swarthmore College, Pennsylvania
Gerhardt, Uta
Universität Heidelberg, Germany
Gershuny, Jonathan
University of Essex, United Kingdom
Gibbons, Jean D.
University of Alabama
Gibbs, Graham R.
University of Huddersfield, United Kingdom
Gibson, Nancy
University of Alberta, Canada
Gilbert, Nigel
University of Surrey, United Kingdom
Gill, Jeff
University of Florida, Gainesville
Glasgow, Garrett
University of California, Santa Barbara
Glenn, Norval D.
University of Texas, Austin
Goldstone, Jack
University of California, Davis
Green, Donald P.
Yale University, Connecticut
Greenacre, Michael
Universitat Pomepu Fabra, Spain
Greenland, Sander
University of California, Los Angeles
Greenwood, Davydd J.
Cornell University, New York
Griffith, James W.
Northwestern University, Illinois
Gross, Alan L.
City University of New York
Gschwend, Thomas
University of Mannheim, Germany
Guba, Egon G.
Indiana University

Gubrium, Jaber F.
University of Missouri, Columbia
Gujarati, Damodar N.
United States Military Academy, West Point
Guo, Guang
University of North Carolina, Chapel Hill
Guy, Will
University of Bristol, United Kingdom
Hagenaars, Jacques A.
Tilburg University, The Netherlands
Hagle, Timothy M.
University of Iowa, Iowa City
Hammersley, Martyn
The Open University, United Kingdom
Han, Shin-Kap
University of Illinois, Urbana-Champaign
Hancock, Gregory R.
University of Maryland, College Park
Handcock, Mark S.
University of Washington, Seattle
Hansen, Peter Reinhard
Brown University, Rhode Island
Hardy, Melissa A.
Pennsylvania State University, State College
Hargens, Lowell L.
University of Washington, Seattle
Harper, Douglas
Duquesne University, Pennsylvania
Harré, Rom
University of Oxford, United Kingdom
Headland, Thomas N.
SIL International, Dallas, Texas
Henry, Gary T.
Georgia State University, Atlanta
Herron, Michael C.
Dartmouth College, New Hampshire
Hessling, Robert M.
University of Wisconsin, Milwaukee
Hine, Christine M.
University of Surrey United Kingdom
Hipp, John R.
University of North Carolina, Chapel Hill
Hocutt, Max
The University of Alabama, Tuscaloosa
Hollway, Wendy
The Open University, United Kingdom
Holman, Darryl J.
University of Washington, Seattle
Holman, David J.
University of Sheffield, United Kingdom
Holstein, James A.
Marquette University, Wisconsin
Homan, Roger
University of Brighton, United Kingdom
Horrace, William C.
Syracuse University, New York
House, Ernest R.
University of Colorado, Boulder
Hoyle, Rick H.
Duke University, North Carolina
Hughes, Rhidian
King's College London, United Kingdom
Hundley, Vanora
University of Aberdeen, United Kingdom
Iversen, Gudmund R.
Swarthmore College, Pennsylvania
Jaccard, James J.
State University of New York, Albany
Jackman, Simon
Stanford University, California
Jacoby, William G.
Michigan State University, East Lansing
Jasso, Guillermina
New York University
Jefferis, Valerie E.
Ohio State University, Columbus
Jefferson, Tony
Keele University, United Kingdom
Jenkins, Richard
University of Sheffield, United Kingdom
Johnson, Jeffrey C.
East Carolina University, Greenville
Johnson, Paul E.
University of Kansas, Lawrence
Jones, Michael Owen
University of California, Los Angeles
Kanuha, Valli Kalei
University of Hawaii, Honolulu
Kaplan, David W.
University of Delaware, Newark
Karuntzos, Georgia T.
RTI International, Research Triangle Park, North Carolina
Katz, Jonathan N.
California Institute of Technology, Pasadena
Kedar, Orit
University of Michigan, Ann Arbor
Kennedy, Peter E.
Simon Fraser University, Canada
Kenny, David A.
University of Connecticut, Storrs
Kimball, David C.
University of Missouri, St. Louis
King, Jean A.
University of Minnesota, Minneapolis
Kirk, Roger E.
Baylor University, Texas
Knoke, David H.
University of Minnesota, Minneapolis

Kolen, Michael J.
University of Iowa, Iowa City
Korczynski, Marek
Loughborough University, United Kingdom
Kovtun, Mikhail
Duke University, North Carolina
Krauss, Autumn D.
Colorado State University, Fort Collins
Kroonenberg, Pieter M.
Leiden University, The Netherlands
Krueger, Richard A.
University of Minnesota, St. Paul
Kuhn, Randall
University of Colorado, Boulder
Kuzel, Anton J.
Virginia Commonwealth University, Richmond
Lagopoulos, Alexandros
Aristotle University of Thessaloniki, Greece
Langeheine, Rolf
Formerly at the University of Kiel, Germany
Laurie, Heather
University of Essex, United Kingdom
Lauriola, Marco
University of Rome, "La Sapienza" Italy
Lavrakas, Paul J.
Nielsen Media Research, New York
Le Voi, Martin
The Open University, United Kingdom
Leahey, Erin
University of Arizona, Tucson
Ledolter, Johannes
University of Iowa, Iowa City
Lee, Raymond M.
Royal Holloway University of London, United Kingdom
Lee (Zhen Li), Jane
University of Florida, Gainesville
Levin, Irwin P.
University of Iowa, Iowa City
Lewis-Beck, Michael S.
University of Iowa, Iowa City
Liao, Tim Futing
University of Essex, United Kingdom; University of Illinois, Urbana-Champaign
Lincoln, Yvonna S.
Texas A&M University
Little, Daniel
University of Michigan, Dearborn
Little, Jani S.
University of Colorado, Boulder
Liu, Cong
Illinois State University, Normal
Lockyer, Sharon
De Montfort University, United Kingdom
Long, Karen J.
University of Michigan, Ann Arbor
Lowe, Will
University of Bath, United Kingdom
Lykken, David T.
University of Minnesota, Minneapolis
Lynch, Michael
Cornell University, New York
Lynn, Peter
University of Essex, United Kingdom
Madsen, Douglas
University of Iowa, Iowa City
Magidson, Jay
Statistical Innovations, Belmont, Massachusetts
Mahoney, Christine
Pennsylvania State University, University Park
Mahoney, James
Brown University, Rhode Island
Maines, David R.
Oakland University, Michigan
Manton, Kenneth G.
Duke University, North Carolina
Marsden, Peter V.
Harvard University, Massachuesetts
Marsh, Lawrence C.
University of Notre Dame, Indiana
Mason, Jennifer
University of Leeds, United Kingdom
Mathiowetz, Nancy
University of Wisconsin, Milwaukee
Maxim, Paul S.
University of Western Ontario, Canada
May, Tim
University of Salford, United Kingdom
Maynard, Mary
University of York, United Kingdom
McDowall, David
State University of New York, Albany
McElhanon, Kenneth A.
Graduate Institute of Applied Linguistics, Texas
McGraw, Kenneth O.
University of Mississippi
McGuigan, Jim
Loughborough University, United Kingdom
McIver, John P.
University of Colorado, Boulder
McKelvie, Stuart J.
Bishop's University, Canada
Meadows, Lynn M.
University of Calgary, Canada
Menard, Scott
University of Colorado, Boulder
Merrett, Mike C.
University of Essex, United Kingdom

Mertens, Donna M.
Gallaudet University, Washington, DC
Miller, Arthur G.
Miami University, Ohio
Millward, Lynne
University of Surrey, United Kingdom
Moffett, Kenneth W.
University of Iowa, Iowa City
Mooney, Christopher Z.
University of Illinois, Springfield
Moreno, Erika
University of Iowa, Iowa City
Morris, Martina
University of Washington, Seattle
Morse, Janice M.
University of Alberta, Canada
Moyé, Lemuel A.
University of Texas, Houston
Mueller, Charles W.
University of Iowa, Iowa City
Mueller, Daniel J.
Indiana University, Bloomington
Mueller, Ralph O.
The George Washington University, Washington, DC
Mukhopadhyay, Kausiki
University of Denver, Colorado
Mulaik, Stanley A.
Georgia Institute of Technology, Atlanta
Nagler, Jonathan
New York University
Nash, Chris
University of Technology, Australia
Nathan, Laura
Mills College, California
Nishisato, Shizuhiko
University of Toronto, Canada
Noblit, George W.
University of North Carolina, Chapel Hill
Norpoth, Helmut
State University of New York, Stony Brook
Noymer, Andrew
University of California, Berkeley
Oakley, Ann
University of London, United Kingdom
Olsen, Randall J.
Ohio State University, Columbus
Olsen, Wendy K.
University of Manchester, United Kingdom
Ondercin, Heather L.
Pennsylvania State University, University Park
Outhwaite, R. William
University of Sussex, United Kingdom
Page, Stewart
University of Windsor, Canada
Palmer, Harvey D.
University of Mississippi
Paluck, Elizabeth Levy
Yale University, Connecticut
Pampel, Fred
University of Colorado, Boulder
Parcero, Osiris J.
Bristol University, United Kingdom
Park, Sung Ho
Texas A&M University
Parry, Ken W.
Griffith University, Australia
Pattison, Philippa
University of Melbourne, Australia
Patton, Michael Quinn
The Union Institute & University, Utilization-Focused Evaluation, Minnesota
Paul, Pallab
University of Denver, Colorado
Pavlichev, Alexei
North Carolina State University, Raleigh
Paxton, Pamela
Ohio State University, Columbus
Peng, Chao-Ying Joanne
Indiana University, Bloomington
Phillips, Nelson
University of Cambridge, United Kingdom
Phua, VoonChin
City University of New York
Pickering, Michael J.
Loughborough University, United Kingdom
Pink, Sarah
Loughborough University, United Kingdom
Platt, Lucinda
University of Essex, United Kingdom
Platt, Jennifer
University of Sussex, United Kingdom
Plummer, Ken
University of Essex, United Kingdom
Poland, Blake D.
University of Toronto, Canada
Pollins, Brian M.
The Mershon Center, Columbus, Ohio
Post, Alison E.
Harvard University, Massachusetts
Potter, Jonathan A.
Loughborough University, United Kingdom
Prosch, Bernhard
Universität Erlangen-Nürnberg, Germany
Pye, Paul E.
University of Teesside, United Kingdom
Quinn, Kevin M.
Harvard University, Massachusetts

Ragin, Charles C.
University of Arizona, Tucson
Rässler, Susanne
Universität Erlangen-Nürenberg, Germany
Redlawsk, David P.
University of Iowa, Iowa City
Reis, Harry T.
University of Rochester, New York
Richardson, Laurel
Ohio State University, Columbus
Riessman, Catherine K.
Boston University, Massachusetts
Ritzer, George
University of Maryland, College Park
Robinson, Dawn T.
University of Iowa, Iowa City
Rodgers, Joseph Lee
University of Oklahoma, Norman
Rodríguez, Germán
Princeton University, New Jersey
Roncek, Dennis W.
University of Nebraska, Omaha
Rosenthal, Robert
University of California, Riverside
Rosnow, Ralph L.
Temple University, Pennsylvania
Rothstein, Hannah R.
Baruch College, New York
Rubin, Donald B.
Harvard University, Massachusetts
Rudas, Tamás
Eotvos Lorand University, Hungary
Sandelowski, Margarete
University of North Carolina, Chapel Hill
Santos, Filipe M.
INSEAD, France
Sapsford, Roger
University of Teesside, United Kingdom
Sasaki, Masamichi
Hyogo Kyoiku University, Japan
Schafer, William D.
University of Maryland, College Park
Schelin, Shannon Howle
North Carolina State University, Raleigh
Schenker, Nathaniel
National Center for Health Statistics, Maryland
Schmidt, Tara J.
University of Wisconsin, Milwaukee
Schrodt, Philip A.
University of Kansas, Lawrence
Scott, Steven L.
University of Southern California, Los Angeles
Scott, John
University of Essex, United Kingdom
Seale, Clive
Brunel University, United Kingdom
Shadish, William R.
University of California, Merced
Shaffir, William
McMaster University, Canada
Shannon, Megan L.
University of Iowa, Iowa City
Shipan, Charles R.
University of Iowa, Iowa City
Shu, Xiaoling
University of California, Davis
Sieber, Joan E.
California State University, Hayward
Sijtsma, Klaas
Tilburg University, The Netherlands
Silver, N. Clayton
University of Nevada, Las Vegas
Slagter, Tracy Hoffmann
University of Iowa, Iowa City
Smith, Peter W. F.
University of Southampton, United Kingdom
Smith, John K.
University of Northern Iowa, Cedar Falls
Smithson, Michael
Australian National University, Australia
Snijders, Tom A. B.
University of Groningen, The Netherlands
Spector, Paul E.
University of South Florida, Tampa
Standing, Lionel G.
Bishop's University, Canada
Stark, Philip B.
University of California, Berkeley
Stevens, Gillian
University of Illinois, Urbana-Champaign
Stillman, Todd
University of Maryland, College Park
Stokes, S. Lynne
Southern Methodist University, Texas
Stovel, Katherine
University of Washington, Seattle
Strohmetz, David B.
Monmouth University, New Jersey
Stuart, Elizabeth A.
Harvard University, Massachusetts
Sutton, Alex
University of Leicester, United Kingdom
Sweeney, Kevin J.
Ohio State University, Columbus
Swicegood, C. Gray
University of Illinois, Urbana-Champaign
Tacq, Jacques
Catholic University of Brussels, Belgium

Tcherni, Maria
Northeastern University, Massachusetts
Thomas, Jim
Northern Illinois University, DeKalb
Thompson, Bruce
Texas A&M University
Thorne, Sally E.
University of British Columbia, Canada
Tien, Charles
City University of New York
Ting, Kwok-fai
The Chinese University of Hong Kong
Toothaker, Larry E.
University of Oklahoma, Norman
Tracy, Karen
University of Colorado, Boulder
Traugott, Michael W.
University of Michigan, Ann Arbor
Traxel, Nicole M.
University of Wisconsin, Milwaukee
Tsuji, Ryuhei
Meiji Gakuin University, Japan
Tuchman, Gaye
University of Connecticut, Storrs
Tuma, Nancy Brandon
Stanford University, California
Vallet, Louis-André
LASMAS-Institut du Longitudinal (CNRS) and Laboratoire de Sociologie Quantitative (CREST), France
van de Pol, Frank J. R.
Statistics Netherlands, The Netherlands
van der Ark, L. Andries
Tilburg University, The Netherlands
van Manen, Max
University of Alberta, Canada
van Teijlingen, Edwin R.
University of Aberdeen, United Kingdom
Vann, Irvin B.
North Carolina State University, Raleigh
Vermunt, Jeroen K.
Tilburg University, The Netherlands
von Hippel, Paul T.
Ohio State University, Columbus
Walker, Robert
University of Nottingham, United Kingdom
Walsh, Susan
University of Sheffield, United Kingdom
Wand, Jonathan
Harvard University, Massachusetts
Wang, Cheng-Lung
Florida State University, Tallahassee
Warren, Carol A. B.
University of Kansas, Lawrence
Wasserman, Stanley
University of Illinois, Urbana-Champaign
Weisberg, Herbert F.
Ohio State University, Columbus
Weisfeld, Carol C.
University of Detroit Mercy, Michigan
Wengraf, Tom
Middlesex University, United Kingdom
Whitten, Guy
Texas A&M University
Wilcox, Rand R.
University of Southern California, Los Angeles
Williams, Malcolm
University of Plymouth, United Kingdom
Wood, B. Dan
Texas A&M University
Woods, James
West Virginia University, Morgantown
Xie, Yu
University of Michigan, Ann Arbor
Zimmerman, Marc
University of Houston, Texas
Zorn, Christopher
National Science Foundation, Arlington, Virginia

主题分类

因子分析

女权主义方法论

广义线性模型

历史/比较

定性研究中的访谈

潜变量模型

生活史/传记

对数线性模型(分类自变量)

度量

显著性检验

简单回归

调查设计

时间序列

词条总目录

（按汉语拼音排序）

A

B

C

D

E

H

J

K

L

M

N

O

P

Q

R

S

T

V

W

X

Y

Z

精编版译者前言

《社会科学研究方法百科全书》(以下简称《百科全书》)是关于社会科学研究方法的全方位的参考集合。

本《百科全书》的内容是全方位的,涵盖了方法学的几乎所有领域:研究设计(research design)、测量(measurement)、抽样调查(survey)、回归(regression)和时间序列(time-series)等统计模型,田野研究(field research)、个案研究(case study)等定性研究(qualitative research)方法,评估(evaluation)、实验设计(experimental design)和模拟(simulation)等研究方式,还包括了像女性主义方法论(feminism methodology)这样的认识论(epistemology)内容。本书总共有 1 000 多个词条,所有词条都由与之相关的主流学者撰写,很多词条可互为参照。一般来讲,词条越长,其阐述的论题越重要。

本《百科全书》的写作角度也是全方位的,许多专题都收录了来自不同视角的词条,既介绍使用得多的方法,也介绍使用得不多的方法。因为词条涉及的方法使用得多与不多并非识别方法好坏或重要与否的标准。

本《百科全书》的读者对象也是全方位的,除了社会科学的研究者和统计学家之外,也应包括人类学、传播学、经济学、教育学、地理学、政治科学、心理学、公共卫生、公共政策、社会学、城市规划等各相关学科在读的本科生和研究生。不同层次与专业的研究者、实际工作者和学生都可从中各取所需,有所获益。

近年来,社会科学研究方法无论是定量方法还是定性方法,都取得了长足的进步,从分析模型的角度来看,定量分析在以下几个方向有了突破性进展:

1.缺失值处理。多重插值法(multiple implation)或者其他基于模型的方法的发展不仅大大提高了研究者的数据处理能力,而且改变了问卷设计的方式。

2.非线性关系模型日趋成熟。MARS 模型的出现使理论思考和数据分析成为一个互动的循环过程,定量分析不只是理论和假设的简单证伪过程,还是理论思维的一个重要组成部分。

3.测量技术突破了传统的四层次模式。潜类分析、广义线性模型的出现,大大提高了定量社会科学处理定类、定序数据和建模的能力。

4.测量模型有了很大进展。这方面的进展主要表现在两个方面:量表成分的分解;测量模型与因果模型或其他分析模型的结合,把测量误差明确引入分析中,充分评估它们对分析结果的影响。

5.潜变量技术得到广泛应用。“潜变量”使我们可以通过“显变量”来测量无法直接观察的理论概念,架起了连接理论和实践的桥梁。

6.多层次分析技术突飞猛进。这使我们可以同时考察多个层次上的问题,使宏观和微观的联结获得了建模技术上的支持,宏观层次数据分析的结论有可能推论到微观层次。

7.社会网络模型应运而生。它将“关系数据”和“属性数据”做了区分,把分析重点从个体/群体等社会单元转移到这些社会单元之间的关系上。

8.系统动力学引进社会研究方法。事件史模型、事件数模型、历时分析、Cox回归、时间序列分析、同期群分析、状态空间模型等的出现,使我们对社会过程在时间和空间上的属性的研究能力大大提高。

9.预测模型得到广泛应用。借助计算机技术的支持,神经网络、基因算法、人工智能、模式识别等数据挖掘技术有了长足发展,出现了许多拟合经验数据的预测模型。

10.社会应用研究中计算机模拟技术得到广泛应用。计算机模拟已成为可供许多应用研究选择的替代方案。两种类型的模拟技术——基于计算机网络的模拟和基于概念模型系统的模拟都有很大发展,突破了历史、空间和伦理上的许多限制,使很多原来不可能的研究成为可能。

与此同时,定性分析也有了长足的进步,主要表现在以下几个方面:

1.研究素材趋于多样化。会话、交谈、电视、广播、文档、日记、叙事、自传等社会过程中自然产生的素材,甚至理论本身(理论的形式化)都开始进入定性分析的视野。所有这些资料,不仅可以以文本的格式存储,还可以以新型的多媒体介质,如图像、声音和视频格式存储,并作为原始的分析素材。

2.分析方法更加多样化。除了传统的源自语言学的方法之外,社会科学研究者也创造出各具特色的定性分析方法,把定性分析向更加系统、更加精确、更加严格、更加形式化的方向推进。

3.认识论基础更加多元化。实证主义也开始逐渐为定性分析所接纳,说明和阐释的关系由对抗逐渐演变为相互融合。

4.研究过程更加客观规范。定性分析开始引入定量分析中的“信度”“效度”“代表性”等概念,再加上传统的定性分析标准,通过编码和对比使得定性分析的过程更加规范,解释的方式更加客观,研究的结论更加可信。

5.研究过程更有效率。这主要应归功于计算机辅助定性数据分析(CAQDA)软件的出现和应用。据不完全统计,目前用于定性分析的软件已经有二十多种,这些定性分析的辅助系统,不仅使研究者从处理大量文字材料的繁复劳动中解脱出来,而且能够让研究者共享他们各自分析的细节,从而改变了定性分析的流程和研究团队之间的合作方式。

6.定性分析和定量分析的结合更加紧密。定量分析和定性分析方法相互融合有三个方面的取向:①将定性数据尽可能量化;②方法论多元化,即通过核心概念的测量模型,把定性分析和定量分析结合在一起;③在定量分析领域更加注意“模型设定”问题,尝试使定性分析重返定量分析。

以上围绕社会科学研究方法所有的发展,都在这本《百科全书》中得到了充分的反映。同时,定量、定性两种方法的发展也催生了一种全新的方法论思想——总体研究设计(total research design)思想,即在研究设计或评估时必须考虑与研究有关的所有方面和每一个环节,不要只是注意其中的某些方面和某些环节。对于研究方法的选择必须建立在对研究专题的全面和深入的了解之上,选择最合适的方法,无论是定量、定性抑或二者的结合,设计、测量和分析三者都融为一体。这本《百科全书》也是这种新型设计思想的体现。

重庆大学出版社最初找到我,提出让我翻译本书的想法时,我诚惶诚恐,深知自己的知识积累和外语水平都十分有限,难以担此重任。雷少波先生和诸位译者,特别是同事赵锋给了我很大的鼓励,使我回想起 1980 年代初,自己刚刚进入中国社会科学院社会学研究所的时候,时任所长的费孝通先生在组织社会学恢复之后编写第一本社会学概论时讲的话。他说:“当年编写社会学概论的都是学界的泰斗巨匠,如潘光旦、吴文藻、孙本文等先生,自己学浅才薄是没有资格的;但是现在社会学刚刚恢复,教学科研都迫切需要一本社会学概论,山中无老虎,猴子称大王,责任所系,只能勉为其难了。”前辈的榜样作用,更主要是社会科学研究方法发展的需要,最终使我鼓起勇气,承接了此项任务。

这样一部鸿篇巨著的翻译工作,只靠我一人之力是无法完成的,还需要一批像我这样敢做“山中之猴”的同仁一起努力。本《百科全书》的译者队伍以中国社会科学院社会学研究所社会调查和方法研究室的研究人员为骨干,还有来自高校和北京社会科学院的中青年教师及研究人员共 9 人。沈崇麟、赵锋和高勇为主译和审校。此外,出版社还专门从高校和研究机构聘请了 10 位词条审定专家。赵锋先生为总联络员,负责全部翻译工作的组织协调,对本书的完成做出了很大的贡献。

作为一部学术性译作,本《百科全书》译文遵循的原则可概括为“信、达、白”三字。与文艺作品的翻译一样,译者首先必须要准确理解原文的主旨,即所谓“信”;在这个基础上再将原文用译文确切地表达出来,即所谓“达”;但学术著作的译文与文艺著作也有所不同,译文不苛求文雅,却要力求简明直白,即所谓“白”。“信、达、白”三字是全书翻译的指导方针。对译文的具体处理,则在“信、达、白”的前提下,视实际情况,在权衡比较后作出定夺。所谓定夺是词条译者根据“信、达、白”方针作出的一种选择,不是定论,更不是定于一尊!具体的做法如下:

1.首先采用已有的正确译名,在已有译名不正确或可能产生歧义时才采用新的译名,或直接采用英文。像 Logit 比较流行的译法是“逻辑特”。我们认为这种译法不妥,容易望文生义产生误解,以为它与逻辑有关。实际上这个词英文含义是很清楚的,Logit 的中文意思就是取它的对数,故而这个词比较好的译法是“对数比”,同样,Probit 应该是“概率比”,“Logistic”应该是“对数概率比”而不是“逻辑斯蒂”。所以,经再三斟酌,我们认为在这里还是直接采用英文原文,而不做画蛇添足的翻译,这样不仅不会引起不必要的误解和争论,而且更有利于学术交流。又如,Panel Data Analysis 一词,流行的译法是“面板数据分析”,我们认为这显然是一种错误的译法,因为这里的 Panel 并非面板,而是指一群固定的调查对象,所以本书采用了“定群数据分析”这种译法,以纠正流行译法的错误。

2.在处理一词多名问题时,则在从众的前提下,由译者根据自己的考虑作出选择,如在 Dependent Variable 的众多译名“应变量”“因变量”“响应变量”“依变量”中,选择了“因变量”这一译名。这个选择固然考虑到了从众,但更主要的是考虑到“因”这个字在中文中兼有“应”“依”这两个含义,故而能够更确切地反映英文所包含的多重意义。

3.与此相关联,在遇到同一个词存在多种译法时,我们尽可能地采用与同义或近义词译名不同的译名,如 approach 一词的译文是“路数”而不是用常用的“方法”。这样不仅可以区别 method 一词的常用译法,也能体现 approach 一词的本意。

measure(ment)一词同时存在很多译法,如测量、测度、量度和度量等。我们则以译者所取译名为准,根据不同的语境采用了"测量"或"量度"。

基于以上原则,在专业术语的处理上,本《百科全书》在词条名以外的译文中,允许其他译名的存在,不作强行的统一,译文中采用何种译法由译者视上下文内容选择确定,这样不仅能反映方法学的现状,也能引起读者的注意和思索,进而推动方法学的发展。

4.外国人名的翻译参考国内重要的工具书,同时采用"名从主人,约定从俗"的原则。外国地名、学术团体名、研究机构名由译者参照相关工具译出。书名、期刊名、论文名等,原则上,有出版物的,参考已有出版物的译名译出;没有出版物的,则由译者自行定夺。

5.译文的其他细节处理:

(1)行文过程中以黑头括号的形式标注的英文意在提示读者,为进一步了解此处的内容可以查证相关的词条。比如,标注【Independent Variable】表示读者可以查阅词条"自变量";标注【Field】表示读者可以查阅以"Field"为核心词汇的"田野研究""田野笔记"等词条。同时,由于同一术语,在英文具体语境中,可能是单数形式也可能是复数形式,可能是名词形式也可能是形容词形式,行文中的标注就依据英文原书的处理方式。

(2)为了方便读者对词条进行检索,本书有两个目录:第一个目录反映了词条在正文中的排列顺序,即按照词条的英文首字母顺序;第二个目录为全书的"词条总目录",该总目录根据词条的汉语拼音排序,放在"A—D"册的"本册目录"之前,同时也提供 PDF 供读者下载使用。

(3)文中提及的绝大多数人名在行文的文献夹注或者参考文献中都能找到对应的英文,所以,为了读者阅读的顺畅,一般情况下,译文不专门做英文名的夹注。

(4)表格中的数据一般来自统计软件的计算,由于取整误差的存在,有些数据可能与手工计算有微小出入。

六年耕耘终于盼来了收获。回望自己的学术之路,恰与改革开放相伴。从某种意义上讲,社会科学研究方法在中国能有这样的发展,又何尝不是得益于改革开放!当然,只有改革开放的政策,没有一批为之努力奋斗,不断进取的践行者的话,也不可能有社会科学研究方法今天的发展。重庆大学出版社无愧是这批践行者中的佼佼者。他们以独到的学术眼光,投入了大量的人力、物力,组织出版"万卷方法"。自 2003 年至今,已引进相关专著一百余种,在我国社会科学界引起了很大的反响。而《百科全书》的出版,标志着"万卷方法"更上一层楼,达到了更高的水平。在这里我要向重庆大学出版社及负责和参与本书出版的团队表达诚挚的谢意。

本书翻译、编辑和出版的难度大大超出想象,虽然我们大家已经竭尽全力,但由于学识、能力所限,译文中一定还存在不少错误或偏颇,还望诸位读者不吝赐教,批评指正。

愿社会科学研究方法在新的时代,借《百科全书》出版之力,在中国有更大的发展!

沈崇麟

前　言

《社会科学研究方法百科全书》是**首部**有关社会科学研究方法的百科全书。这一点至少部分解释了为什么我们要做这样的一本书。我们也相信诸如这样一本百科全书确实是必需的。什么是百科全书？在古希腊，这一词表示“全方位的教育”。这本书即以社会科学研究者的方式给读者提供了一种全方位的教育。为什么这是必需的呢？因为每一位研究者，无论是专家，还是一般研究者，都会因为教学或研究的需要，而去查询某些方法学方面的知识点。而究竟应该到哪里去查询并非总是那么显而易见。有时我们虽然知道应该到什么地方去寻找，但是不清楚应该找什么。本《百科全书》则几乎将所有的社会科学研究方法专题的权威论述集于一体。

一个做抽样调查的研究者也许为了分析定群数据而想学习纵向分析方法；一位探讨住户劳动力分工问题的学生也许想学习如何使用时间日志；一位回归分析的专家可能致力于多维度量，以能更好地聚合形成某些量度；一位解构论者可能想要探讨一下福柯的话语分析；一位实验研究者可能希望对非实验研究者通常遇到的共线性问题有进一步的了解；一位女性主义学者可能力图对研究中电影的使用问题有更多了解；一位政治科学家可能一直都需要更新自己的实验设计；一位人类学家可能提出一个有关民族志的现实主义的问题；一位心理学家也许试图了解一个特定的关联量度；一位哲学家可能想阅读更多的社会科学定律；一位社会学家可能希望回顾一下不同的评估研究的路数。即使是某一个领域的专家，也可从本书中得到很多的知识。例如，在交互效应考察中，本《百科全书》有许多来自不同视角的词条，介绍使用得不多和使用得很多的方法，这些词条都是由知名的主流学者撰写的。

除了实践中的研究者和社会科学的应用统计学家之外，本《百科全书》对更多的普通读者也具有相当的吸引力。他们是一些什么样的读者呢？首先是世界各国大学的社会科学学科的学生，包括本科生和研究生。所有的学科重要分支——

人类学、传播学、经济学、教育学、地理学、政治科学、心理学、公共卫生、公共政策、社会学、城市规划,都需要让本学科的学生阅读方法方面的文章和专著,使他们的知识更为全面。一个普通的本科生必须能读懂一张列联表,解释相关系数或对一个调查作出评价。本《百科全书》有些词条就与此有关,而其他一些诸如这样的词条,也完全可为这样的学生群体提供解释说明。这些种类的词条既不需要专门的数学或统计学知识,也不需要学生做过实际的研究,便可抓住它们的基本要领。

当然,这些领域的研究生则必须超越简单的阅读理解,掌握这些方法的实际应用。这些词条中有许多是阐述"如何使用"那些方法的,如某些有关回归分析,或访谈技术的词条就是这样的。而本《百科全书》的有些词条则是比较高深的,这固然是对普通研究生的一个挑战,但他们也可从中受益。

除研究者和学生之外,本《百科全书》也会对受过高等教育,因工作性质(如杂志的编辑或城市管理者),或个人喜好(如听懂媒体上的社会科学报告)而希望对社会科学的方法学有更多了解的读者有所裨益。许多词条都是以日常的英语撰写的,不要求读者具备专门的数学或统计学知识,因此完全可为非专业读者所接受。不仅如此,许多比较困难的词条都是介绍性的,因此是有可读性的。在说了前面那些话之后,我们要强调,本《百科全书》的词条没有一条是草率写就的。相反,它们都是公认的专家的精心之作。这不是一本"菜谱",也不是什么高深莫测之作。在写作的风格方面,我们对作者的唯一要求是词条文章的长度,我们敦促作者在撰写词条时尽可能做到简明扼要。

我们给作者提供的词条撰写说明中包含了4种不同的长度:约2 500个英文单词(A水平)、约1 000个英文单词(B水平)、约500个英文单词(C水平)和约50个英文单词(D水平)。词条的长度最终取决于它们的重要性、内容涉及的广度,有时还要考虑论题的复杂程度。一般来讲,词条越长,其阐述的论题越重要。A水平的词条如方差分析、贝叶斯推论、个案研究和回归。B水平的词条也同样重要,但不需要更多的空间就能把概念解释清楚。B水平的论题如历史方法、误设和混合设计。C水平的词条通常用来处理相当特别的方法或论题,例如,曲度、叙事访谈、囚徒困境和记录-核实研究等。A,B和C水平的词条都以参考书目结尾,以引导读者进行进一步的阅读。D水平的词条都比较简短,主要是定义性的,如基尼系数、定类变量、二手数据等。

在原译本问世三年之后，重庆大学出版社又推出了本书的精编版。虽然精编版的词条和译文与第一版无异，但出版社的几位编辑对全书重新做了精心编排，主要体现在以下几个方面：

1.将第一版的三册改为现在精编版的五册，将每册的篇幅缩小，便于读者阅读使用；

2.增加了“主题分类”，使读者很快能对全书有一个提纲挈领的了解；

3.增加了中文词条索引，读者可按“引索条”快速找到有关的词条；

4.第一版中的一些辅助性文字如参考文献等不再收入纸质本，而改收在另行编排的电子文本中（可通过扫描二维码下载），这样既缩小了正文的篇幅，又保留了第一版的全部内容。

感谢重庆大学出版社诸位编辑的辛勤劳动和精心编排。

最后，借精编版出版之机，我要对本书原版的主编之一，廖福挺教授荣获美国社会学协会 2021 年度保罗・拉扎斯菲尔德奖（美国社会学协会拉扎斯菲尔德奖主要用来奖励在社会学方法领域做出杰出贡献的学者）表示祝贺。

迈克尔・刘易斯-伯克

艾伦・布里曼

廖福挺

（沈崇麟译校）

导　言

社会科学方法学可以说是在19世纪末进入我们视野的，那时埃米尔·涂尔干撰写了《社会学方法的规则》(*The Rules of Sociological Method*)一书，这是系统理解和分析社会现象的奠基之作。从那时起，它便一直在成长发展，在20世纪的最后几十年更是呈现出一种指数式发展之势。这种发展涉及方法学的专门知识和技能的广度及深度两个方面。应用于各种社会科学学科的方法，其涵盖范围及某些分析路数和技术的复杂与高深程度，都是在数十年之前想象不到的。例如，焦点小组和浓描实际上已经变成了社会科学研究者(不论其学科取向是什么)的通用语言。再举另外一个例子，处理缺失数据和无回答的方法取得了长足的进步，以至于如这样的问题的专业工作坊一个接着一个开展，成为抽样调查数据分析者的最爱。

自然，在21世纪之初，我们有必要全面盘点一下社会科学方法学的知识，但试图使我们的盘点包含社会科学中曾经使用过的**每一种**方法，是不可能和不切实际的。这本《百科全书》的主要目的是给我们的读者(他们可能是高校的本科生、研究生、学术研究者或实际应用者)遨游浩瀚的研究方法之海提供一个引导。本《百科全书》对各种方法的目的、原理、发展和实际应用都作了简明扼要的介绍，总共有1 000多个词条，其中许多都对涉及的论题作了详尽的介绍，并包含了最新的发展，对初学者或有经验的研究者可能都有很大的用处。

为了达到这一目的，我们给读者提供了两种类型的词条：一些词条只含有一条定义，长度只有一段或两段。这些词条给了读者一个方法学词汇的简要解释。为了忠实于《百科全书》的行文形式，许多其他的词条都作为论题或论文来处理，长短不一，经常都附有实例，有时还有图表，对涉及的方法的性质、历史、应用和使用的含义进行讨论。这些词条的大多数也给出了建议的阅读书目和参考材料，以满足有进一步提高愿望的读者的需要。这些都是《百科全书》的精义所在，对那些想要对奇妙的研究方法世界进行不懈探索的读者而言都是很宝贵的。

需要撰写如此大量的专业文章，仅仅靠我们三位是无法完成的，幸运的是我们得到了编委和作者的大力支持，他们才智过人，写出来的方法介绍连贯、明了而

又透彻。有时,作者的行文如同新奇的小说,使得阐述的论题不仅能给读者以愉悦感,而且发人深省。

例如,达摩达尔·古雅拉提教授撰写的计量经济学的词条的文字给人以惊喜。他不是仅仅介绍计量经济学家使用的方法和模型的类型,而是触类旁通,带领我们从平常处渐入佳境,进行了一次计量经济学的旅行。他用三个阐明计量经济学涉及的广泛范围的定义作为自己论述的开头,在这里他使用了简单而平常的方式,用引文释例完成了对计量经济学家的用武之地加以定义这一看似不能完成的任务。然后,他带领我们做了一个研究(从经济理论到数据,从模型到分析),先是说明原理,然后是实例验证。这样的过程也是我们中的许多人在平常反复讲述的过程,但我们几乎想不到在撰写《百科全书》的词条时可以这样用。古雅拉提用在经济学研究中常用的普通过程,给读者以出人意料的、意义深远的影响,令读者去深思,而不只是记住计量经济学的方法和模型以及基本目的。

词条的多样性是本《百科全书》的又一特点。例如,我们的词条中有些论及了哲学问题,例如,后结构主义,这样的内容似乎超出了本《百科全书》的范围,而还有一些词条则讨论了高级的统计技术,这似乎同样也不能被视为社会科学方法学的一部分。然而我们却认为二者都是必要的。一方面,所有的研究者都应该意识到,认识论问题影响着研究问题的性质并支撑研究过程方面的假定;另一方面,我们都需要了解分析定量数据的全套武器,这样才能在不同的场合使用最为恰当和稳健的技术。只有在我们对可供利用的各种选择——无论是认识论的、统计学的或其他什么知识都了如指掌时,作为社会研究者,我们才能完整地开发出精巧的社会科学研究的方法。

本《百科全书》的许多词条都有精当的例子。将各种适用于不同研究目的的词条汇编成一册百科全书,我们,本《百科全书》的编辑者,固然希望读者诸君将会折服于社会科学方法学的博大精深,但我们更希望读者诸君能从这些方法学的专业知识中有所斩获,推动自己的研究更上一层楼。

迈克尔·刘易斯-伯克
艾伦·布里曼
廖福挺

(沈崇麟译校)

本册目录

A

B

C

D

A

常情诠释(Abduction)

常情诠释是以社会行动者的日常行动、使用的语言及其意义为根据建立的描述和解释逻辑。常情诠释指的是一个过程,即从社会行动者对其生活方式的描述向对其社会生活进行技术性的社会科学式描述转变的过程。其中包含了两个阶段:(a)描述这些行动及其意义,以及(b)在对当前问题的理解或解释的基础上发展出类别和概念。常情诠释与诠释主义【Interpretivism】存在关联。

常情诠释的逻辑在很大程度上是通过对人们不言而喻的共同知识以及作为其行动指南的象征意义、动机和规则的揭示来发现人们为什么那样做。共同知识主要是难以言明(unarticulated)的背景知识,在社会行动者与他人的互动中不断被使用和调整,在社会行动者共同的生活过程中被生产和再生产出来。它是日常的信仰和实践——世俗平凡且理所当然,社会研究者必须把握和阐明它,以此来为人们的社会行动提供理解。

常情诠释的概念在哲学和社会科学中的应用很有限。哲学家皮尔士(Peirce,1931,1934)和社会学家大卫·维勒(Willer,1967)曾使用过这个概念,但其意义跟这里有所不同;我们这里所使用的概念来自布莱基(Blaikie,1993)。尽管舒茨(Schütz,1963)没有使用常情诠释的概念,但他构想出了这一逻辑,而后杰克·道格拉斯、约翰·雷克斯,尤其是吉登斯(Giddens,1976)都使用了这一逻辑(对这些作者的评述请参见 Blaikie, 1993, pp. 163-168, 176-193)。

舒茨、道格拉斯、雷克斯和吉登斯的共同之处在于,他们都相信社会科学对社会世界的解释必须源自社会行动者对社会科学家感兴趣的方面所能给予的解释,至少最初必须如此。不过他们在如何处理这些解释这个问题上意见各不相同。有人认为报道日常的解释就是理解社会生活的可能或必要的全部,而另一些人却准备把这些解释转化成社会科学对某个特殊社会群体(社区或社会)的生活方式的描述,但他们坚持这些描述应与社会行动者的语言紧密相关。这些描述为他们带来了另外两种可能:第一种是拿某种既有的理论或观点套在上面,从而提供了一种社会科学的解释,或对那种生活方式的批评。第二种是以日常解释中发展出来的一些理想类型为材料来形成某种解释。后面这两种可能都存在一些争议——就第一种而言,争议主要围绕在对别的生活方式的批评是否正当这一问题上,而对第二种,争议则主要围绕在为了形成一种理论,究竟还有什么其他东西能够或者应该加到日常的解释之上这个问题上。

诠释主义的社会科学家使用的多种研究方法都包含着某种版本的常情诠释。尽管如此，但他们却很少明确阐述其逻辑。运用常情诠释的适当研究方法还在不断开发之中。

——Norman Blaikie

（杨可译　沈崇麟校）

参考文献

Blaikie, N. (1993). *Approaches to social enquiry*. Cambridge, UK: Polity.

Giddens, A. (1976). *New rules of sociological method*. London: Hutchinson.

Peirce, C. S. (1931). *Collected papers* (Vols. 1-2; C. Hartshorne & P. Weiss, Eds.). Cambridge, MA: Harvard University Press.

Peirce, C. S. (1934). *Collected papers* (Vols. 5-6, C. Hartshorne & P. Weiss, Eds.). Cambridge, MA: Harvard University Press.

Schütz, A. (1963). Concept and theory formation in the social sciences. In M. A. Natanson (Ed.), *Philosophy of the social sciences* (pp. 231-249). New York: Random House.

Willer, D. (1967). *Scientific sociology: Theory and method*. Englewood Cliffs, NJ: Prentice Hall.

调查通道(Access)

所谓调查通道是指研究者正在寻找的一种入口，通过这个入口，研究者可以进入一个可以发掘和产生基本研究数据的地方。就研究者而言，其研究目的都在于分析那些定性或定量的基本数据，因而从这个意义上讲，寻找进入通道是研究过程中不可或缺的步骤。正因为这样，保证调查通道的畅通便变成了研究者所应掌握的一个必要研究技巧。但是在实际寻找调查通道的过程中，我们很少能采用系统的首尾一贯的考察方法，因为此间研究者常常需要采用一种随机应变的、因地因时制宜的方法。在考查那些已为研究者使用过的一系列用来确保调查通道完全畅通的策略时，首先考虑一下研究者寻找调查通道来做什么这一问题，不失为一种明智之举。

通过通道去找什么和通过什么人来找

调查通道常常被看作一种叫作封闭的和开放的/公共的环境(closed and open/public settings)(Bell, 1969)。所谓封闭的环境，如商号、医院、教堂和它们的档案材料等。而开放/公共的环境的性质就不像封闭的那么正式。深入街角或某地音乐会现场开展的研究，便是开放/公共环境研究的一个例子。找到进入封闭或开放环境的调查通道的关键在于与看门人(gatekeepers)进行谈判。所谓看门人，不言而喻，是指那些有能力打开或关闭那扇研究者正在寻找的通往他们想去的那些环境的通道大门的人。在寻找进入通道时，最为主要的一步是确定看门人。在正式场合，封闭环境看门人通常都是那些身居高位的人，例如高级主管。而在不那么正式的开放环境中，看门人则不那么容易确定，不过他们通常是在那些环境中有地位和受人尊敬的人。有些研究者在试图确保进入通道畅通无阻时，自己直接去见看门人；而有些研究者，则先通过第三者，如该环境中研究的“拥护者”或“赞助者”，借助这些人的帮助，得到看门人的应允，打开进入通道的大门。

获取调查通道的过程，就是信任形成和谈判协商的过程

研究者争取得到那些赞助者、主要的看门人或分散的个人信任的能力，是确保调查通道畅通无阻的关键。获取调查通道可看

作一个与相当广泛的社会问题有关的信任建立问题的一个特例。因而我们可参阅那些有关信任建立问题的文献,这将有助于我们更透彻和更为系统地理解确保调查通道畅通的过程。科尔钦斯基(Korczynski,2000)认为,信任的四个主要方面有可能构成一种人际交流的基础。在协商谈判的过程中研究者使用最为普遍的策略大致有以下几类:

- 基于人际关系的信任。研究者常常将自己认识的朋友和熟人作为可以信赖的获取调查通道的途径。这些朋友和熟人或可作为他们与赞助者取得联系的通道,或有可能直接作为调查赞助者,或研究环境中的实际的看门人。
- 基于对他方内在规范的了解的信任。研究者有可能对某个"合适的"看门人或个人给出一些表示来取得他们的信任。例如,通过在持有某一特定的道德、社会,或政治观点的报纸或杂志上发公告的方法来寻找通向回答人的调查通道。在公告中比较含蓄地邀请那些持有与报纸杂志类似的道德规范和价值观的读者与研究者联系。
- 基于以交流为中心的某种激励或治理结构的信任。研究者若能强调自己绝不会辜负当事人的信任,这一点将有助于信任的产生。例如,研究者可以给看门人否决研究发现发表的权力(尽管这样一种做法可能会将研究者置于一种潜在的危险之中)。
- 基于某些系统或机构的信任。研究者可以自报家门,设法使看门人或其他个人对自己产生信任。例如,研究者可以先宣称他工作的大学声名如何卓著,进而介绍自己的大学近来所做的有关研究。

获取调查通道的过程应该被看作一个协商谈判的过程(Horn, 1996)。研究者一般都希望尽可能地拓宽和加深进入某一环境的调查通道,而看门人和其他有关人等则担心建立诸如这样的通道可能花费的代价。这样一些潜在的利益冲突,在面对面的会谈中尽管没有明言,但彼此都是心知肚明的。在这样一些心照不宣的协商谈判中,研究者一般都会给看门人或有关人等一些承诺或好处,保证将要给予的调查通道的安全。而在比较正式的场合,就需要将作出的决定写成书面报告的形式。

信任的产生和协商谈判似乎是一个高度随情境而定的过程。而这恰恰在一定程度上说明,在讨论研究的调查通道问题时,为什么研究者总是采用那些强调视情境而定的策略。迄今为止,几乎没有人尝试更为抽象地理解确保研究通道畅通的过程。

调查通道的获取是一个不间断的过程

在很多定性研究的研究者看来,协商谈判调查通道贯穿整个研究过程。例如,一个想要对某一正式团体的成员进行个别访谈的研究者,必须依次与每一个访谈对象进行协商谈判,一一获取每一个访谈对象的调查通道,而不可能只是依靠从一个非正式的看门人那里轻而易举地得到的予以合作的含蓄的应允。不仅如此,在正式场合,尽管回答人觉得自己有责任接受研究者的访谈,但在实际回答问题的过程中仍然会有所保留。研究者需要在不同情况下,在持续不断的协商谈判过程中产生信任。

调查通道和反应性

所谓反应性是指研究者影响研究环境的能力。获取调查通道采取的协商谈判的方式会对这种反应性有显著的影响。例如,在一个组织研究中,如果只是与高层的看门人,而没有与那些包括在该研究中的底层员工形成信任的话,那么这种确保调查通道畅通的模式就可能对研究产生严重偏倚。诚如伯吉斯(Burgess,1984)所言:"调查通道会对研究者实际得到的数据的信度和效度产生影响”(p. 45)。

——Marek Korczynski

(沈崇麟译校)

参考文献

Bell, C. (1969). A note on participant observation. *Sociology*, *3*, 417-418.

Burgess, R. (1984). *In the field*. London: Allen & Unwin.

Horn, R. (1996). Negotiating research access to organizations. *Psychologist*, *9*(12), 551-554.

Korczynski, M. (2000). The political economy of trust. *Journal of Management Studies*, *37*(1), 1-22.

陈情(Accounts)

陈情是一段谈话,用以说明自己的来意,或拉近某些人与另一个人的关系。在一篇颇有影响的论文中,社会学家斯科特和莱曼(Scott & Lyman,1968)强调,如何谈话是我们借以处理与他人关系的基本手段。陈情谈话的目的是设法弥补我们与他人之间存在的问题,而更为广义地说,陈情谈话的目的在于使行动合法化。陈情有两种重要的方式:(a)为行动的陈情(accounts for action),(b)对行动的陈情(accounts of action)。

为行动的陈情是一种对不恰当的行为作解释的陈述。所谓的不恰当行为也许是一种微不足道的行动,如忘记事先用电话预约、迟到,或开了一个不合时宜的玩笑。不恰当行为也可能是一些重大过失,如未经许可拿人家的钱、婚外情,或在一些重大的事情上撒谎。陈情也可能是一个人为另一个人作的解释性陈述,例如员工在为自己的老板的粗鲁行为道歉时,常常会说老板的这一行为有点反常。为不当的行为陈情经常采用道歉或辩护的方式。在道歉时,当事人先承认自己的确错了,但随后则解释道,错的责任并不完全在自己。如学生对他的老师说“对不起,作业交迟了,因为昨天我的硬盘坏了”,便是这样一种方式的道歉。辩护性陈情则不同,当事人承认对自己的行为应负全部责任,但不认为行为有什么不对。这方面的例子,譬如,一个十几岁的孩子在听到他的父母说他上学要迟到了的申斥时,说道:“我已经是大人了,可以自己作决定了,你们没有权力告诉我要做什么。”道歉和辩护是两种不同的陈情方式,但有时它们却可以配对使用。譬如一个人可能对他的合伙人说:“对不起,我刚才对你嚷嚷了。我最近一直处在高度的压力下,况且当时一个电话会议正在进行中,你想我又能怎么样呢?”这个人在道歉和辩护的同时也赔了礼(承认自己行为不当,并表示为此感到懊悔)。

第二种使用更为广泛的陈情方式是对行动的陈情。对行动的陈情(给出行为的理由)是日常会话具有的一个普遍的性质。每当人们在为自己的行为作解释时,他们便是在进行陈情。一个妇女在告诉她的朋友她为什么嫁给了蒂姆的时候,她就是在陈情。某人的同事告诉人们他为什么不再吃红肉,或一个丈夫在向妻子解释,他们为什么应该去葡萄牙而不是希腊,也都是在陈情。行为陈情常常以一种细说的方式出现。无论为行为还是对行为的陈情都有一种不太明显的性质,那就是它们都在告诉我们一个群体或一种文化的一些情况。在人们对他们的行为给出解释(或想法)时,他们便是在将自己的行为作为一种选择。注意,人们并不是在对那些他们认为是自然而然,或必然的事情作出解释。因而,陈情便成了一种进入某一种文化的窗口。通过对陈情者、陈情内容和陈情环境的审视,我们得以了解合理行为背后的文化信仰。

——Karen Tracy

(沈崇麟译校)

参考文献

Buttny, R., & Morris, G. H. (2001). Accounting. In W. P. Robinson & H. Giles (Eds.), *The new handbook of language and social psychology* (pp. 285-301). Chichester, England: Wiley.

Scott, M. B., & Lyman, S. (1968). Accounts. *American Sociological Review*, *33*, 46-62.

Tracy, K. (2002). *Everyday talk: Building and reflecting identities.* New York: Guilford.

行动研究(Action Research)

行动研究是一种将当地人作为研究者合作伙伴的研究策略。行动研究的特点是合作、互教和为改变而行动。这种研究路数通过对研究环境中语境因素(contextual factors)的识别来提高研究的效度,而这一点常为那些更具结构性的研究路数所忽略。行动研究对性别、经济地位、能力,以及那些可能对研究合作伙伴、结果和研究社群有影响的文化因素比较敏感。

道德规范是行动研究最主要的主题:研究者建立一种有某种意图的道德立场。这种立场对研究进程、哲学框架和评价方法是有意义的。为了认定那些将要引导研究进程的公共价值,通常伦理原则最初在所有的合作伙伴间是可以商讨的。这些原则可能包括将商议贯穿整个研究过程、评价各种知识、互相尊重,以及商谈研究的问题、方法、宣传和后续行动。

行动研究可能会涉及整个研究项目,如研究团队的确认和招聘、研究问题的定义、数据收集方法的选择、数据的分析和解释、研究结果的宣传、研究结果和进程的评估、后续项目的设计以及各种服务或政策的改进等。尽管合作的程度和社区卷入的程度因研究项目而异,但根据参与者的需要或愿望的不同,行动研究在许多方面仍然可以是"有所为"的。所有合作研究者,包括社区成员在研究过程中都起着积极的作用,研究过程本身就是一个培养所有研究合作伙伴能力的培训班,在研究团队内,所有成员分享当地的知识和研究技巧,而研究成果便是一个项目的建立,或政策的制订。理想化地说,行动研究对所有的参与者都是一种改变。

历史

行动研究发端于库尔特·卢因(Lewin, 1935,1959)的研究工作,继而在社会学、人类学、教育和组织理论的论述中得到了发展。它也发端于1970年代的发展理论,发展理论提倡所有研究合作伙伴的平等,以及知识、技巧和经验的互补。伴随着人权运动对传统科学研究方法的挑战,合作研究的新模式也应运而生。这些新模式有着各种名称:行动研究、参与研究(PAR)、合作研究及开放的、授权的或以社区为基础的研究。在这些名目繁多的研究之间有相当多的重叠。所有这些模式有一个共同之处,那就是它们都承诺研究的目的在于将传统的研究范式予以扩充,以使它能包括那些研究产生的最大的影响，进而引起正面的社会变迁，这样，在研究过程中，“研究对象”就可以成为积极的参与者。其中大多数模式都包含有一些能力的培养或训练要素。这些要素有助于研究得到社区许可，提高宣传过程的适当性，并使行动研究成果得以持续。

实例：加拿大肺结核防治计划

加拿大肺结核防治计划是一项三年计划。该计划的目的在于在那些最容易传染肺结核的人群——国外出生和土著人口中，确认影响肺结核防治和治疗的社会文化因素。它是由艾伯塔省（province of Alberta）的一个从事肺结核工作的护士发起的。这一研究需求得到了肺结核感染者群体领导者的响应。该研究一开始建立了一个社区咨询委员会（CAC），并协商确定了一系列指导原则。这些进程有助于研究团队的各种成员（包括来自社区、政府和学术机构的研究合伙人）之间的信任建立和团队建设。然后 CAC 和行政工作人员一起，从四个土著和六个国外出生者聚居的社区中各招聘两名代表。这 20 名社区研究合作人接受了行动研究原则、访谈技巧和定性数据分析方法的培训。他们执行了他们所在社区的四个群体的访谈。访谈的对象包括肺结核患者、接受肺结核预防者、拒绝肺结核预防者，以及在原籍国或土著原住地有更久远的肺结核家族史者。然后，社区研究合作者、CAC 和学术机构的工作人员一起分析，用手工和电子技术同时分析访谈数据。这种多种方法和多个调查者的分析策略最大限度地提高了数据和研究发现的结果效度。

行动研究过程对合作团队是很宝贵的这一点已经十分清楚，因为它使团队的成员能学会尊重其他每一成员了解的肺结核传染和治疗的方式方法。不仅如此，研究结果还进一步确认，现行医疗卫生系统固然对处在活动期的肺结核的治疗已经是非常有效的，但在肺结核高危社区的防治工作仍然还是非常薄弱的。此外，专业医务人员在筛查肺结核患者的时候经常发生遗漏，因为在西方国家的一般人口中，肺结核患者并不多见。研究结果要经过 CAC 和社区的合作研究者复查，以确认它们是否符合既定的道德原则。在此之后，研究团队将提出一份宣传计划和后续的行动计划，其内容包括视频宣讲材料、建立社区护士培训岗位以及各种语言文本的防治肺结核宣传单等。

行动研究的局限性

行动研究路数可能因为不够严格和有调查偏倚而受到批评。然而，不只是行动研究，实际上所有的研究都可能遇到这样的问题。无论采用什么样的研究路数或方法，只有在我们对这些问题保持高度的警觉时，才能保证研究过程和结果的高质量。行动研究遇到的其他问题包括研究项目耗时较长、长期的承诺和资助、使多个和/或没有经验的研究人员协同一致、说服资助者支持这样的研究路数、持有很强理论色彩的研究框架、减少参与者的流失等。

行动研究评估

行动研究的复杂性决定了它需要一个精细的文档化和分析式的审查跟踪。让所有的利益涉及方参与设计和实施的全过程的评估方式，可以增加数据和评估过程本身的效度（Reason & Bradbury, 2001）。只有在将整个评估整合成整个研究计划的一个常规活动时，这些评估才会最有效。在对方法论和研究计划上的目标作量度时，若能将量度与研究背景相关联，那么研究的严格性同样也会因此而有所提高（Gibson et al., 2001）。在对涉及最初设定的目标进行测量和对协商确定的道德规范的一致性进行评估的同时，包容行动研究的动态性是评估面临的一个重大挑战。

结果和行动

行动研究经历的过程，包括互相学习和通过培训培养能力等活动，是与具体的研究结果同样宝贵的。因此它的宣传策略应该包括研究中的各种创新机制，例如那些可以为社区成员和学者使用的海报，以及那些适宜于社区使用的媒体，如收音机、电视，时事通讯、镇民会议和学术文章（这些文章在发表之前，应经所有合作研究伙伴审阅，以免未经授权的内容被发表，或在不经意间对社区的情形误传，或进行不客观的描述）。因为行动研究的教育目标、谈话或海报可以在多种场合以多种语言实现，所以它们本身既可以作为一种培训的手段，也可以作为一种宣传的策略。行动研究过程可以产生高效的联盟，建立起跨越存在于当地社区、学术机构、政府部门和各种组织之间的陈年鸿沟的桥梁。

——Nancy Gibson

（沈崇麟译校）

参考文献

Cooke, B., & Kothari, U. (Eds.). (2001). *Participation: The new tyranny?* London: Zed.

Gibson, N., Gibson, G., & Macaulay, A. C. (2001). Community-based research: Negotiating agendas and evaluating outcomes. In J. Morse, J. Swanson, & A. J. Kuzel (Eds.), *The nature of qualitative evidence* (pp. 160-182). Thousand Oaks, CA: Sage.

Lewin, K. (1959). *A dynamic theory of personality: Selected papers* (D. K. Adams & K. E. Zener, Trans.). New York: McGraw-Hill. (Original work published 1935.)

Reason, P., & Bradbury, H. (Eds.). (2001). *Action Research: Participative inquiry and practice.* London: Sage.

Stringer, E. T. (1996). *Action Research: A handbook for practitioners.* Thousand Oaks, CA: Sage.

积极访谈（Active Interview）

“积极访谈”这个术语并非指一种特定类型的访谈，而更多表明的是一种访谈过程中的具体方向。它表达了这样一种观点，即所有的访谈都不可避免地具有主动性、互动性和对话性的特点。任何访谈中那些动态的、沟通性的意外都会实实在在地刺激被访者的观点。每个访谈都不仅是对信息的发现和传递，还是一个建构信息的机会（Holstein & Gubrium, 1995）。

访谈【Interviewing】总是对话式的，与高度结构化、标准化的问卷调查不同，访谈是更为自由和非正式的信息交流。访谈中出现的叙述可以简略得像由强迫选择测验组成的问卷结果，也可以细致得像口述生活史，但通过访谈参与者的谈话，这些访谈叙述本质上都是具有主动性和建构性的。

尽管大部分研究者都承认访谈的互动特征，但关于访谈技术的文献资料却倾向于关注如何使访谈受到控制。访谈的指导者，特别是致力于使调查标准化的研究者，首要的关注点是让有效的、可靠的信息流最大化，同时让对被访者所知信息的歪曲最小化。从这个角度看，标准化的访谈对话是传导信息的渠道，而那些非标准化的互动代表了混杂信息的潜在来源，而在调查中，混杂信息应当最大限度地减少。

另一方面，查尔斯·布里格斯（Briggs，1986）指出，访谈必然会从根本上形塑谈话的形式和内容。亚伦·奇库雷尔（Cicourel，1974）则进一步指出，访谈会将对事实的特定理解和传播方式强加于被访者的回答之中。问题在于，访谈者会深深地和不可避免地被牵连到那些表面上属于被访者的意义创造。因而，访谈中的双方都必然是积极主动的。意义并不仅仅通过具有倾向性的提问所引出，也不是简单地通过被访者的回答来传导，意义以交流的方式由访谈各方共同构建。被访者不仅是经验信息的存放库，而且也在与访谈者的合作过程中成了知识的建构者（Holstein & Gubrium，1995）。

对于"访谈具有主动性"这一特点的感知，会导致一个重要问题，那就是使用传统研究路径所预设的方式进行信息收集和分析有多大的可能性（Gubrium & Holstein，1997）。它也促使访谈者更关注在访谈过程中获取信息和理解的方式，而不再像传统路径那样只将访谈认定为研究案例。换言之，理解在访谈中意义创造的过程是如何展开的，与理解实实在在的问答内容具有同等重要的地位。如何访谈这个问题，当然不仅指访谈技巧，还指知识生产中的互动性、叙述性程序。访谈内容这个问题，则包含了访谈的主题指引、提问问题的内容，以及被访者回答的真实信息。对于意义建构中如何访谈和访谈内容这两方面的双重兴趣，始终与重视访谈过程中的建构主动性（constitutive activeness）齐头并进。

——James A. Holstein
Jaber F. Gubrium
（郑晓娟译　沈崇麟校）

参考文献

Briggs, C. (1986). *Learning how to ask*. Cambridge, UK: Cambridge University Press.

Cicourel, A. V. (1974). *Theory and method in a critique of Argentine fertility*. New York: John Wiley.

Gubrium, J. F., & Holstein, J. A. (1997). *The new language of qualitative method*. New York: Oxford University Press.

Holstein, J. A., & Gubrium, J. F. (1995). *The active interview*. Thousand Oaks, CA: Sage.

调整的 *R* 方（Adjusted *R*-Squared）

参见拟合优度量度【Goodness-of-Fit Measures】、多重相关【Multiple Correlation】、*R* 方【*R*-Squared】。

调整（Adjustment）

调整是一种（数据）处理分析方法。这种方法的目的在于将一个变量中那些并非我们主要感兴趣的预期效应量，从我们主要感兴趣的关系中去除。这一目的可借助于若干种已为人们普遍接受的程序来实现。

调整的需要发端于研究者观察到变量之间那些引起他们倾情关注的关系中，也含有其他一些他们并不直接感兴趣的变量关系。种族特性与艾滋病（AIDS）的关系也许会使研究者对之产生很大的兴趣,但我们一定也知道,因这种疾病引起的死亡也会受到艾滋病人其他特征的影响(例如,教育、文化适应性和卫生保健等)。研究者面对的基本问题是,种族特性与艾滋病引起的死亡的确有关系,还是根本就没有任何关系。研究者可能面对的第二种情况是,种族特性只不过是寄生其上那些其他真正决定着累计死亡率的变量的组合的代理载体而已。因此解释这些其他的解释变量(或协变量)和种族变量以及艾滋病死亡之间的关系这一问题就变得非常重要。用于调整一个变量的效应的三种分析方法是:(a)控制,(b)分层,(c)回归分析。在用控制方法时,一个其效应要进行调整的变量(调整器)是不允许以某种重要的方式变化的。对于二分变量而言,这一点是十分容易做到的。例如,我们认为刑期和犯人在被判刑时的年龄的关系会受到他们性别的影响,那么我们就可通过只研究男性犯人的刑期和年龄之间的关系来去除这一效应。借助将性别固定在一个且只固定在一个值上,这一方法便可将性别的效应抵消。

分层处理法增加了一个层。它使变量调整过程的实施程序变得更为复杂。特别需要注意的是,分层法使用了一种重复控制技术,分析的是在一种特定的背景下我们主要感兴趣的变量之间的关系。在这种背景下,调整器先被固定在某一个水平,然后再被固定在另一个水平。在调整器变量水平数比较少的时候,这种方法是十分灵便的。例如,在前面那个例子中,我们可以在(a)只在男性犯人中,或(b)只在女性犯人中来评估刑期和年龄之间的关系。这样的评估使我们得以考察性别在修正刑期和年龄之间的关系中的作用。统计方法使我们可以在每一个层中考察刑期和年龄之间的关系的同时,跨所有的层从整体上确认我们主要感兴趣的那两个变量之间的关系。如果调整变量并非二分的,而是连续的,那么我们可以以调整器的一系列值为依据,将它分成若干个不同的层。

虽然用回归分析来进行调整的方法多少会复杂一些,但是若使用得当,则能圆满地处理一些复杂的调整问题。在对那些调查者认为因某种关系而连接在一起的变量之间的关联强度进行考察时,回归分析本身就是一种重要的工具。不过,这样一种回归模型必须精心设计,务求精确。我们先从回归分析中一种简单易懂的回归模型——简单直线模型开始。假设我们收集到了 n 对观察值(x_i, y_i), $i=1\sim n$。调查者的目的在于证明具有不同的 x 值的个体,会有不同的 y 值,其模式可用某种直线关系作最好的预测。我们将 y 对 x 的回归写作下式:

$$E[y_i]=\beta_0+\beta_1 x_i \qquad (1)$$

例如,y 可能是犯人被判的刑期,而 x 则可能是犯人在判决时的年龄。而调查者则认为,在决定刑期的长短时,犯人的社会经济地位(socioeconomic status,SES)也起着一定的作用。在这样的设定中,令 SES 保持不变可能并非一种可资利用的路数,因为这是一个变化范围很大的连续变量。相反,我们可以来考虑一下下面那样的模型,在该模型中,犯人的刑期同时回归于年龄和 SES 两个变量:

$$E[\text{刑期}]=\beta_0+\beta_1(\text{年龄})+\beta_2(\text{社会经济地位}) \qquad (2)$$

普遍使用的用于估计参数 β_0,β_1 和 β_2 的最小平方(亦称最小二乘)估计法可从许多统计软件包中找到。我们感兴趣的参数的估计值 β_1 可以通过三个回归求得。首先做因变量刑期对调整器 SES 的回归。这一回归遗留的问题是刑期变量中 SES 无法解释的那一部分。这无法解释的部分便是刑期的残差。接下来,再做年龄对于调整器 SES 的回归,与此同时计算年龄的残差。最后,再做刑期残差对年龄残差的回归。这最后做的回归结果便会产生方程(2)中 β_1 的估计值。

在大多数回归分析的软件中,这些计算都是自动进行的。这个回归模型得到了一个刑期和年龄之间关系的估计值,在这一估计值中,SES 的影响已经被“去除”。需要特别指出的是,这种回归程序先隔离并确定了刑期和调整器 SES 之间的关系,再将调整器的影响去除,然后将这一程序重复使用于年龄。最后,程序做了刑期的残差(即在去除了 SES 的影响之后剩下的刑期)对年龄的回归。因而在回归分析中,调整有着不同于对调整器进行控制或分层的特别含义。在回归分析中,调整意味着隔离、识别和除去调整变量的影响。在解释变量是离散的时候,方差分析【Analysis of Variance, ANOVA】便可得到这样的结果。在解释变量由离散和连续变量混合组成时,协方差分析【Analysis of Covariance, ANCOVA】则会产生相同的结果。

在回归模型中有一个以上的调整变量时,这一处理方法同样也可采用。这时,程序给我们提供的是在其他一组变量同时进行调整之后我们所感兴趣的变量之间的关联强度的估计值。

——Lemuel A. Moyé

(沈崇麟译校)

参考文献

Deming, W. E. (1997). *Statistical adjustment of data.* New York: Dover.

Kleinbaum, D. G., Kupper, L. L., & Morgensten, H. (1982). *Epidemiologic research: Principles and quantitative methods.* New York: Van Nostrand Reinhold.

Neter, J., Wasserman, W., & Kutner, M. (1990). *Applied linear statistical models* (3rd ed.). Homewood, IL: Irwin.

聚集(Aggregation)

聚集是把不同于最终目标水平的较低水平的数据汇集起来的过程。数据之所以会聚集,是因为数据在群体水平更容易被收集到。例如,一般讲,犯罪统计数据更容易在市中心,而非该市的每一个市民处收集到。然后我们便可试图确定不同聚集之间的暴露-反应关系(exposure-response relationships)。所谓区位谬误【Ecological Fallacy】,是指这样一种谬误——将一个来自个体的群体或聚集的结论,应用于这些聚集内的个体。因为每个聚集中的个体是彼此不同的,所以有关某个聚集的结论是不可以用于它的每一个成员的个体的。

——Lemuel A. Moyé

(沈崇麟译校)

* 也可参见区位谬误【Ecological Fallacy】。

AIC

参见拟合优度量度【Goodness-of-Fit Measures】。

算法(Algorithm)

算法是计算机科学用于解决某一问题的方法的术语，也是对计算机发出的解决这一问题的指令。虽然算法问题主要是计算机科学研究的对象,但对于社会科学中数据分析的实践也是非常重要的,因为它常常要在各种统计程序中使用。

算法可被看作任何一种解决任务的一步接一步的程序。设想有五张面朝下放在桌子上的纸牌,我们的任务是对它们进行分类。假如我们每次先用右手拿一张牌,然后将它放到左手的适当位置,这种做法便可以被看作一种用来解决这一任务的方法。这种方法实际上就是一种算法,在计算机科学里被称作插入分类法(insertion sort)。

值得我们注意的问题是,算法和方法或技术的概念之间存在的微妙区别。例如,使用的方法可能是最小二乘,其中使用的技术则可能是矩阵求逆,而下三角形矩阵-上三角形矩阵分解(LU decomposition)和Strassen算法(Strassen's algorithm)则是两种可供我们选择的求矩阵的逆的算法。单独一种数据分析法可能会使用一种以上的算法。

不用算法就不可能写出统计软件,因此算法对定量方法学者的重要性是确定无疑的。尽管界面友好的统计软件包使终端用户在用计算机解决大多数问题时已可不必自己动手构想算法,但假如他们能对算法问题有一定程度的了解,这将会对他们的计算机使用有一定的帮助。例如,在使用最大似然估计【Maxmum Likelihood Estimation】法时,我们可用一个初始估计值作为起点,某些初始值会遇到无收敛问题。有时在遇到这样的情况时,只要稍微对初始值作一些修改,就可以使无收敛问题迎刃而解。但这时如果研究者不具备算法的基本知识,则有可能被一个无收敛函数难倒。

图1显示了另外一种掌握一定的算法知识可能会对计算机使用有一定用处的情形。该图表示的是某一个网络数据的两种图示。左边的图版使用的是多维尺度分析

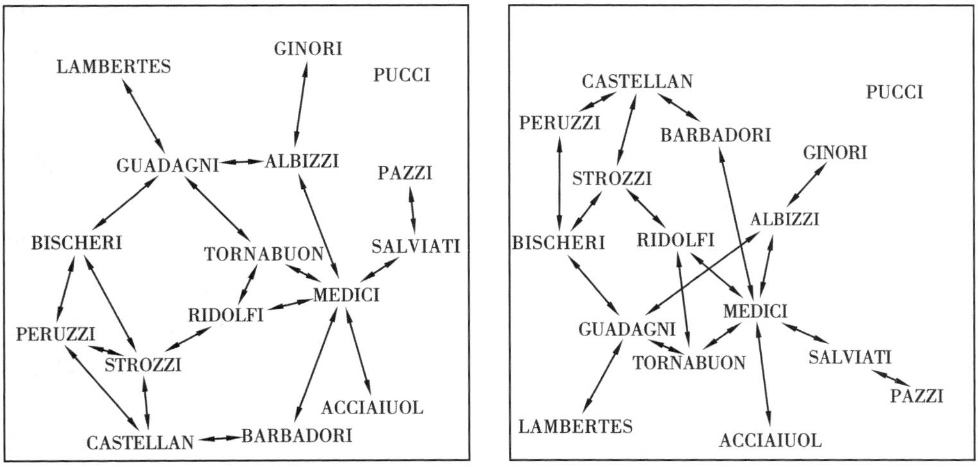

图1 同一个网络数据的两种可能的图示

(multidimensional scaling),而右边的图版则使用了模拟退火(算法)(simulated annealing)。虽然两个图版使用的是同一个数据(它可以通过观察两张图中人名之间的连接情况来加以验证),但它们的图形却不尽相同。在这里,算法是非常重要的,因为对网络数据的解释会受到图形的影响,而图形则会受到选用的算法的影响。虽然在许多时候不同的算法得到的结果都是相同的,但计算的速度却有很大差别。

"算法"一词的使用有时会更为宽泛,任何一种用一步一步的程序来解决某一给定的任务的方法,不论是否使用计算机都被叫作算法。例如,在对来自几个文档的历史记录进行匹配时,便可以手工使用一种算法。

——Andrew Noymer

(沈崇麟译校)

参考文献

Cormen, T.H., Leiserson, C.E., Rivest, R.L., & Stein, C. (2001). *Introduction to algorithms* (2nd ed.). Cambridge, MA: MIT Press.

Knuth, D.E. (1997). *Fundamental algorithms: The art of computer programming* (Vol. 1, 3rd ed.). Reading, MA: Addison-Wesley.

Alpha(α),检验的显著性水平(Alpha, Significance Level of a Test)

显著性检验的发展要归功于罗纳德·费希尔。1920 年代他从事土地统计工作,选择 0.05 来作显著性阈值(significance threshold),这一显著性水平后来为许多领域的研究团队所接受。研究者对假设检验和 p 值被人们接受的基本动机一直在进行着探讨(Goodman, 1999)。而我们必须强调的是,并没有任何数学理论表明,0.05 的显著性水平的第一类误差水平(type Ⅰ error level)是最优的,我们之所以使用这一阈值,仅仅是传统习惯所致。

阿尔法误差水平是一种在研究设计阶段选择的预期水平;而 p 值则是根据研究数据计算得到的误差水平。阿尔法水平之所以被选择,是因为它们指出了随机的抽样误差产生这一研究结果的可能性,因而它们可以被选择为 0.05 之外的其他水平。选择大于 0.05 作为阿尔法水平,意味着调查者愿意接受更大的第一类误差,以确保在自己的研究结果中有更大的得到正面效应的可能性。相反,如果在研究结果中发现的正效应可能非常重要,或可能引起这样那样的混乱,那么调查者就会设置一个更为严格的阿尔法误差率(例如 $\alpha = 0.01$)。如果这些决定是(a)有预期地作出的,(b)对学界作出了精确解释的,那么它们就被认为是恰当的。

一直以来始终在采用的一种显著性检验法是单尾检验法【One-Tailed Testing】。单尾检验法在医学研究领域一直备受争议,在社会科学界人们对它也褒贬不一。至于会导致非传统的阿尔法误差水平的双尾检验法【Two-Tailed Testing】,则在两个对称的显著性区域进行。在作改进学龄儿童教育的干预效应的检验时,有可能会出现自相矛盾的效应,干预降低而非提高了检验的分数。这时,调查者可以将第一类误差率拆分,于是得到的第一类误差水平的 80%(如果总的阿尔法误差水平是0.05,那么它就是 0.04)位于尾部的"有害"端,而其余的 1%则置于分布的有利的那一尾端。预告诸如这样的程序是至关重要的,因为它证明调查者对干预可能导致的不可预期的危害是敏感的。现在,用于发展这种对称检验的指导方针也已经制订出来了（Moyé, 2000）。

在同一次临床试验中进行多个假设检验时，总的或整个的第一类误差水平便会上升。一项产生两个统计假设，得到在0.045水平的 p 值的研究工作可能在告诉我们，研究样本产生了两个结果，它们很可能反映了那个样本从中抽取的较大总体的发现。而重要的问题在于，这些结论中至少有一个是错误的。假定这两个检验的每一个都是独立的，那么这些分析中至少有一个会产生错误的结果，只由抽样误差本身造成的概率等于 $1-(0.955)^2=0.088$。这可以通过对单个检验的第一类误差水平进行调整来加以控制（即 Bonferroni 法【Bonferroni Techniques】）。这些调整对降低每个已经做过的统计假设检验的第一类误差水平是很有用的。举一个戒烟项目方面的例子，在这个项目中，调查者的兴趣在于考察戒烟项目在青少年烟民中的效应，他可以把 0.035 的第一类误差水平放在自我报告的抽烟方面的干预效应上，而把其余的 0.015 放在干预对抽烟的态度的效应上。这种方法可以使总误差仍然保持在0.05的水平的同时，允许在抽烟量度两端的无论哪一端都能使治疗（干预）效应有正向的结果。

——Lemuel A. Moyé

（沈崇麟译校）

参考文献

Goodman, S. N. (1999). Toward evidence-based medical statistics: 1. The *p* value fallacy. *Annals of Internal Medicine*, *130*, 995-1004.

Moyé, L. A. (2000). *Statistical reasoning in medicine*. New York: Springer-Verlag.

备择假设（Alternative Hypothesis）

一般我们都把与虚无假设【Null Hypothesis】对立的假设【Hypothesis】叫作备择假设。它通常都是研究者主导的假设。例如，我们的研究假设是食糖的食用与儿童多动症有关。那么假设 H_A 就是虚无假设 H_0——食糖的食用与儿童多动症无关——的备择假设。

——Michael S. Lewis-Beck

（沈崇麟译校）

矩结构分析（Analysis of Moment Structures, AMOS）

AMOS 是一种在社会科学中用于结构方程模型【Structural Equation Modeling】或协方差结构【Covariance Structure】模型的统计软件。AMOS 有着良好的图形界面。有关它的更为详细的介绍请参考相关网站。

——Tim Futing Liao

（沈崇麟译校）

协方差分析(Analysis of Covariance, ANCOVA)

被称为协方差分析的方法源自一种将方差分析【Analysis of Variance】和回归分析【Regression Analysis】合二为一的愿望。虽然在优秀的计算机统计软件问世之前人们对它有很大的兴趣,但现在单独使用这种方法却越来越少。更为常见的是,这种分析只是简单地叫作多元回归分析,包含一个定量的因变量及作为解释变量的定量变量【Quantitative Variable】和虚拟变量【Dummy Variable】。

定义

协方差分析是一种多变量统计分析法,它的因变量是一个定量变量,而它的自变量却是混合型的,既有定类变量【Nominal Variable】,也有定量变量。

解释

方差分析用于研究一个定量的因变量和一个或多个定类的自变量之间的关系。而回归分析则用于研究一个定量的自变量和一个或多个定量的自变量之间的关系。这样马上就会出现一个问题:因为我们经常会遇到研究假设要求某些自变量是定类的,而另一些则是定量的这样的问题。随着统计计算机软件包的面世,这一问题很快便得到了解决。我们只需先将那些定类变量转化为一个或多个虚拟变量,然后再使用一个定序的多元回归分析就可以了。这样的分析法既可以使用,也可以不使用交互【Interation】变量。究竟是否需要使用,则取决于我们得到的数据和分析问题的性质。现在人们越来越少单独使用协方差分析,因为回归分析可以轻而易举地处理它能处理的问题。

发展历程

1930年代是协方差分析发展的重要时期,大量工作都是在那一时期完成的。因为罗纳德·费希尔爵士用方差分析作了大量的分析,而成为该方法发展过程中的领军人物。他的成就得到了威廉·科克伦(Cochran,1957)和其他六位在那一时期有重要影响的统计学家的赞赏。他们在《生物计量学》(*Biometrics*)杂志的一期特刊上,分别撰文推介罗纳德·费希尔在方差分析方面的出色工作。协方差分析是方差分析和回归分析这两种方法的自然延伸。在方差分析中,我们有理由控制一个定量变量,并对感兴趣的修正的而非原始均值进行比较。同样,在回归分析中,我们也有理由控制一个定类变量。正是这两种想法导致了协方差分析和用台式计算器作简便计算方法的发展。

应用

最为简单的协方差分析的应用方式只用一个定量变量和一个作为解释变量的定类变量。用回归的记号,这一模型可写作

$$Y = \alpha + \beta_1 X + \beta_2 D \qquad (1)$$

式中的 X 和 Y 都是定量变量,D 是一个含0和1两个组的虚拟变量,而 α, β_1 和 β_2 则是回归参数。

这样,我们就可以做方差分析了,在控制 X 变量的同时,比较两个组的均值。这时我们比较的是修正的 Y 的均值,而非直接比较两个组的 Y 的均值。通过将0和1代入虚拟变量,会得到有以下方程的两条平行直线:

$$Y_1 = \alpha + \beta_1 x_1 \quad (2)$$

$$Y_2 = (\alpha + \beta_2) + \beta_1 x_2 \quad (3)$$

X 的一个公值,譬如说总均值,与 Y 的预测值之间的差就变成了系数 β_2。于是,当我们将变量 X 固定为一个常数时,修正的 Y 均值的差,就变成了两条直线的垂直差异。

我们也可以通过控制定类变量 D 对两个组进行比较。我们可以通过将数据分成两组,分别观察 $D=0$ 和 $D=1$ 作 Y 对 X 的回归。在两组有着完全相同的斜率时,我们就可以这样做,且我们已经设计出了在台式计算器上作这样的分析的详尽公式。但是较之分别进行两个回归,一个含两个自变量的多元回归则有着更高的效率。

这一方法可以推广至每个种类都使用多个解释性变量的场合。

例子

在一个小规模的学院,有人比较了男性和女性的收入。方法是比较男女两组的平均工资。比较结果发现,男性的均值大于女性。然而,人们还发现在教学人员中,更多的女性从事较低的教职,也许这才是导致男女收入差异的真正原因。为了控制年龄,我们可令年龄恒定,即先将数据按年龄分组,再在同一年龄组内比较男女的工资均值。由于我们着手分析的是一个小数据,这样我们就可能遇到有些分析只有很少几个个案这样的情况。

同样,我们也可以通过对每一性别分别进行分析来控制性别。这样分析可能就只会涉及两个组。尽管如此,这样的组仍然小于将整个教职员作为一个组的组。

相反,一个含年龄变量和虚拟性别变量的多元回归就不会遇到小数据这样的问题。系数 b_1(β_1 的估计值)将会显示控制了性别之后年龄的效应,而系数 b_2(β_2的估计值)则会显示在控制年龄之后性别的效应。

我们还可以作更为复杂的分析,允许收入在年龄上的回归线不是平行的。这种分析允许我们考察年龄和性别对工资的效应。要这样做,我们只要建立一个交互变量,它是年龄变量和虚拟变量的乘积。在将这一乘积变量引进多元回归方程时,该方程将工资作为因变量,而将年龄、虚拟和交互变量作为三个解释变量。

——Gudmund R. Iversen

(沈崇麟译校)

参考文献

Cochran, W. G. (1957). Analysis of covariance: Its nature and uses. *Biometrics*, *13*(3), 261-281.

Hardy, M.A. (1993). *Regression with dummy variables* (Sage University Paper Series on Quantitative Applications in the Social Sciences, 07-093). Newbury Park, CA: Sage.

Wildt, A. R., & Ahtola, O. T. (1978). *Analysis of covariance* (Sage University Paper Series on Quantitative Applications in the Social Sciences, 07-012). Beverly Hills, CA: Sage.

方差分析(Analysis of Variance, ANOVA)

在方差分析名下集合了一组用于一个或多个定类的自变量对于一个定量的因变量的影响的统计分析方法。一个定类变量【Nominal Variable】的方差分析,叫作单因素方差分析【One-Way ANOVA】,两个定类变量的方差分析,则称为双因素方差分析【Two-Way ANOVA】,以此类推至更多因的模型。含有多个因变量的数据可以用 MANOVA(多元方差分析【Multivariate Analysis of Variance】)。

解释

一项有关性别和种族对收入的影响的研究，采用方差分析来判别各种性别/种族组之间的平均收入是否有所不同。这些方法也许被称作均值分析(analysis of means)更为贴切，但是方差则是实际上用来确定组均值究竟是否不同，这种方法也因此而被叫作方差分析。

发展历程

方差分析发端于实验数据研究。许多早期的应用都在农业方面，研究的目的是弄清楚(诸如肥料和土地的类型)这些因素是怎么对一块土地上的作物产量产生影响的。英国统计学家罗纳德·费希尔在开发方差分析方法的早期做了大量工作。实验可以以许多不同的方式来设计，而从这些不同设计中得到的数据，则可用对应的方差分析法来分析。由此可见，在方差分析的名义下包含着数量众多的方法，而在这些方法中究竟应采取哪一种方法，则取决于实验设计采用的方式。实验设计和方差分析二者之间的关系是很强的。

方差分析和回归分析之间的关系也是很强的。从发展的历程看，这两套统计方法是互不相干的，工作在这两个领域的人们彼此联系很少。老的精确的方差分析计算方法，与回归【Regression】分析有很大的差别。但是现在，在计算方面，统计软件已经取代了手工或计算器，所以要证明这两套方法在许多事情上是相同的这一点并不是一件太困难的事。大多数方差分析都可以用含虚拟变量【Dummy Variable】的回归分析来表示。因此，我们的确可以把方差分析和回归分析看作我们称之为广义线性模型的特例。而这一点，在人们开始将方差分析法不仅用于实验数据，也用于观察数据时，就变得更加清楚。

应用和例子

单因素方差分析

方差分析的许多核心理念可用最简单的例子来阐述。这个例子有来自两个组的自变量 Y 的数据。这就是说，我们有一个有两个值的定类的自变量。这样我们的问题就变成了一个单因素方差分析，因为数据只涉及一个自变量。这一数据可以来自某一心理学实验。这一实验有两个组，一个是控制组，另一个则是实验组。后者的成员将会受到某种刺激。而我们希望了解的问题则是，这些刺激是否有任何的效应。同样，数据也可以来自一个收集不同种族人口的收入的观察研究。我们想要了解的问题是，各个不同种族人口的平均收入是否存在差异。因此，我们知道一个成分(人)属于什么组，而对于每一个成分，我们则有其在定量变量 Y(响应，收入)上的数据，为了便于在电子计算机软件开始使用后数字计算的方便，我们使用方差分析中普遍使用的记号，它看起来与用于回归分析的记号有很大的不同。

一般我们用 y_{ij} 来表示变量 Y 的观察值。第一个下标 i 表示观察所属的组，在这里 $i=1$ 或 $i=2$。在每一个组内，观察值都作了编号，编号则用 j 来表示。例如，y_{25} 表示第二组中的第 5 个元素的观察值。同样，第 i 组的均值表示为 $\bar{y}_i$，而所有观察的均值则表示为 $\bar{y}$。用这些符号，我们便可得到如下简单的恒等式：

$$y_{ij} - \bar{y} = (\bar{y}_i - \bar{y}) + (y_{ij} - \bar{y}_i) \quad (1)$$

观察值 y_{ij} 与总均值 $\bar{y}$ 之间的差，则被表示为组均值 $\bar{y}_i$ 与总均值 $\bar{y}$ 的差加观察值与组均值的差之和。

如果人们的收入不受一个人所在的组，或任何其他变量的影响，那么所有的观察值都应该与总均值相等。每个人都应该有相同的收入。我们就绝不可能得到不同的观察值，因为它们不受任何变量的影响。那么观察到的围绕总均值 $\bar{y}$ 的观察值的变化可能是由两个因素所致：分类的自变量和所有其他的变量。

同样，上式等号右边的第一项测量的便是自变量的影响有多大。如果这个变量没有影响，那么两个组均值便应该相等，同时如果所有其他变量都没有影响，那么每组的观察就应该全部相等，组均值和总均值之间的差便等于零。等号右边的第二项测量的是每一个观察值与组均值的差异。如果所有其他的变量都没有影响，那么每一组中的观察值就应该全部相等，因为只有组的成员资格才是唯一有关的因素。因而观察值和组均值之间的差的确是其他变量，即所谓残余变量的影响。在总体中，我们则把它叫作误差变量，而它的样本估计值则形成了残余变量：

$$\begin{matrix}\text{自变量和残余}\\\text{变量的联合效应}\end{matrix} = \begin{matrix}\text{自变量}\\\text{效应}\end{matrix} + \begin{matrix}\text{残余变量}\\\text{效应}\end{matrix} \tag{2}$$

这一恒等式适用于单独一个观察值。下面我们想来概括一下跨所有观察值的效应。如果我们把所有的效应加起来，那么这三项的和都等于零，因为这些效应是对均值的全部偏差。

效应的量

而要得到正的项，我们则需取上式的左右两边的平方。用平方无非是出于历史的和数学上的方便。使用平方数实际上没有对任何东西做“纠正”，但必须认识到我们分析得到的所有结果将也会因为选择平方而受到很大影响。

将左侧的平方相加得到联合效应的平方和。将右侧的平方和相加，则得到自变量效应的平方和，加上残余变量效应的平方和，再加上自变量和残余变量效应的积的和乘以2。由此可见交叉乘积的和总是等于零。

取平方后我们得到如下的跨所有观察值的平方效应方程，我们用符号、文字和缩写可将此方程写作：

$$\sum\sum(y_{ij}-\bar{y})^2 = \sum\sum(\bar{y}_i-\bar{y})^2 + \sum\sum(y_{ij}-\bar{y}_i)^2$$

$$\text{总平方和} = \begin{matrix}\text{组间}\\\text{平方和}\end{matrix} + \begin{matrix}\text{组内}\\\text{平方和}\end{matrix} \tag{3}$$

$$TSS = BSS + WSS \tag{4}$$

平方前面的双求和符号表示我们先将每一组内的所有的观察项相加，然后再将两组的项相加。

可见对每一个体而言，我们将联合效应拆分成自变量效应和残余变量效应的平方和。借助取平方，我们也可以将个体的整个组的联合效应拆分成自变量效应（组间平方和【Between-Group Sum of Squares】）和残余变量效应。对于更为复杂的方差分析而言，我们将进行更大量的总平方和【Sum of Squares】的拆分。

为了简便起见，我们可以将总平方和分成三个平方和，这将给我们如下所示的代数式：

$$\frac{TSS}{TSS} = \frac{BSS}{TSS} + \frac{WSS}{TSS} \tag{5}$$

$$1.00 = R^2 + (1 - R^2) \tag{6}$$

这一步确定了决定系数 R^2【Coefficient of Determination】。它告诉我们自变量效应在总平方和中的比例。在以往老式的记号法中，这一个量常用 η^2（eta^2）来表示。它与回归分析中的 R^2 起的作用是一样的。R 本身是一个系数，用以测量自变量和因变量之间的关系强度。上述数量关系经常会在方差分析表中展示，实际就如表 1 所示。

表 1　平方和与比例

效应源	平方和	效应比例
自变量	$\sum\sum(\bar{y}_i - \bar{y})^2$	R^2
残余变量（误差）	$\sum\sum(y_{ij} - \bar{y}_i)^2$	$1 - R^2$
总和	$\sum\sum(y_{ij} - \bar{y})^2$	1

假设检验

这种关系是否偶然发生？这一问题可转换成一个有关总体均值的虚无假设：

$$H_0: \mu_1 = \mu_2 \tag{7}$$

在含有两个以上的总体时，问题将会变得更加复杂。这个虚无假设的陈述是，所有总体的均值都相等，而与之逻辑相反的陈述则只能是：至少有些或并非所有的均值都相等。一旦虚无假设被否定，问题马上就变成了究竟哪些是不等的。

研究虚无假设的方法是求出与之对应的 p 值【p Value】。诸如这样的 p 值告诉我们，得到来自总体的这样的数据，或某些更为极端的数据，证明虚无假设可能为真的可能性有多大（次数的比例）。这可以被看作否定虚无假设的概率。如果 p 值比较小（譬如说小于 0.05）我们就拒绝虚无假设。求数据 p 值的方法是计算相应的统计学的 F 变量的值。而实际的计算过程，只有统计学家才对此感兴趣，故而不再详述。表 2 中列出与本表相对应的 F 值，它几乎可用大多数统计软件计算得到。

表 2　使用平方和、比例、均方和 F 值的方差分析

效应源	平方和	效应比例	自由度	均　方	F 值
自变量	$\sum\sum(\bar{y}_i - \bar{y})^2(BSS)$	R^2	$k-1$	$\frac{BSS}{k-1} = BMS$	$\frac{BMS}{WMS}$
残余变量	$\sum\sum(y_{ij} - \bar{y}_i)^2(WSS)$	$1 - R^2$	$n-k$	$\frac{WSS}{n-k} = WMS$	
总和	$\sum\sum(y_{ij} - \bar{y})^2(TSS)$	1	$n-1$		

表 2 的列数多于表 1，它可以用来列 p 值。字母 k 表示组数，而字母 n 则表示研究涉及的观察总数。

F 的计算基于组间和组内平方和之比。但是平方和不能直接进行比较，因为它们取决于和数中的项数的多少。而将和除以它的适当的自由度【Degrees of Freedom】，则每个平方和都转变成一个方差。这一转换得到了列表中为均方（mean square）的那个量。不过，该列却并不能再用“方差”这一词来作为列标。顾名思义，均方是“平均的”平方，而方差是平均的背离均值的平方。最后，这两个均方之比则以 F 来表示（以统计学家费希尔的名字命名）。

通过上面的数学推导，我们可以证明，在虚无假设为真时，这两个均方（方差）大致相等。因此，这两个均方之比（F 值）近似于 1.00。在虚无假设为假时，与总体均值的确不同，F 值将远大于 1.00。

当残余变量的值服从正态分布时，F 变量便会有相应的 F 分布【F Distribution】（一个类似于正态分布【Normal Distribution】t 和卡方分布【Chi-Square Distribution】变量的变量）。然后我们可以用 F 分布来求数据的 p 值。F 的临界值由分组的组数和被测量个案的个案数决定。而最终求解结果则要看 F 的两个自由度，它等于 $k-1$ 和 $n-k$。假如我们有一套来自两个组，总观察数为 100 的，

$F=5.67$的数据。而从 F 分布表中我们发现,与自由度为 $2-1=1$ 和 $100-2=98$ 的 F 值对应的 $p=0.02$。因为它比较小,我们否定了虚无假设,于是我们得出两个组的均值的差异具有统计显著性的结论。大多数统计软件都可以为我们提供确切的 p 值。一般的统计教科书都附有 F 变量表,但是因为每一对自由度的 F 分布都不同,所以尽管 F 表已经变得很大,但还是不够详细。

来自两个组的数据也可以用 t 检验,或一个带有虚拟变量的回归分析来分析两个均值之间的差异。这三种分析方法(双侧)的 p 值都相等。如果我们有两个以上的组,那么就没有什么 t 检验法可以对它进行分析,但是我们仍然可以用含适当数目的虚拟变量的回归分析,而不是方差分析。

双因素方差分析

在这里,两个定类自变量在影响一个定量的因变量。同样也可以有三因或更多因的分析,究竟有多少因则取决于有多少个自变量。

除了有一个以上的自变量之外,现在我们还有一个存在于自变量的(主)效应之外的所谓的交互效应。自变量的交互效应是一种基于两个单独的自变量,但超越两个单独的自变量效应的效应。

分析基于下面的恒等式:

$$y_{ijk} - \bar{y} = (\bar{y}_{i.} - \bar{y}) + (\bar{y}_{.j} - \bar{y}) + (\bar{y}_{ij} - \bar{y}_{i.} - \bar{y}_{.j} + \bar{y}) + (\bar{y}_{ijk} - \bar{y}_{ij}) \quad (8)$$

在这种记号中,每一观察值都用三个下标 i, j 和 k 表示。第一个下标给出第一个定类变量的值,第二个下标给出了第二个定类变量的值,而最后那个下标则给出了两个定类变量的特定组合的观察数。

如果没有东西对因变量有影响,那么该变量的所有的值都将等于总均值 $\bar{y}$。如果性别、种族和其他变量都没有受影响,那么每一个人就会有相同的收入。与这一个值的任何偏差都代表一个或若干个自变量是有效应的,这就如上式等号左侧所示。等号的右侧,第一个差表示第一个定类变量的效应,第二个差表示第二个定类变量的效应,第三个差表示交互变量的效应,而最后一项则表示残差,它测量的是所有其他变量的效应。如果不包括交互项,那么等式就无法成立。

对上面的方程式取平方,右侧给出了每一项的平方加上 2 倍的交叉乘积。将所有的观察值加在一起,所有交叉乘积的和便等于零,得到的平方和则给出了自变量和残余变量的效应。这些和数可以用比例来表示,而将它们除以残差的均方,我们便可以得到 F 值,从而得到无效应假设检验的 p 值。

模型Ⅰ、模型Ⅱ和模型Ⅲ:固定或随机效应模型

在我们有所有的自变量值的因变量数据时,我们便会有模型Ⅰ,ANOVA(固定效应)。在我们只有自变量的样本值的因变量数据时,我们则有模型Ⅱ,ANOVA(随机效应)。模型Ⅲ,ANOVA 则是固定效应和随机效应的混合体。

——Gudmund R. Iversen

(沈崇麟译校)

参考文献

Bray, J. H., & Maxwell, S. E. (1985). *Multivariate analysis of variance* (Sage University Paper Series on Quantitative Applications in the Social Sciences, 07-054). Beverly Hills, CA: Sage.

Cobb, G. W. (1998). *Introduction to design and analysis of experiments.* New York: Springer-Verlag.

Iversen, G. R., & Norpoth, H. (1987). *Analysis of variance* (2nd ed., Sage University Paper Series on Quantitative Applications in the Social Sciences, 07-001). Beverly Hills, CA: Sage.

分析式归纳(Analytic Induction)

分析式归纳有时被作为定性研究设计【Research Design】的一种模型对待。它把调查看作由以下环节组成的迭代过程:对要解释的现象作初始定义;考察若干个案;建立假设【Hypothesis】;对个案作进一步的研究以对这一假设进行检验;假如证据否定了假设,那么或者重新对现象作定义,以排除否定的假设,或者重新建立假设以能对它作出解释。接着,我们再对那些个案作进一步研究,如果这进一步的证据支持假设,那么调查就可以得出结论。但如果将来出现了任何否定的个案,那么调查仍需重新开始,或者必须重新建立假设,或重新定义现象,然后对个案作进一步研究,如此等等。

分析式归纳与扎根理论【Grounded Theory】有共同之处,而与来自纸上谈兵的理论归纳的假设检验(参见归纳【Induction】)则不同。它也与一种强调通过对为数不多的个案,并采用一种灵活的使理论【Theory】得以显现的操作模式——并由此对下一步的调查,包括数据收集和分析作出指引的方法相通。此外,它也与许多自我理解式的定性研究【Qualitative Research】理论的特性相左,尤其是在注重假设检验和致力于发现这一点上,差别更为明显。它的最为显著的特点是,它认为被解释的现象类型可能需要在研究过程中重新予以阐述。这一观点的提出是因为它认为,调查的目的在于发现理论上的类别。所有理论上类别范畴的实例,都能用单独一类的原因作解释。在分析式归纳的语境中,一个理论同时确定了必要和充分两个条件,正因为如此,只要有一个例外,就足以推翻任何理论。

"分析式归纳"一词似乎是由波裔美国社会学家弗洛里安·兹纳涅茨基在他的著作《社会学方法》(*The Method of Sociology*, Znaniecki, 1934)一书中提出的。在书中,他将它与"枚举归纳"(enumerative induction)一词作了对比。"枚举归纳"一词涉及某种推论,是统计方法的一个特性。枚举归纳试图发现某类现象属于特定的类别。做法是先对大量的个案进行研究,进而对它们的共性加以描述。在这里弗洛里安·兹纳涅茨基指出,这一方法中存在着一个悖论:如果我们不了解某类现象的基本性质,我们就无法确认它的实例;然而,如果我们确实已经知道了这些基本性质,那么我们就已经知道了枚举归纳要告诉我们的东西。有鉴于此,弗洛里安·兹纳涅茨基进一步论证,与当代某些社会科学家的认识相反,统计方法并非一种自然科学方法。自然科学并不研究大量的个案,并从它们的平均特征导出理论。相反,他建议要深入地研究单独一个,或少数几个个案,进而发展出将这些个案确认为一般的现象类别实例的基本特性的理论。故而,根据弗洛里安·兹纳涅茨基的观点,科学的任务是寻找普遍的规律,即因果关系或函数依赖,而非统计的概括。而这就是分析,而非枚举归纳方法,它的方法应当是归纳(Gomm et al., 2000; Hammersley, 1989)。

兹纳涅茨基没有提供任何具体分析式归纳的例子,但是其后的两位作者却提供了现在被认为是对分析式归纳的关键性的例解。艾尔弗雷德·林德史密斯(Lindesmith, 1968)对人们之所以会对鸦片上瘾的因果关系进行调查后,证实了这些人变得有意识地服用毒品的基本原因是戒断症状(withdrawal symptom)。他的一个学生,唐纳德·克雷西则提出了确认信任破坏(trust violation)的必要和充分条件,这一概念导致侵占、挪用和贪污等问题的常识和法律概念的理论重建。而重建就发生在他的研究进行的过程中(Cressey, 1950, 1953)。他提出了一套相当复杂的理论,依据这些理论,当那些身居金融信托公司要职的人遇到不可对他人言的金融问题,并认为这个问题可通过侵占、挪用和贪污来秘密解决时;即便他们可能求助于陈情、道歉,但仍然可以把他们看作不值得信任的。

学界对分析式归纳的特征和价值一直争论不休。其中,早期的但至今仍有价值的批评,是由鲁宾逊(Robinson,1951)提出的,他对枚举和分析式归纳二者的区别提出质疑,他认为分析式归纳无非就是一般的实际操作,它的全部意义几乎就是发现必要而非充分条件。在他看来,这是一个那些旨在以某种理论预测将要发生的现象的特定类型的研究者所无法克服的弱点。与此同时他还认为,要求展示普遍而非概率分布的证据,并要求所有的实例都与理论一致,没有任何例外,这样的标准未免苛刻,因为如果研究的个案数目过大,那么这样的要求几乎是无法满足的。拉尔夫·图尔纳(Turner,1951)则对这一批评持反对意见,他也强调分析和枚举归纳之间存在差别,但他认为构建解释框架时,二者可相互补充。虽然分析式归纳这一概念现在已经鲜有定量研究者问津,但霍华德·贝克尔(Becker, 1998)最近却反复提到这一概念,并对这一概念有所发展。他认为,分析式归纳这一概念切中社会科学调查的要害。

——Hammersley Martyn

(沈崇麟译校)

参考文献

Becker, H. S. (1998). *Tricks of the trade*. Chicago: University of Chicago Press.

Cressey, D. (1950). The criminal violation of financial trust. *American Sociological Review*, *15*, 738-743.

Cressey, D. (1953). *Other people's money*. Glencoe, IL: Free Press.

Gomm, R., Hammersley, M., & Foster, P. (Eds.). (2000). *Case study method*. London: Sage. [Includes the articles by Robinson and Turner.]

Hammersley, M. (1989). *The dilemma of qualitative method*. London: Routledge Kegan Paul.

Lindesmith, A. (1968). *Addiction and opiates*. Chicago: Aldine.

Robinson, W. (1951). The logical structure of analytic induction. *American Sociological Review*, *16* (6), 812-818.

Turner, R. H. (1951). The quest for universals. *American Sociological Review*, *18* (6), 604-611.

Znaniecki, F. (1934). *The method of sociology*. New York: Farrar and Rinehart.

匿名(Anonymity)

匿名是对研究参与者的一种保证,保证通过伪装或隐去他们的个人特征,使其身份不会被辨识出来。在开展社会科学研究的过程中,保护"人类被试"这一问题,是机构审查委员会和研究人员等都十分关切的问题。而保证和保护个人的匿名性是保护他们作为研究参与者的权利的关键要素。

作为研究者,我们会采取若干措施来确保参与者的匿名性。例如,在识别他们的资料时,我们为每个人分配一个案例编号来代替被调查者的真实姓名。在呈现我们的研究结果时,我们会隐藏所有可能使被调查者身份暴露的信息。例如,我们使用假名来代替真实姓名。研究者在对整套资料进行建构时,必须在删除所有个人的身份标识(如姓名、地址、社会保险号)之后,才能允许资料公开使用。

当然,我们通常都会注意对个人的直接身份标识进行处理,但间接的身份标识,例如,居住地、组织的会员资格和职业,也能用来辨认某个人或群体(Inter-University Consortium for Political and Social Research, 2002)。定量研究者会对变量进行例行的再编码,将它们纳入更宽的类别,因为更宽的类别会恰当地捕捉到一些共享特征,而他们相信这些特征会影响他们感兴趣的结果变量。例如,关于内科医生的样本资料,可能包含他们获得医学学位的医学院类型(如私立或公立机构),而不是这些医学院的具体名称。在定性研究中,间接的身份标识可能带来更大的问题,部分原因在于定性资料不进行资料的合并处理。从事定性研究的社会科学家都力求针对他们所研究的群体,提供丰富的描述性资料。这种描述的丰富性在一定程度上可以使作者将个人的社会环境,与他的经历和认知联系起来。因此,我们通常希望读者了解一个特定被调查者的职业,以及职业可能以怎样的方式影响他或她生活的其他方面(或其他感兴趣的变量)。

保证研究参与者的匿名性,对于处理那些对科学研究并不信任的群体,以及那些曾参与过非法活动,或被社会污名化的活动的群体来说是尤为重要的,这类活动的一个例子是对药物的非法使用。那些曾经受到既往研究项目侵害或利用的群体,很可能就会对研究产生不信任感。历史上,为了研究梅毒的危害而拒绝对非洲裔美国人提供治疗的塔斯基吉梅毒实验(The Tuskegee Syphilis Study),就是这类研究中一个恶名昭著的例子。

我在对感染艾滋病病毒(HIV/AIDS)的女性进行研究的过程中,发现了许多让这些女性对保护她们的匿名性有所担忧的原因,比如非法的药物使用,她们子女的犯罪行为,以及将她们的艾滋病诊断结果透露给她们的家人和朋友,等等。有趣的是,另一方面,有些研究参与者并不希望保持匿名,因为她们是自豪的——为自己所克服的困难自豪,为自己在经历这个过程时的收获和成长而自豪,为自己是什么样子或者变成什么样子而自豪——因而她们愿意分享自己的故事。格里耶(Grinyer, 2002)曾报告过,一个参与她研究的癌症病人希望使用自己的真名而不是假名。尽管一些参与者有这样的意愿,但总的来说研究者还是有义务采取所有可能的措施来确保研究资料保密,并为研究参与者提供匿名处理。

——Desirée Ciambrone

(郑晓娟译　沈崇麟校)

参考文献

Grinyer, A. (2002). The anonymity of research participants: Assumptions, ethics, and practicalities. *Social Research Update*, *36*, 1-4.

Inter-University Consortium for Political and Social Research. (2002). *Guide to social science data preparation and archiving* [online]. Supported by the Robert Wood Johnson Foundation. Available: www.ICPSR.umich.edu.

应用定性研究(Applied Qualitative Research)

应用定性研究通常指那些显然是用于政策制订的定性研究,常见于政府部门,但也在商业中使用。这个术语可能于1985年在英国首创,是鼓励政府使用定性研究的尝试之一(Walker, 1985)。在那个时代,尽管定性方法论已经成功地进入了市场营销和广告研究领域,但政府官员仍倾向于将证据等同于官方统计【Official Statistics】数据(Weiss, 1977)。应用定性研究通常由政府机构或企业委托,研究的开展一般遵循合同规定的具体内容。

应用定性研究是一项具体活动,而不是一个运动或一套连贯的理念(Ritchie & Lewis, 2003)。这种研究的目标常常是用定性技术作为其他研究方式的替代或补充,来开发、监控或评估一项政策或实践。使用定性方法的理由在于定性方法在某些情境下,或在本质上更适合某项研究任务。这可能是因为该研究主题没有被清晰界定,或没有被很好地进行理论化,因而排除了使用结构化问卷进行研究的可能。研究的问题可能是敏感的、难以理解的、短暂的,或者可能与让人痛苦的、动情的事件,以及深层次的情绪有关。研究的问题可能本身十分复杂,或已经成为一种习俗惯例。针对这类问题,前期研究可能得出了相互矛盾的结论。

应用定性研究的实践者会用不同的研究方法匹配不同的研究问题,因而他们倾向于将自己与实用主义联系起来。他们的本体论定位可能与"微妙的实在论"相符(Hammersley, 1992),他们认为世界是多样性的和多维度的,它独立于人们的主观理解而存在,但能够通过被访者的解释来接近和到达这个领域。他们力求在研究过程的每个阶段做到中立和客观,继而得出有效可靠的结论,这样的结论能够既符合被访者自身的理念和理解,也适用于其他更广泛的场景。他们会探寻被访者所理解的事实的细节描述,同时在分析中清晰呈现这些解释与事实本身的差异,通过简化和结构化使复杂的事物状态言之成理。

应用定性研究在使用具体的研究方法方面是非常兼容并包的,但最为倚重的则是深度访谈【In-Depth Interview】和焦点小组【Focus Group】。目前有一种趋势是对同样的被访者进行重复的访谈,以此发现意图、行为与结果之间的关联。研究人员经常使用投射技术【Projective Techniques】,其目的并非得出在人格特质方面的结果分数,而是刺激被研究人员在参与研究过程中的反应和对投射行为的反馈结果;研究人员有时也会使用民族志【Ethnography】或行动研究【Action Research】的技术。在同一个项目中,不同的研究方法,包括定量研究方法,都会被研究人员使用。在进行定量调查的过程中,研究人员使用定性技术可以达成多种目标,包括界定概念、设计问卷;对调查结果进行辅助的解释、阐述、说明和确证;包括在不同研究方法之间获取平衡以及提供互补性的洞见。

——Robert Walker

(郑晓娟译　沈崇麟校)

参考文献

Hammersley, M. (1992). *What's wrong with ethnography*. London: Routledge.

Ritchie, J., & Lewis, J. (2003). *Qualitative research practice*. London: Sage.

Walker, R. (Ed.). (1985). *Applied qualitative research*. Aldershot, UK: Gower.

Weiss, C. (1977). *Use of social research in public policy*. Lexington, MA: D. C. Heath.

应用性研究(Applied Research)

应用性研究从定义上看,指的是那些基于实用性理由而开展的,因而通常会很快得到应用的研究。研究结果通常是可操作的,并会在特定领域带来提升效果和效率的有利变化。应用性研究很少致力于推进理论体系的发展。在应用性研究中,理论是一种用来确立和界定概念及变量的工具,以便研究者可以为了研究而对概念和变量进行操作化。

应用性研究与基础研究【Basic Research】(有时也称为纯研究或纯学理研究)的概念是相对的,后者在研究完成后并不能带来迅速直接的应用。基础研究的目的并不在于推动实际的或快速的应用,而在于推动我们对基本的社会过程,以及社会互动的理解和认识。从长期看,几乎所有的基础研究最终都会产生有价值的应用。二者的主要区别在于,研究是否可以得到迅速直接的应用。不过,应用性研究更容易与大众相关,因为它产生可付诸行动的和实用性的结果,而基础研究直觉上给人的感觉是只与研究者有关。

应用性研究的一种常见类型是项目评估。在某些案例中,研究者研究现行项目的有效性,以便评价该项目在达成目标方面有多大效果。在另外一些案例中,研究者可能研究项目推进系统的效率,以检验资源浪费的程度。在无论哪一种案例中,研究者的目的都是发现改善项目或其推进系统某些方面的方法。

应用性研究的另外一个例子是市场研究。市场研究人员可以通过研究(焦点小组、深度访谈或问卷调查)来探寻消费者的产品需求和偏好,进而包装出最合适的产品。市场研究人员也可以在消费者中测试他们的营销宣传材料,以确保他们想表达的营销信息能够有效地传达。这种类型的研究所产生的建议包括改变用词、包装风格、物流路径,甚至是宣传材料的颜色使用方案。

在许多案例中,应用性研究的受众通常局限于特定的利益相关方。因此,应用性研究的结果通常作为发行量有限,或独家所有的内部报告来处理。但是,有些应用性研究会通过在专业期刊上的发表来实现研究成果的共享。例如,《老年学刊》(*The Gerontologist*)除了刊登常规长度的文章外,还有一个名为"实用概念"的专栏,专门呈现应用性研究和一些篇幅较短的报告。"实用概念"曾刊登了一篇由西、诺伊费尔德和邓巴(Si, Neufeld, & Dunbar, 1999)三位作者所写的文章,研究在短期的护理康复中心安装床栏与居住者安全之间的关系。西等人发现,在一些选定的护理康复中心大量减少床栏的使用并不会导致居住者受伤情况的增加。他们认为,床栏的必要性取决于护工人员接受的训练和经验,同时与病患受伤的类型和严重程度有关。

如果想对应用性研究作进一步的了解,请参考以下书籍:亨德里克等 1993 年出版的《应用性研究设计:实践指南》(*Applied Research Design: A Practical Guide*);克鲁格 2000 年出版的《焦点小组:应用性研究实践指南》(*Focus Groups: A Practical Guide for Applied Research*)。

——VoonChin Phua

(郑晓娟译　沈崇麟校)

参考文献

Hendrick, T., Bickman, L., & Rog, D. J. (1993). *Applied research design: A practical guide*. Newbury Park, CA: Sage.

Krueger, R. A. (2000). *Focus groups: A practical guide for applied research.* Thousand Oaks, CA: Sage.

Si, M., Neufeld, R. R., & Dunbar, J. (1999). Removal of bedrails on a short-term nursing home rehabilitation unit. *The Gerontologist*, *39*, 611-614.

档案研究(Archival Research)

对于社会科学家来说,档案研究可以被定义为对档案中发现的资源的定位、评价、系统阐释和分析。原始来源的材料是可以参考和分析的,但分析目的则不同于它们在最初搜集的时候。分析原始来源的材料的目的是对旧数据提出新问题;提供跨时代或跨地域的比较;证明或挑战已有的发现;或是从不同的来源中聚集证据,以描绘更恢宏的图画。

对社会科学家而言,使用档案似乎没有进行田野调查那么令人兴奋。在很多研究者眼中,田野调查新鲜、生动,极为重要,而历史研究的方法和档案技术似乎不那么常见,例如,社会科学家可能不习惯在故纸堆上工作,而这对历史学家来说则是家常便饭。不过,这些方法应该被当作互为补充,而非相互竞争,它们在处理某些研究问题时具有的优点应得到承认。实际上,查考档案材料能使社会科学家得以改进和挑战用以界定和搜集数据的既有方法。

那么,社会科学家对哪种材料感兴趣呢?档案包括官方材料(例如政府文件)、组织记录、医疗记录、个人收藏以及一些情境性的材料。基础的研究数据也包括在档案中,例如调查者在研究过程中创建的数据,包括访谈的录音整理稿或录音带、田野笔记【Fieldnotes】、个人日记【Diary】、观察报告、未刊稿以及一些相关的通信。这类材料在许多大学资料库或私人收藏中都极为丰富。档案还包括在制度、理论或思想变迁进程中的文化或物质遗存,例如,在一个重要的社会科学部门里的思想发展成果。

不管怎样,档案肯定是多年沉淀的产物——收藏品可能会遭到侵蚀或破坏——可能是自然的(例如意外丢失或损毁),也可能是人为的(例如有意的分割或机构的处理政策)。因此,材料是否有保留价值取决于收藏者或档案保管员的主观判断,因此可能不能代表原来收藏的全貌。对档案馆来说,储藏空间也会对其起初决定收藏或拒绝什么藏品有很大的影响。

搜寻档案材料的技术类似于挖洞——你能分析什么取决于你能找到什么。一旦搜寻到了材料,研究者就可以自由地把自己浸泡在材料中——去评估、审查和重新分类数据;去检验之前的假设;或者去发现浮现的议题。评估原始材料的信度和效度是准备和分析材料至关重要的第一步。数据材料筛选、集中起来之后,就可以运用许多传统的社会科学分析方法——例如,使用扎根理论【Grounded Theory】来探求数据的模式和主题;通过核查个人文献材料,运用传记法【Biographical Method】来记录个人生活和思想;或是用内容分析【Content Analysis】来确定文本中某些字词或概念的存在。

获准查看档案不应当被看作理所当然,为了查考档案材料,研究者一般必须先行预约,并出示身份证明。对有些收藏而言,还必须事先取得档案保管员的特别许可。

——Louise Corti

(杨可译　沈崇麟校)

参考文献

Elder, G., Pavalko, E. K., & Clipp, E. C. (1993). *Working with archival lives: Studying lives* (Sage University Papers on Quantitative Applications in the Social Sciences, 07-088). Newbury Park, CA: Sage.

Foster, J., & Sheppard, J. (1995). *British archives: A guide to archival resources in the United Kingdom* (3rd ed.). London: Macmillan.

Hill, M. M. (1993). *Archival strategies and techniques* (Qualitative Research Methods Series No. 31). Newbury Park, CA: Sage.

Scott, J. (1990). *A matter of record: Documentary sources in social research.* Cambridge, UK: Polity.

定性数据存档(Archiving Qualitative Data)

定性数据存档是以能够被现在和将来的研究者取用的格式长期保存的定性数据。保证数据长期可取用性的关键在于数据处理、创设信息文件的策略,以及储存、保护、安全保障和存取的物理和技术规程(参见数据归档【Data Archives】)。

定性数据【Qualitative Data】是采用定性研究【Qualitative Research】的方法和各种跨社会科学学科的技术搜集的资料。定性研究通常都包括多样化的,而非单一的方法和工具,其搜集的数据类型取决于研究目的、样本性质和具体的学科。因此,数据类型包括深度访谈【In-Depth Interview】或非结构访谈【Unstructured Interview】、半结构化访谈【Semistructured Interview】、田野笔记【Fieldnotes】、无结构日记【Diary】、观察报告、个人文献和照片。定性研究经常会生成大量的原始数据,尽管这些研究方法的样本量一般都比较小,但是,这些数据可能是以一些不同的格式建立的:数字化的、纸质的(打印或手写的)或是音像材料。

1994 年之前,尽管口述史研究团体对保存口述历史访谈项目中收集的录音带已经有专业兴趣,但对定性数据却一直还没有系统的存档和传播规程。许多这类录音带可以在伦敦的英国国家图书馆音像资料馆(the British Library National Sound Archive in London)找到。

1994 年,在经济与社会研究理事会(Economic and Social Research Council)的支持下,英国首先设立了国家级的定性数据存档项目。定性数据中心(Qualidata Centre)为原始数据和伴生文献(元数据,meta-data)的分类、描述、处理建立了常规程序,并为数据的存取使用建立了适当机制。

处理数据集的方法可以分成三个主要工作:核查与匿名处理、转换数据集和生成元数据。核查数据集包括确认数据的完整性和质量,以及在数据项(如访谈、田野笔记和录音)之间建立关联。优质的录音整理稿对于将没有录音的访谈收集归档至关重要,同样,保证数据内容符合与参与者事先达成的所有许可协议这一问题也很重要。保密【Confidentiality】和版权是定性数据在存档和传播中出现的两个主要问题。数据转换指的是将数据转成适于保存和传播的格式,这可能涉及对纸质材料的数字化处理。

第三项主要的处理工作是生成元数据(关于数据的数据),指的是处理中生成的背景信息,比如,生成一个包含访谈细节的"数据表",确保在原始文本上加上讲话者、访问者的姓名标签,以及问题或主题指南标题。元数据的关键功能之一,就是让使用者能在一个数据集中搜寻到与其研究最为相关的录音整理稿或某个具体项目。把诸如主题指南、个人研究日记、结项报告(end of award reports)和出版物等重要文献集合在一起,建立用户指南。这类信息经田野调查和分析的主要研究者整理核对之后,无疑对将来的存档有很大的好处。

最后,定性数据的再使用和定性数据二次分析【Secondary Analysis of Qualitative Data】是一个自 1990 年代以来就激起争论的话题。和定量数据一样,定性数据也可以由新的分析者来处理——对旧数据提新问题、提供比较、证实或挑战已有的发现等。但是,我们应当始终意识到用于第二次分析的“旧数据”的不足之处。

首先,缺乏回答当前问题的准确数据会是一种令人沮丧的体验。其次,正如哈默斯利(Hammersley,1997)所强调的,在缺乏对研究过程的全面了解的情况下对数据质量和效度进行评价,比评估研究者自己的数据集要复杂得多。这是因为定性分析之路几乎从来不是线性的,在追究感兴趣的调查线索过程中,几乎总是会在一定程度上涉及试错法。

最后,尤其对定性数据而言,很难重构出访谈的场景或田野经验,而这通常在存档的访谈录音整理稿或田野笔记里都没有得到充分记录。其结果是,二手分析者无法了解最初的研究者所获取的那些不言而喻的知识,而这在某些情况下对数据的解读是至关重要的。在阅读录音整理稿之外,听听存档的访谈录音通常会帮助我们重构出访谈的场景。

——Louise Corti

(杨可译　沈崇麟校)

参考文献

Corti, L., Foster, J., & Thompson, P. (1995). *Archiving qualitative research data* (Social Research Update No. 10). Surrey, UK: Department of Sociology, University of Surrey.

Hammersley, M. (1997). Qualitative data archiving: Some reflections on its prospects and problems. *Sociology*, *31*(1), 131-142.

James, J. B., & Sørensen, A. (2000, December). Archiving longitudinal data for future research: Why qualitative data add to a study's usefulness. *Forum Qualitative Sozialforschung* [Forum: Qualitative Social Research] [online journal], *1*(3).

Mruck, K., Corti, L., Kluge, S., & Opitz, D. (Eds.). (2000, December). Text archive: Re-analysis. *Forum Qualitative Sozialforschung* [Forum: Qualitative Social Research] [online journal], *1* (3). Available: http://qualitativeresearch.net/fqs/fqs-eng.htm.

ARIMA

ARIMA 是自回归整合移动平均(Autoregressive, Integrated, Moving Average)的英文缩写,表示由博克斯和昭(Box & Tiao,1965,1975)首先提出,博克斯和詹金斯(Box & Jenkins,1976)进一步开发的广义随机【Stochastic】时间系列模型族的三个组成部分。估计单变量的 ARIMA 模型常被成功地用于预测和形成多变量分析的基础,如干预分析【Intervention Analysis】评估,或时间序列的 Box-Jenkins 建模法中的传递函数【Transfer Function】模型的主要基础。与传递函数模型一起使用的 ARIMA 模型,常与使用时间序列的回归【Regression】的模型作对比,但 ARIMA 模型也越来越多地与回归模型连在一起使用。

三个组成部分

ARIMA 模型有三个组成部分，每一部分都描述了时间序列过程的一个主要性质。扼要地说，三个组成部分分别对应过去值(past values)效应，叫作自回归(AR)；过去的冲量(past shocks)，叫作移动平均(MA)；存在的随机趋势，叫作整合(Ⅰ)过程。这三个部分将在下面参照一个时间序列过程的例子分别进行讨论。

自回归

时间序列过程经常受到它们自己的过去值的影响。我们来看一个有关公众赞同总统执政方式的百分比的问题。当前公众有关总统执政能力的意见，有一部分受到他们自己近来在这方面的态度的影响。更为一般地说，如果现在的值是过程的过去的值的函数，那么时间序列便是自回归的。过程过去值的效应用 ARIMA 模型的自回归部分，一般由下式表示：

$$y_t = a + b_1 y_{t-1} + b_2 y_{t-2} + \cdots + b_p y_{t-p} + \mu_t \qquad (1)$$

每个观察值都由一个随机冲量和前面的观察值的线性组合组成。滞后值的数目决定了自回归的阶，并由 p 给出，用AR(p)表示。

移动平均

ARIMA 模型假设时间序列过程由一系列随机冲量驱动。随机冲量大致可被看成是一种随时间随机发生的投入的集合。更为专业地说，随机冲量是服从正态和恒等分布的随机变量，有零均值和常方差。考虑如下实例，即暴力犯罪的上报要求的变化。上报要求的变化会“冲击”暴力犯罪的统计值，因此报告的统计值就是此类冲量的函数。我们可以把这一函数用下式来表示：

$$y_t = a + \mu_t + c_1\mu_{t-1} + c_2\mu_{t-2} + \cdots + c_q \mu_{t-q} \qquad (2)$$

式中的 q 给出了过去冲量的数目，μ 影响当期的 y 均值，即当期的$\bar{y}$，在这里便是暴力犯罪的统计值。μ 的滞后值数目确定了移动平均的阶，它由 q 给出，用 MA(q)表示。

整合

ARIMA 模型假设过去的冲量和过去值的效应会随时间衰减：就冲量和赞同值而言，当今总统的赞同值，更多地反映了近来的，而不是时间较远的这两个值。例如，总统在他任期的早期犯的错误，随着时间的推移会被公众忘却。这就意味着，在广义 AR 和 AM 模型的组成部分中的参数【Parameter】值，必须受到一定的限制，以确保效应的衰减(即时间序列是平稳的)。不太严格地讲，平稳的时间序列的均值、方差和协方差，不会随时间的变化而变化。一个非稳定的时间序列叫作整合(Integrated)。某些经济学的时间序列(如经济增长)便被视为是整合的，因为它们展示的是增长的历史趋势。

在有可能进行分析之前，整合时间序列必须作一个转换。最为普遍使用的转换【Transformation】叫作差分化，凭借着这一变换，我们分析的是 y 的变化，而非 y 的水平(我们分析的是 $y_t - y_{t-1}$)。一个时间序列被差分至稳定的次数给出了整合的阶，以I(d)表示。d 可以是任何实数(如果 d 是一个分数，那么这一过程便叫作分数化整合，而这样的模型则叫作 ARFIMA)。如果时间序列在水平上，而非在变化上整合，那么整合过程的阶 $d=1$。

AR(1)过程的稳定条件是 b_1必须在-1和+1 之间。如果 b_1不在这一范围内，这一过程的过去值的效应便会随时间累积，而连续的 y 将趋向无限，也就是说，系列将不稳定，因而在(再)考虑作为过程的特征的自回归的阶之前，可能还需要差分。在MA(1)这一情形中，需要将 c_1 限定在-1和+1之间。在更高阶的过程中，为了确保稳定性，我们也必须对参数实施同样的限定。

广义模型

广义的ARIMA (p, d, q) 模型将上面给出的部分联合在一起，被写作如下形式：

$$y_t = a + b_1 y_{t-1} + b_2 y_{t-2} + \cdots + b_p y_{t-p} + \mu_t + c_1 \mu_{t-1} + c_2 \mu_{t-2} + \cdots + c_q \mu_{t-q} \quad (3)$$

为了产生平稳性，式中的 y 已被差分过了适当次(d，一般为0或1)，p 给出了AR的滞后数，q 则是MA的滞后数。任何时间序列可含AR、I和MA参数的任何数(包括0)，但参数的数目则将趋小。一般来讲，简单结构构成了时间序列过程，大多数过程都可作为为数不多的几个过去的冲量和过去值的一个函数而被清楚地解释。实际上，许多社会科学的过程，其性状就像一些简单的ARIMA(1,0,0)过程。

重要的问题是我们应该明白，一个给定的时间序列过程也许最好被视为一个ARIMA(0,0,0)过程，即所谓的白噪【White-Noise】过程。白噪过程是一个随机冲量系列。它没有自回归、整合或移动平均部分。在估计回归模型时，只有在误差是一个白噪过程时，推论才是正当的。

表示一个特定的系列的ARIMA模型，是通过一种特殊的方法学认定的。尤其是我们所关心那个过程的ARIMA模型，是一个在经验驱动的确认、估计和诊断的过程中，从一个观察的时间序列建立的(有关如何做到这一点的解释，请参见Box-Jenkins建模【Box-Jenkins Modeling】)。至于ARIMA模型和Box-Jenkins法的更为一般的处理方法，可参见麦克利里和海(McCleary & Hay, 1980)的著作。

——Suzanna De Boef

(沈崇麟译校)

参考文献

Box, G.E.P., & Jenkins, G.M.(1976). *Time series analysis: Forecasting and control*. San Francisco: Holden-Day.

Box, G.E.P., & Tiao, G.C.(1965). A change in level of nonstationary time series. *Biometrika*, *52*, 181-192.

Box, G. E. P., & Tiao, G. C. (1975). Intervention analysis with applications to economic and environmental problems. *Journal of the American Statistical Association*, 20, 70-79.

McCleary, R., & Hay, R. A., Jr. (1980). *Applied time series analysis for the social sciences*. London: Sage.

阿罗不可能定理(Arrow's Impossibility Theorem)

肯尼思·阿罗(Kenneth J. Arrow, 1921—)是20世纪最重要的经济学家之一。他对社会科学最重要的贡献就是阿罗不可能定理(Arrow, 1963)。阿罗用一个以社会中的个人选择偏好为基础的社会考察了社会选择的逻辑，并认定了一个社会应该具备的用于社会选择规则的若干合理条件。不可能定理指出，当存在三个或三个以上选择方案时，不可能找到一种社会选择规则，总是能以一种满足这些理想条件的方式将个人偏好聚集成社会偏好。因此，即使每个个人的偏好完全一致且符合逻辑，但作为一个整体，社会偏好也仍然可能是不合逻辑的。

首先，假设社会中的每个个人在一系列选择方案中都有自己的偏好。一个社会选择的规则是，考虑到所有个人的偏好，并将它们结合起来确定整个社会偏好的规则。例如，个人可能对于政治候选人有不同偏好，那么我们就要找出一个社会选择规则（例如少数服从多数原则）来结合人们的偏好，并决定谁应该当选。阿罗认定了社会选择规则应当满足的五个理想条件：

- 完备的。社会选择规则应当提供一个所有选择的完整排序。也就是说，对任意的选择 A 和 B 而言，社会选择规则应当告诉我们，究竟是 A 胜过 B，还是 B 胜过 A，或者在 A 和 B 之间是不存在社会差异的。
- 帕累托最优的。如果每个人在 A、B 之间都更偏好 A，那么社会选择规则应当将 A 排在 B 之上。在这种情况下，选择方案 A 而非方案 B 应是一个帕累托最优的行动（一种使所有个体得益的行动），因此社会选择规则应当将 A 排在 B 之上。
- 可传递的。如果社会选择规则将 A 排在 B 之上，且将 B 排在 C 之上，那么 A 的排序应该高于 C。
- 无关方案互相独立的。A 相对于 B 的排序应独立于其他的方案偏好。
- 非独裁的。社会选择规则应不取决于单独某个人（独裁者）的偏好。

阿罗不可能定理的论证证明，不可能在有三个或以上选择方案的时候，找到一个社会选择规则总能满足这五个条件。也就是说，不管一个社会采用什么规则来确定其社会偏好，它要么具有某些不受欢迎的“非理性”特征，要么就完全是由一个人决定的。

不可能定理的结果对于那些研究民主选择的人来说是一个困扰。尽管如此，放宽不可能定理强加的某些条件，或者添加一些附加的限制条件，的确能使政治过程中的社会选择成为可能。一个重要的例子是，当假设各种方案按照某种一维谱排列，且个人对这些方案的选择偏好都是单峰的时候，就意味着偏好的强度在最受偏爱的方案中达到峰值，且与最受偏爱的方案距离越远，强度越小。在这个情况下，当人数为奇数时，少数服从多数原则会导致占中位数的投票者的偏好被采用（例如，Black，1958；Downs，1957）。社会规范和制度也可以提供一些办法来避免未知定理可能带来的影响（例如，Riker，1980）。

——Garrett Glasgow

（杨可译　沈崇麟校）

参考文献

Arrow, K. J. (1963). *Social choice and individual values* (2nd ed.). New Haven, CT: Yale University Press.

Black, D. (1958). *The theory of committees and elections*. Cambridge, UK: Cambridge University Press.

Downs, A. (1957). *An economic theory of democracy*. New York: Harper Collins.

Riker, W. H. (1980). Implications from the disequilibrium of majority rule for the study of institutions. *American Political Science Review*, *74*, 432-446.

研究过程中的人为效应（Artifacts in Research Process）

研究过程中的人为效应这个术语指的是不受控制，并非故意的系统性偏差，它会影响研究结论的内在效度【Internal Validity】或外在效度【External Validity】。在社会科学研究中有存在“研究中的人为效应”的可能，因为人类参与者是有感情的、主动的生物体，而不是被动、消极的客体。正因如此,在研究者和研究施行者(the agents of study)之间的互动也可能以一种研究者未曾察觉的微妙方式潜在地改变实验环境。

社会科学研究中的人为效应可能引起的潜在问题,在19世纪末20世纪初彰显了出来。举例来说,西电公司1920年代在伊利诺伊的霍桑工厂进行的一系列有争议性的研究,被解读成仅仅观察一个人的行为就足以改变其行动。在此之前,著名的德国心理学家奥斯卡·芬格斯特(Pfungst,1911/1965)20世纪初在对一匹名为“聪明汉斯”的马的研究中,戏剧性地证明了人们的期望是如何在潜意识的层面上影响他人的行为的。在另一项经典的研究工作中,索尔·罗森茨魏希(Rosenzweig,1933)提出,实验环境本身应当被作为一个心理问题来加以考虑。他认为,我们必须考虑一种可能,即实验者和研究的参与者的态度和动机有可能对研究环境产生微妙的影响。尽管他们对这些研究中人为效应的潜在问题发出了警示信号,但直到1950年代末,1960年代初,这个问题及其对社会科学研究的深远影响才得到了系统的检视。这一研究成果首先由罗森塔尔和罗斯诺(Rosenthal & Rosnow,1969)结集出版,他们通常关注的是人为效应的两个潜在来源:研究者和研究的参与者。

与研究者有关的人为效应

因为研究者不是科学研究过程中被动、冷漠的参与者,他们有时候会不知不觉地在无意中作出一些会对研究设计产生人为影响的行为。罗森塔尔(Rosenthal,1966)在一部重要著作中定义了两种广义的,与研究者有关的人为效应类型:无互动的人为效应和互动的人为效应。无互动的人为效应是不会对研究参与者的行动产生实际影响的偏误。更确切地说,是研究者观察、阐释或者报告研究结果的方式所产生的系统性的偏差。例如,研究者的观察可能偏向于支持研究者的假设。同样地,研究者阐释数据的方式也可能偏向于支持其关注的研究假设。尽管这两种无互动的偏误可能是无意识的,但第三种则肯定是有意而为之。研究者可能会编造或操控数据,以便为其假设提供支持,这当然是不符合职业道德的。

第二种与研究者相关的人为效应,则与研究者和研究参与者之间的互动有关。例如,研究者的生物社会特征(例如民族、性别、年龄)有在无意识的层面对参与者的行为发生影响的潜在可能。同样,研究者的心理特征(例如人格)也可能造成参与者以一种看似与被调查项目无关的方式作出反应。情境效果(例如研究者在研究过程中的行为变化)也会改变人们对实验刺激的反应方式。最后,正如罗森塔尔(Rosenthal,1966)所证明的,仅仅是对于研究假设的了解也会影响研究者的行为,导致自证预言或实验者期望【Experimenter Expectancy】偏误,这是目前研究最为深入的一种互动的人为效应的来源。

参与者的人为效应

研究参与者也是积极的、有目的的当事人,他们了解自己作为研究对象的角色。马丁·奥恩(Orne, 1962)指出,尤其是那些被帮助科学事业的愿望促动的自愿受试者【Volunteer Subjects】会扮演“好被试”的角色。在这个位置上,他们努力寻找提示线索(需求特征【Demand Characteristics】)并对其作出反应,表面上这样做会令其行为更可能支持研究者的假设。但是米尔顿·罗森堡(Rosenberg, 1969)还指出,评价焦虑【Evaluation Apprehension】也会促动研究参与者的行为。他提出,由于他们担心被负面评价,导致他们倾向于对实验刺激作出大概能让他们“看上去不错”的反应。研究环境中的参与者行为的第三种可能动机是服从研究者的愿望,因为后者被视为权威人物。不管背后的动机是什么,其后果是人们对研究中的实验刺激作出了系统性的有偏反应。

减少研究中的人为效应

对研究中的人为效应潜在来源的确认工作向我们提示了探查人为效应存在的方法或减少将其带入研究设计【Research Design】的方法。例如,潜在的无互动的研究者有关的人为效应,可以通过独立的重复【Replication】实验结果,以及向其他科学家开放研究数据加以认定。罗森塔尔(Rosenthal,1966)记述了如何采用期望控制设计来探测实验者期望偏误是否存在。标准化的研究规程、实验设计中的双盲程序【Double-Blind Procedure】以及实验处理和处理效果测量的时空分离则代表了减少研究者相关的人为效应的其他一般性策略。

避免特定的参与者相关的人为效应的策略,包括引入替代性的任务取向线索、创设可以减轻评价焦虑或减少对需求特征作出反应的实验环境。使用不知道自己身在研究中的参与者会使得反应性【Reactivity】问题最小化,但这一策略会引起侵犯隐私【Privacy】的伦理问题。

奥恩(Orne,1969)描述了如何利用半控制的被试来获取实际研究中的需求特征的办法。这些参与者基本上是作为研究者的“顾问”参与研究的。半控制的被试在了解实验设计的各个方面之后,被要求谈论其行为背后的理念,或思考当其真的置身于实验刺激之下时会如何反应。最后,研究者确认和控制潜在的研究人为效应的最重要的机制,就是由不同的研究者对研究结果进行独立的重复研究。

——David B. Strohmetz
Ralph L. Rosnow
(杨可译　沈崇麟校)

参考文献

Orne, M. T. (1962). On the social psychology of the psychological experiment: With particular reference to demand characteristics and their implications. *American Psychologist*, *17*, 776-783.

Orne, M. T. (1969). Demand characteristics and the concept of quasi-controls. In R. Rosenthal & R. L. Rosnow (Eds.), *Artifact in behavioral research* (pp. 143-179). New York: Academic Press.

Pfungst, O. (1965). *Clever Hans: The horse of Mr. von Osten.* New York: Holt, Rinehart, & Winston. (Original work published 1911.)

Rosenberg, M. J. (1969). The conditions and consequences of evaluation apprehension. In R. Rosenthal & R. L. Rosnow (Eds.), *Artifact in behavioral research* (pp. 279-349). New York: Academic Press.

Rosenthal, R. (1966). *Experimenter effects in behavioral research.* New York: Appleton-Century-Crofts.

Rosenthal, R., & Rosnow, R. L. (Eds.). (1969). *Artifact in behavioral research.* New York: Academic Press.

Rosenzweig, S. (1933). The experimental situation as a psychological problem. *Psychological Review*, *40*, 337-354.

Rosnow, R. L., & Rosenthal, R. (1997). *People studying people: Artifacts and ethics in behavioral research.* New York: W. H. Freeman.

Strohmetz, D. B., & Rosnow, R. L. (1994). A mediational model of research artifacts. In J. Brzezinski (Ed.), *Probability in theory-building: Experimental and nonexperimental approaches to scientific research in psychology* (pp. 177-196). Amsterdam: Editions Rodopi.

人工智能(Artificial Intelligence)

人工智能(AI)的主要目的是研究如何建立智能系统。AI尤其关注如何用智力行为,如问题的求解、推理和学习来开发计算机程序。人工智能也因此而得名。

自1965年“人工智能”一词首次出现以来,AI一直呈起伏不定的周期状。最初,解决电子游戏中遇到的各种问题一直是AI研究的重要课题。1997年,IBM的深蓝国际象棋下棋系统(IBM's Deep Blue Chess System)打败了国际象棋世界冠军加里·卡斯帕罗夫。专家系统也已经被成功地开发出来,其在操作应用上已经达到了真实世界里专家的水平。将在特定领域的人类专家的知识库中汲取的知识用于机器推理,并将它广泛用于科学、医学、商业和教育等各种领域。机器学习的崛起则成为AI研究中的又一个重要课题,人们致力于建立有学习能力的人工智能系统。仿照生物进化的图谱,基因算法催生了数量众多的彼此竞争的候选解决方案,而众多的竞争方案有助于更好的解决方案的诞生。基于代理人的模型(agent-based model)证明,普遍的智能行为(globally intelligent behavior)可以出现在较小的结构的互动中。基于个体代理人的互动、智能可被视为社会特性的体现,而不仅仅是个体代理的一种性质。近年来,AI一直在转向构建真实环境中的智能代理人,如网上拍卖。得益于对一个在有着不同的能力、目标和信仰的多个代理环境中的人类社会的抽象,多代理人系统成为聚合各种AI技术的平台。

人们也一直在把AI路数用于社会、心理认知和语言现象。在理论构建层次,AI技术一直在被用于理论的定型,以及社会和组织的模拟。例如,一个博弈论【Game Theory】问题——“囚徒”困境,这是一个经典问题。对这一问题的研究便得益于计算机模拟【Simulation】。它使我们能对在什么样的条件下,那些有动机违背协议的利己的行动者之间,有可能,至少在短时间内有可能进行合作这一问题进行探讨。近来,多代理人系统已成为一种给社会生活建模的新方法。这些模型显示,信息是以什么样的模式传播的,规范是如何出现的,约定是如何协调的,而集体行动的参与问题则可被看成是那些对受到的某一影响作出反应时,那些相互影响的适应性代理人(adaptive agents)之间互动出现的行动。

在数据分析层次,AI技术一直被用于使用符号处理器智能地分析定性数据(用那些诸如民族志这样的方法收集的数据)。而在定量数据分析中,AI技术则大大提升了统计程序的能力。例如,已经证明,我们可以立即用神经网络【Neural Network】替代,甚至胜过多元回归及其他多变量方法。最近,知识发现的过程显示,社会科学研究有着巨大的潜力。通过AI技术的使用,我们可以对数据作进一步发掘(从数据中发现趋势或范式的过程),进而将它们转化为有用和能解释的知识。

——Xiaoling Shu

(沈崇麟译校)

参考文献

Alonso, E.(2002). AI and agents: State of the art. *AI Magazine*, *23*(3), 25-29.

Bainbridge, E. E., Carley, K. M., Heise, D. R., Macy, M. W., Markovsky, B., & Skvoretz, J. (1994). Artificial social intelligence. *Annual Review of Sociology*, *20*, 407-436.

Conte, R., & Dellarocas, C.(2001). Social order in info societies: An old challenge for innovation. In R.

Conte & C.Dellarocas(Eds.), *Social order in multi-agent systems*(pp.1-16). Boston: Kluwer Academic.

Luger, G.F.(2002). *Artificial intelligence: Structures and strategies for complex problem solving*(4th ed.). Reading, MA: Addison-Wesley.

Macy, M.W., & Willer, R.(2002). From factors to actors: Computational sociology and agent-based modeling. *Annual Review of Sociology*, *28*, 143-166.

人工神经网络(Artificial Neural Network)

参见神经网络【Neural Network】。

关联(Association)

变量之间关系(关联)的研究是社会研究的基本任务。两个(定类)变量的研究可以用双向的列联表【Contingency Table】通过行百分比、列百分比或总百分比的计算制成交互分类表来研究。如果变量是连续的,我们同样也可以采用这种方法。但必须将变量通过分组分出类别。两个变量之间的关联概括性量度(summary measure)由各种量度两个变量 X 和 Y 之间的关系强度,以及定类、定距和定比的变量的方向的关联系数(association coefficients)给出。方向可以是正的(一致的,高 X 值有相应的高 Y 值),也可以是负的(不一致,高 X 值对应于低 Y 值)。可区分两大类关联系数:

- 不对称量度【Asymmetric Measures】或关联系数假定一个或两个变量(如 X)可以被确定为自变量,而另外一个变量(如 Y)可以被确定为因变量。例如,变量 X 可能是性别,而变量 Y 可能是职业地位。

- 对称量度【Symmetric Measures】或关联系数不需要区别自变量和因变量。因而,只有在方向的区别是不可能的时候,它们才可以使用。例如,研究人员研究不同的闲暇活动(运动和看剧)之间的关系便是一例。然而,在自变量和因变量可以确定的时候,我们同样也可以计算对称系数。

下面是一些对称系数的例子(如 Healey, 1995; SPSS, 2002):phi(ϕ); Cramér V;定类变量的列联系数(C); Kendall tau$_a$(τ_a),tau$_b$(τ_b)和 tau$_c$(τ_c); 定序变量的 Goodman-Kruskal gamma (γ); 等级数据(序)的 Spearman rho (ρ)和定距或定比变量的 Pearson r。表格的大小和两个变量的类别数决定了使用某一水平上的何种量度。定向的对称系数常常也被称作相关【Correlation】系数,有时,"相关"(correlation)一词专指两个连续变量之间的关联的。不对称系数的例子(如 Healey, 1995; SPSS, 2002)有 lambda (λ), Goodman-Kruskal τ; 定类变量的不确定系数(uncertainty coefficient);定序变量的 Somers d 和因变量为定距或定比变量,自变量为定类变量的 eta (η)。更进一步的对称系数,如对称 lambda 和对称 Somers 可以通过均值的平均从不对称系数导出。

上面提到的系数(除 η 外)都假定两个变量有相同的量度水平。如果分析的变量有不同的量度水平,那么我们建议先降低量度水平,然后在较低量度水平上计算恰当的关联量度。遗憾的是,我们常常需要这样做,因为在标准的统计软件里,一般都没有适用于混合量度水平的系数。混合量度水平的系数可从丹尼尔斯的广义相关系数中推导出来(例如 Daniels, 1944; Kendall, 1962, pp. 19-33)。

关联的概念也可广泛地应用于多元分析。多变量关联系数的例子包括两组变量 $X=\{X_1,X_2,\cdots,X_p\}$ 和 $Y=\{Y_1,Y_2,\cdots,Y_p\}$ 之间的典型相关分析【Canonical Correlation Analysis】;一组变量 $X=\{X_1,X_2,\cdots,X_p\}$ 和 $Y=\{Y_1\}$ 的多重相关【Multiple Correlation】系数 R(来自多元回归);和来自双变量分析【Bivariate Analysis】的两个定类变量 X 和 Y 之间的惯性(inertia)等。

一种用于双变量和多变量列联表的备择策略,是基于对数线性模型【Log-Linear Model】的关联模型【Association Model】。对数线性模型使我们得以设定和分析不同的、复杂的关联模式,而关联系数则给出了概括性量度。

关联系数测量两个变量之间的关系强度。人们常常要求我们提供解释强度的指南,但是提供一般性的指南是不可能的。关联强度取决于样本的同质性程度、变量的可信度和两个变量之间的关系类型。在心理实验中(高同质性样本、高信度变量、直接的因果关系),0.4 的系数可能表示显著的弱关系,而这同样的值,在社会学调查中(异质性样本、低可信度、非直接因果关系)则可有保留地被视为强关系。因此,在确定阈值时,重要的是在考虑这些因素的同时,考虑前面的研究结果。

——Johann Bacher

(沈崇麟译校)

参考文献

Daniels, H.E. (1944). The relation between measures of correlation in the universe of sample permutations. *Biometrika*, *35*, 129-135.

Healey, J.F. (1995). *Statistics: A tool for social research* (3rd ed.). Belmont, CA: Wadsworth.

Kendall, M. G. (1962). *Rank correlation methods* (3rd ed.). London: Griffin.

SPSS. (2002, August). Crosstabs. In *SPSS 11.0 statistical algorithms* [online]. Available: http://www.spss.com/tech/stat/algorithms/11.0/crosstabs.pdf.

关联模型(Association Model)

虽然"关联"【Association】一词已经广泛使用,但"关联模型"一词在有关分类数据分析【Categorical Data Analysis】的文献中却有着特定的含义,指一种拟合交互分类表中的观察频数的统计模型族。拟合的目的是测量两个或更多个有序分类变量之间的关联强度。双向表测量的是组成交互分类表的两个定类变量之间的关联强度。在三向或更多向的表中,任何组成交叉分类表的有序的分类变量对之间的关联强度,都是可以量度的。尽管有些关联模型使用了分类的先验的排序,但其他模型却并非始于诸如这样的假定,而是通过估计来确定分类的排序。关联模型是对数线性模型【Log-Linear Model】或对数双线性模型的特例。

利奥·戈德曼对关联模型的开发居功至伟。他于 1979 年发表在《美国统计协会学刊》(*Journal of the American Statistical Association*)的论文是这一领域发展的奠基石。这篇如种子般的论文及其他有关文章,都收录在他于 1984 年出版的《有定序类别交叉分类数据的分析》(*The Analysis of Cross-Classified Data Having Ordered Categories*)这本书中。在讨论扩展的三向或更多向的表之前,我先来介绍双向表的典型情形。我将用三个社会学和人口学的例子,来形象地介绍关联模型的用处。

双向交叉分类表的一般设置

对 R 和 C 的双向表中第 i 行和 j 列的格($i=1,\cdots,I;j=1,\cdots,J$),令 f_{ij}和 F_{ij}分别为某一模型中的观察频数和期望频数。我们可在不失其普遍性的前提下,将一个对数线性模型写为如下的形式:

$$\log(F_{ij}) = \mu + \mu_i^R + \mu_j^C + \mu_{ij}^{RC} \qquad (1)$$

该式中的 μ 是主效应, μ^R和 μ^C分别是行效应和列效应,而 μ^{RC}则表示期望频数的对数的交互效应。方程(1)中的所有参数都受 ANOVA 型的正态化约束(参见 Powers & Xie, 2000, pp. 108-110)。我们常常令 μ^R和 μ^C不受约束,并在正态化上对其进行估计。这一实用方法也叫作行和列变量的边际分布的"饱和(saturation)"。其所感兴趣的是 μ^{RC}。在一种极端的情形中,因 μ^{RC}可能全都为零而导致一个独立模型。在另一种情形中, μ^{RC}"饱和"有($I-1$)($J-1$)个自由度,得到的是精确预测(exact prediction)(对所有的 i 和 j, $F_{ij}=f_{ij}$)。

在一般情况下,研究者的兴趣在于通过调整 μ^{RC}的设定,在两种极端情形之间来拟合模型。我们很容易看到双向表中的所有的优势比【Odds Ratio】都是交互参数(μ^{RC})的函数。令 θ_{ij}为一个 2 × 2 的子表的局部概率比率的对数,该子表来自母表的两个比邻行类和两个比邻列类的四个比邻的格:

$$\theta_{ij} = \log\{[F_{(i+1)(j+1)}F_{ij}]/[F_{(i+1)j}F_{i(j+1)}]\},$$
$$i = 1,\cdots,I-1; j = 1,\cdots,J-1$$

我们假定行和列变量是在某些尺度上的定序变量 x 和 y。这些尺度可以是观察的也可以是潜在的。那么一个线性关联模型就可以写作:

$$\log(F_{ij}) = \mu + \mu_i^R + \mu_j^C + \beta x_i y_j \qquad (2)$$

式中的 β 是测量两个分别表示行和列变量的尺度 x 和 y 之间的关联的参数。如果两个尺度 x 和 y 是直接观察到的,或从内部的资源估算的,那么方程(2)便可直接使用对数线性模型的最大似然估计【Maximum Likelihood Estimation】。

双向表关联模型

如果我们没有两个尺度 x 和 y 的额外信息,那么我们既可以自行对尺度作出假定,也可以根据情况对它们进行估计。不同的做法将会产生不同的关联模型。下面我们一起来评议一下其中最重要的几个。

一致关联(格式)

如果变量的类有正确的排序,研究者可以作一个简约的假定,即假定排序的位置形成了一个尺度(如 $x_i=i$, $y_j=j$)。我们把这种做法叫作整数计分(integer scoring)。整数计分简化后得到如下的一致关联模型:

$$\log(F_{ij}) = \mu + \mu_i^R + \mu_j^C + \beta_{ij} \qquad (3)$$

研究者可以用实际的数据来估计这一模型,看看这个假定是否站得住脚。

行效应和列效应模型

虽然一致关联模型是基于行和列二者都是整数计分这一情形的,但是研究者可能希望只是行或列是整数计分的。在整数计分只用于列变量时,得到的模型叫作行效应模型(row effect model)。以此类推,在整数计分只用于行变量时,得到的模型叫作列效应模型(column effect model)。以行效应模型为例,我们可从方程(2)导出如下的模型:

$$\log(F_{ij}) = \mu + \mu_i^R + \mu_j^C + j\phi_i \qquad (4)$$

这一模型之所以叫作行效应模型，是因为潜在的行变量的计分($\phi_i = \beta x_i$)是在我们将整数计分应用于列变量之后估计得到的。这就是说，ϕ_i是在行和列变量之间的关联上的"行效应"。注意，这里的行效应(row effect)和列效应(column effect)这两个词，其含义不同于μ_i^R和μ_j^C。后者拟合的是行和列变量的边际分布的饱和度。

Goodman 关联模型

研究者可以再进一步将行和列的计分都作为未知的来处理。有两个 Goodman 关联模型被设计用来估计诸如这样的潜在计分(Goodman,1979)。Goodman 关联模型 I 将方程(1)简化为如下的形式：

$$\log(F_{ij}) = \mu + \mu_i^R + \mu_j^C + j\phi_i + i\varphi_j \quad (5)$$

式中的ϕ_i和φ_j与行和列效应模型一样，分别表示未知的行和列计分。然而，我们必须增加三个正态化的约束，以唯一地确定ϕ_i和φ_j的$(I + J)$个未知参数。

因为使用了整数计分，所以 Goodman 关联模型 I 要求，如方程(5)所示的那种行和列变量的先验正确排序。这一要求意味着，模型对行和列变量的类别位置变化不具有不变性。如果研究者不知道类别的正确排序，或实际上需要确定类别的正确排序，使用模型 I 便是不恰当的。正因为如此，Goodman 关联模型 II 才更为人们所关注。这一模型的形式如下：

$$\log(F_{ij}) = \mu + \mu_i^R + \mu_j^C + \beta\phi_i\varphi_j \quad (6)$$

式中的β是关联参数，而ϕ_i和φ_j是需要估计的未知计分。ϕ_i和φ_j同样受四个正态化约束，因为它们每一个都要求位置和尺度二者的正态化。

正如方程(6)所示，Goodman 关联模型 II 交互部分(μ^{RC})是未知参数的乘积——对数双线性设定。这个模型叫作对数双线性模型(log-multiplicative model)或者可简单地叫作 *RC* 模型。*RC* 模型是很有用处的，因为它使我们得以在即使不知道行和列变量的正确排序时，也可以估计未知参数。我们需要做的全部事情，就是假设定序尺度的存在。模型可以通过估计来揭示顺序。

表 1 是上述关联模型的概括比较。第二列显示模型的交互参数(μ^{RC})的设定。每个μ^{RC}设定的自由度数则在第三列列出(DF_m)。如果没有其他的参数需要估计，那么模型的自由度DF_m便等于$(I-1)(J-1)$。计算局部概率比率(local log-odds ratio)的计算公式列在了最后一列。

表 1 关联模型比较

模型	μ^{RC}	DF_m	θ_{ij}
一致关联模型	β_{ij}	1	β
行效应	$j\phi_i$	$(I-1)$	$\phi_{i+1}-\phi_i$
列效应	$i\phi_j$	$(J-1)$	$\phi_{j+1}-\phi_j$
关联模型 I	$j\phi_i+i\phi_j$	$I+J-3$	$(\phi_{i+1}-\phi_i)+(\phi_{j+1}-\phi_j)$
关联模型 II (*RC*)	$\beta\phi_i\phi_j$	$I+J-3$	$(\phi_{i+1}-\phi_i)(\phi_{j+1}-\phi_j)$

Goodman 关联模型 II(*RC* 模型)很容易被扩展到多个潜在维度，这样μ^{RC}就变成了：

$$\mu_{ij}^{RC} = \sum \beta_m \phi_{im} \varphi_{jm} \quad (7)$$

式中的求和符号涉及所有可能的 *m* 维，而参数则必须受正态化的约束。这样的模型叫作 *RC*(*M*)模型。详细内容请参见 Goodman(1986)。

三向和更多向表的关联模型

下面我们将主要来讨论三向表问题。

我们很容易将问题推广到三向表。令 R 和 C 分别表示行和列，L 表示层，并用 i（$i=1,\cdots,I$），j（$j=1,\cdots,J$）和 k（$k=1,\cdots,K$）分别表示它们的类别。在一般的研究设置中，研究者的兴趣在于，在层 L 上的 R 和 C 之间的关联。例如，在趋势分析中，L 可能代表不同的年或同期群（cohorts）。在比较研究中，L 可能代表不同的国家或群体。这就是说，研究者关注的是不同层次上的 R 和 C 的关联模式。

令 F_{ijk} 为在第 i 行、j 列和 k 层的期望频数。饱和对数线性模型（saturated log-linear model）可写为如下的形式：

$$\log(F_{ijk}) = \mu + \mu_i^R + \mu_j^C + \mu_k^L + \mu_{ij}^{RC} + \mu_{ik}^{RL} + \mu_{jk}^{CL} + \mu_{ijk}^{RCL} \quad (8)$$

在一个典型的研究设置中，我们的主要兴趣集中在不同层次的 RC 关联的变差。因而基线（对虚无假设）便是下面这样的条件独立模型（conditional independence model）：

$$\log(F_{ijk}) = \mu + \mu_i^R + \mu_j^C + \mu_k^L + \mu_{ik}^{RL} + \mu_{jk}^{CL} \quad (9)$$

这就是说，为了了解特定层的 RC 关联，研究者必须设定和估计 μ^{RC} 及 μ^{RCL}。

有两种用得比较广泛，将关联模型推广到三向或更多向表的方法。第一种方法是先为典型的 R 和 C 之间关联模式设定一个关联模型，然后估计不同层的参数，或检验不同层的参数是否不同（Clogg, 1982a）。一般，这一方法是依据 RC 模型来设定 μ^{RC} 和 μ^{RCL} 的，这样就需要把方程（8）修改成如下的形式：

$$\log(F_{ijk}) = \mu + \mu_i^R + \mu_j^C + \mu_k^L + \mu_{ik}^{RL} + \mu_{jk}^{CL} + \beta_k\phi_{ik}\varphi_{jk} \quad (10)$$

这就是说，受制于模型的设定和统计检验，参数 β、ϕ 和 φ 是针对每一层的。研究者也有可能对各个层进行检验（如一致关联、列效应和行效应模型），式中的参数 ϕ 和/或 φ 是作为整数计分插入的，而非估计的。

第二种方法叫作对数乘积多层效应模型（log-multiplicative layer-effect model），或称为“Unidiff 模型”，它允许对 R 和 C 之间的典型关联作灵活的设定，然后将它的跨层变差约束为对数乘法的（log-multiplicative）（Xie, 1992）。这就是说，我们给 μ^{RC} 以灵活的设定，却对 μ^{RCL} 加以约束，这样方程（8）便变成了如下形式：

$$\log(F_{ijk}) = \mu + \mu_i^R + \mu_j^C + \mu_k^L + \mu_{ik}^{RL} + \mu_{jk}^{CL} + \phi_k\psi_{ij} \quad (11)$$

使用第二种方法，RC 关联便不再限于一个特定的模型，且的确可以用 $(I-1)(J-1)$ 个虚拟变量饱和。而其特例，R 和 C 之间的典型关联模型就是 RC 模型，这两个模型共存，则会导致三向 RCL 对数乘法模型。鲍尔斯和谢宇（音译）（Powers & Xie, 2000, pp. 140-145）给我们提供了有关第二种方法的变差和实际含义更为详尽的讨论。注意，这两种方法都是由戈德曼（Goodman, 1986）提出的，由戈德曼和胡特（Goodman & Hout, 1998）进一步扩展的一般框架的特例。

应用

关联模型在社会研究中得到了广泛的应用。下面将给出一些具体的例子。第一个例子关乎量度问题。关于这一例子的详尽讨论请参见克洛格的著作（Clogg, 1982b）。克洛格的目的在于为一个测量人们对流产的态度的定序变量制订测量尺度。这一变量是根据 Guttman 尺度构建的，但那些不符合这一尺度的回答模式的个案，则都被归入了单独的一类，即“错误的回答”类。在一般情况下，量度都需要一种“工具”，在这一例子中，克洛格使用了一种来自同一调查的婚前性行为的态度量度。其潜在的假设是对流产的态度的尺度可能从它对婚前性行为的态度的关联得见一斑。克洛格用对数乘法模型来估计两个变量的不同类别之间的关联的计分。注意,对数乘法 *RC* 模型假定类别是定序的,但未必是正确排序的。这样,估计在揭示尺度的同时,也揭示了排序。通过估计,克洛格揭示了比邻类别间的距离是不等的,而给出"错误回答"的都是对流产持中间态度的回答人。

第二个例子是有关对数乘法分层效应模型在跨国代际流动问题研究中的应用(Xie, 1992)。它的基本思想是在允许和检验父子的职业(如 ψ_{ij})之间双向关联的不同参数化的同时,强行对分特定层参数的跨国的差异进行概括[如方程(11)的 ϕ_k]。这样参数 ϕ_k 便被用来表示不同社会的社会开放性或封闭性。

第三个例子涉及人类生育问题研究,它的基本设置不是对数线性,而是对数比率,从这个意义上讲,它是非常规的。数据结构是由一张用年龄和国家做交叉分类的频数表(出生)和一张对应的关联暴露(妇女-年)表组成的。两个表之间的比率产生了特定国家和特定年龄的生育率。统计建模的目的是依据生育水平和生育控制粗略地描述生育的年龄模式。在常规的人口学研究中,这个问题通常都用科尔和特拉塞尔的 *Mm* 法来处理的。谢和皮门特尔(Xie & Pimentel,1992)证明,这一方法与对数乘法分层效应模型是等价的。用出生作自变量,而暴露(exposure)作为一种"补偿(offset)"。这样,科尔和特拉塞尔法中的参数 *M* 和 *m* 便可和模型中的其他未知参数一起在统计上估计。

估计

用一致、行效应、列效应和 Goodman 关联模型 I,这些模型的估计是一目了然的。用户可以用任何一个估计对数线性模型的计算机软件来做。而比较复杂的则是在 *RC* 交互采取未知参数的积这种形式时,即做对数乘法或对数双线性设定时。这时,需要进行迭代估计。它的基本原理是在估计一组参数时,轮流将另一组未知参数看作已知,反复进行直至二者都趋于稳定。一些专门的计算机软件,如 ASSOC 和 CDAS,GLIM 和 STATA 都有 PC 版可供我们使用。对所有真心想使用关联模型的读者,我则推荐一种叫 Lem 的软件,这个软件在使用灵活的同时,还可以估计对数乘法模型的不同形式。关于计算机子程序和特殊程序更新的信息,请参见我的个人网站。

——Yu Xie

(沈崇麟译校)

参考文献

Clogg, C. C. (1982a). Some models for the analysis of association in multiway cross-classifications having ordered categories. *Journal of the American Statistical Association*, *77*, 803-815.

Clogg, C. C. (1982b). Using association models in sociological research: Some examples. *American Journal of Sociology*, *88*, 114-134.

Goodman, L. A. (1979). Simple models for the analysis of association in cross-classifications having ordered categories. *Journal of the American Statistical Association*, *74*, 537-552.

Goodman, L. A. (1984). *The analysis of cross-classified data having ordered categories*. Cambridge, MA: Harvard University Press.

Goodman, L. A. (1986). Some useful extensions of the usual correspondence analysis approach and the usual log-linear models approach in the analysis of contingency tables. *International Statistical Review*, *54*, 243-309

Goodman, L. A., & Hout, M. (1998). Understanding the Goodman-Hout approach to the analysis of differences in association and some related comments.In Adrian E. Raftery (Ed.) , *Sociological methodology* (pp. 249-261). Washington, DC: American Sociological Association.

Powers, D. A., & Xie, Y. (2000). *Statistical methods for categorical date analysis.* New York: Academic Press.

Xie, Y. (1992). The log-multiplicative layer effect model for comparing mobility tables. *American Sociological Review*, *57*, 380-395.

Xie, Y., & Pimentel, E. E. (1992). Age patterns of marital fertility: Revising the Coale-Trussell method. *Journal of the American Statistical Association*, *87*, 977-984.

假定(Assumptions)

在社会科学中,假定是无所不在的。理论工作都从公理或假定开始。这些假定产生了涵盖广阔领域的可检验的研究命题。在经验工作中,统计程序一般都内含各种各样的假定,涉及变量的量度性质、分布形式和不可观察的操作(如同方差性【Homoscedasticity】或误差的正态分布【Normal Distribution】)。经验工作的假定的讨论都在那些特定方法(如普通最小二乘【Ordinary Least Squares】)的词条中进行,而在这里我们则主要在理论层面上来讨论假定。

特定理论的目的在于产生涉及可观察的现象之间可检验的寓意(implications)。理论的核心是一组假定。假定体现了波普尔(Popper, 1963)称之为关于自然的"猜想"——被检验的猜想,而根据牛顿的观点则是检验其逻辑的寓意。一组假定的基本性质是内在的逻辑一致性。此外,还有三个期望的理论性质相随:(a)它的一组假定应尽可能简短;(b)它的可观察的寓意应尽可能多种多样;(c)它的可观察的寓意应包括还未曾观察的现象或关系,即所谓新奇的预测。

因此,理论有两部分结构:一小部分含假定,而一大部分且始终在增长的部分包含寓意。图 1 给我们提供了一张直观的理论结构图。

一个理论可能满足上述三种性质,但它却是错误的。这就是说,人们可以发明一种想象的世界,建立一组它运作的简约假定,推论出各种各样的经验的结果,然而,通过经验检验却了解到,没有已知的世界,其运行与假定的世界的性质中推导出来的寓意相符。这就说明了经验分析为什么是不可或缺的,换句话说,只是理论本身是不能满足可靠的知识积累的。

关于这一术语我们作一个说明:假定是一个通用的术语,诚如我们所知,它在理论和经验著作中都使用。在理论著作中使用的术语,有时更为严格,包括了公理(axiom)等,它含有自明(self-evident)的意思,但假设(postulate)却没有这个意思。因而更适合猜想类的工作,推动人们有所发现。其他的术语,包括可供使用的前提(premise),多姿多彩的启始原理(starting principle)和危险的假设(hypothesis),它们不仅被用作公设(像牛顿发明的假说-演绎法【Hypothetico-Deductive Method】那样),也被用作要被检验的可观察的命题。

图 1　理论的结构

假定从何而来？通常，分析专题领域的那些框架本身就包含着各种各样的关系和函数【Function】，其中有些可提供丰富的假定。一般来讲，用数学式表达的函数可生成有意义的假定，因为：(a)它们特有的陈述有着相当的广度和深度；(b)它们可以用数学工具进行操作，从而有可能导出大量寓意。数学函数同语言文字表述的普通规律不同，因为它们能够导出新奇的预测。

导出推论的工具包括全套的数学工具。除了函数之外，它们还包括分布【Distribution】、矩阵【Matrix】、不等式和偏微分方程。例如，借助函数表达的数量关系，可用它们的分布来描述其特征，而分布的形式则形成了预测的特征。得到的结果可能令人惊讶不已。假定看起来似乎平淡无奇，但可以以出人意料的方式涉足广泛的领域。举例而言，在将司法评估函数作为一种假定时，可预测父母的馈赠、母丧和父丧的差别、战斗老兵外伤后压力风险的差别、修道院和托钵修道会对社会贡献的差别、不平等对移民的影响(Jasso, 2001)。

为了确认假定的有用性，简单易行的做法是，使一个特定理论的电子表格显示它的一组假定中那些被用于导出每一种预测的假定。这样的设计不仅可一目了然地看出是哪些假定的作用最大，还可使我们得知每种预测究竟需要多少假定。图 2 给我们提供了一个这种形式的直观设计，叫作默顿理论导源图。

理论：______________________ 日期：______________

页：______________

预测	假定				

注：

图 2　默顿理论导源图

一个理论和它的假定一般都是比较基本的（基础研究【Basic Research】）。圣杯的发现是支配社会行为世界的终极力量的发现。而我们手头研究的理论和假定，即使最有成果的和进行了长时间研究的，无非也只不过是路上的指路牌而已。但正是这些指路牌，同时也在帮助我们为将要来到的更深刻的理论研究作好准备和打造工具，并为我们照亮前进路上的坎坷。

更进一步的阅读

图尔明（Toulmin，1978）为我们提供了科学哲学中的强大背景。姚肖（Jasso，1988，2001，2002）的著作则为我们详述了构建社会行为理论的程序,包括假定的选择和数学运算。这些理论对人心的鼓舞自不待言,更为基本也更为重要的是,它们对我们理解活跃的伟大理论家、假定的选择和提炼及从假定中导出寓意有很大的启示。牛顿的著作《自然哲学的数学原理》(*Mathematical Principles of Natural Philosophy*, Newton, 1686/1952)便是很好的入门读物。牛顿长期致力于基本原理的研究,后来在这个基础上提出了一种叫作假说-演绎法(hypothetico-deductive)的方法。当然,所谓最好的入门读物,是因人而异的。其他可供我们进一步阅读的著作有孟德尔(Mendel, 1866)的论文,该文是遗传学的奠基之作。还有费曼和温伯格(Feynman & Weinberg, 1987)的著作,该著作中的前言还重提了迪拉克有关反物质的预言。

——Guillermina Jasso

(沈崇麟译校)

参考文献

Feynman, R. P., & Weinberg, S. (1987). *Elementary particles and the laws of physics: The 1986 Dirac Memorial Lectures*. Cambridge, UK: Cambridge University Press.

Jasso, G. (1988). Principles of theoretical analysis. *Sociological Theory*, *6*, 1-20.

Jasso, G. (2001). Formal theory. In J. H. Turner (Ed.), *Handbook of sociological theory* (pp. 37-68). New York: Kluwer Academic/Plenum.

Jasso, G. (2002). Seven secrets for doing theory. In J. Berger & M. Zelditch (Eds.), *New directions in contemporary sociological theory* (pp. 317-342). Boulder, CO: Rowan & Littlefield.

Mendel, G. (1866). Versuche über Pflanzen-Hybriden [Experiments in plant hybridization]. In *Verhandlungen des naturforschenden Vereins* [Proceedings of the Naturnal History Society]. Available in both the original German and the English translation at www.mendelweb.org.

Newton, I. (1952). *Mathematical principles of natural philosophy*. Chicago: Britannica. (Original work published 1686.)

Popper, K. R. (1963). *Conjectures and refutations: The growth of scientific knowledge*. New York: Basic Books.

Toulmin, S. E. (1978). Science, philosophy of. In *Encyclopaedia Britannica* (15th ed., Vol. 16, pp. 375-393). Chicago: Britannica.

不对称量度(Asymmetric Measures)

关联【Association】系数测量两个变量 *X* 和 *Y* 之间的关系强度,而对定序和定量(定距和定比)变量还同时确定了关联的方向。不对称(或方向型)关联系数也假设两个变量中的某一个(如 *X*)可以被确认为自变量,而另一个变量(如 *Y*)可以被确认为因变量。

举例说明,在一个大学生调查中,变量 *X* 也许是性别(定类二分变量)、族群(定类变量)、父母的社会经济地位(定序变量)或父母的收入(定量变量)。而变量 *Y* 也许是学习专业或党派归属(定类变量)、学习成绩(定序变量)、回答人的收入(定量变量)和工会会员(答案只有"是"或"不是"两类的定类二分变量)。

可资利用的各种系数

大多数统计软件,如 SPSS,只给我们提供了量度层次的特定组合的不对称系数。我们先来介绍一下这些系数。

定类-定类表格的量度

两个定类变量的关联量度是 langmud (λ)、Goodman-Kruskal 的 tau (τ)和不确定系数 U。所有这些量度都以误差消减比例【Proportional Reduction of Error, PRE】的定义为根据:

$$PRE = \frac{E_0 - E_1}{E_0} \tag{1}$$

式中的 E_0是因变量在未使用自变量 X 时对 Y 所做的预测或解释,而 E_1则是使用了 X 之后对 Y 的预测或解释。

τ 和 U 二者都用方差的定义来计算 E_0 和 E_1。与大家熟悉的来自方差分析的 eta (η)(参见下文)一样,E_0是 Y 的总方差,而 E_1则是残余方差(在 X 的诸类别中的方差)。τ 则用所谓的 Gini 集中系数(Gini concentration)来测量变差(Agresti, 1990, pp. 24-25),U 使用了熵(entropy)。λ 使用了一种不同的定义:分析在未知和已知 X 的情形下,能在多大程度上对因变量作出预测。

所有三个系数,其变化都在 0(无消减误差)和 1(完全消减了误差)之间。即使关联清楚地存在,λ 也可能为零或接近零。当因变量的某一类居于主导地位时便会发生这样的情况,这时 Y 的这一类别有着最高的频数,因而在变量 X 的每个条件上,它都成了最佳的预测项。

定序-定序表格的量度

用于这一类型表格的最为突出的量度是 Somers 的 d。Somers 的 d 被定义为因变量 Y 和自变量 X 之间的最小二乘回归的斜率($d_{y/x} = s_{xy}/s_x^2$),如果两个变量都是定序变量的话(Agresti, 1984, pp. 161-163)。而广义相关系数的 Daniels 公式(参见关联【Association】)则被用来计算 X 的方差 s_x^2 及 X 和 Y 之间的协方差 s_{xy}。Somers 的 d 不是 PRE 系数。相应的 PRE 系数是对称的 Kendall 的 τ_b^2。它可被理解为已被解释的方差;如果作为 X 和 Y 的因变量 Somers 的 d 已经计算出来的话(等于 $d_{y/x}$ 和 $d_{x/y}$),那么它就等于几何平均数。如果两个变量都是二分的,那么 Somers 的 d 便等于比例的差(Agresti, 1984, p. 161)。

定类-定距(或定比)表格的量度

大家所了解的已被解释的方差 η^2,或来自方差分析【Analysis of Variance, ANOVA】的 η (eta),它们可分别应用于那些自变量为定类变量和因变量是定量变量的情形。η^2是一种 PRE 系数。

公式

计算上述量度的公式,可参见阿格雷斯蒂(Agresti,1990)的著作和 SPSS (2002)手册。当然也可参阅其他的统计教科书或其他软件的操作手册。

其他组合量度

迄今为止,我们只对配对的定类-定类对(表 1 的 1,2,5 和 6)、定序-定序对(表 1 的 11)和定类-定量对(表 1 的 4 和 8)作过分析。

求其他配对,以及那些已经分析过的配对的量度的策略则如下所述:

- 使用对称量度。用 Daniels 的广义相关系数我们可以导出表 1 的(1,3,4,9,11 到 13,15,16)关联量度,不过那些有一个或两个多类定类变量的(表 1 的 2,5 到 8,10,14)则不在此列。

表 1　双变量量度层次的可能配对

自变量 X	因变量 Y			
	定类-二分	定类-多类	定序	定量(定距、定比)
定类-二分	1	2	3	4
定类-多类	5	6	7	8
定序	9	10	11	12
定量(定距、定比)	13	14	15	16

● *降低量度层次*。将有着较高量度层次变量的量度层次降低,例如,X 是定类(多类)而 Y 是定序(群集 7)则可将 Y 降为定类层次(群集 6),并使用 λ、τ 或 U 作为其适当的量度系数。降低量度层次有可能导致信息的丢失,从而有可能掩盖存在的关联。

● *提高量度层次*。将定序层次的变量作为定量变量处理。从严格的理论观点看,这一策略是不恰当的。而某些教科书(见下文)却推荐这种策略。这种策略常被用于调查研究中。在许多调查中,我经常发现定序和定量变量之间有着几乎可以说是完美的线性关系。不过在使用这种方法时,必须首先说服你自己。

● *使用 logistic 回归*(logistic regression)。适当的 logistic 回归【Logistic Regression】模型被开发应用于表 1 中的许多配对(1 到 3,5 到 7, 9 到 11,13 到 15),但有些配对(4,8,12 和 16)则不在此列(Agresti, 1984, pp. 104-131)。定序因变量既可作为定量变量(Agresti, 1984, p. 114),也可作为定类变量处理。

● *使用线性回归*。线性回归【Linear Regression】可用于配对 16,4 和 8。但用于配对 8 的时候,必须用虚拟变量来计算。

● *使用特殊量度*。近年来统计学家们开发出了一些特殊的方法:参照单位分析(ridit analysis)(Agresti, 1984, pp. 166-168)和支配统计量(dominance statistic)Δ(Agresti, 1984, pp. 166-168)可应用于集群 3 和 5,以及 11 和 15,如果因变量被作为定类变量处理的话。

● *二分变量*。这样的变量可采取异乎寻常的策略。它们既可被看作定序变量,也可被看作定量变量。因此适用于作为对 11 或 1,3 和 9 的策略,而所有适用于 16 的策略也适用于 1,4 和 13。如此这般,以此类推。

● *推广*。使用 logistic 或线性回归的巨大优越性在于,可对一个以上的自变量进行可靠的推广。因此,我们建议诸位使用这些高级的方法。不过 logistic 回归是解决不了关系强度问题的。与所有关联系数一样,求广义的阈值也同样是不可能的(参见关联【Association】)。

● *系数的显著性*。所有已经讨论过的量度和系数都有可资利用的检验统计量。SPSS(2002)给出了它们的计算公式。

——Johann Bacher

(沈崇麟译校)

参考文献

Agresti, A. (1984). *Analysis of ordinal categorical data*. New York: John Wiley.

Agresti, A. (1990). *Categorical data analysis*. New York: John Wiley.

SPSS. (2002, August). Crosstabs. In *SPSS 11.0 statistical algorithms* [Online]. Available: http://www.spss.com/tech/stat/algorithms/11.0/crosstabs.pdf.

渐近性(Asymptotic Properties)

为了进行统计推论【Statistical Inference】,我们需要知道我们使用的估计量【Estimator】的抽样分布【Sampling Distribution】。一般来讲,精确的或有限样本的分布将是不可知的。而渐近性则通过在数据集趋于任意大(也即无限)的时候,观察估计量的性状,给我们提供了它的近似分布。

近似的结果取决于样本的大小 n。令 x_n 为一随机变量【Random Variable】,下标 n 为样本【Sample】的大小。为了定义一致性,我们需要定义概率【Probability】中收敛的记号。我们说,如果对于任何正的 ε,$\lim_{n\to\infty}\text{Prob}(|x_n-c|>\varepsilon)=0$,那么 x_n 在概率中收敛于常数 c。概率中的收敛意味着变量可取的不接近 c 值的可能性,将随着样本量的增大而减小。概率中的收敛通常都由 $\text{plim}\ x_n=c$ 来表示。这样我们就可以说,如果 $\text{plim}\ \hat{\theta}=\theta$,那么 θ 的估计量 $\hat{\theta}_n$ 便是一个一致估计量(consistent estimator)。大致地讲,随着样本量逐渐增大,估计量的抽样分布将堆积于真值。

虽然一致性是估计量的一个重要的性质,但为了进行统计推论,我们需要知道它的抽样分布。为了导出估计量的抽样分布,我们需要定义极限分布的记号。假设 $F(x)$ 是某个随机变量 x 的累积分布函数(cdf)。此外,令 x_n 为随机变量序列,下标 n 为有 cdf $F_n(x)$ 的样本量。我们说,如果 $\lim_{n\to\infty}|F_n(x)-F(x)|=0$,那么 x_n 在分布中收敛于 x。

我们将分布中的收敛记作 $x_n \xrightarrow{d} x$。用语言来表述就是,随着样本量的增大,x_n 将趋近于 x 的分布。这种分布中的收敛,以及中心极限定理【Central Limit Theorem】,使我们得以据此来构建一个估计量的渐近分布。

渐近分布是一种被用来近似一个随机变量的真有限样本的分布。假设 $\hat{\theta}_n$ 是参数 θ 的一致估计。那么使用中心极限定理,$\hat{\theta}_n$ 的近似分布就是:

$$\sqrt{n}(\hat{\theta}_n-\theta)\xrightarrow{d} N[0,V] \qquad (1)$$

式中的记号 $N[\ ]$ 表示 cdf 的正态分布【Normal Distribution】,而 V 则是近似的协方差矩阵。这意味着 $\hat{\theta}_n$ 的分布恰如 $N[\theta,\frac{1}{n}V]$。这是一个非常令人振奋的结果。因为这表明,不论真实的潜在有限样本的分布是什么,随着样本量逐渐变大,我们都可以用正态分布来近似估计量的分布。这样我们就可以用正态分布来进行假设检验【Hypothesis Testing】,就好比我们已经知道了真的抽样分布那样。

然而必须注意的是,尽管随着样本的增大,近似程度会有所提高,但是近似分布充其量也只不过是一种近似而已;因此样本量、检验力和假设检验的其他性质也只不过是被近似而已。遗憾的是,在一般情况下,将近似分布用于统计推论时,我们无法确切地说,为了具有某种置信度,样本究竟需要多大?我们必须依靠以前的经验,如自助抽样推论法【Bootstrapping】模拟或蒙特卡洛【Monte Carlo】实验来告诉我们,在任一给定情境下,逐渐逼近近似的用处究竟有多大。

——Jonathan N. Katz

(沈崇麟译校)

参考文献

White, H. (1984). *Asymptotic theory for econometricians.* Orlando, FL: Academic Press.

ATLAS.ti

ATLAS.ti 是一种用于计算机辅助定性数据分析的软件(参见 CAQDAS)。因此,它允许我们对定性数据进行编码和检索。此外,它还支持可视图像和文本的分析。它也支持扎根理论【Grounded Theory】的实践,如备忘录【Memos】的生成。

——Alan Bryman

(沈崇麟译校)

衰减(Attenuation)

衰减是指两个不同量度之间的相关【Correlation】因量度误差而导致的降低。当然,不存在得分完全可靠的检验。不仅如此,不可靠的得分还会导致质量欠佳的标准的可预测性(predictability of the criterion)。为了求相关的估计值,如果预测子(predictor)和标准分数完全可靠【Reliability】,斯皮尔曼(Spearman,1904)建议使用如下被称作衰减的相关的公式。

$$\bar{r}_{xy} = \frac{r_{xy}}{\sqrt{r_{xx} \times r_{yy}}} \qquad (1)$$

这一公式也叫作双修正(double correction),因为预测子(x)和标准(y)的分数二者都被修正了。假设我们正在考察抑郁和工作满意度之间的相关性。这两个量度之间的相关(r_{xy})= 0.20。如果抑郁量表(r_{xx})分数的信度(即 Cronbach α)是0.80,而工作满意度量表(r_{yy})得分的信度是 0.70。那么衰减修正相关的计算如下:

$$\bar{r}_{xy} = \frac{0.20}{\sqrt{0.80 \times 0.70}} = 0.26 \qquad (2)$$

在这个例子中,只有少量的修正。不过,假设抑郁得分的信度和工作满意度的信度分别为 0.20 和 0.30。这时衰减修正后的相关便等于 0.81。信度或样本量($N<300$)越小,衰减的修正相关就越大(Nunnally,1978)。衰减修正的相关甚至有可能大于1.00(Nunnally, 1978)。而在有些情况中,我们可能只想修正预测子或者标准中的某一个。例如,假设机械技能考试(x)得分和工作完成情况(y)得分之间相关为 0.40,而工作完成情况的信度为 0.60。如果我们只想修正标准的不可靠性,那么我们可考虑使用下面的公式:

$$\bar{r}_{xy} = \frac{r_{xy}}{\sqrt{r_{yy}}} \qquad (3)$$

在这一例子中,衰减的修正相关等于0.51。尽管很少有研究者只想修正考试分数,但实际上这种做法也是可行的。而在标准的信度非常好或未知的时候,就有可能发生这样的修正(Muchinsky,1996)。这时,我们可能需要使用下面这样的公式:

$$\bar{r}_{xy} = \frac{r_{xy}}{\sqrt{r_{xx}}} \qquad (4)$$

马金斯基(Muchinsky,1996)对衰减修正的原理作了总结。首先,衰减的修正不会提高考试分数的可预测性(Nunnally, 1978)。不仅如此,修正的相关既不能做统计显著【Statistical Significance】检验(Magnusson,1967),也不能进行修正的和未修正的效度【Validity】系数之间的相互比较(American

Educational Research Association, 1985)。衰减的修正不能用于效度系数的均差型分析,如元分析【Meta-Analysis】。因为元分析使用了不同的信度估计(例如,内部一致性[internal consistencies],测验-再测)(Muchinsky, 1996)。

——N. Clayton Silver

(沈崇麟译校)

参考文献

American Educational Research Association, American Psychological Association, and National Council on Measurement in Education. (1985). *Standards for educational and psychological tests*. Washington, DC: American Psychological Association.

Magnusson, D. (1967). *Test theory*. Reading, MA: Addison-Wesley.

Muchinsky, P. M. (1996). The correction for attenuation. *Educational and Psychological Measurement*, *56*, 63-75.

Nunnally, J.C. (1978). *Psychometric theory* (2nd ed.). New York: McGraw-Hill.

Spearman, C. (1904). The proof and measurement of association between two things. *American Journal of Psychology*, *15*, 72-101.

态度测量(Attitude Measurement)

态度是依据某种从赞许到不赞许排列的维度,对某一对象(人、地方或事情)作出的评价(Weiss, 2002)。正因如此,态度都涉及情感(情绪)和认知两个方面。因为它是人的内在状态,所以它可以用定量的心理量表,通过回答人的自我报告来确定。心理量表可以有几种不同的形式(Judd, Smith, & Kidder, 1991)。

瑟斯通量表

瑟斯通量表(Thurstone & Chave, 1929)由一个对态度对象(attitude object)的赞许性变化的题项清单组成。它的基本思想是个体将只认同那些与他们所持态度位置相近的题项。例如,斯佩克特等(Spector et al., 1997)创建了一套工作态度量表,它的题项涵盖了极端负面(我恨我的工作)到极端正面(我的工作是我生活中最令我感到快乐的事情)及位于二者之间的比较正面的题项(我喜欢我的工作)和比较负面的题项(我不太喜欢我的工作)。

瑟斯通量表的构建始于将一组判断写成一组题项,然后将写就的题项从极不赞许到极为赞许分类排序。之后再对已经排序的题项进行编号,并计算跨各种不同判断(题项)的平均分。在使用这种量表时,要求回答人读出提交给他们的随机排列的题项,并对每一个题项明确指出同意还是不同意。态度得分是回答人标明的题项量表值的平均值。

李克特(累加评级)量表

李克特或累加评级量表【Likert or Summated Rating Scale】(Likert, 1932)是由一系列对态度客体的赞许或不赞许的陈述组成的。回答人要对给予他们的有着多种选择题项的答案作出选择。通常这些多项选择沿着某一连续统变化,变化通常都是从同意到不同意。回答人要对每一问题表明自己的同意(或不同意)程度。这种量表的设计基于这样一种假定:赞许和不赞许题项是互为镜像的,这样某一个体如果同意某一组题项,即意味着他将不同意另一组题项。这一假定与瑟斯通量表大相径庭，瑟斯通量表认为人们只同意赞许性或不赞许性与自己所持态度位置相近的那些题项。斯佩克特等人(Spector et al.,1997)证明李克特量表的假定并非总是正确的，而在用诸如这样的题项作因子分析时，有可能会产生人为制造的结果。

李克特量表已经成为在态度评定中使用最为普遍的量表，其主要原因无疑有二。首先，它比较容易构建，在获得题项的判别等级时，并不需要作最初的尺度研究。其次，这种方法的量表已经产生了不少有较高信度、对态度评定很有用处的量表。

语义差异量表

语义差异量表【Semantic Differential Scale】是由奥斯古德、苏吉和坦嫩鲍姆(Osgood, Suci, & Tannenbaum,1957)开发的，用来对对象态度的不同方面进行评估。该量表的主干是态度对象的姓名或描述(例如，美国高等法院)。研究者提供了一系列双极形容词，在两极之间提供了一系列答案选择(排列有序的横杠)。回答人则被要求在那个最能反映他们情感的备选答案(相应的横杠)上打钩，回答人的选择(打钩的横杠)越接近形容词，则表示对该形容词的感情越强烈(参见表1)。

表1 语义差异例示

美国高等法院								
好	——	——	——	——	——	——	——	坏
公正	——	——	——	——	——	——	——	不公正
弱	——	——	——	——	——	——	——	强
消极	——	——	——	——	——	——	——	积极
高兴	——	——	——	——	——	——	——	不高兴
不重要	——	——	——	——	——	——	——	重要

语义差异题项通常把态度归并成三个潜在的维度：评价、效价(potency)和积极性(activity)。评价表明了该人所持赞许或不赞许的程度，也就是说，不论其喜欢还是不喜欢该对象。效价指对象的强度，表明一个人把态度对象视为强有力或否的程度，不论其是否对它有好感。积极性是指把态度对象视为主动或被动的程度。

语义差异常用于同时评价对几个对象的态度，而不是只为一个对象开发一个态度量表。我们可以像跨题项得分那样，一次只包含一个评价两极化形容词，产生每一态度客体的一个单独的得分。对于回答人来讲，这样的方法可能更为容易和有效率。因为这种量表，比瑟斯通量表或李克特量表更容易读，且可将同样的题项用于每一态度对象，从而更容易作比较。

哥特曼量表

哥特曼量表【Guttman Scaling】(Guttman, 1944)是由一组呈现从不赞许到赞许变化的等级题项组成的。它要求回答人对每一题项表明同意还是不同意。它假定持赞许态度的个人将会同意那些位于相应层次或较低层次的题项。因此一个持有些赞许态度的人，会同意有些赞许的题项，而不会同意极为赞许的题项,而一个持极为赞许态度的人,将会同时同意有些和极为赞许二者。哥特曼量表不像其他量表那样常为研究者使用,其原因主要有两个:一是,较之使用更为普遍的李克特量表和语义差异量表,哥特曼量表比较难以开发。二是,期望的答案模式并不总是能够出现的。这是因为那些持极端态度的人常常不会同意那些有些赞许的题项,或这些题项反映的并非一个单一的态度维度。

——Paul E. Spector

(沈崇麟译校)

参考文献

Guttman, L. (1944). A basis for scaling quantitative data. *American Sociological Review*, *9*, 139-150.

Judd, C. M., Smith, E. R., & Kidder, L. H. (1991). *Research methods in social relations* (6th ed.). Fort Worth, TX: Harcourt Brace Jovanovich.

Likert, R. (1932). A technique for the measurement of attitudes. *Archives of Psychology*, *140*, 55.

Osgood, C. E., Suci, C. J., & Tannenbaum, P. H. (1957). *The measurement of meaning*. Urbana: University of Illinois Press.

Spector, P.E., Van Katwyk, P.T., Brannick, M.T., & Chen, P.Y. (1997). When two factors don't reflect two constructs: How item characteristics can produce artifactual factors. *Journal of Management*, *23*, 659-677.

Thurstone, L. L., & Chave, E. J, (1929). *The measurement of attitude*. Chicago: University of Chicago Press.

Weiss, H. M. (2002). Deconstructing job satisfaction: Separating evaluations, beliefs and affective experiences. *Human Resources Management Review*, *12*, 173-194.

属性(Attribute)

属性可以定义为一个受访者、研究对象或个案所具有或不具有的特征。二分属性变量有两个值:这一属性存在或不存在。例如,在普查中的成年人可能具有已婚这一属性(取值=1)或没有这一属性(取值=0)。心理学或者市场研究则将属性定义为可计量的项目。例如,决策研究中的属性可能指的是与决策者相关的目标或标准。举例来说,在选新车的时候,购买者可能会面临三种可选择的(属性),如燃油效率、费用和安全性,因而必须对三者加以权衡。

——Michael S. Lewis-Beck

(杨可译　沈崇麟校)

*也可参见二分变量【Dichotomous Variables】。

损耗(Attrition)

损耗这个术语用来描述在定量调查的资料收集过程中,由于无回答【Nonresponse】及调查对象不再符合参与资格而导致样本规模不断减小的过程,这个术语也用来表示这个过程的量化结果。

在定群【Panel】调查中,由于无回答的累积效应和参与资格适当性的变化,每一波参与回答的样本单位数量都在持续减少。由于拒答的非随机性,这样的损耗可能带来对调查估计的难以测量的偏差。因此,研究者一直都在非常努力地减少样本损耗程度。损耗程度也会受到资料收集的期数(waves)、每期资料收集的间隔时长、资料收集的工作量等因素的影响。为了限制损耗的不利影响,研究者会在分析阶段使用加权【Weighting】及其他调整方法。

尽管损耗现象在定群调查中最为明显,但实际上损耗在任何具有多阶段资料收集过程的研究中都会产生影响。许多横断面【Cross-Sectional】调查都会使用多个数据收集工具,例如,被调查者在接受访谈之后,进行的自我完成【Self-Completed】(“留答问卷”)问卷【Questionnaire】,或在访谈后进行一次体检。在这样的情况中就会产生不同研究阶段之间的损耗,比如并非所有被访谈者都会完成并交回自我完成问卷。即使研究中只涉及单一的资料收集工具,调查研究过程也可能有多个阶段。例如,如果要开展一项针对在校小学生的研究,必须首先得到被选入样本范围的学校的合作,这些学校能够提供可被选为样本的学生名单。接下来,在接触学生本人之前还必须得到家长的知情同意。因此,这项研究中至少存在三个可能使样本量减小的阶段:学校的无回答、家长的无回答和学生本人的无回答。这种情况也会被看作样本损耗。

在解决损耗问题的过程中,无论是通过从源头减少损耗,还是在分析阶段进行调整,都需要认识到不同要素的子进程,并予以仔细的考虑。在产生损耗的原因方面,符合调查资格的被访者无回答,与曾符合资格的被访者不再符合资格,这二者具有重要的概念差异。后一种情况如果能够被恰当识别,不一定会对分析产生不利影响。这两种损耗的主要情况会分别产生不同的从属情况:无回答的原因可能是无法联系到被访者(“无法联系”),被访者无能力回答(例如语言、疾病等原因),或者被访者不愿意回答(“拒绝”)。被访者合适资格的变化,原因可能是死亡、居住地点改变、身份地位变化,等等。不同情况对于损耗的减少和调整有不同的含义。许多定群调查花费大量资源来长期“追踪”样本研究者,以便减少无法取得联系的比率。研究者认为,参加某一次调查的经历(花费的时间、兴趣、敏感度、认知需求等)是决定后续调查拒访率的重要因素;因此,研究者力图使被调查者最大限度地感受到积极合作的获益,最小限度地感知到参与调查的不利和障碍。

——Peter Lynn

(郑晓娟译　沈崇麟校)

参考文献

Laurie, H., Smith, R., & Scott, L. (1999). Strategies for reducing nonresponse in a longitudinal panel survey. *Journal of Official Statistics*, *15*(2), 269-282.

Lepkowski, J. M., & Couper, M. P. (2002). Nonresponse in the second wave of longitudinal household surveys. In R. M. Groves, D. A. Dillman, J. L. Eltinge, & R. J. A. Little (Eds.), *Survey nonresponse* (pp. 259-272). New York: John Wiley.

Murphy, M. (1990). Minimising attrition in longitudinal studies: Means or end? In D. Magnusson & L. R. Bergman (Eds.), *Data quality in longitudinal research* (pp. 148-156). Cambridge, UK: Cambridge University Press.

审核(Auditing)

审核是一种确立定性研究的结论可靠性的方法。可靠性与可信性标准【Trustworthiness Criteria】有关。审核要求保留定性研究项目各个阶段的完整记录,并将其提交给同行,以便他们评定研究是否遵循了正当的程序,包括理论推理的稳健性以及研究实践是否合乎伦理。

——Alan Bryman

(杨可译　沈崇麟校)

真实性标准(Authenticity Criteria)

真实性标准用来评判那些以自然的、非实证研究范式来进行的调查(包括研究、评估和政策分析)的质量,常使用该研究范式的包括批判理论【Critical Theory】、参与调查、建构主义【Constructivism】等。我们已经建立了严格的实证性标准:内在效度【Internal Validity】、外在效度【External Validity】、信度【Reliability】和客观性【Objectivity】。之前,我们试图将评判研究质量的,那些类似的但非实证的方式称为可信性标准【Trustworthiness Criteria】(Guba, 1981)。与实证性标准并行,我们对可信性标准也给出了四个评价维度,分别叫作可信性、可转移性、依赖性和验证性。但是,与严格实证性标准一一对应的这些特性,在对于非传统调查的适用性方面遭到了质疑。此外,标准性维度主要是方法论意义的,所关注的议题包括权力、伦理、声音、调查通道【Access】、表征或其他后现代主义【Postmodernism】所提出的议题。

真实性标准是伴随着非传统研究范式的提出而发展起来的(Guba & Lincoln, 1989)。虽然这套标准还是不完整和比较初步的,但它仍不失为一个合理的指导原则。

目前一共有五个真实性标准,它们都有特定的先决条件(initial conditions),包括:被调查者需要取自所有处于风险中的群体,必须将完全的知情同意【Informed Consent】程序置于适当的地方,培育出相互关怀和信任的情感关系;调查程序对所有的被调查者及观众都是透明的;调查的每个步骤中都会建立起被调查者和研究者的合作关系,包括对实施调查的规则的完全同意和信息的充分共享;调查报告要保证向每个被调查者和观众开放;最后,应建立相应的申诉机制,以应对冲突或意见不一致情况的发生。

这五个标准的定义及为了建立这些标准所推荐的程序包括如下内容:

- 公平性标准,用来描述所有有竞争关系的实体建构,以及其隐含的价值结构已被存取、显露、解构,并在调查产物中予以考虑,也就是自然重构的程度。公平性标准需要遵循严格的程序。被调查者和研究者的所有先前建构,都将在相似的基本权利下被获取、比较和对比;前后的调查建构需要进行比较和对比;被调查者和研究者需要就资料收集的方法、使用的方法、要做的解释、撰写报告采用的模式、将要做出的推荐和建议(采取)的行动等问题进行协商;需要收集被调查者和研究者关于所经历的变化的自省式陈述(证言);使用长时间的参与和持续观察;采用个体和群体成员的检查/效验;提供丰富的背景性描述;使用同期群中的情况汇报者和审查员(意为维持审查路径);以及最后,评估被调查者感知到的被赋权程度。

• 实体论标准，被定义为个人被调查者（和研究者）前期的建构被改进、完善、扩充、详细化，以便所有获得该研究的相关方能够获取更多信息，并在该研究的应用方面更加得心应手。有用的程序包括：对被调查者和研究者前期立场的说明；对被研究者前期和后期个人解释的比较；对被调查者和研究者关于自身成长的自省式陈述和选中的被调查者关于自身变化性解释的证言；建立揭示变化的审查路径。

• 教育性标准，被定义为个体被调查者（和研究者）具有的，使他们自身的利益群体之外的人，对建构的了解、欣赏和容忍的增强程度。有用的程序包括：研究者使用同期群中的汇报者和审查员，对研究者和被调查者对他人看法的评价进行比较，被调查者和研究者关于他们对他人观点的理解的自省式陈述，被调查者证言和审计路径的保持。

• 接触反应标准，被定义为行动对（阐明议题关注点，转移、消除或改善问题，和/或形塑价值）被调查过程触发和促进的程度。这个过程中的知识本身对于被调查者带进研究过程的要阐明的建构、问题、关注点和议题是不够的；有目的的行动也需要加以描绘。有用的程序包括发展出一套共同观点（致力于达成可能的一致意见，或者当一致的意见不可能达成时，对冲突的价值进行解释），包括在行动中赋予责任和权威，被调查者—研究者合作的计划，对最终报告的可获得性以及实际应用的证据。参与者证言，至少实际解决部分调查关注点，对结果的持续价值进行长期系统性评估也是很有帮助的技术。

• 策略标准，被定义为研究所暗含或明确提出的为参与者赋予行动权利的程度。有用的程序包括对收集资料及其解释和报告的协商；保密【Confidentiality】；知情同意形式的使用；成员检查/效验；对权力的事先协定。这个标准被满足的最好指标就是参与者证言。跟进活动的存在则是一个灵敏的指标。最后，参与者所感知的赋权程度也是至关重要的。

真实性标准的发展现状还有许多的改进空间。或许目前这方面最重要的成就在于它的存在本身，它揭示了我们有可能在传统质量评估的“盒子以外思考”。研究者非常有必要去思考他或她所选择遵循的范式，并决定选出合适的质量标准。对非传统研究范式采用实证性标准，或反过来对传统研究采用真实性标准都只会造成困扰和冲突。

——Egon G. Guba

（郑晓娟译　沈崇麟校）

参考文献

Guba, E. G. (1981). Criteria for assessing the trustworthiness of naturalistic inquiries. *Educational Communication and Technology Journal*, *29*, 75-92.

Guba, E. G., & Lincoln, Y. S. (1989). *Fourth generation evaluation*. Newbury Park, CA: Sage.

自传（Autobiography）

自传是指对自身生活的讲述和记录。与传记（对他人生活的研究和记录）类似，自传越来越成为一种研究社会生活的资源和方法。自传研究是社会科学中更广义的传记研究转向的一部分，其特征是强调个人叙事和生活史方法【Life History Method】。

自传作品的历史

无论在宽泛意义上,还是在社会科学领域内,自传和生活史作品都有一本很长的家谱。肯·普吕默(Plummer,2001)追溯了"自传社会"的兴起和已经发生的几次转型。他记录了伴随从口述向书写传统的变化,对生活的讲述变成了用文本书写的方式。他发掘了自传形式可能的起源和个体"声音"的兴起。他还研究了个体的生活故事如何成为探究共享生活和经验的组成部分。利兹·斯坦利(Stanley,1992)追溯了社会科学(尤其是社会学领域)和女权主义研究领域中自传的作用。她仔细研究了自传著作的方法论问题,强调女权主义实践与自传实践的关系。女权主义运动对当代社会科学中自传和个人叙事的发展产生了特殊的影响,她们既把自传当作一种"发声"方式,也看作一种强调反身性和个体知识的路径。在更广泛的意义上,自传和生活史作品能够为那些会被隐藏或消除的声音,如边缘或被压迫的社会群体,创造文本和推论的空间。

自传的资源和叙事

社会科学家会将自传资料视为一种资源。通过个人记述和生活故事可以揭示出生活和经历的普遍特征。书面自传反映了关于生活、场景、组织、文化、事件或某一特定时刻的内容,因而自传本身就可以作为一套可挖掘和分析"生活"的丰富资料集。在这个意义上,生活故事可以理解为对社会生活的真实记录。同时,自传作品还是经过创作,并通过文本形式表达的。因此,可以将自传本身当作一个研究事件——是生活被记忆、重构和书写的过程。对于以关键事件、地点、人物和时间为标志的生活,存在共同的记忆习惯和讲述(重述)"方式"。因而自传文本也存在能够被系统发掘的特定体裁和叙述形式。它们是一套建立在标准文学和文本传统上的故事。这些故事的结构和形式能够通过诸如叙事分析【Narrative Analysis】那样的方法来分析。

自传和方法(论)

自传作品所使用的"方法"也可以用来收集社会科学资料。尽管自传本身并不是一种社会科学研究方法,但它确实使用了一系列的经验材料或"生活文献"(Plummer,2001)。这些资料包括信件、日记【Diary】和其他形式的文献资料,手工制品和传记性物品,电影、视频、照片等视觉媒体资料。尽管这些资料源有巨大的分析潜能,但在社会科学研究中它们相对而言并没有得到充分利用。因此,对于"生活"被记忆、援引、建构和再生产的关注,能够让我们对于认定社会研究资料的范围采取一种更加兼容并包的路径。

基于对女性主义社会科学的关注,斯坦利(Stanley,1992)指出,自传(和传记)研究工作可以概念化为一种特定方法论的一部分。其中,包含对反身性【Reflexivity】的关注;拒绝传统的二分法,如客观性—主观性、自我—他人、公—私;强调研究和理论化的经验。因此,社会科学研究中的(自传)传记研究路径可能意味着对研究过程、研究关系和研究者自身具有更强的自我意识,以及将生活经历【Lived Experience】和个体认知作为社会科学学识组成部分的价值给予明确赞赏。

书写和研究自我

对研究过程的个人叙事本身就是一种

自传实践。社会研究者,同时也是他人生活的记录者,他或她在书写他人自传的同时,也在进行自传的书写。特别是在定性研究【Qualitative Research】中的那些工作,它们以各种各样的自传文本反映和书写了自身。长时间以来,田野笔记【Fieldnotes】和研究日志(日记)一直被用作记录与社会研究相关联的情绪、经历和认同努力(identity work)。告解故事(confessional tale)这一体裁——揭示了个人田野工作的某些方面——在被认可的自传形式内,允许自我表露失检的言行。尽管这样的记述通常都被排除在研究“资料”以外,但将自传与分析混合起来还是可能的。例如,在《制定自我》(*Crafting Selves*,Kondo, 1990)一书中,关于日本工作场所的“故事”就是一种挑战研究者和被研究者、自我和他人等二分观念的,多层次文本呈现。孔多的生活故事形成了研究表现的组成部分。她将对自身和她的传记作品的揭示整合进了研究过程和研究成果。

自我还能够成为外部调查的主题。因此,社会研究的方法可以明确用来承接自传著作。例如,研究者使用民族志方法来发掘研究者自身的个体经验和生活事件。这些经历包括对疾病、情感关系和丧失亲人的自传分析。这些个体的自传叙事可被看作更宽泛的自我民族志【Autoethnography】的一种类型(Reed-Danahay, 2001)。

评估

由于自传可能使用许多不同的具体方法,我们很难将其作为一种社会研究方法加以评估。与所有处理生活故事的研究类似,自传研究应当能够反映被访者的声音和被讲述者的故事。讲述者的声音是有差异和分层的,在对待他们的生活故事时,我们固然不应对强势群体赋予特权,我们同样也不应为弱势群体代言。

对于自传式社会研究的一种批评,始终指向自传式社会研究的特定形式,认为它们可能具有美化自我或自我放纵的倾向。尽管社会研究和自传实践可以进行区分,但我们也应承认它们之间的互文性(intert-extuality)。自我会不由自主地与社会研究过程产生关联,对这一点我们应当承认和理解。总之,个体经验和自传故事能够成为富有洞见的分析和创新性社会科学的资源。

——Amanda Coffey

(郑晓娟译 沈崇麟校)

参考文献

Kondo, D. K. (1990). *Crafting selves: Power, gender and discourses of identity in a Japanese workplace.* Chicago: University of Chicago Press.

Plummer, K. (2001). *Documents of life* 2. London: Sage.

Reed-Danahay, D. (2001). Autobiography, intimacy and ethnography. In P. Atkinson, A. Coffey, S. Delamont, J. Lofland, & L. Lofland (Eds.), *Handbook of ethnography* (pp. 405-425). London: Sage.

Stanley, L. (1992). *The auto/biographical I: Theory and practice of feminist auto/biography.* Manchester, UK: Manchester University Press.

自相关(Autocorrelation)

参见序列相关【Serial Correlation】。

自传式民族志(Autoethnography)

自传式民族志的调查者借助自身经验,以获得对其所属的更广的文化或亚文化的深刻理解。自传式民族志将自传式的写作和民族志的研究方法相结合,将个人和文化两种透镜整合在一起,进而进行创造性的写作。

民族志【Ethnography】首先是作为一种研究和理解他者【Other, The】的方法出现的。

异文化他者的魅力曾吸引欧洲学者对非洲、亚洲、南太平洋诸岛以及美洲进行研究。在美国,对受过大学教育的白种美国人来说,他者就是黑人、美洲印第安人、新移民以及市中心的贫民。就民族志学者作为参与式观察者报告其个人经验而言,主要是在方法论方面说明他们如何收集资料或他们保持独立的程度等。

与之相反,自传式民族志的调查则会提出如下的问题:我自身在本文化中的经验是如何为我提供对于我的文化、境况、事件,与/或生活方式的深刻理解的?自传式民族志提出了一个问题:一个民族志学者是如何得以在没有负担、不假装独立的情况下研究自身的文化?(Patton, 2002)如果没有一个他者作为研究的焦点,但我想研究我自己的群体、自己的社区、自己的组织、像我一样的人的生活方式、我常常遇见的那些人或者我自己的文化经验,又该怎么办?

据称大卫·海雅诺(Hayano,1979)发明了"自传式民族志"(autoethnography)一词来描述人类学家对自身文化的研究。

自传式民族志通常以第一人称进行写作,但也可以是小故事、诗歌、小说、摄影、个人随笔、日志以及社会科学的文章。尽管自传式民族志是运用自身经验来获得对其所属的更广的文化或亚文化的深刻理解,但各种自传式民族志在何种程度上将作者自身作为分析的焦点,作者多大程度上在前台保持自己的社会科学研究者身份,在何种程度上(至少是明确地)运用自己对文化的敏感理解来指导其分析,以及写作究竟有多个人化都有很大的差异。不过,就其核心而言,自传式民族志与民族志的区别在于对自我意识的认识,报告个人的自我经验,以及将反思作为主要的数据来源。埃利斯和博克纳(Ellis & Bochner, 2000)曾对这个过程作了如下描述:

> 我从我的个人生活开始。我关照我的身体感受、思想和情绪。我采用我所说的系统的社会学反思和情感回忆,试图理解我经历的体验。接下来我把我的经验当成故事来写。通过探索这一独特的人生,我希望能了解一种生活的方式。(p. 737)

界限模糊的查询

自传式民族志模糊了社会科学和文学写作之间的界限,对此很多社会科学的学者都不赞成。但劳雷尔·理查森(Richardson,2000)却正是在这里看到了艺术、文学和社会科学的结合,看到了调查中创造性和批判性两方面的融通。她认为,这些各式各样的新方法和研究重点有一个共同点,就是"它们都是由创造性的分析实践生产出来的",由此,她将"这一类的民族志"称为"创造性的分析实践的民族志"(p.929)。还有一些其他的术语被用于描述这种界限模糊的、引人共鸣的定性调查形式——例如人类学诗学、民族志诗学、民族志回忆录、民族志传记、共鸣式叙事、实验民族志、本土民族志、文学民族志、本地人民族志、个人民族志、后现代民族志、反思民族志、自我民族志、社会民族志和社会诗学，等等（Patton，2002，p.85）。

不过，人们怎么判断这类非传统的、鼓励个人化与创作式的民族志写作的社会科学方法的质量呢？除了通常要求的实质性的贡献和方法论的精确以外，自传式民族志以及其他的引人共鸣的研究形式还要加上审美特征、反身性【Reflexivity】（对个人观点及其影响因素的自觉）、对读者的影响力，以及表达的真实性等标准。沿着这一脉络，埃利奥特·艾斯纳（Eisner，1997）提出，"在定性研究方法的前沿领域"，艺术性的定性社会科学的贡献不仅可以由其提供的结论来评价，同样可以通过"作品提出的问题的数量和质量"来评价（p.268）。自传式民族志也可以采用非小说类创作的表现形式。例如，社会学家迈克尔·奎因·巴顿（Patton，1999）曾描写了与儿子一起度过的大峡谷十日徒步行，在这次旅行中他们探索了在现代社会里所谓达到法定年龄或者进入成年究竟意味着什么。为了让这一研究像个故事，而且使分散的互动保持连贯，他把几天里发生的谈话都纳入了一场晚间的对话里，他改变了一些对话的顺序以突出情节线索，还把自己的情感、癖好、怀疑、弱点和疑虑都当作调查资料透露出来。

自传式民族志将民族志和个人经历联系在一起，而后者属于广义的社会科学传记法【Biographical Methods】里特殊的一种，试图"将宏观和微观层面的分析联系起来，……（而且）为个人与社会的关联提供一个复杂的阐释性的程序"（Chamberlayne et al.，2000，pp. 2-3）。尽管充满了争议，但社会科学和艺术之间模糊的边界还是创造了调查的新形式，开启了富于创造且引人共鸣的报告发现的新方式。

——Michael Quinn Patton

（郑晓娟译　沈崇麟校）

参考文献

Chamberlayne, P., Bornat, J., & Wengraf, T. (2000). *The turn to biographical methods in social science*. London: Routledge.

Eisner, E. W. (1997). The new frontier in qualitative research methodology. *Qualitative Inquiry*, *3*, 259-273.

Ellis, C., & Bochner, A. P. (2000). Autoethnography, personal narrative, reflexivity: Researcher as subject. In N. K. Denzin & Y. S. Lincoln (Eds.), *Handbook of qualitative research* (2nd ed., pp. 733-768). Thousand Oaks, CA: Sage.

Hayano, D. M. (1979). Autoethnography: Paradigms, problems, and prospects. *Human Organization*, *38*, 113-120.

Patton, M. Q. (1999). *Grand Canyon celebration: A father-sonjourney of discovery*. Amherst, NY: Prometheus.

Patton, M. Q. (2002). *Qualitative research and evaluation methods*. Thousand Oaks, CA: Sage.

Richardson, L. (2000). Writing: A method of inquiry. In N. K. Denzin & Y. S. Lincoln (Eds.), *Handbook of qualitative research* (2nd ed., pp. 923-948). Thousand Oaks, CA: Sage.

自回归（Autoregression）

参见序列相关【Serial Correlation】。

平均数(Average)

平均数这一术语用来表示一个变量的典型值,特别是那些表明分布的中点、均值或中位数的值。一般地讲,它都指的是算术平均值。算术平均值是一组给定的变量值之和除以个案数。中位数是值的分布的中点。正因为这样,恰好有一半的值大于中位数,而有一半的值小于中位数。至于我们究竟应该选择哪一种平均数,则取决于不同场合中,这两个量度的特定优点和缺点。这个问题将在后面的集中趋势量度【Measures of Central Tendency】词条中进一步讨论。

例子

尽管大多数学生对数学可能不甚了了,但能计算出自己的成绩的平均分,因为课程的期末成绩通常都是平时所有作业(在本例中共有三个作业)成绩的算术均值。表1是假设的学生学习的某门共有三个作业的课程的作业成绩,每个学生的学习成绩的均值和中位数,以及跨不同作业的成绩的分布。它显示不同的分布,学生作业成绩高于或低于平均分的不同方式,均值和中位数有不同的关系。Dudley 三次作业成绩都很好,因此期末成绩不仅同样也很好,且均值和中位数很接近。而 Jenny 的期末成绩虽然同样也很好,但三次作业的成绩有着较大的变差,导致中位数明显高于均值。此外,Jenny 第一次作业非常出色,高出均值 17 分,高出中位数 19 分。而所有学生的第二次作业都同样好,都在 61 分以上。第一次作业的难度显然高于其他两次,因此这次作业的分数应该有更高的加权【Weighting】。这样 Jenny 的期末成绩就会高于 Dudley。该表也是一个中位数如何围绕均值变化的简单例子。当然,究竟怎样做才会使期末成绩最为公平合理,这是教育界长期争论不休的一个问题。

表1　九个学生三次作业成绩和作业平均成绩(人为构造的数据)

	第一次作业	第二次作业	第三次作业	课程作业平均分	
				均　值	中位数
Adam	52	62	63	59	62
Akiko	51	63	55	56.3	55
Chris	55	65	57	59	57
Dudley	63	62	64	63	62
Jenny	71	66	52	63	66
Maria	48	64	65	59	64
Robin	41	61	47	49.7	47
Surinder	47	67	60	58	60
Tim	58	66	42	55.3	58
均值	54	64	56	58	59
中位数	52	64	57	59	60

历史发展

将重复观察组合起来使用，以检查每次观察的精确性的做法可追溯到16世纪蒂乔·布拉厄进行的天文观察。而这种将算术均值作为一种验证形式的应用在天文学中沿用至今，但在18世纪和19世纪平均数的发展却是为了加总和估计，它与哲学上围绕自然和人类地位的争论密切相关。凯特勒这位社会科学数据分析的先驱，发明了“平均人”这一概念。他将基于这一概念构建的量度用作理想的参照点来对其他的男人和女人作比较。将自己的成绩归功于凯特勒的高尔顿，则更多地关心平均数的偏差，强调“遗传的天才”和优生学，并在此基础上导出了他对回归的理解。自此之后，“平均数”的（统计）品质才能更多地与平常而非完美相连。

平均数和低收入量度

我们常用平均数来概括收入和收入的分布。有些国家，特别是那些没有官方贫困线的国家，常将平均资源的分数（fractions of average resources）作为事实上的贫困线。至于用什么分数、什么平均数和什么资源量度（例如收入、消费），则随来源和国家的不同，以及那些实施量度的人的不同而不同。例如在英国，《低于平均收入的家庭》（*Households Below Average Income*）年报系列将平均收入的50%作为低收入定义，该定义已经成为准官方的定义。然而系列报告也引用了其他的均值分数和中位数分数。比较一下，欧盟使用中位数的60%作为低收入家庭的界值，同时它用的是家庭消费的中位数。英国和欧盟二者都根据家庭户的大小通过一个等价的尺度对收入进行加权。诚如我们已经指出的那样，假如收入分布的峰态偏右，那么它的均值将高于中位数。因此，人们一般都认为中位数较之均值，更好地概括了分布的中心。然而，一旦我们使用了平均数的分数，问题的性质或多或少，在概念和实践两个方面都有所变化。在概念上看，低收入量度试图抓住一个表明人们脱离了参与期望的，或为人们普遍认同的生活标准和实践的点。至于从中位数和均值的角度看，这一量度是否是它的最佳表述，则在一定程度上取决于贫与富的关系是怎样构建的。无独有偶，从实践的角度看，一个低收入量度旨在将收入分布的低端数量化。从均值和中位数的角度看，这一量度是否达到了最佳的上限，与均值和中位数是否是收入分布的最佳概括是两个不同的问题。实际上，在收入分布中，均值的50%和中位数的60%落入非常相近的点。所以这两个量度是人们最为常用的，因为它们是高效互换的。

图1给出了一个收入分布的实例。该图显示了1980年代后期，美国家庭户的总收入。该图以家庭户的频数标绘了收入的直方图。绘图时数据作了截删，即将那些极端的（最高收入）数据删除掉了。最远（右）端的双线是分布的均值（每月2 447美元），它左边的是实线，是分布的中位数（每月2 012美元）。位于最左边峰尖上的是众数，用一条虚线表示。该图清楚地显示出大部分的家庭户都位于均值的左边。50%的均值和60%的中位数是非常接近的（分别为1 261美元和1 223美元）。因此，它们将去掉分布的第一个峰态区域的大部分，这一部分可被视为根据不平等量度要构建的低收入家庭户。

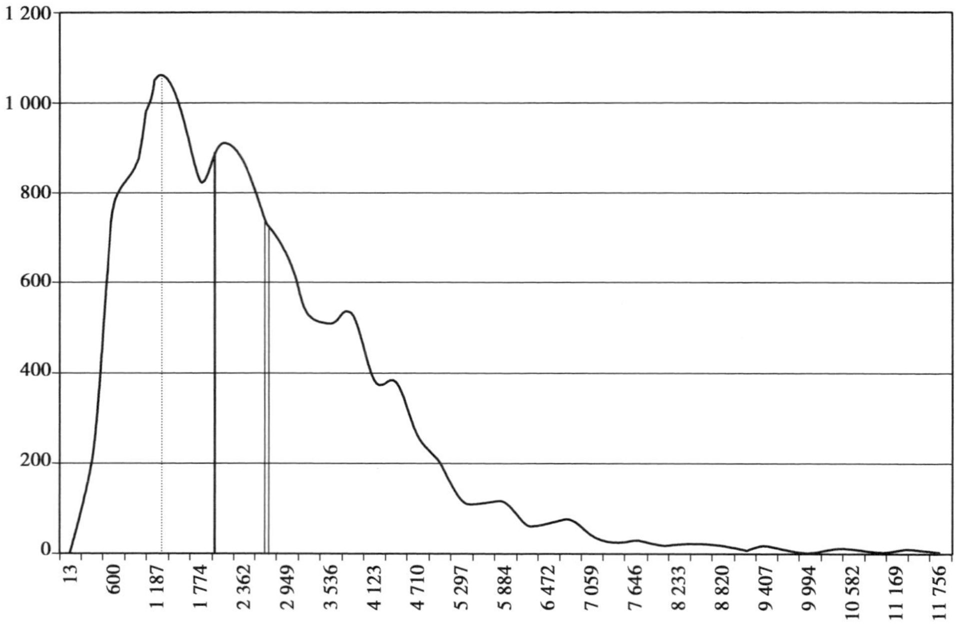

图 1　显示众数、中位数和均值的典型收入分布图

资料来源:1987 年美国家庭户收入调查;数据已作截删。

——Lucinda Platt

(沈崇麟译校)

* 也可参见均值【Mean】、集中趋势量度【Measures of Central Tendency】、中位数【Median】、中位数检验【Median Test】、t 检验【t-Test】。

参考文献

Goodman, A., Johnson, P., & Webb, S. (1997). *Inequality in the UK.* Oxford, UK: Oxford University Press.

Stuart, A., & Ord, J. K. (1987). *Kendall's advanced theory of statistics: Vol. 1. Distribution theory* (5th ed.). London: Griffin.

Yule, G. U., & Kendall, M. G. (1950). *An introduction to the theory of statistics* (14th ed.). London: Griffin.

B

条形图(Bar Graph)

条形图是最为简单的演示离散值变量的相对频数或比例的方法之一。一般来讲,图中条形的长方形表示不同的值(如年龄的范围、教育程度、政治面貌和第一语言等)。条形自 x 轴升起,其高度表示频数,频数的值可从 y 轴上得知。我们也可以将条形设在 y 轴上,而从 x 轴上得知频数的读数。我们将这样设置的条形图叫作水平条形图。条形图以这种简单的形式所展示的信息,也可以用一个二维的饼图【Pie Chart】来展示。图 1 是一个条形图的实例,它给出了一组 100 个家庭的孩子数目的信息。我们从这张图中不难看出:(1)孩子的众数;(2)家庭规模较大的家庭频数比较低。

图 2 是一个水平条形图的例子。它显示了组成英国总人口的不同族群的比例。该图数据来自 1991 年的人口普查。

条形图也可以通过类别的归并或堆叠显示多个变量的信息。图 3 和图 4 在直观地显示了图 2 中族群信息的同时,引入了人口的年龄结构。图 3 是一个对类别进行了归并的聚类条形图实例,在该图中,每个列的百分比之和都为 100%。该图虽然能使我们得知不同族群有不同的人口结构,但未能告诉我们不同族群人口的绝对数。而图 4 则与之不同,它将族群归并成两类:白人和所有的少数民族;分别将两类人口的表示不同年龄的条形排在一起,并标出实际的频数。

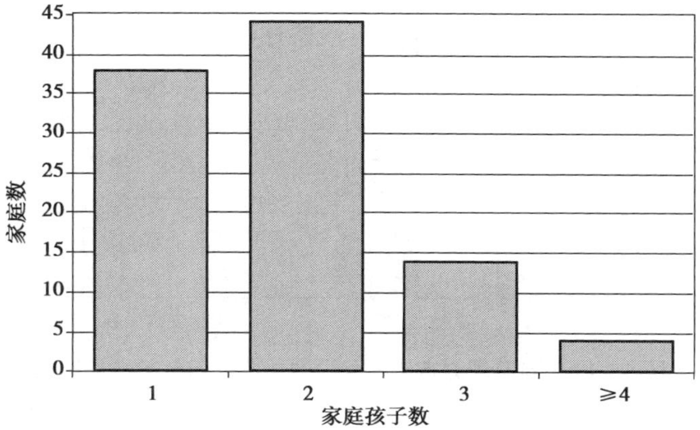

图 1　100 个样本家庭中,每个家庭的孩子数

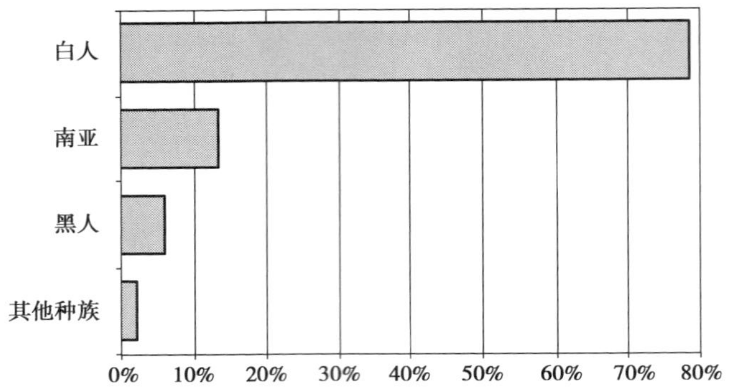

图 2　1991 年英国城市族群人口条形图

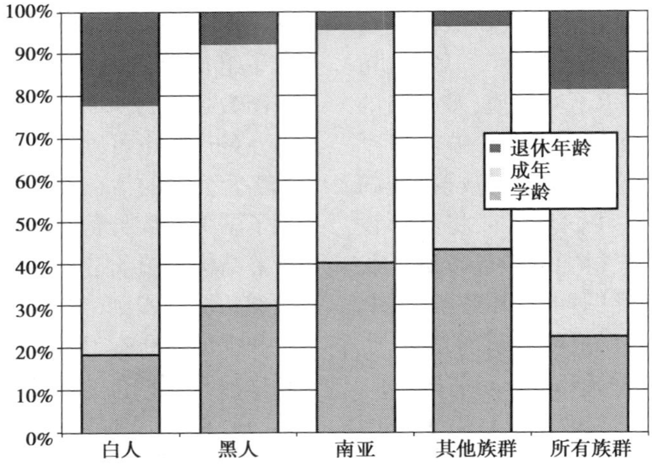

图 3　1991 年英国城市不同族群人口结构堆叠条形图

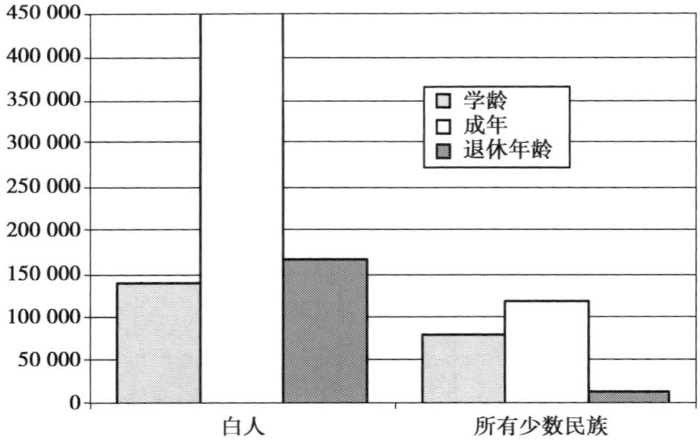

图 4　1991 年英国城市白人和少数民族人口年龄结构比较

我们之所以用条形图来概括信息，不仅是因为它明白易懂，更是因为如约翰 · 图基所言，它能引导我们更为深入地了解数据。查尔斯 · 普莱费尔在 18 世纪末，首先在统计和社会数据的分析中开发和应用了条形图，而在此之前的源流至今仍无从得知，这确实令人惊讶。然而在今天,由于计算机软件的发展,创建更为复杂的三维堆叠和类别归并图都已不是什么难事。同样我们也可以轻而易举地对图形的外观、网格线及轴进行需要的调整。在社会科学中用条形图迅速而通达地描述数据和它们的特点不仅已经十分普遍,而且是为人们所热切期待的。即便如此,今天在绘制条形图时,究竟应该选择什么样的条形图(如条形图的形状、应该包含什么样的数据,以及什么应该形成轴、频数或比例等)仍然颇费思索。而作出什么样的选择可能最终取决于我们究竟怎样理解数据。

——Lucinda Platt

(沈崇麟译校)

参考文献

Tufte, E. R. (1983). *The visual display of quantitative information*. Cheshire, CT: Graphics Press.

Tukey, J. W. (1977). *Exploratory data analysis*. Reading, MA: Addison-Wesley.

Wallgren, A. et al. (1996). *Graphing statistics and data: Creating better data*. Thousand Oaks, CA: Sage.

基线(Baseline)

基线是用来比较研究发现的参照点。例如,在实施一个毒品预防的项目之前,研究者可以在目标总体中设立一个目前毒品使用的平均数作为评估项目效应的基线。在回归【Regression】分析中,当自变量【Independent Variable】$X=0$ 时,因变量【Dependent Variable】Y 的期望值便是基线的又一个例子。因为这个值可以与 $X=1$,或其他非零值时 Y 的期望值相比较。有时整个模型的结果也可作为与其他模型比较的基线。

——Michael S. Lewis-Beck

(沈崇麟译校)

基础研究(Basic Research)

好奇心是人类心理活动的标志。自古希腊开始,人们便一直认为,了解事物发生的原因,是一个基本的人类冲动。这种对知识的激情不仅产生了知识,而且也是我们日常生活巨大改进的基础(Kornberg, 1997)。

基础研究为了解世界运行方式的好奇心所驱动。或早或迟,新知识将给人们带来有实际利益的结果,有时甚至是令人震惊的利益结果。但这些利益结果不仅是无法预知的,而且有时的确也是难以直接寻找的。历史记录无可辩驳地证明,好奇心是发明创造的原动力。涉足于基础研究的科学家们,除了无时无刻不在想着证明自己之外,从不考虑利益和发明创造这样的事情。他们无时无刻不在受着自己的好奇心的驱使。但那些建构科学基础结构或掌握研究方法体系的人,常常可能会因为人们对兴利除弊问题的重视而被过度关注,尽管基础科学课程是不可或缺的(Kornberg, 1997)。

基础研究的特征可以以几种方式来表明。有些人认为,基础研究具有创新性和冒险性。但本质上说,基础研究的确是一种朴实的研究,其目的无非是了解某些现象和过程的运作方式。当然,现象和过程不仅在数量上各不相同,而且它们所涉及的领域也千变万化。例如,人类认识物理性质的一个高点是,认识到地球和天体现象受着同一个基本过程控制。正因如此,虽然基础研究为好奇心所驱使,且所有基础研究的目的都在探寻某些事物的运行方式,但过程越基础,研究就越基础。圣杯总是在于发现终极力量。虽然我们在这条路上投入了大量的精力和财力,然而过程确实是无处不在的,尽管我们渴望能达到尽可能远的地方,但我们到达的地方并非真正的终极力量之所在。沿着这条路进行的不懈探索,终究能使我们对世界的运行方式有所了解,与此同时,我们也在为我们尚未触及的过程的探索打磨科学的工具。

依照牛顿(Newton,1686/1952)理解物理本质的理论,可观察的行为和社会现象可被视为几种基本力量同时操作的产物。换句话说,社会行为世界是一个多因子世界。这一观点位于理论和经验研究工作的核心(Parsons, 1968)。科学的挑战有两种:一种是理论上的;另一种则是经验上的。理论挑战是确认控制人们行为的力量,描述它们的运作规律,并推导出它们的影响。经验挑战是检验推导出的影响。理论和经验研究工作一起导致有关人的行为和社会现象可靠的知识的积累。

即使最为简要的基础研究的思考,如果没有对控制行为和社会现象的基本力量的性质最低限度的思考,也不能被认为是一个完整的思考。费米曾经每天花一小时来苦思物理世界的本质(Segrè,1970)。本着这种精神,候选的基本力量初始清单可以包括姚肖(Jasso,2001, pp. 350-352)讨论的四个方面:

①了解事物的原因;

②判别事物的优度;

③完美;

④自由。

——Guillermina Jasso

(沈崇麟译校)

延伸阅读

应当要求所有的社会科学家、所有的学生、所有的院长、所有的论文评阅人和所有的研究与开发机构中的研究人员阅读科恩伯格(Kornberg,1997)的一篇小论文。

参考文献

Jasso, G. (2001). Rule-finding about rule-making: Comparison processes and the making of norms. In M. Hechter & K.-D. Opp (Eds.), *Social norms* (pp. 348-393). New York: Russell Sage.

Kornberg, A. (1997). *Basic research, the lifeline of medicine.* Retrieved from http://www. nobel. se/ medicine/articles/research/.

Newton, I. (1952). *Mathematical principles of natural philosophy.* Chicago: Britannica. (Originally published in 1686)

Parsons, T. (1968). Émile Durkheim. In D. L. Sills (Ed.), *International encyclopedia of the social sciences, Vol. 4.* New York: Macmillan.

Segrè, E. (1970). *Enrico Fermi: Physicist.* Chicago: University of Chicago Press.

贝叶斯因子(Bayes Factor)

已知数据 y 和两个模型 M_0 和 M_1,贝叶斯因子

$$B_{10}=\frac{p(y\mid M_1)}{p(y\mid M_0)}=\left\{\frac{p(M_1\mid y)}{p(M_0\mid y)}\right\}\Big/\left\{\frac{p(M_1)}{p(M_0)}\right\}$$

是由数据提供的 M_1 对 M_0 的证据的概括。同时它也是后与前可能性比(odds)之比(故称为“贝叶斯因子”)。2 倍的 B_{10}的对数与模型比较的偏差和似然比检验统计量是等尺度的。杰弗里(Jeffreys,1961)建议在解释贝叶斯因子时用下面的尺度:

B_{10}	$2\log B_{10}$	M_1 的证据
<1	<0	负(支持 M_0)
1~3	0~2	几乎不值一提
3~12	2~5	正
12~150	5~10	强
>150	>10	很强

注意,B 是边缘似然比,它等于

$$p(y\mid M_k)=\int p(y\mid\theta_k,M_k)p(\theta_k)\mathrm{d}\theta_k$$

式中的 θ_k是模型 M_k 的参数向量,$p(\theta_k)$是 θ_k 的先验密度,而 $p(y\mid\theta_k,M_k)$ 则是在模型 $M_k,k\in\{0,1\}$ 下的 y 的似然。拉夫特里(Raftery,1996)提供了一个简要的计算贝叶斯因子的方法。而古德(Good,1988)则概括了贝叶斯因子的历史。

——Simon Jackman

(沈崇麟译校)

* 也可参见贝叶斯定理【Bayes' Theorem】。

参考文献

Good, I. J. (1988). The interface between statistics and philosophy of science. *Statistical Science*, *3*, 386-397.

Jeffreys, H. (1961). *Theory of probability* (3rd ed.). Oxford, UK: Clarendon.

Raftery, A. E. (1996). Hypothesis testing and model selection. In W. R. Gilks, S. Richardson, & D. J. Spiegelhalter(Eds.), *Markov chain Monte Carlo in practice* (pp. 163-187). London: Chapman and Hall.

贝叶斯定理,贝叶斯法则(Bayes' Theorem, Bayes' Rule)

贝叶斯统计和决策理论的核心是贝叶斯定理,它也常被称为贝叶斯法则。它的最简单的形式可表述为:如果 H 和 E 分别表示假设和证据,那么贝叶斯定理便是:

$$\Pr(H\mid E)=\frac{\Pr(E\cap H)}{\Pr(E)}=\frac{\Pr(E\mid H)\Pr(H)}{\Pr(E)}$$

如果 $\Pr(E)>0$,那么 $\Pr(H\mid E)$就是在得到 E 之后相信 H 的概率【Probability】,而 $\Pr(H)$则是一个在考虑 E 之前的先验概率。定理的左方,$\Pr(H\mid E)$通常叫作 H 的后验概率。这样,定理就提供了一种解决一般的推论或归纳问题的方法(Hacking,2001),同时,给了我们一种从数据 E 了解假设 H 的途径。

贝叶斯定理本身不存在任何争议:它无非是一个由基本原理推出的一个会计恒等式(accounting identity),将联合、条件和边缘概率连接起来,也即 $\Pr(A \mid B)\Pr(B) = \Pr(A \cap B)$,式中的 $\Pr(B) \neq 0$。因此贝叶斯定理有时也叫作逆概率法则,因为它揭示了怎样可以把一个给定 A 的条件概率"倒转",产生一个给出了 B 的条件概率 A(Leamer, 1978, p. 39)。此外,定理还给我们提供了依据优势比【Odds Ratio】来思考两个假设 H_i 和 H_j 的途径,它也遵循贝叶斯定理,即

$$\frac{\Pr(H_i \mid E)}{\Pr(H_j \mid E)} = \frac{\Pr(E \mid H_i)\Pr(H_i)}{\Pr(E \mid H_j)\Pr(H_j)}$$

令后验的 H_i 比 H_j(已知 E)的优势比率等于 H_i 和 H_j 下的 E 的似然比乘以先验可能性。在连续情形中(如了解已知数据 y 的实值参数 θ)贝叶斯定理常被表达为:

$$\pi(\theta \mid y) \propto f(y;\theta)\pi(\theta)$$

式中的 $f(y;\theta)$ 是似然函数,比例常数 $[f(y;\theta)\pi(\theta)d\theta]^{-1}$并不取决于 θ,并确保后验密度的积分为 1。这一版本的贝叶斯定理对贝叶斯统计是很重要的,它揭示了似然函数(已知 θ 数据的概率)怎么能在已知数据 y 时,转化为关于 θ 的概率陈述。读者也要注意,贝叶斯法将参数 θ 也看作一个随机变量和数据的一些条件,而频率论者采用的方法则是将 θ 看作我们从中随机地抽取样本数据 y 的总体的一个固定的(但是未知的)性质。

雷韦朗·托马斯·贝叶斯死于 1761 年。他的研究成果,现在被称为贝叶斯定理出现在一篇被认为由他撰写的文章中。在贝叶斯去世之后,该文于 1763 年由理查德·普莱斯递呈皇家学会(Bayes, 1763),以后多次再版(如 Bayes, 1958)。贝叶斯本人阐明,结果只针对一致的先验(uniform prior)。根据施蒂格勒(Stigler, 1986b)所述,拉普拉斯于 1774 年(显然在不知道贝叶斯的著作的情况下)以更为一般的形式(针对离散事件)阐述了这一定理。有关贝叶斯定理的更为详细的历史可参见伯纳多和史密斯(Bernardo & Smith ,1994, Chap. 1)、林德利(Lindley, 2001)和施蒂格勒(Stigler, 1986a, Chap. 3)等人的有关著作。

——Simon Jackman

(沈崇麟译校)

参考文献

Bayes, T. (1763). An essay towards solving a problem in the doctrine of chances. *Philosophical Transactions of the Royal Society*, *53*, 370-418.

Bayes, T. (1958). An essay towards solving a problem in the doctrine of chances. *Biometrika*, *45*, 293-315.

Bernardo, J., & Smith, A. F. M. (1994). *Bayesian theory*. Chichester, UK: Wiley.

Hacking, I. (2001). *An introduction to probability and inductive logic*, Cambridge, UK: Cambridge University Press.

Leamer, E. (1978). *Specification searches: Ad hoc inference with nonexperimental data*. New York: Wiley.

Lindley, D. V. (2001). Thomas Bayes. In C. C. Heyde & E. Seneta (Eds.), *Statisticians of the centuries* (pp. 68-71). New York: Springer-Verlag.

Stigler, S. (1986a). *The history of statistics: The measurement of uncertainty before* 1900. Cambridge, MA: Belknap.

Stigler, S. (1986b). Laplace's 1774 memoir on inverse probability. *Statistical Science*, *1*, 359-378.

贝叶斯推论(Bayesian Inference)

贝叶斯统计法是一种运用贝叶斯概率定理,并依据持续更新的信息,进行统计推断的方法。其中,贝叶斯概率定理由雷韦朗·托马斯·贝叶斯在1763年的著名论文中提出。贝叶斯是一位业余的数学家,他的论文是在他去世后两年,被他的朋友理查德·普莱斯发现并付梓的。和他的名字相连的一个统计学分支之所以能长盛不衰,完全是因为他所作的概率陈述的重要性。现在人们把它叫作贝叶斯定律或贝叶斯定理【Bayes' Theorem】,它与条件概率密切相关。

肇端于两个感兴趣的非独立的事件,X和Y。由概率的基本定理可知,若Y已经发生,那么X的条件概率可由下式

$$p(X\mid Y)=\frac{p(X,Y)}{p(Y)}$$

求得。式中的$p(X,\ Y)$是"X和Y二者都发生的概率",而$p(Y)$是Y发生的无条件概率。因而条件表达式给出了Y的某个事件发生之后,X发生的概率。我们也可以定义与此不同的,即X首先发生的条件概率,

$$p(Y\mid X)=\frac{p(Y,X)}{p(X)}$$

因为X和Y发生的联合概率与Y和X同时发生的联合概率[$p(X,Y)=p(Y,X)$]相同,所以我们可以将表达式重新整理简化为:

$$p(X,Y)=p(X\mid Y)p(Y)$$
$$p(Y,X)=p(Y\mid X)p(X)$$
$$p(X\mid Y)p(Y)=p(Y\mid X)p(X)$$

所以 $$p(X\mid Y)=\frac{p(X)}{p(Y)}p(Y\mid X) \qquad (1)$$

(更为详尽的阐述,请参见Bernardo & Smith, 1994, Chap. 3)上面最后一行便是著名的贝叶斯定理,而这一定理便是一种真正可令条件概率"换向"的方法。问题很清楚,我们只需将上面最后一个等式中的无条件概率挪到等式的左面,便可轻而易举地得到$p(Y\mid X)$。贝叶斯定理是很有用的,因为我们可能经常知道$p(X\mid Y)$,并且很想知道$p(Y\mid X)$,或者恰好相反。而$p(X\mid Y)$永远也不会等于$p(Y\mid X)$(即

$$\frac{p(X)}{p(Y)}=1$$

的概率为零)。这一事实常被称为逆概率问题。

而这一简单的结果正是贝叶斯统计的一般范式的基础。

贝叶斯推论述要

贝叶斯推论依据的有关数据和参数的假定与经典统计学完全不同(Box & Tiao, 1973, Chap. 1)。在贝叶斯那里,所有的数量都被分成了两个部分:可观察的和不可观察的。可观察的数量一般都是数据和任何有关的常量。不可观察的数量包括要估计的感兴趣的参数【Parameter】、缺失数据【Missing Data】、只需解释一下的不太感兴趣的参数。所有可观察的数量都是固定的和有条件的。所有不可观察的数量都假定是拥有某种分布的数量,因此,它们都可被作为随机变量处理。在贝叶斯那里,不仅参数不再被作为总体中固定的和不变动的数量来处理,而且所有的陈述也都使用概率的语言作出。

推论的过程开始于为未知参数设定先验分布【Prior Distribution】。这些设定的依据既可能是以前研究的信息量非常大的描述,也可能是对该领域不甚了了但却是经过慎重考虑的估计和猜测。先验分布并非处

理未知的数量强加的一种麻烦，相反，它是一个将定性的、记叙的和直觉的知识系统地引进统计模型的机会。下一个步骤是通过设定数据的参数形式和插入观察的数量，以常规方式拟定一个似然函数。最后一步是生成一个后验分布【Posterior Distribution】，方法是将先验分布和似然函数相乘。因此，这一似然函数要用数据来有条件地更新先验的知识。

这一过程可以简单地用助记符概括为：

后验概率 ∝ 先验概率 × 似然函数 (2)

这恰好就是一种贝叶斯定理的形式。在这种表达式中，右侧的分母，由于比例性的使用而被忽略。符号"∝"表示"成比例"，该符号意味着式中已无常数，这使后验和或积分将像概率质量函数和概率密度函数【Probability Density Function】要求的那样为1。我们总是可以在以后通过重新正态化得到一个适当的形式，再加上比例性的使用会使问题变得更为直观，从而大大减轻计算的负担。而上面的公式显示，后验分布是反映以往研究成果的先验分布和我们掌握的数据导出的似然函数之间的折中。贝叶斯推论可概括为以下三个一般化的步骤：

①设定一个概率模型，如果可能，其中可包括一些未知参数的先验知识；

②以观察数据上的这一概率模型为条件，更新有关未知参数的知识；

③评估模型与数据的拟合和结论对假定的敏感性。

在这一过程的任何地方都有基于某些没有效应的虚无假设【Null Hypothesis】为真的人为的决策。因此与有严重缺陷的虚无假设的显著性检验【Significance Testing】不同，在这里，证据的递呈，只是通过对这种后验分布的概括来实现的。概括通常都用分位数或概率来陈述。譬如感兴趣的概率小于/大于某些感兴趣的常数，或这种参数占据某一区域的概率等。大家也要注意，如果后验分布先作为新的先验分布来处理，新的数据被观察到的话，那么它也同样是可以被更新的。因此有关感兴趣的参数的知识是随时间的推移而在不断被更新和积累的(Robert, 2001)。

似然函数

假设收集到的数据被作为一种固定的量来处理，且我们知道描述数据产生过程的恰当的概率质量函数或概率密度函数。标准的似然和贝叶斯法在某些方面是相似的：它们都始于这两个假定，然后都在一个参数模型中来求未知的参数值。最大似然估计【Maximum Likelihood Estimation】用贝叶斯定理起始，以无限的似然概念替代了有限的概率定义：

$$p(\theta \mid \mathbf{X}) = \frac{p(\theta)}{p(\mathbf{X})} p(\mathbf{X} \mid \theta) \qquad (3)$$

式中的 θ 是感兴趣的未知的参数，而 $\mathbf{X}$ 则是收集到的数据。关键在于将

$$\frac{p(\theta)}{p(\mathbf{X})}$$

处理为独立于 $p(\mathbf{X} \mid \theta)$ 的数据的未知的函数。这将允许我们使用 $L(\theta \mid \mathbf{X}) \propto p(\mathbf{X} \mid \theta)$。因为数据是固定的，所以似然函数的不同的值只能通过插入未知参数 θ 的不同的值得到。

似然函数 $L(\theta \mid \mathbf{X})$ 虽然与我们希望的类似，但是其逆函数 $p(\mathbf{X} \mid \theta)$ 却难以得到，而它正是我们据之进行 θ 备择值检验，找到最可能的 $\hat{\theta}$ 所需要的。然而，因为似然函数已经不再受0和1的限制，所以现在它之所以重要只是相对于其他基于不同的 θ 值的似然函数而言。注意，先验 $p(\theta)$ 在这里基本上是被忽略的，而非完全解决了。这等价于在贝叶斯环境中设定一个统一的先验，一

个观察值，这使得有人认为经典的推论无非是贝叶斯主义的一个特例：“人人都是贝叶斯，只是有些人知道它而已。”

一般，我们的兴趣在于得到 θ 的最大似然估计值。无约束的和未知的参数 θ 的值，提供了似然函数 $L(\theta \mid \mathbf{X})$ 的最大值。θ 的这一值记作 $\hat{\theta}$。如果 H_0 是通过一个相对于 θ 的样本空间中其他那些可能值的参数形式来表达的，那么这个值就是最有可能产生这个数据的。

贝叶斯理论

贝叶斯法讨论的是逆概率问题。它先于观察数据 $\mathbf{X}$ 作出有关参数 θ 的无条件分布的分布假定：$p(\theta)$。先验和似然通过贝叶斯定理联系起来：

$$\pi(\theta \mid \mathbf{X}) = \frac{p(\theta)L(\theta \mid \mathbf{X})}{\int_{\Theta} p(\theta)L(\theta \mid \mathbf{X})\,\mathrm{d}\theta} \qquad (4)$$

式中的 $\int_{\Theta} p(\theta)L(\theta \mid \mathbf{X})\mathrm{d}\theta = p(\mathbf{X})$。这里使用的记号 $\pi(\ )$ 主要是为了区别 θ 的后验分布和先验分布。分母上的那一项一般对推论不太重要，且可以在以后通过积分重新恢复。这一项一般叫作正态化常数、正态化因子或先验预测分布，尽管它实际上正好是数据的边缘分布，且确保 $\pi(\theta \mid \mathbf{X})$ 的积分为 1。

我们通过去掉分母和使用比例记号，得到(4)的一种更为简洁且有用的形式，因为 $p(\mathbf{X})$ 并不取决于 θ，因而它并没有提供任何有关 θ 可能值的推论信息：

$$\pi(\theta \mid \mathbf{X}) \propto p(\theta)L(\theta \mid \mathbf{X}) \qquad (5)$$

这意味着，感兴趣的参数未正态化的后验(抽样)分布，与先验分布和似然函数的乘积成比例。

最大似然估计等于一个有恰当的一致先验概率的贝叶斯后验模式，且它们都渐近于任何给定的先验(值)。二者在极限情况下都呈正态分布【Normal Distribution】。在许多情况下，先验的选择不是太重要的，因为随着样本量的增大，似然会逐渐主导先验。尽管贝叶斯定理将一个先验的分布给未知参数的做法被认为是主观的(虽然所有统计模型实际上都是主观的)，但仍会有对一些特定的先验方式的强有力的论证：有限和模糊的知识常常会证明一个扩散甚至概率先验；某种概率模型会在逻辑上导致先验的某种特定形式(共轭性)和先验能使研究者将当前研究之外收集的其他信息包括进来。

总结贝叶斯结果

使用贝叶斯法的研究者一般不关心只是得到感兴趣的参数 θ 特定的点估计，将它作为一种提供概率分布中经验证据的方法。相反，他们的注意力都集中在描述 θ 的后验分布的形状和特点上。如描述直接概率区间的一般形式(可靠集合和最高的后验密集区域)，后验分位数和诸如 $p(\theta_l<0)$ 这样感兴趣的概率。

在贝叶斯设置中，我们也可以进行假设检验。假如 Θ_1 和 Θ_2 表示两个竞争的、陈述某个未知参数 θ 的假设，并形成了样本空间 $\Theta=\Theta_1 \cup \Theta_2$，$\Theta_1 \cap \Theta_2=\phi$ 的一部分。先验概率分配给了两个结果中的每一个：$\pi_1=p(\theta \in \Theta_1)$ 和 $\pi_2=p(\theta \in \Theta_2)$。这将从两个先验和似然函数导致两个竞争的后验分布：$p_1=p(\theta \in \Theta_1 \mid \mathbf{X})$ 和 $p_2=p(\theta \in \Theta_2 \mid \mathbf{X})$。一般都将先验的可能性比 π_1/π_2 和后验的可能性比 p_1/p_2 作为 H_1 和 H_2 的证据。而一个更为有用的数量是 $(\pi_1/\pi_2)/(p_1/p_2)$，叫作贝叶斯因子【Bayes Factor】。贝叶斯因子常被解释为优比，即在给定观测数据的条件下，命题 H_1 比 H_2 更可信的程度。正因如此，它自然会导向假设检验的贝叶斯模拟。

例子

假设 $x_1, x_2, \cdots, x_n$ 是独立的随机变量，它们都是由有参数 θ 的伯努利质量函数产生的，所以它们的和

$$y = \sum_{i=1}^{n} x_i$$

服从有已知 n 和未知 θ 的二项分布(n,θ)。将一个 beta(A,B)分配给 θ 的先验分布，

$$p(\theta \mid A,B) = \frac{\Gamma(A+B)}{\Gamma(A)\Gamma(B)}\theta^{A-1}(1-\theta)^{B-1}$$

$$0 < \theta; 0 < A \text{ 或 } B$$

A 和 B 的值由研究者设定。

θ 的后验分布用贝叶斯法则求得，

$$\pi(\theta \mid y) = \frac{p(\theta \mid A,B)p(y \mid \theta)}{p(y)} \quad (6)$$

式中的 $p(y \mid \theta)$是 y 的概率质量函数。现在，右侧的分子很容易计算，呈假定的参数形式：

$$\begin{aligned} p(y,\theta) &= p(y \mid \theta)p(\theta) \\ &= \left[\binom{n}{y}\theta^{y}(1-\theta)^{n-y}\right] \times \left[\frac{\Gamma(A+B)}{\Gamma(A)\Gamma(B)}\theta^{A-1}(1-\theta)^{B-1}\right] \\ &= \frac{\Gamma(n+1)\Gamma(A+B)}{\Gamma(y+1)\Gamma(n-y+1)\Gamma(A)\Gamma(B)} \times \theta^{y+A-1}(1-\theta)^{n-y+B-1} \end{aligned} \quad (7)$$

而分母则可通过求这一联合分布的 θ 的积分求得：

$$\begin{aligned} p(y) &= \int_0^1 \frac{\Gamma(n+1)\Gamma(A+B)}{\Gamma(y+1)\Gamma(n-y+1)\Gamma(A)\Gamma(B)} \times \theta^{y+A-1}(1-\theta)^{n-y+B-1}\mathrm{d}p \\ &= \frac{\Gamma(n+1)\Gamma(A+B)}{\Gamma(y+1)\Gamma(n-y+1)\Gamma(A)\Gamma(B)} \times \frac{\Gamma(y+A)\Gamma(n-y+B)}{\Gamma(n+A+B)} \end{aligned} \quad (8)$$

更为详尽的技术细节请参见吉尔(Gill, 2002, p. 67)进行的一系列数学运算，算式(6)将给我们提供

$$\begin{aligned} \pi(\theta \mid y) &= \frac{p(\theta)p(y \mid \theta)}{p(y)} \\ &= \frac{\Gamma(n+A+B)}{\Gamma(y+A)\Gamma(n-y+B)} \times \theta^{(y+A)-1}(1-\theta)^{(n-y+B)-1} \end{aligned} \quad (9)$$

这是一个基于数据 y 的更新先验分布的，有参数 $A'=y+A$ 和 $B'=n-y+B$ 的 θ 的新的 beta 分布。因为先验和后验有着相同的分布族形式，所以这是一个有趣的特例，叫作共轭模型(beta 分布是对二项概率质量函数共轭的)。共轭模型是简约的，但是在一般情况下这会使实际的贝叶斯的统计设定变得很复杂，有时甚至是不可能的。

马尔科夫链蒙特卡洛法

在 20 世纪，对于那些开发贝叶斯模型的统计学家来讲，一个始终缠绕着他们的问题是，经常有可能从先验和似然相乘得到足够多的复杂的后验，虽然数学形式存在，但是却无法计算可用于分析的感兴趣的数量，如均值和分位数。这一问题在相当长的一段时间内，使贝叶斯方法被边缘化于主流统计学，这样的情况直至盖尔范德和史密斯(Gelfand & Smith, 1990)的综述性论文的发表才有所改观。该论文阐述了在统计物理学中，类似的问题是如何用马尔科夫链模拟技术来解决的。基本上

讲,这种技术是一种迭代技术,它用感兴趣的后验(逐渐地)产生值(Gill, 2002)。因此,不同的后验形式可以用大量的模拟值在经验上描述,因此,通过模拟,可进行不同的积分计算。这一发展的结果,导致解决很多未曾解决的贝叶斯统计问题的论文的涌现,而其对贝叶斯统计的影响无疑可被视为一场革命。

马尔科夫链由那些连续的,在概率上只取决于它们的直接前导的数量构成。一般来讲,我们有可能设置一条估计多维度概率结构,希望得到后验分布的链,其方法是使马尔科夫链在一个适当的样本空间中开始,让它运行至适应于一个目标分布为止。然后,在它只限于为这一特定的分布运行一段时间之后,它可能从模拟值中收集到概括性统计值,如均值、方差和分位数。两种使用最为普遍的方法是Metropolis-Hastings 算法和 Gibbs 抽样【Gibbs Sampling】。已经证明,它们都拥有从目标分布中导出经验样本的理论属性。这些方法不仅合理,且简单易行,因而在社会科学中使用得越来越普遍。

——Jeff Gill

(沈崇麟译校)

参考文献

Bernardo, J. M., & Smith, A. F. M. (1994). *Bayesian theory*. New York: Wiley.

Box, G. E. P., & Tiao, G. C. (1973). *Bayesian inference in statistical analysis*. New York: Wiley.

Gelfand, A. E., & Smith, A. F. M. (1990). Sampling-based approaches to calculating marginal densities. *Journal of the American Statistical Association*, *85*, 389-409.

Gill, J. (2002). *Bayesian methods: A social and behavioral sciences approach*. New York: Chapman and Hall.

Robert, C. P. (2001). *The Bayesian choice: A decision theoretic motivation* (2nd ed.). New York: Springer-Verlag.

贝叶斯模拟(Bayesian Simulation)

参见马尔科夫链蒙特卡洛法【Markov Chain Monte Carlo Methods】。

行为编码(Behavior Coding)

行为编码是一种检验调查访谈员和被访者之间互动的系统、灵活、高效的办法。编码员倾听现场访谈或访谈的录音,给各种行为进行编码【Coding】,诸如访谈员宣读问题的准确性和被访者回答问题的困难程度。这种编码结果可以用于监测访谈员的表现。尽管这些目标都需要有比较复杂的程序,但大体的过程是相同的。研究者必须确认要对什么行为进行编码,开发一个合适的编码方案,挑选和培训编码员,对信度进行评估,监督编码任务,最后还要对结果进行分析。

自 1960 年代末开始,调查方法专家曾以访谈录音的行为编码为根据,对访谈做了各种各样的研究(Cannell et al., 1968)。这些研究对调查访谈的各种要件都提供了有价值的信息,包括开放式问题【Open-Ended Question】和封闭式问题【Closed-Ended

Questions】的行为差异、不同特征受访者的行为差异,以及有经验的访谈员和无经验的访谈员的行为差异。这些研究中最有价值的发现便是调查并不是按研究者预期的那样进行的。问题没有按照规定的方式来问,访谈中也没有遵循调查说明规定的其他技术规范。最初我们认为这都是访谈员之过,将访谈中的各种问题归咎于训练不足、缺乏监督,或仅仅是访谈员偷懒。但是,经过仔细分析之后,我们发现大部分困难都应归结于对访谈员进行培训的技术或是调查的问题中存在的不足。

不必奇怪,调查研究中行为编码的最早的实际例行应用就是监督访谈员的表现。当今行为编码已经是调查问题的设计阶段所采用的技术,而且是许多机构在预调查期间评估问题使用的一种常规技术(Oksenberg et al., 1991)。大多数为评估调查的问题而设计的编码方案既要考察访谈员最初如何宣读问题,也要对所有后来的受访者的行为进行考察。访谈员宣读的编码评估的是(访谈员)按照问题的措辞照本宣科的准确程度。而受访者行为编码则试图在较低限度上捕捉与理解困难相关的行为(例如,要求解释清楚)、与问题措辞或长度相关的潜在的问题(例如,各种中断)、答案的恰当性(例如,不当的答案、合格的答案、不充分的答案),以及不能回答的情况(例如,答案为“不知道”或者拒绝回答)。“差”的行为出现频率高的话,表明问卷措辞或是答案选项中可能存在问题。

——Nancy Mathiowetz

(杨可译　沈崇麟校)

* 也可参见访员效应【Interviewer Effects】、访员培训【Interviewer Training】、试测【Pretest】。

参考文献

Cannell, C., Fowler, J., & Marquis, K. (1968). *The influence of interviewer and respondent psychological and behavioral variables on the reporting of household interviews* (Vital and Health Statistics Series 2, No. 6). Washington, DC: National Center for Health Statistics.

Oksenberg, L., Cannell, C., & Kalton, G. (1991). New strategies for pretesting survey questions. *Journal of official Statistics*, *7*(3), 349-365.

行为科学(Behavioral Sciences)

行为科学关注的是对人类行为的解释。心理学是最主要的例子,但其他的社会科学也有行为方面的分支。例如,政治学中对投票行为的研究以及经济学里对消费者行为的研究都很发达。

——Michael S. Lewis-Beck

(杨可译　沈崇麟校)

行为主义(Behaviorism)

行为主义是约翰·华生(Watson, 1959)发明的一个术语,它既是一种方法,又是一种形而上学。以第一人称报告的自我意识是不可信的,因为它们是无法独立查证的。有鉴于此,方法论行为学家试图以他人对某一对象的行为的对照观察来代替个人对其心态的内省。行为学家不会把一个愤怒的小孩对其情绪的描述当作确定的,而是会去关注她是否试图损坏那些据说惹恼了她的东西。依此理由,我们认为,仅由一人以独有的方式观察到的事物是不真实的。形而上的行为论者坚持认为,情绪和其他所谓的心灵状态都不是私密所有,仅能由据有它们的人或动物所知晓,而是众人所能观察到的,以确定方式表现于行为的性情。因此,形而上的行为学家主张,因为愤怒一般总是存在于一种毁坏东西的性情中,所以我们可以观察一个小孩的行为表现来观察他/她的情绪。正是由于这样的定义,对行为主义持批评态度的人用一个笑话给行为主义描绘了一幅惟妙惟肖的漫画,用它来述说两个行为主义者在街上相遇时的情形——一个行为主义者对另一个说:"你感觉不错,我感觉怎么样?"

内省这种第一人称的方法,即我们所谓的(人类的)意识现象,在18、19世纪主导着心理学。20世纪的大多数时间里,精心控制条件下行为观察(包括动物和人类)的第三人称方法主导着所谓的行为科学。不过,到了20世纪末,许多认知科学家逐渐认识到,行为学家以前对内省和意识的责难过于狭隘。在这些新的观点看来,感觉、情绪、想法以及其他的心态确实都是大脑的状态。这些状态一般来说会导致各种特异的行为,但作为原因,它们与行为的关联却与它们的效果相关。因此,有人主张,这些心态的本质不能单凭观察它导致的行为来发现,正如我们不能通过观察磁铁吸引铁粉就发现其物理结构一样。根据人类大脑有监控其自身状态的特殊能力这一理论,有些科学家和哲学家又开始研究"意识"这个19世纪的哲学家最喜欢的主题,把内省和大脑生理学研究结合起来。行为主义者对这种老项目的更新作出了回应。他们的回应并非否定将研究与脑生理学关联,而是坚持认为所谓的意识现象是虚幻的,而非过硬的数据(hard data),正如哈沃德·拉克林试图证明的,行为才是理解心智秘密的关键所在。

——Max Hocutt

(杨可译 沈崇麟校)

参考文献

Rachlin, H. (2000). *The science of self-control.* Cambridge, MA: Harvard University Press.

Watson, J. B. (1959). *Behaviorism.* Chicago: University of Chicago Press.

钟形曲线(Bell-shaped Curve)

钟形曲线这一术语是专门用来描述正态分布的曲线形状的。这种曲线的 x 轴显示分布不同的值,而 y 轴则显示各个不同的值出现的频数。钟形曲线是一种对称分布,因此最高的频数都围绕在分布中点的周围,在频数离开中心时,分布的两侧都以相等速率向0逐渐拖尾。图1显示了一个诸如这样的钟形曲线。而由对称性和曲线的形状可见,所有三个集中趋势量度【Measures of Central Tendency】——均值、众数和中位数同时发生在曲线的最高点。

我们用钟形曲线的均值 μ 和标准差【Standard Deviation】σ 来描绘它。每个有特定的 μ 和 σ 的钟形曲线将代表一个唯一的分布。因为均值是趋向曲线的中央变大和围绕在均值周围的,所以任何来自钟形曲线分布的单个观察值落入均值附近的概率，远远大于落入任何一个尾端的概率。其结果诚如我们由正态概率所知，在钟形曲线中，将有68%的值落入距均值一个标准差的范围内，而将有95%的值落入距均值大约两个标准差的范围内。几乎所有的值都将落入距均值三个标准差的范围内。其余的观察将形成两个尾部。这在图1中得到了直观的显示。在图1中我们可以看出，2.5%的个案落在了$\mu \pm 1.96 \times \sigma$之外，即钟形曲线的尾部。这一数字给出了近似的钟形抽样分布的概率，任何个案都有95%的概率落入这一范围内。因此我们可以用统计的外推法来预测总体参数，因为它落入这样的范围内有置信度95%（参见中心极限定理【Central Limit Theorem】、正态分布【Normal Distribution】）。

一个均值为0、标准差为1的特定形式的钟形曲线叫作标准正态分布。一个诸如其分布概率由等式$\mu \pm z^{*}\sigma$表示的分布可简化为σ（或Z得分）的倍数的值。因此，对一个标准的正态分布而言，95%的概率位于±1.96这一范围之内。

于是问题很清楚，钟形分布的对称性将导出某种我们可能据之对任何近似于这种形状的分布做统计推论的特别的统计性质。即使在分布并非钟形分布时，借助外推法，钟形分布也仍然可以构成统计推论的基础。此外，非钟形分布的分布可通过转换来创建近似的钟形分布曲线。例如，收入分布，其分布呈右向的倾斜，我们可取收入值的对数把它转换成一种近似于对称的分布。相反，一个左倾的分布，如考试成绩或期望寿命则可通过取值的平方或立方转换成近似的对称分布。

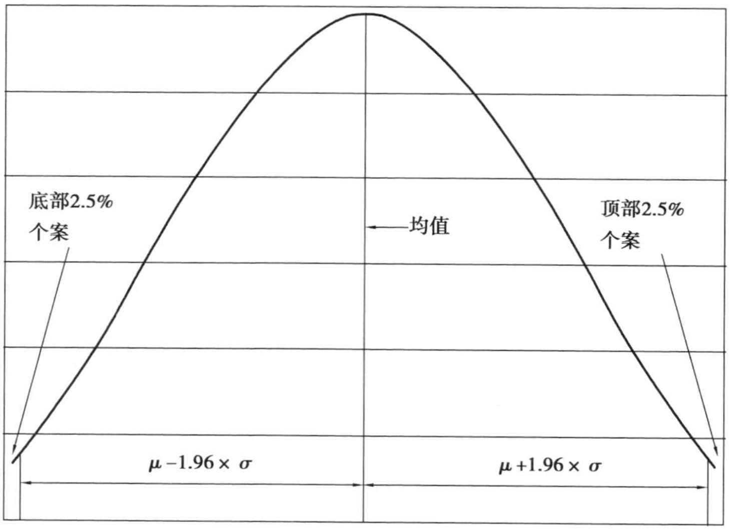

图1　钟形曲线实例

发展和应用史

社会统计学家对正态或钟形曲线一直持有浓厚的兴趣，尤其是在1810年，皮埃尔·拉普拉斯证明了中心极限定理之后，情况更加如此。这一定理显示如何从一个非钟形分布产生一条钟形曲线，以及一组有各自的误差的样本如何通过它们的均值呈现为一种对称和可预测的形式。拉普拉斯的工作是建立在卡尔·弗里德里克·高斯工作的基础上的,而正态分布正是以高斯的名字命名的(故而有时正态曲线也称为高斯分布)。使用算术均值作为一种检查重复观察的值,并提供"真"值的天文学观察也在经验上显示,其他的一些观察也呈一种钟形曲线状,聚集在均值周围。因此钟形曲线也表示一组聚集在真值周围的误差。均值作为一种代表某种唯一的真值的思想,首先由阿道夫·凯特勒在他关于"平均人"的作品中提出来(参见平均数【Average】)。凯特勒也开发了一些(错误的)思想。他认为正态分布是一种社会和生物各个方面自然趋向的形式,而相反地,他假定在发现钟形曲线的地方,创造这一曲线的总体可认为是同质的。诚如施蒂格勒(Stigler,1999)指出的那样,在进入20世纪之后,认为钟形分布具有某些天然的合理性和诱惑的倾向已风光不再,然而,虽然在自然中某些分布近似一条钟形的曲线(例如成年人的身高),这样的曲线显示出围绕均值的聚集和向两侧的拖尾。但自然中的大多数分布却不是这样的曲线,而完美的对称分布几乎是找不到的。尽管如此,基于钟形曲线和它的性质的理论发展,特别是高斯分布在理论上的发展,仍然是社会科学统计推论的关键。

钟形曲线视觉和概念上的吸引力使它继续成为某些人捕捉真理和超社会的信仰的标记,尽管这只是借鉴它的统计推论的性质而已。而理查德·赫恩斯坦和查尔斯·默里(Herrnstein & Murray,1994)在他们多少有些声名狼藉的、有关美国白人和非裔美国人的智力分布的讨论中,使用"钟形曲线"一词作为他们的书名便是一例。

——Lucinda Platt

(沈崇麟译校)

参考文献

Aggresti, A., & Finlay, B. (1997). *Statistical methods for the social sciences* (3rd ed.) Upper Saddle River, NJ: Prentice Hall.

Herrnstein, R. J., & Murray, C. (1994). *The bell curve: Intelligence and class structure in American life.* New York: Free Press.

Marsh, C. (1988). *Exploring data: An introduction to data analysis for social scientists.* Cambridge, UK: Polity.

Stigler, S. M. (1999). *Statistics on the table: The history of statistical concepts and methods.* Cambridge, MA: Harvard University Press.

Yule, G. U., & Kendall, M. G. (1950). *An introduction to the theory of statistics* (14th ed.). London: Charles Griffin.

伯努利(Bernoulli)

伯努利,全名约翰·伯努利(Johann Bernoulli,1667—1748),瑞士数学家,以他的名字命名的概率【Probability】性质称为伯努利过程(bernoulli process)。该过程用以描述有两个结果的事件的概率,例如掷一枚硬币。伯努利过程的 n 次试验中 k 次成功的二项【Binomial】概率由下式给出:

$$P(E) = \binom{n}{k} p^{k}(1-p)^{n-k}$$

式中的事件 E,是在 n 次抛掷一枚公正的硬币中恰好有 k 次面朝上的结果。

——Tim Futing Liao
（沈崇麟译校）

最佳线性无偏估计量(Best Linear Unbiased Estimator)

"最佳线性无偏估计量"(BLUE)一词来自线性估计情形中,对无偏和高效估计一般概念的应用。在统计和经济研究中,我们很少在总体中进行研究。在一般情况下,我们会有从一个总体中抽取的一个或若干个样本。我们的任务是,以作为估计量的样本统计量为依据,对参数的估计值做有意义的统计推论。在这里,估计量的统计性质是至关重要的,因为不具有上佳统计性质的估计量,我们是不可能对总体参数做可信的统计推论的。我们希望估计量是无偏的和高效的。换句话说,我们要求一个统计量产生的估计值的期望值能等于真的总体参数值。我们也要求由这一统计量产生的估计值的方差是所有无偏估计量中最小的。如果一个统计量满足了这两个条件,那么我们就称之为最佳无偏估计量(BUE)。BUE 估计量族,既可以是线性的,也可以是非线性的。如果 BUE 估计量来自一个线性函数,那么,我们就把它叫作最佳线性无偏估计量(BLUE)。

若要更为深入地了解"BLUE"一词的含义,我们则要深入详细地了解"估计量""无偏性""最佳"和"线性"这些词的含义。

估计量

估计量是一种用样本统计值求总体参数值的决策法则。对于任何总体参数而言,无论它是总体平均数、离差,还是变量之间的关联量度【Measure of Association】,总是存在若干可能的估计量。好的估计量是那些平均而言,有着高度确定性的、接近总体参数的估计量。

无偏性

所谓无偏性是指,我们要求在反复进行的抽样中,由估计量产生的估计值的样本期望值等于真的总体值。例如,假设为了求总体回归函数$y_i=\beta_0+\beta_1x_i+\varepsilon_i$,对一个样本的双变量的线性回归【Linear Regression】$\hat{y}_i=\hat{\beta}_0+\hat{\beta}_1x_i+\varepsilon_i$ 进行估计、无偏性要求$\hat{\beta}_0$和$\hat{\beta}_1$的期望值等于总体中 β_0 和 β_1 的实际值。用数学语言可表达为$E[\hat{\beta}_0]=\beta$ 和 $E[\hat{\beta}_1]=\beta_1$。从直觉上讲,所谓无偏性,就是就平均而言,样本估计值将会产生参数的真值。不言而喻,这意味着我们所使用的估计法则,就平均而言,它产生的估计值,将会产生真的总体参数值。

最佳

"最佳"一词涉及效率的标准问题。高效意味着一个无偏估计量,与其他所有无偏估计量相比,具有最小的方差。例如,假设我们有一个从正态总体抽取的样本。我们可以用均值或中位数来估计总体的中点。二者都是中点的无偏估计量。然而,均值确实是更有效的估计量,在重复抽样中,样本中位数的方差为均值方差的 1.57 倍。效率标准背后的原理是,设法提高样本估计值落入接近总体参数真值的概率。在重复抽样时,具有最小方差的估计量产生的估计值接近真值的概率较高。

线性

所谓估计量是线性的,是指我们要求因

变量的预测值是估计参数的一个线性函数。注意,在这里我们感兴趣的是参数的线性,而非变量的线性。例如,假设我们要估计诸如$\hat{y}_i = \hat{\beta}_0 + \hat{\beta}_1 \sqrt{x_i} + \varepsilon_i$ 这样的样本回归【Regression】。在这个回归中,$\hat{y}_i$和 x_i 之间并非线性,但是$\hat{y}_i$和$\sqrt{x_i}$之间却是线性的。如果我们考虑将$\sqrt{x_i}$而非 x_i 作为我们的解释变量,那么线性的假定就得到了满足。然而这种做法并不能应用于所有的估计量。例如,假设我们估计一个像

$$\hat{y}_i = \hat{\beta}_0 + \frac{\sqrt{\hat{\beta}_1}}{\hat{\beta}_0} x_i + \varepsilon_i$$

这样的函数,这个函数就不是一个线性估计量。因而在求$\hat{\beta}_0$和$\hat{\beta}_1$的时候,需要使用非线性估计法。一种这样的估计量可以是 BUE,但却可能不是 BLUE。

高斯-马尔科夫定理

BLUE 隐含着满足了上面讨论的三个标准。从数学的观点看,BLUE 是特别方便的。统计学中一个著名的成果,是高斯-马尔科夫定理。该定理显示,在某些假定下,最小二乘【Least Squares】估计量是最佳无偏估计量。这意味着在一个估计问题是参数线性时,它总是可以用最小二乘估计量无偏且方差最小地来估计总体参数。这个结果在数学上是十分方便的,因为它不需要去证明最小二乘的统计性质。只要高斯-马尔科夫假定得到满足,它们便总是具有良好的统计性质。

BLUE 的局限

尽管 BLUE 的性质是很吸引人的,但这并不意味着这一特定的估计量总是一个最佳的估计量。例如,如果干扰并非正态,而是由一种“肥尾”的分布产生的,便常常会因此而发生较大的干扰,这时线性无偏估计量一般都会比其他考虑到这一点的估计量有着更大的方差。有鉴于此,非线性的或稳健估计量也许会更有效。此外,线性估计量并不是在所有的估计场合都是适合的。例如,在估计总体分布的方差(σ_e^2)时,二次估计量则更适合。

——B. Dan Wood
Sung Ho Park
(沈崇麟译校)

参考文献

Davidson, R., & MacKinnon, J. G. (1993). *Estimation and inference in econometrics*. New York: Oxford University Press.

Greene, W. (2003). *Econometric analysis* (5th ed.). Englewood Cliffs, NJ: Prentice Hall.

Gujarati, D. N. (1995). *Basic econometrics* (3rd ed.). New York: McGraw-Hill.

Judge, G. G., Hill, R. C., Griffiths, W. E., Lutkepohl, H., & Lee, T. (1988). *Introduction to the theory and practice of econometrics*. New York: Wiley.

Beta(β)

β 这个希腊字母以两种不同的方式与回归【Regression】的斜率有涉:第一种是作为总体回归方程回归斜率的值的符号(与样本相对而言);第二种是作为标准化斜率的符号(表示标准差【Standard Deviation】单位的变化),有时它也叫作“beta 加权”。通常

可根据上下文来弄清楚 beta 究竟是指两种含义中的哪一种。

——Michael S. Lewis-Beck

（沈崇麟译校）

＊也可参见标准化回归系数【Standardized Regression Coefficients】。

组间差(Between-Group Differences)

如果在两个变量之间有着共变,这就是说,如果一个变量的某些值常常与另一个变量的某些值相伴相随,那么两个变量之间便存在着一种关系。如果具有较高教育程度的人常常比教育程度较低的人有较高的收入,那么在教育和收入之间就存在着一种关系。

为了研究可能的关系,我们可根据自变量上的观察值来建组,并以这样的方法将所有在自变量上具有相同的值的元素都归入同一个组。这个自变量可以是定类变量【Nominal Variable】,如性别,这样所有的女性都在同一个组,而所有的男性则都在另一个组。接着,我们在因变量上对这两个变量进行比较,譬如说,对收入进行比较。如果我们发现两个组是有差别的,那么我们就说二者之间存在着某种关系。

自变量也可以是定量变量【Quantitative Variable】,如接受在校教育的年限。这时,任何接受过 8 年在校教育的人都属于同一个组,9 年的同属下一个组,以此类推。在这里我们再一次用收入作为因变量,比较不同组之间的收入。

一种进行组间比较的方法是先计算概括性统计量,如均值、中位数,然后跨组进行均值的比较。我们可能更乐于比较不同组的中位数,或者先创建诸如盒形图【Boxplot】这样的统计图,再对它们作比较。如果我们使用的是均值,那么这个问题就变成:我们应该怎么来比较它们?此外,均值差与因变量值的散布相比较又有多大?

在自变量为定类变量时,使用最为普遍的比较组间均值的方法是方差分析【Analysis of Variance】,而在自变量为定量变量时,使用最多的则是回归分析。在方差分析中,我们将两种性别的收入均值与总均值相比较。在回归【Regression】分析中,我们求每一教育年预测的收入值,将它们与总收入相比较。因为这些点位于一条线上,我们无须问这些点是否有差别。相反,如果回归线通过这些点,且有一个非零的斜率,是否就意味着预测的收入是有差别的?如果我们进行一个教育-收入数据的方差分析,我们可能会发现一个较小的残差平方和【Residual Sum of Squares】和一个比回归分析更好的拟合。但是方差分析使用了比相应的回归模型更多的自由度【Degrees of Freedom】,因而一般回归分析有一个较小的 p 值【p Value】。

在方差分析中,我们将组均值与总均值作比较,如果我们通过计算组间的平方和,将组的大小也考虑在内,组的变化越大,平方和就会变得越大。这一和数也叫作组间平方和【Between-Group Sum of Squares】。假定均值是有差别的,因为因变量受一个或多个自变量的影响。如果性别是一个自变量,那么这一和就可以标以性别平方和或模型平方和。

类似的数量在回归分析中,在大多数情况下都只叫作回归平方和。这一数量表示回归线的陡峭程度和观察值在自变量上的散布程度。

——Gudmund R. Iversen

（沈崇麟译校）

参考文献

Cobb, G. W. (1997). *Introduction to design and analysis of experiments.* New York: Springer-Verlag.

Iversen, G. R., & Norpoth, H. (1987). *Analysis of variance* (Sage University Paper Series on Quantitative Applications in the Social Sciences, series 07-001, 2nd ed.). Newbury Park, CA: Sage.

Lewis-Beck, M. S. (1980). *Applied regression: An introduction* (Sage University Paper Series on Quantitative Applications in the Social Sciences, series 07-022). Beverly Hills, CA: Sage.

组间平方和(Between-Group Sum of Squares)

从原则上讲,两个变量之间的关系的研究,首先要根据一个或多个自变量将数据分组。在每个组内,我们经常要计算自变量的概括性量度,如均值,然后再对这些均值进行比较。

如果均值不同,我们确定自变量和因变量之间存在某种关系。就两个组而言,比较是相对容易的。我们只要将一个均值减去另一个均值,看看它们是否有差别。但在有两个以上的分组时,均值的比较就变得相对复杂。我们既要了解各个组的均值的差别有多大,也要了解这些组有多大。

就一个有 k 个值的定类变量【Nominal Variable】而言,我们可以用方差分析【Analysis of Variance】来确定这些组的差别有多大。在这样一种分析中,由于数学和历史的原因,我们计算如下的和数:

$$n_1(\bar{y}_1-\bar{y})^2+n_2(\bar{y}_2-\bar{y})^2+\cdots+n_k(\bar{y}_k-\bar{y})^2$$

式中带下标的 n 是组内的观察数,而带下标上方有横杠的 y 是 k 个组的均值,而那个没有下标的均值就是因变量的总均值,即组间平方和。有时它被缩写为 BSS(between sum of squares),或模型平方和(model sum of squares)。很清楚,和的数量取决于组均值的差别的大小和这些组的大小。就若干个自变量而言,每一个变量都有组间平方和,通常它们都以变量名来表示。

组间平方和这一数量本身并没有告诉我们太多的东西。但是当它被总平方和除的时候,这一分数将告诉我们,因变量的变差中为这一自变量解释的比例。此外,当它被自由度($k-1$)除的时候,分数就变成了 F 值的分子。而 F 值则是用来确定是否拒绝无组间差别的虚无假设 p 值【p Value】的。

在自变量是定量变量【Quantitative Variable】时,通常回归【Regression】分析都要优于方差分析。线性模型假设因变量的总体均值位于一条直线之上。与方差分析不同,我们不需要用均值相等的虚无假设【Null Hypothesis】,我们只需要看一看回归线的斜率就可以了。一条斜率为零的水平线就意味着等均值。

回归的平方和取的是组间平方和的位置。它的主要优点是它的自由度【Degress of Freedom】数取决于自变量的数目(简单回归为 1),而不是取决于组的数目。然而,如果我们也可以对同一数据进行方差分析,那么 BBS 一般都会小于回归分析的平方和,这意味着方差分析对数据的拟合要优于回归。

——Gudmund R. Iversen

(沈崇麟译校)

*也可参见平方和【Sum of Squares】。

参考文献

Iversen, G. R., & Norpoth, H. (1987). *Analysis of variance* (Sage University Paper Series on Quantitative Applications in the Social Sciences, series 07-001, 2nd ed.). Newbury Park, CA: Sage.

Lewis-Beck, M. S. (1980). *Applied regression: An introduction* (Sage University Paper Series on Quantitative Applications in the Social Sciences, series 07-022). Beverly Hills, CA: Sage.

偏倚(Bias)

在日常语言中,“偏倚”一词往往含有倾向(predisposition)、偏见(prejudice)或真相畸变(distortion)的意思。在统计学中,我们使用偏倚这个词的时候,虽然其一般含义与日常语言基本相同,但一般都与(样本)统计量【Statistic】(也称为估计量【Estimator】)和总体真值(参数【Parameter】)之间的关系有关。

试图估计一个统计量的期望值【Expected Value】和参数值之间的差的统计量叫作偏倚。为了对它的意义有全面的了解,我们可以像下面这样来做。

令 X 为一个有某种概率密度函数【Probability Density Function, PDF】的随机变量【Random Variable】,它有如下的参数:(总体)均值 μ_x 和(总体)方差 σ_x^2。假设我们从这一总体抽取了一个有 n 个观察的随机样本【Random Sampling】。令

$$\bar{X} = \frac{\sum_{i=1}^{n} X_i}{n}$$

为样本均值。假设我们用 $\bar{X}$ 这一样本统计量作为总体均值 μ_x 的估计量。

如果 $\bar{X}$ 的期望值等于 μ_x,也就是说 $E(\bar{X})=\mu_x$,那么我们就可以说,$\bar{X}$ 是 μ_x 的一个无偏【Unbiased】估计量。如果这个等式不成立,那么 $\bar{X}$ 就是 μ_x 的一个有偏估计量。这就是说,

$$\text{偏倚} = E(\bar{X}) - \mu_x$$

不言而喻,如果样本均值的期望值等于真均值,该式就等于零。偏倚可以是正的,也可以是负的,它取决于 $E(\bar{X})$ 大于 μ_x 还是小于 μ_x。

换句话说,如果我们重复抽取 X 的 n 个观察样本,这些重复抽取的样本均值的平均值应等于 μ_x 的真均值。但是,请注意,我们无法保证任何来自一个样本的单个的 $\bar{X}$ 值必定等于真的总体均值。

为了确认样本均值的期望值是否等于真均值,我们可以像下面这样来做:

$$E(\bar{X}) = E\left[\frac{1}{n}(x_1 + x_2 + \cdots + x_n)\right]$$
$$= \frac{1}{n}[Ex_1 + Ex_2 + \cdots + Ex_n]$$
$$= \frac{1}{n}[n.\mu_x] = \mu_x$$

因为每个 X 都有同样的均值 μ_x。因为 $E(\bar{X})=\mu_x$,所以我们就可以说样本均值是总体均值的一个无偏估计量。

偏倚可以从几何学上用图 1 来阐述。

为了对偏倚作进一步的阐述,我们来看一下总体方差 σ_x^2 的两个估计量,即

$$S_x^{*2} = \sum \frac{(X_i - \bar{X})^2}{n}$$

和

$$S_x^2 = \sum \frac{(X_i - \bar{X})^2}{n-1}$$

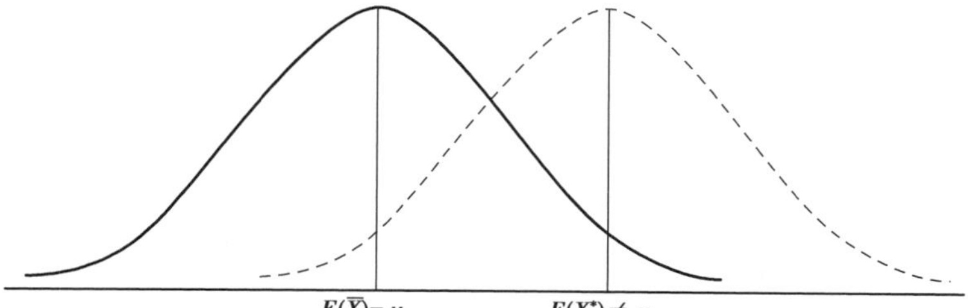

图 1 总体均值 μ_x 的有偏 (x^*) 和无偏 $\overline{X}$

它们都是样本方差。这两个表达式的不同在于前者有 n 个自由度【Degrees of Freedom】(df)，而后者则有 $(n-1)$ 个自由度。可以证明

$$E(S_x^{*2}) = \sigma_x^2\left(1 - \frac{1}{n}\right)$$

但是 $$E(S_x^2) = \sigma_x^2$$

因为前一个估计量的期望值不等于真的 σ_x^2，所以这是一个真方差的有偏估计量。

无偏性是我们希望的一个估计量应该满足的性质之一。它的基本思想直观而又简单。如果一个估计量被反复地使用，那么平均而言，它应当等于它的真值。如果这一点没有发生，那么它将系统地扭曲真值。

无偏性是一种比较小的或有限定的样本性质。一个估计量可以在小样本中不是无偏的，但在大样本中它却可以是无偏的。这就是说，随着样本量 n 无限地上升，估计量的期望值或均值将接近它的真值。在这样的情形中，估计量叫作近似无偏的。这时情况很清楚，我们有估计量 S_x^{*2}，因为

$$\lim_{n\to\infty} E(S_x^{*2}) = \sigma_x^2$$

因此，S_x^{*2} 是近似无偏的。在统计学中，我们会遇到各种各样的情况，这时一个在小样本中是有偏的估计量，随着样本量的无限增加，偏倚会随之消失。

迄今为止，我们给出的示例都只涉及一个随机变量。然而，偏倚这一概念非常容易被推广到多变量的情形。例如，让我们来看一下下面的多元回归：

$$Y_i = \beta_1 + \beta_2 X_{2i} + \beta_3 X_{3i} + \cdots + \beta_k X_{ki} + u_i$$

式中的 Y 是因变量，带下标的 X 是解释变量，而 u_i 则是随机的【Stochastic】误差项。用矩阵记号，前面的多元回归可以被写作

$$\mathbf{y} = \beta\mathbf{X} + \mathbf{u}$$

式中的 $\mathbf{y}$ 是一个因变量上的观察值的 $(n\times1)$ 的向量，而 $\mathbf{X}$ 则是在 k 个解释变量（包括截距）上的 $(n \times k)$ 的数据矩阵，而 $\mathbf{u}$ 则是 $(n\times1)$ 的随机误差项向量。

用普通最小二乘【Ordinary Least Squares, OLS】，Beta(β) 系数的估计量可由下式

$$\hat{\beta} = (\mathbf{X}'\mathbf{X})^{-1}\mathbf{X}'\mathbf{y}$$

求得。式中的 $\hat{\beta}$ 是真 β 系数的估计量的 $(k\times1)$ 的向量。

在经典线性回归【Linear Regression】模型假定下（经典线性回归模型假定解释变量的值在重复抽样中是固定的，误差项是不相关的，且误差的方差是一个常数或同方差【Homoskedastic】），我们可以证明 $\hat{\beta}$ 是真 β 的一个无偏估计量。证明过程如下：

$$E(\hat{\beta}) = E[(\mathbf{X}'\mathbf{X})^{-1}\mathbf{X}'\mathbf{y}]$$
$$= E[(\mathbf{X}'\mathbf{X})^{-1}\mathbf{X}'(\mathbf{X}\beta + \mathbf{u})]$$

$$= \beta + E[(\mathbf{X}'\mathbf{X})^{-1}\mathbf{X}'\mathbf{u}]$$
$$= \beta$$

这里使用了经典的线性回归模型假定(注意解释变量是非随机的)。

正如这些表达式显示的,估计的 β 向量等于相应的真 β 向量。换言之,每个 $\hat{\beta}_i$ 都是真 β_i 的无偏估计量。

——Damodar N. Gujarati

(沈崇麟译校)

参考文献

Gujarati, D. (2002). *Basic econometrics* (4th ed.). New York: McGraw-Hill.

BIC

参见拟合优度量度【Goodness-of-Fit Measures】。

双峰(Bimodal)

这是一种有着两个单独的巅峰或模式的统计分布特性。与之相反,正态分布【Normal Distribution】则是一种单峰分布【Unimodal Distribution】。

——Tim Futing Liao

(沈崇麟译校)

二分(Binary)

顾名思义,二分的意思是二,在社会科学中它至少有三种含义。与十进位系统不同,二进位系统(binary system)只有两个数字(0 和 1),它是现代计算机的运算基础。二分变量(binary variable)测量一个只有两个类别的数量。在将社会现象分类的时候,社会科学家常常会进行二元思维(binary thinking),例如,公共的和私人的、礼俗社会和法理社会,以及宏观和微观等。

——Tim Futing Liao

(沈崇麟译校)

＊也可参见属性【Attribute】、二分变量【Dichotomous Variables】。

二项分布(Binomial Distribution)

二项分布有有限个独立的样本观察,每一个观察都可以假定是两种结果中的一个。因此二项分布是一个二分变量的分布【Distribution】,例如男性与女性,一枚硬币的面朝上和面朝下,活苗和死苗。样本【Sample】比例或概率【Probability】p,即一个给定的观察有一个给定的结果,是用样本观察有该种结果的计数 X 除以样本量 n 来计算的。一对二分状态的每一种状态的概率之和总是等于 1.0。

二项分布与一个弹球落入一个由钉子制成的三角形阵列的 Galton 板的顶点得到的分布相似:落入的弹球走向左边或右边的可能性均为 50%。这也是由二项展开式的公式$(p+q)^n$造成的分布。该式中 p 和 q 是在 n 次试验中得到或没有得到一个特定的二分结果的概率。例如(参见图 1),如果我们要从一个共和党人和民主党人人数相等的总体中选四个人,那么二项扩展式便是

$$
\begin{aligned}
(p+q)^4 &= (1/2+1/2)^4 \\
&= 1p^4+4p^3q+6p^2q^2+4pq^3+1q^4 \\
&= 1/16+4/16+6/16+4/16+1/16
\end{aligned}
$$

计算二项分布的概率公式是

$$p(r) = {}_nC_r p^r q^{n-r}$$

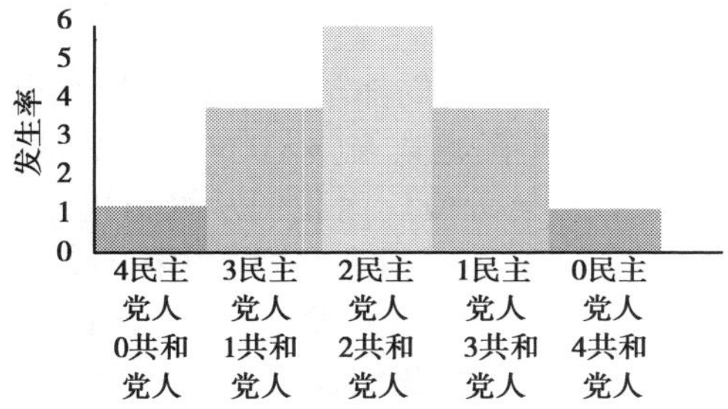

图 1 二项分布

式中的 $p(r)$ 是在二分变量【Dichotomous Variable】中的一个类别中得到 r 个观察的概率,而得到另外一类的观察数则为$(n-r)$,如果样本量为 n 的话;p 是得到二分变量的第一种状态的概率,q 是得到另一种状态的概率,而${}_nC_r$ 则是二分系数,它是每次从 n 件事物中取 r 件的组合数。在$p=q=0.5$时,二项分布将是对称的,否则就不是对称的。

例如,在抛掷硬币时,得到面朝上或面朝下的概率都是 0.5。抛掷三次硬币时,得到三个面朝上的概率是$(0.5)\times(0.5)\times(0.5)=0.125$。我们也可能得到一个面朝上、一个面朝上和一个面朝下,或者我们也可能得到一个面朝上、一个面朝下和一个面朝上。在三次抛掷中得到两次面朝上的组合数是${}_3C_2$,等于 $3!/[2!(3-2)!]$或 3。于是得到两次面朝上的概率就是

$$
\begin{aligned}
p(r) = {}_nC_r p^r q^{n-r} &= (3)\times(0.5^2)\times(0.5^{3-2}) \\
&= (3)\times(0.25)\times(0.5) \\
&= 0.375
\end{aligned}
$$

基于类似计算得到的二项分布表刊印在许多书刊中,或者它也可以用统计软件计算得到。$n=3$ 的二项分布表是

r	p		
	0.1	0.5	0.9
0	0.729	0.125	0.001
1	0.243	0.375	0.027
2	0.027	0.375	0.243
3	0.001	0.125	0.729

因此,上表显示了 $p=0.1,0.5$ 或 0.9 时,在三次试验中得到 $r=0,1,2$ 或 3 次面朝上或其他二分状态的概率。实际的二项分布表的列一般都是以 p 的 0.1 的增量递增的,即 $p=0.1,0.2,0.3,0.4,0.5,\cdots,0.9$ 列出的,且同时还提供了从 $n=2$ 到 $n=20$ 的二项分布表。有些统计书刊既提供了一侧概率,也提供了双侧概率,前者适合用于"同样大/小"或"大于/小于"问题,而后者适合用于"相同或大大不同"的问题。

在样本量 n 大,且发生的概率适中的时候,样本比例 p 和计数 X 将有一个接近正态分布【Normal Distribution】的分布。这一分布的均值将近似于 np,而它的方差将近似于 $np(1-p)$,它们是二项分布的均值和方

差。这些正态近似并不适用于小的 n 值,因此一条普遍采用的经验法则是,只有在积 np 大于或等于 10 和积 $np(1-p)$ 也大于或等于 10 时,才可以使用它们。如果积小于 10,那么就应该计算精确二项概率。统计软件一般不将正态近似用于二项概率,而是计算精确二项概率,即使对于大样本,也同样如此。

在样本量大,且发生的概率非常小或非常大的时候,二项分布呈泊松分布【Poisson Distribution】。在样本取自一个小的总体【Population】时,则要使用超几何分布而不是二项分布。

——G. David Garson

(沈崇麟译校)

参考文献

Blalock, H. M. (1960). *Social statistics*. New York: McGraw-Hill.

Von Collani, E., & Drager, K. (2001). *Binomial distribution handbook*. Basel, Switzerland: Birkhauser.

二项检验(Binomial Test)

二项检验是一种基于概率【Probability】法则进行的精确概率检验(exact probability test)。它用于在研究者有一个小样本【Sample】时,对单个二分变量的分布【Distribution】进行考察。它是一个非参数统计量,是一种用于单样本检验的样本比例和已知比例的差的检验。

进行二项检验要做四个假定。首先,它假定感兴趣的变量是一个二分变量【Dichotomous Variables】,它的两个值对所有的个案是互斥且穷尽的。第二,与所有的显著性检验【Significance Testing】一样,二项检验也假定数据是随机抽取的(参见随机抽样【Random Sampling】)。第三,它假定观察是独立抽取的。最后,二项检验假定任何观察的概率 p,有一个给定且跨所有的观察恒定的值。如果我们不能假定 p 的无误差值,那么备择检验(费希尔检验、卡方检验【Chi-Square Test】和 t 检验【t-Test】)则是我们所推崇的。二项检验是一种非参数检验,因而不用假定数据有正态分布【Normal Distribution】或任何其他特定的分布。

在二项检验中,如果样本量为 n,我们确定得到二类中的某一类观察为 r 个,另一类的观察为$(n-r)$个。令 p=得到第一类的概率,$q=(1-p)$=得到另一类的概率。再令${}_nC_r$ 为一次在 n 个事物中抽取 r 个事物的组合数。二项概率的计算公式是

$$p(r)={}_nC_rp^rq^{n-r}$$
$$=(n!\,p^rq^{n-r})/[r!\,(n-r)!\,]$$

例如,假定我们知道一个特定的城市,60%的居民是民主党人($p=0.60$),40%是非民主党人($q=0.40$),而我们从城市中一个特定的友好组织中进行抽样,并在一个 20 个人($n=20$)的样本中,发现有 15 个民主党人($r=15$)。此后,我们提出这样一个问题:我们样本中发现的 15∶5 分割比,是否显著不同于总体【Population】已知的分割比 60∶40? 这个问题可以重新阐释为“得到一个样本分布概率的强度与观察的分布相同或更强的概率是多少?”答案是二项概率$p(15)$,$p(16)$,…,$p(20)$ 之和。例如,$p(15)=[(20!)(60^{15})(40^5)]/[(15!)(5!)]=0.0746$。由此可知,在 n 相当大的时候,计算需要一台计算机。有些统计著作,也刊印了各种不同水平的 n,r 和 p 的单个或累积的二项概率表。

二项均值是 np,它是在 n 个观察中的成功的期望数,二项标准差是 npq 的平方根,它在 p 接近 0 或 1 时趋于减小。

在 n 大于25, p 接近0.5和 npq 至少为9的时候,二项分布近似于正态分布。在这样的情况中,正态曲线的 z 检验【z-Test】也许可作为二项检验的近似使用。注意,只有在必须用手工进行计算时,我们才使用正态近似,因为各种计算机软件,如SPSS,总是可以为我们计算精确的二项检验。

——G. David Garson

(沈崇麟译校)

参考文献

Conover, W. J. (1998). *Practical nonparametric statistics* (3rd ed.). New York: Wiley.

Hollander, M., & Wolfe, D. A. (1973). *Nonparametric statistical inference*. New York: Wiley.

Siegel, S. (1956). *Nonparametric statistics for the behavioral sciences*. New York: McGraw-Hill.

传记叙事解释法(Biographic Narrative Interpretive Method, BNIM)

许多欧洲研究项目都以直接(例如,Chamberlayne et al., 2002; Rosenthal, 1998)或修改过的方式(例如,自由联想访谈)使用传记叙事解释这种方法来实施和分析传记叙事访谈。假定"叙事性表达"既能体现出有意识的关注,同时也可以体现无意识的文化、社会及个体的预设和过程,那么传记叙事解释法在研究方式上,便应当属于心理分析和社会传记的那种路数。

在每一个BNIM访谈中都有三个阶段(Wengraf, 2001, Chap.6)。第一阶段,访谈者只提出一个仔细设计的叙事问题(例如,"请告诉我你生活中的故事,对你个人重要的所有事件和经历,你可以从任何想要讲的地方讲起")。

在第二阶段,访谈者严格参照被访者提及的话题和使用词句的顺序,再让被访者提供更多的有关他们的故事。第三阶段则可以跟进形成一些非叙事性的问题。

以此方式获取的文字记录接下来会经过两次加工(Wengraf, 2001, Chap. 12)。在被访者解释事件、过着自己的日子和在访谈中诉说自己的故事时,研究策略重构那个"解释和表演"的被调查者的经历。这种研究策略要求分析者像被访者那样沿事件前行:对未来茫然(future-blind),时时刻刻永不停息,不知道接下来或以后会发生什么。

具体而言,首先,要对客观生活事件进行编年史确认。"客观生活事件"指的是那些能够通过官方记录,如学校、雇主或其他组织的记录查到的事件。每个事项(例如,16岁时考试失败)都在不考虑被访者现在解释的情况下,分别呈现给一个研究组,要求该研究组考虑这个事件在当时如何被经历,以及如果这个实验假设是正确的,接下来或者以后的生活中可能会发生什么(在遵从前述假设的前提下)。在研究者收集和记录这些内容之后,便会呈现下一个生活事件的事项:这意味着对先前的经验假设和后续假设的思考,继而开启新一轮的假设。研究者探寻有创造力的确认和批判性理解的过程,而这个过程则随着未来事件一个接一个地呈现,不断得到修正和精炼。

接下来文字记录被加工成"片段"。当叙述者、叙述话题或对话题的叙述方式发生变化时,一个新的片段就会开启。无独有偶,每个片段也都会依次呈递给研究组,而研究组则要试着想象这个访谈事件和行为是如何在访谈发生的那个时刻被经历,然后再用后续的片段来进行修正和精炼。

在这两个序列中,研究者会探寻各自独立的结构性假设,并且只有之后才能发展出与这两个序列都相关的结构性假设。研究者也会将一个类似"对未来茫然"的程序,用于一个一字不差的文本中令人不解的片段(微观分析)。于是我们可就案例的动态提出这样的问题:"为什么人们以这种方式生活,却以那种方式讲述他们的故事?"

——Tom Wengraf

(郑晓娟译　沈崇麟校)

参考文献

Chamberlayne, P., Rustin, M., & Wengraf, T. (Eds.). (2002). *Biography and social exclusion in Europe: Experiences and life journeys.* Bristol, UK: Policy Press.

Rosenthal, G. (Ed.). (1998). *The Holocaust in three generations: Families of victims and persecutors of the Nazi regime.* London: Cassell.

Wengraf, T. (2001). *Qualitative research interviewing: Biographic-narrative and semi-structured method.* London: Sage.

传记法(Biographical Method)

参见生活史方法【Life History Method】。

双标图(Biplots)

双标图是用变量对受试者的数据矩阵进行各种分析的基本工具。在这样的分析中,研究者感兴趣的不仅是变量的结构,而且对个体之间的差异也感兴趣。令人惊异的是,在许多大型的统计软件中,它并非一个标准的工具。双标图还有几种变型,但我们在这里只介绍其中基本的一种。双标图可能是由塔克(Tucker,1960)首先构建的,但加布里埃尔(Gabriel,1971)在他的开创性工作中首先显示了这种方法的全部潜力。而目前有关这个方法的内容最为丰富的参考书则由高尔和汉德(Gower & Hand,1996)所撰写。

一个标准的双标图展示为一个分解为有行坐标的 $I \times S$ 的矩阵 $\mathbf{A}=(a_{is})$ 和有列坐标的 $J \times S$ 的矩阵 $\mathbf{B}=(b_{js})$ 的积 $\mathbf{AB}'$ 的长方形矩阵 $\mathbf{X}$。其中,下标 S 表明坐标轴的数目,它可能是 2 或 3。用 $\hat{\mathbf{X}}$ 的这一分解,$\mathbf{X}$ 的二维近似算法,这一矩阵的每个元素 $\hat{x}_{ij}$ 可写作

$$\hat{x}_{ij} = a_{i1} b_{j1} + a_{i2} b_{j2}$$

它是行向量(a_{j1}, a_{j2})和(b_{j1}, b_{j2})内(或标量)的积。通过在一个二维图中(有原点 O),将每一行示为有坐标(a_{i1}, a_{i2})的点 a_i 和将每一列示为有坐标(b_{j1}, b_{j2})的点 b_j,便可得到一张双标图。一般我们把这些点分别叫作行标和列标。

例如,假设若干变量上的得分反映了那些初为人母的新妈妈育儿的有关情况。这些变量包括亲职压力(parenting stress)、抑郁(depression)和孩子认知刺激(cognitive stimulation of her child)等。这些数据的双标图将展示那些母亲,如她们在上述变量的

得分所示，以相同的或不同的方式来育婴；与此同时，双标图还显示，哪些变量有类似的模式（比如说，抑郁和亲职压力），或不同的模式（譬如抑郁和孩子认知刺激）。

在这样的情形下，变量一般都将被标准化，而变量的坐标则以一种变量和坐标之间相关的方式来量度（参见主成分分析【Principal Components Analysis】）。在本例中，变量有主坐标（principal coordinate），而应试者则有标准化的坐标，这就是说，他们的坐标轴有着 0 均值和单位长度。正因如此，变量通常显示为来自原点的向量。用向量的长度标示它的变异性，或显示为上面标出了原尺度大小的（双标图的）轴，即所谓的标刻度轴（calibrated axes）。应试者被标示为点，而变量上的应试者的估计分则从它的变量上的点的映射推出，如图 1 所示。因为在一个三维空间中，评估内积不是一件容易的事，所以最为常用的双标图只有二维和展示 $\hat{\mathbf{X}}$ 对数据矩阵 $\mathbf{X}$ 的最佳二维近似。

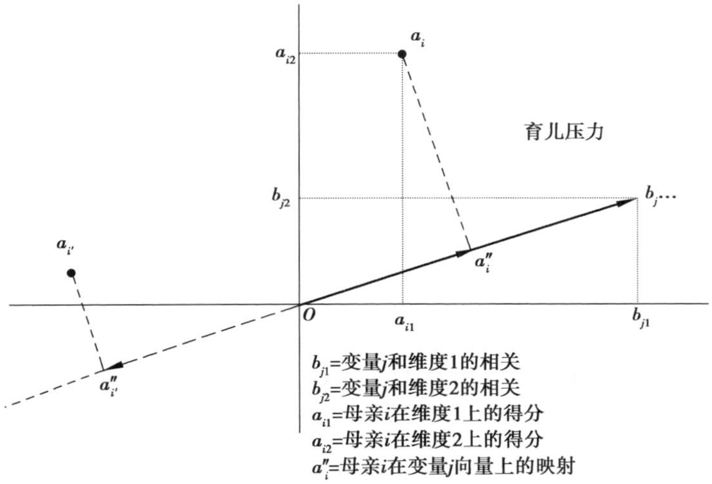

图 1　双标图的主元素：列向量、行点、行坐标、列坐标和映射

注：a_i 和 b_j 之间的内积是 a''_i 和 b_j 长度的积。

如果一个二维双标图是该数据矩阵的合理的近似，那么两个母亲在同一变量，比如说，亲职压力上的相对得分，便可以通过比较她们在亲职压力向量上的映射来判断。在图 1 中，这个比较是通过比较 a''_i 和 $a''_{i'}$ 的长度实现的。如果一个母亲的得分在平均分之上，那么她的映射分将在变量正的一侧，反之则在负的那一侧。在她的映射分等于平均分时，它将与双标图的原点重合。两个相互间有一个锐角（钝角）的变量，有着正（负）相关。不相关则会产生正交的向量。所有这些陈述都是双标图对 $\mathbf{X}$ 中的数据足够好的近似条件。

在绘制双标图时，关键的问题在于物理的垂直和水平坐标轴应该有相同的物理尺度。这将保证行点映射在一个列向量时，它们将结束在正确的位置。不能做到这一点（有些计算机软件就没有做到这一点）将无法评估图中的内积。

双标图在除了自身是一种很有价值的方法之外，它在列联表的对应分析【Correspondence Analysis】和三模数据分析中也有着重要的作用。

——Pieter M. Kroonenberg

（沈崇麟译校）

参考文献

Gabriel, K. R. (1971). The biplot graphic display of matrices with application to principal component analysis. *Biometrika*, *58*, 453-467.

Gower, J. C., & Hand, D. J. (1996). *Biplots.* London: Chapman & Hall.

Tucker, L. R. (1960). Intra-individual and inter-individual multidimensionality. In H. Gulliksen & S. Messick (Eds.), *Psychometric scaling: Theory and applications* (pp. 155-167). New York: Wiley.

双极量表(Bipolar Scale)

双极量表是由相反的概念表示两端的量表,例如,冷/热、快/慢、不爱交际/爱交际、内向/外向。量表可以有 2~13 个刻度。

——Tim Futing Liao

(杨可译　沈崇麟审校)

双列相关(Biserial Correlation)

双列相关(r_{bis})是一种估计人为制造的二分变量(X)和一个真的连续变量(Y)之关系强度的相关指数。两个变量都假定在它们的潜在总体中服从正态分布。它在将一个二分的得分项与总得分关联的项目分析中得到了广泛的使用。假定一个二分项的得分以这样的方式计——1 为正确答案,0 为不正确答案,那么双列相关则可这样计算:

$$r_{\text{bis}} = \frac{\overline{Y}_1 - \overline{Y}_0}{S_Y}\left(\frac{n_1 n_0}{u n_.^2}\right)$$

式中的 $\overline{Y}_1$ 是那些在 X 上得分为 1 的人的均值;$\overline{Y}_0$ 是那些在 X 上得分为 0 的人的均值;S_y 是所有 Y 得分的标准差;n_1 是在 X 上得分为 1 的观察数;n_0 是在 X 上得分为 0 的观察数;$n_. = n_1 + n_0$ 或总观察数;而 u 则是在 $p_1 = n_1/n_.$ 的累积概率上的标准正态分布(即在 X 上观察分为 1 的比例)的纵坐标(即垂直高度或概率密度)。

假定下面这组数据是从 30 个参加科学能力测试的考生中得来的。这些考生的测试总分和第 13 项测试的得分如下表所列:

考生	第 13 项得分(X)	总分(Y)	考生	第 13 项得分(X)	总分(Y)	考生	第 13 项得分(X)	总分(Y)
1	0	8	8	0	11	15	0	8
2	0	12	9	1	13	16	1	33
3	0	6	10	0	4	17	0	28
4	0	12	11	1	14	18	1	29
5	0	8	12	1	13	19	1	30
6	0	8	13	0	10	20	1	29
7	0	8	14	0	9	21	0	28

续表

考生	第 13 项得分(X)	总分(Y)	考生	第 13 项得分(X)	总分(Y)	考生	第 13 项得分(X)	总分(Y)
22	1	33	25	1	33	28	1	34
23	1	32	26	0	34	29	1	38
24	1	32	27	1	35	30	1	37

将总分作为 Y 变量,而将第 13 项的分数作为 X 变量。我们计算 $\overline{Y}_0 = 12.93$,$\overline{Y}_1 = 29$,$S_Y = 11.92$,$n_0 = 15$,$n_1 = 15$,$n. = 15+15 = 30$ 和 $p_1 = 15/30 = 0.50$。取 p_1 的标准分布,我们确定纵坐标 u 等于 0.398 9。将这些值代入上面的公式,得到

$$r_{\text{bis}} = \frac{29 - 12.93}{11.92}\left[\frac{(15) \times (15)}{(0.398\ 9) \times (30)^2}\right]$$
$$= (1.348\ 2) \times (0.626\ 7)$$
$$= 0.844\ 9 \approx 0.85$$

上面这个双列相关的值可解释为总分(连续变量)对第 13 项(人为制造的二分变量)上的正确与不正确答案的区分度。0.85 这个值说明总分与这一项的绩效有着很强的相关。如果 15 个没能完成这一测试的学生,他们的总测试分都是最低的,那么双列相关的值将等于 1.00(最大值)。相反,如果"通过"和"没有通过"第 13 项考试的,与总分的相配是随机的,那么双列相关的值便等于 0.00(绝对最小值)。

如果正态假定适用于 X 和 Y 的总体分布,那么双列相关便是一种积差相关(product moment correlation)估计,即皮尔逊的 r。它的理论值域从-1 到+1。在社会科学研究中,如果违反了正态假定或 n 小于 15,那么根据经验数据计算的 r_{bis} 的值就有可能超出理论的值域。因此只有在(a)未曾违反正态假定,(b)样本足够大(至少 100),(c)p_1的值与 0.5 无明显不同时,r_{bis}才可被看作皮尔逊的 r 估计值。双列相关不可以用于诸如回归这样的二次分析。

——Chao-Ying Joanne Peng

(沈崇麟译校)

* 也可参见相关【Correlation】。

参考文献

Glass, G. V. & Hopkins, K. D. (1984). *Statistical methods in education and psychology* (2nd ed.). Englewood Cliffs, NJ: Prentice Hall.

双变量分析(Bivariate Analysis)

双变量分析是一种成对变量的统计分析。例如,这样的分析可以取交叉表【Cross-Tabulation】、散点图【Scatterplot】、相关【Correlation】、单因素方差分析【One-Way ANOVA】或简单回归【Regression】等形式。它经常是在数据【Data】单变量分析【Univariate Analysis】之后,但却在多变量分析之前采取的一个步骤。

——Tim Futing Liao

(沈崇麟译校)

双变量回归(Bivariate Regression)

参见简单相关(回归)【Simple Correlation (Regression)】。

分组设计(Block Design)

分组设计也称分块设计、区组设计。这是一种实验或准实验【Quasi-Experiment】设计。在这种设计中,为了控制观测结果或得分中非意愿的变差源,而将研究单位归并成类或"组"。非意愿的变差源是由那些对观测结果或得分有影响,但并非研究者主要感兴趣或关注的干扰变量(nuisance variables),也称为伴随变量(concomitant variables)引起的。

例如,在一个研究不同的治疗抑郁症方案的效应研究中,研究者也许希望控制抑郁症患者的严重程度。这样,在这个研究中,抑郁严重程度就是一个干扰变量。抑郁严重程度就是所谓的"组"。让我们进一步假定,研究者共有三种治疗方案和五个不同的抑郁严重程度。具体的设计方案如下表所示。

	治疗方案 1	治疗方案 2	治疗方案 3	行均值
组 1=最严重	Y_{11}	Y_{12}	Y_{13}	$\bar{Y}_{1.}$
组 2	Y_{21}	Y_{22}	Y_{23}	$\bar{Y}_{2.}$
组 3	Y_{31}	Y_{32}	Y_{33}	$\bar{Y}_{3.}$
组 4	Y_{41}	Y_{42}	Y_{43}	$\bar{Y}_{4.}$
组 5=最轻	Y_{51}	Y_{52}	Y_{53}	$\bar{Y}_{5.}$
列均值	$Y_{.1}$	$Y_{.2}$	$Y_{.3}$	总净值=$\bar{Y}_{..}$

假设分组设计的统计模型是

$$Y_{ij} = \mu + \alpha_i + \pi_i + \varepsilon_{ij}$$
$$(i = 1,\cdots,n; j = 1,\cdots,p)$$

式中 Y_{ij}——第 i 组和第 j 个治疗方案的得分。

μ——观察总体的总平均,因此它是一个常数。

α_j——第 j 个治疗方案的治疗效应。在代数中,它等于总体均值(μ_j)与总均值(μ 或 $\mu..$)的离差。第 j 个方案的所有观察的依赖分(dependent score)是一个常数,如同固定效应模型那样,受跨全部治疗方案的所

有的 a_j 之和为零的约束,或如同随机效应模型那样,在治疗总体中的所有 a_j 之和为零的约束。

π_i——总体 i 的组效应,它等于第 i 个总体的均值(μ_i)与总均值($\mu_{..}$)之离差。对所有观察在第 i 组的依赖分它是一个常数,在潜在总体中服从正态分布。

ε_{ij}——与第 i 组和第 j 个治疗方案关联的随机误差效应。它是一个随机变量,在潜在的第 i 组和第 j 个治疗方案的潜在总体中服从正态分布,且独立于 π_i。

如果观察最初是随机分配给每个分组内的治疗方案的,这样的分组设计也叫随机化区块设计【Randomized-Blocks Design】。将观察分配给各个治疗方案的程序称为“分组”。有各种各样的将观察分组的方法,有时也可以根据干扰变量来对观察进行分组。这些分组方法的目标是:(a)使每一组含相等的干扰变量幅度段;(b)使每一组包含等比例的观察总体。大多数方法都试着去达到第二个目标。用上面的例子,研究者可以先按抑郁严重的程度(如按抑郁量表的得分)给病人排序。接着,研究者再随机地将第一组中得分最高的三个病人(最严重的抑郁症病人)随机地分配给三个不同的治疗方案。第二组由被认为抑郁程度比第一组较轻,但比其余病人重的三个病人组成。如此这般进行下去,直至把所有的组都建成为止。

如果一个以上的观察被分配到了分组和治疗方案的组合,那么这种设计就叫作广义分组设计(generalized block design)。作为一种选择,同一个病人(即一个观察)可以是一个组,并以随机顺序接受所有治疗。有些作者喜欢把分组设计的这一特定版本叫作重复测量【Repeated Measures】设计。

随机化的分组设计适用于满足普通的ANOVA假定(正确的模型、正态性、等方差和独立的随机误差)的实验,以及以下附加假定:

a.一个至少有两个水平和一个干扰变量的治疗因素,也可以有两个以上水平。

b.在每一组内,分析单位间的变异性应当小于不同组的分析单位间的变异性。

c.每个组内的观察应当随机地分配给所有的治疗水平。如果每个组只有一个在所有治疗水平进行观察的实验单位,那么对每个实验单位的治疗水平的呈现顺序应当是随机化和独立的(前提是治疗的性质允许)。

一般来讲,我们可有三种方法来控制观测结果中非意愿的变差源:

• 第一种,将干扰变量设为常数,例如只用中度抑郁的病人。

• 第二种,单位中的已知和未知的变差源在整个实验上是随机分布的,因而不会在特定的方向上只是影响一个或有限个治疗方案的假定下,将观察随机地分配给各个治疗方案。换言之,随机化的原则将自始至终地、反复不断地在同一个研究中对非意愿的变差源“予以关注”。

• 第三种,将干扰变量作为实验,如分组实验设计或协方差分析(ANCOVA)的因素之一。因此分组设计主要是为了更好地调查治疗变量(即 α_j)的主效应,而不是与干扰变量(也包括分组)之间的交互效应。

——Chao-Ying Joanne Peng

(沈崇麟译校)

*也可参见实验【Experiment】、冗余参数【Nuisance Parameters】。

参考文献

Huck, S. (2000). *Reading statistics and research* (3rd

ed.). New York: Addison, Wesley, Longman.
Kirk, R. E. (1995). *Experimental design: Procedures for the behavioral sciences* (3rd ed.). Belmont, CA: Brooks/Cole.
Kirk, R. E. (1999). *Statistics: An introduction* (4th ed.). Orlando, FL: Harcourt Brace.
Maxwell, S. E., & Delaney, H. D. (1990). *Designing experiments and analyzing data: A model comparison perspective*. Belmont, CA: Wadsworth.

BLUE

参见最佳线性无偏估计量【Best Linear Unbiased Estimator】。

BMDP

BMDP 是一种统计分析软件,含有 40 种以上的统计分析程序。涵盖从简单的数据描述到复杂的多变量分析和时间序列分析等多个统计领域,不仅如此,BMDP 的输出结果是极具描述性的,且大部分都是不言自明的。

——Tim Futing Liao

(沈崇麟译校)

Bonferroni 法(Bonferroni Technique)

Bonferroni 法是一种用于使族(family-wise)第一类错误【Type Ⅰ Error】率保持为一个事先选择的值的方法。这样的情形往往发生在对一个与显著性检验【Significance Testing】(或置信区间)有关的族进行处理的时候,有时我们也把这样的情况叫作多重比较【Multiple Comparisons】,或者更为广义地叫作"同步推论"。这种情形可能发生在同一个单位上进行的几次统计检验(例如在人们回答若干问卷题项时,或在同一个人身上计算若干变量的相关时),或在统计估计值,如均值或比例在一组假设上使用不止一次时(例如,一组计划的或事后进行的比较在统计上是不独立的)。虽然在这些检验是独立的时候,我们也可以使用 Bonferroni 法,但这样的情况十分罕见。

Bonferroni 法有几个其他同步推论法所不具备的长处,这使得它从各种备择方法中脱颖而出。在这些长处中有一种是它可以用于任何导致一个 p 值的统计检验,因而使用起来十分方便。不仅如此,与其他的同步显著性检验相比,它所浪费的验力也较少。

发展

Bonferroni 法的基础是 Bonferroni 不等式,$\alpha_f \leqslant \alpha_1+\alpha_2+\cdots+\alpha_m$。因为 α_f 正是研究者想要控制的,所以选择几个 α_j 项,使 $\alpha_1+\alpha_2+\cdots+\alpha_m=\alpha_j$,这便会实现对 α_f 族第一类误差率的控制。通常,我们会将几个 α_j 设为彼此相等,且每个检验都在 $\alpha_t=\alpha_f/m$ 上进行。

因此 α_f 的值,最多为 $m\alpha_t$ 个。

应用

为了应用 Bonferroni 法,我们必须有一族(即组)m 个(至少两个)显著性检验,并需定义两个显著性,即(α)水平:每个检验的第一类误差率和族第一类误差率。每一检验的第一类误差率 α_t 是每一个统计检验的显著水平(即如果检验的 p 值落在了 α_t 之下,我们就否定虚无假设)。族第一类误差率 α_f 是族中 m 个检验中的一个或一个以上的显著度被宣布为第一类误差的概率(即那时虚无假设为真)。

在使用 Bonferroni 法时,我们需要对每个检验的第一类误差率进行校正,故而 $\alpha_t=\alpha_f/m$。在实际研究中,族第一类误差率通常都设为 0.05,所以,α_t 通常都设在 $0.05/m$。

虽然各种分布(如 t 分布、卡方分布)的那些不寻常的百分位数表都不难得到,但实际上使用 p 值的 Bonferroni 法却是最容易使用的,因为它是统计软件的标准输出值之一。每个检验的 p 值与计算得到的 α_t 相比较,如果 $p\leqslant\alpha_t$,那么我们就宣称统计结果是显著的,否则是不显著的。

实例

一个含四个题项的问卷发给了分性别的参与者,测验的目的在于了解男女在每个题项的分布上有什么不同。我们将使用基于四张双向表(性别与题项答案)的卡方检验【Chi-Square Test】。如果每个检验都在 $\alpha=0.05$ 的水平上进行,它们当中至少有一个偶然达到显著水平的概率(假定所有的虚无假设为真)是大于 0.05 的,因为发生第一类误差的机会共四个,而不只是一个。在这一例子中,我们有 $m=4$ 个显著性检验,这样我们并不是要将每个检验的 p 值与 0.05 作比较,而是要与 0.05/4=0.012 5 作比较。

如果要将四个实验组的均值中的每一个都与一个控制组的均值相比较,那么我们也同样可以使用 Bonferroni 法。检验可通过将四个检验(t 或 F)每一个得到的统计值的 p 值和 0.012 5 相比较来完成。虽然这些检验是相关的,因为它们合用一个均值(控制组的均值),但是族第一类误差率将被控制在不超过 0.05 上。

——William D. Schafer

(沈崇麟译校)

自助抽样推论法(Bootstrapping)

自助抽样推论法是一种计算机内含的集约非参数统计推论【Statistical Inference】法(computer intensive, nonparametric approach to statistical inference)。自助抽样推论法使用样本内部的变异性在经验上估计抽样分布,而不是对一个统计量的抽样分布【Sampling Distribution】做假定。做法是模仿原来的抽样方案,对样本进行许多许多次的回置再抽样。用这种估计的抽样分布进行统计推论,我们可有各种各样构建置信区间【Confidence Interval】的方法。

推论统计的目的是根据从一个总体抽取的样本数据计算得到的统计量【Statistic】$\hat{\theta}$,对总体【Population】参数 θ 做概率【Probability】陈述。这样一种推论的核心是统计量的抽样分布。它是一个值域,它可以呈现为取自一个已知总体的随机样本和与这些值关联的概率。在社会科学家从研究生院学到的标准的参数推论统计(有无处不在的 t 检验【t-Tests】和 p 值【p

Values】)中,我们从数学分析中得到统计量的抽样分布信息。例如,中心极限定理【Central Limit Theorem】使我们有充分的理由相信,样本均值的抽样分布是正态的,有着总体均值的期望值和近似总体变量的标准差除以样本量的平方根的标准差【Standard Deviation】。然而,在有些情形中,既不存在诸如这样的参数统计理论,也不存在应用这种参数理论所需的假定。在遇到这些情况时,我们也许可以使用自助抽样推论法对总体参数做一种基于概率的推论。自助抽样推论法是一种广义的统计推论方法,实际上几乎可用于任何统计量。它的基本程序包含两个步骤:(a)通过重复抽样估计统计量的抽样分布;(b)使用估计的抽样分布构建推论总体参数的置信区间。

首先,将样本作为总体,对它进行一种蒙特卡洛模拟【Monte Carlo Simulation】,估计统计值的抽样分布。做法是从样本量为 n 的原样本中,用回置法随机重复抽取大量样本量为 n 的样本。回置抽样使得重复抽取的样本与原样本类似,但略有不同,因为原样本中的某个个案可能在任何给定的重复抽取的样本中,出现一次、一次以上或一次也没有。

重复抽样必须以模仿产生原样本的过程抽取。任何分层、加权【Weighting】、集聚、分段等抽取原样本时采用的方法,都必须在每一次重复抽样时同样采用。采用了这样的方式,那些注入原样本的随机变差,将会以类似的方式同样注入重复抽取的样本。根据复杂的随机样本【Random Sample】进行统计推论的能力,正是自助抽样推论法优于参数推论法之处。除了模仿原来的抽样程序之外,重复抽样只应该在统计模型的随机成分中进行。例如,这可以是简单描述统计的原始数据和调查样本,或回归【Regression】模型的误差项。

对每个重复抽取的样本,我们都要计算将要用于推论的样本统计量 $\hat{\theta}^*$。因为每个重复样本都稍微且随机地与另外的重复样本有所不同,所以这些 $\hat{\theta}^*$ 也会彼此稍微且随机地有所不同。自助抽样推论法主要判断的问题是,如果重复抽样的程序被用来导出在再抽样程序中被模仿的原样本,那么这些 $\hat{\theta}^*$ 相对频数分布【Frequency Distribution】应该是 $\hat{\theta}$ 抽样分布的一个估计值。

为了说明重复抽样的效果,让我们来考虑一下表 1 中的那个简单的例子。原样本是从一个标准正态分布抽取的简单随机样本。估计的均值和标准差与总体参数(分别为 0 和 1)略有不同,因为这是一个随机样本。请大家注意三个重复样本的若干情况。第一,在这些重复样本中不存在没有在原样本中出现的值,因为这些重复样本都产生自原样本。第二,因为重复抽样采用了回置法,所以某些原样本的值,在重复样本中出现了一次以上。第三,从重复样本估计的样本统计值(在本例中为均值和标准差),都接近但略有不同于原样本的这些值。这些均值(或标准差,或任何从这些重复抽样样本计算的统计值)的相对频数分布是总体参数的抽样分布的自助抽样推论法估计值。

表 1 自助抽样推论法重复样本实例

个案编号	原样本 [$N(0,1)$]	重复样本#1	重复样本#2	重复样本#3
1	0.697	−0.270	−1.768	−0.270
2	−1.395	0.697	−0.152	−0.152
3	1.408	−1.768	−0.270	−1.779
4	0.875	0.697	−0.133	2.204
5	−2.039	−0.133	−1.395	0.875
6	−0.727	0.587	0.587	−0.914
7	−0.366	−0.016	−1.234	−1.779
8	2.204	0.179	−0.152	−2.039

续表

个案编号	原样本[$N(0,1)$]	重复样本#1	重复样本#2	重复样本#3
9	0.179	0.714	−1.395	2.204
10	0.261	0.714	1.099	−0.366
11	1.099	−0.097	−1.121	0.875
12	−0.787	−2.039	−0.787	−0.457
13	−0.097	−1.768	−0.016	−1.121
14	−1.779	−0.101	0.739	−0.016
15	−0.152	1.099	−1.395	−0.27
16	−1.768	−0.727	−1.415	−0.914
17	−0.016	−1.121	−0.097	−0.860
18	0.587	−0.097	−0.101	−0.914
19	−0.270	2.204	−1.779	−0.457
20	−0.101	0.875	−1.121	0.697
21	−1.415	−0.016	−0.101	0.179
22	−0.860	−0.727	−0.914	−0.366
23	−1.234	1.408	−2.039	0.875
24	−0.457	2.204	−0.366	−1.395
25	−0.133	−1.779	2.204	−1.234
26	−1.583	−1.415	−0.016	−1.121
27	−0.914	−0.860	−0.457	1.408
28	−1.121	−0.860	2.204	0.261
29	0.739	−1.121	−0.133	−1.583
30	0.714	−0.101	0.697	−2.039
均值	−0.282	−0.121	−0.361	−0.349
标准差	1.039	1.120	1.062	1.147

需要多少个这样的重复样本和 $\hat{\theta}^*$ 才能产生 $\hat{\theta}$ 切实可行的抽样分布的估计值呢？估计值是渐近无偏的，但是在什么条件下方差才能小到产生的推论精确度达到实用的程度。这个答案有两个组成部分：第一，就自由度而言，自助抽样推论法的抽样分布估计值的无偏性证明的渐近解，要求原样本的样本量在 30～50 个。第二，使估计的抽样分布充实和具体化的重复样本的数目似乎只需 1 000 个左右。对于高性能的计算机而言，如果研究者有能力写出恰当的循环算法【Algorithm】程序的话，这样的重复抽样和计算只需少量的时间和精力。

在用自助抽样推论法估计了 $\hat{\theta}$ 的抽样分布之后，自助抽样推论法统计推论的下一个步骤是，用这一个估计值构建置信区间。我们可以有几种方法来做到这一点。不过对究竟是哪一种方法得到的置信区间才最切实可用和在统计上最为正确这一问题，至今学界仍有争议。在 1980 和 1990 年代，有关自助抽样推论法的讨论的确推动并检验了这些方法，但这些都过于复杂，不宜在本词条中讨论。下面列出的参考文献中，有这些置信区间路数的详细论述和使用说明，有兴趣的读者可自行参阅。

发展

自助抽样推论法是近年来出现的一种统计方法，它最初见于布拉德利 · 埃弗龙（Efron，1979）发表在《统计学年鉴》（*Annals of Statistics*）的一篇题为《自助抽样推论法：刀切法再探》（Bootstrap Methods：Another Look at the Jackknife）的文章中。但是正如这篇文章所隐喻的那样，虽然埃弗龙普遍被人们认为是自助抽样推论法之父，但是确定样本内的变差，以把它用于统计推论的思想却并非新创。统计学家早就意识到参数统计的不足，并一直致力于克服它们。尽管参数统计推论在合适的时候是极为有力的，但是它能令我们有足够的信心来使用它的范围是极其狭窄的，它只适用于某些特定的场合。罗纳德 · 费希尔的精确检验是一种不需要参数假定进行推论的老方法，但是它要求完整地描述一个已知总体的全排列。显然，这对大多数现代的社会科学研究场合是不实际的。在 1950 和 1960 年代，学界曾经对几种使用各种样本统计量的变差来确定总样本的变差的方法进行过讨论。其中，最为普遍的是刀切法，这种方法系统地从一个样本中，一个一个地去掉个案，并判断这种一个个的个案去除对统计量变差的影响。但直到高性能的个人计算机的横空出世，埃弗龙才能在这方面有重大的突破——使用无限个随机生成的子样本来估计统计量的抽样分布，于是自助抽样推论统计法应运而生。

应用

有两种情况是自助抽样推论法最有可能为社会科学家所用的：(a)在用一种没有很强的参数理论与之关联的统计量进行推论的时候；(b)在用一种在某些条件下有参数理论，但这些条件却并不具备的统计量进行推论的时候。例如，自助抽样推论法可以用于第一种情形的有：从非直接的路径模型效应、特征值【Eigenvalues】、切换回归的切换点或两个中位数的差作推论等。随着计算机功效变得越来越强和社会科学家使用的统计方法变得越来越复杂，需要设计开发能非常精确地检验特定的假设的估计量，但不用掌握这些估计量的任何抽样分布的性质，而使自助抽样推论法变得尤其重要。违反了参数检验的假定，又必须对参数统计检验的稳定性进行检验，则是体现自助抽样推论法重要性的第二种情形。例如，因为最大似然估计【Maximum Likelihood Estimation, MLE】的近似参数理论，似乎只有在样本量达到 100 时才站得住脚。标准的 t 检验在样本量较小，比如只有 75 的时候，就不太精确。自助抽样推论法的统计推论便可以在诸如这样的情形中使用，以了解这样的不精确性是否真正会成为一个问题。

——Christopher Z. Mooney

（沈崇麟译校）

参考文献

Chernick, M. R. (1999). *Bootstrap methods: A practioner's guide.* New York: Wiley-Interscience.

Davison, A. C., & Hinkley, D. V. (1997). *Bootstrap methods and their application.* Cambridge, UK: Cambridge University Press.

Efron, B. (1979). Bootstrap methods: Another look at the jackknife. *Annals of Statistics*, *7*, 1-26.

Efron, B., & Tibshirani, R. J. (1993). *An introduction to the bootstrap.* New York: Chapman & Hall.

Mooney, C. Z., & Duval, R. D. (1993). *Bootstrapping: A nonparametric approach to statistical inference.* Thousand Oaks, CA: Sage.

有限理性(Bounded Rationality)

有限理性是用来描述决策过程的术语。它不太像一个统一的理论，更像一种认识，即一种认为实际的决策与作为许多行为形式模型基础的理性概念不符的认识。有限理性这个术语是 1950 年代由赫伯特·西蒙提出的(Simon, 1957)，在今天的研究中仍然是一个很活跃的领域(Rubenstein, 1998)。值得注意的是，有限理性并不是非理性。在有限理性的指引下，行动者仍然还是试图做出好的决策，只不过他们的决策过程不能满足完全理性的所有要求而已。

理解有限理性的最佳方法也许就是将

之与大多数行为形式模型所假设的完全的理性行动者作比较。如果信息可以得到的话,完全的理性行动者总是能做出最佳的决策。完全的理性行动者有清晰定义的偏好,以无偏的方式使用所有相关的信息,而且能够准确无误地解决棘手的最优化问题。尽管大多数采用完全理性假设的研究者都明白,这不是对现实中决策的完全准确的描述,但他们还是常常假定行动者的行为表现“好像”是完全理性的。

尽管如此,那些研究有限理性的学者还是找到了许多行动者的行为表现并非“好像”是完全理性的例子。实际上,行动者可能无法完成完全理性行为要求的复杂计算。例如,在一个无限重复的游戏中,为了计划行动者当今的行动,完全理性要求行动者将无数个周期考虑进未来,然而,这很有可能超出了组织或个人的计算能力,甚至即使是最有能力的组织和个人也办不到。在有限理性的指导下,行动者也还是试图为当今的最佳行动做出安排,但无法进行完全理性的行动者所做的那种复杂计算。可能有限理性和无限理性最一般的区别应归功于西蒙,他认为,行动者会在完全理性的情况下进行最优化,即寻求一个问题的最佳解决方案,而在有限理性的情况下,行动者通常会采用满意策略,采用一个“足够接近”的解决方案。

学者们还曾将其他一些有限理性行为的例子记录在案,例如简化问题的倾向和框架效应。完全理性的行动者对逻辑上等价的备择选项和选择集合的说明并不关心。不过,特沃斯基和卡内曼(Tversky & Kahneman,1986)在一个著名的实验中证明了判定问题的框架会对个人的选择产生影响。实验的被试被告知,美国会爆发让600人丧命的疾病,然后实验的被试被分成两组。第一组被试要在两个互斥的治疗方案(A和B)中选择一个,这两个方案可能会产生如下结果:

A.200人会得救。

B.600人得救的概率是1/3;一个人也不会得救的概率是2/3。

第二组被试要在两个互斥的治疗方案(C和D)中选择一个,这两个方案可能产生如下结果:

C.400人会死亡。

D.一个人也不会死的概率是1/3;600人都会死的概率是2/3。

显然A等价于C,而B则等价于D。但是,第一组里72%的人选择了A方案,而第二组里78%的人选择了D方案。这个结果进一步证明,在实际的行为和完全理性的假设之间有不少差异,因此,许多决策问题中的行动者最好是被称作有限理性人。

——Garrett Glasgow

(杨可译 沈崇麟校)

参考文献

Rubenstein, A. (1998). *Modeling bounded rationality*. Cambridge: MIT Press.

Simon, H. A. (1957). *Models of man*. New York: Wiley.

Tversky, A., & Kahneman, D. (1986). Rational choice and the framing of decisions. *Journal of Business*, *59*, 251-278.

盒须图(Box-and-Whisker Plot)

参见盒形图【Boxplot】。

Box-Jenkins 建模法(Box-Jenkins Modeling)

与 Box-Jenkins 这两个名字关联的研究方法主要用于等间隔的时间序列【Time-Series】数据(Box & Jenkins, 1976)。与确定性模型【Deterministic Model】不同, Box-Jenkins 模型将时间序列作为一个随机【Stochastic】过程,特别是作为一种自回归整合移动平均(ARIMA: autoregressive, integrated, moving average)的过程对待。Box-Jenkins 模型主要应用于预测一个时间序列的未来观察值,确定一个进行中的时间序列的干预效应(干预分析【Intervention Analysis】)和估计动态的投入产出的关系(传递函数分析)。

ARIMA 模型

最简单的 ARIMA 模型假定一个时间序列的观察值(z_t)是根据移动平均参数(θ),由只延续到下一个时间点的随机冲量(u_t)产生的。这是一个一阶移动平均模型, MA(1),它有形式(忽略了参数的负号):

$$z_t = u_t - \theta u_{t-1} \qquad (1)$$

这一过程只离开了纯随机性一小步,叫作"白噪声(white noise)"。今天的记忆(t)只继承了昨天的新闻($t-1$),而不继承任何此前的新闻。即使如此,如果需要,一个移动平均模型仍然能轻而易举地扩展,以容纳一大组先前的随机冲量,比如 u_{t-2}或 u_{t-3},但这时,MA 这一框架就会显得十分笨拙。有一种更为实用的处理累积的,但是已贴现的过去冲量的方法,那就是自回归【Autoregression】模型法。它将把我们引向 ARIMA 的"AR"部分:

$$z_t = \phi z_{t-1} + u_t \qquad (2)$$

在这一过程中,AR(1)累积的过去的(z_{t-1}),不仅仅只是最近的随机冲量(u_{t-1}),而是根据自回归参数(ϕ),继承了一个时期到下一个时期的随机冲量。但并非是全部时期。自回归过程要求在从时间 $t-1$ 向时间 t 过渡时有某种泄漏量。只要 ϕ 在 1.0 以下,那么 AR(1)过程就满足了稳定性(常均值水平、常方差和观察值之间的常协方差)的要求。

当然在实际生活中,许多时间序列是不稳定的。它们展示某些趋势(长期上升或下降),或自由徘徊,就像随机游走【Random Walk】。这样的时间序列的观察值,在自回归和/或移动平均成分可以被估计之前,必须转换成稳定的观察值。标准的程序是做时间序列 z_t 的差分,

$$\nabla z_t = z_t - z_{t-1} \qquad (3)$$

并确定得到的系列(∇z_t)是否满足了稳定的要求。如果满足,原系列(z_t)便被认为在序 1(order 1)被整合了。这就是在 ARIMA 中"I"的含义。I 无非是一个时间序列在达到稳定之前必须被差分的次数的计数而已。对大多数不稳定系列而言,差分一次($I=1$)就足够了。

然后便可开始进入稳定的时间序列分析过程,先进行模型识别,然后进行参数估计和模型的诊断检查。为了确认稳定的时间序列的动态是自回归(AR)或移动平均(MA),还是二者的组合——再加上这些成分的次序,我们要不断地考察一系列自相关【Autocorrelation】系数和偏自相关系数,直至有足够的滞后数为止。任何 ARMA 过程都会在这些相关函数(ACF 和 PACF)留下自己的特征标志。然后我们通过迭代最大似然估计【Maximum Likelihood Estimation】程序,估计被认定的模型的参

数。这一模型对捕捉 ARMA 的时间序列动态是否精确,要取决于误差诊断。Ljung-Box 的 Q 统计量被广泛地用来进行白噪声残差的概括性检验。

预测

Box-Jenkins 模型被设计用来避免确定性函数的预测误区(外推时间趋势)。一个 ARIMA 预测发端于随机动态地移动一个时间序列。一旦模型参数被求得,就不再需要其他数据便可进行预测。预测自动地随模型的估计而来,它们先于被预测事件到来。因此 ARIMA 是真正事前的无条件的预测,它们包含了有关现象的动态性状的所有信息。例如一个美国总统选举的 AR(2)模型,用 1860 到 1992 年的结果聚集进行估计,很早就能预测到 1996 年民主党的胜利(Norpoth, 1995)。

干预效应

有许多形式的行为和绩效是政府想通过新政的实施来加以改变的。无论这些结果是否经常被测量,Box-Jenkins 模型都能给出诸如这样的干预效应的估计值(Box & Tiao, 1975; Clarke et al., 1998)。一个干预模型,比如说,一个旨在降低交通事故死亡率的政策,其基本结构如下所示:

$$y_t = [\omega/(1-\delta B)]I_t + N_t \qquad (4)$$

式中 y_t——第某个月的死亡数;

I_t——干预变量(1 政策实施月,0 政策未实施月);

ω——与干预变量关联的步长变化(step change);

δ——步长变化的死亡率;

B——反向移位算子(诸如这种情况的例子,$BI_t = I_t-1$);

N_t——按 ARIMA 过程建模的“噪声”。

这个模型既不需要干预的影响是持久的,也不需要干预终止影响同时消失。通过将一个时间序列过程按 ARIMA 过程来建模,我们可避免把宣称的干预的影响与其他可能的效应混杂。诸如这样的随机化使我们不会误将一种趋势当作干预的效应。

传递函数

与改变了时间序列过程的离散的干预不同,让我们来考虑一下另一种连续地影响着我们感兴趣的时间序列的上下波动的时间序列。这种影响不必是即时的,但可能需要一定时间充分成形。这种时间序列可用一个传递函数表达为如下的形式(Box & Jenkins, 1976):

$$y_t = [\omega/(1-\delta B)]x_t + e_t \qquad (5)$$

在这个模型中,ω 和 δ 描述了一种不断地在 X 和 Y 之间发生的影响。X 移动时,Y 也移动,而移动的量则由参数 ω 设定。而稍后,X 的移动又将引起 Y 根据参数 δ 作出进一步的反应,如此这般,连续进行。为了识别这种每个变量都高度自相关的变量动态模型,博克斯和詹金斯(Box & Jenkins,1976)引进了下面这样的策略:先通过去掉 X 的 ARIMA 动态,将 X 系列“预白化”,然后相应地筛选 Y 系列,并求得变换的时间序列的交叉相关。这种策略,如同一剂猛药,最终可能导致“将孩子连同洗澡水一起倒掉”。所以我们提醒读者,在使用这种策略时,务必倍加小心。

虽然 Box-Jenkins 模型涵盖了许多时间序列问题,但它毕竟不是一剂无所不能的灵丹妙药。这些模型的用户,可能会面临最终一无所得的风险。时间序列是一个这样的领域,在这个领域里,近乎完美的相关可能在一刹那间化为随机性。差分一个随机游走,连续的观察完全相关,而得到了白噪声,则相关为零。

——Helmut Norpoth

(沈崇麟译校)

参考文献

Box, G. E. P., & Jenkins, G. M. (1976). *Time series analysis: Forecasting and control.* San Francisco: Holden-Day.

Box, G. E. P., & Tiao, G. C. (1975). Intervention analysis with applications to economic and environmental problems. *Journal of the American Statistical Association*, *70*, 70-79.

Clarke, H. D., Norpoth, H., & Whiteley, P. F. (1998). It's about time: Modeling political and social dynamics. In E. Scarborough & E. Tanenbaum (Eds.), *Research strategies in the social sciences* (pp. 127-155). Oxford, UK: Oxford University Press.

Granger, C. W. J., & Newbold, P. (1986). *Forecasting economic time series* (2nd ed.). New York: Academic Press.

Mills, T. C. (1990). *Time series techniques for economists.* Cambridge, UK: Cambridge University Press.

Norpoth, H. (1995). Is Clinton doomed? An early forecast for 1996. *Political Science & Politics*, *27*, 201-206.

盒形图(Boxplot)

盒形图是由图基(Tukey,1977)开发的一种用以概括一个分布的中点、范围和将它与其他一些分布或一些用另一个给定的定类变量分组的分布进行比较的方法。盒子的大小表示选定的变量中间的50%的值的范围,也即从第25分位到第75分位的范围,或者如大家可能已经知道的那样,四分位距【Interquartile Range】的范围。一条穿过这个盒子的线表示中位值。从盒子延伸出来的须子(whiskers)到达了位于最远两端的值,但离群值则被排除在外。这就是说,它们到达的无论是哪一端,最远的值都在盒子大小的1.5倍之内。我们对须子长度的限制叫作栅栏(fences)。不过须子能达到的最远的值则不一定非要到达栅栏。至于究竟能否到达栅栏则要取决于分布的形状和离差的量。离群值是在栅栏之外的值,因为显著离群,因而可予以个别标示。极端值(extremes)是离群值的极端版本,它们落在盒子无论哪一端的盒子大小的3倍以外的地方。它们可以一一被记下和标示。可见盒形图是一种高度浓缩的图形形式,为我们提供大量的有关分布的重要信息,不仅如此,它对确认分布的极端和离群值更是特别有用。

图1给我们提供了一个比较1999年,英国成年男女周薪的盒形图实例。盒形图表明了薪水分布的形状。我们可以看到男女两性的图形都是向右偏斜的(在靠近0处聚集)。不过女性的中位数位于盒子较低的位置,说明女性有更大的低收入的群。此外,女性的整个分布位于较低的位置,这说明她们的薪水普遍偏低。图中有一定数目的离群值(用个案号标示),说明有为数不多的人有着很高的薪水。我们注意到,大多数女性的离群值都位于男性的栅栏内,对此,我们颇感兴趣。

图2是一个集群条形图。它将图1用教育水平作了分解,但图中每个子类提供的信息与图1一样。它探索的问题是,观

察值在用性别和教育程度分类后，周薪是否仍然显示与图 1 同样的分布模式。结果显示，其他教育程度的女性的周薪分布不仅显得十分扁平，而且不存在离群值。图 2 还显示，跨 4 个组的四分位互差稳步变窄，这说明最高学历的男性的周薪的异质

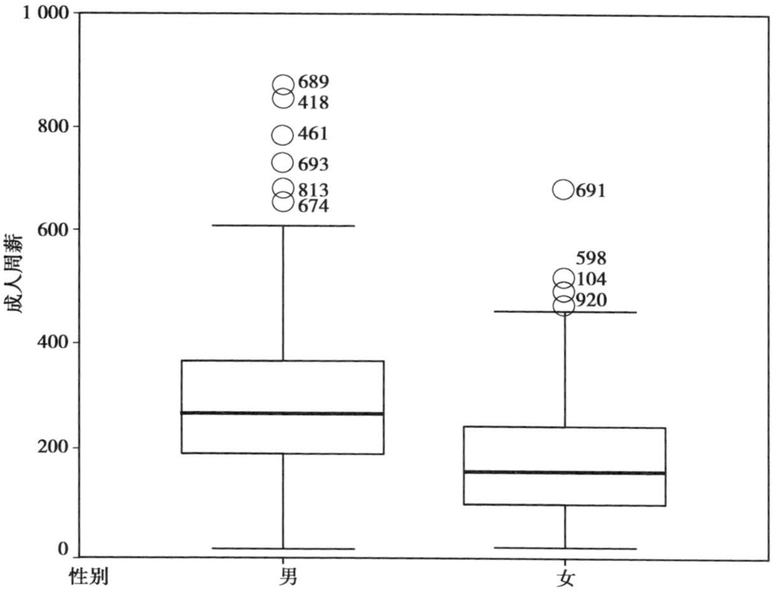

图 1　成年男女周薪盒形图，1999 年，英国

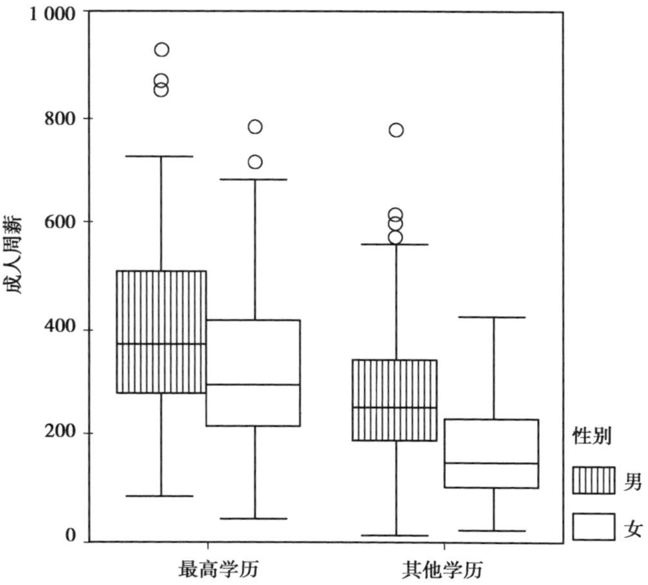

图 2　分性别和教育程度周薪盒形图，1999 年，英国

性高，而教育程度较低的女性的周薪最具同质性。这表明图形表述的长处是不仅能表达数据的基本信息，而且也能鼓励我们对它进行深入的探索。

——Lucinda Platt

（沈崇麟译校）

参考文献

Marsh, C. (1988). *Exploring data: An introduction to data analysis for social scientists*. Cambridge, UK: Polity.

Tukey, J. W. (1977). *Exploratory data analysis*. Reading, MA: Addison-Wesley.

C

CAIC

参见拟合优度量度【Goodness-of-Fit Measures】。

典型相关分析(Canonical Correlation Analysis)

最初对典型相关分析的基本思想予以清晰阐述的是拉西特(Russett,1969)。他分析了47个国家某些经济和政治特性之间的关联【Association】。他用了5个指标来测量经济的不平等性:农田分割(the division of farmland)、基尼系数【Gini Coefficient】、佃农百分比、人均国民生产总值(GNP)和农民百分比。拉西特用4个指标来测量政治不稳定性:领导不稳定性、群体内暴力程度(level of internal group violence)、内战爆发和民主制度稳定性。研究假设托克维尔是正确的:如果经济资源在公民中的分配是不均衡的,那么没有一个国家能在一个相当长的时期内保持政府的民主形式。换言之,国家的经济不平等性和政治不稳定性之间是明显关联的。

在这个研究问题中的两个理论概念是“经济不平等性”(X^*)和“政治不稳定性”(Y^*)。它们叫作有着期望高相关的典型变量,即所谓的典型相关(canonical correlation)。第一个典型变量 X^* 由 $p=5$ 个指标的 X_1 到 X_5 测量,我们将考虑把 X^* 作为这些 X 变量的线性组合。以此类推,Y^* 第二个典型变量 Y^* 是有 $q=4$ 个指标的 Y_1 到 Y_4 的线性组合。在最为一般的情形中,X 组含有 p 个变量,而 Y 组则含有 q 个变量,它可以用图1表示如下:

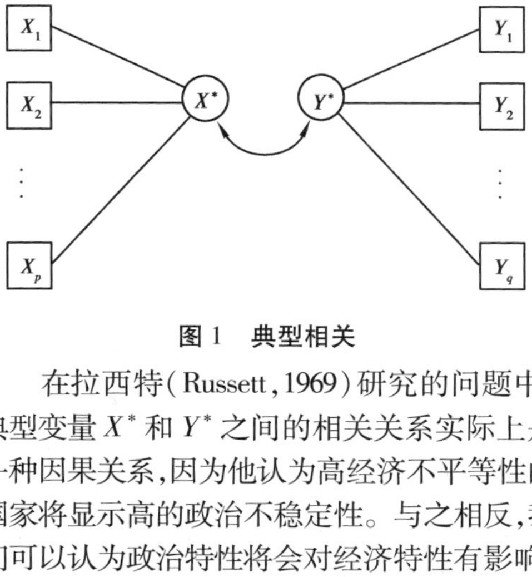

图1　典型相关

在拉西特(Russett,1969)研究的问题中,典型变量 X^* 和 Y^* 之间的相关关系实际上是一种因果关系,因为他认为高经济不平等性的国家将显示高的政治不稳定性。与之相反,我们可以认为政治特性将会对经济特性有影响。但这种观点却未包含在托克维尔或拉西特的观点中。然而,考虑典型相关是一种“相关”这一事实,统计分析并非不对称的。正因为如此,在图中我们并未在从 X^* 到 Y^* 画一个因果的箭头,而是画了双侧曲线箭头,以表明因果关系【Causality】仍然还是开放的。

典型相关分析模型

在典型相关分析中我们想看一下一组 X 和一组 Y 之间是否显著关联。为此，我们要找这组 X 的一个线性组合，$X^*=a_1X_1+a_2X_2+\cdots+a_pX_p$ 和这组 Y 的一个线性组合，$Y^*=b_1Y_1+b_2Y_2+\cdots+b_qY_q$ 之间的组最大相关方式。X^* 和 Y^* 这两个线性组合是不可观察的。在我们的例子中它们预先被命名为经济不平等性和政治不稳定性。有时诸如这样一种事先理论，在研究开始的阶段并不存在，因而名字必须在以后设计中给出。

为了找到这两个线性组合（典型变量 X^* 和 Y^*），我们必须以这样的方式计算 a 和 b 的权，即典型相关 ρ 必须尽可能的高。这个典型相关的平方是一组方差（例如政治特性）为另外一组方差（例如经济特性）解释的比例。

恰如主成分分析【Principal Components Analysis，PCA】那样，其中不是一个，而是几个不相关的成分可以被确定，在这里则是各种不同的典型变量对被我们发现。每个对都和前面的对不相关，且每次都要计算，以使典型相关是最大的。典型变量对的数目，最终将与典型相关的数目相同，它等于最小的那组的变量数，即 $\min[p,q]$。

每个典型相关系数及 a 和 b 的权的计算则通过考查典型矩阵的特征值结构来完成。在判别分析【Discriminant Analysis】和主成分分析中，这一典型矩阵分别是 $\mathbf{W}^{-1}\mathbf{B}$ 和 $\mathbf{R}$。在典型相关分析中，这种矩阵是 $\mathbf{R}_{yy}^{-1}\mathbf{R}'_{xy}\mathbf{R}_{xx}^{-1}\mathbf{R}_{xy}$。在这个矩阵记号中，对之内和之间不同类型矩阵作了区分。我们要计算之间相关（$\mathbf{R}'_{xy}$ 和 $\mathbf{R}_{xy}$），但要控制之内相关（$\mathbf{R}_{yy}^{-1}$ 和 $\mathbf{R}_{xx}^{-1}$）。下面我们对此作进一步的解释。

三种类型的相关

考查经济和政治特性之间相关的一种合理的方法是分析二者之间单独的相关，例如，基尼系数和领导的（不）稳定性（X_1，Y_1），或农民的百分比和暴力程度（X_2，Y_2）之间的相关。这些都是 X 和 Y 的变量之间的相关，因此称为之间相关（between correlations）。

而典型相关则比这种考查单独相关的方法更进一步。

首先，在典型相关分析中，我们的目的则在考查两组——一组是 X 变量，而另一组则是 Y 变量——"作为一个整体"，其现实的关联到了什么程度。为了这个目的，我们用一个线性组合取代每组变量。这两个线性组合之间的相关才是我们研究的目标。

第二，在典型相关分析中，我们控制每个组内的关联，这之所以可能，因为在经济特性 X 组内的变量也是成对相关的。这种类型的相关叫作之内相关（within correlations）。它们形成了一个类似多元回归分析中的多重共线性问题。在多元回归分析中，我们计算的回归系数是偏回归系数（即我们控制了 X 组中的每一个变量与其他变量的关联）。在典型相关中我们也要做类似的工作，只是在这里我们不仅要控制 X 组这一方，而且也要控制 Y 组那一方，因为我们也有各种 Y 变量，它们也可能是成对相关的。

因此我们可以区分三种类型的相关：

1.X 变量之间的相关，它的相关矩阵是 $\mathbf{R}_{xx}$；

2.Y 变量之间的相关，它的相关矩阵是 $\mathbf{R}_{yy}$；

3.X 和 Y 变量之间的相关，它的相关矩阵是 $\mathbf{R}_{xy}=\mathbf{R}'_{yx}$。

典型相关分析旨在考查之间相关而非之内相关这一事实，可以通过把它与双主成分分析（PCA 两次）作比较，而予以更为清晰地阐述。PCA 寻找一组变量的内部的相关（也就是内相关）。如果我们做两次 PCA，一次在 X 组，另一次在 Y 组，我们将在每次的 PCA

都得到第一主成分。这两个主成分之间的相关,绝对不同于(第一个)典型相关,因为两个主成分之间的相关测量的是,在多大程度上经济特性组内部的关联可与政治特性组内部的关联相比。与此不同的是,典型相关测量的是,在既控制(也就是假定没有)经济组的之内关联,也控制了政治组的之内关联时,经济和政治特性的相关程度。

几何法

为了从几何的观点解释典型相关,我们来建立两个坐标系统:一个以 X 变量为轴,另一个以 Y 变量为轴。典型相关的目的在于找到第一对典型变量,在 X 变量空间中的一个 X^* 和在 Y 变量空间中的一个 Y^*,而使用的寻找方法则要使找到的 X^* 和 Y^* 之间的相关最大。然后我们再开始找第二对典型变量,它与第一对是不相关的,但(典型)相关则要尽可能地大。第一对 X_1^* 和 Y_1^*,以及第二对 X_2^* 和 Y_2^* 的高典型相关,可以从以典型变量为轴的坐标系统上看出。不同对的典型变量——例如 X_1^* 和 X_2^*(及 Y_1^* 和 Y_2^*)——是不相关这一事实,并不必定意味着它们在 x 变量空间是正交的。但它的确意味着在(X_1^*,X_2^*)空间中的回归线有零斜率。

使用这种方法的目的

使用典型相关分析的目的有三个。根据拉西特(Russett,1969)的研究,这些目的可以被描述如下:

1.先寻找第一对线性组合,一个以经济变量组为依据,另一个以政治变量组为依据,寻找的方法是使两个线性组合之间的相关最大。接着再寻找第二对线性组合,也要使相关最大,且和第一对是不相关的。我们连续不断地这样做的次数,以最小组的变量数目为限。我们把这样的线性组合叫作典型变量(canonical variable)。这样的加权叫作典型加权(canonical weight)。这样的最大化的相关叫作典型相关(canonical correlation)。我们试图以典型权数为根据,来对组"之间"的关联作出解释。我们也可以尝试对每一个典型变量的每一对加以命名。

2.利用典型权数,计算典型变量的得分。原变量和典型变量之间的相关,常常给我们提供额外解释的可能性。这些可能性叫作结构相关。

3.对得到的结果进行检查,以断定两组变量之间的关联是否可以推广到国家的总体。这一目标可以通过典型相关的显著性检验来实现。我们既可以对所有的典型相关一起进行检验,也可以对每一个单独的典型相关或它们的子组进行检验。因为第一个典型相关是最大的,而随后的相关会变得越来越小,这似乎说明更恰当的做法是,对各个典型相关分别进行检验,进而只对那些最为显著的结果进行解释。

因果路数的典型相关分析

1968 年,斯图尔特和洛夫开发了典型相关分析的一种非对称版本。上面介绍的典型相关计算出来的终究都是对称的相关系数。例如,第一个典型相关系数(即第一个特征值 λ_1)的平方,它表示第一对典型变量之间的相关的平方,可以解释为 Y 组(政治特性)的方差为 X 组(经济特性)解释的比例。然而我们也可以简单地找一条理由反过来说,λ_1 也是经济不平等性的方差为政治不稳定性所解释的比例。换言之,这里既没有区分因变量和自变量,也没有区分原因和结果。

为此,斯图尔特和洛夫提出了重叠指数(index of redundancy)。这个指数测量的是以 X 组的知识为根据,Y 组可被重建的程度。这似乎在说,这一系数等同于用一个在整组 X 的函数上的 Y 变量,反复进行多元回归分析得到的所有多重决定系数。

显著性检验

为了检验典型相关是否显著,我们将利用 Wilk 的 Λ(lambda)。这种量度就像学生 t,Hotelling 的 T 和 Fisher 的 F 一样,将样本之间和之内的离差比率与虚无假设下的这一比率进行比较。Wilk 的 Λ 是这一比率在它最广义的形式中的多变量模拟。所以 t, T 和 F 都是 Λ 的特例。因此这一量度可用于更为复杂的多变量分析方法,如多元判别分析、多变量方差和协方差分析,以及典型相关分析。

在典型相关分析中,Wilk 的 Λ 可以通过计算误差方差的积求得。其中误差的方差则由特征值(即典型相关的平方,因而它就是被解释的方差的比例)减 1 来确定。巴特利特(Bartlett,1947)创建了一种 V 量度,它的分布与卡方分布相同,有自由度 pq 个,其中 p 和 q 分别为 X 组和 Y 组的变量数。

$$V = -\left[n - 1 - \frac{p + q + 1}{2}\right] \ln \lambda$$

对 pq 个自由度而言,在显著水平 $\alpha = 0.05$的虚无假设下,这一值大于临界的卡方值,那么经济不平等性和政治不稳定性之间便是显著关联的。这样,托克维尔和拉西特的假设便在经验上得到了支持。

V 量度也是可加可分的,所以我们可对第二个及后面的经济和政治特性的相关是否显著,单独进行显著性检验。

扩展

在实际的多变量研究中,可能会出现这样的情况,即研究的问题由同一单位的两组以上特性组成。例如,在经济 X 和政治 Y 之外,还有一组社会文化特性 Z。广义的典型相关这一术语,涵盖了用于研究三组或更多组之间相关的程序。

在前面的讨论中,我们理所当然地认为,所有的变量都是定距和定比层次的。它也同时假定关系都是线性的,而这两个必要条件是可以放宽的。可用于作典型分析的计算机程序 CANALS,也可以作非量度(nonmetric)及非线性的典型分析。计算机软件的这种新发展应该受到我们的重视。对此有兴趣的读者可进一步阅读吉非(Gifi,1980)的著作。

——Jacques Tacq

(沈崇麟译校)

参考文献

Bartlett, M. S. (1947). Multivariate analysis. *Journal of the Royal Statistical Society, Series B*, *9*,176-197.

Cooley, W., & Lohnes, P. (1971). *Multivariate data analysis*. New York: John Wiley.

Gifi, A. (1980). *Nonlinear multivariate analysis*. Leiden, The Netherlands: Leiden University Press.

Green, P. (1978). *Analyzing multivariate data*. Hinsdale, IL: Dryden.

Russett, B. (1969). Inequality and instability: The relation of land tenure to politics. In D. Rowney & J. Graham (Eds.), *Quantitative history: Selected readings in the quantitative analysis of historical data* (pp. 356-367). Homewood, IL: Dorsey.

Stewart, D. K., & Love, W. A. (1968). A general canonical correlation index. *Psychological Bulletin*, *70*,160-163.

Van de Geer, J. (1971). *Introduction to multivariate analysis for the social sciences*. San Francisco: Freeman.

CAPI

参见计算机辅助数据收集【Computer-Assisted Data Collection】。

捕捉-再捕捉法(Capture-Recapture)

捕捉-再捕捉法,也叫作标志-再捕捉法(mark-recapture),是一种估计总体【Population】大小的方法。具体做法如下:捕捉并标记某些总体成员。从总体抽取一个随机样本【Sample】(再捕捉),计数样本中带有标记的成员数。用样本的标记分数估计总体的标记分数。估计的总体大小是总体的标计数除以样本的标记分数。例如,假设总体中标记成员数为1 000,而在一个容量为500的随机样本中,标记成员数为200。那么由此可知,1 000个总体标记成员大约构成了总体的200/500=0.4,因而总体的大小便等于1 000/0.4=2 500。法国天文学家、数学家拉普拉斯(Laplace),于1786年(Cormack, 2001)第一次使用捕捉-再捕捉法来估计总体的大小。捕捉-再捕捉法有几个关键的假定:

1.样本(再捕捉)是总体的一个简单随机样本。这样每一个总体成员都有相同的入选样本的机会,且一个给定的成员入选样本的机会不能取决于给该成员是否做了标记。这一假定叫作独立性假定,违反这一假定会产生相关偏倚。

2.标记和未标记个体的总体在捕捉和再捕捉这一段时间内,要保持恒定(没有新生、死亡、迁入或迁出)。

3.标记不能含混不清。

以后统计学家又对这种方法作了改进,使它能用于总体有变化、捕捉不等概率【Probability】、时变性概率、"陷阱效应"等场合(Cormack, 2001; Otis et al., 1978; Pollock et al., 1990)。捕捉-再捕捉法有时用于估计动物总体的大小,同时它也一直被应用于估计其他的总体参数,如存活率(Lebreton et al., 1992)。捕捉-再捕捉法是建议用来调整美国人口普查存在的少计问题的方法基础(参见普查调整【Census Adjustment】)。

——Philip B. Stark

(沈崇麟译校)

参考文献

Cormack, R. (2001). Population size estimation and capture-recapture methods. In N. J. Smelser & P. B. Baltes (Eds.), *International encyclopedia of the social and behavioral sciences* (Vol. 17). Amster-dam: Elsevier.

Lebreton, J. D., Burnham, K. P., Clobert, J., & Anderson, D. R. (1992). Modeling survival and testing biological hypotheses using marked animals: A unified approach with case studies. *Ecological Monographs*, *62*, 67-118.

Otis, D. L., Burnham, K. P., White, G. C., & Anderson, D. R. (1978). Statistical inference from capture data on closed animal populations. *Wildlife Monographs*, *62*, 1-135.

Pollock, K. H., Nichols, J. D., Brownie, C., & Hines, J. E. (1990). Statistical inference for capture-recapture experiments. *Wildlife Monographs*, *107*, 1-97.

CAQDAS

计算机辅助定性数据分析软件(Computer-Assisted Qualitative Data Analysis Software, CAQDAS)是一个由菲尔丁和李(Fielding & Lee, 1998)提出的术语,它涉及

广泛的目前能得到的支持定性研究【Qualitative Research】中各种各样分析风格的软件。软件本身并不会“做”分析,它只是辅助。软件需要人们阅读、理解和解释数据。定性数据分析的一个基本部分是有效地处理数据,而这要求我们仔细和综合性地管理大量的文本、视频、代码、备忘录和注释等。一般的文字处理器、数据库程序和专用的文字管理程序一直被有效地用于这些方面。然而在许多定性数据的分析中,其核心工作是编码【Coding】:用命名的思想或概念连接一个或多个不同文件中的一个或多个文本的短文(或视频系列)。第二代 CAQDAS 引进了编码和操纵的设备,搜索并报告文本、图像或视频中已经编码的内容。这样的编码和检索功能已经成为目前被普遍采用的程序的核心。

程序的功能

大多数程序都是用于文本数据的。尽管我们不一定要转录民族志的注释、元叙事等,但这毕竟是它通常所具备的一个长处,因为大多数软件都支持通过显示原文,对提取和/或编码的短文实现快速的语境重构。大多数程序都支持文本的编码,而这样的代码可作为分析的心得,进行分层编排、修改和重新整理。有些软件(如 MaxQDA, Qualrus, ATLAS.ti, NVivo)可以用于包括不同的字体、字样和颜色的多信息文本(rich text)。有几种软件支持数字化的音频、图像和视频的分析,有时还可以对数字化资料直接进行编码(HyperRESEARCH, ATLAS. ti, CI-SAID, AnnoTape, the Qualitative Media Analyser)。本书英文版出版时,我们还没有一种软件可以自动地转录音频记录。即使最好的语音识别软件也仍然要依靠高质量的录音,以及对某一个说话者语音的熟悉,因而无法处理多个调查对象的声音。

大多数软件允许写些备忘录【Memos】、编码的定义、田野笔记【Fieldnotes】和其他分析型的文字,作为分析过程的一部分,有些软件(如 NVivo, NUD* IST/N6, ATLAS. ti, Qualrus)则能使这些文本链接到项目数据库中的数据和编码。许多程序的一个重要性质是可以搜索在线文本的词句。通常这样的词汇搜索可以把文档中发现的所有与之匹配的文本都标识出来。有些程序支持用编码的文本搜索数据库。其中最为高端的(如 NVivo, MaxQDA, WinMAX, ATLAS. ti, NUD* IST/N6, HyperRESEARCH, Qualrus)使我们能做很复杂的搜索,如涉及布尔代数、邻近的组合词、短语、编码的文本和变量的搜索。

第三代软件又从两个方向扩展了这些功能。有些辅助程序用各种手段考查文本的性质和关系。诸如这样的软件(Qualrus, HyperRESEARCH, Ethno, AQUAD Five)常被称为理论生成器或模型生成器,因为它们含有各种工具,它们帮助研究者发展他们的理论思想和检验假设(Kelle, 1995)。某些程序还有建模的功能,它使用图表来链接编码、文本或图像的数据库(如 ATLAS. ti, Qualrus, NVivo)。而某些程序则能够实现合作的研究者之间数据和分析的交换。有些程序(如 Tatoe, ATLAS.ti)在实现这一目标时是通过共同格式,如 XML 进行数据和分析的输入和输出。此外,有些程序还能合并不同研究者之间的项目数据库(如 NVivo, ATLAS.ti, NUD* IST/N6)。

软件的挑选

正如韦茨曼和迈尔斯(Weitzman & Miles, 1995)所言,各种 CAQDAS 程序的区别在于设备和操作。哪一种程序更适合,在某种程度上讲取决于各种实际的问题,如资金和掌握的专门知识,不过所需的分析类型似乎也在必须考虑之列。有些软件程序(NUD* IST /N6)比较适合大型结构性内容的大型数据集和与定量数据库的链接。有些软件允许复杂的分层和多种编码的文本,有些则只能做简单的短文编码。分析风格也是要考虑的重要问题。风格问题涉及主题分析,如扎根理论【Grounded Theory】和各种各样的现象学【Phenomenology】主题都有很好的定性软件支持。然而支持基于个案的资料、叙事分析【Narrative Analysis】、话语分析【Discourse Analysis】和谈话分析【Conversation Analysis】的软件则比较少。

长处和不足之处

定性数据似乎都是连篇累牍的,因而很容易产生片面和有偏倚的分析。CAQDAS的使用对克服分析的片面性是相当重要的,因为它可以去掉许多空乏的分析。它比较容易详尽无遗地分析文本,检查不符案例【Negative Cases】,进而确保文本已被首尾一致和定义精确的方式编码。我们还能保持对分析的审查跟踪,这样可以对已经形成的分析思想进行回想和调整。大多数程序都可以做一些简单的统计分析,这样研究者就可以检查(和给出证据证明),例子是共同的还是特殊的。一般来讲,CAQDAS的长处不仅在于它可以进行团队工作、使用大的数据集,或使用音频和视频资料,这些工作都是其他任何方式不能胜任的,但问题还不尽于此,如果没有定性分析软件,诸如这样的事情做起来,将会是令人难以置信的旷日持久。

然而CAQDAS的使用仍然还是有争论的。早期的使用者感觉,在使用基于纸质的分析而非计算机辅助的分析时,他们更接近调查对象的话语,或他们的田野笔记。这可能是因为用户比较熟悉传统的路数,对计算机还比较陌生。大多数软件都有优良重构语境的设备,因而对那些使用CAQDAS的研究者而言,很少会感到他们与数据之间的距离。还有一种批评意见认为,CAQDAS会强化某种偏倚,如为扎根理论及编码和回取路数所左右。尽管许多软件的开发都受到扎根理论和其他路数的启发,这使它们在文本编码中占有首要的地位,但现在程序已经变得更为复杂和灵活,且已变得很少专注于任何一种单一分析套路。尽管如此,大多数已出版的研究有关CAQDAS使用的文字表明,定性软件的使用至今仍停留在非常简单的范式分析的水平,且很少证明分析的信度和效度。不过随着使用者变得更加有经验,以及有更多的研究者使用这种软件,这种情况有可能发生改变,创造性地使用这种软件的情况必将增多!

——Graham R. Gibbs

(沈崇麟译校)

参考文献

Fielding, N. G., & Lee, R. M. (1998). *Computer analysis and qualitative research*. London: Sage.

Kelle, U. (Ed.). (1995). *Computer-aided qualitative data analysis: Theory, methods and practice*. London: Sage.

Weitzman, E. A., & Miles, M. B. (1995). *Computer programs for qualitative data analysis: A software source book*. Thousand Oaks, CA: Sage.

延滞效应(Carryover Effects)

在实验治疗实施很久之后,治疗仍继续影响着参与者时,延滞效应便发生了。延滞效应是普遍存在的,因为实际上任何发生在一个机体上的事情都会以某种方式在一段时间内继续影响机体。好比一个池塘表面的涟漪,从扔入其中的石头的入水点向外散发出去。有些治疗产生的延滞效应在数量上相当温和，和/或在持续的时间上相当有限；但另外一些治疗则可能会产生大量和/或持久的延滞效应。

处方药的延伸影响给我们提供了一个最可理解的延滞效应的实例，因为人们十分清楚药物在使用之后的一个相当长的时期内仍继续产生着影响。实际上许多药品生产商的广告都声明他们生产的药品的延伸影响。人们也清楚因不同药物的相互作用而产生的可能的并发症，这促使人们要避免在一种药品仍然存在于他们机体的时候使用另一种药物。

研究者可以采用各种策略，在他们自己的研究中去除或最小化延滞效应的影响。最为明显的策略可能是用独立组设计来消除延滞效应的影响。在这样一种设计中，施于每个参与者的治疗只有一种，因此，数据收集完成了，参与者在研究中承担的角色也完成了。因此发生的任何延滞效应，将不会再影响在其他研究条件下收集的数据（尽管治疗可能仍继续影响着参与者）。

在实验中使用重复测量【Repeated-Measures】设计时，延滞效应受到了极大的关注，因为参与者受到一系列治疗，在每次治疗之后都要收集数据。这样早期治疗的延滞效应可能继续影响参与者的后续治疗后收集到的反应。当然，在这样的情况下，后来的反应不能完全被解释为那次治疗的缘故，相反它是两次治疗的组合驱动的缘故。

为了最小化延滞效应，从而加大当下正在进行的治疗的预期反应的可能性，一个策略是在两次治疗间留出足够的消逝时间。由于将后一次治疗的时间推迟到足够迟，参与者需要在下一次治疗实施前回到预处理状态。然而，困难在于了解究竟要等多长时间延滞效应才会消退。不仅如此，如果延迟并要求参与者几天以后返回，那么（参与者的）损耗便会是一个问题。

还有另外一种基本策略是平衡那些参与者接受治疗的次序，它可以与治疗之间的某些延期组合使用。这样的平衡【Counterbalancing】确保任何延滞效应，以及次序效应【Order Effects】（例如实践或疲劳效应）对所有情况的影响都是相同的，从而消除治疗与位置之间的混淆。

——Hugh J. Foley

（沈崇麟译校）

参考文献

Girden, E. R. (1992). *ANOVA: Repeated measures* (Sage University Paper Series on Quantitative Applications in the Social Science, 07-084). Newbury Park, CA: Sage.

Howell, D. C. (2002). *Statistical methods for psychology* (5th ed.). Pacific Grove, CA: Duxbury.

Maxwell, S. E., & Delaney, H. D. (2000). *Designing experiments and analyzing data: A model comparison perspective*. Mahwah, NJ: Lawrence Erlbaum.

CART

英文 Classification and Regression Trees 第一个字母的缩写 CART，一般都在数据挖掘行业（data-mining industry）使用，它有两个含义：(1)泛指所有的生长分类（无监督学习）法和回归（监督学习）树；(2)指一组特定的生长二叉树算法。该方法由布雷曼等人（Breiman et al., 1984）首先在他们的著作中提出。后者基于一种复杂的交叉验证方法，目的在于调整多分叉树成长算法，如 CHAID（参见本书词条 CHAID）对照的双分叉局限引起的问题。

——Jay Magidson

（沈崇麟译校）

参考文献

Breiman, L., Friedman, J., Olshen, R., & Stone, C. (1984). *Classification and regression trees*. Monterey, CA: Wadsworth.

笛卡儿坐标(Cartesian Coordinates)

笛卡儿坐标由两条或三条轴(数字线)组成,这些轴彼此成直角。在两维坐标中,x和y这两个字母常被用来命名两条轴,而在三维坐标中则增加了第三条轴z。数据点代表的个案位于坐标中,这样我们便可由此知道数据的分布和由轴表示的变量之间的关系。

——Tim Futing Liao

(沈崇麟译校)

个案(Case)

个案是一种研究单位。在总量分析中,例如,在有关美国各州的福利开支的分析中,个案就是州,因而共有50个个案。在一个抽样调查中,被调查者就是个案。在实验【Experiment】研究中,那些被试就是个案。总而言之,样本【Sample】数量(N)说明了个案的数量,那个N中的每一个单位都代表一个个案。

——Michael S. Lewis-Beck

(郑晓娟译　沈崇麟校)

*也可参见个案研究【Case Study】。

个案控制研究(Case Control Study)

个案控制研究是用来估计较大且异质的群体的不同因素如何影响特定结果的(发生)风险的一种研究方法。这个方法发端于流行病学研究,用来确认那些与增加各种疾病感染风险相关的因素(Rothman, 1986)。其实,这种研究方法似乎也非常适合社会科学中的问题,因为社会科学研究者经常致力于研究许多国家中各种因素如何影响某些事件,比如战争发生的风险。

在社会科学领域中,过去对于个案控制研究方法的开发利用不是太多,这或许是因为这个研究方法源于流行病学,因此被置于大多数社会科学家的学术训练之外。这种情况确实令人遗憾,因为个案控制研究有几个长处,使得它特别适用于大规模的跨国数据集的研究。

个案控制研究法本身是非常简单的。当我们研究一些诸如战争或革命等稀有事件时,如果研究者感兴趣的是先前的和平时期中诸如这样的事件的发生情况,那么发生数肯定是少之又少的。然而,和平的年份的数目极为巨大。一般讲,一组既包括和平的年份,也包括战争和革命开始的年份的"国家年份"数据(由对X个国家观察Y年所组成的数据),将会有数百甚至上千的和平的国家年,而却只有少数几十个事件发生的国家年。个案控制研究法通过将数以千计的和平的"国家年份"作为每一年只有比较少的新信息这种情况来处理、来简化数据分析的过程。因此,与普遍采用的那些将所有的"国家年份"合并到分析中去的大多数统计分析方法不同,个案控制研究法只选取和平年份的一个随机抽样【Random Sampling】,并将它与事件发生年份合在一起。事件发生的年份就是个案,而和平或无事件发生的年份则都是"控制器"。此处,我们还要为每一个个案和控制器设计开发一组自变量。一般个案的自变量都是事件发生的前一年,而控制器的自变量则都是选择的年。然后我们就可以使用传统的统计方法,例如概率对数比或一般最小二乘(OLS)回归来找出那些比控制个案与个案关联更强的变量。

个案控制研究法通常会将"国家年份"数据的规模由数千减少至数百。不仅如此,如果控制个案的选择严格遵循随机原则,那么对自变量影响的估计效果,实际上与采用全部数据集估计的效果几乎相同(King & Zeng, 2001)。

使用大规模跨国数据来研究战争、革命及其他稀有事件的研究者,都面临许多对特定变量影响进行有效推论的障碍。其中两个障碍是操作性困难,另外两个则涉及更加实质性的问题。个案控制研究法在上述问题的解决中都很有帮助。

第一个操作性困难在于大规模的跨国数据集中——经常只有某些种类的数据是可获得的,如人口和经济数据。某些数据(如政体类型),尽管对于许多国家许多年份都可获得,还有另外一些类型的数据(如政治领导层的特征或某些特定的领导人)需要费时费力地手工编码才能保证数据的完整。还有一些种类的政治单位,如城市、区域或省份,相关资料可能更加有限。对数千个个案的数据进行收集和编码的代价是难以承受的,而只进行数百个个案的数据整理则更加可行。因此,使用个案控制研究法使我们有机会去分析更多不同的令人感兴趣的变量,而不是仅局限于能够覆盖所有国家、所有年份完整数据的少数变量。

第二个操作性困难也与资料的获得有关。即使一些数据声称覆盖了所有国家和所有年份,事实上数据总会有大量的缺失,或者数据是以 5 年或 10 年为间隔提供的。进行常规分析需要将所有国家和所有年份的数据值补齐,因此需要依赖大量使用虚拟估算和数据插入技术。但是,研究者感兴趣的通常正好是那些主要的破坏性事件发生前的那些年份,而这些"国家年份"的数据往往最有可能是不完整的,因而常规的插入或估算很有可能是无效的。其结果是,对尼日利亚人口的了解可能在 20%的精度以内,而对加拿大人口的了解可以到小于 1%的精度。然而如果想检验不同的人口变量对种族冲突的影响,前面的个案却是特别重要的。通过使用个案控制法来减少"国家年份"的数量,研究者不必将每个缺失数据的值都补足,或者对一段长期数据依赖插入和估算技术。研究者可以集中处理从控制个案样本中抽取的特定的"国家年份",并设法提高它们在特定观察上的精度。

个案控制法所拥有的优势还体现在更为实质的两个方面。第一,当我们在常规的回归分析中使用全部"国家年份"的数据时,大部分国家会拥有长时间连续的和平年份。这会带来序列相关【Serial Correlation】问题。尽管计量经济学方法能够在单个国家的研究中消除时间因素的影响,但目前还没有有效方法处理多个不同国家的研究中的此类问题。由于个案控制法只使用和平"国家年份"中的一段样本数据,在这样的分析中就不会存在长时间连续的和平年份。因此避免了序列相关问题。

第二,当我们使用"国家年份"的全部数据时,经常会带来比较"苹果"和"橘子"的问题。这个说法的意思是,大多数和平的"国家年份"会来自富裕、民主的国家,而大多数战争或暴力发生的"国家年份"则来自贫穷的、非民主的国家。原因很显然,可能因为富裕和民主会导致和平。但也可能是由于世界上那些处于和平状态却贫穷、非民主的国家被我们忽略了,所以此类国家代表性不足。又或者由于那些富裕、民主的国家有一些其他特征导致了他们的和平(比如这类国家聚集在欧洲和北美,远离贫困地区)。在任何一种情况下,使用个案控制法,都能够通过将控制个案和个案进行匹配来解决这些问题。

例如,研究者可以通过对随机抽取的控制个案进行分层的方法,使控制个案在时间、区域、殖民历史或其他因素方面与那些个案进行匹配。这会增加数据中要分析的代表性不足的群体出现的频率,并防止结果由在某些变量上的国家的随机分布所致。对于那些无法通过政策加以改变,但却可能转变一些国家的基线风险,如区域、殖民史或时期的变量,这样的匹配尤为合适。

无论控制个案是简单随机选择的,还是以某种标准匹配的,其数目都既可以与研究个案相同,也可以是研究个案的几倍,即为每一个研究个案选择多个控制个案。重要的是要有足够进行显著性统计分析的观察,而不是拘泥于研究个案与控制个案的某个比率数。因此,如果我们有 500 个个案,研究个案与控制个案 1∶1 的比率对大部分研究目的而言都可以构成足够大的样本 N;但如果只有 100 个个案,研究者可能希望为每一个研究个案选择 3 或 4 个控制个案以便能形成一个大的 N。匹配个案控制研究法可能需要有更多的控制个案,以使每一层都能有足够的研究个案和控制个案数。

流行病学的研究文章(如 Rothman, 1986)为我们提供了适合用个案控制样本进行估计的方法。社会科学家应该更多地利用这些技术。如果这些方法能够帮助医学分析者确定在大规模个体的总体中,究竟哪些因素引发癌症或其他疾病,它们也能够帮助社会科学家确定,在不同社会的大规模总体中,究竟是哪些因素导致了战争或其他形式的暴力事件。

——Jack A. Goldstone

(郑晓娟译　沈崇麟校)

参考文献

King, G., & Zeng, L. (2001). Logistic regression in rare events data. *Political Analysis*, *9*, 137-163.

Rothman, K. J. (1986). *Modern epidemiology*. Boston: Little, Brown.

个案研究(Case Study)

个案研究这个术语的使用并不是十分规范。从字面意思理解,它的使用容易引起误解,因为感觉上所有研究都是对个案的调查分析。但是,我们还是要明确这个术语的核心含义,个案研究是对少数个案,甚至可能只是单个个案的相当深入的研究。当然,个案研究还有一些其他的特征也常被提及。

个案研究法经常与社会研究设计中另外两种非常有影响力的方法——调查【Survey】和实验【Experiment】放在一起比较。与社会调查方法相比较的那些维度已提及的有:调查的个案数和研究者收集的每个个案的信息详尽程度。在其他条件相同的情况下,研究的个案数越少,对每个个案所收集的信息就能够越详尽。社会调查研究数量众多的个案,但是对每个个案通常只收集相对较少的数据,即集中在个案的某些特定方面(社会调查中的个案大部分情况下都指的是个体被访者,当然也有例外)。个案研究与此不同,研究者会收集一个或较少个案的大量信息,关注个案多方面的特征。个案研究中的个案可以是个人(例如在生活史【Life History】研究中)、事件、机构,甚至整个国家或某个地区。我们遇到的难题是,当要研究的每个个案较大时,我们通常要使用社会调查技术来收集个案中的数据。

个案研究与实验研究也有显著区别。尽管实验研究与社会调查相比,也是对较少数量的个案进行研究,它与个案研究的区别在于对变量的直接控制。在实验中,研究者创造了所研究的个案(或多个个案),而在个案研究中研究者是在自然发生的社会现象中发现个案。这也是一个维度,而非一个二元对立,准实验【Quasi-Experiment】和田野实验法【Field Experimentation】则处于这个维度的中间位置。

个案研究这个术语既表明了收集资料的种类,也表明了资料分析的方法。通常情况下,个案研究意味着收集非结构化的资料,并对资料进行定性分析。此外,它还与一个有关研究目的的更为基本的议题相关联。有时研究者认为,个案研究是为了发现个案的独特性,而不是以个案为基础得出更广泛的经验性或理论性结论。这种说法再次强调了:个案研究并非绝对地把得出普遍性结论的意图排除在外,但它意味着研究者是通过在特定个案中的发现用推理而得出那些结论,而不是通过选出的个案来检验假设。有鉴于此,经常有人认为,个案研究应该采用一种归纳【Inductive】的取向,但是并非所有的个案研究者都接受这种观点。

另外一个与个案研究相关的问题是客观性【Objectivity】,至少在这个术语的某种意义上情况如此。研究者在对每个个案进行解释时,究竟应该采取外部视角,或者说是与个案中的被研究对象截然不同的研究观点?还是应该单纯地"以他们的方式"呈现每个个案的特征?当研究个案是人时,这个差异体现得最为明显,因为研究目的可能变成了让他们"发出声音",而不是把他们当作研究的参与者甚至是被研究对象(respondents)。然而,尽管这个区分看起来十分清晰,实践中却往往复杂得多。同一个个案中不同的参与者可能有不同的观点,甚至同一个人在不同情况下也会表现出不同的观点。另外,确定参与者所呈现的东西是否已经"抓住"了他们的观点,而不是他们"外在"的表象,这个问题也相当复杂。

一些评论者认为,一个个案总是某种重要事情的一个"个案",因此对某种一般范畴的兴趣从研究一开始便已隐含其中,尽管那个范畴可以随着研究阶段的进展而有所变化。正因为如此,有些个案研究的调查路径,会利用比较法【Comparative Method】来定义和提炼一些理论范畴。这方面的例子包括扎根理论【Grounded Theory】,使用约翰·斯图亚特·密尔的一致与分歧法的历史研究路径(见 Lieberson in Gomm, Hammersley, & Foster, 2000)以及分析式归纳【Analytic Induction】等。

另外一个关于个案研究的分歧是:究竟应该将个案研究看作一种既有一些长处,也有一些短处,使用的场合和时机要视调查的问题而定的方法;还是一种其取舍只视哲学或政治的原因而定的范式路数(paradigmatic approach)。即使在个案研究被简单地看作一种方法的时候,个案研究采用的特定形式也可能存在很大差异:

- 研究的个案数量;
- 是否有比较,如果有,它起的作用;

• 个案研究的详细程度；

• 个案处理的范围大小；

• 研究者将什么作为个案的背景，他们如何确认背景，以及他们试图记录它多少；

• 个案研究者在描述、解释和/或提出理论或进行评估和/或提出方案的方面对自己的限制程度。

这些方面的差异很大程度上取决于个案研究要达到的目的。如果个案研究用来验证或证明一个理论观点，研究者会将个案看作某种类型的一个例证，用一种特定的理论框架（隐含的或外显的）来描述该个案。如果个案研究是为了发掘或发展新的理论观点，它就可能在处理研究的过程中更加细微深入，并具有更强的开放性。类似的，个案研究的目的是对特定情况下所发生事件的描述还是解释，也会带来研究的差异。如果研究者感兴趣的是调查中发现的问题，那么个案研究的讨论就会转到诊断问题、找出原因，或者还有拟订治疗方案等方面。

研究目的的差异还会体现在对调查个案的选择方面。有时研究者会重点关注那些被认为是某个领域的典型，或是某个群体代表的个案。另外一些时候，研究者会寻找异常或极端个案，因为这些个案最有可能激发新的理论观点，和/或提供对某个假设的检验。

然而，有许多评论者认为，个案研究不仅仅是一种方法：对于社会生活能够和应该如何被研究这一问题，它包含了与那些潜藏在其他研究路数下的假定——有相当大差异的一些假定（Hamilton，1980）。有时，我们称实证主义【Positivism】为一方，以自然主义【Naturalism】、诠释主义【Interpretivism】或者建构论【Constructionism】为另一方。有一种极端观点认为，个案研究对社会现实的揭示与小说家、短篇故事作者，甚至诗人的方式非常类似。对个案研究持有这种看法的人会在对比个案研究和其他研究方法时，以根本错误的方式来评判各种方法的优劣势。

由对于个案研究的目的和本质的理解差异引发了一系列的方法论问题，并引起了广泛的讨论。

1.概推性。有些个案研究致力于为得出一些普遍类型的现象或关于更广泛个案群体的结论奠定基础。这就带来一个问题，这种想法是否可能。有些学者认为个案研究所进行的推论或普遍化是“逻辑上”“理论上”和“分析性”的，这与统计分析中的推论本质不同（见 Mitchell in Gomm et al.，2000；Yin，1994）。另外一些学者则认为，个案研究在某些方面可以用来进行与社会调查研究相同意义的普遍化（见 Schofield in Gomm et al.，2000）。还有些学者认为个案研究不是必须对结论进行普遍化，重要的是读者如何利用个案研究的结论——学者将这一过程称为“自然而然的普遍化”（见 Stake in Gomm et al.，2000）。另一种说法是根据“适合程度”促使研究结论从一个情景到另一个情景的“转化”（见 Lincoln & Guba in Gomm et al.，2000）。但是，关于后面这种研究方法，还存在普遍化的有效性问题。

2.因果分析还是叙事分析。个案研究学者有时声称，他们通过检验一两个个案，就有可能确定一些抽样调查研究都无法发现的因果过程。这是因为个案研究不仅局限在某一点上，而且对个案进行了深入和长时间的研究。还有一个常被提及的观点是，与实验研究法处理的是人工制造情景中的因果关系不同，个案研究发现的是“真实世界”中的因果过程。这种观点还有一些表述方式则强调，结果总是可以通过多种路径达成，因而在特定个案中事件发生的叙述式原因，对于我们理解结果的发生是至关重要的（见 Becker in Gomm et al.，2000）。这一点与历史学家的工作并行不悖。但是，如果研究者只研究单个或很少数量的个案，那么如何将事件中的偶然原因，与必然的因果关系区分开来仍然是一个问题，同时还会有理论【Theory】在因果/叙述分析中究竟起了什么作用的问题（见 Gomm et al., 2000, Chap. 12）。

前面已经提到过，有些个案研究学者声称可以通过对照分析来确认因果关系，例如，通过密尔的一致和分歧法或者通过分析式归纳法。有时对照法被认为与统计分析法有相似之处，但更多时候"统计分析"和"个案研究分析"在"逻辑"上仍然具有显著差异。不过，对于在逻辑上二者是否具有差异也同样有人提出了疑问（Robinson in Gomm et al., 2000），同时也有人质疑密尔的准则或分析式归纳法是否能够作为通过个案研究产生理论的合适方法（Lieberson in Gomm et al., 2000）。

3.理论的本质。尽管许多个案研究学者都强调了理论的作用，但是在所需理论视角的特征这一问题上观点则不尽相同。对某些人来说，理论必须能使个案成为一个有边界的系统。这里强调的是，我们必须把个案当作只能从整体来理解的独特结构（见 Smith, 1978）。对于另一些学者来说，理论的作用更多在于查找和解释，个案在其所处的更为广泛的社会背景中，其内部正在发生什么（Burawoy, 1998）。他们认为，如果没有理论的作用，个案内部过程非常有可能被误解。的确，我们经常看到这样的说法，对个案的分析总是预设某种更广泛的社会背景，这样研究的问题便不是与宏观理论是否有涉，而是它究竟清晰到什么程度，以及它是否言之成理。

4.真实性与权威性。有时，我们提倡个案研究方法的原因在于，它能够捕捉到个人、情景、群体等的独特性质。在这里，我们关心的问题并不是将个案作为一个范畴的代表，或者将个案推广至总体。研究目的在于"以它自己的话语"真实地呈现个案。在这一观点的某些版本中，它被看作发现文学和艺术提供的那种符号性真理的基础（Simons, 1996）。但是，学界对这个观点的具体含义仍然是有疑问的，因为不同的美学理论，其取向毕竟是大相径庭的。

对真实性立场的坚守还基于个案研究学者表现出的对任何权威判断的反对，和/或他们所持有的立场，认为个案研究能够扩大那些在大家看来，其经历和观点被忽视的人群的独特声音。但是关于这个立场也存在很多质疑，质疑的人不仅包括那些坚守科学研究路径，或那些强调宏观理论作用的学者，还包括一些建构主义者和后现代主义者【Postmodernism】。建构主义者和后现代主义者否认在调查研究之外的真实现象的存在，质疑研究者为他人发声（甚至充当中间人）的合法性，和/或者质疑那种个案研究描述中得到的人们拥有整齐划一观点的理念。通过这些方式，建构主义者和后现代主义者动摇了真实性的概念。

概括而言，尽管近年来个案研究法越来越流行，并且具有相当大的价值，但对这个术语的使用，仍然涉及很多不同的研究路径，与此同时，它还引起了一些基本的方法论问题。

——Martyn Hammersley

（郑晓娟译　沈崇麟校）

参考文献

Burawoy, M. (1998). The extended case method. *Sociological Theory*, *16*(1), 4-33.

Gomm, R., Hammersley, M., & Foster, P. (Eds.). (2000). *Case study method*. London: Sage.

Hamilton, D. (1980). Some contrasting assumptions about case study research and survey analysis. In H. Simons (Ed.), *Towards a science of the singular: Essays about case study in educational research and evaluation* (pp. 78-92). Norwich, UK: Centre for Applied Research in Education University of East Anglia.

Simons, H. (1996). The paradox of case study. *Cambridge Journal of Education*, *26*(2), 225-240.

Smith, L. M. (1978). An evolving logic of participant observation, educational ethnography and other case studies. *Review of Research in Education*, *6*, 316-377.

Yin, R. (1994). *Case study research* (2nd ed.). Thousand Oaks, CA: Sage.

CASI

参见计算机辅助数据收集【Computer-Assisted Data Collection】。

突变理论(Catastrophe Theory)

突变理论指的是在某些非线性动力学数学模型中,那些经历非线性动力学【Nonlinear Dynamics】的性状类型,即一个参数(称作控制参数)的值发生微小变化,就导致一个变量的值发生突然或剧烈的大量级的变化。在这个意义上,突变理论也能为那些大体上与"一根稻草压垮骆驼背"类似的情境现象建模,尽管突变理论的应用可能是非常普遍的。当代对突变理论的理解发端于汤姆(Thom,1975)的研究工作。

所有关于突变理论的早期研究几乎都在微分方程数学模型的设定中使用了多项式函数。在某种程度上说,这也是汤姆(Thom,1975)发现的通用性的一个重要结果。因为所有足够光滑的函数都可以用泰勒级数近似(Taylor series approximation)来加以扩展(得到一个初始模型的多项式表达),直接对这个多项式表达进行分析也是可能的(Saunders,1980, p.20)。不过,科学家们也可以避免使用某一个汤姆经典多项式,而使用他们自己的有充分理论根据的原始设定,只要他们清楚原始设定存在突变的可能(Brown, 1995a)。

突变理论的基础是一种有关分叉(bifurcation)的观念。分叉是一个动态系统进化过程中发生的事件,在这个过程中,系统的特征行为发生改变。当系统中的一个吸引子(attractor)随着一个参数(称作控制参数,因为它的值控制着突变现象)的值改变而改变时,分叉就发生了。突变是一种分叉(与微小的分叉,或爆炸性的分叉比较而言)。动态系统的特征行为是由其行为轨迹决定的,而行为轨迹则是系统中变量随时间变化的值。当轨迹与一个分叉相交时,它们一般会采取一种与受到分叉影响之前的类型完全不同的行为。因此,如果一个轨迹即将紧紧"拥抱"吸引子或系统中的平衡点并与分叉相交,轨迹便可能会突然放弃之前的吸引子,而"飞"到与另一个吸引子邻近的区域。突变的基本特征就是某个吸引子及其吸引盆(basin)突然消失,同时另一个占据主导地位的吸引子出现。因为多维表面也可能有吸引力(连同这些表面上的吸引点一起),因此这些动力系统中的重力中心常被称为超曲面、极限集,或简单地叫作吸引子。

下面这个模型是齐曼(Zeeman,1972)提出的,它说明了一个尖端突变,并被用来为一个跳动的心脏中的肌肉纤维长度(变量 x)的变化建模。控制参数 A(在这个例子中指的是最终下达指令指示心脏何时跳动的电化学活性)的值可能会持续变化,它被用来移动轨迹,穿越具有突变可能的均衡的超曲面。参数 q 标明了系统中的总张力,而 f 则是尺度参数。系统里的两个不同的方程分别是:$dx/dt=-f(x^3-qx+A)$ 和 $dA/dt=x-x_1$。在这里 x_1 代表的是心脏收缩(心脏收缩平衡)时的肌肉纤维长度。设导数 $dx/dt=0$,根据系统其他参数的值,我们将发现 1~3 个 x 值。在一个给定的控制参数 A 的值有三个 x 平衡点时,其中有一个平衡点是不稳定的,不会吸引任何轨迹。另外两个平衡点会为了吸引附近的轨迹而相互竞争,当有一个轨迹经过系统中的分叉点时,它会放弃其中一个平衡点,迅速改变位置,进入另一个平衡点的邻近领域(也即吸引盆)。这种轨迹的迅速改变就是突变。

布朗(Brown,1995b, chaps. 3 and 5)开发和探讨了非线性微分方程动态突变设定(specifications)的两个社会科学的实例。一个例子与美国 1980 年总统选举有关,讨论的是对候选人的倾向、对某一政党的感觉以及个人的政治背景或环境质量三个因素之间的相互作用。另一个例子讨论的是魏玛共和国选民中的党派分裂、选举的去机构化,以及对纳粹党的支持三个因素之间的相互作用。两个例子都经过了充分的估算,第一个例子使用了个人和加总数据,而第二个例子只用了加总数据。

——Courtney Brown

(杨可译　沈崇麟校)

参考文献

Brown, C. (1995a). *Chaos and catastrophe theories.* Thousand Oaks, CA: Sage.

Brown, C. (1995b). *Serpents in the sand: Essays on the nonlinear nature of politics and human destiny.* Ann Arbor: University of Michigan Press.

Saunders, P. T. (1980). *An introduction to catastrophe theory.* New York: Cambridge University Press.

Thom, R. (1975). *Structural stability and morphogenesis.* Reading, MA: Benjamin.

Zeeman, E. C. (1972). Differential equations for the heartbeat and nerve impulse. In C. H. Waddington (Ed.), *Towards a theoretical biology* (Vol. 4, pp. 8-67). Edinburgh, UK: Edinburgh University Press.

分类(Categorical)

在分类这一术语中包含诸如定类变量【Nominal Variable】和定序变量这样一些术语。大体上讲,这一术语的名称源于一个事实,即一个分类变量无非就是把观察分类归入离散的组群,如把样本的宗教信仰分类归组。

——Alan Bryman

(沈崇麟译校)

*也可参见属性【Attribute】、离散【Discrete】、定类变量【Nominal Variable】。

分类数据分析(Categorical Data Analysis)

社会科学的数据在数量化之后可以进行各种各样的统计分析,其中使用最为普遍的是回归分析。然而,它要求因变量是连续的,此外还必须满足回归要求的其他各种假定,这使线性回归难以成为总是能让我们满意的分析工具,因为很多社会科学的数据都是分类的。

社会科学数据可以用两种最为常用的方式进行分类。第一种,在变量以定类或离散的分组记录时,它就是分类的。在政治科学里,一个美国的政治候选人可以是民主党、共和党或独立候选人。在社会学里,人们的职业是作为一种离散的结果来研究的。在人口学里,避孕工具的选择,如避孕药或避孕套是分类的。教育问题的研究者可能研究中学高年级学生的离散的高等教育目标:大学、社区学院或职业学校。

此外,一个变量可以采用定序尺度,如李克特量表【Likert Scale】或其他与之类似的尺度。诸如这样的尺度在心理学中使用得尤其广泛。在社会科学中则一般用它来测量人的特质、态度和观点,通常它有五个定序类别,从最重要到最不重要或从完全同意到完全不同意,二者之间则是中性的中间类。一个定序尺度有两个主要的性质:在各个类别之间存在着一个自然的等级,位于较低位置的类别,与其相邻类别间的距离并不一定在尺度上是等分布的。不是量度个性或态度的变量也可以用定序尺度来表示。例如人的教育程度可以只用三个类别,"小学""中学"和"高中及以上"来测量。这些类别服从一种自然的等级,但是"小学"和"中学"之间的距离,不一定与"中学"和"高中及以上"之间的距离相等。显然,一个定序尺度至少要有三个等级类别。尽管不存在类别总数的上限,但实际上研究者几乎不用七个以上类别的定序尺度。

上面分类数据的例子表明它们在社会科学研究中使用的广泛性。分类数据分析实际上是分类应答(因)变量的分析。

历史发展

卡尔·皮尔逊和乌迪·耶尔二人在20世纪之交有关分类变量之间的关联的工作,为离散应答变量模型在以后的发展铺平了道路。皮尔逊的贡献通过与他同名的卡方统计量为众人所周知。而耶尔则强烈倡议在分析关联中使用优势比【Odds Ratio】。尽管知名的统计学家如费希尔和威廉·科克伦在这方面贡献至伟,但分类数据分析能有今天这样的发展,则是在1960年代之后的事情了。

第二次世界大战之后的数十年,我们看到人们对社会问题的解释兴趣不断高涨,因而社会对高技能的社会科学研究者的需求也迅速增长。北美的大学在扩大招生,以容纳战后生育高峰时出生的那一代人入学,同时大学内的社会科学教学队伍和研究实体也在迅速成长。分类尺度也应运而生,被广泛用来测量态度、社会阶级及其他许多属性和概念。而与此同时,定量数据也可供教学和研究机构共享。社会科学的方法学也日益变得复杂高深,以满足处理和分析不断增长的可资利用的分类数据的需要。许多开发了离散应答(因)变量回归类模型的重要的统计学家,都来自社会科学附属机构,或是与之有联系的学者、大学教师就不足为怪了。诸如这样久负盛名的统计学家有利奥·戈德曼、谢尔比·哈伯曼、弗雷德里克·莫斯特勒、斯蒂芬·芬伯格、克里弗德·克洛格等。这些方法学家专注于对数线性模型的开发使用,而他们在生物科学中的同行,则专注于分类数据的回归类模型的研究。正是这些统计学家,和他们在生物界的同行一起将分类数据分析提高到了一个新的水平。

在20世纪后期的20年,人们见证了学界对于研究定序变量,特别是那些它们的值被假定是潜在的或不可直接测量的定序变量之间的关联的巨大关注。在同一时期,人们也目睹了拉扎斯菲尔德于1950年代进行的潜变量模型兴趣在学界的复兴(如潜类分析),并把它们扩展到回归类设置。在这两个领域中的领军人物是利奥·戈德曼、克里弗德和雅克·哈赫纳尔斯,他们是北美和欧洲社会科学方法学的杰出代表。

分类数据分析的另一个传统源自计量经济学。在计量经济学中,研究者使用一种(在观察值中,或在分布中)有这样或那样限制的因变量的回归类模型。马达拉对这种方法的普及居功至伟。在因变量有两个值(二分)、有限个等级数(定序)或无序的(定类)的类别,且是可以观察的时候,Logit 和 Probit 模型便是我们可以使用的恰当模型。在过去的25年里，用于做二分、定序和多类 Logit 或 Probit 模型的计算机软件有了迅速的发展。在统计学中，许多分类数据模型，如 Logit、Probit、泊松回归，以及线性回归可以作为广义线性模型【Generalized Linear Model】族被更为方便地表示和研究。

分类数据分析的类型

有若干种对分类数据分析法进行分类的方法。根据方法的参数性质，我们可将分类数据分析方法分为两类。

1.非参数法。这些方法要做最低限度的假定，且对假设检验十分有用。这方面的例子有皮尔逊卡方检验【Chi-Square Test】，费希尔的精确检验（对小的期望频数）和 Mantel-Haenszel 检验（对线性关联的定序分类）。

2.参数法。这种基于模型的路数假定采用的抽样方法是随机（可能是分层）抽样，可用于估计的目的，也易于拟合许多特定的模型（例如对称、准对称）。它也可以进行标准误【Standard Error】、协方差【Covariance】和模型参数的置信区间【Confidence Interval】，以及预测的答案的概率估计。

第二种类型在社会科学中的应用最为普遍，这一点有分类数据的参数模型的广泛应用为证。社会研究中的变量在统计模型中既可以是因变量，也可以是自变量。它们也可分别叫作应变量和解释变量。由变量的类型（分类的或非分类的）和所处位置（自变量【Dependent Variable】或因变量【Independent Variable】）产生了一些分类数据分析模型，给我们提供了另一种给分类数据分析法分类的途径。为了简便起见，我们将所有变量视为分类或连续的（即用定距或定比尺度的）。在某些模型中，所有的变量都可以看作因变量，只有它们之间的关联才是研究者感兴趣的。对于那些区分因变量和自变量的模型，我们将注意力限制在那些有单个因变量的模型。这就是说，在这样的模型中，每个模型不论自变量的数目有多少，它们可以都是连续的、分类的或二者的混合，而因变量却只有一个。

关联模型不区分因变量和解释变量。这就是说，这些调查中的变量是彼此相依的。在成对的两个变量都是连续的时候，我们就使用相关法分析，在它们都是分类的时候，我们就使用列联表或对数线性分析。这种情况可以推广到多变量，这就像偏相关分析和多向列联表那样。

在成对的两个变量类型不同时（例如，一个是分类的，另一个是连续的），由于要区分自变量和因变量，因此要对因果次序作假定。为了分析连续的因变量在解释变量类别中的分布，我们就要用方差分析或线性回归，这些方法可以推广到包含额外的、连续的解释变量这样的情况。那时，我们就要使用协方差分析和线性回归。Logit 和 Probit 模型的灵活性为它们适用于表1中分类因变量的所有三格（不论解释变量的类型是连续、分类还是混合的）所证明。常常也会有这样的情况，同一组数据可以用不同的方法进行分析，但究竟用什么方法则取决于研究者想要作的假定和研究的目的。

表1　变量类型和统计模型对应表

		因变量	
		连续	分类
因变量	连续	相关	列联表分析，对数线性回归
	分类		
自变量	连续	线性回归	Logit 和 Probit 模型
	分类	连续	Logit 和 Probit 模型
	混合	协方差分析，线性回归	Logit 和 Probit 模型

因此在表1中，标题为分类因变量列中的格都是由分类数据分析法组成的。我们

对这些方法再作进一步的考察，观察这些应变量是否有与纯粹的定类变量不同的有序的类别。有些未在表1中列出的方法，例如泊松回归，这种可给服从泊松分布的整数因变量建模，它也是一种有限因变量模型(limited-dependent variable model)。

依据变量是离散的还是定序的，分类数据模型还可以作进一步的分类。例如在因变量是二值的时候，Logit(或Probit)模型是二分的；在因变量是有序分类的时候，Logit(或Probit)模型是定序的(或有序的)；在因变量有两个以上的离散类别时，Logit(或Probit)模型是多类的。用于分析两个定序变量之间关联的对数线性模型，可以扩展到线性对线性的关联；而对数乘积模型则包含了这二者(更详细的阐述，请参见对数线性模型【Log-Linear Model】和关联模型【Association Model】)。迄今为止，我们只是考查了观察变量的分类数据分析。社会科学家也将分类数据分析用于潜变量，用它们来表示那些不可直接测量的概念。因而在这里，我们还有另一种对分类数据进行分类的方法，即依据模型中的潜变量观察变量，或同时依据二者是否是分类的来进行分类。

分类数据分析尤其关心表2中的第二行，在这一行中的观察变量是分类的。用类别观察变量估计类别潜变量的潜类分析【Latent Class Analysis】，一直受到社会科学界的极大关注。

表2 与变量类型对应的潜变量模型

	潜连续	潜分类
观察连续	因子分析模型；SEM	潜相(latent profile)模型
观察分类	潜质(latent trait)模型；SEM	潜类(latent class)模型

若干大型计算机程序使潜类模型为更多社会科学家所接受和使用。这些软件包括最近在明尼苏达大学的伊莱亚森分类数据分析系统安装的MLLSA程序，哈伯曼的NEWTON和DNEWTON，哈赫纳尔斯的LCAG和弗蒙特的LEM等。

模型拟合和检验统计量

除上述分类法之外，还有一种看待和对分类数据分析进行分类的方法，这种方法关注模型的拟合是怎样定义的。当今使用分类数据的社会科学研究许多都源自三个虽然一般但彼此关联的传统：一种是将期望频数【Expected Frequency】与观察频数进行拟合。另一种是将期望的因变量的值与观察的因变量的值进行拟合。最后一种是将期望的关联量度，通过相关与观察的对应量度进行拟合。这第三种传统描述分类数据是如何在因子分析和结构方程建模法中处理的，在本书的其他条目中对它有专门的介绍，在这里我们将集中介绍前两种传统。

第一种传统拟合一种特定的统计模型与一个频数表。令f_i为在表中格子i中的观察频数，而F_i则是在格子i中的期望频数。而我们模型拟合的目的是精简观察和期望频数之间差别的某个形式。因此，我们求得皮尔逊卡方统计量和似然比【Likelihood Ratio】统计量L^2(或G^2)：

$$\chi^2 = \sum_i \frac{(f_i - F_i)^2}{F_i} \text{ 和 } L^2 = 2\sum_i f_i \log\left(\frac{f_i}{F_i}\right)$$

和号涵盖除了那些有结构零的格子i外的其余全部格子i。这些统计量本身可以在频数表的非参数法，或像对数线性模型那样的参数法中单独使用。对数线性法一般将$\log(F_i)$表示为一张表中的行、列和层等与它们的交互项效应的线性组合。上面给出的两个检验统计量，实际上是一个叫作验力散发统计量族(power divergence statistics)的特例。这一统计量族还包含第三个成员，Cressie-Read统计量【Cressie-Read Statistic】，它代表χ^2和L^2之间的一个折中。

第二个传统是广义线性模型,它试图将因变量y的期望值μ,通过建模成为解释变量和它们的参数的一个线性组合的函数。我们期望数据服从指数分布,而连接$g(\mu)$与自变量和参数的线性组合的函数可以取各种形式,如广泛使用的logit函数。

这两个传统彼此紧密关联。例如,在所有的变量——因变量和解释变量都是分类的时候,$F_i = n_i\mu_i$,式中的n_i是在格子i中的观察数。上面介绍的检验统计量也可用于拟合广义线性模型的模型评估。

模型的比较和选择

这个问题在分类数据分析中十分突出。研究者常常会感到有对统计模型进行比较,以及从一组模型中选出拟合较好的模型的需要。后一种情形指的是,在几个对数模型被认为是彼此嵌套时的层级对数线性拟合。这些模型有着不同的自由度,因为它们包含的参数数目不同。L^2中的差异给出了下结论用的比较似然比统计量。

有时研究者需要比较非等级模型。这可能是两个(或更多个)观察子群体的,或者两个(或更多个)包括不同变量组的模型的模型拟合的一个比较。虽然有的时候,将这些子群体或子模型作为一个合并在一起的单独的超级模型是一种有用的处理方法,但这种路数并非总是可靠的,因为比较的那些子模型可能正好是互不相容的。因此,我们需要一种能应用于跨不同自由度的不同模型的模型拟合优度的统计标准。这一类标准中,两种使用广泛的准则是赤池信息量准则(akaike information criterion, AIC)和贝叶斯信息准则(bayesian information criterion, BIC)。

根据信息理论,AIC用一给定模型的自由度数的两倍对似然比统计量作了调整:

$$\text{AIC} = L^2 - 2(df)$$

式中的df表示模型的自由度数。两个模型中,无论是层级或非层级的,那个AIC值较小的模型是比较好的模型。

根据贝叶斯决策理论,BIC用总样本量(N)对似然比统计量作进一步的调整。

$$\text{BIC} = L^2 - \log(N)(df)$$

BIC给出了用于模型比较的贝叶斯因子的对数近似值。已经证明BIC较AIC更不宜用于有较大自由度的模型,如果样本不是非常小的话。在等级模型比较也可使用L^2的差的时候,较之其他的拟合优度统计量,BIC通常更宜用于简化模型。

分类数据分析中的缺失数据问题

任何多变量分析都非常关心缺失数据【Missing Data】问题,而对那些可能有零格的频数表模型则应予以特别的关注。尤其令人感兴趣的是所谓偏观察数据(partially observed data)。如果一个观察在所有的变量上都丢失了信息,那么这个观察根本就不能使用。但是如果一个观察只是在某些变量上丢失了信息,那么常规的列表式删除便会浪费许多有效的信息。而与这一问题随之而来的是丢失信息发生的机制。丢失数据有三种机制:完全随机地丢失、随机丢失和非随机丢失。——这最后一种在推论模型变量之间的关系时,可能会产生偏倚。近年来开发了一些用于各种丢失数据机制的分类数据统计模型的估计方法。由弗蒙特开发的LEM软件则是其中的佼佼者。

——Tim Futing Liao

(沈崇麟译校)

参考文献

Agresti, A. (1990). *Categorical data analysis.* New York: John Wiley.

Clogg, C. C., & Shihadeh, E. S. (1994). *Statistical*

models for ordinal variables. Thousand Oaks, CA: Sage.

Everitt, B. S. (1992). *The analysis of contingency tables.* London: Chapman & Hall.

Fienberg, S. E. (1980). *The analysis of cross-classified categorical data* (2nd ed.). Cambridge: MIT Press.

Liao, T. F. (1994). *Interpreting probability models: Logit, probit, and other generalized linear models.* Thousand Oaks, CA: Sage.

Long, S. (1997). *Regression models for categorical and limited dependent variables.* Thousand Oaks, CA: Sage.

Powers, D. A., & Xie, Y. (2000). *Statistical models for categorical data analysis.* New York: Academic Press.

CATI

参见计算机辅助数据收集【Computer-Assisted Data Collection】。

因果机制(Causal Mechanisms)

因果机制指某些形成结果的过程或者路径。我们通过提出一个有关一般将会出现结果的原因的假设来解释结果。正因为如此,实际上所有的社会研究的主要目的都在于发现原因。我们来考虑一个价格上涨导致消费减少的例子。联系原因和后果的因果机制是理性消费者的选择。他们观察到了价格的上涨,调整自己的消费以尽可能地扩大总效用,并降低自己对价格上涨商品的消费。总体来讲,正是这种个人层次上的理性行为造成了总消费的减少。

因果理论有两个显类:休谟理论(Humean theory),即因果如同规律(causation as regularities);因果实在论(causal realist theory),即因果如同因果机制(causation as causal mechanisms)。休谟理论认为,因果完全由可观察变量中的有关经验规律的事实构成,不存在什么潜在的因果性、因果效力或因果必然性。因果实在论则采用因果机制的观念,将因果效力视为基本的效力,并认为科学研究的任务是达到在经验上证明有关这些因果机制的理论和假设。我们来看一下各种有关“X 引起 Y”的陈述的断言:

- X 是 Y 的必要和/或充分条件。
- 如果 X 未曾发生,那么 Y 也未曾发生。
- Y 的给定 X 的条件概率不等于 Y 的绝对概率 $Y[P(Y|X)\neq P(Y)]$。
- 在预测【Predicting】Y 值的回归【Regression】方程中 X 伴有一个非零系数。
- 存在一种因 X 发生而导致 Y 发生的因果机制。

因果实在论的中心洞见是,最终的准则实际上是最根本的。在因果实在论看来,连接 X 和 Y 的潜在因果机制存在的事实解释了每一个其他准则,其他准则都是连接 X 和 Y 的因果路径存在这一事实的表征。

因此,因果推论以因果机制的存在为先决条件,研究者应该努力确定连接感兴趣的变量的看不见的因果机制。下面的因果准则清单给我们提供了各种用可得到的证据检验或证实一个因果假设的方法:用相似性和差异性的密尔方法(Mill methods)作为检验必要条件和充分条件的方法;考查条件概率;考查感兴趣变量之间的相关【Correlation】和回归;用社会理论的某些适当的部分建立有关潜在因果机制的假设。因果实在论者坚持认为,最终,经验证据必须要被发展到能对预设的原因和效应之间的因果机制的可信性进行评估的程度。

什么是因果机制?因果机制是一系列由类似法则的规律支配的,从解释要素到被解释要素的一系列事件或条件。韦斯利·萨蒙(Salmon,1984)这样来阐释因果机制:"因果过程、因果交互和因果法则提供了这些机制,世界因之而运作。为了理解为什么某些事情会发生,我们需要了解它们是怎样由这些机制产生的。"(p. 132)南希·卡特赖特同样也把实在的因果机制置于她解释科学知识的核心。正如她和约翰·杜普雷所言:"事物和事件之所以有因果能力,是由于它们拥有的属性,它们有导致其他事件或状态的力量。"(Dupré & Cartwright,1988)南希·卡特赖特还从本质上对因果机制作了论证,她认为确认因果关系,需要支配正在研究的实体的因果力量或能力的实体论。因果关系不能从有关变量之间关联的事实直接推论。

构成社会因果机制基础的一般性质一直是学界争论的主题。其中可以确定的几个主要的流派是:行动者模型(agent-based models)、结构模型(structural models)和社会影响力模型(social influence models)。行动者模型采用一种将个体层次的选择结果聚合成宏观层面的成果的策略;结构模型则试图论证给定的社会结构或制度的因果效应(如征税系统)的社会成果(遵守的程度);而社会影响力模型则试图确认在主体背后影响他们的选择的因素。托马斯·谢林(Schelling,1978)给出的恰如其分的标题"微观的动机,宏观的行为",抓住了前一路数的逻辑。他的著作深刻地阐述了局部理性刻意而为的行为互动造成的,有时十分难以预测的结果。埃尔斯特对此也作了比较深刻的阐述,他认为,理性选择理论的工具支持大型社会学解释的构建(Elster,1989)。埃米贝伊和米舍(Emirbayer & Mische,1998)给出了当前有关代理概念争论情况的全面综述。结构主义者和社会影响路数试图确定那些社会上显著的影响(因素),如制度、国家、种族、性别和教育地位,并详细阐述了这些因素是如何影响或限制个人的人生轨迹,进而影响社会成果的。

——Daniel Little

(沈崇麟译校)

参考文献

Cartwright, N. (1989). *Nature's capacities and their measurement.* Oxford, UK: Oxford University Press.

Dupré, J., & Cartwright, N. (1988). Probability and causality: Why Hume and indeterminism don't mix. *Nous*, *22*, 521-536.

Elster, J. (1989). *The cement of society: A study of social order.* Cambridge, UK: Cambridge University Press.

Emirbayer, M., & Mische, A. (1998). What is agency? *American Journal of Sociology*, *103*(4), 962-1023.

Little, D. (1998). *Microfoundations, method and causation: On the philosophy of the social sciences.* New Brunswick, NJ: Transaction Publishers.

Mackie, J. L. (1974). *The cement of the universe: A study of causation.* Oxford, UK: Clarendon.

Miller, R. W. (1987). *Fact and method: Explanation, confirmation and reality in the natural and the social sciences.* Princeton, NJ: Princeton University Press.

Salmon, W. C. (1984). *Scientific explanation and the causal structure of the world.* Princeton, NJ: Princeton University Press.

Schelling, T. C. (1978). *Micromotives and macrobehavior.* New York: Norton.

因果建模(Causal Modeling)

在社会科学数据分析中,研究者很大程度上都依靠推断那些由测量的变量代表的概念【Concept】之间的因果关系——尤其是因变量【Dependent Variable】和自变量【Independent Variable】之间关系的方法。尽管因果关系【Causality】问题可能是相当哲学的,但是仍然存在一些可帮助研究者理解和估计因果关系的分析路数。因果思维构成了一系列各种各样实验【Experiment】方法和基于马尔科夫链【Markov Chain】模型的基本设计基础。实验设计区别于非实验设计的重要一点是,自变量实际上是被设置为一些固定的值或被操控的,而非只是被观察。因此,用非实验的或观察的设计,因果推论要(比实验设计)弱得多。给定一个观察设计,某些条件可以加强某些事物之间(譬如说,X 和 Y 之间)的因果,而非虚假【Spurious】关系发现的论证。具有特别重要性的是时序性(即证明 X 的发生先于 Y)。其次,也是很重要的一点是,满足因果推论假定【Assumption】的必要条件。在经典的回归【Regression】分析中,这些条件有时被叫作高斯-马尔科夫假定。

分析观察数据的方法也包括所有归入一般线性模型【General Linear Models】,或广义线性模型【Generalized Linear Models】的回归类模型,尤其是图形建模【Graphical Modeling】、路径分析【Path Analysis】或结构方程建模【Structrual Equation Modeling, SEM】,它允许多方程或联立方程系统。可以包括潜变量【Latent Variable】,以更好地表示概念的 SEM,可以用软件来估计。这些软件有 AMOS, EQS, LISREL 和 M-PLUS 等。

一个一般的联立方程系统可以含有双向关系【Reciprocal Relationship】(如 X 引起 Y 和 Y 引起 X)。它使它们呈非递归的关系。下面是诸如这样的系统的一个例子,我们也许可以把它叫作因果模型。

$$Y_1 = b_{10} + b_{11}X_1 + b_{12}Y_2 + e_1$$
$$Y_2 = b_{20} + b_{21}Y_1 + b_{22}X_2 + e_2$$

因果模型(causal model)一词是作为联立或结构方程的同义词使用的。有时在陈述方程系统的同时,常辅以一张素描的箭头图(即一般叫作路径图的图表)。在估计进行之前,必须先解决识别问题【Identification Problem】。方法是通过考查外生变量【Exogenous Variable】和内生变量【Endogenous Variable】的相对数目,看一看秩和阶的条件是否得到满足。在这一因果模型中,X 变量是外生的,Y 变量是内生的。事实证明,在这一系统中的每一个方程都已被精确地识别时,整个系统也就被识别了,因而它的参数就可以被估计了。按照惯例,外生变量被标为 X,而内生变量则被标为 Y,但必须强调的是,如果只是简单地把它们作如是的标示,并不能使它们自动地成为外生或内生变量。相反,外生性和内生性的假定是必须被满足的。

在模型识别之后,通常都是用某些工具变量【Instrumental Variable】法作进一步的估计,如二阶最小二乘方法。此外,还有三阶最小二乘方法,但学界普遍认为它对二阶最小二乘并没有什么实质性的改进。如果系统中的每个方程都已被精确地识别,那么我们便可应用一种叫作非直接的最小二乘。在这里,我们不能使用普通最小二乘【Ordinary Least Squares】,因为它将普遍引起偏倚和前后矛盾的估计,除非系统是递归的【Recursive】,即因果性是单向的,且误差项是跨方程不相关的。有与二段和三段最小二乘类似的最大似然【Maximum Likelihood】估计法：分别为有限信息最大似然和全信息最大似然估计法。

迄今为止已经讨论过的内容告诉我们，因果建模法必须依靠概率论作为基础的统计分析法。因果性描述一个充满不确定性的过程，而分析者的任务则是在捕捉因果模式的同时，对这种不确定性作出解释。

——Michael S. Lewis-Beck
Tim Futing Liao
（沈崇麟译校）

参考文献

Berry, W. (1984). *Nonrecursive causal models*. Beverly Hills, CA: Sage.

Bollen, K. A. (1989). *Structural equations with latent variables*. New York: John Wiley.

Davis, J. (1985). *The logic of causal order*. Beverly Hills, CA: Sage.

Kmenta, J. (1997). *Elements of econometrics* (2nd ed.). Ann Arbor: University of Michigan Press.

Pearl, J. (2000). *Causality: Models, reasoning, and inference*. Cambridge, UK: Cambridge University Press.

因果关系(Causality)

在社会科学的讨论中，当因果关系成为问题的核心时人们常常都会流露出一种犹豫之情，仿佛在发出“我们害怕因果关系”的感叹。但所有的讨论者都承认他们不能没有因果关系：“最后我们还是需要因果解释。”哲学史中因果关系的概念也遭遇了这种犹豫。因果关系的历史列车好像是一辆慢车；它就像埃希特纳赫的游行队伍，前进两步又后退一步。亚里士多德、经院学者、莱布尼兹、康德、叔本华都是因果论者。休谟、马赫、皮尔逊、赖兴巴赫、哥本哈根学派的量子物理学家们，以及罗素都是反因果论者。罗素(Russell, 1912)曾经留给我们这个大胆的说法：“我相信，因果律是逝去的时代的遗迹，就像君主制一样，只是因为被错误地当作无害的，才得以生存了下来。”(p.171)

亚里士多德：奠基人

我们可以把亚里士多德当作因果思想的奠基人。作为哲学家，他对各种原因做了区分，例如，质料因(causa materialis)、形式因(causa formalis)、动力因(causa efficiens)和目的因(causa finalis)。在17世纪的近代科学里，亚里士多德的动力因或劳力因(labor cause)成了最主要甚至是唯一的一个原理。于是原因就和“成果(production)”联系了起来。劳力因是主动的实施者(active agent)，像一种用锤子敲打那样的外力，而效果(effect)是被动地承受，就像裂成碎片的栗子一样。这种效果的概念也体现在牛顿的外力(external power)中，它能让静止的物体运动。它还体现在社会政策制订之中。例如，19世纪法国的政策制订者启动了一个提高生育率、鼓励移民的政策，以使生育率超过死亡率，这样老龄化的人口结构就可以得以翻转。它还体现在行为主义【Behaviorism】学派的刺激—反应框架中。甚至在我们的语言中它也有所体现，因为下毒(poison)、治疗(cure)、镇静(calm)、加湿(humidify)和照明(illuminate)等许多动词都包含着成果的理念。

伽利略:必要和充分条件

也是在近代科学中,通过伽利略的努力,原因才被区分成了必要和充分的条件。按伽利略的说法,必要(necessary)意味着"必不可少的条件(conditio sine qua non)"或者是"如果没有 X,就没有 Y",而充分(sufficient)的意思是"如果有 X,总是有 Y"。(我们应当注意,"X 使 Y 成为必需"的意思是"X 是 Y 的充分条件"。这里可能会产生混淆!)

大卫・休谟:历史转折点

18 世纪的大卫・休谟确实是因果关系历史的转折点。实际上,任何人今天要写这个主题的话不可能不讨论休谟。卡尔・波普尔(Popper, 1972)是个很好的例子,在他的《客观的知识:一个进化论的研究》(*Objective knowledge: An evolutionary approach*)一书中,开篇第一章就是"休谟问题"。休谟不反对因果关系论(Hume, 1786)。他相信世界充满了因果关系。但他怀疑科学是否能够洞悉为何某个原因导致某个结果。休谟的出发点完全是经验主义的(empirical)。他提出,有关因果关系的知识从来不是用纯粹演绎的方法和先验的方式提出来的,而是完全基于经验。亚当不可能看到水就推论出水会淹死他。休谟还相信原因是外在于其结果的。如果一个台球和另一个台球相撞,后者开始滚动,那么在第一个球上不存在任何能给我们带来有关第二个球会发生什么的提示。至于在原因和结果之间的那个中间术语(即因果之箭[the causal arrow]),休谟认为,诸如成果(production)、能量、力量等都属于一种模糊的哲学,无非是迷信的庇护所和遮掩愚蠢与错误的斗篷。我们看到了火,感到了热,但我们甚至猜不出或想象不出这两者之间的联系。我们甚至不能直接察觉到意识的能量会影响我们身体的器官,致使意识的影响会经常躲过我们辛勤的考察。为什么人的意志能影响舌头和手指,而不能影响心脏和肝脏,这个问题总是让我们为难。在这个问题上,关于上帝之意志的想法超出了我们能力的极限,我们无法探测这些巨大的峡谷。休谟的结论是,当我们同时看到原因和结果时,那么这儿就有一个"恒常联结(constant conjunction)"。过了一段时间适应了这个之后,习俗(custom)就出现了。接下来,通过某种心理联想(psychological association)机制,我们逐渐开始发展出一种信仰(belief)。而在这个信仰的基础上,我们采用因果关系的术语来进行预测(prediction)。简单说来,唯一真正存在的就是恒常联结(规律论[regularity theory]),其他的都是心理学。一言以蔽之,相关才是真问题,其余的东西都是伪问题。

伊曼努尔・康德:因果关系是一个先验的范畴

各路人物对大卫・休谟的回应足以装满一个图书馆。其中,康德第一个承认,是休谟将他从教条主义的懵懂中唤醒,但他拒绝接受只有经验才是因果关系的基础这一观点(Kant, 1781)。他相信,先验范畴中的理解和经验一起给我们带来了那个叫作客观知识的综合体。在他看来,因果关系就是关于理解的范畴之一。这种把因果关系当作先验范畴的观点并非没有争议。约翰・麦凯(Mackie, 1974)举了一个把木头劈成两半的例子,他提出,从足够远的距离来看,我们首先是看到木头的倒下,接着是听到斧子的声音,因为声和光的速度有差别,但如果我们站在跟前的话,那么就会首先听到声音,接着才看到木头分开倒下,因为物体有惯性。如果桌子上的小火车撞上了另一辆火车并使得后者开始运动起来,那么这跟我们最初的意识机能并没有什么关系,因为桌子底下可能藏着磁铁,引起了第二辆火车的运动。因此,与其说这里并没有太多的先验的因果知识,毋宁说是在尝试着对知识进行假定,为了得出一个结论,我们需要经验和观察。

现代科学:假设检验

我们今天的科学研究中经常用到的假设检验的传统是由奥古斯特·孔德、约翰·斯图加特·密尔等 19 世纪实证主义哲学家提出的,进而在 20 世纪的实证主义研究中成了标准的程序。卡尔·波普尔(Popper,1959)和卡尔·亨普尔(Hempel,1965)提出的演绎律则法(deductive-nomological approach)也对这种基本态度有所贡献,演绎律则法通常被称为覆盖律理论(the covering law theory)(即每个具体的因果陈述都为普通法则所覆盖,普通法则作为一般性的理论和假设在背景中起作用)。

因果关系的概率论

与此同时,对于因果关系的争论还在继续。大多数提法都有一种包围策略,因为因果成果并不是以直接的方式达到的,而是通过一些其他的标准间接达到的。这些标准之一就是"概率(probability)",有一派也许可以叫作因果关系的概率论(a probabilistic theory of causality)的信徒的科学家就使用这种概率。"因果关系的概率论"也是一本书的名字,其作者帕特里克·祖佩在 1970 年代开创了这一派的思想。他的观点符合世界上大多数科学研究者的观点——他的观点是,当且仅当 X 存在(X 的概率大于 0),X 在时间上先于 Y(t_X 这一刻先于 t_Y 到来),在 X 和 Y 之间存在统计关系(在给定 X 条件下,Y 出现的概率大于 Y 独自出现的概率),且不存在伪关系(当控制其他潜在的混杂【Confounding】因子时,X 和 Y 的统计关系不会消失),X 才是 Y 的一个原因。这些因果关系的标准被用于社会科学,特别是统计分析之中。休厄尔·赖特 1920 年代在遗传学中所使用的路径系数法、赫尔曼·沃尔德 1950 年代在计量经济学中使用的联立方程模型、西蒙和布莱洛克 1960 和 1970 年代在社会学和其他社会科学中所使用的因果模型,以及卡尔·约雷斯括格 1970 年代及以后的线性结构关系系统(LISREL),只不过是许多例子中的一小部分而已。这一派思想始终要面对三个问题:第一个问题是概率的概念,它解释的是统计关系(也即相关),而非因果关系;第二个问题是对理论的依赖,这体现在因果模型中的变量关系上,尤其是控制虚假关系的那些因子上;第三个问题使用的是时间优先,而非原因优先,也就意味着研究实践建立在"在它之后,也正是由于它"(post hoc, ergo propter hoc,即,此后,所以因此)这个诡辩之上。

马里奥·邦格:简单性的天堂

另一种包围策略是采用伽利略的"必要"和"充分"条件准则,许多当代作者都这么做,但用得最灵活的是约翰·麦凯(Mackie, 1974)。他反对马里奥·邦格(Bunge,1959)的极端立场。马里奥·邦格告诉我们,如果我们把因果关系的概念搞得太宽泛,我们就是犯了意义通胀(meaning inflation)罪。在邦格看来,事实上有许多形式的确定(determination)——概率的、辩证的、函数的、结构的、机械的和其他形式的确定,而因果关系形式的确定只是其中一种而已。这种因果关系的确定的核心是亚里士多德所给出的因效(causa efficiens)(即必要的成果)准则。除了成效(productive)之外,因果关系还是条件的(如果 X,那么 Y),唯一的(一个原因,一个结果),不对称的(当 X

引起 Y 时，Y 却不会引起 X)，恒久的(没有例外、非概率的因果关系)。邦格还给出了其他的严格准则，例如线性、可加性、连续性等。他的因果关系的概念非常严格。他反对功能论者、互动论者、辩证论者，因为辩证论者用相互依赖来看待一切事物，因此他们也是浪漫主义者。在他们看来，因果关系是打开每一扇门的钥匙，是一帖灵丹妙药。邦格认为，如果严格定义的话，因果关系只是现实的一小部分，但它是确实存在的。因果关系既非神话，也非灵丹妙药。

约翰·麦凯：因果场中的 INUS

不言而喻，邦格(Bunge，1959)对因果关系的严格定义是一个简单的天堂。麦凯(Mackie，1974)反对这种严格，发展出了一个非常宽泛的、接近日常语言的因果关系概念，它兼容概率论、多因论、目的论、功能论以及其他的确定形式。他的方法的依据是充分条件和必要条件。在他看来，一个起因就是一个"在这种情况下"的必要条件，也就是说，那些沉默的前提和细节应该都尽可能说清楚。例如，在一幢房子里发生了火灾。专家称这是短路引起的。他们没有给出一个必要条件，因为除了短路之外的其他事情，例如电热油汀翻倒等情况也可能会引发火灾。他们没有给出一个充分的条件，因为即使出现短路，其他的条件，例如可燃材料或者缺乏有效的灭火器等，也是火灾发生所必要的。因此，它是一个复杂的条件集合，有积极的条件也有消极的条件，与短路一起为火灾构成了充分但并非必要的条件，因为其他的因素也可能会引发火灾。短路只是这个条件集合中的一个必要的部分，因为如果没有短路，可燃材料或者缺乏有效的灭火器无法引起火灾。这样，短路就是复杂的条件集合中一个必要但不充分的部分，而这些复杂条件集合，对于结果而言，则不是必要的，但却是充分的。简言之，短路对于起火来说是一个 INUS 条件——一个集合中不充分但是必要的部分，这个集合对于结果来说是非必要的，但却是充分的。麦凯在这一点之后还添加了一点：因果场中总是有一些因素是不变的、固定的。例如，从严格的逻辑意义来说，出生就是死亡的一个 INUS 条件，但它却不能算作死亡的一个候选的原因，因为对死因的声明会指涉那些曾经活过的人们。另一个例子没有这么明白，这是斯里文(Scriven，1959)有关梅毒的例子。梅毒螺旋体(treponema pallidum)是一种病毒，它是梅毒唯一的病因。但是，感染梅毒螺旋体病毒的人中只有很少比例的人会发展到最后的第三期，全身麻痹(paralysis generalis)，这时候人会因大脑瘫痪、肌肉运动失调和精神失常而死亡。现在，有关唯一病因的陈述指的是一个不同的因果场，而非第二个关于全身麻痹的陈述。第一个是所有易感染这种病毒的人(比方说所有曾经有过性交的人)的因果场。第二个是已经感染了这种病毒的所有人的因果场。

在研究实践中，这种因果场的概念特别重要，因为它还包含那些差不多可以算是不言自明的与研究问题相关的确定因素，这些因素之所以被确定，是出于时间和空间的(生活在一个国家，在此国家作研究)实际考虑。这些因素在 INUS 条件之外，但因存在异质性的危险而被确定(在失业的因果场做研究，却遗漏了青年工人，因为青年失业是一个完全不同的问题)。在社会科学中，最大的过错是事实上忽略了因果场。

——Jacques Tacq

(杨可译 沈崇麟校)

参考文献

Aristotle. (1977). *Metaphysica*. Baarn: Het Wereldvenster.

Bunge, M. (1959). *Causality: The place of the causal principle in modern science.* Cambridge, MA: Harvard University Press.

Hempel, C. G. (1965). *Aspects of scientific explanation and other essays in the philosophy of science.* London: Collier-Macmillan.

Hume, D. (1786). *Treatise on human nature.* Oxford, UK: Claredon.

Kant, I. (1781). *Kritik der reinen Vernunft* [Critique of pure reason]. Hamburg: Felix Meiner.

Mackie, J. (1974). *The cement of the universe.* Oxford, UK: Oxford University Press.

Popper, K. (1959). *The logic of scientific discovery.* London: Hutchinson.

Popper, K. (1972). *Objective knowledge: An evolutionary approach.* Oxford, UK: Clarendon.

Russell, B. (1912). *Mysticism and logic.* London: Allen & Unwin.

Scriven, M. (1959). Explanation and prediction in evolutionary theory. *Science*, *130*, 477-482.

Suppes, P. (1970). *A probabilistic theory of causality.* Amsterdam: North Holland.

Tacq, J. J. A. (1984). *Causaliteit in Sociologisch Onderzoek. Een Beoordeling van Causale Analysetechnieken in het Licht van Wijsgerige Opvattingen over Causaliteit* [Causality in sociological research: An evaluation of causal techniques of analysis in the light of philosophical theories of causality]. Deventer, The Netherlands: Van Loghum Slaterus.

Wright, S. (1934). The method of path coefficients. *Annals of Mathematical Statistics*, *5*, 161-215.

CCA

参见典型相关分析【Canonical Correlation Analysis】。

天花板效应(Ceiling Effect)

在一个量度拥有一个潜在的应答(responses)的明显上限,并且参与者的得分大量集中在这一上限或这一上限的附近时,天花板效应就发生了(它的反面是地板效应【Floor Effect】)。尺度的弱化(scale attenuation)是一个方法学上的问题。每当变异以这种方式受到限制时,尺度弱化问题就会发生。虽然通常这个问题都在实验研究的语境中进行讨论,但是当一个结果的量度被证明在它的潜在值域的上限几乎没有变化时,那么,这个问题就会对任何类型研究的信度都有威胁。

天花板效应可能由各种因素引起。如果结果量度是某种有上限的表现性评价任务(performance task)(如若干正确的答案),参与者可能发现这个任务太容易了,因而在这个量度上的得分几乎都是完美的。等级尺度也有上限,而参与者的回答可能落在应答尺度的上限之外。

由于缺乏变异,天花板效应就会对实验和非实验的研究效度产生严重威胁,因而在对任何有这种效应的研究结果进行解释时,都必须加倍小心。如果一个因变量受到了天花板效应的影响,那么实验和准实验的结果就会显示无效应。例如,在一个高分意味着赞许,但最高分的答案却未能捕捉到最为赞许的评价时,那么在这样的态度量表中就有可能发生天花板效应。因为这个量度未能评定更高的赞许态度,如果参与者先前的态度已经在态度分布的高端,那么用这一量度进行的说服性研究(persuasion study)就可能产生零发现。

在解释交互效应【Interaction Effect】的时候,天花板效应尤其麻烦。许多交互效应都会遇到在一个自变量水平没有发现显著的差别,而在另一个水平上却发现了显著的差别。没有发现显著差别的原因可能是天花板效应,因而对诸如这样的交互效应的解释应该加倍小心。

天花板效应也威胁到非实验或相关研究。大多数推论统计都基于所涉及变量的正态分布的假定。天花板效应可能会导致无法进行显著性检验,或因为方差的值域受到限制而加大在虚无假设实际为真的时候被拒绝的可能性(第二类误差【Type Ⅱ Error】)。

天花板效应问题的最佳解决办法是进行前测(pilot testing),它可以使我们尽早发现问题。如果发现了天花板效应,我们可以有几种方法来处理。如果结果量度是任务绩效,那么我们就可以使任务变得更为困难,加大潜在答案的值域。使用等级尺度就可扩大潜在的应答数。在等级尺度中,还有另一种解决方法,这种方法涉及等级尺度中极端锚刺激(extreme anchor stimuli)的使用。在对感兴趣的变量进行评定之前,请参与者对一个刺激评级,要求他们使用分布的极端。这种做法将鼓励参与者使用等级量表的中间值域,从而减少天花板效应发生的可能性。

——Robert M. Hessling

Nicole M. Traxel

Tara J. Schmidt

(沈崇麟译校)

格(Cell)

“格”这一词是指任何一张列联表【Contingency Table】中的行与列的交叉点。因此,一个有两个二分变量的列联表将会有四个格。

——Alan Bryman

(沈崇麟译校)

截删数据(Censored Data)

在以下四个条件都得到满足的时候,统计数据文件就被认为是截删的:(a)得到的数据是来自一个总体【Population】的概率样本【Probability Sample】;(b)因变量有一个或多个极限值;(c)对于所有的个案,不论因变量【Dependent Variable】的值是什么,都有可用的自变量【Independent Variable】的值;(d)极限值并非因为个案选择了这个值。所谓极限值是这样一个因变量的值,即无论是低于还是高于这一值都没有其他被量度或观察的值。举一个下限的例子,如街区的犯罪率是不能小于零的。在有零犯罪率的街区,可能有两种在“犯罪倾向”上完全不同的街区类型,第一种类型是非常安全的社区,在那里没有发生过犯罪。第二类街区则有若干“易于导致犯罪”的特性,只不过碰巧在一个特定的年份没有发生犯罪。尽管这些街区之间存在着差异,但这两个街区都有零犯罪率作为它们的下限,于是就不存在任何的因变量值可把这些街区彼此区分开来。各种类型的售罄事件都是作为总需求量度的销售上限的例子。有些(售罄)事件较之其他事件可能有更高的未满足的需求,但是我们却无从对此作出判断。

布林(Breen,1996)把有极限值的因变量叫作删节(truncated)。如果个案没有因为它们在因变量或自变量的值而被排除在研究样本之外,那么总的来讲,数据就满足了被叫作截删数据的第三个条件。在这个意义上讲,因变量的量度无论低于下限,或高于上限都是不可能的,因此是被截删的。就街区犯罪问题而言,如果城市中所有的街区,不论它们的犯罪率高低,也不论它们的自变量的值是什么,都包含在了样本中,那么这个数据就是截删的。如果研究根据某一变量的值排除了一些街区,那么数据便是删节(trunction)的,而不是截删的。数据是适用于高犯罪率或低犯罪率街区,或者只用于少数民族或非少数民族的街区,则被称作删节的,因为数据收集止于变量的某个值,或街区的某个特性。

为了满足截删的第四个条件,有极限值的个案一定不能是个案自身自我选择的结果,就像在个体数据上可能发生的一样。正如布林(Breen,1996)所言,那些没有购买奢侈品的家庭选择了或选定了自己不做奢侈品的购买者,但不论街区的居民可能采取了多少安全防范措施,街区本身都决定不了街区内是否将会发生犯罪。就购买这一例子而言,购买数据分析可能需要的是样本的选择,而非截删数据的方法。

——Dannis W. Roncek

(沈崇麟译校)

*也可参见截删和删节【Censoring and Truncation】。

参考文献

Breen, R. (1996). *Regression models: Censored, sample selected, or truncated data.* Thousand Oaks, CA: Sage.

截删和删节(Censoring and Truncation)

截删和删节二者都涉及随机变量的经验数据是不完整或部分的这样一种情况。纵观整个现存的文献,这两个词的使用其含义并不那么一致,有些作者称之为截删,另一些作者则称之为删节。有鉴于此,一个作者在给这两个词的其中一个定义时需要慎之又慎。

一般来讲,截删涉及这样一种情况,随机变量的某些值因为位于某个值域内而被记录,所以量度是不够精确的,至少对样本的某些成员而言,量度是不精确的。与之不同,删节在习惯上是指在随机变量的值在某一值域内时,某些总体成员的信息未被记录下来这样一种情况。由此可见,截删与不完全或不精确的量度有关,而删节则与不完整的样本相关,即样本的选取是以随机变量的值为条件的。哈尔德(Hald,1952)是最初区别截删和删节的作者之一。自那时起至今,分析截删变量和删节样本的方法有了很大的发展(Schneider, 1986)。

截删变量是一种因为变量的某些值位于某个或某些值域内而使样本中的某些观察未被精确量度的变量。截删观察或个案则指特定变量被截删了的样本成员(即只知道位于某一值域内)。

例如,在1990年美国人口普查中,每个报告自己实际年龄在90岁或90岁以上的人,其年龄在公开发表时都在90岁作截删

(都按 90 岁处理)。美国普查局之所以在 90 岁作截删,一是为了保密,二是为了避免不精确的信息(因为老人有时会夸大自己的年龄)。凡是在家庭表中报告其年龄在 90~120 岁的那些人,出现在宏观数据中,一律作为年龄在 90 岁截删的个案。

删节变量是一种,如果变量的值位于某一或某些值域内,观察才被量度而成为样本成员的变量。与之等价的是,如果变量的值不在选定的值域内,那么这一变量就根本不会被量度。从概念上讲,删节样本类似于一种将疑似离群值的极端值去除后的修整过的样本。删节和修整之间的一个差别是,样本的删节习惯上以变量的数值为依据,而修整则以变量的有序统计值为依据(例如,将上端和底端的 5%排除在外,尽管它们在数据中是存在的)。例如,个子很矮的人都被排除在兵役之外。正因为如此,军事人员的样本身高是一个删节变量,因为如果人们的身高低于某一水平,那么总人口中的这些人便将系统地被排除在军人之外。

截删的类型

有几种不同的方法对截删和被截删变量进行分类。一种基本的区别是随机截删和基于某些预先确定的准则的截删。两种比较普遍的预先确定用于截删变量的准则叫第一类和第二类截删(有为数不多的作者也使用第三和第四类截删,但其他类型的定义,至今仍仁者见仁,智者见智,颇多歧义)。

由因变量的值落在了某个外部决定的值之上或之下而引起的截删,称作基于长度的或第一类截删(length-based censoring)。当美国普查局像上面介绍的那样以 90 岁为准,对人们的年龄进行截删时,这样的截删就是基于长度的截删。

当变量的样本值是有序的(通常是从最低值到最高值),且在事先确定的那部分有序样本值记录完毕之后,便停止进行精确的量度时,便会产生第二类截删。第二类截删主要发生在变量涉及事件的时间(如一个事件的时间,例如死亡),在预先选定的那部分样本的事件时间已经记录完毕后。其余的样本成员只知道有超过量度终止的那个时间(即大于最后的观察时间)。例如,社会科学家可能记录 1 000 个因工厂倒闭而刚刚失业的失业时间。如果研究者事先决定样本成员的 60%发现新的工作之后,便不再继续记录失业延续的时间,那么他们就是根据失业延续的时间在进行第二类截删。截删个案部分的比例被事先固定在了 40%,而观察的失业延续的最长时间取决于样本 1 000 个人中的 600 个找到新工作的时间的长度。

截删也经常会是其他的随机过程的结果。为了避免有偏误的结论,感兴趣的随机变量必须在统计上独立于引起截删的随机过程。如果二者是在统计上独立的,那么,截删就可以说是非信息型的;反之,如果它们在统计上是相关的,那么截删就是信息型的。

例如,假设感兴趣的变量是妇女生育第一个孩子时的年龄。有些妇女至死没有生过孩子,那么对这些妇女而言,她们的第一个孩子出生年龄的截删是在她们去世时候的年龄。非常清楚,死亡是一个随机过程,而问题的关键在于妇女死亡的年龄是否独立于她生育第一个孩子的年龄。我们没有统计上的根据来确定,这一过程是否会产生有趣的结果,以及这一随机过程是否在统计上是独立的。因此,有关它们的独立性的决定在实践中将根据实质性的论据作出。在任何给定的应用中,有些学者可能论证这两个过程在统计上是独立的,而有些学者则认为它们是不独立的。不仅如此,还有一些别的学者,认为这两个过程在某些条件下是独立的(对所有实际的目的),但在其他条件下是不独立的。例如,控制妇女生育第一个孩子的过程和引起妇女死亡的过程,在像瑞士这样的发达国家(几乎)是独立的,而在撒哈拉沙漠以南地区的不发达国家是不独立的。

右、左、双重和多重截删也是一种区分截删模式的方法。右截删的意思是,如果变量的值超过某个水平τ_R,那么这些变量则未被作精确的观察;左截删的意思是,如果变量之值小于某个水平τ_L,那么这些变量便未被作精确的观察。双重截删则指左右截删的组合,它的意思是在变量之值高于某个水平τ_L,低于某个水平τ_R,也即在τ_L和τ_R之间的那些值便会得到观察。最后,多重截删则发生在有多个截删水平且数据只记录变量值落入的区间。

例如,个人收益可能在100 000美元处右截删(即高于100 000美元,在100 000美元处截删),或在5 000美元处左截删(即低于5 000美元,在5 000美元处截删)。此外,也可以只记录5 000~100 000美元的值,而把两种极端值都作截删处理,于是就有了双重截删。最后,我们不难发现,有些调查要求人们报告他们的年收益,处在几个有序的值域中的那一个(如小于5 000美元,5 000~10 000美元,10 000~20 000美元,……,90 000~100 000美元,100 000美元以上)。那时,答案就是被多重截删的,因为被记录的是一个定序变量,而非一个原始的连续变量。

截删结果分析

托宾(Tobin,1958)提出的消费支出截删正态回归模型,是最早将截删理念包含在经验社会科学研究中的截删结果分析方法之一。在截删正态回归模型中,真因变量Y^*是在某个水平τ_L之上(和/或在某个其他水平τ_R之下)被充分观察的。否则,就只知道因变量的值低于水平τ_L(或高于τ_R,或在τ_L到τ_R这一值域之外)。这就是说,连续变量Y的值可能是左截删、右截删,或左和右截删的。这三种情况可作如下正式的表达:

1.左截删:

$$\begin{aligned} Y &= Y^*,\ \text{如果}\ Y^* \geq \tau_L \\ &= \tau_L,\ \text{如果}\ Y^* < \tau_L \end{aligned}$$

2.右截删:

$$\begin{aligned} Y &= Y^*,\ \text{如果}\ Y^* \leq \tau_R \\ &= \tau_R,\ \text{如果}\ Y^* > \tau_R \end{aligned}$$

3.左和右截删:

$$\begin{aligned} Y &= Y^*,\ \text{如果}\ \tau_L \leq Y^* \leq \tau_R \\ &= \tau_L,\ \text{如果}\ Y^* < \tau_L \\ &= \tau_R,\ \text{如果}\ Y^* > \tau_R \end{aligned}$$

我们假定Y^*有累积概率分布函数$F(Y^*)$。如果Y^*有正态分布,且均值$Y^* = X'\beta$,那么这个模型便叫作Tobit模型。这个模型很容易用最大似然法进行估计。其他截删回归模型也可以立即用最大似然法进行估计,只要Y^*的累积概率分布是可以被设定的。

如果真因变量Y^*是在n个点上多重区间截删,有$\tau_1<\tau_2<\tau_3<\cdots<\tau_n$,且$F(Y^*)$有某种已知的或公设的分布,那么定序变量的回归模型也可以用最大似然进行估计。如果$F(Y^*)$有累积正态分布,那么这个模型便叫作定序Probit模型;如果$F(Y^*)$有累积的Logistic分布,那么这个模型便叫作定序Logit模型(Maddala, 1983)。

在托宾提出截删正态回归模型的同一年,卡普兰和迈耶(Kaplan & Meier,1958)提出了在T,$F(t)$的分布未曾事先设定的,一个事件的随机时间长度T(例如,一直到死亡的时间)的右截删数据的$(1-F(t))$的极限估计量(product-limit estimator)。他们提出的估计量,现在叫作 Kaplan-Meier 估计量,它是无偏和渐近正态的。它在生物统计学、工程和社会科学中有关事件发生时间,如死亡或失效时间的截删数据的分析中的应用呈爆发式增长。

删节

与截删一样,样本可能在左、右或双重删节,在总体成员因为变量之值小于τ_L 而被排除在样本之外时,样本就是被左删节的。在总体成员因为变量之值大于τ_R 而被排除在样本之外时,样本就是被右删节的。在总体成员因变量之值小于τ_L,或变量之值大于τ_R 而被排除在样本之外时(即值不在τ_L 和τ_R 之间),样本便是被双重删节的。在某些场合,τ_L 和τ_R 是预知的,但在另一些场合,τ_L 和τ_R 是未知的,它们是与其他的随机变量的样本值一起被估计的。

分析删节数据几乎总是比分析截删数据的问题要来得多。在数据被截删时,我们知道数据哪些部分作了完整的量度,哪些部分未作完整的量度,同时也知道截删点的值。在分析删节数据时,整个总体的真的变量分布是颇费思索的。此外,由于不知道被删部分在目标变量上的取值,人们也不知道总体中被删去的是哪一部分。然而,如果变量的真概率分布是已知的,那么依据它究竟是左、右还是双重删节的,便可知它是大于τ_L,小于τ_R,还是在τ_L 和τ_R 之间,我们便可估计一个结果的条件分布模型。

瓦克泰和特拉塞尔(Wachter & Trussell,1982)用18世纪英国征募海军的历史数据,讨论了英国人身高的估计问题。那时,征募海军新兵对身高有一定的要求。这一要求意味着海军新兵是18世纪英国人的一个删节样本。在他们的应用中,他们假定身高有正态分布,因为在其他一些非删节的样本中,正态分布和人的身高数据拟合得很好。他们也处理了一些其他的异乎寻常的问题,如在使用的删节水平中的随机波动、在某些值上的堆积、凑整(rounding)等。

——Nancy Brandon Tuma

(沈崇麟译校)

参考文献

Hald, A. (1952) *Statistical theory with engineering applications*. New York: John Wiley.

Kaplan, E. L., & Meier, P. (1958). Nonparametric estimation from incomplete observations. *Journal of the American Statistical Association*, *53*, 457-481.

Maddala, G. S. (1983). *Limited-dependent and qualitative variables in econometrics*. Cambridge, UK:Cambridge University Press.

Schneider, H. (1986). *Truncated and censored samples from normal populations*. New York: Marcel Dekker.

Tobin, J. (1958). Estimation of relationships for limited dependent variables. *Econometrica*, *26*, 24-36.

Wachter, K. W., & Trussell, J.(1982). Estimating historical heights. *Journal of the American Statistical Association*, *77*(378), 279-293.

普查(Census)

普查是一种对整个统计总体【Population】进行计数的调查。尽管这个词可用于许多不同类型总体(如交通普查,计数在一个特定的时期,通过一个特定地点的全部车辆),但它一般,以及在本词条中则特指人口普查——一种人口学上的全体调查。它涉及计数一个特定的地理区域,通常是一个国家,在一个短时间内的全部人口。普查既是横截面【Cross-Sectional】的(它们提供单独一个时间点的结果),也是纵向【Longitudinal】的(它们提供一系列有规律的计数,使我们能在时间上追踪一些地点的特征)。

普查是世界上进行得最普遍的社会研究调查。联合国通过传播上佳的实践指南、定义和出版世界上大多数国家的人口统计资料来协调各国的普查工作。

在普查中收集的最低限度的信息涉及人口的年龄、性别和家庭的组成。而更进一步的个人特征的收集一般则包括种族、就业状况和学历等。此外,许多国家也收集住房方面的情况。还有些国家,普查还要调查宗教派别,或上班路途的详情。财务信息,特别是收入方面的调查在世界各国的普查中差异很大,因为在有些文化中,人们不愿意公开诸如这样的信息。

普查的组织工作面临巨大的挑战。它要在调查的实地组织足够多的调查人员,对他们进行充分的培训。与此同时,还必须进行充分的协调安排,以确保在普查日,或至少在当晚,调查的对象身在调查的地点。诸如这样的普查工作人员需要根据地理框架来组织,以确保每一个居住地(所谓居住地,除了家庭户、社区建筑和医院之外,还必须包括无家可归者过夜的街道、露天居住地或人们在普查之夜工作的地点)等。

为了高效地收集普查数据,我们必须有需要进行信息收集的地方(调查地)的一份完整的清单。每一个居住地,以及每一个居住地居民都必须只被统计一次,如果被统计了两次(如学生可能既在自己的家中被统计,又在所在的大学被统计),那么就必须加注,并在总人口统计中对之作适当的调整。这一目标可以通过掌握一个普查的地理框架来达到。

使用最多的框架是以地图为依据的,该地图比例尺要足够大,以能显示每一可能在使用中的楼房。在那些没有精确测绘地图的国家,可以使用高精度的卫星或空中摄影。地图要被分成几个互不重叠的区域,每一个区域由单独一名人口普查员或单独一个人口普查组负责。这些地区必须完全填满这张地图。确保每一个需要涵盖的地点都被包括在内,每一个需要访查的地方只被分配一次访查。这些一一"列举"的区域,构成了访查"投入"的地理。每一个列举区域的普查结果也都会公开出版。现代普查也同时记录每个访查过的住户或建筑的精确的地图参照系(纬度和经度或坐标系)。参照系的数值既可以从地图上,也可以从全球定位系统(GPS)得到。

收集诸如这样的地图参照系的长处在于,它可以知道每一个普查地的地理编码,这使我们非常容易就为任何一个想要"输出结果"的地理区域计算普查数字(一般使用的都是地理信息系统)。这允许我们出版的普查数据涵盖的单位,不同于"输入"的单位。而输入单位的定义则需要考虑能使数据收集的团队进行有效管理,而非普查数据用户的需求。

基于地图的普查地理系统的备择系统是基于地址清单和与之关联的街道地图系统。这些系统需要在普查前制作一个可靠的"基本地址文档"。这个文档必须完整,并容易和一张地图关联。这种方法的一个很好的例子是美国使用的 TIGER (topologically integrated geographic encoding and referencing,地志综合地理编码和参照)系统。这一系统现在因使用基本地址文档(master address file,MAF)而得到了增强,它使我们可邮寄,而非由普查员投递普查表。用地址文档的困难之处在于,我们必须确保这些文档的内容足够新,这样它才能给普查提供可靠的依据。列举处理使这样的文档有效而完备。

普查需要尽可能精确,因为它的结果将用于重要的法律、行政管理和研究。在美国,执行一个简单的人头统计的普查已载入宪法,因此国会议员的选区的边界可能因此而重划。这种做法保证了基于等人口地选出每一个代表的公平选举。普查的结果使中央政府的资金能根据地方的人口多少和人口的需要分配到地方。普查通过提供“分母”给大量其他社会研究调查提供数量基础。这就是一个地区的基本人口数字,这样就可以据此计算各种率。例如,一个地区有多少失业者在申请福利这样的数字意义不大,除非能估计这一统计数字占经济活动人口的百分比。普查提供的那些基本数字,使我们可以计算百分比失业率,并进行可靠的地区之间的比较。

虽然普查是一种得到在国与国之间可比较的人口估计值的方法,但是它们正在变得越来越难执行,特别是在城市地区,因为人口流动和难以统计人口的存在,情况尤其如此。普查侵犯了填表人的隐私【Privacy】,虽然大多数公民或认为这是政府的职责所在,或因为不愿填表可能受到处罚而接受这样的侵犯,但是不管怎么说,普查是越来越难执行了。普查机构对普查数据采用了最高的保密标准,以确保提供了隐私数据的人口的安全,保证他们提供的数据不被滥用。虽然如此,对人口中某一部分进行统计,还是变得越来越困难。例如,那些在法律地位上存在问题的移民就不愿意被调查。在某些国家也有类似的情况,单身的年轻人都比较难调查,因为在普查员打电话进行联系时,他们常常没有待在家里,且他们也对表格的填写缺乏兴趣。

因为进行普查的费用和困难的增加,许多国家改而进行调查,推行备择的对人口进行追踪的登记系统。诸如这样的登记,既可以是特定的人口登记,要求公民登记住址或家庭组成发生的任何变化;也可以是其他例行进行的信息收集,如健康登记、选举登记、财产税明细或驾照等。有情况表明,似乎在不久的将来,登记系统将有可能在大多数发达国家变成一种惯例。而普查或“样本普查”(更加确切地讲,它是以从总体抽取的样本为根据的“人口调查”),则被用于保证登记系统数据的精确性。这种方法随时保持对人口进行更好的追踪,有着每10年一次,或即使每5年进行一次的人口普查所无法比拟的长处。

普查仍然是许多国家人口学研究的“黄金标准”,并通常都是单一的最重要的社会数据的来源。然而随着知识社会的到来,信息技术几乎无处不在,来自许多源头的有关个人的信息可以可靠而合法地合并,这将使得普查渐渐式微。到那时,它将是人口科学的基础,并提供为许多其他社会研究更为倚重的基础数据。

——Robert Barr

(沈崇麟译校)

参考文献

Barr, R.(1996). A comparison of aspects of the US and UK censuses of population. *Transactions in GIS*, *1*, 49-60.

Dale, A., & Marsh, C.(Eds.).(1993). *The 1991 census user's guide*. London: HMSO.

National Research Council.(2001). *The 2000 census: Interim assessment*. Washington, DC: National Academy Press.

Rees, P., Martin, D., & Williamson, P.(Eds.).(2002). *The census data system*. Chichester, UK: Wiley.

United Nations Statistics Division.(2001). *Handbook on census management for population and housing censuses-Series F* (No. 83, Revision 1).New York: United Nations.

普查调整(Census Adjustment)

美国的普查试图每10年一个一个街区(街区是普查中最小的地理单位,街区的面积随人口密度的变化而变化,全美大约有700万个街区)地计算所有美国的居民。州和亚州(substate)的人口统计旨在为众议院的席位分配、联邦资金的分配、国会选区的重划和市政规划等提供依据。计数人口是很困难的,常会发生两种误差【Error】:总数遗漏(gross omissions, GO)和错误计数(erroneous enumerations, EE)。GO是未能计数应该计数的人所致,而EE则是因为对人作了错误的计数。在一个错误街区计数一个人,则会同时引起GO和EE。一般来说,GO的数目会稍大于EE,因而造成在人口和地理上的不均匀的少计。1980年、1990年和2000年,美国普查局试图用一种基于捕捉-再捕捉法的双系统估计(dual-systems estimation, DSE)对普查的统计数字作调整,以降低有差别的少计(differential undercount),不过尝试没有成功(有些国家则用其他的方法对普查数字进行调整)。有关这方面的讨论请参阅《美国调查方法》(*Survey Methodology*, 1992)特刊、《美国统计协会杂志》(*Journal of the American Statistical Association*, 1993)、《统计学》(*Statistical Science*, 1994)和《社会》(*Society*, 2001)。DSE涉及以下几个方面:

• 抽取一个街区的随机样本(2000年,DSE抽取了25 000个街区)。

• 在普查的次日,进行一个普查后的调查(post-enumeration survey, PES);试计算这些街区的居民。

• 试根据那些常常是不完整或不正确的数据,把PES记录与普查记录数据相配。

• 在被称作后分层的(post strata)(2000年,DSE用了448个后分层)人口组内,通过将捕捉-再捕捉估计值与普查数字比较,估计少计数。

在普查中进行的计数叫作捕捉,在PES中进行的计数则叫作再捕捉。PES试图确认EE数目,并对移动者(mover)作出解释。最终这将产生每一个后分层的调整因子,即将后分层的估计人口数除以后分层的普查的人口统计数。而美国每一个街区的普查人口数的调整是这样进行的,先一个层一个层地将街区的普查人口统计数分隔成它的组成部分,再将每一层的调整因子应用于它对应的普查人口数,然后将街区内所有层的调整人口数加总,便可得到街区的调整总人口数。这一方法的依据是这样一个综合假定(synthetic assumption):少计率在每一个后分层内都是一个常数,不论它们的地理位置如何。若综合假定不能成立则称为异质性【Heterogeneity】。

还有另一种估计人口数的方法,叫作人口分析(demographic analysis, DA)。DA用行政记录及迁进和迁出的居民的估计数来估计人口数。估计使用的是如下的恒等式:

$$\text{人口数} = \text{出生数} - \text{死亡数} + \text{迁进数} - \text{迁出数}$$

1980年,美国普查局决定不再对普查结果进行调整,因为丢失的数据太多。1990年,普查局力图对普查数字进行调整,但是行政管理部门却推翻了普查局的意见,因为他们认为调整不可能提高普查数字的精确性。普查局打算调整2000年的普查数字,但最终还是决定不再作调整,因为DSE的结果与DA相左。根据2000年的普查,大约有2亿8 140万人居住在美国。经调整之后,增加了 1.2%,但是 DA 却发现普查人口比实际多 0.7%。

美国的普查是非常精确的,建议要作出的调整是比较小的。例如,在 2000 年,德克萨斯的人口比例从 7.409 4% 调到了 7.452 4%,增加了 0.043%。而这已经是比例改变最大的州了。为了改进普查数据,对这样微小的改变调整必须极为精确。在普查中或 PES 中的回答误差将会给记录的相配带来问题,并产生 DSE 相关尺度上的较大处理误差(processing errors)。异类和相关【Correlation】偏倚也会产生较大的误差。

DSE 始于捕捉-再捕捉,但复杂的层上层,其细节对总体估计有很大的影响。例如,有的程序为了得到数据,通过代理访谈,在相邻的街区搜索丢失的记录,探测重复记录,以找出那些在普查日和 PES 之间迁移的人,并输入丢失数据。DSE 的关键在于将 PES 记录与普查记录精确地相配,独立性和综合性地假设,而不是更好地计数。

DSE 要在 2000 年的普查人口数上净增 330 万人。截至 2001 年 10 月,普查局估计净处理误差在 500 万~600 万人,而 DSE 的粗误差则在 1 200 万人以上。相比之下,粗普查误差估计在 1 000 万人左右(U.S. Census Bureau, 2001),调整的误差至少与 DSE 打算要纠正的普查误差一样大:调整美国的普查数据可能很容易使数据变得更差。

——Philip B. Stark

(沈崇麟译校)

参考文献

Freedman, D. A., & Wachter, K. W.(2001). *On the likelihood of improving the accuracy of the census through statistical adjustment* (Tech. Rep. 612). Berkeley: University of California, Department of Statistics.

The 1980 U. S. Census [Special issue].(1992). *Survey Methodology*, *18*.

The 1990 U. S. Census [Special issue].(1993). *Journal of the American Statistical Association*, *88*.

The 1990 U. S. Census [Special issue]. (1994). *Statistical Science*, *9*.

The 2000 U. S. Census. (2001). *Society*, *39*, 2-53.

U.S. Census Bureau. (2001). *Report of the Executive Steering Committee for Accuracy and Coverage Evaluation Policy on Adjustment for Non-Redistricting Uses* (With supporting documentation, Reps.1-24). Washington, DC: Government Printing Office.

中心极限定理(Central Limit Theorem)

这条定理显示随着样本量 n 的增加,即使总体值的分布是偏斜的,或其他非正态形的,统计值的抽样分布也将接近正态分布。

此外,随着 n 的增大,抽样分布的伸展将变得狭窄,这就是说,正态分布的钟形将会变窄。它的使用与样本均值关系密切:样本均值的抽样分布【Sampling Distribution】接近正态分布【Normal Distribution】,集中在真的总体均值周围。由于较大的样本正态分布更加集中在总体均值的周围,因而将有较小的标准差。这一定理对统计推论至关重要,因为它意味着总体参数可用有各种置信度的样本统计值来估计。因为来自一个均值为 μ 的总体的重复样本的均值将形成一个围绕 μ 的正态分布,于是对于任何一个给定的样本,均值落入样本均值的某一范围内的概率是可以估计的。它并不需要实际上真地去进行重复抽样。重复抽样产生正态和（较大 n）狭窄的，集中在总体均值周围的样本平均值分布这一知识，使我们得以在各种置信水平下，预测我们的样本均值接近真均值的程度究竟怎样。对于大样本而言，即使总体分布非常偏斜或离散，这个关系仍然存在。这一点非常重要，因为在社会科学中，一般许多有待研究的变量的分布（如收入）都是偏斜的。大的 n 可能意味着估计均值至少要有 30 个个案，但对其他的统计量则要 500 个以上的个案。

为了阐释这一定理，图 1 显示了一个偏斜分布的例子。这是一个截删的英国收入分布。数据来自 1990 年代的英国全国调查。从这一分布我们取了样本量为 $n = 10$ 的 60 个左右的随机样本，得到的分布显示在图 2 中。这一分布比图 1 的偏斜程度要小，但似乎并不是完全正态的。

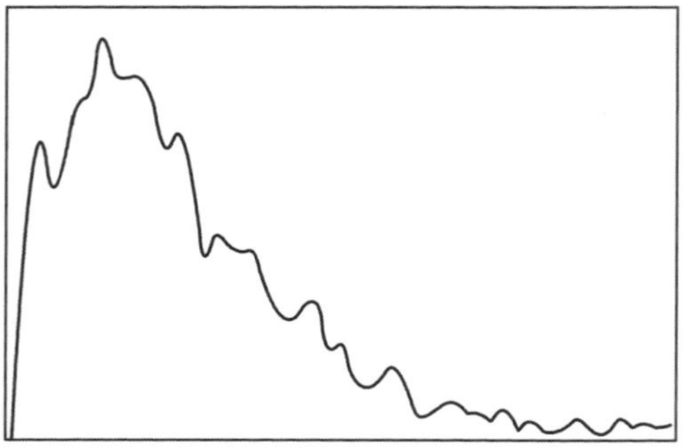

图 1　偏斜分布图例

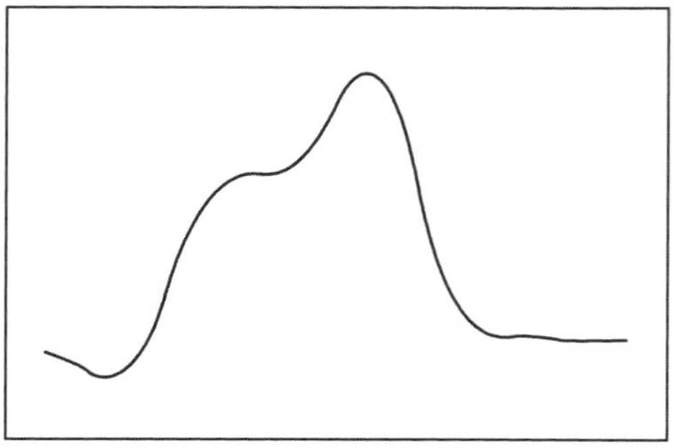

图 2　来自图 1 显示的分布的样本均值的分布，样本量＝10

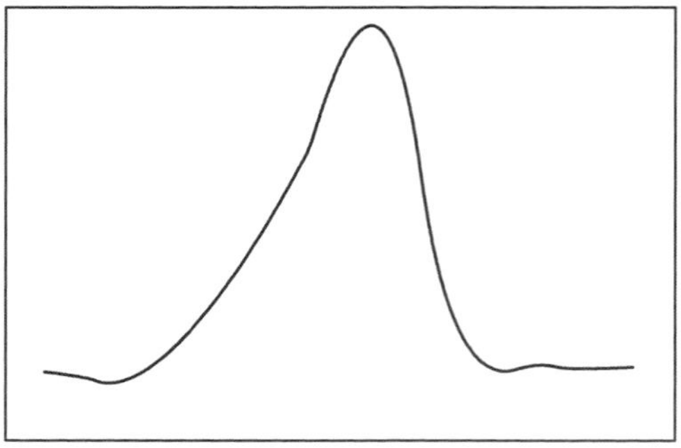

图 3　来自图 1 显示的分布的样本均值的分布，样本量＝100

如果再进一步从图 1 显示的分布中取 60 个重复样本，这次的样本量为 100。这些样本均值形成的分布清楚地显示在图 3 中，不难看到它已经开始接近正态分布。

例子

由于有了这一定理，我们就可以估计总体的参数，例如总体均值，譬如估计英国女性非全职雇员的薪金。1980 年代后期，一个来自一个特定研究总体的，样本量为 179 个这样一种女性的随机样本，给出了每小时薪金 2.57 英镑的样本均值和 1.24 英镑的样本标准差（SD）。我们可以用样本标准差估计总体的标准差，它给出的标准误差为 $1.24/\sqrt{179} = 0.093$。根据计算得到的正态分布的概率，我们得知总体均值落在 $2.57 \pm (1 \times 0.093)$ 这一范围，即 2.48～2.66 英镑的概率为 68%；落在 $2.57 \pm (1.96 \times 0.093)$ 这一范围，即 2.39～2.75 英镑的概率为 95%；而落在 $2.57 \pm (2.58 \times 0.093)$ 范围，即 2.33～2.81 英镑的概率为 99%。

我们几乎可以肯定，样本均值覆盖的范围，即样本均值加上或减去三个标准误差覆盖的范围将包含总体均值的值。但问题很清楚，精确度和置信度之间需要有一个平衡。因此，若能有 95% 的把握确信真均值落在 2.39～2.75 英镑，我们就会感到比较满意了,尽管我们知道有5%的可能性,我们的样本均值和真均值之间并不存在这种关系。也就是说,我们的样本中可能有一个样本,它的均值落入了钟形分布的两个尾部中的一个。

历史发展

中心极限定理可追溯到1880年,数学家皮埃尔·拉普拉斯给出的证明,尽管它本身是亚伯拉罕·棣莫弗的极限定理的一个发展,但是定理一经问世立即就产生了巨大的吸引力,并使我们对统计的理解向前大大迈进了一步。二项分布和泊松分布便是定理应用的两个最好的例子。然而,以奥古斯丁·柯西(Augustin Cauchy)的名字命名的,但也为泊松所确认的柯西密度却对我们提出了警告。这是一个分布的实例:对于有未定义的均值和标准差的这样一种分布而言,中心极限定理是不成立的。这种分布的存在表明:大样本法则存在例外,中心极限定理所基于的有关潜在的分布的某种假定也并非在所有的情况下都能得到满足。

然而,中心极限定理仍然是统计推论和估计的关键,它使我们能用大样本,根据正态性假设进行推论。可以证明,在那些与应用于单变量情形相同的条件下,中心极限定理同样也适用于多变量。

——Lucinda Platt

(沈崇麟译校)

*也可参见钟形曲线【Bell-shaped Curve】、正态分布【Normal Distribution】和抽样分布【Sampling Distribution】。

参考文献

Stigler, S. M. (1999). *Statistics on the table: The history of statistical concepts and methods.* Cambridge, MA: Harvard University Press.

Stuart, A., & Ord, J. K. (1987). *Kendall's advanced theory of statistics: Vol. 1. Distribution theory* (5th ed.). London: Griffin.

集中趋势(Central Tendency)

参见集中趋势量度【Measures of Central Tendency】。

形心法(Centroid Method)

形心法是一种凝聚聚类方法(agglomerative clustering method),该方法根据在聚类时使用的变量上的类的形心(即多维度方法)对类别中的相同点(或相异点)进行定义。尤其需要指出的是,形心法是一种系列凝聚层次的聚类,或SAHN算法【Algorithm】(Sneath & Sokal, 1973),也即一种所有的要被聚类的实体最初都是分离的,然后一步一步地合并,形成高度有序的类的方法。形心法最初是由索卡和米切纳(Sokal & Michener,1958)提出的。

形心法输入的是一组 N 个要聚类的实体或“个案”,这些个案中的每一个(表示为 O_i)都是一个在一组相关的数字描述的变量 $X_{i,1}, X_{i,2}, \cdots, X_{i,M}$ 上的多变量的观察。换言之,

$$O_i = [X_{i,1}, X_{i,2}, \cdots, X_{i,M}]$$

形心法的输出是将个案分配给一组分层(和嵌套)的聚类。一般将这种分层的聚类的解用一张树图【Tree Diagram】或系统树图(dendrogram)表示。

算法述要

与任何一种凝聚聚类法一样,形心法的算法是一步一步进行迭代的。在第一步,共有 N 个实体或个案要进行聚类。然后,在每一步都有两个同类合并,产生一个聚类;最后,这个类本身便被看作一个新的个案(而构成它的两个个案则被去掉)。因此,算法的第二步将在 $N-1$ 个个案的缩减组上进行。

在第一步,算法开始按两个个案之间的欧几里得距离(或欧几里得距离的平方)定义每对个案 O_i 和 O_j 之间的相异点:

$$d_{i,j} = \left[\sum_{m=1}^{M} (X_{i,m} - X_{j,m})^2 \right]^{\frac{1}{2}}$$

注意,个案 O_i 在变量 $X_1, \cdots, X_M$ 上的值,可看作有一个成员的微小的类的形心。这些距离的计算结果是每对个案之间的相异点矩阵 **D**。第一步顺序凝聚算法像下面这样连续进行。有着最小相异点的成对个案 O_i, O_j 被选来进行合并,而这两个个案被合并成一个聚类,它可看作一个新的类 $O_{N'}$。这个新个案 $O_{N'}$ 将加入那组要进行聚类的个案,而它的构成个案 O_i 和 O_j 则要被去掉。换言之,多变量观察 O_i 和 O_j 被单个的新个案 $O_{N'}$ 取而代之了,它们的数据值就是类 $O_{N'}$ 的形心:

$$O_{N'} = [\bar{X}_{N',1}, \bar{X}_{N',2}, \cdots, \bar{X}_{N',M}]$$

这时,迭代算法的第一步便完成了,而下一步则开始。注意现在的个案数是 $N-1$,而非 N(因为两个个案已被一个单独的类 $O_{N'}$ 取代了)。对于这种缩减的邻近矩阵(proximity matrix),新类 $O_{N'}$ 到每一其他个案 O_k 的相异点,被定义为从这一聚类的形心到个案 O_k 在变量上的值的向量之间的欧几里得距离。也就是

$$d_{N',k} = \left[\sum_{m=1}^{M} (\bar{X}_{N',m} - X_{k,m})^2 \right]^{\frac{1}{2}}$$

第二步继续进行,选择新的最近的个案对(即一对有最小相异点的个案),将它们合并。在第二阶段,以及随后的各个阶段,两个要被合并的个案中的任何一个都有可能是一个类。两个最近的个案被合并了,这个组的个案数就又减少了一个,并用这个新的聚类的形心再来计算邻近矩阵。

这些按顺序进行的步骤被不断重复,直至剩下两个个案为止。这两个个案可能被合并成一个包含所有个案的单个的类。

加权和未加权形心法

上面介绍的算法忽略了一个复杂问题。这个问题是,在被合并的两个个案包括不同数目的原 N 个个案时,形心应该如何计算?在最为普遍的算法版本中,形心是用来自组成那个类的原始个案组的数据(等加权)计算的。斯尼思和索卡(Sneath & Sokal, 1973)把这一版本叫作未加权对组形心法(unweighted pair-group centroid method)。另一方面,如果一个聚类的形心是按两个要合并的个案的简单多维度的平均数计算的,不考虑组成这两个当前聚类或个案的原个案数,那么较大的聚类中那些加权的个别个案的效应将小于较小聚类中的个案。算法的这一变换叫作加权对组形心法(weighted pair-group centroid method)。

一个例子

表 1 是一个数值的例子。在这一假设应用中,数据由 5 名学生的数学和语文考试成绩组成,而在第一步则使用了欧几里得距

离量度,最小的距离(= 82.46)是在个案 $s03$ 和 $s04$ 之间。这两个个案被平均形成聚类 $c34$。在第二步,实体间最小的距离是在个案 $s01$ 和类 $c34$ 之间,于是这两个实体合并(用未加权法)在第三步形成类 $c134$。算法以这种方式进行,直至所有的个案被合并到一个单独的类 c^*。

表 1

步骤	主体	数学	语文	最小距离
1	$s01$	600	380	$d(s03,s04)=82.46$
	$s02$	800	790	
	$s03$	760	330	
	$s04$	740	410	
	$s05$	520	780	
2	$s01$	600	380	$d(s01,c34)=150.33$
	$s02$	800	790	
	$c34$	750	370	
	$s05$	520	780	
3	$c134$	700	373.33	$d(s02,s05)=280.18$
	$s02$	800	790	
	$s05$	520	780	
4	$c134$	700	373.33	$d(c134,c25)=413.61$
	$c25$	660	785	
5	c^*	684	538	

非单调

单调(monotonicity)是许多顺序凝聚层次聚类法,如单链或全链聚类,都要满足的一种性质。为了定义单调,令 $O_{N'}$ 是一个由个案 O_i 和 O_j 合并而成的一个聚类。如果新类 $O_{N'}$ 的相异性 $d_{N',k}$:对任何其他的个案 O_k,总是等于或大于另两个相异性 $d_{N',i}$ 和 $d_{N',j}$,那么层次聚类法就满足了单调。形心法无论是加权的还是未加权的,都未能满足单调(Anderberg, 1973; Milligan, 1979)。这种方法因为未能满足这一性质而受到批评,因为只有满足了单调,我们才能确保用来表示分层聚类结构的树形图,可以用表示在算法的一个特定水平或阶段的聚类之间的相异性的每个节点的高度来绘制。

在社会科学中的适用性

因为形心法要求输入一组有多个假定都是数值型的变量的观察,所以在数据是由病人记录或有几个子尺度(subscales)的考试成绩量度的主体的样本构成时,形心法都是适用的。用欧几里得距离或顺序欧几里得距离定义聚类之间的相异性，意味着变量或子尺度应该都是以可比尺度量度的。在社会科学中，形心法的使用较其他的 SAHN 技术，如 Ward 法要少。

——James E. Corter

（沈崇麟译校）

参考文献

Anderberg, M. R. (1973). *Cluster analysis for applications*. New York: Academic Press.

Milligan, G. W. (1979). Ultrametric hierarchical clustering algorithms. *Psychometrika*, *44* (3), 343-346.

Sneath, P. H. A., & Sokal, R. R. (1973). *Numerical taxonomy: The principles and practice of numerical classification*. San Francisco: Freeman.

Sokal, R. R., & Michener, C. D. (1958). A statistical method for evaluating systematic relationships. *University of Kansas Science Bulletin*, *38*, 1409-1438.

其他条件不变(Ceteris Paribus)

Ceteris paribus 是一句拉丁语短语，意思是“在其他条件相同的情况下”。因此，它指的是在确定因果关系，或一个变量对另一个变量的效应时，将相似物与相似物进行比较的过程，故可被看作一种其他条件不变。例如，我们可能对某种形式的培训是否对以后工资的增加有作用这一问题感兴趣。而为了确定这一特定的培训效应，我们需要控制一些个体的特征，如性别、教育程度、工作史、年龄等；此外，也许还有当地的劳动力市场条件。然后我们才能在那些其他因素上相配，即有着类似的教育程度、工作史等，而只是在受到其他额外的培训上有所不同的个体身上，确定培训对个体的效应。如果在这些条件得到控制时，培训仍然有显著的净效应，我们才能说在其他条件相同的情况下，培训提高了工资。实际上，我们在用统计方法进行相似物与相似物的比较时，为了能够确定效应，并不需要我们的样本数据中的个体完全匹配，其他条件完全相同。相反，多变量法估计的是每个不同因素彼此的净效应。于是培训的效应将在所有其他变量的某一固定的位置上进行估计（如在某一特定教育水平上男人与男人比较等），即使这些固定位置的某些组合在我们的数据中并未发生。

例如，我们可能对女性的工资是否低于男性这一问题感兴趣。表 1 显示来自一个线性回归【Linear Regression】的结果。回归使用的数据来自 1980 年代后期，英国钟点工作工资的调查。我们要回答的问题是，平均而言，女性每小时的工资是否低于男性？由表 1 的模型 1 可见，答案似乎是肯定的。她们似乎每小时比男性少赚近 2 英镑。

表 1　回归分析显示的钟点薪酬的平均性别效应

	模型 1	模型 2
常量	4.97	3.94
性别 （参照类=男性）		
女性	−1.96***	−1.79***
职业 （参照类=体力劳动）		
专业人士		2.23***
中层人士		0.78**

续表

	模型 1	模型 2
教育程度（参照类=未受过正规教育）		
职业学校和中学		0.16(*ns*)
大专及以上		0.93***

注：** $P<0.01$；*** $P<0.001$；*ns*=在 0.05 水平统计上不显著。

然而，有人可能会说女性之所以比男性赚得少，是因为她们所处的职业地位与男性不同，以及她们的平均受教育程度偏低，而非关键因素性别本身的作用。因此，为了进行类似物与类似物的比较，我们对职业水平和教育水平加以控制，得到的结果列在了表 1 的模型 2 中。我们现在看到，在其他条件相同的情形下，性别的效应减少到了每小时差 1.79 英镑。另一方面，我们看到从事专业工作的男性和女性，比从事体力劳动的每小时多赚 2.23 英镑。因此，每小时薪酬的性别差异，虽然有，却只有一部分可归结于性别中存在的职业和教育模式差别。在其他条件相同的情形下，我们仍然可以说，女性的确比对应的男性赚得少，因而这个差异在统计上是显著的。

——Lucinda Platt

（沈崇麟译校）

*也可参见控制【Control】、多元分析【Multivariate Analysis】。

参考文献

Lewis-Beck, M. S. (Ed.). (1993). *Regression analysis*. London: Sage/Toppan.

CHAID

卡方自交互探测(Chi-Squared Automatic Interaction Detection,CHAID)是一种基于树形结构的分割技术，在涉及为数众多的分类解释变量的分类因变量分析中很有用。它的基本算法是将样本(最初的"母"群)连续拆分成越来越小的，在因变量方面显著不同的子群，并因此而长出一棵树。这一过程一直继续到诸停止规则中的一条被触发为止。

在任何给定的分析点，为了能将母群拆分成两个或更多个子群，要根据那个被确定与因变量关系最为显著的(p 值最小)预测因子对母群进行评估。在原算法中(Kass, 1980)，预测因子的 p 值，是用将那些和因变量关系无显著不同的类别合并后的卡方独立性检验计算的，而调整则是用恰当的 Bonferroni 乘数。

预测因子被用户分为"自由的""单调的"或"浮动的"，以创建那些适合合并的分类；合并算法将分类合并，以逐步的方式，每次合并两个。一个自由类的预测因子可以自由地和那个预测因子的其他任何类合并。对于单调变量，只有相邻的类别才可以合并。浮动变量也作为单调处理，除了最后一类经常用来表示丢失数据之外，它可以和任何其他的类合并。

它的扩展包括以下几种：

1.在 Y 为有序的类别时，独立性检验被无 Y 关联的检验所代替(Magidson, 1993)。这一检验评定均值 Y 得分之间差异的显著性类似 ANOVA，不过没有正态性假定。

2.对于连续的因变量，用 F 统计量取代卡方统计量。

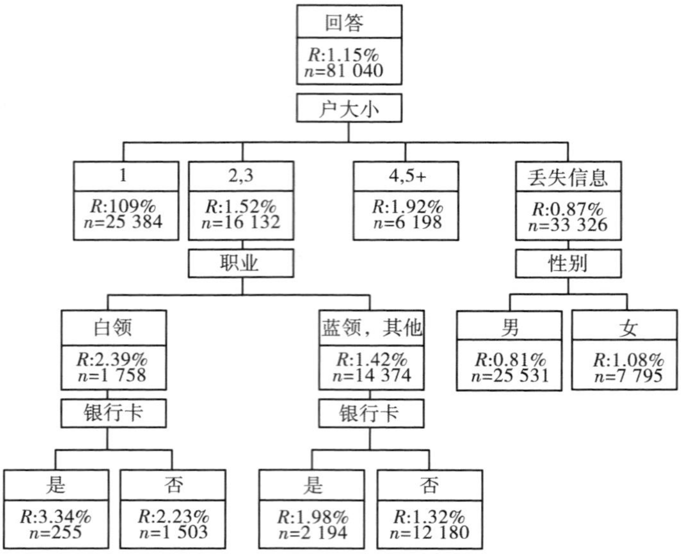

图 1　卡方自交互探测

3.合并算法被搜遍所有可能性的穷举搜索(exhaustive search)所取代(Biggs et al., 1991)。

4.用一个混合的 CHAID 加强模型的效力,如 Logit 或有序 Logit,形成树的结构或潜类,以将这种分析扩展到多因变量。

在回应是多量度(赢利能力、不同目录项的购买、购买数量)的,或剖视从一个潜类分析【Latent Class Analysis】得到的结果片段时,我们将会使用潜类/CHAID 的混合分析。首先,进行 LC 分析,以得到潜在的潜变量,并将它递交给 CHAID 作为因变量,然后再把它作为人口或其他外生变量的函数进行分析。

结果树上的每个节点预测每个原因变量之外的潜类片段,后者用 LC 模型的参数求得。这种类型的分析也会导致适合于所有的原因变量的预测因子类别的常拆分(common splitting)。

举一个 CHAID/Logit 混合的例子,我们对来自马吉德松(Magidson,1993)的数据进行再分析。使用原算法的最好片段是户大小=2,或职业="白领",达到 2.39%的回答率。图 1 显示来自混合的 CHAID 的结果,其中,Logit 建模增加的效力使我们得以将 CARD 的主效应与两个职业节点进行拟合,得到一个有 3.34%的预测回答率的额外片段。

——Jay Magidson

(沈崇麟译校)

参考文献

Biggs, D., De Ville, B., & Suen, E. (1991). A method of choosing multiway partitions for classification and decision trees. *Journal of Applied Statistics*, *18*, 49-62.

Kass, G. (1980). An exploratory technique for investigating large quantities of categorical data. *Applied Statistics*, *29*(2), 119-127.

Magidson, J. (1993). The CHAID approach to segmentation modeling: CHi-squared Automatic Interaction Detection. In R. Bagozzi (Ed.), *Handbook of marketing research* (pp. 118-159). London: Blackwell.

变化分(Change Scores)

变化分是在时点(Y_t)量度的变量值,与在前一个时点(Y_{t-1})用同一单位量度的变量值之间的差。变化分也叫作差分【Difference Scores】,或用符号表示的ΔY,即

$$\Delta Y = Y_t - Y_{t-1} \quad (1)$$

变化分是定群数据【Panel Data】,或在同一个体身上收集一次以上数据分析的关键。大多数此类分析的目的是建立与时间上的自变量水平或变化有关的 Y 是怎样变化的模型。变化分也是试测【Pretest】/后测实验设计【Experimental Designs】中的主因变量【Dependent Variable】。

一种使用比较普遍的分析变化分的方法是将 ΔY 作为 X_1,X_2 等自变量,以及 Y 自身在较早的时间 $t-1$ 的值的函数建模,如下式所示:

$$\Delta Y = \beta_0 + \beta_1 X_t + \beta_2 Y_{t-1} + \varepsilon \quad (2)$$

式中的 β 表示回归系数【Regression Coefficients】,而 ε 则是方程的误差【Error】项。X_{t-1}和 X 其他的滞后值效应也可以包括在模型【Model】中。Y_{t-1}可以加到变化分方程(2)的两侧,这将产生一个预测 Y 在时间 t 时的水平等价模型:

$$Y_t = \beta_0 + \beta_1 X_t + (\beta_2 + 1) Y_{t-1} + \varepsilon \quad (3)$$

Y_{t-1}或"滞后【Lagged】内生变量"通常都因各种原因而被包括在变化分模型中。但最重要的也许是纵贯【Longitudinal】数据中那种叫作趋均值回归【Regression Toward The Mean】的现象所致。回归效应反映的是某一时点上大的变量值的趋势,它与较大的随后的负向变化有关联,因为大的初始值一部分是由大的随机误差【Random Error】所产生的,而在下一个时期,它们可能比较小。如果我们可以证明前面的 Y 值是后面的值的因果【Cause】,那么我们就能有实质性的理由证明将 Y_{t-1}包括进来是正当的。

变化分模型的估计是比较复杂的,因为 Y 中存在随机测量误差,在这种情况下,Y 中观察到的变化,将不能精确地反映时间上的变化。纠正量度误差一般需要两期数据的更多 Y 的指标(即其他那些量度相同的概念或像 Y 一样的潜变量【Latent Variable】的变量),或 Y 的单指标模型的更多期的量度(Kessler & Greenberg, 1981)。另一个可能的问题是存在自相关【Autocorrelation】的干扰,致使 Y_t 和 Y_{t-1}的误差项相关,这与在纵贯数据中经常发生的问题一样。如果那样的话,Y_{t-1}将和误差项相关,而这将需要估计带有一个工具变量【Instrumental Variable】或有关方法的模型。

变化分在试图控制固定效应【Fixed Effects】的模型中也有着突出的作用。也就是说,虽然某个给定的个体或单位的特征尚未被研究者观察到,但那些特征在时间上是稳定的,如果 Y_t 是由一系列 X、未观察到的稳定的变量 Z 和一个误差项决定的,那么 Z 的潜在的偏倚效应可以通过构建一个变化分模型来消除。那就是从 Y_t 的方程减去 Y_{t-1}的方程(或在多期数据中,从单位的总均值减去每年每个单位的 Y),如果在动态固定效应模型中将 Y_{t-1}作为一个自变量,那么它将必定与误差项相关,为了纠正这种潜在的偏倚,使用工具变量和多期数据就是必需的(Hsiao, 1986)。

——Steven E. Finkel

(沈崇麟译校)

* 也可参见差分【Difference Scores】。

参考文献

Hsiao, C. (1986). *Analysis of panel data*. Cambridge, UK: Cambridge University Press.

Kessler, R., & Greenberg, D. (1981). *Linear panel analysis*. New York: Academic Press.

混沌理论(Chaos Theory)

混沌理论讨论的是一种非线性动力学【Nonlinear Dynamics】性状,是不规则和振荡的。它在数学上与一组非线性的确定性动态模型相遇,无论模型的运行持续多久,其性状的延时模式都是非重复的。人们发现,有些使用非线性差分方程(nonlinear difference equations)的离散时间模型会在仅使用一个方程的条件下,表现出混沌的动态性。但是在连续时间模型中,满足混沌的可能性一般需要至少三个独立变量,一般来说,它需要一个由三个微分方程组成的互依系统。连续时间模型的这个要求在特殊情况下也可以改变,如果系统还有一个强迫振荡子(forced oscillators)或者时滞,混沌甚至会出现在只有单个方程的连续时间模型中。

混沌只在非线性的情境下出现。在多维设置中,这意味着,当涉及若干变量时,一个方程中至少一个项必须是非线性的。因为大多数非线性模型(几乎所有实质上有趣的模型)都没有解析解,所以它们必须用许多数字密集的方法来探究,需要使用计算机。因为混沌的广延性和非线性并不能保证它就会出现,一般来说,模型中的混沌的性状是通过计算实验发现的。我们要在实验中找到引起模型显示混沌性的变量范围和参数的值。

尽管我们当前确定和为混沌过程建模的能力还在发展之中,但混沌过程在实际的物质甚至是社会系统中可能都是相当常见的。发现物质和社会系统中的真实的混沌过程常常是相当困难的,因为在这样的系统中几乎总是存在着随机的【Stochastic】噪声,所以要把真的随机【Random】性状和混沌性状区分开来也不是那么容易。尽管如此,各种旨在挑选这些过程和问题的数学工具还是不断地被开发出来。

混沌有三个基本特征,分别是:(a)不规则的周期性;(b)对初始条件的敏感性;(c)缺乏可预测性。在任意一个混沌设置中,这些特征相互影响,产生了高度复杂的非线性的变量轨迹。不规则的周期性指的是被混沌驱动的变量的振荡运动没有一个重复的模式。考虑到不规则的周期性,人们通常用傅里叶分析、绘图技术以及其他方法来建立个案,以识别一些混沌过程(Brown, 1995a)。

就离散设置中的混沌而言:其中被研究得最充分的模型是非线性模型,它是Logistic映射(logistic map)的一般形式,梅(May, 1976)第一个考查了它的混沌特征。这种一般的Logistic映射是 $Y_{t+1}=aY_t(1-Y_t)$。在正确的条件下,这个映射可以产生标准的S形轨迹,它是所有Logistic结构的特征。但是,当参数 a 的值足够大时,轨迹可能会发生振荡。例如,在将参数的 a 值设为2.8时,模型的轨迹会在 $Y_{t+1}=Y_t=Y^*$ 的平衡值附近振荡并与此同时向平衡极限(equilibrium limit)收敛。但当我们将参数 a 的值设定为另一个值,例如,设为4.0的时候,这时产生的纵向轨迹便不会平定于平衡极限,相反,将继续围绕平衡无规则地振荡,颇似一种由确定【Deterministic】过程引起的随机方式。

最著名的体现了混沌性状的连续时间模型是所谓的"洛伦兹吸引子(Lorenz attractor)"(Lorenz, 1963)。这个模型是一个互依的非线性系统,涉及三个一阶微分方程。而它最初是被用来分析气象现象的。有时具有强制振荡子(forced oscillators)的系统是展现混沌或接近混沌的(即看似随机的)纵向特征的好的候选模型。在社会科学中,布朗(Brown,1995b, Chap. 6)开发并探究了这种模型。这个模型是一个由四个互依的微分方程组成的非线性系统,它对说明白宫(或者其他重要的政府机构)的交替党派控制的参数使用了一个强制振荡子。从对环境的纵向破坏、公众对环境破坏的关心,以及清理环境的成本等方面来考查这个系统的动态。有些参数值的变化产生了各种各样的稳定或不稳定的非线性动态性状,包括一些看似随机的性状,但实际上却常常都与混沌有关联。

——Courtney Brown

(杨可译　沈崇麟校)

参考文献

Brown, C. (1995a). *Chaos and catastrophe theories.* Thousand Oaks, CA: Sage.

Brown, C. (1995b). *Serpents in the sand: Essays on the nonlinear nature of politics and human destiny.* Ann Arbor:University of Michigan Press.

Lorenz, E. N. (1963). Deterministic non-periodic flow. *Journal of Atmospheric Science*, *20*, 130-141.

May, R. M. (1976). Simple mathematical models with very complicated dynamics. *Nature*, *26*, 459-467.

卡方分布(Chi-Square Distribution)

卡方分布是一种由标准正态变量的平方和形成的分布。尽管正态分布变量的和有一个正态分布【Normal Distribution】(有一条钟形曲线【Bell-shaped Curve】),但它们的平方和却没有。我们常用的卡方分布类型是中心卡方分布(central chisquare distribution)。下面的讨论将集中在这种类型的卡方分布上。因为正和负两种值的平方都是正数,所以曲线只包含非负数,曲线的左尾从零附近开始,曲线是向右偏斜的。曲线由它的自由度【Degrees of Freedom】(*df*)设定,所谓自由度是那些将要取平方和的未受约束的变量数。曲线的均值等于 *df*,标准差【Standard Deviation】等于两倍的 *df* 的平方根。曲线的最高点在 *df*-1 处。随着 *df* 的增加,分布的峰形也随之增高,偏斜也减少,但伸展却更广,因此,标准差也随之加大,不过最远的左点仍然是 0。因此,一个有 5 个 *df* 的分布,其均值为 5,标准差为 3.1,而一个有 10 个 *df* 的分布,均值为 10,标准差为 4.5。在高 *df* 值处,曲线趋向于正态分布,在这种(罕见的)情况下,它有可能恢复正态概率,故而不适合再用那些为卡方分布计算的值。卡方分布右尾的概率,是右尾部分某一值之上的面积除以表示卡方值随机分布的可能性的曲线下的总面积。如果这个尾部的面积超过了给定的卡方值表示的面积,譬如说,曲线下的面积的 5%,这时我们就有 95%的把握确信被检验的关联是成立的。

应用

某些范围的卡方值和 *df* 的这些概率已经被计算出来并制成了表格。而那些普遍刊印的表格则提供了某个概率水平和某个

df 的卡方值。例如，诸如这样的表格告诉我们，在 4 个 *df* 卡方值为 9.49 时，我们可有 95%的信心。图 1 显示了 4 个 *df* 的卡方分布（均值为 4，标准差为 2.83）。右尾的概率在 5%处，该处作为示例的截线取值 9.49。这意味着，在有接近卡方分布的统计量时，我们可以将检验统计值和这样的表格进行比较，并确定它的显著水平。

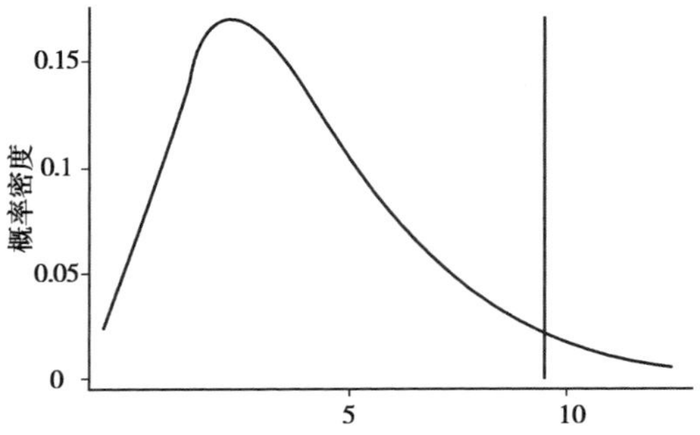

图 1　一个有 4 个 *df* 的卡方分布的例子

最常见的统计量来自皮尔逊卡方检验【Chi-Square Test】。而这样的检验并非只使用卡方分布。其他检验观察和"期望"或理论值之间的关系的统计量（如量度拟合优度的统计量）都接近卡方分布。例如，似然比检验统计量也称为 G^2 或 L^2，则源自最大似然法，接近一种卡方分布。它通过基于虚无假设的最大似然（负的 2 倍的对数似然）和基于得到的实际数据值的最大似然之间的比的（自然）对数变换求得。G^2 是对数线性模型最常使用的统计量。在实际工作中，卡方和 G^2 统计量虽然有区别，但常常给出类似的结果，并得出有关给定模型的拟合优度类似的结论，不过对于小样本而言卡方则更稳定。

例子

例如，表 1 列出了英国 1980 年代后期两年的分阶级选举数据。虚无假设是格频数，是随机分布的。而 4 个 *df* 的卡方和 G^2（或最大似然比卡方）分别为 84.7 和 88.4。很清楚，这些值对于基于 4 个 *df* 的卡方而言是很高的值，因而表明这个模型完全不可能反映现实。我们对模型加以约束，以使投票和阶级的期望值可随着彼此的变化而变化，但跨两年的变差变成了常数，这样产生的模型有 3 个 *df*，皮尔逊和似然比的值都为 2.1。很显然，诸如这样的一个值，在和有 3 个 *df* 的卡方分布相比较时是很可能的（$p=0.54$），因而它表示有相对简约的优度拟合。卡方和 G^2 的值（约为 1 个 *df* 的 86 和 82）清楚地表示有非常显著的变化 。

表 1　英国 1980 年代后期两年的分阶段选举数据

年	阶　级	投　票		合　计
		工　党	保守党	
第 1 年	工人阶级	50	20	70
	中产阶级	10	40	50
第 2 年	工人阶级	70	30	100
	中产阶级	20	80	100
合　计		150	170	320

历史

若干卡方分布的概率是由帕林 · 埃尔德顿于 1901 年制成表格的。卡尔 · 皮尔逊以及他的同事们在 20 世纪初，使用这些表格展示了他们的卡方检验。而现在人们普遍认为皮尔逊对 *df* 数计算的设定是错误的，尽管费希尔曾试图予以纠正，但是被拒绝了,只是在后来它才被承认是正确的解决方案。所以说皮尔逊在评估分布的概率值时,用的 *df* 太多。最大似然比的源头可上溯到17世纪,虽然一直到20世纪后半叶,由于诸如利奥·戈德曼和斯蒂芬·苏伯格等研究者的工作,Logit 和 Log-linear 模型,以及与之相伴的拟合优度【Goodness-of-Fit】统计量得到发展和使用,才使最大似然比得到真正使用和发展。

——Lucinda Platt

(沈崇麟译校)

*也可参见卡方检验【Chi-Square Test】、自由度【Degrees of Freedom】、对数线性模型【Log-Linear Model】、Logit 模型【Logit Model】。

参考文献

Agresti, A.(1996). *An inrtoduction to categorical data analysis*. New York: John Wiley.

Fienberg, S. E. (1997). *The analysis of cross-classified categorical data*. Cambridge: MTT Press.

Yule, G. U., & Kendall, M. G. (1950). *An introduction to the theory of statistics* (14th ed.). London: Griffin.

卡方检验(Chi-Square Test)

卡方检验是社会科学中最常用于类别变量显著性检验的检验方法。它是卡尔·皮尔逊在1900年前后作为一种用于评估在一张列联表【Contingency Table】中交叉制表的两个类别变量之间的相互关系的工具。检验将表中的实际值与在独立性条件下(即如果两个变量之间没有关系)的期望值相比较。每格的期望值是这样计算的,即将该格的行比例乘以列比例再乘以个案总数。例如,表1显示了假设的投票者的例子的期望计数。它是基于行和列的总数(叫作边缘分布)及总个案数得到的。它还显示观察的计数与由独立性决定的那些计数是不同的。在独立性情形中,投票行为并不会随性别变化。

表1 独立性条件下的不同性别的投票行为期望值

	党派 A	党派 B	其他党派	总 计
男 性	0.46 · 0.5 · 70 100	0.46 · 0.3 · 70 100	0.46 · 0.2 · 70 100	
期 望	16 123	9 674	6 449	32 246(46%)
观 察	13 669	13 811	4 766	
女 性	0.54 · 0.5 · 70 100	0.54 · 0.3 · 70 100	0.54 · 0.2 · 70 100	
期 望	18 927	11 356	7 571	37 854(54%)
观 察	21 381	7 219	9 254	
总 计	35 050(50%)	21 030(30%)	14 020(20%)	70 100(100%)

表 2 不同阶级的收支平衡情况(英国 1980 年代)

	容易入不敷出	收支平衡	收大于支	合计
专业人士/管理人员	124(84)	76(86)	57(87)	257 26%
中间阶级	73(75)	84(77)	73(73)	230 23.3%
工人阶级	125(163)	171(167)	204(169)	500 50.7%
合计	322 32.6%	331 33.5%	334 33.8%	987 100%

当然,即使在总体中是独立的,样本中的观察值也不太可能完完全全地模拟期望值。卡方检验确定的是,以样本为根据的表格格子中的观察值和期望值之间的任何差异是否意味着总体中的真差异(即格计数是不独立的)。这一点是通过比较实际的格计数和如果跨解释变量的每一类别的比例是一致的期望的格计数做到的。卡方统计值是按

$$\chi^2 = \sum \frac{(f_o - f_e)^2}{f_e}$$

计算的。式中的f_o为观察到的格计数,f_e为期望的格计数。然后,检验要将样本的容量和表格中的自由度考虑进去,以确定样本中的差异究竟是偶然所致,还是总体概率的反映(即差异是显著的)。自由度按(行数-1)×(列数-1)计算。卡方检验统计量的值可以与这些自由度的卡方分布【Chi-Square Distribution】联系起来,以确定观察值离期望值的这一散度发生在那一分布内的概率,或它是否可能落在它之外。

举个例子,表 2 显示了分阶级的收支平衡的难度,样本由 987 个人组成,地点是英国,时间在 1980 年代。比较每格的观察计数和期望计数(在括弧中给出)得到的卡方统计值是 47.9,自由度为 4。这一数字在 0.000水平是显著的,因而说明财务困难和社会阶级是独立的概率小于 1‰。

卡方不提供有关关联强度或它的方向的信息,它只提供有关变量间的依赖性的信息。卡方值随样本量的增大而增大,因此,一个大样本中低的 p 值(高度显著),可能伴随的是变量间相当弱的关系。卡方检验也没有指出因变量的哪一个值随解释变量的变化而变化。有可能只有一或两个格的计数大大偏离它们的期望值。这一点可以通过更为细致地审视表格来确认。在表中的任何一个期望计数小于5 的时候,不宜使用卡方检验。这种情况在小样本或表中含有大数目计数的格子时发生。在遇有这样的情况时,其他的备择检验,如费希尔的精确检验则更为有用。

——Lucinda Platt

(沈崇麟译校)

参考文献

Agresti, A.(1996). *An introduction to categorical data analysis*. New York: John Wiley.

Everitt, B. S. (1977). *The analysis of contingency tables*. London: John Wiley.

Fienberg. S. E.(1997). *The analysis of cross-classified categorical data*. Cambridge: MIT Press.

邹氏检验(Chow Test)

计量经济学家邹至庄(Chow,1961)在他的文章《线性回归模型回归系数组之间的相等检验》中,论证了广泛用于方差分析【Analysis of Variance】中检验一组均值的同质或相等性的 F 检验和方差比【Variance Ratio】检验,可怎样被用于发现回归【Regression】模型的结构或参数的稳定性。

为了阐述这一检验,假设我们有1970—1995 年美国储蓄(Y)和个人收入(X)的以亿美元计的数据。

假设我们考虑下面的回归模型,或储蓄函数:

$$Y_t = \beta_1 + \beta_2 X_t + u_{it} \qquad (1)$$

式中的 Y 是储蓄,X 是收入,u_{it}是随机误差项,而 t 则是时间指标。

我们可用普通最小二乘【Ordinary Least Squares, OLS】来估计前述储蓄回归的参数。邹氏检验提出的问题则是:回归系数 β_1 和 β_2 在整个样本期是否仍然是稳定的? 在1981—1982 年,美国遭受了严重的经济衰退。经济衰退是否改变了人们的储蓄行为? 为了回答这个问题,假设我们把样本数据分成了两个时期:1970—1981 年和 1982—1995 年,并估计如下两个单独的回归:

$$1970—1981\text{ 年}: Y_t = \alpha_1 + \alpha_2 X_t + u_{2t} \qquad (2)$$

$$1982—1995\text{ 年}: Y_t = \lambda_1 + \lambda_2 X_t + u_{3t} \qquad (3)$$

式中的 u 是特定时间的误差项。

如果储蓄与收入的关系在时间上是稳定的,那么我们可以期望$\beta_1=\alpha_1=\lambda_1$(即截距在统计上是相同的)和$\beta_2=\alpha_2=\lambda_2$(即斜率系数是相同的)。但是我们怎样来发现它们是相同的呢? 邹氏检验采取以下的步骤估计上面给出的三个回归,并分别得到它们的残余平方和【Residual Sum of Squares, RSS】,$S_1(df=24)$,$S_2(df=10)$和 $S_3(df=12)$。注意,总共有 26 个观察,其中 12 个在 1970—1981 年,14 个在1982—1995 年。

如果假设误差项 u_2 和 u_3 是正态分布的,有相同的方差[即 $\text{var}(u_2)=\text{var}(u_3)=\sigma^2$],并且独立分布,那么邹氏检验便按以下步骤进行:误差项独立的假设意味着两个样本(即样本时期)是独立的。因此加上 S_2 和 S_3,并求得无约束的 RSS_{ur},它有(n_1+n_2-2k)个自由度。式中的 n_1 和 n_2 是在第一和第二时期的观察数,而 k 则是模型中估计的参数数(本例中有两个)。

因为 RSS,S_1 是在参数稳定的假设下求得的(即回归系数不随时期变化),我们可以把 S_1 叫作约束残差平方和(RSS_r),这一RSS 有$(n-k)$个自由度,其中 $n=n_1+n_2$。现在如果参数是稳定的,那么 RSS_{ur} 和 RSS_r 就不应该有统计上的差异。但是如果参数没有稳定性,那么这两个 RSS 在统计上就会有差异。如果这一假设构成了邹氏检验,那么我们便可由下式来看到这点:

$$F=\frac{(RSS_r - RSS_{ur})/k}{(RSS_{ur})/(n_1+n_2-2k)} \sim F_{[k,(n_1+n_2-2k)]}$$

这就是说,F 值可由如上所述的 df 的 F 分布求得。因此,如果应用中计算得到的 F 值超过,譬如说,1%,5%或 10%的显著水平,我们就可以拒绝参数是稳定的假设。在目前的例子中,这就意味着储蓄函数随时间变化。另一方面,如果算得的 F 值是不显著的,我们可以假设参数是稳定的。在这种情况下,我们便只需作一个合并了所有观察的回归就可以了。

邹氏检验的某些数字结果可以从美国1970—1995 年的储蓄和收入的数据中看

到。该数据的测量单位为亿美元。前面讨论的各种残差平方和如下所列：

$$S_1 = 23\ 248.30\ (df = 24)$$
$$S_2 = 1\ 785.032\ (df = 10)$$
$$S_3 = 10\ 005.22\ (df = 12)$$

因此在目前这个例子中，$RSS_r = S_1 = 23\ 248.30$ 和 $RSS_{ur} = S_2 + S_3 = 11\ 790.252$。将这两个值代入前面计算 F 比率的公式，得到如下的结果：

$$F = \frac{(23\ 248.30 - 11\ 790.252)/2}{(11\ 790.252)/22} = 10.69$$

在假设的条件下，这一 F 值服从 F 分布，分子和分布各有 2 个和 22 个自由度。1%的临界 F 值（即犯第 I 类错误的概率）是 5.72。因为算得的 F 值超过了这个临界值，所以我们可以说在样本时期内，美国的储蓄-收入关系曾经经历了一个结构性的变化：储蓄函数在两个子时期是不同的。

在使用邹氏检验时请记住，构成检验的假设必须满足，此外研究者还必须知道关系的变化发生在什么时候。在前面的例子中，如果我们不能确定储蓄-收入关系在 1982 年发生变化，那么我们就不能用邹氏检验。当然，我们可以选择不同的断点，并得到有关的 F 值，从而由此选择能给出最大 F 值的断点。对邹氏检验的这种修正叫作科万特似然比统计量（quandt likelihood ratio statistic）。

——Damodar N. Gujarati

（沈崇麟译校）

参考文献

Chow, G. (1961). Tests of equality between sets of regression coefficients in linear regression models. *Econometrica*, *28*(3), 591-605.

Gujarati, D. (2002). *Basic econometrics* (4th ed.). New York: McGraw-Hill.

Wooldridge, J. (2002). *Introductory econometrics* (2nd ed.). Cincinnati, OH: South-Western College Publishing.

古典推论（Classical Inference）

做一个推论就是通过某种可接受的推理形式，从一组前提得出结论。推论式推理是科学方法的基础。古典推论嵌在确定性框架中，并遵循演绎或归纳路数。也存在着其他形式的推论，但它们通常都嵌在概率性框架中。

在古典框架中，演绎推理得出的结论隐含在陈述的前提中，而归纳推理的论证则是从特殊到一般。在表述精当时，演绎论证可以显示其在逻辑上的有效或"真实"。另一方面，归纳推理并非逻辑的终结，因此归纳的结论不能无可争辩地显示出有效性。正因如此，有些逻辑学家拒绝把归纳推理作为正当的逻辑形式。

演绎推理的最好例证是古典三段论。它由一个大前提、一个小前提和结论组成。我们可用符号将它写成如下的形式：

如果 p，那么 q

p

所以，q

举一个不十分贴切的例子：如果某某是一个人，那么某某终究是会死的；黛安娜是一个人，因此黛安娜终究是会死的。这样一种三段论式叫作演绎推理（modus ponens）。另一种在逻辑上可以接受的三段论是否定后见推论法（modus tolens），它以如下的方式进行推论，如果 p，那么 q；$\sim q$，所以，$\sim p$。因此，我们也许可陈述如下：如果某某是一个人，那么某某终究是要死的；黛安娜是不会死的，所以黛安娜不是人。在这一个例子中，黛安娜可能是古希腊的女神。

有其他两种书写古典三段论的方式。但二者在推理时都会带来一些错误。例如,肯定后件的谬误则取如下的形式:如果 p,那么 q;~q,所以,~p。下面我们采用一个实例:如果某某是人,那么某某是会死的;黛安娜是会死的,所以黛安娜是人。这里的错误在于,会死并非是人的充分条件。实际上,黛安娜有可能是一只宠物猫。

第二种错误的结论,或否定前件的谬误取如下的形式:如果 p,那么 q;~p,所以,~q。我们再用一个实例来加以说明:如果某某是人,那么某某是会死的;黛安娜不是人,所以黛安娜是不会死的。再一次面临同样的情况,黛安娜可能是某人的一只猫,但猫虽然不是人,它们却与人同样有死亡的特点。后两种有问题的形式是人们在科学推理时常犯的错误。

正是否否推论法这一逻辑形式形成了科学假设的骨干。让我们假设 H 隐含着某个结果 O。无论我们怎么经常观察到 O,都不能支持假设 H。实际上,假设是不能直接确证的,因为用 O 来支持 H,就是一种肯定后件的谬误。然而,没有观察到 O,却为我们提供了否认 H 或拒绝假设的根据。因此,正如哲学家卡尔·波普尔所言,科学方法的标志性特点是推翻,而不是证明假设的能力。

虽然演绎方式形成了一个封闭的逻辑系统,但归纳却是一个开放的系统。归纳一般这样论证道:因为所有观察到的 P 的实例都有特征 C,所以所有 P 的实例都有特征 C。然而正如休谟十分清楚地指出的那样,所有观察的 A 都是 B 这一陈述,与某些未观察的 A 不是 B 这一陈述是不一致的。A 并不是 B。但支持归纳法的人却争辩道,虽然问题不能在归纳上被证明,但是随着总体越来越多地被列举,归纳便取得了更多的证据。因此,人们越是接近所有观察的 P 的实例都有特征 C,我们就会在所有 P 的实例都有特征 C 这一陈述中放入更多的证据。在 P 是一个封闭的总体时,这种理由似乎是站得住的,但是在 P 是开放或无限的时候,它就很难站得住了。

围绕逻辑推论存在的那些困难,并不一定意味着逻辑推论在科学中是没有用的。假设常常是通过推论过程——某种我们称为发现环节(context of discovery)建立的。在决定性框架之外通过由样本到总体的概括得出可靠的推论也是可能的。而这导出了现在我们称为推论统计学的艺术,在这门艺术中,在给出了某些约束之后,一个有效的推论的可能性是可以被我们估计的。

——Paul S. Maxim

(沈崇麟译校)

参考文献

Copi, I. M., & Cohen, C. (1990). *Introduction to logic* (8th ed.). New York: Macmillan.

Gensler, H. J. (2002). *Introduction to logic*. London: Routledge Kegan Paul.

Hempel, C. G. (1966). *Philosophy of natural science*. Englewood Cliffs, NJ: Prentice Hall.

Poundstone, W. (1988). *Labyrinths of reason: Paradoxes, puzzles and the frailty of knowledge*. New York: Anchor/Doubleday.

分类树(Classification Trees)

参见【CART】。

临床研究(Clinical Research)

临床研究是医疗卫生领域旨在创造新知识、实验新的治疗方法的一种探索。就像所有形式的科学探索一样,临床研究也关注鉴定、描述、作出解释【Explanation】、解释的检验以及/或者干预/控制【Control】。这些关注点将依次和典型的方法关联。对前三者——探索性的考查而言,一般使用的是观察【Observation】、访谈【Interview】和文献【Document】分析等质性的研究方法,可以说是调查法的变种。解释检验尽管也是质性研究传统的一部分,但在实践中一般多用于流行病学的研究,并有同期群【Cohort】、横截面【Cross-Sectional】以及病例对照等设计。例如,一个叫作随机化控制试验【Randomized Control Trial, RCT】的实验【Experiment】设计就是检验某种疗法的疗效的(Miller & Crabtree, 1999)。医学卫生学科的文献,尤其是药学文献仍然主要由实验和流行病学的设计所主导。这种配置反过来也反映在了发展中国家对基础生物医学研究和应用生物医学研究拨款的先后次序。类似的模式也曾在有关临床实践的社会科学,例如心理学和社会学的发展之初起着主导作用。但是,现在这些学科以及其他社会科学中已经建立起了重要的质性数据流(qualitative and critical streams),新的调研方式也被用于临床问题。在"循证医学(evidence-based medicine)"时代,质性研究者提醒我们,治疗病人必须有多种依据——依据既可以来自随机化控制试验,也可以源自对病人生活、看法以及社会环境等细节的熟稔。

这种新的临床研究范式之一就是现象学【Phenomenology】,它关注的是理解和传递"生活世界(life-world)"中个人的经验和意图。与面向疾病的描述不同,现象学的报告呈现的是患病的经验。例如,佩卢西(Pelusi,1997)曾采访了乳腺癌的生存者,发现其共同的主题不仅是损失和不确定的未来,还有成长和启示。另一种范式是扎根理论【Grounded Theory】,它很适用于纵向的社会过程评估,其目的是在细致的观察、访问和文献分析的基础上产生理论。以洛伦茨(Lorencz,1991)对精神分裂症病人的研究为例,这些病人经历了住院治疗到社区的转变,即所谓"平常化(becoming ordinary)"的过程。人类学的民族志【Ethnography】基本传统也在临床工作中有广泛的应用。这不仅包括健康和疾病的文化决定论(Kleinman et al., 1978),还包括医疗卫生机构的文化及其对临床服务表现的影响。一个著名的运用人类学的敏感例子是广泛的"医疗错误"问题,它使得人们越来越认识到,"责备和羞辱"的文化对于确认和理解医疗错误的根本原因是一个很大的障碍(Kohn et al., 2000)。最后还有一个例子是参与行动研究【Participatory Action Research】,其旨趣是通过调研的"民主化"理解和促进社会变革。按这种模式,那些一般会被当作医疗研究的"被试"的人变成了共同的研究者。麦考利等人(Macaulay et al.,1997)对蒙特利尔附近的一个莫霍克族(Mohawk)社区的儿童进行研究,考察的重点是健康饮食和增加锻炼对于预防糖尿病的作用。在设计干预方法时,他们既采用了行为变迁模型,也用到了土著居民的学习方式的知识。

——Anton J. Kuzel

(杨可译　沈崇麟校)

参考文献

Kleinman, A. L., Eisenberg, L., & Good, B. J.

(1978). Culture, illness and care: Clinical lessons from anthropologic and cross-cultural research. *Annals of Internal Medicine*, *88*, 251-258.

Kohn, L. T., Corrigan, J. M., & Donaldson, M. S. (Eds.). (2000). *To err is human: Building a safer health system.* Washington, DC: National Academy Press.

Lorencz, B. (1991). Becoming ordinary: Leaving the psychiatric hospital. In J. M. Morse & J. Johnson (Eds.), *The illness experience: Dimensions of suffering* (pp. 140-200). Newbury Park, CA: Sage.

Macaulay, A. C., Paradis, G., Potvin, L., Cross, E. J., Saad-Haddad, C., McComber, A., et al. (1997). The Kahnawake Schools Diabetes Prevention Project: Intervention, evaluation, and baseline results of a diabetes primary prevention program with a native community in Canada. *Preventive Medicine*, *26*(6), 79-90.

Miller, W. L., & Crabtree, B. F. (1999). Clinical research: A multimethod typology and qualitative roadmap. In B. F.

Crabtree & W. L. Miller (Eds.), *Doing qualitative research* (2nd ed., pp. 3-32). Thousand Oaks, CA: Sage.

Morse, J. M., Swanson, J. M., & Kuzel, A. J. (Eds.). (2001). *The nature of qualitative evidence.* Thousand Oaks, CA: Sage.

Pelusi, J. (1997). The lived experience of surviving breast cancer. *Oncology Nursing Forum*, *24*(8), 1343-1353.

封闭式问题(Closed Question)

参见封闭式问题【Closed-Ended Questions】。

封闭式问题(Closed-Ended Questions)

调查的问题有两种：开放式问题【Open-Ended Question】由受访者自己回答，封闭式问题则给出了各种具体答案类别。尽管对两种问题相对而言的优缺点曾有过许多研究，但在任何调查中绝大多数的问题都是封闭式问题。

为了方便分析，所有涉及提问的调查研究都可以将被调查者进行分类，在封闭式问题中，研究者对答案的可能的恰当类别作了预判，并直接在提问的时候就提供给被调查者。这种形式存在许多潜在的问题，别的问题姑且不说，至少它一般都是以两分法来描绘这个“世界”，因而有时候可能会对可能性的反映过于简单。这种限制在开放式问题里不存在，因此舒曼和普雷瑟(Schuma & Presser，1996)得出结论说，开放式问题常常能够提供更多的有价值的数据。不过，由于封闭式问题省去了对原话逐一编码【Coding】的工作，从而大大降低了调查的费用，且可以更快捷地进入分析，因而成了人们优先选择的形式。

在设计或使用封闭式问题的时候，有许多标准化的建议，体现了对这一问题的大量研究成果。在询问调查对象是否同意一个单独的陈述时，采用强制性选择更可取。一般来说，除了测量强度，都应该提供一个中间的选项，而且也应该提供一个明确的“没有意见(弃权)”的选择。研究者应该采用多项选择来评估同样的题目，并对提问的顺序所产生的效应保持敏感。如果对提问的措辞或者答案选项可能产生的效应不太确定，那么研究的问卷中应该包括分割样本的版本,以便进行对比分析。

——Michael W. Traugott

(杨可译　沈崇麟校)

参考文献

Converse, J. M., & Presser, S. (1986). *Survey questions*. Thousand Oaks, CA: Sage.

Fowler, F. J., Jr. (1995). *Improving survey questions: Design and evaluation*. Thousand Oaks, CA: Sage.

Schuman, H., & Presser, S. (1996). *Questions & answers in attitude surveys*. Thousand Oaks, CA: Sage.

聚类分析(Cluster Analysis)

社会科学数据【Data】集通常采用一组变量【Variable】的分析单位【Unit of Analysis】上的观察形式。聚类分析的目的是根据某些变量的信息产生一个简单的单位分类,将它们归入不同的子组。这样的表述似乎有些含混不清,却并非偶然,因为时至今日,聚类分析仍无一个正式的定义。尽管如此,对之作一个比较精确的定义还是可能的。聚类问题求解的任务是,将 n 个单位聚类成 r 个聚类(r 远远小于 n),这样,一个聚类中的单位都十分相似,而不同的聚类的单位则是不相似的。换句话说,这些聚集起来的类有着彼此分开的同质的聚类。聚类分析这一标题包含着一组各种各样的解决聚类问题的工具(Everitt et al., 2001)。在大多数时候,这些工具都用于数据的归纳性【Induction】探索。我们希望聚类能使我们得以洞察数据的结构、单位的性质和产生变量的过程。例如,城市可依据社会经济和人口特征进行聚类。人可以根据他们的心理属性或拥有的其他属性聚类。

聚类分析的发展

在 1980 年以前,许多聚类问题是分不同的学科分别解决的,因此进步十分缓慢。在 1960 年代早期,人们开始探索聚类问题的通用解决方法,并在这方面取得了许多进展。索卡和斯尼思对聚类问题作了深入的讨论(Sokal & Sneath, 1963),并帮助建立了将聚类分析作为一种数据分析领域的框架。聚类问题的设定并不困难。无论是聚类问题表达的数学基础,还是大多数聚类问题的求解都不困难。它的困难在于聚类问题的求解过程中计算的复杂性。正因如此,这一领域的发展主要为计算技术的进步所驱动。一般来讲,聚类技术的发展使我们受益匪浅,因为有用的聚类使实质性的解释变得丰富。此外,许多技术的发展则源自在新的领域的大量探索性的实质应用。现在有许多国家的聚类分析师团体,都通过国际分类团体联合会(International Federation of Classi-fication Societies)联系在一起。

求解聚类问题

一般来讲,聚类问题可以被阐述为建立一个(或多个)有着在所有可能的聚类上定义精当的判别函数最小值 r 的 r 类的聚类。判别函数提供了一个适合于所有聚类的量度。而在实践中,判别函数常常是一个隐式的或被忽略的。在大多数应用中,聚类是一种分解,但“模糊聚类”完全有可能会有重叠的类。一旦分析单位已被选定,聚类分析大概要通过以下五个步骤来实施:

1.量度相关变量(可以包括定量变量【Quantitative Variable】和分类【Categorical】

变量,某种标准化形式可能是必需的);

2.为适当的(不)相似性量度建立一个(不)相似性矩阵【Matrix】;

3.通过聚类算法建立一个或多个聚类;

4.对得到的聚类进行评估;

5.对聚类进行有实际意义的解释。

虽然每一步都充满了危险,但第二步和第三步是最危险的,而第四步则常常被忽略。在第二步,不相似性量度(例如Euclidean、Manhattan 和 Minkowsky 距离)或相似性量度(如相关【Correlation】和相配系数【Coefficient】)可能会被使用。量度是至关重要的:不同的量度可能会导向不同的聚类。在第三步,有许多可用于建立聚类的算法。每对(量度和算法)的选择,原则上可能会导向不同的单位聚类。

分层聚类可以取凝聚和区分两种形式。凝聚聚类开始于每一个单位在它自己的聚类中,然后系统地合并单位和类,直至形成一个单独的聚类。区分分层聚类进行的方向则与之相反。在这些分类中,有着多种选择。其中最为普遍的三种是:单连接(single-link)、平均连接(average-link)和全连接(complete-link)聚类。在单连接中,算法在计算组之间的(不)相似性时,是按两个组中最接近的单位的(不)相似性计算的;在全连接聚类中,算法使用的是两组中距离最远的单位;而在平均连接聚类中,算法使用的是两组单位的平均(不)相似性。Ward 法(Ward's method)也是一种在合并两个类时使用普遍的方法。如何在这些方法中作出选择是至关重要的,具体的选择方法如图 1 所示。

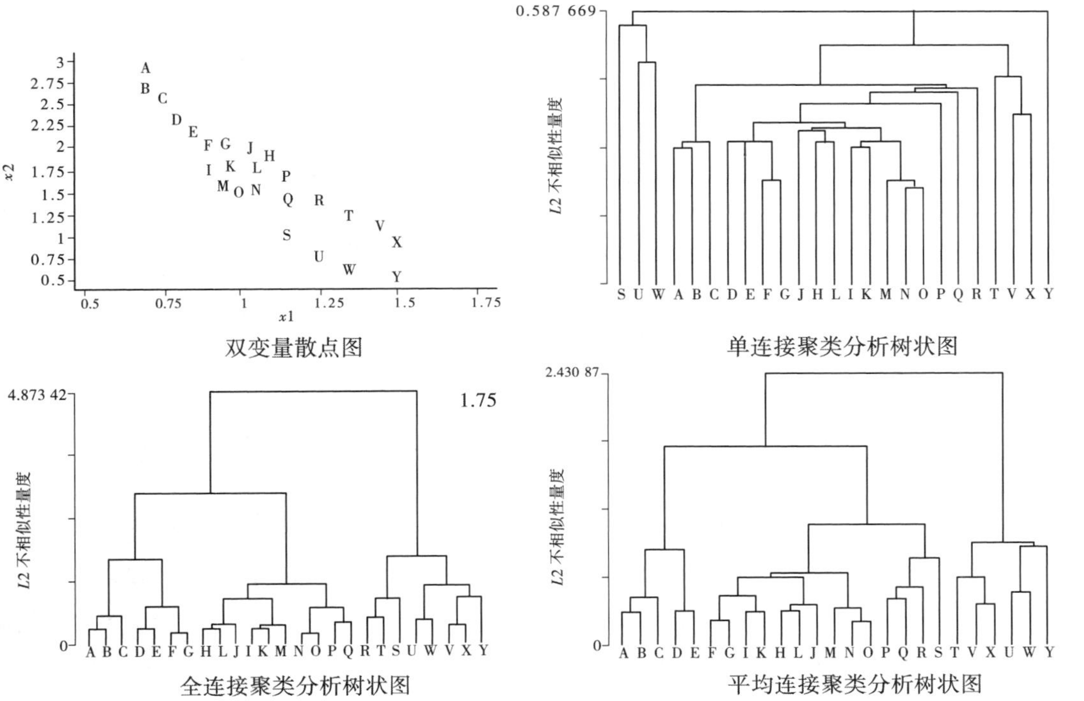

图 1 普通数据集的三种聚类法

图 1 的第一部分显示的是一张双变量散点图，共有可分类的单位 25 个。图中其余三部分都是使用欧几里得距离平方的聚类和树状图。对于这一例子而言，如果 (x_i, y_i) 和 (x_j, y_j) 是两个单位的坐标，那么它们之间的 Euclidean 距离的平方就是 $(x_i-x_j)^2+(y_i-y_j)^2$。右上方的部分显示的是一张单连接聚类的树状图。图 1 中右下和左下两张图分别是平均连接和全连接聚类的树状图。这些树状图的左边是不相似量度，水平线显示了被合并时的单位或类，而垂直线则一直在对类进行跟踪。平均和全连接聚类彼此最接近，二者都建议使用有三个聚类的聚类。然而，在类的细节方面二者则有所不同。单连接聚类与其他两种聚类明显不同。哪一种聚类"更好"可以通过考查聚类和散点图来加以判断——考查时要考虑单位是如何和为何会这样被分组(类)这一问题。而在实际分析时，则主要由研究的实际目的来引导这样的判断。

因为聚类这种工具是探索性的，所以不仅涉及聚类效度(步骤 4)的统计推论的工具为数不多，且它们的实用性也因为先验的探索而十分有限。从树状图选择类的数目常常被看作一个判断的问题，且任何一种聚类法都不难找到自己达到一个给定的聚类的独特理由。这一点也在图 1 中得到了阐述。

在聚类数已知或被假定时，有一些非分层的聚类方法可资利用。这包括 k-均值和 k-中位数聚类。另两种方法都采用首项和再定位(leader and relocation)算法。两种方法都是局部优化法，且为了避免到达局部最小，都必须重复许多次。定位算法是多雷恩等人(Doreian et al., 1994)开发的类似区块社会网络建模的直接聚类法的位置算法的核心。网络行动者和网络连接二者都被聚了类，而判别函数则据此根据实际关心的问题和网络【Network】连接被明确定义。正因如此，这样得到的聚类问题的解都不是特定的。

——Patrick Doreian

(沈崇麟译校)

参考文献

Doreian, P., Batagelj, V., & Ferligoj, A. (1994). Partitioning networks based on generalized concepts of equivalence. *Journal of Mathematical Sociology*, *19*, 1-27.

Everitt, B., Landau, S., & Leese, M. (2001). *Cluster analysis* (4th ed.). Oxford, UK: Oxford University Press.

Sokal, R., & Sneath, P. (1963). *Principles of taxonomy*. San Francisco: Freeman.

整群抽样(Cluster Sampling)

整群抽样是一种先将研究总体的单位分组，然后再选择一定数目的组的抽样方法。这些选出的组中的所有单位都在研究之列。这种抽样方法是多阶抽样【Multistage Sampling】法的一个特例。

——Peter Lynn

(沈崇麟译校)

Cochran Q 检验(Cochran's Q Test)

威廉·科克伦(Cochran,1950)开发了配对或受试者内设计【Within-Subject Design】的 Q 统计量。在这样的设计中,每个主体(r)为每个实验条件(c)提供一个二分的回答(dchotomous response)。Cochran Q 检验跨所有条件的目标回答的概率是否相等。例如,如果 6 个主体($r=6$)进行 4 次"不及格"或"及格"检验($c=4$),Cochran Q 可以评定跨四次检验的及格概率是否不同。当然,因变量可以是任何的二分变量,如及格-不及格、出席-缺席、击中-不中或增加-减少。

Cochran Q 在数据以 r 行 c 列的矩阵形式排列时是很容易计算的。矩阵中的每一行代表一个含 c 个元素的个案,元素的编码为"1"或"0",代表一个目标回答的存在或不存在。目标回答数跨行(u_i)和列(T_j)加总,并被用于在下面的公式中的 Cochran Q 的计算:

$$Q=\frac{c(c-1)\sum_{j=1}^{c}(T_j-\overline{T})^2}{c\left(\sum_{i=1}^{r}u_i\right)-\left(\sum_{i=1}^{r}u_i^2\right)}$$

式中的 T_j 是第 j 列的合计,u_i 是第 i 行的合计,$\overline{T}=\frac{\sum_{j=1}^{c}T_j}{c}$。

Cochran Q 服从 $c-1$ 个自由度【Degrees of Freedom】的 χ^2 分布。正如表 1 所示,来自每人参加了四次考试的 6 个主体的数据用 Cochran Q 作了分析。然后将观察的 Q 的统计值,和使用希望的第一类错误【Type Ⅰ Error】率(在这个例子中是 0.05)和自由度的 χ^2 值比较。在本例中 Q 的统计值没有超过临界的 χ^2。因此虚无假设【Null Hypothesis】被保留了,这意味着跨条件的考试及格的概率并无不同。

表 1 Cochran Q 的样本数据:复杂性变化水平检验

	考试 1	考试 2	考试 3	考试 4	
主体 1	1	0	0	1	$u_1=2$
主体 2	1	1	1	0	$u_2=3$
主体 3	1	0	0	0	$u_3=1$
主体 4	1	1	1	1	$u_4=4$
主体 5	1	0	1	0	$u_5=2$
主体 6	1	1	0	0	$u_6=2$
	$T_1=6$	$T_2=3$	$T_3=3$	$T_4=2$	$\overline{T}=\frac{\sum_{j=1}^{c}T_j}{c}=3.5$

$$Q=\frac{c(c-1)\sum_{j=1}^{c}(T_j-\overline{T})^2}{c\left(\sum_{i=1}^{y}u_i\right)-\left(\sum_{i=1}^{y}u_i^2\right)}=\frac{4(3)[(6-3.5)^2+(3-3.5)^2+(3-3.5)^2+(2-3.5)^2]}{4(2+3+1+4+2+2)-(2^2+3^2+1^2+4^2+2^2+2^2)}=6$$

$\chi^2_{(4-1)}=7.815$ 的第 95 百分位数

Cochran Q 要求假定个案是从总体随机并独立地抽取的。它也要求协方差是齐性的,所有可能的列对的协方差假定是相等的。如果协方差齐性的假定被违反了,迈尔斯和韦尔(Myers & Well,1995)则推荐使用由格林豪斯和盖赛尔(Greenhouse & Geisser,1959)开发的 ε 调整(ε-adjustment)。修正后的 Q 为:$Q^* = \varepsilon Q$。

调整检验的自由度为 $\varepsilon(c-1)$。与前面一样,Q^* 依照调整自由度后计算的 χ^2 值来评估。ε 的计算非常费事,因而在这里不再赘述。不过好在许多统计分析的程序在进行重复量度的方差分析【Analysis of Variance】时都会给出 ε 的值。

在使用 Cochran Q 时,样本量不宜小于16(上表中的样本量只是为了阐述方便)。跨条件显示,没有方差的(即全为 0 或 1)的那些个案对 Q 没有贡献。重复量度的方差分析可看作 Q 的一种备择方法,尽管它需要大样本来保证因变量抽样分布的正态性,且需要用 ε 调整来修正协方差的异质性。

——James W. Griffith

(沈崇麟译校)

参考文献

Cochran, W. G. (1950). The comparison of percentages in matched samples. *Biometrika*, *37*, 256-266.

Greenhouse, G. W., & Geisser, S. (1959). On methods in the analysis of profile data. *Psychometrika*, *55*, 431-433.

Myers, J. L., & Well, A. D. (1995). *Research design and statistical analysis.* Hillsdale, NJ: Lawrence Erlbaum.

代码(Code)

参见编码【Coding】。

编码簿(Codebook)

参见编码框【Coding Frame】。

编码(Coding)

编码是用数字把语言资料转换成变量【Variable】和变量的类别的过程,以便把数据录入计算机进行分析。社会科学研究的数据【Data】是从自填式问卷【Self-Administered Questionnaire】、电话或面对面访谈的问卷、观察以及记录、文献、电影、图片或录音带中收集来的。从原本的“原始”形式来看,这些资料由语言表述、文字或视觉影像构成。尽管许多数据录入项目至少可以处理有限的语言材料,但就大多数分析而言,这些资料最终都必须转换成变量和数字,并输入计算机成为可读的数据集。一个数据集中的每个变量(如性别)至少由两类组成,每一个都有一个独立的编码,这才成其为一个变量。它必须具有可变性;如果它不能改变,那么它就是常数。因此,一个研究可以包括男性和女性,这时性别(gender)或性(sex)就是一个变量,或者该研究也可以只包括男性或者女性,此时性别就是一个常数【Constant】。两种情况下都可以给性别设置数字编码。一个独特的编码可以由单位或多位数组成,有功能高数码(the functional upper number of digits)8 或 10 。

一个多位数的编码可在其中嵌套多个变量。例如,在地震之后去询问被调查者是否无法获得各种公共设施,包括水、电、气、电话等。每种设施都可以生成一个二类变量,用 1 来代表“是的,断了”,2 来代表“不,没有断”。但这四个一位数的变量也可以组合成一个四位数的变量,把四个变量的各种可能性都包含其中。例如编码 1221,可以表明水和电话断了,但电和气还没断。这里指定的数字可以有其本身含有的意义,或者作为语言数据的速记表示。例如,在收集有关年龄的数据时,记录的每个人、机构、政府或国家、物件的数据都是有意义的,可以对这些人、国家或物件的相对年龄作一些陈述。相反,如果采集的是人、家庭或机构的宗教信仰的数据,指定给各种宗教的数字就是任意的——例如,1 代表天主教,2 代表佛教,3 代表印度教。

测量层次

在给语言资料设计编码时,经常会用到测量层次【Level of Measurement】的概念(Stevens, 1968)。有四种不同层次的测量:定类(nominal)、定序(ordinal)、定距(interval)和定比(ratio)。从定类数据到定比数据,在分析中可采用的计算和统计方法会变得更加多样和复杂。当为数据创建编码时,理解和考虑这些区别非常重要。

宗教编码被看作定类编码。定类编码是任意的、速记型类别标志符。在给定类变量生成编码时,研究者关心的是生成完备、互斥的编码。完备(exhaustive)表示给数据中变量可能出现的每一类取值设一个独立的编码数字。这样,在给宗教倾向变量生成编码或编码框的时候,可能就需要给每个没有宗教倾向的个人、机构和群体也生成一个独立的编码数字,那些被归为不可知论者、无神论者的人也需要独立的编码。互斥意味着每个人、机构、物体或群体的编码信息只能明白无疑地分配给变量的某一类。例如,佛教徒的编码只能是 2,不能是 1 或 3。

定类变量的类没有排序的意义,类和类之间的距离不能计算。对定类变量来说,唯一可以恰当计算的集中趋势【Central Tendency】量度是众数。许多社会科学最重要的变量都是自然的定类变量。包括性或性别、宗教、语言、种族认同和婚姻状态等。

定序变量的测量层级更高一级。定序变量的类别可有意义地顺序排列。因此,举例来说,一个喝了 1 品脱水的人所喝下的水少于喝了 2 夸脱水的人,而后者所喝的水又少于一个喝了 2 加仑水的人,这三个人可以分别被编码为 1,2,3。编码为 3 的人明显比编码为 1 和 2 的人喝的水要多,但在分析中,从这三个编码上无法判断此三人的相对距离。众数和中位数【Median】都可以用于定序变量的计算,但在技术上讲,对得分进行加减或计算均值【Mean】都是错误的。给各种自然的定序变量进行编码的一个问题是设计既互斥又完备的编码。在上述例子中,编码是互斥的,但不是完备的。请注意这里没有对不喝水的人、喝 3 加仑的人或者 1 夸脱的人进行编码。

年龄可以被看作一个定距变量。定距变量需要有一个等距的(或恒常的)数字类别尺度。试想一下这个问题的答案:“你去年过生日的时候几岁了?”对定距变量来说,它的类别既可以有序地排列,也可以说类别之间是等距离的。例如,定距变量都有假定零点,类别可以有序排列,而且我们还可以讨论类别之间的距离。比如说,24 和 26 之间的距离与 33 和 35 之间的距离相同。除了众数和中位数之外,诸如均值、标准差【Standard Deviation】等统计量和相关【Correlation】都是有意义的,可以被解释的。定比变量和定距变量的不同之处在于,它有一个有意义的零,而且是完全连续的,也就是说,尺度上每个点都存在。质量和高度通常被看作定比变量。

定比变量也称作连续【Continuous】变量,而其他三类变量有时候则称作离散【Discrete】变量。对大多数社会科学研究而言,定距变量和定比变量之间的区别在很大程度上是任意的,因为定比变量可作的大多数统计分析也可以用于定距变量。相比之下,适合定距变量和定比变量的分析技术,在技术上不能被用于定类和定序变量。

确定变量的编码

数据的编码开发可以在研究设计阶段或者数据采集之后来做。当以结构性问卷或抽象的形式来搜集个数有限的变量数据,且大多数变量都有有限个可能的答案类别时,编码方案作为一种数据收集的工具,应该事先设计定稿。当观察【Observation】、焦点小组【Focus Group】、半结构化访谈【Semi-Structured Interview】或者文献【Document】都是数据来源时,一般在数据采集完成之后采用内容分析【Content Analysis】或其他程序,以归纳法来开发编码。我们把为问卷中的封闭式问题【Closed-Ended Questions】的编码开发作为第一种例子,而将为开放式问题【Open-Ended Question】编码开发作为第二种例子。

开发编码时应该考虑许多问题。正如前面所强调的,编码和相关的答案类型应该既完备又互斥;也就是说,可能给出的每个答案应该都有一个编码,问卷的被调查者【Respondent】、数据的采集者以及数据的录入人员应该不难确定哪个答案符合所描述的情况,以及哪个数字或编码与这个答案相关。比如说,在洛马·普雷塔(Loma Prieta)地震之后,作者(Bourque & Russell, 1994; Bourque, Shoaf, & Nguyen, 1997)询问了被调查者,“你是否打开或者找到了一台电视机,或者收音机来获取有关地震的更多信息?”提供的答案包括“是的,普通的电视机。”“是的,用电池的电视机。”“是的,普通的收音机。”“是的,用电池的收音机。”以及“没有。”这五个答案预先分别编码为 1,2,3,4 和 5。调查者要求被调查者只选择一个选项作为答案。

尽管答案和编码的列表看似完备和互斥,实际并非如此。首先,许多被调查者从不止一种电子媒体获取信息;其次,许多被调查者也从汽车广播里获取信息。对这些问答的类别进行了修改,把汽车收音机加进了列表,而且也允许被调查者选择一个以上的答案。如果没有做这个工作,数据就有可能会丢失。

如果要记录或编码的多重信息在技术上属于一个变量,那么每个答案类别都成了一个有两个提及或未提及的编码或取值的变量。就这个例子来说,最初的一个变量与五个可能的答案就成了六个相关联的变量,每个都有两个可能的答案或编码。

其他类提供了另一个确保编码框【Coding Frame】完备的办法。“其他”被用于处理研究者在设计编码框的时候没有预计到的答案。还是上述同一个研究,作者提供了有关房屋因地震受损的各种情况的列表,包括墙壁倒塌、屋顶垮塌等。作者没有预计到的是加州圣克鲁斯城外山区居民所使用的水塔所遭到的损害。因为包括了“其他”这一类,当被调查者说有个水塔震坏了,访问者就把代表“其他”的编码19圈起来,在问卷中如下面的方式提供的空白处写下“水塔”:

其他____________________19

请具体说明:____________________

数据录入计算机的时候,表示预期之外的答案的编码19,以及对这个答案的文字描述“水塔”都被录入了数据集。

回顾以前的研究并对数据收集的过程进行前测【Pretest】可以帮助研究者确定答案选项和相关的编码是否互斥与完备,但有时候社会变迁可能会导致经过充分测试的编码方案变得不准确、不完备,甚至完全过时。例如,婚姻状况曾经的标准分类是“从未结婚”“已婚”“离婚”“分居”和“丧偶”,但异性和同性伴侣同居的情况越来越多。根据2000年美国普查,美国5.2%的家户当时自称为“未婚伴侣家庭”。比如说,一个社会网络的研究,没考虑这个变化并对其作出解释,就可能会导致结果严重的失实。

确定用于收入、教育、年龄的类别和编码也是容易出问题的地方。一般来说,收入都被编码为定序变量。它会被分成如下的类别:低于10 000美元,10 000~19 999美元,20 000~29 999美元等。这样问题就来了——我们应如何确定每一类别的宽窄呢?最高和最低的类别又应该是多少呢?如果类别分得太宽,最高的类别设得太低,或最低的类别设得太高,就会出现堆积。将相当大比例的数据的码都编入单独一类,这种情况叫作堆积。例如,如果要研究的大学本科生,其年龄被当作定序变量分为18~21,22~24和25~29三类,其编码分别为1,2和3,绝大多数大学生的年龄都在18~21岁,他们就会被编码为1。这种情况出现的时候,变量就没什么意义了,因为它不再有任何方差【Variance】。

从那些基本结构本质上至少是定序的数据(如年龄、教育、收入等)来创建定序变量还会产生另一个问题,即可能会对数据分析有所限制。如果年龄被分成了18~24,25~29,30~34和35~39等几类,研究者虽然可以确认中位数年龄类,但永远也无法计算平均年龄。不仅如此,在问卷上或资料收集表上写出年龄类别,比只是简单地询问上一次生日时的年龄和出生时间要占用更多的空间。这种情况下,资料收集表中设置一个简短的开放式问题,不仅能收集到数量和质量完全的数据,且生成的数据也更易于分析。

当研究者使用诸如“没有”“有些”和“很多”等分类的时候也会出现类似的问题。尽管没有的意思很清楚,但一些和很多是什么意思?它们又该如何编码?如果这个问题是要问被调查者认识的人中,有多少人在洪灾中受伤了,那么为什么不这样问:“你认识的人中一共有多少人在洪灾中受伤了?”这样收集来的信息可以生成近似于定距的数据,因而不会受制于人们对一些和很多这样一些词的各种解释。

在给数据编码的时候,记录丢失的信息和记录存在的信息一样重要。标准的缺失数据【Missing Data】的情况包括“不适用”“不知道”“拒绝回答”和“丢失”。当数据是直接问人问题采集来的时候,就会常常使用“不知道”和“拒绝回答”,而当数据来自记录或其他文件时,则“丢失”编码就极为重要。两种情况下都会用到“不适用”的编码,当有的数据与调查无关时,便可以采用“不适用”。之所以需要用到“不适用”,常常是因为需要编码的数据来自早前的信息,导致现在的数据与此无关。例如,不需要问男人他们怀孕之后是什么感受;如果没有采血,也不需要在医疗记录中去找血红蛋白的数据。

一般来说,如果要从文献或记录中提取数据,数据收集员会被告知要搜寻一些特殊种类的信息,并用编码加以记录。如果要给美国八大报纸一个月之内头版报道作一个内容分析【Content Analysis】,要求数据收集员记录下所有提到总统的文章和文章的“语气”(例如,是赞美的、批评的、分析性的等),而假如某报头版中没有提到总统,就是一个重要的信息。因此,表示头版报道内容的编码框或者数字编码的取值范围中就包含了为丢失所设的编码。代表丢失的编码至少提供了一个间接证明,说明数据收集员虽然寻找了这个有待编码的信息,但没有找到。

在数据采集中,使用“不知道”这一编码的时机和程度是较有争议的问题。设置“不知道”这个类项及其编码的意义和价值因以下因素的不同而不同:研究者的目标、采集数据的方法、要搜寻事实性的信息还是有关态度的信息、是否告诉了被调查者可以选“不知道”这个类项,以及数据收集员受训练和督导的程度如何。如果数据是直接向人采集,主要的目标是收集事实性的信息或行为的信息,最好不要在数据收集中把“不知道”放在可选的类项中,因为有其他答案更合适的时候也会有调查员和被调查者忍不住去选“不知道”。更复杂的情况是,在诸如访谈等互动中,人们确实常常一边考虑问题,一边使用类似“不知道”这种短语。这种情况下,“不知道”表明这个人听到了问题,但不一定就是问题的答案。如果要问的是有关态度或者观点的问题,可能一个经过确认的“不知道”,或者“没有意见”的答案类项是合适的,尤其是当被调查者被问及他们完全不了解的人、政策或做法的时候。

有些答案的类项在整个数据收集中重复出现,比如是、否、拒绝、不知道、信息丢失、不适用等。研究者可以在整个数据收集过程中给这些常见的答案选项使用一致性数字编码。表 1 展示了通常所采用的传统编码。

表 1　一致性编码例示

答　案	编码范例		
	一位数	两位数	三位数及以上
是	1		
否	2		
拒绝回答	7	97	997
不知道	8	98	998
丢失信息	9	99	999
不适用	0	00	000

最后,研究者应该考虑开发可以在数据分析中能将转换需求降到最低的编码框。比如说,如果要从健康儿童就诊(well-baby visits)的医学记录中收集有关免疫接种的数据,比起设计“没有接种”“1～2 针”“3～4 针”和“5 针以上”等类项,并用 1,2,3 和 4 来编码,记录每次就诊所做的免疫接种的真实次数要更有意义。

后编码

有些数据的编码框确实无法在数据收集程序定稿之时建好。未能将事先确定的答案类别清单包括在访谈中,其原因无非是研究者无法预估可能得到的数据的种类和数量,或者无法创建易于向数据收集员或数据录入人员说明并供其使用的完备且互斥的编码。在作探索性研究时情况更是如此,因为探索性研究的目标就是要查明再作更多的结构性研究是否可能及是否有价值。在这种研究中,访谈或者其他的数据收集方法可能是无结构的,或者只是部分有结构的。这些材料常常都是以音频或视频方式记录的,并在编码和分析之前转录。当数据收集完成之后,任务就是要确定数据中存在什么模式(如果有任何模式的话)。这就是用诸如内容分析之类的程序进行归纳。分析文献、电影和电视节目也必须用到类似的程序。但最终的目标是构建出数据的编码框或数值表示,这样数据便可以被分析和概括。

内容分析及其相关的程序很复杂,关于如何操作的详细信息超出了本小节介绍的范围。不过这里可以介绍一些总的原则。首先,研究者必须设定编码框使用的具体目标,如果要观察正在玩耍的儿童,目标是测量行为的频次、行为持续的时间、互动的强度,还是某种组合?确认数据将要如何使用之后,研究者就可以确定哪些变量要抽取出来、哪些要被忽略掉,这个确认目标的过程可能涉及初步的总的内容分析,以便从数据中归纳发展出全部研究主题。

其次,在发展编码框的过程中,必须在细节过多和细节不足之间加以权衡。如果要描述衣服,那么给衣服上的纽扣数量和种类都进行编码是很重要的吗?或者就说这是件夹克就足够了?再次,与之相关的是,要在创建编码框的时候尽可能多地保存信息。这里特别关注的是那些只在一些文献中出现,但对要研究的问题特别重要的信息。因为内容分析是一个耗时费力的漫长过程,有时候因为研究者累了或者感到无聊了,就没有给重要的信息编码。只要原始数据还在,研究者总还是能重新检查数据的,但这通常意味着看很多录音整理稿,或者听很多磁带。因此,在创建编码框的时候应尽一切努力把少见而重要的信息纳入其中。这就是积极搜寻数据,并对某种信息丢失的事实进行系统编码特别重要的原因所在。

最后,研究者需要给编码、变量或维度设置足够广泛的范围,好让编码员不必强行把数据塞入不合适的类项中去。比如说,以对下面这个陈述的回答为例:“描述这次交通事故中的交通工具。”首先,我们可以给这次交通事故中涉及的机动车数量进行编码。接下来,我们可以给事故涉及的机动车的种类进行编码——小轿车、运动型多功能车(SUV)或者小型货车。如果考查机动车的安全特性也是研究的目标之一,可能给车辆的品牌、使用年限、是否有安全气囊等进行编码也很重要。这里要说的重点就是一个刺激——无论是一个问题、文献中的一段话、一段时间的观察,或是一部电影或一盘磁带里的一个片段——都可能产生多种多样的信息,成为分析中的多个变量。

——Linda B. Bourque

(杨可译　沈崇麟校)

*也可参见定性数据编码【Coding Qualitative Data】。

参考文献

Bourque, L. B., & Clark, V. A. (1992). *Processing data: The survey example* (Sage University Paper Series on Quantitative Applications in the Social Sciences, 07-085). Newbury Park, CA: Sage.

Bourque, L. B., & Russell, L. A. (with Krauss, G. L., Riopelle, D., Goltz, J. D., Greene, M., McAffee, S., & Nathe, S.) (1994, July). *Experiences during and responses to the Loma Prieta earthquake.* Oakland: Governor's Office of Emergency Services, State of California.

Bourque, L. B., Shoaf, K. I., & Nguyen, L. H. (1997). Survey research. *International Journal of Mass Emergencies and Disasters*, *15*, 71-101.

Stevens, S. S. (1968). Measurement, statistics, and the schemapiric view. *Science*, *161*, 849-861.

编码框(Coding Frame)

编码框、编码簿(codebook)或者编码手册是对如何将文字或视频资料转换成分析所需的数字数据的说明。它提供了文字资料和数字数据之间的联系,并对数字数据的含义进行解释。

简单来说,编码框指的是在给代表单独一个变量【Variable】(例如人们出生的州)的信息编码【Coding】时使用的数字编码的取值范围。就这个例子而言,至少在编码框里要包括 50 个独特的数字,每个州对应一个数字。数字被任意地指派给各个州。对那些不是出生在美国的人和没有对应数据的人,则会设置特别的数字。一旦数据进入了数据文件,编码框就成了原始文字资料和数据集信息的位置和意义之间的唯一连接。没有编码框,分析员就不知道数字 32 代表什么,也可能不知道它表示一个州。

就最复杂的情况而言,编码框或编码手册说明了数据文件中所有数据的位置,每块数据或每个变量对应的是哪些数字集,每个独特数字代表着什么意思。因此,除了出生的州,数据集可能还包括了出生的县和出生日期。编码框可能会描述三个变量在数据集中出现的顺序,每个独特的编码代表什么,以及生日是以什么形式录入数据库的。

编码框可以在实际的数据收集之前建好,也可以之后通过内容分析【Content Analysis】和后编码过程创建。如果能提前知道变量的数量和每个变量可能收集到的数据范围,建议给变量作预编码,这样就可以在实际采集数据之前创建编码框。如果数据是通过计算机辅助的电话访谈(CATI)或类似方法采集的,大多数数据的编码框必须提前加规定或者预编码,以便为计算机编写采集信息的程序。CATI 的一个主要优点在于访谈者可以在被调查者回答问题的时候就自动编码。如果访问的主要问题都需要访问员来打下冗长的文字答案,那么采用 CATI 的价值就小了很多。

有些种类的数据无法在数据收集之前就建好编码框,要么是因为可能获取的数据的种类和数量无法预测,要么是因为无法创建易于向数据收集员和数据录入人员说明并便于其使用的完备而互斥的编码。这种情况下,就必须在完成了数据收集之后通过归纳来创建编码框。这个完成的过程很复杂,无法在本小节一一介绍。

——Linda B. Bourque

(杨可译　沈崇麟校)

参考文献

Bourque, L. B., & Clark, V. A. (1992). *Processing data: The survey example* (Sage University Paper Series on Quantitative Applications in the Social Sciences, 07-085). Newbury Park, CA: Sage.

定性数据编码(Coding Qualitative Data)

对很多不同类别的社会研究来说,编码【Coding】都是一个基本的组成部分。进行了数据收集之后,研究者就需要理解数据。编码要求研究者和数据进行互动,对其加以思考。编码从数据中创建出类项和概念,以一种系统的方式将数量巨大的数据集浓缩成较小的可分析的单位。编码在位于不同部分但被认为具有相同特征的数据之间建立连接。编码便于组织、检索和解释数据，并进而在解释数据的基础上得出结论。

尽管定量研究和定性研究编码的过程可能很类似，因为两者都需要对数据进行分类拣选，但二者的编码目的却很不相同。例如，在给社会普查数据做编码的时候，可能会给某一类别指定其取值，以便统计处理（可能会进行频数统计）。相比之下，在半结构化访谈【Semi-Structured Interview】中所获取的类项并非规定的取值；而是从各个主题中挖掘出来的，仍然嵌入其情境。定性编码让数据得以确认、整理，并可以用不同的方式来加以考虑。

无论要编码的是问卷的开放式问题、访谈的录音整理稿，还是田野笔记，编码的主要阶段就是要发展出一套可用于数据编码的类项。这些类项可能源自理论，也可能来自数据，可能从研究文献中来，或者以灵感为基础。斯特劳斯和科尔宾（Strauss & Corbin，1990）区别了三种不同层次的编码：开放的、轴向的以及选择性的编码。开放编码包括数据分解、比较和归类；轴向编码在开放编码后识别出来的类项之间建立连接，把数据放回一起；选择性的编码则要求选出核心的类项，将其与其他类项相关联，并证实和解释这种关系。如果我们设计研究项目的目的是检验假设，那么类项将要从所采用的理论框架中生成，数据就会被灌注进这些类项。这种编码叫作向下编码（coding down）。如果数据要用于生成理论，类项就从数据中生成，这就涉及向上编码（coding up）（Fielding，1993）。

科菲和阿特金森（Coffey & Atkinson，1996）强调指出，编码既可以用于数据简化，也可以用于数据复杂化，不过通常编码都是这二者的组合。编码可以把数据简化成简单而宽泛的类项或共同点，以便于检索具有共同特征的数据。诚如斯特劳斯（Strauss，1987）所示，编码同样可以用于对以前没有考虑过的分析的可能性加以发展、重新阐释并开始分析，帮助生成理论。

过去的十年里出现了数不清的电脑软件包，可专门用于简化定性数据编码的过程。尽管计算机定性数据编码快速而又简便，可以使用大量的编码，并开启意想不到的探索和分析之路，但它给研究者带来的处理文字资料的方式实在是太多了。不仅如此，研究者也可能会受制于计算机程序。它可能会对分析带来难以接受的限制，而且定性编码也可能会受形式化的支配。

——Sharon Lockyer

（杨可译　沈崇麟校）

参考文献

Coffey, A., & Atkinson, P. (1996). *Making sense of qualitative data: Complementary research strategies.* Thousand Oaks, CA: Sage.

Fielding, J. (1993). Coding and managing data. In N. Gilbert (Ed.), *Researching social life* (pp. 218-238). Thousand Oaks, CA: Sage.

Strauss, A. (1987). *Qualitative analysis for social scientists.* Cambridge, UK: Cambridge University Press.

Strauss, A., & Corbin, J. (1990). *Basics of qualitative research: Grounded theory procedures and techniques.* Newbury Park, CA: Sage.

系数（Coefficient）

系数是关系【Relationship】的数值。一个系数一旦被估定，便表明了两个或更多个变量之间的联系。例如，变量 X 和 Y 之间的皮尔逊相关系数【Pearson Correlation Coefficient】0.90 这一数值，精确地把二者的关系数量化，表示二者的关系很强。在有着两个自变量 X 和 Z 的多元回归【Multiple Regression】方程中，X 的 6.3 的回归系数表明，在保持 Z 不变时，X 的一个单位的变化，可期望 Y 有 6.3 个单位的变化。一般来讲，对于相关的变量而言，可资利用的系数有许多个，每一个都有不同的性质，而在有些时候，究竟什么性质才是我们所愿，则要取决于分析者的目的。

——Michael S. Lewis-Beck

（沈崇麟译校）

*也可参见参数【Parameter】。

决定系数（Coefficient of Determination）

决定系数是普通最小二乘线性回归【Ordinary Least Squares Linear Regression】的拟合优度量度【Goodness-of-Fit】（在多变量中它常被叫作复决定系数）。双变量的决定系数用 r^2 表示，而多变量的决定系数则用 R^2 表示。这一量度表示估计的回归线在多大程度上与实际的数据拟合。它告诉我们因变量 y 的变化在多大程度上是可以为把所有的自变量【Independent Variable】放在一起的模型所解释。特别要指出是，它是 y 的总变化中，y 被解释的变化的比例。

有若干种公式可用来计算决定系数。第一种是先取被解释的平方和，然后再将它除以总平方和：$R^2 = \text{ESS/TSS}$。第二种是用 1 减去残余平方和在总平方和中的比例（未解释的平方和）：$R^2 = 1-(\text{RSS/TSS})$。

因为它是解释的平方和在总平方和中的比例，所以这一量度的值一定是 0～1。1 这一值表示回归线与数据完全拟合，在值接近 0 时，表示拟合得很差。如果 x 和 y 完全线性独立，那么 R^2 便将等于 0。必须注意的是，如果样本平均数解释的因变量的变化多于自变量所解释的，那么 R^2 的值有可能是负的，值域为 0～-1。将量度值乘以 100 得到的值，使我们得以更清楚地解释自变量的被解释的变化。用这样的计算，对一个 0.25的 R^2，我们可以作这样的解释：因变量变化的 25%可为模型中的自变量所解释。

决定系数的平方根叫作复相关【Multiple Correlation】系数，而在双变量中则称为样本相关系数。相反，R^2 则是复相关系数的平方，它是从自变量计算得到的估计的因变量（$\hat{y}$）和实际的因变量（y）之间的相关量度。

尽管这一量度要考虑的问题有很多，有时也许还会考虑过多，但其中有些要点则是在对这一量度作解释时必须记住的。第一，不论你的 R^2 有多么高，它也只不过是相关的证据，都不能对因果关系提供正面的支持。这就是说，即使你的 R^2 很高，你也不能说是你的自变量引起了你的因变量的变化这样的话。第二，虽然 30%不是一个非常高的值，但你的模型可能已经运行得比较好了；解释了政治环境中的一个因子的变化的 30%，这一比例常常已经有了很重要的意义。此外，在进行时间序列（time-series）分析时，我们常常会发现有些 R^2 会在 0.90 以上。第三，当将自变量加进模型时，R^2 会随之增加，但对那些理论取向的模型，我们应该避免试图将相关系数最大化的做法。最后，不能对任何两个给定的模型的 R^2 进行比较，如果它们没有相同的因变量的话。

在使用多变量模型时，一种行之有效的做法是考虑使用调整【Adjusted】的 R^2，因为每一个加入模型的自变量通常都会增加被解释的变化的数量，所以考虑一下自由度【Degrees of Freedom】的问题是很重要的。而调整的 R^2 正是出于这一考虑而对那些增加的参数进行调整的。

——Christine Mahoney

（沈崇麟译校）

参考文献

Frankfort-Nachmias, C., & Nachmias, D. (2000). *Research methods in the social sciences* (6th ed.). New York: Worth.

Gujarati, D. (1995). *Basic econometrics* (3rd ed.). New York: McGraw-Hill.

Wooldridge, J. M. (2000). *Introductory economics: A modern approach*. Cincinnati, OH: South-Western College Publishing.

认知人类学(Cognitive Anthropology)

认知人类学是以社会关系为背景对人类思想所进行的研究。有些认知人类学的著作考察了离散的认知过程，例如记忆或者直觉，但在古迪纳夫(Goodenough，1957)将文化定义为个人作为社会群体的成员行动得当所必须掌握的知识之后，现代认知人类学的发展才打下了良好的基础。在这个看似简单的定义中暗含了一些有关知识的分享和分布的问题，这些知识现在已成为该学科的核心领域。认知人类学一直是人类学中最具方法论自觉的分支学科，这一定程度上也是拜这些有关分享和分布的问题所赐。许多这种工作都围绕着寻找某个社会群体(无论是一个社会网络、社会组织，还是一个社区)的文化上凸显的范畴，以及对组织这些范畴的基本要素的测定来进行。

调查者用于探求那些标志类别的词语，以及调查者用来定义这些词语的含义的区别性特征的技术有如下几种：自由列表(free-listing)，借此可以生成组成某个文化领域的词语；各种形式的非强制性或强制性堆积分类(pile sorts)，由此可以确定各个词语的意义的异同点；各种形式的评级和排序工作，以精确测量意义的不同维度的重要性(参见 Weller & Romney, 1988)。罗姆尼、韦勒和巴彻尔德(Romney, Weller, & Batchelder，1986)提出的文化共识模型给考察文化知识的分享和分布带来了巨大的发展。文化共识模型用被调查者之间的相关关系来测量共识；如果这种被调查者之间的关联可以用单独一个主因子来解释，那么就存在共识，而且也可以因此而合理地推论，所有的被试都信赖那个特别文化领域的一个单独的、共享文化模型。围绕这一共识的被调查者的分布(包括备择的替代性文化模型)以及这一共识的具体内容也可以得到检视。

不同民族背景下的内科医生和病人之间的生殖系统癌症文化模型的研究是这种路数的一个范例(Chavez et al., 1995)。上面所描述的工具被用来考察南加州的医生、英裔妇女以及本地拉丁裔和拉丁移民之间的癌症文化模型。在每个群体内部都有很明显的共识(也就是说，群体内部彼此之间对导致生殖系统癌症的重要原因的看法一致)。在英裔妇女与医生、英裔妇女与本地拉丁裔、本地拉丁裔与拉丁移民之间都存在一些交叠的共识。但是拉丁移民却与医生和英裔妇女之间共享的癌症原因模型相距甚远。这些结果可以用图来表示，展示出个人和群体在文化意义空间上是如何分布的。

认知人类学的这种系统的民族学技术加强了传统的文化人类学定性技术。人类学研究的一个主要目标就是理解其他人是如何看待世界的。在资料收集和分析上的方法论革新有助于研究者更准确地理解他者的文化模型。

——William W. Dressler

（杨可译　沈崇麟校）

参考文献

Chavez, L., Hubbell, F. A., McMullin, J. M., Marinez, R. G., & Mishra, S. I. (1995). Structure and meaning in models of breast and cervical cancer risk factors: A comparison of perceptions among Latinas, Anglo women and physicians. *Medical Anthropology Quarterly*, *9*, 40-74.

Goodenough, W. (1957). Cultural anthropology and linguistics.In P. L. Garvin (Ed.), *Report of the 7th Annual Roundtable on Linguistics and Language Study* (pp. 167-173).Washington, DC: Georgetown University Press.

Romney, A. K., Weller, S. C., & Batchelder, W. (1986). Culture as consensus: A theory of culture and informant accuracy. *American Anthropologist*, *88*, 313-338.

Weller, S. C., & Romney, A. K. (1988). *Systematic data collection* (Qualitative Research Methods, Vol. 10). Newbury Park, CA: Sage.

同期群分析（Cohort Analysis）

同期群分析是一种考察数据的一般性策略，而非一种统计方法。在过去的数十年间，特别是在 20 世纪最后的 25 年间，它在社会科学中的使用变得越来越普遍。它在评估（人或其他存在的）老龄化的后果及理解社会和文化的变迁中很有用。同期群分析之所以引起人们的注意，也在于它在方法学上具有异乎寻常的激起人们兴趣的挑战性。

就其最广泛的意义而言，凡使用同期群概念的量度，并将这一量度与一个或更多个附加的变量联系起来的量化研究，都可称为同期群分析。一个同期群依次包含的那些个体（人或其他个体），在一个特定的时间经历了一个特定的事件。常常被研究的那种同期群是人的出生年同期群，即那些在给定的年、十年或其他时期出生的人。如果“同期群”这一词不带修饰词，那么它通常都指一个人的出生同期群。否则会用个体共同经历的事件作为修饰词来确定同期群的种类，如退休同期群。用于定义同期群的事件涵盖从结婚到参加一个组织，从参加研究生课程学习到第一次为人父（母）这样的各种事件。个体如果不是人类则可以是结婚、组织、教科书、电影或其他在特定期间形成的存在。

通常和更为严格的同期群分析的含义是指那些任何试图估计年龄、时期和同期群对因变量如某种行为或态度的效应，且分析至少涉及来自两个同期群的至少两个时点的数据那样的分析。年龄效应起因于成长，同期群效应起因于同期群的成员资格，而时期效应则起因于随时间变化而来的影响。例如，处在青少年或青年时期的人都酷爱通俗音乐就是一种同期群效应，而由经济萧条引起的态度变化就是一种时期效应。显而易见，在老龄研究中估计年龄的效应是很重要的，而在理解社会和文化变迁时，对诸如这样的效应进行估计同样也是很重要的。

年龄、时期和同期群难题

年龄、时期和同期群效应的估计并非是直截了当的,因为在来自标准的统计分析的发现中,两种效应是彼此混杂在一起的。例如,在某一时点的不同年龄的人之间的差异,可能是由于年龄效应、同期群效应所致,或两种效应共同所致。无独有偶,在追踪调查不同时期的人的研究中观察到的变化,可能是年龄效应、时期效应所致,或二者共同所致。效应混杂是识别问题【Identification Problem】的一个例子,它多见于在三个或更多个自变量可能对一个因变量产生影响,而每个自变量又是其他自变量一个精确的线性函数时。年龄是时期和同期群的一个线性函数,同期群是年龄和时期的线性函数,而时期又是年龄和同期群的线性函数。

有一种启发式的图表常被用来帮助我们厘清同期群数据中的效应混杂,它就是标准同期群表,该表中有并列的两组或更多组的某个与年龄相关的截面数据,各组的年龄都以相等的间隔分类,如表1的年龄数据都以十年为间隔分类。该表行中的时期和同期群的效应是混杂的,而年列中的年龄和同期群效应也是混杂的。期群效应可通过时间来显示,即通过自上向下和自左向右的对角线上的数字显示,而年龄和时期的效应在同期群对角线上是混杂的。

年龄、时期和同期群的线性效应,以没有一种统计分析可以把它们区分开来的方式混杂在一起,无限个年龄、时期和同期群效应的组合才可以对跨年龄、时期或同期群对一个因变量的线性变化模式作出解释。有一种方法可以将非线性效应分开,但这只有在效应是可加的和可以对某些效应作出精准的假设时才能做到,而这些条件几乎是无法满足的。

然而,即使没有做严格的模型检验,也常常仍有可能对效应的一般性质作一个合理的结论。某些有用的同期群分析法将理论、手头数据之外有关正在研究的现象的信息、常识、简单的统计分析和正式的数据考察结合在一起,得出虽然是初步的,但却是站得住的结论。

表1 1974、1984 和 1994 年全美综合调查(American General Social Surveys),被调查人认为婚外性行为总是不对的人数的百分比

年　龄	1974 年	1984 年	1994 年
	n/%	*n*/%	*n*/%
20~29	59.2(392)	68.3(384)	83.8(346)
30~39	70.9(291)	63.9(304)	77.7(462)
40~49	75.3(270)	70.8(241)	76.7(411)
50~59	80.8(278)	78.6(181)	77.2(272)
60~69	83.0(194)	79.7(166)	85.8(165)

注:为了增加代表性,数据对户中18岁及以上人数作了加权。

一个例子

表1的数据便可用来作为对描述性数据进行简单的效用考察的例子。1974年的数据显示,年龄与对婚外性关系的限制性态度之间存在正相关关系,而同期群对角线则表明,总的来讲,每一个出生于同期群的人,随着年龄的增长,其限制性态度也有所增长。这些数据本身说明在限制性态度上具有正的年龄效应。然而在更为仔细地考察表中的数据之后,我们便会对这样的解释产生怀疑。在20~29岁这一个年龄组,我们可以清楚地看到时期对限制性的影响,可能已经强到足够使同期群内的限制性态度有所增长。根据理论,同时也得到许多经验证

据的支持，年轻人较之老年人更容易受到时期的影响，因此受早期性解放思想影响的年龄差异可以解释1974年数据存在的年龄和对婚前性行为约束的态度的差异。由此可见，数据中并不存在任何令人信服的年龄效应的证据。

年龄、时期和同期群特征模型

罗伯特·欧布里恩和他的合作者引进了一种新的分析方式，尽管它提供不了有意义的年龄、时期和总同期群效应的估计值，但我们有理由把它视为一种同期群分析。虽然它无法让相互联系的变量中的两个保持不变的同时，让第三个变化，但是它可以设法使年龄和时期不变，而令同期群的某种特征，例如它们的相对大小变化。如果同期群特征不承载对同期群很强的线性关系，那么它的效应估计值应当是有意义的，即使模型无法估计年龄和时期效应的值。但已经有证据表明，这种很有前途的方法在研究诸如犯罪和受害这样的因变量中是很有用的。

——Norval D. Glenn

（沈崇麟译校）

参考文献

Glenn, N. D. (2003). Distinguishing age, period, and cohort effects. In J. Mortimer & M. Shanahan (Eds). *Handbook of the life course* (pp.465-476). New York: Kluwer Academic/Plenum.

Mason, K. O., Mason, W. M., Winsborough, H. H., & Poole, W. K. (1973). Some methodological issues in the cohort analysis of archival data. *American Sociological Review*, *38*, 242-258.

O'Brien, R. M. (2000). Age-period-cohort-characteristic models. *Social Science Research*, *29*, 123-139.

共整合（Cointegration）

当一个不平稳的变量线性组合是平稳的时候，那么我们就说这些变量被共整合了，定义那个平稳的线性组合的向量叫作共整合向量。一个时间序列是平稳的，如果它的分布不随时间变化而变化的话。最简单的平稳过程的例子是 $\{\varepsilon_t\} = \cdots, \varepsilon_{-1}, \varepsilon_0, \varepsilon_1, \cdots$，它们表示一系列独立的和恒分布的随机变量。下标 t 指的是时间。如果变量的分布取决于时间 t，那么它就是不平稳的。在共整合分析中，最常见的非平稳性形式是整合变量（integrated variable）的非平稳性。随机游走【Random Walk】，$X_t = X_{t-1} + \varepsilon_t = X_0 + \sum_{i=1}^{t} \varepsilon_i$ 是一个一阶整合非稳定变量的例子。

共整合的概念之所以令人感兴趣，是因为它能用于揭示可能有理论解释的关系。例如，共整合关系可能由一个经济模型的一阶条件定义，而共整合分析则可被用来估计经济模型和检验某些理论假设。

共整合的另一个经典例子是有关一条跟着它喝醉了的主人的狗的。在这个例子中，狗和它的主人的位置，作为时间的函数，是两个非平稳过程，因为喝醉的主人四处走动，步履的方向是随机的。然而，这两个过程是共整合的，因为狗和主人之间的距离是平稳的。

另一个例子是有着不同期限的债券的利率的性质。单独的利率可能都有很大的波动，但是它们之间的差似乎是平稳的。这一点在表1中得到了阐释。该图列有从1970年1月—2002年4月期间的三个月的短期国债和一年的长期国债的利率。细实线是两种利率的差。

表 1 三个月的短期国债和一年的长期国债的利率(从 1970 年 1 月—2002 年 4 月)

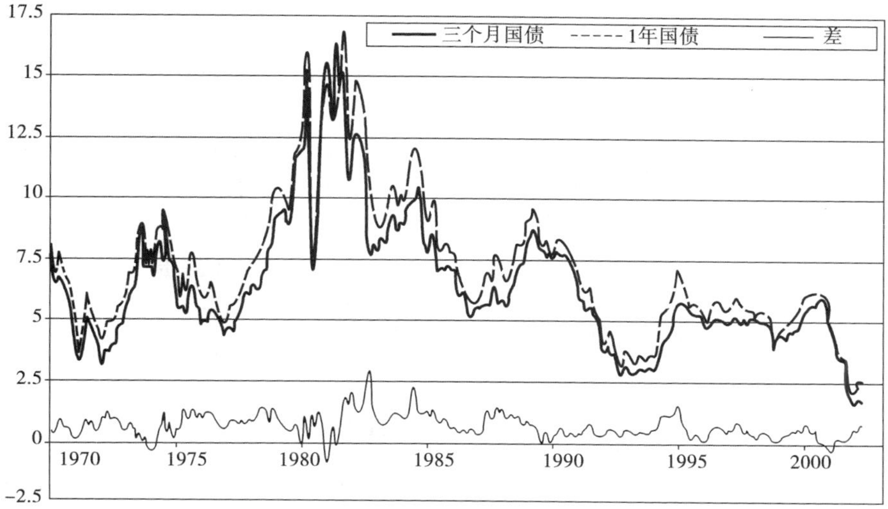

注:两种利率似乎是非平稳的,而它们之间的差好像是平稳的,所以这两种利率是共整合的。
资料来源:圣路易斯联邦储备银行。

历史发展

共整合是由克里弗·格兰杰(Granger, 1981, 1983)引进的,而共整合过程的统计分析则是由罗伯特·恩格尔和格兰杰(Engle & Granger,1987)、苏林·约翰森(Johansen, 1988, 1991)及彼得·菲利普斯(Phillips, 1991)正规化的。共整合涉及许多计量经济学【Econometrics】的概念,如单位根过程、伪回归、共同随机趋势(有关这方面的出色评论,请参见 Watson, 1994)。现在有许多有关共整合和共整合的应用的文献。近年来的发展则主要在改进和概括现有的技术,如偏倚及 Bartlett 修正、微共整合过程、周期共整合、追踪组共整合(panel cointegration)、非线性共整合和关系结构性变迁过程的共整合。许多参考文献都可以在詹姆斯·汉密尔顿(Hamilton,1994)的著作中找到。他的著作也包含了非常好的共整合技术的导论。有关共整合的似然分析的优秀教科书是由约翰森(Johansen,1995)编撰的,它的姐妹篇则是由彼得·汉森和约翰森(Hansen & Johansen,1998)所撰。

整合的阶

那些要共整合的变量都必须进行个别的整合。正规地说,譬如说,一个时间序列 X_t,要被整合成 d 阶,如果 $(1-L)^d X_t = \psi(L)\varepsilon_t$ 是非平稳的,且 $\psi(1) = \sum i\psi_i \neq 0$ 的话,式中的 L 是滞后算子,如 $\psi(L)\varepsilon_t = \psi_0\varepsilon_t + \psi_1\varepsilon_{t-1} + \cdots$ 那样,记号 $X_t \sim I(d)$ 是“X_t 是 d 阶整合”的简写,而记号 $\Delta^d X_t$ 有时则被用来替代 $(1-L)^d X_t$。整合的阶的一种备择的定义假定 $\{\varepsilon_t\}$ 是一种白噪声【White Noise】过程,并用协方差平稳代替平稳。白噪声过程定义如下:如果有期望值 0,$E(\varepsilon_t)=0$ 和不随时间变化的有限方差 $\mathrm{var}(\varepsilon_t)=\sigma^2$,且跨时间不相关 $s \neq t$,$\mathrm{cov}(\varepsilon_s, \varepsilon_t)=0$。一个协方差平稳过程,

$\{X_t\}$有常均值和方差及一个只依赖于时间差的自协方差函数,$\text{cov}(X_s,X_t)=\varphi(|s-t|)$。

整合的阶 d 可以是任何的真数,但是大多数文献都涉及了单位根过程,它对应于 $d\in\mathbb{N}$(正整数)。非整数被称为微整合过程,它与长记忆性过程(long-memory processes)有关。

一个变量的向量整合的阶,$X_t=(X_{1t},\cdots,X_{pt})'$,被定义为单个元素 $X_{1t},\cdots,X_{pt}$整合的最高阶。

如果 $X_t\sim I(d_x)$ 和 $Y_t\sim I(d_y)$,且 a 和 b 是非零的常数,那么在一般情况下 aX_t+bY_t 是 $d=\max(d_x,d_y)$阶的被整合。在 aX_t+bY_t 是以小于 $\max(d_x,d_y)$的阶被整合时,它描述了共整合的特征,是一个特例,对两个被共整合的变量而言,它们必须以相同的阶整合。记号 $CI(d,b)$被用于那些有共整合关系的变量的 d 阶整合。它是 $d-b$ 阶的整合。

共整合更为广义的概念是多元共整合(multi-cointegration),有时它也叫作多项共整合(polynomial cointegration)。如果$(1-L)^dX_t$ 和 Y_t 以某个 $d\neq0$ 的阶共整合,那么 X_t 和 Y_t 就是多元共整合的。例如,如果 $X_t\sim I(2)$和 $Y_t\sim I(1)$,那么 $\Delta X_t=X_t-X_{t-1}$就可能和 Y_t 共整合。

实例

令$\{\varepsilon_t\}$为一独立的和恒等分布的变量系列,且假设对于 $t=1,2,\cdots$

$$X_t=\sum_{s=1}^{t}\sum_{i=1}^{s}\varepsilon_i+\sum_{s=1}^{t}\varepsilon_s+\varepsilon$$

$$Y_t=2\sum_{s=1}^{t}\sum_{i=1}^{s}\varepsilon_i+\varepsilon_t$$

$$Z_t=-\sum_{s=1}^{t}\varepsilon_s+\varepsilon_t$$

因为$(1-L)^2X_t=3\varepsilon_t-3\varepsilon_{t-1}+\varepsilon_{t-2}$是平稳的,且系数满足$\sum_i\psi_i=3-3+1=1\neq0$,我们看到 X_t 是二阶被整合的。同样,它服从 $Y_t\sim I(2)$和 $Z_t\sim I(1)$,这样向量$(X_t,T_t,Z_t)'$也是二阶被整合的。不仅如此,$2X_t-Y_t=2\sum_{s=1}^{t}\varepsilon_s+\varepsilon_t$则是一阶整合的,这样 X_t和 Y_t 被共整合,$CI(2,1)$,有共整合向量$(2,-1)'$。同样,我们看到 $2X_t-Y_t+2Z_t=3\varepsilon_t$ 是零阶被整合的,这样三个变量,X_t,Y_t 和 Z_t 是共整合的,$CI(2,2)$,有共整合向量$(2,-1,2)'$。X_t 和 Z_t 同样也是多元共整合的,因为这两个 $I(1)$变量,ΔX_t 和 Z_t 是共整合的,$CI(1,1)$,因为 $\Delta X_t+Z_t=3\varepsilon_t-\varepsilon_{t-1}$是 $I(0)$。同样,我们可以看到 Y_t 和 Z_t 是多元共整合的。

共整合过程分析

整合变量的存在违反线性回归模型中的经典假定,主要是因为非平稳性。这可能会引起无法得到渐近正态的参数估计量,致使共整合变量的统计分析比标准的回归分析更为复杂。

用于共整合的两种主要路数是基于回归的路数和似然路数。前者涉及带有各种修正的标准回归技术,而后者则基于向量自回归模型(VAR),有时它也叫作 Johansen 法。变量系统的共整合分析一般由以下步骤组成:

- 确定共整合的秩。这一步一般都要涉及 Dickey-Fuller 型分布的使用。这些分布有很复杂的表达式,涉及 Brown 运动的随机积分。幸运的是,最现代的计量经济学的教科书,包括汉密尔顿(Hamilton,1994)编写的那一本,都包含有最为普遍的 Dickey-Fuller 分布表。约翰森(Johansen,1988,1991)的轨迹检验是一种比较流行的用于确定共整合秩的检验。
- 估计共整合关系和其他参数。没有其他的限制条件/正态化,就无法确认共整合关系。
- 对共整合参数和其他参数进行推论。

对共整合关系进行分析特别有用，因为它们也许可以被理解为经济模型中的结构方程。后者意味着小样本也可以有有关共整合关系非常丰富的信息。在标准情况下，其他参数的推论要遵循传统的结果。

约翰森（Johansen，1988）的似然分析是以 VAR 模型为基础的，$X_t = \Pi_1 X_{t-1} + \cdots + \Pi_k X_{t-k} + \varepsilon_t$，式中的 X_t 是一个 p 维度向量，而 $\{\varepsilon_t\}$ 则是一个均值为 0 和协方差矩阵为 Ω 的独立正态分布变量系列。这个模型以误差修正模型（ECM）的形式被重写为：

$$\Delta X_t = \Pi X_{t-1} + \Gamma_1 \Delta X_{t-1} + \cdots + \Gamma_{k-1} \Delta X_{t-k+1} + \varepsilon_t$$
$$t = 1, \cdots, T$$

如果 X_t 的元素是共整合的，那么 $p \times p$ 矩阵 $\notin \Pi$，有约化的秩 $r < p$，而 X_t 中的公共随机趋势数则由 $p-r$ 给出。Π 的约化秩可由 $\Pi = \alpha\beta$ 将该矩阵表达为两个矩阵的积求得，式中的 α 和 β 都是 $p \times r$ 矩阵。这样的表达法将导出可以用约化的秩回归估计的回归方程。一种分析共整合过程的重要工具是 Granger 表述法，$X_t = C\sum_{i=1}^{t}\varepsilon_i + C(L)\varepsilon_t + X_0 - C(L)\varepsilon_0$。这种表述法把这一过程分解成非平稳的随机游动，$C\sum_{i=1}^{t}\varepsilon_i$；平稳成分 $C(L)\varepsilon_t$；以及一个依赖于初始值的项 $X_0 - C(L)\varepsilon_0$。一个重要的结果是 $\beta' C = 0$（一个 $r \times p$ 的零矩阵），由此而导出 $\beta' X_t = \beta' C(L) \sim I(0)$。这样共整合关系便由 β 的列给出。关系 $\Delta X_t = \alpha(\beta' \bar{X}_{t-1}) + \cdots$ 显示了 α 定义 X_t 如何在 $\beta' X_{t-1}$ 中对它的期望值的离差作出反应，因此 α 有时也被叫作调整的系数矩阵。$\beta' X_{t-1}$ 有时也被解释为对均衡的离差。在这里，α 给我们提供了朝均衡关系调整的变量的信息，即变量朝均衡调整的方向和收敛的速度的信息。

——Peter Reinhard Hansen

（沈崇麟译校）

参考文献

Engle, R. F., & Granger, C. W. J. (1987). Co-integration and error correction: Representation, estimation and testing. *Econometrica*, *55*, 251-276.

Granger, C. W. J. (1981). Some properties of time series data and their use in econometric models specification. *Journal of Econometrics*, *16*, 121-130.

Granger, C. W. J. (1983). *Co-integrated variables and error-correcting models*. Discussion Paper No. 1983-13, University of California, San Diego.

Hamilton, J. D. (1994). *Time series analysis*. Princeton, NJ: Princeton University Press.

Hansen, P. R., & Johansen, S. (1998). *Workbook on cointegration*. Oxford, UK: Oxford University Press.

Johansen, S. (1988). Statistical analysis of cointegration vectors. *Journal of Economic Dynamics and Control*, *12*, 231-254.

Johansen, S. (1991). Estimation and hypotheses testing of cointegrating vectors in Gaussian vector autoregressive models. *Econometrica*, *59*, 1551-1580.

Johansen, S. (1995). *Likelihood-based inference in cointegrated vector autoregressive models*. Oxford, UK: Oxford University Press.

Phillips, P. C. B. (1991). Optimal inference in cointegrated systems. *Econometrica*, *59*, 283-306.

Watson, M. W. (1994). Vector autoregression and cointegration. In R. F. Engle & D. L. McFadden (Eds), *Handbook of econometrics* (Vol. 4, pp. 2843-2915). Amsterdam: Elsevier.

共线性（Collinearity）

参见多重共线性【Multicollinearity】。

列关联(Column Association)

参见关联模型【Association Model】。

共同性分析(Commonality Analysis)

共同性分析是一种用于将解释/预测的方差,无论它是在一个测量的变量,还是在一个潜变量中,分解成为(a)每一测量的预测变量【Predictor Variable】单独解释的和(b)预测变量的每一可能组合共同解释的子成分。解释的方差和所有解释的方差的子成分,每一个都是被解释的方差的度量的平方。共同性分析原来是被开发出来用于回归【Regression】的,但它也可被用于其他的多元分析【Multivariate Analysis】(参见Frederick, 1999)。

启发性例子

为了使讨论更具体一些,我们假设一个涉及单个测量结果变量(Y)和两个预测变量的(X_1 和 X_2)的回归问题。与这一例子关联的结果展现在了图 1 的 Venn 图(Venn diagram)中。

在这个例子中,三个量度的变量每个都有一个 400 的平方和【Sum of Squares, SOS】,对应于为每一个被画成面积为 20 × 20 个单位的量度的变量的方框。先来看 X_1 和 Y 的重叠部分,因为 $SOS_Y=400$ 中的 100 个单位被 X_1 预测了,所以 $r^2_{YX_1}=100/400=0.250\,0=25.00\%$。$X_2$ 解释了 Y 的 400 个单位中的 225 个,因此,$r^2_{YX_2}=225/400=0.562\,5=56.25\%$。

然而多重相关【Multiple Correlation】($R^2_{[YX_1X_2]}$)的平方并不等于 25.00% 加 56.25%或 81.25%,因为这些预测变量是相关的($r^2_{X_1X_2}=18.75\%$)。因此,X_1 和 X_2 的解释力中某些部分是二者共同的,故而在计算 $R^2_{[YX_1X_2]}$ 时不应该被"双重计数"。对于这一例子而言,X_1 和 X_2 一起解释了 Y 分数中的变差的 $R^2_{[YX_1X_2]}=68.75\%$(而不是 81.25%)。

但是这 68.75%的效应量【Effect Size】是从何而来的呢?下面的问题必须弄清楚:

1.观察到的效应量中属于 X_1 的独特的解释力的作用有多大?

2.观察到的效应量中属于 X_2 的独特的解释力的作用有多大?

3.观察到的效应量中属于 X_1 和 X_2 的共同的解释力的作用有多大?

这些问题正是共同性分析要弄清楚的问题。

在进行一个四步系列分析时,第一步,用预测变量的所有可能组合计算 R^2。在这个简单的例子中,只有三种可能的组合,$R^2_{[YX_1X_2]}=68.75\%$,$R^2_{[YX_1]}=25.00\%$和 $R^2_{[YX_2]}=56.25\%$。

第二步,将在第一步求得的值插入在各种出版物中提供的共同性分析的公式(Rowell, 1996)。对于这一例子,X_1 的独特的预测贡献(U_1)应像下面这样计算:

$$U_1 = R^2_{[YX_1X_2]} - R^2_{[YX_2]}$$
$$68.75\% - 56.25\% = 12.50\%$$

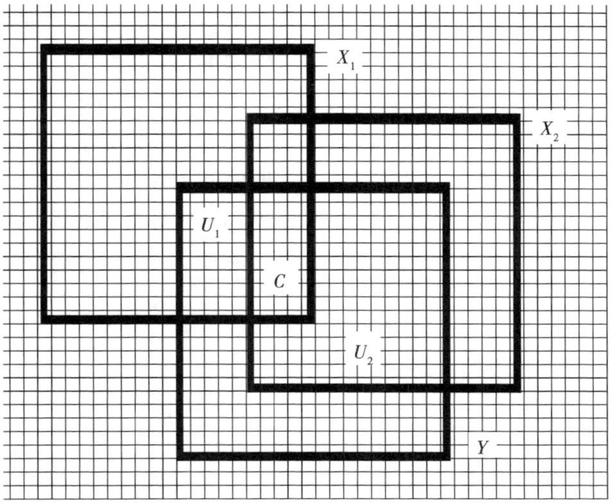

图 1 双预测变量回归共同性分析的 Venn 图

X_2 的独特的预测贡献(U_2)则是

$$U_2 = R^2_{[YX_1X_2]} - R^2_{[YX_1]}$$
$$68.75\% - 25.00\% = 43.75\%$$

X_1 和 X_2 的共同贡献(C_{12})是

$$C_{12} = R^2_{[YX_1X_2]} - U_1 - U_2$$
$$68.75\% - 12.50\% - 43.75\% = 12.50\%$$

共同性分析的计算公式以指数方式变得更为复杂,因为它有更多的预测变量(Rowell, 1996)。例如,在有三个预测变量时,公式就变成了

$$U_1 = R^2_{[YX_1X_2X_3]} - R^2_{[YX_2X_3]}$$
$$U_2 = R^2_{[YX_1X_2X_3]} - R^2_{[YX_1X_3]}$$
$$U_3 = R^2_{[YX_1X_2X_3]} - R^2_{[YX_1X_2]}$$
$$C_{12} = R^2_{[YX_1X_3]} + R^2_{[YX_2X_3]} - R^2_{[YX_3]} - R^2_{[YX_1X_2X_3]}$$
$$C_{13} = R^2_{[YX_1X_2]} + R^2_{[YX_2X_3]} - R^2_{[YX_2]} - R^2_{[YX_1X_2X_3]}$$
$$C_{23} = R^2_{[YX_1X_2]} + R^2_{[YX_1X_3]} - R^2_{[YX_1]} - R^2_{[YX_1X_2X_3]}$$
$$C_{123} = R^2_{[YX_1X_2X_3]} + R^2_{[YX_1]} + R^2_{[YX_2]} + R^2_{[YX_3]} - R^2_{[YX_1X_2]} + R^2_{[YX_1X_3]} - R^2_{[YX_2X_3]}$$

第三步,作为对计算的一种检查,$R^2_{[YX_1X_2]}$ 再一次被计算,计算方法如下所示:

$$R^2_{[YX_1X_2]} = U_1 + U_2 + C_{12}$$
$$12.50\% + 43.75\% + 12.50\% = 68.75\%$$

注意,正如图 1 所阐明的那样,$U_1 = 12.50\%$和 $C_{12} = 12.50\%$并非同一区域。

第四步,方差的分解随后被组织成一张分别阐明每一预测变量的独特和共同的预测贡献的表。表 1 列出了这一例子的有关结果。

常见的错误观念

人们在使用回归时一个常见的错误观念是预测变量应该是不相关的(即没有共线性【Collinear】或多重共线性【Multicollinear】)。在预测变量相关的时候,我们确实不能只用标准化的权数("beta 权数")导出有关探测到的效应量的原点的合理解释。在预测变量相关时,标准化权数的标准误差会变大,这一点也是事实。

但是预测变量之间的相关【Correlation】并不一定就是问题,只要解释的策略使用得当。在现实中,实际上许多变量都是相关的,这时我们可考虑使用修正的预测变量。有一种这样的解释策略,它同时对标准化的权数和结构系数进行考察(Courville & Thompson, 2001)。

表1 平方双变量相关的方差分解(百分比)

方差分解	预测变量	
	X_1	X_2
U_1	12.50	
U_2		43.75
C_{12}	12.50	12.50
$Sum = r^2$	25.00	56.25

共同性分析是在预测变量相关的时候理解预测的动力学的又一种备择策略。注意,在预测变量完全不相关的时候,进行共同性分析将是不明智的,因为根据定义,这时每一个公共方差分解(即 C_{12},C_{23},C_{123})都是零,而每一个独特的贡献(如 U_1)则等于一个相应的平方双变量相关(如 $r^2_{YX_1}$)。

负方差成分

在任何分析中,如果有过多的模型设定误差,结果就会受到影响。在共同性分析中,如果使用了错误的变量或错误的分析,情况也同样如此,结果同样也会受到影响。在某个方差成分为负的时候,就表明这样的情形可能已经发生,因为被解释方差统计值的平方不应该为负(Thompson,1985)。

如果在共同性分析中,有几个方差成分为负,但只是比零稍微小一点,那么这个负值只是稍有影响。然而,如果根据研究者的判断,负值的量很大,那么就应该认真地考虑模型的设定是否正确。

——Bruce Thompson

(沈崇麟译校)

参考文献

Courville, T., & Thompson, B. (2001). Use of structure coefficients in published multiple regression articles: β is not enough. *Educational and Psychological Measurement*, *61*, 229-248.

Frederick, B. N. (1999). Partitioning variance in the multivariate case: A step-by-step guide to canonical commonality analysis. In B. Thompson (Ed.), *Advances in social science methodology* (Vol. 5, pp. 305-318). Stamford, CT: JAI.

Rowell, R. K. (1996). Partitioning predicted variance into constituent parts: How to conduct commonality analysis. In B. Thompson (Ed.), *Advances in social science methodology* (Vol. 4, pp. 33-44). Greenwich, CT: JAI.

Thompson, B. (1985). Alternate methods for analyzing data from experiments. *Journal of Experimental Education*, *54*, 50-55.

公因子方差(Communality)

公因子方差是一个平方统计量,反过来,公因子方差可概念化为一个测量/观察的变量的方差,它在描绘模型中的潜/复合变量的时候有多大用处。一般用作公因子方差系数的符号是 h^2。

公因子方差通常都用于因子分析【Factor Analysis】,包括探索性因子分析【Exploratory Factor Analysis, EFA】和验证性因子分析【Confirmatory Factor Analysis, CFA】(Graham et al., 1997)。不过公因子方差系数也在其他的多变量技术,如典型相关分析【Canonical Correlation Analysis】中计算(Thompson, 2000)。在变量分析的时候,将会为每一个变量计算单独的公因子方差系数。

公因子方差系数既可在分析完成之后追溯估计,也可在预期分析中输入初始数据中分析。在追溯性应用中,如果因子是不相关的,那么一个量度变量的公因子方差系数则由计算一个变量在所有因子上的结构系数(因子负荷)的平方得到,然后再将这些跨因子的平方结构系数加总。

例如,10 个变量可能同属一个抽出了三个因子的 EFA,然后对这三个因子作正交旋转【Orthogonal Rotation】。第一个变量在三个因子上的平方结构系数可能分别是 0.4,0.3 和 0.2。这一变量的 h^2 就是 0.9,或 90%(即 0.4+0.3+0.2=0.9)。这一变量的方差的 90% 可以为这三个因子所复制。相反,这一量度变量的方差的 90% 在将这三个因子作为一个组来描述时是有用的。

公因子方差系数也可被概念化为一个给定变量的最小信度系数【Reliability Coefficient】的下限估计量。如果一个量度变量有一个 $h^2=0.9$,那么不论这个变量的分数的信度是什么,信度都至少是 0.9。

一个分析的输入项目会影响输出的共通性。我们常常要作相关矩阵分析。不论最初置于矩阵对角线的项目是什么,它们总是在输入公因子方差的估计值。此后,因子才被抽取。在主成分分析【Principal Components Analysis】中,公因子方差系数是在这时计算的,而后分析才完成。

然而,在诸如这样的主轴因子分析中,这些公因子方差系数随后要被回代到相关矩阵的对角线,并再一次抽取因子。这一过程连续不断地重复,直至公因子系数逐步稳定。

输出结果迭代的影响是(a)变量分数的信度和(b)对角线上的项目数与矩阵中的总项目数之比(例如,10 个变量,就是 10/100=0.1;100 个变量,就是 100/10 000=0.01)的函数。我们还应该注意,我们要估计的是信度,以便将测量误差考虑在内,但过度的迭代可能会导致抽样误差【Sampling Error】使结果的扭曲过大。因此有些方法学者建议不用,或有限地使用迭代,以平衡这两种类型的误差的影响。

——Bruce Thompson

(沈崇麟译校)

*也可参见因子分析【Factor Analysis】。

参考文献

Graham, J. M., Guthrie, A. C., & Thompson, B. (2003). Consequences of not interpreting structure coefficients in published CFA research: A reminder. *Structural Equation Modeling*, *10*, 142-153.

Thompson, B. (1997). The importance of structure coefficients in structural equation modeling confirmatory factor analysis. *Educational and Psychological Measurement*, *57*, 5-19.

Thompson, B. (2000). Canonical correlation analysis. In L. Grimm & P. Yarnold (Eds.), *Reading and understanding more multivariate statistics* (pp. 285-316). Washington, DC: American Psychological Association.

比较法(Comparative Method)

比较法从根本上说是针对个案或小样本 *N* 的技术。如果是研究者对一项调查中的每个个案都有相当多的了解,而个案数量相对较少,就是比较典型的适用比较法的时候,而且通常也不得不这样做。掌握比较法基本特点的最好方法就是根据教科书介绍的社会科学方法论对它的差异加以考察。按教科书讲的来说:(a)社会研究的直接目标是记录证明适用于大群体观察的一般模式;(b)个案和群体一般被视为给定的;(c)只要有可能,就鼓励研究者增加个案的数量;(d)常常假定研究者开始研究的时候就有界定清晰的理论和表述完善的假设;(e)建议调查者要将关注重点放在那些展现出有益于研究的变差范围的变量【Variable】上;(f)指示研究者要对竞争的自变量的相对重要性作出评价,以理解因果关系。

直接目标

教科书讲述的社会研究,通常都集中在记述那些描述观察的大总体特性的一般模式这一目标上。如果研究者可以证明一个或多个自变量与某个因变量【Dependent Variable】的关系,那么他们就能根据其所掌握的预测变量的分数来更好地预测个案在因变量上的值。通常,一般模式的研究采用的都是一个来自一个大总体的观察样本。研究者根据他/她对样本的分析来对较大的总体进行推论。

相比之下,比较研究【Comparative Research】关注的不是变量之间的关系或是推论和预测的问题,而是要弄清楚那些因为在某些方面实质上或理论上很重要而被选择的少数几个个案(Eckstein, 1975)。例如,一个研究者可能会用比较法来深入研究几次游击运动。假设这些运动都是被视为特别得到民众支持的成功的运动,为了弄清楚这些运动是如何成功的,研究者要对这些运动进行深入的研究。这一面向个案的比较研究和教科书的研究大相径庭。后者中的研究者要从这类游击运动的总体(假设可以确定这个总体)中去抽样,接着再用通用变量(generic variable)以及它们之间的关系来描绘这些运动(例如,外国经济支援的多少与民众支持程度之间的相关关系)的特征。

正如上述例子所示,最关键的差别就在于研究者的直接目标:研究者究竟是要力图理解具体的个案,还是记录描述某个总体的一般模式?这个差别源于一个源远流长的分野,存在于科学的所有领域,而不只是在社会科学中。格奥尔格·亨利克·冯·怀特(von Wright, 1971, pp. 1-33)在《解释与理解》(*Explanation and Understanding*)一书中指出,在观念史上,那些使一个解释在科学上得到认同所必须满足的条件存在两种传统:一种传统他称为“终极目的论的传统”,专注于理解事实的问题;另一种传统称作“因果机械论传统”,专注于预测的问题。比较研究和“教科书式”社会研究的不同目标与这一基本分野颇为相似。

个案和总体的构成

教科书介绍的社会科学方法论几乎不会去考察个案和总体的构建问题。一个平常的个案就是被调查者个人;一个平常的总体由地域、时间和人口的界限来界定(例如,2003年美国的成年人)。教科书要解决的问题的关键是,如何从一个正在观察的很大的总体中导出一个有代表性的、假定为研究者处置的样本。

相比之下,采用比较法的研究者把个案看作事件与结构(例如游击运动)之富有意义的复杂构成,他们的个案一般来说都是宏观层次的。而且,他们把个案当成特意定义和挑选出来的个别的、完整的存在,而非来自大量貌似相同选择的、随机抽出的同质性的观察数据。许多比较研究从一个看似简单的想法入手,即相似背景下的社会现象(例如组织、国家、地区、文化等)可能彼此足够相似,让我们得以对它们进行比较和对照。在这个论述里,“可能彼此足够相似”这个句子是个非常重要的组成部分。采用比较法的研究者在开始调查时对相关个案的说明实际上只是一个工作假设而已，也即最初选择的那些个案实际上都是同一事物（例如游击运动）的不同实例且足够相似，让我们得以进行比较。在研究的过程中，调查者可能会再作别的决定，把一些个案或者一整类个案都剔除掉，因为它们看来并不属于核心个案那一类。有时候，这个筛选个案的过程会造成相关个案的规模扩大，指导概念的范围也会相应地扩展（例如从游击运动扩展为激进的反对运动），也可能会发展出一套处理各种个案的类型学（例如游击运动的各种类型）。

一般来说，这种对个案的筛选和分类是结合概念的构造和阐释来进行的（Walton，1992）。随着相关个案集的边界慢慢调整和明晰，概念也得到了修正和细化（Ragin，1994）。在理念和证据的对话中常常会出现重要的理论区别。当调查者对他/她研究的现象了解得更多，细化了研究的指导型概念和分析策略之后，研究者对"我的个案是什么"以及"这些个案属于什么"这两个问题的回答在研究过程中可能会发生改变。

个案的数量

每个定量的社会研究课程都有非常关键的一课，就是"个案越多越好"。越多越好主要包括两个方面：首先，研究者就是为了采用定量研究，也必须满足个案数量的下限，一般人们所说的 N 是 30～50 个个案。其次，个案 N 数量越少，数据就越得符合统计方法的假定，比如说，变量正态分布假定或子群方差基本相同假定。但小样本 N 几乎都无法满足这样的假定，在个案都是宏观层次的时候，情况尤其如此。教科书这种对大样本 N 的偏爱符合一个隐含的假定，即所有的个案都是经验上给定的，而非研究者构建的，而且个案多的是。就此而言，唯一的问题就是研究者是否愿意、是否能够搜集尽可能多的数据，如果不是成千上万，至少也得数以百计。

相比之下，比较研究常常是以其对现象的关注为定义，这些现象是有趣的，因为很少见，也就是说，恰恰是因为个案数量很少。一般来说，这些现象规模巨大，并受历史的限定，在任何意义上都不是普通的。受历史记录所限，与某项调查相关的这类个案的总体通常不过区区几个。它和教科书式的社会科学的重大差异源自一个简单的事实，也即许多社会科学家和他们的阅听人感兴趣的现象都是历史和文化上的重要现象。去争论社会科学应该只研究普遍、大量存在的个案，或者可以独立于历史文化环境的个案会大大限制社会科学的领域和价值。

理论检验

按照惯例，介绍社会科学方法论时会着重强调理论检验。实际上，其理论检验的定位经常被说成社会科学之所以是科学的原因。它建议研究者按照科学的方法，独立于经验证据的分析来发展他们的假设。它进一步假定现有的理论都构建（formulated）得足够好，可以明确地得到可检验的假设，而社会科学知识主要是通过拒绝那些总是无法得到经验支持的理论而推进的。当然，这种教科书的观点并没有限制那些更多的以归纳的方式产生的观点出现在社会科学中，但这种观点在得到明确的检验之前都会受到怀疑，而检验这种观点所用的数据必须不同于生成该观点的数据。

毋庸置疑，理论在社会研究中处于核心位置，实际上，几乎所有的社会研究都在某个方面非常依赖理论。不过，一般不可能把理论检验的范式应用于小样本 N 的、以个案为目标的研究。大多数比较研究都带有很强的归纳成分。研究者通常会关注少数几个个案，可能会花很多年来研究它们，延伸其知识的深度。在这个研究个案的过程中会产生无数的想法和假设，甚至在研究的过程中对总体的定义本身（这些个案属于什么？）都可能会多次改变。而且，因为比较研究中相关个案的数量通常都很少且受制于历史记录，确实不可能用个案中的“另一个例子”来检验源自深度研究的观点。常常是研究一开始所包含的个案就是全部的相关个案。

大多数比较研究的直接目标，就是对重要的历史和文化现象的“方式（how）”作出解释。例如，游击运动是如何形成的？理论给经验研究提供重要线索和指导性概念，起到了重要的确定方向的作用，但现有理论几乎构建得都不够好，无法在比较研究中提供明确的假设。比较研究的主要科学目标不是理论检验本身，而是概念的构建、阐述和细化。比较研究中主要的工作常常都集中于构建研究的个案，并进一步细化适用于所选个案的概念（Ragin & Becker, 1992）。

因变量

教科书介绍社会研究时有一个最基本的概念就是变量——让一个个案和相邻个案不同的某个特性或某个方面——以及与之相关的寻找不同个案间变量的关联模式的想法。比如说，是否较为富裕的国家所经历的政治动乱比贫穷国家要少？如果是这样，那么社会科学家可能会提出，不同国家间政治动乱的情况（因变量或者结果变量）可以部分地用国家财富的变化（自变量或原因变量）来解释。这些有关变量的观点隐含了一个原则：社会科学家希望解释的现象在他们所研究的各个个案中必定会变化；否则就没什么可解释的。由此可进而得出结论，如果各个研究个案的结果没什么不同，那么研究者几乎就不可能发现导致这些结果的原因。

但是，采用比较法的研究者经常特意去选择那些结果没有差异的个案。例如，一个研究者可能会尝试解释游击运动是如何形成的，对几个成功的实例进行研究。从教科书的社会研究的观点来看，这位研究者却犯了一个重大的错误——选择了一些因变量差异很小的个案，假如还算得上有差异的话。毕竟所有的个案都是成功形成了游击运动的实例。这个研究缺少可变的因变量，似乎根本就不存在分析的可能。

对于研究“同一个事物”各个实例的这些担忧理由很充分。不过，这都是源于对比较研究的逻辑的错误理解。采用比较法的研究者不是用一个变量的变化来解释另一个变量的变化，而通常是在他们的各个个案中——也就是在结果的各个实例中——去寻找共同的因果条件（Robinson, 1951）。比如说，假如所有成功形成的游击运动都出现在土地分配高度不平等、严重依赖农业出口的国家，那么这些结构因素可能对解释游击运动是非常关键的。实际上，在对成功形成的游击运动的比较研究中，在构建了类别、指定了具体相关个案之后，第一步就是寻找各个实例中共同的因果条件。尽管用常量来解释常量（例如寻找相似实例都有的共同原因）在比较研究中很常见，对关注变量间关系的技术来说它却还很陌生——对后者而言，个案与个案之间的因果条件和结果存在很大差异。

有时候比较研究的研究者可能会找到可以与其正面个案比较的反面个案。比如，在对成功开展的游击运动的研究中，早期就失败了的游击运动就可以作为反面个案。如果研究的目标是要找到产生某一结果的充分条件，反面个案就是必要的（Ragin, 2000）。比如说，如果进行比较的研究者提出，对于成功开展游击运动而言，某种具体的因果条件组合是充分条件,那么说明那些功亏一篑的游击运动中(即在相关的反面个案中)没有满足这些条件就很重要。不过要注意,只有当研究者能组建一个相关反面个案集合的时候,才可以评价一组因果条件是否充分。要这样做通常会很困难,因为经验范畴要么太宽泛,要么太模糊(例如“缺乏成功的游击运动”这个类别),要么无法找到或收集到证据(例如有关中途失败的运动的数据)。如果这些障碍都可以克服,那么我们还必须明白,正面个案的构建和分析是构建和分析反面个案的必要的前提条件(Griffin et al., 1997)。因此,即使进行比较研究的研究者计划考察各个个案不同的结果(即在一些个案里有,而在另一些个案里没有),常常也需要先研究所有具有这个结果的个案(即正面个案)。

因果分析

按照教科书对社会研究的逻辑的讲法,大多数社会数据分析的主要目标就是评估自变量作为导致因变量变化的诱因的相对重要性。例如,某研究者可能想要了解民主制度的设计和被认知到的合法性究竟哪个对民主制度的持续存在影响更大。按照这种观点,各个原因变量相互竞争,都对某个结果变量的变化进行解释。在这场竞争中,一个有力的竞争者就是与因变量存在强相关而与其他竞争自变量只是微弱相关的自变量。

相比而言,比较研究的研究者通常只从组合的角度考察各种原因:在每个个案中,相关的各个原因是如何结合并生成我们讨论的结果的?比较研究的研究者不把各个原因视为竞争性的因素,而是将其当作原材料,它们相互结合产生了所研究的质性的结果。任何特殊的原因条件都取决于其他条件存在或不存在,而几种不同的条件可能满足一种综合的因果要求——也就是说,在一个更为抽象的层级上,两个及两个以上不同的原因可能是等价的。构建和选择好某一结果的相关实例之后(例如成功开展的游击运动),如果可能,也定义清楚相关的反面个案,比较研究的研究者的任务就是处理每个实例背后的因果力量,并对个案之间的异同点予以特别关注。每个个案的细节都在理论概念、实务知识和兴趣的指导下一一加以考察,以回答在每个正面个案中结果“如何”出现,在每个反面个案中为何不出现(假设可以确信无疑地找到这些个案)。比较研究的一种常见结果就是各种原因的不同组合可能会产生相同的结果(Ragin, 1987; Mackie, 1974)。

总结

从构建个案到考察与一组个案的结果相关联的不同条件的组合,本词条简要勾勒的对比粗线条地展现了比较研究的特点。它的关键点就在于比较研究不太符合教科书上有关社会研究的正确做法的教诲。社会科学家和他们的阅听人通常感兴趣的是理解在某种意义上具有文化和历史重要性的社会现象。这些现象常常都很少见,因而只能通过面向个案的深度研究才能理解。

——Charles C. Ragin

(杨可译　沈崇麟校)

＊也可参见个案研究【Case Study】。

参考文献

Eckstein, H. (1975). Case study and theory in political science. In F. I. Greenstein & N. W. Polsby (Eds.), *Handbook of political science*: *Vol. 7. Strategies of inquiry* (pp. 79-137). Reading, MA: Addison-Wesley.

Griffin, L., Caplinger, C., Lively, K., Malcom, N. L., McDaniel, D., & Nelsen, C. (1997). Comparative-historical analysis and scientific infe rence:

Disfranchisement in the U.S. South as a test case. *Historical Methods*, *30*, 13-27.

Mackie, J. L. (1974). *The cement of the universe: A study of causation*. Oxford, UK: Oxford University Press.

Ragin, C. C. (1987). *The comparative method: Moving beyond qualitative and quantitative strategies*. Berkeley: University of California Press.

Ragin, C. C. (1994). *Constructing social research*. Thousand Oaks, CA: Pine Forge Press.

Ragin, C. C. (2000). *Fuzzy-set social science*. Chicago: University of Chicago Press.

Ragin, C. C., & Becker, H. S. (1992). *What is a case? Exploring the foundations of social inquiry*. New York: Cambridge University Press.

Robinson, W. S. (1951). The logical structure of analytic induction. *American Sociological Review*, *16*, 812-818.

von Wright, G. H. (1971). *Explanation and understanding*. Ithaca, NY: Cornell University Press.

Walton, J. (1992). Making the theoretical case. In C. C. Ragin & H. S. Becker (Eds.), *What is a case? Exploring the foundations of social inquiry* (pp. 121-137). New York: Cambridge University Press.

比较研究(Comparative Research)

比较研究的主要目标是确定社会实体之间的异同点。

比较研究追求的是对不同国家、文化、社会和制度进行比较。学者们在使用这个术语时,其意义有所不同:对有些人来说,比较研究严格限定为对两个或多个国家进行比较(也被称作"跨国研究"),但其他学者倾向于扩大比较的范围,把许多不同种类的社会与/或文化实体的比较也包括进来。而还有一些学者在使用比较这个术语的时候,把民族国家或其他文化与社会边界之内或之间的亚文化以及其他社会实体的比较也包括了进来。

尽管学者们对比较的定义远未达成共识,但其趋势还是倾向于把社会科学中的比较研究定义为系统比较两个或多个社会、文化或者国家的研究。在实际操作中,国家间的比较占据主导。比较研究的目的在于更高的普遍性:比较研究的目标就是以被比较的社会实体的异同点,尤其是其思维和行动方式的特征,其特有的态度、价值观和意识形态以及它们的社会结构的内部要素的异同点为根据,发展概念和一般法则,在此之后,这就可作为一种我们更好地理解和感知其他社会实体的工具。

历史发展

社会学的奠基人都是进行比较研究的学者。卡尔·马克思、马克斯·韦伯、埃米尔·涂尔干以及亚历西斯·托克维尔,虽然仅列举几例,但无一例外都是坚定不移的比较法使用者,无论他们研究的是角色、制度、社会、国家、文化、群体还是组织。以涂尔干为例,他希望找到一个普遍的"法则"来解释不同国家和职业之间自杀率的差异。不过,比较研究在20世纪初曾一度衰落,因为有段时间学者们坚持认为,社会研究在方法论上对精度的追求应该越来越高,而比较研究的方法论资源(methodological resources)在他们看来似乎不够严谨。但自第二次世界大战以来,一方面由于比较研究在方法论和方法论工具上得到改进;另一方面受第二次世界大战后的国际环境影响,比较研究又在社会研究中取得了核心位置。那种国际环境(例如曾经两极分化的共产主义阵营和非共产主义阵营）和我们后来的国际化，都对社会科学比较研究的重要回归作出了贡献。

应用

比较研究的目标有很多，但一个重要的任务就是支持理论建构，并对其作出贡献。尽管是理论框架驱动着比较研究的建设工作，但这类研究的结果经常会推动理论的革新。它的另一个重要任务是支持政策制订，主要是就国家层面而言。国家B是否可以用国家A的战略方针来处理一个既定的社会问题（例如滥用毒品）？或者在这两个国家之间存在着特别的差异，使得这样的战略方针不可行？比较研究还有一个目标是弄清某个既定概念（例如宗教信仰）的同一维度是否可以当作通用的社会指标来使用。某个已知概念是否概括了所有国家（或者其他社会实体）的情况？

所有比较研究都关乎视角。一个国家的研究者需要一种采纳和理解其他国家的同行观点的工具。随着世界日益全球化的进程，人们对这种理解的需要应该是很清楚的：国家政策需要考虑各种受到政策实施影响的全球合作伙伴，并把他们的需求涵括进来。政策制订者是否具有赖以确保合作和承诺的必要视角？

社会科学比较研究在各种方法论指导下进行，从严格的定性研究到苛刻的定量研究。个案研究以及相似类型的分析代表了描述性的定性研究方法，其研究者可以是被研究的社会实体的成员，也可以是在这个被研究的社会实体之外的研究者。近年来，比较研究中的定量研究占据了相对主导的地位，因为可以有工具（特别是计算机、统计和数学工具）来处理严格的比较研究在方法论上的许多复杂之处。

实证研究的调查越来越普遍，尽管通常很复杂而且耗资不菲。复杂性还包括语言障碍在内，这使得准备可供比较的问卷很困难，还有，“文化”障碍也常常使得准备可供比较的问卷几乎不可能：如果你问美国人“你信上帝吗？”几乎每个人都会说信，而如果你在日本问相同的问题，大概只有1/3的人会说信，这意味着对两个国家而言，相同的仅是有着一致回答的比例，此外，在两个环境中问这个问题几乎没有比较的意义，因为从中推论不出什么有意义的结果。同样地，在一个不以市场为区别基础的社会群体中询问就业和失业也是文不对题。就这个例子来说，两个社会群体对“就业”这个概念不存在“概念等价性”。

近年来，统计方法的进展极大地提高了社会科学研究者分析原始数据和/或重新分析二手数据的能力。比如说，诸如同期群分析【Cohort Analysis】这样的方法发展了出来，可以降低严格的样本选择的需要，大大便利了对集体数据异同点的探查和说明。当然，和所有严格的科学研究一样，社会科学比较研究也必须满足统计的效度和信度等一般要求。

正在进行的比较研究调查的例子包括1945年以来的盖洛普民意调查（the Gallup Polls，since 1945），1972年以来的社会综合调查（the General Social Survey，since 1972），1972年以来的欧盟调查局调查（the Eurobarometre，since 1973），1994年以来的欧洲社区家庭调查（the European Community Household Study，since 1994），以及始于1984年的国际社会调查项目（the International Social Survey Program，ISSP），它已经在超过37个国家作了一般社会态度调查。日本国民性研究（the Japanese National Character Study）从1953年开始，每5年做一次调查。所有这些调查都会定期进行，而且常常在多个国家进行。

为什么各个国家在有的特征参数上不

同，在别的特征参数上又一样？这个相同的问题也可以拿来问一些其他组的社会文化群体，既可以跨越地区，也可以在国家或种族边界内。因为国界不一定总是与种族边界相同，比较研究也不会总是限于简单的国界。

比较研究的终极目标就是通过对理论提出越来越严格的要求，坚持研究必须可在不同的社会群体间重复，促进普遍准则的跨社会群体应用，对独特的模式作出解释，从而为理论建设或重建作贡献。

未来的方向

如果按照全球化所预示的那样，全球在社会和文化上将最终趋同，比较研究也会再次衰落，因为没有几个独立的社会实体可供比较。不过，与此同时，在世界上还有很多变化和可变性，而比较研究则有望进一步对此向我们作出解释，并进一步增进我们彼此之间的理解和认知。

——Masamichi Sasaki

（杨可译　沈崇麟校）

参考文献

Hantrais, L., & Mangen, S. (Eds.). (1996). *Cross-national research methods in the social sciences.* London: Pinter.

Inkeles, A., & Sasaki, M. (Eds.). (1996). *Comparing nations and cultures.* Englewood Cliffs, NJ: Prentice Hall.

Przeworski, A., & Teune, H. (1970). *The logic of comparative social inquiry.* New York: John Wiley.

Smelser, N. (1997). *Problems of sociology.* Berkeley: University of California Press.

参照组(Comparison Group)

参照组指的是在测试某种处理效果的实验里，没有经过处理【Treatment】或者经过其他处理的一组单位（例如人、教室）。参照组是作为一种反事实【Counterfactual】的因果推论资源来使用的。一个反事实就是一个没有发生的事（与事实相反）；就这里而言，经过处理的反事实就是没有经过处理。根据反事实因果推论的理论，处理的效果就是经过处理的那些人的结果，与那些在同一时间未经过处理的同样的人群的结果之间的差异。遗憾的是，不可能观测到反事实，也就是说，不可能同时对同样的人既进行处理又不进行处理。于是，研究者通常会采用参照组作为真正的但无法观测的反事实的替代，然后他们就可以比较处理组的结果与参照组的结果处理效果的差别。为了把这个做好，研究者应该保证参照组的所有单位都尽可能地类似于处理组的单位。将各个单位随机分配【Random Assignment】给处理组和参照组可以提高两组所含的单位的相似性，退而求其次的话，也有许多种准实验【Quasi-Experiment】法可以提高相似性，例如根据被认为与结果相关的变量来对各个单位进行匹配【Matching】(Shadish et al., 2002)。

参照组的种类

一个处理组可以与许多不同种类的参照组进行比较，例如，(a)无处理组，有时候也称为控制组【Control Group】，研究对象没有受到任何介入，没有改变其环境；(b)常规处理组，即提供的是标准照料或处理；(c)安慰剂【Placebo】组，研究者模仿正常处理的方式进行介入，但并不包含处理的活性成分；(d)候补名单组，承诺研究对象他们会在处理组实验结束后得到同样的介入处理;以及(e)替代处理组,研究对象受到一种不同于实验主要关注的处理的替代性介入(处理)。就最后一种情况来说,替代处理常常是目前解决某种问题的最好的处理方式——"黄金标准"——以便了解正在实验的处理方法是否可以改进其结果。另一区别在于,组间【Between Group】比较中的参照组是不同于处理组的一群研究对象,但在被试者内【Within-Subject】设计比较中,同一批研究对象会先后作为参照组和处理组。被试者内比较需要较少的单位来测试某一处理,但可能会遭遇到各种处理污染效应(treatment contamination effects),例如练习效应(practice effect)、疲劳效应,以及从一种条件到另一种条件的处理延滞效应【Carryover Effects】。

历史发展

可能早在远古时代,参照组就被用来协助因果推论。罗森塔尔和罗斯诺(Rosenthal & Rosnow,1991)讲了一个古埃及的地方法官的故事,他平常总是用毒蛇来处决罪犯。这个地方法官在调查为什么所有的罪犯被蛇咬了之后都不会死,他发现有人给他们吃了圆佛手柑。为了查明让罪犯们免于一死的是不是圆佛手柑,他只给一半的囚犯吃了圆佛手柑,然后把所有囚犯都拉去让蛇咬。在这个例子里,没有吃圆佛手柑的研究对象就是参照组,他们在被蛇咬之后都死了,而在吃了圆佛手柑的处理组中一个人也没死。

例证

安东尼奥等人(Antoni et al.,1991)采用了一个不进行处理的参照组,来考察男同性恋者在被告知其感染艾滋病之前的认知行为压力管理处理对于他们的压力水平的影响。处理组的人接受了减轻压力的训练。然后把他们的压力水平与没有接受减压训练,即未经处理的控制组的压力水平进行比较。处理的效应便是在得知感染艾滋病之后处理组和参照组之间压力水平的差异。

莫尔等人(Mohr et al.,2000)采用了照常规处理的参照组来考察认知行为处理对减少多发性硬化(MS)症病人罹患抑郁症的效果。处理组接受了一种新的抑郁症实验疗法,而参照组接受的则是罹患抑郁症的 MS 症患者的常规疗法。接受抑郁症的标准疗法者与接受抑郁症新疗法者之间的抑郁症得分的差异就是这里产生的处理效应。

基夫拉罕、马拉特、弗罗姆、科佩尔和威廉姆斯(Kivlahan, Marlatt, Fromme, Coppel, & Williams,1990)采用了一个候补名单的控制组来考察技能训练项目对减少大学本科生饮酒的效应。实验结束之前一直没有对参照组进行任何处理,实验结束后,参照组也得到了与处理组一样的处理。

——William R. Shadish
M. H. Clark
(杨可译 沈崇麟校)

*也可参见实验【Experiment】、处理【Treatment】。

参考文献

Antoni, M. H., Baggett, L., Ironson, G., LaPerriere, A., August, S., Kilmas, N., et al. (1991). Cognitive-behavioral stress management intervention buffers distress responses and immunologic changes following notification of HIV-1 seropositivity. *Journal of Consulting and Clinical Psychology*,*59*(6), 906-915.

Kivlahan, D. R., Marlatt, G. A., Fromme, K., Coppel, D. B., & Williams, E. (1990). Secondary prevention with college drinkers: Evaluation of an alcohol skills training program. *Journal of Consulting and Clinical Psychology*, *58*(6),805-810.

Mohr, D. C., Likosky, W., Bertagnolli, A.,

Goodkin, D. E., Van der Wende, J., Dwyer, P., et al. (2000). Telephone administered cognitive-behavioral therapy for the treatment of depressive symptoms in multiple sclerosis. *Journal of Consulting and Clinical Psychology*, *68*(2), 356-361.

Rosenthal, R., & Rosnow, R. L. (1991). *Essentials of behavioral research: Methods and data analysis* (2nd ed.). New York: McGraw-Hill.

Shadish, W. R., Cook, T. D., & Campbell, D. T. (2002). *Experimental and quasi-experimental designs for generalized causal inference*. Boston: Houghton-Mifflin.

竞争风险(Competing Risks)

一组互斥离散的结果或事件叫作竞争风险。这一术语主要出现在存活率分析【Survival Analysis】和事件史分析【Event History Analysis】的文献中。

早在18世纪,对存活和它的对立问题(如死亡、故障)感兴趣的学者们就认识到,引起死亡和故障的原因是多种多样的。例如,一个人可能由于接触性传染的疾病、器官疾病(如癌症)、意外事故、自杀或蓄意的暴力行为(如谋杀、战争)而死亡。这些备择的死亡原因阐明了死亡的竞争风险。令学者们常感兴趣的并非只是各种原因结合在一起的死亡率和故障,他们也对各种各样的原因的死亡、故障和与特定的原因关联的死亡或故障率感兴趣。这就是说,他们希望对某些事件,如死亡或故障的竞争风险作出区别。

虽然竞争风险这一理念的语言和应用最初始于医药卫生、人口统计学和工程等领域,以及与之相关的涉及死亡或故障的领域,但它们也被广泛地应用于社会科学研究中。例如,研究劳动力的市场进程的研究者,不仅希望分析总的离职情况,也想分析人们之所以离职,是否因为在组织内部的提职或降职、平级调动、退职、解雇、退休或死亡。研究企业成功之道的学者也许不仅想考察所有形式的企业"死亡",同时也想考察企业停止了所有活动,被其他公司收购或与其他公司平等合并。研究国际冲突和战争的社会科学家也许不仅希望考察整个冲突的终止,同时也希望考察冲突是否通过和谈过程终止,还是通过占领或因僵持而终止。在每一种情况中,都希望能对各种竞争风险加以区别。

人们经常关心的一个问题是,改变一个或多个竞争风险(发生)的可能性引起的后果是什么。一个典型的问题是:制止或完全消除一种特定的风险(如死亡或故障的特定原因)的后果将会是什么?为了说明这一问题我们来举一个例子。公共卫生法和对接触传染病普遍免疫法的引进极大地降低了感染接触传染病的可能性。正因为这样,许多最为致命的传染病的死亡风险和死亡率大大减少。降低来自任何竞争风险的死亡率有利于延长寿命,导致平均寿命的增长。一般而言,降低一种竞争风险的危险率,将会延长所有原因组合导致的事件发生的平均时间。

事件的竞争风险经常与年龄和时间高度相关。正因如此,降低一种竞争风险的危险率,并不意味着另一种竞争风险的危险率的降低,二者可能有很大的不同。竞争风险率的危险率取决于每个特定原因的危险率中的年龄和时间相依性的模式。例如,老年人心脏病和癌症发作的可能性大大高于儿童和青年,而婴儿和儿童较成年人更容易得传染病和发生意外事故。结果是,某种程度的降低传染病的死亡风险,比同等降低的心脏病的死亡风险更能延长人的寿命。因此改进环境卫生和免疫系统,将使青年人死亡的总风险陡降,从而大大增加平均期望寿命(和延长处在工作年龄的成人的寿命)。相反,降低心脏病的死亡风险,则特别有利于延长老年人退休后的寿命。

降低传染病,特别是降低儿童容易感染传染病的死亡率的一个间接后果是,增加了心脏病、癌症和其他老年人容易患上的疾病的死亡的相对可能性。改进环境卫生和免疫系统确实不能消除其他死亡的竞争风险,它们毕竟对那些其他原因的死亡率没有直接的影响。一般来讲,直接抑制或消除一种竞争风险,会增加那种被压制或消除的竞争风险之外的那些竞争风险引起的死亡或故障发生的相对可能性。相反,增大一种竞争风险(如谋杀、战争)会降低其他竞争风险(如疾病)引起的死亡或故障的相对可能性。

分析竞争风险和测量的协变量在一个竞争风险而非另一个竞争风险上的发生和时机的效应模型主要有两种类型。这两种类型的根本差别在于,风险是发生在离散的时点,还是任何连续的时间的瞬息。在第一种情况中,使用最为普遍的统计模型是多项 Logistic 回归模型【Multinomal Logistic Regression Model】,或条件 Logistic 模型(相关内容请查阅 Theil, 1969; McFadden, 1973; Maddala, 1983)。在第二种情况中,即所谓的事件史分析,是分析竞争风险的经验数据的标准方式。事件史分析中使用的特定模型包括各种类型的比例或不成比例的危险和转换率模型(用于事件史分析的主要备择模型的概述请参见 Tuma & Hannan, 1984)。

两种建模法的关键问题在于,竞争风险是否在统计上是独立的。我们用一个例子来阐明。一个患有严重疾病,如艾滋病的人特别容易因感染一种疾病死去。如果情况真的是这样,这两种死亡原因(如艾滋病和一种传染病)在统计上就不是独立的。相反,意外事故、谋杀和战争引起的死亡可能真的被认为是与慢性病,如艾滋病引起的死亡风险是独立的(或几乎是独立的)。

在使用离散多项 Logistic 回归模型分析各种结果的特定原因的发生时,研究者可以检验不相干的备择选择的独立性(Maddala, 1983),也就是不同的竞争风险在统计上是否独立。如果竞争风险在统计上是独立的,那么多项 Logistic 回归模型的估计值将恒等于(在抽样变异性范围内)一系列排除了一个或多个竞争风险的较为简单的 Logistic 回归模型的结果。有关这些检验的讨论请参见参考书目中的有关文献(Hausman & McFadden, 1984)。

在事件史分析中,研究者可以估计与每一个竞争风险相联系的即时的转换率(即特定原因的危险率)。然后可将这种分析得到的结果,在所有其他竞争风险(在统计上)独立的假定下,用于推论消除一个特定的风险的后果。同样,这些结果也可用于推论导致和某一风险相联系的转换率的上升或降低(即估计的转换率乘以某个假设的大于或小于 1 的分数)的后果。这样的推论在竞争风险(在统计上)独立的假定下是正当的(David & Moeschberg, 1978)。齐阿蒂斯(Tsiatis, 1975)证明,即使使用全部和完整的竞争风险发生和择时的事件史数据,也不可能完全确认竞争风险在统计上是真的独立的。

——Nancy Brandon Tuma

(沈崇麟译校)

参考文献

David, H. A., & Moeschberg, M. L. (1978). *The theory of competing risks* (Griffin's Statistical Monograph # 39). New York: Macmillan.

Hausman, J., & McFadden, D. (1984). Specification tests for the multinomial logit model. *Econometrica*,

52, 1219-1240.

Maddala, G. S. (1983). *Limited-dependent and qualitative variables in econometrics*. Cambridge, UK: Cambridge University Press.

Tsiatis, A. (1975). A nonidentifiability aspect of the problem of competing risks. *Proceedings of the National Academy of Sciences*, 72, 20-22.

Tuma, N. B., & Hannan, M. T. (1984). *Social dynamics: Models and methods*. Orlando, FL: Academic Press.

复杂数据组(Complex Data Sets)

所谓数据是复杂的有两种不同的含义,即统计上复杂的和结构上复杂的。我们可以通过将它们和一组全国性的简单数据作比较来对此作出解释。这种数据是由这样一组或对应于一个总体的等概率的随机样本(该样本中的每一实体都是独立地选取的),或对应于一个完整的总体的实体组成的。这个数据组包含每一实体的相同的完整的量度。例如,它可能是由一个个体的随机样本组成的。样本中每一个个体都回答了一组有关他们自己的政治态度的问题。在数据组背离了这些假定时,数据组就被认为是复杂的。

在有关抽样的某些标准的假定不能成立时,如果没有作调节,那么标准的统计分析就可能误导结果,这时就会出现统计复杂性。斯金纳、霍尔特和史密斯(Skinner, Holt, & Smith, 1989)对这种统计复杂性作了一个概述。如果在一个抽样调查中,回答人都聚集在一组有限的地区,这样的事常常会因为降低实地调查的费用而发生,那么由此便会导致对标准抽样假定的背离。这时观察便不再是独立的。这将意味着,用于计算显著性检验的标准误差,将需要对照以往使用的标准公式进行调整。例如英国社会态度调查,乍一看,它就是上面设想的那种简单数据组,而实际上它却有着一种聚类设计。空间和时间系列数据组则会缺乏另一种形式的独立性。在样本并非等概率地抽取的时候,则会发生另一种对标准抽样假定的背离。估计值便会因此而产生偏倚,因而需要进行调整,例如通过加权进行调整。发生在雇主调查中的这种背离是相当典型的。在雇主调查中,一大群雇主有着很高的被选择的概率。同样,如果由抽取的样本个体给出的回答的概率存在变化,无论是对整个访谈还是对单个问题,那么便可能会因此而产生偏倚,故而需要对此进行调整。

在一个单一的数据组中我们有着不同种类的实体的信息,结构上的复杂性便会因此产生。需要特别指出的是,许多数据都有着多重结构,以反映社会现实的某些重要方面。这样的例子不仅包含层次结构,如个体在家庭中的地位,工人在企业中的地位,以及儿童在学校中的地位;也包括同一个体在不同时点的纵向数据中的多重观察。在家庭预算或劳动力调查中,收集住户中所有人的信息便是一个十分典型的例子。也有些层级结构不是十分清楚的数据,例如社会网研究的数据。在每一主要实体有着不同的信息量的时候,数据组同样也可被视为一种复杂的数据组。例如在追踪调查中数目不同的观察,在生育史调查中每个妇女不同的生育孩子数,或工作史调查中每个人从事过的不同工作数。例如诸如英国住户追踪调查(the British Household Panel Survey)这样的调查,因为人员损耗【Attrition】和儿童成长为合格的被调查人的缘故,每期调查的个体都会有所不同。

这种结构上的复杂性会造成多种后果。首先，这意味着分析者要考虑清楚，自己的分析单位应该是什么。可以用这些结构，将较高层的单位作为分析单位处理，而将较低层次的概括性信息附加其中（例如家户层次的分析，使用户内个人的收入信息，或生育孩子数分析女性）。其次，给出的这些选择，数据可能需要作大量的重组，以便建立统计软件通常使用的矩形的数据组。最后，必须考虑结构的复杂性造成的统计后果。这可能只是必须对观察的非独立性进行调整，例如，更为积极的做法是用多层次建模法来利用结构的长处（Goldstein，1995）。

——Nicholas H. Buck

（沈崇麟译校）

参考文献

Goldstein, H. (1995). *Multilevel statistical models*. London: Edward Arnold.

Skinner, C., Holt, D., & Smith, T. M. F. (1989). *Analysis of complex surveys*. Chichester, UK: Wiley.

成分分析（Componential Analysis）

成分分析（CA）假定任何一个给定的词汇的含义都由一组独特的有意义的特性予以最好代表。CA 法试图比较来自同义域的词汇的含义，以发现为区别它们的不同之处所需的最少几个特性。例如，在亲属域内，一个人的母亲和父亲、姐妹和兄弟，以及女儿和儿子是由性别（“女”与“男”）、代（母亲和父亲是“上一代”，姐妹和兄弟是“同一代”，而女儿和儿子则是“下一代”）来区分的。

通过 CA 得到的深刻见解被认为揭示了不同社会的人们是如何建构各自独特的有关世界的知识和诠释他们的生活经验的。因此，CA 被认为是寻访文化和语言相对论性质的主要工具之一。

CA 的支持者旨在令它为我们提供一种有洞察力的、精妙的和严格的确定词汇含义的方法。所谓有洞察力是指它揭示了在意料之外的构成有意义的关系的基础，所谓精妙的是指它展示了其他方法所没有的拙朴和规范，而严格则是指它给我们提供了精确的定义。大多数词典的定义都由这样的特性组成（例如，跋涉“以费力和疲倦的方式行走”）。

CA 的支持者也希望它能提供一组普遍的、能允许我们进行任何语言的任何含义的分析特性，这样便可克服在两种语言之间进行翻译时存在的不精确性。译者可以通过加一些短语对丢失的有意义的特性作解释，对不同语言之间存在的语义差异作出补偿。例如，在另一种语言有几个不同的词来表达用特定的方式携带（carry）什么东西时，我们可以加一些“携带”一词的短语，如“在手中”“在臀部”“在胳膊上”和“在肩上”等短语来表达这些差异。

从 1950 年代中到 1970 年代这一时期，CA 在认知人类学【Cognitive Anthropology】这一学科的发展中起到了重要的作用（D'Andrade，1995）。然而它却因为某些原因受到了学术界的抵制。第一，它允许进行备择分析，却无法对每一种分析究竟在多大程度上反映了文化内部的人的知识这一问题作出评价。第二，它不能对范围广泛的领域的意义作出解释。例如那些反映部分整体关系的词，如作为身体一部分的“头”，也许只有在联系它在整体中的相对位置，而非列出几种特性时才能被理解（Fillmore，1975）。第三，那些没有清楚的边界定义的类别则无法用 CA 进行分析。诸如这样的例子有生命的阶段（婴儿、儿童、青少年、成年和老年）和大小（沙子、碎石、鹅卵石、石头、礁石和岩石)。第四,许多词的意义只能依据较为广阔的文化背景被理解。例如民族提琴(fiddle),它可以与小提琴(violin)有所区别,是因为它可以与吉他、夏威夷四弦琴和五弦琴组成乐队,为身着背带工装和格子呢衬衫的,跳着活泼的土风舞的男人伴奏。而小提琴则可和其他的提琴,一把中提琴和一把大提琴一起,作为弦乐四重奏的一部分组成一个四重奏乐队,在室内乐会上,由身穿礼服的演奏者演奏。

CA 的不朽价值在于它强调了这样一个事实——人们区别事物的根据是它们究竟相同还是不同。

——Kenneth A. McElhanon
Thomas N. Headland
(沈崇麟译校)

＊也可参见认知人类学【Cognitive Anthropology】、主位/客位之分【Emic/Etic Distinction】。

参考文献

D'Andrade, R. (1995). *The development of cognitive anthropology*. Cambridge, UK: Cambridge University Press.

Fillmore. C. (1975). An alternative to checklist theories of meaning. In C. Cogen, H. Thompson, G. Thurgood, K. Whistler, & J. Wright (Eds.), *Proceedings of the First Annual Meeting of the Berkeley Linguistics Society* (pp. 123-131). Berkeley, CA: Berkeley Linguistics Society.

Nida, E. A. (1975). *Componential analysis of meaning: An introduction to semantic structures*. The Hague, The Netherlands: Mouton.

计算机模拟(Computer Simulation)

计算机模拟使用一组方程式、算法【Algorithm】或电子元件来复制一个比较复杂的系统的主要成分。它的目的是使我们能够对现实世界中操控困难、昂贵或不可能的复杂系统进行研究。计算机模拟也允许我们在数字上对数学方程进行研究,即使这些方程用代数法是无解的。

大多数计算机模拟都是在数字计算机上进行的,并用方程、if-then(如果-那么)语句和变量来设定。各种专门的计算机语言和软件包被开发出来用于模拟的设定,尽管模拟也可以用多用途的编程语言,如 FORTRAN 或 C++来写。模拟的性状将随方程和规则中使用的参数【Parameter】、初始化模拟使用的值和在特定模拟运行时随机变量的值的变化而变化。

大多数计算机模拟都属于这三种类型:系统动态模拟(systems dynamics simulations)、有限元模拟(finite element simulations)和基于代理的模拟(agent-based simulations)。

系统动态模拟为福里斯特(Forrester, 1961)所首创,它们都为一组差分方程所驱动。而这些方程则通过一组反馈回路和随机干扰与系统中的变量相联系。罗伯特等人(Roberts et al., 1983)则对之作了扩展。例如"全球动态"模拟研究具有高度综合的变量,如总人口水平、资源消费、污染和经济生产。当生产和消费增长的时候,污染就会加剧,而这随后又会降低人口数量的水平。

与此相反,有限元模拟通过观看模拟中相邻元素之间发生的微观水平过程的效应,计算综合变量的性状。这种方法一般用来为物理系统(如气候)建模。因为在气候系统中虽然宏观水平的方程是已知的,但因为随机变量的存在,系统在代数上是非线性【Nonlinear】的。例如,气候变化模型包含调节温室气体,如大气中取暖排放的二氧化碳的效应、相邻的海洋温度对大气热量的效应、海洋上方大气云的形成对海洋温度的效应及其他效应的方程。大多数有限元模拟都能在含有数以百计或千计的单个处理器的巨大并联计算机上进行，而这些“超级计算机”的应用几乎都是有限元模拟。

最后，基于代理模拟则通过观看性状由规则设定的个体代理的综合效应来为社会系统建模（Axelrod, 1997）。例如，城市交通流量模拟，“代理”就是单个的汽车，这些汽车可以改变自己的车速、行车路线和随机行为（如根据其他代理的行为判断遇到事故的可能性而改变的行为）。有关这一方法的更为详细的介绍请参见模拟【Simulation】这一词条。

虽然大多数社会系统的模拟是用数字计算机做的，但仿真计算机模拟有时也会用于社会科学中，特别是在神经系统研究方面和诸如模式识别这样的研究中的建模。仿真计算机是用诸如电阻、电容和晶体管这些元件构建的。与数字模拟一样，仿真计算机是比较复杂的系统的简化，但它的特性操控起来较之用全系统的模拟更为容易和可靠。

——Philip A. Schrodt

（沈崇麟译校）

参考文献

Axelrod, R. (1997). *The complexity of cooperation: Agent-based models of competition and collaboration.* Princeton, NJ: Princeton University Press.

Forrester, J. W. (1961). *Industrial dynamics.* Cambridge: MTT Press.

Roberts, N., Andersen, D. F., Deal, R. M., Grant, M. S., & Shaffer, W. A. (1983). *Introduction to computer simulation: A system dynamics modeling approach.* Reading, MA: Addison-Wesley.

计算机辅助数据收集（Computer-Assisted Data Collection）

这一术语可用于几种不同的情境：(a) 面对面和电话访谈，调查员根据访谈安排【Interview Schedule】的预定，对置于计算机内的一系列问题进行访谈，并在访谈进行的同时将回答人的回答输入计算机。(b) 自填式问卷【Self-Administered Questionnaire】，回答人自行阅读屏幕上显示的问题，并于此时将自己的答案输入计算机。(c) 网络调查【Internet Surveys】。(d) 在线焦点小组【Focus Group】和个人访谈。

——Alan Bryman

（沈崇麟译校）

计算机辅助个人访谈（Computer-Assisted Personal Interviewing）

计算机辅助个人访谈（CAPI）和它的“同宗兄弟”，计算机辅助电话访谈（CATI）主导着调查数据的收集（参见计算机辅助数据收集【Computer-Assisted Data Collection】）。目前可用于这方面的计算机软件非常多，且今后还有更多的会陆续上线。本词条不准备评价这方面的各种备择方法，而是要讨论CAPI系统需要解决的主要问题，进而给读者提供解决的大致方案。计算机辅助的优点实在太多，如高效的问题筛选、值域检查和跳转式检查（skip pattern checks）等，不胜枚举，以至于不用计算机辅助方法的调查已十分罕见。除非问卷十分简单和只涉及少数几个回答人的调查,或可以使用报酬很低的人工处理数据和无法提供硬件时,我们才使用非计算机辅助调查方法。

设计组织一个重要的抽样调查【Survey】需要协调许多方面的工作和详细说明有关各项数据收集的事宜。设计一个CAPI 软件系统来处理大型、复杂的调查是很困难的。除非 CAPI 系统和调查过程其他方面整合得很好,否则就不只是计算机化的数据收集的效益会被抵消,而且低劣的系统整合还会造成各种意想不到的困难。CAPI 首先承诺通过内置的自动检验,防止或纠正误差和不一致性。此外,它还承诺加快从实地调查结束到数据发布的数据传递时间。CAPI 的确实现了自己的承诺。但在另一方面,为调查付钱的那些组织希望CAPI 降低调查的费用。一般来讲,这一希望似乎落空了。我们认为,费用方面的问题反映我们未能成功地整合 CAPI 软件和调查过程的其他方面的工作。

组织实施一个重要调查有六个彼此有着紧密联系的工作要做。第一,我们必须设计好整个访谈,以满足项目的需求。第二,必须准备好把问题和正当的答案放在屏幕的适当地方的软件。第三,准备好任何用软件进行访谈所需的输入数据。输入数据多少不等——也许可能只是一些初步的基本数据(因为调查只有少量,甚至没有涉及将要被调查的回答人的数据);但也许数量巨大而复杂,含有来自前几轮调查的成千上万个数据(它们可作为本次调查的参考)。例如,在收集事件史【Event History】数据时,家庭成员的姓名、人口学特征、雇主姓名、日期和转换的类型等可以是构成一个纵向调查的输入数据文件的主要内容。输入数据也可以包括供计算机在向回答人“宣读”问题的文本时使用的声音文件,这种方法常用于有关性行为和性器具这样一些直接由调查员问回答人,答案可能产生偏倚的敏感问题。第四,培训调查员使用软件,并派他们出去收集或“捕捉”数据。第五,将数据从调查员的袖珍 PC 上转移到中心数据存储库。第六,整理中心数据库中的数据准备好分析的数据文件。

虽然本词条的剩余部分将集中在软件问题上,但是任何用于 CAPI 的软件都需要在硬件上运行。目前,用于这方面的硬件主要有三类:笔记本电脑(laptops)、手写电脑系统(pen-based systems)和小型掌上个人数码助手(PDA)。对大型的复杂调查而言,首选的硬件是笔记本电脑,因为它是一种比较成熟的产品,有其他同类产品不可比拟的多样性、稳健性和稳定性。不过基于视窗/英特尔(Windows/Intel)技术的手写电脑系统也占有一定的市场份额。早期的手写电脑系统性能似乎不够好。新一代的视窗/英特尔手写电脑性能大大优于早几代的手写电脑,但是对于众所周知的节约成本的行业,价格、可靠性和物理稳健性则是接受将新一代的手写 PC 机用于调查的关键所在。对站着进行的简短调查,新型的有着更强的处理能力和较大的储存空间的掌上个人数码助手则是一位较强的竞争者,但是它还不够成熟的操作系统和数量十分有限的应用软件则阻碍了它的广泛应用。然而,在那些体积小、质量轻和低成本为先决条件的应用中,PDA 则已经成为首选的一种硬件。

在编写用于数据收集的软件时,系统设计者往往专注于数据捕捉的步骤。他们经常对系统设计将可能对调查员的培训发生什么影响,以及数据捕捉软件如何与其他五项工作整合注意不够。随着 CAPI 的出现,调查工作的整个后勤部门的运作必须重新进行设计。如果没有将 CAPI 数据收集的主要工作整合起来的、统领一切的概念框架,那么重新设计调查过程的成本常常会意想不到的高。

CAPI/CATI 法有两个主要的分支。使用比较普遍的那种方法是用自定义的编程语言来提出问题、捕捉答案和储存数据。这种方法在调查过程中需要得到编程员的大量支持,而在每开始一个新的调查时,调查过程涉及的所有这些工作的相互关系必须重新设定。我们把这种方法叫作编程法(programming approach)。其他方法的 CAPI/CATI 软件使用关系数据库法作为一种整体化的机制。在使用这种方法时,工具被表示为一系列数据记录,每种数据记录都有很多属性,包括问题文本、文档跳答模式注释和给调查员的指令等几乎所有的东西。我们把这种方法叫作数据库法(database approach)(读者可参阅有关数据管理【Data Management】的词条,该词条对数据库作了清楚的解释,它与本部分的内容关系也很密切)。在这里,我们要说明的问题是数据库给我们提供的整合 CAPI 调查的所有步骤的提纲挈领式的思路,这使它比备择的编程法在操作上更为经济。

在设计阶段,调查专家将数据输入屏幕的各个字段。这些字段位于代表问卷的关系数据库表的行。输入的数据包括问题的文本、给正当回应设立的校订限制,正当答案清单和转移指令。这种"编写"CAPI 问卷的方法需要一些编程技巧,因而一个初级的调查专家一般可输入那些最为复杂的段落之外的所有段落。数据库中一组预设的"查询问题"会在数据输入时对输入的数据进行诊断性检查,至于更复杂的数据检查和诊断则以批处理模式进行。工具中的每个问题则由数据库表连成的行表示。调查软件执行这些连接、显示问题、储存答案和按分支指令进行分支。每次调查宣读和实施问卷数据的程序不是重写的,而是稳定的和可以用于不同调查的(同样的记录也可用于 PDA、互联网调查,或其他能使用各种数据收集平台的本地服务器上)。这将大大简化问卷作者和调查员的培训工作,因为所有与系统的互动都会再次使用几个为数不多的标准屏显。

调查数据被转移到中心办公室,并下载到已经含有定义问卷的表格的主数据库。这时问卷数据变成了"元数据(metadata)"或描述调查数据的数据,大大便于文档报告的产生,这些报告将对关系数据库进行一系列查询。预设的查询既可产生可打印的也可产生超文本的问卷或编码手册。其他与每个问题有关的信息也可储存在数据库中,并可用于增加调查的文档。

我们可以从关系数据库中提取输入的数据用于纵向调查的下一轮调查。关系数据库技术有利于数据共享,既可用于商业用途也可用于学术用途。研究者可通过适当的途径,到数据库寻找需要的文档和变量,并加以标志,要求远程的服务器通过电子邮件将它们发给自己。

这种路数是整体性的,因而要使用商业数据库软件来整合一个 CAPI 调查的所有阶段。一个设计精良的系统能处理各种调查,允许中心办公室和调查人员再次使用标准工具。这种路数给我们提供了充分的机会来控制费用和保持运作的协调和高效(参见数据管理【Data Management】)。

——Randall J. Olsen

(沈崇麟译校)

参考文献

Costigan, P., & Thomson, K. (1992). Issues in the design of CAPI questionnaires for complex surveys. In A. Westlake, R. Banks, C. Payne, & T. Orchard (Eds.), *Survey and statistical computing* (pp.47-156). London: North Holland.

Couper, M. P., Baker, R. P., Bethlehem, J., Clark, C. Z. F., Martin, J., Nichols, W. L., et al. (Eds.). (1998). *Computer assisted survey information collection*. New York: John Wiley.

Forster, E., & McCleery, A. (1999). Computer assisted personal interviewing: A method of capturing sensitive information. *IASSIST Quarterly*, *23*(2), 26-38.

Saris, W. E. (1991). *Computer-assisted interviewing.* Newbury Park, CA: Sage.

概念(Concept)

参见概念化，操作化和测量【Conceptualization, Operationalization, and Measurement】。

概念化，操作化和测量(Conceptualization, Operationalization, and Measurement)

研究始于一个"问题"或题目。对一个问题的思考会导致确定一些能够捕捉这一研究现象的概念。概念，或者称构念【Construct】，是指那些表征了某一现象的想法。概念化是赋予这些概念理论化意涵的过程。这个过程的典型做法是用理论化的术语抽象地描述概念。

描述社会现象，验证研究假设需要对概念进行操作化。操作化将研究者从抽象层次转移到经验层次，经验层次的关注点不是概念，而是变量。它涉及那些能够测量概念的操作或程序。测量是将数字符号(或某些其他的标签)附于变量的层次或特征的过程。于是实际研究就会因此成为在经验上的研究变量，并对概念作出(描述性的、关联性的或因果性的)陈述。

概念化

尽管研究可能只是始于几个有时是界定非常不严谨的概念，但研究的早期阶段却通常都是对概念进行界定和明确概念之间的关联。在探索性研究中，其研究目的之一常常就是更好地界定某个概念，或确定其他的重要概念和可能的关系。

由于社会科学中的许多概念都是用日常生活对话中常用的词语来命名的，对这些概念的含义进行界定就显得非常重要。例如，规范、不平等、贫困、公正、合法性等概念，都是我们日常生活中经常使用的词语，对于不同人而言，其含义各不相同。我们通常都把研究者所提供的界定叫作表征性界定(例如用其他的词汇来界定某个概念)。没有人声称这些界定就代表了概念的"真实"含义。这些界定的目的是当使用该概念时，我们能够更好地告知他人这个概念的意思是什么。社会科学的一个重要目标是将核心概念的界定进行标准化。有种说法认为社会科学界最为成熟的研究项目即那些产生了最多知识的研究——使那些所有人在核心概念上有一致的看法，并用相同方式进行界定的研究，这种说法值得论证。

不同概念的抽象程度是不同的。例如，人力资本是一个非常抽象的概念，而教育(通常作为人力资本的一个指标)这个概念就没有那么抽象。但是教育在质量和数量方面可以有不同变化，因而就比正式上学的年限这个概念更加抽象。大家会将社会科学中那些更为抽象的理论看作对推进知识的发展更为有用。但是，概念越抽象，在对于概念进行合适测量方法方面达成一致就越困难。

操作化

对概念的操作化是指由抽象层次转移到经验层次。过去社会科学研究者并不经常使用这一术语,主要因为在某些语境下,这个词的使用具有负面含义。这方面研究中的一个例子是关于人类智力的研究。由于对智力这个概念的含义难以达成一致,一些研究者干脆宣称,智力就是智力测试的结果。这样,智力这个概念就是以测量它的操作来定义的。这种所谓的"天然经验主义"受到了广泛批评,因此,很少有研究者现在通过概念如何被操作化来对概念进行定义。研究者一般会使用前文中描述过的表征性定义,而把对概念的测量看作一个独立的不同的活动。研究者虽然意识到测量并不能完美地代表概念(下文中会对此作出描述),但是研究者的目标仍然是得到有效和可信地捕捉到概念的测量。

测量

测量是指将数字符号(或其他标记)分配给变量的水平或特征的过程。在从概念的抽象层次转移到变量的经验层次时,研究者必须将概念设想为具有可以在经验上观察或评估的特征。许多问题必须加以注意。其中第一项是测量层次【Level of Measurement】。

在最基本的层面上,研究者必须决定某个概念的基本特征是否允许对个案进行排序(定序水平),或只允许对个案进行分类(定类水平)。另一个区别是关于概念的功能是离散的还是连续的,以及是否有精确的刻度。依托这些区别,大多数研究人员所面临的变量是无法排序并离散的(如婚姻状况、宗教偏好),有序并离散的(如社会阶层),或有序并连续的(如收入)。过去几十年统计的发展已经大大增加了有序与离散变量相关的分析工具,但社会科学的大多数研究仍然坚持分类变量与连续变量的二分法,只有更多"自由主义"倾向的研究人员会假定,定序数据是可以被看作连续变量来进行分析的。然而,随着统计技术的进步,研究者不再需要作出这些决定;在复杂的多变量研究中,定序变量还可以作为定距[①]变量来处理(Long, 1997)。

因而,测量的第一步是决定概念中固有的测量水平。一个通用的规则是,测量应始终代表一个概念的可能的最高水平。这样做的原因是显而易见的。一个连续变量在以定类的方式测量后,是不能轻易地转换成一个连续的测量尺度的。而一个连续的测量尺度总是可以转化为一个定序或定类的测量。此外,定序和连续的测量尺度允许使用更强的统计检验,也就是在应当拒绝虚无假设的时候,它会有更高的被拒绝的可能性。

任何测量通常都会涉及某种类型的测量误差【Error】。一种类型的错误是无效测量,它指的是测量错误地捕捉概念的程度(DeVellis,1991)。无效被称为系统误差或偏倚。我们通常可以这样理解效度【Validity】,即将概念作为靶心,而测量是用于击中靶心的箭头。测量命中靶心(概念)中心区域的程度就是测量的效度。研究人员希望获得效度高的测量。原因很简单,我们以一个社会流动的研究为例。如果研究人员的目标是确定某个社会中社会流动的程度,而测量从始至终低估了流动性,那么这样测量得出的结果是有偏倚和误导性的(即它们是无效的)。

测量误差的另一主要类型是不可靠。如果无效指的是测量的精确性,不可靠则是指测量在重复使用的情况下所产生的不一

① 此处原文为定序似为定距之误。——译者注

致性。平均而言,测量应该给出一个变量上的个案的正确分数,但是如果对于同一个个案,在测量被再次使用时产生了不同的分数,那么该测量会被认为是不可靠的。幸运的是,不可靠可以通过统计方法被修正;而没有效度则不那么容易被修正,并且也不像信度【Reliability】那样容易评估和认定。

比起信度,我们认为效度是一个测量更为重要的特征。一个没有捕捉到概念的可靠测量几乎毫无价值可言,而基于它的使用得到的结果将会是一种误导。严谨的概念化过程对提高测量的效度至关重要。如果概念的界定就是模糊不清的,那么测量的效度很可能会受到影响,因为研究者确定不了究竟应该测量哪些东西。评估测量效度有以下几种方法:

表面效度【Face Validity】,即测量是否在"表面上"捕捉到了概念。表面效度是不规范或无法量化的,尽管如此,它却总是研究中要作出的有价值的首要的评估。例如,衡量一个家庭的家庭收入,如果只包含男性户主的收入可能会提供一致的结果(是可靠的),但其有效性则必定受到质疑,尤其是在一个有这么多双薪家庭的社会中。

内容效度(content validity)类似表面效度,但它的使用是有更严格的标准的。对一个有内容效度的测量,它的界定是必须能像它所定义的那样,捕捉到概念的所有维度或特征。例如,一个一般工作满意度测量应包括薪酬的满意度、工作保障的满意度、晋升机会的满意度等。但是,与表面效度类似,内容效度也是几乎无法量化的。

效标效度【Criterion-Related Validity】是某种测量与其他被认为是一个概念的精确指标的量度之间的相关程度。效标效度有两种形式:预测效度,采用一种未来的标准。例如,投票偏好(在选举前测量)与实际投票行为有相关性。高相关性表明,投票偏好是投票行为的一个有效测量。同时效度是通过获得某个测量,与另一个已被证明是概念的有效指标的测量之间的相关性来评估的。例如,工作场所社会学的研究者,希望通过询问员工参与决策的程度来测量员工的参与问题。有一个更费时的策略——视频拍摄工作组的会议,并记录每个员工的贡献——该测量已被视为对参与的有效测量。这两者之间的相关将表明这种感性测量的同时效度。

一种测量的构念效度【Construct Validity】是指两个有效性评估策略中的某一个。首先,它可以指当一个变量用该测量进行评估时,其体现的性状,是否如其应该体现的那样。例如,如果理论(和/或过去的研究)认为它应该与另一个变量 Y 有正相关关系,那么这种关系应该在使用该测量时被发现。其次,概念的多个指标都与某个基本的概念建构,而不是其他概念建构之间相关的程度。通常情况下,这种区别被称为聚合效度和判别效度【Discriminant Validity】。因子分析【Factor Analysis】可以用来评估这一点。例如,如果一个研究者有五个文化资本的指标和四个社会资本的指标,因子分析应该产生两个低相关的因子,每个因子分别属于两个指标组。

需要强调的是,这第二个策略运用因子分析来实现验证的目的,而不是用来进行数据梳理或概念发掘,这种使用法多发生在探索性研究中。如果研究人员在概念化过程中一直非常严谨,那么因子分析便可用来验证他们的测量。在这种情况下,因子分析不再是用来"发现"未预料到的概念。

综上所述,信度是指当测量被重复使用时其结果的一致性。它被看作随机测量误差,而效度被认为是测量偏倚。没有信度的测量会造成各种显而易见的统计后果,其中最常见的是方差的扩大和相关系数的缩小。信度通常都用以下两种方式中的一种来评估。再测信度【Test-Retest Reliability】是用同一测量的两个时点之间的相关系数来评估的。这种类型评估的困难在于,测量的不可靠性会与测量的变量的实际变化发生混淆。出于这个原因,第二种也是更加常用的策略,是获得概念的多个指标。在这里,可以用内部一致性测量,如 Cronbach α【Cronbach's Alpha】系数。在这两种情况下,规范的关联(相关)测量允许使用某些经验法则。例如,任何低于 0.60 信度的测量都应该被看作存在着相当大的可疑之处。

其他问题

测量效度不应该与内在效度【Internal Validity】和外在效度【External Validity】相混淆,后者属于研究的设计问题。如果研究人员声称研究结果支持他们的 *X* 导致 *Y* 的假设,且该结果的备择的解释已经被排除,那么我们就可以说该结果有内在效度。外在效度是指研究结果是否能够推广到研究的场景、样本或时间框架以外。内在效度和外在效度都是构建社会科学知识中非常重要的问题,但它们与测量效度却不尽相同。

另一个与测量有关的问题是,测量究竟应该使用单一指标,还是多个指标。一些概念,从定义几乎就可以看出,是能够用单一指标来测量的,例如收入和教育。而其他较抽象的概念(例如,政治保守主义和婚姻满意度)经常需要用一个以上的指标来测量。需要多个指标的原因是显而易见的。第一,当一个概念是更抽象的,找到能捕捉该概念的单一指标是比较困难的。第二,多个指标的测量通常比单一指标的测量更有信度。第三,在结构方程模型【Structural Equation Modeling, SEM】中(Bollen, 1989)使用多个指标的测量,使我们得以对无信度的测量进行修正,产生额外的信息,从而使我们得以进行有用的模型检验和估计更复杂的模型,例如交互效应模型。尽管结构方程模型能够通过分别处理每个指标来加强它的效用,但基于多指标的测量常常会被转化为指标简单加总,或加权加总的尺度或指数。

第三个与测量有关的问题是有效和可信的测量的来源。正如前文已经描述的那样,有多种策略可用来评估某个测量究竟有多好(即它是多有效和多可信)。但是,这种评估发生在测量后。如果某个测量没有效度或信度,而研究者又无法轻易获取更好的测量,那么就应该认真考虑研究的中止。出于这个原因,我们应当重视和认真考虑在研究的开始阶段识别有效和可信的测量。如果在一个专业领域,理论已经完备建立,且已经有了一个强大的科研传统,那么有效和可信的测量很可能也已经存在。例如,在组织的研究中,像形式化和行政力度这样的关键概念已经非常成熟,关于这些概念的测量也是如此。在这种情况下,仔细阅读该领域的文献,便能够用来确认需要使用的测量。对于那些进入某个专业领域的新人,希望"找到一个更好的测量"的想法是很诱人的,但除非先前使用的测量具有较低的信度和效度,研究者应该远离这种诱惑。在关键概念的测量跨研究地被标准化时,知识的积累才更有可能。当然,探索性研究不太可能使用标准化的测量。在这种情况下,概念和测量会"沿路"发展。但是,这样的研究不应该被看作是完全非结构化、完全没有评估和解释的标准。马克斯韦尔(Maxwell, 1996)令人信服地表明,探索性的研究仍可以在准科学的指导准则下进行。

最后一个与测量有关的问题涉及对现有数据的利用,现有数据是社会科学研究的主要来源。通常情况下,研究人员收集这些数据时已在考虑其他的一些目的。在这种情况下,经常需要依靠代理变量【Proxy Variable】,并且必须面对效度问题。信度往往不是什么问题,原因是代理变量似乎通常都是社会人口变量。幸运的是,现在的大型数据收集机构收集数据时,在测量问题上都已经更多地倚重社会科学家。必须确定和使用关键概念的代理变量这个问题有望成为过去。

——Charles W. Mueller

(郑晓娟译　沈崇麟校)

参考文献

Bollen, K. (1989). *Structural equations with latent variables*. New York: John Wiley.

DeVellis, R. F. (1991). *Scale development: Theory and applications*. Newbury Park, CA: Sage.

Long, J. S. (1997). *Regression models for categorical and limited dependent variables*. Thousand Oaks, CA: Sage.

Maxwell, J. A. (1996). *Qualitative research design*. Thousand Oaks, CA: Sage.

条件似然比检验(Conditional Likelihood Ratio Test)

条件最大似然比是一种对用条件最大似然估计【Conditional Maximum Likelihood Estimation】的参数上的约束进行检验的程序。寓于条件似然比检验统计量背后的直觉知识与似然比统计量【Likelihood Ratio Statistic】类似。条件似然比统计量测量强制约束的条件似然比函数的约化。如果约束是正当的,条件对数似然比的约化便是不显著的。大样本的条件似然比统计量的分布为自由度【Degrees of Freedom】等于强制约束数的卡方分布。与似然比统计量一样,条件似然比检验也有对应的 Wald 和得分(拉格朗日乘子)检验(Wald and score [Lagrange multiplier] tests)的条件版。更为正式的表达是,假设我们有一个用最大化下面的条件对数似然比函数,$\ln L = \sum f(y_2 \mid \mathbf{X}, \boldsymbol{\beta}, \mathbf{Z}, \gamma)$估计的参数向量 $\boldsymbol{\beta}$,式中的 γ 是一个参数向量,其值为理论假设设定,或更为普遍的是由最大边际对数似然函数, $\ln L = \sum g(y_1 \mid \mathbf{Z}, \gamma)$ 求得的估计值 $\hat{\gamma}$。现在我们来考虑一下 $\boldsymbol{\beta}$ 的$(r\times1)$的约束向量,将它定义为 $\mathbf{c}(\boldsymbol{\beta})-\mathbf{q}=\mathbf{0}$。条件似然比检验以 $\ln \hat{L}, \boldsymbol{\beta}$ 的无约束条件对数似然函数,与 $\ln \hat{L}_R, \boldsymbol{\beta}$ 的约束对数似然比函数之差为依据。注意,二者都是在 γ 上有条件的,而 γ 则是作为已知处理的。然后,条件似然比统计量则是$-2(\ln \hat{L}_R - \ln \hat{L}) \sim \chi_r^2$,它对作为虚无假设的 $\mathbf{c}(\boldsymbol{\beta})-\mathbf{q}=\mathbf{0}$ 进行检验。

条件似然比检验的一种应用,是在联立概率单位模型(simultaneous probit models)情形中的外生性(exogeneity)检验。我们来看一下概率单位模型的一个特例。该模型中的一个回归量,$y_1 = \mathbf{Z}\gamma + v$ 是一个连续的有着正态分布【Normal Distribution】的内在变量【Endogenous Variable】。这一方程系统的条件最大似然估计涉及:先要用普通最小二乘【Ordinary Least Squares】求 γ 的最大似然估计值,然后再将这一估计值用于调节概率单位方程的最大似然估计。在这种情形下的调节是用 $\hat{\gamma}$ 导出约化式的残差 $\hat{v}$。这一残差包括在概率单位方程的右边,控制方程联立偏倚。条件似然比检验将这种未约束的模型的对数似然,与用排除简化式残差的强加外生性约束的约束模型的对数似然进行比较。在这一特例中,条件似然比统计量有自由度为 1 的卡方分布。注意,在外生性虚无假设下,这一似然比检验渐近地等于似然比检验。

——Harvey D. Palmer

(沈崇麟译校)

参考文献

Alvarez, R. M., & Glasgow, G. (2000). Two-stage estimation of nonrecursive choice models. *Political Analysis*, *8*, 147-165.

Rivers, D., & Vuong, Q. H. (1988). Limited information estimators and exogeneity tests for simultaneous probit models. *Journal of Econometrics*, *39*, 347-366.

条件 Logit 模型(Conditional Logit Model)

条件 Logit 是一种研究有着三类或更多类的无序分类【Categorical】(定类【Nominal】)因变量问题的统计模型。条件 Logit 估计每个观察将在因变量的每一类中的概率。条件 Logit 使用选择类别的特性作为自变量,因此不允许自变量的效应跨选择类别变化。这一点不同于类似的用个别观察的特性作为自变量,且允许自变量的效应跨因变量类别变化的多项 Logit【Multinomial Logit】模型。模型同时包括备择选择的特性和个别观察的特性二者是可能的,而这样的模型通常也叫作条件 Logit。注意,有些研究者将多项 Logit 和条件 Logit 并称为"多项 Logit"。

有几种不同的导出条件 Logit 模型的方法,在社会科学中使用最为普遍的方法是,将条件 Logit 模型作为一个离散选择模型导出。每个观察都是行动者(actor)从选择的一组 J 个备择选择中选出的一个备择选择。在这里,J 是因变量中的类别数。一个行动者 i 从这一选择组选出的备择选择 k 将要得到的效用(utility)由下式给出:

$$U_{ik} = X_{ik}\beta + \varepsilon_{ik}$$

令 y 为有 J 个无序分类的因变量。那么,一个行动者 i 在备择选择 k 上将要选出备择选择 j 的概率便是

$$\begin{aligned}\Pr(y_i = k) &= \Pr(U_{ik} > U_{ij}) \\ &= \Pr(X_{ik}\beta + \varepsilon_{ik} > X_{ij}\beta + \varepsilon_{ij}) \\ &= \Pr(\varepsilon_{ik} - \varepsilon_{ij} > X_{ij}\beta - X_{ik}\beta)\end{aligned}$$

麦克法登(McFadden,1973)证明,如果所有的 ε 都是独立的,且服从跨所有观察和备择选择的 Gamble 分布(Gumbel distributions),那么这一离散选择导子(derivation),将导出一个条件 Logit。多项 Logit 估计 $\Pr(y_i = k \mid x_{ij})$,式中的 k 是因变量中的 J 个分类中的一类。这个条件 Logit 模型写作:

$$\Pr(y_i = k \mid x_{ik}) = \frac{e^{x_{ik}\beta}}{\sum_{j=1}^{J} e^{x_{ij}\beta}}$$

条件 Logit 是用最大似然法【Maximum Likelihood】估计的。与多项 Logit 不同,这些变量的系数都不必确定约束。然而,那些跨备择选择不变的变量的系数则必须以某种方法加以约束,以对模型进行识别。最为普遍的约束法是将跨个体不变的各个变量的 β 正态化,以使一个备择选择等于零。

不相干备择选择的独立性

条件 Logit 和多项 Logit 有一个叫作不相干备择选择的独立性的性质(IIA)。对于每个观察者而言,在任何两类中的概率比都不受来自选择组其他类别的添加或移除的影响。这是因为任何两个备择选择的选择概率的比只取决于适合这两个备择选择的变量和系数。为了了解这一点也适用于条件 Logit,我们来看一下下面的式子:

$$\frac{\Pr(y_i = m \mid x_{im})}{\Pr(y_i = k \mid x_{ik})} = \frac{e^{x_{im}\beta} \Big/ \sum_{j=1}^{J} e^{x_{ij}\beta}}{e^{x_{ik}\beta} \Big/ \sum_{j=1}^{J} e^{x_{ij}\beta}} = \frac{e^{x_{im}\beta}}{e^{x_{ik}\beta}}$$

注意,IIA 是个别观察的选择概率的一种性质,而不是用于模型总概率的一种性质。在许多设定中,这一性质常常是不可取的。说明这一性质最为常用的一个例子是红色公共汽车/蓝色公共汽车悖论。假设某人去上班的时候,既可选择开车,也可选择一辆刚好油漆为红色的公共汽车。令这个人选择每一备择选择的概率为 1/2。现在第二辆恰巧油漆为蓝色的公共汽车加入了选择组,蓝车除了颜色以外,其他每一方面都与红车相同。直觉告诉我们,开车和每一种公共汽车的选择的概率应该是 1/2 和 1/4。然而 IIA 则需要每种交通方式的概率都为1/3,以保持在开车和乘公共汽车之间选择的原概率。注意 IIA 的这一性质适用于任何假定误差项的分布是独立和同一的离散选择模型。而希望放松 IIA 这一性质的愿望便成了一个导致在社会科学中的多项选择问题的研究中,诸如多项式概率(MNP)这样一些模型使用增长的原因之一。

例子

作为一个例子,我们来考虑一个在一次有三个候选人(A,B 和 C)的选举中,年龄、性别、收入和意识形态距离对候选人投票选择的效应的估计问题。年龄、性别和收入是跨备择选择不变的变量,因此它们将作为多项 Logit 中的变量处理。这就是说,这些变量的系数将跨候选人变化,因而为了确定模型,它们必须以某些方法加以约束。在这个例子中,将这些变量的系数中的候选人 C 的系数约束为零。个人和候选人之间的意识形态距离是由个人自我确定的在 7 级意识形态量表的位置和由他(或她)确定的候选人在同样的量表上的位置的差别来量度的。因为这一变量是跨个人和备择选择变化的,所以意识形态距离对候选人选择的影响只有单独一个系数,因此这个系数不需要用任何方法约束。

这一选择问题的条件 Logit 估计结果在表 1 中列出。

表 1　多项 Logit,多个候选人
(候选人 C 的系数正态化为零)

自变量	系数值	标准误差
意识形态距离	−0.12*	0.04
	A/C 系数	
收　入	−0.51*	0.20
年　龄	−0.01	0.01
女　性	0.08	0.15
常　数	0.43	0.67
	B/C 系数	
收　入	0.24*	0.09
年　龄	−0.06*	0.01
女　性	0.27	0.23
常　数	0.43	0.67
观察数	1 000	

注:* 在 95%水平统计上显著。

注意,年龄、性别和收入的系数是跨备择选择变化的,因而一个备择选择的这些系数已被正态化为零。这个条件 Logit 告诉我们,随着收入的增长,个人投票给候选人 A 的可能比投票给候选人 C 的小,但是投票给候选人 B 的可能则比投票给候选人 C 的大。随着年龄的增长,个人投票给候选人 B 的可能比投票给 C 的小。意识形态的系数是不跨候选人变化的,它告诉我们,随着个人和一个候选人的意识形态距离的加大,个人将较少有可能投票给那个候选人。

——Garrett Glasgow
（沈崇麟译校）

参考文献

Long, J. S. (1997). *Regression models for categorical and limited dependent variables.* Thousand Oaks, CA: Sage.

McFadden, D. (1973). Conditional logit analysis of qualitative choice behavior. In P. Zarembka (Ed.), *Frontiers of econometrics* (pp.105-142). New York: Academic Press.

Train, K. (1986). *Qualitative choice analysis: Theory, econometrics, and an application to automobile demand.* Cambridge: MIT Press.

条件最大似然估计(Conditional Maximum Likelihood Estimation)

全信息最大似然(FIML)估计的一种备择方法是条件最大似然估计(CMLE),它通过将某些参数作为已知处理,将最大化问题简单化。CMLE 涉及对数似然函数的最大化。将参数作为已知处理的方法主要有两种:一种是通过理论假定来设定;另一种使用更为普遍的方法是用估计值来取代。CMLE 的应用涵盖范围很广,从自相关【Autocorrelation】的迭代的 Cochrane-Orcutt 法到递归联立方程【Recursive Simultaneous Equations】的两步估计法。CMLE 法产生的一致性估计值,其效率普遍低于有限信息最大似然(LIML)估计,即使如此,在某些条件下,这两种方法是渐近【Asymptotic】等价的。在全对数似然函数难以导出或最大化时,CMLE 被用来替代 FIML。因此,随着计算机计算方法的优化和速度的加快,CMLE 应用的频数已经减少。然而,作为产生最大似然估计值的迭代方法,如用于贝叶斯分析期望最大化(EM)算法的中间步骤,CMLE 还是很重要的。

CMLE 仍常用于作为一种估计递归方程系统参数,如涉及作为连续内生【Endogenous】回归量的函数的有限个因变量的参数估计的工具(例如联立的 Probit 和 Tobit 模型)。CMLE 并不最大化系统地联合对数似然函数,而是将系统顶部的方程的条件对数似然函数,通过用最大似然估计值替代系统下部方程的参数的方法最大化。在这种两步法中,第一步涉及最大化内生回归量的边际对数似然函数问题,而第二步则用来自第一步的参数估计值,对系统顶部的方程的参数最大似然估计【Maximum Likelihood Estimation】进行调整。

让我们更为正式地来看一下两个随机变量【Random Variable】y_1 和 y_2 的联合分布 $h(y_1, y_2 \mid \mathbf{X}, \beta, \mathbf{Z}, \gamma, \lambda)$。假设这一联合分布能分解为 y_1 的边际分布,$g(y_1 \mid \mathbf{Z}, \gamma)$ 和 y_2 的条件分布 $f(y_2 \mid \mathbf{X}, \beta, E[y_1 \mid \mathbf{Z}, \gamma], \lambda)$ 的因子,式中的 β 是 $\mathbf{X}$ 的内生回归量的参数向量。而 λ 则是定义 y_2 和 $E[y_1 \mid \mathbf{Z}, \gamma]$ 之间的关系的参数。β 和 λ 的 CMLE 是一个分两步进行的过程。第一步,将边际对数似然函数,$\ln L = \sum g(y_1 \mid \mathbf{Z}, \gamma)$ 最大化。求出估计值 $\hat{\gamma}$。第二步,用 $\hat{\gamma}$ 取代 γ,将条件对数似然函数,$\ln L = \sum f(y_2 \mid \mathbf{X}, \beta, E[y_1 \mid \mathbf{Z}, \gamma], \lambda)$ 最大化。

在联立的 Probit 模型的一种特定的情形中,$g(\cdot)$ 将有标准密度,而 $f(\cdot)$ 则有 Probit 密度。第一步将用普通最小二乘【Ordinary Least Squares】求 γ 的最大似然估计值。第二步将用这一估计值调节 Probit 方程的最大似然估计。这个调节将用 $\hat{\gamma}$ 导出包含在 Probit 方程的右边,用于控制同步偏倚的简化残差。这种两步条件最大似然(2SCML)估计量的一个吸引人的特点是,估计的结果可用于外生性检验(即 $\lambda=0$)。这种外生性检验的一种版本是条件似然比检验【Conditional Likelihood Ratio Test】。由蒙特卡洛法得到的证据表明,这种 2SCML 估计量优于两种备择方法:工具变量【Instrumental Variables】Probit 和两步 Probit 最小二乘(Alvarez & Glasgow, 2000; Rivers & Vuong, 1988)。此外,在外生性下,这种 2SCML 估计量渐近等价于 LIML 估计量。

——Harvey D. Palmer

(沈崇麟译校)

参考文献

Alvarez, R. M., & Glasgow, G. (2000). Two-stage estimation of nonrecursive choice models. *Political Analysis*, *8*, 147-165.

Blundell, R. W., & Smith, R. J. (1989). Estimation in a class of simultaneous equation limited dependent variable models. *Review of Economic Studies*, *56*, 37-58.

Greene, W. H. (2000). *Econometric analysis* (4th ed.). Upper Saddle River, NJ: Prentice Hall.

Rivers, D., & Vuong, Q. H. (1988). Limited information estimators and exogeneity tests for simultaneous probit models. *Journal of Econometrics*, *39*, 347-366.

置信区间(Confidence Interval)

一个 100(1-α)% 的置信区间是一个样本量为 N 的随机抽样、围绕总体【Population】参数 θ 的区间估计值,预期它有 100(1-α)% 次包括了 θ 的真值。置信区间是对用参数估计【Parameter Estimation】的总体参数的自然修饰,因为它表明了用样本统计值估计的总体参数【Population Parameter】的精度。

100(1-α)% 的置信水平是预先选择的,一个双侧【Two-Sided】的区间使用下限 L 和上限 U,每个都有 100(1-α/2)% 次包含了 θ 的真值,因此二者一起共有 100(1-α)%次包含了 θ 的真值。这一区间经常写作$[L,U]$,但有时我们也把置信水平和区间合起来写作 $\Pr(L<\theta<U)=1-\alpha$。在有些应用中,使用的是单侧的区间。各种各样的总体参数,如均值【Mean】、方差【Variance】、比例和 R 方【R-Squared】,都可以计算置信区间。

置信区间与显著性检验【Significance Test】密切相关,因为 100(1-α)%的置信区间包含了所有显著标准为 α,显著性检验不能拒绝的假设的总体参数值。在这一方面,它比显著性检验提供的信息更多。随着样本量变大,置信区间逐渐变窄和/或置信水平逐渐变低。

限 L 和 U 来自样本统计值(常常是 θ 的样本估计值)和一个抽样分布。该分布设定了得到样本统计量可取的每一个值的概率。因此,L 和 U 也是样本统计量,且随样本的变化而变化。例如,假设我们对一个来自大总体,由 15 个成人组成的均值为 104,标准差(SD)为 18 的随机样本进行标准的 IQ 检验。我们将为均值 μ 构建一个双侧的 95%的置信区间。限 L 和 U 必须有一种性质,如果显著标准为 α、样本量为 15、均值为 104 和标准差为 18,那么我们可以拒绝的假设是 $\mu>104+U$ 或 $\mu<104-L$,而不是 $L<\mu<U$。图 1 显示了这样一些限。

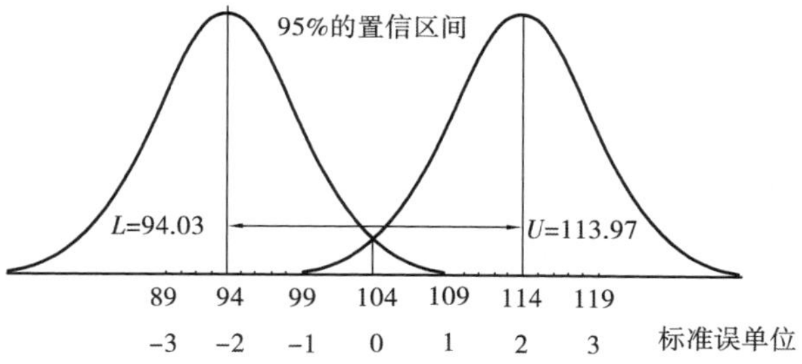

图 1 95%的置信区间的下限和上限

t 比率【t Ratio】的抽样分布由

$$t=\frac{\overline{X}-\mu}{s_{err}}$$

定义,式中的 s_{err} 表示均值的标准误。它服从 $df=N-1=14$ 的 t 分布。当 $df=14$ 时,均值之上的 $t_{\alpha/2}=2.145$ 个标准误切去了 t 分布尾部的 $\alpha/2=0.025$。同样,均值之下的 $-t_{\alpha/2}=-2.145$ 个标准误则切去了 t 分布下尾的 $\alpha/2=0.025$。样本标准误是 $s_{err}=SD/\sqrt{N}=4.648$。这样围绕 $U=104+(2.145)\times(4.648)=113.97$ 的 t 分布有 0.025 的尾部在 104 之下,而围绕 $L=104-(2.145)\times(4.648)=94.03$ 的 t 分布有 0.25 的尾部在 104 之上。这些限满足了上面要求的性质,所以 μ 的 95%的置信区间是[94.03, 113.97]。

——Michael Smithson

(沈崇麟译校)

参考文献

Altman, D. G., Machin, D., Bryant, T. N., & Gardner, M. J. (2000). *Statistics with confidence: Confidence intervals and statistical guidelines* (2nd ed.). London: British Medical Journal Books.

Smithson, M. (2003). *Confidence intervals* (Sage University Papers on Quantitative Applications in the Social Sciences, 140). Thousand Oaks, CA: Sage.

保密(Confidentiality)

这一伦理原则要求研究者除了采取匿名方式之外,还要求不能泄露任何与研究参与者有关的发现。

——Alan Bryman

(郑晓娟译 沈崇麟校)

* 也可参见伦理原则【Ethical Principles】。

验证性因子分析(Confirmatory Factor Analysis)

验证性因子分析是一种用来检验变量【Variable】之间的共同性(commonality)假设【Hypothesis】的统计方法。作为一种多元【Multivariate】方法,验证性因子分析被用于同时检验共同构建一个测量模型的多个假设。所有这样的模型都由四个部分组成。

最为基本的测量模型至少必须有两个变量或指标。指标分数的变异性归结于两个起源——潜变量【Latent Variable】和量度误差【Error】。潜变量是不可观察的，它们是从指标之间的共同性推断出来的。量度误差是指标中未能归结于潜变量的变异性。最后，可归结于潜变量的指标分数的变异程度由负荷（loadings），即量度方程估计的系数表示。在量度方程中，指标将对假设对它们有影响的潜变量做回归。

变异性的来源

验证性因子分析根据在量度模型中设定的来源，将指标分数的变异性进行分解。图 1 直观地阐述了这种分解的根据。图中左侧的 Venn 图显示了能为一个量度模型设定的三个指标 V_1，V_2 和 V_3 的六种可能的来源。在这种非正规的描述中，指标用圆圈表示，每个圆圈都由三个部分组成。标以阴影的区域 F_1 是每个指标与其他两个指标共有的变异性，交叉线区域是只和其余指标中的一个共有的变异性，而非阴影和交叉线的区域则是不和其他两个指标中的任何一个共有的变异性。

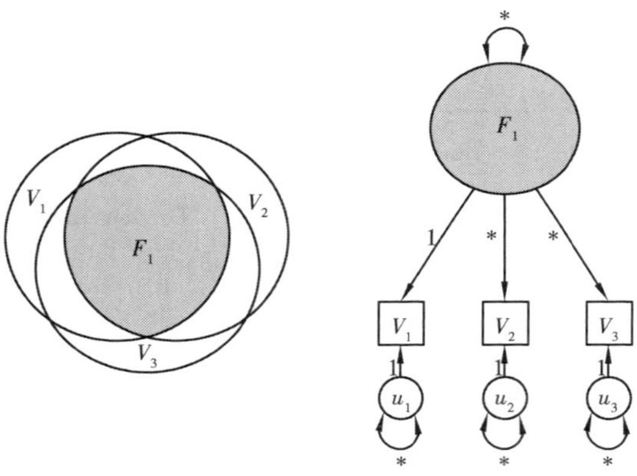

图 1　将三个变量分数的变异性分解成共享和独有成分的 Venn 图和路径图

在图 1 的右侧，是更为正规的这种变异性的分解图示。在这张路径图【Path Diagram】中，指标用方块表示。图中最大的标以 F_1 的阴影圆圈与 Venn 图中的阴影区域相对应。这正是三个指标要测量和反映的它们共有的变异性的潜变量。潜变量和方块之间的方向路径表示潜变量是引起这些指标变异的原因这一假定。小圆圈表示每一个指标独有的变异，它与 Venn 图中的无阴影的部分相对应。它们代表着量度误差，因为它们是指标上计划之外的原因。Venn 图中的交叉线区域则未在路径图中有所表示。因为一个典型的量度模型的设定会对不相关的测量误差作出假定。如果这些关系的强度在统计上是非平凡的，那么一个令人满意的量度模型必须包括量度误差之间的协方差。

路径图的另外两个性质必须提一下。第一，注意每个圆圈上都连着一种急剧弯曲的双向箭头。这条路径表明一个方差【Variance】，并直观地阐明每个指标的变异性都已经分配给了潜变量或量度误差这一事实。第二，注意每一条路径都伴有一个 1 或星号。这些代表参数【Parameter】，反映路径强度的数值。那些以一个像 1 这样的数值表明的参数,反映两个变量之间的关联或一个方差的固定的假定。以一个星号表明的那些参数,表示参数的值虽未假定,但将会用观察数据对其作出估计。验证性因子分析特别感兴趣的那些参数的子集则用潜变量和指标之间的路径——负荷相关联。这些值越大,指标中可以归结于潜变量的变异性的比例相对于量度误差而言就越大。

模型设定

验证性因子分析始于正式的量度模型的设定【Specification】。这就是说,研究者尝试以来源和说明指标之间关系的关联【Association】路径的形式建立一组假设。这些假设参照指标的观察数据进行评价。为了简明地说明这一步骤,我们设想,有一个女性心理学家想评价一个新的测量学生的自我妨碍倾向(tendency to self-handicap)测量方法的效果。在这里,自我妨碍倾向是指一种学生在一些重要的评估活动,如测验和文稿演示之前的一种与预期目标相违的行为。她提出了这种倾向的两种独立的形式,并写出了每种倾向的三个题项。然后她将这个测量方法用于一个由 506 名大学生组成的样本。

研究者有关题项之间的关联的测量模型反映在图 2 中。两个潜变量 F_1 和 F_2 表示自我妨碍的两种假设的形式。注意 V_1 到 V_6 这 6 个指标,每一个都只受两个潜变量中的一个的影响。还要注意一下 F_1 和 F_2 之间弯曲的箭头。这种路径表示一种相关【Correlation】。因为研究者认为两种自我妨碍的形式之间是独立的,所以证明从她的数据估计得到的这一参数的值实际上是零,这一点对她来讲是很重要的。

在验证性因子分析的应用中,我们习惯将自己提出的测量模型与看似可信的备择模型进行比较。这些备择模型或较我们提出的模型简单,或与那些竞争的指标之间的关联理论解释一致。我们的假设研究者可能想把自己的模型与一个更为简单的只包含一个潜变量,或一个有一点问题,但不那么简单地包含两个有六个题项的、自我妨碍量度的、不独立的潜变量模型作比较。如果根据下面提出的标准,在绝对的意义上讲,如果研究者的模型不仅对数据作出了很好的解释,而且作出的解释也优于另两种备择方法作出的,那么她便有了她的量度因素效度【Validity】的强有力证据。

虽然验证性因子分析的模型设定有很大的灵活性,但是估计的数学要求还是对设定会有所限定。例如,一个有着如图 2 所示的每个指标同时受两个潜变量影响的模型,它尽管也相当于一个探索性因子分析【Exploratory Factor Analysis】模型,但却是无法估计的。一个没有一个负荷被固定为 1 的模型,若不改变模型的其他方面也是无法估计的。构成设定的这些约束的原则叫作识别。识别是一个具有挑战性的问题,幸而这个问题很少出现在如图 2 所示的一般性模型设定中。只要我们能坚持三个基本规则,那么得到的模型几乎总是可以被估计的。对于每一个潜变量而言,至少要有三个指标。每个潜变量的方差,或它上面的一个负荷必须固定在 1。此外,模型中不可以有比方差数和协方差数之和更多的未知的参数。在这个例子中,有 6 个方差,每一个对应于一个指标,有 15 个指标之间的协方差,总共有 21 个[这个数字可以用方程式 $p(p+1)/2$确定,式中的 p 是指标数]。由计数图中的星号数可知,共有 13 个未知的参数。研究者的模型满足识别的标准,因而是可以被估计的。

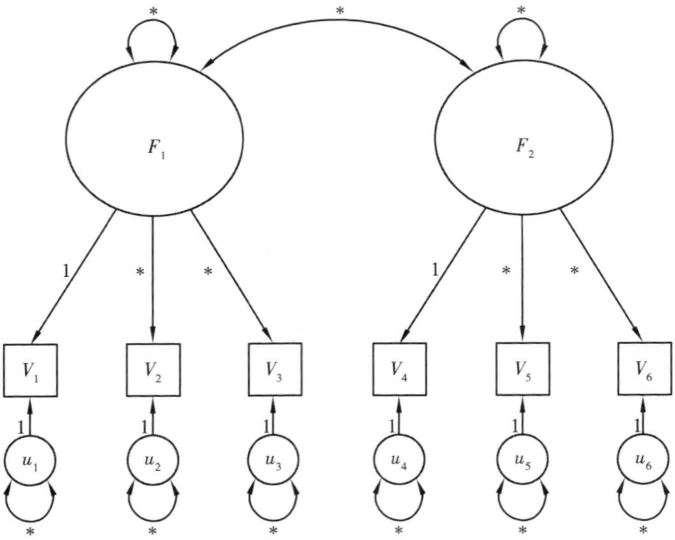

图 2　双因子模型路径图

参数估计

测量模型一旦设定,便可对它进行估计。这就是说,我们可以用指标上的数据得到未知参数的值。用于这一目的的估计量【Estimators】有若干个,但实际上首选的估计量总是最大似然估计【Maximum Likelihood Estimation】。最大似然估计的目的是确定未知参数最可能给予数据的值。这样的确定是通过一个替代未知参数的值,评估给予数据的参数的似然,然后试着通过这些值来改进似然达到的。这个过程是一个迭代过程,而当迭代再也没有可能对似然作出显著的改进时,评估过程便收敛了。收敛的参数值便是假设检验依据的那些参数值。没有暂时分配的未知参数的值,迭代过程便无法开始。解决这一问题的最简单的方法是先将 1 这个值分配给每一个未知的参数,然后再开始进行迭代。在第一次迭代时,这些初始值便会得到调整,有些向上,有些则向下,无论向上还是向下,第一次迭代一般都会导致已知数据的参数的似然显著提高。在第二或第三次迭代之后,似然的提高通常都比较小,一般在 10 次或不到 10 次迭代之后便会达到收敛。

这个例子的参数估计值列在了表 1 的上部。作为假设检验根据的参数估计值是非标准化【Unstandardized】的估计值。注意,在负载中,V_1, F_1和 V_4, F_2都是 1,与我们的模型设定中规定的一样。注意在“参数”这一标题下共有 15 个词条。如果我们排除那两个固定的负载,留下的 13 个词条,每一个都对应图 2 中的一个星号。

拟合度评估

在求出她收集的数据给出的她的模型最优参数估计之后,研究者必须要立即回答两个问题。第一个问题,模型是否令人满意地对数据作出了解释?第二个问题,如果模型对数据作出了令人满意的解释,那么参数估计是否符合预期的模式?第一个问题事关总括拟合(omnibus fit),而第二个问题则事关成分拟合(component fit)。

表 1 参数估计和总括拟合信息

参数	参数估计值		
	未标准化估计值	标准误差	临界比
负荷			
V_1, F_1	1.000[a]		
V_2, F_1	1.236	0.257	4.804
V_3, F_1	1.690	0.380	4.445
V_4, F_2	1.000[a]		
V_5, F_2	0.578	0.106	5.472
V_5, F_2	0.694	0.127	5.472
方差			
F_1	0.136	0.038	3.572
F_2	0.870	0.175	4.690
U_1	0.377	0.039	9.594
U_2	0.881	0.073	12.034
U_3	0.831	0.104	8.027
U_4	0.683	0.158	4.326
U_5	0.938	0.078	12.042
U_6	1.347	0.112	12.024
协方差			
F_1, F_2	−0.004	0.026	−1.61

模型	总括拟合指数				
	χ^2	df	p	CFI	RMSEA
双因模型	13.820	8	0.087	0.976	0.038
F_1, F_2	13.845	9	0.128	0.980	0.033
F_1, F_2, add U_1, U_6	8.018	8	0.432	1.000	0.003
单因模型	100.149	9	<0.001	0.622	0.142

注:CFI 为比较拟合指数;RMSEA 为近似误差均方根;a 为固定参数。

测量模型的总括拟合度是给定模型参数估计值隐含的一组数据与观察值近似的程度。在这里,"数据"一词并非 506 个参与调查的回答人对六个自我报告的题项的个别回应。相反,我们所谓的数据是观察的协方差矩阵的元素。我们的例子中观察的协方差矩阵列在了表 2 顶上的那一部分。该矩阵有 6 个方差——每一个对应于一个指标,以及 15 个协方差,代表六个指标间的配对关联。

用于指标化拟合度的推论和描述性的统计量有很多。每一个都有合理的一面和解释。而在最基本的层面上,总括性拟合度的评估则是在比较中进行的。最为直截了当的比较,是观察到的协方差矩阵和来自数据的参数估计值给出的设定模型含有的协方差之间进行的比较。为了得到隐含的协方差矩阵,我们可以先将参数的估计和固定的值代入测量方程,进而求得一个协方差矩阵。我们的例子的隐含协方差矩阵列在了

表 2 中的第二部分。设定的模型恰好与这一理论矩阵相拟合。在这个意义上讲,这一矩阵与观察的协方差矩阵是匹配的,因此设定的模型给我们提供了观察数据令人满意的解释。

观察的和隐含的协方差矩阵之间的这种比较,是通过从观察矩阵中的对应元素减去隐含的协方差矩阵中的每一元素产生的残差矩阵完成的。该例子的残差矩阵列在了表 2 中的第三部分。这个矩阵包含了一些零,它表明没有其他的方差或协方差被解释。对角线上的零都是我们所预期的,因为指标中的所有方差都在模型中或由潜变量或由测量误差所解释。对角线之外的零表明研究者的模型充分解释了指标间的某些关联。在那些非零的残差中,有些是正的,有些是负的则表明模型低估了某些关联和高估了某些关联。尽管残差矩阵的信息量是很大的,但这仍然是不够的,特别是在模型需要重新设定时,它并未给我们提供正式判定的依据,即设定的模型在多大程度上对数据给予了满意的解释。

表 2　观察的、隐含的和残差的协方差

			观察协方差矩阵			
V_1	0.513					
V_2	0.169	1.090				
V_3	0.231	0.284	1.221			
V_4	0.031	−0.100	−0.066	1.553		
V_5	0.035	−0.031	0.052	0.503	1.229	
V_6	0.106	−0.017	−0.020	0.604	0.351	1.767
			隐含协方差矩阵			
V_1	0.513					
V_2	0.169	1.090				
V_3	0.231	0.285	1.221			
V_4	−0.004	−0.005	−0.007	1.553		
V_5	−0.002	−0.003	−0.004	0.503	1.229	
V_6	−0.003	−0.004	−0.005	0.604	0.350	1.767
			残差矩阵			
V_1	0.000					
V_2	0.000	0.000				
V_3	0.000	−0.001	0.000			
V_4	0.035	−0.095	−0.059	0.000		
V_5	0.037	−0.028	0.056	0.000	0.000	
V_6	0.109	−0.013	−0.015	0.000	0.001	0.000
			标准化残差矩阵			
V_1	0.000					
V_2	0.000	0.000				
V_3	0.000	−0.001	0.000			
V_4	0.039	−0.073	−0.043	0.000		
V_5	0.047	−0.024	0.046	0.000	0.000	
V_6	0.114	−0.010	−0.010	0.000	0.001	0.000

用于这一目的的总括性拟合指数有很多。其中最基本的是卡方统计量,这是拟合优度【Goodness-of-Fit】的推论检验的基础。在这个例子中,8 个自由度(自由度的计算方法是方差和协方差数 21,减去参数数 13)的评估卡方值是 13.82(p 值为0.09)表明观察的和隐含的协方差矩阵并无显著的不同。两个广泛使用的指数是比较拟合指数(CFI)和近似误差的均方根(RMSEA)。前者的值域为 0~1,而值大于 0.90 表明拟合度令人满意。在这个例子中,CFI 的值为 0.976。RMSEA 起源于 0,因而较小的值表明拟合得比较好。一般来讲,RMSEA 的点估计使用的是 90%的置信区间。因而上限小于 0.08 则可表明拟合度是令人满意的。在这个例子中,上限是 0.071。在正式的典型的总括拟合度报告中,这一信息列在了表 1 底下部分的第一行。

拟合度评估的第二个层次涉及成分拟合,即参数估计值的数量和符号与预测相符合的程度。在这个例子中,我们期望因子的负荷是正的,且显著大于零。我们期望潜变量的方差也大于零。我们未敢建立有关量度误差的假设,不过较小的值表明,指标中归结于量度误差的方差也较小。最后,研究者假定自我妨碍的形式是独立的,因此我们预测 F_1 和 F_2 之间的协方差将与零相差无几。

现在我们再回到表 1 的顶部,看到来自数据的 13 个参数的估计值都伴随着一个标准误差。未标准化的参数估计值和它的标准误差的比率叫作临界比(critical ratio),它的分布与 z 统计量相同。同样,值大于 1.96 表明估计值显著不同于零。在 13 个估计值中,只有 1 个不显著,而这正是我们假设的研究者认为应该为零的那个参数:F_1,F_2 的协方差。

我们习惯于解释标准化的因子负荷,因为它们是用测量方程估计的,是标准化回归系数【Standardized Regression Coefficients】。经验法则告诉我们,值大于 0.30 表示潜变量对解释指标中的变异性有显著的贡献。所有六个标准化负荷都满足了这一标准。

我们研究者的模型对观察的数据在总括和成分拟合度两个层面都提供了令人满意的解释。为了进一步加强这一推论,她有可能将这一模型与我们早先描述的两个备择的模型进行比较。我们确定潜变量之间的相关与零没有什么不同,因此我们也由此而得知它也与初始的模型一样,这一参数将被设为零。而出于简约原因,我们更偏爱这一模型。第二个备择模型是一个单因子模型。这一模型的总括拟合指数列在了表 1 中的最后一行。注意,这一模型的总括拟合指数是高度显著的,且大大高于双因子模型。CFI 的值大大低于 0.90,且置信区间的上限和下限都超过了 0.08。因此在绝对和相对意义的两个方面,都给了我们研究者的模型以强有力的支持。

重设

在实际研究中,最初设定的测量模型并不会产生令人满意的总括拟合。在这种情况下,研究者可能想重新设定模型,以对数据作更为令人信服的解释。这个时候,我们的工作就从检验转向了假设的产生。严格地讲,统计检验不再是有效的了。尽管如此,在一个最初设定的模型的评估未曾给它支持时,重设却可能是十分有益的。

虽然在这个例子中,最初设定的模型情况良好,为了用它来说明重设问题,我们可以进一步问,拟合是否还有进一步改进的可能。我们已经知道,可以通过去掉 F_1 和 F_2 路径来简化模型。而这样一个模型的总括拟合指数已列在了表 1 中,它们支持了我们的假定。除了对模型作一个显而易见的调整之外,它并没有明确告诉我们总括拟合究竟得到了多大改进。在遇有这样的情况时,研究者求助于两种设定探索策略中的一种。

一种是几乎在所有用于验证性因子分析的计算机程序中都可得到的经验策略。另一种则是专注于残差矩阵的人工搜索策略。因为残差矩阵的元素都是协方差,我们无法立即对它作出解释,所以我们将它们标准化成如表 2 底部所列的标准化残差矩阵。这个矩阵的值是相关系数【Correlation Coefficient】,表示那些未被指标间的协方差解释的共变。这些系数中最大的是 V_1 和 V_6 之间的相关系数。最为简单的解释这种关联的方法是允许对应的量度误差,U_1 和 U_2 共变。在我们重新设定模型时,将这一参数引进之后,标准化误差降到了 0.024,而总括拟合度(列在了表 1 的底部),则接近了它们的最大值。如果没有初始设定的模型对这一个模型的支持,诸如这样的修改又如何能足以达到统计上的支持呢? 然而我们必须牢记,因为拟合的诸如这样用观察数据的知识才达到的改进,是因样本而异的,因而在做先验和来自新数据的设定时,必须通过再设定模型的评估来验证。

渊源和最近的方向

验证性因子分析源于瑞典心理计量学家卡尔·约雷斯括格的工作。在 1970 年代初,约雷斯括格和他的合作者发明了一种算法,更重要的是,他也同时开发了分析协方差矩阵结构的计算机软件。他们的 LISERL(linear structural relations,线性结构关系)模型使我们得以对协方差结构【Covariance Structure】模型进行正规的评估。而测量模型正是协方差结构模型的一个特例。

验证性因子分析的大多数进展都是广义协方差结构分析发展的副产品。这些发展包括计算机程序、某种允许用绘制路径图进行模型设定的方法、许多对卡方检验的不足有所改进的总括拟合指数、对涉及最大似然估计的数据没有硬性要求的估计方法等。验证性因子分析特有的进展则可为它在解决特有的研究问题上的能力所证明。这些例子包括涉及潜变量的交互效应【Interaction Effect】检验,潜增长曲线模型【Growth Curve Model】和状态特质模型(state-trait models)。

——Rick H. Hoyle

(沈崇麟译校)

参考文献

Hoyle, R. H. (2000). Confirmatory factor analysis. In H. E. A. Tinsely & S. D. Brown (Eds.). *Handbook of applied multivariate statistics and mathematical modeling* (pp.465-497). New York: Academic Press.

Jöreskog, K. G. (1969). A general approach to confirmatory maximum likelihood factor analysis. *Psychometrika*, *34*, 183-202.

Loehlin, J. C. (1998). *Latent variable models: An introduction to factor, path, and structural analysis* (3rd ed.). Mahwah, NJ: Lawrence Erlbaum.

混杂(Confounding)

混杂这个词曾被用于至少三个不同的概念。在最早和最广泛的使用中,混杂是在估计因果效应中的一种偏倚源。这种偏倚有时又被非正式地叫作额外因子(或叫作混杂因素)和感兴趣的效应的混合效应。这种用法主导着非实验的研究,特别是流行病学和社会学的研究。第二种和较新的用法发端于统计学,混杂是分层量度或调整额外因子[一种被称作非坍缩性(noncollapsibility)的现象,或辛普森悖论(Simpson's paradox)效应]的同义词。第三种用法源于实验设计【Experimental Design】的文献，混杂涉及一个特定设计的主效应和交互作用的不可分离性。这三种概念紧密相连，并非总是可彼此区分的。特别是混杂概念作为一种效应估计的偏倚和一种非坍缩性使用时，常常被等价处理，尽管它们是非等价的。在这里我们只对前一种概念进行介绍，这些概念的更为广泛的涉猎和比较请参见以下这些著作：Rothman & Greenland，1998，Chaps. 4，20；Greenland，Robins，& Pearl，1999；Pearl，2000；以及 Greenland & Brumback，2002。

作为效应估计中的偏倚的混杂

在有关混杂的经典讨论中，密尔（Mill，1843/1956）在他的著作的第 10 章明确地提出了"混杂效应"一词，虽然在这一著作的第 3 章中，密尔就提出了主要的问题，并承认弗朗西斯·培根是处理这些问题的先行者。他列出了旨在确定因果关系的实验【Experiment】的一个要求。"没有一种我们的确知道将会有效应的实验环境，允许它和那些其性质正是我们希望研究的代理混杂"（着重强调后加）。

在密尔的时代，"实验"（experiment）一词指在观察者控制的条件下实施的观察。这种用法仍常出现在日常英语中，而非一种对比试验的概念。尽管如此，密尔的要求建议，如果希望研究的代理不存在，那么就应该在我们的"实验"（基本上相当于一种没有控制的试验）结果，与我们期望的结果之间进行比较。如果这个结果与没有研究代理时我们期望的结果不同，那么密尔的要求确保期望之外的结果并非额外的"环境"（因子）造成的。然而，如果这些环境的确带来了期望之外的效果，且这个结果被错误地归结为研究代理的效应，那么这个错误就是额外效应和代理效应混杂（或混淆）的一种。

许多现代的文献遵循由密尔提出的同样的非正式概念化路数。这方面的术语现在更加专业了，用"处理"（treatment）一词专指由调查者操控的代理，而用暴露（exposure）来表示未操控的代理。超越密尔的主要发展在于，在没有研究暴露时，期望的结果现在几乎总是清楚地来自未处理的或未暴露的控制组的观察。无论一个人最终究竟在处理组还是控制组，只要自然或社会力量或个人的偏好会对其发生影响，一般混杂就会发生，不仅如此，这些力量或偏好也会对结果变量有影响。虽然这样的混杂通常都发生在观察研究中，但在处理【Treatment】的分配、操控和依从行为（compliance）中存在系统性不当的随机化实验中，也同样会发生混杂问题。有一个更为深入但存有争议的观点是，混杂（按照密尔原来的定义）在完美的随机化试验中，由于比较组之间的随机差别，同样也会发生（Fisher，1935；Rothman，1977）。

潜在结果模型

各种各样混杂模型曾被建议用于统计分析。而最接近密尔概念的一种模型是基于潜在结果，或因果效应的反事实【Counterfactual】模型。假设我们的目的是要了解一种人口的健康状态量度（结果）究竟是怎么对一种干预（人口的处理）作出反应的。更为精确地说，假设我们的目的是对于目标总体 A，确定应用处理 x_1 具有的效应，或在结果量度 μ 上的，相对于应用处理 x_0 的相对效应。例如，同期群 A 可能是一个乳腺癌患者的同期群，处理 x_1 可能是一种新的激素治疗法，x_0 可能是一种安慰剂治疗法，而量度 μ 则可能是 5 年的存活概率。处理 x_1 有时也叫作指数处理，而 x_0 有时则也叫作控制或参照处理（它经常是一种标准或安慰剂处理)。

潜在结果模型设想,在总体 A 中,如果应用了 x_1,那么 μ 将等于 μ_{A1};如果应用了 x_0,那么 μ 将等于 μ_{A0}。x_1 相对于 x_0 的因果效应被定义为从 μ_{A0} 到 μ_{A1} 的变化,它可能用 $\mu_{A1}-\mu_{A0}$ 或 μ_{A1}/μ_{A0} 来量度。如果 A 给予了处理 x_1,那么 μ 将等于 μ_{A1},且 μ_{A1} 是可观察的。但 μ_{A0} 则是不可观察的。然而,假设我们期望 μ_{A0} 等于 μ_{B0},而 μ_{B0} 是被施以处理 x_0 的总体 B 的,观察或估计的结果 μ 的值。后一种总体有时叫作控制或参照总体。如果 $\mu_{A0} \neq \mu_{B0}$,那么我们就说有混杂存在,因为那时总体 A 和总体 B 之间必定存在一些差别,正是这些差别(而非其他处理)在影响着 μ。

如果混杂存在,由用 μ_{B0} 替代效应量度中的 μ_{A0} 求得的纯真(概约)的关联【Association】量度将不等于效应量度,因此说关联量度被混杂了。例如,如果 $\mu_{A0} \neq \mu_{B0}$,那么量度跨变量的处理和结果的关联的 $\mu_{A1}-\mu_{B0}$,对量度总体 A 中的处理 x_1 的效应 $\mu_{A1}-\mu_{A0}$ 而言是被混杂了。因此,说一个关联量度 $\mu_{A1}-\mu_{B0}$ 对效应量度 $\mu_{A1}-\mu_{A0}$ 而言被混杂了,就是说,这两个量度是不相等的。

这种观点值得注意的第一点是,混杂取决于结果量度。例如,假设总体 A 和总体 B 在施以安慰剂处理 x_0 时有着不同的 5 年存活率 μ;那就是相当于假设 $\mu_{B0} \neq \mu_{A0}$,这样 5 年存活的实际处理效应 $\mu_{A1}-\mu_{A0}$,$\mu_{A1}-\mu_{B0}$ 已被混杂,然而在施以安慰剂处理时,两个总体的 10 年存活率 v 仍然可能是相同的。也就是说,v_{A0} 仍然可能等于 v_{B0},于是 10 年存活率的实际处理效应 $v_{A1}-v_{B0}$ 是未被混杂的(一般我们可以期望 200 年存活的未被混杂,因为没有一种处理可以提高零岁以上病人的 200 年的存活概率)。

值得注意的第二点是,混杂取决于推论【Inference】的目标总体。前面的例子,用 A 作为目标,A 和 B 在用安慰剂治疗时有不同的 5 年存活率 μ_{A0} 和 μ_{B0},因此对总体 A 的处理效应 $\mu_{A1}-\mu_{A0}$,$\mu_{A1}-\mu_{B0}$ 是混杂的。也许有一位律师或伦理学家对激素治疗可能会对总体 B 产生什么效应感兴趣。若用 μ_{B1} 表示施以激素治疗的(未观察的)结果,那么 B 上的这一效应则由 $\mu_{B1}-\mu_{B0}$ 量度。用 μ_{A1} 替代未观察的 μ_{B1},产生 $\mu_{A1}-\mu_{B0}$。在这种情况中,当且仅当 $\mu_{A1} \neq \mu_{B1}$ 的时候,这一关联量度对 $\mu_{B1}-\mu_{B0}$(总体 B 中处理 x_1 对 5 年存活的效应)而言才是混杂的。因此,同样的关联量度,$\mu_{A1}-\mu_{B0}$ 作为两个总体 A 和 B 上的处理效应,可能对二者都是不混杂的,或对其中一个是混杂的,或对二者都是混杂的;在用于其他一些目标总体的处理效应时,既可能是混杂的,也可能是不混杂的。

混杂因素(产生混杂的因素)

潜结果模型的第三个值得注意的方面是,它会在环境或可能会影响 μ 的协变量方面,在总体 A 和 B 之间引发一些不明确的(不平衡的)差异(Greenland & Robins, 1986)。问题很清楚,如果 μ_{A0} 和 μ_{B0} 不同,那么 A 和 B 在影响 μ 的那些因素方面也不同。观察到了这一点使有些研究者将混杂定义为在比较的总体之间存在着这样的协变量差异。然而,混杂只不过是这些协变量差异的结果。实际上,A 和 B 可能在影响 μ 的协变量方面有着很大的不同,然而却可以不会因此而产生混杂。换言之,A 和 B 之间协变量的差异是混杂的必要条件,但不是充分条件。例如,协方差差异的混杂效应可能会彼此平衡而抵消,结果并没造成混杂。

假设总体 A 和总体 B 在某个协变量方面有差异,而这些差异导致用于我们感兴趣的效应量度的关联量度的混杂。于是造成混杂的协变量便叫作关联量度的混杂因子。在上面的例子中,对应于效应 $\mu_{A1}-\mu_{A0}$ 的 $\mu_{A1}-\mu_{A0}$ 被混杂了,造成混杂的那些因素(即导致

$\mu_{A0} \neq \mu_{B0}$的那些因素)就是混杂因素。由此可见,一个变量不可能是一个混杂因素,除非它能在处理组内影响结果参数μ,且在比较总体之间的分布有差异[具体例子请参见Yule, 1903。不过他使用的是"虚构关联"(fictitious association)一词,而非混杂这个词]。这两个必要条件有时会一起提出来作为一个混杂的定义。

但是一些反例显示,这两个条件并非那些有两个以上水平的变量是一个混杂因素的充分条件。

混杂的预防

也许最为显而易见的避免混杂的方法是估计$\mu_{A1}-\mu_{A0}$,以得到已知μ_{B0}等于μ_{A0}的参照总体B。有时,我们说这样的总体和A就参照处理的结果而言,是可比的或是可互换的。实际上,这样的总体是难以或无法找到的。因此,调查者可能试图构建这样一个总体,或一个可互换的指数和一些参照总体。这些构建可看作是基于设计的控制混杂的方法。

也许对预防混杂而言更为有效的方法是了解而非限制一个因素。例如,性别失衡不会对只限于女性的研究造成混杂。然而,这种方法却有几个不足之处:过多地限制那些因素,可能会使使用的因素数降低到不可接受的水平,进而导致得到的结果缺乏普遍性。在混杂因素上匹配处理总体来克服这些不足,如果成功了,这种方法与限制法同样有效。例如,有着相同的女性比例的比较总体,就不会有因性别失衡而造成研究的混杂。

遗憾的是,观察损失数目的不同,会使由匹配产生的最初的协变量的平衡丢失。无论限制还是匹配,都不能预防(尽管它们可能减少)未限制的、未匹配的,或未量度的、协变量的失衡。相反,随机化给我们提供了一种处理研究设计解释不了的协变量造成的混杂的工具。然而必须强调,这种解决方法只是概率的,且在实际中要受到严格的约束。

随机化并非总是可行的或合乎伦理的。许多实际问题,如不同的损失数和不服从数会导致实际接受处理x_1和x_0的组的比较的混杂。一种多少还有一些争议的解决不服从问题的方法是意向-处理分析(intent-to-treat analysis)。它用处理的分配,而不是接受来定义比较组A和B。然而混杂甚至也可能会影响意向处理分析,与普遍的意向错觉的偏倚相反,这种分析中的偏倚会夸大明显的处理效应(Robins, 1998)。例如,在盲法(blinding)不足以阻止处理的提供者违反分配的协定时,分配就可能并非总是随机的。不仅如此,有时仅仅因为运气不好,随机化本身产生的分配结果,就有着严重的组间的协变量失衡(并因此而造成混杂)。在研究数量小的时候情况尤其如此(Fisher, 1935; Rothman, 1977)。区块(配对)随机化可以确保区块的因素不发生随机的失衡问题,但它无法保证未区块化的因素平衡。

混杂的调整

基于设计的方法常常是不可行或不足以预防混杂问题的。因此,需要做大量的工作来对混杂进行分析调整。除少数例外之外,这些方法都以比较总体中的观察的协变量的分布为根据。这些方法只有在某种程度上,即在有足够的混杂因素被精确地量度时,才能成功地控制混杂。此外还有许多其他在某个阶段采用参数模型的方法,而这些方法的成功需取决于模型对现实的正确程度。我们无法在这里对这些问题进行深入的讨论,但是若干基本点却值得在此一提。

最简单也是受到最广泛信任的调整法始于对混杂因素的分层。协变量不可能是造成协变量内在同质层的层内混杂的原因。

例如,性别失衡不可能造成只有女性组成的层内观察的混杂。更为广义地讲,一个和层内的处理无关联的协变量是不可能造成层内比较的混杂的。无论协变量是否用来作层的定义,情况都如此。因此,为了控制混杂,我们并不需要对所有的混杂因素分层。不仅如此,如果我们握有混杂因子之间的关系的精确背景资料,那么我们就可以用这些资料来确定一组协变量并足以用来进行调整(Pearl, 2000)。然而,如果混杂因素的分层过于粗糙(例如因为类别的定义过于宽泛),分层则可能无法用调整变量对许多混杂进行调整。

当今,一种使用最为普遍的调整法是将那些存疑的混杂因素输入一个结果参数 μ 的模型。例如,令 μ 为感兴趣的结果变量 Y 的均值(期望);令 X 为感兴趣的处理变量;而令 Z 为存疑的 X—Y 关系的混杂因素。对 Z 的调整经常通过拟合一个广义线性模型【Generalized Linear Model】$g(\mu)=\alpha+\beta x+\gamma z$ 或某些变体来做。式中的 x 和 z 是 X 和 Z 的特定值,而 $g(\mu)$ 则是一个严格的渐增函数,如在对数线性模型【Log-linear Modeling】中的自然对数 $\ln(\mu)$;或在 Logistic 回归【Logistic Regression】中的 Logit 函数中的 $\ln\{\mu/(1-\mu)\}$;而那样得到的 β 的估计值,则被看作是 X 的一个单位的增长在 $g(\mu)$ 上的效果的 Z 的调整估计值。

基于模型的调整法一个常常被人引用的优点是,它可以进行多个变量的调整,且在细节上远胜于分层法。然而,如果拟合的模型不能与 Y 在 X 和 Z 上的相依相适应,那么这样的基于模型的调整,就无法对 Z 造成的混杂作调整。例如,假设 Z 在 X 的层内围绕零对称分布,而真的相依是 $g(\mu)=g(\alpha+\beta x+\gamma z^2)$,那么使用模型 $g(\mu)=g(\alpha+\beta x+\gamma z)$ 将对 Z 无法或只能作出很少的调整。在基于偏好分数的调整中,情况也同样如此。诸如这样的不足之处可以通过使用合理可行的模型,或对照数据仔细地检查每一拟合的模型来缩小或规避。

有关随机化试验中的协变量的调整问题曾经发生过论战。尽管费希尔(Fisher, 1935, p.49)声称随机化比较是"无偏倚的",但他也认为在这里使用的意义上,它们有可能被混杂。不过,若能注意到费希尔使用的"无偏倚"一词时,他指的是设计问题,并未打算把它用作一个给定的试验的分析指导这一点,问题便迎刃而解。试验一旦展开,且实际的处理分配也已完成,如果协变量和处理关联,那么未作调整的处理效应将会是有偏倚的,但这种偏倚是可以通过协变量的调整来去除的(Greenland & Robins, 1986; Rothman, 1977)。

最后请注意一个重要的问题:如果用于调整的一个变量并非一个混杂因素,那么混杂则有可能因这样的调整而引进(Pearl, 2000),如果这个变量同时受到研究中的处理和结果的影响,那么这种偏倚将会特别严重(Greenland, 2003)。

——Sander Greenland

(沈崇麟译校)

参考文献

Fisher, R. A. (1935). *The design of experiments.* Edinburgh, UK: Oliver & Boyd.

Greenland, S. (2003). Quantifying biases in causal models. *Epidemiology*, *14*, 300-306.

Greenland, S., & Brumback, B. A. (2002). An overview of relations among causal modelling methods. *International Journal of Epidemiology*, *31*, 1030-1037.

Greenland, S., & Robins, J. M. (1986). Identifiability, exchangeability, and epidemiological confounding. *International Journal of Epidemiology*, *15*, 413-419.

Greenland, S., Robins, J. M., & Pearl, J. (1999). Confounding and collapsibility in causal inference. *Statistical Science*, *14*, 29-46.

Mill, J. S. (1956). *A system of logic, ratiocinative and inductive.* London: Longmans, Green &

Company. (Original work published 1843)
Pearl, J. (2000). *Causality*. New York: Cambridge University Press.
Robins, J. M. (1998). Correction for non-compliance in equivalence trials. *Statistics in Medicine*, *17*, 269-302.
Rothman, K. J. (1977). Epidemiologic methods in clinical trials. *Cancer*, *39*, 1771-1775.
Rothman, K. J., & Greenland, S. (1998). *Modern epidemiology* (2nd ed.). Philadelphia: Lippincott.
Yule, G. U. (1903). Notes on the theory of association of attributes in statistics. *Biometrika*, *2*, 121-134.

结果效度(Consequential Validity)

结果效度关注社会影响的评估。《教育与心理测验标准》(*Standards for Educational and Psychological Testing*)(American Educational Research Association, et al., 1999)把效度看作一种统一的概念。这一概念旨在测量所有累积的证据在多大程度上,就建议的目的而言,支持了测试分数的预期解释。因此,结果效度是证实意料的和意外的测试结果的解释和使用的那样一种类型的效度证据(Messick, 1989, 1995)。

涉及需要确定一个工具的结果效度的有害和意外的结果的例子有以下几种:

1.在将一个单一的测试分数用于决策的时候,高风险的测试可能给目前和将来的教育和就业机会以负面的影响。

2.对某些子群体,如残疾人或种族/民族的少数族裔进行测试时,由于不平等的机会,或在使用的书面或口头语言方面的不恰当的测试要求可能会导致低及格率。

3.那些会增加被测试者不愿寻找工作,或不愿完成要求的测试的职业考试会导致劳动力缺乏多样性。

4.教师可能会缩减课程,只讲授那些要测验的课程。

梅西克(Messick,1995)建议研究者要区别源于个体和群体差异的效度描述的不利结果(adverse consequences),与源于诸如建构【Construct】代表名额不足(underrepresentation)和不相干建构(construct-irrelevant)方差的无效度测试的不利结果。如果差异与后者有关,那么测试无效度则显示了一个需要在验证过程进行调查的量度问题。然而,如果差异源于有效的群体差异,那么不利结果则显示了社会政策的问题。研究者的责任在于保证不会因为在会影响被试展示自己能力的建构(如果建构确实存在)中丢失了什么东西而导致低分。此外,测试过程中那些不相干的要求会妨碍被试证明自己的才能,从而会导致低分。

《教育与心理测验标准》也强调必须要把测试结果使用的那些与建构测试效度有关的方面和社会政策区别开来。标准1.24(Standard 1.24)阐述了结果效度问题:

"在意外结果源于测试的使用时,应当调查一下这样的结果是否源于对特征的测试敏感性,而非那些打算要评估的特征,或测试没有完全代表预期的建构。"(American Educational Research Association, et al., 1999, p.23)

群体差异本身并不会对提出的解释的有效性产生怀疑。不过它们的确会增加对可能与量度效度有关的竞争假设进行调查的需要。

——Donna M. Mertens

(沈崇麟译校)

参考文献

American Educational Research Association, American Psychological Association, & National Council on Educational Measurement. (1999). *Standards for*

educational and psychological testing. Washington, DC: American Psychological Association.
Messick, S. (1989). Validity. In R. L. Linn (Ed.), *Educational measurement* (3rd ed., pp. 13-103). New York: American Council on Education.
Messick, S. (1995). Validity of psychological assessment. *American Psychologist*, *50* (9), 741-749.

一致性(Consistency)

参见参数估计【Parameter Estimation】。

常数(Constant)

"常数"这一词无非是指那些不变的事物。在统计学中,响应一般都被看作随机变量【Random Variable】,它的大致含义是,响应是不能确定无疑地预测的。例如,按照某种特别的规定进食,普通的成年人将会减少多少体重?个人对某种新药的反应如何?如果我们随机地挑选某个人,他或她是否赞成死刑?

虽然在某种层次上,常数和随机变量之间的差别是清楚的,但在许多时候两者的区别常常是模糊不清的。例如,让我们来看一下总体均值μ。这就是说,如果个体是可以量度的,μ就是一特定研究中我们感兴趣的所有的个体的平均值。所谓统计问题的频率论路数,就是把μ看作一个常数。它是某个固定的,但却是未知的值。然而,一种备择的,来自贝叶斯统计法的观点却不把μ看作一个常数,而看作一个有着某种分布的数量。这种分布可能反映事先确信μ有某种特定的值的可能性。作为另一种例子,p可能是一个人在回答他或她的婚姻是否幸福时回答是的概率。在一个特定的时间,我们可以把p看作在所有的已婚夫妇中是固定的。与此同时,无论在调查者事先确信,还是在随时间变化而变化的意义上,我们也可以把p看作一个随机变量。

另一常数这一概念起着重要作用的一般语境,与分析时作的假定有关。这时,我们常常假定数据的某种性质是常数,以使技术问题简化。这方面最为著名的例子也许是同方差性【Homoskedasticity】。这是指一个我们常作的假定:个体群之中的方差【Variance】是一个常数。在回归【Regression】中,常数方差意味着在基于某个变量X预测Y时,给定X的Y的(条件)方差是不变的。正因如此,例如,如果X是家庭中的攻击性(aggression in the home),而Y是一个认知函数量度,那么常方差的意思就是,在有攻击性分数,如$X=10$的家庭中,与在有$X=15$、$X=20$或任何其他可能选择的X的值的家庭中,Y的方差都相同。

——Rand R. Wilcox

(沈崇麟译校)

参考文献

Conover, W. J. (1980). *Practical nonparametric statistics*. New York: John Wiley.
Doksum, K. A., & Sievers, G. L. (1976). Plotting with confidence: Graphical comparisons of two populations. *Biometrika*, *63*, 421-434.
Wilcox, R. R. (2003). *Applying contemporary statistical techniques*. San Diego: Academic Press.

持续比较法(Constant Comparison)

持续比较法是一个数据分析的过程,从数据分析中得到的每个解释和发现都要和已有的发现作对比。它与定性研究【Qualitative Research】的关联比跟定量研究【Quantitative Research】的关联更为密切。一般来说,它与扎根理论【Grounded Theory】的数据分析方法相关。在该方法中,格拉泽和斯特劳斯(Glaser & Strauss,1967)把它称作“定性分析中的持续比较法”。定性数据和定量数据都可以拿来作持续比较,但是那些数据的这种分析总是定性的。

通常每次比较都被称为一次迭代,而且一般都与归纳【Induction】推理而非演绎推理更相关(Silverman,1993)。不过,在持续比较法的每次迭代中常常会发生“假设—演绎”的推理。持续比较法常关系具体的【Idiographic】哲学和研究方法,而非一般的哲学和方法。经常采用持续比较法的方法包括民族志【Ethnography】、现象学【Phenomenology】、符号互动论【Symbolic Interactionism】以及常人方法论【Ethnomethodology】。持续比较法有助于提高研究的效度。

组织内的领导现象研究便可视为持续比较法的一个显而易见的范例。这种方法可以采用观察和文献资料支持的访谈数据。对那些数据的初步分析可能会涉及对访谈录音整理稿进行编码【Coding】,以确定变量或分类,也即那些似乎已在现象中表现出来的东西。在对初步访谈进行分析之后可能会出现许多类,也许还可以指出这些类之间的关系。在接下来的每一次访谈中,每个出现的类都拿来和已有的类作比较,以确定这个新出现的类是离散的类别还是已有的类的一个特性,还是在一个更高的抽象层级中的某一类的代表。

举例来说,卡恩(Kan,2002)采用全扎根理论法来研究一个公立医院里护理工作的领导。她花了14个月的时间进行追踪访谈和观察,并从这些访谈和观察的持续比较中发现了许多低阶的类。而且卡恩在这段时间里还进行了问卷调查,以测量要研究的管理者所展现出来的领导力。把问卷结果与观察和访谈中得到的类相比较,就得到了两个高阶的类,分别叫作多重现实(multiple realities)和压制性的领导(repressing leadership)。

这种在整个数据分析中一直不间断的,或者说持续的比较,贯穿整个数据分析,连续不断地进行,直到弄清楚所有类别的特征和所有类别之间的关系为止。在卡恩(Kan,2002)这个例子中,对某些因素的低信度进行的探讨和对问卷作出的书面评论为我们提供了洞见,凸显了高阶类别的特点,并最终确证了“认同悖论(identifying paradox)”这个基本的社会过程。

——Ken W. Parry

(杨可译 沈崇麟校)

参考文献

Glaser, B., & Strauss, A. (1967). *The discovery of grounded theory.* Chicago: Aldine.

Kan, M. (2002). Reinterpreting the multifactor leadership questionnaire. In K. W. Parry & J. R. Meindl (Eds.), *Grounding leadership theory and research: Issues, perspectives and methods* (pp. 159-173). Greenwich, CT: Information Age Publishing.

Silverman, D. (1993). *Interpreting qualitative data: Methods for analysing talk, text, and interaction.* London: Sage.

构念(Construct)

构念是社会科学家使用的概念,他们借此来解释某一现象的经验资料,或者将某个领域不可观察、不可测量的因素加以概念化,以构建一种理论。具体来说,它可以表示为:(a)一个不可直接观察或测量的理念或概念(也即某个理论的某一方面);(b)从经验资料中推论或建构出来的一个概念,用以从整体上解释一个现象;(c)在其他可观测的经验概念或结果中显现出来的现象或概念的抽象的(而非操作性的)定义。例如,根据某些智力理论的说法,逻辑推理就是一种构念,它代表了智力的一个方面。逻辑推理不能直接观察;它是从诸如解决问题、批判性思维的能力等可观测的指标中推论出来的。(学习)动力也是一个构念,它可以从有关学习的经验资料中推出来;它促进不同数据的整合,以建构一个有关学习的理论。数学能力也是对一种行为的抽象定义;它的存在是从诸如数学成绩、数学焦虑(mathematical anxiety),以及某人曾经上过的数学必修、选修课等表现中推论出来的。

在构建个性和社会智力理论时,心理学家使用了普通人提供的语言和非语言的判断资料,以及多维度量【Multidmensional Scaling】来识别和确认各种构念(Jackson,2002)。这种方法也同样成功地应用于心理病理学的临床判断研究(Jackson,2002)。还有学者(Digman,1990)用因子分析【Factor Analysis】来研究亲和性、意志力、情绪稳定性以及理解力(或开放性)等人格维度。这些构念(也即因子)是从测量人格的许多工具的相关【Correlation】或协方差【Covariance】矩阵中提取出来的。利用结构方程模型等先进的统计推论技术,卡罗尔(Carroll,2002)说明了从这五个因素中还可以进一步提取出高阶因子来解释个人的人格差异,并协助诊断和治疗人格缺陷。在教育评估中,按照1999年的《教育与心理测验标准》(*Standards for Educational and Psychological Testing*)的有关条款,构念是一种需要收集起来用以支持某种评估工具的有效性宣称的证据。梅西克(Messick,1992)还声称:"分数解释的构念效度可以支持所有以分数为根据的推论,不仅与那些涉及阐释意义的推论有关,而且还与那些专门以测试分数为根据的应用性决策及行动的、关系到内容和标准的推论相关"(p.1493)。对类似全国教育进展评估考试(the National Assessment of Educational Progress,NAEP)等基于标准的评估而言,测量构念是由内容标准和对学生理解和表现的不同方面的不同侧重来塑造的。

一个构念若要对研究社会现象有用,(a)它必须界定清晰;(b)必须具体说明它与相同研究领域内相似或不相似的概念或构念的关系。对一个构念的定义,以及对它与该研究领域其他因素间关系的阐释有时被合起来称作"构念理论",或者"基则网(nomological net)"(Mueller,1986)。尽管构念可能是抽象的、不可观察的和不可测量的,但它的表现或者效果必须是可以让社会科学家用某种方式观察和测量的,以便对它进行研究、构造理论,或者检验有关构念的假设。

——Chao-Ying Joanne Peng

(杨可译　沈崇麟校)

*也可参见构念效度【Construct Validity】。

参考文献

American Educational Research Association, American Psychological Association, & National Council on

Measurement in Education. (1999). *Standards for educational and psychological testing*. Washington, DC: American Psychological Association.

Carroll, J. B. (2002). The five-factor personality model: How complete and satisfactory is it? In H. I. Braun, D. N.Jackson, & D. E. Wiley (Eds.), *The role of constructs in psychological and educational measurement* (pp. 97-126). Mahwah, NJ: Lawrence Erlbaum.

Digman, J. M. (1990). Personality structure: Emergence of the five-factor model. *Annual Review of Psychology*, *41*, 417-440.

Jackson, D. N. (2002). The constructs in people's heads. In H. I. Braun, D. N. Jackson, & D. E. Wiley (Eds.), *The role of constructs in psychological and educational measurement* (pp. 3-18). Mahwah, NJ: Lawrence Erlbaum.

Messick, S. (1992). Validity of test interpretation and use. In M. C. Alkin (Ed.), *Encyclopedia of educational research* (6th ed., p. 1493). New York: Macmillan.

Mueller, D. J. (1986). *Measuring social attitudes: A handbook for researchers and practitioners*. New York: Teachers College, Columbia University.

构念效度(Construct Validity)

在教育评估和社会科学的测量中,构念效度是在检验验证的背景下来定义的。检验验证是一个借助数据收集,给根据测验分数作出的推论建立可信性的过程——既包括关于使用测验分数(例如在制订决策时)的推论,也包括对数据(意义)的阐释的推论。在1985年的《教育与心理测验标准》(*Standards for Educational and Psychological Testing*)(American Educational Research Association, 1985)提出之前,效度是按照行为学家的传统来概念化的,有三个主要的不同的大类(即内容效度、效标效度【Criterion Related】和构念效度)。构念效度是指一个测验所体现出来的测量理论构念或某种特质的程度。像创造力、诚实、智力等构念都是社会科学家用来解释关于某种现象的经验资料或构建理论的概念。为了收集效度的证据,研究者必须首先定义要研究的构念,然后产生有关构念的结构和它与其他构念以及任何其他人类特性之间的关系的有理论根据的假设("有效性假设")。最后用经验数据来支持或否定这些有效性假设。一个完整的验证需要检验许多有效性假设。因此,检验验证是一个累积的过程。

人们提出了许多可以支持构念效度的技术,包括因子分析【Factor Analysis】、收敛和判别验证(convergent and discriminant validation)[Campbell & Fiske, 1959 年提出的多元特质——多种方法矩阵(multitraitmultimethod matrix)]、成长变化考查(例如,智力测验的年龄差异)、内部一致性、实验干预、已知群体差异(known-group differences)和与其他量的相关,或利用那些假设与研究的构念有关联的特质或行为领域的检验(Anastasi & Urbina, 1997; Cronbach & Meehl, 1955)。

洛文杰(Loevinger, 1957)提出,构念效度包括内容效度和效标关联效度。这个观点和其他一些观点一起促使1985年版和最新版的《教育与心理测验标准》放弃了三种效度的概念,取而代之的效度被构建为"一个一体多面的概念"(Messick, 1989)。根据这一概念,我们必须收集不同类型的证据来支持有关测试分数的意义以及正确使用方法的推论。必须强调一点,有效的是有关测试分数的解释和使用方法的推论,而非测试本身。因此,构念效度就是验证过程——一个收集证据和作出推论的系列——的中心。

像美国教育研究协会(the American Educational Research Association, AERA)、美国心理学协会(the American Psychological Association, APA)以及美国国家教育测试委员会(the National Council on Measurement in Education, NCME)这样的专业机构,建议应考虑不同的效度证据来源,包括而不限于下列内容:

- 测试标准的证据;
- 基于与其他变量的关系的证据(例如,测试分数与外部变量的相关性);
- 基于测试内容的证据;
- 收敛和判别的证据;
- 基于内部结构的证据(即测试项目和测试构成与一个理论构建相符),以及普遍性(测试标准可不对新环境的效度进行额外研究,就可普遍用于新环境的程度)。

梅西克(Messick, 1989, 1992)提出了表1中的矩阵,简要总结了他对测试效度模型概念化的关键概念。

表1 效度各个方面的渐进矩阵

	测试解释	测试使用
证据基础	构念效度(CV)	CV+关联性/用途(R/U)
结果基础	CV+价值意涵(VI)	CV+VI+R/U+社会后果

需要注意的是,研究设计领域在使用构念效度时,定义略有不同。按其定义,要关注的是处理/操作的精确性。处理是否对预期变量的操作有所影响?这个处理是否符合自变量所代表的构念的理论定义?就这种情况而言,该术语有时被称为因果构念效度(Kirk, 1995)。

——Chao-Ying Joanne Peng
Daniel J. Mueller
(杨可译 沈崇麟校)

*也可参见构念【Construct】、效度【Validity】。

参考文献

American Educational Research Association, American Psychological Association, & National Council on Measurement in Education. (1985). *Standards for educational and psychological testing*. Washington, DC: American Psychological Association.

American Educational Research Association, American Psychological Association, & National Council on Measurement in Education. (1999). *Standards for educational and psychological testing*. Washington, DC: American Psychological Association.

Anastasi, A., & Urbina, S. (1997). *Psychological testing* (7th ed.). New York: Prentice Hall.

Campbell, D. T., & Fiske, D. W. (1959). Convergent and discriminant validation by the multitrait-multimethod validity. *American Psychologist*, *15*, 546-553.

Cronbach, L. J., & Meehl, P. E. (1955). Construct validity in psychological tests. *Psychological Bulletin*, *52*, 281-302.

Kirk, R. E. (1995). *Experimental design: Procedures for the behavioral sciences* (3rd ed.). Belmont, CA: Brooks/Cole.

Loevinger, J. (1957). Objective tests as instruments of psychological theory. *Psychological Reports*, *3* (Suppl. 9), 635-694.

Messick, S. (1989). Meaning and values in test validation: The science and ethics of assessment. *Educational Researcher*, *18*(2), 5-11.

Messick, S. (1992). Validity of test interpretation and use. In M. C. Alkin (Ed.), *Encyclopedia of educational research* (6th ed., p. 1487-1495). New York: Macmillan.

社会建构论(Constructionism, Social)

首先,社会建构论是对知识生产实践的一种表述——既有科学解释,也有其他解释。在这个层面上,建构主义理论提供了科学的知识生产的取向,一个与经验主义传统差异甚大的观点。同时,社会建构论也包含了人体机能理论的一些成分;在这个层面上,它为个人心理过程的传统观点提供了一种替代的观点。建构论的前提也已被延展到许多实践领域,在诸如治疗、组织管理、教育等领域开启了新的起点(Gergen,1994,1999)。建构论与社会科学的关系更非一般,正是因为有它们,才使许多新式研究方法得以在社会科学中盛行。

社会建构论的假定

社会建构论不能被还原为一套固定的原则,而应当被视为一段不断展开的关于知识的本质和对世界的理解的对话。不过,在被认定为建构论的作品中可以找到一些典型的主题。一开始,建构论通常假定我们对世界的描述——科学的描述和其他的描述——不是由存在是什么这种原则性的方式来述说和决定的。相反,我们用来理解世界的术语一般都被认为是社会的人工产物,是历史上人与人之间互动的产物。因此,在某个文化内,一个既定的理解形式盛行,在根本上并不取决于这里讨论的观点的经验效度,而是由社会过程(例如,沟通、协议、教派冲突、修辞技巧)的兴衰枯荣决定的。这个推理脉络完全不去贬低各种形式的文化理解的重要性,无论是科学的还是其他的。人们对世界和自身的建构,对于更为广泛的文化实践来说是最基本的——辩护、维持和变换各种行为方式。此外,不同的制造意义的社群也会给人类可资利用的资源带来不同的贡献——无论是"医学治疗"、"道德上的可理解性"、法律制度,还是"活着的理由"。无论如何,建构论确实对所有群体(也包括科学)超出其边界宣称的"真理"的正当性都提出了挑战。在一个传统之内的正确、真实和善行,在另一个传统之内可能就不是,因而不存在传统之间进行判断的标准,也根本不存在脱离传统、自己的价值观、目标和生活方式的标准。

社会建构和社会科学

这种综合发展所喜好的社会建构论观点开始成了社会科学中传统的经验主义描述的替代。在这个替代过程中,可以划分为两个阶段,即解构和重构。在前一个阶段中,科学理性,以及已在经验上证明正当的知识观的主体都受到了质疑。这个工作基本上表现为对早期反基础主义论述的细化和延伸,在当今,则主要是受了文学和批判领域中其他发展的启发。于是出现了大量文献,对真理宣称、经验假设检验、普遍理性、人体机能的规律、科学的价值中立、西方科学实践的输出等的合理性以及意识形态的含义提出了质疑。

只沉浸在这种文献中会得出一个结论,即社会建构论的目标是虚无主义的。不过,正如许多人相信的一样,解构的过程只是重构事业的一个必需的过程。重构阶段的主要目标就是科学提问的方式,在建构论的观点指导下可以更有效地为其所属的社会服务。这种新的敏感带来了一些值得注意的重大的发展。首先,建构论的思想非常重视理论创新,而非"照世界的样子把它画下来”,其吸引力就在于创造可理解的问题,它也许会有助于我们建设新的未来。合作认知理论、半机械人政治(cyborg politics)、行动者网络都可作为例子。其次,建构论启发了文化研究的许多工作,对日常生活实践和产品进行了批判性、启蒙性的检视。最后,特别是在治疗、组织变革和教育中,建构论的想法也形成了许多新的实践。许多学者还发现,建构论在对知识的学科疆界提出挑战的同时,带来了范围广泛的对话。于是培养出了新的兴趣领域,比如,把神学和建构论、文学理论和社会运动、人格研究和伦理学理论联系在了一起。

社会建构和研究方法

尽管许多建构论的作品都是对社会科学传统的经验主义方法的批评,这些批评却并不致命。建构论思想绝没有要求将一种研究方法作为另一种研究方法的对立面;每种方法都有其建构世界的方式。因此,尽管传统的经验主义方法可能被视为有局限的,意识形态上也有问题,但它们也有重要的用途。无论如何,在方法论领域中建构主义思想最重要之处就在于激起对新的研究方法的讨论。尽管人们倾向于认为这些新方法是“定性的方法”(Denzin & Lincoln, 2000),建构论者并没有受制于传统上的所谓定性/定量,并认为前者较后者初级和低级的看法。大多数定性研究的目标、价值观和政治都和那些内在定量的研究不同。如今,建构论对强调以下内容的研究方法尤为青睐:

- 价值反思:这些研究方法对谁有利,让谁受损?研究对象是否会受到研究的剥削,或者是否仅被当作一个物体?
- 研究对象的声音:是否能让我们听到研究对象的声音?该研究方法是让研究对象的声音合法化,还是在研究程序中就去掉了他们的声音?
- 合作参与:研究对象是否能加入研究者中,一起研究知识?他们是否能分享研究结果或从中受益?
- 多重立场:研究是体现了多种观点和价值观,还是只有一种观点在主导?
- 表象主义的创造性:对研究的表现是仅限于正式写作,还是可以找出更亲民的、丰富的引人注目的表现方式?就研究重点而言,建构论的假设在参与行动研究【Participatory Action Research】(Reason & Bradbury, 2000)、话语分析(Wetherell, Taylor, & Yates, 2001)、叙事研究(Josselsyn, 1996)、参与式民族志、文学方法和述行方法(performative approaches)中的表现特别明显。

——Kenneth J. Gergen

(杨可译　沈崇麟校)

参考文献

Denzin, N. K., & Lincoln, Y. S. (Eds.). (2000). *Handbook of qualitative research* (2nd ed.). Thousand Oaks, CA: Sage.

Ellis, C., & Bochner, A. P. (Eds.). (1996). *Composing ethnography*. Walnut Creek, CA: AltaMira.

Gergen, K. J. (1994). *Realities and relationships*. Cambridge, MA: Harvard University Press.

Gergen, K. J. (1999). *An invitation to social construction*. London: Sage.

Josselsyn, R. (Ed.). (1996). *Ethics and process in the narrative study of lives*. Thousand Oaks, CA: Sage.

Reason, P., & Bradbury, H. (Eds.). (2000). *Handbook of action research, participative inquiry and practice*. Sage: London.

Wetherell, M., Taylor, S., & Yates, S. J. (Eds.). (2001). *Discourse theory and practice*. London: Sage.

建构论(Constructivism)

尽管建构论的各种形式遍及哲学和科学,但在心理学中它是作为一种学习理论出现的。它基于皮亚杰(Piaget,1929, 1937/1955)对儿童的研究,该研究表明,儿童从他们的经验中去积极建构其自身的知识,而不只是吸收老师们所讲的。布鲁纳(Bruner,1960,1966)后来采用了这个理论并将其应用于教育。他建议在设计教学方式时应鼓励孩子思索和使用自己已有的知识和能力。这样,他们就可以通过为自己解决问题来理解新的概念。

不过,建构论也被更为广泛地用以指称心理学中那些认为人人都积极参与了自己主观世界建构的理论和方法。与之对立的是那种认为物体和事件都有基本属性和普遍意涵的观点,在这种观点看来,感知的关键在于将对世界的真实呈现内在化。格拉瑟斯菲尔德(von Glasersfeld,1984)创造了激进的建构论这个术语,他提出,我们在世界上所有的知识都是建构出来的,而非通过感知得来的。因此,我们都是自己的主体现实的建构者,因为我们每个人都亲身栖居在此世界中。举例来说,曾经目击了同一事件的人,对该事件的回忆和描述不尽相同,这非常常见。激进的建构主义会说这不是因为感知和记忆不可靠,而是因为每个人都以不同的方式建构了这个事件。激进的建构主义从不在我们自己的建构之外宣称什么客观现实的存在或本质。

乔治·凯利的立场与此相仿,他是个人建构心理学(PCP)的创始人。凯利(Kelly,1955)认为,我们每个人都发展了一套多维度的意义系统,称为构念。我们用这些构念来感知这个世界,而我们的行为则可根据我们自己对世界的特有的解释来理解。作为一个临床心理学家凯利还设计了一个非常灵活的办法来考察就诊者的构念,他将这个办法称为凯利方格技术【Repertory Grid Technique】。此后,这个办法一直被当作研究工具,用于临床领域之外的许多环境。

建构论与社会建构论有一些相同的基本假定,但对何种程度上个人可以被视为控制建构过程的主体,以及在何种程度上我们的建构是社会力量的产物,这两个问题的理解还不尽相同。基亚里和努佐(Chiari & Nuzzo,1996)试图为区别各种建构论提供一个基础,建议对认识论的建构论和诠释学的建构论加以区分。在诠释学的建构论(也包括社会建构论)看来,现实是由语言和话语组成的。认识论的建构论(包括了个人建构心理学,PCP)则强调通过对经验的整理和组织来建构我们的个人世界。

——Vivien Burr

(杨可译 沈崇麟校)

参考文献

Bruner, J. (1960). *The process of education*. Cambridge, MA: Harvard University Press.

Bruner, J. (1966). *Toward a theory of instruction*. Cambridge, MA: Harvard University Press.

Chiari, G., & Nuzzo, M. L. (1996). Psychological constructivisms: A metatheoretical differentiation. *Journal of Constructivist Psychology*, *9*, 163-184.

Kelly, G. (1955). *The psychology of personal constructs*. New York: Norton.

Piaget, J. (1929). *The child's conception of the world*. New York: Harcourt Brace Jovanovich.

Piaget, J. (1955). *The construction of reality in the child*. New York: Routledge Kegan Paul. (Original work published 1937)

von Glasersfeld, E. (1984). An introduction to radical constructivism. In P. Watzlawick (Ed.), *The invented reality*. New York: Norton.

内容分析(Content Analysis)

内容分析最早有一种定义是:“我们所了解的内容分析这种技术……试图用系统的、定量化的方式来对给定的一长段话语的意义进行概括。”(Kaplan,1943,p.230)“内容分析是对交流的外显内容进行客观、系统、定量化描述的研究技术。”(Berelson,1954,p.489)后来的定义去掉了对定量化的要求。研究重点转为“推论”“客观”和“系统化”。在早期的一本教科书中,霍尔斯蒂写道:“内容分析可以是通过客观、系统地识别信息的指定特征,并从中作出推论的任何技术……我们的定义不包括定量化。”(Holsti,1969,p.14)此后,对内容分析技术发展作出贡献的其他学者也都重复了这一论点(如 Krippendorf, 1980)。无论是定量的推论,还是简单的推论,内容分析都将文本研究当作一种科学的而非简单的解释活动。

一个不同方法的集合

在内容分析这个共同的标签之下并非只有一种技术;相反,这个标签下是一个分析文本,或者更广义地说,分析各种信息的不同方法的集合——从句法分析的最简单的数字数到主题分析、指涉分析(referential analysis)、介词分析(prepositional analysis)(Krippendorf,1980,pp.60-63)。在这个列表后面,我们还必须加上最新的基于故事文法与社会关系有关的研究方法。

上下文中的字数和关键词字数

计算机的发展使计算单词出现的频次和索引(即在其他词汇的上下文中的单词数或上下文中的关键词[KWIC])都更容易了(Weber, 1990,pp.44-53)。这类分析(在语言学家中也被称为语料分析)可以帮助(采用诸如 WordSmith 这类语料分析软件的)文本数据分析过程迈出有价值的第一步。

主题内容分析

主题内容分析是内容分析中最常用的方法。在主题分析中,编码方案依据的是为把握文本主题而设计的各种类别。遗憾的是,不可能有一种通用的编码方案:不同的文本强调的东西不同,在同一个文本中不同的研究者要寻找的内容也不同。这就是为什么进行完善的主题分析需要十分熟悉输入的文本和它的特点。它还要求对编码方案进行大量的事前测试。

指涉内容分析

主题内容分析是梳理文本主要脉络的好工具。但意义也是其他各种语言游戏(language games)的结果:背景和前景信息、沉默和强调,或者描述同样事物的不同方式。就捕捉语言意义生成的复杂性而言,指涉内容分析是比主题分析更为合适的工具。克里彭多夫(Krippendorf,1980)告诉我们,指涉分析用于“探知一个现有的现象是如何被描写的任务”。这种描写受名词、形容词甚至不同的句法结构(如被动和主动语态的选择)的影响(Franzosi,2003)。

“故事文法”和叙事结构

从这个技术发展最早期开始,研究者就希望找到一个以文本的语言特点为基础的内容分析方法(如 de Sola Pool, Hays,

Markoff, Shapiro, and Weitman; 参见Franzosi,2003,Chap.1)。近年来,一些作者试图打通语言学和内容分析,提出了分析叙事文本的“故事文法”(又称文本文法或语义文法)这个基本的变体(Abell,1987;Franzosi,2003; Shapiro,& Markoff,1998)。从根本上说,故事文法无非就是简单的新闻五要素(5W)结构:何人(who)、何事(what)、何地(where)、何时(when)和何故(why)(以及如何);某人在时间和空间做某事,支持或反对别的某人;或主—谓—宾,或者更好一点,施事者—行动—受事者/受益者及其修饰语(例如,主语与宾语的类型和数量、时间和空间、行动的原因和结果)。这个技术在对社会运动和抗议运动的研究中发挥着重要作用。

内容分析如何进行

尽管量化也许不是内容分析正式定义必要的组成部分,但各种不同的内容分析方法的共同点还是与数字有关——这一点使它们区别于分析文本和符号材料的典型的定性方法,例如,叙事分析【Narrative Analysis】、谈话分析【Conversation Aanalysis】、话语分析【Discourse Analysis】和符号学【Semiotics】。但是,如果问题果真这样,那么内容分析又是如何把文字转换成数字的?转换的引擎肯定是“编码方案”,虽然在这个过程中起关键作用的是其他的“科学”程序:抽样【Sampling】、效度【Validity】和信度【Reliability】。

编码方案

编码方案是一套用于某个文本集的所有编码类别,其中每个编码类别都标识了一个研究者感兴趣的特点。编码方案被系统地用于所有被选中的文本,以便提取出统一的、标准化的数据:如果一段文本包含编码方案所含的任何编码类别的信息,相关的编码类别就被编码员“用记号勾出”(这个过程在内容分析中被称为编码【Coding】;现在的定性分析软件如NUD*IST/N6或ATLAS.ti允许使用者直接在计算机上对文本进行编码,并在编码进行时生成编码类别)。当编码完成后,每个编码类别得到的勾就被加总起来。最后,内容分析从文本变成数字的神秘魔法很简单:你只要计一下数就可以了。无论是文字、主题、指涉,还是行动者及其行动,这取决于具体的内容分析的类型,但无论何种类型,其数字都是计数得来的结果。

抽样

抽样给我们提供了一种得到研究结果的高效的好方法。研究者可能不会去研究所有可能得到的资源和文献,而会抽取恰当数目的资料来源和恰当数目的文件。抽样可能特别受内容分析的欢迎,因为内容分析需要耗费大量劳动,因此也是很昂贵的技术[而且抽样可以通过接受的抽样方案(acceptance sampling schemes)来检验编码数据的可靠性](Franzosi,2003)。通过抽样,你可以专注于报纸、信件或者其他感兴趣的子集合;你可以只关注被选的年份。甚至就被选年份而言,你也可以选读一份报纸一星期中的一两天,一个月中的一两周,或是一年中的一两个月的内容。建立一个不会让数据有偏的抽样框需要对输入材料有全面的了解。例如,只依靠报纸周日版的议题会对数据有什么影响?为了回答这个问题,以及与此类似的问题,任何数据来源和抽样框的选择都应在系统地比较分析的基础之上再进行。你的数据的效度(即你试图测量的概念和你实际的测量之间的基本一致性)是你采用的数据来源和抽样框的函数。

编码员信度

在内容分析中，信度问题（即测量的可重复性）被称作编码员信度。不同的编码员遇到了同样的文本，在使用同样的编码方案的情况下，是否会“勾选出”同样的编码类别？对那个问题的回答取决于编码方案和编码类别的设计：类别越抽象、定义越是理论化，不同的编码员就越可能得到不同的编码结果。让不同的编码员对同一材料进行编码，是检验每个编码类别信度的好办法。

一个例子

内容分析可以用于各种文本（例如，报纸社论、演讲、文件、信件、民族志田野笔记、深度访谈或焦点小组访谈的录音整理稿）和影像（例如，广告、照片）。下面是一组焦点小组访谈的录音整理稿，参加这组焦点小组访谈的都是出生在英国的巴基斯坦妇女，而她们的丈夫都来自巴基斯坦。这些参与者分别是：Nadia（N）、Laila（L）、Ayesha（A）以及主持人（M：Maria Zubair，我很感谢她整理了录音）。

M：你们的丈夫在这儿过得怎么样——当他们刚到这儿的时候？

L：我想这真的得看他们怎么生活……当他们在巴基斯坦的时候。我的意思是有些人，你知道的——他们没有其他人那么幸运，他们住在村子里或是其他什么地方，你知道的，他们其实没上大学，但也有一些人住在城里，有良好的教养——你知道，所以当他们来到这里的时候他们不会——他们不会明显地——他们相当不同但也不是那么不同……

L：对，我是说我的丈夫……当他来这里时，他是独子——嗯——他上过大学，高校，什么都上过，所以他有教养——所以他来这里的时候他没觉得有太大的不同……所以当然他们觉得不同，因为他……很不同，不是吗？

L：你知道的，到外面去——他们发现很难交朋友，我觉得这是主要的问题。

A：对。

L：交朋友——或者找个可去的地方——你知道的，有时候晚上或是周末我们说，哦，我们该去哪儿，但你知道，没地方可去——俱乐部和酒吧都是给英国人开的，不是给我们开的。

L：总之，他们觉得困难，因为他们是来这里，还要混迹于——嗯，英国出生的亚洲人中间——很难——更难的是，因为他们的思考方式不一样，你知道的，我是说我的丈夫——他以巴基斯坦的方式思考，而这里的男孩思考方式不一样——可不是吗！

A：我发现——我发现我丈夫也是一样的。

L：对。

A：有时候我就是坐在那儿，嗯——我们没有（笑）——我们的思考方式不一样……他想事情都是巴基斯坦的方式……他回家的时候，他就坐在它（电视）前面——在沙发上——就在那儿。然后他就不动了。他就坐在那儿，就是这样，你知道的。（笑）

L：我丈夫曾经对我说，他来这儿的时候“哦，我不喜欢”……“哦，我不喜欢你穿英国的衣服什么的——哦，为什么你不戴你的头巾”，你知道，都是这些话。“为什么你不能穿亚洲的衣服去工作”……现在他从不那样说，你知道（N：对）。所以他已经适应了……但当他刚来这里时他们是受了点文化震荡——我的意思是什么都是不同的（M：对）和那里比起来的话，你知道的，所以——那里是不同的，对吗？完全不同。

A：（笑）我的丈夫——他，你知道的，他

就是让我紧张。当他才到这儿时他曾经穿着灯笼裤[巴基斯坦服装]——我跟他说，你出去看看……你穿这个出去不行。

甚至单词的计数也可以揭示出社会背景的二分性(考虑版主的引导性问题,也许这是在意料之中的)。出现得最频繁的词是他们(21)、他(16)、我(12),还有那里(6)。像不同(5)和难(5)这样出现频率比较高的词在突出显示英国出生的巴基斯坦妇女和巴基斯坦男子之间婚姻的复杂社会关系时,也还有很长的路要走。毕竟像相同、简单这些词都从没有在文本中出现过。主题编码类别也可以有助于梳理这些不同世界的特性。无论是借助专业的计算机软件,还是只借助纸张,以主题类别为基础的编码方案都必须处理社会生活的以下几个方面:家庭、友谊、工作、休闲。但是这些类别太宽泛了。这个编码方案必须聚焦于"婚姻关系"中的"难/易""我们的家庭和岳父岳母(公公婆婆)""男性朋友和女性朋友",以及"在巴基斯坦的朋友和在英国的朋友"。这些类别的频数分布可以让我们更好地理解"你们的丈夫在这儿过得怎么样"这个问题。

但文本的含义还有很多。先来看 Laila 的话"有些人……他们没有其他人那么幸运"。对词汇的选择不是随意的。想一想替换成"没那么勇敢""没那么发奋""没那么爱冒险"。不对——他们就是"没那么幸运"。对他们没有指责,就是碰运气。保守的精英世界观令我们相信,我们手中的(扑克)牌都是一样的。我们用它们来为自己做什么,则取决于我们自己,勇敢、大胆和创业精神。而 Laila 组织话语的方式却含蓄地遵循着更为自由主义而非保守主义的脉络。但她也以隐含的社会科学模型为基础来组织她的话语,我们可以轻松地识别出来。在村子里长大的人不上大学。在城里的人教养良好。他们受教育。他们没那么不同。社会科学的城市化和教育与耐受性关系模型隐含其后。最后,Laila 用一个非常二元的词汇"我们"和"他们"来组织其话语:"俱乐部和酒吧都是给英国人开的,不是给我们开的""他以巴基斯坦的方式思考""我们的思考方式不一样"。Laila、焦点小组里的其他妇女以及她们的丈夫和英国人不同。但是她们也和自己的丈夫不同。而 Laila 受过教育的丈夫与其他丈夫中的有些人也不同。

这些不同的论证和组织模式可以通过如下的编码类别凸显出来:"保守的政治观点"和"自由的政治观点","包容性的世界观"和"排斥性/二元的世界观",还有"推理(或论证)模式",以及诸如"情绪性的""社会科学的"等子类。对修辞和论证模式的强调会让我们加入诸如"诉诸宗教""诉诸科学""诉诸情感""诉诸理性""诉诸平等的价值观"等类别。

指涉分析可以被用于处理对社会行动者和社会情境的不同描写。对每个主要的行动者(例如,英国人、丈夫们、妻子们、朋友们、在巴基斯坦的亲戚们)、事件(例如,回巴基斯坦、结婚、搬到英国)或情境(在家的一个晚上、周末的时光、穿衣服和吃饭的习惯),我们可以有三种基本的指涉编码类别,即积极的、消极的和中性的。

结论

内容分析作为一种研究文本的典型的定量化手段,为梳理文本或其他任何符号材料的意义提供了一种宝贵的工具。如果遇到要分析上述种类的几百页的录音整理稿(或者其他类的文件/符号材料),各种内容分析技术肯定会有助于我们揭示出资料中的模式。定量分析的一个优势在于它很有效:它有助于我们处理大量数据,使我们不会被庞大的数据淹没。它的缺点在于可能会遗漏意义生产过程中的细微差别。即使上文已经讨论过的为数不多的几个例子,也应使问题变得很清楚。考虑用定量化方法还是定性化方法来处理文本,这样的思维方法是一种误导。每种方法对文本分析的理论/方法论的发展都有它的长处和短处(想想这个:对几百页的录音整理稿作定性化分析要花多长时间?你如何保证你没有依赖最好听的那些话,或者你什么也没有忘记?),加上计算机软件技术的发展,正在加速模糊定量和定性方法的界限[例如,计算机辅助定性数据分析软件(CAQDAS)](Fielding & Lee, 1998; Kelle, 1995)。就当前技术发展状况来说,最好的方法可能是将绘制宏大的社会现象图景的定量内容分析法和对精选的文本进行鞭辟入里的探究的定性内容分析法融为一体的组合分析法。

——Roberto Franzosi

(杨可译　沈崇麟校)

参考文献

Abell, P. (1987). *The syntax of social life: The theory and method of comparative narratives.* Oxford, UK: Clarendon.

Berelson, B. (1954). Content analysis. In G. Lindzey (Ed.), *Handbook of social psychology* (Vol. 1, pp. 488-522).Reading, MA: Addison-Wesley.

Fielding, N., & Lee, R. (1998). *Computer-analysis and qualitative research.* London: Sage.

Franzosi, R. (2003). *From words to numbers.* Cambridge, UK:Cambridge University Press.

Holsti, O. R. (1969). *Content analysis for the social sciences and humanities.* Reading, MA: Addison-Wesley.

Kaplan, A. (1943). Content analysis and the theory of signs.*Philosophy of Science*, *10*, 230-247.

Kelle, U. (Ed.). (1995). *Computer-aided qualitative data analysis.* London: Sage.

Krippendorf, K. (1980). *Content analysis: An introduction to its methodology.* Beverly Hills, CA: Sage.

Shapiro, G., & Markoff, J. (1998). *Revolutionary demands:A content analysis of the Cahier de Doléances of 1789.* Stanford, CA: Stanford University Press.

Weber, R. P. (1990). *Basic content analysis.* Newbury Park,CA: Sage.

前后关系效应(Context Effects)

参见次序效应【Order Effects】。

情境效应(Contextual Effects)

在社会科学中团体这一概念起着重要的作用。个人拥有某个团体的成员资格是否会对其思想和行动有什么特别的影响?居住在一个由许多民主党人构成的街坊是否会使得个人比那些不住在那样的街坊的个人有着更高成为一个民主党人的概率?诸如这样一种由团体造成的影响被称为情境效应;对这些效应所做的研究被称为情境分析或多层次分析【Multilevel Analysis】,有时它也被称为层级【Hierarchical】模型研究。

如果情境效应存在,那么如下这样的问题就会发生:为什么属于一个团体便会有影响?这种机制是如何运作的?我们究竟应如何来测量这些影响?前两个问题最好留给心理学家来解答,而第三个问题则会引起统计学家的极大兴趣。特别是教育问题中,一个教室将会构成一个显而易见的情境分析的团体。

当有来自几个组的个体有两个变量的数据时,在每个组内可以分析因变量 Y 和自变量 X 的关系。回归分析给出了每个组的回归线的斜率【Slope】和截距【Intercept】。这样就可能会出现组与组之间的斜率和截距是变化的这种情况。如果回归线的这种变化大于随机性独自可以解释的变化,那么必定有什么与组本身有关的东西在影响着回归线。

导致回归线发生变化的原因可能有若干种。一种可能是二者都取决于通过组均值的组的 X 变量水平。因此,此种可能的情境模型可表达为如下的方程:

$$a_j = c_0 + c_2\bar{x}_j + u_j$$

$$b_j = c_1 + c_3\bar{x}_j + v_j$$

式中的 a 和 b 是第 j 组的截距和斜率,而 u 和 v 则表示残差项。也可用第 j 组的直线来替代方程中的 a 和 b。这样便可得到如下的方程:

$$y_{ij} = c_0 + c_1x_{ij} + c_2\bar{x}_j + c_3(x_{ij}\bar{x}_j) + e_{ij}$$

它是第 j 组中的第 i 个个体。因此,现在可以对来自所有的组的数据进行多元回归【Multiple Regression】,并得到 c 系数。对于这个模型而言,c_1 测量的是个体水平上的 X 的效应,c_2 测量的是组水平上的 X 的效应,而 c_3 测量的则是个体和组水平效应的交互项在 Y 上的效应。使用这种分析存在一个问题,那就是残差【Residual】E 取决于 X 的组均值;此外,还有另外一个问题,那就是存在于三个解释变量中的共线性【Collinearity】问题。

情境分析不限于组的截距和斜率取决于 X 的均值这样一种情形。它们也可能取决于各种各样其他的变量。

贝叶斯统计法尤其适用于多水平分析,因为各个组的斜率和截距是变化的。这样我们就有可能详细说明服从特定分布的组内截距和斜率。

——Gudmund R. Iversen

(沈崇麟译校)

参考文献

Bryk, A.S., & Raudenbush, S.W. (1992). *Hierarchical linear models*. Newbury Park, CA: Sage.

Goldstein, H. (1987). *Multilevel models in educational and social research*. London: Griffin.

Iversen, G.R. (1991). *Contextual analysis* (Sage University Paper Series on Quantitative Applications in the Social Sciences, 07-081). Newbury Park, CA: Sage.

列联系数(Contingency Coefficicent)

参见对称量度【Symmetric Measures】。

列联表(Contingency Table)

列联表是一种根据两个或更多个变量的分类将观察数据的频数分类的统计表。

由两个变量交叉分类形成的表称为双向列联表(two-way contingency table)(实例请参见表1),三个变量的表称为三向列联表(three-way contingency table),而一般来讲,三个或三个以上的表都称为多向列联表(multiway contingency table)。多向列联表的分析有时也称为多变量列联表分析(multivariate contingency analysis)。

在一张表的所有格子中,有的格子可能没有观察的计数。有时,我们把列联表中含有零计数的格子称为空格。零计数可能由两种不同的机制产生。如果零计数是由样本容量引起的(如伊利诺伊州的美籍华裔农民),那么这样的零就称为抽样零。如果,一个格子在理论上就不可能有观察(如男性子宫帽用户),那么这样的零称为结构零。含有至少一个结构零的列联表称为不完整表。在列联表中有许多格有较低的频数时,不论它们是零或者不是零,诸如这样的表都称为稀疏表【Sparse Table】。

历史发展

20世纪初,早期的定类数据分析【Categorical Data Analysis】主要都采用列联表分析。在卡尔·皮尔逊和乌迪·耶尔之间的著名争论引发了人们对于列联表分析的兴趣。我们应该怎样来分析一张 2 × 2 的列联表呢?皮尔逊坚定地相信,连续的双变量分布构成了交叉分类表的观察计数。耶尔则认为,含有诸如接种与不接种这样的离散类别的变量,最好作无假定的潜在分布的离散变量处理。皮尔逊的列联系数是依据坍缩为离散交叉分类的,近似的潜在双变量正态分布的相关来计算的。而 Yule Q 则是直接用观察的离散数据的优势比【Odds Ratio】函数计算的。

整个20世纪在这方面取得的成就常常可以与那些发明列联表分析的统计量和检验的名字联系起来。皮尔逊卡方检验,Yule Q, Fisher 精确检验, Kendall tau(τ), Cramér V, Goodman-Kruskal tau(τ) 和 Cochran-Mantel-Haenszel 检验(或 Mantel-Haenszel 检验),这些只不过是其中的一些例子而已。今天的统计软件一般都包含这些统计量(例如,SAS 中的 proc freq 就有上面提到的大多数统计量)。

表1　父母社会经济地位(SES)和精神健康状态

(括弧中的数字是期望值)

父母社会经济地位(SES)	精神健康状态			
	好	轻度症状	中度症状	精神损伤
A(高)	64(48.5)	94(95.0)	58(57.1)	46(61.4)
B	57(45.3)	94(88.8)	54(53.4)	40(57.4)
C	57(53.1)	105(104.1)	65(62.6)	60(67.3)
D	72(71.0)	141(139.3)	77(83.7)	94(90.0)
E	36(49.0)	97(96.1)	54(57.8)	78(62.1)
F(低)	21(40.1)	71(78.7)	54(47.3)	71(50.9)

列联表分析可视为当代分类数据分析的基础。我们可以把 20 世纪晚期对数线性模型【Log-Linear Modeling】的一系列发展看作列联表分析的发展和细化。同样,潜质和潜类分析的进展也是与列联表分析的统计基础不可分的。

例子

我们给大家提供一张经典的、涉及中镇曼哈顿(midtown Manhattan)精神健康与父母社会经济地位(SES)的数据表,该表的数据曾经过许多人(如利奥·戈德曼和克洛格等人)的分析,见表 1。

为了分析列联表,我们需要有期望频数。令 F_{ij}为第 i 行第 j 列的观察频数f_{ij}的期望值。独立模型(SES 和精神健康没有关联)的 F_{ij}由

$$F_{ij}=\frac{f_{i+}f_{+j}}{f_{++}}$$

给出。该式中的 f_{i+} 给出了第 i 行的列总计数,f_{+j}给出了第 j 列的行总计数,而 f_{++} 则给出了整个表格的总计数。例如,$f_{1+}=64+94+58+46=262$,$f_{+1}=64+57+57+72+36+21=307$ 和 $F_{11}=(262\times 307)/1\ 660=48.5$。我们计算了这个表格相应的期望值,并把它们列在了表 1 每一格的括弧中。

虚无假设是两个变量没有关系或相互独立的。为了检验这个假设,我们计算了皮尔逊卡方统计量和最大似然比统计量 L^2(或 G^2)的值:

$$\chi^2=\sum_i\sum_j\frac{(f_{ij}-F_{ij})^2}{F_{ij}}$$

和

$$L^2=2\sum_i\sum_j f_{ij}\log\left(\frac{f_{ij}}{F_{ij}}\right)$$

应用这些公式,我们求得皮尔逊卡方统计量的值为 45.99,而 L^2的值为 47.42。在有 15 个自由度(该值等于行数减 1 乘列数减 1),在任何常规的显著水平下,我们拒绝独立性虚无假设,并得出精神健康和 SES 相关联的结论。独立性模型也可以从用期望频数计算的概率比率角度来理解。为了理解独立性假定,我们可以计算列联表中每个相邻的 2 × 2 表的交叉乘积的比。那就是$(48.5\times 88.8)/(95.0\times 45.3)\approx 1.0$, $(95.0\times 53.4)/(57.1\times 88.8)\approx 1.0$, …, $(57.8\times 50.9)/(62.1\times 47.3)\approx 1.0$。我们很快就会发现所有这些优势比都近似于 1! 优势比【Odds Ratio】的值为 1 说明形成表格的两个变量之间是没有关系的。

两个变量本质上都是有顺序的,但是目前的分析却未曾考虑这一信息。为了分析两个变量间的这种类型的关联,则必须用对数线性模型对模型作出进一步调整。

列联表的坍缩性

列联表的突出问题是坍缩性问题。简单地说,如果一种特定的统计模型的拟合不受合并它的维度(即删除变量)、合并变量中的某些类别(即减少答案的类别数)或同时合并变量和类别二者的显著影响,那么这张列联表就是可坍缩的。在目前的这个例子中,有人可能怀疑在轻度和中度症状之间只有很小的差别,注意到表 1 的中间两行的观察值和期望值之间差别都同样低于 1。表 2 列出了将表 1 中间两类坍缩之后的观察数据(和期望计数)。

表 2 父母社会经济地位(SES)和精神健康列联表

父母社会经济地位(SES)	精神健康状态		
	好	中度症状	精神损伤
A(高)	64(48.5)	152(95.0)	46(61.4)
B	57(45.3)	148(88.8)	40(57.4)
C	57(53.1)	170(104.1)	60(67.3)
D	72(71.0)	218(139.3)	94(90.0)
E	36(49.0)	151(96.1)	78(62.1)
F(低)	21(40.1)	125(78.7)	71(50.9)

从表 2 中可以得到一组新的检验统计值。基于 6 行、3 列和 10 个自由度的皮尔逊卡方,43.51 和 L^2,44.94(在 0.05 水平,结果仍然是显著的)。取新值和老值之差,无论是基于皮尔逊卡方统计值,还是 L^2统计值的似然比检验都将给出有 5(15-10)个自由度的检验统计值 2.74。这个结果服从卡方分布,是高度不显著的,说明这中间两个中度症状类是可以坍缩的,不会因此而丢失太多的信息。读者可自行尝试一下父母社会经济地位(SES)类别是否可以坍缩。

——Tim Futing Liao

(沈崇麟译校)

参考文献

Agresti, A. (1990). *Categorical data analysis*. New York:John Wiley.

Fienberg, S. E. (1981). *The analysis of cross-classified categorical data* (2nd ed.) Cambridge:MIT Press.

Rudas, T. (1997). *Odds ratios in the analysis of contingency tables*. Thousand Oaks, CA:Sage.

他定效应(Contingent Effects)

在对自变量【Independent Variable】和因变量【Dependent Variable】的关系进行理论化时,有时可能会遇到这种关系根据另一个自变量的值而定的情况。这种类型的关系蕴含着一个设计用于经验上估计这些关系的,在任何一种模型中的一个乘法项。用正规的数学语言叙述,这种模型将取如下的形式:

$$Y = B_{12}(X_1 \cdot X_2)$$

式中的 Y 是因变量,X_1 是自变量,X_2 是决定 X_1 和 Y 的关系的变量,而 B_{12} 则是定义这种关系的参数。因此,X_1 和 Y 之间的值取决于 X_2 的值。这方面的例子来自希布斯(Hibbs, 1982)在越南战争期间进行的一个有关美国总统声望的研究。希布斯将个人对总统的工作的看法理论化,认为它将直接受到最近几周越南战场上美国军人伤亡数的影响。此外,他还提出一种理论,声称这种效应的量将取决于个体的社会阶层,因为各个阶层的伤亡人数是不成比例的,伤亡主要集中在那些较低的社会阶层。

他定效应的第二种定义来自标准的多变量模型推论。例如,下列是一个有两个自变量的多变量普通最小二乘【Ordinary Least Squares】回归中的非随机部分：

$$Y = B_0 + B_1X_1 + B_2X_2$$

式中的 Y 是因变量，X_1 和 X_2 是自变量，B_0 是一个与其他感兴趣的参数一起估计的截距项。B_1 是 X_1 在 Y 上的，依 X_2 在 Y 上的效应而定的效应（要估计的）参数。B_2 是 X_2 在 Y 上的，依 X_1 在 Y 上的效应而定的效应（要估计的）参数。还有另一种常用的表述法，那就是每个斜率参数（在本例的模型中，B_1 和 B_2 就是斜率参数），就是"控制了"模型所有其他的变量时的一个自变量在因变量上的效应。

——Guy Whitten

（沈崇麟译校）

＊也可参见交互效应【Interaction Effect】、乘积【Multiplicative】。

参考文献

Hibbs, D.A. (1982). The dynamics of political support for American presidents among occupational and partisan groups. *American Journal of Political Science*, 26, 312-332.

连续变量(Continuous Variable)

连续变量是这样一种变量——在其值域内，任何值都是可能的。有时，它也称为测度变量（metric variable）或定量变量（quantitative variable）。在实际研究中，整数变量也常被视为是连续的。

——Tim Futing Liao

（沈崇麟译校）

＊也可参见测量层次【Level of Measurement】。

对比编码(Contrast Coding)

对比编码是一种为 $j-1$ 个虚拟变量【Dummy Variable】编码，以体现一个有 j 个类别的定类变量【Nominal Variable】含有的信息。对比编码的虚拟变量使研究者得以为比较的目的而将类别聚合成有意义的分组的同时，检验确定每个组的那些组成类别是否彼此显著不同。对比编码虚拟变量系数给我们提供了顺序分解自理论上感兴趣的组合的子组的均值比较。

为了说明这一问题，我们来考虑一下婚姻状况（已婚、分居、离婚、鳏寡和从未结过婚）和小时工资（以美元计）之间的关系。在这个例子中，婚姻状况由五个（J）子组组成，由四个对比类（$J-1$）代表。虽然有若干个初始聚合都是合理的，但我们将第一个对比构建为一个目前那些在法律上已婚（已婚和分居）的人和那些目前为未婚的（从未结过婚、离婚和鳏寡）的人之间的对比，具体见表 1 所列。每个相继的对比，将把这两个组分解并组成子组。对比 2 将比较分居的回答人和已婚的回答人。因为"未婚聚合"含有三个子组，因此选择在对比 3 中比较"从没有结过婚"的回答人与离婚和鳏寡的回答人。在对比 4 则比较离婚的回答人和鳏寡的回答人。

在将对比编码用于虚拟变量时，还有另外两条规则适用。第一条，任何单独一个对比编码变量内的编码之和必须为零。第二条,跨虚拟变量的编码必须正交,正如表 1 的底部冠以“独立性”的那一部分所示。

表 1

兴趣组	新变量状态				
	对比 1(C1)	对比 2(C2)	对比 3(C3)	对比 4(C4)	均值(以美元计)
已婚	−1/2	−1	0	0	15.33
从未结过婚	1/3	0	−1	0	12.95
分居	−1/2	1	0	0	11.64
离婚	1/3	0	1/2	1	12.94
鳏寡	1/3	0	1/2	−1	11.93
总和	−1/2+1/3−1/2+1/3+1/3=0	−1+0+1+0+0=0	0−1+0+1/2+1/2=0	0+0+0+1−1=0	总均值 14.26
独立性	C1 和 C2=(−1/2)(−1)+1/3(0)+(−1/2)(1)+(1/3)(0)+(1/3)(0)=0 C1 和 C3=(−1/2)(0)+(1/3)(−1)+(−1/2)(0)+(1/3)(1/2)+(1/3)(1/2)=0 C1 和 C4=(−1/2)(0)+(1/3)(0)+(−1/2)(0)+(1/3)(1)+(1/3)(−1)=0 C2 和 C3=(−1)(0)+(0)(−1)+(1)(0)+(0)(1/2)+(0)(1/2)=0 C2 和 C4=(−1)(0)+(0)(0)+(1)(0)+(0)(1)+(0)(−1)=0 C3 和 C4=(0)(0)+(−1)(0)+(0)(0)+(1/2)(1)+(1/2)(−1)=0				

一般来说,设计这些虚拟变量的描述性统计量和零阶相关都没有什么用(Hardy,1993)。在对比编码的虚拟变量用作普通最小二乘回归【Ordinary Least Squares Regression】的自变量时,常数给出的是子组均值的未加权均值,计算方法是 $\left[\sum_{j=1}^{J}\overline{X}_j\right]\div J$,与用效应编码的虚拟变量的回归一样,但与二进制【Binary】编码的虚拟变量的回归不同。回归系数【Regression Coefficient】则可用于计算对比内的均值差。计算使用的公式是 $C_j=B[(n_{g1}+n_{g2})/(n_{g1})(n_{g2})]$,式中的 n_{g1} 是包含在第一个组内的子组数;n_{g2} 是包含在第二个组内的子组数;而 B 则是感兴趣的虚拟变量的回归系数。

小时工资对 4 个对比编码的虚拟变量,加上一个常数的回归结果列于表 2 中。常数项的值为 12.96,这个值可用子组均值的未加权均值验证。计算的方法是用表 1 提供的类均值之和除以 5。为了评估回归系数,我们来看一下对比 1 的系数。将它代入上面的方程,便会有下式:C1 = −1.054×((2+3)/(2 ×3))= −0.88。这个值是未加权的合法婚姻的子组未加权均值([15.33+11.64]/2=13.49),无合法婚姻子组的未加权均值([12.95+12.94+11.93]/3=12.61)之差。这就是说,无合法婚姻的人的小时工资平均比有合法婚姻的人少0.88美元。然而这个系数的 t 检验在常规水平上却是在统计上不显著的,因此,0.88 美元的差别是不可靠的。确定小时工资是否存在婚姻状态上的差别的恰当推论检验是 F 检验，而不是 t 检验，因为检验要求的有关婚姻状况的信息包括所有四个虚拟变量。

表 2

模型	未标准化系数		t	显著度
	B	标准误差		
常数	12.96	0.471	27.527	0.000
对比 1	-1.054	0.993	-1.061	0.289
对比 2	-1.844	0.353	-5.226	0.000
对比 3	-0.346	0.772	-0.448	0.654
对比 4	0.502	1.111	0.452	0.651

——Melissa A. Hardy
Chardie L. Baird
（沈崇麟译校）

＊也可参见虚拟变量【Dummy Variable】、效应编码【Effects Coding】。

参考文献

Hardy, M.A.(1993).*Regression with dummy variables.* Newbury Park, CA: Sage.

控制(Control)

控制涉及一系列功能，借助这些功能的两个主变量，即自(解释)变量和因(或应)变量之间的关系可以在不受其他因素干扰的情况下得以确定。控制有四个主要的功能，分别是：固定或使混杂【Confounding】效应“保持不变”；检测变量之间的虚假效应；在实验检测中作为一个参照点和在其他变量也有效应时确定自变量的净效应。

混杂效应可能是那些双变量关系中的干扰效应，或者那些在这种关系前面的干扰效应。或者这种关系可能是一种虚假的关系，也就是说，有第三个变量同时在对自变量和因变量起作用。为了探测这样一种混杂因素的效应，我们对它们进行控制，并对同类项进行比较(参见其他条件不变【Ceteris Paribus】)。例如，我们也许会注意英国在校学生中的某个少数民族族群的学生的学习成绩比白人学生差。我们会因此而设想，是和种族关联的文化和遗传因素导致少数民族族群的学生的学习成绩比其他族群的学生差。然而，我们考虑到收入和贫困也同样会对在校学生的学习成绩有所影响，而某些少数民族族群都集中在收入档次中的低档，因此我们希望对收入水平加以控制。在对收入水平加以控制之后(即将穷孩子与穷孩子比较,富孩子与富孩子比较),我们发现这一关系并非持续不变的,那些孟加拉裔的孩子的学习成绩至少不比同一收入水平家庭的白人孩子差。在控制了学生的家庭背景之后,种族与学习成绩差的表面关系便不再是持续不变的了。图 1 显示了一个干扰效应的实例。今天,孟加拉裔学生的成绩仍然较差,但人们对造成这一现象的推理过程已有所修正,已不再把它归结于学生的种族,而是归结于他们的家庭贫困。

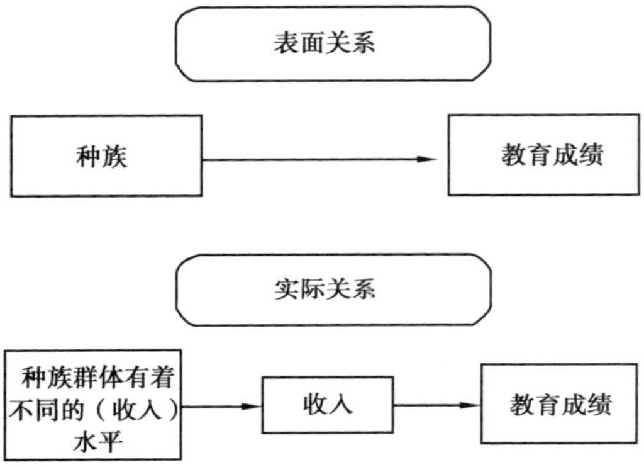

图 1　在研究种族和教育成绩之间的关系时控制收入的效应

我们用女性的平均工资低于男性作为一个例子来阐述干预关系【Intervening】问题。我们最初可以把它设想为性别和低工资之间的关系,这种设想注重工作场所内的性别歧视。与之相关的观点认为,在职业的层级结构中,女性趋于集中在它的较低层。如果使跨男性和女性的职业层次保持不变,是否仍然可以看到某种性别效应呢?我们发现,性别效应仍然存在,但是却要小得多。妇女的职业结构解释了相当一部分她们的低收入,而非她们的性别本身。而这一问题正是通过比较同一职业层次男性和女性的工资才被揭示的。图 2 为我们阐明了这样一种关系。

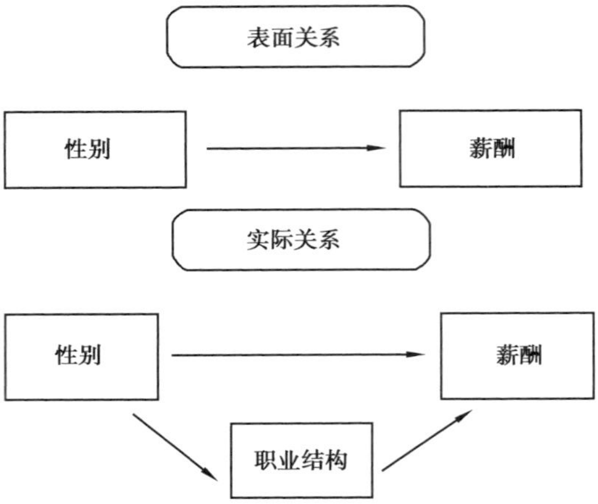

图 2　在评估性别和收入的关系时,保持职业层次不变的效应

另外一些相关的感兴趣的因素,可通过实验设计或用统计方法来控制。在实验设计中,干预效应可通过将干预随机地应用于测试的个案的某一个子组和对其余在控制组【Control Group】中的个案则不做干预来测试。对控制组也可进行挑选,以使之在关键方面(如年龄、性别等)与"实验组"匹配。例如,医疗干预一般都是用随机对照试验(randomized controlled trials)测试的。所谓随机是指那些实验的个案都是从感兴趣的总体中随机地选取的;而控制则是指每一个选来做实验【Experiment】的个案,都是用来作比较的,并不接受干预,但在其他每一方面的处理都与实验组一样,包括可能用安慰剂对其进行"治疗"。如果不仅实验组和控制组不知道自己究竟属于哪一组,而且实验的实际操作者本身也不知道施予的是干预(还是安慰剂),那么这样的实验就是双盲的,故而能在最大限度上缩小研究者偏倚。在这样的实验中,如果干预是随机分配的,那么在实验组和控制组的结果的任何差异都可被归结于干预。

尽管实验方法在心理学中经常使用,但要把它在社会科学研究中普及似乎不仅不太实际,而且意义也不大。例如,建立一个父母分居对孩子学业影响的实验是不可行的。因为它要求有一个与其配偶分居的实验组的随机样本和一个属于他们的配对的控制组。相反,使用统计方法则可对混杂效应加以控制。我们有各种可同时评估许多不同变量的效应的多变量方法,因而在另一个(另几个)变量被控制时,我们能对净效应加以识别。回归分析,如多元回归分析【Multiple Regression Analysis】或 Logistic 回归【Logistic Regression】被最为普遍地用于评估这样的净效应。在这样的分析中,其他自身并未显示任何显著效应的变量也被包括在了模型中,它们之所以被包括在模型中,只是为了确保所有相关的因素都已被控制而已。

——Lucinda Platt

(沈崇麟译校)

* 也可参见其他条件不变【Ceteris Paribus】、Logistic 回归【Logistic Regression】、多元分析【Multivariate Analysis】、多元回归分析【Multiple Regression Analysis】。

参考文献

Agresti, A., & Finlay, B. (1997). *Statistical methods for the social sciences* (3rd ed.). Upper Saddle River, NJ: Prentice Hall.

控制组(Control Group)

控制组是一种和实验组(或治疗组)进行对比的组。它由一种没有接受治疗,但其效应也在研究考虑之列的研究单位或一种确实服用了安慰剂,但效用不在研究考虑之列的研究单位组成。控制组有时也称为基线组或对照组。它们或通过像组间设计(between-subject designs)那样随机地分配研究单位,或像组内设计【Within-Subject Design】那样由研究单位自己形成的。在一个真正的实验研究和组间设计中,研究单位(如儿童、诊所的病人、学校、医院、社区等)是先从各自的总体进行随机选择的,然后再将选出的单位,随机地分配给控制组或实验组。在研究结论中,结果量度(一个或多个因变量上的得分)将在控制组和实验组之间进行比较。治疗的效应将根据控制组和一个或多个实验组之间的差(或若干个差)来评估。虽然在真实的实验研究和组内设计中,研究单位也是随机地从各自的总体中选取的,但却是非随机地分配给控制组与实验组。相反基线数据是从研究单位自身收集的。这些数据被作为“控制数据”处理,用来与假设为治疗结果的结果量度作比较。因此,在组内设计中,研究单位自己充当了自己的“控制组”。对准实验【Quasi-Experiment】研究而言,治疗并非像真正的实验研究那样,由实验者亲自施予研究单位或参与者,治疗(或者称为处理)则被广泛地理解为参与者具有的特征,如性别、年龄和社会经济地位(SES),或他们所处环境的性质,如公立与私立学校及单亲和完整的家庭背景等。在研究者几乎无法控制把参与者分配给各种不同的治疗条件时,准实验研究则也可能是必需的。在这种情况下,嵌套设计则是恰当和必需的。

——Chao-Ying Joanne Peng

(沈崇麟译校)

* 也可参见实验【Experiment】。

参考文献

Huck, S. (2000). *Reading statistics and research* (3rd ed.). New York: Addison-Wesley Longman.

Kirk, R.E. (1995). *Experimental design: Procedures for the behavioral sciences* (3rd ed.). Belmont, CA: Brooks/Cole.

Maxwell, S. E., & Delaney, H. D. (1990). *Designing experiments and analyzing data: A model comparison perspective*. Belmont, CA: Wadsworth.

方便样本(Convenience Sample)

顾名思义,方便样本采用的样本单位都是研究者马上就可以得到的。有时它也称为随意抽样(accidental sampling),因而它是一种非概率抽样【Nonprobability Sampling】方法。这就是说,总体中的每一个成员有着未知和不等的被选取的概率。

方便样本的优点在于费用比较低廉,按照它的定义,样本也比较容易得到。有时这样一种抽样形式是一种最为有效地进入那种难以进入的总体,如性工作者或非法药物的使用者总体的途径。在感兴趣的总体【Population】难以定义,因而无法使用任何可靠的随机抽样形式时,方便抽样便成了一种比较恰当和可以接受的抽样方法。在难以取得进入感兴趣总体的通道时,它也会被看作一种合理正当的抽样方法。

尽管使用方便样本的研究也能取得令人感兴趣的调查结果,但是它们的不足之处在于无法进行超样本的概括。研究者不知道样本是否代表了研究的总体。只依靠一个方便样本,研究者将无从得知它们的样本对其他的群体究竟是典型的还是不典型的。然而,这种缺点是所有非概率样本所共有的。研究者在使用这种形式抽样时,还应考虑它涉及的潜在偏倚【Bias】。

方便样本的使用不限于任何特殊的主题范围。研究者曾用方便样本来处理老年歧视问题,考察市中心黑人青少年的性决定和探讨轮椅使用的羞耻感,以及公众对轮椅使用者的反应。

方便样本也用于定性和定量的数据收集。将方便样本用于定量研究数据收集的一个典型例子是调查一门特定课程里的学生,这种课程一般都是由研究者或研究者的朋友教授的课程。这些学生基本上都是在教学环境里“被抓来的”参与者,都是研究者容易找到的。用方便样本收集定性信息的一个典型例子是进行家庭成员的深度访谈。大多数家庭成员,特别是居住在同一户内的那些家庭成员都有可能参加访谈,因为与陌生人相比,他们更可能与调查员建立起信任关系,更重要的是,这些人都还是可以马上进行调查的。

——VoonChin Phua

(沈崇麟译校)

谈话分析(Conversation Analysis)

人们互相交谈时,他们不只是在交流想法、信息或知识。在谈话中,如同在所有形式的互动中一样,人们在交谈中做一些事情。他们忙于互相开展社交活动,例如责怪、抱怨、邀请、教导、诉说他们的麻烦等。谈话分析(CA)研究的就是互动对话的参与者是如何组织他们的言语行为以及非言语行为来进行这种社会行动,或更广泛地说,来处理社会事务的。因此,谈话分析主要是一种分析社会行动的方法(Schegloff,1996)。从方法论上讲,它的目标是发现参与者进行和解释社会行动的那些实践、模式以及一般意义上的方法。

CA 起源于哈维·萨克斯(Sacks,1935—1975)1963—1964 年在洛杉矶自杀科学研究中心(the Center for the Scientific Study of Suicide, in Los Angeles)的工作。萨克斯对两个方面的问题感兴趣:一个是对中心成员的实践理性方法的民族学兴趣(源自他与哈罗德·加芬克尔的交往);另一个是对互动研究的兴趣(因他读研究生期间受欧文·戈夫曼的启发),他开始分析打给自杀预防中心(the Suicide Prevention Center, SPC)的电话。萨克斯对打进自杀预防中心电话的人们的困境有着高度敏感,开始探究致电者对他们的困难的描述是如何在与SPC 的顾问的电话谈话过程中生成的。这促使他去研究通用的谈话的轮流“机制”,以及谈话活动管理中的话序模式和结构。萨克斯收集了更广泛的互动语料,包括团体治疗会和普通日常电话的谈话,在与盖尔·杰斐逊和伊曼纽尔的合作之下,他开始铺陈出一幅谈话组织的复杂画面,包括轮次交替、言谈重叠、修复、话题开启和结束、问候、提问、邀请、请求等,以及与这些相关的语序(邻接对)、同意与否定、讲故事和在讲话中加入非语言行为等(Sacks,1992;对谈话分析的各种主题和方法论的全面评论可参见ten Have,1999)。近 30 年谈话分析的后续研究说明,上述这些互动谈话,以及其他的技术层面在何种程度上是结构化的、社会性地组织起来的资源——或方法——而参与者通过一起交谈开展行动并协调其行动。因此,这些活动是人们建设社会生活的技术基础,或者换个说法,是他们彼此建构其社会性感觉的根基。

CA 在很多方面都介于社会学和其他相关学科,特别是语言学和社会心理学之间的交叉地带。当然,CA 研究已随着社会语言学、语用学、话语分析等学科的发展一起发展,采用自然状态下发生的互动录音作为基本的数据形式,向一门研究真实言语行为的自然主义的、以观察为基础的科学迈进(Heritage,1984)。尽管 CA 和其他学科有联系,从方法上来说,在以下几个方面它还是具有社会学的特色的。第一,它关注参与者在谈话轮次中如何相互理解并作出反应,探究的是主体间的社会和互动基础——对社会行动者之间共同的、共享的甚至是“集体”的理解的维护。第二,CA 从经验上发展了戈夫曼(Goffman,1983)对社会互动的洞见,即社会互动体现了特别的道德和制度秩序,可以像其他诸如家庭、经济、宗教等社会制度一样来研究。在戈夫曼看来,“互动秩序”就是互动的制度秩序,CA 研究的就是让这一制度自身成为一种专题的那些实践。第三,所有层面的语言生产(包括语法的、韵律的、语音的)都可以与人们所从事的那些与他人互动的行动(如问候、邀请、请求)或者活动(如教导、交叉审问、进行医学检查诊断等)关联起来。就此而言,谈话组织是社会行动的基础(Atkinson & Heritage,1984);因此,CA 在分析语序的基础上探究行动是如何生产和嵌入的,提供了一种研究如何实现社会行动的方法论。它对于言语行为、非言语行为同样适用,对于把两者结合起来的面对面互动也一样适用(Goodwin,1981)。第四,很显然一种行动(如问候、提问、邀请等)中某位参与者所进行的行动对其他人,也即受动者的反应有所期待;也就是说,他或她可能会期望得到一个问候、对问题的回答、对邀请的接受或是拒绝等。因此,诸如这样的行动对,在 CA 中称为毗邻语对,它是让行动恰当、负责任的规范性的框架:行动的规范性特点和与之相关的遵循规范期望的行动的责任,与社会学对社会生活道德秩序的感觉,包括对越轨行为的归因密切相关。第五,CA 将交谈与社会背景相联系。CA 处理背景的方法很特别,部分原因是因为交谈中任何轮次最直接的背景都被当作其所从属的(行动的)顺序,尤其是刚完成的那个轮次。而且,CA 的立场是一个互动的"背景",因此,不可能完全由分析者先验地加以定义;与之相反,参与者用他们设计其交谈的特别方式来展现他们对相关背景的感觉(相互理解,包括每个人对他人有些什么了解;环境;相关的个人信息;他们相关的身份和关系等)。

最后,作为一种问询的方法,CA 也可以像用于日常谈话那样用于制度性的谈话(Drew & Heritage, 1992)。法律、医疗、企业、商务谈判、顾问、教育和公共传播媒体(尤其是新闻访谈)如何管理其制度活动,以及其他的制度性的工作环境的社会世界,就是通过互动交谈来管理的。CA 日益关注这类环境中的参与者如何管理他们各自的制度活动,例如,作为专业人士(医生、律师等)或作为外行(委托人、病人、学生等)。从方法论上讲,CA 研究制度性互动的目标就是揭示那些参与者借此将他们的互动作为一种专门的互动来管理的实践——例如,当作新闻访谈(Clayman & Heritage,2002)、当作咨询、当作法庭上的交叉审问等。在这类研究中,CA 与民族学、社会学直接关联了起来,为研究社会生活的组织和制度现场提供了特别、严格、成果丰富的方法论。

——Paul Drew

(杨可译　沈崇麟校)

参考文献

Atkinson, J. M., & Heritage, J. (Eds.). (1984). *Structures of social action: Studies in conversation analysis*. Cambridge, UK: Cambridge University Press.

Clayman, S., & Heritage, J. (2002). *The news interview: Journalists and public figures on the air.* Cambridge, UK:Cambridge University Press.

Drew, P., & Heritage, J. (Eds.). (1992). *Talk at work: Interaction in institutional settings.* Cambridge, UK: Cambridge University Press.

Goffman, E. (1983). The interaction order. *American Sociological Review*, *48*, 1-17.

Goodwin, C. (1981). *Conversational organization: Interaction between speakers and hearers.* New York: Academic Press.

Heritage, J. (1984). *Garfinkel and ethnomethodology.* Cambridge, UK: Polity.

Sacks, H. (1992). *Lectures on conversation* (2 vols.). Oxford, UK: Blackwell.

Schegloff, E. A. (1996). Confirming allusions: Toward an empirical account of action. *American Journal of Sociology*, *2*, 161-216.

ten Have, P. (1999). *Doing conversation analysis.* Thousand Oaks, CA: Sage.

相关(Correlation)

一般来讲,相关这一概念与关联【Association】十分接近。它是两个定距或定比量度水平的变量之间的统计关联。

首先,不要把相关和因果效应相混淆。实际上,统计研究只有两个变量的因果效应是不可能的,至少在观察研究中是不可能的。即使在所谓的单因效应(如梅毒螺旋体菌污染和感染梅毒这样的极端例子)中,也总是存在其他起作用、有贡献、有修正作用或起相反效应的变量存在。因果效应的存在只有在多变量环境中才能被细分出来,因而它比相关分析要复杂得多。

让我们把问题限制在两个用 X 和 Y 表示的定距变量,并把因果【Causality】问题置于一边。我们暂且假定一个线性模型。注意到相关系数(经常用 r 来表示)和未标准化【Unstandardized】的回归系数 b(计算机输出:B)之间的差别是很重要的。后者只不过是回归线的斜率,它是作为由回归线(regression line)和 x 轴形成的角的正切计算的。用收入(X)和消费(Y)作为变量,我们就有了消费的报价(consumption quote),它是得到一个单位的额外收入之后的人们额外花掉的数量,这样 X 的每一个额外单位的 Y 的变化就是$B=\Delta Y/\Delta X$。在下面我们将会看到,实际上有两个这样的回归系数,而相关系数则是它们的几何均值。

相关的五种主要特征

从概率性相关出发,每个相关有五个主要的特征:

1.相关的性质

对上面提出的简单相关的计算而言,相关的性质是线性的。这意味着通过散点图,我们将对函数式 $E(Y)=b_0+b_{y1}X_1$ 进行估计。在相关系数中,例如 $r=0.40$ 的背后是一个线性模型。许多研究者只把自己的目光投向那个在 0 和 1 或 0 和-1 之间的一个数上,却常常遗忘了这个背景模型。在很多时候,他们不自觉地把这种线性模型作为理所当然的。他们似乎没有认识到非线性是经常会发生的。

在联邦德国,天主教徒的百分比和 CDU/CSU(基督教民主联盟/基督教社会联盟)选民百分比之间的相关便是非线性的一个实例。人们可能预期会有一个线性相关:根据一个固定的模式,天主教徒越多,CDU/CSU 的选民就越多。然而这种"越多,越多"的模式似乎只是在有着许多天主教徒的社区才是有效的。而在那些只有少数天主教徒的社区,相关变成了完全都是负的:天主教徒越多,CDU/CSU 的选民就越少。结果,整个散点图展示了一个 U 形的模式。起先它是下降的,而从某个天主教徒的百分比向前,它开始向上。因而某种描述一条抛物线的二次曲线函数,比线性函数显示出了与散点图有着更好的拟合。

有许多其他的描述真实情况的非线性函数,如指数函数、Logistic 函数和间断函数等。例如,1970 年代的罗马俱乐部报告,用指数函数来描述上升的环境污染(和时间相关)。Logistic 函数则被那些反对罗马俱乐部报告的人用来批评罗马报告持有的无节制的污染可能会达到饱和的水平的观点。

2.相关的方向

在处理双变量 X_1和 Y 时,其中一个是自变量【Independent Variable】,而另一个则是因变量【Dependent Variable】。在收入(X_1)和消费(Y)的问题中,方向 $X_1\rightarrow Y$ 是明显的。在这里,相关系数和回归系数的区别可能已经被阐明了。回归系数表明 b_{y1}的方向是 $X_1\rightarrow Y$,而 b_{1y}的方向是 $Y\rightarrow X_1$。另一方面,可以作为 b_{y1} 和 b_{1y} 的几何均值计算的(等于这两个系数的乘积的平方根)相关系数则合并了这两个方向,因此它是一个无方向的对称系数。

初学者可能会认为,因果分析是回归分析的特权,而相关系数是不适合因果分析的。这种观点固然是可以理解的,却是不够成熟的。实际上,我们在数学上计算的方向,并不等同于因果的方向。每个以 Y 作为因变量的函数 $Y=aX+b$ 都可变成以 X 作为因变量的逆函数 $X=Y/a-b/a$。在这里,方向是一个相对值。然而,在一块石头被扔进池塘时,这块落石对扩展的波纹作出了解释,但是与之相反的过程,收缩的波纹可能隐含大量的波纹生成器。它们的内聚性将必须予以解释。不仅如此,我们还必须要证明它们都来自一个中心点(内爆的不可能性)。在这里,方向不是一个相对的值。

诚如前述,因果性不等同于回归系数的统计计算。的确,回归系数也是代表了一种方向,且布莱洛克(Blalock,1972)也在他的因果模型【Causal Model】法中使用了这种方法。然而,就因果性而言,这只不过是一种在统计计算中的相对的方向。休厄尔·赖特(Wright,1934)在他的文章《路径系数法》(The Method of Path Cofficients)和早期的文章中也完全承认了这一点。那时他声称已经找到了连接(先验的)因果知识和相关矩阵中的(后验的)经验相关的方法。

3.相关的符号

一个相关既可以是正的(X_1越多,Y越多),也可以是负的(X_1越多,Y越少)。在收入和消费这个问题中,二者是一个正相关(符号是+):收入越高、消费越高。

在20世纪初,社会阶层和孩子数目之间的关系便是一个负相关的例子。较高的社会阶层显示了一种被称为社会细管作用(social capillarity)的机制。弗里德里希·恩格斯在他的著作《家庭、私有制和国家的起源》(*Der Ursprung der Familie, des Privateigentums und des Staates*)中,对这个问题作过引人注目的描述。在较高的社会阶层中,只要儿子一生下来,父母就开始实施生育控制,因为这样财产就可以从父亲传给儿子。而在较低社会阶层中,则不存在这样一种机制。一家有10个孩子,是经常的事,有的大家庭孩子甚至多达20个。在这里,符号是极为清楚的,那就是社会阶层越高,孩子数目越少。

4.相关的强度

相关可以是弱的或强的。相关系数为0.90或-0.90,就是强的。相关系数为0.10或-0.10,就是弱的。相关系数为0表示不相关。相关系数为1或-1表示最大的确定性相关。

将向量模型牢记于心可给我们带来很大的方便。向量模型是一个变量的作用和单位一直发生变化的坐标系统:单位是系统的坐标轴,而变量则是形成散点图的点。这些变量被设想为起于原点的向量的终点——故而被称为向量模型。在这样的向量模型中,两个变量之间的相关等同于有两个向量形成的角的余弦。我们知道90°的余弦等于0:那时两个向量互为直角,因而相关系数是0;另一方面,0°的余弦是1:那时两个向量重合,因而达到了最大的相关。

在大多数情况下,一个强的相关系数(在两个变量之间,不是在多变量的情况下)将与一个强的回归系数相一致,但情况并非总是如此。在许多情况中这都是可能的,且与变量的离散程度有关,变量的离散问题将在下面进行介绍。

此外,虽然强的相关系数的确比弱的相关系数更加容易比较显著,但是不显著的强的相关系数这样的情况也时有发生。不仅如此,一个显著的相关系数也可能是弱的。由此可见,一个相关(相关或回归系数的)的强度是不可以这样来判断的,因为它必须和其他标准合起来加以研究,首先应该考虑的问题便是接着要讨论的显著性问题。

5.统计可能性的概推

根据随机样本计算的相关可能是显著的也可能是不显著的(即它是否可以被推广到那个我们从中选取样本的总体)。在这里,我们必须站在一系列后现代思想的反面,而采取一个传统的严格的观点:只有那些在统计上可以推广的(因而是统计上显著的)相关才适合进行解释。不显著的相关只是随机性的结果,因而应当被认为在总体中是不存在的。

因为样本太小(例如 $n=5$),因此一个强的(例如 $r=0.90$)而不显著的相关系数是经不起检验的,因此这会被任何社会研究者所拒绝。一个有识别能力的头脑也会拒绝在一个足够大的(例如样本量 $n=5\ 000$)样本中的,一个弱的(例如 $r=0.10$)但显著的系数,而它之所以显著只是因为这个样本量。取一个足够大的样本,我们可以用统计值来证明任何东西,因为它终究是会出现的。然而这种观点只有部分是正确的,在处理大样本时,相关或微小的变化,如生育力的变化可能对政策制订者来讲都是极有意义的(在重要性上而言)。任何人口学家都知道这样的过程是根本不可逆的。此外,即使对大批量(的样本)而言,相关仍然有可能在统计上是不显著的。因此,我们不能假装这种结果仅仅是因为样本量的缘故。

应当承认,在两个极端之间仍然存在着一个灰色地带:小样本的显著结果和大样本的不显著结果。在后一种情况下我们确切地知道相关是不显著的。在前一种情况下,我们能确定一个较大的样本调查将会产生一个显著的结果。然而,一般来讲,当然是指灰色地带而言,非统计的标准,如与社会关联的标准将总是会有助于相关结果的解释。

迄今为止,我们已经了解了相关的某些性能:性质、方向、符号、强度和显著性。正如我们已经提到的一样,我们不应该被数字代表的相关系数所蒙蔽,事实上,所有这些特性都应当在考虑之列。从这个意义上讲,在重要的元分析【Meta-Analysis】中,来自不同研究的相关系数都被混在了一起,我们不应该轻信它们。事实上,在每一个不同的研究中,我们都应该提出许多疑问:我们是否在处理一个线性相关?如果是,回归系数与相关系数是否有差别,截距又有多大?变量是否已经标准化?相关是否显著?置信区间有多大?第一类误差【Type Ⅰ Error】α 的概率是多少?样本量有多大?第二类误差【Type Ⅱ Error】β 和检验力的概率是多少?

变量的离散度:标准化系数

相关系数和回归系数的差别实际上也涉及变量的离散度。确实,我们已经提到过强的相关系数并非总是刚巧会有一个强的回归系数,而这与变量的离散度有联系。这一点可以从系数的公式推导出来:r_{y1}(或 r_{1y})是协方差除以方差的几何均值,b_{y1} 是协方差除以 X_1 的方差,b_{1y} 是协方差除以 Y 的方差。在等离散度的情形中,所有这三个系数将是相等的。Y 的离散比较大会使相关系数 b_{1y} 下降,而非 b_{y1} 下降。

有关这一问题,有人可能想知道标准化系数(β)是否是首选(标准化的方法是系数值减去均值,再除以标准差【Standard Deviation】)。除以标准差是一个非常激烈的操作,它会使变量的方差被人为地置为1,以便因此而得到可比性。但有人认为,教育中类似的差别,在存在大量教育不平等的社会,与那些有着较低程度同样差别的社会相比,有着不同的意义,因而他们提倡使用非标准化的系数。

所有这一切并非只是抽象的思维,它的确发生在社会的特定发展过程中。这方面的例子包括有效的生育控制过程、就业不足、提升政治的公共舆论和环保意识等。从所有这些例子中我们了解到,社会是在它的这些特征的离散中引导变迁的。

相关系数的计算

我们想用计算教育(X)和收入(Y)之间相关的小例子来阐述这种离散度的重要性。计算公式是 $r_{xy}=[\sum(X-\overline{X})(Y-$

$\bar{Y})]/[\sum(X-\bar{X})^2\sum(Y-\bar{Y})^2]^{1/2}$。

让我们来取一个公民上学很少的国家，那些刚好受过教育的人恰好都是高收入者，而其余的人则都很穷。令数据矩阵如下面所列。教育用一个 1~9 的尺度来量度，而收入则以千欧元来量度。

X 1 1 1 2 2 3 3 3 4 4 6 6 6 7 7 8 8 8 9 9

Y 2 4 5 3 5 3 4 6 4 5 5 7 8 6 8 6 7 9 7 8

散点图如图 1 所示。

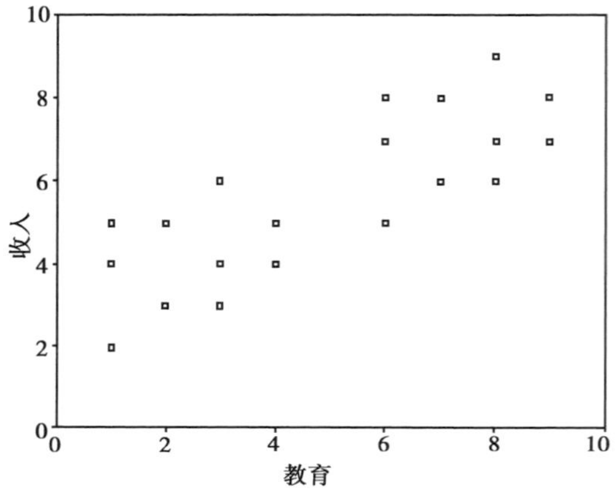

图 1

教育和收入的标准差分别为 2.81 和 1.93。

相关系数是 0.798。该模型是线性的，相关系数是对称的，关系是正的，强度是很强的，而系数也是在统计上显著的($p<0.001$)。现在我们假设在这个国家，穷人中更有上进心的人希望自己的孩子能进学校读书，而国家迫于这种压力，开始资助教育。大量的人到中学和大学读书，随着教育水平的提高，人的能力水平、平均收入水平也随之上升，这时收入的变差下降。但是，一旦资助教育变得普遍，那些读过更多书的人将再也不能从学校教育中获利，致使收入和教育的相关减弱。

数据矩阵如下所述：

X 6 6 6 6 6 6 7 7 7 7 8 8 8 8 8 8 9 9 9 9

Y 5 7 8 5 7 8 6 8 6 8 6 7 9 6 7 9 7 8 7 8

散点图如图 2 所示。

标准差变得小得多，教育和收入分别为 1.14 和 1.17。相关系数从 0.798 下降到了 0.285。关系是正的，但变小了，因而在统计上不再显著。

人们也可以假设，在这个国家，教育的变差仍然相同，因为只有一些公民进学校读书，但是收入的变差却下降了，因为存在着许多不充分的就业者(即高学历低收入者)。这将导致如下的数据矩阵：

X 1 1 1 2 2 3 3 3 4 4 6 6 6 7 7 8 8 8 9 9

Y 2 4 5 3 5 3 4 6 4 5 2 4 5 3 5 3 4 6 4 5

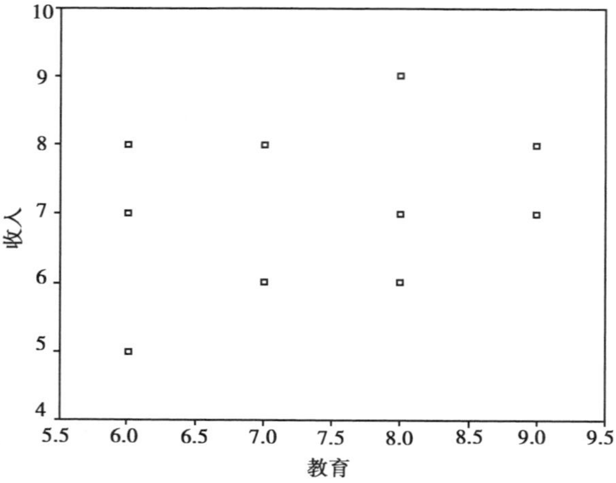

图 2

散点图如图 3 所示。

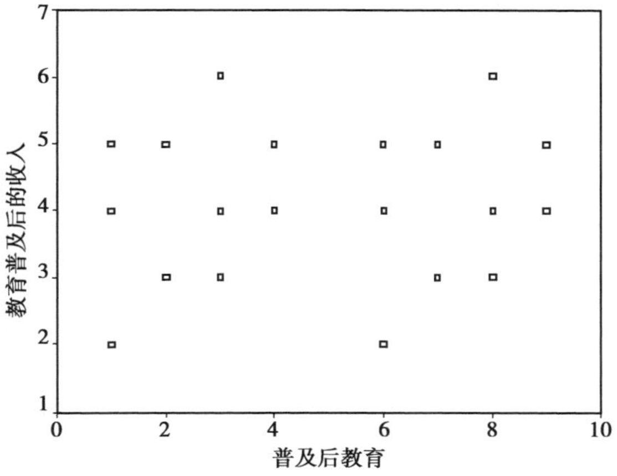

图 3

教育的标准差仍然没有变(2.81),但收入的标准差却变小了(1.17)。现在相关系数只有 0.116。关系仍然是正的,却变得更小了,而且是不显著的。

——Jacques Tacq

(沈崇麟译校)

参考文献

Blalock, H. M. (1972). *Social statistics*. Tokyo: McGraw-Hill Kogakusha.

Brownlee, K. (1965). *Statistical theory and methodology in science and engineering*. New York: John Wiley.

Hays, W. L. (1972). *Statistics for the social sciences*. New York: Holt.

Kendall, M., & Stuart, A. (1969). *The advanced theory of statistics*. London: Griffin.

Tacq, J. J. A. (1997). *Multivariate analysis techniques in social science research: From problem to analysis*. London: Sage.

对应分析(Correspondence Analysis)

对应分析是一种洞察,而非量度双向交叉表中的关联【Association】的方法。例如,我们来看一下表 1 中的交叉表。该表缘于 1994 年实施的一个题为"家庭和变化中的性别角色(Family and Changing Gender Roles)"的国际社会调查项目(ISSP)。这张表显示,在 24 个不同的国家,回答人是如何考虑家庭的理想小孩数为(0,1,2,3,4,5 或更多个)这个问题的。每个国家的回答的百分比都列在了括弧中。例如,在澳大利亚,1 529个回答人中的 833 个或 54.5%的回答人认为理性的孩子数是两个。

这张 24 × 6 的表通常的皮尔逊卡方统计量的值为 6 734,而 Cramér 的 V 是0.206,二者都是高度显著的。实际上,任何关联量度【Measure of Association】,即使有一个较低的值,对一个有着如此高的频数的表而言,也几乎总是高度显著的。很清楚,各个国家之间都存在着显著的差异,但这些差异是什么呢?我们从这张表上看到,美国和加拿大颇为相似,但我们如何才能将它们在这一问题上的位置和欧洲国家作比较。对应研究便可以回答这个问题,因为它的目的是以简洁的图示方式来显示国家之间的异同。

表 1 的对应分析显示在图 1 中。这是一张行和列点的二维的位置“地图”。它显示列联表的主要特性。图中代表列的点形成了一种弓形纹,始于底部的右方,终止于底部的左方。这表明这些国家在这一问题上的态度是单调排列的,即从那些想要比较少的孩子(如民主德国、保加利亚和捷克)到想要较多的孩子(如爱尔兰、以色列和菲律宾)。水平轴或第一主轴捕捉这些国家的基本比例尺,而纵向的第二主轴,将极端的类别与中间的类别进行比较。诸如这样的弓形纹经常会在对应分析的地图中遇到。大多数高度发达的国家都围绕在地图的中央,中央表示平均,但在他们之中存在着令人感兴趣的差别。例如,美国与其他围绕中央的国家相比,位于第二根轴的往下部位,主要是因为美国回答想要“4 个孩子的”频数相对较高。与之相反,日本则高居第二根轴的上方,因为其回答希望要“3 个孩子”的频数很高。

表 1　家庭理想孩子数:24 个国家的答案频数(括号中的数字为百分比)

国家	0	1	2	3	4	≥5	合计
澳大利亚	4(0.3)	19(1.2)	833(54.5)	448(29.3)	203(13.3)	22(1.4)	1 529
联邦德国	18(0.8)	116(5.2)	1 551(69.5)	441(19.8)	79(3.6)	26(1.2)	2 231
民主德国	6(0.6)	108(10.1)	831(77.7)	115(10.7)	10(3.6)	0(0.0)	1 070
英国	5(0.6)	16(1.8)	679(74.9)	145(16.0)	55(6.1)	6(0.7)	906
北爱尔兰	0(0.0)	7(1.2)	271(45.5)	157(26.4)	142(23.9)	18(3.0)	595
美国	11(0.8)	34(2.6)	783(60.0)	295(22.6)	159(12.2)	22(1.7)	1 304
奥地利	5(0.5)	51(5.4)	667(70.4)	195(20.6)	28(3.0)	2(0.2)	948
匈牙利	8(0.6)	70(4.8)	839(57.7)	485(33.4)	41(2.8)	11(0.8)	1 454
意大利	4(0.4)	46(4.5)	678(67.1)	254(25.1)	22(2.2)	7(0.7)	1 011
爱尔兰	2(0.2)	7(0.8)	276(31.3)	278(31.5)	270(30.6)	49(5.6)	882
荷兰	41(2.1)	42(2.1)	1 050(53.4)	575(29.2)	199(10.1)	61(3.1)	1 968
挪威	3(0.2)	10(0.5)	939(48.2)	824(42.3)	145(7.4)	29(1.5)	1 950
瑞士	0(0.0)	8(0.7)	741(63.9)	329(28.4)	65(5.6)	16(1.4)	1 159
捷克	7(0.7)	109(10.7)	688(67.3)	192(18.8)	16(1.6)	11(1.1)	1 023
斯洛文尼亚	9(0.9)	40(3.9)	601(59.2)	311(30.6)	45(4.4)	9(0.9)	1 015
波兰	0(0.0)	27(1.9)	756(54.1)	483(34.6)	99(7.1)	32(2.3)	1 397
比利时	55(4.9)	80(7.1)	742(65.9)	216(19.2)	29(2.6)	4(0.4)	1 126
俄罗斯	0(0.0)	188(9.6)	1 219(62.5)	463(23.7)	50(2.6)	30(1.5)	1 950
新西兰	8(0.9)	11(1.2)	497(55.7)	258(28.9)	106(11.9)	12(2.3)	892
加拿大	5(0.4)	25(2.2)	674(59.3)	308(27.1)	107(9.4)	17(1.5)	1 136
菲律宾	0(0.0)	10(0.8)	229(19.1)	561(46.8)	282(23.5)	117(9.8)	1 199
以色列	1(0.1)	9(0.7)	204(16.7)	525(42.9)	384(31.4)	100(8.2)	1 223
日本	0(0.0)	9(0.7)	483(37.2)	737(56.7)	56(4.3)	15(1.2)	1 300
西班牙	0(0.0)	140(6.0)	1 441(61.7)	593(25.4)	108(4.6)	55(2.4)	2 337
合计	192(0.6)	1 182(3.7)	17 672(55.9)	9 188(29.1)	2 700(8.5)	671(2.1)	31 605

注:表 1 的 ISSP 的数据来自德国科隆的 *Zentralarchiv für Empirische Sozialforschung*(德国科隆大学实证社会研究中心)。

每个国家都可以根据它的图像或一组相对频数(在表 1 中以百分比列出)在地图中找到它的位置。表的中央代表平均图像,那就是所有国家的合计0.6%,3.7%,55.9%,29.1%,8.5%和 2.1%(见表 1 的最后一行)。如果一个国家的某一类别的百分比高于相应的平均值,那么它就将被吸引向某一类。这种方法也可被定义为数值型变量【Metric Variable】的变差的多维度尺度。在该尺度中国家之间的距离以所谓的卡方距离来量度(Benzécri, 1973),而每个国家的权重则与其样本量成比例。

在构建这种地图时,主要的问题是如何从几种不同的可供选择的尺度中确定选择一种作为轴的尺度。图 1 这样的图称为对称地图,因为它表示行和列是以同样的方式来使用各自的主坐标的,所以每一组点在地图中都着相同的离散。在每个国家都位于答案类别点的加权平均的位置时,可能会出现一张不对称的地图,后者以标准坐标来表示(Greenacre, 1993)。数据表中的方差是用惯量(inertia)来量度的,它等于皮尔逊卡方统计值除以表的总和。显示的质量则以惯量在每一主轴上所占的百分比量度,它与主成分分析【Principal Conponents Analysis】类似。在图 1 中,两根轴解释了惯量的组合 70.5% + 14.7% = 85. 2%,剩下未解释的 14.8%位于沿主轴的更远处。

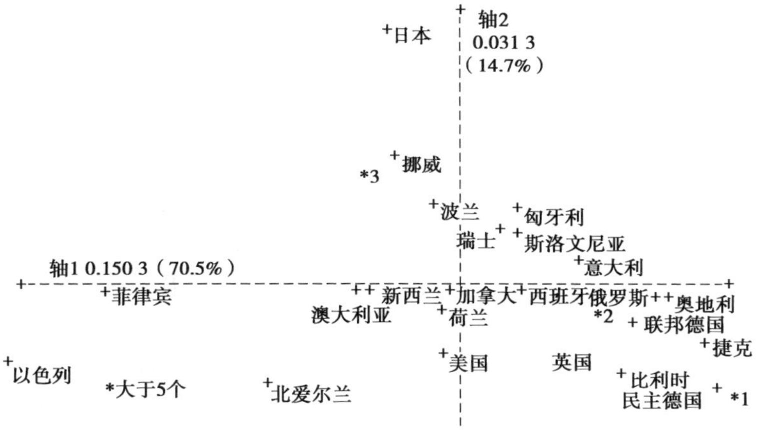

图 1　表 1 的对应分析:双维度对称地图

尽管对应分析主要用于列联表【Contingency Table】,但它也可以用于多变量类别数据的直观解释模式(多变量对应分析)、参数选择、排序和评级。而要达到这样的目的,则需要在应用对应分析之前,对原始数据进行恰当的转换。

——Michael Greenacre

(沈崇麟译校)

参考文献

Benzécri, J.-P. (1973). *Analyse des Données. Tome 2: Analyse des Correspondances* [Data analysis: Vol. 2. Correspondence analysis]. Paris: Dunod.

Greenacre, M. J. (1984). *Theory and applications of correspondence analysis*. London: Academic Press.

Greenacre, M. J. (1993). *Correspondence analysis in practice*. London: Academic Press.

Greenacre, M. J., & Blasius, J. (1994). *Correspondence analysis in the social sciences*. London: Academic Press.

平衡(Counterbalancing)

在一个重复测量【Repeated Measures】设计中,如果参与者都要经受所有的处理条件,那么我们就需要考虑延滞效应【Carryover Effects】和次序效应【Order Effects】问题。平衡指的是让参与者经受不同顺序的处理条件,以保证诸如这样的延滞效应和顺序效应相等地落在实验条件上。

平衡可以是完全的和不完全的。拿完全的平衡来说,每种可能的处理顺序被采用的机会均相等。因此,在 k 次处理中,会有 $k!$ 个不同的顺序。如表 1 所示,对三种处理条件(A,B 和 C),每种处理在每个位置出现的次数都一样。不仅如此,每个处理的处理次数也与前面的每一个其他处理的相等(见表 1)。

表 1

顺序	1 号位置	2 号位置	3 号位置
1	A	B	C
2	A	C	B
3	B	A	C
4	B	C	A
5	C	A	B
6	C	B	A

理解平衡的好处最好的办法是,思考在上面的实验中如果没有平衡会发生什么。假设所有的参与者接受处理的顺序都相同(A,B,C),而且实验发现,在条件 C 下的平均绩效显著优于条件 A 下的。这个结果无法得到确凿无疑的解释,因为处理和位置混杂【Confounding】在一起了。也就是说,差异可能源自处理(A 对 C)或者来源于一种练习效应(1 号位置对 3 号位置),在此情况下,不论处理是什么,参与者的分数都将会与时俱进。

平衡接受处理的顺序可以排除处理和顺序之间的混淆。不过,这么做也会增大分析中的残差项,因为每种处理条件下任何系统的顺序效应都会增加分数的变异性。顺序效应可以进行估计并从残差中除去,已有研究对此进行了详细介绍(Keppel,1991,pp.361-373)。

完全的平衡很理想,因为它不仅能保证每种处理出现在每个位置上的次数相同,也能保证每种处理都能以相等的次数出现在所有位于前面的位置(例如,1 号位置、2 号位置等)。不过,如果要做的处理很多,完全的平衡可能不现实。在那种情况下,应退而求其次,采用不完全的平衡。

有一种有用的不完全平衡方法,称为平衡连字的拉丁方【Latin Square】。使用这种方法,如果处理的数目(k)为偶数时,那么只需要 k 个顺序。如果处理的数量是奇数,那么就需要 $2 \times k$ 个顺序排列。

每个顺序都是按以下方法建构的。把各种处理条件排成一行(ABCDE)。第一个顺序就是第一个、第二个、最后一个、第三个、倒数第二个、第四个,以此类推。生成第二个顺序时,首先要重新排列你的条件行,即把第一个处理放到最后,其他的条件还保留原来的顺序(BCDEA)。接下来按照以前同样的方法选择你的顺序(第一个、第二个、最后一个等)。一直用同样的方式重新排列和选择,直到得到 k 个顺序。当 k 是偶数时,你在确定了 k 个顺序之后就可以结束了。

当 $k=5$ 时,用这个程序可以得到左边的五个顺序,见表 2。每个处理在每个位置上出现的频率相等,这很重要。不过,因为 k 是奇数,所以并非每个处理之前都已出现过每个其他的处理。例如,表 2 中的顺序 1 至顺序 5,B 的前面没有出现过 C 或 E。因此,当 k 是奇数时,有必要像顺序 6 到顺序 10 那样把每个顺序都进行一下镜像排列(逆序排列)。你可以从这个例子中看出,平衡连字的方法保证了每个条件在每个位置上出现的机会相同,而且每个条件前面每个其他条件出现的频次也都相等。

表 2

顺序	P_1	P_2	P_3	P_4	P_5	顺序	P_1	P_2	P_3	P_4	P_5
1	A	B	E	C	D	6	D	C	E	B	A
2	B	C	A	D	E	7	E	D	A	C	B
3	C	D	B	E	A	8	A	E	B	D	C
4	D	E	C	A	B	9	B	A	C	E	D
5	E	A	D	B	C	10	C	B	D	A	E

——Hugh J. Foley

(杨可译　沈崇麟校)

参考文献

Keppel, G. (1991). *Design and analysis: A researcher's handbook* (3rd ed.). Englewood Cliffs, NJ: Prentice Hall.

Maxwell, S. E., & Delaney, H. D. (2000). *Designing experiments and analyzing data: A model comparison perspective.* Mahwah, NJ: Lawrence Erlbaum.

反事实(Counterfactual)

反事实论断是一种其前提条件不存在的,但如果我们得到了这个前提条件,那么它产生的后果所描述的世界将会是什么样的论断。反事实采用虚拟条件的形式:"如果 P 存在,那么我们将会得到 Q。"为了理解和评估这样一个论述,我们需要考虑假设前提条件能够获得时,世界将会是什么样的。例如,"如果风速没有达到每小时 50 英里,桥就不会坍塌"或者"如果安全理事会采取了行动,战争将会被避免"。我们可以提出两种类型的反事实条件问题:这个论述的意义是什么?以及我们如何确定它是真的还是假的?反事实条件问题不能像真值函数条件问题那样进行评估,因为带有虚假前提的真值函数条件问题事实上仍然是真实的(例如,"如果 P 所以 Q",等价于"非 P 或非 Q")。所以,如果反事实要在严密的思想中发挥作用,就非常有必要对反事实问题的真实条件提供符合逻辑的分析。

反事实推论和因果推理之间有着非常紧密的关系。如果我们断言"P 导致 Q(在情境 C_i 下)",这意味着我们的断言如下:"如果 P 没有发生(在情境 C_i 下),那么 Q 也不会发生。"所以一个因果判断意味着一组反事实判断。与此相对应,一个反事实判断通常会从一个或多个,将前提情况导致的结果传达给世界的因果过程得到支持。当我们说,如果风速没有达到每小时 50 英里,塔科马市的纽约海湾(Tacoma Narrows)大桥就不会坍塌时,我们依靠的是关于大桥的结构力学和风在造成该结果方面的作用的因果性理论。

我们如何才能将一个真值赋予反事实陈述呢?最有条理的答案是诉诸因果关系和因果定律。如果我们相信对于 Q 的发生给出了真实的因果性分析,而如果 P 是使得 Q 出现的充足条件中的一个必要部分,那么我们就可以认为,如果 P 发生,Q 就会发生。大卫·刘易斯(Lewis,1973)用可能的世界(可能世界符号学)分析了真实条件和反事实的逻辑。他把反事实解释为一种有关在同样的自然法则支配的其他可能的世界中,事情是如何发生的陈述。大致来说,“在每个与现存世界贴切相似,但风速没有达到每小时 50 英里的可能世界中,大桥就不会坍塌”。构成世界间“贴切相似”的事物则被用“遵循相同的自然法则”来解释。在这种路数中,我们可以将“如果 P 发生了,Q 会发生”的反事实理解为一个遵循这些原则的陈述:“P 和{自然法则}引起了 Q。”这个建构将“物理的必然性”概念引进了有关反事实的陈述:给定 P,Q 就会发生,这是物理的必然性。

——Daniel Little

(郑晓娟译　沈崇麟校)

参考文献

Lewis, D. K. (1973). *Counterfactuals.* Cambridge, MA: Harvard University Press.

协方差(Covariance)

协方差是两个随机变量之间的关联的基本量度。在这里将要依据双变量正态分布【Normal Distribution】来讨论协方差概念。

首先,让我们来看一下两个代表阅读能力量度和数学能力量度的随机变量【Random Variable】X 和 Y。我们还假定两个变量服从双变量正态分布。定义 $E(X)$ 和 $E(Y)$ 为随机变量 X 和 Y 的期望。那么 X 和 Y 的协方差 $\mathrm{Cov}(X,Y)$ 则可表示为

$$\mathrm{Cov}(X,\ Y) = E[(X-\mu_x)(Y-\mu_y)] \quad (1)$$

式中的 $\mu_x = E(X)$,而 $\mu_y = E(Y)$。总体协方差的无偏估计量的计算公式则为

$$\frac{\sum_{i=1}^{N}(X_i-\bar{X})(Y_i-\bar{Y})}{N-1} \quad (2)$$

式中的 N 是样本量,$\bar{X}$ 是 X 的样本均值,$\bar{Y}$ 是 Y 的样本均值。

回到公式(1),双变量正态分布的均值包含在均值向量 μ 中,而 Y 则包含在协方差矩阵 $\sum$ 中。协方差矩阵是一个对称矩阵,其对角线是 X 和 Y 的方差,在对角线之外的是 X 和 Y 的协方差。

协方差表示两个随机变量 X 和 Y 之间的线性关系;在 $X-\mu_x$ 和 $Y-\mu_y$ 符号相同时,协方差的值就可能为正;而在 $X-\mu_x$ 和 $Y-\mu_y$ 符号相

反时，则协方差就可能有负值。然而不论协方差的符号是什么，它的值都是无意义的，因为它取决于方差，也即取决于随机变量本身的度量。为了缓解这一问题，相关【Correlation】系数将协方差标准化为有均值零和方差 1，因而将随机变量置于一个共同的度量之上。这样将会生成一个-1～+1 的值域，零表示线性关系不存在的线性关联量度。

因为协方差是一个统计量，因而就会有一个抽样分布【Sampling Distribution】。设想从一个具有双变量正态分布特征的总体中反复抽取两个随机变量。对于每一次抽取而言，我们都可以计算两个变量的均值、方差和协方差。均值的抽样分布已知服从正态分布、方差的抽样分布已知服从卡方【Chi-Square】分布。至于协方差矩阵，其矩阵的抽样分布则称为 Wishart 分布。Wishart 分布是一种类似于卡方分布的多变量分布（参见 Timm，1975）。令人感兴趣的是，用于因子分析【Factor Analysis】和结构方程模型【Structural Equation Modeling】的最大似然【Maximum Likelihood】拟合函数可以从 Wishart 分布中导出。

在定义了两个变量之间的协方差和它的抽样分布之后，我们再来考虑一下它的应用问题。诚如前述，协方差给我们提供了一种两个随机变量之间的线性关联的量度。还是诚如前述，更为普遍的用法是将协方差转换成易于解释的相关系数。不仅如此，协方差——特别是协方差矩阵，还是其他方法的重要量度。许多多变量统计方法，都是依据以更为基本的参数表达的协变量来定义的，如回归分析【Regression Analysis】、路径分析【Path Analysis】和结构方程建模等方法，都可作为变量的协方差模型。

——David W. Kaplan

（沈崇麟译校）

参考文献

Timm, N. H. (1975). *Multivariate analysis with applications in education and psychology*. Monterey, CA: Brooks/Cole.

协方差结构(Covariance Structure)

“协方差”一词用来标明一大类设法用较少参数来代表一组变量的方差和协方差的统计模型。其前提是样本方差和协方差足以进行模型的参数估计。“均值结构”一词用来表示一类用少数几个参数代表的样本数据的均值的模型。协方差结构的一般问题始见于布朗的著作（Browne，1982）。

在协方差结构名下的模型包括，但不限于回归分析、路径分析和结构方程模型，模型的一般形式可表示为

$$\sum = \sum(\Theta) \tag{1}$$

式中的 $\sum$ 是 $p \times p$ 的总体协方差矩阵，p 是变量的数目，而 Θ 则是 q 维的模型参数向量，且 $q \leqslant p$。方程（1）中的函数表明，协方差矩阵可以被表示为一个参数向量的一个矩阵值的函数。

诚如前述，方程（1）中的协方差结构模型包括了一些常用的统计程序。这一模型要求模型的参数可用协方差矩阵的元素来

表示。我们来看一个简单的双变量线性回归模型的例子。该模型可表示为

$$y = x\beta + u \qquad (2)$$

式中的 y 和 x 分别为结果和回归量变量,β 是回归系数,而 u 则是回归的干扰项。方程(2)可看作回归系数 β 按下式

$$\hat{\beta} = \frac{\mathrm{Cov}(x, y)}{\mathrm{Var}(x)} \qquad (3)$$

估计时的协方差结构。式中的 $\mathrm{Cov}(x, y)$是 x 和 y 的协方差,而 $\mathrm{Var}(x)$是 x 的方差。同样,干扰项的方差 u(用 σ_u^2 表示)可用 $\sum$ 的元素求出。我们看到的那个回归分析是协方差结构模型的一个特例。

再举一个协方差结构代表的普遍性的例子,我们来看一下因子分析模型,它可写作如下线性形式

$$\mathbf{y} = \mathbf{\Lambda\eta} + \boldsymbol{\varsigma} \qquad (4)$$

式中的 $\mathbf{y}$ 是一个变量的 $p\times1$ 向量,Λ 是一个因子负荷的 $p\times k$ 矩阵,$\boldsymbol{\eta}$ 是一个公共因子的 $k\times1$ 向量,而 $\boldsymbol{\varsigma}$ 则是一个唯一性的 p×1 向量(由量度误差和特殊误差组成)。假定因子的均值和唯一性的均值为零,且因子的协方差和唯一协方差也为零,那么 y 的协方差矩阵可表示为

$$\sum\nolimits_y = \mathbf{\Lambda\Phi\Lambda}' + \mathbf{\Psi} \qquad (5)$$

式中的 $\mathbf{\Phi}$ 是因子之间的协方差矩阵,而 $\mathbf{\Psi}$ 则是唯一方差的对角矩阵。由方程(5)可知,协方差矩阵是以因子分析模型的基本参数表达的,因此,由定义可知,它是一种协方差结构。最后我们可能有兴趣看到,结构方程模型是如何拟合进广义协方差结构框架的。结构方程系统可被写为

$$\mathbf{y} = \boldsymbol{\alpha} + \mathbf{By} + \mathbf{\Gamma x} + \boldsymbol{\varsigma} \qquad (6)$$

式中的 $\mathbf{y}$ 是一个观察的内生变量的 $p\times1$ 向量;$\mathbf{x}$ 是一个观察的外生变量的 $q\times1$ 向量;$\boldsymbol{\alpha}$ 是一个结构截距的 $p\times1$ 向量,$\mathbf{B}$ 是内生变量彼此联系的 $p\times p$ 系数矩阵,$\mathbf{\Gamma}$ 是 $p\times p$ 的联系内生变量和外生变量的系数矩阵。而 $\boldsymbol{\varsigma}$ 则是一个干扰项的 $p\times 1$ 向量,其中 $\mathrm{Var}(\boldsymbol{\varsigma}) = \boldsymbol{\varphi}$ 是干扰项的 $p\times p$ 协方差矩阵,Var(·)是方差算子。最后令 $\mathrm{Var}(\mathbf{x}) = \mathbf{\Phi}$ 为外生变量的 $q\times q$ 协方差矩阵。

方程(6)中描述的系统称为模型的结构形式。它便于重写结构模型,这样内生变量便可在方程的一侧,而外生变量则可在方程的另一侧。方程(6)可被重写为

$$(\mathbf{I} - \mathbf{B})\mathbf{y} = \boldsymbol{\alpha} + \mathbf{\Gamma x} + \boldsymbol{\varsigma} \qquad (7)$$

假定$(\mathbf{I} - \mathbf{B})$是非奇异的,那么它的倒数存在,方程(7)便可被写为

$$\mathbf{y} = (\mathbf{I} - \mathbf{B})^{-1}\boldsymbol{\alpha} + (\mathbf{I} - \mathbf{B})^{-1}\mathbf{\Gamma x} + (\mathbf{I} - \mathbf{B})^{-1}\boldsymbol{\varsigma} = \mathbf{\Pi}_0 + \mathbf{\Pi}_1\boldsymbol{x} + \boldsymbol{\varsigma}^* \qquad (8)$$

式中的 $\mathbf{\Pi}_0$是截距向量的简约式,$\mathbf{\Pi}_1$是斜率向量的简约式,而 $\boldsymbol{\varsigma}^*$ 则是有 $\mathrm{Var}(\boldsymbol{\varsigma}^*) = \Psi^*$ 的干扰向量的简约式。这种设定称为模型的简约式。注意,方程(8)是一个 $\mathbf{y}$ 在 $\mathbf{x}$ 上的简明的多元回归,因此这种模型也可归入广义的协方差结构式。

接下来,令 Θ 为一个含模型的结构参数的向量,这样在本例中,$\Theta = (\mathbf{B}, \mathbf{\Gamma}, \mathbf{\Psi}, \mathbf{\Phi})$。不仅如此,令 $E(\mathbf{x}) = \boldsymbol{\mu}_x$为 $\mathbf{x}$ 均值的向量,$\mathrm{Var}(\mathbf{x}) = E(\mathbf{x}'\mathbf{x}) = \mathbf{\Phi}$ 和 $E(\boldsymbol{\varsigma}) = 0$,其中 $E(\cdot)$是期望算子,那么

$$E(\mathbf{y}) = (\mathbf{I} - \mathbf{B})^{-1}\boldsymbol{\alpha} + (\mathbf{I} - \mathbf{B})^{-1}E(\mathbf{x}) = (\mathbf{I} - \mathbf{B})^{-1}\boldsymbol{\alpha} + (\mathbf{I} - \mathbf{B})^{-1}\boldsymbol{\mu}\mathbf{x} \qquad (9)$$

和

$$E(\mathbf{y},\mathbf{x}) = \sum_{\mathbf{yx}} = \begin{bmatrix} E(\mathbf{yy}') & E(\mathbf{yx}') \\ E(\mathbf{x}'\mathbf{y}) & E(\mathbf{x}'\mathbf{x}) \end{bmatrix}$$

$$= \begin{bmatrix} (\mathbf{I}-\mathbf{B})^{-1}(\boldsymbol{\Gamma\Phi\Gamma}' + \boldsymbol{\Psi})(\mathbf{I}-\mathbf{B})'^{-1} & (\mathbf{I}-\mathbf{B})^{-1}\boldsymbol{\Gamma\Phi} \\ \boldsymbol{\Phi\Gamma}'(\mathbf{I}-\mathbf{B})'^{-1} & \boldsymbol{\Phi} \end{bmatrix} \qquad (10)$$

因此,方程(9)和方程(10)显示的结构方程模型,代表了一种在均值向量和协方差矩阵上的结构。这种结构是以模型的参数为根据的。协方差结构模型涉及方程(10)的元素。

从上面的讨论可知,协方差结构代表的统计模型有着广泛的通用性。协方差结构表示法给我们打开了解决模型识别问题的方便之门。尽管在本《百科全书》的很多词条都谈及了模型的识别问题,但是模型参数识别的一个必要条件是模型参数的数目要小于或等于协方差矩阵的元素数。特别是要对向量 $\boldsymbol{\Theta}$ 中的未知的模型参数进行排列。接下来,我们来看一个总体协方差矩阵 $\sum$,它的元素是总体方差和协方差。它假定一个潜在的实质性模型被设定用来解释在 $\sum$ 中的方差和协方差。我们知道在 $\sum$ 中的方差和协方差可用它们在样本协方差矩阵 $\mathbf{S}$ 中的对应样本值,用简明的计算样本方差和协方差的公式来估计。因此,在 $\sum$ 中的参数是已识别的。

在确定 $\sum$ 中的元素已从对应的样本值被识别之后,我们需要进一步确定模型的参数是否已识别。如果它们可用协方差矩阵 $\sum$ 的元素被唯一地表示的话,那么我们说在 $\boldsymbol{\Omega}$ 中的元素就是已识别的。如果 $\boldsymbol{\Theta}$ 中的所有元素是已识别的,那么我们说模型就也是已识别的。

——David W. Kaplan

(沈崇麟译校)

参考文献

Browne, M. W. (1982). Covariance structures. In D. M. Hawkins (Ed.), *Topics in applied multivariate analysis*(pp. 72-141). Cambridge, UK: Cambridge University Press.

协变量(Covariate)

在统计分析中,“协变量”一词一般涉及的都是自变量【Independent Variable】。例如,在实验【Experiment】分析中,协变量虽然是一个不受实验者操控,但对因变量仍然有影响的变量。在存活率【Survival】或事件史分析【Event History Analysis】中,协变量无非就是一个连续的或非连续的,可能会对风险率【Hazard Rate】有影响的自变量,如一个时变(或时依)性协变量。然而,在对数线性建模【Log-Linear Model】中,我们却是通过将一种数值度量赋予定类变量,将连续变量作为“格协变量”处理,而不是使用真的连续变量。

——Tim Futing Liao

(沈崇麟译校)

表面故事(Cover Story)

在一些实验室研究中,调查的特定假设是比较明显的。如果参与者倾向于协助研究者确认已经显而易见的假设,那么这种研究目的的透明性就可能有问题。例如,假设研究者要求参与者完成一份问卷,其中包含了一系列问题,是关于他们对乌兹别克斯坦人的看法。在做问卷之前,研究者给参与者观看了一段有关英勇的乌兹别克斯坦人反抗恐怖分子,保卫家园的录像。然后再向参与者呈现这份态度问卷。在这种情况下,调查的目的似乎是显而易见的。有关需求特征【Demand Characteristics】的研究表明,过于明显的研究目标可能导致不真实的结果。一些参与者可能认为该研究的目的是为了引导他们对乌兹别克斯坦人作出正面的评价,即使那段录像(自变量【Independent Variable】)对他们感受的真实影响很小,他们也有可能会主动配合。

为了抵消由过度配合的参与者带来扭曲结果的可能性,心理学家会或多或少地精心设计一些表面故事来隐藏研究的真实目的。在这个例子中,研究者可能会略过预调查这一环节,告知参与者他们的任务是评价即将看到的录像的技术质量。在完成这个任务后,研究者可能会对参与者进行一个后测试,以了解他们对乌兹别克斯坦人的感情。作为表面故事的补充,这个任务的呈现方式可能也会隐藏研究的真实性质。接着,研究者会将这些参与者的回答与只进行后测试/预设对照组(posttest-only/comparison group design)的参与者的回答进行对比,那些对照组的参与者可能没有看过那段录像,或者看到的是一段不同的录像(Crano & Brewer, 2002)。

表面故事隐藏了研究的真实目的,因而是具有欺骗性的。因此,研究者必须仔细考量对它的应用是否符合研究伦理要求。我们为表面故事辩护的原因在于,它本质上是为了以对参与者最小的代价来确保实验结果的有效性,而非为了欺骗。一般来讲,表面故事多用于实验室实验【Laboratory Experiment】,在此类研究中,由于参与者的过度合作而造成令人误解的研究发现的危险最为严重。

科拉诺和布鲁尔(Crano & Brewer, 2002)区分了研究参与者的三种一般类型:自愿的、不自愿的和非自愿的。非自愿的参与者指的是他们没有意识到自己是科学调查的对象,所以在使用这样的参与者进行调查时,没有必要使用表面故事。自愿的参与者和不自愿的参与者都对自身参与调查的状态有所了解。自愿的参与者非常满意自己能够为研究贡献力量,如果他们试图帮助研究者确认研究假设,他们的积极态度就会带来对结论有效性的危害。不自愿的参与者也了解自己参与调查的角色,但他们并不为此感到高兴,常常认为自己是被迫参与调查。这些参与者的消极态度可能转化为试图毁掉研究的行为。在这种情况中,由于表面故事能掩盖研究的真实意图,故而对研究也有一定的用处。

——William D. Crano

(郑晓娟译　沈崇麟校)

参考文献

Crano, W. D., & Brewer, M. B. (2002). *Principles and methods of social research* (2nd ed.). Mahwah, NJ: Lawrence Erlbaum.

隐蔽研究(Covert Research)

隐蔽研究意味着不告知被研究者或他们的合法代理人,他们正在被研究的基本信息。所有与社会研究相关的专业组织都会在自己的章程中包含知情同意【Informed Consent】的原则,并且他们一致建议反对隐蔽研究方法。

伦理问题

社会研究者应抵制隐蔽研究的原因是非常有说服力的。

首先也是最重要的原因即自主性问题。被研究者拥有知情、控制自己被观测的行为和根据参与调查的所冒风险或所得收益作出自己决定的权利。不仅如此,他们提供的资料是有价值的,因而他们有权利为研究者从他们那取得的资料进行定价,因此,如果研究者不告知被研究者他们所提供的资料情况,可以被视为对他们的掠夺或盗窃。

另外,使用非公开的研究方法可能使研究者获得坏名声。曾经发生过一个案例,亨利和哈布尔(Henle & Hubble,1938)偷偷藏在学生宿舍的床底下对学生对话进行录音,后来,劳德·汉弗莱斯(Humphreys,1975)曾装作看厕所的人来观察公共卫生间中同性恋者的邂逅。但是在今天,那些研究人类行为的学者则对偷听者或窥探隐私者这样的名声深恶痛绝。社会科学和行为科学专业组织表明了自己的道德立场,并把隐蔽研究丢弃给了做调查的新闻记者。他们也认识到,尽管行为被观测的范围可能是公开的,但行为本身则可能是私密的。

辩解

尽管专业组织和章程在隐蔽研究问题上形成了共识,但关于隐蔽研究方法是否可以接受这一问题仍然存在争论(Bulmer,1982;Homan,1992)。要让每个被研究者都明确获知他们正在被观察,并给予他们拒绝的选择权是不太现实的。社会科学中一些最有洞察力的研究作品,采取的都是对日常生活进行反思性研究的形式。欧文·戈夫曼将在沙滩和火车上放一块毛巾,或一张报纸的行为解释为宣示自己领地的行为:不会有人去寻求被观察者的同意或者贴出一张告示写着:“注意:现在正有一个社会学家在观察这个沙滩。”一个学习人类行为的学生一旦获得了赖特·米尔斯(Mills,1959)所说的“社会学的想象力”,他就会成为习惯性的研究者:研究行为不再是资料的收集,而是对资料的持续建构过程,反对这种做法是无方法可循的。

获知研究正在进行并因而选择拒绝或避免的权利本身也是有问题的。例如,我们能够对于活着的人赋予这样的权利,而对于那些出现在区县档案局文档中已去世的人,这样的权利已无从谈起。拒绝研究的权利也有可能与公众利益背道而驰。例如,有一种颇有争议的观点认为,社会研究者应该对记者和警察的调查产生补充作用,去揭露儿童和弱势群体遭受虐待,或种族主义攻击得到资助的情况。的确,当社会研究学者准备接受被研究者说“不”的时候,他们的学术自由和学术品格对此作出了妥协。令人感到遗憾的是,处于权力地位的被调查者比那些相对无权、相对弱势的群体更倾向于使用知情同意权,把公开调查者拒之门外;因此,公开性伦理存在对弱势群体的歧视。

在某些情况下,隐蔽研究法很可能会得

不到任何反应。在这两种情况中,事实的确如此。第一,由于研究参与者不知道他们正在被记录,他们就没有理由为了获得一份赞许报告而调整自己的行为或数据。第二,研究行为不会抑制或贬低被调查者的话语。例如,在一个私密的祈祷会上,被调查者需要有自然的状态,如果知道了他们当中有人仅仅是来进行研究观察的,反而会对他们造成困扰。克服被告知研究的参与者给予反馈的这类问题的一种方法是,研究者与被研究者相处足够长的时间,使大家接受研究者成为研究场景的自然组成部分;另一种常用策略是,利用看门人和了解情况的合作者,他们并不是被研究者群体中的成员,却能够为他们发言。

评论

我们很难在隐蔽研究和公开研究方法之间划分明确界线。即使使用最明晰的研究方法,例如,用访谈和问卷进行调查的研究者,也会采用一些重新定义研究行为的技巧来减少被研究者对研究的觉察。他们可能会询问被调查者一些关于他人的问题,而其他人对调查并不知情同意,在这种情况下,被调查者成为被代理的研究参与者,而他们本人并没有真的有效参与到研究中。尽管在与专业守则一致这一意义上,公开调查可以说是合乎伦理的,但公开研究方法并不必然在道德上更加高尚。

比关于隐蔽研究法的争论更为重要的一个问题是专业性的一致同意。知情同意是关乎社会研究的自尊与声誉的基本准则,从业者若公然藐视它,其后果将会十分严重。

十几年前,对隐蔽研究的标准反对理由在于隐蔽研究是对个人自由和相互信任,这些最为重要的价值理念的损害和背叛。这些年我们看到了公众场所隐蔽摄像头的出现,看到了具备技术能力的人对计算机记录和数据库的入侵,看到了高层人士的欺骗和相互攻击。信任和自由的环境已经发生了改变。社会研究者努力发现的结论可以被政客扭曲利用。因此,研究者的可信度是否站得住脚,可能已不再取决于他们所使用研究方法的公开程度,而是取决于他们能够避免控制和操纵,进而提供使用者信任的结论的程度。

——Roger Homan

(郑晓娟译　沈崇麟校)

参考文献

Bulmer, M. (Ed.). (1982). *Social research ethics.* London: Macmillan.

Henle, M., & Hubble, M. B. (1938). Egocentricity in adult conversation. *Journal of Social Psychology*, 9, 227-234.

Homan, R. (1992). *The ethics of social research.* London: Longman.

Humphreys, L. (1975). *Tearoom trade: Impersonal sex in public places.* Chicago: Aldine.

Mills, C. W. (1959). *The sociological imagination.* New York: Oxford University Press.

Cramér *V*

参见对称量度【Symmetric Measures】。

创作式分析性实践(CAP)民族志(Creative Analytical Practice [CAP] Ethnography)

自1980年代以来,在后现代主义【Postmodernism】、女性主义以及后结构主义【Poststructuralism】的影响之下,当代的民族志【Ethnography】学者对标准的社会科学写作发出了挑战,认为它在伦理、哲学和科学上都有问题。这些当代民族志学者承认在“事实”和“虚构”之间、“主观”和“客观”之间、“作家”和“主题”之间的界限是模糊的,他们要用新的方式来进行社会科学写作。这个工作最初被称为实验民族志或另类民族志。最近,为了强调完成这种写作的过程,并给这些民族志建立其自身的合法性,它们更多地被称为创作式分析性实践民族志或CAP民族志。

CAP民族志既是“科学的”——(就忠实于以实证工作和研究了解的这个世界而言),又是“文学的”——(就用引人情感共鸣的写作技巧和形式来表达其所知而言)。尽管CAP民族志可归属于许多不同的学科,它们在研究/写作实践方面却有一些共通性,包括运用理论来挑战学科权威的根基,写对社会和个人重要的主题,重视无等级性的、合作的和/或多重意义的写作,喜欢自反性,把自己置于多重的甚至是竞争性的话语中,还有签名的做法,引人情感共鸣的写作,以及用不同形式为不同的读者写作。

CAP民族志的种类很多(参见Richardson,1997),包括自传式民族志【Autoethnography】(Ellis,2003)、小说【Fiction】、诗歌式的表现形式、表演文本、民族志戏剧、故事写作、读者剧场、格言、谈话、书信集、多媒体、分层叙述,以及超文本、博物馆展览、照片、绘画、舞蹈及其他艺术表现形式。例如,劳雷尔·理查森曾根据对一位未婚妈妈“Louisa May”的开放式采访创作了叙事诗(Richardson,1997)。卡罗琳·埃利斯(Ellis,2003)发明了一个虚拟的研究生研讨会,会上以现实中的学生为基础综合而成的各个角色进行了一场关于自传式民族志的讨论。

对CAP民族志的评价

大多数CAP民族志都遵循六大标准:

1.实质性:这篇东西是否对我们理解社会生活有实质性的贡献?

2.审美性:这篇东西是否会招致诠释反应?它在艺术上是否令人满意,是否复杂?

3.反身性(reflexivity):作为该文本的生产者,作者是否反思自我?

4.伦理标准(ethics):作者是否认为自己应该为了解和讲述其研究对象负责任?

5.影响:该文本是否会给读者带来影响?在情绪上影响?在认知上影响?是否会让其他人去开展社会行动?这个文本是否会对作者有所改变?

6.表达现实:该文本是否提供了一个文化、社会、个人或社区意义上的“现实”的可靠的解释?

CAP民族志学者承认作品不能和作者分离——主体性、权威性、作者身份、反思性等错综复杂地纠缠在一起,编织成了这种表达形式。科学是一种视角,创造性的艺术是另一种视角。CAP民族志学者尝试通过两种视角一起来看。

——Laurel Richardson

(杨可译 沈崇麟校)

参考文献

Denzin, N., & Lincoln, Y. (Eds.). (2000). *Handbook of qualitative research* (2nd ed.). Thousand Oaks, CA: Sage.

Ellis, C. (2003). *The ethnographic "I": A methodological novel on doing autoethnography.* Walnut Creek, CA: AltaMira.

Richardson, L. (1997). *Fields of play: Constructing an academic life.* New Brunswick, NJ: Rutgers University Press.

Cressie-Read 统计量(Cressie-Read Statistic)

Cressie-Read 统计量属于效力发散统计量族(family of power divergence statistics),用以评估模型的拟合,它是似然比【Likelihood Ratio】统计量的一个备择统计量,但它没有一个与之关联的 p 值。

——Tim Futing Liao

(沈崇麟译校)

参考文献

Cressie, N., & Read, T. (1984). Multinomial goodness of tests. *Journal of Royal Statistical Society Series B*, *46*, 440-464.

效标效度(Criterion Related Validity)

在教育评估和社会科学测量中,与标准相关的效度是在测试或测量验证的背景下定义的。测试和测量验证是为了确认根据测试分数或测量结果做的推论的可信度而进行的收集数据过程——一种关于分数和度量的推论(如同决策)与一种关于分数和度量的解释(意义)的推论。在 1985 年以前,《教育与心理测验标准》(*Standards for Educational and Psychological Testing*)(American Educational Research Association, 1985)效度是以行为主义者的传统概念化的,在分类学上被分成了彼此有着较大区别的三大类,即内容效度【Content Validity】、效标效度【Criterion Related Validity】和构念效度【Construct Validity】。这样三类效度法为我们提供了一种测试或量度工具的累积的证据。效标效度是一种测试或工具与某种效标之间关联的证据。这种效度(检测)法普遍用于才能测试(aptitude tests)或其他一些场合,在这些场合中,测试分数或量度被用来做预测。效标效度还可进一步被分为两种子类:(a)效标效度预测证据(或预测效度);(b)效标效度同发证据(或同发效度)。效标效度的预测证据表明一种测试或工具在预测一个应试者今后进行某一特定的活动(能力)的有效性。例如,如果要声称某种竖琴(演奏)能力测试具有预测效度,那么测试方法的开发者就必须要证明这项测试的高分者具有高水平的竖琴演奏能力;反之,低分者竖琴演奏水平相对较低。

效标效度的同发证据表明测试与某种效标关联的程度。同发效度与预测效度唯一不同之处就是这个效标是同时的。例如,某一设计用于诊断心理压抑的测试,在将它实施于一个我们已经知道他(她)的罹患抑郁症程度的患者时,可能是有效的。同发效度常用来替代预测效度。因为它不会延误效标的实用性。现在,我们来举一个例子。如果一个量表被构建来评估学生的科学能力,那么将通过测试分数和学生目前自然科学课程的成绩联系起来,而不是与将来的科学能力的指标(如科学技能、科学论文的写作等)联系起来,可能就可以建立这种同发效度。这两种效度之间的差别在于测试的目的。如果一个测试或工具要用于预测一个效标的品质或性状,那么就需要用预测效度。如果一个测试或工具被用来确认一个效标的品质或性状,同发效度则更佳。关于效度概念化最新的一些思考,都反映在了1985年和1999年的《教育与心理测验标准》中了。它强调有效(或无效)的不是测试,而是有关意义的推论和测试分数的使用。“效度涉及的是证据或理论对使用测试提出的测试分蕴含的解释的支持程度”(American Educational Research Association, 1999, p. 9)。有人认为效度是一个“统一的,但只是某一方面的概念”(Messick, 1989)。对它而言,不同类型的证据(不是不同类型的效度)应该聚合在一起,以支持基于测试分数(或量度)作出的推论和测试(或工具)的恰当使用。上面讨论的效标效度的事例,都是这种类型的证据的例子。

——Chao-Ying Joanne Peng

Daniel J. Mueller

(沈崇麟译校)

*也可参见构念效度【Construct Validity】、效度【Validity】。

参考文献

American Educational Research Association, American Psychological Association, & National Council on Measurement in Education. (1985). *Standards for educational and psychological testing*. Washington, DC: American Psychological Association.

American Educational Research Association, American Psychological Association, & National Council on Measurement in Education. (1999). *Standards for educational and psychological testing*. Washington, DC: American Psychological Association.

Anastasi, A. (1988). *Psychological testing* (6th ed.). New York: Macmillan.

Kane, M. (2002). Validating high-stakes testing programs. *Educational Measurement: Issues and Practice*, *21*(1), 31-41.

Messick, S. (1989, March). Meaning and values in test validation: The science and ethics of assessment. *Educational Researcher*, pp.5-11.

Messick, S. (1992). Validity of test interpretation and use. In M. C. Alkin (Ed.), *Encyclopedia of educational research* (6th ed., pp.1487-1495). New York: Macmillan.

批判话语分析(Critical Discourse Analysis)

批判话语分析(CDA)把语言当成社会事件、社会实践的一个要素,辩证地与其他要素(包括社会制度和物质世界的各个方面)相关联。其目标是说明语言与其他的社会事件、实践之间的关系。这是一个源于语言学的学习语言分析的方法,但比大多数语言学都更加面向社会,也更跨学科。

在这里,话语的意思是把语言(以及

“身体语言”、视觉图像等)看作社会的一个瞬间(moment)。这种方法之所以是“批判的”,是就以下意义而言:(a)它试图说明语言和社会生活其他要素之间不明确的关联;(b)它集中关注的是语言如何在权力、控制、剥削的社会关系构建和复制中起作用;和(c)它对社会解放与推进社会公正问题予以特别的语言关注。在这些方面,批判话语分析可以被视为批判社会科学的一个分支。

CDA基于一个假设:社会事件的语言要素(谈话、文本)可能会促成其他社会要素发生改变——话语是社会建构的。分析的一个焦点就是话语对于意识形态的建构、复制和改变所起的作用。这两点都符合一个辩证的观点:话语是一种社会要素,它与其他社会要素不同,不是离散的——不同的要素彼此“内化”。可以说,社会生活近来的变化之一就是话语在与其他要素相关的某些方面变得更为突出了;例如,“知识”或“信息”社会的概念似乎暗含着一个意思,即社会(如组织)变革可能是由可以创生新的行为方式、灌输新的认同,在新的工厂里具体实现生产的话语“引导”的。不过,比起某种话语唯心主义,我们应该采取社会建构论【Constructivism】的温和观点,承认社会构念具有无法传递的特性,可能会使它们抗拒新的话语的内化。

该领域的发展

对于语言与社会生活其他要素之关系的批判观点,可以追溯到亚里士多德的修辞学【Rhetoric】,同时也见于许多学科中。尽管CDA处理诸如这样的议题并不是独创的,但它还是首次开发出了一个相对系统的理论和研究的主体。它最主要的资源包括语言学中广义的“功能主义”(与“形式主义”相对)传统,包括米歇尔·哈利迪的系统功能语言学理论;西方马克思主义,尤其是葛兰西和阿尔都塞有关“霸权”和“意识形态”的理论;法兰克福学派的“批判理论”,包括最近的哈贝马斯;福柯的“话语”概念;以及巴赫金的对话语言理论,包括其对“异质性(heteroglossia)”和“互文性(intertextuality)”的强调与“类型(genre)”的理论化。

CDA这个术语1985年前后首次使用,但CDA可以被视为包括了各种方法,首先是批判语言学,这是对哈利迪从意识形态和权力角度来分析文本的语言学的一种应用。有些批判语言学的作品(尤其是特恩·迪杰克的作品)结合了认知心理学,有些着重于历史文献(尤其是鲁思·沃达克的“话语—历史”方法),有些(尤其是甘特·克莱斯和西奥·范·莱文)集中关注当代文本的“多模式(multimodal)”特点,尤其是在语言和视觉图像混用时。CDA越来越跨学科,加入了更多的社会理论和研究,而且(尤其针对费尔克劳而言)致力于提高其对当代世界社会转型(全球化、新自由主义、新资本主义)的研究能力,以表明语言是如何在社会转型过程中发挥作用的。

应用

CDA近来在社会科学的许多学科和各种领域的研究中得到采用(例如,地理学与城市研究、健康科学、媒体研究、教育研究、社会学)。在这些广泛的应用中,主要可分为两种研究:一种是结合了精细的语言学文本分析的研究;另一种是基本按照福柯的话语观、利用话语分析的理论视角而非那种精确的文本分析来做研究。对有的CDA研究者来说,在社会研究中确立精细的文本分析的价值是其中心关注点。与此同时,他们也考虑如何从公共领域内的社会和政治辩论中找到语言的焦点(Fairclough,2000)。

例子

有一个主题已经吸引了全世界许多关注的目光,现在已经有了自己的虚拟研究网络,这就是新资本主义的语言(language in new capitalism),它探讨的是在如今对资本主义的重组和“全球性的”重新调节中语言是如何发挥作用的。对全球经济变迁叙事的分析可以作为例子来说明 CDA 可以促进对这些转变的社会研究(Fairclough,2000)。这些叙事在经济、政治及其他类型的文本中非常普遍。这些文本中循环往复地表现经济变迁,将其当作一个不需要人类主体参与的过程——因此,打个比方,新的市场“开放了”,而不是人们开放了市场,而且技术也从这儿“迁移”到那儿,而不是由公司带着去的——这个过程在时间和空间上都是普遍性的(它平均地发生在每个地方、每个普遍意义的当下)。这种对经济变迁的表达常常与政策上的禁令一起出现——无法论证、不可避免的实际情况“是”什么,决定了我们“必须”在政治的意义上去做什么。对这些叙事的分析可以在布迪厄提出的框架性的讨论上增添一些血肉。布迪厄曾提出,新自由主义的话语是开创“全球化”(以及资本主义转型)的军械库中一个有力的组成部分,而认为全球化已然完全实现其实是一种误导。

——Norman Fairclough

(杨可译　沈崇麟校)

参考文献

Chouliaraki, L., & Fairclough, N. (1999). *Discourse in late modernity*. Edinburgh, UK: Edinburgh University Press.

Fairclough, N. (2000). *New labour, new language?* London: Routledge Kegan Paul.

Fairclough, N., & Wodak, R. (1997). Critical discourse analysis. In T. van Dijk (Ed.), *Discourse as social interaction*. Thousand Oaks, CA: Sage.

Wodak, R., & Meyer, M. (2001). *Methods in critical discourse analysis*. Thousand Oaks, CA: Sage.

批判民族志(Critical Ethnography)

近年来,批判民族志已日益变成了一种流行的视角。

不过,不同学科的学者使用不同的理论方法和范式对它进行的任意剪裁为其带来了广泛的应用,但这导致任何形式的文化批判都被贴上了批判民族志的标签。因此,确定一些基本的组成要素,可能比起定义批判民族志更为重要。

将批判民族志简单地还原成社会批判扭曲和简化了批判民族志的事业。从最简单的意义来说,批判民族志是一种将颠覆性的世界观用于更为传统的文化研究叙事的方式。它不一定与传统的民族志【Ethnography】或传统的社会科学针锋相对。相反,它倒是提供了一种对知识与社会的关系的较具反思风格的思考,并免除了不必要的社会统治形式。

批判民族志不同于其他种类的民族志,并不是批评,而是评论(critique)。批评是我们发现蛋没有煮熟时发出的抱怨,一般来说,它意味着对一种已知事态的不满,但不一定带着对(事态)表面之下的东西进行深挖,以确定基本的社会过程并加以挑战的责任。

与之相反,评论则是用一个额外的假设,即如果我们对潜在的条件来源,包括我们的抱怨所依据的价值观进行考察，那么“事情可能会更好”这样一个假设来评估“事情究竟如何”。

批判民族志不是一种理论，因为它自身并没有生成一套可以检验的命题或法则式的陈述。相反，它是一种提供了有关我们社会世界的基本图像、比喻和理解的观点。它还提供了一些价值前提，我们可围绕这些前提提出问题，对如何改变提出建议。它是一种“努力撕下霸权的假面具和揭露压迫势力”的方法论（Crotty，1998，p.12）。批判的研究者都从所有的文化生活均处于控制与抵抗的恒定张力中这个前提出发。这种张力反映在行为、互动仪式、规范体系和社会结构之中，在组成既定文化的规则、交流系统和人工产品中都可以看到。批判民族志关注那些看似日常的，甚至令人厌恶的事件，并将其再现出来，展现出广义的控制社会过程、权力不平衡和那些将一套偏爱的意义或行为强加于他人的符号机制。尽管并非所有的批判民族志都欢迎概推性【Generalizability】、信度【Reliability】、效度【Validity】、确证【Verification】等问题，但批判民族志还是与“经验科学”的规范有颇多相似之处。依靠这些规范，经验之谈的信度才可以被评估（Maines，2001）。

有两个例子可以说明批判民族志的多样性。第一个是博斯沃思（Bosworth，1999）对三个英国女子监狱文化的批判民族志研究，该研究发现了一个悖论：传统上曾作为惩罚过程一部分的理想化的异性恋女性的形象，也成了女性反对控制并熬过牢狱生活的一个手段。她提出，尽管女子监狱中很多日常事务都是基于对女性气质的理想化观念，但它也有一种矛盾和讽刺的效果，即制造抵抗的可能性（Bosworth，1999，p.107）。这种评论颠覆了长期以来通过男性囚犯和男性学者的棱镜看女子监狱文化的传统，减轻了刑事司法研究中参差不齐的性别差异。

费雷尔和哈姆（Ferrell & Hamm，1998）收集的颇具洞见的例子可以进一步说明批判民族志的用途。通过研究诸如皮条客、大麻吸食者、色情电话服务员、国内的恐怖分子等边缘人群，作者鼓励读者去改造有关犯罪、越轨和社会控制的惯有的、舒服的假设和形象。这反过来又鼓励我们去更充分地考察创造和维持社会文化权力不平衡的不对称的权力关系。

当然，批判民族志的确存在一些问题（Thomas，1992）。但科学——而且评论是科学事业的一部分——是会自我校正的。从事民族志评论的学者其任务之一就是要在先验的概念分析、阐释性的叙事、实证主义【Positivism】的精确、理论建构等这些有时候充满矛盾的任务之间保持平衡，小心不要像实证主义者那样拒绝这些任务，以免我们用一种知识教条来代替另一种。这也意味着我们必须不断重新评价我们的事业，就像评价我们的分析焦点那样严格，一直牢记事物从来不是表面上看来的那样，而且社会公正并不只是一个目标而已，而是一种天职，所有的学者都应该用可证实的评论来为之奋斗。

——Jim Thomas

（杨可译　沈崇麟校）

参考文献

Bosworth, M. (1999). *Engendering resistance: Agency and power in women's prisons.* Aldershot, UK: Ashgate/Dartmouth.

Crotty, M. (1998). *The foundations of social research: Meaning and perspective in the research process.* Thousand Oaks, CA: Sage.

Ferrell, J., & Hamm, M. S. (1998). True confessions: Crime, deviance, and field research. In J. Ferrell & M. Hamm (Eds.), *Ethnography at the edge: Crime, deviance and field research* (pp. 2-19). Boston: Northeastern University Press.

Kirk, J., & Miller, M. L. (1986). *Reliability and validity in qualitative research*. Beverly Hills, CA: Sage.

Maines, D. R. (2001). *The faultline of consciousness: A view of interactionism in sociology*. New York: Aldine De Gruyter.

Thomas, J. (1992). *Doing critical ethnography*. Newbury Park, CA: Sage.

批判诠释学(Critical Hermeneutics)

批判诠释学是在保罗·利科(Ricoeur, 1981;Thompson,1981)的诠释现象学以及约翰·汤普森(Thompson,1990)的深度诠释学(depth hermeneutics)的基础上发展而来的。沿着利科的脉络,批判诠释学把解释分解为一个辩证的过程,涉及三个相互关联又相互独立、互相修正的阶段或是“环节”,即社会历史分析的环节、形式分析的环节及解释—再解释的环节。前面两个分析环节都汇聚在这里(实证的例子可参见 Phillips & Brown,1993)。在解释一个文本时,我们可以且应该分析它所在的社会历史环境。但我们也应该从形式上分析这个文本,用一种文本分析的形式方法,例如,结构符号学【Semiotics】或者话语分析【Discourse Analysis】,将其当作从经验中抽取出来的符号系统来分析。从批判诠释学的视角来看,分析社会历史环境或文本本身都不完美。这两者都是解释过程中不可或缺的环节,那些未能明确包含社会历史环境的解释方法和分析文本形式的解释方法都是不完整的。研究者在完成了社会历史和形式分析之后,必须创造性地把这两个环节结合起来,对文本以及它在其所属的社会系统中的角色给出一个解释。在这个解释环节中,研究者才对这个文本在持续不断的社会实在的建构中扮演什么角色发展出深刻的理解。这个分解为三个环节的过程给读者提供了一个结构化的框架,让读者可以沿着这个框架更明确地理解研究者的方法论,并对最终结论的价值作出清楚的判断。

但是这种方法论除了阐释以外,也是批判的。除了关注意义之外,批判诠释学还关注一个问题,即在这个社会世界的典型特征——不对称权力关系的不断维持中,沟通的角色是什么?对文本产生、传递和接受的社会历史环境的考察,给研究者提供了一个关注沟通在导致机会和生活机遇长期不对称的权力关系发展中的角色的机会。批判诠释学引入了解放旨趣(emancipatory interest),把社会系统背后想当然的惯例和规则当作关注的焦点。使用批判诠释学的研究者探询特定社会环境中沟通的功用,沟通是为了谁的利益,以及什么人可以参与其中。

批判诠释学将解释文本的旨趣与解释社会文本的社会历史环境的旨趣相结合,作出了三个重大的贡献。首先,它提供了一种结构化的办法来检验社会生活中符号现象的作用。其次,它提供了一个结构化的办法来检验文本的材料来源以及其创作者的利益所在。最后,它提供了将文本分析的形式方法和对文本产生的社会环境的兴趣相结合的办法。因此,批判诠释学在社会科学较为传统的解释方法之上又增加了一个重要的维度。

——Nelson Phillips

(杨可译　沈崇麟校)

参考文献

Phillips, N., & Brown, J. (1993). Analyzing communication in and around organizations: A critical hermeneutic approach. *Academy of Management Journal*, *36*(6), 1547-1576.

Ricoeur, P. (1981). *Hermeneutics and the human sciences: Essays on language, action and interpretation.* New York: Cambridge University Press.

Thompson, J. (1981). *Critical hermeneutics: A study in the thought of Paul Ricoeur and Jurgen Habermas.* Cambridge, UK: Cambridge University Press.

Thompson, J. (1990). *Ideology and modern culture.* Stanford, CA: Stanford University Press.

关键事件法(Critical Incident Technique)

关键事件法(CIT)大约半个世纪以前被设计、应用于一项科学研究中(Flanagan, 1954)。这种方法采取当时在社会科学以及自然科学中作为主导范式的实证主义的方式。它主要被用于职业环境中,其提倡者确立了它的效度【Validity】和信度【Reliability】(Andersson & Nilsson, 1964; Ronan & Latham, 1974)。弗拉纳根的方法以及他所评述的研究都假设现实是具体实在的。与此相反,切尔(Chell, 1998)所发展的CIT却采用了现象学【Phenomenology】。其目标是从技术上通过非结构化访谈【Unstructured Interview】的办法来获取对被访者有意义的事件的思想过程、参照体系和感觉。访谈要求被调查者【Respondent】结合他们的生活环境、当前的情况、态度和取向对事件的意义进行陈情【Account】。这种方法可以被用于深入的个案研究【Case Study】以及多调查点的调查之中。

CIT是一个定性访问【Qualitative Interview】程序,它有助于对被访人所认定的重要境遇(事件、事变、过程、议题)进行研究,从认知效果的角度考察这些事件是如何形成的、结果如何。研究目标是从个人的视角获得对事件的理解,同时兼顾到认知、情感和行为要素(Chell, 1998, p.56)。

例子与方法

可以说,所有的研究几乎都是从"初步设计工作"开始的。这假定了研究自有其价值;研究问题和想法都是前后一致的,并聚焦于研究目标。不仅如此,在经验工作中,研究者需要考虑如何找到被访人(或被试),以及为什么这位特定的被访人会被选中。研究者可利用他们的地方性知识、口碑、其他人的数据库和列表等各种资源。这也意味着可能会有一个选拔被试的标准,并且需要对此进行明确的说明。对商界小型企业的个人问题和生意问题的研究可以作为使用CIT有助于展示信息丰富程度的一个例子。这个例子说明了个人和家庭问题相对于其他的生意和经济因素的重要性(Chell, 1998; Chell & Baines, 1998)。

与确定被访人紧密相关的一个问题是获取调查通道【Access】的能力。这可能需要技巧、耐心和毅力。不要把接近他们当成想当然的事。一开始,可以使用打一个自我介绍的电话或者写一封介绍信的办法。后面这个办法可以让研究者简要地介绍项目的宗旨和目标,为占用研究被调查者的时间和介入他们的隐私【Privacy】提供可信的理由。所以说,从一开始我们就需要谨慎地处理问题。

一旦找到了进入通道，并与被访人约定，研究者就需要“排练”CIT 的访谈。尽管访谈是非结构化的，但还是有一定的顺序，首先访问员要介绍他/她自己及其研究，并向被访人介绍 CIT 的特点。保密性【Confidentiality】以及相关的保证是赢得被访人信任的根本。一旦被访人放松下来，并不再对研究程序感到不舒服了就可以开始访谈。

接下来就会要求被访人集中谈一个或更多个（通常不多于四个）发生在他自己身上或自己十分熟悉的群体、组织中的“事件”（在一个特定的时期）。可以用一些不同的策略来让被访人集中讲述关键事件。不同的被访人表述一个事件的能力差异很大，最难的访谈大概是那些似乎根本就没有事件的访谈！那么访问者就必须试着在看似缺乏事件的啰唆片段中去探究，生成有用的信息。下一步的困难是，确认正确的时间顺序或者事件的顺序。这可以借助其他事件、文献、日记以及其他有效的材料来加以推论。可以鼓励被访人提供这种交叉引用的材料。这会有助于信息的三角测量【Triangulation】和验证。

被访人也可能会认为事件是正面的经验或负面的经验。被访人如何表达这个事件完全由他们掌握，事实确实如此，他们正是用语言来表达他们经历的事件的。尽管研究者捕捉可评估的语言的确很重要，但通过仔细地倾听、适当地追问【Probing】，从被访人的角度抓住事件的基本细节同样也是很重要的。

尽管非结构化访谈是结构性的，但对访谈要有所控制还是很重要的。访谈可以采用一般性的探查方式（例如，接下来发生了什么？你怎么处理的？），这会引出有关环境、语言和关系的信息。如果访问员不理解，就必须插话，立即得到说明；否则这条线索可能就断了，通常访谈结束时要回到一些小的点就很困难了。要记住那些没有理解的东西可能也是很困难的！最后，在结束 CIT 使用时，访问员必须考虑到所有的伦理问题。如果匿名【Anonymity】很重要，那么必须作出保证。如果某种方式的反馈很重要，那么必须保证做好反馈的安排。访问员必须在访谈结束离开的时候感觉到，无论将来什么时候、什么阶段回来，都会受到被访者的欢迎。

这个过程的最后步骤就是生成录音转录【Transcription】，然后再对它进行分析。分析过程很可能是以扎根理论【Grounded Theory】为基础。这意味着研究者要抛却先入之见，通过分析的过程，依靠对数据的概念化【Conceptualization】建立起解释框架。这个理论【Theory】建构的过程是其最基本的形式。理想情况下，它可以和理论抽样【Theoretical Sampling】技术一起运用，以便得到更深入的理解，并最终形成逻辑连贯的理论。CIT 运用得当并不容易，它要求研究者能熟练掌握这种方法。这可能有些压力，但整体而言，对研究者和被访人来说都很愉快。这有助于帮我们理解社会交往中的动态过程。它认为现实生活是很混乱的，而所有的人，包括研究者和被访人都试图去理解他们的现实。

——Elizabeth Chell

（杨可译　沈崇麟校）

参考文献

Andersson, B. E., & Nilsson, S. G. (1964). Studies in the reliability and validity of the critical incident technique. *Journal of Applied Psychology*, *48*(1), 398-403.

Chell, E. (1998). Critical incident technique. In G. Symon & C. Cassell (Eds.), *Qualitative methods and analysis in organizational research: A practical guide* (pp. 51-72). London: Sage.

Chell, E., & Baines, S. (1998). Does gender affect

business performance? A study of micro-businesses in business services in the U. K. *International Journal of Entrepreneurship and Regional Development*, *10*(4), 117-135.

Flanagan, J. C. (1954). The critical incident technique. *Psychological Bulletin*, *51* (4), 327-358.

Ronan, W. W., & Latham, G. P. (1974). The reliability and validity of the critical incident technique: A closer look. *Studies in Personnel Psychology*, *6*(1), 33-64.

批判实用主义(Critical Pragmatism)

批判实用主义是一种方法论取向,它认为社会科学研究应当阐释意识形态的统治、霸权的行为和社会不公;在追求这样的阐释时,它还鼓吹一种折中的方法论实用主义(eclectic methodological experimentalism)。

批判实用主义的关键要素源自批判理论【Critical Theory】,特别是马尔库塞和葛兰西的理论。这两位作家都呼吁研究应关注社会自身如何再生产,以及人们是怎样被说服去接受那些明显不利于他们的观点、信仰和行为的。马尔库塞感兴趣的是人们如何学会挑战普遍存在的单向度的思维,也即那些禁止人们对社会的道德基础进行任何思考、劝阻人们不要进行乌托邦式幻想的思想(Marcuse, 1964)。葛兰西关注的是人们学会承认和质疑霸权的方式,也即人们接受拥抱对其有害、维护不平等结构的思想和行为的过程(Gramsci, 1971)。而实用主义的要素来自美国的实用主义【Pragmatism】传统。实用主义有一种实验主义的、反本质主义的味道,主张不拘一格采用各种方法和办法来发展民主。它提倡对假设进行经常的批判分析,而这就是对具体化、标准化的行为模式或探究方式保持怀疑。

在批判实用主义中的可误论【Fallibilism】的自我批判的要素也意味着它避免依附于某种特定的方法论,无论是定量的、定性的、实证主义【Positivism】的、民族志【Ethnography】的、统计的,还是现象学【Phenomenology】的方法论。批判实用主义的立场拒绝过早陷入某种研究方法之中,无论它看起来多么宽松。它呼吁一种有原则的方法论的折中主义,为了解释和质疑主导性的意识形态愿意采用任何方法。

批判实用主义研究关注许多问题。人们是如何学会主导意识形态的各种推论方法的?他们如何学会质疑意识形态合理化了的社会、文化和政治形态?人们如何学会以突出自身和他人联系的方式阐释自身经验,并认识到团结和集体组织的必要性?人们如何撕下他们的生平和社区中的权力流动(the flow of power)的面具?人们是如何得悉霸权的存在,并了解他们自身在霸权持续存在中的共谋关系?一旦认识到了霸权,人们又是如何与其无所不在的权力效果相抗争的?加芬塔(Gaventa, 1980)对阿巴拉契亚(Appalachia)地权的研究可以作为一个定量取向的批判实用主义的例子。道格拉斯(Douglas, 1990)对得克萨斯州南部小镇的墨西哥裔美国青年的民族志研究可视为定性取向的例子。

——Stephen D. Brookfield

(杨可译　沈崇麟校)

参考文献

Foley, D. E. (1990). *Learning capitalist culture: Deep in the heart of Texas*. Philadelphia: University of Pennsylvania Press.

Gaventa, J. (1980). *Power and powerlessness: Quiescence and rebellion in an Appalachian valley.* Chicago: University of Chicago Press.

Gramsci, A. (1971). *Selections from the prison notebooks.* London: Lawrence and Wishart.

Marcuse, H. (1964). *One dimensional man.* Boston: Beacon.

批判种族理论(Critical Race Theory)

批判种族理论是指对流行法律范式和现行法律中默认的白人至上的大量激烈批评。法律文献和有关公民权的话语曾经为白人学者和法律从业者的作品所垄断。批判种族理论自1990年代兴起,主要是(但并不仅仅是)由美国的有色人种进步学者所推动的思想运动(Crenshaw et al., 1995)。批判种族理论解构了代表白人的法律、象征和物质资本。它的使命就是批判法律,并最终对促成构建和维护种族统治和臣服关系的法律进行改造。尽管批判种族理论以法律学科为基础,但因为其综合了经验深度、政治以及理性的严谨,故而易于得到社会科学家的理解和重视。

批判种族理论可视为对抗性写作(oppositional writing)的激进传统的一部分(Essed & Goldberg, 2002)。这些方式预设了一个前提,即科学并非"中立"或"客观"的。对历史上曾经经受苦难的群体而言,权利和平等、对和错、公平和不公平的概念有着不同的含义。方法论上有一个重要的问题,即对种族和种族主义常有不同的理解,这要取决于复杂的种族关系矩阵中,具有定义权一方的位置(Bulmer & Solomos, 2003)。包括法院在内的各种机构也倾向于原谅作恶者的种族主义观点,因为经常采用的是基于动机证明的一个狭义定义。而那些经受了各种种族主义之苦的受害人,通常都能理解排斥和羞辱的社会后果。

批判种族理论在将交叉性和多重认同作为理论框架主流化的过程中发挥着作用。种族、性别以及其他结构类型互相交叉,决定了法律和社会的话语。例如,在儿童福利体系中,非洲裔美国妇女失去孩子监管权的情况高得不成比例,其部分原因在于,文化偏见更倾向于白人中产阶级的核心家庭和(全职)母亲的理想。

批判种族理论的学者把文本和叙述作为数据,揭露出传统法律分析的限制和歪曲之处。他们通过对曾经作为种族关系标志的历史性案例以及其他法院的案例的语境分析解构了法律。著名的"隔离但平等"案,即普莱西诉弗格森案(Plessy *v.* Ferguson,1896)下面潜藏的色盲的迷思是一个很合适的例子。法庭把种族当作与社会地位无关的范畴来对待,重新确认了种族隔离制度。批判种族理论提供了一个理解法庭系统如何以及为何要继续强化种族不公的框架。对历史和当代有关种族不公的文本和故事进行收集和分析是非常有力的工具,有助于在追求社会变革的过程中进行确证和理解。

——Philomena Essed

(杨可译 沈崇麟校)

参考文献

Bulmer, M., & Solomos, J. (Eds.). (2003). *Researching race and racism.* London: Routledge Kegan Paul.

Crenshaw, K., Gotanda, N., Peller, G., & Thomas, K. (Eds.). (1995). *Critical race theory.* New York: The New York Press.

Essed, Ph., & Goldberg, T. D. (Eds.). (2002). *Race critical theories: Text and context.* Malden, MA: Blackwell.
Plessy v. Ferguson, 163 U.S. 537 (1896).

批判实在论(Critical Realism)

批判实在论是一种理解自然和人文社会科学本质的方式。尤其是对理解人类社会科学而言，批判实在论也提倡某些理解方式，并把它们应用于实际，以反对其他的一些理解方式。作为实在论【Realism】的一支，它公开承认，科学知识的对象其存在和行动都独立于对它们的认识。不过，“批判的”这个限制条件，使得这种实在论区别于其他实在论，也即所谓的直接或朴素实在论。后者假定在信仰和现实之间有一种简单的“一一对应”关系。在人文社会科学中，限定词“批判的”通常还代表一种对既有的社会形态的一种规范化的批判取向。

批判实在论者在独立存在的实在、关系、过程等[“不及物维度(intransitive dimension)”]科学知识的对象，与社会文化生产出来的概念、知识主张以及我们试图理解它们的方法之间作了清晰的区分。后者[有时被称为“及物的维度(transitive dimension)]”(Bhaskar, 1979/1998)总是临时性的、不可靠的。因此，批判实在论者充分承认社会科学理论框架和知识宣称由社会和文化“建构”的特性，但他们指出，诸如实验、科学教育以及实践科学观点等活动，以科学知识对象的独立存在为先决条件。除非将那些实践置于它们是在这一断言的基础之上，否则我们就无法理解这些实践，即使如此，我们也还是可以对有关“某物”的特定断言的真实性提出质疑。

大多数情况下，批判实在论者在反对相对主义者时，常与一些方法联系起来(例如他们自己采用的方法)，这些相对主义强调知识的社会建构的特征。即使不对不可证实的“终极”或“绝对”真理的概念作出承诺，通常它也总是可以根据已有的证据，对一些竞争的知识宣称的理性正当程度(暂时的)进行评估。

批判实在论者对经验主义者和相对主义者对自然科学活动之本质的观点提出了强有力的挑战。特别是巴斯卡尔(Bhaskar, 1975/1997)用诸如科学实验这样的实践的先验论证(transcendental arguments)证明了在科学本体论【Ontology】和科学规律描述上的经验限制的不连贯性。实验实践是被设计用来分离因果机制的，故而可产生正规事件顺序，或“恒定的巧合”。但因为这些恒定的巧合是实验操作的结果，不能被等同于科学规律(否则的话，我们就得说自然规律是人类控制的产物了)。

这个分析带来了一种“分层的”世界观，把观察到的事件的“层”(“经验”)与“实际”的事件流(大多数都未被观察到)区别开来。被误称为“真实的”第三层(因为所有的层都在一定程度上是真实的)就是“因果机制”这一层，其趋势正是有关科学定律的陈述所要捕捉的。批判实在论可能被合理地描述成一种“深度”实在论，表征着现实在感官经验背后或下面的多层存在，有待科学实验和理论分析来发现。就这样，科学就被看作一个发现更深层的现实(基因、分子、原子、亚原子、粒子、力场、类星体等)的过程，而非对累积的经验的概括总结。对将这些科学知识应用于技术的实践的分析，则会进一步要求将世界的本质看作是科学知识的对象。这就是它的“差异化的”特征。实验实践只是将因果机制从外来影响中分离开来（即制造“封闭系统”），而技术则涉及科学知识在“开放系统”中的应用，牵涉多种因果机制互动。在开放系统中，各种机制的相互作用会导致它们的效果被覆盖或修改，致使规则的或可预测的事件流和观察可能不会出现。

对于科学的批判实在论模型是否适用于社会科学还有不少争论。对有些社会科学哲学家而言，人类及其社会关系与自然界有很大不同，基本上无法以任何自然科学模型为基础来对其进行研究。但是，批判实在论者基本上接受一个观点，虽然他们认识的对象和自然科学的对象有很大的区别，但社会研究仍然可以是科学的。不过，如果我们承认每种科学都必须采用适合其主旨的提问方法和解释的形式，那么用（批判实在论的）科学方法研究社会生活究竟意味着什么仍然是一个悬而未决的问题。

在 1970 年代，有些作者曾从实在论的角度提出了这个问题（Benton，1977；Bhaskar，1979/1998；Keat & Urry，1975）。巴斯卡尔提出，社会科学也可以是科学——并非仅仅是姑妄言之，而是因为科学在自然和社会之间存在公认的差异，我们和这二者的关系也同样有所不同。我们之所以会认为社会结构存在，其唯一的依据是代理者的活动，取决于代理者对它们的信仰，而且只是相对持久的。关于观察者的部分同一性（the partial identity of the observer）和观察什么也都是问题：社会科学本身就是社会的组成部分，因而在社会科学中不可能建立实验式的封闭。

对巴斯卡尔（Bhaskar，1979/1998）而言，这些差异仅仅意味着社会科学必须在其方法论中对它们予以关注——例如，开始着手研究行动者自己怎样理解他们做的事。对他来说，社会危机就好比自然科学中的实验。然而，科利尔（Collier，1994）则认为，即使社会科学没有与自然科学中对应的实验，也不能以此为理由否定它们（社会“科学”）可以是完全科学的：他把它们称为民智（epistemoids）。乌思怀特（Outhwaite，1987）认为，批判实在论和批判理论相关，而本顿（Benton，1998）则在批判实在论中看到了社会和自然科学的非还原的重新组合的基础，这一基础对理解生态问题尤为重要。

批判实在论者中有争议的另一个领域是理解与道德或政治价值之间的关系。巴斯卡尔等人认为，可以从实在论者的科学阐释中导出价值——因此（导出）“批判的”社会科学就有了可能，它面向一种人类解放的愿景。马克思对意识形态的“解释性的批判”是最著名的例子：在其他条件不变的情况下，易于让其代理产生错误观念的社会和经济关系是不合时宜的，因而应当被变革。赛耶（Sayer，2000）反对这一点，认为只有以合乎情理的替代性解释为依据时，对现存的社会形态的批判才是正当的。

总的来说，就支持批判实在论的社会科学家而言，他们都坚定地相信，社会结构和人的能动性（human agency）之间存在差别。这两者都被视为真实、独特但也互相依赖的层面。代理者通过他们的活动复制和改变着社会结构，而社会结构既使得社会行动成为可能，也对其施加限制（Archer，1995）。批判实在论在地理学、经济学、法学、社会学、心理学、女性主义和环境研究中还在不断发展，而其他一些领域也都受惠于批判实在论（有关批判实在论的应用的例子，请参见 New, 1996; Porter, 1993)。

——Ted Benton

(杨可译　沈崇麟校)

参考文献

Archer, M. (1995). *Realist social theory: The morphogenetic approach.* Cambridge, UK: Cambridge University Press.

Archer, M., Bhaskar, R., Collier, A., Lawson, T., & Norrie, A. (Eds.). (1998). *Critical realism: Essential readings.* London: Routledge Kegan Paul.

Benton, T. (1977). *Philosophical foundations of the three sociologies.* London: Routledge Kegan Paul.

Benton, T. (1998). Realism and social science. In M. Archer, R. Bhaskar, A. Collier, T. Lawson, & A. Norrie (Eds.), *Critical realism: Essential readings.* London: Routledge Kegan Paul.

Bhaskar, R. (1997). *A realist theory of science.* London: Verso. (Original work published 1975)

Bhaskar, R. (1998). *The possibility of naturalism.* Hemel Hempstead, UK: Harvester Wheatsheaf. (Original work published 1979)

Collier, A. (1994). *Critical realism.* London: Verso.

Keat, R., & Urry, J. (1975). *Social theory as science.* London: Routledge Kegan Paul.

New, C. (1996). *Agency, health and social survival.* London: Taylor & Francis.

Outhwaite, W. (1987). *New philosophies of social science.* London: Macmillan.

Porter, S. (1993). Critical realist ethnography: The case of racism and professionalism in a medical setting. *Sociology*, *27*, 591-609.

Sayer, A. (2000). *Realism and social science.* London: Sage.

批判理论(Critical Theory)

任何对社会机制的理论化和对社会关系模式的理论化如果在一定程度上与看待社会和社会关系的主流方式不同,就可以称为批判的。不过,“批判理论”一词通常是用来指称与著名的社会研究的法兰克福学派及其追随者相关联的一套特殊观点。法兰克福学派的追随者对其最初的见解、愿望和议程进行了修改和扩充。

在第二任主任霍克海默(Horkheimer, 1895—1973)的主持之下,法兰克福社会研究所(the Institute for Social Research at Frankfurt)将研究的重心放在了以下几个关键领域:对欧洲缺乏统一的工人阶级运动进行解释、对资本主义危机的性质和后果进行考察、对现代社会中政治和经济领域的关系进行思考、对作为政治运动出现的法西斯主义和纳粹主义进行解释、对家庭社会化进行研究、对实证主义【Positivism】和科学之间的关系不断进行批判。为了进行这一研究,需要与那些曾阻碍黑格尔、马克思以及法兰克福学派的人,例如曾质疑启蒙工程(the Enlightenment Project)的叔本华和尼采进行系统的交锋,以恢复马克思主义的诺言。

综上所述,不断变化的气氛塑造了这些学者的研究。在纳粹德国,法兰克福研究所面临的威胁是其主要成员,包括阿多诺(Theodor Adorno, 1903—1969)、霍克海默、马尔库塞(Herbert Marcuse, 1898—1979)都移民到了美国(阿多诺和霍克海默在第二次世界大战之后回到了德国)。他们在这个研究所发现了一种自信的中产阶级的自由资本主义,它具有一种吸纳和中和无产阶级意识的显而易见的能力。这是伴随着成功和精英政治理念的个人主义意识形态的人格化。分析这些趋势及其影响需要考虑文化,直到此时,在马克思主义者的圈子中,文化的价值一直饱受贬抑。

这些学者的研究都是跨学科的(因此预言了那些在当代更为引人注目的争论),同时伴随对理解人类关系的实证主义和诠释主义方法的批评。一方面,实证主义没有考察资本主义发展和持续的条件。另一方面,诠释主义则被认为不够精确,因为它只关注自我理解和自我意识这一过程。致使它毫无批判地接受某个给定社会内的主导的意识形态,因而无法考虑人类行动的结构因素。

于是,在启蒙工程中也加入了历史的考察。在此我们发现:与经济强权相比,个人已完全贬值,与此同时,经济强权迫使社会对自然的控制已达到了前所未有的、意想不到的高度……巨细靡遗的信息洪流和棉花糖式的娱乐(candy-floss entertainment)在指导人类的同时,也使人类变得愚蠢(Adorno & Horkheimer, 1944/1979, pp. xiv-xv)。

以此为基础,意识形态整合的过程进入了研究范畴。于是马尔库塞(Marcuse, 1968)在《单向度的人》(*One Dimensional Man*)中也提到了社会的“技术管理控制”。

这种元批评(meta-critique)注重的是下面的问题:在拒绝了诠释主义的社会理论之后,我们如何对心灵状态进行重要的分析?于是弗洛伊德作为整个精神分析和社会理论关系史中的一员,在这里登场了。这时,我们关注的已不再是理解社会世界中孤独的自我,而是没有看到自己症状成因的自我误解的人。不过,还是有问题存在。直至法兰克福派理论家时代到来之前,马克思主义者一直对精神分析嗤之以鼻,认为它会分散人们对推翻不公正经济体系这一事业的注意力。然而,精神分析毕竟还是可以被视为一种改善之举,当然,它不是解决问题之道,更别说是革命的壮举。从概念上讲,它是从个人出发的,倾向于低估社会条件和社会限制。

因此,如果弗洛伊德的工作要满足批判理论的需要,就需要进行改造。此时,利奥·洛文塔尔和弗罗姆登场了,成了批判理论这一阶段发展的中心人物。例如,弗罗姆就考察了个人和极权主义的关系。他整个一生都相信,我们爱和自由的能力都不可避免地与社会经济条件相关联。在阿多诺及其1950年代的同辈研究者有关现代人格类型结构的社会心理学研究中,对弗洛伊德的兴趣也显而易见,威廉·赖克有关性别和资本主义关系的研究中也体现出了这一点。

对批判理论来说,理论和事实之间存在着一种持续不断的互动,因而理论家都致力于探寻其命题构成与他们从中发现自身的社会背景之间的关系。有关产生什么、在什么环境下和有何种效果之间的关系的自反性【Reflexivity】,将传统理论和批判理论区别开来。此外,研究结果反馈给社会生活的议题对研究者来说不是一个“问题”。相反,批判研究的恰当性就在于它具有的鼓舞政治行动的价值。

尽管批判社会研究自认是“时代的愿望和斗争”,但实际情况仍然没变,批评家们虽然承认不可能将价值和研究相分离,但还是认为试图把价值和研究混为一谈的说法站不住脚。说到底,是谁在定义何种价值才具有重要性?不仅如此,批判又是以什么为基础的?这是自由个人的自主权吗?自主权这个概念变得抽象,因为个人怎么能被假定为脱离其所属的社会关系呢?这个批判的基础太不现实,显得虚无缥缈、曲高和寡。这些批评以及其他一些批评主要源自批判理论指引下的研究实践。

在所有的当代学者中,哈贝马斯是这个传统最多产的继承者,他用大量的改造和批评处理了上述问题。这个遗产在南希·弗雷泽(Fraser, 1997)和阿克塞尔·霍奈特(Honneth, 1996)以及布迪厄(Bourdieu, 2000)

那里也有所呈现,弗雷泽和霍奈特对有关认知和再分配的讨论有所贡献,布迪厄则提出了"理性的现实政治"。至于福柯,他自己在《评述马克思》(*Remarks on Marx*)一文中的话可以充分地说明其观点:"法兰克福学派引发的问题还有人在不断研究。其中,权力的后果与一种西方从历史上和地理意义上定义的理性相关,而这个过程从16世纪就开始了。"(Foucault, 1991, p. 117)

——Tim May

(杨可译　沈崇麟校)

参考文献

Adorno, T., & Horkheimer, M. (1979). *Dialectic of enlightenment* (J. Cumming, Trans.). London: Verso. (Original work published 1944.)

Bourdieu, P. (2000). *Pascalian meditations* (R. Nice, Trans.). Cambridge, UK: Polity.

Comstock, D. E. (1994). A method for critical research. In M. Martin & L. C. McIntyre (Eds.), *Readings in the philosophy of social science* (pp. 625-639). Cambridge: MIT Press.

Foucault, M. (1991). *Remarks on Marx: Conversations with Duccio Trombadori* (R. J. Goldstein & J. Cascaito, Trans.). New York: Semiotext(e).

Fraser, N. (1997). *Justice interruptus: Critical reflections on the "postsocialist" condition.* London: Routledge Kegan Paul.

Honneth, A. (1996). *The struggle for recognition: The moral grammar of social conflicts* (J. Anderson, Trans.).Cambridge: MIT Press.

Marcuse, H. (1968). *One dimensional man: The ideology of industrial society.* London: Sphere.

Morrow, R. A. (with Brown, D. D.). (1994). *Critical theory and methodology.* London: Sage.

Wiggershaus, R. (1995). *The Frankfurt School: Its history, theories and political significance* (M. Robertson, Trans.).Cambridge, UK: Polity.

临界值(Critical Values)

在假设检验【Hypothesis Testing】中,我们确定数据是否极端到足够对虚无假设【Null Hypothesis】产生怀疑。如果数据是极端的,我们就拒绝虚无假设;如果数据是适中的,我们就接受虚无假设。在极端和适中的数据之间、接受和拒绝虚无假设之间的阈值称为临界值。

假设我们掷一枚硬币10次。一个显而易见的虚无假设是,这枚硬币是公正的,或出现面朝上和面朝下的可能性是相等的。如果这个虚无假设是真的,那么我们可能将掷出接近5次的面朝上。如果面朝上的数目接近5(适中),一个明智的检验将会接受虚无假设;而如果面朝上的数目与5相去甚远(极端),检验就会拒绝虚无假设。例如,如果我们掷出了9次或更多的面朝上,或者我们掷出了1次或更少的面朝上,那么一个检验就可以拒绝虚无假设。对这个检验而言,1和9就是临界值。

临界值与显著水平【Significance Level】是相关的。上面的检验,其显著水平是0.021 5。在上面这一虚无假设下,面朝上的次数至少会像临界值那样极端的概率为0.021 5的(这个概率是用二项分布【Binomial Distribution】计算的)。我们可以用这个临界值来计算显著水平,这就像我们在这里计算的一样。然而更为普遍的做法是,先选择显著水平,然后再计算临界值。

用临界值进行检验,等价于用p值进行检验。这就是说,因为极端的数据而拒绝一个假设,等同于因为一个小的p值而拒绝一个假设。例如,掷10次硬币产生了10次面朝上,10 次是比临界值 9 次更为极端的数目,这样我们将用临界值来拒绝虚无假设。但是如果我们用双尾【Two-Tailed】的 p 值,也可以拒绝这个虚无假设。10 次面朝上的 p 值是 0.002,它小于显著水平 0.021 5。诚如本例所示,基于 p 值的决定,总是与基于临界值的决定是一致的。

——Paul T. von Hippel

(沈崇麟译校)

Cronbach α(Cronbach's Alpha)

Cronbach α 是一种用于评估含有一个以上成分(如题项、评级)的综合量度的应答的一致性的内在信度【Internal Reliability】估计量。α 系数是使用最为广泛的信度估计量,它是由克龙巴赫于 1951 年首先引进的。根据《社会科学引文索引》(*Social Sciences Citation Index*),在 1951—2002 年,这篇文章被其他作者引用了 4 912 次。那些在文章中提到了 Cronbach α,但没有引用原文的、出版的和未出版的文章数很可能是一个天文数字。

Cronbach α 和标准化的 Cronbach α 可用公式表示为

$$\alpha = \left(\frac{k}{k-1}\right)\left(1 - \frac{\sum_{i=1}^{k} s_i^2}{s_t^2}\right)$$

而标准化的公式则是

$$\alpha = \frac{k\bar{r}}{1 + \bar{r}(k-1)}$$

式中的 k 是综合量度中的成分数,s_i^2 是成分 i 的方差,s_t^2 是量度上的总分数的方差,而 $\bar{r}$ 则是平均的成分间的相关。在需要计算成分的标准化分数,而不是原始的成分分数时,就要使用标准化的 Cronbach α。Cronbach α 的精度取决于成分间相关的标准误差,其计算公式为

$$\frac{s_r}{\sqrt{[0.5 \times k \times (k-1)] - 1}}$$

式中的 s_r 是成分间相关的标准差。在所有其他方面相等时,如果在成分之间相关之中的变差变大,那么 Cronbach α 的精度便会降低。然而,应该注意的是,Cronbach α 的大小并非标准误差的大小的函数。可能会有两套 k 个成分,在成分之间相关之中的变差量虽然不同,但 Cronbach α 系数却相似,因为它们取决于平均的成分之间相关。

从概念上讲,是 Cronbach α,而非标准化的 Cronbach α 才是由一个基于所有成分的公共因子解释的综合量度的方差比例的下限估计值。尽管这个陈述说明 Cronbach α 不应该是负的,且只能在 0~1 变化,但实际上观察到一个负的 Cronbach α 并不是不可能的。表 1 列出了一个七个题项的量度施于 10 个人一组的测量结果。每个题项有 1,2,3 三个答案类别。阿尔法系数是负的,而它的绝对值甚至大于 1。

Cronbach α 可能会受到回答人和成分的特性的影响。在每件事都相等时,如果回答人是同质的(即在一个量度评估的特性上是相同的),那么 s_t^2 会趋于下降。正如从上面的公式看到的一样,一个小的 s_t^2 将产生一个小的阿尔法系数。其次,随着高质量成分数的增加,Cronbach α 也趋于变大。然而这些正向特征,在成分数太大,致使 $\frac{k}{k-1}$ 接近 1 时,就不再那么突出。注意,如果一个量度的成分是异质的,这就意味着潜在于成

分之中的因子或维度在一个以上。Cronbach α 将会低估这个真的信度。此外，彼得森（Peterson，1994）的元分析【Meta-Analysis】发现，在一个量度由少于四个题项、每个题项只有两个答案类别的题项组成时，Cronbach α 将会低估真信度。必须强调的是，高的 Cronbach α（如 0.8）并非必定意味着潜在的成分因子或维度必定只有一个。高内在一致性是单维性（unidimensionality）的必要条件而非充分条件。还有一个应该注意，但常常被人们所忽略的问题是，Cronbach α 并非对所有复合量度的信度估计都适合。例如，在一个复合量度的成分是一种构造的因果指标时，就不宜用 Cronbach α 来做信度估计。举一个例子，假如有一张描述社会活动的构建的清单，上面列出的行为有看电视、看书、滑雪、访友和下棋，而这些活动不能被看作一些平行的成分，所以 Cronbach α 是不能为这一量度提供精确的信度估计的。

表 1　负的 Cronbach α 例证

人	题项 1	题项 2	题项 3	题项 4	题项 5	题项 6	题项 7	总计
A	1.00	2.00	2.00	2.00	1.00	2.00	2.00	12
B	2.00	1.00	2.00	3.00	2.00	3.00	2.00	15
C	1.00	2.00	1.00	2.00	2.00	2.00	2.00	12
D	2.00	3.00	2.00	1.00	2.00	1.00	2.00	13
F	1.00	2.00	3.00	2.00	1.00	2.00	3.00	14
G	3.00	1.00	2.00	3.00	2.00	1.00	2.00	14
H	1.00	2.00	2.00	2.00	2.00	2.00	1.00	12
I	2.00	1.00	2.00	1.00	2.00	1.00	2.00	11
J	1.00	2.00	1.00	2.00	3.00	2.00	1.00	12
K	1.00	3.00	2.00	1.00	2.00	2.00	2.00	13
方差	0.45	0.49	0.29	0.49	0.29	0.36	0.29	1.36

$$\alpha = \left(\frac{k}{k-1}\right)\left(1 - \frac{\sum_{i=1}^{k} s_i^2}{s_t^2}\right) = \left(\frac{7}{6-1}\right) \times \left(1 - \frac{2.66}{1.36}\right) = -1.12$$

$$\text{标准化}\alpha = \frac{k\bar{r}}{1+\bar{r}(k-1)} = \frac{7 \times (-0.080\,2)}{1 + (-0.080\,2) \times (7-1)} = -1.08$$

——Peter Y. Chen

Autumn D. Krauss

（沈崇麟译校）

参考文献

Cortina, J. M. (1993). What is coefficient alpha? An examination of theory and applications. *Journal of Applied Psychology*, *78*, 98-104.

Cronbach, L. J. (1951). Coefficient alpha and the internal structure of tests. *Psychometrika*, *16*, 297-334.

Osburn, H. G. (2000). Coefficient alpha and related internal consistency reliability coefficients. *Psychological Methods*, *5*, 343-355.

Peterson, R. A. (1994). A meta-analysis of Cronbach's coefficient alpha. *Journal of Consumer Research*, *21*, 381-391.

跨文化研究(Cross-Cultural Research)

从人类学的意义上来说,跨文化研究可以被定义为对不同文化的任何描述或比较。跨文化研究也可在系统比较的意义上使用,其明确的目标在于回答那些有关文化差异的发生率、分布和成因的问题(Ember & Ember, 2001)。尽管它对于确认各种文化中重复出现的主题和模式很有用,但在对文化的相同点做概括时可能因为心理定式的危险而有一定的风险。模式可以给跨文化的理解提供整体的结构,但这些模式也可能会遮蔽每种文化内的极大的个体差异。

无论其目标是描述一种区别于研究者文化的独特文化,还是进行跨文化的比较,在进行跨文化研究时总是会出现许多问题。种族中心主义也都用自己的文化作为评判别人的透镜或标准——对于理解另一种文化经验的一种障碍。文化相对主义重视文化差异性,强调要从其他文化自身的环境中来理解其他文化中的人。

在跨文化比较中,样本内的差异性,以及非文化维度上的差异性可能会对比较研究的效度【Validity】产生危害(Hujala, 1998)。在一项有关美国和芬兰的教师的想法的研究中,研究者希望用国家的政治边界来将文化定义为他们的自变量。但是,芬兰的教师和美国的教师在其他的重要维度上存在着差异。芬兰的教师比美国的教师所受的培训更多,而这种差异可能解释一定社会的教师想法的差异,而非文化想法的差异。戈保罗-麦克尼科尔和阿穆尔-托马斯(Gopaul-McNicol & Armour-Thomas, 2002)提出,研究者应考察文化和阶级、文化和民族、文化和语言之间的关系,以更好地理解如何观察文化群体之内和之间的有意义的差别之处。他们提出了与一个国家的优势文化和次优势文化相关的问题,以及与每个群体有联系的认识论【Epistemology】假定。经由主流文化群体发展的研究方法和数据收集工具,可能会造成对非优势群体的个人经验相对忽视。

跨文化研究的团体对跨文化的测量可以发展到何种程度有一番争论,反映出在此问题上的不同立场(Evans, 2000)。其中一个立场是,测试可用适当的语言进行翻译,由本国测试人员实施,提供熟悉的内容,从一种文化转换成另一种文化。文化心理学家则持有一种不同的立场,因为他们强调符号文化的重要性,也就是说,强调共享的价值和意义、认知和交流的重要性(Greenfield, 1997)。因此,只有在具体问题的具体答案的取值或价值达成一致的意见、在不同文化中相同题项的含义必须相同,且对这些研究工具有上佳的语言翻译时,一个测试才能被用于另一个文化之中。此外,对相关信息的定义也必须普遍一致,而且和陌生人交流也必须为人所接受。

为了得到跨文化研究的有效数据，人们必须确定概念的地方定义(Evans,2000)。在西方国家与在肯尼亚乡下小村对智力的测量可以作为一个例子来说明概念的地方定义是多么重要。在肯尼亚乡下，村民描述孩子智力的术语是他们能说出多少动物和树木的特点、用途和名称，或者在指定的距离内，孩子们能把凳子或者食物这类东西搬多远。这些就是村民们在孩子要入学时用来判断他们成长是否正常的标准。

在研究项目中文化表达对进行可靠的文化研究至关重要。这个原则适用于多文化的国家内以及跨国的研究。这需要你从研究过程一开始就全身心地投入。正在进行的教育成就评估国际协会的学前教育研究(Preprimary Study of the International Association for the Evaluation of Education Achievement,Olmsted & Weikart, 1994)就是遵循这个原则的一个跨文化研究的例子。这项研究被设计用来调查各种不同幼儿期经验的性质及其对幼儿的长期发展有什么影响。这个研究的过程和工具是由最初参与这个研究的各国(即比利时、中国、芬兰、德国、中国香港、意大利、尼日利亚、葡萄牙、西班牙、泰国、美国)学者所组成的跨文化的研究团队开发的。整个团队来决定研究要包括哪些内容，以及能最好地表现他们的文化的例子和措辞。

在跨文化的研究中，测量的效度可能会受到研究工具的翻译以及与陌生人或长者相处的文化规范的影响(Evans, 2000)。即使是精确的语言翻译也仍然有可能会带来误解，因为词汇往往会附带多种意义。翻译应该不仅是字面的翻译，还应该是含义的翻译。和孩子一起做研究有可能会受到文化规范的影响，尤其是在成年人普遍不询问孩子的意见，或者不主张孩子在成人在场时说话的情况下。在这种情况下，研究者可考虑做一个表现性评估，这种评估并不是直接提问。

——Donna M. Mertens

(杨可译　沈崇麟校)

参考文献

Ember, C. R., & Ember, M. (2001). *Cross-cultural research methods.* Walnut Creek, CA: AltaMira.

Evans, J. L. (2000). *Early childhood counts.* Washington, DC: World Bank.

Gopaul-McNicol, S.-A., &Armour-Thomas, E. (2002). *Assessment and culture: Psychological tests with minority populations.* San Diego: Academic Press.

Greenfield, P. (1997). You can't take it with you: Why ability assessments don't cross cultures. *American Psychologist*, *52*(10), 1115-1124.

Hujala, E. (1998). Problems and challenges in cross-cultural research. *Acta Universitatis Ouluensis*, *35*, 19-31.

Olmsted, P., & Weikart, D. P. (Eds.). (1994). *Families speak: Early childhood care and education in 11 countries.* Ypsilanti, MI: High/Scope Press.

交叉滞后模型(Cross-Lagged)

交叉滞后模型广泛用于追踪数据【Panel Data】，或同一个体或单位在不同时间多次收集的数据，为 X 和 Y 之间的因果关系的方向提供证据，并估计每个变量在另一个变量上的因果【Causal】效应的强度。交叉滞后模型涉及在某一期追踪调查测量的每个变量和下一期调查的变量之间的相关【Correlation】或回归系数【Regression

Coefficient】的估计和比较问题。这样的模型潜在的逻辑是，如果 X 是 Y 的一个原因，那么在时间 1 量度的 X 应当和时间 2 量度的 Y 有关，这就是说，X_1 和 Y_2 之间的交叉滞后关系应当是非零的。不仅如此，如果 X 对 Y 的影响大于 Y 对 X 的影响，那么，X_1 和 Y_2 之间的交叉滞后关系，应当强于 Y_1 和 X_2 之间的关系。

如果变量以平均的离差式表示，那么截距项便可省略。

一个两期的追踪调查的交叉滞后模型如图 1 所示。第二期调查的变量 X_2 和 Y_2 被假设取决于它们的第一期调查的值、其他变量的滞后【Lag】值和误差项 U；第一期的 X 和 Y 之间的相关系数由 ρX_1Y_1 表示，而方程的误差【Error】项之间的相关则由 ρU_1U_2 表示。如果变量以平均离差的形式表示，那么省略了截距项的两个方程可写成

$$Y_2 = \beta_1X_1 + \beta_2Y_1 + U_1 \qquad (1a)$$

$$X_2 = \beta_3Y_1 + \beta_4X_1 + U_2 \qquad (1b)$$

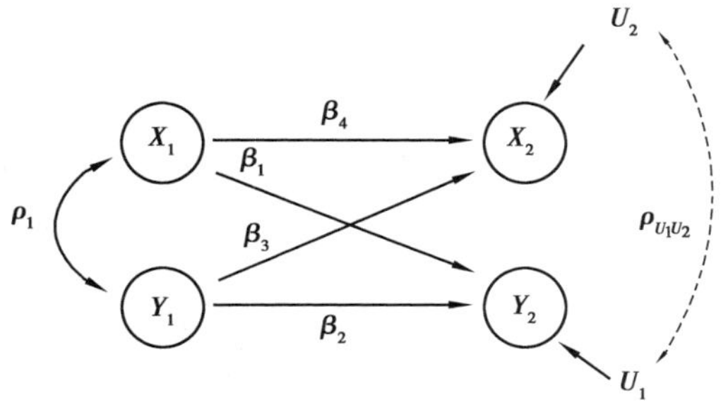

图 1　交叉滞后效应的两期追踪模型

我们在最初就已论证，两个变量之间的因果方向可通过比较两个交叉滞后的相关来确定，也就是看究竟 ρX_1Y_2 大于还是小于 ρY_1X_2 来确定。然而，很多学者指出，交叉滞后相关是图 1 中因果效应 β_1（或 β_3），以及每个变量的历时稳定性（如 ρX_1X_2 或 ρY_1Y_2）及 X 和 Y（ρX_1Y_1）之间的初始相关的函数。因此，尽管现在仍有人在检验 X 和 Y 之间的假关联的某种模型中使用交叉滞后相关分析，但在因果方向和强度问题上，使用更为广泛的则是回归【Regression】和结构方程【Structural Equation】模型（Kenny, 1979）。

在交叉滞后追踪模型的因果推论中存在几个重大的风险。首先，Y_1 和 X_1 的量度误差将会降低 X 和 Y 的历时稳定性的估计值的精度，因此，也会导致交叉滞后估计值的偏倚（Kessler & Greenberg, 1981）。其次，正如纵向【Longitudinal】数据常会遇到的一种情况一样，误差项 U_1 或 U_2 可能会自相关【Autocorrelation】，从而导致 Y_1 和 U_1 及（或）X_1 和 U_2 之间的非零关系。更为重要的是，交叉滞后模型可能会产生错误的结果，因为 X 和 Y 之间真的因果滞后大大短于测量之间的时间期（Plewis, 1985）。在遇有这样的情况时，恰当的做法是设定一个"同步（synchronous）"或"同时（cotemporal）"效应模型，在这种模型中，假设 X_2 和 Y_2 在同一时期相互影响。兼有交叉滞后和同步效应的模型也是可以设定的。这种模型可用工具变量【Instrumental Variable】、相关的程序或在多期调查中通过在跨期的参数上设置等式或其他的约束来设定和估计。

——Steven E. Finkel

（沈崇麟译校）

参考文献

Kenny, D. A. (1979). *Correlation and causality*. New York: John Wiley.

Kessler, R., & Greenberg, D. (1981). *Linear panel analysis*. New York: Academic Press.

Plewis, I. (1985). *Analysing change: Measurement and exploration using longitudinal data*. Chichester, UK: Wiley.

横截面数据(Cross-Sectional Data)

横截面数据来自一种每个参与者的所有观察都在几乎同一个时点收集,且时间并非研究设计【Research Design】中的要素的调查研究。所有观察都被认为是同时作出的,尽管实际上这绝不会是真的。即使在单个访谈中,个人也是按时间顺序来完成一个一个题项的,而在一个研究中,参与者一般是不会在同一时间提供数据的。然而,这样一种设计的时间期限一般都比较短,因而我们假定研究期间的观察时间有只会产生误差的随机【Random】效应。这与纵向【Longitudinal】设计不同,在纵向设计中,观察是在不同的时点进行的,以了解变量是否会因为在研究过程中发生的那些事件而有所不同。

"横截面"一词常被用来描述问卷【Questionnaire】研究。最简单的横截面设计是单源横截面设计(the single source cross-sectional design),在这种设计中,参与者提供有关自己所有的数据,且所有的题项和量表都在单独一次(访谈)单元内完成。多源设计增加了一些未包含在参与者问卷中的数据【Data】,因而有可能包括给其他人(如同事或家庭成员)的问卷、观察员提供的数据或档案数据。另一种方法是将一份长问卷分成在两个不同访谈单元实施的两个部分,但并没有要做一些有关时间问题的推论的想法。

我们有可能不用问卷调查和在抽样单位并非一个人的研究中获取横截面数据。例如,我们可以看看美国人口普查中的不同变量之间的关系,而美国人口普查的所有数据则被认为是在同时收集的。

横截面数据对于确定两个变量【Variable】是否有关系这样的问题效率很高。它们最大的局限是不能作出因果【Causal】结论(Shadish, Cook, & Campbell, 2002; Spector, 1994)。不将时间纳入设计,我们就无法确定两个关联的变量之间的因果方向,或是否有另外的可解释观察到的关系的变量。为了达到这一目的,我们必须采用纵向设计或做一个实验【Experiment】。

——Paul E. Spector

(沈崇麟译校)

参考文献

Shadish, W.R., Cook, T.D., & Campbell, D.T. (2002). *Experimental and quasi-experimental designs for generalized causal inference*. Boston: Houghton-Mifflin.

Spector, P.E. (1994). Using self-report questionnaires in OB research: A comment on the use of a controversial method. *Journal of Organizational Behavior*, *15*, 385-392.

横截面设计(Cross-Sectional Design)

横截面设计与一种假定数据在同一时点收集的数据收集法有关。其目的是得到一个群体的一张"快照"或照片。我们假设数据能代表个人、群体、单位、行为或其他的分析单位,而数据则可用一系列程序来收集。实际上,"横截面设计"一词常与"调查"【Survey】一词互换,而在大多数时候都是指那些通过对代表自己、家庭、机构或其他的社会实体的个人进行的访谈或问卷调查。

尽管不是硬性规定的,但是横截面设计确实常常假定研究的群体或总体的特性是异质的,这就是说,在研究总体【Population】中的许多年龄、行为和观点不同的人是被代表的。横截面设计的目的是设法恰当地"代表"群体内的多样性。由异质性假定可推出以下假定:在分析发现和下结论时,适当地代表和推论较大的总体或群体是必要的,因为我们研究的对象都是从那里抽取的。正因如此,我们必须对研究对象的抽取方法予以特别的关注。如果在横截面研究涉及的范围内,数据并非从整个感兴趣的总体抽取的,那么了解研究对象是如何抽取的这一问题是十分重要的。概率【Probability】或系统【Systematic】抽样策略通常是横截面设计的首选。因为横截面设计的数据是在同一个时点收集的,因此分析的重点是考察单个变量【Variable】的频数分布【Frequency Distribution】和两个或多个变量之间的关联【Association】。研究者有时把描述性和解释性的【Explanatory】横截面研究加以区别,因为超越描述的解释性研究旨在考察某些事物是如何影响或导致变化的(如探讨遭受自然灾害是否会增加心理压力),并试着就这些问题得出一些结论。

横截面设计可以与群体比较或个案控制【Case Control】设计、纵向【Longitudinal】/前瞻性或追踪【Panel】设计和实验【Experiment】或准实验【Quasi-Experiment】设计相比较。纵向、实验和群体比较设计的目的在于加大预测、调查因果【Causal】链和"解释"某些事物为什么和怎么样发生的能力,而横截面设计却能更好地描述两个变量之间的关系。这些设计(如实验设计)不太关心外在效度【External Validity】,或是否需要推广到一个更大的总体这样的问题,因而它更关心内在效度【Internal Validity】,或需要精确地测量变量或建构之间的关系。

社会学家早期做的大多数研究都是有关怎样设计横截面研究的。保罗·拉扎斯菲尔德是对早期的横截面研究作出很大贡献的主要研究者之一。而莱斯莉·基什则对横截面研究的抽样问题作出了很大贡献(Kish, 1965; Lazarsfeld, 1958)。在计算机技术取得长足的进步之前,拉扎斯菲尔德对横截面数据的因果推论法作出了特别的贡献。他在精细模型【Elaboration】方面的工作,后来被莫里斯·罗森堡(Rosenberg, 1968)进一步拓展。

——Linda B. Bourque

(沈崇麟译校)

参考文献

Aday, L. A. (1996). *Designing and conducting health surveys: A comprehensive guide* (2nd ed.). San Francisco: Jossey-Bass.

Kendall, P. L., & Lazarsfeld, P. F. (1950). Problems of survey analysis. In R. K. Merton & P. F. Lazarsfeld (Eds.), *Continuities in social research: Studies in the scope and method of "the American soldier"* (pp. 160-176). Glencoe, IL: Free Press.

Kish, L. (1965). *Survey sampling.* New York: John Wiley.

Lazarsfeld, P. F. (1958). Evidence and inference in social research. *Daedalus*, *87*, 120-121.

Rosenberg, M. (1968). *The logic of survey analysis.* New York: Basic Books.

交叉表(Cross-Tabulation)

交叉表是一种显示两个变量之间的关系【Relationship】的表,它也称为交互表或列联表【Contingency Table】。最简单的交叉表是一张 2×2 的表,它包含四个格【Cells】[每一个对应(变量的)值的一个可能组合]。假设一个变量是性别(男=1,女=0),而另一个变量是是否投票(是=1,否=0)。假定性别是自变量【Independent Variable】,它可被置于表格的顶部(作为列变量)。是否投票假设是因变量【Dependent Variable】,可将它置于表格的侧面(作为行变量)。原始频数和百分数频数可置于每一格中;例如,格 A 中的数字可以是 214(55%)个投过票的男性。变量的类别越多,表中的格子数也就越多。此外,分析者也可在控制第三个变量的同时,观看一张交互表中两个变量之间的关系。例如,我们可以分别在白人和非白人的子样本内,查看性别与是否投票的表。

——Michael S. Lewis-Beck

(沈崇麟译校)

*也可参见列联表【Contingency Table】。

累计频次图(Cumulative Frequency Polygon)

累计频次图或累计曲线是频次图的一个变种。虽然二者都用于描述一组较大的定量数据,但区别在于累计频次图显示的是 y 轴上的累计频次,它显示的频次既可以是绝对数(计数),也可以是相对数(比例)。累计频次对于了解值的数目或比例位于某个给定的值之上或之下是很有用的。

在图 1 的样本累计频次中,我们很容易就判断身高矮于 68 英寸(1 英寸=2.54 厘米)、等于 68 英寸和高于 68 英寸的男性的数目。将 y 轴上的值变为比例(200/1 000=0.20,400/1 000=0.40 等),就会产生矮于、等于和高于 68 英寸的男子的比例。因为在频次图中,y 轴产生的是单独一类内的观察频次(绝对或相对)量度,而非跨类别累计的量度,所以要在一张频次图中得到同样的信息并不是那么容易的。

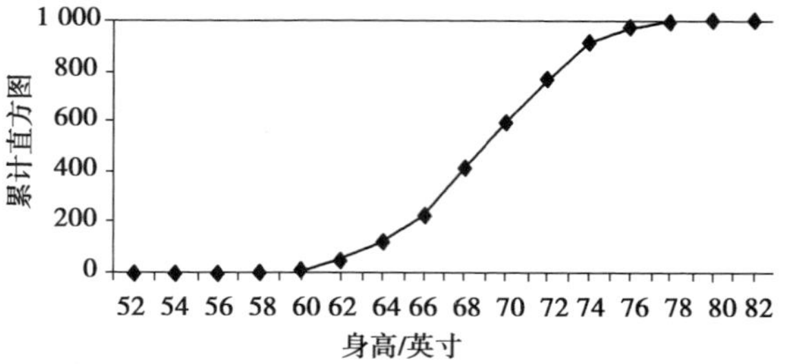

图 1 身高在 52~82 英寸的成年男性,以 2 英寸为间隔的身高累计频次图

为了创建一张累计频次图,研究者应先将数据由高到低排序,然后将它们归入连续的间隔。每个间隔的上限标示在一张图的 x 轴上,y 轴则提供累计频次的量度。它显示数据值落在或低于每一上限的数目或比例。对于绝对频数而言,尺度从最小值 0 到最大

值，它等于数据组量度的数目。对于相对频次而言，尺度则从 0 到 1.00。在数字范围内，一条条直线连接标志累积频次的点。

在数据的间隔数与数据集中不同值的数目不相等时，常用累积频次图来表示定量数据。对于连续数据而言，情况总是这样的。在数据离散时，有可能在 x 轴上标示出数据的每一个值。这时应使用累积直方图，而不是累积频次图。二者的主要区别在于累积频次图的点是用直线连接的，允许在非上限处（如在图 1 的 67 英寸处）插入 x 轴值的频次。当数据除了那些在 x 轴上标示的值之外没有（其他）值的时候，累积频次只需简单地用直条（或列）标示即可。

有些统计学家用“累计频次图”一词特指那些显示值的绝对频次的图，而用“累计相对频次图”一词来指那些显示比例的图。累计频次图的一种备择用法，即本词条采用的用法，则同时指这两种类型的图，即计数的和比例的累计频次图。

——Kenneth O. McGraw

（沈崇麟译校）

曲度(Curvilinearity)

社会科学中的变量可以展示彼此间的一种曲线关系，这意味着它们间的变化取决于每个变量所取得的数值。通常变化先以自变量【Independent Variable】的值表达，然后才是变化对因变量【Dependent Variable】的影响。如果将斜率【Slope】的变化标示在一条线上，它将呈一种曲线状，就像一张有着沿 x 轴的自变量和沿 y 轴的因变量的二维图所显示的一样。处理曲线关系对普通最小二乘【Ordinary Least Squares，OLS】分析是至关重要的。

在这里，将列举一个来自政治科学的有关这种现象的例子，该例是关于经济发展［人均国民生产总值（GNP）］与跨国家的民主之间的关系。随着那些十分贫穷的国家的财富的增加，它们可能也会引人注目地提升自己的民主表现水平（democratic performance）。那些财富水平很低的国家可望在政治绩效方面有很大的直线上升（不言而喻，这种关系并不完美，因为没有一种单一的因果解释能完全令人满意地对社会科学现象作出解释）。然而民主的初始的剧烈增长，会随着国家在经济上越来越发达而趋于温和。图 1 所示的这种曲线效应是显而易见的。关系的斜率从财富低水平时的陡峭，转向财富高水平时的几乎为零，大多数国家都聚集在高民主值的周围。

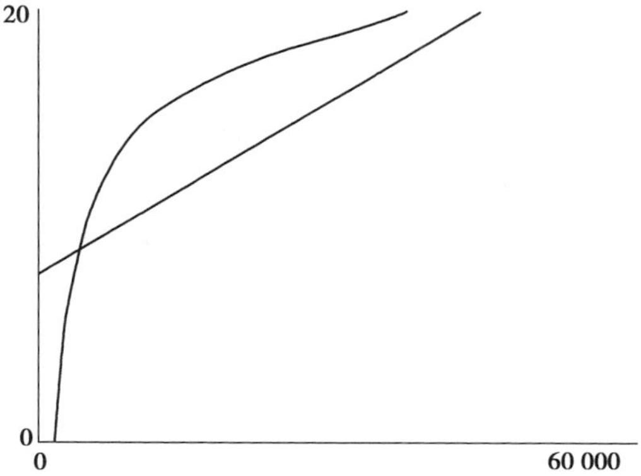

图 1　经济发展与民主的曲线（与线性）关系

对旨在产生估计值的 OLS 回归而言，若要产生最优的线性无偏估计值（BLUE），就必须使回归的假定得到满足。而在这些假定中，有一个便是自变量必须和因变量有线性关系。在人均 GNP 和民主的关系这一例子中,这个假定显然被违反了。由此得到的 OLS 估计值将是有偏的估计值。

为了解决 OLS 回归中的曲度问题,分析者可以设法进行补救,所有补救方法的要求都在于通过变量的算术变换来满足线性假定。社会科学的分析者常使用三种转换法中的一种。最常用的是对数转换,这种转换既可用自然对数【Logarithm】,也可用以 10 为底的对数(无论用哪一种,作用均相同)。对数转换试图将紧紧堆积的数据变得离散,从而“线性化”散点。对数转换可线性化经济发展与民主的曲线关系。

虽然图 1 并没有显示点的实际散布,但是它显示曲线捕捉的点的分布形状优于直(线性)线。统计上显示,OLS 回归模型的拟合的改进是显著的。线性设定的 R^2 统计量的值是 0.27,而对数设定(取 X 的对数)的 R^2 的值则是 0.30。[数据集有 $N=130$ 个国家,排除了两类离群值【Outlier】国家,OPEC(石油输出国组织)成员国和那些石油出口的收入占国家出口收入 50%以上的国家。]

另外两种常用的转换是抛物线转换和双曲线转换。如果关系的图形呈倒转的 U 形曲线,那么我们建议采用抛物线转换。这种转换需要取自变量的平方,并将它与未变换的变量一起纳入 OLS 回归模型。如果因变量有一个阈值,那么我们建议使用双曲线转换。为了实现这种转换,研究者应该取自变量 X 的倒数 $1/X$。在未变换的变量有曲线关系时,这三种变换将有助于满足线性假定。

——Ross E. Burkhart

(沈崇麟译校)

参考文献

Burkhart, R. E., and Lewis-Beck, M. S. (1994). Comparative democracy: The economic development thesis. *American Political Science Review*. *88*, 903-910.

Draper, N. R. (1998). *Applied regression analysis* (3rd ed.). New York: John Wiley.

Jackman, R. W. (1973). On the relationship of economic development to political performance. *American Journal of Political Science*, *17*, 611-621.

Kruskal, J. B. (1968). Transformation of data. In D. L. Sills (Ed.), *International encyclopedia of the social sciences* (Vol. 15, pp. 182-192). New York: Macmillan.

Studenmund, A. H. (1992). *Using econometrics: A practical guide* (2nd ed.). New York: Harper-Collins.

D

研究中的危险(Danger in Research)

研究者在进行实地调查时,可能会遇到各种各样的风险。这些风险可能包括意外事故、遭监禁或遇袭、生病、遭到骚扰和谩骂等。最有可能遇到这些风险的是那些工作在边缘地区、暴力社会冲突场合,以及和某些边缘群体或从事高危职业的人群打交道的研究者。女性研究者可能会遇到性侵犯或性骚扰。实地调查产生的危险会阻止研究者进行特定主题的调查,或在特定地区进行的工作。例如,涉及的危险可能会妨碍对发生在一些国家的暴力冲突进行研究。调查现场的风险也可能与现场各种情况的伦理道德和政治有着很强的联系,并会对专业实践产生影响。

概括地讲,危险有两类,即环境的(ambient)和情境的(situational)。环境危险是一种本来可以避免,但因进行调查而不能避免的危险。例如,在有关暴力社会冲突执法的研究中,研究者可能必须随同警官一起到那些极易受到攻击的地区去。情境危险是一种因研究者的存在或活动而引起的那些情境中的人的攻击、敌意或暴力侵犯的危险。例如,人们已经知道,吸毒者在受某种毒品的影响时,可能会对研究者发起攻击。在危险境况中工作的研究者,最易受到攻击的是他们工作经历的早期,因为那时他们还没有能使自己对潜在的危险作出判断的情境意识。在危险情境中进行的研究常常取决于一种互动的"安全区"的发展。所谓安全区是一种围绕实地工作者扩展出来的短距离社会保留区,在这个区域里研究者感到安全,因而能得到心理上的放松。安全区的建立部分取决于那些在情境中的人对研究者的社会接受程度,部分取决于研究者估计进入和留在一个特定区域可能遇到的危险大小的能力。例如,一个和吸毒者打交道的研究者必须警觉与他们打架或爆发争端的可能性。此外,研究者还必须时刻小心飞车射击和警察的雷达探测系统。

个人的风格和行为举止在某些危险的情境中可能是很重要的。研究者可能会发现,必须要注意自己的衣着和行为,以免自己引起他人的过度注意,此外,他们也可能需要自信和得体的举止,以避免身处情境中的那些人感到他们正处于潜在受害者的位置。如果做不到这些,就有可能导致研究者受到攻击。在社会上受到某些知名人士和情境中人们信任的人"资助",有助于危险的避免。在潜在的风险情境中,诸如这样的个人可以警告研究者迫在眉睫的危险,或注意爆炸性的或有威胁的情境。有些研究者,例如那些工作在偏远地区的人类学家可能会遇到特殊的风险,即那些地区可能有传染病和寄生虫。在人类学家中,因落石和车祸致死或致残是很普遍的。

我们不应该认为在危险的环境中进行

研究是不可能的。事实上，涉及的那些风险有时可能是被夸大了。田野工作的危险是可以操控的，但这需要未雨绸缪，防患于未然。重要的是对危险的可能性和来源，以及研究者怎么做可能使危险得以被操控或加剧作出评估。以往对危险的处理过于随意，常把它们作为一种类似“战争故事的”资料，而现在，人们已经经常对田野调查中的风险进行讨论。对于员工和学生的保险和法律责任的担心促使我们对田野工作中的危险有了更清晰的了解。现在对田野工作危险的反映已经制度化，风险评估，预警指导，制订田野工作实施的政策框架，明确管理者的职责和人员培训等一系列措施已付诸实践。重要的问题在于，研究者不仅要意识到诸如这样的应对措施的发展，还要对此作出自己的贡献。

——Raymond M. Lee

（沈崇麟译校）

＊也可参见伦理原则【Ethical Principles】、田野关系【Field Relations】、参与观察【Participant Observation】、研究的政治【Politics of Research】。

参考文献

Lee, R. M. (1995). *Dangerous fieldwork*. London: Sage.

数据(Data)

数据是正在研究的个案【Case】上记录的经验观察值，诸如这样的经验观察值包括国内生产总值的年度百分比变化、每个家庭的孩子数、态度量表上的得分、街头匪帮行为的实地记录或养老金领取者的访谈答案等。社会科学家从各种来源，包括实验、抽样调查、公共记录、历史文件、统计年鉴和直接实地观察收集数据。记录的经验观察值可以是定性的，也可以是定量的数据。使用定量的数据，经验观察值都是一些有着固定意义的数目，诸如以美元计的收入。而定性数据可以以文本形式或以已分配了数字编码的形式保存。不论什么方式可能都代表了一种可以对它们进行高效的记录和概括的方式。例如，在人类学研究中，研究者可以记录市场中的摊贩是用马车、牲口、汽车还是用自己的双手把货物运到市场。接着研究者可以用数字对这些观察进行编码，方法如下：马车=1，牲口=2，汽车=3，双手=4。这种编码易于将信息用计算机存储。计算机辅助的定性数据分析软件使用的上升势头很猛。最后读者应当注意英文中“数据”(data)一词是复数。

——Michael S. Lewis-Beck

（沈崇麟译校）

数据档案(Data Archives)

数据档案是获取、存储和传播研究及教学所需的二次分析研究数据【Data】的资源中心。其主要功能就是保证他们握有的数据能长期存储，并为将来所用。

数据归档是一种保存昂贵的资源并确保这些资源的研究潜能得到充分开发的方法。除非为将来的研究保存数据，并备有说明数据文件的文档，否则那些搜集费用昂贵、花费了调查研究人员和被调查对象大量精力和时间的调查数据到后来可能只留下为数不多的几篇报告,只分析了数据潜能的一小部分。在很短的时间内,数据文件就有可能丢失,或者随着技术进步而变得过时了。

历史

1960 年代,数据归档运动开始在美国保存调查访问原始数据的许多重要的社会科学的教学单位展开。这场运动扩展到了欧洲,1967 年,(英国)全国社会科学研究会(National Research Council for the Social Sciences)建立了英国档案馆(UKDA)。1970 年代后期,许多国家档案馆都加入了更广泛的专业组织:欧洲社会科学数据存储委员会(the Council of European Social Science Data Archives, CESSDA)、国际社会科学数据组织联合会(the International Federation of Data Organizations, IFDO)。这些专业组织建立的目的是促进社会科学档案服务的网络建设,在关键归档策略、程序和技术上增进合作。

最初的数据档案收集的是社会科学中的定量研究【Quantitative Research】学者特别感兴趣的数据。1960 年代,这些数据大多是民意调查或选举数据,但随着大规模调查趋势逐渐呈现,到了 1970 年代末,英国国家档案馆开始获取主要的政府调查和人口普查数据。因为这些调查的样本规模巨大,收集的信息丰富,这些调查代表了主要的研究资源。英国政府主要的系列调查包括综合住户统计调查(the General Household Survey)、劳动力调查(the Labor Force Survey)、家庭支出调查(the Family Expenditure Survey)。美国政府主要的系列调查包括收入与(收入转移)项目参与研究(the Survey of Income and Program Participation)、当前人口调查(the Current Population Survey)以及国民健康访问调查(the National Health Interview Survey)。

到 1990 年代,英国国家档案馆馆藏的数据集已有数千种之多,涉及的数据极为广泛。以英国为基地的著名重复大型学术性调查包括英国社会态度调查(the British Social Attitudes Survey)、英国家户长期追踪调查(the British Household Panel Survey)和国家儿童发育研究(the National Child Development Study)。在美国则有美国的综合社会调查(the General Social Survey)、收入动态长期追踪研究(the Panel Study of Income Dynamics)以及 1972 年的全国纵贯调查。这些调查都是长期的系列调查的例子。主要的跨国系列调查包括世界价值观和欧洲价值观调查(the World Values and European Values Survey)、欧盟民意调查(the Eurobarometer Survey)、国际社会调查系列项目(the International Social Survey Program Series)。

1990 年代,研究界认识到了定性研究学者的需要,于是 1994 年在埃塞克斯(Essex)大学资助建立了定性数据档案库(Qualitative Data Archive, Qualidata),1995 年又成立了历史数据服务机构(History Data Service, HDS),致力于广阔的历史数据的归档保存和传播。

数据保有

社会科学数据档案得到的数据,范围极其广泛,涉及历史的和当今的社会,来源也是多种多样,包括调查、普查【Census】、登记(registers)和汇总统计数据。数据以各种各样的格式创建。数据档案一般都收集数值型的数据,这样的数据可以用统计软件来进行分析。将文字信息(例如对调查问题的回答)进行编码就产生了数字化档案,文本信息(如调查问题的答案)经过编码之后就变成了数值型数据,数值型数据也可以代表单个或汇总的数量,例如劳动收入。

访问数字文本、图像和视听材料的需求意味着来自深度访谈、田野笔记

【Fieldnotes】和录音访谈的材料以及开放式调查的问题现在都可以用于计算机分析处理了。

最后,通过国家数据档案馆与其他国家档案馆的互惠协议,整个世界的数据集都可以利用起来。

获取数据

数据档案关注的一个重要问题是,保证它获取的材料要适合于知情使用,并满足要求。所有保存的材料都经过了挑选和评估,都必须符合一定的标准,例如至少要有按最低标准准备的数据说明文件。不仅如此,获取档案的政策必须有灵活性,研究界能对数据和信息的需要变化以及技术环境的迅速变化做出及时的反应。

长期保存

数据档案的责任就是要关注硬件和软件发展,跟上技术进步的潮流,并对它们的藏品进行相应的变革。当技术发生变化时,档案馆要对其保有的数据做技术变换,以使它们在新环境下仍然可读。要将计算机程序维护成很容易就能将数据从机构内部的标准格式转换成用户需要的各种不同格式的状态。

准备需要归档的数据

获取数据时,数据档案保管员要进行数据处理工作。首先,要检查和验证数据集,例如要检查数值型数据的值,保证数据是匿名的,把与个人对上号的风险降到最低。其次,要生成“元数据”(有关数据的数据),其目的是生成高质量的档案检索工具和提供良好的用户文档。元数据包含描述研究和数据的信息,以及以后加到数值型数据文件的内容(如新建的变量和变量标签,以便用户查看变量信息和频次)。为方便研究,通常会创建一个系统的记载目录,记载研究的概况、数据集的大小和内容、数据集的可用度以及访问的条款和条件。用户指南进一步涵盖了如下信息:如何收集信息、原始问卷【Questionnaire】,以及如何使用这些数据。

提供数据访问

数据档案所提供的数据可以用于统计报告,例如基本的频数计数,也可以用于更深入的二次分析。二次分析加强了科学性的探究,避免重复收集数据,开拓了数据收集和测量的方法。重新利用档案数据可以让新的用户对旧数据提出新的问题;可以进行比较研究【Comparative Research】、复制【Replication】或再研究;可以对研究设计【Research Design】有所启发;还可以促进方法论的进步。最后,数据还可以为研究训练和实质性的学习提供重要的资源。

用户通常会要求获取某种特殊格式的数据,例如统计或文字处理包。时至今日,数据可以通过即时在线下载设备来访问,也可以通过光驱等便携的媒介来发送。21世纪出现了在线分析工具日益精细化的潮流,用户可以通过NESSTAR等网络浏览器来搜寻和分析数据子集。

数据档案提供的数据一般来说是匿名的,以便把与个人对上号的风险降至最低。通常用户需要签署一份协议,大致意思是说他们在进行分析时不会试图识别其中个人的身份。

——Louise Corti

(杨可译　沈崇麟校)

参考文献

ICPSR. (2002). *Guide to social science data preparation and archiving* [online]. Available: http://www.ifdo.org/archiving_distribution/datprep archiving bfr.htm.

IFDO. (n. d.). [online]. Available: http://www.ifdo.org/.

Ryssevik, J., & Musgrave, S. (2001). The social science dream machine: Resource discovery, analysis, and delivery on the Web. *Social Science Computing Review*, *19*(2), 163-174.

UK Data Archive (n. d.). [Online]. Available: http://www.data-archive.ac.uk/.

数据管理(Data Management)

我们需要以这样一种方式来管理研究数据:让它在不同年代和不同用户面前都能保持效用。这意味着我们必须关注数据的说明文件的编制存储和保存问题,这样至少其他人也可以访问我们的数据、复制我们的分析;若能对数据的效用有所扩展,则可谓锦上添花。我们如何才能实现这些目标,则取决于我们是生成这些数据(原始数据收集),还是仅仅再次利用数据(二次数据分析;参见二手数据【Secondary Data】,调查数据的二次分析【Secondary Analysis of Survey Data】),以及我们处理的是哪一种数据。

当我们讨论管理社会科学数据时,要区分两种最常见的数据类型:抽样调查【Survey】数据和文档数据。社会科学也处理其他类型的数据,例如实验【Experiment】数据和视听记录。音频或视频的记录会产生其自身的数据管理问题,可能广播这个行业的人对如何管理和归档这些数据有更深刻的见解,因此我们并不试图在这一领域提什么建议。经济学家越来越多地从实验环境中收集数据,以了解经济行为主体对被控制的经济机会会作何反应。这些实验需要用到用户自定义的软件,其本身便会生成用于分析的数据。总的来说,许多适用于调查数据的原则也适用于实验数据,但它的应用过于专业,因此,我们将不对这一问题进行过多的讨论。

原始数据搜集者承担着最为繁杂和重要的数据管理职责。为了能让其他人开发利用数据,收集者必须圆满地完成原始数据的管理任务。数据管理任务始于一个计划,该计划囊括整个研究项目,从数据收集到分析。这样一种数据收集的方式自然指明了数据管理的计划。对二手数据来说,管理数据则始于数据收集工作的下游,且数据管理问题的大小主要取决于数据收集者递交给用户的数据资源的种类。因而管理数据的最好策略可能是从原始数据收集者使用的数据系统开始。

对众多数据管理应用而言,关系型数据库技术主导着其他策略。大多数社会科学家都不熟悉这些系统是如何工作的,因此试图用他们熟悉的软件系统来管理数据,例如,SAS,SPSS或STATA。对小型项目来说,这可能是唯一可行的方法;学一门可能只用几个月的新技术也没什么意义,除非有人预见到自身的职业生涯会要求有很强的数据管理技巧。

我们从档案数据来开始我们对数据管理方案的讨论。这些数据特别适合于关系型数据库,而且采用档案数据也更容易说明这种技术的应用。尽管调查数据可能应用更广泛,但借助一个从行政案卷生成研究数据的例子,读者可能会更好地理解关系型数据的方法是如何被用于调查数据的。

行政案卷数据

档案数据有很多来源,几乎都来自研究者之外的某个人。档案数据采取何种数据管理结构才适当,取决于数据的复杂性。典型的档案数据都有一种简单的结构,并可以在用于分析的统计软件包内维护。例如,国民收入账目和其他宏观经济数据都有一套固定的、在不同时期重复的变量。国民生产总值的数据是季度性的,失业率的数据是月度的,等等。股票交易的数据有各种依时加总的数据,乃至分解的全系列交易数据可资利用。

然而,有些档案数据可能是很复杂的。例如,美国各州都有海量的数据库,内容包括用于失业保险的收益报告、所得税,以及人们从诸如TANF(有孩子贫困家庭前现金援助项目,始于1990年代末的福利制度改革,在各个州有各种特别的名称)、医疗补助计划(medicaid)和食物券(food stamps)等这样的转移项目的收益。这些数据包含了个人和家庭的档案,从申请、支付到行政裁定都包括在内。

我们以转移计划的行政数据为例,来描述一个关系型数据库策略是如何让研究者将数据组织为分析所用。为了阐述方便,我们将例子加以简化,所以读者不应该去推测会有任何一个特定的州用我们描述的方式来组织其数据。

关系型数据库包含了一套表格,每一个表都含有一套固定的变量。关系型数据库不要求表格以某种特殊的方式相关联,也不要求用某种特殊形式组合或提取数据。如果一个表格包含有关某个人(或某个公司、某项事务[transaction]等)的数据,我们就用“行(row)”这个词来指称那个表格中对应于特定的人(或公司、事项等)的一套变量。这种灵活性使得关系型数据库能很好地对来自各种不同应用的复杂数据,进行归档和检索。因为家户的规模和收入决定了福利性支出的规模,在福利数据库中的一个表格可能描述了一个接受某一特定项目资助的人。我们用援助群体(assistance group)这个词来表示有资格接受某个特定项目资助的那一群人。在一个单身户中,一个人可能既接受TANF项目的资助,又接受食物券项目的资助。因此,我们会假设数据库的数据描述了对应于某一收益类型的每一种援助群体,因而每种援助群体都有一个唯一的标识。一个TANF数据集一般会有一张标识受助者姓名、地址、人口特征(生日、民族、性别、国籍等)、社会保障号码,也可能会有表示每一援助群体的受益人的州识别数码。另一套表格记录有关签发给援助群体的支票具体事宜,用一条记录包括了援助群体标识、支付签发日期、支付的金额,以及任何与支付有关的具体的行政管理事宜的指标。同样,也可能会有一张存贮资格评估结果,或者社工家访记录的表格。

数据库中的其他表格可能也与个人有关。例如,对于每月需要资助的援助小组的人,在表格中会有一行用来记录那个人的姓名、出生日期、性别、民族、残疾状况、付款的项目,以及接受资助的援助群体的标识。

各州也维护着自己的数据库,其中失业保险项目包含季度收入。这个数据库里有一张表格含有工人的社会保障号码、企业的雇主识别号码、收入的季度,以及工人的收入数额。

用后面这套记录,我们可以建构出这个州的任何一个人的季度收入历史。同样,我们也可以给这个州的任何一个人构建一个逐月史,该历史显示该人在哪一个月得到了食物券或TANF的资助。我们也可以建立一个援助群体中的任何一个人的成员资格事件史,进而探讨它与工作收入之间的关系。我们可以用这些数据来确定,当某个小孩的父母失去福利收益时,小孩本人是否可以作为一个新的援助群体成员成为福利受益人。不同表格中同一个识别标志(如社会保障号码)的值相同的那些行可以连接起来。关系型数据库的优势并不在于有适合任何特定分析的正确的格式,而在于它使研究者得以将数据元素组合成适合任何实际分析的正确格式。而这也正是它能在商业应用中有明显优势之原因所在,从电子商务网站到会计和库存系统，几乎无处不在。一些公司常常会在大型关系型数据库中的表格集合内整合它们所有的记录系统，提供非凡的追踪企业内部活动的能力。在一个设计精良的关系型数据库中，所有冗余的数据项目都会被删除。这会减少维护的费用和检索的错误。

当学者们明确地知道他们需要的是什么数据和它们必须以什么格式呈现时，他们可能就会从档案数据中抽取那些他们需要的变量，把数据转换成适合其研究方案的格式（例如，用他们的统计软件包可读的格式）。这种学者不太可能用到关系型的数据库，假设项目按预想的方向发展，这就是正确的决定。不过，这类研究者用原始数据所完成的工作可能对其他的数据使用者没什么价值，因为后者对他们所需要的数据和数据应如何组织另有自己的看法。这就违背了我们给数据管理设定的基本宗旨：保证数据在不同年代和不同用户面前都能保持效用。关系型数据库可能不是适用于任何特定应用的理想的数据管理系统，但它对几乎所有的应用来说都是非常好的系统。

调查数据

调查数据的结构常常很复杂，而且收集调查数据时通常都带有二次分析的想法，且对大多数有影响的调查而言，二次分析都是主要的目标。调查是关系型数据库技术最自然的应用，因为它常常是由一套套以多种方式互相关联的变量表格组成的。

样本本身大多来自多级分层的【Stratified】随机样本，而不是在教科书里看到的简单随机抽样【Simple Random Sampling】。此外，还通常都会访问从抽样框【Sampling Frame】中抽取的一个单位中的多个人。数据文件必须保存数据和抽样结构，以及被访者之间的关系。例如，在区域概率抽样【Probability Sampling】中，这意味着要保留每个观察在初级抽样单位和次级抽样单位中的标识，包括普查区和街区群的标识，以及抽样过程中每一步的选择概率。这些地理特点决定了各个不同的观察单位（被访者）相互关联的方式。近年来，地理信息系统（geographic information systems, GIS）数据的使用暴涨十分有说服力地指出，数据收集者应利用全球定位卫星接收器获得居住单位的经纬度，或使用 Maptitude, ArcView 等软件包给街道的经纬度做地理编码。经纬度数据是组织大多数 GIS 数据的基础，因此，这也应该成为位置的基本参数，而不是街区群、普查区或其他的索引系统。

调查数据通常会使用复杂的问卷，而这往往会给数据管理带来严重的问题。确实，随着计算机辅助技术在这个行业中占据主导地位，那些此前访问员不可能掌握的工具现在都成了通行的规则。我们鼓励对调查数据有兴趣的读者也去阅读一下计算机辅助个人访谈【Computer-Assisted Personal Interviewing】这一词条。该词条与本词条有很多相似之处，它与本词条一起，给读者提供了调查数据管理过程，从设计到数据传播的全貌。

工具常会收集一些人、雇主、保险计划、医疗服务提供者等的名单或花名册，然后再按这些清单循环提出一组有关花名册上列出的每个人、雇主或医疗服务提供者的问题。这些与调查问题有关的回答构成了一个更大的关系型数据库的一些表格，这些表格之间的连接则是由问卷设计所定义的。

我们可以把调查中的每个问题看作具有多种属性的表格中的一行，这些属性以灵活的方式与其他表格相连接。调查问题的特点（或者"列"）大致如下：

- 问题的标识；
- 概括问题内容的描述语（饮酒、收入等）；

• 问题的文本；

• 引入问题的一套问题或者检查项目；

• 一套许可的问题回答，以及这些许可回答的数据说明(无论答案是日期、时间、整数、币值、文本回答，还是分配给每一类回答的数值，例如 1=是，0=否)；

• 导向下一个问题的路线指示，或者根据对当前问题的回答而定的检查项目；

• 帮助访问员或被调查者完成问卷的说明；

• 文字形式问题的备择语言版本；

• 对题项的准确性或解释，以及题项来源的说明。

我们常把问题的这些属性称为"元数据"。在复杂的调查中，这些描述问题的信息与问题是相关联的。例如，元数据包括哪些问题导向一个特别的问题，以及哪些问题是这个问题分支出来的。这些联系定义了问卷的控制流程或跳转模式。用一套复杂的描述问卷的表格定义，我们可以"合并"表格，进而快速地生成一系列报告，包括编码簿【Codebook】、问卷，以及其他各种传统的调查文件等。

如果我们把调查分解成一系列离散的事项(问题、检查项目、循环指令、数据存储命令等)并建立一个关系型数据库，每一个事项都是数据库表格中的一行，而表格有一套关系型数据库所定义的属性，我们就可以很有效地管理调查的内容和调查数据。

关系型数据库软件是软件产业的一个重要部门，诸如 Oracle，Sybase，IBM 和 Microsoft 等供应商都在提供具有竞争力的产品。许多商业应用使用关系型数据库系统(库存控制；会计系统；基于网络的零售、医院与福利机构的行政档案系统等)，因此，社会科学家可以依托于一个成熟的软件市场。从关系型数据库的背景来看，建议提出的编码簿和调查数据文档的某些标准，例如数据文档的创立标准都和关系型数据库设计相似，但没有采用这些已有的成套的专业工具及它们的标准编程规范。

原始数据的收集者可以选择如下几种数据管理的办法：(a)围绕一个关系型数据库设计整个数据收集策略；(b)把后现场数据(post-field data)和工具信息输入一个关系型数据，或者(c)做一点其他的工作。对简单抽样调查来说，第三个选择可能就是用 SAS，SPSS 或 STATA 软件包来翻译编制调查数据文件。这些都是很优秀的统计软件包，我们可以用一个像 STATA 的 Stat/Transfer 这样的软件，在这些程序之间转移数据。这些统计软件包也开始融入了一些关系型数据库的特点。例如，SAS 支持 SQL(标准查询语言)对关系型数据库的查询，并已和关系型数据库关联起来。多年来，数据库管理一直在趋向关系型数据库方式，这一趋势的源头便是那些大型、复杂的项目。在设立那些大项目时，社会科学家最好要考虑确立自己的数据管理策略，并围绕关系型数据库管理系统来配备自己的工作团队。

——Randall J. Olsen

(杨可译　沈崇麟校)

* 也可参见定性资料管理【Qualitative Data Management】。

参考文献

Elmasri, R. A., & Navathe, S. B. (2001). *Fundamentals of database systems*. New York: Addison-Wesley.

Gray, J., & Reuter, A. (1992). *Transaction processing: Concepts and techniques*. San Francisco: Morgan Kaufmann.

Kroenke, D. M. (2001). *Database processing: Fundamentals, design and implementation*. Upper Saddle River, NJ: Prentice Hall.

Stern, J., Stackowiack, R., & Greenwald, R. (2001). *Oracle essentials: Oracle9i, Oracle8i and Oracle 8*. Sebastopol, CA: O'Reilly.

事后情况说明(Debriefing)

事后情况说明本来是一个军事术语,意思是在一个任务或一段服务期结束时进行询问或指导。在用于人的研究时,事后情况说明指的是在研究结束之后,调查者和被访人之间进行的交谈。事后情况说明是事前的知情同意【Informed Consent】的后期版,因此应本着一种有利于被访人和尊重被访人的方式来进行。

事后情况说明可能有几个目的。一般来说,对研究对象而言,这是一个提问的机会,而对于调查员来讲,这是感谢研究对象的参与、更充分地解释其研究和讨论研究对象对这一研究经历的看法的机会。参与研究可能对参加者有教育或治疗的价值,而事后情况说明是一个通过恰当的交谈和宣传巩固这些价值的恰当机会。事后情况说明还给研究者提供了一个让他们了解研究对象如何看待研究,以及为什么他们会如此行事的重要机会。感觉敏锐的研究者从事后情况说明中了解到的东西可能和研究本身一样多。为了实现事后情况说明的这些价值,最重要的是,研究者要准备好恰当的要传达的信息,带着敬意给研究对象提供一个提问和表达其想法的机会,营造一段感兴趣的研究对象和感激的调查员之间互动的轻松时光。事后情况说明不仅应该作为研究的不可分割的一部分来规划和安排,而且还应该和环境相适应。例如,如果研究的是私人或敏感的事,事后情况说明也应该在私下进行。假如研究的是儿童或行为能力受限的成年人,那么应该向研究对象的父母或监护人以及研究对象本人做出恰当的事后情况说明。

有时候,调查者承诺要给研究对象寄送研究的结果,而不是在对他们调查完之后和他们讨论这一研究。这样做有很多问题。这种承诺经常无法兑现。完成研究的时间常常会延迟很多,以致可能无法再与研究对象联系;如果能重新联系,信息到达之时,调查时的环境已不复存在,当时的经历也已遗忘殆尽。更具价值的是(本应)先于研究的从搜寻文献中获得知识,在事后情况说明时,可以很容易地用通俗的语言加以概括。

当研究涉及欺骗【Deception】(任何使研究对象认为有些事并非如此的程序)时,事后情况说明中也应当包括对欺骗性质的说明及之所以这样做的原因(欺瞒情况报告,dehoaxing)。在说明了欺骗或紧张情况之后,事后情况说明还应该报告脱敏(desensitizing)情况,即为让研究对象回归积极的情绪状态做过的一些工作。如果导语诚恳、直接地让研究对象同意参与各种特定的指定条件中的一种(例如在安慰剂研究中)同意被欺骗或放弃知情权(对这些方法的讨论参见 Sieber, 1992)的话,欺骗问题也很容易在事后情况说明中报告出来。

这样的研究对象期望事后情况说明能揭示真实情况。相反,那些得到了错误信息的研究对象可能会在说明真相之后有负面反应,感觉他们被要弄了,他们可能会怀疑自己是否可以相信欺瞒情况报告。在这种不信任的情况下进行脱敏大概是不可能的。同样,那些不知道他们参加了研究的研究对象,可能会坚持相信他们参与的是一个自然发生的(不受控制的)情景,可能较难进行事后情况说明。不管用什么手段进行欺骗(例如,一个同谋,对某种东西或某个程序的虚假陈述),一般多不难安排有说服力的欺骗示范。例如,如果之前给研究对象的是一个测试成绩的虚假报告,欺瞒情况报告则可包括把研究对象自己的测试成绩给他们,就像他们当初上交时一样,仍然密封在一个信封里。

什么时候不需要做欺瞒情况报告

欺瞒情况报告可能涉及包含对研究方案和程序的解释,包括所做的假设和比较。不过,事后情况说明应该适合研究对象的文化和教养程度,其内容不应涉及对研究对象的责备、贬损或迷惑。因此,精细的说明可能并不合适,例如,在下列情况中,研究对象很可能会不理解详细的欺瞒情况报告,或从报告中得到什么好处:

- 对儿童忍住不拿(偷)不属于他们的东西的能力研究,并将这一能力作为道德发展阶段的一个函数;
- 将支持体罚的父母群体和支持其他手段的父母群体进行比较的对于子女抚育习惯和儿童攻击性的研究;
- 对常用恶灵或巫术解释问题的文化成员进行的疾病解释研究。

提供一个简单的、没有偏见的研究描述可能不失为一种明智之举,例如,“我们想了解父母用来惩戒孩子的各种不同方法。我们非常感谢您让我们观察您和您孩子的互动。”如果研究对象希望了解多一点,那么我们可以提供一些其他的无偏见的信息,例如,“这是我们观察到的几种方法”。

设计适当的事后情况说明需要对研究对象的需要、文化和感情很敏感。事后情况说明的主要目的就是感谢研究对象的参与;回答他们的问题;了解他们的反应;以及用一种有礼貌的方式,把可靠的,也许有所教益的信息传达给研究对象。

——Joan E. Sieber

(杨可译　沈崇麟校)

参考文献

American Psychological Association. (1992). Ethical principles of psychologists and code of conduct. *American Psychologist*, *47*, 1597-1611.

Holmes, D. (1976). Debriefing after psychological experiments: Effectiveness of post-experimental desensitizing. *American Psychologist*, *32*, 868-875.

Sieber, J. E. (1992). *Planning ethically responsible research*. Newbury Park, CA: Sage.

欺骗(Deception)

欺骗是在告知被调查者研究正在进行,以及研究的性质、目的和后果时,采用一种失当或蓄意误传的做法。

在社会研究中某种欺骗测量是广泛存在的,尽管这些并没有全部被认定为欺骗。研究者告知参与者以获取他们同意参与的故事往往是片面的。因为研究者害怕一旦他们揭示了全部事实,他们会失去自愿的被调查者。他们还会对他们的研究兴趣使用误导性描述,例如,当他们意在性和毒品问题时,却去谈论什么娱乐消遣和健康问题。

然而在 1960 年代和 1970 年代,社会研究者还没有发展出集体良知以前,欺骗更是不加掩饰的。研究者进入研究领域时通常都采用角色扮演、伪装或伪造身份的形式。例如,罗森汉恩(参见 Bulmer, 1982)及其合作者模仿精神病患者的症状,以获取精神病机构和试验甄别程序的许可。哈沃德·格里芬通过服用药物改变了自己的肤色,以实施一项有关美国南方腹地黑人的伪参与研究。出乎意料的是,这个程序是不可逆的。肯·普赖斯为了获得布里斯托尔一个加勒比黑人教会的牧师的合作,他表示相信自己并不相信的信仰,并接受了洗礼(Homan, 1992)。

斯坦利·米尔格拉姆关于服从和权威的臭名昭著的研究,则采取了另一种形式的欺骗。米尔格拉姆误导那些被雇用的参与者,使他们认为自己是米尔格拉姆的研究助手。然后米尔格拉姆诱骗他们相信自己正在造成其他的研究参与者遭受疼痛,而这些另外的研究参与者实际上都是受过训练的演员。因为研究参与者最终愿意引起他人的疼痛和悲苦,所以他们后来都会因此遭受各种不利的后遗症。

米尔格拉姆和其他一些研究案例引发了人们对于欺骗对研究参与者所产生影响的关注,同时也引发人们关注研究专业人员的名声。在个体层面,欺诈和背叛可以变成一种习惯行为和一种不信任感。对于研究者的共同体而言,存在一种他们以不光明正大和欺诈的方式获取名誉的风险。对于一个接受社会科学训练而非戏剧学校出身的学生而言,扮演一个不熟悉的角色会为他们带来不小的压力。改变肤色、入住精神病院或加入犯罪团伙并不是很多人想要承担的任务,更不要说让自己的学生承担。

但是,社会科学中的欺骗在道德上是否总是错误的,仍然是一个有待讨论的问题。我们同情那些因参与服从实验(obedience experiments)而遭受精神痛苦的参与者。我们谴责那些实施了这些项目的人,并认为对欺骗的普遍禁止将会预先阻止这些不利后果。但当欺骗用来避开强势群体或社会中受谴责的群体(如三K党)时,对欺骗的愤慨之情就会缓和许多。对于一些能够照管自身,但拒绝接受常规调查的群体而言,可能有一定理由来使用欺骗策略。研究者必须考虑到,他们对他们的研究对象所负有的责任和对真实情况予以公开的责任之间是有矛盾的。

——Roger Homan

(郑晓娟译　沈崇麟校)

参考文献

Bulmer, M. (Ed.). (1982). *Social research ethics.* New York: Holmes and Meier.

Homan, R. (1992). *The ethics of social research.* London: Longman.

Lauder, M. (2003). Covert participant observation of a deviant community: Justifying the use of deception. *Journal of Contemporary Religion*, *18* (2), 185-196.

Milgram, S. (1974). *Obedience to authority.* London: Tavistock.

十分位间距(Decile Range)

十分位间距的计算方法和作用与四分位距【Interquartile Range】类似。先将一个频数分布从高到低排列,再将它分成十个每个组有相同的个案数的组。将第一个和最后一个十分位去掉,而十分位间距就是那些剩下的值中的最低和最高值之间的差。与四分位间距一样,十分位间距也是一种处理影响间距【Range】的离群值【Outlier】问题的方法。这一词,有时也作为"十分位数"的同义词使用,不过这种用法是不够正确和精确的。

——Alan Bryman

(沈崇麟译校)

解构主义(Deconstructionism)

解构主义主要是将那些生产现实的特定版本的范畴和策略加以确认和问题化。它对文本进行剖析,以观察它们为什么以这样一种方式建构,来展现人、地方和物体的特定形象。作为后解构主义运动的一部分,法国社会理论家雅克·德里达(Derrida, 1976)首先在1960年代末将解构主义引进哲学。尽管解构主义和文学理论关系紧密,但也在建筑、艺术、文化、法律、媒体、政治和心理研究中引起了不少反响。

解构主义立足于对文本的深入阅读,使我们能确定文本建构是如何依赖于矛盾、困惑和未言明的缺失的。德里达反对主导西方思想和哲学的那些固定的范畴逻辑,尤其是二元对立非此即彼的逻辑,例如,灵/肉、男/女、健康/疾病、个人/社会。德里达提出,我们要接受既/且(both/and)逻辑,而不是二元对立的非此即彼(either/or)逻辑。当现象被认为似乎是既包括又排斥时,它们才能更好地得到理解。例如,个人/社会的对立或者可以理解为一个系统的结合特性,每个组成部分都需要他方的存在,并赋予其存在的意义(Burr, 1995)。对立在一个文本中的作用是,充当突出伦理、意识形态和政治过程的手段。

伊恩·帕克(Parker, 1988)建议采用三个步骤或阶段来进行解构主义的分析。第一步是确定文本中的二元【Binary】对立或两极,并对两极中有一个特定的极处于优势地位的对立方式加以说明。第二步则把对立中处于从属位置的一极转变为支配位置。这样就能说明优势的一端依靠的是什么,以及为什么没有了对立的另一极,它就无法存在,因而也就不能起作用。第三步则对对立予以重新考虑,进而发展出新的概念和实践。帕克也用了这种解构主义的三阶段来分析英国广播肥皂剧《阿基一家》(*The Archers*)的话语。通过对这部肥皂剧的转录文本的分析,帕克对在讨论性别问题时使用的现实和虚构、日常解释和理论解释之间的区别提出了抗争。

解构主义是有争议的。德里达被誉为对当代思想做出了最重要的贡献者之一,同时也因破坏了广为接受的文本、意义和身份而受人诟病。支持解构主义的人们认为它提供了一种研究语言和意义的新奇而有趣的方式,它可以破坏理论,并开启讨论与竞争之门。同样地,解构主义也可以用于变革权力关系,鼓励推翻主导性的思想观念。不过,反对者们声称解构主义关注的是验证那些无法验证或证明的东西。通过解构主义来证实特别困难,因为其质询的对象是不稳定的。我们无法确定一个文本的意义,因为它是由一串没有穷尽的意义链组成的。因此,解构主义的分析仅限于举例说明一个文本中的语义。解构主义受到批评的另一个原因在于,它在理解语义建构和权力斗争时过于注重文本的作用,而对受众作用的考虑则有所欠缺。

——Sharon Lockyer

(杨可译　沈崇麟校)

参考文献

Burr, V. (1995). *An introduction to social constructionism*. London: Routledge.

Derrida, J. (1976). *Of grammatology* (G. Spivak, Trans.). Baltimore, MD: Johns Hopkins University Press.

Parker, I. (1988). Deconstructing accounts. In C. Antaki (Ed.), *Analysing everyday explanation: A casebook of methods* (pp. 184-198). London: Sage.

演绎(Deduction)

从逻辑上说,演绎是用来从一般性的陈述中推导特殊陈述的过程。社会科学中用这个逻辑来检验理论【Theory】。假设【Hypothesis】是从理论中推导出来的,并通过比较相关的数据【Data】来进行检验。如果数据和假设不符,那么这个理论就被视为错误理论而否定;如果数据和假设相符,理论就暂时被接受,从而得到了证实。检验这样一个假设被当作对理论本身的检验。

演绎的概念很古老,可以追溯到欧几里得几何和亚里士多德逻辑学。演绎是假说-演绎法【Hypothetico-Deductive Method】本质的一面和卡尔·波普尔的证伪主义【Falsificationism】有关联。波普尔主张采用演绎的逻辑来克服归纳【Induction】的缺点。他主要的观点是,因为观察数据不能为科学理论提供可靠的基础或是归纳的逻辑有缺陷,需要采用一个不同的逻辑来发展理论。他的解决方法是承认所有的数据采集都是有选择性的,而且需要观察者的诠释,那么就要采用一种与归纳相反的逻辑。

波普尔主张科学的目的就是要试图去否定已提出的试验性理论,而不是像归纳法那样,去寻找支持正在形成的普遍性的确定证据。真理的寻找是难以捉摸的,因为我们无法知道我们何时能到达。我们能做的全部事情,就是通过显示错误理论和数据不符来对它加以排除。通过了检验的理论并没有被证明是对的,因为进一步的检验还可能会发现理论不成立的证据。可能必须放弃一种理论,或至少要对它进行修正,做进一步的研究。因此,科学是一个推测和拒绝的过程、一个试错的过程、一个建造试验性的理论,并进而努力证明该理论错误的过程。

演绎性理论的例子可以参见涂尔干对利己型自杀的重构。他采用了三个概念,构建了五个命题。这三个概念分别是:自杀率(某个人口群体中每千人自杀数)、个人主义(人们不服从某个群体的信仰和规范、自行思考和独立行动的倾向)以及新教(在宗教改革和罗马天主教分裂之后兴起的基督教群体)。他的五个命题如下:

①在任何一个社会团体中,自杀率随个人主义(利己主义)程度的变化而变化。

②个人主义程度直接随新教徒的比例变化。

③因此,自杀率随新教徒的比例变化。

④西班牙新教徒比例低。

⑤因此,西班牙的自杀率低。(Homans, 1964, p.951)

这番论证的结论就成了有待检验的假设。如果假设被否定,这个理论就被认为是错误的。例如,改换国家,不仅可以做预测,而且假设也可在其他背景中检验。

如同归纳逻辑一样,演绎逻辑也遭到了激烈的批评。主要的批评包括如果观察都是诠释,那么我们就永远也无法直接观察到真实,无法自信地建立规则,也无法最终拒斥某些理论;试验性地接纳尚未被拒斥的理论,需要归纳法的支持;太过重视逻辑可能扼杀科学的创造力;接受或者拒绝某些理论的过程涉及社会和心理过程,而不只是逻辑过程

(评论请参见 Blaikie, 1993; Chalmers, 1982)。

——Norman Blaikie

(杨可译　沈崇麟校)

参考文献

Blaikie, N. (1993). *Approaches to social enquiry*. Cambridge, UK: Polity.

Chalmers, A. F. (1982). *What is this thing called science?* St. Lucia: University of Queensland Press.

Homans, G. C. (1964). Contemporary theory in sociology. In R. E. L. Faris (Ed.), *Handbook of modern sociology* (pp. 951-977). Chicago: Rand McNally.

Popper, K. R. (1959). *The logic of scientific discovery*. London: Hutchinson.

自由度(Degrees of Freedom)

参数估计【Parameter Estimation】可资利用的独立的观察数即所谓的自由度(df)。一般来讲,一个检验统计量的自由度取决于数学上施加于被估计的数量的约束。例如,自由度必须与 t 检验【t-Test】、F 比率【F Ratio】、卡方【Chi-Square】、标准差【Standard Deviation】或回归【Regression】分析一起计算。在回归分析中,自由度的计算方法是样本量减去包括常数项在内的系数数目。

考虑一下用一个样本量为 N 的随机样本估计总体标准差【Standard Deviation】的简单例子。其计算公式为:

$$SD = \sqrt{\frac{\sum (U - \bar{U})^2}{N - 1}}$$

式中的 SD 为估计的样本标准差,$\sqrt{\ }$ 为平方根,$\sum$ 为和,U 为总体变量上的样本观察数,$\bar{U}$ 为样本观察的平均分,而 N 为样本量。注意,分子是除以 $N-1$,而不是 N。实际上这个修正似乎很小,但在理论上却是很重要的。为了避免总体标准差的估计值的夸大和偏倚【Bias】,这个修正是必需的。在计算这个总体参数时,我们耗费掉了 1 个自由度。这是因为在公式中使用了样本均值这一特征值。共有 N 个 $U-\bar{U}$ 的分数,但只有 $N-1$ 个是独立的,因为一旦我们要计算它们,这最后一个,第 N 个的值就必须固定。这一点来自总是有 $\sum (U-\bar{U}) = 0$ 这一事实。例如,假设 $N=3$,$(U_1-\bar{U})=6$,$(U_2-\bar{U})=12$。那么就必定是$(U_3-\bar{U})=-18$。对于偏离均值的约束,它们的和为零这一点表明最后一个偏差并非“自由”的,而是固定的,所以丢失了 1 个自由度。在这个例子中,我们要估计的总体参数只有 1 个,即标准差,故而剩下的自由度为$N-1$个。

在更为复杂的回归分析中,$df=N-K$,式中的 N 为样本量,而 K 为估计的参数数。假设多元回归模型为 $Y=a+bX+cZ+e$,$N=45$。要估计的参数有三个,即截距 a 和两个斜率 b 和 c。因此,$df=N-K=45-3=42$。在进行回归分析时,要有足够的自由度是很重要的。举一个极端的例子,在简单相关【Simple Correlation】(回归【Regression】)模型 $Y=a+bX+e$ 与 $N=2$ 的样本拟合时,$R^2=1.0$,因为普通最小二乘【Ordinary Least

Squares】拟合的直线连接两个数据点是无误差的。这并非一个完美的解释,而只是数学的必然性而已,因为自由度已经丧失殆尽,也就是说,$N-K=2-2=0$。一般来讲,在回归分析中,较之独立的变量,我们希望有更多的独立观察,而不是更多的变量。在 K 开始接近 N 时,分析师将对调整的 R 方【Adjusted R-Squared】予以特别的关注,因为它会对丢失的自由度进行修正。

——Michael S. Lewis-Beck

(沈崇麟译校)

参考文献

Kennedy, P. (1998). *A guide to econometrics* (4th ed.). Cambridge: MIT Press.

Lewis-Beck, M. S. (1995). *Data analysis: An introduction*. Thousand Oaks, CA: Sage.

删除(Deletion)

删除是一种处理缺失数据【Missing Data】的方法,缺失数据通常都是在开始分析之前被排除(转换)的。计算机删除缺失数据最常见的类型被称为整条删除【Listwise Deletion】缺失值(也被称为整个个案删除,casewise deletion)。在采用整条删除时,只要分析的任何一个变量上有缺失值,这个个案就要全部删除。整条删除的一个替代方法是成对删除【Pairwise Deletion】。在采用这种方法时,只有在一对研究变量上都有缺失值时,这个个案才会被全部删除。在删除之后,我们就可以正式开始进行分析了,例如,从估计相关【Correlation】矩阵开始进行分析。成对删除策略的优点是可以让样本【Sample】保持一定的容量,而缺点则在于可能会引起结果的统计不一致性。

——Michael S. Lewis-Beck

(杨可译　沈崇麟校)

德尔菲法(Delphi Technique)

这是一种在一组专家中取得一致的定性方法。其名字源于古代善于预言未来的德尔菲神谕。兰德公司(RAND Corporation)1960年代发明了这种办法,用于预测未来事件发生的可能性、合意性及其影响。现在德尔菲法的应用已经十分广泛,凡是希望意见集中的地方,几乎都可以使用德尔菲法。现在有三种不同的形式:探索性德尔菲法(exploratory Delphi),这也正是兰德公司开发出来的方法;焦点德尔菲法(focus Delphi),用于征求可能会受到某一政策影响的不同团体的意见;规范德尔菲法(normative Delphi),用于收集各个专家对某一定义明确的议题的观点,达到共识(例如,制订宗旨和目标)。德尔菲法过程的基本要点是,参与者在发表意见时都需匿名,这样可以减轻整个群组被少数几个强人控制而产生的问题,也可由此得到定量的估计(例如,开支优先顺序以及相应的款项分配)。

德尔菲法是一个如下文这样的迭代过程：

第一轮。参与者受邀对工作组(facilitating group)所提供的一个主题或一组观点进行评价。这些观点应该以参与者的个人知识和经验为基础。接下来工作人员就分析结果提供反馈，例如，图形概括、排序或者在有限几个标题下列表。接下来，将这些结果作为第二轮的问卷反馈给参与者。

第二轮。参与者在第一轮反馈的基础上对其他人的观点摘要进行评论，也重新审视自己的观点。工作人员和第一轮一样，对这些观点加以分析，再把结果作为下一轮的问卷反馈给参与者。这种轮次重复的过程一直继续下去，直到意见达至“充分的”收敛。通常三轮就足够了。参与者除了要记下他们对结果的同意程度之外，常常还要回答他们对自己的观点的置信度——如果较多的专家参与者的观点并非那么适中的话，这一置信度还可以用来给答案加权，以产生概括性的结果。随着互联网的进步，以及将来网格(The Grid)时代的到来，现在正是我们把工作人员的许多分析加以自动化，并加快这个过程的大好时机。

非常重要的是，参与者都是在某种意义上的“专家”，这样才能得到有价值的结果，而且应该有足够多的参与者，这样才能避免少数人的极端意见不会对整个群组的结果产生不成比例的影响。对某种服务的使用者而言，他们可以被视为“需要服务提供什么”这个问题的“专家”，但是就潜在的风险和好处来说，专业人士可能更了解情况。二者可以处于同一个研究之中，同时要求每个组都要考虑其他组的观点(Charlton, Patrick, Matthews, & West, 1981)。还需要在一开始就考虑在每轮之后要给参与者提供什么反馈，以及“同意”如何来定义，还有如何处理离群值。在研究结束时，还需要考虑结果的效度和可接受度。德尔菲法最为适用的场合是寻求各种意见，而非用常规的统计方法综合证据的时候。德尔菲法可能更应被视为一种组织群体沟通的方法，而非提供确定性回答的方法。

——John R. H. Charlton

（杨可译　沈崇麟校）

参考文献

Charlton, J., Patrick, D. L., Matthews, G., & West, P. A. (1981). Spending priorities in Kent: A Delphi study. *Journal of Epidemiology and Community Health*, *35*, 288-292.

Linstone, H. A. (1978). The Delphi technique In R. B. Fowles (Ed.), *Handbook of futures research.* Westport, CT: Greenwood.

Jones, J. M. G., & Hunter, D. (1995). Consensus methods for medical and health services research. *British Medical Journal*, *311*, 376-380.

Murphy, M. K., Black, N. A., Lamping, D. L., McKee, C. M., Sanderson, C. F. B., Ashkam, J., & Marteau, T. (1998). Consensus development methods, and their use in clinical guideline development [entire issue]. *Health Technology Assessment*, 2(3).

Pope, C., & Mayes, N. (1995). Qualitative research: Reaching the parts other methods cannot reach: An introduction to qualitative methods in health and health services research. *British Medical Journal*, *311*, 42-45.

需求特征(Demand Characteristics)

在一些研究中,非常典型的是在基于实验室的实验性研究中,研究者的期望是非常明显的,研究假设易于识别,研究者期望获得的反馈也是显而易见的。我们说这样的研究情境便是具有高度实验需求特征的。需求特征是(研究者、研究情境等)提供给研究参与者的暗示,这种提示虽然是无意识的,却让参与者知道怎样的表现是合适或者被期待的。当参与者给出了研究者正好想要的回答时,研究者的一个微笑,一个轻微的点头,一个声音语调的细微变化——这些行为中的任何一个都可能对调查结果造成偏差。需求特征产生了由对实验过程的不当操作而归因出的结果,因而它严重损害了研究的内在效度【Internal Validity】和外在效度【External Validity】。当结果的变化是由需求效应引起时,涉及将这种实验处理认作观察结果的原因的解释是错误的。

罗伯特·罗森塔尔(Rosenthal, 1976)最为坚定地致力于引起社会科学家对实验需求的曲解效应的关注,在一系列研究中,他揭示了研究者的期望是如何被转移到研究参与者的身上的。在他最有争议的研究中,有一项指出了教师对学生未来成就的期望影响了学生的实际成就获得(Rosenthal & Jacobson, 1968),后续的研究分析证实了他的解释。基于对需求特征的潜在偏误效应的高度关注,现在社会科学家已经非常注意尽量隐藏研究假设,并经常借助精心设计的表面故事【Cover Story】来隐藏研究的真实目的。除此之外,为了避免对于所期待的反馈的无意暗示,研究经常采取一种无论研究者还是参与者都不清楚实验特定条件,且个体都是(随机)分配的研究方式。目前这样的双盲【Double-Blind】技术在社会科学中十分常见,这代表了对于需求特征可能破坏研究结果的强有力抵制。

需求特征与研究参与者采用的特定心理定式有关,也与他们对于自身作为研究被试的自我意识有关。科拉诺和布鲁尔(Crano & Brewer, 2002)将研究参与者分为三个类别:自愿的研究参与者,他们对于自己作为研究被试的角色有清楚的认识,并对此感到满意;不自愿的参与者,他们认为自己是受到强制来服务于研究的;非自愿的参与者,他们没有意识到自己在参与研究调查。在这三种类型中,自愿的研究参与者最有可能受到需求特征的影响,因为他们是自觉作出参与决定的,他们也没有感觉受到不恰当的强制胁迫;因此,他们可能更易于试图通过自己的表现,确认研究中明显呈现的假设来"帮助"研究者。不自愿的研究者由于感到自己是被强制服务于研究的,因而更有可能暗中破坏研究。非自愿的研究者不太可能试图帮助或者破坏研究,因为从定义来看,他们还没有意识到自己正在参与研究。

——William D. Crano

(郑晓娟译 沈崇麟校)

参考文献

Crano, W. D., & Brewer, M. B. (2002). *Principles and methods of social research* (2nd ed.). Mahwah, NJ: Lawrence Erlbaum.

Rosenthal, R. (1976). *Experimenter effects in behavioral research.* New York: Irvington.

Rosenthal, R., & Jacobson, L. (1968). *Pygmalion in the classroom.* New York: Holt, Rinehart and Winston.

民主研究和评估(Democratic Research and Evaluation)

慎重的民主研究和评估力求考虑各相关方的利益、价值观和观点;通过主要的利益相关者的广泛对话和对研究结果的深思熟虑来得到无偏的结论。

——Ernest R. House

(郑晓娟译　沈崇麟校)

参考文献

House, E. R., & Howe, K. R. (1999). *Values in evaluation and social research.* Thousand Oaks, CA: Sage.

人口学方法(Demographic Methods)

人口学方法包括各种不同的用于描述人口的量度和技术。虽然它们一般都应用于人类的总体,但是现在也已经越来越多地用于描述非人类的各种总体,如禽兽、昆虫和工业产品等各种总体。

最基本的人口学技术,如比例和比率的计算,描述了总体的组成,如年龄-性别结构、种族组成、地理分布。诸如比率和概率这样的量度则描述了人口的动态。某些人口学方法专注于产生人口变化的单独过程。例如,单个和多个衰减生命表【Life Table】,专注于退出过程,如死亡率。比较复杂的技术则同时考虑进入(如生育率)和退出二者,将它们结合起来估计生殖力、内在的增长或下降率及平稳和稳定人口的参数等。诸如这样的直接标准化、份额计算(calculation of shares)或相异指数都允许进行跨两个或更多个总体的比较。

数据来源

用人口学方法描述人口总体一般都以人口普查、抽样调查、人口动态登记系统,有时也以临时人口登记产生的数据为依据。人口普查【Census】的目的是得到一个特定日子的完整的所有人口计数,通常是在一个国家现有的所有人口计数(实际计数)或所有居住在一个国家的所有人口计数(法律上的计数)这两种计数中的一种。实际上,普查计数会在某种程度上,受到某些个人的统计漏查或少计(常通过捕捉-再捕捉法【Capture-Recapture】模型加以确认),或其他个人的多计的影响。大多数国家的人口普查也包括了每个普查计数的个人的有关信息,如年龄、性别、与户主关系、教育程度和婚姻状况等。

人口动态登记系统描述出生、死亡,有时也涉及其他的人口学事件(如结婚和离婚),因为它们都随时间的推移发生。人口动态登记系统经常也包括一些其他信息,如年龄、性别和婚姻状况等。人口登记虽然通过不断地追踪整个人口和极其重要的事件,将定期的人口普查和动态人口统计系统二者的长处融合在了一起,但是它们不仅比较难以操作,而且费用也比较昂贵,因此很少使用。

基本的人口学量度

比例(或百分比)和比率可以用来描述人口的结构,或它的成员沿一个感兴趣的变量的分布。因为许多人口学和社会过程在人口中的变化是有着非常强的年龄等级的，比较复杂的人口学技术常常会将年龄结构列入控制或考虑之列。人口完整的年龄结构可以通过将绝对的人口数列表，或计算每一年龄间隔的比例（或百分比）来描述。得到的结果常常被绘制成一张人口金字塔图。我们也经常通过计算一些概括性量度来描述人口年龄-性别组成的特定性质。一个重要的概括性量度是年龄抚养比，它是以年龄在18岁以下和在65岁及以上的人口数（“依靠”人口），除以年龄在18~64岁的人口数（“工作”人口）来定义的。另一个概括性量度是性别比，它是以男性人口数除以女性人口数来定义的。

变化的量度

几乎所有描述变化的人口学方法和技术都建立在一个基本的人口统计学模型上。在那个模型中，在时间点 t 的人口量是在较早的一个时间点 $t-n$ 的人口量及时间 t 和时间 $t-n$ 之间进入和退出数目的函数。例如，国家人口在时间 t 和时间 $t+n$ 之间的变化，体现在四个经典的人口学事件：出生（B）、死亡（D）、迁入人口到达（I）和迁出人口离开（O）上。

最基本的描述变化的量度是比率。比率是发生在一个特定的时间范围内（一般是1年）的人口学事件数，与有经历过此事件的风险的人口数之比。例如，人口粗死亡率，可以用在一特定年死亡的总人数，除以今年的总人口数的估计值来计算。比例常会乘以一个常数 k，如1 000或10 000。例如，2000年美国粗死亡率（CDR），为每1 000人中有8.5人死亡。其计算公式为：

$$\text{CDR} = \frac{D}{N} \times k = \frac{2\ 403\ 000}{281\ 422\ 000} \times 1\ 000 = 8.5$$

美国2000年的粗出生率（CBR）以与上面类似的方式定义（只不过用出生数代替了死亡数），为每1 000人中有14.4人出生。

$$\text{CBR} = \frac{B}{N} \times k = \frac{4\ 065\ 000}{281\ 422\ 000} \times 1\ 000 = 14.4$$

CBR和CDR的差就是粗自然增长率（CRNI）。在美国，2000年的年自然增长率是每1 000人有5.9人。

$$\text{CRNI} = \text{CBR} - \text{CDR} = 14.4 - 8.5 = 5.9$$

粗迁入率或粗迁出率可以直接以类似于粗出生率或粗死亡率的方式计算。但是许多国家都没有收集全面的迁出的数据，而有关迁入的数据往往都是有瑕疵的。因此，迁移率往往都指的是净迁移（$I-O$）。

死亡率

比较精确的比率涉及用年龄、性别或社会特性，如族群或种族定义的子总体。因为死亡的力量（the force of mortality）随年龄的变化十分显著，因此死亡率常常分年龄组列出。下面给出的分年龄组的死亡率使用了常用的记号方式，在这样的方式中，大写字母 M，D 和 N 分别指死亡率、死亡数和人数。而右边和左边的下标则分别确定了下限和年龄组的宽度。2000年，美国年龄为15~24岁的人的死亡率是每100 000名年轻成年人中有79.9人死亡。

$$_{10}M_{15} = \frac{_{10}D_{15}}{_{10}N_{15}} \times k = \frac{31\ 300}{39\ 183\ 900} \times 100\ 000 = 79.9$$

如果我们关注的问题是婴儿，那么常常将年龄为0~1岁人口中的婴儿死亡率（IMR）来替代分年龄的死亡率，因为人口普查中婴儿的计数常常有误差。婴儿死亡率的计算方法是将死亡数除以出生数。2000年，美国从有关婴儿死亡和出生的初始数据得到的婴儿死亡率是每 1 000 名出生的婴儿中有 6.9 人死亡。

生育率

生育率一般只涉及处在生育年龄的那些妇女，因为难以收集到有关父亲年龄（或其他属性）的数据。在下面计算分年龄组的生育率的公式中，大写字母 F，B 和 N 分别指生育率、该年龄组妇女的生育数和该年龄组的妇女数。与前面的公式一样，下标表示年龄组的下限和组宽。2000 年，美国 15～19 岁妇女的生育率为每 1 000 名妇女生育 48.5 人。

$$_5F_{15} = \frac{_5B_{15}}{_5N_{15}} \times k = \frac{469\ 000}{9\ 670\ 000} \times 1\ 000 = 48.5$$

将育龄期（一般为 15～44 岁或 15～49 岁）妇女的分年龄组的生育率加起来，并乘以年龄组的宽度，便可得到总生育率（TFR）。列在表 1 第一列的分年龄组的生育率之和显示，2000 年，美国的总生育率是每 1 000 名妇女生育 2 130 人。TFR 可解释为在 2000 年观察到的经历了特定年龄生育率的假设的妇女同期群，在她们活着经历了自己的生育期后的生育总数。

表 1　2000 年，美国人口再生产情况一览表

年龄组	分年龄组每 1 000 名妇女生育率	分年龄组出生率×女婴出生比例	活到母亲的年龄的女儿的比例	乘积
15～19	49.4	24.1	0.990 2	23.9
20～24	112.3	54.8	0.987 9	54.1
25～29	121.4	59.2	0.985 4	58.4
30～34	94.1	45.9	0.982 2	45.1
35～39	40.4	19.7	0.977 6	19.3
40～44	8.4	4.1	0.970 7	4.0
和	426.0	207.9		204.8
和×5	2 130.0	1 039.5		1 023.8

资料来源：Martin, Hamilton, Ventura, Menacker, & Park (2002); National Center for Health Statistics (2003).

注：最年轻的和最年长的年龄组，分别包括 15 岁以下和 44 岁以上的生育。分年龄的女婴生育率，是用每出生 1 000 名女婴就有 1 049 名男婴出生的性别比估计的。

生殖力量度

经典的生殖力量度都集中在一个性别，一般都在女性人口上。粗生育率（GRR）的计算和解释与总生育率的计算和解释类似，唯一的例外是总生育率加总的分年龄组的生育率只是女性的生育，而非所有的生育，因而它有时被称为“产妇率”而非生育率。如果得不到分年龄组产妇率，那么它们经常用分年龄组的生育率乘以所有出生中女性的比例来估计。在下列公式中右侧的上标是出生的性别。

$$\begin{aligned} \text{GRR} &= n \sum {_nF_x^f} = n \sum {_nF_x} \times \frac{B^f}{B} \\ &= 5 \times (49.4 + 112.3 + \cdots + 8.4) \times \frac{1\ 000}{2\ 049} \\ &= 1\ 039.5 \end{aligned}$$

净生殖率(NRR)通过将分年龄组的产妇率乘以新生存活到她们的母亲年龄的女儿的比例,${}_nL_x^f/{}_nl_0$,将死亡率也列入考虑之列。该比例是从女性生命表【Life Table】中导出的。具体结果列在了表 1 中,2000 年美国的 NRR 为 1 023.8。

$$\begin{aligned} NRR &= n\sum {}_nF_x^f \times \frac{{}_nL_x^f}{nl_0} \\ &= 5\times[(24.1\times 0.990\,2)+ \\ &\quad (54.8\times 0.987\,9)+\cdots] \\ &= 1\,023.8 \end{aligned}$$

因此,2000 年观察的这一分年龄组 1 000 名美国妇女的同期群预期在她们的生命期内可生育 2 130.0 个孩子。其中,1 039.5 个是女儿,并有1 023.8个可活到她们母亲的年龄。

就一定时期的某个时刻而言,每一个人口都可以用一张分年龄的生育率和死亡率的表来描述。如果这些比率保持不变,那么就会有一个稳定的人口结构。它表现为稳定的出生率、死亡率和增长率。同时,还会出现一个年龄结构。这个年龄结构“本质上”同分年龄的生存率表相关,并不依赖于原来人口的年龄结构。

标准化

因为生育率和死亡率随年龄组的变化而呈很大的变化,因此,如果人口的年龄结构不同,那么这就有可能误导跨人口的粗生育率和死亡率的比较。直接和间接标准化技术使我们得以更为恰当地进行跨人口比率的比较,不过前一个路数较后一个更为可取(Shryock, Siegel, & Associates, 1973)。

粗的人口比率可重写为分年龄组的每一年龄组的比率和人口比例的乘积的和。例如,人口 i 的死亡率便可写作

$$CDR_i = \frac{{}_\omega D_{0i}}{{}_\omega N_{0i}} = \sum\left(\frac{{}_nD_{xi}}{{}_nN_{xi}}\right)\left(\frac{{}_nN_{xi}}{{}_\omega N_{0i}}\right)$$

人口 j 的直接标准化率($DSDR_j$)是将人口 j 的分年龄组的比率乘标准或参照人口 i 的分年龄的人口比例求得的:

$$DSDR_j = \sum\left(\frac{{}_nD_{xj}}{{}_nN_{xj}}\right)\left(\frac{{}_nN_{xi}}{{}_\omega N_{0i}}\right)$$

然后,直接标准化的死亡率就可以和标准化人口的粗死亡率进行比较,因为它们都是以相同的年龄结构计算的。在比较两个人口的比率时,“标准”人口的选择在很大程度上是有些武断的,尽管它一般都优于用更为常规的年龄结构进行的比较。然而,有时惯例会主导标准人口的选择。例如,人口普查局近来宣布,2000 年的美国人口将成为涉及美国人口的历史比较的标准。

任何粗率和直接标准化率之间的差($CDR_i - DSDR_j$)都是以标准人口的年龄构成加权的分年龄组率的差的和。我们也可以计算相应的人口 j 的直接标准化率。然后,可将两个人口($CDR_i - CDR_j$)的粗死亡率之间的原始差分解成三个部分:归结于率差的部分($CDR_i - DSDR_j$)、归结于年龄结构的差($CDR_i - DSDR_i$)的部分和一个交互项($DSDR_j + DSDR_i - CDR_i - CDR_j$)。有些学者则将率和年龄部分之间的交互项分开(Preston, Heuveline, & Guillot, 2001)。

直接标准化和它的推论,两个率(或均值)之间的差的分解是一种在经典人口学有着广泛应用性的技术,其关注的主要问题是

生育率或死亡率。只要一个率是可以被概念化为特定的 i 的率和沿维度 i 的相对比例的积的总和,我们就可以使用它。我们也可以用两个感兴趣的维度来将率标准化(和将率的差分解)(参见率的标准化【Rate Standardization】)。

不平等和隔离的量度

有些人口学量度和计数评定和比较跨分析单位的计数分布。例如,收入(以挣得的美元数计数)在一个人口的各个家庭(分析单位)之间的分布是不平等的。这样一些变量的分布常用“份额”来描述。份额的计算要先按计数变量的值将分析单位从最低到最高排列,然后再将分析单位分成等容量的组,一般为 5 组或 10 组。例如,在 2000 年,所有美国家庭中的最穷的五分之一,其收入只占所有美国家庭总收入的 3.6%,而最富的五分之一的家庭则占到了 49.7%。

有时,一个人口(人的计数)可以按一个变量的类别(如地理单位)来描述它的不平等性。非类同指数(D)常被用来进行跨一个类别变量的两个或两个以上人口的分布比较。相异指数用下面的公式来计算

$$D=\frac{1}{2}\sum_{i}\left(\left|\frac{y_i}{\sum_{i}y_i}-\frac{x_i}{\sum_{i}x_i}\right|\right)$$

例如,分类变量可能是指美国的四个主要地区(东北部、中西部、南部和西部);y 是非裔美国人,x 是白人。2000 年,生活在四个地区的每一个的非裔美国人的数目(以 1 000计)分别为 6 100,6 500,18 982 和 3 077;而对应的白人则分别为 41 534,53 834,72 819 和 43 274。相异指数的值为 0,说明跨四个地区的非裔美国人和白种人的分布相同,而相异指数的值为 1,则说明两种人口完全生活在不同的地区。相异指数为 0.20 说明,大约有五分之一的非裔美国人或白种人必定转移到了另一地区,以使两种分布完全一致。尽管相异指数很容易计算和解释,但它却有几个不足之处。例如,它对类别的数目很敏感。其他系数,比如基尼系数【Gini Coefficient】(或基尼比率)或熵指数(H)都可作为它的替代计算,不过它们同样也有不足之处。有关这些备择方法的讨论,请参见西格尔的著作(Siegel, 2002)。

——Gillian Stevens

(沈崇麟译校)

参考文献

Martin, J. A., Hamilton, B. E., Ventura, S. J., Menacker, F., & Park, M. M. (2002, February 12). *Births: Final data for 2000* (National Vital Statistics Report, Vol. 50, No. 5). Hyattsville, MD: National Center for Health Statistics.

National Center for Health Statistics. (2003). *United States life tables*, 2000.

Preston, S. H., Heuveline, P., & Guillot, M. (2001). *Demography: Measuring and modeling population processes.* Oxford, UK: Basil Blackwell.

Shryock, H. S., Siegel, J. S., & Associates. (1973). *The methods and materials of demography.* New York: Academic Press. (Condensed edition by Edward G. Stockwell.)

Siegel, J. S. (2002). *Applied demography.* San Diego, CA: Academic Press.

从属访谈(Dependent Interviewing)

从属访谈是在某些纵贯研究【Longtitudinal Research】中所采用的一种方法。例如,定群【Panel】抽样调查中,同样的个人在以后的某些时点还会被重新访谈,这就是一种纵贯研究。根据抽样调查的设计,可以每季度、每年、每两年,或者一段确定的时间之后进行访谈。从属访谈可以被定义为一个过程,在这个过程中,当前这轮调查中问及被调查者的某个问题源自此前某轮调查中某位被调查者的报告(Mathiowetz & McGonagle, 2000)。例如,在某次抽样调查访谈中,一位被调查者的报告称其职业是巴士司机,在后面的访谈中,从属访谈就会采用这位被调查者对其职业的回答。从属访谈不会简单地在两个调查时点都去问被调查者"你现在的职业是什么?"而可能会问,"去年您告诉我们您是巴士司机,现在还是吗?"这位被调查者可以认可此前的回答,或者在情况有变的时候做出不同的回答。

抽样调查数据中常见的误差类型也会出现在从属抽样调查中,包括回忆误差、访员效应,以及在编码过程中的"噪声"。纵贯数据收集的是诸如劳动力市场历史或者收入的持续记录,会遇到一个额外的测量问题,也就是所谓的接缝效应或接缝问题(Doyle et al., 2000; Lemaitre, 1992)。如果被调查者进行报告的两次抽样调查期间的接缝中出现了不自然的、高水平的可观测行为变化,这时就出现了接缝效应。被调查者倾向于报告他们在以前的访谈中所报告的事情,将其引入当前访谈的时期,这种做法称作前伸(telescoping, forword),它会在两次被调查期间的接缝时间处造成堆积。采用从属访谈设计正是为了减少这些效应,生成长时间上更一致的数据。随着计算机辅助访谈技术的到来,从属访谈在数据收集中更为常见。从技术上而言,使用计算机辅助访谈技术使得把以前报告过的某次访谈的信息前向馈送给下一次访谈是可行的。从属访谈在数据质量上也具有优点,它减少了被调查者和访员的负担,也降低了数据收集和处理的费用。尽管如此,也还是有些问题要考虑。根据不同的实施方式,从属访谈可能会导致低估总体内部真实的变化水平,因为被调查者更易于认可他/她此前的报告。

——Heather Laurie
Mike C. Merrett
(杨可译 沈崇麟校)

参考文献

Doyle, P., Martin, B., & Moore, J. (2000). *Improving income measurement.* The Survey of Income Program Participation (SIPP) Methods Panel. Washington, DC: U. S. Bureau of the Census.

Lemaitre, G. (1992). *Dealing with the seam problem* (Survey of Labour and Income Dynamics Research Papers 92-05). Ottawa: Statistics Canada.

Mathiowetz, N., & McGonagle, K. (2000). An assessment of the current state of dependent interviewing in household surveys. *Journal of Official Statistics*, *16*(4), 401-418.

相依观察值(Dependent Observations)

相依观察值是那些以某种方式互相关联或聚合的观察值,它们是那些彼此有一种系统关系的观察值。聚合通常源于研究或抽样设计的策略,聚合可以发生在空间中、时间上或者时空二者。

单次抽样或多阶整群抽样会产生空间上聚合的样本,通常是在地理意义的空间中。识别和选择已知、已定义的聚合并从所选的聚合中挑选一些观察值,会生成彼此不独立的观察值。这些观察值由聚合联系起来,无论它是一个地理上的实体(如城市)、组织(如学校)或是家户。

纵贯研究设计生成时间上连接的观察值。例如,尽管个体是随机选择的,研究者还是可以对每个个体 i 在时点 t 获得一个观察值(如 attitude_{it})。这些合成的观察(如 attitude_{i1}和 attitude_{i2})互相不独立,因为它们都隶属于 i 这个人。

相依观察的出现违背了一般线性模型的一个关键假设:误差项相互独立且同分布。空间或时间上相连接的观察值通常比独立的观察值更同质。因为那些相连接的观察值不能像独立选择的观察那样提供较多的"新"信息,因而得到的样本特征是异质性较低的。在定性研究中,这意味着研究者在做推论时需要谨慎(King, Keohane, & Verba, 1994)。在定量研究中,这意味着估计值的标准误差会缩小(Kish, 1965)。

如果抽样权数是自变量的函数,因而也是误差项的函数的话,那么我们就应该使用抽样权数,以对整群抽样方法产生的抽样结果作出纠正。此外,温希普和拉德维尔(Winship & Radbill, 1994)建议采用标准误差的白异方差性一致的估计量(white heteroskedastic consistent estimator),而不是试着明白无误地去为误差的方差结构构造建模。这个估计量也可被用来修正样本中的多重性,在标准的统计软件包中我们均能找到这个估计量。

要修正时间上相依的观察,研究者通常要先对时间上自相关的顺序进行评估并建模,进而引进滞后的内生和/或外生变量。在时间序列的文献中,一直都在对这种技术进行广泛而深入的研究。

现在,研究者已经不只是简单地对相依进行纠正,而是越来越多地考虑如何为相依性建模,以及如何对之作出解释。研究者的主要兴趣在于,个体、组织和诸如这样的单位的集群之间的连接。几十年来,网络理论家和分析家一直致力于描述和解释某个或几个聚合中观察到的相依的本质;而近年来的发展更进一步拓展了这些方法,包括了从属网络(Skvoretz & Faust, 1999)和研究时间网络的方法(Snijders, 2001)。最近,布雷克和劳登布什(Bryk & Raudenbush, 1992)发展出了一个给聚类,或者称为"嵌套"数据建模的框架。对这些层级(非)线性模型【Hierarchical (Non) Linear Model】(也被称为混合模型,因其通常含有固定和随机两种效应)而言,在多层次分析【Multilevel Analysis】中的跨层互动,可以对情景效应进行考察:较高层级的单位(学校、组织)会如何影响较低层级的关系。

——Erin Leahey

(杨可译　沈崇麟校)

参考文献

Bryk, A., & Raudenbush, S. (1992). *Hierarchical linear models.* Newbury Park, CA: Sage.

King, G., Keohane, R. D., & Verba, S. (1994). *Designing social inquiry: Scientific inference in qualitative research.* Princeton, NJ: Princeton University Press.

Kish, L. (1965). *Survey sampling.* New York: Wiley.

Skvoretz, J., & Faust, K. (1999). Logit models for affiliation networks. *Sociological Methodology*, *29*, 253-280.

Snijders, T. (2001). The statistical evaluation of social network dynamics. *Sociological Methodology*, *31*, 361-395.

Winship, C., & Radbill, L. (1994). Sampling weights and regression analysis. *Sociological Methods & Research*, *23*(2), 230-257.

因变量(Dependent Variable)

任何受另一个称为自变量【Independent Variable】的变量因果影响的变量,都可被看作因变量。因变量这一概念在实验研究和非实验研究中有所不同[参见因变量(实验研究中)【Dependent Variable (in Experimental Research)】;因变量(非实验研究中)【Dependent Variable (in Nonexperimental Research)】]。

——Alan Bryman

(沈崇麟译校)

因变量(实验研究中)(Dependent Variable [In Experimental Research])

一个因变量是一个量度。在设计精良的实验研究中,因变量是在参与者回应上的自变量【Independent Variable】效应的量度。量度之所以被称为因变量,是因为我们预料它将受到(或取决于)自变量中系统变差的影响。若实验设计得当,因变量中观察到的变差被归结于自变量变差的效应,因而是归因之根本。

严格地讲,在非实验研究中,只要操控是不系统的,那么所有的变量都被认为是不独立的。因此,在相关研究中,所有的变量都是相依的。因为这样的研究是无操控的。在多元回归预测研究中,相依量度(dependent measure)被用作预测因子,因而有时也被称为自变量(预测因子)变量。在某些研究传统中,如果预测因子是显然不可能作为结果的,那么有时它们也从因果关系上进行解释。例如,一系列环境温度和侵略性的自然观察研究显示,二者具有中强的正关系。但(常识告诉我们)根本不存在人们的侵略性影响了温度这种可能,于是这种相关便被解释为是高温使人们变得有侵略性。这种关系,是以常识或理论为根据的,常常作为因果关系来解释,但这种推论只是一种假设,不如在实验环境中做得那么清楚,因为那些与关键变量共生的外生变量结果有可能被证明才是真正的因果因素。例如,在高温-侵略性的例子中,有可能是在炎热的天气中,人们为了逃避家中的高温外出跑到街上这种倾向才是侵略性真正的唆使因素。(那些不快活的)人群可能是方程中的必要成分而已。

因变量可以取许多形式。因变量的最高自觉形式是自我报告。在这种形式的因变量中,参与者自行表达自己的态度、信念或感情,表明自己对一种现象或他人的行动的因果归因。对这种形式的量度作解释必须加倍小心,其原因至少有二:第一,人们一般都不愿意报告在社会上不受欢迎的行为或态度。一个用来评估令人讨厌的行为或信念的因变量有可能得到社会赞许,但并非真实的回答。另一个更加有害的问题是参与者倾向于以一种帮助研究者证实研究假设的方式来回答问题。揣测实验者的需要这样一种过度合作的回应(参见需求特性【Demand Characteristics】)有可能误导(实验),致使最后证实了一个错误的假设。

与自觉回答连续统相反的是在回答人不知道自己在被观察的情况下观察收集到的那些因变量回答。这种不引人注目或不起反应的量度方法,常在那些正式的实验室环境外进行的研究中使用(参见实验室实验【Laboratory Experiment】)。它的优点是,可为我们提供那些不警觉的参与者真实的或至少是不自觉的回答。不过,与更为直白的自报告量度相比,这样的量度往往是不够灵敏和不太可靠的(Webb et al., 1981)。此外,这种量度的道德正当性还存在着很大的争议。正因如此,这样的量度只有在一番深思熟虑之后才可以使用。

在自觉/不自觉的回答维度之外,各种因变量在结构上也有所不同。各种封闭式因变量是高度结构的,它们包含真/假或多种选择答案等方式。这些形式的因变量最适合假设检验研究。在这样的研究中,不仅调查研究的问题是精确设定的,而且需要的信息也是在理论上清楚地设定的。在不是十分正式的产生假设的研究中,这种严格的量度可能不太合适,更为开放的量度可能比较合适。这样的量度涉及研究者的一种可观察的问题的实地记录,无结构的交谈记录等。在这样的情形中,观察的形式是开放的。虽然各种开放的因变量需要用编码和有理论根据的解释来支持研究过程,但它们却可以给我们提供有用的,可发展成为支持专题研究的洞见。

——William D. Crano

(沈崇麟译校)

参考文献

Webb, E. J., Campbell, D. T., Schwartz, R. D., Sechrest, L., & Grove, J. (1981). *Nonreactive measures in the social sciences*. Boston: Houghton-Mifflin.

因变量(非实验研究中)(Dependent Variable [In Nonexperimental Research])

一般认为因变量在因果上受自变量【Independent Variable】的影响。严格地讲,一个因变量是随机分布的,虽然这种随机性可能会受若干结构因子的影响,因而在最严格的实验【Experiment】研究环境中,自变量是可操控的。然而,在非实验研究中,变量是非操控的,这使得我们有时无法清楚地确定研究的变量中究竟哪一个才是因变量。有时研究者用这一词泛指那些包括在一个隐含因果推论的回归【Regression】方程左边的任何变量。但是我们必须弄清楚，在不同的研究中究竟应当怎样来确定因变量。在数据来自截面设计【Cross-Sectional Design】时，所有变量上的信息都是共同收集的，因而没有变量是被操控的。这意味着，哪个变量对其他变量有着因果影响这一问题并非立即就可以弄清楚的。尽管我们难以建立因果关系，尤其是在使用截面数据时，但研究者可用几种经验法则来确定把哪一个变量作为因变量。这样的法则有五个，它们未必是互斥的，我们可把它们作为一种指南，在横向和纵向的研究中使用。

1.一个变量在时间上领先于另一个变量

甚至在横截面调查中，某个变量记录的事件，其发生的时间早于其他变量，例如，回答人父母的教育获得与回答人的教育获得，后者可被看作因变量。

在采用纵向研究【Longitudinal Research】方法时，例如，同样本定群【Panel】设计，这个问题会更加复杂一些，因为虽然没有自变量被操控，但数据是在不同的时点收集的这一事实使我们得以使用某种关于时间问题的，因而也是有关因果优先次序的经验手段。严格的实验主义者可能仍然会对此持有异议，他们认为，缺乏操控会对因果优先次序问题造成疑点。为了解决这一难题，同样本追踪数据的分析者，采用了一种称为交叉滞后同样本追踪分析法(cross-lagged panel analysis)来确定在两个或更多个时点量度的成对变量之间的因果优先次序。在这样的分析中，因变量和自变量之间的那条直线，在某种意义上是模糊不清的，因为那个被认为在因果上领先的变量，在第一个回归方程中被作为自变量处理，但在第二个回归方程中则被作为因变量处理。相反，那个被认为在因果上居后的那个变量，在第一个回归方程中却被作为因变量处理，而在第二个方程中则被作为自变量处理。从诸如这样的分析判断来看，“因变量”的确定似乎是相当主观的，无非就是清晰的思路和仔细分析而已。

2.来自顺序清楚的变量

例如，某人生命历程【Life Course】的时间，例如，第一次性交和第一次生育就有着清楚的因果次序。

3.某一事件在另外一个事件启动前冻结了

一个人给母校的捐赠量取决于他(她)得到的学士学位的类型。在完成学位学业之前捐赠的行为是不会开始的。

4.一个变量比另一个变量更容易变化

举一个简单的例子，设想我们在做一个性别和政治保守主义量表关联的调查。人的性别是难以变化的，但是政治取向是可以变化的，似乎我们有理由假设政治保守主义是因变量。当然，可能存在影响性别和保守主义之间的因果路径的中介变量【Intervening Variable】或调节变量【Moderating Variable】，但是基本的问题仍然是，对这样一些变量进行因果推论依然是可能的和明智的。

5.一个变量比另一个变量更多产

更多产(即更有可能产生成果)的那个变量，譬如说宗教信仰可以用作自变量；而不那么多产的变量，譬如说某人的孩子数则可作为因变量。

研究者在采用非实验设计(如调查【Survey】设计)时，为了弄清哪些变量是因变量，必定会涉及因果推论问题。实质上，这一过程就是将来自包括上述五条经验法则在内的,我们对于社会世界的性质的理解和来自现存的理论和研究,以及那些在引起我们注意的领域中的分析方法的运用常识和判断力进行的推论融合(commonsense inferences)。位于那些与交叉滞后同样本追踪分析关联的方法,如因果建模【Causal Modeling】和路径分析【Path Analysis】背后的正是这种因果推论过程。

在因果次序优先不太明显的时候,因果推论会变得更加困难。例如,如果我们发现在一家大公司的调查结果中,员工日常工作水平和他们的组织公民行为呈负相关,不过因果关系的方向可能是很难确定的,尽管与这些变量关联的研究发现和理论可以给我们提供有益的线索。这种情况可能是从事日常工作的员工较少在公司面前展现自己。不过情况也可能会是那些显示出组织公民行为的员工不太可能被分配从事日常工作。同样本追踪调查常被作为一种解开原因与结果的工具,在这样的情况中使用这一工具,不失为一种明智之举。

——Alan Bryman

Tim Futing Liao

(沈崇麟译校)

参考文献

Davis, J. A. (1985). *The logic of causal order* (Sage University Paper Series on Quantitative Applications in the Social Sciences, 07-055). Beverly Hills, CA: Sage.

Lieberson, S. (1987). *Making it count: The improvement of social research and theory*. Berkeley: University of California Press.

Rosenberg, M. (1968). *The logic of survey analysis*. New York: Basic Books.

描述性统计(Descriptive Statistics)

参见单变量分析【Univariate Analysis】。

设计效应(Design Effects)

设计效应表明样本设计对估计值方差【Variance】的影响。这种影响的量度涉及从等样本量的简单随机抽样【Simple Random Sampling】求得的等价的估计值方差。因此,一个总体【Population】参数 y 的估计值的设计效应可写作:

$$\mathrm{DEFF}(\hat{y}_{\mathrm{Com}}) = \frac{V(\hat{y}_{\mathrm{Com}})}{V(\hat{y}_{\mathrm{SRS}})} \qquad (1)$$

式中的$\hat{y}_{\mathrm{Com}}$是在讨论中的复杂样本 y 的估计值,$\hat{y}_{\mathrm{SRS}}$ 是等样本量的简单随机样本的估计值。

设计效应针对估计值和样本设计二者。因此,来自同一调查不同数量的估计值可能会有不同的设计效应,好比来自不同调查【Survey】同一数量的估计值。设计效应上的重要影响有三个:样本集群(sample clustering)、样本分层(sample stratification)

和样本包含概率(sample inclusion probability)。

多阶整群样本设计(参见多阶抽样【Multistage Sampling】)一般会导致设计效应大于1。这是因为集群单位内的样本单位,总体上都比总体单位相互之间更为相似(也就是集群是比较同质的)。情况也许的确如此,例如,居住在小区域内的住户,户中的学生往往都在同一所学校上学,户中的人们也常常都在同一个雇主处从业等。因集群而引起的设计效应,取决于集群内的同质程度和(平均的)集群样本的大小:

$$\mathrm{DEFF}(\hat{y})_{\mathrm{Clus}} = 1 + (b - 1)\rho \qquad (2)$$

式中的 b 是(平均的)集群样本的大小,而 ρ 是群间相关【Correlation】系数。

比例分层(参见分层样本【Stratified Sample】)的设计效应一般都小于1。无独有偶,这是因为层都是比较同质的。但是与集群不同,分层免于样本或为集群的一个子集,确保样本能代表所有的层。分层和目标变量的相关程度越高,因分层而引起的设计效应就越小(越有利)。

因变量包含概率(包括选择概率和回答概率)而引起的设计效应一般都大于1,且它越大,概率中的变差也越大。在层的总体的方差已知或可估计时,为了提高估计的精度而将最优配置施予层时,会出现显著的例外。因变量包括概率引起的设计效应可写作:

$$\mathrm{DEFF}(\hat{y})_{\mathrm{Inc}} = \frac{n}{N^2 S^2} \sum_{h=1}^{H} \frac{N_h^2 S_h^2}{n_h} \qquad (3)$$

式中的 n_h,N_h 和 S_h^2 分别是在总体被分为 H 个互斥而穷尽的类时,h 类样本的大小、总体的大小和总体方差,而 n,N 和 S^2 则分别是整个样本的大小、总体大小和总体方差。

许多技术报告都刊印了一系列估计值的设计效应。这些信息对于今后的调查设计,以及来自当前调查结果的解释都很有用处。

一个与之密切相关的概念是设计因子,它表明样本设计对估计值的标准误差的影响,因此也表明了对置信区间【Confidence Interval】宽度的影响:

$$\mathrm{DEFF}(\hat{y}_{\mathrm{Com}}) = \frac{s.e.(\hat{y}_{\mathrm{Com}})}{s.e.(\hat{y}_{\mathrm{SRS}})} = \sqrt{\mathrm{DEFF}(\hat{y}_{\mathrm{Com}})} \qquad (4)$$

——Peter Lynn

(沈崇麟译校)

参考文献

Kish, L. (1965). *Survey sampling*. New York: Wiley.

Kish, L. (1995). Methods for design effects. *Journal of Official Statistics*, *11*(1), 55-77.

行列式(Determinant)

一个方阵的行列式是与那个矩阵有关联的唯一的标量。矩阵 $\mathbf{A}$ 的行列式常常被表示为行列式 $\mathbf{A}$ 或 $|\mathbf{A}|$。行列式符号以垂线代替矩阵的括号。因此,对于

$$\mathbf{A} = \begin{bmatrix} a_{11} & a_{12} \\ a_{21} & a_{22} \end{bmatrix}, \quad |\mathbf{A}| = \begin{vmatrix} a_{11} & a_{12} \\ a_{21} & a_{22} \end{vmatrix}$$

行文中有时将

$$|\mathbf{A}| = \begin{vmatrix} a_{11} & a_{12} \\ a_{21} & a_{22} \end{vmatrix}$$

称为行列式函数，而将产生的标量作为行列式的值。1 阶和 2 阶矩阵的行列式计算是简单明了的。如果 $\mathbf{A}=[a_{11}]$，那么 $|\mathbf{A}|=|a_{11}|=a_{11}$。如果

$$\mathbf{A} = \begin{bmatrix} a_{11} & a_{12} \\ a_{21} & a_{22} \end{bmatrix}$$

那么

$$|\mathbf{A}| = \begin{vmatrix} a_{11} & a_{12} \\ a_{21} & a_{22} \end{vmatrix} = a_{11}a_{22} - a_{12}a_{21}$$

注意，上述二阶行列式的例子是主对角线上的元素的乘积减去对角线外的元素的乘积。一种称为行（或列）扩张的方法可以用来系统地计算 3 阶或 3 阶以上的矩阵的行列式。扼要地讲，对 n 阶矩阵 $\mathbf{A}$ 而言，行扩张将产生任何一行 $i=1,2,\cdots,n$ 的等式，

$$|\mathbf{A}| = \sum_{j=1}^{n} (-1)^{i+j} a_{ij} |\mathbf{A}_{ij}|$$

列扩张将产生任何一列 $i=1,2,\cdots,n$ 的等式，

$$|\mathbf{A}| = \sum_{i=1}^{n} (-1)^{i+j} a_{ij} |\mathbf{A}_{ij}|$$

对于任何一列 $j=1,2,\cdots,n$。在这两个等式中，$|\mathbf{A}_{ij}|$ 是由减去 $\mathbf{A}$ 的第 i 行和第 j 列形成的子矩阵的行列式，常被称为 $\mathbf{A}$ 的小 a_{ij}。因此，3 阶矩阵 $\mathbf{A}$ 的第一行的扩张是

$$|\mathbf{A}| = \sum_{j=1}^{3} (-1)^{i+j} a_{ij} |\mathbf{A}_{ij}|$$

$$= a_{11}\begin{vmatrix} a_{22} & a_{23} \\ a_{32} & a_{33} \end{vmatrix} - a_{12}\begin{vmatrix} a_{21} & a_{23} \\ a_{31} & a_{33} \end{vmatrix} + a_{13}\begin{vmatrix} a_{21} & a_{22} \\ a_{31} & a_{32} \end{vmatrix}$$

有几条可用于行列式的行与列处理的定理，它们对行列式的计算很有帮助。这几条定理是：

- 矩阵 $\mathbf{A}$ 的行列式等于 $\mathbf{A}$ 的转置矩阵的行列式（即 $|\mathbf{A}|=|\mathbf{A}^{\mathrm{T}}|$）。
- 交换一个行列式的任何两行都要改变它的符号。
- 如果一个行的每一个元素都乘以因子 k，那么行列式的值也要乘以 k。
- 如果将一行的数量的倍数加到另一行，那么行列式的值不变。

如果矩阵的行列式是非零的，那么该矩阵便是非奇异的，因而将会有一个逆。行列式将被用来计算矩阵的逆，然后二者都将被用于求解方程系统，诸如这样的系统可见于回归【Regression】分析中。行列式也常和 Cramer 法则一起作为一种求解联立线性方程【Simultaneous Equations】，以及确定函数【Function】的极端点是否最大或最小值的方法使用。

如果矩阵的行列式等于零，那么我们就说矩阵是奇异的。这表明两个或更多的行或列线性相依【Linear Dependency】。在代数中，这意味着矩阵的逆是不能计算的。从实际情况看，这就意味着用矩阵表示的模型中的两个或更多个变量是彼此的线性变换【Transformations】。

——Timothy M. Hagle

（沈崇麟译校）

参考文献

Cullen, C. G. (1990). *Matrices and linear transfor-*

mations (2nd ed.). New York: Dover.

Pettofrezzo, A. J. (1978). *Matrices and transformations*. New York: Dover.

决定系数(Determination, Coefficient of)

参见 *R* 方【*R* Squared】。

决定论(Determinism)

决定论通常是被带着轻蔑来使用的术语,用以描述某个论点或方法把因果关系过度简化为一组因素活动所引起的结果。因此,举例来说,经济决定论把社会、政治和文化效应都归因为与经济的关系,认为这才是根本的原因;技术决定论也赋予了技术革新以同样的地位;文本决定论将经过媒介传递的信息对个人和受众的影响归因为信息或媒体的文本性质;诸如此类。与此相关但不同的一个术语是还原论,人们也批评它把一套复杂的环境简化为了一组有限的特征,且假定该组特征显要。

经常被当作决定论来批评的方法论是一些主张采用整体化的方式来解释的方法论,例如,马克思主义、弗洛伊德主义、信息主义、文本主义、系统论等;还有一些想要把诸如天气、阶级、性别、种族或地理环境等自然、社会或物理特性视为社会活动之根本的方法论;以及那些从人类活动中拣出诸如技术、性别、工作等某些特别的方面,认为它们对人类活动其他方面有巨大影响的方法论。

当然,说明决定论者和/或还原论缺陷的学术研究还不够。但在有关决定论的辩论中,常常隐含着研究者在寻求对人类现象进行充分因果解释时所找到的基本议题,即到底这番搜寻是否值得,到底时空中人类的活动领域是否可以被视为整体(或者一套互相重叠的整体),到底在社会因果关系中是否存在系统的层级。简而言之,有关决定论的争论可能代表了对因果关系的争论。

思想家们采用过许多不同的方式来探求因果关系。社会计量模型有一个有趣的成果,即对作为因果关系推论的可计量的可预测性所产生的疑问:这番辩论在决定论的数学模型和随机的统计方法之间展开(后者结合了机遇结果)。在元理论的层面,有人主张整体的结构决定其性质及其各部分的功能;系统论就是这种方法的一个典型代表。其他人主张整体是各部分的综合,且其各部分在某种意义上是可知的;实用主义的方法就经常采取这个立场。

第三种方法关注的既不是各部分,也不是整体,而是总是处于冲突中的各种力量,它认为正是这些力量在任意一个具体的时空节点上构造了相对于任意整体的具体各部分。这种冲突在具体的时空中产生结果,决定了各部分之间关系的性质,由此建构了整体。这种方法在 20 世纪后半叶在不同的学科和不同的整体观下发展起来(例如,教育心理学家让·皮亚杰称其为“运演结构主义”,而对马克思主义的地理学家戴维·哈维来说,就是“辩证的、历史地理学的唯物主义理论”)。

这种方法把因果关系视为一个不断持续的复杂过程,在这一过程中各种抽象力量互相冲突,在各个具体的历史地理背景中以具体的实质方式来呈现,其结果自身又进入了以后的因果关系的过程之中。它拒绝那些认为各个因素之间具有直接、线性因果关系的观点,但的确试图在决定结果的复杂关系中分辨出能量或支配的层级结构。

哈维(Harvey, 1973/1989)的作品围绕着这些有关城市化的方法论问题,在因果关系的空间和时间维度上进行了一番彻底的探究。《社会公正与城市》(*Social Justice and the City*)是对这个方法论议题的早期的详细探讨;而《后现代的状况》(*The Condition of Postmodernity*)则是他最著名的作品。

——Chris Nash

(杨可译　沈崇麟校)

参考文献

Harvey, D. (1973). *Social justice and the city.* Baltimore: Johns Hopkins University Press.

Harvey, D. (1989). *The condition of postmodernity.* Oxford, UK: Basil Blackwell.

确定性模型(Deterministic Model)

确定性模型是不包含随机成分的模型。

18 世纪初,确定性模型开始广泛用于物理过程的研究,它的应用得益于数学家雅各布·伯努利、约翰·伯努利和莱昂哈德·欧拉等人开发的微分方程。把给出的一个变量值作为它的一个极小的早期时点值的函数的微分方程,仍然是确定性模型最常见的形式。已经证实,微分方程能用于各种各样的大气和机械现象,并已产生了大量数学文献。有限差分方程变量的值是它的滞后某个有限值(一般为 1)时期的值的函数——是确定性模型的另一种形式。不过它在数学上的优越性不如微分方程。差分方程被普遍用来为变化较慢的生物和社会过程建模。这样的过程有生物总体的跨代际过程或经济过程中跨预算年的过程等。

倘若函数的形式、模型的系数值和过程的初始值已知,那么确定模型的值就完全是可预测的。在 18 和 19 世纪,物理世界就是由许多自然科学根据完全确定的法则做出的假定运转的。这就意味着,至少在理论上意味着物理世界是完全可以预测的。法国数学家皮埃尔·拉普拉斯在他 1812 年发表的著作《分析概率论》(*Analytic Theory of Probability*)中一段被广泛引用的简要陈述中说道:

“立即给人以一种智力,它可以理解所有自然赖以有生命的所有力量和组成自然的生命的各个方面……它将在同一公式中包含宇宙中最大的物体和最小的原子的运动。对它而言,没有什么是不确定的,未来犹如过去一样呈现在它的眼前。”(Mackay, 1977, p.92)

诚如拉普拉斯所言,确定性模型的一个奇妙的特性是,它不仅可以从模型预测未来,还可以推断过去的行为。例如,天文学家因此而用决定性方程为新发现的彗星建模,不仅能发现彗星将去向何方,也能发现它来自何处。同样,一枚弹道导弹路径的确定性模型可用于决定它的近似的起飞点,即使起飞是未曾被观察到的。

在 20 世纪,确定性宇宙这一概念遇到了三个挑战。第一个挑战发生在 20 世纪初,由于量子力学理论的发展,人们发现在原子水平,物理过程有着本质上的随机成分,它与早先设想的完全确定性的世界相左。第二个挑战发生在整个 20 世纪,概率论和统计学(包括随机的【Stochastic】过程研究)的数学领域把随机性也包括在内,发展到了一个可与 19 世纪确定性过程媲美的高深的水平。随后在社会科学中进行的工作,理所当然地把注意力都放在那些清晰地设定了随机成分的模型上。

第三个挑战是在 20 世纪末,混沌过程开始受到广泛的关注(参见 Kiel & Elliott, 1996)。混沌模型是确定性的——它们一般都是非线性的差分方程,但它产生的值的序列都是随机的,且这些值在一个长时期内是不可预测的,除非初始值是可以无限精确地被估计的,而实际上这是不可能的。

尽管受到了这些挑战,确定性模型在许多场合还是很有用的。尽管面临量子力学和混沌理论的挑战,但确定性方程还是能为那些发生在原子水平之上的许多物理过程提供极为精确的预测。在近似社会过程方面,确定性模型也是很有用的,即使在那些已知含有随机组成成分的场合,情况也同样如此。这方面的例子包括人口、预算和国际军备竞赛的增长。

——Philip A. Schrodt

(沈崇麟译校)

参考文献

Kiel, L. D., & Elliott, E. (1996). *Chaos theory in the social sciences*. Ann Arbor: University of Michigan Press.

Mackay, A. L. (1977). *Scientific quotations*. New York: Crane, Russak.

去趋势(Detrending)

时间序列【Time-Series】的数据常常会展现一种随时间上升或下降的趋势。一种趋势可能表现为一种平均值和/或方差【Variance】随时间变化的方式。一张时间序列的曲线图可以是线性的,展示随时间变化的趋势均值。将这样的变量在另一个变量上做回归,常常会产生一个较高的 *R* 方【*R*-Squared】,但估计的参数值却并没有反映出自变量和因变量之间的关系。不仅如此,估计的参数值将会向上偏倚【Bias】,因为这种趋势会导致两个变量之间的伪关系【Spurious Relationship】,反映存在于它们二者之中的共同趋势。如果情况确实如此,那么为了得到自变量和因变量之间的真实关系,在拟合模型之前观察必须先去趋势。图 1 显示了一个在时间上存在某种趋势的系列及在去除趋势之后的同一系列。

解决这一问题的最简单的办法是在回归【Regression】分析中,引进一个时间或趋势变量作为自变量【Independent Variable】。趋势变量不必是线性的,如果系列展示一种立方的趋势，那么趋势变量可以是 X^3，在这里 X 是时间。此外，有些时间系列展示周期性的趋势，这时比较恰当的做法是也引进一个季节性趋势变量。在方程的右边引进一个趋势变量，将会产生它与因变量之间的真关系的系数估计值。

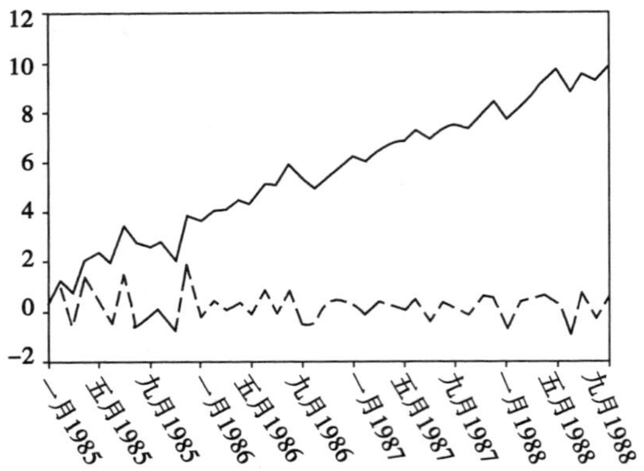

图 1　趋势系列和去趋势之后的同一系列例解

如果因变量和自变量展现出不同的趋势，比如说，因变量呈一种线性的趋势，而自变量是二次的，那么采用一种更为复杂的去趋势过程可能比较有用。首先，将因变量在时间上做回归，得到残差【Residuals】$\hat{u}_{1t}$。然后再做自变量对时间的回归，得到残差 $\hat{u}_{2t}$。最后做 $\hat{u}_{1t}$ 对 $\hat{u}_{2t}$ 的回归。由于时间趋势已从两个变量上取出，$\hat{u}_{2t}$ 上的系数将是因变量和自变量之间的真关系。如果我们想要报告的不仅是因变量和自变量之间的关系，而且也想报告它们独特的时间趋势，那么这种去趋势的方法就会格外有用。

以这种方式去趋势只适用于研究那些其趋势是确定性的系列。如果趋势是随时间变化的，比如说是随机的【Stochastic】，这时 ARIMA（自回归移动平均）建模法便是一种恰当的用来发现潜在关系的方法。单位根【Unit Root】检验可能是用来确定系列是否是平稳的比较恰当的方法。在 ARIMA 建模法中，通过差分系列或从时间 t 的变量值减去前值来去趋势。诸如简单线性趋势这样的趋势，通过在回归中引进趋势变量就很容易去除，也可以在 ARIMA 模型中用一阶差分方程或一个因变量 y 是从时间 t 到前一个时间 $t-1$ 的变化的方程来去趋势。

——Andrew J. Civettini

（沈崇麟译校）

参考文献

Gujarati, D. N. (1995). *Basic econometrics* (3rd ed.). St. Louis, MO: McGraw-Hill.

Harvey, A. C. (1990). *The econometric analysis of time series* (2nd ed.). New York: Philip Allan.

偏差个案分析(Deviant Case Analysis)

偏差个案分析是谈话分析【Conversation Analysis，CA】中的一个步骤，用来检验谈话互动中所提出的现象的有效性和一般性。作为一般性的方法论原则，它可与假设检验和证伪相比。不过，它的某些特点使它成了 CA 中的一个基本要素。

CA 的主要目标就是要发现稳健的谈话序列分析规则，它不仅是统计上观察到的规律，而且也是谈话的参与者作为标准预期明确使用和适应的规律。通过对谈话数据语料库的归纳分析，也许我们可以提出谈话顺序的潜在规则，例如，互致问候，或者接受或拒绝邀请的方式。偏离个案就是那些似乎与这些提出的规则或模式不符的个案。

这些个案的重要性，除了它们不确定的状态之外，还在于它们常常会成为证明参与者的规范取向的例子，在一定程度上回应了具有早期常人方法论【Ethnomethodology】特征的“破坏性实验（breaching experiments）”。和那些实验不同的是，CA 的偏离个案是在有案可查的谈话的语料库中自然发生的。史蒂芬·克莱曼和道格拉斯·梅纳德（Clayman & Maynard，1995）对 CA 中偏离个案的用途作了如下三种定义：（a）经过分析，偏离个案可能会与标准个案一样，展现同样的惯常取向；（b）也许据此可以提出一种囊括（明显）偏离个案和主（个案）集的新的分析；（c）偏离个案也可能会展现出其自身的独特顺序，以致更适合将其归入另一个集合。

第二类，也即提出修订分析的一个经典例子，是谢格洛夫（Schegloff，1968）在早期的 CA 研究中所做的有关电话谈话通常的开始方式的研究。谢格洛夫分析了 500 个例子的语料库，提出了“首先开口的分布规则”，其大意是，诚如所料，那个先开口的人是接电话的。但有一个个案偏离了这个规则。这个个案引发了对该规则的质疑和彻底修改。我们提出的不是一条由接电话的人开启第一轮对话的规则，这样的对话可以被认为是互致问候（如问道“你好”，答道“你好”）的第一个部分；而我们提出的则是一条可以解释所有 500 个个案的修正的规则，这就是所谓的召唤—回应顺序（the summons-answer sequence），在这个规则中，第一声“你好”（或别的什么话）被看作另一类（召唤—回应）的第二部分，是对电话铃声这样的召唤的回应。

——Derek Edwards

（杨可译　沈崇麟校）

参考文献

Clayman，S. E.，& Maynard，D.（1995）. Ethnomethodology and conversation analysis. In P. ten Have & G. Psathas（Eds.），*Situated order：Studies in the social organization of talk and embodied activities*（pp. 1-30）. Washington，DC：University Press of America.

Schegloff，E. A.（1968）. Sequencing in conversational openings. *American Anthropologist*，*70*，1075-1095.

偏差（Deviation）

偏差是一个普遍使用的有关某种形式的差异（discrepancy）的术语。一个最简单的例子是一个观察值与总体【Population】均值 μ，即所有可量度的个体的平均数之间的偏差或差别。一个观察值和 μ 之间的平均（期望）平方偏差就是总体方差【Variance】。一个与之关联的量度是我们所做的观察和样本均值之间的平方偏差，它用样本【Sample】方差来表示。这就是说偏差是以样本均值，而非总体均值定义的。

在更广义的语境中，偏差指的是观察的样本和某个可能代表所有数据产生的过程的模型之间的差异。也许最简单也众所周知的例子是确定观察的样本是不是从某个特定分布中抽出来的，一般我们感兴趣的分布是正态分布【Normal Distribution】。最为普遍的用于量度观察值的分布对假设分布的偏差的量度称为 Kolmogorov 差距（例子请参见

Conover, 1980)。这个方法被扩展到量度两个分布之间的总偏差(Doksum & Sievers, 1976),它可给我们提供一种令人感兴趣的有关如何进行两个独立的组之间比较的思路(更为详细的介绍和合适的软件,请参见Wilcox, 2003)。

偏差这一概念也出现在其他几种情况中。例如,在回归中,常见的一种模型是 $Y=\beta_0+\beta_1 X+\varepsilon$,式中的 ε 一般被看作一个有零均值的变量。这样,如果我们得知 $X=10$,那么 Y 的均值等于 $\beta_0+\beta_1 X=\beta_0+\beta_1\times 10$,一般,式中的 β_0 和 β_1 都是根据我们可资利用的观察样本估计的未知的参数。实质上,模型假设 Y 的均值和 X 之间存在着线性关联。在这里偏差可能涉及假设的模型和在一个特定的研究中收集的数据之间存在的任何差异。因此,如果 Y 代表儿童的认知功能,而 X 则代表在家中的攻击性水平,那么一个常用的策略是假设这两个量度之间有着线性关联。一个基本的问题是测量这种假设的线性关联和试图评价用来描述数据特性的模型精确性中的真实关联之间的差异。也就是,我们是否有理由假设,对于 β_0 和 β_1 的某种选择,Y 的均值是否真的等于$\beta_0+\beta_1 X$? 测量数据与这种模型偏离了多少的量度已经被设计出来,Kolmogorov 差距就是其中一种。这些量度可以用来进行有关线性模型假定的经验检查(Wilcox, 2003)。

另一种情况是在定类数据中出现的偏差。我们来考虑一个最为简单的例子,在这个例子中,我们要求一对成年的夫妇,在一个 5 级量表上给某位政治领袖打分。一个可能的问题是,女性的回应是否与她的配偶的回应是各自独立的? 现在,我们的策略就是测量对在独立性(假设)下期望的回应模式的偏离。更为广义地讲,偏差的作用是在考察某个拟建模型的合理性(plausibility)时,对拟合优度作出评估(Goodman, 1978)。

——Rand R. Wilcox

(沈崇麟译校)

参考文献

Conover, W. J. (1980). *Practical nonparametric statistics*. New York: Wiley.

Doksum, K. A., & Sievers, G. L. (1976). Plotting with confidence: Graphical comparisons of two populations. *Biometrika*, *63*, 421-434.

Goodman, L. A. (1978). *Analyzing qualitative/categorical data*. Cambridge, MA: Abt.

Wilcox, R. R. (2003). *Applying contemporary statistical techniques*. San Diego, CA: Academic Press.

历时的(Diachronic)

历时的特征描述了一种随时间变化的现象,隐含研究者持有时序的、历史的或纵向的观点(参见共时的【Synchronic】)。

——Tim Futing Liao

(沈崇麟译校)

日记(Diary)

日记是一种自然的数据收集法,用以获取个人的定期(通常是当天)数据(Corti,1993)。日记更适合用于得到脉络化的、有细节和顺序的信息,且与问卷【Questionnaire】相比,来自日记的数据通常也更加可靠,因为它们把回顾回忆偏差减到了最小,而且它们(是自我管理的)还可以确保匿名【Anonymity】,并防止访员效应【Interviewer Effects】的产生。不过,有可能会有与选择或志愿者偏倚有关联的问题。因此,为了鼓励日记作者在整个期间不间断地写日记,常常会给他们一些奖励。日记也可以和后续的访谈一起使用,以便在访谈时适时插入话题(Zimmerman & Wieder,1977)。

日记的形式

日记法有一系列结构形式。

- 非结构式日记没有或几乎没有特定的格式。它们常常都是主动记录的,日记作者自己决定哪些事值得报告。格式随意的日记是自传式的,采用自然语言(或者像 Pepy 的日记那样用代码),更多的是一种定性的资源,而非一种系统的数据收集方式。
- 半结构式日记有研究者设定的特定格式或架构,它们通常都是(研究者)约写的。这种格式的日记不仅可以直接比较,而且日记作者也可以用自己的话来描述事件,并对其加以扩展。得到的数据通常都结合了定性和定量两种模式。
- 结构式的日记更接近于生活史,这是在时间单位固定这一意义上而言的。此外,它们还有两个关键的组成部分:(a)特定的行动是什么(相关的活动通常都是预先设定和预先编码的);以及(b)这个已知的事件或活动持续了多长时间。这可以直接生成可比较的定量数据。最常见的例子就是时间利用日记(Juster & Stafford, 1985)。

日记包括的时间长短差异很大。时间利用研究大多只持续几天,而其他形式安排的时间,或要包括重大事件,或要为行为提供稳定的估计值,因而大多需要一星期到一个月的时间。日记法近年来被计算机网络彻底改造了。在线日记变得越来越普遍,并涵盖了上述一系列的日记形式。

日记法的应用

家庭调查常常要用到日记,而市场研究者和经济学家则用日记来估计消费者的消费模式。日记在健康和疾病研究(Verbrugge, 1980)、饮食与营养研究、酒精与消遣性药物使用研究以及服药依从性研究中也有广泛的应用。至少从 1930 年代经典的金赛研究开始,私人日记就被用于性行为研究了,而近年来,它则被用于男性同性性行为的男性风险行为研究(Coxon,1996)。

——Anthony P. M. Coxon

(杨可译　沈崇麟校)

参考文献

Corti, L. (1993). Using diaries in social research (*Social Research Update*, Iss. 2). Guildford, UK: University of Surrey, Department of Sociology.

Coxon, A. P. M. (1996). *Between the sheets: Sexual diaries and gay men's sex in the era of AIDS.* London: Cassell.

Juster, F. T., & Stafford, F. P. (1985). *Time, goods and wellbeing.* Ann Arbor, MI: Institute for Social Research.

Verbrugge, L. (1980). Health diaries. *Medical Care*, *18*, 73-95.

Zimmerman, D. H., & Wieder, D. (1977). The diary-interview method. *Urban Life*, *5*, 479-498.

二分变量(Dichotomous Variables)

二分变量是一种在被观察或测量时,取值为仅有的两个可能值中的一个变量。很多时候其变量值表示的是一个测定变量(如年龄:65 岁以下/65 岁及 65 岁以上)或者一个属性(如性别:男/女)。

如果二分变量代表的是另一个变量,那么相关变量既可能被观察到也可能观察不到。例如,一个二分变量可以被用来表示某条法律是否会被通过。这时这个二分变量(通过/未通过)就代表着对这次立法真实的、可观察的投票表决。相反,每个立法委员所投的票则是一种独特和观察不到的在投票赞成或反对这项立法之间的概率分布的结果。

二分变量通常都用 1 和 0 作为两个可能的值来测量。1 和 0 的使用通常都没有与变量相关的特殊含义。我们也可以简单地取 2 和 0,或者 1 和-1 来作为这两个值。尽管如此,1,0 编码在求个案的总和或求平均数时显出了它的优势,因为这就是分值为 1 的个案的比例。1 和 0 如何选取和分配通常都以易于解释和研究问题具体的性质为依据。

二分变量既可以作为因(内生)变量【Dependent (Endogenous) Variable】使用,也可以作为自(外生)变量【Independent (Exogenous) Variable】使用。许多社会科学的研究问题都使用二分因变量。这样问题常常涉及个人的二分选择或结果(例如,买不买,投赞成票还是反对票,确认还是否认)。有二分因变量的估计模型通常需要使用非线性技术,因为线性模型(如普通最小二乘【Ordinary Least Squares】)也许在理论层面是不切实际的,而且会生成低效或不一致的结果。

二分变量当作自变量来使用时,常常被称为"控制变量"或"虚拟变量"【Dummy Variable】。遗憾的是,以这种方式这样来称呼二分自变量,可能会导致无法精确合理地解释变量的测量或者它被纳入模型的原因。与任何其他变量一样,二分自变量也应该有坚实的理论基础,并能被恰当地具体化。

值得注意的是,我们不能太急于将变量"二分"(即将可测量的基本变量变成二分的形式),原因有三:第一,这种转换可能在理论上站不住脚。诸如概率单位分析【Probit Analysis】和概率对数【Logit】这样的估计方法的普及,让某些研究者画蛇添足地把连续的因变量转换成了二分的形式。第二,即使理论是合理的,这样的转换也必定会导致信息的丢失。比方说,知道最高法院通过了一项决议是一回事,但知道它是以 9-0通过的,还是以 5-4 通过的则是另外一回事。第三,如果一个变量有重要的剩余类别,把一个变量强行分为两类可能就不那么简单或者合适。例如,如果有人要对使用左右手的习惯进行二分测量,那么双手都灵巧的个体,或者因上肢残障不得不改用另一只手的个体的数量可能会给编码和分析带来问题。

——Timothy M. Hagle

(杨可译　沈崇麟校)

参考文献

Hardy, M. A. (1993). *Regression with dummy*

variables. Newbury Park, CA: Sage.
Maddala, G. S. (1983). *Limited-dependent and qualitative variables in econometrics*. Cambridge, UK: Cambridge University Press.

均值差(Difference of Means)

社会科学家常常有兴趣发现两个社会群体是否相同,例如两个社会阶层之间或男女之间的收入水平是否相同。这需要进行显著性检验【Significance Testing】,虚无假设是两个均值μ_1和μ_2之间没有差异。在涉及的均值只有两个时,最常用的方法是一个简单t检验【t-Test】。这个方法也常用于检验比例差【Difference of Proportions】,而在涉及更多个组时,为了检验组间差异【Between-Group Differences】,我们自然会选择方差分析【Analysis of Variance】。一个与之密切关联的方法是多重分类分析【Multiple Classification Analysis】。还有各种可资利用的处理不同情况的多元比较法,例如,用于关联或相依显著性假检验的Bonferroni法【Bonferroni Technique】。总之,均值差检验只是许多进行统计比较【Statistical Comparison】的方法中的一种。

——Tim Futing Liao

(沈崇麟译校)

比例差(Difference of Proportions)

在将人们分组时,每个组的不同比例将显示某种性质、态度或者结果。例如,投票给民主党的男和女的不同比例、患乳腺癌的美国人和日本人的不同比例,以及赞同未婚先孕的主流和原教旨新教徒之间的不同比例等。

主流和原教旨新教徒对流产的态度的差别,可以用1990年世界价值观调查的美国部分的数据来估计,它可总结概括为下表:

	主流	原教旨	合计
赞成	172(n_{11})	23(n_{12})	195($n_{1.}$)
不赞成	404(n_{21})	125(n_{22})	529($n_{2.}$)
合计	576($n_{.1}$)	148($n_{.2}$)	724($n_{..}$)

注:为了简便起见,我们将“世界价值观”调查作为简单随机抽样【Simple Random Sampling】处理,而实际的调查设计则比较复杂。

在$n_{.1}=576$个主流新教徒中,有$n_{11}=172$个赞成未婚女性流产,比例为$p_1=172/576=0.298\ 6$。在$n_{.2}=148$个原教旨新教徒中,有$n_{12}=23$个赞成未婚女性流产,比例为$p_2=23/148=0.155\ 4$。这样,在被调查的新教徒中,比例差等于$p_1-p_2=0.143\ 2$。调查的主流新教徒可能赞成未婚女性流产的比例比原教旨新教徒高14.32%。

如果我们希望从样本推广到美国新教徒的总体,我们需要知道比例差的抽样分布【Sampling Distribution】。在大样本中,比例差p_1-p_2近似正态分布,它的标准差【Standard Deviation】被认为是比例差的标准误【Standard Error】。

不同的标准误被用于置信区间【Confidence Intervals】和假设检验【Hypothesis Testing】。就置信区间而言,最为普遍的标

准误公式是

$$s_{p_1-p_2}=\sqrt{\frac{p_1(1-p_1)}{n_{.1}}+\frac{p_2(1-p_2)}{n_{.2}}}$$

式中的

$$p_1=\frac{n_{11}}{n_{.1}},p_2=\frac{n_{12}}{n_{.2}},$$

相应的$(1-\alpha)\times100\%$的置信区间是

$$p_1-p_2\pm z_{1-\alpha/2}s_{p_1-p_2}$$

式中的$z_{1-\alpha/2}$是$(1-\alpha/2)$的标准正态分布【Normal Distribution】的第 100 个百分位【Percentile】。

尽管使用非常普遍，但是这种置信区间的涵盖范围不是很理想，特别是在表的计数n_{ij}比较低时。更好的涵盖，特别是对低计数，是通过将 1 加到每个n_{ij}和将 2 加到每个$n_{.j}$得到的（Agresti & Cato, 2000）。经过改进的标准误是

$$\tilde{s}_{p_1-p_2}=\sqrt{\frac{\tilde{p}_1(1-\tilde{p}_1)}{n_{.1}+2}+\frac{\tilde{p}_2(1-\tilde{p}_2)}{n_{.2}+2}}$$

该式中

$$\tilde{p}_1=\frac{n_{11}+1}{n_{.1}+2},\tilde{p}_2=\frac{n_{12}+1}{n_{.2}+2}$$

其中，改进过的$(1-\alpha)\times100\%$的置信区间是

$$\tilde{p}_1-\tilde{p}_2\pm z_{1-\alpha/2}\tilde{s}_{p_1-p_2}$$

就新教徒的数据而言，$\tilde{p}_1-\tilde{p}_2=0.139\ 3$，$\tilde{s}_{p_1-p_2}=0.035\ 5$，$z_{.975}=1.96$，于是一个 95%的置信区间，其范围为 0.069 8～0.208 8。换句话说，主流新教徒总体中较可能赞成未婚女性流产的百分比可能为 6.98%～20.88%（有时用这一公式计算的置信限超过$-p_1$的下界或$1-p_1$的上界。在遇到这种情况时，都按惯例向内调整置信区间）。

如果我们想要检验等比例的虚无假设【Null Hypothesis】，我们使用一个略有差异的标准误。在这一虚无假设下，我们把调查的新教徒看作一个$n_{..}=724$个人的单独的样本，其中$n_{1.}=195$个赞成未婚女性流产，比例为$p=195/724=0.269\ 3$。在这样的设置中，合适的标准误公式是

$$\hat{s}_{p_1-p_2}=\sqrt{p(1-p)\left(\frac{1}{n_{.1}}+\frac{1}{n_{.2}}\right)}$$

式中的

$$p=\frac{n_{1.}}{n_{..}}$$

对新教徒数据而言，$\hat{s}_{p_1-p_2}=0.040\ 9$。合适的检验统计量是

$$z=\frac{p_1-p_2}{\hat{s}_{p_1-p_2}}$$

在虚无假设下，它服从近似的标准正态分布。就新教徒数据而言，$z=0.143\ 2/0.040\ 9=3.503$，有双尾$p$值【Value】为 0.000 46。这样，我们拒绝主流和原教旨新教徒赞成未婚女性流产相等的虚无假设。

在取平方时，这个z统计量就变成了用于检验 2×2 列联表的关联的卡方【Chi-Square】(χ^2)检验统计量。对于新教徒数据而言，$\chi^2=z^2=12.27$，它与z统计量相似，有p值 0.000 46。

当所有的表计数n_{ij}至少在 5 左右时，z和χ^2检验被认为是合理近似的。对那些有低计数的表而言，应避免使用z和χ^2，建议使用费希尔的精确检验（Fisher's exact test）

(Hollander & Wolfe, 1999)。

——Paul T. von Hippel

(沈崇麟译校)

参考文献

Agresti, A., & Cato, B. (2000). Simple and effective confidence intervals for proportions and differences of proportions result from adding two successes and two failures. *American Statistician*, *54*(4), 280-288.

Agresti, A., & Finlay, B. (1997). *Statistical methods for the social sciences*. Upper Saddle River, NJ: Prentice Hall.

Hollander, M., & Wolfe, D. A. (1999). *Nonparametric statistical methods* (2nd ed.). New York: Wiley.

差分(Difference Scores)

差分是两个变量值之间的差别,通常都是在不同时点的同一变量上的两个量度值。例如,假如变量 X 是一个侵略性态度量表,并在时间 1 和 6 个月之后的时间 2 用于调查对象。这样 X_1-X_2 就等于侵略性从一个时间到下一个时间的差分或变化。有些变量随时间进展被反复量度,如一个国家的杀人犯数目会显示出一种上移的趋势。为了拉平这种趋势,诸如这样的变量可以转换成一种差分。

——Michael S. Lewis-Beck

(沈崇麟译校)

*也可参见变化分【Change Scores】。

维度(Dimension)

这是保罗·拉扎斯菲尔德(Lazarsfeld, 1958)所使用的术语,用于指称一个概念【Concept】可以假定的不同方面。在概念可根据先验的理由被设定为不同的组成部分这个意义上,许多概念可看作是多维的。维度还可以指数据矩阵【Matrix】或列联表【Contingency Table】中的定向扩展,例如,一行(向量或变量)、一列(向量或变量)等。

——Alan Bryman

(杨可译　沈崇麟校)

参考文献

Lazarsfeld, P. (1958). Evidence and inference in social research. *Daedalus*, *87*, 99-130.

解聚(Disaggregation)

解聚就是将聚集拆分成越来越小的单位。地理单位上的数据,比如说美国的州,可以拆分成国会选区或较小的静态单位县。聚集数据常常是将较小的地理单位聚集成较大的地理单位而来的，如上面的例子那样。不过它也可能涉及人的总体，例如，在群体水平观察的行为，一个工作组织中的合作问题就有可能解聚到个人的层次，譬如个体工作者的合作性。我们还可以再举另外一个例子，美国总统选举的投票行为，既可以解聚到个体投票者的层次进行研究，也可以将国家作为一个整体，在高度聚集的国家总统选举结果的层次上来加以研究。

——Michael S. Lewis-Beck

（沈崇麟译校）

话语分析（Discourse Analysis）

有很多理论和方法都采用了话语分析这个术语，主要是因为各种话语分析（DA）发源于不同的学科。所有的 DA 都关注话语或谈话和文本的结构及功能。不过，大多数 DA 彼此之间没有明显的关联。在这里，我们把关注的重点放在了那种与社会行动和互动紧密关联，且主要是在社会科学内部尤其是社会心理学中发展起来的 DA。这就排除了“话语处理”的认知心理学，以及在语言学内超过单句界限的语法和语用分析的延伸发展。从特恩·迪杰克（Van Dijk，1985）的四卷本，以及本书其他一些条目，尤其是以语言学为根据的批判话语分析【Critical Discourse Analysis】，基于社会学的谈话分析【Conversation Analysis】，以及源自语言学和文学批评的叙事分析【Narrative Analysis】这些条目中，都可以领略各种各样分布广泛的话语分析。

乔纳森·波特和玛格丽特·韦瑟雷尔（Potter & Wetherell，1987）在他们影响深远的著作《话语和社会心理学》（*Discourse and Social Psychology*）中，对那些主要用于各种事物的日常描述、评估或说明的话语，做出了理论界论，并明确了其研究路数。各种说明有三个主要特征：建构、功能和可变性。

①建构有两个方面的意思。话语既是建构的（用现成的语言资源来构造的），也是建设性的（提供这个世界的各种版本，作为不同于其他备择版本的特殊版本）。

②话语总是述行的，或者功能的。换言之，日常谈话和文本中说到或写到的东西，总是无一例外地产生于某种互动或争论的情境之中，在这种情境中，人们进行诸如评价、批评、请求、忏悔、诉求、辩护、拒绝等这样的行动。

③对事物的说明都是可变的，也就是说我们不应该指望人们总是前后一致。正是可变性这一性质提出了对传统的理论和方法的深刻批判，既包括对态度的性质和测量的批判，也包括对访谈实施和解释的批判。

这三个特征之间是相互关联的。无论描述的是什么，话语都是建设性的，所以无限多数的备择描述总是可能的，只要这些描述未简单或客观地变成了错误。这允许任何特殊的描述都是功能的或者表述行为的（action-performative），这不只是在诸如要求或问题这样的使用一般性文字的情况中，而且在外表简单、直白的事实描述中也同样如此。DA 关心的主要问题确实一直都是事实描述所做的建构和功能工作。不仅如此，考虑到各种版本实现的功能工作以及跨版本的可变性，即使是同一个说话人的言谈，也基本可以预期，它们都是以不同的版本在不同的场合做不同的事。这一原则也再一次产生了对其他方法的意义深远的批评，包括对使用访谈【Interviewing】和问卷【Questionnaire】的传统方法的批评，因为传统方法为了将个人的态度或理解定义成前后一致的，可变性被系统地避免或消除了。

历史发展

话语分析的起源包括语言哲学、后结构主义【Poststructuralism】、修辞学【Rhetoric】、常人方法论【Ethnomethodology】。这些起源一起合并成为一种话语方法。该方法专注于话语在社会实践中的位置及其在定义、合法化和破坏这个世界的事实版本中的作用。DA 直接的起源是科学社会学。奈杰尔·吉尔伯特和米歇尔·马尔基（Gilbert & Mulkay, 1984）发现，科学家在访谈、非正式的谈话以及在科学论文中给出的作为做出和反对知识宣称之根据的论述存在着不一致的问题。有两个重要的分析步骤是必需的。第一，他们必须决定把所有的有关真理和谬误的观念都当作是参与者的构建，并专注于科学家是如何制造它们的，而不是将当前的科学共识作为他们自己判断对错的标准。第二，他们要选定去制造诸如不一致性或变异性这样的中心现象，而不是去考虑如何去除不一致性。在科学论述中形成了两个对比鲜明的解释套路【Interpretative Repertoire】：一个解释科学事实的经验主义套路和一个用个人和社会因素及缺点来解释错误的偶然套路。这项研究强调，是这两种解释套路，而不仅仅是标准的经验套路才是科学解释的基本要素。

波特和韦瑟雷尔的贡献是把科学社会学中的这些发展拓展成了一种在一般意义上分析话语的广泛应用的理论和方法。他们先是把建构、功能和可变性三个原则以及解释套路加以扩展，变成了对社会心理学中的态度理论与测量的研究和批评。波特和韦瑟雷尔没有去寻找诸如“态度”这样的假定在人们所说的话中表达的前后连贯一致的心理状态，而是和迈克尔·比利希等其他以话语为基础的批评家一起，去关注在言谈中生成的描述和评价的方式。话语的可变、功能以及表述行为的性质又一次崭露头角，并再次产生对较早建立的方法的批评。在使用这些早期的方法时，为了追求一致性、可靠性或测量集中趋势，通常都会将这些东西从视线中隐去。

最近的 DA 研究有两个主要方向，反映了不同的方法重点和研究主题。一个方向是把“解释套路”发展成一个能把话语实践的细节，一般来说是访谈谈话的转录文字，与更大的历史和意识形态主题联系起来的概念。套路被认为提供了供人们在构建关于这个世界的人和事的观念时提取的资源。这一派 DA（Wetherell & Potter, 1992）重点关注有清晰的意识形态意涵的有争议的主题，例如种族、性别、歧视行为等。它受福柯的话语概念影响，福柯认为，话语是历史演变而来的概念和解释框架，它与诸如法律、教育、医药、精神病治疗等体系的发展有关，应追溯话语对常识中的语言和意识形态的渗透。与福柯的话语不同的是，解释套路在分析上更易于处理，它更接近话语实践，也即由真正的言谈和文本实例所表现的行动和互动。DA 的第二个发展方向被称作话语心理学，其主要的分析动力源自谈话分析，主要关注对日常记录、自然发生的谈话的细致分析，也关注对文本资料如报纸报道的分析，只是使用的范围要小一些。

话语心理学

话语心理学（discursive psychology，DP）是话语分析原则在心理学主题和概念上的应用（Edwards，1997；Edwards & Potter，1992）。尽管它的重点在心理学上，但其关联和应用的方位都很广泛。这是因为心理学的主题在用常识进行的解释中很普遍。日常言谈和很多制度性情境中关心的一个主要问题是人们的所感、所思、所解、所求、所欲和所虑的东西是什么，以及人们的个人禀赋等。事实上，这些主题通常都界定了制度环境下的标准的事务特性，例如，在教育环境、法庭、心理治疗和咨询等环境中，人们思考、理解和记忆的内容就是关注的要点。

DP 有三个主要的流派：

①对心理学主题和解释的重构和批判，主要是把诸如“记忆”“情感”等概念改造成话语实践；

②探究日常的心理学术语（“心理词库”）是如何使用的；

③研究言谈和文本中的心理学主题是如何不贴明显的标签来被处理和管理的。

这里使用心理学这个术语，并不是说这些主题和话题的处理是源于心理学的过程和解释。恰恰相反，DP 要避免的正是支持社会行动语用学的心理学理论化。所有这三个流派似乎都与强调日常和制度性言谈和文本中的经验分析的实际研究有关。

分析原则

在 DP 中有一系列指导经验工作的分析原则。下面是几条代表性的而非限定性或排他性的原则。

①应优先考虑的是自然发生的数据或作为日常或制度性生活的一部分而产生的话语，而非通过调查（如研究访谈）得到的数据。虽然这不是问题的关键所在，但它反映了话语表述社会行动的原则；而许多社会科学家的“定性”数据都是访谈的对话，产生于讨论的生活之外，且只是反映了一点那些生活。

②不要问谈话/文本表达的心理状态是什么，也不要问它反映的世界状况是什么，而要问事情以那样的方式述说会有什么行动。

③要寻找参与者的顾虑，他们的类别、概念，以及他们正在处理的事情。探究他们是如何使用心理学概念或打消心理顾虑的。DP 在任何阶段都不是为了要寻找潜在心理过程的证据。

④对任何分析者可能会带入数据的任何议题，试着对它做话题化的替代。也就是说，试着了解它在多大程度上是参与者本身在以某种方式操作或处理某件事情。

⑤关注主—客体关系（或者“心灵—世界”关系）。去寻找人们和他们的精神状态的描述是如何与行动、事件和外部世界的客体的描述相联系或为其所蕴含的，或者进行与之方向相反的探寻。

⑥去考察当下的讲话人/作者是如何反身性地看待他们自己的主客体问题的：他或她了解和讲述事物的根据；他或她是如何处理可能不为人所信、被人视为有偏或被认为掺杂情绪的。

⑦诚如所言，对于任何谈话内容，要问怎么样，而不是为什么这样。要问“它是做什么的？它是怎么做到的？”“为什么”

问题常常都取决于有关精神、语言、社会环境的规范性假设,因而一般最好把它们表达为某种“怎么样”的问题,最好不要问“为什么 X 那样说?”这样的问题,而要问“X 那样说是不是可能有某些动机或理由?”这样的问题。

⑧要从修辞学上分析。要问“以这种方式讲话,否认了什么,反对了什么,预先阻止了什么……”

⑨要从符号学上来分析。就 DA 来说(也请参见符号学【Semiotics】),这意味着去问“那些在这儿没有说的东西,是不是可以用相近的词汇或短语来说?”其原则是语言是一个有差别的系统,因此所有的词汇,所有的细节都有意义,因为有可供选择的(词汇或短语)。某个特定的词语或短语的选择是关键,因为通过想象那些看似合理的可供选择的(词汇或短语)和通过留心查看可供选择的描述的实际作用,我们可对其进行分析性的理解。这是一种考察所说的内容的特殊性的方法,而不是宣称讲话者真的喜欢哪个诸如这样的备择选择。

⑩要按顺序分析。对任何一段话语,要查看衔接在其前后的话语或者谈话的轮次,看一看现在的轮次或片段的内容处理和关联的是什么。这是谈话分析的主要原则,它庄严地载入了校验步骤【Proof Procedure】,而且出于同样的原因,它也是 DP 的一个基本要素。我们分析的不是被讲话者放入词汇中的思想的集合(像语录那样),而是按顺序相关的方式进行的一系列活动。

⑪在发现复发模式时,要去寻找那些异常个案,它们是些看似不符合发展分析的个案,要查看分析是否需要改变,现象是否需要重新定义。不仅如此,异常个案分析【Deviant Case Analysis】还是一个源自会话分析的原则。

一个实例

DA 要处理数量众多且种类繁多的数据,它们都不像在内容分析【Content Analysis】中的数据那样经过了编码和归类,而是像谈话分析中的数据,保持着全文本的、记录的或转录的形式。这就使得话语分析的所有原则都不太容易用一些简单的例子来说明。不过,我们却可以举例说明这种数据和涉及的分析。

下面的简单摘录来自一个婚姻咨询谈话,丈夫杰夫和妻子玛丽正在跟一位咨询师谈论他们婚姻中的困难。与这段摘录有关的是,玛丽有一段婚外情,她现在正在讲的是她当初在将这件事情告知杰夫时的反应(更多的细节可参见 Edwards,1997)。

1.玛丽:嗯(1.0),嗯(.)很明显。

2.你变得很生气。

3.是不是?

4.(.)。

5.看得出来很沮丧,唔,唔(0.6)。

6.我们开始吵个不停,嗯(0.6)。

7.只是疏……疏远了。

玛丽形容杰夫的反应是“生气”(第 2 行)、“很沮丧”(第 5 行)。根据建构、修辞和语义的原则,请注意这些类别把杰夫的反应描绘成生气,而不是,比如说,已经要对他太太的行为和品德做出谴责的判断。他们把他的反应定义为情绪性的且是一种特殊的情绪。“生气”建立了各种可能性,这些可能性是认知“判断”,例如惩罚性判断所不具有的。情绪话语常常会利用其常识的不合理性,例如用不合理性将我们从对玛丽的推断引开,转而更多地去注意杰夫的精神状态。同样的，一种看法、观点或判断可以（合乎规范地）比生气等情绪反应更持久，且很少变化。这是这一分析在此时此刻的概念以及修辞上的可能性。其重要性还取决于玛丽和杰夫接下来要说什么，因为这正是我们在试图寻找的——对他们的意义。

这个“你的愤怒阶段”的描述开始把生气的概念当作是一个有它的适当的场合和持续时间的临时状态来使用。这种描述蕴含了一种情绪反应的脚本（一个例行的，意料之中的事件系列）。例如，当确认杰夫的愤怒是合乎规矩的意料之中的（反应）时，那么一个愤怒阶段的想法便表达了一种意涵——它的持续时间不会长得离谱。玛丽在这里留下了修辞的空间，在这段摘录之后她也的确继续在此基础上发展出一个想法，就是杰夫的反应开始成了他们关系的一个问题。他的持续的情绪反应开始变成了咨询关注的焦点。咨询关注的焦点成了他的不恰当的感受，而不是她的不忠的行为和可能的不良倾向。

因此，“你的愤怒阶段”这个表达是建构的、修辞学的和述行的。它并不只是在描述杰夫（作为世界上的一个客体），也不只是表达玛丽思想上对杰夫的理解（把她的想法诉诸语言）。相反，它的作用是将他们之间的问题定义为一个存在于杰夫身上的问题，而与此同时，玛丽却在避免对杰夫的公然羞辱。确实，“你的愤怒”一词和合乎规范的概念“阶段”一起，以及“很明显”（第 1 行）这一说法，把他的反应描述成了一种规范授权的反应，至少在一段时期内如此。

也请注意这个描述是如何符合叙述的顺序的。玛丽下面要叙述的事情（而且，不露声色的是，不仅仅是跟着，而且是紧跟在杰夫的反应之后；参见有关“叙事”的词条）就是我们如何“开始吵个不停”“疏远了”（第 6~7 行）。他们的问题变成了双方的问题，成了一种没有过失方、没有受指责方，“只是”双方变得逐渐疏远了的问题。杰夫的“阶段”已经是过去时（你经过了你愤怒的阶段，对吗?），这里又一次暗指他的怒气应该消了。通过具体的细节，玛丽所生成的讲述总体方向是让我们在理解他们之间的问题时，把重点从她的婚外情转移到她丈夫在面对这件事时持续的情感困扰之上。

——Derek Edwards

（杨可译　沈崇麟校）

参考文献

Edwards, D. (1997). *Discourse and cognition.* London: Sage. Edwards, D., & Potter, J. (1992). *Discursive psychology.* London: Sage.

Gilbert, G. N., & Mulkay, M. (1984). *Opening Pandora's box: A sociological analysis of scientists' discourse.* Cambridge, UK: Cambridge University Press.

Potter, J., & Wetherell, M. (1987). *Discourse and social psychology: Beyond attitudes and behaviour.* London: Sage.

Van Dijk, T. A. (Ed.). (1985). *Handbook of discourse analysis: Vols. 1-4.* London: Academic Press.

Wetherell, M., & Potter, J. (1992). *Mapping the language of racism: Discourse and the legitimation of exploitation.* Brighton, UK: Harvester Wheatsheaf.

离散(Discrete)

这一术语特指一种诸如分类【Categorical】变量这样的变量,这种变量将单位编组,成为离散的集群。它也常常用来指这样一些事例,在这些事例中组成变量的单位是离散的。因此,孩子数作为一个变量只能有离散的单位——我们不可能有 3.67 个孩子。

——Alan Bryman

(沈崇麟译校)

* 也可参见属性【Attribute】、分类【Categorical】、定类变量【Nominal Variable】。

判别分析(Discriminant Analysis)

社会学家弗瑞德·普鲁沃斯特(Provoost, 1979)在一个研究中对判别分析的基本思想作了清楚的阐释。他在比利时讲荷兰语的地区和布鲁塞尔地区进行了一次贫富居民区的差别的科学调查。他区分出了六个判别变量[平均收入(mean income)、受教育程度(educational attainment)、职业(occupation)、住房状况(housing situation)、社会和文化参与指数(an index of social and cultural participation)及服务设施(the presence of services)],并将这六个变量合在一起来考察它们显著判别这两种居民区的能力。

这项涉及两个社会群体判别的研究由三个步骤组成。第一步,要尽可能可靠地对群体预先进行分类。因为这个分类正是我们要解释的题目,它代表(二分的)有着诸如贫民区这样的分类的因变量。第二步,收集许多特征的统计数据,这些特征的判别能力取决于使用的统计分析方法,同时还要计算加权的总和。这些特征就是自变量 X_1, X_2, …(判别变量),它们的权重(判别权重)分别为 k_1, k_2, …;加权总和是 $f = k_1X_1 + k_2X_2 + \cdots$。第三步,如果第二步的分析似乎是成功的(加权总和与每个单独的特征都有显著的判别能力),那么我们便有了一个能将其他单位分类并归入这两种群体中的某一个的精良工具。最后一步,分类,给我们提供了一个有根据地确定那些未曾包含在分析中的居民区究竟是富的还是穷的机会。

延续前述,判别分析的结构除了判别分析的因变量是分类的(在本例中,甚至是二分的),而不是定距的之外,其余都与多元回归【Regression】分析相同。图 1 是阐释研究问题的因果图。

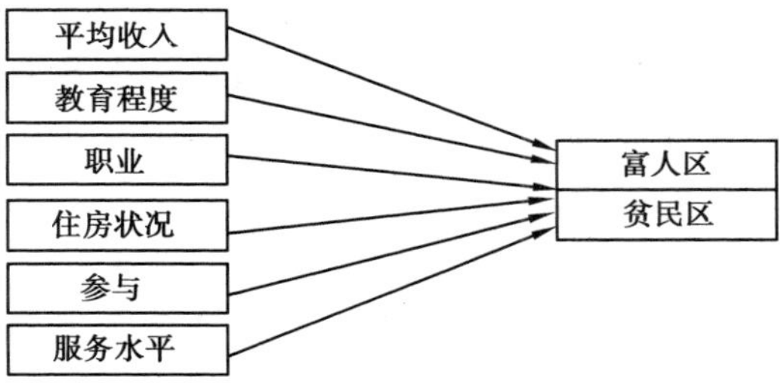

图 1

分析单位是地区或居民区。判别变量平均收入(X_1)、教育程度(X_2)……服务水平(X_6)是在定距或定比层次量度的。与多元回归分析一样,它们可被看作多因模型中的起因。因变量 Y 代表群体。它可被看作一个分类变量,而在这里则是一个有贫、富两类的二分变量。考虑也许会使用虚拟变量的分析方法，我们可以对它们分别采用0和1的编码。我们也将不再预测 Y 的得分，而是要将它分入两个群体中的某一个。与多元回归分析一样，这个模型也是可加的。这意味着，原则上不存在交互效应，即我们要考虑的是加权的 X 变量之和，而不是像 X_1X_2 这样的乘积项。

判别分析模型

在判别分析中，我们想要考察一组变量（$X_1,X_2,\cdots$）是否能在一些群体之间作出区别（即在中性意义上判别）。因此，我们将以群体（贫民区和富人区）做出最大区别的方式来寻找判别变量（$X_1,X_2,\cdots$）的线性组合。这样的线性组合被称为判别函数，而它们一般都具有这样的形式

$$F-\overline{F}=k_1(X_1-\overline{X}_1)+k_2(X_2-\overline{X}_2)+\cdots+k_p(X_p-\overline{X}_p)$$

或

$$f=k_1x_1+k_2x_2+\cdots+k_px_p$$

在这个公式中，f 和 x_i 被表示为均值的偏差（小写字母）。系数 k_i 被称为判别权数。变量 x_1 到 x_p 是判别变量，其中 p 是 X 变量的总数。

这个公式可以更为简单地写成 $\mathbf{f}=\mathbf{Xk}$，其中的 $\mathbf{f}$ 是判别分数的 $n\times1$ 列向量，$\mathbf{X}$ 是判别变量分数的 $n\times p$ 矩阵，$\mathbf{k}$ 是判别权数的 $p\times1$ 列的向量。

在两个群体的情形中，只有一个判别函数。而在其他情形中，如果要比较的群体有若干个，那么判别函数的数目最大将等于 $\min(g-1,p)$。例如，如果用 $p=5$ 个判别变量的均值分析 $g=4$ 个群体，那么有 $g-1=3$ 和 $p=5$，这样，最大的判别函数数目就等于3。

判别分析的目的

判别分析的目的有三个。将贫富人区（两个群体）这一例子记在心中，并将自己限制在两个判别变量（x_1 和 x_2）内，那么这些目的可以被概括为以下几个方面：

1.我们要寻找一个称为判别函数的线性函数 $f=k_1x_1+k_2x_2$。寻找这种函数的方法是，在这种函数 f 上的居民区分数（判别分数）要具有最大化组间和组内的变差率这一性能。这可归结为判别权数 k_1 和 k_2 的计算和随后的 n 个判别分数的计算。

2.我们要考察由函数 f 建立的判别能否推广到总体。这两个群的型心之间是否有显著的差别？也就是说，综观变量 X_1 和 X_2，两个群体的均值之间是否存在显著差别？这可归结于做一个 Hotelling T^2 检验。这种检验是简单的学生 t 检验的扩展。在更广的三个或更多的群体情形中，这便要归结为 Wilks 的 Λ 检验。

3.使用判别函数 f。我们也希望确定每个居民区，进而再逐渐确定新的居民区属于（贫富）两个群体中的哪一个。假如我们已经知道了居民区的收入和服务水平的分数，我们能否预测它是富有的还是贫穷的？这个问题可归结为确定一个分界点（在两个群体的型心的中间）和验证判别分数究竟位于这一点的左边还是右边。如果一个判别分数等于分界点，那么相应的居民区便可被随机地分配给两个群体中的其中一个。

这种将单位分组的过程大多数都在统计决策论和贝叶斯统计这一大背景下考虑。

判别函数 f 的计算

函数 f 是 x 变量的线性组合：$f=k_1x_1+k_2x_2+\cdots+k_px_p$。这个函数 f 将以这样的方式计算，即它将最大可能地对两个群体作出判别，使组间和组内的离差的比率最大。为了

达到这一目的,f 的变差将被分为组间和组内两个部分,而判别权数将以组间/组内比尽可能大的方式计算。

为了求解这种最大化问题,我们将要对典型矩阵的本征结构进行一番考察。在判别分析中,这一典型矩阵是 $\mathbf{W}^{-1}\mathbf{B}$,它表示变差和协变差的组间/组内比。这一词条末尾列出的大多数参考文献都详细介绍了本征结构的考察问题。

分类和预测

在找到判别函数之后,每个居民区期望的 f 值(=判别分数),都可通过将 X 变量的分数代入函数 f 来计算。为了求 f 分数,群体 1 的型心 $\overline{f_1}$ 和群体 2 的型心 $\overline{f_2}$ 我们也可作同样的运算。在 f 轴上的这两个群的型心的预测值的中间点可选作分界点。如果两个群是等容量的,那么这个分界点将位于原点,即 $f_c=0$。在群体 1 含的居民区数少于群体 2 时,分界点将位于原点的左侧。

根据居民区的判别分,我们把每一个居民区分入两个群体中的其中一个。那些得分在 f_c 右侧($f_i>f_c$)的居民区被分入群体 2,而那些得分在 f_c 左侧($f_i<f_c$)的居民区则被分入群体 1。然后我们可以指明预测的群体成员资格。将这个与原来的 Y 分数作比较,我们可以了解有多大百分比的居民区(如 80%)的分类是正确的。在两个群体发生重迭时,判别函数就无法完美地进行分类。

显著性检验

我们想知道两个群体的型心,也即综观 X 变量,两个群体的均值之间是否有着显著的差别。这就是一个全模型检验。此外,我们也想分别进行显著性检验,即所谓的单变量检验,因为 X 变量是一次只考虑一个的。

对于多变量检验而言,我们可以使用 Wilks 的朗姆达,即 Λ,就像学生 t 和费希尔的 F 一样,它要将样本的组间离差和组内离差比率与虚无假设下的这一比率作比较。Wilks 的 Λ 是它的最为一般形式中的这一比率的多变量推类(multivariate analogy),所以 t 和 F 是 Λ 的特例。因此,这一量度被用于更为复杂的多变量分析技术,如方差【Variance】和协方差【Covariance】的多元分析【Multivariate Analysis】、典型相关分析【Canonical Correlation Analysis】和多重判别分析。

在问题只涉及两个群体的时候,同本例一样,可进行 Hotelling 的 T^2 检验,它是朗姆达检验的一个特例。T^2 有一个性能,即它包含了一个特殊的矩阵 $d'C_w^{-1}d$,称为 Mahalanobis 距离。在这一广义的距离中,将不等的判别变量的离差和它们的相互关联也都考虑了进去。

扩展

判别权数虽然一般都用数据的本征结构来计算。但其他公式也是可以使用的,例如从总样本协方差或相关矩阵($\mathbf{C}_T$ 或 $\mathbf{R}_T$)开始,或用虚拟变量 Y 对判别变量的回归得到的虚拟回归法,最终用比例转换得到相同的判别权数。总之,判别权数的计算方法有很多选择,使我们有无从着手的感觉,以致会面临保罗·格林的"财富的窘境"。

在前述讨论中,变量都假定是在定距或定比层次量度的。同时它也假定关系都是线性的。不过这两个要求是可以放松的。在 SPSS 之外,来自荷兰莱顿大学的计算机软件 CRIMINALS 也可用来作判别分析,但它是非度量(nonmetric)和非线性的。有兴趣的读者可参阅吉非的有关著作(Gifi, 1980)。

线性判别分析也是一种有许多额外的要求的方法,除了线性之外,还有常态性和协方差矩阵的同次性也必须得到满足。在协方差矩阵确实显著不同时,二次判别函数可能更为合适。有关这一专题的文献可参阅拉亨布鲁克的著作(Lachenbruch，1975)。在严重违反判别分析应满足的要求时，Logistic 回归【Logistic Regression】也许总是不失为一种很好的替代方法。

——Jacques Tacq
（沈崇麟译校）

参考文献

Cooley, W., & Lohnes, P. (1971). *Multivariate data analysis*. New York: Wiley.

Gifi, A. (1980). *Nonlinear multivariate analysis*. Leiden, The Netherlands: Leiden University Press.

Green, P. (1978). *Analyzing multivariate data*. Hinsdale, IL: Dryden.

Lachenbruch, P. A. (1975). *Discriminant analysis*. New York: Hafner.

Tacq, J. J. A. (1997). *Multivariate analysis techniques in social science research: From problem to analysis*. London: Sage.

Van de Geer, J. (1971). *Introduction to multivariate analysis for the social sciences*. San Francisco: Freeman.

判别效度(Discriminant Validity)

判别(也称为发散)效度是一种量度没有过分关联于其他类似但有区别的构造的证据(Messick，1989)。一个构造的量度和概念上不同的构造的量度之间的相关【Correlation】系数通常都被作为判别效度的证据。依据理论关系和系数的数量，一方面，如果相关系数高，这就表明判别效度的缺乏或微弱；另一方面，如果相关系数低或中等，这就证明量度有判别效度。判别效度尤其与无关变量可能对分数有影响的检验确认有关，例如，证明一种激情之爱的量度与社会赞许无关这一点是很重要的。

证明判别效度的其他方法是多质多法(MTMM)(参见混合方法研究【Mixed-Method Research】)和因子分析【Factor Analysis】法。MTMM 对考察收敛和判别效度二者都很有用。例如，这种程序用一种以上的方法量度一个以上的构造。如一种新的工作满意度量度，可能与现存的生活满意度和关系满意度的有效量度相关。我们可以得到自我报告的数据，以及督导和合作者在三种构造中的每一种上的打分(也即三种不同的方法)。在理论上，工作、生活和关系满意度是在概念上不同的三种构造，因此，为了显示判别效度，这些量度之间的相关程度应该比较低。同样，如果判别效度存在，那么来自不同的观察者的不同的构造的打分之间的相关也应该比较低。

因子分析可以用于显示相似的但概念上不同的构造是有区别的；例如，皮尔斯、加德纳、卡明斯和邓纳姆(Pierce, Gardner, Cummings, & Dunham, 1989)用若干情感性量度(如组织承诺)的因子分析来评估他们新开发的基于组织的自尊(organization-based self-esteem)量度。他们的发现显示，基于组织的自尊是可以与情感量度区分的，因为与其他量度比较，它们负载于不同的因子。相反，因子分析也可用于缺乏判别效度的证明。卡利斯(Carless，1998)用验证性因子分析证明了一个变革型领导量度的子量表彼此之间不仅高度相关，而且形成了一个变革型领导的高阶构造。在研究概念上重叠的变量和收集的数据来自一个来源(如一个个别的回答人)时，因子分析是一种基本的分析技术。例如，忧郁和焦虑是在理论上有区别的构造，但在经验上，它们之间也存在着重叠，忧郁的个体也经常高度焦虑。为了验证量表，重要的是我们不仅要考查变量之间的相关的数量，也要用因子分析证明判别效度。

——Sally A. Carless

（沈崇麟译校）

参考文献

Carless, S. A. (1998). Assessing the discriminant validity of the transformational leadership behaviour as measured by the MLQ. *Journal of Occupational and Organizational Psychology*, *71*, 353-358.

Messick, S. (1989). Validity. In R. L. Linn (Ed.), *Educational measurement* (3rd ed., pp. 13-103). New York: American Council on Education and Macmillan.

Pierce, J. L., Gardner, D. G., Cummings, L. L., & Dunham, R. B. (1989). Organization-based self-esteem: Construct definition, measurement, and validation. *Academy of Management Journal*, *32*, 622-648.

反序交互(Disordinality)

反序交互是一种交互【Interaction】作用，在这种作用中，X_1 和 Y 之间的关系【Relationship】依据 X_2 的值而不同和相反。在一般的交互作用中，依据 X_2 的值，X_1 对 Y 的影响只是有所不同而已。假设我们的问题是美国劳动力人口样本中的男性和女性（X_2，1=男性，0=女性）的教育（X_1，以年量度）与收入（Y，以美元计）的关系。我们现在来做 Y 在 X 上的回归，先做男性的子样本，再做女性的子样本。如果我们的发现是男性的回归【Regression】斜率明显比女性的更陡峭，那么我们可以得出存在交互作用的结论，因为教育对收入的影响取决于性别。这一结果就是一个普通的交互作用。如果与此不同，我们发现男性的斜率是正的，而女性的斜率不仅是显著不同的，而且还是负的，那么这种交互作用就是一种无序的交互作用。在这种交互作用中，在一个群体内，X_i 有着正效应，而在另一个群体内，X 则有着负效应。在这一例子中，两根回归线不仅像普通的回归那样，是不平行的，而且实际上还是互相交叉的。想象这样的情况，对问题的理解可能不无益处。

——Michael S. Lewis-Beck

（沈崇麟译校）

* 也可参见定序交互【Ordinal Interaction】。

离中趋势(Dispersion)

离中趋势大致上是指收集的一组观察的离散度或变异性。例如，个人关于政治领导人的业绩这一问题的回答可能会不尽相同，孩子们对一种旨在增强阅读能力的方法的反应可能也会有所不同，即使在物理科学中，一次和另一次量度，因为使用的工具的精确度问题，也可能会有差别。从某种意义上讲，引起我们对于统计技术的兴趣的，恰恰就是离散趋势问题。

一个基本的问题是在我们试图描述一个个体或物体的总体【Population】特征时，应当确定如何来测量离中趋势。也就是说，如果所有感兴趣的个体是可以量度的，那么在这些个体中间的变差应该是什么样的？

这样的量度是离中趋势的总体量度。一个与之关联的问题是怎样依据个体的样本【Sample】来估计离中趋势的总体量度。选择离中趋势的量度是一个复杂的问题,它在过去的 30 多年中有了长足的进步。这种选择在一定程度上取决于调查研究者的目的,因为最佳选择常常会随调查研究者的所思和所为而剧烈地变动。建议采用的离中趋势量度有 150 多个,根据与一系列实际问题有关的基本标准,拉克斯(Lax, 1985)对它们作了比较。虽然这些量度中的大多数并没有什么实际的价值,但至少有 5~6 种是重要和有用的。

不言而喻,最著名的离中趋势量度是总体方差【Variance】,它一般写作 σ^2。它是观察和总体均值【Mean】μ 之间的平方差的平均(或期望)值。那就是说,如果所有的个体都是可以量度的,那么他们的回应的平均值称为总体均值 μ,而如果对每个观察而言,它和 μ 之间的平方差是可以计算的话,那么,这些平方值的平均值就是 σ^2。在更为正规的表述中,$\sigma^2=E(X-\mu)^2$,其中 X 是我们可能做的任何观察,而 E 则表示期望值。(正的)σ^2的平方根 σ 称为(总体的)标准差【Standard Deviation】。依据一个 n 个个体的样本,如果我们观察值$X_1, \cdots, X_n$,那么 σ^2的估计值通常就是样本方差:

$$s^2=\frac{1}{n-1}\sum(X_i-\bar{X})^2$$

式中的 $\bar{X}=\sum X_i/n$ 是样本均值。

对某些目的而言,标准差 σ 的使用源自这样一个基本结果,即一个观察值在位于离均值的某个以 σ 量度的特定的距离之内的概率。这种概率在正态性下是完全确定的。例如,一个观察值在均值的一个标准差之内的概率是 0.68,而两个标准差之内的概率是 0.954。这些性质产生了一个普遍使用的效应量【Effect Size】量度(一个描述两个群体差异程度的量度),以及经常被用来确定离群值【Outlier】(一般是很大或很小的值)的法则。在图基(Tukey, 1960)影响深远的论文发表之后不久,人们认识到,即使是对正态性很小的偏离,也可能使这些性质有实质性的改变,从而经常会导致实际问题发生。

例如,我们来考虑图 1 中显示的两个分布:一个是标准正态分布,这意味着它有均值 0 和方差 1。另一个则不是正态分布,或许称为某种混合或被污染的正态分布。这就是说,两种正态分布【Normal Distribution】有着相同的均值,但有不同的方差被混在了一起[这种特别的、混合的、正态的精确描述请参见 Wilcox(2003),在这里我们只作一些简单的介绍]。问题的重点在于,尽管两个分布之间存在着相似之处,但它们的方差却存在实质性的差别。正态分布有方差 1,但混合正态有方差 10.9。这就阐明了一个普遍原理:分布尾部的微小变化,便会对 σ^2产生实质性的影响。

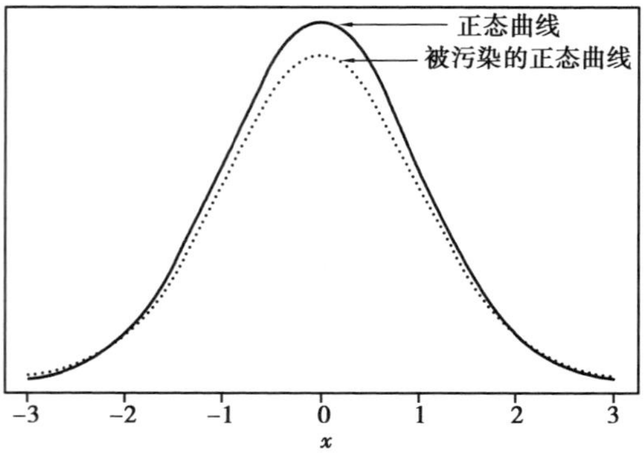

图 1

现在考虑在正态性下的性质,一个观察位于离均值 1 个标准差之内的概率是0.68。这一性质在非正态性下是否也存在?在有些情况中,这近似于真的,但在另外一些情形中,情况便将不再如此,即使是对正态性的些许偏离(如同统计学家用几种普遍使用的度量所量度的一样)。对于图1中的混合正态而言,这个概率超过了0.999。

样本方差反映出同样的性质:它对离群值非常敏感。在有些情形中,这一性质非常有益处,但是对于一般性问题而言,它却是有害的。例如,一个普遍使用的法则是,如果一个值 X 距均值两个以上(样本)标准差,我们就将它视为离群值,这一思想是以正态性为依据的,从概率的观点看这样一个值是异常的。这就是说,如果

$$\frac{X - \overline{X}}{s} > 2$$

我们就称 X 是一个离群值。

然而,这一法则常常会被屏蔽,这就意味着,因为 s 对离群值具有的敏感性,它甚至连明显的离群值也探测不出来。例如,对于2,2,3,3,3,4,4,4,100 000,100 000这样一组值,$\overline{X}=20\ 002.5$,$s=42\ 162.38$,而$(100\ 000-20\ 002.5)/s = 1.9$。这样,根据刚才给出的法则,我们就不能把100 000确定为离群值,然而问题很清楚,对于其他的那些值而言,这个值显然是不寻常的。

为了探测离群值,一般可用两种备择的离中趋势量度。第一种备择量度称为绝对中位差(MAD)统计量。它是 n 个值

$$|X_1 - M|,\cdots,|X_n - M|$$

式中的 M 是 $X_1,\cdots,X_n$ 的平常的中位数。如果

$$\frac{X - M}{\text{MAD}/0.674\ 5} > 2.24$$

我们便可把 X 视为离群值。

第二种备择量度称为四分位间距【Interquartile Range】,它无非就是上四分位数和下四分位数的差(后一种量度为探测特异值的盒形图法则所用)。这两种离中趋势的量度的一个重要特点是,它们都对极端值不敏感,反映分布在中心的观察的离差。在做旨在避免屏蔽的离群值探测时,这正是一种合乎要求的性质。

选择一个离中趋势量度的另一种方法是,寻找一个在相当广泛的情形中有一个比较低的标准误【Standard Error】的估计量【Estimator】。尤其是,它不仅在正态性下有一个有竞争力的 s,而且希望在非正态性下它也能保持一个较低的标准误。因此,如果它是一个理想的比较两个群体的离中趋势的(量度)话,那么无论是从一个正态分布,还是从图1中的混合正态分布抽样,它均能保持高效力。这大致与拉克斯(Lax, 1985)论及的问题相当。在许多方法中,有两种估计量脱颖而出。第一种称为弯曲中方差百分比(percentage bend midvariance),第二种称为双权中方差(biweight midvariance)。这两个估计量的计算方法在这里不作介绍。对此问题和使用方面的应用软件有兴趣的读者,可参见Wilcox(2003)。就达到比较低的标准误而言,样本标准差 s,在正态性下可与这两个量度比美,但在非正态性下,则 s 可能就大为逊色了。

效应量

在其他各种情形中,方差起着重要的作用。这在一定程度上是因为它具有为正态分布所喜爱的特性。这些量度中,一种使用较为普遍的是描述两个群体之间的差异的效应量量度,即

$$\Delta = \frac{\mu_1 - \mu_2}{\sigma_p}$$

式中的 μ_1 和 μ_2 是总体均值。而由假定可知，两个群体有相等的标准差 σ_p。它的基本思想是：例如，若 $\Delta = 1$，那么两个均值之间的差便是 1 个标准差，它显示了正态性下群体的差别有多大。但对于这种特殊的方法的担忧也随之而起，因为在非正态性下，它可能会屏蔽比较大的差别（Wilcox，2003）。

标准误

变差的概念将以下面的方式扩展到抽样分布【Sampling Distributions】。设想一个基于 n 个观察的研究，得到了一个样本均值，比如说是 $\bar{X}$。现在我们再设想，研究重复了许多次（在理论上是无限多次），得到样本均值 $\bar{X}_1, \bar{X}_2, \cdots$，而每个样本均值也都以 n 个观察为根据。这些样本均值的方差称为样本均值的平方标准误，在随机样本下，已知它等于 σ^2/n。也就是说，它是样本均值的方差。这些方差 $E(\bar{X}-\mu)^2 = \sigma^2/n$。不言而喻，这个方差的最有用和重要的作用是根据样本均值推论【Inference】总体均值。因为样本均值的标准误 $\sigma/\sqrt{n}$ 告诉我们如何在正态性假设下进行对 μ 的推论。但有关这方面的内容超出了本词条的范围，对此感兴趣的读者可自行参阅有关的著作。

缩尾方差

近年来，另一个显得越来越重要的、在基于截尾均值（trimmed means）的群体比较中起重要作用的离中趋势量度就是缩尾方差。它是按如下步骤进行计算的。考虑任何诸如 $0 \leqslant \gamma < 0.5$ 这样的 γ。令 $g = \gamma n$，并将它下舍到最接近的整数。这样，如果 $\gamma n = 9.8$，则 $g = 9$。计算一个 γ 截尾均值则需将 g 的最小和最大的观察值去除，然后再取其余的观察值的平均数（参见齐整【Trimming】）。对 n 个观察进行缩尾处理，是要将 g 的最小值置为未经齐整时的最小值，同时将 g 的最大值置为未做齐整时的最大值。基于缩尾值的样本方差称为缩尾方差。理论和仿真研究二者都表明，齐整可以减少关乎因非正态性产生的与均值关联的问题，在样本量比较小时，情况尤其如此。尽管不是很直观，但理论表明，齐整均值的标准误差的平方与缩尾方差有关（Staudte & Sheather, 1990），因而在检验基于齐整均值的假设时，缩尾方差起着很重要的作用。不仅如此，在寻找类似皮尔逊相关【Pearson's Correlation】的稳健的类似统计量时，它同样也是很有用的（Wilcox, 2003）。

还有许多被建议使用的多变量离中趋势量度，其中若干个现在仍有相当大的实用价值。而这些量度中的某几个在卢苏和勒劳伊（Rousseeuw & Leroy, 1987），以及威尔科克斯（Wilcox, 2003）等人的著作中都有介绍。

——Rand R. Wilcox

（沈崇麟译校）

参考文献

Lax, D. A. (1985). Robust estimators of scale: Finite-sample performance in long-tailed symmetric distributions. *Journal of the American Statistical Association*, *80*, 736-741.

Rousseeuw, P. J., & Leroy, A. M. (1987). *Robust*

regression & outlier detection. New York: Wiley.

Staudte, R. G., & Sheather, S. J. (1990). *Robust estimation and testing*. New York: Wiley.

Tukey, J. W. (1960). A survey of sampling from contaminated normal distributions. In I. Olkin et al. (Eds.), *Contributions to probability and statistics*. Stanford, CA: Stanford University Press.

Wilcox, R. R. (2003). *Applying contemporary statistical techniques*. San Diego, CA: Academic Press.

相异(Dissimilarity)

相异是一种用来描述相似或相异的量度的通用术语(也称"接近"量度,它常与多维度量【Multidimensional Scaling】模型和聚类分析【Cluster Analysis】共同使用)。这样的量度可能是:(a)一种由被试做出的直接的判断或相似性的等级打分;(b)或源自一变量的总计量度。直接的判断是用按从"完全相似"到"完全相异"排列的等级量表的两个对象之间做出的。然后这一判断可作为"准距离"和直接测量。总计量度随量度的层次不同而有所不同,且通常都是非相关的,因为对于距离的模型表示而言,一个相异量度不仅应该是非负和对称的,而且还应当是服从三角不等式的。

——Anthony P. M. Coxon

(沈崇麟译校)

参考文献

Gower, J. C., & Legendre, P. (1986). Metric and Euclidean properties of dissimilarity coefficients. *Journal of Classification*, *5*, 5-48.

分布(Distribution)

分布在社会科学中无所不在。它们出现在分析特定局部域(topical domains)的框架中,为我们提供多种多样的形状来表示基本数量的可能变异范围;它们出现在理论中,为我们提供推导预测的基本工具;它们也出现在要对潜在的分布形式作估计的经验工作中,并用分布来描述不可观察的运行特性。

分布的分类

分布可按几个维度进行分类——连续与离散、单变量与多变量、建模与抽样或按它们的连带函数的数学特性进行分类。有关这方面的导论和全面阐述,请参阅约翰逊和科茨等人的系列丛书《统计分布》(*Distributions in Statistics*)及其修订版(Johnson, Kotz, & Balakrishnan, 1994),以及埃文斯、黑斯廷斯和皮科克等人编撰的小手册(Evans, Hastings, & Peacock, 2000)。

连带函数

在数学上设定的分布有各种函数与它们联系。最为基本的是分布函数(又称为累积分布函数),它被定义为变量 X 假定一个值小于或等于 x 的概率 α,一般表示为 $F_x(x)$ 或更为简单地表示为 $F(x)$。也许最为著名的连带函数是概率密度函数【Probability Density Function】,表示为 $f(x)$,

是一种连续分布，它是分布函数关于 x 的一阶导数（是一种离散分布，有时也称为概率质量函数）。例如，在正态族中，钟形曲线【Bell-shaped Curve】描绘的概率密度函数是较卵形曲线描绘的概率分布更为普遍的表示法。对于社会科学而言，最为有用的两种函数都是分位函数，它们在其他各种用处之外，还给出了不平等的全分布量度的基础，如 Pen Parade② 和风险函数（hazard function）。

当然，所有的连带函数都以某些特别的方式相互联系。正如我们已经知道的一样，在连续分布中，概率密度函数是关于 x 的分布函数的一阶导数。表示各异的分位数函数 $G(\alpha)$，$Q(\alpha)$ 或 $F^{-1}(\alpha)$ 是分布函数的倒数，提供了一种来自分位数【Quantile】x 的概率的映像。这两种函数之间的一些重要关系包括（Eubank, 1988; Evans et al., 2000）：

$F[Q(\alpha)] = \alpha$，F 连续的

$Q[F(x)] = x$，F 连续的和严格递增的

分布参数

分布也有一些与之关联的参数。在所有这些参数中，有三个被视为是基本的——位置、尺度和形状参数。位置参数是变量域中的一个点，而尺度和形状参数则分别控制着量度的尺度和形状。有时跨分布族地使用一些统一的记号不失为一种明智之举。例如埃文斯、黑斯廷斯和皮科克（Evans, Hastings, & Peacock, 2000）用小写、斜体的英文字母 a，b 和 c 分别表示位置、尺度和形状参数。随机变量在基本参数的数目和种类上有所不同。例如，正态分布有两个参数：一个位置参数（均值）和一个尺度参数（标准差）。

子分布结构

分布在表示许多社会科学特别感兴趣的现象方面是很有用的。除了不平等之外，这些现象还包括总体的子群体结构。一般来讲，两种子群体结构是比较有趣的，而它们可能由分布的截删和删节【Censoring and Truncation】的运算版本来表示。科茨、约翰逊和里德（Kotz, Johnson, & Read, 1982）以及吉本斯（Gibbons, 1988）的做法是把截删看作用等级或百分数（或概率）点做的单位选择，而把删节看作用变量值做的单位选择。因此，删节点是分割子分布的值 x；截删点则是分割子分布的百分数点 α。例如，收入小于 20 000 美金的或大于 80 000 美金的子群体，每个都形成了一个删节子分布；总体顶部的 5%和底部的 10%，每个都形成了一个截删子分布。

这两种子群体结构和布劳（Blau, 1974）的开创性观察之间有着特殊的联系。布劳观察到许多人类行为可上溯到其定量和定性性状的差异化运作（differential operation）。定量性状——基数性状（如财富）和序数性状（如智力或美丽）既可产生截删的子分布结构，也可产生删节的子分布结构。例如，子群体“富”和“贫”也许可参照收入量或人口的百分比产生。然而，定性性状，如族群、种族、语言或宗教可能与那些与子群体对应的不重叠的质性类别紧密相连，因而为产生子分布结构提供了基础。例如，在种姓制、奴隶制或隔离社会中，子分布结构感兴趣的可能是一种删节结构。在这种结构中，百分数与那些由一种质性的性

② 这是一个分配函数，它的意思是指，为了估测增长是否减少贫困，通常的做法是按平均收入高低的分布来计算平均收入，即“Pen Parade”，其中一步就是计算平均收入最低的 1/5 人口的收入增长率。——译者注

状,如“奴隶”和“自由民”形成的子组有关。

理论工作中的分布

一种过程的理论分析或从一种理论进行预测推导常常会使用分布建模。这种方法使我们得以调查一个过程可能的变异性或与之相关的潜在分布,如收入分布形状的影响。这种方法的实施方案通常涉及选择恰当的建模分布和准备将它们用于特定的理论问题。

我们用三个理论问题来对这个问题作进一步的阐述。第一,基于由安塞尔姆提出的选择理论,调查本人收入的不平等效应;第二,基于一种由伯格和其他几位学者(Berger et al., 1977; Goode, 1978; Sørensen, 1979; Ridgeway, 2001)提倡的要素整合地位理论,调查在重要的定量性状上的等级地位的效应;第三,基于公正和比较过程理论,调查有价值的序数商品(ordinal goods)和基数商品(cardinal goods),与基数商品分布形状及它们在诸如幸福感和得到公正或不公正的报偿这样的结果上的效应(Jasso, 2001a)。

第二和第三种问题关注的是等级(总是在地位理论中,有时也在公正比较理论中)。等级,众所周知都直接由矩形分布表示(在涉及小群体问题中的离散矩形和涉及大社会问题中的连续矩形)。

第一和第三种问题主要包括基数商品的分布,而这些问题需要在有正面支持的分布中选择建模分布。一种方法是,考虑极端的行为,即是否存在最小或最大收入。这种方法会导出四种组合:(a)一个有非零最大下界和一个最小上界的变量;(b)一个有非零最大下界和无最小上界的变量;(c)一个有零最大下界和一个最小上界的变量;(d)一个有零最大下界和无上界的变量。我们用一个例子来作进一步的阐述。在好年景,一个原始社会的财富分布可以用第一种类型来建模;而在坏年景则可用第三种类型来建模。在发达社会,在战争即将结束时,在战胜国中,财富分布可用第二种类型来建模;在战败国中,则用第四种类型来建模。表1给出了这些性质的四种组合的每一种的例子。如表1所示,帕累托变量(Pareto variate)以及指数变量是非零最大下界和无最小上界的组合,对数正态是零最大下界和无最小上界的组合。另一种方法二次对称变量则有一个最大下界和一个最小上界。

表1　物质商品的原型分布

最大下界>0	最小上界	
	有	无
有	二次	指数 帕累托
无	幂函数	对数正态

注:在幂函数和二次变量中,最小上界也是最大值。对数正态和幂函数在零处有最大下界;$c>1$的幂函数也有一个最小的零。

在使用分布为第一和第三种问题的基量建模时,手中握有与用实质意义的参数、均值和不平等表示的变量的连带函数的公式是很有用的。这样,第一步就是改变选择的变量,以使它们成为有两个参数的版本,而这两个参数则是算术均值和一般不平等参数。这两个参数都是不平等量度,都是单调函数。表2给出了表1列出的五个变量的累积分布函数、概率密度函数和分位函数的公式。

表 2 基数商品建模和基本连带函数

变量族	累积分布函数	概率密度函数	分位函数
指数 $x>\frac{\mu}{c}, c>1$	$1-\exp\left[-\frac{cx-\mu}{\mu(c-1)}\right]$	$\frac{c}{\mu(c-1)}\exp\left[-\frac{cx-\mu}{\mu(c-1)}\right]$	$\mu\left[\frac{1}{c}+\frac{c-1}{c}\left(\ln\frac{1}{1-\alpha}\right)\right]$
对数正态 $x>0, c>0$	$F_N\left\{\frac{\left[\ln\left(\frac{x}{\mu}\right)+\frac{c^2}{2}\right]}{c}\right\}$	$\frac{1}{xc\sqrt{2\pi}}\exp\left\{-\frac{\left(\frac{c^2}{2}+\ln\frac{x}{\mu}\right)^2}{2c^2}\right\}$	$\mu\exp\left[cQ_N(\alpha)-\frac{c^2}{2}\right]$
帕累托 $x>\frac{\mu(c-1)}{c}$, $c>1$	$1-\left[\frac{\mu(c-1)}{cx}\right]^c$	$\left[\frac{\mu(c-1)}{c}\right]^c cx^{-c-1}$	$\frac{\mu(c-1)}{c(1-\alpha)^{\frac{1}{c}}}$
幂函数 $0<x<\frac{\mu(c+1)}{c}$, $c>0$	$\left[\frac{xc}{\mu(c+1)}\right]^c$	$\left[\frac{c}{\mu(c+1)}\right]^c cx^{c-1}$	$\frac{\mu(c+1)\alpha^{\frac{1}{c}}}{c}$
二次 $\frac{\mu(2+c)}{2}<x<\frac{\mu(2-c)}{2}$, $0<c<2$	$\frac{1}{2}\left\{1-\cos\left[3\arccos\left(\frac{x-\mu}{\mu c}\right)-4\pi\right]\right\}$	$\left(-\frac{6}{\mu^3c^3}\right)x^2+\left(-\frac{12}{\mu^2c^3}\right)x+\frac{3(c^2-4)}{2\mu c^3}$	$\mu\left\{1+c\sin\left[\frac{\arcsin(2\alpha-1)}{3}\right]\right\}$

注：对所有的变量，$x>0$；其他的约束条件已在表中列出。$F_N(\cdot)$ 和 $Q_N(\cdot)$ 项分别表示单位正态变量累积分布函数和分位函数。不平等在帕累托和幂函数中是 c 的递减函数，而在指数、对数正态和二次变量中则是递增函数。

在安塞尔姆式问题中，方案包括为每一模型的分布设立分位数函数，并求取本人收入对不平等度的一阶偏导数。结果包括预测本人收入随不平等的下降而上升的人在人口中的比例。该比例呈现很大的变化。例如，在收入是幂函数分布时，比例为37%；在收入分布是对数正态时为50%；而在收入是帕累托分布时，则为63%。在安塞尔姆式理论中，这些个人包括社会中最穷的那些人，因而对于增加了他们自己的收入也降低了收入的不平等的同样选择，他们是不能被冠以利己或利他的。

在地位和公正比较的问题中，一种早期的任务是分别寻找地位和正义比较结果的分布。这个任务使用地位和正义比较的公式（由各自的理论提供），给分布建模的公式应用变量变换、卷积和其他的技术（以标准分方式描述）来完成。在地位问题中，在一个好地位这一情形中，分布是很容易发现的，因为地位公式已经以等级的方式表示，它是正指数的二次函数（Sørensen, 1979）；而在同时授予地位的两种商品这一情形中，包括埃朗单位（Erlang）和至今尚未命名的族（Jasso, 2001b）。已经求得的公正比较分布包括负指数、正指数、正态、Logistic 和对称与不对称的拉普拉斯（Jasso, 2001a, pp. 683-685）。

地位问题和公正比较问题进一步分析

产生了各种各样可以检验的预测,例如,迁出率、宗教机构的公共利益和处在战争状态的子群体之间冲突的严重性,都将随贵重的物质商品分布的不平等性的上升而上升。

当然,一个重大的挑战是求分布独立的结果。例如,使用来自概率分布研究的工具产生对称于零的公正比较分布的两个各自都为充分但非必要条件的结果。这两个条件是:(a)实际奖赏和公正奖赏是同一和独立分布的;(b)实际奖赏和公正奖赏是同一分布和完全负相关的(Jasso, 2001a, pp. 683-685)。

经验工作中的分布

社会科学研究者经常关心他们的数据【Data】分布,特别是结果或因变量【Dependent Variable】的分布。尽管对于变量分布的研究往往出于各种各样的原因,但是其中最主要的两个原因是通过分布的分析得到知识和粗略地估计潜在的分布。

1.*获得进一步的知识*。分布参数的基本信息常常是不足够的,因而研究者会求助于绘图工具来帮助他们理解,以有可能对数据作进一步的操作。这些特性可以是在应用特定的编码【Coding】方案之前的直方图、茎叶图【Stem-and-Leaf Display】或捕捉离群值【Outlier】和可能的强影响点【Influential Cases】的个案的盒形图【Boxplot】,阐明分布不平等的洛伦兹曲线,或展示一个变量对于另一个变量的分布的散点图【Scatterplot】。现代统计学为我们提供了许多探索和审视分布的有用的工具(尤其在统计比较就是研究的目的时)。例如,相对分布法为研究者提供了一种比较两个收入分布的重要方法。

2.*粗略估计潜在的分布*。在社会科学实践中,常会将某种形式的回归【Regression】模型应用于我们的结果,这些模型涵盖简单线性回归【Linear Regression】模型到非线性随机系数模型。借助这些做法,我们假定已经知道产生因变量的潜在机制。然而我们也经常会按惯例来指导我们的建模,而置分布的性质于不顾。在较好地捕捉潜在的分布时,即使是稍微作一下探索,也要花费很多的时间。图 1 给出了 1991—2000 年,英国家庭追踪调查(British Household Panel Survey, BHPS)的妇女的样本分布。它用直方图代表数据的经验分布,而用线条表示三种理论分布。变量量度了抑郁,并记录了一个妇女报告"感觉比以前更坏了"的题项数。

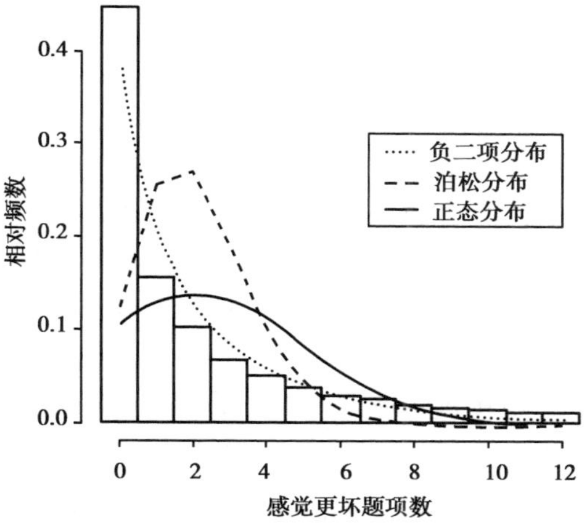

图 1 GHQ12 的分布,1991—2000 年 BHPS
(N=7 855)

很清楚,正态分布并未能很好地表现数据。泊松分布可能更好一些,但是在这三种考虑的分布中,负二项分布由于能更好地表现数据,而优于其他两种,因此应该把它作为潜在的分布。

延伸阅读

有兴趣的读者,可阅读约翰逊和科茨等

人所撰的系列丛书中的《统计分布》及其修订版。在这些著作中,作者为我们提供了社会科学的理论和经验工作方面有关这一问题的宝贵资源。

——Guillermina Jasso
Tim Futing Liao
(沈崇麟译校)

参考文献

Berger, J., Fisek, H., Norman, R., & Zelditch, M. (1977). *Status characteristics and social interaction: An expectation states approach*. New York: Elsevier.

Blau, P. M. (1974). Parameters of social structure. *American Sociological Review*, *39*, 615-635.

Eubank, R. L. (1988). Quantiles. In S. Kotz, N. L. Johnson, & C. B. Read (Eds.), *Encyclopedia of statistical sciences* (Vol. 7, pp. 424-432). New York: Wiley.

Evans, M., Hastings, N., & Peacock, B. (2000). *Statistical distributions* (3rd ed.). New York: Wiley.

Gibbons, J. D. (1988). Truncated data. In S. Kotz, N. L. Johnson, & C. B. Read (Eds.). *Encyclopedia of statistical sciences* (Vol. 9, p. 355). New York: Wiley.

Goode, W. J. (1978). *The celebration of heroes: Prestige as a control system*. Berkeley: University of California Press.

Jasso, G. (2001a). Comparison theory. In J. H. Turner (Ed.), *Handbook of sociological theory* (pp. 669-698). New York: Kluwer Academic/Plenum.

Jasso, G. (2001b). Studying status: An integrated framework. *American Sociological Review*, *66*, 96-124.

Johnson, N. L., Kotz, S., & Balakrishnan, N. (1994). *Continuous univariate distributions*, *Vol. 1*. New York: Wiley.

Kotz, S., Johnson, N. L., & Read, C. B. (1982). Censoring. In S. Kotz, N. L. Johnson, & C. B. Read (Eds.), *Encyclopedia of statistical sciences* (Vol. 1, p. 396). New York: Wiley.

Ridgeway, C. L. (2001). Inequality, status, and the construction of status beliefs. In J. H. Turner (Ed.), *Handbook of sociological theory* (pp. 323-340). New York: Kluwer Academic/Plenum.

Sørensen, A. B. (1979). A model and a metric for the analysis of the intragenerational status attainment process. *American Journal of Sociology*, 85, 361-384.

分布无关统计量(Distribution-Free Statistics)

从最严格的意义上讲,分布无关统计量这一短语是指它的抽样分布【Sampling Distribution】不取决于一个随机样本从中抽取的那个总体【Population】。这就是说,无论其母总体的分布形式是什么样的,是正态、指数还是其他任何分布【Distribution】,统计量都有相同的分布。

最简单的分布无关统计量的例子是符号检验【Sign Test】统计量,它被定义为在一组 n 对样本观察中的 n 个差的加号数。不论成对的随机样本的总体分布形式是什么样的,这些差中的加号数都服从二项分布【Binomial Distribution】,有参数【Parameter】p,代表加号的概率【Probability】和 n(为样本量)。另一个分布无关的统计量,或者至少是近似分布无关的统计量是,从任何一个方差【Variance】已知的连续总体抽取的，至少有 30 个观察的随机样本的标准化均值（或称 z 分数【z-Score】）。根据中心极限定理【Central Limit Theorem】，这样一种标准化的样本均值近似正态分布。

实际上，任何一种分布无关统计量都允许研究者进行一种分布无关检验。这就是说，一个这样的检验，不必为了使检验被看作是有效的，而需要对样本抽取的那个总体的分布做任何假定。所谓有效检验是指它的第一类误差【Type I Error】的确切概率是规定的 α 值或其 p 值【p Value】是确切的。分布无关检验这一词已逐渐被非参数检验这一词所替代。非参数检验不仅包括了分布无关检验，而且还包括了任何虚无假设【Null Hypothesis】中不包括参数值的统计检验。这后一类检验包括拟合优度检验、趋势检验、自相关检验【Autocorrelation】和随机性检验等各种检验。非参数检验包括了一大批对小样本特别有用的统计分析方法。

——Jean D. Gibbons

（沈崇麟译校）

干扰项(Disturbance Term)

干扰项是统计模型中的误差【Error】项。如果干扰项是真正随机的【Stochastic】，那么它就是白噪声【White Noise】。

——Tim Futing Liao

（沈崇麟译校）

生活文献(Documents of Life)

生活文献是所有那些研究者可得到的，用于揭示人类社会及个人特征的文献。这种文献包括日记、信件、照片、生活故事、墓志铭、家居陈设、视频，以及如今的个人网站。在对这种方法较早的描述中，人文主义人类学家罗伯特·雷德菲尔德称这些文献是“个人文献”，将其视为某种程度上文献作者对人类及其个人特点的表达，因此，通过这种方法，文献的读者能了解作者，以及他或她对文献所涉及的事情的看法（Gottschalk et al., 1945, p.vii）。这些文献不是社会科学家对现实的二手建构，而是尝试用知情人自己的话来严肃地对待他们，是尝试进入知情人主观世界的一手描述。

——Ken Plummer

（杨可译　沈崇麟校）

*也可参见自传【Autobiography】、自传式民族志【Autoethnography】、日记【Diary】、生命历程研究【Life Course Research】。

参考文献

Allport, G. (1942). *The use of personal documents in psychological science*. New York: Social Science Research Council.

Gottschalk, L., Kluckhohn, C., & Angell, R. (1945). *The use of personal documents in history, anthropology, and sociology*. New York: Social Science Research Council.

Hoskins, J. (1998). *Biographical objects: How things*

tell the stories of people's lives. London: Routledge.
Plummer, K. (2001). *Documents of life-2: An invitation to a critical humanism*. London: Sage.

文献类型(Documents, Types of)

文献可以表现为任何一种在物理上体现的文本,或用手写或印刷在纸上的文本,例如,一封书信或政府报告便是文献的原型。不过,文献的范围比这个要广泛得多。我们可以把文献分为书面的(文本是可见的语言文字)、音频的(文本是通过听觉渠道可以获取的声音)和视频的(文本是视觉设计或图像作品)等不同类型。文本可以用钢笔、铅笔、画笔、印刷机、录音机、计算机等来生成,也可以题写在陶土、石头、羊皮纸、纸张、磁盘或是电子显示屏上。文献的全部范围包括新闻、日记、邮票、名录、招贴、地图、照片、图画、唱片、录音带和计算机文件。

文献有时候被视为历史学家特有的原始材料,但文献在整个社会科学中的应用都很广泛。经典的社会科学家对文献资料的使用比调查法或观察法要多得多。马克思的《资本论》(*Capital*)大量引用了工厂巡视员的出版物,韦伯在《新教伦理与资本主义精神》(*The Protestant Ethic and the Spirit of Capitalism*)中使用了宗教传单和小册子,涂尔干在他的《自杀论》(*Suicide*)里也引用了许多官方统计数据。

我们可用原作者的身份和获取文献的条件,对文献进行最有效的分类。

作者身份可以根据文献是源于私人领域、公共领域还是公务领域再进行细分,而公务文献又可以按是源于政府还是私人机构再进行细分。这种区分很难精准,尤其是在前现代时期。比如说,在中世纪的欧洲,因为世袭权威具有高度个人化的特点,因此在个人化的家庭文件、教会文件和政府文件之间做区分就没什么意义。

获取通道关注的问题是文献可供作者之外的人获取的条件。文献可以是"不公开的",如果文献只是对非常有限的一群人开放,比如只对其作者和上级开放。如果文献是"受限的",那么它就可供较广的人群使用,但必须要在文献作者或监管者规定的限制条件下使用。最自由的条件是"公开",即通过档案或出版物获取文献的通道是公开的。这时会存在一条文档通道,其中的文档已作了分类整理,并可供更为广泛的公众使用:可能只需要很少的程序限制,如需要注册或者获得一个读者证(参见数据档案【Data Archives】、定性数据存档【Archiving Qualitative Data】)就能获取文献。当文献出版以后,获取通道就几乎完全开放了,因为它们已完全向能负担得起的人开放了。

如表 1 所示,这两个维度可以结合起来产生 12 种不同种类的文献。不公开的个人文献(类型 1)包括信件、日记、家庭账簿和其他家庭物品。这些文献种类通常只有拥有它们的个人或直接制造它们的家庭才能

表 1　文献类型

		作者身份		
			正式	
		个人	私人	政府
获取通道	不公开	1	5	9
	受限	2	6	10
	公共档案	3	7	11
	公开出版	4	8	12

获取。个人文献可以从一种获取类型变成另一种。有些个人文献如果被存放在公共档案馆,其开放获取的范围就变广了(类型3),有些可能得到出版(类型4)。例如,日记【Diary】本来是完全的不公开文献,但写日记常常是为了让更多读者看到。公共档案中保存了很多拥有土地的富裕家庭的记录,因此,这些文献也更易于获取。不过,许多这类文献还是在私人手中——如果能一直保存下来——除非其持有者特别许可,否则公众就无法获取。

私人领域的正式文献是诸如企业、学校、医院和教堂等组织产生的文献。机密的机构文献(类型5)包括医疗档案、学历档案以及公司的人事档案,所有这些文献一般来说都只有相关人等,如负有行政或专业责任的人才能获取。受限的组织文献(类型6),例如,股东名册或房屋抵押贷款清单,通常只是在完全没有业务相关性时才能让研究者获取。对文献的查询和使用可能会受到特殊的限制。不过,对有的文献来说,法律要求必须保存在公共档案馆里(类型7):英格兰和威尔士的股东名册通常每年都要送交给公司登记处。出版的组织文献(类型8)也可能是按法律或其他官方要求而出版的,例如,公司要发表财务报告,但是这类文献许多只是作为商业风险投资(commercial ventures)来出版的。这样的例子包括时间表和名录、参考书目、报刊、电影(参见研究中的影像【Film and Video in Research】),以及其他大众传媒产品。

政府文献,无论是地方的还是国家的,都有同样的获取类型,它们可能也是社会研究者可获得的文献中最多的一种。那些不公开的政府文献(类型9)包括犯罪记录和治安报告、地方当局的住房记录以及现今的税务记录。许多文献都受政府的保密法保护,除了直接的责任方之外,禁止未经授权就披露。有了这些法规,许多文献都是永远不公开的,尽管少数文件可能会向有限的使用者开放(类型10),也有些在公共档案中完全开放(类型11)。那些能在公共档案中查到的政府文件,通常都是在过了一段特定的时间、不再被视为保密文件之后才进入公共档案的。许多政府文件就是为了出版才生成的(类型12),包括议会的法案、皇家专门调查委员会的报告、统计报告(参见官方统计【Official Statistics】)和研究报告。

文献使用涉及的总原则和社会研究中其他领域中的原则差不多。尽管如此,文献资料的特别性质确实还是隐含着一些特殊的判断和技术。文献的有效使用取决于用四个标准对它们作出的评估,这四个标准即真实性、可信性、代表性和意义。

真实性标准要求必须对文献的可靠性和作者身份进行评估。可靠性评价意味着探查文献是原创的还是拷贝的,如果是拷贝的,那么究竟是对原作的拷贝,还是对拷贝的拷贝。拷贝,无论是手写、重新打字,还是拍照,都可能导致遗漏或不可读的文本,但即使是原件,也有可能会有印刷错误或缺失。一份“不可靠的”文献与理想化原创相去甚远,因为它在某些方面已经有了损伤。研究者在使用不可靠的文献之前,需要对之进行重构,重现可能的可靠文献原貌。文献受损越多,这个任务就越困难,在极端情况下,我们可能就无法重构原文献的可靠版本。

评价了可靠性之后就可以考虑作者身份了。比如说,了解据称属于某人的日记是否真的是由某人所写的就很重要。即使在很清晰明了的情况下,也可能会出现伪造作者身份的问题。伪造文献可能是很重要的资料证据,但是必须要知道伪造的事实。作者身份可以通过内部和外部证据来评估。词汇和文风等内部证据,可以和纸张、墨水的化学检验,以及真实度评估等外部证据相结合,得出有关作者身份的判断。但是,在很多情况下,作者身份都不是那么明确的。在行政管理机构生产的正式文献中,任何署名的人,可能都只是起了很少一点作用。同样,书和报纸则是复杂的劳动分工的结果,署名作者的文字已经经过了文字编辑、副主编和主编的处理。

可信度问题关注的是文献的真实性和准确性。所有的文献都是选择性的,因为不可能构建出独立于具体观点的叙述。尽管如此,叙述的可信度还是有高低之别,这取决于选择某种观点时的真实程度,以及是否按此观点进行了准确的报告。作者的真实性反映了他们的动机和他们进行选择的程度高低。人们为了自我合理化、为了宣传或欺骗、为了经济利益而写作,或者仅仅就是要尽量客观地写作,在各种情况下,评估文献受这些原因影响有多大都是很重要的。例如,正式文件可能是以“信息”的形式出现的,但其实际目的却是想说服特定位置上的人。同样,报纸是记者和其他拿报酬的人生产的,因而他们可能受制于出资方的政治压力。

即使真实地制造出来的文献也可能是不准确的。要评价一个报告的准确性,就要看它是在何种条件下编写的,尤其是要看作者和所报道的事件接触距离有多近。通常认为,原始资料——一手叙述——的准确性最好,因为这些文献给人的感觉是会把记忆流失、记录不全或无知所造成的准确性损失降到最低。但即使是一手观察也会遇到问题,那就是如何将观察用一种在日后能建构准确报告的形式记录下来。一般来讲,要这样做总是很困难的。比如说,要把谈话逐字逐句记录下来总是很难的。任何录音系统,尤其是机械系统都可能是一种打扰,因此可能会减少使用。观察者必须经常依赖记忆,因此,即使在原始资料中也会有回忆的准确性的问题。

评估代表性取决于对文献的保存和实用性的了解。了解所查询的文献是否代表了所有相关文献是很重要的,这取决于相关文献在多大比例上仍然得到了保存,以及是否能够为研究者所获取。如果文献要能存续,就必须以某种方式存储起来。存储可以指存在公共档案馆里,也可以指扔在卡片盒里。不是所有的文献都得被存储起来。许多公共和私人文献在生成之后不久就被销毁了,还有一些文件保存一段时间之后也会被销毁。计算机越来越多地被用于建立和保存文献,这意味着在很多情况下不会生成历史文献:文献都是实时编辑和更新的,因此永远只有最后的版本可用。对于以备份形式归档以备将来研究之需的计算机文件,很难知道其内容与原始的连续数据库有多大程度的关联。许多个人文献都没有保留下来,而保存下来的个人文献之所以能保存,是因为其持有者认为它在某些方面有不同寻常之处。现代科层制机构所生产的大量文献中,只有很小一部分能保留下来。正式文献是在使用中被存储起来的,可能在被移到档案库之前就被删掉了。随着时间的流逝,由于文献解体或者周期性的“清理”,能保存下来的文献数量可能会减少。这种损失有时会随机发生,但也可能会涉及某些未知的系统过程。

保存下来的正式文件是否可得,还得考

虑其机密性和官方的保密性。政府文件通常在经过特定的一段时间之后再进入公共领域,但有的文献可能永远受限。个人和私人领域的问题可能更大,尤其是对家庭或家居文献而言,几乎没有什么法律对其使用权作出规定。个人文献也常常缺少索引和日历,而通常官方文献就是借助于索引和日历来评估其代表性的。除非是保存在家庭档案中,除了非常富裕的家庭之外,这种情况都很罕见,私人家居物品既没有档案,也没有目录。

尽管必须评估文献的真实性、可信性和代表性,但它们不必是完全真实、可信或有代表性的。重要的是,研究者知道他或她所处理的文献在一定程度上是不真实的、不可信的或者不具有代表性的,这样,接下来才可以考虑其意义的问题。

文献的意义问题源于两个层面:文字层面和阐释层面。对文献的文字理解牵涉文献的物理可读性,文献使用的是否是可读的语言,以及诸如日期这样的问题。阅读褪色或腐烂的文献可能需要显微镜、红外光等技术,阅读计算机文件总是需要特定的硬件和软件。阅读音频和视频资料按常规都需要特定的技术。从原则上讲,文字意义的问题是可以从实际出发加以解决的,给研究者留下一个有意义的文本进行分析。

正是在这里出现了更为基本的阐释意义的问题,而且事涉复杂的理论问题。阐释是一个诠释学的任务,涉及对社会和文化环境,以及构建文本的话语形式的理解。我们必须抓住其潜在的观点,因为这是文本中的个人概念赖以获得意义的基础。对真实性、可信性和代表性的评估揭示了文献产生的环境,而文献则必须在这种环境中予以解释。

本词条中的文本分析方法远不够详尽,不过两个主要的方法则是定量的内容分析【Content Analysis】和定性的语义方法(也请参见定性内容分析【Qualitative Content Analysis】)。前者包括了技术和统计分析等方法,后者包括解码和解构等方法。不过,基本上所有的阐释最终都是一种定性的工作,不仅如此,即使是定量的内容分析也要依赖于通过一种经常是暗示的记号语言过程(often-implicit semiotic process)来进行的意义评估。

评估文献时,真实性、可信性、代表性和意义这四个标准不能被视为分离和独特的阶段。它们是相互倚赖的,研究者不可能在不考虑其他几个标准的情况下充分考虑其中任何一个标准。从这个意义上讲,对文献的评价是个永远也不会结束的过程。研究者提出的阐释意义是一种尝试性的、临时性的判断,必须不断地加以修正,当新发现和新问题出现时,就不得不对文献进行重新评估。理解这一点,对研究者明智地使用文献至关重要。

——John Scott

(杨可译　沈崇麟校)

参考文献

Scott, J. (1990). *A matter of record: Documentary sources in social research*. Cambridge, UK: Polity.

双盲程序(Double-Blind Procedure)

双盲实验程序用来消除由研究参与者、实验者和数据分析者的期望造成的偏倚。调查研究者在自己的实验设计中普遍采用双盲的三个层次中的一个。在单盲实验中,参与者不清楚自己被分配在了处理组还是控制组。在双盲实验中,参与者和实验者都不清楚组的具体分配。最后,在三盲实验中,参与者、实验者和那些负责数据输入和分析的人都不知道每次研究实验的处理和控制条件。

双盲程序是必要的,因为参与者不仅会对实验的刺激作出反应,而且也会对实验假设【Hypothesis】的印象作出反应。如果实验的操作处理是一览无遗的,那么参与者就可能朝他们认为会得到赞许的反应方向给出自己的反应。在这种情况中,实验量度的答案代表预期的治疗效应和实验设置的需求特性的一个未知的组合。

更为微妙的偏倚【Bias】源潜藏在实验者和参与者之间的互动中。在实验者期望在某一种条件下来自参与者的某种反应时,实验者可能会通过(常常并非有意而为)用非语言的提示、额外的鼓励或提起注意等手段来影响参与者,人为地产生或加强这种反应。这些行为导致的偏倚称为实验期望效应。因为参与者和实验者偏倚与实验的操作系统相关,因此它们可能会对实验结果的解释产生混淆。这种类型的期望效应可能使人们在处理数据时,自觉或不自觉地偏向于自己期望的方向。

双盲程序也称为"戴面具的条件"或"实验上纯真(experimentally naive)"的程序,经常在医学研究中使用。例如,在药物试验中,将一种外表和实验的药片一样的糖片用于控制组。实验的药片和糖片处理由一个与参与者没有打过交道的调查研究者随机分配。药片的同一性使参与者和给予药片的实验者都不知道每次试验的性质。双盲程序还有一个优点,那就是可以防止那些做实验的人,因同情贫困的病人而给他们实验的药物,而不是安慰剂,从而扭曲实验的结果。

许多社会科学的调查都涉及处理问题,与药片不同的是,这些处理不能被设计成看起来相同的处理,也不能对主体加以控制。我们来看一个比较电话和电子邮件信息对态度变化的效应的研究。在这里,参与者和实验者都完全清楚研究涉及的是一个电话还是一个电子邮件。在这种情形中,双盲则通过使参与者和实验者都不知道假设,或尽可能地减少参与者和知道假设的实验者之间的联系来近似。例如,在因变量【Dependent Variable】的数据收集之前,由第三方来实施处理。总之,一个"失明"的协议【Protocol】有助于调查研究者最大限度地减少系统的人为偏倚。这样的偏倚都是在参与者、实验者和数据分析者清楚实验处理的方法和目的时引起的。双盲程序在描述处理和结果之间的因果关系时,给调查研究者以更多的信心。

——Donald P. Green

Elizabeth Levy Paluck

(沈崇麟译校)

参考文献

Aronson, E., Carlsmith, M., & Ellsworth, P. C. (1990). *Methods of research in social psychology*. New York: McGraw-Hill.

Kazdin, A. E. (2003). *Research design in clinical psychology* (4th ed.). Boston: Allyn & Bacon.

双重度量(Dual Scaling)

这是一种双向表(例如列联表【Contingency Table】,多选择答案的考题表)中的分类数据的多维度量化方法。"双重"这一个词指它是一张表的行和列的对称尺度。双重度量为多选项题项的选项确定权重。它以由选择的选项的加权之和给出的这个分数使辨别力达到最大,从而使内部的一致性也达到最大这样一种方式来确定应试者的分数。然后再将这些选项的权数表达为选择这些选项的考生的加权分数之和。这一性质常被称作路易斯·哥特曼内部一致性原则。弗雷德里克·洛德证实,诸如这样的加权方式,最大化了导出分数内部一致性的信度。

历史发展

早期分类数据的多维度量化工作,可追溯到马里奥·理查森和弗雷德里克·库恩在1933年使用的方法,保罗·霍斯特在1935年把它称为互反平均数(reciprocal averages)法。赫希菲尔德在1935年提出了一种数学上等价的方法,詹姆斯·林格斯在1964年把它称为联立线性回归。罗纳德·费希尔在1940年提出了分类数据的判别分析【Discriminant Analysis】,而芒(Maung)则在1941年证明费希尔的量化法可以由四个不同的目标函数以公式来等价表示。而芒的论文则适用于列联表,哥特曼在1941年提出了三个在数学上等价的、多项选择数据的量化方法,并在1946年将它扩展到成对比较和等级次序数据。1946年,分类数据的量化方法便有了坚实的基础。1950年,林知己夫在日本启动了一个叫作Hayashi量化理论的项目。该理论的三型便相当于列联表的双重度量。1960年代早期,让-保罗·贝内泽在法国开始了一个研究,后来发展成为列联表的对应分析【Correspondence Analysis】和多项选择数据的多重对应分析。林知己夫和让-保罗·贝内泽两人有着许多追随者,他们被称为数据分析的林知己夫学派和让-保罗·贝内泽学派。类似的共同努力在1960年代后期形成了荷兰的莱登研究组(以让·德莱乌为首)和加拿大的多伦多研究组(以希祖海科·尼什撒多为首)。

一直以来,这种方法曾经有过许多名字,如Guttman度量(Guttman)、互反平均数法(Richardson, Kuder, Horst)、联立线性回归(Hirschfeld)、Fisher适当得分(Fisher)、Hayashi量化理论三型(Hayashi)、最优度量(R. Darrell Bock)、对应/多重对应分析(Benzécri, Brigitte Escofier)、双标图(Ruben Gabriel, John Gower, David Hand)、同质性分析(de Leeuw, Willem Heiser, Jacqueline Meulman)和双重度量(Nishisato)等。双重度量这一普及的名字是在1976年,为了回应当时流行的"最优度量(optimal scaling)"不足以专门用来描述这种方法的批评而提出的。根据缪尔曼(Meulman, 1998)提出的观点,双重度量是一种"用于分类数据的多维度分析的全面的框架"(p. 291),因为它处理的分类数据的范围比诸如对应分析和最优分析这些主要应用于发生率数据的方法更广。

基本公式

这一方法为分类数据采用离群值分解。我们来看一张双向列联表(表 1),该表有在行 i 和列 j 的频数 f_{ij}。这一元素的离群值分解可表达为:

$$f_{ij}=\frac{f_{i.}f_{.j}}{f_{..}}[1+\rho_1 y_{i1}x_{j1}+\rho_2 y_{i2}x_{j2}+\cdots+\rho_k y_{ik}x_{jk}+\rho_K y_{iK}x_{jK}] \quad (1)$$

式中的 $f_{i.}$ 是行 i 的边缘频数;$f_{.j}$ 是列 j 的边缘分布;ρ_k 是第 k 个离群值($\rho_1\geqslant\rho_2\geqslant\cdots\geqslant\rho_k$);$y_{ik}$ 是行 i 的第 k 个解的最优权数;而 x_{jk} 则是列 j 的第 k 个解的最优权数。对应于括号内 1 的解称为平凡解,一般都会在分析中删除,而它正是在行和列在统计上独立时的期望频数。其他解都称为正常解。对于任何正常解,比如说解 k,存在着双重关系(Nishisato, 1980)或转换公式(Benzécri et al., 1973):对于一个 $m\times n$ 的数据矩阵

$$y_{ik}=\frac{1}{\rho_k}\frac{\sum_{j=1}^{n}f_{ij}x_{jk}}{f_{i.}} \text{和} x_{jk}=\frac{1}{\rho_k}\frac{\sum_{i=1}^{m}f_{ij}y_{ik}}{f_{.j}} \quad (2)$$

方程(2)无非是行在列上或列在行上的联立线性回归而已。它也指出了互反平均数法的偏倚:加权列均值的计算始于任意的行权数,接着它便作为计算加权行均值的权数。这样的互反平均路数总是收敛(Nishisato, 1980)于行权数和列权数的最优集合,其比例常数就是离群值。尼什撒多(Nishisato, 1980)把权数 y 和 x 称为赋范权数,而把 ρ_y 和 ρ_x 称为投影权数,它们也被分别称为标准坐标和主坐标(Greenacre, 1984)。在几何学上,y 和 ρ_x 跨越同一空间,而 ρ_y 和 x 也跨越同一空间。行空间和列空间之间的差异角度则由离群值的余弦给出(Nishisato & Clavel, 2003)。

表 1

聚会	计划	等级						优势矩阵					
		(1)	(2)	(3)	(4)	(5)	(6)	(1)	(2)	(3)	(4)	(5)	(6)
应试者	1	6	1	5	4	3	2	−5	5	−3	−1	1	3
	2	6	1	5	2	4	3	−5	5	−3	3	−1	1
	3	3	5	2	4	1	6	1	−3	3	−1	5	−5
	4	3	4	2	6	1	5	1	−1	3	−5	5	−3
	5	5	3	1	4	6	2	−3	1	5	−1	−5	3
	6	2	6	3	5	4	1	3	−5	1	−3	−1	5
	7	1	2	4	5	3	6	5	3	−1	−3	1	−5
	8	4	3	2	6	5	1	−1	1	3	−5	−3	5
	9	2	1	4	5	3	6	3	5	−1	−3	1	−5
	10	6	1	4	3	5	2	−5	5	−1	1	−3	3

列联表和多选择数据被表示为回答类型，它们都是发生率数据的例子，它们被分解成方程(1)的表达式。相反，优势数据包括等级次序数据和成对比较数据，它们的观察都先按下述方式进行编码：

$$ {}_{i}f_{jk} = \begin{cases} 1 & \text{如果应试者 } i \text{ 选择目标 } j \text{ 到 } k \\ 0 & \text{如果应试者 } i \text{ 作出同分的判断} \\ -1 & \text{如果应试者 } i \text{ 选择目标 } k \text{ 到 } j \end{cases} \tag{3} $$

这些编码后的观察，通过下式

$$ e_{ij} = \sum_{j=1}^{n} \sum_{k=1(j \neq k)}^{n} {}_{i}f_{jk} \tag{4} $$

转换成优势数。

优势数矩阵有行元素之和为零这样一种性质。因此，为了达到应试者的权数和目标权数，例如，在使用互反平均法时，我们都要明白优势矩阵的每一个格都是基于 $n-1$ 个回答的。

发生率数据

1933 年，尼什撒多将分类数据分为了两种类型，即发生率数据和优势数据。发生率数据由 1,0 或频数主组成，存在一个平凡解，使用卡方度量，而且即使在所有的变量都完全相关时，为了完整地描述数据，一般也需要有一个以上的维度。像发生率数据这样一种类型的数据，上面提到的用于它的量化方法都已经开发出来了。诸如列联表、多项选择数据和排序数据这样的发生率数据的分析实例，请参见吉非（Gifi, 1990）、格里纳克（Greenacre, 1984）和尼什撒多（Nishisato, 1980, 1994）的实例。

优势数据

优势数据由大于、等于或小于这样的回答组成，不涉及平凡解，使用欧几里得度量，在变量完全相关时，用一个维度便足以描述数据。因为双重度量也可处理优势数据，所以让我们来看一个例子。我们对十位应试者根据他们对六种圣诞聚会计划的偏好做了排位。这六种偏好分别是：(1)在白天团体聚餐；(2)下班之后在酒吧-饭店玩耍；(3)在地区饭店享用价格适当的午餐；(4)在旅馆举行晚宴；(5)下班后在某人家中聚餐；(6)在一家高档的饭店进豪华午餐。数据来自《心理测量学》(*Psychometrika*, Nishisato, 1996)，而相应的优势数据则在表 1 中。五个正常解的相对方差分别为0.45, 0.27, 0.14, 0.08 和 0.06。我们来看前两个正常解和应试者的赋范权数和聚会计划的映射权数 ρx 的联合图，练习导致一个克莱德·库姆斯的多元展开问题的解(Nishisato, 1994)(参见图 1)。从这张图中，我们可计算应试者和聚会计划之间的距离。排列每个应试者内的距离，得到近似于输入排位的排位-2(参见表 2)。我们来看一下应试者 2，距离排位恰好复制了该应试者的计划排位。

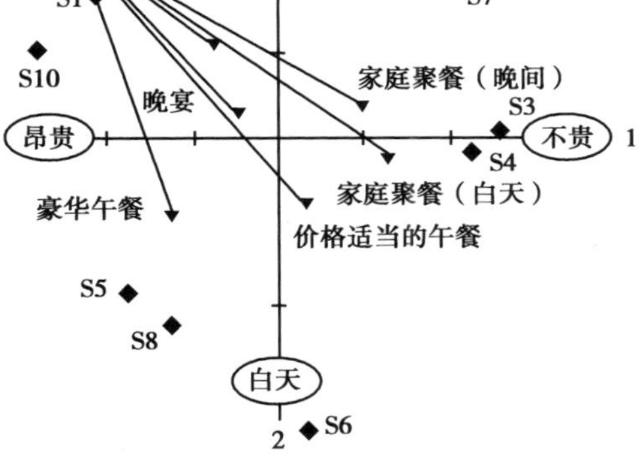

图 1　回答人和聚会计划联合图

表 2

	距离平方						排位-2 近似					
	(1)	(2)	(3)	(4)	(5)	(6)	(1)	(2)	(3)	(4)	(5)	(6)
S1	1.94	0.73	1.72	1.06	1.67	1.37	6	1	5	2	4	3
S2	2.20	0.98	2.02	1.36	1.91	1.71	6	1	5	2	4	3
S3	0.67	1.75	1.21	1.53	0.81	1.98	1	5	3	4	2	6
S4	0.49	1.63	1.01	1.38	0.69	1.79	1	5	3	4	2	6
S5	1.72	1.58	1.18	1.27	1.77	0.54	5	4	2	3	6	1
S6	1.70	2.38	1.37	1.95	1.96	1.51	3	6	1	4	5	2
S7	1.10	1.42	1.55	1.45	0.89	2.14	2	3	5	4	1	6
S8	1.61	1.70	1.07	1.33	1.71	0.76	4	5	2	3	6	1
S9	1.40	1.28	1.74	1.45	1.11	2.18	3	2	5	4	1	6
S10	2.13	1.02	1.79	1.21	1.91	1.25	6	1	4	2	5	3

其他的例子要求两个以上的维度。总的来讲,排位-2 近似是接近排位-5 数据的。统计图 1 告诉我们,排位中的个体差异,受聚会费用和聚会时间的影响。请读者观察它们对特定计划的接近程度。

——Shizuhiko Nishisato

(沈崇麟译校)

参考文献

Benzécri, J. P., et al. (1973). *L'analyse des données: II. L' analyse des correspondances*. Paris: Dunod.

Gifi, A. (1990). *Nonlinear multivariate analysis*. New York: Wiley.

Greenacre, M. J. (1984). *Theory and method of correspondence analysis*. London: Academic Press.

Lebart, L., Morineau, A., & Warwick, K. M. (1984). *Multivariate descriptive statistical analysis*. New York: Wiley.

Meulman, J. J. (1998). Book review of W. J. Krzanowski, & F. H. C. Marriott, Multivariate analysis. Part I. Distributions, ordinations, and inference, *Journal of Classification*, *15*, 287-293.

Nishisato, S. (1980). *Analysis of categorical data: Dual scaling and its applications*. Toronto: University of Toronto Press.

Nishisato, S. (1994). *Elements of dual scaling: An introduction to practical data analysis*. Hillsdale, NJ: Lawrence Erlbaum.

Nishisato, S. (1996). Gleaning in the field of dual scaling. *Psychometrika*, *61*, 559-599.

Nishisato, S., & Clavel, J. G. (2003). A note on between-set distances in dual scaling and correspondence analysis. *Behaviormetrika*, *30*, 87-98.

虚拟变量(Dummy Variable)

一套虚拟变量让我们得以把分类的解释变量设定为统计分析中的自变量。有些我们想加入统计模型的信息是以分类表来组织的,代表了一套名义类别(nominal categories)。婚姻状态、性别、种族/民族、政党或者工业部门都可以用一套完备而互斥的类别来表示,每一个观察值都可以分配给一个单独的类。在最简单的情况下,我们有两个类(例如男性和女性),我们可以用一个单独的虚拟变量来代表它。如果是男性,其编码为"1",如果不是男性,编码则为"0"。这种类型的编码【Coding】被称为二分编码,表明在某个具体的类别中的某种属性或成员资格的出现。对多于两个类别的分类来说,如果我们从策略上给 $j-1$ 个变量编码,就可以充分地代表分类信息,并生成提供可阐释信息的系数(Hardy, 1993; Hardy & Reynolds, 2004)。

在设定方程右侧的变量(自变量)时,研究者可能想要了解,比如说,婚姻状态的差异和某个因变量(如抑郁症状)之间的相关程度如何。尚待解决的问题是,如何能不做不真实的分布假设来表示有 j 个类别的分类表包含的信息。例如,在一个有关美国成年男女的样本中报告了婚姻状态,我们可以区分出诸如:(1)已婚;(2)离婚;(3)分居;(4)丧偶;(5)从未结婚。如果我们只是简单地在某个统计模型中包括一个"婚姻状态"的变量,而不以任何方式对分配给不同婚姻状况的 1~5 的编码进行某种修改的话,那么我便是假定婚姻状态是定距测量的,也就是说,在"已婚"和"离婚"之间 1 个单位的数值差等于"丧偶"和"分居"之间 1 个单位的数值差,但只等于"丧偶"和"离婚"之间数值差的一半,而且这些类别的排序还都很恰当,在该取值范围中,"已婚"的取值最低,"从未结婚"的取值最高。这种方法显然是荒谬的;每个类别的取值和类别的排列顺序都是任意的。我们需要一种符合定类分布特点的方法,在这个案例中,也就是说,我们需要一种把独特的类别分离开来的数值方式,这样我们就可以用计数(即频次)和样本划分来提供合适的估计值。

尽管编码方法有很多,但最常用的方法有三种:二分编码【Binary Coding】、对照编码【Contrast Coding】和效果编码【Effects Coding】。回到婚姻状态这个例子上来,我们需要用四个虚拟变量来充分代表五类别分类中的信息。采用二分编码,并选择"已婚"作为我们的参照组(剩下的类别将与之进行比较的组),可以把四个虚拟变量命名为"离婚""分居""丧偶"和"从未"。婚姻状态符合变量名的被调查者就在这个虚拟变量上编码为"1"。比如说,现在处于离婚状态的被调查者就在"离婚"上编码为"1",在剩下的三个变量上编码为"0";从未结婚的被调查者就在"从未"这个变量上编码为"1",剩下的编码为"0",以此类推。这样,四个虚拟变量就完全捕捉到了五类别定类变量含有的信息这一点,则为在所有四个变量上编码都为"0"的任何调查者必然是已婚的这一点所证明。

无论采用何种编码方案,确定分类变量——这个例子中是婚姻状态——是否提高了模型拟合度的适当的推论检验,都是比较有没有虚拟变量的模型拟合的 f 检验。虚拟变量拓展了广义线性模型【General Linear Models】的灵活性,让我们可以在更广的范围内检验假设,包括直接效应和间接效应、交互【Interaction】以及不同的函数形式。

在统计模型中,二分编码的虚拟变量也可以被设定为因变量。在一套用于有限应变量模型估计的方法中,包括了二元概率单位(probit)和二分几率比(logit)模型(Long & Cheng,2004)。离散时间的事件史【Event History】模型也使用二分编码的因变量来说明某个事件会不会发生(Allison,2004)。二分编码的因变量也在很多选择模型中使用,例如 Heckman 二阶段程序和内生转换模型(Fu et al.,2004)。

——Melissa A. Hardy

(杨可译　沈崇麟校)

参考文献

Allison, P. D.(2004). Event history analysis. In M. A. Hardy & A. Bryman(Eds.), *Handbook of data analysis*. London: Sage.

Fu, V., Mare, R., & Winship, C.(2004). Sample selection bias models. In M. A. Hardy & A. Bryman (Eds.), *Handbook of data analysis*. London: Sage.

Hardy, M. A. (1993). *Regression with dummy variables*. Newbury Park, CA: Sage.

Hardy, M. A., & Reynolds, J.(2004). Incorporating categorical information into regression models: the utility of dummy variables. In M. A. Hardy & A. Bryman (Eds.), *Handbook of data analysis*. London: Sage.

Long, J. S., & Cheng, S.(2004). Regression models for categorical outcomes. In M. A. Hardy & A. Bryman (Eds.), *Handbook of data analysis*. London: Sage.

持续期分析(Duration Analysis)

参见事件史分析【Event History Analysis】。

Durbin-Watson 统计量(Durbin-Watson Statistic)

Durbin-Watson 统计量(DW 或 d)是一种普遍使用和例行报告的时间序列回归(time-series regression)模型误差中存在的一阶自相关或序列相关【Serial Correlation】的诊断检验的统计量。该统计量用我们想求其 $\hat{\mu}$ 的回归的残差【Residuals】计算,其计算公式为:

$$DW = \frac{\sum_{t=2}^{n}(\hat{\mu}_t - \hat{\mu}_{t-1})^2}{\sum_{t=1}^{n}\hat{\mu}_t^2}$$

这一检验的虚无假设【Null Hypothesis】是在回归误差【Errors】中没有一阶自相关,它有两种备择的方法:正的和负的一阶自相关。

它可以直接用一阶自相关 ρ 表示的检验统计量来阐释:

$$DW \approx 2(1-\rho)$$

以这种方式来书写的统计量,使我们很容易看清检验统计量的值和模型残差中的自相关程度之间的关系。特别是,如果自相关不存在($\rho=0$),那么 DW 就近似 2;如果存在完全的正的自相关($\rho=1$),那么 DW 就近似 4;而如果存在完全的负的自相关($\rho=-1$),那么 DW 便近似 0。

检验的临界值【Critical Values】随一个

样本量的函数变化，而它的自由度【Degrees of Freedom】则与感兴趣的回归有关联。一般 *DW* 检验都按正的一阶自相关的备择假设计算，因此，我们要寻找的是显著小于 2 的 *DW* 值。假如难以得到虚无假设下的 *DW* 统计量的分布，那么每一个备择假设都需要有两个临界值。

只有在我们关心的回归右侧不存在滞后【Lag】的因变量时，这一检验才是合适的检验。如果回归含有滞后的因变量，那么可资选择的检验包括 Durbin 的备择检验、Durbin 的 *H*（Durbin's *H*）或拉格朗日乘子检验（Lagrange multiplier tests）。同样，*DW* 将无法探测高阶的自相关。为了检验误差中的二阶或更高阶的自相关，我们可以使用拉格朗日乘子检验。

DW 统计值显著则表明存在自相关，它将使我们关心的回归参数【Parameter】假设【Hypothesis】检验失效。一个显著的 *DW* 统计值一般可作为模型【Model】误设的证据，但也可能表明的是误差本身的序列相关（Wooldridge，2000）。适当的补救措施应根据问题的成因而定。模型也许要求在方程的右侧包含一个滞后的因变量或其他动态的回归量。有时，我们可能需要通过变换的变量，用可行的广义最小二乘【Generalized Least Squares，GLS】估计回归重新估计原回归，以去除自相关，并进而估计得到的回归。

我们用一个例子来作进一步的阐释。假设我们希望给从 1921 年到现在的美国妇女投票率（v_t），作为妇女的平均教育程度（e_t）和妇女在外就业的百分比（ω_t）的函数建模。为了检验一阶序列相关，我们先要求下面这一模型的残差：

$$v_t = \beta_0 + \beta_1 e_t + \beta_2 \omega_t + \mu_t$$

然后，再将这些残差用于计算像上面这样的 *DW* 统计量。对于一个样本量为 $t = 45$ 和三个自由度的（两个回归量加一个常数）回归，正的自相关的备择法的 5% 的临界值是 1.45（低端）和 1.62（高端）。假定估计的 $DW = 1.8$，那么我们将不能拒绝不存在正的自相关的虚无假设，并进而推断可能不存在一阶自相关，如果估计的 $DW = 1.4$，那么我们将拒绝没有正的自相关的虚无假设。对于所有在 1.45～1.62 的值，检验是不确定的，因而我们将推断可能有一阶自相关存在。

——Suzanna De Boef

（沈崇麟译校）

参考文献

Durbin, J., & Watson, G. S. (1950). Testing for serial correlation in least squares regressions I. *Biometrika*, *37*, 409-428.

Wooldridge, J. M. (2000). *Introductory econometrics: A modern approach.* Cincinnati, OH: South-Western Thomson Learning.

偶体分析（Dyadic Analysis）

在社会研究中常常要测量成对的人（如已婚夫妻、室友、朋友和同事）。成对数据的统计分析称为偶体分析，偶体数据分析比单体数据分析要复杂得多（Kashy & Kenny，2000）。我们需要对数据的互依（interdependence）和分析单位【Unit of Analysis】予以特别的考量。

一般情况下，两个人的分数相关便会产生一种称为相依的现象。分数的相关使那些用于以个人作为分析单位的显著性检验【Significance Testing】失效。来自检验的 *p* 值可能大于或小于它们似乎是的数值。这种分数相依甚至有可能是负的，这样，偶体中的两个成员相互之间的差别便会远远大于两个随机选择的人。在成员可与某个变量区别开来时，相依程度可用皮尔逊相关系数【Pearson' s Correlation Coefficient】来测量。例如，异性的已婚夫妇，可以用他们的性别来区分。在成员无法区分（如同事）时，应用组内相关【Intraclass Correlation】来检验和测量非独立性。

要解决由非独立性造成的问题，我们一般要用偶体，而非单体作为分析的单位。在有些情况中，可用偶体的两个成员之间的和或差作为分析的变量来进行分析。尽管非独立性可以被看作一个问题，但是它也给我们带来了研究各种偶体现象的机会。例如，互惠、补偿、相似和同步意味着偶体成员回应中的非独立性。诸如这样的非独立性可能是由非随机配对（如选择性交配）、共命运和相互影响造成的。

在偶体分析中，偶尔也会为每个偶体创建一个指数。例如，将相关系数作为成员的闲暇偏好的相似性指数。尽管偶体指数可能有很大的信息量，但是在对它们进行解释时也存在着若干误区（Cronbach，1955）。

在偶体分析中，研究一个人的特性是如何影响自己和他的伙伴的行为是很有用处的。这样，对每个人而言，都存在一种对他自己和伙伴的特性进行回归的结果。举一个例子，我们可以考察一个人和他的室友的抑郁程度如何影响他对室友的满意度。凯西和肯尼（Kashy & Kenny，2000）把这一模型称为客体互倚模型（actor-partner interdependence model）。有时，我们也可以用反馈回路和工具变量来估计相互影响的模型（Duncan，Haller，& Portes，1968）。

有时，有的偶体数据将每个人和若干个他人配对。例如，每个人可以给她的女学生联谊会中的每一个其他人打分。这样的循环数据（round-robin data）需要使用社会关系模型【Social Relations Model】。

——David A. Kenny

（沈崇麟译校）

参考文献

Cronbach，L. J.（1955）. Processes affecting scores on "understanding of others" and "assumed similarity." *Psychological Bulletin*，*52*，177-193.

Duncan，O. D.，Haller，A.，& Portes，A.（1968）. Peer influence on aspiration：A reinterpretation. *American Journal of Sociology*，*75*，119-137.

Kashy，D. A.，& Kenny，D. A.（2000）. The analysis of data from dyads and groups. In H. T. Reis & C. M. Judd（Eds.），*Handbook of research methods in social and personality psychology*（pp.451-477）. New York：Cambridge University Press.

动态建模（Dynamic Modeling）

参见模拟【Simulation】。

THE
SAGE ENCYCLOPEDIA
OF
SOCIAL SCIENCE RESEARCH METHODS

社会科学研究方法百科全书

（精编版）

E—I

[美]迈克尔·刘易斯–伯克（Michael Lewis-Beck）
[美]艾伦·布里曼（Alan Bryman）
[美]廖福挺（Tim Futing Liao）—主编

沈崇麟　赵　锋　高　勇—主译

重庆大学出版社

版贸核渝字(2017)第262号

图书在版编目(CIP)数据

社会科学研究方法百科全书:精编版. E—I /(美)迈克尔·刘易斯-伯克,(美)艾伦·布里曼,(美)廖福挺主编;沈崇麟等译. -- 重庆:重庆大学出版社,2022.10
(万卷方法)
书名原文:The SAGE Encyclopedia of Social Science Research Methods
ISBN 978-7-5689-3468-8

Ⅰ. ①社… Ⅱ. ①迈… ②艾… ③廖… ④沈… Ⅲ. ①社会科学—研究方法 Ⅳ. ①C3

中国版本图书馆CIP数据核字(2022)第152840号

社会科学研究方法百科全书(精编版)
(E—I)
[美]迈克尔·刘易斯-伯克 [美]艾伦·布里曼 [美]廖福挺 主编
沈崇麟 赵 锋 高 勇 主译
策划编辑:雷少波 林佳木
责任编辑:姜 凤 版式设计:雷少波
责任校对:邹 忌 责任印制:张 策
*
重庆大学出版社出版发行
出版人:饶帮华
社址:重庆市沙坪坝区大学城西路21号
邮编:401331
电话:(023)88617190 88617185(中小学)
传真:(023)88617186 88617166
网址:http://www.cqup.com.cn
邮箱:fxk@cqup.com.cn(营销中心)
全国新华书店经销
重庆升光电力印务有限公司印刷
*
开本:787mm×1092mm 1/16 印张:18.75 字数:459千
2022年10月第1版 2022年10月第1次印刷
ISBN 978-7-5689-3468-8 总定价:750.00元(共5册)

编委会

配套数字资源

◣ 译　者（按姓氏拼音排序）

高　勇（中国政法大学）
李　洋（北京社会科学院）
马　妍（中国社会科学院）
沈崇麟（中国社会科学院）
王　玥（首都师范大学）
杨　可（中国社会科学院）
叶鹏飞（中国劳动关系学院）
赵　锋（中国社会科学院）
郑晓娟（北京大学）

◣ 词条审定专家（按姓氏拼音排序）

郭金华（北京大学）
郭志刚（北京大学）
何江穗（中国政法大学）
柯惠新（中国传媒大学）
李　原（中国社会科学院）
渠敬东（北京大学）
沈崇麟（中国社会科学院）
夏传玲（中国社会科学院）

导 言

社会科学方法学可以说是在 19 世纪末进入我们视野的,那时埃米尔·涂尔干撰写了《社会学方法的规则》(*The Rules of Sociological Method*)一书,这是系统理解和分析社会现象的奠基之作。从那时起,它便一直在成长发展,在 20 世纪的最后几十年更是呈现出一种指数式发展之势。这种发展涉及方法学的专门知识和技能的广度及深度两个方面。应用于各种社会科学学科的方法,其涵盖范围及某些分析路数和技术的复杂与高深程度,都是在数十年之前想象不到的。例如,焦点小组和浓描实际上已经变成了社会科学研究者(不论其学科取向是什么)的通用语言。再举另外一个例子,处理缺失数据和无回答的方法取得了长足的进步,以至于如这样的问题的专业工作坊一个接着一个开展,成为抽样调查数据分析者的最爱。

自然,在 21 世纪之初,我们有必要全面盘点一下社会科学方法学的知识,但试图使我们的盘点包含社会科学中曾经使用过的**每一种**方法,是不可能和不切实际的。这本《百科全书》的主要目的是给我们的读者(他们可能是高校的本科生、研究生、学术研究者或实际应用者)遨游浩瀚的研究方法之海提供一个引导。本《百科全书》对各种方法的目的、原理、发展和实际应用都作了简明扼要的介绍,总共有 1 000 多个词条,其中许多都对涉及的论题作了详尽的介绍,并包含了最新的发展,对初学者或有经验的研究者可能都有很大的用处。

为了达到这一目的,我们给读者提供了两种类型的词条:一些词条只含有一条定义,长度只有一段或两段。这些词条给了读者一个方法学词汇的简要解释。为了忠实于《百科全书》的行文形式,许多其他的词条都作为论题或论文来处理,长短不一,经常都附有实例,有时还有图表,对涉及的方法的性质、历史、应用和使用的含义进行讨论。这些词条的大多数也给出了建议的阅读书目和参考材料,以满足有进一步提高愿望的读者的需要。这些都是《百科全书》的精义所在,对那些想要对奇妙的研究方法世界进行不懈探索的读者而言都是很宝贵的。

需要撰写如此大量的专业文章,仅仅靠我们三位是无法完成的,幸运的是我们得到了编委和作者的大力支持,他们才智过人,写出来的方法介绍连贯、明了而又透彻。有时,作者的行文如同新奇的小说,使得阐述的论题不仅能给读者以愉悦感,而且发人深省。

例如,达摩达尔·古雅拉提教授撰写的计量经济学的词条的文字给人以惊喜。他不是仅仅介绍计量经济学家使用的方法和模型的类型,而是触类旁通,带领我们从平常处渐入佳境,进行了一次计量经济学的旅行。他用三个阐明计量经济学涉及的广泛范围的定义作为自己论述的开头,在这里他使用了简单而平常的方式,用引文释例完成了对计量经济学家的用武之地加以定义这一看似不能完成的任务。然后,他带领我们做了一个研究(从经济理论到数据,从模型到分析),先是说明原理,然后是实例验证。这样的过程也是我们中的许多人在平常反复讲述的过程,但我们几乎想不到在撰写《百科全书》的词条时可以这样用。古雅拉提用在经济学研究中常用的普通过程,给读者以出人意料的、意义深远的影响,令读者去深思,而不只是记住计量经济学的方法和模型以及基本目的。

词条的多样性是本《百科全书》的又一特点。例如,我们的词条中有些论及了哲学问题,例如,后结构主义,这样的内容似乎超出了本《百科全书》的范围,而还有一些词条则讨论了高级的统计技术,这似乎同样也不能被视为社会科学方法学的一部分。然而我们却认为二者都是必要的。一方面,所有的研究者都应该意识到,认识论问题影响着研究问题的性质并支撑研究过程方面的假定;另一方面,我们都需要了解分析定量数据的全套武器,这样才能在不同的场合使用最为恰当和稳健的技术。只有在我们对可供利用的各种选择——无论是认识论的、统计学的或其他什么知识都了如指掌时,作为社会研究者,我们才能完整地开发出精巧的社会科学研究的方法。

本《百科全书》的许多词条都有精当的例子。将各种适用于不同研究目的的词条汇编成一册百科全书,我们,本《百科全书》的编辑者,固然希望读者诸君将会折服于社会科学方法学的博大精深,但我们更希望读者诸君能从这些方法学的专业知识中有所斩获,推动自己的研究更上一层楼。

迈克尔·刘易斯-伯克
艾伦·布里曼
廖福挺

(沈崇麟译校)

本册目录

E

F

G

H

I

E

区位谬误(Ecological Fallacy)

在 19 世纪的欧洲,许多国家特别是在新教国家的自杀率居高不下。埃米尔·涂尔干推断自杀是由新教的社会条件所致。这是一个"区位推论"——一个从群体行为的数据得出的关于个体行为的结论。

当然,新教国家除了宗教之外,在许多方面和天主教国家都有所不同("混杂"问题)。不仅如此,涂尔干的数据并未将个人的自杀和任何宗教信仰联系起来:他针对的是地理区域内的国家而不是教派。混杂的问题必须用所有观察的数据来处理,而第二个问题则是针对区位研究的:推定的原因和效应是对群体而非个体量度的。不仅如此,分析的兴趣是一种组合——对涂尔干而言是宗教,而可资利用的数据却是一种完全不同的组合(地理)。

如果没有混杂,那么期望的群体和个体之间的差异就是"聚集偏倚(aggregation bias)";一般来讲,这种差异部分归结于混杂,部分归结于聚集偏倚。"区位谬误"源于认为在群体间观察到的关系,必然也存在于个体之间这样一种思想:如果有较多新教徒的国家倾向于有较高的自杀率,那么新教徒就必定更可能自杀。

区位研究虽然可以提供有用的线索,但一般来讲,有关个体的结论只能从群体的数据中得到微弱的支持。问题的原因正是混杂和聚集偏倚。正如罗宾逊(Robinson, 1950)所言,个体层次的关系可能被聚合所颠倒。这就是相关系数的"辛普森悖论"。有几种统计方法被建议用来将个人层次的性状从群体层次性状中分解出来。这些方法包括"区位回归(ecological regression)"和"交叉层"或"层级"回归等。然而每种方法本身都有相当强的性状假设。但这些假设一旦被清楚陈述,似乎都是难以置信的。例如,区位回归做的"不变性假定(constancy assumption)"。根据这一假定,像涂尔干这样的个体的性状取决于宗教信仰的派别,而不是地理位置的应用,不仅全欧洲的新教徒必须都有相似的自杀习性,而且天主教徒也必须都是同质的。

一般来讲,模型中的识别假定是不能用数据验证的。此外,在有个体层次的数据可用来进行检验时,便可将估计值与现实作比较,但模型追踪的记录充其量也只不过是混合的而已。其他各个方面的各种讨论,请参见下面的参考文献。

——David A. Freedman

(沈崇麟译校)

参考文献

Firebaugh, G. (2001). Ecological fallacy. *International encyclopedia for the social and behavioral sciences* (Vol. 6, pp. 4023-4026). Oxford, UK:

Pergamon.

Freedman, D. A. (2001). Ecological inference and the ecological fallacy. *International encyclopedia for the social and behavioral sciences*(Vol. 6, pp.4027-4030). Oxford, UK: Pergamon.

Freedman, D. A., Klein, S. P., Ostland, M., & Roberts, M. R. (1998). Review of "A solution to the ecological inference problem." *Journal of the American Statistical Association*, *93*, 1518-1522. (Discussion appears in Vol.94, pp.352-357.)

Goodman, L. (1953). Ecological regression and the behavior of individuals. *American Sociological Review*, *18*, 663-664.

Grofman, B., & Davidson, C. (1992). *Controversies in minority voting: The voting rights act in perspective.* Washington, DC: Brookings Institution.

King, G. (1997). *A solution to the ecological inference problem.* Princeton, NJ: Princeton University Press.

Robinson, W. S. (1950). Ecological correlations and the behavior of individuals. *American Sociological Review*, *15*, 351-357.

区位效度(Ecological Validity)

区位效度也称为生态效度,是指在一种环境(经常指一种实验装置)中研究的行为指示,可在多大程度上作为(或概括为)在其他一系列环境(常被称为"日常"或"自然")中的个人的认知过程特性。

有关区位效度的最初讨论出现在1940年代两位美国学者埃贡·布伦瑞克(Brunswik, 1943)和库尔特·卢因(Lewin, 1943)的心理学研究中。他们二人于1930年代从德国移民到美国。沿着这一传统,发展心理学家尤里·布朗芬布伦纳提出了恰当的区位研究必须满足的三个条件:(a)保持被设计用于调查的现实生活环境的完整性;(b)忠实于应试者被征召的那个较大的社会和文化情境;(c)实验的操作和结果是能演示的,"以一种与明确和隐含在实验设计中的概念定义一致的方式为参与者所感知"(Bronfenbrenner, 1979, p.35)。在一些类似的术语中,奈塞尔(Neisser, 1976)注意到:一方面,在空间、时间和综合关系之间存在明显的不连续性;另一方面,基于实验的研究的物体和事件的特性是认知心理学的一个根本的不足。

许多区位效度的讨论都假定在实验任务中发现和直接观察到的途径在非实验设置中也会发生(或不发生)(如Simon, 1976)。然而,当代研究的各种各样的发现表明,建立区位效度的要求已经成为社会科学家沉重的分析负担(参见Cole, 1996, Chap.8, 9,对相关问题的扩展处理)。一旦我们走出实验室,到现实世界去寻找类似的事物,确定任务的能力就会明显变弱。在现实世界中,实验者既不能确定分析者的任务的参数,也不能保证实验规定的任务就是受试者实际从事的任务。因此,现实世界给实验带来了难以克服的困难。

于是问题出现了,正如有学者(Valsiner & Benigni, 1986)指出的那样,因为标准化的认知实验程序意味着所体现的系统是封闭的分析系统。其目的是试图建立任务等价,以便进行超越实验环境的概括,实际上是将一个更开放的行为系统地施加于一个封闭系统。迄今为止,社会科学家的封闭系统,始终未能有效地捕捉到假定要进行建模的开放系统的元素,因此,实验结果系统地歪曲了它们被从中导出的生命过程。

——Michael Cole

(沈崇麟译校)

参考文献

Bronfenbrenner, U. (1979). *The ecology of human development*. Cambridge, MA: Harvard University Press.

Brunswik, E. (1943). Organismic achievement and environmental probability. *The Psychological Review*, *50*, 255-272.

Cole, M. (1996). *Cultural psychology: A once and future discipline*. Cambridge, MA: Harvard University Press.

Lewin, K. (1943). Defining the "field at a given time." *Psychological Review*, *50*, 292-310.

Neisser, U. (1976). *Cognition and reality: Principles and implications of cognitive psychology*. San Francisco: W. H. Freeman.

Simon, H. A. (1976). Discussion: Cognition and social behavior. In J. S. Carroll & J. W. Payne (Eds.), *Cognition and social behavior*. Hillsdale, NJ: Erlbaum.

Valsiner, J., & Benigni, L. (1986). Naturalistic research and ecological thinking in the study of child development. *Developmental Review*, *6*(3), 203-223.

计量经济学(Econometrics)

计量经济学在字面上的意思是"经济计量"。尽管计量是计量经济学的重要组成部分,但计量经济学的范围要比它广泛得多,从下面摘录的文字我们便可看到这一点。

"计量经济学是对经济学作用的一种深入观察的结果,它将数理统计应用于经济数据,将经验支持施予由数理经济学构建的模型,进而得到数值结果。"(Tintner, 1968, p.74)

"计量经济学也许可以定义为一种将经济学理论工具、数学和统计推论应用于经济现象分析的社会科学。"(Tintner, 1968, p.74)

"计量经济学研究方法的目标基本上在于用理论和统计推论技术作为桥梁,将理论和实际的计量结合起来。"(Haavelmo, 1944, p.iii)

诚如前述定义,计量经济学是经济学理论、数理经济学、经济统计学和数理统计的合成。它不是这些学科中某一个的附庸,现在计量经济学在大多数商学和经济学的系科中都是单独教授的,其原因我们将在下面进行阐述。

经济学理论作出陈述或假设,在实质上它们通常都是定性的。例如,微观经济学理论认为,在其他事情相同时(著名的其他条件不变[Ceteris Paribus]条款),一种商品的价格下降,则那种商品的需求量上升可期。因此,经济学理论假定商品的价格和需求之间存在一种负或反的关系。然而这个理论本身并未给我们提供二者之间关系的数值计量。这就是说,它并未告诉我们作为那一商品价格的变化结果,需求量将会上升或下降多少?而提供这样的数值估计正是计量经济学要做的工作。换言之,计量经济学将经验性、实证性内容给予了经济学理论。有时,计量经济学可以通过明确地考虑归属于其他条件不变条款的变量,对现存的理论加以改进。定性变量,例如性别、宗教和种族被加进了劳动力市场研究,用来解释劳动力的参与(如工作与否的决策)。在传统上,诸如计时工资和教育程度这样的变量都被视为劳动力参与问题的主要决定性因素。

数理经济学关心的主要问题是在不考虑计量或理论的经验验证情况下,以数学的形式(方程)表达经济学理论。虽然计量经济学也使用由数量经济学家提供的数学方程,但它将这些方程表达为可做经验检验的方式。这种将数学方程式变成计量经济学的方程(如随机方程)需要高度的独创性和熟练的实操技能。

经济统计学主要关心如何用图表的形式收集、处理和展示经济数据。这些工作都由经济统计学完成。从事这些工作的人,主要负责诸如国内生产总值(GDP)、就业、失业或价格这样的变量的数据收集。经济统计学家除了关心如何用收集的数据检验经济学理论之外,不再做进一步的工作。有些经济统计学家,则做了进一步的工作,于是他们就变成了计量经济学家。

虽然数理统计学提供了许多用于贸易的工具,但计量经济学家需要观察大多数的经济数据,即那些并非作为控制的实验结果产生的数据的独特性质的特殊方法。计量经济学家,与普遍依靠不能直接控制的数据的气象学家颇为相似。正如斯帕诺斯(Spanos,1999)观察到的:

“在计量经济学中,模型制造者常常面对的是与实验数据截然不同的观察数据。这包含着计量经济学建模中两个重要的含义。第一,建模者需要比分析经验数据更多的各种不同的技巧……第二,数据收集者和数据分析者的分离,要求建模者本身非常熟悉正在研究的数据的性质和结构。”(p.21)

计量经济学的方法学

计量经济学家是如何分析一个经济学问题的呢?也就是说,他们的方法学是什么呢?一般来讲,计量经济学的方法学有三种路数:经典路数、Leamer(Leamer,1978)路数和 Hendry(Hendry,1995)路数。

所有这些计量经济学的方法学路数的讨论都非三言两语能说清楚。经典方法学的主要特点将在这里予以阐述,不仅是因为它重要的历史地位,更主要的是这种方法学仍然主导着许多领域的经验工作。在讨论了这一方法学之后,我们再讨论其他两种方法。

经典方法学

经典方法学的实际进程如下:

经济学理论→理论的数学模型→理论的计量经济学模型→数据→估计计量经济学模型→假设检验→预测或预报→将模型用于控制或政策的目的。

每一个箭头都表示一个连续的或逐步的过程。

为了更好地阐明经典方法学,我们来看一下著名的凯恩斯消费理论。

理论或假设陈述

凯恩斯(Keynes,1936)写道:

“基本的心理学法则……是男人(和女人)都是有打算的,作为一种规则和平均而言。他们的消费会因为收入的提高而提高,但消费的提高往往不如收入的提高那么多。”(p.36)

简言之,凯恩斯假定边际消费倾向(marginal propensity to consume, MPC),即一个单位(比如说,1 美元)的收入变化的消费变化率,大于 0 但小于 1。

消费数学模型的设定

虽然凯恩斯假定消费和收入之间的正关系,但是并没有设定二者之间的精确关系。为了简便起见,数理经济学家可能会提出下面的凯恩斯消费函数形式:

$$Y = \beta_1 + \beta_2 X;\ 0 < \beta_2 < 1 \qquad (1)$$

式中的 Y 是消费支出,而 X 则是收入,β_1 和 β_2 是模型参数,分别是截距和斜率系数。

用斜率系数表示 MPC。

消费计量经济学模型的设定

消费函数的数学模型在方程(1)中给出,但是它限制计量经济学家的使用,因为它假定在消费支出和收入之间存在着确切或确定的关系。但经济变量之间的关系一般都是不确切的。为了能使用不确切关系,计量经济学家可能会对消费函数模型进行修正,将它改写成:

$$Y = \beta_1 + \beta_2 X + u \qquad (2)$$

式中的 u 称为干扰或误差【Error】项,是随机变量【Random Variable】,误差项 u 很好定义,可以代表所有那些影响消费,但在方程(2)中没有被清楚解释的因素。方程(2)是计量经济学模型的一个例子。更严格地讲,这是一个线性回归【Linear Regression】模型的例子。

获取数据

为了估计方程(2),也就是求 β_1 和 β_2 的数字估计值,而在目前的语境中,它们被称为回归系数——我们需要的数据。为了说明这一问题,我们得到了美国1982—1996年的 Y(个人消费支出)和 X(GDP)的数据,该数据在1992年是以亿美元计。

估计计量经济学模型

用普通最小二乘【Ordinary Least Squares, OLS】,并根据美国的数据,我们得到了下面的回归结果:

$$\begin{aligned}\hat{Y}_t &= -184.078\,0 + 0.706\,4X_t \\ SE&:(46.261\,9)(0.007\,8) \\ R^2 &= 0.998\,4\end{aligned} \qquad (3)$$

式中 Y_t 上的"^"的意思是,它是消费支出的均值或平均数的估计值,而括弧中的数字是估计的标准误差。下标 t 表示时间。[经典线性回归对误差项 u 做了某种假定,即它有零均值、常方差,且误差是不相关的。对于假设检验,它经常假定误差项是正态分布的。如果正态性被违反了,那么我们可以使用最大似然估计【Maximum Likelihood Estimation, ML】来估计回归模型的参数。β_1 和 β_2 的 ML 估计值与 OLS 估计的相同]。

假设检验

凯恩斯断言消费的边际倾向是正的,但是小于1。在方程(3)给出的估计回归模型中,MPC 是0.706 4。它是否在统计上不同于1? 换句话说,我们希望检验一个 MPC 是1的虚无假设。那么,我们应该如何来检验这一假设呢?

基于经典线性回归模型给定的假定,我们可以用t 检验【t-Test】来检验这一假设,用目前这一例子,我们可以得到

$$t = \frac{0.706\,4 - 1}{0.007\,8} = -3.764\,1 \qquad (4)$$

因为数据中有15个观察,所以这一 t 值有13个自由度【Degrees of Freedom】。因此,这一 t 值在1%的水平上是显著的(实际的 p 值要低得多)。因此,我们拒绝真 MPC 是1的假设或许可证实凯恩斯的假设。

预测与预报

假定计量经济学模型是现实的一个相当好的近似,我们便可以根据预测变量 X 的已知或期望值来预测未来的值。假设我们打算预测1997年的平均消费支出数。假设

1997年GDP的值是7 269.8亿美元(它是一个实际的值)。在方程(3)中用这个GDP的值,得到预测的平均消费支出约为4 951.31亿美元。读者可自行效验这一数字。

将模型用于控制和政策的目的

假设政府相信消费支出约为4 900亿美元能使失业保持在目前的水平。那么什么样的GDP水平将保证消费支出的目标水平呢?假定在方程(3)中估计的消费支出回归相当好,那么我们只需要将4 900亿美元放在方程的左边,并求出X即可。简单的四则运算便可求得保持目前的失业水平的支出水平为7 200亿美元。在这一练习中,Y是目标变量,而X则是控制变量。

前述的8个步骤是简约的经典方法学。对于这种方法学存在一些批评意见。其中两种意见将在下面进行讨论。

Hendry 自上而下方法学

在亨德里(Hendry,1995)看来,经典方法学过于静态。这就是说,它没有将随时间的变化考虑在内。换句话说,他将在一种动态的环境中来开发计量经济学模型。他将使他的计量经济学模型先尽可能地全面,然后再经过大量诊断,将它消减成比较小的模型。因为亨德里最初的大部分工作是在伦敦经济学院(London School of Economics, LSE)做的,因此他的方法学也称为LSE方法学。

LSE的起点是经济学理论。该理论假定经济变量,比如说,Y(“永久”消费)和X(“永久”收入)之间存在长期或均衡的关系,“永久”这一词表明家庭认为在将来可能保持的水平。这一关系可概括为

$$Y_t = \alpha X_t \qquad (5)$$

亨德里和他的同事之所以在LSE指数中让观察带有时间下标t,是因为他们的方法学被开发出来主要用于时间序列【Time-Series】的经济数据。

当然,在方程(5)中假定的长期关系使用了达到的时间,因此,LES方法学建议采用下面的动态程序形式,以得到方程(5)

$$\begin{aligned} Y_t = {} & \beta_0 X_t + \beta_1 X_{t-1} + \cdots + \\ & \beta_m X_{t-m} + \delta_1 Y_{t-1} + \\ & \delta_2 Y_{t-2} + \cdots + \delta_l Y_{t-l} + u_t \qquad (6) \end{aligned}$$

在这一模型中,Y不仅有赖于当前和滞后的X值,而且也有赖于它自己的滞后值,滞后值由滞后下标记号表示。当然更多的X变量和它们的滞后值可以被引入。

正如方程(6)所示,我们将在时间t的Y,对在时间t,$(t-1)$,$(t-2)$,…,$(t-m)$的X的值及Y在时间$(t-1)$,$(t-2)$,…,$(t-l)$的滞后值做回归,滞后项m和l的选择则是一个经验问题。

方程(6)中的模型是自回归分布滞后(autoregressive distributed lag, ADL)的一个例子。它之所以是自回归的,是因为我们将当前的Y值,对它前面的滞后值做了回归,而它是被分布的,因为X的影响在时间上是延续的。这种ADL模型也被称为动态模型,因为它们很清楚地考虑了时间延续上的Y的性状。方程(6)一旦被估计,我们就可以用恰当的代数运算返回到长期关系。

Leamer 方法学

利默是一位经典计量经济学的严厉批评家,他将其称为平均经济回归(average economic regression, AER)。他认为,在非

经验收集的数据中,AER 策略是有问题的。对于他和其他批评家来讲,模型一旦设定,估计它的参数和进行假设检验便是微不足道的,而一开始确定什么样的模型是恰当的才是研究者真正需要下功夫的。这一任务就是特殊计量学(specimetrics)的主题。利默(Leamer,1978)认为:

"特殊计量学描述了引导研究者选择某一个而非另一个模型设定的过程,此外,它还试图在数据的产生机制不太明确的时候,确定可能从一个数据集中做出的适当推论。"(p.v)

简言之,利默和他的追随者认为,我们必须万分小心地注意特殊计量,即选择适当的模型。只有在选择了模型之后,我们才可以论及经典或 AER 方法学。

利默和 AER 方法学除了这一基本不同之外,利默还是贝叶斯方法的坚定支持者。计量经济学建模的经典和 Hendry 路数是以经典统计学为基础的。在贝叶斯方法中,比如说在回归模型中,方程(1)中像 β_1 和 β_2 这样的"参数"被看作"随机的",每个都有着某种分布(在贝叶斯的话语中称为先验)。先验一般是根据诸如先前的研究和对一个现象的理解这样的因素主观选择的。如果我们的手中握有一组数据,我们先估计 β_1 和 β_2,然后使用样本估计值和先验得到的结果称为后验(概率)分布。因此,在贝叶斯方法中,β_1 和 β_2 一部分是从数据估计而来的,而一部分则是由有关这些系数的先前的信息估计而来。这给了我们这些系数的后验(概率)分布。在下一轮分析中,这些后验分布变成了先验分布。贝叶斯方法是一种"用做来学的"程序。在有更多数据变成可资利用时,研究者可用它们来修正先前有关这些系数的知识。

另一方面,在经典回归程序中,β_1 和 β_2 被看作定数,尽管它们的值是未知的。假如有一组数据,我们可以用 OLS 或最大似然估计参数,并进行假设检验。假如我们又有了一组新的数据,我们就得重新开始,并没有将先前的样本结果考虑进来。因此,在这里,这两种路数存在着根本的差别。

——Damodar N. Gujarati

(沈崇麟译校)

参考文献

Goldberger, A. S. (1964). *Econometric theory*. New York: John Wiley & Sons.

Gujarati, D. (2002). *Basic econometrics* (4th ed.). New York: McGraw-Hill.

Haavelmo, T. (1944). The probability approach in econometrics. *Econometrica*, *12* (Suppl.), preface, p. iii.

Hendry, D. F. (1995). *Dynamic econometrics*. New York: Oxford University Press.

Keynes, J. M. (1936). *The general theory of employment, interest, and money*. New York: Harcourt Brace Jovanovich.

Leamer, E. E. (1978). *Specification searches: Ad hoc inference with nonexperimental data*. New York: John Wiley & Sons.

Mittelhammer, R. C., Judge, G. G., & Miller, D. J. (2000). *Econometric foundations*. New York: Cambridge University Press.

Spanos, A. (1999). *Probability and statistical inference: Econometric modeling with observational data*. Cambridge, UK: Cambridge University Press.

Tintner, G. (1968). *Methodology and mathematical economics and econometrics*. Chicago: University of Chicago Press.

效应量(Effect Size)

效应或关系量级的标准化数字指数【Index】称为效应量。在上述定义中"量级"和"标准化"这两个词尤其重要,因而值得作进一步的解释。效应的数量级是对社会科学的发现作出适当解释的关键所在。与效应量的考量有别的做法是,仅依据统计显著性检验【Significance Testing】的结果做结论。因为统计显著性受到样本量的影响是如此之大,致使那些微弱的,或许是微不足道的效应由于大样本而在统计上仍然是显著的。另一方面,如果样本量很小,某种很强的效应则可能在统计显著性检验时未被探测到。因此,在使用统计显著性检验之外,最好能把我们的结论也以效应量为依据,因为它被设计成了一种独立于样本量的量。

实际上,效应量是以标准化形式而非原始分数形式陈述的,所以单位是很重要的,在社会科学中尤其如此。我们的许多量度,其量度量表都有一定的任意性(如李克特量表【Likert Scale】)。因为量表是任意的,所以它们没有固有的含义,含义可能随研究的变化而变化。假设在实行给定的工作场所干预之后,雇员的工作满意度较未实施干预之前平均高 0.5 个单位。如果仅就工作满意度可用无数个量表测量这一事实而言,那么这一信息的接受者,除了高 0.5 个单位外没有任何其他意义。0.5 这个值可能是一个很大的变化,也可能是几乎没有变化。而在另一方面,如果这个结果以"后干预的工作满意度较干预之前高 0.5 个标准差【Standard Deviations】"这样一种形式报告的话,那么下起结论来就要容易得多。不论是什么标准差(即不论是什么量表),后干预的满意度都高半个标准差。一个试图复制这一发现的研究可以使用一个不同量表的满意度量度,但是如果它的结果是以标准差为单位报告的,那么将可直接与那些任何诸如这样的研究进行比较。正因如此,效应量通常都是标准化的。

尽管有着许多不同形式的效应量指数,但值得在这里一提的只有少数几个。对相关数据而言,使用最为普遍的效应量是相关【Correlation】系数的平方。在其他类型中,系数本身的类型可能有简单相关、多重相关或偏相关。系数的平方则尤其便利,因为它反映了一个变量中为另一个变量【Variable】所解释的方差【Variance】的百分比。

对那些求均值差【Difference of Means】的方法而言,例如,那些与方差设计【Analysis of Variance】有关联的方法,有着各种各样可资利用的指数。其中最为普遍的是 Cohen d(Cohen's d)统计量,它以各种方式来定义,其中最为普遍的是两个均值之间的差除以合并标准差,即 $s_{合并}$,它是组内方差和样本量的函数。

$$s_{合并} = \left\{\frac{(N_1 - 1)s_1^2 + (N_2 - 1)s_2^2}{N_1 + N_2 - 2}\right\}^{0.5}$$

如果因变量是以单位方差来量度的话,那么求得的 d 值直接就是均值差。d 还可解释为一组中那些小于另一组的平均分数的分数的比例。

应当注意的是,这里给出的两个效应指数的例子都反映了效应的量级,且都已被标准化。

——Jose M. Cortina

(沈崇麟译校)

效应编码(Effects Coding)

效应编码是一种为 $j-1$ 个虚拟变量【Dummy Variable】编码,以充分代表包含在 j 个类别的分类中的信息。效应编码的虚拟变量系数,允许研究者将指定类别的预测值和总样本的"平均"值作比较。这种"平均值"是组均值的未加权均值。未加权均值的计算方法是 $[\sum_{j=1}^{J}\overline{X}_j]\div J$。只有在子组大小相等时,组均值的未加权均值才等于总均值(Hardy,1993)。因此,回归系数对特定子组的均值和所有子组均值的未加权均值之间的差进行了量化。

用一个例子来做进一步说明。我们来考量一下婚姻状况(已婚、分居、离婚、鳏寡、从未结婚)和计时工资(以美元计)之间的关系。在这个例子中,婚姻状况有 5 个(J)子组,由 4 个($J-1$)虚拟变量代表。虚拟变量的效应编码列在了表 1 中。我们选择已婚作为省略的类(Hardy,1993),它在所有 4 个虚拟变量上的编码都是-1,而每个虚拟变量将其余 4 个子组中的一个观察编码为"1",而将其余 3 个子组的观察编码为"0"。例如,从未结婚效应(EFFNM)(依据效应编码的虚拟变量),将从未结婚编码为"1",已婚的编码为"-1",而其余的子组(分居、鳏寡和离婚)编码为"0"。

表 1

子组	效应编码虚拟变量实例					
	从未结婚效应	分居效应	鳏寡效应	离婚效应	均值(以美元计)	个案数 N
已婚	−1	−1	−1	−1	15.33	1 661
从未结婚	1	0	0	0	12.95	613
分居	0	1	0	0	11.64	146
鳏寡	0	0	1	0	12.94	390
离婚	0	0	0	1	11.93	14
所有事件					14.26	2 824

我们来看一下效应虚拟变量的描述性统计值和零阶相关。每个效应编码的虚拟变量的均值报告的是参照组(编码为-1)和编码为 1 的子组之间大小的差异,如$(n_j-n_{\mathrm{ref}})/N$。负号表明参照组中的观察多于子组 j;反之,正的均值则表明子组 j 比参照组有更多的观察,而均值的数量则表明了相对于总样本量的组的大小差异或多出的个案比例。

在效应虚拟变量被用作普通最小二乘回归的自变量时,常数报告的是子组均值的未加权均值。系数报告的是子组均值与这一参照点的偏差。样本的回归结果已列在了表 2 中,它是计时工资对婚姻状况的效应虚拟变量的回归。表 2 中的系数是未标准化的。

表 2

模型	B	标准误差	t	显著性
常数	12.96	0.471	27.527	0.000
从未结婚效应	-0.005	0.536	-0.010	0.992
分居效应	-1.318	0.704	-1.871	0.061
离婚效应	-0.022	0.569	-0.038	0.970
鳏寡效应	-1.027	1.755	-0.585	0.559

全部观察(N = 2 824)的总均值是14.26,而子组的未加权均值是12.96,可由将5个均值相加再除以5求得。这一数字即表2中的常数项(constant)。在评估t检验时,我们看到鳏寡、离婚、分居和未婚的子组均值与这一值并无显著的差别。例如,分居(EFFS)的系数-1.318表明,分居的人的计时工资比12.96美元的未加权均值少1.32美元,为11.64美元。尽管每小时的差异大于1美元似乎是相当大的,但是标准误差表明这个工资差距的量度是不够可靠的(例如,95%的置信区间为-1.70~1.60)。然而F检验却表明在优于0.001的阿尔法水平上,我们可以拒绝虚无假设(假设不同婚姻状态的计时工资是没有差别的)。因为那些已婚的人的小时工资为15.33美元[-1×(-0.005-1.318-0.022-1.027)+12.960=15.33],它既显著不同于12.96美元,也显著不同于所有其他4个子组的平均计时工资。

——Melissa A. Hardy

Chardie L. Baird

(沈崇麟译校)

* 也可参见编码【Coding】。

参考文献

Cohen, J., & Cohen, P. (1983). *Applied multiple regression* (2nd ed.). Hillsdale, NJ: Lawrence Erlbaum.

Hardy, M. A. (1993). *Regression with dummy variables*. Newbury Park, CA: Sage.

效应系数(Effects Coefficient)

一个变量在路径模型中的总效应,包括直接的和间接的,称为效应系数。假设下面的递归路径【Recursive Path】模型:

$$Y = a + bX + e$$
$$Z = c + dX + fY + u$$

变量X在Z上有用d估计的直接效应和通过在Y上的影响,用$b \times f$或bf估计的间接效应。因此,X在Z上的效应系数是$d+bf$。效应系数使分析师能在一个因果【Causal】系统中,同时考虑间接和直接效应,进而对一个变量的影响,按它在一个因果系统中的运行方式加以概括。不过,如果那个变量并非真正外生的话,那么效应系数的计算可能就会有问题。

——Michael S. Lewis-Beck

(沈崇麟译校)

* 也可参见路径分析【Path Analysis】。

效率(Efficiency)

一个有效的估计量有一个有最小方差【Variance】的概率【Probability】分布。例如,W 和 Z 都是参数的估计量【Estimators】,而它们的方差分别为 var(W)和 var(Z)。如果 var(W)< var(Z),那么 W 是一个比 Z 更有效的 θ 估计量。而这个效率常常被视作一种相对效率,因为效率需要在两个或更多个估计量之间进行比较。效率是估计量的一个合乎要求的性质,因为有着较小的方差的估计量,在任何给定的试图产生真 θ 值时都有较大的机会,只要这个估计值是无偏的【Unbiased】。

为了对效率进行直观的阐述,我们来看一下两个玩飞镖的人。我们的目标是尽可能多地击中牛的眼睛。每一个人代表一个不同的估计量,而牛的眼睛则是每个估计量的概率分布的均值。玩家 1 投了 100 次,飞镖都落在了牛眼的 5 英寸的圆圈内。玩家 2 也投了 100 次,但飞镖都落在牛眼的一个 12 英寸的圆圈内。玩家 1 比玩家 2 更有效,因为他的飞镖更接近均值(牛的眼睛)。玩家 1 也比玩家 2 有着更高的击中牛眼的概率,因为玩家 1 投标能力的方差更小,只要两个玩家的投掷是无偏的(这就是说,他们可能站在了牛眼的同一侧,且距牛眼的距离也相同)。

一个有效的估计量并非总是能产生一个等于真的 θ 值的估计值,因为效率是那些估计值从中抽取的概率分布的一种性质。这就意味着,在进行反复抽样时,即使是一个有效的估计量,也有可能会产生不等于真的 θ 的估计值。然而,若使用了一个有效的估计量,那么我们就有比较大的把握确定,估计值是接近真的 θ 值的。此外,如果估计量是有偏的,那么一个有效的估计量将无法产生等于它的真值的 θ 的估计值。

因为估计量是如此之多,以致在确定估计量的效率时,必须对我们比较的估计值的种类有所限制(Kennedy,1993)。首先,我们只看那些无偏的估计量。一般来讲,无偏估计量产生的 θ 的估计值将等于 θ 的真值。通过将我们的比较限制在只是无偏统计量的范围,我们可以只比较那些有相同的均值分布和产生的通常是等于参数的真值的参数估计值。在很多时候,我们难以在几个无偏统计量中确定究竟哪一个才是效率最高的时候,还可加上另外一个限制,把我们的比较仅限于那些线性估计量。有着最小方差的线性无偏估计量代表一个特殊的估计量族,称为最佳线性无偏估计量【Best Linear Unbiased Estimator, BLUE】。

——Heather L. Ondercin

(沈崇麟译校)

参考文献

Kennedy, P. (1993). *A guide to econometrics* (3rd ed.). Cambridge, MA: MIT Press.

特征值(Eigenvalues)

特征值也称为特征根(characteristic roots)或本征根(latent roots),是一种与矩阵【Matrix】方程有关的一组特殊的标量。在一些统计方法中,包括因子分析【Factor Analysis】和主成分分析【Principal Components Analysis】,它们都是非常重要的数学概念。

令 $\mathbf{A}$ 为一个 $k \times k$ 的复数方阵,如果存在一个非零的 $k \times 1$ 的列向量 $\mathbf{X}$,那么,一个

属于复数集合的标量 λ，便可以说是 **A** 的一个特征值，致使

$$\mathbf{AX} = \lambda\mathbf{X}$$

列向量 **X** 称为 **A** 的特征向量，因为它被置于 **A** 的右边，故而称为“右特征向量”。一个行特征向量被置于 **A** 的左方，称为“左特征向量”。每个特征值都和一对特征向量——左和右特征向量关联。将 **A** 分解成特征值和特征向量称为特征分解。上述方程也可更为简洁地表示为：

$$(\mathbf{A} - \lambda\mathbf{I})\mathbf{X} = 0$$

式中的 **I** 是单位矩阵。在一个特征值与其他所有的特征值都不同时，它的特征向量是唯一的。我们用一个例子来说明特征值的应用。来自主成分分析的一个维度的特征值量度了拟合优度，并给出了在原始变量中的方差为主成分所解释的比例。

——Tim Futing Liao

（沈崇麟译校）

＊也可参见因子分析【Factor Analysis】。

特征向量(Eigenvector)

参见特征值【Eigenvalues】、因子分析【Factor Analysis】。

详析(拉扎斯菲尔德法)(Elaboration[Lazarsfeld's Method of])

从最基本的形式来看，详析法就是从一个二维的列表开始，先展示两个变量之间的关系，然后再引入第三个变量进行详析和说明。表 1［本例系受拉扎斯菲尔德(Lazarsfeld,1955)和海曼(Hyman,1955)的基础文本的启发］是一个处理二分变量 *X*-性别(1=女性,2=男性)和 *Y*-去年的车祸(1=有,2=无)之间的(虚假)关系的例子。这个表是用百分数来表示的，括号里的数字是绝对数。

表 1

Y-车祸	*X*-性别		总计
	1=男性	2=女性	
1=有	38% (100)	19% (50)	28% (150)
2=无	62% (160)	81% (220)	72% (380)
总计	100% (260)	100% (270)	100% (530)

女性似乎是比男性更好的司机：去年有 38%的男性司机发生了车祸，而女性司机只有 19%。造成这一差别的原因是什么呢？女性是否是更仔细、周到的司机？一个简单的解释可能是在过去的一年里，男性开车的里程大大多于女性。显然，一个人开车开得越多，发生交通事故的可能性就越大。这个详析法背后的逻辑是，如果后面这番解释是对的，那么比较每年开车里程数相同的男女司机，就会得到男性和女性的交通事故数没什么不同的结果。我们引入了第三个变量 *T*-里程(1=多,2=少)，并在第三个变量各类别的内部(即控制变量 *T* 或保持 *T* 不变)考察 *X* 和 *Y* 的关系。表 2 显示的是控制第三个变量后，*X* 和 *Y* 的关系。

表 2

Y-车祸	T-里程(1=多) X-性别			T-里程(2=少) X-性别		
	1=男性	2=女性	总计	1=男性	2=女性	总计
1=有	50% (95)	50% (35)	50% (130)	7% (5)	8% (15)	7% (20)
2=无	50% (95)	50% (35)	50% (130)	93% (65)	92% (185)	93% (270)
总计	100% (190)	100% (70)	100% (260)	100% (70)	100% (200)	100% (290)

在里程数多($T=1$)的分表中,有交通事故的人大大多于里程数少($T=2$)的分表,但在这些分表中(也即比较开车里程数相同的男女司机时)男性和女性就不再有差别了。拉扎斯菲尔德把这种类型的结果称为"阐释(interpretation)"。用箭头表示直接因果效应,这一结果的因果模式是$X \to T \to Y$,意思是X是Y的一个原因,但间接通过了T(因为在所有的社会环境下,女性都比男性开车要少,因此发生的车祸也较少)。如果在男性和女性之间还有其他的差异导致女性比男性发生的车祸少,那么即便在已经控制了T的分表中,男性和女性之间的百分数也会存在差异。

另一种类型的结果则是虚假的【Spurious】。对这种类型来说,与上一个例子一样,最初的关系【Association】也消失了,但现在X和T的因果次序却改变了:X被视为T的一个结果而不是一个原因。因果模式是$X \leftarrow T \to Y$。我们假定有一个表包含了X-教育和Y-保守主义,我们从中发现受教育较少的人比受教育更多的人更保守。同时,也可能对T-年龄来说确实是人的年龄越大,就变得越保守;而且,年轻人平均来说受的教育更多。如果这里年龄要为教育和保守主义之间的关系负责,那么我们按上述方法控制年龄之后,原来在教育和保守主义之间的关系就会消失。从这个阐释结果中我们获悉X和Y之间是间接地有因果联系,而虚假关系则揭示了最初的相关【Correlation】的虚假,并证明这个关系并非因果的:年龄(T)既是受教育(X)的多少,也是保守主义(Y)的原因,但X绝不是Y的原因。

第三种类型的详析是详述或交互【Interaction】阐述。在这种类型中,分表中X和Y之间的关系是不同的。例如,在上面的第一个分表中(里程多的),可能会出现男性比女性引发的车祸更多,但当男女司机开车都不多(里程少)时,可能在男女司机之间就没差别了。交互阐述说明,在第三个变量的不同类别内,两个变量的(因果)关系如何不同。

详析法对分类变量所起的作用与多元回归分析【Multiple Regression Analysis】对连续变量【Continuous Variable】所起的作用十分相似。它的基本原理可以扩展到3个以上的变量和更为复杂的情况,只是那样就需要更正式的方法了。这种正式方法在对数线性模型【Log-Linear Model】的环境中发展起来了。拉扎斯菲尔德的终极目标就是要用

“社会学的”数据发展出因果模型【Causal Modeling】的可靠方法，所谓“社会学的”数据，(在他看来)意思就是用非实验的调查设计获取的分类的【Categorical】数据。我们仍然可以在因果性的当代处理法中，如在珀尔的研究工作中找到他对因果分析的问题和可能性的深刻见解(Pearl，2000)。

——Jacques A. Hagenaars

(杨可译　沈崇麟校)

参考文献

Hagenaars, J.A.(1998).Categorical causal modeling: Latent class analysis and directed log-linear models with latent variables. *Sociological Methods and Research*, *26*, 436-486.

Hyman, H.(1955). *Survey design and analysis.* New York: Free Press.

Lazarsfeld, P. F.(1955). Interpretation of statistical relations as a research operation. In P. F. Lazarsfeld & M. Rosenberg(Eds.), *The language of social research*(pp.111-125).Glencoe, IL: Free Press.

Pearl, J.(2000). *Causality: Models, reasoning, and inference.* Cambridge, UK: Cambridge University Press.

弹性(Elasticity)

社会科学分析者经常对了解一个变量的变化引起另一个变量的变化这样的效应感兴趣。捕捉这样一种效应的方向和数量的一种有用的方法是弹性这一概念，它被定义为函数的弹性是在两个变量的值给定时，因变量的比例变化除以自变量的比例变化。这就是，

$$E=\frac{y\text{ 变化的百分数}}{x\text{ 变化的百分数}}=\frac{\frac{\Delta y}{y}\times 100}{\frac{\Delta x}{x}\times 100}=\frac{\Delta y}{\Delta x}\times\frac{x}{y}\quad(1)$$

式中变量前的符号 Δ 为变量的离散变化的取值，而 y 和 x 则分别为因变量【Dependent Variable】和自变量【Independent Variable】。

举例说明，假设我们对在特定饮食规定下的卡路里消耗对一个人的体重的效应的测量感兴趣。假定 y 是以千克计的人的体重，而 x 则是千卡计的每天卡路里的消耗。那么如果我们用绝对的变化，对前面的问题的答案将是比较随意的，因为它将受选择的单位的影响。这就是说，如果每天卡路里的消耗从 1 000 千卡增加到了 1 100 千卡，那么结果将是人们的体重从 60 千克增加到 63 千克，给我们的印象是，效应是相当小的。增加 100 千卡的卡路里消耗者只产生了 3 千克的体重增量。然而，假如我们把体重的计量单位从千克改为克，我们发现增加 100 千卡的卡路里将引起 3 000 克的体重增量。于是现在我们的印象是效应相当大。使用百分比变化的比率便可避免这一问题。无论体重是以千克计[(3 kg/60 kg)×100]，还是以克计[(3 000 g/60 000 g)×100]，给定的体重增量都是 5%。

有一个重要的问题提请大家予以注意：如果变量变化的取值不是太小，那么一般都取变化产生之前和之后变量的值之间的平均数。这时，弹性将取下面这样的表达式：

$$E=\frac{\Delta y}{\Delta x}\times\frac{\frac{x_1+x_2}{2}}{\frac{y_1+y_2}{2}}=\frac{\Delta y}{\Delta x}\times\frac{x_1+x_2}{y_1+y_2}\quad(2)$$

下标 1 和 2 分别表示变化产生之前和之后变量的取值。注意，如果变量变化的取值

不是太小,那么我们将会遇到方程(1)中的弹性在卡路里消耗增加和消耗减少时有所不同的问题。这就是说,在卡路里消耗从1 000千卡增加到1 100千卡时,弹性将是

$$\frac{3}{100} \times \frac{1\ 000}{60} = 0.5$$

当卡路里消耗从1 100千卡降到1 000千卡时,它将为

$$\frac{3}{100} \times \frac{1\ 100}{63} = 0.524$$

然而使用表达式(2),无论卡路里消耗是增加还是减少,我们得到的弹性估计值都等于0.512。

不仅如此,当Δ很小时(也就是无限小的增加),前面的公式将收敛于1,该计算要使用导数。也就是说

$$E = \frac{\partial y}{\partial x} \times \frac{x}{y} \qquad (3)$$

弹性的概念在回归【Regression】分析中也非常重要。例如,在回归是一个像$y=\alpha+\beta x+\varepsilon$这样的线性回归时,方程(3)的使用给出的弹性等于$\beta(y/x)$。然而,在回归是对数或半对数回归时,有如下情形:

$$\ln y = \alpha + \beta_1 \ln x_1 + \beta_2 x_2 + \varepsilon$$

$$\text{使用}\begin{cases} E_{y,x_1} = \dfrac{\partial \ln y}{\partial \ln x} = \beta_1 & (4a) \\ E_{y,x_2} = \dfrac{\partial \ln y}{\partial x} \cdot x = \beta_2 x_2 & (4b) \end{cases}$$

和

$$y = \alpha + \beta \ln x + \varepsilon$$

$$\text{使用 } E_{y,x} = \frac{\partial y}{\partial \ln x} \cdot \frac{1}{y} = \beta \frac{1}{y} \qquad (5)$$

我们用一个来自琳达尔(Lindahl,2002,p.7)研究的例子来看一下它是如何运作的。该研究是一个有关1962到1973年,瑞典的代际收入流动的研究。琳达尔的研究的目的是得到一个机会平等程度的量度,平等程度则由代际收入流动来代表。在这里我们只对只有一个男孩的家庭这种情形进行解释。回归结果如下:

$$y = 8.296\ 60 + 0.227x_1 + 0.057\ 12x_2 - 0.000\ 679\ 55x_3 \qquad (6)$$

式中的y是儿子的长期收入对数,x_1是父亲的长期收入对数,x_2是父亲的年龄,x_3是父亲年龄的平方。在回归中包括父亲的年龄的原因是纠正一个人的长期收入在50岁时可能比25岁时要高这样一个事实。相反,我们不需要对儿子的年龄进行纠正,因为研究中的每一个儿子都有相同的年龄。

我们可以用前面例子中的公式(4a)来估计代际收入弹性,它等于0.227。这一弹性意味着在控制了父亲的年龄效应之后,父亲长期收入每上升1%,就会导致儿子的长期收入上升0.227%。有关弹性问题的进一步阅读,请见Eatwell et al.(1987)。

——Osiris J. Parcero

(沈崇麟译校)

参考文献

Eatwell, J., Milgate, M., & Newman, P.(1987). *The new Palgrave: A dictionary of economics.* London: Macmillan.

Lindahl, L.(2002). *Do birth order and family size matter for intergenerational income mobility? Evidence from Sweden* (Working Paper No. 5). Stockholm: Swedish Institute for Social Research.

主位/客位之分(Emic/Etic Distinction)

1954 年,语言学家肯尼思·派克从音位(phonemic)和语音(phonetic)两个词中创造了主位(emic)和客位(etic)两个术语。派克用主位来指称对某一文化群体内部成员具有意义的内部文化特质,而客位指的是对研究者具有意义的外部观念和分类。

例如,现代医学用对任何病人都一样的简洁的、与文化无关(客位)的方式来定义"疾病",而传统上人们会根据特殊的文化背景(主位地)对"疾病"作出不同的定义。西方植物学家根据林奈的分类法按客位给动植物分类,而当地人则根据他们独有的民间科学的世界观来对动植物进行主位的分类。有些巴布亚新几内亚(Papua New Guinea, PNG)的文化把蝙蝠归为"鸟",而不是"哺乳动物",因为蝙蝠飞起来像鸟一样。光学物理学家根据光的波长从客位来划分色谱,而本地人则以其地方的语言和文化为基础,按主位的意义区别对颜色进行不同的划分。比方说,英语中的黄、橙、棕,巴布亚新几内亚的 Selepet 人都用一个词来表示。

1964 年,人类学家马尔温·哈里斯从派克那里借来了这两个术语,将其用于他自己研究文化的文化唯物主义【Cultural Materialism】。他误解了派克,对这两个术语的使用与派克非常不同。派克曾经主张,如果要想正确理解某种文化,就要用主位方法来研究。哈里斯却反过来将主位方法定义成本地人为自己的风俗习惯所找的理想化的原因,而他用客位来指称风俗习惯在潜意识中的真正原因。例如,雅诺马马印第安人说他们攻击敌人的村庄是为了绑架年轻妇女(按哈里斯的定义,是一个主位的解释);而实际的客位原因,也即印第安人不承认的,就是敌人的村庄正在侵吞攻击方所需要的珍稀的野生猎物资源。

认知人类学家(cognitive anthropologist)在把主位/客位概念当作研究方法来使用时承袭的是派克的定义,而文化唯物论者则用了哈里斯改造过的方法。直到 1970 年代,人类学家和语言学家中对主位和客位究竟意味着什么都还是迷惑不清。到了 1980 年代,这两个术语出现在许多社会科学家的作品里。术语的含义也在更多的方向上大为增加,一部分是因为主位/客位的概念现在被用于其他的学科(包括心理学、社会学、医学、精神病学、经济学和宗教)。这些新的含义在黑德兰、派克、哈里斯(Headland, Pike, & Harris, 1990, pp.15-23)那里有所描述。

派克和哈里斯对主位和客位的定义中有一个共同点,就是他们都承认对一个文化的主观描述并不一定就是本地人意识到的模型。尽管许多定义都称主位模型是局内人的观点,也不总是这样。主位建构可能对持有这种观点的人有意义,而这些人经常意识不到,除非一个局外的民族志学者把他们自己的主位建构解释给他们听。

——Thomas N. Headland

Kenneth A. McElhanon

(杨可译　沈崇麟校)

*也可参见成分分析【Componential Analysis】。

参考文献

Harris, M. (1976). History and significance of the emic/etic distinction. *Annual Review of Anthropology*, *5*, 329-350.

Headland, T. N., Pike, K. L., & Harris, M. (1990). *Emics and etics: The insider/outsider debate.* Newbury Park, CA: Sage.

Jahoda, G. (1977). In pursuit of the emic-etic distinction: Can we ever capture it? In Y. H. Poortinga (Ed.), *Basic problems in cross-cultural research* (pp. 55-63). Amsterdam: Swets & Zeitlinger.

Lett, J. (1987). The importance of the emic/etic distinction. In *The human enterprise: A critical introduction to anthropological theory*. Boulder, CO: Westview.

Pike, K. L.(1967). *Language in relation to a unified theory of the structure of human behavior*(2nd ed.). The Hague: Mouton. (Original work published 1954.)

情感研究(Emotions Research)

情感研究关注的是理解情感体验中的社会、心理和生理学过程,情感的社会建构(包括历史上的和跨文化的),社会生活中情感的作用,社会互动中情感的管理,以及情感在研究过程本身中的作用。

这个子领域的研究者在收集有关情感的资料时所使用的方法,与那些在社会学和社会心理学中的其他分支使用的方法非常类似,包括社会调查、实验、田野研究和深度访谈等。他们的分析中包含了各种定量和定性研究技术,其中一些研究路径值得特别注意。

在一些基于情感控制理论(affect control theory, ACT)(Heise,1987)的研究中,对情感的界定是:那些从行动中产生的,对在进行互动中的人们肯定或否定的身份定位(confirmed or disconfirmed identities)。当社会行动者接收到基于否定的社会定位引发的情感暗示时,可能会通过重新定义情境或他人的身份定位来作出反馈。ACT 的资料收集通常包括要求参与者使用一种语义差别量表【Semantic Differential Scale】给三个维度的概念打分,即评价(好与坏)、效能(强劲与虚弱)、活力(活跃与怠惰)。——绝大多数使用 ACT 的分析都是定量的。

在定性的、基于田野和访谈的情感研究中,研究者认为社会行动者的情感呈现是在情境中发生的,因而研究者会记录参与者对感知到的情感的描述,这样的情感是无法仅凭单独的观察来推断的。研究者同时也会记录那些从情感有关的互动中展露出来的结果。那些将会话分析【Conversation Analysis】技术应用于研究面对面沟通过程中的情感的研究者,可能会检查那些非常具体的交流。田野研究者和深度访谈研究者则与此不同,他们会发掘一系列的情境和条件,以便理解在与其他社会概念和过程相连接时情感是如何发挥作用的,这些社会概念和过程包括认知、感知、社会关系、社会地位、群体动力学或社会运动。

社会科学家过去在研究过程中追求的那种保持"情感中立"的做法,受到了越来越多的批评,现在许多田野研究者都将自己包括在研究参与者之内,而不是仅仅作为一个超然的、没有感情的观察者。他们把自己在田野工作中的情感体验作为非常有价值的资料来对待,并且在他们的田野笔记【Fieldnotes】和定性分析中,加入了具有反思性的观察和洞见(Kleinman & Copp, 1993)。那些将情感作为研究资料的研究者,可以获得更为深刻的社会学洞见,这些洞见有关他们的研究参与者和研究场景、参与者活动所受到的社会限制,以及他们的研究具有的社会意义等。

为了研究鲜活的情感体验和更好地理解人们是如何把情感作为复杂的过程那样来体验的,田野研究者可能会使用系统反省的社会学研究技术(Ellis,1991)。这个方法包括记录个体对于人、事物、事件的情感反应，然后分析这些感受的意义，以及它们是如何体现在持续发生的社会情景和文化实践的。系统反省方法可以由训练有素的参与者来进行，也可以由研究者作为一种自传式民族志【Autoethnography】的研究工具实施。

——Martha A. Copp

（郑晓娟译　沈崇麟校）

＊也可参见反身性【Reflexivity】。

参考文献

Ellis, C. S. (1991). Sociological introspection and emotional experience. *Symbolic Interaction*, *14*, 23-50.

Heise, D.R.(1987).Affect control theory: Concepts and model. *Journal of Mathematical Sociology*, *13*, 1-33.

Kleinman, S., & Copp, M.A.(1993). *Emotions and fieldwork*. Thousand Oaks, CA: Sage.

经验主义（Empiricism）

与实证主义【Positivism】类似，社会科学家现在使用“经验主义”这个术语的方式经常显示出对其较为负面的评价。的确，这两个词语经常被认为是同义词。这两个词现在都代表了这样一种观点，即由于科学所得出的结论是以合乎逻辑的方式，从经验资料中获得，因而科学才是获得知识的唯一真正途径，而这样的观点现在受到了质疑。

在认识论【Epistemology】中，“经验主义”代表了一种独特的研究方法，认为所有的知识都来自理智，与之相对，理性主义者【Rationalist】则认为存在天生的知识（Hamlyn，1967）。很大程度上，经验主义兴起于 17 世纪的科学革命，它强调对物质世界的经验性（特别是实验性）研究是获取科学知识的关键。这是对于早期研究过程的理念的背离，早期研究一直依赖古籍文本，宗教信仰和/或系统的哲学思维。

在这里可能有必要强调一下 17 世纪经验主义的激进和进步特征。这是由于当时的经验主义既包括了对之前有关知识的论断的批评，也包括了对知识如何确证的方法的批评。此外，它还要求对这些批评的回应，必须秉持所有人均可获得证据的原则。这样，所有形式的权威都有可能受到潜在的挑战。

知识的经验主义理论所具有的意义和效度一直都在反复引起哲学的争论。对此持反对意见的人指出，如果抛开研究者或观察者的判断和解释，他们根本就无法获取任何研究资料，因而没有任何资料的效度能够被认定为是不容置疑的。同样，他们还认为科学不应该，也不能够简化为仅仅谋求从观察资料中符合逻辑地推断出法则的操作。相反，它需要对理论的发展，然后再针对数据进行检验；这是一个可能指明真伪，而非建立排除一切怀疑的效度【Validity】的过程。

在社会科学的语境下，经验主义大体上指的是一种在研究中过于强调经验资料，忽视理论建构的研究路径。一个例子是赖特·米尔斯对“抽象的经验主义”的批评（Mills，1959）。经验主义被认为与一种对证据的过分狭隘理解有关，指的是研究中把证据限制在了可观察或者可量化的内容。这表明,“经验论”作为一个受到批评的术语,最常出现在定量研究【Quantitative Research】中,当然也有其应用于定性研究的例子。例如,一些民族志【Ethnography】研究,由于过分注重表面现象受到了批判理论学者的明显批评,他们记录了对世界的常识性解释,因而忽视了产生这些理想型表面现象的深层结构。另一方面,尽管很少有人试图为任何形式的狭义经验主义辩护,但我们却认为,今天对于经验主义的批评已经有点言过其实了,是在鼓励将推测的理论陈述作为事实的错误做法。

——Martyn Hammersley

(郑晓娟译　沈崇麟校)

参考文献

Bryant, C.G.A.(1985). *Positivism in social theory and research*.London: Macmillan.

Hamlyn, D. W. (1967). Empiricism. In P. Edwards (Ed.), *The encyclopedia of philosophy* (pp. 499-505).New York: Macmillan.

Mills, C.W.(1959).*The sociological imagination.* New York: Oxford University Press.

空格(Empty Cell)

在列联表【Contingency Table】的格【Cell】中没有个案时,就会出现空格。对空格造成的问题的解释,与含有数目非常少的格子造成的问题相仿。

——Alan Bryman

(沈崇麟译校)

* 也可参见稀疏表【Sparse Table】。

编码/解码模型(Encoding/Decoding Model)

传媒研究中的编码/解码模型最初是伯明翰大学当代文化研究中心(the University of Birmingham's Centre for Contemporary Cultural Studies)的斯图尔特·霍尔(Hall, 1974)在1970年代构想出来的,在文化研究和大众传媒的社会学研究中很有影响。这一模型召回了沟通模型中最根本的三分结构,即发送者、信息、接收者,但突出了相对自主的编码和解码环节,并特别强调电视节目的文本多义性(多重意义)。最终,任何信息的意义都不是由信息传播的意愿决定的。而这不能被假定为受众只是简单地误解了原本想传递的含义。正如艾柯(Eco, 1965/1972)所提出的,大众传媒的“异常解码”是很正常的,因为现代媒体要面对的是数量如此巨大且社会背景又是如此不同的受众,他们不可避免地会将其不同的理解框架载入对信息的阐释。

对媒体信息的异常解码不只是个人差异,根据霍尔的说法,还有社会层面的原因。在资本主义社会中,阶级差异特别重要,通过比较价值体系和话语得以表现。霍尔使用了弗兰克·帕金(Parkin, 1973)对统治的、服从的和激进的意义/价值体系之间的区分来检验他称为统治的、协商的和对立的解码。我们有理由假设,大众传媒通常呈现的是主导的——实际上是“中产阶级”的——价值观和理解世界的方式的合法性。因此,受到偏爱的意义和文本就会按常规被编码成媒体文本,通常它们都代表有权者的意识形态旨趣。而那些相对无权者,既可以接受已编过码的统治者的意识形态框架,也可以拒不接受,比如说既可接受,也可拒绝在电视新闻节目中的意识形态框架编码。例如,对于从管理的视角来报道的劳资冲突,属于左派的工人可能会将其解读成有偏见的节目。在直接选取优先的文本(统治的解码)还是从根本上质疑它(对立的解码)之间,受众还可以做其他各种各样的协商解码。

霍尔的编码/解码模型是文化和媒体研究中霸权理论范式的关键特征。这是对经典马克思主义主要的意识形态论点的重要修正。霍尔希望根据传播的渠道纯粹从语义上来探究意识形态过程的复杂性,同时在一定程度上保留社会中主导意识是统治阶级意识的论点。显然,社会中的从属群体不只是受统治意识形态的灌输,也可能会依据其自身的阐释框架、经验和旨趣来质疑其正确性。这样,意识形态力量就是在为社会领导权而斗争中逐事逐题的协商,而不只是来自上面的强迫命令。

编码/解码模型是一种启发手段,旨在把霸权理论用于批判式媒体研究。霍尔的一个学生大卫·莫利(Morley,1980)将其用于研究在教育环境中不同阶级背景的群体是如何解读1970年代英国电视上一个名为“全国(*Nationwide*)”的新闻杂志节目的。他得到了两个重要结论,对有关编码和解码日后的研究发展有着重要影响。首先,在差分解码中,阶级并不是唯一的,也不一定是最重要的因素。民族、性别和世代也是重要的社会学决定因素。在莫利及其追随者后来的工作中,对媒体类型的精细差分解码识别得到了蓬勃发展,以致首选意义、概念,及其暗含的意识形态批判都被削弱了。其次,莫利(Morley,1986)自己也开始对焦点小组【Focus Group】研究的不自然感到不满,尽管他自己也曾在对“全国”的研究中使用过这种办法。他对媒体使用的民族志【Ethnography】更感兴趣,尤其关心那些围绕着家里的电视的性别关系以及积极受众的想法。随着编码/解码模型的发展,它对大众媒体意识形态能量的质疑渐渐少了,而更多地去关注家庭内部的微观政治学和主权消费(sovereign consumption)的实际兴衰(完整的批判性评价参见 McGuigan,1992)。

——Jim McGuigan

(杨可译　沈崇麟校)

参考文献

Eco, U. (1972). Towards a semiotic inquiry into the television message. In *Working papers in cultural studies* (Vol. 3, pp. 103-121). Birmingham: Centre for Contemporary Cultural Studies. (Original work published 1965)

Hall, S. (1974). The television discourse—Encoding and decoding. In *Education and culture* (Vol.35, pp. 8-14). Paris: United Nations Educational, Social, and Cultural Organization.

McGuigan, J. (1992). *Cultural populism.* London: Routledge.

Morley, D. (1980). *The "Nationwide" audience.* London: British Film Institute.

Morley, D. (1986). *Family television—Cultural power and domestic leisure.* London: British Film Institute.

Parkin, F. (1973). *Class inequality and political order.* London: Paladin.

内生变量(Endogenous Variable)

一个内生变量是因果模型【Causal Model】或因果系统中的一个因子,它的值取决于该系统中其他变量的状况,它与其值取决于系统外部的外生变量不同。那些有关联但非等价的特质就是因变量【Dependent Variable】和自变量【Independent Variable】之间,以及待解释项和解说项之间的那些特质。一个因子,只是相对于模型设定【Specification】而言才可被归为内生的或外生的。该模型则代表在一组因果因子 **X** $(x_1, x_2, \cdots, x_k)$ 中产生结果 **y** 的因果关系,其中 **y**=**M**(**X**)。如果变量 x_j 的值取决于或受一个或多个自变量 **X**(不包括它自身)的影响,那么我们就说这个变量在因果模型 **M** 中是内生的。一个纯粹的内生变量,是一个完全取决于系统内其他变量的状况的因子(如果一个因子是完全内生的,那么在理论上我们就可用代表 x_j 组成的函数形式,作为 **X** 的一个函数来取代这一因子出现)。然而在实际的因果系统中,可能有着一系列内生变量。有些因子既受到系统内的因子的因果影响,又受到不包括在模型内的因子的因果影响。因此,一个给定的因子可能有一部分是内生的,而有一部分却是外生的——部分,而非全部取决于模型中其他变量的值。

我们来考量一个简单的因果系统——农耕系统。我们感兴趣的结果(解释因变量或待解释项)是玉米产量。许多因子(自变量、解说项)会影响玉米的产量。其中劳作、农夫的技能、可用的种子品种、可用的信用、气候、天气、土地的质量和类型、灌溉、害虫、气温、农药和肥料、畜牧业的饲养方法(animal practices)、可用的机动牵引力等因子尤为重要。这些变量都在一个特定的方面与玉米产量有着因果的关联。如果我们在一系列试验中改变这些变量水平,那么玉米的产量也将随之发生变化(增产或减产)。这些因子都对玉米产量有真正的影响,因而确定各种因子的性质和权重的确是一个真正的科学问题。而我们可能也注意到,在某些,但不是全部因子之间也有着因果关系。例如,虫害的水平受到降雨量、肥料(正面)和杀虫剂、劳作及技能(负面)的影响。因此,虫害部分是系统内内生的,部分是外生的,因为它也受那些系统外因子的影响[如平均气温、害虫载体的存在、(害虫)捕食者的下降]。

内生变量的概念尤其适用于时间序列的因果分析。在一个因果系统中,我们经常见到有些因子在时间 n 的值取决于其他因子在时间 $n-1$ 时的值。假设虫害的水平独立于一给定时间的所有其他的因子,却受到前一时间的降雨量和肥料的影响。在这种情况中,正确的说法是虫害在该时间内是外生的,但在历时上却是内生的。

——Daniel Little

(沈崇麟译校)

*也可参见外生变量【Exogenous Variable】。

参考文献

Hendry, D.F.(1995). *Dynamic econometrics.* Oxford, UK: Oxford University Press.

Pearl, J.(2000). *Causality: Models, reasoning, and inference.* Cambridge, UK: Cambridge University Press.

认识论(Epistemology)

哲学中的认识论指的是一种知识的理论,一种有关人类是如何逐渐获得关于其周边世界的知识——我们如何知道我们知道什么——的理论。认识论提供了一个哲学基础,在此之上我们才能确定何种知识是可能的,知识如何才能被判定是适当的和正统的。在社会科学中,这个术语用于确定究竟什么样的科学程序才能产生可靠的社会科学知识。

自从17世纪科学革命以来,哲学话语中有两种主导的认识论:理性主义【Rationalism】(以笛卡儿、莱布尼兹和斯宾诺萨为代表)和经验主义【Empiricism】(以约翰·洛克、乔治·贝克莱和大卫·休谟为代表)。其关注的问题就是为科学知识寻找可靠的基础,以将其与信仰和偏见相区别。理性主义基于这样一个观念:可靠的知识都先源于"纯粹"的推理、无争论余地的公理,然后再用形式逻辑得出结论。从这种观点来看,数学产生的是这样一种知识。而另一方面,经验主义则依赖人类的感觉来生产可靠的知识。这意味着只要借助直接的感官经验就可以获取有关世界的知识。

在社会科学的背景中,这些哲学立场可以用两种主导的认识论立场及其相关的本体论立场(参见本体论【Ontology】)来进一步详细阐释。按第一种认识论立场,也即唯名论来看,用于描述和解释的概念只是被当作便利的集合名词,它们被发明出来作为对被观察事物的一般范畴的概括,例如,"社会行动者"或"社会群体"。这些集合名词不应与现实本身混淆,也不具有行动的能力;现实是事件组成的,只有个人才可能行动。按第二种认识论,也即实在论【Realism】来看,科学概念就是用于不一定能被观察到的揭示有关社会现实的某些未必是可观察的事物的。这类概念就是设计出来透过可观察的事件,看到构成和解释那些事件的真实所在(也请参见批判实在论【Critical Realism】)。

当唯名论和实在论及两种主要的可供选择的本体论立场,也即唯物论和观念论结合在一起时,就产生了一个四项的分类方案。经验主义把唯物的本体论(参见唯心论【Idealism】)与唯名论的认识论结合在一起,实体论(substantialism)把唯物的本体论和实在论的认识论结合在一起,主观主义把观念论的本体论和唯名论的认识论结合在一起,而理性主义则把观念论的本体论和实在论的认识论结合在一起(Johnson, Dandeker, & Ashworth, 1984)。

经验主义把现实视为由可以用人类的感官来观察的物质事物组成的。概念和概括则是依据许多观察所做的简短总结。实体论也采用了唯物论的现实观,但承认人们在不同的时间和地点可能会对现实作出不同的解读。然而,他们却把物质世界视为对人类行为和社会关系的束缚。因为主观主义拒绝物质世界的观点,并把现实看作社会建构和解读,这种现实的知识只能从社会行动者给予它的叙述中获得。最后,理性主义把现实看作真实的和一般的;它不依赖人、人的意识和环境而独立存在。因为这种现实是由观念组成的,获取有关知识的方法只能是通过考察思考过程、人类共享的天赋观念——简言之,即理智结构本身。这4种立场必须被视为理想类型,其间存在固有的张力(Johnson Dandeker, & Ashworth, 1984)。它们主要与社会科学哲学【Philosophies of Social Science】存在关联。经验主义与实证主义

【Positivism】和证伪主义【Falsificationism】相关,实体论与批判实在论【Critical Realism】相关,主观主义则关系到诠释主义【Interpretivism】。在涂尔干有关自杀的研究中可以看到理性主义,但在今天的社会科学中已不太常见了。

——Norman Blaikie

(杨可译 沈崇麟校)

参考文献

Blaikie, N. (1993). *Approaches to social enquiry*. Cambridge, UK: Polity.

Crotty, M.(1998). *The foundations of social research*. London: Sage.

Johnson, T., Dandeker, C., & Ashworth, C.(1984). *The structure of social theory*. London: Macmillan.

EQS

EQS 是用来做结构方程模型【Structural Equation Modeling】分析的软件。它以易于处理非正态和非连续的数据著称。有关这一软件的进一步信息请参见该软件的网站。

——Tim Futing Liao

(沈崇麟译校)

误差(Error)

在日常语汇中,"误差"的意思是"错误"。在数学语汇中"误差"的意思是计算中的不精确程度。在统计学中,"误差"一词可能并没有负面的含义。它通常代表实体的一种观察值(如样本均值),和它的"真"或"期望"值(如总体均值)之间的差异或矛盾。在很多情况下,这种差异均系偶然因素所致。正因如此,它常被称为"猜测的(stochastic)"误差或随机误差项。"stochastic"一词来自希腊语的stokhos,意思是"公牛的眼睛"。往标靶上投掷飞镖的结果就是一个机遇过程,也就是说,这是一个担心错失的过程。在统计学中,这个词意味着存在着一个随机变量,即其一个结果取决于一个可能的实验的变量。

我们在实际工作中可能遇到若干种类型的误差。这些误差包括白噪声【White Noise】、第一类误差【Type Ⅰ Error】、第二类误差【Type Ⅱ Error】、测量【Measurement】误差、变量中的误差、方程中的误差、模型设定误差、丢失观察造成的误差和预测【Forecasting】误差。

白噪声误差

令 u_t 为一随机误差项。如果它有零均值,常方差和无自相关(或序列相关【Serial Correlation】),那么它就称为白噪声误差项,用 $u_t \sim WN(0,\sigma)^2$ 表示。如果在序列相关之外,u_t 还是序列独立的,那么 u_t 就是独立白噪声,用 $u_t \sim iid(0,\sigma)^2$ 表示。表达式中 *iid* 的意思是独立和恒等分布的。如果除此之外,u_t 还是正态分布的,那么它便称为正态白分布或高斯白噪声,用 $u_t \sim iidN(0,\sigma)^2$ 表示。也许还应该注意的是,只有在正态分布中,零相关才意味着独立。

白噪声在时间序列建模【Time-Series】中

及经典线性回归模型中起着关键性的作用。

观察或测量误差

在收集数据时,因为错误的测量工具或人为的因素也会产生误差。一种常见的误差是舍入误差(rounding error)或近似误差(error of approximation)。在这种形式的误差中,不是对观察作记录,比如说,记录一个4位的小数点,而是将它四舍五入为3位。在调查型数据中,提问者可能因为回答人不回答问题,或有的问卷没有返回而得不到所有问题的信息。有时,变量的信息,如收入和财产这样的变量的信息往往比较难以得到,因为回答人害怕财税部门追究而不愿提供真实的信息。

变量中的误差

有时变量的信息的确是很难得到的。例如,期望的或预料的通货膨胀的数据之所以难以得到,是因为某人的通货膨胀的期望与他人的不一致。经济学家设计了各种方案或代理变量来测量预料或期望的通货膨胀。有一种期望的通货膨胀的量度是通过调查主要的经济学家,了解他们对不久的将来的通货膨胀问题的看法得到的。这些经济学家的观点可能以数学模型为根据,有些则纯粹是个人的看法。再举一个经济学方面的例子。大家知道,"失业的自然增长率"这一变量是很难测量的。有些经济学家采用某种前几个月或季度的实际失业率的加权平均,把它作为失业的自然增长率的代理。所有这些代理的量度都有可能存在误差。

在检验假设中的误差

在检验统计假设时,有可能发生第一类误差或第二类误差。第一类误差是拒绝了一个真的假设这样的误差,而第二类误差则是未能拒绝一个假的假设这样的误差。这两类误差对Neyman-Pearson,或经典假设检验理论而言都是最基本的。最理想的是能同时缩小这两类误差。然而,对一给定的样本量而言,我们是不可能同时缩小这两种类型误差的。经典的假设检验通常都是先在某个主观选择的显著水平【Level of Significance】上,如1%,5%或10%,设定第一类误差的概率,而不过多地考虑第二类误差。从这个意义上讲,判一个无罪的人有罪(的错误)远比漏判一个有罪的人严重。

方程误差

方程误差一般都与回归【Regression】分析有关。回归分析的目的是依据一个或多个X(解释变量【Explanatory Variable】)来解释变量Y(因变量【Dependent Variable】)的性状。无论考量的变量X有多少,我们都不可能以选取的X为依据对Y的性状作出完全的解释。Y的真值和那些用回归方程估计得到的值之间的差异代表方程的误差项。我们可用数学符号把回归方程写作

$$Y_i = \beta_1 + \beta_2 X_{2i} + \beta_3 X_{3i} + \cdots + \beta_k X_{ki} + u_i$$

该方程阐明,无论模型中考量的解释变量(X)有多少,在Y的变差中也必定有一些未能为所有的X变量所解释。在Y中必定有某些固有的随机性未能被解释,而这内在的随机性则由随机的【Stochastic】误差项u_i表示。这种误差项的产生可能有几种原因,如构成回归模型的理论的模糊性,某些解释变量的数据无法得到,或使用质量欠佳的代理(如使用实际的通货膨胀率代替失业模型中的期望通货膨胀率)。有时,即使研究者可能知道模型中所有的解释变量,但是为了遵循简约的原则(或奥卡姆剃刀原理),也

还是会决定只将少数几个核心的变量包括在分析之中。

随机误差项 u_i 在回归分析中起着极为重要的作用,因为估计的回归系数——β 系数的性质在很大程度上取决于有关随机误差项的假设。在经典回归模型中,我们假定 X 或解释变量的值在重复抽样中是固定的,而误差项 u_i 假定是高斯白噪声的。正因如此,估计的 β 系数也是服从正态分布的。这使得检验真或总体 β 系数变得更为简单。不仅如此,在关于误差项 u 的正态性假定下,β 系数的最大似然估计【Maximum Likelihood Estimation, MLE】和普通最小二乘【Ordinary Least Squares, OLS】估计量是相同的。

应该注意的是,在实际研究中,我们是观察不到误差项 u_i 的,我们能观察到的反而是残差项 $\hat{u}_i$,它是实际的 Y_i 值和它用回归方程估计的值之间的差异。换言之,$\hat{u}_i$ 是真 u_i 的代理。我们可以证明,随着样本量无限地增长,残差将逐渐收敛于它们的真值。

模型设定误差

一种理论虽然可能给我们提出哪些变量可以包含在模型中的建议,但常常无法提出那些变量应该进入的模型的特定函数形式。例如,我们来考虑一个这样的问题:某种产品的需求(Y)与它的价格(P)和消费者的收入(I)有关。现在我们来考虑两种可能的(回归)模型

$$Y_i = \beta_1 + \beta_2 P_i + \beta_3 I_i + u_i,$$
$$\ln Y_i = \alpha_1 + \alpha_2 \ln P_i + \alpha_3 \ln I_i + u_i$$

式中的 u_i 是随机误差项,而 ln 则是自然对数。

第一个模型是线性回归模型,而第二个模型则是对数线性回归模型。尽管两个模型含有相同的变量,但是它们输入模型的方式却造成了在模型解释上的很大差异。例如,在线性模型中的 β_2(偏斜率系数)是由 P 值的变化而引起的 Y 的均值的变化率,而对数线性模型中,α_2 测量的是 Y 对 P 的弹性(elasticity),也即它测量的是 P 的(小的)百分比变化引起的 Y 的百分比的变化。显然,这两个量度是不同的。

丢失观察造成的误差

研究者经常遇到丢失数据【Missing Data】或丢失观察的问题。这种问题在调查型数据中是相当普遍的,且一般都发生在回答人未回答所有的调查问题时。在时间系列数据中,我们可能会遇到几种方式的数据丢失。例如,某些时间序列的数据可得到分月的数据(如失业率),但另一些系列的数据只能得到分季度的数据(如国内生产总值的数据)。有时数据中因特殊况而存在一些缺口。例如,在第二次世界大战期间,有些数据就无法收集。

如果我们忽略那些丢失的观察,只对那些能得到的数据作分析,那么我们就可能得到感兴趣的参数的有偏倚的或前后矛盾的估计值。例如,我们不妨来看一下下面的简单的回归分析模型

$$Y_i = \beta_1 + \beta_2 X_i + u_i$$

式中的 Y 是闲暇旅游的支出,X 是个人收入,而 u 则是随机误差项。假设数据来自一个调查的 1 000 个个人。该调查问及回答人过去 6 个月中的旅游支出问题。我们再进一步假设,100 个个人没有报告任何旅行开支。如果我们决定只以 900 个个人的数据为依据作回归分析(一种与使用截删数据【Censored Data】类似的方法),那么我们可以证明 β 系数的 OLS 估计量不仅是有偏倚的,而且是前后矛盾的。如果这 100 个个人的收入也未曾得到(这种情况

叫作删节,参见截删和删节【Censoring and Truncation】),那么情况会变得更加复杂。

预测误差

涉及时间序列【Time Series】的回归模型的目的之一是以给定的解释变量之值,用估计的模型预测因变量未来的值。

假设有人开发了一个用过去40个季度的数据解释美国汽车销售情况的回归模型。假定用通常的统计学标准来判断,模型是一个好模型。假设,我们想用这个模型预测未来5个季度的汽车销售情况。在实际销售的信息得到之后,预测的未来5个季度的汽车销售数据,它们可以和实际的销售情况进行比较。无论这个模型怎么好,都无法保证汽车销售的预测值和实际值将会是完全相同的,而它们之间的差异就是预测误差。

统计学家们已经开发出了各种各样的预测方法,所有这些方法都力图尽可能地降低预测误差。这一系列模型涵盖了从简单的移动平均数【Moving Average】模型到非常复杂的模型,如ARIMA[自回归求和移动平均(Autoregressive Integrated Moving Average)]和向量自回归【Vector Autoregression,VAR】等各种模型。在开发这些模型时,白噪声误差项起着关键的作用。为了评价各种预测模型的性能,研究者常常使用赤池信息准则(Akaike Information Criterion,AIC)或西沃茨信息准则(Schwarz Information Criterion,SIC),这些准则的值越低,模型就越好。

——Damodar N. Gujarati

(沈崇麟译校)

参考文献

Darnell, A. C.(1995). *A dictionary of econometrics*. Cheltenham, UK: Edward Elgar.

Diebold, F. X.(2001). *Elements of forecasting*(2nd ed.). Cincinnati, OH: South-Western.

Gujarati, D.(2002). *Basic econometrics*(4th ed.). New York: McGraw-Hill.

误差纠正模型(Error Correction Models)

误差纠正模型(ECM)是一种时间序列【Time Series】回归模型,它以性状假定,即两个或多个时间序列展示了确定短期和长期性状的均衡关系的假定为根据。ECM最初由詹姆斯·戴维森、大卫·亨德里、弗兰克·斯尔芭、斯蒂芬·约(Davidson, Hendry, Srba, & Yeo)于1978年在经济学中普及。1987年,罗伯特·恩格尔和克里弗·格兰杰证明,共合时间序列(cointegrated time series)可很好地为一个误差纠正模型所表示。从那时起,ECM便开始与共合时间序列相关联。然而重要的问题在于要注意,ECM是一个自回归分布滞后(Autoregressive Distributed Lag, ADL)模型的一般转换。尤其是,ADL模型可以重写为一个ECM,这样在ECM表示法中便不存在对ADL参数的限定了。这样ECM便可用来为涉及平稳时间序列以及共合时间序列的平衡关系建模。

ECM模型由下式给出:

$$\Delta y_t = \lambda_0 + \lambda_1 \Delta x_t - \gamma(y_{t-1} - \beta x_{t-1}) + \varepsilon_t$$

式中的 $\Delta y_t = y_t - y_{t-1}$, $\Delta x_t = x_t - x_{t-1}$, γ 是误差纠正率,它给出了不平衡——$(y_{t-1} - \beta x_{t-1})$ 的被纠正的比率。括号中的那些项也可以包括

另外的自变量(Banerjee,Dolado,Galbraith, & Hendry,1993 有关各种 ECM 的一般讨论)。

假设我们认为消费者信心(consumers' sentiment)和公众对总统的经济管理能力的看法有联系:在人们比较确信总统的管理能力时,他们对经济也更加确信。换句话说,我们认为在经济赞许和消费者信心之间有着一种长期的平衡。如果新闻报道越来越多地批评总统的经济政策,致使公众重新评价他们对总统管理能力的看法(向下),那么目前的消费者信心可能就会过高。在这样的情形中,我们也许可以说,两个系列已经失去平衡,因而我们期望公众的经济信心降下来。我们可以在一个 ADL 模型或 ECM 模型中捕捉到这种关系。然而,如果我们希望这样的校正要多长时间——经济信心的反应是多快或多慢——我们只能用 ECM 来直接估计这种效应。经上面那样的参数化,误差纠正率由 γ 给出。γ 为 0.2 表明在下一个时期将有 20%的不平衡被纠正。在下下一个时期又有一个 20%被纠正,直至平衡恢复为止。一个 0.8 的 γ 意味着更快的修正。因此,ECM 对误差纠正率的估计值直接进行了修正。此外,因为 ECM 在模型右侧包括了长期(水平)和短期(变化)变量,所以我们能同时捕捉到消费者信心对评估中的短期变化和长期水平的反应。ECM 能说明时间序列有多高或多低(有多么肯定或否定的评价)和移动的方向的特性正是它特别吸引人的地方。

在实际研究中,许多平衡模型是以永久记忆为前提的,因而不能用分布滞后模型估计。在这种情况下,ECM 一般都是首选的模型。在上述单方程表达式之外,分析常常会依靠用于共合情况的 ECM 估计的 Engle-Granger 的两步法(Engle & Granger,1987)。在这种情况下,分析者在第一步回归中估计平衡,然后再将第一步模型的残差(不平衡)输入第二步的误差纠正模型。

——Suzanna De Boef

(沈崇麟译校)

参考文献

Banerjee, A., Dolado, J. J., Galbraith, J., & Hendry, D. F. (1993). *Cointegration, error correction and the econometric analysis of nonstationary series*. New York: Oxford University Press.

Davidson, J., Hendry, D. F., Srba, F., & Yeo, S. (1978). Econometric modelling of the aggregate time-series relationship between consumers' expenditure and income in the United Kingdom. *Economic Journal*, *88*, 661-692.

Engle, R., & Granger, C. W. J. (1987). Co-integration and error-correction: Representation, estimation, and testing. *Econometrica*, *55*, 251-276.

本质主义(Essentialism)

在哲学和社会科学中,本质主义这个术语用于指称他人所谓的错误信念,即称自己已经准确地描述了某事物或某人的本质特征,或认为起码这应该是哲学或科学之目标的错误信念。将事物本质特征与其外在表现之间的传统哲学区分为现代社会科学的起源提供了材料,比如说,马克思就强调,如果事物真的就是其外在看似的那样,科学就没有必要了,而在社会研究中,“抽象的力量”代替了那些诸如化学分析这样的程序。

尽管有些评论家因马克思的本质主义而称赞他，称其可与亚里士多德的哲学媲美，但大多数评论家都把它看作一种错误，无论他们是否认为马克思犯过这一错误。那些持有后一种观点的人，倾向于将他的观点称为唯心论。

近年来，对本质主义的讨论基本上沿袭的是卡尔·波普尔(Popper,1966)的批评，这一批评首先在《开放社会及其敌人》(*The Open Society and Its Enemies*)中提出，波普尔在其中将方法论的本质主义称为"一种观念……，认为纯粹知识或'科学'的任务就是发现和描述事物真实的本性，即它们隐藏的现实或本质"(Popper,1945/1966,p.31)。对这种观念，波普尔以其"可误论者"的立场加以反驳，他认为科学就是通过驳斥错误，依靠"逼真"而非真实才得到了更好的理解。

波普尔持有的则是另一种版本的实在论，大多数的现代实在论者认为他的实在论不仅太弱，而且对本质主义的批评也是错误的。其他的实在论者，例如，罗姆·哈雷(Harré,1986,pp.103-105)和罗伊·巴斯卡尔(Bhaskar,1978)就曾借助自然的种类和自然的必然性等概念，且为在本质上对辩驳和进一步的发展开放的科学模型中理解的本质作过适度的辩护。其他的实在论者，例如塞耶(Sayer,1997)，也曾对实在论遭受的本质主义抨击提出辩护，也主张各种适度的本质主义。对"科学性本质主义(dispositional essentialism)"(Sayer,1997)的技术哲学讨论也在社会科学中得到了回应，这种技术哲学观点声称，诸如带正电荷这样一个性质，在本质上关联着吸引某种带有负电荷的事物的倾向。塞耶反对基于可能仅仅是偶然的规律就作出"联想思考"，为实在论的抽象提出了辩护(Sayer,2000,2001;Holmwood,2001)。

近年来，女权主义者和反种族主义者对本质主义("所有女性/黑人在本质上都是xyz")的批评有时会吸收解构主义者或"后结构主义者"的立场，而这二者的立场都是在形而上学和现象学对本质主义的批判中发展起来的。不过，其他的女权主义者，例如弗斯(Fuss,1989)对本质主义和社会建构论之间的二分法提出了批评。因此，大量的这类争论都和方法论争论有交叉；比如说，德兰蒂(Delanty,1997)曾主张，要在社会科学的哲学中把实在论和建构论或相对论的立场综合起来。

——R. William Outhwaite

(杨可译　沈崇麟校)

参考文献

Bhaskar, R. (1978). *A realist theory of science.* Hassocks, UK: Harvester Press.

Delanty, G. (1997). *Social science: Beyond constructivism and realism.* Buckingham, UK: Open University Press.

Ellis, B. D., & Lierse, C. (1994). Dispositional essentialism. *Australasian Journal of Philosophy*, *72*(1), 27-45.

Fuss, D. (1989). *Essentially speaking.* New York: Routledge.

Harré, R. (1986). *Varieties of realism.* Oxford, UK: Blackwell.

Holmwood, J. (2001). Gender and critical realism: A critique of Sayer. *Sociology*, *35*, 947-965.

Popper, K. (1966). *The open society and its enemies* (5th ed., Vol. 1). London: Routledge. (Original work published 1945.)

Sayer, A. (1997). Essentialism, social constructionism and beyond. *Sociological Review*, *45*, 453-487.

Sayer, A. (2000). System, lifeworld and gender: Associational versus counterfactual thinking. *Sociology*, *34*, 707-725.

Sayer, A. (2001). Reply to Holmwood. *Sociology*, *35*, 967-984.

估计(Estimation)

统计的一个主要目的是用样本【Sample】的信息对总体【Population】作推论。假设我们的兴趣在于研究一个有100 000居民的美国小城的成年人口的年收入。那么总体将由所有在研究时有经济活动的成年人组成。城中成年人口的年收入可用被称为参数【Parameter】的各种数字量度来描述。参数的例子包括成年人口的年收入均值【Mean】、收入的方差【Variance】(一种变异性量度)和个人的教育与其收入之间的关联【Association】。统计分析的一般目的是对一或多个总体参数进行推论。本词条将要讨论的是总体参数的估计问题。在对点和区间估计进行了简短的讨论之后,我们将进行普通最小二乘估计量【Estimator】和最大似然估计量的讨论。通过讨论,我们将用一个简单的数字例子来阐述这些估计量背后的基本思想。几乎所有的教科书都在这方面提供了更为一般的处理方法。

点估计和区间估计

城中成年人口年收入统计调查可给出两种形式的估计量。例如,可给出样本均值为45 500美元。样本均值 $\bar{Y} = \left[\sum_{i=1}^{n}(Y_i)\right]/n$ 是一个单个的数字或点估计值。我们希望这个估计值与总体均值 μ 相去不远。作为另外一种选择,调查也可以给出两个数字的估计值。例如,(42 000美元,49 000美元),意思是城中人口的平均年收入可能在42 000美元和49 000美元之间。这种备择的估计形式被称为区间估计,被设计用来围住正在研究的参数。一般区间估计量包含总体参数的概率要高于点估计量。点和区间估计都必须由一个估计量产生。而估计量则是用一个样本来计算估计值的程序或方法。

普通最小二乘估计量

普通最小二乘【Ordinary Least Squares, OLS】估计量常被用于估计线性回归中的参数。这种回归关注的问题是一个连续的因变量 Y_i 是怎样与自变量 $x_{1i}, x_{2i}, \cdots, x_{ki}$ 有关的。诸如这样的估计量可取如下形式:

$$Y_i = \beta_0 + \beta_1 x_{1i} + \beta_2 x_{2i} + \cdots + \beta_k x_{ki} + e_i \quad (1)$$

在一个线性回归只有一个自变量时,它是像下面这种形式的简单的线性回归

$$Y_i = \beta_0 + \beta_1 x_i + e_i \quad (2)$$

这样一种回归可以用来研究总体中的年收入是如何与教育年限有关的。图1是一张假设的统计图,它是一张用来自城市总体的样本数据绘制的对照教育年限的年收入散点图。平均而言,那些有着更多教育年限的人倾向于有较高的收入。虽然有许多数学函数可以被用来给年收入和教育之间的关联建模,但统计实践通常都是用线性模型,譬如像方程(2)这样的线性模型。在这一特定的例子中,β_0 就是那些没有受过任何正规教育的人的年收入量,而 β_1 则是和增加一年教育年限关联的年收入量。这样方程(2)就描述了总体中年收入和教育之间的关系。所谓统计调查就是用总体的样本来计算 $\hat{\beta}_0$ 和 $\hat{\beta}_1$,它们是总体参数 β_0 和 β_1

的估计值。

用样本来估计 $\hat{\beta}_0$ 和 $\hat{\beta}_1$，实际上是为了拟合一条通过图 1 中那组数据点的直线。我们知道直线是无法预测所有的数据点的，因为教育并未完全对收入作出预测。我们希望这条直线总体而言，其所处的位置能最好地代表这组数据以这样一种方式来放置。我们可以用眼睛来拟合这条直线，但这只能近似地拟合简单的线性回归或双变量问题。更为系统的拟合方法是借助 OLS 估计量，来产生如下的拟合直线。

$$\hat{y}_i = \hat{\beta}_0 + \hat{\beta}_1 x_i \qquad (3)$$

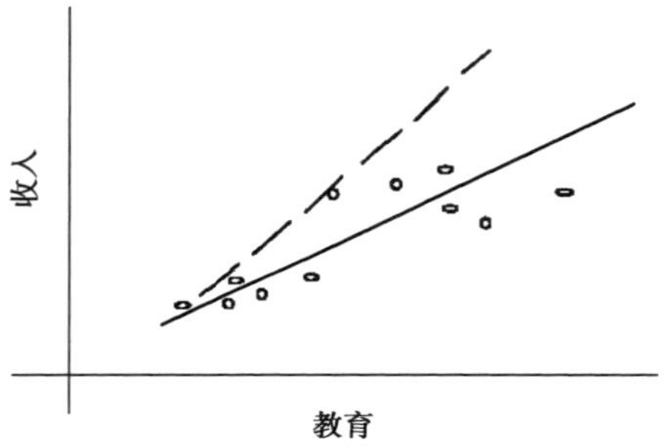

图 1　收入与教育关系的散点图和拟合直线

观察的数据点 y_i 和与由 $\hat{y}_i$ 表示的拟合直线之间的垂直距离（或 $y_i-\hat{y}_i$）被称为偏差或预测误差。OLS 估计量的基本思想是选择那个使我们所有偏差之和 $\sum_{i=1}^{n}(y_i-\hat{y}_i)$ 最小的 $\hat{\beta}_0$ 和 $\hat{\beta}_1$。但是有些数据点位于直线之上，有些却位于直线之下。位于直线之上的正误差常常会取消位于直线之下的负误差，余下的所有偏差的和会远远小于它本来应有的值。解决这一问题的规范的方法是先取每个误差的平方，再极小化误差平方和（SSE）。

$$\text{SSE} = \sum_{i=1}^{n}(y_i-\hat{y}_i)^2$$

$$= \sum_{i=1}^{n}[y_i-(\hat{\beta}_0+\hat{\beta}_1 x_i)]^2$$

对应于 SSE 的最小值的 $\hat{\beta}_0$ 和 $\hat{\beta}_1$ 可以通过解方程 $\partial\,\text{SSE}/\partial\hat{\beta}_0=0$ 和 $\partial\,\text{SSE}/\partial\hat{\beta}_1=0$ 求得。取关于 $\hat{\beta}_0$ 和 $\hat{\beta}_1$ 的偏导数，并将结果置为 0，我们得到：

$$\frac{\partial\,\text{SSE}}{\partial\hat{\beta}_0} = -2\left(\sum_{i=1}^{n}y_i - n\hat{\beta}_0 - \hat{\beta}_1\sum_{i=1}^{n}x_i\right) = 0$$

和

$$\frac{\partial\,\text{SSE}}{\partial\hat{\beta}_1} = -2\left(\sum_{i=1}^{n}x_iy_i - \hat{\beta}_0\sum_{i=1}^{n}x_i - \hat{\beta}_1\sum_{i=1}^{n}x_i^2\right) = 0$$

这两个方程是 OLS 方程，可同时对 $\hat{\beta}_0$ 和 $\hat{\beta}_1$ 求解：

$$\hat{\beta}_1 = \frac{n\sum_{i=1}^{n}x_iy_i - \sum_{i=1}^{n}x_i\sum_{i=1}^{n}y_i}{n\sum_{i=1}^{n}x_i^2 - \left(\sum_{i=1}^{n}x_i\right)^2}$$

$$\hat{\beta}_0 = \bar{y} - \hat{\beta}_1\bar{x}$$

假设我们的样本由 8 个个体组成，他们的年收入分别为 35，57，26，45，58，40，55 和 48（以千美元计），而教育年限分别为 12，18，11，12，14，12，16 和 15。表 1 阐述了参数 $\hat{\beta}_0$ 和 $\hat{\beta}_1$ 的 OLS 计算方法：

$$\hat{y}_i = -7.18 + 3.83x_i \qquad (4)$$

表 1　最小二乘拟合的直线的计算

个体 i	y_i	x_i	x_iy_i	x_i^2
1	35	12	420	144
2	57	18	1 026	324
3	26	11	286	121
4	45	12	540	144

续表

个体 i	y_i	x_i	x_iy_i	$x_i^{\ 2}$
5	58	14	812	196
6	40	12	480	144
7	55	16	880	256
8	48	15	720	225
总计	$\sum y_i = 364$		$\sum x_i = 110$	
	$\sum x_iy_i = 5\ 164$		$\sum x_i^{\ 2} = 1\ 554$	

因此,斜率的 OLS 估计值显示,教育每增加一年,将会多增加 3 830 美元的年收入。

最大似然估计量

最大似然估计量(maximum likelihood estimator,MLE)是大多数用于社会科学的统计模型,如 Logistic 回归、Probit 回归、多项回归、泊松回归、负二项回归、各种事件史模型、成长曲线模型和多水平线性回归使用的统计量。在过去的 15 年间,期望最大化(EM)逐渐普及,基本上已经成为最大似然估计的一种计算方法。甚至前面讨论的 OLS 的参数估计,在数据具有正态分布的假设下,也可被看作最大似然估计。假设我们希望知道小城中成年人口的平均年收入。估计这个值的一个可行的方法是抽取和应用一个随机样本。假设我们的样本由一个有如早先设定的那样的收入的 8 个个体组成(最大似然估计实际上应该用于大样本,在这里使用 8 个个体的小样本只是为了简化问题的阐述)。为了继续进行最大似然估计,我们必须设定数据的分布【Distribution】。到目前为止,大多数线性数据假设的分布都是正态分布。因此,我们假设 8 个个体的收入的每一项都来自一个正态分布【Normal Distribution】:$Y_1 \sim N(\mu,\sigma^2),\cdots,Y_8 \sim N(\mu,\sigma^2)$,有密度

$$f(y_i) = \frac{1}{\sqrt{2\pi\sigma^2}\, e^{-\frac{(y_i-\mu)^2}{2\sigma^2}}}$$

参数 μ 并非只是简单的平均年收入。相反,它是表示总体年收入正态分布的均值。

最大似然估计的下一步是写出数据的似然函数。个体 i 的似然函数是被看作未知参数的函数的个体的密度

$$L_i(\mu;y_i) = \frac{1}{\sqrt{2\pi\sigma^2}\, e^{-\frac{(y_i-\mu)^2}{2\sigma^2}}}$$

假定样本中的个别观察是独立的,那么我们可以将整个样本的联合似然函数写作:

$$L(\mu;y_1,y_2,\cdots,y_8) = \prod_{i=1}^{8} L_i$$
$$= \left(\frac{1}{\sqrt{2\pi\sigma^2}}\right)^8 e^{-\sum_{i=1}^{8}\frac{(y_i-\mu)^2}{2\sigma^2}}$$

MLE 是将联合似然函数 $L(\mu,y_1,y_2,\cdots,y_8)$ 最大化的 μ 的值。而实际上,将 $\ln L(\mu)$,$L(\mu)$ 的自然对数最大化,要比将 $L(\mu)$ 最大化容易得多。与似然函数 $L(\mu)$ 关联的数量,对计算而言,常常会变得太小或太大。我们之所以有理由这样做,是因为任何的对数似然最大化,也必定会将似然最大化。采用对数之后,$L(\mu)$ 被简化为:

$$\ln L(\mu) = 8\ln\frac{1}{\sqrt{2\pi\sigma^2}} - \frac{\sum_{i=1}^{8}(y_i-\mu)^2}{2\sigma^2}$$

求 MLE 的值要取关于 μ 的对似然函数的偏导数,将导数置为零,然后再求解未知

参数的方程：

$$\frac{\partial \ln L(\mu)}{\partial\mu}=\frac{\sum_{i=1}^{8}2(y_i-\mu)}{2\sigma^2}=0$$

$$\hat{\mu}=\sum_{i=1}^{8}\frac{y_i}{8}=\bar{y}$$

$$=\frac{35+57+26+45+58+40+55+48}{8}$$

$$=45.5$$

以上是得到的结果，我们也可以用类似的方法求得 σ^2 的 MLE：

$$\frac{\partial \ln L(\mu)}{\partial\sigma^2}=-\frac{n}{2\sigma^2}+\frac{1}{2(\sigma^2)^2}\sum_{i=1}^{8}(y_i-\mu)^2=0$$

$$\hat{\sigma}^2=\frac{1}{n}\sum_{i=1}^{8}(y_i-\bar{y})^2$$

因此，正态分布的均值和方差的 MLE 便成了相应的样本的特征。在简单模型中，MLE 常常是“明显的”估计量，而在模型变得稍微复杂一点之后，这种明显性一般就会丢失。因我们可能想把最简单情形中的 MLE 看作是简单和易于理解的，所以最简单情形中 MLE 的明显性也许可以看作是可靠的。

最大似然估计是一种有直觉吸引力的方法。且不说在最简单情形中的 MLE 的明显性，MLE 是最有可能产生观察样本的总体估计量的。更为重要的是，MLE 之所以如此受欢迎，还因为它有许多吸引人的渐近性【Asymptotic Properties】(大样本属性)。在比较宽泛的条件下，最大似然估计是一致、高效和抽样分布为正态分布的，有着清晰的定义和易于计算的均值和方差。

如果对于任何的正数 ε，都有 $\lim_{n\to\infty}P(\_\hat{\theta}_n-\theta\_>\varepsilon)=0$，那么基于容量为 n 的样本的估计量 $\hat{\theta}_n$ 就是总体参数 θ 的一致估计量。最大似然估计量是一致的。这一结果说明，MLE 的估计值将随着样本量变得越来越大，而且越来越接近总体参数。而当样本量接近正无穷大时，估计值将收敛于总体参数。这一致性的结果是凭直觉获知的。让我们来想一想抛掷硬币问题。这枚硬币有未知的结果为面朝上的概率(p)，共被抛掷了 n 次。如果抛掷是独立的，在 n 次抛掷中面朝上的次数 Y 有二项分布。样本比例 Y/n 是 p 的一个估计量。我们不难理解，随着抛掷次数 n 的增大，p 的估计值将越来越接近它的实际值，而当抛掷次数接近正无限大的时候，估计值将收敛于 p 的实际值。

估计量的效率由与估计量的估计值关联的变异性表明。一个总体参数 θ 也许有两个估计量 $\hat{\theta}_1$ 和 $\hat{\theta}_2$。这两个估计量代表两种不同的数学方法。给定一个样本 n，这两种方法将产生两个估计值。假设两组估计值都有一个等于 θ 的均值，这意味着 $\hat{\theta}_1$ 和 $\hat{\theta}_2$ 都是无偏的。那么，如果与 $\hat{\theta}_1$ 关联的方差小于与 $\hat{\theta}_2$ 关联的方差，我们就说 $\hat{\theta}_1$ 比 $\hat{\theta}_2$ 更有效。由 Rao-Cramér 得出的著名的结果给出了 θ 的每一个无偏估计量的下限。如果一个无偏估计量有等于 Rao-Cramér 的下限，那么我们便可知道，没有一个无偏估计量会有更小的方差，因而正在考虑之中的那个估计量便是无偏最小方差估计量。在相当一般的条件下，θ 的 MLE $\hat{\theta}$ 有一个均值为零，方差等于 Rao-Cramér 的下限的近似的正态分布。因此，至少近似的 $\hat{\theta}$ 是一个无偏的最小方差估计量。因此，在可以很好地利用收集的样本这一意义上，MLE 可以被认为是一个有效的估计量。

我们在这里要考虑的 MLE 的最后一个性质也许是最有用的。在最常规的情况下，我们可以证明，基于大样本的 MLE 有均值

为 θ 和方差为$[I(\theta)]^{-1}$的正态分布,在 θ 有单个参数时,有

$$I(\theta)^{-1}=\left(-E\left[\frac{\partial^2\ln L(\theta)}{\partial\theta^2}\right]\right)^{-1}$$

在期望值可求得时,方差可以在 $\hat{\theta}$ 处评估。实际上,对数似然的二次导数的期望值几乎是不可能得到的。在这种情况中,我们常常要计算的是经验信息矩阵,而非信息:

$$\left(-\frac{\partial^2\ln L(\hat{\theta})}{\partial\hat{\theta}^2}\right)^{-1}$$

无论数据是否有正态分布,这个结果都是有效的。这一结果是回归分析中的 z 检验的基础,因此它在社会科学研究中备受青睐。

贝叶斯估计

近年来,贝叶斯估计在主流的统计学和生物统计学文献中用得越来越多。经典的估计量,如普通最小二乘估计量或最大似然估计量完全取决于样本。相反,贝叶斯估计既从样本也从先前的分布来获取信息。在有其他数据可资利用时,我们便可更新我们的先验分布【Prior Distribution】。贝叶斯估计整合我们先前有关研究问题的知识,因而可能更为主观。对大样本和常规模型而言,先前的分布通常会因为数据量而无从处理,而贝叶斯估计产生的估计值与最大似然估计并无二致。因此,贝叶斯估计并非最大似然估计的一般替代。

然而,至少在两种场合,贝叶斯估计可以起到很重要的作用。第一种场合是在观察数很少,但有关每个观察的信息却很充足时。有时宏观社会学研究便是这样。在一个样本是由国家组成的时候,样本中的国家数目必定有限,但有关每个国家的背景信息可能很多。在这种情况下,利用有关每一国家的先前知识,也即利用数据之外的信息,必定会对分析有所帮助。第二种场合是在模型用经典的统计方法难以估计时。例子包括非线性的多水平模型。这些模型中的对数似然常为我们所涉足,使用无封闭表达式的多重积分。用在贝叶斯理论框架内开发的马尔科夫链蒙特卡洛法【Markov Chain Monte Carlo(MCMC)Methods】,先通过从要求的分布中抽取样本,绕开问题,然后再描述样本的平均数。还有一些在这里未曾讨论的其他估计法,例如,矩量估计法(method of moment estimation)和用于人口学数据的间接估计法。

——Guang Guo

(沈崇麟译校)

参考文献

Greene, W. H.(1997). *Econometric analysis* (3rd ed.). Upper Saddle River, NJ: Prentice-Hall.

Hogg, R. V., & Craig, A. T.(1978). *Introduction to mathematical statistics* (4th ed.). New York: Macmillan.

Lee, P. M.(1997). *Bayesian statistics: An introduction*(2nd ed.).London: Arnold.

估计量(Estimator)

估计量也称为(样本)统计量【Statistic】,它是一种规则、方法或程序,告诉我们能如何估计总体【Population】的数量,例如,总体均值、总体方差或总体相关【Correlation】系数。一般它都被表达为样本值的函数。在一给定的样本中,估计量所取

的数值称为估计值。因为它的值会随样本的变换而变化,因此估计量是一个随机变量【Random Variable】,因而将会有一个概率【Probability】或抽样分布【Sampling Distribution】。在确认涉及总体值的估计值的信度时,估计量的抽样分布至关重要。所有这一切可作如下解释。

令 X 为一有概率密度函数【Probability Density Function, PDF】$f(X)$ 的随机变量。假定这一 PDF 有两个参数【Parameter】,μ_x(总体均值)和 σ_x^2(总体方差)。基于来自这一 PDF 的 n 个观察的一个随机抽样【Random Sampling】,假设我们想要估计均值 μ_x。总体均值使用最为普遍的估计量是样本均值【Sample Mean】,其定义为 $\overline{X}=\frac{1}{n}\sum_{i=1}^{n}X_i$。因此,$\overline{X}$是一种规则或公式,它告诉我们求样本均值只要先将样本中的所有 X 的值加起来,然后再除以样本观察数 n 就可以了。因此,$\overline{X}$是 μ_x 的一个估计量(除了样本均值之外,样本众数【Mode】和中位数【Median】也是普遍使用的集中趋势【Central Tendency】的估计量)。

如果我们对估计总体的方差感兴趣,那么使用最为普遍的估计量就是样本方差【Sample Variance】,它以 S_x^2 表示,其定义如下:

$$S_x^2=\frac{1}{n-1}\sum_{i=1}^{n}(X_i-\overline{X})^2$$

根据这一公式,为了估计样本方差,先要从每一单个的 X 值减去 X 的均值,先取这些差的平方,再取这些平方差之和,然后再除以自由度【Degrees of Freedom】$(n-1)$。因此,样本方差被定义为真 σ_x^2 的一个无偏估计量。

上面给出的计算样本均值和方差的公式给我们提供了一种叫作点估计值【Point Estimate】的估计值。这就是说,对于一个给定的样本,它们将给我们提供一个单一的(点)估计值。因为一个估计量是一个随机变量,所以它的值将随样本的变化而变化,就对它的真总体值而言,该点估计值的可靠程度究竟如何呢?在统计学中,一个点估计量的信度是用它的标准误【Standard Error】来测量的。因此,我们并不只是单单依赖点估计,相反,我们可以围绕点估计量构建一个区间,比如说,在一个点估量两侧的两个或三个标准误差之内构建一个区间,这样这个区间就会有一定的概率,譬如说,有 95%的概率包括真的参数值。因此建立起来的区间给我们提供了一种所谓的区间估计量。

已知 X 的方差是 σ_x^2,统计理论可以证明$\overline{X}$的方差为:

$$\overline{X}=\frac{\sigma_x^2}{n}$$

因此,$\overline{X}$的标准误是它的方差的平方根,等于

$$\frac{\sigma_x}{\sqrt{n}}$$

统计理论也可以证明,如果观察数相当大,样本均值$\overline{X}$接近正态分布【Normal Distribution】,有均值 μ_x 和方差$\frac{\sigma_x^2}{n}$(这是以中心极限定理【Central Limit Theorem】为依据的)。如果随机变量 X 最初来自一个正态的总体,那么不论样本的大小,$\overline{X}$都是有着规定的参数的正态分布。换言之,对于大样本

$$\bar{X} \sim N\left(\mu_x, \frac{\sigma_x^2}{n}\right)$$

$\bar{X}$是正态分布的，有规定的均值和方差。因此，样本均值的概率或抽样分布是正态的。

使用正态分布的一些性质，便可得到如下的总体均值区间

$$\bar{X} + 1.96\frac{\sigma_x}{\sqrt{n}}$$

它给我们提供了一个总体均值的 95%的置信区间。如果我们建立 100 个这样的区间，那么将有 95 个有机会包含真的 μ_x。因此，前述区间是真均值的一个区间估计量。

求点估计量的方法有好几种，其中最为著名的是普通最小二乘【Ordinary Least Squares，OLS】法和最大似然估计【Maximum Likelihood Estimation，MLE】法。就这两种方法而言，OLS 法在数学上使用更简单。为了说明这一点，我们来看一下下面的多元回归【Multiple Regression】：

$$Y_i = \beta_1 + \beta_2 X_{2i} + \beta_3 X_{3i} + \cdots + \beta_k X_{ki} + u_i$$

式中的 Y 是因变量，带下标的各个 X 项都是解释变量，而 u_i 是随机误差项。为了估计这个模型，给定了数据，OLS 具体步骤如下：重写前面的方程

$$u_i = Y_i - \beta_1 - \beta_2 X_{2i} - \beta_3 X_{3i} - \cdots - \beta_k X_{ki}$$

因此，u_i 代表实际的 Y 值和它们来自多元回归的估计值之间的差（或误差）。OLS 并不是最小化这些误差，而是最小化这些误差的平方。也就是最小化

$$\sum u_i^2 = \sum (Y_i - \beta_1 - \beta_2 X_{2i} - \beta_3 X_{3i} - \cdots - \beta_k X_{ki})^2$$

因为 Y 和 X 变量的值是由我们手头的样本提供的，因此前面的误差平方和将取决于 β 系数的取值。OLS 试图找到这样一些 β 系数的值，它们将能使 $\sum u_i^2$ 尽可能地小。实际计算 k 个 β 系数的代数公式是相当冗长的。使用矩阵代数，OLS 估计量可以被写作：

$$\hat{\beta} = (\mathbf{X}'\mathbf{X})^{-1}\mathbf{X}'\mathbf{y}$$

式中的 $\hat{\beta}$ 是一个 k 个 β 系数的($k\times1$)向量，$\mathbf{X}$ 是一个($n\times k$)的数据（或观察）矩阵，而 $\mathbf{y}$ 则是一个因变量上的观察的($n\times1$)向量；符号“^”叫作帽子或者盖子，表示一个估计量。尽管 β（向量）是未知的，但却是固定的，$\hat{\beta}$（向量）是随机的，因为它取决于 Y 和 X 变量的样本特定值。我们可以进一步证明误差的方差的 OLS 估计量是由下面的式子给出的：

$$\hat{\sigma}_u^2 = \frac{\sum \hat{u}_i^2}{n-k}$$

式中的 $\hat{u}_i$ 是估计的误差项，而式中的($n-k$)代表自由度数，等于样本量 n 减去模型中待估参数的数目。

在对竞争的估计法进行选择时，我们可以考量从各种方法求得的估计量的统计特征。普遍使用的统计特征包括线性、无偏性【Unbiased】、最小方差、效率【Efficiency】、充足、渐近（参见渐近性【Asymptotic Properties】）效率和一致性。并非每一个估计方法都会满足所有这些统计特征，特别是在样本量比较小的时候，情况更加如此。

例如，如果假定上面提到的多元回归满足经典线性回归【Linear Regression】模型的假定，它可以给我们提供的 OLS 估计量是线性的、无偏的，且在一组线性无偏估计量中有最小的方差，常被称为最佳线性无偏估计量【Best Linear Unbiased Estimators，BLUE】。（经典线性回归模型假定，在重复抽样中解释变量的取值是固定的，误差项 u_i 是不相

关的，u_i 的误差的方差 σ_u^2 是常数或同方差性【Homoskedastic】的）。我们可进一步证明，上面给出的误差方差的 OLS 估计量是一个真 σ_u^2 的无偏估计量。

如果除了满足这些经典的线性模型的假定之外，它还假定误差项 u_i 是正态分布的话，那么我们就可以证明 β 系数的 MLE 估计量等同于 OLS 估计量。然而，误差 u_i 的方差的 MLE 估计量是：

$$\sigma_u^2=\frac{\sum \hat{u}_i^2}{n}$$

它不同于上面给出的 OLS 估计量，误差的方差的 OLS 估计量是无偏的，这意味着 MLE 的误差的方差估计量是有偏的。两个估计量之间的差异是因为 OLS 估计量将自由度也考虑了进去，而 MLE 估计量却没有这一事实。当然，随着样本量 n 的增加，这两个估计量都将收敛。换言之，误差方差的 MLE 估计量将渐近无偏。

——Damodar N. Gujarati

（沈崇麟译校）

参考文献

Gujarati, D. N.(2002). *Basic econometrics*(4th ed.). New York: McGraw-Hill.

Kendall, M. G., & Buckland, W. R. (1971). *A dictionary of statistical terms*(3rd ed.). Edinburgh: Oliver & Boyd.

Vogt, P. W. (1993). *Dictionary of statistics and methodology: A nontechnical guide for the social sciences.* Newbury Park, CA: Sage.

Eta(η)

在社会科学中，“eta”（希腊字母 η）一词可能是最著名的，因为它为海斯（Hays, 1988）和基尔克（Kirk, 1995）所用。这一词在基础的统计训练或理论语境中，并没有任何特别的含义。例如，在肯德尔和巴克兰（Kendall & Buckland, 1982）编撰的统计词典中就找不到它。搜索在《当代统计学索引》（*Current Index to Statistics*）上的所有从 1980 到 2002 年出版的杂志文章，基于关键词 η（或 η 方）的论文数为零。海斯和基尔克在方差分析【Analysis of Variance, ANOVA】语境中使用这个词，但是几篇近年来发表的关注这一专题的文章却并未提及 η。有些人用这一词来指效应量量度，它是学生 t 统计量的函数，并在结构方程模型中有一定的作用。有时 η 方在回归中被用来指复决定系数【Coefficient of Determination】，但它更为普遍的是被标为了 R 方【R-Squared】。

我们来看一个标准的方差分析模型，该模型要对所有 J 个独立组的假定有正态性和有着公共方差的均值进行比较。“η 方”这一词指一种旨在反映自变量和因变量之间任何非线性相关的关联量度。例如，有某种正在进行临床试验的治疗抑郁症的药物，试验使用 5 种不同的剂量，为阐述的方便，假定这 5 种剂量分别为 10，20，30，40 和 50 个单位的药物。我们感兴趣的是反映抑郁程度的某种结果量度的均值。如果 5 个组的均值不同，有一种可能性是随着药物剂量的增大，均值将以线性方式增长。另一种可能性则是一种非线性关联，例如，在这样一种关联中，在药物的剂量从 10 增加到 20 和从 20 增加到 30 时，均值则增加同样的量，但是之后，在剂量从 30 增加到 40 和从 40 增加到 50 时，均值却下降了。“η方”一词则指一种旨在反映这种或任何种类非线性关联的相关形式。总之,它的目的是反映任何一种对线性趋势的背离。

在ANOVA中,两个标准的数量是反映样本均值之间的变差的组间平方和(SSBG)和总平方和(SSTOT)。η的估计值等于SSBG的平方根除以SSTOT。还有一种反映基于均值的、特定的、线性对比的、线性关联的数量;它在本质上是皮尔逊相关系数r的一个变异。如果的确存在这种线性关联,那么η和r应该具有相似的值,这样一种检查非线性关联的方法便可以对这两个数量进行比较。更为详细的介绍请参见基尔克的有关著作(Kirk,1995,pp.197-198)。

——Rand R. Wilcox

(沈崇麟译校)

参考文献

Hays, W.L.(1988).*Statistics.* Fort Worth, TX: Holt, Rinehart and Winston.

Kendall, M. G., & Buckland, W. R (1982). *A dictionary of statistical terms.* New York: Longman.

Kirk, R. E. (1995). *Experimental design.* Pacific Grove, CA: Brooks/Cole.

伦理准则(Ethical Codes)

伦理准则详述了一个特定群体的成员的合适行为。本词条集中讨论的是社会科学的伦理准则。这些准则是有争议的。它们忽视了一个专业人士最起码的应该是道德的职责,因而很少能真正作为做实际工作的专业人士的指南。准则证明了专业人士意识到了自己对社会有超越经济利己主义,或常规道德标准的责任。它帮助有道德的专业人士们对抗妥协的压力,使得其他专业人士对恶劣工作的反对得以合法化,同时改善专业人士的声誉和工作环境。职业团队可能利用伦理准则来谴责或驱逐某些行为不当的成员。对伦理准则的违反尽管本身不会受到法律的制裁,但在某些法律诉讼中可以作为证据采纳。伦理准则的作用要放在历史语境下来理解。

历史

直到1800年左右,大家都认为专业人士是不需要书面规则来约束行为的绅士。很少有迹象表明一个专业人士的不名誉行为会导致法律诉讼、文字战,甚至直接的决斗。1792年,当曼彻斯特医院的医生进行一场文字斗争,并因此在流行病爆发期间罢工时,这类特殊标准的不当性得到了大家的确认。愤怒的医院管理层要求珀西瓦尔(Percival)医生起草规则,防止未来对职业道德的损害。珀西瓦尔医生的准则公布于1794年,列示了医生的明确职责,申明了普遍道德标准的重要性,并建立了医生对官方权威的道德独立性,以对抗他们降低医疗服务标准的压力。1847年,美国医学协会成为第一家接受珀西瓦尔医生准则的全国性专业协会,并将那些准则称为“伦理准则”。

社会科学中伦理准则的出现和发展

1953年,美国心理学协会公布了第一部社会科学伦理准则,并采用了现在熟悉的行为实践:召集一个委员会,收集对协会成员遇到的道德困境的描述，并通过协商同意的方式发展出了一些恰当的规则。现在，社会科学的每一个分支都有伦理准则，每一个分支的子领域也同样建立了伦理准则，比如舆论研究、临床催眠等。社会的（例如，对隐私的强调）、规章制度方面的（例如，机构审查委员会）、职业角色的和研究主题的变化都需要对准则进行经常的回顾检查和修改。典型的做法是，一个专业协会的伦理委员会会出版描述出现问题的文章，提出解决这些问题的建议，并寻求会员的同意。提出的准则草案将会被反复修改，直到会员形成一致意见后才公布出版。

使用准则

由于伦理准则是用来回应预期出现的伦理冲突的，因此对伦理准则的理解和解释最好放在真实生活的伦理困境语境中。伦理两难的个案研究对于教授伦理准则的使用是非常有效的工具，因此现在已成为每个学科的专业文献中的重要组成部分。

现在关于伦理准则已经积累了大量的文献。准则版本的收集、带注释的参考文献、个案汇编、研究指南、有效研究和伦理的方法论的整合准则，以及准则编写和准则使用教学指南，都可以在伊利诺伊理工学院（Illinois Institute of Technology）的职业伦理研究中心的网站中找到。伦理准则的档案，包括不同专业领域中准则的历史、建构、使用和案例，也都存放在这个职业伦理研究中心里。

——Joan E. Sieber

（郑晓娟译　沈崇麟校）

伦理原则（Ethical Principles）

伦理的话语可展现在不同的抽象层次。抽象层次由高到低包括伦理理论、原则、规则或规范、准则和判断。伦理原则的本质和作用最好能够与这一等级结构中的其他要素联系起来理解。

判断是针对特定行动的结论。以下是一个案例：

在一项我们观察抵制诱惑的研究中，我们不应该对5岁的小孩说，他们是否偷了我们丢下的钱，因为那个年纪的孩子都会马上去拿有吸引力的东西，而不会意识到他们是在做坏事。相反，我们应该和他们聊天，让他们感到自己的行为是没有问题的，并确保他们的父母了解儿童发展和我们研究的有关方面。这一非常具体和特别的判断，可以根据更抽象和普遍的规则、原则和理论被认为是正当的。

一条伦理准则明确了一个特定群体成员的合适行为（见伦理准则【Ethical Codes】）。这意味着，一条伦理准则是一个特定群体的一组规则或规范。该准则明确了群体对社会的特定责任，这一责任超越了普通的道德标准。例如，美国心理学协会的伦理准则不仅要求要作出恰当的事后报告，而且还要证明上面讨论的，对欺骗研究中年轻参与者的事后报告的判断和规范是正当的。该准则陈述道：

(a)心理学家应及时给参与者提供得到有关研究的性质、结果和结论的机会，并尝试纠正参与者可能会有的任何错误概念。

(b)如果科学或人道价值观证明有正当的理由，推迟或阻止这些信息的发布，心理学家应当采取合理的措施来降低损害的

风险。(American Psychological Association,1992,p.1204)

注意这一陈述比前面的伦理规则或规范更加宽泛。它引发了对有关准则的恰当解释的判断。

伦理规则或规范通常是指那些非正式或没有形成书面文字,但一般都被理解为有关是非对错的一般性陈述。例如,研究者可能认为上面的伦理判断是正确的,他依据的规则或规范是:"研究者应该向被研究者报告,但是不应该以一种会对被研究者及其家长造成伤害或担忧的方式来进行。"

一条伦理原则是一条更为广义的规则,例如"尊重研究参与者""公平""防害"或"增益"。它陈述理想的状态,忽视不同原则之间可能有的冲突,因而对于人们应如何实践这些理念并没有指导作用。例如,美国心理学协会像下面这样来陈述F原则:

> 心理学家应意识到对于自己工作和生活的社区及社会的职业和科学的责任。他们应用和公开自己的心理学知识的目的是为人类福祉作出贡献。心理学家关注并致力于减轻人类痛苦的根源。在从事研究过程中,他们力求增进人类福祉及推进心理科学的发展。心理学家尽力避免对他们工作的误用。(American Psychological Association,1992,p.1600)

伦理理论是对原则和规范的系统性陈述。下面是对一些主要类型的伦理理论高度简化的描述:功利主义(结果)理论认为,个体应该去做任何会增加世界的快乐的事情。义务论伦理学(康德的版本)认为,个体有需要承担的特定责任,无论可能的结果如何,因为这些责任总是具有道德的正确性,除非被更高的原则(例如拯救生命)所代替。这些责任包括说真话,或者将个人看作结果而不是达成某种结果的手段。与此类似,一些责任主义者可能会认为,某些行为(如堕胎)总是错误的。有神论的伦理则认为,人应当做那些使上帝愉悦的事。

诚如这些简单的定义和例子所示,不同的伦理理论能够为不同的原则、规范或判断提供依据;伦理学家可能无法就什么样的行为才是道德上或伦理上正确的这一问题达成一致。此外,同样的理论和原则也可能会由不同的人或在不同情境下给出不同的解释。

不一致、例外和冲突——伦理理论、原则和规范总是有一些例外的情况。例如,对于伦理理论的例外情况,那些认为杀人总是错误的道义论者,可能也会认为存在一种像"正义战争"那样的正当杀人,那些要求进行真情告知的道义论者,可能允许为了拯救一个无辜的人而撒谎。我们常常会发现,伦理原则之间存在冲突或例外。伦理理论最重要的作用之一,就是帮助解决伦理原则之间的冲突。研究5岁儿童对诱惑的抵制能力的研究者,试图调和诚实报告和不对研究参与者造成伤害这两个方面的要求,他们向注重利益的功利主义原则求助,研究者有义务将研究的获益最大化并使可能的伤害最小化——为了正当的理由。

本词条的目的在于对一些伦理原则及其在话语层级中的位置做一次简要的介绍,其实不仅讨论伦理学的方式有许多种,而且我们可取的立场也不尽相同。那些看似难以理解的意见分歧常可通过对其背后的理论加以识别来理解。例如,那些不齿于研究实践中的隐瞒或欺骗的学者似乎都是一些道义论者。因此,那些未曾明示自己在科学讨论中所持关键立场观察他人行为的文化人类学家,其行为可能会被认为是错误的,因为他们把被研究者当作了解人类行为这一目的的手段,而不是把他们本人作为终极目的。另一方面,功利主义者则可能认为,人类最好还是要能理解自己,即使这要以对个别被研究者做一些微小欺瞒为代价,目的正当即手段正当。由《贝尔蒙报告》

(*Belmont Report*)提出,并经"联邦保护研究中的人类被研究对象条例(Federal Regulations for Protection of Human Subjects of Research)"颁布的伦理原则就是功利主义和道义论伦理的混合产物。

研究者需要解决的最为困难的伦理问题之一就是,当他们需要进行一些有风险性的研究以便获得一些非常重要的知识时,那个研究需要诉诸功利主义原则,因而对道义论原则要有所妥协。例如,对于未成年人注射药物的研究可能对社会有非常大的好处,因为这样的研究可能有助于增强社会未来控制药物使用方面的能力。但是,研究者不可能获得这些未成年人的父母关于开展这项研究的同意;父母可能根本不知道自己的孩子有药物使用问题,或者孩子依赖药物使用维持生存。伦理原则有一个好处,是其比较宽泛和普遍,因此能够为我们考虑各方面因素提供灵活的指导意见。同样,正是由于其宽泛和普遍的特点,伦理原则在一些具体问题上也表现出了模糊不清,很容易被误解。带着这样的思维限制,我们再次回到由美国保护生物医学和行为研究中的人类被研究者全国委员会(the U. S. National Commission for the Protection of Human Subjects of Biomedical and Behavioral Research)1978 年所建立的贝尔蒙原则(Belmont Principles)。该委员会的部分职责是为指导人类研究设立基本的伦理原则。经过慎重考虑,它建立了三个伦理原则,支持科学研究中六个广泛达成一致的规范。三个伦理原则包括:

A 有益:要最大限度地为科学、人类和参与研究的个体争取良好结果,同时避免或者将不必要的风险、损害及错误最小化。

B 尊重:保护(有自主能力的)人的自主性,将每个个体作为人给予礼貌对待和尊重,包括那些没有自主性的个体(例如婴儿、智力障碍人士或受衰老折磨的人)。

C 公正:确保程序的合理、非压榨以及考虑周全,并确保程序的公平执行,包括在不同个体和群体间公平分配成本和收益(例如,那些承担了研究风险的研究参与者也应当从中收益)。

科学行为的六个规范如下,括号中的字母表示每个规范的建立是基于哪个伦理原则的:

①有效的研究设计。有效研究充分考虑了相关的既往研究、方法和理论。无效的研究会产生无效的结果、对被研究者的不尊重和资源的浪费。(A,B)

②研究者技能。研究者必须有足够的能力来有效地开展研究。(A,B)

③确知后果。研究者应当明确了解研究的风险和收益。同时应调整研究程序以便尊重隐私,确保保密,使收益最大化、风险最小化以及达成其他目标。(A,B,C)

④被研究者的选择。被研究者的选择必须要适合研究本身,要对受益的总体具有代表性,且数量适当。(A,B,C)

⑤自愿知情同意。研究应获得被研究者的自愿知情同意。(A,B,C)

⑥对伤害的补偿。研究者应对被研究者的伤害负责。研究者应告知被研究者如果造成伤害是否会给予补偿。(A,B,C)

贝尔蒙原则体现了美国文化中的个人主义和实用主义特征。如果是更具家长制或公有制的文化,可能不会像贝尔蒙原则那样更多地强调对自主性的尊重,而会更多地强调受益性原则。一个更具有神权色彩的文化,可能不鼓励对人类进行研究,因为他们认为所有的行为都必须遵从上帝的意志。除了这些比较极端的道德观念之外,全国委员会可能还选择了一些在某种程度上持不同观点的基本原则。许多学者已经发现,现在对自主性的强调可能会使研究参与者面对一些无力作出或不愿作出的决定。因而,许多研究参与者在根本不理解(甚至没有阅读)知情同意书的情况下,作出了同意或拒绝参与研究的决定。如果我们的研究者在不损害参与者利益的情况下,能够表现出更具关爱或更专业的责任,这样是不是更符合伦理原则呢?这个问题的答案似乎并不容易给出。

——Joan E. Sieber

(郑晓娟译　沈崇麟校)

参考文献

American Psychological Association. (1992). Ethical principles of psychologists and code of conduct. *American Psychologist*, *47*, 1597-1611.

National Commission for Protection of Human Subjects of Biomedical and Behavioral Research. (1978). *The Belmont report: Ethical principles and guidelines for the protection of human subjects of research* (DHEW Publication No. (OS) 78-0012). Washington, DC: Government Printing Office.

Solomon, W.D. (1978). Ethics: Rules and principles. In W. T. Reich (Ed.), *Encyclopedia of bioethics*. New York: Free Press.

Ethnograph

Ethnograph 是一种设计用于计算机辅助的定性数据分析软件。正因如此,它能对定性数据进行编码和检索。此外,它也支持扎根理论【Grounded Theory】的实践,如作备忘录,撰写备忘录(the generation of memos)。

——Alan Bryman

(沈崇麟译校)

民族志内容分析(Ethnographic Content Analysis)

民族志内容分析(ECA)指的是一种将定位寻找、识别、检索和分析文献的相关性、重要性和意义融为一体的方法、程序和技术(Altheide,1987,1996)。其重点是发现和描述,包括搜寻背景、潜在的意义、模式和过程,而不只是两个或多个变量之间的数量或数字关系(Altheide,1996)。

文献的定义是任何可被记录和/或被检索的,用来进行分析的符号表示和语意。随着记录技术的提高,文献分析的技术也会随之发展,变得更易于存取。这些技术包括印刷和电子媒体、录音带、视觉资料(例如照片、家庭录影带)、衣着/时尚、互联网材料、信息库(例如 Lexis/Nexis)和田野日志等。

ECA 或定性文献分析涉及对源于信息库(包括研究者所开发的信息库,例如田野笔记【Fieldnotes】)的文献的自然和理论抽样(Glaser & Strauss,1967),以及更为系统的分析方案的开发,然后通过比较来廓清主题、框架和话语。举例来说,如果有人对研究电视暴力感兴趣,那么他们感兴趣的并非具有社会意义的暴力行为本身,而是暴力行为如何与行动步骤,或者作为娱乐重点(entertainment emphasis)部分的情节(例如,“坏人被好人击毙,以获得正义”)关联。或者,情节也可以是暴力的使用多少都与勇敢、机智、技巧或(当然)性有关联。后者是具体情节里反复出现的主题和一般信息。而我们的目标就是要探询行为和事件是如何被放置在情境之中的，以及表现的主题、框架和话语是什么。基本步骤包括：

- 追问一个具体的调查问题。
- 对信息源（例如对报纸或电视台的民族志研究）的过程和情境逐渐熟悉起来，探索可能的信息（或者文献）来源。
- 对相关文献的几个（6～10 个）例子逐渐熟悉起来，选择一个分析单位（如每篇文章），认识到分析单位可能会发生变化。
- 列出几个项目或类别（变量）以指导数据收集和实验方案拟订（数据收集单）。
- 用从几个文献中收集来的数据来检验实验方案。
- 修改方案，再选择几个案例来进一步改进实验方案。

动态地使用 ECA 牵涉“追踪话语”，或者在一段时间内跨不同的主题和不同的新闻媒体来追踪某些话题、词汇、主题和框架。最初的显性编码（manifest coding）结合了自然编码和理论抽样，以监测范围和重点的跨时间和跨主题的变化。比如说，在对“恐惧”的研究中（Altheide，2002），制订出一个方案来获取有关恐惧的日期、地点、作者、格式、话题、资料来源、主题、重点和语法运用（“恐惧”作为名词、动词和副词）。通过理论抽样和用以描绘模式和主题重点的持续比较法【Constant Comparison】，明确使用“恐惧”这个词的情境。用一个词语处理和定性数据分析程序 NUD＊IST，可以定性和定量地进行材料的列举、绘图和分析。

——David L. Altheide

（杨可译　沈崇麟校）

参考文献

Altheide, D.L.(1987).Ethnographic content analysis. *Qualitative Sociology*, *10*, 65-77.

Altheide, D. L. (1996). *Qualitative media analysis.* Newbury Park, CA: Sage.

Altheide, D.L.(2002). *Creating fear: News and the construction of crisis.* Hawthorne, NY: Aldine de Gruyter.

Glaser, B.G., & Strauss, A.L.(1967). *Discovery of grounded theory: Strategies for qualitative research.* Chicago: Aldine.

民族志的实在论传统（Ethnographic Realism）

民族志的实在论认为民族志【Ethnography】可以而且应该努力把社会文化的结构、过程和情境当作独立于研究者的存在记录下来。

纵观民族志的发展史，它大多时候都致力于实在论【Realism】和以实在论为前提的调查方法。比如说，人类学家长期主张，为了正确地理解其他社会的文化和社会组织，必须通过近距离的参与观察【Participant Observation】来研究。在 20 世纪的美国社会学中，赫伯特·布卢默和其他人推荐的也差不多是同样的方法，强调要捕捉人类社会生活的阐释和过程特点，他们对未能做到这一点的方法提出了批评。1960 年代末，大卫·马茨把这种实在论——有时也称为自然主义【Naturalism】——概括为保存被研究现象的真实性质的责任。

不过，民族志的实在论在 1980 和 1990 年代遭到了挑战。批评家们对提供有关社会现象“本质”的描述是否可能提出了质疑，有时批评家们否认这些现象独立于调查的过程而存在。这种批评在一定程度上发端于民族志本身。一般来说,民族志学者所描写的人们总是在积极地理解世界,由此也发展出了独特的文化。如果这种方法被反思性地用于民族志叙述自身,那么可能会得出这样的结论,即这些叙述是反映研究者的社会文化身份的创造性建构,而非客观的呈现。在某些大陆哲学流派的影响下,这种结论更加受到鼓励,这些大陆学派主要是现象学【Phenomenology】、诠释学【Hermeneutics】和后结构主义【Poststructuralism】(尽管这些立场并不都含有认识论的相对主义【Relativism】或怀疑主义)。

另一种重要的批评指出,民族志叙述常常与实在论小说一样依赖于相同的文学手段。这些批评家坚持认为,没有一种写作形式只是在表现:所有的语言运用都是构成的和述行的,因此作家应该都是这个样子。

伴随着对民族志实在论的认识论和修辞基础的批评,对它的伦理和政治上的批评也一直没有停止过。这种批评受女权主义以及1960年代激进左派挑战社会学的启发,提出实在论的民族志相当于一种窥阴癖(voyeurism),和/或一种监督的手段,被用来控制那些处于从属社会地位的人。

在推出这些论点的同时,有些民族志实在论的批评者试图发展一些新的写作形式,其目的是颠覆民族志实在论给人们留下的"民族志文本可以提供有关世界的客观叙述"的印象,并展现他们自己建构的、不确定的特点,和/或让那些被主流叙述视为"沉默"的人们发声(Denzin,1997)。

也有人一直在为民族志实在论所受到的批评进行辩护。这种怀疑论和相对论主张的自损特点一直在不断地重复。不仅如此,在有时被归为属于过去的民族志学者的朴素实在论和更复杂的形式之间也已作了区分。而较为复杂的实在论考虑了认识论的难题和所有研究的社会情境特性,但没有否认社会科学知识的可能性,也并没有坚持认为民族志总是不可避免地要与支持或抵制现状的政治斗争纠缠在一起(Hammersley,1992)。

——Martyn Hammersley

(杨可译　沈崇麟校)

参考文献

Atkinson, P.(1990). *The ethnographic imagination: Textual constructions of reality*. London: Routledge.

Denzin, N. K. (1997). *Interpretive ethnography*. Thousand Oaks, CA: Sage.

Hammersley, M.(1992). *What's wrong with ethnography?* London: Routledge.

Matza, D. (1969). *Becoming deviant*. Englewood Cliffs, NJ: Prentice-Hall.

民族志故事(Ethnographic Tales)

民族志【Ethnography】是一种人类学使用多年的数据收集方法,它提供了有关个体和群体的丰富、详细的信息。作为一种定性研究方法,民族志一般都包括参与观察【Participant Observation】或非参与观察【Nonparticipant Observation】,和/或深度访谈【In-Depth Interview】,让研究者得以对感兴趣的人群进行综合考察。

好的民族志叙述提供了"浓描",或者说一种对社会情境的细节描述,分享了一个特定群体的意义(Geertz,2000)。正因如此,民族志研究才会产生大量的数据——不夸张地说是成百上千页的田野笔记【Fieldnotes】、分析性的备忘录【Memos】,和/或访谈的文字稿。在一定程度上,正是因为民族志方法收集的信息量如此巨大,以致社会科学家从这些数据中建构出来的故事可能也会有许多不同的形式。尽管民族志学者共有的目标都是为一个群体或社会现象提供深度观察,但他们却可能会选择若干种方法来呈现他们的发现。

范梅南(Van Maanen,1988)在他的著作《田野的故事:论文字民族志》(*Tales of the field: On writing ethnography*)中认定了三种主要的民族志故事:实在论的、忏悔式的和印象派的。实在论的民族志故事目的是提供一个有关被研究群体的客观视角。因此,实在论的故事类似于更加传统的民族志叙述,读者可以从中得到一个对被研究的个体或群体清晰、简洁的描述。他们不会感受到作者对这个环境的反应、作者所感觉到的其自身对研究发现的影响,也无法从中体察作者从"田野"回来之后的反思。

另一方面,忏悔式的故事则让读者得以了解作者的田野经验是怎样的。尽管有些人会因为这种故事的主观性而认为它不那么科学,因此是有缺陷的,但在评价研究的影响力时,忏悔式故事仍不失为一种有价值的手段,因为它们可以让读者了解作者的方法和偏见,以及研究进行时在方法论上得到的经验教训。反身性【Reflexivity】和对研究过程的披露对女权主义的定性研究者来说一直都很重要,他们的目标就是在提供有意义的发现之外,还要阐明科学的研究方法。

印象派的故事是对非典型现象的叙述。印象派故事的目标是用对独特发现的朴实描述来震撼和吸引读者。在这种故事中,研究者不提供对发现的解读,而是呈上非同寻常的故事,让故事自己来说话。

范梅南的民族志故事类型不是互斥的类型,人们可以在一个叙事中展现两种或所有的故事类型。正如米勒(Miller,1998)在她对于无家可归者的施粥点的研究中所给出的解释,在作者反思和分享其发现时,这些故事可能会有点出人意料地浮现出来。此外,民族志和其他定性方法的一个首要目标就是要让边缘群体发声(Ragin,1994)。让其经验没有得到广泛认可的人们发声,而且要为研究发现提供合理的解释,可能也需要使用不同的民族志故事。

——Desirée Ciambrone

(杨可译 沈崇麟校)

参考文献

Geertz, C. (2000). *The interpretation of cultures: Selected essays*. New York: Basic Books.

Miller, D. (1998). Writing and retelling multiple ethnographic tales of a soup kitchen for the homeless. *Qualitative Inquiry*, *4*, 469-492.

Ragin, C. C. (1994). *Constructing social research*. Thousand Oaks, CA: Pine Forge Press.

Van Maanen, J. (1988). *Tales of the field: On writing ethnography*. Chicago: The University of Chicago Press.

民族志(Ethnography)

民族志是描写一个群体或文化的艺术和科学。它的长处在于描述。民族志从特定文化的本土人的视角给读者提供了一幅正在进行的事情的详细图像。对于一些导致特定结果的项目实施过程,它还能为我们提供对这些过程的洞见。它是涉及田野工作的主要方法学手段之一。民族志学者将自己沉浸在某个文化中,以便在其自然环境中观察和记录人们的行为。用于观察的时间可能从几个月到几年不等，必须要有足够的时间来观察一段时间内的行为模式。这是一种形式的信度【Reliability】。

民族志学者试图在田野中得出局内人或主位的(emic)现实观(参见主位/客位之分【Emic/Etic Distinction】)。民族志学者可能同意，也可能不同意这位局内人的观点，或者认可它是对现实的客观观点。民族志的目标就是不做主观判断，它承认一个人对现实的认识，无论其是否具有科学价值，都会对现实有所影响。民族志学者承认，根据人们在社会中的不同角色，存在多重现实或者多种现实观。比如说，一位中上阶层的老年妇女和经济社会地位较低的美国黑人男性，对同一位警官的看法可能就不同。民族志学者记录了多种多样、时常互相矛盾的主位或局内人观点。大多数民族志学者以这样的知识为基础，并采用外部或客位的(etic)观点来解释这些现实的主位观之间的关系。

民族志比其他形式的研究更花时间，因为需要田野工作——要和人们一起在其生活的自然环境中共度一段时间。民族志学者在田野待上一段时间，以便把他们收集的数据置于情境之中。花在田野工作上的时间长短可能会影响研究者的适应，但花在田野上的时间和数据的质量直接相关。有讽刺意味的是，更高的效率常常却是没有效率：花费更多的时间在田野上，将会在调查完成之后节省为修正理解不充分的问题所要花费的时间。

这种沉浸在其他人生活中的民族志，使民族志学者得以更准确地解读人们的行为。这被称为文化阐释。克利福德·格尔茨(Geertz, 1975)借用了吉尔伯特·里莱的浓描【Thick Description】的概念，给出了一部民族志的经典例子。这就是使眼色或眨眼睛这一例子，而正是这一例子告诉了我们，如何在民族志解读中捕捉文化阐释的意义。眼皮快速闭上又睁开，同样的机械运动在灯光昏暗、烟雾缭绕的酒吧可能是使眼色，而在满是灰尘的家居修理店就是眨眼睛。定义同样的机械行为应如何解读的正是这种文化情境(Fetterman, 1998)。

田野工作

田野工作是民族志最重要的特点。民族志学者通常会采用一种自然主义的路数，在人们自己的环境中来研究他们。最常见的技术是一种分层判断样本(stratified judgmental sample)，民族志学者依靠自身判断，根据其研究的问题，从该文化的不同类别或角色中选取最适合的成员来进行研究。问题通常都是非正式的、开放的，也没什么威胁。

田野工作有很多阶段。第一个阶段包括(根据研究计划)进入田野。一旦被引入了社区，民族志学者通常就要从一种调查了解基本情况的阶段入手，这包括了解语言、历史、政治、经济等基本情况。调查之后的阶段的主要特点就是不断的资料收集、理论概括、检验假设和对信息进行交叉检验。换句话说，民族志学者要花大量时间来推测各种关系和行为模式。观察和访谈被用于证实、反对或扩充有关情境的最佳推测。对于理解某种文化或群体而言，这种方法有助于打下一个扎实的基础。

田野工作后面的阶段关注点一般都比较狭窄和精确。对批评概念和主题的探讨往往更为深刻(但常常不是很宽广)。这时常会有时间压力，要找到缺失的信息、弥补空白，以及与研究的批判性发现关联最为紧密的矛盾之处，或者与研究关联的洞察。

参与观察

参与观察【Participant Observation】最能体现大多数民族志工作的特点，因而对有效的田野工作来说至关重要。参与观察把参与被研究人群的生活和保持职业距离结合起来,让研究者得以有充分的观察并记录数据。长期驻扎在当地可以帮助民族志学者内化该群体基本的信仰、恐惧、希望和期待。

概念

虽然民族志学者带着开放的态度进入田野,但并非脑中空空。民族志学者有指导其观察和阐释传统的概念。指导其工作的几个最重要的概念包括文化、整体的视角、情境化、主位/客位视角,以及非判断定位。

文化

文化是指导实践的最宽泛的民族志概念。文化包含了那些体现其人群特征的观念、信仰、知识和行为。文化的概念可以帮助民族志学者寻找某个群体内部合理的、有凝聚力的模式。每种文化都有一个可识别的价值体系,它形塑了人们的行为。发现某个群体背后的价值观就像解开人类基因组的奥秘一样。价值观构成了一种社会的DNA,有助于研究者理解和有可能预测一个群体内人的行为。

整体的视角

民族志学者在研究中采取了一种整体的视角,试图尽可能多地描述某种文化或社会群体,包括历史、宗教、政治和环境。没有研究可以抓住整个文化;但是,这个定位促使民族志学者进一步探究文化的深度和广度,并在更广大的社会和经济背景中来观察每个事件。这个概念透镜使民族志学者得以了解那些处于边缘地带的相互关系和包含的多重性,而这些东西常常为那种比较专门和狭窄的路数所忽视或忽略。

情境化

数据情境化指的是把观察置于更大的视角之下。一个事件或行为只有放在情境之中才能得到有意义的阐释。孤立的、脱离情境的行为或事件很容易被误读。更为重要的是,把事件或行为放置在其自身环境或一系列条件之下,能避免剥掉其多重意义。

主位/客位视角

主位的或局内人的视角是大多数民族志研究的核心。民族志学者在局内人观点的基础上建立自己对某个群体或文化的知识,而不是从一个事物如何运作的一组先验假定出发来开展工作的。在汇集了许多局内人观点之后,民族志学者通常也会采用客位的或外部的社会科学立场。其目标就是要弄清局内人是如何相互关联、交流和作为一个更大的系统或文化的一部分发挥作用的。

非判断定位

非判断定位有助于防止民族志学者对其观察的事物作出不合适、不必要的价值判断。非判断定位要求民族志学者停止对任何特定文化实践作个人的评价。保持非判断定位就好比人们在看电影或读书时停止怀疑一样——我们要接受可能显然不合逻辑或不可置信的一套环境,以允许作者展开一个引人入胜的故事。

我们都有个人的信仰、偏见和个人品位。民族志学者通过将偏见外显和力求公正地看待他文化来提防比较明显的偏见。民族中心主义的行为——把一种文化的价值观和规范强加于另一个民族,带有一种文化高于另一种文化这一假定——在民族志中是一个致命的错误。

许多其他的概念也形塑或指导着田野

中的民族志学者,包括文化间和文化内的多样性、结构和功能、象征和仪式、微观和宏观层面的研究,以及操作主义。这些概念就像理论一样指导着民族志学者的实践。

方法

民族志学者是一种人性化的工具。人力工具依赖它所有的感觉、思想和感情,是最敏感和有领悟力的数据收集工具。不过,这个工具收集的数据可能是主观的、有误导性的。民族志方法和技术有助于指导民族志学者通过漫无边际的个人观察,进而确定令人迷惑的,各种各样的形成一个社会情境的事件和行动,并对之进行精确的分类。

尽管田野工作和参与观察代表了绝大多数人类学工作,不过民族志学者还是要依赖各种各样特别的工具,包括访谈、抽样调查和非介入性测量【Unobtrusive Measures】。

访谈

访谈是民族志学者最重要的数据收集技术。各种访谈可以解释民族志学者所见和所体验的内容,并将其放置在更大的情境之中。一般的访谈类型包括结构化访谈、半结构化访谈、非正式访谈和回溯式访谈。

结构化访谈和半结构化访谈是为了比较和呈现——比较各种回答,并将其放置在共同的群体信仰和主题的背景之中。非正式的访谈不同于谈话,但它一般常与某种谈话结合起来,形成了一种谈话和内嵌问题的混合体。问题多是从谈话中浮现出来的。有时候这些问题是偶然发现的,源自参与者的评论。民族志学者采用回溯式访谈来重构过去,请知情人来回忆个人的历史信息。

问题的类型。在一个访谈中就有许多种问题。抽样调查的问题或者观光旅行的问题就是设计出来以获取有关参与者或本地人世界观的广阔图景的。抽样调查的问题也有助于定义一项研究的边界。一旦抽样调查的问题揭示出某个有意义的类别,对这个类别的具体问题就变成最有用的了。具体问题进一步探测已确定的类别的意义或行动。抽样调查问题形成和报告总体性的理解,而具体问题则将这种理解加以精炼和扩展。结构和属性问题——具体问题的子类——常常用来进一步理清主位的观点。

此外,民族志学者在田野工作中也采用开放式问题和封闭式问题。开放式问题允许参与者来解读它。封闭式问题有有限的几个可供选择的选项,有助于厘清观点和量化行为模式。

关键行动者和生活史

有些人比别人更善于言谈,更具有文化敏感度。这些人可以成为很好的"关键行动者",作为民族志学者重要的信息来源。他们能提供详细的历史数据、有关当前人际关系的知识,对日常生活的微妙之处也了如指掌。尽管民族志学者试图跟尽可能多的人交谈,时间总是一个需要考虑的要素。因此,传统上人类学家非常依赖群体中的一两个人。关键行动者常常能给民族志学者提供丰富、详细的自传式描述,或者能确认群体中哪些成员值得进行这样深入的研究。这些生活史常常能为我们带来一幅描写被研究文化的完整画面。

抽样调查

抽样调查是大规模数据收集的有效方式,也是处理代表性问题的好办法。抽样调查是为成千上万人号脉的唯一的办法（开展抽样调查的指南可参见 Fowler，1988，Fink & Kosecoff，1988）。除了抽样调查，民族志学者还经常使用非介入性测量。

非介入性测量

非介入性测量依靠实物证据来作出社会文化推论。某个露出地面的东西，或者说是经济或心理条件的物理表现，可能是涂鸦或者烧毁的建筑。不依靠任何人类互动就可以作出最初的推断。不过，这些线索本身可能是误导性的。还需要交叉检验和搜集其他的数据。

其他的非介入性测量包括对档案文献、电子邮件、学校记录、人口普查记录和财政预算的研究。人际距离学有助于区分亲密的家庭关系和疏远的、事务性的关系。它有助于我们阐释一种社会情况，即有时候人们的个人空间在许可或未许可的情况下就有人进入了。人体动作学或肢体语言也常常可以表示情绪和性情（Birdwhistell，1970；Hall，1974）。

设备

记事本、计算机、录音带和照相机——所有的民族志工具——都只是人力工具的延伸，支持和提升记忆、能力和视野。这些有用的设备可以捕捉丰富的信息和民族志经验的感觉，便利民族志工作，帮助组织和分析数据。

民族志学者最常见的工具就是纸和笔。用这两样工具，田野工作者可以在每次访谈中或访谈后记笔记，画出某个区域的物理布局，描画某个组织机构图或非正式社会网络图。录音机能在民族志学者保持自然的对话语流时有效地逐字逐句获取大段的引语，这是完善田野工作必不可少的。此外，访谈的文字稿【Transcription】尽管很花时间，但是贴近数据的一种方法，研究者对讲话的模式、当地的参考文献和语调的抑扬顿挫更为熟悉。

照相机让民族志学者得以对特定行为进行图片记录。这是表面效度【Face Validity】的一种形式。图片也可以被用于投射技术；和关键行动者分享图片可能会引发他们对其行为作出深刻思考。在数据分析和写作的阶段，照片也可以补充和刺激民族志学者的记忆。数码相机现在是田野中的标准装置了。它可以让民族志学者立刻分享照片——在照相机的屏幕上、粘贴在电子邮件中，或是存在服务器上让团队或社区的成员（在许可后）来观看。

数码录像机也是田野里的标准配置。民族志学者用不太贵的软件来制作有关关键事件的电影。这些电影对民族志发现进行可视化的表现或再现（有关民族志电影制作指南，请参见 Heider，1976，Bellman & Jules-Rosette，1977）。

计算机在民族志中是必不可少的。笔记本电脑用于做田野访谈记录。诸如 NUD * IST，Ethnograph 和 ATLAS. ti 等定性数据分析软件被用来给田野记录编码、分组和排序，并识别模式。在给赞助人或同事的报告中，PowerPoint 演示用于突出田野中的发现。

互联网包含了民族志工作中的几种有用的工具，包括电子邮件、搜索引擎以及诸如电话簿和地图等参考网页。此外，互联网上还有许多免费的或不太贵的在线调查项目。互联网上的视频会议是在田野中收集数据，或在离开田野之后与关键行动者保持正常联系的一种方法。这些工具能节约时间和金钱，因而它们都能给交流带来很大的便利（更多细节请参见 Fetterman，2002）。

写作

民族志要求每一阶段的写作都必须力

求完美。研究计划、田野日志、备忘录、中期报告、总结报告、论文、著作,包括民族志,都是民族志工作的有形产品。民族志学者可以和参与者共享这些书面作品,以核实它们的准确性;也可以和同事分享,以得到他们的评论和意见。

田野笔记就是民族志大厦的砖块和灰浆。这些笔记主要是由每天的访谈数据和日常观察组成的。民族志学者在田野工作的各个不同阶段中都会对研究作总结。民族志研究的最后一个阶段就是写作总结报告、论文或著作。民族志的特点通常是深描和逐字逐句地引用。互联网出版给我们提供了纸质出版物之外的另一种可供选择的出版形式。比起传统媒体,论文可以在互联网上更快得到发表,更快得到评论。

伦理

在民族志工作的各个阶段都弥漫着伦理问题。民族志学者要开展工作必须获得正式或非正式的知情同意【Informed Consent】。拍照片、录音或摄像都需要得到参与者的许可(书面作品如果要用于教育或商业领域也同样如此)。民族志学者应将他们的任务直言相告,解释他们计划研究什么,打算如何来研究。在需要的时候,他们必须作出保密的承诺,使用假名来保护被研究者的个人身份。民族志学者要完成工作需要得到共事者的信任。在民族志的从头到尾的每个步骤中,从一开始选择和定义某种文化及其问题开始,直到最后以写作结束这一经历,伦理都在提供指导。民族志学者在整个研究的生命周期中都站在伦理的十字路口,包括问题的启动和定义,出生;提交资助计划,童年;田野准备代表的是青少年时期和成年时期,最能体现田野工作的特点;而退休就是离开田野的时候。每个阶段都给民族志学者提出新的挑战,他要用伦理的考量来平衡各种方法论的关注点。这种民族志生命的事实使感觉更敏锐,最终会使这番努力的质量得到改进和提升(更多的细节请参见 Fetterman, 1998);美国人类学会(American Anthropological Association)的《伦理准则》(*Code of Ethics*)和《职业道德守则》(*Principles of Professional Responsibility*),可访问相关网站。

——David M. Fetterman

(杨可译　沈崇麟校)

参考文献

Bellman, B. L., & Jules-Rosette, B. (1977). *A paradigm for looking: Cross-cultural research with visual media.* Norwood, NJ: Ablex.

Birdwhistell, R. L. (1970). *Kinesics and context: Essays on body motion communication.* Philadelphia: University of Pennsylvania Press.

Fetterman, D. M. (1998). *Ethnography: Step by step* (2nd ed.). Thousand Oaks, CA: Sage.

Fetterman, D. M. (2002). Web surveys to digital movies: Technological tools of the trade. *Educational Researcher, 31*(6), 29-37.

Fink, A., & Kosecoff, J. (1988). *How to conduct surveys: A step-by-step guide.* Newbury Park, CA: Sage.

Fowler, F. J. (1988). *Survey research methods* (Rev. ed.) Newbury Park, CA: Sage.

Geertz, C. (1975). *The interpretation of cultures.* New York: Basic Books.

Hall, E. T. (1974). *Handbook for proxemic research.* Washington, DC: Society for the Anthropology of Visual Communication.

Heider, K. G. (1976). *Ethnographic film.* Austin: University of Texas Press.

常人方法论(Ethnomethodology)

常人方法论既是学术研究领域的名称,也是该领域所研究的内容的名称。“常人方法论”这个词的字面意思是流行的或民间的方法。该术语由哈罗德·加芬克尔(想要了解该术语起源的问题,请参阅 Garfinkel,1974)提出。加芬克尔(Garfinkel,1967)的著作《常人方法论中的研究》(*Studies in Ethnomethodology*)出版后,它成为社会学中一个确定的子域,尽管仍存在争议。常人方法论与社会学有着密切的联系,最近被美国社会学协会确定为一个正式的分支。我们说它与社会学的联系根深蒂固,原因是常人方法论对理解社会学的经典主题和问题提供了一种新奇的方法;在加芬克尔(Garfinkel, 2002)的一卷新作中,他把它与涂尔干“社会事实”的基本概念相提并论。但是,常人方法论并不局限于社会学。连同谈话分析【Conversation Analysis】——作为一种研究社会互动的本构组织(constitutive organization)的派生项目,常人方法论已经成功进入人类学、社会语言学、计算机支持的协同工作、管理学研究和科学的社会研究等其他领域。

作为题材的方法

在任何一种明确的意义上,常人方法论本身就不是一种方法。正如民族音乐学不是音乐学的一个分支——是一种特殊的音乐技巧或传统——常人方法论也不是一种方法论。常人方法论的研究往往利用民族志程序,对连续活动进行“实时”的详细记录,但在许多情况下,学生负担最重的是要掌握和在程序上考虑,构成所研究的社会活动的专门方法。

常人方法论在其本源上具有社会学属性,因为它是对社会秩序产生的专业和非专业的方法的研究。因此,常人方法论学者要编写用于各种各样的日常和专门活动的方法的程序说明。这种方法的现代原型是对实验或观察程序的科学解释。正如萨克斯(Sacks,1992,pp.802-806)所指出的那样,科学方法的交流有赖于白描和处方。虽然科学的方法可能是高度技术性的,但它们也是更广泛的社会现象的具体实例,是一些能够让社区成员重现某种社区实践的指令。换句话说,方法和方法论解释都是规律的生活形式的反思性特征。萨克斯构想,常人方法论学者将会撰写方法论报告,但它不同于撰写那些实验和观察方案的职业方法论学者,常人方法论学者将深入那些丰富多样的普通方法中,正是通过这些方法,社会成员才得以协调和再现他们的活动。这些方法包括这样一些平凡的“成就”,例如,在红绿灯下过马路,调节对话的开启和结束,使会议有序进行,以及日常生活中许多其他的常规行动。

非专业和专业方法的常人方法论描述类似于科学家和其他专业人士书写的方法论。但是,与正式的方法论阐释不同的是,常人方法论描述包括计划、规则、算法、菜谱、地图、指南、格言、协议、谚语和其他正式指令,如何使用(以及废弃,使用不当或滥用)与情境相关的详细信息。这样的描述并不是反形式的,这里反形式的含义是拒绝相关的规则和公式。相反,常人方法论描述要揭示参与者在一个单一的行动过程中,部署规则、计划和其他有关方面的方法。常人方法论研究可能需要大量的训练和在特定工作环境中的参与观察【Participant Observation】。通常,常人方法论学者都会使用现场录制的音频和视频,通过合作的、通常是即兴的、一连串话语和具体的实践来恢复随时形成的集体活动方式。通常,这种注重当时当地的现象学取向,排除了那些将情境话语降为标准代码和聚合模式的方法的使用。然而,常人方法论毕竟不是对主观意义的探寻。虽然它弥漫着存在主义现象学的气质,但常人方法论描述很少采取第一人称的经验反思形式[例外是萨德诺(Sudnow,1978,2001)阐明自己在发展演奏爵士钢琴方面的能力]。更多的时候,这样的描述都以第三人称进行,不享有"私人"或个体制高点的特权。这样的描述都有赖于对某种自然语言的精通及对一般实践的深刻理解。

作为题材的方法论

常人方法论的题材包括方法论的调查以及有条理的实践。换句话说,常人方法论既是方法论研究(在系统地反映了对方法和对方法的设计所做的努力这一意义上),也是方法本身(按照一种或另一种方法论设计所开展的实践)。有一种观点认为,实践是在不知不觉中进行的,需要专业的分析师对其系统的组织进行阐述,常人方法论的处理方式则与这种观点形成了明显对比。对于常人方法论学者而言,对实践的阐释和实践本身是不可分割的,而让人感兴趣的正是这两者之间的交织。

加芬克尔的研究项目对所有的社会科学方法无一例外,他早期的一些研究深入探讨了社会科学研究实践,例如,对访谈答案编码和对经过组织的记录的分析。这些研究表明,社会世界的常识性知识中蕴含的特定判断,是构成数据节点和将实例分配给不同类别的关键。从1970年代开始,加芬克尔和他的一些学生把注意力转向自然科学。与其他常人方法论研究类似,实验室实践和高科技工作场所的调查,也关注那些司空见惯的细节,但为了显示这些平凡特征,必须要掌握专门的研究技术。这些研究的一个令人困惑之处在于,科学本来已经有了它们自己的、高度发展的方法论,何必还要多此一举。为了证明常人方法论研究不是庞大的方法论专业文献的一部分,常人方法论学者非常有必要去深入探究实践中那些在正式的方法论规范和报告中没有提到的、比较模糊,有时存在争议的特征。虽然社会建构路径与此有一定相似之处,但常人方法论学者并不表明或暗示,科学证据的这种特定生产方式会削弱这些证据的客观性。相反,对于常人方法论学者来说,科学生产的隐性特征是不可避免的;这些特征是客观性的来源,如同正是它的障碍。

——Michael Lynch

(郑晓娟译　沈崇麟校)

参考文献

Garfinkel, H. (1967). *Studies in ethnomethodology*. Englewood Cliffs, NJ: Prentice Hall.

Garfinkel, H. (1974). On the origins of the term "ethnomethodology." In R. Turner (Ed.), *Ethnomethodology* (pp. 15-18). Harmondsworth, UK: Penguin.

Garfinkel, H. (2002). *Ethnomethodology's program: Working out Durkheim's aphorism*. Blue Ridge Summit, PA: Rowman and Littlefield.

Sacks, H. (1992). *Lectures on conversation* (Vol. 1). Oxford, UK: Blackwell.

Sudnow, D. (1978). *Ways of the hand*. Cambridge, MA: Harvard University Press.

Sudnow, D. (2001). *Ways of the hand* (Rev. ed.). Cambridge, MA: MIT Press.

民族志统计学(Ethnostatistics)

民族志统计学使用了常人方法论【Ethnomethodology】的概念来研究社会科学家在社会研究过程中创建的统计数字的生产、解释和展现的意义制造的实践。民族志统计学关注社会语境下的量化推理和语言运用,以便理解专业工作者是如何制造出那些创造了一种共享社会现实感的数字。

民族志统计学与统计学【Statistics】不同,统计学是使用一些技术和规则控制的程序来对研究数据进行计数、汇总和估计。统计学领域不研究制造数据所需的实用知识或不同情境如何影响科学家的行为。因此,正式的统计程序和规则无法对制造统计数字提供完备的指导。民族志统计学则关注描述和理解进行实际统计所需的技术知识和程序。

民族志统计学有三个层次。第一层次的民族志统计学使用民族志方法来对统计数字的社会生产过程进行浓描【Thick Description】。例如,古布里乌姆和布克霍尔特(Gubrium & Buckholdt,1979)研究了医学项目有效性的数量量度的专业制造过程,并证明技术规则不足以解释计数实践和统计数字。专业人士用来确定哪些行动是应该在计数的标准中,除了技术维度的标准之外,非正规的标准,例如病人依从项目目标的动机也应在考虑之列。

第二层次的民族志统计学对实际使用的统计量进行研究,将含义的计算机模拟方法【Computer Simulation】用于解释那些有违反各种技术假定之嫌的统计量。一项研究检验了社会科学中一个常见假定的效度,即在统计分析中,定序数据可以通过将连续的数字(例如1—7)分配给数据类别,来转化为定距数据。这种做法假定数据转化对结果和发现的解释没有影响。民族志统计学的研究却证明这种数据转化将会产生“本质上偏离真实数据”的测量值和统计值(Gephart,1988,p.38)。假设检验和路径分析【Path Analysis】的数据解释也会受到影响。因此,第二层次的民族志统计学揭示了常见的测量方法可能会造成对结果的曲解。

第三层次的民族志统计学使用修辞学【Rhetoric】和文本分析方法来效验文件和文本中统计数字展示的那些有说服力的特性。一项关于定量方法论论文是如何创造意义和解释数字的研究发现,意义是由用以描述和解释数字的形容词和统计描述所嵌入的情境所共同创造的。一个数字的绝对值并不决定对这个数字作出的解释,且统计显著性检验的作用也十分微小。这样的情况的确是存在的:一位作者在一篇定量研究论文中称之为“相当大”的相关系数常常在0.1之内,而同样的相关系数,同一作者在同一篇文章的另一处则把它称为“比较小”。

通过审视数字的意义实际上是如何被创造的,民族志统计学将科学研究中的定量和定性方面整合在一起。通过将定量研究与社会生活中的定性基础相联系,将人文意义重新赋予定量研究(Gephart,1988)。

——Robert P. Gephart, Jr.

(郑晓娟译　沈崇麟校)

参考文献

Gephart, R.P.(1986).Deconstructing the defence for quantification in social science: A content analysis of journal articles on the parametric strategy. *Qualitative Sociology*, *9*, 126-144.

Gephart, R. P. (1988). *Ethnostatistics: Qualitative foundations for quantitative research*. Thousand

Oaks, CA.: Sage.

Gephart, R. P. (1997). Hazardous measures: An interpretive textual analysis of quantitative sensemaking during crises. *Journal of Organizational Behavior*, *18*, 583-622.

Gubrium, J.F., & Buckholdt, D.R.(1979).Production of hard data in human service organizations. *Pacific Sociological Review*, *22*, 115-136.

行为发生学(Ethogenics)

"行为发生学"这一词指的是1970年代英国牛津所创立的一个新的社会心理学研究范式(Harré & Secord,1972),它的出现是对美国主流心理学研究方法和研究理论输入的有意识反应。行为发生学受到了常人方法论【Ethnomethodology】(Garfinkel, 1967)、戈夫曼的微观社会学和社会文化人类学的影响。

行为发生学拒绝承认那种关于抽象层次的普遍性预设,认为这样的抽象抹杀了具体的社会现象。他们拒绝将个体作为应激/反应模式中的被动点来对待,而是将个体看作在参与项目时依据当地的规则和传统与他人进行互动的主动点。他们特别指出了对统计方法的错用,尤其是那些常见但仍然常被误用的,从统计分布中得出有关个人特质的结论。

行为发生学强调将社会互动过程中的真实片段,作为依照当地关于恰当行为的规则、传统和习俗的指示而有序展开的意义结构来分析。关于社会行动的动力学研究,例如,朋友的结交,代替了有关友谊这种静止状态的条件的研究。对当地习俗和传统的关注导致了对社会人类学的兴趣,并将其作为社会心理学中的一种新研究范式的关键要素。

这种新的研究范式中的方法论特征,要求使用行为/行动特征来识别社会现象的意义,以及这些意义如何被参与者所理解。对真实生活片段的观察代替了实验【Experiment】。这种方法使用于对参与者的辩护和解释性说明的分析,来识别研究项目中社会互动所实现的成果,以及社会互动所遵循的规则和传统。

这一新研究范式的研究结果是一系列特定情境下的意义和对情境敏感的规则,这些意义和规则能够解释发生的社会现象片段的模式,并将社会现象片段看成一个有意义的社会行动的实际序列。这导致了它与新兴的话语心理学(discursive psychology)相结合,后者指向类似的最终产品领域。"规则"的概念代替了一系列规范性限制,我们认为它对于形塑行动流是非常有效的。

行为发生学非常强调描述性和解释性模型的建构。这些模型中最为典型的是戏剧法模型。社会现象的片段可以被看成类似于舞台表演,有布景、演员以及相互影响的行动。通过将社会现象片段与游戏和典礼进行类比,这个基本的模型得到了进一步发展和细化。

这一观点在发展社会心理学中的进一步应用,与(社会)建构主义【Constructionism】和文化心理学的发展形成了紧密的同盟关系(Cole,1996)。

——Rom Harré

(郑晓娟译　沈崇麟校)

参考文献

Cole, M. (1996). *Cultural psychology: A once and future discipline*. Cambridge, MA: Belknap Press of Harvard University Press.

Garfinkel, H. (1967). *Studies in ethnomethodology*. Englewood Cliffs, NJ: Prentice Hall.

Goffman, E. (1959). *The presentation of self in everyday life*. New York: Doubleday.

Harré, R., & Secord, P.F. (1972). *The explanation of social behaviour*. Oxford, UK: Blackwell.

动物行为学(Ethology)

动物行为学是一个将发展于非人类的动物研究中的模型和方法,应用于人类研究学科中的好范例。作为查尔斯·达尔文进化论观点的忠实信徒,动物行为学通过它对行为的多层次理解原则的恪守,为进化论的理论改进作出了最有价值的贡献,这些层次包括:(a)最近因果关系(在起源上可能是生理性或环境性的);(b)终极因果关系(在强化生存和/或繁衍适应性方面行为的适应性功能);(c)种系发生(相近物种中的行为模式);(d)个体发生(行为的发展历程)(Tinbergen,1963)。这个大概的研究框架让动物研究者离开他们可以控制的实验室环境,去寻找他们感兴趣的物种已经适应的自然栖息地,在那里对它们进行观察。例如,洛伦兹通过观察小鹅一从鹅蛋中孵化出来就开始跟随自己的母亲或者洛伦兹本人的现象,发现了鹅群中的留下印记行为(Lorenz,1981)。只有在完成对这一观察工作的描述阶段后,洛伦兹才开始设计有关留下印记的实验,例如,引入孵化出来的时间点作为一个变量,但是仍然将实验置于德国湖边的自然环境中。因此,动物行为学经常被认为是有关在动物的自然环境中的动物行为的研究。

描述自然环境中发生的行为,并不意味着放弃精密研究的科学观点。一个动物行为学的学者会花费大量时间为所研究物种的行为进行分类编目,并为该物种创造“动物行为详述”。需要讨论的典型问题包括哪些行为看上去是共同发生的?在自然环境的什么条件下发生?这些行为是否直接指向特定目标?如果目标没有实现,动物们会怎么做?这些行为是否组成一个固定的行动模式?这些行为出现的频率怎样?这些行动之间是否存在个体差异?这些差异是否与性别、年龄或社会地位有关?行动的差异是否与一天中的时点、季节、温度或其他环境因素有关?通过这个过程,动物行为学的学者最终会回到前面已经介绍过的廷伯根的四层次分析来进行理论的修正和完善。如果有需要,动物行为学学者也会采用实验方法来解答某些问题。例如,当某个特定的环境刺激被假设为是某个行为的“释放因素”,动物行为学学者可能会进行一个剥离实验,即消除该环境刺激因素,来看感兴趣的行为是如何改变的。通过控制刺激因素释放的时间,动物行为学学者能够辨识出这些行为发展的敏感时期(之前称为关键时期),例如,鹅群中的留下印记时期和狗中间的社会化时期。因此,动物行为学研究可以被认为是以一种在定性和定量路径之间游动的系统性方法进行的行为研究。

在1960年代和1970年代,一些受训于传统动物行为学领域的科学家进一步开始研究人类,这方面我们可以从艾伯-埃贝斯费尔特(Eibl-Eibesfeldt,1989)的著作中看出,他与洛伦兹共同研究并记录了世界各地的人类情感沟通。同样是在这一时期,约翰·鲍尔比和玛丽·安斯沃思受到达尔文的进化论观念和哈利·哈洛的灵长类动物方法论影响,他们有关“母亲-婴儿”依恋关系的研究得到了心理学领域的广泛关注。但是,很多欣赏这一方法论的学者却并不赞同鲍尔比的进化论观点，尤其是他认为依恋关系的终极目标就是婴儿的生存。

动物行为学对观察研究【Observational Research】使用了非常严谨的路径规范。许多资料中详细记述了动物行为学研究中方方面面的标准，包括问题的概念化、对被研究者的抽样【Sampling】、时间和空间的记录、事件的记录、对环境刺激物的测量和对观察者本身信度的评估（参见，例如 Blurton Jones, 1972; LaFreniere & Charlesworth, 1983; McGrew, 1972）。例如，如果一位学者对于学龄前儿童参与挑衅性互动行为的频率感兴趣，他需要首先定义挑衅行为，并将符合这一定义的具体行为进行列示（推、咬、踢等）。接下来，在研究的初始阶段，研究者可能很容易记录可观察到的挑衅行为（随机抽样）；或者研究者也能比较容易地记录每分钟能够观察到的这些行为（事件抽样）；或者研究者可以记录每 15 秒某个挑衅行为是否发生（一零抽样）；或者研究者可以观察某个特定的儿童，记录他在一段给定的时间内是否展示出挑衅行为（聚焦抽样）；或者观察者可以记录在挑衅行为前后所发生的行为（顺序抽样）。在对一家托儿所学龄儿童进行的动物行为学研究中，通过使用这些方法，麦格鲁（McGrew, 1972）指出，（除了其他发现外）挑衅与带有输赢性质的打斗有关，并且老师的评价与科学研究中设定的观察行为之间有高度相关关系。

有时，为了进行更加细致严密的分析，需要使用慢镜头下的影片或视频分析，或实验室中的录音分析，或者使用破坏嗅觉刺激的化学物质分析。在人类研究中，面部肌肉运动被分解为不同的单元，在卡尔·格拉默、芬克和伦宁格（Grammer, Fink, & Renninger, 2002）的研究著作中，姿势和运动质量的研究是通过计算机建模来实现的。

在评价动物行为学研究的重要性时，廷伯根（Tinbergen, 1963）曾指出，“许多人认为，在心理学匆匆踏入 20 世纪成为一门受人尊敬的科学的过程中，它略过了其他自然科学必经的初始描述阶段，因此很快就与自然现象失去了联系。”（p.411）动物行为学，由于同时提供了描述性和实验性研究方法的优势，能够在总体上为社会科学提供尚未被发现的启发价值。除此之外，动物行为学的进化论基础提供了一个非常有包容性的方法，为我们提供了一条走出无益的自然/教化的二元对立的出路。

为了表彰康拉德·洛伦兹、廷伯根和卡尔·弗里希几位学者在动物行为学方面的杰出工作，他们被授予了 1973 年的诺贝尔生理学或医学奖。

——Carol C. Weisfeld

（郑晓娟译　沈崇麟校）

参考文献

Blurton Jones, N. (Ed.). (1972). *Ethological studies of child behaviour*. London: Cambridge University Press.

Eibl-Eibesfeldt, I. (1989). *Human ethology*. Hawthorne, NY: Aldine de Gruyter.

Grammer, K., Fink, B., & Renninger, L. (2002). Dynamic systems and inferential information processing in human communication. *Neuroendocrinology Letters*, *23*(Suppl.4), 15-22.

LaFreniere, P., & Charlesworth, W. R. (1983). Dominance, attention, and affiliation in a preschool group: A nine-month longitudinal study. *Ethology and Sociobiology*, *4*(2), 55-67.

Lorenz, K. (1981). *The foundations of ethology*. New York: Simon and Schuster.

McGrew, W. (1972). *An ethological study of children's behavior*. New York: Academic Press.

Tinbergen, N. (1963). On aims and methods of ethology. *Zeitschrift für Tierpsychologie*, *20*, 410-433.

评估焦虑(Evaluation Apprehension)

评估焦虑是反应效应的一种。已经证明它会出现在实验中。实验的应试者会因为自己将要被实验者测试而忧虑,使测试变得很差。所以在实验研究中,有时我们也会推荐使用那种能使实验参与者明白实验的目的并非是要对他们的表现进行评价的幌子。

——Alan Bryman

(沈崇麟译校)

评估研究(Evaluation Research)

评估研究是一种系统的以数据为依据的探究方法,其目的在于确定一个项目、产品、组织、干预或实施的整改措施的成效或价值。评估研究应用社会科学和相关的探究方法,系统地收集有关活动、特征和整改措施结果的信息,使我们能有充分的根据对目标的实现、整改项目的效益、成本和收益的确定和/或作出进一步的决定等问题作出判断。

数以亿计的美元花费在了解决贫困、疾病、愚昧、失业、精神创伤和不平等这些问题上,为了改进人们的境况而采取的许多措施不一而足。那些向这些社会病宣战的项目应该如何评价呢?如何从那些无效果的项目辨别出效益来呢?数据应怎样来收集,并以提高项目的效益和对决策提供支撑的方式报告呢?这些问题正是评估研究的领域。

评估和实验社会

爱德华·萨奇曼(Suchman,1967)用他锐利的观察在他有关评估研究的富有开创性的著作的开篇中写道:“我们这个世纪最吸引人的思想之一是科学可以为我们提出解决社会问题的办法这一信念。”(p.1)空想家,如唐纳德·坎贝尔(Campbell,1991)将评估概念化为一种新社会:实验社会(experimenting society)的中心内容。他于1971年在美国心理学协会(American Psychological Association)宣布了这一思想(Campbell, 1991):

“实验社会将是一种设法为各种经常发生的问题提出解决方案和对其实施结果进行冷静和多维度的评估,并在评估显示改革无效或有害的时候转向另一种备择方案的社会。不过,直至今日,我们还没有这样的社会。”(p. 223)

历史背景

在美国,评估的正式专业根源可追溯到1960年代由(当时的美国总统约翰逊提出的社会福利方案)大社会(Great Society)引起的立法。这一方案的目的在于消灭贫困。大规模的联邦卫生项目的建立,包括社区精神健康中心的建立,必然伴随对评估的需求,而评估的费用常常占项目预算的1%~3%。其他的重大项目则在住房、就业、服务整合、社区规划、城市改造和福利事业等方面建立。社会行动项目的迅速成长创造了对政府项目进行系统的经验评估的需求。于1965年通过的“美国初等和中等教育法案”对更为全面的评估方法的产生有着巨大的贡献。大量联邦资金流向废止种族歧视、创新、补救教育、更大的机会平等、教师培训和更高的学生学业成就等项目。与之相伴的是对评判各种各样有关国家儿童项目的数据的巨大需要。

项目评估是专业工作中的一个独特领域,在大规模社会实验和政府干预期间有过两个教训。第一个是意识到没有足够的钱去做需要做的所有事情;第二个是即使有了足够的钱,但解决复杂的人和社会问题需要比钱更多的东西。因为并非每一件事情都是可为的,必定会存在一种根据,可据此确定什么事情是值得做的。评估研究通过提供载有对效益进行判断的可靠的数据承担起为决策提供依据的任务。

然而,早期对评估的愿景都集中在了它对资金的分配决策的引导和区分联邦项目优劣的作用上了。随着评估的实施,一种新的作用出现了:在项目的实施过程中帮助改进项目。人们要求评估者不只是对项目的整个效应作出最终的判断,也要去收集过程数据并给出反馈,以在项目实施过程中帮助解决设计规划问题。

评估研究的主要发展

1.评估,既是一门学科也是一种专业

评估研究开始作为应用于特定问题的方法,它都在那些已经建立起来的学科,如经济学、心理学和教育学之内。当评估研究者来到一起分享他们的经验和观点时,评估便变成了专业实践的一个独特的领域。定期举行年会的正式的专业协会和专业杂志则在1970年代和1980年代形成,其中有全美评估协会(the American Evaluation Association)、加拿大评估学会(the Canadian Evaluation Society)、澳大利亚评估学会(Australasian Evaluation Society)。

评估也变成了一个调查的学术领域,专门从事确定项目的得失、价值、重要性和效益,从而走出了其他学科的阴影,使自身成为一门学科,甚至如哲学家和评估家米歇尔·斯里文(Scriven,2001)所言,它已经成为一门超学科(transdiscipline)。

“评估是超学科的精英团体之一,在这一背景中使用的一个学术名词代表了那些为其他学科服务而著名的学科,尽管它们也有自己的自治地位。这些超学科涵盖的领域广泛,从小的但重要的一些学科(如测量),到一些大多数定量学科都不可或缺的重大学科(如概率和统计学),包罗万象,甚至也包括逻辑学和评估。”(p.304)

2.完备的评估标准

评估的专业化使评估自身的标准呼之欲出。在专业确认和采用自己的标准之前,判断评估的准则几乎与传统社会科学中的判断研究准则没有什么区别,注重技术的质量和方法论上的严谨。经过17位由12个专业组织任命的委员会成员5年时间的艰苦工作,加上几百位从事评估研究的专业人士的援手,标准于1981年问世,而后,于1994年作了修订(Joint Committee on Standards for Educational Evaluation,1994)。该标准引人注目地表明评估研究已经在实践中成熟了,它要求用四组准则来判断评估:实用性、可行性、正当性和精确性。

3.日益引人注意的评估应用

在1960年代末,我们清楚地看到,大社会项目的评估被极大地忽略或政治化了。韦斯(Weiss,1972)第一个提请人们注意那些尚未被充分利用的问题,他把这一问题看作评估研究中最为重要的问题之一,他在对项目作早期评审时说道:“评估结果并没有对项目的决策发挥显著影响。”(pp.10-11)

这也不是日益增长的使用所面临的唯一的挑战。评估者越来越担心评估研究的发现被误用。马尔温·阿尔金(Alkin,

1990),一位早期的用户取向的评估理论家,强调评估者必须致力于使用的合理性(appropriate),而不要只是注意使用的数量。

因此,评估面临双重的挑战:必须在加强合理使用的同时,消除不合理的使用。在对这些问题作出回应时,一种称为注重使用【Utilization-Focused】的评估方法(Patton,1997)应运而生。这种方法强调实施评估要达到预期的使用者预期的使用目的,注重使用的评估。在设计阶段就注意从实施开始到结束的每一个细节,考虑每一环节将对使用有什么影响。一种心理学的使用加强了注重使用的评估:如果预期的使用者了解和感觉到评估过程和发现的所有权,那么他们就更有可能使用评估;如果他们曾经积极地参与了评估,那么他们就更有可能了解和感觉到所有权;通过让主要的预期的用户积极参与评估过程,评估员在使用中培训用户,准备好使用的基础,并在评估过程中的每一步加强预期的评估使用。

注重使用的评估也注意过程的使用(Patton,1997),与发现的使用形成对照。过程的使用指的是思想和行为的变化,以及程序和文化中的项目或组织的变化,它们发生在涉及那些在评估过程中发生的作为学习结果的评估。过程的使用如项目工作人员在一个评估之后评估的一样:"对于我们的项目的影响,来自发现的结果并不多,而是来自评估要求的整个思考过程。"

4.可贵的方法论多样性

在评估研究发展的早期,爆发过有关定量/实验方法与定性/自然主义方法孰优孰劣的争论。这一争论爆发出思想的火花(Patton,1997)。在评估者需要知道并使用各种方法,以对特定的评估问题存在的细微差别以及特定利益关系人对需求的个人喜好作出反应时,形成专业的共识。现在评估研究设计的焦点已是特定目的和预期使用的方法的恰当性,不再坚持某些是绝对正统的(观点),认为只有定量或定性方法才一定是内在的首选的方法。联合委员会的标准(The Joint Committee Standards,1994)给两种方法以相同的权重。在这个领域中,人们已经认识到,只要有可能,就应该使用多种方法——包括定量和定性,只有这样的方法才是最有价值的,因为每一种方法都有自己的优势,且一种方法还常常可以克服另一种方法的弱点。

5.许多不同类型的评估和新评估者的作用

在方法上变得越来越多样化的同时,由于许多新的方法、模型和评估者的作用的出现,评估研究的实践变得越来越多样化。最初,评估只不过是对一个项目的目标实现进行评价,对功过和价值作出整体判断,这样的评估称为总结性评估(summative evaluation)或判断取向评估(judgment-oriented evaluation)。总结性评估测量结果和影响,以及项目活动和构成项目模型或理论的结果之间的因果联系。逐渐地,人们开始把更多的注意力放在了通过收集特定的反馈与识别优点和缺点,以用来对项目作改进,这样的评估常常被称为形成性评估(formative evaluation)或改进取向的评估。形成性评估考察实施情况、项目过程和项目对客户和条件变化的适应性。虽然有时形成性评估用来为总结性评估作准备,但越来越多的是用作改进取向的评估,它已成为为持续地改进质量而做的不懈努力的一部分。

判断取向和改进取向的评估二者都涉及结果的工具性(instrumental)使用,这意味着紧随评估之后的将是一个决定或行动。另一方面,发现的概念的使用增加了我们的知识,这样评估的发现就会影响论题、观点或政策选择。产生的知识可以具体到明确一个项目的模型、检验理论、区别干预的类型、明确如何测量结果、得到经验教训和/或详细政策的选择。近年来,产生知识的评估已经变得非常重要。

另一种转变涉及外部和内部评估。由于早期的评估都注重总结性评估,因此大多数评估都委托外部机构进行,以确保独立性和可信性。随着评估越来越多地强调持续的质量改进,内部评估开始兴旺起来。

为了解决特别的问题或达到特定的目的,一些新的评估方法应运而生。无目标评估(goal-free evaluation)给我们提供了一种替代基于目标的评估方法。这种方法旨在发现客户的主要需求是否得到满足的同时,还要捕捉副作用和意料之外的影响。反应性评估(responsive evaluation)是一种捕捉和顾及差别与利益相关者观点冲突的方法。强能评估(empowerment evaluation)是一种帮助参与者诉说自己的故事,从而提高他们从事评估过程的能力的方法。包容性评估(inclusive evaluation)强调为了包容弱势和享有较少特权的群体的观点必须作出的特别的努力。理论驱动型评估(theory-driven evaluation)在真的项目设置中正式检验社会科学理论。实在论评估(realist evaluation)用实在论【realism】哲学构建评估框架。民主评估(democratic evaluation)注重用评估支持对话和商议以提高社会公正。在发展性评估(developmental evaluation)中,评估者是一个正在持续进行的改进过程中的、合作进行概念化、设计和检验新方法的团队中的一员。

这些方法只是给我们提供了评估研究中出现的丰富多彩的选项菜单的一个样本。

6.需要的新技巧和新素质

评估研究的新方法拓展了成为一个优秀的评估者所需的技巧。评估研究的发展已经超出了简单地应用社会科学的方法来评价一个项目的目标实现的范围。为了确保评估的功用,评估者需要交流、谈判、解决冲突和团队的组织引导方面的技巧。为了满足可行性标准,评估者需要富有政治经验、求真务实和创造性,还要能掌控评估过程,以能按预定计划和在预算之内产生评估的结果。为了满足合理性标准,评估者需要能跨学科地运用各种各样的方法和工作。这些新的需求正在改变评估研究者的培训方式。

7.技术和评估研究

在现代社会中,技术的主导作用已经对评估研究产生了很大影响,就像评估研究对其他的事业已经产生了影响一样。互联网打开了交流的新渠道,它通过网络和邮件用户清单服务将全世界的评估者联系在一起。软件的发展,尤其是用于定性数据的软件的发展大大推动了数据分析的发展(Patton,2002)。计算机图形和文字处理软件的发展,改变了评估报告的撰写和散播方式。将评估报告放在万维网(World Wide Web)上开阔了人们得到评估发现的途径,推动了基于实践的证据的散播,使我们能通过不同的评估更多地总结经验教训,它也成了一种知识产生的方式。用互联网手机数据的新技术(如在互联网上进行的调查)改变了数据收集的方式。录像和摄影被用于数据的收集和报告的撰写。管理信息系统辅助我们进行能汇总用于项目评估目的的常规监测数据的收集。技术的发展正在以各种方式影响着评估研究。

8.全世界对评估的需求

第一届国际评估会议于 1995 年在温哥华举行,它由当时很活跃的三大评估协/学会,加拿大、澳大利亚和美国的评估协/学会组织发起。与会者有 1 500 人之多,来自 61 个国家。这次会议有着重大的历史意义。在 21 世纪初,有 40 多个国家已经建立了评估协/学会,除此之外,还有欧洲评估学会(the European Evaluation Society)、非洲评估协会

(the African Evaluation Association)和国际评估协会(International Evaluation Association)等国际和地区协/学会。国际机构也开始用评估来全方位地评价在发展中国家进行的各种开发工作。全球的互动决定评估研究的未来,给这个专业注入了新的能量,全世界的评估工作者相互学习,一起为发展适合不同文化、社会和政治背景的评估研究方法而努力奋斗。

——Michael Quinn Patton

(沈崇麟译校)

参考文献

Alkin, M.(1990). *Debates on evaluation*. Newbury Park, CA: Sage.

Campbell, D. T.(1991). Methods for the experimenting society. *Evaluation Practice*, *12*, 223-260.

Joint Committee on Standards for Educational Evaluation. (1994). *The program evaluation standards*. Thousand Oaks, CA: Sage.

Patton, M. Q.(1997). *Utilization-focused evaluation: The new century text* (3rd ed.). Thousand Oaks, CA: Sage.

Patton, M. Q. (2002). *Qualitative research and evaluation methods*(3rd ed.). Thousand Oaks, CA: Sage.

Rossi, P. H., Freeman, H. E., & Lipsey, M. (1998). *Evaluation: A systematic approach* (6th ed.). Thousand Oaks, CA: Sage.

Scriven, M.(1991). *Evaluation thesaurus* (4th ed.). Newbury Park, CA: Sage.

Scriven, M. (2001). Evaluation: Future tense. *The American Journal of Evaluation*, *22*, 301-307.

Shadish, W. R., Jr., Cook, T. D., & Leviton, L. C. (1991). *Foundations of program evaluation: Theories of practice*. Newbury Park, CA:Sage.

Shadish, W. R., Jr., Newman, D. L., Scheirer, M. A., & Wye, C. (1995). *Guiding principles for evaluators*(New Directions for Program Evaluation, No.66). San Francisco: Jossey-Bass.

Suchman, E. A. (1967). *Evaluative research: Principles and practice in public service and social action programs*. New York: Russell Sage.

Weiss, C. H.(1972). A treeful of owls. In C. H. Weiss(Ed.), *Evaluating action programs* (pp. 3-27). Boston: Allyn & Bacon.

Weiss, C. H., & Bucuvalas, M.(1980). Truth test and utility test: Decision makers' frame of reference for social science research, *American Sociological Review*, *45*, 302-313.

事件计数模型(Event Count Models)

在许多研究背景中,因变量是作为计数来量度的。一个计数变量是一个代表观察的事件(或人、项目等)数的非负整数。其目的是用合并的预测变量来揭示观察的计数中的变差。普通最小二乘回归【Ordinary Least Squares Regression】分析,要假定有一个连续的因变量,因而对计数数据是不合适的。

计数模型最好放在广义线性模型【Generalized Linear Models】的背景下来考虑。任何只允许非负整数的概率【Probability】分布都可以用来描述这种因变量。对于计数模型的精细研究可架起一座通向广义线性模型的非常好的桥梁。

假设每一个观察 i 有一个 m 个预测变量的向量:$X_i=(x_{1i},x_{2i},\cdots,x_{mi})$。假设估计的系数 $b=(b_1,b_2,\cdots,b_m)$,可以被用来预测因变量 y_i 的期望值。我们的第一直觉可能会告诉我们用诸如下面这样的线性模型

$$E(y_i \mid X_i) = X_i b = \sum_{j=1}^{m} b_j x_{ji}$$

这种方法的缺点在于 y_i 的期望值有可能是负的,这就违反了所有观察的计数为 0 或大于 0 的基本假定【Assumption】。为了避免这样的问题,一般都要使用数学变换【Transformation】。在大多数情况下,我们都使用指数变换:

$$E(y_i \mid X_i) = \exp(X_i b) = e^{X_i b} = e^{\sum_j b_j x_{ji}}$$

最大似然估计法【Maximum Likelihood Estimation】被用于导出 b 的估计值。

最大似然的计算需要对 y_i 的特定分布作出假定。在 1990 年之前,使用最为普遍的分布是泊松分布【Poisson Distribution】。给定输入变量 X_i 和参数估计值 $\hat{b}$,那么恰好观察到事件 y_i 的概率是:

$$\Pr(y_i \mid X_i) = \frac{\exp(-e^{X_i b})(e^{X_i b})^{y_i}}{y_i!}$$

参数 b 的估计值是有选择的,以使观察的样本最有可能。

泊松分布比较简单且切实可行。如果 $E(y_i \mid X_i)$ 比较小,那么泊松分布会大幅倾斜,有非常小的模态值和向右的长尾。随着 $E(y_i \mid X_i)$ 的增大,分布的形状也随之变化,在外表上变得相当正态(大值泊松分布和正态分布之间的相似性有时被用作证明普通最小二乘回归用于计数数据的正当性)(有关泊松模型的调查和社会科学的应用请参见 King,1988)。

泊松分布有一个不太好的性质:它的方差【Variance】等于均值。在它与观察数据拟合时,我们常常会发现过度散布问题;观察数据的方差大于基于泊松分布的期望(方差)。

许多学者建议用负二项分布【Negative Binomial (NB) Distribution】来取代泊松分布。NB 模型有与泊松分布相同的均值,但它有较大的方差。它还有另一个有用的性质。我们可以用那种允许以可加的干扰(误差)项【Disturbance (or error) Term】的形式的个体异质性【Heterogeneity】的方式来书写原模型。令 u_i 代表(未观察到的)个体变差:

$$\begin{aligned} E(y_i \mid X_i) &= \exp(X_i b + u_i) \\ &= e^{X_i b + u_i} \\ &= e^{\sum_j b_j x_{ji} + u_i} \\ &= e^{\sum_j b_j x_{ji}} \times e^{u_i} \end{aligned}$$

如果 u_i 刚好等于 0,那么这个模型就降格为泊松模型($e^0 = 1$)。然而,如果我们假设 u_i 有 Gamma 分布,那么观察的 y_i 分布将会有负二项分布。我们一般假定 $E(u_i) = 0$,这种个案之间观察的"平均"异质性就没有影响。这就是说,泊松或负二项模型的期望值是相同的。然而,在方差 $u_i > 0$ 时,负二项分布的离差更大。朗(Long,1997)的教科书中,对这一问题的处理方法作了介绍。

我们可以得到计数模型框架的很多扩展,在许多高级统计学文献中有很多有关的推介性文章。这种路数可扩展到那些计数中观察到的零计数的数目大于期望的场合。卡麦伦和特里维迪(Cameron & Trivedi, 1998)的著作中有有关计数模型问题的广博介绍。

——Paul E. Johnson

(沈崇麟译校)

参考文献

Cameron, A.C., & Trivedi, P. K.(1998). *Regression analysis of count data*. Cambridge, UK: Cambridge University Press.

King, G. (1988). Statistical models for political science event counts: Bias in conventional procedures and evidence for the exponential Poisson regression model. *American Journal of Political Science*, *32*, 838-863.

Long, J. S. (1997). *Regression models for categorical and limited dependent variables.* Thousand Oaks, CA: Sage.

事件史分析(Event History Analysis)

事件史分析是一种使研究者不仅能确定一个事件是否发生,而且还能确定它是什么时候发生的技术。事件是从一种状态到另一状态的变化,因变量是到事件发生的时间。事件史分析是一种理想的适合纵向变化研究的方法,可看成 Logit/Probit 分析【Logit/Probit Analysis】的扩展和考虑事件的时机的事件计数模型【Event Count Models】。

纵向数据中出现的两种复杂的情况推动了事件史分析的使用。第一种情况是有关持续时间(一个观察在某一种特定状况花费的时间量)的信息不完整,数据中存在截删观察。例如,在研究结束之前观察并未经历感兴趣的事件,或因为在追踪调查时观察丢失了(丢失的原因可能是该调查对象搬出了调查地),这样的情况就可能会发生。第二种情况是时变性协变量(或自变量)有随时间变化的值。例如,在国会选举中的挑战者进入时间的研究中,现任议员能够募集的资金量在整个选举周期中可能是一个时变性解释变量。事件史技术可以马上就把截删的观察和时变性解释变量结合在一起。将时变性协变量包括进来可导致一个事件发生的风险是如何随协变量的值的变化而变化的新颖信息。

历史发展

事件史分析也称为持续时间分析、生存分析或可靠性分析(duration, survival or reliability analysis),具体名称随涉及的学科而异(后两个专用名词则分别涉及医学和工程学)。事件史分析的早期应用涉及卡普兰和迈耶(Kaplan & Meier, 1958)使用的生命表分析,但它的历史根源甚至可进一步上溯到1600年代后期(Hald, 1990)。在第二次世界大战期间,这一技术的使用有很大的增长,因为事涉军事装备的期望可靠性。事件史分析的使用的另一个扩张时期归功于考克斯(Cox, 1972)的开创性工作,正是他开发了半参数技术的结果。他的工作可能是开拓性的,可被视为20世纪最高统计学成就之一。由于约束较少的建立在计数过程数学上的半参数 Cox 回归模型和它的各种扩展的出现,事件史分析在医学和社会科学中的应用也有了很大的增长(Therneau & Grambsch, 2000)。

参数和半参数模型

参数和半参数模型二者都可供我们在事件史分析中使用。研究机械系统的分析师一般都使用参数模型,这种模型假定到达我们感兴趣的事件发生的时间服从某种特定的分布,如指数分布。人类行为和生物学研究一般都使用约束较少的半参数的 Cox 模型,这种模型未对持续时间的特定分布形式加以设定。布洛斯费尔德和罗韦尔(Blossfeld & Rohwer, 2002, pp. 180)指出,社会科学理论很少能对某种特定的参数分布提出正当的理由,因而都提倡使用 Cox 模型。

事件史模型的估计和解释的一个关键概念是风险率【Hazard Rate】。风险率给出了那些假定在到时间 $t-1$ 一直存活的观察,到时间 t 会衰亡(或持续时间结束)的比率。换言之,它可被解释为一个特定的观察在特定时间一个事件将会发生的概率。风险组则指那些仍处在经历感兴趣的事件的"风险"的观察。一旦观察在时间 t 经历了事件,观察便退出了风险组,并不再是在时间 $t+1$ 分析的数据的一部分。在感兴趣的事件取决于它的历史时,风险率便会有很大的吸引力。例如,如果一场战争已经持续了 t 时期,那么它将在后续期结束的可能性有多大呢? Cox 模型的风险率可写为:

$$h(t \mid X_i) = h_0(t) e^{X_i \beta}$$

式中 $h_0(t)$ 是一个(未设定的)基线风险函数,而 X_i 则是观察 i 的协变量。

模型的假定和模型的拟合

在拟合事件史模型时,一个重要的要检查的假定是比例风险假定。大多数事件史模型,包括 Cox 模型,都假定任何两个在一个或多个协变量上有着不同的值的风险函数的不同,都只是比例因子不同而已。换句话说,基线风险率是随时间,而不是跨个体变化的,这样,个体 i 和 j 的风险的比率对时间 t 是独立的,因而对所有的 t 都是不变的:

$$\frac{h_i(t)}{h_j(t)} = e^{\beta(X_j - X_i)}$$

在风险不能满足比例性假定时,Cox 模型的估计可能会导致所有的参数,不仅仅是那些正在研究中的协变量的参数是有偏倚和无效的。比例风险假定应该用哈勒尔的 ρ 来检查那些单个协变量,而用 Grambsch & Therneau 全局检验来检查非比例性(Box-Steffensmeier & Zorn, 2001; Therneau & Grambsch, 2000)。如果发现有非比例性的证据(而在大多数社会科学研究中,比例性与其说是一种常规,不如说是一种例外),那么潜在的成比例协变量应该与 ln(时间)交互或与其他适当的时间变换交互。诸如这样的交互允许每个被交互的协变量在冲突的风险上的效应单调地随研究的事件的持续期变化。放宽这一假定,将允许学者检验协变量的效应是否随时间变化,进而使我们得以更为精细地理解正在研究的现象。不仅如此,非比例性检验和它们所依据的残差,在普遍使用的用于分析持续时间数据的软件中越来越容易得到。

如果被估计的是参数模型,那么对选择的参数的分布的假定需要作检验,且比例风险假定可能仍然需要予以评估(例如,Weibull 模型也假定比例风险)。广义的 Gamma 分布是一种包容模型,包括若干种普遍使用的参数分布,因此也许有助于在竞争的嵌套模型之间作出裁定。因为参数模型是用最大似然估计的,且这些估计量的性质是众所周知的,一组标准的指数和统计量可直接用于参数建模框架,如使用似然比【Likelihood Ratio】检验和赤池信息化准则(Akaike information criterion, AIC)。然而,Cox 模型的最主要优点是不必对基线风险率的性质和形状作假定,因此对于社会科学家而言,在诸多建模策略中,它才是首选(Box-Steffensmeier & Jones, 1997)。

几乎所有的事件史模型的另一个潜在的假定都是所有的观察都会逐渐地经历感兴趣的事件。这一假定,可通过估计一个分离总体(split-population)模型(这些模型在生物统计学中也称为治愈模型,这一名称源于总体中一部分会被治愈之故)放松。以竞选献金时机研究为例,分离总体模型并不假定每一个政治行动委员会最终都会给予每一个政治候选人,而在刑事累犯研究中,模型并没有假定所有从前的囚犯最终都会再回到监狱。分离总体模型将那些将不会经历事件的观察的比例和那些描述经历事件比例的风险率的特征的参数一起估计。这些模型允许协变量在事件是否发生及发生的时间上有不同的效应。例如,一个协变量可能在是否有献金上有正效应,而在什么时间献金上却有负效应。分离总体的对数似然的长处在于那些从未经历过事件的观察,只给函数的一部分提供信息。正因为如此,对数似然"分离"成了两个总体(Schmidt & Witte,1988)。

诊断

与传统的回归设置一样,事件史分析背景中的残差分析也是一种检查设定或模型的精确性的方法。为了检查模型的不同方面,事件史分析定义了各种伪残差,以将删截给残差定义增加的复杂性纳入考虑之列。伪残差除了在检验比例风险假定中使用之外,它们还能帮助研究者评估模型的拟合情况、协变量的函数形式和特定观察的影响。例如,鞅残差(martingale residuals)可被计算用来检验一个给定的协变量 X 是否应该作为一个二次变量,还是许多其他可能的变量的一种线性进入。这些诊断方法在应用中应按规定使用,以确保模型的完整性。

单个和多个事件

除了研究事件一旦经历观察便离开了风险集合的单个事件发生之外,事件史分析也可以将多个事件纳入考虑之列。多个事件的事件史模型,考虑了跨事件的不独立性问题,因为忽略了相关问题可能会误导方差的估计,进而可能使系数的估计值出现偏倚。在这种情况下,我们考虑到"失败的"的几种类型中的一种,而诸如这样的过程则被称为竞争风险。例如,一位美国众议院的议员可能以各种各样令人感兴趣的方式离开众议院,我们应该对之有所认识,并把它们并入我们的模型。这些方式包括在初选中被击败、在大选中被击败、升职或退休等。我们可以期望风险率和协变量的效应将随离开的类型的不同而不同。

我们也可以考虑定序的多个(或重复的)事件。在重复事件过程中,被试经历了同一类型的事件在一次以上,这样的情形在形形色色的公共卫生、劳动力和工业经济学、人口学和政治科学领域并不罕见。没有对重复事件作解释意味着假定第一次、第二次、第三次和随后的事件在统计上是互相独立的。这是一个强的但通常是站不住脚的假定。条件事件时间间隔(或间隙时间)模型,将被应用于社会科学中的大多数重复事件场合。然而,我们之所以放弃其他的方法而选用这种方法,是因为该方法具有的性质,正是因为这种性质,重复事件才会发生(即相继或同时),且每一观察的相应的"风险集合"结构也应当会给我们提供最初选择这一模型,而非其他模型的动机(Box-Steffensmeier & Zorn,2002)。

例子和解释

在社会科学中,事件史分析应用的例子不胜枚举,且其涉及的领域还在不断扩张。这些例子包括失业期研究、和平、调查回应时间、刑事累犯、婚姻、公共政策项目实施和游说等。表 1 列出了一个典型的 Cox 比例风险估计,使用的是军事化冲突的数据(在 Cox 模型的估计中,对同分使用了 Efron 近似法。Breslow 近似法是首先被开发出来的近似法,但我们一般不推荐诸位使用它,然而在要相当长的时间才收敛时,精确似然选择给出的结果与 Efron 近似极为相似)。

表 1　冲突的 Cox 比例风险估计

	β(S.E.)	p 值
民主	−0.439(0.100)	<0.001
增长	−3.227(1.229)	0.009
联盟	−0.414(0.111)	<0.001
相邻	1.213(0.121)	<0.001
力量比率	−0.214(0.051)	<0.001
贸易	−13.162(10.327)	0.202
Wald 或 LR 检验	272.35(df=6)	<0.001

注:N=20 448。

奥尼尔和拉西特广泛使用有关经济依附、民主和和平之间的关系的数据(Oneal & Russett,1997)被我们用来作为例证。该数据由 827 个对偶(即一对对国家,如美国和加拿大)从 1950 到 1985 年的20 448个观察构成。我们设立了一个模型,把国际军事冲突风险率当作六个主要协变量(有些协变量会随时间变化)的函数:民主得分(两个国家的相对分数,值域从−1 到 1);经济发展水平(一个国家相对另一个国家经济发展速度的迟滞比,一个百分比量);对偶间联盟的存在(表示两国间是否存在联盟关系的虚拟变量);两国邻近情况(地理邻近情况的虚拟变量);两国的军事能力比(用以测量对偶间权力平衡的比率);对偶间双边贸易程度(用以测量相对较少贸易取向的国家双边贸易的重要性。它是双边贸易除以每个国家国内生产总值后的比值)。

自由主义理论认为,所有的变量除了相邻,都会减少争端的风险,而相邻则会增加争端的风险。表 1 底部的似然比(LR)检验显示,设定的模型比虚无模型更好(即虚无假设是设定的模型和没有独立变量的虚无模型之间在统计上并无显著不同)。所有的系数都在期望的方向,且除了贸易,所有的系数在统计上都是显著的。注意 Cox 模型是没有截距项的,或“上升”是跟随着协变量变化的(因此生存时间是在下降的),而负号则表明风险作为协变量的函数是在下降的。就这一模型而言,民主的负系数,−0.439表明并矢的民主降低了冲突的可能性,这就是说,并矢的民主导致更低的风险(和更长的生存时间)。博克斯-斯蒂芬斯迈耶和琼(Box-Steffensmeier & Jones,1997)用经历事件的风险变化的百分比来解释效应的影响(p.1434)。对于一个二分的自变量而言,经历事件的风险变化的百分比是

$$\frac{100 \times \left[e^{(\beta_k \times 1)} - e^{(\beta_k \times 0)}\right]}{e^{(\beta_k \times 0)}}$$

负的系数产生值 $e^{(\beta_k \times 1)}$,它略小于 1,因此,产生了一个负的百分比变化。对于连续的自变量的解释则与之类似,即

$$\frac{100 \times \left[e^{[\beta_k \times (x+\delta)]} - e^{(\beta_k \times x)}\right]}{e^{(\beta_k \times x)}}$$

这给出了自变量 x 的一个 δ 单位变化的风险率百分比变化。这样,民主的一个单位的增长,将导致在任何给定的时间冲突的风险$[(e^{(-0.439)} - 1) \times 100] = 36\%$的相应下降。

事实上,军事化冲突的数据是由大量的重复事件描绘的,例如,英国和德国在第一次和第二次世界大战中相互打仗。博克斯·斯蒂芬斯迈耶和佐恩(Box-Steffensmeier & Zorn,2001)用这些数据阐述重复事件持续期模型,并显示了由将重复冲突产生的相依性列入考虑之列所揭示的重要差别。

社会科学理论越来越关注变化的过程,与此同时,各种时态数据也变得越来越易于得到。事件史分析则是撬开这些研究元素的理想工具。近年来,这种技术的灵活性向多个事件的扩展,以及对有关感兴趣事件观

察的历史的整合,都使我们有理由期盼,事件史技术的使用和普及,必将大大推动社会科学的发展。

——Janet M. Box-Steffensmeier

(沈崇麟译校)

参考文献

Blossfeld, H.-P., & Rohwer, G.(2002). *Techniques of event history modeling: New approaches to causal analysis*. Mahwah, NJ: Lawrence Erlbaum Associates.

Box-Steffensmeier, J. M., & Jones, B. S.(1997). Time is of the essence: Event history models in political science. *American Journal of Political Science*, *41*,336-383.

Box-Steffensmeier, J. M., & Zorn, C. J. W.(2001). Duration models and proportional hazards in political science. *American Journal of Political Science*, *45*, 951-967.

Box-Steffensmeier, J, M., & Zorn, C. J. W.(2002). Duration models for repeated events. *The Journal of Politics*,*64*(4),1069-1094.

Cox, D. R.(1972). Regression models and life tables. *Journal of the Royal Statistical Society*, *Series B*,*34*, 187-220.

Hald, A.(1990).*A history of probability and statistics and their applications before 1750*. New York: John Wiley and Sons.

Kaplan, E. L., & Meier, P.(1958). Nonparametric estimation from incomplete observations. *Journal of the American Statistical Association*,*53*,457-481.

Oneal, J. R., & Russett, B.(1997). The classical liberals were right: Democracy, interdependence, and conflict, 1950-1985. *International Studies Quarterly*,*41*,267-294.

Schmidt, P., & Witte, A. D.(1988). *Predicting recidivism using survival models*. New York: Springer-Verlag.

Therneau, T. M., & Grambsch, P. M.(2000). *Modeling survival data: Extending the Cox model*. New York: Springer-Verlag.

事件抽样(Event Sampling)

事件抽样是指一类多样化的用于在自然、自发的背景下,研究个人的经验和社会过程的特定的经验方法。事件抽样法被设计用来得到一张思想、感情和行为在其日常生活中发生时的合理的明细表。这方面的例子包括经验抽样方法(experience sampling method, EMS),在使用这种方法时,被调查人会在一天某一随意时刻接到要求他们确切地描述自己此时此刻的活动的信号,这种方法还要求被调查人在每天结束时记日记,报告自己在那一天的经历,这种方法持续的时间一般在一个星期到一个月。在一个典型的 EMS 研究中,50 名大学生在一个星期中,每天被寻呼机通知 7 次。在接到信号通知时,那些对亲昵行为有着较高需求的学生(由投射个性试验评估确定的),更可能正在考虑的是他人和关系,更有可能正忙着和其他人进行交谈,而较少希望独处;如果他们正在交际中,则更可能报告正向的情感(McAdams & Constantian,1983)。

事件抽样要求参与者监控并沿多维度,按预定的进度和由研究者定义的格式描述他们正在进行的活动。事件抽样有三个基本原理使之区别于其他通常使用的研究范式(例如实验室实验、抽样调查):(a)因为行为受到环境的影响,所以在自然环境中抽取行为这一点是很重要的;(b)整体性的回顾报告常常是有偏倚的,因为人们常常会受到回忆和概括很多过往事件的记忆力的限制;(c)重视看似平凡的日常经验,在能对它们加以适当的审视时,便能给我们提供有价值的有关人类行为的洞见。一直在恰当地应用事件抽样的研究专题,包括情感研究、社会交往研究、痛苦研究、抽烟问题研究、压力和应对研究、运动研究、进食障碍研究、精神病理学研究、自我相关认知研究、个性研究、群际关系研究、药物治疗评估研究和治疗干预研究等。

大多数事件抽样都采用三种通用协议中的其中一种:依时回应(time-contingent responding),在使用这种方法时,参与者按固定的时间间隔(如每天、每小时)报告自己的经验;依事回应(event-contingent responding),这种方法要求每当一个事先定义的事件(如抽了一支烟和一个朋友交谈)发生时便要进行报告;依信号回应(signal-contingent responding),在使用这种方法时,只要某种设备(如寻呼机或一部编了程的袖珍计算机)给出了信号,参与者便要描述自己的经验。信号也许按一个固定或随机的时间表给出。尽管事件抽样源于简单的纸和笔的回应,但随着近年来电子记录设备(如个人数码助手和录音机)及移动的生理检测器的发展,不仅使它的有效性和可行性大增,且大大扩展了它的使用范围。

事件抽样不限于参与者的自我报告。例如,在学童的观察研究中,观察者可以给一个目标学童编码(如这个学童正在做什么事、当时在和谁互动、看得到的情感表达等)。编码的时间表可以是上述的任何一种(如分别按每隔 10 分钟、在冲突发生之后或依照一个随机的时间表)。

在一个典型的事件抽样中,一个研究者可能会得到两个星期的一系列有关青少年的瞬间情绪和行动的详细描述。然后,这些记录可以几种方式来使用,例如,依据该青少年在做什么及和什么人在做来确定其情绪有什么不同;分离个性因素或其他与情绪或活动模式关联的个人差异;或根据这些瞬间报告的概要来预测结果,例如,学业成绩、社交能力或健康状况等。不论具体研究的题目是什么,事件抽样研究者都专注于在自然环境中观察平常的行为,且都确信诸如这样的观察抓住了一些在行为和社会科学中的重大问题的重要线索。

——Harry T. Reis

(沈崇麟译校)

参考文献

Bolger, N., Davis, A., & Rafaeli, E. (in press). Diary methods: Capturing life as it is lived. *Annual Review of Psychology*.

Hektner, J. M., & Csikszentmihalyi, M. (2002). The experience sampling method: Measuring the context and the content of lives. In R. B. Bechtel & A. Churchman (Eds.), *Handbook of environmental psychology* (pp.233-243). New York: John Wiley & Sons.

McAdams, D. P., & Constantian, C. A. (1983). Intimacy and affiliation motives in daily living: An experience sampling analysis. *Journal of Personality and Social Psychology*, *45*, 851-861.

Reis, H. T., & Gable, S. L. (2000). Event-sampling and other methods for studying everyday experience. In H. T. Reis & C. M. Judd (Eds.), *Handbook of research methods in social and personality psychology* (pp. 190-222). New York: Cambridge University Press.

Stone, A. A., Shiffman, S., & DeVries, M. (1999). Ecological momentary assessment. In D. Kahneman, E. Diener, & N. Schwarz (Eds.), *Well-being: The foundations of hedonic psychology* (pp. 27-38). New York: Russell Sage.

外生变量(Exogenous Variable)

外生变量是因果模型【Causal Modeling】或因果系统【Causal System】中的一个因素,它的值独立于系统中其他变量的状态,这就是说,它是一种值取决于研究之中的因果系统之外的因素或变量的因素。例如,降雨量对构建耕作过程和农作物产量的因果系统就是外生的。决定降雨量水平的是另外的因果因素,因此,对于天气模型而言,降雨量是内生的,但这些因素本身并非人们用来解释农作物产量水平的因果模型的一部分。

就内生变量而言,变量的状态有关一个特定模型的设定【Specification】和自变量【Independent Variables】之间的因果关系。至于外生变量,由定义可知,它的值完全在因果上独立于系统中的其他变量。因此,"外生"变量的类别与那些"纯粹内生的"和"部分内生的"变量形成了鲜明的对比。一个变量可以通过合并其他因素和因果关系而成为内生变量进入模型。

外生性有着因果和统计的解释。因果解释是基本的,并用对包含在模型中的其他变量的因素的因果独立性来定义外生性。统计学或计量经济学的【Econometric】概念则强调外生变量和模型中的误差项不相关。一般的回归【Regression】模型假定模型中的所有的自变量都是外生的。

——Daniel Little

(沈崇麟译校)

*也可参见内生变量【Endogenous Variable】。

参考文献

Engle, R. F., Hendry, D. F., & Richard, J. F. (1983). Exogeneity. *Econometrica*, *51*, 277-304.

Pearl, J.(2000). *Causality: Models, reasoning, and inference*. Cambridge, UK: Cambridge University Press.

Woodward, J. (1995). Causation and explanation in econometrics. In D. Little (Ed.), *On the reliability of economic models: Essays in the philosophy of economics* (pp. 9-61). Boston: Kluwer Academic.

期望效应(Expectancy Effect)

参见实验者期望效应【Experimenter Expectancy Effect】。

期望频数(Expected Frequency)

期望值等于某个统计值的平均数或均值,而期望频数则是一个事件发生次数的平均计数或平均数目。事件可能是一个单独的离散变量的一个类别、两个或更多个变量的交互分类的一格或某些其他的事件(例如,一个足球队在比赛中的进球数)。期望频数的计算方法是事件发生的概率乘以事件可能发生的次数的总数。例如,有一个从一个总体中抽取的容量为 $n=75$ 个人的随机样本。在该总体中,左撇子个体的概率为 $\pi=0.10$。在样本中左撇子的人数可以为0~75的任何一个整数。然而,左撇子的期望或平均数则等于 $n\pi = 75 \times (0.10) = 7.5$。尽管频数总是整数,但期望频数一般却不是整数。

期望值是用于评估假设和模型拟合优度的检验统计量。两个常用的检验统计量是皮尔逊的卡方检验【Chi-Square Test】,$\chi^2 = \sum_{i=1}^{N} (f_i - F_i)^2 / F_i$ 和似然比统计量【Likelihood Ratio Statistic】,$L^2 = \sum_{i=1}^{N} f_i \log(f_i / F_i)$,式中的 f_i 等于类别 i 的观察数,F_i 是类别 i 的期望频数,而 N 则是总类别数。如果虚无假设或模型为数据设定了一个概率(或若干个概率)值,例如,"左撇子的概率是0.10",那么期望频数就可以这样来计算,即 $F_i = n\pi_i$,式中的 n 是总观察数。

事件的概率通常都是未知的,是用数据估计的,估计的方法是计算样本比例或将模型与数据拟合。在将数据用于概率估计时,得到的期望频数称为估计的期望频数。例如,我们来看一下表 1 中的数据。该表是根据敦·科恩(Cohen,2001)提供的数据重新编排的。数据是英国利物浦 1902—1903 年的天花患者。这些患者分别用在婴儿期有否接种天花疫苗和患天花后是否死亡分类,然后将二者进行交互分类。假定疫苗对天花患者的病情没有影响,那么因天花而死亡的概率则可通过计算天花患者的死亡比例估计,也就是将总死亡数除以总个案数 $\hat{\pi}_{死亡} = 79/1\,163 = 0.067\,9$。由估计的死亡的期望频数可得到接种疫苗的死亡人数,它等于 $\hat{F}_{接种疫苗,死亡} = n_{接种疫苗}\,\hat{\pi}_{死亡} = 943 \times 0.067\,9 = 64.055\,9$。表 1 中,其他格子中的期望频数也可以计算。对于假设检验,则要用估计的期望频数 $\hat{F}_i$ 替代在皮尔逊卡方统计量或似然比统计量中的 F_i。

表 1　英国利物浦的天花患者
(1902—1903)

	因患天花死亡		总计
	是	否	
婴儿期接种疫苗	19	924	943
未接种疫苗	60	160	220
总计	79	1 084	1 163

资料来源:Cohen,2001, p. 985。

——Carolyn J. Anderson
(沈崇麟译校)

参考文献

Agresti, A.(1996). *An introduction to categorical data analysis*. New York: Wiley.

Agresti, A. (2002). *Categorical data analysis* (2nd ed.). New York: Wiley.

Cohen, J.(2001). Smallpox vaccinations: How much protection remains? *Science*, *294*, p.985.

期望值(Expected Value)

期望值是一个随机变量【Random Variable】X 的长期平均。更为正式地讲,期望值 $E(X)$ 是所有 X 可能的值加权平均。对于离散【Discrete】变量而言,权是 X 值的概率【Probability】$p(X)$,而平均数则用求和法得到:

$$E(X) = \sum_{x=-\infty}^{\infty} xp(x)$$

对于连续变量【Continuous Variable】而言,权是 X 值的概率密度 $f(X)$,而平均数则用积分求得:

$$E(X)=\int_{x=-\infty}^{\infty} xf(x)$$

对于某些分布,积分或求和无法收敛。在这种情况中,期望则为未定义。尽管未定义的期望是相当少见的,但有一个众所周知的例子,发生在 Cauchy 分布中,该分布被定义为两个标准正态变量之比。

为了阐述期望值的计算,我们来看一下投掷一枚公平的硬币。如果硬币的面朝上,便令 X 为 1,否则为 0。每个 X 值都有着相同的概率 $p(X=1)=p(X=0)=0.5$,这样,使用离散变量公式的期望值为:

$$E(X)=1\times(0.5)+0\times(0.5)=0.5$$

当 X 是一个虚拟变量【Dummy Variable】时,期望值是 X 为 1 的概率。在 X 是定距【Interval】变量时,期望值是总体均值。

期望是一种线性运算:两个随机变量的加权和就是期望的加权和,即

$$E(aX+bY)=aE(X)+bE(Y)$$

式中的 a 和 b 就是权,而 X 和 Y 则是与两枚公平硬币关联的虚拟变量;如果硬币的面都朝上,那么每个变量的值就是 1。如果投掷两枚硬币,那么面朝上的期望数便是

$$E(X)+E(Y)=0.5+0.5=1$$

正像和的期望就是期望的和一样,积的期望就是期望的积:

$$E(XY)=E(X)E(Y)$$

X 的一般函数 g 的期望就是 $g(X)$ 的加权平均。对于离散变量 X,权就是 X 的值的概率 $p(X)$,而平均数则可通过求和得到。

$$E(g(X))=\sum_{x=-\infty}^{\infty} g(x)p(x)$$

对于连续变量 X,权是 X 值的密度 $f(X)$,平均数可通过积分求得:

$$E(g(X))=\int_{x=-\infty}^{\infty} g(x)f(x)$$

这些公式很容易就可扩展到多变量的情形中,那时 X 和 Y 是随机变量向量,而 g 则是变量 X 的可能向量值的函数。

——Paul T. von Hippel

(沈崇麟译校)

参考文献

Rice, J. A. (1995). *Mathematical statistics and data analysis*(2nd ed.). Belmont, CA: Duxbury Press.

实验(Experiment)

在社会科学中,实验是社会科学家为了在一个或几个自变量和一个或几个因变量之间建立因果关系而采用的一种策略。自变量是一种由研究者操控的变量,它对研究者研究的因变量有因果影响。自变量有时也称为治疗变量或因素。因变量是受操控的自变量影响的观察的现象或量度。因变量有时也称为结果或效标变量。

在建立自变量和因变量之间的因果关系时,研究者应设计一种包括以下几个部分的实验:

- 操控自变量的量(在自变量为定量变量时)或水平(在自变量为定性变量时)。
- 用随机选择和对受试者随机分配治疗条件来控制无关(或混淆)变量。
- 仔细记录或观察自变量的变化。

第一个和第二个要求无论是在实验研究还是田野实验(参见田野实验【Field Experiment】)中都要得到实现;它们使实验研究策略区别于其他的研究策略,如准实验

研究、抽样调查或自然研究法。正因为如此，具有上述三个特点的实验有时也被称为真实验(Campbell & Stanley, 1966)。

科多瓦和莱珀(Cordova & Lepper, 1996)所做的有关小学生学习算术的运算次序法则的研究，便是一个很好的真实验的例子。所有的学习活动都发生在计算机化的环境中。首先，将同性别的学生随机地分配到控制条件组或四个实验条件组中的一个。在控制条件组中，学习材料抽象地进行讲解。在四个实验条件组中，同样的材料以有意义的和增强了视觉效果格式的方式作了情景化。四个实验条件中，一半学生的学习环境一一作了个性化，另一半则仍然按照一般格式进行讲解。不仅如此。在每一个实验条件组，都有一半的学生可在教学方面能对学习环境有所选择，另一半则不能。因此，这四个条件组是：(a)学习环境个性化，有选择；(b)学习环境个性化，没有选择；(c)学习环境非个性化，但有选择；(d)学习环境非个性化，且也无选择。总之，在研究中操控的自变量有三个：情景化、个性化和选择。因变量则有几个，包括学生内在的学习动机、学习期间投入的深度，在固定时期和时间获得的学习量，学生感知的自我能力和志向水平。三个自变量和多个因变量之间的因果关系通过三个步骤建立起来：(a)将受试者随机分配进控制或实验条件组；(b)控制各种变量，如受试者的学习成绩、性别和学习材料；(c)进行统计推论的统计理论。

的确，推论统计理论使社会和行为科学家能够理解用称为真实验方法收集的数据。在真实验中，因果关系的建立并非通过排除所有可能的备择解释或控制所有的混淆变量，而是借助概率。推论统计理论背后的逻辑是检验统计假设，检验的依据是数据。假设检验之后，便是以归纳的逻辑推理对潜在的总体进行推论(Maxwell & Delaney, 1990)。引导我们进行实验研究的各种研究的原理和统计理论在相当大的程度上都是由卡尔·皮尔逊、罗纳德·费希尔和耶尔·内曼提出和论证的。

社会科学家进行真实验或简称为实验的基本研究设计有三种(Kirk, 1995)。它们是完全随机化设计、随机化分组设计【Randomized-Blocks Design】和拉丁方【Latin Square】设计。基尔克把这些称为给所有的用于实验的研究设计构建模块(building blocks)。下面我们将对每一种设计逐一进行讨论。

完全随机化设计

这种研究设计包括一个自变量和一个因变量。自变量可以有两个或更多个水平(或治疗条件)，而因变量则总是连续的。如果把上面引用的科多瓦和莱珀(Cordova & Lepper, 1996)的研究简化为只包括一个自变量，比如说只包括情景化，而观察到的因变量则是内在动机，那么简化后的研究设计便是一个真实的完全随机化实验，当然，被试一开始便要被随机地分配给情景化或抽象条件。这样的简化研究布局看起来也许像表1。

表 1

受试者	自变量	
	情景化条件	抽象条件
S_1	Y_{11}	Y_{12}
S_2	Y_{21}	Y_{22}
⋮	⋮	⋮
S_{15}	$Y_{1,15}$	$Y_{2,15}$

以完全随机化设计收集的数据的统计线性模型是

$Y_{ij} = \mu + \alpha_j + \varepsilon_{ij}$($i = 1, \cdots, n$ 或本例中的 15；$j = 1, \cdots, p$ 或本例中的 2)

在上式中,Y_{ij}是第 i 个受试者在自变量第 j 个治疗条件的分数;μ 是所有受试者的总均值,因此是一个常数;α_j 是自变量的第 j 个治疗条件的治疗效应;在代数上,它等于总体均值 μ_j 对总均值 μ 的偏差。对于所有在第 j 个治疗条件的应试者的因变量分数是一个常数,受自变量的跨所有的治疗条件的所有的 α_j 之和为零的约束。ε_{ij}是和被随机地分配给自变量的第 j 个水平的第 i 个受试者关联的随机误差效应。它是一个随机变量 α_j。

完全随机化设计的虚无假设(H_0)和备择假设(H_1)是

$$H_0: \alpha_1 = \alpha_2 = \cdots = \alpha_p = 0$$

$$H_1: \text{至少有一个 } \alpha_p \neq 0$$

为了检验虚无假设,数据被组织成条件间(between[MS_b])的均方【Mean Squares】对条件内(between[MS_w])的均方的比率。如果有关数据的正态性、方差齐性和独立性的假定得到了满足,那么这个比率服从 F 分布。正态性假定说明在自变量的所有治疗条件中,数据的潜在分布是正态的。方差齐性的假定意思是所有的正态总体都有相同的方差。最后,独立性假定则是指随机误差 ε_{ij}彼此独立。无论条件内还是跨条件的都是如此。不能满足这些类似 F 比率中的假定,会使第一类误差增大(Glass, Peckham, & Sanders, 1972)。上面给出的例子显然是一个最简单的完全随机化设计。它只有两个自变量的治疗条件,在这个例子中,检验统计量既可以是 F 也可以是 t,因为要比较的是两个独立的组均值。在大多数社会科学的完全随机化实验的应用中,都会涉及三个或更多个治疗条件。

如果包括在研究中的自变量的治疗条件(例如情景化和抽象)是研究者在调查中仅有的感兴趣的治疗条件,那么研究者随后必定会对它们进行概括,这相应的自变量被看成一种固定因素,因而这样的设计则被称为固定效应【Fixed Effects】设计。适用于固定效应设计的统计模型是模型 Ⅰ【Model Ⅰ】(Kirk, 1995)。然而,如果包含在研究中的治疗只是研究者希望研究的所有治疗的一个例子,那么相应的自变量则被视为是一个随机因素。该设计是一种随机效应设计,而模型Ⅱ【Model Ⅱ】(ANOVA)则是用于这样的数据的一种恰当的模型(Kirk, 1995)。

随机化分组设计

使用完全的随机化设计要求将被试随机地分配给自变量的治疗条件。因此,治疗条件被试的样本(或子样本)被认为是独立于另外的治疗条件的应试者的。这种独立性特性将在进行统计检验时计算 F 或 t 统计量时考虑进去。对许多研究而言,例如那些涉及同一应试者的重复量度的研究而言,在不同治疗条件的应试者之间保持独立是不可能的。还有一些其他的研究(如家庭和婚姻研究)则宜将应试者进行配对(如夫妻或同班的同学),这样研究者就可以研究应试者之间的关系的动态。研究者也许会通过与某些相依量度有关的特性将应试者相配,故意引进相依性,以确保这些特性能得到控制。例如,在前述的简化的科多瓦和莱珀(Cordova & Lepper,1966)研究中,我们可能希望根据与独立性量度(即内在动机)有关的从前的知识来将应试者相配。通过这种做法,那些归结于从前的知识的方差源便被计划安排进了研究之中,这样我们便可将它们与归结于治疗(即情景化)的方差隔离开来。让我们再进一步来假定,从前的知识差别有三个水平:高、中和低。一个控制从前的知识的恰当的研究设计便是随机化分组设计。表 2 阐明了这种设计的一些特点。

表 2

从前的知识	自变量		
	应试者	情景化条件	抽象条件
高	S_1	Y_{11}	Y_{12}
	⋮	⋮	⋮
	S_5	Y_{15}	Y_{25}
中	S_6	Y_{16}	Y_{26}
	⋮	⋮	⋮
	S_{10}	$Y_{1,10}$	$Y_{2,10}$
低	S_{11}	$Y_{1,11}$	$Y_{2,11}$
	⋮	⋮	⋮
	S_{15}	$Y_{1,15}$	$Y_{2,15}$

从前的变量知识在技术上称为分组变量，它的水平（高、中和低）便是分组。在分组变量每一分组内的应试者（例如 $S_1,\cdots,S_5$）就从前的知识而言都是同质的。每一个分组的应试者被随机地分配给治疗条件（例如情景化条件或抽象条件）。每一个分组内的应试者被随机地分配给治疗条件和跨分组的有计划的差别，将确保应试者的特质差异在治疗条件中随机地分布，因而在分组变量上的差异在每一治疗条件中的表现将是等同的。因此，结果将不会因为在分组变量中的差异结果而系统偏倚。在这个意义上讲，随机化分组设计能将一部分分数方差隔离并归结于分组变量，而完全随机化设计则不能。

假定随机化分组设计的统计模型是：
$Y_{ij}=\mu+\alpha_j+\pi_i+\varepsilon_{ij}(i=1,\cdots,n$ 或上例中的 $3;j=1,\cdots,p$ 或本例中的 2)
式中的 Y_{ij} 是第 i 个分组和第 j 个治疗条件的分数；μ 是观察总体的总均值，因此是一个常数。

α_j 是第 j 个治疗条件的治疗效应，在代数中，它等于总体均值（μ_j）离总均值（μ 或 $\mu..$）的离差，对所有的在第 j 个条件的所有观察的因变量分数则都是一个常数。像固定效应一样，受跨所有治疗条件的 α_j 之和等于零的约束；或像随机效应模型一样，治疗条件总体中的所有 α_j 之和等于零。

π_i 是第 i 个总体的分组效应且等于第 i 个总体的均值（μ_i）离总均值（$\mu..$）的离差；对于所有在第 i 个分组的观察的因变量分数，它都是一个常数，在潜在的总体中正态分布。

ε_{ij} 与第 i 个分组和第 j 个治疗条件关联的观察的误差效应；在第 i 个潜在总体和第 j 个治疗条件的潜在总体中正态分布，且独立于 π_i。

随机化分组设计的虚无假设（H_0）和备择假设（H_1）等同于完全随机化设计。为了检验虚无假设，数据被组织成均方治疗条件（MS_t）与均方残差的比率（MS_r）的形式。均方残差是均方残差和与它的自由度的比率，其中均方残差和是内平方和（$SS_{内}$）与可归结于分组变量的平方和之差。如果关于数据的正态性、等方差性和独立性假定都得到了满足，那么该比率服从 F 分布。

上面给出的例子是一种只有两个治疗条件的最简单的随机化分组设计。在这种情形中，检验统计量既可以是 F，也可以是 t，如同对两个相依（或相配）的组均值进行比较一样。在社会科学中，大多数随机化分组设计的应用都涉及三个或更多个的治疗条件。

如果包含在研究中的自变量治疗条件（如情景化和抽象）都被看作是固定的，且分组变量也同样被看作是固定的，那么这样的设计就是固定效应设计。用于固定效应设计的统计模型是模型Ⅰ（Kirk, 1995）。然而，如果分组变量被认为是一个随机因素【Random Factor】，那么与之对应的设计就是一种混合设计【Mixed Design】，这个模型就是模型Ⅲ【Model Ⅲ】（ANOVA）。如果包括在研究中的模型治疗条件是代表所有治疗条件的一个样本且相应的自变量因此是一个随机因素，那么这种设计就是一种随机效应设计，这样模型Ⅱ便是适用于这样的数据恰当的统计模型

(Kirk, 1995)。

在有一个以上的应试者被分配给分组和治疗条件的组合时,这种设计就称为广义随机化设计。这里给出的例子便属于这种情况。或者,同一个应试者(或观察)可以作为一个分组,因而受一个随机序列中的所有治疗条件的支配。有些作者喜欢将分组设计的这种特殊的变种称为重测量度设计【Repeated-Measures Design】。有关分组是怎样形成的、与这种设计关联的特有的统计假定、与它对应的统计检验可参见词条分组设计【Block Design】和随机化分组设计【Randomized-Blocks Design】。

拉丁方设计

拉丁方设计是一种实验设计或准实验设计【Quasi-Experiment】,它可以隔离并将一部分方差分数归结于两个分组变量,而随机化分组设计只能控制一个分组变量。

与魔方非常相像,所有的拉丁方设计都是正方形的(2×2,3×3,4×4 等),这就是说,两个分组变量和自变量都有相同的水平(或条件)数。我们假定在上述简化的科多瓦和莱珀研究中,想要控制的第二个变量是性别,它有两个水平。自变量也有两个水平:情景化和抽象。因此,第一个分组变量的从前的知识必须重新定义成只由两个水平组成:高和低。表 3 阐明了这种 2×2 的拉丁方设计。

表 3

从前的知识	性别	
	女性	男性
高	情景化条件	抽象条件
低	抽象条件	情景化条件

注意,在表 3 中治疗列已在正方形中,而两个分组变量则分别为行和列变量。治疗条件确实在每一行和每一列都只发生了一次。

上面的拉丁设计的统计模型是:

$Y_{ijkl} = \mu + \alpha_j + \beta_k + \gamma_l + \varepsilon_{合并}$($i = 1, \cdots$ 上例中的 n; j, k 和 $l = 1, \cdots, p$ 或本例中的 2)

式中的 Y_{ijkl}是在第 j 个治疗条件、第一个分组变量(例如从前的知识)的第 k 个水平和第二个分组变量(例如性别)的第 1 个水平中的应试者分数。

因此,观察总体的总均值 μ,是一个常数。

α_j 是第 j 个治疗条件的治疗效应,用代数方法计算,它等于总体均值($\mu_{j\cdot\cdot}$)离总均值(μ 或 $\mu_{\cdots}$)的离差;对于所有应试者因变量分数它都是一个常数,受跨所有的治疗条件的所有 α_j 之和为零的约束,如同在固定效应设计中一样;或受治疗总体中的所有 α_j 之和为零的约束,如随机效应设计。

β_k 是第 k 个总体的分组效应,它等于第 k 个总体的均值($\mu_{\cdot k}$)减总均值($\mu_{\cdots}$)的差。对于在第 k 个分组的应试者因变量分数它都是一个常数。在它的潜在总体中服从正态分布。

γ_l 是第 l 个总体的分组效应,它等于第 l 个总体均值($\mu_{\cdot\cdot l}$)同总均值($\mu_{\cdots}$)的差;对于在第 l 个分组中的应试者因变量分数,它都是一个常数,在它的潜在总体中服从正态分布。

$\varepsilon_{合并}$是与 Y_{ijkl} 关联的合并误差效应,用代数方法计算,这个概念等于观察分数离所有的模型参数(如 μ,α_j,β_k 和 γ_l)的离差,且根据它的定义,其在统计上独立于所有的模型参数。

拉丁方设计的虚无假设(H_0)和备择假设(H_1)也和完全随机化设计相同。为了检验虚无假设,数据被组织成均方治疗条件(MS_t)与均方合并误差($MS_{合并}$)的比率,均方合并误差是一个比率,是均方合并误差之和与它的自由度之比。而均方合并误差之比则是内平方和($SS_{内}$)减去归结于两个分组变量的平方之差。如果有关数据满足了正态性、方差齐性和独立性假定,那么这一比率服从 F 分布。此外,F 检验还假定两个分组变量和自变量(也包括与治疗条件)之间不存在交互。为了检验这个交互假定,一个拉丁方设计的每一格中必须有两个或更多的观察(即 $n \geq 2$)。否则,这个无交互假定只是对数据的假定。

如果包括在一个研究中的自变量治疗条件(如情景化和抽象)被看作固定的,且两个分组变量也同样被看作固定的,那么该设计就是一种固定效应设计。用于固定效应设计的统计模型是模型I(Kirk, 1995)。然而,如果分组变量中有一个被看作一种随机因素,那么相应的设计就是一种混合效应设计,那么适用的模型就是模型Ⅲ。如果包括在研究中的治疗条件只是所有治疗条件的一个样本,那么对应的自变量便因此成为一个随机因素,设计也就因此而成为一种随机效应设计,所以适用这样的数据的统计模型便是模型Ⅱ。有关拉丁方设计的更多的阅读资料,可参阅基尔克(Kirk,1995)的《拉丁方设计》(*Latin Square Design*)或马克斯韦尔和德莱尼(Maxwell & Delaney,1990)的著作。

上面介绍的三种设计和对应的统计模型,都假定数据的收集和测量是没有误差的。如果在数据中存在测量误差,那么在计算 F 统计量完成之后,就必须考虑信度问题(Cleary & Linn, 1969; Levin & Subkoviak, 1977)。不仅如此,任何在实验中,在自变量和一个或多个因变量之间建立起来的因果关系的效度都有可能受到一些因素的威胁。有关对外部、内部和统计结论的效度有威胁的问题的详细介绍,请参阅坎贝尔和斯坦利(Campbell & Stanley,1966)及基尔克(Kirk, 1995)的著作。

在概率理论领域,实验是一个导致其发生概率是确定的单一结果的过程或程序。一个实验可以是实验室研究(如参与的学生在协作学习中提高他们的社会技巧)或一个取自某一总体的观察样本的行为的某一方面的过程(记录从一个 50 人的晚宴中随机抽取的两名客人的出生月份)。实验和结果二者(社交能力的提高或两名客人出生在同一个月份)都应当被很好地定义,以使研究者能制订确定在所有的可能结果中得到特定结果的概率规则。确定概率的路数既可以基于主观-人格的框架(subjective-personalistic framework),也可基于逻辑或经典的框架,还可以基于经验比较或频数的框架。

——Chao-Ying Joanne Peng

(沈崇麟译校)

* 也可参见分组设计【Block Design】、田野实验法【Field Experimentation】、拉丁方【Latin Square】、准实验【Quasi-Experiment】、信度【Reliability】、效度【Validity】。

参考文献

Campbell, D.T., & Stanley, J. C.(1966). *Experimental and quasi-experimental designs for research*. Chicago: Rand McNally College Publishing.

Cleary, T. A., & Linn, R. L. (1969). Error of measurement and the power of a statistical test. *The British Journal of Mathematical and Statistical Psychology*, *22*(1), 49-55.

Cook, T. D., & Campbell, D. T. (1979). *Quasi-experimentation: Design and analysis issues for field settings*. Chicago: Rand McNally College Publishing.

Cordova, D. I., & Lepper, M. R.(1996). Intrinsic motivation and the process of learning: Beneficial effects of contextualization, personalization, and choice. *Journal of Educational Psychology*, *88*(4), 715-730.

Fisher, R. A.(1971). *Design of experiments*. New York: Hafner Press.(Original work published 1935.)

Glass, G. V., Peckham, P. D., & Sanders, J. R. (1972). Consequences of failure to meet assumptions underlying the analysis of variance and covariance. *Review of Educational Research*, *42*, 237-288.

Kirk, R. E. (1995). *Experimental design: Procedures for the behavioral sciences* (3rd ed.). Belmont, CA: Brooks/Cole.

Levin, J. R., & Subkoviak, M. J. (1977). Planning an experiment in the company of measurement error. *Applied Psychological Measurement*, *1* (3), 331-338.

Maxwell, S. E., & Delaney, H. D. (1990). *Designing experiments and analyzing data: A model comparison perspective*. Belmont, CA: Wadsworth.

Vogt, W. P. (1999). *Dictionary of statistics and methodology: A nontechnical guide for the social sciences* (2nd ed.). Thousand Oaks, CA: Sage.

实验设计(Experimental Design)

实验的典型特征

实验的两个典型特征使它与其他的社会探究方法相区别。实验的第一个典型特征是都要设计一种有计划的干预。与研究者试图查探在推断的因果中自然发生的波动效应的被动观察不同,实验则在环境中创建了一种干扰,进而去探查它的结果。例如,一个福利改革的观察研究,可能去观察失业率是否随着时间或项目要求的辖区的变化而变化。相反,实验调查研究可能将项目的参与者分配给不同的需求集合,以考察它们是否对失业有影响。

实验的第二个典型特征是随机分配【Random Assignment】。尽管"实验"【Experiment】一词在日常话语中的使用是比较宽泛的,泛指任何形式的干预,但在社会科学中,它却专指研究观察单位被随机地分配给治疗和控制条件的研究。因为社会科学家无法创建相当于物理实验一样的去除了外部因果关系的实验室,他们只能改而依靠随机分配。正如费希尔(Fisher,1935)在其经典著作《实验设计》(*The Design of Experiments*)中所指出的一样,这种方法是唯一能保证治疗组和控制组具有可比性的方法。只要充分实现了随机化,就可以肯定治疗和控制组的差别,仅仅是因为机会的结果。

因此随机化使研究者能够对来自与研究的干预对照的组间偶然差异,以及治疗和控制组之间的任何干预后差异作出精确的统计陈述。在非实验的社会科学研究中,一般难以获得精确的概率陈述,因为那时自变量都是由一个未知的过程生成的。除了起因于有限样本量的通常的统计不确定性之外,非实验研究还涉及大量不确定性,例如,观察到的两个变量 X 和 Y 之间的相关,是否反映了 X 对 Y 或 Y 对 X 的因果影响;或者反映了第三个变量 Z 对 X 和 Y 两个变量的因果影响?

实验设计面临的问题

尽管从原则上讲,实验给我们提供了进行统计推论的最可靠的工具,但是在实践中实验会遇到一些问题。在一个实验未能将特定的诱因体的真正效应隔离开来时,就会出现内在效度【Internal Validity】问题。例如,拉纳克郡牛奶实验(Lanarkshire Milk Experiment),这是一个早年设计用来检验配给学校的牛奶是否提高了学生的成长率的实验。该实验未能取得成功,因为教师将在控制组中的体重不足的学生中重新分配,以使他们能接受牛奶供应。这种治疗和控制组的对比同时反映了牛奶和教师重新分配的异常行为二者的效应。

在实验进行的环境或参与实验的人在一些重要方面不同于研究者试图概括的地方和总体时，便会产生外在效度【External Validity】问题。在实验室实验【Laboratory Experiment】试图用大学生作为应试者来模拟经济或政治环境时，便常常会出现这种问题。在试图解决外在效度问题时，社会科学家越来越多地采用实地实验【Field Experimentation】或在真实世界中进行实验。这样的研究已经考察了选民动员活动、学前教育项目、鼓励按法纳税的方法(methods for encouraging compliance with tax rules)和许多其他干预的实效性。然而种种实际的约束限制了实地实验的实施范围。社会科学家缺乏资源和操控，如立法机构或总体的宗教信仰这样的大规模致病因素的权威。

所谓外在效度问题是一个同质治疗效应问题。即所有的受试者是否都受到了给定的干预的同等影响？如果答案是"是的"，那么研究机遇的范围便会扩大，因为我们可以研究这样一些情景，在这样的情景中只有那些人中的某些被分配到了治疗组的人才实际得到了治疗。例如，如果在一个选民动员运动中，对它所接触的每一个人都有相同的影响，但是它却只找到了它想要寻找接触的人的一半，那么它的影响强度将是纯粹的治疗组和控制组的比较的两倍。换句话说，同质治疗假定使我们得以轻易地从那些实际接触了治疗的人，外推到研究者寻求治疗的那些人。

治疗效应是否实际上同质是一个经验的问题，与大学生是否与那些大学外面的人一样易受社会影响这个问题不同。同质性和外在效度的关注点在于强调在不同的场景和总体中复制实验发现的重要性。

伦理限制是一种更进一步的约束。实验干预可能对参与的应试者和更为广泛的社会有不利的影响。此外，在发明可行的干预的实际约束之外，研究者更多的是依照某些程序性保障保证应试者既不要受到伤害，也不要受到强迫。出于这些考虑，我们一般不再考虑进行深远的涉及社会和经济政策的实验，但诚如唐纳德·坎贝尔(Campbell, 1969)所指出的一样，不进行这样的实验的社会代价也必须在我们考虑之列。政府、公司和组织可以继续干预这个世界，但问题在于他们的干预是否以能产生有用的知识这样一种方式来规整。

实验和科学进步

尽管有这些限制，但实验仍不失为一种进行因果判断的好方法。一个单独的、设计精当的实验，若在真实世界的情景中进行，且数量足够多，那么它所产生的统计上精确的结论，将远胜于大量以观察数据为根据的研究。

实验的某些诱惑力在于它的简洁透明。与非实验数据分析相比，实验结果的分析，常常略为超出基本统计方法的范围，且统计方法的选择也几乎与结果承载的材料无涉。实验设计在很大程度上已经规定了将要采取的数据统计分析的方式；按事先计划的分析方式进行分析，而不在事后进行分析方法的选择，以免结果有朝向某一特定方向的偏倚。实验程序不仅能导向更为清晰的因果推论，而且也可以使分析者规避数据挖掘的道德风险。

——Donald P. Green

(沈崇麟译校)

* 也可参见实验【Experiment】。

参考文献

Campbell, D. T. (1969). Reforms as experiments. *American Psychologist*, *24*, 409-429.

Campbell, D. T., & Stanley, J. C. (1963). *Experimental and quasi-experimental designs for research*. Boston: Houghton Mifflin.

Fisher, R. A. (1935). *The design of experiments*. New York: Hafner Publishing.
Shadish, W. R., Cook, T. D., & Campbell, D. T. (2002). *Experimental and quasi-experimental designs for generalized causal inference*. Wilmington, MA: Houghton Mifflin.

实验者期望效应(Experimenter Expectancy Effect)

实验者期望效应是在科学探索中的人为的效应或误差源之一(参见调查效应【Investigator Effects】),它特别指在实验者的假设或研究结果期望上的非预期的效应。

在科学中,某些对于研究结果的期望几乎是永恒不变的。社会科学家通常都与其他科学家一样,在进行研究时都特别想考察一些有关事物本质的假设或期望。在社会和行为科学中,调查者持有的假设【Hypothesis】可能会导致他们在不经意间改变研究参与者回答问题的方式,使他们更有可能给出有利于肯定调查者假设或期望的回答。于是我们说调查者的假设好比是一个自我应验的预言。有人预言了一个事件,然后这个预言就改变了预言者的行为方式,使得预言更有可能实现。科学的历史用聪明的汉斯马(horse Clever Hans)这一事例作为一个主要的例子记载了这样一种现象的发生(Pfungst, 1911/1965)。

第一批实验专门设计用于调查实验研究雇来的研究参与者结果的实验期望效应。心理学领域的研究生和高年级的大学生被招聘来从普通心理学学生中收集数据。实验者对研究参与者出示一系列面部的照片,并要求参与者给照片上反映出来的成功或失败打分。让一半实验者,期望他们随机选择的研究参与者在给照片打分时,有更多的成功的人;而其余一半的实验者则给出了相反的期望——期望他们的研究参与者给出的分数有较少的成功者。尽管所有的实验者都被要求做完全是标准化的实验,且向所有的参与者都宣读了同样的打印的说明,但那些曾期望给面孔的打分有较多的成功人士的实验者,用他们的随机分配的参与者得到了这样的打分。而那些曾被导向期望结果相反方向的实验者则易于得到反向的结果。

这些结果用其他的人类研究参与者重复了许多次。他们也用动物研究应试者重复了实验。在这些实验的第一个实验中,雇用的实验者被告知,他们的实验室正和另一个开发出了在迷宫学习中比较聪明的老鼠和在迷宫学习中比较愚笨的老鼠的遗传品系的实验室合作。实验者的任务只是简单地记录聪明的老鼠和愚笨的老鼠在迷宫学习中的成绩。一半的实验者被告知,给他们分配了聪明的老鼠,而其余的实验者则被告知,分配给他们的都是愚笨的老鼠。实际上没有一只老鼠真被培育成迷宫学习的聪明的老鼠,也没有一只老鼠被培育成迷宫学习的愚笨的老鼠。而实验者则是完全随机地被告知,分给他们的是什么样的老鼠。尽管事实上聪明的和愚笨的老鼠之间的差别只是实验者的说辞,那些相信自己的老鼠是聪明老鼠的实验者,从他们的老鼠那里得到了较好的成绩,而那些认为自己的老鼠是愚笨的实验者,则从他们的老鼠那里得到了较差的成绩。在用斯金纳箱(Skinner boxes)而非迷宫重复这一实验时也得到了基本上相同的结果。

——Robert Rosenthal

(沈崇麟译校)

* 也可参见皮格马利翁效应【Pygmalion Effect】。

参考文献

Pfungst, O. (1965). *Clever Hans*. Translated by C. L. Rahn. New York: Holt, Rinehart and Winston. (Original work published 1911.)

Rosenthal, R. (1976). *Experimenter effects in behavioral research: Enlarged edition*. New York: Irvington Publishers, Halsted Press Division of Wiley.

Rosenthal, R., & Jacobson, L. (1968). *Pygmalion in the classroom*. New York: Holt, Rinehart and Winston.

Rosnow, R. L., & Rosenthal, R. (1997). *People studying people: Artifacts and ethics in behavioral research*. New York: W. H. Freeman.

专家系统(Expert Systems)

专家系统(ES)也称为基于知识的系统,是用于有限知识域的具有复杂的决策和推理能力的人工智能【Artificial Intelligence, AI】计算机程序。专家系统一般来说都使用常情诠释【Abduction】(指向推论的推理),它们不只是智慧型的数据库,因为它们可以模拟人类的思想。对社会科学家来说,专家系统提供了给不同的理论框架建模、检验理论的假设、进行模拟【Simulation】的办法。专家系统也在教学、研究设计、问题求解、鉴别、诊断和控制中有广泛的运用。

通常ES由四个部分组成:(a)知识库本身,包括某个领域的陈述性知识("材料")和程序性知识(如何使用"材料")的主体;(b)推理引擎,提供推理的工具;(c)知识获取界面,规定了获取知识的模式和规则形式;(d)用户界面,提供一个直观的,像人类一样的终端用户接口。通过专家系统给问题建模,与通过电话咨询由有真人专家来直接解决这一问题是等价的。

举例来说,表1中所展示的是基于规律的ES对怀孕妇女进行第一次产前检查的时间早还是晚所做的预测的简单解释。这是从对做过第一次产前检查的妇女的访谈田野笔记【Fieldnotes】中建构出来的。它的操作可以与多元回归分析【Multiple Regression Analysis】相比较,但更容易解读。

表 1

规则 1	**如果**受到有影响力的他人的鼓励=是, **那么**第一次产前检查就早
规则 2	**如果**受到有影响力的他人的鼓励=否, **或**受到母亲的鼓励=是,**那么**第一次产前检查就晚
规则 3	**如果**受到有影响力的他人的鼓励=不确定(根据访谈资料) **且**早期的症状=是,**那么**第一次产前检查就早。 **否则**(即,如果否),第一次产前检查就晚

尽管ES经常都用人工智能(AI)语言,诸如C++,Prolog或Lisp来写,但许多ES还是用一种称为壳体(shells)的程序设计环境来开发的。一个典型的壳体提供了专家系统四个关键部分中的三个部分——推理引擎、知识获取界面和用户界面——只有知识数据库是由开发者提供的。

社会科学家发现,在系统阐述和检验自己的认识时,建立一个ES是一种有用和发人深省的经验,因为ES需要专属的假设和试探法(专家用来操控知识的非正式的经验法则）。ES 允许基于溯因的、基于归纳法【Induction】和概率性【Probability】的推理，因此它并非只是一个基于规则的模型【Model】。

相关的方法还包括数据挖掘、归纳法，以及模糊系统。在这里，类包含（class-inclusion）可能会有模糊的边界。其缺点就是不能处理没有预料到的关系以及存在系统维护的问题，尽管专家系统的壳体比 C++ 等语言更加自文档化（self-documenting）。

本弗、布伦特和弗比（Benfer, Brent, & Furbee, 1991）给社会科学家提供了一个易于理解的入门材料。在线资源很丰富，含可索取的一般信息和入门指南（有一般的商业信息，以及包括免费软件和共享软件在内的资源）。

——N. Louanna Furbee

（杨可译　沈崇麟校）

参考文献

Benfer, R. A., Brent, E. E., Jr., & Furbee, L. (1991). *Expert systems*. Newbury Park, CA: Sage.

已解释方差（Explained Variance）

参见 *R* 方【*R*-Squared】。

解释（Explanation）

一个事件或一种规律性的科学解释是一种论证，其目的在于显示在世界的其他性质给定时，事件或规律性为什么会发生。在既定情况和相关的所依法则或规律性存在时，为什么这个结果是必然或可能的。科学解释的最为一般的模式是"覆盖律解释（covering-law explanation）"。一个覆盖律解释是一个包含一个或几个一般规律、一个或几个特别的陈述（边界条件）和被解释现象的陈述的演绎推导论证。这样的解释被设计用来显示在初始条件和性质规律给定时，一个结果为什么是必然的。一个覆盖律解释把现象归入一般的规律。概率性解释有着与之相似的逻辑。概率性解释确认一个或几个统计规律，并把现象归入这些规律：给定概率规律 L_i，O 的概率是 P。这些方法的科学解释的逻辑把科学规律或要解释的性质的作用放在了首要位置。使用这一方法，在相关性质的规律给定时，在我们已显示一个结果是如何必然时便已对它作出了解释。

科学解释的另一种方法发端于世界是一个因果过程和因果机制系统这样一种观点。在使用这种方法时，我们对因果机制和导致结果发生的力量作出解释时便对一种现象也作出了解释。因果解释始于因果机制的确立，然后再通过它，由初始条件引出待解释项。这两种方法是有关联的，因为因果机制的存在也意味着，可在覆盖律内起作用的类似规律概括的有效性。在我们问一个结果的解释时，我们想知道事件为什么会发生？托勒密关于天空中行星的观察位置的解释，是以在一组类似规律的概括（循环和本轮）包容了行星运动为依据的。这种解释是不能令人满意的，因为它依一种导致一些天文观察的因果过程的伪概念为根据（以地球为中心，而非以太阳为中心的行星运动）。

——Daniel Little

（沈崇麟译校）

参考文献

Achinstein, P. (1983). *The nature of explanation*. New York: Oxford University Press.

Hempel, C. (1965). *Aspects of scientific explanation, and other essays in the philosophy of science*. New York: Free Press.

Kitcher, P., & Salmon, W. C. (Eds.). (1989). *Scientific explanation* (Minnesota Studies in the Philosophy of Science, Vol. 13). Minneapolis: University of Minnesota Press.

Little, D. (1991). *Varieties of social explanation: An introduction to the philosophy of social science*. Boulder, CO: Westview.

Miller, R.W. (1987). *Fact and method: Explanation, confirmation and reality in the natural and the social sciences*. Princeton, NJ: Princeton University Press.

Salmon, W. C. (1984). *Scientific explanation and the causal structure of the world*. Princeton, NJ: Princeton University Press.

解释变量(Explanatory Variable)

解释变量是一种分析者用来解释一种现象的因素。在回归【Regression】模型中，它也称为自变量【Independent Variable】、回归量(regressor)、输入变量、右侧变量或*X*变量。

——Tim Futing Liao

(沈崇麟译校)

探索性数据分析(Exploratory Data Analysis)

探索性数据分析(有时缩写为EDA)是一种数据分析的方法。它令数据本身自行揭示自己的潜在结构，从而使研究者对数据有所"感觉"。要达到这一目的，在很大程度上有赖于图标和展示，因为目测给我们提供了一种对数据的特别洞察，但与此同时，它也使用了许多数字技术。目测和数字技术二者的重点集中在寻找使我们得以更有效地检验理论和假设的知识。假定探索性数据分析代表理解数据的一般哲学，那么这些技术只是一种工具，而非目的本身。

探索性数据分析的哲学有两个重要的特性：开放性和怀疑论(Hartwig & Dearing, 1979, pp. 9-12)。分析应当是对未曾预料到的、超出计划的模型和期望的那些数据模式持开放的态度；而对那些可能会隐匿或曲解数据中最有信息量的方面的概括数字则应持有怀疑的态度。

历史发展

数据分析开创性成果的体现是Tukey(1977)以及Mosteller & Tukey(1977)。图基(Tukey,1977, p. vii)注意到，用以确认样本【Sample】统计量在什么样的精确程度上可用来推论总体【Population】参数的验证性数据分析一直主导着20世纪的统计研究。他认为，探索性和验证性数据分析强调的是不同的原理，但是二者都应当为实际的研究者所用。探索性数据分析的目的在于对居主导地位的统计方法作补充，他认为研究者不可以没有验证性数据分析，但是数据分析却不必从它开始。他的主要观点是(Tukey, 1977):"重要的问题在于在学会自己做得有多好之

前,先明白自己究竟能做什么。”(p. v)

我们来看一下,验证性数据分析和探索性数据分析的不同之处(NIST/SEMATECH, 2003)在于:

- 验证性方法始于一个预设的模型,并用来自数据分析得到的参数来评估模型,而探索性方法则始于数据分析,以推测模型和设定它的假定【Assumption】。
- 验证性方法是正式和严格的,旨在评估模型,而探索性方法则不那么正式,且比较灵活,旨在发现数据含有的意义。
- 验证方法在数据上建立模型,而探索性方法则让数据提出一些适当的模型。
- 验证性方法筛选数据,将信息减少到少数参数,而探索性方法则依靠反映数据所有部分的那些方法。
- 验证性方法要求有强的假定,而探索性方法只做少数几个假定,或试图在模型检验前确认假定。
- 验证性方法更有鉴定力,以精确地检验假设【Hypothesis】,而探索性方法则有更大的普遍性,但灵敏性较低。

这两种方法代表理想的类型,在一个优良的研究中,两种方法是并重的。图基和其他一些学者一贯反对那种认为,只是对数据作描述和探索的做法,其层次低于正式的假设检验和模型验证的观点。今天,虽然大多数经验的社会科学研究都依靠验证性的模型,例如,使用回归【Regression】和方差分析来检验理论,但是探索性技术也已经成为一个通向验证性模型研究过程的基本部分。

实例

图基(Tukey, 1977)及莫斯特勒和图基(Mosteller & Tukey, 1977)的著作,给我们提供了许多用于探索性数据分析的方法和统计量,甚至还有很多新的术语。少数几个有关这些方法和统计量的例子,以及它们对实现探索性数据分析的贡献,可给研究者阐明它们的潜在用途。

为了揭示隐藏的数据结构,探索性数据分析使用图表来帮助研究者注意到他们从未想看到的东西。一张茎叶图【Stem-and-Leaf Display】和一张盒须图(参见盒形图【Boxplot】)每一张都以直观的方式描述一个单变量【Variable】的值的完整分布【Distribution】,而散点图【Scatterplot】则描述了含有所有的变量值的两个变量之间的关系。视觉再现能在很大程度上确认任何对正态性的偏离【Deviation】(在单变量中)和对线性的偏离(在两个变量的关系中),从而帮助我们对通常用于最小二乘【Least Squares】回归的假定进行评价。

为了解决非正态性和非线性【Nonlinearity】问题,探索性数据分析寻找一些重新表述变量量度量表【Scale】的方法。重新表达在保持顺序或次序不变的同时,改变变量值之间的距离。取变量的幂、根和对数,使分布正态化及关系直线化,使变换后的变量更适于做多变量分析。使顺序变量变得平滑的技术同样也能帮助我们揭示数据中的潜在模式。

为了最好地对分布和关系进行概括,探索性数据分析都有赖于稳健【Robust】计算和抗性量度。反映数据中的大多数使抗性量度对偏差个案分析【Deviant Case Analysis】不那么敏感。这样的量度经常以中位数【Median】而非均值,以绝对值而非平方值,以及以最小绝对离差而非最小平方离差为依据。各种稳健的回归技术进一步提供了使模型变得不太敏感和降低离群个案的不成比例影响的方法。

为了评估模型的恰当性,探索性数据分析对离群值【Outlier】和残差【Residual】给予了更多的关注。变量之间的关系的最小平方分析都辅以用散点图和点对回归线的偏离的视觉检查。许多数字技术虽然也能确认多变量背景中的大离群值和残差,但是它们并不能完全取代从带有数据的模型的视觉对比中得到的好处。其次,关注离群值和残差又有助于我们确定如何重新表述变量、重新设定模型,以更好地描述关系,进而得到对正在调查的专题新的洞见。

——Fred Pampel

(沈崇麟译校)

参考文献

Hartwig, F., & Dearing, B. E. (1979). *Exploratory data analysis* (Sage University Papers on Quantitative Applications in the Social Sciences). Beverly Hills, CA: Sage.

Mosteller, F., & Tukey, J. W. (1977). *Data analysis and regression: A second course in statistics.* Reading, MA: Addison-Wesley.

NIST/SEMATECH. (2003). *E-handbook of statistical methods.* Retrieved from http://www.itl.nist.gov/div898/handbook/eda.

Tukey, J. W. (1977). *Exploratory data analysis.* Reading, MA: Addison-Wesley.

探索性因子分析(Exploratory Factor Analysis)

参见因子分析【Factor Analysis】。

外在效度(External Validity)

外在效度是一种使研究者能将研究的发现推广到一个较大的总体【Population】的性质。在构建实验和非实验的(观察的【Observational】)研究设计时,就会涉及外在效度问题。研究者可通过小心地构建自己的研究设计来确保外在效度。

外在效度的威胁来自三个方面:无代表性样本【Sample】、人造的实验室环境和检验效应。研究的主要目的之一是将发现推广到更大的总体。我们来看一个有关负面的竞选广告对选民投现任总统候选人的票的影响的研究。为了使这一个研究可行,我们不可能对所有的选民,即感兴趣的总体进行调查。相反,我们应该对总体的一个样本进行研究。我们需要特别予以关注的是,样本和感兴趣的总体的潜在的因果过程必须是相同的。有时,找到一个代表样本【Representative Sample】是很困难的。许多时候,参与者是从当地的社区或研究进行的大学的校园招聘来的。一个基于大学低年级学生的样本的竞选广告,得到的结果不可能类似于从感兴趣总体得到的结果。低年级大学生可能更容易受广告的影响,因为他们还没有形成很强的党派联系,然而年长选民受负面广告的影响就比较小。

研究进行的环境设置可能会对发现有影响。实验常常都在实验室环境中研究现象。这种非自然的环境使身处其中的参与者知道自己正在被研究,因而有可能产生意外的结果。在负面的广告研究中,参与者可能先被要求观看各种广告,然后测量他们有关现任候选人的观点。然而,我们知道大多数人都不会主动地去注意电视上的商业广告,在电视节目因播出广告而中断时,许多人便一起聊天,有的人去拿小吃,有的人则干脆换台。因此,那种在人工环境中观看的广告,可能会使参与者对现任候选人给出差评,而在家观看同样的商业广告却没有影响。如果观察发生在相对于自然环境的实验室环境，观察研究也可能会因为人造的环境而遇到问题。

对外在效度的最后一个威胁是测试的前测【Pretest】和已被测试的经验可能会改变治疗效应的大小。为了能测量负面广告对现任候选人赞成的影响效应，在参与者看到这个广告之前，我们可能需要某种赞成的量度。一个前测可能会使参与者变得更善于观察，或对现任候选人更有成见，从而产生令人误解的结果。在观察研究中，研究者必须确保观察者的存在不会影响应试者的行为。

第一，研究者在进行研究设计时，都会通过考虑这些威胁来提高外在效度。在探索电视上的晚间新闻的议题设置效力的研究中（agenda-setting power），延加、彼得斯和金德（Iyengar, Peters, & Kinder, 1982）阐述了如何可以做到这一点。他们操控着在晚间新闻报道中报道的新闻量，并观察这是否会对参与者如何看这个问题有影响。

延加、彼得斯和金德的样本来自美国康涅狄格州纽黑文市的志愿者。这就有可能产生一个问题，因为纽黑文市代表不了美国的人口总体（感兴趣的人口总体）。为了确保他们的结果能推广到感兴趣的人口总体，他们尝试通过一个分类广告来征集参与者，力求参与者的多样性。提高样本的异质性可以使研究更具有概括性（Frankfort-Nachmias & Nachmias, 2000）。他们还报告了参与者的人口组成，允许读者自行判断实验的普遍性。他们也在他们的控制组和实验组之间采用了随机分配【Random Assignment】，以确保这些组之间不存在系统差异。

第二，研究者采取了几个步骤来防止实验过程产生假的发现。参与者结成小组来观看新闻报道，他们也从来未被鼓励对报道要予以特别的注意。实际上，研究者报告说，许多参与者在报道期间都在忙于交谈。这表明尽管实验并未在参与者的起居室（感兴趣的环境），但研究者却成功地复制了一个类似的环境，包括干扰。还应对测试环境的地点予以周密的考虑，以使它尽可能地类似于自然的环境。另一种选择是使用随机化的田野实验【Field Experimentation】（Gerber & Green, 2000）。

研究者还应采取几个预防措施，以防止来自检验的假结果。这样的措施包括给参与者递呈一封有说服力的表面故事【Cover Story】，并用一种无引导方式（nonleading way）来设计预测。幌子可能是一种有用的工具，但是研究者也必须考虑到因为使用幌子欺骗参与者而带来的伦理问题。正是通过对效度威胁的周密思考，延加等人才能构建出将这些威胁的影响减少到最小的研究设计。

法兰克福-纳西米亚思和纳西米亚思（Frankfort-Nachmias & Nachmias, 2000）认为在构建研究设计时，研究者必须意识到，他们必须在外在和内在效度【Internal Validity】之间作出权衡。内在效度确保自变量【Independent Variable】能使因变量【Dependent Variable】产生变化。一个有着很强的外在效度，却有着较弱的内在效度的实验，对促进我们的理解贡献很小，因为我们无法从正在研究的关系【Relationship】中得出结论。为了确保内在效度，很多时候，我们必须牺牲外在效度。在延加等人（Iyengar, Peters, & Kinder, 1982）有关议题设定的实验中，他们让参与者在自己的起居室内看新闻，从而给他们提供了更为自然的环境。然而，这还会妨碍研究者对参与者观看节目的控制，于是，为了保证内在效度，他们牺牲了一定的外在效度，将实验置于一个可控的环境中。在构建一个研究设计时我们必须知道，选择会同时影响外在和内在效度两者。

——Heather L. Ondercin

（沈崇麟译校）

参考文献

Campbell, D. T., & Stanley, J. C. (1963). *Experimental and quasi-experimental designs for research*. Chicago: Rand McNally.

Frankfort-Nachmias, C., & Nachmias, D. (2000). *Research methods in the social sciences* (6th ed.). New York: Worth.

Gerber, A. S., & Green, D. P. (2000). The effects of personal canvassing, telephone calls, and direct mail on voter turnout: A field experiment. *The American Political Science Review*, *94*, 653-664.

Iyengar, S., Peters, M. E., & Kinder, D. R. (1982). Experimental demonstrations of the "not-so-minimal" consequences of television news programs. *The American Journal of Political Science*, *4*, 848-858.

外推法(Extrapolation)

外推法也称为趋势外推法或曲线拟合,是一种预测技术。分析员依据过去时段的数据绘制数据点,选出此数据的一条最佳拟合趋势线(或曲线),然后再延伸那条趋势线以投射未来的值。外推法的核心是双变量回归技术,其中自变量【Independent Variable】是时间,而需要投射的变量就是因变量【Dependent Variable】。

史密斯、塔伊曼和斯旺森(Smith, Tayman, & Swanson, 2001)强调,外推法技术最典型的特征就是历史值只能用于投射被研究的变量未来的值。外推法技术有许多变化形式,从最简单的线性回归到更复杂的多项式和增长曲线(logistic curves),有些变化形式也把比率纳入了投射模型。

人口学家和规划人员通常使用外推法来推论总体的数字,公共管理者也使用外推法来进行项目预算和开支预测,商务人士也用外推法来预测销售和收益。外推法之所以备受青睐,主要是因为简单,需要的数据也不多。使用电子制表程序或计算器,就可以很容易地生成投射使用的外推技术。就数据的要求而言,最少仅需要两个数据点就可以形成一条投射未来值的趋势线。虽然外推法在运用中相对简单,但史密斯(Smith, Tayman, & Swanson, 2001)报告了许多经验研究,证明它与其他复杂方法,例如同期群成分技术(the cohort-component technique)一样准确。

图1展示了使用外推法来为一个中等县投射人口的案例,使用了三种变化形式:一条线性曲线、一条几何曲线和一条抛物线。依据美国人口调查局(U.S. Census Bureau)的数据,1940—2000年的总人口数字被用来投射这个县2010,2020,2030年的人口。图1显示的人口投射范围显然与所选的曲线有关。从表面来看,抛物线似乎是这种情况下"拟合最好"的曲线。

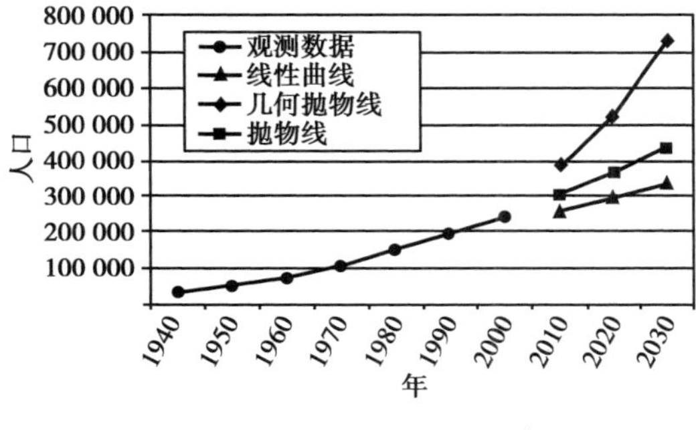

图1 外推技术的应用例解

外推法简单、对数据要求不高,使它成了一种吸引人的投射方法,但也成了这项技术的主要局限。外推法依赖聚合数据输入,生成的也是聚合的结果。那些可能会影响研究变量的因素也是外在于这种方法的。比如说,在进行人口投射时,外推法技术不考虑住房趋势效应、经济变化或其他人口的外在压力。输入模型的数据很简单，输出的也很简单。比如说，当采用外推法来投射政府收入时，这种方法只会产生一个总收入；不会提供来源于各种资金的收入变化。

这个模型的另一个局限是，外推法用过去的情况来投射将来的情况。尽管过去的情况是预测未来的有用的起始点，但没什么能保证过去的趋势会持续下去。最后，时间段的选择和分析中使用的数据的观察数也可能会对结果有极大的影响。有鉴于此，外推法的使用应十分谨慎，对它在投射未来时的效用和局限性要有充分的了解。

——Tim Chapin

（杨可译　沈崇麟校）

参考文献

Smith, S. K., Tayman, J., & Swanson, D. A. (2001). *State and local population projections: Methodology and analysis*. New York: Kluwer Academic/Plenum Publishers.

极端个案(Extreme Case)

极端个案就是在某个变量上的值达到了可能取值的极限的个案【Case】。比如说，在研究某个社区的年龄时，最极端的上限值可能是95岁，而最极端的下限值可能是18岁。这些代表了极端个案，但他们可能是也可能不是离群值【Outlier】。离群值必须远离其他的值，但极端个案不一定如此。比如说在年龄研究中，可能有很多被调查者都是80多岁、90多岁，这可能意味着有95岁的，尽管很极端，但并没有远离邻近的值。相比之下，如果95岁以下最高的年龄是72岁，那么显然95岁就是一个离群值，同时也是一个极端个案。

——Michael S. Lewis-Beck

（杨可译　沈崇麟校）

F

F 分布(F Distribution)

F 分布也称为方差率分布,是一种从估计同一总体的方差【Variances】(σ^2)的两个样本方差(s^2)的比率导出的抽样分布【Samplimg Distribution】。这个分布原由罗纳德·费希尔(Ronald A. Fisher,1890—1962)提出,后经乔治·斯内德克(George W. Snedecor,1881—1974)所发展,他将它命名为 F 分布,以表示对费希尔的敬意。

用 F 分布进行显著性检验

与费希尔和斯内德克对它的开发目的一致,F 分布通常的使用都与方差分析【Analysis of Variance】连在一起。然而在最一般的显著性检验【Significance Testing】应用中,F 分布在检验两个总体的方差相等的假设中十分有用:

$$H_0:\sigma_1^2=\sigma_2^2$$
$$H_1:\sigma_1^2\neq\sigma_2^2$$

为了理解 F 分布和它在检验这样的假设中的使用,让我们来设想 H_0 为真。这就是说,考虑两个可能有着不同的均值(μ),但却有着相同的方差(σ^2)的正态分布的总体。如果我们从一个总体取一个样本量为 n_1 的随机样本,而从另一个总体取一个样本量为 n_2 的随机样本,那么我们可以通过构建样本方差,估计来自每一个样本的总体的方差。

$$\hat{\sigma}^2=s^2=\frac{\sum(X-\overline{X})^2}{n-1}$$

样本方差的分母($n-1$)是与该统计量有关联的自由度【Degrees of Freedom】,我们可以把它标为 v。即使两个总体有相同的方差,抽样误差【Sampling Error】也可能会导致不同的样本方差。然后,我们可以构建两个样本方差的比率,它便是 F 比率【F Ratio】:

$$F=\frac{s_1^2}{s_2^2}=\frac{\hat{\sigma}_1^2}{\hat{\sigma}_2^2}$$

用 H_0 为真,我们可以通过构建样本量为 n_1 和 n_2 的每一可能组合来导出 F 比率的抽样分布,它将导致 v_1(即 n_1-1)和 v_2(即 n_2-1)的抽样分布(用 H_0 为假,分布称为无中心 F 分布[noncentral F distribution]。它不容易设定,但它却比 F 分布更对称)。

作为一个 F 分布是怎样用于检验两个总体方差相等的假设的例子,我们来考虑一下两个样本量分别为 $n_1=31$ ($v_1=30$)和 $n_2=41$($v_2=40$)的样本。因为我们最感兴趣的常常是分布的尾部,那里都是不典型的值,统计教科书一般都含有一张 F 比率表,它确定了 F 分布的上端的百分比(上端2.5%,上端5%等)。如果我们采用了0.05

的 α 水平，那么 F 比率将切去有 $v_1 = 30$ 和 $v_2 = 40$ 的 F 分布上端的5%（称为 $F_{临界值}$），等于1.74。因此，根据 F 分布，在 H_0 为真时，只有5%的 F 比率等于或大于1.74（同样，统计程序将会产生一个 H_0 为真时的概率值）。在掌握了这种信息之后，我们就可以检验两个样本方差取自有相同方差的总体的虚无假设。如果我们两个样本的 F 比率值等于或大于1.74（或概率小于我们的 α 水平，一般为0.05），我们则倾向认为，抽取分子的样本的总体方差大于抽取分母样本的总体方差。如果 F 比率大于1.0且小于1.74，我们将保留 H_0（如果 $F_{临界点}$ 小于1，只要将比率颠倒，并把它与有40和30自由度的 $F_{临界值}$ 相比较，在 $\alpha = 0.05$ 时，它等于1.79）。

F 分布的特性

因为 F 分布的形状受与两个样本方差有关的自由度（v_1 和 v_2）的摆布，所以没有单一的 F 分布，只有一个分布族。F 分布中的 F 比率总落在0到无限大之间。只要 v_2 大于2，F 分布的模式便是

$$\left(\frac{v_1 - 2}{v_1}\right)\left(\frac{v_2}{v_2 + 2}\right)$$

只要 v_2 大于2，F 分布的均值就等于

$$\frac{v_2}{v_2 + 2}$$

只要 v_2 大于4，F 分布的方差就等于

$$\frac{2v_2^2(v_1 + v_2 - 2)}{v_1(v_2 - 2)^2(v_2 - 4)}$$

F 分布一般都是单峰的和正偏态的（只要 v_1 大于2）。在正偏态分布中，均值将大于模式。例如在上述例子中，$v_1 = 30$ 和 $v_2 = 40$，模式 F 比率为0.89，而均值 F 比率则是0.95，与 F 分布的正偏态一致。由公式可知，模式总是小于均值的，尽管随着 v_1 接近无限大，这个差数将会变小。

F 分布与使用很普遍的统计分布 t 分布【*t*-Distribution】有关，亦即当 $v_1 = 1$ 时，$t^2 = F$。

——Hugh J. Foley

（沈崇麟译校）

＊也可参见分布【Distribution】。

参考文献

Hays, W. L. (1994). *Statistics* (5th ed.). Fort Worth, TX: Harcourt Brace.

Heyde, C. C., & Seneta, E. (Eds.). (2001). *Statisticians of the centuries*. New York: Springer.

Keppel, G. (1991). *Design and analysis: A researcher's handbook*. Englewood Cliffs, NJ: Prentice Hall.

Stuart, A., & Ord, J. K. (1994). *Kendall's advanced theory of statistics* (Vol. 1). London: Edward Arnold.

F 比率（F Ratio）

F 比率是方差或方差类数量的比率。一个简单的例子是在方差分析【Analysis of Variance】中检验组间的方差是否显著大于组内的方差。隐含于诸如这样的检验中的一般概念是组内个体间的差异都只不过是随机的差异而已（误差的方差），而组间均值的方差的差异则不是偶然的（备择假设）。

实例

举一个方差分解的例子来说明 *F* 比率的计算方法。将有均值 5 和方差 54 的一系列数字 2 2 3 4 4 5 6 7 8 9 分解成两个组。我们可以设想对这两个组（如一组男人和一组女人）的某一定量变量的分数作一番考察，我们假定这个变量是以每天抽烟支数量度的抽烟行为。男人组的分数为 2 2 3 4 4，有均值 3 和方差 4。女人组的分数为 5 6 7 8 9，有均值 7 和方差 10。组内的变差为 4+10=14。组间的变差为组均值 3 和均值 7 所定义。它们的均值是 5，方差是 8。组间的变差完全由组确定，可用组之间的变差乘以每个组的个体数求得：8×5=40。我们不难看出 54=40+14 或 SST=SSB+SSW（总平方和=组间平方和+组内平方和）。我们对自由度进行类似的分解，将总和分解成组间和组内两个组成部分。计算系列数的均值失去了一个自由度。因此，10 个分数总起来共有 9 个自由度。对于组间的组成部分，我们计算了 2 个组，所以有 1 个自由度，对组内组成部分，我们对 2×5 个体进行了计算，每次计算组均值都失去了一个自由度，这样还剩下 2×(5-1)= 8 个自由度。我们在这里也看到了总和=组间+组内，因为 9=1+8。假如现在我们想使用方差，而不是变差（均方 MS，而不是平方和 SS），那么我们必须将每个有关的变差除以相应的自由度：MSB = 40/1 和 MSW = 14/8。组间的方差 MSB 和组内方差 MSW 的比率是一个统计量，$F=(40/1)/(14/8)=22.86$。这个统计量的抽样分布是分子的自由度为 1，分母的自由度为 8 的 *F* 分布（之所以选择 *F* 作为该分布的名称，是为了纪念罗纳德·费希尔对此做出的贡献）分子 1 个自由度和分母 8 个自由度的 *F* 的临界值可以在理论的 *F* 分布统计表上找到，对于公设的 0.05 的 α，它等于 5.32。在我们的经验例子中求得的 *F* 比率的值则大于它，因此即使只用这些比较小的数目，我们也有 95%的概率拒绝虚无假设。虚无假设表明比率 MSB/MSW 等于 1。换言之，组间的差异（MSB）并不大于随机假定的组内的个体之间的差异（MSW=误差的方差）。

在多变量分析中的许多应用

在多变量分析中，*F* 比率常用于比上面的例子复杂得多的情境。方差分析中的组间差异检验，多元回归分析中的回归【Regression】模型的显著性检验和判别分析【Discriminant Analysis】中的中心差异检验等只不过是 *F* 比率的许多应用中少数几个而已。拉奥对 *F* 分布情有独钟，下大力开发了许多应用于多变量分析的 *F* 变体。

F 分布和其他分布之间的关系

有心的读者已经发现，我们也可十分方便地使用均值差的 *t* 检验来替代这个例子中的 *F* 检验。我们可以从有标准误差 = $\left(\frac{s_w^2}{n_1}+\frac{s_w^2}{n_2}\right)^{\frac{1}{2}}$ 的均值差的抽样分布求得第一组的均值(3)和第二组均值(7)的差为(-4)，而在这里 s_w^2 等于$(4+10)/[(5-1)+(5-1)]=1.75$，而 $n_1=n_2=5$。在我们的配对样本中发现的均值差的 *t* 值为：$t=(4-0)/[(1.75/5)+(1.75/5)]^{1/2}=4.78$。由 *t* 表可知，两组均值的差异是显著的。前面求得的 *F* 值为 22.86（在舍入误差之内），在自由度为 1 时，等于求得的 *t* 值 4.78 的平方，即 $F=t^2$。

我们还可以看一下在 *F* 和 *t* 表中，1 个自由度分子的 *F* 临界值（只有两个组！）等于对应的 *t* 值的平方。

F 分布【*F*-Distribution】属于 β 分布的一个子族，有时也称为反向 β 分布（inverted beta distributions）。它也和 *t* 分布、卡方分布、正态分布【Normal Distribution】和其他分

布有联系。进一步的讨论请参见 *F* 分布【*F*-Distribution】。

——Jacques Tacq
（沈崇麟译校）

参考文献

Blalock, H. M. (1972). *Social statistics*. Tokyo: McGraw-Hill Kogakusha.

Fisher, R. A. (1953). *The design of experiments*. Edinburgh, UK: Oliver and Boyd.

Hays, W. L. (1972). *Statistics for the social sciences*. New York: Holt International.

Tacq, J. J. A. (1997). *Multivariate analysis techniques in social science research: From problem to analysis*. London: Sage.

表面效度(Face Validity)

表面效度是一个量度在多大程度上清楚而明白地刻画了它意图评估的建构估计值。因此,表面效度指的是一个测验的“易见性”——测验的目的在多大程度上对那些采用它的人是显而易见的。如果测验的内在目的是明确的,即使对那些幼稚的回答人也是如此,那么我们就说,测验有高表面效度;反之,如果测验的内在目的是不明确的,那么测验便有低表面效度(Nevo, 1985)。表面效度的概念与题项敏锐性类似,但是它们也有着重要的差别。题项的敏锐性描述的是单个测验题项的透明性,而表面效度描述的则是整个测验的透明性(Bornstein, Rossner, Hill & Stepanian, 1994)。我们有可能构建一个单个的测验题项的内在目的是不清楚的,但在把这些题项作为一个整体详察时,测验的目的就在总体上变得清晰了。

不同类型的测验表面效度具有的效应不尽相同。研究表明,高表面效度可能有利于智力、天资和成效测验。在测验的目的更为明确时,被测者便会不那么焦虑,因而会更加主动地接受测验,即使测验的题项具有很高的挑战性(Messick, 1995; Nevo, 1985)。

在一个测验被设计用来评估个性或精神病理学的某个方面时,高表面效度可能会适得其反。在这种情况中,高表面效度可能会使回答人的回答朝向他们认为的测验者想要看到的方向偏倚。研究表明,幼稚的回答人在进行高表面效度的测验时,比那些进行低表面效度的测验的人更加容易“假好”和“假坏”(Bornstein, 2002; Bornstein et al., 1994)。

有两种一般的估计测验的表面效度的方法。有些心理计量学家一直采用一种方法,要求参与者确认来自一批可能选项的一个评估工具的目的。如果参与者能精确地做到这一点,那么测验便是有高表面效度的。另一些研究者,一直采用一种间接的方法,要求参与者故意弄偏他们的回答,提高或降低他们的测验分数。参与者能以这种方式在一定程度上更改他们的分数,那么测验便被认为是有高表面效度的,因而它对活体内自我展示的效应是敏感的。

考虑到表面效度对心理学测验的重要性,在测验开发期间,我们总是应当对表面效度加以评估和控制。有几种有用的策略。例如,测验题项的措辞可以更为精妙。这样测量的目的便可被遮盖起来。此外,可以对测验题项加以排列,这样那些来自一个分量表的题项就不会彼此出现在接近的地方,已经证明,这种做法也可以降低测验的表面效度。最后,可以将一个与测验的真实目的无关的干扰题项包括进来,这样真正的测验题项的内容就会变得不那么明显。这后一种策略,在将两种方法合起来使用时,对于测验目的的掩饰特别有效。

——Robert F. Bornstein

(沈崇麟译校)

参考文献

Bornstein, R. F. (2002). A process dissociation approach to objective-projective test score interrelationships. *Journal of Personality Assessment*, *78*, 47-68.

Bornstein, R. F., Rossner, S. C., Hill, E. L. & Stepanian, M. L. (1994). Face validity and fakability of objective and projective measures of dependency. *Journal of Personality Assessment*, *63*, 363-386.

Messick, S. (1995). Validity of psychological assessment: Validation of inferences from persons' responses and performances as scientific inquiry into score meaning. *American Psychologist*, *50*, 741-749.

Nevo, B. (1985). Face validity revisited. *Journal of Educational Measurement*, *22*, 287-293.

因子分析(Factor Analysis)

一般来讲,"因子分析"一词是指许多相似但又有区别的多变量统计模型中的一种,这种模型将它的观察变量作为不可直接观察的一组潜变量【Latent Variable】或假设的变量,即所谓的因子的线性函数。

因子分析模型与回归【Regression】模型类似,它们都有作为自变量【Independent Variable】的线性函数的因变量【Dependent Variable】。但是与回归不同,因子分析的自变量不是独立于因变量观察的。

根据因子变量是确定的还是不确定的,因子分析模型还可以作进一步的区分。如果它们接着能被导出为观察变量的线性函数,那么因子就是确定的。否则就是不确定的。确定模型包含着各种成分分析模型,如主成分分析【Principal Components Analysis】(Hotelling, 1933; Joliffe, 1986; Pearson, 1901);加权主成分分析(Mulaik, 1972)和哥特曼(Guttman,1953)图像分析。不确定模型为公共因子模型所代表(Spearman, 1904; Thurstone, 1947),它力图对观察变量之间的协变作出解释。在这里,协变是观察变量在不同程度上分享一组公共因子变量的变差影响的结果。

确定因子分析常用于简化数据,方法是找出少数几个能捕捉到观察变量中的变差和协变信息的变量。确定因子上的分数可以用观察变量的线性组合来计算。这些因子分数在其他的多变量统计程序中,如在多元回归或多元方差分析中可以用作自变量和因变量——就像股权认证一般。然而从理论上讲,这些确定的成分分析的主要不足在于,它们的因子是一种统计上的人工产品,对于确定它们的那组观察变量是唯一的(Mulaik, 1987)。变化观察变量,我们就会得到不同的线性组合。成分因子离开那组线性组合的观察变量便无法独立存在。

相反,公共因子模型的公共因子对观察变量是不确定的,也不是它们的线性组合。公共因子可与在公共因子分析的简单理论结构中那些独立存在的变量对应(Thurstone, 1947);来自某一领域的不同的观察变量的集合可以是那些相同的公共因子的线性函数。因此,就发现那些作为其他变量的共同原因的自主变量这一目的而言,它具有理论的重要性,公共因子模型一般都优于确定的成分分析模型。

然而公共因子模型在应用上会受到一定的限制。在观察变量无自然的次序可觅时,公共因子模型的使用便会受到限制。公共因子模型唯一允许的排序原则是在潜变量上的观察变量函数的相依关系。潜变量之间的函数相依的公共因子模型是无法可依的。潜变量之间的关系只可取相关或协方差的形式,它们是无方向和无次序的。但是那些在时间、空间或某种属性的程度上有着自然次序的变量,可能与它们紧邻的那些变量更相关,而与在自然次序上远离它们的变量则较少相关。在这些情况中,除潜变量上的观察变量的函数相依关系外,每个依次对应于观察变量中的某一个连续的潜变量也许仅仅是在次序上紧挨它前面的潜变量和它所特有的某些新的潜变量的线性函数。有这种性质的模型称为单形模型(Jöreskog, 1979)。处理这种情况和其他一些情况的更为恰当的方法是结构方程模型【Structural Equation Modeling】,因为它能在潜变量之间建立线性函数。因此,如果我们要恰当地将公共因子模型应用于一组观察变量,那么我们就必须在开始就确定变量之间不存在明显的自然的次序。尽管公共因子模型可能与这样一种有少量公共因子的数据拟合得很好,但是通常这些因子都在理论上难以解释(Jöreskog,1967)。

因子分析还可以区分为探索性因子分析和验证性因子分析。探索性公共因子分析主要是分析性的,用于我们认为对那些符合公共因子模型的某一变量域的成分因子变量知之甚少这样的场合。其目的在于分析观察变量,以"发现"更为基本的成分变量。验证性因子分析主要是进行综合,用于我们有足够的知识就作为几个变量共有的理论上的变量的函数建立假设的场合。该理论允许我们在某些约束条件内,预测观察变量间的协方差模式,并对这种模式进行检验(参见验证性因子分析【Confirmatory Factor Analysis】)。本词条的其余部分将介绍探索性公共因子分析。

探索性因子分析的方程

探索性因子分析的方程通常都用矩阵代数来表示。因此,公共因子分析的模型方程由以下矩阵方程给出:

$$\mathbf{Y} = \mathbf{\Lambda X} + \mathbf{E}$$

式中的 $\mathbf{Y}$ 是一个 p 个观察的随机变量的 $p\times 1$ 列向量;$\mathbf{\Lambda}$ 是因子模式负荷 λ_{ij} 的 $p\times m$ 矩阵,它类似于回归系数;$\mathbf{X}$ 是一个公共因子随机变量的 $m\times 1$ 列向量;而 $\mathbf{E}$ 则是一个 p 个独特因子随机变量的 $p\times 1$ 列向量。

随后,我们假定:(a)公共和独特因子变量是不相关的,即 $\mathrm{cov}(\mathbf{X},\mathbf{E})=0$;($b$)独特因子是互不相关的,即 $\mathrm{cov}(\mathbf{E})=\mathbf{\Theta}^2=$ 一个对角矩阵。

根据模型的方程和这些假定,我们可导出公共因子模型的基本定理,它可用下式表示:

$$\mathrm{cov}(\mathbf{Y}) = \sum = \mathbf{\Lambda\Phi\Lambda}' + \mathbf{\Theta}^2$$

式中的 $\sum$ 是 p 个观察变量的 $p\times p$ 的方差-协方差矩阵;$\mathbf{\Lambda}$ 是元素 λ_{ij} 的 $p\times m$ 的因子模式矩阵;$\mathbf{\Phi}$ 是公共因子之间的 $m\times m$ 的方差【Variances】和协方差【Covariances】矩阵;而 $\mathbf{\Theta}^2$ 则是独特因子变量的 $p\times p$ 的对角矩阵。因为 $\mathbf{\Theta}^2$ 是一个对角线之外的元素均为零的对角矩阵,所以协方差矩阵的 $\sum$ 的对角线之外的元素只取决于 $\mathbf{\Lambda\Phi\Lambda}'$ 的对角线元素,它是唯一的公共因子变量的函数。

进行因子分析的步骤:一个实例

步骤 1:挑选或构建变量

最好以系统方式选择或构建一些代表某一活动领域的变量。瑟斯通(Thurstone,1947),因子分析领域的先驱者认为,生成一个域的公共因子定义了变量域。因此,我们必须先考虑那些存在于这一域内的可能的公共因子。然后,对于这些预期的因子中的每一个,我们应当选择或构建至少四个,我们认为是这些因子的比较纯净的量度的指标变量。一个预期因子的四个指标用多种因素确定该因子。

作为一个例子,卡尔森和穆莱克(Carlson & Mulaik,1993)选择了如表 1 所列的 15 个基于两极的个性等级量表的变量。他们期望这些变量代表四个个性因子:(a)友好(friendliness),由两极等级量表友好-不友好(friendly-unfriendly)、有同情心-无同情心(sympathetic-unsympathetic)、善良-不善良(kind-unkind)和有情-无情(affectionate-unaffectionate)代表。(b)能力(ability),由量表聪明-不聪明(intelligent-unintelligent)、能干-不能干(capable-incapable)、有能耐-没有能耐(competent-incompetent)和机灵-愚笨(smart-stupid)所代表。(c)外向(extraversion),由爱说话-不爱说话(talkative-untalkative)、开朗-孤僻(outgoing-withdrawn)、爱社交-爱独处(gregarious-solitary)、思想外向-思想内向(extraverted-introverted)和爱交际-不爱交际(sociable-unsociable)代表。他们预料诸如帮助-不帮助和合作-不合作这样的变量,可能代表了某种友好和能力组合的概念,因而可能会有在这些因子上,再加上在(d)的不同于它们自身的其他因子上的负载。

步骤 2:求变量的分数和计算相关矩阵

然后卡尔森和穆莱克(Carlson & Mulaik, 1993)让 280 名学生在由 15 个题项构成的等级量表上打分。打分完成后,计算了 15 个量表间的相关,将计算结果列在了表 2 中。

表 1　用于生成因子分析的 15 个变量的 15 种两极化个性的等级量表

1.	友好:_1_:_2_:_3_:_4_:_5_:_6_:_7_:不友好
2.	有同情心:_1_:_2_:_3_:_4_:_5_:_6_:_7_:无同情心
3.	善良:_1_:_2_:_3_:_4_:_5_:_6_:_7_:不善良
4.	有情:_1_:_2_:_3_:_4_:_5_:_6_:_7_:无情
5.	聪明:_1_:_2_:_3_:_4_:_5_:_6_:_7_:不聪明
6.	能干:_1_:_2_:_3_:_4_:_5_:_6_:_7_:不能干
7.	有能耐:_1_:_2_:_3_:_4_:_5_:_6_:_7_:没有能耐
8.	机灵:_1_:_2_:_3_:_4_:_5_:_6_:_7_:愚笨
9.	爱说话:_1_:_2_:_3_:_4_:_5_:_6_:_7_:不爱说话
10.	开朗:_1_:_2_:_3_:_4_:_5_:_6_:_7_:孤僻
11.	爱社交:_1_:_2_:_3_:_4_:_5_:_6_:_7_:爱独处
12.	思想外向:_1_:_2_:_3_:_4_:_5_:_6_:_7_:思想内向
13.	帮助:_1_:_2_:_3_:_4_:_5_:_6_:_7_:不帮助
14.	合作:_1_:_2_:_3_:_4_:_5_:_6_:_7_:不合作
15.	爱交际:_1_:_2_:_3_:_4_:_5_:_6_:_7_:不爱交际

表 2　15 个变量的相关

		1	友好														
1	友好	1.000	2	有同情心													
2	有同情心	0.777	1.000	3	善良												
3	善良	0.809	0.869	1.000	4	有情											
4	有情	0.745	0.833	0.835	1.000	5	无情					对称矩阵的下半部分					
5	无情	0.176	0.123	0.123	0.112	1.000	6	能干									
6	能干	0.234	0.159	0.205	0.183	0.791	1.000	7	有能耐								
7	有能耐	0.243	0.155	0.187	0.186	0.815	0.865	1.000	8	聪明							
8	聪明	0.234	0.190	0.238	0.215	0.818	0.841	0.815	1.000	9	爱说话						
9	爱说话	0.433	0.319	0.321	0.435	0.174	0.209	0.239	0.258	1.000	10	开朗					
10	开朗	0.473	0.480	0.410	0.527	0.220	0.274	0.269	0.261	0.744	1.000	11	爱社交				
11	爱社交	0.433	0.438	0.406	0.526	0.188	0.227	0.242	0.228	0.711	0.853	1.000	12	外向			
12	外向	0.447	0.396	0.350	0.500	0.192	0.221	0.227	0.224	0.758	0.846	0.801	1.000	13	帮助		
13	帮助	0.649	0.693	0.697	0.694	0.283	0.344	0.370	0.365	0.443	0.552	0.514	0.473	1.000	14	合作	
14	合作	0.662	0.692	0.676	0.679	0.311	0.345	0.375	0.351	0.431	0.557	0.514	0.493	0.740	1.000	15	爱交际
15	爱交际	0.558	0.543	0.510	0.632	0.213	0.289	0.287	0.287	0.745	0.886	0.820	0.830	0.631	0.626	1.000	

步骤 3:确定因子数

因子的抽取以因子之间的相关矩阵为根据。然而,这时我们必须确定用来求因子模式系数的估计值,公共因子的相关和独特的因子方差的因子抽取方法,它们将是对分析作最终解释的基础。用于这一分析的程序是 Macintosh 计算机(美国苹果公司生产的计算机)的 SPSS FACTOR Version 4.0(一种统计分析软件。在该软件的较新版本中,这一程序基本上没有什么变化)。

该程序为我们提供了几种适合抽取公共因子的方法。这些方法包括主轴抽取法(基本上是一种未加权最小二乘);未加权最小二乘(同一结果略有不同的算法【Algorithm】;广义最小二乘【Generalized Least Squares】法和最大似然【Maximum Likelihood】法。所有这些抽取法都需要先确定抽取的因子数,因为这一数字在整个迭代过程中必须固定在这一值上。SPSS 计算每一因子分析的主成分分析,然后列出修正的相关【Correlation】矩阵 **R** 的特征值【Eigenvalues】。这些数值可用来估计公共因子数。因子数可用碎石图【Scree Plot】来确定。陡坡图是每一特征值比照它在特征值的递降系列中的次序位置的量级图。这一图上点的连接显示,第一个大的特征值大于其他的特征值,随后是那些虽然小一些,但仍然有较大的量级的特征值。不过通常都会有一个点,在那儿,特征值的量级急速下降,突然变得平缓,其余的特征值几乎呈线性下降。许多人都认为这个点的邻近之处,变量开始受公共因子的显著影响,因而这一数目被用作公共因子的抽取数。也有些人认为,因子数应由 R 的特征值大于 1 的个数来确定。但是大家都知道,这会使一定数目的公共因子有一个最弱的下界,因而可能会有更多的较小影响的公共因子。

这一版本及随后版本的 SPSS FACTORS 模块都未能报告那些能在理论上揭示公共因子数的不同的特征值组。考虑上述因子分析的基本定理方程,我们可以用 **R** 替代 $\sum$ 来代表相关矩阵。哥特曼(Guttman, 1954, 1956)证明,确定数目的公共因子的强下界是矩阵 $\mathbf{R}-\mathbf{S}^2$ 的正特征值数,式中的 $\mathbf{S}^2=[\text{diag}\mathbf{R}^{-1}]^{-1}$。$\mathbf{S}^2$ 是一个强上界近似 $\mathbf{\Theta}^2$。这一正特征值数常常位于 $p/2$ 左右处。不仅如此,许多 $\mathbf{R}-\mathbf{S}^2$ 的特征值都相当小,几乎为零。因此,许多研究者喜欢考察特征值的图形,以决定特征值开始有实质意义的值点。约雷斯括格(Jöreskog, 1967)将哈里斯(Harris, 1962)开发的方法应用于最大似然因子分析算法开发,建议我们可以用 $\mathbf{S}^{-1}$ 前乘或后乘 $\mathbf{R}-\mathbf{S}^2$,得到 $\mathbf{S}^{-1}(\mathbf{R}-\mathbf{S}^2)\mathbf{S}^{-1}=\mathbf{S}^{-1}\mathbf{R}\mathbf{S}^{-1}-\mathbf{I}$。这一转换并没有改变得到的矩阵的正特征值数,这样,这个矩阵的正特征值数便等于要保留的因子数。但是这个矩阵的特征值中的每一个都对应于矩阵 $\mathbf{S}^{-1}\mathbf{R}\mathbf{S}^{-1}$ 的一个特征值。这样 $\mathbf{S}^{-1}\mathbf{R}\mathbf{S}^{-1}$ 的任何一个大于 0.1 的特征值都对应于 $\mathbf{S}^{-1}\mathbf{R}\mathbf{S}^{-1}-\mathbf{I}$ 的一个特征值。因此,研究者也可以通过考察 $\mathbf{S}^{-1}\mathbf{R}\mathbf{S}^{-1}$ 特征值来确定保留的公共因子数。

单独计算这一例子的 $\mathbf{S}^{-1}\mathbf{R}\mathbf{S}^{-1}$ 特征值显示,15 个特征值中只有 7 个大于 1.00。这些特征值分别是 37.484, 14.467, 9.531, 1.436, 1.289, 1.116 和 1.065。尽管三个因子有着实质性的贡献,但是我们还是多取了一个,因为这个因子是理论上有所期待的,而那些在它之后的因子则只有小得多的贡献(如果我们把每一个特征值都减去 1 的话)。

步骤 4:未旋转模式矩阵的因子抽取

在这个例子中使用的因子抽取法是最大似然法。这种方法比较稳定,即使在变量不是多元正态分布时,它也能在带有微分出来的公共因子的变量中最大化偏相关行列式,不论分布的形式是什么。在这一例中,未旋转因子模式矩阵的估计值由 $\hat{\mathbf{\Lambda}}=\hat{\mathbf{\Theta}}\mathbf{A}_m[\gamma_i-1]_m^{1/2}$ 给出,式中的 $\hat{\mathbf{\Theta}}$ 是迭代估计的对角独特方差矩阵的平方根，$\mathbf{A}_m$ 是 $p\times m$ 矩阵，它的列是 $\hat{\mathbf{\Theta}}^{-1}\mathbf{R}\,\hat{\mathbf{\Theta}}^{-1}$ 的前 m 个特征向量，而$[\gamma_i-1]_m$ 是 m 阶的对角矩阵，它的对角元素由 $\hat{\mathbf{\Theta}}^{-1}\mathbf{R}\hat{\mathbf{\Theta}}^{-1}$ 的前 m 个最大的特征值 γ_i 中的每一个减去 1 形成的。在这种解中，公共因子互不相关。但是旋转的因子模式矩阵只是一个中间解。它定义了含任何 m 个公共因子的最大公共方差的一个公共因子空间。它不用于因子的解释。

步骤 5：因子旋转

在数学上，因子模式矩阵不是唯一的。若模型方程为 $\mathbf{Y}=\mathbf{\Lambda X}+\mathbf{E}$，那么我们就可以通过对它们进行线性转换，找到备择的因子模式矩阵和公共因子，令 $\mathbf{T}$ 为一个 $m\times m$ 的满秩转换矩阵，而 $\mathbf{T}^{-1}$ 则是它的逆矩阵，那么 $\mathbf{Y}=\mathbf{\Lambda TT}^{-1}\mathbf{X}+\mathbf{E}=\mathbf{\Lambda}^{*}\mathbf{X}^{*}+\mathbf{E}$，有 $\mathbf{\Lambda}^{*}=\mathbf{\Lambda T}$ 和 $\mathbf{X}^{*}=\mathbf{T}^{-1}\mathbf{X}$。这同样也有因子分析方程式。随之而来的问题是，究竟哪一个因子模式矩阵才是我们的解呢？瑟斯通(Thurstone，1947)用简单结构理念解决了这一问题。他论证道，如果大多数观察变量并非它们域内的所有公共因子的函数，那么，在公共因子空间中代表它们的向量将落入“坐标超平面”或全公共因子空间的子空间中。每个超平面或子空间至多由 $m-1$ 个公共因子生成，而这些子空间内的所有变量将只是那些生成该超平面的公共因子的函数。然后，全公共因子空间的公共因子，将在这些“坐标超平面”的交集中发现，因为它们将在 $m-1$ 个超平面的每一个的基向量中。如果坐标超平面能在发现那些占据这些低维的子空间的变量的子空间时予以确认，那么，公共因子便可以在它们的交集中予以确认。不仅如此，该域的变量的不同选择，仍然能在超平面的交集确认相同的公共因子。因此，因子的解对该域变量的选择不是唯一的，而对该域的所有观察变量的选择才是客观不变的结果。为了发现这些超平面，瑟斯通建议用插入这些公共因子空间的称为参照轴的超平面向量。公共因子空间的一个子空间，将是一个与参照轴正交的向量子空间，因而就像一把用参照轴作为把手，伞骨代表子空间中的向量的伞。因此，我们可以在公共因子空间内，四处移动每一个参照轴来寻找落入与参照轴正交的“伞”的不同的变量集。这些变量集将定义那些坐标超平面。瑟斯通原来使用每个因子对的二维图，并在这些二维空间中手动地移动它的参照轴，来发现那些将成行与参照轴正交的变量集。这是一种进度缓慢的工作。后来随着计算机的出现，简单结构的分析标准的建立，发现简单结构的解的过程变成了自动进行的。而更为重要的是，我们应该认识到简单结构并不意味着不相关或正交的因子。这些公共因子可能是相关的，因此，如果我们想要真正的简单结构解，那么就应当避免诸如最大方差【Varimax】这样的迫使公共因子相互正交的旋转方法。常用的简单结构的上佳算法是直接 Oblimin 和 Promax 法。其他的算法，据说略优于这两种算法，但是在商业因子分析软件中，一般都不包含这些算法。

在我们的例子中，使用直接 Oblimin 旋转法，将四个因子解旋转为简单结构。程序生成了一个因子模式矩阵、一个因子结构矩阵和因子之间的相关矩阵。因子模式矩阵包含像回归权数那样的来自公共因子的观察变量的权数。这个矩阵在解释因子时最有用，因为这些权数在跨选择的应试者子总体的范围限制下，将是不变的。不仅如此，模式权数还清楚地显示，那些变量究竟是不是那些公共因子的函数。因子结构矩阵包含着观察变量和公共因子之间的相关。该矩阵是因子模式矩阵和因子相关矩阵的积，$\mathbf{\Lambda\Phi}$。因此，一旦这两个矩阵求得，因子结构矩阵便也迎刃而解。此外，因子结构矩阵和因子之间的相关矩阵在范围限制或主题选择上并非一成不变的。

步骤 6:因子的解释

因子的解释方法是排除归纳法(eliminative induction)。我们从上向下看那些在因子上有着大的"负载"因子模式矩阵的每一列。我们把因子作为假设的变量来解释。假设的变量为那些有着大的负载的变量所共有,却不为那些几乎为零的负载的变量所有。在表 3 中,我们发现有些东西对他人好像有正的取向,或"善良"是那些在第一个因子上有着大的负载的变量所共有,"能力"似乎是第二个因子的共有成分,而"外向"则是第三个因子的共有成分。

表 3 因子模式负载

	1	2	3	4
友好	0.783 17	0.045 61	0.069 36	0.022 96
同情心	0.845 25	−0.053 40	−0.013 19	0.122 06
善良	1.030 68	0.023 53	−0.091 71	−0.044 96
有情	0.794 70	−0.036 80	0.146 17	0.036 76
聪明	−0.077 08	0.886 50	−0.014 61	0.039 89
能干	0.024 54	0.925 86	0.012 84	−0.029 59
能耐	−0.071 17	0.903 17	0.003 33	0.101 89
机灵	0.107 94	0.911 76	0.006 14	−0.090 64
爱说话	0.011 44	0.032 35	0.841 01	−0.090 20
开朗	−0.045 48	−0.000 38	0.923 07	0.084 21
社交	0.015 53	−0.014 68	0.880 10	0.010 90
外向	−0.026 96	−0.014 28	0.938 15	−0.030 29
有帮助	0.328 64	0.114 50	0.127 44	0.449 96
合作	0.234 77	0.100 52	0.119 66	0.568 80
社交能力	0.078 60	0.005 42	0.824 72	0.117 74

第四个因子确实在一定程度上只为帮助和合作所共有,而这两个变量诚如我们所料,在善良和能力上也有一些负载。表 4 中的因子之间的相关指出,善良和外向共同分享着某些东西,而与能力分享的东西则比较少。在有些情况中,因子分析者将分析因子之间的相关,以得到二阶的公共和独特的因子。

表 4 公共因子相关

	1	2	3	4
因子 1	1	1.000 00		
因子 2	0.218 57	1.000 00		
因子 3	0.523 71	0.282 26	1.000 00	
因子 4	0.729 44	0.337 31	0.524 43	1.000 00

——Stanley A. Mulaik

(沈崇麟译校)

参考文献

Carlson, M., & Mulaik, S. A.(1993). Trait ratings from descriptions of behavior as mediated by components of meaning. *Multivariate Behavioral Research*, *28*, 111-159.

Guttman, L.(1953). Image theory for the structure of quantitative variates. *Psychometrika*, *18*, 277-296.

Guttman, L. (1954). Some necessary conditions for commonfactor analysis. *Psychometrika*, *19*, 149-161.

Guttman, L. (1956). "Best possible" systematic estimates of communalities. *Psychometrika*, *21*, 273-285.

Harris, C. W. (1962). Some Rao-Guttman relationships. *Psychometrika*, *27*, 247-263.

Hotelling, H.(1933). Analysis of a complex of statistical variables into principal components. *Journal of Educational Psychology*, *24*, 417-441, 498-520.

Joliffe, I. T. (1986). *Principal component analysis*. New York: Springer-Verlag.

Jones, M. B. (1959). *Simplex theory* (U. S. Naval School of Aviation Medicine Monograph Series No. 3). Pensacola, FL: U.S. Naval School of Aviation Medicine.

Jöreskog, K. G. (1967). Some contributions to maximum likelihood factor analysis. *Psychometrika*, *32*, 443-482.

Jöreskog, K. G. (1979). Statistical models and methods for analysis of longitudinal data. In K. G. Jöreskog & D. Sörbom (Eds.), *Advances in factor analysis and structural equation models*. Cambridge, MA: Abt.

Mulaik, S. A. (1972). *The foundations of factor analysis*. New York: McGraw-Hill.

Mulaik, S. A. (1987). A brief history of the philosophical foundations of exploratory factor analysis. *Multivariate Behavioral Research*, *22*, 267-305.

Pearson, K.(1901). On lines and planes of closest fit to systems of points in space. *Philosophical Magazine*, *6*(2), 559-572.

Spearman, C. (1904). General intelligence, objectively determined and measured. *American Journal of Psychology*, *15*, 366-374.

Thurstone, L. L. (1947). *Multiple factor analysis*. Chicago: University of Chicago Press.

析因设计(Factorial Design)

析因设计涉及在某一个或某一些其他变量上的两个或更多个变量的同步研究。因子都是可以被操控或量度的。每一个因子都由两个或更多水平或类别组成。水平可以在质量或数量上有所不同。例如,质性的婚姻状态可以由五个水平组成:从未结过婚、已婚、分居、离婚和鳏寡;量性因子可以包含特定的值(如递增的毒品计量),或值域(如四个年龄组:20~29, 30~39, 40~49和50~59)。

析因设计还可用因子的数目、因子数和每一个因子内的水平数,个案对因子或治疗是否是随机的和个案是否是在一个或多个场合被量度作进一步的描述。因子也可以称为"路径",这样,一个双因子的设计就可以称为双路设计,一个三因子的设计可以称为三路设计,如此等等。有时,这种设计也可以用每个因子内的水平数来描述。一个由三个因子、两个因子有两个水平、一个因子有四个水平组成的设计可看作 2 × 2 × 4("一个2乘2乘4")的析因设计。在一个完全随机化的析因设计中,每一个个案都被随机分配给一个,且只随机地被分配给一个因子水平或格的组合。在一个混合析因设计中,至少有一个其个案在一个以上的场合被量度的因子和一个其个案只在一个场合量度的因子。

罗纳德·费希尔(Fisher,1935)认为,较之单因设计,析因设计有四个优点:第一个优点是更有效率或经济,在这样的设计中,对于同样的精度或力度,它所需要的个案或观察更少。与单因设计相比较,双因子或双路设计只需单因设计所需的个案的一半,三因素设计只需三分之一,而四因素设计则只需四分之一,如此等等(Snedecor, 1937)。之所以会这样,是因为一个因子的值被跨其他因子的值所平均。第二个优点是它更为全面,析因设计允许考察两个或更多的变量之间的相互作用。第三个优点是它能使结果具有更大的普遍性【Generalizability】。在这样的设计中,一个因子在更为广阔的范围内被调查。第四个优点是如果该因子没有和一个或更多个可能对其未解释或误差的方差的某些方面作出解释的因子有实质性相互作用的话,那么这样的设计将会给我们提供一个因子更为灵敏或有力的检验(Stevens, 2001)。

——Duncan Cramer

(沈崇麟译校)

＊也可参见实验【Experiment】。

参考文献

Fisher, R. A.(1935). *The design of experiments*(1st ed.). Edinburgh, UK: Oliver and Boyd.

Snedecor, G. W. (1937). *Statistical methods* (1st ed.). Ames: Iowa State University Press.

Stevens, J.(2001). *Applied multivariate statistics for the social sciences* (4th ed.). Mahwah, NJ: Lawrence Erlbaum.

析因调查法(Rossi 法)(Factorial Survey Method [Rossis's Method])

人类形成那些有关世界运行方式的思想;人类也形成那些有关世界应该运行方式的思想。这些积极和规范的思想可用方程来代表。而这些方程分别称为积极信仰方程(positive-belief equation)和规范判断方程(normative-judgment equation)。ROSSI 析因调查法使我们得以对头脑中的方程进行估计。

积极信仰和规范判断方程与两个更进一步的方程——一个描述信仰或判断的组成成分的决定因素方程(determinants equation)和一个描述信仰/判断结果的结果方程(consequences equation)相连。

例如,个人在形成有关收入决定因素思想的同时,也形成了作为自身和他人的收入的思想。有关实际收入的决定因素和仅仅只是收入的决定因素本身都是个人和社会因子的产物。诸如那些有关职业结构和宗教的信息也同样如此。不仅如此,有关实际收入的信息帮助人们做出许多决定和行为——学些什么、到哪里工作等,而仅仅有关收入本身的那些思想,则帮助人们做出许多其他的决定和行为,如投票、参加罢工、为游说组织作贡献和设计支付时间表等。

因此,积极信仰方程和规范判断方程的每一个都可以和决定因素方程合用,形成一个多水平的方程系统。同样,积极信仰方程和规范判断方程的每一个也都可以和结果方程合用,形成另一个(可能的多水平)方程系统。

析因调查法的先驱和开发者,彼得·罗

西(Rossi,1951, 1979)和她的合作者(Jasso & Rossi, 1977; Rossi & Anderson, 1982; Rossi & Berk, 1985; Rossi, Sampson, Bose, Jasso, & Passel, 1974)给我们提供了一个人们头脑中估计信仰/判断方程,检验回答人之间的同质性和估计决定因素和结果方程的整合框架。研究方案中的所有部分的设计都以用信仰/判断方程可以达到的最好的可能属性来求估计值为目的。

析因调查法中的数据收集

要求每一个回答人给特定的,与一个虚构的单位(比如说,一个人或家庭)对应的结果变量(例如健康状况、工资获得、公正的刑期)打分。这些单位用可能与之有关的特性,如年龄、性别、学习或饮食习惯、获得医疗或住房的难易程度等来描述。这样的描述称为"情景模拟"(情景模拟技术【Vignette Technique】)。罗西的一个重要观点是,先通过生成潜在相关的特性的所有水平的可能组合的总体,来达到对丰富多彩和复杂的现实的高度保真,然后再抽取回答人的随机样本。有时,情景模拟是用由许多可能的认识代表的许多特性来描述的,而这些特性是完全交叉的。罗西的设计还具有以下三个重要特征:(a)在模拟情景的总体中,模拟情景特性之间的相关为零或接近零,因此可降低或消除那些与多重共线性【Multicollinearity】有关的问题。(b)那些呈现给一个回答人的情景模拟都在调查者的控制之下(即它们都是固定的),这样只有在回答人没有给所有呈现给他们的情景模拟打分时,估计积极信仰和规范判断方程中的内生性问题才会出现。(c)一组大的情景模拟呈现给了每一个回答人(一般为40~60),以提高求得的估计值的精度。打分工作反映在结果变量上,结果变量是基本的数量、概率、一组无序或有序的类别。

析因调查法中的数据分析

分析方案的拟订始于对打分模式的审视,这样的审视可以在某些有实质内容的上下文中得到相当多的信息(例如据判断报酬过低和过高的工人的比例);然后继续进行信仰/判断方程的估计。总起来共有以下三种主要的方法:(a)协方差方法的分类分析法;(b)表面上似乎不相关的回归方法,但在这种方法中,来自特定回答人的方程的误差是相关的;(c)随机系数方法,在这种方法中,回答人构成了一个随机样本,且特定回答人的方程的参数被视为是来自某种分布的。在所有这三种方法中,都有一个重要的步骤涉及回答人在内的同质性检验。

依据有实质内容的上下文和数据的特性,下一个步骤是估计决定性因素方程和结果方程。决定性因素方程可以和信仰/判断方程联合起来估计。多年以来,ROSSI法的实施多少有一定的困难,因为给出的计算资源需要生成情景模拟的总体,并估计特定回答人的方程。然而,近年来,随着桌面计算能力的提高,使得情景模拟的生成、随机样本的抽取和数据分析变得简单,因此,为新一代的研究使用ROSSI法打开了方便之门。

延伸阅读

上面摘录的罗西的文章,加上近年来进行的析因调查研究,给我们提供了有关数据收集和数据分析的程序全面深入的阅读资料。

——Guillermina Jasso

(沈崇麟译校)

参考文献

Jasso, G., & Rossi, P. H. (1977). Distributive justice and earned income. *American Sociological Review*, *42*, 639-651.

Rossi, P. H. (1951). *The application of latent structure analysis to the study of social stratification.* Unpublished doctoral dissertation, Columbia University.

Rossi, P. H. (1979). Vignette analysis: Uncovering the normative structure of complex judgments. In R. K. Merton, J. S. Coleman, & P. H. Rossi (Eds.), *Qualitative and quantitative social research: Papers in honor of Paul F. Lazarsfeld* (pp. 176-186). New York: Free Press.

Rossi, P. H., & Anderson, A. B. (1982). The factorial survey approach: An introduction. In P. H. Rossi & S. L. Nock (Eds.), *Measuring social judgments: The factorial survey approach* (pp. 15-67). Beverly Hills, CA: Sage.

Rossi, P. H., & Berk, R. A. (1985). Varieties of normative consensus. *American Sociological Review*, *50*, 333-347.

Rossi, P. H., Sampson, W. A., Bose, C. E., Jasso, G., & Passel, J. (1974). Measuring household social standing. *Social Science Research*, *3*, 169-190.

合成谬误(Fallacy of Composition)

合成谬误之所以是谬误在于没有认识到,对于整体的部分是真的东西,对于全体来讲可能未必是真的。这种谬误的一个特别的例子称为公地悲剧(tragedy of the commons),在这个悲剧中,土地是公共拥有的,集体上属于每一个人,而非任何一个特定的个人。因此,没有一个人关心这个财产,土地便因此而受害。一个日常的例子是一个推理:如果一个人站在自己的座位上能更好地观看芭蕾舞,于是就因此而认为,如果每个人都站在他(她)自己的座位上便都能更好地观看芭蕾舞。

——Tim Futing Liao

(沈崇麟译校)

客观主义谬误(Fallacy of Objectivism)

这种谬误的问题在于错误地假定实体独立地存在于我们的意识。在现象学【Phenomenology】中,分析者力图摆脱这样的假定。在社会科学中,它有可能取一种错误的假定形式,将我们概念上的范畴作为与理解社会现实的方法截然相反的存在。

——Alan Bryman

(沈崇麟译校)

可误论(Fallibilism)

可误论是研究者为反驳内在于其正在进行的研究中(方法论上和实质上)的可误性而进行的深思熟虑和坚持不懈的尝试。经过了可能的最严格的审查之后,如果有些方法论或结论还是相对完好无损,那么研究者就对研究的这些方面的信度【Reliability】和效度【Validity】比较有信心了。因此,可误论把研究看作研究者承担的一种不断进行批判性详查的义务。

作为一种研究方法,可误论吸取了三种

知识传统。它从科学哲学中拓展了可证伪性【Falsificationism】的原则。正如卡尔·波普尔(Popper,1965)明确指出的,可证伪性要求研究者把调查的形式和具体的假设置于最严格的审查之下,谨防其核心论点被推翻。从这个观点来看,做研究就与达尔文寻找适者生存的知识一般无异。其重点是失验(disconfirmation)、寻找误差、遗漏和矛盾。

可误论从实用主义【Pragmatism】那里借来了一个理念,即调查不是要寻找最后的普适真理,而是寻找视条件而定的、面向未来的活动,在该活动中,研究者承认,在任何一个瞬间获得的最好的知识,都存在着对其作进一步重新论述的可能性。实用主义有一种实验的、反基础性的味道,提倡不拘一格使用各种方法和路数来增进民主。它鼓励对假设进行持续的批判分析,对实践或调查的具体化、标准化的模式表示怀疑。实用主义特有的可误论的自我批判性(self-criticality)这一要素,意味着它从不盲从某种特定的方法论。

可误论从批判理论【Critical Theory】那里吸取了该传统对主导意识形态的怀疑论。批判理论感兴趣的是揭发意识形态——那个看似正常、自然、明显,并向人们解释社会如何运转的观念系统——并帮助维护不具代表性的少数群体的权力。它主要的知识工程——意识形态批评——致力于揭露人们是如何学会拥护那些最终会伤及自身的观念和行动的,而人们对正在发生的一切都不知情。如同可误论一样,批判理论也认为人们看作普适的规范、无可争辩的信仰、想当然的解释实际上都是人们构建的,都具有无限的可塑性。尽管可误论不像批判理论那样重视揭示主导意识形态是如何把不公正的社会秩序合理化的,但在对传统真理保持怀疑这一点上,它们是一致的。

可误论的定位就是要去揭示或发现研究方法中有什么是不确定的、未经检查的和自相矛盾的。这类研究的范例是加里·凯尔(Cale,2001)在社区大学的大学生中所做的研究,在该研究中,他分析了鼓励大学生进行批判的、反向的思维的尝试实际上是如何走向它的反面的。

——Stephen D. Brookfield

(杨可译　沈崇麟校)

参考文献

Bronner, S. E., & Kellner, D. M. (1989). *Critical theory and society: A reader*. New York: Routledge.

Cale, G. (2001). *When resistance becomes reproduction: A critical action research study*. Proceedings of the 42nd Adult Education Research Conference. East Lansing: Michigan State University.

Cherryholmes, C. H. (1999). *Reading pragmatism*. New York:Teachers College Press.

Popper, K. E. (1965). *The logic of scientific discovery*. New York: Harper & Row.

证伪主义(Falsificationism)

证伪主义是一种科学哲学,也被称为批判理性主义,它用演绎逻辑来为假说演绎法【Hypothetico-Deductive Method】提供基础。证伪主义1930年代由卡尔·波普尔(Popper,1959)提供基础。它是1930年代波普尔开发出来处理实证主义的缺陷的。它拒绝实证主义立场,以便于使用一种基于批判的试错法的不同的解释逻辑。在这种方法中,理论都要对照“真实”进行测试。证伪主义与实证主义的本体论【Ontology】在某些方面有共通之处,但它拒绝实证主义的认识论【Epistemology】。它的立场是,自然科学和社会科学的差别只是它们的内容,而非它们的方法的逻辑形式。

尽管波普尔不属于维也纳学派这个发展出了逻辑实证主义的科学家和哲学家群体,但他和这个学派在知识上有密切的接触。他也接受维也纳学派的传统,认为科学知识可能不完美,却是人类能获得的最确定和最可靠的知识。不过,他对实证主义,尤其是逻辑实证主义却很不满,想方设法使自己与这一学派保持距离。他反对所谓观察给科学理论提供了基础的观念,并承认形而上学观念在科学理论形成过程中起着重要作用。

波普尔认为,观察是在演绎推理时使用的,理论发明出来就是要解释观察,而不是像在归纳中那样来源于观察。科学家们不应该等着自然来揭示其规律,而应该把规律应用于这个世界,通过试错的过程,用观察来尝试驳斥错误的理论(演绎)。经过这一关键的过程仍能幸存的理论就暂时被我们接受,但永远也不能被证明它就是真理。所有的知识都是试验性的,并要接受不断的批判性评估。这种批判态度采用了口头辩论和观察;观察正是为了辩论而使用的。

究竟先有理论,还是先有观察,在波普尔看来是不成问题的。他承认一个假设是以观察为先导的,尤其是那种追求解释的假设。不过,这些观察要预先假定一个参照框架,也就是一个或多个理论。

波普尔在后来的著作中,在寻觅社会科学适用的逻辑时,总结了他的主要论点。社会科学的逻辑,就像自然科学的逻辑一样,存在于对某些问题试着找出试验性的解决方案中,解决的方案被提了出来,并接受批评。一个不能批评的解决方案必须被排除,因为它是不科学的。终极的批评就是试着驳倒理论。如果理论被驳倒了,必须尝试另一个理论。不过,如果理论经得起检验,我们可以暂时接受它,尽管它还必须经受进一步的讨论和批评。因此,科学的方法是一种被严格的批评控制的猜想,是用来解决问题的试验性尝试。所谓的科学的客观性就在于批评方法的客观性。

波普尔认为,尽管科学是寻找有关世界和宇宙的真理的,但我们却永远也不能确定这些理论是否正确。我们能做的就是通过猜想和反驳的过程来排除错误理论。有些理论会被抛弃,有些会被暂时接受(被证实)。这个过程让我们得以尽可能地接近真相,但我们永远不知道在什么时候我们已经建立了正确的理论。未来的某位科学家也可能会在其他环境中检验这个理论,并发现它是错误的。因此,理论必须一直被视为暂时性的——它们可能在将来得到完善或被驳倒。我们能做的就是除掉那些不符合实际的理论。波普尔认为,没有比猜想和反驳更理性的步骤了。这是一个这样的过程:大胆地提出理论,尽我们最大的努力来展现其错误,如果我们的批判未果,那么我们就暂时接受它。

用演绎逻辑构成的批评也适用于证伪主义。

——Norman Blaikie

(杨可译　沈崇麟校)

参考文献

Blaikie, N. (1993). *Approaches to social enquiry*. Cambridge, UK: Polity.

Chalmers, A. F. (1982). *What is this thing called science?* St. Lucia: University of Queensland Press.
Popper, K. R. (1959). *The logic of scientific discovery*. London: Hutchinson.
Popper, K. R. (1961). *The poverty of historicism*. London: Routledge & Kegan Paul.

女权主义认识论(Feminist Epistemology)

女权主义认识论是由包含了女权主义的认识论原则组成的。

——Alan Bryman

(杨可译　沈崇麟校)

* 也可参见女权主义研究【Feminist Research】、认识论立场【Standpoint Epistemology】。

女权主义民族志(Feminist Ethnography)

女权主义民族志【Ethnography】是贯穿了女权主义研究【Feminist Research】原则的民族志。因此,女权主义民族志记录的是女性的生活和活动,从女性的视角进行研究和分析,并重视情境中的女性立场和观点。由于很难真的按照女权主义原则来办,人们对女权主义民族志的前景仍有争议,因为难以以完全非利用的方式(nonexploitative way)来行事。针对这种观点,女权主义研究者提出,应该在研究者与参与者的互动和交往中注入互惠原则,这样就能弥补研究者及其所研究的女性之间的利用关系。

——Alan Bryman

(杨可译　沈崇麟校)

女权主义研究(Feminist Research)

女权主义研究是作为对西方社会科学中已经察觉到的两个相关缺点的一种反应而发展起来的。第一个缺点是相对地无视女性,缺乏对影响女性生活的议题的关注。第二个缺点涉及建构知识的社会研究的实践及其过程。它认为,此前对社会世界的研究一直都是从男性利益和关怀的视角出发,在研究女性生活和看待世界的方式时无视其中出现的不同。被当作中立、客观、价值无涉的知识原来只不过是不公平的、性别化的知识。女权主义研究的目标就是要把女性的经验更充分地带入人们的视野之中。这要求我们挑战传统的研究习惯,同时要从根本上重新评价许多有关社会科学本质的想当然的假设。其总体目标就是要更好地理解性别不平等的本质。

然而,并不是关注女性、性别或性别化的生活本身就让一个研究项目成为女权主义的项目。首先,女权主义的研究之所以被定义为女权主义的,是因其与女性相关、由女性从事和为女性服务的研究。不过,近来有人建议,识别女权主义的研究方法可以看其有关性别和权力的理论架构、有关公正的框架和概念(无论是如何构想的)、对转型和社会变迁的关注以及有关伦理和责任性的观念(Ramazanoglu, 2002)。有关这些议题的观点并不统一,而识别一个研究是否是女权主义研究也从来就不是一目了然的事。

女权主义方法和其他社会调查方法之间,也有部分定义性特征是相互重叠的。

女权主义者早前在有关社会研究的讨论中,就对方法、方法论和认识论【Epistemology】进行了区分(Harding, 1987)。方法是用来指称进行研究的技术和工具。方法论所指的是这些方法实质上是如何操作化并付诸实践的。认识论关注哲学讨论,确定哪些知识是可能的,如何保障这些知识是充分且合理的。女权主义者一直都在精细化其对于这些议题的看法,而关系这些议题的广泛的争论也一直没有中断过。

研究的方法

1980年代早期,大量关于女权主义的争论都围绕着什么构成了为我们所用的合适的方法这一问题。人们对当时用于调查研究以及强调科学的测量【Measurement】和客观性【Objectivity】的种种方法是否更具合理性提出了疑问。有人认为,这类研究割裂了人们的生活,造成了原子化事实的生产和测量,而这些事实的重要性在该研究开始之前就确定了。针对女性展开的研究,尤其是针对她们那些相对隐秘的领域展开的研究就被认为更有问题。例如,诸如暴力、性、母亲身份等议题,我们已有的知识很少,无法根据这些知识写出要调查的问题。

因此,许多女权主义者提出,基于阐释论【Interpretivism】哲学立场的定性方法以及使用敏感、灵活、开放的方法来生成数据比定量方法更为合适。诸如深度访谈【In-Depth Interview】、生活史访谈【Life History Interview】和民族志【Ethnography】等方法关注被研究事物的意义和阐释,因此,使研究者得以通过参与者的眼睛来看这个社会世界。也有人感觉定性方法更契合女权主义的原则,可以更促进平等,反对物化和主从关系。这些主张在女权主义研究者中成了某种正统,尽管即便在当时,也并不是每个人都赞成这种立场。比如说,意识到性暴力或者单亲母亲发生贫困的普遍性,在一定程度上取决于是否能获得说明问题严重性的数据。

近年来,有关定性研究【Qualitative Research】的古老正统已经瓦解。有些评论家称,这些方法可能比定量方法更具有剥削性,因为它们有赖于信任和融洽关系【Rapport】的假定,这可能会掩盖权力和不平等。女权主义者采取了一种更为务实的方法,她们倾向于融合各种方法,甚至还采用了定量方法,以便开发可以用于政策发展的更为解放的社会科学。事实上,有些人建议,可能在有些情况下(如调查性侵犯),被调查者可能觉得完成调查问卷比接受访谈压力更小。不过,经费和资源的限制常常意味着相对小规模的定性调查项目,仍然是大多数女权主义者得以开展研究的主要方法。

方法论

有关研究方法的辩论关涉的第二个议题与女权主义方法论或研究实践有关。有人建议,女权主义研究和其他形式研究的区分主要不在于方法本身,而在于它们所问的各种各样的问题,研究者和研究及其实施的关系,以及工作背后的意图和目标。其中特别关注的问题是如何保障研究以非剥削的和有道德担当的方式来开展。其中心议题一直都是研究者与参与者之间是否可能存在结构性的不平等,以及这种不平等可以缩小到何种程度。有人始终认为,女权主义者在他们的研究中也复制了他们在别处所批评的权力关系,因而他们是虚伪的,这种行为损害了生产出来的知识。

处理这些议题的一系列策略一直都有争论,其中有些策略渗入了更为主流的非女性主义研究实践。举例来说,这些策略包括在研究中与参与者发展融洽关系、充分交流,尽可能地告知他们研究的内容和目标;尽可能诚实、敏感地回应参与者的疑问、问题和担忧;提供可以提供任何必要信息或社会支持的组织或出版物的名字给他们。有些女权主义者主张,在阐释和分析研究数据时,要得到被研究者的反馈,以确保所听到的妇女的声音没有被歪曲和剥削。重点在于在研究项目的设计和实施中,应将参与者也包括进来,同时也要保证研究发现在相关人等中广泛传播。

不过,尽管有女权主义研究者似乎认为在研究过程中能去除大部分权力关系,但许多人并不那么乐观。在放松的环境中,受过教育的研究者说服参与者开口大聊他们的生活太容易了。但参与者可能会认为,当初还是以保持沉默为好。研究者很容易就认为他们已经建立了和谐、平等的关系,而他们所研究的人们的看法不尽如此。有些女权主义者也提出,研究者可能被赋予了过高的权力,因为被研究者都被归于一个被动的、被牺牲的、没有明显的反抗空间的位置。

对研究中的权力关系的议题的一种处理方法,是借助反身性【Reflexivity】这一概念,我们甚至可以说,这已成了女权主义方法论所关注的核心原则。反身性有两个不同的方面:第一个方面是要讲清楚,尽管已尽力减少权力的影响,权力可能还会怎样发挥作用、影响研究过程。其关注重点在于构建研究的假设和伦理判断,正是它们设定了研究的框架,以及研究计划和过程的构建,从而展示研究者为何能解释其生产的知识(Ramazanoglu, 2002)。其理念就在于把社会研究的批判方法用于社会研究实践本身。

第二个方面是反身性探索研究者的社会位置。这指的是研究者的个人生平和位置与她所参与的项目有相关性。其论据是研究者无法与其工作分离开,因为研究工作离开了研究者的参与就无法存在。因此,在任何讨论、分析或对研究结果的阐释中,包括对研究者和研究的关系的批判性反思是非常重要的。

实际上,女权主义者称,这种对研究的双重反身评论,对知识的阐释是不可或缺的。他们批判所谓的“弱的”客观性,致力于净化带着各种价值观的知识,以及建立在这些知识之上的研究(Harding,1991)。这种客观性的形式是虚弱的,因为这些价值观假装不存在,实际却以隐匿和未予明言的方式包括在内了。相比之下,所谓“强的”客观性,则必须对所有作为研究过程列出的证据都进行批判式的考察(Harding, 1991)。强客观性及其对反身性的强调包括了对背景观念和文化动机的系统考察。在研究过程中设置这一部分本身就说明,生产的知识变得更严格、稳健和可辩护了。

不过,对于反身性和强客观性实际上可能实现多少还是有一些争论的。在过程中保持反思意味着时间拉长,而且也很难确定关于这个过程持续多久、走多远的指导纲领。还有一种危险就是,对研究过程及研究者的涉入的叙述将会主导研究分析和发现。这可能会导致参与者复杂多样的生活简化成了研究者本人的自传。

关于差别的概念对女权主义的方法论观点有着极大的影响。早期的假定有一种基本的女性气质,认为女性的压迫是普遍的、同质的、共享的。这些假定一直在受到挑战。对差异的强调把注意力转向了女性之间的多样性,尤其源于民族、性、残疾、阶级和年龄的多样性。这意味着,仅仅是作为女性来研究女性并不足以建立融洽关系和削弱社会等级。这些其他的经验维度也可能会影响研究过程,这就是为什么要建议可以把研究者和被研究者在共有特征上进行匹配。不过,要明确哪些差异可能会对某个特定研究产生影响、这种影响的性质严格说来到底是什么,并不总是那么简单。那么,总体而言,共有的性别特征自身并不能推进共识,不能假定仅依靠性别本身就能轻而易举地建立起信任来。

认识论

女权主义对认识论的关注核心就在于谁知道什么、关于什么人,以及这种知识怎样才算是合理的。早期的作家对那些只在已有的框架中研究妇女的人多有批评。为了让女性生活的意义更明显,有必要从女性的角度来进行分析。这就形成了所谓的立场认识论【Standpoint Epistemology】。对于采取女性主义的立场有许多不同的思考维度,但核心就是女性特殊的性别经验会产生不同的和特殊的理解。这种通向不同知识的通道,使揭示男性立场可能看不到的人类关系的存在形式成为可能。因此,立场认识论给我们提供了一种新的且更为可靠的洞察女性生活的可能性,因为它就是以女性经验为基础的,包括情感和体现。

立场认识论还以知识实在论【Realism】方法为基础;认为系统或结构因素影响生活经验,而这些结构是可知的。女权主义研究的重点就是不断地生产对女性生活的更好的理解。不过,随着后现代思想的发展,这种观点已遭到了挑战,立场认识论常常被拿来和后现代叙述相比较。

与后现代主义【Postmodernism】一样,女权主义思想也有不同的形式和重点。不过,它和大多数(非女权主义的)变化形式有许多共同特征。它们对于一般化、普适的范畴、稳定连贯的自我的存在、语言的清晰性以及科学理性生产“真理”的能力都有批评(Nicholson, 1990)。其焦点是话语、文本性、碎片、多重主体性以及不确定性。立场认识论承认,各种叙述都是选择性的建构,同时也认同这些叙述可能在一定的严谨程度和信度之下代表独立的现象;而女权主义后现代主义则否定这一点。有人宣称,女权主义后现代主义已经把所有女权主义方法论的基础都一扫而空了(Ramazanoglu, 2002)。正是因为社会现象只能通过话语的使用来理解,因为话语实践本身就是要激发各种社会性的形式,因此就不可能不在理解社会世界的同时也构建社会世界。于是,后者就成了一个它意味着“知道”什么的任务。重点就从试图在对女性经验的叙述中考察社会关系的本质转向了话语和文本,而各种事物正是借助话语和文本才被知道的。实际上,经验这个概念本身,正如人们所拥有的某个东西一样,是否可以根据表面来判断也成了有问题的了。所有这些都会给批判地考察社会世界本质的社会研究者带来困难;从后现代的角度来看,这是不可能的。尽管没有否认他们自身的物质表现,也即他们生活在物质世界中,但女权主义后现代主义者宣称经验和物质的现实之间的特殊连接是无法详细说明的(Ramazanoglu, 2002)。而女权主义的研究就转变成了不断地解构认同、主体性、自我,接下来这些解构又要被进一步解构。

后现代思想对女权主义研究有着巨大的影响,有人甚至认为任何开展经验工作的企图都是误导和有缺陷的。其他人则认为,采用来自后现代方法的部分洞察还是可能的,尤其是在研究文化、意义及象征的模式时。对女权主义社会研究者来说,问题就是如何在具体的和物质的差别、权力和不平等经验性的关注点,与对如何生产知识的批判性反思之间保持平衡。而是否能把社会调查的经验方法和对主体性和文本/阐释生产之间的关系的关注结合起来,则仍是一个充满争议的问题。这个问题在女权主义者中间产生了差别,而她们对这个问题的回答则各有千秋。

——Mary Maynard

(杨可译　沈崇麟校)

参考文献

Harding, S. (Ed.). (1987). *Feminism and methodology*. Milton Keynes, UK: Open University Press.

Harding, S. (1991). *Whose science? Whose knowledge?* Milton Keynes, UK: Open University Press.

Hartsock, N. C. M. (1998). *The feminist standpoint revisited and other essays*. Boulder, CO: Westview.

Nicholson, L. (Ed.). (1990). *Feminism/postmodernism*. London: Routledge.

Ramazanoglu, C., with Holland, J. (2002). *Feminist methodology*. London: Sage.

虚构与研究(Fiction and Research)

在20世纪中期以前,社会研究在确定虚构的文学作品的社会背景时,倾向于减少虚构——这是进化论、结构功能主义和马克思主义中实证主义【Positivism】的遗产。与其不同的另外一种研究方法是文学研究方法(literaturwissenschaft approach),这种方法通过分析虚构的作品来了解它产生和指称的社会,并用文化研究来对虚构的作品进行结果分析(Milner, 1996)。它结合了两种不同的研究方法:外在方法将虚构作品看成它生产、分配和接受的社会文化条件的批判性的反思来分析;内在方法则将它作为一种它对社会的反身性的建构特征来分析,其中文本【Text】的语言结构,可以作为社会关系的结构同源性来加以分析。内在方法强调了文本内部语言学上的细微差别和复杂关系,从而试图避免将虚构简化成社会现实的案例,但是它们在复杂的现代社会中多数人经验的代表性这一研究问题上提升了高度,并将其更有效地应用于少数人的、有选择性的文化传统和先锋现代主义。外在方法对通俗小说提供了更有效的分析,因为此类作品很少持久地关注与其他文化背景和历史时期的社会的经验对比(Loewenthal, 1989)。

现在,更多将语言和社会结构的关系作为文本的建构因素的社会语言学和新马克思结构主义【Structuralism】研究(Filmer, 1998),则关注虚构文学作品的语言是如何指明可能的阅读的诠释学【Hermeneutic】问题。这需要对文本既能创造自身又能指称现实的能力保持开放态度。以下的研究方法反映了这一点。

符号学和结构语言学

符号学【Semiotics】和结构语言学【Structural Linguistics】提供了关于符号如何使文本中的语言产生意义,以及它与日常生活语言和其他批判性话语之间关系的理论(Eco, 1981)。

现象学社会学

现象学社会学分析了惯常表达和文本中体现的社会现实,以及读者的体验和话语世界的外部现实这几方面意涵之间的关系(Schutz, 1964)。

情绪结构

情绪结构分析文本中潜在的符号和语义组织,并将其看成那些随着变化的情境而自然产生的新体验,预示着新的社会结构的表达(Prendergast, 1995)。

遗传学结构主义

遗传学结构主义将结构学派的马克思主义分析应用于虚构文本,明确有力地表达自然形成的社会群体对世界的认知。他们分析了这个共享意识在促使群体不断拓展新的共享意识,进而改变现存的社会制度和政治秩序方面所具有的作用(Goldmann,1981)。

所有上述研究方法都用虚构文本作为一种语言、主观想象和社会结构之间的映射关系,以精确地将虚构文本建成社会研究的重要议题资源,这些议题包括个体和社会之间关系的结构、社会变迁过程、社会行动的意义和原因。通过这样的做法,这些方法试图超越个人传记、特定文化和历史时期的特异性。

——Paul Filmer

(郑晓娟译 沈崇麟校)

参考文献

Eco, U. (1981). *The role of the reader: Explorations in the semiotics of texts.* London: Hutchinson.

Filmer, P. (1998). Analysing literary texts. In C. Seale (Ed.), *Researching society and culture.* London: Sage.

Goldmann, L. (1981). *Method in the sociology of literature*(W. Boelhower, Trans. & Ed.). Oxford, UK: Basil Blackwell.

Loewenthal, L. (1989). Sociology of literature in retrospect. In P. Desan et al. (Eds.), *Literature and social practice.* Chicago and London: University of Chicago Press.

Milner, A. (1996). *Literature, culture and society.* London:UCL Press.

Prendergast, C. (1995). *Cultural materialism: On Raymond Williams.* Minneapolis: University of Minnesota Press.

Schutz, A. (1964). Don Quixote and the problem of reality. In *Collected papers*, Vol. 2. The Hague: Martinus Nijhoff.

Williams, R. (1977). *Marxism and literature.* Oxford, UK:Oxford University Press.

田野实验法(Field Experimentation)

田野实验不同于实验室实验【Laboratory Experiment】,是发生在自然场景下的随机干预。这些干预措施的性质存在巨大差异。这样的例子包括随机的教育券项目、选民动员运动、警察对发出爆裂声的房屋的突然搜捕、就业培训项目、所得税时间表和健康保险计划。田野实验法的分析单位也各不相同。大部分田野干预以个人为目标,但也有许多研究是对群体或组织进行随机干预。

与民族志研究或描述性研究不同的是,田野实验法主要致力于建立因果【Causal】关系。一个执行良好的田野实验结合了随机设计和外在效度【External Validity】两个方面的优势。例如,要研究商业广告的影响,实验室研究通过在人造场景下对不同的控制组【Control Groups】施加不同的广告刺激,然后在模拟市场的情境中测量他们的购买偏好;田野实验则是对真实广告活动中的内容和时机进行随机控制,并试图将这些不同的干预措施与观察到的消费者需求类型联系起来。两种类型的研究都使用了随机化,但后者的优势在于能够在直接的、具有现实世界适用性的情况下建立因果关系。

田野实验法在项目评估中也是一个非常有价值的工具,特别是用于检测新项目或是现有项目的不同版本的效果。例如,假设研究者想要评估一项以学校为单位的、药物预防项目的有效性。有些学校可能接受了药物(滥用)提醒项目,而有些学校却可能没有。学校接受药物提醒项目的顺序会有随机变化,或者整个学校总体可能接受了另外的药物提醒项目。通过比较实验组和控制组的结果,评估者可以对干预的效果作出无偏的评价。

自然场景下的实验具有一个十分有吸引力的特征是数据分析的透明性。非实验的数据分析结果在很大程度上取决于研究者对数据所使用的模型,因而研究者通常会拟合许多模型,努力找到一个合适的模型,与此不同的是,实验的数据分析是非常稳健的。控制组和实验组的简单对比通常足以给出对实验组结果的无偏归因,对协变量【Covariate】的额外分析只不过是在更大的精确度上估计因果参数。这并不是说实验研究不需要数据挖掘,但是由原始数据向统计数据的转化包含了更少的风险,因而面临的道德困境也更少。

从原则上讲,田野实验法代表了社会科学家能够获得的可靠的因果推论的最强根据。但实际上,这个方法论面临诸多重要的伦理和操作限制。社会科学家很少有机会控制他们最感兴趣的变量,例如文化、政治系统、经济繁荣等。即使在随机干预能够实现的情况下,有时也会因为执行这些措施的人,而导致干预的失效。怀有良好意图的内科医生将病情最严重的病人偷偷带进实验组的行为,可能会导致实验产生有误导性的结果。

精心策划实验研究和维持随机过程的完整性所面临的挑战意味着,实验最好发生在为数不多的几个地点,而这些地点的选择更多是出于后勤保障的考虑,而非代表性的需要。这个限制带来了另一个问题,即研究结论是否只适用于那些实际参加实验的人员类型。一般来说,对实验的复制【Replication】可以有效地回应那些针对特定时间、地点和人群的实验所得出结论的疑虑。

如果实验的参与对象拒绝参与研究或者无法接受实际的实验干预,这时又会产生进一步的难题。尽管不服从和实验损耗会降低实验设计【Experimental Design】的效力,但只要参与的决定与实验效果的强度无关,它们仍然是可补救的。统计修正采用一个工具性的变量回归,在这个回归中,自变量是参与者是否真的接受了实验的实际干预,工具变量【Instrumental Variable】是参与者是否本来就被分入了处理【Treatment】组。产生的效果估计值被用来表示"实验对被实验者的效果"。实验干预的效果是否真的有区别,能够通过实验性的操控参与率来进行研究(例如,通过改变给参与者提供的鼓励)。

由于这些操作性和伦理因素的考虑,社会科学家经常转向自然实验【Natural Experiment】,在该方法中实验组和控制组以类似于随机分配的方式形成。例如,如果某市领导人在选举年扩大警力规模,以安抚对犯罪较为关注的市民,这样选举周期会提供一种用来研究警力对犯罪率影响的工具。类似地,如果公立学校以学生的出生日期为依据来接收入幼儿园的学生,我们就可以通过对比在入学门槛日期前后的孩子,来研究幼儿园录取对智力发育的影响。与田野实验法类似,这些研究方法抓住机会去研究自然场景下,一些近似的外生变量的后果。但与实验法不同的是,自变量的外生性无法通过随机过程程序予以确保。

——Donald P. Green

(郑晓娟译　沈崇麟校)

参考文献

Angrist, J. D., Imbens, G. W., & Rubin, D. B. (1996). Identification of causal effects using instrumental variables. *Journal of the American Statistical Association*, *91*, 444-455.

Cook, T. D., & Payne, M. R. (2002). Objecting to the objections to using random assignment in educational research. In F. Mosteller & R. Boruch

(Eds.), *Evidence matters: Randomized trials in education research*. Washington, DC: Brookings Institution.

Green, D. P., & Gerber, A. S. (2002). Reclaiming the experimental tradition in political science. In I. Katznelson & H. V. Milner (Eds.), *Political science: State of the discipline* (3rd ed., pp. 805-832). New York: W. W. Norton.

Heckman, J. J., & Smith, J. A. (1995). Assessing the case for social experiments. *Journal of Economic Perspectives*, *9*, 85-110.

Rosenzweig, M. R., & Wolpin, K. I. (2000). Natural "natural experiments" in economics. *Journal of Economic Literature*, *38*, 827-874.

田野关系(Field Relations)

社会科学田野研究的明确特征是研究者和被研究者之间的相遇。田野中的相遇有不同的方式,有些关系持续的时间较短,有些则持续了足够长的时间,构成不断推进的关系的基础。在后面这种情况下,研究者和被研究者之间的关系性质对研究进展和成功与否起着核心作用。

或许最明显的观点是,所有集中的田野研究都需要与各种不同的人细心和设身处地维系持续良好关系。田野关系中两个最重要的关系是与看门人和关键知情人的关系。如果长期的田野研究想要成功,这两个关系是非常重要的,或者应该是不可避免的。看门人能够促成对田野场景最初的调查通道【Access】和对处于其中的信息、情境和个人的初次接触,而他们的持续支持在整个研究阶段也仍然具有重要性。典型的看门人包括政府官员、档案保管员、组织中的高级管理人员、社区领袖和非正式网络中的核心成员。关键知情人,其原型来自威廉·怀特(Whyte,1955)写的《街角社会》(*Street Corner Society*)一书中的"Doc",他可能也是看门人。关键知情人常常都是看门人,但反之则未必。如果研究者缺乏使用当地方言进行调查工作的能力,这时关键知情人和看门人的作用就会变得极为重要。

与看门人和关键知情人重要性相关的问题是如何找出最有用的看门人;如何防止自身对看门人和关键知情人的过分倚重;如何防止看门人对研究的专擅和控制;如何避免过分听信于某些人,一般都是利益相关的关键知情人提供的情况,而忽视其他研究参与者的观点。所有这些问题都不存在简单明了的、教科书式的解决方法。

当研究者本身已经有了正在调查的社会情境的成员资格角色时,田野关系会显得格外重要(Adler & Adler,1987)。这样的资格身份能够为调查带来很多益处,包括更容易进入调查,以内部身份能够获得更多全局或局部的信息。今天的社会科学调查,特别是评估型的工作,这种现象正越来越普遍。但是这种情况下也有许多值得注意的问题,包括保持评判距离和客观性,处理其他成员对个人和组织利益的需求,平衡伦理责任,以及考虑以后如何以非研究者的身份再次进入等。

最后需要指出的是,如果在最为普遍和日常的意义上,田野研究工作者和被研究者之间的关系对研究结果是至关重要的话,那么在日常的人类世界中,性别关系便是十分重要的(Warren & Hackney,2000)。考虑到日常生活,无论任何场景或文化都是围绕性别关系组织起来的,上述结论并不令人吃惊。无论研究主题是否与性别相关,在开展田野研究时什么人能够去哪里、和谁一起、谁可以与谁谈话,这些都是对开展研究和获得研究结果具有重要影响的性别关系问题。

——Richard Jenkins

(郑晓娟译　沈崇麟校)

参考文献

Adler, P., & Adler, P. A. (1987). *Membership roles in field research* (Qualitative Research Methods Series vol. 6). Newbury Park, CA: Sage.

Warren, C. A. B., & Hackney, J. K. (2000). *Gender issues in ethnography* (Qualitative Research Methods Series vol. 9, 2nd ed.). Thousand Oaks, CA: Sage.

Whyte, W. F. (1955). *Street corner society* (2nd ed.). Chicago: University of Chicago Press.

田野研究(Field Research)

“田野研究”或“田野工作”这种表述,最初来源于自然科学,指的是在人为控制的实验室环境以外的自然场景中收集研究资料。在我们的语境中,尽管近年来我们过分强调了田野研究与民族志研究和其他定性方法的关系(例如, Burgess, 1982; Whyte, 1984),但其实大多数的社会科学研究可能都与这个词有关。无论是作为对大规模定量社会调查【Survey】的替代,还是通过参与观察【Participant Observation】达到长期亲密关系,社会研究在涉及基本资料的收集时都会引入一些不同类型的田野工作。我们可以将田野工作界定为研究者和被研究者在非控制环境下的相遇(档案研究【Archival Research】、传媒研究和焦点小组【Focus Group】研究可能是明显的例外)。

为什么社会研究者应该如此倚重田野工作?或者更直接地问,为什么社会研究者很少使用实验方法?对这个问题没有单一的答案。主要的社会学传统的伦理可能对人体实验给出了一个关键限制(尽管一些在伦理方面十分敏感的学科,如医学和心理学仍然依靠实验证据,这个事实表明伦理问题不可能是决定性的)。或许,另外三个因素对这个问题更有解释力。

第一个因素是难以在真实场景之外,创造足够可信的社会研究环境(除了一些特定的小规模和具有明确限定边界的场景)。模拟毕竟只是模拟,它可能与我们对人类世界日常生活的理解关联很少。第二个因素也与此相关,在社会研究情境下,难以维持被适当控制的实验环境。这些问题都意味着对大多数社会研究的目的而言,不存在可以替代自然论【Naturalism】的社会研究。

第三个因素可能也是最重要的因素,是可预测性问题。人类是具有反射性的生物,那些为社会研究所关心的人类行为的方方面面,都受到情绪、理性决策、习惯和冲动等因素的综合影响。因此,人过去一直在做的行为无法成为预测未来行为的依据。由于实验方法的目标是对某一事件和事件发生的控制条件积累足够精确的观察数据,进而作出可靠的预测(例如,公式化的表述和概率论的推论),因此它在社会研究中的应用肯定会受到一定的限制。

然而,这并不意味着在田野研究中不存在类似实验的方法。特别是结构化访谈【Structured Interview】与实验方法具有一些共同点,采用这种方法的目标是发现在面临以同样方式或尽可能相近的方式提出的相同问题时,被研究者的样本中会作出怎样的回答。严密的抽样方法也可以看作与实验控制方法的另一个近似之处。此外,像"如果……怎样……"式的投射性问题也带有明显的实验方法特征(当然它们与哲学家口中的"思想实验"也具有某些共同点)。

尽管如此,由于田野研究必然是非控制性环境的,以及社会研究所关注的人类行为具有难以把握的特征,它与实验室实验是具有很大差异的。从认识论的角度,田野研究也具有一些独特的特征。最明显的特征是对于研究资料的认知和记录,田野研究方法高度依赖研究者而不是研究工具。即使使用最为结构化的程序或步骤,研究者本身也才是研究工具。其结果是,使我们很难明确给出数据收集阶段结束和解释阶段开始的界限。

这还意味着在田野研究中,方法和数据的界限有时也是模糊的。例如,当哈沃德·纽比研究英国农场工人时,他能够找到和接触这个劳动群体样本的唯一方法,是通过他们的雇主。这一事实不仅是研究方法中的一个有趣细节,同时也成为显示他们社会隔离程度的指标(Newby, 1977)。与此类似,女性研究者通常可以更容易地接触年轻男性的生活,而男性研究者进入年轻女性的生活却有较大难度。这一现象也说明了在日常生活中,公共领域和私人领域性别的不对称特征。

这些例子进一步表明:田野的性质、范围和边界并非总是一成不变的。除非我们谈论的研究场景在范围和/或制度层面已经被清晰限定,例如,开展一些经典民族志研究中的小型住宅区和工作场所。确定研究要面对的田野,是田野研究工作中最重要,但通常也是最复杂的首要任务。除了已经提及的样本和性别问题外,规模和复杂程度也是需要考虑的因素。这些因素会决定采用哪种方法最为合适,以及采用每种方法的成本是什么。例如,现今的大多数场景都过于广阔、异质性强和多面向,使得研究者难以通过参与观察的方式"全面"进入(Jenkins, 1984)。一个考虑缜密的田野研究,通常需要其使用的研究方法,具有一定程度的灵活性和开放性。

研究者在田野中能够有怎样的发现还取决于研究过程的政治。考虑到这一因素,涉及的关键问题包括研究者身份、看门人角色和对特殊资源的依靠(或过度依靠)。研究者是谁,通过谁才得以进入研究场景,将谁作为关键知情人,研究者可以与谁交谈,哪些人会较为配合地回应研究者提出的要求,被研究者代表哪种地方性观念,所有这些因素都会影响研究得到的结论(参见田野关系【Field Relations】)。

既然存在上述的许多问题,为什么社会研究者仍然继续使用田野研究法呢?让我们回到最初的观点,那就是除了几个明显例外,社会研究中主要的资料收集并不存在替代性方法。如果社会研究仍然致力于关注和研究人类世界及其变化,田野研究就仍然是必需的研究手段。档案研究、媒体研究和焦点小组方法的贡献都是有限的,无论我们采取哪种方法,都无法替代在人们的日常生活场景下与他们相遇这种方法的使用。

——Richard Jenkins

(郑晓娟译　沈崇麟校)

参考文献

Burgess, R. G. (Ed.). (1982). *Field research: A sourcebook and field manual.* London: Allen & Unwin.

Jenkins, R. (1984). Bringing it all back home: An anthropologist in Belfast. In C. Bell & H. Roberts (Eds.), *Social researching: Politics, problems, practice* (pp. 147-164). London: Routledge and Kegan Paul.

Newby, H. (1977). In the field: Reflections on a

study of Suffolk farm workers. In C. Bell & H. Newby (Eds.), *Doing sociological research* (pp. 108-129). London: Allen & Unwin.

Whyte, W. F. (1984). *Learning from the field: A guide from experience.* Beverly Hills, CA: Sage.

田野笔记(Fieldnotes)

田野笔记构成了民族志研究或参与观察研究中的民族志【Ethongraphy】记录，它被认为整个田野研究活动中最重要的部分。它是田野工作经历中按时间顺序形成的日志，包括对人物、事件、场景构成的描述；包括研究者与人们的对话、观察到的互动过程、事件的进展和持续时间；也包括研究者与调查活动相关的经历和体验。观察者记录所有与资料构成或资料质量相关的自身状态也是十分重要的。这些记录还可能包含对所观察事件和互动过程的解释以及对所研究文化的一些洞见。总之，田野笔记构成了分析的内容。

田野记录的文字应尽可能完整、全面，并尽可能快地形成。研究者通常认为，田野笔记越早记录，就越生动翔实。但是，在大多数情况下，马上记录观察结果是不可能、不方便和不合适的。在这种情况下，通常会先做些临时记录，为之后更详尽的笔记提供基本的素材。这种包含了短语、单词和不连贯句子的简缩笔记，可以快速甚至较为隐蔽地记录，这为日后重构该事件提供了能触动相关记忆的帮助。然后，研究者可以通过填充细节，以及回忆那些当时没有记录下来的情况来扩充这种简缩版笔记。需要明确的是，田野笔记的全面性只是相对意义上的。随着研究者对处理的数据的范围，以及提出的假设和解释变得更为熟悉，即使是已经完成的田野笔记也仍然可以进行调整、添加、修正和更新。

作为一项需要投入很大精力和相当程度的自律精神的活动，某些田野笔记最初可能看上去似乎过于表面化和琐碎无意义。但是，研究者不应当预先假定哪种信息要进入研究范围。至少在最初阶段，在研究者的意识中，应该认为所有发生在田野中的事情都可能是重要的，因此也都是值得记录的。随着研究变得越来越专注，研究者在什么是应当记录这一问题上也会变得越来越挑剔。

由于研究者在观察和记录什么和使用的特定词汇及术语方面具有选择性内容，因此其必须使用的语言，即使是无意而为，也会将一种结构施加于研究的社会世界。为了减轻这种文化或其他方面的先入为主的观念的不利影响，研究者应当逐字记录人们的话语，避免对人们的评述只记录摘要，或者以一种更加熟悉的方式来重述人们的话语。

研究者应该经常重新审视田野笔记，因为这个过程能够让田野笔记不断得到修正和完善。这样的审视也有助于对资料的分类和分析，这个工作最好能够与数据收集的工作同时进行。例如，田野笔记可能包含了一些分析性的备忘录【Memos】，它们能对那些更具真实和方法论意义性质的田野笔记进行补充，因而构成了初步分析的核心内容。这样的备忘录可能包括在田野调查每天工作结束后写下的总结，研究者可能在其中揭示已经显露的研究主题或发展相关概念，以及有关分析框架的初步想法。不仅如此，重新审视田野笔记还可以为需要补充收集数据的领域提供指引。如果我们没有系统地考虑田野笔记对形成分析的重要价值，而任其自发地随意积累，那么田野笔记便会逐渐失去作用,甚至变得完全无用。

记录和组织田野笔记是一项个体活动,所以研究者需要找到一种适合自己品位和需要的方式。总体而言,田野笔记包含了以下可能会有所变化的内容:每一组笔记开头都要记录日期、时间、观察地点和笔记记录时间;在适当的地方,会用人名和地名的假名;将对于人物、时间和情境的逐字描述,与那些解释性文字区分开来。田野笔记的目标是尽可能准确、快速地记录信息,因此不必过多在意语法和拼写问题。这种文字记录,应用不同的书写方法来区分逐字描述所记录的文字和那些基于合理和大致的回忆所记录的文字。

对田野笔记写作的精通是通过长时间不断实践来获得的。但长时间的实践依然无法改变一个事实,那就是写作田野笔记的过程是枯燥乏味的,它需要耐心和坚持不懈。尽管如此,这项工作并非只是一项苦差事:写作田野笔记经常伴随着灵感的闪现、情绪的兴奋和对调查的社会世界的理解。

大多数观察者都依靠传统的记忆方式来记录资料,但现在研究者使用记录设备的情况也并不少见。尽管没有必须使用设备进行记录的规定,但大家已经有了基本共识,即研究者的主观性会损害收集资料的质量,应当在深思熟虑后合理地使用记录设备,当然,设备的使用也必须是在研究参与者对场景及其设备较为熟悉之后。

在计算机程序出现之前,把田野笔记进行归类的任务是十分艰难的。现在针对定性资料的计算机程序可以完成很多枯燥、费时和机械化的操作处理,既包含了传统的分析程序,也允许对田野资料进行快速检索。这些计算机操作可以极大地增加效率和精确性,使研究者能够投入更多精力进入资料分析的解释阶段。但需要注意的是,如果没有研究者的概念输入,程序和技术本身对田野笔记的组织和分析所起的作用是微乎其微的。

一个好的民族志研究必须建立在田野笔记足够好的基础上。令人费解的是,业已发表的关于田野研究方法的著述,对如何写作和组织田野笔记这一问题着墨不多。它们的重要性被人们忽视,因为大家都普遍认为,如果田野研究者无法及时做田野笔记,他们或许也不应该在研究情境中花费过多时间。

——William Shaffir

(郑晓娟译 沈崇麟校)

参考文献

Berg, B. L. (2001). *Qualitative research methods for the social sciences.* Boston: Allyn and Bacon.

Lofland, J., & Lofland, L. H. (1995). *Analyzing social settings: A guide to qualitative observation and analysis.* Belmont, CA: Wadsworth.

Taylor, S. J., & Bogdan, R. (1998). *Introduction to qualitative research methods: A guide & resource.* New York: Wiley.

抽屉问题(File Drawer Problem)

抽屉问题代表一种对元分析【Meta-Analysis】或研究综合结果和结论的效度【Validity】的威胁。这一现象也叫作发表偏倚(publication bias),有时也叫作检索偏倚(retrieval bias),它反映了人们对元分析的一种担心,因为从事元分析的研究者通常不可能检索并囊括同某个主题相关的所有文献。这一名词系罗伯特·罗森塔尔

(Rosenthal,1979)所创,指那些一直藏在研究者的抽屉里的研究结果可能不同于那些包括在元分析中的结果,因而可能会使元分析的结果无效。

抽屉问题是以存在着一种选择偏倚【Selection Bias】这样一种认识为基础的,这种认识认为,在进行存在选择偏倚的研究时,一个高估效应量的研究比一个低估效应量的研究更可能进入元分析。这是因为,对任何给定的样本量,那些高估治疗【Treatment】效应的研究更可能有一个显著的 p 值【p Value】,因而更有可能发表。因为已经发表的研究比未发表的研究更容易查找和检索,这样就可能使元分析主要以已发表的研究为依据,因而可能导致在总体上不代表研究的实情。

已经开发出来帮助我们在做元分析时处理发表偏倚的技术有三种。其中第一组技术是设计用来探测发表偏倚的。它的最好例证是采用漏斗图的图形诊断法(Light & Pillemer, 1984)。这种方法也包括马蒂亚斯·埃格和他的同事提出的明确的统计检验(Egger, Smith, Schneider & Minder, 1997)。第二组技术通常称为抽屉分析,因为它们都涉及用零效应输入的效应量【Effect Size】的估计值数(对应于留在研究者抽屉中的未发表的研究),它需要将观察的元分析结果降为零,或有时降为理论或临床上无意义的水平(Orwin, 1983)。这些做法都以罗森塔尔(Rosenthal,1979)的原建议为依据。这一建议是计算将元分析结果降为统计上不显著所必需的有着零效应的"丢失"研究数。这一数目后来被人称为容错 N(fail-safe N)。在所需"丢失"研究数难以置信的大的时候,元分析的发现可以被认为对潜在的发表偏倚效应是稳健的。基于少数研究的元分析尤其容易受到抽屉问题的侵害。在这种情形中,少数未曾检索的有着与那些已经检索的研究不同的结果的研究的检索与引进,可能会减弱,甚至推翻元分析的发现。

第三组技术被设计用来修正在某种发表选择的明确模型下,可能的发表偏倚效应的效应量估计值。这些技术中,最为著名的是休·杜瓦尔和理查德·特威蒂(Duvall & Tweedie,2000)开发的齐整和填充法(trim-and-fill method)。

可以预期,抽屉问题可能会因为更全面地将那些由研究者自己登记的和由于编辑政策的改变而未曾发表的研究包括进来而有所改善。

——Hannah R. Rothstein

(沈崇麟译校)

参考文献

Duvall, S., & Tweedie, R.(2000). Trim and fill: A simple funnel plot based method of testing and adjusting for publication bias in meta-analysis. *Biometrics*, *56*, 276-284.

Egger, M., Smith, G., Schneider, M., & Minder, C.(1997). Bias in meta-analysis detected by a simple, graphical test. *British Medical Journal*, *315*, 629-634.

Light, R., & Pillemer, D.(1984). *Summing up: The science of reviewing research.* Cambridge, MA: Harvard University Press.

Orwin, R.(1983). A fail-safe N for effect size in meta-analysis. *Journal of Educational Statistics*, *8*, 157-159.

Rosenthal, R.(1979). The "file drawer problem" and tolerance for null results. *Psychological Bulletin*, *86*, 638-641.

研究中的影像(Film and Video in Research)

自20世纪初开始,电影(近年来则是视频)在整个社会科学中都被用于图像记录和表现人类的行为和文化。电影最早是在19世纪末用于定性研究【Qualitative Research】的,比如说,当时的人类学家哈登就曾经用电影拍摄了托雷斯海峡的探险。人类学家制作作为档案文献片段或文化的影像表现的电影,发展出了人类学电影这个纪录片类型。罗伯特·弗莱厄蒂(Flaherty,1921)的电影《北方的那努克》(*Nanook of the North*)是对北美爱斯基摩人的生动描写,它被称为第一部民族志电影。今天民族志电影经常采用一种观察电影的风格。比如20世纪后半叶,格拉纳达电视台制作的《正在消失的世界》(*Disappearing World*)系列电视片。近年来,数码录像技术的发展提高了影像质量、降低了编辑过程的成本,把民族志电影人吸引到录制视频而不是拍电影上。比如说,大卫·麦克杜格尔(MacDougall,2001)就提出,相比符合电视台播放要求的高成本电影来说,数码录像让民族志学者得以制作更符合学术原则的电影。麦克杜格尔讨论了他在印度的研究中是如何运用数码录像来更深入地探讨新的议题和问题,并更为紧密地与他的电影主题配合。

把电影和视频作为研究手段的做法贯穿了整个20世纪。电影和视频应用于对焦点小组【Focus Groups】等研究活动的视频记录,还用于研究肢体动作和姿势。这包括将电影的使用延伸到参与式观察【Participant Observation】和深度访谈【In-Depth Interview】中(这两者都已是民族志电影制作的组成部分了)。例如,在对一个舞蹈队的研究中,托马斯(Thomas,1997)通过为排练录像的方式参与其中。随后,他的录像也会放给舞蹈队看。巴恩斯、泰勒-布朗和韦纳(Barnes, Taylor-Brown, & Weiney, 1997)摄录了感染HIV的母亲讲给子女的话。和托马斯一样,巴恩斯等人制作的视频材料不仅对其社会学分析有用处,而且对其研究对象也有用处。他们制作的视频将来就会放给这些妇女的孩子们看。同样,研究者也可以要求知情人以视频日记来记录其日常生活、经验、身份认同等各个方面。这些方法让研究者得以制作一个访谈或研究情景的视频和音频记录以及一个描绘研究经验的视频文本,因此,可用它来探查研究中知识生产的过程。

自1990年代晚期以来,数码录像技术的发展让影像研究方法在民族志研究中迅速普及开来。事实上,数码录像提供的可能性意味着它将会成为一个大受欢迎的研究工具。新的数码技术也能实现将视频直接从相机导入个人电脑。这对民族志电影的视频编辑、视频或其他研究材料的数码分析和保存都带来了很大的便利。因此,当代的影像研究者只需要有限的技术就可以相对独立地开展工作。

——Sarah Pink

(杨可译 沈崇麟校)

参考文献

Barnes, D. B., Taylor-Brown, S., & Weiner, L. (1997). "I didn't leave y'all on purpose": HIV-infected mothers' videotaped legacies for their children. *Qualitative Sociology*, *20*(1),7-32.

MacDougall, D. (2001). Renewing ethnographic film: Is digital video changing the genre? *Anthropology Today*, *17*(3),15-21.

Pink, S. (2001). *Doing visual ethnography*: *Images*,

media and representation in research. London: Sage.
Thomas, H. (1997). Dancing: Representation and difference. In J. McGuigan (Ed.), *Cultural methodologies*. London: Sage.

一阶(First-Order)

参见阶【Order】。

钓鱼式考察(Fishing Expedition)

钓鱼式考察描述的是一种研究者对即将进行的研究尚无具体目标的这样一种情况。一般来说,这个术语可能指的是(通常是负面意义的)研究者没有根据早前的研究形成假设,而只是像"审前调查"一样寻求要讨论的结果。更具体地说,它也可能用于描述在缺乏特定的指导性假设的情况下就使用统计数据,以期找到统计上显著的关系。因为如果采用 0.05 的显著度,那么就有 1/20 的可能发现统计显著的结果。

——Tim Futing Liao

(杨可译　沈崇麟校)

固定效应模型(Fixed Effects Model)

方差分析【Analysis of Variance, ANOVA】模型可以用来研究因变量是如何取决于一个或几个因素的。这里的一个因素定义为一个分类的自变量;换句话说,是一个定类测量层次【Level of Measurement】的解释变量。一个固定效应的 ANOVA 模型(也称作第一类方差分析模型)有固定的(即非随机的)参数来表达每个因素的类别效应。如果统计推论的目标在发现那些完全适用于出现在手头数据中的因素的分类的结论,那么这种模型就是合适的。这和随机效应模型【Random-Effects Model】不同,随机效应模型在另一词条中有介绍,如果因素类别的观察是来自一个总体的样本,那么随机效应模型就是合适的。例如,固定效应 ANOVA 模型可以用于研究雇员的满意度如何取决于性别和类别数不多的工作类型。

固定效应 ANOVA 模型是广义线性模型【General Linear Models】的特殊情况,而广义线性模型是回归【Regression】分析的基础。在 ANOVA 中一个因素各个分类的效应可以用回归分析中虚拟变量的回归系数来表示。广义线性模型可以写成

$$Y_i = b_0 + b_1X_{1i} + \cdots + b_pX_{pi} + E_i$$

式中 i 表示这个案例,Y 表示因变量,X_1 到 X_p 表示自变量(或解释变量),E 是未解释的部分,通常称为残差或误差。数量 b_h 则是变量 X_h 的回归系数。回归系数是固定(即非随机)的数量,也被称为固定效应。它们是总体的特征,回归模型据此而定义。在其他更复杂的模型中出现的固定效应也是类似的,例如,广义线性模型或非线性回归模型。

无论因素的各个分类是否能被作为某个总体的一个样本,我们都认为某个给定因

素的效应按固定而非随机效应建模这种做法还有另一个原因,即这些因素或变量虽然并非研究者主要感兴趣的,但为了达到更好的模型设定却必须将它们包含进模型,这些变量被称为扰攘变量(nuisance variables)或控制变量。在许多情况下(取决于模型的正确设定),这些扰攘变量用固定效应包含进来比用随机效应包含进来能控制得更好。"控制得更好"意味着对主要感兴趣的参数的估计偏差更小,或者完全没有偏差。有一类例子是用于计量经济学的固定样本追踪数据,在这些例子中的某些研究,时间变量(常常是年代)都在起着一种扰攘变量的作用,即把它作为一种固定效应包括进来,并对它加以控制(参见 Greene,2003)。另一个例子是此前提到的根据性别和工作分类研究雇员的工作满意度,公司如果被当作扰攘变量,则可以被当作固定效应来处理;另一方面,如果对公司间的变异性的量和类别感兴趣,公司也可以作为随机效应纳入模型,这样就形成了混合效应模型【Mixed-Effects Model】。

——Tom A. B. Snijders

(杨可译　沈崇麟校)

参考文献

Cobb, G. W. (1998). *Introduction to design and analysis of experiments*. New York: Springer-Verlag.

Greene, W. (2003). *Econometric analysis* (5th ed.). Upper Saddle River, NJ: Prentice Hall.

Iversen, G. R., & Norpoth, H. (1987). *Analysis of variance* (Sage University Paper Series on Quantitative Applications in the Social Sciences, 07-001, 2nd ed.). Newbury Park, CA: Sage.

Neter, J., Kutner, M., Nachtsheim, C., & Wasserman, W. W. (1996). *Applied linear regression models*. New York: Irwin.

地板效应(Floor Effect)

如果某个测量对可能的回答有一个明显的下限,而大量参与者的分数都集中在或接近这一下限时,就出现了地板效应(与天花板效应【Ceiling Effect】相对)。每当方差受制于这种方式时,就会出现一种称作尺度衰减的方法论问题。这个问题通常在实验研究环境中来讨论,但它可能会威胁到任何类型的研究的效度,让其测量指标在可能的取值范围的下限几乎体现不出任何变化。

许多因素都可能会引发地板效应。如果结果量度涉及一个有下限的绩效任务(例如正确回答的数目),参与者可能会认为太难了,从而无法给出正确回答。评分量表也有下限,而参与者的回答可能会落在反应量表的取值下限之外。

因为缺少方差,地板效应对实验研究、非实验研究的效度都是一个严重的威胁,任何有地板效应的研究都应谨慎地加以解释。如果因变量遭到地板效应影响,实验或半实验操作就会表现得没有效果。例如,评定记忆的一个普通方法就是能回忆起来的条目占多少百分比。如果记忆任务太难,那么所有的参与者可能都无法回忆起任何条目。在有关回忆的感觉形态效应的研究中,如果地板效应实际上无法使我们发现差异,那么研究就可能会无功而返。

地板效应在解释交互效应【Interaction Effect】时尤其麻烦。许多交互效应都是无法在某个自变量的一个水平上发现明显差别,而在另一个水平上却有明显差别。无法发现明显差别可能是由地板效应导致的,对这样一种交互效应的解释应当十分谨慎。

地板效应对非实验或相关研究也是一种威胁。许多推论统计都以相关变量正态分布的假定为依据。它可能使我们无法计算显著性检验,或者受限制的方差范围可能会在虚无假设实际上是真的时候,增加拒绝它的可能性(第二类错误【Type Ⅱ Error】)。

解决地板效应问题的最佳方案是预检验,它使我们可以较早地认定问题。如果发现了地板效应,可以用几种方法来处理。如果结果量度是任务完成,那么任务我们可以弄得简单一点,以扩大潜在回答的取值范围。对于评定量表,潜在回答的数量可以扩大些。其他的处理方案包括在评定量表中使用极端参照刺激等。在评定感兴趣的变量之前,可以要求参与者评价一个刺激物,这样他们就会用到分布中的极端值。这样会鼓励参与者使用评定量表中较为中间范围的取值,减少地板效应的可能性。

——Robert M. Hessling
Tara J. Schmidt
Nicole M. Traxel
(杨可译　沈崇麟校)

焦点小组(Focus Group)

焦点小组是一种研究访谈的过程,专门设计出来用于在一小群被调查者中发现深刻的见解。焦点小组的独特之处在于,它采用的一系列问题的顺序都是精心编排过的,或者专注于将讨论导向研究者关注的概念上。组成焦点小组的参与者人数有限且是同质的,他们在一个宽松的、没什么威胁的环境里讨论事先拟订的题目。由一位有经验的主持人员或访问员来指导讨论,对讨论进行有限的控制,并令它从一个问题转向另一个问题。

尽管这被称为焦点小组访谈,但其实更像聚焦讨论。主持人员要使参与者参与交谈,并鼓励他们对组内其他人的谈话进行评论。主持人员的主要责任就在于保证讨论的切题并控制时间,并且让参与者积极参与交谈。

焦点小组访谈在许多方面都有应用,受人欢迎,因为这个程序有助于研究者理解其目标受众的行为、习惯和深刻思想。这个信息被用于理解消费者对新的节目和产品会有什么反应,以及哪些行为会影响消费者行为。近年来,焦点小组从消费者研究转移到了学术研究、项目评估、社会化营销、需求评估以及有关的研究上。焦点小组作为对其他方法的补充和改进,在研究中用得越来越多,比如说,对抽样调查工具的发展或在寻找替代性解释方面都发挥着作用。

焦点小组的发展

“焦点访谈”这个术语源于第二次世界大战前罗伯特·默顿的研究。哥伦比亚大学的社会学家罗伯特·默顿和保罗·拉扎斯菲尔德引入了焦点访谈,这种方法有一个焦点明确的提问顺序,请人对行为、态度和观点发表评论。罗伯特·默顿、菲斯克和肯德尔(Merton, Fiske, & Kendall, 1956/1990)一起合著了《焦点访谈》(*The Focused Interview*),这是一本有关宣传材料和军队士气的书。

焦点小组在 1950 年代晚期受到了青睐,当时市场研究者正在寻求研究消费者购买行为的办法。从 1950—1980 年代,焦点小组大多数时候被用于寻找消费者的心理动机。许多著名的焦点小组实施者接受的都是心理学训练,其目的是发现对消费者行为的无意识联系。那时,焦点小组由 10~12 名参与者组成,通常都彼此陌生,在单向镜后进行,以便讨论发起人有机会进行观察。

自从 1980 年代以后,学者也开始把焦点小组当作一类定性研究。学者们以罗伯特·默顿及其同事的工作为基础,修改了市场研究者所采用的程序。这些较晚时期的小组更为强调在自然的环境中开展研究(如家里、公共的聚会空间),参与者更少(通常是 6~8 人),在分析中也更为严格(系统的、可检验的程序)。

焦点小组研究是一个不断演变的研究领域。多年来,研究者们对这些技术进行了调整和改变,以适应具体的环境。电话或网络焦点小组作为对受距离阻隔的人们展开调查的一种办法,日益受到欢迎。在国际化的环境中,读写能力可能会妨碍其他形式的调查,但焦点小组却表现出相当好的通用性。

焦点小组研究的质量

随着焦点小组日益深受欢迎,其质量也开始受影响。对一个随意的观察者来说,焦点小组可能会很有迷惑性,看起来很简单,但实际上它在策划、开展和分析上都很复杂。当研究者没有足够的准备、计划和技巧就进行焦点小组研究时,其结果就不太可靠。焦点小组研究的质量受四个关键因素的影响:

- 策划,包括确定合适的受众,让这些人聚到一起来。
- 询问正确的问题。
- 在避免把谈话引入预定答案的前提下,主持讨论。
- 在准备报告时采用系统的、可检验的分析策略。

策划焦点小组研究包括决定小组的人数、找到招募小组成员的办法、制造刺激、预先考虑其他的后勤问题。基本的研究策略就是要为研究者感兴趣的每种受众类型进行 3~4 个焦点小组研究。在决定样本规模的问题上,统计公式并不合适。相反,研究者采用一种称为冗余或理论饱和【Theoretical Saturation】的概念。研究者用冗余或理论饱和的概念一直继续访谈,直到不再出现新的洞见为止。实际上,研究者已经对这个主题的各种观点的范围大致有了解。继续访谈只会产生更多研究者已经知道的内容。在焦点小组研究中,这大概会在一组受众之中进行 3~4 组焦点小组访谈之后出现。

招募从尽可能准确地确定目标受众的特征开始。参与者被选中、得到邀请,是因为他们具有共同的某种经验或品质。邀请的是满足这些"筛子"或研究资格的人。

成功的招募有三个明显的特征:首先,这个过程应该是个人化的。这意味着每个受邀的人都感觉是他或她本人被邀请参加和分享观点。其次,邀请过程是反复的。邀请不止是一次,而应该是两次、三次。最后,要有鼓励参与者的奖励措施。奖励可以是钱、食物、礼物或无形资产,例如,为一项有价值的研究提供帮助、帮助某个邻里组织,或者为这位参与者投身其中的事业提供支持。各个研究的奖励措施可以不同,因为参与者的兴趣各有不同。

必须为焦点小组准备好问题。这些问题应该设计成聊天式的,便于参与者理解。在一个两小时的焦点小组访谈中,可能会有十几个问题。在问题措辞和排序上要小心。焦点小组的问题与众不同之处就在于其焦点,对于具体经验的强调,以及引发谈话的倾向。

这是在设计问题时经常考虑的一些因素:

- 采用开放式问题【Open-Ended Question】,让参与者在回答问题时的自主度越大越好。
- 避免采用能以"是"或"否"来回答的

问题,因为这些回答无法提供研究通常需要的细节解释。

• 不要去问“为什么”,因为“为什么”听起来像是质问,让人们变得有戒心。相反,要去问特点和/或影响。

• 用“回想式”的问题来让人们回到某个具体时点,以获取基于真实经验的信息。

• 用能让参与者投入的问题来提问,例如比较、评价、分类、描绘等。

• 聚焦在问题上,按从一般到特殊的顺序来排序,这样问题就会自然而然地过渡到最重要的主题上来了。

• 用封闭式问题来结束小组访谈并从参与者那里获得概括性评价。

主持是指导讨论的过程。一开始,主持就是要帮助人们感觉到十分舒服地在小组中和他人分享自己的所思和所感。主持人员要建立一种相互信任的、宽松和舒服的氛围,扫除交流的障碍。主持人员要介绍这项研究,帮助参与者互相熟悉起来。在焦点小组访谈一开始,主持人员要描述讨论的协议【Protocol】,说明谈话会被录音。要给予参与者保密的承诺,告诉他们尽管可能会引用他们的话,但在后来的报告中不会出现他们的名字。给讨论建立好几条基本规则之后,主持人员就开始问问题。主持人员在谈话进行时要有几个关注点。主持人员必须知道什么时候要等待更多的信息,什么时候要转向下一个问题。主持人员必须能够控制强势的讲话者,鼓励犹豫的参与者。主持人员还必须尊重参与者,倾听他们必须要说的话,感谢他们的观点,即便他或她本人可能并不同意。主持人员引导参与者完成所有问题,小心控制时间,当得到足够的回答之后就从一个问题转向另一个问题。

分析就是让一连串会话变得有意义的过程。不是所有的研究都要求进行同样水平的分析。有时候,分析可以做得很快,因为数据很清楚,模式很明显。但有时候分析过程可能会特别耗时。分析过程包括数据评析和寻找各小组共同的主线主题。因为数据是由多种方法获取的,包括记忆、田野笔记、录音和/或视频录像等,所以焦点小组访谈通常都需要进行转录,而这些转录的文字则会用于后来的分析。

焦点小组分析应该是系统的、可检验的。系统的分析意味着分析者所起草的方案必须有一个预先确定的捕捉和处理数据的顺序。而这个过程是可检验的则是指它是有据可查和可以重复的。

什么时候使用焦点小组

同所有的研究方法一样,有些情况下焦点小组会特别有效,有些情况下应该用别的方法。焦点小组在以下情况中特别奏效:

• 寻找是什么激起了某种行为,例如购买、使用或采取行动。

• 寻找阻碍某种行为的障碍是什么。

• 预检验理念、竞选、抽样调查、产品等。在计划开始实施、大量的钱被花出去之前,焦点小组可以用于获取对计划的反馈。

• 理解人们是如何考虑或感受某个事物的,例如某种观念、行为、产品或服务。

• 开发其他的研究工具,例如抽样调查或个案研究【Case Study】。

• 评估项目运行得怎么样,产品工作情况如何,以及如何改进它们。

• 理解人们如何看待他们生活和社区中的需要和财产。

相反,比较起来,焦点小组访谈并不适用于以下几种情况:

• 一个让人们达到共识的过程。

• 一种教授知识或技能的方法。

• 一种知识或技能的测试。

在以下场合也不宜使用焦点小组：

• 在对某个总体做统计推论时。焦点小组研究涉及的数量太小，不足以做统计推算。

• 主题太有争议性，参与者想要争论而不是讨论。

• 没有培育信任和尊重的环境。如果赞助方或机构被认为是不值得信赖的，或者如果社区发生的事情让人们犹豫不决或愤世嫉俗，那么这个研究结果就会受损。

• 话题不适合小组讨论，适合个别讨论。

请注意：尽管研究者承诺了保密性，实际上，他或她无法保证参与者会一直保密。

焦点小组的方法

焦点小组访谈是一个正在不断改进的方法论，以适应不同的情况和环境。下面要讨论的就是一些最常见的形式。

市场研究焦点小组法

在这些小组中，专业的主持人员带领着10~12名同质的领取报酬的参与者，就有关某个消费品、服务或组织认同的主题开展讨论。这些小组讨论通常都在装有单向镜的特殊的焦点小组室进行，围绕着一张圆桌，大约2小时。结果和报告很少跟参与者分享。参与者一般不了解赞助组织的身份。通常在数周之内就需要得到结果。

学术性的焦点小组法

在这些小组中，主持人员是一位学术性的研究者，他或她带领着由6~8位同质的参与者组成的小组，就某个具有学术旨趣的主题进行讨论，这个主题可能会为某个理论概念或参与者对现实的理解提供洞见。这些小组讨论通常都是在方便、舒适的社区环境中而非装有单向镜的特殊房间里进行的。参与者可能会得到经济上的奖励。结果后来会发表在学术性杂志或论文中。仔细的数据收集和系统的分析过程也非常看重。这些研究通常都要进行6~12个月。

公共/非营利焦点小组法

在这些小组中，主持人员可能是一个内部员工、一个志愿者或是一个局外的顾问。这些小组比市场研究法的小组更小(通常是6~8位参与者)。这些小组访谈在社区环境中进行，通常会避免使用单向镜，以节省租金费用，避免被观察者产生敏感。研究设计的主题是为了改进服务或产品、评估项目或政策、理解消费者满意度，或者对公共的、宗教的、教育的、服务组织的其他需求进行评估。研究结果几乎总是要和社区成员进行分享。这些研究通常在几个月的时间内完成。

参与式焦点小组法

这些焦点小组由志愿者、社区成员或那些愿意作为一个研究团队在一起工作的可能的工作人员领导。通常有一个专业的研究者作为导师和教练，帮助这个团队进行准备、设计问题、承担复杂的分析任务。志愿研究者进入他们的社区、招募参与者、用预先设定的问题来进行焦点小组访谈。这些研究在获取有关预防工作、健康与安全问题，以及社区需求评估方面的洞见上很有效。这些小组主要的优势就是志愿者在社区里关系很融洽，可以很容易在谈话中建立信任、吐露真话。这些结果都要反馈给社区成员共享，通常需要几个月的时间来收集。

电话焦点小组法

电话焦点小组与电话会议差不多。它由一个主持人员主导，包括同时电话连线的4~6名参与者。主要的优势就是便捷。研究者可以用很少的费用，对散布在全国的一组人进行研究。通常会在小组访谈之前把较少的几个问题(5~8个)发给参与者。这些小组访谈通常会持续1小时。

儿童焦点小组

这些小组进行了改造,以适应儿童的兴趣和能力。考虑到发育的差异,参与者年龄都很相近(通常年龄差不超过两岁)。参与者年龄可以低至10岁,但他们必须能够倾听小组的其他人讲话并进行交谈。小组的规模较小(5~7人),小组访谈的时间可以短一点。儿童小组的问题通常比成年人小组包括更多的活动和运动。

互联网焦点小组和聊天室

这些小组在不断演变,并且已经有了大量的变化形式。有些小组有点像聊天热线,少数参与者登录同一个聊天室中心。主持人员在线提出问题,参与者以书面形式提供答案。还有一种变化形式,就是参与者登录一个特别的网站,在一连数天内每天都会得到不同的问题。问题通常是互倚的,参与者也可以看到其他参与者的评论。随着技术的进步,这些互联网焦点小组一定会有更多的选择。

——Richard A. Krueger
(杨可译　沈崇麟校)

参考文献

Krueger, R. A., & Casey, M. A. (2000). *Focus groups: A practical guide for applied research* (3rd ed.). Thousand Oaks, CA: Sage. [This one-volume (215 page) overview of focus group interviewing provides a description of what focus groups are, how they are used, and strategies that make them successful.]

Merton, R. K., Fiske, M., & Kendall, P. L. (1990). *The focused interview* (2nd ed.). New York: Free Press. (Originally published in 1956, Merton and his colleagues describe the development of the focused interview.)

Morgan, D. L., & Krueger, R. A. (Eds.). (1998). *Focus group kit.* Thousand Oaks, CA: Sage. (A collection of six books, each approximately 100-140 pages, on focus group interviewing. Specific volumes include: *The focus group guidebook*, *Planning focus groups*, *Developing questions for focus groups*, *Moderating focus groups*, *Involving community members in focus groups*, and *Analyzing and reporting focus group results*.)

聚焦比较(Focused Comparisons)

参见结构的、聚焦的比较【Structured, Focused Comparison】。

聚焦访谈(Focused Interviews)

这种访谈形式最初设计出来是用于个人和小组的(Merton, 1987; Merton & Kendall, 1946),但被大多数人认为是焦点小组【Focus Group】法。聚焦访谈有一个明确的目标,即在被调查者亲历的某个特殊的具体情境下(例如,一个共同经历的事件或非常特别的经历)来测试、评价或生成假设。访谈的焦点由相关理论和证据圈定(在一对一的讨论或小组讨论中),还需要熟练运用访谈提纲【Interview Guide】来把过程加以简化,也要给挖掘未曾预料到的观点留出余地。合理利用这一方法关系如何把握一个悖论，即在以自由流畅的讨论探求真正的主观信息和方法论的严格需求之间保持平衡。

聚焦访谈的目的是要超越访谈对象对其经验的概括性判断（如不愉快的、刺激的），来"准确地发现是什么深层的情感在发挥作用"（Merton & Kendall, 1946, p. 541）。因此，这个技术的关键就是熟练地运用语言刺激来引发对问题的具体回答，而不是模糊概述，同时还要具有不断检测和调整访谈过程的能力，以便让访谈对象尽可能地自我表露。在用于小组时，这个过程给我们带来了一定的便利性，也给我们发出了一些挑战——我们应该怎么样来掌控和协调多个可能的被调查人，以保证导出有足够广度和深度的证据（Millward, 2000）。在此情况下，重要的设计要素包括小组规模（例如，既要大到能抽出足够广泛的观点，又不会有什么禁忌）、小组构成（如教育的同质性）以及空间安排（如坐成一圈）（Merton，1987）。

聚焦面对面访谈现在是方法论知识库中的重要部分，尤其是在临床或健康研究中。但直到 1980 年代末，聚焦小组访谈的研究优势才在其市场领域的应用之外正式得到社会科学家承认（Morgan，1988）。两种类型的聚焦访谈都可以作为定性数据收集的主要手段（如为了构建假设），或作为其他方法的附属（如为阐释研究发现提供帮助）。理论也可以当作聚焦工具来提供构念，围绕着构念可以展开一对一或者小组对话（例如保护动机理论），尤其是在涉及复杂或敏感议题时（如对青少年风险性行为的检查）。

如果被访谈人同意，访问的回答可以被录音或录像，并转录成文字，为某种形式的定性数据分析做准备。在最基本的层次上，内容分析【Content Analysis】就涉及内容的类别。其他用于聚焦访谈的更具体的分析形式包括阐释性现象学分析和话语分析【Discourse Analysis】等。话语分析既考察讨论的过程，也要考察其内容。最终分析策略的选择还是要取决于认识论和理论因素的结合，包括确切说明提出的问题究竟是什么（Millward, 2000）。

——Lynne Millward

（杨可译　沈崇麟校）

参考文献

Greenbaum, T. L. (1998). *The handbook for focus group research*. London: Sage.

Merton, R. K. (1987). The focused interview and focus groups: Continuities and discontinuities. *Public Opinion Quarterly*, *51*, 550-566.

Merton, R. K., Fiske, M., & Kendall, P. L. (1990). *The focused interview: A manual of problems and procedures* (2nd ed.). New York: Free Press.

Merton, R. K., & Kendall, P. L. (1946). The focused interview. *American Journal of Sociology*, *51*(6), 514-557.

Millward, L. J. (2000). Focus groups. In G. M. Breakwell, C. Fife-Schaw, & S. Hammond (Eds.), *Research methods in psychology* (2nd ed., pp. 303-324). London: Sage.

Morgan, D. L. (1988). *Focus groups as qualitative research*. Newbury Park, CA: Sage.

Morgan, D. L. (1993). *Successful focus groups: Advancing the state of the art*. London: Sage.

Stewart, D. W., & Shamdasani, P. N. (1990). *Focus groups: Theory and practice* (Applied Social Research Methods Series, Vol. 20). Newbury Park, CA: Sage.

强迫选择测验(Forced-Choice Testing)

在强迫选择测验中,被测验者必须从备择的答案中进行选择,它与被测验者自行提供他们自己构建的答案的自由答案测验有所区别。在社会科学中,如何在这两种形式的测验中进行选择,一般取决于测验的目的,强迫选择测验适用于对一个内容广泛的领域迅速地作出评定,使得数据很容易在数量上作出解释。自由答案测验则针对答案进行定性的分析,因而一般需要花费更多的时间对答案进行解释。

强迫选择测验有各种各样的形式。多种选择测验给被测验者以两个或更多个可供选择的答案。双备择答案的强迫选择测验包括"真-假""是-否"或"正确-不正确"这样的答案对。多种选择的能力测验,包括一个正确的答案,而其余答案则都是备择的不正确的答案。态度量度包括各种形式的李克特【Likert】类量表。在这种量度中,回答人从中选择一个与陈述一致的量表。这种量表一般是一个五级的,"从完全同意"到"完全不同意",在中心点的选项一般都是"中性的"或"悬而未定的"。Q 排序技术对态度和自我概念量度是很有用的。将个人态度陈述或人格特征按他们自身的特征从最少的特征到最多的特征排列分组。一般来说,组的分布都是强迫的,以防止答案的偏斜。

人格测验已经采用对回答的一致性(相同措辞的题项是否以相同的方式作答),随机回答的存在("内容未回答")和精神病理学的低报或高报进行评估的策略(Greene, 2000)。在某种考察设置中(如人员选择和儿童监护评价),被测验者可能有意低报精神病理学问题。在审判前的刑事考察、人身伤害诉讼和残疾判定中,被测验者可能会有意高报精神病理学问题。将简单的计数与常模性数据进行比较,使我们很快就能对一组答案作出测定。

在人格测验中,随机回答问题可以用答案一致性量表来评估。在能力测验中,完全随机回答问题不是一个问题,除非被测验者事先觉察到被视为残疾有一定的好处。强迫选择测验使我们能进行贡献分析,猜测正确的答案的总数。已知题项真实数目的一个好的估计值可以这样来计算[(正确数)-(不正确数)]/($n-1$),n 是在两个或两个以上的备择答案中选择的备择答案数(Cronbach, 1990)。

强迫测验使我们能对认知和知觉测验中的捏造问题进行系统的分析。潘克拉茨(Pankratz, 1979)普及了将正确答案数与随机回答的期望数进行比较的技术,给"低于可能性"的打分标出"装病"。弗雷德里克和克罗斯比(Frederick & Crosby, 2000)指出,Cronbach 法能求得明显装病的真认知能力的估计值。不仅如此,弗雷德里克和克罗斯比还证明,比照双备择答案的平均回答困难,绘制平均回答精度图,使用困难的层次结构的强迫测验,使我们能对回答,按顺从、不一致、随机或"抑制"(装病)进行分类。

——Richard I. Frederick

(沈崇麟译校)

参考文献

Cronbach, L. J. (1990). *Essentials of psychological testing* (5th ed.). New York: HarperCollins.

Frederick, R. I., & Crosby, R. D. (2000). Development and validation of the Validity Indicator Profile. *Law and Human Behavior*, *24*, 59-82.

Greene, R. L. (2000). *The MMPI-2: An interpretive*

manual. Boston: Allyn & Bacon.
Pankratz. L. (1979). Symptom validity testing and symptom retraining: Procedures for the assessment and treatment of functional sensory deficits. *Journal of Consulting and Clinical Psychology*, *47*, 409-410.

预测(Forecasting)

"即使是没有确定性的预见,也远比完全没有预见要好。"
——亨利·庞加莱(*The Foundations of Science*, Poincaré,1913,p.129)

预测是一种有关未知和不确定的事件的陈述——在大多数情况(并非在所有情况)中都是有关未来事件的陈述。如果事涉时间,那么预测(或预报)是一种基于在过去的事件中观察到的规律性对于未来的结果的断言。我们假定,在单个时间系列上的观察也适合连续的时间周期。观察可能是月度的销售数据,季度的GNP(国民生产总值)、年度杀人犯数或每天的股票收盘价。过去的观察 y_1, y_2, …, y_n 被用来计算未来的观察 y_{n+r} 的预测值 $\hat{y}_n(r)$。在这里,n 是预测的原点,r 是预测的时间周期,$\hat{y}_n(r)$ 是从原点 n 开始,r 个周期的向前预测。这里的问题是在计算预测值时,究竟需要用多少个有效的观察。在这里,我们假定不存在其他的可帮助我们进行未来的各个 y 的预测系列。

指数平滑【Smoothing】和用自回归求和移动平均模型(ARIMA)预测的时间系列模型代表了两种成功的一元时间系列预测方法。我们将在这里对这两种方法进行详细介绍,并进一步指明它们的有用的扩展。

指数平滑法

我们可以区分三种基本的方法:无趋势系列的简单指数平滑法、数据展示趋势的Holt指数平滑法和包括趋势和季节分量的Winter指数平滑法。

简单指数平滑法

一种预报无趋势系列的直观方法,它用历史平均数预报所有未来周期,其公式为:

$$\hat{y}_n(r) = \bar{y} = \frac{1}{n}[y_n + y_{n-1} + \cdots + y_1]$$

不考虑年龄,对观察作相等加权要求系列在时间上稳定。因为大多数数据系列都缺乏这种稳定,因此,最好在一个较短的、最近的时间窗口计算观察的平均数或考虑用一种加权的平均,根据他们的年龄来折算观察。简单指数平滑使用一种指数(几何)加权平均:

$$\hat{y}_n(r) = L_n = \alpha[y_n + (1-\alpha)y_{n-1} + (1-\alpha)^2 y_{n-2} + (1-\alpha)^3 y_{n-3} + \cdots]$$

L_n 是在时间 n 时的水平估计值。它变成了所有未来的观察的预测值。平滑常数 $\alpha(0 \leqslant \alpha \leqslant 1)$ 给最近的观察较大的权,给过去的观察较小的权。当 $\alpha = 1$ 时,预测值 $\hat{y}_n(r) = L_n = y_n$,使得我们只使用最后的观察。这叫作"naïve"或随机游走【Random Walk】预测。当 α 接近0时,求得的预测值 $\hat{y}_n(r) = L_n = (y_n + y_{n-1} + \cdots + y_1)/n$,在所有的观察上都放上了相等的权。

水平则根据 $L_n = \alpha y_n + (1-\alpha)L_{n-1}$ 做了更新;只有最后一个观察和前一个水平需要保存。如果有许多系列必须预报,那么这一点便是很重要的了。在系列的开端开始进行递归,用某一个起始值作为时间1的水平,这样的做法是很普遍的。一般来讲,我们会使用第一个观察($L_1 = y_1$)或最初几个观察的平均数。从这一起始值起,我们计算 $L_2 =$

$\alpha y_2+(1-\alpha)L_1$，$L_3=\alpha y_3+(1-\alpha)L_2$，…，直至到达 $L_n=\alpha y_n+(1-\alpha)L_{n-1}$。最后一个水平估计值变成了所有未来的观察的预测值：$\hat{y}_n(r)=L_n$。

计算需要平滑常数的值，它是通过将单时间周期的向前预测值的平方最小化来估计的：

$$\mathrm{SSE}=\sum_{t=2}^{n}[y_t-\hat{y}_{t-1}(1)]^2=\sum_{t=2}^{n}(y_t-L_{t-1})^2$$

我们用图 1 中的 Iowa 季度非农产业增长率来阐述简单指数平滑。数据（$n=127$；从 1948 年 2 月—1979 年 4 月）先在亚伯拉罕和莱道尔特（Abraham & Ledolter, 1983）的著作中被分析。时间系列图显示不存在明显的趋势，但表明系列的水平是随时间改变的。表 1 列出了用平滑常数 $\alpha=0.1$ 计算得到的值，迭代从 $L_1=y_1=0.50$ 开始。反复使用更新方程给出的 $L_2=(0.1)\times(2.65)+(0.9)\times(0.5)=0.715$，$L_3=(0.1)\times(0.97)+(0.9)\times(0.715)=0.741$，直至 $L_{127}=(0.1)\times(2.35)+(0.9)\times(2.681)=2.648$。所有未来的观察的预测值由 $\hat{y}_{127}(r)=2.648$ 给出。单时间区间的向前预测误差在第 15 列中列出：$y_2-\hat{y}_1(1)=2.65-0.50=2.15$，$y_3-\hat{y}_2(1)=0.97-0.715=0.255$，…，$y_{127}-\hat{y}_{126}(1)=2.35-2.681=-0.331$；它们的平方和是 SSE = 122.61。平方和取决于平滑常数，因为不同的 α 意味着不同的预测值。在这一个例子中，任何不同于 0.1 的平滑常数都将会增加单时间区间的向前预测误差的和。

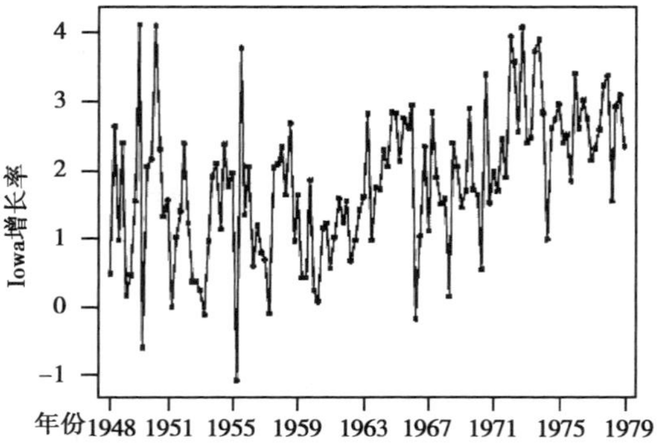

图 1　Iowa 季度增长率（1948—1979）

表 1　Iowa 增长率的简单指数平滑

时间	增长率	平滑值	向前单时间区间预测	单时间区间的向前预测误差
1	$y_1=0.50$	$L_1=0.50$		
2	$y_2=2.65$	$L_2=0.715$	$\hat{y}_1(1)=0.50$	$y_2-\hat{y}_1(1)=2.15$
3	$y_3=0.97$	$L_3=0.741$	$\hat{y}_2(1)=0.715$	$y_3-\hat{y}_2(1)=0.255$
4	$y_4=2.40$	$L_4=0.906$	$\hat{y}_3(1)=0.741$	$y_4-\hat{y}_3(1)=1.659$
⋮	⋮	⋮	⋮	⋮
124	$y_{124}=1.55$	$L_{124}=2.602$	$\hat{y}_{123}(1)=2.719$	$y_{124}-\hat{y}_{123}(1)=-1.169$
125	$y_{125}=2.93$	$L_{125}=2.635$	$\hat{y}_{124}(1)=2.602$	$y_{125}-\hat{y}_{124}(1)=0.328$
126	$y_{126}=3.10$	$L_{126}=2.681$	$\hat{y}_{125}(1)=2.635$	$y_{126}-\hat{y}_{125}(1)=0.465$
127	$y_{127}=2.35$	$L_{127}=2.648$	$\hat{y}_{126}(1)=2.681$	$y_{127}-\hat{y}_{126}(1)=-0.331$

Holt 指数平滑法

霍尔特将指数平滑法推广到了系列跟随着一种线性趋势的情形。y_{n+r} 的 r 个时间区间的向前预测值用下式计算：

$$\hat{y}_n(r)=L_n+rT_n$$

式中的 L_n 和 T_n 反映了在时间 n 时的水平和趋势。我们需要这些数量的估计值，并设定更新的递归式。霍尔特认为递归式是

$$L_n = \alpha_1 y_n + (1 - \alpha_1)(L_{n-1} + T_{n-1})$$
$$T_n = \alpha_2(L_n - L_{n-1}) + (1 - \alpha_2)T_{n-1}$$

两个平滑常数 α_1 和 α_2 反映了给当前（“新的”）和以前（“旧的”）的可得到的信息的权数。在时间 n 水平上的最新的信息由 y_n 给出。在这个观察之前，我们有可利用的 L_{n-1} 和 T_{n-1}，而下一个水平的最佳猜测是 $L_{n-1}+T_{n-1}$。水平的更新方程设定了这两个分量的加权平均。第二个趋势方程设定了最新趋势估计值的加权平均 L_n-L_{n-1} 和前一个可利用的估计值 T_{n-1}。

大的平滑常数将更重的权放在了最近的观察上。平滑常数 $\alpha_1=\alpha_2=1$ 意味着 $L_n=y_n$，$T_n=y_n-y_{n-1}$ 和 $\hat{y}_n(r)=y_n+r(y_n-y_{n-1})$。所有的预测值都位于一条通过最后两个观测值的直线上。对小的平滑常数而言，观测值都被给予相同的权，就像是观测值对时间的回归。

更新的计算始于合理的初始值，如 $L_2=y_2$ 和 $T_2=y_2-y_1$。递归式用于计算 L_3 和 T_3，L_4 和 T_4 等，直至到达了 L_n 和 T_n。预测值由 $\hat{y}_n(r)=L_n+rT_n$ 产生。平滑常数经由将单时间区间的向前预测误差平方和最小化求得。

在亚伯拉罕和莱道尔特（Abraham & Ledolter，1983）的著作中，将 Holt 法应用于恒温计销售的数据分析。图 2 显示 $n=52$ 的观察接下来的 8 个预测值和近似于 95% 的预测区间。Minitab 软件被用来估计平滑常数和计算预测值。

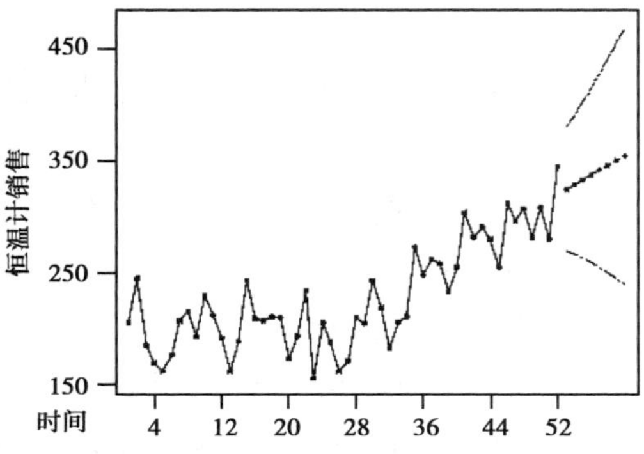

图 2　观测值、预测值和 95%的预测区间

Winters 指数平滑法

许多系列都包括了季节性分量。销售便是典型的季节性的，在圣诞节前后销售量就很大。对季节性的数据而言，我们将 Holt 法扩展，使之带有一个额外的方程和一个第三个平滑常数。假定月度数据有一个年度的季节性分量，预测值由下式给出：

$$\begin{aligned}\hat{y}_n(r) &= (L_n + rT_n)S_{n+r-12}(r = 1,2,\cdots,12)\\ &= (L_n + rT_n)S_{n+r-24}(r = 13,\cdots,24)\\ &= \cdots\end{aligned}$$

它与 Holt 法的差别在于用了一个适当的季节性因子来调整趋势预测值。在这里，调整是乘法的，但也可以是其他方式的调整。

水平（L_n）、趋势（T_n）和季节性分量（S_n）估计的更新方程是必需的。此外，这些方程也设定了“新的”和“旧的”加权平均。

$$L_n = \alpha_1 \frac{y_n}{S_{n-12}} + (1 - \alpha_1)(L_{n-1} + T_{n-1})$$
$$T_n = \alpha_2(L_n - L_{n-1}) + (1 - \alpha_2)T_{n-1}$$
$$S_n = \alpha_3 \frac{y_n}{L_n} + (1 - \alpha_3)S_{n-12}$$

三个平滑常数 α_1，α_2 和 α_3 决定了观察是如何加权的。前两个方程与霍尔特的方程相似，唯一的差别在于最近的观察因季节性而作了调整（y_n/S_{n-12}）。最后一个方程中的季节性因子的更新是最后一个可用的“旧的”季节性因子（S_{n-12}）和“新的”季节性因子的信息 y_n/L_n 的加权平均。

平滑常数经由将单时间区间的预测误差的平方和最小化求得。这一计算始于水平、趋势和季节性分量的初始值，估计值递归地更新，直至到达最后一个可用的时间周期为止，而预测值则是计算得到的。虽然计算更加复杂了，但在概念上却与简单的版本一般无异。

预测区间

点预测是非常重要的,但是如果它不附带一个置信【Confidence】水平则意义甚微。未来的观察 y_{n+r} 的,一个 r 步的向前预测的95%左右的置信区间由下式给出:

$$\hat{y}_n(r) \pm 2s_r$$

式中的均方根误差【Root Mean Square Error】

$$s_r = \sqrt{\sum_{t=r+1}^{n} \frac{[y_t - \hat{y}_{t-r}(r)]^2}{n-r}}$$

是从"观察到的" r 个时间区间向前预测的误差 $y_{r+1}-\hat{y}_1(r)$, $y_{r+2}-\hat{y}_2(r)$, …, $y_n-\hat{y}_{n-r}(r)$ 计算得到的。

Box-Jenkis ARIMA 模型

指数平滑法是一种在应用于一个时间系列时能得到预测值的程序。Box-Jenkis **ARIMA**【Box-Jenkins】模型是一种基于模型的方法。首先,我们要为潜在的产生系列的随机过程确定模型,然后我们再用模型导出最佳的预测值。

自回归求和移动平均(ARIMA 模型)把自相关观察 y_t 看成在不相关的随机变量 a_t 上的线性滤波的结果。将滤波写作多项式的比率后导致差分方程

$$\varphi(B)y_t = \phi(B)(1-B)^d y_t = \theta_0 + \theta(B)a_t$$

式中 B 是二次变换运算符, $B^m y_t = y_{t-m}$; a_t 是有常方差的不相关的、未观察到的误差; $\varphi(B)=\phi(B)(1-B)^d = 1-\varphi_1 B-\varphi_2 B^2-\cdots-\varphi_{p+d}B^{p+d}$ 是 $p+d$ 阶的广义自回归运算符; d 是将非稳定系列转变为稳定系列所需要的自由度; $\phi(B)=1-\phi_1 B-\cdots-\phi_p B^p$ 是 p 阶的稳定自回归运算符; $\theta(B)=1-\theta_1 B-\cdots-\theta_q B^q$ 是 q 阶的可逆移动平均运算符; θ_0 是在 $d\geqslant 1$ 时引进确定性趋势的常数。

特例

一阶 ARIMA(1, 0, 0)模型, $(1-\phi B)y_t=\theta_0+a_t$ 或 $y_t=\theta_0+\phi y_{t-1}+a_t$ 是当前观察在其滞后上的回归。ARIMA(p, 0, 0)模型是在时间 t 的观察在 p 个以前的滞后上的回归。ARIMA(0, 1, 0)的随机游走模型, $(1-B)y_t=\theta_0+a_t$ 或 $y_t=\theta_0+y_{t-1}+a_t$ 对于给随机的非稳定性建模很有用,常数 θ_0 引进了额外的确定性的漂移。ARIMA(0, 1, 1)模型, $(1-B)y_t=(1-\theta B)a_t$ 或 $y_t=y_{t-1}+a_t-\theta a_{t-1}$ 是另一种普遍使用的模型。扩展到包括季节性情形的模型也已经开发出来了。

博克斯和詹金斯(Box & Jenkins,1976)对这些模型的性质进行了研究,并拟就了有用的建模策略大纲。模型的阶(p, d, q)是从系列的自相关【Autocorrelation】和偏自相关模式求得的,模型的参数是用最大似然法【Maximum Likelihood】估计的,而模型的精确度则是通过残差诊断评估的。

ARIMA 模型隐含的预测

通过取未来观察的条件期望值求得未来观察的最佳(最小均方误差)预测值。这些条件期望值可从 ARIMA 模型的差分方程中导出。我们用二阶自回归模型来阐明这一点。

$$y_t = \theta_0 + \phi_1 y_{t-1} + \phi_2 y_{t-2} + a_t$$

未来观察(y_{n+1}, y_{n+2}, …)的条件期望值是

$$\hat{y}_n(1) = \theta_0 + \phi_1 y_n + \phi_2 y_{n-1}$$
$$\hat{y}_n(2) = \theta_0 + \phi_1 \hat{y}_n(1) + \phi_2 y_n$$
$$\hat{y}_n(r) = \theta_0 + \phi_1 \hat{y}_n(r-1) + \phi_2 \hat{y}_n(r-2) \quad (r \geqslant 3)$$

借助最终预测函数(eventual forecast function)我们得以更好地理解预测。

ARIMA(p, d, q)模型的最终预测函数由下式给出

$$\hat{y}_n(r) = f_1(r)\beta_1^{(n)} + f_2(r)\beta_2^{(n)} + \cdots + f_{p+d}(r)\beta_{p+d}^{(n)} = f(r)^{\mathrm{tr}}\beta^{(n)}(r > [q-(p+d)])$$

式中的$f(r)=[f_1(r), f_2(r), \cdots, f_{p+d}(r)]^{\mathrm{tr}}$是预测函数的列向量,它只取决于广义自回归运算符(tr 表示向量转置)。例如,在 ARIMA$(0, 2, q)$模型中,预测函数由$f_1(r)=1$和$f_2(r)=r$给出,而最终预测函数则是线性的。

系数$\beta^{(n)}=[\beta_1^{(n)}, \beta_2^{(n)}, \cdots, \beta_{p+d}^{(n)}]^{\mathrm{tr}}$的向量是根据

$$\beta^{(n)} = L\beta^{(n-1)} + h[y_n - \hat{y}_{n-1}(1)]$$

用每一个新的观察进行更新的。转换矩阵L是预测函数$f(r)$的结果,而向量h则取决于 ARIMA 模型中的参数。

ARIMA 预测法与指数平滑法之间的关系

ARIMA 模型隐含的最终预测函数和指数平滑法的函数存在着一定的相似之处。自回归分量和差分都隐含着 ARIMA 预测法的预测函数。如果我们选择了某些特定的 ARIMA 模型的话,在最终预测函数中和指数平滑法中的系数更新可以是相同的。

ARIMA 模型更具普遍性。约束 ARIMA 模型的预测与指数平滑的预测相符。ARIMA(0,1,1)模型的预测$(1-B)y_t=(1-\theta B)a_t$与那些简单指数平滑的预测相符,条件是$\theta=1-\alpha$。ARIMA(0,2,2)模型$(1-B)^2y_t=(1-\theta_1B-\theta_2B^2)a_t$与 Holt 指数平滑的预测相符,条件是$\theta_1=2-\alpha_1(1+\alpha_2)$和$\theta_2=-(1-\alpha_1)$。季节性预测方法之间的关系则更加复杂(Abraham & Ledolter, 1986)。

尽管从理论上讲,这些预测法各有长短,但是在许多实际的应用中,预测法之间的“较量”显示简单指数平滑法则更胜更为普遍的 ARIMA 模型一筹(Makrida-kis & Hibbon, 2000)。更为复杂的模型和所有可能的不正确模型都缺乏稳健性和用不必要的参数拟合“不齐啬的”模型带来的问题都能说明这一点。

本词条未曾涵盖的重要问题

许多其他的单变量预测方法已经被开发出来,但本词条却未能涵盖它们。在哈维(Harvey,1990)的著作中出现的结构时间系列模型和在财政金融的应用中发展起来的随机模型(参见 Tsay,2002)则是值得我们注意的。本词条主要介绍了数量方法,但未曾提及在只有很少或完全没有数据时那些很重要的判断预测方法(参见 Armstrong, 2001)。

单变量时间系列只使用自身过去的历史。我们可以期望在将来自其他系列X的信息合并进来时,Y的预测将得到改进。如果y_t为当前或滞后的(x值)影响,那么我们就可以使用转移函数模型,如果存在强的领先-滞后关系,那么预测便将因此而改进。y_t与x_t的同期联系本身却收益不多,因为为了预测Y我们需要X的一个预测值。如果系列之间的反馈存在的话,多变量时间系列模型,特别是多元自回归模型是比较适宜的模型。计量经济学【Econometric】模型使用许多方程系统来代表经济变量之间的关系。计量经济模型的目的在于提供条件或“假设分析”的预测值,并将之与单变量预测法提供的无条件预测作比较。

有许多不同的预测方法可资使用。每种方法各有长短,但其所依据的假定【Assumption】却常常被违反;因此理论和经验的证据表明,各种预测法的组合往往更具优势。

计算机软件

可资利用的性能优良的用于时间系列预测的软件有很多。所有主要的统计软件包(如SAS,SPSS和Minitab)都包含有用的时间系列预测模型。此外,若干种特定用途的程序(如ForecastPro和SCA)都包含有"自动的"程序,在计算过程中不需要用户做过多的调试,便可自行确定最适当的方法。这一点对大规模的预测应用是很重要的,因为在这样的预测中,往往涉及成千上万个系列的预报。

建议阅读的书目

由亚伯拉罕和莱道尔特(Abraham & Ledolter,1983),纽博尔德和博斯(Newbold & Bos,1994)及迪博尔德(Diebold,2001)撰写的著作,是这一领域的优秀的导论。由阿姆斯特朗(Armstrong,2001)编撰的《预测原理》(*Principles of Forecasting*)一书包括了普遍使用的预测方法的摘要和参考书目,内容涉及定量和定性(判断)两种预测程序。《预测期刊》(*Journal of Forecasting*)和《国际预测期刊》(*International Journal of Forecasting*)是两种有关预测问题的专业期刊。

——Johannes Ledolter

(沈崇麟译校)

参考文献

Abraham, B., & Ledolter, J. (1983). *Statistical methods for forecasting*. New York: Wiley.

Abraham, B., & Ledolter, J. (1986). Forecast functions implied by ARIMA models and other related forecast procedures. *International Statistical Review*, *54*, 51-66.

Armstrong, J. S. (Ed.). (2001). *Principles of forecasting*. Boston: Kluwer.

Box, G. E. P., & Jenkins, G. M. (1976). *Time series analysis: Forecasting and control* (rev. ed.). San Francisco: Holden-Day.

Diebold, F. X. (2001). *Elements of forecasting* (2nd ed.). Cincinnati, OH: South-Western.

Harvey, A. C. (1990). *Forecasting, structural time series models, and the Kalman filter*. New York: Cambridge University Press.

Makridakis, S., & Hibbon, M. (2000). The M3-competition: Results, conclusions, and implications. *International Journal of Forecasting*, *16*, 451-476.

Newbold, P., & Bos, T. (1994). *Introductory business forecasting* (2nd ed.). Cincinnati, OH: South-Western.

Tsay, R. S. (2002). *Analysis of financial time series*. New York: Wiley.

预想(Foreshadowing)

一些从事定量研究的学者用这个术语来指称人们在进入某个领域之前就指定其感兴趣的议题的过程。正如英国社会人类学家布罗尼斯拉夫·马林诺夫斯基所说:"先入之见在任何科学工作中都是有害的,但是预想问题是科学思想家的最大的天分所在,这些问题首先是观察者通过理论研究揭示出来的。"(Malinowski, 1922, pp. 8-9;引自Hammersley & Atkinson, 1995, pp. 24-25)因此,不同于定性研究者有时所主张的开放式方法,马林诺夫斯基及其追随者建议,去田野时要对需要调查的某些议题有明确意识。

——Alan Bryman

(杨可译　沈崇麟校)

参考文献

Hammersley, M., & Atkinson, P. (1995). *Ethnography: Principles in practice*. London: Routledge.

Malinowski, B. (1922). *Argonauts of the Western Pacific*. London: Routledge & Kegan Paul.

福柯式话语分析(Foucaldian Discourse Analysis)

米歇尔·福柯(Foucault,1998/2002)在其著作《性史》(*The History of Sexuality*)与《知识考古学》(*The Archeology of Knowledge*)中发展了一种复杂、精致的话语理论。尽管他的作品囊括的经验主题范围很广,在方法上也有大量的变化,但其作品中有三个重复出现的主题,给他各种不同的兴趣提供了一定的连贯性:权力、知识和主体性。理解福柯式话语分析就从理解他对这三个概念的概念化【Conceptualization】及其关系入手。

福柯把话语或话语构成定义为构成其讲述物体的知识体系。换句话说,话语不只是描述社会世界,它通过给特定的社会现象分类、赋予意义的办法来让社会现象存在,否则它就是无意义的现实。任何时间、任何地点的话语构成的本质,就是在任何时间点上都存在的权力关系(以及反抗)、社会客体与认同,以及说和做的可能性的来源。

所有的话语都被定义成了一套规则或原则——"构成原则"——这导致特定客体的出现,它们构成了可识别的社会世界。话语制定了"可能性的条件",这些条件决定了可以说什么、谁来说、什么时候说。任何陈述都不是偶然发生的,话语分析者的任务就是分析为什么出现的是某个具体陈述而不是另一个,它又是怎样出现的。

对福柯来说,话语——或者至少是它举例说明的知识——不能脱离开权力。权力嵌入在知识中,正如"权力/知识"这一对词简要概括的一样,任何知识体系都构成了一种权力的系统。在构建可能的身份认同、观念、社会客体时,权力的环境也形成了。反过来,权力则带来了新式的知识,生产了新的社会客体。

权力并非与某些代理连接的事物,而是代表着由话语所构成的知识体系决定的一个复杂的关系网络。因此,正是话语环境而非任何个体行动者的主体性在对政治策略的性质产生影响。事实上,对福柯而言,那种认为主体的有意识行动在某种程度上不是由话语所决定的观念恰恰说反了。

话语以这种方式决定了可能的条件,"规范"着主体,行动者因此在特定的话语环境中被理解并理解他们自己。由此,话语形塑了个人的主体性。福柯将主体去中心化了:不存在本质或真的主体,只有一个权力/知识体系,它构成了嵌入其中的个体的主体性。

福柯的工作对社会研究影响巨大,尤其是在对话语和权力之关系的理解方面。同时,他的经验方法具有一种极为特殊的风格,在经验层面上除了他自己的研究,还没有发现太多的后继者。无论如何,他的工作影响极为深远,假以时日,必定会对社会科学产生更为重要的贡献。

——Nelson Phillips

(杨可译　沈崇麟校)

参考文献

Foucault, M. (1998). *The history of sexuality: The will to knowledge* (Vol. 1). London: Penguin.

Foucault, M. (2002). *The archeology of knowledge*. London: Routledge.

研究中的欺骗(Fraud in Research)

自然科学(尤其是生物学和医学)中的欺骗并不少见(Broad & Wade, 1982)。而社会科学研究中的欺骗据说是相对较少的。当然,这种说法取决于我们如何定义“欺骗”。无论在普遍意义上,还是在特定案例中,这都是一个充满争议的概念。这种固有的不确定性有两个来源:一个是在这一概念下可能出现的活动的转移和模糊性,另一个则是“成功的悖论”。

研究欺骗的类型学分类是非常丰富的。1830年,查尔斯·巴比奇对于“篡改”“杜撰”和“伪造”的违法所作的描述(Broad & Wade, 1982, pp. 29-30)是早期经常被引用的一种“行动型”方向的欺骗案例;另外一种被称为“目的型”方向,例如,将欺骗与恶作剧区分开来,欺骗的实施带有严肃和固定的意图,而恶作剧往往带有玩笑的意味,并且是一种临时行为。因此,欺骗的实施者比恶作剧的实施者更加恶名昭著。

然而,故意欺骗本身就是一种矛盾体。由于任何欺骗的实例都必须经过发现才能被认定,而发现本身意味着欺骗的失败,因此成功的欺骗是无法被感知存在的——或者说是不存在的。在某些评论家,诸如西里尔·伯特晚期的一位追随者罗伯特·乔因森看来,这种观点是有问题的:“‘一个成功的诚信骗子是恰到好处地使人信服他的诚实。’如果我们接受这种奇怪的论调,那么任何赢得信任的人都应该称得上是一个成功的诚信的骗子。”(Joynson, 1989, p. 302)严格来讲,这种“成功的悖论”所指的是,那些诚实的工作和活动是无法与那些不诚实但没有被发现的行为区分开的。这意味着如果我们想要了解欺骗现象,非常重要的一点是,我们要了解欺骗的被发现工作(揭露真相)(Ashmore, 1995)。

为什么在社会科学研究纯粹的欺骗较为罕见呢?一个原因是发现欺骗的机会是比较少的,且这样的工作都要耗费很多资源。尽管我们可以明显地观察到生物学家约翰·达斯“1981年5月的一个晚上公然[伪造]了原始资料”(Broad & Wade, 1982, p.14),但没有诸如这样的简单揭露欺骗的技术,可为玛格丽特·米德(Special section,1983)这样的人类学家,甚至西里尔·伯特这样的定量心理学家定罪。尽管伯特确实被利昂·卡明等人指责他无耻地伪造原始资料,但这种揭露真相的努力是不稳定的——因为之后可能会有其他人通过“元揭露”工作,来指责这些揭露者也犯了同样的罪行,在面对这样的指责时,之前的揭露者也是十分脆弱的(Joynson, 1989; Mackintosh, 1995)。社会科学的风格越定性和发散,欺骗被发现的可能性就越小,除非是学术剽窃。

——Malcolm Ashmore

(郑晓娟译　沈崇麟校)

参考文献

Ashmore, M. (1995). Fraud by numbers: Quantitative rhetoric in the Piltdown forgery discovery. *South Atlantic Quarterly*, *94* (2), 591-618.

Broad, W., & Wade, N. (1982). *Betrayers of the truth: Fraud and deceit in the halls of science.* New York: Simon & Schuster.

Joynson, R. B. (1989). *The Burt affair.* London: Routledge.

Mackintosh, N. J. (1995). *Cyril Burt: Fraud or framed?* Oxford, UK: Oxford University Press.

Special section: Speaking in the name of the real: Freeman and Mead on Samoa. (1983). *American Anthropologist*, *85*, 908-947.

自由联想访谈(Free Association Interviewing)

自由联想访谈(FANI)是一种将叙述重点和自由联想的心理分析原则结合在一起的,生产和分析访谈资料的定性研究方法。这些引起叙述的问题会鼓励被访者回忆那些人生经历中的特定事件。与广义的记述不同,这些访谈具有情感的共鸣。自由联想原则基于这种理念:一些看法之间无意中激发的联系,比这些看法的内容本身更能体现出被访者述说中的情感意义(详见心理分析法【Psychoanalytic Methods】)。因此,它尤其适合用来探索那些能够体现被访者认同或触及被访者情绪和情感的问题(与之形成对比的是那些经过设计的用以引出观点或事实的方法)。

大部分社会科学经验研究方法都假定,研究主体都对自己有足够的了解,因此能够给出可靠的记述。相反,FANI 则认为,对焦虑的防御是被研究主体甚至也是所有主体(包括研究者)的核心特征。由于焦虑是研究关系的主要特征,并且或多或少取决于话题、情境和关系的融洽程度,对焦虑的防御会潜在地危及被访者了解自身的行动、目的和关系的能力。这种无意识的防御是一个拥有心理社会属性的主体的特征之一,是由防御、欲望和精神冲突所形塑的独特生平经历所产生的精神维度的一部分。这些无意识防御也与由共享的社会世界所构成的社会维度相互影响,这里所说的共享社会世界是主体之间的过程、真实事件和赋予事件意义的话语这三者的结合。

这个研究方法是在一项研究犯罪过程中焦虑和恐惧之间关系的项目中,通过对传记叙事解释法进行改进而发展起来的(详见传记叙事解释法【Biographic Narrative Interpretive Method】)(Hollway & Jefferson, 2000)。研究者采用了对特定事件的叙述问题格式("你可以告诉我当你……的时刻吗?)来阻止那些被半结构化访谈【Semistructured Interview】频繁引出的一般化和理性化的回答。研究者使用开放式【Open-Ended】问题,避免"为什么"类型的问题。被访者的回答能够一直沿着自己的讲述顺序、自己的叙述方式推进。这些访谈规则的设计使得研究参与者能够一直置身于自己的意义框架体系,而不是进入访谈者的意义体系。

使用格式塔原则的 FANI,需要在解释某一特定片段的意义时,将收集的整体资料置于脑中。与心理分析的准则相一致,研究者对文本中的不连贯和分歧对立,例如,情绪基调的变化、矛盾之处和刻意回避,要更加保持警觉。

在访谈和资料分析过程中,访谈者将自己的感受当作资料,通过移情和反移情的心理分析原则来确认自己的情感投入。每位被访者都要接受两次访谈。两位研究者会在开始第二次访谈前听第一次访谈的录音磁带,这样一个注意留心那些联系、关联以及矛盾之处的意义的过程,将有助于构想第二次访谈的问题。

——Wendy Hollway
Tony Jefferson
(郑晓娟译　沈崇麟校)

参考文献

Hollway, W., & Jefferson, T. (2000). *Doing qualitative research differently: Free association, narrative and the interview method*. London: Sage.

频数分布(Frequency Distribution)

频数分布显示观察落入类别的每一类或一个变量【Variable】的各个值域的数目。频数分布常常用直方图【Histogram】、频数分布多边图【Frequency Polygon】,或频数表来描绘。在这样的分布用比例或百分比来表述时,它便被称为相对频数分布【Relative Frequency Distribution】。在分布代表增加的频数时,它便被称为累积频数分布。

——Tim Futing Liao

(沈崇麟译校)

频数分布多边图(Frequency Polygon)

频数分布多边图是若干种用来描述一组比较大的定量数据图形中的一种。图1是一张使用一组成年男性身高绘制的频数分布多边图的实例。

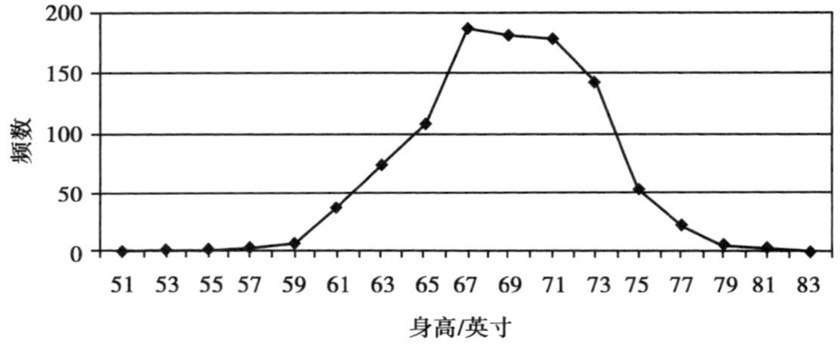

图1 区间为两英寸的,身高在51~82英寸的成年男性身高频数分布图

为了绘制一张频数分布多边图,我们首先要将数据由高到低进行排序,然后再将它们分组置于连续的区间。区间置于图形的 x 轴上,由它们的中点标示。y 轴则是一个频数量度,它显示落入每一个区间的数据点的数目。该尺度的范围从最小的0到一个超过模式区间的最大值。在数字域内用直线连接标志每一区间的频数的点。这些线条应当沿 x 轴延伸,这意味着在数据集的低端和高端之间的空的区间也应该包括在内。

在数据的区间不等于数据集中不同的值的数目时,频数分布多边图被用来表示定量的数据。对于连续数据而言,情况总是这样。在数据是离散的时候,则有可能在 x 轴上表示数据集中的每一个值。在这样的情形中,则可使用直方图【Histogram】,而不是频数分布多边图。二者的重要区别在于,在频数分布多边图中,用直线将点连接起来,允许 x 轴的值的频数插入在非中点处。在数据没有在 x 轴上标示的值之外的其他值时,只需用条(列)标出即可。

如果 y 轴用来表示比例而非频数,那么图形就被称为相对频数分布多边图。对某些数据而言,显示数据区间的累积频数比绝对频数更有用。在这种情况下,我们可用累积频数分布多边图(或肩形图)来描述数据集。

——Kenneth O. McGraw

(沈崇麟译校)

Friedman 检验(Friedman Test)

弗里德曼(Friedman,1937)检验提供了一种双向设计等治疗【Treatment】效应的虚无假设【Null Hypothesis】检验。这种实验设计【Experimental Design】也称为平衡完全区组设计【Block Design】、随机化完全区组设计和重复测量【Repeated-Measures】设计。

假设我们有 t 种治疗、b 个区组和 N 个实验单位,在这里,N 是乘积 bt 的倍数。为了方便起见,我们假定 $N = bt$,这样在每个区组就会有恰好 t 个实验单位。t 个治疗被随机分配【Random Assignment】给第 i 个区组内的 t 个单位,得到观察 $X_{i1}, X_{i2}, \cdots, X_{it}$。为了进行这一检验,我们将在第 i 个区组的这些观察用 1, 2,⋯, t 这样的整数序号,从最小到最大排列起来。对每一个区组中的观察都重复进行同样的排序。令 R_{ij} 为分配给区组 i 中的实验单位受到的治疗 j 的等级。完全的等级数据组可用下面的双向表来表示:

治疗

区组	1	2	⋯	t	总和
1	R_{11}	R_{12}	⋯	R_{1t}	$t(t+1)/2$
2	R_{21}	R_{22}	⋯	R_{2t}	$t(t+1)/2$
⋮	⋮	⋮		⋮	⋮
b	R_{b1}	R_{b2}	⋯	R_{bt}	$t(t+1)/2$
总和	R_1	R_2	⋯	R_t	N

我们注意到,每个行和都是 $1+2+\cdots+t=t(t+1)/2$。如果治疗效应确实都相同,就像在虚无假设下一样,那么每一行的秩无非就是 1,2,⋯,t 的随机排列,而列和将趋于相等。但是列和的合计必定等于 $N=bt(t+1)/2$,因而每个列和必定等于 $bt(t+1)/2$ 除以 t,或 $b(t+1)/2$。检验统计量 S 是实际的列和与虚无假设下的期望和的偏差的平方,或

$$S = \sum_{i=1}^{t}\left[R_i - \frac{b(t+1)}{2}\right]^2 = \sum_{i=1}^{t} R_i^2 - \frac{b^2t(t+1)^2}{4}$$

如果在治疗效应之间有一个确定的次序,某一列的所有的秩将是数 $1b$, $2b$,⋯,tb 的某个排列。它可能等于 1,在某个其他的列中的所有的秩将可能会是 2,如此等等,而列和则会显示,这些列和将会产生 S 的最大的可能值。因此,等治疗效应的虚无假设,便会因大的 S 值而被拒绝,而治疗之间有一种确定的次序的备择假设则得到了支持。

小的 b 和 t 值的精确 S 虚无分布已制成表格,并在吉本斯(Gibbons,1993, 1997)的著作中重制。对于大样本,检验统计量是 $Q=12S/bt(t+1)$,它近似于有 $t-1$ 个自由度【Degrees of Freedom】的卡方分布。

举一个数字的例子,假设我们想比较外币兑换美元的中位数的日波动程度。这些外币是澳大利亚元(AD)、英镑(BP)、日元(JY)和欧元(EE)。波动程度用一周中的每一天计算的偏斜系数来量度。表 1 列出了相对值,表中的秩 1=最小值。我们有 $t=5$ 种治疗(一周中的天数)和 $b=4$ 个区组(货币)。我们算得 $S=138$ 和 $Q=13.8$,有四个自由度。

近似的 p 值是 $p<0.01$,因而拒绝等中位数波动的虚无假设。它似乎显示出一种显著的日效应,因为最大的波动发生在周的中间,而最小的波动则发生在周初和周末。

表 1 货币波动数据

货 币	星期一	星期二	星期三	星期四	星期五
AD	2	3	5	4	1
BP	2	3	4	5	1
JY	1	4	3	5	2
EE	1	3	4	5	2
总计	6	13	16	19	6

——Jean D. Gibbons

(沈崇麟译校)

参考文献

Friedman, M. (1937). The use of ranks to avoid the assumption of normality implicit in the analysis of variance. *Journal of the American Statistical Association*, *32*, 675-701.

Gibbons, J. D. (1993). *Nonparametric statistics: An introduction.* Newbury Park, CA: Sage.

Gibbons, J. D. (1997). *Nonparametric methods for quantitative analysis* (3rd ed.). Columbus, OH: American Sciences Press.

函数(Function)

一个特定的现象或过程的运作方式的科学解释,一般都始于基本的行为主体和涉及的基本量的识别——也即变量和变量所联系的实体的识别。我们立即就要面对的挑战是这些基本量之间的关系。许多这样的关系都被概括和体现在下式这样的数学函数中,即

$$y=f(x_1,\cdots,x_n)$$

式中的 y 和各个 x 是基本的量,现在则被分别称为因变量【Dependent Variable】和自变量【Independent Variable】。

当我们开始思考这些量之间的关系时,其步骤包括:考虑哪些变量是作为哪些产出投入的,并将注意力限制在一个函数;考虑产出是否随每一个投入的增加而增加或下降;增长率是不变、上升还是下降的。当然,我们也要思考函数的域和范围以及那些与基本数量的数学表示紧密相连的元素。不仅如此,有时投入和产出之间的关系不是单调的,因为效应在某个点改变了方向。

已经证明,对一个特定的过程的运作方式的理解是逐渐加深的——经历从没有函数到广义函数,再到特定函数这样一个过程。随着这一问题变得很清楚,我们便会认识到某些变量应归入方程(作为各个 x),而另外一些变量则不应归入方程;y 随着某些 x 上升,随着其他的 x 下降,而与另一些 x 则不是单调关联;涉及不同的 x,变化率也有所不同。一般来讲,理论和经验的文献,即使在前函数阶段也对这些特性已经有了深入的见解。一种设定函数的路数是在文献中确定一个函数代表一种特定的关系所应当满足的那些条件。即使在一个特定的函数经由直觉和经验工作引起我们的注意时,设法论证该函数的特性与文献中重要内容之间的联系,以夯实

它的基础也是很重要的。

例子

分配-报偿公正研究确定了两种行动者和三个量。两种行动者:一种是观察者;另一种是被报答者(他可以是,也可以不是观察者)。三个量:一是被报答者的实际报偿;二是观察者关于公正报偿的观念;三是观察者对被报答者是否得到了公正报偿的判断——如果报偿是不公正的,那么是报偿过多,还是报偿过少,以及过多或过少的程度。这就是所谓的公正评估(justice evaluation)。文献给我们提供了很多设定公正评估函数的颇有见地的观点。第一,文献使我们清楚(对于商品)公正评估随着实际报偿的上升而上升,随着公正报偿的上升而下降。第二,文献用真数来表示公正评估,零表示十分公正点,负数和正数分别表示过低和过高报偿。第三,文献也提出了对公正评估函数合适的两个性质:(a)标度不变性,这使得公正评估独立于报偿的量度单位。(b)可加性,这意味着实际报偿在报偿评估上的效应独立于公正报偿的水平,反之亦然。前两个见解导致广义函数,而第三点则证明在基本报偿中,一个函数式唯一地既满足了标度不变性,也满足了可加性条件(Jasso, 1990)。

为了推论一种关系而设定函数的学科会有高回报。即使在它无法导出唯一的函数式时,它也能使我们得以科学地理解过程的运作方式。

在社会科学中,函数有着广泛的应用,这包括心理学中的心理函数,经济学中的功用、生产和消费函数,经济学和社会学中的收入函数,社会学和社会心理学中的认知和地位函数。随着知识的增长,越来越多的关系被设定为函数。霍曼斯(Homans,1967, p. 18)对设定函数的生动挑战是永远及时的。

函数可以作为理论和理论模型的起始假定【Assumption】,它也可以直接用于经验工作(Jasso, in press)。因此,函数把相干性赋予了一些局部域。

延伸阅读

定期精读数学手册(如 Bronshtein & Semendyaev, 1979/1985)的函数和微积分教科书(如 Courant, 1934/1988),帮助我们的思想作好面对那些模糊关系的准备(且能立即给我们以愉悦)。阅读社会科学中著名的函数及其发展,如费希纳(Fechner, 1860, 1877)关于知觉函数的著作和明瑟(Mincer, 1958, 1974)关于收入函数的著作都能起到同样的功效。

——Guillermina Jasso

(沈崇麟译校)

参考文献

Bronshtein, I. N., & Semendyaev, K. A. (1985). *Handbook of mathematics* (K. A. Hirsch, Trans. & Ed.). New York: Van Nostrand Reinhold. (Originally published in 1979.)

Courant, R. (1988). *Differential and integral calculus* (2 vols.) (E. J. McShane, Trans.). New York: Wiley. (Originally published in 1934.)

Fechner, G. T. (1860). *Elemente der psychophysik*. Leipzig: Breitkopf & Härtel.

Fechner, G. T. (1877). *In sachen der psychophysik*. Leipzig: Breitkopf & Härtel.

Homans, G. C. (1967). *The nature of social science*. New York: Harcourt, Brace, & World.

Jasso, G. (1990). Methods for the theoretical and empirical analysis of comparison processes. *Sociological Methodology*, *20*, 369-419.

Jasso, G. (in press). The tripartite structure of social science analysis. *Sociological Theory*.

Mincer, J. (1958). Investment in human capital and personal income distribution. *Journal of Political Economy*, *66*, 281-302.

Mincer, J. (1974). *Schooling, experience and earnings*. New York: Columbia University Press.

模糊集合理论(Fuzzy Set Theory)

模糊集合理论用于处理那些边界不清楚或“模糊的”集或类别。例如,一个物体不一定只是红的或不是红的,它可能是“淡红的”甚至是“黄绿的”(带一点红的绿色)。同样,一个政治科学家可能将一个政府定为与另一个政府差不多民主。模糊集合理论允许红色物体或民主政府集中的成员归属问题是一个程度问题。它给我们提供了一种处理同时有类别属性和维度属性的概念的分析框架。下面我们将向大家介绍模糊集合理论和模糊逻辑背后的基本理念。在介绍时只要可能,我们便会使用来自社会科学的例子进行阐述。

模糊集合的概念

一个集合中的归属成员可以用一个[0,1]区间中的值来表示。一个经典的清晰集合只允许有0(非正式成员)和1(正式成员)两个值。将一个男性的集合作为清晰集合处理,就必须在男性这一标准得到满足时,分配给每个人1,否则则分配0。另一方面,一个模糊集合则允许有0和1之间的值。因此,一个21岁的人可能作为一个“年轻成年”集合中的正式成员,但一个28岁的人则可以给他一个隶属度,位于0和1之间的某个地方。按照惯例,1/2表示一个既不是完全在集合内,也没有在集合外的元素。一个归属函数(membership function)将一个或多个支集变量的值或陈述在[0,1]区间中的位置一一标明。图1显示了两个假设的归属函数,用年龄作为支集:“青年”和“青少年”。尽管青少年一般都比青年年轻,但是这两个集合是重叠的,且每个集合都允许有非零的归属度。

虽然不存在为大家普遍接受的,有关

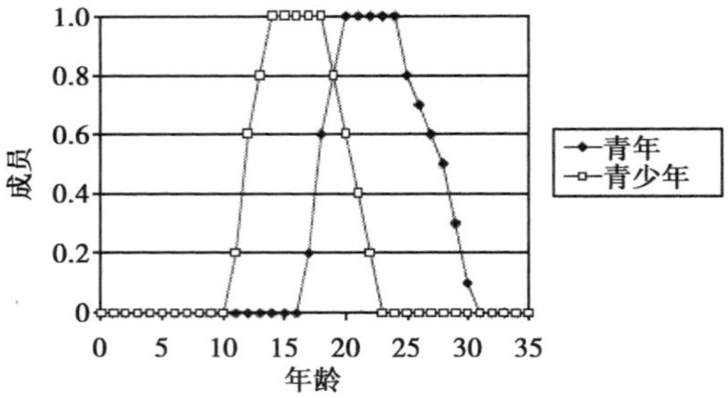

图1 “青年”和“青少年”的归属函数

模糊集合中的归属度的解释,但是却存在这几点共识。首先,归属度并非概率,它确实可以被赋予完全的确定性。不仅如此,与概率不同,跨一个完备的备择集合的归属度之和不必等于1。在某些场合,成员是用对某种原型的相似度来定义的,而在另一些场合,它可能意味着有关某个概念的兼容性或可能性。后者的一个例子是“几个”一词,被认为是一个模糊的语言数字。整数6被认为与“几个”完全相容,而3则被认为较少相容,因而它将被分配一个较低的归属值。

可能性这一概念也被用来描述归属度的特性。可能性提供了概率的上包封。例如,在一个社区中有45%的人有自行车,那么在该社区的一个随机调查中,在一个给定的日子发现一个用自行车的人的最大概率就是0.45,当然,实际的概率可能大大低于它。概率理论是一种以模糊集合理论为基础的框架,且与不确切的概率紧密相连(例如,低与高概率和信任函数)。

模糊性问题一直存在某些争论,人们普遍认为模糊性不是模棱两可、模糊不清、非特异性、不可靠或不一致。相反,模糊性涉及一种精确的等级性。例如,一个艺术家对于色彩的判断,都不是模棱两可的、非特异性的或带有贬义的模糊不清。人们提出了各种模糊性量度,从概括性的信息论的熵到相对变异。所有这些量度的共同之处是这样一个概念:在它的更多成分的归属值接近0或1时,模糊就比较小;而在有更多的归属值接近1/2时,模糊则较大。

归属函数水平的量度也一直存在争论,尽管模糊集理论的一些重要方面甚至已被用于定序水平的归属函数。在许多应用中,我们可以对端点(0和1)作出合理的定义。但是却很难定义等间距中间归属值。一种有用的代表定序水平成员的方法是通过水平集合,它们是在归属尺度上的定序割点形成的嵌套的清晰集合。这些集合中的六种都由图1中的水平的网格线表示。例如在0.6的归属水平,青年集合包括18~27岁,而在归属水平1,青年则缩小到20~24岁。水平集合与(以上)累积分布函数密切相关。

最后,归属函数可能以其他集合中的状态或隶属度为条件。第一种情况发生在我们步行和驾车旅行时,模糊的距离“附近”便是一例。而将“高”用于描述男人和女人的身高,便是第二种情况的一个例子。

模糊集合的基本运算

令 $m_A(x)$ 为归属元素 x 在集合 A 中具有的归属的度。在不存在含糊不清时,下标或(x)可以去掉。令 $\sim A$ 为 A 的补集。模糊的否定式与概率【Probability】相同:

$$m_{\sim A} = 1 - m_A$$

根据图1中的归属函数,在青少年集合中的20岁的归属度是0.6,这样在补集中的归属度就是1-0.6=0.4。在 A 和 B 的交集中的归属度则由下式定义:

$$m_{A\cap B} = \min(m_A, m_B)$$

而 A 和 B 的合集的归属度则由下式定义:

$$m_{A\cup B} = \max(m_A, m_B)$$

在图1中,一个20岁的人既是青少年也是青年,归属度为 $\min(0.6, 1) = 0.6$。模糊集合的合集并和交集是非互补的。与加权线性组合不同,例如,如果 $m_A > m_B$,那么在 m_A 中的一个增量,将不会补偿 m_B 在 $m_{A\cup B}$ 中的归属度的下降的影响。在这一定义中,关键的假定的含义是集合 A 和集合 B 的函数有着完全的联合次序,这样比较运算的最小运算和最大运算都是允许的。

如果对于所有的 x 而言,$m_A(x) > m_B(x)$,我们就说集合 B 是集合 A 的子集(集合 A 包括集合 B)。注意这一定义也要求联合次序假定。模糊集合包含是清晰集合包含在概念上的一个推广,因此,直接与Guttman和Rasch量表相关。尽管几乎不存在这种不平等性完全被满足这样的情况,但它在相当大的程度上得到满足这样的真实的例子是不难找到的。

图2显示了一个这样的例子,该图中共有83位回答人,他们标示了自己对命题“澳大利亚应当允许移民进入自己的国家”和“应当允许船民进入澳大利亚,并处理他们的申请”的同意程度。散点图显示,这种包含关系只有三个例外,位于图中的右上角。同意第二个陈述的人的集合,几乎都是那些同意第一个陈述的一个子集。

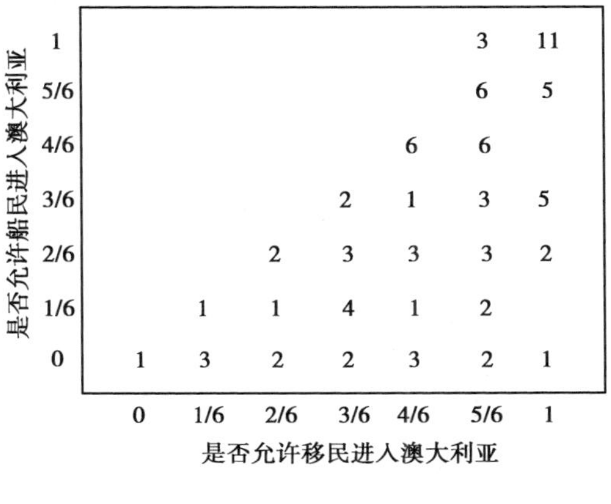

图2 模糊集合包含的例子

包含和模糊的概念被用来按照近似自然语言的限制语,如“非常”来解释归属函数的各种转换。一个转换如果降低了归属值,它便会使一个模糊集合集中,反之,则会使集合扩大。“非常高”的男人的集合可以说是“高的”男人集合的集中,而原来建议的集中运算符却是$[m_A(x)]^2$。虽然诸如这样的运算符一直在受到强烈的批评,被认为是不精确的口头限制语形式,但是它们却提供了某些转换的解释。

模糊逻辑

经典的布尔逻辑是双值的,每一命题非真即伪。多值逻辑至少允许有第三种陈述:“不确定的”或“可能的”。在布尔逻辑中,真值被限制为0(假)和1(真),而三值逻辑将真值1/2分配给了第三种陈述。模糊逻辑对这种逻辑作了概括,方法是允许在[0, 1]的区间内有任何真值。

模糊逻辑原来的版本使用最小和最大运算符来计算逻辑合取和析取。用t_P和t_Q表示命题P和Q的真值,通常的逻辑基元则定义如下:

$$\sim P = 1 - t_P,$$
$$P \wedge Q = \min(t_P, t_Q),$$
$$P \vee Q = \max(t_P, t_Q),$$
$$P \Rightarrow Q = \sim P \vee (P \wedge Q)\ (\text{最大法则})\ \text{或}$$
$$= \sim P \vee Q(\text{运算法则}),\text{和}$$
$$P \Leftrightarrow Q = (P \Rightarrow Q) \wedge (Q \Rightarrow P)$$

只有在$t_P < t_Q$时,最大最小化和四则运算法则才会产生P⇒Q的不同真值,具体则如表1所示。

其结果是可能影响结果的四则运算法则的真值大于或等于最大最小化法则的真值。在更为普遍的备择模糊逻辑中,武卡谢维奇(L_1)的版本会产生最宽大的可能影响结果的真值。在L_1中,最小和最大运算符被用于P∧Q和P∨Q,但是$P \Rightarrow Q = \min(1, 1 - t_P + t_Q)$。因此,在$L_1$中,每当$t_P < t_Q$时,P⇒Q的真值为1,这与前述章节中的包含度的定义一致。

表1 最大最小化和四则运算法则真值表

		最大最小化	四则运算
t_P	t_Q	P⇒Q	P⇒Q
0	0	1	1
0	1	1	1
1	0	0	0
1	1	1	1
$p>$	q	$\max(1-p, q)$	$\max(1-p, q)$
$p<$	q	$\max(1-p, q)$	$\max(1-p, q)$

举例说明,让我们回到前面图2所阐述的那个例子,在此例中,P=“是否允许船民进入澳大利亚”和Q=“是否允许移民进入澳大利亚”,要考虑的问题是P⇒Q。图3显示,用最大最小化和四则运算法则为图2的散点图中适当的命题产生的真值。它证明,如果将图2中83个个案的真值加在一起,最大最小化法则给出了总和68.33,而四则运算法则给出的是75.00。L_1将真值1分配给所有个案,除了那三个违反了$t_P < t_Q$的个案,而之所以给它们分配真值5/6,是因为总和为82.50。

模糊逻辑运算可以组合起来生成复合的可能影响结果的陈述,接下来它又可以形成非线性模型【Nonlinear Model】的基础。让我们来考虑下述三个命题:

I=给他人提供信息是重要的。

T=保持对密友的信任是重要的。

C=我确信我作出了正确的决定(公开或隐瞒消息)。

在一个职业调查中,我们对229个回答

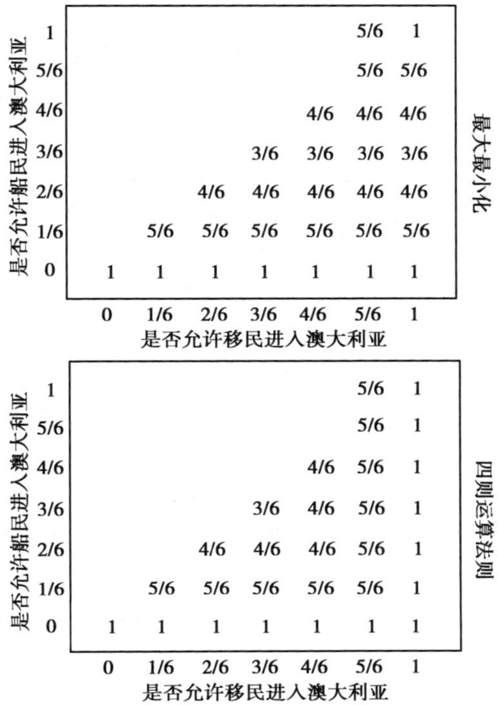

图 3　最大最小化和四则运算法则真值表

人就如何对待同事给他们透露的信息提出了三个问题。要求他们就这些问题中的每一个在一个 7 分量表上标出自己的同意程度，而我们在这里将把这些量表作为值的范围在 0~1 的真值处理。我们将要考查模糊逻辑模型。

$$C \Rightarrow I \vee T$$

这一模型提议，如果决策者是自信的，那么他们将会对问题 I 或 T（或者二者）同时打高分。这是一个非线性的模型，因为最大运算符是无法线性化的，而实际上，甚至是无法平滑或可微的。

表 2 中的前两张表显示了 I 与 C 和 T 与 C 的二元分布。第三张子表显示了 I∨T 和 C。目测告诉我们，那些高信任度的个案都被拉入了高 I∨T 区域，而那些低信任度的个案则沿 I∨T 范围非常平坦地散布。

表 2　充分性和联合必要性

	I=给他人提供的信息是重要的							
	0	1/6	2/6	3/6	4/6	5/6	1	总计
1	8	6	4	4	3	7	36	68
5/6		4	12	7	8	28	9	68
4/6		4	4		11	18	5	42
3/6	2	1	9	7	5	8	2	34
2/6				3	2	5	1	11
1/6		1			1			2
0			1	1	1		1	4
总计	10	16	30	22	31	66	54	229
	T=保持对同事的信任是重要的							
	0	1/6	2/6	3/6	4/6	5/6	1	总计
1	8	4	3	5	4	11	33	68
5/6	1	5	8	9	14	20	11	68
4/6		2	5	9	5	16	5	42
3/6	1			7	8	11	7	34
2/6				2	4	3	2	11
1/6			1			1		2
0	1			1	1		1	4
总计	11	11	17	33	36	62	59	229
	I∨T							
	0	1/6	2/6	3/6	4/6	5/6	1	总计
1				1	1	13	53	68
5/6			1		11	37	19	68
4/6		1			10	24	7	42
3/6	1			4	7	14	8	34
2/6				2	1	6	2	11
1/6			1			1		2
0				1	2		1	4
总计	1	1	2	8	32	95	90	229

用模糊逻辑可能影响结果的四则运算法则，模型 $C \Rightarrow I$ 的总真值达到了 229 中的 159.7，而模型 $C \Rightarrow T$ 则达到了 162.3。平均

模型(即 C⇒[I+T]/2)也没有多大的改进,得到的真值总和为 166.7。然而 C⇒I∨T 的真值则高达 198.00,提高了 22%。一种多少更为常规一些的方法(尽管未必适当)会对照一个组合了 I 和 T 的预测线性【Linear】模型,用相关【Correlation】和回归【Regression】来评估 I∨T。I 和 C 之间的相关是0.114,而 T 和 C 之间的相关是 0.025。一个结合了两个预测因子的线性回归模型产生的多重相关 0.126,比零阶相关中的最大相关也没有多大改进。然而 I∨T 和 C 之间的相关却高达 0.430。

起源及发展

模糊集合理论是加利福尼亚大学伯克利分校的工程学教授卢特菲·扎德发明的,最初发表在他 1965 年的经典论文中。该理论的先声包括在 1920—1930 年代问世的多值逻辑和马克思·布莱克发表于 1937 年的开创性的用模糊概念推论的论文。模糊逻辑和可能性理论的基本观点产生于 1970 年代。在 1980 年代后期,模糊集合理论的公理化和模糊逻辑构建完成,而有关它们和概率框架的关系的争论也随之风生水起,至 20 世纪形成了明显的共识。部分是因为它的起源,模糊集合理论最早和最广泛的应用是在控制工程方面,在 1980 年代和 1990 年代,这些应用开始出现在其他有利可图的行业。在过去的 15 年,模糊集合理论和模糊逻辑融合了贝叶斯【Bayesian】概率,并和诸如在"软计算"方法中的神经网络【Neural Nets】和遗传算法这样的技术结合构建了智能系统。

在人文科学中的应用发展一直较慢。1970 年代,它首先出现在认知心理学中,与此同时,在社会科学中也有若干应用。在 1980 年代末,在从直觉研究到记忆人文地理研究的各种子领域内,出现了一些模糊集合理论的应用。不计相当多的报刊文章,至少出现了两本这方面的专著。尽管有关模糊集合理论在人文科学中的应用仍然见仁见智,但近年来有几位评论家认为,模糊集合理论的潜能至今仍未被人们所充分认识。

——Michael Smithson

(沈崇麟译校)

参考文献

Klir, G. J., & Folger, T. A. (1988). *Fuzzy sets, uncertainty, and information*. Englewood Cliffs, NJ: Prentice Hall.

Smithson, M. (1987). *Fuzzy set analysis for behavioral and social sciences*. New York: Springer-Verlag.

Zadeh, L. (1965). Fuzzy sets. *Information and Control*, *8*, 338-353.

Zetenyi, T. (Ed.). (1988). *Fuzzy sets in psychology*. Amsterdam: North-Holland.

G

博弈论(Game Theory)

博弈论将传统决策理论扩展至行动者的结果不仅取决于自身决策而且取决于他人行为的情境。在此意义上,它是一种特别钟爱目标指向("理性")行为(goal-directed behavior)的社会互动理论。

博弈论自1944年由约翰·冯诺伊曼和奥斯卡·摩根斯顿创立以来,已经广泛应用于经济学、政治学、心理学、社会学、生物学等学科中。博弈论的关键要素包括游戏、参与者、策略、收益、最大化。"游戏"描述了至少两个行动者(参与者)之间的一种社会互动情境,包含有游戏规则、可能性、约束条件。这种情境为参与者提供了多种决策和行动的选择("策略")。参与者的策略导致有着不同效用取值的各种后果("收益")的出现。基于以上关键要素,博弈论分析可以显示,当参与者最大化自身回报时,他将会选择何种策略。因此,博弈论隶属于数学学科,而不是心理学理论。

虽然目标指向行为是博弈论的前提,但理论结果和经验证据有时令人意外。一个著名的例子就是囚徒困境【Prisoner's Dilemma, PD】。PD是对于策略性互依情境的简单模型,与合作及冲突有关。表1显示了罗伯特·阿克塞尔罗德(Axelrod,1984)在其电脑竞赛中使用的囚徒困境。对个体而言,背叛总是能比合作得到更好的收益(因此是"优势策略")。困境在于,虽然彼此背叛比彼此合作结果更差,但是参与者都不愿意单方面改变自己的策略。基于上述特征,囚徒困境可以是许多社会情境的有效模型,如雇佣关系、军备竞赛、自由贸易。它也表明,在那些兼具合作及冲突激励的混合动机情境下,博弈论理论分析最为有趣。

表1　囚徒困境

		参与者2	
		合　作	背　叛
参与者1	合　作	3,3	0,5
	背　叛	5,0	1,1

多数经验性的博弈论研究使用实验【Experiment】、计算机模拟【Computer Simulation】以及广义上的内容分析【Content Analysis】。在内容分析中,给定的文件如统计数据或历史资料被加以分析,以建立博弈论理论模型(例如,对于第一次世界大战开始时政治策略举措的解释)。计算机模拟可以让多种不同的策略进行竞争,来模拟重复博弈(迭代)、参数改变、演化方面的后果。实验是检验博弈理论发现的最佳方式。阿纳托尔·拉波波特和艾伯特·查马(Rapoport & Chammah,1965)关于囚徒困境的研究是将理论、实验、模拟方面结合起来的典范。关于博弈论的概要,请

参看 Gintis (2000)。

——Bernhard Prosch

(高勇译校)

参考文献

Axelrod, R. (1984). *The evolution of cooperation*. New York: Basic Books.

Gintis, H. (2000). *Game theory evolving*. Princeton, NJ: Princeton University Press.

Rapoport, A., & Chammah, A. (1965). *Prisoner's dilemma*. Ann Arbor: Michigan University Press.

von Neumann, J., & Morgenstern, O. (1944). *Theory of games and economic behaviour*. Princeton, NJ: Princeton University Press.

Gamma(γ)

γ 相关系数是一种用来描述两个定序变量 X 和 Y 之间关系的非参数统计量【Nonparametric Statistics】。它由戈德曼和克鲁斯卡尔提出，它与 Kendall τ 系数(以及 Kendall τ_b 和斯图亚特提出的 τ_c)很类似(参看对称量度【Symmetric Measures】)。如果不存在并列排名(tied rank)的情况，上述系数的结果都是相同的。如果有一个变量有很多并列的排名，γ 相关系数就比 τ 系数更有用也更恰当，其取值一般要比 τ 系数更大。

在一个总体中，X 和 Y 是两个定序变量，如果数据中不存在并列排名，参数 γ 被定义为(X_i, Y_j)的序列一致的概率与序列不一致的概率之差(Siegel & Castellan, 1988)。换言之：

$$\gamma = \frac{p(X_i \text{ 和 } Y_i \text{ 序列一致}) - p(X_i \text{ 和 } Y_i \text{ 序列不一致})}{1 - p(X_i \text{ 和 } Y_i \text{ 并列})}$$

$$= \frac{p(X_i \text{ 和 } Y_i \text{ 序列一致}) - p(X_i \text{ 和 } Y_i \text{ 序列不一致})}{p(X_i \text{ 和 } Y_i \text{ 序列一致}) + p(X_i \text{ 和 } Y_i \text{ 序列不一致})}$$

总体的 γ 系数可以从样本中用 $\hat{\gamma} = \frac{P-Q}{P+Q}$ 来估计，其中 P 是样本中的一致数目，Q 是样本中的不一致数目。一致数目和不一致数目的计算方式如下所示。在某一对观察值中，即个案 i 的观察值(X_i, Y_i)和个案 j 的观察值(X_j, Y_j)，如果($X_i - X_j$)($Y_i - Y_j$)>0 则两者一致，这表明 $X_i < X_j$ 且 $Y_i < Y_j$，或者 $X_i > X_j$ 且 $Y_i > Y_j$。类似地，如果($X_i - X_j$)($Y_i - Y_j$)<0，则两者不一致，这表明 $X_i > X_j$ 但 $Y_i < Y_j$，或者 $X_i < X_j$ 但 $Y_i > Y_j$。γ 系数的取值范围为 $-1 \sim 1$：如果 $P=0$，则 γ 系数为 -1；如果 $Q=0$，则 γ 系数为 1。

可以用如下情境来说明这个统计量的应用，两个评委(X 和 Y)根据 10 名学生的创意写作来对他们排名，1 代表最低排名，10 代表最高排名。为了计算 γ 系数，我们先把评委 X 的排名进行升序排列，如表 1 中第二列所示。表 1 中第三列是评委 Y 给出的相应排名。接下来，我们从第一个学生开始确定每个学生的一致数和不一致数。首先比较刘大和其他 9 名学生(即刘大和陈二比较，刘大和张三比较……刘大和郑十比较)。一致数目(即评委 Y 给出的排名在 5 以上的学生数)为 4，不一致数目(即评委 Y 给出的排名在 5 以下的学生数)为 5。然后比较第二个学生陈二和其余 8 名学生(即陈二和张三比较，陈二和李四比较……陈二和郑十比较)。一致数目(即其余学生中评委Y给出的排名在4以上的数目)为4,不一致数目(即其余学生中评委Y给出的排名在4以下的数目)为4。

表1 两个评委给出的10名学生的创意写作排名

	评委X	评委Y	P	Q
刘大	1	5	4	5
陈二	2	4	4	4
张三	3	3	4	3
李四	4	2	4	2
王五	5	1	3	0
赵六	5	1	3	0
孙七	5	6	3	0
周八	6	7	1	0
吴九	6	7	1	0
郑十	7	8	0	0
$\sum$			27	14

注:P=一致数目;Q=不一致数目。

如果评委X给出的排名存在并列时,两个个案间不进行比较。例如,第五个学生王五就不与赵六和孙七比较,而只与周八、吴九、郑十比较。一致数目(即其余学生中评委Y给出的排名在1以上的数目)为3,不一致数目(即其余学生中评委Y给出的排名在1以下的数目)为0。遵循相同的程序,可以得到其余学生的P和Q。

如果样本量较大,那么可以用以下公式对Goodman-Kruskal γ相关系数进行虚无假设检验:

$$z = \frac{\hat{\gamma}}{\sqrt{\frac{n(1-\hat{\gamma}^2)}{P+Q}}}$$

注意,标准误差的上限为:

$$\sqrt{\frac{n(1-\hat{\gamma}^2)}{P+Q}}$$

因此,从上述公式中得到的z统计量是一个保守的估计量。

——Peter Y. Chen
Autumn D. Krauss
(高勇译校)

参考文献

Siegel, S., & Castellan, N. J. (1988). *Nonparametric statistics for the behavioral sciences* (2nd ed.). New York: McGraw-Hill.

高斯-马尔科夫定理(Gauss-Markov Theorem)

参见最佳线性无偏估计量【Best Linear Unbiased Estimator, BLUE】、最小二乘【Ordinary Least Squares, OLS】。

精神科学(Geisteswissenschaften)

这是一个19世纪开始被使用的术语,用于指涉人文学科和社会科学。在方法论的语境中,它也意味着在这些领域中进行研究的一种特殊方法,一种强调理解【Verstehen】作用的方法。

1849年前,"精神科学(Geisteswissenschaften)”这一词语及其变体只会被零星地使用,直到席尔把约翰·斯图亚特·密尔的《逻辑体系》翻译成德语之后,它才开始被广泛使用,席尔用术语“精神科学”来代表密尔的“道德科学(moral science)”。密尔认为心理学是最重要的道德科学,其方法应当以自然科学(naturwis-senschaften)为典范。但是,多数使用“精神科学”这一术语的德国历史学家和哲学家持有完全不同的看法。一些先前的德国作家,如歌德和黑格尔,致力于发展出一种对科学理解的概念,它不仅涵盖自然科学而且涵盖人文学科和哲学,但是他们反对把科学方法的经验主义和唯物主义看法延伸到人类社会生活的研究当中。到19世纪中期,很多领域中人们已经不再相信能够发展出单一的、综合的科学概念。相反,有影响力的哲学家认为人类社会世界的研究方法必须不同于自然科学家研究物理世界的研究方法,但是两者都具有同样的经验严格性。结果,“精神科学”这一词语又被翻译为英语,用来表示“人文研究”或“人文科学”,以便区别于在“行为科学”等标签下的社会科学实证主义观点。

对于精神科学的特殊性,最具影响力的论述之一来自威廉·狄尔泰(参见 Ermarth, 1978)。他认为自然科学通过研究外部特质和行为来从外部研究现象,但是我们可以从内部来理解人类及其产物(如人工制品、信仰、生活方式及其他),因为我们和研究对象拥有共同的人类本性。19世纪另一种有影响力的对人文科学特殊性的论述是由新康德主义者文德尔班和里克尔特提出的。对于他们来说,自然科学和社会科学间的主要区别不在于其主题;实际上,新康德主义热衷于强调现实只有一个(参见 Hammersley, 1989, pp. 28-33)。主要的区别在于概括性的科学形式和个体化的科学形式。马克斯·韦伯既吸收了狄尔泰传统也吸收了新康德主义传统,发展出了其解释(Erklären)和理解(Verstehen)并重的理解社会学,认为任何社会学论述都必须在因果和意义两个层面上是完备的(Turner & Factor, 1981)。

——Martyn Hammersley

(高勇译校)

参考文献

Ermarth, M. (1978). *Wilhelm Dilthey: The critique of historical reason*. Chicago: University of Chicago Press.

Hammersley, M. (1989). *The dilemma of qualitative method: Herbert Blumer and the Chicago school of sociology*. London: Routledge.

Mill, J. S. (1974). *Collected works of John Stuart Mill: Vol. 8. A system of logic* (Books 4-6). Toronto: University of Toronto Press.

Turner, S. P., & Factor, R. A. (1981). Objective possibility and adequate causality in Weber's methodological writings. *Sociological Review*, *29*(1), 5-28.

社会性别议题(Gender Issues)

1970年代,出于对社会科学中妇女及其生活被相对忽视的不满,研究者提出了社会性别议题。女性主义者认为,男女两性的经历差异以及两性关系的变迁对社会现象的概念化方式和研究方式具有重要意义,而人们对此还没有充分认识。现有的研究领域只是局限于生活的公共领域当中,如工作场所和学校,而对于家庭等私人领域缺乏关注。人们错误地认为女性的经历可以简单地从男性经历中推论出来,或者认为男性的生活才是正常的或者惯常的,而女性的生活是异常的或者反常的。

社会性别与研究

处理社会性别议题的一种方式是分别处理女性和男性,然后测量他们之间的差异程度,如在健康和疾病上的差异,或者在教育获得上的差异。这样一种方式尽管有用,但是批评者认为其并不全面,因为它没有认可男女两性的经验在质量和本质上的差异。另一种方法是将女性研究添加补充到男性研究上,这是性别觉醒的早期阶段的研究特点。这种方法在就业和媒体等领域产生了非常有价值的著作,但是也同样遭到了批评,因为它并没有充分地挑战渗透于这些研究中的基本假定和基本概念。批评者认为,这些研究仍然是基于男性感知和男性利益基础上的,女性只不过是事后被补充追加了进去。这些批评导向了三种发展方向。首先,有必要研究那些与女性特别相关的其他议题。新引入的主题包括家务劳动、母亲身份、分娩生产、性感受、色情作品、男性暴力等。其次,社会科学中一些核心的视角和概念需要进行修正或改变。这引起了重要的争辩,如社会阶级对于男女两性的相对意义和重要性,如工作和休闲之间的区分是否基于性别假定等。第三种发展与社会研究的实际方法和程序有关。女性主义者中对此有着激烈的争论,有人认为定性研究风格而非定量研究风格更适于揭示女性生活中先前被遮蔽的部分。关于独立的女性主义方法是否可取或者是否可能,也有很多的争论(Ramazanoglu, 2002)。

对社会性别进行定义和操作化

对社会性别最通常的定义是把它和生理性别(biological sex)区分开来。生理性别代表的是解剖和生理上的差异,它定义了生理上的男女两性;社会性别指的是男性特质(masculinity)和女性特质(femininity)的社会建构(Connell, 2002)。社会性别并不是生理性别的直接产物,它是在特定历史时期被特定文化各有特色地创造并加以阐释的。但是,从这种用法中也产生出了几个问题。首先,性别关系的早期研究主要关注妇女和女童,以补偿其以往受到的忽视。直到最近,男性的社会性别本质,即男性特质,才成为关注的重点。此外,社会性别这一术语的常识用法也被提出了异议。有研究者认为实践中并不是只存在两种互斥的性别类型,这一点已经在国际运动员分类中表明(Ramazanoglu, 2002)。双性和变性瓦解了僵硬的性别边界,表明身体差异还是很重要的。基于二分法的定义也忽略了女性和男性内部的差异模式,例如男性特质既有暴力式的,也有非暴力式的。另一种关切认为需要把社会性别和其他差异形式联系起来,如种族、性取向、残疾、阶级、年龄等。这些类型和符号表明社会性别总是受到人的亲身经历的影响。

后现代的论点则认为社会性别根本没有任何事先给定和本质性的存在。它的存在只是因为它不断地被实施。社会性别是形形色色的、不断变动的、反复无常的,而非稳定和同质的身份。但是这样一种立场也就清除了社会性别议题当初立足的基础。尽管存在上述问题,社会性别研究者必须有一个更为具体的出发点。这导致一些评论者认为要开展有关"性别化生活(gendered lives)"的研究(Ramazanoglu, 2002, p.5),或者需要关注性别"关系"(Connell, 2002, p.9),而不是把社会性别当作一个给定的东西。这使得理解社会性别的构成内容成了具体经验研究的一部分。这也使得社会性别的构成内容成为个体和群体行动于其中的社会关系模式的一部分。核心命题是对社会性别不能进行普遍化的判断,或者不能在研究之前就下判断。

对研究过程的影响

也有人认为社会性别可以影响研究过程,不论研究题目是什么,也不论研究视角是女性主义的还是非女性主义的。例如,两性对于社会世界的不同感知会影响为什么选择一个研究项目,这个研究项目以何种方式来组织,以及接下来提出的研究问题。研究者的性别,以及年龄和种族等其他特征,会影响到和研究参与者的互动以及收集到的信息的质量。性别在资料分析和阐释中也很重要,因为男性和女性基于其各自的经历和世界观来"阅读"资料,其方式是有差异的。这些性别影响可以在多大程度上最小化,在文献中对此有争论。有人认为性别影响对于研究来说无关紧要,也有人认为它们是偏差的可能来源。对于后者来说,有必要反思社会性别介入研究实践的方式,并且尽可能对此进行评述,以便让这些成为任何评估过程的一部分。

——Mary Maynard

(高勇译校)

参考文献

Connell, R. W. (2002). *Gender*. Cambridge, UK: Polity.

Ramazanoglu, C. (with Holland, J.). (2002). *Feminist methodology*. London: Sage.

一般线性模型(General Linear Models)

一般线性模型提供了一个基本框架,这个框架是社会科学家碰到的许多统计分析的基础。它是许多单变量、多变量以及重复测量处理方法的基础,包括 t 检验【t-Test】、(多变量)方差分析【(Multivariate) Analysis of Variance】、(多变量)协方差分析【(Multivariate) Analysis of Covariance】、多元回归分析【Multiple Regression Analysis】、因子分析【Factor Analysis】、典型相关分析【Canonical Correlation Analysis】、聚类分析【Cluster Analysis】、判别分析【Discriminant Analysis】、多维度量【Multidimensional Scaling】、重复测量设计【Repeated-measures Design】等。它可以用回归类型的公式来简洁地表达一般线性模型,例如,随机因变量 Y(如收入)的期望值可以表达为许多自变量 X_k($k=1,\cdots,K$)(如年龄、教育、社会阶层)的函数:

$$E(Y)=f(X_1,\cdots,X_K)$$
$$=\beta_0+\beta_1X_1+\cdots+\beta_KX_K \qquad (1)$$

一般线性模型里的所有方法都可以用形式(1)给出。例如,如果所有解释变量都是类别因子,因此可以用虚拟变量【Dummy Variable】编码为 X_k 时,形式(1)给出的就是一个典型的方差分析模型。一般线性模型中的参数可以用普通最小二乘【Ordinary Least Squares】来获得。根据高斯-马尔科夫定理,如果一般线性模型的所有假定【Assumption】都得到满足,此种估计是最优的,因为此时最小二乘估计量是总体参数 β_k 的最佳线性无偏估计量【Best Linear Unbiased Estimator】。

一般线性模型和广义线性模型【Generalized Linear Models】的基本区别在于模型中的因变量类型不同。前者要求连续变量,后者没有这种要求。一个区别在于因变量的分布,一般线性模型期望其服从正态分布,广义线性模型中可以服从非正态分布(如二项分布【Binomial】、多项分布【Multinomial】或泊松分布【Poisson Distribution】)。另一个区别在于响应变量与解释变量之间的关系方式不同。在广义线性模型中,因变量和自变量之间的关系通过连接函数【Link Function】加以设定,连接函数的特例就是(1)中的恒等连接,这是一般线性模型中使用的唯一连接函数。但是广义线性模型中的连接函数可以采用非线性连接,如Probit,Logit,Log等;连接函数可以正式地表达为(2)中的反函数,或者$f^{-1}[E(Y)]$:

$$E(Y)=f(X_1,\cdots,X_K)$$
$$=f(\beta_0+\beta_1X_1+\cdots+\beta_KX_K) \quad (2)$$

在此,恒等函数只是多种可能性之一,一般线性模型(1)可以视为广义线性模型(2)的特例。

一般线性模型的另一种扩展是广义加法模型【Generalized Additive Models】,它允许非参数函数从而扩展了广义线性模型。广义加法模型可以类似地用Y的期望值表示:

$$E(Y)=f(X_1,\cdots,X_K)$$
$$=f[s_0+s_1(X_1)+\cdots+s_K(X_K)] \quad (3)$$

在此,$s_K(X_K)$是用非参数法估计出来的平滑函数。在(3)中,不仅连接函数$f^{-1}[E(Y)]$可以采用各种非线性形式,而且还用诸如B-spline的平滑因子来拟合每个X_K变量。

对于(1)和(2)中的模型还可以有另一种扩展,这种扩展反映了层级线性模型【Hierarchical Linear Model】或者多水平分析【Multilevel Analysis】模型的本质。前面我们都省略了代表个案的下标i。如果下标i用来表示第一水平单元,j表示第二水平即更高水平的单元,那么变量Y_{ij}和X_{ij}代表了来自两个水平的观察;此外,系数β_{jk}现在是随机的,在不同的第二水平单元中有所不同。

一些常见的统计软件包,如SAS和SPSS,都可以用灵活的程序进行一般线性模型的数据分析。SAS和STATA都有程序来拟合广义线性模型和广义加法模型,也可以拟合一些层级(非)线性模型。

——Tim Futing Liao

(高勇译校)

概推性(Generalizability)

参见外在效度【External Validity】。

概化理论(Generalizability Theory)

概化理论提供了一种广泛的概念框架和一套统计工具,以量化和解释测量对象的得分中存在的一致和不一致。某种程度上,这种理论可以视为通过应用方差分析【Analysis of Variance,ANOVA】程序来扩展经典测试理论。经典理论认为观察到的得分可以分解为真实分【True Score】和一个不加分化的随机误差【Random Error】项。与此不同,概化理论用全域分(universe score)代替了真实分,它比经典理论更为灵活,因为 ANOVA 法能够让研究者厘清误差的不同来源,而经典理论对这些不同来源的误差项不加区分。

概化理论最重要和最独有的特征可能是它的概念框架,它关注特定类型的研究和全域。一个“概化(generalizability, G)”研究就是从一个由调查者定义的各个“侧面(facets)”构成的“可采信观察的全域(universe of admissible observations)”中收集一个数据样本。通常,一个概化研究的主要结果就是对可采信的观察全域估计出一组随机效应的方差分解。一个“决策(decision, D)”研究则要估计出全域分方差(universe score variance)、误差方差、诸如信度系数【Reliability Coefficient】这样的指标,以及与调查者界定的“概化的全域(universe of generalization)”相关联的测量程序的其他统计量。

在单变量概化理论中,每一个测量对象都只有一个全域分。在多变量概化理论中,每个测量对象有多个全域分。单变量概化理论通常使用随机效应模型,而混合效应模型【Mixed-Effects Model】与多变量概化理论有更密切的关联。

历史发展

概化理论的开创性研究始于李·克龙巴赫、戈尔迪纳·格勒塞尔、哈林德尔·纳德和纳基斯瓦瑞·拉贾拉特纳姆等人(Cronbach, Gleser, Nanda, & Rajaratnam, 1972)1972 年发表的论著《行为测量的可靠性》(*The Dependability of Behavioral Measurements*)。罗伯特·布伦南(Brennan, 2001)在 2001 年发表的《概化理论》(*Generalizability Theory*)对这一理论进行了最新扩展。单变量概化理论的主要内容是在 1960—1961 年的技术报告中完成的,这些报告后来被修订为三篇期刊论文,分别以不同的第一作者发表(Cronbach, Gleser, & Rajaratnam)。多变量概化理论在随后的十年中发展出来。罗纳德·费希尔、西里尔·伯特、西里尔·霍伊特、罗伯特·埃贝尔、林德奎斯特等在 1920—1955 年的研究影响了概化理论的发展。

示例

假如有一位名叫史密斯的调查者想构建一个测量程序来评估人的写作技能。首先,史密斯需要确定文章题目以及潜在的评审人。这样做也就确定了可采信的观察全域中的各个侧面。假定这些侧面都是无穷的,也就是说在理论上,任何人 p(即测量对象)可以就任何题目 t 写文章,这些文章可以被任何评审人 r 评审。如果这样,可能的数据收集设计就是 $p\times t\times r$,这里的“×”应被称为“相交”。相关的线性模型为:

$$X_{ptr} = \mu + v_p + v_t + v_r + v_{pt} + v_{pr} + v_{tr} + v_{ptr}$$

其中的 v 表示独立的得分效应(uncorrelated score effects)。这个模型有如下结果:

$$\sigma^2(X_{ptr}) = \sigma^2(p) + \sigma^2(t) + \sigma^2(r) + \sigma^2(pt) + \sigma^2(pr) + \sigma^2(tr) + \sigma^2(ptr) \quad (1)$$

它将观察得分的总方差分解成为七个方差成分(variance components),通常用随机效应 ANOVA 中的期望均方【Mean Squares】来估计这些方差成分。

假定基于 n_t 个题目和 n_r 个评审人,从史密斯的概化研究中估计出了如下方差成分:

$$\hat{\sigma}^2(p) = 0.25, \quad \hat{\sigma}^2(t) = 0.06$$
$$\hat{\sigma}^2(r) = 0.02, \quad \hat{\sigma}^2(pt) = 0.15$$
$$\hat{\sigma}^2(pr) = 0.04, \quad \hat{\sigma}^2(tr) = 0.00$$
$$和\ \hat{\sigma}^2(ptr) = 0.12$$

再假定史密斯想要将基于 n'_t 篇文章和 n'_r 个评审人得到的人们的平均得分推广到包括无穷篇文章和无穷个评审人的概化全域当中。这里描述的其实是一个随机效应设计为 $p\times T\times R$ 的设计研究(D 研究)。它与史密斯的概化研究的 $p\times t\times r$ 研究很相似,但是 D 研究的样本量不必和 G 研究的样本量相同,$p\times T\times R$ 设计关注的是每个人的平均得分。在概化全域各个侧面中一个人的期望得分被称为这个人的全域得分(universe score)。

如果史密斯的测量程序中 $n'_t=3$ 且 $n'_r=2$,那么 D 研究估计出的随机效应方差成分为:

$$\hat{\sigma}^2(p)=0.25$$

$$\hat{\sigma}^2(T)=\frac{\hat{\sigma}^2(t)}{n'_t}=0.02$$

$$\hat{\sigma}^2(R)=\frac{\hat{\sigma}^2(r)}{n'_r}=0.01$$

$$\hat{\sigma}^2(pT)=\frac{\hat{\sigma}^2(pt)}{n'_t}=0.05$$

$$\hat{\sigma}^2(pR)=\frac{\hat{\sigma}^2(pr)}{n'_r}=0.02$$

$$\hat{\sigma}^2(TR)=\frac{\hat{\sigma}^2(tr)}{n'_t n'_r}=0.00$$

和 $$\hat{\sigma}^2(pTR)=\frac{\hat{\sigma}^2(ptr)}{n'_t n'_r}=0.02$$

其中的 $\hat{\sigma}^2(p)=0.25$ 就是估计的全域分方差。其他方差成分代表了不同类型的误差项方差。

绝对误差 Δp 就是一个人的观察均值得分和这个人的全域得分之间的差值。对史密斯的设计和全域来说,这些误差的方差为:

$$\sigma^2(\Delta)=\sigma^2(T)+\sigma^2(R)+\sigma^2(pT)+\sigma^2(pR)+\sigma^2(TR)+\sigma^2(pTR)$$

结果是 $\hat{\sigma}^2(\Delta)=0.02+0.01+0.05+0.02+0.00+0.02=0.12$。其平方根为 $\hat{\sigma}(\Delta)=0.35$。它可以解释为对一个随机选择的人来说测量结果的“绝对”标准误差的估计。

相对误差 δ_p 的定义为一个人的观察偏差得分和这个人的全域偏差得分之间的差值。对史密斯的设计和全域来说:

$$\sigma^2(\delta)=\sigma^2(pT)+\sigma^2(pR)+\sigma^2(pTR)$$

结果是 $\hat{\sigma}^2(\delta)=0.05+0.02+0.02=0.09$。其平方根为 $\hat{\sigma}(\delta)=0.30$,它可以解释为对一个随机选择的人来说测量结果的“相对”标准误的估计。

在概化理论中有两种类似信度的系数被广泛使用。一种系数被称为“概化系数(generalizability coefficient)”,定义为:

$$E\rho^2=\frac{\sigma^2(p)}{\sigma^2(p)+\sigma^2(\delta)}$$

它可以类比于经典理论中的信度系数。另一个系数称为“可靠性指数(index of dependability)”,定义为:

$$\Phi=\frac{\sigma^2(p)}{\sigma^2(p)+\sigma^2(\Delta)}$$

由于 $\sigma^2(\delta)<\sigma^2(\Delta)$,必然有 $E\rho^2>\Phi$。例如,使用史密斯的数据,$E\hat{\rho}^2=0.25/(0.25+0.09)=0.74$,而 $\hat{\Phi}=0.25/(0.25+0.12)=0.68$。

——Robert L. Brennan

(高勇译校)

参考文献

Brennan, R. L. (2001). *Generalizability theory*. New York: Springer-Verlag.

Cronbach, L. J., Gleser, G. C., Nanda, H., & Rajaratnam, N. (1972). *The dependability of behavioral measurements: Theory of generalizability for scores and profiles*. New York: John Wiley.

Shavelson, R. J., & Webb, N. M. (1991). *Generalizability theory: A primer*. Newbury Park, CA: Sage.

定性研究的概推/概推性(Generalization/Generalizability in Qualitative Research)

定性(阐述性的、民族志的)研究的发现是否应该或是否可以进行概推,这是定性研究的核心问题之一,虽然对其讨论并不充分。方法文献中对其讨论较少,原因可能是许多定性研究者认为这一问题只是那些采用定量研究方法、认为普遍规律【Nomothetic】存在的学者的一种执迷。许多定性研究者认为这并不是一个问题,因为定性研究的目标就是在具体社会情境中阐述行动者的意义,而不是测量、解释和预测。

否认概推性可能的学者认为,个体意识可以完全自主地给同一行动或情境赋予不同意义。反过来,不同的行动也可以源自相似的意义。据称"生活世界具有内在的不可决定性"(Denzin, 1983, p.133),这导致变异性太大,以至于一个具体情境中的结论不可能推广到另一个情境中。但是,这种立场的主要问题在于,事实上很难不去推广结论,因为对某一具体社会情境、事件或行为的叙述通常都会宣称具有一定典型性(或者反过来,宣称这些叙述不符合以前观察到的某些规律)。

如果概推性指的是定性研究能够产生完全概推,情境 S^{1-n} 与 S 会完全相同,或者指的是统计概推性,情境 S 发生的概率可以从 S 的情形中估计出来,那么否认概推可能性或可欲性的观点就是正确的。第一种类型的概推性除了物理学或化学很少有可能实现,第二种类型的概推性(在社会科学中)是抽样调查研究的主题。但是,有理由认为定性研究可以进行条件性(moderatum)概推,即 S 的各个方面被视为一组更广的可识别特征下的实例(Williams, 2000)。这取决于社会环境中文化上的一致性水平,日常生活中进行归纳推理也要以这些东西为基础,比如规则、习俗、对物理环境共同的社会构建。

从个案研究【Case Study】中就可以进行条件性概推。个案研究可以采用多种不同形式——例如,识别一种普遍社会原则的存在,分析一种社会情境,对人或事进行历时研究的扩展性个案研究等(Mitchell, 1983, pp.193-194)。个案研究的概推并不依赖于从样本到总体的统计概推(那是抽样调查中的概推方式),而是依赖于从以往理论得到的逻辑推论。理论概推因此并不试图推论总体,而是探讨理论中提出的现象的存在性。在人类学中这种推论很常见,如果在重复性的个案研究中又发现了这一现象,那么这就更加确证了理论。

如果定性研究要在政策过程中发挥作用,那么它必须要有起码的概推性。如果所有的定性研究都能给我们许多种诠释,每一种都有相同的认识论地位,那么我们如何评估社会项目或经济政策?但是,即使是从定性资料中进行条件性概推,也需要小心谨慎(正如在调查数据中要小心谨慎地处理意义问题)。即使研究发现证实了之前的理论命题,也不能肯定地认为这些发现就是典型性的。

——Malcolm Williams

(高勇译校)

参考文献

Denzin, N. (1983). Interpretive interactionism. In G. Morgan (Ed.), *Beyond method: Strategies for social research* (pp. 128-142). Beverly Hills, CA: Sage.

Mitchell, J. (1983). Case and situation analysis. *Sociological Review*, *31*(2), 186-211.

Williams, M. (2000). Interpretivism and generalisation. *Sociology*, *34*(2), 209-224.

广义加法模型(Generalized Additive Models)

加法模型是对线性回归【Linear Regression】模型 $y_i = \alpha + \sum_{j=1}^{k} X_{ij}\beta_j + \varepsilon_i$ 的改造,模型中的 y 被改造为 X 的非参数函数的加总:$y_i = \alpha + \sum_{j=1}^{k} m_j(x_{ij}) + \varepsilon_i$,其中的 ε_i 是均值为零、独立同分布的随机扰动项。广义加法模型(GAM)是对加法模型的扩展,扩展方式类似于广义线性模型(Generalized Linear Models,GLM)对于线性模型的扩展,以便处理定性因变量(如二分结果、计数数据等)。处理连续结果的加法模型可以看作 GAM 的一个特例,如同有着正态分布的普通最小二乘【Ordinary Least Squares】回归是 GLM 的特例一样。

GAM 在探索性研究中尤其有用,或者在分析者对预测变量 X 和结果 y 之间的函数关系事先并不确定时尤其有用。在这些情形中,假定 y 的条件均值 $E(y \mid X)$ 是 X 的线性函数是非常武断的;虽然线性关系很简单、易解释、简洁,但是线性函数形式可能会掩盖 $E(y \mid X)$ 实质上存在非常有趣的非线性关系。数据分析的动机是预测时,GAM 也很有用。通过拟合可能的非线性的 $m(\,)$ 函数,模型会抓住数据的局部特征,得到的预测会比线性模型的预测误差更小。

GAM 与其他非参数模型策略有所不同(最近的比较可以参看 Hastie, Tibshirani, & Friedman, 2001)。GAM 保留了线性回归的可加性(故而也保留了可分解性),因此更接近于 GLM,而不是神经网络【Neural Network】。GAM 关注的是条件期望的变化,因此也更接近线性回归模型,而不是投影寻踪(projection pursuit)或树状模型方法(tree-based methods)。GAM 与处理非线性关系的参数方法也有所不同,如对变量简单取对数,用预测变量的多项式建模,或者 Box-Cox 转换;GAM 估计出来的 $m(\,)$ 函数是非参数函数,通常比参数方法更加灵活。注意,线性模型可以视为 GAM 的特例嵌套其中,这意味着可以对线性拟合的虚无假设和非参数、非线性的备择假设进行检验;即虚无假设为 $m(X)=X\beta$,换言之,对 $m(\,)$ 函数自由度为 1 的虚无假设和更高自由度的备择假设进行检验。在实践中,如果研究者有绝对把握认为某一个预测变量与 y 的关系是线性的,但是希望用更灵活的 $m(\,)$ 函数来处理其他预测变量的效应,他可以使用参数与非参数的 $m(\,)$ 函数的混合来拟合数据。

GAM 使用线性平滑(linear smoother)作为其 $m(\,)$ 函数,分别对每个预测变量依次进行。对多个预测变量拟合一个 $m(\,)$ 函数也是可能的,但是为了简化讨论,我只考虑对每个预测变量依次拟合非参数函数的情形:给定 n 个对因变量 $\mathbf{y}=(y_1,\cdots,y_n)'$ 和预测变量 $\mathbf{x}=(x_1,\cdots,x_n)'$ 的观察,一个线性平滑用目标点 x_0 处邻近的 x 和 y 观察的加权平均(即线性函数)来估计目标点 x_0 处的 $\hat{y}$。也就是说,$\hat{y}=\hat{m}(x_0)=\sum_{i=1}^{n} S(x_0,x_i;\lambda)y_i$,其中的 $S(\,)$ 是一个加权函数,参数为其中的平滑【Smoothing】参数 λ,这个参数有效地控制着目标点附近的区间宽度。区间宽度或者带宽(bandwidth)决定了用多少个加权观察 $i=1,\cdots,n$ 来估计目标点 x_0 处的 $\hat{y}$。顾名思义,局部拟合给不在目标点 x_0 的带宽范围内数据点赋予零权重,平滑参数 λ 决定了"多近"才能算是"局部"。

实现上述想法,可以采用 Loess 方法,这是克利夫兰(Cleveland, 1979)提出的一种常用线性平滑。给定一个目标点 x_0,Loess 通过拟合一个局部加权(locally weighted)回归来得到 $\hat{y} \mid x_0=\hat{m}(x_0)$,使用程序如下:

(1)确定 q 个 x_0 的最邻近点(nearest neighbors)(即最靠近 x_0 的 q 个 x 值)。这个集表示为 $N(x_0)$。参数 q 相当于上面定义的平滑参数 λ,一般由分析者事先设定。

(2)计算 $\Delta(x_0)=\max N(x_0) \mid x_0-x_i \mid$,最邻近点当中离 x_0 最远的距离。

(3)为 $N(x_0)$ 中的每个点计算权数 w_i,要使用如下的三次立方(tri-cube)权重函数:

$$W\left[\frac{\mid x_0 - x_i \mid}{\Delta(x_0)}\right]$$

其中:

$$W(z)=\begin{cases}(1-z^3)^3 & \text{当} 0 \leqslant z < 1 \\ 0 & \text{当} z < 0 \text{或} z \geqslant 1\end{cases}$$

注意,$W(x_0)=1$,权数在选定的最邻近点中平滑地下降为零,以使 $W(x_i)=0\ \forall x_i \notin N(x_0)$。使用三次立方权重函数是有些武断的,任何在 $N(x_0)$ 的边境处可以平滑下降为零的权重函数都能够产生一个平滑拟合函数。

(4)使用加权最小二乘【Weighted Least Squares】和上一步中得到的权数 W 以 x 和截距项对 y 进行回归。可以使用二次型或更高阶的多项式局部回归法(Fan & Gijbels, 1996, Chap. 5),或者低阶多项式回归的混合。局部常数拟合可以得到一个简单的移动平均。

(5)从局部加权回归中得到的预测值就是平滑值 $\hat{y} \mid x_0=\hat{m}(x_0)$。

Loess 仅是许多非参数平滑中的一种,在此用来表明其核心思想;对目标点 x_0 周围的 x 和 y 进行回归(平滑方法决定了如何对 x_0 周围的观察进行加权,即非参数回归内核的选择,以及局部回归的程度),然后报告局部回归在 x_0 处的拟合值作为非参数函数的估计值。其他常用非参数回归的平滑法包括样条【Spline】函数、Loess 及各种其他平滑函数。在各种平滑法(包括内核)中,样条法和 Loess 法是软件中最常用来执行 GAM 的方法。

对一系列目标点执行线性平滑,就会产生一个函数,x 对 y 的平滑拟合。具体而言,对每个观察进行线性平滑(即 $x_0=x_i, i=1,\cdots,n$)可以得到每个观察的 $\hat{y}_i$,进而得到 $\hat{\mathbf{y}}=\mathbf{S}\mathbf{y}$,其中的 $\mathbf{S}$ 是一个 $n \times n$ 的平滑矩阵,通过堆砌 n 个长度为 n 的权重向量 $S(x_i, x_i; \lambda)$ 而得到。线性平滑由此成为线性的,这类似于最小二乘回归中得到的预测值是 $\mathbf{y}$ 的线性函数:即 $\hat{\mathbf{y}}=\mathbf{X}\hat{\beta}=\mathbf{H}\mathbf{y}$,其中的 $\mathbf{H}=\mathbf{X}(\mathbf{X}'\mathbf{X})^{-1}\mathbf{X}'$ 就是有名的"帽子矩阵"。平滑矩阵 $\mathbf{S}$ 与 $\mathbf{H}$ 有许多共同的性质。事实上,$\mathbf{H}$ 是线性平滑的特例,最小二乘线性回归相当于无限平滑的平滑法(正规而言,"平滑"的测量是拟合值对解释变量的二阶导数的倒数;对于线性模型来说,这个二阶导数是零)。在另一个极端,则是对数据进行内插的平滑法(这相当于对每个观察运行有一个虚拟变量的回归),此时的 $\mathbf{S}=\mathbf{I}_n$(一个 $n \times n$ 的单位矩阵),所有的非对角线元素都是零(即极端的局限拟合)。随着带宽的增加,$\mathbf{S}$ 的非对角线元素上越来越多的数目取值不是零,那些远离目标点 x_i 的数据点也会对形成 $\hat{y}_i=\hat{m}(x_i)$ 有越来越大的影响。

平滑程度与 $\mathbf{S}$ 和对角矩阵的接近程度呈现反向关系,这意味着线性平滑消耗掉的自由度可以用 $\mathbf{S}$ 的迹(trace)(对角元素的和)来近似(Hastie & Tibshirani, 1990, 附录 2)。由于所有的平滑法都会拟合一个截距项,$\text{tr}(\mathbf{S})-1$ 就是对线性平滑的非参数成分消耗掉的等价自由度(equivalent degrees of freedom)的估计。这种近似提供了推断中的重要因素,平滑的残误差方差(residual error variance) σ^2 可以用下式估计:

$$\hat{\sigma}^2 = \frac{\sum_{i=1}^{n} [y_i - \hat{m}(x_i)]^2}{n - \mathrm{tr}(\mathbf{S})}$$

相应地,平滑值的方差-协方差矩阵可以用 $\mathrm{Var}[\hat{\mathbf{y}}] = \mathbf{SS}'\hat{\sigma}^2$ 来估计,通过对矩阵对角线开平方可以得到逐个点的拟合平滑的标准误差。简而言之,拟合越是局部,就越不平滑,消耗的自由度就越多,$\hat{y}$的偏差就越小,但是方差就越大。

GAM 通过一种被称为后向拟合(backfitting)的迭代拟合算法【Algorithm】将线性平滑扩展到了多个预测变量的情形中,黑斯蒂和蒂布什容尼(Hastie & Tibshirani, 1990)对此进行了详尽描述。基本思路是对模型中的变量 $j=1,\cdots,k$ 进行以下循环操作,对于 y 减去截距和其他 $k-1$ 个预测变量对 x_j 的偏效应的值进行平滑,直到收敛。推广到像 GLM 那样包括定性因变量的情形中也很简单;后向拟合可以完美地嵌套于 GLM 的迭代再加权最小二乘回归算法中,这一算法由内尔德和韦德伯恩(Nelder & Wedderburn, 1972)提出。

在运用广义加法模型时的一个关键问题是,是否还有一个比拟合出来的模型更简单、更简洁的拟合。这一问题很关键,它有助于防止出现“过度拟合”(拟合了一个比数据支持程度更为花哨的函数)的情况,有助于发现各个平滑参数的合适设定。更简单的、“更少局部”的模型(包括线性拟合)可以嵌套于另一个“更为局部”的拟合中,因此似然比检验可以用于检验更为简单的模型中的约束条件是否正确这一虚无假设。这些检验在 GAM 的非参数场合中只是近似适用(首先,GAM 消耗的自由度就只是一个估计),但是在大样本中它表现良好。在统计文献中有许多自动选择平滑参数的建议方法(如 Hastie & Tibshirani, 1990, pp. 50-52),这是一个非常活跃的研究领域。

在实践中,社会科学家要注意,GAM 并不能得到线性回归或者 GLM 中得到的那种简单的单参数 x 对 y 的边缘效应。在非参数方法中,得到 x 对 y 的边缘效应的最佳方法(可能也是唯一方法)就是画出 x 对 y 的拟合曲线图。贝克和杰克曼(Beck & Jackman, 1998)的论文中提供了许多政治科学中的示例,在回归估计的传统表格之外还加入了非参数/非线性边缘效应,以及围绕拟合值的置信区间。

黑斯蒂和蒂布什容尼(Hastie & Tibshirani, 1990)的著作主题就是 GAM,关于非参数平滑(这是任何 GAM 的核心)的文献则很多。洛德(Loader, 1999)对于局部拟合方法提供了精彩的述评;沃赫拜(Wahba, 1990)对于非参数回归中样本法的使用进行了评论。S-plus 可以估计 GAM(详尽论述请参见 Hastie, 1992)。伍德(Wood, 2001)提供了在 *R* 中的执行包,可以通过广义交叉验证来自动选择平滑参数,通过样本函数来进行平滑。

——Simon Jackman

(高勇译校)

参考文献

Beck, N., & Jackman, S. (1998). Beyond linearity by default: Generalized additive models. *American Journal of Political Science*, *42*, 596-627.

Cleveland, W. S. (1979). Robust locally-weighted regression and smoothing scatterplots. *Journal of the American Statistical Association*, *74*, 829-836.

Fan, J., & Gijbels, I. (1996). *Local polynomial modelling and its applications.* London: Chapman & Hall.

Hastie, T. J. (1992). Generalized additive models. In J. M. Chambers & T. J. Hastie (Eds.), *Statistical models in S* (pp. 249-307). Pacific Grove, CA: Wadsworth Brooks/ Cole.

Hastie, T. J., & Tibshirani, R. J. (1990). *Generalized additive models.* New York: Chapman & Hall.

Hastie, T. J., Tibshirani, R., & Friedman, J. (2001). *The elements of statistical learning*. New York: Springer.

Loader, C. (1999). *Local regression and likelihood*. New York: Springer.

Nelder, J. A., & Wedderburn, R. W. M. (1972). Generalized linear models. *Journal of the Royal Statistical Society, Series A*, *135*, 370-384.

Wahba, G. (1990). *Spline models for observational data*. Philadelphia: SIAM.

Wood, S. (2001).mgcv: GAMs and generalized ridge regression for R. *R News*, *1*, 20-25.

广义估计方程(Generalized Estimating Equations)

广义估计方程(GEE)是广义线性模型【Generalized Linear Models】在处理重复测量(或者任何彼此相关的)数据时的一种扩展。在社会科学中,这类模型在处理定群【Panel】数据和时间序列横截面模型【Time-Series Cross-Section Model】数据时最为有用,虽然它也可以用于处理空间数据模型。

试考虑一个广义线性模型应用于重复测量数据,其中下标 $i=(1,\cdots,N)$ 表示不同单元,$t=(1,\cdots,T)$ 表明不同时点,然后有 $E(Y_{it})\equiv\mu_{it}=f(\mathbf{X}_{it}\beta)$ 和 $\text{Var}(Y_{it})=g(\mu_{it})/\varphi$,其中的 $\mathbf{X}$ 是一个 $(NT\times k)$ 的协变量向量,$f(\cdot)$ 是连接函数【Link Function】的反函数,φ 是一个尺度参数(scale parameter)。β 的 GEE 估计值是一组 k 个微分"得分"方程的解:

$$\mathbf{U}_k(\beta)=\sum_{i=1}^{N}\mathbf{D}'_i\mathbf{V}_i^{-1}(\mathbf{Y}_i-\mu_i)=\mathbf{0} \quad (1)$$

其中,

$$\mathbf{V}_i=\frac{\mathbf{A}_i^{\frac{1}{2}}\mathbf{R}_i(\alpha)\mathbf{A}_i^{\frac{1}{2}}}{\varphi}$$

$\mathbf{A}_i$ 是一个 $t\times t$ 的对角矩阵,$g(\mu_{it})$ 是它的第 t 个对角元素;$\mathbf{R}_i(\alpha)$ 是 Y_{it} 值之间的对象内条件相关(the conditional within-subject correlations)构成的 $t\times t$ 的"工作"相关矩阵("working" correlation matrix)。工作相关矩阵的形式是由研究者决定的;但是,梁和塞格尔(Liang & Zeger, 1986)表明,甚至对于 $\mathbf{R}_i(\alpha)$ 存在误设【Misspecification】时,β 的 GEE 估计值及其稳健方差协方差矩阵也是具有一致性的。在实践中,研究者通常会根据他们对对象内相关性质的了解和猜测来设定 $\mathbf{R}_i(\alpha)$。

对于其他分析定群数据和时间序列横截面数据的模型来说,GEE 是一种稳健且有吸引力的替代模型。特别地,如果研究者对于对象内相关【Correlation】本身感兴趣,GEE 模型提供了这样的模型的估计方法。此类"GEE2"方法(Prentice & Zhao, 1991)包括了一组独立的估计方程来估计成对的对象内相关。此外,GEE 能够使用一系列分布来对连续变量、二分变量、定序变量、事件发生数据进行建模。最后,许多常用的软件包都可以估计 GEE,包括 SAS, S-plus, STATA。

——Christopher Zorn

(高勇译校)

参考文献

Hardin, J. W., & Hilbe, J. M. (2003). *Generalized estimating equations*. London: Chapman & Hall.

Liang, K.-Y., & Zeger, S. L. (1986). Longitudinal data analysis using generalized linear models. *Biometrika*, *73*, 13-22.

Prentice, R. L., & Zhao, L. P. (1991). Estimating

equations for parameters in mean and covariances of multivariate discrete and continuous responses. *Biometrics*, *47*, 825-839.

Zorn, C. J. W. (2001). Generalized estimating equation models for correlated data: A review with applications. *American Journal of Political Science*, *45*, 470-490.

广义最小二乘(Generalized Least Squares)

考虑线性回归【Linear Regression】模型 $\mathbf{y}=\mathbf{X}\boldsymbol{\beta}+\mathbf{u}$,其中 $\mathbf{y}$ 是代表因变量观察值的 $n\times1$ 的向量,$\mathbf{X}$ 是代表自变量的 $n\times k$ 的列满秩矩阵,$\boldsymbol{\beta}$ 是代表估计参数 $k\times1$ 的向量,$\mathbf{u}$ 是代表扰动项的 $n\times1$ 的向量。根据高斯-马尔科夫定理【Gauss-Markov Theorem】,如果下列条件成立:

假定 1(A1):$E(\mathbf{u}\mid\mathbf{X})=\mathbf{0}$(即扰动项的条件均值为 0),并且

假定 2(A2):$E(\mathbf{uu}'\mid\mathbf{X})=\sigma^2\boldsymbol{\Omega}$,其中$\boldsymbol{\Omega}=\mathbf{I}_n$,即一个 $n\times n$ 的单位矩阵(即扰动项是独立同分布的,被简称为 iid,条件方差为 σ^2)。

此时普通最小二乘【Ordinary Least Squares, OLS】估计量为$\hat{\boldsymbol{\beta}}_{\mathrm{OLS}}=(\mathbf{X}'\mathbf{X})^{-1}\mathbf{X}'\mathbf{y}$,其方差-协方差矩阵 $V(\hat{\boldsymbol{\beta}}_{\mathrm{OLS}})$ 为$\sigma^2(\mathbf{X}'\mathbf{X})^{-1}$。此时$\hat{\boldsymbol{\beta}}_{\mathrm{OLS}}$是(a)$\boldsymbol{\beta}$ 的最佳线性无偏估计量【Best Linear Unbiased Estimator, BLUE】,因为它在所有的线性无偏估计量中有着最小的抽样变异性;(b)$\boldsymbol{\beta}$ 的一致性估计量(即当 $n\to\infty$ 时,对于任何 $\varepsilon>0$,都有 $\Pr[\,|\hat{\boldsymbol{\beta}}_{\mathrm{OLS}}-\boldsymbol{\beta}|<\varepsilon]=1$;换言之 $\mathrm{plim}\ \hat{\boldsymbol{\beta}}_{\mathrm{OLS}}=\boldsymbol{\beta}$)。

如果 A2 不成立(即 $\boldsymbol{\Omega}$ 是一个不等于单位矩阵 $\mathbf{I}_n$ 的正定矩阵),那么$\hat{\boldsymbol{\beta}}_{\mathrm{OLS}}$仍然是无偏的,仍然是一致的,但是不再是“最佳的”。当 A2 不成立时仍依赖于$\hat{\boldsymbol{\beta}}_{\mathrm{OLS}}$会导致错误的统计推论;A2 不成立时,$\sigma^2(\mathbf{X}'\mathbf{X})^{-1}$是对于 $V(\hat{\boldsymbol{\beta}}_{\mathrm{OLS}})$的有偏且不一致的估计量,这意味着$\hat{\boldsymbol{\beta}}_{\mathrm{OLS}}$的估计标准误【Standard Error】是错误的,因此进行的统计推论和假设检验也是不正确的。在实践中 A2 经常是不成立的;例如,(a)将原本相异的单元汇总在一起经常会使得到的误差项具有不同的条件方差(异方差性【Heteroskedasticity】),(b)时间序列【Time-Series】数据经常会使得到的误差项不再是条件独立的(扰动项序列相关)。

当 A2 不成立时,可以进行 OLS 估计,得到最佳线性无偏估计量(至少是渐近的)。例如,如果研究者知道与 A2 偏离的确切形式(即研究者知道 $\boldsymbol{\Omega}$),那么 GLS 估计量$\hat{\boldsymbol{\beta}}_{\mathrm{GLS}}=(\mathbf{X}'\boldsymbol{\Omega}^{-1}\mathbf{X})^{-1}\mathbf{X}'\boldsymbol{\Omega}^{-1}\mathbf{y}$ 就是最佳线性无偏估计量,其方差协方差矩阵为$\sigma^2(\mathbf{X}'\boldsymbol{\Omega}^{-1}\mathbf{X})^{-1}$。注意,当 A2 成立时,$\boldsymbol{\Omega}=\mathbf{I}_n$,此时$\hat{\boldsymbol{\beta}}_{\mathrm{GLS}}=\hat{\boldsymbol{\beta}}_{\mathrm{OLS}}$(也就是说,OLS 是更为一般的估计量的一个特例)。

一般而言,研究者并不能确切地知道 $\boldsymbol{\Omega}$,这意味着$\hat{\boldsymbol{\beta}}_{\mathrm{GLS}}$是难以操作的,此时就要用到估计或可行广义最小二乘(estimated or feasible generalized least squares, FGLS)估计量。FGLS 估计量的实施通常包括如下几个步骤:(a)运行 OLS 分析来产生估计残差$\hat{\mathbf{u}}$;(b)对$\hat{\mathbf{u}}$进行分析来构建对 $\boldsymbol{\Omega}$ 的估计量 $\hat{\boldsymbol{\Omega}}$;(c)计算 FGLS 估计量 $\hat{\boldsymbol{\beta}}_{\mathrm{FGLS}}=(\mathbf{X}'\hat{\boldsymbol{\Omega}}^{-1}\mathbf{X})^{-1}\mathbf{X}'\hat{\boldsymbol{\Omega}}^{-1}\mathbf{y}$。第三步的执行方法通常是基于$\hat{\boldsymbol{\Omega}}$可以分解为$\hat{\boldsymbol{\Omega}}=\mathbf{P}^{-1}(\mathbf{P}')^{-1}$,然后运行 $\mathbf{y}^*=\mathbf{Py}$ 对$\mathbf{X}^*=\mathbf{PX}$的加权最小二乘【Weighted Least Squares】回归;也就是说,$\hat{\boldsymbol{\beta}}_{\mathrm{FGLS}}=(\mathbf{X}^{*\prime}\mathbf{X}^*)^{-1}\mathbf{X}^{*\prime}\mathbf{y}^*$。

FGLS 估计量的性质取决于 $\boldsymbol{\Omega}$ 的形式

(即与A2中的条件独立同分布假定偏离的性质)和$\hat{\mathbf{\Omega}}$的性质,所以不能一概而论。FGLS估计量的有限样本性质通常可以根据具体情况通过蒙特卡洛【Monte Carlo】实验来得到;事实上,在有些对A2的违反并不严重的情况下,可能会发现$\hat{\boldsymbol{\beta}}_{OLS}$比$\hat{\boldsymbol{\beta}}_{FGLS}$更为有效(Chipman, 1979; Rao & Griliches, 1969)。渐近【Asymptotic】结果更为丰富,通常是通过表明$\hat{\boldsymbol{\beta}}_{FGLS}$和$\hat{\boldsymbol{\beta}}_{GLS}$是渐近等效的,所以$\hat{\boldsymbol{\beta}}_{FGLS}$是$\boldsymbol{\beta}$的一致性估计量和渐近有效估计量(Amemiya, 1985, pp. 186-222; Judge, Griffiths, Hill, & Lee, 1980, pp. 117-118)。

在社会科学中,FGLS最常见于残差自相关和异方差性的简单形式中。例如,流行的用于扰动项一阶自相关AR(1)问题的Cochrane-Orcutt(Cochrane & Orcutt, 1949)和Prais-Winsten(Prais & Winsten,1954)程序得出的就是FGLS估计量。FGLS用来处理异方差性的例子在许多计量经济学教材中都可以见到:贾奇等人(Judge et al., 1980, pp. 128-145)和艾美米亚(Amemiya,1985, pp. 198-207)都认真地探究了$\boldsymbol{\beta}$的FGLS统计量如何用来处理常见的异方差项形式。将原本相异的单元汇总在一起会产生成组的异方差性(groupwise heteroskedasticity),由此产生的扰动项在观察组内是条件独立同分布的;这种模型事实上是泽尔纳(Zellner, 1962)的相依回归【Seemingly Unrelated Regression, SUR】模型的一个特例。应用于泽尔纳的半相依回归模型的FGLS会得出一个跨方程的加权方案,它被用于三阶段最小二乘估计量中的第三阶段(Zellner & Theil, 1962)。

如果定群【Panel】数据中存在自变量不能捕捉的因单元而异(unit-specific)或因时期而异(period-specific)的异质性【Heterogeneity】时,FGLS也可以用于估计这类模型,例如$y_{it}=\mathbf{x}'_{it}\boldsymbol{\beta}+v_i+\eta_t+\varepsilon_{it}$,其中$v_i$和$\eta_t$分别是单元$i$和时期$t$所特有的误差项(或随机效应)。复合起来的误差项$u_{it}=v_i+\eta_t+\varepsilon_{it}$通常都不是独立同分布的,但是它的方差-协方差矩阵$\mathbf{\Omega}$可以用误差各组成部分的估计方差和来进行估计;给定$E(u_{it}\mid\mathbf{x}_{it}=0)$和$E(\mathbf{X}'\mathbf{\Omega}^{-1}\mathbf{X})$是满秩的条件,FGLS提供了对$\boldsymbol{\beta}$的一致性估计量(参见Wooldridge, 2002, Chap.10)。

最后FGLS估计量通常可以用最大似然估计【Maximum Likelihood Estimation, MLE】来获取,通过这样一个步骤就可以得到$\boldsymbol{\beta}$的一致性估计。虽然独立同分布假定(A2)常常可以极大地简化MLE的推导和计算,但是通常加入少量用于决定$\mathbf{\Omega}$的内容和结构的辅助参数(例如考虑$\mathbf{\Omega}$的相对简单形式,如一阶残差自相关、成组的异方差性、简单的误差组成结构等),就可以处理更为常见(也更简单)的对于A2假定的违背。这样,用MLE就可以同时估计实质兴趣参数$\boldsymbol{\beta}$和处理假定的误差过程的参数,由此得到的估计结果与FGLS估计是渐近等效的。

——Simon Jackman

(高勇译校)

参考文献

Amemiya, T. (1985). *Advanced econometrics*. Cambridge, MA: Harvard University Press.

Chipman, J. S. (1979). Efficiency of least squares estimation of linear trend when residuals are autocorrelated. *Econometrica*, *47*, 115-128.

Cochrane, D., & Orcutt, G. H. (1949). Application of least squares relationships containing autocorrelated error terms. *Journal of the American Statistical Association*, *44*, 32-61.

Judge, G. G., Griffiths, W. E., Hill, R. C., & Lee, T.-C. (1980). *The theory and practice of econometrics*. Wiley Series in Probability and Mathematical Statistics. New York: John Wiley.

Prais, S. J., & Winsten, C. B. (1954). *Trend estimators and serial correlation*. Chicago: Cowles

Commission.

Rao, P., & Griliches, Z. (1969). Small-sample properties of several two-stage regression methods in the context of auto-correlated errors. *Journal of the American Statistical Association*, *64*, 253-272.

Wooldridge, J. M. (2002). *Econometric analysis of cross-section and panel data*. Cambridge: MIT Press.

Zellner, A. (1962). An efficient method of estimating seemingly unrelated regressions and tests for aggregation bias. *Journal of the American Statistical Association*, *57*, 348-368.

Zellner, A., & Theil, H. (1962). Three-stage least squares: Simultaneous estimation of simultaneous equations. *Econometrica*, *30*, 54-78.

广义线性模型(Generalized Linear Models)

广义线性模型(GLM)扩展了线性模型的基本结构,以便用统一的理论形式来考虑非正态和非定距的结果变量。社会科学中,常会遇到不符合线性模型标准假定的结果变量,因此发展出许多不同的回归模型,例如:计数变量有泊松回归【Poisson Regression】;二分变量有Logit分析和Probit分析;持续期【Duration】数据有指数模型;删节【Truncation】数据有伽马模型(gamma models)。虽然这些模型很常用也易理解,但应用者还没有普遍认识到,几乎所有这些看似独特的回归技术都是广义线性模型的特例。

在广义线性模型中,解释变量的处理与通常方式完全一样,即建立一个线性系统部分,$\boldsymbol{\eta}=\mathbf{X}\boldsymbol{\beta}$,这个部分定义了统计模型的右端。因为结果变量的期望值,$\boldsymbol{\mu}=\bar{\mathbf{y}}$,不再来自定距测量形式,因此标准的中心极限和渐近定理不再适用,需要一个"连接"函数【Link Function】来界定数据的线性系统部分和结果变量均值间的关系,即$\boldsymbol{\mu}=g(\mathbf{X}\boldsymbol{\beta})$。如果这个连接函数是恒等函数,$g(\mathbf{X}\boldsymbol{\beta})=\mathbf{X}\boldsymbol{\beta}$,那么广义线性模型就简化为线性模型,模型也因此得名。

广义线性模型基于内尔德和韦德伯恩(Nelder & Wedderburn,1972)以及麦卡拉和内尔德(McCullagh & Nelder,1989)提出的非常成熟的理论,理论认为任何结果变量,只要其参数形式可以(在代数上)转化为指数族形式(exponential family form),就可以导出一个连接函数,将参数形式的均值函数和线性系统部分联系起来。指数族形式只是一种用来表示不同概率质量函数(probability mass function,PMF)(用于离散形式)和概率密度函数【Probability Density Function,PDF】(用于连续形式)的标准化途径。

GLM方法的价值在于,一系列看似不相关的非线性回归模型可以在一个统一的框架中得到整合,从而使模型设定、数值估计、残差分析、拟合优度分析、报告等过程全都可以统一起来。这样,研究者和应用者就可以学到一种通用性的程序,适用于广泛的数据类型,还可以进一步发展,以便涵盖比我们在此描述的还要广泛的一系列假定。

指数族形式

理解广义线性模型的关键,在于了解如何用指数族形式来表达普通的连续数据的概率密度函数和离散数据的概率质量函数,指数族形式很容易生成连接函数和矩统计量。指数族形式源于费希尔(Fisher,1934,pp. 286-296),但是直到最近才被认识到,指数族的成员有着维度固定的充分统计量(fixed dimension sufficient statistics),可以得到独特的具有强一致性和渐近正态性的最大似然估计【Maximum Likelihood Estimation】(Gill, 2000, p. 22)。

随机变量 Z 有形式为 $f(z \mid \zeta)$ 的单参数的条件 PDF 或 PMF。如果它可以表示为如下形式,则可被划定属于指数族形式:

$$f(z \mid \zeta)=\exp[\underbrace{t(z)u(\zeta)}_{\text{交互部分}}+\underbrace{\log(r(z))+\log(s(\zeta))}_{\text{加法部分}}] \quad (1)$$

其中的 r 和 t 是不依赖于 ζ 的 z 的实值函数,s 和 u 是不依赖于 z 的 ζ 的实值函数,且有 $r(z)>0, s(\zeta)>0\ \forall z,\zeta$。这里的关键是指数中子函数的独特性。被称为交互部分(interaction component)的那一部分必须是 z 的函数 $t(z)$ 与 ζ 的函数 $u(\zeta)$ 的乘积。此外,加法部分(additive component)必须也是由两个 z 的和 ζ 的子函数构成的,但是这里两者是加起来的。

指数族表达式的典范式(canonical form)是(1)式的简化,它揭示出了更大的结构,更简洁地概括了数据。这种一对一的转换是如下进行的。如有必要(即如果典范式中还不存在此转换),进行如下转换:$y=t(z)$ 和 $\theta=u(\zeta)$,现在表达式(1)变为:

$$f(y \mid \theta)=\exp[y\theta-b(\theta)+c(y)] \quad (2)$$

式(2)中的子函数有着特定的标志:y 是数据的典范式(通常也是一个充分统计量),θ 是未知参数的自然典范式,$b(\theta)$ 被称为"累积量函数"或"正态化常数"。函数 $c(y)$ 在估计过程中通常并不重要。但是,$b(\theta)$ 在决定均值和方差函数以及连接函数上都起着重要作用。还要注意,对于随机抽样来说,经典形式具有不变性,这意味着对于独立同分布数据来说,它可以保持其函数形式:

$$f(y \mid \theta)=\exp\left[\sum_{i=1}^{n} y_i\theta-nb(\theta)+\sum_{i=1}^{n} c(y_i)\right]$$

通过一个长度为 k 的参数向量 $\boldsymbol{\theta}$ 可以扩展到多个参数的情形中:

$$f(y \mid \boldsymbol{\theta})=\exp\left\{\sum_{j=1}^{k}[y\theta_j-b(\theta_j)]+c(y)\right\}$$

作为上述理论的示例,我们可以把常见的二项分布的 PMF 改写为指数族形式。传统的二项分布的 PMF 为:

$$f(y \mid n,p)=\binom{n}{y}p^y(1-p)^{n-y}$$

改写后的指数族形式为:

$$f(y \mid n,p)=\exp\left\{\underbrace{y\log\left(\frac{p}{1-p}\right)}_{y\theta}-\underbrace{[-n\log(1-p)]}_{b(\theta)}+\underbrace{\log\binom{n}{y}}_{c(y)}\right\}$$

这里,子函数都加了标签,以对应前面讨论过的典范式。

指数族形式与最大似然

在给定的数据值观察矩阵 $f(\boldsymbol{\theta} \mid \mathbf{X})$ 下,要获得对未知的 k 维向量 $\boldsymbol{\theta}$ 的估计值,我们可以用将似然函数最大化的标准技术来发现向量 $\boldsymbol{\theta}$ 的"最可能"取值(Fisher, 1925, pp. 707-709)。渐近理论告诉我们,对于足够大的样本而言,指数族形式的似然平面在各个维度上是单峰的,因此最大似然估计过程等同于发现 k 维的众数(mode)。

将 $f(\mathbf{X} \mid \boldsymbol{\theta})$ 视为给定观察数据 $\mathbf{X}$ 条件下 $\boldsymbol{\theta}$ 的函数,那么 $L(\boldsymbol{\theta} \mid \mathbf{X})=f(\mathbf{X} \mid \boldsymbol{\theta})$ 被称为似然函数。最大似然估计 $\hat{\boldsymbol{\theta}}$ 有如下性质:$L(\hat{\boldsymbol{\theta}} \mid \mathbf{X}) \geq \mathbf{L}(\boldsymbol{\theta} \mid \mathbf{X})\ \forall \boldsymbol{\theta} \in \boldsymbol{\Theta}$ 其中的 $\boldsymbol{\Theta}$ 是参数形式假定中所允许的 $\boldsymbol{\theta}$ 的取值范围。

似然函数的自然对数更易于处理,这不会改变任何参数结果,因为似然函数和对数似然函数的最大值是相同的。在式(2)中

再加入一个比例参数(scale parameter),指数族典范式的似然函数为:

$$\ell(\theta,\psi \mid \mathbf{y}) = \log(f(\mathbf{y} \mid \theta,\psi)) = \log\left\{\exp\left[\frac{\mathbf{y}\theta - b(\theta)}{a(\psi)} + c(\mathbf{y},\psi)\right]\right\} = \frac{\mathbf{y}\theta - b(\theta)}{a(\psi)} + c(\mathbf{y},\psi) \quad (3)$$

由于所有项都可以指数族形式的指数来表示,对数似然可以去掉这种指数形式,而得到一个简洁的表达式。对数似然函数对目标参数的一阶导数就是得分函数(score function)。从此时起,比例参数 ψ 被处理为冗余参数(nuisance parameter)(不是主要关注对象),我们将其估计为一个标量。由此得到的得分函数用 $\dot{\ell}(\theta \mid \psi,\mathbf{y})$ 表示,公式如下:

$$\dot{\ell}(\theta \mid \psi,\mathbf{y}) = \frac{\partial}{\partial\theta}\ell(\theta \mid \psi,\mathbf{y}) = \frac{\partial}{\partial\theta}\left[\frac{\mathbf{y}\theta - b(\theta)}{a(\psi)} + c(\mathbf{y},\psi)\right] = \frac{\mathbf{y} - \frac{\partial}{\partial\theta}b(\theta)}{a(\psi)} \quad (4)$$

最大似然法的机制,是令 $\dot{\ell}(\theta \mid \psi,\mathbf{y})$ 等于零,然后解出目标参数,给出最大似然估计 $\hat{\theta}$。此外,似然原则(likelihood principle)表明,一旦观察完了数据,数据中所有用于估计 $\hat{\theta}$ 的可得证据都被包括在计算出的似然函数 $\ell(\theta \mid \psi,\mathbf{y})$ 中。

确定函数 $b(\theta)$ 的价值,在于它和均值函数及方差函数有着直接联系。用(3)中的符号表示出式(4)的期望值,则有如下结果:

$$E_Y\left[\frac{y - \frac{\partial}{\partial\theta}b(\theta)}{a(\psi)}\right] = 0$$

$$\int_Y yf(y)\,dy - \int_Y \frac{\partial b(\theta)}{\partial\theta}f(y)\,dy = 0$$

$$\underbrace{\int_Y yf(y)\,dy}_{E(Y)} - \frac{\partial b(\theta)}{\partial\theta}\underbrace{\int_Y f(y)\,dy}_{1} = 0$$

$$\Rightarrow E[Y] = \frac{\partial}{\partial\theta}b(\theta)$$

上述过程中的第二步到最后一步需要积分范围内必须满足一般正则条件(general regularity condition),所有的指数族分布都满足上述条件(Gill, 2000, p.23)。这意味着式(2)也给出了相关的指数分布族的均值:$\mu = b'(\theta)$。可以证明,$b(\theta)$ 的二阶导数就是方差函数(Gill, 2000, p.26)。然后(如有必要)乘上比例参数,再对典范参数进行替换,就得到了标准的方差计算式。表 1 中列出了二项分布 PMF 的上述计算式:

表 1 二项分布的均值和方差函数

$b(\theta)$	$n\log(1+\exp(\theta))$
$E[Y] = \frac{\partial}{\partial\theta}b(\theta) \mid_{\theta=u(\zeta)}$	np
$\frac{\partial^2}{\partial\theta^2}b(\theta)$	$n\exp(\theta)(1+\exp(\theta))^{-2}$
$\mathrm{Var}[Y] = a(\psi)\frac{\partial^2}{\partial\theta^2}b(\theta) \mid_{\theta=u(\zeta)}$	$np(1-p)$

广义线性模型定理

我们从满足如下高斯-马尔科夫条件的标准线性模型讲起:

$$\underset{(n\times1)}{\mathbf{V}} = \underset{(n\times p)(p\times1)}{\mathbf{X}\boldsymbol{\beta}} + \underset{(n\times1)}{\boldsymbol{\varepsilon}}$$
$$\underset{(n\times1)}{E(\mathbf{V})} = \underset{(n\times1)}{\boldsymbol{\theta}} = \underset{(n\times p)(p\times1)}{\mathbf{X}\boldsymbol{\beta}} \quad (5)$$

式(5)两个方程的右端包括如下部分:$\mathbf{X}$ 为观察数据值的矩阵;$\mathbf{X}\boldsymbol{\beta}$ 为"线性结构向量";$\boldsymbol{\varepsilon}$ 为误差项。左端包括均值向量(即系统部分)$E(\mathbf{V}) = \theta$。变量 $\mathbf{V}$ 是独立同分布的正态分布,均值为 θ,方差为 σ^2。现在我们

基于结果变量(outcome variable)的均值用一个新的“线性预测值”对上式进行扩展,其中的结果变量不再必须服从正态分布或必须是连续变量:

$$\underset{(n\times1)}{g(\boldsymbol{\mu})} = \underset{(n\times1)}{\boldsymbol{\eta}} = \underset{(n\times p)(p\times1)}{\mathbf{X}\boldsymbol{\beta}}$$

此处的关键是,$g(\ )$是均值向量 $\boldsymbol{\mu}$ 的可逆平滑(smooth)函数。

在模型中,解释变量的效应是通过从线性结构 $\mathbf{X}\boldsymbol{\beta}$ 到线性预测值 $\boldsymbol{\eta}=g(\boldsymbol{\mu})$ 的联系体现出来的,这一联系决定于连接函数 $g(\ )$ 的形式。这一连接函数将线性预测值与结果变量的均值联系起来,而非与结果变量本身直接相联系,这样结果变量就可以有多种非正态的分布形式。连接函数通过均值函数把服从各种分布的响应变量的随机部分与支持线性系统部分的标准正态理论联系起来:

$$g(\boldsymbol{\mu})=\boldsymbol{\eta}=\mathbf{X}\boldsymbol{\beta}$$
$$g^{-1}(g(\boldsymbol{\mu}))=g^{-1}\boldsymbol{\eta}=g^{-1}(\mathbf{X}\boldsymbol{\beta})=\boldsymbol{\mu}=E(\mathbf{Y})$$

此外,这一连接函数可以从指数族中的子函数 $b(\theta)$ 中以均值函数形式得到。

例如,对于二项分布的 PMF 来说,我们看到 $b(\theta)=n\log(1+\exp(\theta))$ 和 $\theta=\log\left(\frac{p}{1-p}\right)$。以连接函数的符号重新表达前式,可以得到 $\boldsymbol{\eta}=g(\boldsymbol{\mu})=\log\left(\frac{\boldsymbol{\mu}}{1-\boldsymbol{\mu}}\right)$,或者可以给出其反联系形式 $\boldsymbol{\mu}=g^{-1}(\boldsymbol{\eta})=\frac{\exp(\boldsymbol{\theta})}{1+\exp(\boldsymbol{\theta})}$。

当前所述的线性模型的扩展包括如下组成部分:

(1)随机部分(stochastic component):$\mathbf{Y}$ 是随机部分,它是独立同分布的,服从某种特定的指数族分布,均值为 $\boldsymbol{\mu}$。

(2)系统部分(systematic component):$\boldsymbol{\eta}=\mathbf{X}\boldsymbol{\beta}$ 是系统部分,具有相关的高斯-马尔科夫正态基础。

(3)连接函数(link function):随机部分和系统部分通过函数 $\boldsymbol{\eta}$ 相联系,它可以从典范联系 $b(\theta)$ 的反函数中得出。

(4)残差(residuals):虽然残差可以与标准线性回归中相同的方式表达,即观察到的结果变量值减去预测的结果变量值,但是更有用的量是如下所述的偏差残差(deviance residual)。

广义线性模型的估计

不同于标准线性模型,广义线性模型的估计没有一个封闭解公式(closed-form analytical expression)[如$\hat{\beta}=(\mathbf{X}'\mathbf{X})^{-1}\mathbf{X}\mathbf{y}$]。对未知参数的最大似然估计是通过一个称为“迭代加权最小二乘(iterative weighted least squares,IWLS)”的加权数值程序得到的,这个过程中的每个循环都会用改进的加权来提升似然值。这种程序是由内尔德和韦德伯恩(Nelder & Wedderburn,1972, pp. 372-374)首先提出的,最早在 GLIM 软件包中实现,适用于所有基于指数族形式(以及某些其他形式)的广义线性模型。目前,所有专业水准的统计计算程序都使用 IWLS 来发现广义线性模型的最大似然估计。

总策略是对正规方程使用牛顿-拉普森算法和费希尔得分算法,这与迭代性地使用加权最小二乘(并且更简单)相同。定义当前(或初始)的线性预测点为:

$$\underset{(n\times1)}{\hat{\boldsymbol{\eta}}_0} = \underset{(n\times p)(p\times1)}{\mathbf{X}'\boldsymbol{\beta}_0}$$

其中从 $g^{-1}(\hat{\boldsymbol{\eta}}_0)$ 中得到拟合值$\hat{\boldsymbol{\mu}}_0$。根据下式得到“调整后的因变量”:

$$\underset{(n\times1)}{\mathbf{z}_0} = \underset{(n\times1)}{\hat{\boldsymbol{\eta}}_0} + \underset{\mathrm{diag}(n\times n)}{\left(\left.\frac{\partial\boldsymbol{\eta}}{\partial\boldsymbol{\mu}}\right|_{\hat{\boldsymbol{\mu}}_0}\right)} \underset{(n\times1)}{(\mathbf{y}-\hat{\boldsymbol{\mu}}_0)}$$

这是应用于数据的连接函数的线性化形式。作为这一导函数的示例,二项式(the binomial form)如下所示:

$$\boldsymbol{\eta} = \log\left(\frac{\boldsymbol{\mu}}{1-\boldsymbol{\mu}}\right) \Rightarrow \frac{\partial \boldsymbol{\eta}}{\partial \boldsymbol{\mu}} = (\boldsymbol{\mu})^{-1}(1-\boldsymbol{\mu})^{-1}$$

然后构建二次权重矩阵(quadratic weight matrix),它是 $\mathbf{z}$ 的方差:

$$\underset{\text{diag}(n\times n)}{\omega_0^{-1}} = \left(\left.\frac{\partial \boldsymbol{\eta}}{\partial \boldsymbol{\mu}}\right|_{\hat{\boldsymbol{\mu}}_0}\right)^2_{\text{diag}(n\times n)} \underset{\text{diag}(n\times n)}{v(\boldsymbol{\mu})\,|_{\hat{\boldsymbol{\mu}}_0}}$$

其中的 $v(\boldsymbol{\mu})$ 是如下方差函数: $\frac{\partial}{\partial \boldsymbol{\theta}} b'(\boldsymbol{\theta}) = b''(\boldsymbol{\theta})$。这一过程一定是迭代的,因为 $\mathbf{z}$ 和 $\boldsymbol{\omega}$ 都取决于当前的拟合值 $\boldsymbol{\mu}_0$。总过程可以总结为三个步骤:

(1)构建 $\mathbf{z}$ 和 $\boldsymbol{\omega}$。使用权重和协变量对 $\mathbf{z}$ 进行回归,得到一个新的暂时估计:

$$\underset{(p\times 1)}{\hat{\boldsymbol{\beta}}_1} = (\underset{(p\times n)}{\mathbf{X}'} \underset{(n\times n)}{\boldsymbol{\omega}_0} \underset{(p\times p)}{\mathbf{X}})^{-1} \underset{(p\times n)}{\mathbf{X}'} \underset{(n\times n)}{\boldsymbol{\omega}_0} \underset{(n\times 1)}{\mathbf{z}_0}$$

(2)使用系数向量估计来更新线性预测值:

$$\hat{\boldsymbol{\eta}}_1 = \mathbf{X}'\hat{\boldsymbol{\beta}}_1$$

(3)进行如下迭代:

$$\begin{aligned}
\mathbf{z}_1\boldsymbol{\omega}_1 &\Rightarrow \hat{\boldsymbol{\beta}}_2, \hat{\boldsymbol{\eta}}_2 \\
\mathbf{z}_2\boldsymbol{\omega}_2 &\Rightarrow \hat{\boldsymbol{\beta}}_3, \hat{\boldsymbol{\eta}}_3 \\
\mathbf{z}_3\boldsymbol{\omega}_3 &\Rightarrow \hat{\boldsymbol{\beta}}_4, \hat{\boldsymbol{\eta}}_4 \\
&\vdots
\end{aligned}$$

在极普遍的条件下,只要分布满足指数族,迭代加权最小二乘程序都能够发现似然函数的最大值,由此得到未知参数向量的最大似然估计 $\hat{\beta}$。此外,由 $\hat{\sigma}^2(\mathbf{X}'\boldsymbol{\Omega}\mathbf{X})^{-1}$ 产生的矩阵在概率上收敛于 $\hat{\beta}$ 的方差矩阵。

残差与偏差

广义线性模型的一大优势就是它不再要求残差必须满足均值为零、方差恒定这样的高斯-马尔科夫假定。但是,要得到这种优势,就必须付出解释更复杂的随机结构的代价。从线性模型中计算出来的响应(*response*)残差向量 $\mathbf{R}_{\text{响应}} = \mathbf{Y} - \mathbf{X}\boldsymbol{\beta}$,必须被更替为包含 GLM 连接函数的形式,即 $\mathbf{R}_{\text{响应}} = Y - g^{-1}(\mathbf{X}\boldsymbol{\beta})$,但是它并不能提供如我们从标准线性模型中得到的那种很好的分布理论。

对于广义线性模型来说,更有用的但与此相联系的一个概念是偏差函数(deviance function)。它的构建方式类似于似然比统计量,即比较从所提议的模型设定得到的对数似然与从饱和模型中得到的最大对数似然(饱和模型使用相同数据、相同连接函数,有 n 个数据点和 n 个设定参数)。得到的差值乘以 2,被称为加总偏差(summed deviance)(Nelder & Wedderburn, 1972, pp. 374-376)。这种拟合优度测量的直觉道理在于,这个加总是单个似然贡献与原始数据对饱和模型的贡献进行比较的加总。这里的要点在于,所提议的模型的对数似然

$$\ell(\hat{\boldsymbol{\theta}}, \psi \mid \mathbf{y}) = \sum_{i=1}^{n} \frac{y_i\hat{\boldsymbol{\theta}} - b(\hat{\boldsymbol{\theta}})}{a(\psi)} + c(\mathbf{y}, \psi)$$

要与相同数据、相同连接函数,但是有 n 个数据点和 n 个参数的对数似然函数(即饱和模型对数似然函数)相比:

$$\ell(\tilde{\boldsymbol{\theta}}, \psi \mid \mathbf{y}) = \sum_{i=1}^{n} \frac{y_i\tilde{\boldsymbol{\theta}} - b(\tilde{\boldsymbol{\theta}})}{a(\psi)} + c(\mathbf{y}, \psi)$$

后者是给定数据的对数似然函数所能得到的最大值。偏差函数的定义如下:

$$\begin{aligned}
D(\boldsymbol{\theta}, \mathbf{y}) &= 2\sum_{i=1}^{n}[\ell(\tilde{\boldsymbol{\theta}}, \psi \mid \mathbf{y}) - \ell(\hat{\boldsymbol{\theta}}, \psi \mid \mathbf{y})] \\
&= 2\sum_{i=1}^{n}[y_i(\tilde{\boldsymbol{\theta}} - \hat{\boldsymbol{\theta}}) - b(\tilde{\boldsymbol{\theta}}) - b, \\
&\quad \psi(\hat{\boldsymbol{\theta}})]a(\psi)^{-1}
\end{aligned}$$

这一统计量渐近服从自由度为 $n-k$ 的卡方分布[虽然如果结果变量的离散粒度(discrete granularity)很高,而且数据量不大,这一分布假定就不太成立了]。庆幸的是,对于许多指数族来说,这些偏差函数通常都已经进行了制表,不需要进行分析性计算了。对于二项分布的情形来说,偏差函数为:

$$D(m,p) = 2\sum\left[y_i\log\left(\frac{y_i}{\mu_i}\right) + (n_i - y_i)\log\left(\frac{n_i - y_i}{n_i - \mu_i}\right)\right]$$

其中的饱和对数似然在拟合 $p_i = y_i/n_i$ 时取得其最大值。

我们可以用与线性模型残差相类似的方式得到个体的偏差贡献。单个点的偏差函数就是第 y_i 个点的偏差函数:

$$d(\boldsymbol{\theta},y_i) = -2\{y_i(\tilde{\boldsymbol{\theta}} - \hat{\boldsymbol{\theta}}) - [b(\tilde{\boldsymbol{\theta}}) - b(\hat{\boldsymbol{\theta}})]\}a(\psi)^{-1}$$

在这一点上的偏差残差按如下方式计算:

$$\mathbf{R}_{偏差} = \frac{y_i - \mu_i}{|y_i - \mu_i|}\sqrt{|d(\boldsymbol{\theta},y_i)|}$$

其中的 $\frac{y_i-\mu_i}{|y_i-\mu_i|}$ 只是一个保留其正向号的函数。

示例:多项响应模型

如下例子是二项分布的一个扩展,其中定义结果变量的不只有两种可能事件,而是有 k 个事件。个体 i 的结果由长度为 $k-1$ 的向量 $y_i = [y_{i1}, y_{i2}, \cdots, y_{i(k-1)}]$ 表示,这一向量除了那个表示其响应的元素外全部为零,或者对于选择了参考类别项的个体来说,这一向量的元素全部为零。如果 $k=2$,则它就简化为二项结果。

在此,目标是从包括 $n\times(k-1)$ 的结果矩阵 y,$n\times p$ 的协变量矩阵 $\mathbf{X}$(起始列全部元素为 1)的数据集中,对样本量 n 估计出长度为 $k-1$ 的类别概率 $\boldsymbol{\mu} = g^{-1}(\boldsymbol{\eta}) = \boldsymbol{\pi} = [\boldsymbol{\pi}_1, \boldsymbol{\pi}_2, \cdots, \boldsymbol{\pi}_{k-1}]$。这一设定的 PMF 是多项分布,要用 Logit(有时用 Probit)连接函数进行估计,要对 $k-1$ 个类别分别给出第 i 个人选择类别 r 的概率:

$$P(\mathbf{y}_i = r \mid \mathbf{X}) = \frac{\exp(\mathbf{X}_i\boldsymbol{\beta}_r)}{1 + \sum_{s=1}^{k-1}\exp(\mathbf{X}\boldsymbol{\beta}_s)}$$

其中的 β_r 是第 r 个类别的系数向量。

表 2 分上学年数与性别的幸福感
(1977 年综合社会调查)

自陈状态		上学年数			
		<12	12	13~16	17+
男性	不幸福	40	21	14	3
	较幸福	131	116	112	27
	很幸福	82	61	55	27
女性	不幸福	62	26	12	3
	较幸福	155	156	95	15
	很幸福	87	127	76	15

使用的数据来源于 1977 年的综合社会调查,许多作者都分析过这个三类别的例子。表 2 是数据的汇总。由于应用中只有三个类别,第 i 个人的多项 PMF 为:

$$f(\mathbf{y}_i \mid n_i, \boldsymbol{\pi}_i) = \frac{n_i}{y_{i1}!\ y_{i2}!\ (n - y_{i1} - y_{i2})!}\boldsymbol{\pi}_{i1}^{y_{i1}}\boldsymbol{\pi}_{i2}^{y_{i2}}(1 - \boldsymbol{\pi}_{i1} - \boldsymbol{\pi}_{i2})^{n-y_{i1}-y_{i2}}$$

似然通过将每个样本的上述结果相乘而得到。这是一个我们可以处理为 GLM 问题的指数族分布形式吗?其 PMF 可以重新表达为:

$$f(\mathbf{y}_i \mid n_i, \boldsymbol{\pi}_i) = \exp\left[\underbrace{\left(\frac{\mathbf{y}_{i1}}{n_i}, \frac{\mathbf{y}_{i2}}{n_i}\right)}_{y'_1} \cdot \underbrace{\left(\log\left(\frac{\pi_{i1}}{1-\pi_{i1}-\pi_{i2}}\right), \log\left(\frac{\pi_{i2}}{1-\pi_{i1}-\pi_{i2}}\right)\right)'}_{\theta_1} - \underbrace{(-\log(1-\pi_{i1}-\pi_{i2}))n_i}_{b(\theta_2)} + \underbrace{\log\left(\frac{n_i}{y_{i1}!\ y_{i2}!\ (n-y_{i1}-y_{i2})!}\right)}_{c(y)}\right]$$

其中的 n_i 是第 i 个个案的权数。这明显是一个指数族形式，虽然 $\mathbf{y}'_i$ 和 $\boldsymbol{\theta}_i$ 都有一个两维结构。从上式中得到的两维连接函数为：

$$\begin{aligned}\boldsymbol{\theta}_i &= g(\pi_{i1}, \pi_{i2}) \\ &= \left(\log\left(\frac{\pi_{i1}}{1-\pi_{i1}-\pi_{i2}}\right), \log\left(\frac{\pi_{i2}}{1-\pi_{i1}-\pi_{i2}}\right)\right)\end{aligned}$$

因此，我们可以用以下方式来解释某一个被访者的结果：

$$\log\left[\frac{P(\text{事件 }1)}{P(\text{参照组})}\right] = \log\left[\frac{\pi_{i1}}{1-\pi_{i1}-\pi_{i2}}\right] = \mathbf{X}_i\boldsymbol{\beta}_1$$

$$\log\left[\frac{P(\text{事件 }2)}{P(\text{参照组})}\right] = \log\left[\frac{\pi_{i2}}{1-\pi_{i1}-\pi_{i2}}\right] = \mathbf{X}_i\boldsymbol{\beta}_2$$

这个模型的估计结果显示在表 3 中。从结果中可以看出，没有证据表明存在性别效应（与其他研究结果不同），但是相对于上学年数少于 12 年的参照组来说，有较强证据表明其他三组都更为幸福。有趣的是，随着教育年数增加，非常幸福与不幸福的区分在增加，但是较幸福与不幸福的区分却没有增加。偏差残差为 8.68，在 6 个自由度下这是非常好的拟合了（不在卡方分布的尾部），因此它比饱和模型有改善。

表 3　三类别的多项模型结果

	截距	女性	上学年数 12	上学年数 13~16	上学年数 17 以上
较幸福	1.129 (0.148)	−0.181 (0.168)	0.736 (0.196)	1.036 (0.238)	0.882 (0.453)
很幸福	0.474 (0.161)	0.055 (0.177)	0.878 (0.206)	1.114 (0.249)	1.451 (0.455)

——Jeff Gill

（高勇译校）

参考文献

Fisher, R. A. (1925). Theory of statistical estimation. *Proceedings of the Cambridge Philosophical Society*, *22*, 700-725.

Fisher, R. A. (1934). Two new properties of mathematical likelihood. *Proceedings of the Royal Society of London*, *Series A*, *144*, 285-307.

Gill, J. (2000). *Generalized linear models: A unified approach*. Thousand Oaks, CA: Sage.

McCullagh, P., & Nelder, J. A. (1989). *Generalized linear models* (2nd ed.). New York: Chapman & Hall.

Nelder, J. A., & Wedderburn, R. W. M. (1972). Generalized linear models. *Journal of the Royal Statistical Society*, *Series A*, *135*, 370-385.

几何分布(Geometric Distribution)

几何分布用来为一个二项分布取得第一次成功(r)前的失败次数($n-1$)建模。它是负二项分布【Negative Binomial Distribution】或 Pascal 分布【Pascal Distribution】在 $r=1$ 时的特例。几何分布是一系列的二项试验。由于二项试验具有独立性,希望出现的试验结果可以相乘来决定第一次成功发生的总概率【Probability】。例如,几何分布可以为掷硬币得到第一次“反面”所需要的次数建模。

如果一个离散的随机变量【Random Variable】X 的概率质量函数形式如下,则称其服从几何分布:

$$P(X=x)=p(1-p)^{(x-1)} \tag{1}$$

其中,

$$x=1,2,3,\cdots \tag{2}$$

p=成功概率,

$$0<p<1 \tag{3}$$

如果 X 服从几何分布,每次试验必须只有两种可能结果:成功与失败。每次试验的结果必须是统计独立的,所有试验必须在有限的试验数范围内有相同的成功概率。

如果 X 是服从几何分布的一个随机变量,那么其期望为:

$$E(x)=\frac{1}{p} \tag{4}$$

方差为:

$$\mathrm{Var}(x)=\frac{1-p}{p^2} \tag{5}$$

几何分布有一个特性,它是“没有记忆的(memoryless)”。这意味着,观察到连续几次失败的概率,并不取决于之前已经进行了多少次试验。所以,已经观察到 100 次失败之后接下来五次试验都是失败的可能性,与你只观察到 10 次失败之后的可能性是一样的。分布“忘记”了已经发生了多少次失败。

几何分布可以和指数分布相类比。几何分布是“离散”的,因为你只可能得到整数的掷硬币次数(比如说,你不可以掷 1.34 次硬币)。指数分布是连续的。它是得到第一次成功前所需要的等候时间,而不是成功前的失败次数。

——Ryan Bakker

(高勇译校)

* 也可参见分布【Distribution】。

参考文献

Johnson, N. L., & Kotz, S. (1969). *Discrete distributions*. Boston: Houghton Mifflin.

King, G. (1998). *Unifying political methodology: The likelihood theory of statistical inference*. Ann Arbor: University of Michigan Press.

Gibbs 抽样(Gibbs Sampling)

Gibbs 抽样是一种迭代蒙特卡洛程序,它已经被认为是用于近似复杂概率分布的非常有效的统计工具,不用 Gibbs 抽样就不能构建这些复杂概率分布。这种技术是被称为马尔科夫链蒙特卡洛法【Markov Chain Monte Carlo, MCMC】的一组普遍程序的特例。Gibbs 抽样最重要的应用之一就是由于存在缺失值而变得复杂化的贝叶斯推论问题。社会科学中的其他应用还有层次线性模型分析和项目反应模型分析。对于 MCMC 方法背后的理论感兴趣的读者,可以在格尔曼、卡林、施特恩和鲁宾(Gelman, Carlin, Stern, & Rubin, 1995)和谢弗(Schafer, 1997)的著作中找到非常好的评述。

有一个很简单的例子可以很好地解释 Gibbs 抽样。假定我们知道两个变量 x_1 和 x_2 的联合概率分布的统计形式。再假定我们对于每个变量的边缘分布感兴趣,和/或对于两个变量的某个函数(如 $x_1 - x_2$)的概率分布感兴趣。如果联合分布的数学形式并不复杂(如两个变量服从二元正态分布),我们就可以用分析方法构建出希望知晓的概率分布。但是,假定联合分布并不标准,因此不可能应用分析程序。在这种情况下我们应该怎么处理?如果我们可以从联合分布中抽取样本量为 N 的蒙特卡洛模拟样本,就能够构建经验相对频率分布(empirical relative frequency distributions),来估计我们感兴趣的分布。但是,假定由于分布的复杂性,从联合分布中抽样也非常困难,这时,就要用到 Gibbs 抽样了。在许多问题中,即使我们不能从联合分布中抽样,我们却能够很容易地从满条件分布(full conditional distributions)中,如 $P(x_1 \mid x_2)$ 和 $P(x_2 \mid x_1)$ 构建蒙特卡洛抽样方法。Gibbs 抽样采用如下迭代方案:给定初始值 x_1,从 $P(x_2 \mid x_1)$ 中抽取一个 x_2 的值。给定抽取出的 x_2 值,从 $P(x_1 \mid x_2)$ 中抽取一个新的 x_1 的值。如果我们继续这一迭代方案通过了"充分"长的考验期(burn-in period),那么在这之后得到的所有(x_1, x_2)都可以视为从我们希望知晓的二元分布中得到的样本。通过分别对 x_1, x_2 和 $x_1 - x_2$ 构建相对频率分布,我们可以近似出希望知晓的分布。

在对不完整数据的贝叶斯分析中,面临的问题是只能用观察数据(observed data, OD)去构建未知参数(unknown parameter, UP)的后验分布。如果存在缺失数据(missing data, MD),后验分布的形式会极其复杂。但是,如果我们令 $x_1 = \mathrm{UP}$, $x_2 = \mathrm{M}$,条件为 O,我们就可以很容易地使用 Gibbs 抽样方案近似出希望知晓的后验分布和各个边缘分布。

Gibbs 抽样使用中尚未解决的问题是,如何确定考验期的长度以确保收敛,以及如何在适宜的考验期给定时构建样本。

BUGS 软件包是一种功能强大而且相对操作简便的程序(及参考资料),可以使用 Gibbs 抽样来运行许多种类的统计分析。

——Alan L. Gross

(高勇译校)

参考文献

Gelman, A., Carlin, J. B., Stern, H. S., & Rubin, D. B. (1995). *Bayesian data analysis*. London: Chapman & Hall.

Schafer, J. L. (1997). *Analysis of incomplete multivariate data*. London: Chapman & Hall.

基尼系数(Gini Coefficient)

基尼系数是对某一总体中财富不平等或收入不平等的测量,取值为0~1。这个系数是对从整个总体中收入或财富的洛伦兹分布得到的图的测量(参见不平等测量【Inequality Measurement】)。这个图画出了"拥有财富或收入的百分比"和"总人口中的百分位数"的关系。分布完全平等将会产生一条45°的直线。普通的分布会有图1所示的形状。基层系数就是这个曲线与45°线之间的面积和45°线与 x 轴之间的面积之比。

——Daniel Little

(高勇译校)

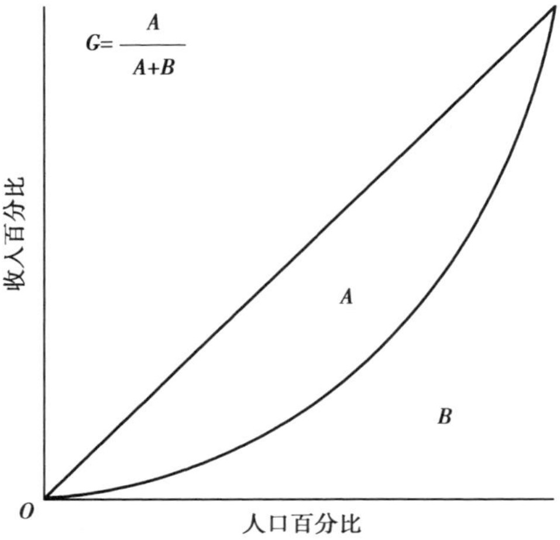

图1 收入的洛伦兹分布

GLIM

GLIM是一种用于估计广义线性模型【Generalized Linear Models】的统计软件包。它在处理用户自定义的宏时非常灵活。更多的信息,请参见软件官网③。

——Tim Futing Liao

(高勇译校)

土著化(Going Native)

在研究方法光谱的更为定性的一端,"土著化"一词概括的是研究者与被研究者之间逐渐发展出了一种"极其融洽(overrapport)"的感觉,到了研究者本质上已经"成为了"被研究者中一员的程度。帝国和殖民地统治精英给这个词强加了过分接纳"土著"文化和生活方式的负面含义,但其起源常常被归功于马林诺夫斯基,他倡议人类学家参与到所观察的文化中,以便增加对这些文化与人民的了解(Kanuha, 2000)。这种对参与的倡议与更占主导地位的期望(社会)研究者形成客观性【Objectivity】的化身形成了截然相反的对比。"忠诚"于群体,进入群体内部(inside),与群体一起共事,可能会导致对这个群体及其行动完全采取一种没有批判、没有质疑的立场;研究的"标准"可能会被质疑,其效度【Validity】也受到威胁(Stanley &

③ GLIM1993年发布最后版本GLIM4后,已经不再更新版本。此网址目前也已失效。——译者注

Wise, 1993)。研究中“作为个人的研究者”的出现,会被人认为研究者明显没有能力与所参加的事情保持“合适”的距离,最终损害“作为学术的研究者”的声音的权威性。但是,如卡努哈(Kanuha,2000)所注意到的,这种看法已经受到越来越多的挑战,因为“曾经局限于白种男性异性恋研究者的排外的学术领域,已经融入了有色人种、来自西班牙语区的人,他们的祖先也许就是他们的导师和现在同事的土著研究对象”(p.440)。

从“边缘”视角来写作,研究者的角色——“我们”与“他们”的关系以及研究者和“被研究社区”的关系——在近年来已经越来越被解构和问题化,最终导致人们越来越意识到对于任何研究者的立场性(positionality)和情境性(situatedness)的意义有必要进行批判性和反思性的思考。在此关键性的概念是“私人的即政治的”(Stanley & Wise, 1993)及其反命题(Fuller, 1999),这说明了对于许多研究者而言,其私人的、政治的、学术的以及很多时候社会活动的身份都是同一的——许多研究者在他们进行的研究中一直是或已经是其中的一分子了。因此,在他们占据的空间中,其知识的情境性及其立场性不断地被重新界定,不断进行批判性处理,在此空间中必然要求去除研究者、社会活动者、老师、私人这些范畴之间的人为边界,要求在这些不同身份间不断移动以便投入这些身份之间和之中(Routledge, 1996)。在此,除了研究的地理定位、学科定位、政治立场和人格特点,还会对研究者的社会定位(从阶层、性别、种族等角度出发)进行不断提问(Routledge, 1996)。除此之外,对所作研究的任何评论都应包括此类提问,使之透明并作为研究过程的有机而不可或缺的部分得到彰显,借此避免将研究者(及研究本身)错误而具误导性地展现为被动的、超然的、中立的。

——Duncan Fuller

(高勇译校)

参考文献

Fuller, D. (1999). Part of the action, or “going native”? Learning to cope with the politics of integration. *Area*, *31*(3), 221-227.

Kanuha, V. K. (2000).“Being” native versus “going native”: Conducting social work research as an insider. *Social Work*, *45*(5), 439-447.

Robinson, J. (1994). White women researching/representing “others”: From anti-apartheid to postcolonialism. In A. Blunt & G. Rose (Eds.), *Writing, women and space* (pp. 97-226). New York: Guilford.

Routledge, P. (1996). The third space as critical engagement. *Antipode*, *28*(4), 399-419.

Stanley, L., & Wise, S. (1993). *Breaking out again: Feminist ontology and epistemology*. London: Routledge.

拟合优度量度(Goodness-of-Fit Measures)

拟合优度量度是从数据样本【Sample】中计算出的一个统计量【Statistics】,它测量的是样本数据与所考虑的模型【Model】的一致程度。在拟合优度量度中,R 方【R-Square】(表示为 R^2)的知晓度可能最高,在此我们就把它作为入手的示例。在线性回归【Linear Regression】分析中,变量【Variable】Y 用一个模型来近似,它被设定

等于 k 个解释变量【Explanatory Variable】的线性组合值 $\hat{Y}$, $\hat{Y}=\hat{\beta}_0+\hat{\beta}_1X_1+\hat{\beta}_2X_2+\cdots+\hat{\beta}_kX_k$。模型中的系数【Coefficient】"$\hat{\beta}_0,\hat{\beta}_1,\hat{\beta}_2,\cdots,\hat{\beta}_k$"需要从数据中进行估计,以使得 Y 与 $\hat{Y}$ 差值的平方和最小,Y 与 $\hat{Y}$ 差值的平方和也被称为误差平方和【Sum of Squared Errors, SSE】,$\mathrm{SSE}=\sum(Y-\hat{Y})^2$。$R^2$ 测量的是可观察变量 Y 与回归模型 $\hat{Y}$ 之间的拟合优度,定义为 $R^2=1-\dfrac{\mathrm{SSE}}{\mathrm{SST}}$,其中的 $\mathrm{SST}=\sum(Y-\bar{Y})^2$,表示围绕样本均值 $\bar{Y}$ 的偏差平方和。它的取值范围为 0~1,0 表示完全不能拟合,1 表示完美拟合。它具有普遍吸引力的原因在于,它能够解释为 Y 与 $\hat{Y}$ 的相关【Correlation】的平方,或者模型能够解释的 Y 的总方差比例。

其他示例

拟合优度量度并不限于回归模型,而是可以适用于对研究总体【Population】的任何假设性陈述。以下三个示例显示了不同的模型和相应的拟合优度量度。

变量 X 在总体中服从正态分布,这一假设就是一个模型的例子。对 X 进行观察得到一个样本,拟合优度统计量 D 测量的就是样本数据在多大程度上遵循正态分布。此外,D 统计量可以用 Kolmogorov-Smirnov 检验【Kolmogorov-Smirnov Test】来对 X 在总体中服从正态分布进行正规检验。

另一个模型示例是假设 X 分布的均值(表示为 μ)等于 100,即 $\mu_X=100$。从数据样本中可以计算出 t 统计量【t-Statistic】,测量的就是样本均值 $\bar{X}$ 与假设的总体均值 μ_X 之间的拟合优度。然后可以用 t 统计量来进行 t 检验,以决定基于样本数据是否可以拒斥假设 $\mu_X=100$。

又一个示例是独立【Independence】模型,即假设两个类别变量在总体中无关。如果独立模型成立,样本数据中得到的列联表【Contingency Table】的每个类别的期望数值被称为期望频数【Expected Frequency】,样本中实际观察到的数字被称为观察频次【Observed Frequency】。假设的独立模型与样本数据之间的拟合优度用卡方统计量【Chi-Square Test】χ^2 来测量,然后就可以用 χ^2 检验来决定是否可以拒斥独立模型。

假设检验

上面的示例表明存在两种不同的拟合优度测量,分别用于不同的目标。每一种都概括了样本数据与模型间的一致程度,但是 R^2 是描述性统计量,可以对其进行清晰的直观解释,而 D,t,χ^2 是推论统计学【Inferential Statistics】,其内在意义更不明确。推论统计学的价值在于能够对拟合优度进行假设检验【Hypothesis Testing】,因为每个统计量的抽样分布【Sampling Distribution】是已知的,通常分布的名称与统计量的名称一致(如 t 分布、χ^2 分布)。即使模型准确地再现了所研究的总体,从样本数据中得到的拟合优度统计量也很少会表明数据与模型是完美拟合的,与完美拟合的背离程度因样本而异。这种变异体现于拟合优度测量的抽样分布中,如 D 分布、t 分布、χ^2 分布。这些拟合优度统计量只有在与其抽样分布相比较时才可以理解。当样本统计量位于其抽样分布的尾部,处于某一置信水平以下,这就表示模型很可能是假的。因为,如果模型为真,就不可能得到现有的抽样数据。根据检验的拒斥标准和所选择的显著性水平【Significance Level】,样本统计量可以拒斥模型。

回归模型

一种拟合优度统计量通常适用于某一种具体模型。但是,在诸如线性回归模型的一组模型中,研究者通常用多种测量来评估拟合优度。下面的例子就是在回归分析中使用多种拟合优度量度。这些测量可以分为两大类:(a)概括模型的整体拟合度的标量测量;(b)比较两个备择模型的拟合优度的模型比较测量。有些测量只适用于线性回归模型,另外一些测量适用于用最大似然估计【Maximum Likelihood Estimation,MLE】进行估计的更广义的回归模型。后者包括线性回归模型、Logistic回归模型,以及因变量为类别变量和有限变量的其他模型。

标量测量

标量测量用一个数字来概括模型的整体拟合度。R^2是此类测量的最佳示例。但是,R^2也有局限,有其他一些测量就是用来克服这些局限之处的。R^2的一个缺点是它只适用于线性模型。在非线性模型或者类别结果的模型中,不存在与R^2完全对应的统计量,虽然在这些情况下存在几种伪R^2【Pseudo-R^2】测量来模拟R^2的性质。一种常见的伪R^2测量是最大似然R^2(用R^2_{ML}表示)。R^2_{ML}在用于线性回归模型时可以完全再现R^2值,但是它的用处更广泛,可以用于MLE的所有模型。要评估的模型M_k中有k个解释变量,此时存在两个统计量L_{M_k}和L_{M_0},L_{M_k}为模型M_k的估计参数下观察到样本数据的似然值;L_{M_0}为没有解释变量的零模型条件下观察到样本数据的似然值。R^2_{ML}是用两个似然值之比计算出来的,$R^2_{\mathrm{ML}}=1-\left[\frac{L_{M_0}}{L_{M_k}}\right]^{\frac{2}{n}}$。对于类别结果来说,更直观的替代统计量为计数$R^2$(表示为$R^2_{\mathrm{count}}$),即用模型能够正确分类的样本观察比例。对于替代统计量的更多讨论,可以参考Long(1997, pp. 102-109)和Menard(1995, pp. 22-37)。

R^2的第二个局限是它在模型中加入更多变量时不能变得更小。这就容易误导人认为变量越多的模型就是拟合更好的模型。调整的R^2【Adjusted R^2】(表示为R^2_{adj})是一种更好的替代统计量,它在模型中加入更多变量时并不一定会增大。它的计算方式是,如果与观察数相比包括了太多变量时就降低R^2的值,$R^2_{\mathrm{adj}}=1-\frac{n-1}{n-p}(1-R^2)$,其中的$p$为参数数目,$n$为观察数。

赤池信息准则(Akaike's information criterion, AIC)是另一种常用的标量拟合测量。和R^2_{adj}类似,它也考虑到了样本中的观察数和模型中的变量数,更鼓励那些与观察数相比参数数目更少的模型。对于一个有着n个观察、p个参数的线性模型来说,AIC的定义为$\mathrm{AIC}=n\ln\left[\frac{\mathrm{SSE}}{n}\right]+2p$。一个更一般性的公式可以适用于用MLE估计出来的模型。如果L是模型成立时观察到样本数据的似然值,那么$\mathrm{AIC}=\frac{2\ln L+2p}{n}$。AIC可以解释为"每个观察"对模型的贡献,因此取值越小越好,它可以用于比较不同模型对同一样本数据的拟合,也可以用于比较同一模型对不同样本数据的拟合。

模型比较测量

标度测量除了可以提供拟合程度的概括测量外,还可以用于评估一个模型与另一个模型相比的整体拟合度。R^2、R^2_{adj}、某些伪R^2的增加值,都属于更一般的一种模型比较测量,它们都具有误差消减比例【Proportional Reduction of Error, PRE】的意义。当比较有着k个解释变量的多元线性模型M_k和没有解释变量的零模型M_0的拟合程度时，可以用推断性的 F 统计量，也被称为F比率【F-Ratio】，这个统计量与 R^2 直接相关，在多数统计软件包中会自动报告。F 统计量比 R^2 更具优势，因为它是对模型拟合进行正规检验（即 F 检验）的基础，这种检验的虚无假设为多元模型 M_k 的拟合程度并不比零模型 M_0 有显著提升。这等效于检验模型中的所有斜率系数都等于 0 的假设，即 $\beta_1=\beta_2=\cdots=\beta_k=0$。

与线性模型中的 F 统计量类似，模型χ^2 统计量可适用于 MLE 的更广泛的模型。正如 F 统计量与 R^2有关一样，模型χ^2 统计量与 R^2_{ML}有关；正如 F 统计量是 F 检验的基础一样，模型χ^2 统计量是对虚无假设进行似然比【Likelihood Ratio】检验的基础，此时的虚无假设为多元 MLE 模型 M_k 的拟合程度并不比零模型 M_0 有显著提升，或者等效，$\beta_1=\beta_2=\cdots=\beta_k=0$。模型$\chi^2$ 统计量是如前所述的两个似然值（L_{M_k}和 L_{M_0}）之比的函数，计算公式为$\chi^2=-2\ \ln\left[\frac{L_{M_0}}{L_{M_k}}\right]$。

F 检验和似然比检验的适用范围比上述示例中表明得更为广泛。它们可以用于检验任意两个模型间的拟合程度差异，只要其中一个模型中包括的变量是另一个模型中包括的变量的子集。它们可以检验一组变量或一个变量是否提升了拟合程度。对于 MLE 模型来说，除了似然比检验，还可以进行 Wald 检验（Wald test）或者拉格朗日乘数检验（Lagrange multiplier test）。在检验单个变量是否显著提升了模型拟合时，可以在线性模型和 MLE 模型中用 t 检验。

尽管这些检验可以用来对两个模型的拟合程度差异进行假设检验，但是要谨慎使用这些检验。因为拒斥虚无假设的概率会随着样本量增大而增加，在样本量较大时过分信赖这些检验会被误导，在变量效应实际上微不足道时却误以为变量显著地提升了拟合。贝叶斯信息量准则（Bayesian Information Criterion，BIC）是不受样本量影响的替代选择。BIC 可以用于许多测量模型提升的统计量，它是评估一个模型与另一个模型相比拟合提高程度的一种方法。例如，在应用于模型的χ^2 统计量来比较 M_k 和 M_0 时，$\text{BIC}_{M_k}-\text{BIC}_{M_0}=-\chi^2+k\ \ln\ n$。一般而言，在比较任何两个 MLE 模型 M_1 和 M_2 时，并不要求一个模型中包括的变量是另一个模型中包括的变量的子集，此时 $\text{BIC}_{M_1}-\text{BIC}_{M_2}\approx 2\ \ln\left[\frac{L_{M_2}}{L_{M_1}}\right]$。BIC 是更大的负值的模型更优，因此如果 $\text{BIC}_{M_1}-\text{BIC}_{M_2}<0$，则第一个模型更优。如果 $\text{BIC}_{M_1}-\text{BIC}_{M_2}>0$，则第二个模型更优。拉夫特里（Raftery，1996）提出了基于两个 BIC 的绝对差值评估模型提升时的建议指导，详见表 1。有关 BIC 的更多讨论，请参看拉夫特里（Raftery，1996，pp. 133-139）和朗（Long，1997，pp. 110-112）。

表 1　拟合优度提升的证据强度

绝对差值，$\lvert \text{BIC}_{M_1}-\text{BIC}_{M_2} \rvert$	证据强度
0～2	弱
2～6	正面
6～10	强
>10	非常强

——Jani S. Little

（高勇译校）

参考文献

Greene，W. H.（2000）. *Econometric analysis*（4th ed.）. Upper Saddle River，NJ：Prentice Hall.

Long，J. S.（1997）. *Regression models for categorical and limited dependent variables*. Thousand Oaks，CA：Sage.

Menard，S.（1995）. *Applied logistic regression analysis*. Thousand Oaks，CA：Sage.

Pampel, F. C. (2000). *Logistic regression: A primer*. Thousand Oaks, CA: Sage.

Raftery, A. E. (1996). Bayesian model selection in social research. In P. V. Marsden (Ed.), *Sociological methodology* (Vol. 25, pp. 111-163). Oxford, UK: Basil Blackwell.

隶属度模型(Grade of Membership Models)

隶属度(GoM)模型将一组对象以模糊划分的形式进行分类,其中对象可能部分地隶属于多个组。与离散划分的分类方法(如聚类分析【Cluster Analysis】、潜类分析【Latent Class Analysis, LCA】)相比,隶属度模型的优势在于它生成的类别更少,类别与测量变量的参数关系更易于解释。事实上,LCA 可以视为 GoM 模型在类别清晰、每个对象只隶属于一个组时的特例(即不存在组内异质性)。在因子分析中,模型的构建只使用了二阶矩(即协方差矩阵或相关矩阵),所以它不能描述非正态多元分布,但是如果有多个不同组(小组)构成了分析的个案全集,就可能会呈现非正态多元分布。

描述

GoM 模型处理的是代表测量的一组随机变量$\{Y_{ij}\}_{ij}$。其中的i代表一组对象$\mathscr{I}$(在人口学中,对象通常就是个人),j代表一系列测量$\mathscr{J}$,Y_{ij}的取值范围是一个有限集$\mathscr{L}_j$,一般性地,这个集可以被视为一组自然数$\{1,\cdots,L_j\}$。每个个体i都与一个随机变量向量$(Y_{ij})_j$相关联,这个向量中包含了个体的所有可获得信息。这里的理念是,在随机向量$(Y_{ij})_j$的空间中构造一个凸空间或者“基准”$\{(Y_{kj}^0)_j\}_k$,$k=1,\cdots,K$,对每个人产生其在这个“基准”中的位置系数$(g_{ik})_k$,以使方程$\Pr(Y_{ij}=l)=\sum_{k=1}^{K}g_{ik}\Pr(Y_{kj}^0=l)$在约束条件$g_{ik}\geqslant 0$, $\sum_k g_{ik}=1$下成立。可以将这些结果视为K个模糊集合,或者“完美面相(pure profiles)”,$(Y_{kj}^0)_j$描述了第k个“面相(profile)”中的一个代表性成员(对k而言,$g_{ik}=1$)。对“面相”的解释源于对隶属度模型产生的系数$\lambda_{kjl}=\Pr(Y_{kj}^0=1)$的事后分析。

GoM 模型的算法【Algorithm】需要寻找使得似然值$\prod_{i\in I}\prod_{j\in J}\prod_{l\in L_j}(\sum_{k=1}^{K}g_{ik}\lambda_{kjl})^{y_{ijl}}$最大的$g_{ik}$和$\lambda_{kjl}$,约束条件为$g_{ik}\geqslant 0$, $\sum_k g_{ik}=1$, $\lambda_{kjl}\geqslant 0$,以及$\sum_l \lambda_{kjl}=1$,其中如果对第i个个体的第j个测量得到结果l,则y_{ijl}取值为1,否则取值为0。如果没有任何回答,那么所有的$y_{ijl}=0$,变量缺失,因此从似然中删除此变量。λ_{kjl}决定了Y_{kj}^0的分布——即$\Pr(Y_{kj}^0=l)$——g_{ik}就是隶属度的估计。g_{ik}的似然估计是一致的(也就是说,当个体数目和测量数目趋向于无穷时,g_{ik}估计收敛于真值)。与在标准统计模型中一样,λ_{kjl}在对i取平均值后也具有统计一致性。

示例

在对全国长期照料调查的分析中(Manton & XiLiang, 2003),研究者选择了27个对人的生活能力的不同测量,有些编码是二分的,有些编码是四分的。GoM 模型分析的结果辨析出了六个“面相”($K=6$),其位置是从27个可观察变量的角度用6个向量λ_{kjl}来定义的。在这个分析中,第一个面相是完全没有失能(no disability),第六个面相是很可能全面性地功能性失能,其他四种类型分成了两对向量,第一对描述的是日常生活中工具性活动的损伤程度,第二对描述的是日常生活中其他行为的损伤程度。由于g_{ik}中有着显著变异，潜类分析中用6个组所能描述的变异没有隶属度模型中多。由于 g_{ik} 并不服从正态分布，因子分析也不能仅用6个维度来完全描述数据(包括高阶矩)。

历史与书目

隶属度模型是1974年首次提出的(Woodbury & Clive，1974)。许多书籍(Manton & Stallard，1988；Manton，Woodbury，& Tolley，1994)都对这种方法作了详尽描述，并给出了应用示例。一些论文(Tolley & Manton，1992)中也包含了对于 g_{ik} 和 λ_{kjl} 参数估计的重要统计性质的证明。

——Kenneth G. Manton

Mikhail Kovtun

(高勇译校)

参考文献

Manton, K. G., & Stallard, E. (1988). *Chronic disease modelling: Vol. 2. Mathematics in medicine*. New York: Oxford University Press.

Manton, K. G., & XiLiang, G. (2003). *Variation in disability decline and Medicare expenditures*. Working Monograph, Center for Demographic Studies.

Manton, K. G., Woodbury, M. A., & Tolley, H. D. (1994). *Statistical applications using fuzzy sets*. Wiley Series in Probability and Mathematical Statistics. New York: John Wiley.

Tolley, H. D., Kovtun, M., Manton, K. G., & Akushevich, I. (2003). Statistical properties of grade of membership models for categorical data. Manuscript to be submitted to *Proceedings of National Academy of Sciences*, 2003.

Tolley, H. D., & Manton, K. G. (1992). Large sample properties of estimates of discrete grade of membership model. *Annals of the Institute of Statistical Mathematics*, *41*, 85-95.

Woodbury, M. A., & Clive, J. (1974). Clinical pure types as a fuzzy partition. *Journal of Cybernetics*, *4*(3), 111-121.

Granger 因果关系(Granger Causality)

计量经济学家克里弗·格兰杰(Granger，1969)对Granger因果关系【Granger Causality】给出了一个被广泛使用的定义。Granger因果关系这一概念的关键之处在于不存在即刻因果关系(也就是说，所有因果过程都有时间差)。如果加入 X_t 的历史信息，能够比只使用 Y_t 的历史信息更准确地预测 Y_t，那么我们称 X_t 是 Y_t 的"Granger原因"。Granger因果关系不是单维度的；也就是说，如果加入 Y_t 的历史信息，能够比只使用 X_t 的历史信息更准确地预测 X_t，那么我们同样可以称 Y_t 是 X_t 的"Granger原因"。

可以用双变量向量自回归模型(bivariate vector autoregression，VAR)来进行Granger因果检验。X 和 Y 的VAR模型设定中，每个变量都是自身的 k 个滞后与其他变量的 k 个滞后的函数，即

$$Y_t = \beta_0 + \beta_1 Y_{t-1} + \cdots + \beta_k Y_{t-k} + \lambda_1 X_{t-1} + \cdots + \lambda_k X_{t-k} + \varepsilon_t \quad (1)$$

$$X_t = \alpha_0 + \alpha_1 X_{t-1} + \cdots + \alpha_k K_{t-k} + \gamma_1 Y_{t-1} + \cdots + \gamma_k Y_{t-k} + \zeta_t \quad (2)$$

可以用 F 检验或拉格朗日乘数(LM)检验来决定 X 是否是 Y 的"Granger原因"，或者 Y 是否是 X 的"Granger原因"。例如，要用LM检验来看 X 是否是 Y 的"Granger原因"，就需要在所有的 λ 都是零的假定下去估计式(1)。从这个回归中得到的残差对式(1)中的所有变量进行回归。从第二个回归中得到的 $R^2 \times T$(观察数)就是检验统计

量(服从卡方分布χ^2,$df=2k+1$)。如果原假设被拒斥,则说明 X 是 Y 的“Granger 原因”。西姆斯(Sims, 1972)提出了上述检验的另一种 VAR 表达式。非平稳性对上述检验的有效性是否有影响,是有争议的。Granger 因果关系检验也可以在 ARIMA 模型框架下进行(参看 Freeman, 1983)。

Granger 因果关系的概念已经被吸纳到亨德里等人提出的外生性定义中(参看 Charemza & Deadman, 1997, Chap.7)。注意,要确保 Y 的单方程模型中 X 的效应推论成立,并不需要确定 X 是 Y 的 Granger 原因。确定 X 弱外生(weakly exogenous)于 Y 就足够了(即在没有 X 的模型的信息时,可以有效地估计出 Y 的模型参数)。但是,如果希望对 Y 进行预测,就必须考察 X 是否强外生(strongly exogenous)于 Y。强外生性相当于弱外生性加上不存在 Granger 因果关系(即 Y_t不影响时间点 t 或之后任何时点 $t+k$ 上的 X)。如果 Y 并不是强外生于 X,只要反馈作用发生在预测区间中,就必须考虑 Y 对 X 的反馈作用。

——Harold D. Clarke

(高勇译校)

参考文献

Charemza, W. W., & Deadman, D. F. (1997). *New directions in econometric practice* (2nd ed.). Cheltenham, UK: Edward Elgar.

Freeman, J. F. (1983). Granger causality and the time series analysis of political relationships. *American Journal of Political Science*, *27*, 325-355.

Granger, C. W. J. (1969). Investigating causal relations by econometric models and cross-spectral methods. *Econometrica*, *37*, 24-36.

Sims, C. A. (1972). Money income and causality. *American Economic Review*, *62*, 540-552.

图形建模(Graphical Modeling)

图形模型是一个对一系列随机变量建立的参数统计模型。在这种模型下,变量间的相关可以用一个数学图形来表示。图形建模就是选择何种图形可以最佳地表示数据的过程。

统计学中利用数学图形可以上溯至 1920 年代和 1930 年代中休厄尔·赖特的路径图【Path Diagram】。但是,直到 1980 年约翰·达罗克、斯特特芬·劳里岑和特里·斯皮德发表其开创性论文以后,一种具有明晰的概率解释的图形构建方法才被提了出来。这种图形自此之后被称为条件独立图(conditional independence graph),或者简称为独立图(independence graph)。

变量 X_1和 X_p之间的(条件)独立结构可以用一个有 p 个端点(或称为点)的数学图形来表示,这 p 个端点对应于 p 个变量。当且仅当 X_i和 X_j在其余 $p-2$ 个变量给定时条件独立,端点 i 和 j 之间的边(或称为线)可以缺失。例如,如果 X_1 到 X_4满足如下条件独立:X_1在 X_3和 X_4给定时独立于 X_2, X_1在 X_2和 X_4给定时独立于 X_3,X_2在 X_1和 X_4给定时独立于 X_3;那么如图 1 所示,它们的独立图有四个端点,端点对(1, 2),(1, 3)和(2, 3)之间的边是缺失的。

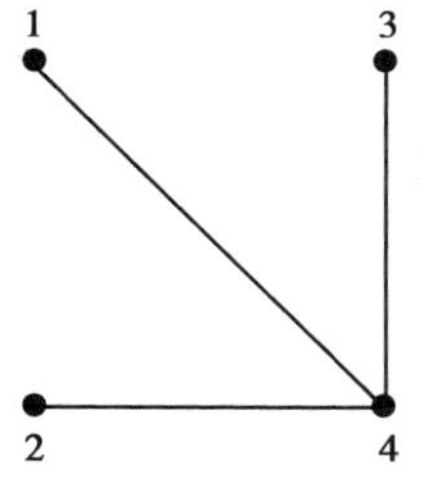

图 1 一个独立图

任何一组联合分布的随机变量都可以

有一个独立图,但是为了对给定数据构建图形,分析者需要一些模型来方便地将条件独立参数化。对于连续变量【Continuous Variable】而言,可以使用多元正态分布;对于离散变量【Discrete】,可以使用对数线性模型【Log-Linear Model】;对于离散和连续变量兼有的情况,可以使用条件高斯分布。离散和连续变量兼有时,在图中通常用实心点来表示离散变量,用空心圆来表示连续变量。

在搜寻拟合良好的图形模型时,通常首先计算去除一边后的偏差(deviances):从图中依次去掉每边,然后进行似然比统计量【Likelihood Ratio】检验。偏差被用来与事先选定的临界水平相比,以获得一组显著的边,这些边必须在图中保留。然后再考虑那些可能从图中去掉的不显著的边,继续使用类似于同归中选择最佳回归自变量子集的程序进行模型筛选。选择了一个拟合良好的图形后,可以从图中利用被称为马尔科夫特性的理论结果获取变量间关联的信息。

潜变量模型可以用包括代表不可观察变量的端点的图来表示。贝叶斯模型可以用包括代表参数的点来表示。端点之间是箭头而非直线的有向图,或者直线和箭头兼有的链图,可以用来表示变量间存在的(潜在)因果关系或者用来区分响应变量和解释变量。

——Peter W. F. Smith

(高勇译校)

参考文献

Darroch, J. N., Lauritzen, S. L., & Speed, T. P. (1980). Markov fields and log-linear models. *Annals of Mathematical Statistics*, *43*, 1470-1480.

Edwards, D. (2000). *Introduction to graphical modelling*(2nd ed.). New York: Springer-Verlag.

Whittaker, J. (1990). *Graphical models in applied multivariate statistics*. Chichester, UK: Wiley.

扎根理论(Grounded Theory)

扎根理论是指一种系统的归纳方法,用于进行以理论建构为目标的定性研究【Qualitative Research】。"扎根理论"指涉的内容包括两种:(a)一种包括多种灵活的分析策略的方法;(b)这种研究的成果。研究者越来越多地用这个术语来表示收集资料特别是分析资料的研究方法。扎根理论分析策略的目标是从资料分析中直接构建中层理论。其逻辑核心是这些方法具有的归纳性理论主旨。由此得到的分析结果的效力基于坚实的经验基础之上。这些分析可以产生能够解释所研究经验现象的集中的、抽象的、概念性的理论。

扎根理论相当重要,因为它(a)为如何进行定性研究提供了明确清晰、井然有序的指导原则;(b)为如何处理研究过程中的分析阶段提供了具体策略;(c)对于资料收集和资料分析工作进行了精简和整合;(d)推进了对定性资料进行概念分析;(e)使得定性研究成为一种正当合理的科学研究。扎根理论已经成为一种标准的社会研究方法,影响了诸多领域和专业的研究者。

扎根理论一直是一种被误解的方法,虽然许多研究者声称在使用它。许多定性研究者常常会宣称自己在进行扎根理论研究,但并没有真正理解和采纳其独特的指导原则。他们可能采用的只是一两种分析策略,或者将定性分析和扎根理论混淆了。相反地,其他一些研究者则是简单化地、机械地采用扎根理论方法。上述两种路数都不能够体现出扎根理论的特点:灵活但不零散的研究方式,开放但坚持指导原则的分析,基于经验资料但要进行富于想象力的理论概括。结果,通过扎根理论方法来发展中层理论的潜力并没有充分实现。

扎根理论方法的发展

扎根理论的创始人是格拉泽和斯特劳斯(Glaser & Strauss, 1967),他们试图发展出一套系统的程序来分析定性资料。他们想对社会过程进行理论分析的构建,从而对社会过程进行抽象理解。他们对这种方法的第一次陈述《扎根理论的发现》(*The Discovery of Grounded Theory*),雄辩地说明了定性研究是一种可信的方法,而不仅仅是发展定量测量前的初步了解,因此定性研究是正当合理的。当时,基于狭隘的实证主义【Positivism】,社会研究的主流是依赖于定量化的,定性研究的重要性被忽视。格拉泽和斯特劳斯提出系统的定性研究有其自身逻辑,可以产生理论。他们的著作对于复兴定性研究、继承芝加哥学派的民族志传统作出了贡献。他们试图使定性研究不仅是描述研究,而且要进入解释性理论框架的领域中,提供对研究现象抽象的、概念化的理解。对于他们来说,这种抽象理解不同于扶手椅上的逻辑演绎理论,因为扎根理论包含如下特征:严格基于资料、有用、言之有物、持久、可修正、具有解释力(Glaser, 1978, 1992; Glaser & Strauss, 1967)。

斯特劳斯继承了芝加哥学派的实用主义和符号互动论的学术传统,格拉泽在哥伦比亚大学保罗·拉扎斯菲尔德那里接受了严格的定量方法训练,扎根理论将这两者结合了起来。斯特劳斯为扎根理论引入了主体(agency)、凸生(emergence)、意义等概念,引入了对行动的实用主义研究。格拉泽运用其分析技能对定量分析进行编码。他们对研究社会过程(social processes)都有着浓厚兴趣。通过使用诸多方法策略来解释特定社会场景或特定经历(如患有慢性病)中的社会或社会心理过程,他们发展出了一种得到实质理论的途径。随后的扎根理论致力于理解所研究的过程,显示它产生和变化的原因及条件、解释其后果。格拉泽和斯特劳斯研究了其他实质领域中的许多类似过程,找寻在多种情境中的相关资料以改进他们正在形成的理论,在这一过程中他们将其方法进行了正规理论化。

虽然《扎根理论的发现》使方法争论为之改观,启发了几代定性研究者,但是格拉泽(Glaser, 1978)的著作《理论敏感性》(*Theoretical Sensitivity*)对这一方法进行了最明确的早期阐述。自此之后,格拉泽和斯特劳斯在扎根理论上已经分道扬镳(Charmaz, 2000)。格拉泽延续了他早期对这一方法的阐释,依赖于直接而且常常是狭隘的经验主义【Empiricism】。斯特劳斯将方法向验证的方向推进,他和朱丽叶·科尔宾合作的著作(Strauss & Corbin, 1990, 1998)是这一方向的进一步发展。

斯特劳斯和科尔宾(Strauss & Corbin, 1990, 1998)的扎根理论版本支持的是他们的新方法,而不是早期扎根理论策略中的比较方法。格拉泽一如既往地研究基本社会过程,使用比较方法,构建理论范畴间的抽象关系。格拉泽的立场背后的假定是,独立于观察者的外在现实,中立的观察者,资料是被发现的。这两种路数都有着基于实证主义的强烈客观主义研究要素。但是,格拉泽(Glaser, 1992)认定斯特劳斯和科尔宾的程序把资料和分析塞到先入为主的范畴当中,因此违背了扎根理论的基本信条。格拉泽也认为研究参与者固然会告诉研究者在他们的情景中什么是最重要的,但是参与者常常会视基本的过程为理所当然。诠释性研究展示了扎根理论可以如何促进建构主义,进而淡化其实证主义色彩。

扎根理论已经获得了广泛赞誉，因为它的系统策略有助于整理和分析定类资料。它的实在论【Realism】特点、严格性、实证主义假定使得定量研究者也能够接受它。它的灵活性和正当性吸引了持有不同理论兴趣和实质兴趣的定性研究者。

使用扎根理论方法

扎根理论方法提供了处理资料的指导原则，能够促进对资料的思考方式。这些方法本质上是比较。通过资料与资料的比较、资料与理论范畴的比较、范畴与范畴的比较，研究者获得了新的想法（Glaser, 1992）。扎根理论中的发现是在研究者深刻的经验知识中、在研究者与资料的分析性互动中涌现出来的；发现并不是资料所固有的。虽然研究者的学科视角使得他们对于概念议题很敏感，但是扎根理论促使研究者以这些视角为起点而非终点。

这些方法需要研究者从资料收集开始就进行前期的资料分析工作。前期的分析工作又会指导扎根理论研究者的下一步资料收集。扎根理论策略要求研究者一直积极地投身于分析步骤当中。这些策略也要求进行检查以确保研究者正在形成的理论扎根于其力图去解释的资料。研究者收集哪些资料，如何处理资料，都会形塑他们对资料的看法。反过来，他们对资料的看法，包括他们对资料提出的问题，又会指引他们以后的方法步骤。此外，扎根理论方法不仅形塑了资料的内容，也决定了分析的形式。

扎根理论使得研究者对其工作采取一种渐进的分析立场和方法立场。他们在资料收集过程中逐步聚焦，最终聚焦到回答特定的分析问题上，聚焦到填补正在形成的分析中的空缺。因此，他们找寻的资料能够使他们对研究现象有全面的看法。扎根理论策略有助于对具体过程收集丰富的资料，而不是社会情境的普遍结构。这些策略也有助于逐步将分析更为聚焦、更为抽象。然后，扎根理论分析可以得到对所研究现象的有力解释，其他研究者从中可以演绎各种假设。由于扎根理论的目标是产生理论，正在形成的分析会包括抽象的概念及其相互关系。在这一方法的所有支派中，下述扎根理论策略都是其逻辑核心。

资料编码

分析过程始于编码的两个阶段：开放编码或初始编码（open or initial coding），选择性编码或聚焦性编码（selective or focused coding）。在开放编码中，研究者分析性地处理资料，在其中发现他们所见到的。他们仔细查看资料，对每一行文本进行分析和编码（示例可参看表 1）。

这种逐行编码让研究者能够一直对新想法抱有开放态度，避免了将资料塞到先入为主的范畴中的倾向。这样积极地投入到分析中去，有助于发展出理论敏感性，因为研究者开始对资料提出分析性问题。扎根理论家的基本问题是：这里发生了什么？但是他们不仅是去描述行动，而且要确定行动的阶段、前提条件、性质和目的。格拉泽和斯特劳斯的早期陈述明确说明分析的是在情境中的基本社会过程或社会心理过程。对基本过程的研究使得分析是有说服力的。但是，多个重要过程可能是同时进行的：研究者可以同时研究几个过程，展示它们的相互关联。在更大的意义上来说，扎根理论有助于将任何题目都视为一种过程来研究。

初始编码强迫研究者去思考资料的细节，对它们进行阐释——当下阐释。如表 1 中所显示的，扎根理论编码应当是积极的、具体的、简短的。

表 1　初始编码示例

逐行编码	一位患有慢性病的 68 岁老年女性的访谈记录
互助 倒霉 不允许自怜 彼此发令 与其他支持者相比较 定义支持角色 考虑他人 解释未言之意 涉及对健康/患病的测量 避免绝望 改变伤痛 承认他人非常重要	我们(一位患有多发性硬化症的朋友) 对各自来说,有点像对方的支持者。 在她倒霉不顺利的时候,或者 我们都觉得“我好可怜”的时候,你知道, “滚开点”！你知道,我们之间可以不讲道理, 也都能理解这一点。但是对于弗雷德 (患有糖尿病和心脏病的丈夫)来说, 无论我想干什么他总会支持我。 ……因为有他,我努力不老是想自己的 事情,……因为他会担心。如果他看 我的眼神不太正常,我能理解那些眼 神,你知道,就是说“她还好吗?”这样 他让我振作起来,我们对彼此都很好, 因为我们彼此支持,我们需要对方。 没有他,我不能想象怎么活。我知道 我能活下去,但你知道,我宁愿死。

通过编码,研究者对资料有了新的视角,从多个角度来审视它。逐行编码弱化了那些研究者和研究参与者都会视为理所当然的假定,促使研究者将其中的意义、行动、言辞视为可以引发问题的研究对象。对资料的仔细查看为比较资料中的各个部分做好了准备。这样,研究者去比较同一个人的陈述或行动、比较不同的事件、比较不同参与者的经验、比较在不同时点的相似事件。例如,在表 1 中的被访者提到她的朋友和丈夫提供了不同形式的支持。研究者可以沿着其陈述中的这一线索,对支持及其产生效果的条件进行比较性分析。

在进行逐行编码时,研究者研究其资料,在看似不相关的资料间建立起联系,了解基本过程。然后他们会在接下来的资料收集中探索最为突出的过程。逐行编码在访谈和会议的转录中作用尤其显著。对民族志材料,它可能作用不大,这取决于实地笔记描述的层次和质量。因此,研究者可以对更大的单元进行编码,如段落或者对传闻、事件的描述。

初始编码引导研究者进入选择性编码或聚焦性编码。在对初始编码考察完之后,研究者要找到其中最频繁出现的编码,以及能够提供最为关键的概念切入点的编码。研究者用这些编码进行聚焦性编码。聚焦性编码是进行如下工作的分析工具:处理大量资料;重新评估前期资料中的内含意义、陈述和行动;随后产生正在生成的理论中的范畴。研究者越来越多地采用计算机辅助程序来更有效地进行资料编码和资料整理。这类程序是否会导致简化而机械的分析,仍然是一个有争议的问题。

写备忘录(memo)

写备忘录是编码和报告初稿写作之间的关键性中间阶段。通过写备忘录,研究者以叙事形式发展其分析,从描述性材料推进到分析性陈述。在研究的前期阶段,备忘录写作包括考察初始编码,定义编码,分解编码，找寻编码中内含的假定、意义和行动，找寻编码之间的关系。前期的备忘录有助于对直觉进行讨论，注意到含糊不清之处，提出问题，澄清思想，进行资料间的比较。

这些备忘录也会推动分析，因为它们促使研究者解释资料间的哪种比较是最具说服力的，何以如此，为何如此。这些比较有助于研究者定义参与者的世界和行动中最为重要的方面，并将其视为一种过程。随后，他们可以决定哪些过程是最重要的，然后在备忘录中探索和解释这些过程。写备忘录成了一种研究资料的方式。然后，研究者可以通过进一步的数据收集和分析，去追查资料中最有趣的线索。

写备忘录使得研究者可以定义和界定他们正在生成的理论范畴。然后他们继续写备忘录来发展这些范畴，确定它们如何组合在一起。他们比较资料和相关范畴，比较范畴和范畴。在研究中逐步地写作更具理论性的备忘录，可以增加研究者解释资料的分析能力和进行诠释时的信心。

通过使备忘录逐渐更具分析性和涵盖每一个范畴，研究者明白了如何把这些范畴纳入所研究的过程中。他们也因此尽可能地克服了一个主要困难：如何将分析整合成为一个连续一致的框架。

理论性抽样

研究者在写备忘录解释其编码和范畴时，他们也会觉察到存在一些缺口，需要进行进一步的资料收集。随后，他们会致力于理论性抽样，这意味着收集更多的具体资料来说明、扩展、改进理论范畴，使这些范畴更为精确。因此，指导这种抽样的是研究者正在生成的理论，而不是对总体特征成比例的代表性。巧妙地使用这种抽样，研究者能够填充其正在生成的理论范畴中的缺口，回答尚未解决的问题，澄清何种条件下范畴能够成立，解释范畴的后果。

理论性抽样既可以在同一实地环境中进行，也可以在不同实地环境中进行。例如，研究者可以回到实地，提出更深刻的研究问题或者不同的研究问题来寻找新的资料；他也可以寻找新的参与者或具有类似特征的新环境，来获取新的看法。但是，如果研究者正在生成的理论要解释的是一个普遍性过程（generic process），他们就可以在不同的实质领域中研究他们的概念，发展出对这一普遍性过程的形式理论。通过理论性抽样，研究者使其范畴更为深刻，其备忘录更为有用，其研究更为深入地扎根于资料当中。

构建和联系理论范畴

编码、写备忘录以及理论性抽样逐步引导研究者构建出能够解释所研究过程或现象的理论范畴。有些范畴是从开放编码中直接生成的，如研究参与者的讲述。在研究者的分析变得更为抽象，纳入更多的编码时，他也会不断想出其他范畴来。

扎根理论将核心范畴的饱和作为结束资料收集的标准。但是核心范畴的饱和是什么意思？应当采用谁对饱和的定义？如果范畴是具体而有限的，那么饱和很快就会达到。一些自我标榜为扎根理论的研究既不是扎根性的，也不是理论性的；他们的范畴缺乏解释效力，范畴间的关系要么根本不重要，要么早已为人所知。

对于有解释效力的扎根理论来说，其理论范畴应当是抽象的、清晰的、与其他范畴相整合的。因此，扎根理论家会完成如下任务：确定范畴起重要作用的背景（context）；定义每个范畴；界定每个范畴的基本特性；澄清范畴存在或变化的条件；指明何时何地某范畴如何与其他范畴相关联；确定这些关系的后果。这些分析努力的成果是对于所研究过程有崭新的理论理解。

——Kathy Charmaz

（高勇译校）

参考文献

Charmaz, K. (2000). Grounded theory: Constructivist and objectivist methods. In N. Denzin & Y. Lincoln (Eds.), *Handbook of qualitative research* (2nd ed., pp. 509-535). Thousand Oaks, CA: Sage.

Glaser, B. (1978). *Theoretical sensitivity*. Mill Valley, CA: Sociology Press.

Glaser, B. (1992). *Emergence vs. forcing: Basics of grounded theory analysis*. Mill Valley, CA: Sociology Press.

Glaser, B., & Strauss, A. (1967). *The discovery of grounded theory*. Chicago: Aldine.

Strauss, A., & Corbin, J. (1990). *Basics of qualitative research: Grounded theory procedures and techniques*. Newbury Park, CA: Sage.

Strauss, A., & Corbin, J. (1998). *Basics of qualitative research: Grounded theory procedures and techniques* (2nd ed.). Thousand Oaks, CA: Sage.

小组访谈（Group Interview）

小组访谈是指在正式或非正式场景中同时对多个人进行系统的提问（Fontana & Frey, 1994）。这种技术在社会科学中使用有限，在社会科学中主要强调的是对个人进行访谈。小组访谈最流行的用法是焦点小组法【Focus Group】，但是这种焦点小组法技术也有其他的形式，特别是在定性田野工作中。取决于研究目标，访谈者/研究者可以在正式或自然发生的场景中以结构方式或非结构方式来引导小组互动和进行回应。小组可以用于探索性研究中，检验一个研究想法、一个调查问题或者一种测量技术。小组头脑风暴法还可以用来获得对一种特定行为的最佳解释。小组讨论也可以使研究者确定关键被访者（Frey & Fontana, 1991）。这种技术也可以与其他资料收集策略结合起来，来获得对同一研究问题的多种看法。小组访谈的另一个维度是，对于超越个体诠释的凸生意义进行现象学评估。

小组访谈可以像在头脑风暴或探索性研究中那样只有很有限的结构（即来自访谈者的指导），也可以像在团体列名法（nominal groups）、德尔菲法或多数市场焦点小组法中那样有相当严密的结构。被访者可以被带到一个正式场景中，如研究中心的实验室中，也可以在一个非正式的田野场景中模拟进行，如在街角、娱乐中心或邻里活动区。任何小组访谈，无论场景如何，都需要访谈者具有相当能力去捕捉到访谈机会，提出能够激发出所需回应的问题，得到有代表性的回应，而不是只得到那些只代表少数强势者的观点而忽略掉其他羞怯者的视角。访谈者必须在获取与研究目标有关的回应和获取凸生的群体回应之间进行平衡。因此，访谈者可以使用事先确定的问题清单来严格控制提问过程，也可以对回应的方向和内容不进行任何控制，只是让交谈和回应按其轨迹自由进行。

如果找不到合适的小组访谈场景，或者这样一个场景（如公共建筑、街角）并不适合进行实话实说的、常常有着唇枪舌剑的讨论，进行小组访谈就会存在问题。也有可能小组并不接纳研究者，无论是作为小组一员还是作为研究者。小组成员可能在观点上倾向于从众而不是多样性的，这样就捕捉不到回应的潜在差异性，因此很难谈论敏感话题(Frey & Fontana, 1991)。最后,存在很高比例的无关资料;记录与编辑这些现场笔记可能困难重重,特别是在自然的非正式场景中;被访者在小组中更有可能是故作姿态。

优点是效率,在同一场景下可以同时接触到多个被访者。小组访谈提供了理解事件或行为的另外一种丰富维度;被访者可能被小组激发从而回忆起已经忘却的事情,研究者可能会洞察到与特定田野场景有关的社会关系。

——James H. Frey

(高勇译校)

参考文献

Fontana, A., & Frey, J. H. (1994). Interviewing: The art of science. In N. K. Denzin & Y. S. Lincoln (Eds.), *Handbook of qualitative research* (pp. 361-376). Thousand Oaks, CA: Sage.

Fontana, A., & Frey, J. H. (2000). The interview: From structured questions to negotiated text. In N. K. Denzin & Y. S. Lincoln (Eds.), *Handbook of qualitative research* (2nd ed., pp. 645-672). Thousand Oaks, CA: Sage.

Frey, J. H., & Fontana, A. (1991). The group interview in social research. *The Social Science Journal*, *28*, 175-187.

聚组数据(Grouped Data)

数据来自对某个单位或某些单位进行测量而得到的变量【Variable】。在社会科学中,单位通常是个人。其他科学中使用的单位可能是猪、汽车或者诸如此类的元素。也可能有一些更大的(larger)单位,如一个县或一个国家。这类单位通常是对个体单位数据进行聚合而得到的。我们聚合个体的变量值,由此得到了更大单位的聚组数据(grouped data)。分级数据由某些变量的数据组成,如一个城市中的平均收入,或者一个选区中某一候选人得到的票数。

但是,总体数据(data on aggregates)并不总是聚组数据。如果我们将一个国家的政府类型作为一个变量,取值为民主(democracy)、专制(dictatorship)、其他(other),那么数据明显是有关这个国家整体的。但是任何国家的取值都是组成这个国家的人民的特征,而不是对这个国家中的个人变量取值进行聚合得到的。

聚组数据存在于各种各样的聚合层次上。可以是一个普查统计区域的聚组数据,也可以是一个国家的聚组数据,还可以是一个州的聚组数据。这里重要的是这样一个事实,对不同层面进行聚合会从数据分析中得到不同的结论。不同层面的数据会得到大小不同的相关系数【Correlation】,相关系数取决于数据是在县的层面上聚合而成的(此时数据是关于全国 3 000 多个县的),还是在州的层面上聚合而成的(此时我们有的是全部 50 个州的数据)。因此,从某一个聚合层面上得到的分析结论只适用于这个层面。多数情况下,它们不适用于更低或更高的聚合单位。

尤其是,从聚合数据分析中得到的结论不一定适用于个体层面。从聚组数据中得到的结论被误认为适用于个体层面,这被称为区位谬误【Ecological Fallacy】。在社会学中,鲁宾逊(Robinson, 1950)在其开创性的文章中澄清了这一点。他用数学方式显示了从聚组数据中得到的区位相关系数和从个体数据中同样的两个变量的相关系数可能在大小和方向上都完全不同。这一现象也被称作"辛普森悖论(Simpson's paradox)”。

在只存在聚组数据,个体数据没有被观察到时,情况会变得更糟。在投票中,我们知道各个选区中某个候选人得到的票数以及选区的其他特征,但是我们不知道每个人的投票情况。人们曾经尝试构建出从聚组数据中恢复个体层面数据的方法,但是原则上来讲,没有其他信息的情况下是不可能进行这种恢复的。

在社会科学数据分析中,聚组数据的另一种常见形式是交叉分类表(即用分析变量的类别进行交叉分类后的观察)。此类交叉分类表被称为列联表【Contingency Table】,常常用对数线性模型【Log-Linear Model】进行分析。

——Gudmund R. Iversen

(高勇译校)

* 也可参见数据【Data】。

参考文献

Borgatta, E. F., & Jackson, D. J. (Eds.). (1980). *Aggregate data: Analysis and interpretation.* Beverly Hills, CA: Sage.

Iversen, G. R. (1973).Recovering individual data in the presence of group and individual effects. *American Journal of Sociology*, *79*, 420-434.

Robinson, W. S. (1950).Ecological correlations and the behavior of individuals. *American Sociological Review*, *15*, 351-357.

生长曲线模型(Growth Curve Model)

生长曲线模型是分析众多案例变化轨迹的一类技术。因此,它们适用于纵贯数据或定群【Panel】数据,这些数据中同一案例被反复观测。约翰 · 威沙特(Wishart, 1938)提供了生长曲线模型的较早应用,他拟合多项式生长曲线用以分析猪的增重。兹维 · 格里利谢斯(Griliches, 1957)查看了美国不同地区杂交玉米的生长,并对这些生长参数的预测值进行建模。这些早期工作以来,生长曲线模型在一般性上大大增加,扩展到了无数的应用领域。

生长曲线模型中的“生长”一词反映了这些程序源自生物学科,这些学科中研究的有机体一般会生长,一条生长曲线可以适用于每个有机体。随着这些技术扩展到社会科学和行为学科,“生长”一词显得越来越不合适,现在有称这些模型为“潜曲线模型”或“潜轨迹模型”的倾向。我们会使用“潜曲线模型”一词,以表明研究对象可以生长、衰退,或者可以遵循线性增长以外的其他模式。

社会科学家和行为科学家从两种方法视角来处理潜曲线模型。一种将潜曲线模型处理为多层次模型(层级模型)的特例,另一种将其处理为结构方程模型【Structural Equation Modeling, SEM】的特例。虽然这些方法路数各有不同,但从多层次模型和 SEM 中得到的模型和估计量有时完全相同,通常比较接近。这些方法路数之间的一个基本区分是,潜曲线模型是条件性的,还是非条件性的。下面两节介绍这两类模型。

非条件模型

非条件的潜曲线模型是指对单一结果进行重复测量,对此变量的轨迹进行建模。我们可以将模型构想为包括层次 1 方程和层次 2 方程。层次 1 方程为:

$$y_{it} = \alpha_i + \beta_i \lambda_t + \varepsilon_{it}$$

其中 i 表示案例或观察,t 表示数据的时间或时段。y_{it}是第 i 个案例在 t 时点的结果变量或重复测量变量，α_i是第 i 个案例的截距，β_i是第 i 个案例的斜率，λ_t是观察时间的函数，通常假定为 $\lambda_t = t-1$。在本例中，模型假定结果变量完全可以用线性趋势来把握。非线性趋势也存在，我们将在最后一节讨论模型扩展时简要提及。最后，ε_{it}是第 i 个案例在 t 时点的随机扰动项，其均值为 0（$E(\varepsilon_{it}) = 0$），且独立于 α_i，β_i和 λ_t。本质而言，层次 1 方程假定样本中每个案例有各自的生长轨迹，其中截距（α_i）和斜率（β_i）决定了轨迹并且在案例之间互有差异。模型的这一部分与许多典型的社会科学统计模型有所不同，即每个个体被允许遵循不同的轨迹。

层次 2 方程将截距与斜率处理为“因变量”。在非条件模型中，层次 2 方程给出群体的截距均值和斜率均值，以满足以下条件：

$$\alpha_i = \mu_\alpha + \zeta_{\alpha i}$$
$$\beta_i = \mu_\beta + \zeta_{\beta i}$$

其中 μ_α是截距均值，μ_β是斜率均值，$\zeta_{\alpha i}$是扰动项，表示第 i 个案例的截距与截距均值的离差，$\zeta_{\beta i}$也是 β_i的扰动项，定义与此类似。扰动项均值为零，彼此可以相关。一般而言，研究者需要至少三个数据时段来识别所有的模型参数。

上述层次 1 和层次 2 方程在多层次模型和 SEM 模型的路数中具有相同形式。在潜曲线模型的 SEM 传统中，路径图是表示这些模型的另一种方式。图 1 就是非条件潜曲线模型的路径图，包括了层次 1 和层次 2 方程，数据包括了四个时段。在这个路径图中，圆（或椭圆）表示潜变量，观察变量在方块或矩形中，扰动项没有外框。单箭头表示箭头起点的变量影响箭头指向的变量，双箭头表示相连的变量间存在相关。路径图中值得注意的一个特征是，它把随机截距和随机斜率表示成了潜变量。它们是潜变量，因为我们无法直接观察到 α_i和 β_i的取值，但是我们可以估计其取值。在潜曲线模型的 SEM 方法路数中，时间趋势变量被处理成因子负载。

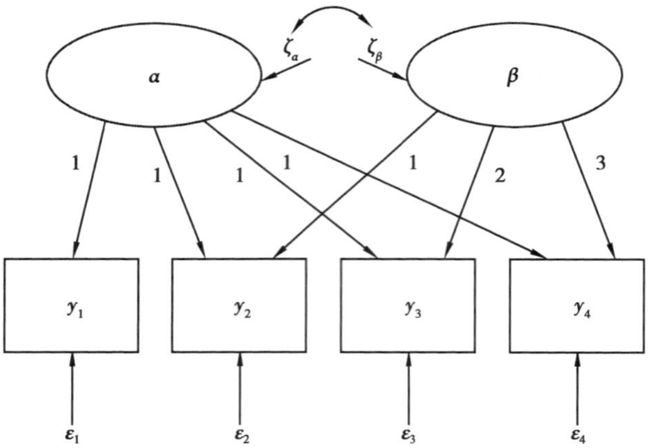

图 1　非条件的潜曲线轨迹模型

如果数据是连续的，通常会假定重复测量服从多元正态分布。此时最大似然估计量（以下简称 MLE）可用。如果观察变量不是来自多重正态分布，在 SEM 的文献中，方法学者建议对 MLE 和显著性检验进行对渐进有效的修正和调整。如果重复测量是不连续的（如二分的或定序的），就需要使用其他估计量。

为了说明非条件潜曲线模型,让我们考虑宾夕法尼亚州 616 个社区在 1995 年前 8 个月的犯罪总指数对数的双月数据。数据来自联邦调查局“犯罪统一报告”,可以用以查看该年这段时期内的犯罪轨迹。我们估计潜截距的平均值为 5.086,表明在第一个时点(一月到二月)这些社区的平均犯罪率对数为5.086。潜斜率的平均值 0.105 表明,犯罪率对数在这段时期内每 2 个月平均增加 0.105 个单位。这两个参数都高度显著($p<0.01$)。显著的截距方差 0.506 表明年初这些社区中的犯罪水平具有相当大的变异性,而显著的斜率方差 0.007 表明在这 8 个月中犯罪率变化程度的变异性。

条件模型

潜曲线模型的第二种主要类型是条件模型。与非条件模型一样,我们可以将模型构想为包括层次 1 和层次 2 方程。除了在包括时变协变量的情况时,层次 1 方程和非条件模型中的完全一样(即 $y_{it} = \alpha_i + \beta_i \lambda_t + \varepsilon_{it}$)。差异发生在层次 2 模型中。条件潜曲线模型中的层次 2 方程不仅包括截距和斜率的均值以及与均值的离差,而且包括有助于决定截距和斜率取值的变量。例如,我们假定两个变量,x_{1i}和 x_{2i},通过影响案例的截距和斜率而影响到了它随时间而呈现的轨迹。

$$\alpha_i = \mu_\alpha + \gamma_{\alpha x 1} x_{1i} + \gamma_{\alpha x_2} x_{2i} + \zeta_{\alpha i}$$
$$\beta_i = \mu_\beta + \gamma_{\beta x_1} x_{1i} + \gamma_{\beta x_2} x_{2i} + \zeta_{\beta i}$$

其中的 μ_α和 μ_β现在是它们各自方程的截距,那些 γ 是回归系数,表示在控制了方程中其他变量的条件下,变量 x 一个单位的变量对随机截距(α_i)和随机斜率(β_i)的期望影响。我们以相同方式阐释每个方程的扰动项,并且作出相同的假定,此外还需假定扰动项与变量 x 都不相关。图 2 是作为 SEM 表示出来的条件层次 1 和层次 2 方程的路径图。

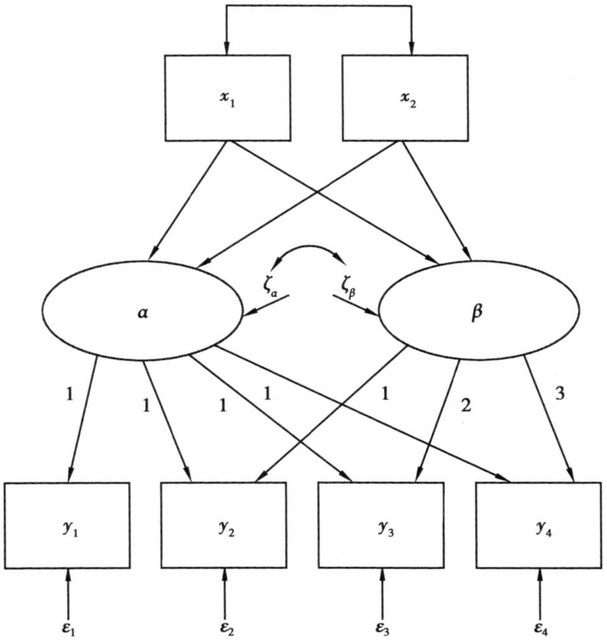

图 2 条件潜曲线轨迹模型

条件模型的优势在于,研究者可以判别哪些变量影响截距或斜率,因此更深入地理解什么影响着个体轨迹。上面条件模型中的层次 2 方程只有两个 x,但实践中研究者可以用任意数目的 x。

如果 $\zeta_{\alpha i}$,$\zeta_{\beta i}$和 ε_{it}服从多元正态分布,对条件模型就可以使用 MLE,估计量取决于 x 的取值。和非条件模型中一样,如果分布假定不成立,可以对 MLE 进行调整以便进行显著性检验。

回到暴力犯罪指数上,我们将每个社区的人口密度和贫困率包括进来。贫困率对潜截距的影响估计值为 0.02 ($p<0.01$),这表明排除人口密度的因素,贫困率上一个百分点的差异导致犯罪率对数在时间始点上 0.02 个单位的差异。但是,贫困对潜斜率的影响估计值为-0.002,这表明排除人口密度的因素,贫困率上一个百分点的增加将使犯罪率对数每 2 个月的变化幅度降低0.002。人口密度对潜截距和潜斜率都有正向影响(虽然后者刚好没有显著性),表明排除贫困率的因素,人口密度的增加将提升在时间始点上的犯罪水平,而且还会略微提升犯罪随时段呈现出来的轨迹的斜率。

扩展

非条件潜曲线模型和条件潜曲线模型有很多扩展。一种是允许结果变量有非线性的轨迹。做到这一点的方式包括拟合时间上的多项式、转换数据,或者在 SEM 路数中使得与时间趋势对应的因子负荷不受约束,以使这些负荷得到估计而非固定为常数。此外,重复测量的自回归扰动项或自回归效应也可以加入到模型中。研究者可以引入时变预测变量,视其为第二条潜曲线,或者视其为直接影响作为潜曲线模型部分的重复测量的一系列变量。直接最大似然估计或多重插值法可以处理缺失值。研究者不仅发展了涉及有多个指标的重复潜变量的相关技术,还发展了处理非连续的(如类别的)结果变量的相关技术。此外,最近的研究已经探讨了在潜曲线模型中潜类或潜群的探测。此外有多种模型拟合测度可用,特别是在 SEM 的文献中。这些模型在多层次模型语境下的深入讨论,可以参见 Raudenbush & Bryk(2002);从 SEM 视角进行的讨论,可以参见 Bollen & Curran(in press)。目前可用于估计潜成长曲线的软件包,对于 SEM 路数来说有 AMOS, EQS, LISREL 和 Mplus,对于层次建模路数来说有 HLM,MLn 和 SAS 中的 Proc Mixed。

——Kenneth A. Bollen
Sharon L. Christ
John R. Hipp
(高勇译校)

参考文献

Armitage, P., & Colton, T. (Eds.). (1998). *Encyclopedia of biostatistics*. New York: John Wiley.

Bollen, K. A., & Curran, P. J. (in press). *Latent curve models: A structural equation approach*. New York: John Wiley.

Griliches, Z. (1957). Hybrid corn: An exploration in the economics of technological change. *Econometrica*, *25*, 501-522.

Kotz, S., & Johnson, N. (Eds.). (1983). *Encyclopedia of statistical sciences*. New York: John Wiley.

Raudenbush, S. W., & Bryk, A. S. (2002). *Hierarchical linear models: Applications and data analysis methods*. Thousand Oaks, CA: Sage.

Wishart, J. (1938). Growth-rate determinations in nutritional studies with the Bacon pig, and their analysis. *Biometrika*, *30*, 16-28.

哥特曼度量(Guttman Scaling)

社会科学中的许多现象都不能用单个题项或变量直接测量。但是,研究者必须开发兼具效度与信度的对这些理论构念【Construct】的测量工具,来努力测量这些要研究的现象。度量【Scaling】就是研究者将多个题项或变量组合起来以反映感兴趣的现象的过程。社会科学中使用很多种度量模型【Model】。

最著名的一种就是哥特曼度量。哥特曼度量也被称为尺度分析(scalogram analysis)和累积度量,关注于一组题项是否测量了某一单个的理解构念。它达到上述目标的方式是,将题项和被试都沿一个潜在的累积维度根据其强度进行排序。例子有助于澄清哥特曼度量的独特之处。假定有10份国防部的拨款提案在国会进行投票——这些提案的差异只在于拨给国防支出的钱数从100 000 000~1 000 000 000美元不等,每份提案之间相差1亿美元。如果只需知道每位国会议员支持的提案数量就能够预测每位国会议员对每份提案如何投票,那么这些提案就构成了一个(完美的)哥特曼量表。例如,量表得分为8,这意味着这位国会议员支持从100 000 000~800 000 000美元的提案,但不支持从900 000 000~1 000 000 000美元的提案。与此类似,得分为2意味着这位议员只支持100 000 000~200 000 000美元的提案,而反对其他8份提案。在此意义上,哥特曼度量是将题项(在本例中就是10份拨款提案)和被试(本例中就是国会议员)都沿一个潜在的累积维度根据其强度(在本例中就是给国防部的拨款钱数)进行排序。

很少有完美的哥特曼量表;事实上,哥特曼度量预计到了完美模型或理想模型会被违反。因此,问题成了经验数据在多大程度上与完美的哥特曼模型相违背。两种主要的方法可用于决定对完美模型的背离:(a)哥特曼在1944年提出的误差最小化;(b)基于爱德华兹在1948年著作提出的偏离完全可复制方法。根据误差最小化标准,误差量等于:设若把观测到的回答都变换成某个理想的回答模式,需要把观测到的正向回答变成反向回答的最小数目,或需要把观测到的反向回答变成正向回答的最小数目。偏离完全可复制方法所计得的误差数量更多,因此根据尺度图理论(scalogram theory),它是更精确地描述数据的方法。基于此理由,偏离完全可复制方法优于误差最小化方法。

——Edward G. Carmines

James Woods

(高勇译校)

参考文献

Carmines, E. G., & McIver, J. P. (1981). *Unidimensional scaling* (Sage University Paper Series on Quantitative Applications in the Social Sciences, 07-024). Beverly Hills, CA: Sage.

Edwards, A. (1948). On Guttman's scale analysis. *Educational and Psychological Measurement*, *8*, 313-318.

Guttman, L. L. (1944). A basis for scaling qualitative data. *American Sociological Review*, *9*, 139-150.

Nunnally, J. C. (1978). *Psychometric theory*. New York: McGraw-Hill.

H

光环效应(Halo Effect)

光环效应也被称为“外貌魅力偏见(physical attractiveness stereotype)”或者“美丽即优秀原则(what is beautiful is good principle)”,在最具体的层面上,指的是人们对更具外貌魅力者的人格特质评价更高的习惯性倾向。光环效应也常在更为广义的层面上被使用,用来描述一种受人喜爱的个性或者一些令人渴望的具体特点所具有的广泛影响,由此对于这个人在任何维度上的判断都产生了偏差。这样,当我们赞许他人时,往往是感觉胜过了认知。

由某人的某一方面引发评判偏差的原理是基于核心特质理论:阿施(Asch, 1946)发现,一个被介绍为“热情”的人比被介绍为“冷淡”的人更可能在人格特质的许多方面被给予正面评价。

戴恩,伯奇德和沃尔斯特(Dion, Berscheid, & Walster, 1972)要求学生们去评价照片中人的个人品质。比起那些相貌不端或相貌平平者,相貌良好者在其人格特质、职业地位、婚姻竞争力、社会或职业幸福方面都被给予了更高评价。这种影响不因评判者或被评判者的性别而有所改变。

反向的光环效应也可能发生,即拥有令人尊敬的特质者也被认为更有魅力。负面的光环效应指的是由某人的相貌不端而引起的负面偏差。光环效应在诸多情境中都稳定存在,无论其文化、年龄或人的类型。它影响社会能力和智力能力的程度比影响道德正直或者调适能力的程度更甚(Eagly, Ashmore, Makhijani, & Longo, 1991)。

对个体的工作绩效进行的评估,往往会被光环效应所影响而变得无效:同事给出的评判通常反映的是被评估者的魅力或者令人喜爱程度,而不是他或她的实际绩效的客观测量。光环效应也会扭曲对于被告人罪行及其应受惩罚的判断。可以对评估者进行特定培训来减少光环效应,也可以采用特别设定的问题,或者包括一些控制题项来估计这种偏差。

在实验室情景中,美丽程度可以作为一种真正的自变量【Independent Variable】来操控,可以随机地(如通过照片)分派给每个人,在此情境中,有外貌魅力的人拥有更好的个人品质这样一种刻板印象通常是错误的。但是,在现实生活中,对于某些特质来说,它可能是对的。例如,美丽者可能事实上拥有更多的自信和社会交往技能,由此产生了自我实现预言(self-fulfilling prophecy)。

——Lionel G. Standing

(高勇译校)

参考文献

Asch, S. E. (1946).Forming impressions of personality.

Journal of Abnormal and Social Psychology, *41*, 258-290.

Dion, K. K., Berscheid, E., & Walster, E. (1972). What is beautiful is good. *Journal of Personality and Social Psychology*, *24*, 285-290.

Eagly, A. H., Ashmore, R. D., Makhijani, M. G., & Longo, L. C. (1991). What is beautiful is good but... A meta-analytic review of research on the physical attractiveness stereotype. *Psychological Bulletin*, *110*, 109-128.

霍桑效应(Hawthorne Effect)

霍桑效应指的是在行为田野实验【Field Experimentation】中由于研究对象意识到自己正在被研究而带来的方法上的人为效应(参见研究过程中的人为现象【Artifact in Research Process】)。这种意识导致他们对于数据收集过程这一社会条件作出反应,而不是对于研究者试图研究的实验处理作出反应。类似于实验室研究中的"豚鼠效应",这种事实扭曲降低了实验的内在效度【Internal Validity】。霍桑效应这一术语也可以被用于管理背景中,指工人由于受到监督者特别关注而绩效提高。有些研究者将这两种用法混淆,错误地将由于霍桑效应而导致的绩效提高解释为他们实验希望达到的结果。

这两种效应都是1920年代和1930年代从西部电器公司的霍桑工厂进行的一系列研究中观察到的(Roethlisberger & Dickson, 1939)。研究者试图调查各种状况对工作绩效的影响,却惊奇地发现每种新变量都提高了生产率水平,更令人惊奇的是,在所有工作状况的改善都消除之后,生产率仍然维持在较高水平。研究者得出结论,这种意外后果是由进行对照实验这一尝试引发的附带变化引起的。

虽然对于事实扭曲的确切来源和原初实验中对此是否有证据支持,一直存在争论,但是霍桑研究首先提出资料表明了这种社会事实扭曲会干扰研究结论的可能性。霍桑效应已经被广泛认为是一种在实际场景中进行的田野实验的潜在干扰,尤其是在教育、管理、护理和其他医学场景中的社会研究中。许多社会科学学科的研究者都会不断试图控制霍桑效应,或者明确说明它可能会导致的对其研究结论的误解。

除了防止其发生的程序,研究中事实扭曲的程度通常可以用包括对照组【Control Group】的方法来解决,然后测量不进行处理的对照组和"霍桑组"之间在因变量【Dependent Variable】绩效上的差异。用来操控产生霍桑对照组的条件就是那些通常被认为产生霍桑效应的变量之一,诸如特别的关注、一项新奇却无意义的任务、引导参与者意识到自己是实验对象等。教育研究中与这些霍桑控制程序相关的效应规模【Effect Size】已经通过元分析(参见元分析【Meta-Analysis】)被发现是很小且不显著的(Adair, Sharpe, & Huynh, 1989),表明这些对照组在评估事实扭曲方面并不是很有效。

虽然缺乏证据支持对其控制有效,在确定霍桑效应的确切本质方面也存在困难,但是田野实验中事实扭曲的可能性仍旧存在。霍桑研究的重要意义在于表明研究结果是多么容易在不经意间被实验中的社会因素所扭曲。在现代研究中,霍桑效应这一术语常常在宽泛的意义上使用,来指涉那些源自参与者对实验本身进行反应的非特定的事实扭曲效应。

——John G. Adair

(高勇译校)

参考文献

Adair, J. G., Sharpe, D., & Huynh, C. L. (1989). Hawthorne control procedures in educational experiments: A reconsideration of their use and effectiveness. *Review of Educational Research*, *59*, 215-228.

Jones, S. R. (1992). Was there a Hawthorne effect? *American Journal of Sociology*, *98*, 451-468.

Roethlisberger, F. J., & Dickson, W. J. (1939). *Management and the worker*. Cambridge, MA: Harvard University Press.

风险率(Hazard Rate)

风险率，又称风险函数(hazard function)或风险比(hazard ratio)，是主要在生存分析【Survival Analysis】和事件史【Event History Analysis】中出现的一个概念。本词条关注它在这些文献中的用法和估计。但是，在赫克曼(Heckman, 1979)提出的用来修正样本选择性偏倚【Selection Bias】的多元【Multivariate】建模方法中，风险比的估计量也发挥了关键性作用。

风险率的数学定义始于如下假定：一个取值范围在 $t_{min} \leqslant T \leqslant t_{max}$ 中的连续随机变量【Random Varible】T，其累积分布函数(简称 CDF)为 $F(t)$，相应的概率密度函数为 $f(t) \equiv dF(t)/dt$。随机变量 T 常常被认为是对时间的测量。累积分布函数的补集被称为生存函数(survivor function)，其定义为 $S(t) \equiv 1-F(t)$。它给出了 $T \geqslant t$ 的概率(即从 t_{min} 生存到了 t 的概率)，所以它也被称为生存概率。风险率(或风险比)$h(t)$的定义如下：

$$h(t) \equiv \frac{f(t)}{S(t)}$$

粗略而言，风险率说明了，在给定 $T \geqslant t$ 时，当 Δt 值收缩为 0 时，随机变量 T 落入一个无穷小区间 $t \leqslant T \leqslant t+\Delta t$ 的概率除以 Δt 的值(数学术语来讲，就是当 Δt 趋近于 0 时取极限)。

概率密度函数和生存函数都不可能为负，所以风险率也不可能为负。风险率常常被认为与概率类似，当 T 是一个离散随机变量时，有些作者甚至称其为“离散(时间)风险率”(而不是一个概率)。但是，对于连续随机变量 T，风险率可能大于 1，此外不同于概率，它不是一个与单位无关的数字。它的量度是 T 的量度的倒数。例如，在事件史分析中，T 可能代表的是一个人经历某些事件(结婚、死亡)的年龄，或者是某人进入或脱离某种状态的持续时间(开始或结束一份工作)。在这些情况下，风险率就可以用“每年”或“每月”这样一些单位来表示。

生存函数在 t_{min} 时等于 1，因此风险率在 t_{min} 时等于概率密度函数。此外，生存函数是单调非增函数且在 t_{max} 时等于 0(除非 T 的概率分布是“不全”的)，因此当 t 增大时风险率是概率密度函数更大的倍数。

在人口学中，生命表【Life Table】或者对在某一具体离散区间$[u,v)$的风险率的保险精算估计【Estimation】已经使用了很长时间，现在仍然运用在许多实践应用领域中。其定义为：

$$\widehat{h(t)} = \frac{d(u,v)}{(v-u)\left\{n(u) - \frac{1}{2}[d(u,v) + c(u,v)]\right\}},$$

$$u \leqslant t < v$$

其中 $d(u,v)$ 是 t 落入区间 $[u,v)$ 的观察数目；$n(u)$ 是到 u 时仍然存活的观察数（即 $T \geqslant u$ 的观察数）；$c(u,v)$ 是在区间 $[u,v)$ 中截删的观察数（对截删观察的定义与讨论，请参见截删和删节【Censoring and Truncation】）。等式右端的分母中有一个1/2，这是因为区间 $[u,v)$ 中的观察被假定为在区间中均匀分布。

另一种广泛使用的估计量源自对风险率积分的 Nelson-Aalen 估计量：

$$\widehat{h(t)} = \frac{d(u,v)}{(v-u)n(u)}, u \leqslant t < v$$

考克斯和奥克斯（Cox & Oakes, 1984）非常清晰而简明地介绍了上述风险率估计量以及其他常见的非参数风险率估计量。

风险率的多元模型可以用多种方式来分类。有些是完全参数模型，例如，风险率可以被假定为解释变量【Explanatory Variable】和随机变量 t 的特定函数，函数形式可以表达为对 t 的简单 Weibull 模型（Weibull model）或 Gompertz 模型（Gompertz model）。部分参数模型（partially parametric model）被广泛应用，特别是由考克斯提出的比例风险率模型（Cox, 1972）。在这些模型中，风险率可以表达为冗余参数 $q(t)$ 和解释变量的参数函数 $\exp[\beta^t x(t)]$ 的乘积。

除完全参数模型之外，不仅有比例风险率模型，而且还有非比例风险率模型。对于上述风险率模型及其他风险率模型的讨论，以及相应的社会科学示例，请参见 Tuma & Hannan（1984, Chaps. 3-8）。完全参数模型通常用最大似然法【Maximum Likelihood】来估计；考克斯的比例模型通常用部分似然法来估计。在完全参数模型和部分参数模型中，解释变量既可以是不随时间而改变的（time invariant），也可以是时变性的（time varying）。后一种类型要么需要解释变量在各个时点上更为复杂的数据，要么在没有解释变量在各个时点上的完整观察数据时，需要对解释变量的变化方式进行相当严格的假定。

对数据的探索性分析通常会表明，非比例风险率模型比比例风险率模型对经验数据的拟合更好。由吴和图马（Wu & Tuma, 1990）提出的局部风险率模型（local hazard rate models）提供了在样本量较大时的非比例性建模方法。与之关系密切的一个概念是转移率【Transition Rate】，但有关转移率的文章指的是另一种方法。

——Nancy Brandon Tuma

（高勇译校）

参考文献

Cox, D. R. (1972). Regression models and life-tables (with discussion). *Journal of the Royal Statistical Society, Series B, 34*, 187-220.

Cox, D. R., & Oakes, D. (1984). *Analysis of survival data*. London and New York: Chapman and Hall.

Heckman, J. J. (1979). Sample selection bias as a specification error. *Econometrica, 47*, 153-161.

Tuma, N. B., & Hannan, M. T. (1984). *Social dynamics: Models and methods*. Orlando, FL: Academic Press.

Wu, L. L., & Tuma, N. B. (1990). Local hazard models. In C. C. Clogg (Ed.), *Sociological methodology 1990* (pp. 141-180). Oxford, UK: Basil Blackwell.

诠释学(Hermeneutics)

诠释学的字面意思是“使隐晦的转换为易懂的”,但它翻译成英文后,意义往往成了“阐释(to interpret)”或“理解(to understand)”。作为一种诠释圣经的方法,诠释学诞生于17世纪的德国。之后,它被应用于其他文本中,特别是那些隐晦、陌生、符号性的文本。目标是发现隐藏于文本之中的意义与意图,包括那些甚至连作者也没有意识到的意义与意图[被称为语言学(philological)诠释学]。在社会研究中,诠释学关心的是对有意义的人类行动进行阐释。

现代诠释学的起源

弗里德里希·施莱尔马赫(Friedrich Schleiermacher,1768—1843)为现代诠释学奠定了基础。正是由于他将诠释学视为理解语言中任何话语的科学,诠释学的关注重点才从分析过去文本转移到处于某种文化或某一历史时期的人如何掌握处于另一种文化或另一历史时期的人的体验的问题(被称为普遍阐释学)。

对施莱尔马赫来说,理解具有两个维度——语法维度和心理维度。语法诠释指的是理解语言本身。心理诠释力图重建产生文本的行动,需要把自身置于作者的头脑中以便知晓作者写作时的考虑和意图。施莱尔马赫认为置身事外的诠释者比作者更能够掌握和描述“总体性(totality)”。

虽然诠释学的产生背景是对圣经和其他文本的诠释,但它逐渐被视为理解人类文化生活和物质生活中所有重大表述的核心原则。这一转变的发起者是威廉·狄尔泰(Wilhelm Dilthey,1833—1911),他认为对人类行动的研究应当基于理解方法(verstehen)以便掌握参与者的主观意识,而对自然现象的研究应当寻求因果解释(erklären)。他认为自然科学的方法并不适用于人文科学(human sciences),提出了在人文科学中如何取得客观性【Objectivity】的问题。他致力于表明人文科学中采用的方法、路数、类型也可以确保客观性和有效性【Validity】。他对这一问题提供的答案是否令人满意,则尚存争论。

在狄尔泰的早期著作中,他希望人文科学的基础应当建立在描述性心理学之上,即对于意识进行经验描述而毫不考虑因果解释。他相信心理学能够为社会科学提供基础,如同数学是自然科学的基础一样。包括文化在内的所有人类产物,都被认为源自精神生活。但是,狄尔泰逐渐意识到了这种立场的局限性,从关注个体的精神生活转向了对基于意义的社会生成系统进行理解。他开始强调社会背景和他称之为“客观精神”(objective mind,即人类精神的客观化或外在化)的作用,或者在历史中沉积下来的“由精神生成的世界”(如今社会科学家称之为文化)的作用。

狄尔泰认为现象必须置于更大的整体中,正是从整体中现象获得了其意义;部分一方面从整体中获取意义,另一方面部分又赋予了整体意义。从其外在化的产物中发现理所当然的意义,然后再从意义出发理解这些产物,这种双重过程被称为诠释学循环(hermeneutic circle)。诠释者努力重建文本产生的社会状况和历史情境,然后置文本于这些状况和情境之中。尽管方法是诠释学循环,但狄尔泰仍然坚持客观理解是人文科学最终目标的看法。

狄尔泰坚持认为理解人的基础在于生命本身,而不是理性推测或者形而上学理论。生命或者人类体验,为我们提供了进行这种理解所必需的概念和类型。他认为人类体验中最基本的形式是活的体验(lived experience),即直接的、原生的、非反思性的体验。在狄尔泰看来,一个人或一个职业观察者理解人类产物的能力是基于如下信念的:所有的人都有共通之处。但是,他也承认一个群体的表达可能在另一个群体的成员看来根本无法理解;他们是如此迥异以至于不能互相理解。另一方面,他们可能是如此熟悉以至于根本不需要解释。

马丁·海德格尔(Martin Heidegger,1889—1976)受到了狄尔泰的影响,奠定了现代诠释学另一分支的基础。和狄尔泰一样,他也想建立一种能够从生命本身出发揭示生命的方法。海德格尔著作的核心思想是,理解是一种存在方式而不是一种求知方式,理解是一个本体论【Ontology】问题而不是一个认识论【Epistemology】问题。它关心的不是我们如何建立知识,而是人类如何在世界上存在。对于海德格尔来说,理解是嵌在社会关系的结构当中的,解释只是把这种理解用语言明确表达出来而已。因此,理解是所有人都能够做到的事情。

海德格尔认为,对历史的理解不可能存在于历史之外。他认为不言自明确实存在,其实只是没有认识到这种所谓的不言自明所赖以发生的前提条件,误将其认为是理所当然的了。所有的理解都是暂时的,任何人都不可能跨出历史或者社会世界之外。

再总结一下,早期的诠释学兴起是为了解决对文本缺乏理解的问题,目的是要发现文本的含义。施莱尔马赫将强调的重点从文本转移到了理解某种文化或某个历史时期的人如何掌握另一种文化或另一个历史时期的人的体验。他提出了心理诠释的方法,即需要去再次体验文本作者或者讲话者的精神过程。这需要使用诠释学循环,即从碎片化的片断中去掌握未知的整体,然后再用整体来理解每个片断。接下来,狄尔泰将强调的重点转到了为人文科学建立一种普遍性的方法上,一种和自然科学方法同样严格和客观的方法。他从心理诠释转到了意义的社会生成系统,从内省性的心理学转到了社会性反思上,从精神过程的重建转到了外在化的文化产物的解释。对于施莱尔马赫和狄尔泰来说,诠释者的偏见会不可避免地扭曲其理解,因此必须把自身从社会历史背景中抽离出来。海德格尔不同意这种看法,认为理解是人类存在的基础,因此也是普通人的任务。他认为理解不可能脱离历史而存在,人不可能跨出其生活的社会世界或者历史背景。

两个分支

在客观诠释是否可能这个问题上,这些早期学者的观点分歧表明了两种分化的观点。一种观点基于施莱尔马赫和狄尔泰的著作,通过诠释学寻求诠释的一般方法原则。它致力于对历史和社会生活形成客观的诠释,这些历史和社会生活是超越和外在于人类存在的。另一种观点基于海德格尔的著作,将诠释学视为对于所有理解方式的本质和必要条件的哲学探索,认为客观有效的诠释是不可能的。海德格尔认为理解是人类的日常存在的内在部分,因此是普通人而非专家的任务。虽然这些传统都一直存在,但是后者更占优势,后来又被汉斯-格奥尔格·伽达默尔(Hans-Georg Gadamer)进一步发展了。

伽达默尔(Gadamer, 1989)对社会科学中诠释学方法的进一步发展并不感兴趣,对于文本诠释也并不特别关心。他关注的是所有理解方式中所共有的东西,他提出了三个问题:“理解”如何可能?理解能够产生什么样的知识?这种知识的地位是什么?

对于伽达默尔来说,理解的关键在于掌

握"历史传统",在于从特定时间和特定地点(如文本写作的时间地点)来理解和看待世界。它需要采用一种允许文本自己说话的态度,同时也要认识到必须从其他来源中去"发现"文本置身其中的传统。

从人类学和社会学的学科背景来看,历史传统可以理解为"文化"或"世界观",而文本可以理解为社会参与者之间或者社会参与者和研究者之间的对话记录。伽达默尔的立场要求我们不只看到说了什么,而且要看到说的时候哪些东西被视为理所当然,要看到语言的日常含义,看到对话发生的情境的日常含义。目标在于听到"弦外之音(to hear beyond the mere words)"。

伽达默尔方法的另一个重要特点是认识到理解其他传统或文化产物的过程并不能够脱离诠释者置身其中的文化。他对狄尔泰对人类产物进行"客观"诠释的努力持有批评态度。对于伽达默尔来说,文本或者历史行动都只能从诠释者的意义视野中得到诠释,当诠释者的意义视野与这种行动或文体的意义视野融合时,视野就被拓宽了。理解的过程包括了这样一种"视野融合",即诠释者自己的意义视野在与既有视野的诠释对话中通过问答的辩证过程而被改变了。诠释者与文本进行对话,这一过程既改变了文本,也改变了诠释者。诠释者不带偏见、思想开放地接近文本,目标并不是去发现文本的真正含义;他(她)不是一个认识者,而是一个其他传统向他敞开的体验者。

对于伽达默尔来说,诠释学沟通了我们熟知的世界与陌生的世界中存在的意义之间的鸿沟。与其他视野的碰撞能够使诠释者意识到自身根深蒂固的假定、偏见、意义视野,而诠释者在此之前可能并没有意识到;理所当然的假定被加以批判性的自我审视,真正的理解因此成为可能。

伽达默尔认为理解其他人的话并不是要"进入到"他们的头脑中,再次经历他们的体验。因为语言是理解的普遍媒介,理解就是语言之间的翻译。但是,每一种翻译同时也是一种诠释。每一次对话都要假定两位发言者使用同样的语言,能够理解对方所说。但是诠释性对话通常发生在不同语言之间,从我们通常认为的"外语",到同一种语言由于时代变迁导致的变化,或同一种语言在不同方言土语之间的差异。诠释学的任务不是正确地掌握另一种语言,而是在不同语言之间进行调解。作为"视野融合"的理解是通过语言发生的,语言使得过去与现在的调解、渗透、转化成为可能。不论是两个人之间的对话,还是诠释者和文本之间的对话,共同语言必须被创造出来。同海德格尔一样,伽达默尔感兴趣的也是本体论而非认识论,感兴趣的是确立所有理解方式的共同之处而非方法问题。

诠释学为诠释主义(interpretivism)的一些分支奠定了基础,如马克斯·韦伯和阿尔弗雷德·舒茨(Alfred Schütz)的著作。它也为外展逻辑(the logic of abduction)奠定了基础。

——Norman Blaikie

(高勇译校)

参考文献

Bauman, Z. (1978). *Hermeneutics and social science.* London: Hutchinson.

Blaikie, N. (1993). *Approaches to social enquiry.* Cambridge, UK: Polity.

Gadamer, H-G. (1989). *Truth and method* (rev. 2nd ed.). New York: Crossroad.

Outhwaite, W. (1975). *Understanding social life: The method called verstehen.* London: Allen & Unwin.

Palmer, R. E. (1969). *Hermeneutics: Interpretation theory of Schleiermacher, Dilthey, Heidegger, and Gadamer.* Evanston, IL: Northwestern University Press.

异质性(Heterogeneity)

统计学研究的就是异质性,所以这是个很大的题目。统计学模型通常会区分可观察的异质性和不可观察的异质性,用预测变量或解释变量来掌握可观察的异质性来源,不可观察的异质性来源则与误差项联系起来,误差项通常假定是独立于可观察协变量的。异质性也源于个体观察服从不同的模型,因此有了个体独特模型(subject-specific model)和总体平均模型(population-average model)的区分。由于这些理念最早流行于人口学应用中,我们从生存数据或者时间-事件数据的角度来描述这些理念。在这个方面的开创性论文是由沃佩尔、曼顿和斯托拉德(Vaupel, Manton, & Stallard, 1979)写出的。

试考虑一个同质性总体,其中一件诸如死亡这样的事件,如果还没有发生,那么它在时间(或年龄)t 发生的风险为 $\lambda(t)$,这一点对个体和对总体都成立。再考虑一个异质性总体,假定对个体 i 来说风险为$\theta_i\lambda(t)$,其中的 $\theta_i>0$,它代表一个人的脆弱性,是不可观察的,其分布【Distribution】的均值为 1。在这样的异质性总体中,在年龄 t 的平均风险【Hazaro】不是 $\lambda(t)$,而是 $E(\theta_i \mid T_i>t)\lambda(t)$。这个乘数是活到年龄 t 的个体的平均脆弱性,它是小于 1 的,并且随时间 t 而降低。这表明,即使对每个个体来说风险是个常数【Constant】,总体【Population】的平均风险将会降低,因为较虚弱者在早年就已经死亡了,留下来的都是经过筛选的更为健康者。

在异质性总体中观察到的风险不同于每个个体面临的风险,这一事实就引出了有趣的悖论。分析者们因此就尝试在模型中除了引入可观察的协变量外,再引入脆弱性的影响来控制不可观察的异质性。估计【Estimation】通常需要设定风险的参数形式和脆弱性的分布。估计值会非常依赖于对不可观察因素的分布假定【Assumption】,因此赫克曼和辛格(Heckman & Singer, 1984)提出了一种对 θ_i 的分布的非参数估计量【Estimator】。但是估计对于风险的参数形式也同样很敏感。遗憾的是,我们不可能同时放松这两个假定,因为那样模型就不可识别了。具体而言,不可观察的异质性在没有协变量的模型中是与负向的持续性依赖(negative duration dependence)混杂在一起的,在有协变量的模型中是与通常的风险成比例假定混杂在一起的,详情可以参见 Rodríguez(1994)。

如果每个个体都有重复性事件,而且脆弱性对这些事件是持续性的,或者数据是如孩子嵌套于母亲这样具有层级性的,而且脆弱性在同一家庭成员中是相同的,那么情况就会好得多。在这两种情形中,脆弱性模型是完全可识别的。对于多元生存模型的讨论,请参看 Hougaard(2000)。这些模型可以被视为多层次分析【Multilevel Analysis】模型的特例。经典的脆弱性模型对应于随机截距模型,其中响应变量在各组中的均值水平有所不同。也可以考虑随机斜率模型,其中协变量对于结果的影响(即处理效应)在各组中有所不同。或者,脆弱性独立于可观察协变量的假定也可以放松,这需要将 θ_i 处理为固定效应而非随机效应(参见固定效应模型【Fixed Effects Model】)。

——Germán Rodríguez

(高勇译校)

参考文献

Heckman, J. J., & Singer, B. (1984). A method for minimizing the impact of distributional assumptions in econometric models for duration data. *Econometrica*, *52*, 271-319.

Hougaard, P. (2000). *Analysis of multivariate survival data*. New York: Springer-Verlag.

Rodríguez, G. (1994). Statistical issues in the analysis of reproductive histories using hazard models. In K. L. Campbell & J. W. Wood (Eds.), *Human reproductive ecology: Interaction of environment, fertility and behavior* (pp. 266-279). New York: New York Academy of Sciences.

Vaupel, J. W., Manton, K. G., & Stallard, E. (1979). The impact of heterogeneity in individual frailty on the dynamics of mortality. *Demography*, *16*, 439-454.

异方差性(Heteroscedasticity)

参见异方差性【Heteroskedasticity】。

异方差性(Heteroskedasticity)

要证明最小二乘【Ordinary Least Squares,OLS】是最佳线性无偏估计量【Best Linear Unbiased Estimator,BLUE】,一个必要的假定是误差的方差对于所有观察都是恒定的,即同方差性【Homoskedasticity】。如果误差项并不恒定,这一假定被违背时,就产生了异方差性问题。这种情况发生时,OLS参数估计仍是无偏的,但是估计参数的方差不再有效。一个经典的例子就是收入对储蓄的回归(图1提供了一个假想的例子)。我们能想到,储蓄会随着收入提高而增加。这个回归是异方差性的,因为低收入者没有什么钱来储蓄,都只有相对很小的储蓄量,误差项也就很小(他们都位于回归线附近)。虽然,高收入者有更多钱可以储蓄,但是有人选择将多余的钱投入其他用途(例如休闲),所以他们的储蓄水平差异很大,误差项就很大。

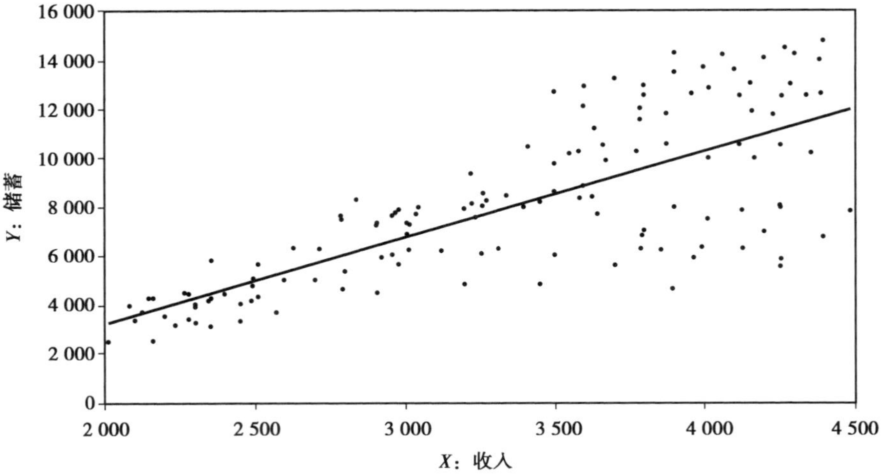

表1 异方差性下的回归

有很多种方法用以探测异方差性。最简单的方法是把残差$\hat{u}_i=(y_i-\hat{y}_i)$和每个自变量的关系画在图上进行观察。如果残差的绝对值在所有自变量的不同取值中都保持恒定,那么异方差性就不是问题。如果在回归线周围的误差项的散布在某一自变量上存在变异(如图2所示,这显示了我们假想例子中的情况),就可能存在异方差性。在任何情况下,都应该进一步进行异方差性的正规检验。

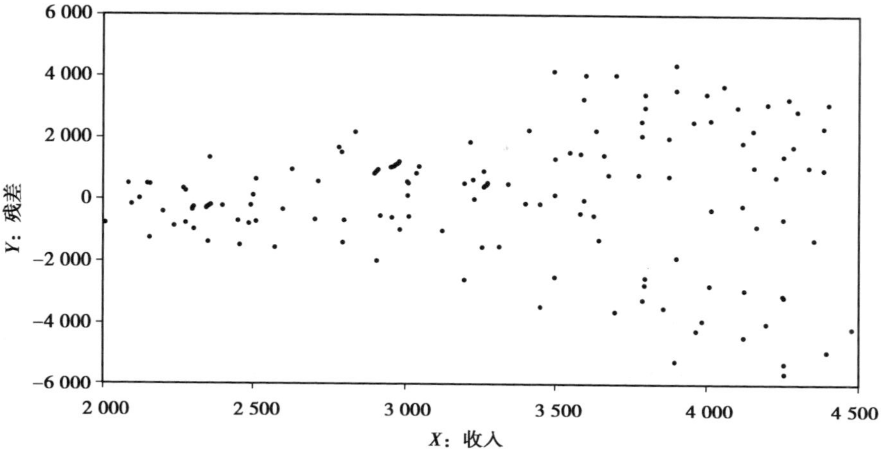

表2 残差可视化

可以使用的正规检验包括 Goldfeld-Quandt 检验和 Breusch-Pagan 检验。前者会根据引起异方差性的变量的大小对每个观察进行排序,一些处于中间的观察被略去,然后对剩余的两组观察分别进行回归。它们的残差平方和之比,被用来检验异方差性是否存在。后者更具普遍性,因为它并不要求了解引起异方差性的变量。

如果检验显示异方差性存在,接下来的第一步是再去细究残差,以便发现能否表明遗漏了变量。那些估值过度的个案可能都有一个共同特质,这个共同特质可以在模型中加以控制。在本例中,测量个体对于储蓄(或者休闲)的内在价值重视程度,可能会部分解决问题。高收入-低储蓄者可能比一般人更不看重储蓄(或者更看重休闲)。如果不能对模型设定进行这些明显的改动,就有必要转换变量,进行广义最小二乘【Generalized Least Squares, GLS】了。用来纠正异方差性的 GLS 程序会对观察在违反假定的自变量上进行加权,权数为其误差项的倒数,这也常被称为加权最小二乘【Weighted Least Squares, WLS】。如果进行了转换,并且其他回归假定没有被违反,转换后的估计量是最佳线性无偏估计量。

——Kevin J. Sweeney

(高勇译校)

参考文献

Berry, W. D. (1993). *Understanding regression assumptions*. Newbury Park, CA: Sage.

Gujarati, D.N. (1995). *Basic econometrics* (3rd ed.). New York: McGraw-Hill.

Kennedy, P. (1992). *A guide to econometrics* (3rd ed.). Cambridge: MIT Press.

便捷方法(Heuristic)

用来使某一概念或某种方法更便于理解的工具、手段或准则。例如,为了帮助学生学习显著性检验【Significance Testing】,可以给他们提供如下便捷方法:一般而言,t 比值的绝对值大于等于 2.0 的系数在 0.05 水平下会是显著的。在整理许多次回归【Regression】运行生成的 t 比值时,这样的便捷方法就会很有用。

——Michael S. Lewis-Beck

(高勇译校)

启迪调查法(Heuristic Inquiry)

启迪调查法是现象学调查的一种方式,它将个人体验与研究者的洞察力放在重要的位置上。对于感兴趣的现象,调查者要问:"我对这种现象的体验是什么? 那些也强烈体验到这种现象的其他人对这种现象的本质体验是什么?"

人本主义心理学家克拉克·穆斯塔卡(Moustakas, 1990)提出了启迪调查法,他用这个词来涵盖他认为在调查人类体验中最重要的过程。"启迪(heuristic)"来源于希腊词 heuriskein,意思是"发现"或"找到"。它隐含了一种内在找寻的过程,通过这种找寻人们发现自身体验的本质与意义,提出进一步调查和分析的方法与程序。"通过这一过程,研究者的自我得以展现,同时越来越深入地理解了现象,研究者也体验到不断增长的自我觉知和自我了解。启迪过程包括了创造性的自我提升(self-processes)和自我发现"(Moustakas,1990,p.9)。

在现象学的更大框架中,存在着启迪调查法的两个核心要素:(a)研究者对于要研究的现象必须有个人体验,必须要有强烈兴趣;(b)对这一现象也有强烈体验的其他人(合作研究者)要参与到探究中来。道哥拉斯和穆斯塔卡(Douglass & Moustakas, 1985)强调说,"启迪关切的是意义,不是测量;是本质,不是表象;是性质,不是数量;是体验,不是行为"(p.42)。

启迪调查法的特别贡献在于,它在很大程度上证明研究者的个人体验、反思、洞察力在研究中是合理正当的,把这些因素放在重要的位置上。在研究者对所研究现象也有强烈的体验和反思时,他们通过与合作研究者(coresearchers)分享反思与调查,从而逐渐理解现象的本质。研究者和研究参与者在共同致力于澄清一种重要人类体验的本质、意义、实质的过程中,培育出了一种心灵相通之感。

启迪调查法的严谨性来自对自我和他人的系统观察和不断对话,以及对合作研究者的深度访谈。

启迪调查法源于现象学【Phenomenology】,但在如下四个主要方面与现象学有所不同:

(1)启迪调查法强调心灵相通与发展关系,而现象学在分析体验时更加鼓励超脱。

(2)启迪调查法通过描绘个人意义来寻求本质意义,而现象学强调对体验的结构进行确切的描述。

(3)启迪调查法包括研究者的直觉和只可意会的理解,而现象学要提取出体验的结构。

(4)"在启迪调查法中,研究参与者是可见的……现象学则以体验本质告终;启迪保留了体验中人的本质”(Douglass & Moustakas, 1985, p. 43)。

启迪调查过程要经过沉浸、孵化、阐明、澄清和创造性综合的系统步骤,最终显现体验的本质(Moustakas, 1990)。

——Michael Quinn Patton

(高勇译校)

参考文献

Douglass, B., & Moustakas, C. (1985). Heuristic inquiry: The internal search to know. *Journal of Humanistic Psychology*, *25*, 39-55.

Moustakas, C. (1990). *Heuristic research: Design, methodology, and applications*. Newbury Park, CA: Sage.

Moustakas, C. (1994). *Phenomenological research methods*. Thousand Oaks, CA: Sage.

Patton, M. Q. (2002). *Qualitative research and evaluation methods*. Thousand Oaks, CA: Sage.

层级(非)线性模型(Hierarchical [Non] Linear Model)

层级线性模型(HLM)是多层次分析【Multilevel Analysis】的主要程序的基础。它是一般线性模型【General Linear Models】在具有层次嵌套结构的数据中的扩展,在此种数据中每个层次水平都是未解释变异的来源之一。一般线性模型可以用公式表示为:

$$Y_i = b_0 + b_1X_{1i} + \cdots + b_pX_{pi} + E_i$$

其中 i 代表个案;Y 是因变量;X_1 到 X_p 是自变量(或解释变量);E 是未解释部分,通常称为残差或者误差项;b_0 称为截距项;b_1 到 b_p 是回归系数。有时常数项 b_0 可以从模型中省略掉。标准假定:残差 E_i 是独立的、服从正态分布的随机变量,期望值为 0,方差相同;数值 X_{pi} 是固定且已知的量。

举例来讲,嵌套结构可以是学生嵌套于班级(两水平结构),学生嵌套于班级再嵌套于学校(三水平结构),学生嵌套于班级再嵌套于学校再嵌套于国家(四水平结构),等等。这样的嵌套结构中的元素被称为单元(如此例中的学生就是第一水平单元,班级是第二水平单元,以此类推)。两水平嵌套结构通常用双标来标注,例如 Y_{ij} 表示在第 j 个班级中第 i 个学生的因变量。两水平嵌套结构的层次线性模型可以表示为:

$$Y_{ij} = b_0 + b_1X_{1ij} + \cdots + b_pX_{pij} + U_{0j} + U_{1j}Z_{1ij} + \cdots + U_{qj}Z_{qij} + E_{ij}$$

第一部分,$b_0+b_1X_{1ij}+\cdots+b_pX_{pij}$ 称为固定部分,其结构和解释与一般线性模型的第一部分完全相同;解释变量的双标只是标注方式不同而已。被称为随机部分的第二部分则有所不同。第二水平单元间的未解释变异用 $U_{0j}+U_{1j}Z_{1ij}+\cdots+U_{qj}Z_{qij}$ 来表示,其中 Z_1 到 Z_q 是解释变量(通常是 X_1 到 X_p 的一个子集,但不是一定如此);U_{0j} 被称为随机截距;U_{1j} 到 U_{qj} 被称为随机斜率(也可以没有随机斜率,即 $q=0$)。变量 U_{0j} 到 U_{qj} 是第二水平的残差,在不同的第二水平单元间变动,E_{ij} 是第一水平的残差。标准假定是不同水平的残差之间彼此独立,同一水平中不同单元的残差彼此独立,所有残差都服从正态分布。也可以把模型扩展为在第一水平中除了包括残差 E_{ij} 外,还包括随机斜率;这是表示第一水平残差中存在异方差性【Heteroskedasticity】的一种正规方式(参见 Snijders & Bosker, 1999, Charp. 8)。

模型可以扩展到嵌套水平多于两层的情形。对于三层嵌套水平，不同水平的单元分别用 i,j,k 来表示，公式如下：

$$Y_{ijk} = b_0 + b_1 X_{1ijk} + \cdots + b_p X_{pijk} + V_{0k} + V_{1k} W_{1ijk} + \cdots + V_{rk} W_{rijk} + U_{0jk} + U_{1jk} Z_{1ijk} + \cdots + U_{qjk} Z_{qijk} + E_{ijk}$$

现在的 W_{hijk} 也是解释变量，随机斜率 V_{hk} 在不同的第三水平单元 k 中变动。模型的其余部分与两水平模型相似。层级线性模型也可以扩展到未解释变异的来源并非嵌套而是交叉因素(crossed factors)的情形中(参见多层次分析【Multilevel Analysis】和混合效应模型【Mixed-Effects Model】)。

层级非线性模型

层级非线性模型，也称为层级广义线性模型或者广义线性混合模型，是对广义线性模型【Generalized Linear Model】的类比扩展。它可被界定为在广义线性模型中的线性预测值中加入了高水平单元的随机残差。故而，前述对于 Y_{ij} 和 Y_{ijk} 给出的公式，在去掉了第一水平残差 E_{ij} 或者 E_{ijk} 之后，就取代了广义线性模型词条中定义为线性预测值 $\eta = X\beta$ 的那些向量元素。

——Tom A. B. Snijders
(高勇译校)

参考文献

Goldstein, H. (2003). *Multilevel statistical models* (3rd ed.). London: Hodder Arnold.

Raudenbush, S. W., & Bryk, A. S. (2001). *Hierarchical linear models: Applications and data analysis methods* (2nd ed.). Thousand Oaks, CA: Sage.

Snijders, T. A. B., & Bosker, R. J. (1999). *Multilevel analysis: An introduction to basic and advanced multilevel modeling*. London: Sage.

可信度层级(Hierarchy of Credibility)

霍华德·贝克尔(Becker, 1967)提出的这个术语，用来指社会中不同群体在其观念被认为是合乎情理的能力上有所差异的现象。这个术语指涉的是，社会的许多领域中都有清晰层级的倾向：警察/罪犯，经理/工人，教师/学生。有研究表明，当社会科学家采用上述对子中地位较低的群体的世界观时，他们更容易被指责为持有偏差。产生上述现象的原因即在于可信度层级，那些处于优势地位者借此被社会大众认定为有权力和资源来定义事物存在的方式。

——Alan Bryman
(高勇译校)

参考文献

Becker, H. S. (1967). Whose side are we on? *Social Problems*, *14*, 239-247.

高阶(Higher-Order)

参见阶【Order】。

直方图(Histogram)

直方图、条形图【Bar Graph】、饼图【Pie Graph】以简单、可视的方式展示结果。条形图用于类别(定类)变量,图中的每个条形展示了一些变量的取值。直方图执行的功能与此相同,但是用于连续变量【Continuous Variable】(定序、定距或比例的分布)的分组数据。条形之间紧紧相连,以此反映背后分布的连续性质。直方图或条形图用于展示变量(在不同时段或不同地段间的)趋势时,要优于饼图。饼图更适于显示总体的百分比构成。

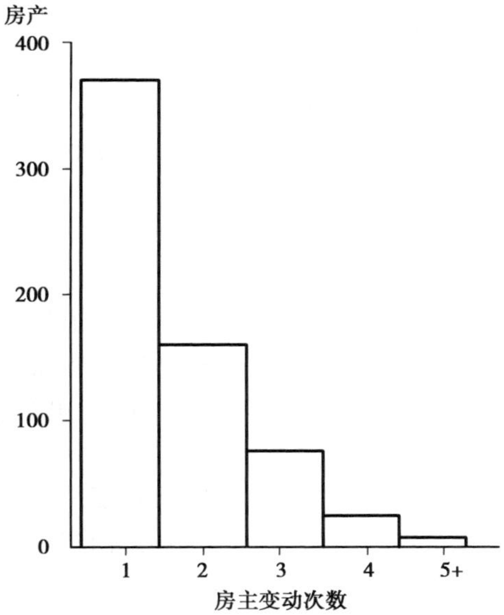

图 1　2001 年米德尔斯堡(Middlebrough)小镇中房主变动次数

图 1 展示了过去一年中那些已经有过一次房主变动的房产中记录下来的迁移(即房主变动)次数,这是英国东北部的一个小镇中心,它在主导产业衰落以后已经走下坡路了,但现在又有所复兴。这个图显示出,接近 150 座房产在一年间经历了二次转手,有相当数量房产的所有权甚至变化更加频繁(此图中的数据来自 Hobson-West & Sapsford, 2001)。除了在描述数据上很有用,这种图也有助于确定变量的整体分布形态,如与正态分布的偏离程度,在本例中这种偏离是非常明显的。

——Roger Sapsford

(高勇译校)

参考文献

Hobson-West, P., & Sapsford, R. (2001). *The Middlesbrough Town Centre Study: Final report.* Middlesbrough, UK: University of Teesside, School of Social Sciences.

历史方法(Historical Method)

历史方法指使用一手的历史资料来回答问题。由于资料的性质取决于要回答的问题,资料可以包括人口记录,如出生证明和死亡证明;报纸文章;信件和日记;政府记录;或者甚至可以包括建筑图纸。

历史资料的使用提出了几个更大的问题:

(1)对于提出的理论问题来说,资料是否适合?

(2)这些资料当初是如何收集的,或者在收集时以何种意义嵌入这些资料当中?

(3)如何诠释这些资料,或者现在这些资料保有何种意义?

理论问题

社会科学家对当代议题提问的一种方式就是比较当代社会与以往社会的各个方面。如赖特·米尔斯所言,要理解今天的社会生活,就必须提出以下问题:“我生活在何种社会当中?”“在人类社会的行进中,这个社会位于何处?”这些问题必然隐含着理论,隐含着指导研究者在何处发现答案的一系列相关命题。事实上,大体来说,任何历史问题都隐含着理论(any historical question implies a theory),因为没有理论,社会科学家就是在毫无章法地收集一堆毫无结构的事实。

我强调明确的理论是历史方法的核心,以此来彰显历史学家使用的历史方法和社会科学家使用的历史方法之间的关键区别。虽然历史学家也使用理论,但他们的理论假定并不总是得到明确的发展。他们的理论重点常常被包含在他们所处的专业分类中——如“军事历史学家”“外交历史学家”“社会历史学家”——因为这些分类隐含地表明某一特定群体的活动(以及某一种特定权力或者丧失权力)是这些时代的分析核心。在历史专业内部,如同在所有学术专业内部一样,任何一个范畴的核心地位都会随时代而改变。在 20 世纪后期,社会史的进展(包括如女性史和非洲裔美国人史这样的专史的进展)就曾经宣称,理解那些历史上处于无权地位的人,甚至完全被人忽视的人,是掌握我们时代本质的关键。

适宜的资料

此类范畴重点的转变也意味着新的资料形式。例如,新闻报道对理解农民、工厂工人、奴隶、女仆的生活的用处,就比它对写作一位军官的传记的用处更小——虽然新闻故事也可以告诉我们那些有更大权力的人们是怎样看待工厂工人或奴隶的。与此类似,通过比较大众媒体和非洲裔美国人媒体,我们就有希望能够理解欧洲裔美国人和非洲裔美国人对城市暴乱的不同反应。但是除非此类报道被置于一个理论背景和比较背景下,研究者就只是有希望理解而已。

遗憾的是,许多着手进行历史调查的社会科学家并未接受过历史学的训练。这一缺乏部分地意味着,社会科学家在阅读历史文献时可能既不知道这些文献所争辩的具体问题,也不知道历史学家要讲的隐含理论。没有这些背景知识,就很难知道该记下什么,或者甚至很难知道在随处可见的笔记卡片或计算机文档中写下什么。与此类似,不理解生活在特定时间地点的特定群体中的人们的生活,就不可能理解某一特定资料的意义或重要性。

没有接受过历史学训练也提出了另一个问题:一个社会科学家可能不知道与一个研究问题相关的档案位于何处。参加历史编纂学的课程,咨询学识渊博的历史学家,查找《历史摘要》(*Historical Abstracts*),在网络上搜索,都是了解其他人已经使用到哪些资料和可以得到哪些类型的资料的办法。

示例

一些社会科学家用归纳法而不是演绎法工作。如果一位社会科学家采用归纳方式,他或她必须了解背景知识。举一个看似无关紧要的例子——构建一个家谱(一件不牵涉理论的事情)。为了画出家谱,我回想我父母、叔叔、姑姑的童年故事。然后,我参观我家的墓园,手里拿着笔和纸。我之所以这么做,是因为我知道在每个人的英文姓名下面,我会发现其希伯来文的名字,那个名字会遵循以下格式“首名、中间名,首名、中间名的儿子或女儿”,如“ Chava Perl bat [daughter] of Yisroel Avram”。通过确定 Yisroel Avram 的墓碑,我就可以知道他父亲的名字,以此类推。有一块墓碑没有给出死者父亲的名字,而是用意第绪语(错误的语言)写着"一位好人的女儿"。一位长辈亲戚曾经告诉我一个有关墓碑是意第绪语的女人的家族秘密:她嫁给了她的叔叔。在查看了墓地的位置之后(我知道其风俗),我能够推断出她叔叔的姓名,也知道了她母亲的姓名。如果不掌握这些背景信息,我就不能构建出这个家谱。这个家谱就是等待着理论框架的资料。

其他背景问题

在其他方面,背景问题同样也很困难。阅读历史,需要了解历史学家在论辩什么问题(如果历史学家没有自己的观点,他们也就根本不会去写作了)。其他一些非虚构作品也有其他问题:阅读 19 世纪的女性日记需要提出以下问题,这种技能是在学校习得的吗?教师是否会将其作为作业的一部分而读到这些日记?在这些文字记录的写作中涉及什么样的自我审查(或外部审查)?背景——什么被说出来和什么不被说出来——决定着历史资料中的意义,正如在当代社会的民族志研究中一样。背景引导着研究者发现与理论相关的资料,而理论指引着研究者理解相关的背景,这一点对于任何定性研究都是适用的。

解读

对于解读资料来说,理论尤其重要,因为所有的理论都内含着对资料的本质存在的认识论【Epistemology】立场。宽泛而言,至少有两种不同的解读方式。我称其为回溯推理(reproduction)与表述(representation)。我用"回溯推理"指如下观点,认为历史叙事准确地捕捉到了某一特定时间和地位的本质。我在此包括了经验主义认识论,如强调"历史的行进"的那些认识论。"表述"指各种各样的后现代【Postmodernism】观点,认为历史写作和社会科学写作都是"文本",和他们分析的资料一样,都是在权力斗争中或有意或无意地进行站边的政治文档。但是,对这些思想派别间的区别进行讨论,已经偏离了我们对历史方法的讨论。

——Gaye Tuchman

(高勇译校)

参考文献

Himmelfarb, G. (1987). *The new history and the old*. Cambridge, MA: Harvard University Press.

Marcus, G., & Fischer, M. (1986). *Anthropology as cultural critique*. Chicago: University of Chicago Press.

Scott, J. W. (1988). *Gender and the politics of history*. New York: Columbia University Press.

Tuchman, G. (1994). Historical social science: Methodologies, methods, and meanings. In N. K. Denzin & Y. S. Lincoln (Eds.), *Handbook of qualitative research* (pp. 306-323). Thousand Oaks, CA: Sage.

使其不变(Holding Constant)

参见控制【Control】。

同方差性(Homoscedasticity)

参见同方差性【Homoskedasticity】。

同方差性(Homoskedasticity)

要满足一般最小二乘【Ordinary Least Squares, OLS】假定,误差【Error】必须具有稳定方差。这样均匀的方差被称为同方差性。如果不能满足这一假定,即如果误差不具有均匀方差,就出现了相反的异方差性【Heteroskedasticity】条件,此时 OLS 不再是模型参数【Parameter】的最佳线性无偏估计量【Best Linear Unbiased Estimator, BLUE】。具体而言,如果误差是异方差的,估计出的模型参数仍然是无偏的【Unbiased】,但它们将不再是方差最小的估计量。

要理解均匀误差方差这一概念,试考虑两个变量 X 与 Y 之间的关系,以及在一个回归中 Y 对 X 的条件均值与方差。如果因变量【Dependent Variable】Y 与自变量【Independent Variable】X 相关,那么 Y 的均值将会因 X 的取值不同而有变化。这就是 X 给定时 Y 的条件均值,写作$(Y|X)$。众所周知,Y 对 X 的回归线直接穿过这些条件均值。我们可以考虑 Y 在不同条件均值时的变异。这被称为条件变异,用 $\mathrm{Var}[Y|X]$ 代表。这些条件变异也被称为条件方差函数(skedastic function)。在同方差性时,条件变异不会因 X 的取值变化而变化,它是均匀的。这种均匀的变异用 σ^2 表示(如图 1 所示)。在 X 的取值给定时 Y 的条件均值$(Y|X)$会随 X 增大而增加。但是围绕这些条件均值的误差散布却会保持恒定。

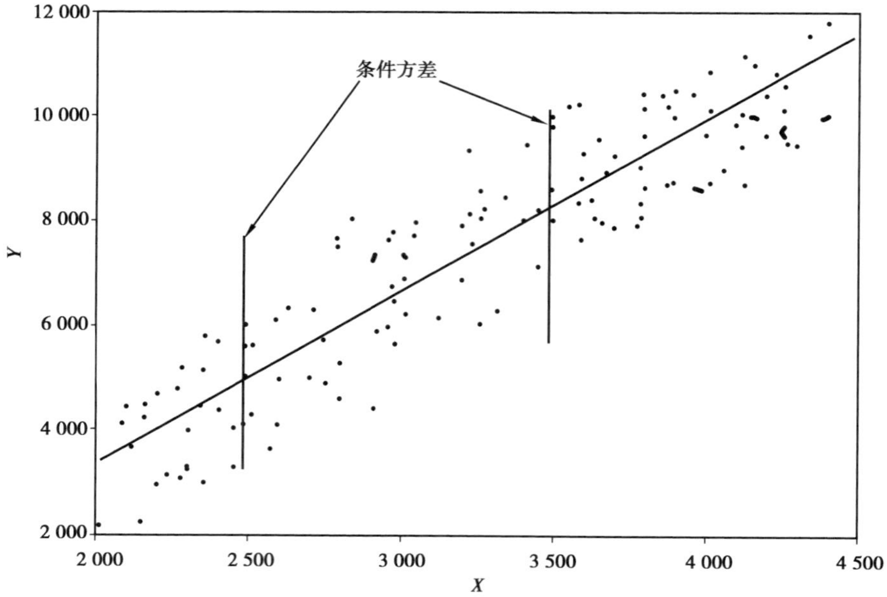

图 1 回归中的同方差性误差

如果误差是同方差性的，而且彼此之间不存在自相关【Autocorrelation】，就被称为是“球形的（spherical）”。发果扰动项【Disturbance Term】是球形的，误差方差-协方差矩阵的期望值【Expected Value】E(**UU**′)就可以简化为$\sigma^2\mathbf{I}$，就可以很容易地得到模型参数及其标准误【Standard Error】的OLS公式（参看球形假定【Sphericity Assumption】）。如果扰动项不是球形的，那么OLS就有问题了，此时需要用到广义最小二乘【Generalized Least Squares，GLS】解。

误差就是因变量Y的预测值和观察值的差值，因此它的单位和Y的单位是一样的。但是，没有理由指望Y的整体变异var(Y)会等于var($Y|X$)，即使条件变异是均匀的σ^2。可以预期，我们的模型会解释掉Y的整体变异的一部分，因此要满足OLS假定，只需要残差的条件变异是均匀的。

——Brian M. Pollins

（高勇译校）

参考文献

Greene，W. H.（2003）. *Econometric analysis*（5th ed.）. Upper Saddle River，NJ：Prentice Hall.

Gujarati，D. N.（2003）. *Basic econometrics*（4th ed.）. Boston：McGraw-Hill.

Kennedy，P.（1998）. *A guide to econometrics*（4th ed.）. Cambridge：MIT Press.

人本主义和人本主义研究（Humanism and Humanistic Research）

人本主义研究就是认为研究核心应当是人、人的意义、人的行动的研究。它通常带有很强的道德框架，强调尊重人，致力于在全世界范围内提升人类状况。它更多地认同自己是人文学科而非科学，科学往往成为它批评的对象。

各种不同形式的人本主义有着悠久的历史。希腊的智者派（Sophists）和苏格拉底把哲学从天上带到了地上（如西塞罗所言）。文艺复兴运动前的早期人本主义者，如伊拉斯谟，虽然并未发现他们的人本主义和宗教不能相容，但确实意识到了人在创造和控制世界中起到了重要的作用。意大利文艺复兴中，对人（而非上帝）的创造的研究变得越来越重要。法国哲学家，如伏尔泰，赋予了人本主义坚实的世俗基础。艾尔弗雷德·麦克伦格·李（Alfred McLung Lee，1978）是一位人本主义社会学的拥护者，他将人本主义置于一系列广泛的宗教、政治、学术运动中（p.44），把它和诸多领域联系起来，如共产主义、民主、平等主义、民粹主义、自然主义【Naturalism】、实证主义【Positivism】、实用主义、相对主义、科学，以及包括古代异教、印度教、佛教、犹太教、罗马天主教、新教、伊斯兰教等各式各样的超自然主义（pp.44-45）。确实每个人对它都有各自不同的理解。

在社会科学中存在明确人本主义派别的学科有心理学（Abraham Maslow，Jerome Bruner，Robert Coles）、人类学（Gregory Bateson，Margaret Mead，Robert Redfield）、社会学（C. Wright Mills，Peter Berger，以及符号互动论者）。例如，人本主义心理学批评多数心理学研究忽视人性、琐屑无关，实验虽然精致，却对当下整个人类面临的重大道德危机以及处理方式视而不见。在社会学中，人们常常把人本主义研究和考察人们生活中意识建构的研究联系起来。

与威廉·詹姆斯的《宗教经验之种种》（*Varieties of Religious Experience*）或者玛格丽

特·米德(Margaret Mead)的《三个原始部落的性别与气质》(*Sex and Temperament in Three Primitive Societies*)一样,人本主义社会科学通常会承认意义的多样性。它常常使用的方法包括实地研究、生活故事、定性研究,使用的材料包括文学、传记、摄影、摄像,它努力将生活如其所是地熟稔于心。人本主义研究倾向于避免抽象,而采用一种更为实用的、讲求实际的路数。虽然它通常对人类理性抱有很强信心,但是它也承认情感和感觉的作用,并且它极其强调人们在创造更好世界和更好生活的过程中作出的伦理选择。

人本主义研究受到来自多个方面的批评。科学家会嘲笑它缺乏客观性、确实性和技术能力。尼采和克尔凯郭尔等虚无主义者则不同意它对人类过于浪漫的看法,批评其伦理系统。许多宗教批评它,因为它并不承认人的卑微,不承认人只能依靠神的恩宠得到拯救。最近许多文化多元论者和后现代主义者也批评它,因为它对人是什么持有一种特定的西方自由主义观点。尽管有这么多批评,但它仍然是对社会科学主导的科学倾向持有反对意见的一种传统。

——Ken Plummer

(高勇译校)

*也可参见自传【Autobiography】、诠释性传记【Interpretive Biography】、生活史访谈【Life History Interview】、生活史方法【Life History Method】、口述史【Oral History】、定性研究【Qualitative Research】、反身性【Reflexivity】。

参考文献

Lee, A. M. (1978). *Sociology for whom*. New York: Oxford University Press.

Radest, H. B. (1996). *Humanism with a human face: Intimacy and the enlightenment*. London: Praeger.

Rengger, J. (1996). *Retreat from the modern: Humanism, postmodernism and the flight from modernist culture*. Exeter, UK: Bowerdean.

人文系数(Humanistic Coefficient)

不同于从"事实"和"事物"的角度来看待世界的社会科学,社会科学中还存在另一种悠久的传统,它关心的是有意义的、存在主体间性的社会行动和价值(meaningful, intersubjective social actions and values)。马克斯·韦伯对理解【Verstehen】的强调是此类路数中最有名的一种。阿尔弗雷德·舒茨的现象学【Phenomenology】著作是另一种路数。

在1920年代和1930年代,另一位清晰阐释这种立场的著名人物是弗洛里安·兹纳涅茨基(虽然今天他已经基本上被遗忘了)。在《身处欧美的波兰农民》(与W. I. 托马斯合著)的方法注释和《社会学方法》(*The Method of Sociology*)中,他表达了对新康德主义区分自然系统和文化系统的赞同。自然系统是自然客观赋予的,有着独立的存在。它们独立于人的经验和活动。文化系统内在地和人的自觉经验关系密切,这些经验又是人这一主体在与他人互动中产生的。

兹纳涅茨基(Znaniecki, 1934)认为,"自然系统是客观地赋予科学家的,仿佛它们绝对独立于人们的经验和活动而存在"(p.136)。这类系统包括地球的地理构成、化学化合物、磁场等一类事物。它们可以不依赖人类意识的任何参与而存在。如他所言,"它们是由那些与人类活动无关的力量集合在一起的"(p.136)。与此截然相反,文化系统处理的是人的自觉体验和积极的历史主体。那些体验到文化系统的历史主体确信其是真实存在的,但这种真实存在和自然系统的真实存在不是同一意义的。研究的对象总是与某人的意义相关联。兹纳涅茨基将文化资料的这种本质特征称为人文系数,“因为这些资料作为学生进行理论反思的对象,早已属于他人的积极经验了,因为正是这些积极的经验创造了这些资料”(p.136)。因此,如果忽略了文化系统,未将其视为一种人文系数,如果像研究自然系统一样去研究文化生活,那么研究者只能发现“一堆互不相连的自然事物和过程,与其开始调查的现实毫不相像”(p.137)。它是研究人类生活和文化生活的关键。

因此,社会科学的一个主要传统就是不断地强调研究这种“人文系数”的重要性,强调明白历史社会生活的参与者们建构和理解自身世界的方式的重要性,即他们的“情境定义”,他们的“一阶建构(first level constructs)”。托马斯和兹纳涅茨基的经典著作《身处欧美的波兰农民》就是这一传统的典范,他们利用了一整套主观材料——信件、生活故事、个案记录等——来理解移民生活经验的意义。这一经典研究预示了社会科学中个人文件、生活史、参与观察的重要发展。这些都是帮助我们理解人文系数的核心方法。

——Ken Plummer

(高勇译校)

*也可参见理解【Verstehen】、敏化概念【Sensitizing Concept】、生活史方法【Life History Method】、参与观察【Participant Observation】。

参考文献

Bryun, T. S. (1966) *The human perspective in sociology: The methodology of participant observation*. Englewood Cliffs, NJ: Prentice Hall.

Thomas, W. I., & Znaniecki, F. (1918-1920). *The Polish peasant in Europe and America* (Vols. 1 & 2). New York: Dover.

Znaniecki, F. (1934). *The method of sociology*. New York: Farrar and Rinehart.

Znaniecki, F. (1969). *On humanistic sociology: Selected papers* (R. Bierstadt, Ed.). Chicago: University of Chicago Press.

假设(Hypothesis)

假设是科学方法的核心特征,特别是假说-演绎科学模型的核心要素(Chalmers, 1999)。这一模型的各种形式被广泛应用于科学之中,包括社会科学。假设是从现有理论【Theory】中推导出来的陈述,它可以用特定的科学方法来进行检验。在化学或心理学中,这可能是实验;在社会学或政治学中,这可能是社会调查。假设可以被证实或证伪,它们的检验结果将会对理论产生影响,理论可能作出相应修正,然后又产生出新的假设。考虑如下简化的例子:经典迁移理论认为经济上的推拉因素是迁移的动机,行动者能够清醒地认识到这些因素。从这种理论出发,可以假设移民将会从经济停滞地区迁移到经济繁荣地区。如果经过检验,发现某些经济停滞地区反而有着较高的移入水平,那么原先的理论就必须进行修正,要么修正其经济因素的命题,要么修正行动者对此有完备知识的命题,或者两者都需要修正。

但是,假设很少能够被证明为完全正确(证实)或完全错误(证伪),源出的理论能够被完全证实或证伪的情况就更为少见。20世纪后半叶中，对于假设以及背后的理论在多大程度上能够被证实或证伪，存在大量的争论（时至今日仍然存在）。卡尔·波普尔（Popper, 1959）坚信，从逻辑上来说，只有证伪方法才能解决问题，因为无论已经记录了多少次证实的情形，你也不能确定未来不会有被证伪的情形。但是，只要有一次证伪情形就能够说明在理论设定及其推导出的假设中存在错误。因此，在这种观念看来，科学家应当努力去推翻假设。

证伪在逻辑上是正确的，它暗含着的怀疑主义也能够使假设检验更为严格，但是特别是在社会科学中，假设不可能是全称命题（universal statement），而往往是概率性的。在上面的例子中，没有人会认为在某种特定情形下所有人都会迁移，而是认为人们会更可能或更不可能迁移。事实上，在许多情形中，一个假设是否应当认为被证实还是被证伪，往往只是取决于调查发现中态度或行动几个百分点的差异。

假设可以在不同的层面上设定。研究假设是一种语言陈述，其证实或证伪也只能用语言来陈述，如"没有""全部""部分""大部分"等。在定性研究中，假设可能被表达为一种有某种特性的社会情境，这可能通过观察来加以证实或证伪。但是在调查或实验研究中，假设检验可以得到一个发现的统计显著性，因此可以判断这一发现是由于偶然概率发生还是存在真实效应的证据。虚无假设被加以表述，如移民和拥有房产之间没有关系，但是如果事实上发现了显著关系，那么虚无假设就被拒斥，备择假设被证实。备择假设可以是一个更广的研究假设，或者其一部分（Newton & Rudestam, 1999, pp. 63-65）。

——Malcolm Williams

（高勇译校）

参考文献

Chalmers, A. (1999). *What is this thing called science?* (3rd ed.). Buckingham, UK: Open University Press.

Newton, R., & Rudestam, K. (1999). *Your statistical consultant: Answers to your data analysis questions*. Thousand Oaks, CA: Sage.

Popper, K. (1959). *The logic of scientific discovery*. London: Routledge.

假设检验（Hypothesis Testing）

参见显著性检验【Significance Testing】。

假说-演绎法（Hypothetico-Deductive Method）

通常将这种方法称为"假设方法"。它包括获取或发展出一个理论【Theory】，从中逻辑性地推导出一个假设（演绎），这为与某一研究主题相关的一个"为什么"的研究问题【Research Question】提供了一个可能答案，然后再去将它和从这一问题被调查的场景中获取的合适的资料进行比较来检验这个假设。

假说-演绎法的基础是由英国数学家、神学家威廉·希韦尔(Whewell, 1847)奠定的,他借此来反对更早的由弗兰西斯·培根倡导的归纳【Induction】方法。希韦尔与其同时代人约翰·斯图尔特·密尔争论归纳的概念。他批评密尔认为的科学知识就是从许多特殊观察中进行普遍化的观念,他向那种认为观察可以完全在没有前置概念的前提下进行的观点发起挑战。他拒斥那种认为对观察进行普遍化是放之四海而皆准的合适科学方法的理念,坚持认为假设必须在科学研究的早期阶段就发展出来以便解释观察到的现象。对他而言,除非研究者可以把观察到的现象围绕一些概念组织起来,这些现象本身没有什么意义。简而言之,他将解释的来源从观察转移到了科学家头脑中的构念(constructions)上,这些构念将用来解释观察到的现象。

这些概念化(conceptions)包括使用以前没有用于解释这些"事实"的概念或措辞。在开普勒的例子中,这就是"椭圆轨道(elliptical orbit)",对牛顿而言,这就是"重力(gravitate)"。希韦尔认为,这个过程中需要有"创造性天分";这需要猜测多种概念化方式,然后选择出正确者。他认为,如果假设能够完美地拟合事实,就不可能怀疑它的真实性。尽管有着这样一种自我确认(self-validation),他还是准备通过进行预测和合适的观察来进一步检验假设。正是在后一点上,希韦尔是卡尔·波普尔的证伪主义【Falsificationism】的先声。

波普尔(Popper, 1972)对于假设用来组织理念的概念并不感兴趣。他所关心的是假设或者猜想被提出来作为研究问题的试探性答案,然后再进行检验这样一种科学观。波普尔认为,尽管人们相信科学是从观察到理论的过程,但是像实证主义【Positivism】那样,认为可以没有一丁点理论,完全从观察出发的看法是荒谬的。观察永远是选择性的,是在一个参照系或者"期望视野(horizon of expectation)"中进行。波普尔认为,我们不能等待规律从观察中自动强加于我们之上,我们必须积极地去将规律强加于世界之上。我们必须在一定程度上妄自断定(jump to conclusion),虽然随后的观察如果显示结论错误,这些结论就会被放弃。

因此,波普尔认为是科学家在以理论的形式创造着规律。但是,态度必须是批判性的而不是教条性的。教条性的态度将使得科学家寻求对他们理论的验证,而批评性的态度包括情愿通过对理论的检验和拒斥来改变理念。他认为,我们永远不可能确认理论是否真实,我们所能希望的只是去除那些错误的理论。优秀的理论能够经受住严格的检验。

——Norman Blaikie

(高勇译校)

参考文献

Blaikie, N. (1993). *Approaches to social enquiry.* Cambridge, UK: Polity.

Popper, K. R. (1972). *Conjectures and refutation.* London: Routledge & Kegan Paul.

Mill, J. S. (1947). *A system of logic.* London: Longman, Green. (Originally published in 1879.)

Whewell, W. (1847). *The philosophy of the inductive sciences* (Vols. 1 & 2). London: Parker.

I

理想类型(Ideal Type)

理想类型是定性社会研究中用于资料分析的构念【Construct】。理想类型可以用来系统地对历史资料(包括生活史资料)进行比较性分析,这一思想最早由马克斯·韦伯提出。韦伯的理想类型方法已经在理想类型分析中被改动,以满足多个案研究的要求。通过使用理想类型,我们系统地分析生活史资料的每一个个案,最终得到结构性的解释。理想类型分析是诠释性社会研究的一个分支,这种社会研究处理的是沿多个个案轨迹组织起来的叙述性(文本)资料。

历史发展

马克斯·韦伯最早提出了理想类型的思想,用来解释社会学的个体文化现象。也就是说,韦伯(Weber,1904/1949)在致力于理解从社会现实的“无限的因果网络”中得到的单个个案材料时,提出了理解类型作为其解释方案(p.84)。阿尔弗雷德·舒茨是另一位在研究中使用了理想类型的理论家,他意识到理论类型不仅是微观社会理论的有效建构工具,而且社会生活本身也是在理想类型结构中组织起来的(Schütz,1932/1967,1955/1976)。

在这样的背景下,格哈特(Gerhardt,1985,1994)把理想类型引入定性研究中。他在两项主要的研究中采用了理想类型,系统地展示了这一概念的应用范围(Gerhardt,1986,1999)。这种方法已经在德国及其他国家确立起来(如 Leisering & Leibfried,1999)。

个案分析的层次

在研究工作的三个阶段中,个案是理想类型分析的焦点。第一,个案是通过资料处理过程确立的分析单位;第二,要根据其表现理想类型的相对能力来对个案进行选择;第三,个案解释是理想类型分析的最终目标。个案工作的三个层次如下:

1.个案重构(case reconstruction)。这意味着对资料中的所有个案进行重构,使它遵循分析方案依序排列。个案重构把个案按一种有序模式进行安排,以便每个个案都可以和资料集中的所有其他个案进行比较。

2.选择典型性个案(selection of paradigmatic cases)。这是对个案进行比较分析的结果(遵循系统性的个案重构)。如果出现了相似个案的聚类时,在每一个聚类中选择一个或多个能够集中体现这种模式特点的典型性个案。

3.个案解释(case explanation)。它是研究工作的最终目标,它在结构性解释之后得到(参看下一节)。对于韦伯和现代理想类型分析者来说，目标是系统地解释经验个案的发展动态。

分析程序

通过两个层面的分析程序，研究者可以得到描述和结构性解释，两个层面中都会用到理想类型。描述用来构建概括个案动态过程的描述类型。解释用于理解个案材料的动态过程的结构模式。在描述层面和结构层面使用理想类型来理解社会生活模式，需要在分析程序中经过两个单独的阶段：

1. 描述性理想类型（descriptive ideal types）。在用分析方案重构个案时通过个案比较，相似个案就会实现聚类。从中选择一个典型性个案作为理想类型，就可以得到这些聚类的景象。理想类型个案集中体现了每个聚类中的个案动态过程。通过比较典型性个案（理想类型）和聚类中的其他个案，对每个聚类进行相同的程序，个案动态过程的丰富景象就浮现出来。这一景象展现了这一组中的模式，以及在比较基础上建立的所有组的模式。这考虑到了经验材料中的多种多样的比较，由此可以得到在理想类型的典型性个案中概括的一系列模式的全部场景。

2. 结构性理想类型（structural ideal types）。如果提出这样的问题："为什么个案会这么进行?"社会结构就进入了我们的视野。这就需要考虑模式动态过程的结构解释。只有通过以理想类型为基础的结构解释，我们才能真正理解单个个案。这类解释决定了为什么个案遵循着一种结构模式的动态过程。为了选择出能够用来进行结构模型解释的理想类型个案，我们必须在研究项目的分析视角下，建立一套个案特征的名册，这个名册定义了最优个案的特征或构成。在此基础上选出的理想类型个案是在经验材料中发现的。理想类型个案集中体现了结构模式，后者与其个案的特征尽可能吻合。理想类型个案的深度分析揭示了结构模式中"纯粹"类型的结构动态过程。我们可以试着用韦伯的术语来说，理想类型个案代表了用于分析目标的结构模式。但是，从分析上来讲，不仅应当建立最优的个案，也应当建立最差的情况。从最优个案中得到的分析图景和从最差情况中得到的分析图景放在一起，才能够得到模式的丰富的全部场景。这些模式定义了在分析个案材料中包括的潜在个案动态模式的结构背景。高地位对低地位群体，多次结婚对从未结婚家庭背景，在此只提这两项内容，这些就构成了其动态过程可以使用理想类型分析来研究的社会结构模式。

理想类型个案考虑到了联结个案和结构模式的解释。因为社会结构在资料中被具体化为个案中的一个变量值，它们相对于理想类型个案的典型性也有助于理解他们的结构性发展动态过程及个体发展动态过程。比较性分析将理想类型个案和资料中的其他个案并置，这样就可以进行子群体的分析，因此这又进一步丰富了结构模式解释的发现。

示例

我们对于冠状动脉搭桥手术病人的传记研究调查了60个个案（使用了240次访谈）。在手术前选择这些个案的根据是，每个个案都满足四个预测其手术后能够重新工作的已知标准（既有社会标准，也有医学标准）。略超过一半的个案最终在手术后能够重新工作；其他个案自己选择或者最终被迫提前退休。个案重构产生了四种模式，即血管重建成功且重新工作，血管重建失败且重新工作，血管重建成功且提前退休，血管重建失败且提前退休。我们使用描述性理想类型（即四种模式中每种的典型性个案）

对这四组进行进一步调查。为了解释个案的轨迹,我们使用最佳效果的四个标准对所有个案进行了再编码(手术后没有症状,收入提高,手术后在重新工作还是退休的决策上和配偶没有矛盾,满意的医患关系)。只有两个个案全部满足四个标准,一个是重返工作的个案,一个是提前退休的个案。他们在许多解释参数上都是不同的,如社会阶层、进行手术时的年龄、婚姻状态、对健康状况的主观感知,以及在其叙述中表达出来的主要生活兴趣。那个出身上层、年龄较大、重返工作的个案,其主要生活兴趣是偏向工作和职业的;而那个出身下层、年龄较轻、提前退休的个案,其主要生活兴趣与工作毫无关系(偏向休闲和没有工作压力的老年生活)。使用跨个案比较分析的方法(比较不同参数背景下的生活轨迹,如社会阶层),这两个理想类型个案被用来解释其他个案中的事件发展。研究的主要结论之一如下:在搭桥手术后重返工作还是提前退休,主要取决于主要生活兴趣的类型,而不是血管重建的结果。

理想类型和测量

马克斯 · 韦伯(Weber,1904/1949)说明了理想类型的目标是测量。他进行了如下表述:“这些概念是我们通过客观可能性的范畴构造各种联系的构念,借助于这种范畴,我们想象力的充分性受到评判,这些想象力是受着事实指导和训练的。”(p. 93)遵循韦伯的传统,同时展示了韦伯的理想类型方法的理念如何可以转化成为现代定性研究的一种方法,格哈特论述了在资料中其进程与理想类型相对立的那些特殊个体传记中,如何将个案解释作为一种个案发展的测量:

> 个案解释可以作为一种示例,说明了个案中如何体现出了偶然性和不可预见的风险。正是在个案与理想类型相背离之处,其独特性方才显现。看似非理性的因素,却使得其独特的动态过程变得可以理解,因此对个案作出了解释——正如韦伯所指出的那样。(p. 117)

——Uta Gerhardt

(高勇译校)

参考文献

Gerhardt, U. (1985). Erzähldaten und Hypothesenkonstruktion. *Kölner Zeitschrift für Soziologie und Sozialpsychologie*, *37*, 230-256.

Gerhardt, U. (1986). *Patientenkarrieren: Eine idealtypen-analytische Studie*. Frankfurt: Suhrkamp.

Gerhardt, U. (1994). The use of Weberian ideal-type methodology in qualitative data interpretation: An outline for ideal-type analysis. *BMS Bulletin de Methodologie Sociologique* (International Sociological Association, Research Committee 33), 45, 76-126.

Gerhardt, U. (1999). *Herz und Handlungsrationalität: Eine idealtypen-analytische Studie*. Frankfurt: Suhrkamp.

Leisering, L., & Leibfried, S. (1999). *Time and poverty in Western welfare states*. New York: Cambridge University Press.

Schütz, A. (1967). *Der sinnhafte Aufbau der sozialen Welt* [Phenomenology of the social world]. Evanston, IL: Northwestern University Press. (Originally published in 1932)

Schütz, A. (1976). Equality and the meaning structure of the social world. In *Collected Papers II* (pp. 226-273). The Hague: Martinus Nijhoff. (Originally published in 1955)

Weber, M. (1949). Die "Objektivität" sozialwissenschaftlicher und sozialpolitischer Erkenntnis ["Objectivity" in social science and social policy]. In *The methodology of the social sciences: Max Weber* (pp. 50-112). New York: Free Press. (Originally published in 1904)

唯心论(Idealism)

唯心论是一种哲学观点,它是社会科学中许多认识论立场的基础。这些认识论都认为现实是取决于精神的,或者由精神调节的。唯心论的对立面是实在论【Realism】,实在论认为现实是独立于精神而存在的,但是唯心主义思想内部也包括了许多有差异的观点。这些观点并不完全拒斥外在现实的存在;毋宁说它们指出了我们有关外在现实的知识存在局限。

事实上,最重要的唯心论哲学家之一康德认为,只有在存在于时空世界的背景下,我们才能够将自己视为具有精神禀赋的生物(Körner, 1955, Chap.4)。重要的是,我们只有通过对现象的感知才能了解现象,而这种感知是依赖于精神的。我们甚至不能了解事情本身,康德称其为“本体(noumena)”。康德的“先验唯心论(transcendental idealism)”产生了直接或间接的巨大影响,在马克斯·韦伯的著作中这种影响可能最为重要。他将认识问题从事物自身转移到了认识工具的完善上来,特别是“理想类型”。理想类型不是社会现象的平均,也不是社会现象中最可取的,而是一种推理方式,个体用这种方式可以通过共有的理性能力推论出,如果所有行动者都完全理性地行动将会出现的模式或者纯粹概念类型。因此,韦伯的方法论中至关重要地取决于理性,而理性是精神的产物(Albrow, 1990)。

黑格尔的唯心论与康德的唯心论极其不同。康德哲学的重点是认识论,是要完善认识工具;黑格尔强调的是本体论,是要发展出我们对精神的理解。不同于康德的本体,黑格尔相信可以通过矛盾及其解决的辩证过程来认识精神(以及作为普遍范畴的精神)——吊诡的是,这种方法最常和马克思联系在一起,而马克思是一位唯物主义者和实在论者!

唯心论社会科学的多数表述都没有明显而直接地溯源至康德或黑格尔,它们只是源于一些前提预设:社会世界是由理念构成的;只是因为我们认为社会世界存在,它才存在;在此基础上我们再生产了社会世界。再生产的工具被认为是语言,因此唯心论支持社会科学中的“语言学转向”。彼得·温奇(Winch, 1958/1990)是一位重要的创始人,至少在英语世界中是如此,他认为社会生活中的规则遵循是由语言实践构成的,因为语言是不断变化的(并相应地塑造着文化),因此要了解一种文化,就必须去了解这种文化的语言。温奇的哲学是常人方法论【Ethnomethodology】的重要组成部分,对稍微晚近的后现代主义【Postmodernism】方法也有间接影响。

——Malcolm Williams

(高勇译校)

参考文献

Albrow, M. (1990). *Max Weber's construction of social theory*. London: Macmillan.

Körner, S. (1955). *Kant*. Harmondsworth, UK: Penguin.

Winch, P. (1990). *The idea of a social science and its relation to philosophy*. London: Routledge. (Originally published in 1958)

识别问题(Identification Problem)

在社会科学中,经验研究涉及从由数据、参数化模型、统计矩条件组成的预先设定好的系统中得到一致性的(consistent)总体参数估计【Parameter Estimation】。在此背景下,识别问题是指模型参数无法得到一致性估计的任何情形。能够得到模型参数的一致性估计的系统就被称为可识别的(identified),无法得到一致性估计的系统就是无法识别的(not identified)。有时,一个系统只能在部分参数上得到一致性估计,此时识别问题就是在参数水平上。识别问题可以粗略地分为两类:由于矩条件不足(insufficient moment condition)而引起的识别问题,以及由于模型的过度参数化(overparameterization)而引起的识别问题。但是,这两类之间存在相当程度的重叠(过度参数化的模型可以被视为矩条件太少,反之亦然)。这些现象在理论上和经验上的简要例证将在下面给予介绍。

普通最小二乘【Ordinary Least Squares, OLS】回归可以被视为对由于矩条件不足而引起的识别问题的一种解决办法。考虑如下简单的确定性(deterministic)系统:

$$y_i = \alpha + x_i\beta + \varepsilon_i, i = 1, \cdots, n \quad (1)$$

其中 ε_i 是非随机的松弛项(slack terms)。只有方程(1)是无法决定未知参数 α 和 β 的;这里本质上存在着 n 个方程和 $n+2$ 个未知量(n 个松弛项也被视为未知量)。因此,系统的识别还缺两个方程。但是,如果松弛项是随机误差,那么如下两个 OLS 矩条件就通过 OLS 回归提供了两个用以识别 α 和 β 的一致性估计的必要方程。

$$E(\varepsilon_i) = 0(\text{零均值条件}) \quad (2)$$

$$E(x_i\varepsilon_i) = 0(\text{外生性条件}) \quad (3)$$

熟悉的工具变量【Instrumental Variable】技术是解决识别问题的一个典型案例。如果方程(3)中的外生性条件不成立,那么由方程(1)和方程(2)构成的系统的识别就缺一个矩条件。如果存在对 x_i 的合适工具变量 z_i,那么如下 4 个额外方程:

$$x_i = \gamma + z_i\delta + v_i, i = 1, \cdots, n$$
$$E(v_i) = 0$$
$$E(z_iv_i) = 0$$
$$E(z_i\varepsilon_i) = 0$$

再加上方程(1)和方程(2),就可以用于识别参数 α, β, γ 和 δ(实际上存在 $2n+4$ 个方程和 $2n+4$ 个未知量,在此 ε_i 和 v_i 也被视为未知量)。注意,如果 $\beta=0$,由方程(1)和方程(2)构成的系统也是可识别的(但此时也无关紧要),所以这个识别问题也可以被简单化地视为过度参数化问题之一。

识别问题中的过度参数化类别有一个重要例子,就是联立方程问题(simultaneous equations problem),这通常要用系统中的参数约束来加以解决。在包括多个模型方程的系统中,变量是联立决定的,因此通常都不能满足方程(3)中的外生性条件。例如,如果 y_i 和 x_i 是联立决定的,z_i 是外生【Exogenous】的,那么联立模型就为如下所示:

$$y_i = x_i\beta_1 + z_i\theta_1 + \varepsilon_{1i} \quad (4)$$

$$x_i = y_i\beta_2 + z_i\theta_2 + \varepsilon_{2i} \quad (5)$$

$i=1,\cdots,n$，其中 $E(\varepsilon_{1i})=E(\varepsilon_{2i})=E(\varepsilon_{1i}\varepsilon_{2i})=E(z_i\varepsilon_{1i})=E(z_i\varepsilon_{2i})=0$。

这个系统中的两个方程都无法识别(not identified)。要理解这一点，注意方程(4)中的 y_i 通过方程(5)中的 x_i 与 ε_{2i} 相关。类似地，方程(5)中的 x_i 通过方程(4)中的 y_i 与 ε_{1i} 相关。因此，整个系统不满足 OLS 的外生性条件，不能得到一致性估计。此外，一些代数运算表明，方程(4)和方程(5)在参数意义上是等价的，因此不可能有解。如果理论表明存在参数约束 $\theta_1=0$，那么上述方程就不是等价的，z_i 就可以作为 y_i 的合适工具变量。此时，方程(5)可以使用工具变量技术得到一致性估计。方程(4)仍然是无法识别的，因为包括在数据(x_i，y_i，z_i)中的所有信息都已被耗尽(关于联立方程模型中识别问题的详尽理论处理，请参看 Greene，2003；Kmenta，1997；Schmidt，1976；Wooldridge，2003)。

曼斯基(Manski，1995)介绍了一些社会科学应用研究中关于识别问题的实例。例如，曼斯基提出的在社会项目评估上的“混合问题(mixing problem)”就是一个识别问题。也就是说，在进行社会项目的受控试验时，对实验处理组样本的处理是同质的，或者对其中不同人群的处理是有差别的，结果是有差别的。因此，在社会项目实验的结果中，社会项目在不同人群中的潜在结果是不可识别的。此外，工资决定的经济模型中的“选择问题(selection problem)”也是一个识别问题。市场工资数据通常都排除了总体中那些选择不工作者的工资观察资料；因此，如果用那些选择进入劳动力市场者的工资数据来估计整个总体(工作者与不工作者)的工资系数估计，那这个问题就是不可识别的。在上述两个例子中，可以通过将先验信息引入问题中来解决识别问题(请参见 Manski，1995)。只要把这些先验信息视为额外的矩条件，前面的混合问题和选择问题就都是由于矩条件不足引起的识别问题。

——William C. Horrace

(高勇译校)

参考文献

Greene, W. H. (2003). *Econometric analysis* (5th ed.). Upper Saddle River, NJ: Prentice Hall.

Kmenta, J. (1997). *Elements of econometrics* (2nd ed.). Ann Arbor: University of Michigan Press.

Manski, C. F. (1995). *Identification problems in the social sciences.* Cambridge, MA: Harvard University Press.

Schmidt, P. (1976). *Econometrics.* New York: Marcel Dekker.

Wooldridge, J. M. (2003). *Introductory econometrics* (2nd ed.). Mason, OH: South-Western.

特殊知识/通则知识(Idiographic/Nomothetic)

参见通则知识/特殊知识【Nomothetic/Idiographic】。

影响评估(Impact Assessment)

影响评估需要对一项干预(intervention)的长期效果进行全面评价。

对感兴趣的现象,如一个社区发展项目,评价者的问题是:从预期效果和未预期效果两方面来说,这个项目对社区有何影响(Patton, 1997)?

影响评估给评价带来了更广的、整体性的视角。评价中第一个评估层面是资源层面或者输入层面:项目或计划在多大程度上取得了实施所需要的目标资源?第二个评估层面是实施分析:项目或计划在多大程度上如计划实施?第三个分析层面关注产出:从参与水平、完成情况、最终产出来看,项目或计划在多大程度上取得了预期目标?第四个分析层面涉及后果:项目或计划的参与者的生活在多大程度上以何种方式按预期目标得到了改善?最后,评价的最终层面是影响评估:后果在多大程度上是在长时间段中可持续的或者有所增进的,在更大的范围内(如社区中)产生了什么样的"涟漪效应(ripple effect)"?

以一个教育项目为例。评价的第一个层面是输入评估,需要考察资源的充足程度——足够的建筑物、材料、胜任的员工、交通等。第二个评价层面是实施分析,需要考察预期的课程在多大程度上被教授,是否以高质量的方式进行教学。第三个评价层面是输出,如毕业率、减少辍学率、家长参与指标、(学生、家长、教师的)满意度数据等。第四个层面是后果评价,要看成就得分、学生工作的质量、对学生在情感方面和社会方面的成长的测量。最后,影响评估要看这个教育项目给学生毕业后带来的长时间效果,给项目实施所在社区带来的效果,例如社区荣誉感、犯罪率、住房拥有方面的变化,或者由于高质量的学校为社区吸引了商业项目,或者商业项目由于学校绩效太差而搬出了社区。

就本质而言,影响评估中存在着两个维度:时间维度(time dimension)和范围维度(scope dimension)。时间维度是长时段来看:除了即刻的、短期的后果,什么效果是可持续的或者逐渐增进的?后果评价(outcomes evaluation)对于干预和参与者变化之间的直接有益联系进行评估,如知识、能力、技巧方面的增长,再如态度和行为方面的变化。与此不同,影响评估(impact assessment)考察这些后果在多大程度上能够在长时段中保持和持续。例如,一个学前教育项目的目标是帮助孩子做好第一年上学的准备。后果就是这些孩子在校第一年的表现。影响则是他们在随后几年中的表现。

影响评估的第二个维度是范围。后果评价考察的是干预和后果之间的有限的、具体的、直接的联系。影响评估在更宽广的范围内考察涟漪效应、未预期后果、副作用、背景效应(contextual effects)。影响评估既包括考察正面效果,也包括考察负面效果;既包括预期后果,也包括未预期后果。例如,一个扫盲项目预期的可测量后果是原本是文盲的成年人会阅读了。影响则包括这些成年人能找到更好的工作、社会参与更多,甚至住房拥有率更高、离婚率更低。因此,影响评估关注的不仅是直接的、即刻的因果关联,而且是更长时段的、更广范围中的效果。

这种范围更广、时段更长的视角也带来了方法上的挑战。每件事情、任何事情都是可能的调查对象,因为要寻找的不仅是计划中的、可预见的效果,还包括未预期的效果。社区通常是影响评估的分析单位(Lichfield, 1996)。全面的影响评估需要多种方法和测量办法,既包括定量的【Quantitative】也包括定性的【Qualitative】,既包括演绎的也包括归纳的。当我们进行长时间段分析时,当我们考察的是超越项目干预【Intervention】和即刻后果之间的直接因果关联而进入更为复杂的系统中时,因果【Causal】关联会变得越来越弥散而难以把握。因此,影响评估也是花费不菲的。

随着社会科学中更加重视系统理解的重要性,影响评估也变得越来越有价值,虽然实际执行起来仍然是有挑战性的。

——Michael Quinn Patton

(高勇译校)

参考文献

Lichfield, N. (1996). *Community impact evaluation*. London: University College Press.

Patton, M. Q. (1997). *Utilization-focused evaluation: The new century text* (3rd ed.). Thousand Oaks, CA: Sage.

内隐量度(Implicit Measures)

内隐(implicit)过程和外显(explicit)过程的区分源于认知心理学的著作,但是目前在其他领域中也被普遍使用,如在社会心理学中。内隐过程是没有自觉意识、无意之中激发的,而外显过程是清醒的、有意的、可控的。对内隐过程的量度(即内隐量度)包括响应延迟程序(如内隐联想测验)(Greenwald et al., 2002);记忆任务(如过程分离程序, process-dissociation procedure)(Jacoby, Debner, & Hay, 2001);生理反应(如皮电反应,galvanic skin response);以及间接性问题(如涉及归因偏差的问题)。内隐量度包括的技术如此多样,如描述群体成员时使用更抽象还是更具体的语言的倾向,对于出现在自己姓名中的字母的偏好,在一对刺激中进行决策的反应时间。内隐联想测验(implicit association test,IAT)是一种流行的用于评估种族偏差的反应时间技术(Greenwald et al., 2002),在这种技术中,参与者首先要分别执行两项分类任务(如将名字分为黑人和白人两类,把单词分为正面和负面两类),然后这两项任务被合在一起执行。基于人们对彼此关联的一对刺激反应速度更快这一已经被证实的假定,对特定单词组合(如黑人姓名与正面特性的组合对黑人姓名与负面特性的组合)的决策速度就代表了内隐量度。与此不同,外显量度的典型例子就是传统的、直接的自陈式量度【Self-Report Measure】。

也许因为各种各样的内隐量度被设计出来处理反应的不同方面(如意识性或可控性),关注的也是不同的潜在过程或系统(如概念过程或感知过程),对于同一社会概念或态度的不同内隐量度之间只具有中等强度的关系,并且变化很大。此外,内隐量度的再测信度【Test-Retest Reliability】比外显量度稍低(Fazio & Olson, 2003)。

内隐量度和外显量度之间也只具有中等强度的关系,并且变化很大(Dovidio, Kawakami, & Beach, 2001)。内隐量度和外显量度之间不一致的潜在原因之一在于,它们在受到策略性控制影响方面有所差异。外显量度比内隐量度更为透明,具有更高的反应性【Reactivity】。因此,在具有社会敏感性的领域,内隐量度和外显量度之间的一致性更弱。内隐量度和外显量度之间不一致关系的另一种解释是,人们常常对于人和事物持有双重态度——一种是老旧的习惯性态度,另一种是新的自觉态度。因为内隐量度处理的是习惯性态度,外显量度评估的是新近生成的态度,如果双重态度的这两个成分有分歧,内隐量度和外显量度就可能并不相关。

总而言之,内隐量度代表了一系列形形色色的技术,这些技术在目标、实施、假定、解释上与直接而外显的量度有着根本不同。此外,由于它们是新近出现的技术,其心理测量特性（信度【Reliability】与效度【Validity】）比许多已经成熟的外显量度（如偏见量表）来说更加缺少证明。但是，内隐量度的应用对于理解人类的记忆、认知和社会行为已经作出了相当大的贡献。

——John F. Dovidio

（高勇译校）

参考文献

Dovidio, J. F., Kawakami, K., & Beach, K. R. (2001). Implicit and explicit attitudes: Examination of the relationship between measures of intergroup bias. In R. Brown & S. L. Gaertner (Eds.), *Blackwell handbook of social psychology: Intergroup processes* (pp. 175-197). Malden, MA: Blackwell.

Fazio, R. H., & Olson, M. A. (2003). Implicit measures in social cognition research: Their meaning and use. *Annual Review of Psychology*, *54*, 297-327.

Greenwald, A. G., Banaji, M. R., Rudman, L. A., Farnham, S. D., Nosek, B. A., & Mellott, D. S. (2002). A unified theory of implicit attitudes, stereotypes, self-esteem, and self-concept. *Psychological Review*, *109*, 3-25.

Jacoby, L. L., Debner, J. A., & Hay, J. F. (2001). Proactive interference, accessibility bias, and process dissociations: Valid subject reports of memory. *Journal of Experimental Psychology: Memory, Learning, and Cognition*, *27*, 686-700.

插补法(Imputation)

缺失值【Missing Data】在实践中很常见，通常使得数据分析变得棘手。因此，处理数据中的缺失值的一种通用方法就是插补法，即为每个缺失数据填充一个或多个合理的数值，以便产生一个或多个完整的数据集。原则上，每个这样的数据集都可以用标准方法进行分析，这些标准方法原本是适用于完整数据的。通常，先对缺失值进行插补然后再用标准的完全数据方法，要比设计用于直接分析不完整数据的专用统计技术更容易。例如，在社会调查中，在不同变量上出现缺失值很常见。收入信息最可能得不到，其次还有关于性习惯、卫生、宗教的问题。对观察到的不完整数据进行正确分析会非常复杂。因此，通常更容易的做法是插补法。

插补法的另一个重要优势是在需要产生一个面向公众使用的数据的场景下，因为插补者会使用到那些不适于向公众公布的备用的保密信息和细节信息。除此之外，数据插补法使得所有使用者都以相同方式解决缺失值问题，这确保了所有使用者的分析是一致的。

插补法也能够容纳那些在标准统计软件包进行的分析中通常被删除掉的已观察数据。这些软件包通常用整条删除【Listwise Deletion】法处理不完整数据，也就是说，删除所有至少有一个缺失项的案例。这种做法在统计上是低效的，通常会导致有很大偏误的推断。特别是在多元分析中，“整条删除”会大量减少可用数据，使得剩余数据不再对目标总体具有代表性。只基于完整观察案例的多元分析通常会损失相当大比例的数据（30%甚至更多），这至少减少了估计的精确性。

除此之外，只基于完整案例进行推断有一个隐含的假设，即缺失数据是完全随机缺失的（Missing Completely at Random，MCAR），通常这一假设并不成立。在社会调查中，特殊的社会经济群体或少数民族通常会产生更多的缺失值。在这种情况下,如果缺失与否可以用已观察变量而非缺失变量来解释,缺失数据就被称为是随机缺失的(missing at random,MAR),就可以基于已观察变量来进行有效插补。作出如下假定通常是合理的,即影响回答行为差异的变量,如性别、年龄组、生活状况、社会地位等,都已经被观察到。

如果缺失与否取决于缺失变量自身,那么数据就是非随机缺失的(missing not at random,MNAR)。(正式定义请参见Little & Rubin,2002)收入情况的回答就可能是这种情况,高收入者更可能不回答,即使在已观察变量的类别给定下(如性别、居住地等)也是如此。但是,即使在这类情况下,单一插补法和多重插补法仍然有助于减少由于不回答产生的偏差。

单一插补法

插补法通常用于题项无回答【Nonresponse】,但是它也可以用于单位无回答。许多直觉上很吸引人的方法已经发展出来用于单一插补,即对每个缺失数据插补一个数值。一种略为粗糙的方法用变量的总样本均值或者案例分组后的分组样本均值(如按性别分组)来代替此变量的每个缺失值。在回归插补法中,用完整案例来估计有缺失值的变量对其他已观察变量的回归【Regression】方程。然后使用得到的预测方程来估计条件均值,用以插补每个缺失值。在随机回归插补法中,一个随机残差加入回归预测中,而随机误差的方差与回归中估计出的残方差相同。

另一种常见的程序是热卡插补法(hot deck imputation),即用所谓的供体案例(donor case)的已观察值来代替不完整案例的缺失值。简单的热卡插补法先要基于某些完整案例和不完整案例均已观察到的变量(如性别和居住地)的交互分类来定义插补单元格(imputation cells)。然后数值已经被观察到的那些案例与有缺失值的每个案例要进行配对,构成供体源,随机选择的一个供体案例的已观察值就被用来移植(插补)代替缺失值。

在最近相邻插补法中,已观察变量的距离(度量)被用来定义最佳的供体案例。当距离是基于案例在欲插补变量的预测值上的差异时,这种插补程序称为预测均值匹配法(predictive mean matching)。在过去十年间,在发展有用的热卡插补程序和最近相邻程序上已经取得了巨大的进展。

利特尔(Little,1988)详尽地讨论了产生插补值中的问题。对于插补法来说,一个主要的考虑是,在考虑了所有已观察取值之后,应该用随机抽取而不是用缺失值的最佳预测值。用均值、分组均值、回归预测值等点估计来取代缺失值,易于扭曲数据中非线性的那些估计量,如方差【Variance】、协方差【Covariance】、相关系数【Correlation】。总之,均值插补法有损于有效估计,更有损于有效推论(如置信区间【Confidence Interval】)。随机回归插补法和热卡程序对点估计而言还不错,但对于方差估计就需要进行特别修正。针对热卡法和最近相邻技术的方差估计方法已经发展出来,但是只限于特别的双变量统计量;对于此问题最新的讨论,请参见 Groves, Dillman, Eltinge, & Little (2002)。

多重插补法

为每个缺失值插补一个数值,然后用适用于完整数据的标准技术来分析此完整数据,上述做法通常会导致标准误差估计过小,置信区间过窄,而 p 值过分显著;即使绝对正确地执行了插补法的建模,上述问题依然存在。鲁宾在 1978 年引入了多重插补法

(multiple imputation, MI)并进行了详尽讨论(Rubin, 1987),这种方法可以在保有插补法优势的同时,使得数据分析者对于不确定性进行有效评估。MI 是一种用 $m>1$ 个模拟值代替缺失值的蒙特卡洛技术,模拟值根据给定已观察数据条件下真实值出现可能性的概率分布给出。m 通常很小,如 $m=5$。每个插补后的数据(即完整数据)首先用标准方法进行分析,然后再将结论汇总起来产生反映缺失数据不确定性的估计量和置信区间。

多重插补法的理论动机是贝叶斯学派的,但得出的多重插补推断从频率学派的观点来看也是成立的。正式地,贝叶斯 MI 要求进行在给定已观察数据的前提下,从缺失值的后验预测分布中进行独立的随机插取:

$$f(y_{\mathrm{mis}}|y_{\mathrm{obs}}) = \int f(y_{\mathrm{mis}},\theta|y_{\mathrm{obs}})\,\mathrm{d}\theta$$
$$= \int f(y_{\mathrm{mis}}|y_{\mathrm{obs}},\theta)f(\theta|y_{\mathrm{obs}})\,\mathrm{d}\theta$$

(为简便起见,这里用通俗的“分布”来代替严格的“概率密度函数”。)直接从 $f(y_{\mathrm{mis}}|y_{\mathrm{obs}})$ 中抽取通常很困难,所以对于 m 次抽取中的每一次都要有以下的两步骤程序:

(1)根据已观察数据的后验分布 $f(\theta|y_{\mathrm{obs}})$ 来抽取参数 θ。

(2)在已观察数据和从步骤 1 中抽取出的参数值给定的条件下,根据其条件预测分布 $f(y_{\mathrm{mis}}|y_{\mathrm{obs}},\theta)$ 来抽取缺失值 Y_{mis}。

对于很多模型,由于使用的完整数据模型具有 iid 性质,步骤 2 中的条件预测分布 $f(y_{\mathrm{mis}}|y_{\mathrm{obs}},\theta)$ 是相对直截了当的。然而,相应的已观察数据的后验分布 $f(\theta|y_{\mathrm{obs}})=f(y_{\mathrm{obs}}|\theta)f(\theta)/f(y_{\mathrm{obs}})$ 通常很难得到,特别是当数据是多元的,而且缺失模式比较复杂时。因此,已观察数据的后验分布通常不是易于从中产生随机抽取的标准分布。但是,直接的迭代插补程序已经发展出来,可以通过马尔科夫链蒙特卡洛方法【Markov Chain Monte Carlo Methods】来进行多重插补。谢弗(Schafer,1997)深入讨论了许多例子。这些包括了诸如 Gibbs 抽样【Gibbs Sampling】的数据扩充程序(Tanner & Wong, 1987)可以产生一个随机系列 $\{(y_{\mathrm{mis}}^{(t)},\theta^{(t)}),t=1,2,\cdots\}$,其平稳分布为 $f(y_{\mathrm{mis}},\theta|y_{\mathrm{obs}})$。具而言之,产生了如下迭代抽样方案。给定当前对于参数的猜测值 $\theta^{(t)}$,首先从条件预测分布 $f(y_{\mathrm{mis}}|y_{\mathrm{obs}},\theta^{(t)})$ 中抽取一个 $y_{\mathrm{mis}}^{(t+1)}$ 作为缺失值。然后,基于 $y_{\mathrm{mis}}^{(t+1)}$ 从其完整数据后验分布 $f(\theta|y_{\mathrm{obs}},y_{\mathrm{mis}}^{(t+1)})$ 中抽取新的 θ 值 $\theta^{(t+1)}$。假定 t 足够大时,从这些马尔科夫链中进行的 m 次独立抽取就可以用来作为从其后验测验分布 $f(y_{\mathrm{mis}}|y_{\mathrm{obs}})$ 得到的 Y_{mis} 的多重插补值。

现在考虑估计一个未知量 Q 的任务。在本节余下的部分中,未知量 Q 是从多重插补后的数据集中估计出的,它不同于插补模型中使用的参数 θ。虽然 Q 可以是 θ 的显函数,但多重插补法的优势之一就是并不一定需要如此。事实上,Q 甚至可以是多重插补后数据集的分析者选定的模型中的参数,而分析者的模型可以与插补者的模型不同。只要两个模型不是完全不相容,或者缺失信息比例不是太高,基于多重插补数据之上的推论仍然是大体成立的。鲁宾(Rubin, 1987)和谢弗(Schafer, 1997, Chap.4)及其参考文献中更深入地讨论了 Q 和 θ 之间的区分。

MI 原则假定完整数据统计量 $\hat{Q}$ 及其方差估计 $\hat{V}(\hat{Q})$ 可以视为 Q 的近似完整数据后验均值和方差,即基于合适的完整数据模型和先验分布而得到的 $\hat{Q}\approx E(Q|y_{\mathrm{obs}},y_{\mathrm{mis}})$ 和 $\hat{V}(\hat{Q})\approx V(Q|y_{\mathrm{obs}},y_{\mathrm{mis}})$。除此之外,使用完整数据基于大样本正态近似的检验和区间估计同样成立:

$$(\hat{Q}-Q)/\sqrt{\hat{V}(\hat{Q})}\sim N(0,1)$$

注意,从反转费希尔信息矩阵中得到的通常的最大似然估计【Maximum Likelihood Estimation】及其渐进方差一般满足上述假定。有时,需要将估计量 $\hat{Q}$ 转换为可用于正态近似的尺度;有关其他实践中的问题(请参见 Rubin,1987;Schafer,1997;Little & Rubin,2002)。

在创建了 m 个经过插补的数据集之后,m 个完整数据的统计量 $\hat{Q}^{(i)}$($i=1,\cdots,m$)及其方差估计 $\hat{V}(\hat{\theta}^{(i)})$ 就易于计算了。最终的对于量 Q 的 MI 点估计 $\hat{Q}_{\mathrm{MI}}$就是其平均值:

$$\hat{Q}_{\mathrm{MI}}=\frac{1}{m}\sum_{i=1}^{m}\hat{Q}^{(i)}$$

根据方差分析【Analysis of Variance】原则,总方差估计 T 以如下方式计算:

"插补间"方差

$$B=\frac{1}{m-1}\sum_{i=1}^{m}(\hat{Q}^{(i)}-\hat{Q}_{\mathrm{MI}})^2$$

"插补内"方差

$$W=\frac{1}{m}\sum_{i=1}^{m}\hat{V}(\hat{Q}^{(i)})$$

"总方差"

$$T=W+\left(1+\frac{1}{m}\right)B$$

修正量$\left(1+\frac{1}{m}\right)$反映了 Q 的估计是从有限次(m)插补中得到的。检验及双侧区间估计可以基于以下近似获得:$(\hat{Q}_{\mathrm{MI}}-Q)/\sqrt{T}\sim t_v$,其中 t_v 表示某一自由度下的学生 t 分布。

$$v=(m-1)\left(1+\frac{W}{(1+m^{-1})B}\right)^2$$

巴纳德和鲁宾(Barnard & Rubin,1999)放宽了上述完整数据区间估计及检验时采用 t 分布的正态参照分布假定,他们得出了相应的 MI 推断的自由度以替代前面给出的 v 的公式。除此之外,还可以采用其他方法来综合向量估计和协方差矩阵、p 值、似然比统计量【Likelihood Ratio】(参见 Little & Rubin, 2002)。

比起基于单一插补法进行的估计来说,多重插补法的区间估计会得到一个较大但有效的区间,因为这个区间考虑到了缺失值的不确定性和模拟误差而加宽了。即使插补次数不多(比如说,$m=3$ 或 4),得到的推断一般而言也接近于其名义涵盖范围或显著水平。热卡程序或随机回归插补也可以用来产生多重插补,但是这些不是从贝叶斯框架中得出的程序通常在鲁宾(Rubin,1987)定义的意义上并不是正规而适当的,因为由于估计插补模型的参数而导致的额外不确定性并非反映出来。

准确的 MI 方法正确地反映了抽样的变异性;也就是说,如果插补模型本身正确,从频率学派的观点来看,得到的多重插补推论也是正确的。随机回归插补法可以改造得更准确,办法是遵循前述两阶段程序从后验预测分布中抽取 Y_{mis},首先抽取回归模型参数(第 1 步),然后在通常插补程序中使用抽取到的参数(第 2 步)。鲁宾和申克尔(Rubin & Schenker,1986)建议使用自助抽样法改造热卡插补法,得出的程序被称为近似贝叶斯自助法。这种两阶段程序首先从每个供体源(donor pool)中抽取一个自助样本,然后从自助样本中随机抽取插补值;这是一种抽取 Y_{mis} 的两阶段程序的非参数类比。因此,近似准确的多重插补法常常可以通过直接使用标准插补程序得到。

计算问题

各种单一插补技术,如均值插补、条件均值插补、回归插补,在诸如 SPSS 这类商业统计软件包中都可以实现。随着计算能力增加,越来越多的多重插补法将被实现,使得多重插补程序对产生多重插补数据集和分析此类数据集都变得非常容易实现。

还有一些免费的程序和例程,如独立 Windows 程序 NORM,或者 S-PLUS 中的程序包 NORM,CAT,MIX,PAN,MICE(现在 R 用户也可以使用这些程序包)。NORM 对连续数据使用正态模型,CAT 对类别数据使用对数线性模型。MIX 基于一般位置模型(General Location Model)处理兼有类别和连续的数据。PAN 用于处理面板数据。S-PLUS 6 中的新缺失值程序包已经包括了上述模型并进行了简化,在多重插补之后整合了多个完整数据分析的结果。

除此之外,还有免费的SAS 可调用的应用程序 IVEware,还有基于正态分布的 SAS 程序 PROC MI 和 PROC MIANALYZE。PROC MI 提供了参数和非参数的回归插补方法,以及多元正态模型。MICE 和 IVEware 都是非常灵活的工具,可以使用链式方程为各种类型的变量生成多元插补值。AMELIA(有免费的 Windows 版本和 Gauss 版本)是专门设计出来以满足某些社会科学家的需求的。

最后,SOLAS for Missing Data Analysis 3.0 是由统计解决方案公司(Statistical Solutions Limited)提供的一套商业 Windows 程序(链接和相关细节,请参看 Horton & Lipsitz,2001)。

总结与扩展

插补法使调查者可以立刻使用所有的可得技术来分析完整数据。我们对此进行了总论,并对产生插补值中的模型问题进行了简要讨论,还讨论了如何分析多个插补后的数据集以得到有效推断。

对于社会科学而言,MI 的另外一个优势可能在于将较长问卷分为合适的几部分,以便回答人只需要填答较短的问卷,这保证了更高的回答率、更好的数据质量,而且还降低了成本。由此生成的缺失数据可能设计成为完全随机缺失(MCAR)或随机缺失(MAR)的,然后可以进行多重插补,得到的结果也很好;有关其基本思路,请参见 Raghunathan & Grizzle(1995)。

虽然贝叶斯方法常因其需要选择先验分布而为人诟病,但在识别问题发生时这一点本身也会成为一种优势。例如,在不同的先验情景下的缺失值多重插补可以进行敏感性分析(sensitivity analysis)[有关其在统计匹配(statistical matching)中的应用,请参见 Rubin,1986;Rässler,2002]。

最后,经验证据表明,随机缺失(MAR)的多重插补对违反 MAR 假定通常是相当稳健的。即使 MAR 假定是错误的,使用多重插补策略对估计值和标准差也只有很小的影响。只有当非随机缺失(MNAR)是严重隐患,缺失信息的比例相当大时,才有必要对数据和缺失值进行联合建模。除此之外,由于缺失值不可观察,数据并不存在直接证据来说明 MAR 假定。因此,更有帮助的办法是考虑多个替代模型,然后考察得到的推断的敏感性。

因此,多重插补程序看起来是考虑缺失问题和利用所有有效的宝贵信息的最佳可行办法。总之,要使随后的分析在统计上有效,关键一点是要使用多重插补而非单一插补。

——Susanne Rässler
Donald B. Rubin
Nathaniel Schenker
(高勇译校)

作者注释：本词条表达的观点并不一定代表美国政府的观点，申克尔作为合著者并不意味着官方对其陈述的认可，甚至其陈述可能与美国政府官方立场相左。

参考文献

Barnard, J., & Rubin, D. B. (1999). Small-sample degrees of freedom with multiple imputation. *Biometrika*, *86*, 948-955.

Groves, R. M., Dillman, D. A., Eltinge, J. L., & Little, R. J. A. (2002). *Survey nonresponse*. New York: Wiley.

Horton, N. J., & Lipsitz, S. R. (2001). Multiple imputation in practice: Comparison of software packages for regression models with missing variables. *The American Statistician*, *55*, 244-254.

Little, R. J. A. (1988). Missing data adjustments in large surveys. *Journal of Business and Economic Statistics*, *6*, 287-301.

Little, R. J. A., & Rubin, D. B. (2002). *Statistical analysis with missing data*. New York: Wiley.

Raghunathan, T. E., & Grizzle, J. E. (1995). A split questionnaire survey design. *Journal of the American Statistical Association*, *90*, 54-63.

Rässler, S. (2002). Statistical matching: A frequentist theory, practical applications, and alternative Bayesian approaches. *Lecture Notes in Statistics*, *168*. New York: Springer.

Rubin, D. B. (1986). Statistical matching using file concatenation with adjusted weights and multiple imputations. *Journal of Business and Economic Statistics*, *4*, 87-95.

Rubin, D. B. (1987). *Multiple imputation for nonresponse in surveys*. New York: Wiley.

Rubin, D. B., & Schenker, N. (1986). Multiple imputation for interval estimation from simple random samples with ignorable nonresponse. *Journal of the American Statistical Association*, *81*, 366-374.

Schafer, J. L. (1997). *Analysis of incomplete multivariate data*. London: Chapman and Hall.

Tanner, M. A., & Wong, W. H. (1987). The calculation of posterior distributions by data augmentation (with discussion). *Journal of the American Statistical Association*, *82*, 528-550.

独立(Independence)

社会科学家们通常对于此类经验问题很感兴趣："在大都市地区居住和面临更高犯罪率是否有关"，或者"一年挣到 50 000 元以上与获得大学文凭是否有关"。我们用统计独立(independence)或者相依(dependence)这样的概念来回答这些问题。如果某一事件的发生并不影响另一事件的发生概率【Probability】，两个事件就被称为统计上彼此独立。这一普遍性的思想可以扩展到任何数量的彼此无关的独立事件。相反，如果某一事件的发生影响另一事件的发生可能性，这两个事件就被称为是相关的，或者统计上是相依的。

如果两个事件彼此独立，某一事件发生的事实就不会影响到另一事件发生的概率。假定事件 A 的概率[即 $P(A)$]和事件 B 的概率[即 $P(B)$]都不为零。两个事件之间的统计独立意味着，B 给定时 A 的条件概率[即 $P(A|B)$]与 A 的边缘概率(或非条件概率)[即 $P(A)$]完全相同。也就是说，如果 A 和 B 是独立的，那么 $P(A|B)=P(A)$。类似地，如果两个事件彼此独立，可以期望 A 给定时 B 的条件概率[即 $P(B|A)$]与 B 的发生概率[即 $P(B)$]完全相同。换言之，

如果 A 和 B 彼此独立，那么 $P(B|A)=P(B)$ 且 $P(A|B)=P(A)$。

统计独立的通常定义是，当且仅当事件 A 和事件 B 的联合概率［即 $P(A\cap B)$］等于它们各自边缘概率（或非条件概率）之积时，这两个事件彼此独立。试考虑两个事件 A 和 B。我们已知 $P(A|B)=P(A)$，那么因为 $P(A|B)=\frac{P(A\cap B)}{P(B)}$，我们可以在 $P(B)\neq 0$ 的假定下得到 $P(A\cap B)=P(A)\times P(B)$。类似地，$P(B|A)=P(B)$ 也可以用相同方式得出同样的结论 $P(B\cap A)=P(A)\times P(B)$。彼此独立的定义可以扩展到多个事件中。具体来说，事件 $A,B,C,\cdots,Z$ 的概率均不为零，它们当且仅当如下条件成立时彼此独立：

$$P(A\cap B\cap C\cap\cdots\cap Z)=P(A)\times P(B)\times P(C)\times\cdots\times P(Z)$$

假定我们抛一个公平的六面骰子两次。事件 A 为出现奇数（出现 1,3,5），事件 B 为出现偶数（出现 2,4,6）。我们知道，$P(A)=3/6=1/2$，$P(B)=3/6=1/2$。那么抛第一次出现奇数（事件 A）且第二次出现偶数（事件 B）的概率为 $P(A\cap B)=P(A)\times P(B)=1/2\times 1/2=1/4$，因为这两次抛骰子都是彼此独立的。类似地，抛一个没有偏差的硬币三次，得到三次反面的概率就是 $P(T_1\cap T_2\cap T_3)=P(T_1)\times P(T_2)\times P(T_3)=1/2\times 1/2\times 1/2=1/8$。

表 1　人口交互分类显示的统计相关性

种　族	党　派			总和
	民主党	独立党	共和党	
白人	400	100	600	1 100
非白人	100	20	260	380
总和	500	120	860	1 480

考虑一个统计独立在其中不成立的例子。表 1 是一个列联表【Contingency Table】，显示的是一个纯粹假想出来的社区中的人口交互分类情况。如果从这个总体中随机抽取一个居民，这个居民是白人且是共和党的概率是多少？令事件 A 为我们抽到一个共和党人，事件 B 为我们抽到一个白人。因为共有 860 名共和党人，所以 $P(A)=860/1\,480$，概率大约是 0.581。类似地，抽到一个白人的概率为 $P(B)=1\,100/1\,480$，大约是 0.743。在 1 100 名白人中，有 600 人认同自己是共和党人。因此，如果我们已知这个居民是白人，那么他是共和党人的概率就是 600/1 100，大约是 0.545。类似地，如果我们已知这个居民是共和党人，那么他是白人的概率就是 600/860，大约是 0.698。因此我们有 $P(A)=0.581$，$P(B)=0.743$，$P(A|B)=0.545$，$P(B|A)=0.698$。可以看出，在这个例子中，$P(A\cap B)\neq P(A)\times P(B)$，因此我们得到：

$$P(A\cap B)=P(A)\times P(B|A)=0.581\times 0.698\cong 0.406$$

或 $P(A\cap B)=P(B)\times P(A|B)=0.743\times 0.545\cong 0.405$

但是，$P(A)\times P(B)=0.581\times 0.743=0.432$，我们发现 A 和 B 的联合概率 $P(A\cap B)$ 并不等于它们各自概率的乘积。因此这两个事件是相关的。用来检验变量间独立性的统计方法取决于数据的性质［更多关于独立性的统计检验的信息请参考 Agresti & Finlay (1997), Agresti (2002), Johnson & Bhattacharyya (2001)］。

——Cheng-Lung Wang

（高勇译校）

参考文献

Agresti, A. (2002). *Categorical data analysis* (2nd ed.). New York: Wiley Interscience.

Agresti, A., & Finlay, B. (1997). *Statistical methods for the social sciences*. Upper Saddle River, NJ: Prentice Hall.

Johnson, R. A., & Bhattacharyya, G. K. (2001). *Statistics: Principles and methods* (4th ed.). New York: Wiley.

自变量(Independent Variable)

自变量就是被认为对另一个被称为因变量【Dependent Variable】的变量施加因果影响的任何变量。什么可以被视为自变量,实验研究和非实验研究对此的理念有所不同,请参看自变量(实验研究中)【Independent Variable (In Eexperimental Research)】和自变量(非实验研究中)【Independent Variable (In Nonexperimental Research)】。

——Alan Bryman

(高勇译校)

自变量(实验研究中)(Independent Variable [in Experimental Research])

每一个真正的实验的标志性特点就是有自变量(Independent Variable, IV),即一个由研究者控制的可调节或者可变化的实验特征。此类变量被称为自变量,因为它们独立于它们在自然条件中的时空变化来源。研究者可以决定是否施加这个自变量于某一特定参与者身上,或者某些参与人群中,可以决定这个变量的程度或强度。对自变量的有控制的变化,被称为实验处理(treatments),或者实验操控(manipulations)。自变量是否存在或者自变量的不同数量被称为处理的不同水平。处理水平可以是定量的(如某种药物的5,10,35 mg),也可是定类的(参与者被分配到工作小组A,B或C)。自变量可以与因子设计【Factor Design】结合起来,然后估计它们的交互影响。在实验室实验【Laboratory Experiment】中,自变量非常关键,因为它构成了因果推断的基础。被随机分配到不同实验条件下的参与者被认为是在起始阶段完全相同的。接受了自变量不同水平的参与者在因变量【Dependent Variable】上的处理后,差异被归因于自变量。

科拉诺和布鲁尔(Crano & Brewer, 2002)区分了三种类型的自变量:社会的、环境的、指令的处理。社会处理取决于实验中人的行动,这些人通常是实验者雇用的演员,他们的行为是预先规定好的或者受控制的。在阿施(Asch, 1951)的经典遵从研究中,天真的参与者做出了一系列与其他人一致的比较性评价。事实上,其他人都不是天真的,而是一直在把参与者引入歧途的共谋者。在一种情况下,会有一个共谋者给出与其同伙不一致的结论,这就破坏了共谋者之间的(错误的)一致意见。在意见一致和不一致两组之间的差异,就被解释为是受控制的共谋者的反应一致程度差异引起的。

环境处理指的是对于物理场景的某些特质进行系统操控。在一项态度变化实验中,所有的参与者都接受相同的劝服性交流,但是有人是在存在干扰的环境下接受这些信息的,有着实验故意制造出来的噪声和混乱。在正常条件下的参与者和存在干扰的环境下的参与者,这两组受到信息影响的程度就可以进行因果解释,只要参与者是被随机地分配到两组之中的,并且实验者控制着干扰因素的存在。

指令操控取决于提供给参与者的指令差异。例如,赞纳和库珀(Zanna & Cooper,1974)给参与者一片药,然后告诉其中一些人他们会感到紧张不安,告诉另一些人药片会有助于放松。事实上,药片只含有一种惰性物质,根本没有任何药理效果。参与者在随后产生的判断差异就被归因于指令操控(即自变量)的差异。

对于严格的实验主义者来说,区分参与者的因素(如性别、宗教信仰、智商、人格因素)和其他不在研究者操纵范围之内的变量(如洛杉矶的自杀率)不能被认为是自变量,也不能进行因果解释。但是,在一些研究传统中,不在实验操控下的变量有时也被认为是原因。例如,一个社会中在时间点 1 上的结婚率和时间点 2 上的自杀率存在高度相关,人们可能会想到,婚姻增加了人的满足感,进而影响了自杀发生的可能性。这可以解释为,婚姻引起了满足,这影响了自杀率的发生可能性。相反的结论是站不住脚的:时间点 2 上的自杀率不可能影响先前的结婚率。但是,这种结论通常也应当是试探性的,因为可能存在第三个没有测量的变量才是这一表面上的关系的真正原因。在现在这个例子中,经济条件可能是真正的原因,它在时间点 1 影响了结婚率,在时间点 2 影响了自杀率。由于存在这种第三个变量才是真正原因的可能性,基于相关结果的因果推论至多被认为是试探性的。在理想的实验情境中,这些外生影响被控制住了,因此不能用它们的影响来解释接受了不同水平的变量处理的各组间的差异。

——William D. Crano

(高勇译校)

参考文献

Asch, S. E. (1951). Effects of group pressure upon the modification and distortion of judgments. In H. Guetzkow (Ed.), *Groups, leadership, and men* (pp. 177-190). Pittsburgh, PA: Carnegie Press.

Crano, W. D., & Brewer, M. B. (2002). *Principles and methods of social research* (2nd ed.). Mahwah, NJ: Lawrence Erlbaum.

Zanna, M. P., & Cooper, J. (1974). Dissonance and the pill: An attribution approach to studying the arousal properties of dissonance. *Journal of Personality and Social Psychology*, *29*, 703-709.

自变量(非实验研究中)(Independent Variable [in Nonexperimental Research])

自变量也被称为解释变量【Explanatory Variable】或者输入变量。自变量,或者更准确地说,自变量对于因变量【Dependent Variable】的影响,是研究者在典型的定量社会科学研究中分析的对象。严格而言,自变量是研究者能够操控的变量,如其在实验【Experiment】中那样。但是,在非实验研究中,变量是无法操控的,因为有时候研究者并不清楚研究的多个变量之中哪一个可以被视为自变量【Independent Variable】。有时候,研究者宽泛地使用这一术语,来指涉回归【Regression】方程中处于右端的所有变量。但是有必要讨论在不同的研究设计【Research Design】中自变量的内在含义。如果数据是从横截面设计【Cross-Sectional Design】中得到的,所有变量信息都是一起获取的,没有变量是被操控的,这意味着,哪个变量对其他变量有因果影响并非显而易见。在社会学、政治学、经济学、地理学等学科中的变量不被操控,主要有以下几个原因:某些变量不可能被操控(如民族和性别);对某些变量操控并不现实(如人们居住的地区);或者操控在伦理上或政治上是不可接受的(如引发贫困的因素)。有一些此类变量(如种族、民族、性别、出生国等),在分析中被视为“固定”的。与实验研究中可操控性的定义相反,固定变量是根本不可操控的,但是在非实验研究中却是可以被安全地视为和处理为“自变量”。

在纵贯性设计中,如定群设计【Panel Design】,问题会变得更为复杂,因为虽然变量仍然不能操控,但是数据是在不同时点收集的,这使研究者可以对变量在时间上的先后和因果关系的方向进行经验性的分析。严格的实验主义者仍然会坚称,操控的缺乏会使得因果关系的方向令人怀疑。为了解决这一困难,定群数据的分析者求助于所谓的交叉滞后定群分析(cross-lagged panel analysis),来评估在两个或多个时点上测量的变量的因果关系方向。此类分析中自变量和因变量的区分在某种程度上变模糊了,因为在第一个回归方程中被认为因果上在先的变量被视为自变量,但是在第二个回归方程中就被视为因变量。反过来,在第一个回归方程中被认为因果上在后的变量被视为因变量,但是在第二个方程中被视为自变量。从此类分析来看,自变量(independent variable)这一术语就显得有些武断;要紧的是在非实验研究中进行清晰的思考和仔细的分析。

对于从非实验研究中收集的变量运作一个回归方程,然后进行因果关系推断,这已经众所周知是错误的,但是我们在这些研究中如何才能获得自变量呢?使用非实验研究设计(如调查【Survey】设计)的研究者必须进行因果推断(causal inference)来探寻出自变量。本质上,这个过程既包括从我们对社会世界本质的理解中进行常识性推断,也包括从关注领域中的现有理论、研究和分析技术中进行推断。这一因果推断过程存在于诸如因果建模【Causal Modeling】和定群分析【Panel Analysis】这类方法当中,交叉滞后定群分析也与此有关。

举一个简单的例子:众所周知,年龄与投票行为是关联的。这是否意味着,我们所能说的只是这两个变量是相关的?因为我们的投票方式不可能对我们的年龄有任何影响,因此认为年龄是自变量看起来更为合乎情理。当然,可能存在中介变量【Intervening Variable】或者调节变量【Moderating Variable】在起作用,它影响着年龄和投票行为之间的因果路径,但是此类变量可以进行因果推断这一基本点仍然成立。

如果因果方向不是那么显而易见,那么进行因果推断就变得更为困难了。例如,如果我们从一个大公司的调查中发现雇员的组织忠诚水平和工作满意度是相关的,就很难确定因果关系的方向,虽然与这些变量相关的既有发现和理论可能会提供给我们一些有用的线索。在此类情形中,定群研究通常会是分解原因和结果的较好工具。

——Alan Bryman

Tim Futing Liao

(高勇译校)

参考文献

Davis, J. A. (1985). *The logic of causal order* (Sage University Paper Series on Quantitative Applications in the Social Sciences, 07-055). Beverly Hills, CA: Sage.

Rosenberg, M. (1968). *The logic of survey analysis*. New York: Basic Books.

深度访谈(In-Depth Interview)

深度访谈是一个术语,指涉包括无结构化访谈【Unstructured Interview】,半结构化访谈【Semistructured Interview】,有时也包括其他类型的定性研究中的访谈【Interview in Qualitative Research】,如叙事访谈【Narrative Interview】和生活故事访谈【Life Story Interview】。

——Alan Bryman
(高勇译校)

指数(Index)

指数是对一个抽象的理论构念【Construct】的测度,它将这个构念的两个或多个指标(indicators)综合起来构成单一的汇总得分。就这一点而言,量表【Scale】就是一种指数,事实上这两个词有时可以互换使用。但是,量表以数据中属性模式为基础对个体进行排列,而指数只是几项被称为子项(items)的指标的加总合成。因此,量表可以利用数据中属性间存在的任何强度结构,而指数只是假定所有子项都同样程度地反映了潜在的构念,因此只要加总此人在每个子项上的得分就可以反映这个构念。

指数被政府机构和社会科学界广泛使用,比量表使用更为频繁。例如消费者价格指数测量了经济中不同领域(如住房、洗车、地产、消费品等)的价格。所有这些东西都会影响到消费者为商品和服务而支付的平均价格,因此都被包含到此指数当中。这个例子表明了为什么指数一般而言优于单个指标。汽油价格在某个时段里可能暴涨,但是其他东西的价格仍然保持稳定。在其他东西价格不变时,只是基于上涨的汽油价格来建立消费者价格指数是不准确且具有误导性的。

此外,指数不一定是单一维度的。例如,政治学家使用一个七级指数测量党派认同。这个指数沿一个连续谱如下排列:坚定的民主党,一般的民主党,偏向民主党的独立人士;独立人士;偏向共和党的独立人士;一般的共和党,坚定的共和党。很容易看出,这个指数包括了两个不同的维度。第一个是方向维度,从民主党到独立人士到共和党。但是,还有一个强度维度,从坚定到一般、独立、一般,再回到坚定。

政府常常使用由官方统计数据构建的指数。例如,消费者价格指数被用来测量消费者支付的价格水平,FBI 的犯罪指数是七项所谓的指数犯罪率(index crime rates)的加总,它是美国犯罪情况的整体指标。

——Edward G. Carmines
James Woods
(高勇译校)

参考文献

Carmines, E. G., & McIver, J. P. (1981). *Unidimensional scaling* (Sage University Paper Series on Quantitative Applications in the Social Sciences, 07-024). Beverly Hills, CA: Sage.

Nunnally, J. C. (1978). *Psychometric theory*. New York: McGraw-Hill.

指标(Indicator)

参见指数【Index】。

归纳(Induction)

在逻辑上,归纳就是从特殊陈述到普遍陈述的过程。在社会科学中,这种逻辑被用来从资料中生成理论【Theory】。许多具体实例被用来产生一个普遍结论,这个普遍结论的论断范围超出了其立基的证据。理论包括关于现象间联系的普遍性概括【Generalization】。例如,许多来自破裂家庭的少年罪犯的观察实例被用来得出结论:“所有的少年罪犯都是来自破裂家庭。”

这是对科学家的工作方式的流行看法,他们进行细致而客观的观察和测量,然后仔细而精确地分析资料。这也是与实证主义【Positivism】相关联的科学逻辑,其反面是与证伪主义【Falsificationism】相关联的演绎【Deduction】。

归纳推理的早期形式要归功于亚里士多德及其弟子,这也被称为枚举归纳(enumerative induction)或单纯归纳(naïve induction)。之后在17世纪,弗朗西斯·培根倡导将归纳视为唯一的科学方法。他想要的方法是要能够“从头脑中清除所有的预设与偏见,带着全新的眼光去阅读自然的书”(O'Hear, 1989, p.16)。培根批评亚里士多德的方法,认为不能仅仅通过从观察中普遍化来累积知识,还有必要关注那些负面的实例。他的方法是一种“清除性的(eliminative)”归纳法,要求对存在和不存在要考察的现象的实例进行比较。两个世纪之后,约翰·斯图尔特·密尔在他的求同法和差异法中将培根的思想精细化了。在求同法中,两个现象存在的实例中需要除了一个特点之外完全不同;在差异法中,两种情形被要求除了一个特征之外完全相同,而现象存在与否就取决于这个特征。

归纳逻辑的倡导者要求必须使用客观的【Objectivity】方法,要认真而系统地收集资料,不要有任何预先的理念来指引他们的选择。概括是从资料中逻辑性地产生的。一旦形成了概括,可以收集更多资料来佐证或验证这一说法。概括出来的模式也可以用来解释新的观察实例。例如,如果少年罪犯和破裂家庭之间的关系的概括可以被视为普遍性的,那么少年罪犯的更多案例就可以从家庭背景中得到解释,或者可以从家庭背景中去进行犯罪预测。这被称为模式解释(pattern explanation)。

许多科学哲学家都严格地批评和拒斥了归纳。如下论述都引发了许多辩驳:先入之见可以被置之一旁来得到客观的观察;没有理念来指导选择也能够进行“切题的”观察;归纳逻辑有能力从资料中自动地产生概括;基于有限观察可以得到普遍性的概括;只要发现规律性就足以产生解释(批判性的评论,请参见 Blaikie, 1993; Chalmers, 1982; O'Hear, 1989)。演绎提供了另一种替代方法。

在社会科学中,涂尔干(Durkheim, 1964)最早在其《社会学方法准则》(*Rules of Sociological Method*)中倡导使用归纳法,并在《自杀论》(*Suicide*)研究中将归纳法应用于实践。尽管存在缺陷,在关注回答“是什么"研究问题【Research Question】的描述性社会研究中,经过修正之后的归纳法仍然非常重要(参看 Blaikie, 2000)。

——Norman Blaikie

(高勇译校)

参考文献

Blaikie, N. (1993). *Approaches to social enquiry*. Cambridge, UK: Polity.

Blaikie, N. (2000). *Designing social research: The logic of anticipation*. Cambridge, UK: Polity Press.

Chalmers, A. F. (1982). *What is this thing called science?* St. Lucia: University of Queensland Press.

Durkheim, E. (1964). *Rules of sociological method*. Glencoe, IL: Free Press.

O'Hear, A. (1989). *An introduction to the philosophy of science*. Oxford, UK: Clarendon.

不平等测量(Inequality Measurement)

个体在许多方面存在差异。因此,群体的明显特征就是在个体存在差异的那些方面具有不同程度的不平等。个体间差异的几个重要方面包括收入、财富、权力、预期寿命、数学能力。个体间的不平等存在于上述每个维度中,不同的总体在个体间的各种特征上有着不同分布。通常一个给定总体在子群体间也存在不平等:男性与女性,乡村与城市,白人与黑人。确定和测量社会中不同维度的不平等,通常都很重要。出于公共政策原因,我们对于代表或影响个体福利、权利、生活前景差异的社会不平等尤其感兴趣。

我们如何才能测量一个总体【Population】中的不平等程度呢?取决于这一因素的分布在总体中是否近似地服从正态分布【Normal Distribution】,存在几种重要的不同方法。如果这一因素近似地服从正态分布,那么不平等测量就可以通过对这一因素在总体中的均值【Mean】和标准差【Standard Deviation】分析来完成。在这种方法中,我们关注总体在这一特征(收入、预期寿命、体重、成绩)上的描述性统计量:得分的分布形状、总体的均值和中位数【Median】得分,围绕均值得分的标准差。变量【Variable】在总体中的标准差提供了这一特征在总体中的散布程度的客观测量。我们可以用此类统计测量对于单个总体中的不同群体间的不平等程度得出结论("女性工程师的平均工资只有男性工程师的70%");也可以对于不同总体中的不平等程度得出结论("美国成人体重的方差是均值的20%,而在法国,方差只是均值的12%"),以此类推。

另一种不同的测量方法用于一类重要的不平等——与总体中资源分布有关的不平等。财富和收入的分布,以及其他重要社会资源的分布,通常在统计上都不服从正态分布;通常这类分布都是严重偏向【Skewed】于低端的(也就是说大量的个体只拥有少量的分配)。在此,我们对总体中从最低到最高在拥有量上的差异程度特别感兴趣。假定我们有一个数量为 N 的总体,每个个体 i 拥有财富 W_i,然后考察一个对总体按财富进行排序而得到的图。我们可以计算出总体中的每个百分之一所拥有的总财富百分比,借此使分布的展示标准化。然后我们画出总体的百分位对应于累积财富的百分比的图。由此得到的图就是总体中财富的洛伦兹分布。不同社会的洛伦兹曲线有着不同形状;总体而言,财富不平等越大,曲线的顶部就越偏向于东南方。从这种将总体按资源拥有量排序进行组织的技术中可以得到几种关于不平等的测量。基尼系数【Gini Coefficent】和财产拥有的上五分位数和下五分位数之比率，是通常在比较经济发展时用到的不平等测量方法。

——Daniel Little

（高勇译校）

参考文献

Rae, D. W., & Yates, D. (1981). *Equalities*. Cambridge, MA: Harvard University Press.

Sen, A. (1973). *On economic inequality*. New York: Norton.

不平等过程(Inequality Process)

不平等过程是一个对于收入不平等或财富不平等的产生过程的模型。它源自经济人类学中社会分层的剩余理论。在此理论中，剩余是指除去生产成本之后的财富，成功竞争到剩余将会使得剩余得以集中，这解释了为什么在考古挖掘中不平等的显著证据首先出现在采集—狩猎社会获取到了农业剩余的地层中。格哈德·连斯基(Lenski, 1966)将剩余理论从解释农业社会初期不平等的增加，扩展到了工业革命后不平等的增加中。连斯基假定受教育更多的人能够保有更多的剩余。

不平等过程可以如下表述："对人们进行随机配对。每个人都去竞争以获取对方的财富，获取概率为50%。每个人有两个特征，财富以及失败后损失的财富比例 ω。赢者得到输者损失的部分。不断重复此过程。"

虽然赢者可以得到收益，但是连续赢的次数是很少的。财富将会流向那些 ω 较小的人手中。在连斯基的假设下，$(1-\omega_i)$ 是教育水平为 i 的工人在不平等过程中的操作化【Operationalization】。

不平等过程竞争的方程解表明，其均衡分布【Distribution】将会近似于一个双参数的伽马概率密度函数【Probability Density Function】：

$$f_{it}(x) \equiv \frac{\lambda_{it}^{\alpha_i}}{\Gamma\alpha_i} x^{(\alpha_i-1)} e^{-(\lambda_{it}x)} \qquad (1)$$

其中：

$\alpha_i \equiv$ 有着 ω_i 的个体的形状参数；

$$\alpha_i \approx \frac{1-\omega_i}{\omega_i}$$

$$\omega_i \approx \frac{1}{1+\alpha_i} \qquad (2)$$

$\lambda_{it} \equiv$ 有着 ω_i 的个体的形状参数；

$$\lambda_{it} \approx (1-\omega_i) \times \frac{\left(\frac{w_{1t}}{\omega_1} + \frac{w_{2t}}{\omega_2} + \cdots + \frac{w_{it}}{\omega_i} + \cdots + \frac{w_{It}}{\omega_I}\right)}{\bar{x}_t} \qquad (3)$$

$x \equiv$ 财富，被认为是一个大于0的随机变量；

$\bar{x}_t \equiv$ 在时间点 t 时财富的非条件均值；

$w_{it} \equiv$ 在时间点 t 时有着 ω_i 的人口比例。

不平等过程产生了(a)受教育较高者有着更高的平均收入，(b)他们收入有着较低的基尼系数，(c)收入分布的形状取决于教育水平。$f_{it}(x)$ 中 x 的均值为：

$$\bar{x}_{it} = \frac{\alpha_i}{\lambda_{it}} \approx \frac{\bar{x}_t}{\omega_i\left(\frac{w_{1t}}{\omega_1} + \cdots + \frac{w_{It}}{\omega_I}\right)} \qquad (4)$$

ω_i 越小，x 的均值越大，教育分布给定的条件下，$w_{it}s$ 是一个常数。伽马概率密度

函数的基尼系数的麦克唐纳和詹森(McDonald and Jensen)表达式为:

$$f_{it}(x)=\frac{\Gamma\left(\alpha_i+\frac{1}{2}\right)}{\sqrt{\pi}\,\Gamma(\alpha_i+1)} \tag{5}$$

公式(2)给定的条件下,图 1 显示了 $f_{it}(x)$ 中 x 的基尼系数将会随着 ω_i 的增大而上升。从经验来看,教育程度较低者的收入基尼系数将会更高。

图 2 显示了 1987 年拟合美国非大都市工人分教育水平的收入分布的 $f_{it}(x)$ 图。图 2 中伽玛概率密度函数拟合分布的形状参数 α_i 随教育程度而提高,所以 ω_i 随教育程度而降低。相同的形状序列可以在所有工业化社会中再现。

塞勒姆和芒特(Salem & Mount,1974)倡导使用双参数的伽玛概率密度函数来为收入分布建模,但是并不对其形状参数和标度参数进行约束。不平等过程的伽马概率密度函数模型 $f_{it}(x)$ 的参数是有约束的,两个参数都是 ω_i 的函数。图 2 显示了不平等过程的 $f_{it}(x)$ 对 33 年×5 种教育程度 = 165 个分布的单年联立拟合情况。在本例中,$f_{it}(x)$ 在建模的总体中有 1 个参数要取 5 个值,因此只需要估计 5 个参数值。塞勒姆和芒特的方法需要估计 165 × 2 = 330 个参数。尽管自由度【Degrees of Freedom】更少,不平等过程的 $f_{it}(x)$ 的拟合效果却几乎一样。克莱伯和科茨(Kleiber & Kotz,2003)在其章节"伽马类型分布"中讨论了不平等过程。

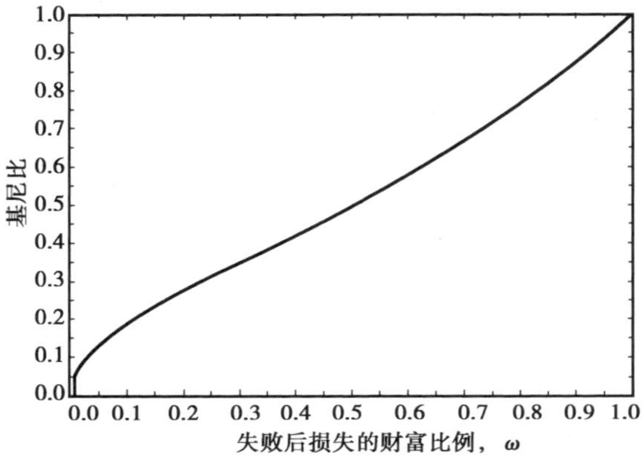

图 1 基尼集中比率与 ω 的关系图
基尼集中比率由形状参数 α 为(1−ω)/ω 的伽马概率密度函数计算得出

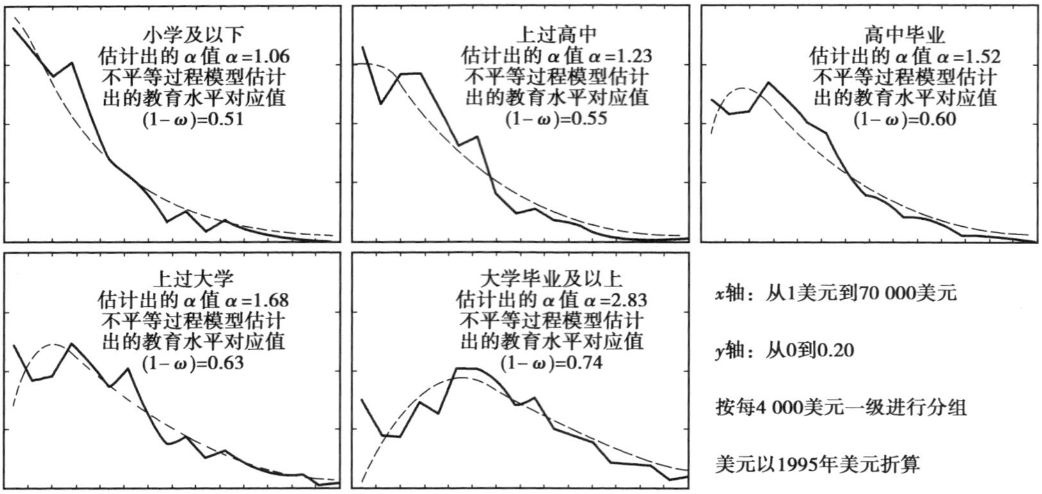

图 2 1987 年工人的年工资和薪金收入的相对频率分布(美国非大都市居民,图中为实线)及其拟合的不平等过程模型(图中为虚线)。工人年龄在 25 到 65 岁。从 1965 到 1995 年的数据中进行单年联立拟合得出。
资料来源:三月当期人口调查。

——John Angle
（高勇译校）

参考文献

Angle, J. (1986). The Surplus Theory of Social Stratification and the size distribution of personal wealth. *Social Forces*, *65*, 293-326.

Angle, J. (2002). The statistical signature of pervasive competition on wage and salary incomes. *Journal of Mathematical Sociology*, *26*, 217-270.

Kleiber, C., & Kotz, S. (2003). *Statistical size distributions in economics and actuarial sciences*. Hoboken, NJ: Wiley.

Lenski, G. (1966). *Power and privilege*. New York: McGraw-Hill.

Salem, A., & Mount, T. (1974). A convenient descriptive model of income distribution: The gamma density. *Econometrica*, *42*, 1115-1127.

推论(Inference)

参见统计推论【Statistical Inference】。

推论统计学(Inferential Statistics)

广义而言,统计学可以分为两种类型:描述统计学和推论统计学。推论统计学是用来得到样本统计量和总体参数【Parameter】之间关系的结论的系统程序。一般来说,推论统计学解决两类问题。首先,从一个参数 θ 已知的总体中得到给定样本的概率是多少;其次,从样本统计量中是否可能估计出总数参数 θ。

上述两种操作都需要演绎逻辑而非归纳逻辑;因此,没有闭合证明(closed form proof)能够表明我们的推论是正确的(参见古典推理【Classical Inference】)。但是,利用中心极限定理【Central Limit Theorem, CLT】,并使用适当的方法选取观测值,再以某个可以估计的确定性程度为基础,人们就可以进行概率推论了。

如果从均值为 μ 的总体中重复抽取样本量为 n 的随机样本,其样本均值将大致服从正态分布,样本均值的均值将近似于 μ。上述结论既可以经验性地显示,也可以通过 CLT 进行逻辑证明。此外,如果总体元素围绕总体均值以方差【Variance】σ^2 分布,则样本均值的抽样方差为 σ^2/n。样本均值的标准差通常被称为标准误【Standard Error】,以区别于单个样本的标准差。

随着样本量 n 增加,样本均值的分布将越来越接近于正态分布。基于对正态分布的描述,我们知道正态曲线下 68% 的面积(或数据点)在从均值向左右各扩展一个标准差的范围内。对于正在处理的样本均值分布,我们也可以得出结论,68% 的样本均值将在真正的总体均值向左右各扩展一个标准误的范围内。

由于正态分布是渐近【Asymptotic】的,得到的样本均值可能离总体均值无限远。但是,常识告诉我们,虽然这种情况确实可能发生但是可能性极小。因此,我们有了推论统计学的第一个应用。抽取出一个随机样本,计算出相关的样本统计量,如 $\bar{y}$。研究者常常想知道 $\bar{y}$ 是否等同于已知的总体均值 μ。例如,一个社会学家可能想知道一个移民随机样本的平均收入和总人口的平均收入是否相同。这个社会学家的虚无假设是 $\bar{y}-\mu=0$,备择假设是 $\bar{y}-\mu\neq 0$。$\bar{y}$ 值可以从样本中计算得出,μ 和 σ^2 可以从普查数据中得到。样本均值离总体参数有多少个标准差,可以用下列式子估计出来:

$$z=\frac{\bar{y}-\mu}{\sqrt{\sigma^2/n}}$$

随着 $\bar{y}-\mu$ 增加,$\bar{y}=\mu$ 的实际可能性就会减小,样本来源的总体不同于现在考虑的这个总体的可能性就越大。样本均值距离总体均值两个标准差以上(即 z 值大于 2)的概率只有 5%;样本均值距离总体均值三个标准差以上的概率则不到 0.3%。

推论统计学解决的第二个基本问题用到了上面提到的许多思想,却是以不同的方式来提出问题。例如,一个民意调查公司在选举日对选民进行随机抽样调查,问他们如何投票。调查者的问题是,是否可以基于调查结果估计出总体值 μ。在此一般的方法是围绕样本估计量 $\bar{y}$ 构建置信区间。使用样本方差 s^2 来作为总体方差 σ^2 的估计量,调查者估计总体的标准差为 $\sqrt{s^2/n}$。

调查者决定需要对结果有 95%的“把握”。因此,对 $\bar{y}$ 构建一个 95%的置信区间如下:$\bar{y}\pm 1.96$ s.e.($\bar{y}$) 或者 $\bar{y}\pm 1.96\sqrt{s^2/n}$。调查者现在得出结论,$\mu$ 大致在 $\bar{y}$ 的两个标准误范围内,这一论断 20 次中有 19 次会是正确的,或者说置信水平为 95%。

这两种基本方法可以进一步复杂化来解决许多问题。例如,我们可能想比较两个或多个样本均值,来决定他们在统计学意义上是否相同。这相当于问这些样本是否来自于同一个总体。我们可以根据能得到的信息来稍微修正一下公式。例如,有时总体方差 σ^2 是已知的,有时它是未知的。如果它是未知的,我们通常从样本方差中估计它。类似地,如果考察的是多个样本,其方差是等同的,我们可以合并它们的方差来得到更好或更准确的总体方差估计。

明显地,推论统计学中的一个核心要素是假定总体的抽样分布已知。根据中心极限定理,用简单随机抽样方法抽取出的许多样本,样本分布都会接近于正态分布。但这一假定并非一定成立。例如在小样本中,样本方差 s^2 往往低估了总体方差 σ^2。对于小样本,我们通常使用 t 分布,t 分布的顶部比正态分布更平,尾部比正态分布更厚。t 分布事实上是一组分布。分布的具体形状取决于自由度,自由度又与样本量相关。

在其他情况下,我们使用其他分布。例如,对于计数数据,我们通常使用卡方分布。在比较方差时,我们使用费希尔首先定义出的 F 分布。偶尔地,抽样分布的函数形式也可能是未知的。在这些情况下,我们有时会使用非参数统计量或者与分布无关的统计量。社会科学家使用许多这样的程序,包括 Gamma ν, Kolmogrov-Smirnov 检验【Kolmogorov-Smirnov Test】,以及各种 Kendall 的 Tau 统计量。

随着计算机使计算变得越来越容易,许多科学家使用刀切法【Jackknife】和自助抽样推论法【Bootstrapping】建模技术来估计经验分布。这些程序并不总是理想的,但是可以用来成功地估计出中位值或者四分位距【Interquartile Range】这类统计量的抽样分布。如果样本是通过复杂抽样程序或非随机抽样程序得到的,那么建模技术也是非常有用的。

对于结果的阐释也可以基于完全不同的框架。例如,贝叶斯推论【Bayesian Inference】要基于先前研究或者研究者的理论判断对参数作出先验了解(prior knowledge),在推论过程中要包括这些先验了解。另一方面,似然方法认为参数的可能取值并非固定不变,而是构成了一个分布。因此在这种方法中,样本结果的分布函数就要根据参数取值的可能分布来进行判断。

——Paul S. Maxim

（高勇译校）

参考文献

Agresti, A., & Finlay, B. (1997). *Statistical methods for the social sciences* (3rd ed.). Upper Saddle River, NJ: Prentice Hall.

Hacking, I. (1965). *The logic of statistical inference.* Cambridge, UK: Cambridge University Press.

Maxim, P. S. (1999). *Quantitative research methods in the social sciences.* New York: Oxford University Press.

强影响点(Influential Cases)

如果样本中的一个或几个案例对分析结果有着非常大的影响，我们称为具有强影响的观察(influential observation)。

——Kwok-fai Ting

（高勇译校）

强影响统计量(Influential Statistics)

如果样本中的一个或几个案例对分析结果有着非常大的影响，我们称之为具有强影响的观察(influential observation)。换言之，去除这些观察会改变统计结论中的某些方面。因此，具有强影响的观察的存在会损害对多项资料进行概括的目标。例如，极大或极小的几个观察就会使得均值统计量在描述一个分布的集中趋势上不再有用。除了参数估计，无论样本大小，具有强影响的观察也会影响显著性检验【Significance Testing】和拟合优度测量【Goodness-of-Fit Measures】的有效性。由于存在这些潜在问题，很多强影响统计量被构建出来以评估每个观察值在分析中的影响程度。

强影响统计量首先是在线性回归分析中被加以讨论，之后又被扩展到 Logistic 回归【Logistic Regression】分析中。这些统计量试图去测量两个主要的组成部分：杠杆作用(leverage)和残差。杠杆作用是一个观察迫使拟合函数靠近其观察值时所具有的效力。在回归分析中，那些远离中心(即所有预测变量的均值点)的观察会有更大的杠杆作用，使结果靠近自己。因此，杠杆作用较高的观察是那些有着与众不同的异常特性的观察。残差是分析中观察值与拟合值的差值。残差较大表明有异常存在，因为它们与统计模型反映的期望模式有所不同。之所以对此要加以关注，是因为有着较大残差的观察常常会对回归分析的结果有很大影响，即去除这些观察将会使拟合函数更靠近其余观察。

要评估离群值的影响，画图是一种很有用的可视方法。图 1 显示了对假想数据进行双变量分析时，三个可能对拟合的回归函数有较大影响的观察。观察 1 有着较高的杠杆作用，因为它远离 X 的中心，它会对回归线的斜率产生较大影响。观察 2 靠近 X 的中心，但是它远远地偏离了拟合回归线的期望值。残差较大可能会影响到拟合优度测量和显著性检验统计量。观察 3 既有着较高的杠杆作用，也具有较大的残差，它更可能扭曲分析结果。对于多变量分析而言，偏回归图更适合用于检验强影响观察，因为它考虑到了模型中的多个预测变量。

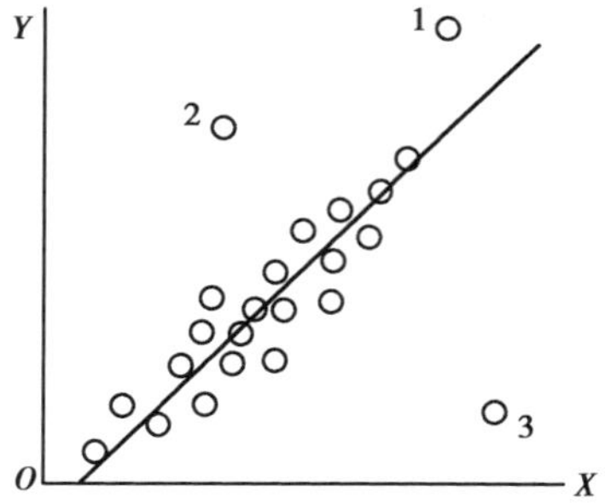

图 1　双变量散点图，其中的回归线是按不存在异常观察时拟合的

对于定量测量来说，帽子矩阵中的值（hat-value）是评估一个观察在影响估计量中的杠杆作用的常用指标。残差通常用学生化残差（studentized residuals）来测量，即残差与其估计标准误差之比。有几个广泛使用的强影响统计量在计算中将杠杆作用和残差综合起来。这些测量的共同思路是，依次去掉每个观察，观察其大致后果，来评估它在分析中的影响。DFFITS 考察在估计过程中包括某个观察与排除某个观察时，这个观察的两个拟合响应值之间的差异。Cook 距离统计量（Cook's distance）考虑的是排除一个观察对所有拟合值的影响。DFBETAS 统计的是排除每个观察对回应系数的影响。

强影响统计量是有启发性的工具，它提醒分析者注意分析中存在问题的那些观察。虽然有人提出了这些统计量的一些边界值（cutoff），但是这些边界值都只是建议性的，并不是从统计学理论中推导出来的，对此应加以灵活应用。对这些统计量画图也是很有用的方法，可以发现这些存在问题的观察和其他观察之间的主要差异之处。实践中，分析者需要排除这些存在问题的观察之后再重复进行分析，以便充分地评估其实际影响。即使这些观察已经被确认对某一种分析是有较强影响的，也并不意味着这些观察在最终分析中应当被删除。更重要的是，在寻求解决方案之前，先去探究清楚他们出现异常模型的原因。通常的原因包括编码错误、模型设定有误、纯粹的抽样概率。

——Kwok-fai Ting

（高勇译校）

参考文献

Belsley, D. A., Kuh, E., & Welsch, R. E. (1980). *Regression diagnostics: Identifying influential data and sources of collinearity*. New York: Wiley.

Bollen, K. A., & Jackman, R. W. (1990). Regression diagnostics: An expository treatment of outliers and influential cases. In J. Fox & J. S. Long (Ed.), *Modern methods of data analysis* (pp. 257-291). Newbury Park, CA: Sage.

Collett, D. (1991). *Modelling binary data*. New York: Chapman and Hall.

Cook, R. D., & Weisberg, S. (1982). *Residuals and influence in regression*. New York: Chapman and Hall.

Fox, J. (1991). *Regression diagnostics*. Newbury Park, CA: Sage.

知情人访谈（Informant Interviewing）

知情人访谈是在田野场景（field setting）下对经过挑选的一小部分知情人进行的深度较深、结构性较弱的（半结构化或非结构化的）访谈。这种访谈区别于其他的可能形式（如认知任务、抽样调查访谈）的特点在于访谈格式的深度、广度、结构与目标。知情人访谈可以在研究项目的不同阶段使用,以达到各种不同的研究访谈目标。约翰逊和韦勒(Johnson & Weller,2002)区分了自上而下的访谈(top-down interviews)和自下而上的访谈(bottom-up interviews)。自下而上的知情人访谈有助于澄清那些没有被充分理解的论题和知识领域,有助于在研究的随后阶段中构建出更为有效的结构性访谈【Structured Interview】格式(如结构性问题)。自上而下的知情人访谈有助于对现有的结构性问题(如抽样调查【Survey】问题)进行确证和更改,从而可以使现有的访谈格式(如认知任务)更加适用于当下的研究背景。

知情人访谈的一个重要应用是探索一个还没有被充分理解的论题。研究者根据其知识、经验、对指定问题领域的理解来选择知情人(Johnson,1990)。在这些情况下,访谈者扮演了学生的角色,引导访谈以便从这一领域中专业的知情人那里学习。斯普拉德利(Spradley,1979)的《民族志访谈》(*The Ethnographic Interview*)对这种情况下的访谈进行了极其精彩的讨论,他区分了在访谈初始阶段的"泛泛游览(grand tour)"和"深度游览(mini tour)"问题。所谓"泛泛游览",就是向知情人提问,请他向研究者介绍某个地点、场景或某个议题,或请他描述通常如何安排自己的一天,如何与别人交往和互动。深度游览则要就这些一般性问题寻求更为具体的信息。这些非结构性问题的目标是更加了解知情人对社会环境、情景或者知识领域的主观理解。

在这种游览性质的提问中得到的对当地术语和当地议题的理解,有助于向知情人提出更为具体的问题。有许多种更有针对性、更具结构性的知情人访谈格式,如分类学方式(taxonomic approaches)或者自由式回忆启发法(free recall elicitation),通过这些方法都可以从知情人那里得到对指定问题的更有条理、更系统的理解。此外,这些访谈可以用来发展出更为系统的问卷和量表类型(即自下而上的方式),借此可以在知情人(或被访者)中对其信仰、知识等进行比较分析。总而言之,知情人访谈是许多研究形式的重要组成部分,特别是在民族志【Ethnography】研究中,因为它们收集到的资料对研究项目的整体效度【Validity】贡献极大。

——Jeffrey C. Johnson

(高勇译校)

参考文献

Johnson, J. C. (1990). *Selecting ethnographic informants*. Newbury Park, CA: Sage.

Johnson, J. C., & Weller, S. C. (2002). Elicitation techniques for interviewing. In J. F. Gubrium & J. A. Holstein (Eds.), *The handbook of interview research*. Thousand Oaks, CA: Sage.

Spradley, J. P. (1979). *The ethnographic interview*. New York: Holt, Rinehart and Winston.

知情同意(Informed Consent)

自愿的知情同意指的是一个沟通过程,在这个过程里可能的研究对象决定是否参与计划进行的研究。"自愿(voluntary)"意味着没有威胁和过度诱导。"知情(informed)"意味着研究对象在同意之前知道一个理智的人在这些情况下所想知道的一切。"同意(consent)"意味着明确地表明同意参与。实现上述定义的知情同意可能极具挑战性，特别是当参与者出于情境原因、智识原因或文化原因而人身自主受到损害时，或者不接受那些通常与社会研究和行动研究相伴随的社会规范时。

历史背景

在第二次世界大战后，人们发现纳粹科学家使用囚徒来进行残忍的医学实验。在针对纳粹战犯的纽伦堡审判中，这些罪行也被加以调查，并促成了纽伦堡规范（Nuremberg Code）的产生，规范要求科学家必须得到参与者的知情同意。1974 年，美国国家研究法案（U.S National Research Act）的通过促成了保护生物医学和行为研究中人类受试者全国委员会（National Commission for the Protection of Human Subjects in Biomedical and Behavioral Research，以下简称“全国委员会”）的建立，并且使用机构伦理审查委员会（Institutional Review Boards，IRBs）来监督联邦资助的涉及人的研究（Human Research）。全国委员会对涉及人的研究中的伦理问题进行听证会，去监督知情同意和研究对象的福利被其他关切所遮蔽影响的生物医学研究。在《贝尔蒙报告》（*Belmont Report*）中，全国委员会规定了治理涉及人的研究的三项原则：尊重研究对象的自主权和福利，善行（beneficence）、公正［参看伦理原则（Ethical Principles）］。知情同意是给予研究对象尊重的重要过程。

知情同意的要素

美国针对涉及人的研究的联邦法规（U.S. Federal Regulations of Human Research，以下简称“联邦法规”）制定了知情同意的要素，如下：

（1）试验具有研究性质的声明，对研究目的和预期参与项目的持续时间的解释，对遵循的程序步骤的描述，对任何实验性程序步骤的澄清。

（2）对带给研究对象的任何可理性预见的风险或者不适的描述。

（3）对带给研究对象或其他人的任何可理性期望的收益的描述。

（4）说明对研究对象可能有利的其他治疗方法，如果这些方法存在的话（主要适用于临床生物医学研究）。

（5）如果有保密问题存在，要声明确保保密以及保密的程度。

（6）如果研究中存在风险不是极小，要声明如果发生伤害是否会提供补偿或救治。

（7）说明可以联系谁解答有关研究和被试权利的相关问题；与研究相关的伤害发生时，可以联系谁去解决。

（8）需要声明参与是自愿的，拒绝参加不会受到惩罚，研究对象可以在任何时间退出且不会受到惩罚。

根据联邦法规，如果研究非如此即不能实施，机构伦理审查委员会可以放弃上述知情同意要素中的某一些甚至全部。但是，在放弃或改变上述要求时，机构伦理审查委员会必须证明研究对研究对象的风险极小；放弃这些要求不会对研究对象的权利和福利有不利影响；如果合适，在参与后会提供给研究对象相关信息。这些要素通常以相当标准化的格式用书面形式写出，并且要有研究参与者的签字，以表明他们已经阅读、理解、同意上述条款。如果研究对研究对象的风险极小，并且研究程序在研究之外的一般情形中并不需要书面同意时，上述信息也可以不是书面格式，同意也不必以签字形式确认。如果泄密会伤害研究对象，并且签字同意是把研究对象和研究联系起来的唯一记录时，出于保密原因也可以放弃书面签字的要求。

知情同意的误用

许多调查者和机构伦理审查委员会似乎认为一份签字的知情同意书就能够实现知情同意的伦理要求。有些同意书又长又复杂,不符合潜在研究对象的文化习惯,几乎大多数人都不能够理解其内容。将知情同意和签字的知情同意书两者混淆,这违背了知情同意的伦理意图,其意图原本是要进行清晰而有敬意的沟通,促进理解和良好的决策,确保参与是自愿的。

研究者和机构伦理审查委员会为什么会采用糟糕的同意程序?针对以人为对象的研究的联邦法规(45 CFR 4)是用来规范美国的卫生及公共服务部(Department of Health and Human Services,HHS)资助的研究的。多数 HHS 资助的研究都是生物医学的,因此毫不奇怪,处理以人为对象的研究的联邦法规是以生物医学为模板起草的。这种生物医学的关注点一直给社会研究和行为研究带来很多问题。由于人类(研究)受试保护办公室(Office for Human Research Protections,OHRP)暂停了整个机构的资助研究以应对关于生物医学研究的抱怨,并且将带给研究对象的伤害归罪于机构伦理审查委员会,问题现在变得更严重了。责任的确认方式是检查出问题的机构中的机构伦理审查委员会的文档,发现不完整的文档业务。这样一种大张旗鼓、费时耗力的对研究机构的制裁造成了一种恐惧担心的环境,机构伦理审查委员会认识到采用极度科层化的程序符合他们和机构的利益,因此更加强调文档工作而不是有效的沟通。这种新的管制氛围的结果就是,协议书在批准前要经过多次反复的官僚程序,研究对象必须在又长又复杂的知情同意书上签字。

由于 45 CFR 46 的 A 部分已经被包含到 17 个联邦机构的管制结构中,上述问题变得更为复杂了(这 17 个联邦机构包括住房与城市发展部、司法部、运输部、退伍军人事务部、消费品安全部、环境保护部、国际开发署、航空航天管理局、国家科学基金、农业部、商务部、国防部、教育部、能源部、卫生与公共服务部、社会保障部、中央情报局)。A 部分现在被称为"基本规则(common rule)",管辖所有接受联邦资金的机构中的社会研究和行为研究。结果大多数机构伦理审查委员会就努力地去"照章办事",要求研究对象在同意书上签字,即使这样做极端无礼(如人们不识字时或者处于人们并不信任签字文件的文化中时)。辛格(Singer,1978)和特赖斯(Trice,1987)已经发现,在西方主流文化中,如果要求研究对象在同意书上签字,相当一部分人会拒绝参与调查、研究或实验,但是如果不需要签字,他们会非常乐意参与。在那些愿意签字的研究对象中,大多数人也根本没有阅读同意书。

如果研究者和机构伦理审查委员会记得他们有权对某些特定类型的研究破例,有权进行快速审查,有权根据 45 CFR 46.117(c)放弃签署书面同意书的要求,或者他们承认其他证明知情同意的方式(例如通过他人见证,通过研究者证明进行过同意,通过录音或录像来记录同意过程),前述问题就可以得到避免。最重要的是联邦法规中46.117(c)的第 2 段:"如果研究对于研究对象的风险极小,并且研究程序在研究之外的一般情形中并不需要书面同意时",机构伦理审查委员会可以不要求有签字的同意书。多数社会研究和行为研究带来的风险都极小。"研究程序在研究之外的一般情形中并不需要书面同意"的表述指的是医学程序。就其病史对患者进行访谈,或者让患者填答与其病史有关的问卷,并不需要让他们签署贝尔蒙报告同意书。因此,我们完全可以对调查研究的被访者提类似的个人问

题,而不需要根据"基本规则"让他们签署知情同意书。以下建议可以使我们对"基本规则"进行明智的阐释:

知情同意应当采用友好且易懂的沟通形式。它应当简明扼要、用词平易,即使是略懂读写的研究对象也能够理解。研究对象应当有一个舒适的环境来思考他们被告知的内容,提出想到的问题。同意过程可能采用多种形式。例如,如果是在一个退休社区中进行老年人的居住情况调查,访谈者应当牢记老年人关心的安全问题,应当牢记他们存在的记忆、听力和视力障碍。开始时,访谈者可以在社区会议中心举行会议,解释访谈的目的,回答大家的问题。他们可以与社区管理层接洽,在社区的内部通信中对讨论内容进行概述,同时附上访谈者的相片。在访谈准备中,他们可以通过电话与每个家庭进行初次接触。在入户时,他们可以带上证明材料以便居民能够识别他们确实是访谈者。访谈者可以简短地口头介绍一下自己的目的、保密措施以及其他需要同意的相关事宜;然后得到被访者的同意;可以酌情提供给研究对象一份书面的信息摘要以便保存。

如果有可能给研究对象带来风险或者不便,就应当提供给他们足够的信息,以便他们能够判断风险是否在他们可接受的范围之内。一个充分的知情同意过程能够把乐于参与者和希望退出者区分开来。有一些风险或不便,如果让人们选择,他们可能会乐于接受,但是他们不想他人将这些风险或不便强加于自身。另一些人可能会认为这些经历对自己来说太过紧张、过于冒险、令人不快。

研究者应当说明研究对象在任何时候都可以自由提问。研究对象可能在真正进入研究过程时,才对其参与产生问题或表达关切。例如,研究对象在被问及私人问题时,才会真正重视有关保密的问题。

如果研究对象以挂断电话或者扔掉邮寄来的问卷的方式拒绝参与,那么知情同意应当尽可能简略。礼貌和专业性可能会要求提及研究者及研究机构的身份,以及研究的性质和目的。但是,如果不涉及任何风险、收益、保密议题,就没有必要提及这些内容以及拒绝参与的权利,此时这些细节是无关紧要的。对不相干的信息进行详尽讲述会干扰沟通过程。担保不存在风险,描述用来确保做到保密的措施,这些无关紧要又令人心烦的举动会降低回答率(参看隐私和保密【Privacy and Confidentiality】)。

研究对象的文化规范和生活方式能够表明如何进行知情同意。用与其文化和情境不相容的方式去对待他人是无礼而又莽撞的。例如,要调查无家可归的注射吸毒者,就可能先要花几个星期和他们一起闲逛和交谈,用他们非正式的沟通方式——小道消息(grapevine)来讨论其关心的内容,回答他们的问题,和他们一起协商进行调查的条件。在对难以确定其年龄的离家出走者和街头吸毒青年进行研究前,也应该进行这样的沟通。这些年轻人可能被认为是不受约束的,或者因为找不到其父母而无法得到其父母的同意。那些事实上的文盲者,或者对拿出文件或要求签字持有戒心者,或者那些来自传统文化者,都应当用他们感到舒适的方式来接近他们。在基于社区的研究中,社区的正式领导或非正式领导是守门者(gatekeepers)。聪明的研究者会咨询他们以了解可能的研究对象的关切和感受,怎样招募研究对象最好,怎样规划和实施知情同意过程。对于这些人群的研究协议中应当有证据表明,研究者熟悉这些人群的文化,并且已经相应地组织知情同意和其他研究程序。

研究者和机构伦理审查委员会应当灵活地考虑实施知情同意的诸多媒介。与常用的条文主义的正式同意书相比,录像、手册、群体讨论、网站等都可能是与潜在的研究对象沟通的更佳方式。

书面的或签字的同意书会给研究对象带来风险,而且签字的同意书是研究对象和研究之间唯一的联系时,应当考虑放弃知情同意。一种有用的程序是让信得过的同事见证口头表示的同意。如果研究对象是文盲,也可以采用这种有见证人的同意,见证人进行签字即可。

在组织研究中,允许进行研究的上级和被研究的下级都应当表示同意。双方都应当有否决权。上级不能强迫下级参与,也不应当获知有关下级是否同意的信息,或者获知其反映信息。

有时候,人们只有在参与之后才能决定是否同意。例如,在简短的街头拦访中,多数被访者只在参与之后才会想到接受同意程序。在访谈之后,研究者才会向他们解释这是一项什么样的研究,他们才可以表明他们是否允许这些访谈作为研究资料被利用。正常的同意程序可以确保做到这一点。

总而言之,知情同意是心存敬意的沟通过程,而不只是一张同意书。研究者应当在心里将这一定义置于首位,然后根据研究情境来选择合适的内容和形式。

本词条部分内容的初稿得到了罗伯特·莱文的批评意见,在此致谢。

——Joan E. Sieber

(高勇译校)

参考文献

Fisher, C. B., & Wallace, S. A. (2000). Through the community looking glass: Reevaluating the ethical and policy implications of research on adolescent risk and psychopathology. *Ethics & Behavior*, *10*(2), 99-118.

Krueger, R. A. (1994). *Focus groups: A practical guide for applied research* (2nd ed.). Thousand Oaks, CA: Sage.

Levine, E. K. (1982). Old people are not all alike: Social class, ethnicity/race, and sex are bases for important differences. In J. E. Sieber (Ed.), *The ethics of social research: Surveys and experiments* (pp. 127-144). New York: Springer-Verlag.

Marshall, P. A. (1992). Research ethics in applied anthropology. *IRB: A Review of Human Subjects Research*, *14*(6), 1-5.

Melton, G. B., Levine, R. J., Koocher, G. P., Rosenthal, R., & Thompson, W. C. (1988). Community consultation in socially sensitive research: Lessons from clinical trials on treatments for AIDS. *American Psychologist*, *43*, 573-581.

National Commission for the Protection of Human Subjects of Biomedical and Behavioral Research. (1979). *The Belmont Report*. Washington, DC: U.S. Government Printing Office.

Sieber, J. E. (Ed.). (1991). *Sharing social science data: Advantages and challenges*. Newbury Park, CA: Sage.

Sieber, J. E. (1996). Typically unexamined communication processes in research. In B. H. Stanley, J. E. Sieber, & G. B. Melton (Eds.), *Research ethics: A psychological approach*. Lincoln: University of Nebraska Press.

Singer, E. (1978). Informed consent: Consequences for response rate and response quality in social surveys. *American Sociological Review*, *43*, 144-162.

Singer, E., & Frankel, M. R. (1982). Informed consent procedures in telephone interviews. *American Sociological Review*, *47*, 416-427.

Stanton, A. L., Burker, E. J., & Kershaw, D. (1991). Effects of researcher follow-up of distressed subjects: Tradeoff between validity and ethical responsibility? *Ethics & Behavior*, *1*(2), 105-112.

Trice, A. D. (1987). Informed consent: Ⅶ: Biasing of sensitive self-report data by both consent and information. *Journal of Social Behavior and Personality*, *2*, 369-374.

U.S. Federal Regulations of Human Research 45 CFR 46. Retrieved from http://ohrp.osophs.dhhs.gov.

工具变量(Instrumental Variable)

普通最小二乘【Ordinary Least Squares, OLS】的关键假设之一就是扰动项与任何解释变量都不相关。这一假设的基本原理是,我们假定解释变量和扰动项对因变量的效应是彼此分离的。但是,如果它们彼此相关,情况就并非如此。由于我们无法分解它们各自对因变量的效应,估计量是有偏且非一致的。假定我们有简单的线性回归如 $Y=\beta_0+\beta_1X+\varepsilon$,其中 X 与 ε 正向相关。X 上下移动时,ε 也随之移动,方向取决于相关的性质。在此,与 X 变动相关的 Y 变动,将与 Y 和 ε 之间的变动相关。这意味着,我们不可能准确地估计 X 和 ε 的总体系数。可以表明,样本量趋向于无穷时,问题将更糟。

存在三种情况,其中解释变量和扰动项的相关可能发生:(a)如果解释变量测量有误差,使其成为随机的,这时问题可能发生。这就是所谓的变量中的误差问题。(b)如果存在一个滞后的因变量,因此伴有自相关的扰动项时,问题可能发生。(c)如果存在联立性问题时,问题可能发生。也就是,因变量同时引发自变量,而非反过来。

处理这种问题的一种办法主要是使用工具变量代替那个与扰动项相关的变量。工具变量就是原始变量的代理变量,它与扰动项不相关。在上面的简单线性回归方程中,X 的工具变量就是与 X 相关(最好高度相关)但与 ε 不相关的变量。我们定义这样一个变量为 Z,使得 $X=Z+v$,其中 v 是一个均值为 0 的随机扰动项。如果我们将其代入上面的原始方程中,我们得到 $Y=\beta_0+\beta_1(Z+v)+\varepsilon=\beta_0+\beta_1Z+\beta_1v+\varepsilon=\beta_0+\beta_1Z+\varepsilon^*$,其中 $\varepsilon^*=\beta v+\varepsilon$。原始方程中 X 和 ε 相关,而现在方程中的 Z 和 ε^* 则不相关。这是因为 ε^* 包含 βv,它独立于 Z。当我们无限增加样本时,Z 和 ε_i^* 之间的相关接近于 0。手头有这样一个代理变量 Z,我们仍然不能得到 X 系数的无偏估计,因为代理变量并不等于真实变量。但是,当我们增加样本量时,基于 Z 的估计量将会接近于真实的总体系数。

工具变量方法有一个实际而严重的问题,即如何为解释变量找到一个令人满意的代理变量。如果我们有强有力的理论,它可以指引我们。如果没有,我们不得不依赖于技术程序去发现它。例如,在二阶段最小二乘估计【Two-Stage Least Squares】中,我们基于所有外生变量【Exogenous Variable】进行回归来得到内生变量【Endogenous Variable】的预测值,然后用此预测值作为内生变量的代理值。但是,不能保证这种非理论的程序能够提供好的代理变量。作为一般规则,代理变量必须与原始变量高度相关。否则,估计将会是极不准确的。

——B. Dan Wood
Sung Ho Park
(高勇译校)

参考文献

Greene, W. H. (2003). *Econometric analysis* (5th ed.). Englewood Cliffs, NJ: Prentice-Hall.

Gujarati, D.N. (1995). *Basic econometrics* (3rd ed.). New York: McGraw-Hill.

Kennedy, P. (1998). *A guide to econometrics* (4th ed.). Cambridge: MIT Press.

交互(Interaction)

参见交互效应【Interaction Effect】、统计交互【Statistical Interaction】。

交互效应(Interaction Effect)

统计学中的交互指的是两个或多个自变量【Independent Variable】在影响一个因变量【Dependent Variable】时彼此之间存在相互作用(interplay)。可以用两种方式来理解交互作用。第一种方式是,每一个自变量对于结果的效应是条件效应(即取决于另一个变量或另一些变量的取值)。第二种方式是,两个或多个自变量的"合并效应(combined effect)"不同于个体效应(individual effect)的加总;效应具有非加性【Nonadditive】。变量间的交互效应被称为高阶【Higher-Order】效应,每个变量独自的效应被称为一阶【First-Order】效应。

例如,人们防晒意识是其居住地区(多雨的西北地区还是干旱的西南地区)和客观的皮肤癌发病风险高低的函数(参看表1)。

表1 居住地区和发病风险之间不存在交互效应——防晒意识的算术平均值水平是居住地区(西北还是西南)和客观的皮肤癌发病风险的函数

		居住地区	
		西北地区	西南地区
皮肤癌发病风险	低	6	8
	高	7	9

在表1中,发病风险和居住地区不存在交互效应。在西北地区,那些发病风险低的人其防晒意识的均值为6;那些发病风险高的人均值为7,由于发病风险导致的防晒意识差异为1。在西南地区,较高的发病风险同样导致防晒意识提高了1个点,从8提高到9。从另一个角度来看,西南地区的居民比西北地区的居民防晒意识高2个点,无论他们的发病风险是低(分别为8和6)还是高(分别是9和7)。发病风险的影响不取决于地区,反之亦然。最终,发病风险(从低到高)使得防晒意识提高了1个点,地区(从西北到西南)使得防晒意识提高了2个点;我们可以预计,那些居住在西北地区的低风险居民的防晒意识要比居住在西南地区的高风险居民高出1+2=3个点,这和我们的观察是吻合的(分别是6和9),发病风险和居住地区的效应是"可加的(additive)"。

在表2中,发病风险和居住地区存在交互效应。同表1中一样,西北地区的低风险者和高风险者在防晒意识上存在1个点的差异[这被称为风险在某一地区的简单效应(simple effect)]。但是,在西南地区,发病风险导致的差异是其四倍(从8点到12点)。从另一个角度来看,对于低风险者而言,居住地区导致的防晒意识差异仅为2个点(6点到8点);对于高风险者而言,差异为5个点(7点到12点)。居住地区的影响取决于发病风险,反之亦然。表1中在西南地区居住且发病风险高的影响为可加的3个点,但是在表2中,在西南地区居住且发病风险高者的防晒意识比在西北地区居住且发病风险低者高出6个点(分别是12和6)。居住地区和发病风险的合并效应是不可加的,这符合交互效应的第二种定义。

表 2 居住地区和发病风险之间存在交互效应——防晒意识的算术平均值水平是居住地区(西北还是西南)和客观的皮肤癌发病风险的函数

		居住地区	
		西北地区	西南地区
皮肤癌发病风险	低	6	8
	高	7	12

表 2 中的交互效应涉及的变量要么本身就是分类的【Categorical】(居住地区),要么是已经进行了人为分类(发病风险),这种情况发生在方差分析【Analysis of Variance】中。两个连续变量【Continuous Variable】也可以交互,一个连续变量和一个分类变量也可以交互,这种情况发生在多元回归分析【Multiple Regression Analysis】中。图 1 显示了居住地区变量(分类)和发病风险(6 度的风险量表)之间的交互作用。西北地区和西南地区的回归线被分别加以显示[被称为简单回归线(simple regression lines)]。在西南地区(实线),发病风险增加时,防晒意识也显著提高。但是,在西北地区(虚线),发病风险对防晒意识根本没有影响。地区是一个调节变量【Moderating Variable】或调节者(moderator),即能够改变其他变量(在此就是发病风险)与结果之间关系的变量。换言之,发病风险的影响取决于居住地区。两条线之间的垂直距离表明了居住地区对防晒意识的影响。如果发病风险很低(在风险量表中为 1),两条线距离很近;防晒意识的地区差异很小。如果发病风险很高(在风险量表中为 6),地区差异就很大。居住地区的影响也取决于发病风险。最后,发病风险高并且居住在西南地区将导致防晒意识非常高,这与我们关于效应不可加的第二个定义一致。

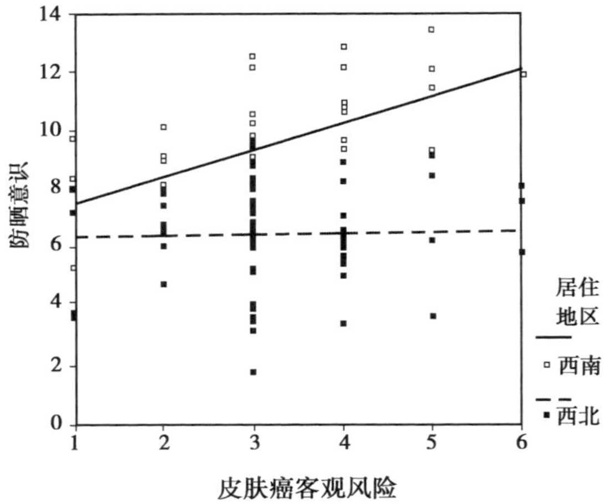

图 1 预测防晒意识中居住地区和皮肤癌客观风险之间的交互

注:居住地区是发病风险和防晒意识之间关系的调节变量。在西北地区,客观风险对防晒意识没有影响;而在西南地区,客观风险对防晒意识有很强的影响。

交互效应的类型

居住地区和发病风险之间的交互效应是协同性的(synergistic):变量共同作用的效应大于它们独自效应之和。居住在日照强烈的地区(西南地区)并且同时具有高的发病风险导致的防晒意识,要大于它们独自效应的简单加总,这就是"协同性的交互效应(synergistic interaction)"。另一种交互效应被称为缓解性的(buffering),因为一个变量会减弱另一个变量的影响。压力作为一个自变量会增加精神健康受损的风险。从家庭和朋友获取社会支持会减弱(或缓解)高压力对精神健康的影响,这就是"缓解性的交互效应(buffering interaction)"。

图 1 中显示的效应是定序交互【Ordinal Interaction】;即无论一个变量的取值如何,另一个变量水平的排序保持不变。在这里,无论发病风险取值如何,西南地区居民的防晒意识总是高于西北地区居民,这是定序交

互的特征。交互效应也可能是“逆序的”(disordinal,即展现出了逆序现象【Disordinality】)。比如说,在高风险者中,那些居住在西南地区的人比居住在西北地区的人防晒意识更高。但是,在低风险者中,那些居住在西北地区的人防晒意识更高,交互效应是逆序的。这也被称为“交叉交互(cross-over interaction)”:一个变量的哪个值会更高,这要取决于另一个变量的取值。

历史发展

从1950年代到1970年代,分类变量(即方差分析中的因素)的交互效应的特征和解释是重点所在。科恩(Cohen,1978)将关注重点转向了多元线性回归中连续变量的交互效应。十年之后,雅卡尔、图里西和旺(Jaccard, Turrisi, & Wan,1990)以及艾肯和韦斯特(Aiken & West,1991)发展出了连续变量交互效应的事后探寻(post hoc probing)方法和解释方法。目前的焦点问题是将交互效应的特征界定扩展到回归的其他形式(如Logistic回归【Logistic Regression】)当中,以及扩展到结构方程模型【Structural Equation Modeling】当中潜变量间的交互效应。

——Leona S. Aiken

(高勇译校)

参考文献

Aiken, L. S., & West, S. G. (1991). *Multiple regression: Testing and interpreting interactions.* Newbury Park, CA: Sage.

Cohen, J. (1978). Partialed products are interactions; partialed powers are curve components. *Psychological Bulletin*, *85*, 858-866.

Jaccard, J., Turrisi, R., & Wan, C. K. (1990). *Interaction effects in multiple regression.* Newbury Park, CA: Sage.

Kirk, R. E. (1995). *Experimental design: Procedures for the behavioral sciences* (3rd ed.). Pacific Grove, CA: Brooks/Cole.

截距(Intercept)

截距的定义为当一条直线或曲线穿过y轴时变量Y的取值。在二维图中,截距就是当X为零时Y的取值。截距的单位与Y的单位相同。

回归【Regression】分析中对截距的解释有时会有问题:变量X的取值范围往往没有涵盖零值,因此X为零时Y的取值在实际情景或政策情景中就变得没有意义了。

但是,截距是回归方程的重要组成部分:

$$Y = a + bX$$

或者

$$Y_i = \sum_j b_j X_{ij} + \varepsilon_i$$

下标j表示不同的变量,从一个常数项b_0开始算起。下标i表示样本数据集中的个案。在简单二元方程中的截距a对应于多元方程中的常数项b_0。b_0可以视为第一个变量X_0的乘积因子常数(multiplicative constant),而X_0的值总是等于1。因此,变量$X_0 = 1$被生成,以便整个方程中包括截距项。

用图可以说明在有些线性方程和非线性方程中,截距项都是不适用的。有些曲线与y轴没有交叉,因此就没有截距。但是,对于线性回归来说总是存在y截距的,除非斜率是无限的。在进行估计前可以将 y 截距设定为零。

下面的例子可以说明即使自变量为零在合理取值范围之外,截距仍然是有政策意义的。为了研究许多国家都存在的不同性别间的报酬差异,人们认真研究了男性和女性每小时报酬的回归方程(Monk-Turner & Turner, 2001)。也认真研究了其他报酬差异,如主体民族和少数民族间的报酬差异。使用英国 2000 年的数据,包括教育最高水平的虚拟变量的工资方程可以表明男性和女性中教育对工资的影响(Walby & Olsen, 2002)。工资的对数被用来代表分布偏斜的工资变量,统计方法用的是线性回归。下面显示的估计是基于一系列教育的虚拟变量,进而产生了一个样条估计(spline estimate)。图 1 中显示的是预测值和正规教育年数之间的关系。其中的曲线是对样本估计的最佳拟合曲线。

用数学术语来说,真正的截距发生于 $x=0$ 时,仿佛教育年数为零是可能的。但是,图 1 中看到的截距项(男性是 5.75 英镑,女性是 4.25 英镑)却构成了不同性别之间存在报酬差异的部分论据:女性曲线的截距比男性曲线的更低。许多争论就是围绕截距差异展开的(Madden, 2000)。

在回归【Regression】分析中,这些方程中的常数项取决于方程中的全部 32 个自变量(详情请参见 Taylor, 2000; Walby & Olsen, 2002)。但是,回归常数项 B_0 并非在这个特殊的 x-y 图中看到的截距。B_0 是所有 x_i 的多维空间中的常数项。但是,显示某一个 x_i 和 y 的预测值之间关系的简图在 x_i 轴上会有一个看得到的截距。在此必须假定其他 x_i 的隐性取值;它们通常被给定为其均值,这些取值会影响在 x-$\hat{y}$ 图中看到的截距项(即 y 在 x_i 域中的预测值)。截距与斜率可视的两维图与复杂的多元回归【Multiple Regression】的数学运算间存在着复杂的关系。

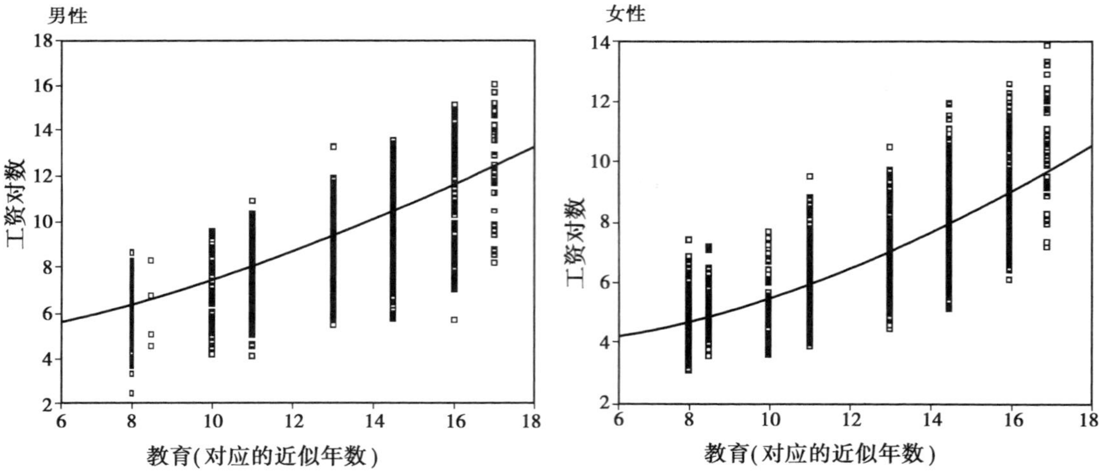

图 1　用回归预测的小时工资(教育作为虚拟变量)

资料来源:英国家庭面板调查,第 9 期,1999—2000(ESRC, 2001; Taylor, 2000)。

——Wendy K. Olsen

(高勇译校)

参考文献

Economic and Social Research Council Research Centre on Micro-Social Change. (2001, February 28). *British Household Panel Survey* [computer file] (Study Number 4340). Colchester, UK: The Data Archive [distributor].

Madden, D. (2000). Towards a broader explanation of male-female wage differences. *Applied Economics Letters*, *7*, 765-770.

Monk-Turner, E., & Turner, C. G. (2001). Sex differentials in the South Korean labour market. *Feminist Economics*, *7*(1), 63-78.

Taylor, M. F., with Brice, J., Buck, N., & Prentice-Lane, E. (Eds.). (2000). *British Household Panel Survey User Manual Volume B9: Codebook*. Colchester, UK: University of Essex.

Walby, S., & Olsen, W. (2002, November). *The impact of women's position in the labour market on pay and implications for UK productivity*. Cabinet Office Women and Equality Unit. Retrieved from www.womenandequalityunit.gov.uk.

内在信度(Internal Reliability)

社会科学中使用的多数测量(measures)都是基于少量题项(items)构建的,这些题项又是从试图测量这一构念【Construct】的大量可能题项中抽取出来的。如果测量中对各个题项(或者各组题项)的应答(responses)缺乏一致性,就很难评估对测量中某些题项的应答是否可以推广到所有用于测量这一构念的题项总体中。换言之,高度的内在一致性表明对题项的应答之间存在高度的彼此相关性。内在信度提供了对于测量当中各个题项或者各组题项的应答之间的一致性程度的估计。

有许多种内在信度估计量,包括 Cronbach α【Cronbach's Alpha】、Kuder Richardson 20(简称 KR20)、折半信度【Split-Half Reliability】、分层阿尔法(stratified alpha)、极大信度(maximal reliability)、Raju 系数(Raju coefficient)、Kristof 系数(Kristof's coefficient)、Angoff-Feldt 系数(Angoff-Feldt coefficient)、Feldt 系数(Feldt coefficient)、Feldt-Gilmer 系数(Feldt-Gilmer coefficient)、Guttman λ_2、最大化 λ_4、Hoyt 的方差分析(Hoyt's analysis of variance)。在对一组参与者进行某种形式的测量之后,就可以计算出所有上述估计量来。在以下部分中,我们只讨论 KR20、折半信度、分层阿尔法和极大信度。

如果测量只包括二分应答选项(例如,是/否、正确/错误等),Cronbach α 就会呈现一种特殊形式的 KR20,它可以表示为:

$$\left[\frac{n}{n-1}\right]\left[\frac{\sigma_X^2 - \sum p_i(1-p_i)}{\sigma_X^2}\right]$$

其中 p_i 是在题项 i 上回答是或正确的人口比例,σ_X^2 是在由 n 个部分组成的测试中得分的方差。

折半信度是一种被广泛使用的信度估计,定义为一个测试的两半之间的相关【Correlation】(r_{12}),然后再用测试的总长度进行修正。根据斯皮尔曼-布朗校正公式(Spearman-Brown prophecy formula),折半信度可以用公式 $\frac{2r_{12}}{1+r_{12}}$ 计算得出。它也可以将方差【Variance】考虑进来,用如下公式计算:$\frac{4r_{12}\times\sigma_1\times\sigma_2}{\sigma_X^2}$,其中 σ_1 和 σ_2 是测试的两半的标准差【Standard Deviation】,σ_X^2 是整个

测试的方差。当折半信度由后一个公式定义时,Cronbach α 相当于折半信度的平均值。但是,如果折半信度是用斯皮尔曼-布朗校正公式计算的,只有在所有题项方差相等时,Cronbach α 才会等于折半信度的平均值。

如果一个测试 X 不是单一维度的,而是分成了内容有所不同的 i 组,分层阿尔法和极大信度就是比 Cronbach α 及其相关估计更好的选择。分层阿尔法可以用如下公式计算:

$$1 - \sum \frac{\sigma_i^2(1 - \alpha_i)}{\sigma_X^2}$$

其中 σ_i^2 是第 i 组的方差,α_i 是第 i 组的 Cronbach α 系数。如果组内的所有题项彼此具有等同性,但是不同组间的题项的信度和方差不同,这时极大信度估计就更为合适(Osburn, 2000)。极大信度可以由下式得到:

$$R_I = \frac{A}{\dfrac{I}{[1 + (I - 1)]\rho} + A}$$

其中 I=组数,ρ 是组间的共同相关系数,$A=\frac{n_1\rho_1}{1-\rho_1}+\frac{n_2\rho_2}{1-\rho_2}+\cdots+\frac{n_i\rho_i}{1-\rho_i}$($n_i$ 是第 i 组中的题项个数,ρ_i 是第 i 组的信度)。

总体而言,与内部信度或者重测信度【Test-Retest Reliability】相比,复本信度(alternate-forms reliability)是更好的信度估计。遗憾的是,估计复本信度所需要的条件在实践中不易满足(参看信度【Reliability】)。与重测信度相比,内部信度更加灵活,不易受练习、疲劳、记忆、动机等问题的影响。它的灵活性在于它只需要一次实施过程,而且可以适用于多种情景,包括有多个题项的测试、有多个子量表的测试、有多个评价者共同打分的测试。在如下情况下,内部信度通常不是合适的信度估计:(a)测试的内容是异质性的;(b)从两个或多个异质性测试中得到一个综合得分(battery score);(c)测试具有快速完成的特征。

——Peter Y. Chen
Autumn D. Krauss
(高勇译校)

参考文献

Cortina, J. M. (1993). What is coefficient alpha? An examination of theory and applications. *Journal of Applied Psychology*, *78*, 98-104.

Feldt, L. S., & Brennan, R. L. (1989). Reliability. In R. L. Linn (Ed.), *Educational measurement* (3rd ed., pp. 105-146). New York: Macmillan.

Osburn, H. G. (2000). Coefficient alpha and related internal consistency reliability coefficients. *Psychological Methods*, *5*, 343-355.

内在效度(Internal Validity)

内在效度指研究者从某一经验研究的结果中进行因果(causal)推论的信心。坎贝尔和斯坦利在一篇很有影响力的论文"实验与准实验研究设计"(Campbell & Stanley, 1963)中,将内在效度视为实验研究的必要条件。这是因为做实验的最终目的就是检验自变量【Independent Variable】和因变量【Dependent Variable】之间的因果关系。因此,评价实验结果的主要标准就是是否可以从其结果中得到有效的因果结论。但是,对于任何试图从中推论出两个变量间因果关系的相关研究发现来说,内在效度的概念也完全适用。

内在效度并不意味着某一自变量就是因变量存在差异的唯一原因，只是说它具有一些独立的因果作用，澄清这一点很重要。例如，个体对一个社会项目的态度差异可能是由许多因素引起的，包括个人经历、自我利益、意识形态等。但是如果接收了某一种劝服性信息的人群比那些没有接收这一信息的人更赞成这一项目，那么我们感兴趣的问题就是这一信息是否在引发这种差异中起到了作用。只有在其他相关因果因素和个体是否接收这一信息无关的前提下，我们才可以得到这一结论。换言之，此时不存在合理的备择解释来说明态度与信息接收之间的共变。如果有相关的竞争解释因素（rival factors）存在，那么这种情况通常被称为实验处理中存在混杂【Confounding】，因为要研究的变量的潜在效应不可能从这些其他潜在原因变量的效应中分离出来。

在这个例子中，因果推论的最明显挑战是接收信息可能存在自选择。如果研究参与者可以自由选择他们是否接收劝服性信息，那么很有可能那些已经持有赞成态度的人会进入接收信息的组中。在这种情况下，给出信息后两组之间的态度差异可能早已注定，与信息本身毫无关系。这并不一定意味着信息没有因果影响，只是说我们有一个合理的备择解释，这使得这一结论变得不能确定。正是由于这个道理，随机分配【Random Assignment】是优秀的实验设计的重要特征。将参与者随机分配到自变量的不同水平中，这排除了自选择这一对内在效度的威胁。

对内在效度的基本威胁

如果有理由相信即使不操纵自变量的施加，得到的因变量差异也会出现，那么这项研究就没有内在效度。除了自选择这一潜在的混杂因素外，坎贝尔和斯坦利（Campbell & Stanley，1963）描述了对内在效度的其他种类的威胁。这些因素可能会引起因变量的差异，但是只有在研究实施中这些不相干的变量和我们感兴趣的自变量存在相关时，它们才会成为内在效度的威胁。坎贝尔和斯坦利（Campbell & Stanley，1963）讨论的潜在混杂因素包括以下类型：

历史。在两个不同时点测量出的因变量结果差异，可能是两次测量时点之间发生的某些事件导致的，而不是由于实验变量导致的。如果因变量是在自变量施加前和施加后测量的，那么历史可能会引发问题，此时其他干预事件可能是变化的真正来源。

发育。在因变量测量的不同时点之间发生的另一种效应，涉及研究中参与者内在条件的变化，如年龄增长、更加疲惫、失去兴趣等（这些因素被称为发育效应，但是这一种类的某些表现，如变得疲惫，通常并不被认为和生理发育相关）。

测试。参与者在第二次接受自变量实施时的表现可能会受到以下事实的影响：他们以前已经接受过一次测量了。因此，测试本身可能成为因变量变化的一个来源。如果研究中的某些个体接受过前测而其他人没有接受过，这也可能引发问题。

仪器。因变量得分在不同时间的变化可能是由于测量“仪器”的性质变化而引起的（如观察者态度的变化、测试打分者越来越草率粗心等），而不是由于被测量的参与者的变化引起的。

统计回归。缺乏信度，或者测量误差，会导致不同时刻下测量分数的变化，如果基于首次测量时的极端得分来选择参与者，那么这些得分就可能导致曲解。

退出实验率。如果进行组间比较，任何

可能导致组间的退出实验比率不同的选择程序或者处理差异,都可能是最终测量中组间差异的真正原因。

选择与历史的交互作用。如果参与者有差别地被选择进入用于比较的组,这些经过特别选择的组可能在历史、发育、测试等方面有所差异,这可能导致因变量在最终测量中的差异。

需要再次强调的是,当且仅当研究中的这些因素与感兴趣的自变量差异相关时,这些因素的存在才会损害内在效度。自变量之外的事件可能会影响到因变量结果,但是如果这些事件与自变量不存在系统相关,它们就不会降低内在效度。

——Marilynn B. Brewer

(高勇译校)

参考文献

Campbell, D. T., & Stanley, J. C. (1963). Experimental and quasi-experimental designs for research on teaching. In N. L. Gage (Ed.), *Handbook of research on teaching* (pp. 171-246). Chicago: Rand McNally.

Crano, W. D., & Brewer, M. B. (2002). *Principles and methods of social research* (2nd ed.). Mahwah, NJ: Lawrence Erlbaum.

Shadish, W. R., Cook, T. D., & Campbell, D. T. (2001). *Experimental and quasi-experimental designs for generalized causal inference*. Boston: Houghton Mifflin.

网络调查(Internet Surveys)

"网络调查"一词是指通过网络收集数据的调查。网络调查对于调查专业的影响是以前各种创新所不能比拟的。就在网络(更具体的是指万维网)被宽泛使用的很短时期里,网络调查软件产品、在线样本组(online panels)、提供网络调查服务的调查研究机构的数量激增,网络调查既被作为一种单独的数据收集模式,也与传统调查研究方法组合使用。但是,业内的接受程度却并不一致,有人热烈欢迎网络调查,并认为它将会取代所有其他调查数据收集方式,另一些人将网络调查视为对调查行业未来的威胁。虽然有关网络调查的价值仍有诸多未知之处,但是对它们的实用效果的研究正在快速推进。

网络调查的类型

网络在调查数据收集中有几种不同的使用方式。一般分为在被访者机器(客户端)上执行的调查和在调查机构的互联网服务器(服务器端)上执行的调查。主要的客户端调查方法包括电子邮件调查和可下载的可执行文件调查。在上述每种情形中,量表被传输给样本中的人,然后他可以使用电子邮件软件中的回复功能,或者在文字处理软件中输入回答,或者使用他们电脑中安装的软件,来回答调查问题。完成之后,答案被传输返回给调查机构。服务器端系统通常要求样本中的人与网络连接时通过浏览器完成调查,答案同时被即时地传输给服务器。自动化调查量表的交互特征是用互联网服务器上的脚本完成的。这两种方法的关键区别在于被访者在完成调查时网络连接是否要打开。互联网调查(Web Surveys)是后一种类型的主要例子,到目前为止已经成为现在流行的网络调查的主导形式。

也有一些对上述两种基本类型的变异。例如,一些调查是由单个可流动的

HTML 表格组成的,填答过程中不需要和服务器进行交互,被访者填答完成之后按下"提交"键来传输信息。与此类似,用 JavaScript、DHTML 或者其他类似工具也可以在 HTML 中嵌入客户端的交互功能。这些工具不用互联网服务器也能实现许多动态交互功能。

典型的互联网调查包括一个或多个调查问题,被访者要与万维网连接通过浏览器来回答这些问题。对被访者的抽样可以采用从自选择样本到基于清单的方法的许多形式(有关评论请参看 Couper, 2000)。如果是基于清单的抽样方法,通常要通过电子邮件邀请被访者参与调查,邮件信息中包括了调查网址,以及进入调查所需的用户名和密码。互联网调查也越来越多地以混合模式设计进行,邮寄调查被寄送给被访者,但被访者也可以选择在线完成调查。

网络调查的优势

网络调查的首要优势是成本。虽然固定成本(硬件和软件)比邮寄成本更高,但数据收集的单位成本微不足道。通过完全自动化的方法,可以省去邮寄成本和印刷成本,还有数据录入和相关处理成本。这些既减少了数据收集成本,也减少了获取调查结果所需的时间。

互联网调查的另一好处在于它们相对于其他数据收集方式的速度。很多情况下,相当比例的被访者能够在发出邀请的 24 小时内进行回答。

互联网调查还具有自填带来的优势,包括消除或降低了诸如社会期许性回答之类的访员效应。回答者【Respondents】可以按自己的节奏回答,对过程有更大的控制。同时,互联网调查还有计算机带来的所有优势。这些优势包括可以使用复杂的分岔题目、随机化、编辑检查等,这些特点在计算机辅助访谈【Computer-Assisted Personal Interviewing】中都是常见的。最后,这些调查还可以利用互联网丰富的图形性质,例如量表中可以包括色彩、图形及其他多媒体元素。

网络调查的劣势

网络调查的最大缺点就是代表性问题。网络连接还未完全普及,这意味着总体【Population】中有很大比例用这种方法是接触不到的。网络技术覆盖的人和未覆盖的人是有差异的,因此覆盖偏差【Bias】就进入了调查估计中。当然,对于研究者感兴趣的某些总体来说(如学生、高科技行业的雇员、一个网址的访问者等),这并不是大问题。另一个相关的挑战是抽样。网络用户的清单并不存在,对于网络来说,类似于电话调查中随机数字拨号【Random Digit Dialing, RDD】的方法也不可能开发出来,因为电子邮件地址格式的差异太大了。

无回答【Nonresponse】是另一个问题。网络调查中的回答率通常低于对应的纸介方法(参见 Fricker & Schonlau, 2002)。在样本中的人可以选择纸张还是互联网填答的混合模式设计中,绝大多数人选择纸介方法。

另一个潜在的缺点是绝对的匿名性。通常没有什么能够保证被邀请的人确实填答了调查问卷,也不能保证他们的填答是认真的。虽然存在这种担心,但从网络调查得到的结果和其他调查数据收集方法相差无几,表明这个问题并不需要太多担心。

小结

虽然网络调查是相对新近的现象,但它已经迅速扩展开来,已经有许多不同的方式来设计和执行在线调查。代表性问题可能限制了网络调查在一般性人群的研究中的用处,但是它非常适用于对特殊人群(有较高网络使用率的群体)的研究,以及一些代表性并不太重要的研究(如实验研究)。有鉴于此,随着我们不断发现一些关键性挑战的前沿解决方案,不断利用技术提供的机遇,网络调查很可能将继续对调查行业产生影响。

——Mick P. Couper

(高勇译校)

参考文献

Couper, M. P. (2000). Web surveys: A review of issues and approaches. *Public Opinion Quarterly*, *64*(4), 464-494.

Fricker, R. D., & Schonlau, M. (2002). Advantages and disadvantages of Internet research surveys: Evidence from the literature. *Field Methods*, *14*(4), 347-365.

内插法(Interpolation)

内插法指估计在两个已知取值之间的函数【Function】值或序列值。不同于从已知范围的取值中估计这一范围之外取值的外推法【Extrapolation】,内插法是要从已知范围的取值中估计这同一范围之中的取值。

广义而言,社会学中用到的内插法有两种。一种是数学内插法,另一种是统计内插法。在数学内插法中,我们通过假定两个已知数据点间存在确定性关系来估计未知值。例如,假定我们想找到自由度为 11.3 的卡方【Chi-Square】变量的 99%临界值(例如,参见 Greene, 2000, p.94)。注意,卡方表中只给出了整数取值的情况。但是事实上,卡方分布的定义对于非整数取值也是成立的。在本例中,我们可以按如下方法用内插法得到非整数取值的结果。首先,从表中得到自由度分别为 11 和 12 时的 99%卡方分布临界值。然后,在自由度的倒数间进行线性内插。这样,给定 $\chi_{11}^2 \leqslant 0.99 = 24.725$ 和 $\chi_{12}^2 \leqslant 0.99 = 26.217$,我们有:

$$\chi_{11.3}^2 \leqslant 0.99 = 26.217 + \frac{\frac{1}{11.3} - \frac{1}{12}}{\frac{1}{11} - \frac{1}{12}} \times (24.725 - 26.217) = 25.209$$

本例中使用的是线性内插法。但是,在其他问题中,内插法可以用非线性函数来插入未知取值,如余弦函数、多项函数、三次样条函数或其他函数。所选择的数学内插方法应当与希望得到的结果一致。

统计内插法依赖全部数据集的动态或分布【Distribution】的信息来估计位于已知取值之间的未知值。在此要注意它与数学内插法的差异。在前面的例子中,我们只是在两个数据点之间画了一条直线或曲线,而没有考虑数据集的具体内部结构。但是,在统计方法中,我们要考虑内在于数据集的具体动态或分布,并利用这些信息得到未知值。我们可以通过发现其他数据集,或者就是通过对数据的内在结构进行假定,来获取这些信息。例如,假定我们有一个变量 X,它是季度时间序列【Time-Series】数据,我们想将它转换成月度时间序列数据。一种办法是找到一个月度时间序列数据 Y,它与原始的 X 序列高度相关。我们首先去除两个数据序列在季度波动上的差异,然后将 Y 的月度序列投射回 X 上来。得到的结果可能有所差异,这取决于我们如何去除 X 与 Y 之间的季度差异和如何将 Y 投射回 X 序列上来。但是,假定我们找不到与 X 相关的数据序列,我们也可以简单地假定一种内在动态。例如,我们可能有某个日期之前的季度数据,以及这个日期之后的月度数据(如1978年之前和之后的密歇根大学消费者情绪指数)。我们可以简单地假定,月度数据结构与先前季度数据中未知的月度动态是一致的。利用上述假定,我们可以构建一个 X 序列的 ARIMA 模型,其中设定一种自回归【Autoregression】、移动平均【Moving Average】和随机游走【Random Walk】的组合,然后再把这个设定投射到 X 的未知月度序列上。

有许多种技术上前沿的内插方法,都是从前面讨论的这两大类别中衍生出来的。但是,需要强调的是,没有一种方法能够消除真值不存在时,内插法中内在的不确定性。这是因为根本不可能发现未知数据的真值。在有些情况下,内插法甚至可能对真实的数据结构造成严重的扭曲。因此,在生成和使用内插数据时要多加小心。

——B. Dan Wood
Sung Ho Park
(高勇译校)

参考文献

Friedman, M. (1962). The interpolation of time series by related series. *Journal of the American Statistical Association*, *57*, 729-757.

Greene, W. H. (2000). *Econometric analysis* (4th ed.). Englewood Cliffs, NJ: Prentice Hall.

诠释套路(Interpretative Repertoire)

社会心理的话语分析【Discourse Analysis】部分地旨在确定讲话者在描述事件、选择立场、进行论辩时所用到的解释性资源(explanatory resources)。诠释套路是用于确定与某一特定主题或话题相关的此类资源的一个术语。通常,人们在具有意识形态重要性的访谈资料中寻求这些主题或话题,如种族、性别和权力关系。在致力于勾连参与者的描述实践细节与实践者立足自身的更为宽广的意识形态和历史形成的分析中,诠释套路占有一席之地。

诠释套路的本质在于,描述任何特定事件形态都存在不止一种套路。通常会有两种相互替代或相互冲突的套路,但也可能有更多种。套路是反复出现的词语形象、隐喻、修辞格(figures of speech)、解释方式。要找到这些套路不存在精确定义或便捷之道。找到这些套路的程序是要收集与话题相关的话语资料,考察它们以发现反复出现的诠释模式。这类似于发展扎根理论【Grounded Theory】的阶段,但诠释套路分析的特点在于,它与话语资料的细节紧密结合在一起凸现出话语分析的程序,而不是得到一系列抽象的编码和类型。诠释套路最好用示例来进行说明。

奈杰尔·吉尔伯特和米歇尔·马尔基(Gilbert & Mulkay,1984)在其对科学话语的研究中最早使用了这一术语,他们在研究中发现了两种彼此相反、在功能上相异的解释类型。存在一种经验主义套路(empiricist repertoire)——对结论和理论选择进行的不带个人色彩的、基于方法的、资料驱动的叙述,通常在实验报告中出现。也存在一种机动主义套路(contingent repertoire)——取决于个人动机、洞见和偏差;取决于社会情境;取决于信仰——这是一个猜想和灵感有用武之地的领域,是结论和理论选择引发了支持它的经验工作,而不是经验工作导出了结论和理论选择。在主张事实和支持心仪的理论时使用经验主义套路,在解释为什么以及何时事情出错时使用机动主义套路,特别是在解释对方实验室为什么出错时、解释不可信的发现为什么出现时。

玛格丽特·韦瑟雷尔和乔纳森·波特(Wetherell & Potter,1992)就种族和民族问题对新西兰人进行了访谈。他们在有关文化和文化差异的谈话中发现了一种遗产套路(heritage repertoire)。这包括诸多描述、隐喻、修辞格和论据,它们围绕保持传统、价值、仪式的重要性而聚合在一起。另一种治疗套路(therapy repertoire)将文化定义为疏远的毛利人为了再次团结和健康而需要的东西。每种套路不是不同的讲述者用来表达不同的态度或信仰的,而是同一个人就会使用两种套路,因为每种套路有其特殊的修辞用法。例如,治疗套路在谈论犯罪和教育失败时就是有用的。此类套路虽然常常是彼此矛盾的,但是通常参与者每次使用时将其视为没有任何问题的常识。诠释套路的这种常识地位使得它与意识形态研究联系起来。

——Derek Edwards

(高勇译校)

参考文献

Gilbert, G. N., & Mulkay, M. (1984). *Opening Pandora's box: A sociological analysis of scientists' discourse*. Cambridge, UK: Cambridge University Press.

Wetherell, M., & Potter, J. (1992). *Mapping the language of racism: Discourse and the legitimation of exploitation*. Brighton, UK: Harvester Wheatsheaf.

诠释性传记(Interpretive Biography)

诠释性传记方法是指在研究中使用和收集描述个体生活转折点时刻的个人生活文件、故事、讲述、叙事(参见 Denzin, 1989, Chap. 2)。传记方法的主题(subject matter)是人的生活经历。如果是用第一人称写的,它被称为自传、生活故事或生活史;如果是他人观察其生活而写的,它被称为传记。

如下假定和论据构建了传记方法的使用。生活只能通过其回溯推理(representation)来了解,包括诸如故事、个人叙述或参与仪式行动等表演(performance)。生命体验【Lived Experience】及其回溯推理正是社会学的主题。社会学家必须学会如何勾连和联结在传记中充满意义的经历和当下的社会,以及更大的后现代时期的形塑文化和意义的制度。这些经历的意义正是在经历它们的那些人的表演中被赋予。对方法的执着,对效度【Validity】、信度【Reliability】、概推性【Generalizability】的执着,对传记方法的理论相关性的执着,必须被搁置一旁,以便更有利于关切意义、活动和诠释。学传记方法的学生必须学会如何使用表演理论、文献诠释、批判主义等策略和技巧。他们必须将方法的使用与批判理论在最近的结构主义【Structuralism】和后结构主义【Poststructuralism】发展一致,这些批判理论关心的是社会文本的阅读和写作。这也会涉及诠释学【Hermeneutics】、符号学【Semiotics】、批判种族理论【Critical Race Theory】、女性主义【Feminist】和后殖民理论,以及教学文化研究。

生活和构建生活的传记方法都是文学创作的产物。生活是一种武断的建构,受到当时文化写作实践的约束。这些文化实践导致了性别化的知情他人(gendered, knowing others)的出现和影响,这些他人将对象置于熟知的社会空间当中,其中生活有了开端、转折点和清晰界定的结束。这些文本创造了"真实"的人,对其进行了推测性的事实陈述。事实上,这些文本是叙述性的虚构作品,是从他们讲述的生活这一块布料上裁剪下来的。一个作者在写作传记时,他或她把自己也写进了写作对象的生活之中。读者阅读传记文本时,文本是在通过读者的生活被阅读的。因此,作者和读者共谋创造了他们写作和阅读到的生活。接下来,生成的文本会围绕着写到的那个"真实"的人的生活踪迹而聚集起来。

这些假定和立场取决于如何定位和诠释传记材料中的记述对象这一问题,并因此问题而得以构建。所有的传记研究都会假定一个已成过往的生活(a life that has been lived),一个能够被研究、构建、再构建和书写的生活。在当前语境下,生活指涉两种现象:生命体验或有意识的存在和人。一个人既是一个自我意识的存在,也是一个被命名的文化主体或文化创造。人的意识同时既指向思想和体验的内在世界,也指向事件和经历的外在世界。内在世界和外在世界,这两个世界是同一过程的正反两面,因为内在体验和外在经历之间并不存在明确的分界线。传记方法认识到了人的存在这一事实,因为其突出特点就在于,在个人文档这种述行性文本(performative text)中这两种结构被连接与记录下来了。

——Norman K. Denzin

(高勇译校)

参考文献

Denzin, N. K. (1989). *Interpretive biography*. Newbury Park, CA: Sage.

诠释互动论(Interpretive Interactionism)

诠释互动论研究在彼此互动的个体生活中的个人困扰及其转折点时刻。诠释互动论对人的体验及其回溯推理进行批判性的、基于存在的(existential)、诠释性的研究。这一视角遵循赖特·米尔斯的指引,他在《社会学的想象力》(*The Sociological Imagination*, Mills, 1959)中指出学者应该考察发生于直接的体验世界中的个体私人困扰是如何与公共议题相联系的,以及如何与对这些困扰的公众反响相联系的。米尔斯的社会学想象力是传记性的、互动性的、历史性的。诠释互动论进行的正是米尔斯的事业。

诠释互动论致力于让读者理解普通人充满困扰的生命体验【Lived Experience】。互动论者解释这些世界及其影响、意义和再现。这种路数的研究方法包括表演文本;自传式民族志【Autoethnography】;诗歌;虚构文学;开放式的、创造性的访谈;文档分析;符号学【Semiotics】;生活史【Life History】;生活故事;个人体验与自我故事构建;参与观察【Participant Observation】;浓描【Thick Description】。诠释互动论这一术语表明了它是联结传统的符号互动论【Symbolic Interactionism】思想和诠释性探究的批判方式的一种尝试,这些诠释性探究的批判方式包括反思性的参与观察、文学民族志、诗学【Poetics】、生活故事和证词【Testimonio】。

诠释互动论不是所有人都喜欢。它的研究哲学基础与社会科学中大多数传统的科学研究惯例背道而驰。只有那些倾向于定性诠释方法的人更可能使用其方法与策略。这些策略赞成尽可能少地使用理论,赞成用精心编撰的文本来展示事实,而不是讲大道理(show, rather than tell)。

诠释互动论关注那些彻底改变和形塑了人们赋予其自身和生活的意义的生活经历。这种基于存在的要旨引导研究者关注"顿悟(epiphany)"。在顿悟中,个人性格得以彰显。通过详尽研究这些经历,研究者能够阐明个人生活中发生的关键时刻。这些时刻常常被本人和他人加以诠释,正如转折点经历一样。有过这一体验之后,个人就再也不会有相同的体验了。诠释互动论研究这些经历,包括其回溯推理、影响、表演,以及与更宽广的历史、文化、政治和政治动力的关联。

——Norman K. Denzin

(高勇译校)

参考文献

Denzin, N. K. (1989a). *Interpretive biography*. Newbury Park, CA: Sage.

Denzin, N. K. (1989b). *Interpretive interactionism*. Newbury Park, CA: Sage.

Denzin, N. K. (1997). *Interpretive ethnography*. Thousand Oaks, CA: Sage.

Mills, C. W. (1959). *The sociological imagination*. New York: Oxford University Press.

诠释主义(Interpretivism)

诠释主义用来指涉一些有着共同的本体论【Ontology】和认识论【Epistemology】假定的社会科学研究路数。其核心原则是,由于自然科学和社会科学的主题存在根本差异,社会科学中不能使用自然科学的方法。研究社会现象需要理解人们栖居其中的社会世界,人们用他们生产和再生产出来的意义已经对社会世界进行了诠释,这种诠释是他们日常活动中必不可少的一部分。研究自然现象需要科学家使用科学概念和理论来诠释自然,需要科学家决定什么与研究问题相关,而社会科学家研究的现象是已经被人们诠释过的现象。

起源

诠释主义根植于德国的诠释学【Hermeneutics】和现象学【Phenomenology】的学术传统中,特别是马克斯·韦伯(Max Weber,1864—1920)和阿尔弗雷德·舒茨(Alfred Schütz,1899—1959)的著作。如与他们之前的狄尔泰一样,他们致力于建立一门以主观为研究对象的客观科学,目标是能够得到有关构成社会世界的意义的可验证的知识。他们的关注点是有意义的社会行动的本质,它在理解社会生活模式中的作用,以及如何评估这种意义。

韦伯和舒茨并未致力于确立某一社会行动者赋予某一具体社会行动的实际意义,他们认为有必要在更高的普遍性层次上进行工作。通过构建在典型情境下、在典型行动进程中、由典型社会行动者使用的典型意义的模型,就可以理解和解释社会的规律性。此类模型构成了要检验的尝试性假设。只有那些在性质上是理性的社会行动,那些被有意识地选择作为实现目标的方式的社会行动,才被认为是可以理解的。

根据韦伯(Weber,1964, p.96)的论述,主观意义可以分为三种类型:可以指涉社会行动者使用的实际的、有意图的意义;许多社会行动者使用的平均意义或近似意义;一个假想的社会行动者使用的典型意义(typical meanings)。

在借鉴狄尔泰的基础上,韦伯区分了三种理解类型:两种大类——理性的(rational)理解得到的是对社会行动在其意义语境中清晰而理智的了解,移情的(empathetic)或领悟的(appreciative)理解涉及对行动的情感内容的把握;而理性理解又包含的两种小类,直接理解和动机理解。对人的表达或行为的直接理解,类似于了解一个句子、念头或数学公式的意义。它是发生于日常情境中当下的、明晰的、就事论事的理解,不需要了解更为宽广的背景。另一方面,动机理解关心的是为了达到特定目标而选择何种手段。

韦伯主要关心的是理性行动的动机形式。他认为缺乏这种理性特点的人类行动是难以理解的。定量资料产生的统计模式,如教育获得和职业地位之间的关系,本身是不可理解的。不仅需要澄清连接关系中两个组成部分的相关行动,而且要说明附着于这些行动上的意义。

韦伯承认动机既可能是理性的,也可能是非理性的,它们既可能使得行动特征是为达成某一目标而采取的手段,也可能与情感品位有关。他认为只有在理性动机的情况下,进行社会科学的解释才是有可能的。

韦伯认为意义诠释是需要进行检验的可能假设,他推荐使用比较研究【Comparative Research】来对这些假设进行调查。但是,如果不可能进行比较研究,他认为研究者将不得不求助于“假想实验”,即设想动机链条上的特定要素,再构想出可能出现的行动过程。

韦伯主要关切的不是行动者自己的主观意义,而是对一个构建出的假想行动者而言的情境的意义。他特别感兴趣的也不是社会行动者赋予自身行动的具体意义,而是以近似和抽象方式得到的意义。他不只关心意义对人类行动的影响,而且关心有意义的社会关系对人类行动的影响。他的终极关切是大规模的规律性(large-scale uniformities)。因为他不希望局限于当代情境或微观情境,所以他必须处理观察者的诠释。但是,他认为这些诠释只是需要检验的假设。

韦伯企图将统计规律性和理解【Verstehen】(诠释性理解)勾连起来,这种企图导致对其诠释主义出现了多种诠释。那些重视其著作的实证主义者往往会把理解视为一种得到假设的可能方式,而诠释主义者往往会忽略他对统计规律和因果解释的关切。

因为韦伯从未脱离其实质性著作论述过方法议题,所以他的著作带有心照不宣的假设,他的某些概念也并未充分展开。韦伯著作中的这些方面已经被舒茨(Schütz,1976)系统性地接续,韦伯和胡塞尔为舒茨的著作奠定了基础。舒茨的主要目标是将韦伯的社会学置于坚实的基础之上。在完成这一任务的过程中,他提供了理想类型的方法。舒茨认为,韦伯主张有意义的行动这一概念是社会现象的基础而且是不可化约的组成部分,但韦伯没有能够区分社会行动者在行动发生之时携有的意义,社会行动者给一个已经完成行动或某些未来行动赋予的意义,社会学家对行动赋予的意义。在第一种情况中,行动发生之时携有的意义和行动发生时的语境,通常都被视为理所当然的。在第二种情况中,赋予的意义将依据社会行动者的目标而给出。在第三种情况中,意义的语境是观察者的,而不是社会行动者的。韦伯似乎认为,后者是获得社会行动者赋予意义的充分基础,行动者之间以及行动者和观察者之间对已经完成的行动或未来的行动的意义不存在争论。

舒茨提供了连接社会行动者赋予的意义和社会科学家为了产生完善理论而赋予的意义之间的桥梁基础。他认为,社会理论中使用的概念和意义必须从社会行动者使用的概念和意义中得出。在舒茨的诠释主义版本中,日常现实是至高无上的;他认为对社会生活进行任何解释的基础都是社会行动者的观点,而非社会研究者的观点。韦伯和舒茨的著作为诠释主义的主要分支提供了基础。

批评

对诠释主义的批评既有来自这种方法

内部的,也有来自这种方法外部的。例如,吉登斯(Giddens, 1984)提出,认为社会行动者一直监控自己的行为,并因此能意识到自己的意图和行动原因,这种观点是误导性的。相反,通常只有在行动者对其行动进行反思性探寻时,在其他人质询其行动时,在行动被干扰或打断时,这种反思才会发生。多数时间里,行动的进行中是没有反思性监控的。

有些诠释主义者认为社会科学家必须只汇报社会行动者对其行动的解释而不对其加以阐释和理论化,雷克斯(Rex,1974)及其他人则对此回应说,社会科学家对社会行动者的行动给出的解释可以不同于行动者自己给出的解释。巴斯卡尔(Bhaskar, 1979)将此称为语言谬误(linguistic fallacy),其根源在于没有能够认识到现实存在要比社会行动者用语言表达的更为丰富。巴斯卡尔(Bhaskar,1979)和乌思怀特(Outhwaite,1987)认为,诠释主义同时也犯了认识谬误(epistemic fallacy),因为诠释主义假定我们只能通过理解诠释过程才能进入社会世界中,假定诠释过程是全部的存在。其他批评者,如吉登斯和雷克斯认为诠释主义者没有能够认识到制度结构的作用,特别是利益分化和权力关系的作用。

——Norman Blaikie

(高勇译校)

参考文献

Bhaskar, R. (1979). *The possibilities of naturalism: A philosophical critique of the contemporary human sciences*. Brighton, UK: Harvester.

Blaikie, N. (1993). *Approaches to social enquiry*. Cambridge, UK: Polity.

Giddens, A. (1984). *The constitution of society: Outline of the theory of structuration*. Cambridge, UK: Polity.

Outhwaite, W. (1987). *New philosophies of social science: Realism, hermeneutics and critical theory*. London: Macmillan.

Rex, J. (1974). *Sociology and the demystification of the modern world*. London: Routledge & Kegan Paul.

Schütz, A. (1976). *The phenomenology of the social world* (G. Walsh & F. Lehnert, Trans.). London: Heinemann.

Weber, M. (1964). *The theory of social and economic organization* (A. M. Henderson & T. Parsons, Trans.). New York: Free Press.

四分位距(Interquartile Range)

对于已经从小到大排好序的定序数据来说,四分位距就是数据中的第 25 百分位数【Percentile】(P_{25})和第 75 百分位数(P_{75})之间的数值范围。由于这个范围中包括了全部数值中的一半,它是对分布【Distribution】的中间数值的描述。这个范围被称为四分位距,因为第 25 百分位数也被称为第一个四分位数【Quartile】,第 75 百分位数也被称为第三个四分位数。

试考虑如下有序数据集{3, 5, 7, 10, 11, 12, 14, 24}。这个数据集中有 8 个数值。去掉最前面的两个(即最前面的 25%)和最后面的两个(即最后面的 25%),剩下中间的 50%。其范围为 7~12,这就是这 8 个观察值的四分位距;但是,因为 P_{25}必须是大于 25%且小于 75%的数值,所以通常将 P_{25}定义为位于边界值(即 5 和 7)之间的中间值。这里就是6。与此类似,第 75 百分位数也是边界值 12 和 14 的中间值 13。因此,这个样本数据集的四分位距为 13-6,即 7。

用四分位距来描述数据,这丰富了用诸如中位数【Median】(即第二个四分位数)和算术均值【Mean】等点值进行的集中趋势描述。但是,四分位距的最大用处是生成盒形图【Boxplot】,以及用于定义离群值【Outlier】,即那些用定量方式被定义为极其异常的数据值。一种被普遍接受的离群值定义是,位于 P_{75}之上或者 P_{25}之下超过1.5倍四分位距的数据值(Tukey, 1977, p. 44ff)。在盒形图中,这些值用特殊的记号标注,通常是用星号。在前面的数据集中,24 就是一个离群值,因为它比 P_{75}再加上1.5×(13-6)= 10.5还要大。

——Kenneth O. McGraw

(高勇译校)

参考文献

Tukey, J. W. (1977). *Exploratory data analysis*. Reading, MA: Addison-Wesley.

评判一致性(Interrater Agreement)

研究者常常会试图评估一组评审者(或评判人、观察者、专家、诊断工具)给出的评判或决策的共识度或一致性。评判的性质可以是定类的(如共和党/民主党/中间派,或是/否);定序的(如低、中、高);定距的;或定比的(如对象 A 的重量是对象 B 的两倍)。无论评判的类型是什么样的,评判一致性的共同目标是去评估评判者对对象的某一属性或某些属性的精确值在多大程度上是一致的;换言之,他们的评判在多大程度上是可以互换的。在实践和研究中,评判一致性往往会与评判信度【Interrater Reliablity】相混淆(Kozlowski & Hattrup, 1992; Tinsley & Weiss, 1975)。这两个术语代表不同的概念,需要不同的测量指标。例如,三个评审者 A,B,C 从四个维度来评判一本书稿:写作的清晰性;文献综述的全面性;方法的完善性;对此领域的贡献。给出的评判结果是六分类的:从 1(不可接受)到 6(优异)。评审者 A,B,C 在这四个维度上的打分结果分别是(1, 2, 3, 4)、(2, 3, 4, 5)、(3, 4, 5, 6)。数据清楚地表明,这些评审者的打分彼此完全不一样(即评判一致性为零),但是他们的打分在所有维度上是完全吻合的(即完美的评判信度)。

有许多种评判一致性的指标,它们是为不同的情况设计出来的,如不同的评判类型(定类、定序等)和不同的评判者数量或要评判的对象属性数量。这些指标的例子包括百分比一致性;评判标准差【Standard Deviation】;均值标准误【Standard Error】;斯科特(Scott, 1955)提出的 π;科恩(Cohen, 1960)提出的 kappa(κ)和加权 kappa(κ_w);劳里斯和路(Lawlis & Lu, 1972)提出的χ^2 检验;劳希(Lawshe, 1975)提出的内容效度比(CVR)和内容效度指数(CVI);廷斯利和韦斯(Tinsley & Weiss, 1975)提出的 T 指数;詹姆斯、达马利和沃尔夫(James, Demaree, & Wolf, 1984)提出的 $r_{WG(J)}$;以及林德尔、勃兰特和惠特尼(Lindell, Brandt, & Whitney, 1999)提出的 $r^*_{WG(J)}$。在下面的部分,我们将介绍斯科特的 π,科恩的 κ 和 κ_w,廷斯利和韦斯的 T 指数,劳希的 CVR 和 CVI,詹姆斯等人的 $r_{WG(J)}$ 和林德尔等人的 $r^*_{WG(J)}$。这些指标都被广泛地应用,其相应的虚无假设【Null Hypothesis】也已经非常成熟。斯科特的 π 适用于两个独立评判者对一组评判对象的某一属性进行定类决策。其定义为 $\pi=\frac{p_o-p_e}{1-p_e}$，实际取值范围为 0～1（虽然也可能得到负值），其中的 p_o 和 p_e 分别代表观察到的两个评判者一致的百分比和由于概率而期望得到的一致百分比。p_e 是由评判类别数量和两个评判者使用的类别频率决定的，定义为全部类别的比例平方的加总：

$$p_e = \sum_{i=1}^{k} p_i^2$$

其中的 k 为类别总数，p_i 为评判结果落入第 i 个类别的比例。

科恩的 κ 是被最广泛使用的指数，它评估两个或多个独立评判者对某一属性进行定类决策时的一致性。类似于斯科特的 π，科恩的 κ 的定义为 $\kappa=\frac{p_o-p_e}{1-p_e}$，取值范围通常为0～1。但是，科恩的 κ 中的 p_e 以不同的方式加以操作化，它是所有类别的列联表【Contingency Table】的边缘【Marginals】的联合概率的加总。不同于科恩的 κ，科恩的 κ_w 将不一致的情况也考虑进来。在诸如人事选择等某些实践情况中，“肯定能成功”及“可能会成功”的不一致，和“肯定能成功”及“肯定要失败”的不一致比起来，显得更无足轻重。在评判者数目增加时，κ 和 κ_w 都会过分地估计出现一致的概率。

廷斯利和韦斯的 T 指数，$T=\frac{N_1-Np_e}{N-Np_e}$，是基于科恩的 κ 和劳里斯和路的 χ^2 对于评判随机性【Randomness】的卡方检验而发展出来的。其中的 N_1 是评判一致的属性数目、N 是属性总数目，p_e 是由于随机因素而出现的期望一致概率。上述公式除以 N，可以重新写作 $T=\frac{p_o-p_e}{1-p_e}$，其中的 p_o 是评判者一致的属性比例。p_e 取决于可接受的评分范围（r），用来评判各个属性的评分类别数目（A），评判者数目（K）。如果研究者要求完全一致（即评分范围为 0），$p_e=\left(\frac{1}{A}\right)^{K-1}$。如果 $r>0$，p_e 的计算公式会很复杂；结果，从廷斯利和韦斯那里会得到许多个 p_e 的值。

劳希的 CVR 最初是用来评估专家对于测试题项重要性的一致性的，其定义为 $\mathrm{CVR}=\frac{p_A-0.5}{0.5}=2p_A-1$，取值范围从 -1～1，其中的 p_A 为达成一致的评判者比例。如果评判者对多个题项进行判断，就要用到整体评判一致性指数（简称为 CVI）。CVI 的定义为 $\mathrm{CVI}=2\bar{p}_A-1$，其中的 $\bar{p}_A$ 是各个题项的 p_A 值的平均数。

詹姆斯等人提出了 $r_{WG(J)}$，它比较的是一组评分的观察方差和源自随机打分的期望方差之间的差别。如果评判的只是一个属性，则：

$$r_{WG(1)} = 1 - \frac{S_x^2}{S_E^2}$$

其中的 S_x^2 是对某一属性 X 的评分的观察方差，S_E^2 是随机打分的方差。虽然有许多种方法来决定 S_E^2，但研究者通常假定随机打分的分布是服从离散均匀分布的（Cohen, Doveh, & Eick, 2001）。在这种情况下，可以用 $S_{EU}^2=\frac{A^2-1}{12}$ 来估计 S_E^2，其中的 A^2 是对属性 X 进行评判的类别数目。如果对 J 个属性进行评判，则有：

$$r_{WG(J)} = \frac{J\left(1-\frac{\bar{S}_x^2}{S_E^2}\right)}{J\left(1-\frac{\bar{S}_x^2}{S_E^2}\right)+\frac{\bar{S}_x^2}{S_E^2}}$$

其中的 $\bar{S}_x^2$ 是 J 个属性的平均方差。类似地，如果假定随机打分的分布服从均匀分布，则 S_E^2 可以用来 S_{EU}^2 估计。类似于前面的指标，$r_{WG(J)}$ 的取值上限为 1。如果 $r_{WG(J)}$ 取值为负，詹姆斯等人建议将其设定为零。

詹姆斯等人提出的 $r^*_{WG(J)}$ 与詹姆斯等人的 $r_{WG(J)}$ 在两个方面有所不同。首先，他们认为大于随机期望的评判一致和小于随机期望的评判一致是同样成立的（Lindell & Brandt, 1999, p. 642）。科恩等人（Cohen, Doveh, & Eick, 2001）发现，如果把 $r_{WG(J)}$ 的负值设定为零，就会出现正向的偏差。其次，詹姆斯等人的 $r_{WG(J)}$ 源自于斯皮尔曼-布朗【Speraman-Brown】相关公式，虽然 $r_{WG(J)}$ 是一个一致性指标而不是一个信度指标。林德尔等人质疑对一致性指标使用斯皮尔曼-布朗修正的合理性，他们建议在均匀分布假定下可以使用如下公式：

$$r^*_{WG(J)} = 1 - \frac{\overline{S}_x^2}{S_E^2}$$

或者

$$r^*_{WG(J)} = 1 - \frac{\overline{S}_x^2}{S_{EU}^2}$$

总体而言，$r_{WG(J)}$ 和 $r^*_{WG(J)}$ 在许多情形下都比劳希的 CVR 和 CVI、廷斯利和韦斯的 T 指数更为灵活。

——Peter Y. Chen
Autumn D. Krauss
（高勇译校）

参考文献

Cohen, J. (1960/1968). A coefficient of agreement for nominal scales. *Educational and Psychological Measurement*, *20*, 37-46.

Cohen, A., Doveh, E., & Eick, U. (2001). Statistical properties of the $r_{WG(J)}$ index of agreement. *Psychological Methods*, *6*, 297-310.

James, L. R., Demaree, R. G., & Wolf, G. (1984). Estimating within-group interrater reliability with and without response bias. *Journal of Applied Psychology*, *69*, 85-98.

Kozlowski, S. W., & Hattrup, K. (1992). A disagreement about within-group agreement: Disentangling issues of consistency versus consensus. *Journal of Applied Psychology*, *77*, 161-167.

Lawlis, G. F., & Lu, E. (1972). Judgment of counseling process: Reliability, agreement, and error. *Psychological Bulletin*, *78*, 17-20.

Lawshe, C. H. (1975). A quantitative approach to content validity. *Personnel Psychology*, *28*, 563-575.

Lindell, M. K., & Brandt, C. J. (1999). Assessing interrater agreement on the job relevance of a test: A comparison of the CVI, T, $r_{WG(J)}$, and $r^*_{WG(J)}$ indexes. *Journal of Applied Psychology*, *84*, 640-647.

Lindell, M. K., Brandt, C. J., & Whitney, D. J. (1999). A revised index of interrater agreement for multi-item ratings of a single target. *Applied Psychological Measurement*, *23*, 127-135.

Scott, W. A. (1955). Reliability of content analysis: The case of nominal scale coding. *Public Opinion Quarterly*, *19*, 321-325.

Tinsley, H. E., & Weiss, D. J. (1975). Interrater reliability and agreement of subjective judgments. *Journal of Counseling Psychology*, *22*, 358-376.

评判者信度（Interrater Reliability）

行为科学家常常需要评估评判者对某些特征的判断是否一致，如判断老年病房中病人的攻击性行为程度、文稿的质量、花样滑冰运动员的艺术表现力、治疗师的诊断能力等。评判者之间的判断不一致,这会威胁从这些判断中得出的任何推断的效度。评判者信度测量评估的就是两个或多个评判者的判断的相对一致性(relative consistency)。

两个评判者的判断可以看成一次测试中两种备择试卷上的分值。因此,根据经典的信度【Reliability】理论,对两个评判者的信度就可以用简单相关【Simple Correlation】来进行估计,如皮尔逊相关系数【Pearson's Correlation Coefficient】或者斯皮尔曼相关系数【Spearman Correlation Coefficient】。但是,如果评判者超过两个,这些方法就没有用了,例如,三位军官对每一架 F-18 战斗机的着陆表现进行了评分,此时一个海军指挥官需要估计他们的评分是否一致。如果每架战斗机的评分是由不同组官员给出的,那么上述方法也不能充分评估评判者信度。在上述情况下评估评判者信度,最佳的测量是组内相关【Intraclass Correlation, ICC】,这是一个单侧面的(one-facet)概化【Generalizability】研究的特例。

在概念和理论上,组内相关系数的取值范围为 0~1(虽然实际上它并不总是如此),它是一个比值,分子是与被评判者有关的方差,分母是与被评判者有关的方差与误差方差的和。不同的情形中用到不同的 ICC 公式。我们将主要关注三种在实践和研究中都会经常遇到的情形。对于更为复杂的情形,如对四个评判者在三个不同时点上的判断进行评判者信度评估,就应当采用概化理论来处理了。

什鲁特和弗莱斯(Shrout & Fleiss, 1979)在一篇开创性的文章中说明了这三种情形:(a)随机样本中的每一个被评者被不同的一组评审者进行独立评判,评审者是从总体中随机抽选的;(b)随机样本中的每一个被评者被相同的一组评审者样本进行独立评判,评审者是从总体中随机抽选的;(c)随机样本中的每一个被评者被不同的一组评审者进行独立评判,评审者只包括特定的人(也就是说,我们并不关心结果是否可以推广到评审者总体中)。如下所示,每种情形下计算相应的 ICC 都需要不同的统计分析。具体而言,情形 1、情形 2、情形 3 中合适的模型分别为一维随机效应模型、二维随机效应模型、二维混合模型。注意,所有这些 ICC 指标都有偏但一致的信度估计。

表 1 用于情形 1、情形 2、情形 3 下 ICC 计算的示例数据

被评者	评审者 1	评审者 2	评审者 3
A	2	4	7
B	2	4	7
C	3	5	8
D	3	5	8
E	4	6	9
F	4	6	9
G	5	7	10
H	5	7	10
I	6	8	11
J	6	8	11

表 2 情形 1 中的方差分析结果

方差来源	*df*	MS
被评者之间	9	6.67
被评者内部	20	6.33

在情形 1 中,假定有 10 个被评者,每个被评者被一组不同的评审者评判。例如,给被评者 C 评分的三个评审者与给被评者 E

评分的三个评审者是不同的人。基于表 1 中的数据和表 2 中的方差分析【Analysis of Variance】结果，可以按如下公式计算 ICC：

$$ICC(1,1) = \frac{MS_b - MS_w}{MS_b + (k-1)MS_w}$$

其中的 MS_b 是被评者之间的均方，MS_w 是被评者内部的均方，k 是评审每个被评者的评审者人数。如果评审每个被评者的评审者人数不同，k 可以用评审每个被评者的评审者人数均值来估计。ICC(1,1)是单个评审者评分的期望信度，结果为 0.02，表明被评者仅仅能够解释分数中 2%的变异。如果我们对于 k 个评审者平均分的评判者信度感兴趣，可以用下式进行估计：

$$ICC(1,k) = \frac{MS_b - MS_w}{MS_b}$$

结果为 0.05。

在情形 2 中，10 个被评者被相同的 3 位评审者评判。这些评审者是从评审者总体中抽取的随机样本。根据表 1 和表 3，我们可以用下式计算 ICC：

$$ICC(2,1) = \frac{MS_b - MS_e}{MS_b + (k-1)MS_e + \frac{k(MS_j - MS_e)}{n}}$$

其中的 MS_b 是被评者之间的均方，MS_j 是评审者之间的均方，MS_e 是均方误差。k 是评审者人数，n 是被评者人数。基于样本数据，ICC(2,1)为 0.35。如果我们对于 k 个评审者平均分的评判者信度感兴趣，可以用下式进行估计：

$$ICC(2,k) = \frac{MS_b - MS_e}{MS_b + \frac{MS_j - MS_e}{n}}$$

结果为 0.51。

表 3 情形 2 和情形 3 中的方差分析结果

方差来源	*df*	MS
被评者	9	6.67
评审者	2	63.33
残差	18	5.403E-15

在最后一种情形中，同样 3 位评审者对 10 个被评者进行评判。情形 2 和情形 3 之间的差别在于，情形 2 中我们对将结论推广到评审者总体中感兴趣，而情形 3 中我们只对实际的评审者感兴趣。类似地，我们可以利用表 3 中的信息，按下式计算 ICC：

$$ICC(3,1) = \frac{MS_b - MS_e}{MS_b + (k-1)MS_e}$$

结果 ICC(3,1)接近 1。如果我们对 k 个评审者平均分的评判者信度感兴趣，只要评审者和被评者之间不存在交互影响，就可以用下式进行估计：

$$ICC(3,k) = \frac{MS_b - MS_e}{MS_b}$$

——Peter Y. Chen
Autumn D. Krauss
（高勇译校）

参考文献

Shavelson, R. J., & Webb, N. M. (1991). *Generalizability theory: A primer.* Newbury Park, CA: Sage.

Shrout, P. E., & Fleiss, J. L. (1979). Intraclass correlations: Uses in assessing rater reliability. *Psychological Bulletin*, *86*, 420-428.

中断时间序列设计(Interrupted Time-Series Design)

中断时间序列设计可以估计出一个离散型干预的因果【Causal】效应。在其最简单的形式中,研究始于对一个因变量【Dependent Variable】在长时段中进行一系列重复测量。干预【Intervention】将此时间序列【Time-Series】划分为干预前和干预后两个时期,数据分析要比较在这两个时期中因变量的均值。如果均值间没有差异的虚无假设【Null Hypothesis】被拒斥,这就被认为证明了干预确实对这一序列存在影响。

图1就是上述设计逻辑的一个极其清晰的例子。数据来自约翰·麦克斯威尼在1978年的研究,是俄亥俄州辛辛那提市180个月的本地查号台呼叫数据。在1974年3月,辛辛那提电话公司开始向这些呼叫收取少量费用,在此之前这些业务是免费的。呼叫量直线下降,说明费用成功地降低了对这项业务的需求。

图1　辛辛那提市1962年1月—1976年12月本地平均每天的查号呼叫(单位:千)

资料来源:McSweeny(1978)。

在这个例子中,干预的因果效应看起来很明显。呼叫的数量迅速大幅下滑,也没有其他解释能够说明为什么这种下降会发生。更常见的情况是,序列中的变化看起来并不明显,也更容易想出另外一些备择解释。因此,运用时间序列设计必须要处理统计分析问题,研究者必须考虑其他备择解释来证明表面的因果效果确实存在。

这种设计的流行很大程度上源自唐纳德·坎贝尔的著作,其著作分别是与朱利安·斯坦利(Campbell & Stanley, 1963)和托马斯·库克(Cook & Campbell,1979)合作完成的。坎贝尔及其合作者列出了一系列损害因果推论的内在效度的因素清单,在这些情况中真正能解释结果的是研究之外的那些变量。坎贝尔及其合作者用他们的清单来评估通常的非实验设计,最后得出结论认为中断时间序列设计的内在效度比大多数其他方法都高。

尽管时间序列设计有其相对优势,但它仍然容易受到几个重要的效度问题的影响。其中一个就是历史,或者在干预时点前后发生的其他事件可能导致了观察到的效应。为了证明历史的影响并不能说明问题,研究者通常会分析没有接受干预的控制序列(control series)。这些序列中没有发生变化,会使得我们更有信心认为干预是真正原因所在。例如,在辛辛那提,电话公司继续提供免费的长途查号服务,在本地查号服务收费之后,长途查号服务的序列并没有出现下降。

对中断时间序列设计的统计分析通常依赖于Box-Jenkins建模法【Box-Jenkins Modeling】。Box-Jenkins方法虽然并不是绝对必需,但是它有助于解决两个主要的分析问题:非平稳性和序列相关【Serial Correlation】。非平稳性发生于序列缺少稳定的均值之时(即它具有趋势时),序列相关发生于后期观察可以用前期观察来预测之时。如果不解决这些问题,它们就会使得对干预前和干预后的均值差异比较的检验变得无效。

——David McDowall

(高勇译校)

参考文献

Campbell, D. T., & Stanley, J. C. (1963). *Experimental and quasi-experimental designs for research*. Chicago: Rand McNally.

Cook, T. D., & Campbell, D. T. (1979). *Quasi-experimentation: Design and analysis issues for field settings*. Boston: Houghton-Mifflin.

McDowall, D., McCleary, R., Meidinger, E. E., & Hay, R. A., Jr. (1980). *Interrupted time series analysis*. Beverly Hills, CA: Sage.

McSweeny, A. J. (1978). Effects of response cost on the behavior of a million persons: Charging for directory assistance in Cincinnati. *Journal of Applied Behavior Analysis*, *11*, 47-51.

定距(Interval)

定距是一种测量层次,在此测量层次下变量的数值是等距的,而且有内在意义。典型的例子就是用美元单位测量的收入。收入值为 90 000 美元,这很好理解。此外,收入为 90 000 美元的人和收入为 90 001 美元的人之间的差距(即 1 美元),等于收入为 56 545 美元的人和收入为 56 546 美元的人之间的差距(也是 1 美元)。定距的测量层次具有较高的精确度,可以现成地使用多元统计学。定距测量有时也被称为定量【Quantitative】测量,或者计量【Metric】测量。定距数据可以转换成为更低的测量层次,如定序【Ordinal】或定类【Nominal】的,但是会损失信息。

——Michael S. Lewis-Beck

(高勇译校)

干预变量(Intervening Variable)

参见中介变量【Mediating Variable】。

干预分析(Intervention Analysis)

在时间序列中的干预测度,代表着在一个时间段中的系列数据出现了断裂。此类概念化的目的常常受评估政策的影响,或者评估历史过程中的其他突变(discrete introductions)的影响。在许多情况下,它们是作为中断时间序列设计【Interrupted Time-Series Design】中的实验处理来引入的(McDowall, McCleary, Meidinger, & Hay, 1980)。对政府干预或其他影响时间序列的因素的估计可能会受到一些污染因素(contaminating factors)的影响而偏倚【Bias】,如数据中存在趋势【Trend】(非稳定性)、自回归【Autoregression】(即使不存在趋势时也可能存在,如在循环过程中)、移动平均【Moving Average】的部分(长时间存在然后逐渐变弱的随机冲击)等,因此分析模型通常设定为干预存在与否(0 或 1),再加上一个已经去除了与时间相关的任何影响的噪声模型——一个白噪声【White Noise】过程。这个过程通常表示为如下公式:

$$y_t = \omega I_t + N_t$$

其中 y_t 表示时间序列中的一个观察,它由干预效应 ωI_t 和一个白噪声过程(white noise process)N_t 组成。干预效应可以通过对 ω 显著性的 t 检验【t-Test】来进行评估。这样做的效果是去除了干预效应之外的时间序列因素,因此可以对政策影响或其他干预有关的假设进行检验。

虽然研究采用了坎贝尔和斯坦利(Campbell & Stanley, 1966)建议的准实验【Quasi-Experiment】设计形式(参见中断时间序列设计【Interrupted Time-Series Design】),但是干预效应的估计可以采用许多设定方式。如果可以获知干预形式的确切信息,如可允许的污染量每年减少(Box & Tiao, 1975),那么干预可以进行相应设定。但是,大多数政策干预是很难设定的,需要用虚拟变量【Dummy Variable】来表示这项政策或项目存在与否。对于这些更一般的效应来说,存在三种基本的设定模型来解释干预(图 1)。

通过在估计式中加入 y 的滞后值 y_{t-1},然后用 t 检验来评估参数 δ,就可以检验上述模型:

$$y_t = \delta y_{t-1} + \omega I_t + N_t$$

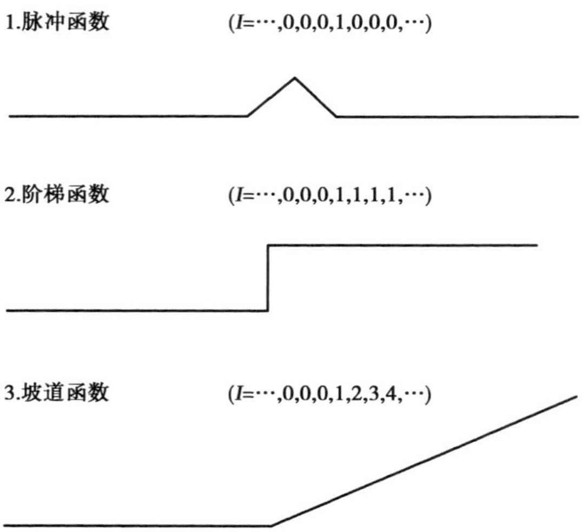

图 1　干预的基本结构

如果分析者不是很清楚地了解干预形式,就应该对不同的设定进行检验。具体而言,可以用以下方式来尝试设定干预形式:

(1)如果设定的脉冲函数(pulse function)(突然的即时效应)的参数显著,而参数 δ 并不显著,干预效应的形式应为图 1 中所示的脉冲函数。

(2)如果设定的脉冲函数(突然的即时效应)的参数 ω 显著,而参数 δ 也是显著的,这种结果表明阶梯函数(突然的永久效应)是更好的设定。例如,如果滞后内生变量的系数为 1,模型等同于一个阶梯函数(step function)。

(3)如果设定的阶梯函数的参数 ω 显著,但是参数 δ 并不显著,阶梯函数的设定可能就是正确的(图 1)。

(4)如果设定为阶梯函数的干预参数和滞后时间序列的参数 y_{t-1} 都是显著的,就应当考察其他的模型组合。

(5)如果脉冲函数的参数不显著,而 y_{t-1} 的参数显著,就应该考察坡道函数(ramp function)(图 1)。

如果在前述模型设定中发现了模棱两可的情况,模型就可能需要更复杂的其他设定,有时是基本模型的组合(图 2)。

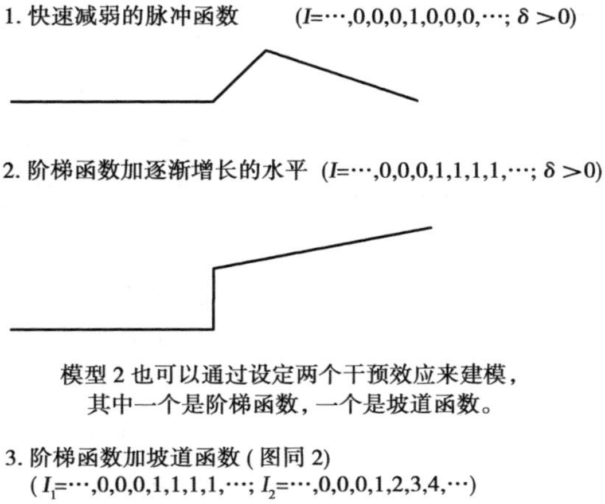

图 2　干预效应的常见复杂模型

这些干预模型代表了最常见的设定。更为复杂的模型,包括多重干预,在代表政策效应和项目效应中也是有用的。

学者们有时会提出反对意见,认为遵循博克斯和詹金斯(Box & Jenkins,1976)对白噪声过程的设定方法,把与时间相关的过程去除掉,这种做法是罔顾理论的。如果研究者相信可以设定出变量代表其他更可信的假设,就可以在模型中将这些变量作为转移函数。最为理论化的过程就是所谓的误差修正模型【Error Correction Models】,它能够从方程中去除很多混杂其中的统计假象(statistical artifacts),如共线性【Collinearity】。

——Robert B. Albritton

(高勇译校)

*也可参见中断时间序列设计【Interrupted Time-Series Design】。

参考文献

Box, G. E. P., & Jenkins, G. M. (1976). *Time series analysis: Forecasting and control*. San Francisco: Holden-Day.

Box, G. E. P., & Tiao, G. C. (1975). Intervention analysis with applications to economic and environmental problems. *Journal of the American Statistical Association*, 70, 70-92.

Campbell, D. T., & Stanley, J. C. (1966). *Experimental and quasi-experimental designs for research*. Skokie, IL: Rand McNally.

McDowall, D., McCleary, R., Meidinger, E. E., & Hay, R. A., Jr. (1980). *Interrupted time series analysis*. Beverly Hills, CA: Sage.

访谈提纲(Interview Guide)

访谈提纲,或访谈备忘录(aide memoire),就是在半结构化访谈【Semistructured Interview】中要涵盖的论题、主题或领域的清单。研究者通常会在访谈前制订访谈提纲,制订的方式应当在涵盖的论题与领域、对每个被访者的提问方式、问题的顺序方面保持灵活性和流畅性。访谈提纲通常会和指导研究的研究问题【Research Question】有关联,涉及的领域应当能够得到有助于解决这些问题的资料。

访谈提纲是用来帮助访谈者进行有效的半结构化访谈的工具。它可以采用多种形式,但是首要的考虑是它要帮助访谈者在访谈的社会互动过程中,在合适的时机,以合适于被访者的方式,提出与研究关注点相关的问题。一个访谈提纲应当帮助访谈者对访谈内容和访谈顺序进行现场决策。这意味着要决定被访者引入的一个话题是否值得跟进,什么时候结束一个话题再开始一个新话题,要不要以及什么时候重提访谈中已经提及过的事情,什么时候以及怎么去追问更多的细节。这也通常意味着根据具体访谈的具体情境,现场决定如何措辞提问,而不是念稿子。

具有很高灵活性和很强针对性的访谈问题不是能够用访谈问题的标准化清单获得的,因此访谈提纲应当有别于访谈安排【Interview Schedule】,访谈安排中包括了对每个被访者都要问及的正式问题清单。与此不同,访谈提纲可以是便于洗牌和改变顺序的一些卡片,卡片上是论题的题目和关键词。它也不妨包括一些关键议题的提问方式的示例,但是它不会详细地列举每个问题甚至任何问题。它也可以包括一些研究者的直觉,或者包括那些一旦出现就值得追问的具体议题或事件。它也可以包括一份检查单,上面列举了在访谈结束时需要提问的领域或者被访者的特征,如果这些还没有被问到的话。

访谈提纲的质量取决于它对研究者和进行的研究的有效程度,而不是抽象的原则。因此至关重要的是,访谈提纲要在预研究【Pilot Study】中进行检验,然后进行相应修改。

——Jennifer Mason

(高勇译校)

参考文献

Kvale, S. (1996). *Interviews: An introduction to qualitative research interviewing*. Thousand Oaks, CA: Sage.

Mason, J. (2002). *Qualitative researching* (2nd ed.). London: Sage.

访谈安排(Interview Schedule)

访谈安排是访谈者在进行结构性访谈【Structured Interview】时使用的指导手册。它有两个部分:一系列被设计出来需要严格按照其措辞来进行提问的问题,还有一系列指导访员如何一步步地提出这些问题的指令。

问题要按照提问的顺序安排。问题要设计得能够在提问中一字不差、逐字逐句地读出。问题不仅要告诉被访者【Respondent】问的是什么信息,而且要告诉被访者应该以何种方式或形式来回答这个问题。例如,“年龄”并不能构成访员提出的问题。在结构性访谈安排中,问题应当是访谈者所需要的所有字句:“请问上一个生日的时候,您多大年纪?”

与此类似,“您什么时候出生的?”这个问题并没有告诉被访者应该怎么回答。“越南战争之后”“20 年前”“1971 年”,这些都是对这个问题的合理回答,但是却彼此不同。访谈安排中一个好的问题应当是这样的:“您出生在哪一年?”

访谈安排还需要说明访员如何一步步地提出这些问题。例如:

(1)提供备选措辞来贴合被访者的具体情况。例如,“您(或您的丈夫/妻子)在过去 12 个月里有没有买过股票?”括号中的“或您的丈夫/妻子”告诉访员,他们必须要让问题适合被访者的境况。这有助于访员措辞恰当地进行提问,并确保所有访员都能够以一致的方式来变换问题的措辞。

(2)提供跳答指令。例如,特定问题只向那些最近看过病的人提问。访谈安排必须分辨出那些曾去看过病和没有看过病的人来,而且要有合适的指令来让访员知道哪些问题该答,哪些问题该跳过。

(3)访谈安排也要有指令让访员知道在哪儿以及如何记录。

访谈安排可以是以纸本形式写在小册

子上。越来越多的访谈安排已经计算机化了,用于计算机辅助数据收集【Computer-Assisted Data Collection】;要问的问题在计算机屏幕上显示给访员阅读,答案记录方式要么是把被访者的话键入计算机,要么是输出对应于特定答案的一个数字。在两种形式中,访谈安排的作用在于,提供给访员一个规范协议【Protocol】,以对所有被访者一致的方式来提问和记录答案,促进访谈过程顺畅而高效地完成。

——Floyd J. Fowler, Jr.

(高勇译校)

参考文献

Converse, J., & Presser, S. (1986). *Survey questions*. Beverly Hills, CA: Sage.

Fowler, F. J., Jr. (1995). *Improving survey questions*. Thousand Oaks, CA: Sage.

Sudman, S., & Bradburn, N. (1982). *Asking questions*. San Francisco: Jossey-Bass.

访员效应(Interviewer Effects)

由于访员差异而使得样本【Sample】统计量的方差【Variance】增加,这被称为访员效应。可以用模型表明,增加的方差源自同一访员收集的回答之间的正相关【Correlation】系数 ρ_{int}。在这个简单的模型【Model】下,可以表明样本均值的方差将增加为 $1+(\overline{m}-1)\rho_{int}$ 倍,其中 $\overline{m}$ 是平均每个访员的工作量(Kish, 1962)。

研究表明,ρ_{int} 通常都很小,一般小于0.02,几乎不会大于 0.10。即使如此,在每个访员工作量较大时,它仍然会对统计量的标准误差【Standard Error】造成很大影响。例如,ρ_{int} 为 0.02,平均每个访员的工作量为 150 份访谈时,方差将会增加为 $1+(150-1)\times 0.02=3.98$ 倍,题项的样本均值【Mean】的标准误差将会翻倍。这说明降低访员差异对调查数据影响的办法之一是增加访员数量,减少他们的平均工作量。

访员效应并不是调查操作中的常规测量部分。要测量访员效应,研究者要介入访员分配中,意味着样本单位必须要随机分配【Random Assignment】给他们。这在面访调查中成本惊人,但在电话调查操作中更加可行。即使如此,潜在的工作转换效应会使得估计【Estimation】过程很复杂。一种被称为多水平分析【Multilevel Analysis】的方法可以用来解释访员和受访者的协变量,这种方法已被用来为访员效应建立模型。现在也很容易得到实现这种方法的软件(如 MLwiN),这使得在实际工作环境中估计访员效应变得更为可行。

测量访员效应的好处之一在于可以更现实地评估均值估计和加总估计的精确性。另一个好处是,它提供了一种在不同调查题项之间评估和比较其数据质量的方法。理论上讲,这些信息有助于督导和提升访员的表现。但是,现在仍不清楚如何降低一个题项的 ρ_{int},即使已经知道它比较大。很多研究试图发现访员效应的原因所在。访员的人口和行为特征,如种族、性别、声音、风度,都被研究过了。没有证据表明这些特征能够解释访员效应。还有一些研究试图确定容易受到影响的题项类型。人们看似合理地认为敏感问题可能更易受影响,但这并没有得到确切证明。有证据显示,那些需要访员干预(如追问【Probing】)的题项有更大的访员效应,言下之意是对访员进行更多的技巧培训可能会有用。但是,另一些研究表明,单单增加培训是没有用的,但是通过集中电话设备(centralized telephone facility)进行监控和反馈可能有用。直到最近,人们普遍认为标准化访谈是控制访员效应的最佳方法,它限制访员按统一问卷进行访谈。现在有一些研究表明,允许访员转述或澄清回答的更多对话式的风格,可能会增加回答的准确度,但并不会增加 ρ_{int} (Schober & Conrad, 1997)。

——S. Lynne Stokes

(高勇译校)

参考文献

Biemer, P. P., Groves, R. M., Lyberg, L. E., Mathiowetz, N. A., & Sudman, S. (Eds.). (1991). *Measurement errors in surveys*. New York: Wiley.

Kish, L. (1962). Studies of interviewer variance for attitudinal variables. *Journal of the American Statistical Association*, *57*, 92-115.

Schober, M., & Conrad, F. (1997). Does conversational interviewing reduce survey measurement error? *Public Opinion Quarterly*, *61*, 576-602.

访员培训(Interviewer Training)

社会科学研究项目中的访员几乎总是可以从培训中获益。他们需要学习的具体技能和技巧因他们要进行的是结构化访谈【Structured Interview】或半结构化访谈【Semistructured Interview】而有所不同。

如果访员要进行的是结构化访谈,他们需要学习的基本技能包括:

①完全逐字逐句地问问题。

②以非诱导方式对不完整的回答进行追问,即追问方式不要增加某一种回答相对于其他回答的可能性。

③原原本本地记录回答。

如果访员进行的是半结构化访谈,他们需要培训怎样说话或者怎样提问,以便得到他们需要获取的信息。对半结构化访谈的回答往往是用被访者自己的话来叙述的,而结构化访谈往往要求被访者从一组答案中选择一项。因此,半结构化访谈的访员必须有比结构化访谈的访员更高的技巧来进行非诱导性的追问。具体而言,这类访员需要培养和学会这些技巧,能够诊断出答案不完整的原因,以及能够提出一系列非诱导性的追问来得到所需的信息。

对于这两类访谈来说,下述两种技巧是共同的。首先,访员通常需要得到潜在被访者的合作。因此,他们需要学习一种能让被访者感兴趣并愿意接受访谈角色的方式介绍研究项目。其次,访员也必须培训被访者在访谈中应该怎么做。这尤其对结构化访谈是个挑战,因为其中访员和被访者的行为都是严格规定好的。对这类访谈,访员向被访者恰当地解释他们应当怎么做和为什么这样做最好是很重要的,这样可以让被访者接受和完成自己的角色。比较起来,半结构化访谈约束少一些,因此培训被访者接受和完成角色的挑战也就更小一些。

已经有数项研究表明,对结构化访谈的访员的培训对他们执行访谈的水平和收集到的数据的质量有重要影响。只接受了最低限度培训的访员表现得不好。尤其是研究显示有督导的访谈练习对访谈和数据质量有正面影响。关于培训对半结构化访谈获得资料的影响,我们还缺乏系统的研究。但是已有研究表明,访员最难掌握的技巧之一就是对以叙述形式提供的回答进行追问【Probing】,这些技巧也是从培训中获益最多的。这些研究还表明,可能更难的技巧是提问的措辞要设计得体,而这也更可能从培训中获益。

——Floyd J. Fowler, Jr.

(高勇译校)

参考文献

Fowler, F. J., Jr., & Mangione, T. W. (1990). *Standardized survey interviewing*. Newbury Park, CA: Sage.

Weiss, R. (1995). *Learning from strangers*. New York: Free Press.

访谈(Interviewing)

在社会科学中,资料收集的一种主要方法就是对个人进行访谈。访谈可以很正式地以社会调查的形式实行、面对面或者通过电话进行。或者,一个研究总体中的对象,例如安第斯山脉中的土著社会成员,可以非正式地对其进行访谈。在精英层面,访谈基本上以对话形式进行,至少表面上看如此。访谈方法可能必须适应不同的社会语境,以便达到最重要的目标,即获得有效且有用的资料。

——Michael S. Lewis-Beck

(高勇译校)

定性研究中的访谈(Interviewing in Qualitative Research)

访谈【Interviewing】是社会科学中最常使用的研究方法之一,在定量抽样调查研究和定性研究【Qualitative Research】中都会用到。定性访谈是一种特殊的谈话,一个或多个访谈者对一个或多个被访者就某个或某些话题提出问题、仔细聆听、记录回答。有些访谈通过电话进行,有些当面进行;有些会录像,大多数则是录音然后再转写。以下对定性访谈的讨论基于最常见的情况:单个访谈者使用录音设备访问单个被访者。

访谈自 19 世纪以来就在社会科学中使用,那时学者和实际从业者开始试图回答关于人类境遇的大问题。在美国,1920 年代和 1930 年代的芝加哥大学中,访谈作为社会科学中个案研究方法的一部分被使用。除此之外,还有实地研究、档案分析、统计方法(Platt, 2002)。第二次世界大战后,访谈开始在抽样调查研究中广泛使用;从此以后,可定量化的封闭式问题【Closed-Ended Questions】调查访谈变得比开放式的定性访谈更为普遍。

但是,定性访谈仍然是人类学的重要方法,如今所有社会科学都在使用定性访谈。在社会科学研究中定性访谈的目的和普遍的定性研究一样,是理解访谈主题对于被访者的意义。如克沃勒(Kvale,1996)所言,定性访谈的目的是“得到被访者生活世界的描述,特别是对所描述现象的意义理解”(pp. 5-6)。为简明起见,我以我自己关于女性精神病患者(*Madwives*)的书为例来说明这一点,这本书就是基于定性访谈的(Warren, 1987)。

在 1950 年代后期和 1960 年代早期对女性精神病患者的访谈中(Warren, 1987),

八位访谈者想了解在女性患者和精神病医生眼中的住院治疗体验。他们在住院期间和出院后隔周对这些女性进行访谈,有的访谈持续了数年之久。他们提及的问题之一是对电击疗法或者电痉挛疗法(electroconvulsive therapy,ECT)的看法。从医学模型的角度来看,ECT是一种精神病治疗方法,意在减轻抑郁、精神分裂或者其他失调症状,会有包括短期失忆在内的副作用。但是,对于在1950年代后期和1960年代早期接受ECT的女性来说,这种疗法的意义不仅和医学模型的解释不同,而且也是不断变化的(因人而异,有时因时而异)。有些女性认为它是一种惩罚手段,其他人尽管相信它是一种医学疗法,但认为目的在于从记忆中消除困扰。

社会科学对人们进行访谈,是因为他们对被访者的生活世界心存疑问。精神病患者是怎样解释给他们的各种治疗方法的?与已婚男士相恋的单身女性如何看待其处境(Richardson, 1985)?要使用定性访谈方法,这些研究问题【Research Question】就必须转换成研究者向被访者提出的实际问题。这些问题的产生要考虑两种背景:整体的研究设计【Research Design】和保护研究对象的政府规范和制度规范。

在社会科学中,定性访谈可以是包括实地研究【Field Research】或其他方法的研究设计中的一部分,也可以是研究者计划的唯一方法。无论整体设计如何,访谈者问的具体问题都要和感兴趣的主题以及研究设计者的研究问题相关。一般而言,定性研究者会想出10~15个问题来问被访者,他们也会用追问【Probing】来获取更多信息。为了节省时间,可以给每个被访者一张基本情况表(face sheet)来收集诸如性别、年龄、职业、民族等基本人口信息。这样,剩余的访谈时间就可用在研究者的主题问题和被访者的叙述上了,访谈时间长度从15分钟到几个小时都可以,这要取决于提问者以及被访者的健谈程度。

在当代社会科学研究中,定性访谈研究必须关注用来保护研究对象的政府规范和制度规范。虽然本卷书中其他地方讨论了以人为研究对象的研究规范,注意到访谈研究中的知情同意【Informed Consent】和私密性【Confidentiality】还是非常重要的。一般而言,访谈研究中的被访者会得到一封信,其中会解释研究目的(知情同意),说明研究的赞助者(例如一个大学中的学院)、被访者需要在信上进行签名。和其他任何社会研究一样,访谈者必须许诺(并且要信守诺言),所有被访者的姓名和标志性细节都会保密。

研究者得到了伦理审查委员会(Institutional Review Board, IRB)的批准,他的问题也已经构想出来准备实施之后,他就需要寻找那些接受访谈的人——首先决定要访谈哪些类型的人(如性别、种族、年龄等),以及访谈多少人(一般是20~50人)。然后,访谈者必须确定具体的被访者。抽样的一般问题在本卷书中其他地方已讨论过了;在这里只需要说的是,找人来访谈的困难部分取决于访谈的主题。例如,如果研究是关于精神病人的,研究者就必须找到一家同意他做研究的精神病医院(在2000年代是非常困难的),然后还要获得患者自己的同意——这两件事都是困难重重。研究与已婚男士相恋的单身女性遇到的问题可能会少一些,如果研究者是和被访者年龄相仿的女性就会更为容易。如理查森(Richardson,1985)所言,“找到其他女性来访谈并不困难”(p. x),让她们讲自己的故事也不难,因为身处这种情境中的女性非常希望找人倾诉。

定性访谈是一种特殊的交谈,研究者会提出问题,被访者尽其所愿地讲述自己的故事(但还是有时间限制的!);定性访谈持续时间通常会在半小时到一个小时甚至更长。问题的类型包括概述式的（“你能和我们谈谈……吗?”）、追问式的（“关于……，你能和我们再多谈一些吗?”）、具体性的（“当时你是怎么想的?”）（Kvale，1996，pp. 133-134）。访谈者不应该引导被访者，例如，他不应该问：“那件事是不是让你很难受?”而应该问：“你对那件事是什么感受?”问题的顺序应该是从最一般性的、最没有威胁性的问题开始，最后再问那些可能会让被访者感到不适的问题。被访者希望在访谈的前期和被访者建立起融洽关系（rapport），这样更容易让人接受后面更为敏感的问题。

录音的定性访谈一般会由访谈者或其他人进行转录，形成访谈的文字稿【Transcription】。由访谈者来转录他自己做的访谈会更好一些，因为他最有资格解释其中一些含糊不清的陈述。付费（或不付费）的转录者缺乏访谈的切身经验，也没有动力细心认真地将口头录音转换为书面文字。在转录和分析访谈文字稿时，记住访谈是一种由轮流讲话形成的言语活动，这一点非常重要（Mishler，1986）。

在定性访谈中，转录稿被用来作为分析的文本基础，正如田野日记在民族志【Ethnography】研究中的用处。对于访谈或者民族志文本的分析需要对转录稿进行反复阅读，确定其中的概念模式。在我对1950年代后期和1960年代早期的女性精神病患者及其丈夫的研究中，我发现女性从精神病院出院之后存在两种模式：一些女性及其丈夫想忘记这一切，否认她们曾经在精神病院待过；但是，访谈者每周的不断出现又让她们回想起了这一切。因此，她们要么试图结束访谈，要么无法结束访谈时（被访者有时极其听话！），她们努力地把访谈转变成社交活动，邀请访谈者留下来喝茶，或反过来开始向访谈者提问。其他女性则仍然很担心焦虑，想继续把访谈过程转变为一种治疗方式（Warren，1987）。这里有一个例子：

> Ann Rand 反复说，要是她不把访谈者请到家里来坐坐，她就再也不见访谈者了。访谈者对此闪烁其词，Ann 说：“我想你还是把我当成一个病人。在我眼里，你要么是朋友，要么是来管我的，现在你到底是哪一种?我就是这样看你的，你要么把我当朋友，要么把我当病人。”（p.261）

> Oren 先生问我是否想和他们共进晚餐，我一直拒绝这样做，但他对此相当坚持。稍后他邀请我哪天下午去他们家，带个女人一起过来，放开好好玩一玩。……我强调说这是我的工作，大概希望让他这样来理解情况，不要重新界定。（p.261）

第一个例子中访谈者是女性，被访者也是女性：第二个例子中访谈者是男性，被访者也是男性，这并不是偶然的。1960年的家庭主妇不会想和一位男性访谈者交朋友——事实上，男性访谈者对女性被访者进行访谈是有困难的——同一时代的丈夫也不会邀请一位女性访谈者“去他们家，带个女人一起过来”。定性访谈的大量文献都说明了性别和其他个人特质对于访谈过程的重要性，因此这些因素对于作为分析对象的资料也有重要影响。1970年代和1980年代的一些女性主义定性访谈者，如安·奥克利，发现访谈方法特别适于引出女性的叙述（她们的日常生活常常是被人忽视的），特别适于打破社会科学研究中强势研究者和弱势研究对象之间存在的层级划分（Warren，2002）。1990年代和2000年代的其他女性主义访谈者，如唐纳·勒夫，发现女性内部在国籍、种族、社会阶级、政治意识形态上存在着深刻差异，这种差异并不一定能够用性别的同性来克服（Warren，2002）。

回溯推理（representation）和后现代主义【Postmodernism】的议题对于社会科学中定性访谈有很大的意义，正如它们对民族志和其他方法的意义一样。现代主义者（和新闻工作者）将被访者视为“回答载体（vessels of answers）”，好像其回答就在那里等着访谈者来抽取一样，古布里乌姆和霍尔斯坦（Gubrium & Holstein，2002）对上述看法提出了挑战。古布里乌姆和霍尔斯坦以及其他人对访谈方法的批评（无论这些批评是来自于后现代主义者、女性主义者，还是持有其他立场的人）集中于访谈的认识论【Epistemology】：访谈是一种什么样的知识（knowing）？从中可以得到什么样的知识？过去十年间对上述问题涌现出了各种各样的回答，包括将访谈视为一种特殊形式的交谈（Mishler，1986），从中只能知道语言形式的知识，别无其他。访谈是否只是一种言语活动，还是可以用来理解被访者在访谈之外的意义世界的资料，目前这还是一个可以讨论的问题。

虽然定性访谈是社会科学中最广泛使用的方法之一，但是它现在成为大量认识论争论的对象。如古布里乌姆和霍尔斯坦（Gubrium & Holstein，2002）指出的，我们现在生活在一个“访谈世界”中，每个人的观点都被认为是值得打探的，每个人都似乎想要被采访——如果不想被社会科学家访谈，他们至少想被媒体采访。定性访谈如同定量方法中的抽样调查访谈，有时可能被用来说明社会生活中那些既不能用定量方法也不能用民族志方法理解的方面。

定性访谈能够发现而实地研究不能发现的那些方面是什么？和定性访谈一样，民族志也在致力于理解社会成员的生活世界，但它的方式有所不同。回到精神病医院研究的例子中，实地研究者会观察当前医务工作者和患者的互动以及当前患者之间的互动，然后根据这些互动中观察到的模式和意义得出结论。一个访谈者则不仅探求当前的意义，而且探求与过去和将来有关的生平意义（biographical meaning）；访谈的焦点不是互动（互动最好还是用观察方法来研究），而是被访者的陈述或故事。因此，对于实地研究者来说，ECT是医院用来制服那些不守规矩的病人的一种方便价廉的方法，而对于经历ECT的女性来说，这是一种对她们不能按文化规定的那样做一个好妻子和好母亲的惩罚。

在当今社会中，用访谈来进行社会科学研究既充满危险，同时又大有希望。在快速得到结果才最重要的访谈社会中，访谈是一种作研究的方便简易的方式，结果也产生了许多肤浅草率之作。但是，它也可以是理解人们生活和构建其日常生活和社会世界方式的一种宝贵工具。没有这样一种理解，优秀且有用的理论研究、定性研究或应用研究就无从谈起。无论社会科学家的目标是什么——构建或证明理论，进行大规模抽样调查研究，或提高社会状况——不理解生活在社会和世界中的人们的生活，这些目标都达不到。定性访谈与民族志携手为实现这样一种理解提供了工具。

——Carol A. B. Warren

（高勇译校）

参考文献

Gubrium, J. F., & Holstein, J. A. (2002). From the individual interview to the interview society. In J. F. Gubrium & J. A. Holstein (Eds.), *Handbook of interview research: Context and method* (pp. 3-32). Thousand Oaks, CA: Sage.

Kvale, S. (1996). *Interviews: An introduction to qualitative research interviewing*. Thousand Oaks, CA: Sage.

Mishler, E. G. (1986). *Research interviewing: Context and narrative*. Cambridge, MA: Harvard University Press.

Platt, J. (2002). The history of the interview. In J. F. Gubrium & J. A. Holstein (Eds.), *Handbook of interview research: Context and method* (pp. 33-54). Thousand Oaks, CA: Sage.

Richardson, L. (1985). *The new other woman: Contemporary single women in affairs with married men*. London: Collier-Macmillan.

Warren, C. A. B. (1987). *Madwives: Schizophrenic women in the 1950s*. New Brunswick, NJ: Rutgers University Press.

Warren, C. A. B. (2002). Qualitative interviewing. In J. F. Gubrium & J. A. Holstein (Eds.), *Handbook of interview research: Context and method* (pp. 83-101). Thousand Oaks, CA: Sage.

组内相关(Intraclass Correlation)

组内相关是一种对相关程度的测量,其基础为方差比率。严格地讲,它是一个比率,分子为测量对象的方差($\sigma^2_{对象}$),分母为测量对象的方差与误差项的方差之和:

$$\frac{\sigma^2_{对象}}{\sigma^2_{对象}+\sigma^2_{误差}}$$

它和被称为 Omega 方【Omega Squared, ω^2】的相关测量很相似,区别仅在于用来得出 $\sigma^2_{对象}$ 的样本估计的统计模型不同。组内相关是用随机效应模型得到估计量的(即样本中的对象是从潜在对象的总体中随机抽取出来的),而 ω^2 是用固定效应模型【Fixed Effects Model】得到估计量的(即样本中的对象就是我们感兴趣的对象,研究问题不改变,这些对象就不会改变)。

为了更好地理解,我们结合一个实际问题来介绍组内相关系数的应用:同胞兄弟姐妹在某一个生物测量特征上的相关程度有多大。如果用来得到相关估计的样本只包括一对一对的同胞(其中测量对象就是同胞),这时可以用皮尔逊积矩相关系数,但是用这种方法得出的估计量可能不是唯一的。举个例子可以说明其中的原因。有三个同胞对子{1,2},{3,4}和{5,6}。按原来顺序{1,2}{3,4}{5,6}得到的皮尔逊相关系数 r 和按同样的配对但不同的顺序{2,1}{3,4}{6,5}得到的皮尔逊相关系数 r 是不一样的,即使同胞数据完全一样。皮尔逊程序要求把对子中的成员完全武断地一个分到 X 组,一个分到 Y 组,但是事实上数据中的分组只是针对同胞对子的。此时如何得到一个同胞对子内的相关测量,而且还不用通过武断的分组来影响最后的估计值?早期的办法是把每个对子都再颠倒一次顺序,然后计算皮尔逊相关系数 r。在上面的例子中,这意味着对于以下对子计算皮尔逊相关系数 r:{1,2}{2,1}{3,4}{4,3}{5,6}{6,5}。

在同胞对子的例子中,把每对同胞的数据都加以颠倒提供了一种方便的解决方案,但是如果同胞数量扩展到包括 3、4 或者 k 个同胞时,这种方法就会越来越费劲。哈里斯(Harris,1913)提出了一种计算方法,费希尔(Fisher,1925)把他的方差分析法运用到了这个问题上。后来的方法表明,同胞相关是单因素随机效应方差模型的一种应用。在这个模型中,每个同胞的值都被概念化为三个独立部分的加总:要研究的生物测量特征的总体均值(μ);同胞效应(α),即同胞均值对于总体均值的偏差;同胞个体对于同胞均值的偏差(ε)。按其传统形式,这个模型可以写为 $Y_{ij}=\mu+\alpha_i+\varepsilon_{ij}$。此时,同胞相关就是 α 效应的方差除以 α 效应的方差与 ε 效应(误差效应)的方差之和:

$$\frac{\sigma^2_{\alpha}}{\sigma^2_{\alpha}+\sigma^2_{\varepsilon}}$$

换言之,它是这种特质的总方差中可以归于不同同胞之间的差异的比例。对于那些在家庭内传递的特质来说,相关将会较高;对于那些不在家庭内传递的特质来说,相关将会较低。

将方差分析【Analysis of Variance】应用于同胞相关,解决了老方法在计算上的不便,可以很容易地推广到同胞数量不相等的数据分析中,澄清了相关作为一种方差比率的本质。它也提供了一种计算其他形式的组内相关的途径。同胞相关代表了使用单因素模型可以表示出来的相关。还有其他令人感兴趣的相关关系,会需要用到双因素或三因素模型。这些问题中许多涉及测量的信度【Reliability】:当 k 个评委对于 n 个选手逐个进行评分时,评委打分的信度如何?学校中学生在不同的老师培养下和在不同科目上的表现信度如何?上述问题都可用构建方差比率,即组内相关的方法来解决。事实上,两个最常见的信度测量,即 Cronbach α 系数【Cronbach's Alpha】和科恩 Kappa 系数(Cohen's Kappa),都可表示为组内相关。

——Kenneth O. McGraw

(高勇译校)

参考文献

Fisher, R. A. (1925). *Statistical methods for research workers* (1st ed.). Edinburgh, UK: Oliver & Boyd.

Harris, J. A. (1913). On the calculation of intraclass and interclass coefficients of correlation from class moments when the number of possible combinations is large. *Biometrika*, *9*, 446-472.

McGraw, K. O., & Wong, S. P. (1996). Forming inferences about some intraclass correlation coefficients. *Psychological Methods*, *1*, 30-46.

Shrout, P. E., & Fleiss, J. L. (1979). Intraclass correlation: Uses in assessing rater reliability. *Psychological Bulletin*, *86*, 420-428.

编码者内部信度(Intracoder Reliability)

一个观察者或一个编码者对人的行为或者其他现象(如电视节目中的暴力行为、儿童书籍中暗含的性别刻板印象等)的判断常常会在不同时间中有起伏浮动。编码者(评判者或观察者)内部信度估计的就是同一个编码者在不同时点的判断的相对一致性。具体而言,它估计的是由于如细心程度、情绪、干扰、疲倦、一段时间内目标对象的波动等因素造成的不一致数量即测量误差(measurement error)。编码者内部信度不同于评判者信度【Interrater Reliability】,后者评估的是两个或多个评判者(或编码者)的判断的相对一致性。

估计编码者内部信度的传统程序类似于再测信度【Test-Retest Reliability】。一个编码者在有一定间隔的两个不同时间场合(occasions)对于目标行为(如电视中暴力场景的数量)进行判断。然后用对称测量【Symmetric Measures】中讨论的各种公式对这两组判断进行相关分析。相关系数就代表了编码者内部信度的估计。

在下面的篇幅中,我们将介绍一种基于概化理论【Generalizability】或 G 理论对多个时点中的编码者内部信度进行评估的方法,它更为灵活,但较少有人使用(Brennan, 1983; Cronbach, Gleser, Nanda, & Rajaratnam, 1972; Shavelson & Webb, 1991)。假定一个编码者在连续四天中每天都观察 10 个自闭症儿童在 1 小时内的眼神交流次数。观察记录如表 1 所示。

表 1 一个编码者观察到的 10 个自闭症儿童的眼神交流数量

	时点				儿童	
	第 1 天	第 2 天	第 3 天	第 4 天	均值	标准差
儿童 A	0	2	2	0	1	1.15
儿童 B	2	3	1	1	1.75	0.96
儿童 C	2	0	1	2	1.25	0.96
儿童 D	1	3	0	0	1	1.41
儿童 E	1	0	0	1	0.5	0.58
儿童 F	4	3	2	2	2.75	0.96
儿童 G	1	0	3	0	1	1.41
儿童 H	2	1	0	3	1.5	1.29
儿童 I	3	1	2	0	1.5	1.29
儿童 J	3	1	0	0	1	1.41
均值	1.9	1.4	1.1	0.9	总均值	1.33
标准差	1.2	1.26	1.1	1.1	总标准差	1.19

基于表 1 中的内容,我们可以确定编码者的观察存在变异的四个来源:(a)自闭症儿童之间的差异(即儿童的主效应【Main Effect】);(b)同一编码者在四个时间场合上的差异(即时间场合的主效应);(c)不同时间场合中儿童有着不同表现(儿童与时间场合的交互效应【Interaction Effect】);(d)未知误差(如随机误差【Random Error】和未知的系统误差【Systematic Error】)。所有的误差来源都被假定是随机的,以便我们能够回答如下问题:“编码者在一个时间场合的观察在多大程度上能够推广到其他时间场合?”由于从数据中不能分辨第三和第四个来源,这两者合起来被认为是残差【Residual】。源自上述来源的变异程度可用方差成分模型【Variance Components Models】来进行估计。

基于表 2 中的公式,可以估计出方差成分,表 3 中显示了这些方差成分。可以看出,儿童的方差成分仅仅解释了总方差的 4%,这表明基于一个时间场合的观察并不能区分儿童的行为。残差占据了方差的一大部分比例,这表明儿童的眼神交流在不同时间场合有着很大波动。

表 2　方差来源、相应的符号和计算公式

方差来源	平方和	自由度	均　方	估计出的方差成分
儿童(p)	SS_p	$df_p=n_p-1$	$MS_p=SS_p/df_p$	$\hat{\sigma}_p^2=(MS_p-\hat{\sigma}_{po,e}^2)/n_o$
时间场合(o)	SS_o	$df_o=n_o-1$	$MS_o=SS_o/df_p$	$\hat{\sigma}_o^2=(MS_o-\hat{\sigma}_{po,e}^2)/n_p$
残差(po,e)	$SS_{po,e}$	$df_{po,e}=df_p\times df_o$	$MS_p=SS_{po,e}/df_{po,e}$	$\hat{\sigma}_{po,e}^2=MS_{po,e}$

注：n_p 是儿童数目，n_o 是时间场合数目。

表 3　基于表 1 中数据的方差来源

方差来源	平方和	自由度	均　方	估计出的方差成分	占总方差的百分比/%
儿童(p)	13.53	9	1.50	0.046	4
时间场合(o)	5.68	3	1.89	0.057	4
残差(po,e)	35.58	27	1.32	1.318	93

为了评估编码者内部信度，我们首先要确定感兴趣的是何种测量误差，这要由研究者的阐释和决策来决定。研究者可以基于一个儿童与其他儿童相比表现如何（即相对决策）来解释数据，也可以基于眼神交流的绝对数量（即绝对决策）来解释数据。相对决策的测量误差（σ_R^2）可以用下式估计：

$$\hat{\sigma}_R^2=\frac{\hat{\sigma}_{po,e}^2}{n_o^*}$$

而绝对决策的测量误差（σ_A^2）可以用下式估计：

$$\hat{\sigma}_A^2=\frac{\hat{\sigma}_o^2}{n_o^*}+\frac{\hat{\sigma}_{po,e}^2}{n_o^*}$$

其中的 n_o^* 是研究中（表 1）用到的时间场合数目，或者研究者选择用来提高观察一致性的时间场合数目。

对于相对决策来说，编码者内部信度（或者在 G 理论中被称为概化系数）以下式估计：

$$G_R=\frac{\hat{\sigma}_p^2}{\hat{\sigma}_p^2+\hat{\sigma}_R^2}$$

对于绝对决策来说，编码者内部信度以下式估计：

$$G_A=\frac{\hat{\sigma}_p^2}{\hat{\sigma}_p^2+\hat{\sigma}_A^2}$$

表 4 中显示了在不同决策类型和不同数目的时间场合下对测量误差和编码者内部信度的估计。如表中所示，一个编码者研究每个儿童的次数越多，测量误差就越小。编码者的观察至少需要 80 天，才能达到令人满意的一致性水平。数据表明，如果编码者只观察儿童 4 天时，编码者内部信度是很差的。

表 4　在不同决策类型和不同数目的时间场合下对测量误差和编码者内部信度的估计

时间场合	相对决策		绝对决策	
	测量误差	编码者内部信度	测量误差	编码者内部信度
1 天	1.318	0.033	1.364	0.032
2 天	0.659	0.065	0.682	0.063
3 天	0.439	0.094	0.454	0.091
4 天	0.329	0.122	0.341	0.118
5 天	0.263	0.148	0.272	0.144

续表

时间场合	相对决策		绝对决策	
	测量误差	编码者内部信度	测量误差	编码者内部信度
10 天	0.131	0.258	0.136	0.252
20 天	0.065	0.411	0.068	0.402
30 天	0.043	0.511	0.045	0.502
40 天	0.032	0.582	0.034	0.574
80 天	0.016	0.736	0.017	0.729
120 天	0.010	0.807	0.011	0.801
160 天	0.008	0.848	0.008	0.843

——Peter Y. Chen
Autumn D. Krauss
(高勇译校)

参考文献

Brennan, R. L. (1983). *Elements of generalizability*. Iowa City, IA: American College Testing Program.

Cronbach, L. J., Gleser, G. C., Nanda, H., & Rajaratnam, N. (1972). *The dependability of behavioral measurements: Theory of generalizability of scores and profiles*. New York: Wiley.

Shavelson, R. J., & Webb, N. M. (1991). *Generalizability theory: A primer*. Newbury Park, CA: Sage.

调查者效应(Investigator Effects)

调查者效应是科学研究中源于调查者的那些假象来源和误差来源。科学家对于研究结果通常是无意识的,主要有两种影响:第一种类型的影响可以说发生在科学家的眼、手、脑中。它的发生并不会影响研究中参与者或者动物被试的实际反应。第二种类型的调查者效应是互动性的。它通过影响研究对象的实际反应而起作用。

非互动性的效应包括观察者效应、诠释者效应、意图性效应。

(1)观察者效应(observer effect)。是指科学家在感知或记录所调查事项时的观察误差。对涉及 314 位观察者、总共 139 000次观察记录的 21 项研究的分析表明,大约 1%的观察是存在误差的,误差发生时 2/3 的情况都是误差方向有利于观察者的假设。

(2)诠释者效应(interpreter effect)。是指不同的科学家会对同样的观察给出不同的理论诠释。例如,多年来调查者对现有的精神疗法有效性研究的诠释有重大分歧。直到对数百项精神疗法有效性研究进行了系统的定量汇总之后,这一诠释者效应的具体议题才算得以圆满解决。

(3)意图性效应(intentional effect)。是指科学中不诚实的情况。也许最常见的例子就是编造数据,不对要研究的事件进行诚实的观察,而是编造事实上并未发生而研究者希望得到的观察。

交互性的调查者效应包括生物社会效应、心理社会效应、情境效应、示范效应和期望效应。

(1)生物社会效应(biosocial effect),是指由于调查者的性别、年龄、民族等因素,研究参与者的反应可能出现的差异。

(2)心理社会效应(psychosocial effect),是指由于调查者的人格或社会地位等因素,研究参与者的反应可能出现的差异。

(3)情境效应(situational effect),是指由于调查者在情境变量上的差异,如调查者的研究经历、与参与者的事先熟悉程度、从先前接触过的参与者中得到的反应等,研究参与者的反应可能出现的差异。

(4)示范效应(modeling effect),是指由

于调查者自身对所执行任务的反应有所差异,研究参与者的反应可能出现的差异。

(5)期望效应(expectancy effect),是指由于调查者期望从参与者那里得到的反应类型有所差异,以及研究参与者的反应可能出现的差异。在社会科学或行为科学中,调查者持有的期望或假设已经被证明会影响调查者的行为,最终会导致参与者给出调查者期望的反应。这种效应常被称为实验者期望效应【Experimenter Expectancy Effect】,这是已经被发现发生在实验室之外的情境中的人际期望效应(interpersonal expectancy effects)的一种特例。

——Robert Rosenthal

(高勇译校)

* 也可参见皮格马利翁效应【Pygmalion Effect】。

参考文献

Rosenthal, R. (1976). *Experimenter effects in behavioral research: Enlarged edition*. New York: Irvington.

Rosenthal, R., & Jacobson, L. (1968). *Pygmalion in the classroom*. New York: Holt, Rinehart and Winston.

Rosnow, R. L., & Rosenthal, R. (1997). *People studying people: Artifacts and ethics in behavioral research*. New York: W. H. Freeman.

原生编码(In Vivo Coding)

要理解原生编码,先要理解编码【Coding】。编码就是一个概念或一个词,它表明了"这项资料中说的是什么事"。另一方面,编码也是一个分析过程,在这一过程中要逐行或逐段地查阅资料(根据风格而定)来找到重要的事件、经历或感受等,然后再用概念来指代这些内容(Strauss & Corbin, 1998)。有时,分析者命名这些概念。另外一些时候,被访者的描述用语是如此贴切,因此这些用语成了最后被选定的概念。被访者提出的这些描述用语就被称为"原生概念"(Glaser & Strauss, 1967)。

原生概念(vivo concepts)通常是非常能说明问题的、能揭示本质的精辟词语。原生编码中有意思的是,在被访者表达出这一想法的当下,研究者就知道这就是要注意的东西。这个用语比分析者能想出的任何词汇都更准确地表达出了其中的意义(Strauss, 1987)。例如,假定一个研究者正在研究鸡尾酒会上的事情。一个被访者说了下面一段话:

> 好多人讨厌去鸡尾酒会,可我喜欢去。我去鸡尾酒会的时候,我利用这个机会来"现场办公"。这些看起来是些闲言碎语,但其实我脑子里会盘算以后的业务往来、我想约会的女人、可能的网球搭档甚至投资机会。

"现场办公(to work the scene)"是个很棒的概念。它没有告诉我们鸡尾酒会上的任何具体事情,但是它确实表达出了这个人在干的事情。如果他在这么干,可能其他人也在"现场办公"。研究者继续访谈时可以把这个概念记在脑子里,看看其他人描述的事情是否也可以归类成"现场办公"。

与此不同的是,源于分析者的编码会是下面这样的。研究者观察另一个鸡尾酒会时,注意到两个女性在兴奋地讲着她们从事的工作项目。在另一块地方,一个男性和一个女性也在谈论他们的工作,除此之外,另一群人也在做类似的事情。研究者把这些鸡尾酒会上关于工作的谈话称为"社交/工作交谈"。这个词描述了发生的事情,但它不如"现场办公"精辟或有趣。

不是每个访谈或观察都能够得出有趣

的原生编码,但是如果资料中出现了原生编码,研究者应当好好利用它。重要的是,分析者要对资料内容保持机敏和敏感,被访者的用语往往是最佳的表达方式。编码是个费力而烦琐的过程,特别是进行逐行分析时。但是,正是通过这些烦琐的编码才能获得那些财富,那些被我们称为“原生编码”的用语。

——Juliet M. Corbin

(高勇译校)

参考文献

Glaser, B., & Strauss, A. (1967). *The discovery of grounded theory*. Chicago: Aldine.

Strauss, A. (1987). *Qualitative analysis for social scientists*. Cambridge, UK: Cambridge University Press.

Strauss, A., & Corbin, J. (1998). *Basics of qualitative analysis*. Thousand Oaks, CA: Sage.

同构(Isomorph)

同构就是与另一种理论、模型或结构类似、等价甚至相同的理论、模型或结构。例如,两个理论可能在概念上是同构的,但是使用不同的经验测量,因此在经验意义上是有区别的。或者,两个理论可能在概念上或者经验上是不同的,但是在其预测上却是同构的。

——Michael S. Lewis-Beck

(高勇译校)

项目反应理论(Item Response Theory)

定义与应用领域

测试和问卷都包括一些题项(用 J 表示),每个题项用来测量同一种潜在心理能力、人格特质或态度的一个方面。项目反应理论(IRT)模型使用 N 个答题人构成的样本中 J 个题项收集的资料,来构建测量此种能力或特质的量表。

题项 j ($j=1, \cdots, J$) 上的得分可以用一个随机变量 X 来表示,其现实值(realizations)为 x_j。题项得分可以是:

- 二分的,表明对这一题项的回答是正确($x_j=1$)还是错误($x_j=0$)。
- 定序的,表明答题人同意一个具体陈述的程度(有序整数值,$x_j=0, \cdots, m$)。
- 定类的,表明答题人选择的具体答案类别,如在多项选择题中,其中一个选项正确,其他选项不正确,因此是定类测量层次。
- 连续的,如解决问题所花费的时间。

从数据中可以估计出 J 个题项的特性,如它们的难度。然后利用这些特性可以决定选择哪些题项进入笔试或问卷中,或者更先进的电脑化的测量程序中。因此题项特性在测量构建中具有技术作用,有助于产生高质量的量表来对个体进行测量。

在 IRT 背景中,潜在于题项成绩背后的能力、人格特质、态度被称为潜特质。一个潜特质可以用随机变量 θ 表示,每个参加用来测量 θ 的测试的人 i ($i=1, \cdots, N$)都有一个量表值 θ_i,IRT 的主要目标是从每个人在 J 个可观察的题项得分中估计出其 θ 值。这些估计出的测量值可以用于人际比较或与外在行为标准比较。此类比较构成了对个体进行决策的基础。

IRT 源起于 1950 年代和 1960 年代(如 Birnbaum, 1968),随后达到了繁荣。重要的应用领域包括:

- *教育测量*,其中测试被用于给学生考试打分,选择学生进行补救性教育以及进入高一级教育(如升入大学),对专业工作者的技能进行资格考察。
- *心理学*,其中用智商测量来诊断儿童的认知能力,以解决其在学校中的学习和注意力问题,用人格量表来选择病人进入临床处理,用能力检试来选择工厂和政府中的工作和岗位。
- *社会学*,其中会测量对堕胎或者单亲家庭抚育的态度,也涉及如疏离、马基雅维利主义、宗教性等潜特质。
- *政治学*,其中会用问题来测量选民对政治家和政党的偏好,以及政治效能感和对政府环境政策的看法。
- *医学研究*,其中会测量患者与健康相关的生活质量,这些患者可能遭受了引发持久性生理损伤的事故,或者做了大手术,或者接受了实验性药物的长期治疗,或者接受了严重影响患者日常生活经历的其他治疗。
- *市场研究*,其中会测量消费者对产品和品牌的偏好。

上述应用都需要一个量化的量表来测量人们的能力,而这正是 IRT 所能做的。

本词条将首先介绍 IRT 模型的常用假定。然后,再进行几项区分来对不同的 IRT 模型进行分类。最后,讨论几个有用的 IRT 模型应用。

IRT 模型的常用假定

测量的维度性

第一个假定列举出汇总测试或问卷参加者的成绩所需要的参数数目。例如,如果一个测试是用来测量空间方位感的(有些智商测试中会涉及这些题项),那么就会用假定只有一个参数的 IRT 模型来描述数据。这个参数代表了每个人的空间方位感水平。只有一个参数的 IRT 模型是严格的单维度(unidimensional, UD)模型。另一个测试中的题项可能测量的是算术和词语理解能力的混合,例如,算术练习以短故事的形式出现。这时,就需要一个二维度的 IRT 模型。其他测试成绩可以更加复杂,需要用到多维度的 IRT 模型来解释数据结构。例如,在数学考试中,一些题项需要了解商店及其出售的商品(如计算收银台应该找的钱数),另一些题项需要地理知识(如计算城市间的距离)。从本质上讲,单维度模型假定测试中的所有题项测量的是一个主导性潜特性以及许多扰动特性,只要测试足够长,这些扰动特性就不会干扰到对主导特性 θ 的测量。例如,一个内倾性人格量表也可能会测量到焦虑、社会智商、语言理解,但这些内容都只是在一两个题项中略有涉及,内倾性才是回答的主导驱动力。

题项之间的关系

多数 IRT 模型假定,如果已经了解某人在潜特质上的位置,同时也知道了 J 个题项的边缘频数分布,那么就可以重构出这个人各个题项得分的联合分布。定义向量 $\mathbf{X}=(X_1,\cdots,X_J)$,其现实值为 $\mathbf{x}=(x_1,\cdots,x_J)$,$\boldsymbol{\theta}$ 为解释答题人测量成绩所需的潜特质向量。在 IRT 中,边缘独立这一特性被称为局部独立【Local Independence,LI】,定义如下:

$$P(\mathbf{X}=\mathbf{x}\mid\boldsymbol{\theta})=\prod_{j=1}^{J}P(X_j=x_j\mid\boldsymbol{\theta}) \qquad (1)$$

在行为层面,LI 意味着在测试实施中,每道题项的回答都独立于其他题项。在回答问题时,不会由于练习而学到或了解到后面的题项答案;因此,测量程序不会影响测量结果。但是,通过练习来提升学生能力可能是测试的目标,这在动态测试中很常见。此时,IRT 模型就会假定练习会接连产生更多的技能,这些技能可以用新的潜特质表示。这意味着,测试时不能用 $\boldsymbol{\theta}$ 解释的题项之间的相依可以通过加入更多的 θ 来解决。

题项与潜特性之间的关系

对于单维度二分题项来说,题项反应函数(item response function,IRF)描述了题项得分 X_j 与潜特质之间 θ 的关系,表达式为 $P_j(\theta)=P(X_j=1\mid\theta)$。图 1 显示了两个典型的单调递增的 IRF(称为 M 假定),这是来自下面将要介绍的三参数 Logistic 模型。M 假定的意思是,θ 越高,回答人对题项回答的正确概率就越高。但是这两个项目反映了函数在三个方面有所差异。

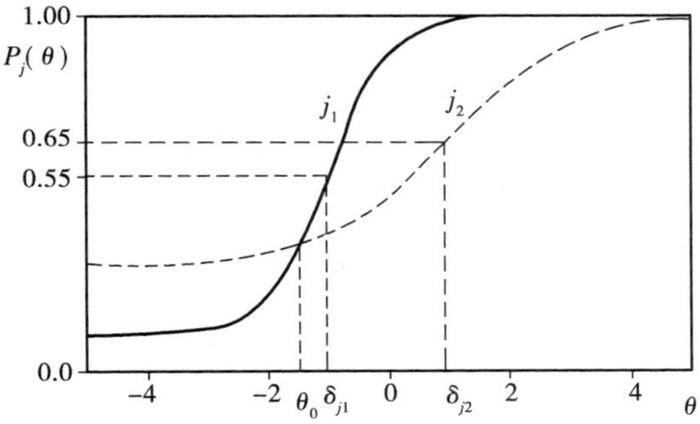

图 1 三参数 Logistic 模型下的两个 IRF
(**参数值**:$\gamma_{j1}=0.10,\gamma_{j2}=0.30;\delta_{j1}=-1.00,\delta_{j2}=1.00;$
$\alpha_{j1}=2.00,\alpha_{j2}=1.00$);**交叉点的位置为**
$\theta_0=1.46;P(\theta_0)=0.36$

首先,IRF 的斜率不同。IRF 越陡峭,代表着题目与潜特性之间的关系越强。IRT 模型中有一个参数与 IRF 的最陡峭斜率有关。题项 j 的这个斜率参数表示为 α_j,它可以类比于 Logistic 回归【Logistic Regression】模型中的回归系数【Regression Coefficient】。题项 j_1(实线)的斜率比题项 j_2(虚线)更陡,因此,它与 θ 的关系更强,能够更好地区分 θ 的高分值和低分值。

其次,题项反应函数的位置不同。每个项目反应函数的位置取决于参数 δ_j,它决定了 IRF 位于最高条件概率和最低条件概率值的中间点上的 θ 值。题项 j_1(实线)的位置比题项 j_2(虚线)更靠左,它们的位置参数表明了这一点:$\delta_{j1}<\delta_{j2}$。由于它们的斜率不同,两条 IRF 交叉了。结果,对于交叉点左边的那些 θ 而言,题项 j_1 比题项 j_2 更不可能正确回答。因此,对于这些 θ 而言,题项 j_1 比题项 j_2 更难。对于 θ_0 右边的那些 θ 而言,题项难度的顺序正好相反。

最后,IRF 的低端渐进线(用 γ_j 表示)不同。题项参数 γ_j 是那些 θ 值极低的人能够正确回答的概率。在图 1 中,题项 j_1 有更低的 γ 参数。这个参数对多项选择题特别重要,因为那些 θ 值较低的人常常能够猜测到正确答案的概率并不是 0。因此,多项选择题项 j_2 比题项 j_1 更容易被猜中。

三参数 Logistic 模型(three-parameter logistic model)。图 1 中的 IRF 可以用三参数 Logistic 模型来定义。这个模型是基于 UD 和 LI 假定基础上的,用一个 Logistic 函数来定义题项反应函数,函数中包括了前面讨论的三个题项参数:

$$P_j(\theta)=\gamma_j+(1-\gamma_j)\frac{\exp[\alpha_j(\theta-\delta_j)]}{1+\exp[\alpha_j(\theta-\delta_j)]} \quad (2)$$

单参数 Logistic 模型(one-parameter logistic model)。另一种众所周知的 IRT 模型是单参数 Logistic 模型或者 Rasch 模型,它也是基于 UD 和 LI 假定基础上的,它假定对于测试中的所有题项 J 来说,$\gamma=0$ 且 $\alpha=1$(取值为 1 是主观判定的;这意味着对所有 j 来说,α_j 都是一个常数 a)。因此,这个模型:(a)不适用于拟合多项选择项数据,因为那种情况下 γ 取值为正;(b)假定所有题项得分与潜特质之间的关系强度相同(对于所有 j 来说,$\alpha_j=a$);(c)题项之间只是在难度 $\delta_j,j=1,\cdots,J$ 上有所差异。

线性 Logistic 多维模型(linear logistic multidimensional model)。图 2 显示了一个题项反应函数,它是一个三维平面,反应概率取决于两个潜特质,$\boldsymbol{\theta}=(\theta_1,\theta_2)$。在 θ_2 方向上比在 θ_1 方向上更加陡峭。这意味着题

项回答正确的概率更取决于 θ_2，而不是 θ_1。因为 θ_2 比 θ_1 对于正确回答更重要，使用这一测量题项，人们在 θ_2 维度上要比 θ_1 维度上能够得到更好的鉴别。其他用来测量综合特质 $\boldsymbol{\theta}$ 的题项的两个斜率可能会有所不同。这个题项的位置(图 2 中看不到)与空间原点与沿原点方向的最陡斜率之间的距离相关(但不等同)。γ_j 参数代表了在两个 θ 都很低时答案正确的概率。

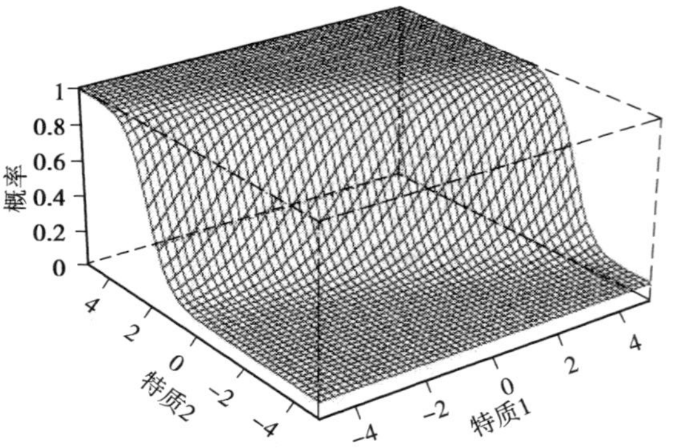

图 2　线性 Logistic 多维模型中的题项反应平面
(参数值:$\gamma_j = 0.10$;$\delta_j = 0.00$;$\alpha_{j1} = 1.00$;$\alpha_{j2} = 2.50$)

图 2 中的题项反应平面源于 Reckase 的线性 Logistic 多维模型(Van der Linden & Hambleton, 1997, pp. 271-286)。这个 IRT 模型中的 $\boldsymbol{\theta}$ 是多维的，斜率参数用一个向量 $\boldsymbol{\alpha}$ 表示。题项反应平面的表达式如下:

$$P_j(X_j = 1 \mid \boldsymbol{\theta}) = \gamma_j + (1 - \gamma_j)\frac{\exp(\boldsymbol{\alpha}_j'\boldsymbol{\theta} + \delta_j)}{1 + \exp(\boldsymbol{\alpha}_j'\boldsymbol{\theta} + \delta_j)} \quad (3)$$

等级反应模型(graded response model)。最后，图 3 的实线显示了 Samejima 的等级反应模型中一个题项的题项梯级反应函数(item step response function, ISRF)，此时题项得分是分多个级别的。对于有序整数题项得分($x_j = 0, \cdots, m$)和单维潜特质来说，每个条件反应概率 $P(X_j \geqslant x_j \mid \theta)$ 都分别用 Logistic 函数来建模。对于同一题项的不同 ISRF，这些函数的位置参数有所不同，但是斜率参数是相同的。对于不同的题项，这些函数的斜率参数有所不同。可以看出，对于 $x_j = 0$ 来说，ISRF 等于 1;对于某一固定题项来说，其他 m 个 ISRF 都必然不可能交叉。但是不同题项的 ISRF 是可以交叉的，因为斜率参数不同(图 3)。多级项目反应理论比二分项目反应理论在数学上更为复杂，因为它涉及更多的反应函数，项目参数也更多。除此之外，还有许多种其他项目反应理论模型(具体可以参看 Van der Linden & Hambleton, 1997)。

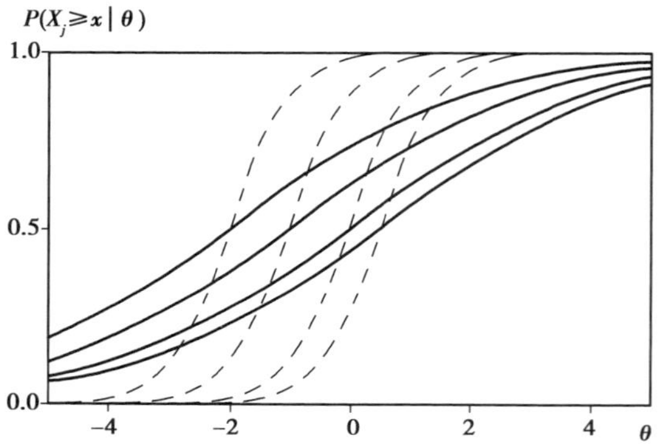

图 3　等级反应模型下两个题项的 ISRF，
各有 5 个回答类型(未给出参数值)

非参数模型(nonparametric models)。前面讨论的模型都是参数模型，因为其 IRF 和 ISRF 都是 θ 的参数函数。非参数项目反应理论模型只是对 IRF 施加有序约束，而放宽了更加严格的参数定义。这样做的目的是对测量模型不再施加不恰当的测试数据结构，但是仍然施加足够的结构来产生人们在 θ 上的定序测量。这种排序是通过题项得分的加总得到的，它将 θ 替换为测试成绩的汇总。因此，获得灵活性的代价是损失了参数函数(特别是 Logistic 函数)的数学特征的方便性(对参数 IRT 模型和非参数 IRT 模型的讨论，请参见 Boomsma, van Duijn, & Snijders, 2001;对非参数 IRT 模型的介绍，请参见 Sijtsma & Molenaar, 2002)。

项目反应理论模型的应用

测试的建构和校准(test construction, calibration)。IRT模型就是一种测量量表,无论是定序的还是定距的。如果IRT模型能够拟合数据,这种量表就被认为在这个具体测试中成立。量表被加以校准和转换,以便进行方便的解释。例如,θ量度可以转换为众所周知的总成绩量表或者百分制量表。这种量表构成了个体诊断的基础(如在教育和心理学测量中),也是科学研究的基础。

等值、题库和自适应测验(equating and item banks, adaptive testing)。θ量度可以很方便地将对相同潜特质的不同测试成绩进行量纲等值化,其目的是直接比较参与不同测试的学生成绩。等值可用于构建题库,题库由测量相同潜特质,但难度和其他特性有所不同的几百道题项组成。新的测试可以从题库中抽取组合。对个体的测试可以从题库中一道一道地抽取,以便尽快降低估计出θ的测量误差。这被称为自适应测验。在教育、工作选择和岗位选择中,它可以很方便地用于大规模测验项目。

差别性题项运作(differential item functioning)。不同背景的人常常会面临相同的测量工具。一个重要的问题是,有着相同θ水平但是不同背景(如性别、社会经济背景、民族)的人对测试题项是否会有相同的反应概率。如果反应概率并不相同,这个测试就被称为在题项运作展现出了差别性。这可以用IRT方法来进行调查。在群体间功能有差异的题项应当用功能无差异的题项替换。

个体吻合分析(person-fit analysis)。答题人可能会对题项的形式迷惑不解;他们可能害怕这种被评估的测试情景;他们可能会低估测试水平,忽视有些问题的深度。这些机制以及其他机制可能会产生与IRT模型预测不相符的J个题项的得分模式。个体吻合方法可以找到那些不相吻合的题项得分模式。它们有助于诊断出引发这种异常模式的行为。

认知性IRT模型(cognitive IRT model)。最后,认知建模已经不再认为测量仅仅是把分值赋给人,因为产生这些分值的认知过程或者解题策略也是IRT模型的部分,测量是与心理学解释相关联的。这种方法使我们能够找到那些未被充分掌握的技能,或者在理论层面上更好地理解测试成绩背后的过程。

——Klaas Sijtsma

(高勇译校)

参考文献

Birnbaum, A. L. (1968). Some latent trait models and their use in inferring an examinee's ability. In F. M. Lord & M. R. Novick (Eds.), *Statistical theories of mental test scores*. Reading, MA: Addison-Wesley.

Boomsma, A., Van Duijn, M. A. J., & Snijders, T. A. B. (Eds.). (2001). *Essays on item response theory*. New York: Springer.

Embretson, S. E., & Reise, S. P. (2000). *Item response theory for psychologists*. Mahwah, NJ: Lawrence Erlbaum.

Sijtsma, K., & Molenaar, I. W. (2002). *Introduction to nonparametric item response theory*. Thousand Oaks, CA: Sage.

Van der Linden, W. J., & Hambleton, R. K. (Eds.). (1997). *Handbook of modern item response theory*. New York: Springer.

THE
SAGE ENCYCLOPEDIA
OF
SOCIAL SCIENCE RESEARCH METHODS

社会科学研究方法百科全书

（精编版）

J—O

[美]迈克尔·刘易斯-伯克（Michael Lewis-Beck）
[美]艾伦·布里曼（Alan Bryman）
[美]廖福挺（Tim Futing Liao）—主编

沈崇麟　赵　锋　高　勇—主译

重庆大学出版社

图书在版编目(CIP)数据

社会科学研究方法百科全书:精编版. J—O / (美)迈克尔·刘易斯-伯克, (美)艾伦·布里曼, (美)廖福挺主编; 沈崇麟等译. -- 重庆: 重庆大学出版社, 2022.10

(万卷方法)

书名原文:The SAGE Encyclopedia of Social Science Research Methods

ISBN 978-7-5689-3468-8

Ⅰ. ①社… Ⅱ. ①迈… ②艾… ③廖… ④沈… Ⅲ. ①社会科学—研究方法 Ⅳ. ①C3

中国版本图书馆 CIP 数据核字(2022)第 152845 号

社会科学研究方法百科全书(精编版)

(J—O)

[美]迈克尔·刘易斯-伯克 [美]艾伦·布里曼 [美]廖福挺 主编

沈崇麟 赵 锋 高 勇 主译

策划编辑:雷少波 林佳木

责任编辑:姜 凤 版式设计:雷少波

责任校对:邹 忌 责任印制:张 策

*

重庆大学出版社出版发行

出版人:饶帮华

社址:重庆市沙坪坝区大学城西路 21 号

邮编:401331

电话:(023)88617190 88617185(中小学)

传真:(023)88617186 88617166

网址:http://www.cqup.com.cn

邮箱:fxk@cqup.com.cn (营销中心)

全国新华书店经销

重庆升光电力印务有限公司印刷

*

开本:787mm×1092mm 1/16 印张:19.5 字数:477 千

2022 年 10 月第 1 版 2022 年 10 月第 1 次印刷

ISBN 978-7-5689-3468-8 总定价:750.00 元(共 5 册)

编委会

配套数字资源

◣ 译　者（按姓氏拼音排序）

高　勇（中国政法大学）
李　洋（北京社会科学院）
马　妍（中国社会科学院）
沈崇麟（中国社会科学院）
王　玥（首都师范大学）
杨　可（中国社会科学院）
叶鹏飞（中国劳动关系学院）
赵　锋（中国社会科学院）
郑晓娟（北京大学）

◣ 词条审定专家（按姓氏拼音排序）

郭金华（北京大学）
郭志刚（北京大学）
何江穗（中国政法大学）
柯惠新（中国传媒大学）
李　原（中国社会科学院）
渠敬东（北京大学）
沈崇麟（中国社会科学院）
夏传玲（中国社会科学院）

导　言

社会科学方法学可以说是在 19 世纪末进入我们视野的，那时埃米尔·涂尔干撰写了《社会学方法的规则》(*The Rules of Sociological Method*)一书，这是系统理解和分析社会现象的奠基之作。从那时起，它便一直在成长发展，在 20 世纪的最后几十年更是呈现出一种指数式发展之势。这种发展涉及方法学的专门知识和技能的广度及深度两个方面。应用于各种社会科学学科的方法，其涵盖范围及某些分析路数和技术的复杂与高深程度，都是在数十年之前想象不到的。例如，焦点小组和浓描实际上已经变成了社会科学研究者(不论其学科取向是什么)的通用语言。再举另外一个例子，处理缺失数据和无回答的方法取得了长足的进步，以至于如这样的问题的专业工作坊一个接着一个开展，成为抽样调查数据分析者的最爱。

自然，在 21 世纪之初，我们有必要全面盘点一下社会科学方法学的知识，但试图使我们的盘点包含社会科学中曾经使用过的**每一种**方法，是不可能和不切实际的。这本《百科全书》的主要目的是给我们的读者(他们可能是高校的本科生、研究生、学术研究者或实际应用者)遨游浩瀚的研究方法之海提供一个引导。本《百科全书》对各种方法的目的、原理、发展和实际应用都作了简明扼要的介绍，总共有 1 000 多个词条，其中许多都对涉及的论题作了详尽的介绍，并包含了最新的发展，对初学者或有经验的研究者可能都有很大的用处。

为了达到这一目的，我们给读者提供了两种类型的词条：一些词条只含有一条定义，长度只有一段或两段。这些词条给了读者一个方法学词汇的简要解释。为了忠实于《百科全书》的行文形式，许多其他的词条都作为论题或论文来处理，长短不一，经常都附有实例，有时还有图表，对涉及的方法的性质、历史、应用和使用的含义进行讨论。这些词条的大多数也给出了建议的阅读书目和参考材料，以满足有进一步提高愿望的读者的需要。这些都是《百科全书》的精义所在，对那些想要对奇妙的研究方法世界进行不懈探索的读者而言都是很宝贵的。

需要撰写如此大量的专业文章，仅仅靠我们三位是无法完成的，幸运的是我们得到了编委和作者的大力支持，他们才智过人，写出来的方法介绍连贯、明了而

又透彻。有时,作者的行文如同新奇的小说,使得阐述的论题不仅能给读者以愉悦感,而且发人深省。

例如,达摩达尔·古雅拉提教授撰写的计量经济学的词条的文字给人以惊喜。他不是仅仅介绍计量经济学家使用的方法和模型的类型,而是触类旁通,带领我们从平常处渐入佳境,进行了一次计量经济学的旅行。他用三个阐明计量经济学涉及的广泛范围的定义作为自己论述的开头,在这里他使用了简单而平常的方式,用引文释例完成了对计量经济学家的用武之地加以定义这一看似不能完成的任务。然后,他带领我们做了一个研究(从经济理论到数据,从模型到分析),先是说明原理,然后是实例验证。这样的过程也是我们中的许多人在平常反复讲述的过程,但我们几乎想不到在撰写《百科全书》的词条时可以这样用。古雅拉提用在经济学研究中常用的普通过程,给读者以出人意料的、意义深远的影响,令读者去深思,而不只是记住计量经济学的方法和模型以及基本目的。

词条的多样性是本《百科全书》的又一特点。例如,我们的词条中有些论及了哲学问题,例如,后结构主义,这样的内容似乎超出了本《百科全书》的范围,而还有一些词条则讨论了高级的统计技术,这似乎同样也不能被视为社会科学方法学的一部分。然而我们却认为二者都是必要的。一方面,所有的研究者都应该意识到,认识论问题影响着研究问题的性质并支撑研究过程方面的假定;另一方面,我们都需要了解分析定量数据的全套武器,这样才能在不同的场合使用最为恰当和稳健的技术。只有在我们对可供利用的各种选择——无论是认识论的、统计学的或其他什么知识都了如指掌时,作为社会研究者,我们才能完整地开发出精巧的社会科学研究的方法。

本《百科全书》的许多词条都有精当的例子。将各种适用于不同研究目的的词条汇编成一册百科全书,我们,本《百科全书》的编辑者,固然希望读者诸君将会折服于社会科学方法学的博大精深,但我们更希望读者诸君能从这些方法学的专业知识中有所斩获,推动自己的研究更上一层楼。

迈克尔·刘易斯-伯克

艾伦·布里曼

廖福挺

(沈崇麟译校)

本册目录

J

K

L

M

N

O

J

刀切法(Jackknife Method)

刀切法是一种再抽样程序,可以用于产生一个经验抽样分布【Sampling Distribution】。此类分布可以用于进行统计假设检验、构建置信区间【Confidence Interval】、估计标准误【Standard Error】。刀切法的作用类似于自助法【Bootstrap】和排列法(或者随机选择法)。

罗杰斯(Rodgers,1999)提出了一种分类法【Taxonomy】,根据再抽样出来的样本量大小和抽样是有放回还是无回放来对这些方法进行分类。刀切法需要无放回地进行重复抽样,抽出样本比原始样本要小。刀切法最初被定义为一种将一个或多个数据点随机删除的方法,这在概念上等同于无放回的随机抽样。

刀切法最初是由奎诺依勒(Quenouille,1949)和图基(Tukey,1958)提出。布拉德利·埃弗龙(Efron,1982)将其命名为"Quenouille-Tukey 刀切法"。莫斯迪勒和图基(Mosteller & Tukey,1977)将这种方法概括为:"基本思想是评估构成数据的各组分数据的效应……方式是评估删除此组数据后得到的数据集的后果"(p.133)。刀切法已经被加以扩展,如罗杰斯(Rodgers,1999)所言:"定义观察数据为一个得分总体。从这个总体中无放回地进行随机抽样,以使各组中的得分数量都比原始样本中更少"(p.46)。总而言之,经验抽样分布是通过删除一个、多个或者一组观察数据而得到的;然后用新的样本计算相关的统计量;通过多次重复上述过程得到这些统计量的分布。

举例来说,考虑一个将 10 个参与者随机分配【Random Assignment】到治疗组和对照组的研究设计(每组中 $n=5$)。这种治疗方法是否有可靠的效果呢?在组间无差异的虚无假设【Null Hypothesis】下,10 个得分被分到这组还是那组,完全取决于机会。对于虚无假设通常的正规检验需要计算一个彼此独立的两组数据的 t 统计量,它测量了两组之间的标准化均值差异,然后在假定虚无假设成立时的理论 t 分布下进行评估。这一评估基于许多参数统计假设,包括正态性、误差独立性、方差同质性。我们也可以换个方法,虚无假设可以定义为使用再抽样得到的经验 t 分布,这一过程就需要更少的假设。

用刀切法我们可以从每组中删除 1 个观察(或者,这相当于从原始的 10 个观察中进行无放回的抽样,直到每组都有 4 个观察)。共有 3 150 个可能的再抽样。在每个新样本中都计算 t 统计量,可以得到 t 统计量的分布,这接近于在虚无假设下总体的 t 分布。然后再与这个经验抽样分布相联系,来评估最初得到的 t 统计量,以便对组间差异作出结论。进而,我们可以用再抽样的 t 统计量的标准差估计总体分布的 t 统计量的标准误,并构建相应的置信区间。

——Joseph Lee Rodgers

(高勇译校)

参考文献

Efron, B. (1982). *The jackknife, the bootstrap, and other resampling plans*. Philadelphia: Society for Industrial and Applied Mathematics.

Mosteller, F., & Tukey, J. W. (1977). *Data analysis and regression: A second course in statistics*. Reading, MA: Addison-Wesley.

Quenouille, M. (1949). Approximate tests of correlation in time series. *Journal of the Royal Statistical Society, Series B*, *11*, 18-84.

Rodgers, J. L. (1999). The bootstrap, the jackknife, and the randomization test: A sampling taxonomy. *Multivariate Behavioral Research*, *34*, 441-456.

Tukey, J. W. (1958). Bias and confidence in not quite large samples [abstract]. *Annals of Mathematical Statistics*, *29*, 614.

K

关键知情人(Key Informant)

关键知情人也被称为关键咨询人,能就某种文化、某个社会或某种社会场景的诸要素给予全面而深入的专门信息。此类深度信息通常是在自然的非正式场合中(如关键知情人的家中)通过重复进行几次半结构化访谈【Semistructured Interview】或非结构访谈【Unstructured Interview】得出。除了信息的深度和广度外,关键知情人区别于其他被访者之处还在于他和研究者之间的关系是持久而紧密的。社会科学中主要包括三种类型的被访者:被试(subjects)、回答人(respondents)和知情人。被试通常是在社会实验中被访谈的个体。回答人是在社会调查【Survey】中被访谈的个体。知情人通常是在实地研究场景中以更深度、更少结构化的方式(如半结构化或非结构访谈)被访谈的个体。在任何一项研究中,个体的角色可以在被试、回答人、知情人之间进行转换,这取决于访谈情境(如调查、深度访谈【In-Depth Interview】)。关键知情人是知情人中的一种类型,其中的访谈者(如民族志学者)和被访者之间存在着特殊关系。

选择关键知情人的基础是知情人的特征、知识与研究者的互信关系(rapport)。约翰逊(Johnson,1990)描述了选择知情人的两组主要标准。第一组标准与专家知识的形式和类型以及知情人的理论代表性(theoretical representativeness)有关,在此,理论代表性是指从理论上的重要因素(如地位、组织中的位置)和资料呈现特征(如收入分布中知情人的位置)方面评估的被访者特征。第二组标准关切的是知情人的人格、人际技巧、研究者与知情人的默契。第一组标准在研究目标框架下评估知情人,第二组标准反映了研究者和关键知情人之间存在合作关系的重要本质。研究者理解了个体在理论标准领域内的角色后,就应基于互信关系的潜在可能来选择关键知情人,这降低了单纯基于个人特征进行选择可能产生的偏差。

关键知情人与其他几种被访者的区别还在于他们在研究工作不同阶段的涉足程度有所不同。关键知情人及其专业知识和建议不仅是资料的来源,而且可以用于发展出更为有效的正式调查工具(如对调查问题进行更好的表述),对文化事件或场景不断提供评论,帮助解释系统收集到的资料(如抽样调查结果)中显示出来的研究结果,帮助确定某些资料(如家谱)的效度【Validity】和信度【Reliability】。关键知情人是任何民族志研究的重要组成部分。

——Jeffrey C. Johnson

(高勇译校)

informants. Newbury Park, CA: Sage.
Werner, O., & Schoepfle, G. M. (1987). *Systematic fieldwork* (2 vols.). Newbury Park, CA: Sage.

参考文献

Johnson, J. C. (1990). *Selecting ethnographic*

Kish 表(Kish Grid)

Kish 表是 1949 年由莱斯莉·基什(Leslie Kish)提出的,通常在大规模抽样调查【Survey】中使用。在等概率抽样【Sampling】中,访员进入样本地址或样本家庭时可能发现有多个案例符合调查条件,这时就可以用 Kish 表技术来随机抽取案例。例如,从某一地区的所有邮政地址清单中抽取地址样本,样本设计假定清单中的每个地址只包括一个家庭。访员进入样本地址时发现这个地址中居住着多个家庭,就需要随机选择一个(或者样本设计中设定的数目)家庭来进入样本。更重要的是,这一程序必须是系统的,要确保每个家庭被选择的概率是已知的。

户中抽人同样存在这一问题。一户中可能只有一人或者有多人。包括多人的家庭就成了总体元素的一个集合,必须把它们从家庭样本变成个人样本。如果调查设计要求被访谈的个体必须是某种特殊类型的(如必须是户主或者包括所有 16 周岁以上的人),那就不存在选择问题了。但是,如果调查设计要求从每户中选择一个人,就可以用 Kish 表从每个选中的家庭中随机选择进入样本的个人。

Kish 表是一个简单的程序,访员很容易在实地进行操作。它提供了一种清晰一致的程序来随机选择案例进入样本,而且选择概率是已知的。在进行选择之前,访员首先需要用一种客观的方式来对家庭中的成员或者居住者进行排序。为了从家庭中选出一个人,访员有一个事先准备好的表格,他要把家庭中居住的所有人都系统地填在上面,通常要按照其年龄和性别排序,每个人都被赋予一个序列号。选中谁进行访谈取决于家庭中的总人数。Kish 表包括一个选择表,它会告诉访员应该选择哪个编号的个人。访员只需要从表中列有家庭中人数的那一列读出他应该进行访问的那个序列号即可。Kish 表是被广泛应用的标准技术,可以适用于不同调查设计的需要。

——Heather Laurie

(高勇译校)

参考文献

Kish, L. (1949). A procedure for objective respondent selection within a household. *Journal of the American Sociological Association*, *44*, 380-387.
Kish, L. (1965). *Survey sampling*. New York: John Wiley.

Kolmogorov-Smirnov 检验(Kolmogorov-Smirnov Test)

有两种 Kolmogorov-Smirnov 检验,一种是单样本(拟合优度【Goodness-of-Fit】)检验,一种是双样本检验。

单样本检验

用于定序数据的单样本检验有许多种

(Gibbons & Chakraborti, 1992; Siegel & Castellan, 1988),在不同应用情境中各有优势。Kolmogorov-Smirnov 单样本检验被认为比卡方拟合优度检验具有更强效力,尤其是样本量较小时。这种检验适用于定序数据,它在实质上检验的是样本数据分布和总体数据分布的匹配程度。因此,总体分布可包括正态分布之外的其他分布形式。它也假定潜在的是连续分布,虽然数据可能呈现出区间不等的分段(参见 Gibbons & Chakraborti, 1992),但是这将导致其他算法,如下所示:

检验本身比较的是数据的累积分布和期望总体分布的累积分布。它假定存在一个潜在的连续分布,样本量较小时肯定优于卡方检验【Chi-Square Test】,因为卡方检验受限于最小期望值。两个分布的最大差异幅度就是检验的因素,它是两个累积的相对频率(即在整体中的占比)之间的最大绝对差值。然后再用不同 α 值下的最大差异表进行比照检验。

正确应用这些检验方法的难点在于序列区间的性质。文献中讨论了这一问题的两种基本类型,每种情况下 Kolmogorov-Smirnov 检验的用法有所不同。在某种程度上,每种问题类型都是检验的不同应用方式:

(1)序列区间并没有事先定义好,潜在的分布是假定的;因此,检验是一个连续函数(如正态分布或均匀分布)用数理方法决定的(参见 Gibbons & Chakraborti, 1992)。样本数据是分段的,而总体“数据”是连续的。

(2)区间是事先定义好且互斥的,也存在分区间的总体数据;因此,总体数据是分段的,样本数据也是分段的(参见 Siegel & Castellan, 1988)。这使得检验等同于两个样本都是分段时的双样本检验。

下面用一些例子来说明其具体用法。

从数据分布中得到连续总体数据

例如,问题如下:某所学校的工资分布是否和整个县的工资分布相同呢? 在此假定全县的工资服从正态分布。表 1 中显示了这所学校的工资频数,样本数据的相应累积相对频数,此外,还提供了基于正态分布的总体累积相对分布。图 1 用图形方式显示了上述信息。显然对每个数据点来说,有两个可以进行比较的点:上区间和下区间。在图中,有两个一端在连续总体分布上的箭头,总体分布可用来和样本数据中的两个分段之一进行匹配。

因此,Kolmogorov-Smirnov 检验需要计算所有点上的这两个差异,其结果显示在表 1 的最后两列中。然后比较从全部差异中得到的最大差异和相应 α 值下的临界差异。表 2 显示了近似估计的临界值 $D_{临界值}$。

在本例中,如果 α 值被选为 0.05,那么允许的最大差异值为:

$$D_{临界值} = \frac{1.36}{\sqrt{20+1}} = 0.297$$

表 1 Kolmogorov-Smirnov 单样本检验数据,数据是有序列的,总体分布是数学函数

学校工资	f_o	CF_o 学校	CF_e 全县	$CF_{oi}-CF_{ei}$ 临近行	$CF_{o(i-1)}-CF_{ei}$ 偏移行
9 278	2	0.100	0.131	−0.031	−0.131
10 230	1	0.150	0.168	−0.018	−0.068
11 321	1	0.200	0.218	−0.018	−0.068

续表

学校工资	f_o	CF_o 学校	CF_e 全县	$CF_{oi}-CF_{ei}$ 临近行	$CF_{o(i-1)}-CF_{ei}$ 偏移行
13 300	1	0.250	0.326	−0.076	−0.126
14 825	2	0.350	0.422	−0.072	−0.172
16 532	2	0.450	0.535	−0.085	−0.185
18 545	1	0.500	0.664	−0.164	−0.214
21 139	3	0.650	0.804	−0.154	−0.304
22 145	2	0.750	0.847	−0.097	−0.197
24 333	2	0.850	0.918	−0.068	−0.168
28 775	1	0.900	0.983	−0.083	−0.133
30 987	1	0.950	0.994	−0.044	−0.094
32 444	1	1.000	0.997	0.003	−0.047
合计	20				

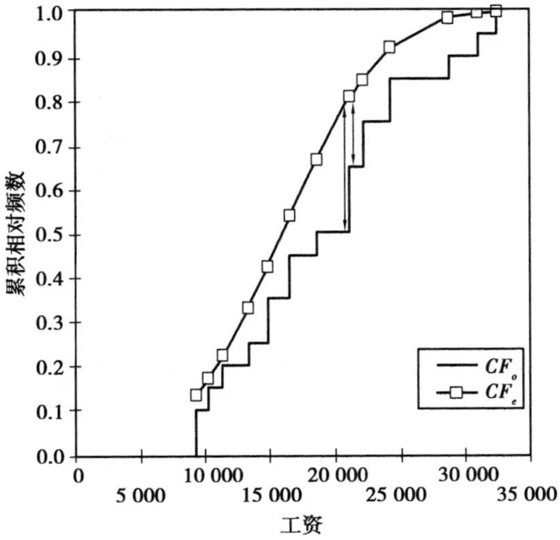

图 1 观察和期望累积相对频数分布

注:这些频数代表的总体分布是假定的,是从数学函数(在此即正态分布)中得到的情形。

现在再来看表 1,从最后两行可以看出,最大差值 0.305 已超过了临界值,学校的分布和假想的全县分布之间是有着显著差异的。布莱克(Black,1999)的书中对同一数据比较了这一检验和卡方检验、t 检验【t-Test】。需要注意的是,对某一个数据进行这三种检验,不仅其效力(power)水平不同,而且要回答的问题也是不同的。

表 2 用于 Kolmogorov-Smirnov 检验的临界最大差异 $D_{临界值}$

	α		
样本量	0.10	0.05	0.01
$25>n>10$	$\frac{1.22}{\sqrt{n+1}}$	$\frac{1.36}{\sqrt{n+1}}$	$\frac{1.63}{\sqrt{n+1}}$
$n\geqslant 25$	$\frac{1.22}{\sqrt{n}}$	$\frac{1.36}{\sqrt{n}}$	$\frac{1.63}{\sqrt{n}}$

从完整调查中得到分段的总体数据

在这种情况下，样本数据是和真正的总体数据相比，两者中每个定序类别的频数都是已知的。为了说明这一点，我们使用前一个例子中的样本数据，但是把它和全县教师的工资记录相比。图 2 显示了数据和相应的分段图，很明显，只有区间内的数据可进行比较。例如，双箭头表明了一对区间之间的差异。因此，Kolmogorov-Smirnov 单样本检验只需要使用累积相对频数中的临近行差值（表 3），最大差值将用来和选定的 α 值下的最小临界值进行比较。最大差值为0.278，它小于前面发现的 0.297（正负号在此没有关系），因此，不存在显著差异。

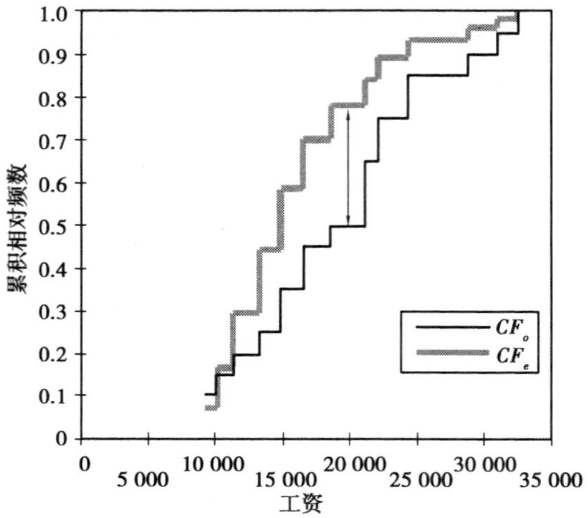

图 2　观察和期望累积相对频数分布

注：这些分布对应于总体数据和样本数据都是分段时的情形（即总体数据来自直接调查）。

表 3　Kolmogorov-Smirnov 单样本检验数据，数据是有序列的，总体分布来自定序的样本数据

学校工资	f_o 学校	f_o 全县	CF_o 学校	CF_e 全县	$CF_{oi}-CF_{ei}$ 临近行
9 278	2	260	0.100	0.097	0.003
10 230	1	287	0.150	0.205	−0.055
11 321	1	320	0.200	0.325	−0.125
13 300	1	350	0.250	0.456	−0.206
14 825	2	365	0.350	0.593	−0.243
16 532	2	287	0.450	0.700	−0.250
18 545	1	208	0.500	0.778	−0.278
21 139	3	145	0.650	0.832	−0.182
22 145	2	125	0.750	0.879	−0.129
24 333	2	100	0.850	0.916	−0.066
28 775	1	85	0.900	0.948	−0.048
30 987	1	74	0.950	0.976	−0.026
32 444	1	64	1.000	1.000	0.000
合计	20	2 670			

如果数据并不服从事先选定的分布，这种任意分布的（distribution-free）比较在大多数情况下具有很大的优势。在 SPSS 中要进行等价检验，必须使用双样本功能，其中一个数据值是总体数据。

双样本检验

涉及两组间进行比较的研究设计并不总是生成区间数据或比值数据,然后用 t 检验的方式来检验假设。虚无假设 H_0 可以是两组间因变量在不同类别或水平上的频数分布性质是相同的。换言之,两个组的不同特征(自变量【Independent Variable】)是否影响到了因变量【Dependent Variable】的不同类别或水平上的分布性质呢?

Kolmogorov-Smirnov 检验会查看这两个样本是否是从同一个总体中抽取的,这需要假定存在一个潜在的连续分布。检验程序与前面所述基本相同,只是这次比较的是临近行的累积相对频数。当 $n>25$ 且 $m>25$ 时,可以用以下方式计算出允许的最大差值:

$$D(0.05) = 1.36\sqrt{\frac{m+n}{mn}} \qquad (1)$$

对于小样本来说,需要用到专用的临界值表(参见 Siegel & Castellan, 1988),或者用 SPSS 可以自动给出概值。西格尔和卡斯特兰(Siegel & Castellan, 1988)认为这种检验的效力比 Wilcoxon 检验【Wilcoxon Test】或 Mann-Whitney U 检验【Mann-Whitney U Test】略强一些,如果样本量较大,那么结论则相反。

——Thomas R. Black

(高勇译校)

参考文献

Black, T. R. (1999). *Doing quantitative research in the social sciences: An integrated approach to research design, measurement, and statistics*. London: Sage.

Gibbons, J. D., & Chakraborti, S. (1992). *Nonparametric statistical inference* (3rd ed.). New York: Marcel Dekker.

Howell, D. C. (2002). *Statistical methods for psychology* (5th ed.). Pacific Grove, CA: Duxbury.

Siegel, S., & Castellan, N. J. (1988). *Nonparametric statistics for the behavioral sciences*. New York: McGraw-Hill.

Kruskal-Wallis *H* 检验(Kruskal-Wallis *H* Test)

这一检验也被称为对序列数据(ranked data)进行的 Kruskal-Wallis 单因素方差分析【One-Way, ANOVA】,它根据中位数【Median】来确定三个或多个独立样本是否属于同一总体【Population】。它可以类比于参数检验中的单因素方差分析,是它在双样本情境中的对等检验。其虚无假设【Null Hypothesis】是中位值都与总体中位值相同,统计检验用来检查考虑到样本中的自然波动之后,样本中位值是否都足够相近。数据应该至少是定序的,假定存在一个潜在的连续分布(Siegel & Castellan, 1988)。

和其他基于序列的检验一样,这种检验也要求所有样本的所有原始数据要进行排序,然后赋予一个秩(rank),最小的赋秩为1,一直到 N(所有 k 个样本中的所有独立观察数)。每个样本的所有秩进行加总,然后计算每组的平均秩。这里的假定是,如果这些样本是从同一个总体中抽取出来的,那么这些平均秩在考虑自然波动之后也应非常接近。在如下 Kruskal-Wallis 统计量的表达式中可以很容易地看出这点,这一表达式会让人联想起方差的计算:

$$H = \frac{12\sum_{j=1}^{k} n_j(\overline{R}_j - \overline{R})^2}{N(N+1)}$$

这一统计量也可用以下表达式计算，这个表达式更容易从原始数据中算出(Howell, 2002)，特别是在电子表格当中(Black, 1999)。

$$H = \left[\frac{12}{N(N+1)}\sum_{j=1}^{k}\frac{R_j^2}{n_j}\right] - 3(N+1)$$

式中 R_j——第 j 组的秩和，$j=1,\cdots,k$；

$\overline{R}_j$——第 j 组的平均秩；

$\overline{R}$——所有秩的总均值；

n_j——第 j 组的观察数；

N——所有组的总观察数。

如果组数大于 3，且每组中的观察数大于 4 时(或者组数为 3 但样本量较大时)，抽样分布就接近于卡方分布【Chi-Square Distribution】。如果存在大量的同分(tie)时(大于样本量的 25%)，H 统计量的值就会增大，因此，需要进行一个修正(参见 Siegel & Castellan, 1988)。如果 R_j 的所有值都彼此相等，那么 H 统计量为 0。

例如，表 1 中的数据显示了人们对一种名叫“克瑞皮斯(Creepies)”的新型早餐麦片的打分，这种麦片是巧克力口味的，形态像各种昆虫。每个人会用四个 5 分量表对麦片进行打分：质地、口味、颜色、形状。因此，可能的得分范围是 4~20。有人猜测成人可能不像儿童一样喜欢它。样本被抽取出来，以避免儿童和成人来自相同家庭。首先，对打分进行了排序；然后，计算 H 统计量：

$$H = \left[\frac{12}{24\times(24+1)}\sum_{j=1}^{3}\frac{R_j^2}{n_j}\right] - 3\times(24+1)$$

$$= \left[\frac{12}{600}\times 4\ 324.2\right] - 75$$

$$= 11.48$$

与临界值 $\chi^2(df=2)=5.99$ 相比，三个组是存在差异的。

表 1　三个组对“克瑞皮斯”早餐麦片的打分

男　性		女　性		儿　童	
打分	秩	打分	秩	打分	秩
12	8.5	13	6.5	20	1
10	12.5	12	8.5	19	2
7	16.5	11	10.5	18	3.5
7	16.5	10	12.5	18	3.5
6	18.5	9	14.5	16	5
5	20.5	6	18.5	13	6.5
4	23	5	20.5	11	10.5
4	23	4	23	9	14.5
R_1	139		114.5		46.5
n_1	8		8		8
R_i^2/n_i	2 415.13		1 638.78		270.28
R_i/n_1	17.38		14.31		5.81
			男性-儿童	女性-儿童	男性-女性
$\alpha/k(k-1)$	0.008 3	$\Delta(R/n)$	11.56	8.50	3.06
$z(0.008\ 3)$	2.394	$\Delta(R/n)$临界值	8.46	8.46	8.46

注：平分时，秩就是相邻秩的平均值。$N=24$；$H=11.48$；$\alpha=0.05$；$\chi^2(2)=5.99$。

对 Kruskal-Wallis *H* 检验的事后分析

成对比较就是检验各对秩的均值同某个标准之间的差值。而这个标准已经考虑了各对秩的非独立性质。如果样本量较大,它们的差异是近似服从正态分布的(Siegel & Castellan, 1988),其临界值【Critical Value】为:

$$\Delta\left(\frac{R_i}{n_i}\right)_{\text{临界值}} = z \times \frac{\alpha}{k(k-1)}\sqrt{\frac{N(N+1)}{12}\left(\frac{1}{n_a}+\frac{1}{n_b}\right)}$$

如果所有组的样本量都相同,那么就需要进行一次这样的计算。如果比较只是在每个处理组和一个对照组之间进行,而不在处理组之间进行,那么还需进行调整(类似于 Dunnett 对 ANOVA 的事后检验)(参见 Siegel & Castellan, 1988)。对于前面的例子来说:

$$\Delta\left(\frac{R_i}{n_i}\right)_{\text{临界值}} = z \times \frac{0.05}{3\times(3-1)}\sqrt{\frac{24\times(24+1)}{12}\times\left(\frac{1}{8}+\frac{1}{8}\right)}$$

$$= 2.394\sqrt{12.5} = 8.46$$

从表 1 中可以看出,成年男性与儿童之间的差异和成年女性与儿童之间的差异都大于 8.46,因此差异都是显著的。在男性与女性之间不存在显著差异。因此,这证实了前面的推测。

——Thomas R. Black

(高勇译校)

参考文献

Black, T. R. (1999). *Doing quantitative research in the social sciences: An integrated approach to research design, measurement, and statistics*. London: Sage.

Howell, D. C. (2002). *Statistical methods for psychology* (5th ed.). Pacific Grove, CA: Duxbury.

Siegel, S., & Castellan, N. J. (1988). *Nonparametric statistics for the behavioral sciences*. New York: McGraw-Hill.

峰态(Kurtosis)

峰态系数、偏态系数及其标准差是用来测量分布形状的常用单变量描述性统计量。峰态系数是指一个分布的峰度(peakedness),测量的是分布的尾部和它众多的取值之间的关系。峰态系数常常用来筛选数据是否服从正态分布。偏态值测量的是分布的对称性,峰态值测量的是顶峰性,它们通常一起进行解释。如果数据服从正态分布,根据统计学惯例,偏态系数和峰态系数都应当在 −2 ~ +2 中。其数据公式为:

$$\text{峰态系数} = \frac{\sum (X-\mu)^4}{N\sigma^4} - 3$$

式中 X——分布中的个体得分;

μ——样本均值;

N——数据点的数目;

σ——方差的平方根。

从数学上来讲,峰态系数是四阶【Order】中心矩【Moment】。标准正态分布的峰态系数为 3。公式中从峰态系数中减去 3,这样峰态系数为 0 就成了标准正态分布的标志。

在分析峰态时一定要确保足够的样本，因为对于小样本来说，峰态系数的大小和方向都会不稳定。如果发现数据不服从正态分布，研究者可能会希望用数据转换【Transformation】的方式来产生一个正态分布。统计程序通常会输出直方图、盒形图【Boxplot】、盒须图、茎图、茎叶图【Stem-and-Leaf】来展示分布的方向，以及偏态系数和峰态系数的大小。如果数据不服从正态分布，就可以用这些图来确定使用何种转换技术。一个简单的例子就是，可以在直方图中加入正态曲线来评估分布的形状。当偏态系数和峰态系数为正时，对数转换和平方根转换是较常见的修正方法；当偏态系数和峰态系数为负时，平方根转换是常见的修正方法。立方根转换和负反根转换（negative reciprocal root transformation）分别用于修正极端的负峰态系数和正峰态系数（Newton & Rudestam，1999）。

数据根据不同的分布形状可以是尖峰的、平峰的、常峰的（Newton & Rudestam，1999）。峰态系数为大的正值表示尖峰，分布有一个非常尖的峰，数据聚集在均值周围，尾部更厚或更长，这意味着尾部有很少的案例。如图 1 中的假想数据所示，与正态分布数据相比，尖峰数据聚集在均值附近，尾部有很少的案例，结果就是中等的正峰态系数。

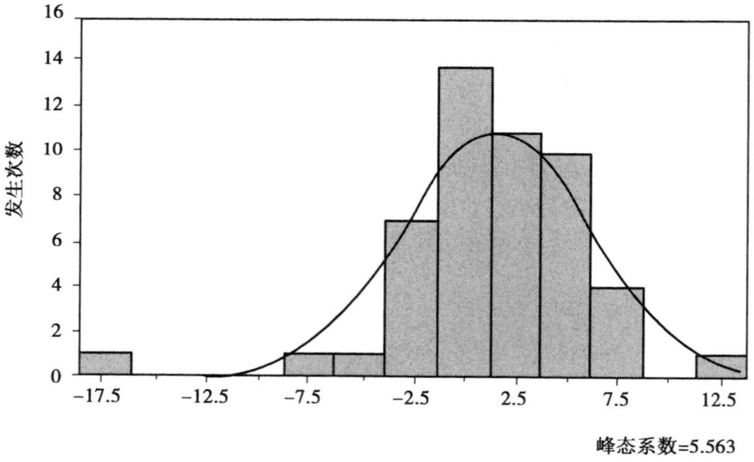

图 1　尖峰数据

偏态系数和峰态系数为正表示均值比中位值大。峰态系数为大的负值表示数据呈现平峰，直方图会表示分布很平，数据并不聚集在均值周围，有着更短或更轻的尾部，这意味着尾部比正态分布中要有更多的案例。偏态系数和峰态系数为负表示中位值比均值大。常峰数据近似于正态分布，其峰态系数可以是一个较小的正值或较小的负值。偏态系数和峰态系数较小表示均值和中位值相对接近。

——Amna Cameron

（高勇译校）

参考文献

Newton, R. R., & Rudestam, K. E. (1999). *Your statistical consultant: Answers to your data analysis questions*. Thousand Oaks, CA: Sage.

L

实验室实验(Laboratory Experiment)

所有的实验【Experiment】都涉及把参与者随机分配到研究条件以及自变量【Independent Variable, IV】和因变量【Dependent Variable, DV】中。实验既可以在高度受控的实验室条件中进行,也可以在控制较少的实地情境中进行。两种情况各有利弊。在实验室中,研究者能够控制可能影响参与者的所有外在因素——对条件有着严格控制。实地实验则并非如此,因此在这些情境中结论有时更不可靠,因为可能有非控制的变异在施加影响。

实验过程中的随机分配意味着从事先定义好的备选集合中,所有的参与者有同等机会被选中进入某一种或另一种研究条件中。在随机分配之后,被选中进入不同条件的参与者接受不同水平的 IV。在某些设计中,参与者将接受前试(即用理论上来说对 IV 不同水平引发的变异敏感的量度来进行评估)。在其他设计中,只在处理后测量 DV(参见 Crano & Brewer, 2002)。在施加处理之后,再次对处理组和控制组(不接受实验处理的组)进行评估,如图 1 所示。

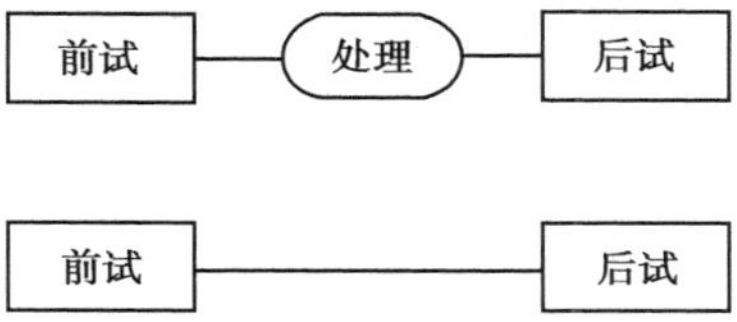

图 1　前试/后试/控制组实验设计的例子

注:如果处理组和控制组不进行前测,那就是只有后试/控制组的实验设计。每种实验设计中,参与者均被随机分配到不同的条件中。

在进行实验时,作为研究核心的理论构念,以及这种概念化【Conceptualization】的测量,必须用可观察的行为或事件来定义。这个过程被称为操作化(operationalization)。然后,参与者被随机分配到用 IV 不同水平定义的实验条件中。有时,使用不止一个 IV;在此类情形中,通常一个 IV 的每个水平都会与另一个 IV 的每个水平进行综合(combine),生成析因设计【Factorial Design】。在理想状态下,同等数量的参与者被分配到因素综合生成的每种条件中。在分配之后,参与者被施加以特定的处理(IV),或者处理的交互综合中(如果用到多个 IV),然后观察这种施加对 DV 的影响。

实验室实验是高度受控的研究技术。通过随机化,理论上讲参与者在各个方面都是等同的,除了有的被施加以 IV,有的则没有(或者它们被系统地施加以 IV 的不同值或不同水平)。因此,除非 IV 有影响,它们不会在 DV 上显示出差异。实验室实验研究的高度受控特征也使得有人质疑这种情景中得到的结论的概推性。反过来讲,实验室实验的随机化和受控性也使得研究能够排除那些虽然影响 DV 但没有考虑外在变量的影响。实验室实验最适合用何种情况,这要取决于概推性与受控性之间的权衡。

实验室实验是确定因果关系的理想方法。如果对要研究的现象已经有相当的了解,使用这种方法的效果最好。对于提出假设来说,它不是一种特别有效的方法。但是如果围绕某一现象的理论已经相对成熟,在理论基础上已发展出了精细的假设,那么实验室实验有助于理解这一构念的准确本质。如果对具体可预测的因果关系存在不同解释,它是检验这些解释的理想方法,可以确定哪些因素对给定结果有放大作用或阻碍作用。

——William D. Crano

(高勇译校)

参考文献

Crano, W. D., & Brewer, M. B. (2002). *Principles and methods of social research* (2nd ed.). Mahwah, NJ: Lawrence Erlbaum.

滞后结构(Lag Structure)

时间序列【Time-Series】模型通常假定自变量对因变量既有即时影响,也有延时影响。这种关系可以用滞后结构来加以建模,其参数可以用一些合适的方法来加以估计。如果只有一个自变量 x,而且忽略误差项,最一般的滞后结构为:

$$y_t = \alpha + \beta_0 x_t + \beta_1 x_{t-1} + \beta_2 x_{t-2} + \beta_3 x_{t-3} + \cdots$$

估计上述模型的参数是不可能的,因为存在无限个参数。

有限分布滞后结构假定在给定的滞后期(如 K)之后,x 就不再影响 y 了。这时,滞后结构就只有有限个参数,即 $\beta_{K+1} = \beta_{K+2} = \cdots = 0$。虽然在原则上这是可以进行估计的,但多重共线性【Multicollinearity】使得每个参数的估计都很困难,除非假定 x 对 y 的影响只有 1 或 2 个滞后期(即使如此,多重共线性仍然可能是个问题)。因此,分析者通常会对 β 施加一些参数结构。最常见的假定是它们遵循多项式结构,如随时间呈现二项式结构,即 $\beta_k = \lambda_0 + \lambda_1 k + \lambda_2 k^2$。这一约束意味着分析者只需估计 3 个参数。

许多研究者更愿意考虑 x 对 y 的影响有无限个滞后期(或者至少是对滞后期没有限定),他们认为不应该假定效应只延续到事先确定的滞后期,然后效应就变成零了。这种无限分布滞后的最常见参数化方法是几何滞后结构(geometric lag structure),即 x 对 y 的影响被假定呈现几何衰减,即 $\beta_k = \beta\rho^k$。这可以用代数方法转化为一个有滞后因变量的模型。认为 x 对 y 的影响随滞后长度呈现几何衰减的假定通常是合理的。如果这一约束条件太强,研究者可以结合有限和无限滞后结构,即最初几个滞后期如有限滞后结构模型中那样进行自由估计,而随后的滞后期被假定呈现几何衰减。这样就在有限滞后模型的灵活性和无限几何滞后模型的简洁性之间实现了良好的平衡,不会强迫分析者估计太多的参数,也能够避免多重共线性问题的麻烦。

如果有多个自变量,研究者必须在让它

们全都遵循同一滞后结构的简洁性和允许每个变量有着独特滞后结构的灵活性之间进行选择。选择灵活性的代价是分析者必须估计许多参数。分析者也可使用滞后结构来对误差过程进行建模。时间序列分析者可以利用的各种工具，如相关图(correlograms)，应当与理论洞察结合起来，以使分析者选择出最佳的滞后结构。

——Nathaniel Beck

(高勇译校)

参考文献

Beck, N. (1991). Comparing dynamic specifications: The case of presidential approval. *Political Analysis*, *3*, 51-87.

Harvey, A. (1990). *The econometric analysis of time series* (2nd ed.). Cambridge: MIT Press.

Mills, T. C. (1990). *Time series techniques for economists*. Cambridge, UK: Cambridge University Press.

Lambda(λ)

λ 系数是对定类【Nominal】变量之间关系强度的测量。λ 系数也被称为 Γ 预测系数，它测量的是：如果知道了定类预测变量【Predictor Variable】的类别，能够在多大程度上提升对因变量【Dependent Variable】的预测。它是一个误差消减比例测量，因为它显示了知道一个变量的取值可以在多大程度上减少对另一个变量的预测误差。λ 系数是非对称性系数，因为它的取值取决于两个变量中何者被作为因变量，如果一个变量是因变量，另一个变量是自变量，就会得到不同的 λ 系数值。自变量和因变量互换会改变 λ 系数的取值：

$$\lambda = \frac{\sum f_i - M}{N - M}$$

式中的 f_i 是自变量的第 i 个类别中最大的单元格频数，M 是因变量的最大边缘频数，N 是总案例数。分母是不知道自变量类别时预测因变量所犯的错误数，分子是知道自变量类别时预测因变量能够少犯的错误数。

λ 系数的取值范围为 0~1，不会取到负值。多数关系测量将统计独立【Independence】视为两个变量间关系为零的定义，但 λ 系数在自变量每个类别中因变量的众数回答都相同时变量间关系为零。例如，分析一个人的居住地区和他最喜欢的颜色的关系时(表 1)，如果在每个地区多数人都选择蓝色作为自己最喜欢的颜色，那么 λ 系数的取值为 0。

如果两个变量是统计独立的，那么 λ 系数的取值也为 0。

表 1　最喜欢的颜色和居住地区的关系——无助于预测

	东北	南方	西方
蓝色	60	40	80
红色	20	30	10
灰色	20	30	10

注：λ = 0(用居住地区预测最喜欢的颜色)。

表 2　最喜欢的颜色和居住地区的关系——完全预测

	东北	南方	西方
蓝色	100	0	0
红色	0	0	100
灰色	0	100	0

注：$\lambda=1$（用居住地区预测最喜欢的颜色）。

λ 系数在“条件性全体一致（conditional unanimity）”的情况下取值为 1。也就是说，它将两个变量间存在的完美关系解释为：在自变量的每个类别中，所有案例都落入因变量的同一类别中。如果东北地区的人都选择蓝色作为最喜欢的颜色，南方地区的人都选择灰色，西方人都选择红色（表 2），那么知道了一个人的居住地区就可以完全预测其喜欢的颜色，因此，λ 系数等于 1。

也有对称性的 λ 系数，不论哪个变量作为因变量，这种系数都能得到相同的取值。

——Herbert F. Weisberg
（高勇译校）

参考文献

Blalock, H. M. (1979). *Social statistics* (Rev. 2nd ed.). New York: McGraw-Hill.

Goodman, L. A., & Kruskal, W. H. (1954). Measures of association for cross classification. *Journal of the American Statistical Association*, *49*, 732-764.

Guttman, L. (1941). An outline for the statistical theory of prediction. In P. Horst (with collaboration of P. Wallin & L. Guttman) (Ed.), *The prediction of personal adjustment* (Bulletin 48, Supplementary Study B-1, pp. 253-318). New York: Social Science Research Council.

Weisberg, H. F. (1974). Models of statistical relationship. *American Political Science Review*, *68*, 1638-1655.

潜约束分析（Latent Budget Analysis）

一个约束（budget），表示为 $\mathbf{p}$，是指一个由非负元素构成的向量，这些元素加总等于一个固定常数 c。一个约束的例子是 J 个互斥且穷尽的活动（如睡眠、工作、家务等）在一天中的时间分配。另一个约束的例子是一笔 20 000 元的拨款在 J 个文化项目上的分配。注意，时间约束的各个部分加总起来等于 24 小时或 1 440 分钟，财政约束的各个部分加总起来等于 20 000 元。不失一般性地，我们可以将一个约束的各个部分除以固定常数 c，以使它们加总等于 1。I 个（或 I 组）被访者的时间约束（即 $\mathbf{p}_1,\cdots,\mathbf{p}_I$）或者 I 个 20 000 元拨款的财政约束可以表示为 $I\times J$ 的数据矩阵。这类数据被称为构成数据（compositional data）。潜约束分析的理念在于，将 I 个约束写为更少数目的潜约束（latent budgets）的混合，这些潜约束用 $\beta_1,\cdots,\beta_k$ 表示，其中的 $k<I$。

令 Y_E 为解释变量（如国籍、社会经济地位、时间点）或者有 I 个类别的指标变量，用

i 标记。令 Y_R 为有着 J 个类别的响应变量,用 j 标记,令 X 为有着 K 个类别的潜变量,用 k 标记。约束可以写作以下形式:

$$\mathbf{p}_i = [P(Y_R = 1 \mid Y_E = i), \cdots, P(Y_R = j \mid Y_E = i), \cdots, P(Y_R = J \mid Y_E = i)]$$

其中的 $i = 1, \cdots, I$。潜约束可以写作:

$$\beta_k = [P(Y_R = 1 \mid X = k), \cdots, P(Y_R = j \mid X = k), \cdots, P(Y_R = J \mid X = k)]$$

其中的 $k = 1, \cdots, k$。令 $P(X=k \mid Y_E=i)$ 表示一个权重,这个权重表明了潜约束 β_k 决定的预算比例 $\mathbf{p}_i$。在潜约束分析中,约束 $\mathbf{p}_i(i=1,\cdots,i)$ 通过期望约束(expected budgets)π_i 进行估计,以使:

$$\mathbf{p}_i \approx \pi_i = \sum_{k=1}^{k} P(X = k \mid Y_E = i)\beta_k$$

构成数据可以用潜约束 $\beta_i, \cdots, \beta_k$ 以如下程序来进行解释:首先,潜约束 $\beta_1, \cdots, \beta_k$ 被解释和命名。比较约束的构成部分和独立约束的构成部分 $[P(Y_R = 1), \cdots, P(Y_R = j)]$ 有助于提取出潜约束的特征。例如,如果 $P(Y_R = j \mid X = k) > P(Y_R = j)$,那么 β_k 的特征就是比平均情况下更多倾向于组成部分 j。其次,在已命名的潜约束基础上来解释约束 $\pi_1, \cdots, \pi_I$,方法是比较权重 $P(X = K \mid Y_E = i)$ 与平均权重

$$P(X = k) = \sum_{i=1}^{I} P(X = k \mid Y_E = i)P(Y_E = i)。$$

例如,如果 $P(X = k \mid Y_E = i) > P(X = k)$,那么约束 π_i 的特征就是比平均情况下更多地接近于潜约束 β_k。

潜约束分析的理念是由戈德曼(Goodman,1974)提出的,他将其称为非对称性的潜类分析【Latent Class Analysis】;这一理念也由德·莱乌和范·德·希伊登(de Leeuw & van der Heijden,1988)独立提出,他们称之为潜约束分析。与潜约束分析相关的议题在下列论文中进行了讨论:de Leeuw & van der Heijden(1998,图形表示);van der Ark, van der Heijden, & Sikkel(1999,模型识别);van der Heijden, Mooijaart, & de Leeuw(1992,约束潜约束模型);van der Heijden, van der Ark, & Mooijaart(2002,应用)。

——L. Andries van der Ark

(高勇译校)

参考文献

de Leeuw, J., & van der Heijden, P. G. M. (1988). The analysis of time-budgets with a latent time-budget model. In E. Diday (Ed.), *Data analysis and informatics* (Vol. 5, pp. 159-166). Amsterdam: North-Holland.

Goodman, L. A. (1974). The analysis of systems of qualitative variables when some of the variables are unobservable: I. A modified latent structure approach. *American Journal of Sociology*, *79*, 1179-1259.

van der Ark, L. A., & van der Heijden, P. G. M. (1998). Graphical display of latent budget analysis and latent class analysis, with special reference to correspondence analysis. In M. Greenacre & J. Blasius (Eds.), *Visualization of categorical data* (pp. 489-508). San Diego: Academic Press.

van der Ark, L. A., van der Heijden, P. G. M., & Sikkel, D. (1999). On the identifiability of the latent model. *Journal of Classification*, *16*, 117-137.

van der Heijden, P. G. M., Mooijaart, A., & de Leeuw, J. (1992). Constrained latent budget analysis. In P. Marsden (Ed.), *Sociological methodology* (pp. 279-320). Cambridge, UK: Basil Blackwell.

van der Heijden, P. G. M., van der Ark, L. A., & Mooijaart, A. (2002). Some examples of latent budget analysis and its extensions. In J. A. Hagenaars & A. McCutcheon (Eds.), *Applied latent class analysis* (pp. 107-136). Cambridge, UK: Cambridge University Press.

潜类分析(Latent Class Analysis)

潜类(LC)分析的基本理念很简单:存在着一些不可观察的小组,一个认定的统计模型的某些参数在这些分组中有所不同。这些小组构成了一个类别潜变量的不同类别(参见潜变量【Latent Variable】)。这个基本理念有几个看似无关的应用,最重要的包括聚类、量表、密度估计、随机效应模型。在社会科学之外,LC 模型常被称为有限混合模型(finite mixture models)。

1950 年代,拉扎斯菲尔德引入了 LC 分析,他用这种技术基于一些二分的可观察变量构建类型(或聚类)。20 多年后,戈德曼发明了一种算法来获取模型参数的最大似然估计,从而使模型能够在实践中应用。他还将模型扩展到了多项显变量和多个潜变量的情形中,在模型识别问题上也作出了重要贡献。与此同时,哈伯曼(Haberman, 1979)说明了 LC 模型与有缺失单元格频数的列联表的对数线性模型之间存在关联。此后又提出了经典 LC 模型的许多重要扩展,如包括(连续)协变量的模型、局部相依、定序变量、多个潜变量、重复测量等。哈格纳尔斯(Hagenaars, 1990)为存在离散潜变量的类别数据分析提出了一个一般性框架,费蒙特(Vermunt, 1997)对此进行了扩展。

在社会科学中,LC 分析和有限混合模型主要被认为是分析类别数据的工具,但是它们在其他几个领域也同样有用。例如,在密度估计中,可以利用复杂密度,也可以利用简单密度的有限混合来近似这一事实。LC 分析也可以用于对连续的观察变量进行概率性聚类分析,这种方法比传统的聚类技术(如 K-means聚类)更为优越(参见潜相模型【Latent Profile Model】)。另一应用领域是处理不可观察的异质性,例如对彼此相依的观察进行回归分析(参见非参数随机效应模型【Nonparametric Random-Effects Model】)。

分析类别指标的经典潜类模型

令 X 代表潜变量, Y_l 是 L 个观察变量或显变量之一,其中 $1 \leqslant l \leqslant L$。此外,令 C 为潜变量数目, D_l 是 Y_l 的类别数目。一个特定的潜类可以用 x 列举, $x=1,2,\cdots,C$; Y_l 的特定值可以用 y_l 来列举, $y_l=1,2,\cdots,D_l$。向量符号 $\mathbf{Y}$ 和 $\mathbf{y}$ 用于指涉完整的响应模式(response pattern)。

为了具体说明,我们可以考虑从 1987 年综合社会调查(General Social Survey)中得到的如表 1 所示的小数据集:

表 1

Y_1	Y_2	Y_3	频 数	$P(X=1 \mid \mathbf{Y}=\mathbf{y})$	$P(X=2 \mid \mathbf{Y}=\mathbf{y})$
1	1	1	696	0.998	0.002
1	1	2	68	0.929	0.071
1	2	1	275	0.876	0.124

续表

Y_1	Y_2	Y_3	频　数	$P(X=1 \mid \mathbf{Y}=\mathbf{y})$	$P(X=2 \mid \mathbf{Y}=\mathbf{y})$
1	2	2	130	0.168	0.832
2	1	1	34	0.848	0.152
2	1	2	19	0.138	0.862
2	2	1	125	0.080	0.920
2	2	2	366	0.002	0.998

三个二分指标 Y_1, Y_2, Y_3 是对以下三句话的回答："是否允许反宗教者发表言论"（1=允许，2=不允许）；"是否允许反宗教者教书"（1=允许，2=不允许）；"是否应从图书馆中撤出反宗教书籍"（1=不应撤出，2=应撤出）。利用 LC 分析，可以识别出对反宗教者的容忍度有所不同的群体。

任何类型的 LC 模型的基本理念就是，响应模式 $\mathbf{y}$ 的概率 $P(\mathbf{Y}=\mathbf{y})$ 是 C 个分类别的概率 $P(\mathbf{Y}=\mathbf{y} \mid X=x)$ 的加权平均，即

$$P(\mathbf{Y}=\mathbf{y}) = \sum_{x=1}^{C} P(X=x) P(\mathbf{Y}=\mathbf{y} \mid X=x) \tag{1}$$

在此，$P(X=x)$ 表示所有人中属于 LC x 的比例。

在经典 LC 模型中，这个基本理念是与局部独立【Local Independence】假定结合在一起的。L 个显变量被假定在每个 LC 中是彼此独立的，这一点可以表达如下：

$$P(\mathbf{Y}=\mathbf{y} \mid X=x) = \prod_{l=1}^{L} P(Y_l = y_l \mid X=x) \tag{2}$$

在估计出条件响应概率 $P(Y_l=y_l \mid X=x)$ 后，比较不同潜类的这些概率可以显示出潜类之间的差异，可用于给这些潜类命名。将两个基本公式（1）和（2）组合，可以得到以下对 $P(\mathbf{Y}=\mathbf{y})$ 的模型：

$$P(\mathbf{Y}=\mathbf{y}) = \sum_{x=1}^{C} P(X=x) \prod_{l=1}^{L} P(Y_l = y_l \mid X=x)$$

用上述例子中的小数据估计一个两类模型，可得到如表 2 所示结果：

表 2

	$X=1$（宽容）	$X=2$（不宽容）
$P(X=x)$	0.62	0.38
$P(Y_1=1 \mid X=x)$	0.96	0.23
$P(Y_2=1 \mid X=x)$	0.74	0.04
$P(Y_3=1 \mid X=x)$	0.92	0.24

这两个潜类分别包括了62%和38%的个体。第一类别可以称为“宽容”类，因为与属于第二类别“不宽容”的人相比，属于第一类别的人在所有指标上有更高概率选择更为宽容的回答。

与聚类分析【Cluster Analysis】相类似，LC分析的目标之一是将个体分配到每个潜类上。属于某个LC x 的概率——常被称为后验归属概率（posterior membership probability）——可用贝叶斯法则得到：

$$P(X=x \mid \mathbf{Y}=\mathbf{y}) = \frac{P(X=x)P(\mathbf{Y}=\mathbf{y} \mid X=x)}{P(\mathbf{Y}=\mathbf{y})} \quad (3)$$

最常见的分类准则是众数分配，相当于把个体分配到 $P(X=x \mid \mathbf{Y}=\mathbf{y})$ 最高的那个LC中。第一个表中显示的类别归属概率表明，那些至少有两个宽容性回答的人被归类到了“宽容”类别中。

潜类模型的对数线性表达式

哈伯曼（Haberman，1979）表明，LC模型可以设定为一个有缺失单元格的列联表的对数线性模型【Log-Linear Model】，或者更为准确地说，一个包括潜变量 X 作为额外维度的扩展表的对数线性模型。对于 $P(X=x \mid \mathbf{Y}=\mathbf{y})$ 的相应对数线性模型有以下形式：

$$\ln P(X=x,\mathbf{Y}=\mathbf{y}) = \beta + \beta_x^X + \sum_{l=1}^{L} \beta_{y_l}^{Y_l} + \sum_{l=1}^{L} \beta_{x,y_l}^{X,Y_l}$$

潜类模型包括一个主效应；潜变量和指标的单变量项，包括 X 和每个指标的双变量项。注意：由于局部独立假定，包括两个或多个显变量的项被略去了。

对数线性参数和条件响应概率之间的联系如下：

$$P(Y_l = y_l \mid X=x) = \frac{\exp\left(\beta_{y_l}^{Y_l} + \beta_{x,y_l}^{X,Y_l}\right)}{\sum_{r=1}^{D_l} \exp\left(\beta_r^{Y_l} + \beta_{x,r}^{X,Y_l}\right)}$$

它表明对数线性表达式相当于为每个条件响应概率设定一个logit模型。

如果希望加入约束条件，上述LC表达式就很重要了。虽然对概率的约束有时可以转换成对数线性参数的约束，反过来也可以，但是在许多情况下这种转换是不能进行的。

最大似然估计

令 I 为 L 维频数表的单元格总数（或者可能的回答组合数目），故而 $I = \prod_{l=1}^{L} D_l$，令 i 代表某一特定单元格，n_i 为单元格 i 中的观察频数，$P(\mathbf{Y}=\mathbf{y}_i)$ 为得到单元格 i 中的响应模式的概率。

LC模型的参数通常用最大似然法【Maximum Likelihood，ML】进行估计。被最大化的对数似然函数的核心为：

$$\ln L = \sum_{i=1}^{I} n_i \ln P(\mathbf{Y}=\mathbf{y}_i)$$

注意：只有观察频数非零的单元格才能进入对数似然函数中，过去几年发展出来的几个更有效的LC模型软件就是利用了这一特点。

LC模型估计中的一个问题是，模型参数可能是不可识别的，即使自由度【Degrees of Freedom】的数目大于或等于零。不可识别意味着有多组参数值可以使对数似然函数达到最大值，或者换而言之，不存在唯一的一组参数估计。正式的识别检验要通过信息矩阵，信息矩阵必须是正定的（positive definite）。另一种办法是用不同的起始值来估计模型。除了局部解(local solution)外,可识别模型对于不同的起始值给出了相同的最终估计。

虽然对于 LC 模型的可识别性不存在普遍规则,但可提出一些最低要求和指出一些可能陷阱。对于一个非约束的(unrestricted)LC 分析来说,至少需要三个指标,但是如果这些指标都是二分的,最多两个潜类能够被识别。必须注意的是,四个二分变量是无法用来识别三个潜类的非约束模型的,即使自由度为正。但是,五个二分变量可以用来识别五个潜类的模型。通常可能通过约束某些模型参数来识别;例如,可以用约束条件 $P(Y_l = 1 \mid X = 1) = P(Y_l = 2 \mid X = 2)$ 的两个二分变量来识别两个潜类的模型。

与 LC 模型估计相关的第二个问题是多个局部最大值(local maxima)的存在。LC 模型的对数似然函数并不总是凹的,这意味着爬山算法(hill-climbing algorithms)可能会因不同的起始值而收敛于不同的最大值。我们通常要找的是全部最大值(global maximum)。因此,最好的处理办法是用不同的随机起始值去估计模型。通常不同的起始值会收敛于相同的最高对数似然值,这就被视为 ML 解。一些软件已经自动设置使用多组随机起始值来减少得到局部解的概率。

LC 模型的另一个问题在于边界解(boundary solution)的发生,即概率等于 0(或 1)或者对数线性参数等于负(或正)无穷。这会在估计算法【Algorithm】和局部解发生上引发问题,使得标准误差的计算和拟合优度的自由度计算变得复杂。边界解可以用加入约束条件或者考虑模型参数的其他先验信息的方法来避免。

解决 ML 估计问题的最常用方法是期望最大化算法(expectation-maximization,EM)和牛顿-拉普森算法(Newton-Raphson,NR)。EM 是一种对不完整数据进行最大似然估计的非常稳定的迭代方法。NR 是更快的程序,但是需要很好的起始值以便收敛。后一种方法要用到对数似然函数的二阶导数矩阵,在计算模型参数的标准误差时也需要这一矩阵。

模型选择问题

一个估计出的 LC 模型的拟合优度通常用皮尔逊卡方统计量或者似然比卡方统计量来进行检验(参见分类数据分析【Categorical Data Analysis】)。后者的定义为:

$$L^2 = 2\sum_{i=1}^{I} n_i \ln \frac{n_i}{N \cdot P(\mathbf{Y} = \mathbf{y}_i)}$$

其中 N 代表总样本量。与对数线性分析一样,自由度(df)数目等于频数表中的单元格数目减去 1,即 $\prod_{l=1}^{L} D_l - 1$,再减去独立参数数目。在非约束的 LC 模型中,自由度为:

$$df = \prod_{l=1}^{L} D_l - C \cdot \left[1 + \sum_{l=1} (D_l - 1)\right]$$

虽然对 10,20 或 50 个指标来估计 LC 模型没有什么问题,但是在上述情况下频数表会变得非常稀疏,因此渐进的 p 值也不再可靠。对这个问题的一个很好但有点费时的解决方法是用参数性的自助法(parametric bootstrapping)来估计 p 值。另一种方法是在低阶的边缘表中(如在二维边缘表中)评估模型拟合。

通过将 L^2 和 df 相减来比较有 C 和 C+1 个潜类的模型是无效的,因为这种条件检验并不服从渐进的卡方分布。这意味着需要用其他方法来比较有着不同潜类数目的模型。一种通行的方法是使用信息准则,如贝叶斯信息量准则(BIC)或者赤池信息准则

(AIC);另一种更具描述性的方法是测量用 C 个潜类的模型能够解释总关联的比例,$[L^2(1)-L^2(C)]/L^2(1)$,其中1个潜类的模型(独立模型)的 $L^2(1)$ 被用来表示 L 维列联表中的总关联度。

我们通常不只对拟合优度感兴趣,而且对模型分类准则的表现感兴趣[参见公式(3)]。在模型分类下分类出现错误的估计比例等于:

$$E=\sum_{i=1}^{I}\frac{n_i}{N}\{1-\max[P(X=x\mid \mathbf{Y}=\mathbf{y}_i)]\}$$

这个数字可以与基于非条件概率 $P(X=x)$ 的分类错误比例进行比较,从而得到以下误差消减测度 λ:

$$\lambda=1-\frac{E}{\max[P(X=x)]}$$

这个测度与 R^2 有类似之处,它越接近1,模型的分类表现就越好。

LC 模型对类别指标的扩展

基本的 LC 模型已经有几个扩展形式。最重要的扩展之一是包括能够描述(或预测)潜变量 X 的协变量或分组变量。办法是为属于 LC x 的概率设定一个多项 logit 模型,即

$$P(X=x\mid \mathbf{Z}=\mathbf{z})=\frac{\exp\left(\gamma_x^X+\sum_{k=1}^{K}\gamma_x^{X,Z_k}\cdot z_k\right)}{\sum_{r=1}^{C}\exp\left(\gamma_r^X+\sum_{k=1}^{K}\gamma_r^{X,Z_k}\cdot z_k\right)}$$

其中的 z_k 代表协变量 k 的一个取值。

另一个重要的扩展与类别的定序信息有关。在对数线性的 LC 框架中,可以通过两个变量项 β_{x,y_l}^{X,Y_l} 的关联模型【Association Model】结构来加入定序约束。例如,如果 Y_l 是定序指标,我们可以加入约束 $\beta_{x,y_l}^{X,Y_l}=\beta_x^{X,Y_l}\cdot y_l$。同样也可以对潜变量施加类似约束(Heinen, 1996)。

如果 C 个潜类的模型不能拟合数据,局部独立假定对于某一对或更多对指标来说就不能成立。在 LC 分析中,常用的建模策略是增加潜类的数量,直到局部独立假定成立。已经有两种模型扩展使我们可能采用其他策略。一种方法是不去增加潜类的数量,而是通过包括某些指标间的直接效应来放松局部独立假定,这是对数线性 LC 模型的直接扩展;另一种方法是增加潜变量的数量而不是潜类的数量。如果指标测量的是多个维度,那么这种所谓的 LC 因子分析就特别有用(Magidson & Vermunt, 2001)。

其他重要的扩展包括分析纵贯数据(参见潜马尔科夫模型【Latent Markov Model】),以及部分可观察指标。哈格纳尔斯(Hagenaars, 1990)和费蒙特(Vermunt, 1997)提出了最为一般的类别数据的结构方程模型,前面讨论过的所有模型都是这种一般模型的特例。

LC 模型的其他类型

到目前为止,我们讨论的是对类别数据的 LC 模型。但是 LC 分析的基本理念,即统计模型的参数在不可观察的小组间有所不同,也可应用到其他测度类型的变量上。特别是有三种重要的 LC 模型或有限混合模型的应用是在类别数据分析框架之外的,即连续变量的聚类、密度估计、随机效应模型。

在过去的10年间,人们又开始对用 LC 分析对连续变量进行聚类分析感兴趣。LC 分析可以视为传统的非层级聚类分析(如 K-means方法)的一种基于概率或基于模型的变体。已经可以证明,这样一种基于 LC 的聚类程序优于更为特殊化的(ad hoc)传

统方法。这种方法也被称为潜相模型【Latent Profile Model】、混合模型聚类(mixture-model clustering)、基于模型的聚类(model-based clustering)、潜鉴别分析(latent discriminant analysis)、潜类聚类(LC clustering)。这种模型的基本公式与公式(1)类似,即

$$f(\mathbf{Y}=\mathbf{y})=\sum_{x=1}^{C}P(X=x)f(\mathbf{Y}=\mathbf{y}\mid X=x)$$

在上述略为一般化的公式中,概率$P(\cdots)$被替换为密度$f(\cdots)$。对于连续变量来说,分类别的密度$f(\mathbf{Y}=\mathbf{y}\mid X=x)$通常被假定服从(有约束的)多元正态分布,其中每个 LC 有自己的均值向量和协方差矩阵。注意,这是用简单密度的有限混合来进行密度估计的更为一般的方法的特例。

LC 分析的另一种重要应用是作为一种非参数随机效应模型【Nonparametric Random-Effects Model】。这种应用背后的理念是回归模型的参数可以在不可观察的分组间存在差异。对于这类常被称为 LC 回归分析的方法来说,LC 变量起到了调节变量的作用。这种方法类似于重复测量的回归模型,或者双水平数据的回归模型,区别在于对随机系数的分布不需要进行任何假定。

软件

1977 年,克里弗德·克洛格写出了第一个 LC 程序 MLLSA,它只能用于分析相对少的定类变量。如今的程序可以处理的变量要多得多,而且可以处理很多测度类型的变量。例如,LEM 程序(Vermunt, 1997)提供的命令语言可以用来设定许多类别的数据模型,包括 LC 模型。Mplus 是基于命令语言的结构方程建模软件,可以用来执行某些 LC 模型,但是不能用于定类指标。与这些命令语言程序不同,Latent GOLD 是专门用于 LC 分析的程序,有着和 SPSS 类似的用户界面。它可以执行 LC 模型中最为重要的类型,可以处理不同测度类型的变量,可以将基本模型进行扩展以包括协变量、局部相依、多个潜变量、部分可观察指标等。

——Jeroen K. Vermunt

Jay Magidson

(高勇译校)

参考文献

Goodman, L. A. (1974). The analysis of systems of qualitative variables when some of the variables are unobservable: I. A modified latent structure approach. *American Journal of Sociology*, *79*, 1179-1259.

Haberman, S. J. (1979). *Analysis of qualitative data: Vol. 2. New developments*. New York: Academic Press.

Hagenaars, J. A. (1990). *Categorical longitudinal data: loglinear analysis of panel, trend and cohort data*. Newbury Park, CA: Sage.

Hagenaars, J. A., & McCutcheon, A. L. (2002). *Applied latent class analysis*. Cambridge, UK: Cambridge University Press.

Heinen, T. (1996). *Latent class and discrete latent trait models: Similarities and differences*. Thousand Oaks, CA: Sage.

Lazarsfeld, P.F. (1950). The logical and mathematical foundation of latent structure analysis & the interpretation and mathematical foundation of latent structure analysis. In S. A. Stouffer (Ed.), *Measurement and prediction* (pp. 362-472).

Princeton, NJ: Princeton University Press.

Magidson, J., & Vermunt, J.K. (2001). Latent class factor and cluster models, bi-plots and related graphical displays. *Sociological Methodology*, *31*, 223-264.

Vermunt, J. K. (1997). *Log-linear models for event histories*. Thousand Oaks, CA: Sage.

潜马尔科夫模型(Latent Markov Model)

潜马尔科夫模型(LMM)可以视为潜类【Latent Class】模型应用于纵贯数据分析时的扩展,也可以视为离散时间马尔科夫链【Markov Chain】模型处理可观察变量存在测量误差时的扩展。威金斯在1955年首次引入这一模型,也被称为"潜转换模型(latent transition model)"或者"隐含马尔科夫模型(hidden Markov model)"。LMM可以用来区分个体行为中真实的系统性变迁与由测量误差或者其他随机因素而造成的虚假变化。

假定我们感兴趣的一个类别变量在T个时点被加以测量,Y_t表示在时点t的测量结果,$1 \leqslant t \leqslant T$。例如,每6个月测量一次被访者的党派倾向。令$D$表示每个$Y_t$的类别数,令$y_t$表示某一具体类别,$1 \leqslant y_t \leqslant D$。令$X_t$表示因时而变的潜变量,$C$表示每个$X_t$的类别数,$x_t$表示在时点$t$上的具体潜类别,$1 \leqslant x_t \leqslant C$。相应的LMM有以下形式:

$$P(\mathbf{Y}=\mathbf{y}) = \sum_{x} P(X_1 = x_1) \times \prod_{t=2}^{T} P(X_t = x_t \mid X_{t-1} = x_{t-1}) \times \prod_{t=1}^{T} P(Y_t = y_t \mid X_t = x_t)$$

模型有两个基本假定:潜变量的转换结构具有一阶马尔科夫链的形式;每个因时而变的可观察变量只取决于相应的潜变量。为了识别和结果的简化,通常会假定误差构成是不随时间变化的,即对于$2 \leqslant t \leqslant T$,有:

$$P(Y_t = y_t \mid X_t = x_t) = P(Y_{t-1} = y_t \mid X_{t-1} = x_t)$$

如果不施加其他约束条件,至少需要三个时点才能识别LMM。对于潜转换概率的通常约束条件包括时间同质性和零约束。

用一个假想示例可以说明研究变迁时测量误差的巨大影响,这个示例中$T=3$,$C=D=2$。假定$P(X_1=1)=0.80$,$P(X_t=2 \mid X_{t-1}=1)=P(X_t=2 \mid X_{t-1}=1)=0.10$,$P(Y_t=1 \mid X_t=1)=P(Y_t=2 \mid X_t=2)=0.20$。如果我们对于假想表格估计一个静态的显一阶马尔科夫模型,会发现在第一个时点位于第一种状态的概率为0.68,两种状态发生转换的概率分别为0.29和0.48。这就是不考虑测量误差时遇到的典型偏差:较小组别的规模被夸大了,变迁规模被夸大了,较小组别的变迁程度会显得比较大组别的变迁程度更大。

显而易见,可以将上述单指标LMM扩展到多个指标的情况中。另一种自然的扩展是引入协变量或分组变量来解释个体在初始状态和转换概率上的差异。独立分类误差(independent classification error,ICE)假定可以放松,即可以让不同时点的指标之间存在直接效应。此外,有人提出了 LMM 的混合衍生模型,如有着迁移留守【Mover-Stayer】结构的模型。在社会科学中,LMM 被认为是一种类别数据分析工具。但是,如同标准的潜类分析【Latent Class Analysis】一样,这些模型可以很容易地扩展到其他测量尺度中。

PANMARK 程序可以用于估计较为标准的 LMM。LEM 程序也可以处理更为扩展的模型,如包括协变量和指标间直接效应的模型。

——Jeroen K. Vermunt

(高勇译校)

参考文献

Langeheine, R., & Van de Pol, F. (1994). Discrete-time mixed Markov latent class models. In A. Dale & R. B. Davies (Eds.), *Analyzing social and political change: A casebook of methods* (pp. 171-197). London: Sage.

MacDonald, I. L., & Zucchini, W. (1997). *Hidden Markov models and other types of models for discrete-valued time series*. London: Chapman & Hall.

Vermunt, J. K. (1997). *Log-linear models for event histories*. Thousand Oaks, CA: Sage.

Wiggins, L. M. (1973). *Panel analysis*. Amsterdam: Elsevier.

潜相模型(Latent Profile Model)

潜相模型是一种潜变量【Latent Variable】模型,其中的潜变量为类别变量,显变量为连续变量。拉扎斯菲尔德和亨利于 1968 年提出了这种模型。与此同时,戴(Day,1969)和沃尔夫(Wolfe,1970)也提出了非常类似的模型,虽然名称有所不同。

过去 10 年间,人们重新对这种潜变量模型产生了兴趣,特别是作为一种聚类分析【Cluster Analysis】的工具。潜相模型可以看作传统的非层次聚类分析程序(如 K 均值方法)的概率性衍生或基于模型的衍生。人们已经证明,基于模型的聚类程序优于更为特殊化的(ad hoc)传统方法。需要注意的是,只有某些作者使用“潜相模型(latent profile model)”这一名称。更为常用的名称包括正态成分混合(mixture of normal components)、混合模型聚类(mixture model clustering)、基于模型的聚类(model-based clustering)、潜判别分析(latent discriminant analysis)、潜类聚类(latent class clustering)。

潜相模型在社会科学中的可能应用包括建立类型(typology)和构建诊断工具。社会学家可用它来基于一组社会经济指标和政治指标对国家进行分类。心理学家可用这种方法综合多个测试得分以得到一个诊断工具。

与潜类分析【Latent Class Analysis】一样,潜相分析假定总体中包括了 C 个不可观察的小组,这些小组被称为潜相、潜类或者混合成分。由于指标是连续变量,假定其条件分布服从正态分布是最自然的。在非约束性的多元正态分布下,可以得到最一般的模型,即

$$f(\mathbf{y}) = \sum_{x=1}^{C} P(x) f(\mathbf{y} \mid \boldsymbol{\mu}_x, \Sigma_x)$$

上述公式说明,L 个指标的联合密度 $f(\mathbf{y})$ 是各个潜类密度(class-specific densities)的混合。每个潜类 x 有其自身的均值向量 $\boldsymbol{\mu}_x$ 和协方差矩阵 Σ_x。在每个成分中的人数比例表示为 $P(x)$。注意,模型

结构与二次判别分析(quadratic discriminant analysis)类似,当然其根本差异在于这里的类别(组)是未知的。

对协方差矩阵 Σ_x 进行约束,就可以得到几种特例。常用的约束包括各个类别的协方差矩阵相同;协方差矩阵为对角矩阵;协方差矩阵相同且为对角矩阵。协方差矩阵相同的假定类似于线性判别分析的基本假定。将协方差矩阵设定为对角矩阵,相当于局部独立【Local Independence】假定。该模型可以表示为以下公式:

$$f(\mathbf{y}) = \sum_{x=1}^{C} P(x) \prod_{l=1}^{L} f(y_l \mid \mu_{lx}, \sigma_{lx}^2)$$

假定局部独立且误差方差相同,即 $\sigma_{lx}^2 = \sigma_l^2$,这种设定类似于 K 均值聚类。但是,在大多数情况下,这种局部独立的设定都太过严格了。

最近研究者提出了几种构建各个类别的协方差矩阵的方法。一种相对简单的方法是块对角矩阵(block-diagonal matrices),它是完全协方差矩阵和对角协方差矩阵之间的折中方案。这相对某些指标放松了局部独立假定。更为复杂的方法要使用主成分分析和因子分析来分解协方差矩阵,以及对 Σ_x 进行结构方程模型类型的约束。

另一个最近的进展是综合了连续指标和类别指标的模型。它实际上是经典的潜类模型和潜相模型的综合。最近的扩展是包括协变量来预测类别归属。

可以用来估计潜相模型的软件包包括 EMMIX, Mclust, Mplus 及潜相 GOLD。

——Jeroen K. Vermunt

(高勇译校)

参考文献

Day, N. E. (1969). Estimating the components of a mixture of two normal distributions. *Biometrika*, *56*, 463-474.

Lazarsfeld, P. F., & Henry, N. W. (1968). *Latent structure analysis*. Boston: Houghton Mifflin.

McLachlan, G. J., & Basford, K. E. (1988). *Mixture models: Inference and application to clustering*. New York: Marcel Dekker.

Vermunt, J. K., & Magidson, J. (2002). Latent class cluster analysis. In J. A. Hagenaars & A. L. McCutcheon (Eds.), *Applied latent class analysis* (pp. 89-106). Cambridge, UK: Cambridge University Press.

Wolfe, J. H. (1970). Pattern clustering by multivariate mixtures. *Multivariate Behavioral Research*, *5*, 329-350.

潜特质模型(Latent Trait Models)

潜特质模型是一种描述在某一题项上得到特定得分(如正确/不正确,或某一定序量度上的得分)的概率和解释这一得分的潜变量【Latent Variable】或潜在特质之间关系的测量模型。对于回答某一特定题项的个体来说,这个概率取决于他/她的潜在特质和题项的性质,如它的难度和鉴别度。潜质模型这一术语是题项反应模型的同义词,但如今并不像后者那样常用。

——Klaas Sijtsma

(高勇译校)

* 也可参见项目反应理论【Item Response Theory】。

潜变量(Latent Variable)

社会科学家感兴趣的许多构念都不能直接观察到,例如偏好、态度、行为意图、人格特质。此类构念只能用可观察指标的方式来进行间接测量,如与态度或偏好相关的问卷题项就被设计出来以得到回答。许多种度量技术被发展出来,以便从指标中获取不可观察的构念的信息。这些度量方法中的重要一类就是通过潜变量模型构建出来的。

一个潜变量模型是一个可能非线性的路径分析【Path Analysis】模型或图形模型。除了显变量外,模型包括了一个或多个不可观察的潜变量,代表着我们感兴趣的构念。两个假定定义了回答背后的因果机制。第一个假定,对指标的回答是个体在潜变量位置上的结果。第二个假定,在控制了潜变量之后,显变量之间不再有任何共同因素,这通常被称为局部独立【Local Independence】原理。

其余两个假定与潜变量分布和显变量分布有关。取决于这些假定,我们可以得到不同类型的潜变量模型。依据巴塞洛缪和诺特(Bartholomew & Knott,1999)的划分,存在如下四种主要类型:因子分析【Factor Analysis, FA】、潜质分析(latent trait analysis, LTA)、潜相分析(latent profile analysis, LPA)和潜类分析【Latent Class Analysis,LCA】,参见表1。

表1

显变量	潜变量	
	连续变量	类别变量
连续变量	因子分析	潜相分析
类别变量	潜质分析	潜类分析

在FA和LTA中,潜变量被处理为连续正态分布变量。而在LPA和LCA中,潜变量是离散的,因此被假定出自多类别分布。在FA和LPA中的显变量是连续的。在大多数情况下,它们在潜变量给定条件下的条件分布被假定为正态的。在LTA和LCA中,指标是二分的、定序的或者类别变量,它们的条件分布被假定为二项分布或多项分布。

巴塞洛缪和诺特(Bartholomew & Knott,1999)的分类中,连续潜变量和离散潜变量之间的区分更为根本。研究者必须确定潜变量被处理为连续的还是离散的更好。但是,如海内恩(Heinen,1996)所示,连续潜变量的分布可以用离散分布来近似。这表明,连续潜变量和离散潜变量之间的区分并不像人们想象的那样重要。

连续指标和离散指标之间的区分不是根本性的。指标的条件分布设定自然地取决于其量度类型。潜变量模型最近的发展已经允许每个指标有不同的分布形式。例如,连续变量可以服从正态分布、学生分布、对数正态分布、伽马分布、指数分布;二分变量可以服从二项分布;定序和类别变量可以服从多项分布;计数变量可以服从泊松分布、二项分布或负二项分布。根据潜变量被处理为连续的还是离散的,我们可以得到LTA和LCA的推广形式。

——Jeroen K. Vermunt

Jay Magidson

(高勇译校)

参考文献

Bartholomew, D. J., & Knott, M. (1999). *Latent variable models and factor analysis.* London: Arnold.

Heinen, T. (1996). *Latent class and discrete latent trait models: Similarities and differences.* Thousand Oaks, CA: Sage.

拉丁方(Latin Square)

拉丁方是字母或有序符号的方阵,其中每个字母或符号在每一行和每一列中均出现且只出现一次。下面是2×2,3×3和4×4的拉丁方示例。

A	*B*
B	*A*

A	*B*	*C*
B	*C*	*A*
C	*A*	*B*

A	*B*	*C*	*D*
B	*A*	*D*	*C*
C	*D*	*B*	*A*
D	*C*	*A*	*B*

"拉丁方"这一名称是由著名的瑞士数学家欧拉(Leonhard Euler,1707—1783)赋予这种方阵的,他研究了这种方阵,并使用了拉丁字母。

上表中的三个方阵被称为标准方阵,因为其第一行和第一列均按字母表顺序排列。如果某一方阵的行与另一方阵的列完全相同,这两个拉丁方就是共轭的。例如,一个5×5 拉丁方及其共轭如下所示:

A	*B*	*C*	*D*	*E*
B	*A*	*D*	*E*	*C*
C	*E*	*A*	*B*	*D*
D	*C*	*E*	*A*	*B*
E	*D*	*B*	*C*	*A*

A	*B*	*C*	*D*	*E*
B	*A*	*E*	*C*	*D*
C	*D*	*A*	*E*	*B*
D	*E*	*B*	*A*	*C*
E	*C*	*D*	*B*	*A*

如果一个拉丁方行列互换之后得到相同的拉丁方,这个拉丁方就是自共轭的。上面的 2×2,3×3 和 4×4 拉丁方都是自共轭的。

一个拉丁方中的 p 个不同字母可以进行重新组合,得到 $p!\ (p-1)!$ 个拉丁方,包括原初的拉丁方。例如,存在 $3!\ (3-1)! = 12$ 个 3×3 的拉丁方。费希尔和叶芝(Fisher & Yates,1934)、诺顿(Norton,1939)和萨德(Sade,1951)已列举出了从 2 × 2 到 7×7 的所有拉丁方。

拉丁方是有趣的数学现象,在设计实验中也很有用。拉丁方设计可以使研究者在分离出两个各自有 p 个水平的冗余变量效应的同时进行 p 个总体的均值是否相同的假设检验。冗余变量是实验中不想要的变异来源。通过指定一个冗余变量为拉丁方的行,另一个冗余变量为拉丁方的列,两个冗余变量的效应就可以得到分离。处理的p 个水平被指定为方阵的拉丁字母。分离出两个冗余变量通常会降低均方误差【Mean Square Error】,导致统计效力增加。

考虑如下例子。研究者想要比较三种饮食方案在帮助肥胖男童减肥方面的效率。自变量是三种饮食方案;因变量是坚持饮食方案三个月后减掉的体重数。我们不用字母 *A*,*B* 和 *C* 来代表不同饮食方案,而是遵循现代用法,用小写字母 a 和下标来代表不同饮食方案:a_1,a_2和 a_3。研究者认为,减肥的难度受到男童超重数量和超重基因倾向的影响。后一个变量的近似测量可通过询问男童的父母在青少年时期是否超重来获取:c_1表示父母双方均不超重;c_2表示父母中有一方超重;c_3表示父母均超重。

	c_1	c_2	c_3
b_1	a_1	a_2	a_3
b_2	a_2	a_3	a_1
b_3	a_3	a_1	a_2

通过分离出两个冗余变量的影响,研究

者可以获得对自变量的更具效力的检验。拉丁方设计的一个重要假定是在冗余变量和自变量之间不存在交互【Interaction】作用。如果此假定不满足,统计检验将会是有偏误的。

农学家弗朗索瓦·克雷泰·帕吕埃尔(Francois Cretté de Palluel,1741—1798)被认为在1788年进行了第一次基于拉丁方的实验。他的实验包括4个品种的绵羊,用4种饲养方案饲养,在连续4个月的20日进行屠宰。推广基于拉丁方的实验设计的使用最有功者是卓越的英国统计学家罗纳德·费希尔(Ronald A. Fisher,1890—1962),他在伦敦北部的Rothamsted实验站工作。费希尔表明,拉丁方及其组合可以用来构建许多复杂的实验设计(关于这些设计的描述,请参见Kirk,1995, Chaps.8,13,14)。

——Roger E. Kirk

(高勇译校)

参考文献

Fisher, R. A., & Yates, F. (1934). The six by six Latin squares. *Proceedings of the Cambridge Philosophical Society*, *30*, 492-507.

Kirk, R. E. (1995). *Experimental design: Procedures for the behavioral sciences* (3rd ed.). Pacific Grove, CA: Brooks/Cole.

Norton, H. W. (1939). The 7 × 7 squares. *Annals of Eugenics*, *9*, 269-307.

Sade, A. (1951). An omission in Norton's list of 7 × 7 squares. *Annals of Mathematical Statistics*, *22*, 306-307.

平均数定律(Law of Averages)

随着试验次数的增加,随机误差【Random Error】会成比例地减小。因此,按照平均数定律,在足够多次试验后,结果会更接近期望值。以掷硬币为例,掷100次,正面朝上的期望值为50次,但是存在偶然因素,结果可能与此有差距。比如说,由于偶然因素,结果与期望值差5次。如果掷硬币1 000次,正面朝上的期望值仍然是一半。但是由于存在偶然因素,结果与期望值有差距,比如差8次。误差的绝对数目增加了,从5增加到8,但是误差的比例减小了,从5%减小到8‰。总而言之,平均数定律讲的是,随着掷硬币次数的增加,随机误差的总比例会减小。因此,在掷硬币的分布中,正面朝上的比例会更接近期望值50%。

——Michael S. Lewis-Beck

(高勇译校)

大数定律(Law of Large Number)

大数定律是数理统计学中最重要的结果之一,它描述的是随机变量的观察行为(即从基于随机抽样的调查中得到的观察)。大数定律关心的是一个变量的期望值【Expected Value】与从大样本中计算出的平均数【Average】的差异。该定律说明了这种差异不可能很大。

在定律的最简单形式中,存在一个事件

A(如观察到被访者具有某一特定属性),其概率【Probability】为 $P(A)$(概率等于总体中具有这种属性的人的比例),在进行了 n 次观察后得到其相对频率【Relative Frequency】为 $r(n,A)$。大数定律说的是,只要 n 足够大,$r(n,A)$ 将会以任意大的概率,以任意程度接近 $P(A)$。更确切地说,对于任意小的两个值 a 和 b,都存在一个临界值,使得对于所有大于这个临界值的样本量 n 而言,下式成立:

$$P(|P(A) - r(n,A)| < a) > 1 - b$$

事件概率与相对频率的绝对差值小于 a 的概率会大于 $1 - b$,只要样本量 n 足够大。但是绝对差值大于 a 的概率仍然存在,只不过很小(小于 b)。

这个结果的重要性体现在两个方面。首先,频率学派认为只有相对频率具有稳定性时(即从大样本中计算出来的相对频率会彼此接近时),谈论概率才有意义,并且认为相对频率就是不可直接观察的概率的外在显示。结果表明了这一性质,这就显示了概率的数理理论恰当地包含了这一基本假定。其次,大数定律也是数理统计学的基本结论。在此背景下,它判断,只要样本量足够大,估计量(事件的相对频率)就会非常接近真值(事件的概率)。

前面的结果并没有说明样本量要多大才能保证相对频率接近概率。从这个方面来看,下面的表述更为有用。令 $E(X)$ 和 $D(X)$ 是一个变量的期望值与标准差【Standard Deviation】。那么,对于任意正值 c,下式成立:

$$P[|X - E(X)| > cD(X)] < \frac{1}{c^2}$$

上述结果用标准差单位来测量观察值(即相对频率)和期望值(即概率)之间的差值。差值超过 c 倍的标准值的概率小于 $1/c^2$。这一结论适用于任何从调查中观察到的量。

例如,在一个城镇中使用调查来估计支持某一动议的比例。如果样本量为 100,可以对估计的可能结果作出下述界定:从二项【Binomial】分布可知,标准差不会超过 5%,因此,调查结果偏离真值超过 10%(即 2 倍标准差)的概率不会超过 1/4=0.25。

——Tamás Rudas

(高勇译校)

参考文献

Feller, W. (1968). *An introduction to probability theory and its applications* (3rd ed.). New York: John Wiley.

社会科学中的法则(Laws in Social Science)

社会科学中是否存在法则,社会科学家在这个问题上会按学科立场和认识立场各自站队。宏观经济学在传统上就倚重于法则,至少是类似法则的陈述(如"供求定律"),而大多数历史学家会对历史法则的存在表示怀疑。这些立场(当然也存在反例)反映了这些学科的认识论基础。

拒斥法则存在的认识论基础可以概括为如下观点:由于个体意识与自由意识,因此存在太多变数,以至于社会世界中不可能存在与类似法则一样的规律性。这一论证结论从根本上讲是正确的,但是它常常预设了一个过于简单的"法则"概念。在通常理解的科学法则概念中,不允许在预测现象行为时有例外。物理学的经典法则是最常被提及的,如重力法则、力学法则等。但是,多数科学法则有着非常不同的性质,甚至经典法则也会展现出一些局部的例外,在特定情况下(在人类经验之外)会完全失效(Nagel, 1979, Chaps.4,5)。

法则表达的可以是基本的理论原则(经济学中就是如此),也可以是数学公理,或者通过实验发现的不变性,或者统计规律。虽然理论通常被视为对规律的更侧重于推理的陈述,但是有时法则与理论之间的区别只是出于语言或社会的便利。因此,虽然牛顿法则和爱因斯坦理论的可靠程度相近,但是人们还是称呼一个是法则,一个是理论(Williams, 2000, p.33)。如果能够接受理论证明是可能的,从而也接受社会世界中存在规律性,那么这是否意味着有些法则能够解释事情并非偶然存在呢?在某些情况下,经济行为和人口行为中的规律也许与气体规律一样是可预测的。至少统计法则看起来可能如此。但是,沿用气体的类比,虽然某些当地条件(如温度或气压的变化)会使得气体分布在统计上有所波动,但是人口法则和经济法则的例外更多要取决于独特的文化情境或历史情境(Kincaid, 1994)。因此,在物理法则的例外中存在规律性,但是社会法则表明这种规律性需要诉诸其他普遍原则,如理性。

比是否存在社会法则更重要的是,有充分证据表明社会世界中存在着并非偶然的规律,即使此类规律在文化和历史适用程度上存在差异。

——Malcolm Williams

(高勇译校)

参考文献

Kincaid, H. (1994). Defending laws in the social sciences. In M. Martin & L. McIntyre (Eds.), *Readings in the philosophy of social science* (pp. 111-130). Cambridge: MIT Press.

Nagel, E. (1979). *The structure of science: Problems in the logic of scientific explanation*. Indianapolis, IN: Hackett.

Williams, M. (2000). *Science and social science: An introduction*. London: Routledge Kegan Paul.

最小二乘(Least Squares)

最小二乘是一种非常流行的用于计算参数估计和拟合数据的技术。它是现代统计学中历史最悠久的技术之一,首次出现于法国数学家勒让德在1805年发表的一本现已成为经典的备忘录中。著名的德国数学家高斯在1809年发表了另一本备忘录,其中提及他早在1795年就已经发现并使用了这一方法。由此导致了一场激烈的发现优先权争议(有点像莱布尼茨和牛顿对微积分发明的争议),但是这并没有妨碍这种技术很快流行起来。高尔顿1886年在其著作中使用它研究了身高体重的遗传性,这奠定了相关【Correlation】分析和回归【Regression】分析的基础,并为回归分析命名。在统计学的早期发展中贡献巨大的皮尔逊和费希尔,都在不同的背景下使用并发展了这一技术(对皮尔逊而言是因子分析【Factor Analysis】;对费希尔而言则是实验设计【Experiment Design】)。

如今,最小二乘已广泛使用于发现或估计参数数值,以此来对数据进行拟合或者对估计量的统计特质进行把握。它有如下几种变化形式：最简单的形式被称为普通最小二乘【Ordinary Least Squares，OLS】；更为复杂的形式被称为加权最小二乘【Weighted Least Squares，WLS】，它通常比 OLS 表现得更好，因为它能够在最后结果中调整每个观察的重要性；最小二乘的最新变化形式是交替最小二乘（alternating least squares，ALS）和偏最小二乘（partial least squares，PLS）。

函数拟合实例：回归

OLS 的最早应用（也是最常见的应用）就是线性回归【Linear Regression】，它要解决的问题是找到能够最佳拟合数据的一条直线或曲线。在标准公式中，N 对观察值 $\{Y_i, X_i\}$ 用来找到一个自变量（X）取值到因变量（Y）取值的函数。在单变量线性函数的前提下，预测由下述等式给出：

$$\hat{Y} = a + bX \tag{1}$$

这个等式包括两个自由参数，分别界定了回归线的截距（a）和斜率（b）。最小二乘将这些参数估计定义为能够使测量与模型（即预测值）之间差异的平方和最小的值（由此得名最小二乘）。这相当于最小化如下表达式：

$$\varepsilon = \sum_i (Y_i - \hat{Y}_i)^2 = \sum_i [Y_i - (a + bX_i)]^2 \tag{2}$$

其中的 ε 代表误差项，这就是要最小化的量。这可通过微积分中的标准技术来得到，即二次方程（有平方项的方程）在其导数为零时可以得到其最小值。分别对 a 和 b 求 ε 的导数，将其设定为零，然后就可得到被称为正规方程（normal equation）的式子：

$$\frac{\partial \varepsilon}{\partial a} = 2Na + 2b\sum X_i - 2\sum Y_i = 0 \tag{3}$$

$$\frac{\partial \varepsilon}{\partial b} = 2b\sum X_i^2 + 2a\sum X_i - 2\sum Y_i X_i = 0 \tag{4}$$

解上述两个方程，可以得到 a 和 b 的最小二乘估计为：

$$a = M_Y - bM_X \tag{5}$$

其中，M_Y 和 M_X 分别代表 X 和 Y 的均值，并且：

$$b = \frac{\sum (Y_i - M_Y)(X_i - M_X)}{\sum (X_i - M_X)^2} \tag{6}$$

OLS 可以扩展到自变量多于一个和函数形式是非线性的情况（要使用到矩阵代数【Matrix Algebra】）。

最小二乘的几何意义

OLS 可以在几何框架中解释为数据向量在自变量定义空间上的正交投射。投射之所以是正交的，是因为预测值和实际值是不相关的。这可以在图 1 中来说明，图中描绘了两个自变量（向量 $\mathbf{x}_1$ 和 $\mathbf{x}_2$）和数据向量（$\mathbf{y}$），误差向量（$\mathbf{y} - \hat{\mathbf{y}}$）正交于位于两个自变量定义的子空间中的最小二乘估计（$\hat{\mathbf{y}}$）。

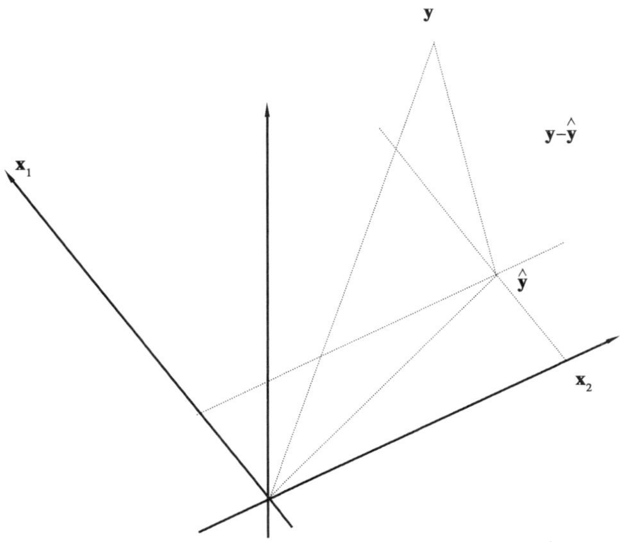

图 1 数据的最小二乘估计是数据向量在自变量子空间上的正交投射

最小二乘估计的最优性

OLS 估计有一些较强的统计性质。特别地,当以下条件:(a)获得的数据是从定义清晰的总体【Population】中抽取的随机样本【Random Sample】;(b)总体模型是线性的;(c)误差项期望值为零;(d)自变量是线性独立的;(e)误差项服从正态分布且与自变量无关(即所谓的同方差性假设)成立时,OLS 估计是最佳线性无偏估计【Best Linear Unbiased Estimator, BLUE】。通常用其首字母缩写 BLUE 表示(上述五个条件和证明被称为高斯-马尔科夫条件和定理)。此外,如果高斯-马尔科夫条件成立,OLS 估计同时也是最大似然【Maximum Likelihood】估计。

加权二乘估计

OLS 估计的最优性严重依赖于同方差性【Homoskedasticity】假定。如果数据来自不同的子总体,可以获得这些子总体中彼此独立的误差项的方差估计值,那么可以用加权最小二乘(WLS)来得到比 OLS 更好的估计量, WLS 也被称为广义最小二乘【Generalized Least Squares, GLS】。其基本思路是赋予每个观察值一个反映其测量不确定性的权重。一般而言,赋予第 i 个观察值的权重 w_i 是这个观察值的方差 σ_i^2 的函数。最直接的一种加权方案就是 $w_i = \sigma_i^{-1}$(也可以提出更为复杂的其他加权方案)。对于线性回归的例子来说,WLS 就是要发现能使下列式子最小化的 a 和 b 的值:

$$\begin{aligned}\varepsilon_{\omega} &= \sum_i \omega_i (Y_i - \hat{Y}_i)^2 \\ &= \sum_i \omega_i [Y_i - (a + bX_i)]^2 \qquad (7)\end{aligned}$$

迭代方法:梯度下降法

在用 OLS 或 WLS 来估计非线性函数的参数时,使用导数的标准方法并非总能行得通。这时通常就要用到迭代方法。这些方法会逐步搜寻估计量的最佳取值。通常,它们会在每一步中使用函数的一个线性近似,然后再通过不断修正来改善近似。其中涉及的技术被称为梯度下降(gradient descent)和高斯-牛顿近似(Gauss-Newton approximations)。它们对应于数值分析中的非线性最小二乘近似和统计学中的非线性回归。神经网络【Neural Network】是这些技术中最新近流行起来的应用。

——Hervé Abdi

(高勇译校)

参考文献

Bates, D. M., & Watts, D. G. (1988). *Nonlinear regression analysis and its applications*. New York: John Wiley.

Greene, W. H. (2002). *Econometric analysis*. New York: Prentice Hall.

Nocedal, J., & Wright, S. (1999). *Numerical optimization*. New York: Springer-Verlag.

Plackett, R. L. (1972). The discovery of the method of least squares. *Biometrika*, *59*, 239-251.

Seal, H. L. (1967). The historical development of the Gauss linear model. *Biometrika*, *54*, 1-23.

最小二乘原理(Least Squares Principle)

参见回归【Regression】。

离开田野(Leaving the Field)

在民族志文献中,对进入田野有大量论述,但是很少有人关注其必然结果:离开田野。离开田野也被称为“脱离(disengagement)”,就是退出田野场景和脱离研究行动培育起来的社会关系的过程。

离开田野会受到以下因素的影响:田野工作者进入的方式,他们在田野中培育的社会关系的强度,他们作出的研究交易,对于信息提供人而言,他们变成了什么样的人——或者研究者和被研究者是如何参与到罗奇福德(Rochford, 1992)所谓的“体验的政治(a politics of experience)”中的(p.99)。

斯诺(Snow, 1980)在描述他研究美国佛教运动的田野经历时讨论了三个核心议题:(a)信息充分性,即研究者是否收集到了足够多的资料来回答研究提出的问题;(b)某些外部促发因素,可能是制度因素、人际关系因素、个人内在因素;(c)逼迫民族志者留在田野的一些障碍,如群体对研究者离开的感受和田野关系的整体强度。

在某些情况下,离开田野也受到研究交易的影响。研究者和守门人(gatekeeper)之间的书面或口头协定通常在研究开始时很重要,但之后就在很大程度上被人遗忘了。但是,交易的性质会影响脱离,有助于形成退出策略。

另一个相关的议题涉及研究者身份的错误表述。虽然大多数研究者在其调查中是公开身份的,但在有些情况下研究者会故意误述,或者不能诚实表述,或者不能信守其承诺和誓言。信息提供者期望研究者能够永远信守承诺。研究结束之时承诺失效,研究者返回其日常生活中,信息提供者会感到被背叛和操纵了。研究者准备脱离田野时,需要考虑与其信息提供者未来的关系,特别是如果他们还想回来进一步作研究或澄清时。

加尔迈尔(Gallmeier,1991)描述了他在一组小联盟冰球队员中进行的田野研究【Field Research】,从而说明了通过与信息提供者保持联系可以获得的益处。此类再访(revisiting)使得民族志学者能够获得缺失资料,跟踪仍在场景中的信息提供者的发展轨迹,借此观察到发生的变化。再访也能够使研究者"将发现带回到田野中"(Rochford, 1992, pp.99-100),以便检验其田野报告的效度。有些民族志者也在与试验和信息提供者分享其发现的方式,事实上在最后的分析和评述中还会征询其意见。通过让被访者进行"最后裁定",民族志者在使用一种被称为成员确认【Member Validation】的效度测量。这种方法的长处在于,它让被研究者有机会对所写的涉及他的内容进行回应,也有助于民族志者比较主位(etic)与客位(emic)视角。

——Charles P. Gallmeier

(高勇译校)

参考文献

Gallmeier, C. P. (1991). Leaving, revisiting, and staying in touch: Neglected issues in field research. In W. B. Shaffir & R. A. Stebbins (Eds.), *Fieldwork experience: Qualitative approaches to social research* (pp. 224-231). London: Sage.

Rochford, E. B., Jr. (1992). On the politics of member validation: Taking findings back to Hare Krishna. In G. Miller & J. A. Holstein (Eds.), *Perspectives on social problems* (Vol. 3, pp. 99-116). Greenwich, CT: JAI.

Snow, D. (1980). The disengagement process: A neglected problem in participant observation research. *Qualitative Sociology*, *3*, 100-122.

Leslie 矩阵(Leslie's Matrix)

如果我们知道人口规模与人口结构,以及现在分年龄段的出生率和存活率(或者死亡率),我们可以推断出将来的人口规模与结构吗?莱斯利(Leslie, 1945)创造性地利用矩阵代数【Matrix Algebra】解决了这一问题。

用矩阵符号表示,时点 t+1 时的人口规模 $\mathbf{N}_{t+1}$,是 Leslie 矩阵 $\mathbf{L}$ 与时点 t 时的人口规模 $\mathbf{N}_t$ 的乘积。

$$\mathbf{N}_{t+1} = \mathbf{L}\mathbf{N}_t$$

也可以用向量符号表示为:

$$\begin{bmatrix} N_{1,t+1} \\ N_{2,t+1} \\ \vdots \\ N_{j,t+1} \end{bmatrix} = \begin{bmatrix} F_1 & F_2 & F_3 & \cdots & F_j \\ S_1 & 0 & 0 & \cdots & 0 \\ 0 & S_2 & 0 & \cdots & 0 \\ 0 & 0 & \vdots & & 0 \\ 0 & \cdots & 0 & S_{j-1} & 0 \end{bmatrix} \begin{bmatrix} N_{1,t} \\ N_{2,t} \\ \vdots \\ N_{j,t} \end{bmatrix}$$

其中 $N_{j,t}$ 代表时点 t 时第 j 个年龄组的人口规模,j = 1,…,J;$N_{j,t+1}$ 代表时点 t+1 时第 j 个年龄组的人口规模;S_j 代表个体能够活到下一个年龄组的概率,F_j 代表第 j 个年龄组的出生率。

我们假想一个非常简单的例子,总人口被分为三个年龄组,每个年龄组有 10 个人——因此,$\mathbf{N}'_t$ = [10,10,10]。我们进一步假设三个年龄组的出生率都是 0,两个分年龄组的存活率为 1(最后一个年龄组的存活率被定义为 0,因为没有人能够活过最后一个年龄组的年龄上限)。这时,$\mathbf{N}'_{t+1}$ = [0,10,10],因为除了最年老的年龄组外,每个人都存活到了下一个年龄组。到 $t+3$ 时,此人群将从地球上消失。熟悉矩阵乘法的读者可以很快看出,其结果可以从上述公式中得到。

在更为现实的情景中,Leslie 矩阵的第一行可以是 30%, 40%, 30%的出生率,前两个年龄组的存活率仍然为 1。在这种情况下,我们会有一个稳定的人口规模与人口结构;也就是说,三个年龄组将永远各自保有 10 人,保持一个静态人口(stationary population)的状态,这是稳定人口模型【Stable Population Model】的一个特例。但是,在现实世界中,人口不会符合如此完美的模型,但是他们的行为可以用 Leslie 矩阵概括。

虽然 Leslie 矩阵最初是设计用于研究人口和动物的规模数量变动的,但是除了对封闭系统的人口规模进行推断外,它在社会科学中还有更广泛的应用。最近的应用包括移民对美国人口增长率的影响的研究(Liao, 2001),以及被称为"城市传奇"的谣言的传播和流行研究(Noymer, 2001)。只要将年龄换为资历,Leslie 矩阵也可用于研究公司或组织规模的增长。

——Tim Futing Liao

(高勇译校)

参考文献

Leslie, P. H. (1945). On the use of matrices in certain population mathematics. *Biometrika*, *33*, 183-212.

Liao, T. F. (2001). How responsive is U. S. population growth to immigration? A situational sensitivity analysis. *Mathematical Population Studies*, *9*, 217-229.

Noymer, A. (2001). The transmission and persistence of "urban legends": Sociological application of age-structured epidemic models. *Journal of Mathematical Sociology*, *25*, 299-323.

分析层面(Level of Analysis)

社会科学分析可以在微观【Micro】层面上研究个体的聚合,也可以在宏观【Macro】层面上研究个体的聚合,如城市、县、省或国家成为分析单位【Unit of Analysis】。不存在死板的定义,研究者可以在非常微观和非常宏观之间选择分析层面,如家庭或邻里。

——Tim Futing Liao

(高勇译校)

测量层次(Level of Measurement)

测量层次界定了给变量【Variable】属性【Attribute】的赋值之间的关系。社会科学研究者传统上使用四种层次:定类、定序、定距、定比。界定这四种测量需要的假定【Assumption】依次增加。例如,定类变量【Nominal】只需要离散的类别来代表其属性,定序测量【Ordinal】要求属性是有序的,定距测量【Interval】要求属性之间距离相等,定比尺度【Ratio】还要求绝对零值有意义。

——Tim Futing Liao
(高勇译校)

显著性水平(Level of Significance)

显著性水平是研究者在对假设【Hypothesis】进行统计显著性检验【Significance Testing】时设定的某一概率【Probability】水平或某一具体取值,通常也被称为检验的阿尔法显著水平【Alpha, Significance Level of a Test】。社会科学中的惯例是,研究者要在 0.001,0.01,0.05,0.10 水平上汇报犯第一类错误【Type Ⅰ Error】的显著性水平,但有时也会使用稍低或稍高的显著性水平。

——Tim Futing Liao
(高勇译校)

Levene 检验(Levene's Test)

这种检验方法是由霍华德·莱文(Levene,1960)提出的,它首先求每个分值与其所在组的均值的绝对差值,然后对这些绝对差值进行单因素方差分析,这些组中的分值是独立不相关的。它是一种 F 检验,其中组间方差的总体估计被用来和组内方差的总体估计进行比较。

$$F=\frac{\text{组间方差估计}}{\text{组内方差估计}}$$

与组内方差估计相比,组间方差估计越大,F 值就越大,它就越可能统计显著。F 值统计显著意味着各组的方差并不相同,或不是方差齐性的。通过转换原始得分,如取平方根或取对数,可以把方差变得更为均等。

方差分析通常被用于确定一个或多个因素(factor)及其交互作用的均值是否显著地不同于随机条件下的期望结果。其假定之一是各组的方差应当相等,以便将其汇总起来得到组内方差的单一估计值。但是,如果一个组或多个组的方差比其他组大,较大的方差会增加组内方差,使得这一效果统计显著的可能性变小。

有多种检验可以确定各组是否方差齐性。其中有些检验要求各组中的案例数相同,或者对非正态分布的数据很敏感。Levene 检验是设计用于那些非正态分布并且各组规模不同的数据。米利肯和约翰逊(Milliken & Johnson,1984, p.22)推荐对非正态分布数据使用 Levene 检验。Levene 检验目前是统计软件 SPSS 中唯一的方差齐性检验方法。

在因子多于一个的多因素方差分析(factorial analysis of variance)中,Levene 检验将每个单元格视同为单因素方差分析中的一组。例如,一个多因素方差分析中,一个因素有两组(或两个水平),另一个因素有三组(或三个水平),因此就有六个单元格(2×3=6)。这六个单元格的分析方式与单因素方差分析一样。在协方差分析中,绝对差值是用原始分值与用独立因子和协变量预测分值计算得出的。

罗森塔尔和罗斯诺(Rosenthal & Rosnow,1991, p.340)推荐说,在组内分值

相关时,Levene 检验也可以用于检验方差齐性,方法是对每个得分与其组均值的绝对差值进行单因素重复测量方差分析。

——Duncan Cramer

(高勇译校)

参考文献

Levene, H. (1960). Robust tests for equality of variances. In I. Olkin (Ed.), *Contributions to probability and statistics* (pp. 278-292). Stanford, CA: Stanford University Press.

Milliken, G. A., & Johnson, D. A. (1984). *Analysis of messy data: Vol. 1. Designed experiments*. New York: Van Nostrand Reinhold.

Rosenthal, R., & Rosnow, R. L. (1991). *Essentials of behavioral research* (2nd ed.). New York: McGraw-Hill.

生命历程研究(Life Course Research)

许多社会科学家的核心关怀就是理解主要的生活事件,如完成教育、结婚、首次生育、就业,特别是理解进入某一事件的转换,以及在人的一生或生命历程中这些事件之间的关系。生命历程研究者通常会采用动态的视角,因为任何生命历程都可能是过去经验和未来期望的结果。生命历程研究使用的方法很多,既有定量的也有定性的,如生活史方法【Life History Method】和事件史分析【Event History Analysis】。

——Tim Futing Liao

(高勇译校)

参考文献

Giele, J. Z., & Elder, G. H. (1998). *Methods of life course research: Qualitative and quantitative approaches*. Thousand Oaks, CA: Sage.

生活史访谈(Life History Interview)

参见生活故事访谈【Life Story Interview】。

生活史方法(Life History Method)

生活故事就是一个人讲述的关于自己经历的故事。阿特金森(Atkinson,1998)认为,它是"对作为一个整体的某人全部生活经历的相当完整的叙述,同时突出最重要的部分"(p.8)。在社会科学中,生活故事有多种形式:可长可短,可详可略,可实可虚,可浅可深,可现实可浪漫,可现代亦可后现代。它有五花八门的名称:生活故事(life stories)、生活史(life histories)、生活叙事(life narratives)、自述故事(self stories)、自我故事(mystories)、自传(autobiographies)、自传/他传(auto/biographies)、口述史(oral histories)、私人证词(personal testaments)、生活文档(life documents)。这些名称各有侧重,但关心的都是对生活的第一人称叙事(对其多样性的讨论,参见 Denzin, 1989, pp.27-49)。

一种简单而有用的入门区分是“长”生活故事和“短”生活故事。长生活故事(long life stories)也许被视为这种方法的关键——用他自己的语言对其生活进行的完整叙事。这些故事通常是在很长一段时间里收集的,研究者要进行精心的引导,通常还会辅以整理日记、密切观察其生活、访谈其朋友、阅读信件、看照片等。社会学中首次应用生活史的,一般都归于托马斯和兹纳涅茨基(Thomas & Znaniecki, 1918—1920/1958)的五卷本《身处欧美的波兰农民》(*The Polish Peasant in Europe and America*),这本书中认为生活史“是社会学材料的完美类型”(pp.1822-1833),这一判断非常有名。这项研究中的一卷提供了一位到芝加哥的波兰流亡者 Wladek Wisniewski 的故事,长达 300 页,是在第一次世界大战前 3 个月写的。在其故事中,Wladek 描述了他在波兰乡村 Lubotyn 的早年生活,他出生在这个乡村的一个农村铁匠家中。他谈到了他早年在学校的生活,他进入了面包师行业,流动到德国寻找工作并最终到达芝加哥,以及他在芝加哥的困境。20 年后,这一“经典”研究被社会科学界称赞为“前沿社会学研究与理论分析的最完美展现”(参见 Blumer, 1939/1969, p.vi)。从这项经典研究开始,生活史成为芝加哥社会学和波兰社会学研究工作中的重要工具。与此不同,短生活故事(short life stories)花费时间较少,焦点更为集中,通常作为一个系统之一出版,通常都是通过深度访谈来收集它们,辅以开放式问卷,需要精心的追问,通常要花费半小时到三个小时左右。这种故事一般要比长时间故事焦点更为集中。

完整的、主题的、编撰的

奥尔波特进行了另一种区分,他将生活史写作分为三种形式:完整的、主题的、编撰的。完整生活文档(comprehensive life document)旨在掌握一个人生活的全部,完完全全,从出生到现在,理解一个独特的人的成长。主题生活文档(topical life document)并不旨在掌握一个人生活的全部,而是面对一个具体议题。1920 年代后期的《街头混混》(*The Jack Roller*)中对 Stanley 的研究,就是全篇都在关注他生活中的少年犯罪议题(Shaw, 1966)。文档就是用来说明某个具体问题或议题的。编撰的生活文档(edited life document)不会让研究对象用自己的声音来清晰地讲述故事。作者会讲述,会把研究对象的故事编辑到自己的叙事中——这些文档通常更多是用来作为例证的。这一类型的经典是威廉·詹姆斯(James, 1902/1952)的《宗教经验种种》(*The Varieties of Religious Experience*)。在这本长篇大论的研究中,詹姆斯从一系列宗教体验的案例研究中抽取出一些,按照“习俗”“圣洁”“神秘主义”等主题来进行组织。没有一个生活故事占主要地位,而是以摘录形式出现在许多地方。

自然主义的、加以研究的、反身性的

另一种日益盛行的区分方法可称为自然主义的(naturalistic)、加以研究的(researched)、反身性的(reflexive)生活故事,虽然彼此间会有重叠。自然主义的生活故事(naturalistic life stories)就是自然发生的故事,人们只是将其作为日常生活的一部分讲出来,社会科学家对其未加修饰。自然主义的生活故事并不是人为收集的,而是原本就有的。在那些最流行的出版形式中这种故事到处都是:忏悔录、个人见证、自传。经典著作包括卢梭(Rousseau, 1781/1953)的《忏悔录》(*The confessions*),或者奴隶的叙事,如哈丽雅特·雅各布(Jacobs, 1861)的《一个女奴生活中的故事:自述》(*Incidents in the Life of a Slave girl*: *Written by Herself*)。它们都是未经社会科学家修饰的第一人称叙事。

与此不同,加以研究的生活故事(researched life stories)是研究者带着更大的目标(通常是社会科学目标)特别收集而来的。它们并不是在日常生活中自然发生的,而是必须从研究对象那里询问得来。口述史【Oral History】、社会学的生活史【Life History】、文学传记、心理学案例研究——所有这些都产生了原本可能不会存在的生活故事。前面引述的 Stanley 和 Wladek 的案例研究都是此类典型例子。研究者的角色对此类活动非常重要:没有研究者,就没有生活故事。在研究者的询问中,研究者建构和产生了这些故事。

反身性和返归性的生活故事(reflexive and recursive life stories)与上述两种生活故事类型不同,它对故事的建构和写作意识比上述两者更为强烈。多数早期生活故事都传达出这样一种意味:他人在讲述一个生活故事,但是后来的生活故事变得更为自觉,认为讲故事是一种语言游戏,一种言辞活动,一种写作方式,一种社会建构。无论怎么讲,讲故事都不只是讲述一个生活故事。在此,生活被看作是更为丰富地"创作"出来或建构出来的:写者也变成了写作的一部分。在这种视角下,生活故事研究通常包括一个故事讲述者和一个访谈者(在这个过程中扮演着引导者的角色),以及收集到的叙事文本——制作者、讲述者,以及文本。制作者和讲述者在特定的社会情境下共同构建了这个故事。故事在不同的情境中可以有不同的讲法。斯坦利(Stanley,1992)甚至发现,许多常见的区分(如传记与自传)都是虚假的:"区分虚构作业、传记和自传并不容易"(p.125)。鉴于此,她硬造出了另一个词"自传/他传"(auto/biography)——"这一术语拒绝简单地区分传记与自传,而是承认它们的共生关系"——她把这一术语应用到了她自己的一些研究中(Stanley, 1992, p.127)。

虽然生活故事常常被批评为过分主观、过分注重特殊性、不可概推,但是令人瞩目的是,在20世纪,此类研究已越来越流行。

——Ken Plummer

(高勇译校)

*也可参见自传【Autobiography】、自传式民族志【Autoethnography】、个案研究【Case Study】、人本主义和人本主义研究【Humanism and Humanistic Research】、诠释性传记【Interpretive Biography】、定性研究中的访谈【Interviewing in Qualitative Research】、生活历程研究【Life Course Research】、生活史访谈【Life History Interview】、叙事分析【Narrative Analysis】、叙事访谈【Narrative Interviewing】、口述史【Oral History】、定性研究【Qualitative Research】、反身性【Reflexivity】。

参考文献

Atkinson, R. (1998). *The life story interview* (Qualitative Research Methods Series, Vol. 44). Thousand Oaks, CA: Sage.

Blumer, H. (1969). *An empirical appraisal of Thomas and Znaniecki (1918-20) The Polish peasant in Europe and America*. New Brunswick, NJ: Transaction Books. (Original work published 1939)

Denzin, N. K. (1989). *Interpretative biography*. London: Sage.

Jacobs, H. A. (1861). *Incidents in the life of a slave girl: Written by herself*. Boston.

James, W. (1952). *The varieties of religious experience: A study in human nature*. London: Longmans, Green & Co. (Original work published 1902)

Plummer, K. (2001). *Documents of life 2: An invitation to a critical humanism*. London: Sage.

Roberts, B. (2002). *Biographical research*. Buckingham, UK: Open University Press.

Rousseau, J.-J. (1953). *The confessions*. Harmondsworth, UK: Penguin. (Original work published 1781.)

Shaw, C. (1966). *The jack roller*. Chicago: University of Chicago Press.

Smith, S., & Watson, J. (2001). *Reading autobiography: A guide for interpreting life narratives*. Minneapolis: University of Minnesota Press.

Stanley, L. (1992). *The auto/biographical I: The theory and practice of feminist auto/biography*. Manchester, UK: Manchester University Press.

Thomas, W. I., & Znaniecki, F. (1918-1920). *The Polish peasant in Europe and America* (5 vols.). New York: Dover.

Thomas, W. I., & Znaniecki, F. (1958). *The Polish peasant in Europe and America* (2 vols.). New York: Dover. (Original five-volume work published in 1918-1920.)

生活故事访谈(Life Story Interview)

生活故事就是一个人尽可能完整和诚实地讲述出自己经历的生活,内容是他所能记起,也愿意他人知晓的,通常会由别人引导他进入访谈【Interview】来进行讲述;它是对一个人生活经历整体的完整叙述,同时特别突出最重要的方面。生活故事是一个人经历的叙事性提炼。时间可以从出生延展到现在,或者在此之前、于此之后。它包括最重要的事件、经历和对生命的感受。

生活故事、生活史【Life History】、口述史【Oral History】都是相同内容的不同说法。它们之间的差异在于强调和侧重面各有不同。生活史和口述史通常关注一个人生活中的特定侧面,如工作经历,或者在社区生活某个部分中起到的特殊作用等。生活故事访谈主要甚至唯一的关注点则在于人的整体生活经历。生活故事给讲述的生活引入了秩序和意义,对讲述者和倾听者皆是如此。它是一种更好地理解过去和现在的方法,是一种将个人遗产赠予未来的方式。生活故事给予我们一个有利据点,可以透视一个人如何随时间改变而不断体验和主观性地理解他(她)自己的生活。它让我们能够看到和发现那些从孩童到成人将个体生活的各部分串联起来的线条。

历史背景和学科背景

在过去的传统社区中,故事在人们的生活中扮演着重要角色。如今我们讲述的关于自己生活的故事,还是由大量的人类共通、经久不衰的要素引导的,如一些原型和主题。这些永恒的体验在不同时间和场景下以不同的形式进行表达,汇聚起来构成了有着诸多重复的一种生活模式,这种模式又成为生活故事的情节基础。我们的生活故事遵循着这样一种模式或者蓝图,以各自不同的方式代表了生活中各种力量之间的一种平衡。只有在这样一种永恒和普遍的背景下,我们才能真正地理解生活故事访谈的重要性和力量所在,才能理解何以它是我们的本质基础。如同古代的神话,我们的生活故事可以发挥使我们与自身、他人、生活奥秘、周遭万物和谐共处的重要功能。

许多学术领域的研究者对他人的生活故事或者生活中的某些方面进行过访谈,其历史要比我们认为的更长。生活故事访谈是从口述史、生活史和其他民族志【Ethnography】和田野方法中演化而来的。作为一种将生活视为整体的定性研究【Qualitative Research】方法,作为一种对个体生活进行深度研究的方式,生活故事访谈是独一无二的。它有着广泛的跨学科应用,可以详尽地理解个体的生活以及个体在社会中如何发挥各种作用。

社会科学家在1930年代和1940年代开始使用一种将生活视为整体的方法:例

如,亨利·A.默里使用生活叙述研究个体生活以便理解人格的发展,高尔顿·奥尔波特使用个人档案来研究个体的人格发展。这种方法在埃里克森(Erikson,1975)对路德和甘地的研究中达到了成熟,埃里克森使用生活史来探讨历史性时刻是如何影响个体生活的。

如今,社会科学家对叙事产生了广泛的兴趣,因为它有助于说明身处社会中的个体的生活。生活的叙事研究是一种重要的跨学科方法路数[乔赛尔森和利布利希编撰的系列书籍(Josselson & Lieblich,1993—1999)可作为代表],其目标是通过深度研究、方法审视和理论探索来深化对个体生活叙事的理解。

作为一种正在多个学科中获得广泛关注和得到广泛使用的研究工具,生活故事有两种主要的研究路数:建构论【Constructionism】和自然论【Naturalism】。有些叙事研究者认为生活故事是访谈者和被访者之间的一种受情境影响的建构性合作。这种路数强调生活故事是在情境中生成的,而不是客观忠实的、受经历指引的叙述。在这种构建性视角下,对生活故事的评价也不是基于它们多么好地符合研究中的生活经历,而是基于不同的人出于不同描述目的是如何使用这种生活叙述的,这里的人并不限于被考察生活的对象本人(Holstein & Gubrium,2000)。

南缅因大学生活研究中心(University of Southern Main Center for the Study of Lives)使用的方法是更加自然主义的,发展背景是包括民俗学、咨询心理学、跨文化人类发展等多学科的,从个体生活的客观展示中探讨文化价值和传统的在不同的生命周期阶段如何影响发展。这种路数试图从本人的讲述中理解其生活经历以及与他人的关系。如果我们想了解个体的独特视角,最好的办法就是倾听他自己的讲述。这可以使他本人和其他人都将其生活视为一个随时间变化的整体,结果可能是各个部分构成了连续的整体,也可能某些部分看起来与其他部分并不连续,或者两种都可能存在。

生活故事已经在许多学术圈子中赢得了声誉并被接受。心理学家在理解发展和人格中看到了个人叙事的价值。人类学家在对文化相似性和变异性的测量中将生活史或者个体案例视为研究的更佳单位。社会学家使用生活故事来理解和定义关系以及群体互动和成员身份。教育学中,生活故事被用作一种新的学习和教学方法。文学学者使用文本自传来探讨设计、风格、内容、文学主题、个体观点(personal truth)。在使用口述史方法的过程中,历史学家发现生活故事材料是丰富地方历史的重要来源。

生活故事访谈的使用

生活故事是跨学科的,它的许多研究应用可以帮助讲述者和学者更好地理解丰富广泛的社会科学议题。生活故事叙事是宝贵的文本,可以借此了解人们的奋斗,了解自我如何随时间变化而发展,以及如何在社会、文化、历史的一席之地中成为有意义的创造者。生活故事是回答“我是谁”这个问题的最有力方法之一。

生活故事有助于研究者更加清醒地意识到人类社会中可能存在的角色和标准的多样性。它们可以在事物的社会秩序中定义个体的位置,可以通过一个场景的道德、伦理、社会背景来解释和确认人的经历。它们可以提供给研究者通过故事讲述出来却存在在于故事之外的社会现实的信息。

生活故事可以提供线索,让我们理解人们的奋斗与辉煌,人们的根本价值所在,人们的不懈追寻,人们在何处遭遇挫折,人们又在何处重拾信心。生活故事中的宗教、灵性、世界观、信仰、社区构建都被刻画成生活体验。

生活故事访谈的研究应用是无限的。在任何领域,生活故事本身可以作为公开研究中的核心部分,也可以使用其中一部分作为说明一些研究目标的资料。生活故事访谈收集的资料往往会比研究者实际使用的更多,这不仅是一种良好的习惯做法,而且也提供了广泛的信息基础来得出结论。生活故事方法可以用于许多学科中,也可用于许多实质性议题中。长久以来,人们发展理论所信赖的那些资料是有偏颇的,为了与之平衡和抵消,研究者需要记录更多的关于女性以及形形色色的群体成员的生活故事。女性的声音需要更多机会被人倾听和理解。因为文化调节着我们讲述故事的方式,我们需要倾听那些来自没有被充分代表的群体中个体的生活故事,以便于在文献中建立一种平衡,提升我们所有人的意识水平和知识水平。

生活故事访谈的方法

虽然可以采用一种相当规范的研究方法,并且从生活故事中可以得到很多重要的资料,但是生活故事访谈的操作中总是存在一定的主观性,甚至偶然性。相同的访谈者可能在面对不同的被访者时基于一些变量提出不同的问题,但最后都能得到一份关于被访者的相当完整的生活故事。不同的访谈者可能使用不同的问题,这取决于他们研究项目的特定关注点。生活故事访谈本质上是一种模板,在不同的局面、情况、场景下可以灵活应用。

例如,《生活故事访谈》(*The Life Story Interview*, Atkinson, 1998)一书中建议的 200 多个问题可以用来获得一个生活故事。这些问题不是说必须全部都要用到,也不是一种一成不变的结构。它们只是建议提出的问题,面对每个被访者时只需要用到最合适的一些问题。有时实际用到的只是少数几个问题,有时则会用到二三十个问题;不管如何,选择的都是最可能的一组问题。最佳的访谈通常是精心选择的开放式问题【Open-Ended Question】的结果,这些问题引导和鼓励被访者给出详尽而深入的回答。

生活故事访谈可以科学地处理(approached),但最好还是作为一种艺术去实施(carried out)。虽然存在可以使用的结构(一组问题或者一组问题的一部分),但是每个访谈者会以自己的方式来使用它。访谈的实施,无论结构性的或非结构性的,都会因访谈者不同而不同。特定的被访者是另一个重要的因素。有些生活故事的讲述者会为其生活故事的艺术轮廓添加极其个性的意义、回忆和自己的阐释,但另一些讲述者则需要更多的帮助和引导来填补细节。

生活故事访谈,如生活研究中心实施的一样,包括如下三个步骤:(a)计划(planning)(访谈之前)——准备访谈,包括理解为什么生活故事会有所助益;(b)进行访谈本身(doing the interview itself)(访谈中)——引导人讲述自身故事,并用录音或录像录制下来;(c)对访谈进行转录和阐释(transcribing and interpreting the interview)(访谈后)——删除访谈者的提问和评论,以及其他重复部分(只剩下讲述者自己的话,以便成为用讲述者自己的语言表达出来的、流畅的、彼此关联的叙述)。然后研究者可以把转录的生活故事给讲述者本人来审阅和校对,按他的意愿进行一些改动。我们最后得到的,就是一个用讲述者自己的语言表达的、流畅的生活故事。需要进行的编辑工作仅仅是删掉重复部分,或者其他完全不相干的信息。

生活故事访谈的长度可长可短。一般而言,对于这里描述的那种生活故事访谈,往往需要对被访者进行至少两到三次访谈,每次访谈会持续一到一个半小时。访谈的长度通常应该能提供绰绰有余的信息,以便很好地理解被访者的生活或者理解研究问题。

生活故事访谈的特点之一在于,它不是标准化的研究工具。虽然它既是艺术又是科学,而且在访谈前需要大量的计划和准备,但是生活故事访谈是高度情景化和个性化的方法,它收集的是关于人的经历的定性信息。它需要许多访谈者在访谈时进行许多即兴的、个人的判断。它的方向可能在瞬间的激发中被意料之外的回答所决定,或者被生活的特殊叙事结构所决定。生活故事访谈中追寻的是展现故事讲述者的独特声音和经历,这种独特声音和经历又可能在某些点上与普遍性的人类经历融会贯通。

伦理和解释问题

有很多重要的概念和解释议题需要考虑。可能最重要的是,因为我们要求的是真人讲真故事,我们在这个过程中试图帮助和协作讲述者,然后把这些故事带给大众,所以我们必须要令人满意地解决如何在最初意图和最终结果之间保持始终如一这样一个重要的伦理问题。进行生活故事访谈的伦理就是要公正、诚实、透明、正直。发展出来的关系是建立在道德基础上的,以确保讲述者的利益、权利和感受得到保护。

同样重要的还有如何对生活故事访谈进行解读。使用生活故事访谈对人的生活进行叙述性调查,其最终目标是对经历进行解释,这是一件复杂的事情,因为阐释和经历是相对而言的。因此主观性处于故事讲述过程的核心。从对每个生活故事本身的审阅过程中,分析范畴伴随着模式和意义的复杂关系自然涌现,而不是如同定量研究一样从开始就被设定好了。基本的解释指导原则是,故事讲述者应当被视为自身生活的专家权威。生活故事访谈是对我们所考虑的生活经历的主观反思,这就要求有一种与此相适应的信度【Reliability】和效度【Validity】标准。

存在多种可以采用的视角,不同访谈者获得的叙述代表了他们所处的不同位置,正如从侧面和正面画出的肖像画都是忠实的画像一样。在个体叙述中,历史真相可能并不是主要议题,真正重要的是生活故事是否被认为是可靠的,这比客观真实还要重要。

但是,内在一致性还是很重要的。叙事中一部分所言不能和另一部分所言自相矛盾。生活中存在各种各样的不一致,人们的反应可能此时这样、彼时那样,但是他们对于自己经历和行为的故事应当与自己保持一致。

不论研究目标是为了一个特定的问题还是为了更多地从个体视角了解人们的生活和社会,生活故事都是理解人们如何看待自己的经历、自己的生活、与他人互动的极佳方法。如果能够牢记某些主要的价值信念,这里建议的生活故事访谈的方法可以避免许多在研究和出版中遇到的典型悖论。帮助人们用自己的语言讲述自己的故事,这既是研究的清晰起点,也是研究的最终结果。

许多生活故事的展示需要对生活故事讲述者赋予自己故事的个体意义给予尊重和敬意。对生活故事的解释和分析以及评论,即使故事是高度个性化和非常主观性的,也应该遵循这一原则,不管是在同一个故事内分析还是多个故事之间比较。在多数情况和多数学科中,理解生活故事的最佳方法就是发现与之相伴、从中而生、有待发掘的意义。

故事讲述是一个个体的意义构建过程。讲故事往往会使得讲述者第一次意识到这些意义,故事文本承载着本身的意义。除此之外,每个学科或者研究课题都会在故事中寻找自己的理论兴趣或者实质兴趣,特别是在某个生活故事或一系列生活故事在理论或主题视角下进行分析时。生活故事访谈的真正价值在于它既考虑到和阐明了人们共享的一些生活主题、价值、问题、奋斗,也考虑到和阐明了人们之间存在的差异。

——Robert Atkinson

(高勇译校)

参考文献

Atkinson, R. (1998). *The life story interview* (Qualitative Research Methods Series, Vol. 44). Thousand Oaks, CA: Sage.

Erikson, E. H. (1975). *Life history and the historical moment*. New York: Norton.

Holstein, J. A., & Gubrium, J. F. (2000). *The self we live by: Narrative identity in a postmodern world*. New York: Oxford University Press.

Josselson, R., & Lieblich, A. (Eds.). (1993-1999). *The narrative study of lives* (Vols. 1-6). Newbury Park, CA: Sage.

Titon, J. (1980). The life story. *Journal of American Folklore*, *93*(369), 276-292.

生命表(Life Table)

生命表是一种强大而灵活的分析工具,用以描述人口寿命体系的一般参数,如分年龄段的存活概率和平均存活时间。生命表最常用于人口寿命的分析中,但是它也可以用于分析经历某种或某些"退出事件"的概率因持续时间而有所不同的任何总体。例如,它已经被用于学校招生和毕业、劳动力参与、迁移、婚姻状态、健康与残疾的研究中。生命表的主要特点是,不用调整不同人口的结构差异,就可以比较不同人口的死亡参数(或其他退出过程的参数)。

生命表可以有两种不同类型的阐释:一个同期群【Cohort】的经历或者一个静态人口的经历。如果数据是分年龄时期的(period specific),生命表展现的是一个人工合成的(synthetic)同期群随时间变化而在假想中逐渐发生的退出。如果数据遵循的是一个真实的(出生)同期群的经历,生命表被称为"世代生命表"。人口的世代生命表很少见,因为它需要观察特定年龄的死亡率,观察一直要持续到这个出生同期群中最长寿者的生命结束。

如果生命表中的参数被解释为代表一个静态人口的寿命过程,那么出生人数或人口进入数被假定是稳定的,每一个新的同期群都会随时间流逝经历我们观察到的特定年龄的死亡率或退出率。由于出生人数、死亡人数、特定年龄的死亡率都是稳定的,因此这个假想的静态人口的总人数和年龄分布也是稳定的。

基本的生命表函数

生命表包括一系列按年龄组排列的彼此关联的列。

(1)x ——确切年龄 x 。x 的取值范围是从可能的最小年龄 0 到可能的最大年龄 ω 。在节略的生命表中,单年的年龄区间被聚合成为 n 年区间, x 到 $x+n$ 。对于人口来说,通常第一个年龄区间中 n 等于 1,第二个年龄区间中 n 等于 4,除了最后一个区间外的其余区间中 n 等于 5 或 10,最后一个区间是开放的。

(2)${}_na_x$ ——区间存活成数(seperation fraction)。它是指在 x 到 $x+n$ 的年龄范围内死亡的人在此年龄区间内存活的时间成数。除了最年幼和最年老的年龄区间，所有的 ${}_na_x$ 值通常都被设定为0.50，这个值假定死亡是在区间中均匀分布的。在一岁时发生的死亡，大多集中在这一时间段刚开始的时候，所以最年幼的年龄组的区间存活成数通常小于0.50。对于较年轻的年龄组的区间存活成数如何设定，有各种各样的建议（参见 Preston, Heuveline, & Guillot, 2001）。

（3）${}_nM_x$ ——观察到的年龄在 x 到 $x+n$ 的人口的死亡率。在如下公式中，大写字母 M，D 和 N 分别指年龄正在 x 到 $x+n$ 的人口的死亡率、死亡数目、年中人口总量。如果生命表描述的是全国人口或子人口，死亡数目通常从生命统计数据（vital statistics）中获得，人口总量从普查数据中获得：

$$ {}_nM_x = \frac{{}_nD_x}{{}_nN_x} $$

（4）${}_nq_x$ ——生命表的同期群中在年龄区间开端（即年龄为 x）时活着但在抵达年龄区间末端时死亡的比例。它是生命表中最关键的一列。除了最年幼和最年老的年龄组，${}_nq_x$ 的值通常用如下公式估计：

$$ {}_nq_x = \frac{{}_nM_x}{\frac{1}{n} + (1 - {}_na_x) \times {}_nM_x} $$

没有人能够活过可能的最大年龄 ω，所以 ${}_nq_{\omega-n} = 1.0$。由于婴儿的统计漏查是很普遍的，所以 ${}_1q_0$ 通常是从有关婴儿出生和死亡的生命统计数据中获得的（即婴儿死亡率），而不是从婴儿分年龄的死亡数据中获得的。

（5）l_x ——生命表中同期群在年龄为 x 时存活的人数。l_0 的值通常被设定为100 000。一般而言，$l_{x+n} = l_x - d_x$。

（6）${}_nd_x$ ——年龄在 x 到 $x+n$ 之间的人发生的死亡数目。

一般而言，${}_nd_x = l_x \times {}_nq_x$。由于在最后一个区间开端时存活的人都会在最后一个区间末端时死去，即 ${}_nd_{\omega-n} = l_{\omega-n}$。

（7）${}_nL_x$ ——生命表同期群在年龄 x 到 $x+n$ 之间存活的人年数（the number of person-years），或者静态人口中年龄在 x 到 $x+n$ 之间的存活人数：

$$ {}_nL_x = (n \cdot l_{x+n}) + ({}_na_x \cdot {}_nd_x) $$

估计最后一个年龄区间中存活的人数（或者静态人口中年龄大于等于 $\omega - n$ 的人数）会比较麻烦。通常会使用人口中观察到的分年龄的死亡率来估计它：

$$ {}_nL_{\omega-n} = \frac{{}_nd_{\omega-n}}{{}_nM_{\omega-n}} $$

（8）T_x ——生命表中同期群在年龄 x 之后存活的人年总数，或者静态人口中年龄大于等于 x 的存活总人数：

$$ T_x = \sum_{x}^{\omega-n} {}_nL_x $$

（9）e_x ——年龄为 x 的人的平均剩余寿命：

$$ e_x = \frac{\sum_{x}^{\omega-n} {}_nL_x}{l_x} = \frac{T_x}{l_x} $$

表1中提供的示例是基于美国2000年的总人口数据而得到的，这是一个特定时期生命表（period-specific life table）。生命表参数表明，根据2000年观察到的死亡率，一个合成的同期群成员平均会活到76.8岁，但是略超过1/3的人（35 958/100 000）会度

过其85岁生日。这个生命表中得到的静态人口总量是恒定的7 684 601人,每年都会有100 000人出生和100 000人去世,其中99 393人的确切年龄为0~1岁。

表1 根据美国2000年人口数据做出的生命表

年龄区间	人口中的死亡率	区间存活成数	在区间中死亡的比例	在确切年龄为 x 时存活的人数	在区间中死亡的人数	静态人口 在区间中存活的人数	静态人口 年龄大于等于 x 的存活人数	平均剩余寿命的年数
x 到 $x+n-1$	${}_nM_x$	${}_na_x$	${}_nq_x$	l_x	${}_nd_x$	${}_nL_x$	T_x	e_x
0~1	—[a]	0.125	0.006 9	100 000	690	99 393	7 684 601	76.8
1~4	0.000 328	0.35	0.001 310 9	99 310	130	396 902	7 585 209	76.4
5~14	0.000 186	0.5	0.001 858 3	99 180	184	990 877	7 188 307	72.5
15~24	0.000 815	0.5	0.008 116 9	98 996	804	985 937	6 197 430	62.6
25~34	0.001 080	0.5	0.010 742 0	98 192	1 055	976 646	5 211 493	53.1
35~44	0.001 997	0.5	0.019 772 6	97 137	1 921	961 769	4 234 847	43.6
45~54	0.004 307	0.5	0.042 162 0	95 217	4 015	932 093	3 273 078	34.4
55~64	0.010 054	0.5	0.095 727 8	91 202	8 731	868 367	2 340 986	25.7
65~74	0.024 329	0.5	0.216 904 6	82 471	17 888	735 272	1 472 618	17.9
75~84	0.056 943	0.5	0.443 234 5	64 583	28 625	502 703	737 346	11.4
85+	0.153 244	—[a]	1.000 000 0	35 958	35 958	234 643	234 643	6.5

注:a.未计算此单元格的值。

生命表的普遍性特点

生命表同期群的初始人数为 l_0。生命表同期群的所有人都会由于死亡而退出生命表,所以死亡总数($\sum_x d_x$)等于生命表同期群(l_0)的初始人数。静态人口的总人数为 T_0。生命表静态人口的粗死亡率(CDR)和粗出生率(CBR)等于 l_0/T_0。生命表人口中年龄为0时的预期寿命(e_0)是粗死亡率的倒数(1/CDR)。关于单递减生命表(其中只有一种退出)、多递减生命表(其中有两种或多种退出)、增减生命表(其中既有进入也有退出)的生命表函数的详细介绍及其阐释与应用(参见Preston et al.,2001; Shryock, Siegel, & Associates,1973; Smith,1992)。他们也详尽地介绍了更为复杂的一些人口学方法,如人口的预测及间接估计和静态稳定人口模型的应用,这些方法都是基于这里介绍的基本生命表函数的。

——Gillian Stevens

(高勇译校)

参考文献

Preston, S. H., Heuveline, P., & Guillot, M. (2001). *Demography: Measuring and modeling population processes*. Oxford, UK: Blackwell.

Shryock, H. S., Siegel, J. S., & Associates. (1973). *The methods and materials of demography*. New York: Academic Press.

Smith, D. P. (1992). *Formal demography*. New York: Plenum.

似然比检验(Likelihood Ratio Test)

似然比检验用于决定通过放松某一或某些约束条件,模型的整体拟合是否可以提高,通常也可以用于检验单个系数或系数的线性组合是否等于特定值。它一般用于比较任意两个嵌套【Nested】模型(但是不能用于非嵌套模型)。似然比检验是基于最大似然【Maximum Likelihood】估计原则的,可以检验两个模型对数据的似然差异是系统的还是可以归为抽样误差【Sampling Error】。如果非约束模型(用最大似然参数估计估出)的似然为 L^*,约束模型的似然为 LR^*,那么似然比统计量的定义为 $LR = -2\ln(LR^*/L^*)$。这可以写作 $2(\ln L^* - \ln LR^*)$。由于去除模型约束总会增加似然,似然比统计量是正的,可以证明它服从自由度为 m 的卡方分布,在此 m 等于约束数目:($LR \sim X_m^2$)。在约束模型和非约束模型同样好的虚无假设下,LR 的期望值为0。但是考虑到抽样误差,LR 的期望值为约束数目 m。如果模型间存在系统差异,那么 LR 的观察值会大于 m。经典的假设检验法,可以用 LR 值进行显著性检验。似然比检验渐近地【Asymptotic】等价于 Wald 检验和拉格朗日乘数检验(Lagrange multiplier, LM),后者也被称为劳氏得分检验(Rao's score test)。在小样本中,检验结果会有所不同,但是在线性约束情况下,可以证明 $LM<LR<W$。

——Frederick J. Boehmke

(高勇译校)

参考文献

Kmenta, J. (2000). *Elements of econometrics* (2nd ed.). Ann Arbor: University of Michigan Press.

Maddala, G. G. (1983). *Limited dependent and qualitative variables in econometrics*. Cambridge, UK: Cambridge University Press.

李克特量表(Likert Scale)

李克特量表(累加评定量表)是用来测量人们的态度、信念、情绪、感觉、看法、人格特征及其他心理构念(constructs)非常流行的工具。它让人们在一些题项上以不同强度等级的方式表明他们的态度。这类量表【Scale】有三个特征。首先,每个回答者的总得分由多个题项组合而成。其次,每个题项的题干是有关某个对象(人、地方或事情)的一句陈述。这可能涉及完成量表的本人的某个方面,也可能涉及其他人或对象的某个方面。最后,完成量表的人需要从几项强度等级不同的选项中选择一项。选项可以是单极的从低到高排列，也可以是双极的从极端正向到极端负向排列。这些回答被加以量化（如从 1~6），然后再把不同题项加总，得到一个可以解释的量化得分。

李克特量表的开发一般包括五个步骤（Spector, 1992）。首先，仔细界定所感兴趣的构念，澄清其本质和边界。其次，决定量表的格式，写出题项。再次，在小样本【Sample】中试验量表，确保题项清晰且易理解。最后，量表在 100~200（或者更多）的人中实施。然后进行题项分析，以帮助选择彼此相关的题项，构成一个具有内在一致性的量表。计算阿尔法系数，它是对于内在一致性信度的测量，阿尔法系数至少应在0.7以上（Nunnally, 1978），虽然 0.8~0.9 更好一些。最后，进行研究以提供量表在构念效度【Construct Validity】方面的资料，并确保将它理解成为步骤 1 中界定的构念的反映是合理的。

李克特量表中的选项可以有不同的类别数量。最通行的形式是同意—不同意（agree-disagree），回答人表明他们对每个题项的赞同程度。通常，有 5~7 个选项——例如，非常不赞同（赞同）[disagree (agree) very much]、有些不赞同（赞同）[disagree (agree) somewhat] 和稍微不赞同（赞同）[disagree (agree) slightly]。其他常见的选项还有频度（如从不、很少、有时、经常）[e.g., never, seldom, sometimes, often] 和评价（如差、一般、好、极好）[e.g., poor, fair, good, outstanding]。

双极量表中选项数应该是奇数、在中间有一个中立选项，还是应该没有中间选项的偶数，对此问题存在争论。支持奇数的人认为不应该强迫态度暧昧者必须选择这一端或那一端。支持偶数的人指出中立选项常常被回答者滥用（例如用来表示这一题项不适用），它暗示了人们的态度不明确。在实践中，选项是奇数还是偶数导致的结果通常差异不大。

——Paul E. Spector

（高勇译校）

参考文献

Nunnally, J. C. (1978). *Psychometric theory* (2nd ed.). New York: McGraw-Hill.

Spector, P. E. (1992). *Summated rating scale construction: An introduction* (Sage University Paper Series on Quantitative Applications in the Social Sciences, Series No. 07-082). Newbury Park, CA: Sage.

LIMDEP

LIMDEP 是一种计算机集成程序。它是估计和分析一系列线性和非线性的用于分析有限取值因变量（LIMited DEPendent Variables）和其他形式数据的计量经济学模型和统计模型，如生存数据和样本选择数据。更多信息请参见该软件的网站。

——Tim Futing Liao

（高勇译校）

线性相依（Linear Dependency）

一组向量，如果其中任何一个向量都能被写作其他向量的线性组合，那么被称为是线性相依的。更一般而言，我们说两个变量是线性相依的，如果：

$$\lambda_1 X_1 + \lambda_2 X_2 = 0$$

其中 λ_1 和 λ_2 都是常数【Constant】, λ_1 或 $\lambda_2 \neq 0$。这一定义可以扩展到 k 个变量,如果下式成立,则完全线性关系(perfect linear relationship)存在:

$$\lambda_1 X_1 + \lambda_2 X_2 + \cdots + \lambda_k X_k = 0$$

其中的 $\lambda_1 \cdots \lambda_k$ 不同时为零。

举例来说,试考虑以下数据,其中包括三个表示为包括 n 个值的向量的自变量【Independent Variable】:

$$\begin{array}{ccc} X_1 & X_2 & X_3 \end{array}$$
$$\begin{bmatrix} 4 & 16 & 12 \\ 7 & 30 & 22 \\ 12 & 34 & 29 \\ 13 & 22 & 24 \\ 1 & 50 & 26 \end{bmatrix}$$

在此例中, X_3 是 X_1 和 X_2 的完全线性组合$\left(X_{3i} = \frac{1}{2}X_{2i} + X_{1i}\right)$,因此,这个数据集中存在(完全)线性相依。

(自变量中的)线性相依对于回归系数估计来说是很严重的问题。它违背了 **X**(自变量矩阵【Matrix】)是秩为 k 的 $n \times k$ 矩阵的假定【Assumption】(即 **X** 的列是线性独立的,并且至少存在 k 个观察)。此外,它导致了通常被理解为多重共线性【Multicollinearity】的问题。

线性相依对回归系数【Regression Coefficient】估计的影响取决于相依程度。如果自变量中存在完全线性相依,回归系数就不会有唯一解。为了说明这一点,考虑以下有两个自变量的简单回归模型:

$$y_i = \beta_0 + \beta_1 X_{1i} + \beta_2 X_{2i} + u_i$$

令 $X_{2i} = 2X_{1i}$(表明两个自变量间存在完全线性相依)。那么,在这种情况下有:

$$y_i = \beta_0 + \beta_1 X_{1i} + \beta_2 2X_{1i} + u_i$$

或者

$$y_i = \beta_0 + (\beta_1 + 2\beta_2) X_{1i} + u_i$$

从上式中可以清楚地看到,如果存在完全线性相依,则不可能估计出 X_1 和 X_2 的独立效应(即 β_1 和 β_2)。

用矩阵形式也可以得到类似结果,如果在自变量矩阵(**X**)中存在完全线性相依,那么(**X**)和($\mathbf{X'X}$)都是奇异矩阵,两者皆不可逆。回想一下以矩阵形式表示的回归系数向量为 $(\mathbf{X'X})^{-1}\mathbf{X'y}$,我们便能清楚地看到,如果完全线性相依存在,这些系数是不能被估计出来的。

在社会科学研究中,很少会碰到自变量间存在完全线性相依的情况。但是,很可能会遇到"近完全"线性相依的情况。近完全线性相依会导致高度的多重共线性,而不是完全多重共线性。

如果不完全共线性存在,仍然可以估计回归系数,估计值仍然具有 BLUE 性质(最佳线性无偏估计量),因为不完全共线性并没有违背经典线性回归模型(classical linear regression model, CLRM)的假定。但是,会存在一些并非无足轻重的后果。系数的方差【Variance】和协方差【Covariance】会比较大。结果,系数的置信区间【Confidence Interval】会更宽(t 统计量【t-Statistics】常常会不显著),导致研究者在虚无假设不正确时也不能够拒斥它(即犯第二类错误【Type Ⅱ Errors】的可能性较高)。最后,系数估计及其标准误【Standard Error】会对数据中的微小变动很敏感。

——Charles H. Ellis

(高勇译校)

参考文献

Green, W. H. (2000). *Econometric analysis* (4th ed.). Upper Saddle River: Prentice Hall.

Gujarati, D. N. (1995). *Basic econometrics* (3rd ed.). New York: McGraw-Hill.

Kennedy, P. (1998). *A guide to econometrics* (4th ed.). Cambridge: MIT Press.

线性回归(Linear Regression)

线性回归指的是表示某一随机变量【Random Variable】(因变量【Depedent Variable】)的条件均值与一个或多个解释变量(自变量【Indepedent Variable】)的相应取值之间的关系【Relationship】的线性函数【Function】。因变量是由解释变量的固定取值的确定性【Determinism】效应和随机扰动项共同决定的随机变量。我们可以将上述关系表示为 $Y_i = \beta_0 + \beta_1 X_{1i} + \cdots + \beta_k X_{ki} + \varepsilon_i$。

我们既可以谈论总体回归函数,也可以谈论样本回归函数。样本回归函数通常用于估计未知的总体回归函数。如果线性回归模型设定正确,那么总体中 ε_i 的期望值是零。给定此期望值,总体回归函数的无偏估计可以从样本中计算出来,只需要解方程 $\hat{Y}_i = \hat{\beta}_0 + \hat{\beta}_1 X_{1i} + \cdots + \hat{\beta}_k X_{ki}$ 即可。这个方程也可以理解为估计一个条件均值,如 $E(Y_i \mid X_i) = \hat{\beta}_0 + \hat{\beta}_1 X_{1i} + \cdots + \hat{\beta}_k X_{ki}$。两个方程给出的都是在自变量取固定值时随机【Stochastic】因变量的平均值。线性回归分析的目标是发现能够最好地概括 $\hat{Y}_i$ 或 $E(Y_i \mid X_i)$ 的 $\hat{\beta}$ 值。

"线性回归"这一术语并没有说明具体的估计方法。线性回归可以用多种方式进行估计。最常见的方法是普通最小二乘【Ordinary Least Squares, OLS】。这种方法对于扰动项的概率分布并没有作出明确假定。但是,在试图从样本推论总体回归函数时,无偏有效估计要求遵循高斯-马尔科夫假定。在使用 OLS 时,研究者要选择回归参数,以使样本残差平方和最小化。另一种估计线性回归的方法是最大似然估计【Maximum Likelihood Estimation】。这种方法要求的假定除了 OLS 的假定外,还包括扰动项服从正态分布。在使用最大似然法时,分析者要选择回归参数,以使由所有扰动项的联合概率乘积定义的函数最大化。这被称为联合似然函数,还有另一种方法是矩法。这种方法使用类比原则,借此用矩条件来得到估计值。

至于线性的意义,需要澄清的是,我们并不关心变量的线性,而关心参数的线性。对于线性回归而言,我们要求因变量的预测值是估计参数的线性函数。例如,假定我们估计了一个样本回归为 $\hat{Y}_i = \hat{\alpha} + \hat{\beta}\sqrt{X_i} + \varepsilon_i$,在这个回归中,$\hat{Y}_i$ 和 X_i 的关系并不是线性的,但是 $\hat{Y}_i$ 和 $\sqrt{X_i}$ 的关系是线性的。如果我们将 $\sqrt{X_i}$ 而不是 X_i 视为我们的解释变量,那么就符合线性假定。但是,这不能同样地适用于所有估计值。例如,假定我们想估计如下函数:

$$\hat{Y}_i = \hat{\alpha} + \frac{\sqrt{\hat{\beta}}}{\hat{\alpha}} X_i + \varepsilon_i$$

这就不是一个线性回归了,它需要非线性回归技术。

——B. Dan Wood

Sung Ho Park
（高勇译校）

参考文献

Casella, G., & Berger, R. L. (1990). *Statistical inference*. Belmont, CT: Duxbury.
Gujarati, D. N. (1995). *Basic econometrics* (3rd ed.). New York: McGraw-Hill.

线性转换(Linear Transformation)

线性转换是将一个变量取的所有值转换为一组新的对应值的数学函数。在进行线性转换后，变量的单位和直方图【Histogram】形状都会改变。在统计学中，诸多保秩(rank-preserving)的转换形式被用来从一种分布形态改变到另一种形态。它们又可以分为两类：线性转换和非线性转换，见表 1。非线性转换中的关系是曲线的，而线性转换中的关系是直线的。

表 1

<table>
<tr><th></th><th>线性转换</th><th>非线性转换</th></tr>
<tr><td>用代数表示</td><td>$Y' = a+bY$
如果$Y' =3+2Y$
则有$11=3+(2\times 4)$</td><td>$Y' = \exp(Y)=e^Y$
其中e=2.718
例如,$7.4=e^2$</td></tr>
<tr><td>用图形表示</td><td>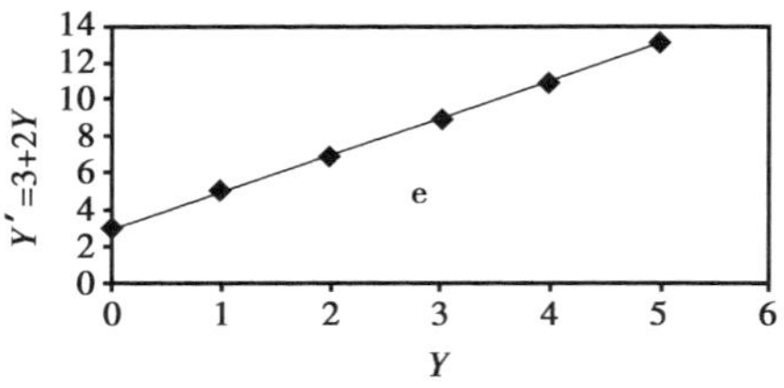
</td><td>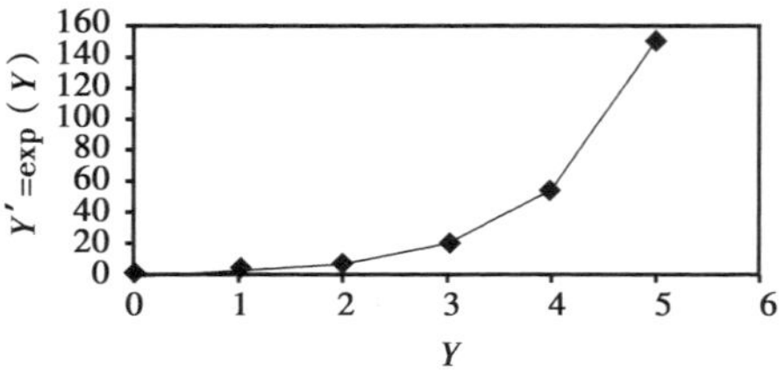
</td></tr>
</table>

作为一个函数，如 $X' = 4 + 0.2X$，X 值域上的所有值都应该能够唯一地映射到新变量 X' 上，这一点很重要。从华氏到摄氏温度的转换，以及从英制单位到公制单位的转换，都是线性转换。对数转换则是一种非线性转换。

一般而言，变量 X 的线性转换有如下形式：

$$X' = a + bX$$

关于 X 的函数的斜率是一个常数。在实际工作中，常常有必要将收入转换为新的货币单位——如当兑换率是每英镑兑换0.66欧元时，转换函数为 $Y_{euro}=0.66Y_{£}$，或者当兑换率表示为 R 时转换函数为 $Y_{euro} = RY_{£}$。将每周收入转换为年收入也很有用(如 $Y_{yrly} = 52 \cdot Y_{wkly}$)。

更复杂的线性转换会用到不止一个来源变量。包括年度奖金的收入可以用两个变量的内容合并来进行加总：

$$Y_{yrly} = 52 \cdot (H \cdot W) + B$$

其中 H = 每周工作小时数，W = 每小时工资，B = 每年奖金，Y_{yrly} = 总的年度收入。当

且仅当 W 对于 H 不变时(即不存在加班补偿时),Y_{yrly} 是 H 的线性转换。总体而言,对于变量 X,转换函数是线性函数的条件为:

$$\frac{D_X^2}{D_X} = 0$$

对不同变量赋予明确权重来构建新量表,这也可以被当作一种线性转换过程。

在生成线性转换时,使用的常数应是非零的。不等于 1 的乘积常数会改变方差【Variance】,变量相对于其均值的相对散布将会以一个比例被改变。最著名的线性转换是一个变量围绕其均值的标准化。要想用与单位无关的语言来表述 X 的变化(也可以说用标准差单位来表述),可以减去 X 的均值再除以其标准差:

$$X'_i = \frac{X_i - \bar{X}}{\mathrm{sd}(X)}$$

其中我们定义

$$\mathrm{sd}(X) = \sqrt{\frac{\sum_i (X_i - \bar{X})^2}{n - 1}}$$

新变量 X' 是 X 的线性转换,因为 X' 对 X 的导数在 X 的所有取值上都是常数。标准差在这里是一个固定参数。对一个正态分布变量,如教育水平(用年数来近似表达),标准化转换导致 X 分布的变化可以参见图 1 和图 2。

如果 X 的潜在分布是正态的,标准化转换有时也被描述为生成了一个 Z 分布。Z 分布是均值为零、标准差为 1 的标准正态分布。但是,如图 1 和图 2 所示,在这个过程中分布的形态发生了改变。

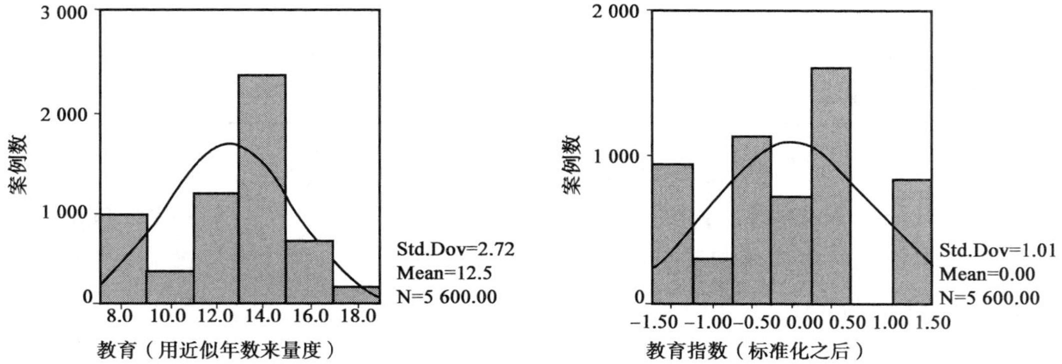

图 1 一个变量的分布及其标准化后的变形

资料来源:英国家户追踪调查,第 9 期,1999—2000(Taylor, 2000)。

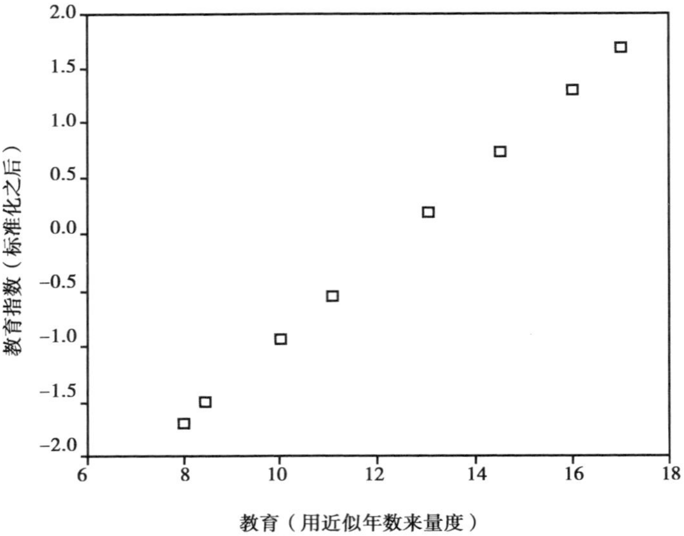

图 2

——Wendy K. Olsen

（高勇译校）

参考文献

Economic and Social Research Council Research Centre on Micro-Social Change. (2001). *British Household Panel Survey* [computer file]. Colchester, UK: The Data Archive [distributor], 28 February. Study Number 4340.

Taylor, M. F. (Ed.) (with Brice, J., Buck, N., & Prentice-Lane, E.). (2000). *British Household Panel Survey User Manual Volume B9: Codebook*. Colchester, UK: University of Essex.

连接函数(Link Function)

连接函数是连接广义线性模型【Generalized Linear Models】的随机部分和系统部分的函数。它也连接起了可能是非线性的结果变量与解释变量【Explanatory Variable】的线性组合。

——Tim Futing Liao

（高勇译校）

LISREL

LISREL 软件是社会科学家广泛用来分析线性结构关系（linear structure relations）模型的首个统计软件包，线性结构关系模型更为人熟知的名称是结构方程模型【Structural Equation Modeling】。如今，它可以分析多种多样的结构方程模型，包括定序数据和纵贯数据。更多信息，请参见该软件的网站。

——Tim Futing Liao

（高勇译校）

整条删除（Listwise Deletion）

整条删除是 SPSS 等计算机软件程序中与缺失数据【Missing Data】处理相关的一个术语。整条删除缺失数据意味着，分析中涉及的变量存在缺失值的所有个案在分析中均会被忽略。试考虑如下可能情况：一个样本中共有 200 个个案，我们想得到 10 个变量的皮尔逊相关系数【Pearson Correlation Coefficient】，但是其中 50 个个案中至少其中 1 个变量有缺失值。在这种情况下，就只对剩余的 150 个个案进行分析。可以与成对删除【Pairwise Deletion】相比较。

——Alan Bryman

（高勇译校）

＊也可参见删除【Deletion】。

文献综述（Literature Review）

文献综述是基于研究证据，对于某些议题或领域所做的总结及/或者与此议题或领域相关的论点总结。有时，综述可以设计成独立成篇，甚至可以成为大部头的书本长度的论著。更为常见的是，它们是专著或论文中的章节；在此其功能是为将要报告的专项研究进行铺垫，显示它如何与已知文献相衔接。

最近出现了一些文献综述应当采取什么形式的争论。最常见的是已经被称为“叙述性的（narrative）综述”的形式，这种形式中相关研究的发现和方法被加以概述和讨论，目的在于对从这一领域的知识现状中得到的众多结论提出一个论点。这类综述与“附带注解的参考书目”和所谓“系统性的”综述形成了比照。最近，也有人主张“阐释性的”综述。

一份附带注解的参考书目以简单的方式列出各项研究，可以按字母顺序列出，对每一份研究提供概要，对其优缺点、发现是否有效等进行的评述则可有可无。但是在这种综述和传统的文献综述之间，依据讨论屈从于整体叙述线索的程度，存在着一个连续谱。

最近系统性综述【Systematic Review】很有影响力，显然是因为人们认为它为基于证据的政策制订和实践提供了基础（参见 Cooper, 1998; Light & Pillemer, 1984; Slavin, 1986）。系统性的综述有一些与众不同的特点，通常包括如下几点：

- 它们采用明确的程序来决定哪些研究是相关的。
- 它们对研究设计进行明确的层级排列，依据是其产生的研究发现的有效性。基于其是否采用了足够有力的研究设计，或者依据哪项研究提供了最佳的可得证据，一项研究被包括或排除。一般而言，随机对照试验【Randomized Control Trial】是被最优先考虑的。
- 它们力图在综述中包括所有满足相

关性和有效性规定标准的研究。

• 它们力图综合这些研究中得到的证据,而不是仅仅概述每项研究的发现和以叙述性的或阐述性的方式来讲述这些发现。系统性的综述通常主要关注定量研究,为了综合目的而采用统计学中的元分析【Meta-Analysis】。

在很多方面,系统性的综述是一种将定量方法的工具运用到综述过程本身中的一种尝试(参见 Hammersley, 2001)。

与此相反,阐释性的综述包括了定性的方法路数的应用。在此强调的是综述者的阐释性角色,他在理解不同研究的发现以便对此领域建构一个整体图景,而这一图景正反映了综述者自身特殊的兴趣点和敏感性(参见 Eisenhart, 1998; Schwandt, 1998)。这是从传统的或叙述性的综述中衍生出来的发展。

除此之外,一些评论者主张我们可称之为后现代主义【Postmodernism】的文献综述(参见 Lather, 1999; Livingston, 1999; Meacham, 1998)。在此,任何对现存知识的权威描述都被拒斥,理由是在具体研究或者综述的层次上对真实呈现世界的任何宣称都只不过是将一种散漫的建构强加于其他建构之上;因此反映的是权力的运用或者对权力的抵抗。

不管采用哪种综述方法,下面的决策必须进行:

• 谁是预定的读者?

• 如何组织综述?

• 怎样寻找相关的研究,哪些研究需要包括进来?

• 对于要讨论的每项研究需提供多少细节;特别是,对于采用的研究方法要给出多少信息?

• 如何评估这些研究及其发现,如何将彼此联系起来?

在许多方面,听众问题是最主要的,因为读者的背景知识和读者的兴趣将影响对其他问题的回答。最近,很多人非常强调针对研究"使用者"而设计的文献综述——换而言之,强调文献综述是一座桥梁,研究者借此与政策制订者、这样那样的专业实践者、相关大众关联起来。但是,文献综述在研究共同体内部也发挥着重要功能:界定和重新界定学术领域,赋予研究者一种对于参与的工作的集体事业感,使他们与其他人协调其研究工作。

——Martyn Hammersley

(高勇译校)

参考文献

Cooper, H. (1998). *Synthesizing research: A guide for literature reviews* (3rd ed.). Thousand Oaks, CA: Sage.

Eisenhart, M. (1998). On the subject of interpretive reviews. *Review of Educational Research*, *68*(4), 391-399.

Hammersley, M. (2001). On "systematic" reviews of research literatures: A "narrative" reply to Evans and Benefield. *British Educational Research Journal*, *27*(5), 543-554.

Hart, C. (1998). *Doing a literature review*. London: Sage.

Hart, C. (2001). *Doing a literature search*. London: Sage.

Lather, P. (1999). To be of use: The work of reviewing. *Review of Educational Research*, *69*(1), 2-7.

Light, R. J., & Pillemer, D. B. (1984). *Summing up: The science of reviewing research*. Cambridge, MA: Harvard University Press.

Livingston, G. (1999). Beyond watching over established ways: A review as recasting the literature, recasting the lived. *Review of Educational Research*, *69*(1), 9-19.

Meacham, S. J. (1998). Threads of a new language: A response to Eisenhart's "On the subject of interpretive reviews." *Review of Educational*

Research, *68*(4), 401-407.

Schwandt, T. A. (1998). The interpretive review of educational matters: Is there any other kind? *Review of Educational Research*, *68*(4), 409-412.

Slavin, R. E. (1986). Best-evidence synthesis: An alternative to meta-analytic and traditional reviews. *Educational Researcher*, *15*(9), 5-11.

体验(Lived Experience)

人的经验(experience)是定性研究【Qualitative Research】的主要认识论基础,但是"体验(lived experience)"的概念(从德文 Erlebnis 翻译而来)在方法论上具有特别的重要性。"体验"一词在狄尔泰(Dilthey, 1985)、胡塞尔、梅洛-庞蒂(Merleau-Ponty, 1962)等人及其当代倡导者的著作中,表明了一种直接探索人类存在的原初维度或前反思(prereflective)维度的意图。英文中的"experience"一词的词源并不包括"lived"的意思,它源自拉丁文"experientia",意思是"试验、证明、实验、经验"。但是德文中的"Erlebnis"包括了"Leben"(意思是生命或生活)一词。动词"erleben"从字面上说,就是"体验某事"的意思。

狄尔泰(Dilthey,1985)首次对体验及其在人文科学(human sciences)中的重要性进行了系统阐述。他将"体验"描述为反思性或自我给予的(self-given)一种觉悟(awareness),这种觉悟固有地存在于当我们经历其间时生命意识的时间性当中。"唯有在思想中,事物才成为客观"(p. 223),狄尔泰如是说。他认为我们的语言可以被视为一张巨大的言语地图,它为人类体验的可能性命名。

胡塞尔并用"Erlebnis"和"Erfahrung"两词来表示充分成熟的意识行为,在意图性经历(intentional experiences)中意义被赋予。"所有的知识皆始于经验(experience),但并不因此而从经验中诞生",胡塞尔如是说。"Erfahrungen"是一种富于意义的体验,它对我们的存在有着洗心革面式的影响(transformative effect)。更一般而言,经验可以被视为被动地降临、强加、施予我们身上之事,也可以被理解成更加积极地获取世界某些方面的意义的行动。因此,我们可以谈论一个"有阅历"之人来表明他具有成熟的智慧,而这是生活中不断积累的富于意义和反思的经验的结果。

在《真理与方法》(*Truth and Method*)中,伽达默尔(Gadamer, 1975)认为体验有两个意义维度:当下的体验(the immediacy of experience)和已体验之物的内容(the content of what is experienced)。两种意义对于定性探索来说都有方法上的重要性。它们指的是"在所有的解释、加工、沟通之前,当下某事即被掌握"(p. 61)。因此,体验构成了探询、反思、解释的出发点。这一思想在梅洛-庞蒂(Merleau-Ponty, 1962)那句名言中也有所反映,"世界并非我之所想,而是我之所活(The world is not what I think, but what I live through)"(pp. xvi-xvii)。要想研究"我之所活"的世界,就必须从"如其所示地直接描述我们的体验"开始(p. vii)。

在当代人文科学中,"体验"仍然是一个核心的方法概念,旨在为人们生活中各种现象的意义提供切实的洞见(参见 van Manen, 1997)。例如,医学基于诊断和预判研究模型可以提供干预和行动策略,但是关于疾病的临床发展的预测并不能告诉我们(不同的)人们事实上是如何体验其疾病的。现象学【Phenomenology】的人文科学调查了人们的体验,来探索疾病的意义的具体维度,如多发性硬化症(Toombs, 2001)或者临床实践当中的疼痛(Madjar, 2001)。

即使如雅克·德里达这样更为语言取向的学者的解构主义【Deconstructionism】和后现代主义【Postmodernism】著作中,体验的概念仍在"经验的独一性"或"绝对存在"这样的用语中得到回响。德里达认为这种原初体验是"对于概念或系统的抵制","这正是我一直准备支持的事情"(Derrida & Ferraris, 2001, p. 40)。在人文科学中,对于经验的关注仍然是突出的,因为它具有突破概括化、编码化、类别计算约束的能力。此外,对于体验的意义与终极来源的关键性探询确保了开放性的存在,而开放性是超越局限来思维和探索的条件。

——Max van Manen

(高勇译校)

参考文献

Derrida, J., & Ferraris, F. (2001). *A taste for the secret*. Cambridge, UK: Polity.

Dilthey, W. (1985). *Poetry and experience: Selected works* (Vol. 5). Princeton, NJ: Princeton University Press.

Gadamer, H.-G. (1975). *Truth and method*. New York: Seabury. Husserl, E. (1970). *Logical investigations* (Vols. 1-2). London: Routledge & Kegan Paul.

Madjar, I. (2001). The lived experience of pain in the context of clinical practice. In S. K. Toombs (Ed.), *Handbook of phenomenology and medicine* (pp. 263-277). Boston: Kluwer Academic.

Merleau-Ponty, M. (1962). *Phenomenology of perception*. London: Routledge & Kegan Paul.

Toombs, S. K. (2001). Reflections on bodily change: The lived experience of disability. In S. K. Toombs (Ed.), *Handbook of phenomenology and medicine* (pp. 247-261). Boston: Kluwer Academic.

van Manen, M. (1997). *Researching lived experience: Human science for an action sensitive pedagogy*. *London, Ontario: Althouse*.

局部独立(Local Independence)

局部独立是潜变量【Latent Variable】模型的基本假定,包括因子分析【Factor Analysis】、潜特质分析【Latent Trait Model】、潜类分析【Latent Class Analysis】、潜相分析【Latent Profile Analysis】等。局部独立假定指的是,给定个体在潜变量上的得分,观察项之间将会彼此独立。这个定义是如下说法的数学表达:潜变量解释了观察项之间彼此相关的原因。

我们用拉扎斯菲尔德和亨利(Lazarsfeld & Henry, 1968)书中的例子来解释局部独立的原则。假定 1 000 个人被问及他们是否读过最近一期的杂志 A 和杂志 B。他们的回答如下:

表 1

	读过杂志 A	没有读过杂志 A	总计
读过杂志 B	260	240	500
没有读过杂志 B	140	360	500
总计	400	600	1 000

很容易证实,两个变量彼此高度相关。杂志 A 的读者更倾向于读杂志 B(65%),而没有读过杂志 A 的人这一比例为 40%。Phi 相关系数,即 2×2 表的积矩相关系数等于 0.245。

假定我们有回答者教育水平的信息，它被分为高和低的二分变量。这 1 000 个人被分为这样两组，他们的阅读情况见表 2。在同等的教育水平下，2×2 表中两种杂志之间的相关关系不存在了：每个表的 Phi 系数都等于 0。也就是说，给定教育水平下，杂志 A 和杂志 B 的阅读是彼此独立的。

但是在两个子群体中，阅读行为是非常不同的：高教育组对于两组杂志均有较高的阅读概率（0.60 和 0.80），而低教育组的阅读概率较低（0.20 和 0.20）。A 和 B 之间的相关完全可以用 A 和 B 对于第三个因素（教育）的关系得到解释。注意，A 与 B 列联表的边缘单元格内容，即 $N(AB)$，可以用如下公式得出：

$$N(AB) = N(H) \cdot P(A \mid H) \cdot P(B \mid H) + N(L) \cdot P(A \mid L) \cdot P(B \mid L)$$

其中 H 和 L 分别表示高教育水平和低教育水平。

表 2④

	高教育水平			低教育水平		
	读过杂志 A	没有读过杂志 A	总计	读过杂志 A	没有读过杂志 A	总计
读过杂志 B	240	160	400	20	80	100
没有读过杂志 B	60	40	100	80	320	400
总计	300	200	500	100	400	500

在潜变量模型中，观察变量被假定在潜变量给定的条件下是局部独立的。这意味着，潜变量的角色和上面例子中的教育水平是相同的。注意，这个假定不仅从实质性角度来讲是有意义的，而且对于确定不可观察的因子来说也是必要的。

局部独立意味着潜变量可以完全解释观察项之间的相关关系，这一事实也给出了对这一假定的简单检验。按照上面给出的 $N(AB)$ 的计算方法，根据模型可以估计出二向表来，它应当和观察到的二向表非常接近。如果指标是连续变量，我们可以比较估计出的相关系数和观察到的相关系数。

已经有各种潜变量模型的变化形式，可以放松一些变量之间的局部独立假定。取决于指标的量度类型，可以通过在模型中包括直接效应（direct effect）或者彼此相关的误差项（correlated error）来达到。

——Jeroen K. Vermunt

Jay Magidson

（高勇译校）

参考文献

Bartholomew, D. J., & Knott, M. (1999). *Latent variable models and factor analysis*. London: Arnold.

Lazarsfeld, P. F., & Henry, N. W. (1968). *Latent structure analysis*. Boston: Houghton Mifflin.

④ 原表 2 中数字有误，无法复合到表 1，译者已经修改。

局部回归(Local Regression)

局部回归是对双变项【Bivariate】或多变项【Multivariate】数据拟合平滑曲线的一种方法。传统方法(如一般最小二乘回归分析)是参数法,因为它们需要分析者在拟合曲线前先设定 Y 与 X 之间的函数【Function】形式。与此不同,局部回归是非参数【Nonparametric】法,因为这种算法试图遵循数据点的经验集聚,无论由此生成的曲线呈现何种形态。平滑曲线的拟合不需要对变量间的函数关系进行任何事先设定。

局部回归的基本原理早在 19 世纪就为人所知。但是它是一种需要大量计算的分析方法,故而直到 1970 年代和 1980 年代早期才得到快速发展。现在最常见的局部回归算法是由威廉·克利夫兰及其同事开发的 LOESS 程序。“LOESS”(以前也被称为“LOWESS”)这个词是局部加权回归(locally weighted regression)的首字母缩略。

为数据拟合 LOESS 曲线

假定数据包括 n 个观察的两个变量 X 和 Y。这些数据可以在一个双变量散点图【Scatterplot】中展示,X 值为水平轴,Y 值为垂直轴。散点图的水平轴上也包括了 m 个点 v_j,其中 j 从 $1 \sim m$。这些 v_j 在 X 的整个值域内均匀分布。

LOESS 用一个“垂直的滑动窗口”沿散点图的水平轴移动。在每一个 v_j 处,这个窗口都会停下来估计一个单独的回归方程(使用加权最小二乘法【Weighted Least Squares】)窗口的宽度被加以调整,以便它总是能够涵盖总数据点中的给定比例(通常称为 α)。在此意义上,m 个回归方程中的每一个都是“局部的”,因为它只包括了落入当前窗口中的 αn 个观察的子集。此外,包括在每个局部回归中的观察都根据其与当前 v_j 的距离进行反比例加权,在当前窗口中靠近 v_j 的观察比远离 v_j 的观察对于局部回归线的位置有着更大的影响。

从每个局部回归中得到的系数被用来对当前窗口估计一个预测值,用 $\hat{g}(v_j)$ 代表。在散点图上可以绘出这 m 个有序配对 $(v_j, \hat{g}(v_j))$,叠加于 n 个数据点上。最后,相邻的拟合点用线段连接起来。这些 v_j 在水平轴上都紧密相接,因此连接起来的线段序列事实上看起来就像是穿过数据点的平滑曲线。观察生成的 LOESS 曲线就可以对 X 和 Y 之间的关系进行实质性的解释。

多变项 LOESS 的基本原则与双变量中的情况完全相同。但是,拟合窗口、v_j 与观察之间的距离、局部加权都是在 k 个自变量生成的 k 维子空间中计算出来的。多变项 LOESS 分析的最终结果是一个平滑曲面,在由自变量和因变量组成的整个$(k+1)$维空间中,这个平滑曲面往往会与数据点云团的中心重合。

LOESS 拟合参数

LOESS 是非参数的拟合程序。但是,分析者在分析前仍然必须要设定一些参数。这些参数值的选择是一个主观过程,但是涉及的考虑因素是很明确的。

第一,平滑参数 α。其定义为每个局部回归中包括的观察比例,它决定了局部拟合窗口的大小。较大的 α 值会生成更为平滑的 LOESS 曲线。通常的目标是找到能够捕捉数据中主要特征(即穿过数据点中的最密集区域)的 α 值中的最大值。

第二,分析者必须设定局部回归的形式是线性的还是二次方程【Quadratic Equation】的。决定通常要基于对数据的观察。如果数据显示出 X 和 Y 之间的关系总体上是单调【Monotonic】的,那么局部线性拟合就足够了。如果存在非单调的模式,有着局部最小值和/或局部最大值,那么二次局部回归可能会使得拟合曲面更符合数据的波动模式。

第三,分析者必须设定每个局部回归中是否要包括稳健性校正。因为每次局部回归中都只包括了相对较少的数据点,一些异常观察会给系数估计带来不利影响。稳健性步骤会降低任何离群值的影响,以确保拟合出的 LOESS 曲线穿过数据空间中分布最为紧密的区域。

结论

局部回归方法(如 LOESS)的最大优点在于它可以非常灵活地发现研究变量之间关系的确切本质。因此,局部回归是探索性数据分析【Exploratory Data Analysis】的重要工具。此外,这种方法的推论程序也已经发展出来,使得它在分析数据中可能存在的非线性【Nonlinear】关系特征时非常有用。主要缺点在于,这些方法的转出结果都是图形而非数值,即拟合出的平滑曲线或曲面本身。非参数的拟合方法不能用一个简单的方程式来概括数据。但是,与诸如线性回归分析等传统参数方法相比,局部回归更大程度地让数据"自己说话"。

——William G. Jacoby

(高勇译校)

参考文献

Cleveland, W. S., & Devlin, S. J. (1988). Locally weighted regression: An approach to regression analysis by local fitting. *Journal of the American Statistical Association*, *83*, 596-610.

Fox, J. (2000a). *Multiple and generalized nonparametric regression*. Thousand Oaks, CA: Sage.

Fox, J. (2000b). *Nonparametric simple regression*. Thousand Oaks, CA: Sage.

Jacoby, W. G. (1997). *Statistical graphics for univariate and bivariate data*. Thousand Oaks, CA: Sage.

Loader, C. (1999). *Local regression and likelihood*. New York: Springer.

局部加权回归(Loess)

参见局部回归【Local Regression】。

对数(Logarithm)

对数就是指数。它指的是一个底数——通常是 10 或 e——需要取多少次幂才能得到某一给定数值。因此,如果底数为 10,1 000 的对数就是 3,因为 $10^3 = 1\ 000$。

这一关系也可以用符号表示为 lg 1 000=3。对数函数【Function】将变量从原始单位变为对数单位。在上述例子中,1 000 被转换为 3,转换后的单位是以 10 为底的对数单位。最常用的底数有两个,底数 10 和底数 e(近似值为 2.718 2),其中以 e 为底数的自然对数函数在回归模型【Regression Model】中常被用来转换变量。但是,下面的讨论中将既包括常用对数函数(以 10 为底),也包括自然对数函数(以 e 为底),说明的是对数的一般性质。

常用对数函数将变量从 x 个原始单位转换为 y 个以 10 为底的对数单位。这也可以表示为 $y=\lg x$,或者等价地 $10^y=x$。表 1 中展示了以 10 为底的对数函数中,x 值(原始单位)和 y 值(以 10 为底的对数单位)之间的关系。x 的值以乘 10 的速度增加,y 的值以加 1 的速度增加。随着 x 逐渐增大,它要使得 y 值变动一个单位所需的变动幅度越来越大。例如,当 x 从 10 变动为 100 时,y 增加了 1,当 x 从 1 000 变动为 10 000 时,y 仍然只增加了 1。这说明了无论底数为何值,所有对数共有的一个特性:大于 1 的 x 值间的差距在随后的 y 尺度中收缩了。在实践中,这种“收缩”效应可以将较大的正值变小,这样在回归分析中就可以不用删除那些可能干扰分析的离群值【Outlier】。因此,对数函数常用于把有极端正值的变量转换为分布【Distribution】更为对称的变量。

表 1 以 10 为底的对数函数,以及 x 和 y 的关系

x	$y=\lg x$	$10^y=x$	y 的一个单位变动等于 x 的 90%变动
1	0	$10^0=1$	
10	1	$10^1=10$	{(10−1)/1}×100=90%
100	2	$10^2=100$	{(100−10)/10}×100=90%
1 000	3	$10^3=1\ 000$	{(1 000−100)/100}×100=90%
10 000	4	$10^4=10\ 000$	{(10 000−1 000)/1 000}×100=90%
100 000	5	$10^5=100\ 000$	{(100 000−10 000)/10 000}×100=90%

回归模型中包括对数转换【Transformation】似乎会让回归结果难以解释。但是,由于表 1 最后一列中展示出来的对数特性并不一定如此。对于底数为 10 的对数来说,y 增加 1 个单位(对数单位),x 会稳定地增加 90%(原始单位)。例如,回归模型中以 10 为底的对数被用作解释变量【Explanatory Variable】,相应的回归系数【Regression Coefficient】可以解释为解释变量变动 1 个单位(对数单位)或者变动 90%(原始单位)时结果变量的预期变动。

自然对数函数(以 e 为底数)展示了对数的其他一般特性。对数变换虽然在 x 取大的正值时会缩减差异,但是在 x 取大于 0 小于 1 的值时却会凸现差异。图 1 展示了这一特性,这是一个自然对数函数图,可以表示为 $y=\ln x$ 或 $y=\log_e x$。在 x 取值为更小的分数时,随着它越来越逼近于 0,y

以指数速度成为越来越大的负值。这种“延展”特性使得对数函数可以把取值范围为 0～1 的变量变换为更接近正态分布【Normal Distribution】的变量。图 1 也说明，如同所有的对数函数一样，自然对数函数在 x 取负值或零值时是没有定义的。

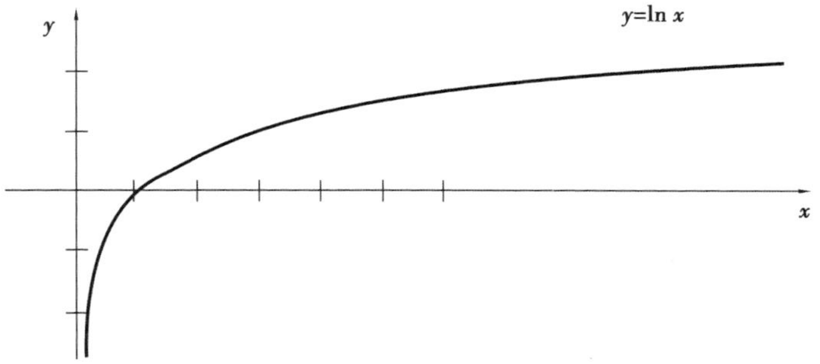

图 1 自然对数函数

——Jani S. Little

（高勇译校）

参考文献

Hamilton, L. C. (1990). *Modern data analysis: A first course in applied statistics*. Pacific Grove, CA: Brooks/Cole.

Hamilton, L. C. (1992). *Regression with graphics: A second course in applied statistics*. Pacific Grove, CA: Brooks/Cole.

Pampel, F. C. (2000). *Logistic regression: A primer*. Thousand Oaks, CA: Sage.

Swokowski, E. W. (1979). *Calculus with analytic geometry* (2nd ed.). Boston: Prindle, Weber & Schmidt.

逻辑模型(Logic Model)

逻辑模型是指一些理论假定或模型假定【Assumption】，用来说明项目要素与其预想的中长期后果之间的关系。在研究设计阶段，项目评估者常常用逻辑模型来为资料收集和分析提供整体框架，为评估策略提供概念和指引。模型假定也常被称为“项目理论(program theory)”，描述的是项目内容及原理，项目的工作流程，项目的预期成果。逻辑模型涵盖了项目理论的关键要素，提供了系统的路线图，设定了项目要素的相互关系，说明了可能影响所预想结果的内部和外部因素。

图 1 描述了逻辑模型的关键要素，包括如下内容：

- 项目目标。
- 支持项目的可用资源。
- 项目影响的目标总体【Population】或目标人群。
- 构成项目的要素或关键活动。
- 从项目中得到的项目输出或产出。
- 项目的中间后果和长期后果。
- 项目之外可能影响项目结果的前置变量(antecedent variable)或因素。
- 项目之外可能影响项目设想的中间后果或长期后果的中介事件或干扰事件。

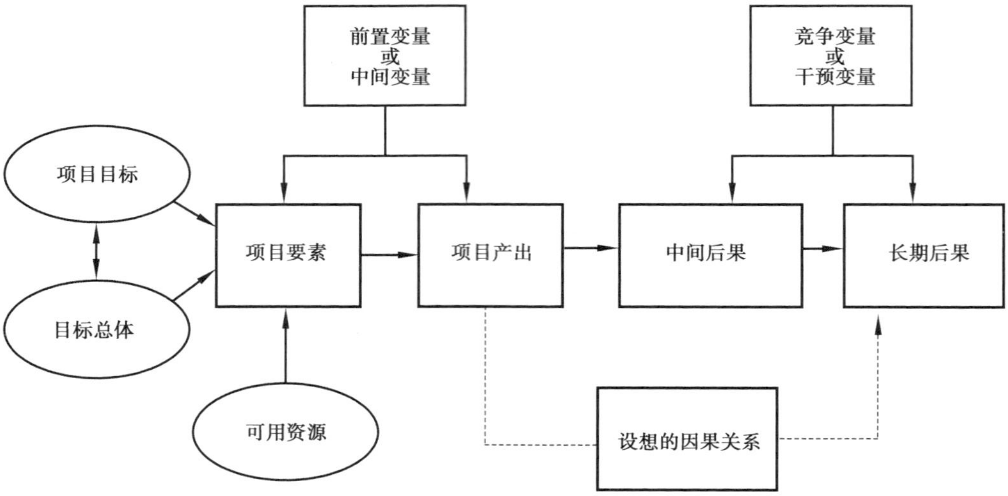

图 1　通用的项目评估逻辑模型

如殷(Yin,1998)所言,对于项目评估者而言,逻辑模型的长处在于,它清晰全面而且足够详尽地描述了事件的链条或彼此关系,有利于对链条中的每一步骤进行操作化测量【Measure】。评估者使用这些操作化测量来制订资料收集策略(即需要收集哪些定量数据和定性资料来全面测量项目的输出或结果)和分析策略(即什么样的中介事件和干扰事件会影响项目结果)。

在全面的逻辑模型中,操作化测量包括从多种来源得到的资料,然后对资料进行汇聚,研究者借此更为清晰地了解评估的每一阶段。例如,评估项目输出的中间结果就可以从不同的目标总体或利益相关方进行。与此类似,前置变量或竞争变量(rival variable)可能以不同方式影响到不同的目标人群中的项目输出和结果。评估策略采用多视角或多投入(input)而非单一投入,可以更好地说明项目的预期后果在评估的每一阶段中实现的程度。

除了用于项目评估,项目管理者也在项目设计和项目实施中用逻辑模型来帮助决策、制订策略,报告项目成果时还可以用逻辑模型作为框架。逻辑模型可以用于向利益相关方说明要获得预期成果需要哪些关键因素,哪些事件序列潜在地影响着项目后果,对于不同目标总体何种绩效测量是最相关的,项目在不同目标总体间有何不同后果,有哪些项目不能控制的因素影响了项目参与者或目标总体的中间结果和长期结果,取得预期成果需要哪些资源。

——Georgia T. Karuntzos

(高勇译校)

参考文献

Cooksy, L. J., Gill, P., & Kelly, P. A. (2001). The program logic model as an integrative framework for a multimethod evaluation. *Evaluation and Program Planning*, *24*, 119-128.

Julian, D. A. (1997). The utilization of the logic model as a system level planning and evaluation device. *Evaluation and Program Planning*, *20*(3), 251-257.

Millar, A., Simeone, R. S., & Carnevale, J. T. (2001). Logic models: A system tool for performance management. *Evaluation and Program Planning*, *24*, 73-81.

Yin, R. K. (1998). The abridged version of case study research. In L. Bickman & D. J. Rog (Eds.), *Handbook of applied social research methods* (pp. 229-259). Thousand Oaks, CA: Sage.

逻辑经验主义(Logical Empiricism)

参见逻辑实证主义【Logical Positivism】。

逻辑实证主义(Logical Positivism)

逻辑实证主义,有时也被称为逻辑经验主义,是一种生发于1920年代但直到1950年代仍然有极大影响的哲学路数。当时物理学和数学领域的快速发展激励和启迪了逻辑实证主义。逻辑实证主义者的首要任务是分析科学推理和知识的结构。这之所以重要,是因为他们把科学视为智识发展和社会发展的典范。

逻辑实证主义结合了经验主义【Empiricism】和由罗素、弗雷格等创立的新数理逻辑。它的核心命题是,所有有意义的陈述在本质上要么是经验的,要么是逻辑的。这最初被解释为,这些命题要么是有待观察证据检验的,要么是定义问题,因此是同义反复——这一原则被称为可验证性原则。它认为许多哲学讨论和神学讨论完全没有意义,应当排除。通过应用这一原则,它希望能够发现真正的问题,而不是那些由于语言误用而产生的问题。常常被排除在外的,不仅包括那些关于上帝或绝对精神(the Absolute)的陈述,而且包括那些经验之外的"真实"世界的陈述。

逻辑实证主义的核心理念之一是对发现情境(the context of discovery)和证明情境(the context of justification)的区分,即对科学家如何产生想法和如何验证科学结论的区分。逻辑实证主义者专注于后者。此外,他们认为科学在方法层面上是一个整体:他们拒绝承认自然科学和社会科学之间存在本质差异。事实上,他们把哲学本身也视为科学的一部分。

逻辑实证主义思想是由维也纳学派和柏林学派提出的,这是由哲学家、数学家、科学家组成的小组,他们在1920年代和1930年代常常聚会。维也纳学派在其中最具影响力,发表了宣言,拥有自己的期刊。尽管主要关注自然科学,但有几位成员也对社会问题和政治问题很感兴趣。事实上,其中一位成员奥图·纽拉特是社会学家,有一段时间里成了一名社会主义政治家。逻辑实证主义者认为他们的哲学可以在削弱宗教和其他非理性思想来源方面起到重要作用。其他两位重要的20世纪哲学家,维特根斯坦和波普尔,都和维也纳学派有着密切联系——事实上维特根斯坦的《逻辑哲学论》(*Tractatus Logico-Philosophius*)对早期的逻辑实证主义有着很大影响——但是他们两人都是逻辑实证主义的批评者,虽然原因有所不同。在1930年代,由于欧洲大陆上法西斯主义兴起,维也纳学派的主要人物开始移居到英国和美国,这使得逻辑实证主义在英美世界中流行起来,艾耶尔的畅销书《语言、真理与逻辑》(*Language, Truth and Logic*)也对其流行起作用。

逻辑实证主义从来没有成为统一的思

想体系,它对社会科学方法发展的影响也可能并不像通常认为的那样大;虽然操作化论【Operationism】在20世纪前半叶肯定对心理学有很大影响,对社会学也有所影响。在社会科学中,这些思想与关于科学本质的旧观念有所冲突,特别是关于物理现实的研究和社会现实的研究必须采取不同形式的思想。

逻辑实证主义者自己也意识到了他们最初的主张中存在的问题,并且花了很大力气和心思来努力解决这些问题。一个问题与可验证性原则本身的认识论定位有关:这个原则是有待观察来检验的经验陈述,还是与定义有关的同义反复陈述?它并不能够很容易地划分到某一个类别中,所以有些评论者认为这个原则本身就是自相矛盾的。

另外一个问题源于逻辑实证主义者的经验主义:他们认为存在着非推论性的经验原始材料,如直接观察,可以提供无可置疑的知识基础。但是人们逐渐认识到,任何观察只要被系统地表达出来都会依赖于一些假定,不依赖一些假定这些观察也无法得到检验。因此,实证主义者在理论陈述和经验陈述之间力图作出的鲜明区分并不能成立。

逻辑实证主义者也未能对归纳【Induction】问题提出满意的解答:如何从特殊性的经验材料中得到普遍性的理论结论,同时保有与演绎论证同等的逻辑确定性。事实上,任何经验材料都可以有多种理论解释,从可验证性原则来讲,这可能使得科学理论变得毫无意义。有鉴于此,逻辑实证主义者逐渐用更合理的说法来表达这一原则。结果,他们开始对科学提出了更为现实的叙述,但是这一变化又使得原本清晰的界限变得模糊起来,逻辑实证主义者原本认为那些界限之外的东西都是无意义的形而上学。

直到1950年代,逻辑实证主义都在主导着科学哲学,但自此之后,人们广泛认识到他们面临的问题是无法解决的。因此,一些哲学家(如奎因)抛弃了其核心要素,但保留了其立场中的精神实质。另外一些人(如卡拉托什和贵耶拉本德)采纳了科学哲学的其他解释,如波普尔的解释,努力在此基础上有所建树。也有一些人的反应是采纳了实用主义立场(如罗蒂),或者采纳了维特根斯坦的著作,或者采纳了欧洲大陆哲学运动的立场。对逻辑实证主义的失势也有一些极端的反应,如将科学哲学完全还原为科学史或科学社会学,拒绝将自然科学作为科学的典范,甚至完全放弃了理性的研究方法可以存在这一想法。

——Martyn Hammersley

(高勇译校)

参考文献

Achinstein, P., & Barker, S. F. (1969). *The legacy of logical positivism*. Baltimore: Johns Hopkins University Press.

Ayer, A. J. (1936). *Language, truth and logic*. London: Victor Gollancz.

Friedman, M. (1991). The re-evaluation of logical positivism. *Journal of Philosophy*, *88* (10), 505-519.

Passmore, J. (1967). Logical positivism. In P. Edwards (Ed.), *The encyclopedia of philosophy* (Vol. 5, pp. 52-57). New York: Macmillan.

Reichenbach, H. (1951). *The rise of scientific philosophy*. Berkeley: University of California Press.

Logistic 回归(Logistic Regression)

结果变量(Y)的取值只能是两个离散值——事件发生或不发生,对一道态度问题的回答"是"或"否",某一种特征存在或不存在,通常各自编码为 1 或 0(或者 1 或 2)——这种情形在社会科学研究的许多领域都非常普遍,如研究高中生是否会辍学、是否会找到工作、是否会加入工会、是否会生孩子、是否投票给某一位候选人、是否赞成死刑等。Logistic 回归是对这种类型的离散结果进行统计建模的常用工具。

这种技术的整体框架和许多特征基本类似于最小二乘(OLS)回归,特别是线性概率模型;OLS 回归中的许多应多加小心之处以及其解决方法(如回归诊断)也同样适用。但是,它的统计假设基础与 OLS 有所不同,放得更宽,以便处理结果变量的有限取值以及引发的问题——因为作为自变量函数的结果变量的取值只有两个;误差项不再是连续的、同方差的或者正态分布的;预测概率不再是线性约束的,它不可能大于 1,也不可能小于 0。

Logistic 回归拟合一条特殊的 S 形曲线,方法是先对解释变量进行线性组合,然后通过 Logistic 函数(参见 Probit 分析【Probit Analysis】)对其进行转换,如下所示:

$$\ln[p/(1-p)] = a + BX + \mathrm{e}$$

其中 p 是结果变量取值为 1 的概率,BX 代表 $b_1x_1+b_2x_2+\cdots+b_nx_n$。模型因此估计的是 Logit,它是结果变量等于 1(即事件发生、态度正面、特征存在)或 0(即事件未发生、态度负面、特征不存在)的发生比的自然对数。此时,结果变量等于 1 的概率为:

$$p = [\exp(a + BX)]/[1 + \exp(a + BX)]$$

或者

$$p = 1/[1 + \exp(-a - BX)]$$

注意,p 和其 Logit 之间的关系是非线性的,如图 1 所示:在 p 的中段,关系是接近线性的,但是当接近其极值(0 或 1)时,关系变成了非线性,p 同样程度的变动引起的 Logit 变动越来越大。

对于大样本来说,最大似然估计【Maximum Likelihood Estimation】,MLE 的估计参数是无偏的、有效的、正态分布的,因此可以进行统计显著性检验。这种方法可以推广于结果变量有三个或多个类别(多分类或多项因变量)的情形中。

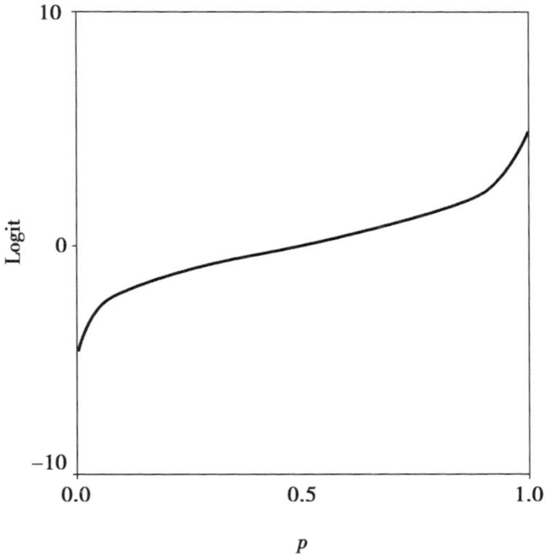

图 1 p 和 Logit 之间的关系

示例

为了说明 Logistic 回归的应用及结果意义,我们使用了综合社会调查(General

Social Survey）中对死刑态度的数据："你赞成还是反对对犯谋杀罪的人处以死刑?"在1998年的2 599个有效回答中，1 906人（73.3%）表示赞成，693人（26.7%）表示反对。下面的分析考察了种族（白人=1，非白人=0）和教育程度对应因变量【Depedent Variable】的影响，因变量中那些赞成者取值为1，反对者取值为0，控制变量为性别（男性=1，女性=0）和年龄。

标准 Logistic 回归输出包括两个部分：一部分显示模型的总体拟合程度，另一部分报告参数估计。在第一部分中，有几个统计量可以用于比较备择模型，或者评估单个模型的表现。

（1）模型的似然比统计量【Likelihood Ratio】，G^2或L^2，用于确定模型相对于只包括常数项的约束模型是否整体上统计显著。它服从k个自由度的分布，其中k为自变量【Independent Variable】数目。在本例中，我们得到$G^2 = 156.59$，$df = 4$，$p < 0.000$。模型的卡方表明，预测模型比约束模型有明显提升。

（2）评估 Logistic 回归模型表现的另一种方法需要对观察到的结果和预测出的结果进行交叉分类，然后用正确预测的比例来概括两者之间的对应程度。在本例中，表1显示模型正确地预测了73.3%的案例。总体而言，这个值越大，模型拟合就越好。但是这些结果在很大程度上取决于结果变量原来的分布。

（3）其他评估模型整体拟合程度的统计量（伪R^2）类似于OLS中的R^2，但是它们并不能用于假设检验。

表1　交叉分类表

观察到的结果	预测出的结果		正确/%
	反对(0)	赞成(1)	
反对(0)	83	605	12.1
赞成(1)	86	1 811	95.5
整体/%			73.3

表2　Logistic 回归系数估计

自变量	B	SE	Wald 统计量	df	p	Exp
教育程度	−0.056	0.016	11.586	1	0.001	0.946
年龄	−0.006	0.003	4.348	1	0.037	0.994
性别（男=1）	0.481	0.095	25.843	1	0.000	1.617
种族（白种人=1）	1.190	0.107	124.170	1	0.000	3.289
常数	0.922	0.271	11.577	1	0.001	2.514

估计系数通常会在输出中的第二部分给出,格式与 OLS 中类似(参见表 2)。分析者可用 Wald 统计量(自由度为 1 的 χ^2 分布)来检验备择假设,看看系数是否显著地不等于零。在我们的死刑态度例子中,模型中包括的所有自变量在 0.05 水平下都是显著的。但是对系数的解释是完全不同的。Logistic 回归系数表示的是,在控制模型中其他变量的条件下,自变量每一单位变动导致的 Logit 变动。例如,教育的系数为 -0.056,表示受教育年数每增加一年,将会使得 Logit 减少 0.056。另一种更直观的方法是将系数指数化,它表示在优势比上的自变量统计效应。它是乘积性的,因为如果其取值为 1 表明自变量没有效应;取值大于 1 表明存在正效应;取值小于 1 表明存在负效应。例如,在控制其他变量的条件下,受教育年数每增加一年将会使赞成死刑的发生比降低为 0.946 倍。另一种方法是计算一组自变量取值的预测概率。图 2 表明了教育对赞成死刑概率的影响。图中的线分别代表女性非白人(*)、男性非白人(▲)、女性白人(+)、男性白人(△),年龄取值固定为样本均值。

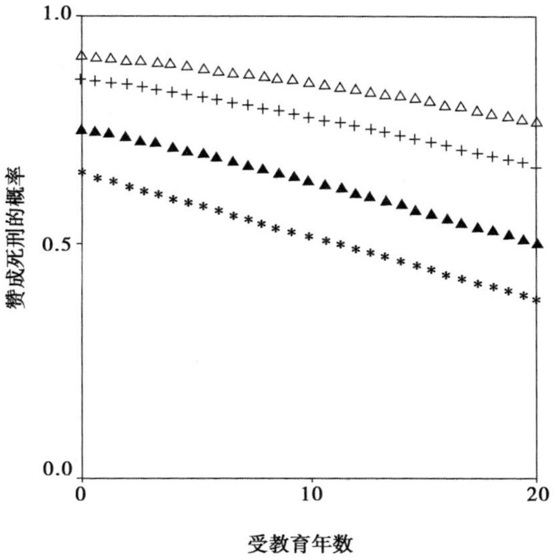

图 2 分教育、种族、性别的赞成死刑概率

——Shin-Kap Han
C. Gray Swicegood
(高勇译校)

参考文献

Liao, T. F. (1994). *Interpreting probability models: Logit, probit, and other generalized linear models*. Thousand Oaks, CA: Sage.

Long, J. S. (1997). *Regression models for categorical and limited dependent variables*. Thousand Oaks, CA: Sage.

Menard, S. (1995). *Applied logistic regression analysis*. Thousand Oaks, CA: Sage.

Pampel, F. C. (2000). *Logistic regression: A primer*. Thousand Oaks, CA: Sage.

Logit

"Logit"是事件发生或者状态存在的发生比(odds)的自然对数。例如,如果 $P(Y)$ 是某人使用计算机或者某人犯罪的概率,那么 $\text{Logit}(Y) = \ln[P(Y)/(1-P(Y))]$。$P(Y)<0.5$ 时,Logit 为负;$P(Y)=0$ 时,Logit 为负无穷;$P(Y)>0.5$ 时,Logit 为正;$P(Y)=1$ 时,Logit 为正无穷。$P(Y)=0.5$ 时,由于 1 的自然对数为零,$\text{Logit}(Y)=\ln[(0.5)/(0.5)]=\ln(1)=0$。在 Logistic 回归【Logistic Regression】和 Logit 模型【Logit Model】中,原来的因变量为二分变量,其 Logit 被用来作为模型中的因变量。

——Scott Menard

(高勇译校)

Logit 模型(Logit Model)

Logit 模型是对数线性模型【Log-Linear Model】的变体,用于分析定类变量,两者之间的关系类似于连续变量【Continuous Variable】分析与普通最小二乘【Ordinary Least Squares】回归分析的关系。对数线性模型和 Logit 模型的基本构想始于这样一个假定:我们处理的是一个二维或多维的列联表【Contingency Table】(由两个或多个变量代表),每个维度上都有两个或多个类别,这些类别可以是定序的,但通常被认定是无序的。对分类【Categorical】变量构成的二维列联表的分析是相对简单的问题,基本统计学课本中都会讲到。但是,如果表格包括三个或多个分类变量时,设法在一张纸的二维空间中安排多维表的各种排列方式就会变得困难无比。

对数线性模型用于汇总三维和更高维的列联表,方式是考虑表中每个变量对表中每个单元格中观察频数的影响;它也用于显示表中变量间的关系。如诺克和伯克(Knoke & Burke, 1980, p.11)所言,一般对数线性模型(general log-linear model)并不区分自变量和因变量,而是把所有变量都视为自变量,对其彼此关联建模。基于模型的期望单元格频数(如三维表中就是 F_{ijk})被认为是模型中所有变量的函数。Logit 模型在数学上与对数线性模型完全相同,但是其中有一个变量被认为是因变量,而不是对期望单元格频数建模;因变量是某一类别(而非其他类别)的发生比(odds)被建模为其他(自)变量的函数,而不是对期望频数建模。

一般对数线性模型

以一个三维列联表为例,其中变量 A 为性别(0 = 男性, 1 = 女性),变量 B 为种族(1=白人,2=黑人,3=其他),变量 C 是计算机的使用情况,表明被访者是否使用计算机(0=不使用,1=使用)。每个变量的类别标注如下:对于变量 A 而言,$i=0,1$;对于变量 B 而言,$j=1,2,3$;对于变量 C 而言,$k=0,1$。对于一个三变量的列联表而言,饱和模型(saturated model)就是包括每个变量的效应,以及模型中变量间所有可能的交互【Interaction】作用效应的模型。使用对数线性模型的符号:

$$F_{ijk} = \eta \tau_i^A \tau_j^B \tau_k^C \tau_{ij}^{AB} \tau_{jk}^{BC} \tau_{ijk}^{ABC} \quad (1)$$

方程左端的每一项都与其他项相乘,各项的意义如下:

F_{ijk} =单元格(i, j, k)的频数,如果模型正确则有望拟合。

η=表中每个单元格频数的几何平均数,$\eta=(f_{010}f_{020}f_{030}f_{110}f_{120}f_{130}f_{011}f_{021}f_{031}f_{111}f_{121}f_{131})^{1/12}$。

τ_i^A=A 对于单元格频数的效应(A 的每个类别都有一个效应,有一个效应是冗余的);类似地,τ_j^B 和 τ_k^C 分别是 B 的效应和 C 的效应。

τ_{ij}^{AB}=A 与 B 的交互效应;A 和 B 不独立而产生的效应;类似地,τ_{ik}^{AC} 和 τ_{jk}^{BC} 分别是 A 与 C 的交互效应和 B 与 C 的交互效应。

τ_{ijk}^{ABC}=A 与 B 与 C 的三维交互效应。

对数线性模型与 Logit 模型的记号并不存在单一标准。戈德曼(Goodman,1973)提出了两种记号,第一种记号[方程(1)使用的记号]用系数的指数来表示行和列,这越来越多地用于对数线性分析中。第二种记号用于 Logit 模型而非一般的对数线性模型中,表中的行列变量用虚拟变量 $X_1,X_2,\cdots,X_k$ 来表示。第三种记号是拟合边缘记号,常用于对数线性模型而非 Logit 模型中,需要用大括号来表明各种效应,例如,将式(1)中的饱和模型表示为 $\{A\}\{B\}\{C\}\{AB\}\{AC\}\{BC\}\{ABC\}$。

在式(1)中的乘积模型中,如果结果中 $\tau>1$,则单元格中频数大于几何平均数,如果 $\tau<1$,则单元格中频数小于几何平均数。如果 $\tau=1$,则此效应对于单元格频数没有影响(单元格频数乘以 1 仍然不变,这类似于 OLS 回归中系数为零)。由于饱和模型包括了所有可能的效应和所有可能的交互作用,它可以完美地重现单元格频数,但是它没有自由度【Degrees of Freedom】。通过约束某些效应参数(τ)等于 1(换言之,从模型中将之排除),我们获得了自由度,因此可以检验模型对观察数据的拟合程度如何。

对式(1)中的饱和模型取自然对数【Logarithm】,可以得到下式:

$$\ln(F_{ijk})=\ln(\eta)+\ln(\tau_i^A)+\ln(\tau_j^B)+\ln(\tau_k^C)+\ln(\tau_{ij}^{AB})+\ln(\tau_{ik}^{AC})+\ln(\tau_{jk}^{BC})+\ln(\tau_{ijk}^{ABC}) \quad (2)$$

或者

$$V_{ijk}=\theta=\lambda_i^A+\lambda_j^B+\lambda_k^C+\lambda_{ij}^{AB}+\lambda_{ik}^{AC}+\lambda_{jk}^{BC}+\lambda_{ijk}^{ABC} \quad (3)$$

其中 $V_{ijk}=\ln(F_{ijk})$,$\theta=\ln(\eta)$ 并且对于相应的每个效应来说 $\lambda=\ln(\tau)$。式(2)和式(3)将式(1)中的乘积模型转换成了与 OLS 回归更类似的加法模型。在式(3)中,如果某个效应的 $\lambda=0$,则表明此效应不存在。例如,如果 A 与 B 之间的交互作用对单元格频数没有影响,则 $\lambda_{ij}^{AB}=0$,这对应于 $\ln(\tau_{ij}^{AB})=0$,因为 $\tau_{ij}^{AB}=1$,则有 $\ln(1)=0$。如诺克和伯克(Knoke & Burke,1980)所言,模型的加法形式有几个优势,包括易于计算的标准误差,因此易于决定参数的统计显著性。

Logit 模型

在式(1)、式(2)、式(3)所描述的对数线性模型中,所有的三个变量都有同样的概念地位。对"是否使用计算机"这一变量的处理和性别或种族没有任何差异。但是,从实质意义上讲,我们可能感兴趣的问题是种族或性别对使用计算机与否的影响。Logit 模型是对数线性模型的一种变体,在模型中我们会选择一个变量作为因变量,而将其他变量作为预测变量或自变量。对于式(1)饱和模型中二分因变量 C(是否使用计算机)来说,我们可以将被访者使用计算机的期望比率 Ω_C 表示为使用计算机的期望频率

F_{ij1} 与不使用计算机的期望频率 F_{ij0} 之比：

$$\begin{aligned}\Omega_C &= (F_{ij1}/F_{ij0})\\ &= (\eta\ \tau_i^A\ \tau_j^B\ \tau_1^C\ \tau_{ij}^{AB}\ \tau_{i1}^{AC}\ \tau_{j1}^{BC}\ \tau_{ij1}^{ABC})/\\ &\quad (\eta\ \tau_i^A\ \tau_j^B\ \tau_0^C\ \tau_{ij}^{AB}\ \tau_{i0}^{AC}\ \tau_{j0}^{BC}\ \tau_{ij0}^{ABC})\\ &= (\tau_1^C\ \tau_{i1}^{AC}\ \tau_{j1}^{BC}\ \tau_{ij1}^{ABC})/(\tau_0^C\ \tau_{i0}^{AC}\ \tau_{j0}^{BC}\ \tau_{ij0}^{ABC})\end{aligned} \tag{4}$$

其中的 $\eta, \tau_i^A, \tau_j^B, \tau_{ij}^{AB}$ 从等式的分母和分子中都消掉了，剩下的所有项都包括变量 C。如果我们对式(4)取自然对数，因变量变成了“是否使用计算机”的对数比率，或者被访者是否使用计算机的概率的 Logit：$\ln(\Omega_C) = 2\lambda^C + 2\lambda_i^{AC} + 2\lambda_j^{BC} + 2\lambda_{ij}^{ABC}$，或者如果 $\beta = 2\lambda$ 且 $\text{Logit}(C) = \ln(\Omega_C)$，则上式可以重新表示为：

$$\begin{aligned}\text{Logit}(C) &= \ln(\Omega_C)\\ &= \beta^C + \beta^{AC} + \beta^{BC} + \beta^{ABC}\end{aligned} \tag{5}$$

戈德曼(Goodman，1973)，哈奇森和索弗罗尼奥(Hutcheson & Sofroniou，1999)，鲍尔斯和谢(Powers & Xie，2000)等人描述或使用过虚拟变量【Dummy Variable】符号来表示上式，形式如下：

$$\begin{aligned}\text{Logit}(C) = \beta_0 &+ \beta_1 X_{A=1} + \beta_2 X_{B=2} +\\ &\beta_3 X_{B=3} + \beta_4 X_{A=1} X_{B=2} +\\ &\beta_5 X_{A=1} X_{B=3}\end{aligned} \tag{6}$$

此处，X 变量的下标暗示了哪个类别被作为参照组省略掉了：男性($A=0$)是变量 A 的参照组，白人($B=1$)是变量 B 的参照组。$X_{A=1}$ 是女性的虚拟变量；$X_{B=2}$ 和 $X_{B=3}$ 分别是黑人的虚拟变量和其他种族的虚拟变量；方程中的最后两项表示性别与种族(A 与 B)的交互作用。式(5)和式(6)表示的模型完全相同，它们只是对模型中包括哪些效应的两种不同的表示方式。

在 Logit 模型中也可以包括连续、定距或者定比尺度的预测变量(DeMaris，1992)。有时，人们这样区分 Logistic 回归和 Logit 分析，Logistic 回归是处理连续的预测变量的方法，而 Logit 分析是一种处理类别的预测变量的方法，但这样的区分有些武断。从形式上看，这两种模型是相同的，两者都能够处理连续的和类别的预测变量。它们的区分主要在于估计参数的数值技术不同，它们的表示方式也不同，Logistic 回归模型看起来更像一般最小二乘回归模型，而 Logit 模型看起来更像一般的对数线性模型。

多项变量的 Logit 模型

假如我们现在的因变量不是“是否使用计算机”，而是类别变量“对冰淇淋的偏好”，其中 1=香草味，2=巧克力味，3=草莓味，4=其他。有多种方法可以分析这种类别中不存在自然排序的多项变量，其中一种就是多项 Logit【Multinomial Logit】模型，其中一个类别(如 4=其他)被作为参照组，其他三个类别分别与这个参照组进行比较。由于参照组不能与自身相比，结果会有 $k-1=3$ 个方程，每个方程代表着每个类别与参照组进行相比，我们对式(6)中的系数加入下标来表示我们在拿哪一个类别与参照组相比：

$$\begin{aligned}\text{Logit}(C_1) &= \ln[P(C=1)/P(C=4)]\\ &= \ln(F_{ij1}/F_{ij4}) = \beta_1^C + \beta_1^{AC} + \beta_1^{BC} + \beta_1^{ABC}\\ \text{Logit}(C_2) &= \ln[P(C=2)/P(C=4)]\\ &= \ln(F_{ij2}/F_{ij4}) = \beta_2^C + \beta_2^{AC} + \beta_2^{BC} + \beta_2^{ABC}\\ \text{Logit}(C_3) &= \ln[P(C=3)/P(C=4)]\\ &= \ln(F_{ij3}/F_{ij4}) = \beta_3^C + \beta_3^{AC} + \beta_3^{BC} + \beta_3^{ABC}\end{aligned}$$

其中的 $P(C=1)$ 是预测变量给定时 C 取值为 1 的概率，$P(C=2)$ 是预测变量给定时 C 取值为 2 的概率，以此类推。这些方程表明了性别和种族在多大程度上能够预测人们喜欢香草味[$\text{Logit}(C_1)$]、巧克力味

[Logit(C_2)]、草莓味[Logit(C_3)]而非其他味道的冰淇淋。多项 Logit 模型有($k-1$)组系数,因此解释起来更为复杂,但是它避免了将因变量武断地再编码为一个二分变量的做法。

假定现在因变量 C 代表着不同的学业获得,其中 1 = 没有高中毕业,2 = 高中毕业但没有大学学位;3 = 大学毕业但没有研究生学位;4 = 研究生学位(硕士或博士)。我们可以如前所述构建一个多项模型,但是现在的类别中存在从低到高的教育水平自然排序,这一信息可以让我们构建一个更简单的模型。如果将第四个类别(研究生学位)作为参照组,我们有理由认为,性别和种族对大学学位与研究生学位之间的差异的影响,与性别和种族对大学学位与高中文凭之间的差异的影响是相同的(也就是说,不论比较的是哪两个相接的教育水平,性别和种族对从一种教育水平升学进入高一级教育水平的影响都是相同的)。如果上述假定成立,我们就可以使用相邻类别 Logit(adjacent categories Logit)模型,其中 $\ln[P(C=k)/P(C=k+1)] = \sum\beta_k^C + \beta^{AC} + \beta^{BC} + \beta^{ABC}$,或者,对于此处使用的四类别因变量来说,$\text{Logit}(C) = \beta_1^C + \beta_2^C + \beta_3^C + \beta^{AC} + \beta^{BC} + \beta^{ABC}$,只有 β^C 的系数有下标,这说明每个类别的 Logit 回归线有着不同的起始点[也被称为界限值(threshold),非常类似于多项 Logit 回归中的截距]。另一种可能是使用累积 Logit(cumulative logit)模型,这一模型的方程与前面模型基本相同,但是因变量使用的 Logit 有所不同:$\ln[P(C\leqslant k)/P(C>k)] = \sum\beta_k^C + \beta^{AC} + \beta^{BC} + \beta^{ABC}$,或者,对于四类别因变量$C$=“教育获得”来说,$\text{Logit}(C) = \beta_1^C + \beta_2^C + \beta_3^C + \beta^{AC} + \beta^{BC} + \beta^{ABC}$。实际上,相邻类别 Logit 模型和累积 Logit 模型假定每个类别的 Logit 回归线都是平行的,只是起始点有所不同。换言之,这些变量间的关系系数是稳定的,但是在因变量的每个水平上有着不同的起始点。其他一些 Logit 模型也可以用于分析定类因变量,相关评述可以参看 Long(1997)。

(二分的)Logit 模型及其变体 Logistic 回归【Logistic Regression】是最常用于分析二分因变量的两种模型之一,而且比 Probit 模型更为常用。多项 Logit 模型是如今社会科学家最常用来分析有两个或多个预测变量的多项定类因变量的模型。但是,定序 Logit 模型只是最常用于分析多项定序类别因变量的方法之一。如梅纳德(Menard,2002)所概括的,其他选择包括定序 Probit 模型,将定序因变量处理为它们代表了定距或定比尺度的变量,定序回归,使用有着多分格相关(polychoric correlation)的结构方程模型。可以对定序 Logit 模型中斜率项是否平行进行检验,如果不平行,使用多项 Logit 模型或者其他模型可能比定序 Logit 模型更恰当,即使数据是定序类别的。广而言之,Logit 模型族,特别是如果我们将 Logistic 回归包括起来,是目前社会科学中分析类别因变量时使用最广泛的方法。

——Scott Menard

(高勇译校)

参考文献

DeMaris, A. (1992). *Logit modeling*. Newbury Park, CA: Sage.

Goodman, L. A. (1973). Causal analysis of data from panel studies and other kinds of surveys. *American Journal of Sociology*, *78*, 1135-1191.

Hutcheson, G., & Sofroniou, N. (1999). *The multivariate social scientist: Introductory statistics using generalized linear models*. London: Sage.

Knoke, D., & Burke, P. J. (1980). *Log-linear models*. Beverly Hills, CA: Sage.

Long, J. S. (1997). *Regression models for categorical*

and limited dependent variables. Thousand Oaks, CA: Sage.
Menard, S. (2002). *Applied logistic regression analysis* (2nd ed.). Thousand Oaks, CA: Sage.
Powers, D. A., & Xie, Y. (2000). *Statistical methods for categorical data analysis*. San Diego: Academic Press.

对数线性模型(Log-Linear Model)

社会科学中定类变量的交叉表(列联表【Contingency Table】)无处不在,对数线性模型是分析这些表的强大而灵活的工具。对数线性模型可以直接类比于通常用来进行方差分析【Analysis of Variance】的线性模型。当然,有些重要的问题是列联表分析独有的,这些问题是本词条主要关注的内容。

本词条开始会用 2×2 列联表来展示对数线性模型,从基本概念和这种简单情境中的模型出发,我们会逐步扩展来说明对数线性模型如何用于每个变量的类别超过两个的情况,如何用于变量数超过两个的情况,如何用于两个变量类别间存在一一对应关系的情况。要理解对数线性模型及其应用,优势比【Odds Ratio】的概念和意义是基础,这一点会贯穿始终。

关联:2×2 列联表,对数优势比,对数线性模型参数

相关系数是评估两个连续变量的(线性)关联【Association】的标准测量,经典线性回归【Linear Regression】中的参数与之密切相关。优势比是对数线性模型中的类似测量,对数线性模型还有许多扩展形式,都可以用于定类变量间的关联分析和建模。也就是说,用对数发生比、对数优势比、对数优势比的比较就可以直接解释对数线性模型中的参数。线性模型可类比于方差分析之处在于,模型中的参数可以用均值、均值差、均值比较来进行解释。此外,测量关联的对数优势比和建立在对数发生比基础上的回归模型参数有着密切的联系,正如偏相关【Partial Correlation】系数和普通线性回归中的回归系数【Regression Coefficient】有着密切联系一样。

对数线性模型的基本概念和参数化可以很容易地用 2×2 列联表来说明。令 π_{ij} 为在一个 2×2 列联表位于第 i 行第 j 列单元格中的概率,令 n_{ij} 为相应的观察数目。例如,1973 年加州伯克利分校 101 个研究生项目共有 12 763 名申请人,表 1 是这些申请人的性别和是否被录取的交互表(参见 Agresti, 1984, pp. 71-73)。

表 1 伯克利研究生录取数据

性别	是否被录取	
	是	否
男性	3 738	4 704
女性	1 494	2 827

在此例中,n_{11} = 3 738,n_{12} = 4 704, n_{21} = 1 494, n_{22} = 2 827。这些数据被用来分析研究生录取中是否存在性别偏向,因为简单算一下就知道超过 44%的男性被录取(3 738/8 442>0.44),只有不到 35%的女性被录取(1 494/4 321<0.35)。对数线性模型可以用来检验录取决策是(在统计上)独立于申请者性别的,还是两者之间

存在关联。

2×2 列联表中单元格概率 π_{ij} 的对数线性模型表达式为：

$$\ln(\pi_{ij}) = \lambda + \lambda_i^R + \lambda_j^C + \lambda_{ij}^{RC}$$

其中的“ln( )”用来表示自然对数函数，λ_i^R，λ_j^C，λ_{ij}^{RC}分别是需要从数据中估计的行参数、列参数和关联参数。统计独立模型就是当 $\lambda_{ij}^{RC}=0$ 对于所有（i，j）都成立时的简化模型。如果 R（行）变量（即申请人性别）与 C（列）变量（即录取决策）并不彼此独立，那么 λ_{ij}^{RC} 就代表了 R 与 C 的关联，这些项目间的比较可以很容易地解释成为评估 R 与 C 的关联程度的对数优势比，即

$$\ln\left(\frac{\pi_{11}\pi_{22}}{\pi_{12}\pi_{21}}\right) = \lambda_{11}^{RC} - \lambda_{12}^{RC} - \lambda_{21}^{RC} + \lambda_{22}^{RC}$$

注意，如同方差分析的线性模型一样，要解出对数线性模型中的个体参数，就必须加入约束条件（例如对于所有 i 和所有 j 来说，$\lambda_1^R=\lambda_1^C=\lambda_{1j}^{RC}=\lambda_{i1}^{RC}=0$，但是无论选择何种对 λ 项的约束条件，$\lambda_{11}^{RC}-\lambda_{12}^{RC}-\lambda_{21}^{RC}+\lambda_{22}^{RC}$都是对数优势比。

通常用最大似然法【Maximum Likelihood】来估计对数线性模型及其参数；在伯克利录取数据的例子中，如不假定 R 与 C 是独立的，模型中 $\ln(\pi_{ij})$ 的最大似然估计是 $\ln(n_{ij}/N)$，其中的 N 是总样本量。因此，对数优势比的最大似然估计等于 $\ln\left(\frac{3\ 738 \times 2\ 827}{1\ 494 \times 4\ 704} = 0.41\right)$，检验对数优势比等于零的虚无假设【Null Hypothesis】的统计量（计算细节请参见优势比【Odds Ratio】）等于 10.52，因此这提供了强有力的证据（$p<0.001$）表明两者并不是独立的，而是存在相关的。

在对数线性模型框架中进行假设检验的一般方法是，在虚无假设（上例中为两者独立）和备择假设【Alternative Hypothesis】（上例中为包括了 λ_{ij}^{RC} 项的非约束模型）条件下拟合模型。两个模型的似然比统计量【Likelihood Ratio】（用 L^2 表示）的差值就是对虚无假设和备择假设何者更可信的检验，（在特定假定下）合适的参照分布为卡方分布，自由度【Degrees of Freedom】（在此表示为 df）等于两个模型的（残差）自由度差值。在本例中，虚无假设有 $L^2=112.40$，$df=1$。本例中的非约束模型中没有进行简化假定，因此残差偏差和残差自由度都等于 0。因此，用于检验独立虚无假设和非约束性备择假设的 L^2 等于 112.40，相应的 p 值远小于 0.001。

注意，L^2 的平方根（即 $\sqrt{112.40}=10.60$）与对数优势比的最大似然估计的检验统计量在数值上非常接近。事实上，虽然前者基于数据估计及其估计标准误差，后者基于对数似然，但两种检验统计量在数值上的接近并不是偶然的。这两种对对数线性模型进行假设检验的方法是渐进等效的，直观而言，这就意味着如果观察的样本量很“大”时它们的数值会非常接近。

对数线性模型是所谓广义线性模型【Generalized Linear Models】族中的一种，因此，适用于此类模型的软件（如 R 或 Splus 中的 glm，或者 SAS 中的 proc glm）都可以用来拟合和分析对数线性模型。

如果视观察到的交叉分类的抽样模型为多项分布【Multinomial Distribution】、乘积多项分布或者独立泊松分布【Poisson】，那么就可以将基于似然推断的标准理论用于对数线性模型估计和检验。使用上述三种抽样模型中的任一种，对推理结果影响都不大，只要估计出来的对数线性模型不违反抽样假定。例如，在乘积多项抽样的情形中，

估计出的模型得到的单元格频数估计必须保持相关的多项总数。对这些问题的详尽讨论,可以参见本词条中有关一般类别数据分析的参考文献。

多于两个变量的模型

对数线性模型在类别变量多于两个情形中的扩展,既包括方程中的模型设定,也包括对独立的相关概念的发展。在此处的分析仍然会进一步关注加州大学伯克利分校的研究生录取数据。下面的数据中包括了第三个变量(除了申请人的性别和录取状态外):申请的专业。展示的数据只包括了当年六个最大的研究生专业,包括了 4 526 名申请人,占全体申请人的 35%。

包括这三个变量的对数线性模型的最完全设定为:

$$\ln(\pi_{ijk}) = \lambda + \lambda_i^R + \lambda_j^C + \lambda_k^M + \lambda_{ij}^{RC} + \lambda_{ik}^{RM} + \lambda_{jk}^{RM} + \lambda_{ijk}^{RCM}$$

其中的下标 k 表示第三个变量。沿用前面例子中的符号(即 R 代表申请人的性别,C 代表是否被录取),M 用来代表申请的专业。用来探索某一特定专业中 R 与 C 的关联的对数优势比为:

$$\ln\left(\frac{\pi_{11k}\pi_{22k}}{\pi_{12k}\pi_{21k}}\right) = \ln(\pi_{11k}) - \ln(\pi_{12k}) - \ln(\pi_{21k}) + \ln(\pi_{22k})$$

上式又可以写为:

$$\ln\left(\frac{\pi_{11k}\pi_{22k}}{\pi_{12k}\pi_{21k}}\right) = (\lambda_{11}^{RC} - \lambda_{12}^{RC} - \lambda_{21}^{RC} + \lambda_{22}^{RC}) + (\lambda_{11k}^{RCM} - \lambda_{12k}^{RCM} - \lambda_{21k}^{RCM} + \lambda_{22k}^{RCM})$$

要注意,在后一个等式中的第一个式子并不涉及 M 的类别,第二个式子则会涉及。令 $\theta_k^{RC(M)}$ 代表第 k 个专业中性别与录取与否之间的条件关联的对数优势比[即 $\theta_k^{RC(M)} = \ln(\pi_{11k}\pi_{22k}/\pi_{12k}\pi_{21k})$],令

$$\delta^{RC} = \lambda_{11}^{RC} - \lambda_{12}^{RC} - \lambda_{21}^{RC} + \lambda_{22}^{RC}$$

且

$$\delta_k^{RCM} = \lambda_{11k}^{RCM} - \lambda_{12k}^{RCM} - \lambda_{21k}^{RCM} + \lambda_{22k}^{RCM}$$

因此有 $\theta_k^{RC(M)} = \delta^{RC} + \delta_k^{RCM}$。显而易见,这表明全模型允许 R 与 C 的关联可以在 M 的不同类别中有所不同;也就是说,只要 δ_k^{RCM} 不为零,$\theta_k^{RC(M)}$ 在不同专业中就是不同的。另一方面,去掉了三因素项 λ_{ijk}^{RCM} 的模型(即 δ_k^{RCM} 为零)就假定 R 与 C 的关联在不同专业中都是相同的——这是同质关联模型(model of homogeneous association),或者无三因素交互模型(model of no-three-factor interaction)。类似地,去掉了 λ_{ij}^{RC} 和 λ_{ijk}^{RCM} 的模型产生的 R-C 关联的对数优势比都是 0,对 $M = k$ 都是如此,因此这是一个假定 R 和 C 在六个专业中都是独立的模型(表 2)。后一个模型就是条件独立(conditional independence)模型,R 和 C 在每一个水平 $M=k$中都是独立的。

表 2　六个专业的伯克利录取数据

专业	是否被录取			
	男性		女性	
	是	否	是	否
A	512	313	89	19
B	353	207	17	8
C	120	205	202	391
D	138	279	131	244
E	53	138	94	299
F	22	351	24	317

同质关联模型的似然比检验统计量为 $L^2=20.20$，残差 df 为 5(即六个对数优势比被约束为一个值，因此 $df=6-1$)。相应的 p 值接近于 0.001。表明数据是有些背离同质关联模型的。对数据拟合异质关联模型(即全模型)得到的是数据的完美拟合，对于估计值 $\hat{\delta}_k^{RCM}$ 的考察(此处未展示)表明专业 A 中的 R 与 C 的关联与其他五个专业有着显著不同。事实上，没有证据能够表明，其他专业中 R 与 C 存在关联。因此，考虑拟合如下模型，其中 δ_k^{RCM} 只对 $k=1$ 进行估计；也就是说，对于所有不等于 1 的 k 来说，我们约束 $\delta_k^{RCM}=0$。似然比模型统计量为 $L^2=2.68$，残差 df 为 5(我们在六个可能的对数优势比中只估计了一个)，这表明对数据的拟合非常好。

在此没有篇幅来对伯克利录取数据进行更为详尽的分析，但值得注意的是，一前一后两个例子是辛普森悖论(Simpson's paradox)很好的说明。也就是说，在不考虑专业时，申请人的性别和录取与否是有关联的，这会让我们倾向于认为存在对女性申请人的歧视，但是如果我们控制了专业，就会发现不存在对某一个性别的整体偏向。数据表明，在接收申请人最多的那个系中，女性是以更高比率被录取的，这与不分专业的两向表中观察到的偏向方向是相反的。悖论之所以存在，是因为男性与女性申请各个专业的比例并不相同。也就是说，女性更可能申请那些低录取率的专业，因此如果不分专业来看时她们的总录取率就显得更低。

多于两个类别的对数线性模型：两向示例与 λ_{ij}^{RC} 参数的精练与修正

在 $I\times J$ 交叉分类的对数线性模型的一般设定中，参数仍然可以用关联的对数优势比来解释；更一般地，在多向表中，它们可以用条件对数优势比或偏对数优势比来进行解释。例如，在一个任意的两向表中，关联参数 λ_{ij}^{RC} 的对比就对应于一个对数优势比，这个优势比比较某一个变量的两个类别在另一个变量的两个类别上的相对比率，即

$$\ln\left(\frac{\pi_{ij}\pi_{i'j'}}{\pi_{ij'}\pi_{i'j}}\right)=\lambda_{ij}^{RC}-\lambda_{ij'}^{RC}-\lambda_{i'j}^{RC}+\lambda_{jj'}^{RC}$$

考虑如下从教育获得研究中得到的数据。数据来自 1973 年第二世代职业变迁调查(Occupational Changes in a Generational Ⅱ Survey)(Mare, 1994)，在此我们只考虑父亲至少接受过 16 年教育的那些子代。行对应于调查被访者的教育获得，列对应于被访者的兄长的教育获得。检验被访者的教育获得与其兄长的教育获得之间统计独立的似然比统计量为 $L^2=161.86$。自由度为 4 [即$(3-1)\times(3-1)=4$]，在相应的自由度为 4 的卡方分布中，p 值远小于0.001，因此有强证据表明两者并非独立。我们可以拟合饱和模型来估计四个可识别的 λ_{ij}^{RC}，但是我们在此使用这些数据来说明，如何通过对 λ_{ij}^{RC} 施加约束条件来得到更为简约的模型，以便探索数据在哪些具体方面是偏离独立的。

我们考虑到第一个模型利用了两个变量的类别都是定序的这一事实。令 $\lambda_{ij}^{RC}=$

θ_{ij}，因此比较任何一对相邻类别的对数优势比都等于 θ，即

$$\ln\left(\frac{\pi_{ij}\pi_{i+1,j+1}}{\pi_{i,j+1}\pi_{i+1,j}}\right)=\theta$$

此类模型被称为关联模型【Association Models】的一个例子，在本例中，这个模型的 $L^2=33.12$，自由度为 3。这在拟合上有很大的进步，但仍然不太理想。

下一步，考虑进一步精练模型，在模型中加入一个参数，它只对在主对角线上的观察有效，即 $\lambda_{ij}^{RC}=\theta_{ij}+\beta I(i=j)$，其中的 $I(i=j)$ 在 $i=j$ 时取值为 1，否则取值为零。这个模型进一步提升了拟合（$L^2=6.36$，自由度为 2，相应的 p 值为 0.025～0.05），估计出来的关联参数为 $\hat{\theta}=0.47$ 和 $\hat{\beta}=0.74$。简言之，$\hat{\theta}$ 说明被访者的教育获得与其兄长的教育获得之间存在正向关联（即 $\theta>0$），$\hat{\beta}$ 说明两个变量更多地聚集在同一类别（即对角线上）而非呈现均匀的关联关系（即 $\beta>0$），见表 3。

表 3　教育获得数据

被访者的受教育年数	兄长的受教育年数		
	<12	12	≥13
<12	16	20	16
12	15	65	76
≥13	26	69	629

在此提出的两个精练模型仅仅初步触及了对数线性模型框架内对关联关系建模的工具。事实上，对称【Symmetry】模型（即 $\pi_{ij}=\pi_{ji}$）对数据的拟合很好（即 $L^2=3.46$，自由度为 3；$p>0.25$），这种模型对应于 $\lambda_i^R=\lambda_i^C$ 且 $\lambda_{ij}^{RC}=\lambda_{ji}^{RC}$ 时的对数线性模型。对此感兴趣的读者可以看参考文献以及这些参考文献中引用的文献来进一步探索这一问题，包括两向表和多向表中的关联关系如何扩展到非线性模型中。

——Mark P. Becker

（高勇译校）

参考文献

Agresti, A. (1984). *Analysis of ordinal categorical data*. New York: John Wiley.

Agresti, A. (1996). *An introduction to categorical data analysis*. New York: John Wiley.

Agresti, A. (2002). *Categorical data analysis* (2nd ed.). New York: John Wiley.

Mare, R. D. (1994). Discrete-time bivariate hazards with unobserved heterogeneity: A partially observed contingency table approach. In P. V. Marsden (Ed.), *Sociological methodology 1984* (pp. 341-383). Cambridge, MA: Blackwell.

Powers, D. A., & Xie, Y. (2000). *Statistical methods for categorical data analysis*. San Diego: Academic Press.

纵贯研究(Longitudinal Research)

纵贯研究最好通过与横截面【Cross-Sectional】研究的比较来理解。横截面研究指收集一组案例(可以是个体或个体集合,如城市或国家)在一些变量(如非法行为频数、对全球化的态度等)上的数据的研究,其特点在于:(a)数据收集发生在一个时间点上,(b)收集的数据只是某一个时间点或某一个时间段的信息(因此都是某一"时期"的信息)。纯粹的横截面数据可以用来考察案例间的差异,但是不能考察案例的变化。不同学科对纵贯研究有不同定义,但是宽泛的定义包括有如下特征的研究:(a)收集的数据是多个时期的信息;(b)可能在不同时期进行数据收集工作(并非必要条件);(c)可以对同一案例(个体或个体集合)随时间发生的变化进行测量和分析。国家层面的纵贯数据的收集始于 1665 年,距今已有 300 多年的历史。个体层面的收集始于 1759 年,但是社会科学中纵贯研究的兴盛始于 1970 年代和 1980 年代(Menard, 2002)。

有些研究者认为在不同时间点收集数据是纵贯研究的必要特征,但是从原则上讲,纵贯研究可以收集回溯性(retrospective)数据,即在某一个时期收集关于多个时期的数据。例如,被访者可以讲述自己被罪犯侵害的所有经历,或者自己犯罪的所有经历,时间跨度可以是很多年甚至其一生。与回溯性研究不同,前瞻性(prospective)纵贯数据不断进行数据收集,被访者只需回忆最近时期发生的事情:上周或上月或上年的被侵害经历或犯罪经历,或者数据收集时的态度、信仰、社会人口特征。

纵贯研究有两个主要目标:描述变迁模式,确立因果关系的方向(正或负,*Y* 影响 *X* 或 *X* 影响 *Y*)与强度(强度为零表明不存在因果关系)。变迁通常是从如下两种连续体之一的角度进行测量的:编年性的时间(如历史变迁)或者年龄时间(如成长变迁)。有时,很难把两者彻底分开。如果老人比年轻人的犯罪行为更少,这是由于犯罪行为随年龄而减少呢,还是由于那些老人一直很少犯罪(甚至他们年轻时也犯罪很少),而那些年轻人仍会更多犯罪(甚至他们变老时也会犯罪较多)?用横截面数据不可能区分历史效应和成长效应。即使用纵贯数据也很难分清两者,但是如果有对相同个体在不同年龄和不同历史时期的数据,就至少有可能分清这两种效应。

纵贯设计可以分为几种不同类型(Menard, 2002),如图 1 所示。在图 1 的每一部分中,列代表年,行代表研究对象,用进入研究的不同时间来分组。因此,研究对象在不同时间点(列)进入总体或样本(行)中,那些在不同时间点进入研究的研究对象可能同时处在研究中(同一列中可以有多行),但是重复性横截面设计(repeated cross-sectional design)中不同时间点上研究的对象是不同的(同一列中只有一行)。

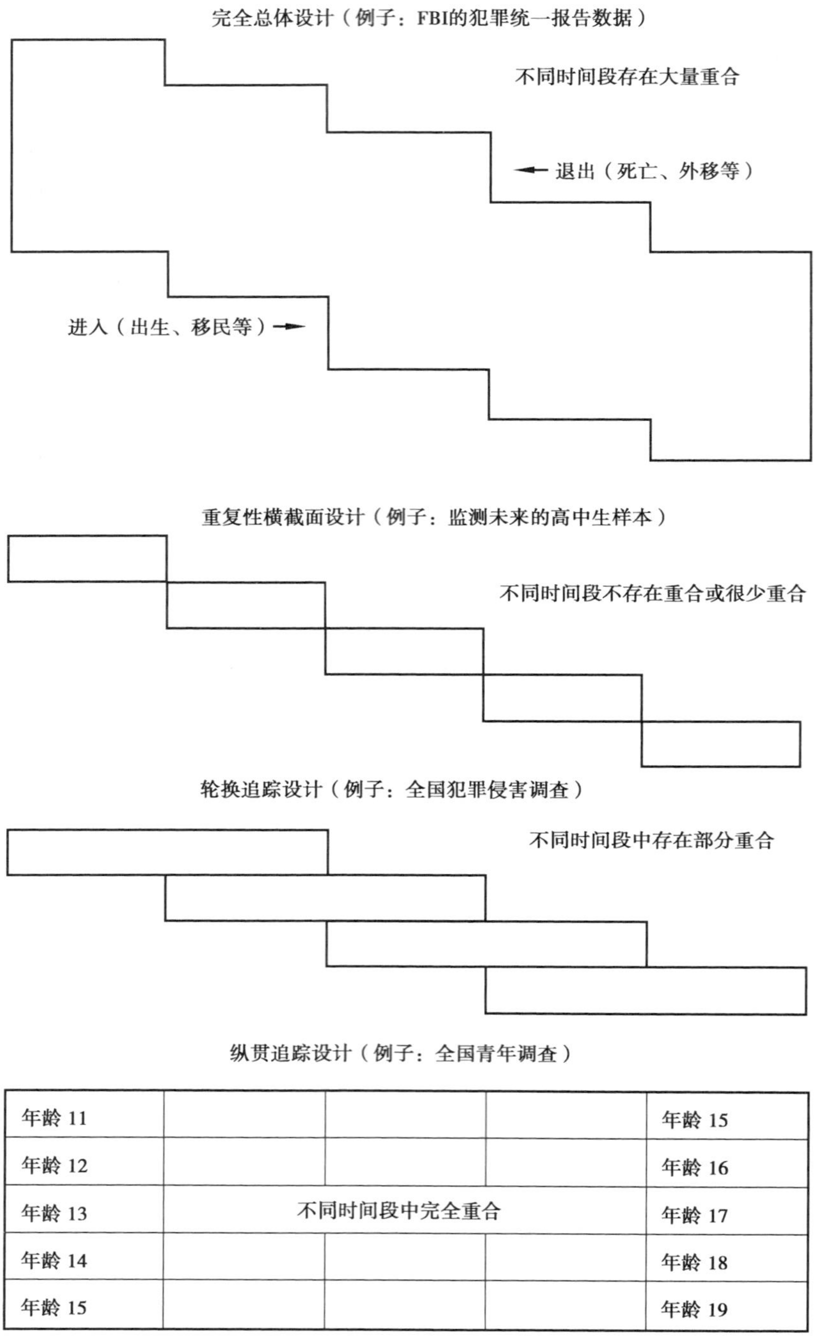

图 1　纵贯设计的不同类型

资料来源：Menard（2002）。

在完全总体设计(total population design)中,我们在不同时期收集整个总体的数据。完全总体设计的一个例子是联邦调查局数据的“犯罪统一报告(Uniform Crime Report)”,其中报告了警方所知的所有拘捕和犯罪记录。虽然覆盖率事实上达不到100%(十年一度的人口普查也不可能全覆盖),但是数据目标是包括全部美国人口。年复一年,人口进入总体中(出生),离开总体(死亡),所以数据在每一年与下一年中覆盖的个体略有不同但主体是相同的,但在长时间段中覆盖的个体就有差异了(如从1950年到现在)。FBI数据用来测量警方所知的拘捕和犯罪的变化率或趋势。收入动态追踪研究(Panel Study of Income Dynamics)也采用了相同的设计结构,这种设计虽然不是完全总体设计,但是其中的个体会因为死亡而离开样本,或者因为出生或婚姻而进入样本。

重复性横截面设计(repeated cross-sectional designs)在不同的时期收集不同样本的数据。因为每年抽取的都是新样本,原则上每一年与下一年的样本不存在重合部分(虽然独立样本也可能会抽取到同一个体)。重复横截面设计的最佳例子就是综合社会调查(General Social Survey),这是由全国民意研究中心(National Opinion Research Center)实施的一项年度综合调查,它涵盖了非常广泛的议题(包括婚姻和家庭、性行为与性角色、劳动力参与、教育、收入、宗教、政治、犯罪与暴力、健康、个人幸福),强调的是问题要完全相同,以便跨年度进行比较来测量宏观层面的变迁(Davis & Smith, 1992)。

轮换追踪设计(revolving panel designs)中会选取一组被访者在多个时期进行访谈,然后再更换为一组新的被访者。全国犯罪侵害调查(National Crime Victimization Survey,NCVS;司法年度统计局实施)就使用了轮换追踪设计。选取一些家户(household),在3年中采访7次:开始时一次,结束时一次,中间每6个月一次。在3年期结束时,会选择一户新家户来替换旧家户。替换是错开进行的,因此每6个月,NCVS调查中大约1/6的样本被替换。要注意的是,NCVS历史上就是家户样本,而不是个体样本:如果一个个体或一个家庭从这一户中搬走了,访谈的对象就不再是原来的被访者,而是原来家户中的(新)成员。因为三年后每个家户都会被替换,对于个体来说就只有短期的纵贯数据。但是,在全国层面上,NCVS是犯罪侵害率和犯罪率(限于找到受害者的犯罪)的宏观变迁上最广泛采用的数据来源之一。

纵贯追踪设计(longitudinal panel design)在不同学科中都被广泛承认是真正的纵贯设计。纵贯追踪设计的一个例子是全国青年调查(National Youth Survey, NYS)(参见Menard & Elliott, 1990)。NYS在1977年收集了前一年(1976年)中被访者的自报非法行为数据,包括吸毒行为。1977—1980年它每年都收集数据,1983—1992年它每3年收集数据,2003年时(即本文写作时)又对原初的被访者及家人收集数据。不同于前面讨论的其他纵贯研究,第一年之后就没有人再进入样本。在最近几年中调查的被访者都是第一年调查到的被访者的子集:由于死亡、拒访、找不到等原因,有些原初的被访者没有接受调查。与综合社会调查、FBI数据、NCVS数据相比,NYS更少被用于考察犯罪的宏观历史变迁,而是更多用来考察个体的成长趋势,用来考察因果关系检验犯罪理论。在后一种情境中,NYS被用来研究各种侵犯事件及侵犯预测因素的发生时序,被用来构建只有用纵贯数据才能检验的跨时间因果模型【Causal】(Menard & Elliott, 1990)。

纵贯研究中可能遇到的问题

纵贯研究中可能会遇到横截面研究中的所有问题:内在和外在测量效度;测量信

度【Reliability】;抽样误差【Sampling Error】;拒访或不回答【Nonresponse】某些题项;问题对于研究总体来说是否合适;研究对象或被访者与访员、实验者、观察者之间的互动效应;研究成本。有些问题对于纵贯研究来说比横截面研究更加严重。例如,样本偏差在重复性横截面设计中会被放大,多年期纵贯调查要比单年横截面调查成本更大。此外,还存在一些其他危险。如前所述,如果需要回忆久远之前的事件,那么被访者的遗忘就会导致低估其非法行为。接受重复访问的被访者可能会了解到,某些回答会引发出一系列后续问题,因此会故意或无意识地避免回答这些问题带来的负担,这一问题也被称为追踪训练问题(panel conditioning)。与此相关,被访者或研究对象与实验者、访员、观察者之间的互动可能会导致无效回答,这一问题会因为前瞻性纵贯设计中实验者、访员或观察者与被访者或观察对象会重复进行接触而更加严重。在前瞻性纵贯设计的后期研究中,被访者可能已经死亡或者年龄或健康原因而不能接受访问,或者拒绝继续接受调查,或者研究者很难再找到这些被访者的居住地址,这都会导致追踪磨损(panel attrition)。在回溯性研究中,相应的问题也存在,那些本来应该包括在样本中以保证其代表性样本【Representative Sample】可能在研究开始前就已经故去或者已经找不到了。特别是在前瞻性纵贯性抽样调查【Survey】研究中,一个重要的问题是样本磨损是否非常有系统性或者是否非常大,以至于研究结论不能再推广到抽样基于的原初总体中。

在纵贯研究开始时使用的测量可能在随后的研究中被认为已经过时,但是改变测量工具意味着数据不再有可比性。一个例子是 1992 年 NCVS 调查中提问方式发生了改变。新的方式导致了自报的受侵害率有了显著上升。用旧方法和新方法得出的受侵害率比较只能在单年中进行比较。因此,仍然难以确定那些"调整"受侵害率以使得旧方法与新方法之间具有对应关系的尝试是否成功,特别是在考察受侵害率的长期趋势时。在成长研究中,类似的问题是对同一个概念(如"亲社会联结")在生命历程的不同年龄采用不同的测量方式。例如,在青少年时期,这些联结主要发生在家庭取向的情境(如父母和兄弟姐妹)和学校情境中,但是在成年时期,这些联结主要发生在生育取向的家庭情境(如配偶和孩子)和工作情境中。研究者面临的是一个两难困境:要么对被访者提出与年龄不相符的问题,要么使用不同的测量,在生命历程的不同阶段上的可比性就不能保证。

在横截面研究中,我们会有缺失数据【Missing Data】,因为个体会拒绝参与研究(研究对象缺失),或者会拒绝提供所需的全部信息(缺失值)。在纵贯研究中,还有一种可能性,就是个体会同意参与研究,在某一个或某一些时期也提供了所需数据,但是在另一个或另一些时期却拒绝提供或没有找到(缺失场合,missing occasions)。分析纵贯数据的一些技术对于缺失数据的模式非常敏感,不能够处理长度不等的序列,因此即使数据中只是在一个变量上在一个场合中有缺失,也必须全部删除。纵贯研究中的缺失值问题可能有两种解决方式:一种是进行缺失值插补(用有根据的猜测来替换缺失值,猜测要基于其他数据或者研究中变量间的关系,有时包括了缺失情境的插补);另一种是使用那些分析中允许部分缺失数据的技术(Bijleveld & van der Kamp, 1998, pp.43-44)。

纵贯数据分析

纵贯研究让我们可以使用动态模型(dynamic models),即用一个或多个其他变量的变化来解决另一个变量的变化。虽然我们常常用横截面数据分析因果关系时的表述听起来似乎是在分析变化,但是我们其实只是考察个体在一个变量上的差异如何用这些个体在其他预测变量上的差异来解释。从个体间差异(interindividual differences)的发现中得到个体本身变化(intraindividual change)的结论,这已经是相对司空见惯的事情了。在特定情况下,可以用横截面数据来估计动态模型,但是这些条件是很苛刻的,很少能在社会科学研究中得到满足(Schoenberg, 1977)。一般更合适的做法是使用纵贯数据,并且用能够发挥数据的纵贯性质的统计技术来分析数据。纵贯数据分析技术(Bijleveld & van der Kamp, 1998;Menard, 2002; Taris, 2000)包括:时间序列【Time-Series】分析可以在时期较多时用来描述和分析变迁(作为经济条件变化的函数的在押率变化);潜增长曲线模型【Growth Curve Model】和层级线性模型【Hierarchical Linear Model】可以用来描述和分析个体对象或案例的短期变迁和长期变迁,以及不同变量变化间的关系(如作为非法毒品使用的函数的暴力犯罪变化);事件史分析【Event History Analysis】可以用来分析对定类变量发生变化时机的影响(如学业成绩对于开始吸毒时间的影响)。

横截面研究不能够分解成长趋势和历史趋势,对历史变迁的描述和分析需要使用纵贯数据。使用横截面数据也可以尝试性地描述和分析成长趋势,但是结论与基于纵贯数据的结论可能不一定一致。只有用纵贯数据才能检验因果的时间顺序和序列问题。有一些横截面方法可以用来对互为因果关系(mutual causation)的模式进行建模,但是功能更强的模型需要用到纵贯数据,研究者可以用这些模型来更细致地考察因果关系,包括明显设定原因和结果的时间顺序。简言之,不存在用横截面数据可以作但用纵贯数据不可以作的分析,但是有许多分析只能用纵贯数据来作,而不能用横截面数据来作。横截面数据在描述某一特定时期的情况时仍然很有用,但是在社会科学中,纵贯数据越来越被认为是研究因果关系和历史变迁模式、成长变迁模式的最佳工具。

——Scott Menard

(高勇译校)

参考文献

Bijleveld, C. C. J. H., & van der Kamp, L. J. Th. (with Mooijaart, A., van der Kloot, W. A., van der Leeden, R., & van der Burg, E.). (1998). *Longitudinal data analysis: Designs, models, and methods*. London: Sage.

Davis, J. A., & Smith, T. W. (1992). *The NORC General Social Survey: A user's guide*. Newbury Park, CA: Sage.

Hill, M. S. (1992). *The panel study of income dynamics: A user's guide*. Newbury Park, CA: Sage.

Menard, S. (2002). *Longitudinal research*. Thousand Oaks, CA: Sage.

Menard, S., & Elliott, D. S. (1990). Longitudinal and cross-sectional data collection and analysis in the study of crime and delinquency. *Justice Quarterly*, *7*, 11-55.

Schoenberg, R. (1977). Dynamic models and cross-sectional data: The consequences of dynamic misspecification. *Social Science Research*, *6*, 133-144.

Taris, T. W. (2000). *A primer in longitudinal data analysis*. London: Sage.

局部加权回归(Lowess)

参见局部回归【Local Regression】。

M

宏观(Macro)

宏观是对集体层次的分析;微观是对个体层次的分析。因此,政治学家可以在宏观层面研究选举(如整个国家总统选举的结果),也可以在微观层面研究选举(如个体选民在总统票选中的抉择)。此外,经济学家可以研究宏观经济指标(如一国的国内生产总值),或者某特定产品(如汽车)供需的微观经济学。最后要指出的是,宏(macro)也是一种计算机程序子程序的名称,比如在SAS 宏中。

——Michael S. Lewis-Beck

(李洋译　高勇校)

邮寄问卷(Mail Questionnaire)

如果可以得到调查总体(个体或者企业)的地址,那么邮寄问卷【Questionnaire】为概率样本【Probability Sample】收集信息,就是一种成本上非常合算的方法。调查设计中既可以只使用邮寄问卷这一种方式,也可以采用自填问卷与其他填答模式(如电话、网络或面对面访谈)相结合的复合方式。最常用的一种双模式设计是,先进行邮寄问卷,然后对没有返回邮寄问卷的样本进行电话访谈。多重模式设计可以减少无回答【Nonresponse】,从而增强得到的样本的代表性。

对于包括邮寄问卷的研究设计【Research Design】来说,抽样框【Sampling Frame】就是一组地址,比如公司的雇员列表,或者某一职业组织的成员列表。要注意的是,不能基于电话本中的地址列表对于总体进行抽样。因为有些家庭没有安装电话或者只使用手机,有些号码也没有列到电话本中,所以从电话列表中抽取的样本的代表性会因此而降低。

为了发现某些少见群体的成员,并对其进行邮件调查【Survey】,可以采用随机数字拨号【Random-Digit Dialing, RDD】技术。一旦发现一户中居住着某些少见群体的成员,访问员会询问其地址信息,然后向其邮寄问卷。使用 RDD 方法的优点是,每个有电话的家庭都有已知的被选中的机会,但是许多人不愿意在电话里向陌生人泄露自己的地址信息。

在邮寄问卷中,如何选择被访者是另一个挑战(比如,出现地址已知而姓名未知,或者需要父母随机选择一位子女进行回答的情形时)。有一些技术可以用来选定回答者或受试(如在代理回答【Proxy Reporting】的情况下),但是必须进行细致的设计,因此得到的样本的质量取决于受访者是否遵从抽样要求。

研究者有许多方法可以用于开发调查工具,以便收集到能够充分解决其研究问题的数据。调查工具的开发通常从文献回顾开始,来发现解决手头问题已有的调查工具。接下来在目标总体中进行焦点小组【Focus Group】访谈,以发现重要的议题和人们用以讨论这些议题时所用的专用词汇。就这些内容草拟出备选的调查题项之后,还要与目标总体中的个体进行细致的、一对一的认知访谈。这些访谈的目标是发现那些人们在理解上存在不一致的调查问题和专用词汇。这样在调查实施之前,调查工具就得到了修正和检验。在调查实施前,量表通常还要经受专家的评估。相关领域的权威专家会提议内容,并评价调查工具是否适当。实施邮寄问卷前,最后一步是试调查【Pretest】。与目标总体特征一致的个体被召集在一起进行小组试调查。参与者在完成问卷之后,会被询问填答量表时的体验和回答问题时遇到的困难。小组试调查也可以估计出填答问卷表需要花费被调查者多长时间。

在决定是否适用邮寄问卷以及设计邮寄方式时,必须考虑目标总体的特征。为了减轻被调查者的负担,很重要的一点是要考虑问卷长度和阅读难度。在那些涉及弱势群体的研究(比如,那些阅读和写作能力较弱的人、视力不健全的人,或者健康状况较差、容易疲劳的人)中,问卷的长度和可读性尤其关键。

采用邮寄问卷时,现场没有访谈员可鼓励被调查者,或者回答他们提出的问题。因此,问题应该是易于回答的,跳答应该是易于进行的。封闭式问题【Closed-Ended Questions】只需要在框中画钩或涂黑圆圈(使用光学浏览技术进行数据录入)即可,所以比开放式题项更可取。开放式题项不容易获取足够的回答,进行标准化编码【Coding】时也更麻烦。

使用邮寄问卷的方法具有一定的优势,包括对敏感话题能得到更好的估计。如果没有访谈员在场,人们更愿意报告那些被社会认为是不可取的行为(比如,药物滥用或暴力)。与电话或面对面访谈相比,另一个优势是能降低数据收集的成本。邮寄问卷还可以使调查工具避开看门人到达调查对象手中,被调查者会发现研究主题足够重要,值得花费时间进行回答。此外,由于被调查者不需要记住所有的回答选项,所以与电话调查相比,邮寄问卷中的回答选项可以更长。

邮寄研究的实施一般需要八个星期。尽管有许多公认的协议【Protocol】,但是标准邮寄调查研究经常包括三次邮件联系。首先,邮寄包括能说明研究目标和资助人的说明信、调查问卷、用来返还问卷已付邮资的信封的问卷包。一周之内,给所有样本成员邮寄用来提醒或感谢的明信片。首次邮寄之后的 2~3 周,给所有未回答的被调查者邮寄备用邮件包。回答率取决于联系信息的质量。在寄出的信封上印上核对地址的请求,这样能够得到那些已经搬家的样本成员的地址。

系统的质量控制措施是成功采集数据的关键。样本成员都会有一个标识号码附在问卷上面,这样便于查对。调查数据会采用手工或者光学扫描的方式进行录入,然后就可以进行统计分析了。

——Patricia M. Gallagher

(李洋译　高勇校)

参考文献

Dillman, D. A. (2000). *Mail and Internet surveys: The tailored design method.* New York: John Wiley.

Fowler, F. J., Jr. (2002). *Survey research methods* (3rd ed.). Thousand Oaks, CA: Sage.

Schwarz, N. A., & Sudman, S. (Eds.). (1996). *Answering questions.* San Francisco: Jossey-Bass.

主效应(Main Effect)

“主效应”一词通常用于方差分析【Analysis of Variance】的析因设计【Factorial Design】中。在一个因子设计中,因子 A 的不同水平与因子 B 的不同水平有交互关系,见表 1。

表 1

		因子 B			边缘均值
		水平 B_1	水平 B_2	水平 B_3	
因子 A	水平 A_1	M_{A1B1}	M_{A1B2}	M_{A1B3}	M_{A1}
	水平 A_2	M_{A2B1}	M_{A2B2}	M_{A2B3}	M_{A2}
	边缘均值	M_{B1}	M_{B2}	M_{B2}	

每个单元格数据都是均值,边缘均值是一个水平的因子在其他因子的不同水平下取值的均值。例如,M_{A1}是在因子 A 的水平 1 下,因子 B 不同水平取值的均值。

通俗地讲,主效应【Main Effect】指的是因子的边缘均值的特征。研究者以不同方式使用这个词汇。有的研究者说“因子 A 的主效应存在”,意思是指基于正式的统计检验结果,得出了总体【Population】中因子的边缘均值并非全都相等的结论。其他研究者则只是说“包含了因子 A 的主效应的均值”,以此来强调这是边缘均值,但并不涉及它们的相等性或者对它们进行统计检验的结果。

有几种计算边缘均值的方法。一种方法使用未加权均值,边缘均值是在不同水平下的各个单元格均值的平均数。例如,M_{A1}定义为(M_{A1B1}+ M_{A1B2}+ M_{A1B3})/3。第二种方法建立在加权均值的基础上,每个纳入边缘均值计算的单元格均值,据其样本量【Sample Size】大小按比例加权。样本规模较大的均值在计算边缘均值时权重更大。

主效应也能用在线性回归【Linear Regression】模型中。“主效应”模型是指不包括任何交互【Interaction】项的模型。例如,“主效应”多元回归【Multiple Regression】模型是

$$Y = a + b_1X + b_2Z + \mathrm{e}$$

而“交互模型(interaction model)”是

$$Y = a + b_1X + b_2Z + b_3XZ + \mathrm{e}$$

第二个公式中的乘积项使其成为交互模型。在回归中,主效应可以用来称呼回归【Regression】模型中未被包括在乘积项或交互项中的任何一个连续的预测变量【Predictor】。主效应也可以用来称呼未被包括在乘积项或交互项中的任何一个虚拟变量【Dummy Variable】或一组虚拟变量。在下面的连续预测因子模型中,

$$Y = a + b_1X + b_2Z + b_3XZ + b_4Q + \mathrm{e}$$

Q 的系数可以被称为 Q 的“主效应”,但是不能这样称呼 X、Z 和 XZ 的系数。

——James J. Jaccard

(李洋译　高勇校)

管理研究(Management Research)

在 1960 年代,管理学在美国迅速发展,从 1980 年代开始,在世界其他地方流行起来,并逐渐成为社会科学中相对年轻的新生力量。在早期,管理学较为倚重相关学科,如经济学、社会学、人类学、统计学和数学。但是越到最近,越来越多的人意识到,这些相关学科在处理管理领域中复杂的理论和实践问题时,其自身存在不足,难以应付。

管理研究中有三个鲜明的特征,这决定了管理研究既要采用传统社会科学方法,也要发现新的研究方法。第一,在管理实践和管理学术理论上存在显著的差异。管理实践是将各种理论和方法兼容并包来解决具体的问题;管理学术理论是要采用清晰的学科框架来审视管理的各个方面。管理研究吸纳了不同的学科,从高度定量的学科,如财政、经济和运筹研究,到高度定性的学科,如组织行为、人力资源发展,所以人们对何谓高质量研究很难达成共识。这也导致人们一直在争论单学科视角还是跨学科视角更具有相对优势(Keleman & Bansal, 2002; Tranfield & Starkey, 1998)。

第二,与管理研究中的利益相关人(stakeholders)有关,因为经理人是管理研究的假设研究对象,他能够控制着研究的调查通道【Access】,有权提供或撤销研究人员的经费资助。因此,管理研究几乎不能与政治和伦理问题割裂开来;同时研究者往往要根据经理的日程来调整具体的研究方法(Easterby-Smith, Thorpe, & Lowe, 2002)。因此,管理研究中几乎不可能采用扎根理论【Grounded Theory】支持者所提倡的随机应变的(emergent)抽样策略或理论抽样【Theoretical Sampling】策略,因为经理人可能会坚持提前协商好访谈计划;由于研究者占用雇员时间的机会成本问题,经理人也会严格限制研究的进入。所以,在大多数的情况下,都不得不对扎根理论的准则进行调适。

第三,管理实践需要想法和行动,二者缺一不可。大多数经理人不仅感到管理研究应该要导向实践结果,而且他们自己也能够在研究结果的指导下行事。因此,研究方法要么有付诸实践的潜力,要么要考虑研究者指导与否可能引发的实践结果。极端情况下,这导致纯粹的研究人员与行动研究者【Action Research】或顾问的疏离,前者试图超然于研究对象,后者从经验中学习并着手改变。这也引发出许多研究方法,如参与式探究(Reason & Bradbury, 2000)和 Mode Ⅱ 研究(Huff, 2000)方法,这些方法可能将研究转化为管理实践。

当然,这三个特征也广泛存在于社会科学中,但是三个特征的并存驱动着管理研究在方法上进行改变和创新。在某些情况下,这导致了现有方法的调整和延伸;在另一些情况下,引发出了新的方法和程序。此外,由于管理和商业领域在学术界中的绝对规模,这些正在演进的方法有可能对社会科学产生较大的影响。在完成本词条写作时,英国大约有 1/3 的社会科学家在商学院工作。毫无疑问,类似的情况在美国有过之而无不及。

——Mark Easterby-Smith

(李洋译　高勇校)

参考文献

Easterby-Smith, M., Thorpe, R., & Lowe, A. (2002). *Management research: An introduction* (2nd ed.). London: Sage.

Huff, A. S. (2000). Changes in organizational knowledge production. *Academy of Management Review*, *25*(2), 288-293.

Keleman, M., & Bansal, P. (2002). The conventions of management research and their relevance to management practice.*British Journal of Management*, *13*, 97-108.

Locke, K. D. (2000). *Using grounded theory in management research.* London: Sage.

Reason, P., & Bradbury, H. (2000). *Handbook of action research: Participative inquiry and practice.* London: Sage.

Tranfield, D., & Starkey, K. (1998). The nature, organization and promotion of management research: Towards policy. *British Journal of Management*, *9*, 341-353.

多元协方差分析(MANCOVA)

参见多元协方差分析【Multivariate Analysis of Covariance】。

Mann-Whitney *U* 检验(Mann-Whitney *U* Test)

这一检验常用于确定两个独立的样本是否来自同一个总体。它被认为是最有效的非参数【Nonparametric】检验之一,适用于定序及以上层次的数据类型。Mann-Whitney *U* 检验和 Wilcoxon 秩和检验(the Wilcoxon rank-sum test)实际上完全相同,因此各种参考文献中倾向于将它们看作一种检验,被称为 Wilcoxon-Mann-Whitney 检验。在不同参考书中实际的计算可能有差异,但结论是一致的。在样本无法满足正态性和方差齐性的(homogeneity of variance)(Siegel & Castellan,1988)条件下,它也可作 t 检验的一种替代选择。如果样本量小,可以通过专用表格,或者依靠基于计算机的统计软件包来计算概率大小。

这种检验建立在数据秩次(rank order)的基础上,目的是看两个潜在的总体分布是否相同。解决思路是,看一组样本的秩和与两组样本的秩的总体平均值的差异是否足够大,如果差异足够大,则可以表明两组样本并非来自同一个总体【Population】。从抽样分布中可知,从同一个总体抽取出来的任何一个样本,其秩和即使不完全相同,也都会近似于总体均值。"大"样本的秩和分布服从正态分布,总体均值【Mean】可以定义为

$$\mu = \frac{1}{2}n_1(n_1 + n_2 + 1)$$

均值标准误为

$$SEM = \sqrt{\frac{n_1 n_2(n_1 + n_2 + 1)}{12}}$$

有研究建议大样本应该是每组样本至少有 10 个;也有的认为最低为 25 个。在任何一种情况下,样本越大,下面的近似值越精确。显而易见,该检验建立在 z 检验【z-Test】的基础上

$$z = \frac{\bar{x} - \mu}{SEM}$$

将其中一个样本组的秩和 W_1 作为样本均值,采用 Wilcoxon 方法,上式变为

$$z = \frac{W_1 - \frac{1}{2}n_1(n_1 + n_2 + 1)}{\sqrt{\frac{n_1 n_2(n_1 + n_2 + 1)}{12}}}$$

式中 W_1——两组样本中一组的秩和；

n_1——一组的样本量（≥10）；

n_2——另一组的样本量（≥10）。

因此，为了在样本数据中进行检测，第一步是对所有的原始数据进行排序，以序号作为数据。如果出现分值“相等”的情况，分值相等的数据设定为秩相同。然后将 z 值与表中适当的数值进行比对，以确定 α 水平。

例如，表 1 的数据显示了两周之后，两组样本西班牙语测试的得分，每人采用同样的学习材料，但使用不同的学习方法。两组学生都是从一个二年级班级中随机抽样得来的。A 组采用教师引导讨论的方法，并以视频辅助教学，B 组采用计算机练习，学生自主学习。在这个案例中，得分分布呈现高度偏态，每个原始数据组的第二列显示了整个数据组（两组合并后）的秩。

问题是，如果将自然变差（natural variation）考虑进去，它们仍来自相同的总体吗？把每组的秩各自加起来，其中一个是 W_1。因此 z 的计算公式变成了

$$z = \frac{W_1 - \frac{1}{2}n_1(n_1 + n_2 + 1)}{\sqrt{\frac{n_1 n_2(n_1 + n_2 + 1)}{12}}}$$

表 1　西班牙语测试的两组数据，且列秩次相加

	数据 A	秩 A	数据 B	秩 B
	86	2	92	1
	78	5	85	3
	75	8	80	4
	73	10.5	77	6
	73	10.5	76	7
	72	12	74	9
	70	14	71	13
	68	16	69	15
	64	17.5	64	17.5
	60	20	61	19
	55	22	57	21
	50	25	52	23
	46	26	51	24
W=		188.5		162.5
n=		13		13

注：相等秩取相邻秩的平均数。

$$z = \frac{188.5 - 1/2 \times 13 \times (13 + 13 + 1)}{\sqrt{\frac{13 \times 13 \times (13 + 13 + 1)}{12}}}$$

$$z = \frac{188.5 - 175.5}{\sqrt{380.25}} = \frac{13}{19.5} = 0.67$$

如果 α 为 0.05,存在显著性差异的 z 的最小取值是 1.96。因此,上述计算结果表明两组在秩分布上差异并不显著,看起来两个样本来自相同的总体。换句话说,至少在这个练习中,假设控制其他可能的额外影响变量(extraneous variables),学习方法不同并不会带来显著差异。

同样用 Mann-Whitney 法计算 U_1,即

$$U_1 = n_1 n_2 + \frac{n_1(n_1 + 1)}{2} - W_1$$

然后,针对 U_1(所得值与上值相同)的 z 的计算公式是

$$z = \frac{U_1 - (n_1 n_2/2)}{\sqrt{\frac{n_1 n_2(n_1 + n_2 + 1)}{12}}}$$

正如豪韦尔(Howell,2002)指出的,如果是简单线性关系,对任何样本组用这两种方法得到的结果,其差异都只是一个常数,因此如果需要的话,很容易从一种方法转换为另一种方法。

——Thomas R. Black

(李洋译　高勇校)

参考文献

Black, T. R. (1999). Doing Quantitative Research in the Social. Sciences: An Integrated Approach to Research Design, Measurement, and Statistics. London: Sage Publications.

Grimm, L. G. (1993). Statistical Applictions for the Behavioral Sciences. New York: John Wiley & Sons.

Howell, D. C. (2002). *Statistical Methods for Psychology.* (5th ed) Pacific Grove. CA: Duxbury.

Siegel, S., and Castellan, N. J. (1988). *Nonparametric Statistics for the Behavioral Sciences.* New York: McGraw-Hill.

多元方差分析(MANOVA)

参见多元方差分析【Multivariate Analysis of Variance】。

边缘效应(Marginal Effects)

在回归【Regression】分析中,数据分析人员经常感兴趣的是解释并测量自变量【Independent Variable】(或解释变量)对因变量【Dependent Variable】(或回答)的效应。一种测量自变量效应的方法是计算它们的边缘效应。自变量的边缘效应测量了回归模型中自变量(如 X_i)的变化对因变量(如 Y)的期望变动的影响,尤其在自变量的变化极小时。

如果自变量是连续和可微的,那么自变

量 X 对因变量 Y 的边缘效应,可以通过引入关于 X 的偏导数 $E(Y|X)$ 计算出来。考察含两个自变量的线性回归模型

$$Y_i = \beta_0 + \beta_1 X_{1i} + \beta_2 X_{2i} + \varepsilon_i$$

其中,Y_i 是第 i 个观测上的因变量取值;X_{1i} 是连续自变量的取值;X_{2i} 是二分变量的取值,或者等于 0 或者等于 1;β 是回归系数;ε_i 是误差项,假定误差项独立分布,均值为 0,且常方差(constant variance)为 σ^2。假设满足经典回归模型,因变量 Y 的条件均值是 $E(Y|X)=\beta_0+\beta_1X_{1i}+\beta_2X_{2i}$。因此,在线性回归模型中,$X_1$ 对 Y 的期望变动的边缘效应,可以通过关于 X_1 的偏导数计算出来,也就是

$$\frac{\partial E(Y|X,\beta)}{\partial X_1} = \frac{\partial(\beta_0+\beta_1X_1+\beta_2X_2)}{\partial X_1} = \beta_1 \quad (1)$$

尽管如此,由于 X_2 是一个不可微的二分变量,因此 X_2 的边缘效应无法通过求偏导数计算出来。格林(Greene,2002)和朗(Long,1997)建议将 $E(Y|X,\beta)$ 的离散变化作为二分变量(此例子中的 X_2)从 0~1 的变化值,并设其他所有变量为恒量(通常是它们的均值),以此来对二分变量的边缘效应进行解释。如下所示

$$\frac{\Delta E(Y|X,\beta)}{\Delta X_2} = (\beta_0+\beta_1X_1+\beta_2\times 1) - (\beta_0+\beta_1X_1+\beta_2\times 0) = \beta_2 \quad (2)$$

从方程(1)和(2)中,我们得知线性回归模型自变量的边缘效应等于参数 β。因此,参数估计值(这里是 $\hat{\beta}_1$ 和 $\hat{\beta}_2$)可以这样进行描述:设其他所有变量为恒量,X_1 增加一个单位会导致因变量 Y 平均增加(或减少,这取决于 $\hat{\beta}$ 的符号)一个 $\hat{\beta}$。要注意的是,对二分变量来说,由于只能取值为 0 或 1,因此一个单位的变化等同于变量的取值范围。因而,可以这样描述虚拟变量【Dummy Variable】回归:设其他所有的变量为恒量,具有 X_1 的属性(相反则不具有该属性),意味着 Y 平均增长(或减少)一个 $\hat{\beta}$。

在非线性【Nonlinear】回归模型中,对自变量边缘效应的解释更为复杂,因为自变量一个单位变化的效应取决于所有自变量值和模型参数。结果,在非线性模型如 Logit、Probit、多重 Logit、顺序 Probit、Logit 和事件计数模型(event count models)中,所公布的系数几乎不可能等于边缘效应。

考察一个二分选择模型(binary choice models),如 Logit 模型或者 Probit 模型

$$\Pr(Y=1|\mathbf{X}) = F(\mathbf{X\beta})$$

其中,连接函数(link function)F 是正态分布【Normal Distribution】或 Logistic 分布的累积分布。无论何种情况下,由于自变量的变化,自变量的边缘效应就是概率的期望变动。如果数据是可微的,边缘效应也可以通过求偏导数计算出来。例如,第 k 个自变量的边缘效应(X_k)是

$$\frac{\partial \Pr(Y=1|\mathbf{X},\boldsymbol{\beta})}{\partial X_k} = \frac{\partial \mathrm{F}(\mathbf{X\beta})}{\partial X_k} = f(\mathbf{XB})\beta_k \quad (3)$$

其中,f 是标准正态分布的概率密度函数,或者是 Logistic 分布的概率密度函数,对所有观测量来说,$\mathbf{X}$ 是所有观测的自变量取值的矩阵,$\boldsymbol{\beta}$ 是参数向量。由于尺度因子(scale factor)$f(\mathbf{X\beta})$ 必定为非负的,方程(3)表明 X_k 的边缘效应的向度(或符号)完全取决于 β_k。尽管如此,其边缘效应的量级完全由 β 和 $f(\mathbf{X\beta})$ 的值共同决定。因而,要解释非线性模型中的边缘效应,就需要对因变量的性质(例如,连续的、二分的、定序的、定类的)、所分析的问题和研究人员选择的概率

分布等进行深入考察。关于边缘效应议题上的更多信息，可以参考 Long（1997），Greene（2002），Sobel（1995）。

——Cheng-Lung Wang

（李洋译　高勇校）

参考文献

Greene, W. H. (2002). *Econometric analysis* (5th ed.). New York: Prentice Hall.

Long, J. S. (1997). *Regression models for categorical and limited dependent variables.* Thousand Oaks, CA: Sage.

Sobel, M. E. (1995). Causal inference in the social and behavioral sciences. In G. Arminger, C. C. Clogg, & M. E. Sobel (Eds.), *Handbook of statistical modeling for the social and behavioral sciences* (pp. 1-38). New York: Plenum.

边缘齐性（Marginal Homogeneity）

边缘齐性是多维列联表中的某些边缘分布相等的一种模型。在 $R \times R$ 表格中，如果对所有 i 都有单元格概率 π_{ij} 满足 $\sum_j \pi_{ij} = \sum_j \pi_{ji}$，即满足单变量边缘齐性。

在 $R \times R \times R$ 表格中，如果对于所有 (i,j) 来说，单元格概率 π_{ijk} 都满足 $\sum_k \pi_{ijk} = \sum_k \pi_{ikj} = \sum_k \pi_{kij}$，那么，它就满足双变量边缘齐性。

——Marcel A. Goom

（李洋译　高勇校）

边缘模型（Marginal Model）

对一组变量的一些（或全部）边缘分布以及最终的联合分布上增加约束条件（constraints）的统计模型称为边缘模型。在多元正态分布（multivariate inormal distribution）中，由于任意边缘分布的一阶矩和二阶矩都等于联合分布（joint distribution）中的一阶矩和二阶矩，因此边缘分布建模不会产生特殊的问题。对分类【Categorical】变量来说，联合分布和边缘分布的参数一般并不是一一对应的，因此需要用专门方法通过边缘模型来分析数据。

表 1 中显示了在三个时点上测量的响应变量 Y 的数据。

表 1　观测频次分布

	$Y_3=1$		$Y_3=2$	
	$Y_2=1$	$Y_2=2$	$Y_2=1$	$Y_2=2$
$Y_1=1$	121	11	41	44
$Y_1=2$	4	2	1	12

资料来源：密歇根大学政治和社会研究校际联盟（Inter-University Consortium for Political and Social Research，ICPS）的全国青年调查。

这里报告的数据是对 236 名男孩和女孩在使用大麻的问题上进行重复访谈的汇总数据。其中,我们使用分别在 1976 年(Y_1)、1978 年(Y_2)和 1980 年(Y_3)收集的数据,回答选项编码为:1=没吸过大麻,2=吸过大麻。

$\pi_{123}(y_1,y_2,y_3)$表示 Y_1,Y_2和 Y_3相应的联合概率分布(joint probability distribution);那么,Y_1和 Y_2的二元边缘分布是

$$\pi_{12}(y_1,y_2)=\sum_{y_3}\pi_{123}(y_1,y_2,y_3)$$

Y_1的单变量边缘分布是

$$\pi_1(y_1)=\sum_{y_2}\sum_{y_3}\pi_{123}(y_1,y_2,y_3)$$

其他边缘分布也可以进行类似的定义。

假定 Y_2给定时 Y_3和 Y_1是独立的,这一假定对三个变量的联合分布加了约束条件,这可以在初始三维列联表中通过对数线性模型【Log-Linear Model】$[Y_1Y_2,Y_1Y_3]$拟合,以此来检验上述模型。如果模型仅对联合分布加以限制条件,它就不是一个边缘模型。

尽管如此,与针对整个表格的结构提出假设相比,人们可能会对这样的假设感兴趣,即认为响应变量边缘分布的某些特征并不随着时间推移而改变。单变量边缘同质性假设认为 Y 的单变量边缘分布在三个时点上相同:

$$\pi_1(y)=\pi_2(y)=\pi_3(y)$$

对于所有的 y 都成立。

在这个例子中,相应的观测单变量边缘效应分布见表 2。

表 2 单变量边缘分布

	Y_1	Y_2	Y_3
1	217	167	138
2	19	69	98
	236	236	236

在这些数据中,L^2 = 82.042 5 且 $df=2(p<0.001)$,三种分布来自同一概率分布的假设并不成立。因此,在追踪研究中,有证据表明,随时间推移大麻使用呈现显著增长。要注意的是,由于三种分布并不是建立在独立样本的基础上,这个假设难以通过传统的独立性卡方检验【Chi-Square Test】来进行检验。

或者是人们可能会对某些二分边缘分布相同的假设感兴趣,比如,对于所有的数据对(y_1,y_2)来说,都有

$$\pi_{12}(y_1,y_2)=\pi_{23}(y_1,y_2)$$

(Y_1,Y_2)和(Y_2,Y_3)相应的观测二元分布见表 3 和表 4。

表 3 二元边缘分布(Y_1,Y_2)

	$Y_2=1$	$Y_2=2$
$Y_1=1$	162	55
$Y_1=2$	5	14

表 4 二元边缘分布(Y_2,Y_3)

	$Y_3=1$	$Y_3=2$
$Y_2=1$	125	42
$Y_2=2$	13	56

由于 $L^2=86.002$ 4 且 $df=4(p<0.001)$,因此两个边缘分布来自同一个二分概率分布的假设也被拒绝。

限制较少的假设是每个二元分布的相应关联参数相等。假设二元分布 π_{12}和 π_{23}中相应的局部优势比【Odds Ratio】相等,可以得到下列类型的限制条件,即对于所有的取值对(y_1,y_2),都有

$$\frac{\pi_{12}(y_1,y_2)\pi_{12}(y_1+1,y_2+1)}{\pi_{12}(y_1+1,y_2)\pi_{12}(y_1,y_2+1)}=\frac{\pi_{23}(y_1,y_2)\pi_{23}(y_1+1,y_2+1)}{\pi_{23}(y_1+1,y_2)\pi_{23}(y_1,y_2+1)}$$

在一个 2 × 2 的表格中,只需要考虑一个优势比。对于当前的数据来说,在(Y_1,Y_2)边缘表中,优势比等于 8.247;在(Y_2,Y_3)边缘表中,优势比等于 12.820 5。由于 L^2 = 0.456 1,且 df=1(p=0.499),因此无法拒绝两个优势比相等的假设。两个边缘表格的恒量优势比的估计值是 11.346 3。这表明在时间上接近的两个响应之间存在着较强的正向、持续关联。对于有两个以上的响应类别的变量来说,可以建构起与对应的相邻优势比(adjacent odds ratios)、累积优势比(cumulative odds ratios)或全域优势比(global odds ratios)相等的备择边缘模型(alternative marginal models)。

最后,也可以对根据边缘界定的条件分布加以限制条件。例如,假设给定 Y_1 时 Y_2 的条件分布,等于给定 Y_2 时 Y_3 的条件分布,那么就会有下列限制条件:所有的数据对(y_1,y_2)来说都有

$$\frac{\pi_{12}(y_1,y_2)}{\pi_1(y_1)}=\frac{\pi_{23}(y_1,y_2)}{\pi_2(y_1)}$$

结合当前的数据,可以发现

$$\Pr(Y_2=2 \mid Y_1=1)=0.253\ 5$$
$$\Pr(Y_2=2 \mid Y_1=2)=0.736\ 8$$
$$\Pr(Y_3=2 \mid Y_2=1)=0.251\ 5$$
$$\Pr(Y_3=2 \mid Y_2=2)=0.811\ 6$$

由于 L^2=0.501 6,df=2(p=0.778),无法拒绝相应转移率【Transition Rate】随时间推移趋向恒量这一假设。这些恒量转移概率的估计值是

$$\Pr(Y_{t+1}=2 \mid Y_t=1)=0.252\ 9$$

和

$$\Pr(Y_{t+1}=2 \mid Y_t=2)=0.795\ 9$$

这些结果表明在一个特殊时间点上的大约 80%的使用者将会在下一个时间点继续原有做法;反之,在同一个时期,大约 25%的非使用者会成为使用者。

对边缘模型进行参数估计,并检验模型是否能实现数据拟合,这都需要专门设计的方法。在许多案例中,边缘模型可以建构成广义对数线性模型,后者已经发展出了适用的估计和检验方法。这些方法实际上是在对联合分布和边缘分布加以限制条件的情况下,对联合分布概率进行的最大似然估计【Maximum Likelihood Estimation】,同时可以对假设模型进行条件和非条件检验(unconditional tests)。

——Marcel A. Croon

(李洋译　高勇校)

参考文献

Bergsma, W. (1997). *Marginal models for categorical data*. Tilburg, The Netherlands: Tilburg University Press.

Croon, M. A., Bergsma, W., & Hagenaars, J. A. (2000). Analyzing change in categorical variables by generalized log-linear models. *Sociological Methods & Research*, *29*, 195-229.

Vermunt, J. K., Rodrigo, M. F., & Ato-Garcia, M. (2001). Modeling joint and marginal distributions in the analysis of categorical panel data. *Sociological Methods & Research*, *30*, 170-196.

边缘(Marginals)

如果多元联合分布(multivariate joint distribution)沿一个变量或多个变量维度进

行压缩(collapsing),就可以得到这个分布的边缘或边缘分布(marginal distributions)。如果 X,Y 和 Z 是概率分布为 $\pi_{XYZ}(x,y,z)$ 的三个离散随机变量(discrete random variables),X 和 Y 的边缘分布是

$$\pi_{XY}(x,y)=\sum_{z}\pi_{XYZ}(x,y,z)$$

X 的边缘分布是

$$\pi_{X}(x)=\sum_{y}\sum_{z}\pi_{XYZ}(x,y,z)$$

对于连续变量,加总变成积分即可。

——Marcel A. Croon

(李洋译 高勇校)

马尔科夫链(Markov Chain)

马尔科夫链描述了事物改变状态的概率。它关注的是在一个离散时间周期内改变状态的概率,例如从偏好政党 A 到偏好其他政党。这是一个不含记忆的过程:在当前测量时点下处于当前状态的概率,仅取决于上一时点的状态。更早时点的状态不影响预测值。一旦我们观察到两个相继时点的交互表,我们就可以对状态空间中所有组合的转换概率进行估计:当前状态为 A,下一时点中继续为 A 的概率为 $\tau_{A|A}$;当前状态为 A,下一时点转变为状态 O 的概率为 $\tau_{O|A}$;$\tau_{A|O}$ 和 $\tau_{O|O}$ 也与此类似。多状态时的情况很容易由此推出。

马尔科夫链是俄国数学家安德雷·马尔科夫提出来的。令人感兴趣的是,马尔科夫链可以对未来的状态分布进行预测。以表 1 的数据为例,很容易证明政党 A 刚开始有 67%的支持率,但是一年之后支持率降低了 5%。最终马尔科夫链将会实现均衡,政党 A 得到总体 58%的支持,这与状态的原始分布情况无关。这可以通过矩阵乘法计算得出,即矩阵本身乘以转换概率矩阵 T,其结果再乘以 T,直到结果矩阵的各行都相等。

如果有包含三个及以上时刻的定群【Panel】数据,那么就可以对马尔科夫链的拟合度进行检验。这样,马尔科夫链就可以在大多数社会科学应用中对很长时期的变化进行预测。布吕芒、科根和麦卡锡(Blumen, Kogan, & McCarthy, 1968)假定了两种类型的人群混合在一起:一些人改变状态,另一些人不改变状态。在三个及以上的时点上进行数据的定群观测,便可以估计出“迁移者”和“留守者”的比例。

表 1 政治倾向状态的改变

初始状态	一年以后;频次		一年以后;转换概率		马尔科夫链条件下的 7 年转换概率	
	政党 A	其他	政党 A	其他	政党 A	其他
政党 A	750	250	0.75	0.25	0.58	0.42
其他	175	325	0.35	0.65	0.58	0.42

对变迁进行分析时,陷阱之一在于测量误差会使得最终结果不精确。即使时点之间是相互独立的,这些误差仍会放大观测到的变化,除非将这些误差项纳入模型中。潜马尔科夫模型【Latent Markov Model】(也被称为隐马尔科夫模型)允许结果中包括误差。状态空间中的每个回答都可能出现,但是其概率取决于当前状态。人们能进行正确回答的概率很高,而回答错误的概率虽然较低但仍然存在。通过三个及以上时点的定群观测,就可以对这个模型进行估计。

这里可以将两种方法结合起来,例如,假设总体中的一部分呈现出潜马尔科夫链的特征,另一部分由稳定者(stayers)组成。为了对这个局部混合的潜马尔科夫模型进行准确的估计,最好在每个时点都引入多重测量指标。

如果人们倾向于返回之前的状态,这种情况就比较复杂,如劳动力市场状况研究中的失业问题。这时,可以将先前状态作为一个影响失业概率的外生变量来建模。

最后,离散时间转换概率实际上是更基本的连续时间流动参数的结果——转换率【Transition Rate】或者风险率【Hazard Rate】——在无穷小的时间周期中的应用。

——Frank J.R. van de Pol

Rolf Langeheine

(李洋译　高勇校)

参考文献

Blumen, I., Kogan, M., & McCarthy, P. J. (1968). Probability models for mobility. In P. F. Lazarsfeld & N.W. Henry (Eds.), *Readings in mathematical social science* (pp. 318-334). Cambridge: MIT Press.

Langeheine, R., & van de Pol, F. (1990). A unifying framework for Markov modeling in discrete space and discrete time. *Sociological Methods & Research*, *18*, 416-441.

Vermunt, J. K., Rodrigo, M. F., & Ato-Garcia, M. (2001). Modeling joint and marginal distributions in the analysis of categorical panel data. *Sociological Methods & Research*, *30*, 170-196.

马尔科夫链蒙特卡洛法(Markov Chain Monte Carlo Methods)

马尔科夫链蒙特卡洛(MCMC)法是一种模拟【Simulation】技术,可以通过建构平稳分布(stationary distribution)为 p 的马尔科夫链【Markov Chain】,并对马尔科夫链进行多次迭代,以得到近似服从概率分布 p 的随机样本。MCMC 法应用最多的领域是贝叶斯推论【Bayesian Inference】。这里,通过 MCMC 法,可以通过数值计算对贝叶斯后验分布【Posterior Distribution】进行归纳,这个结果无法用解析解的方法求得。

在许多应用中,研究人员发现能从任意概率分布 p 中进行抽样很有用。当人们希望计算某个积分的数值近似值时这一点尤其有用,比如在贝叶斯推理以及似然推理中就会是这样。当 p 属于一个已知分布族,有时候采用标准伪随机数生成技术(pseudo-random number generation techniques)来直接从 p 中生成一串独立的伪随机离差是可能的。但是在许多应用实践中,p 并不属于已知的分布族,无法使用标准方法直接从中进行抽样。在这种情形下可以使用 MCMC 法,而且操作起来也相对容易。

MCMC 法并非直接从 p 中生成一个独

立样本，而是通过从特定的随机过程中相继抽取一个连续数列来发挥作用，这个随机过程的长期均衡分布（long-run equilibrium distribution）为 p。通过建构一个足够长的数列，我们可以将靠后的抽取看作近似于服从分布 p。更准确地说，MCMC 法提供了建构马尔科夫链的方法，后者的均衡（或平稳）分布就是感兴趣的分布 p。

由于 MCMC 法所抽取的数列不是直接来自 p 的独立数列，因此在使用 MCMC 法时会有许多复杂问题。其中之一涉及要抛弃多少初始的所谓测试迭代（burn-in iterations）。原因在于，MCMC 抽样在马尔科夫链运行很长一段时间之后才能近似于服从 p 分布，所以初始的 MCMC 抽取结果并不能代表从分布 p 中抽取的结果，故而应当舍弃。另一个复杂的问题是要确定马尔科夫链需要运行的长度，以便得到一个样本，使之充分接近于在使用时直接从 p 中进行的抽样。这些问题或多或少的在标准参考文本中，如罗伯特和卡塞拉（Robert & Casella，1999）有所论述。

研究人员通常使用两种基本的 MCMC 算法（尽管要注意其中一种类型实际上是另一种的特例）。第一种被称为 Metropolis-Hasting 算法；第二种也属于 Metropolis-Hasting 算法的一类，被称为 Gibbs 抽样【Gibbs Sampling】算法。

Metropolis-Hasting 算法

Metropolis-Hasting 算法是一种很普通的 MCMC 算法，可以用它从仅知道其加总等于标准化常数的概率分布中进行抽样。Metropolis-Hasting 算法易于从进行模拟的候选生成密度（candidate-generating density）中生成候选值，进而概率性地接受或者拒绝这些候选值，以产生一个近似于来自分布 p 的样本。

假设我们要从 $p(\theta)$ 中随机抽取一个样本，其中 θ 是多维的。图 1 对 Metropolis-Hasting 算法进行了展示。

initialize $\theta^{(0)}$

for (i in 1 to m) {

generate $\theta_{\text{can}}^{(i)}$ from $q(\theta \mid \theta^{(i-1)})$

calculate $\alpha \leftarrow \dfrac{f(\theta_{\text{can}}^{(i)})}{f(\theta^{(i-1)})} \dfrac{q(\theta^{(i-1)} \mid \theta_{\text{can}}^{(i)})}{q(\theta_{\text{can}}^{(i-1)} \mid \theta^{(i-1)})}$

set

$$\theta^{(i)} \leftarrow \begin{cases} \theta_{\text{can}}^{(i)} \text{ with probability } \min\{1,\alpha\} \\ \theta^{(i-1)} \text{ with probability } 1-\min\{1,\alpha\} \end{cases}$$

store $\theta^{(i)}$

}

图 1

其中，$f(\theta)$ 是与 $p(\theta)$ 成比例关系的一个函数，$q(\theta \mid \theta^{(i-1)})$ 是备选生成密度。要注意的是，备选生成密度取决于 $\theta^{(i-1)}$ 的当前值。当备选生成密度对称时——也就是 $q(\theta \mid \theta^{(i-1)})$ 等于 $q(\theta^{(i-1)} \mid \theta)$——那么这些项在接受概率 α 的公式中就消掉了。

Gibbs 抽样算法

Gibbs 抽样算法是 Metropolis-Hastings 算法在接受概率（acceptance probability）总等于 1 时的一种特例。它通过从 p 的条件分布中进行迭代抽样，生成一个近似于来自联合分布 p 的样本。

为了考察 Gibbs 抽样算法是如何运作的，假设我们有一个联合分布 $p(\theta_1, \cdots, \theta_k)$，将对 p 的变元（arguments）分解成 k 个不同的区组（block）。这里用 $p_1(\theta_1 \mid \theta_2, \cdots, \theta_k)$ 表示 θ_1 的条件分布，且剩余的 $k-1$ 个区组与其他 $k-1$ 个完全条件分布的标记相同。图 2 显示了 Gibbs 抽样算法的运算过程。

```
initialize θ_2^(0), ⋯, θ_k^(0)
for (i in 1 to m) {
    generate θ_1^(i) from p_1(θ_1 | θ_2^(i-1), ⋯, θ_k^(i-1))
    generate θ_2^(i) from p_2(θ_2 | θ_1^(i), θ_3^(i-1), ⋯, θ_k^(i-1))
    ⋮
    generate θ_k^(i) from p_k(θ_k | θ_1^(i), ⋯, θ_{k-1}^(i))
    store θ_1^(i), ⋯, θ_k^(i)
}
```

图 2

历史沿革

MCMC 法起源于统计物理。梅特罗波利斯等人（Metropolis, Rosenbluth, Rosenbluth, Teller, & Teller, 1953）提出了现在众所周知的 Metropolis 算法来进行数值积分（numerical integrations）运算，以探索物理系统的特定性质。黑斯廷斯（Hastings, 1970）概括了 Metropolis 算法，引入非对称的备选生成密度进行运算。S. 杰曼和 J. 杰曼（Geman & Geman, 1984）在图像复原问题上，提出了现在称为 Gibbs 抽样算法的算法。尽管有上述这些（以及其他几个）较早期的工作，但是统计学家们并没有完全理解 MCMC 法的潜力，直到盖尔范德和史密斯（Gelfand & Smith, 1990）提出如何使用 MCMC 技术，来对在当时看来计算上不可行的模型进行贝叶斯推理，人们才对其应用潜力有了更好的理解。

举例：贝叶斯后验分布抽样

考察简单 Logistic 回归【Logistic Regression】模型的贝叶斯处理。假设我们有 n 个观测，第 i 个观测的因变量的值（y_i）编码为 1 或者 0。假定人们之前认为系数向量 β 服从正态分布，均值为 b_0，方差协方差矩阵为 B_0，则 β 的后验密度是（最多一个比例常数）

$$p(\beta \mid y) \propto \prod_{i=1}^{n}\left(\frac{\exp(x_i'\beta)}{1+\exp(x_i'\beta)}\right)^{y_i} \times \left(1-\frac{\exp(x_i'\beta)}{1+\exp(x_i'\beta)}\right)^{1-y_i} \times \exp\left(-\frac{(\beta-b_0)'B_0^{-1}(\beta-b_0)}{2}\right)$$

为了对后验密度进行概括，我们可能需要计算出 β 的后验均值和后验方差等。假设我们要用 β 的后验均值［定义为 $E[\beta \mid y]=\int \beta p(\beta \mid y)\mathrm{d}\beta$］进行贝叶斯点估计。即使对于一个简单的模型来说，进行必要的积分运算来计算后验均值也不是一个简单的问题。另一个对 β 的后验均值进行计算的方法，是采用 MCMC 算法，从 $p(\beta \mid y)$ 中抽取大小近似为 m 的随机大样本 $\beta^{(1)},\cdots,\beta^{(m)}$，并将 β 的后验均值估计为

$$\hat{E}[\beta \mid y]=\frac{1}{m}\sum_{i-1}^{m}\beta^{(i)}$$

下面的图 3 显示了 Metropolis 算法的运算过程。

```
initialize β^(0)
for (i in 1 to m) {
    generate β_can^(i) ← β^(i-1) + z^i
    calculate α ← f(β_can^(i) | y) / f(β^(i-1) | y)
    set β^(i) ←
        { β_can^(i) with probability min{1, α}
        { β^(i-1) with probability 1-min{1, α}
    store β^(i)
}
calculate β̄ ← (1/m) Σ_{i=1}^{m} β^(i)
```

图 3

其中 $z^{(i)}$ 是一个均值为零的多元正态随机变量，其固定方差协方差矩阵 $f(\beta \mid y)$ 是在第 i 次迭代中得到的，而 $f(\beta \mid y)$ 是与 $p(\beta \mid y)$

成比例关系的任意函数。要注意的是，实际上，一般要将 β 最初几百到几千个样本作为测试迭代（burn-in iterations）予以抛弃，以消除对 β 初始值的敏感性。

——Kevin M. Quinn

（李洋译　高勇校）

参考文献

Gelfand, A. E., & Smith, A. F. M. (1990). Sampling based approaches to calculating marginal densities. *Journal of the American Statistical Association*, *85*, 398-409.

Geman, S., & Geman, D. (1984). Stochastic relaxation, Gibbs distributions, and the Bayesian restoration of images. *IEEE Transactions on Pattern Analysis and Machine Intelligence*, *6*, 721-741.

Hastings, W. K. (1970). Monte Carlo sampling methods using Markov chains. *Biometrika*, *57*, 97-109.

Metropolis, N., Rosenbluth, A. W., Rosenbluth, M. N., Teller, A. H., & Teller, E. (1953). Equation of state calculation by fast computing machines. *Journal of Chemical Physics*, *21*, 1087-1092.

Robert, C. P., & Casella, G. (1999). *Monte Carlo statistical methods*. New York: Springer.

匹配（Matching）

匹配是指基于在一个或多个协变量上的相似性，进行试验者【Treatment】和对照者【Control】的配对。在随机实验中，匹配减少了误差方差，因此能增强统计检力【Statistical Power】。在非随机实验中，匹配能增强实验组和控制组的相似性。非随机实验中的匹配并不能像随机化那样使各组完全均等，但它能减少偏差。

匹配包括以下类型。成对匹配（matched-pairs）是指一个试验者匹配一个对照者，由此得到的试验组和对照组大小相同。成组匹配（matched-sets）是指一个或多个试验者匹配一个或多个对照者。匹配可以基于单个变量（单变量匹配）或多个变量（多元【Multivariate】匹配）。精确匹配（exact matching）是指将协变量【Covariate】取值完全相同的试验者和对照者配对；但是给所有对象都找到精确匹配可能太困难了。精确多元匹配更易于办到，方法是将匹配变量压缩（collapsing）成一个被称为倾向值（propensity score）的变量，它是从 Logistic 回归【Logistic Regression】中得到的属于实验组还是对照组的预期概率。距离匹配（distance matching）进行配对的原则是使对照组和实验组之间的总体差异最小化。准确和距离匹配的其他形式有全匹配、最优匹配（optimal matching）和贪婪匹配（greedy matching）（Shadish, Cook, & Campbell, 2002）。

匹配的相关研究案例主要包括：(a)伯格纳（Bergner, 1974）在关于夫妻沟通测量中，根据前测得分对 20 对夫妻进行排序，然后从每对中随机安排一对夫妻进入实验组或对照组；(b)奇切雷利和阿苏什埃兹（Cicerelli & Associates, 1969）对加入"启蒙教育计划（Head Start）"的儿童，与同样性别、种族和幼儿园教育的、有义务加入但是没有加入的儿童进行比较；(c)德赫贾和沃赫拜（Dehejia & Wahba, 1999）对接受劳动培训的试验组和从全国调查中抽取的控制组进行倾向值匹配。如果不谨慎从事，在非随机实验中进行匹配可能引发严重的问题（Shadish et al., 2002）。

——William R. Shadish

M. H. Clark

（李洋译　高勇校）

参考文献

Bergner, R. M. (1974). The development and evaluation of a training videotape for the resolution of marital conflict. *Dissertation Abstracts International*, *34*, 3485B. (UMI No.73-32510)

Campbell, D. T., & Kenny, D. A. (1999). *A primer on regression artifacts*. New York: Guilford.

Cicerelli, V. G., & Associates. (1969). *The impact of Head Start: An evaluation of the effects of Head Start on children's cognitive and affective development* (2 vols.). Athens: Ohio University and Westinghouse Learning Corp.

Dehejia, R. H., & Wahba, S. (1999). Causal effects in nonexperimental studies: Reevaluating the evaluation of training programs. *Journal of the American Statistical Association*, *94*, 1053-1062.

Rosenbaum, P. R. (1998). Multivariate matching methods. *Encyclopedia of Statistical Sciences*, *2*, 435-438.

Shadish, W. R., Cook, T. D., & Campbell, D. T. (2002). *Experimental and quasi-experimental designs for general causal inference*. Boston: Houghton Mifflin.

矩阵(Matrix)

矩阵可以定义为由排成行和列的真实的数字或元素所组成的矩形排列。矩阵的维度或阶数由行和列的个数决定。比如,说 **A** 是一个 m 乘 n(表示为 $m\times n$)的矩阵,是因为它包含了 $m\times n$ 个排成 m 行和 n 列的真实的数字或元素,比如下面的矩阵

$$\mathbf{A}=\begin{bmatrix} a_{11} & a_{12} & \cdots & a_{1n} \\ a_{21} & a_{22} & \cdots & a_{2n} \\ \vdots & \vdots & a_{ij} & \vdots \\ a_{m1} & a_{m2} & \cdots & a_{mn} \end{bmatrix}$$

其中,$a_{ij}(i=1,2,\cdots,m;j=1,2,\cdots,n)$ 是矩阵 **A** 的一个元素。

要注意从左上角开始算起,矩阵元素 a_{ij} 的第一个下标表示行数,第二个下标表示列数。比如,a_{ij} 是位于第 i 行和第 j 列的元素取值。如果矩阵 **B** 中对于所有 i 和 j 来说都有 $a_{ij}=a_{ji}$,那么 **B** 就被称作对称矩阵(symmetric matrix)。比如,

$$\mathbf{B}=\begin{bmatrix} 1 & 4 & 7 \\ 4 & 6 & 5 \\ 7 & 5 & 9 \end{bmatrix}$$

由于只有一列,$m\times 1$ 矩阵被称为列向量(column vector)。同样,由于只有一行,$1\times n$ 矩阵被称为行向量(row vector)。1×1 矩阵仅是一个数,通常称作标量(scalar)。

行数和列数相同的矩阵叫作方阵(square matrix)。比如,上面图示的对称矩阵 **B** 是一个 3×3 的方阵。方阵对角线上的元素之和是这个方阵的迹(trace)。例如,迹(**B**)= 16。几种特殊类型的矩阵常常被用在统计分析和计量经济学【Econometrics】分析中。

- 对角线矩阵(diagonal matrix)是位于主要(主)对角线(即从左上角到右下角)之外的每个元素都等于零的方阵。即如果 $i\neq j$,那么 $a_{ij}=0$。例如,**C** 就是一个 $m\times m$ 的对角线矩阵,

$$\mathbf{C}=\begin{bmatrix} a_{11} & 0 & \cdots & 0 \\ 0 & a_{22} & \cdots & 0 \\ \vdots & \vdots & & 0 \\ 0 & 0 & 0 & a_{mm} \end{bmatrix}$$

• 等值矩阵(identity matrix)或单元矩阵是一种特殊的对角线矩阵,其主对角线上的元素全都等于1。通常表示为 $\mathbf{I}_m$,其中 m 是单位矩阵的维度或阶乘[因而,迹($\mathbf{I}_m = m$)]。例如,$\mathbf{I}_3$就是一个等值矩阵,

$$\mathbf{I}_3 = \begin{bmatrix} 1 & 0 & 0 \\ 0 & 1 & 0 \\ 0 & 0 & 1 \end{bmatrix}$$

• 三角矩阵(triangular matrix)是在主对角线上方或下方只有数字零的特殊方阵。如果零在对角线以上,矩阵就是下三角(lower triangular)矩阵,因为非零元素都在对角线以下。也就是

$$a_{ij} = \begin{cases} a_{ij}, i \geqslant j \\ 0, i < j \end{cases}$$

例如,矩阵 $\mathbf{D}$ 是一个下三角矩阵,

$$\mathbf{D} = \begin{bmatrix} a_{11} & 0 & \cdots & 0 \\ a_{21} & a_{22} & \cdots & 0 \\ \vdots & \vdots & & 0 \\ a_{m1} & a_{m2} & 0 & a_{mm} \end{bmatrix}$$

相反,当零都位于对角线以下,矩阵就是上三角(upper triangular)矩阵。

• 主对角线上的元素全部相同的对角线矩阵称作标量矩阵(scalar matrix)。比如,满足经典线性回归【Regression】分析所有假设的线性回归【Linear Regression】误差变量,其方差-协方差矩阵如下所示:

$$\Omega = \begin{bmatrix} \sigma^2 & 0 & \cdots & 0 \\ 0 & \sigma^2 & \cdots & 0 \\ \vdots & \vdots & & 0 \\ 0 & 0 & \cdots & \sigma^2 \end{bmatrix}$$

这些矩阵中的任一矩阵均有其自身的特征,通常用在统计学【Statistics】和计量经济学中。比如,矩阵运算以及矩阵的转置(transpose)和求逆是统计分析和数理经济运算中的有效工具(关于这些议题的更多资料,基础论述可以参考 Namboodiri, 1984; Chiang, 1984。高级论述可以参考 Golub & Van Loan, 1996)。

——Cheng-Lung Wang

(李洋译 高勇校)

参考文献

Chiang, A. C. (1984). *Fundamental methods of mathematical economics* (3rd ed.). New York: McGraw-Hill.

Golub, G. H., & Van Loan, G. F. (1996). *Matrix computations* (3rd ed.). Baltimore: Johns Hopkins University Press.

Namboodiri, K. (1984). *Matrix algebra: An introduction.* Beverly Hills, CA: Sage.

矩阵代数(Matrix Algebra)

矩阵操作能用于对多个变量在多次观测中的复杂关系进行求解。除非极其简单,矩阵操作一般都通过计算机程序来执行,但是三种基本的矩阵运算【Matrix】是共通的,并且易于说明。

矩阵加法

阶乘为 $m \times n$ 的矩阵 $\mathbf{A} = [a_{ij}]$ 和 $\mathbf{B} = [b_{ij}]$,相加后得到矩阵 $\mathbf{A}+\mathbf{B}$,阶乘为 $m \times n$,也就是 $\mathbf{A}+\mathbf{B} = [a_{ij}+b_{ij}]$。例如,如果

$$\mathbf{A} = \begin{bmatrix} a & b \\ c & d \end{bmatrix}$$

且

$$\mathbf{B} = \begin{bmatrix} e & f \\ g & h \end{bmatrix}$$

那么

$$\mathbf{A} + \mathbf{B} = \begin{bmatrix} a+e & b+f \\ c+g & d+h \end{bmatrix}$$

交换率和结合率在矩阵加法中同样都有效。

乘以一个数

如果 $\mathbf{A} = [a_{ij}]$ 是一个矩阵,且 k 是一个数字,那么矩阵 $k\mathbf{A} = [ka_{ij}] = \mathbf{A}k$。例如,如果

$$\mathbf{A} = \begin{bmatrix} a & b \\ c & d \end{bmatrix}$$

那么

$$k\mathbf{A} = \begin{bmatrix} ka & kb \\ kc & kd \end{bmatrix}$$

要注意的是矩阵的每个元素都要乘以一个数(与行列式乘以一个数不同)。乘以一个数字是满足交换率的。

矩阵乘法

只有两个矩阵可相乘(conformable)时,两个矩阵才可以相乘。可相乘意味着第一个矩阵的列数必须等于第二个矩阵的行数。矩阵 $\mathbf{A} = [a_{ik}]$,阶乘为 $m \times p$,矩阵 $\mathbf{B} = [b_{kj}]$,阶乘为 $p \times n$,阶乘为 $m \times n$ 的矩阵 $\mathbf{A} \times \mathbf{B}$ 是

$$\mathbf{AB} = \left[\sum_{k=1}^{p} a_{ik}b_{kj}\right]$$

由于矩阵必须可相乘,因此相乘的顺序也会产生差异(即矩阵乘法不满足交换率)。对相乘得到的矩阵 **AB**,我们说 **A** 左乘 **B**,或者 **B** 右乘 **A**。对于此例,当 $m = p = n = 2$ 时,可以得到

$$\mathbf{A} = \begin{bmatrix} a_{11} & a_{12} \\ a_{21} & a_{22} \end{bmatrix}$$

$$\mathbf{B} = \begin{bmatrix} b_{11} & b_{12} \\ b_{21} & b_{22} \end{bmatrix}$$

以及

$$\mathbf{AB} = \begin{bmatrix} a_{11}b_{11} + a_{12}b_{21} & a_{11}b_{12} + a_{12}b_{22} \\ a_{21}b_{11} + a_{22}b_{21} & a_{21}b_{12} + a_{22}b_{22} \end{bmatrix}$$

可以看出,**AB** 的每个元素都是 **A** 的特定元素和 **B** 的特定元素的乘积和。还可以看出,每个乘积对子的内标(the inside number of each product pair)都是相等的(因为都为 k),而且在加总时这一内标数字从 1 升到 p(在这个例子中等于 2)。如果两个矩阵规模不同,则乘积矩阵 **AB** 和 **BA** 的阶数可能与初始矩阵的阶数并不一致,而且 **AB** 和 **BA** 的阶数也可能彼此不同。还有可能其中一个根本不存在。例如,如果有 $\mathbf{A}_{2\times4}$ 和 $\mathbf{B}_{4\times1}$,那么就有 $\mathbf{AB}_{2\times1}$,但是 **BA** 就不存在,因为 **B** 的列数与 **A** 的行数不相等。要注意,即使 **AB** 和 **BA** 同时存在且矩阵规模相同,这两个矩阵也不必然相等。

有了这三种运算,矩阵减法就可以通过将要被减去的矩阵乘以-1,然后用两个矩阵相加的方法来实现。类似的,矩阵除法需要找到被除矩阵的逆矩阵,然后将逆矩阵与第二个矩阵相乘。计算矩阵的逆矩阵需要进行一系列的计算,同时并非所有矩阵都有

逆矩阵。尤其是,能进行逆矩阵转换的矩阵必须既是方阵又是非奇异矩阵(也就是非零行列式)。因而,如果 **A** 是方阵且是非奇异矩阵,那么其逆矩阵 $\mathbf{A}^{-1}$可以表示为

$$\mathbf{A}^{-1} = \left(\frac{1}{|\mathbf{A}|}\right) \text{adj } \mathbf{A}$$

其中 $|\mathbf{A}|$ 是 **A** 的行列式,adj **A** 是 **A** 的伴随矩阵。

矩阵代数的一个重要的用处是计算回归系数。例如,简单线性回归模型可以用矩阵式表达为 $\mathbf{Y} = \mathbf{X}\boldsymbol{\beta}$,其中 **Y** 是因变量值的列向量,**X** 是自变量值矩阵,**β** 是回归系数矩阵。用矩阵代数进行方程处理,可以求解得到 $\boldsymbol{\beta} = \mathbf{X}^{-1}\mathbf{Y}$。

——Timothy M. Hagle

(李洋译 高勇校)

参考文献

Cullen, C. G. (1990). *Matrices and linear transformations* (2nd ed.). New York: Dover.

Pettofrezzo, A. J. (1978). *Matrices and transformations*. New York: Dover.

成熟效应(Maturation Effect)

成熟效应是个体随时间推移产生系统性变化的生物过程或心理过程,这一过程与外部事件无关。成熟效应的例子包括随时间而更衰老、更强壮、更英明、更有经验。这些例子涉及长时段的改变。但成熟效应也可能是短暂的,比如变得疲劳、厌倦、高昂、饥饿。

坎贝尔和斯坦利在其经典的《研究中的实验设计和准实验设计》(*Experimental and quasi-experimental designs for research*, Campbell & Stanley, 1963)中,把成熟效应看作能削弱实验内部效度【Internal Validity】的八个竞争性假设之一。内部效度关心的是,能否正确地认定是这一个自变量而非某些外部变量导致了因变量的变化。内部效度是实验的必要条件。

在解释因变量的变化时,能让研究者排除成熟效应和其他一些外部变量最简单的实验设计【Experimental Design】是后测试控制组设计(posttest-only control group design)。按照坎贝尔和斯坦利(Campbell & Stanley, 1963)的论述,这一设计图示如下:

$$\begin{matrix} R & X & O \\ R & & O \end{matrix}$$

R 表示将参与者随机分成两组:*X* 表示处理组,没有 *X* 表示控制组。控制组和处理组在其他实验实施方面没有任何差别。*O* 表示因变量的观测值或测量值。事件的顺序是随机分配(*R*),之后是加以处理或者控制(*X*),然后是因变量的测量(*O*)。*R* 的垂直排列表示参与者在同一时间被分成两个组。同样的,*O* 的垂直排列表示两个组是在同一时间进行测量的。随机分配【Random Assignment】是这个设计的重要特点。其目的在于确保对自变量进行操作之前两个组的参与者是有可比性的。如果样本规模较大,且每个参与者被分配到不同组的概率相等,那么研究者就有理由认为在两组中已知变量和未知的外部变量的分布是相同的。因此,成熟效应理应在两组中表现相同,由此得以控制。这种简单设计下得到的数据通常可以用独立样本的 t 统计量来分析。

在含有 p 组($p>2$)的实验中,需要对后测试控制组设计进行修正。在修正后的设

计中，$X_1, X_2, \cdots, X_{p-1}$表示各个实验组，$X_p$表示控制组，如下所示：

$$\begin{array}{ccc} R & X_1 & O \\ R & X_2 & O \\ \vdots & \vdots & \vdots \\ R & X_{p-1} & O \\ R & X_p & O \end{array}$$

这种实验得到的数据通常要用完全随机化条件下的方差分析（completely randomized analysis of variance）来进行分析。

——Roger E. Kirk

（李洋译　高勇校）

参考文献

Campbell, D. T., & Stanley, J. C. (1963). *Experimental and quasi-experimental designs for research.* Chicago: Rand McNally.

最大似然估计（Maximum Likelihood Estimation）

19世纪末期，卡尔·皮尔逊表明，只要理解了统计分布【Distributions】，研究者就拥有了更好地理解从实验和观察研究中得到结果的有力工具。皮尔逊进一步又指出，只需理解了决定统计分布的少数恒量【Constant】，也就是参数【Parameter】，我们就能理解这个分布的方方面面。只要我们了解了决定分布的参数，我们就不需要"看到"整个分布。在19世纪末期，参数统计学这一研究领域诞生了。

这当然是一个很重要的见解。但是难题正在于如何利用从实验和观察研究中得到的经验资料来了解这些分布参数的性质。对这一重要问题，皮尔逊的回答是要进行尽可能多的经验观察，最好对整个总体【Population】进行经验观察，然后计算这些经验分布的各种特征——如均值【Mean】、方差【Variance】、偏度【Skewness】和峰度【Kurtosis】。这些计算出来的经验矩被用来将经验分布映射到一些已知的理论分布上，通常就是所谓的皮尔逊-类型分布之一（Stuart & Ord, 1987）。

大约在同一时期，有个叫罗纳德·费希尔的年轻天才证明了皮尔逊处理估计【Estimation】问题的方法有明显缺陷。据说他比皮尔逊更有才学，因此皮尔逊对他不太大度甚至公开敌视（Salsburg, 2001）。费希尔证明，皮尔逊的估计常常是非一致性的（inconsistent）且低效的（inefficient）。费希尔的意思是说，无论收集多少资料，皮尔逊对概率分布参数的估计通常都不可能在概率上收敛于真正的总体参数（即它们是非一致性的），与其他估计方法相比它们在不同样本之中有较大的波动性（即它们是低效的）。

为了用更合理的估计方法来取代皮尔逊有缺陷的方法，费希尔关注在一个分布参数的不同估计值下能够观测到此数据的概率。更准确地说，他希望找到能够使得观察到所收集数据的概率（通常称为数据的似然）最大化的参数估计。最大似然估计的优势不仅在于它能将数据似然最大化，而且在于它是一致且有效的，并且后来还发现它在非常广泛的条件下对于诸多模型和分布来说都是渐进无偏的。在20世纪早期，最大似然法诞生了。

为了更好地理解这种方法，让我们来考察某个随机变量【Random Variable】再观测i的取值。设这个随机变量为Y_i，研究者观测到的数据为y_i。假设我们希望对决

定 Y_i 分布的参数进行估计。我们需要知道或者经常要假设 Y_i 分布的形式。可以实现相关矩的一般化，将 Y_i 的已知或假设分布表示为 $f(Y_i;\theta)$，其中 θ 或者是唯一参数或者是决定 Y_i 分布的参数向量。如果 Y_i 是离散的，$f(Y_i;\theta)$ 表示 Y_i 取特定的值 y_i 的概率，也被称为概率函数【Probability Function】。如果 Y_i 是连续的，$f(Y_i;\theta)$ 决定了 y_i 处于某一观测范围内的概率，也通常被称为概率密度函数【Probability Density Function】。

现在让我们假设采用某种方式采集了 N 个数据 $y_1, \cdots, y_N$。只要 $y_1, \cdots, y_N$ 是独立且同分布的（independent and identically distributed，即 IID），这些数据是如何收集到的（是观察还是实验）并不重要。也就是说，我们需要假设，对于可以生成数据 y_i 和其他一些数据（如 $y_{i'}$ 的数据）生成机制来说，针对所有的 i 和 i' 都有：(a) 观测 y_i 与观测 $y_{i'}$ 相互独立；(b) 概率（密度）函数 $f(Y_i;\theta)$ 和 $f(Y_{i'};\theta)$ 相同。当然，有一些复杂的方法能够处理这些假设【Assumption】不成立时如何进行最大似然估计。但是现在让我们忽略这些枝节问题。

独立同分布假设成立时，数据的联合概率（密度）函数——即数据似然（data likelihood），或者费希尔称为样本概率——可以表示为个体概率（密度）函数的乘积：

$$L(y;\theta) = \prod_{i=1}^{N} f(y_i;\theta) \qquad (1)$$

费希尔的核心观点是，要找到能够使方程（1）（即数据的似然）最大化的 θ 值。由于数值乘积计算有一定难度（小数会下溢，大数会上溢，准确度会因此损失等），人们通常都转而求数据似然的自然对数最大化，或者对数似然最大化，

$$\log\{L(y;\theta)\} = \log\Big\{\prod_{i=1}^{N} f(y_i;\theta)\Big\} = \sum_{i=1}^{N} \log\{f(y_i;\theta)\} \qquad (2)$$

这个方程最大化的解与将方程（1）中的函数最大化的解是相同的。

除了获取数据之外，我们必须设定 $f(y_i;\theta)$ 的形式，以求得使方程（1）和方程（2）最大化的 θ 值。这个取值通常被称作最大似然估计值，常用 $\hat{\theta}$ 来表示。这里有多个分布可以使用，有用连续分布的，包括正态、对数正态、Logistic、Beta、指数和 Gamma 等分布；有用离散分布的，包括二项式【Binomial】、多项式【Multinomial】、负二项式【Negative Binomial】和泊松【Poisson】等分布。大多数导读性质的概率和统计教科书都提供了一些研究者可以参考的重点分布（例如 Hogg & Tanis, 1988）。伊莱亚森（Eliason, 1993）也提供了这方面的案例。选取合适分布的一个重要的考虑因素是要看所观测 y_i 的形式，是否符合候选分布所要求的范围。例如，如果观察到的数据 y_i 都是严格为正的（例如在市场工资中），或者被限定在 0 和 1 之间（例如在概率中），那么选择一个 y_i 可以认为在所有实数（例如服从正态分布）上取值的分布就没有什么意义了。

到目前为止，或者明言，或者暗含，正态分布是社会科学中最经常使用的分布。在一些教学材料中也都假设分布是正态的，然后指出分布均值的最大似然估计量就是样本均值，经常表示为 μ，即

$$\frac{1}{N}\sum_{i=1}^{N} y_i$$

这一结果虽然很重要，但众人皆知，许多材料中都可以找到。糟糕的是，这可能会让人产生这些技术必须进行正态性假设的错误

(incorrect)印象。

所以,为了让分析更有趣,同时表明仅仅需要假设某种(some)分布,在此让我们假设 Y_i 是服从 Gamma 分布的随机变量。Gamma 分布可以采取很多形式,但人们通常将其考虑为类似卡方【Chi-Square】分布的形式,即右偏斜且最左侧位于原点处。它同时也是指数和卡方分布的母体分布(the parent distribution)。如果从社会科学的立场出发,Gamma 分布之所以有趣,可能更重要的在于许多关于奖励及其相关分布(例如,财富、工资、权力等)倾向于服从典型 Gamma 分布。

正如伊莱亚森(Eliason,1993)所提到的,Gamma 分布有两个参数,参数 $\mu=E\{Y_i\}$(即 μ 是 Y_i 的期望均值),且 $\nu=E\{Y_i\}^2/V\{Y_i\}$(即 ν 表示期望值平方与 Y_i 方差的比值),这一分布可以表示为

$$f(y_i;\theta=[\mu,\nu]) = \left(\frac{1}{\Gamma\{\nu\}}\right)\left(\frac{\nu}{\mu}\right)^{\nu} y_i^{(\nu-1)}\exp\left\{\frac{-\nu y_i}{\mu}\right\} \quad (3)$$

为了求出决定分布集中趋势的参数 μ 的最大似然解,我们首先对方程(3)中的 Gamma 密度取自然对数,

$$\log\{f(y_i;\theta=[\mu,\nu])\} = -\log\Gamma\{\nu\}+\nu\log\{\nu/\mu\}+(\nu-1)\log\{y_i\}-(\nu y_i/\mu) \quad (4)$$

进而将这些自然对数相加,得到数据的对数似然,

$$\log\{L(y_i;\theta=[\mu,\nu])\} = -N\log\Gamma\{\nu\}+\nu N\log\{\nu/\mu\}+(\nu-1)\sum_{i=1}^{N}\log\{y_i\}-(\nu/\mu)\sum_{i=1}^{N}y_i \quad (5)$$

下一步我们需要对一阶导数有所了解,因为这里需要计算方程(5)中感兴趣的参数 μ 的一阶导数,以便求出 μ 的最大似然解。尽管计算一阶导数有些困难,但理解一阶导数并不难。也就是说,一阶导数仅仅表示某个函数相对于其他参数的变化率。在这个例子中,某个函数就是方程(5)中的对数似然,而其他参数是参数 μ,即

$$\frac{\partial\log\{L(y_i;\theta=[\mu,\nu])\}}{\partial\mu} = \left(\frac{\nu}{\mu^2}\right)\sum_{i=1}^{N}y_i-\left(\frac{\nu}{\mu}\right)N \quad (6)$$

在微积分中,我们知道当一阶导数(关于 μ)等于 0 时,μ 的相应取值或者最大,或者最小。在这个例子中,我们的确取了最大值——为此我们需要二阶导数的应用知识,这已经超出了本条目的范围。因而,最后一步是将方程(6)中的导数设为 0,并对 μ 进行求解:

$$\left(\frac{\nu}{\mu^2}\right)\sum_{i=1}^{N}y_i-\left(\frac{\nu}{\mu}\right)N=0\Rightarrow\hat{\mu}=\sum_{i=1}^{N}y_i/N \quad (7)$$

这就是 μ 的最大似然估计量 $\hat{\mu}$,方程(5)中的 Gamma 对数似然就是样本均值。

重要的是,这些统计技术的适用范围很广。除了 μ,我们还可能对 Gamma 分布中 ν 的最大似然解感兴趣,它是随机变量 Y_i 的方差分量。此外,在社会科学中,我们不仅经常对某个变量的分布参数(例如,那些决定工资、声望和权力等分布的参数)感兴趣,还对其他一些变量(例如,个体、职业、市场和机构的属性)共同影响这些参数的方式感兴趣。这就要求我们将注意力放在问题的另一个层次上——模型设定以及连接变量与感兴趣参数的函数形式。

这里举一个完全简化的例子,我们可能会假定个体属性 X_i(例如,性别、种族、年龄、

受教育程度和社会阶层等)嵌入属性为 Z_j(例如,劳动力市场规范的程度、封闭和开放的职业体系、市场集中程度、工会参与率等)的劳动力市场组织,两者相互作用共同影响工资变量的分布。要注意的是,i 表示个体而 j 表示市场。回想一下,皮尔逊在 1800 年代末的研究发现告诉我们,任何变量的分布都完全由其分布的参数所决定。所以,如果我们用有效的方式将这些因素与分布参数联系起来(正如个体和市场属性如何共同影响工资的理论所期待的方式),我们就能够显示这些因素是如何共同对分布产生影响的。

继续讨论 Gamma 分布,我们可以将这些因素与决定工资分布集中趋势的参数 μ 连接起来,而 ν 决定了工资分布的形态。假设 μ 和 ν 在 Gamma 分布中都为正,将这些分布参数与 X_i, Z_j 中的因子连接起来的函数,必须对这些特征有所反映。所以,符合这一条件的最简单的模型,可能与累加效应(additive effects)建立起对数线性关系。也就是说

$$\mu_{ij} = \exp\{\beta_0 + \beta_1 X_i + \beta_2 Z_j\} \qquad (8)$$

且

$$\nu_{ij} = \exp\{\gamma_0 + \gamma_1 X_i + \gamma_2 Z_j\} \qquad (9)$$

其中 β_1, β_2, γ_1 和 γ_2 都是模型参数的向量,其维度与 X_i 和 Z_j 的维度一致。假定模型设定为方程(8)和方程(9),那么 β 和 γ 的最大似然估计可能包含关于 X_i 和 Z_j 中的个体和市场因素如何影响工资分布的信息。

此外,为了与例子中的嵌入性一致,我们至少还需要一个交互项来影响工资分布。因而,我们仍然需要采用对数线性的连接函数(loglinear link function),但要包含交互项:

$$\mu_{ij} = \exp\{\beta_0 + \beta_1 X_i + \beta_2 Z_j + \beta_3 X_i Z_j\} \qquad (10)$$

$$\nu_{ij} = \exp\{\gamma_0 + \gamma_1 X_i + \gamma_2 Z_j + \gamma_3 X_i Z_j\} \qquad (11)$$

将这些因子用上面的方式与分布参数连接起来,研究人员就能够回答个体和市场属性如何共同影响工资分布这一重要问题了。

尽管从方程(8)到方程(11)的模型增加了新一层的复杂性,但是其基本思想与之前没有建立模型的例子没有太多不同。也就是说,面对数据我们可以:(a)为感兴趣的结果变量选择合适的概率(密度)函数;(b)建立函数,将感兴趣的自变量与决定结果变量的概率函数的参数关联起来;以及(c)将对数似然最大化以求得模型参数的最大似然估计值。任何一款允许使用者写出并将任意函数最大化的统计软件,比如 SAS 中的 NLP 过程,都照例可以用来求得最大似然估计值。一旦计算出来,正如上面的例子,这些最大似然估计值就会成为解释个体、市场属性及其交互作用对工资分布效应的基础。

上述分析所展现的核心思想正是最初由费希尔所发展的最大似然法的基础。在当前的计算机软件包中,许多分布和模型参数都是通过最大似然程序和算法估计的,但通常是在后台操作的,因此对像 SPSS 这种点选式统计包的使用者来说看不到这一点。实际上,最大似然蕴含在社会科学研究使用的很多统计模型的估计中都发挥重要作用,包括结构方程模型【Structural Equation Modeling】、Logistic 回归模型【Logistic】、Probit 回归模型【Probit】、Tobit 模型【Tobit】、截尾回归模型【Censored】、事件历史模型【Event History】、对数线性模型【Log-Linear Model】、广义线性模型【Generalized Linear Models】等。因而,理解了最大似然法背后的逻辑,你就能深刻理解这些社会科学家所使用的各种完全不同的模型。

最后,这里有一些有助于更好地理解最大似然估计的文献。伊莱亚森(Eliason,1993)对这种方法的逻辑和实践进行了易于理解的处理和介绍。金(King,1989)对此也进行了很有益的介绍。吉尔(Gill,2001)的专著介绍了最大似然如何夯实了许多广义线性模型估计的根基。至于更深层次的论述,斯图尔特、奥德和阿诺德(Stuart,Ord,& Arnold,1999)出版了非常有用的专著,对最大似然法与其他估计方法如贝叶斯估计(Bayesian Estimation)技术进行了详细的比较。

——Scott R. Eliason

(李洋译　高勇校)

参考文献

Cramer, J. S. (1986). *Econometric applications of maximum likelihood methods.* Cambridge, UK: Cambridge University Press.

Eliason, S. R. (1993). *Maximum likelihood estimation: Logic and practice.* Newbury Park, CA: Sage.

Gill, J. (2001). *Generalized linear models: A unified approach.* Thousand Oaks, CA: Sage.

Hogg, R. V., & Tanis, E. A. (1988). *Probability and statistical inference.* New York: Macmillan.

King, G. (1989). *Unifying political methodology: The likelihood theory of statistical inference.* New York: Cambridge University Press.

Salsburg, D. (2001). *The lady tasting tea: How statistics revolutionized science in the twentieth century.* New York: Holt.

Stuart, A., & Ord, K. (1987). *Kendall's advanced theory of statistics: Vol. 1. Distributional theory* (5th ed.). New York: Oxford University Press.

Stuart, A., Ord, K., & Arnold, S. (1999). *Kendall's advanced theory of statistics: Vol. 2A. Classical inference & the linear model* (6th ed.). New York: Oxford University Press.

MCA

参见多重分类分析【Multiple Classification Analysis】。

McNemar 变化检验(McNemar Change Test)

参见 McNemar 卡方检验【McNemar's Chi-Square Test】。

McNemar 卡方检验(McNemar's Chi-Square Test)

McNemar 卡方检验也叫作 McNemar 变化检验(McNemar change test),它是与参数检验中的相关样本 t 检验【t-Test】相类似的非参数检验,适用于无法满足参数【Parameter】检验要求的数据。具体而言,这种检验适用于因变量是定类变量(即类别频次)时的情况。这一检验实际上是要看研究对象的类别是否发生了显著变化。

举例来说,让我们考察下弗里多尼亚大学的心理学和社会学系。他们决定让学生在第一学年参加公共社科课程,在这一学年结束时再让学生选择具体学科。有人认为,从改变想法的学生数量上看,社会学系比心理学系从这一过程中获益更多。社会学系建议下一年做个试验,在年末时清点一下改变选择的学生数量,向心理学系提交一份用他们相信的统计学进行的检验。年初时,系里从 250 人组成的班级中随机选择了两组学生,每组 24 名学生,一组学生有强烈意愿学习社会学,另一组学生愿意学习心理学。年末时,他们比较了年初的专业选择和这些学生下一年的实际专业选择。结果如图 1 所示。最后有 16 人选择心理学系,有 32 人选择社会学系,这是否能说明心理学系总是吃亏呢?或者这仅仅是随机波动造成的差异?

年初的选择

年末的选择	年初总数⇒	心理学 24	社会学 24	年末总数 ⇓
	心理学	7 A	9 C	16
	社会学	17 B	15 D	32

图 1　第一年课程前后的学位选择

这可以看作由针对两组二分变量观测值的前测和后测所组成的实验设计案例,其中每个被试都属于两个备选组中的一个。这里的"处理"似乎是第一年的课程,但也可以说成是了解两个学科以及教师到底如何的共同经历。

对这个测验来说,真正重要的学生是那些改变了想法的学生:C 格代表有 9 名学生从社会学转向心理学,B 格代表有 17 名学生从心理学转向社会学。肯定会有人改变主意,但是如果第一年的经历对两组学生的影响不存在差异,那么人们会预想从社会学转向心理学和从心理学转向社会学的人应该一样多。换句话说,期望改变可以表达为

$$E = \frac{B + C}{2}$$

很明显,并不是每个样本都可以正好得到这个数,所以我们要用统计检验来考察可接受的变差范围是多少。这里涉及的是类别变量,因此应当采用卡方检验。如果用 B 和 C 作为观测频数,将其代入下列卡方比方程中:

$$\chi^2_{\text{ratio}} = \sum_{i=1}^{m} \frac{(O_i - E_i)^2}{E_i}$$

方程就会变成

$$\chi^2_{\text{ratio}} = \frac{\left(B - \frac{B + C}{2}\right)^2}{\frac{B + C}{2}} + \frac{\left(C - \frac{B + C}{2}\right)^2}{\frac{B + C}{2}}$$

可以化约为

$$\chi^2_{\text{ratio}} = \frac{(B - C)^2}{B + C}, df = 1$$

(McNemar 变化检验)

因此,对于上面的例子来说,

$$\chi^2_{\text{ratio}} = \frac{(9 - 17)^2}{9 + 17} = \frac{64}{26} = 2.46$$

由于$\chi^2(1, 0.05) = 3.84$,结果表明不显著;

换句话说,这只是一个偶然事件。可以认为,这一方案最终并不会影响一年后改换专业选择的人数平衡。

——Thomas R. Black

(李洋译　高勇校)

参考文献

Black, T. R. (1999). *Doing quantitative research in the social sciences: An integrated approach to research design, measurement, and statistics.* London: Sage.

Howell, D. C. (2002). *Statistical methods for psychology* (5th ed.). Pacific Grove, CA: Duxbury.

Siegel, S., & Castellan, N. J. (1988). *Nonparametric statistics for the behavioral sciences.* New York: McGraw-Hill.

均值(Mean)

均值是最常用的描述变量值集中趋势的方法。算术平均数是将变量值加总后除以观测数目——也就是 $\sum x_i/n$,其中 x_i 表示相关变量 x 的第 i 个值,n 是样本量。比如,表 1 显示了 12 个人组成的样本的收入情况。12 个人的总收入是 \$ 3 970,除以 12,则均值为 \$ 331。均值通常就是人们所说的平均数【Average】。x 的均值通常可以表示为 ξ,用来表示 x_i 的最佳估计值,可以将改善后的估计值与之进行比较,如普通最小二乘。均值能在多大程度上表示分布的集中趋势,取决于分布的离散水平,以及是否存偏态分布或"离群值"。比如表 1 虚构的数据显示,个案 F 的收入(944 美元)远远超过排名第二高的收入。如果排除这个偏离较大的个案,均值会降到 275 美元,从整体来看,可以认为此时的均值更能反映典型的收入情况。

正如高尔顿在其关于父亲体重和儿子体重关系的一项著名研究中首次阐明的,随时间推移,极值会越来越接近均值。这也就是趋向均值的回归,也是回归分析的基础。与置信区间【Confidence Interval】结合起来,样本的均值能用来估计给定变量的总体均值。

表 1　样本 12 人的净收入

人	净收入(美元/周)
A	260
B	241
C	300
D	327
E	289
F	944
G	350
H	195
I	160
J	379
K	214
L	311
总和	3 970
均值	331

与算术平均数相比,在社会科学中使用较少的是几何平均数和调和平均数(harmonic mean)。几何平均数是数据值乘积的 n 次根,n 是指个体数量。几何平均数可以表示为

$$(x_1^*, x_2^*, \cdots, x_n)^{1/n}$$

换言之,几何平均数的对数是数据值对数的算术平均数,或

$$\log G = 1/n\left(\sum \log x\right)$$

因此，在表 1 的例子中，G 的对数为 2.47，几何平均数是 296.5 美元。在其数据的增长自身与初始值呈几何相关关系时，几何平均数的特性使之更适用于测量均值。比如，几何平均数可以应用在价格（或其他类的）指数上，在价格指数中，价格表示为数列初始值的比值。另一个应用实例是，通过对不同时点上的测量取均值，来对两次测量之间的总体规模进行估计。例如，根据连续两次的 10 年一度人口普查的总体几何平均数，可以在 5 年这个时间中点上生成一个总体估计值。

至于调和平均数，它可以用来测量频次数据或者根据统计值对结果进行分组的数据的集中趋势。调和平均数的倒数是数据值倒数的算术平均数。因此可以表示为

$$1/H = 1/n\sum 1/x \text{ 或 } N \times 1/\sum (1/x)$$

比如，如果在一个样本为 20 个家庭的研究中，7 个家庭有 1 个孩子，8 个家庭有 2 个孩子，5 个家庭有 3 个孩子，家庭规模的调和平均数是 $1/(7+4+1.7)/20=1.6$ 个孩子。这低于算术平均数计算出来的 1.9 个孩子。事实上，调和平均数总是低于算术平均数。由于调和平均数计算的倒数性质，当分量频次的关系颠倒过来表达时，它就是算术平均数。因而本例中，在 7 个家庭中，每个孩子有一个家庭；在 8 个家庭中，每个孩子有 0.5 个家庭；在 5 个家庭中，每个孩子有 1/3 个家庭。因此得到每个孩子平均有 0.635 个家庭，反过来说，就是每个家庭有 1.6个孩子。因此，调和平均数也可以用来计算倒数的算术平均数，例如，通过单位美元比或者套数的美元数来计算价格。调和平均数比算术平均数低多少，这取决于离差和均值的大小。

——Lucinda Platt

（李洋译　高勇校）

*也可参见平均数【Average】、置信区间【Confidence Interval】、集中趋势量度【Measures of Central Tendency】。

参考文献

Galton, F. (1889). *Natural inheritance*. London: Macmillan.

Stuart, A., & Ord, J. K. (1987). *Kendall's advanced theory of statistics: Vol. 1. Distribution theory* (5th ed.). London: Griffin.

Yule, G. U., & Kendall, M. G. (1950). *An introduction to the theory of statistics* (14th ed.). London: Griffin.

均方误差（Mean Square Error）

在回归【Regression】中，均方误差是总平方和减去回归平方和，然后再根据样本量进行调整（Norusis, 1990, p.75）。调整会同时考虑到自由度【Degrees of Freedom】和样本量。均方误差会用来计算测量拟合优度【Goodness-of-Fit】的统计量，包括回归分析中的 R^2 和 F 统计量。

回归中的均方误差和单变量的均方变差（mean squared variation）有如下关系：均方变差是连续变量的离散度的无单位测量（unit-free measure）。均方变差不考虑其偏度。定义均方变差的公式要考虑其样本量以及每个观测值与均值的偏差。

如果我们将均值表达为

$$\bar{X} = \frac{\sum_i X_i}{n}$$

注意,这个统计量的自由度是($n-1$),此时均方变差可以表达为(见 SPSS,2001):

$$均方变差 = \frac{\bar{X}}{n-1} = \frac{\sum_i X_i}{n \cdot (n-1)}$$

在多元回归分析中,均方变差是总变差平方和(total sum of squared variations,TSS)除以样本量 n。但是在计算出含 p 个自变量的回归方程估计值后,均方变差可以分为两个部分:由回归解释的变差和由残差解释的变差。后者就是通常所说的均方误差。定义如下:

$$总平方和 = TSS = \sum (Y_i - \bar{Y})^2$$

总均方变差是 $\frac{TSS}{n}$。

$$回归平方和 = RSS = \sum (\hat{Y} - \bar{Y})^2$$

如下所示,残差误差用 ESS 表示,是 TSS 和 RSS 之差:

$$ESS = \sum (Y_i - \hat{Y})^2$$

每个平方和项除以各自的自由度就得到了相应的均方项。

回归的均方,或者说均值平方和(mean sum of squares,MSS)是

$$\frac{TSS}{k}$$

均方误差 MSE 是

$$\frac{ESS}{n-k-1}$$

如下所示,MSS 与 MSE 的比值则是回归分析的 F 统计量(Hardy,1993,p.22)。

$$F = \frac{MSS}{MSE} = \frac{\frac{TSS}{k}}{\frac{ESS}{n-k-1}} = \frac{TSS}{ESS} \cdot \frac{n-k-1}{k}$$

因此,在多元回归分析中,均方误差在确定 R^2的显著性上起关键作用。而一般来说,均方的概念在很多统计文本中都有所涉及。

在方差分析【Analysis of Variance, ANOVA】中,总体均方表示因变量的变差,而不同自变量组合所解释的均方都要与这个基准比较来得出。

因此,一般来说,均值平方提供了一种对因变量的离散程度进行无单位测量的测量方法。通过比较总离差平方以及回归平方和,并根据样本量进行调整,我们就可以使用均值平方得到拟合优度的综合指标。根据这些测量(即 R^2、t 检验和 F 检验)进行推论,是进行总体推论显著性判断的标准方法。

在回归分析中,对 R^2值进行调整很重要;调整后的 R^2【Adjusted R^2】更进一步,根据样本量对检验统计量进行了修正。其公式除了根据给出回归均方和均方误差的自由度进行修正外,还要根据样本量进行调整。

因而,尽管均方误差在回归中作用很大,但在进行推论之前进行进一步的调整还是很有必要的。

——Wendy K. Olsen

(李洋译　高勇校)

参考文献

Hardy, M. (1993). *Regression with dummy variables* (Quantitative Applications in the Social Sciences Series, No. 93). London: Sage.

Norusis, M. (1990). *SPSS/PC + Statistics 4. 0.* Chicago: SPSS. SPSS. (2001). *Reliability* (Technical section). Retrieved from www. spss. com/tech/stat/algorithms/11.0/reliability.pdf.

均方(Mean Squares)

一般来讲,均方是对组内个案的平均离差平方进行估计的统计量,同时要根据估计值的自由度进行调整。均方的推论统计必须基于随机抽样【Random Sampling】的假设才能成立。均方也可以用来计算其他的检验统计量。

在回归中,均方误差【Mean Square Error】就是总平方和减去回归平方和,然后再用 n(个案数)和 k(自变量数)加以调整。

均方误差(MSE)是

$$\frac{\text{ESS}}{n-k-1}$$

其中的总平方和(error sum of squares,ESS)是误差平方和。

均方误差是对于相对于均值的误差的无单位估计量,同时也考虑了样本规模和自由度的影响。

从两个例子中可以看到均方的两种用法:一是在方差分析【Analysis of Variance】中;二是在回归【Regression】分析中。

在方差分析中,可以得到类似表 1 的表格。

两个均方统计量的比值服从 F 分布,其显著性(在相关的一组假设下)可以从表格或统计包中得到。

表 1 所示的是一个 ANOVA 结果,内容是对市民信心进行的 13 项测量,$n=415$。

在这个表格中,F 统计量的值是 20.080 3 和 0.325 7 的比值(SPSS,1990,p.868)。如果已被解释的均方与未被解释的均方的比值较高时,就要拒绝不同测量之间不存在显著差异的假设。换句话说,市民信任不仅在不同个体之间有所差异,而且在不同测量之间的变化也很大。在这种情况下,方差分析的公式会考虑样本自由度的计算。

表 1 市民数据的 ANOVA 结果

变差来源	平方和	自由度	均 方	F 统计量
群体之间	669	414	1.617 7	
群体内部	1 859	4 980	0.373 3	
测量之间	241	12	20.080 3	61.66*
残差	1 617	4 968	0.325 7	
总计	2 529	5 394	0.468 8	

资料来源:SPSS(1990,p.868)。

* 显著性水平<1%。

第二个例子是使用普通最小二乘进行回归估计的结果。在一个对登记工资率的研究中,方程包含受教育年限、全职工作年限、性别和其他变量等 31 个自变量,结果见表 2。

表 2 回归均方表

	平方和	自由度	均 方	F 统计量	显著性水平
回归	602	31	19.431	129	0.000
残差	549	3 643	0.151		
总计	1 152	3 674			

从表 2 可以看出,与均方误差相比回归均方较大;调整后的 R^2(adjusted R^2)是 52%。在表格中,第一列除以第二列可以得到均方。回归均方除以残差均方可以得到 F 统计量的值,其自由度分别是 31 和3 643。统计显著性水平接近于 0。

如果运行一个自变量精简后的回归,自由度改变了,但是 F 统计量仍然很显著(表 3);R^2 是 38%。如果数据量较小,研究者可能会发现更多自变量的回归方程的 F 统计量更低,因为自由度损失了。

表 3 均方简单回归中 F 统计量的修正

	平方和	自由度	均 方	F 统计量	显著性水平
回归	435	10	43	222	0.000
残差	717	3 664	0.196		
总计	1 152	3 674			

这里使用的预测变量是年龄、失业年数、受教育年限、工作时间是否小于 30 小时、由于照顾家庭而离职的年数、兼职就业年数、隔离程度(某职业中男性总体占比)、全职就业年数、全职工作年数(平方)。在韦尔伯和奥尔森(Walby & Olsen,2002)的著作中可以看到这些变量的详细情况。在这个例子中,自变量精简后的回归 F 统计量更高(为 222)。

——Wendy K. Olsen

(李洋译 高勇校)

参考文献

SPSS. (1990).*SPSS reference guide*. Chicago: SPSS.

Walby, S., & Olsen,W. (2002).*The impact of women's position in the labour market on pay and implications for UK productivity*. Cabinet Office Women and Equality Unit, November. Retrieved from www.womenandequalityunit.gov.uk.

量度(Measure)

参见概念化、操作化和测量【Conceptualization, Operationalization, and Measurement】。

关联量度(Measure of Association)

关联量度是一个统计量,用来考察两个变量共同变动的关系密切程度,或者两个变量的取值模式是否明显不同于每个变量都是随机分布时所观察到的模式。关联量度主要分为两种类型:参数的和非参数的。

对二元关系进行测量之前要注意两个问题:第一,收集数据时所用的抽样具有空间和时间的限制,超出这种时空限制进行统计推论是危险的(Olsen,1993;Skinner, Holt & Smith,1989)。第二,即便证明两个事物之间是强关联,也并不必然说明变量指涉的两个事物之间存在因果关系。

可以测量的关联大致可以分为三种类型:交叉表【Cross-Tabulation】、定序关系、相关【Correlation】。对于包含定类数据(categorical data)的交互表来说,可以使用的检验包括 Phi 系数、Kappa 系数和 Cramer V 系数;McNemar 变化检验、费希尔检验和卡方检验【Chi-Square Test】。当一个变量是定序变量,其他变量是分类变量时,可以采用中位数检验【Median Test】, Wilcoxon-Mann-Whitney 检验或者 Kolmogorov-Smirnov 检验【Kolmogorov-Smirnov Test】,以及其他的方法。如果两个变量都是连续性变量,并且符合正态分布,那么皮尔逊相关系数【Pearson's Correlation Coefficient】这一指标可以用来对关联进行从样本到总体的推论。如果两个变量都是定序的,那么可以使用斯皮尔曼秩序相关系数(Spearman's rank-order correlation coefficient)或者 Kendall τ_b。Kendall τ_b 的优势在于可以对多个二元检验进行比较,即使变量是在不同类型的定序尺度上进行测量。

操作化【Operationalization】的决策会影响关联检验的结果。不同的操作化技术要求的测量层次不同。此外,现实的本质也会影响其测量方式(如定类的、定序的、定距的、连续的,以及连续正态分布的测量层次)。

从非参数和参数检验中选择正确的检验方法非常关键。选择检验统计量通常包括三个步骤:对两个变量进行操作化、确定每个变量的测量层次【Level of Measurement】,选择合适的检验方法(参见 Siegel & Castellan,1988)。

下面的例子是一个关于态度的定序测量,但背后基础是连续分布。这个例子体现了配对 t 统计量的用法;同时也可以选择针对非正态分布的 Kolmogorov-Smirnov 检验等非参数统计量(表 1)。

表 1　关于印度职业态度调查的成对 t 检验

从事职业	对青年男性从事此项工作的态度的均值	对青年女性从事此项工作的态度的均值	对成对值的成对 t 检验
购买并饲养牲畜	4.2	3.1	-13.8*
用缝纫机缝衣物	2.4	2.8	3.7*

注：在一对一访谈期间记录受访者的倾向性，1=非常不同意；2=不同意；3=中立；4=同意；5=非常同意。

*表示显著性水平为 0.01。

在不同社会背景的个体中，随机抽出 154 个人，并询问他们如果可能的话在多大程度上想让一个年轻女性（年轻男性）从事某种类型的工作或培训。他们的答案被编码成一个五分李克特量表，结果是不同的工作有不同的结果。t 检验测量了每一对李克特量表中的关联程序：倾向于年轻男性从事该工作还是倾向于年轻女性从事该工作。配对 t 检验常用在重复测量的情形中。

当地的习俗是年轻男性应该从事牲畜饲养的工作，年轻女性更适合从事衣物缝纫的工作。但如同通常的双变量检验一样，还需要进一步确定因果关系的方向，观测到的强关联有可能是虚假相关。

——Wendy K. Olsen

（李洋译　高勇校）

参考文献

Olsen, W. K. (1993). Random samples and repeat surveys in South India. In S. Devereux & J. Hoddinott (Eds.) *Fieldwork in Developing Countries* (pp. 57-72). Boulder, CO: Lynne Rienner.

Siegel, S., & Castellan, N. J. (1988). *Nonparametric statistics for the behavioral sciences* (2nd ed.). New York: McGraw-Hill.

Skinner, C. J., Holt, D., & Smith, T. M. F. (Eds.). (1989). *Analysis of complex surveys*. Chichester, UK: Wiley.

集中趋势量度(Measures of Central Tendency)

集中趋势量度是对数值分布的中心点进行概括的方法。这些方法主要包括均值【Mean】和中位数【Median】。尽管众数【Mode】从严格意义上来说并不是测量集中趋势的方法，但是它也能通过提供分布中出现次数最多的数值来表现分布。因此它也能告诉我们什么是典型的，这也就是我们常常将其与中心点（central point）联系起来的原因。表 1 显示了假想的 7 个家庭的受抚养子女数量。我们可以通过计算算术平均数（取值总和除以观测数）、中位数（或分布的中点）和众数（出现次数最多的值）来对这个分布的中心点进行总结。

表 1　7 个家庭的子女数

家　庭	年龄小于 16 岁的子女数量
Jones	1
Brown	1
Singh	1
Roberts	2
O' Neill	2
Smith	3
Phillips	6

表 2 显示了在表 1 的家庭数量下，三种集中趋势量度方法的不同结果。每种方法生成一个对分布中心进行概括的不同数字。在这个例子中，由于变量和观测值范围有限，其中的差异并不显著，但是当取值范围更广，分布呈现出非对称性时，不同方法得到的值可能会有很大差异。

表 2　来自表 1 的集中趋势量度

测　量	表 1 的结果
均值	16/7 = 2.3
中位数	2
众数	1

一方面，均值只能用在定距数据上，中位数可以用在定序数据上，而众数可以用在定类数据或者定序数据上。另一方面，当数据是连续性的或者接近连续性时，众数能提供的信息很少：知道"在一个 100 人的样本里，两个人的收入是 173.56 美元，而所有其他样本的收入都不相同"并不能让我们了解这个收入分布。

另一种测量集中趋势的方法很少被用到，那就是中列数（midrange），也就是位于分布两端的最大值和最小值的中间值。在表 1 的例子中，中列数的值是 2.5。与之相关的另一种形式是分布的第 25 个百分位数和第 75 个百分位数的中点（即四分位距【Interquartile Range】的中点）。

均值可能根据分布中某一个固定的参照点来计算，通常会设定这个参照点为 0。例如，IQ 测试将标准智商设为 100。一个班级学生的智商平均取值可以根据它们与 100 的差距大小来确定。最后再用平均差值加上（或者减去）100。这种非零的参考点，通常用于观测频次很大的情况，此时它能够大大减少计算量。

历史发展

在统计学发展之前的很长一段时间，人们就已经开始使用集中趋势量度的方法了。这是因为人们了解了分布的中间位置之后，也就知道了什么是"正常的"以及自己与它们之间的相对关系。人们通过一个想象的中点来理解他们有多高、多穷、多瘦、多聪明。很长时间以来，算术平均数一直用来检查重复观测值的可靠程度；但是直到 19 世纪，统计科学中对集中趋势的测量才开始发展起来。高尔顿第一个用四分位距的中点来作为一种概况性测量方法，在阿道夫·凯特勒关于"均值人（average man）"的著作基础上，他在遗传问题研究中调查了对于均值和中位数的偏离（见平均数【Average】）。弗兰西斯·埃奇沃斯探索了不同的均值和中位数与指数之间的关系，例如价格指数等。集中趋势量度仍然是描述统计学以及理解分布的关键，同时也是理解一些重要的统计概念（如回归）的关键。

集中趋势量度的应用

不同的集中趋势量度方法适用于不同的研究情境或者不同类型的数据。此外，将不同方法结合起来能对于某一分布给出更多信息。如果分布是对称的，均值和中位数相等。但是，如果分布呈现右偏斜（收入分布往往如此），那么中位数就会低于均值。如果分布为左偏斜（考试结果往往如此），那么均值就会低于中位数。

表 3 这个小规模的数据表反映了 1999 年 15 个英国家庭在五个变量上的特征，它来自每年的国家家庭调查。对这些变量的位置分布（location）和集中趋势进行总结，所适用的测量方法是不同的。例如，如果考察房间数量，我们可能对均值、中位数或者众数都感兴趣。在这个例子中，房间数目的

均值是5.1,这是个小数,因此并不能表示任何一个家庭的实际房间数目。当我们讲每个家庭的平均子女数是1.7时,这也让人想到把一个孩子分为几份,因此也存在类似的悖论。住房所有权(1=完全占有,2=贷款购买,3=承租)是分类变量,它没有任何排序,因此只可以使用众数。相反,尽管当地税级(tax bracket)是定类变量(categorical variable),但是它根据财产的价值进行了排序,因此这里也可以使用中位数。对于家庭收入来说,众数或者中位数(或者同时使用)都是恰当的统计量。读者可以为每个变量计算适合的集中趋势量度。

表3 1999年英国15个家庭的个体属性

区 域	房间数量	住房所有权	家庭收入(欧元/每周)	当地税级
中西部	6	2	202.45	1
中西部	4	1	301	3
中西部	6	3	192.05	2
中西部	6	1	359.02	4
中西部	3	3	209.84	1
中西部	4	3	491.8	1
中西部	5	2	422.7	2
中东部	9	1	434.43	5
中东部	4	3	353	1
中东部	6	2	192	1
中东部	6	2	490.86	3
中东部	5	2	550	4
中东部	3	2	372.88	3
中东部	3	3	303	2
中东部	7	2	693.87	5

最后,我们看到这些家庭都是来自两个地区——中东部和中西部。我们可能想考察不同地区、不同变量的中点是否存在系统差别。这就需要在一个样本的不同组之间或者在不同样本之间进行比较;*t* 检验【*t*-Test】提供了一种进行均值比较并确定两者之间是否存在显著差异的方法,而中位数检验则可以比较不同样本的中位数。

——Lucinda Platt

(李洋译 高勇校)

*也可参见平均数【Average】、四分位距【Interquartile Range】、均值【Mean】、中位数【Median】、中位数检验【Median Test】、众数【Mode】和 *t* 检验【*t*-Test】。

参考文献

Stuart, A., & Ord, J. K. (1987). *Kendall's advanced theory of statistics: Vol. 1. Distribution theory* (5th ed.). London: Griffin.

Yule, G. U., & Kendall, M. G. (1950). *An introduction to the theory of statistics* (14th ed.). London: Griffin.

中位数(Median)

中位数是一个变量分布的中间点。因此分布的一半在中位数以上,另一半在中位数以下。也就是

$$\text{Median} = \frac{n+1}{2}$$

如果个案数目是偶数,中位数必定落在两个中间个案之间,取值为这两个个案的算术平均数。比如,有一组个案

1,2,5,6,8,11,14,17,45

中位数的值是8。而在这一组个案中

1,5,6,12,18,19

中位数是(6+12)/2=9。

如果数据不是离散数值,而是根据年龄范围或连续变量(比如,用整个阶段的每年的实际年份来表示连续的可能年龄)进行分组,就要用另一种办法来计算中位数。比如,表1显示了一个小规模的专业学校中不同年龄段儿童的频次分布。

表1 按年龄段分小规模专科学校的儿童分布(构造数据)

年龄段(岁)	频次	累积频次
3~5.9	16	16
6~8.9	35	51
9~11.9	62	113
12~14.9	63	176
15~17.9	21	197

这里有197名儿童,因此中位数的值是第99名儿童的年龄。第99名儿童位于9到11.9岁的年龄组里。事实上,它是这组的第48个观测量,因此可以通过计算3年的48/62是多少,再加上已经过去的8.9岁。也就是说,此中位数可以这样计算

$$8.9 + [(48/62) \times 3] = 11.2$$

因此,中位数是几种集中趋势量度【Central Tendency】的方法之一,是全面理解分布的一个角度。同时它也是平均数【Average】的一种形式,即便平均数通常被看作算术平均数的另一种说法。尽管中位数不如均值应用范围广,但在某些方面对理解一个分布确实有优势。主要的优势在于其不易

受离群值(outlier)的影响,离群值是一种极端值,是出现的潜在错误或潜在的歪曲个案,它能影响均值但不能影响中位数(见均值【Mean】)。比如,在上面的第一个例子中,45就是一个离群值。此外,当分布的最后一个值未知而导致无法计算均值时,中位数也可以成为一个有价值的平均数。中位数也能在定序数据中使用,这些数据的不同类别有一定的层次顺序,但不同类别之间的距离不同。例如在对教育成就的测量中,第一档是没有学历,第二档是中等学历,第三档是较高学历等。在这种情况下,计算均值没有意义,因为这些值并不表示数量的大小。尽管如此,在这些例子中,中位数则是有意义的。

中位数也可以被视为第50个百分位数,可以说是测量分布的百分位数的一个特殊的例子。百分位数是表明列举出的个案位于该刻度所对应的数值以下的比例,而其余的个案位于该刻度对应的数值以上。因此,第25个百分位数(或者低四分之一位数)表示以此数值为准,25%的个案小于该值,75%的个案大于该值。因此,中位数是通过将数值分区来描述分布的一般方法中的一种。一个分布有可以将总体分成100份的99个百分位数,9个可以将总体分成10份的十分位数(deciles)(其中中位数是第5个),以及可以将总体分成4份的3个四分位数(quartiles)(中位数是中间的一个)。

——Lucinda Platt

(李洋译　高勇校)

＊也可参见平均数【Average】、集中趋势量度【Measures of Central Tendency】。

参考文献

Agresti, A., & Finlay, B. (1997). *Statistical methods for the social sciences* (3rd ed.). Upper Saddle River, NJ: Prentice Hall.

Stuart, A., & Ord, J. K. (1987). *Kendall's advanced theory of statistics: Vol. 1. Distribution theory* (5th ed.). London: Griffin.

Yule, G. U., & Kendall, M. G. (1950). *An introduction to the theory of statistics* (14th ed.). London: Griffin.

中位数检验(Median Test)

中位数检验是一种非参数【Nonparametric】检验,用来确认不同样本是否有相同的位置参数,即相同的中位数。也就是说,两个样本来自同一个总体吗?两个样本的中位数的差异是否可以归于抽样变异(sampling variation)?这也可以推广到其他的百分位数,如第25个百分位数(第一个四分位数)或者第75个百分位数(第三个四分位数)。中位数检验起源于亚历山大·穆德(Alxander Mood)从1950年开始对非参数方法的研究工作(参见Mood & Graybill, 1963)。由于它们关注有序分布(ordered distribution)的秩,它属于样本的线性秩统计量(同样参见Wilcoxon检验【Wilcoxon Test】和Kruskal-Wallis *H*检验【Kruskal-Wallis *H* Test】)。

在中位数检验中,会先计算合并样本(pooled sample)中位数(或其他百分位数),接着计算不同样本中大于这一中位数的个案数量。然后与虚无假设(即两个样本属于同一总体)成立时期望得到的数值比较。所得出的检验统计量服从卡方分布【Chi-Square Distribution】,在某一自由度下的显著性水平也可以计算出来。

例如，让我们考察一个英国204位劳动年龄成年人的样本，他们都在1980年代中期以前的某个时期经历过失业，其中“失业持续了多少个月”是一个定序变量。我们的问题是男性和女性的失业持续时间的中位数是否相同。在合并样本中，中位数是2，这表明失业时间在6个月和一年之间。表1显示了男性和女性中失业持续时间在中位数以上，以及等于或低于中位数的样本数量。

表1　分性别与中位数相比的失业持续时间

		男性	女性	总和
失业持续时间	>中位数	55	35	90
	≤中位数	44	70	114
总计		99	105	204

在这个检验中，卡方检验【Chi-Square Test】统计量的值为10.2，自由度为1，显著水平为0.001，这表明独立性的假设是不成立的，我们可以拒绝虚无假设。换言之，男性和女性的失业持续时间的中位数是完全不同的。

——Lucinda Platt

（李洋译　高勇校）

参考文献

Hajek, J., & Sidák, Z. (1967). *Theory of rank tests.* New York: Academic Press.

Hollander, M., & Wolfe, D. A. (1973). *Nonparametric statistical methods.* New York: John Wiley.

Mood, A. M., & Graybill, F. A. (1963). *Introduction to the theory of statistics* (2nd ed.). New York: McGraw-Hill.

中介变量(Mediating Variable)

中介变量是在因和果之间起作用的变量。与调节变量【Moderating Variable】类似，中介变量被视为能改变 X 对 Y 的影响的干预因子。中介变量分析就是估计变量 Z 如何影响变量 X 对 Y 的作用，可以用四种方式来估计中介变量作用：路径分析【Path Analysis】、结构方程建模【Structural Equation Modeling】、嵌入线性回归中的代理变量(proxies embedded in linear regression)以及多层次建模等。

路径分析对不同的因果进程设立不同的回归方程。递归回归是指会用到其他回归方程中使用的变量的回归（工具变量回归是一个恰当的例子）。在一个回归方程中，变量 X 导致了最终结果 Y，其标准化 β 系数是

$$\beta_i = \mathbf{B}_i \cdot \frac{\mathbf{S}_{\mathbf{X}_i}}{\mathbf{S}_{\mathbf{Y}}}$$

但除此之外，另有一个方程测量了向量 $\mathbf{X}$ 中各元素与 Z 的关联，而 Z 又是与最终结果 Y 相关联的因子。

下面两个例子可以说明 Z 的可能影响。

（1）在对乳腺癌的分析中，社会行为方式如吸烟和决定开始或者停止服用避孕药会影响癌症发展的概率，然而基因和生物因素形成了另一条诱发癌症的路径(Krieger, 1994)。当我们考察病人死于癌症的概率时，这两组影响因子又相互作用，可能抵消相互的影响。因此，形成了一个复杂的路径图，如图1所示。

生物学家可能会将社会因子视为“中介变量”。

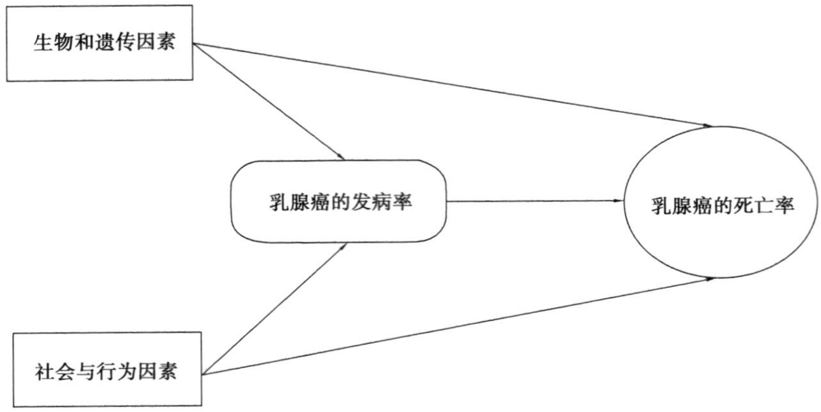

图 1　癌症死亡的原因路径

(2) 在分析态度如何与最终结果关联起来时,在社会人口特征对结果的直接影响中,态度可能起到了中介变量的作用。例如,性别并不直接影响外出就餐行为,但是它是一个重要的中介因子。与男性相比,女性可能更希望自己经常外出就餐。因而,性别成为收入和其他财富指标对人们到民族餐厅就餐的总体好奇心产生影响的中介变量 (Olsen, 1999; Warde, Martens, & Olsen, 1999),如图 2 所示。

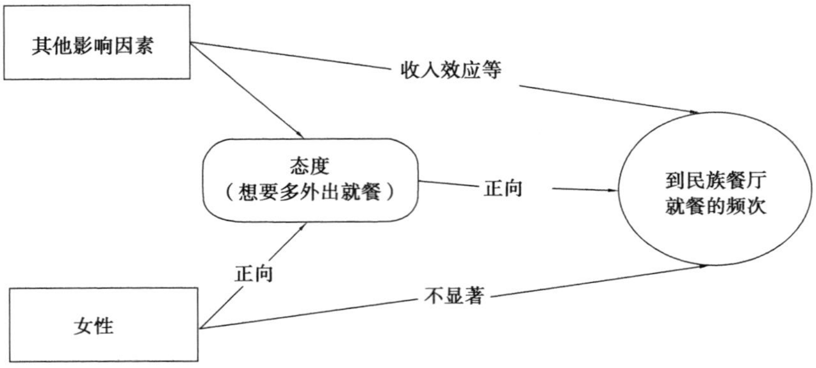

图 2　频繁外出就餐的原因路径

路径分析将误差项视为未被解释的因果过程(Bryman & Cramer, 1997, Chap. 10)。在有的经济学分析中,误差项被视为一组未能测量的原因变量,包括一些根本上不可观测的原因变量;在社会学中,误差项被认为是与基本结构模型相对应的个体变差。

最近的进展是,在使用 STATA 软件进行多层次模型估计时,已经能够在模型中对情景效应有所体现,也就是说,在这个模型中,个案的分布是条件概率分布(可以对情景效应的或然性质进行建模),并通过多种函数关联起来(就像在标准多层次建模中)(Rabe-

Hesketh, Pickles, & Skrondal, 2001)。因此,随着时间的推移,调节因子的新模型结构可能会出现。

——Wendy K. Olsen

(李洋译 高勇校)

参考文献

Arbuckle, J. (1997). *Amos users' guide version 3.6*. Chicago: Smallwaters Corporation.

Bryman, A., & Cramer, D. (1997). *Quantitative data analysis with SPSS for Windows: A guide for social scientists*. New York: Routledge.

Krieger, N. (1994). Epidemiology and the web of causation: Has anyone seen the spider? *Social Science & Medicine*, *39*(7), 887-903.

Olsen, W. K. (1999). *Path analysis for the study of farming and micro-enterprise* (Bradford Development Paper No. 3). Bradford, UK: University of Bradford, Development and Project Planning Centre.

Rabe-Hesketh, S., Pickles, A., & Skrondal, A. (2001). *GLLAMM manual technical report 2001/01*. London: King's College, University of London, Department of Biostatistics and Computing, Institute of Psychiatry. Retrieved from www.iop.kcl.ac.uk/IoP/Departments/BioComp/programs/manual.pdf.

Warde, A., Martens, L., & Olsen, W. K. (1999). Consumption and the problem of variety: Cultural omnivorousness, social distinction and dining out. *Sociology*, *30*(1), 105-128.

成员确认与核查(Member Validation and Check)

成员确认与核查也叫作成员核查和被调查者确认,成员确认是一个与定性研究【Qualitative Research】密切相关的过程,研究者将与调查研究相关的材料交给材料提供者进行检查。这个步骤的关键问题是,研究者对在一定社会场景发生的事件的理解与事件成员理解的一致程度如何。研究者将他或她对研究发现的记录(例如,一个简要报告或访谈手稿)拿出来进行验证,这就是成员核查的最常见的形式。

进行成员确认的主要问题是决定要确认的内容。特别是还有一个问题,即提交上来的材料要在多大程度上包括研究者在面对专业人士写作时进行的各类阐释。即使成员能够证实提交来的材料,故而也能确认研究人员对自己阐释的阐释(the researcher's interpretations of their interpretations),但是不能期望他们从社会科学角度对相关阐释进行演绎。此外,如果成员认为很难理解这些阐释,研究人员也很难知道如何回应才最好。在许多情况下,如果出现了这种情况,研究者需要做的就是修改解释。但是,有时候成员不进行确证,只是因为他们不喜欢研究人员对此的解释。事实上,把解释过的研究材料交给成员,可能就是成员作出防御反应和围绕解释进行争论的开始。

爱默生和波尔纳(Emerson & Pollner, 1988)以其成员确认经验为基础,指出了使用这种方法的另外几个困难:没能阅读报告的所有内容而引发的问题,以及/或者误解所说的内容所引发的问题;很难确定某些评论是赞同还是反对;去询问与作者很亲近的成员,他们不愿意去作出批评,或者无意地提出了一些难以反驳的成员验证问题;成员对于肯定或否定答复的广泛政治含义怀有恐惧心理。布卢尔(Bloor, 1997)同样认为,有时很难像研究者期望的那样让成员重视提交的材料,因此漠不关心的态度其实就表明了一种证实。

就像林肯和古巴(Lincoln & Guba, 1985)所观察到的,虽然成员确认显然不是完美的、没有瑕疵的一个过程,但是它在确立可信度方面起关键作用,同时它还能缓解研究人员对其是否有能力去解释别人的社会世界的焦虑情绪。这种方法能与大多数的定性研究结合起来进行使用。但是,在寻求此种慰藉的过程中,研究者必须对成员确认的局限之处有敏锐的察觉。

——Alan Bryman

(李洋译　高勇校)

*也可参见回答人确认【Respondent Validation】。

参考文献

Bloor, M. (1997). Addressing social problems through qualitative research. In D. Silverman (Ed.), *Qualitative research: Theory, method and practice* (pp. 221-238). London: Sage.

Emerson, R. M., & Pollner, M. (1988). On the use of members' responses to researchers' accounts. *Human Organization*, *47*, 189-198.

Lincoln, Y. S., & Guba, E. (1985). *Naturalistic inquiry*. Beverly Hills, CA: Sage.

成员角色(Membership Roles)

民族志【Ethnography】学者必须承担起与其所研究的世界相适应的社会角色。他们获取信息的途径、他们与被试的关系以及他们所进行的社会学解释在很大程度上受其这些角色特征的影响。早期芝加哥学派的支持者倡导研究立场的多样化,比如完全的观察者(complete observer)、作为参与者的观察者(observer-as-participant)、作为观察者的参与者和完全的参与者(Gold, 1958),其中包括了从最低程度的群体介入到最高程度的群体介入。随后民族志学者被要求客观、超然、保持距离,这些角色就流行起来了。

到1980年代,民族志部分摒弃了其更为客体主义【Objectivism】的倾向而强调主体性(subjectivity)。民族志学者重视那些深入环境的研究角色。他们寻求能与参加者保持常规的、紧密联系的观察位置。局内人的接纳对他们的角色起关键作用;当在田野研究中拥有成员角色时,个体就不是游离在外的局外人而变成了参与者的身份(Adler & Adler, 1987)。这个身份可以是外围成员角色、活跃成员角色或者完全成员角色。

即使是最边缘的和最不相干的外围角色,仍然需要在群体的社会世界中确认其成员身份。外围成员研究者寻求局内人的视角,接触直观和第一手的经验资料,但并不承担功能性的角色或参与群体的核心活动。在我们对较高层毒品交易者和走私者的研究中,我们融入了其社交共同体和亚文化,被其朋友圈所接受。我们与其成员交往,为其提供住所,照顾他们的子女,形成了长期的朋友关系。然而,关键一点是我们并未参与他们的毒品非法交易活动(参见 Adler, 1985)。

活跃成员边缘化程度较低,在场景设定中也更为中心化,他们参加小组的核心活动,承担一定功能且不仅仅扮演社交或研究角色。除了要具有一定局内人的身份外,他们还与参与者像同事那样互动。在我们对大学运动员的研究中,彼得成为一个篮球队的助理教练。他定期参加球队练习和运作,与球队一同旅行,并且协助球队的常规运作。尽管如此,他的身份和工作能够与其教练角色分开,教授角色仍然是第一位的(参见 Adler & Adler, 1991)。

完全成员角色需要承担最大的义务。研究者使自己完全沉浸在场景设定中,具备与参与者完全相同的身份,并且有共同的体验和目标。民族志学者会通过选择那些他们已经成为其中一员或可以转换为其中一员的环境,来获得这种角色。尽管这个位置能够进行最深入的理解且虚假程度最低,但这样也更容易导致研究和成员角色需要之间的冲突。在收集青春期前伙伴文化的研究数据时,我们研究了我们的孩子、他们的朋友,以及我们的邻居、朋友、学校和社区。父母的成员角色使我们能自然地进入孩子们的社交网络和“放学”后的活动中。我们使用自己的成员关系来不断进行访谈,并深入了解表面现象背后的知识。尽管如此,有时候,我们内心会有纠结,一方面想要积极地教导这些年轻人,另一方面却需要继续接纳,以便保持开放的沟通这一研究方针(参见 Adler & Adler, 1998)。

或多或少地,成员角色有助于民族志学者在其研究中达到最深的理解层面。

——Patricia A. Adler
Peter Adler
(李洋译　高勇校)

参考文献

Adler, P. A. (1985). *Wheeling and dealing*. New York: Columbia University Press.

Adler, P. A., & Adler, P. (1987). *Membership roles in field research*. Newbury Park, CA: Sage.

Adler, P. A., & Adler, P. (1991). *Backboards and blackboards*. New York: Columbia University Press.

Adler, P. A., & Adler, P. (1998). *Peer power*. New Brunswick, NJ: Rutgers University Press.

Gold, R. L. (1958). Roles in sociological field observations. *Social Forces*, *36*, 217-223.

备忘录,撰写备忘录(Memos, Memoing)

备忘录是研究者的分析记录。写备忘录很花时间,但是它值得做。写备忘录这种方法能够使研究者保持清醒认识,确保研究的诚实性。研究者常常在分析过程中寻求捷径,如在录音转录稿(transcript)的页边做笔记,或者事后写作时根据记忆来填充细节。不幸的是,记忆常常出现错误,分析中闪现的最具深刻见解的“金矿”也会丢失。此外,备忘录有助于提炼分析思路,厘清呈现出来的发现的逻辑。随着备忘录在深度和广度上逐渐加深,研究者可以用备忘录来发现需要进一步调查的领域,以进一步完善研究发现。在团队工作时,备忘录有助于每个人之间相互交流和分享观点(Huberman & Miles, 1994)。在写作阶段,研究者只需要借助备忘录便可以勾勒出写作提纲。

关于如何做备忘录并没有一个硬性的准则。尽管如此,仍然有一些建议能够提高备忘录的质量、强化备忘录的作用。备忘录应当有题目和时间。它们应当是分析性的而非描述性的,也就是说,要关注在分析中出现的概念而非仅仅充斥着原始资料(Dey, 1993)。借助计算机程序,人们可以对概念在原始资料中出现的位置进行标记,并在需要的时候再次找到这些词条(Richards & Richards, 1994)。备忘录应该对资料提出问题,例如,“我从这儿到哪里能够得到这个概念的更多资料,或者我进行下一个观察或者访谈时应该在思考什么?”随着更多的关于这一概念的资料出现,备忘录应该根据它们的属性和维度来对概念进行探索,这些属性和维度包括谁、什么、何时、在哪儿、怎样、为什么,等等。研究者要随时有一张纸和一支笔,甚至要放在床边。你从来不知道何时灵感会闪现,何时某一块拼图会正好到位。分析人员不应该在进行分析之后很长时间才撰写备忘录。那时不仅当初的想法忘记了,撰写的动力也消散了。分析者不要惧于写一些奇思妙想,即使当时看起来不着边际。如果这些想法没有得到资料的支持,你大可以将之抛在脑后。最后,备忘录可以用来记录自己对研究过程的反应,包括个人的偏见和假设,这些都会不可避免地影响分析的基调和结果。日后写作时,撰写的备忘录将会非常有用。

撰写备忘录能够刺激思维,让你以一种既有创新性又脚踏实地的方式与资料进行互动。在研究项目的初始阶段,备忘录更多会是探索性的、方向性的,而非分析性的。回头看时,这些备忘录常常显得很愚蠢。这是可以预料到的。做研究是逐步推进的,是一种探索行为,你只有在备忘录中才能记录下这一过程。

——Juliet M. Corbin

(李洋译　高勇校)

参考文献

Dey, I. (1993). *Qualitative data analysis*. London: Routledge Kegan Paul.

Huberman, A. M., & Miles, M. B. (1994). Data management and analysis methods. In N. K. Denzin & Y. S. Lincoln (Eds.), *Handbook of qualitative research* (pp. 428-444). Thousand Oaks, CA: Sage.

Richards, T. J., & Richards, L. (1994). Using computers in qualitative research. In N. K. Denzin & Y. S. Lincoln (Eds.), *Handbook of qualitative research* (pp. 445-462). Thousand Oaks, CA: Sage.

元分析(Meta-Analysis)

元分析是为了整合研究发现对多个研究的结果进行的统计分析。吉恩·格拉斯在1976年提出这一词语,他认为多个研究的发现积累起来就组成了复杂的数据点,但是如果不进行统计分析,这些数据点并不比单一研究中发现的数据点易于理解。

早在1976年以前,在统计教材和文章中已经出现了实施元分析的方法,但这些方法很少得到应用。社会科学中证据的不断扩展和对研究综合的不断增长的需求,才使得元分析得以广泛应用。许多学者希望整合研究文献,从一系列相关研究中得出普遍性结论,但是这一过程却缺乏标准化程序,社会科学研究对这一问题的关注正在激增。在许多研究领域内,已经不可能对每项相关研究都用语言进行描述。一种传统的策略是从数十个或上百个研究中选取一两项研究进行重点关注。这个策略无法对知识的积累进行准确的刻画。首先,这种选择性的关注容易产生确认偏倚(confirmatory bias):一个综合者(synthesist)可能只关注支持其立场的研究。其次,只关注所有研究中一小部分的选择性关注,对于现存检验的整体数量没有考虑或考虑不周。最后,对证据的选择性关注无法对关系强度进行可靠的估计。随着在某一议题上的证据不断累积,研究者对“多少”更感兴趣,而不只是“有没有”。

传统的综合者在考察不同研究结果之间的差异时也会面临各种问题。许多研究在某一个程序方面是相同的,但在其他方面有所不同,综合者可以发现这些研究的结果分布。但是他们很难准确地判断某一程序上的差异是否影响了研究结果,因为单用某一种方法也会得到不同的结果,所以不同方法得到的结果分布是相互重叠的。

那么,在许多情形下综合论者不得不求助于定量综合技术或者元分析。把定量推论方法应用到研究综合(research synthesis)中,是研究文献不断丰富的必然结果。如果能正确应用统计方法,它们就能增强综合推论的效度。元分析遵循的法则与原初研究(primary research)中进行严格数据分析所需要的推论法则相同,只是它的一种扩展而已。

历史发展

在20世纪初期,卡尔·皮尔逊(Pearson,1904)应邀对一种伤寒疫苗进行证据评估。他从11个相关研究中收集数据,计算出每项研究的相关【Correlation】系数。他按结果变量把研究分为两组,然后对两组研究的处理效应测量值取平均数。在平均相关的基础上,皮尔逊得出的结论认为其他疫苗更为有效。这是已知最早的定量研究综合。

在皮尔逊开展研究综合之后的3/4个世纪,罗伯特·罗森塔尔和唐纳德·鲁宾(Rosenthal & Rubin,1978)着手开展了一项研究综合,研究人际期望对实验室、班级和车间的行为所产生的效应。他们一共发现了345项与此假设相关的研究。几乎是同时,吉恩·格拉斯和玛丽·史密斯(Glass & Smith,1978)开展了关于班级规模和学业成绩相关性问题的研究回顾。他们发现了基于900 000个学生的725个相关估计值。这一文献展现了833项测试。约翰·赫特、弗兰克·施密特和龙达·赫特(Hunter, Schmidt,& Hunter,1979)则发现了有关雇佣测试对黑人和白人的不同适用性的866项对比研究。

三个研究小组在很大程度上独立地重新发现和创造了针对各自问题的皮尔逊方法。其他人也陆续很快参与到相关研究中。在1980年代,拉里·海奇斯和英格拉姆·奥利金(Hedges & Olkin,1985)用严格的统计证明,将元分析确立为统计科学中独立的专门领域。

对元分析也有一些批评,有些批评一直存在。定量综合的价值被质疑的根据,与对原初数据分析的质疑很相似。也就是说,人们会质疑,使用数字来总结研究文献,会不会让人们印象中误以为的精确性超过了数据本身所能确保的精确性。但是,多数批评并不是针对元分析本身的议题,而是针对不恰当地使用了综合方法,比如缺乏操作细节,而这又被错误地认为是使用定量方法的副产品。

元分析的要素

假设综合者对惊悚广告(fear-arousing advertisement)能否让青少年认为吸烟有害这一问题感兴趣。假设他们找到了八项研究,每项研究都对上述问题进行了考察。其中六项研究结果显示,看不看惊悚广告的两组青少年,其态度没有显著差异;两项研究显示有显著性差异,看过广告的青少年对吸烟更不赞成。其中,一项研究在$p<0.05$时显著,另一项研究在$p<0.02$时显著(都是双尾)。那么综合论者能拒绝广告没有影响这个虚无假设【Null Hypothesis】吗?

综合者可以采用多种方法来回答这个问题。首先,他可以从八个报告中进行筛选,将与其观点相抵触的研究挑出来,认为这些研究在方法上有局限而弃之不管,把其余的支持其观点的研究展示出来,说明这才是真理。这样的研究综合应该给予高度怀疑。它对于解答问题没有任何价值。

计票

其次,综合者可以将收集到的相关研究

结果放入下面三组中的一组，这三组分别是：统计结果显著且表明广告有效的发现，统计结果显著且表明广告让青少年更喜欢吸烟的发现（在本例中没有研究属于这一组），以及统计结果不显著因此无法拒绝惊悚广告没有作用的研究假设的发现。综合论者接着可以声称数量最多的组胜出。在此例中，虚无假设获胜。

对显著性结果进行计票，这在直观上很有吸引力，所以也经常被使用。但是这个策略过于保守，无法让人接受。问题在于，如果虚无假设成立，概率只会导致5%的报告显示看过广告会导致人们反感吸烟。因此，如果有10%或更少（具体数字要取决于研究的总数）的研究是正向且统计显著的，这就表明了广告会引起实际的差异。但是，计票策略需要至少34%的研究结果是正向且统计显著的，才能认定这一假设为真。因此，对统计显著结果进行计票经常会导致人们放弃“处理是有效的”这一假设，而事实上本不该这么做。

在研究综合中，另一种计票的方法是（a）不考虑显著性，只对结果为正和负的数目进行计数，（b）然后应用“符号检验”来确定文献中正向或负向的出现次数是否超出了只依据概率所能出现的次数。计票方法的优势在于能利用全部研究，但缺点在于没有根据研究的样本量来对研究进行加权。这样，一项有100位参与者的研究与一项有1 000位参与者的研究被赋予了相同的权重。此外，它也没有考虑每个研究中所假设的关系（或者处理效应的估值）强度，因此显示态度发生了正向微小改变的研究与显示态度发生了负向剧烈改变的研究被赋予了相同的权重。但是，对发现中的方向进行计票的方法仍然不失为其他元分析方法的一种有益的补充。

跨研究合并概率

考虑上述方法的缺点，研究综合者接下来要考虑把每个研究结果中的精确概率合并起来。这些方法要求每个研究中的统计检验（a）都是关于同一个假设的，（b）彼此独立，（c）满足原初研究者所做的初始统计假定【Assumption】。

最常用的方法被称为 Z 加总法（adding Z）。在其最简单的形式中，Z 加总法就是对 p 水平下的 Z 得分进行加总，然后再除以推论检验的个数的平方根。在关于惊悚广告的八项研究中，累积 Z 得分是1.69，$p<0.05$（单尾）。因而，虚无假设被拒绝。

所有研究被综合者得到的概率并不相同。与统计显著的结果相比，不显著的结果被得到的可能性更低。这个事实意味着，Z 加总法可能会低估第一类错误（Type Ⅰ error）的概率。罗森塔尔（Rosenthal，1979）将其称为抽屉问题【File Drawer Problem】，并写道“对这个问题较为极端的看法是……各种期刊充斥着5%的含第一类误差的研究，而实验室的文件抽屉里充斥着95%的非显著性研究结果（如 $p<0.05$）”（p.638）。问题可能没有严重到这个程度，但是确实存在。

概率合并法克服了在计票中出现的不当权重问题。但是，它本身也有着严重的局限。首先，计票方法过于保守，而概率合并法则极端强劲。事实上，它如此强劲，以至于如果对某个假设或处理效应进行大量的检验就一定会拒斥虚无假设，因此它也就变成了一种无用的方法。此外，合并概率回答的是效应是否存在的问题；它无法回答效应的大小或重要与否的问题。回答“惊悚广告能否让青少年反感吸烟？”常常并不是最重要的问题；重要问题应当是“惊悚广告有多大的效果？”答案或许是零，或者是一个正值或负值。还有一点，研究综合者可能会问“哪些因素会影响广告的效应”。研究者会认识到，对这个问题的回答有助于对吸烟干预的改善和聚焦提出合理建议。面对这些新问题，综合者会去计算平均效应量【Effect

Size】,它非常像皮尔逊相关系数。

估计效应量

科恩(Cohen,1998)将效应量定义为"总体中某一现象存在的程度,或者虚无假设为假的程度"(pp.9-10)。在元分析中,(a)要先对每一项研究的结果计算其效应量(有时是对研究内部进行效应量比较);(b)对不同研究中的效应量进行平均以估计一般效应量(general magnitudes of effect);(c)对不同研究进行比较,以便发现研究结果是否存在差异,以及如果存在差异,哪些研究特征(features of studies)可以对其进行解释。

效应量的估计方法有很多种,但是社会科学文献中流行的主要有两种:第一种是 d 指数,它是对两组均值之间的差异的无尺度测量(scale-free measure)。计算一项研究结果的 d 指数,需要用两组均值之差除以其平均标准差【Standard Deviation】或者控制组的标准差。第二种测量效应量的方法是 r 指数或者相关系数。它测量两个变量间线性相关的程度。在前面有关广告的例子中,d 指数是合适的效应量的度量。

当对不同研究的效应量求平均数时,元分析方法需要对效应量进行加权处理。原因是能生成更准确的估计值的研究(也就是样本量较大的研究)应当在合并后的结果中被赋予更高的权重。《研究综合手册》(*The handbook of research synthesis*, Cooper & Hedges,1994)阐述了计算合适权重的方法。此书还介绍了如何估计效应量的置信区间【Confidence Interval】。检验两个均值间的差异或者相关性大小为零的虚无假设,也可以不用 Z 加总法,而用计算出来的效应量的置信区间。

考察效应量的方差

对相关研究进行元分析的另一个优势,是它允许综合者对于为什么研究结果会有差异进行假设检验。继续以惊悚广告为例,综合者可以对所有研究进行分组,然后计算各组研究的平均 d 指数。研究者关注的数据特征不同,希望得到的估计值也不同。例如,评估者可能想比较使用了不同的结果变量(吸烟行为的概率或者对吸烟的态度)的研究的估计值是否不同。评估者还可能希望比较不同媒体形式(如印刷媒体和视频媒体)的平均效应量是否不同。评估者还可能想看看广告对不同类型的青少年(如男性和女性)的效应是否有差异。

在计算出不同类型的研究的平均效应量之后,元分析研究者可以对这些因素是否确实与效应量相关进行统计检验。有时这叫作同质性分析(homogeneity analysis)。没有统计学的帮助,评估者只能简单考察不同研究结果的差异,根据研究特征进行随意分类,同时(基于未加说明的推断规则)决定这个特征是不是结果差异的显著预测变量。往好里说,这种方法不准确。往坏里说,这种推论方法不正确。

而元分析提供了一种可以检验研究的不同特征能否解释结果差异的正规方法。效应量并不准确,即使它们都对同一个潜在总体值进行估计,也会在一定程度上有所差异。同质分析使得综合者可以检验抽样误差【Sampling Error】是否就可以解释结果差异,或者研究特征、样本、处理设计或结果测量才能够解释结果差异。如果确实存在差异,与这些差异相对应的平均效应量也就有了新的意义。

文献中有三种检验效应量的差异的统计方法。第一种方法采用标准的推断检验,比如 ANOVA 或者多重回归【Multiple Regression】。效应量是因变量【Dependent Variable】,研究特征是自变量或预测变量。这种方法备受批判,因为其背后的统计假定往往不能成立。

第二种方法将效应量的差异与来自抽样误差的期望差异进行比较。在所有观测效应要估计的总体值都相同的前提下，这种方法不仅要计算观测到的效应量的差异，还要计算期望的方差。这种方法还要对效应量进行调整，以避免方法上的一些陷阱(methodological artifacts)。

第三种方法是前面已经提到过的同质分析。它能够为研究文献的统计推论提供最完整的指导。与 ANOVA 相似，它将研究按照不同特征进行分组，对各组的平均效应量进行同质检验。实施同质分析相对来说比较简单。其公式在库珀(Cooper，1998)及库珀和海奇斯(Cooper & Hedges，1994)的著作中有详细阐述。

总之，元分析通常包含四组统计量：(a)对结果为正或为负的频次的分析；(b)对多个独立的 p 水平下的推断检验的合并分析；(c)对平均效应量及其置信区间进行估计；(d)检验研究特征是否影响研究结果的同质分析。随着文献量增加，或者作者提供了效应量的估计值的置信区间，人们已经不再需要进行合并概率分析了。除了这些基本成分外，元分析技术还包括许多专门用于整合不同研究的结果的描述和诊断技术。

——Harris M. Cooper

（李洋译　高勇校）

参考文献

Cohen, J. (1988). *Statistical power analysis in the behavioral sciences*. Hillsdale, NJ: Lawrence Erlbaum.

Cooper, H. (1998). *Synthesizing research: A guide for literature reviews* (3rd ed.). Thousand Oaks, CA: Sage.

Cooper, H., & Hedges, L. V. (Eds.). (1994). *The handbook of research synthesis*. New York: Russell Sage Foundation.

Glass, G. V. (1976). Primary, secondary, and meta-analysis of research. *Educational Research*, *5*, 3-8.

Glass, G. V., & Smith, M. L. (1978). Meta-analysis of research on the relationship of class size and achievement. *Educational Evaluation and Policy Analysis*, *1*, 2-16.

Hedges, L. V., & Olkin, I. (1985). *Statistical methods for meta-analysis*. Orlando, FL: Academic Press.

Hunter, J. E., Schmidt, F. L., & Hunter, R. (1979). Differential validity of employment tests by race: A comprehensive review and analysis. *Psychological Bulletin*, *86*, 721-735.

Pearson, K. (1904). Report on certain enteric fever inoculation statistics. *British Medical Journal*, *3*, 1243-1246.

Rosenthal, R. (1979). The "file drawer problem" and tolerance for null results. *Psychological Bulletin*, *86*, 638-641.

Rosenthal, R., & Rubin, D. (1978). Interpersonal expectancy effects: The first 345 studies. *Behavioral and Brain Sciences*, *3*, 377-415.

元民族志(Meta-Ethnography)

元民族志是一种能够综合多项定性研究的方法，可以基于一组研究来进行诠释(Noblit & Hare，1988)。与定量的元分析【Meta-Analysis】(Glass，1977)不同，元民族志并不是汇合多项研究的资料，因为这忽略了定性研究因情境不同而不同的本质。元民族志涉及对多项定性研究中的诠释进行综合，其间研究情境也得以综合。这种方法包括进行更强诠释意味的文献回顾、对相似现象的多个解释进行批判性考察、对多个案例研究进行系统比较以形成诠释性的跨案例结论，以及对民族志【Ethnography】研究进行更规范的综合。在所有这些应用中,元民族志既是归纳性的,又是诠释性的。它从多项研究开始,通过把不同民族志和/或定性叙述用彼此的用语进行“互译(translate)”从而归纳性地得到一种综合,目标是归纳性地对这些研究整体得到的一种新的诠释。

元民族志要经过七个阶段才能完成:第一,人们首先要确定一个能够通过综合多项定性研究来解决的学术议题。第二,必须确定现与此学术议题相关的内容,要考察能从研究中得到什么、受众是谁。第三,在对相关研究进行广泛搜索之后,需要仔细阅读相关研究。第四,必须考察各项研究之间的关系,要制作关于关键隐喻、词条、观点和概念及其相互关系的清单。关系可能是相互支持的(研究之间显然存在相似性)、驳斥的(研究之间互相对立)或提供论据的(各个部分的研究推论出一个整体)。第五,对各种研究以一种“某一叙述与另一叙述相似,除了某些方面以外”的类比方式进行“互译”。第六,互译被综合成为一种新的诠释,它能够说明不同研究中的各种诠释。第七,以一些适合于受众的方式(如文本、戏剧、视频、图片等),将综合后的结果表达或展现出来。

例如,在1980年代弗里曼对玛格丽特·米德的萨摩亚民族志的批驳被大众媒体广泛报道。弗里曼(Freeman,1983)尝试对米德(Mead,1928)的研究工作提出质疑,但是诺布利特和黑尔(Noblit & Hare,1988)在其批驳性的综合研究中认为,这些研究分别来自不同的时间阶段、人类学的不同研究范式、不同的性别,甚至不同的萨摩亚地区(一个是美属萨摩亚,一个是西萨摩亚)。简言之,这些研究并不互相矛盾。它们只是论述了萨摩亚文化的不同方面。弗里曼声称他批驳了米德,米德声称驳斥了生物学的决定主义,这些都是错误的。因此,元民族志是一种重新思考各种民族志综合起来的意义的有力工具。

——George W. Noblit

(李洋译　高勇校)

参考文献

Freeman, D. (1983). *Margaret Mead and Samoa.* Cambridge, MA: Harvard University Press.

Glass, G. V. (1977). Integrating findings. *Review of Research in Education*, *5*, 351-379.

Mead, M. (1928). *Coming of age in Samoa.* New York: William Morrow.

Noblit, G. W., & Hare, R. D. (1988). *Meta-ethnography.* Newbury Park, CA: Sage.

隐喻(Metaphors)

隐喻是指一种语言表达的修辞格,即一种事物用另一种事物的词汇理解或描述出来。两种事物并不假定真正相同。例如,人们可能用隐喻的方式说一位思想者“照亮了某一议题”。这并不意味着思想者实实在在地点燃蜡烛或者打开手电。在社会科学中,隐喻的使用已经是一个研究主题,它对理论思维的发展贡献巨大。

乔治·莱考夫和马克·约翰逊(Lakoff & Johnson,1980)在其影响深远的《我们赖以生存的隐喻》(*Metaphors We Live By*)一书中提出,隐喻在社会意义和心理学意义上都是很重要的。他们认为文化上的隐喻影响着人们对事物思考的方式。曾经炫目鲜活的隐喻,经年累月的重复之后也可能变成众所周知的习惯用语。众人知晓的隐喻能够提供一个引导我们理解社会世界的认知框架。例如,政治的竞争性或学术讨论的竞争性,都能通过战争隐喻的这一习惯用法来加以强化,根据不同形势将其描述为受到"攻击""防御"或"击落"。

在社会科学中,隐喻能够成为理论观点的核心组成部分。例如,将社会生活比作剧场的隐喻在社会学历史中影响极大。这个拟剧论的隐喻产生了很多相关词汇,如社会演员、社会角色和社会场景。人们可以在欧文·戈夫曼(Goffman,1959)的著作中发现很多新奇的、创新性的隐喻用法,尤其是在他的经典著作《日常生活中的自我表现》(*The Presentation of Self in Everyday Life*)中。

隐喻就像硬币一样,经过循环使用会失去光泽。"社会角色"的概念曾经是一个隐喻式的词语,但是现在已经变成标准的社会学词语了,它的含义可以从字面意义上进行理解。角色理论家(role theorist)假设社会角色是实际存在的,并且可以直接观察得到。较为新近的隐喻——社会世界是可以阅读的文本或者叙述——也经历了相似的历程。正如在罗兰·巴尔特(Barthes,1977)的著作中论述的,那些曾经新奇的、隐喻的内容从重复变为更多地从字面意义上进行理解。方法论实践的发展,无论是识别社会角色或者"阅读文化实践",更加速了从令人激动的隐喻到常规的字面意义的转变过程。

因为有些隐喻本质上就是歧义性的,因此认为社会科学中的隐喻都始于间接含糊的表达,这种看法太简单化了。心理学家通常使用"意志如机器"这个隐喻。即便是早期的理论家似乎也不确定是否应当将意志理解为"像机器",或者它是否实际上就是机器(Soyland,1994)。但是,随着后来的科学家逐渐接受这样的观点,将隐喻用现成的方法转变成为研究项目,这样隐喻的要素就逐渐让位于平实的要素。实现了这个过程,一个研究领域也得以成功确立,而新一代思想者受到新的隐喻的启发,又会开始攻击现成的研究领域。

——Michael Billig

(李洋译　高勇校)

参考文献

Barthes, R. (1977). *Image music text.* London: Fontana.

Goffman, E. (1959). *The presentation of self in everyday life.* New York: Anchor.

Lakoff, G., & Johnson, M. (1980). *Metaphors we live by.* Chicago: University of Chicago Press.

Soyland, A. J. (1994). *Psychology as metaphor.* London: Sage.

方法变异(Method Variance)

方法变异指的是测量方法对测量对象的影响。根据经典测试理论,一项研究中所观测到的参与者之间在某个变量上的方差【Variance】,可以归为潜在的真实分【True Score】或研究构念加上随机误差【Random Error】。方法变异是由测评方法所带来的额外方差。坎贝尔和菲斯克(Campbell & Fiske,1959)就举了用斯金纳箱来调节老鼠导致仪器效应的例子,此外还有心理量表导致格式效应的例子。

一种缺少确凿证据但被广泛接受的观点认为,使用同一方法测评不同变量时,方法效应(也叫作单一方法偏差)会导致这些变量之间产生一定程度的虚假共变

(spurious covariation)。例如,很多研究者对把所有变量放在同一份问卷进行调查的研究持怀疑态度,因为题项都在同一份问卷中,使用的共同方法就会在题项之间产生虚假相关。对方法变异的研究质疑了上述假定。例如,斯佩克特(Spector,1987)认为不存在证据能够证明方法效应在组织研究中普遍存在。他的论据之一是,如果方法变异能够产生了虚假相关,为什么问卷研究中还有那么多变量不相关呢?根据威廉森和布朗(Williams & Brown,1994)的分析,在大多数情况下,方法变异的存在将会使得变量之间的相关性变小而非变大。

斯佩克特和布兰尼克(Spector & Brannick,1995)注意到,认为方法(如问卷)会在所有变量中产生方法效应的传统观点过于简单化。他们论述了构念和方法是如何相互作用的,以至于某些用来对特定变量进行测评的方法可能会产生共同的变异。此外,他们提出重要的并非方法自身,而是方法的特征。例如,在对包含个人隐私或威胁性(例如心理调适)问题进行自陈式(self-reports)测量时,社会期望【Social Desirability】众所周知会造成潜在的偏倚,但它并不会对非敏感问题的回答造成偏倚。如果采用自陈式测量的方法,构念又较为敏感,一些方差可以归因于社会期望。在处理这些构念时,有必要找到能够控制这些效应的程序。

——Paul E. Spector

(李洋译 高勇校)

参考文献

Campbell, D. T., & Fiske, D. W. (1959). Convergent and discriminant validation by the multitrait-multimethod matrix. *Psychological Bulletin*, *56*, 81-105.

Spector, P. E. (1987). Method variance as an artifact in selfreported affect and perceptions at work: Myth or significant problem? *Journal of Applied Psychology*, *72*, 438-443.

Spector, P. E., & Brannick, M. T. (1995). The nature and effects of method variance in organizational research. In C. L. Cooper & I. T. Robertson (Eds.), *International review of industrial and organizational psychology: 1995* (pp. 249-274). West Sussex, England: Wiley.

Williams, L. J., & Brown, B. K. (1994). Method variance in organizational behavior and human resources research: Effects on correlations, path coefficients, and hypothesis testing. *Organizational Behavior and Human Decision Processes*, *57*, 185-209.

方法论整体主义(Methodological Holism)

方法论整体主义是方法论个体主义【Methodological Individualism】的反义词,这种方法论认为社会整体要大于个体态度、信念和行为的总合,认为整体经常能决定个体的特征。在哲学和社会科学中,整体主义思想从黑格尔开始就占优势地位,人们通常认为它起源于柏拉图的著作。方法论整体主义(通常缩写为整体主义)在社会科学学科中有许多种形式。尽管马克思、杜威、涂尔干和帕森斯的整体主义观念和重点各有不同,但是都被视为整体主义者。

最著名的整体主义思想家是社会学家涂尔干(Durkheim,1896/1952),他认为社会的影响必须要由社会原因进行解释,对社会进行个体心理的解释是错误的。其观点来自他长期以来在欧洲几个国家进行的自杀统计研究。尽管自杀率或者上升或者下降，但是在法医看来，归因于个体原因的自杀比例基本保持不变，表明即使像自杀这样的个体行为也受到社会力量的影响。

在人类学和社会学中，整体主义在很大程度上受到达尔文主义的生物学"有机体系"理论的影响。例如，赫伯特·斯宾塞(Dickens, 2000, pp.20-24)发现通过结构调整而进行的社会进化与生物学结构进化很相似。帕森斯(Parsons, 1968)提出了一个更为复杂的有机系统的观点，他认为与人体器官相似，社会的各组成部分共同发挥作用来保持相互均衡。帕森斯的整体主义是毫不隐讳的功能主义论点，而整体主义和功能主义的批评者坚持认为其功能主义是内含在整体主义观点中的。

波普尔和哈耶克对整体主义进行了政治上的批判(参见方法论个体主义【Methodological Individualism】)，方法论上的批判则认为整体主义的解释是不完整的，因为它没有最终落在人体的信仰、需求和行动上。例如，尽管《凡尔赛条约》和随后的对德国提出的战争赔偿，可能给第二次世界大战的起源提供了一个历史解释的依据，但是如果不考察为这个合约负责的能动者的观点和行动以及其他个体(尤其是希特勒)对此的反应，上述解释也就站不住脚。

涂尔干以及其后很多人相信社会学作为一门学科，尤其要依赖在实体论上等价于物质世界中的物体的社会事实。尽管如此，在最近几年，方法论整体主义和个体主义的说法(以及争论的对象)已经被"结构和能动"所取代。如今只有一些思想家将他们自己称为"整体主义者"或"个体主义者"，尽管两种方法的极端形式都能在逻辑上进行说明，但许多最近的讨论都集中于社会在多大程度上能被个体能动性所解释，或者个体的信仰、需求和行动能在多大程度上被社会所解释。

近几年，吉登斯(Giddens, 1984)等社会学家，以及巴斯卡尔(Bhaskar, 1998)等哲学家已经在尝试通过提出"结构化理论"在整体主义和个体主义之间架起桥梁，在吉登斯看来，"结构化理论"主要关注社会实践，即结构的生产和被生产(Giddens, 1984)。

——Malcolm Williams

(李洋译　高勇校)

参考文献

Bhaskar, R. (1998). *The possibility of naturalism* (2nd ed.). London: Routledge Kegan Paul.

Dickens, P. (2000). *Social Darwinism*. Buckingham, UK: Open University Press.

Durkheim, E. (1952). *Suicide*. London: Routledge Kegan Paul. (Original work published 1896)

Giddens, A. (1984). *The constitution of society*. Cambridge, UK: Polity.

Parsons, T. (1968). *The structure of social action* (3rd ed.). New York: Free Press.

方法论个体主义(Methodological Individualism)

在社会科学中有一个悠久的传统，可以上溯到霍布斯，再从密尔、韦伯延续到更近的霍曼斯和沃特金斯，这一传统认为对社会现象的解释必须回溯到个体能动者(individual agents)的特征和倾向上。在最近几十年中，这种方法论的取向已经多少与个体主义的政治和经济学说(Lukes, 1994)合为一体。

大多数方法论个体主义的争论都是相对于方法论整体主义【Methodological Holism】(反过来也相同)进行表述的。个体主义者拒绝后者所主张的在个体背后或者与个体相独立的社会整体(social wholes)的存在,他们并不是说社会整体不存在,而是认为社会世界通过个体根据“场景的逻辑”所采取的行动而存在。也就是说,个体根据特定场景中其他人的期望行为来引导自己的行为,以此生成社会情境(social situations)。复杂的社会情境(如经济系统)被认为来自个体的意向、信念、物质资源和特征的特定安排。在解释给定的经济系统时,对其组成部分的考察(如商业银行的角色)仅仅被视为是一种局部解释,虽然可以成为一种启发性的模型(heuristic models)。完整的解释必须从根本上对真实的或可能是“理想的”(统计上的)能动者(agents)进行考察。

自密尔以来,自由主义中的个体主义政治经济哲学与个体主义方法论的方法之间就存在联系。在哈耶克和波普尔的著作中,这种联系变得更为明确。波普尔认为“集体的”(整体主义的)解释使我们难以察觉事实的真相,认为所有社会制度的运行都来自个体的态度、决定和行动。他甚至认为从集体主义的实然观点中导出了集体主义的应然观点,最终导致了极权主义(Popper, 1986)。

这种政治争论的是非姑且不论,人们普遍认为这种争论不是从方法论角度进行的推论,方法论则与左翼思想家和右翼思想家都有关系(Phillips, 1976)。但是也有很多从方法论层面提出的反对意见,最重要的一种反对意见是它会导致认为社会特征只能用个体心理来进行描述,然而大多数个体特征(如成为一名银行家、教师或者警察)只能用社会制度(social institutions)来解释。第二种来自实在论【Realism】的反对意见则关注社会实践或对象的本体论地位。持方法论个体主义的人认为,与有真实属性的客观物体不同,社会现象只是简单的集体主义心理构念。作为回应,整体主义认为物质世界中的许多事物只能通过其观测效应(如重力)来为人知晓,外交政策或者法律主体等社会现象也与之相似,但是它们仍然是真实存在的。

——Malcolm Williams

(李洋译　高勇校)

参考文献

Lukes, S. (1994). Methodological individualism reconsidered. In M. Martin & L. McIntyre (Eds.), *Readings in the philosophy of social science* (pp. 451-459). Cambridge: MIT Press.

Phillips, D. (1976). *Holistic thought in social science.* Stanford, CA: Stanford University Press.

Popper, K. (1986). *The poverty of historicism.* London: ARK.

计量变量(Metric Variable)

计量变量是能进行定量【Quantitative】测度的变量。数值间的间隔距离是相等的(比如,分数从4~6与分数从6~8的距离相等)。定距【Interval】、定比【Ratio】和连续【Continuous】变量都有计量的测度,因此都应该被视为计量变量处理。

——Michael S. Lewis-Beck

(李洋译　高勇校)

* 也可参见定距【Interval】。

微观(Micro)

微观是宏观的反义词。微观分析是小范围的,或者仅限于个体层次的。宏观分析是大范围的,或者是在集体层次的。

——Michael S. Lewis-Beck

(李洋译　高勇校)

微观模拟(Microsimulation)

与模拟【Simulation】一样,微观模拟的主要目的是使用电脑算法【Algorithm】来生成人的、社会的行为。尽管如此,微观模拟的显著特征在于这个模型【Model】在个人、家族、家庭或者公司等微观【Micro】层次发挥作用。通过对由微观实体组成的、大规模、有代表性的宏观【Macro】总体【Population】进行模拟,其结论可以应用到整个社会或国家。微观模拟不仅在基础研究【Basic Research】上,而且在辅助政策制订上发挥了重要作用,如帮助美国政府权衡福利改革的不同路径。

——Tim Futing Liao

(李洋译　高勇校)

中层理论(Middle-Range Theory)

中层理论的概念与罗伯特·默顿(Merton 1949,1968)及其《社会理论与社会结构》(*Social Theory and Socical Structure*)有着紧密的联系,它介于日常研究的工作假设和关于社会系统的统一的一般理论之间。默顿批判了社会学对一般理论的探索,如塔尔科特·帕森斯的系统,他相信这种理论太过抽象而无法进行实证检验。尽管如此,他也不认为对变量之间的关系进行经验归纳(empirical generalizations)就足够了。他认为社会学应当致力于发展中层理论,它与可观察资料足够接近以便可以检验,同时又足够抽象以启发系统理论的发展。中层理论基于社会生活中发现的规律性具有因果法则(causal laws)(而非经验描述)的形式。默顿意在通过中层理论来呼应他本人倡导的以经验主义为先导的社会学理论建构。他期待这种程序日后可以发展成一种被经验证实的,进而被夯实为社会学科学基础的社会理论主体。

默顿的信念立基于当时的科学哲学(philosophy of science)和经验导向的社会学。对极端一般性和极端特殊性的智识界限的敏感,可以追溯至柏拉图的《泰阿泰德篇》(*Theaetetus*)以及培根和密尔的著作。在《逻辑体系》(*A System of Logic*)一书中,密尔(Mill,1865/1973)明确支持基于共同性类型(classes of communities)的有限因果理论。在社会学家中,默顿引用了埃米尔·涂尔干的《自杀论》(*Suicide*)作为建构中层理论的经典案例,它基于国别案例构建了有限因果理论。20 世纪前五十年,这一理念在研究导向的、关注理论的经验可用性的美国社会学家那里逐渐流行起来。与之相伴,比 19 世纪晚期的宏大社会学理论(grand theories)更具科学特点的以理论为先导的研究有了更多发展空间。

以科学调查为构建模板,中层理论一般会提出一个中心论点,从中再得到具体假设,然后检验这些假设。建构中层理论始于某一概念及其关联意象,然后发展出一组相关的理论谜题(theoretical puzzles)。默顿认为,这些谜题的核心是产生各种社会行为、组织和变迁的社会机制的运行。中层理论应当建构社会过程的因果模型(如参照群体理论或社会分化理论)。理论成立的前提条件(范围条件)必须要加以说明,这一点使理论保持在中间层次。这一类型的理论化可以应用于微观-行为层面(如小群体的社会心理学),也可以用于宏观-结构(如社会结构因素之间的相互关系)层次,以及介于两者之间(微观-宏观或宏观-微观关系)的层次。

结构功能主义已经不再时髦(de mode),但是本着中层理论精神的社会学研究不断涌现,其中最著名的来自交换理论家和网络理论家。在过去几年里,中层理论原则已然再次成为关注和争论的主题。在建构中层理论是发展社会过程因果模型的关键这一前提和假设的基础上,彼得·赫德斯特郎和理查德·斯韦德伯格(Hedstrom & Swedberg,1998)编写了一本论文集,涵盖了不同学科背景学者的研究,专门对微观-宏观关系进行了更多的关注。这些学者与默顿持类似的观点和想法,主张和提倡进行能够经验验证的、有严格界限的社会学的因果理论建构。

——George Ritzer

Todd Stillman

(李洋译　高勇校)

参考文献

Durkheim, E. (1951). *Suicide.* New York: Free Press.

Hedstrom, P., & Swedberg, R. (1998). *Social mechanisms: An analytical approach to social theory.* Cambridge, UK: Cambridge University Press.

Merton, R. (1949). *Social theory and social structure.* New York: Free Press.

Merton, R. (1968). *Social theory and social structure* (3rd ed.). New York: Free Press.

Mill, J. S. (1973). *A system of logic.* Toronto: University of Toronto Press. (Original work published 1865)

Sztompka, P. (1990). *Robert Merton: An intellectual profile.* London: Macmillan.

米尔格拉姆实验(Milgram Experiments)

在米尔格拉姆(Milgram,1963,1974)的服从试验(obedience experiments)中,研究参与者扮演“老师”的角色,他们在相关指令下根据其他参与者所扮演的“学生”的学习功课情况,来对其进行电击,并逐渐提高电击程度。参与者服从实验员指令而施以最高程度(显然会引起极大疼痛感)电击的人数,达到了令人意想不到的高比例。事实上,在实验中并没有实施电击,除了“老师”以外,所有的实验参与者都是米尔格拉姆研究团队的成员。即使这样,不同于任何其他研究的是,在许多方面,这些研究已经成为近40年来讨论社会科学研究中的伦理问题的重要参考。为何这些研究在伦理问题的特定情境中如此引人注目?

(1)米尔格拉姆实验已经成为心理学中最著名的研究,有人甚至认为是最重要的研究。这些实验观察到普通人中存在很高比例会服从指令进行施暴,这被认为揭示了纳粹大屠杀的一个主要起因(Miller,1995)。

研究项目既极其著名又存在极大的伦理争论,这种特殊条件使得这些研究产生了前所未有的影响,成为通常讨论研究伦理问题时一个具有高度指导意义的基准。

(2)米尔格拉姆在第一次出版的著作中(Milgram,1963)对参与者所经历的压力和紧张的气氛进行了生动的描绘:"我观察到一位成熟稳重的商人微笑着自信地进入实验室。在20分钟以内,他就变成一个浑身哆嗦、结巴,并受到强烈精神打击、迅速进入精神崩溃边缘的人"(Milgram,1963,p.377)。从这些报告的上下文中可以看出,米尔格拉姆实验逐渐将参与者暴露在心理危机的可能危险水平上。

(3)黛安娜·鲍姆林德通过在《美国心理学家》(*American Psychologist*, Baumrind, 1964)上发表的文章,较早对米尔格拉姆实验进行了伦理批判,这具有里程碑式的意义。鲍姆林德指责米尔格拉姆:(a)没有尽到实验人员应保护参与者的情感福利的义务;(b)实验后的任务报告【Debriefing】不充分;(c)使用有缺陷的方法,得出高度可疑的结果。因而作者认为米尔格拉姆的研究发现与其伦理成本相比不值一提。她认为米尔格拉姆实验的参加者在权威人物面前不仅丢失了信任,也永久性地丢失了自尊。尽管鲍姆林德的批评随后受到了米尔格拉姆及其他人(Miller,1986)的反驳,她的观点仍旧产生了极大的影响,成为日后伦理批评的典范。

(4)米尔格拉姆实验的一个关键特点是,方法中设计进了强制(coercion)内容。那些要求从研究中退出的参与者,被实验者不断激励继续其电击其他参加者的角色。根据当前美国心理学协会(American Psychological Association,APA)的伦理标准,这种强制使得该服从研究是不合伦理的:

APA 伦理法案修正草案 6

2001 年 10 月 21 日

8.02 研究的知情同意【Informed Consent】

在获取如标准3.10"知情同意"中所要求的知情同意时,心理学家要告知参加者下列相关事项:(1)研究的目的,预期持续时间以及过程;(2)他们拒绝参与的权利,以及一旦开始参与也可以从研究中退出的权利。

尽管进行欺骗【Deception】并缺乏真正的知情同意是米尔格拉姆实验的重要特征,但这些因素本身并非米尔格拉姆实验留给后人的遗产的最重要特征。有相当大比例的当代心理学研究(包括APA的伦理守则)赞同对欺骗可以审慎地使用(Epley & Huff, 1998)。

总之,米尔格拉姆实验对思考研究中的伦理问题产生了相当深远的影响。围绕这些实验的宝贵的、时常是热烈的争论,几代学生和研究者保持了对研究方法中情感和认知风险因素的敏锐洞察。独立于主要研究者的伦理委员会在开展研究之前对研究进行伦理评估,这种常规操作也是米尔格拉姆实验留给后人的重要遗产。最后,米尔格拉姆实验告诉我们,在开展有重要意义和潜在益处的心理学实验时,不可避免地会存在伦理道德成本。因此,在正确认识和保护研究参与者的脆弱性的同时,研究者探究的权利也要得到尊重。

——Arthur G. Miller

(李洋译　高勇校)

参考文献

Baumrind, D. (1964). Some thoughts on ethics after reading Milgram's "Behavioral study of obedience."

American Psychologist, *19*, 421-423.

Epley, N., & Huff, C. (1998). Suspicion, affective response, and educational benefit of deception in psychology research. *Personality and Social Psychology Bulletin*, *24*, 759-768.

Milgram, S. (1963). Behavioral study of obedience. *Journal of Abnormal and Social Psychology*, *67*, 371-378.

Milgram, S. (1974). *Obedience to authority: An experimental view*. New York: Harper & Row.

Miller, A. G. (1986). *The obedience experiments: A case study of controversy in social science*. New York: Praeger.

Miller, A. G. (1995). Constructions of the obedience experiments: A focus upon domains of relevance. *Journal of Social Issues*, *51*, 33-53.

缺失数据(Missing Data)

在社会科学中，几乎所有的定量数据【Quantitative Data】都有缺失数据，即某些变量在某些个案上的数据是缺失的。例如，在一个样本中，70%的被调查者的年度收入是可以得到的，但是其余 30%是缺失的。有许多原因可以造成数据缺失。被调查者可能拒绝回答某个问题，或者不小心漏答了这个问题。访谈者可能忘记提这个问题，或者没有记下答案。在纵向研究中，被调查者可能死了，或者在下一次跟踪访谈之前搬家了。如果数据是通过合并不同文件而得到的，那么还会有匹配错误或者记录丢失的可能。

不管是什么原因，缺失数据通常会给统计分析带来很大的问题。实际上，所有标准统计方法都假设每个个案在所有变量上的信息都是完整的。以前几乎没有指南能够指导研究者如何处理缺失数据。研究者只能选择一些临时性的方法，使用这些方法的理由就是大家都一直这么干。幸运的是，现在有两种处理缺失数据的成熟方法：最大似然法和多重填补法(multiple imputation)。如果满足适当的假设，这些方法有出色的统计特性，现在一般研究者也都能使用这些方法。这个条目首先回顾处理缺失数据的传统方法，然后考察两种较新的方法。要有意义地说明这些方法的特性，首先必须指明这些方法能够成立的假设条件。

假设

为了进行简要说明，我们假定一个数据中只包含两个变量：X 和 Y。我们可以观察所有个案的 X 值，但是 Y 变量上有 20%的数据缺失。如果 Y 变量数据的缺失概率既不取决于 Y，也不取决于 X，就可以说 Y 变量的数据是完全随机缺失(missing completely at random，MCAR)的。用公式表达为 Pr(Y 缺失$|X,Y$)= Pr(Y 缺失)。许多缺失数据技术只有满足了这个相当严格的假设才是有效的。

相比而言，较弱的假设为数据是随机缺失(missing at random，MAR)的。这个假设是说 Y 变量上数据缺失的概率可能取决于 X 的值，但在 X 给定时并不取决于 Y 的值。用式子表达就是 Pr(Y 缺失$|X, Y$)= Pr(Y 缺失$|X$)。例如，假设 Y 变量测量收入，X 变量是关于受教育时间的变量。如果收入缺失的概率取决于受教育年限，但是在受教育程度的每个水平上，收入数据的缺失并不取决于收入本身，那么就可以说满足 MAR 假设。显然，如果数据是完全随机缺失的，那么它同样也属于随机缺失。

检验数据是否属于完全随机缺失是完全有可能的。例如，我们可以在特定变量上,对男性和女性进行比较,来观察两者在特定变量上含缺失值个案的比例是否有差异。只要有差异,就违背了 MCAR 原则。但是,要检验数据是否为随机缺失是不可能的。很明显,你不能判断高收入人群是否比中等收入人群在收入上存在缺失数据的可能性更小。

如果数据是随机缺失的,而且决定数据缺失机制的参数与模型待估参数完全不同,那么缺失数据被称为是可忽略的(ignorable)。在现实情况中,这种技术前提不太可能被违背。即便违背了,只要数据是随机缺失的,假定缺失数据可忽略的方法仍然表现良好。但是如果将数据缺失机制建模成为参数估计过程的一部分,方法会表现更好。所以在实践上,随机缺失和可忽略性通常可以交替使用。

传统方法

处理缺失数据的最常见的做法——以及实际上所有统计软件默认的方法——是整条删除【Listwise Deletion】或完整数据分析。这种方法的规则非常简单:在进行分析时,如果任何个案在任何一个变量上有缺失数据,都将其删除。因为剩下的个案都有完整的数据,这样在使用各种统计方法时就没有困难了。

整条删除有许多让人青睐的特点。除了很容易实施外,它的优点还在于适用于任何统计方法。此外,如果数据完全随机缺失,整条删除将不会在统计分析中产生任何偏差。这是因为在 MCAR 条件下,有完整数据的样本子集实际上是从初始数据组中抽取的一个简单随机样本【Simple Random Sampling】。由于同样的原因,用传统方法估计出的标准误【Standard Error】也是真正标准误的有效估计值。

整条删除有个很大的问题,它常常会导致数据中较多个案的丢失。例如,假设研究的目标是对有 10 个变量的多元回归模型进行估计。进一步假设每个变量有 5%的缺失数据,且任意变量数据缺失的概率与数据是否在其他变量上缺失并不相关。那么,平均来看,在整条删除之后一半的个案都会被删除。结果是极大地增加了标准误,降低了统计效力。

其他的传统方法则设计来挽救一些在整条删除中被丢失的数据,但是这些方法通常弊大于利。成对删除【Pairwise Deletion】也称为可用个案分析,是一种包括多元回归【Multiple Regression】和因子分析【Factor Analysis】等各类线性模型通用的简单方法。对于分析中的每对变量来说,可以用在这两个变量上没有缺失数据的所有个案,来估计其相关性(或协方差)。这些相关系数可以组成一个简单的相关矩阵,然后输入线性建模程序中。在 MCAR 的前提下,这一方法产生的估计值是一致的(因而近似于无偏),但是标准误和相关的检验统计量一般都有偏倚。此外,如果相关矩阵不是正定矩阵,这种方法可能会完全失效。

虚拟变量调整是回归分析中处理自变量缺失数据的一种常用的方法。当变量 X 有缺失数据,构建虚拟(效标)变量 D,使得变量在数据出现时取值为 1,其他为 0;在含有缺失数据的个案上,将 X 的值设定为某个常数(如非缺失个案的均值)。变量 X 和 D 都是模型中的自变量。尽管这种方法看起来可以把所有得到的信息都纳入模型,但即使数据是 MCAR,这种方法也被证明会导致有偏估计。

许多缺失数据的处理方法都可以归为一般的插补法【Imputation】,也就是用一些似乎可信的值来替换缺失数据。所有缺失数据都被插补完之后,就可以在看似没有缺失数据的情况下进行统计分析了。其中一种最简单的方法是无条件均值插补:如果一个变量有缺失数据,可以用无缺失数据的个案的均值来替代缺失数据。但是众所周知这种方法在许多参数上会产生有偏估计量,特别是方差总是被低估。稍好一些的方法是条件均值插补:如果变量有缺失数据,可以建立起含缺失数据的变量对其他不含缺失数据的变量的线性回归。然后,用估计的回归线来求出缺失数据的预测值。如果数据是 MCAR,那么使用这种方法能够获得近似的回归系数的无偏估计值。

即使人们能够通过参数估计避免偏倚,但所有传统的插补的方法都会低估标准误。原因非常简单。统计分析的标准方法会假设所有数据是真实的。如果一些数据是插补的,插补过程就会引入额外的抽样变异(sampling variability),而此种抽样变异并没有被充分考虑。

最大似然法

大大优于传统方法的一种方法是最大似然法【Maximum Likelihood,ML】。在正确设定的模型下,ML 能够生成一致的(因此,近似于无偏估计)、渐近【Asymptotic】有效的、渐进正态的估计值,即便是在数据缺失的时候(Little & Rubin, 2002)。如果数据的缺失机制满足可忽略性,那么就很容易建构似然函数:只需要对缺失值的传统似然进行简单的加总或求积分。通过传统数值方法可以实现似然的最大化。

虽然 ML 处理缺失数据的一般原则在许多年前已经是众所周知的,但是直到最近,用于实践的计算方法才得到广泛使用。在数据缺失的情况下,求 ML 估计值的一种通常的数学方法是 EM 算法。尽管如此,大多数 EM 软件只能在多元正态性(multivariate normality)的假设下求出均值、方差和协方差的估计值。此外,使用这种方法无法求出标准误的估计值。

更有用的方法是把 ML 缺失数据方法和常用的结构方程建模程序结合起来,著名的有 LISREL、AMOS 和 MPLUS。在多元正态性的假设条件下,这些程序能够计算众多线性模型的 ML 估计值,包括线性回归和因子分析。估计标准误可以对缺失数据进行适当的调整。

对于分类数据(categorical data)分析,ML 处理缺失数据的方法已经在 LEM 程序中得到应用。这个软件能对含有缺失数据的对数线性【Log-Linear】模型和潜在类别【Latent Class】模型等进行估计。同样在所有的预测变量都是离散变量的情况下,它也能对 Logistic 回归【Logistic Regression】模型进行估计。

多重填补法

尽管 ML 是一种很好的处理缺失数据的方法,但仍然需要专门的软件进行统计分析。目前,这样的软件只能用于相当有限的一些问题上。多重插补法(multiple imputation,MI)是更为一般化的处理方法,这种方法实际上可以用在任意类型的数据上进行任意类型的分析。此外,这些分析可以在传统的统计软件上完成。

MI 的基本思想很简单。它与为每个缺失数据插补单一数值的方法不同,MI 通过给填补过程引入一个随机成分来生成多个数值。在许多实际应用中,仅仅三个插补数值就可以满足需要,当然越多越好。多重插补法可以形成多个数据组。所以,如果每个缺失数据生成三个填补数值,那么结果就会有三个“完整的”数据组,这些数据组在非缺失数据上的值相同,仅仅在插补数据上有些许差异。

接下来,就要使用传统的软件,对每个完整的数据组进行统计分析。最终,将这些重复分析的结果依据一些简单的规则合并起来。为了进行参数估计,可以取几次重复测算的估计值的均值。要计算得到标准误，先要对几次重复测算的标准误平方取平均值，然后加上几次重复测算的参数估计的方差(含一个小的修正因子)，再开平方。公式为

$$SE(\bar{b}) = \sqrt{\frac{1}{M}\sum_{k} s_k^2 + \left(1 + \frac{1}{M}\right)\left(\frac{1}{M-1}\right)\sum_{k}(b_k - \bar{b})^2}$$

其中，b_k 是第 k 个重复的参数估计值，s_k 是 b_k 的估计标准误，M 是重复测算的数目。

这种方法能够实现三个目标。首先，在插补过程中适当引入随机变异，以消除常见于确定性插补方法中的参数估计偏倚。其次，多次重复这一过程并取参数估计值的均值，可以得到更为稳定的估计值(抽样变异性更少)。最后，多次重复中的参数估计的变异性使得研究者得到能完全反映插补过程不确定性的、较优的标准误估计值。

与 ML 相比，MI 的统计特性如何呢？如果所有假设成立，MI 生成的估计值是一致且渐进正态的，这一点与 ML 一样。但是，除非进行无穷次的插补(这在实践中是不可能的)，其估计值并不是完全有效的(fully efficient)。但是在大多数情况下，只需进行少量插补就足以取得接近完全有效的估计值。

在了解了多重填补法的基本结构后，显然接下来的问题是如何生成填补值。有许多不同的方法可以生成填补值。与 ML 类似，第一步是根据数据选择模型。目前最为常用的模型是多元正态模型，这意味着(a)所有变量都服从正态分布，(b)每个变量都可以表示为其他所有变量的线性函数。这个假设的长处在于所有插补值都建立在线性回归的基础上。由每个线性回归的估计残差构成了一个正态分布【Normal Distributions】，插补值的随机变异正是来源于从这个正态分布中的随机抽取。这些随机抽取值被加到了含缺失数据的每个个案的预测值上。

完成这些工作的细节是更为技术性的工作，不需要在这里深究[谢弗(Schafer，1997)给出了非常详细的方法；艾利森(Allison，2001)提供了技术性稍弱的论述]。幸运的是，目前已经有几种方便获取的、便捷的计算机程序，可以让使用者很容易地生成多重插补值。SAS 最近已经引入了多重插补的程序，以及合并多重插补分析结果的程序。SOLAS 是一种进行 MI 的商业单机程序。免费单机程序主要有 NORM 和 AMELIA。

MI 看起来很复杂，对新手是个挑战。尽管与大多数传统的处理缺失数据的方法相比确实有更多的工作要做，但好的软件可以让 MI 变成一个相对简单的过程。例如，在多元回归中，用 SAS 做 MI，人们共需要 5 条代码。两条代码用于执行数据插补，一条代码用于执行回归，随后的两条代码用来合并结果。

其他方法

在结束之前，需要对当前其他几种仍处在发展中的方法进行简单说明。尽管建立在多元正态模型基础上的 MI 方法是应用最广泛的、最简便的方法，但是其他参数模型可能限定条件更少。例如，可以通过对数线性模型、一般位置尺度模型(general location scale model)(分类变量和定量变量均可)或者是序变广义回归模型(sequential generalized regression model)等来生成插补值。同样还有一些非参数和准参数方法可以用于多重插补。

这里讨论的 MI 和 ML 方法都建立在数据缺失机制满足可忽略性的假设基础上，但

也可以在不满足可忽略性的条件下使用这两种方法,此时 Y 变量缺失数据的概率取决于 Y 值自身。赫克曼处理选择性偏误的方法,就是一个通过 ML 解决上述问题的典范。但是,处理不满足可忽略性假定的缺失数据的方法对于数据缺失机制的模型选择非常敏感。

——Paul D. Allison

(李洋译　高勇校)

参考文献

Allison, P. D. (2001). *Missing data*. Thousand Oaks, CA: Sage.

Little, R. J. A., & Rubin, D. B. (2002). *Statistical analysis with missing data* (2nd ed.). New York: John Wiley.

Schafer, J. L. (1997). *Analysis of incomplete multivariate data*. London: Chapman & Hall.

误设(Misspecification)

在经典线性回归【Regression】的诸多假定中,其中之一是研究者设定了"真实的"模型来估计。误设是指这一假定未能满足的各种情况。模型误设对参数估计【Parameter Estimation】和标准误【Standard Error】的影响可能很小也可能很大,这要取决于误设的类型及是否有其他条件可以降低其影响。要检验是否存在各种误设,我们就需要考虑在各种竞争性模型【Model】中进行选择的基础。

误设的类型

模型可能在以下三个方面出现误设:(a)在回归元【Regressor】的选择上;(b)在模型变量的测量上;(c)在随机项或者误差项 u_i 的设定上。首先,由于没有正确选择回归元而造成的估计问题又有如下几种:(a)研究者遗漏了模型中的一个重要变量(参见遗漏变量【Omitted Variable】);(b)包含了一个无关变量;(c)或者误设了 X_i 和 Y 之间关系的函数形式。通常,第一种情况——省略了模型的一个相关变量——会对模型估计造成最严重的后果。具体而言,如果某个变量 Z_i 解释了 Y 的部分变化,那么省略 Z_i 就可能导致参数估计有偏且不一致,除非 Z 完全独立于被包含起来的其他变量。偏倚【Bias】的范围和方向取决于遗漏变量和其他模型变量 X_k 之间的相关性【Correlation】。在模型中增加一个无关变量(即"过度拟合"模型)的危害要相对小一些,因为此时所有的模型参数还是无偏和一致的。但是,此时这些估计值是低效的,因为计算出来的每个参数的标准误中包括了"真实"变量和无关变量 X_k 之间的相关。样本中的相关可能是非零的,所以估计标准误也被不必要地夸大了。误设 Y 和 X 的函数形式可以看作一个过度拟合和拟合不足的混合案例。假设"真实"模型为 $Y = \beta_0 + \beta_1 X_1 + \beta_2 X_2^2 + u_i$。我们现在估计一个 Y 是 X_1 和 X_2 的简单线性函数(而非真实模型中的 X_2 的平方)的模型,即 $Y = \alpha_0 + \alpha_1 X_1 + \alpha_2 X_2 + e_i$,此时 α_0,α_1 和 α_2 的参数估计值和标准误将会由于模型含有无关变量 X_2 却省略了平方项 X_2^2 而受到影响。

除了错误地选择回归元,因变量和自变量的测量误差也可以视为某种形式的模型误设。这是因为测量误差会导致参数估计发生与前面讨论很相似的问题(即估计参数是有偏的、不一致的或者低效的)。最后,正确设定产生随机误差 u_i 的过程也可以看作模型设定问题。我们通常都设定误差项服从均值为 0、方差为 σ^2 的正态分布[即 $u_i \sim N(0,\sigma^2)$]。现在假定真正的误差是由其他过程产生的(如误差项可能具有异方差性【Heteroskedasticity】或者服从对数正态分布)。这时,我们将再次面对参数估计有偏、不一致或者低效这些问题,具体会出现什么问题则取决于误差项的误设类型。

对误设的检验

优秀的理论【Theory】是我们到现在为止用来避免误设的最重要的工具。但是社会科学中的理论往往薄弱而含糊,因此经验性地检验设定是否正确就很重要了。前面提到的每种设定问题都有相应的一些检验方法。研究者应该先从对初始估计进行残差【Residual】分析开始。如果在回归线上方或下方聚焦的个案有着共同的一些特点,这通常表明存在遗漏变量。残差呈现出一定模式,这表明 X 和 Y 之间存在非线性关系(即函数形式问题),或者表明存在异方差性等其他异常状态。简言之,残差分析是研究人员了解个案及其与设定模型关系的一种重要方法。模型设定是在模型和数据之间反复往返的过程,在理论较为薄弱时更需要如此。

如果人们怀疑某个遗漏变量 Z_i 可能是真实模型的一部分,可以用著名的 Durbin-Watson d 统计量来检验这一假设。按照 Z_i 取值的大小来排列原初的普通最小二乘(OLS)残差,然后用通常的办法计算出 d。如果虚无假设被拒绝,那就表明 Z_i 的确在原初的设定中被错误地遗漏了。对遗漏变量的更一般化的检验方法还有拉姆齐的 RESET 检验和拉格朗日乘数(Lagrange Multiplier,LM)检验。但是 RESET 检验和 LM 检验都不能确定遗漏了哪些变量。这个重要任务只有通过对理论的打磨和对案例的深入理解才能实现,或许残差分析等技术也会有益于此。古雅拉提(Gujarati,2003,pp.518-524)对这些检验方法的具体步骤进行了更为详细的描述。

模型设定和模型选择

我们永远无法确保我们找到的模型就是“真实的”,所以现代的研究者认为最好将努力的重点放在评估各种竞争模型中哪一个更能充分解释某一现象 Y 上。如果对 Y 有两个竞争模型,其中一个模型中所有的解释变量完全是第二个模型中变量的子集,那么我们可以说第一个模型“嵌套”在第二个模型中。注意此时不同方程中的因变量是完全相同的,因此如调整 R 方【R-Squared】等统计量、F 检验和似然比检验(用于非线性估计量)完全可以用于评估哪个模型在经验上更可取。当一个模型的自变量与第二个模型的自变量只有部分重合或根本不重合时,这两个模型就是“非嵌套的”。例如,国民生产总值(GNP)增长的凯恩斯模型和货币模型就是非嵌套的竞争模型。为了比较非嵌套模型的相对表现,研究人员可能会用到调整后的 R^2 统计量、赤池信息准则等其他的拟合优度测量【Goodness-of-Fit】。克拉克(Clarke,2001,pp.732-735)也介绍了 Cox 检验和 Vuong 检验的相关应用。最后,模型选择自然会引向贝叶斯推论【Bayesian Inference】,特别是当数据不能进行重复抽样时。从贝叶斯视角出发如何进行模型选择,这一主题可以参见 Leamer(1978)。克拉克(Clarke,2001)将这一主题应用到了实例中并有所扩展。

——Brian M. Pollins

(李洋译　高勇校)

参考文献

Clarke, K. A. (2001). Testing nonnested models of

international relations: Reevaluating realism. *American Journal of Political Science*, *45*, 724-744.
Gujarati, D. N. (2003). *Basic econometrics* (4th ed.). Boston: McGraw-Hill.
Leamer, E. E. (1978). *Specification searches.* New York: John Wiley.

混合设计(Mixed Design)

混合设计一直以来就是实验法的主流,但近几年来随着一种新的统计方法的发展,混合设计变得更为重要。这种新的统计方法就是混合建模(mixed modeling),它增强了对混合设计生成的数据进行分析的效度【Validity】。

混合设计这一术语有时被宽泛地指代那些既包括定性【Qualitative】变量也包括定量【Quantitative】变量的研究计划,或者既包括受控变量(manipulated variables),也包括未受控变量的研究计划。但是,心理学家通常将其定义为既包括被试组间因素(between subjects factors)也包括被试组内因素(within-subjects factors)的正式研究计划,而统计学家一般将其定义为既包括固定因素效应又包括随机因素效应估计的研究设计【Research Design】。

对被试组间因素来说,每个实验单元只可能取此因素的某一个水平。因素的各个水平之间是互斥的,如果是一个平衡设计(balanced design),各个水平都会有相同数量的实验单元。换句话说,每个因素水平会有相同数量的取此水平的单元。如果涵盖了所有水平而不仅仅是一部分时,此类因素的效应被称为固定效应。

对被试组内因素来说,每个实验单元都可能取此因素的所有水平。如果所取的水平是从更大的总体中抽取的随机样本时,其效应被称为随机效应。区组效应(blocking effects)就可以当作随机效应处理,只要实验区组被视为从要推论的区组总体中抽取的一个样本。

考察这样一个例子:一项实验【Experiment】分性别对100个严重抑郁患者测试药物疗法的效应。研究中的性别有两个水平(男性和女性),两组人数相同。在此性别就是有固定效应的被试组间因素。另一方面,治疗的药物是从目前所有抗抑郁处方药中随机选择的四种药物(四个水平)。如此抽样就能够估计出抗抑郁药物的总体在治疗抑郁症上的随机(处理)效应。在此药物是被试组内因素。但是要注意,如果实验设计不是要测试全部(抽样得到的)的药物的效应,而是要测试仅仅这四种药物中每种药物的单个效应,此时药物因素效应就应当被看成固定效应而非随机效应了。无论哪种情况,如果研究被试是从更大的患者总体中随机选择得到的,那么患者也就成了一个随机效应因素。

有多种多样的混合设计。有许多相当类似,但是每种都需要一些多少有些不同的数据分析方法,具体要取决于处理是如何施加于实验单元的。四种常见的固定设计是重复测量【Repeated Measures】、裂区【Split-Plot】、嵌套【Nested】或分层的,以及随机区组【Randomized-Blocks】。在重复测量设计(也叫作被试组内设计)中,实验单元要被多次测量。这样就收集到了效应的时间序列数据,而每两次测量之间的时间间隔是相同的。这类设计是完全随机的,除了处理因素外可以包括也可以不包括被试组间因素。如果有被试组间因素,设计就被称为具有裂区/重复测量结构。

在基本的裂区设计中,实验有大小不同

的两类单元，大单元是由小单元构成的区组。有两类处理：第一类（被试组内因素）施于各个大单元；第二类（被试组间因素）施于每个大区组之内的各个小单元。重复测量设计和裂区设计有相似之处，前者中的处理因素等同于后者中的对大单元［也被称为“全区（whole plot）”］的处理。重复测量设计中的时间因素等同于裂区设计中对较小单元组［也被称为“副区（subplot）”］的处理。但是，对重复测量设计中得到的数据的协方差结构进行分析所需的方法，与分析真正的裂区设计的数据是不同的。

嵌套或分层设计是一个实验因素嵌套入另一个实验因素（嵌套设计也常常称作被试组间设计）。这种设计的一种简单形式，就是实验单元嵌套于各种条件中。在一个“完全分层（purely hierarchical）”设计中，每组因素有隶属关系（inside-outside relationship）。如果嵌套于其中的是区组时，嵌套设计相当于裂区设计。以区组来嵌套，下属因素组（inside factor groups）是完全嵌入较大的因素组内的。这样就不可能区分下属因素的效应和上下隶属因素之间的交互效应。

在随机化区组设计中，处理被随机性地指派给各个区组中的单元。处理效应通常被认为是固定效应（只考虑那些在实验中存在的处理）。区组效应被认为是随机效应，是从对其进行推论的更大的区组总体中抽样得到的。如果一种处理对应于一个区块时，这种设计被称为完全随机区组设计（randomized complete blocks design）。

分析混合设计中得到的数据很麻烦，因为有随机因素。近期发展出来的、目前首选的方法是使用最大似然估计【Maximum Likelihood Estimation】（而非最小二乘【Least Squares】），它不需要假设误差项服从独立同分布。之所以如此，是因为协方差已经在分析中被建模了。甚至存在缺失值【Missing Data】（和不平衡设计），此类混合模型也能够给出合适的误差项。但是，对随机因素进行显著性检验【Significance Testing】的 F 检验要成立，就必须满足球形假定【Sphericity Assumption】。如果（在抽取的总体中）各个处理水平之间的差异的方差相同，就可以认为球形假定（或者环状、Huynh-Feldt 结构、Type-H 协方差结构等类似说法）成立。

——Douglas Madsen

（李洋译　高勇校）

参考文献

Cobb, G. W. (1998). *Introduction to design and analysis of experiments*. New York: Springer-Verlag.

Littell, R. C., Milliken, G. A., Stroup, W. W., & Wolfinger, R. D. (1996). *SAS system for mixed models*. Cary, NC: SAS Institute, Inc.

Milliken, G. A., & Johnson, D. E. (1992). *Analysis of messy data: Vol. 1. Designed experiments*. London: Chapman & Hall.

混合效应模型（Mixed-Effects Model）

方差分析【Analysis of Variance, ANOVA】模型可以用来研究一个因变量 Y 如何依赖于一个或几个因素。这里将因素定义为分类的自变量，即定类测量层次上的解释变量。因素可以包含固定效应或者随机效应。对于含有固定效应的因素来说，表示每个因素类别效应的参数是固定值（非随机的）。对于含随机效应的因素来说，其类别效应是随机变量。如果统计推论的目的仅仅是对手头数据存在的那些因素类别得出结论,那么固定效应就足够了。如果因素的分类被视为来自某个总体的随机样本,统计推论的目的是得出能够支撑整个总体的结论,那么就需要引入随机效应。如果模型仅仅含有固定效应【Fixed-Effects Model】或者随机效应【Random-Effects Model】,我们就分别称这个模型是固定效应模型或者随机效应模型。如果模型同时包括固定效应和随机效应,那么这个模型就是混合效应模型。

混合效应 ANOVA 模型的一个典型例子,是对不同组织中不同工种的雇员工作满意度的研究。如果研究者想研究的是有限的几种特定工种,但同时对组织的总体感兴趣,尤其想研究总体中组织间的差异程度,那么就需要选择混合效应模型,其中固定效应用于工种,随机效应用于组织。

正如上述定义以及在随机效应模型的词条中所阐述的,随机效应可以看成某一因素的不同水平的随机主效应。随机交互效应也可以进行类似定义。在上一段提到的例子中,就可以包括一个工种和组织的随机交互效应。

混合效应模型也可以对来自裂区设计【Split-Plot Design】和重复测量【Repeated-Measures】设计的数据进行分析。在这些设计中,被试(或者其他单元)在不同的条件下被调查。假设这些条件构成了一个因素 B,被试也被视为一个因素 S。这一设计的混合效应模型就包括了 B 的固定效应、S 的随机效应,以及 $B\times S$ 的交互效应。

线性混合模型

上述模型可以扩展为给一个数值型的解释变量估计一个随机系数。这就扩展为一般线性模型【General Linear Models】,它同时包括固定系数和随机系数,通常被称为线性混合模型(linear mixed model)或者随机系数回归模型(random coefficient regression model)。如果用矩阵的形式,可以表达为

$$Y = \mathbf{X\beta} + \mathbf{ZU} + \mathbf{E}$$

其中,Y 是因变量,$\mathbf{X}$ 是固定效应的设计矩阵,$\boldsymbol{\beta}$ 是固定回归系数的向量,$\mathbf{Z}$ 是随机系数的设计矩阵,$\mathbf{U}$ 是随机系数的向量,$\mathbf{E}$ 是随机残差的向量。标准假设是向量 $\mathbf{U}$ 和 $\mathbf{E}$ 相互独立,且服从均值向量为零、协方差矩阵分别为 $\mathbf{G}$ 和 $\mathbf{R}$ 的多元正态分布。这个假设意味着 Y 服从均值为 $\mathbf{X\beta}$、协方差矩阵为 $\mathbf{ZGZ'}+\mathbf{R}$ 的多元正态分布。矩阵 $\mathbf{G}$ 和 $\mathbf{R}$ 的结构还要根据研究设计来进一步加以设定。例如,如果有 K 个随机效应因素,残差是完全随机的,那么模型可以设定为

$$Y = \mathbf{X\beta} + \mathbf{Z}_1\mathbf{U}_1 + \mathbf{Z}_2\mathbf{U}_2 + \cdots + \mathbf{Z}_K\mathbf{U}_K + \mathbf{E}$$

其中,所有向量 $\mathbf{U}_1, \cdots, \mathbf{U}_K$ 以及 $\mathbf{E}$ 都是独立的,它们服从均值向量为零、协方差矩阵分别为 $\mathbf{G}_1, \cdots, \mathbf{G}_K$ 和 $\sigma^2\mathbf{I}$ 的多元正态分布,对矩阵 $\mathbf{G}_1$、$\mathbf{G}_K$ 和标量 σ^2 不再进行进一步限定。这个模型是分层线性模型【Hierarchical Linear Model】的矩阵形式,但并没有假定包含随机效应的因素是分层嵌套的,同时它也是多层次分析【Multilevel Analysis】的基本模型。当 $K=1$ 时,它就是一个二水平的分层线性模型,常用于纵贯数据分析(见 Verbeke & Molenberghs, 2000,以及多层次分析的词条)。对于纵贯数据来说,协方差矩阵 $\mathbf{R}$ 也可以设定成特定的非对角形式,以表示自相关关系或者其他类型的时间相依关系。

混合效应模型也可以视为广义线性模型【Generalized Linear Models】的扩展。在此类模型中,广义线性模型(generalized linear models)定义中的线性预测项 $\boldsymbol{\eta} = \mathbf{X\beta}$

被**Xβ** +**ZU** 项所取代。这给出了所谓的广义线性混合模型的一般数学形式，它把分层非线性模型【Hierarchical Nonlinear Model】推广到了随机因素不一定嵌套的情形中去。

——Tom A. B. Snijders

（李洋译　高勇校）

参考文献

Cobb, G. W. (1998). *Introduction to design and analysis of experiments.* New York: Springer-Verlag.

Longford, N. T. (1993). *Random coefficient models.* New York: Oxford University Press.

McCulloch, C. E., & Searle, S. R. (2001). *Generalized, linear and mixed models.* New York: John Wiley.

Neter, J., Kutner, M., Nachtsheim, C., & Wasserman, W. W. (1996). *Applied linear regression models.* New York: Irwin.

Verbeke, G., & Molenberghs, G. (2000). *Linear mixed models for longitudinal data.* New York: Springer.

混合方法研究(Mixed-Method Research)

参见多方法研究【Multimethod Research】。

混合模型(有限混合模型)(Mixture Model, Finite Mixture Model)

有限混合模型是潜在类别分析【Latent Class Analysis】的另一个名称。这些模型假设所关心的统计模型的参数在被称作潜在类别(latent classes)或者混合成分(mixture components)的不可观测的子集中各不相同。有限混合模型的最重要应用包括聚类、量度、密度估计和随机效应建模【Random-Effects Model】。

——Jeroen K. Vermunt

（李洋译　高勇校）

MLE

参见最大似然估计【Maximum Likelihood Estimation】。

流动表(Mobility Table)

流动表是一个二向列联表【Contingency Table】，其中根据同一变量在两个时点的取值对个体进行分类。它因此区分了“不流动”(即在表格的主对角线上的所有个案)和“流动”(位于表格的其他位置的个案)。在社会科学中流动表很常见(例如，研究家庭在两次人口普查之间的地理迁移，或在竞选活动中研究人们在不同候选人之间的选择变化)。在社会学中，代际流动表对被调查者自身的社会阶层和初始社会阶层(通常是父辈的阶层)进行交互分类，代内流动表则对他们在两个时间点上的职业或阶层进行交互分类。

历史发展

流动表的统计方法是从 1950 年代开始在社会学中取得实质性的发展的，当时主要是进行指数计算。人们提出了流动率或者 Glass 指数，即流动表中每个观测频数与统计独立（即所谓“完全流动”）假设下相应的期望频次的比率。Yasuda 指数和 Boudon 指数基于对总流动分解为两个分量之和：结构流动或“被迫”流动（边缘分布的不同意味着所有个案不可能都在对角线上）和净流动（用来反映关联的强度）。但是，流动指数的缺点逐渐显现出来。

从 1980 年代开始，新的范式从两个视角来分析流动表。总不流动率（$\sum_i f_{ii}/f_{++}$）、流出百分比（f_{ij}/f_{i+}）以及流入百分比（f_{ij}/f_{+j}）都是描述绝对（或观测）流动的简单工具。但绝对流动将表格边缘分布的变化与变量间内在关联【Association】模式的变化混杂在一起。对相对流动的研究，就是用对数线性模型【Log-Linear Model】和优势比【Odds Ratio】来对关联的结构和强度进行分析。

在这些模型中，“拓扑”模型或“层次”模型尤为重要，其基本理念是流动表单元格背后存在着不同的稠密度。在二向乘积（对数线性）模型 $F_{ij} = \alpha\beta_i\gamma_j\delta_{ij}$ 中，如果对所有的 i 和 j 来说都有 $\delta_{ij} = 1$，那么 F_{ij} 就是独立模型。这假定整个表格有着统一的稠密度，也就是说，每条流动轨迹或不流动轨迹都是同样可能的（排除了边缘效应之后）。当 $i = j$ 时 $\delta_{ij} = \delta$，而其他时候 $\delta_{ij} = 1$，这就是被称为同一继承模型（uniform inheritance model）的双密度模型（其自由度比独立模型少 1），因为 δ（通常大于 1）表明所有类别都具有同一的不流动倾向。假设这种倾向因类别而不同（如果 $i = j$，则 $\delta_{ij} = \delta_i$），这就是准完全流动模型（quasi-perfect mobility model）。豪塞尔（Hauser，1978）认识到对角线单元格与非对角线单元格也能有相同的密度，因此基于利奥·戈德曼先前的工作，他提出了一般水平模型：如果单元格（i,j）位于第 k 个密度水平，那么 $F_{ij} = \alpha\beta_i\gamma_j\delta_k$。

实例

表 1 是一个流动表，它对父辈职业和子辈初职进行了交互分类，数据来自 1973 年美国 20~64 岁的男性。总的不流动率是 39.9%［（1 414+524+…+1 832）/19 912］，即子辈五人中有两人的职业与父辈的职业相同。从流出来看，农民的儿子中 39.4%仍然是农民（1 832/4 650）；从流入来看，农民中80.9%的父辈就是农民（1 832/2 265）。这两个数字及其对比同时反映了（并混杂了）交互效应（农民职业的继承倾向）和边缘效应（父辈和子辈中农业这一类别的重要性）。

表 1　流动表

父辈职业	子辈职业					
	上层非体力	下层非体力	上层体力	下层体力	农业	总计
上层非体力	1 414	521	302	643	40	2 920
下层非体力	724	524	254	703	48	2 253
上层体力	798	648	856	1 676	108	4 086
下层体力	756	914	771	3 325	237	6 003
农业	409	357	441	1 611	1 832	4 650
总计	4 101	2 964	2 624	7 958	2 265	19 912

表2 五层次流动模型

父辈职业	子辈职业				
	上层非体力	下层非体力	上层体力	下层体力	农业
上层非体力	B	D	E	E	E
下层非体力	C	D	E	E	E
上层体力	E	E	E	E	E
下层体力	E	E	E	D	D
农业	E	E	E	D	A

为了将交互效应剔除,我们需要建立对数线性模型。完全流动性模型与数据(似然比统计量【Likelihood Ratio】L^2 为6 170.13,自由度为16)相去甚远,但是同一继承模型则有了极大的改善(L^2 = 2 567.66, df = 15, δ = 2.62)。因此,存在显著的继承效应。但是继承效应的强度因不同类别而有差异,因为准完全流动模型更优(L^2 = 683.34, df = 11)。最后,表2显示了一个由费瑟曼和豪塞尔(Featherman & Hauser,1978)提出的层次模型,它可以相当完美地再现观测数据(L_2 = 66.57, df = 12)。设 $\delta_E = 1$,估计交互参数是 $\delta_A = 30.04$, $\delta_B = 4.90$, $\delta_C = 2.47$ 且 $\delta_D = 1.82$。因此,农业的继承倾向是最为显著的;从下层非体力工作向上移动到上层非体力工作的可能性,要比对应的向下移动的可能性更大(排除了边缘效应之后)。

高级主题

层次模型在变量是定类变量或定序变量时同样可用,但在这种情况下有一些专门的模型:对角线模型、交叉参数模型(crossings parameters models)、同一关联模型(uniform association model)以及行(和/或列)效应模型。假设变量的类别是有序次的,但是我们并不知道这些类别的准确顺序而必须从数据中寻求时,可以采用对数乘积关联模型【Association Model】。

当多个流动表格根据第三个(层)变量(如国家或时间)被聚合在一起时,可以就关联程度是否在这一新的维度上有所变动而进行对数线性建模,这通常会产生许多补充参数。在用对数乘积项对上述变动进行精简建模方面,最近已经有了很大进展。例如,这些方法发现法国从1950年代到1990年代,不管是男性还是女性,其出身阶层和最终阶层之间的相关强度已经稳步降低。

——Louis-André Vallet

(李洋译 高勇校)

参考文献

Featherman, D. L., & Hauser, R. M. (1978). *Opportunity and change.* New York: Academic Press.

Hauser, R. M. (1978). A structural model of the mobility table. *Social Forces*, *56*, 919-953.

Hout, M. (1983). *Mobility tables.* Beverly Hills, CA: Sage.

Vallet, L. A. (2001). Forty years of social mobility in France. *Revue Franç aise de Sociologie: An Annual English Selection*, *42*(Suppl.), 5-64.

Xie, Y. (1992). The log-multiplicative layer effect model for comparing mobility tables. *American Sociological Review*, 57, 380-395.

众数(Mode)

众数是集中趋势量度【Measures of Central Tendency】中的一种,指的是在一个数值的分布中出现次数最多的一个或多个数值。例如,在9,8,2,4,9,5,2,7,10的一系列数值中,有两个众数(2和9)。

——Alan Bryman

(李洋译 高勇校)

模型(Model)

社会科学家使用模型来表示两个截然不同的(尽管相联系的)概念:经验模型和理论模型。经验模型经常以实证检验的形式出现,通常是统计检验,比如在回归【Regression】中,用来判断一组自变量是否会影响因变量【Dependent Variables】。在这样的经验模型中,自变量【Independent Variables】可以通过理论或观察到的经验规律来确定。

与经验模型一样,理论模型也是对现实的抽象。但是两者的目的并不相同。在经验模型中,分析人员试图弄清楚哪个自变量对感兴趣的因变量有显著影响。然后,用实证检验显示出哪些潜在影响是真实的影响,哪些不是真实的。而在理论模型中,分析人员试图就各种因素如何相互作用产生特定结果提供一个抽象的说法。设计理论模型的目的是理解所谓的"资料生成过程(data-generating process)",这个过程是真实世界存在的资料的来源(Morton,2000)。为了理解这个过程,分析人员会对现实世界的结果或事件如何发生提出一种论说或"讲述一个故事",并且以此方式识别出导致这些结果或事件的关键因素和机制。

一些理论模型完全用文字表达,用词汇建构其论证。另一些模型则用数学来建构其论证。依靠数学方法对世界进行预测的模型通常被称为形式模型。这些模型由几个部分组成。首先,有常数或者不可变项(undefined terms),这些是给定的模型特征(如议会的成员)。其次,可变项(defined terms)(如议会成员可以组成委员会)。再次,关于目标和倾向性的假设。例如,分析人员假设委员会由政策关注驱动。最后,会有一个序列(sequence),它详细地表明模型中各个事件的发生次序(例如,在议会中提出法案,委员会决定是否将法案提交议事厅等)。

一旦列出了上述各个部分,分析人员开始尝试对模型求解——也就是识别不同结果发生的条件。有许多模型求解的方法。例如,博弈论【Game Theory】模型通常用分析的方法求解,分析者会找到一个解或均衡。另一方面,动态模型(dynamic models)通常用计算的方法求解,分析者设定变量的初始值,然后通过模拟【Simulation】来解释结果。

与文字或非形式模型相比,形式模型有几个优点和好处。第一,形式模型的假设需要清楚地表述。第二,各个项有更专门的界定。第三,对论证逻辑的详细分析更为清晰和透明。

——Charles R. Shipan

(李洋译 高勇校)

参考文献

Morton, Rebecca B. (2000). *Methods and models: A*

guide to the empirical analysis of formal models in political science. New York: Cambridge University Press.

方差分析模型Ⅰ(Model Ⅰ ANOVA)

方差分析【Analysis of Variance, ANOVA】是考察不同类型的观测在某一变量的均值上是否存在差异的方法。典型的例子是比较实验组和控制组的某种行为。研究的问题是,实验【Experiment】组各个被试的平均行为(用定距【Interval】量表测量)与控制组成员的平均行为是否有显著差异。换句话说,实验处理是否会产生影响?ANOVA是用方差之比来进行显著性【Significance】检验的方法,故而被称为方差分析。如果我们对所有类别观察而不只是一部分类别,ANOVA就采用固定效应模型【Fixed-Effects Model】。上面的例子中只有实验组和控制组两种类别,所以应当采用固定效应模型。但要注意,固定效应模型并不限于对两个类别进行比较。

ANOVA的典型结果如表1所示。

表1

来源	平方和	自由度	均方	F 比率	显著性
组间	10.0	1	10.0	1.21	30
组内	66.0	8	8.3		
合计	76.0	9			

资料来源:Iversen and Norpoth(1987.p.21)。

从"平方和"一栏可以看到对组间和组内变差的测量值,这里要假设组内变差是恒量。为了将这些测量值标准化,我们用每个平方和除以各自的自由度。这样我们就得到了两个方差【Variance】(或称为均方【Mean Squares】)的估计值。倘若组间方差不大于组内方差,两个量的比率(*F* 比率【*F* Ratio】)应该是1.0。在这种情况下两组之间的差异完全是由随机概率(random chance)造成的,而不能归因于任何组的特征。在上面的案例中,*F* 比率的值仅有1.21,在0.05的水平上并不显著。因而我们认为实验处理没有影响。

固定效应模型并不只限于检验一个解释变量(单维【One-Way】ANOVA)的效应。它也可以适用于两个解释变量(二维【Two-Way】ANOVA)的情况,此时其中一个是行变量,另一个是列变量。但是,最好把所有行列组合(单元格)的观测数量设计为相等。这当然只有在调查者可以实施控制的实验中才有可能。对于问卷调查或者其他观测数据来说,这一类别组合里的数量取决于实际观测情况。在这种情况中,是无法估计出每个解释因子能够解释的独特方差。那样也就限制了二维ANOVA对实验设计的作用。

除了对每个解释变量的效应(主效应【Main Effect】)进行检验外,二维ANOVA也能对变量之间的交互【Interaction】效应进行检验。如果两个变量(X_1 和 X_2)对因变量(Y)的主效应不是可加性的(additive),称这两个变量对因变量有交互效应。换句话说,此时即便不考虑随机误差,将两个主效应相加也不能预测因变量。同时被置于两个实验条件下会对研究行为产生的效应,要大于(或小于)对两个单独效应的加总。如果没有周密的理论来说明交互效应的方向,这种类别变量的交互效应通常都很难解释。

——Helmut Norpoth

(李洋译 高勇校)

* 也可参见固定效应模型【Fixed-Effects Model】。

参考文献

Hays, W. L. (1994). *Statistics* (5th ed.). New York: Harcourt Brace.

Iversen, G. R., & Norpoth, H. (1987). *Analysis of variance* (2nd ed., Sage University Paper Series on Quantitative Applications in the Social Sciences, 07-001). Newbury Park, CA: Sage.

Scheffe, H. (1959). *The analysis of variance*. New York: John Wiley.

方差分析模型Ⅱ(Model Ⅱ ANOVA)

参见随机效应模型【Random-Effects Model】。

方差分析模型Ⅲ(Model Ⅲ ANOVA)

参见混合效应模型【Mixed-Effects Model】。

建模(Modeling)

建模是创造一个"对某一系统或某一现象的简化表达"的过程,它"要用某种假设【Hypotheses】来描述系统或解释现象"(Random House,1997)。通过建模过程,分析者试图确证或否定他们对于所研究的系统或现象提出的假设,往往要用定量数据【Quantitative Data】来进行假设检验以便完成这一任务。分析者希望借以得到结论的过程是重要的、科学可靠的、用同一模型【Model】和数据可复制的。得到的结论应当可以有助于分析者和读者解释过去的事件,预测未来的行为,能更好地解释和预测社会行为的崭新的概念框架。

历史

模型建构在社会科学研究中的流行始于20世纪中期社会科学中发生的行为主义革命(behavioralist revolution)。当时的社会科学家(尤其是经济学家)受自然科学(生物学、化学和物理学)在数学和逻辑上日渐成熟的启发,开始非常想像自然科学家一样找到可测量变量之间的"普遍"关系。寻求普遍关系背后的目的,是为人类行为建立类似于法则的论述。人类行为的变异性,特别是在社会科学领域内,应通过科学地使用独立于所研究行为的控制变量来进行解释。布莱洛克(Blalock,1969)认为,归纳性建模是精确的理论论述所必需的,如有必要,还需要基于假设检验的结果对最初提出的理论进行判断。在过去数年间,利用逻辑论演来演绎出形式模型(formal models)的研究越来越流行,在社会科学文献中获得了与归纳模型同等的地位。

如同自然科学家用加速度乘以质量就可得到力的大小一样(用公式表示为$f=m\times a$),行为主义的社会科学家也能够较为精确地知道多大的自变量【Independent Variable】就能够对因变量【Dependent

Variable】(即所研究的人类行为)产生重要影响。政治学和政治社会学中很多人选择去研究选举行为,就是因为社会科学家越来越理解了模型的力量,在模型中加入几个自变量后,就能够了解选举期间个体投票选择的差异原因。模型中的每个自变量都解释了方差的某一部分。

模型建构

社会科学家建构模型以更好地理解现实环境,尤其是通过建模来解决因果问题。如何解释市长候选人布朗所得到的票数?如何解释世界范围内不同国家政体类型的变化?什么因素最能解释美国各州在社会福利开支上的差异?

社会科学模型创造出了一个虚构和抽象的社会环境来表现其最重要的特征。例如,社会科学家想解释选民的投票选择,就要确定选民支持某一个候选人、反对另一个候选人的最重要因素是什么,是党派认同、意识形态,还是对经济状况的态度。然后通过测量这些重要(尽管无法穷尽)的变量,分析者关注于理解什么才是现实环境的本质。这样就可以更好地理解所研究的现象(即解释了投票选择中的变异性)。

模型类型

模型可以是概念模型,也可以是数学模型。社会科学家的目标是把概念模型转化为数学模型。两者的差异是,概念模型是用文字形式来表达不同的理论,而数学模型要对所有现象进行数值测量得到变量来实现"操作化(operational)"。数值测量可以是直接或间接的。直接测量的一个例子是对特定候选人的选举投票,表示这个候选人获得支持以赢得选任职位的情况。间接测量的一个例子是民主指数,这是用多个测量成分组合起来以代表"民主"的概念。模型进一步具体设定了变量相互影响导致某种行为的路径。因而,数学模型之所以是可以"检验的",就在于人们可通过统计技术来对其进行估计,并得出结论来验证关于现实世界的假设。

模型建构和评估

例如,为了更好地理解不同国家民主政体的产生,研究人员用下列方法创建一个概念模型(conceptual model):

民主 = f(经济、文化)

研究人员可以进一步改善这一模型,他构建了对上述概念操作化的如下变量:

民主=f(经济发展、收入分配、宗教实践、种族构成)

在这个模型中,经济发展和收入分配(在全国总人口中的)代表"经济",而整个国家的宗教实践(如全体人口中新教徒的比重)和种族构成代表"文化(culture)"。

建模者还要假设这个模型中自变量和因变量的关系是线性且直接的。模型中的变量关系也可以设定为线性且间接的(如交互【Interaction】项)、非线性且直接的(通过一个对数转换【Logarithmic Transformation】)以及非线性【Nonlinear】且间接的。

如何评估模型?它们能够准确地解释因变量的方差吗?如果我们使用统计学来估计模型,就可以使用统计标准来评估模型。模型变量的性质决定了该用什么标准来评估。R 方【R-Squared】统计量是通常被用来评估多元回归【Multiple Regression】模型的统计量。对数似然(log-likelihood)是另一种评估多元模型表现的方法——在这里就是最大似然估计【Maximum Likelihood Estimation】。

模型不只是用来回答那些简单的双变

量关系的问题，它可以处理的问题比这广泛得多。模型有助于社会科学家解释、预测和理解社会现象。它们在完成上述三项任务中的有效度也可以得到评估。

——Ross E. Burkhart

(李洋译 高勇校)

参考文献

Asher, H. B. (1983). *Causal modeling* (2nd ed., Sage University Paper Series on Quantitative Applications in the Social Sciences, 07-003). Beverly Hills, CA: Sage.

Blalock, H. M., Jr. (1969). *Theory construction: From verbal to mathematical formulations.* Englewood Cliffs, NJ: Prentice Hall.

Lave, C., & March, J. G. (1978). *An introduction to models in the social sciences.* New York: Harper & Row.

Random, H. (1997). *Random House Webster's college dictionary.* New York: Author.

Schrodt, P. A. (2002). Mathematical modeling. In J. B. Manheim, R. C. Rich, & L. Willnat (Eds.), *Empirical political analysis: Research methods in political science* (5th ed.). New York: Longman.

调节(Moderating)

参见调节变量【Moderating Variable】。

调节变量(Moderating Variable)

调节变量表示能改变自变量 *X* 对因变量 *Y* 影响的过程或因子。调节变量可以采用“指示变量(indicator variable)”(0/1 取值)、分类变量或者连续性变量的形式。对 *X* 作用于 *Y* 的效应进行调节，通常应用在理论化较为成熟的研究领域中，例如，在个体劳动力供给这个领域中，已经建立起了人力资源和劳动力市场分割理论等完善的理论体系。可以将反映这两个理论的变量纳入多元回归方程中，并发展出两个阶段(第一个阶段是劳动力参与，第二阶段是工资决定)的路径分析。模型中的路径涉及对两个回归的回归系数相乘，得到 *X* 通过 *Z* 作用于 *Y* 的调节效应，并将上述效应与 *X* 对 *Z*(假设 *Z* 是加性可分的)的直接效应进行比较(Bryman & Cramer, 1997)。

此外，还可通过检验背景因子，得到每个 *X* 对最终结果 *Y* 主要影响的调节效应。

调节变量还可对条件效应(contingent effects)进行检验。实在论者区别了必然效应(necessary effects)和条件效应(Sayer, 2000, p.94)。研究者关注只有在不存在抵消性的(offsetting)、阻碍性的(blocking)、干扰性的因果过程时才会出现的条件效应，会受益匪浅。调节变量可能会成为 *X* 作用于 *Y* 的障碍。因而，如果离婚案件事实清楚、没有争议，那么，只要“提交离婚协议”就可以离婚；也就是说，离婚协议只有在满足上述条件时才能引发离婚事件。

目前主要有两种对调节变量的影响进行估计的方法：路径分析【Path Analysis】和交互效应【Interaction Effect】。

路径分析法由两个或两个以上的方程式共同表示一组关系。这些方程可能包含

自变量 X_{ij}、中间变量 Z_{ij} 以及最后的结果变量 Y_{ij}。在每个方程 j 中，变量可能受到其他关联方程中的因素影响。这样的模型就是结构方程模型（structural equation models）。

使用交互效应（Jaccard, Turrisi, & Wan, 1990）是另一种方法，它在回归方程中引入一个额外项，这个额外项是两个已有变量的乘积。对于分类变量来说，可能会有很多交互项。新的估计值的自由度会减小。

例如，在研究与外出用餐频率相关联的因素时，可通过在 Logistic 回归分析中使用虚拟变量，来测量家庭有年幼孩子和婚姻状况两个因素的交互效应（Olsen, Warde, & Martens, 2000）。在外出去餐厅吃饭或者吃民族特色餐的概率上，如果加入（离婚×有不到 5 岁的孩子）这一交互项，就会发现这一交互项大大增加了外出用餐的概率。在英国，与已婚/同居人士相比，离婚人士通常更少外出用餐，这是一个基本关系；但是，如果离婚者家中有年幼孩子，就会抵消这种基本关系，他们会更多地外出用餐。

还有一个简单的方法是使用虚拟变量来控制调节因子的影响；另一种方法是采用多层模型来代表情境（context）性的调节变量的影响（Jones, 1997）。

——Wendy K. Olsen

（李洋译　高勇校）

参考文献

Bollen, K. A. (1989). *Structural equations with latent variables*. New York: Wiley.

Bryman, A., & Cramer, D. (1997). *Quantitative data analysis with SPSS for Windows: A guide for social scientists*. New York: Routledge.

Jaccard, J., Turrisi, R., & Wan, C. K. (1990). *Interaction effects in multiple regression* (Quantitative Applications in the Social Sciences, No. 72). London: Sage.

Jones, K. (1997). Multilevel approaches to modelling contextuality: From nuisance to substance in the analysis of voting behaviour. In G. P. Westert & R. N. Verhoeff (Eds.), *Places and people: Multilevel modelling in geographical research* (Nederlandse Geografische Studies 227). Utrecht, The Netherlands: The Royal Dutch Geographical Society and Faculty of Geographical Sciences, Utrecht University.

Olsen, W. K., Warde, A., & Martens, L. (2000). Social differentiation and the market for eating out in the UK. *International Journal of Hospitality Management*, *19*(2), 173-190.

Sayer, A. (2000). *Realism and social science*. London: Sage.

矩（Moment）

在统计分析中，"moment"的意思是矩，通常要与其阶数（order）同时使用。变量的第 k 阶矩，就是变量观测值的 k 次方的平均值。如果 N 表示样本大小，$x_1, x_2, \cdots, x_N$ 表示变量的个案，那么变量的第 k 个矩就是

$$\frac{x_1^k + x_2^k + \cdots + x_N^k}{N}$$

随机变量 X 的第 k 阶矩是 X^k 的期望值或 $E(X^k)$。

在定性研究中，"moment"的意思是时刻，通常用来指某一种社会和历史情境的特定组合，例如，某一社会历史时刻（sociohistorical moment）。

——Tim Futing Liao

（李洋译　高勇校）

定性研究的发展阶段(Moments in Qualitative Research)

20 世纪,北美定性研究的历史可分成七个时期。我们将其称为传统期(traditional,1900—1950),现代期(modern,1950—1970)或黄金期,类型混杂期(blurred genres,1970—1986),表征危机期(crisis of representation,1986—1990),后现代期,即实验的、新民族志时期(postmodern,1990—1995),后实验探究期(postexperimental inquiry,1995—2000),以及现在所处的未来期(future)。第七个时期中,"未来期"重点关注道德话语;艺术、文化和科学重新携手并进;神圣文本性(sacred textualities)得到发展。第七个发展阶段要求社会科学和人文学科成为对民主、种族、性别、阶级、国家、全球化、自由和社区进行批判性对话的场所。

传统期

第一个发展阶段是传统期,它始于1900 年代早期并一直持续发展到第二次世界大战。在这个时期,定性研究人员对田野经历进行"客观的"、开拓式的记述,这反映了实证主义【Positivism】的科学范式。他们着力于在其著作中提供有效、可靠和客观的解释。被研究的对象通常来自异域。

现代期

现代期或者说第二个发展阶段,是在传统期的经典著作的基础上发展而来的。社会实在论【Realism】、自然主义【Naturalism】和横截面式的民族志【Ethnography】仍然受到推崇。它从战后一直延展到 1970 年代,当今仍然存在于许多人的研究中。在这个阶段,很多著作试图把定性方法正规化和合法化。现代期的民族志学者和社会学中的参与观察者【Participant Observation】尝试对重要的社会过程进行缜密的定性研究,包括班级和社会中的越轨行为与社会控制(social control)。这是一个创造性高涨的时期。

类型混杂期

在第三个发展阶段(1970—1986 年)"类型混杂"中,定性研究者有一系列研究范式、方法和策略可用于研究中。理论包括符号互动论【Symbolic Interactionism】、建构主义【Constructivism】、自然主义探究、实证主义和后实证主义、现象学【Phenomenology】、常人方法论【Ethnomethodology】、批判马克思主义、符号学【Semiotics】、结构主义【Structuralism】、女性主义和各种人类学范式。应用定性研究【Applied Qualitative Research】的地位逐渐提升,定性研究的政治和伦理问题是引起较大关注的两个议题。研究策略和研究成果的形式多种多样,从扎根理论【Grounded Theory】到个案研究【Case Study】,再到历史研究方法、传记体方法、民族志方法、行为研究方法和临床研究方法。收集和分析经验材料的方法也多种多样,包括定性访谈(开放式或者半结构化)、观察法、视觉分析法、个体经验法和文献法。计算机也已经进入研究中,并在以后的十年充分发展(提供了在线方法),与之相伴的还有解读访谈和文化文本的叙述、内容和符号学方法。格尔茨的两本著作,《文化的解释》(*The Interpretation of Cultures*, Geertz, 1973)和《地方性知识:阐释人类学论文集》(*Local Knowledge*, Geertz, 1983),是这一发展阶段开始和结束的标志。

表征危机期

在1980年代中期，定性研究产生了深刻的分裂，我们称第四个发展阶段为“表征危机期”，这一阶段出现了《作为文化批评的人类学》(*Anthropology as Cultural Critique*, Marcus & Fischer, 1986)、《经验的人类学》(*The Anthropology of Experience*, Turner & Bruner, 1986)、《写文化》(*Writing Culture*, Clifford & Marcus, 1986)等著作。他们在寻求新的真理、方法和表征的模型时，清晰地展现了格尔茨在1980年代早期进行的“文体混杂”式解释的后果(Rosaldo, 1989)。

后现代期

第五个发展阶段是实验民族志写作的后现代期。民族志学者力争对前一阶段的分裂和危机进行深入的分析理解。人们探索了民族志写作的新方法。写作者努力用新的方法来展现文本中的“他者”。从原先被压制无声的群体中产生了新的认识论，为这些问题提供了解决之道。冷漠观察者的概念已经被摒弃。

后实验探究期及未来期

第六个(后实验)和第七个(未来)发展阶段是我们正在经历的。虚拟民族志(fictional ethnographies)、民族志诗学(ethnographic poetry)和多媒体文本今天都已经习以为常。后实验写作者寻求将其作品与自由民主社会的需求联系起来。许多新近作者正在积极探索一种富于道德性和神圣性的定性社会科学(Clough, 1998)。

从简短的历史沿革中得出几个结论，不过如同所有历史一样，上述历史都多少有武断的成分。

第一，不是只有北美学者在努力创造后殖民主义(postcolonial)、非本质主义(nonessential)、女权主义、对话(dialogic)和表演(performance)文本，即由人文科学的修辞学和叙事转向激发出来的那些文本。这是一项国际性的工作，它跨越了科学、人文、修辞、文学、事实、虚拟之间的传统界限。正如阿特金森和哈默斯利(Atkinson & Hammersley, 1994)所言，这一话语确认了“民族志文本的文学源头，申明了基本的辩证性对话”存在于这些美学和人文运动背后(p.255)。

第二，反思性地讲，这一叙述是有其多元的、历史的、国别的背景。很显然，美国定性研究的历史不能推广到世界的其他地方(Atkinson, Coffey, & Delamont, 2001)。不是所有的研究人员都信奉一个政治化的、文化性的研究议程，这种议程要求解释性文本能够推进有关社会正义和种族平等的议题。

第三，每个先前的历史发展阶段在当前仍然发挥作用，或者是作为学术遗产，或者是研究人员仍然在遵循或反对的一种实践。定性研究的这种多元和断裂的历史，使得任何一个研究人员都可以把一个研究计划与前面描述的某个历史时期的经典文本联系上(canonical text)。在这一领域中有多个评价标准在相互竞争。

第四，当前定性研究领域中的一个重要特征是选择困境(embarrassment of choices)。有如此众多的范式、调查策略、分析方法可以利用，这是前所未有的。

第五，我们处在一个发现和再发现的阶段，新的观察、解释、论述和写作方法被争论和讨论。

第六，定性研究行为不再被视为来自中立的、客观实证主义的视角。阶级、种族、性别和族裔不可避免地形塑了探究的过程，使得研究成为一个多元文化的过程。

——Norman K. Denzin
Yvonna S. Lincoln
(李洋译　高勇校)

参考文献

Atkinson, P., Coffey, A., & Delamont, S. (2001). Editorial: A debate about our canon. *Qualitative Research*, *1*, 5-21.

Atkinson, P., & Hammersley, M. (1994). Ethnography and participant observation. In N. K. Denzin & Y. S. Lincoln (Eds.), *Handbook of qualitative research* (pp. 248-261). Thousand Oaks, CA: Sage.

Clifford, J., & Marcus, G. E. (Eds.). (1986). *Writing culture*. Berkeley: University of California Press.

Clough, P. T. (1998). *The end(s) of ethnography* (2nd ed.). New York: Peter Lang.

Geertz, C. (1973). *The interpretation of cultures*. New York: Basic Books.

Geertz, C. (1983). *Local knowledge*. New York: Basic Books.

Marcus, G., & Fischer, M. (1986). *Anthropology as cultural critique*. Chicago: University of Chicago Press.

Rosaldo, R. (1989). *Culture & truth*. Boston: Beacon.x

Turner, V., & Bruner, E. (Eds.). (1986). *The anthropology of experience*. Urbana: University of Illinois Press.

单调(Monotonic)

单调是将一组值与另一组值关联起来的函数的属性。用公式来表达,设变量 Y 与变量 X 的函数关系为 $Y=f(X)$。对于任意两个值 X_j 和 X_k,如果 $X_j<X_k$,则 $f(X_j) \leqslant f(X_k)$ 成立,那么,这个函数就是单调增长函数。如果 $f(X_j) < f(X_k)$,那么这个函数就是严苛单调增长(monotonic strictly increasing)函数。如果 $f(X_j) \geqslant f(X_k)$,那么这个函数就是单调递减(monotonic decreasing)函数。如果 $f(X_j) > f(X_k)$,那么这个函数就是严苛单调递减(monotonic strictly decreasing)函数。

例如,考察 5 个个体在变量 X 以及另外 5 个额外的变量 A,B,C,D,E 中的观测值,数据见表 1。

表 1

个体	X	A	B	C	D	E
1	12	44	44	47	47	47
2	13	45	44	46	46	46
3	14	46	45	45	45	45
4	15	47	46	44	44	46
5	16	48	47	43	44	47

由于对任意两个 X_j 小于 X_k 的个体,都有 $A_j<A_k$,因此,A 是 X 的严苛单调增长函数。B 是 X 的单调增长函数,因为对任意两个 X_j 小于 X_k 的个体,都有 $B_j \leqslant B_k$。C 是 X 的严苛单调递减函数,因为对于任意两个 X_j 小于 X_k 的个体,都有 $C_j > C_k$。D

是 X 的单调增长函数，因为对任意两个 X_j 小于 X_k 的个体，都有 $B_j \geq B_k$。最后，E 是 X 的非单调函数，因为它不满足上述任何条件。

——James J. Jaccard

（李洋译　高勇校）

蒙特卡洛模拟（Monte Carlo Simulation）

蒙特卡洛模拟是采用计算机算法【Algorithm】和伪随机数来对统计量进行数学实验的方法。通过这些实验可以用来理解特定条件下统计量的性质，并最终对总体特征进行推论。如果某一个统计量在特定情形下无法基于分析把握其分布特征时，蒙特卡洛模拟是最有效的分析工具。

解释

推论统计【Inferential Statistics】的目的，就是用从总体中抽样的数据计算出统计量 $\hat{\theta}$ 来对总体参数【Population Parameter】θ 进行概率【Probability】陈述。这里的问题是，从同一总体中抽样两个随机样本【Random Sampling】，计算出来的统计量几乎不可能相等。例如，假设你想了解你所在大学中20 000名学生的 IQ 平均值 θ，但是你没有时间和资源来对全体学生进行测验。因此，你从中抽取了一个 200 名学生的随机样本，然后计算样本的 IQ 平均得分 $\hat{\theta}$，比如说结果是 123。那么全体学生的 IQ 平均值是多少呢？这并不显而易见，因为，如果你从同样的 20 000 名学生中再次抽取 200 名，他们的 IQ 平均得分这次可能是 117。第三个样本可能是 132，你从全体学生中抽取很多次样本，每次的结果都可能不同。那么，你要怎样做才能从关于样本统计量 $\hat{\theta}$ 的可靠信息中形成关于总体参数（θ）的概率描述呢？

从样本推论到总体的核心是抽样分布【Sampling Distribution】。一个统计量的抽样分布是它在一个从总体中抽取出的随机样本中的取值范围以及与这些值相应的概率。因此，从 20 000 名学生中抽取 200 名学生的 IQ 平均值可能低到 89，也可能高达 203，但是更大的可能性是 IQ 平均值为 120～130。如果我们掌握了样本均值的抽样分布的结构，就可以通过一个既定的样本形成关于总体均值的概率陈述。

在社会科学家从研究生院学到的标准参数统计推论中（如应用广泛的 t 检验和 p 值），我们可以通过数学分析的方法得到统计量的抽样分布信息。例如，中心极限定理【Central Limit Theorem】可以证明 200 名学生随机样本的抽样分布服从正态分布、期望值为总体均值、标准差【Standard Deviation】为总体 IQ 值的标准差除以 200 的平方根。但是有时关于某一统计量的分析性的分布理论不存在，或者使用参数统计理论所需要的假设不成立。在这些情况下，就可以用蒙特卡洛模拟来经验性地估计统计量的抽样分布。

蒙特卡洛模拟通过从一个由模拟数据构成的已知的“伪总体”中抽取大量随机样本来对统计量的抽样分布进行经验估计，以把握统计量的性质。其基本理念很简单：某一统计量的抽样分布是它在给定总体中所可能取值的密度函数，那么，从总体中抽取很多样本，然后观察这些样本中这一统计量的相对频率分布就可估计出此抽样分布。对社会科学家来说，不太可能多次抽取出真实的数据，因此，我们使用在相关方面与真实情况相似的人工生成数据来替代真实的样本。

蒙特卡洛模拟的基本步骤如下：

(1)象征性地定义一个用来生成随机样本的伪总体。通常需用到一种计算机算法，它能够以精心设定的方式生成模拟数据。

(2)从伪总体中进行抽样(得到一个伪样本)，抽样方式与要研究的统计条件相同，例如，采用同样的抽样方案、样本量等。

(3)计算并保存从伪样本中得到的 $\hat{\theta}$。

(4)将步骤 2 和步骤 3 重复 t 次，其中 t 是试验次数。通常来说，t 要很大才行，一般要达到 10 000 或更大。这就可以通过计算机程序中的循环算法来实现。

(5)构建一个 $\hat{\theta}_t$ 值的相对频次分布。这就是在伪总体和抽样程序设定的条件下，$\hat{\theta}$ 的抽样分布的蒙特卡洛估计值(Monte Carlo estimate)。

(6)评估或使用估计出的抽样分布来理解总体取值为 θ 时 $\hat{\theta}$ 的性质。

因而，蒙特卡洛模拟就是通过编写和运行能够人工生成结构性的随机数据的计算机程序，来对某一统计量的特征进行数学实验。这一过程中两个关键步骤是：(a)在计算机算法中设定伪总体；(b)应用估计出来的抽样分布来更好地理解社会过程。

用计算机算法来设定伪总体，必须对要模拟的社会过程有清晰地理解。此类计算机算法必须和要模拟的社会过程一样复杂。大多数社会过程的理论模型都包含确定性部分(deterministic component)和概率部分或随机部分(probabilistic or random component)。为确定性部分写计算机代码通常是相对容易的。对模型随机部分的模拟，分析者则需要更多的考量。这是一种恰当的做法，因为社会过程的随机部分在很大程度上决定了统计量抽样分布的构造，是统计推论中的头等要事。正因为这项技术中随机部分很重要，它才会用欧洲著名赌场的名字来命名。

这些随机部分是通过模拟过程中各个变量的分布来进入对社会过程的蒙特卡洛模拟的。你在写模拟程序时，对这些分布的设定基于要建模的这一社会现象的理论和经验证据，以及你要进行的实验特征。在理论上，一个社会变量可以呈现无限多的分布形态，但是统计学家只对其中相对较少的分布能够识别并发展出了相关理论。大多数关于蒙特卡洛模拟的著作，包括下面将要提到的这些著作，都详尽地讨论了如何生成具有不同分布的变量，以及用这些去模拟什么样的可观察变量才最好。

应用

蒙特卡洛模拟基于数值实验的传统，它至少可以追溯到圣经时代，但是，直到 20 世纪中叶，人们才在量子物理学和电话网等完全不同的领域中重新激发出对蒙特卡洛模拟的兴趣。但是直到最近这项技术才开始广泛应用，原因在于 20 世纪末计算机首次具有的巨大能力。因此，社会科学家对蒙特卡洛模拟的一般性应用才刚开始(但是相关应用增长迅速，1987 年在社会科学引文索引 SSCI 中搜索蒙特卡洛仅有 14 篇文献，2001 年这一数字上升到 270 篇)。当前蒙特卡洛模拟最重要的应用主要包括：

(1)对数学分析难以处理的新统计量(或者统计量的合并)的抽样分布进行估计。

(2)评估某种经验分析在各种可能的总体条件下(如违背参数推论的前提假设

时)的敏感度。

(3)用于马尔科夫链蒙特卡洛【Markov Chain Monte Carlo】技术中,这种技术最近将贝叶斯统计推论引入主流社会科学中。

关于社会科学中蒙特卡洛模拟的应用,可参考 Evans, Hastings, & Peacock (2000); Mooney (1997); Robert & Casella (2000); 以及 Rubinstein (1981)。

——Christopher Z. Mooney

(李洋译 高勇校)

参考文献

Evans, M., Hastings, N., & Peacock, B. (2000). *Statistical distributions* (3rd ed.). New York: John Wiley.

Mooney, C. Z. (1997). *Monte Carlo simulation.* Thousand Oaks, CA: Sage.

Robert, C. P., & Casella, G. (2000). *Monte Carlo statistical methods.* New York: Springer-Verlag.

Rubinstein, R. Y. (1981). *Simulation and the Monte Carlo method.* New York: John Wiley.

马赛克图(Mosaic Display)

马赛克图是对交叉分类列联表【Contingency Table】中不同单元格的频次进行绘图,它将不同单元格的频次 $n_{ijkl\ldots}$ 绘制成马赛克图中用以填充的"砖块"面积。马赛克拼图是基于以下理念产生的:这对一个二维表格来说,单元格概率 $P_{ij}=n_{ij}/n_{++}$ 总能表达为 $P_{ij}=P_{i+}\times P_{j\mid i}$,即用长方形的宽和高来表示。

因此,如果一个单位面积首先根据变量边际概率的比例 p_{i+} 进行划分,然后再根据条件概率 $p_{j\mid i}$ 进行细分,那么,其中砖块的面积就为 p_{ij},而且在独立条件满足时($p_{ij}=p_{i+}\times p_{+j}$时)砖块就会对齐。这种可视化方式的历史既悠久又有趣(Friendly, 2002)。

最近马赛克拼图又被重新引入统计图中(Hartigan & Kleiner, 1981),而且马赛克拼图的基本理念得以一般化到 n 维表格中,方法是不断采用贝叶斯准则(即 $p_{ijkl\ldots}=p_i\times p_{j\mid i}\times p_{k\mid ij}\times\cdots\times p_{n\mid ijk\ldots}$)对面积进行递推性的划分。

这种可视化列联表的方法之所以得到强化(Friendly, 1992, 1994, 1998),其目的是适应任意的对数线性模型,通过颜色和阴影显示模型的残差(对总体皮尔逊或似然比卡方的贡献),以及对变量类别进行重新排序,使阴影图案显示变量之间的关系属性。这样的话,马赛克拼图已经成为对 n 维列联表形式中类别数据进行可视化和分析的主要图形工具(Friendly, 1999, 2000; Valero, Young, & Friendly, 2003)。

图 1 中的二向表和三向表显示了头发颜色、眼睛颜色和性别之间的关系。在这些表格中,每个砖块面积与观测单元格的频次成比例;此外,根据特定对数线性模型的残差,砖块被涂上了不同的阴影,以此显示剩余的关系模式(用颜色更为有效,分别用蓝色和红色阴影表示正向和负向残差)。在左边的二维图中,其表格拟合一个独立模型;相对角落位置的阴影图案表明深色(浅色)头发与深色(浅色)眼睛相关联。

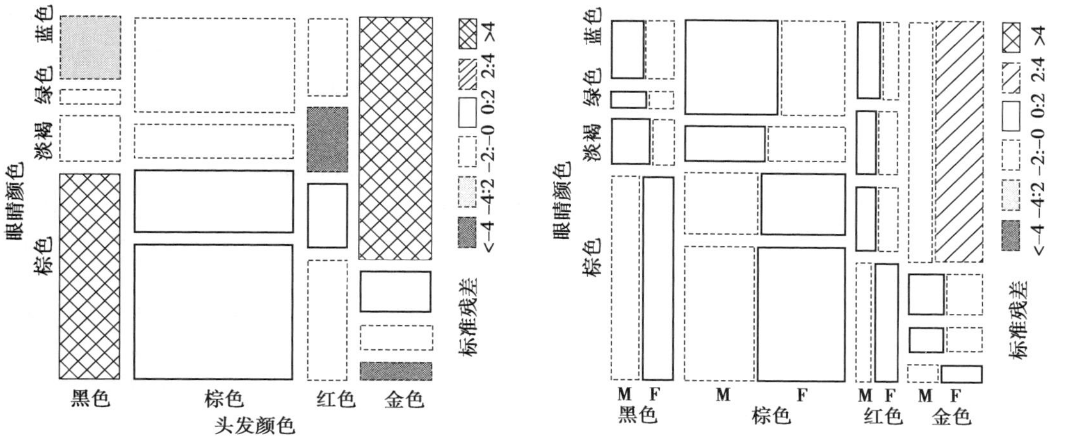

图 1　头发颜色、眼睛颜色和性别的马赛克图

注：左边为头发颜色和眼睛颜色的二维表格；右边为三维表格，按性别划分。

在右边的面板中，这个三维表格拟合了一个关于[头发颜色][性别]的对数线性模型，可以看出，头发颜色和眼睛颜色的变量组合独立于性别。只有一对单元格的残差大到可以用阴影表示——蓝眼金发女人——在这个独立模型下，就会有女性较多而男性很少的情况。

最近，马赛克图在多个方面取得了进展：(a)如同连续变量中的散点图矩阵和协同图(coplots)一样，离散变量可以绘制出马赛克图矩阵和局部马赛克图(Friendly, 1999,2000)；(b)可以用几种高度互动、动态性的操作方式来进行探索性研究和"视觉性拟合(visual fitting)"；(c)可以将相同的视觉理念应用到嵌套分类或树结构(tree structures)(Shneiderman,1992)中去。

——Michael Friendly

(李洋译　高勇校)

参考文献

Friendly, M. (1992). Mosaic displays for loglinear models. In American Statistical Association (Ed.), *Proceedings of the Statistical Graphics Section* (pp. 61-68). Alexandria, VA: American Statistical Association.

Friendly, M. (1994). Mosaic displays for multi-way contingency tables. *Journal of the American Statistical Association*, *89*, 190-200.

Friendly, M. (1998). Mosaic displays. In S. Kotz, C. Reed, & D. L. Banks (Eds.), *Encyclopedia of statistical sciences* (Vol. 2, pp. 411-416). New York: John Wiley.

Friendly, M. (1999). Extending mosaic displays: Marginal, conditional, and partial views of categorical data. *Journal of Computational and Graphical Statistics*, *8*(3), 373-395.

Friendly, M. (2000). *Visualizing categorical data*. Cary, NC: SAS Institute.

Friendly, M. (2002). A brief history of the mosaic display. *Journal of Computational and Graphical Statistics*, *11*(1), 89-107.

Hartigan, J. A., & Kleiner, B. (1981). Mosaics for contingency tables. In W. F. Eddy (Ed.), *Computer science and statistics: Proceedings of the 13th Symposium on the Interface* (pp. 268-273). New York: Springer-Verlag.

Hofmann, H. (2000). Exploring categorical data: Interactive mosaic plots. *Metrika*, *51*(1), 11-26.

Shneiderman, B. (1992). Tree visualization with treemaps: A 2-D space-filling approach. *ACM Transactions on Graphics*, *11*(1), 92-99.

Theus, M. (1997). Visualization of categorical data. In

W. Bandilla & F. Faulbaum (Eds.), *SoftStat'97: Advances in statistical software* (Vol. 6, pp. 47-55). Stuttgart, Germany: Lucius & Lucius.

Valero, P., Young, F., & Friendly, M. (2003). Visual categorical analysis in ViSta. *Computational Statistics and Data Analysis*, *43*(4), 495-508.

变化者-不变者模型(Mover-Stayer Models)

变化者-不变者(MS)模型是马尔科夫链模型【Markov Chain】的一种扩展,用来处理总体中一种特殊类型的不可观测的异质性。总体被认为包括两个无法观察的组别(潜在类别):变化概率为零的不变者和遵循常规马尔科夫链过程的变化者。MS 模型的早期文献包括 Blumen, Kogan, & McCarthy (1955)和 Goodman(1961)。在不同的应用领域中,这个模型有不同的名称。在生物医学领域,人们可能会遇到长期幸存者这个词,意思是在研究周期内死亡概率或者经历其他某种事件的概率为 0 的群体。在营销研究中,人们使用品牌忠诚群体与品牌转换群体这两个相对的概念。它与用于二项或泊松计数变量的零膨胀模型(zero-inflated)也有很强的关联。

假设对类别变量 Y_t 在 T 时点进行测量,其中 t 表示一个特殊的时点,$1 \leq t \leq T$;D 表示 Y_t 的不同水平数;y_t 是 Y_t 的一个特定的水平,$1 \leq y_t \leq D$。比如说,这可以是每隔 6 个月测量的被访者的政党偏好。向量标记 $\mathbf{Y}$ 和 $\mathbf{y}$ 用来表示一个完整的回答模式(response pattern)。

MS 模型可以被视为混合马尔科夫模型的一个特例,这样理解起来比较容易。在标准的马尔科夫链模型中,添加一个离散的无法观察的异质性成分,就得到了混合马尔科夫模型。令 X 表示含 C 个水平的离散潜变量。一个潜在类别可以用 x 表示,$x = 1, 2, \cdots, C$。混合马尔科夫链模型可以用公式表示为

$$P(\mathbf{Y}=\mathbf{y}) = \sum_{x=1}^{C} P(X=x)P(Y_1=y_1 \mid X=x) \times \prod_{t=2}^{T} P(Y_t = y_t \mid Y_{t-1} = y_{t-1}, X = x)$$

可以看出,潜在类别之间在原始状态和转换概率上存在差异。如果 $C=2$ 且对于每个 y_t 来说都有 $P(Y_t=y_t \mid Y_{t-1}=y_t, X=2)=1$,得到的就是 MS 模型。换句话说,在潜在类别 2 即不变者类别中,停留在同一状态的概率等于 1。要注意,$P(X=x)$ 是处于变化者与不变者类别的人数比例,$P(Y_1=y_1 \mid X=x)$ 是这两组处于各种状态的初始分布。

为了识别 MS 模型,我们需要至少 3 个时点,但是并不需要假设迁移链中的过程是稳定的。在有三个时点($T=3$)和两个状态($D=2$)的情形下,非稳态(nonstationary)的 MS 模型是一个饱和模型。

MS 模型加入限制条件后,就可以得到独立变化者-不变者模型(independence-stayer model),这里变化者的行为是随机的;也就是说,$P(Y_t=y_t \mid Y_{t-1}=y_{t-1}, X=1) = P(Y_t=y_t \mid X=1)$。MS 模型的另一个类型涉及吸收态(absorbing states)的概念,如初婚和死亡。在这种情况下,每个人的起始状态都是状态 1,$P(Y_1=1 \mid X=x)=1$,但是变化者一旦变化以后就无法再变回去了,即 $P(Y_t=2 \mid Y_{t-1}=2, X=1)=1$。

从混合马尔科夫链模型的公式中还可推出几种扩展形式,例如,可以包括不同种

类的变化者,或者可以用来修正测量误差的潜马尔科夫链模型【Latent Markov Model】。另一种可能的扩展则是引入协变量,这样就得到了一个与用于计数变量的零膨胀模型相类似的模型。

目前有两种程序可以用来估计 MS 模型及其各种扩展模型:PANMARK 和 LEM。

——Jeroen K. Vermunt

(李洋译　高勇校)

参考文献

Blumen, I. M., Kogan, M., & McCarthy, P. J. (1955). *The industrial mobility of labor as a probability process.* Ithaca, NY: Cornell University Press.

Goodman, L. A. (1961). Statistical methods for the mover-stayer model. *Journal of the American Statistical Association*, *56*, 841-868.

Langeheine, R., & Van de Pol, F. (1994). Discrete-time mixed Markov latent class models. In A. Dale & R. B. Davies (Eds.), *Analyzing social and political change: A casebook of methods* (pp. 171-197). London: Sage.

Vermunt, J. K. (1997). *Log-linear models for event histories.* Thousand Oaks, CA: Sage.

移动平均数(Moving Average)

移动平均过程是一个随机【Random】震荡(shock)或扰动在某个时间序列【Time-Series】中的产物。如果因变量中的扰动模式可以表示为当前扰动和时滞随机扰动的加权平均数时,这就是移动平均过程。随机震荡有当下效应(immediate effects),同时其效应会经过一段时间之后才消失,因此,它兼有衰减效应(discounted effects)。在某种意义上移动平均数是白噪声【White Noise】误差项的线性组合。随机震荡对因变量的影响需要多少个周期才能消失,这被称为移动平均过程的阶【Order】,用 q 表示。随机震荡效应的长度并不取决于震荡发生的时间,也就是说,移动平均过程是独立于时间的。

均值 u 为 0 的 q 阶移动平均过程的数学表达式是:

$$y_t = \varepsilon_t - \theta_1\varepsilon_{t-1} - \theta_2\varepsilon_{t-2} - \cdots - \theta_q\varepsilon_{t-q}$$

以一阶移动平均过程(即 $q=1$)为例:t 期的随机震荡会在 t 期和 $t-1$ 期产生影响,随后不再有影响。相隔一期的观测值之间是相关的,但相隔多期的观测值之间并不相关。这一过程仅有一期的记忆。这一过程的阶数被称为这一过程的记忆。有一个例子,是关于艾奥瓦州猪饲料价格的新闻报道的效应。这一随机震荡的效应在第一天就能感受到,然后在 1 天或更多天(q 阶)不断衰减。几天后,其效应将会消失,导致这一序列回归于其均值。

对移动平均过程的识别需要考察自相关【Autocorrelation, ACF】函数和偏自相关(partial autocorrelation, PACF)函数。对于一个一阶移动平均过程来说,自相关函数会达到一个峰值,然后突然削弱,函数的剩余时滞会呈现白噪声的特性;一阶移动平均过程的 PACF 值会一直消退直至无穷。图 1 显示了一阶移动平均过程的自相关函数。q 阶移动平均过程的 ACF 会从时滞 1 到时滞 q 呈现出显著的峰值,但在时滞 q 之后突然削弱;PACF 则会一直消退直至无穷。统计包如 SAS 和 SPSS 能生成自相关图(correlograms)来快速评估其自相关函数和偏自相关函数。在社会科学中,高阶移动平均过程是很罕见的。

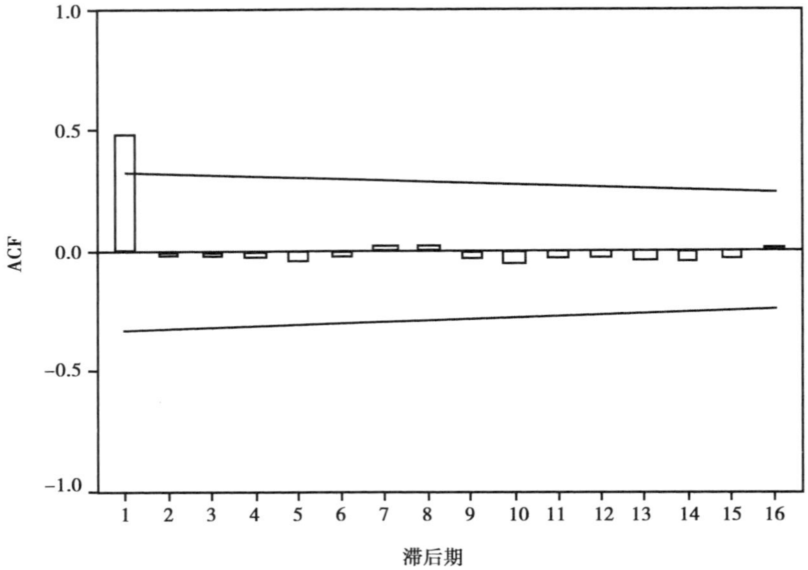

图 1 理论自相关(ACF):MA(1)过程

移动平均过程可以与序列相关(serial correlation)和趋势【Trend】同时出现。自回归差分移动平均模型(autoregressive integrated moving average, ARIMA)可以用于对兼具上述过程的时间序列建模,因为它综合了自回归过程、积分或差分过程(用来去除趋势)、移动平均过程。此外,移动平均过程也可表达为无穷阶的自回归过程。反之,无穷阶自回归过程也可表达为一阶移动平均过程。这一点很重要,因为它可以把复杂的过程简约地表示为其他过程的低阶形式。

——Andrew J. Civettini

(李洋译 高勇校)

参考文献

Cromwell, J. B., Labys, W., & Terraza, M. (1994). *Univariate tests for time series models*. Thousand Oaks, CA: Sage.

Ostrom, C. W., Jr. (1990). *Time series analysis*. Thousand Oaks, CA: Sage.

Mplus

Mplus 是一种统计软件,它可以用来估计结构方程模型【Structural Equation Modeling】,也可以进行整合随机效应因素【Random-Effects Factor】和潜在类别分析【Latent Class Analysis】的分析。分析数据可以是横截面的,也可以是纵贯性的;可以是单层次的,也可以是多层次的。更多关于软件的信息请参见相关网址。

——Tim Futing Liao

(李洋译 高勇校)

多重共线性(Multicollinearity)

两个自变量【Independent Variable】之间的共线性或者线性回归【Linear Regression】中多个自变量之间的多重共线性,意味着这些变量之间存在线性关系。如果用向量来表示变量,完全共线性意味着两个向量是在同一条线上,或者更一般地讲,如果有 k 个变量,则这些向量位于低于 k 维的子空间中(即一个向量是其他向量的线性组合)。变量 $\mathbf{X}$ 之间存在完全线性关系(exact linear relationship)的结果就是叉差(cross-product)矩阵 $\mathbf{X'X}$ 是奇异矩阵(即行列式等于0),所以它没有逆矩阵。实践中很少出现完全线性关系,但是社会现象之间的互依性(interdependence)可能导致"近似"线性关系的出现。这种现象被称为多重共线性。

对诸如主成分【Principal Component】和因子分析【Factor Analysis】这样对互依性(interdependence)的分析中,出现多重共线性是好事,因为它们的目标是简化维度;而在诸如多重回归分析【Multiple Regression Analysis】这样的对依存结构(dependence structures)的分析中,自变量之间的多重共线性较麻烦。这里我们将多重共线性放在回归分析的背景中进行分析。

结果

假设对失业工人的幸福感原因进行调查(幸福感按尺度从0~100进行测量)。许多解释变量【Explanatory Variable】被纳入考察范围,例如,年收入(年收入越低幸福感越低)、失业时间(失业周数越多幸福感越低)以及其他变量。在这些自变量中,有些变量之间的相关程度如此之高,以至于多元回归分析得出的结论会受到影响。在一个多因模型(multicausal model)中,高度的多重共线性是不受欢迎的,因为标准误会变大,置信区间【Confidence Interval】会变宽,进而会影响显著性检验【Significance Testing】和统计推论【Statistical Inference】,虽然最小二乘【Ordinary Least Squares】估计依然是无偏的。与方差【Variance】和协方差【Covariance】一样,多重共线性也是样本的性质。这意味着分析可能是不可靠的,并且对离群值【Outlier】和极端案例较为敏感。

在社会科学研究中,因果模型中自变量存在相关关系是老问题了。在多元回归分析中,这被称为多重共线性(以向量来表示的预测变量几乎重合于一条直线),而在方差和协方差分析【Analysis of Variance and Covariance】中,人们倾向于使用非正交性这个词语(因子响应模型的因子不互相垂直),多重共线性和非正交性这两个词实际上是同义词。

让我们重点看一下存在多重共线性问题的分析中会发生什么奇怪的事情。肯德尔和斯图尔特(Kendall & Stuart,1948)提供了一个极端的例子,一个因变量 Y 和两个自变量 X_1 和 X_2,其中,Y 与 X_1、Y 与 X_2 的相关性很弱(其中一个甚至为0),X_1 和 X_2 的相关性很强(0.90,高度多重共线性),而多重相关系数 $R_{y\cdot12}$ 近似于1。从这个代表性案例中可以看出多重共线性的典型后果:每个参数单独检验结果不显著,但是 R 方【R-Squared】值很高。标准化系数(样本方差的直接函数)通常不会大于1,因为其平方值表示了能够解释的方差比例,但是在这里标准化系数超过了2;结果两个变量似乎每个都能解释400%的方差,但实际只有100%需要解释!

检查

我们如何才能知道分析是否受到了强

多重共线性的影响呢?

多数统计软件包(如 SPSS, SAS 和 BMDP)都有"共线性诊断"部分。标准输出结果中会包括与其他自变量的相关系数、从 X_j对所有其他自变量的辅助回归中得到的多重相关系数、容忍度【Tolerance】($1-R_j^2$)、方差膨胀因子(variance-inflation factors)[$1/(1-R_j^2)$]和特征值分析(参见 Belsley, Kuh, & Welsch, 1980),从中可以看出哪些自变量是有问题的。这些诊断方法比某些教科书所建议的主观划定相关系数的一个临界线(如 0.60)更合理。此外,这些诊断法也可与回归系数的显著性检验(或者置信区间的计算)结合起来使用。此外,不能拿 X 变量之间的相关性作为判断多重共线性是否存在的充分证据,不要忘记必须在多变量的背景中评估相关性问题;也就是说,它可能受到虚假相关、抑制变量(suppressor variables)或其他类似因素的影响。

解决方法

第一种方法是忽略多重共线性问题。只有在研究者对于涉及多重共线性的各个变量的效应都不感兴趣时,这种办法才是合理的。

第二种显而易见的方法,就是删除其中一个高度相关的变量。但是研究者通常发现,从理论上讲这种办法是说不通的。拿前面提到的例子来说,即使年收入和失业时间在统计上相关,但它们都对幸福感给出了各自完全不同的解释。

第三种可能的方法是由计量经济学家提出的,就是扩大样本容量。通过获取更多的数据,当前样本及其性质得以改善。但是这种方法在大多数情况下并不现实,因为这需要额外的时间和经费。

第四种方法是从一个变量中去除它与一个共线变量的公共方差。在当前的例子中,这需要研究人员保留年收入这一变量,但仅保留失业时间对年收入进行回归后的残差。这种方法可以用于所有涉及的变量上。

第五种方法是生成一个共线变量的综合指数(summary index),前提是研究人员对观察变量的单独效应不感兴趣。但是这种方法忽略了测量误差和其他可能的因素。

更为成熟的一种方法是使用主成分分析法(principal components analysis, PCA)。对所有的自变量(数目通常很大)运行主成分分析法,可能还要进行方差最大旋转【Varimax Rotation】,这样得到的成分得分被用到进一步的回归分析中,例如,用幸福感作为因变量,用不同的成分作为自变量。这样自变量之间就彼此垂直,避免了多重共线性。对新成分的解释可能是一种挑战,但是,这个问题可通过只对共线变量进行 PCA 分析来避免。

最后,当研究者既打算在回归模型中保留高度相关的变量 X_1 和 X_2,又要进行有充分科学根据的分析时,我们推荐采用岭回归(如 Hoerl & Kennard, 1970)和贝叶斯回归(如 Lindley & Smith, 1972),但它们也无法提供 100%令人满意的解决方案。

岭回归是通过在 OLS 估计中引入一些偏差来对多重共线性问题进行处理的一种尝试。岭回归估计的标准误较低,但是它们可能略微有偏差。在 $\mathbf{Y}=\mathbf{X}\boldsymbol{\beta}+\varepsilon$ 回归中,系数估计为 $\hat{\beta}^*=(\mathbf{X}'\mathbf{X}+k\mathbf{I})^{-1}\mathbf{X}'\mathbf{y}$,其中主对角线($\mathbf{X}'\mathbf{X}$)加上了一个很小的增加值 k。这样,整个方程更具有正交的特征。但是较小值 k 的选择仍然是主观的。k 值越大,标准误就越小,但是估计偏差也就增加得越多。岭回归在当前主流的统计软件中都可以找到。

与岭回归类似,贝叶斯回归(Bayes regression)也尝试对多重共线性问题进行修正。岭回归中,较小的增加值 k 是要依靠研究人员来主观选择的,而在贝叶斯回归中它们是根据数据估计出来的。贝叶斯方法的缺点是，它要预设出先验分布（priori distribution）。

——Jacques Tacq

（李洋译　高勇校）

参考文献

Belsley, D. A., Kuh, E., & Welsch, R. (1980). *Regression diagnostics*. New York: John Wiley.

Hoerl, A. E., & Kennard, R. W. (1970). Ridge regression. *Technometrics*, *12*(1), 55-67, 69-82.

Kendall, M. G., & Stuart, A. (1948). *The advanced theory of statistics*. London: Griffin.

Lindley, D. V., & Smith, A. F. M. (1972). Bayes estimates for the linear model. *Journal of the Royal Statistical Society*, *34*, 1-41.

多维度量（Multidimensional Scaling, MDS）

多维度量是指通过图示用空间中一组点之间的关系来表示一组数据结构的一些模型。多维度量可以适用于许多种类的数据，可以使用多种不同的模型，也可以对于测量层次有多种不同的假设。

最简单的例子是，一个数据矩阵给出了一组对象之间的相似性（或相异性【Dissimilarity】）信息，那就可以用低维空间中对应点的接近程度（或者距离）来表示上述信息。假设有一组数据，可以解释为"距离（distances）"，那么就可以发现生成距离的图点。

例如，在一项关于人们如何对药物（也包括烟草等，这里统称药物）进行分类的研究中，药物的清单可以从药物使用者或非使用者的样本中间接获得；选择28种药物以进行自由分类（free-sorting）试验，并用同时出现的频次来进行相似性测量。如图1所示，数据按顺序排列在两个维度上。

多维度量的最终构形：维度1和维度2　Stress1=0.097

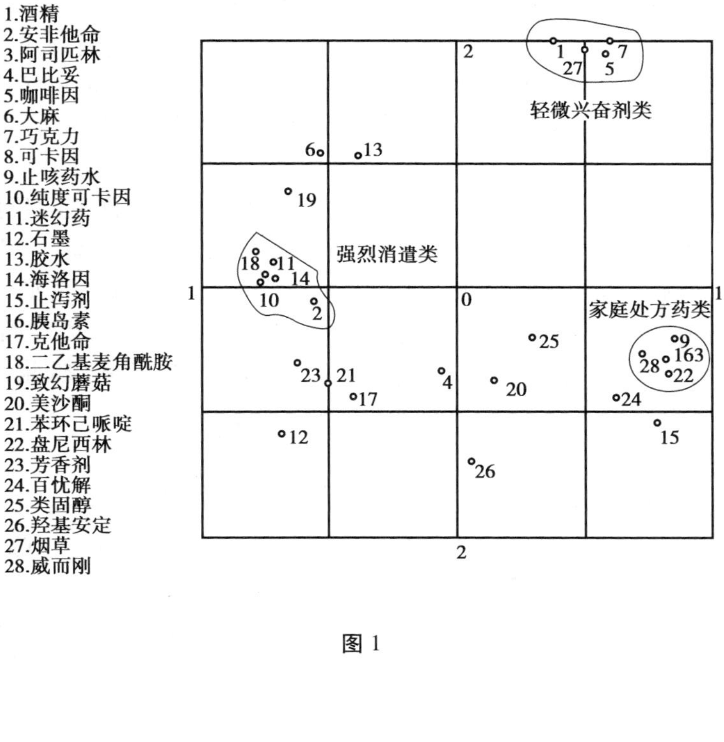

图1

在数据理想的情况下，相异性数据(dissimilarity data)和解的距离(distances of the solution)之间是完全对应的，但是如果数据不理想，拟合度就要用标准化 STRESS(残差平方和)值来表示，它测量的是拟合劣度(badness of fit)。在该例中，拟合较好($stress_1=0.097$)，比随机期望值小了 3 倍。从解的构成来看，一共生成 3 个高度分化的群组(通过独立多层聚类确认)，分别是轻微兴奋剂类(核心药物：烟草、咖啡因)、强烈消遣类(核心药物：可卡因、海洛因)、家庭处方药类(核心药物：阿司匹林、盘尼西林)。

多维度量可以是探索性的(仅给出数据的一个有用且易于理解的可视化方式)或者解释性的(用几何方式表达出数据的结构，其中模型假设被用来表示数据的生成方式)。与其他多变量方法相比，MDS 模型通常是自由分布(distribution free)的，对数据结构要求较为保守，不容易受到非系统缺失数据的影响，并且可以广泛用于各种测量，模型解通常也很容易进行解释。主要弱点是它更容易忽略 STRESS 统计量的抽样特征，可能得到的是局部极小解(local minima solutions)，无法表现出因果模型(causal models)的非对称性。

基本多维度量模型

MDS 的基本类型分析的是二维的单模数据(如相关矩阵或其他非相似/相似测量)，使用的是欧氏距离模型(Euclidean distance model)。在最早的“经典(classical)”计量(metric)模型中，MDS 将“距离(distances)”转换为标量乘积，然后将其因子化或者分解成一组低维空间中的位置点[因此也称为“最小空间分析(smallest space analysis)”]。1962 年，罗格·谢泼德提出了第一个非计量(nonmetric)模型，他表明即便数据只是定序的，如果数量足够，仍然可以进行计量转换(metric recovery)，他同时给出了首个可迭代的计算机程序来实现他的想法。克鲁斯卡尔(Kruskal, 1964)在此基础上增加了最小二乘(ordinary least squares, OLS)的统计内容；塔卡宁、扬和德莱乌(Takane, Young, & Deleeuw, 1977)发展出经常使用的交替最小二乘程序(alternating least squares program, ALSCAL)；同时，采用概率最大似然法【Maximum Likelihood】的 MDS 也相继得以发展(Ramsay, 1977)。

多维度量的各种类型

根据以下方面，可以区分出多维度量的各种不同类型(Coxon, 1982)：

(1)数据，其“形状”可以通过数据的维度(行、列、“第三维”重复观察)和模(不同对象组的数目，如变量的数目或被试组的数目)来进行描述。

(2)转换(重构标度[rescaling])函数，或者测量层次【Level of Measurement】，它明确设定了所求解的数据属性在多大程度上能得到充分表示。最重要的是要区分非计量的(定序或更低层次的)和计量的(定距的和定比的)尺度层次。

(3)模型，通常是欧氏距离模型，但是也可以采用较简单的 Minkowski 度量(Minkowski metrics)，例如，城区距离(city-block)以及不同的复合函数(composition functions)，如向量、标量乘积或者因子【Factor】模型。

二维、单模数据

任意非负、对称性的判断或测量都可以成为基本模型的输入量：频次、计数、相似性的等级/次序(ratings/rankings of similarity)、同时出现(co-occurrence)、搭配(collocation)、混淆率(confusion rates)、关联量度等。有12个或者更多个点,才能得到稳定的二维解(two-dimensional solution)。非计量分析使用距离模型(distance models);计量模型也可以使用向量/因子模型。通过随机配置的模拟研究所得的STRESS值,可以成为评估STRESS值的标准。

二维、双模数据

矩形数据矩阵(通常被试为行,变量为列)包括剖面数据(profile data)或者偏好等级/次序(preference ratings/rankings)数据。用距离(未折叠)或者向量模型来生成一个以行列各元素为点的联合双标图【Biplots】。向量模型(MDPREF)形式上与简单的对应分析【Correspondence Analysis】完全一致,用单位向量(unit vectors)表示行元素。由于这些数据是行条件的(row conditional),因此,对所求解的组内关系进行解释时要特别留意。如果例子中的分类数据直接以(个体×对象矩阵,单元格值表示类别数目)的形式录入,那么类似MDSORT这种程序可能会同时代表对象和类别。

三维数据

"第三维"可以是数据中的不同个体、不同时空点、不同分组、不同试验条件和不同方法等。最常见的形式是三维双模数据(二维单模矩阵的叠加),在计量加权距离模型(metric weighted distance model)中,这被称为个体差异度量(individual differences scaling, INDSCAL)(Carroll & Chang, 1970)。在个体差异度量的解中,研究对象通过组空间(group space,其维度固定且很容易进行解释)表现出来,第三维("个体")的每个元素有一组非负的维度权重,根据这些权重,个体有差异地收缩或扩张组空间的各个维度,以形成"私用空间(private space)"。因此,个体差异可用公共空间(common space)的一组显著权重(salience weights)来表示。权重散布在不同的"被试空间(subject space)"中,各点之间的角间距表示其截面分布的紧密程度,而与起点的距离大体上表示已经解释了的方差。回到例子中,如果个体被分成不同的子组(如性别×作用),并在每个组内分别计算出共生矩阵(co-occurrence matrix),那么这些矩阵就构成了三维、双模的数据,并且通过INDSCAL进行的标量计算将会得到下列信息,即根据以药物构成为基础的各个维度的重要性(权重)来判断,不同组之间的差别有多大。

其他形式的MDS可以用于其他类型的数据(如表格和三元组)、转换[参数图(parametric mapping)、幂函数(power functions)]和其他模型[非欧氏度量、简单结合模型(simple conjoint models)和离散模型,如加性树(additive trees)],并广泛应用到三维模型和混合模型(hybrid models)中,比如,CLASCAL(是一种把个体潜在类别参数化的INDSCAL的新形式)。也可以对数据构成(Procrustean转轴)进行比较,并且数据范围也可能扩大到七维数据。

卡罗尔和阿拉比(Carroll & Arabie, 1980)对MDS的各种变式进行了广泛的评述,同时访问相关网站也可以了解到三维应用的文献目录。

应用

对于基本模型以及聚合度量(aggregate measures)的输入来说,通常对于个案数量没有限制。但是对于二维双模数据和三维数据来说,如果个案数量超过100个,那么就很难求解(或者解很难解释)。在这种情况下,更适合采用"伪被试(pseudo-subjects)"(经过理论分析或者聚类分析【Cluster Analysis】之后选择的个体子组)。

应用多维度量方法的学科已从最初的心理学和政治科学扩展到经济学等其他社会科学以及生物科学和化学。

——Anthony P. M. Coxon

（李洋译　高勇校）

参考文献

Carroll, J. D., & Chang, J. J. (1970). Analysis of individual differences in multidimensional scaling via a N-way generalisation of Eckart-Young decomposition. *Psychometrika*, *35*, 283-299, 310-319.

Carroll, J. D., & Arabie, P. (1980). Multidimensional scaling. *Annual Review of Psychology*, *31*, 607-649.

Coxon, A. P. M. (1982). *The user's guide to multidimensional scaling*. London: Heinemann Educational.

Kruskal, J. B. (1964). Multidimensional scaling by optimising goodness of fit to a nonmetric hypothesis. *Psychometrika*, *29*, 1-27, 115-129.

Ramsay, J.O. (1977). Maximum likelihood estimation in MDS. *Psychometrika*, *42*, 241-266.

Takane, Y., Young, F. W., & DeLeeuw, J. (1977). Nonmetric individual differences multidimensional scaling: An alternating least squares method with optimal scaling features. *Psychometrika*, *42*, 7-67.

多维性(Multidimensionality)

单维结构存在于如下情境中:单一的基本维度【Dimension】构成了一组观测的基础。例如,包括对政治候选人进行资质评估时的测度,政治积极性量表【Scale】,或者描述某一种人格特质的测度。前提假定是,存在单一的共同维度,候选人、市民或者人格特质可以按这种维度进行排列。

社会科学中的许多理论构念【Construct】是非常复杂的。单一、同质、潜在的维度可能不足以表达这些复杂的概念。这种复杂性要求我们对这些变量的性质进行更为精细的解释,每组经验观测背后都有不止一个潜在维度。这就是多维性。为了在进一步的分析中使用这些概念,其多面性必须在测量【Measurement】中反映出来。从这点上,设定多重维度是一种将复杂概念简化为可测量且可理解的多个方面的定义方式,它并不代表本质现实。它的功用在于对理论构念进行操作化【Operationalizition】,以易于理解。

研究人员与研究维度相关的重要工作是发现多元维度并确定哪些在科学中是重要的。假设多维性存在,是因为理论【Theory】表明多维性应该存在,或者因为我们基于手头的经验观测值中的变异性而预测这些潜在维度存在。假设这些维度之间如何相关,然后使用某种经验技术来检验我们的假设【Hypothesis】。这样,这些概念就有了理论和经验基础。

例如,我们对政治意识形态这个概念进行建模,通过人们对政府干预经济的态度来测量与通过人们对公车和平权行动等种族问题的态度来测量,结果是完全不同的。还可以通过人们对诸如流产或者同性恋权利等社会—文化议题的态度来测量,以进一步对意识形态建模。这些都是意识形态概念中的不同维度。

在维度选择上,一个重要的考量是它们对特定目标的重要性。雅各比(Jacoby,1991)举了一个例子。地图是物理世界的模型【Model】。地图的类型或者维度取决于制作目的或者目标受众。开汽车旅行的人需要一个标示道路的地图。这通常只包括两个维度——纬度和经度。但是,地形学工程师需要更多维度上的细节,如海拔高度。因而,被认为重要的维度的数目取决于实际背景。

——Edward G. Carmines
James Woods
（李洋译　高勇校）

参考文献

Carmines, E. G., & McIver, J. P. (1981). *Unidimensional scaling* (Sage University Paper Series on Quantitative Applications in the Social Sciences, 07-024). Beverly Hills, CA: Sage.

Jacoby, W. G. (1991). *Data theory and dimensional analysis* (Sage University Paper Series on Quantitative Applications in the Social Sciences, 07-078). Newbury Park, CA: Sage.

Nunnally, J. C. (1978). *Psychometric theory*. New York: McGraw-Hill.

Weisberg, H. F. (1974). Dimensionland: An excursion into spaces. *American Journal of Political Science*, *18*, 743-776.

多题项量度(Multi-Item Measures)

题项是心理学量表的基本单位。它是用清晰确凿的词汇表达有关被测特征的一个陈述或问题(Haladyna,1994)。在社会科学中,用量表【Scale】来测评人们的社会特征,如态度个性、意见、情感状态、个人需求和居住环境。

题项是可以给出"小分(molecular score)"的一道小题("mini" measure)(Thorndike,1967)。在社会科学中,多题项量度优于单一而直接的问题。其中有两个原因:第一,多题项量度的信度【Reliability】要高于单一问题量度。在单一问题量度中,随着时间的推移,人们给出一致性答案的可能性较低。许多事物可以影响人们的回答(如情绪、他们那天遇到的具体事情)。面对同一个问题,他们可能今天选择是,明天选择不是。还有可能人们提供的答案是错的,或者不同时间对问题的理解不一样。而多题项量度是用多个问题来量度同一个社会议题,最终的综合得分要基于所有问题。人们在多个题项上同时出现上述错误的可能性较低,而综合得分在不同时间上的一致性更强。因而,多题项量度的信度比单一问题更高。第二,多题项量度的效度【Validity】要高于单一问题量度。许多被测社会特征涵盖广泛,不能简单地通过单一问题来评测。多题项量度必定能涵盖量度特征的更多内容,能够完整地反映其构念领域(construct domain)。

这些问题最好通过实例来进行说明。为了评价人们的工作满意度,单一题项量度如下所示:

我对自己的工作不满意。(1=不同意,2=有点不同意,3=不确定,4=有点同意,5=同意)

人们对这个单一问题的回答可能随着时间的推移产生变化。他们对单一问题的回答可能取决于他们的心情或者他们那天在工作上遇到的具体问题,从而差别很大。此外,人们在阅读或回答时可能会犯错误。例如,他们可能没有注意到词语"不",结果想表达不同意的时候却回答了同意。因而,关于工作满意度的单一题项量度显然是信度不高的。另一个问题是人们对他们工作的感受可能不是这样简单。工作满意度是一个很宽泛的概念,它包括许多方面(如对上级的满意度、对同事的满意度、对工作内容的满意度、对报酬的满意度等)。受访者可能喜欢其中某些方面但不喜欢其他方面。单一题项量度大大简化了人们对工作的感受。

多题项量度可以减少上述问题。从多题项量度中得出的结果会更具一致性。使用多个题项能通过平均化来消除随机误差(Spector,1992)。也就是说,总共有 20 个题项,如果一个受访者在 1 个题项上犯了一个错误,那么对总体分值的影响也微乎其微。更重要的是,多题项量度能让受访者对他们工作的不同方面进行描述。这将会极大地提高量度的精度和效度。因而,多题项量度是社会科学研究中最重要、最经常使用的工具。

——Cong Liu

(李洋译 高勇校)

* 也可参见度量【Scaling】。

参考文献

Haladyna, T. M. (1994). *Developing and validating multiplechoice test items.* Hillsdale, NJ: Lawrence Erlbaum.

Spector, P. (1992). *Summated rating scale construction: An introduction.* Newbury Park, CA: Sage.

Thorndike, R. L. (1967). The analysis and selection of test items. In D. Jackson & S. Messick (Eds.), *Problems in human assessment* (pp. 201-216). New York: McGraw-Hill.

多层次分析(Multilevel Analysis)

大部分统计推论都是基于对某一类分析单位【Unit of Analysis】(如个人样本、国家样本或学校样本)进行重复观测的基础上。对这些观测的分析通常基于如下假设:抽中的分析单位本身或统计模型中的相应残差是独立同分布的。但是,社会现实的复杂性和社会科学理论常常要求更为复杂的数据集【Complex Data Sets】,其中包括多种分析单元。例如,要研究教育成就,学生、教师、班级、学校都是重要的分析单位;要研究组织,雇员、部门和公司都是分析单元;要进行跨国比较,个体和国家(或地区)都是分析单位;在概化理论【Generalizability Theory】研究中,每个因素都定义了一类分析单位;在元分析【Meta-Analysis】中,所收集到的不同研究、进行研究的不同群体、研究中的不同被试或被访者都是不同分析单位,也是未解释变差的来源。不同类型的分析单位经常是(但并不总是)层级嵌套的(如学生嵌套于班级,班级嵌套于学校)。多层次分析这一术语是指适用于分析由多种类型的分析单位组成的数据集的统计方法。多层次分析中的层次是不同类型的分析单位的另一个称谓。每个分析层次都对应于一个总体【Population】,因此,多层次研究涉及多个总体。在第一个例子中,就有 4 个总体:学生、教师、班级和学校。在一个严格嵌套的数据结构中,最具体的层次被称为第一层或者最低层次。例如,在一个学生嵌套于班级、班级嵌套于学校的数据集中,学生、班级和学校分别是第一层次、第二层次和第三层次。

层级线性模型

多层次分析中一种最重要的方法是回归【Regression】分析的一种变体,用来分析层级嵌套数据。主模型是层级线性模型【Hierarchical Linear Model,HLM】,它是一般线性模型【General Linear Models】的扩展,其误差或残差的概率模型结构体现出了数据的层级结构。由于这个原因,多层次分析常常也被称为层级线性模型。举例来说,研究者要研究大学生毕业后的年收入在多大程度上取决于大学时期的学业成绩。我们假设研究人员从一些高校中收集到了数据,比如说,从高校总体中抽取三十多所作为样本,然后再从每所高校中对 15 年前毕业的学生进行随机抽样。对每个学生都了解了他们的当前收入(变量 Y)和在校平均成绩(变量 X,其中 $X=0$ 表示最低及格分数)。毕业生用字母 i 表示,高校用字母 j 表示。由于毕业生嵌套在高校中,每所高校的毕业生 i 都分别从 1 开始进行编号,变量表示为 Y_{ij}和 X_{ij}。设高校为 j,就可以在下列模型的基础上开始分析:

$$Y_{ij} = a_j + b_j X_{ij} + E_{ij}$$

这只是一个线性回归模型,其中截距【Intercept】a_j和回归系数 b_j取决于高校,因此,下标为 j。高校是来自总体的随机样本,这一事实反映在截距项 a_j和回归系数 b_j的随机变差上。设截距(在所有高校的总体中)的均值为 a,具体高校的离差为 U_{0j},那么 $a_j = a + U_{0j}$ 。同样可以将回归系数分解为总体均值和具体高校离差 $b_j = b + U_{1j}$ 。用这些等式进行替换就得到

$$Y_{ij} = a + bX_{ij} + U_{0j} + U_{1j}X_{ij} + E_{ij}$$

这个模型有 3 种不同类型的残差项:第一层残差项 E_{ij},第二层残差项 U_{0j}和 U_{1j}。第一层残差项因毕业生不同而有所不同;第二层残差项因高校不同而有所不同。可以将残差项解释如下:对于 U_{0j}值高的高校来说,其具有最低及格成绩 $X=0$ 的毕业生有相对较高的期望收入,即 $a + U_{0j}$;对于 U_{1j}值较高的高校来说,个体 GPA 对毕业生期望收入的影响更大,即 $b + U_{1j}$;给定毕业生的毕业高校 j 和 GPA 成绩 X_{ij},那么,E_{ij}值较高的毕业生收入相对较高。

这个方程就是 HLM 的一个实例,在其一般形式中,模型可以包括不止一个自变量。方程第一部分 $a + bX_{ij}$ 是模型的固定部分,与线性回归分析中的一样,它是自变量的一个线性函数。第二部分 $U_{0j} + U_{1j}X_{ij} + E_{ij}$ 是方程的随机部分,它比线性回归分析中的随机残差更复杂,因为它不仅包括毕业生之间的未解释变差 E_{ij},还包括高校之间的未解释变差 $U_{0j}+U_{1j}X_{ij}$。模型的随机部分就是多层线性模型和一般线性模型的不同之处。可以对一个双水平模型的随机部分进行最为简化的设定,即设定在第二层单位上截距有所不同但回归系数相同。这被称为随机截距模型,在本例中即

$$Y_{ij} = a + bX_{ij} + U_{0j} + E_{ij}$$

在第二层单元上回归系数也会随机变化的模型被称为随机斜率模型(在回归图上回归系数就是回归线的斜率)。

HLM 中的因变量 Y 一定是在最低(即最具体的)层次上。HLM 模型的一个重要特点是自变量或者解释变量可以在任何分析层次上。例如,在对高校毕业生收入的研究中,研究人员对以高校排名测量的高校质量对毕业生收入的影响感兴趣,而且可以获得高校排名得分 Z_j。在之前的模型中,高校分析层次的残差项 U_{0j}和 U_{1j}反映了高校之间未解释的变异。这个变异就可以用高校层次的变量 Z_j来部分地解释,方程如下:

$$a_j = a + c_0 Z_j + U_{0j}, b_j = b + c_1 Z_j + U_{1j}$$

这个方程可以看作 a_j和 b_j两个量在第二层的一个线性回归方程,这两个量难以进行直接观察。将这些方程代入第一层方程 $Y_{ij} =a_j + b_j X_{ij} + E_{ij}$ 中,就可得到新的模型:

$$Y_{ij} = a + bX_{ij} + c_0 Z_j + c_1 X_{ij} Z_j + U_{0j} + U_{1j}X_{ij} + E_{ij}$$

与之前的模型相比,现在的参数 a 和 b 以及残差项 E_{ij},U_{0j}和 U_{1j}都有了不同的意义。

这个模型的固定部分得到了扩展,但是随机部分保留了原来的结构。固定部分中的 $c_1X_{ij}Z_j$项是第一层变量 X 和第二层变量 Z 之间的交互效应【Interaction Effect】。回归系数 c_1表示高校情况(Z)能够在多大程度上改变个人成绩(X)对收入(Y)的影响;这样的效应被称为跨层次交互效应。多层次模型能够被广受欢迎的一个重要原因,就在于从这个模型中能够看出高校情况["宏观层次(macro level)"]是如何对个体层次["微观层次(micro level)"]变量之间的关系产生影响的(DiPrete & Forristal,1994)。

有一个参数能够描述数据中两个层次的相对重要性,这个参数就是组内相关【Intraclass Correlation】系数,在相应词条和方差成分模型【Variance Components Models】词条中对此有所介绍。类似的方差比,当用于残差(即未解释的)方差时,被称为组内残差相关系数(residual intraclass correlation coefficient)。

假设、估计和检验

HLM 的标准假设包括:模型如方程所示是线性的,残差服从正态分布,各个层次的残差彼此独立,同一层次上不同单元的残差彼此独立。但是,同一单元的不同残差(如上面模型中的随机截距 U_{0j}和随机斜率 U_{1j})可以相关;它们被假定服从多元正态分布。在这些假设前提下,上面实例中的 HLM 意味着同一所高校毕业生之间存在相关,因为他们受到了同一所高校的影响。从技术角度来看,这是由于他们关于 Y_{ij} 的方程中高校层次的残差 U_{0j} 和 U_{1j} 是相同的。这种不同个案之间的相依关系,与回归分析中更为传统的一般线性模型的假设大为不同。

HLM 的参数可以通过最大似然【Maximum Likelihood】方法进行估计。各种算法【Algorithm】在 1980 年代得到了长足发展(参见 Goldstein,2003);一个重要的算法是迭代再加权最小二乘算法(iterative reweighted least squares algorithm)(参见词条广义最小二乘【Generalized Least Squares】),这种方法交替性地对固定部分的回归系数和随机部分的参数进行估计。这些模型的回归系数可以通过 t 检验【t-Tests】或者 Wald 检验进行检验,而决定随机部分结构的参数则可通过似然比检验【Likelihood Ratio Test】(也称作偏差检验)或者卡方检验来进行检验。从 1980 年代起,这些方法已经可以在多层次分析专用软件(如 HLM 和 MLwiN)中实现,随后一些统计软件包(如 M-Plus)将多层次分析纳入一个更广义的统计方法集合;此外,在一些常规的统计包(如 SAS 和 SPSS)中也有这种分析方法。戈尔茨坦(Goldstein,2003)介绍了各种软件的用途。

多层次

正如上面例子所表明的,在实际调查中经常会涉及两个以上的分析层次。在教育研究中,学生和教师通常对成绩的影响最大,但是班级中学生群体营造的群体环境、由学校营造的组织环境、由邻里所界定的社会环境同样会产生重要影响。在一项关于学生学业成绩的研究中,上述分析层次所定义的各个变量都是解释性变量。如果某个分析层次确有影响,那么我们会想到这个影响不会完全被该分析层次上的变量所解释,这个层次的分析单位之间会有一些未解释变差。通过将未解释变差作为随机残差变异纳入模型,可以反映出这一点。第一种类型的残差变异是这个层次的单元的随机主效应,例如,上面例子中双层次模型的随机截距 U_{0j}。此外,数值变量(比如学生层次的变量)的效应也可能在所考察层次上的不同单元之间有所差异,这一点可以通过上面提到的 U_{1j} 等随机斜率来纳入模型中。采用多层次分析所得出的一类重要结论,就是在不同层次上对未解释的变异进行分解。这在不含随机斜率的方差成分模型的词条中有所讨论。每个层次上有多少未解释变异,这为研究人员指明了寻求进一步解释的方向。

不同分析层次之间可能是嵌套的或者交叉的。如果较高层次的单元就是较低层次单元的集合(即较低层次的每个单元都被完全包含在某个较高层次单元中),那么,可以说一个分析层次(较低层次)嵌套在另一个较高层次中。否则,我们就说这些层次之间是交叉的。与嵌套层次相比,交叉层次分析更容易在分析中遇到困难:算法在进行估计时可能会产生更多的收敛问题,在不同层次上分解变异的经验结论可能并不清晰,同时在概念和理论建模中也存在更多的模糊性。

使用多层次分析模型需要足够丰富的数据才能进行统计分析。需注意的是,对于每个分析层次来说,数据中的单元构成了一个来自相应总体的样本。尽管任何经验法则都有其局限性,但是一般来说,如果样本量低于 20(即一个分析层次的单元数小于 20 个),样本中包括的总体(即这个分析层次)信息就相当有限,而如果样本量小于 10,结论就大可怀疑。

纵贯数据

在纵贯研究【Longitudinal Research】中,HLM 也大有用武之地。在最简单的纵贯数据结构中,个体被重复测量多次,重复测量就构成了较低(第一)层次,个体构成了较高(第二)层次。多数纵贯研究会有一个有意义的数值型时间变量:如在一个实验研究中,可能是从实验开始起过了多长时间;在一个发展研究中,可能是年龄。尤其是在非平衡的纵贯数据结构中,不同个体的观测数量和次数是不同的,此时建构多层次模型将是水到渠成的一种方便做法。结果变量与时间维度之间的相依关系是模型中很重要的方面。通常,刚开始可以用线性相依来试探。这相当于把时间测量作为一个解释性变量,这个变量的随机斜率表示不同个体有不同的变化率(或增长率)。但是,与时间相依的模型通常是非线性的。在一些情况中,可以对时间进行非线性转换(例如多项式或者样条曲线),然后假定时间变量转换后模型就是线性的,这样就可以继续用 HLM 进行非线性问题建模(Snijders & Bosker, 1999, Chap. 12)。在其他情况中,最好不要采用相对简单的线性模型,而是建构非线性模型,或者第一层残差存在自相关的模型(参考 Verbeke & Molenberghs, 2000)。

非线性模型

残差项服从正态分布的假设并不总是能够成立的,虽然有时通过因变量转换会使这一假设变得更现实一些,但是如果因变量是二分变量或离散变量,就需要采用其他模型。正如广义线性模型【Generalized Linear Models】是一般线性回归模型的一种扩展,对 HLM 进行非线性扩展就可以使 Logistic 回归【Logistic Regression】和 Logit 模型【Logit Model】等模型扩展到多层次的情形中。这些模型被称为层次广义线性模型(hierarchical generalized linear models)或广义线性混合模型(参见层次非线性模型【Hierarchical Nonlinear Model】)。

——Tom A. B. Snijders

(李洋译　高勇校)

参考文献

de Leeuw, J., & Kreft, I. G. G. (Eds.). (in press). *Handbook of quantitative multilevel analysis.*

Dordrecht, The Netherlands: Kluwer Academic.

DiPrete, T. A., & Forristal, J. D. (1994). Multilevel models: Methods and substance. *Annual Review of Sociology*, *20*, 331-357.

Goldstein, H. (2003). *Multilevel statistical models* (3rd ed.). London: Hodder Arnold.

Hox, J. J. (2002). *Multilevel analysis, techniques and applications*. Mahwah, NJ: Lawrence Erlbaum. Longford, N. T. (1993). *Random coefficient models*. New York: Oxford University Press.

Raudenbush, S. W., & Bryk, A. S. (2001). *Hierarchical linear models: Applications and data analysis methods* (2nd ed.). Thousand Oaks, CA: Sage.

Snijders, T. A. B., & Bosker, R. J. (1999). *Multilevel analysis: An introduction to basic and advanced multilevel modeling*. London: Sage.

Verbeke, G., & Molenberghs, G. (2000). *Linear mixed models for longitudinal data*. New York: Springer.

多方法多特质研究(Multimethod-Multitrait Research)

参见多方法研究【Multimethod Research】。

多方法研究(Multimethod Research)

多方法研究就是用两种及以上的数据或方法来研究某个问题或者某几个高度关联的问题。这种研究通常也被称为混合方法。混合方法研究(mixed-method research)的道理在于,大多数社会研究都是基于某一种研究方法得到的研究结果,但是如果测量误差会影响研究结果,那么单项研究中得到的结论和推论就可能有误。单一方法几乎不可能估计出测量误差对研究结果有多大影响,因此,单一方法研究总是在这方面备受质疑。

多方法研究和测量

多方法研究的基本原理是基于三角测量法【Triangulation】的。三角测量法认为研究人员要确保自己没有过度依赖一种研究方法,在研究某问题时应当采取多种测量程序。因此,多方法研究的根据就在于它能够增强人们对研究结果的信心,这也在很大程度上解释了它日渐普及的原因。

在不同的测量情境中,混合方法研究也有不同的内涵。第一种情形是要研究的构念(construct)有不同的测量方式(如有不同方式可以测量工作满意度),这就需要将两种及以上的测量方法结合起来使用。第二种情形是有两种及以上的数据收集方法。例如,要对公司中工种的特性进行考察,同时用结构化观察法和结构化访谈法来对同一被试调查各个工种的特性,然后评估两组数据之间的一致性水平。

混合方法多特质矩阵

混合方法常被提及的一种情形是坎贝尔和菲斯克(Campbell & Fiske, 1959)提出的混合方法多特质矩阵(mixed-method-multitrait matrix)。不妨这样说,我们有一个构念,这个构念在概念上有 5 个维度,或像坎贝尔和菲斯克所称的 5 个“特质”。我们可以发展出子量表来测量每个维度,同时兼用结构化访谈法和结构化观察法调查每个维度。我们能够生成一个矩阵来汇总不同特质间的方法内相关系数(within-method correlations)和方法间相关系数(between-method correlations)。矩阵能解决两个问题:第一,它可以对测量进行判别效度【Discriminant Validity】检验,因为方法内相关不是太大。第二,它可以对不同方法得到的分值的收敛效度进行检验,这一点在此尤为重要。得出的相关性越大,收敛效度越大,研究结果的可信度就越高。表1显示了最终得出的矩阵:

表1 混合方法多特质矩阵

访谈	访谈					观测				
	T_1	T_2	T_3	T_4	T_5	T_1	T_2	T_3	T_4	T_5
T_1	—									
T_2	$r_{i2,i1}$	—								
T_3	$r_{i3,i1}$	$r_{i3,i2}$	—							
T_4	$r_{i4,i1}$	$r_{i4,i2}$	$r_{i4,i3}$	—						
T_5	$r_{i5,i1}$	$r_{i5,i2}$	$r_{i5,i3}$	$r_{i5,i4}$	—					
观测										
T_1	$\boldsymbol{r}_{i1,o1}$					—				
T_2	$r_{i2,o1}$	$\boldsymbol{r}_{i2,o2}$				$r_{o2,o1}$	—			
T_3	$r_{i3,o1}$	$r_{i3,o2}$	$\boldsymbol{r}_{i3,o3}$			$r_{o3,o1}$	$r_{o3,o2}$	—		
T_4	$r_{i4,o1}$	$r_{i4,o2}$	$r_{i4,o3}$	$\boldsymbol{r}_{i4,o4}$		$r_{o4,o1}$	$r_{o4,o2}$	$r_{o4,o3}$	—	
T_5	$r_{i5,o1}$	$r_{i5,o2}$	$r_{i5,o3}$	$r_{i5,o4}$	$\boldsymbol{r}_{i5,o5}$	$r_{o5,o1}$	$r_{o5,o2}$	$r_{o5,o3}$	$r_{o5,o4}$	—

在该矩阵中,$r_{i4,o2}$表示用结构化访谈(i)测量的特质T_4和用结构化观测(o)测量的T_2之间的相关性。5个粗体字显示的相关系数(如$\boldsymbol{r}_{i1,o1}$)是收敛效度的相关性,表示对每个特质进行测量的两种方法在多大程度上是一致的。

在混合方法研究中即使收敛效度很高,也仍需小心谨慎。我们很容易假设只要有收敛效度,就能保证研究的测量效度。但是,对构念或研究问题进行测量的两种方法有可能都有问题。因此,虽然收敛效度能够增强我们的信心,但是并不能完全排除误差仍然存在的可能性。

定量研究和定性研究的结合

到目前为止,对混合方法研究的论述还是基于测量角度,尤其是基于三角测量法传统上进行的。但是,对混合方法研究的讨论已经日益延伸到定性数据和定量数据的收集上来。换句话说,混合方法研究逐渐开始涉及定量研究和定性研究的结合。从这个角度来看,对混合方法研究和三角测量法的讨论,不仅是一个测量问题,也同样涉及不同的数据收集方式。

定量研究【Quantitative Research】和定

性研究【Qualitative Research】有时被看作彼此不兼容的不同研究范式【Paradigm】。许多人认为,定量研究和定性研究来源于完全不同的认识论和本体论传统。他们认为,尽管可以在一项调查研究中同时采用结构化访谈(这是典型的定量研究方法)和民族志【Ethnography】(这是典型的定性研究方法),但是这并不是两种方法的真正结合,两种方法也不可能结合,因为两种方法有着不同的基础原则。这些学者认为,这种结合不过是把两种互不兼容的方法肤浅地组合在一起而已。

尽管如此,大多数研究人员持有一种更为实用主义的立场,他们也承认定量研究和定性研究代表了不同的认识论和本体论准则(如实证主义和解释主义【Positivism *vs*. Interpretivism】以及客体主义和建构主义【Objectivism *vs*. Constructionism】),但是他们认为把这两种方法的优点结合起来大有好处。定量研究和定性研究之间表面上的不可通约性(incommensurability)是可以解决的,那些认识论和本体论议题大可忽略,研究方法和数据来源并没有像我们想的那样和认识论预设密切关联。根据这种看法,研究方法只是一种收集资源的技术,它和有效知识的本质这类宏大的思考不甚相干。

有人会认为,把定量研究和定性研究组合起来并不是一种如多策略研究【Multi-Strategy Research】一样的混合方法(Bryman,2001)。这种倾向反映了一种观点,认为定量研究和定性研究是在社会研究方法上的不同研究策略,每种方法都有自己的一整套研究方法和研究设计。这种区分表明,可以通过交叉分类形成 4 种分类。

与混合方法多特质矩阵相关联的混合方法研究本质上属于表 2 中的单元格 1,因为这种研究是把与定量研究相联系的两种数据收集方法结合起来。单元格 4 中的研究是把与定性研究相关联的两种及以上方法结合起来。事实上,许多民族志研究几乎天生就是一种混合方法研究,因为民族志学者通常不只是在参与观察。他们有多种渠道来辅助自己进行观察,如访谈关键知情人、查阅档案、进行非参与观察。

表 2 混合方法研究的单策略和多策略方法

	定量研究方法	定性研究方法
定量研究策略	单策略多方法研究 1	多策略多方法研究 2
定性研究策略	多策略多方法研究 3	单策略多方法研究 4

定量和定性研究相结合的方法

单元格 2 和单元格 3 的相同之处在于,它们都包括多策略混合方法研究,在这种研究中,至少采用了一种与定量研究和定性研究都有关系的研究方法或者数据来源。通过考察两种研究策略相结合的不同方式,可以进一步深入地分析多策略混合方法,多位作者已经对这一问题进行了论述。摩根(Morgan,1998)提出了根据两个原则对多策略研究进行分类的机制:在定量研究和定性研究中何者是收集数据的主要方法,何种研究方法先于另一种方法进行。这样的区分交叉组合,就构成了混合方法研究(楷体字表示主要方法)的 4 种类别:

（1）定性→定量。例如，研究人员为了完善多题项量表的题项而实施半结构化访谈；或者进行探索性的定性研究来生成假设以便随后用定量方法进行检验。

（2）定量→定性。例如，先进行一项问卷调查，基于调查中表明的特征选择特定的个人，然后用定性方法进一步进行重点研究。

（3）定量→定性。例如，研究人员会开展一些半结构化访谈或者参与观察，目的是弄清楚有哪些因素可以用来解释先前问卷调查中发现的变量之间的关系。

（4）定性→定量。例如，在民族志研究中发现了变量间存在有趣的关系，然后开展一项问卷调查来确定这种关系在多大程度上有外部效度【External Validity】。

这4种类型的多策略研究就是定量和定性研究的不同结合方法，是对表2的单元格2和单元格3的进一步分析。摩根（Morgan，1998）的分类并没有穷尽，因为他没有考虑如下情形：（a）定量和定性研究同步开展的多策略研究；（b）资料收集没有主次之分的多策略研究（即它们的分量是相同的）。克雷斯韦尔（Creswell，1995）的分类中包括了这两种多策略研究：

（5）平行/同步研究。定量和定性研究方法基本上是同步实施的。

（6）两种方法同等重要的研究。两个研究策略在整个研究计划中地位相同。

这两种类型经常同时发生，因为在混合方法研究中要用不同研究方法来考察所研究的现象的不同方面。支持使用多策略研究的一种更常见的观点认为，只使用定量或定性研究不足以触摸到研究问题的所有维度。在这种情形下，定量和定性研究方法可能或多或少是同步进行的，有着同样的重要性。

塔沙可利和特德利（Tashakkori & Teddlie，1998）更进一步指出了第七种多策略研究的类型：

（7）不同层次使用不同方法的设计。研究人员"在数据的不同层次使用不同类型的方法"（p.18）。这种研究的例子是，研究人员在不同的组织层次上收集不同类型的数据（对组织成员进行问卷调查，对部门领导进行深度访谈，对工作实践进行观察）。

此外，塔沙可利和特德利（Tashakkori & Teddlie，1998）认为，我们现在谈到的这类多策略研究就是他们所称的"混合方法"研究。他们认为应区分混合方法研究与混合模型设计，混合模型设计是把定量和定性研究的不同阶段结合起来。例如，研究人员以一种本质上探索性的方式收集了定性数据，然后对这些数据进行定量分析而非定性分析，这就是混合模型研究。

进行多策略研究最常提及的理由就是试图确立不同研究发现的收敛有效性；换句话说，这种理由诉诸三角测量法的逻辑。如果定量结果可以用定性证据来证实（反过来也一样），研究的可信性就增强了。但是，这种想法也有问题。第一，定量和定性研究来自截然不同的认识论和本体论立场，很难说某一组证据能够对另一方形成支持或否定。第二，和所用三角测量法的情形一样，很难处理两组证据之间的不一致。一个常见的错误是认为某一组比另一组更有效，进而用前者作为效度的标准。第三，人们通常认为三角测量法有较强的朴素实在论【Realism】色彩，而许多定性研究者认同的是建构论（constructionism），他们否认社会世界中绝对有效知识的可能性，因此，定性研究实践与三角测量法有不一致之处。第四，一般很容易假定多策略研究必然优于单一策略研究，但是，如果总体研究设计不允许一种研究策略能够在其他研究策略的基础上有所增益，就并非如此了。第五，有些社会研究者对各种研究方法或方式都有所了解，但是有些研究者只精通某一种研究方法，虽然这也表明了团队合作很重要。

三角测量的理念总是假定研究是有计划的。但是采用前面提到的7种多策略研究方法做研究时,可以想见所得到的定量和定性数据可能与某一具体议题有关,结果构成了一个未计划的三角测量研究。当从两组证据中发现收敛有效时,研究人员对此并不会感到稀奇,但是如果两组数据并未收敛,研究人员就需要进一步思考导致结果相抵触的深层次原因。迪肯、布里曼和芬顿(Deacon,Bryman,& Fenton,1998)对于社会研究成果对大众媒体上的展现进行多策略研究,他们发现定量研究和定性研究的结果有诸多差异。这些差异并非源于有计划的三角测量。例如,他们发现,对社会科学家的问卷调查结果表明他们对媒体的展现感到满意,但是当就媒体对他们研究的报道进行深度访谈时,他们变得批判性更强。这种不一致促使研究者考虑提问的不同类型和不同情境,以及这对于理解社会科学中媒体的作用有何意义。

毋庸置疑,混合方法研究在社会研究中的应用越来越多。它的吸引力在于它可能增强调查的效度。混合方法研究可以涉及相同的研究策略或不同的研究策略,因此,是一种处理研究问题的灵活方式,虽然它可能更加费时费力。混合方法研究中多策略研究会出现阐释问题,尤其是当研究发现存在不一致时,但是研究者对于此类问题未雨绸缪将会增强他们研究工作的可信度。

——Alan Bryman

(李洋译　高勇校)

参考文献

Bryman, A. (2001). *Social research methods.* Oxford, UK: Oxford University Press.

Campbell, D. T., & Fiske, D. W. (1959). Convergent and discriminant validation by the multitrait-multimethod matrix. *Psychological Bulletin*, *56*, 81-105.

Creswell, J. W. (1995). *Research design: Quantitative and qualitative approaches.* Thousand Oaks, CA: Sage.

Deacon, D., Bryman, A., & Fenton, N. (1998). Collision or collusion? A discussion of the unplanned triangulation of quantitative and qualitative research methods. *International Journal of Social Research Methodology*, *1*, 47-63.

Morgan, D. L. (1998). Practical strategies for combining qualitative and quantitative methods: Applications for health research. *Qualitative Health Research*, *8*, 362-376.

Tashakkori, A., & Teddlie, C. (1998). *Mixed methodology: Combining qualitative and quantitative approaches.* Thousand Oaks, CA: Sage.

多项式分布(Multinomial Distribution)

假设我们有一个 N 个被试(或 N 个个体,或 N 个题项)组成的随机样本【Random Sampling】,每个被试都属于 k 个类别之一,这些类别互不重叠。也就是说,每个被试能且只能被划入一个类别。p_i 是一个被试属于类别 i 的概率,$i=1,2,\cdots,k$,其中 $0\leq p_i\leq 1$ 且 $\sum p_i=1$。这些类别被称为是互斥且穷尽的。

假设随机变量【Random Variable】X_i 是样本中属于类别 i 的被试数目,$i=1,2,\cdots,k$。很显然,$\sum X_i=N$。此时,k 个随机变量的联合概率分布【Probability Distribution】被称为多项式分布,即

$$f(X_1,X_2,\cdots,X_k)$$
$$=\left(\frac{N}{X_1,X_2,\cdots,X_k}\right)p_1^{X_1}p_2^{X_2}\cdots p_k^{X_k} \qquad (1)$$
$$=\frac{N!}{X_1!\ X_2!\ \cdots X_k!}p_1^{X_1}p_2^{X_2}\cdots p_k^{X_k} \qquad (2)$$

其中的参数【Parameter】为 $N,p_1,p_2,\cdots,p_k$。分布中总共只有 $k-1$ 个随机变量,因为,加总是一个定值, $\sum X_i=N$ 。每个 X_i的均值和方差分别为 Np_i和 $Np_i(1-p_i)$,X_i和 X_j的协方差是$-Np_ip_j$。每个 X_i的边缘分布是含参数 N 和 p_i 的二项式分布【Binomial Distribution】,参数是 N 和 p_i。

举例说明,假设我们旋转一个正常骰子10次,想看看 1 和 6 出现一次、其他 4 个数字出现两次的概率,也就是说,$P(X_1=X_6=1,X_2=X_3=X_4=X_5=2)$。对于正常骰子来说,每个 $p_i=1/6$,因此计算结果是0.003 751。

(1)中的大括弧的项,或是(2)中包含阶乘的项,被称为多项式系数。

如果 $k=2$,多项式分布就简化为常见的含参数 N 和 p_1的二元分布,其中的两个类别通常被称为成功和失败,X_1是成功数,$X_2=N-X_1$是失败数。

——Jean D. Gibbons

(李洋译　高勇校)

多项 Logit(Multinomial Logit)

多项 Logit(MNL)是一种统计模型,用来研究因变量是定类的且有着 3 个及以上类别的问题。MNL 对每个观测值属于因变量不同类别的概率【Probability】进行估计。MNL 将个体观测特征作为自变量,自变量的效应可以在因变量的不同类别中有差异。这不同于类似的条件 Logit【Conditional Logit】模型,后者将选择类别(choice categories)的特征作为自变量,因而自变量的效应在各个选择类别上都是相同的。事实上,模型中也可以同时包含选项的特征和个体的特征,这通常也被称作条件 Logit 模型。

有多种不同的方法可以得到 MNL 模型。在社会科学中最常用的方法是将 MNL 作为一种离散【Discrete】选择模型。在每个观测中,一位行动者从包括 J 个选项中选择一项,其中 J 是因变量中的类别数。行动者 i 从选项组中选择选项 k 的效用是

$$U_{ik}=X_i\beta_k+\varepsilon_{ik}$$

y 是包含 J 个无序类别的因变量。因而,行动者 i 选择选项 k 而非 j 的概率是

$$\begin{aligned}\Pr(y_i=k)&=\Pr(U_{ik}>U_{ij})\\&=\Pr(X_i\beta_k+\varepsilon_{ik}>X_i\beta_j+\varepsilon_{ij})\\&=\Pr(\varepsilon_{ik}-\varepsilon_{ij}>X_i\beta_j-X_i\beta_k)\end{aligned}$$

麦克法登(McFadden,1973)证明,如果 ε 在所有的观测和选项上都是独立同分布的且服从 Gumbel 分布(Gumbel distribution),由上述离散选择模型就可得到 MNL 模型。MNL 对 $\Pr(y_i=k\mid x_i)$ 进行估计,其中 k 是因变量的 J 个类别之一。MNL 模型可以表示为

$$\Pr(y_i=k\mid x_i)=\frac{e^{x_i\beta_k}}{\sum_{j=1}^{J}e^{x_i\beta_k}}$$

MNL 采用最大似然【Maximum Likelihood】技术进行估计。为了对模型进行识别,必须对 β 增加限制条件。通常某一

个类别的 β 被限定为等于 0,但也可以采用其他限制条件(例如, $\sum_{j=1}^{J}\beta_j = 0$)。如果某一类别的 β 被限定为 0,那么这个类别就是基准类别,这时所有其他的 β_j 表示自变量对选择类别 J 而非选择基准类别的概率的影响。MNL 的系数不能解释为回归系数【Regression Coefficient】,要判定自变量对因变量的效应必须使用其他方法[如考察当自变量变化时 $\Pr(y_i=k)$ 的变化]。

表 1　职业选择的 MNL 估计(体力劳动的系数标准化为 0)

自变量	系　数	标准误
	S/M 系数	
教育程度	0.76*	0.18
年龄	-0.09	0.10
女性	0.17	0.15
常数	0.51	0.42
	P/M 系数	
教育程度	0.89*	0.16
年龄	0.21	0.15
女性	0.27*	0.13
常数	-0.03	0.67
观测值数量	1 000	

注:*M*=体力工人;*S*=技术人士;*P*=专业劳动。统计显著性水平为 0.05。

对于每个因变量类别的成对比较来说,MNL 在逻辑上等同于估计一系列二分 Logit 模型对因变量中的类别进行两两比较,但是 MNL 更有效率,因为它能同时使用所有的数据。MNL 要求选择过程具有无关选项独立性(independence of irrelevant alternatives, IIA)⑤,但这在很多情形下可能并不成立。

作为 MNL 的一个应用案例,可以考察下面的问题,即对年龄、性别和教育程度对职业选择的效应进行估计。将职业分成 3 个类别:体力劳工(M)、技术工人(S)和专业人士(P)。这些选择的 MNL 估计结果见表 1。

需要注意的是,系数会因选项不同而有所不同,其中一个选项的系数已经被设定为 0。MNL 模型的结果表明,随着受教育程度的提高,人们会更有可能成为技术工人和专业人士而不是体力劳工。女性更有可能选择成为专业人士而非体力劳工。

——Garrett Glasgow

(李洋译　高勇校)

参考文献

Long, J. S. (1997). *Regression models for categorical and limited dependent variables*. Thousand Oaks, CA: Sage.

McFadden, D. (1973). Conditional logit analysis of qualitative choice behavior. In P. Zarembka (Ed.),

⑤ "无关选项独立性"是指如果行动者从一个集合 *T* 中选择了选项 *x*,而 *x* 又是集合 *T* 中一个子集 *S* 的成员,那么,行动者也必然会在子集 *S* 中选择选项 *x*。换言之,那些未被选择的选项被剔除后,*x* 仍然是最佳选项。——译者注

Frontiers of econometrics (pp.105-142). New York: Academic Press.

Train, K. (1986). *Qualitative choice analysis: Theory, econometrics, and an application to automobile demand.* Cambridge: MIT Press.

多项 Probit(Multinomial Probit)

回归【Regression】分析假定了因变量【Dependent Variable】是连续变量(或者至少是定距层次)。对于社会科学中的许多研究问题来说,连续变量【Continuous Variable】是无法观测到的,只能通过二分变量【Dichotomous Variable】来显现。例如,无法观测的变量可能是选民选择 A 候选人而非 B 候选人的概率,而可观察变量则是在 A 和 B 之间的实际选择。如果因变量是二分变量,变量连续性的假设就不再成立,分析人员必须选择其他估计方法,比如 Probit 和 Logit 方法。

有时无法观测的连续因变量显现为有着 3 个及以上取值的定类变量或者定序变量。例如,被调查者经常被要求从非常不同意到非常同意的五分量表中进行选择,或者议员可能会面临项目资金应该削减、保持不变、增加的三重选项。测量此类数据的变量可称为多项变量、多元变量或者 n 分变量。多项 Probit 和多项 Logit【Multinomial Logit】是标准 Probit 和 Logit 的一种变换形式,它们可用来分析多元的因变量。

二项 Probit 的本质是在某一观测中自变量【Independent Variable】取值给定时,估计因变量取值为 0 或 1 的概率【Probability】。对观测值进行分类就是要确定哪个值的概率估计更高。在多项 Probit 中,不仅要估计自变量系数【Coefficient】,同时还要估计阈值参数(threshold parameters),阈值参数一般用 μ_j 表示。要记住的是,所需要的阈值参数的数量要比因变量的类别数少 1 个,如果有 3 个类别,只有两个阈值参数需要进行估计,分类过程如下:

$$y = 1 \quad 如果\ y^* \leqslant \mu_1,$$
$$y = 2 \quad 如果\ \mu_1 \leqslant y^* \leqslant \mu_2,$$
$$y = 3 \quad 如果\ \mu_2 \leqslant y^*$$

其中,y 是观测到的因变量,y^* 是不可观测的变量。由于操作原因,μ_1 一般需要设定为 0。因而要估计的参数数目比类别数目少 2 个。

对于数据组中的每个观测,都可以估计出它选择因变量中某一个类别的概率。一般而言,一个观测选择某一类别的概率可以这样计算出来:

$$\text{Prob}(y = j) = \Phi\left(\mu_j - \sum_{i=0}^{n} \beta_i x_i\right) - \Phi\left(\mu_{j-1} - \sum_{i=0}^{n} \beta_i x_i\right)$$

其中,j 代表某一具体类别,μ_j是相应类别的阈值参数,$\beta_i x_i$ 是估计系数与相应的 n 个自变量的取值的乘积($\beta_0 x_0$是常数项),Φ 是累积正态概率分布。注意,所有概率都应大于或等于 0,必须满足条件 $\mu_1 < \mu_2 < \mu_3 < \cdots < \mu_j$(记得 μ_1 通常被设定为 0)。考虑概率分布的累积性,上式可以简化为 $\text{Prob}(y = j) = \text{Prob}(y \leqslant j) - \text{Prob}(y \leqslant j-1)$。

μ_j 的显著性可以用通常的 t 检验【t-Test】来检验。如果 μ_j 估计显著且为正,则说明因变量的类别是定序的。

表 1 是一个多项 Probit 的结果示例。

因变量 Y 编码为 1,2 或 3。3 个自变量 X_i 编码都是 0 或 1。将一个阈值参数设定为 0 之后,三分因变量仅剩一个阈值参数需要估计。估计出的阈值参数不仅统计显著【Statistical Significance】,而且取值为正,大于那个被设定为 0 的参数。

表 1　多项 Probit 估计的样本结果

因变量 Y		标准误
自变量	估计系数	
X_1	0.90	0.29
X_2	0.55	0.26
X_3	−0.31	0.31
常数	0.58	—
$\hat{\mu}$	0.97	0.15
N	107	
−2 对数似然比 $df=3$	96.23	

为了计算给定观测值落入因变量每个响应类别的概率,设 $X_1=1, X_2=1$ 且 $X_3=1$。根据上面的公式,可以使用累积正态概率分布计算得到

$$\text{Prob}(y=1)=\Phi\left(-\sum_{i=0}^{3}\beta_i x_i\right)=0.041\ 8$$

$$\text{Prob}(y=2)=\Phi\left(\mu-\sum_{i=0}^{3}\beta_i x_i\right)-\Phi\left(-\sum_{i=0}^{3}\beta_i x_i\right)=0.183\ 2$$

$$\text{Prob}(y=3)=1-\Phi\left(\mu-\sum_{i=0}^{3}\beta_i x_i\right)=0.775\ 0$$

注意计算出来的 3 个类别的概率应该加总等于 1。

多项 Probit 和多项 Logit 的主要区别在于两者所依托的分布函数:多项 Probit 是正态分布,多项 Logit 是 Logistic 分布。两种分布之间的差别很小,除非数据规模很大或者处于分布尾端的观测数量非常重要。对模型估计结果的解释非常相似,因此,如何在两种方法上进行选择取决于实践的考量,例如,是否有现成的计算机程序或者是否有使用过某种方法的经验。

——Timothy M. Hagle

(李洋译　高勇校)

作者注释:正如这里所讨论的,多项 Probit 涉及定序多项因变量。尽管如此,在一些资料中,通常使用"多项"这个词来指无顺序的或者分类因变量,并简单地用定序 Probit 来指定序数据。多项 Logit 是一种适合于对含分类因变量的模型进行估计的技术。

参考文献

Liao, T. F. (1994). *Interpreting probability models: Logit, probit, and other generalized linear models.* Thousand Oaks, CA: Sage.

Maddala, G. S. (1983). *Limited-dependent and qualitative variables in econometrics.* Cambridge, UK: Cambridge University Press.

McKelvey, R. D., & Zavoina, W. (1975). A statistical model for the analysis of ordinal level dependent variables. *Journal of Mathematical Sociology*, *4*, 103-120.

多个案研究(Multiple Case Study)

个案研究是一种着重理解单一场景的动态变化的研究方法。尽管这种方法可以用来进行描述和演绎(Yin,1994),但是我们的关注点还是归纳性的理论发展,这种方法尤其适用于此。与汇总的统计研究相比,个案研究最大的优势在于对某种现象具体个案的深层次理解。

多个案研究是对同一现象进行两次或两次以上观测的个案研究的变式。它使得可重复性【Replication】成为可能——也就是说,使用多个个案来证实出现的构念【Constructs】和命题。它还能进行扩展研究,也就是说,使用多个个案来探索现象的不同侧面。结果就会形成更为稳健、一般化和成熟的理论。与多个案研究相反,单一个案可能包含更有启发意义的故事,但是产生高质量理论的可能性不大。

多个案方法的一个例子是葛路尼克和艾森哈特(Galunic & Eisenhardt,2001)开展的一项归纳研究,他们对一家位列《财富》(*Fortune*)榜前 100 名的高技术企业中各部门如何获取 10 项经营特权进行了研究。通过研究不同部门获得新产品/市场份额的个案,作者识别并描述了这种现象的 3 种不同模式:新授权机遇、授权战争和名义授权。此外,如果不同个案具有共性且资料很丰富,那么研究者就能够在公司层次上发展出精妙的结构创新理论。

多个案研究从资料开始,以理论结束。由于演绎研究仅仅是对次序进行了颠倒,因此二者之间有相似性并不见怪。其相似性体现在都有一个事先定义的研究问题、明确选定的用于抽样的总体【Population】、构念界定,以及在可能的时候用三角测量方法对构念进行测量。然而,尽管有许多相似点,但两者仍有些不同。

第一是抽样逻辑。与随机抽样【Random Sampling】不同,多个案研究使用的是理论抽样【Theoretical Sampling】。也就是说,我们选择个案的目的是满足概念分类、重复先前的研究发现或者拓展正在成形的理论(emergent theory)。此外,随着对哪些个案更能够验证和扩展正在成形的想法更加明确,在研究期间可以调整个案的选择。

第二是资料类型。与仅能使用定量数据不同,在这里可以使用定量和定性资料。实际上,由于那些来自各种媒介如观察、档案故事(archival stories)和访谈的定性资料仍然处于对案例进行深度理解的中心地位,因此,资料部分的重点一般来讲还是定性资料。由于重要的构念通常无法事先想到,这也是使用定性资料的另一个原因。此外,定性资料对于创造出一个潜在的、将建构与命题联系起来的理论逻辑是极为重要的。

第三是分析。与汇总观测值并进行统计检验不同,个案通常被看作所关注现象单独的事例,可以重复观测。我们的目标是实现数据和理论之间尽量紧密的匹配,因此分析就包括要不断从一个或几个个案中发展出试验性框架,然后在其他个案中进行检验(Glaser & Strauss,1967)。这样的话,构念就提炼出来了,模式也出现了,同时构念之间的关系也得以确立。理论和资料之间的密切关系可以防止缺乏经验的学者常出现的研究者偏差问题。一旦粗略的理论模式出现,已有文献就可以不断纳入进来,进一步完善得到的理论。最终的目标是建构出高质量的理论。

——Filipe M. Santos
Kathleen M. Eisenhardt
(李洋译　高勇校)

参考文献

Eisenhardt, K. M. (1989). Building theories from case study research. *Academy of Management Review*, *14*, 532-550.

Galunic, D. C., & Eisenhardt, K. M. (2001). Architectural innovation and modular corporate forms. *Academy of Management Journal*, *44*(6), 1229-1249.

Glaser, B., & Strauss, A. L. (1967). *The discovery of grounded theory: Strategies for qualitative research.* Hawthorne, NY: Aldine de Gruyter.

Yin, R. K. (1994). *Case study research: Design and methods.* Thousand Oaks, CA: Sage.

多重分类分析(Multiple Classification Analysis,MCA)

多重分类分析也称为析因方差分析(factorial ANOVA),是用来评估组间均值差异的一种定量【Quantitative】分析方法。组间均值差异还可根据相关因子和/或协变量及其效应来调整。MCA 的结果与使用虚拟变量【Dummy Variable】的多元回归【Multiple Regression】大致相同,尽管在信息的报告方式上有所差异。例如,在 SPSS 中,MCA 会生成一个方差分析【Analysis of Variance】表,包括适当的 *F* 检验【*F* Test】,模型解释的平方和【Sum of Squares】被分解为所研究的因素的贡献、协变量【Covariate】的贡献和设定的任何交互效应【Interaction】的贡献。*F* 检验要计算因子和协变量(如果进行了设定)所解释的平方和与未能解释的平方和之比,两者还要根据自由度进行调整,前者的自由度为因素类别 k 减 1 再加上协变量数目,后者的自由度为 N 减去前者的自由度。还会给出对每个因素和每个协变量的 *F* 检验。同时报告的还有一个表格,表中包括了各组根据因子和协变量调整后的预测均值,以及子组均值与总体均值的离差(也根据因子和协变量进行了调整)。在 SPSS 中运行因变量对一系列虚拟变量和协变量的回归,也能生成含 *F* 检验的方差分析结果(但不会对可解释的平方和进行分解),此外,还有一组回归系数【Coefficient】,可以用这组回归系数来计算各组的均值,这些均值也已经根据模型设定的其他因素和协变量进行了调整。

表 1　多重分类分析的结果

婚姻状况	n	预测均值		离　差	
		未调整的	根据协变量调整	未调整的	根据协变量调整
已婚	3 243	8 814.432 6	8 737.775 8	903.789 1	827.132 3
丧偶	124	3 979.346 8	4 515.967 4	-3 931.296 7	-3 394.676 1
离异	210	4 696.409 5	4 818.359 6	-3 214.234 0	-3 092.283 9
独居	249	3 257.305 2	4 069.905 4	-4 653.338 3	-3 840.738 0
未婚	216	5 087.324 1	4 878.871 6	-2 823.319 4	-3 035.771 9

举例说明,考虑婚姻状况和受教育年限(协变量)对家庭总收入的影响。表 1 显示了用 SPSS 进行统计的 MCA 输出表格,这个统计使用了全国纵贯调查(National Longitudinal Surveys)中 1967 年年龄在 30~45 岁的成年女性数据。家庭年收入的总体均值是 7 910.64 美元。第一列显示了婚姻状况类别,第二列显示了每组的个案数,第三列和第四列显示了未调整和调整后的预期均值。未调整均值就是各组的实际均值(即在每个婚姻状况类别中个案的平均家庭收入)。

每个婚姻状况类别的调整后预期均值就是在控制了受教育年限之后的预期均值。表 1 的离差列显示了子组均值和全体被调查者总体均值的比较。其中,未调整离差表明已婚人士的平均家庭收入比总体均值 7 911美元高出约 903 美元。这一差异中有 76 美元是由已婚人士的平均受教育年数更高,而受教育年数与家庭收入存在正相关关系引起的。

如果我们对回归方程进行估计,方程中家庭总收入是因变量,受教育年限和一组表示不同婚姻状况差异的虚拟变量是自变量,我们就可以得到同样的对模型拟合的 F 检验。此外,我们只要把平均受教育年限和适当的虚拟变量值代入方程,就可以使用回归系数来再现调整后的组均值。

——Melissa A. Hardy

Chardie L. Baird

(李洋译　高勇校)

参考文献

Andrews, F. M., Morgan, J. N., & Sonquist, J. A. (1967). *Multiple classification analysis: A report on a computer program for multiple regression using categorical predictors*. Ann Arbor, MI: Survey Research Center, Institute for Social Research.

Retherford, R. D., & Choe, M. K. (1993). *Statistical models for causal analysis*. New York: John Wiley.

多重比较(Multiple Comparisons)

多重比较比较的是某一分类变量的 J 个均值下的样本均值($J \geqslant 3$)。单因素方差分析【One-Way ANOVA】、固定效应模型【Fixed-Effects Model】只是判断均值之间是否存在显著差异,但并不判定哪些均值之间的差异是显著的。

J 个均值之间的比较可以用以下均值线性组合 ψ 来表示:

$$\psi = c_1\mu_1 + c_2\mu_2 + \cdots + c_J\mu_J = \sum_{j=1}^{J} c_j \mu_j \quad (1)$$

其中 c 的加总等于零,但是并非每个 c 都是零。为了对 ψ 进行估计,可以使用

$$\hat{\psi} = c_1\bar{Y}_1 + c_2\bar{Y}_2 + \cdots + c_J\bar{Y}_J = \sum_{j=1}^{J} c_j \bar{Y}_j \quad (2)$$

其中,c 与 ψ 是给定的 c 相同。这里可以有许多不同的比较,因此被称为多重比较。对多重比较进行检验(multiple comparison procedures, MCP)的历史可以追溯到罗纳德·费希尔的早期工作中,他提出在 ANOVA 的 F 检验显著之后需要进行单独的 t 检验:这一想法在 Fisher-Hayter MCP 的方法中得以体现并进一步完善,这在接下来的论述中将有所涉及。亨利·谢菲和约翰·图基以及其他人进一步发展了多重比较技术,形成了他们各自的多重比较方法,也使得多重比较成为应用文献中的重要主题。

下面会先简要介绍多重比较中常用的基本概念，然后会给出几种不同的多重比较程序，最后介绍最新的发展情况。

基本概念

对于 J 个均值中的两个均值进行成对比较(pairwise comparison)时，这两个均值的权重是 1 和−1，其他均值的权重是 0，这就成了两个均值之差。例如，在 $J=4$ 时，均值 1 和均值 2 的成对比较可以表示为

$$\hat{\psi}_1 = \bar{Y}_1 - \bar{Y}_2 \quad (3)$$

其中，$c_1 = 1$，$c_2 = -1$，其他的 c_s 等于零。非成对比较就是其他非成对比较的比较，例如

$$\hat{\psi}_2 = \bar{Y}_1 - \frac{\bar{Y}_2 + \bar{Y}_3}{2} \quad (4)$$

其中，$c_1 = 1$，$c_2 = c_3 = -1/2$ 且 $c_4 = 0$。

计划(或事先)比较(planned comparisons)是研究者在获取结果之前就计划进行的比较。计划比较通常是基于指导研究项目的理论预测。事后比较(post hoc comparisons)是在获取结果之后再进行的计算。在事后比较中，研究人员可以基于结果来选择比较。事后比较的研究结论可能有也可能没有理论基础。

对于任何两个比较来说，都要考虑多重比较的正交性。在所有样本的样本量都是 n 时，如果满足以下条件，那么比较 1 和比较 2 是正交的：

$$\sum_{j=1}^{J} c_{1j}c_{2j} = 0 \quad (5)$$

对于 J 个均值来说，最多只有 $J-1$ 对比较是彼此正交的。

如果 ANOVA 假定【Assumption】满足，那么样本比较的抽样分布【Sampling Distribution】的均值、方差、方差估计值、形态(正态)就都可以知道。给定上述信息，可以对任何比较构建一个 t 统计量：

$$t_{\hat{\psi}} = \frac{\hat{\psi} - \psi}{\sqrt{MS_W \sum_{j=1}^{J} \frac{c_j^2}{n_j}}} \quad (6)$$

如果是成对比较且 n 相等，t 统计量可以简化为

$$t = \frac{\bar{Y}_j - \bar{Y}_k}{\sqrt{\frac{MS_W(2)}{n}}} \quad (7)$$

其自由度 $df_W = J(n-1) = N-J$。

如果仅对其中的一个比较感兴趣，并且也满足通常的 ANOVA 假设，就可以用 t 统计量来进行假设检验：

$$H_0: \psi = 0 \quad (8)$$

这里要引入 $df=df_W$ 的 t 分布的一个临界值。对于多重比较来说，会有类似于假设(8)的多重假设，会用到与所进行的多重比较相适宜的 t 统计量的临界值。这样的检验通常大多是双尾检验【Two-Tailed Test】。

下面介绍的所有多重比较程序都能让研究者进行假设检验。但是，如果研究者希望得到 ψ 的区间估计，那么有些 MCP 就不适用了，因为它们无法给出总体比较的区间估计。对于那些能够计算出置信区间【Confidence Interval】的方法来说，这个区间是

$$\hat{\psi} - \text{crit}\sqrt{\frac{MS_W}{n}\sum_{j=1}^{J} c_j^2} \leqslant \psi \leqslant \hat{\psi} +$$

$$\text{crit}\sqrt{\frac{MS_W}{n}\sum_{j=1}^{J}c_j^2} \quad (9)$$

其中,crit 如同在 t 分布中那样的 α 水平下的一个双尾临界值。对于那些既需要假设检验又需要进行区间估计的研究者来说,可以使用置信区间来检验比较结果为零的假设,如果区间不含零则拒绝 H_0。

研究者首要关注的是 α 控制和权重[参见 Alpha(α)【Alpha】、检验效力【Power of The Test】和第一类误差【Type Ⅰ Error】]。这里有两类基本的 α 控制(误差率):每一次比较的 α 控制和某一组比较的 α 控制。选择何种类别的 α 控制,决定了 α' 在每一次比较上的值,并影响最终统计量的效力。不同多重比较程序的相对效力可以通过比较临界值来评估,要选择临界值最小的多重比较程序。

为每次比较设定 $\alpha'=\alpha$(通常是0.05),然后选择一个 α 水平的 t 临界值,这被称为单次比较误差率(error rate per comparison, ERPC)。用 ERPC 来控制 α 的问题在于,至少有一次比较中出现第一类误差的概率 p 就会随着比较(C)的数目增加而增加。对于 α' 水平下的 C 个正交比较来说,可以证明至少有一次比较中出现第一类误差的概率为 $p=1-(1-\alpha')^C \leqslant C\alpha'$。如果 C 个比较并非正交,那么至少有一次比较中出现第一类误差的概率为 $p \leqslant 1-(1-\alpha')^C \leqslant C\alpha'$,但是经研究表明 p 会非常接近于 $1-(1-\alpha')^C$。

ERPC 中至少有一次比较中出现了第一类误差的概率 p 较大,但是效力很强。与其他任何误差率控制方法相比,采用 ERPC 控制误差率的效力更高,但代价是至少有一次比较中出现第一类误差的概率 p 也更高。基本假设检验中有 α 和效力之间的平衡问题,与此类似,允许 p 值更高则效力也更高。

α 控制的第二个基本类别是对一组比较控制其 α。对一组比较控制其 α 的方法又有两种,其中一种是单组比较误差率【Error Rate Per Family】。与其他误差率的定义不同,ERPF 并不是一个概率,它是一组比较中陈述错误(即错误拒绝原假设的第一类误差)的平均数。通过将 α' 设为一个小于 α 的值可以得到 ERPF,最简单的方法是设 α' 加起来等于 α。例如,如果每次比较的 α' 值都相等,那么对于 α' 水平下的 C 个正交比较来说,ERPF 等于 $C\alpha'$。如下所示,这种控制误差率的方法则体现在 Dunn 方法的逻辑中。

第二种对一组比较进行 α 控制的方法是按组比较误差率(error rate family wise, ERFW)。ERFW 是一个概率,定义为至少有一次比较中出现第一类误差的概率 $p=1-(1-\alpha')^C$。ERFW 和 ERPF 在定义和概念上不同,但是在实践中多重比较如果满足了其中一种,通常就能满足另一种。因此,研究者关于 α 控制的基本决策,实际上是决定要用对每一次比较的误差率进行 α 控制(ERPC),还是对某一组比较进行 α 控制(ERPF 或 ERFW)。

为了说明 3 种不同类型 α 控制之间的关系,设每个 C 比较都引入 α':采用 ERPC,则 $\alpha=\alpha'$;采用 ERFW,则 $\alpha<1-(1-\alpha')^C$;采用 ERPF,则 $\alpha<C\alpha'$。如果将上述关系叠加,则有 $\alpha' \leqslant 1-(1-\alpha')^C \leqslant C\alpha'$;因此,ERPC<ERFW<ERPF。对于 $C=5$ 的正交比较来说,如果设 $\alpha'=0.01$,那么 ERPC=0.01,ERFW=0.049,ERPF=0.05。

各类假设考虑的总体均值中存在的样式,主要关注的是均值是否相等。如果所有 J 组的均值都相等,那么总体虚无假设就成立。这一虚无假设要通过总体 F 检验进行验证,因此,被称为总体虚无假设(overall null hypothesis)或者"完全(full)"虚无假设。如果总体虚无假设不存在,但是存在 1 个以上均值相等的子集,那么多重虚无假设就成立。子集内的均值必须相等,但是子集间的均值必须不同。这样每个子集就表示了一个虚无假设。如果有 M 个均值相等的子集,就有 M 个多重虚无假设。例如,如果 $J=4$,均值 1、均值 2 相等且与均值 3、均值 4 不同,但均值 3 和均值 4 相等,那么就有 $M=2$个虚无假设。如果总体虚无假设不存在但一些组的均值相等,那么部分虚无假设成立。比如,在 $J=4$ 的情况下,如果前 3 个均值相等,但是第 4 个均值比前 3 个均值更大,那么在 3 个相等的均值中部分虚无假设成立。

逐步多重比较(stepwise MCP)中,一个检验部分地依赖于另一个检验。在逐步 MCP 中,只有总体 F 显著时才可以对各种比较进行计算,或者只有其他比较显著时才可以对某个比较进行检验。没有形成上述依赖关系的多重比较称为非逐步检验方法或同步检验方法(simultaneous test procedures, STP),因为这些检验可以同步进行。

多重比较检验

许多 MCP 出现在单因素 ANOVA 中。如果你使用 t 统计量,并已经决定了如何控制误差率,那么选择多重比较检验就只需要选择临界值(理论分布)。除非另做说明,置信区间可以根据每个多重比较检验的临界值计算得出。

选择 ERPC 控制 α,就是常见的多重比较 t 检验,如果下式成立就拒绝 H_0,

$$|t_{\hat{\psi}}| \geq t^{\alpha}_{df_W} \tag{10}$$

否则就要保留 H_0。注意常见的 t 统计量既可以用于成对比较,也可以用于非成对比较。

如果计划进行 C 个比较,并且选择 ERPF 或者 ERFW 控制 α,那么就用 α 除以 C 得到 $\alpha'=\alpha/C$,用于单次比较,根据 Dunn 多重比较检验(参见 Bonferroni 技术【Bonferroni Technique】),如果下式成立则拒绝 H_0,

$$|t_{\hat{\psi}}| \geq t^{\alpha'}_{df_W} \tag{11}$$

否则就保留 H_0,Dunn 多重比较检验可用于成对或非成对比较。

Tukey 多重比较检验通过引入来自 J 个均值、组内自由度为 df_W 的学生化极差分布(studentized range distribution)中 α 水平的临界值来控制 α,因此,α 控制是通过学生化极差分布在所选的按组比较误差率 α 水平下的临界值来实现的。根据 Tukey 多重比较检验,如果下式成立则拒绝 H_0,

$$|t_{\hat{\psi}}| \geq \frac{q^{\alpha}_{J,df_W}}{\sqrt{2}} \tag{12}$$

否则就保留 H_0。Tukey 多重比较检验可以用于成对比较。

Scheffé 多重比较检验通过引入来自组间和组内自由度为 df_B和 df_W的 F 分布中 α 水平的临界值来实现 α 控制,所以,α 控制是通过 F 分布在所选的按组比较误差率 α 水平下的临界值来实现的。根据 Scheffé 多重比较检验,如果下式成立则拒绝 H_0,

$$|t_{\hat{\psi}}| > \sqrt{(J-1)F^{\alpha}_{J-1,df_W}} \tag{13}$$

否则就保留 H_0,在采用 ERFW 来进行 α 控制时,Scheffé 方法差不多可以用于任意类型的比较:成对比较、非成对比较、正交多项式等。

只有当总体方差分析的 F 检验显著后,才可用 Fisher-Hayter 多重比较检验进行检验。此时,选择 ERFW 控制 α,临界值为 q,$J-1$是均值数量参数。判定的方法是进行总体方差分析的 F 检验,如果在 α 水平下 F 检验显著且下式成立,则拒绝 H_0,

$$|t_{\hat{\psi}}| \geqslant \frac{q^{\alpha}_{J-1,df_W}}{\sqrt{2}} \quad (14)$$

否则就保留 H_0。Fisher-Hayter 多重比较检验是一种逐步成对比较法；由于其临界值并未考虑第一步检验总体 F 显著的情况，因此，它不能进行置信区间的计算。

Ryan 多重比较检验综合了多个统计学家的相关研究而得出。首先，将 J 个均值按顺序排列。这里要用到比较的延展度(stretch size)这个概念，它是在比较的两个均值之间且包括这两个均值的有序均值(ordered means)数目。延展度用 p 表示。Ryan 多重比较检验采用 ERFW 进行 α 控制，临界值为 q，p 是均值数量参数，其中 α 受 p 的影响而取值不同。对于 Ryan 多重比较检验来说，如果比较中的均值并未包含在之前保留的假设的延展内且下式成立，那么就拒绝 H_0，

$$|t_{\hat{\psi}}| \geqslant \frac{q^{\alpha_p}_{p,df_W}}{\sqrt{2}}$$

其中

$$\alpha_p = \alpha \quad 对于\ p = J, J-1$$
$$\alpha_p = 1 - (1-\alpha)^{\frac{p}{J}} \quad 对于\ p \leqslant J-2 \quad (15)$$

否则，就保留 H_0。Ryan 多重比较检验是逐步成对比较法；由于其临界值并未考虑之前步骤中的检验显著性情况，因此，它不能进行置信区间计算。

Games-Howell(简称 GH)多重比较检验可以同时兼顾 n 不相等和方差不相等的情况。这种检验方法用 ERFW 能够很好地控制 α，它对于每个 $j \neq k$ 的均值来计算下列统计量：

$$t_{jk} = \frac{\bar{Y}_j - \bar{Y}_k}{\sqrt{\frac{s_j^2}{n_j} + \frac{s_k^2}{n_k}}} \quad (16)$$

如果下式成立，则拒绝 H_0，

$$|t_{jk}| \geqslant \frac{q^{\alpha}_{J,df_{jk}}}{\sqrt{2}} \quad (17)$$

否则就保留 H_0，其中

$$df_{jk} = \frac{\left(\frac{s_j^2}{n_j} + \frac{s_k^2}{n_k}\right)^2}{\frac{\left(\frac{s_j^2}{n_j}\right)^2}{n_j - 1} + \frac{\left(\frac{s_k^2}{n_k}\right)^2}{n_{k-1}}} \quad (18)$$

在实际操作中，建议将 df_{jk} 四舍五入为其最接近的整数(the whole number)，作为临界值 q 的自由度。GH 多重比较检验可用于成对比较。要了解更多基本的多重比较检验，可以参考 Toothaker(1993)。关于多重比较检验的数学解释可以参考 Hochberg & Tamhane(1987)，Miller(1981)。

最新进展

追随图基的研究，多位研究者研究了样本均值、样本方差和均值检验这些统计量对于极端值的敏感性，研究它们是否缺乏稳健性。这些研究重点考察了总体服从重尾分布时的稳健性缺失问题。重尾分布偏离了正态性，因此，往往会导致均值(以及方差)的方差堆积、α 控制缺失、均值检验效力较低等问题。近年来，多重比较检验领域的相关研究，主要是通过引入 20% 截尾后均值(trimmed means)和 20% 缩尾后方差(winsorized variances)来生成 t 统计量。首先，计算各尾在 $g=[0.2n]$ 时的截取值，其中

[0.2n]表示取 0.2n 的整数部分。对于 J 组的每个均值来说，计算 20%截尾均值 $\bar{Y}_t$ 的步骤包括：从样本各尾中分别修整【Triming】掉前 g 个最大的极值，将剩余的 $h=n-2g$ 个值加总并除以 h。这些 20%截取均值的方差，要通过缩尾方差函数进行估计。而要计算缩尾方差，需要再看 J 个样本的各尾上的 g 个极值。设 $Y_{(1)} \leqslant Y_{(2)} \leqslant \cdots \leqslant Y_{(n)}$，即每组均值按取值排序。通过下式能计算出缩尾均值：

$$\bar{Y}_w = \frac{(g+1)Y_{(g+1)} + Y_{(g+2)} + \cdots + Y_{(n-g-1)} + (g+1)_{(n-g)}}{n} \tag{19}$$

同时缩尾方差也能通过下列公式计算得到：

$$S_w^2 = [(g+1)(Y_{(g+1)} - \bar{Y}_w)^2 + (Y_{(g+2)} - \bar{Y}_w)^2 + \cdots + (Y_{(n-g-1)} - \bar{Y}_w)^2 + (g+1)(Y_{(n-g)} - \bar{Y}_w)^2]/(n-1) \tag{20}$$

这样通过下面的公式，可以得到每组的截尾均值的方差估计值：

$$d = \frac{(n-1)S_w^2}{h(h-1)} \tag{21}$$

稳健成对检验统计量是：

$$t_w = \frac{\bar{Y}_{tj} - \bar{Y}_{tk}}{\sqrt{d_j + d_k}} \tag{22}$$

其中估计的组内自由度是：

$$df_w = \frac{(d_j + d_k)^2}{\frac{d_j^2}{h_j - 1} + \frac{d_k^2}{h_k - 1}} \tag{23}$$

在不同类型的多重比较检验中，例如，上面提到的 Ryan 多重比较检验等，都可以使用自由度为 df_W 的稳健统计量 t_W。更多关于稳健估计的资料可参考 Wilcox(2001)。关于稳健估计以及相应的多重比较检验方法，可参考 Keselman, Lix 和 Kowalchuk (1998)。

——Larry E. Toothaker

(李洋译　高勇校)

参考文献

Hochberg, Y., & Tamhane, A. C. (1987). *Multiple comparison procedures.* New York: John Wiley.

Keselman, H. J., Lix, L. M., & Kowalchuk, R. K. (1998). Multiple comparison procedures for trimmed means. *Psychological Methods*, *3*, 123-141.

Miller, R. G. (1981). *Simultaneous statistical inference* (2nd ed.). New York: Springer-Verlag.

Toothaker, L. E. (1993). *Multiple comparison procedures.* Newbury Park, CA: Sage.

Wilcox, R. (2001). *Fundamentals of modern statistical methods: Substantially improving power and accuracy.* New York: Springer.

多重相关(Multiple Correlation)

多重相关来源于多元回归分析【Multiple Regression Analysis】；它用一个数

字来概括回归模型中得到预测值的准确性。

多元回归模型用一组自变量(预测变量)来预测某一个因变量 Y(或效标)。多元线性回归【Linear Regression】(或最小二乘【Ordinary Least Squares】回归分析)是多元回归最常见的形式,其中自变量根据如下线性回归方程组成了一个线性组合:

$$\hat{Y} = b_1X_1 + b_2X_2 + \cdots + b_pX_p + b_0$$

其中,X 是预测变量。每个预测项乘以一个权重,此权重称为偏回归系数【Partial Regression Coefficient】$b_1, b_2, \cdots, b_p$。根据回归方程,预测变量得分的线性组合(或加权加总)可以计算得出。加权加总为 $\hat{Y}$,这称为预测值。回归系数 $b_1, b_2, \cdots, b_p$ 要使得实际因变量 Y 和预测值 $\hat{Y}$ 之间的相关性尽可能强。效标 Y 和一组 X 的线性组合之间的最大相关系数就是多重相关系数 $R_{Y\hat{Y}}$。在日常研究实践中,通常提供的是相关系数的平方,它被称为多重相关系数平方 $R^2_{Y\hat{Y}}$,也被称为 R 方【R-Squared】。

R 方是多元回归分析的核心测度,它概括了预测变量组在解释因变量时的整体准确度(overall adequacy)。R 方是预测变量组所解释的因变量的变差比例。

例如,一门本科生统计学课程在一学期中进行了 3 次测试。假设一个班级有 50 名学生,我们使用线性回归的分析方法,根据测试 1 和测试 2 的分数来预测学生在测试 3 中的表现,所得到的线性方程如下所示:

$$\hat{Y} = 0.15 \times \text{测试 } 1 + 0.54 \times \text{测试 } 2 + 28.91$$

对每名学生来说,我们将测试 1 和测试 2 的得分代入回归方程,计算出测试 3 中的预测值 $\hat{Y}$。然后,计算预测得分和测试 3 的实际得分之间的相关系数,得到的就是多重相关系数。这里多重相关系数 $R_{Y\hat{Y}} = 0.65$,说明相关性较强,学生在测试 3 中的表现与第一次和第二次测试密切相关。多重相关平方 $R^2_{Y\hat{Y}} = 0.42$。我们可以这样对结果进行描述,测试 3 的得分中,有 42%的变差可以由测试 1 和测试 2 的得分来进行解释。

多重相关系数的取值范围为 0~1。随着预测变量逐渐加入回归方程中,多重相关或者保持不变,或者增强。多重相关系数并不考虑预测变量的数量。样本中计算出的多重相关系数一般都会高估总体的多重相关系数。调整后的 R 方则偏差较少(尽管也有偏差),其公式如下,n 是样本数量,p 是预测变量数:

调整后的

$$R^2_{Y\hat{Y}} = 1 - (1 - R^2_{Y\hat{Y}}) \times \frac{n - 1}{n - p - 1}$$

在我们的分析中,$n = 50$ 名学生,$p = 2$ 个预测变量,调整后的 $R^2_{Y\hat{Y}} = 0.39$。

这里提到的多重相关系数只适用于线性回归分析。在其他形式的回归分析中(如 Logistic 回归【Logistic Regression】或者泊松回归【Poisson Regression】),也有一些与多重相关系数(以及多重相关系数的平方)可类比的测度;但严格地讲,它们并不是这里所定义的多重相关系数。

——Leona S. Aiken

(李洋译　高勇校)

*也可参见多元回归分析【Multiple Regression Analysis】、回归【Regression】和 R 方【R-Squared】。

参考文献

Cohen, J., Cohen, P., West, S. G., & Aiken, L. S. (2003). *Applied multiple regression/correlation analysis for the behavioral sciences* (3rd ed.). Mahwah, NJ: Lawrence Erlbaum.

Draper, N. R., & Smith, H. (1998). *Applied regression analysis* (3rd ed.). New York: John Wiley.

Neter, J., Kutner, M. H., Nachtsheim, C. J., & Wasserman, W. (1996). *Applied linear regression models* (3rd ed.). Chicago: Irwin.

多重对应分析(Multiple Correspondence Analysis)

参见对应分析【Correspondence Analysis】。

多元回归分析(Multiple Regression Analysis)

多元回归分析包括一系列将一组自变量【Independent Variables】(预测变量)与一个因变量【Dependent Variable】(效标)关联起来的统计方法。多元回归分析(MR)的结果之一是多元回归方程,它在考虑方程中所有其他自变量的前提下测量每个预测变量与效标之间的关系。多元回归分析应用很广泛。它可以进行描述分析,对一组预测变量与效标的关系进行简单总结。它也可以用来预测【Prediction】,还可以用来建构模型【Model】和验证理论。

多元回归的结构

多元回归最常见的形式为多元线性回归【Linear Regression】分析,其多元回归方程如下:

$$\hat{Y}= b_1X_1+ b_2X_2+\cdots+b_pX_p+ b_0$$

X 是预测变量。每个预测变量都乘以一个权重,即偏回归系数【Partial Regression Coefficien】,b_1, b_2, $\cdots$, b_p。方程的截距 b_0 被称为回归常数或者回归截距【Intercept】。在回归方程中,预测变量组的取值合并为某一个预测值 $\hat{Y}$,它是所有预测变量的线性组合。

自变量和因变量分别被称为预测变量和效标,顾名思义,多元回归被用来根据不同个体的自变量的取值来预测个体在效标上的取值。例如,高校招生办公室可以建立一个多元回归方程,通过下面 3 个预测变量来对高校新生平均绩点(效标)进行预测:高中年级平均成绩以及高校入学考试中的语文和数学成绩。基于申请入学者的这些高中成绩,就可以预测出这些申请人可能取得的新生平均绩点。

在多元回归中,回归方程中每个预测变量的偏回归系数实际上考虑了这个预测变量与效标的关系,除上述预测变量外其他所有预测变量与效标的关系、所有预测变量之间的关系。偏回归系数给出了这一预测变量对整体预测的单独贡献,这种贡献排除了方案中包括的所有其他解释变量,也就是说,假定所有其他解释变量不变。

多元回归给出一个汇总统计量来表明预测变量组能多么精准地对效标进行再现(reproduce)或者“解释”,这个数字被称为多元相关【Multiple Correlation】平方,表示为 R^2,$R^2_{Y\hat{Y}}$或 $R^2_{Y.1,2,\cdots,p}$。其中 $R^2_{Y\hat{Y}}$表示多元相关平方是预测值和效标值的相关系数的平方。事实上,多元相关是预测变量的线性组合和效标之间可能取得的最大相关值。第三种表示方式 $R^2_{Y.1,2,\cdots,p}$说明这种相关关系反映了预测变量组 $1,2,\cdots,p$ 与效标之间的总体关系。

多元相关平方测量了预测变量组所能解释的效标变异(variation in the criterion)比例,是对全体回归分析的效应量【Effect Size】的测量。

回归系数值是依据将预测误差最小化来确定的。对于每个个体来讲,我们都能测量出预测误差,即个体在效标上的观测值和预测值之间的差异 $(Y - \hat{Y})$,也称作残差。在普通最小二乘【Ordinary Least Squares, OLS】回归分析(最常见的估计回归系数的方法)中,选择偏回归系数要以残差平方和最小为目标,即普通最小二乘准则。得到的OLS回归系数,同时也能够使得来自预测变量组的多元相关最大化。

建构回归模型

这里有一个假定的健康心理学案例,可以用来说明回归分析的各个方面以及它在模型建构中的作用。我们想要建立一个由皮肤癌预防有关的因子组成的模型。目标总体是居住在西南部或东北部地区的年轻的成年白种人。作为效标,对他们保护自己以免罹患皮肤癌的意图进行了测量,建立起10分的测量尺度(称为"意图")。这里有4个预测变量:(a)由于肤色等客观原因而罹患皮肤癌的客观风险(称为"风险");(b)参与者居住的区域是西南部还是东北部(称为"区域");(c)参与者对晒黑的好处的评价(称为"好处");(d)参与者对关于防晒的指令性规范(即他或她"应该"如何防晒)的认知(称为"规范")。假设风险是防晒意图的正向预测变量,而晒黑的好处是一种负向的预测变量。期望由于西南部地区日晒程度较强因而有较高的防晒意图。此外,也不确定指令性规范的影响,毕竟年轻人可能并不会遵循保护其健康的各种建议。

通过选择预测变量的过程可以看到多元回归的灵活性。"风险""好处"和"规范"都是连续变量【Continuous Variable】,按6分尺度进行测量。区域是一个分类的【Categorical】变量。分类预测变量需要特殊的编码方式,以此表明它们是分类的而非连续的。在实践中,通常使用虚拟编码(虚拟变量编码【Dummy Variable Coding】)、效应编码【Effects Coding】和对比编码【Contrast Coding】3种编码方式。对于二分(两个类别)变量的虚拟编码来说,通常在一个预测变量上将一个类别设定为1,其他类别设定为0。这里采用虚拟编码,设西南部地区=1,东北部地区=0。

表1a显示了预测变量和效标的相关【Correlation】关系,$n = 100$。相关矩阵的最后一列显示了每个预测变量与效标的相关性。得到的关系是符合我们期望的。同时,还要注意到,几个预测变量之间存在着显著相关。"风险"与"好处"呈负相关,标准与区域呈正相关。由于西南部地区编码为1,东北部地区编码为0,因此,正相关的结果表明,在西南部地区,应注意防晒的指令性规范更深入人心。

表1b是一系列的二元回归方程(即一个预测变量和一个效标)。每个预测变量有一个方程,以及多元相关平方 R^2。每个预测变量方程中的回归系数测量的是每个预测变量改变一个单位时 Y 的变化。例如,"风险"在10分尺度上每增加1分,"意图"增加0.145分,对于转换为虚拟变量的区域来说,回归系数显示,西南部地区(编码为1)"意图"变量的算术平均值要高于东北部地区1.049分。在二元回归中,多元相关平方就是指预测变量和效标相关系数的平方值。我们注意到,"风险"对于"意图"有统计显著性。"风险"单独解释了 Y 变量3.7%(也就是 $R^2 = 0.037$)的变异。同样,我们注意到"好处"变量也具有统计显著性,它解释了 Y 变量14.0%的变异。

表 1 多元回归分析图

a. 所有预测变量和效标之间的相关关系

	风险	区域	好处	规范	意图
风险	1.000	−0.075	−0.203*	−0.094	0.193*
区域	−0.075	1.000	0.168 +	0.424*	0.313*
好处	−0.203*	0.168 +	1.000	0.254*	−.374*
规范	−0.094	0.424*	0.254*	1.000	0.028
意图	0.193*	0.313*	−0.374	0.028	1.000

b. 二元回归分析:单一预测变量回归方程

1.仅风险	$\hat{Y}=0.145\times$风险* $+3.991$	$R^2=0.037$
2.仅区域	$\hat{Y}=1.049\times$区域* $+4.407$	$R^2=0.098$
3.仅好处	$\hat{Y}=-0.474\times$好处* $+6.673$	$R^2=0.140$
4.仅规范	$\hat{Y}=0.044\times$规范 $+4.760$	$R^2=0.001$

c. 根据风险和好处的预测

$\hat{Y}=0.180\times$风险 $-0.443\times$好处* $+5.985$ $R^2=0.154$

d. 回归分析:多元相关平方检验,风险和好处

方差来源	平方和	自由度	均方	F 比	p
回归	43.208	2	21.606	8.858	0.001
残差	236.582	97	2.439		

e. 完全模型:所有 4 个预测变量的预测

$\hat{Y}=0.202\times$风险 $-0.516\times$好处* $+$ $1.349\times$区域* $-$ $0.039\times$规范 $+5.680$ $R^2=0.304$

f. 截尾模型和抑制示例:关于风险和区域的预测

未标准化方程	$\hat{Y}=0.319\times$风险* $+$ $1.104\times$区域* $+3.368$	$R^2=0.145$
标准化方程	$\hat{Y}=0.218\times$风险* $+$ $0.329\times$区域*	$R^2=0.145$

注:* $p<0.05$。

现在我们采用“风险”和“好处”作为一个多元回归方程中的两个预测变量,见表1c。以下两个方面要引起注意:首先,与二元回归方程不同的是,“风险”不再是“意图”的显著性预测变量。这是因为(a)与“风险”相比,“好处”与“意图”相关性更强,(b)上述前两个预测变量之间同样存在相关关系($r=-0.203$)。其次,所有预测变量共同解释了15.4%的方差(即 $R^2=0.154$),这要低于每个预测变量单独对变异所能解

释的比例的总和，即 3.7%+14.0%=17.7%。这是由于“风险”和“好处”之间在解释意图时产生了冗余(redundancy)。

在多元回归中，将效标 Y 的总体变异(通常记作 SS_Y)分为互不重叠的(也称为正交的)两个部分。第一个是可预测的变异或者是回归平方和【Regression Sum of Squares】(通常记作 $SS_{回归}$)，它对回归方程在多大程度上再现了不同个体在效标上的差异进行了总结。准确地说，它是预测值偏离均值的变异。第二个是残差变异或残差平方和【Residual Sum of Squares】(记作 $SS_{残差}$)，它是效标变异 SS_Y 中无法被预测变量组解释的那一部分。多元相关平方可以简单地用 $SS_{回归}/SS_Y$ 的比值表示，或者说是变异中能被预测变量组所解释的比例。这些变异的来源可以参见表 1d 这个回归汇总分析表。变异的两个来源可以用来检验整体性的虚无假设【Null Hypothesis】，即总体中多元相关平方是否为零的检验。在本例中，表中的 F 比【F Ratio】表明可以拒绝虚无假设，即用“风险”和“好处”这两个预测变量可以解释“意图”的很大一部分变异。

我们是否可以通过增加其他的预测变量来增强预测效果呢？层次回归分析(hierarchical regression analysis)回答了这个问题。层次回归分析需要估计一系列的回归方程，这些回归方程的预测变量组(每组一个或多个变量)是先后加入回归方程中的，每加入一个预测变量组时都要检验预测的准确性是否得到提升(即多元相关平方是否增加了)。见表 1e，在回归方程中增加了“区域”和“规范”变量，生成了含 4 个预测变量的回归方程，最终的模型包括所有的预测变量。可以看到，在由 4 个预测变量组成的回归方程中，“好处”和“区域”对于意图变量来说都是显著性变量。此外，“规范”变量的回归系数接近于零并不使我们感到奇怪，因为它与“意图”并不相关。我们注意到多元相关平方有了显著增长，从仅考虑“风险”和“好处”两个预测变量时的 $R^2=0.154$，增长到考虑所有 4 个预测变量时的 $R^2=0.304$。增加的 0.150(0.304－0.154=0.150)是排除了“风险”和“好处”两个变量之后(即假定“风险”和“好处”不变时)“区域”和“规范”两个变量所预测的效标的变异比例。在这个例子中，R^2 的增加是统计显著的。包含 4 个预测变量的最终回归方程就是对预防皮肤癌的意图的模型。在解释时要多加留意的是，由于“风险”与“意图”没有相关关系，因此，“风险”并不是“意图”的统计显著的预测变量。此外，还必须解释“风险”与“好处”的关系，后者是“意图”的另一个重要的预测变量。

在多元回归分析中，预测变量之间的相互作用可能会导致意想不到的结果。以表 1f 为例，通过“风险”和“区域”两个变量对“意图”变量进行预测。从二元回归中可以看到，仅考虑风险的话，$R^2=0.037$；仅考虑区域的话，$R^2=0.098$。但是，如果同时考虑风险和区域，$R^2=0.145$，比单独考察两个预测变量的值要大。这是一个特殊的(不常见的)结果，被称作多元回归中的抑制。通常认为，之所以形成抑制效应【Suppressor Effect】，是因为一个预测变量将另一个预测变量的部分不相关方差剔除出去，因此，改善了另一个预测变量的预测效果。

到目前为止，考察的回归系数都是非标准化的回归系数。这样的回归系数取决于不同预测变量特定的测量单位，而第二组回归系数，即标准化回归系数【Standardized Regression Coefficients】则是建立在所有预测变量和效标的标准化值(均值为 0、标准差为 1 的 z 值)的基础上。标准化回归系数的测量单位相同(即标准差单位)。表 1f 显示了关于“风险”和“区域”的标准回归方程。“风险”变量的系数是 0.218,意味着“风险”变量的标准差增长 1 个单位,“意图”的标准差增长 0.218 个单位。

迄今为止,仅仅考察了每个预测变量与效标的线性关系。在多元线性回归中,同样可以对非线性【Nonlinear】关系进行处理,可采用下面的任意一种方法:多项式【Polynomial】回归以及预测变量和/或效标转换【Transformation】。多项式回归是在线性回归方程的基础上生成一个包括预测变量较高阶函数的回归方程,方程的形式可以是二次方程(一次弯曲)关系,即 $\hat{Y} = b_1X + b_2X^2 + b_0$,或者是三次方程(二次弯曲)关系,即 $\hat{Y} = b_1X + b_2X^2 + b_3X^3 + b_0$,等等。假设我们认为防晒的意图会随着习惯性暴露于日晒的水平提升而增强,但只是增强到一定程度。如果习惯性暴露于日晒的水平非常高,那么个体也就会忽略防晒,因此,在高水平日晒中,防晒的意图也会下降。为了验证这个“倒 U 形”关系的假设(意图先是上升,然后随着习惯性日晒水平的提升而下降),对一个二次方程【Quadratic Equation】的 X^2项的系数 b_2进行了考察。对于“倒 U 形”关系来说,这个系数应该为负。假设 b_2为零,这就表明了二次(“倒 U 形”)关系并不成立。对于一个“U 形”关系来说,b_2系数应该为正。

多元回归分析也可以处理不同预测变量之间的交互作用。关于交互,我们是说一个预测变量对效标的效应取决于另一个预测变量的值。例如,假设西南部地区(有强烈的沙漠日晒)的人比东北部地区的人更在意皮肤癌的预防,这种情况下,与东北部地区相比,西南部地区的“风险”和“意图”两个变量之间的关系更强(即“风险”和“区域”之间存在交互作用)。在多元回归中,可通过设定一个交互项来反映变量之间的交互作用,这里在“风险”和“区域”之间设定了交互项。

$$\hat{Y} = b_1 \times 风险 + b_2 \times 区域 + b_3 \times 风险 \times 区域 + b_0$$

在上面的方程中,非零系数 b_3表明“风险”和“区域”之间存在交互作用(此时“风险”和“区域”两个变量也包含在这个方程中)。

假设和困难

最常见的线性回归模型通常假设对预测变量的测量没有误差(固定效应模型【Fixed Effects Model】);预测变量中的误差会使得回归系数的估计有偏差。对于精确的统计推论来说,预测误差(残差)必须服从正态分布【Normal Distribution】。多重共线性【Multicollinearity】(即在预测变量之间存在较强的相关性)会导致回归系数很不稳定。回归分析对个别的极端值(离群值【Outlier】)非常敏感;单一个案就会显著改变回归系数的大小。回归诊断【Regression Diagnostics】可以估计出研究个案在多大程度上是强影响点【Influential Cases】,即能够改变回归系数甚至是回归方程总体拟合的个案。

历史和拓展

1900 年前后,在高尔顿和皮尔逊等人研究的基础上,多元回归方法开始作为一种方法进入科学文献中(详见回归分析【Regression Analysis】)。作为一种简单易行的技术,多元回归的发展离不开算法【Algorithm】的发展,以满足分析的数学处理需要,尤其是在面对彼此相关的预测变量时。事实上,为了处理在应用多元回归分析时出现的计算难题,费希尔发展出一种正交因子方差分析【Analysis of Variance】法。随着大型计算机的广泛使用,多元回归分析在1960年代和1970年代得到了迅速发展。许多新的扩展随之涌现。广义线性模型【Genralized Linear Models】中包含了能够处理各种因变量的各种多元回归方法,包括处理二分变量或有序分类结果的Logistic回归【Logistic Regression】以及处理计数数据的泊松回归【Poisson Regression】。随机系数回归和多层次建模【Multilevel Modeling】可以对聚类数据(clustered data)进行分析,并在不同的聚类层次上对预测变量进行测量。非参数回归【Nonparametric Regression】、非线性回归和稳健【Robust】回归等模型具有很强的灵活性。

——Leona S. Aiken

(李洋译 高勇校)

* 也可参见回归【Regression】。

参考文献

Cohen, J., Cohen, P., West, S. G., & Aiken, L. S. (2003). *Applied multiple regression/correlation analysis for the behavioral sciences* (3rd ed.). Mahwah, NJ: Lawrence Erlbaum.

Draper, N. R., & Smith, H. (1998). *Applied regression analysis* (3rd ed.). New York: John Wiley.

Fox, J. (1997). *Applied regression analysis, linear models, and related methods.* Thousand Oaks, CA: Sage.

Neter, J., Kutner, M. H., Nachtsheim, C. J., & Wasserman, W. (1996). *Applied linear regression models* (3rd ed.). Chicago: Irwin.

多重指标测量(Multiple-Indicator Measures)

对理论构念【Construct】进行测量【Measurement】是社会研究中最重要的步骤之一。把理论描述的抽象概念与这些概念【Concept】的经验指标【Indicator】联系起来,这对于清晰理解所研究的现象是至关重要的。事实上在社会研究中,在理论构造和经验指标之间建立联系,与在理论构念之间建立联系同等重要。

多重指标测量是指用不止一个的指标或题项来表示理论构念。与单一题项相比,多重题项测量有很多优势。第一,许多理论构念非常宽泛且复杂,难以用单独的一个题项来表达。举一个简单的例子,没有人会认为仅仅通过美国政府考试中的一个"正确—错误"问题(true-false question)就能充分地测量一个学生对美国政府的了解程度。但是,如果针对这一主题有许多问题来提问,就可以全面地评估学生对这一主题的了解程度。

使用多重题项测量的第二个理由是准确性。单一题项缺乏准确性,因为它无法分辨某一属性的微细差别。事实上,如果题项是二分的,那么它就只能识别在这一属性上的两个层次。

采用多重题项测量的第三个原因是其信度【Reliability】较高。信度主要是指测量的一致性。采取相同问卷进行重复测量得到的结果相同吗?具有可比性的不同测验的结果是否相同?一般来说,多重指标测量包含较少的随机误差,而且与单一题项测量相比更为可靠,因为随机误差【Random

Error】在多重测量中被抵消了。基于上述原因,多重指标测量通常比单一指标测量能更好地表示理论构念。

——Edward G. Carmines
James Woods
(李洋译　高勇校)

参考文献

Carmines, E. G., & McIver, J. P. (1981). *Unidimensional scaling* (Sage University Paper Series on Quantitative Applications in the Social Sciences, 07-024). Beverly Hills, CA: Sage.

Nunnally, J. C. (1978). *Psychometric theory*. New York: McGraw-Hill.

Spector, P. E. (1992). *Summated rating scale construction: An introduction* (Sage University Paper Series on Quantitative Applications in the Social Sciences, 07-082). Newbury Park, CA: Sage.

乘积(Multiplicative)

"乘积"一词是指一个变量乘以另一个变量的情况。这个词经常用在回归模型中,即因变量 Y 是变量 X 和变量 Z 的乘积的一个函数。一般表述为,Y 是 XZ 乘积的线性函数,即

$$Y = \alpha + \beta XZ$$

其中,XZ 是变量 X 乘以变量 Z。如果一个回归模型包括乘积项,那么,这个回归【Regression】模型就是"乘积的"。乘积项可以是一个预测变量【Predictor Variable】乘以另一个预测变量,或者预测变量乘以自身,比如

$$Y = \alpha + \beta X^2$$

存在两个不同变量的乘积项的模型【Model】,通常意味着模型中存在统计交互【Interaction】。如果模型中有表示二次、三次或更高阶的乘积项,通常表明 Y 和 X 之间有非线性【Nonlinear】关系。

上述乘积模型的拟合,要受到其预测变量如何度量的影响。X 和 Z 的取值方式(例如,从-5~+5,还是从 0~10)不同,得到的 Y 和 XZ 的相关【Correlation】也会不同。有很多乘积模型求值的办法,可以使乘积模型不受度量假设的影响。这些内容在安德森(Anderson, 1981)以及雅卡尔和图里西(Jaccard & Turrisi,2003)的著作里中都有所阐述。

——James J. Jaccard
(李洋译　高勇校)

参考文献

Anderson, N. H. (1981). *Methods of information integration theory*. New York: Academic Press.

Jaccard, J., & Turrisi, R. (2003). *Interaction effects in multiple regression*. Thousand Oaks, CA: Sage.

多阶抽样(Multistage Sampling)

多阶抽样是指在调查【Survey】设计中,将总体【Population】单元分为不同层次,进而

在多个层次相应的多个阶段中进行抽样的抽样方法。在每个抽样阶段,只考虑那些在前一阶段选中的较高层次单元中的单元[不要与多相抽样(mutiphase sampling)混淆]。

最简单的多阶抽样是二阶抽样。在第一阶段,选中一个较高层次的单元。在第二阶段,对第一阶段选中的较高层次单元下的较低层次的单元进行抽样。例如,第一阶段的单元是学校,第二阶段的单元是学生,或者第一阶段的单元是公司,第二阶段的单元是雇员。在对一个涵盖地理范围较大的家庭或个体的调查中(例如全国调查),第一阶段抽样单元可以是小的地理区域,包括数量适中的地址数或家庭数——大概 10 或者 20 个——在第二阶段抽样中,再从抽中的地理区域中抽取地址或家庭。

多阶段设计会使样本"聚集"在一个较高层次单元的有限组内。如果多阶抽样是要包括后面抽样阶段的所有单元——例如,每个被抽中的学校的全体学生——那么,这种样本就是整群抽样【Cluster Sampling】,因为它是由整个群体组成的。否则,如果在后面的阶段中继续进行抽样,那么这样的样本是群集样本(clustered sample)。

多阶抽样的主要目的是减少成本。在田野访谈调查中,样本中的每个群集都给访谈员带来了一定的工作量。因而,如果每个访谈员在同一个地点可以实施很多访谈,与单一阶段(未群集)抽样相比节省了路途的耗时。这就减少了访谈的单位成本,因此,在特定的预算下就能实现更大的样本规模。经常是这样(并不仅仅是对于田野访谈调查而言),调查会有一个根据样本第一层次单元设定的固定成本。例如,在对学校学生的调查中,与每个学校建立关系是必需的,这就有一个成本,可能包括对学校的访问等,这部分成本与要进行抽样学生的数量无关。然后,通过把样本学生限定在数量有限的学校,也可减少单元数据采集成本。

但是,样本集中也有一个缺点。由于较高阶段单元中的抽样单元(例如,学校里的学生,较小区域的家庭)通常比总体中作为整体的一部分的单元更具同质性,因此,这种群集可能会降低调查估计的准确性。换句话说,样本群集会产生与样本比例分层相反的效应(参见分层抽样【Stratified Sampling】)。分层能确保所有的层次都能在样本中有所代表,群集使得只有一些类别的特征能在样本中反映出来。由此产生的准确性的降低可以通过群集的设计效应【Design Effects】进行测量。一般来说,每个群集层次的平均样本规模越大,群集单元的同质性越强,就越可能削弱抽样估计的准确性。例如,如果说一个班内的学生的同质性比一个学校的学生的同质性强,那么,从 100 个班级中每个班抽取的 10 名学生的抽样准确性较低,而从 100 个学校中,每个学校抽取 10 名学生的抽样准确性较高。

在设计调查抽样时,群集单元的选择以及给每个单元配置的样本量的选择都是很重要的。要根据支出和准确性两个方面要求来平衡。理想的做法是,在预算固定的情况下,由于能负担得起更大的样本规模所带来的准确度的提升,与由群集本身造成的准确性的丢失相比,要尽可能地更大一些。总体的目标是在一定的预算条件下使得调查估计的准确性最高,或者说达到一个特定准确度的要求支出最小。

多阶抽样的另一个重要方面是被选概率的控制。如果在许多阶段后才抽出一个样本,那么一个单元的被选概率是每个阶段(条件)概率的乘积。例如,在一个特定学年对学校学生开展调查,二阶段抽样设计如下:选择学校,然后在每个学校中选择学生样本。那么,在学校 i 选择学生 j 的概率是 $P_{ij} = P_i \times P_{j|i}$,其中,$P_i$ 是选择学校 i 的概率,$P_{j|i}$ 是在选中学校 i 的条件下,又选中

学生 j 的概率(很显然,可以推广到任何一个抽样层次)。

在多阶抽样中,很重要的一点是从数据中计算出每个抽样阶段的被选概率。只有这样才可能进行无偏的【Unbiased】估计。此外,还有更重要的一点是在设计阶段尽可能地控制总体概率。尤其是在很多情况下,最有效率的设计是要赋予总体中各个单元相同的被选概率(参见设计效应【Design Effects】)。但是,对于 P_i 和 $P_{j|i}$ 来说,有无数种组合取值为 P_{ij}。一种解决方法是设每个概率都为常数。但这样做有一个缺点,就是不同群集单元的规模不同,因此,按比例抽取的样本规模大小也不同。这种差异之大,可能会导致实践和统计中出问题。因此,一个更常见的做法是,在除最后一个层次外的其他层次都采用"概率比例规模(probability proportional to size,PPS)"抽样,然后在所抽中的前一层次的单元中,抽取最终层次所要求的单元数量。换句话说,$P_i = K_1 \times N_i$ 且 $P_{j|i} = K_2/N_i$,其中,N_i 是在第 i 个第一层次单元中抽取的第二层次单元的数量(例如,在上一段的案例中,第 i 个学校中相关年级的学生数量),K_1 和 K_2 是常数。很容易发现,无论学校人数多少,这个研究设计都能保证相关年级的所有学生有相同的被抽中的总体概率 P_{ij},也使得每个抽中的学校都有相同的样本规模 K_2。

——Peter Lynn

(李洋译　高勇校)

参考文献

Cochran, W. G. (1977). *Sampling techniques* (3rd ed.). New York: John Wiley.

Scheaffer, R. L., Mendenhall, W., & Ott, L. (1990). *Elementary survey sampling*. Boston: PWS-Kent.

Stuart, A. (1984). *The ideas of sampling*. London: Griffin.

多策略研究(Multi Strategy Research)

莱德(Layder,1993)和布里曼(Bryman,2001)用多策略研究这个词来指将定量和定性研究相结合的研究。这一词汇要与多方法研究【Multimethod Research】区别开来。后者要求同时使用两种及以上方法,但并不要求必须是定量研究和定性研究相结合。多方法研究可以在定量研究或定性研究中同时使用两种及以上方法进行研究。相反,多策略研究认识到定量和定性研究是两种截然不同的研究策略,认为两种方法各有自己的认识论和本体论假设和标准。因而,多策略研究背后的观点是,这两种不同的研究策略并不是不可通约的研究范式【Paradigm】,而是可以出于不同原因、在不同情境中富有成效地结合起来的。

多策略研究有时会引发争议,因为一些作者认为由于定量研究和定性研究的认识论主张截然不同,因此,不可能真正结合起来(如 Smith & Heshusius,1986)。根据这种看法,那些看似结合了定量和定性研究的研究范例(例如,既进行半结构化访谈【Semistructured Interview】同时也进行结构化访谈【Structured Interview】为基础的问卷调查)并不能代表两种策略真正的整合,因为二者的基本原则是不可调和的。这只是在纯粹技术层面的一种表面性的互补而已。换言之,数据收集技术或分析技术可以结合,但是研究策略不可以结合。这种观点在定量和定性的争论中所赞同的立场是,两者只能围绕认识论而展开争论。

赞同定量和定性研究能够进行实质结合的作者和研究者认为,研究方法并不必然

嵌入认识论和本体论假设中。人们已提出了几种可以开展多策略研究的研究情景(Bryman,2001),包括:

(1)使用三角测量【Triangulation】,对定量和定性研究结果进行交叉确认(crosscheck);

(2)使用定性研究来辅助定量研究,反之相同(例如,用社会调查来帮助识别出那些适合采用定性工具如半结构化访谈进行访谈的人);

(3)使用一种策略来弥补使用另一种策略的研究空白;

(4)使用两种策略来回答不同类型的研究问题;

(5)开展定性研究来帮助解释从定量研究中推导出来的结果;

(6)了解研究参与者的理解,表达研究者的关切。

在实践中,很难对这些多策略研究的不同情境进行区分。例如,迪肯、布里曼和芬顿(Deacon, Bryman, & Fenton, 1998)研究了英国大众媒体对社会科学的展现,他们采用各种研究方法来回答不同种类的研究问题。但是,他们发现当一些定量和定性研究结果冲突时,他们实际上进行了没有事先计划的三角测量。

——Alan Bryman

(李洋译　高勇校)

参考文献

Bryman, A. (2001). *Social research methods*. Oxford, UK: Oxford University Press.

Deacon, D., Bryman, A., & Fenton, N. (1998). Collision or collusion? A discussion of the unplanned triangulation of quantitative and qualitative research methods. *International Journal of Social Research Methodology*, *1*, 47-63.

Layder, D. (1993). *New strategies in social research*. Cambridge, UK: Polity.

Smith, J. K., & Heshusius, L. (1986). Closing down the conversation: The end of the quantitative-qualitative debate among educational enquirers. *Educational Researcher*, *15*, 4-12.

多元(Multivariate)

同时处理3个或更多变量的统计学就是多元的。例如,多重相关【Multiple Correlation】就是两个或更多个自变量与一个因变量的相关关系。在多元回归【Multiple Regression】中,至少有一个因变量和两个自变量。只要对列联表【Contingency Table】加入第三个变量,结果就变成多元了。多元通常是相对二元【Bivariate】而说的,后者一次只考虑两个变量。虽然多个变量通常是自变量,但有时也可能是因变量。例如,在典型相关分析【Canonical Correlation Analysis, CCA】中,多个 *X* 变量与多个 *Y* 变量相关。分析人员也会对一个以上的因变量进行解释,如在联立方程【Simultaneous Equations】系统中就是如此。

——Michael S. Lewis-Beck

(李洋译　高勇校)

多元分析(Multivariate Analysis)

顾名思义,多元分析是用来对含有两个以上变量的数据进行分析的技术。有些技术是新近才发展起来的,由于它们需要现代计算机的计算能力。也正因为多数技术都很新,它们没有统一的表达形式,也很难说对某一问题哪种技术最合适。

本词条提供了一个(非穷尽的)目录,以帮助研究人员根据数据类型或者统计问题来决定使用何种统计技术,同时也对每项技术进行简要描述。本词条是根据要分析的数据数目编写的:有一个数据,还是有两个(及以上)数据。在两个数据的部分中,考察了两种情况:第一种情况是一个数据是预测变量(自变量)【Predictors (or Independent) Variable】,另一个数据是测量变量或因变量【Dependent Variable】。第二种情况是不同的数据集对应不同的因变量。

一个数据集

通常,要分析的数据表是由对一组单元(如被试)的多个测度组成的。一般来说,单元是表格的行,测度是表格的列。

测量为定距或定比的:主成分分析

这种方法历史最久,用途最广。主成分分析(principal components analysis,PCA)的目标是把数据中彼此相关的多个测度转换为一组彼此不相关的(即正交的)新变量。这些新变量在不同情境中被称为主成分【Principal Component】、因子【Factor】、特征向量【Eigenvector】、奇异向量、负荷。每个单元在每个主成分上都有一个赋分。

分析结果通常会用图表来展示不同单元在主成分上的投影(projections)以及不同变量的负荷(即所谓“相关圆圈”)。每个主成分的重要程度用其投影的方差(即特征值)或者解释的方差比例表示。在这种情况下,PCA 可以视为是对一个数据表的方差[也被称为惯量(inertia)]进行正交分解。

测量为定类或定序层次:对应分析(CA),多元对应分析(MCA)

对应分析(correspondence analysis,CA)是 PCA 在列联表【Contingency Tables】中的扩展。CA 的因子对列联表的卡方【Chi-square】进行正交分解。在对应分析中,表的行列是可互换的,可以表示为同一个图。如果有多个定类【Nominal】变量要分析,PCA 可以扩展为 MCA。CA 也被称为对偶尺度分析、最优度量【Optimal Scaling】或者互相平均法(reciprocal averaging)。

相似性或者距离:多维度量(MDS)、叠加树和聚类分析

当数据表的行和列都同样表示单元,测量的是单元之间的距离或者相似性时,就会用到这些技术。这类分析的目的是通过图示来直观表示单元之间的距离或者相似性。MDS 将不同单元在位图中用点表示出来,使得这些点的欧氏距离近似于初始相似性(original similarities)(经典的 MDS 等同于 PCA,用于测量距离,而非度量的 MDS 用于测量相似性)。累加树分析和聚类分析【Cluster Analysis】把各个单元比作一棵树的“树叶”,它们之间“在树上”的距离接近于原始距离或者相似性。

两个数据集,情况 1:一组自变量和一组因变量

多元线性回归分析(MLR)

MLR 用多个自变量来预测一个因变量,自变量被假定是固定的或没有测量误差的,估计方法是最小二乘【Least Squares】。如果自变量之间彼此正交,问题就简化为一组双变量回归。如果自变量之间存在相关关系时,可以用偏相关系数来估计各个自变量的重要性。如果某个自变量可以被其他解释变量预测时,就会出现无法计算 MLR

的问题,这被称作多重共线性。对这一问题的解决办法会在下面进行讨论。

预测变量过多/多个因变量时的回归

偏最小二乘回归(PLSR)

PLSR 能够解决多重共线性问题,办法是计算同时解释自变量和因变量的潜在向量(与 PCA 中的成分类似)。这种技术用途广泛,在需要预测多个因变量时也可以使用。它兼有 PCA 和 MLR 的特点:可以像 PCA 一样把单元得分和变量负荷用制图的形式表现出来,也可以像 MLR 一样估计因变量(及其区间估计)。

主成分回归(PCR)

在 PCR 中,首先对自变量进行 PCA,然后用单元取值作为预测变量运行标准的 MLR。

岭回归(RR)

RR 通过在相关矩阵的对角线增加一个较小的常数项(岭)来解决多重共线性的问题。这样就可以计算出 MLR 的估计值。

降秩回归(RRR)或者冗余分析

在 RRR 中,首先对因变量进行 PCA,然后将单元取值作为一系列标准 MLR 回归中的因变量,而原初的自变量仍然作为预测变量(这个方法类似于反向的 PCR)。

多元方差分析(MANOVA)

在 MANOVA 中,自变量与标准方差分析中的自变量结构相同,但要预测多个因变量。MANOVA 计算出因变量的一系列有序正交线性组合(即因子),其中第一个因子纳入 ANOVA 时 F 值最大。F 值的抽样分布会进行调整以顾及其结构。

预测定类变量:判别分析(DA)

DA 的数学原理与 MANOVA 一样,它用一组自变量来预测给定单元属于哪个类别(即因变量为定类时)。判别分析合并因变量以使这些分组用于 ANOVA 中的固定因子时能够产生最大的 F 值。

拟合模型:验证性因子分析(CFA)

在 CFA 中,研究人员先是生成一个(或一些)潜在的解释结构模型(即构念),这个模型通常用图表达出来。因变量之间的相关性被拿来用这个结构拟合,然后会根据模型对数据的拟合程度进行模型评估。CFA 的各种形式也被称为结构方程模型【Structural Equation Modeling, SEM】、LISREL 或 EQS。

两个(或以上)数据集,情况 2:两组(或以上)因变量

典型相关分析(CCA)

典型相关分析【Canonical Correlation Analysis, CCA】将因变量合并起来,以找到具有最强相关性的新变量对(称作典型变量[CV],每个数据表对应一个)。典型变量之间虽然具有最强的相关性,但并不一定能解释原始表格的大部分方差。这就使得有时对 CV 的解释很困难,但是 CCA 依然是一个重要的理论工具,因为大多数多元技术都可以解释为 CCA 的一个具体的例子。

多重因子分析(MFA)

多重因子分析(Multiple Factor Analysis, MFA)将几个不同的数据表合并成一项单独的分析。第一步是对每个表格进行 PCA。然后把表中所有单元格都除以主成分的第一个特征值,由此来把所有数据表标准化。这一转换类似于单变量的 Z 值,可以使每个表格在最终解中的权重相等,因此,可以同时分析多个异构数据表格(heterogeneous data tables)。

多重对应分析(MCA)

多重对应分析(Multiple Correspondence Analysis,MCA)可以用来分析多个列联表;它是对应分析的扩展。

Parafac 模型和 Tucker 3 模型

这些技术处理的是三维数据矩阵,用 PCA 的得分和负荷分解法来得到 3 个负荷矩阵(每个矩阵对应一个数据维度)。它们的不同之处在于对分解的约束条件不同(Tucker 3 模型生成的是正交负荷,而 Parafac 模型生成的不是正交负荷)。

Indscal 模型

当每个被试都能生成一个单元和变量相同的数据矩阵时,就可以使用 Indscal 模型。Indscal 模型能生成一个共同的欧几里德解(及相应维度),并将被试之间的差别表示为在公共维度上的重要性的差别。

Statis

如果三维表格中至少一个维度是所有表格所共有的(如在多个时点用不同的变量对同样的单元进行测量),那么就可以使用 Statis 方法。这种方法的第一步是对每个表格进行 PCA,并对每个表格单元之间的相似性生成一个表格(即积差)。通过计算积差矩阵并进行 PCA(无须中心化),上述相似性表格被加以合并。分析中第一个成分的负荷被作为权重来计算折中数据表(compromise data table),即所有表格的加权平均数。最后将初始表格(及其单元)投影到折中空间(compromise space)中以探索其异同。

截长补短分析法(PA)

截长补短分析法(Procustean Analysis, PA)用于比较来自同一对象(objects)的距离表格(distance tables)。首先将表格转化为多维度量图,然后用截长补短分析法找出使得对象在两个图中的位置(在最小二乘的意义上)尽可能地接近的一组转换。

——Hervé Abdi

(李洋译　高勇校)

参考文献

Borg, I., & Groenen, P. (1997). *Modern multidimensional scaling.* New York: Springer-Verlag.

Escofier, B., & Pagès, J. (1988). *Analyses factorielles multiples* [Multiple factor analysis]. Paris: Dunod.

Johnson, R. A., & Wichern, D.W. (2002). *Applied multivariate statistical analysis.* Upper Saddle River, NJ: Prentice Hall.

Naes, T., & Risvik, E. (Eds.). (1996). *Multivariate analysis of data in sensory science.* New York: Elsevier.

Weller, S. C., & Romney, A. K. (1990). *Metric scaling: Correspondence analysis.* Newbury Park, CA: Sage.

多元方差分析和协方差分析(Multivariate Analysis of Variance and Covariance)

这里的"多"指的是在一个分析中使用几个因变量【Dependent Variable】。在如多重回归【Multiple Regression】等用法中,"多"经常是指多个解释变量。多元分析在心理学和生物学等领域都被成功地应用:在心理学测验中,每个测验题项就是一个单独的因变量;在生物学中,在一个特定的有机体上有多种观测值。

多元方差分析(MANOVA)和多元协方差分析(MANCOVA)是在一次分析中使用

同一些解释变量来对多个定量因变量进行联合统计分析的模型,在 MANOVA 中,所有解释变量都是定类【Nominal】变量;在 MANCOVA 中,有些解释变量是定量的,有些则是定性的(定类的)。如果所有解释变量都是定量变量,那么这些模型也可以扩展为回归个案。这 3 种方法是所谓的多元一般线性模型【General Linear Models】的特例。

在有多个因变量和一组解释变量的情况下,采用方差分析【Analysis of Variance】和协方差分析【Analysis of Covariance】可以逐个分析每个因变量和解释变量之间的关系。MANOVA 和 MANCOVA 的不同之处在于所有因变量在同一个分析中出现。当多个因变量有共同之处时,例如,它们是在一个心理学测验中不同题项的得分,这种方法就更好。这种多元方法还能解决对同一数据进行多次统计检验时,如何处理总体显著性水平的问题。

解释

举一个简单的例子,假设有一组关于同一组学生的数学和口语两门学科的学习能力测试(scholastic aptitude test,SAT)的得分数据。不同性别和种族的 SAT 得分有差异吗？可以对每组 SAT 得分进行单独的方差分析,两个方程式如下所示:

数学 SAT=性别+种族+性别×种族+残差项
口语 SAT=性别+种族+性别×种族+残差项

每个分析都能得到平方和【Sum of Squares】与 p 值【p Values】,可以推断出两个解释变量及其统计交互【Statistical Interaction】对 SAT 得分的影响。

但是,这样的两个单独分析并没有利用两个解释变量本身是相关的这一事实。如果有某种方法能够将这一信息考虑进来,那么,分析就更有解释力,有可能发现在两个单独的分析中并不显著的结果。这些目标可以用一个多元方差分析来达到,而不是两个单独的方差分析。

历史发展

随着方差分析和协方差分析过渡到相应的多元分析,计算的复杂性极大增加。因此,直到 20 世纪后期出现了必要的统计软件,这些方法才得到很好的发展和应用。如今,所有主要的统计软件都能进行多元方差分析和多元协方差分析。而且很多软件手册都对这些方法及其结果进行了很好的解释。

应用

让我们考察两组 SAT 得分和一个解释变量,即性别。在两个单独的方差分析中,分别研究了数学和口语的得分有没有性别差异。但是,我们能够生成两个测试分数的散点图来显示两个因变量之间的关系。为了识别每个回答者的性别,可以用两种不同颜色的散点,这样就很容易看清两组数据是重合的还是有所不同的。我们就能看出对每个变量进行单独考察难以发现两组之间的差别。极端情况下,男生和女生的两项测量得分的均值都相同,但是在散点图中,却可以看到两组得分存在着差异。这只有采用多元方差分析而非两个独立的方差分析才能发现这些差异。

进行多元方差分析和多元协方差分析的第一步是进行虚无假设【Null Hypothesis】检验,即各组是否在不同的因变量上均有相同的均值。在上面的例子中,这意味着要检验女生和男生是否有相同的数学和口语得分,以及是否所有的种族有相同的数学和口语得分。如果这些虚无假设被拒绝,与单变量下的做法相同,下一步就是要找到哪组的组均值不同。

一般来说,有 4 种检验总体假设有效性的方法。它们分别是 Wilks 的 Lambda(λ)统计量、Pillai-Bartlett trace 统计量、Roy 最大特征根统计量和 Hotelling-Lawley trace 统计量。针对同一个虚无假设,这 4 种方法可能得到不同的检验结果,如何选择取决于检验的稳健性和统计功效(statistical power)。Wilks 检验是最常用的统计量,如果满足适当的假设,其检验统计量的分布与 F 分布【F Distribution】较为接近。

假设条件

与其他统计方法一样,研究数据必须满足研究方法所需要的假定,得到的 p 值才有意义。数据必须是来自潜在总体的一个随机统计样本,观测之间是彼此独立的。因变量要服从多元正态分布【Normal Distribution】,即每个因变量都要服从正态分布。最后每个因变量必须满足方差齐性,在所有观测组中任意两个因变量之间的相关性必须相同。

——Gudmund R. Iversen

(李洋译　高勇校)

作者注释:在万维网上搜索 MANOVA,可以了解到对这些方法的很多不错的介绍,以及使用这些方法的案例。

参考文献

Bray, J. H., & Maxwell, S. E. (1985). *Multivariate analysis of variance* (Sage University Paper Series on Quantitative Applications in the Social Sciences, 07-054). Beverly Hills, CA: Sage.

Velleman, P. F. (1988). *DataDesk version 6.0 statistics guide*. Ithaca, NY: Data Description, Inc.

N

$N(n)$

样本【Sample】量的符号。大多数社会科学研究是针对来自总体的样本而非总体【Population】本身来实施的。只要数据【Data】来自样本,通常就必须公布样本的大小,比如 $N=256$,或者 $n=256$(在实践中 N 和 n 没有区别,在文献中这两种用法都有)。此外,在分析中,所公布的 N 通常是排除了在分析变量上有缺失数据的个案。例如,一项调查采访了 1 000 个被调查者,但是对感兴趣的 6 个变量来说,只有 873 个个案没有缺失数据,因此有效的样本量 $N=873$,而非起初的 1 000。

——Michael S. Lewis-Beck

(李洋译　高勇校)

N6

N6(正规表达是 NUD * IST)与 NVivo 类似,是用于定性数据分析的专业计算机软件。更多信息请参阅相关网站。

——Tim Futing Liao

(李洋译　高勇校)

叙事分析(Narrative Analysis)

在人文科学中,叙事分析是指对有故事形式的各种文本进行分析的一些方法。国家和政府会构建自己喜好的历史叙事,社会运动、各类组织、科学家、其他专业人士、民族/种族群体、用经验来编织故事的个体也都如此。如此多样化的文本都被称为“叙事”,是因为它们皆具有“顺序”和“后果”:事件经过了选择、组织、关联,然后被认为对某一受众是有意义的。讲故事者解释世界且体验世界;他们有时还创造关于“世界应该如何”的道德传说(moral tales)。叙事代表了进行认知和沟通的故事化方式(Hinchman & Hinchman, 1997)。我在此着重讨论对个人经验进行口头叙事。

对叙事的研究兴趣萌生于一些当代运动:在人文科学中远离实证主义【Positivism】研究方式和宏大叙事理论(如马克思主义)的“叙事转向”;在文学和流行

文化中的“回忆录热潮”;美国、欧洲和跨国运动中的“身份政治(identity politics)”,即有色人种、女性、同性恋者、其他边缘人群的解放斗争;迅速发展的疗愈文化(therapeutic culture),即在各种心理疗法中对个人生活的探索。“立足于普通人、边缘人、沉默者的生活,个人叙事回应了宏大叙事的瓦解,人们通过讲述与书写自身故事来理解经历、确立身份、重获新生”(Langellier, 2001, p.700)。

不同的研究者对个人叙事的定义有很大差异,这往往与学科背景有关。在社会史和人类学中,叙事指的是一个完整的生活故事,它是根据各种访谈、观察和文献编写而成的(如 Barbara Myerhoff 对加利福尼亚州威尼斯的犹太老人进行的民族志研究)。在社会语言学和其他领域中,叙事的概念被限定为围绕人物、场景和情节组织起来的简短的、有明确主题的故事[如回应单独一个访谈问题的拉波夫式叙事(Labovian narratives)]。在另一个传统中(心理学和社会学领域是常见的),个人叙事包括大段谈话——从一次或多次访谈中得来的在一定情境中的对生活的详尽叙述。调查者对叙述的不同定义使得其分析方法并不相同,但都要求调查者构建文本以便进一步分析,要选择并组织文档、完成田野笔记【Fieldnotes】,并且/或者选择访谈转录【Transcript】稿中的某些章节仔细研读。叙事并不能自己说话,也不具有天然的优点;它们需要被加以阐释,才能成为社会研究中的资料。

叙事分析的几种模式

叙事分析有好几种分类方式(参见 Cortazzi,2001;Mishler,1995)。我要介绍的是用来描述当前众多方法的一种有启发性的尝试,它尤其适用于对个人经验的口头叙事(关于组织叙事,请参见 Boje,2001)。分类并不是为了评出优劣高低,但我会对每一类都提出我的问题。实践中不同的方法可以结合起来;他们并不互斥,如同所有分类一样,边界是模糊的。每一类我都会从健康和疾病领域中举几个例子,诚然它们都带有我的偏好。

主题分析

重点是文本的内容,讲述的内容(“what” is said)比讲述的方式(“how” it is said)重要,讲述的结果(the “told”)比讲述的过程(the “telling”)重要。这一路数背后的(未被明示的)语言哲学是:语言可以直接而明确无误地通向意义。与扎根理论家【Grounded Theory】一样,调查者会收集许多故事,从这些资料中归纳性地得出几组概念。对叙事按主题进行分类是通常用来呈现资料的办法,同时会有一些案例会被拿来作为例证。

加雷思·威廉森(Williams,1984)在其早期属于疾病叙事流派的论文中,讨论了个人如何叙事性地重新建构其病因来应对风湿性关节炎对身份认同的影响,这是一个将身体、疾病、自我和社会联系在一起的阐释过程。他分析了 30 个人对他们如何得病的叙述,从而确立了一种分类法,使用了三个案例来作为示例;这些叙述表明了叙事主题是多样性的,扩展了视慢性病为生活扰动(biographical disruption)的已有理论。他的访谈摘录(interview excerpts)的叙事形式是经典的、以时间为序排列的,但是他并没有对这种叙事的形式进行分析。

卡罗尔·凯恩(Cain,1991)在她对饮酒者互助协会(Alcoholics Anonymous)成员的身份获取的研究中更进一步,其中使用了观察和访谈的方法。在饮酒者互助协会的典型故事中,对饮酒有一些普遍的见解,新成员参加这个组织时会知晓这些见解;久而久之,他们学会了将其生活中的事件和经验转变为一种模式化的生活故事,饮酒者互助协会的听众很容易识别出这些故事。她发现一种普遍性的文化故事,然后分析它如何塑造了组织成员"个人"对其饮酒生涯中的关键时刻这样一种事件的讲述。她的工作尝试性地考察了叙事结构,继而演变成对文本类型的分析。

主题法有助于将大量个案进行理论化——在不同的参与者和他们汇报的事件上发现共同的主题元素。由此可以建构一种分类方式来丰富正在形成的理论。由于兴趣在于言辞的内容,分析者会关注故事中显而易见的意义,由此来阐释故事究竟说的是什么。语言被视作一种资源,而非调查的议题。但是,这种方法是否在模仿客观主义者【Objectivist】的探究模式,即认为研究主题不受调查者的理论视角、兴趣和提问方式的影响?说话的背景——访谈的背景,更广泛的制度和文化话语的背景——通常被忽略了。读者必须假设,当许多叙事都被归为同一主题时,他们这些话都在表达同一个意思。但是,如何处理那些"含糊之辞"呢?如何处理那些不能归到任何一种类型中的"胡言乱语(deviant responses)"呢?还有,如何处理那些"言外之意(the unspoken)"呢?

结构分析

这里的重点转向了讲述的过程(the "telling")和讲故事的方式(the way)。主题内容不可忽视,但形式同样需要关注:讲述者是如何选择特定的叙事工具(narrative devices)来使得故事有说服力。与主题法不同,在此需要严肃地看待语言,除了相关的内容以外,语言也成了细致研究的对象。

叙事分析的第一种方法可以说是由威廉·拉博弗及其同事在30多年以前提出的,这种结构法分析了总体叙事中从句的功能——它所起到的沟通作用。拉博弗(Labov,1982)之后修改了这一方法以便考察对暴力的第一人称叙述,这种叙述是简短、主题集中、以时间为序的故事。但是他还是保留了叙事结构的基本部分:摘要(概要和/或故事的核心);方位(时间、地点、人物和情境);使事件复杂化的行动(事件顺序或者情节,通常有一个危机或者转折点);评价(叙事者从行动中退后以便评论其意义,进行情感沟通——叙事的"灵魂");问题解决(情节的结果);以及终曲(结束故事,将行动带回当下)。并非所有故事都要包括上述全部要素,且要素的顺序也并非一成不变。拉博弗的微观分析令人信服地展示了不当谈话如何导致暴力行动(在酒吧或在街道上)。从一个小的叙事语料库和戈夫曼之前的研究工作出发,他发展出了请求规则理论(a theory of the rules of requests),这一理论解释了不同叙事者所经历的不同场景中暴力突发的原因。

民族志诗学(ethnopoetic)的结构方法适用于较长的叙事,这种故事往往不采用典型的以时间为序的形式。在戴尔·海姆斯和其他人工作的基础上,詹姆斯·吉(Gee,1991)分析了因精神分裂症而入院的一位女性病人的言论,发现其富有艺术性且很有意义。叙事由不同片断组成(而非按时间),它可以分解成思想片段、诗的小节、诗的段落、基于叙事的讲述方式的其他部分。意义和阐释都受到了口头叙事特征的制约。吉提出了一种并非基于句子的话语单元理论。

由于结构法需要考察谈话的句法特色和韵律特色,因此它不适用于大批量分析,但是它在详细案例研究和比较多个叙事描述上非常有用。对几个案例进行微观分析,可以建构理论来将语言与意义勾连起来,如果像主题分析那样假定语言是意义的透明反映,这些内容就会被忽视。调查者必须根据研究项目的重点来决定转录中需要保留多少细节。那些不熟悉社会语言学的人有可能无法读懂访谈摘录,这可能导致跨学科沟通的难度增加。与主题法类似,严格应用结构法可能会忽略叙事的语境,如历史因素、互动因素和制度因素。研究场景和社会关系会对叙事内容形成制约,形塑了某一故事的讲述方式。

互动分析

这里的重点是讲述者和倾听者的对话过程。经验叙事通常发生在一些特定的场所,如医院、社会服务机构和法院等,在这里讲述人和提问人共同参与会话。互动法并不忽视主题内容和叙事结构,但是它的兴趣在于讲故事是一个共同建构的过程(a process of coconstruction),在这一过程中,讲述者和听众进行合作来共同建构意义。个人经验的故事围绕着讲述者的生活世界,被插入问答过程中。这种方法需要文本转录中包括所有谈话中出现的参与者,如果互动中辅助语言特征(paralinguistic features)⑥也可以记录下来就更好了。

一些研究问题需要进行互动分析。克拉克和米什勒(Clark & Mishler,1992)试图讨论"体贴的"问诊(medical interviews)有哪些特征。通过分析停顿、打断、主题串联和谈话的其他方面,他们揭示了问诊如何能够(以及不能)让患者进行讲述,以便提供信息来进行准确的诊断和治疗。

苏珊·贝尔(Bell,1999)比较了两个妇女在参与妇女健康运动前后的疾病叙事。她审视了自己在研究访谈中的参与情况,表明随之呈现的叙事是如何立足于具体的历史背景和政治影响中的。情境形塑了女性生活中的各种可能性、他们对疾病的体验、妇女与作者共同生成的某种疾病叙事。除了叙事组织和结构,对语言和互动的微观分析(microanalysis)在她的研究方法中也是至关重要的。

互动法对于研究各种场景下(法院、教室、社会服务机构、心理治疗办公室和研究访谈自身)讲述者之间的关系非常有用。与结构法类似,互动研究通常能够表现出言语的复杂性,而不只是把它视为简单的传达内容的工具。和在谈话分析【Conversation Analysis】中一样,文本转录可能对于缺乏相关经验的人来说很难。通常需要包括谈话中的停顿、结巴及其他方面,但是文本转录不同于录影带,它不能展现那些"言外之意(the unspoken)"。如何处理那些受访者的姿势、凝视和其他表现呢?

表演分析

表演分析是对互动法的进一步扩展,它不仅对言辞感兴趣,正如舞台隐喻所暗示的,讲故事被视为经历过往的"自我"的一种表演,讲述者(可能)通过语言和动作来感动听众,因此它不仅是一种"述(telling)",更是一种"行(doing)"。述行法中也有不同的形式,一端是拟剧论,另一端认为叙事是一种社会行动形式的叙事实践论(narrative as praxis)。因此,叙事研究者可以分析不同的特征:舞台上用口头叙事表达的演员(如故事中的角色及其自我定位是叙事者还是主角);场景(表演的条件以及表现故事的场景);角色之间的对话(引述的言辞);观众反应(随着剧情的展开而对戏剧进行理解的听众,以及在之后的阅读中进行解释的解释者)。尽管戈夫曼较早就提出了拟剧论(dramaturgic),但表演分析在叙事研究中是新近出现的,研究者们在对身份(即"自我"

---

⑥ 辅助语言特征是指互动过程中除了正式语言之外的声调、表情、行动等特征。——译者注

的可行呈现)研究中用它做了种种尝试(Riessman,2003)。

克瑞斯汀·朗热利尔和埃里克·彼得森(Langellier & Peterson,2003)提出了令人信服的理论和若干经验案例,包括对家庭(小组)故事讲述的细节分析、乳腺癌患者的疾病叙事等。他们分析了在每个表演中故事讲述者、听众和角色的定位;讲故事是沟通实践,它是具象的、置于特定背景的、有形的、散漫的、允许辩解也允许批判的。

述行论适用于对沟通实践的研究和对身份建构的详细研究——讲述者想要他人如何认识自己,他们如何将受众拉进来一起"构建"自己的身份。这种方法激发了人们去研究受众是如何参与到叙事表演中的。正如读者反应论者(reader-response theorists)所提出的,读者是最终的阐释者,他们对叙事的理解也许与讲述者和研究者都不同。将视觉(通过摄像和摄影)叙事与口头叙事整合在一起,这种做法代表了当代的一个创造性转向(Radley & Taylor,2003)。

结论

叙事分析不再单单是文学研究的范畴;它已经渗透进了所有的人文科学和实践专业。上面回顾的多种方法适用于不同的研究项目和文本类型,但是每种方法都提供了一种系统的研究个人经验叙事的方式。批评者(有时合理地)认为叙事研究把内在的"自我"实体化了,貌似提供了一种"真实的"声音、一种纯粹的主观真实,将个体能动性理想化(Atkinson & Silverman,1997;Bury,2001)。个人叙事过度个人化(overpersonalizing)的危险确实存在。

叙事法不适用于研究大量的无名无姓、面目不清的对象。有些分析方法既缓慢又辛苦,需要关注细微之处:言论的细微差别,回答的组织结构,研究者和研究对象的关系,以及社会和历史情境——使"个人"故事成为可能的文化叙事(cultural narratives)。在最近的反身性转向(reflexive turn)中,自传民族志【Autoethnography】和来自其他传统的学者正在产生他们自己的叙事,将自己的传记与研究素材联系起来(Riessman,2002)。

叙事并不是过去的镜像,而是过去的折射。想象和利益都会影响讲述者如何关联各个事件,如何使事件对他人有意义。叙事对研究的用处,恰恰在于讲述者会对过去进行阐释而非复制过去。叙事记录的"真实性"并不在于它忠实地再现了过去,而在于它在过去、现在和未来之间建立起了不断变化的联系。叙事是讲述者对生活进行重新想象的一种途径(如同叙事促进了国家、组织、民族/种族、其他群体形成了集体身份)。用赖特·米尔斯的话讲,叙事分析可以在个人生涯和社会结构之间(即私人性与政治性之间)建立起联系。

——Catherine Kohler Riessman

(李洋译　高勇校)

参考文献

Atkinson, P., & Silverman, D. (1997). Kundera's "immortality": The interview society and the invention of self. *Qualitative Inquiry*, *3*(3), 304-325.

Bell, S. E. (1999). Narratives and lives: Women's health politics and the diagnosis of cancer for DES daughters. *Narrative Inquiry*, *9*(2), 1-43.

Boje, D. M. (2001). *Narrative methods for organizational and communication research*. Thousand Oaks, CA: Sage.

Bury, M. (2001). Illness narratives: Fact or fiction? *Sociology of Health and Illness*, *23*(3), 263-285.

Cain, C. (1991). Personal stories: Identity

acquisition and self-understanding in Alcoholics Anonymous. *Ethos*, *19*, 210-253.

Clark, J. A., & Mishler, E. G. (1992). Attending to patients' stories: Reframing the clinical task. *Sociology of Health and Illness*, *14*, 344-370.

Cortazzi, M. (2001). Narrative analysis in ethnography. In P. Atkinson, A. Coffey, S. Delamont, J. Lofland, & L. Lofland (Eds.), *Handbook of ethnography*. Thousand Oaks, CA: Sage.

Gee, J. P. (1991). A linguistic approach to narrative. *Journal of Narrative and Life History*, *1*, 15-39.

Hinchman, L. P., & Hinchman, S. K. (Eds.). (1997). *Memory, identity, community: The idea of narrative in the human sciences*. Albany: State University of New York Press.

Labov, W. (1982). Speech actions and reactions in personal narrative. In D. Tannen (Ed.), *Analyzing discourse: Text and talk*. Washington, DC: Georgetown University Press.

Langellier, K. M. (2001). Personal narrative. In M. Jolly (Ed.), *Encyclopedia of life writing: Autobiographical and biographical forms* (Vol. 2). London: Fitzroy Dearborn.

Langellier, K. M., & Peterson, E. E. (2003). *Performing marrative: The communicative practice of storytelling*. Philadelphia: Temple University Press.

Mishler, E.G. (1995). Models of narrative analysis: A typology. *Journal of Narrative and Life History*, *5* (2), 87-123.

Radley, A., & Taylor, D. (2003). Remembering one's stay in hospital: A study in recovery, photography and forgetting. *Health: An Interdisciplinary Journal for the Social Study of Health, Illness and Medicine*, *7*(2), 129-159.

Riessman, C. K. (2002). Doing justice: Positioning the interpreter in narrative work. In W. Patterson (Ed.), *Strategic narrative: New perspectives on the power of personal and cultural storytelling* (pp. 195-216). Lanham, MA: Lexington Books.

Riessman, C. K. (2003). Performing identities in illness narrative: Masculinity and multiple sclerosis. *Qualitative Research*, 3(1), 5-33.

Williams, G. (1984). The genesis of chronic illness: Narrative re-construction. *Sociology of Health & Illness*, *6*(2), 175-200.

叙事访谈(Narrative Interviewing)

叙事访谈与典型的深度访谈有何区别?前者要求生成关于经验的具体“故事”而非一般性描述。叙事可以有多种形式,从详细叙述具体历史事件(有清晰的开始、过程和结尾)的、边界严格的叙事,到穿越时间和地理空间的叙事——以整个生命或生涯为参考的传记式描述。

叙事访谈的出现代表着人文科学研究中访谈方法的一大转向。一问一答(刺激/响应)的模式让位于作为一种更发散性的工作的访谈。参与者加入叙事的展开中来;叙事者和听众/提问者共同生产和建构所叙述的事件与经验的意义(Mishler,1986)。“促发性的(facilitating)”访谈者和作为信息承载者的(vessel-like)“被访者”,被两个共同生产出意义的积极的参与者替代(Gubrium & Holstein, 2002)。与依靠开放式问题【Open-Ended Question】和/或封闭式问题【Closed-Ended Questions】的主流社会科学访谈相比,叙事访谈与当代的民族志【Ethnography】共同之处更多。

鼓励叙事

如果把访谈看作是一种谈话,一种说话人之间的对话,那么日常谈话的原则就可以适用于此:轮流着说,要切题,进出故事世界时要有一些话头和话尾。一个故事能引发另一个故事；当叙事者和提问者/听众为这样一些话题转换留出足够余地时，它有助于我们探索可能把几个故事联系起来的关联和意义。如果我们想要了解个体经验的全部复杂性，就要靠细节，即要了解具体的事件而非对经验的一般评价。与主流研究实践中的一般“自然”谈话相比，叙事描述（narrative accounts）在谈话中需要更多的铺垫。

为了把研究访谈开放为研究参与者的扩展性的叙事，研究调查人员就需要减少一些控制。尽管研究者可以遵循特定的经验路径，但是叙事访谈就意味着要追随研究参与者的足迹。对某个现象的真正的研究发现往往源于访谈中的权力共享。

叙事往往在最意想不到的时间发生，甚至是在回答固定回应（是/否）问题时发生（Riessman，2002）。但是与其他问题相比，某些类型的开放式问题更有可能产生叙事的机会。比较一下这两个问题：“X 何时发生？”和“告诉我发生了什么？然后发生了什么？”第一个问题是在询问一个孤立的信息片断，后者询问的是一些过往事件的扩展性描述。一些调查者在介绍情况之后就要求研究参与者讲述他们的故事——例如，疾病是怎么开始的。但是经验总是不止于对它的描述和叙述；事件可能被说得轻描淡写、无足轻重。只有通过进一步的追问才能促使参与者回忆细节、转折点以及认知中的其他转变、情感和行动。在我个人对期望生命历程的中断（如离婚）的研究中，我提出这样的问题：“您能记得……发生时的某一片刻吗？”我可能会进一步追问：“发生了什么事情使你记住了婚姻中的这一时刻？”研究卫生职业教育问题的科塔兹及其同事（Cortazzi，Jin，Wall，& Cavendish，2001）提出：“在你最近的学习中是否取得了什么突破性进展？”通常他们会回答“啊，是的”，然后是夹带着隐喻和情感流露的对这一突破性进展的长时间的叙述——一个学生将之称为“一声霹雳（a clap of thunder）”。

一般来说，访谈安排中的结构性越少，研究参与者（访谈者和受访者一样）就被给予了更多的控制权来用现有的文化形式共同建构叙事（construct narratives）。并非所有父母经常给子女讲故事，也并非所有文化都是建立在口述的基础上（当然在有些群体中，故事是讲述过往的主要方式）。研究访谈中的参与者使用讲故事来作为一种了解和倾诉的方式的程度是不同的。并非所有的叙事都是严格意义上的（社会语言学上的）“故事”。

收集和比较人们讲述过往的不同方式，这将会大有所获。一名叫贾尼丝·戈德曼的研究生研究了一组苏丹男孩，这些苏丹男孩跋涉了很多国家，最终被美国接受成为“合法的”难民。他们的叙事描述在很多重大方面差异很大，但是所有人在叙事中都会包括某个事件——例如，穿越满是鳄鱼的、许多男孩葬身其中的河流。叙事中不带情感、不加评价，这与其他难民群体的叙述完全不同，反映出了这些受访男孩的年纪较轻、他们与访谈者的关系以及文化和心理因素。

有时对于某个参与者来说，只让他们用口头语言进行叙事几乎是不可能的。民族志学者温迪·勒特雷尔（Luttrell，2003）在一个班级中针对怀孕青少年开展研究工作，她们中的大多数是非洲裔美国人，研究者期望每个女孩都能就一些关键事件进行叙述：得知怀孕、告诉母亲或者男朋友、决定保留孩子以及其他重要时刻。但是没人回答，为了打开叙事的世界，她鼓励女孩们进行艺术创作和角色扮演。当研究者要求女孩们讨论她们的艺术作品时，她们开始对那些关键时刻进行讲述——集体说故事。仅仅依靠从个体访谈中形成的文本，即我们“神圣的记录”来进行研究，这对调查者来说是有局限的。当代学者在研究中进行的各种创新包括合并观察(combining observation)、长久关系以及与参加者的历时会话,甚至是叙事访谈的影像数据资料(例如,对参与者的环境进行录像、参与者拍摄的照片、对其他照片的反应)。

总之,叙事访谈并非一组技术,也并非一定是自然而然的。如果能在一些研究情境中创造性地使用这种方法,它就能够让我们在社会研究中建立起对话关系(dialogic relationships),实现更平等的沟通交流。

——Catherine Kohler Riessman

(李洋译 高勇校)

参考文献

Cortazzi, M., Jin, L., Wall, D., & Cavendish, S. (2001). Sharing learning through narrative communication. *International Journal of Language and Communication Disorders*, *36*, 252-257.

Gubrium, J. F., & Holstein, J. A. (2002). From the individual interview to the interview society. In J. F. Gubrium & J. A. Holdstein (Eds.), *Handbook of interview research: Context and method.* Thousand Oaks, CA: Sage.

Luttrell, W. (2003). *Pregnant bodies, fertile minds: Gender, race, and the schooling of pregnant teens.* New York: Routledge.

Mishler, E. G. (1986). *Research interviewing: Context and narrative.* Cambridge, MA: Harvard University Press.

Riessman, C. K. (2002). Positioning gender identity in narratives of infertility: South Indian women's lives in context. In M. C. Inhorn & F. van Balen (Eds.), *Infertility around the globe: New thinking on childlessness, gender, and reproductive technologies.* Berkeley: University of California Press.

本地研究(Native Research)

认识论【Epistemology】和科学中占据优势的实证主义【Positivism】一直强调,研究者的研究工作必须具有客观性【Objectivity】,必须采用可以解决效度【Validity】、信度【Reliability】和概推性问题的方法。“土著化”【Going Native】一词通常被归于布罗尼斯拉夫·马林诺夫斯基,他基于对新几内亚特罗布里恩(Trobriand)岛民进行的广泛研究而提出了这一词(Malinowski, 1922)。在马林诺夫斯基对人类学家和田野研究“对象”之间的关系的反思中,他提出,同传统上研究者应当与研究客体保持距离不同,人们反倒应当“理解当地人的观点,他与生活的关系,来认识他对他自己世界的想象”(p.290)。也就是说,置身陌生环境的科学家应当入乡随俗,用一种与他们所研究的人和文化更具互动性和反身性的方式,投入研究尝试中。

自马林诺夫斯基首次提出“土著化”概念之后的七十年,不同学科的研究者们一直关注的是如何接近和研究那些在性别、种族、阶级、民族或者其他特征上与研究者不同的群体和/或主题。但是在过去十年中,人类学领域出现了“本地研究者”“本乡研究者(indigenous)”“局内研究者(insider)”等术语(Hayano, 1979; Kanuha, 2000; Malinowski, 1922; Narayan, 1993; Ohnuki-Tierney, 1984; Reed-Danahay, 1997),这些术语表示的是民族志学者研究他们自身所属的社会和身份群体,以及/或者研究他们个人直接或经常经历的社会问题。本土研究的例子包括女性研究者研究乳腺癌,携带

HIV/AIDS 病毒的民族志学者组织 HIV 呈阳性的当事人进行焦点小组【Focus Group】,出生于广岛的科学家调查日本的原子弹轰炸幸存者。

研究者自己研究自己的好处包括:能接近之前未被研究或难以触及的研究人群,对"局内人"本性的深入了解提升了分析性诠释的可能性和水平,对那些只能诞生于特定文化场景中的体验【Lived Experience】的方法和资料有着复杂的理解。但是,本地研究也充满挑战。要做到在参与观察者【Participant Observation】和研究者的多元身份之间进行平衡,就需要研究者有独特的技术和理解,在情感上和理智上与资料之间保持距离,以便不含倾向性地进行分析。这会相当困难,尤其是当研究者的首要社会身份(primary social identities)与所研究的对象相似时。此外,评判本地研究者的一个核心标准不仅仅是事先对研究群体有所了解,他还要有能力在以研究者(局外人)行事之时仍然被接纳为研究对象的群体成员(局内人)。

解决本地研究的难题,需要对那些既有"局内人"的视角又具备"局外人"研究方法的本土研究者保持敏感。

——Valli Kalei Kanuha

(李洋译　高勇校)

参考文献

Hayano, D. (1979). Auto-ethnography: Paradigms, problems and prospects. *Human Organization*, *38* (1), 99-104.

Kanuha, V. (2000). "Being" native vs. "going native": The challenge of doing research as an insider. *Social Work*, *45*(5), 439-447.

Malinowski, B. (1922). *Argonauts of the Western Pacific*. New York: Holt, Rinehart and Winston.

Narayan, K. (1993). How native is the "native" anthropologist? *American Anthropologist*, *95*,671-686.

Ohnuki-Tierney, E. (1984). "Native" anthropologists. *American Ethnologist*, *11*,584-586.

Reed-Danahay, D. E. (Ed.). (1997). *Auto/ethnography: Rewriting the self and the social*. Oxford, UK: Berg.

自然实验(Natural Experiment)

自然实验或自然主义实验之所以是"自然"的,就在于这种方法调查的是现实生活,是自然发生的事件的展现,研究者不进行任何控制【Control】或者操纵,对研究结果通常也没有任何预设概念。在社会科学中,这种类型的经验研究在自然的场景中进行,例如操场、学校、工场、邻里、社区以及家庭。在这些背景中自然地发生了诸多事件,由此为社会科学家们提供了空间,他们用定量研究【Quantitative Research】和/或者定性研究【Qualitative Research】方法低调地收集并分析实验数据(例如深度访谈【In-Depth Interview】、个案研究【Case Study】、观察法【Observation】、问卷法【Questionnaire】、态度量表【Attitude Scale】、评级表和检验得分)。这类实验研究的是自然发生的现象对响应/因变量【Dependent Variable】的影响。

自然主义实验经常与调查事件受到研究者有意的系统性操控的实验室实验【Laboratory Experiment】或者田野实验【Field Experimentation】相比。例如,研究者会引入、排除或者操纵一些变量而将其他变量设为恒量。尽管存在这些差异,这两种方法是可以互相补充的,自然实验有助于确定精确控制的实验室研究结果能否在现实生活中发生(即确立其外在效度【External Validity】分析)。另一方面,陈述性(indicative)的研究结果可以激发更为严谨的实验工作。自然实验的另一个优势是,有些研究只能通过自然实验的方法来实施,因为实验研究可能存在伦理、成本太高、难度太大等问题。

自然实验的潜在缺点包括抽样【Sampling】问题、推广到总体时有局限性、从数据中难以进行因果推断。实验研究可以随机抽样,但在自然实验中研究者无法控制抽样过程。因而,研究者不得不依赖"自选择(self-selection)"(参见 Charlton, Gunter, & Hannan, 2002)。研究结果能否推论到其他时间、地点和人物,这也与抽样密切相关。只有当有证据表明样本是总体的代表性样本【Representative Sample】时,才能进行普遍推论。最后,自然实验很难进行因果推论(causal inferences),除非通过适当控制表明其他因素没有对结果产生影响。例如,库克、坎贝尔和佩拉基奥(Cook, Campbell, & Peracchio, 1990)讨论了四种一般类型的自然实验研究设计,只有一种实验可能——但也并不一定能够——进行因果推论。

查尔顿等人(Charlton et al., 2002)的研究是自然主义实验的一个例子。研究者对孩子们在其收看广播电视之前以及之后5年的情况进行监控,采用多元方法【Multimethod】研究(观察法、评估、自报告、问卷、焦点小组【Focus Group】讨论、日记【Diary】和内容分析【Content Analysis】),研究利用了自然发生事件的优势来评估电视对观众的影响。

——Tony Charlton

(李洋译　高勇校)

参考文献

Charlton, T., Gunter, B., & Hannan, A. (2002). *Broadcast television effects in a remote community.* Hillsdale, NJ: Lawrence Erlbaum.

Cook, T. D., Campbell, D. T., & Peracchio, L. (1990). Quasi-experimentation. In M. D. Dunnette & L. M. Hough (Eds.), *Handbook of industrial and organisational psychology* (2nd ed., Vol. 1, pp. 491-576). Chicago: Rand McNally.

自然主义(Naturalism)

自然主义通常包含三个含义。哲学自然主义(philosophical naturalism)认为世界上存在一个所有事物都遵循的客观的、自然的秩序(参见 Papineau, 1993)。这一观点实际上否认了笛卡尔的二元论,后者假设物质和意识是分离的。哲学自然主义通常意味着唯物主义,就是说我们所体验的意识都能进行物质上的解释(尽管万物皆可还原为意识的观点与自然主义者的立场也是一致的)。哲学的自然主义只是一种形而上学的推理或思考,但是它是自然主义最重要的概念——科学自然主义(scientific naturalism)的基础。

科学自然主义

科学自然主义中包括广泛的理论视角。有人认为,自然的统一性(unity of nature)是指探索自然的方法是统一的,那就是我们当前所使用的科学方法。自然主义的极端观点则更为强硬,采取了物质主义

(physicalism)和还原论的极端形式。以此看来,所有现象都可以化约为物理属性,诸如理性和精神价值这样的现象只不过是一些附属现象(epiphenomena)。

自然科学家的立场多在上述两者之间,他们多少都是自然主义者,但是研究社会世界的人则不然,即使他们自称为社会"科学家"。如果自然主义的本体论假设应用到社会世界中,那么结论就是社会世界与物质世界是一致的,或者来源于物质世界(Williams,2000,p.49)。进一步,如果我们按这种排序来解释人类与世界的关系,那么科学方法经过适当改造后也可以用来研究社会世界。这一观点是社会科学中两种最突出的方法——实证主义【Positivism】和实在论【Realism】的基础。

根据我们对世界作出何种假设以及从这些假设推论而来的方法,可以将自然科学和社会科学中的实在论者分成不同群体,但是他们都相信自然科学中合理的东西——如进行解释和一般化——在社会科学中也同样合理。自然主义者并不否认社会世界(与物质世界相比)在向他人展现的方式上存在重要的差异,而且承认这会产生方法差异。但是,他们认为自然科学内部同样存在这样的差异。例如,物理学家使用实验方法,天文学家则使用被动的观察方法。

对自然主义的反对

在哲学和其他社会研究中都有许多反对自然主义的声音。

反理性主义者(antirationalists),如后现代主义者以及许多对科学进行社会研究的学者,反对的不是自然主义的本体论,而是科学本身。他们认为科学"只是一种对话或者一种社会组织形式"(Kincaid, 1996, p.8),因此并不具有认识论特权。这使自然主义成了多余的,因为它无法证明自然秩序的存在。对反理性主义的反驳,不仅来自自然主义的捍卫者,而且来自科学方法本身(Williams,2000,Chap.4)。

第二种反对观点认为科学自然主义是一种同义反复。科学是我们了解自然秩序的唯一方法,那些称为自然的事物都是通过科学来发现的。对此有一些侧面的回应,认为自然主义并不依赖科学的任何特定历史形式,而只是可以为自然或社会难题给出最佳真理的那些科学形式。

把自然主义作为社会世界研究的基础,对此最重要的反驳是在方法论层面进行的。多数反驳意见对"自然的统一性"持怀疑论立场,认为社会世界是一种意识的产物并关注其如何运作。有人认为,由此而生成的反馈机制形成了一种不确定性,这种不确定性导致我们不可能找到规律性(regularity)来进行解释和一般化,故而不能采用物理学或生物学的方式来研究社会世界。这种观点直接导向了两种方法论立场,其中第一种方法论立场在某种程度上是反方法论(antimethodology)的:(a)科学是发现世界真相的最可靠的方法,但遗憾的是,社会科学不可能是科学的,因此根本没有可靠路径可以获取社会世界的知识;(b)社会世界是可知的,但是必须从人文主义立场来研究,要强调的是对世界的理解而非解释。

对上述方法论上的反驳,也有许多回应。第一,自然主义和方法论是相互独立的,因为不同的自然科学和不同的社会科学(甚至是不同的研究问题)都需要不同的方法。大致而言,用解释性的抽样调查就不可能做好人类学,反过来用民族志方法也不能做好政治民意调查。第二,在许多复杂系统中可以进行解释和一般化,在许多社会领域中也同样可以。在物质世界的许多研究中(例如湍流、基因变异等),解释也只是或然性的(probabilistic)。第三,社会世界的某些特性使得我们难以了解它们,但是物质世界中同样如此。

社会科学中关于自然主义的争论还有一个难点,就是人们常常混淆实证主义和自然主义。社会科学中批判实证主义的人,往往把实证主义对科学的特定概念混同于对社会世界进行的全部科学研究。这种混淆的问题不仅在于它是误导性的,而且在于它忽视了自然科学家虽然是自然主义者却也常常是反实证主义者(antipositivists)。

民族志中的自然主义

自然主义的第三个用途是在民族志研究上。这种用法与前面的、旧的用法没有丝毫联系,并且通常是那些反对科学自然主义的人文主义者在使用。被称为民族志自然主义(ethnographic naturalism)的这种观点认为,人们从意义中创造他们自己的社会现实,为了了解这些社会现实,研究者在进行研究时应将他或她对那个现实中的干涉降到最低点。这个立场主要与符号互动论【Symbolic Interactionism】相联系。

——Malcolm Williams

(李洋译　高勇校)

参考文献

Kincaid, H. (1996). *Philosophical foundations of the social sciences: Analyzing controversies in social research.* Cambridge, UK: Cambridge University Press.

Papineau, D. (1993). *Philosophical naturalism.* Oxford, UK: Basil Blackwell.

Williams, M. (2000). *Science and social science: An introduction.* London: Routledge.

自然主义研究(Naturalistic Inquiry)

自然主义研究是指研究在真实世界的场景中进行,研究者不试图操控感兴趣的现象(例如,群体、事件、方案、社区、关系或互动)。研究所感兴趣的现象是“自然”展开的,就在于它不是由研究者为研究而预先设定的过程,例如在实验室或其他可控的场景中进行研究。研究者在真实世界的场景中进行观察,人们在他们感到舒适的、熟悉的条件下根据开放式问题接受访谈。

埃贡·古巴(Guba,1978)在其关于自然主义研究的经典论文中,明确了两个对各种类型的科学研究进行描述的维度:(a)科学家为开展研究提前对一些研究现象进行控制的程度;(b)对输出结果加以限定的程度,即研究中使用预先设定的类别或变量来对现象进行描述的程度。他将自然主义研究立场定义为一种以发现为导向,把调查研究者对研究设定的操纵降到最低程度,同时不预先对未来的研究结果进行预先限定的研究。自然主义的研究与受控的实验设计【Experimental Design】恰好相反,实验设计中调查研究人员通过操纵、改变或者设定外部影响为常量等方式,对研究条件进行控制,同时对受限的结果变量(outcome variables)进行测量。此外,自然主义的研究采用开放式的、类似会话的访谈形式,而其他方式则采用预设了回答选项的问卷进行调查。

在最简单的受控实验研究中,研究者在测验开始前和结束后两个时间点收集数据,然后在受限的标准化测量中对试验组和控制组进行比较。如此设计是要假设干预是单一的、可辨识的、分离的和可测量的。此外,如此设计还假设一旦进行干预,就要保持干预的相对持续和不变。

例如在项目评估时,在有可能对项目的适应和改进进行限制以防止其干扰研究设计的严格性时,受控的实验评估设计才能发挥最优效果。相反,在研究方案容易产生变化和转向的真实世界中,自然主义的研究采用动态流程导向(dynamic process orientation)对一段时期内过程、方案或干涉的实际操作和影响进行记录,以此来取代受控实验所强调的固定干预/结果。评估者开始理解、记录研究项目参与者每天的现实情况,不去操纵、控制或者消除情境变量(situational variables)或者项目发展,而是接受一个不断变化的项目的现实复杂性。用以评估的资料包括对理解参与者经历有重要意义的、浮现出来的任何东西。

自然主义实验就是观察者在真实世界的变化期间在场并记录变化前和变化后的一个现象。自然实验可以包括两组之间的比较,一组经历了一些变化,另一组没有经历。之所以将这些研究称为自然主义,是因为变化由真实世界的参与者而非实验室中的研究员进行引导的。

尽管如此,两者的区别并非仅限于在真实世界中或者在实验室中那么简单;在多大程度上是自然主义设计,实际上是落在连续统(continuum)两端的渐变过程,一端是完全开放的田野工作,另一端是完全控制的实验室条件的连续统一体。而在这两个端点之间,研究者控制和操作的程度是可以不断改变的。例如,恰巧研究者的提问可能会成为干扰因素,影响事件的自然发展。或者,在进行方案评估时,成员反馈也可能成为影响事件自然发展的干扰因素。如果研究者想要将数据收集中的干扰因素降到最低,可以采用非干预性观察作为研究的策略。

在农业研究中采用的方法也能更形象地说明受控研究和自然主义研究的区别。在农业检验站,研究人员通过预先设定的测量和严格控制来不断对干涉进行细致改变,以此来引导田野实验的发展,比如在作物施肥研究中。相反,农业研究中的自然主义研究则主要包括观察、记录和研究农民们在他们自己的农场进行的"实验",这些实验没有研究人员的引导或者介入。

人类学家在进行民族志田野工作时会采用自然主义研究的方法。社会学家采用自然主义研究对邻里和组织进行参与观察【Participant Observation】。方案评估者使用自然主义研究来观察团队如何实施一个项目。所有社会科学家通常都用自然主义的研究方法来研究社会现象和人类互动是如何在真实世界的场景中展开的。

自然展现的设计弹性

自然主义的研究设计难以在田野工作之前完全设定。尽管研究设计会确定一个起始的关注点、观察计划、起始的导引性访谈问题,但是研究所具有的自然主义和归纳属性使得研究之初就具体设定操作性变量、列出可检验的假设、完成问卷编写、预先决定抽样方法既不可能也不适宜。自然主义的设计会随着田野工作的开展而自然展现(Patton,2002)。设计的弹性源于自然主义研究的开放性。

——Michael Quinn Patton

(李洋译　高勇校)

参考文献

Guba, E. G. (1978). *Toward a methodology of*

naturalistic inquiry in educational evaluation. CSE Monograph Series in Evaluation, No. 8. Los Angeles: Center for the Study of Evaluation, University of California, Los Angeles.

Patton, M. Q. (2002). *Qualitative research and evaluation methods*. Thousand Oaks, CA: Sage.

负二项分布(Negative Binomial Distribution)

概率【Probability】分布是指随机变量【Random Variable】的可能取值范围以及这些值出现的概率。如果随机变量 Y 的概率质量函数(probability mass function,PMF)具有如下形式,那么 Y 就服从负二项概率分布:

$$p(y)=\binom{y-1}{r-1}p^r q^{y-r},$$
$$y=r,r+1,r+2,\cdots,0\leqslant p\leqslant 1$$

其中,p 是成功概率(事件发生),q 是失败概率(事件没有发生),r 是首次成功(或发生)。数据来自一个只有两种结果的过程:成功或失败(发生或未发生)。符合负二项分布的随机变量,其均值和方差如下:

$$\mu=E(Y)=\left(\frac{r}{p}\right),\ \sigma^2=V(Y)=\frac{r(1-p)}{p^2}$$

要采取何种类型的回归【Regression】模型,以及用何种概率分类作为估计基础,这要取决于数据的特征。用来得到分布的准则要与数据的原理(特征)一致。如果数据是事件计数形式,数据就会呈现某些特征,如下限为0、观测值数目有限。此类数据不服从正态分布【Normal Distribution】。泊松回归【Poisson Regression】模型通常适用于此类数据。

但是,泊松分布的基本假设是数据是独立同分布的,有时这并不成立。负二项分布放宽了这些假设,扩展了泊松分布。如果你有理由相信观测值并不独立或并不是稳定发生的,最好就用负二项分布来进行估计。要检验泊松分布合适还是负二项分布合适,需要检验泊松回归是离散不足的(underdispersion)还是过度离散(overdispersion)的。如果作为因变量的计数变量的样本均值大于方差,就是过度离散。过度离散对于标准误和显著性统计的影响类似于 OLS 估计中异方差性【Heteroskedasticity】的影响。

举例来说,如果你研究有多少人参与抗议行动,负二项回归模型就很有用。一个人参与抗议的决策可能受到其他人的决策的影响,因此并不独立;学生政治组织的成员比不隶属于任何政治组织的人相比更可能参加抗议。这就违背了泊松分布的独立性假设。如果你研究左翼社会运动的成长,你会发现这违背了泊松分布的第二个假设。如果一个国家的政府从极权主义过渡到民主主义,你可能发现社会运动的发生率是变动的——专制政权比民主政权对社会运动的压制性更强。很明显,这并不只是在时间序列【Time-Series】案例中才会发生;如在横断面分析(cross-sectional analysis)中,不同国家的发生率也可能并不相同。

如果你认为负二项回归模型适用于你的数据,你一定要识别变化率的分布(如果你怀疑不一致性存在)。这一问题会带来很多困难,而且模型误设【Misspecification】会产生不准确的参数估计值【Parameter Estimation】。如果你没有理论基础来确定 λ,那么可以考虑使用广义事件计数模型

(generalized event count model)。

——Christine Mahoney

(李洋译 高勇校)

参考文献

Cameron, A. C., & Trivedi, P. K. (1998). *Regression analysis of count data*. Cambridge, UK: Cambridge University Press.

King, G. (1998). *Unifying political methodology: The likelihood theory of statistical inference*. Ann Arbor: University of Michigan Press.

Long, J. S. (1997). *Regression models for categorical and limited dependent variables*. Thousand Oaks, CA: Sage.

不符案例(Negative Case)

在定性分析中,通常会把资料分组来构成各种模式(patterns)(也被视为构念),期待这些模式之间会有一些差异【Variation】。但是,通过有目的的搜索或者某种巧遇,我们可能会碰到无论如何广泛地界定这一构念都不能符合上述模式的案例。这个个案通常被称为"不符案例",因为它与一般模式不符。例如,假设有人在研究照料老年痴呆症患者的人,研究中识别出来一个构念是"情感痛苦"(Khurana,1995)。访谈过的所有照料者都表现出了一定程度的情感痛苦。但是,随着收集的资料增加,研究者会偶遇到几乎没有情感痛苦的受访者。这些受访者的出现并不意味着要否定已有的一般模式,但是这样的个案能为"情感痛苦"的构念提供额外的启发。

通过与不符案例的比较,分析者可以更清晰地解释概念【Concept】的属性是什么以及不是什么(即确定概念的边界)。不符案例有助于弄清楚某一概念成立的重要条件,例如它能让研究人员解释为何照料者或多或少都会有情感痛苦。此外,不符案例有助于研究人员扩展或者修正最初的构念,可能由此增加其解释力。不符案例还可以增强研究的效度【Validity】,表明分析者愿意考虑其他可能性并已经在寻求其他可能解释(Miles & Huberman,1994)。社会科学研究是在与人打交道,因此发现的每种模式总会有例外(Patton,1990)。

做研究时是否总能发现不符案例呢?答案是,能否发现不符案例取决于研究者付出多大的努力和多少时间来观察。研究者要用多长时间来寻求"不符案例",对此没有固定的法则(Glaser & Strauss,1967)。一项研究项目总是在时间、经费和接触总体的渠道等方面有限制。但是,研究者应当努力寻求模式的特例,在写作时要包括对这一寻求过程的叙述;如果发现有不符案例,应当在对研究发现的讨论中思考其他的思路和解释。这不仅仅会增加研究的可信性,而且加深了对调查现象的理解,对研究参与者和研究成果的使用者都有好处。

——Juliet M. Corbin

(李洋译 高勇校)

参考文献

Glaser, B., & Strauss, A. (1967). *The discovery of grounded theory*. Chicago: Aldine.

Khurana, B. (1995). *The older spouse caregiver: Paradox and pain of Alzheimer's disease*. Unpublished doctoral dissertation, Center for Psychological Studies, Albany, CA.

Miles, M. B., & Huberman, A. M. (1994). *Qualitative data analysis* (2nd ed.). Thousand Oaks, CA: Sage.

Patton, M. Q. (1990). *Qualitative evaluation and research methods* (2nd ed.). Newbury Park, CA: Sage.

嵌套设计(Nested Design)

嵌套设计是这样一种研究设计:某个因子(如因子 B)的不同水平可以归到(或嵌套在)另一个因子(如因子 A)的不同水平中。由此,在一个嵌套设计中不可能对水平 A 和水平 B 的完整组合进行评估。例如,有人希望研究因特网搜索策略(因素 A)对大学生信息查找效率(因变量)的影响。随机选取一所大学中的 6 个新生英语班级;3 个班级被指派进行"线性搜索",另外 3 个班级被指派进行"非线性搜索"。表 1 显示了相关研究设计。

表 1

		因子 A:网络搜索策略		
		处理 1:线性搜索策略	处理 2:非线性搜索策略	行均值
因子B:新生英语班级	班级 1	$\bar{Y}_{1(1)}$		$\bar{Y}_{.1}$
	班级 2	$\bar{Y}_{2(1)}$		$\bar{Y}_{.2}$
	班级 3	$\bar{Y}_{3(1)}$		$\bar{Y}_{.3}$
	班级 4		$\bar{Y}_{4(2)}$	$\bar{Y}_{.4}$
	班级 5		$\bar{Y}_{5(2)}$	$\bar{Y}_{.5}$
	班级 6		$\bar{Y}_{6(2)}$	$\bar{Y}_{.6}$
	列均值	$\bar{Y}_{1.}$	$\bar{Y}_{2.}$	总均值 $=\bar{Y}_{...}$

录取到这些班级里的新生形成了"完整的组",他们无法以个人为基础被随机指派到两种处理条件下。此外,他们的学习过程和行为可能相互影响;学生信息查找行为在不同班级间的差异是嵌入每种处理条件中的。这个限制使得此设计成为一个嵌套设计而非完全交互设计,嵌套设计用 $B(A)$ 表示。

上述嵌套设计的假设统计模型是

$$Y_{ijk}=\mu+\alpha_j+\beta_{k(j)}+\varepsilon_{i(jk)},$$
$$(i=1,\cdots,n;j=1,\cdots,p;$$
$$k=1,\cdots,q)$$

其中:

Y_{ijk}是第 i 个观测值在因子 A 的第 j 个水平上和因子 B 的第 k 个水平上的取值。

μ 是总均值(grand mean),是观测总体的一个常数。

α_j 是因子 A 的第 j 种处理条件的效应;从数学上来看,它等于均值(μ,j)对总均值(μ)的偏差。对于第 j 种处理条件下的所有观测值的因变量取值来说,它都是常数,此外还要满足不同处理条件下的 α_j 加总为 0 的约束条件。

$\beta_{k(j)}$是因子 B 的第 k 种处理条件的效应,嵌套在因子 A 的第 j 个水平中。从数学上来看,它等于同时处于第 k 种和第 j 种水平下时的均值$(\mu_{jk.})$与总均值(μ)的偏差。第 k 种处理条件下嵌套于因子 A 的第 j 种条件,对于这些观测值的因变量取值来说,它都是常数。该效应被假定在总体中服从正态分布。

$\varepsilon_{i(jk)}$是与因子 A 在第 j 种处理条件且因子 B 在第 k 种处理条件下的第 i 个观测值相关联的随机误差效应(random error effect)。它是一个在总体中服从正态分布的随机变量,独立于$\beta_{k(j)}$。

这个案例是一个平衡的完全随机的嵌套设计。每个单元格(即水平 A 和 B 的组合)都有 $n=4$ 个观测值;因此设计是平衡的。由于观测值被随机归入 A 的不同水平(或条件)中,因此这个案例是完全随机的,在案例中也没有出现区组变量(blocking variable)。如果研究者希望控制个体在区组变量(如"以往进行网络搜索的经验")上的差异,那么就应当使用完全随机区组嵌套设计(completely randomized block nested design)。表2解释了这个设计的构架,以及它与完全随机嵌套设计的差异。

表 2

			因子 A:网络搜索策略		
		因子 C:以往使用网络的经验	处理1:线性搜索策略	处理2:非线性搜索策略	行均值
因子 B:新生英语班级	班级1	高	$\bar{Y}_{1(1)1}$		$\bar{Y}_{.1.}$
		低	$\bar{Y}_{1(1)2}$		
	班级2	高	$\bar{Y}_{2(1)1}$		$\bar{Y}_{.2.}$
		低	$\bar{Y}_{2(1)2}$		
	班级3	高	$\bar{Y}_{3(1)1}$		$\bar{Y}_{.3.}$
		低	$\bar{Y}_{3(1)2}$		
	班级4	高		$\bar{Y}_{4(2)1}$	$\bar{Y}_{.4.}$
		低		$\bar{Y}_{4(2)2}$	
	班级5	高		$\bar{Y}_{5(2)1}$	$\bar{Y}_{.5.}$
		低		$\bar{Y}_{5(2)2}$	
	班级6	高		$\bar{Y}_{6(2)1}$	$\bar{Y}_{.6.}$
		低		$\bar{Y}_{6(2)2}$	
	列均值		$\bar{Y}_{1..}$	$\bar{Y}_{2..}$	总均值 $=\bar{Y}_{...}$

除了平衡完全随机嵌套设计外,还有其他设计方式,如不平衡嵌套设计(unbalanced nested design)、平衡或不平衡随机区组嵌套设计(balanced or unbalanced randomized block nested design)、平衡或不平衡随机因子嵌套设计(balanced or unbalanced randomized factorial nested design)、平衡或不平衡随机区组因子嵌套设计。关于这些设计的细节,读者可以参考 Kirk(1995),以及 Maxwell & Delaney(1990)。

嵌套设计也可以称作分层设计(hierarchical design),它多用于研究者对随机指派过程不进行控制的准实验【Quasi-Experiment】研究中。有时在课程研究、临床医学、社会学、行为学的研究中,观测对象或分析单位是完整的一组对象(比如班级、治疗群体、帮派和牢房等),不能把这些组打散来把个体随机指派到不同处理条件中去,这时嵌套设计就是通行的,有时甚至是必需的。嵌套设计中观测单元之间并不是独立的,因此方法学家曾经一度建议使用组均值(如上例中的班级均值)进行统计分析。但是现在直接基于个体数据和相应统计模型的其他方法已经被证明是更优越的(Hopkins,1982)。处理观测单元之间互依性(interdependence)的更好方法,是使用如层级线性模型(HLM)这样高效的统计建模技术。在一个典型的关于教育的研究设计中,学生在班级中接受教育,班级嵌套于学校,学校嵌套于学区。HLM 可以在三个水平进行建模:学生是水平 1,班级是水平 2,学校是水平 3。每个较高水平(如水平 2)模型都把在较低水平(如水平 1)上所收集数据的嵌套特征考虑进去,因而 HLM 完整而充分发挥便抓住了多层数据的本质特点(Raudenbush & Bryk,1988)。

——Chao-Ying Joanne Peng

(李洋译　高勇校)

* 也可参见横截面设计【Cross-Sectional Design】。

参考文献

Hopkins, K. D. (1982). The unit of analysis: Group means versus individual observations. *American Educational Research Journal*, *19*(1), 5-18.

Huck, S. (2000). *Reading statistics and research*(3rd ed.). New York: Addison-Wesley Longman.

Kirk, R. E. (1995). *Experimental design: Procedures for the behavioral sciences*(3rd ed.). Belmont, CA: Brooks/Cole.

Kirk, R. E. (1999). *Statistics: An introduction*(4th ed.). Orlando, FL: Harcourt Brace.

Maxwell, S. E., & Delaney, H. D. (1990). *Designing experiments and analyzing data: A model comparison perspective*. Belmont, CA: Wadsworth.

Raudenbush, S. W., & Bryk, A. S. (1988). Methodological advances in analyzing the effects of schools and classrooms on student learning. *Review of Research in Education*, *15*, 423-476.

网络分析(Network Analysis)

网络分析是对社会关系的跨学科研究,萌生于人类学、社会学、心理学以及应用数学中。它从关系的角度来看待社会结构,其最基本的概念是社会网,社会网由位于社会最基本的层次上的社会行动者和联系这些行动者之间的关系连带组成。其基本的假设是社会行动者是相互依存的,他们之间的关系连带会对每个社会行动者以及由社会行动者所组成的社会团体产生重要的影响。

网络成员或节点可能是团体、组织或者人群。网络分析包括了相关的理论分析、模型建构和实证研究,还有(可能)复杂的数据分析技术。其目的是研究网络结构,通常采用密度、中心性(centrality)、声望、互动和角色等概念来对网络结构进行分析。社会网数据组可能是多维度数据和/或纵贯数据,通常包括行动者属性等信息,如行动者年龄、性别、种族、态度和信仰。

社会网范式的基本预设是,单单依靠对行动者属性的了解进行解释是不够的,还需要了解其社会关系结构。如果所研究的个体行动者所处的社会情境是重要的,关系信息就应该被收集并加以研究。网络分析不是对个体进行测量,而是对关系连带(ties)

模式的数据进行分析,并审视关系连带的存在与运作如何受到个体行动者所嵌入的社会网的限制。例如,人们可能会测量一组工人的“沟通”关系、“邻里”关系、“敌意”关系、“社会支持”关系。有的网络分析纵贯研究,也就是将变化中的社会结构看作潜在过程的结果。其他分析将个体与事件连接起来(即隶属网络,affiliation network),例如参与一系列社区活动的一组个体。

网络结构可以在多个层次上进行研究:二人组(dyad)、三人组(triad)、子群体甚至整个网络。此外,可以在多个不同层次上提出网络理论。尽管网络分析的多层次特征决定了它可以提出不同的结构问题并同时进行研究,但是它通常要求不能把每个个体视作独立的分析单位。对于完全网络或者整体网研究尤其如此,在这些研究中要对一个界定清晰的社会行动者总体进行普查,总体中不同行动者之间的各类关系连带都要进行测量。此类分析内容可能包括小群体中的结构平衡、通过无向连带(indirect ties)传递的信息流动、组织中的结构等价(structural equivalence)、多个组织之间的关系模式等。

例如,网络分析可以让研究人员建构组织成员的互依模型。这种分析范式有一系列相关概念、理论、方法,来调查在组织成员与工作相关的行动流程中以及在组织成员的不断演化的认知和信仰中,非正式的组织结构如何与正式科层结构互动交会。因此,它对诸如领导力、态度、工作角色、离职以及计算机支持的协同工作等多个组织行为议题都有所贡献。

历史背景

网络分析的发展起源于多个研究传统,包括:(a)1930年代,由精神科医生雅各布·莫雷诺创建的社会测量学(sociometry);(b)1950年代和1960年代,致力于理解从部落村庄向多族裔城市的移民过程的民族志研究,尤其是拉德克利夫·布朗的研究;(c)发端于1950年代描述个人社群(personal communities)、社会支持(social support)和社会动员等性质的调查研究;(d)用于理解组织之间和国家之间关系结构的档案分析(archival analysis)。此外值得关注的还有列维-斯特劳斯的著作,他第一次对亲属进行了形式化界定,由此发展出了对关系的数理代数理论。此外,阿纳托尔·拉波波特第一个提出了经不同节点(nodes)的关系连带和关系流的精确统计模型。

在1940年代和1950年代,网络分析的发展重点是复杂数学模型的应用,尤其是离散数学和图论(graph theory)。在1960年代和1970年代,詹姆斯·戴维斯、塞缪尔·莱因哈德、保罗·霍兰、哈里森·怀特、马克·格兰诺威特和林顿·弗里曼在网络研究中提出了传递性、结构等价、弱关系的强度(the strength of weak ties)和中心性等概念。开始时许多研究各自为政,但到1970年代由于图论的提出和计算技术的发展,这一领域得以逐渐发展并交会融合。网络分析作为一个独立的研究领域,诞生于1970年代早期。诞生之时的重要事件包括哈拉里、诺曼和卡特赖特(Harary, Norman, & Cartwright, 1965)等人的开创性著作;在1970年代后期主要起源于加利福尼亚大学尔湾分校的网络分析软件的出现以及网络分析者年度大会,这一大会目前由“社会网络分析国际网络(International Network for Social Network Analysis)”主办。这些著名的社会网络大会又被称为“阳光地带(Sunbelt)”,每次能吸引多达400位的来自全球的与会者。许多领域(如组织科学)通过采取网络视角已经取得了快速发展。

多年来,社会网分析视角已经被越来越

多地用于理解社会科学和行为科学中的许多现象，包括（来自 Wasserman & Faust, 1994）：

- 职业流动
- 城市化
- 世界政治和经济体系
- 社区精英决策
- 社会支持
- 社区心理学
- 小组问题解决
- 信息的传播和采纳
- 公司连锁(corporate interlocking)
- 信仰体系
- 社会认同
- 市场
- 科学社会学
- 交换和权力
- 舆论和社会影响
- 结盟

此外，它还可以用来理解许多当代问题，包括：

- 互联网
- 知识和分布式智能(distributed intelligence)
- 网络传播研究
- 恐怖主义
- 新陈代谢系统
- 健康、疾病和流行病学，尤其是艾滋病病毒

在对不同的网络研究方法进行详细论述之前，我们先了解一些重要的测量方法。

测量

完全网络

在完全网络研究中，要对预先设定的网络成员总体的网络连带进行一次普查。观察网络连带可以采用多种方法(如问卷调查、档案分析和参与观察等)，观察的网络连带也可以是不同类型的。如果需要根据网络成员在更广泛的社会系统中的位置(如他们在网络中的中心性，或者更一般地讲，他们与其他网络成员相联系的模式)来理解其行为，那么完全网络研究通常就是适宜的。同样，如果感兴趣的是作为一个整体的网络的特征时，也需要对完全网络进行观察(如集中度、片段性或连通性)。

自我中心网络

完全网络研究在范围和规模上有所限制，因此一般不能够对那些大规模的，甚至无限的总体中的所有连带和节点进行研究。为了对这些现象进行研究，研究人员通常要使用问卷调查研究方法，对个体网络(经常称为自我中心或者本地网络)样本进行研究。这些较小的网络包括连接位于网络中心的焦点个人(或自我)和与其关系紧密的“联系人”或“伙伴(alters)”的特定连带。这样的研究关注的是自我的连带，以及自我的伙伴(ego' s alters)之间的连带。自我中心网络可能包括诸如直系亲属、弱连带、频繁联系以及提供精神和物质帮助等关系。这些关系的特征包括其多样性、内容、强度和结构。因此，分析者可以研究网络成员构成(如提供社会或情感支持的女性比例，或者说更一般意义上的基本行动者特征)、网络特征(如两人之间共有关系的比例)、关系关联量度(直系亲属的强连带关系是否意味着支持性关系?)、网络结构(各种关系的结有多密集? 行动者以任何有意义的方式聚集吗?)。

滚雪球抽样和连接追踪研究

另一种研究大网络的方法是对节点和连带进行简单的抽样。针对网络研究的抽样理论中有一些重要的研究成果(如对子图或者子分量的估计，许多方法源于奥韦・弗兰克)和很多独特的技术或者策略，例如滚

雪球抽样,即在一个多阶段抽样过程中,先抽取一些节点,然后再抽取与这些样本相关联的样本,并重复此过程。在连接追踪抽样设计中,重点是在连接而非行动者——一组社会连接背后是从一个受访者到另一个受访者的关系。对于难以接近的或者是隐藏的总体来说,这种设计被看作获得样本节点的最实际的方法。

认知社会结构

关于社会认知的社会网研究,调查的是个体网络行动者如何认识他人的连带关系及身在其中的社会结构。这样的研究通常要求对一个网络进行多个视角的测量,例如观察每个网络成员对各成员之间关系连带的看法。大卫·克拉克哈特将所得到的数据阵列称为认知社会结构。研究的重点在于厘清社会认知与网络位置相关联的各种方式:(a)人们在社会结构中的位置可能会决定他们所能得到的特定信息,进而决定他们的感知;(b)结构位置可能与社会互动的特定模式相关;(c)结构位置可以通过影响人们对社会场所(social locales)的洞察来形塑社会认知。

方法

社会网分析人员发明了多种方法和工具来对关系数据进行研究。这些技术包括由数学家发明的图论法(其中许多要对不同类型的子图进行计数);由定量的社会学家和心理学家推广起来的代数模型;以及各种统计模型,这其中包括社会心理学的社会关系模型(social relations model)以及最近的随机图模型,后者是由奥韦·弗兰克和大卫·斯特劳斯首先在网络研究文献中进行介绍的。对上述模型进行拟合的软件包已经得到广泛应用。

最近在统计领域中网络研究方法出现了令人欣喜的发展,这反映了在社会科学和行为科学中对动态的基于网络的社会场景中社会行动者的互赖性问题的理论关注日益增长。因而,为结构性网络现象及其变迁建构理论和经验上可行的参数模型越来越重要了。统计计算中的巨大进展也使得研究者能够轻松地拟合复杂模型。

标记方法

在最简单的情况下,网络研究需要对代表个体行动者的一组节点 $N=\{1,2,\cdots,n\}$ 中的所有节点测量是否存在有向或无向连带。观测到的将节点 i 和节点 j $(i,j\in N)$ 连接起来的连带可以用 x_{ij} 表示,如果连带存在,则观测连带取值为 1,否则取值为 0。网络可能是有向的(此时 x_{ij} 和 x_{ji} 是有区别的,取值可以不同)或者是无向的(此时 x_{ij} 和 x_{ji} 没有区别,取值相同)。其他情况包括:

1. 赋值网络,其中 x_{ij} 取值范围是 $\{0,1,\cdots,C-1\}$。

2.时间相依网络,其中 x_{ijt} 表示在某个时点 t 上,节点 i 到节点 j 的连带。

3.多重关系或者多变量网络,其中 x_{ijk} 表示从节点 i 到节点 j 的 k 类连带(一个固定的连带类型组,$k\in R=\{1,2,\cdots,r\}$)。

在大多数关于网络方法的统计文献中,集合 N 都被看作固定的,而网络连带被认为是随机的。在这个例子中,将节点 i 和节点 j 连接起来的连带可以用随机变量 X_{ij} 来表示,那么随机变量的 $n\times n$ 的数组 $\boldsymbol{X}=[X_{ij}]$ 可以看作关于 N 的随机(有向)图的邻接矩阵(adjacency matrix)。这些数组的所有可能的状态空间是 Ω_n。数组 $\boldsymbol{x}=[x_{ij}]$ 表示 $\boldsymbol{X}$ 的一个实现(a realization)。

图论技术

图论在网络分析的发展中扮演了重要

的角色。图论技术蕴含了理解网络中的凝聚性、连通性和碎片性的方法。网络的基本测量包括它的密度(可能连带在实际观测网络中的比例)及其节点的度序列(degree sequence of its nodes)。在一个无向网络中,节点 i 的度 d_i 是与节点 i 相关联的不同节点的个数($d_i = \sum_{j\in N} x_{ij}$)。在有向网络中,研究感兴趣的是点入度($\sum_{j\in N} x_{ji}$)和点出度($\sum_{j\in N} x_{ij}$)的序列。在网络中,对内聚子集(cohesive subset)进行描述和识别的方法取决于小集团(网络节点的子图,且节点成对相关联)的概念以及不同的概括方法(包括 k-小集团、k-丛、k-核心、LS-组和 k-关联子图)。

我们对连通性(connectedness)、连通度(connectivity)和集中度(centralization)的理解,也是通过网络中路径长度的分布建构起来的。从节点 i 到另一个节点 j 的长度为 k 的路径,可以用不同节点的一个序列 $i=i_1$, i_2,…, $i_{k+1}=j$ 来界定,其中的 i_h 和 i_{h+1} 是通过一个网络连带联结起来的。如果从 i 到 j 没有 $n-1$ 或更短长度的路径,那么 j 对于 i 来说就是不可达的,从 i 到 j 的距离就是无限的;否则,从 i 到 j 的长度就是从 i 到 j 最短路径的长度。在有向网络中,如果每个节点可以从其他任意节点到达,那么这个有向网络就是强连通(strongly connected)的;如果对于任何一对节点,至少从其中一个节点出发可以到达另一个节点,那么这个有向网络就是弱关联(weakly connected)的。对于无向网络来说,如果每个节点对于其他任何一个节点来说都是可达的,那么这个网络就是连通的,连通度 k 是一旦移走就会出现不再连通的子图或者平凡图(trivial graph)的最少节点数。

包含许多内聚子集和短路径的图通常被称为小世界网络,早期的相关研究来自斯坦利·米尔格拉姆,更近的研究者是邓肯·沃茨。要描述网络中每个行动者中心性的特征,通常可以基于行动者的度(度中心性,degree centrality),或者行动者到所有其他行动者的路径长度(接近度中心性,closeness centrality),或者其他行动者之间的最短路径在多大程度上需要经过给定行动者(介数中心性,betweenness centrality)。网络集中度的测量,表明了在这些不同形式的中心性上行动者之间的异质性程度。

代数技术

与图论方法密切相关的是一些用来理解网络中的社会角色和结构规律的代数技术。对角色进行刻画(characterizations)是用网络映射(mappings)方式进行的,而对结构规律的描述则需要在标记的网络线路(labeled network walks)中进行代数运算。对于“两个行动者具有相同社会角色”的意义有一个重要的命题,蕴含于结构等价的概念之中:如果两个行动者与网络中其他行动者关联的方式以及其他行动者与他们关联的方式都完全一致,那么这两个行动者就是结构等价的(即如果对于所有的 $k\in N$,都有 $x_{ik}=x_{jk}$ 和 $x_{ki}=x_{kj}$,那么节点 i 和 j 是结构等价的)。自同构等价(automorphic equivalence)和规则等价(regular equivalence)等更为一般的形式则基于对 N 的更为一般化的映射,体现出的理念是位置相似的网络节点与相似的其他节点的关联方式相同。

在多个网络中描述结构等价的方法源自以前对亲属体系中结构的刻画方法,可以用多个网络中标记的线路来界定。如果存在一个节点序列 $i=i_1$, i_2,…, $i_{h+1}=j$,其中的 i_q 与 i_{q+1} 通过类型为 k_q 的连带联结起来,那么这两个节点 i 和 j 就通过类型为 $k_1k_2\cdots k_h$ 的标记线路(labeled walk)连接起来了(注意序列中的节点可以重复,因此线路是比路径更为一般化的概念)。每一个连带标记的序列 $k_1k_2\cdots k_h$ 都定义了一个衍生网络,其中的连带表明在网络节点对之间存在着某种特定类型的标记线路。这些衍生网络之间的相等和排序关系会生成各种代数结构,包括半群(semigroups)和局部有阶半群(partially ordered semigroups),描述了在多个网络中线路结构和路径结构中存在的规律性。例如,在含 k 类连带的有向网络中的传递性(transitivity)就是一种结构规律,与之相关的观测情况是,两个节点只有在通过一个 k 类线路相连时才可能也通过类型为 kk 的线路相连。

统计技术

对(有向)图的一种简单的统计模型是伯努利【Bernoulli】分布,其中每个边(edge)或连带都在统计上独立于所有其他连带,连带存在的理论概率为 P_{ij}。这一简单模型不仅假定边具有独立性,而且假定各个连带存在的概率都是相同的;其他模型则可以让概率取决于某些结构参数。这些分布作为统计模型已经用了至少 40 年,但是由于独立性假设不太现实,因此用处有限。

网络中的偶体分析结构

社会网络现象的统计模型通过几种主要方式来修正其边独立的初始假定。p_1 模型认识到了在社会网中偶体分析结构(即变量 x_{ij} 和变量 x_{ji} 之间的互依性)在理论和经验上的重要性。伯努利偶体分析分布(Bernoulli dyad distribution)及其赋值的、多元的、时变的(time-dependent)一般形式,对偶体分析间的互惠和交换关系及其历时发展给出了参数表达方法。模型假设每对偶体分析(x_{ij}, x_{ji})独立于其他偶体分析,可以设定为一般的约束形式如下:

$$P(X=x) = \pi_{i<j}\exp[\lambda_{ij} + \theta(\sum_{i<j} x_{ij}) + \rho(\sum_{i<j} x_{ij}x_{ji}) + \alpha_i(\sum_j x_{ij}) + \beta_j(\sum_i x_{ij}x_{ji})] \quad (1)$$

其中,θ 是密度参数,ρ 是一个互惠参数(reciprocity parameter),参数 α_i 和 β_j 反映了不同个体在交往范围和受欢迎程度上的差异,λ_{ij} 保证每个并矢的概率加总为 1。这是一个对数线性模型【Log-Linear Model】,很容易拟合。这个模型有多种一般形式,包括假设社会位置和网络连带模式的相互依存的随机块模型(stochastic block models),如 p_2 模型那样的混合模型,以及网络潜在空间模型(latent space models)。

网络的零模型

偶体分析独立(dyadic independence)假设仍然令人生疑。因此,另一些研究就致力于评估数据对偶体分析间彼此独立这样简单的结构假设的偏离程度与偏离方向。研究引入了一些条件均匀随机图分布(conditional uniform random graph distributions)作为零模型,来探索社会网络的结构特征。这些分布可以用 $U|Q$ 表示,Q 是有向图的状态空间 Ω_n 的一个子集,在 Q 中的每个成员都有相同的概率。子集 Q 通常被选定为有一些特定属性(如一定数量的相互关系、非对称关系、无关系)。如果 Q 等于 Ω_n,那么这个分布就是均匀(有向)图分布,等同于连带概率同质的伯努利分布。列举出 Q 的成员并模拟出 $U|Q$ 是很容易的;但是在某些情况下,例如当分布取决于网络中每个节点 i 的点入度和点出度时,就需要更复杂的方法。

这些分布的一个典型应用就是评估一个网络中特定的高阶(例如三人关系的)特征的出现是否是异常的,前提假定是数据服从基于合理的低阶(如偶体分析的)特征而建立的均匀分布。已经有更为一般化的测量方法来分析多个网络。最有名的例子可能是弗兰克·贝克和拉里·休伯特的网络二次指派程序(quadratic assignment procedure,QAP)。在这种情况下,对同一组节点而定义的两个网络图的关联可以用均匀多重图分布(uniform multigraph distribution)来估计,而这个均匀多重图分布又取决于每个网络图的未标记的图结构(unlabeled graph structure)。

网络中的超双人局部结构

在社会网参数统计模型的发展中重要的一步是由弗兰克和斯特劳斯(Frank & Strauss,1986)作出的,他们引入了马尔科夫随机图(Markov random graphs)。这类模型对于超双人局部结构形式进行参数化,明确地将一些重要的理论观点与统计学网络模型联系起来。这类模型的基础在于,设定在其他随机变量值给定时连带随机变量对(X_{ij},X_{kl})条件相依,则 Hammersley-Clifford 定理可以给出 $\boldsymbol{X}$ 的一般概率分布形式。

具体而言,有依赖图(dependence graph) **D**,其节点组为 $N(\mathbf{D})=\{(X_{ij}:i,j\in N,i\neq j)\}$,边组为 $E(\mathbf{D})=\{(X_{ij},X_{kl}):X_{ij}$与$X_{kl}$在其余 $\boldsymbol{X}$ 给定时条件相依$\}$。弗兰克和斯特劳斯用 **D** 得到了 $\Pr(\boldsymbol{X}=x)$ 的模型,后来的研究者用 p^* 表示此模型,其中的参数和子结构对应于 **D** 的团(clique)。模型形式如下:

$$\begin{aligned}\Pr(\boldsymbol{X}=x)&=p^*(x)\\&=(1/c)\exp\Big[\sum_{P\supseteq N(D)}\alpha_P z_P(\boldsymbol{x})\Big]\end{aligned}\qquad(2)$$

其中:

1.需要对于 **D** 的所有团 P 进行加总[**D** 中的团定义为 $N(\mathbf{D})$ 的一个非空子集 P,使得 $|P|=1$ 或者对于 $X_{ij},X_{kl}\in P$ 来说有 $(X_{ij},X_{kl})\in E(\mathbf{D})$]。

2.$z_P(\boldsymbol{x})=\prod X_{ij}\in Px_{ij}$是对应于 **D** 中的团 P 的(观测)网络统计量。

3. $c=\sum_x\exp\{\sum_p\alpha_P z_P(\boldsymbol{x})\}$ 是一个标准化的量。

一种相依假定就是马尔科夫假设,即如果$\{i,j\}\cap\{k,l\}\neq\varnothing$,则有$(X_{ij},X_{kl})\in E(\mathbf{D})$。这一假设意味着,从一个节点到另一个节点是否存在网络连带,条件性地取决于这个连带的局部邻域(local neighborhood)中其他连带是否存在。X_{ij}的马尔科夫局部邻域包括所有可能涉及 i 和/或 j 的连带组成。相依假定也可能是其他类型的,在任何建模过程中如何确定哪一种相依假定更为合适,这在理论上仍然是难题。

随机图模型能够对单变量社会网中的局部结构的许多重要概念进行参数化,包括传递性、局部聚类、度分布和集中度。此外,对其进行赋值、多重、加入时序来进行扩展之后,模型也可以对非常有趣的多重关系(multirelational)概念进行参数化,比如与平衡和聚集性(clusterability)、广义传递性(generalized transitivity)和交换、弱连带的力度等相关的概念。伪最大似然估计(pseudo maximum likelihood estimation)较为简单;最大似然估计虽然较为困难,但也不是不可能。

动态模型

一项重要的挑战是提出模型来解释网络现象的出现,包括网络的演化,在关系连带长期存在的背景下个体行动的呈现(如投票、态度转变、决策)和人际交易(如交流模式或者人际互动)。在为网络在离散或连续的时间段中的演化进行建构时,早期的尝试会假定偶体分析之间是独立的且在时间上服从马尔科夫过程。汤姆·思奈德斯及其同事放松了偶体分析间独立的假设,在关于网络演化的连续时间马尔科夫链【Markov

Chain】模型的研究中迈出了重要一步。这种方法也说明了模拟技术能够使得模型假定在经验上更为合理;很显然,这些方法指出了未来发展的前景所在。在网络分析中,基于模拟的计算模型越来越流行;但是,相关的模型评估方法的发展面临着巨大挑战。

卡尔顿、斯科特和瓦塞尔曼(Carrington, Scott, & Wasserman, 2003)对最近的研究(截至2003年)和未来的挑战进行了介绍,包括复杂模型参数的统计估计、模型评估、纵贯数据的动态统计模型等。在此提及的技术和定义的应用实例可以在斯科特(Scott, 1992)、瓦塞尔曼和福斯特(Wasserman & Faust, 1994)的著作中找到。

——Stanley Wasserman
Philippa Pattison
(李洋译　高勇校)

作者注释:本研究得到了 U. S. Office of Naval Research 和 Australian Research Council 的支持。

参考文献

Boyd, J. P. (1990). *Social semigroups: A unified theory of scaling and blockmodeling as applied to social networks.* Fairfax, VA: George Mason University Press.

Carrington, P. J., Scott, J., & Wasserman, S. (Eds.). (2003). *Models and methods in social network analysis.* New York: Cambridge University Press.

Frank, O., & Strauss, D. (1986). Markov graphs. *Journal of the American Statistical Association, 81,* 832-842.

Friedkin, N. (1998). *A structural theory of social influence.* New York: Cambridge University Press.

Harary, F., Norman, D., & Cartwright, D. (1965). *Structural models for directed graphs.* New York: Free Press.

Monge, P., & Contractor, N. (2003). *Theories of communication networks.* New York: Oxford University Press.

Pattison, P. E. (1993). *Algebraic models for social networks.* New York: Cambridge University Press.

Scott, J. (1992). *Social network analysis.* London: Sage.

Wasserman, S., & Faust, K. (1994) *Social network analysis: Methods and applications.* New York: Cambridge University Press.

Wasserman, S., & Galaskiewicz, J. (Eds.). (1994). *Advances in social network analysis.* Thousand Oaks, CA: Sage.

Watts, D. (1999). *Small worlds: The dynamics of networks between order and randomness.* Princeton, NJ: Princeton University Press.

Wellman, B., & Berkowitz, S. D. (Eds.). (1997). *Social structures: A network approach* (updated ed.). Greenwich, CT: JAI.

神经网络(Neural Network)

神经网络是一种自适应(adaptive)统计模型,可以类比于大脑的结构。说它们是自适应的,是因为它们可以每次使用少量范例(一个或一些)来学习如何估计总体参数【Parameter】。它们与标准的统计模型【Model】并没有本质区别。例如,你会发现神经网络结构与判别分析【Discriminant Analysis】、主成分分析【Principal Components Analysis】、Logistic 回归【Logistic Regression】以及其他技术关系密切。事实上,同样的数学工具可以同时用来分析标准统计模型和神经网络。在许多领域,神经网络都被当作统计工具,包括心理学、统计学、工程学、计量经济学甚至是物理学。神经和认知科学家还将神经网络用作认知过程模型。

基本上,神经网络由有时被称为神经元

(neurons)或者细胞的简单单元建构而成，这也是一种对实物的类比。这些单元通过一组加权连接(weighted connections)而连接起来。它通过连接权重的修正实现自我学习。每个单元编码【Coding】或者对应着我们想要分析的或者想要用作预测变量【Predictor Variable】的模式的某一特征。

这些网络的单元通常在不同的层次上组织在一起。第一层是输入(input)层，最后一层是输出(output)层。中间层(如果有)是隐藏(hidden)层。待分析的信息输入第一层的神经元，进而传送到第二层的神经元以进行进一步的处理。然后将处理的结果传送到下一层，以此类推，直到最后一层。每个单元都从其他单元(或者通过某些设备从外部世界)接收信息，对这些信息进行处理，并转而变成输出单元。

网络的目标是学习或者发现输入和输出模式之间的关系，去分析或发现输入模式的结构。在神经网络中，通过修正不同单元的连接权重来实现学习的过程。按照统计术语，这相当于将单元之间的连接值(value of the connections)解释为待估参数(例如，回归【Regression】方程 $y=a+bx$ 中 a 和 b 的值)。学习过程设定了用来进行参数估计的算法【Algorithm】。

神经网络的构件

神经网络由分布在不同层上的基本单元(图 1)组成。一个单元收集了由其他单元(或者是外部世界)提供的信息，单元之间通过被称作神经元突触的加权连接相互连接起来。这些被称为突触权重(synaptic weights)的权重与输入信息相乘(或者增加或者减少)：正权重被视为增强性的，负权重是抑制性的。

每个单元都是神经元的简化模型，它将输入信息转换为输出响应。转换包括两个步骤：第一步，计算神经元的激活(activation)值，即输入量的加权总数；第二步，通过转换函数(transfer function)将激活值转变成响应。用公式表达的话，如果输入是 x_i，权重为 w_i，那么激活函数就是 $a=\sum x_i w_i$，同时输出是 o，那么就有 $o=f(a)$。任意函数只要域为实数，都可以成为转换函数。最常见的函数是线性函数($o\propto a$)；阶梯函数(激活值小于给定的阀值，设为 0 或者-1，其他值设为+1)；Logistic 函数$\left[f(x)=\frac{1}{1+\exp\{-x\}}\right]$，取值范围为[-1,+1]，其导数用来进行学习修正，即$\{f'(x)=f(x)[1-f(x)]\}$，以及正态或者 Gaussian 函数$\left[o=(\sigma\sqrt{2\pi})^{-1}\times\exp\left\{-\frac{1}{2}\left(\frac{a}{\sigma}\right)^2\right\}\right]$。其中一些函数含有概率变异，例如，当激活函数大于给定的阀值时，神经元有 1/2 的概率可以将其激活函数转换为响应+1。

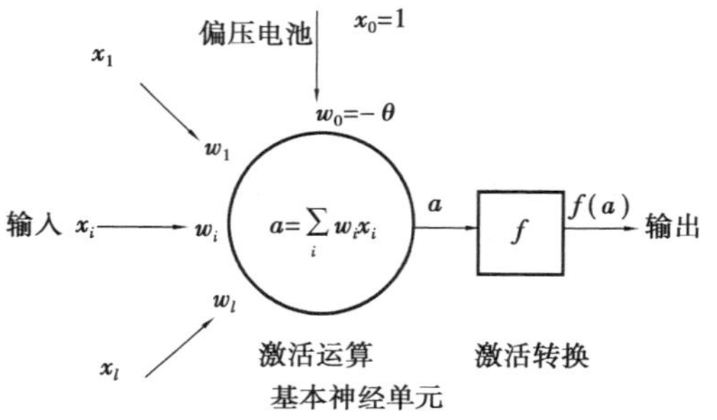

图 1 从输入信息到输出信息的基本神经单元过程

网络的架构(即连接模式)与神经元和突触权重采用的传递函数一起，就完全界定了网络的行为。

学习法则

神经网络是自适应的统计手段。这意味着它们像函数一样通过不断改变参数值(也就是突触权重)表现出不同的特征。这些变化依据学习法则(learning rules)做出，这些学习法则可以分为监督(supervised)学习(如果输出值已知并可以此来计算误差信号)和无监督(unsupervised)学习(如果没有使用误差信号)。

Widrow-Hoff 法则也称为梯度下降(gradient descent)或德尔塔法则(delta rule),是最为人熟知的监督学习法则。它利用神经元实际输入和所要求的输出之间的差异,将其作为输出层单元的误差信号。隐藏层中的单元不能直接计算出误差信号,但是它们能将误差信号估计为下一层单元的一个误差函数(即加权平均数)。这种 Widrow-Hoff 法则的自适应也称为误差反向传播算法(error back propagation)。在 Widrow-Hoff 法则下,对突触权重(synaptic weights)的修正与误差信号和激活值的乘积存在比例关系,激活值通过传递函数求导得到。引入导数的效应在于:一是当激活接近其极值(最大值或者最小值)时,可以进行细微的修正;二是当激活值处于中间范围时,可以进行较大的修正。如果单元输入相同,那么每种修正都会产生使误差信号变小(smaller)的瞬时效应。一般来说,检视的学习法则在执行最优算法时与下降算法相似,因为它们都以获得一组自由参数(即突触权重)值为目标,也就实现了整个网络的计算误差函数的最小化。

Hebbian 法则是最为人熟知的无监督学习法则。这个法则是在加拿大神经心理学家唐纳德·赫布相关研究工作的基础上提出来的,他提出神经元学习(即突触变化)是局部现象,可以用神经元激活值之间的时域相关进行描述,并将这一说法理论化。突触的变化同时取决于突触前状态和激活值,因此突触权重的改变是突触前和突触后活动两者间的时域相关函数。具体而言,两个神经元之间突触权重的值在它们处于同一状态时就会增大,在它们处于不同状态时就会减小。

重要的神经网络结构

在神经网络中最常见的结构是多层感知器(multilayer perceptron),如图 2 所示。这种结构的大多数网络以 Widrow-Hoff 法则作为其学习算法,并以 Logistic 函数作为隐藏层单元的传递函数(一般来说,这些神经元的传递函数是非线性的)。这些网络之所以常见,是因为它们近似于任何把输入和输出关联起来的多元函数。在统计学的框架中,这些网络与多元非线性回归【Multivariate Nonlinear Regression】类似。在输入模式和输出模式相同的情况下,这些网络就叫作自动关联器(auto-associators)。它们与线性(如果隐藏单元是线性的)或非线性(如果隐藏单元不是线性的)主成分分析【Principal Components Analysis】,以及其他与一般线性模型【General Linear Model】(参见 Abdi, Valentin, Edelman, & O' Toole, 1996)相关联的统计技术如判别分析【Discriminant Analysis】或者对应分析【Correspondence Analysis】关系密切。

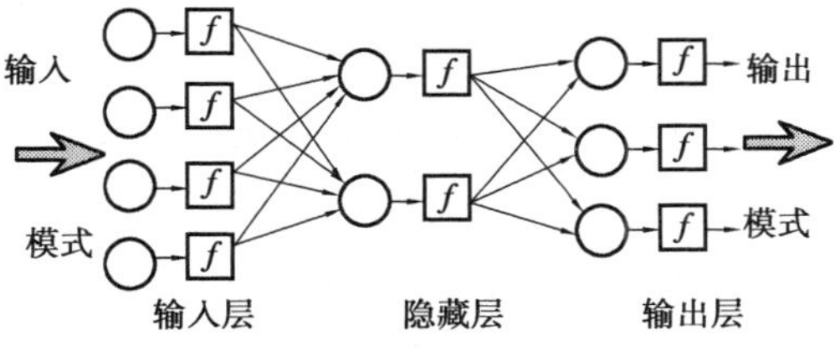

图 2 多层感知器

最近的研究将径向基函数(radial basis function, RBF)网络(Abdi, Valentin, & Edelman, 1999)进行了一般化,在支持向量机或者 SVM(support vector machine)(Schölkopf & Smola, 2003)的名义下将其整

合到统计学习理论(Vapnik,1999)中。在这些网络中,隐藏单元被称为支持向量(support vectors),表示可能的(或甚至是真实的)输入模式,隐藏单元的响应是它们与输入模式的相似度的函数。相似度则可以通过核函数(kernel function)进行估计,如点积(dot product);在径向基函数中,核是支持向量和输入量之间欧几里得距离的高斯转换。在RBF网络中——我们将其作为SVM的例子——隐藏层单元的输出量与由线性单元组成的输出层相连接。事实上,这些网络通过将非线性近似值拆分为两个更简单的值而发挥作用。第一步是简单的非线性映射(即对核到输入模式距离的高斯转换),第二步是从隐藏层到输出层的线性转换。学习主要发生在输出层。这些结构的主要难题在于支持向量的选择以及所使用的特定核。这些网络可以用于模式识别(pattern recognition)、分类和聚类数据。

校验

从统计学的观点来看,神经网络代表了一类非参数自适应模型。在这个框架下,一个重要的问题是对模型效果进行评价。这就要把数据分成两个数据集:训练集和验证集。训练集用来计算网络参数(即突触权重值)。然后,学习过程停止并用验证集数据对网络进行评估。这种交叉验证的方法与自助抽样推论法【Bootstrapping】或刀切法【Jackknife Method】类似。

有价值的参考文献

神经网络理论涉及神经科学、工程学、统计理论等多个领域。不同领域的文献都只是面向某一个读者群体,因此文献来源的多样化也使得研究资料呈现出异质性。对神经网络的统计特征感兴趣的读者可能会发现本词条后面附的参考文献有一定价值,建议进一步阅读。

——Hervé Abdi

(李洋译　高勇校)

参考文献

Abdi, H., Valentin, D., & Edelman, B. (1999). *Neural networks*. Thousand Oaks, CA: Sage.

Abdi, H., Valentin, D., Edelman, B., & O'Toole, A. J. (1996). A Widrow-Hoff learning rule for a generalization of the linear auto-associator. *Journal of Mathematical Psychology*, *40*, 175-182.

Bishop, C. M. (1995). *Neural networks for pattern recognition*. Oxford, UK: Oxford University Press.

Cherkassky, V., & Mulier, F. (1998). *Learning from data*. New York: Wiley.

Duda, R., Hart, P. E., & Stork, D. G. (2001). *Pattern classification*. New York: Wiley.

Hastie, T., Tibshirani, R., & Friedman, J. (2001). *The elements of statistical learning*. New York: Springer-Verlag.

Looney, C. G. (1997). *Pattern recognition using neural networks*. Oxford, UK: Oxford University Press.

Ripley, B. D. (1996). *Pattern recognition and neural networks*. Cambridge, UK: Cambridge University Press.

Schölkopf, B., & Smola, A. J. (2003). *Learning with kernel*. Cambridge: MIT Press.

Vapnik, V. N. (1999). *Statistical learning theory*. New York: Wiley.

定类变量(Nominal Variable)

这种变量仅仅是对个案进行分类。它可以让我们说,这些个案属于不同的类别,仅此而已。例如,我们不能像对待定序变量一样,以任何方式对类别进行排序。定类变量的一个例子是选举行为。我们可以根据其在最近一次选举中所投票的政党,对样本进行分类,但是我们不能据此分类对人们之间的差异进行更多的推论。

——Alan Bryman

(李洋译　高勇校)

*也可参见属性【Attribute】、分类【Categorical】、离散【Discrete】。

通则知识(Nomothetic)

参见通则知识/特殊知识【Nomothetic/Idiographic】。

通则知识/特殊知识(Nomothetic/Idiographic)

通则知识涉及科学中对一般模型和规律的构建,特殊知识涉及特定情境的具体理解。上述区分是1894年威廉·温德尔班作出的(Smith,1998,pp.141-142)。这种区分是想要划分出自然(通则知识)科学和文化(特殊知识)科学之间的界限,但是界限的位置在哪里,甚至能否如此表述,从那时起到现在一直都有争论。

温德尔班认为,尽管所有科学和知识都要面对相同的社会现实,但学科不同因此关注点不同,相应地对社会现实的看法也不同。虽然这不是"意识"和"物质"之间确定性的区分(参见自然主义【Naturalism】),他仍然认为在实践中文化世界和物理世界存在显著差别,文化世界产生于独立的、反身性(self-reflecting)的作为能动者的人。对物理世界的了解需要通过作为观察者的人的客观观察,但是社会世界必须通过解释的方法来进行主观研究。

在20世纪中期到晚期,阐释主义者【Interpretivism】和实证主义者【Positivism】的一场影响深远的争论正是源于温德尔班的上述区分,但有讽刺意义的是,阐释主义社会科学的一位重要人物——马克斯·韦伯(Weber,1975),为不可僵化地看待通则知识和特殊知识的区分提出了最佳的论证。他认为这一区分并非一种科学研究方式和非科学研究方式的区分。他认为两者都是科学的研究方式。韦伯把前者等同于抽象的一般化,如类似法则的陈述。他把后者看作在特定情景下关于具体实际的科学。

如果持韦伯的观点,那么事实上所有科学,无论是自然科学还是社会科学,都有通则知识和特殊知识的特征,两者的科学研究方式也能反映出这一点。例如,天文学家能对特定天体单独进行详细的描述,但是对其解释就要将其放在针对广泛现象的抽象一般化的情境中进行。同样,对具体的人类互动的解释需要在更广阔的社会场景中进行情境化(contextualization)。但后者中所需要的某种分类学和理想化,则必须立足于特殊化的阐释和描述。"20%领取养老金的人生活在贫困中”,这样一种统计表述无法告诉我们任何关于领取养老金个体的信息,而只是抽象的领取养老金的群体,但是“贫困”这一描述却可能是从某一具体的贫困个案的考察中得出的。

自然科学的哲学和社会学也对两者之间的截然区分提出了挑战。温德尔班最初的划分,以及在某种程度上韦伯对其进行的重新定义,都未能触及自然科学的实证主义立场,如价值无涉(value free)和现象主义。但是,从1960年代早期波普尔和库恩的“革命”开始(参见 Lakatos & Musgrave,1970),大多数人都认为至少在某种程度上,主观性通过道德定位(moral positioning)、理论选择和观察进入了自然科学。最近几年,理解物理体系和社会体系的复杂方法(参见 Byrne,1998)强调,这两个体系之间在本体论上具有连续性和相似性,因此反对温德尔班提出的这种认识论和方法论上的区分。

——Malcolm Williams

(李洋译 高勇校)

参考文献

Byrne, D. (1998). *Complexity theory and the social sciences: An introduction.* London: Routledge.

Lakatos, I., & Musgrave, A. (Eds.). (1970). *Criticism and the growth of knowledge.* Cambridge, UK: Cambridge University Press.

Smith, M. (1998). *Social science in question.* London: Sage.

Weber, M. (1975). *Roscher and Knies.* New York: Free Press.

非加性(Nonadditive)

非加性(nonadditive)这一术语用来描述将一组取值(如变量 Y 的取值)与其他两组及以上取值(变量 X_1 和 X_2 的取值)关联起来的一个函数。如果 Y 可以表示为其他变量的加总,那么 Y 和其他变量之间的关系就是加性的。这个和可以是加权加总,其一般表达式为

$$Y = a + w_1X_1 + w_2X_2 + \cdots + w_kX_k$$

其中 a 和 w 都是常数。

在某些情况下,会对常数项有一些限制条件。例如,如果 $a=0$,权重都等于 1.0,那么变量 Y 就是变量 X 之和。研究者可能会用到的另一种限制条件是权重之和必须等于 1.0,即

$$w_j = \frac{c_j}{\sum c_j}$$

其中 c_j 是变量 X_j 的绝对权重(absolute weight),加总是对 k 个权数进行的。例如,假设 Y 是 X_1 和 X_2 的加性函数,$a=0$,$c_1=1$,$c_2=1$。那么,$w_1 = 1/(1+1) = 0.50$,$w_2 = 1/(1+1) = 0.50$,由此得到

$$Y = 0 + 0.50X_1 + 0.50X_2$$

要注意这个等式与下面等式等价:

$$Y = \frac{X_1 + X_2}{2}$$

因此,Y 是 X_1 和 X_2 的平均数。这个例子表明,把 Y 表示为一组变量的平均数是加性函数的一种类型。

非加性函数是 Y 不能表示为其他变量的(加权)和的函数。非加性函数可以有多种形式——实际上,有无穷多的非加性

函数形式。非加性函数的一个例子是乘积【Multiplicative】函数，其中 Y 等于两个变量 X_1 和 X_2 的乘积。

传统的多元回归分析【Multiple Regression Analysis】也是基于加性模型的：

$$Y=\alpha+\beta_1X_1+\beta_2X_2+\cdots+\beta_kX_k$$

其中 α 是截距，β 是回归系数【Regression Coefficient】。

——James J. Jaccard

（李洋译　高勇校）

参考文献

Anderson, N. H. (1981). *Methods of information integration theory*. New York: Academic Press.

非线性动力学(Nonlinear Dynamics)

非线性动力学是指用与时间相关的数学结构模型来进行研究的一系列行为。非线性动力学的代数设定可以是线性的（如 $dy/dt=ay$）或非线性的（如 $dy/dt=ay^2$），其中参数“a”是一个常数。简单来说，基本思想就是随着时间推移，某一个或多个变量会有变化，而这种变化又不能表示为以时间为水平轴的图形中的一条直线。更准确地说，非线性变化是一种不遵循每段相续且等长的时间内变化幅度亦相同的变化模式。非线性动力学这一术语最经常的用法指的是更复杂的情形，即对有纵贯变化的现象采用非线性数学公式（经常包括由多个变量组成的相依方程组）进行建模，这些公式或直接或间接与时间有关。对非线性动力学如何进行线性和非线性数学设定的全面数学介绍，可以参见 Hirsch & Smale（1974）。从社会科学的视角来看如何处理同一问题及相关案例，可以参见 Brown（1995a，1995b，1991）。

在物理学和自然科学中，非线性动力学通常采用连续时间微分方程模型（continuous time differential equation model）设定，它是上述学科领域中存在的连续时间变迁过程的结果。但是也有例外情况，尤其是在以代际或季节变迁为研究焦点的生物学中。在这些情况下，会用到差分方程法。在社会科学中，非线性动力学通常使用离散时间的差分方程结构来建模，这主要是由于社会科学数据的收集方式（如周期性的选举、每十年一次的人口普查报告、定期开展的调查数据等）。但同样也有例外，在社会科学中经常会遇到如何用连续时间模型分析离散测量数据这一技术难题，目前这一难题已经找到了解决之道（例如，参见 Brown，1995b）。选用连续或者离散时间方法来为社会现象建模，这一决策在一些情境中会有重要后果，针对这些实质性结果的讨论在布朗（Brown，1995b，pp. 13-30）的著作中有所提及。

非线性动力学通常用如下变化过程来描述：常规的、周期性的、混沌的（chaotic）和突变的（catastrophe）。常规过程始于一个分岔（bifurcation），与之前变化过程有结构性区别的崭新变迁过程自此开始。分岔之后，通常先经历一段正反馈的增长，之后变为负反馈，同时增长过程放缓。非线性动力学的常规过程有一个典型例子，就是 logistic 方程 $dy/dt=ay(k-y)$，当变量 y 逐渐接近均衡值 k 时，y 持续平稳地增长。在邻近均衡值时，增长逐渐趋近零。由于外在于这一常规过程的其他变化过程，常规过程最终变得

"成熟",于是开始下一个分岔,这又开启了一个新的变化过程,新的变化过程可能是前述四种变化中的任意一种(也可以是一个新的常规过程)。

周期性过程是变量的值在特定区间内重复出现的过程。周期性过程通常是周期性地在某一范围内循环,而常规过程是在某一固定点上达到均衡。混沌过程(参见混沌理论【Chaos Theory】)与周期性过程的区别在于,混沌过程中变量取值并不会精确再现,而且变量值不会重复出现绝非是随机因素的结果。混沌过程在变量取值上通常剧烈变动。因而,混沌过程不会周期性地在某一范围内循环,尽管变量通常会在一个不稳定的均衡点(被称为"奇异吸引子")的可识别邻近区域中"徘徊"。

突变过程(参见突变理论【Catastrophe Theory】)是经历一个与之前存在的动态过程完全不同的、突然的和剧烈变化的过程。地震这一现象显然就可以用突变过程来建模,因为地震是由于板块位置的逐步变化(即常规过程)最终导致其偏离了先前确立的挤压力量均衡。突变过程本质上是先前处于主导位置的均衡及其基础消失了,新的平衡和基础重新在动态系统中处于主导地位。采用社会科学数据来建立突变模型的案例可以参见 Brown(1995a,1995b)。

——Courtney Brown

(李洋译　高勇校)

参考文献

Brown, C. (1995a). *Chaos and catastrophe theories.* Thousand Oaks, CA: Sage.

Brown, C. (1995b). *Serpents in the sand: Essays on the nonlinear nature of politics and human destiny.* Ann Arbor: University of Michigan Press.

Brown, C. (1991). *Ballots of tumult: A portrait of volatility in American voting.* Ann Arbor: University of Michigan Press.

Hirsch, M. W., & Smale, S. (1974). *Differential equations, dynamical systems, and linear algebra.* New York: Academic Press.

非线性(Nonlinearity)

非线性是指两个或更多变量之间的非线性关系【Relationship】。非线性关系不能用两个维度上的一条直线或三个维度上的一个平面来表示。两个变量 X 和 Y 之间的线性关系可以用一个直线方程表示,即 $Y=a+bX$,其中 a 和 b 分别是截距和斜率系数。但是在社会科学中事物之间的关系很少是决定性的,因此回归【Regression】设定中通常要包含误差项来解释 Y 中未被解释的变差。双变量线性回归【Linear Regression】模型方程,设定了两个变量 Y 和 X_1 的线性关系,其误差项为 ε,截距和斜率参数【Parameter】分别是 β_0 和 β_1,因此等式可以表示为 $Y=\beta_0+\beta_1X_1+\varepsilon$。多元【Multivariate】线性回归模型的一般形式是 $Y=\beta_0+\beta_1X_1+\beta_2X_2+\cdots+\beta_kX_k+\varepsilon$,当方程中的其他 X 为常数时,这个方程设定每个 X 和 Y 之间存在线性关系。

回归模型中的非线性是指不能用这些线性模型【Model】来定义的其他关系模式。因而,非线性可以有很多形式。它可以是曲线的,用二次多项式表示为 $Y=\beta_0+\beta_1X_1+\beta_2X_2^2+\varepsilon$,或者用三次多项式表示为 $Y=\beta_0+\beta_1X_1+\beta_2X_2^2+\beta_3X_3^3+\varepsilon$。它可能包含超越函数【Function】,如包括自然对数【Logarithm】(ln)(如 $Y=\beta_0+\beta_1X_1+\beta_2\ln X_2+\varepsilon$),或者自然

指数(e)(如 $Y=\beta_0 e^{\beta_1 X_1}+\varepsilon$)。它也可能是多元乘积【Multiplicative】的,例如对数线性模型【Log-Linear Model】$Y=\beta_0 X_1^{\beta_1} X_2^{\beta_2},\cdots,X_{\beta k}^{k}\ e^{\varepsilon}$。

对"内在线性"的非线性模型和"内在非线性"的非线性模型进行区分很重要。内在线性模型是通过对 Y 和/或 X 进行转换【Transformation】可以简化为线性模型的非线性模型。这相当于用转换后的变量代替初始变量来建构线性回归模型。常见的内在线性模型和线性转换过程参见表 1。

表 1　非线性模型的线性转化

非线性形式	线性转换	线性形式
$Y=\beta_0+\beta_1 X_1^2+\varepsilon$	$X_1'=X_1^2$	$Y=\beta_0+\beta_1 X_1'+\varepsilon$
$Y=\beta_0+\beta_1 \ln X_1+\varepsilon$	$X_1'=\ln X_1$	$Y=\beta_0+\beta_1 X_1'+\varepsilon$
$Y=\beta_0 e^{\beta_1 X_1}\varepsilon$	$Y'=\ln Y$ $\beta_0'=\ln \beta_0$ $\varepsilon'=\ln \varepsilon$	$Y'=\beta_0'+\beta_1 X_1+\varepsilon'$
$Y=\beta_0 X_1^{\beta_1} X_2^{\beta_2} e^{\varepsilon}$	$Y_1'=\ln Y$ $\beta_0'=\ln \beta_0$ $X_1'=\ln X_1$ $X_2'=\ln X_2$	$Y'=\beta_0'+\beta_1 X_1'+\beta_2 X_2'+\varepsilon$

内在线性的非线性模型相对于变量来说是非线性的,相对于待估参数【Parameter】来说是线性的。相反,内在非线性模型相对于变量和参数来说都是非线性的。在转换完成后,内在线性模型的参数可以用最小二乘【Ordinary Least Squares,OLS】来估计。而内在非线性模型需要更为复杂的技术进行参数估计。一般来说,对这种模型并没有类似 OLS 那种唯一的将误差平方和【Sum of Squared Errors,SSE】最小化的参数估计。相反,要通过一系列不断改进的猜测来重复进行参数估计。

表 1 中非线性模型 $Y=\beta_0 e^{\beta_1 X_1}\varepsilon$ 可以通过双侧取自然对数的方法来线性化,即 $\ln Y'=\ln \beta_0+\beta_1 X_1+\ln \varepsilon$。尽管如此,如果非线性模型假定有一个加数误差项(additive error term)而非乘数误差项,即 $Y=\beta_0 e^{\beta_1 X_1}+\varepsilon$,那么这个模型不能进行线性转换,必须用非线性技术而非 OLS 来估计。另外一个内在非线性模型的例子是含二分【Binary】结果变量的 Logistic 回归【Logistic Regression】模型。

$$Y=\frac{1}{1+e^{-(\beta_0+\beta_1 X_1+\cdots+\beta_k X_k)}}+\varepsilon$$

——Jani S. Little

(李洋译　高勇校)

参考文献

Devore, J. L. (1991). *Probability and statistics for engineering and the sciences* (3rd ed.). Pacific Grove, CA: Brooks/Cole.

Greene, W. H. (2000). *Econometric analysis* (4th ed.). Upper Saddle River, NJ: Prentice Hall.

Hamilton, L. C. (1992). *Regression with graphics: A second course in applied statistics*. Pacific Grove, CA: Brooks/Cole.

Kmenta, J. (1986). *Elements of econometrics* (2nd ed.). New York: Macmillan.

非参数随机效应模型(Nonparametric Random-Effects Model)

随机效应模型是处理相依观测(dependent observations)的几种方法之一,比如在重复测量和多层次数据结构中出现的相依观测。非参数随机效应模型与标准(参数)随机效应模型的不同之处在于,它并不对随机效应的分布状况进行假设。事实上,这是潜类分析【Latent Class Analysis】的一种形式:混合分布通过有限混合结构(finite mixture structure)的方式得以模型化。较早的非参数方法文献包括 Laird, 1978;Heckman & Singer,1982。

令 y_{ij}表示要研究的响应变量,其中下标 j 表示组别,i 表示组内进行的多个观测(replication)。注意,在重复测量的方法中,组指的是某个个体,多个观测指的是多个时间点。在广义线性模型【Generalized Linear Models】的框架内解释随机效应模型最为简单。假定响应变量服从某个指数族分布,y_{ij} 的期望值 $E(y_{ij})$ 在经过适当的 $g[\cdot]$ 转换后可以用线性函数来模型化。

不含预测变量(predictors)的简单随机截距模型是:

$$g[E(y_{ij})] = \alpha_j$$

如果要使用参数方法,就需要设定 α_j 的分布形式,通常设定为正态分布:$\alpha_j \sim N(\mu, \tau^2)$。需要估计的未知参数是均值 μ 和方差 τ^2。这等于如下参数化方式:$g[E(y_{ij})] = \mu + \tau u_j$,其中 $u_j \sim N(0,1)$。

非参数方法用一个含 C 个节点(即潜在类别)的离散混合分布来描述 α_j 的分布形式,其中的潜在类别用 x 表示,$x = 1, 2, \cdots, C$。与类别 x 相关的截距项表示为 α_x,类别 x 的规模表示为 $P(x)$。α_x 和 $P(x)$ 有时被称为节点 x 的位置(location)和权重(weight)。非参数模型可以设定如下:

$$g[E(y_{ij} \mid x)] = \alpha_x$$

非参数最大似然估计量可以通过增加潜在类别数直到达到饱和点来得到。但是,实践中研究者宁愿使用低于最大类别数的求解。

一旦意识到参数 α_x 和 $P(x)$ 可以用均值(μ)和计算随机效应的方差(τ^2),即参数方法中的未知参数,参数方法和非参数方法之间的相似性就一目了然了。使用初级统计学就可以得到 $\mu = \sum_{x=1}^{C} \alpha_x P(x)$,同时 $\tau^2 = \sum_{x=1}^{C} (\alpha_x - \mu)^2 P(x)$ 。

如果预测变量是 z_{ijk},就可以得到更一般的包括随机截距的双水平回归模型:

$$g[E(y_{ij} \mid \mathbf{z}_{ij}, x)] = \alpha_x + \sum_{k=1}^{k} \beta_k z_{ijk}$$

其中一个特例是(半参数的)Rasch 模型,它通过为组内的每个观测 i 增加虚拟预测变量而得到。

同时,不同潜在类别的回归系数是可以不同的,这类似于在多层次分析【Multilevel Analysis】中存在随机斜率。由此得到

$$g[E(y_{ij} \mid \mathbf{z}_{ij}, x)] = \alpha_x + \sum_{k=1}^{K} \beta_{kx} z_{ijk}$$

这个模型通常被称为潜在类别(LC)或者混合回归模型。事实上,这是潜在类别分析的一个最重要的应用:发现在回归模型参数上存在差异的不可观察的内部组别。

有两个计算机程序可以估计 LC 回归模型,分别是 GLIMMIX 和 Latent GOLD。

——Jeroen K. Vermunt

Jay Magidson

(李洋译　高勇校)

参考文献

Heckman, J. J., & Singer, B. (1982). Population heterogeneity in demographic models. In K. Land & A. Rogers (Eds.), *Multidimensional mathematical demography*. New York: Academic Press.

Laird, N. (1978). Nonparametric maximum likelihood estimation of a mixture distribution. *Journal of the American Statistical Association*, *73*, 805-811.

Lindsay, B., Clogg, C. C., & Grego, J. (1991). Semiparametric estimation in the Rasch model and related models, including a simple latent class model for item analysis. *Journal of the American Statistical Association*, *86*, 96-107.

Wedel, M., & DeSarbo, W. S. (1994). A review of recent developments in latent class regression models. In R. P. Bagozzi (Ed.), *Advanced methods of marketing research* (pp. 352-388). Cambridge, UK: Basil Blackwell.

非参数回归(Nonparametric Regression)

参见局部回归【Local Regression】。

非参数统计(Nonparametric Statistics)

实验设计、准实验设计【Quasi-Experiment】、事后回溯(expost facto)设计和相关设计经常生成的并不是连续数据(定距或定比),而是定类数据(nominal data)或者定序数据。因此,参数统计就不再是假设检验或者描述变量关系的有效方法了。有必要设计一些不再需要参数检验的那些限定的检验和测量方法,其中有些检验并不要求数据具有连续性或者服从正态分布【Normal Distribution】(因此有时又被称作"分布无关")。此外,有必要设计一些样本特征是定类的检验方法,此时数据由具有特定特征的样本的频次组成。这些检验自然地被称为非参数检验,它们适于分析定类或者秩/定序数据,目的是以代表性样本【Representative Sample】为基础而进行的总体【Population】推论。

数据及其来源的性质

非参数检验的使用也有其前提要求,而且它的劣势在于与相应的参数检验(parallel parametric test)相比更容易产生第二类错误。非参数检验经常被拿来与相应的参数检验进行功效效率方面的比较。西格尔和卡斯特兰(Siegel & Castellan, 1988)描述了一项功效效率达到90%的检验:"在所有参数检验条件都得到满足的情况下,适当的参数检验即便样本量少10%,也能够达到与非参数检验相同的检验效果。"(p.36)因此,研究者可以令人信服地将数据等级从连续性数据下降到秩数据,用相应的非参数检验取代参数检验,但是检验功效要受到一定影响。表1总结了两种统计类型的需求。

表1 参数和非参数检验的选择标准

参 数	非参数
连续性数据(取值),并且所有组都服从正态分布	定类数据(类别的频次),或者定序数据(等级),或者连续性数据的非正态分布

探讨了参数检验和非参数检验的区别以及非参数检验的限定条件后,我们需要对使用非参数检验的优势予以关注。总结西格尔和卡斯特兰(Siegel & Castellan, 1988)的观点,非参数检验的优势体现在:

(1)适用于潜在分布未知的小样本。

(2)更适用于研究问题。

(3)可以处理秩数据。

(4)可以处理分类(定类)数据。

显著性差异检验

研究设计经常需要确定两组(三组及以上)之间的差异是否比由自然变差引起的差异大。换句话说,无论一组样本如何随机地从总体中抽取,样本并不总是相同的。如果它们相差太大,样本就并非来自同一个总体。尽管上述判断在参数检验中很容易理解,可以通过比较不同被试组取值的均值来实现,但如果放在非参数检验中则很难理解,而且两种检验方法缺乏一个共同的主题。在这些检验方法中,感兴趣的差异主要在以下几个方面:

(1)与期望值相比,样本类别的比例(proportions)和频次(例如,男护士和女护士的比例是全国的普遍情况吗?)。

(2)与期望分布相比,取值的分布(distribution)(例如,与中位数相比,不同组的雇员的工资水平)。

(3)离散事件的秩(order)或者顺序(例如,它们真是随机的吗?)。

检验方法的数量和种类是相当多的(参见 Siegel & Castellan,1988;以及 Gibbons & Chakraborti,1992;后者对检验进行了综述),表 2 显示了与参数检验相比,相应的非参数检验的用途。如果研究者需要对样本能否代表来自同一总体的所有样本进行检验,那么对于数据(秩)来说,与 z 检验相似的是 Kolmogorov-Smirnov 检验【Kolmogorov- Smirnov Test】,对于定类数据(类别的频次)来说,就有卡方拟合优度检验。在这两个检验中,都要对样本和总体进行比较。同样,与参数检验中的 t 检验相似,在非参数检验中也可以检验两个样本是否来自同一总体。对于定序数据来说,Mann-Whitney U 检验【Mann-Whitney U test】可以比较两个独立样本,而对于定类数据来说,卡方检验可以解决两个样本的假设检验问题。对于相关样本或配对样本来说,与 t 检验相对应的处理相关样本的检验技术是 Wilcoxon 符号秩检验,如果是定类数据,可以采用 McNemar 卡方检验【McNemar's Chi-Square Test】(有时也叫作 McNemar 变化检验)。对三组及以上组的样本,也有与参数检验类似的检验方法,见表 3。

表 2 典型的参数和非参数显著性检验的比较

因变量测量	自变量或者样本组				
	单样本	两组样本		三组样本	
		独 立	相关/匹配	独 立	相关/匹配
定距/定比	z 检验	t 检验	$t_{相关}$ 检验	单维 ANOVA	随机块 ANOVA
定序	t 检验($n < 30$) Kolmogorov-Smirnov 检验	Mann-Whitney U 检验	Wilcoxon 符号秩检验	因子 ANOVA Kruskal-Wallis 单因素方差分析	ANCOVA Friedman 秩数据 双因素方差分析
定类	χ^2 检验,拟合优度检验	χ^2 检验,$k\times 2$ 表格	McNemar 变化检验	$m\times k$ 表格 χ^2 检验	Cochran Q 检验

表 3 相关和关联的几种典型的参数和非参数测量

	定距/定比	定序	定类	
			$m\geqslant 2$	$m=2$
定距/定比	皮尔逊积距相关，γ_{xy}（线性关系）。如果非线性、单调：两者都简化为定序层次 ↘	（简化为定序层次的定距/定比变量）↓		点双列相关，γ_{pb}
定序		斯皮尔曼 rho，γ_s（线性关系）	简化为定类层次的定序变量 ↓	
定类				
$k\geqslant 2$			Cramer $C(V,\phi_c)$	
$k=2$				Phi，ϕ（二分变量）

相关和关联的描述量

对单一组的调查结果通常试图描述变量对之间相关（连续性或定序数据）或者关联（定类）关系。统计量的选择取决于数据的性质，以及在这种情况下变量是如何测量的，见表 3。如果两者都相同（例如，都是连续性的），那么结果很简单：就是采用皮尔逊积距相关。但是如果两者并不相同，那么选择的统计量就取决于最低层次的数据。例如，如果第一个变量是年龄（连续性），第二个变量是社会阶层（定序），那么就必须也将年龄数据视为定序的（年龄转化为秩），这样，斯皮尔曼 rho 检验是最合适的检验技术（表 3）。

参数和非参数检验比较的一个例子

尽管数据类型是选择参数检验还是非参数检验的决定因素，但对非参数检验所能够适用的研究问题类型、两种检验方法之间的差别，以及参数检验所能解决的问题进行充分考虑还是有必要的。有时候，由于我们能够获取的数据层次有限，因此不得不改变研究问题。为了更好地阐释这一问题，这里将以实例来说明参数检验和非参数检验的区别。

在这个例子中我们将使用两种常见的检验方法来说明其基本差别：t 检验和卡方检验或者 χ^2 检验。后者主要用于定类数据，但是由于其使用简单方便，有时候也用于含秩类别频次的定序数据，尽管这可能会轻微增加产生类型Ⅱ误差的概率。

假设这样一个研究情景，研究者对两个样本组就政治观点的保守性进行提问，看两组之间是否存在差别。一方面，如果此项研究就政治观点的保守强度进行问卷测量，并得到每个受访者的分值，那么就可以使用 t 检验来比较两个样本组的平均取值是否有差别。另一方面，如果研究者对每个样本在近期选举所支持的政党进行记录，假设有一个政党是保守的，那么每组选民投票给每个政党的次数就构成了全部数据。为了检验两组样本在投票模式上的差异，χ^2 检验是一种较为合适的选择。但是要注意，这里回答的其实是两个不同的问题：

- 两组样本在投票模式上有区别吗?
- 两组样本在保守主义程度上有区别吗?

因此,研究者必须意识到,其所收集数据的类型可能会影响要回答的问题。在这两种情况下,人们可能希望推论出两组之间的保守主义是否有差异,但是只有前一项研究能真正回答这一问题。有关这个问题,我们回头会看到一个具体数字的例子,但是首先让我们来看与 z 检验和 t 检验并行的几个非参数检验的例子。

用哪一个:t 检验或者卡方检验

在本词条开始,我们就提出了这个问题。采用何种检验方法的最重要的标准是为回答此研究问题而收集的数据类型。例如,如果问题是"两个英式酒吧的顾客的保守程度有差别吗?"接下来我们就要看需要用什么样的数据来回答这个问题。简单来说,如果样本从全体顾客中随机抽样,且数据是样本的分值,即满足表 1 左侧一列的标准,那么使用参数 t 检验较为合适。但是如果根据顾客保守程度的高低,将样本分成几个类别,然后计算每个类别出现的频次,那么就需要用非参数卡方检验。

具体来说,针对上面的问题我们可能会根据两种对变量进行操作性界定的方法给出两种解答。首先,我们可以设计一种特制的检验方法,根据保守主义水平设定相关的分值,以此来对"多么保守"进行界定。或者说,我们可以本着"行胜于言"的原则,简单询问受访者在选举中的投票政党(或者想要投票的政党),这里,三个主要的英国政治党派的政治理念是从保守主义到社会主义逐渐过渡的(至少在过去是这样的)。表 4 中上面两种设计思路会产生两种不同的检验,从逻辑上来说,它们来自两种不同的统计检验。

表 4 这两种方式看似回答的是同一个问题:"两个酒吧的顾客的保守程度有差别吗?"

参　数	非参数
这个酒吧的顾客比另一个酒吧的顾客更保守吗	两个酒吧的顾客在投票中的党派立场是否相同
用问卷(20 个问题,5 级量表)来测量"保守程度";得分越高,表明越保守;得分区间为 20~100	在地区选举中,为每个党派投了(或者想投)支持票的人有多少(每个党派得票数的频数表)
用 t 检验来比较两个酒吧的得分均值	用卡方检验来比较两个酒吧的投票频数表

我们甚至可以用假设数据来展示每种方法可能会得到何种结果(如果是定序数据,我们可以使用更敏锐的检验,但结果基本类似)。表 5 中显示了这一点,每种方法都使用了样本数据。这就提出一个关于"保守主义"变量的测量的问题:它们真的是用两种不同的测量工具测量了一个相同的东西吗?或者说,是否存在其他的因素会影响某种测量工具的结果,会歪曲受访者的响应?谁在提问?这是争论的起点。

使用问卷对保守主义进行测量的研究者可能认为测量与谁是竞选者无关,问题在于无论选民的政治倾向如何,竞选者的个性都可能会影响选民的投票行为,因此对政党的选择并不能有效反映该选民的保守程度。尽管人们一般认为保守党人最保守,自由民主党人居中,劳动党选民最不保守,但在对于具体议题和具体候选人上,上述区分既不合理也难以进行严格排序。但是,询问人们会投票给谁的研究者认为,这种方法可以避免抽象的提问,观察人们对信念的践行,关注到了政党和意识形态。可以肯定的是,检验方法是适合于所收集到的数据,但还存在一个问题,即哪种方法最适合于回答研究问题。换句话说,最大的异议在于对操作化定义【Operational Definition】(即测量工具)的选择而非对统计检验的选择,而操作化定义本身又是研究问题的逻辑延伸。

表 5 采用两种方法表面上对相同问题"两个英式酒吧的顾客的保守程度有差别吗?"进行回答的数据和结果

参数			非参数		
	绿蟾蜍	红鲱鱼		绿蟾蜍	红鲱鱼
均值	78	68	保守党	35	20
标准差	22	24	自由共和党	33	36
数量	87	76	劳动党	19	20
			总 计	87	76
$t=2.76(p<0.05)$ 拒绝 H_0:不同保守主义水平上可能有差异			$\chi^2=3.52$(n.s.) 接受 H_0:在选举模式上可能没有差别		

历史

这里根据不同检验方法的开发者和公开日期,对非参数检验发展的简要过程进行重点回顾(参考 Howell, 2002; Kerlinger & Lee, 2000; Siegel & Castellan, 1988)。从卡尔·皮尔逊开始,他在 1900 年左右提出了卡方检验;卡方检验有时也被称为皮尔逊卡方检验。而经济学家米尔顿·弗里德曼,在 1937 年提出了相关样本秩数据的双因素方差分析。在 1941 年左右,柯尔莫哥洛夫提出了针对定序数据的单样本和两个独立样本比较的拟合优度检验,斯米尔诺夫公开了这种检验的相关表格。威尔科克森(Wilcoxon, 1945),以及曼和惠特尼(Mann & Whiteny, 1947)也提出了其他等效的定序数据的双独立样本检验。1952 年,克鲁斯卡尔和瓦利斯提出了定序数据的单因素方差分析检验。1969 年,奎因·麦克尼马尔概述了针对两个相关定类数据样本的符号检验方法。

——Thomas R. Black

(李洋译 高勇校)

参考文献

Black, T. R. (1999). *Doing quantitative research in the social sciences: An integrated approach to research design, measurement, and statistics.* London: Sage.

Bradley, J. V. (1985). *Distribution-free statistical tests.* Englewood Cliffs, NJ: Prentice Hall.

Gibbons, J. D., & Chakraborti, S. (1992). *Nonparametric statistical inference* (3rd ed.). New York: Marcel Dekker.

Howell, D. C. (2002). *Statistical methods for psychology* (5th ed.). Pacific Grove, CA: Duxbury.

Kerlinger, F. N., & Lee, H. B. (2000). *Foundations of behavioral research.* Ft. Worth, TX: Harcourt.

Siegel, S., & Castellan, N. J. (1988). *Nonparametric statistics for the behavioral sciences.* New York: McGraw-Hill.

非参与观察(Nonparticipant Observation)

以观察为基础的,但不让研究对象意识到正在被研究的研究,被称为非参与研究,或非介入研究,或无反馈研究(nonreactive research)。伪装观察(disguised observation)和自然实验【Natural Experiment】,这两种非参与观察的形式无须研究对象同意,曾经一度为人所接受,但现在被认为在伦理上不可行,因为它们违反了知情同意【Informed Consent】的原则。但是其他非介入性的方法仍然在被社会学家、文化人类学家和社会心理学家使用。

行为追踪研究(behavior trace studies)、档案研究【Archival Research】和内容分析【Content Analysis】是三种常见的非介入性方法,这些方法并不要求研究者连续对实际行动进行在场观察(on-site observation)。采用非介入方法【Unobtrusive Methods】进行在场观察的研究人员会系统性地记录资料,常常会使用预先编码的清单表(checklists)。由于研究人员无法就其行为询问被观察者来确证自己的解释,因此他们必须用最客观的方式,格外仔细地对资料进行记录。同时,他们必须用汇总形式公开其研究结果,以防因泄露个人身份而无意间损害个人的隐私。如果这样的观察是由不同的研究者在不同的地点实施的,还要确保研究者采用一致的格式来记录数据。

有些问题如果直接问,参与者是不会回答的(例如,像青少年的调情方式这样的隐秘行为,或者像吸毒这样从法律或伦理上来说研究者都不能参与的行为),这时非参与观察就特别重要了。非参与观察已经广泛应用到民族志【Ethnography】研究中,如描述非言语沟通的特征(即理解人们如何使用空间安排或者肢体动作),或者描述人们作出购买选择的方式(但是并不分析选择背后的原因)。例如,普赖斯(Price,1989)对位于厄瓜多尔的两个城市药店的消费者行为进行了研究。她想要知道是否有些处方麻醉药是在没有处方的情况下被买走的,在观察了超过600个交易业务后,她断定其中51%是在无处方的情况下购买了处方麻醉药。她同时发现在这些例子中,消费者通常只购买少量的胶囊(每次两片或者三片)。此外,普赖斯意外发现药剂师(甚至还包括未受培训的药店职员)是提供用药建议的主要人物,尤其对通常难以见到内科医生的那些低阶层的消费者。

理查德·李(Lee,1993)的一项研究被广泛引用,这项研究关注南部非洲昆申人的食物来源和饮食构成。他着手测量当地人从营地步行到聚会点或狩猎点的距离。同时,他计算或推测出每个劳力每小时采集的坚果或者猎杀的动物的重量、从植物或动物资源上获取的平均卡路里数、消耗的不同食物的数量以及分享不同种类食物的人之间的社会关系。在这些观察的基础上,李能为下一个阶段的研究构想出有关食物、饮食和社会网络的更有意义的问题,这比他仅仅抱有对当地人行为的外在成见而进入田野调查要好得多。

尽管非参与观察者不愿意直接与观察对象进行互动,但有时候通过提问题的方式来得到一些情景信息还是很有必要的;这样的背景材料可以在实际观察开始之前进行收集。同样的,一些进行观察的研究人员发现,有时有必要提问来澄清观察到的行为;这些问题也可以在观察结束之后提出。但是在非参与观察中,主要的研究进程还是应当在研究人员无干预的情况下进行。

——Michael V. Angrosino

(李洋译　高勇校)

参考文献

Lee, R. B. (1993). *The Dobe ! Kung*. New York: Holt, Rinehart and Winston.

Price, L. J. (1989). In the shadow of biomedicine: Selfmedication in two Ecuadorian pharmacies. *Social Science and Medicine*, *28*, 905-915.

Sechrest, L. (Ed.). (1979). *Unobtrusive measures today*. San Francisco: Jossey-Bass.

Webb, E. J., Campbell, D. T., Schwartz, R. D., & Sechrest, L. (1966). *Unobtrusive measures: Nonreactive research in the social sciences*. Chicago: Rand McNally.

非概率抽样(Nonprobability Sampling)

非概率样本就是未用随机方法选择出来的样本。

抽样的目的是通过从总体中抽取样本【Sample】而得到关于总体的准确代表,以便基于样本对总体进行准确的推论。最具代表性的样本是随机抽取的大样本(参见随机抽样【Random Sampling】),即总体中的每个个体被选中的概率都是已知的且非零的(在简单随机抽样中,每个个体被抽中的概率都是相同的,但也有其他变化形式)。

随机抽样通常是不可能实现的,或者成本很高。它需要调查总体的全部清单,或者采用其他方法来保证每个个体都被纳入抽样范围,即使被选中的单元无法找到或者拒绝参与时也不能对其替换。在这些情况下,调查组织经常采用配额抽样【Quota Sampling】这样一种非概率方法。这样,总体的代表性就不再是由概率决定而是由样本模式决定。例如,如果认为性别变量很重要,相关总体就被分成男性和女性,调查设计要求访谈员选择同样多的男性和女性——他们会有一个性别配额来寻找被访者。如果正确实施,此类样本在配额变量上必定能代表总体。这是由研究设计决定的。

但是,配额抽样在其他方面并不具有代表性,因为访谈员可以自由选择如何完成配额。例如,英国开放大学的学生进行了一项调查作为他们的课程作业,每个学生负责用配额方法收集四个个案,要考虑性别、年龄和社会阶层,结果在全国范围内抽取到了约2 000个样本。当着手分析数据时,我们发现在总体大多数的已知事实上,样本都具有代表性。中产阶层群体不分性别都倾向于投票给保守党人,这是一个全国趋势,但是在此样本中,中产阶层女性却更愿意投票给工党。对此的解释是,学生们在找中产阶层女性时,会就便去自己孩子的学校里找老师,而研究表明,在公共部门工作的中产阶层群体与其他群体更倾向于投票给工党。

配比样本至少能在某些方面代表总体,但是其他形式的非概率样本连这一点也做不到(参见方便样本【Convenience Sample】)。例如,许多研究是基于"偶遇(haphazard)"抽样的,如"随机"地在街道上拦住路人。还有一些研究基于"机会样本(samples of opportunity)",如恰巧在你任教的班级进行教育研究。还有一些研究使用自愿样本,做广告来招募参与者。在所有这些情况下,很有可能总体不具有充分的代表性。我们无法遇到在那个时间不在街上的那些人。我们的班级可能无法代表整个学校,更无法代表城镇中的所有人(也无法代表整个国家)。自愿抽样无法接触那些不愿参与研究的人,志愿参与者最有可能是那些对所宣传的事态度坚定的人,那些对此漠不关心的人参与的可能性更低。

因此,要谨慎对待基于非概率样本而来的信息。或者说,研究者需要仔细考虑这些信息能代表什么总体。例如,有一项关于孤独的调查是通过在咖啡厅做广告得到的自愿样本进行的,它就无法代表那些从不外出去咖啡厅的人,这些人才是真正的社会隔离者,它也无法代表那些由于害羞而无视广告宣传的人。虽然它有上述局限性,但仍有可能提供一些有用的信息。

有一种观点认为,无论设计多么严格,所有的调查获取到的样本都是非随机的。抽样方式可能是随机的,但是无法找到或拒绝参与者不太可能是所计划样本的随机子集;它们和回答者存在着系统性的差异。

——Roger Sapsford

(李洋译 高勇校)

非递归(Nonrecursive)

许多社会科学理论的模型由一个以上方程设定组成。方程的非递归系统是联立方程【Simultaneous Equations】系统的一种类型,在这种类型中,方程通过因变量的双向关系【Reciprocal Relationship】或者方程误差项之间的相关性联系起来。在非递归模型中,或者(a)存在互为因果(reciprocal causation)因素,或者存在反馈环(feedback loops),并且/或者(b)方程中的误差项有相关关系。存在互为因果关系或者误差项相关(或者同时存在)表明模型是非递归的。相反,如果既没有相互因果关系,误差项也不相关,这个联立方程系统就是递归【Recursive】的。相依回归【Seemingly Unrelated Regression】模型是非递归模型的一个特例,其中方程之间的关系只能通过误差项相关体现出来。

一个简单的、存在互为因果关系的非递归模型可以用图1的路径图【Path Diagram】表示:

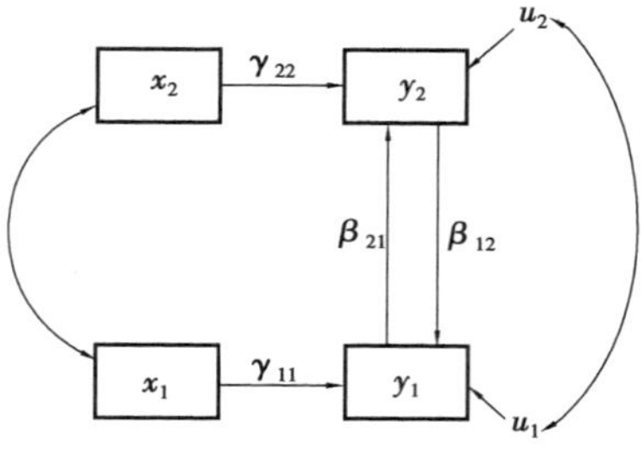

图 1

这里,y_1 影响 y_2,而 y_2 反过来又影响 y_1。因此,y_1 的变化会反馈回自身。同时要注意的是,方程中的误差项是相关的。

存在反馈环的非递归模型如图2所示。

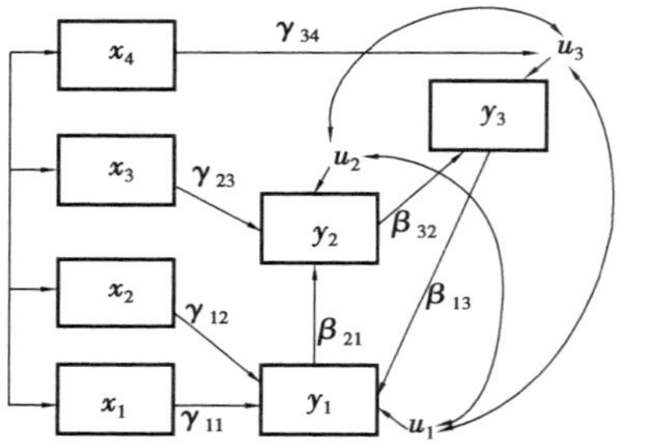

图 2

由图可知,y_1 影响 y_2,y_2 影响 y_3,同时 y_3 又反过来影响 y_1。y_1 的变化会反馈影响到其自身。

下面来看与图1相对应的含有两个方程的非递归方程体系:

$$y_1 = \beta_{12}y_2 + \gamma_{11}x_1 + u_1$$
$$y_2 = \beta_{21}y_1 + \gamma_{22}x_2 + u_2$$

其中,$\mathrm{Cov}(u_1, u_2) \neq 0$。

在方程体系中,内生变量【Endogenous Variable】用 y 表示,外生变量【Exogenous Variable】用 x 表示。β 表示一个内生变量对另一个内生变量的影响,而 γ 表示一个外生变量对一个内生变量的影响。u 表示方程中的误差项。为了实现方程均衡,

$|\beta_{12}\beta_{21}|<1$。

方程的非递归方程系统必须要避免识别问题【Identification Problem】。也就是说，必须要确定模型参数是否可估计。可以采用许多方法来识别非递归模型，包括顺序条件和秩条件（参见 Bollen，1989，pp.98-103）。里格登（Rigdon，1995）提出了一种能直接识别多种类型非递归模型的方法。

对方程的非递归方程系统进行估计时，需要考虑系统中其他方程的信息。因而，如果用最小二乘【Ordinary Least Squares，OLS】回归来估计非递归联立方程组，估计可能有偏且不一致。故而，非递归模型应当通过两阶段最小二乘法、三阶段最小二乘法和最大似然法【Maximum Likelihood Estimation】进行估计。这些估计量其实都可以看作某种工具变量【Instrumental Variable】估计量。

——Pamela Paxton

（李洋译　高勇校）

参考文献

Bollen, K. A. (1989). *Structural equations with latent variables*. New York: Wiley.

Greene, W. H. (1997). *Econometric analysis* (3rd ed.). Upper Saddle River, NJ: Prentice Hall.

Rigdon, E. E. (1995). A necessary and sufficient identification rule for structural models estimated in practice. *Multivariate Behavioral Research*, *30*, 359-383.

Heise, D. R. (1975). *Causal analysis*. New York: Wiley.

无回答（Nonresponse）

在调查研究中，通常有两种类型的无回答：单元无回答和题项无回答。单元无回答指被访者没有完成调查问卷，题项无回答指被访者没有回答其中一个或多个问题。

单元无回答

总体而言，对家庭户和企业的调查，应答率在最近几十年一直持续下降。无回答增加了数据收集的成本，也可能导致无回答偏倚【Bias】。

格罗夫斯和库珀（Groves & Couper，1998）区分了影响被访者调查合作的内在因素（exogenous factors）和外在因素（endogenous factors）。外在因素多数是调查研究者所无法控制的，包括社会环境（如调查区域的城市化水平或事先对本调查的知晓度）、样本单元的社会心理学特性以及对所涉及议题的了解程度。内在因素包括数据收集规范（填写模式、激励、问卷长度等），在访员执行的调查中还会包括访员的筛选和训练。

在企业调查中赢得合作是很困难的。在很多情况下，没有一个人能够掌握回答问卷所需要的所有信息。在电话研究中，访谈员很难跳过“守门人”直接与被调查者谈话。一些公司对于员工参与调查一概禁止。即便企业没有这种政策，受邀参加调查的人也必须先得到组织内其他人的授权才能参加调查。

有一些研究设计方式已经被证明对提高回答率有积极作用。与调查样本成员联系的次数和方式是赢得参与者合作的重要因素。邮寄调查通常会寄送提醒明信片、邮寄备用问卷包和给未回答者打提醒电话。在电话调查【Telephone Survey】中，打电话的时机对提高找到在家的潜在参与者的概率很重要。计算机辅助数据收集【Computer-Assisted Data Collection】能综合采用各种规则，确保在白天和夜间、工作日和周末都尝试打电话，同时确保隔周拨打电话。影响回答率的其他设计因素还包括实地田野期的长度（通常越长越好）；调查资助人;事先发送关于相关研究信息的信件并让参与者知晓访谈员将要打电话;以及货币和非货币的激励。先期支付的现金奖励已经证明是最有效的激励类型。对拒访的追访和增加电话尝试的次数也能增加回答率。

无回答者的相关信息通常是有限的。在无回答研究中,会在无回答者中随机抽取出一个样本,然后施以大量努力来吸引其参加(例如提供或增加激励,提供多种不同的填答方式,以及/或者增加联络的次数)。内容通常包括调查中的关键问题和人口特征方面的问题。收集到的数据可以用来概括无回答者的特征,并对数据进行事后调整。

当回答者与无回答者存在系统性差异,且这种差异与调查中的研究问题相关时,无回答偏倚【Nonresponse Bias】就产生了。人们普遍认为无回答是调查研究中误差【Error】的一个主要来源。提高回答率本身是值得重视的,因为它可以提高数据的可信性。但是,提高回答率最重要的好处是有助于减少无回答偏倚。付出额外努力来减少无回答偏倚的效果,取决于回答者和无回答者之间的差异有多大。减少无回答的实质意义因研究主题、总体、数据收集方法的不同而不同。

题项无回答

回答者可能无法准确地遵循跳答模式,会故意忽略使其感到不舒服的问题,或者在问卷完成之前停止答题。这种题项无回答在自填式(self-administered)调查中会更突出,而在有访谈员在场的调查中会少一些。访谈员可以与被调查者建立起融洽的关系,帮助他们克服填写问卷过程中的困难,能够重复问题或者在必要的时候对不熟悉的词汇进行标准化界定。

与威胁性较低的题项相比,不回答更可能出现在敏感问题中。当提到关于收入水平的问题,以及社会不认可的行为,比如为消遣而服用麻醉剂或者犯罪行为时,经常会有缺失数据【Missing Data】。在一项给定调查中,询问被调查者收入情况的题项经常会产生最多的题项无回答。用一系列的嵌套问题来询问收入情况,以及/或者在回答选项中提供收入范围,有助于改善数据质量。

设计较差的问题(如含糊的或者有歧义的题项)经常产生缺失数据,单元无回答和题项无回答都可能出现。被调查者回答很费劲的题项,无回答的概率也会很高。例如,让被调查者回答百分比且总计必须是100%的问题、回忆很久之前情况的题项、自填问卷中的开放式题项。在问卷设计阶段,对那些能与调查总体的关键特征相似的人就备选题项进行认知访谈来测试问卷,进行实地预调查,都将会有助于发现有问题的题项。在调查实施之前,可以修订这些题项。

问卷中的跳答指示(skip instructions)告诉被调查者根据触发题项(trigger item)的回答情况来决定接下来应该回答哪个问题。当被调查者没有回答他们应该回答的问题,或者当他们回答了理应跳答的问题时,就出现错误的跳答。设计周详的问卷能使跳答误差的可能最小。调查研究人员要认真考虑提供给被调查者的有关跳答的图像内容和文本内容。

在对题项无回答进行考察时,应当认识到两种"纯粹"的缺失回答之间的差异,一种是被调查者对此问题尚未形成意见,另一种是这个题项不适用于被调查者。最好使用筛选性问题。这些"触发"问题可以用来确定某一实质性问题的适宜分母是多少,那些缺乏相关经验而无法回答事实题项(factual items)的被调查者,或者那些在意见题项上没有意见的被调查者,可以跳过

"目标"题项。但是也有人会担心,提供"无意见"这一选项可能会给被调查者提供一种逃避回答问题的简便办法,而实际上他们可能有确切的意见。

在企业调查中,当要求被调查者提供公司没有采集的信息时,或者公司采集的信息单位与问卷所提供的回答选项不符时,就会产生题项无回答。同时,企业也会考虑信息的所有权问题——雇员可能被禁止披露某些信息。

能够使回答率最大化的研究设计和能够使问题设计最优化的问卷研制,是减少调查无回答的关键。

——Patricia M. Gallagher

(李洋译　高勇校)

参考文献

Fowler, F. J., Jr. (1995). *Improving survey questions: Design and evaluation.* Thousand Oaks, CA: Sage.

Groves, R. M., & Couper, M. P. (1998). *Nonresponse in household interview surveys.* New York: Wiley.

Groves, R. M., Dillman, D. A., Eltinge, J. L., & Little, R. J. A. (Eds.). (2002). *Survey nonresponse.* New York: Wiley.

Schwarz, N., & Sudman, S. (Eds.). (1996). *Answering questions: Methodology for determining cognitive and communicative processes in survey research.* San Francisco: Jossey-Bass.

无回答偏倚(Nonresponse Bias)

当一项研究没有收集到从抽样框中所选样本的所有数据时,也就意味着出现了无回答【Nonresponse】。无回答偏倚可能会出现在任何形式的研究中,而不仅仅是在抽样调查中。回答率是对无回答的规模进行的测量,回答率的计算有多种方法(参见AAPOR,2000)。尽管回答率能够说明研究是否有效地测量了所有抽中的样本,但是它并不能直接说明这些数据是否会产生无回答偏倚。也就是说,"低"回答率并不意味着就存在无回答偏倚(参见 Curtin, Presser, & Singer, 2000; Merkle & Edelman, 2002)。但是,如果在我们要进行的测量上,无回答样本与回答样本有所差别,那么无回答误差就会出现,通常以偏倚的形式出现。无回答偏倚同时取决于以下两个因素:无回答的规模,回答者与无回答者之间的差异大小(Groves,1989)。

不管回答率是多少,如果回答者与无回答者在要进行的测量上没有差异,那么就不存在无回答偏倚。无回答偏倚可能在单元的层次上出现(如个人),也可能在题项的层次上出现(如调查问题)。在调查中,无回答大多是无法联系、拒绝和语言障碍等原因产生的,已经设计出许多方法上的技术来尽量降低无回答的概率。例如,许多统计加权【Weighting】和插补法【Imputation】技术可以用来对单元和题项层次出现的无回答进行调整。尽管如此,一般从无回答的样本中收集不到任何信息;因此,我们并不保证上述统计技术能降低可能存在的无回答偏倚。针对无回答者的特定的跟踪研究能收集到一些信息,以便确定最初研究中的无回答者与回答者有怎样的区别。

——Paul J. Lavrakas

(李洋译　高勇校)

参考文献

American Association for Public Opinion Research (AAPOR). (2000). *Standard definitions: Final dispositions for case codes and outcome rates for surveys*. Ann Arbor, MI: Author.

Curtin, R., Presser, S., & Singer, E. (2000). The effects of response rate changes on the index of consumer sentiment. *Public Opinion Quarterly*, *64*, 413-428.

Groves, R. M. (1989). *Survey errors and survey costs.* New York: Wiley.

Merkle, D. M., & Edelman, M. (2002). Nonresponse in exit polls: A comprehensive analysis. In R. M. Groves, D. A. Dillman, J. L. Eltinge, & R. J. A. Little (Eds.), *Survey nonresponse* (pp.243-258). New York: Wiley.

非抽样误差(Nonsampling Error)

在社会研究中有各种形式的潜在误差,面对这些误差,研究者(a)努力将其最小化并且/或者(b)对其进行测量(参见 Groves, 1989)。无论是定量研究【Quantitative Research】还是定性研究【Qualitative Research】,误差的产生都是由收集资料时出现的各种原因引起的偏倚【Bias】(即稳定误差)和方差【Variance】(即变异误差)。抽样误差【Sampling Error】是与任何非普查的抽样相关联的方差。非抽样误差传统上是指所有其他的偏差和方差来源,包括涵盖误差、无回答误差以及测量误差。

涵盖误差(coverage error)是指代表总体的抽样框(列表)没有全部覆盖(包括)整个总体而产生的偏差。无回答【Nonresponse】误差是指没有从抽样框所选样本中采集到所有数据而产生的偏差或者方差。测量误差(measurement error)是指由以下几点引起的潜在的偏差或方差:(a)收集数据的人(例如,访谈员、观察员或者编码员);(b)用来收集数据的工具(例如,问卷、观察或编码表);(c)接受测量的被试/受访者;(d)数据收集模式(例如,是面对面访谈问卷还是自填问卷)。目前有很多方法研究和统计研究的文献,介绍了降低非抽样误差发生概率的各类技术,以及/或者当误差出现时对其进行测量和调整的各种方法。要注意的是,很多人认为这些形式的误差只出现在抽样调查中,而实际上每种类型的误差在任何社会研究形式中都有相对应的部分,包括观察研究【Observational Research】、内容分析【Content Analysis】以及各种形式的定性研究。

——Paul J. Lavrakas

(李洋译　高勇校)

参考文献

Groves, R. M. (1989). *Survey errors and survey costs.* New York: Wiley.

正态分布(Normal Distribution)

正态分布(也称为高斯分布)通常用于解决社会科学中的各种问题。许多连续随机变量可以建模为正态概率【Probability】分布,其密度函数生成一个对称的、钟形的曲线。连续随机变量 Y 的正态密度函数是

$$f(y)=\frac{1}{\sigma\sqrt{2\pi}}e^{-\frac{(y-\mu)^2}{2\sigma^2}}$$

其中，$-\infty < y < \infty$，$-\infty < \mu < \infty$，$\sigma > 0$，且 μ 和 σ 分别是总体【Population】的均值和标准差【Standard Deviation】，因此，$E(Y)=\mu$，$V(Y)=\sigma^2$。可以看出，定义正态分布密度只需要这两个参数【Parameter】。

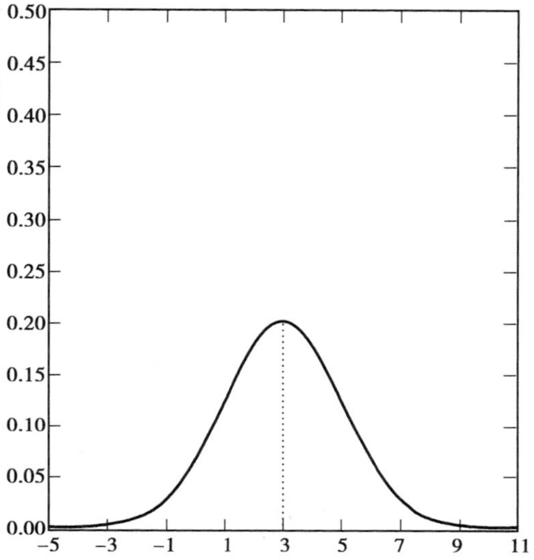

图 1　Y_i 表示正态，$\mu=3$，$\sigma=2$

正态分布有一个特殊的属性，即在不同的参数值下都保持：68%的分布位于均值上下的 1 个标准差范围内，95%的分布位于均值上下的 2 个标准差范围内，99.7%的分布位于均值上下的 3 个标准差范围内。尽管如此，由于分布的取值范围是 $-\infty \sim +\infty$，因此正态分布随机变量在实数线（real-number line）的任意位置上都有非零概率取值。此外，由于分布是对称且有唯一的最大值，因此它的均值【Mean】、中位数【Median】和众数【Mode】都是相同的。再者，如图 1 和图 2 所示，两个反曲点（inflection points）位于离均值 1 个标准差的位置。要注意这两个分布都以 3 为中心，但是第一个分布的延展要大于第二个分布。尽管如此，在两个分布中，都有可能（即使是很低的概率）出现很高或很低的数字。

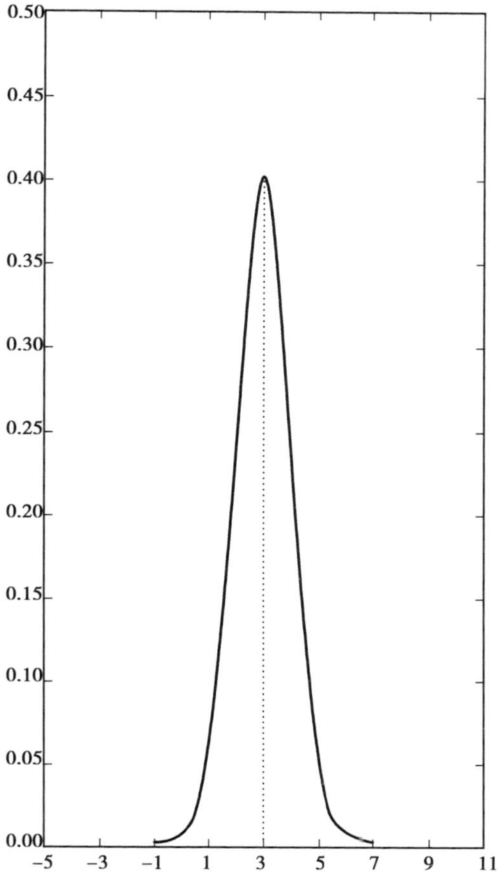

图 2　Y_i 表示正态，$\mu=3$，$\sigma=1$

在社会科学中，关于正态分布中心性的一个重要理论是中心极限定理【Central Limit Theorem】。通过证明在不考虑原始变量分布的情况下，对于大规模样本（或者更准确地说，n 趋向于无穷大）来说，变量的均值服从正态分布，那么中心极限定理就能将任意的概率函数（只要它的 μ 和 σ 是有限的）与正态分布关联起来。这个定理的一个特殊的应用是正态近似二项式【Binomial】分布。研究发现，在一系列的 n 次伯努利【Bernoulli】实验中，每次成功的概率为 p，近似于服从正态分布，其均值是 p，方差是 $\frac{p(1-p)}{n}$。

此外，根据最小二乘回归【Least Squares

Regression】中的误差【Error】项服从正态分布的假设【Assumption】,最小二乘估计值也服从正态分布,而这一特性对统计推论【Statistical Inference】很有用。

标准正态分布

为了比较两个分别来自不同正态分布的变量的值,需要对其进行标准化。标准化将不同分布的均值和方差置于可比较的基点上,例如,使人们可以比较高级阿卡德语(Akkadian)和天体物理学导论的分数。

标准化程序是通过 $Z_i=\frac{Y_i-\mu}{\sigma}$ 来实现的,因此每个 Z_i 值表示 Y_i 与其均值的差,除以原始变量 Y_i 的标准差(σ)。因此,Z_i 的均值为 0 且标准差等于 1。

这样的话,标准正态分布的密度函数是

$$f(z)=\frac{1}{\sqrt{2\pi}}e^{-\frac{z^2}{2}}$$

要对正态变量位于点 a 和点 b[$P(a\leqslant Y_i\leqslant b)$] 之间的概率进行估计,就需要估计正态密度函数下点 a 和点 b 之间的面积,或者换句话说,需要估计如下积分:

$$\int_a^b \frac{1}{\sigma\sqrt{2\pi}}e^{-\frac{(y-\mu)^2}{2\sigma^2}}dy$$

不幸的是,由于并不存在积分的闭合表达式,因此在此需要使用数值技术,在实践中则经常使用汇总了密度的统计表格。由于分布以 μ 为中心呈现对称性,因此仅需要在均值的一侧计算对称面积。或者为了方便起见,均值左侧的面积以均值右侧的面积计算方式来计算。图 3 用标准正态分布说明了这一点。

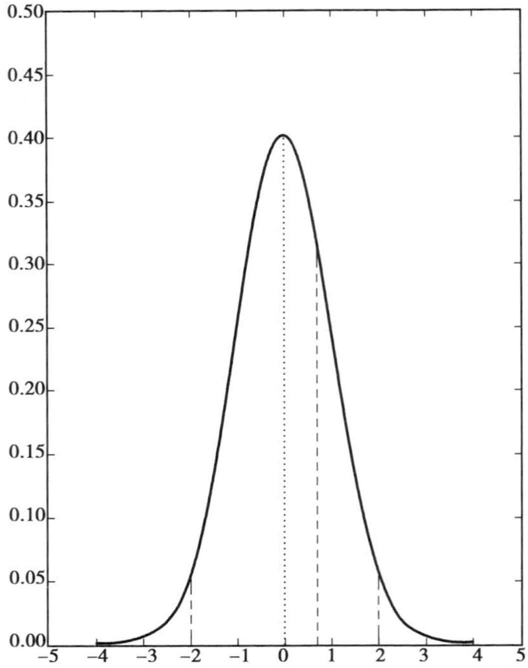

图 3 Y_i 表示标准正态($\mu=0,\sigma=1$)

$$\begin{aligned}&P(a<Y_i<b)\\&=P(Y_i<b)-P(Y_i<a)\\&=P(Y_i<b)-P(Y_i>-a)\\&=P(Y_i<b)-[1-P(Y_i<-a)]\\&=P(Y_i<b)+P(Y_i<-a)-1\end{aligned}$$

如果 $a=-1.5,b=0.8$,那么

$$\begin{aligned}&P(-1.5<Y_i<0.8)\\&=P(Y_i<0.8)+P(Y_i<1.5)-1\\&=0.788\ 1+0.933\ 2-1\\&=0.721\ 3\end{aligned}$$

线性转换

社会科学家经常要对感兴趣的原始变量进行线性转换(linear transformation)来得到新变量。例如,研究者可以用美元或数千美元来测量收入,或者用公里和英里来测量距离。如果原始变量服从正态分

布，其线性转换也服从正态分布。进一步说，如果我们知道原始变量的均值和标准差，当两个变量是相关的，就很容易得到转换变量的参数值。如果 $Y_i \sim N$，那么 $E(Y)=\mu$ 且 $V(Y)=\sigma^2$，X 是 Y 的线性转换，即 $X_i=aY_i+b$，那么 $E(X_i)=E(aY_i+b)=aE(Y_i)+b=a\mu+b$，且 $V(X_i)=V(aY_i+b)=a^2V(Y_i)=a^2\sigma^2$。

多元正态分布

如果 Y_i 不是一个单独的变量，而是 N 个正态分布随机变量的向量，我们需要用多元分布来建构向量模型。含 N 个随机变量的多元正态分布可以表达为一个 $N\times1$ 的向量 μ 和 $N\times N$ 的方差协方差矩阵 $\sum$ 组成的函数，即

$$f(y)=\frac{1}{\sqrt{|\sum|(2\pi)^{-\frac{N}{2}}}}e^{-\frac{1}{2}[(y_i-\mu)\sum^{-1}(y_i-\mu)]}$$

当 Y_i 只包括一个随机变量时，这个表达式可以缩减为单变量正态密度，其方差协方差矩阵是 σ^2。

如果变量彼此独立，那么方差协方差矩阵 $\sum$ 就是对角矩阵（非对角线元素全部等于0）。在这种特殊的情况下，单变量正态分布的乘积等同于多变量正态分布。

对数正态分布

对数正态分布有助于描述那些不能取负值的变量（如收入或重量）。如果 Z_i 服从标准正态分布，可以得到 $Z_i=\frac{\ln Y_i-\mu}{\sigma}$，那么 Y_i 就服从均值为 μ、方差为 σ^2 的对数正态分布，表达式为 $Y_i=e^{\sigma Z_i+\mu}$。

发展历史

人们常常将正态分布与卡尔·高斯（1777—1855 年）联系起来。在 1809 年出版的一部著作中，高斯把正态密度与最小二乘法联系起来。但是，高斯引用了拉普拉斯 1774 年的著作，他从这里接触到了正态分布，事实上一些著作将这种分布称为高斯-拉普拉斯分布。历史学家还将正态分布的起源进一步向前追溯到棣莫弗 1733 年的一部著作（Stigler，1999，pp.284-285）。

实际上，正态分布可以用来描述统计过程的观念早在 18 世纪就出现了。在 19 世纪中的多数日子里，它们被称为“误差曲线”，因为最早用它们来描述测量误差的分布。直到 1870 年代，才正式引入了“正态分布”这个词。

——Orit Kedar

（李洋译　高勇校）

参考文献

Greene, W. H. (1993). *Econometric analysis.* Englewood Cliffs, NJ: Prentice Hall.

King, G. (1989). *Unifying political methodology.* New York: Cambridge University Press.

Stigler, S. M. (1986). *The history of statistics.* Cambridge, MA: Harvard University Press.

Stigler, S. M. (1999). *Statistics on the table.* Cambridge, MA: Harvard University Press.

Wackerly, D. D., Mendelhall, W., III, & Scheaffer, R. L. (1996). *Mathematical statistics with applications*(5th ed.). Belmont, CA: Duxbury.

正态化(Normalization)

在许多常见的统计模型中,我们假设变量 Y 的某个部分服从正态分布【Normal Distribution】。例如,在线形回归【Linear Regression】模型 $Y=\alpha+\beta X+\varepsilon$ 中,我们假设误差项 ε 服从正态分布。尽管稍微偏正态也是可以接受的,但是偏离正态的重尾分布可能会影响统计估计。在这种情况下,更好的处理办法是对 Y 进行转换,使得相关部分接近正态。这种变量转换被称为正态化。

如果变量 Y 的相关部分呈现重尾(偏态)分布,那么我们通常采用幂转换(power transformation)。顾名思义,它将 Y 转换为 Y 的 p 次幂(把 Y 转换成 Y^p)。大于 1 的幂可以降低负偏斜,如二次转换 $Y^2(p=2)$。大于 0 小于 1 的幂可以降低正偏斜,如 Y 表示计数或频次时常用到的平方根转换 $\sqrt{Y}$ 或 $\sqrt{Y+1/2}\,(p=0.5)$。如果幂为 0,那么我们定义幂转换为 $\log(Y)$,它与较小的幂转换一样,也能降低正偏斜。负幂的作用等同于倒数 $1/Y$ 的正幂。如果可以合理地解释倒数的意义,就可以使用负幂指数,例如如果 Y 是发生率(单位时间的事件数),那么 $1/Y$ 就是两个事件间隔的时间。

总之,幂转换族可以表述为:

$$t(Y;p)=\begin{cases}Y^p & \text{当 } p\neq 0\\ \ln(Y) & \text{当 } p=0\end{cases}$$

幂转换假设 Y 是正的;如果 Y 是 0 或者负数,我们一般通过增加一个常数使 Y 成为正数。有一些正规方法可以估计要增加的常数和最接近正态性的幂指数 p(Box & Cox,1964)。但是,最优幂和最优增加常数通常也只是一种大概的指引。

如果 Y 的相关部分的分布呈现两个重尾(超峰态【Kurtosis】),我们可以使用模转换(modulus transformation)(John & Draper,1980),它是分别对各尾进行修正的幂转换。小于 1 的非负幂指数 p 降低了峰态,大于 1 的幂指数提高了峰态。对最优幂指数 p 进行估计的正规方法也有许多种(John & Draper,1980)。如果 Y 是以 0 为中心对称的,那么模转换会改变峰态而不引入偏态。如果 Y 不以 0 为中心,那么建议在进行模转换之前增加一个常数。

$$t(Y;p)=\begin{cases}\operatorname{sign}(Y)\left[\dfrac{(|Y|+1)^p-1}{p}\right] & \text{当 } p\neq 0,\\ \operatorname{sign}(Y)[\ln(Y)+1] & \text{当 } p=0\end{cases}$$

如果 Y 是取值为 0~1 的比例,可以采用其他正态化方法:反正弦或角转换 $\mathrm{acrsin}(\sqrt{Y})$,Logit 或 Logistic 转换 $\ln\left(\dfrac{Y}{1-Y}\right)$,以及 Probit 转换 $\Phi^{-1}(Y)$,其中 Φ^{-1} 是累积标准正态密度函数的反函数。Logit 和 Probit 概率优于反正弦转换,后者已经逐渐没有人使用了。

即使是最好的转换也不一定能足够近似正态。此外,转换后的变量可能难以进行解释,从中推导出的结论难以应用到最初的、未经转换的变量上(Levin,Liukkonen,& Levine,1996)。幸运的是,现代研究者除了正态化,还有其他处理方法。如果处理的是非正态数据,我们可以使用假设分布服从其他类型的广义线性模型【Generalized Linear Models】。我们还可以用"自由分布"统计量或非参数统计量来放宽假设。

除了这里的定义之外,有时正态化这个术语也被用来指变量被标准化【Standardized】。有时也被用来指加入约束条件来确保联立方程【Simultaneous

Equations】组可以识别(如 Greene,1997)。

——Paul T. von Hippel

(李洋译 高勇校)

参考文献

Box, G. E. P., & Cox, D. R. (1964). An analysis of transformations. *Journal of the Royal Statistical Society (B)*, *26*(2), 211-252.

Cook, R. D., & Weisberg, S. (1996). *Applied regression including computing and graphics*. New York: Wiley.

Greene, W. H. (1997). *Econometric analysis* (3rd ed.). Upper Saddle River, NJ: Prentice Hall.

John, N. R., & Draper, J.A. (1980). An alternative family of transformations. *Applied Statistics*, *29*(2), 190-197.

Levin, A., Liukkonen, J., & Levine, D. W. (1996). Equivalent inference using transformations. *Communications in Statistics, Theory and Methods*, *25*(5), 1059-1072.

Yeo, I.-K., & Johnson, R. (2000). A new family of power transformations to improve normality or symmetry. *Biometrika*, *87*, 954-959.

NUD * IST

NUD * IST 是一种用来进行计算机辅助定性数据分析的软件程序。它能对定性数据进行编码和检索。它还支持扎根理论【Grounded Theory】应用,例如生成备忘录【Memos】。这个名称是非数字无结构数据索引、搜寻和理论化(Nonnumerical Unstructured Data Indexing, Searching, and Theorizing)的缩写。

——Alan Bryman

(李洋译 高勇校)

冗余参数(Nuisance Parameters)

冗余参数是一种在参数估计【Estimation】中研究者不感兴趣或者仅有次要兴趣的参数。例如,在一个包含正态分布随机变量的统计模型中,研究者的兴趣往往是估计变量的期望 μ,而不是随机变量的方差 σ^2,因此,随机变量的方差就被视为冗余参数。

——Tim Futing Liao

(李洋译 高勇校)

虚无假设(Null Hypothesis)

在社会研究中,虚无假设是假设检验【Hypothesis Testing】的重要组成部分。在完成对社会活动的定量测量后,从理论推导出的假设就需要被检验,这时就会用到虚无假设。理论假设(或研究假设)认为数据会呈现某种模式,统计分析就是用来评估收集到的测量数据中的证据能够在多大程度上支持这种模式的存在。虚无假设就是认为发现的数据模式仅是由于偶然才出现的假设。

举例说明,从总体【Population】中随机抽样【Random Sampling】出参与者，再随机分成两组。一组饮酒，另一组服用安慰剂（参加者并不知道自己属于哪个组）。然后对他们的驾驶表现（或其他相关技能）进行测量。研究假设是两组人员的表现水平不同。虚无假设是酒精没有影响，两组之间产生的任何差异都是随机的偶然性。如果虚无假设为真，我们期待两组的平均表现相同。但是，将参与者随机分配【Random Assignment】的两组总会在所测量的表现上有所差异，即便对两组人的安排完全相同。尽管如此，均值的差异越大，这种结果的可能性就越低。假设检验取决于我们得到测量的结果的随机概率。

如果假定虚无假设为真（在本例中即酒精没有影响），可以计算出随机分配的两组中的测量结果呈现出某种数据模式的概率。通常，会用这个假设（虚无假设为真）来计算出（或估计出）某个统计量（如 t 比率【t Ratio】或卡方【Chi-Square】）的抽样分布【Sampling Distribution】。然后这个分布会被用来和测量数据中计算得到的样本统计量进行比较。

理论而言，即便相关的处理没有效应（所以虚无假设为真），也完全可能仅仅由于偶然而在数据中呈现出某种数学模式，即使可能性极小。仅仅由于偶然而在结果中发现某一特定模式的概率越小，我们就越有信心认为有证据支持研究假设。一些统计方法会设定一个概率水平作为惯例，如果低于这个水平，程序就会作出拒绝虚无假设、接受研究假设的决策。另外，一些方法认为并不存在普遍适用的又好又快的法则，用某一组测量方式得到的研究证据，只有放在以类似方式探讨同样问题的其他研究的情境中，才能得到充分的评估（参见 MacDonald, 2002）。

——Martin Le Voi

（李洋译　高勇校）

* 也可参见显著性检验【Significance Testing】、p 值【p Value】、假设【Hypothesis】。

参考文献

MacDonald, R. R. (2002). The incompleteness of probability models and the resultant implications for theories of statistical inference. *Understanding Statistics*, *1*(3), 167-189.

数值变量(Numeric Variable)

参见计量变量【Metric Variable】。

NVivo

NVivo 或 NUD * IST Vivo 是一种用来进行计算机辅助定性数据分析的软件程序。依其设定，它能进行定性数据编码和检索。它还支持扎根理论【Grounded Theory】实践，如生成备忘录【Memos】。它是 NUD * IST 软件的一个变体（但并非其新版本），但经常被认为更适合细致分析，因此在定性研究专业人员中非常流行。

——Alan Bryman

（李洋译　高勇校）

O

客观主义(Objectivism)

客观主义的观点认为,存在一个“永恒的、与历史无关的模型或框架,我们最终可以诉诸它,来确定理性、知识、真理、现实、善良或公正的本质”(Bernstein, 1983, p.8)。尽管长期受到社会科学中的现象学和诠释学传统的挑战,但是一直到1960年代,客观主义仍然是自然科学和社会科学中的默认规则。托马斯·库恩(Kuhn, 1970)1962年首次出版的《科学革命的结构》(*The Structure of Scientific Revolutions*),在自然科学领域(然后引申至社会科学)挑战了这一正统,宣称在科学中不存在线性进步;相反,多种被用来表达科学真理的思维和实践“范式”会在特定的时期共存。范式从属于偶然性的和戏剧性的革命,这些革命更容易用社会和心理因素进行解释,而不是关于世界的客观事实。事实上,竞争性范式是对立的,以致它们在认识论上是不可通约的(incommensurate)。

库恩的著作影响了社会科学中许多反客观主义者的观点(或者更准确地说是社会研究中,因为这些观点通常否认社会世界可以用科学方法来研究):相对主义【Relativism】、社会建构论【Constructionism】和主观主义。尽管一个反客观主义者有时会将所有这些对立观点混合在一起,但它们未必具有相同的含义。相对主义者会否认知识和/或道德可以根据一个没有嵌入在主观认识论或道德立场中的视角来判断,因此他们声称任何真理或道德都没有特权。主观主义者认为不存在位于主体的观念或建构之外的客观现实。虽然相似,但社会建构主义强调的是对我们所谓“现实”的社会建构。

客观主义,如同许多其他“主义”一样,往往在某种意义上说是一个“稻草人”,现在很少有人会完全地信奉它或否定它。但是,有更多温和的继承者或者把客观性作为一种可实现的目标,或者把实在论作为一种本体论立场。前者的问题是:如果社会世界是由其参与者积极构建的,那么在追求社会世界的真理时,研究者还能在多大程度上保持客观性?实在论者则试图找到一种中间立场,他们接受社会世界是社会性地建构起来的观点,同时认为社会世界一旦形成就会作为一种独立于任何个体观念的客观现实而存在。

皮埃尔·布迪厄(Bourdieu,1977)在超越客观主义及其对立观点上作出了有影响力的尝试,他将客观主义与涂尔干、阿尔都塞和列维-斯特劳斯的结构主义【Structuralism】和社会理论中随之出现的主体“消失”联系在一起。相应地，他认为常人方法论者【Ethnomethodology】和符号互动论者【Symbolic Interactionism】过度地关注行为主体的主观性而忽略了对它们起作用的客观结构。因此，他提出在建构社会现实的实践中，主观和客观因素之间存在着一种辩证关系。客观结构影响着日常互动，尽管主体会再生产和改变它们，但是它们所呈现的方式会影响它们如何被再生产和改变。

——Malcolm Williams

（叶鹏飞译　高勇校）

参考文献

Bernstein, R. (1983). *Beyond objectivism and relativism: Science, hermeneutics and praxis.* Oxford, UK: Basil Blackwell.

Bourdieu, P. (1977). *Outline of a theory of practice.* Cambridge, UK: Cambridge University Press.

Kuhn, T. (1970). *The structure of scientific revolutions* (2nd ed.). Chicago: University of Chicago Press. (Original work published 1962.)

客观性(Objectivity)

“客观性”一词的中心含义涉及的是，调查是否以一种使获得真实结论的可能性最大化的方式来进行的。当然，正如将会明确的，该词还有一些其他相关的含义。

这一概念的境遇在20世纪下半叶发生了巨大的改变。大多数研究者将其视为研究的基本要求，但也有一些人认为它仅仅是一种符合科学家利益的思想伪装，特别是那些来自西方国家的男性白人科学家。

“客观性”的不同含义可以通过区分它的形容词和副词形式来进行说明。混淆不清常常是因为将它们合并在一起。首先，“客观的(objective)”可以作为形容词来描述世界上的现象。从这个意义上说，它有时被用来表示已经存在的事物，而不是简单的表象或想象出来的虚构物。另外，“客观性(objectivity)”意味着一个事物属于“外部的”世界，而不属于主体的“内部的”、心理的世界。从这个意义上看，桌椅是客观的，而思维和感觉并非客观的，尽管它们可能都是真实的而不仅仅是表象。

“客观的”也可以作为形容词用来描述研究成果，这里它的意思等同于“真实的(true)”。有时这被称为“本体论的客观性”(Newell, 1986)。然而，既然是等同的，那么这种用法似乎是多余的，大多数情况下最好避免使用。

相比之下，第一段中认定的中心含义是副词性的，这里“客观性”一词是应用于调查过程和/或调查者。有时这被称为“程序上的客观性”，尽管这会导致错误结论，因为它意味着仅仅遵循一种方法。这种副词意义上的“客观性”是指，调查是否会因为外部因素的影响而产生偏倚【Bias】，尤其是研究者的个人动机和兴趣、社会背景、政治和宗教责任等。重要的是要注意，客观性并不要求这些因素对研究过程不产生任何影响，而仅仅要求它们不能使研究偏离了理性过程。

这表明副词意义上的“客观的”，是评估性的而不是事实性的：它涉及对调查过程或调查者的评判，依据是如何开展调查才能使产生真实调查结果的可能性最大化的理性标准。它并不关心调查过程中的全部偏差，而是关注与研究者相关的因素导致的系统误差。值得强调的是，在心理学意义上这些因素未必是主观的。

副词形式的客观性作为一种规约性理

想(regulative ideal),已经受到很多证据的挑战。一些评论者声称它永远无法达到,因为这意味着研究者没有任何背景特征。在此基础上,有人认为客观性的概念仅仅是一种修辞手法,研究者借此将他们自己的观点特权化。然而,正如前文所述,客观性并非要求没有背景特征,而仅仅是要求这些背景的所有系统负效应必须避免。此外,即使客观性真的永远无法完全达到——因为我们不能彻底避免这类负效应,或者至少知道我们已经避免了它们——但也并不是说追求达到客观性是不受欢迎的。有观点认为,调查越是接近这种理想,所得到的知识越有可能是可靠的。

有人提出特定类别的行为主体比其他人更能获得客观性。哈丁(Harding,1992)提出了一种观点。她认为,支持她所称呼的"强客观性(strong objectivity)",实际上是给予那些社会地位边缘化的人们的视角以特权,原因是这些人不会安于现状而不辨是非,从而更有能力获得关于社会的真知灼见。这一态度的基础是黑格尔学派和马克思主义的思想,意思是客观性是社会历史的产物,而不是个人取向的问题。

对作为理想的客观性的另一种批评,源于对它所依赖的理性和/或真理概念的否定,它们已经被视为虚构的或仅仅是修辞性的。这种批评属于怀疑主义和相对主义【Relativism】的一种形式,近来更受到后结构主义【Poststructuralism】的启发。

还有一种对作为规约性理想的客观性的独特批评认为,它鼓励了研究者在伦理上的不负责任。这是因为它要求在研究的实施过程中,不能将真理之外的重要价值作为目标的一部分。在批评意见中,真理和理性的观念没有被否定;要求很简单,调查必须包含对知识之外的其他目标的理性追求,这些其他目标——如社会正义——被假定为与真理有选择性的亲和关系,或者作为对真理的适当的重新定义。

客观性传统概念的捍卫者拒绝这些批评,他们认为"客观性"纯粹地意味着要避免来自不相关因素的偏见,没有人可以单独享有特权或者被阻止获取社会世界的知识;任何对知识可能性的否认都是自我反驳的(self-refuting);有充足的理由相信,不同的目标意味着理性行动的不同路线,因此无法同步进行。客观性的捍卫者声称,科学探索的成功是来自它在研究团体中的制度化,在研究中力求避免不相关事项造成的偏差,其重要性就如同在任何其他的理性行动中一样(参见 Rescher, 1997)。

——Martyn Hammersley

(叶鹏飞译　高勇校)

参考文献

Harding, S. (1992). After the neutrality ideal: Science, politics, and "strong objectivity." *Social Research*, *59*, 568-587.

Newell, R. W. (1986). *Objectivity, empiricism and truth*. London: Routledge and Kegan Paul.

Rescher, N. (1997). *Objectivity: The obligations of impersonal reason*. Notre Dame, IN: University of Notre Dame Press.

斜交旋转(Oblique Rotation)

参见旋转【Rotations】。

观察表(Observation Schedule)

在观察法研究中,研究者使用观察表,从而以一种有结构且系统的方式研究行为和互动(参见结构化观察【Structured Observation】)。观察表包括一些在行动和互动发生时对其进行分类和记录的预定系统,同时包括一系列用来指导观察和对事件进行归类的规则和标准。一个观察表通常要有一个时间维度,以便及时定位观察结果,同时要有与行为和互动的不同方面相关联的变量,每个变量由一组描述特定行为和互动的类别所构成。观察表是一种操作化的方式,研究者通过它将作为研究焦点的社会世界的某些方面进行操作化;它被用来收集可以用于分析的系统而可靠的数据。观察表中使用的类别和定义必须是明确的,并且能够被不同的观察者同等地使用。

观察表的类型

观察表有多种不同的类型,特别是围绕它们如何及时定位观察结果,它们是否提供有关所研究行为的持续期、频次、发生时间和结果等方面的数据。连续和准连续观察系统提供了一种对行为的持续、不间断的记录。这些系统是最完整的,但只能应用于有限的类别。例如,希尔萨姆和凯恩(Hilsum & Cane,1971)通过整天连续的观察来研究学校教师的工作,将其行为进行分类,比如"指导""评分"和"管理"。事件记录本质上是一个清单系统,标明特定类型的事件具体是何时发生的。这对于事件出现的频次是一种很好的测量。惠尔达和梅雷(Wheldall & Merrett,1989)采用这样的方法,根据对老师表扬或批评学生的行为进行简单计数,来比较课堂管理行为的不同方式。很多系统使用各种类型的时间抽样(time sampling)来构建观察结果,比如瞬时时间抽样以及部分间隔和完整间隔时间抽样。高尔顿、西蒙和克罗尔(Galton,Simon,& Croll,1980)采用瞬时时间抽样研究了学校课堂;选出的学生与其老师之间的互动和行为,被精确地按照25秒的时间间隔进行编码。克罗尔(Croll,1986)、苏恩和阿里(Suen and Ary,1989)给出了关于时间抽样方法的进一步详细介绍。

设计观察表

在设计新的观察表之前,研究者应该考虑,在已经付诸使用的诸多系统中,有没有哪一种可以服务于他们的目标。即使现有的观察表都是不适合的,对于可比较的目标,也仍然值得考虑如何修改某些已经使用的部分,或者至少从另一个观察表中合并一些变量来作为基准测量。罗布森(Robson,1993,Chap.8)提出了发展观察系统的指南。其中包括这些标准:在研究情境下的易用性、对观察者推断力或判断力水平的要求足够低,以及对类别的明确界定。使用的类别应该是穷尽的,即所有遇到的行为都可以进行编码,而且应该是互斥的,即每个观察的行为都只能归入一个变量(当然也可能存在多个变量)的一种类别中。想要使用观察表的研究者可能会发现,最好是要以一种非结构化的方式展开观察,然后逐步把结构性引入观察过程中。这既有助于聚焦在他们所研究领域的概念化,也有助于确定更准确的操作化相关变量的方法。

——Paul Croll

(叶鹏飞译 高勇校)

参考文献

Croll, P. (1986). *Systematic classroom interaction.*

Lewes, UK: Falmer.

Galton, M., Simon, B., & Croll, P. (1980). *Inside the primary classroom*. London: Routledge and Kegan Paul.

Hilsum, S., & Cane, B. (1971). *The teacher's day*. Windsor, UK: National Foundation for Educational Research.

Robson, C. (1993). *Real world research*. Oxford, UK: Blackwell.

Suen, H. K., & Ary, D. (1989). *Analyzing quantitative behavioural observation data*. London: Lawrence Erlbaum.

Wheldall, K., & Merrett, F. (1989). *Positive teaching: The behavioural approach*. Birmingham, UK: Positive Products.

观察的类型(Observation, Types of)

观察是一种数据收集策略,包括系统地收集和调查在种种情境下发生的语言和非语言行为。这种数据收集的方法特别重要,尤其是在由于行为主体无法进行沟通(例如,同婴幼儿或神志不清的成年人)或无法提供足够详细的信息(例如,关于复杂的互动模式),而使通过自我报告难以获得相关信息的情况下。观察还被用于验证或扩展使用其他数据收集方法所获得的数据。非结构化观察和结构化观察都为研究者所使用。非结构化观察大多用于探索性和描述性研究。结构化观察【Structured Observation】用于感兴趣的行为是已知的情况,这种类型的观察一般要使用一个观察表【Observation Schedule】(如一张清单)。通常,要努力在尽可能自然的环境中对参与者进行观察。涉及观察的数据收集要获得参与者的知情同意【Informed Consent】。

观察有两种主要类型:亲身观察(参与观察【Participant Observation】或非参与观察【Nonparticipant Observation】)和录像记录。亲身观察是指研究者直接进行持续的观察,在聚焦情境的同时也关注个体行为,以理解某一行为或信念的意义。这一观察类型通常与民族志【Ethnography】有关。例如,参与观察对于研究敬老院环境中的隐私是一种很有用的方法。在此环境中,参与者与他人相处时所扮演的角色或参与的程度,可以是多样化的。在非参与观察中,研究者主要聚焦于观察这一任务,而最小化他们对环境中互动的参与度。在其他情况下,研究者可能更多的是一名参与者而不是观察者,因为在观察进行后,他们在研究的环境中也承担起一部分局内人的角色和职责。亲身观察的优点有:(a)经过一段时间,参与者适应了研究者的存在,当感兴趣的现象实际发生时,能够增加观察到的可能性 (b)研究者有机会与参与者进行互动,以澄清和扩大观察结果;(c)按照事件在日常生活中呈现出的本来状态来理解它们;(d)参与者言行之间的差异能够一目了然(Bogdewic, 1999)。在这种包括研究者心智在内的环境中实施并以现场"随笔"形式记录下来的观察,之后经过研究者的解释,扩展为详细的田野笔记【Fieldnotes】(Emerson, Fretz, & Shaw, 1995)。一般认为,参与者可以限制某些信息的公开并规定观察的界限。

在第二种观察类型中,摄像机被用来捕捉感兴趣的行为。录像记录的优势是,能为细致的微观分析或各种类型的分析提供一个永久的观察记录(Bottorff, 1994)。录像记录通常应用于定性的行为学和某些形式的谈话分析【Conversation Analysis】。例如,录像记录为研究医疗服务人员与病人之间的互动模式提供了丰富的资料来源。当研究者需要研究行为的顺序、同时发生的行为和无法实时观察的非语言行为时,这种观察手段尤其有用。通过对录像记录的行为进行微观分析,可以获得对行为的深度描述。

——Joan L. Bottorff

(叶鹏飞译　高勇校)

参考文献

Angrosino, M. V., & Mays de Perez, K. (2000). Rethinking observation: From method to context. In N. K. Denzin & Y. S. Lincoln (Eds.), *Handbook of qualitative research* (2nd ed., pp. 673-702). Thousand Oaks, CA: Sage.

Bogdewic, S. P. (1999). Participant observation. In B. J. Crabtree & W. L. Miller (Eds.), *Doing qualitative research* (pp. 47-69). Thousand Oaks, CA: Sage.

Bottorff, J. L. (1994). Using videotaped recordings in qualitative research. In J. M. Morse (Ed.), *Critical issues in qualitative research* (pp. 224-261). Newbury Park, CA: Sage.

Emerson, R. M., Fretz, R. I., & Shaw, L. L. (1995). *Writing ethnographic fieldnotes*. Chicago: University of Chicago Press.

观察研究(Observational Research)

观察是社会学家、文化人类学家和社会心理学家使用的基本研究技术之一。它可以独立作为一种资料收集方法或者与其他一种或多种资料收集手段搭配使用。观察研究的目的是在群体活动、交谈和互动等事件发生时进行记录,并确定这些事件对于参与者的意义。观察可以在研究者设计的实验室环境中进行,也可以在呈现选定行为自然轨迹的实地环境中进行。通过观察获得的资料,可以通过使用标准化的列表或研究指南进行编码量化,也可以通过开放式的叙事描述进行描绘。资料用文字或录音(音频和/或视频)形式记录,包括关于自然环境、行为、互动模式、意义(明确表达的或暗含的)和情感表达的数字化或叙事性描述。

研究者会依据采用的观察类型,力图达到以下一个或几个目标:(a)从被研究者的视角去看待事件;(b)关注看似平常的细节(即对任何事情都不会想当然);(c)将观察的资料置于尽可能广泛的社会和历史背景中(避免对有限资料以偏概全);(d)达到研究设计的最大灵活性(即使用尽可能多的方法收集资料,以完善基本的观察资料);(e)对客观记录的资料进行仔细分析后,建构理论或解释性框架。

观察研究的类型

社会科学家进行观察研究有三种主要方式,这些方式之间有相当大的重叠。但为了进行定义,有必要对它们加以区分:(a)参与式观察【Participant Observation】,是一种深受田野工作者喜爱的研究方式,它要求与所研究的社区建立密切联系,并且研究者要长期融入这些社区的日常生活中;(b)反应性观察(reactive observation),与控制性环境有关,假设被研究者知晓研究的存在,但与研究者的互动仅仅是对研究设计中的元素作出响应;(c)隐蔽(非反应性)观察,是对没有觉察到自己被观察的人进行研究。

上述三种类型的观察研究,每一种都涉及三个特定性层次(levels of specificity)的步骤:

(a)描述性观察包括观察者对所有细节的注解和描述,观察者采取近乎孩童的立场,消除一切偏见,不对任何事情想当然。这一过程产生大量的资料,其中一些会被证明是无关紧要的。这需要有一定的实地经验,才能够确定哪些资料是与参与者无关的。

(b)焦点式观察要求研究者仅仅考虑与当前手头上问题相关的材料,通常专注于定义明确的群体活动类型(如宗教仪式、政治选举)。

(c)选择性观察要求进一步探讨一般类型中的某个特殊形式(如入会仪式、市议会选举)。

观察研究中的客观性问题

社会科学家很早就意识到他们的现实存在会影响观察中的活动和环境,他们也努力坚持审慎的标准来收集和分析客观的数据,以便最小化观察者偏倚的影响。客观性是活动和环境中的参与者与观察者在发生事件上保持了一致性的结果;换句话说,研究者不能对所分析的事件强加理论上的或其他类型的先入之见。

20 世纪上半叶,社会研究者采取了以下四种观察角色,其科学客观性程度被认为是依次增加的:(a)完全的参与者或内部成员;(b)作为观察者的参与者(受过科学训练的内部成员);(c)作为参与者的观察者(成为共同体成员的局外人,这是现实中文化人类学家首选的一种立场);(d)完全的观察者(研究者与所观察的人或环境没有联系,隐蔽地进行观察,尽量减少与被观察者的互动)。

然而,完全客观性的理想让步于现代伦理中的知情同意【Informed Consent】。正如大多数伦理审查委员会所要求的,研究者要尽可能地告知有关研究目的和性质的问题,这几乎肯定要比过去的理想化情况涉及更多的互动。基于这样的假设,即如果一个人不能以某种方式成为一名成员,就不可能起到伦理研究者的作用,现代研究者更倾向于根据在观察环境中的隶属程度来塑造角色。成员的角色可能包括:(a)外部的成员研究者(那些使用内部成员的视角,而没有参与到团队成员核心行动中的研究者);(b)活跃的成员研究者(那些参与到团队核心活动中的研究者,有时甚至承担领导责任,但并不一定完全认可团队的价值观和目标);(c)完全的成员研究者(那些研究他们已经身处其中的环境,或者在他们进行研究时已经完全被吸纳为成员的研究者)。但是,最后一类研究者仍然力图确保他们的内部身份不会以一种不自然的方式改变互动的流程——他们作为内部成员的身份可能会使他们能够分辨事件的自然流程和不自然流程。

当代的观察研究者更愿意在他们所研究的团体中拥有一个已经存在的成员身份(或者建立起一个新的成员身份)。他们认识到,在一个既定的社会情境中探寻“真理”,要想完全过滤掉研究者自身的观念,既不可行也不合适。换句话说,以系统的严密性来使结果尽可能客观呈现出来的传统目标,已经被一种新的态度所取代,即“真理”可能存在多种形式,除此之外,观察结果是指特定研究者和特定对象在特定时点上交会的记录,而不是对某种永恒的、抽象的社会现实的反映(这种态度转变在观察性的田野研究者中更加明显;而实验研究者仍然选择控制额外变量,继续追求严格的客观性)。

不同于实验室研究人员,田野研究者也重新定义他们研究的人群。他们倾向于避免对这些研究对象使用传统术语,如“被试者”,而更喜欢在研究中代之以“伙伴”“合作者”或参与者。“被试者”术语看上去有点家长式作风,显现出一种令人不悦的图像——无所不知的科学家以一种超然的、控制的、抽象的(以及含蓄的、不切实际的)方式将人类置于显微镜下。因为伦理规范要求告知"被试者"他们的权利和研究项目的性质与范围，所以这些人不再是被一个疏远的权威人物所观察的被动行动者，他们的价值观、信念和想法必定充溢于研究中。

观察研究中的效度和信度问题

社会研究者对在特定环境中对特定人群进行观察，就能够对他们的文化进行普遍性的描述，产生了越来越多的质疑。观察研究者通常会使用几种技术来提高资料的效度。观察研究者对研究总体之外的推论非常谨慎，但仍然对大范围的模式抱有兴趣，他们可以依据一个研究者团队在不同情境中运用标准化观察表（参见结构化观察【Structured Observation】）收集资料所形成的组合图像，而不是从单一的观察场所出发进行推论。有时，这意味着团队成员应该在年龄、性别和其他个人背景特征上具有多样性，从而确保这些因素不会在不经意间影响研究者的认知。这一方法的经典案例，是约翰·怀廷及其同事在1950年代进行的"六种文化研究"，该研究提供了在子女抚养实践上跨文化的有效资料。新近的一个例子是由史蒂芬·凯斯特、米歇尔·克拉兹和劳里·普赖斯为国家药物滥用研究所所做的、在美国20个地方进行的药物注射者针头卫生研究。

资料的信度可以通过三角测量【Triangulation】加以提高，三角测量包含使用一系列资料收集方法进行的观察，以期获得合理的综合性结论。通过不同的资料收集技术得到相同结论的事实，使资料更有可能是可靠的。

几种社会研究理论与实践学派中的观察研究

观察研究深受社会科学中几种主要理论或概念传统追随者的喜爱。例如，形式社会学学派（乔里·西梅尔是早期代表）聚焦于社会互动和社会关系的形式或结构，而不是这些关系的特定内容。更多现代的形式社会学家，如曼弗雷德·库恩和卡尔·库奇，将社会现实看作自我与他人或多或少通过相互联系的惯例形式进行互动而建构出来的。该学派的支持者主张使用视频技术来记录观察资料；那些具有文化人类学倾向的研究者喜欢在现场录制，而其他人则喜欢将观察对象带到专门设置的可录制环境中。此类研究倾向于聚焦人们建立和维持关系的方式，尽管改进后的技术方法也已被应用于研究大型政府机构的运作。

与欧文·戈夫曼的研究相关的拟剧社会学，集中关注人们如何在社会环境中呈现自己，以及事实上如何在"观众"即社会群体面前表演他们的自我。戈夫曼的方法，尽管有时被批评为缺乏系统性并因此过于主观，但它能够使研究者捕获人们在不同社会层面上的一系列行为。戈夫曼的追随者如斯宾塞·卡希尔，尽管他在公共和半公共的场合使用了戈夫曼的无结构式记录方法（现场做笔记，之后再进行分类，而不是把观察到的行为立即分类到预先编好的类别中），他还是尝试着在方法中引入一定程度的系统性，尤其是利用研究团队。与之相比，劳德·汉弗莱斯试图构建了一个系统性的方法来捕捉拟剧的细节。在他关于公共卫生间中同性恋相遇的研究中，他按照观察表记录了观察结果，然而这种方法由于可以识别参与者的身份（他们实施的是私密行为，可能本来不想让别人如此近距离地观察自己），引起了对此类研究的伦理问题的批评关注。

自我观察（或自传式民族志【Autoethnography】）是这样一种技术，将观察的单元从公共或半公共场合下的群体转移到个体及她或他的亲密关系中。通常，谈论的个体就是研究者自身。这一方法有时被称为存在主义社会学，其哲学根源可以追溯到社会学家威廉·狄尔泰，他提倡一种理解(verstehen)(通过移情来理解)的立场。卡罗琳·埃利斯是近代一名重要的实践者,她因其有影响力的关于伴侣去世的个人陈述及其处理悲伤的方法而为人所知。虽然这个案例是社会学家本身,但是研究的主题具有普遍性,她所展示出来的应变代表了她所身处其中的文化和社会。该方法在概念上与反思人类学学派相关,参与式观察者放弃严格的客观性态度,而将自身放置于他们所描述的文化叙事中。文森特·克拉潘扎诺和彼得·威尔逊是这一方法的两位杰出实践者,他们通过与被调查者的个人关系这一视角来创建民族志(分别在摩洛哥的一个社区和加勒比海的一个岛屿)。

也许没有哪个社会研究学派能像常人方法论【Ethnomethodology】那样重视观察技术。该方法的支持者认为,社会生活是依据潜意识过程来构建的,而这个潜意识过程涉及的是人们习以为常的微小姿态,因此无法通过向人们提问来获取。常人方法论学者通常喜欢运用复杂的符号系统来分析微小细密的资料,这是他们与认知人类学家所共享的一种方式,后者已经将注意力转向注重谈话的重复、停顿和语调的话语分析。社会学家道格拉斯·梅纳德使用这一技术来研究庭审中的语言,人类学家迈克尔·阿加用它来研究康复计划中的吸毒者行为。非语言交流也可以通过这种方法进行记录,比如由爱德华·霍尔率先提出的空间关系学方法(the methodology of proxemics)(关于特定文化中人们利用空间的方式以及人们在空间中如何安排自己——例如房屋中家具的摆放位置,候机室中人们的坐姿——的研究,表达了人际关系的文化意义),以及由伯德惠斯特利提出的身势学方法(the methodology of kinesics)(这一学术解释在通俗心理学中被称为"身体语言")。

观察研究的伦理维度

尽管如前文所述,观察研究者确实意识到与研究总体中的成员加强互动的必要性,但是他们并不认为他们从事了有害的侵入性工作。被界定为"公共的"观察研究(比如研究电梯中人们确定自身位置的方式)可以免除机构审查,然而互动极少的纯粹的观察研究案例变得越来越少。互动越多,产生负面影响的可能性就越大,很多情况无法在项目开始时充分预料到。因此,对于观察研究者来说,最重要的是,无论互动的程度如何,都要尽可能地对被研究者开放,尽可能地公开项目的方法和目标。

——Michael V. Angrosino

(叶鹏飞译　高勇校)

参考文献

Adler, P. A., & Adler, P. (1994). Observational techniques. In N. K. Denzin & Y. S. Lincoln (Eds.), *Handbook of qualitative research* (pp. 377-392). Thousand Oaks, CA: Sage.

Agar, M. (1973). *Ripping and running*. New York: Academic Press.

Angrosino, M. V., & Pérez, K. (2000). Rethinking observation: From method to context. In N. K. Denzin & Y. S. Lincoln (Eds.), *Handbook of qualitative research* (2nd ed., pp. 73-702). Thousand Oaks, CA: Sage.

Cahill, S. (1987). Children and civility: Ceremonial deviance and the acquisition of ritual competence. *Social Psychology Quarterly*, *50*, 312-321.

Crapanzano, V. (1980). *Tuhami: Portrait of a Moroccan*. Chicago: University of Chicago Press.

Ellis, C. (1995). *Final negotiations: A story of love, loss, and chronic illness*. Philadelphia: Temple University Press.

Gold, R. L. (1958). Roles in sociological field observation. *Social Forces*, *36*, 217-223.

Humphreys, L. (1975). *Tearoom trade: Impersonal*

sex in public places. Chicago: Aldine.

Maynard, D. W. (1984). *Inside plea bargaining: The language of negotiation.* New York: Plenum.

Price, L. J. (2002). Carrying out a structured observation. In M. V. Angrosino (Ed.), *Doing cultural anthropology* (pp. 107-114). Prospect Heights, IL: Waveland.

Schensul, J. J., & LeCompte, M. D. (Eds.). (1999). *Ethnographer's toolkit.* Walnut Creek, CA: AltaMira.

Whiting, J. W., Child, I. L., & Lambert, W. W. (1966). *Field guide for the study of socialization.* New York: Wiley.

Wilson, P. J. (1974). *Oscar: An inquiry into the nature of sanity.* New York: Vintage.

观察频次(Observed Frequencies)

频次可以被简单地定义为我们所测量的事件发生的次数。这个事件就是我们有兴趣获取信息的变量【Variable】。请参考表1中的数据。

表1 一周时间内的停车数

一周中的天数	停车数
星期一	10
星期二	9
星期三	10
星期四	8
星期五	1
星期六	3
星期日	2

我们测量的事件/变量是停车场的使用情况。于是,星期一的频次(即停车数)是10,星期二的频次是9,星期三的频次是10,以此类推。

观察频次被定义为我们所观察到的测量事件发生的实际次数。这是否意味着我们必须待在停车场并记录每一辆停放的汽车?在有些案例中的确如此,我们可以亲临现场测量事件并统计它的频次。但在现实中,我们倾向于使用研究工具(例如问卷【Questionnaire】)来获取所测量事件/变量的详细资料。例如,可以请求停车场管理员填答一份关于停车场一周中每天使用情况的问卷,利用这些信息编制出表1。

我们可以通过考虑相对频次【Relative Frequency】更详细地说明问题,相对频次是由观察频次转化而来的。相对频次是我们所要调查的现象发生的案例数占研究中全部案例数的比例。

例如,一周时间内,停车场中的停车总数是43。可以通过下面的公式来计算本周中每天的相对频次:

$$\text{相对频次} = \frac{\text{某个特定日子里的停车数}}{\text{一周时间内停车总数}}$$

这样,星期一有10辆车停放,一周时间内的停车总数是43,那么星期一的相对频次就是:

$$\text{相对频次(星期一)} = \frac{10}{43} = 0.23$$

根据这个结果,我们就能把星期一停车场使用情况的相对频次表述为0.23。我们可以重复这样的算法,将一周中其他天数里的相对频次也计算出来。

观察频次不能与期望频次相混淆。尽管二者由于观察同一事件/变量而彼此关联,但是在它们的计算和解释上存在很大不同。

期望频次不是观察频次,尽管它可能是以后者为基础。期望频次是我们期望发生的,而不是实际发生的次数。期望频次通常建立在一些以前的信息基础上,即一个研究者已经获得的、计算出的或者记录下来的信息,通过这些,研究者试图预测将要发生的事件。例如,我们可以观察四个连续的星期一分别有多少辆汽车停放,从这个数据出发,来预测第五个星期一期望看到的停车数。

——Paul E. Pye

(叶鹏飞译 高勇校)

参考文献

Kerr, A. W., Hall, H. K., & Kozub, A. (2002). Descriptive statistics. Chapter 2 in *Doing statistics with SPSS*. London: Sage.

Hinton, P. R. (1996). *Statistics explained: A guide for social science students*. London: Routledge.

观察者偏倚(Observer Bias)

尽管运用观察法的社会研究者在记录和分析资料时会力求客观性【Objectivity】,他们还是意识到,源于观察自身性质的偏倚可能会损害他们的研究工作。因此,研究者需要有意识地察觉这些可能性,并采取措施避免它们。

观察者偏倚可能源于研究者怀有的无意识的假设或偏见。在某些情况下,这些偏见表现为种族中心主义——未加反思地认为自身文化中的价值观、态度和习惯才是规范的,导致无法看到更无法理解那些与这种规范不相符的行为。女性主义学者提醒研究者注意那些建立在性别和性别角色中暗含的权力关系基础上的不言而喻的假设。其他批评者指出,种族中心主义根源于社会阶级、宗教背景乃至年代(即"代沟"),所有这些都可能导致研究者对于那些不同于自身的人们的生活会错失很多重要的方面。

种族中心主义的观察者偏倚的影响,通常可以通过严格而持续的努力来加以减小,这种努力致力于留意可能导致错误理解的无意识假设。有点更加微妙——也因此更难克服的,是由于人们知道自己在被观察时会倾向于改变自身行为所造成的偏倚,即使进行观察的研究者尽全力来将种族中心主义的影响最小化。

传统的文化人类学是以在所研究的社区中建立长期关系为基础的,这样社区成员就会忘记他们一直在被人观察,而观察者也不再是一个陌生人。但是,即使是人类学家也不再总能安排长期的田野研究。因此,有必要设计其他方法来减轻短期研究中的观察者影响;例如,研究者可以通过由某个德高望重的人士介绍到社区,来增加在研究群体中让人感到舒适和信任的程度。也有必要进行三角测量【Triangulation】——从其他来源的观察资料中获得多种印象的汇总,更好地保证来自任何一个研究者的无意识暗示都不至于歪曲结果。

大多数当代社会研究者认识到,他们无法预知自己对研究的社区可能产生的全部潜在影响,并且他们认为追求严格的中立态度是不切实际的。研究者某些方面的自我呈现可以很容易地加以改变,以便他或她在研究社区中显得不那么扎眼(例如着装的样式、语调)。其他因素(例如种族、性别、年龄)则无法改变,因此在伦理上,当研究者报告结果时,他们需要坦白地公开这些因素,以便读者能够自己判断研究者是否严重干扰了研究人群对研究情境作出的响应。

——Michael V. Angrosino

（叶鹏飞译　高勇校）

参考文献

Gouldner, A. W. (1962). Anti-minotaur: The myth of a valuefree sociology. *Social Problems*, *9*, 199-213.

Schensul, S. L., Schensul, J. J., & LeCompte, M. D. (1999). *Essential ethnographic methods: Observations, interviews, and questionnaires.* Walnut Creek, CA: AltaMira.

发生比(Odds)

一种状态出现(如某人是一名计算机使用者)或一个事件发生(如某人实施了一项犯罪)的发生比,是这一状态或事件发生的概率与其不发生概率的比值。如果我们用符号 $P(Y)$ 表示某一状态或事件的概率,那么 Y 的发生比是 $\text{odds}(Y)=P(Y)/[1-P(Y)]$。如果事件或状态是不可能发生的,那么概率为 0,发生比同样为 0。如果事件或状态的概率小于 0.5,那么发生比的范围为 0~1;如果概率恰好是 0.5,那么发生比为 1;如果概率大于 0.5,那么发生比也将大于 1;如果状态或事件是确定发生的,那么 $P(Y)=1$, $\text{odds}(Y)=1/0$,是一个正的无穷大数值。关于某一结果发生比的考虑,或者两项可选结果发生比的比较,在赌博中是常见的,这也在一定程度上推动了概率论和统计的早期发展(Stigler, 1986, pp.62-63)。

发生比是两个“对立”概率的比值,第一个概率等于 1 减去第二个概率。涉及两个概率的另一个相关的比值是相对风险或风险比,它是两个不同的但未必对立的概率的比值。例如,如果男性使用计算机的概率是 0.60,那么男性使用计算机的发生比 $\text{odds}(Y)$ 为 $(0.60)/(1-0.60)$,等于 1.5;如果女性使用计算机的概率是 0.45,那么女性使用计算机的发生比为 $(0.45)/(1-0.45)$,等于 0.82。然后,男性使用计算机的概率(或风险)与女性的比值就是相对风险,为 0.60/0.45,等于 1.33。换句话说,男性使用计算机的可能性是女性的 1.33 倍。第二个相关的比值是优势比【Odds Ratio】,是指两个不同的但并不对立的发生比的比值。在上述例子中,男性成为计算机使用者与女性相对照的优势比是:优势比=(男性使用计算机的发生比)/(女性使用计算机的发生比)= 1.5/0.82 = 1.83。换句话说,男性使用计算机的发生比是女性的 1.83 倍或高出 83%。要注意相对风险和发生比并不一样。一个常见的错误是计算优势比后,把它解释成了相对风险,例如在上面的例子中,男性使用计算机的可能性是女性的 1.83 倍(而如上面所示,男性成为计算机使用者的可能性仅仅是女性的 1.33 倍)。明确(a)概率或概率比与(b)发生比或优势比之间的区别非常重要。

——Scott Menard

（叶鹏飞译　高勇校）

参考文献

Stigler, S. M. (1986). *The history of statistics: The measurement of uncertainty before 1900*. Cambridge, MA: Belknap Press and Harvard University Press.

优势比(Odds Ratio)

优势比是两个发生比【Odds】相除。发生比是由两个代表不同事件的数字构成的(通常是发生事件相对未发生事件),例如胜利相对失败的发生比,投票民主党候选人相对投票共和党候选人(或非民主党候选人)的发生比。就其本身而言,优势比和比率是不同的,比率是把某个总体中事件的发生次数标准化到一个基础上,比如百分之几或千分之几。在分类数据分析【Categorical Data Analysis】中,研究数据中的变量关系或一致性,优势比是非常实用的统计工具。

乌迪·耶尔是第一位应用优势比来测量列联表【Contingency Table】中变量关系的著名统计学家。优势比和对数优势比是对数线性模型【Log-Linear Model】中的常用方法。为展示优势比的应用,让我们来考察表1中由格林伍德和乌迪·耶尔提供的典范性数据,数据来自他们1915年关于伤寒疫苗接种影响的经典研究。

表1 伤寒疫苗接种的数据

	伤寒:没有	伤寒:有	总 计
疫苗接种:是	6 759	56	6 815
疫苗接种:否	11 396	272	11 668
总 计	18 155	328	18 483

数据来源:Greenwood & Yule (1915)。

这是一个典型的2×2表格,列表示两种结果,行表示暴露变量的两种类别。一般情况下,列可以用来表示任何响应变量或因变量,行可以用来表示任何解释变量或自变量;当然,行和列只能包括两个我们希望研究其相互关系的变量。单元格可以用A,B,C,D来表示(参见表2)。

表2 一个2×2表格的结构

	变量1 类别1	变量1 类别2	总 计
变量2 类别1	A	B	$A+B$
变量2 类别2	C	D	$C+D$
总计	$A+C$	$B+D$	$A+B+C+D$

在一个2×2表格中,有三种不同的方式构造优势比(OR):

$$\mathrm{OR}_1 = \frac{A/C}{D/B}, \mathrm{OR}_2 = \frac{A/B}{D/C}, \text{以及 } \mathrm{OR}_3 = \frac{A/B}{C/D}$$

要研究两个定类变量之间的关系,通常采用OR_3。这一优势比也被称为交叉相乘比,因为$\mathrm{OR}=\frac{A/B}{C/D}=\frac{AD}{BC}$。从这里开始,我们将省略它的下标,因为这是我们唯一要详细考察的优势比。回到伤寒疫苗接种的数据,可以得出优势比或交叉相乘比为:

$$\mathrm{OR}=\frac{(6\ 759)(272)}{(56)(11\ 396)}=2.881$$

该比值表示在疫苗接种和伤寒病发生率之间存在关系。对于那些接种疫苗的人,预防伤寒病的发生比是那些没有接种疫苗者的近3倍。像这样的统计资料,可以为政府机构的决策,如疫苗接种计划提供一些证据。

注意,Yule Q 是优势比的一个简单函数,取值范围为-1~1:

$$Q=\frac{\text{OR}-1}{\text{OR}+1}=\frac{2.881-1}{2.881+1}=0.485$$

因为 Q 的数值接近 0.5(0 表示相互无关),说明疫苗接种和预防伤寒病之间存在中等正相关。

通常,使用(自然)对数优势比非常便捷,它具有两个有用的性质。对数优势比用 0 这一取值表示两个变量无关,而优势比是用 1 来表示的。用 0 表示无关可能更直观,对一些研究者更有吸引力。而且,人们可以计算对数优势比的渐进标准误,

$$\sigma_{\log(\text{OR})}=\sqrt{\frac{1}{A}+\frac{1}{B}+\frac{1}{C}+\frac{1}{D}}$$
$$=\sqrt{\frac{1}{6\ 759}+\frac{1}{56}+\frac{1}{11\ 396}+\frac{1}{272}}$$
$$=0.148$$

并按照标准的正态分布计算出相关的 Z 值:

$$Z=\frac{\log(\text{OR})}{\sigma_{\log(\text{OR})}}=\frac{0.460}{0.148}=3.108$$

这个 Z 的数值说明结果极为显著(即发生的发生比基本上不可能是因为偶然性而被观测到的)。我们可以更进一步,运用得出的 Z 值为对数优势比构造置信区间(或通过反对数函数构造优势比的置信区间)。

——Tim Futing Liao

(叶鹏飞译　高勇校)

参考文献

Greenwood, M. & Yule, G. U. (1915). The statistics of antityphoid and anticholera inoculations, and the interpretation of such statistics in general. *Proceedings of the Royal Society of Medicine* 8(part 2), 113-194.

Rudas, T. (1997). *Odds ratios in the analysis of contingency tables*. Thousand Oaks, CA: Sage.

官方统计(Official Statistics)

代表统治者的行政官员为了征税或征兵的目的进行统计,是很多古代文明的基本特征。但是以更广泛的方式系统化地汇编各种事实和数字以供国家使用,仅仅是在启蒙时代、科学革命和欧洲民族主义增长之后。如今,现代国家收集和公布关于人口、贸易、财政、住房、健康、消费、休闲活动以及很多其他社会现象的一整套数据【Data】,既可以反映当前的成绩,又可以为未来的政策制定提供指导。此外,诸如欧盟委员会、联合国及其附属机构、世界卫生组织和世界银行之类的超国家组织,也都在监控它们的管辖领域,以便形成关于区域和全球发展状况的广泛图景。

官方统计的主要类型

有些官方统计数据是在行政管理过程中例行产生的,并且为国家提供这些信息通常是由法律进行规定的。税收详情、出生人数、结婚数、离婚数、死亡数和某种法定传染病数,都是通过这种方式进行记录的,类似的还有关于就业和失业、犯罪以及教育方面的数据。在很多国家,对这些收集数据的统计是定期公布的。

尽管这些统计资料似乎包含了全部记录,但是它们仍然常受质疑,原因是它们仅仅提供了它们所宣称覆盖领域的不完整图像。最容易受到这类批评攻击的是关于犯罪、就业和失业的官方数字。另一种收集犯

罪信息的方式,比如受害人调查【Survey】,显示出在人们遭受的犯罪程度与发布的犯罪记录之间存在很大差距。这个相差部分被称为“黑数(dark figure)”,部分来源于很多犯罪没有被报告的事实,原因多种多样,包括受害人或证人对能否采取有效行动抱有怀疑态度,害怕犯罪者的打击报复,或者仅仅是因为漠不关心(Coleman & Moynihan, 1996)。

同样,官方就业统计没有考虑那些非正式或非法经济中工作的劳动者,失业统计遗漏了那些在工作稀缺的萧条市场中,对找工作失去信心和退出劳动力市场的人。由于失业率具有政治敏锐性,所以政府会采取一些行政手段进一步减少报告的失业数,比如将长期失业者和其他没有资格获得失业补偿的人排除在外。

最广泛并且最早建立的官方统计形式是人口普查【Census】的结果,这是有关一国之中所有国民信息的概要。美国人口普查局每隔10年进行一次全国人口普查。尽管人口普查被认为是关于一个国家全部人口的最全面的信息来源,但是它所注重的广度也使它在更详细的调查方面不够充分。

近几十年来,政府调查有所扩展,经常会针对某些特定的主题范围,调查人口普查难免会留下的空白部分。由于成本原因,用这种方式产生的很多类型的官方统计,并没有立足于所有可能收集到的数据,而是利用由一个大规模的代表性样本【Representative Sample】所组成的子集,然后将得出的结论加以推广,用来估计整个总体【Population】。使用访谈【Interviewing】或邮寄问卷【Questionnaire】收集数据,通常可以获得较高的回答率,能够增加对推论的信心。

英国这些调查的经典案例是最早于1950年代开展的家庭消费调查以及1970年代的综合住户调查。正如其名称所示,后者是一个被众多研究者所使用的通用性的数据收集工具,并且具有足够的灵活性,可以根据社会趋势和政策重点的变化,通过引入新的问题进行修订。其他主要的调查还包括同期群研究——例如跟踪1%英国人口样本的纵贯性调查(longitudinal survey)、劳动力调查,以及英国家户定群调查(British household panel survey)。

后两个研究是国家资助调查的案例,在设计上与其他国家的调查相匹配,因此其结果可用于国际性统计报告中。这些跨国统计越来越规范化,并且标准化测量方法的采用,不仅提供了可比性,也能防止个别政府的故意篡改。然而问题依然存在,当统计涉及政治敏感议题时,比如政治难民,就会影响其传播(Singleton, 1999)。

官方统计使用渠道的变化

在20世纪最后几十年期间,长期以来收集和编纂官方统计数据的行为完全改变了意义。虽然人口普查长期使用打卡处理(punched card processing)(美国1880年开始,英国1911年开始)来自动记录,但在20世纪后期,由于个人计算机处理能力的巨大突破和快速普及,普通人可以获得的计算能力大大扩展,同时万维网获得爆发式增长,可以存储海量统计信息的数据库急剧增加。这些并行发展的过程,意味着没有必要再完全依靠政府或其他官方机构公布报表,个人现在都可以访问数据集并作出他们自己的解释。

这些技术发展并不是发生在政治真空中。政府,特别是经济合作与发展组织(OECD)国家,采取民主化议程来使其公民可以获得更多的信息,以便能够更全面地了解社会变化,更积极地参与到国家治理的讨论中。目前,很多政府和组织对他们网站上的数据库提供了自由入口。同时,国际性统计资料也有欧盟统计局这样的超国家组织进行整理和提供使用。然而应该认识到,数据产生和发布的方式也对这种可以自由获得看似可信和客观信息的“数据天堂”施加了隐性的限制。

官方统计的政治环境

1980年代,英国政府试图控制某些研究成果的发布,比如揭示富人与穷人死亡率差异不断增大的成果,还有类似前文提到的失业率统计等问题,这种企图提醒我们,某些统计数据具有高度的政治敏感性(Townsend, Davidson, & Whitehead, 1988)。我们不应该忘记,尽管某些公布的报表被称为“官方的”,但这并不能保证它们的准确性或公正性,也不能保证没有出现过隐蔽的审查或施压。在世界范围内,公正性都是所有官方统计资料的使用者所关心的问题;在英国,尽管政府承诺信息自由和独立的国家统计服务,这种争论也在继续。

——Will Guy

(叶鹏飞译　高勇校)

参考文献

Coleman, C., & Moynihan, J. (1996). *Understanding crime data: Haunted by the dark figure.* Buckingham, UK: Open University Press.

Singleton, A. (1999). Measuring international migration: A case study of European cross-national comparisons. In D. Dorling & S. Simpson (Eds.), *Statistics in society: The arithmetic of politics* (pp. 148-158). London: Arnold.

Townsend, P., Davidson, N., & Whitehead, M. (1988). *Inequalities in health: The Black report and the health divide.* Harmondsworth: Penguin.

Ogive

参见累积频次图【Cumulative Frequency Polygon】。

OLS

参见最小二乘【Ordinary Least Squares】。

Omega 方(Omega Squared, ω^2)

Omega 方(ω^2)是对效应强度(或大小)的测量。效应强度有多种测量方法,它们是与不同的数据测量方法相对应的(例如,相关系数【Correlation Coefficient】就是一种效应强度的测量)。ω^2 与运用单因素或析因方差分析【Analysis of Variance】的实验研究相关。它是方差分析中与 R 方【R-Squared】(R^2)(R^2 是回归和相关中效应强度的测量)有关的一系列效应强度测量方法中的一种。效应的强度具有重要的科学意义,因为它给出了一个比较性的测量,说明一项处理(在实验研究中)会在多大程度上影响行为测量。一个效应值为零,意味着这项处理没有效果;与 R^2 有关的效应强度测量的最大值均为 1(比如相关系数)。

表 1 是一个单因素(无关测量)方差分析的结果。

表 1　一个单因素方差分析

来源	自由度	平方和	均方	F 值
实验处理	k	a	x	$\frac{x}{y}$
误差	$n-k-1$	b	y	
总和	$n-1$	c		

注:k 是处理组的对象数,n 是全部测量的对象数(在社会科学研究中,通常是指参与者)。

表 2　一个单因素方差分析的结果示例

来源	自由度	平方和	均方	F 值
实验处理	3	600	200	2
误差	20	2 000	100	
总和	23	2 600		

对于固定处理效应,ω^2 的数学定义是

$$\omega^2 = \frac{a - (k-1)y}{c + y}$$

假设一个单因素方差分析的结果如表 2 所示,那么

$$\omega^2 = \frac{600 - (3-1) \times 100}{2\ 600 + 100}$$

随机效应的定义有所不同,因为它的方差成分计算与固定效应大不相同。

更一般的公式是

$$\omega^2_{效率} = \frac{\hat{\sigma}^2_{效率}}{\hat{\sigma}^2_{总和}}$$

其中,$\hat{\sigma}^2_{效率}$是一个效应的方差成分【Variance Components】。假如方差成分的计算是恰当的,那么这个公式可以适用于固定效应和随机效应(Howell, 2002)。

方差分析还有一些其他可能的效应强度测量方法。这些方法包括同样与 R^2 有关的 Eta 方(η^2),以及与 Cohen d 有关的标准化效应值测量即 ϕ'。

ω^2 是一种比 η^2 偏差更小的效应大小测量方法(参见 Fowler, 1985)。这意味着它是对总体中处理效应的更佳估计,与在当前样本中发现的效应大小正好相反。ω^2 和 η^2 之间存在很多差异,但当我们希望对一个总体推断下结论时,ω^2 总是更小且更加有用。

——Martin Le Voi

(叶鹏飞译　高勇校)

*也可参见偏倚【Bias】、Eta(η)、固定效应模型【Fixed Effects Model】、R 方【R-Squared】、方差【Variance】。

参考文献

Fowler, R. L. (1985). Point estimates and confidence intervals in measures of association. *Psychological Bulletin*, *98*, 160-165.

Howell, D. C. (2002). *Statistical methods for psychology* (5th ed.). Duxbury, UK: Thomson Learning.

遗漏变量(Omitted Variable)

在一些研究中,一个变量对另一个变量的估计效应会在引入第三个变量后发生改变。当控制第三个变量时,两个变量之间的关系方向可能会发生改变或者这种关系会消失不见。社会科学家必须意识到在研究设计中未包括相关变量的危害。如果未包括相关变量,则可能会导致遗漏变量偏倚。

假设我们要估计自变量【Independent Variable】X_1 对因变量【Dependent Variable】Y 的效应。X_1 对 Y 的效应记作 β_1。如果进行回归分析,那么 β_1 的估计值为 b_1。如果研究中存在遗漏变量偏倚,那么估计的 b_1 就是不正确的,因为我们没有考虑另一个自变量 X_2 的影响。

我们怎样才能知道忽略 X_2 是否会导致对 β_1 估计的偏倚?如果 X_2 对因变量 Y 没有影响,那么省略 X_2 就不会引起偏倚。换言之,如果一个自变量与研究的现象不相关,那么排除这个自变量将不会导致偏倚。

只有遗漏变量与解释变量 X_1 相关时,它才会引起对 β_1 的估计偏倚。只要 X_2 与 X_1 相关,在回归方程中引入 X_2 就将改变 β_1 的估计值。如果 X_2 与 X_1 不相关,我们就可以在分析中放心地省略它,即使 X_2 与 Y 之间有很强的关系。因此,可以省略与解释变量不相关的变量,即使这些遗漏变量与因变量之间有较强的关系。只有我们未考虑的变量与解释变量相关时,才会引起遗漏变量偏倚。

然而,如果我们的目标是预测 Y 值,那么我们应当在回归分析中引入每一个与因变量有强烈关系的解释变量。尽可能多地解释因变量的变化,会增加我们预测的准确性,并且如果我们列入了所有相关的解释变量,就会解释更多的变化。当预测【Forecasting】是我们的目标时,应当列入所有与 Y 有较强关系的自变量。如果不想预测 Y 值,或者只想知道 X_1 对 Y 的效应,那么我们可以放心地排除任何与 X_1 不相关的变量。

——Megan L. Shannon

(叶鹏飞译　高勇校)

参考文献

King, G., Keohane, R. O., & Verba, S. (1994). *Designing social inquiry: Scientific inference in qualitative research.* Princeton, NJ: Princeton University Press.

单侧检验(One-Sided Test)

参见单尾检验【One-Tailed Test】。

单尾检验(One-Tailed Test)

一个虚无假设【Null Hypothesis】通常用来提出一个特定的总体参数【Parameter】值。我们不一定要相信这就是该参数的真实值,但是如果我们拒绝了虚无假设,并因此排除了这一特定的参数值,那么结果就是这个参数必然等于其他值。在关于两个变量之间关系的研究中,如回归【Regression】当中,虚无假设通常这样表述,即两个变量之间没有关系。用符号表示为 $H_0:\beta=0$,这里的 β 是指总体回归线的斜率【Slope】。

如果我们能够拒绝虚无假设,那么就证明 β 不等于 0,意味着变量之间存在关系。接下来,如果总体斜率不等于 0,那么我们如何判断这个斜率的值? 一种可能是对这个斜率一无所知,意思是它可能大于 0,也可能小于 0。另一种可能是我们对这个斜率有更多的了解。即根据以前的研究,我们知道这个斜率不可能是负数。然后我们可以把备择假设【Alternative Hypothesis】表述为 $H_1:\beta>0$。因为虚无假设已经被拒绝,所以从备择假设得出的结论是 β 一定大于 0。

这是单尾(也称为单侧)检验的一个例子。之所以称为单尾或单侧,是因为备择假设的单侧形式。备择假设所包括的数值,仅仅是从一个方向上偏离虚无假设中的参数值。

当提出一个单侧备择假设时,只需要一个范围的检验统计量来拒绝虚无假设。当给出一个正态检验统计量和 5%显著性水平【Significance Level】,配有双尾备择假设的虚无假设在 $z<-1.96$ 或 $z>1.96$ 时要被拒绝。该显著性水平分成两半,分别位于检验统计量的每个尾部,当计算得到大的负值或大的正值时,我们都拒绝虚无假设。但是,对于 5%显著性水平的单尾检验,拒绝虚无假设的条件是 $z>1.64$。意思是拒绝域仅仅位于检验统计量分布的一尾(正的)。这是因为我们利用了关于这个参数的其他常识,即它是大于 0 的。

对于一个正态检验统计量,双尾备择假设和单尾备择假设之间的差别可能非常重要,比如说,如果 $z=1.85$。在采用双尾备择假设时,虚无假设不会被拒绝,但如果采用的是单尾备择假设,它就会被拒绝。但是这种情况不会经常发生。

另外,随着由预先选择的显著性水平到从数据中计算出来的 p 值【p Value】的转变,单尾和双尾备择假设之间的差别已不那么重要。如果我们报告了一个单尾 p 值,那么读者很容易通过乘以 2 将它转化为双尾 p 值。统计软件一般都会清楚地呈现它计算的是单尾还是双尾 p 值。

——Gudmund R. Iversen

(叶鹏飞 译　高勇 校)

参考文献

Mohr, L. B. (1990). *Understanding significance testing* (Sage University Papers series on Quantitative Applications in the Social Sciences, series 07-073). Newbury Park, CA: Sage.

Morrison, D. E., & Henkel, R. (Eds.). (1970). *The significance test controversy*. Chicago: Aldine.

单因素方差分析(One-Way ANOVA)

方差分析,简写为 ANOVA,是罗纳德·费希尔(Fisher,1925)首先提出的,用来判断一个或多个因素的均值及因素间的相互作用是否与预期的情况显著不同。“单因素”是指分析中仅包括一个因子。“双因素”(或多因素)是指分析中包含两个(或两个以上)因子以及这些因子间的相互作用。一个因子包含有两个或多个组或层。方差分析基于这一假设,即每个组都来自正态分布的得分总体。此外,不同组得分的方差应当是相等的或齐性的。

不同组的得分可能是相关的或不相关的。相关的得分可能来自相同的状况或者在某些方面相匹配的状况。相关得分的一个例子是,同一变量(比如工作满意度)在两个或多个时间点进行测量。不相关或独立的得分来自不同的情况。不相关得分的一个例子是,同一变量在不同的人群组别中(比如不同职业的人群)进行测量。仅包含两个群组的方差分析等同于假定方差相等的 t 检验。

针对不相关得分的单因素方差分析是将组间方差的总体估计值与组内方差的总体估计值进行比较。这个比值就是用来纪念费希尔的 F 检验、F 统计值或 F 值,其计算公式如下:

$$F=\frac{\text{组间方差估计值}}{\text{组内方差估计值}}$$

组间方差相对于组内方差的估计值越大,F 值就越大,并且越有可能具有统计显著性。F 值的统计显著性是由两组自由度决定的:组间方差估计(F 值的分子或上半部分)的自由度和组内方差估计(F 值的分母或下半部分)的自由度。组间的自由度【Degrees of Freedom】是组数减去 1。组内的自由度是个案数减去组数。

在针对相关得分的单因素方差分析中,F 值的分母是组内方差的总体估计值减去个案产生的方差(the variance due to the cases)总体估计值。这个分母的自由度是用个案数减去 1 乘以组数减去 1。

在因子由两个以上的群组构成并且 F 是统计显著的情况下,哪些均值之间彼此存在显著的差异,需要通过两两比较进行判断。在有充分的根据预测这些差异方向的情况下,这些比较应通过适当的 t 检验来进行。否则,这些比较应通过事后检验(post hoc test)来完成,比如 Scheffé 检验【Scheffé Test】。

——Duncan Cramer

(叶鹏飞译 高勇校)

参考文献

Fisher, R. A. (1925). *Statistical methods for research workers*. London: Oliver and Boyd.

在线研究方法(Online Research Methods)

计算机技术和互联网的发展极大地增强了社会科学家发现信息、与同行合作以及通过计算机辅助的实验和调查收集数据的能力。一些不同类型的工具和技术属于在线研究方法的范畴,包括互联网搜索引擎、在线数据库和数据归档,以及在线实验。虽然互联网本身作为一个网络化计算机的系统集合,已经以某种形式存在了至少 25 年,但是直到1990年代早期，万维网（World Wide Web）的发展才明显提高了它的可用性，并使相互联通的信息开始爆发式增长。同时，强大的个人计算机的发展，也将开发复杂数据分析的能力带进台式计算机。综合起来，这些技术进步为社会科学家提供了重要的新工具系列。

互联网搜索引擎

互联网本质上是相互联通的计算机网络的集合，这些计算机网络由很多单个的计算机系统组成。将单个计算机系统中的信息放置在服务器上，互联网用户就可以获得相应信息。服务器有几种类型，包括网站（Web）服务器、新闻和文件传输协议（FTP）服务器。从2002年起，大约有200 000 000台服务器（或主机）可以通过互联网访问。为了在庞大的资料集中发现所需材料，大范围的搜索引擎已经被开发出来。搜索引擎通过输入关键字或一个句子，返回一个包含搜索语句的网页列表。某些搜索引擎，比如Google和AltaVista，是首选的；它们使用非常简单的用户界面，并且试图通过某类最优算法返回最匹配的结果。其他引擎，比如和Yahoo！有关的引擎，则更具有综合性，试图通过类别来整理网站，此外也包括关键字和类别搜索。其他知名的搜索引擎还包括Lycos和AskJeeves。和Yahoo！一样，Lycos不仅是搜索引擎，而且提供门户服务，用户不仅可以搜索网站，还可以获取新闻和一系列在线服务。搜索引擎技术的最新发展，包括可以搜寻诸如图片之类的图像资料，还包括搜寻嵌在网站中的字处理文档中的文本。

使用互联网搜索引擎和科学一样是一门艺术，因为对于很多搜索者，可能都会返回数以百计甚至成千上万的潜在匹配信息。一般来说，使用的关键词或短语越明确越好，但是目前搜索引擎技术的状况，使用户不得不经常费力地在大量匹配信息中寻找他们确切需要的部分。事实上，的确有一些全面的互联网网站致力于帮助研究者最有效地使用不同的搜索引擎。

在线数据库/数据归档

互联网的发展极大地提升了科学家共享数据的能力。现在很多数据都保存在万维网上，并且可以通过一般性的或专门化的搜索引擎来获取。例如，全国选举研究（The National Election Studies）提供了自从1948年以来收集的完整数据的自由入口。研究者只要在网站上注册就可以获得使用权。美国联邦政府的综合印刷局（The General Printing Office，GPO）创建了一个单一入口，用来搜索一系列在线数据库，包括国会议事录和联邦公报。这个站点也体现出在线数据库的一个典型问题，即缺乏完整性。例如，GPO联邦公报数据库直到1994年才开始建立，并且其他一些组成数据集的部分甚至最近才开始建立。因此，研究者希望获得的重要历史资料通常不能在线查到。即便如此，如同美国人口普查一样有广泛基础的以及如同维多利亚时代在线数据库一样专门化的数据集，已经从根本上改变了研究者获取信息的方式。

对于学术研究者，很多期刊已经开始提供在线的全文数据库，由该期刊专门维护或者作为多种期刊集的一部分来维护。JSTOR是一个大型全文数据库，纳入了275种期刊的页面图片，共包含73 000期，其中很多期刊可以追溯到它们的第一期。EBSCO则提供了一种更综合性的服务，它提供了大约1 800个期刊的全文入口以及超过1 200种期刊的索引。但是，在JSTOR中可以向前获取很多期刊的第一卷，而EBSCO的全文数据仅能回溯到1985年，为了弥补这一点，EBSCO 提供了现刊的使用权，而 JSTOR 则限制使用至少 3 年前的期刊。大部分大学图书馆可以为用户提供这些数据库服务，同时还包括各种其他服务，如 Lexis-Nexus（法律研究、新闻期刊和参考信息）与 ERIC（教育）。

在线实验

尽管实验在一些社会科学领域成为一个标准工具已经有很多年，但是将实验在线化后，可以增加参与的被试数量和多样性，同时也会增加实验设计中的复杂性。在跟踪被试的响应方式时，计算机可以被用来控制呈现给被试的文本和非文本材料。利用计算机开展实验简化了数据收集工作，因为实验可以被设计为在实验过程中直接生成数据集，这样就避免了数据录入错误。决策制定和实验经济学的研究者已经开拓性地进行了很多在线实验，也许因为他们的领域支持简单的实验设计以及可以快速完成的实验。即便如此，网络调查【Internet Survey】的数量很可能远远多于真正在互联网上开展的实验数量。汉诺威学院（Hanover College）心理学系的网站上保持有一系列基于互联网的知名心理学项目，其中很多是调查而不是实验。

虽然如此，实验中互联网的使用正在迅速增长。诸如 MediaLab 和网络指南（Web guides）（Kevin O' Neil, *A Guide to Running Surveys and Experiments on the World-Wide Web*）之类的软件，能够简化开展在线实验的过程。然而，愿意使用这一技术的研究者必须考虑几个问题。实验是否适合于在没有实验者的直接个人指导下进行？参与者只能利用网站提供的信息，在实验过程中自己处理问题。实验能否合理快速地完成？目前大部分在线实验时间都相对较短，网络用户通常不会把重要的时间花在这些实验上。实验能否设计成在实验条件下确保随机分配？虽然随机分配【Random Assignment】在任何实验【Experiment】中都是重要的，但是在互联网实验中，被试的招募无法像传统实验中那样容易进行控制，因此随机分配可能更加至关重要。一个特别引人关注的挑战是从潜在的被试那里获得知情同意【Informed Consent】。对于为了教学目的而用学生来做的实验，这不是问题，但是对于在研究项目中收集数据用于发表以及将公众作为被试，必须获得知情同意。已经成为实验前置部分的标准做法是提供知情同意书文本，并要求被试在屏幕上单击按钮表明同意文件内容。密西西比大学的心理学试验利用这一方法，同时还要求被试确认单击发送数据的按钮，将他们的结果收入数据集中。

——David P. Redlawsk

（叶鹏飞译　高勇校）

＊也可参见计算机辅助个人访谈【Computer-Assisted Personal Interviewing】、网络调查【Internet Surveys】。

参考文献

Birnbaum, M. H. (2001). *Introduction to behavioral research on the Internet*. Upper Saddle River, NJ: Prentice Hall.

Krantz, J. H., & Dalal, R. (2000). Validity of Web-based psychological research. In M. H. Birnbaum (Ed.), *Psychological experiments on the Internet* (pp. 35-60). New York: Academic Press.

Musch, J., & Reips, U. (2000). A brief history of Web experimenting. In M. H. Birnbaum (Ed.), *Psychological experiments on the Internet* (pp. 61-88). San Diego, CA: Academic Press.

Nesbary, D. K. (2000). *Survey research and the World Wide Web*. Boston, MA: Allyn and Bacon.

University of Mississippi. (n.d.). PsychExperiments. Retrieved from http://psychexps.olemiss.edu.

本体论、本体论的(Ontology, Ontological)

本体论是哲学的一个分支,关注的是存在的本质。它是关于存在的理论、什么是实在的理论研究。在社会科学的语境中,所有理论和方法论立场都提出了关于什么样的事物确实或能够存在、它们存在的条件以及它们相互关联方式的假设(隐含的或者明晰的)。

关于社会实在之本质的理论存在两种类型:存在被认为是物质现象的集合或者是人类关于他们世界的观念集合。从人性的视角看,唯物论立场假设自然和社会现象都是独立存在的,并且两类现象都潜在地制约着人类行动(参见实在论【Realism】)。自然限制的形式是地球引力、气候和我们的身体,而社会限制则包括文化、社会组织和生产体系。唯物论是与自然主义学说联系在一起的,自然主义声称,因为在非生命物的行为和人类行为之间只存在很小的差异,所以自然科学中适用的探索逻辑也能够运用在社会科学中。另一方面,唯心论立场声称在自然现象和社会现象之间存在着根本的不同,人类拥有文化,并且生活在他们共享解释的世界上(参见唯心论【Idealism】)。社会行动不仅是行为,而且是意义传递的过程。正是这些意义构成了社会实在(Johnson, Dandeker, & Ashworth, 1984, pp. 13-15)。

本体论假设是所有社会理论和方法论立场的基础;不同的理论和方法论领域各有不同的本体论主张。例如,实证主义【Positivism】和证伪主义【Falsificationism】蕴含着这样的本体论假设,即有序的世界是由离散的和可观测的事件组成的。人类行动被认为是发生在可观察的物质环境中的可观测行为。社会实在被看作事件之间因果关系的集合体,这里的事件被描述为变量间关系的拼凑物。另一方面,诠释主义【Interpretivism】则假设社会实在是人类就行动和情境的意义进行协商互动这一过程的产物。人类经验的特征是阐释的过程,而不是对外部物质世界的直接感知。因此,社会实在不是一些可以用不同方式进行阐释的“事物”,而就是这些阐释本身(Blaikie, 1993, pp.94, 96)。

因为本体论的主张不可避免地与认识论主张(参见认识论【Epistemology】)有关联,所以很难单独讨论它们(Crotty, 1998, p. 10)。关于什么构成社会现象的断言,暗示着存在一定的方法来获取关于这些现象的知识。本体论和认识论主张的差异,无法通过经验的探究加以解决。尽管它们都愿意接受哲学争论,但是不同立场的支持者最终将他们的主张变成了一种信仰行动。

——Norman Blaikie

(叶鹏飞译 高勇校)

参考文献

Blaikie, N. (1993). *Approaches to social enquiry*. Cambridge, UK: Polity Press.

Crotty, M. (1998). *The foundations of social research*. London: Sage.

Johnson, T., Dandeker, C., & Ashworth, C. (1984). *The structure of social theory*. London: Macmillan.

开放性问题(Open Question)

参见开放式问题【Open-Ended Question】。

开放式问题(Open-Ended Question)

开放式问题也称作开放性、无结构式或定性的问题,是指那些响应类型或回答类别由受访者而非访谈者提供的问题。与它相对照的是封闭式或结构式问题,由访谈者提供有限的响应类别,受访者从中作出选择。因此,受访者可以用他们自己的措辞或方式来反映自己观念的方式,而不是研究者的术语和方式来为开放性问题提供答案。

这类问题在面对面的访谈中非常有效,但在邮件、网络或电话访谈中效果不佳。当研究是以现象学的目标为导向时,开放式问题特别有效。人们经常喜欢发表自己的观点,设置开放式问题对于受访者能产生潜在的满足。此外,开放式问题常常会产生意想不到的叙述或响应类别。而且开放式问题在以下几种情况中是非常合适的,即当可能的回答范围超出研究者提供的响应列表(例如娱乐偏好)时;当问题需要一个详细的、扩展的响应时;当研究者希望发现受访者对某个话题的知晓情况时;以及当有必要充实某个复杂问题的细节时(Fowler, 1995)。开放式问题还在产生封闭式或结构式问题的回答类别时非常有用。

不管怎样,开放式问题对受访者的要求更高,特别是对那些受教育不多的人(Frey, 1989)。回答的细节和深度也会受到受访者对研究课题的熟悉程度或投入程度的影响。开放式问题会产生冗长的、详尽的回答,其中很多内容可能与主题无关,也可能很难进行编码。访谈中的开放式问题通常需要花费更长的时间去询问和记录回答,因此会增加调查的成本。成本可能是开放式问题在当前的调查研究中被有限使用的主要原因;当开放式问题是获取某些回答的唯一方法时,调查研究者会采用这种形式。

最后,开放式问题逐渐成为一种"语言事件(linguistic event)",在这里,访谈者不是简单地作为联结研究问题的中立或被动的渠道。更确切地说,访谈成为一种反映受访者与访谈者互动的协商式文本(Fontana & Frey, 2000)。访谈是一种经由开放式问题而得到扩展的社会交往,这一过程有可能提供一种不代表受访者关于事件看法的结果;在某种意义上,它被访谈者与受访者的互动所扭曲。

抛开那些与费用、成本和情境效应相关联的难题,开放式问题是很有价值的信息获取方式。有些困难可以通过对响应增加一些结构或限制(Fowler, 1995),以及在开放式问题的使用上对访谈者进行适当训练而加以克服。

——James H. Frey

(叶鹏飞译　高勇校)

参考文献

Fontana, A., & Frey, J. H. (2000). The interview: From structured questions to negotiated text. In N. K. Denzin & Y. S. Lincoln (Eds.), *Handbook of qualitative research* (2nd ed., pp. 645-672). Thousand Oaks, CA: Sage.

Fowler, F. J. (1995). *Improving survey questions*. Thousand Oaks, CA: Sage.

Frey, J. F. (1989). *Survey research by telephone.* Newbury Park, CA: Sage.

操作定义(Operational Definition)

参见概念化,操作化和测量【Conceptualization, Operationalization and Measurement】。

操作化论(Operationism/Operationalism)

操作化论诞生于自然科学中珀西·布里奇曼的研究工作,是实证主义的一个变种。它指明科学概念必须链接到工具性的程序,以便确定它们的取值。"虽然诸如'质量'这样的概念可以在理论上或形而上学地表达为一种性质,但这只是人们虔诚相信的观点……作为性质的'质量'等于从指针读数中推断出来的'质量'"(Blalock, 1961, p.6)。

在社会科学中,通过社会学家乔治·伦德贝格(Lundberg, 1939)的工作,操作化论受到短暂的欢迎。他断言社会学家的下述观点是错误的,即认为测量只能在事物被适当定义之后才能实施——例如,在对异化进行测量之前必须要有一个可操作的定义。对于伦德贝格来说,定义是通过测量产生出来的。他认为社会价值观可以通过考查人们对特定事物的出价来测量(也据此给出定义)。人们看重 X 吗? 如果是,他们对 X 的出价是多少?

操作化论在自然科学和社会科学被实证主义【Positivism】主导时基本上是没有争议的,但它随着实证主义的失势也已经不再风光。在社会科学中,已经确认存在三个主要困难。第一个问题是不完全决定性(underdetermination),自然科学中也存在这一问题。研究者如何能确信可检验的命题已经充分地将一种理论操作化了? 诸如无家可归、贫困和异化这样的概念,在不同的社会环境中具有一系列不同的维度和表现。以无家可归为例,它要取决于历史上和社会中对"收容所"与"家"概念之间的变化关系的定义。第二个问题是现象的客观外部定义可能不会(甚至是无法)与那些经过体验给出的主观定义相一致。对一个人来说看似是贫困的状况,对另一个人可能就是富有。第三个问题是社会科学家之间对定义的分歧。尽管个别研究者可能会找到第二个问题的局部实用性的解决方案,但是他们的方法很可能与其他研究者的方法存在差异或者相互矛盾。

这些困难似乎对这一方法论提出了不可否认的反驳,尽管操作化论已经日渐式微,但它仍然是一个未解决的问题。所有调查研究者都熟悉操作化的过程,即从理论到测量"降低抽象的层次"。这个过程逻辑上等同于操作化论的过程。例如,一个综合性的、非操作化的无家可归理论可以用陈述的方式进行表达,但如果一个人希望利用一项社会调查来测量或描述无家可归,那么必须对无家可归进行操作性的定义(Williams, 1998)。操作化和操作化论的区别可能存在于理论与研究的关系中。操作化论认为理论构建与测量之间应当有劳动分工,而大多数调查研究者强调理论建构与检验理论的变量设定之间应当有紧密的动态关系。

——Malcolm Williams

(叶鹏飞译 高勇校)

参考文献

Blalock, H. (1961). *Causal inference in nonexperimental research*. Chapel Hill: University of North Carolina Press.

Lundberg, G. (1939). *Foundations of sociology*. New York: Macmillan.

Williams, M. (1998). The social world as knowable. In T. May & M. (Eds.), *Knowing the social world* (pp. 5-21). Buckingham, UK: Open University Press.

最优匹配(Optimal Matching)

最优匹配(有时被称为最优比对)是用来分析两个数据序列之间整体相似性的一种计量技术。该方法使得长度不均匀序列或包含重复数据序列的比较成为可能。与尺度或聚类算法【Algorithm】相结合,最优匹配能够在很多情况下用于发现一般序列模式。

最优匹配方法是由弗拉迪米尔·莱文斯坦在 1965 年首先提出的,此后被广泛应用于自然科学中 DNA 序列的相似性识别,在计算机科学中的应用是作为词语和语言识别算法的基础。安德鲁·阿博特(Abbott, 1986)将这一方法引入社会科学中。

最优匹配依赖的前提是,序列数据中的相似性能够通过计算一个序列转换成另一个序列的容易程度来进行量化。一个序列向另一个序列的转化,是通过一系列基本运算来完成的,通常包括插入元素(I_i)、删除元素(D_i)以及代替另一个元素的替代元素(S_{ij})。这些运算的每一次使用都涉及一个固定成本(对于每个元素 i 或元素对 ij 可能是不同的)。利用与这些运算相关的成本,最优匹配算法可以确定将一个序列转化为另一个序列的最小总体成本;这个值通常被称为这对序列之间的距离。距离小的序列对彼此间的相似性高于距离大的序列对。

如果我们将单词看作字母序列,就可以运用最优匹配来计算 PUTTER 和 PATTERN 之间的相似性,如图 1 所示。如果每次运算要求相同的成本(对于所有的元素 i 和 j,都有$S_{ij}=I_i=D_i$),很容易看到,在这个例子中,最简单的比对包含两次转换:在 PUTTER 的第 2 个位置,将 U 换成 A,在其第 8 个位置插入 N。

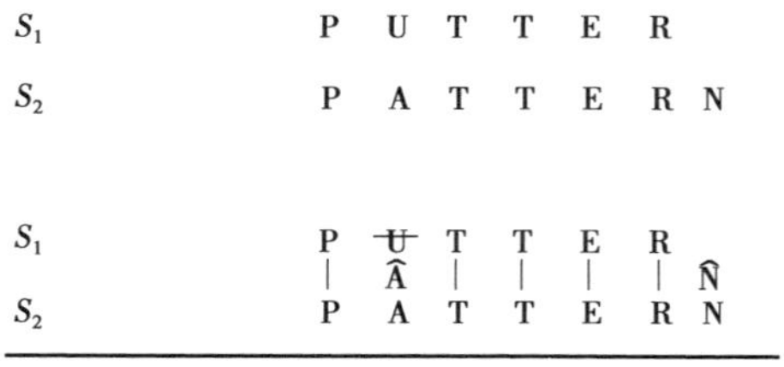

图 1 最优匹配

尽管在某些情况下,给每次转换分配相同的成本是合理的,但是大部分社会科学中的应用都要求更复杂的成本设计。例如,最优匹配常常被用于揭示职业结构的模式,其中职业是由工作来构建的。从经验上看,一些工作比其他工作更为流行——也因此更容易被“替代”,一个通用的解决办法是把元素(工作)的总体排列成线性的尺度,然后通过计算它们在各尺度上的分值差异,来生成每对元素的替代成本矩阵【Matrix】。于是 $S_{ij}=|i-j|$。在其他诸如集体行动事件顺序或政策变迁历史的大量情境中,增加或减少边际成本的非线性替代方案可能是更为适当的。一般地,插入和删除成本是相等的,并且被设置成接近最大替代成本的值。

尽管最优匹配基本上是一种二值技术(dyadic technique),但是它能够被应用于含有很多序列数据个案的大型数据集。在这种情况下,最优匹配算法会产生一个矩阵,其中每个单元都是由一对序列之间的距离所组成的。正如任何距离矩阵一样,尺度或聚类算法都可以用来检测成群的个案之间彼此接近程度;需要说明的是,个案之间的距离越小,反映的是数据中基础序列的相似性更强。也可以根据个案与理论推断的序列或经验性的一般序列的相似性,对这些个案进行分类;这种分类可以在标准回归模型中作为变量使用。

——Katherine Stovel

(叶鹏飞译　高勇校)

参考文献

Abbott, A., & Forrest, J. (1986). Optimal matching methods for historical sequences. *Journal of Interdisciplinary History*, *16*, 471-494.

Abbott, A., & Hrycak, A. (1990). Measuring resemblance in sequence data. *American Journal of Sociology*, *96*, 144-185.

Levenshtein, V. I. (1966). Binary codes capable of correcting deletions, insertions, and reversals. *Cybernetics and Control Theory*, *10*, 707-710. (Original work published 1965.)

Sankoff, D., & Kruskal, J. B. (1983). *Time warps, string edits, and macromolecules.* Reading, MA: Addison-Wesley.

最优度量(Optimal Scaling)

最优度量是达雷尔·博克在1960年为度量多元定类数据而创造的术语,在数学上相当于双重度量【Dual Scaling】、对应分析【Correspondence Analysis】和发生率数据的同质分析。

——Shizuhiko Nishisato

(叶鹏飞译　高勇校)

口述史(Oral History)

口述史是通过记录被访者关于过去的记忆来研究历史,以描绘关于事件和情境的直接体验和个人经历。它在历史学、社会学、文化研究和心理学的交叉领域占有一席之地。支持口述史者发起了挑战,认为关于过去的官方解释和主流解释都是基于历史档案的。对于许多研究者来说,这一方法的魅力在于其解放性和批判性的主旨(Perks & Thomson, 1998; Thompson, 2000)。批评者则质疑这些建立在幸存者生平记忆基础上的资料的效度。

访谈及其分析

口述史的核心是访谈【Interviewing】,访谈不仅是社会科学实践中一种主要的资料收集方法,同时也为研究当代史和20世纪历史的史学家们所熟悉。对于口述史家来说,访谈的本质特征是它的即时表达、社会关系和天然的询问性质,而且口述史具有广泛的学科包容性。根据口述史家的不同学科基础和选择的主题,寻找访谈对象以及进行访谈的方式可能多种多样。

在一项早期的研究中，保罗·汤普森(Thompson,2000, pp.145ff)使用了一个配额样本【Quota Sample】，他采用社会学的方法从一个无法进行随机选择的总体中找到了受访对象。当口述史家记述幸存者晚年记忆时，他们是在相互合作。在汤普森的实例中，配额样本是按照预先设定的访谈对象类别来确定的，该类别与1911年英国人口普查认定的职业类别是一致的。随着时间的推移，当研究焦点集中于一般社会趋势时，这样的方法备受人们喜爱，如对家庭关系、性别、移民、就业或政治世代的研究。

在类似研究中，访谈倾向于根据标准化的提问进行，话题领域已经确定，并且经常是在生活史【Life History】的视角范围内。访谈一般要遵循严格的规定格式，因为它的目的是提炼出具有可比性的证据材料，在呈现出来的现象中寻找规律和模式。这种类型的研究可能需要100个左右的样本量作为基础。

与此相反，有些研究则倾向于使用一种完全不同的方法来寻找和访谈对象，比如寻求对特殊事件的探析，记述一群精心挑选出来的幸存者经历，或关注某一个体的独特故事。在这样的案例中，寻找被访者最常用的方法是滚雪球抽样【Snowball Sampling】，即通过媒体求助和使用会员名册、代表机构或老年人组织的网络来招募被访者。

当研究仅仅针对很少几个对象时，访谈的方法可能截然不同。首先，可能需要对同一人进行不止一次的回访，目的是获取一个完整的故事，并且使被访者能够自由表达自己的主观经验。这样，方法就需要相应改变。其次，对某些口述史家来说，一种趋向心理分析的、自由联想的互动更具吸引力。挖掘类似童年分离、基于种族和残疾的隔离经历以及罢工或冲突这类事件的记忆，可以释放强烈的情感，特别是当它们与其他证据、文献或视频材料关联起来时，或者在访谈中将它们定位和描述为整个人生经历的一部分时。

对沉默和压抑体验的鉴别，引起了口述史家的兴趣，无论他们是否受到心理分析理论的影响。口述史家中间普遍出现一种转变，开始接受更加主观有时甚至是虚构的故事(Perks & Thomson, 1998)。认可这类资料，承认这类资料既有文化的重要性也有心理学的重要性，代表着一种对经验和实证方法的抛弃，进而又影响对资料的解读和聚焦于效度的批判。

对访谈资料的分析通常采用主题法，这种方法被历史学家和社会学家用于确定主题——根据研究设计或选择的理论框架预先确定，或者基于扎根理论【Grounded Theory】从资料本身推演而出(Thompson, 2000, p. 151)。尽管这里再次强调语言和表达的重要性，但是计算机方法的使用变得越来越普遍，特别是面对大样本的访谈。研究者将他们独有的学科基础——例如历史学、心理学、社会学或社会政策——所提供的解释力，与其他资源相互参照，包括文献的或口头的，以求从历史和结构的视角来界定和验证他们的分析。

进展和争议

与传记法【Biographical Method】、叙事分析【Narrative Analysis】、人类学和民族志【Ethnography】的进展一样，口述史研究者已经展开了有关研究方法的讨论，尤其是在女权主义研究【Feminist Research】、伦理学和所有权的领域。

女性作为研究对象以及作为研究者的身份，引发了对访谈过程中的影响力的争论。本质主义的立场认为，女性可以与她的访谈对象共享理解和经验，作为研究者的身份能够引起特殊的共鸣。一个相反的立场——和女性主义者一样,尽管更具批判性和反思性——认识到访谈关系中存在显著差异的其他方面,尤其是阶级、肤色和世代。谢尔纳·格卢克和达芙妮·保陶伊(Gluck & Patai,1991)编辑的论文集对促成这些辩论作出了重要贡献,其中包括一些从事口述史研究的女性主义者深度自我批判的内容。

从许可和所有权问题中衍生出来的伦理议题,目前在口述史研究中扮演着一个核心角色。按照欧盟法律,访谈中的资料版权属于被访者,这意味着除非签署协议,明确版权属于访问者或者其所在的工作机构,否则不能公布任何有关访谈的资料(Ward, 2002)。这一要求是某些口述史家所认为的核心伦理议题的法律表述,即被访者要同意参与访谈和记录资料的使用。让被访者能够掌控访谈录音和文字记录的归宿,被认为是访谈过程中的一个必要部分,相关的标准文本可以在口述史网站上找到,与档案【Archive】存放和调取有关的规章文本中也可以找到。

——Joanna Bornat

(叶鹏飞译　高勇校)

参考文献

Gluck, S. B., & Patai, D. (Eds.). (1991). *Women's words: The feminist practice of oral history*. London: Routledge.

Perks, R., & Thomson, A. (Eds.). (1998). *The oral history reader*. London: Routledge.

Thompson, P. (2000). *The voice of the past* (3rd ed.). Oxford, UK: Oxford University Press.

Ward, A. (2002). *Oral history and copyright*. Retrieved June 7, 2002 from http://www.oralhistory.org.uk

阶(Order)

阶是指在两个变量关系的统计分析中被控制或保持不变的附加变量的数目。零阶关系测量两个变量之间关联的大小或强度,不去控制任何其他因子(Knoke, Bohrnstedt, & Mee, 2002, p. 213)。常见的例子包括两个分类变量的列联表【Contingency Table】、两个连续变量之间的相关【Correlation】和一个自变量对一个因变量的简单回归【Regression】。

一阶关系涉及控制第三个变量的影响来判断一个二变量关系是否发生变化。在交叉表分析中,这个过程被称为详析【Elaboration】(Kendall & Lazarsfeld, 1950)。变量 X 和 Y 之间关系的详析是通过将它们的零阶交叉表分成一阶子表来进行的,也称为偏表(partial table)。每个子表都表示在一种类型的控制变量 Z 之下的 X-Y 关系。如果 X-Y 的关系不受 Z 的影响,那么这种关系的测量,诸如 Phi 系数【Phi Coefficient】或 Gamma 系数【Gamma Coefficient】,就会在每个一阶表中有相同的值。如果 Z 对两个变量的影响导致这种关系是虚假的,那么它就会消失在每个子表中。因此,Z"解释"了 X-Y 的关系。如果 Z 干预了 X 到 Y 的因果顺序,就会出现相同结果;因此,Z"阐释"了 X-Y 的关系。详析通常揭示一种"特定性(specification)"或交互效应【Interaction Effect】,其中关系的强度或方向在子表间是不同的,说明 X-Y 的关系根据 Z 的特定类别而具有偶然性和条件性。

三个连续变量的一阶关系可以通过偏相关【Partial Correlation】系数进行估计,偏相关系数表示的是"在一个控制变量的影响被保持不变的情况下,两个变量之间共变关系的大小和方向"(Knoke, Bohrnstedt, & Mee, 2002, p. 223)。其计算公式是三个零阶相关的函数:

$$r_{XY\times Z}=\frac{r_{XY}-r_{XZ}r_{YZ}}{\sqrt{1-r_{XZ}^2}\sqrt{1-r_{YZ}^2}}$$

如果 X 和 Y 都与变量 Z 不相关,那么它们的偏相关等于其零阶相关,$r_{XY\times Z}=r_{XY}$;也就是说,它们的线性关系不受该控制变量的影响。但是,如果 Z 与两个变量都存在相同方向上的强相关,那么它们之间减弱的(或 0)偏相关表明 X-Y 的关系部分或者全部是虚假的。

二阶和更高阶关系将这些方法一般化,通过使用多种控制变量用来分析零阶关系。对数线性模型【Log-Linear Model】被用来估计多元交叉表的复杂交互效应。在多元回归分析【Multiple Regression Analysis】方程中,各个偏回归系数表示在控制("排除")其他预测变量的叠加效应后,一个自变量发生一个单位的变化对因变量所产生的影响。检测交互效应涉及建立乘积项或其他自变量组合(Jaccard, Turrisi, & Wan, 1990)。

阶还涉及随机变量 X 分布的矩【Moment】。原点矩是根据作为 X^k 期望值的第 k 个正整数或 $E(X^k)$ 来定义的;因此,一阶原点矩 $E(X)$ 就是均值【Mean】。如果在求幂之前用 X 减去均值,那么中心矩就被定义为 $E[X-E(X)]^k$。X 的一阶中心矩等于 0,而它的二阶中心矩就是方差【Variance】。三阶和四阶中心矩分别被称为偏态和峰态【Kurtosis】。

——David H. Knoke

(叶鹏飞译 高勇校)

参考文献

Jaccard, J., Turrisi, R., & Wan, C. K. (1990). *Interaction effects in multiple regression*. Newbury Park, CA: Sage.

Kendall, P. L., & Lazarsfeld, P. F. (1950). Problems of survey analysis. In R. K. Merton & P. Lazarsfeld (Eds.), *Continuities in social research* (pp.133-196). New York: Free Press.

Knoke, D., Bohrnstedt, G. W., & Mee, A. P. (2002). *Statistics for social data analysis* (4th ed.). Itasca, IL: Peacock.

次序效应(Order Effects)

在抽样调查【Survey】访谈和问卷【Questionnaire】中,问题和答案次序的效应已成为社会学家、政治学家、民意研究人员和认知社会心理学家的众多方法论实验所关注的焦点。正如在口语和书面沟通中词或短语的意义不能脱离它所出现的特定语境,研究人员发现,在访谈【Interviewing】或有自填式问卷【Self-Administered Questionnaire】时,调查问题的意义会非常显著地受到被访者对前面问题的应对的影响。他们还认识到,因为对答案系列的陈述有不同方式,所以次序效应不仅会出现在调查的问题之间,也会出现在问题之内。受访者显然会根据问题和答案类目的次序来推断问题的意义。

当被访者在同一主题或者相近话题上被问到两个或更多问题时,问题的次序和语境效应通常就会出现。即使访谈或问卷中的多个题目分隔了那些密切相关的问题,这种效应仍然会出现。最初尝试对这类效应的理解,包括对问题之间关系类型进行概念分类的发展:(a)部分-整体关系,涉及两个或更多问题,其中有一个更具综合性,因此暗含或者包括了其他的问题,但反过来却不一定(例如,某人整体的生活幸福程度与某人的婚姻幸福)。(b)部分-部分关系,涉及在某个特征上处于同一层次的多个问题(例如,允许堕胎以终止因强奸导致的妊娠与终止先天缺陷的妊娠)。相应地确定了两种类型的效应:(a)一致性效应,被访者对后续问题的回答更多地表现为与前面问题的答案相一致(例如,投票偏好和他们的政党认同);(b)差异化效应,他们对后面问题的回答会区别于前面问题的答案(例如,他们赞成乔治·布什处理经济问题的方式与是否赞成他处理外交关系的方式)。最后结果是有四种类型的问题次序效应:部分-部分一致性效应、部分-整体一致性效应、部分-部分对比效应和部分-整体对比效应(Schuman & Presser, 1981, Chap. 2)。史密斯(Smith, 1992)后来论证了次序效应不仅依赖于前面问题的整体语境——正如舒曼和普雷瑟的类型学所确认的,而且依赖于被访者实际上如何回答了前置的问题。从概念上讲,这种问题次序和对前置问题的回答之间的交互作用,被称为"条件性次序效应"。更近期的心理学研究已经在运用认知可及性的启发式方法、信赖抽样(belief sampling)模式、会话逻辑以及同化和对比效应的认知模型,来对各种不同类型的问题次序和语境效应进行理论探讨(如 Sudman, Bradburn, & Schwarz, 1996)。

调查问题中的答案次序效应可能以几种方式出现。当一个问题的多个答案类别被大声宣读时,比如在做电话访谈或者面对面访谈没有使用可见的答案卡片,被访者将倾向于选择最后提到的答案选项:近因效应。如果答案类别以可视化的形式呈现,比如在做一个自填式邮寄调查、网络民意调查或投票后民意调查时,被访者会倾向于选择第一个选项:首因效应。当某个问卷题目前面的另一个题目在某些回答的测量维度上产生了很极端的评价,比如当一个非常喜欢或不喜欢的政治人物出现在一系列被评价的其他人物中间时,答案类别间的判断对比效应同样可能出现。答案次序效应的解释,从传统的结晶化假设(the crystallization hypothesis)——认为这些效应在那些对于相关话题事先持有坚定观点的被访者中不太会出现,到记忆限制假设——主张这些效应的出现是因为被访者难以记住所有的答案选项,再到最近的认知精细化(cognitive elaboration)和满意性模型(satisficing models)(Bishop & Smith, 2001)。源于认知社会心理学中关于态度改变研究的认知精细化模型,认为之所以存在回答次序效应,是因为被访者利用这一机会来思考答案选项。以电话调查【Telephone Survey】为例,当一系列答案选项在向被访者大声宣读后,被访者更有可能思考后面听到的选项,这常常会产生近因效应。与此相反,源于西蒙的经济决策理论的满意性模型,假定大多数被访者会选择答案中第一个满意的或者可接受的选项作为回答,而不是花时间去选择一个最佳答案。例如,在电话调查问题中选择最后提到的选项,证明了被访者倾向于满意策略而不是最佳化。尽管出现了这些充满前景的认知理论发展,现有的解释和预测仍然难以完全解释回答次序效应。

——George F. Bishop

（叶鹏飞译　高勇校）

参考文献

Bishop, G., & Smith, A. (2001). Response-order effects and the early Gallup split-ballots. *Public Opinion Quarterly*, *65*, 479-505.

Schuman, H., & Presser, S. (1981). *Questions and answers in attitude surveys*. New York: Academic Press.

Smith, T. W. (1992). Thoughts on the nature of context effects. In N. Schwarz & S. Sudman (Eds.), *Context effects in social and psychological research*(pp.163-184). New York: Springer-Verlag.

Sudman, S., Bradburn, N. M., & Schwarz, N. (1996). *Thinking about answers: The application of cognitive processes to survey methodology*. San Francisco: Jossey-Bass.

定序交互(Ordinal Interaction)

定序交互和反序交互之间的区别经常被关注。这个区别通常出现在回归【Regression】分析的情境中，当要比较一个组的 Y 在 X 上的斜率和另一个组的 Y 在 X 上的斜率时。如果这两个斜率不相等，就意味着存在交互【Interaction】。对于每一个组，都可以画出一条回归线来表示 Y 和 X 之间的关系，涵盖所有在组中观察到的 X 值。两组的回归线不平行，就意味着出现交互。反序交互是指其中一组的回归线与另一组相应的回归线发生交叉。这也被称为交叉交互。定序交互是指两组回归线并不平行，但在研究的数据范围内并未出现交叉。

对于任何给定的一对非平行回归线，总会存在一个两线相交的点。在这个意义上，所有交互理论都是非定序的。只有在被研究的数值范围内(例如，在 90 到 110 的 IQ 值)，回归线不会交叉，这些交互才能被归类为定序交互。

如果已知两条回归线的截距【Intercept】和斜率【Slope】值，则可以用代数方法计算出两条回归线交叉处的 X 值。设 $\beta_{0,A}$ 为组 A 的截距，$\beta_{1,A}$ 为组 A 的斜率，$\beta_{0,B}$ 为组 B 的截距，$\beta_{1,B}$ 为组 B 的斜率。则交叉的点是

$$\mathrm{PI} = \frac{\beta_{0,A} - \beta_{0,B}}{\beta_{1,B} - \beta_{1,A}}$$

应用性的研究者表达了一些关于定序交互的谨慎看法。他们主张，这些交互可能是结果变量的度量单位造成的假象。通过对结果变量数值的简单单调【Monotonic】转换，非平行回归线经常可以变得平行。如果对结果变量的度量是任意的，那么一些科学家认为，为了模型【Model】的简约性，必须考虑通过转换来消除交互。然而，如果变量的潜在度量是有意义的，那么定序交互不应被摒弃。

——James J. Jaccard

（叶鹏飞译　高勇校）

定序测量(Ordinal Measure)

一次测量是一个数据点。在很多研究应用中，测量是对某个个体、生物体或研究

参与者分配一个数字，反映他、她或它在某种概念上的状况。一次测量是在一个特定时间、对特定个体、在特定环境、使用特定类型的记录装置来进行的。一组测量涉及多个数据点。例如，对 10 个人中每个人的身高进行测量，表示一组 10 个测量。

定序测量可以从不同的角度进行描述。当应用于一组测量时，序(ordinality)描述的是把概念的观察测量值与其真实值联系起来的函数性质。如果某个概念的测量值是其真实值的严格单调【Monotonic】函数，也就是说，当使用观察测量来排序个体时，真实概念中个体的相对顺序也得到保持，那么该概念的一组测量具有序的性质。例如，10 个人的身高可能是不同的，他们可以从低到高进行排序。研究者可能会提出一种测量身高的策略，让指标中更高的得分表示更高的身高。这组对 10 个人进行的测量，如果个体在指标上的排序与个体身高基本维度上的顺序相一致，那么就可以说具有定序性质。

严格地讲，定序测量并不表达个体或生物体之间在基本维度上的差异之数量信息。定序测量只允许我们来表示一个个体在该维度上多于或少于另一个个体。

——James J. Jaccard

(叶鹏飞译　高勇校)

参考文献

Anderson, N. H. (1981). *Methods of information integration theory.* New York: Academic Press.

普通最小二乘(Ordinary Least Squares, OLS)

考虑一个线性关系，其中，取值为 y_i 的随机因变量，是一个或多个非随机自变量 $x_{1i}, x_{2i}, \cdots, x_{ki}$ 的函数。我们可以将其写作 $y_i = \beta_0 + \beta_1 x_{1i} + \cdots + \beta_k x_{ki} + \varepsilon_i$。对于任何这种关系，都有一个预测方程产生关于因变量的预测值。例如，$\hat{y}_i = \hat{\beta}_0 + \hat{\beta}_1 x_{1i} + \cdots + \hat{\beta}_k x_{ki}$。预测值通常被标记为符号 $\hat{y}_i$。如果用真实值减去预测值($y_i - \hat{y}_i$)，那么得到一组残差【Residual】(ε_i)，每个残差测量 y_i 的一个预测值和相应的真实观察值之间的距离。OLS 是参数点估计的一种方法，它将由关于参数的残差(或距离)平方和所定义的函数最小化。

OLS 估计

例如，考虑简单双变量回归 $y_i = \beta_0 + \beta_1 x_i + \varepsilon_i$。预测方程是 $\hat{y}_i = \hat{\beta}_0 + \hat{\beta}_1 x_i$。残差计算方程式为 $\varepsilon_i = y_i - \hat{\beta}_0 - \hat{\beta}_1 x_i = y_i - \hat{y}_i$。于是，OLS 估计就是通过发现关于参数 β_0 和 β_1 的函数 $S = \sum_{i=1}^{n} (y_i - \hat{\beta}_0 - \hat{\beta}_1 x_i)^2$ 的最小值来定义。这是一个凹二次函数，总会存在一个单个最小值。这个简单的最小化问题可以得到答案。最小化这一函数的标准方法，是先求两个参数 β_0 和 β_1 的偏导数，然后解出两个二元联立方程的结果集。具体步骤如下：

$$\frac{\partial \left[\sum_{i=1}^{n} (y_i - \hat{\beta}_0 - \hat{\beta}_1 x_i)^2 \right]}{\partial \beta_0} = \sum_{i=1}^{n} 2(y_i - \hat{\beta}_0 - \hat{\beta}_1 x_i)(-1) = 0$$

$$\frac{\partial \left[\sum_{i=1}^{n} (y_i - \hat{\beta}_0 - \hat{\beta}_1 x_i)^2 \right]}{\partial \beta_1} = \sum_{i=1}^{n} 2(y_i - \hat{\beta}_0 - \hat{\beta}_1 x_i)(-x_i) = 0$$

简化结果并重新排列,得到所谓的标准方程式:

$$\sum_{i=1}^{n} y_i = n\hat{\beta}_0 + \left(\sum_{i=1}^{n} x_i\right)\hat{\beta}_1,$$

$$\sum_{i=1}^{n} x_i y_i = \left(\sum_{i=1}^{n} x_i\right)\hat{\beta}_0 + \left(\sum_{i=1}^{n} x_i^2\right)\hat{\beta}_1$$

因为在前述方程中很容易计算总和,我们只要解出两个二元联立方程,就能得出对回归参数的 OLS 估计。这些分析步骤很容易扩展到多变量的案例中,对应产生一组针对问题维度的标准方程式。例如,参见 Greene(2003, p. 21)。

OLS 估计的经典假设

OLS 估计量事实上已经被整合进每一个统计软件包,并且非常流行。其广受欢迎的原因在于它易于使用且具有非常实用的统计属性。参数估计关注的是通过样本统计量来获得总体的参数值。我们永远无法肯定某个样本统计量一定就代表了总体参数。然而,通过大家熟知的统计原理,可以知道用来产生样本统计量的估计量属性。

根据高斯-马尔科夫定理【Gauss-Markov Theorem】,一个 OLS 回归估计量要成为最佳线性无偏估计量【Best Linear Unbiased Estimator, BLUE】,需要满足以下假设:

(1)总体干扰的期望值是零($E[\varepsilon_i]=0$)。该假设意味着从总体回归函数中省略任意一个变量,不会对干扰的均值产生系统性效应。

(2)总体自变量和干扰之间协方差的期望值为零($E[X_i, \varepsilon_i]=0$)。该假设意味着自变量是非随机的,或者如果它们是随机的,则它们不能与干扰发生系统性的共变。

(3)干扰之间总体相关的期望值为零($E[\varepsilon_i, \varepsilon_j]=0$)。这是所谓的非自相关假设。

(4)干扰的总体方差期望值为常数($E[\varepsilon_i^2]=0$)。这是所谓的同方差(nonheteroskedasticity)假设。

这四条关于总体干扰的假设通常被称为高斯-马尔科夫假设。然而,其他条件也与 OLS 的统计属性相关。如果干扰是正态的,那么 OLS 估计量是最佳无偏估计量(BUE);但如果干扰是非正态的,那么 OLS 估计量仅仅是最佳线性无偏估计量(BLUE)。换言之,对于非正态的特征,另一种非线性或者稳健的估计量可能更为有效。

此外,总体回归函数必须通过样本回归函数准确地加以确定。所有相关的自变量都应包含,但不应包括不相关的自变量。总体回归函数的函数形式应该是线性的。

OLS 估计量的另一个要求不存在完全多重共线性【Multicollinearity】。完全多重共线性出现在某个自变量是其他一个或多个自变量的完全线性组合时。如果存在完全多重共线性,则 OLS 估计量无法确定,并且样本分布的标准误差无穷大。如果研究者要分解回归量的独立效应,高多重共线性可能是有问题的。然而,即使面对高多重共线性,OLS 估计量也是 BLUE。

运用 OLS 估计量的统计推论

要知道,OLS 估计量是 BLUE 的特点,提供了绝对的确定性,即平均来说,在重复抽样下,估计的样本统计量将会等于总体参数。此外,重复抽样下运用 OLS 得出的样本统计量的方差,在这个方差所有可能的估计量中,将会是最小的。

尽管我们永远不能确定任一特定样本的样本统计量能否代表总体,但是关于产生样本统计量的估计量的知识,使我们能够对估计的置信度进行评估。例如,回归斜率系数的 OLS 抽样分布的标准偏差表示为

$$SE(\hat{\beta}_k) = \sqrt{\frac{\hat{\sigma}_e^2}{\sum_{i=1}^{n}(X_i - \bar{X})^2(1 - R_j^2)}}$$

其中 R_j^2 是变量 j 在所有其他自变量上的回归所解释的方差。这也被称为标准误。运用标准误,我们可以作出关于一个样本统计量代表总体参数的可能性的概率陈述。如果重复抽样下样本统计量的分布是正态的,一个估计偏离真实参数超过标准偏差的概率是很容易计算出来的。然而,在上述方程中分子表示的干扰方差是一个估计而不是真实总体方差的情况下,就应该使用 t 分布。

尽管从技术上来讲 OLS 估计量并不要求误差项是正态分布的,但通常都假定总体干扰的分布是正态的。然而,非正态干扰的结果是相当严重的。"粗尾(fat-tailed)"分布类的非正态性,意味着假设检验失去意义。此时有两种选择:第一,这个数据通常可以通过转换产生正态分布的干扰;第二,可以采用一种可获得的稳健估计量来应对非正态分布的干扰。

——B. Dan Wood

Sung Ho Park

(叶鹏飞译　高勇校)

参考文献

Greene, W. H. (2003). *Econometric analysis* (5th ed.). Englewood Cliffs, NJ: Prentice-Hall.

Gujarati, D. N. (1995). *Basic econometrics* (3rd ed.). New York: McGraw-Hill.

Judge, G. G., Hill, R. C., Griffiths, W. E., Lutkepohl, H., & Lee, T. (1988). *Introduction to the theory and practice of econometrics* (2nd ed.). New York: John Wiley & Sons.

Schroeder, L. D., Sjoquist, D. L., & Stephan, P. E. (1986). *Understanding regression analysis: An introductory guide*. Beverly Hills, CA: Sage.

组织民族志(Organizational Ethnography)

从 19 世纪开始,民族志【Ethnography】("民族描述")就意味着对一个民族的描述:他们的风俗、礼仪和信仰。组织民族志于 1980 年代伴随着对文化、象征和民俗的兴趣而出现。通过运用田野研究【Field Research】,民族志学者通过记录一个组织的传统和象征行为,以提示组织中人的情感、观点、做事的习惯方式及整个组织的精神气质。目的是理解组织行为并促进组织发展。

1980 年代初,出现对思考组织的新范式的探寻:视角上指向人类维度,方法上放弃机械的和超机体的模型。1980 年,《组织管理协会评论》(*Academy of Management Review*)发表了丹德里奇、米特罗夫和乔伊斯的一篇关于"组织象征"的文章。1983 年《管理科学季刊》(*Administrative Science Quarterly*)出版了一期以"组织文化"为主题的特刊。同年,米歇尔·欧文·琼举办了一场研讨会,会议主题是"神话、象征和民俗:组织分析的扩展",介绍了"组织民俗"的概念。尽管约翰·范梅南(Van Maanen,1979)更早使用了"组织民族志"这一术语,但位于华盛顿州奥林匹亚的常青州立学院(Evergreen State College)应当受到赞誉,它是第一个公开对此进行实践的机构。1990 年 5 月,该机构寻求招聘一名民族志学者来探寻自身的文化,最终选择了民俗学和神话学的博士候选人彼得·特默拉普(Tommerup,1993)。通过围绕故事、仪式和其他表现形式进行访谈和观察,他收集到可以描述大学特性以及评估教学和学习文化影响的资料。

组织民族志依赖于深度访谈、观察和参与式观察【Participant Observation】，以便抓住源自内部的组织“感觉(feel)”、个体成员的观念和共享符号的共同体(Jones, 1996)。研究者引导参与者用他们自己的话语和表现手段来解释事件，无论是故事、庆典、仪式、谚语或是物品。他们注意个人工作空间的装饰、街头涂鸦、海报和传单艺术、照片、公告板、人们门上张贴的图画和语录、影印的传说以及其他行为和文化的物质形式。他们记录下各种口头表述，如传统的谚语、隐喻、口号、演讲、谣言、信仰、个人经历故事和广为流传的故事。他们观察(并且有时参与)风俗、仪式、人生庆典、节日活动、游戏、姿态、社会常规和大型典礼。

通过记载和分析有关组织象征的事例，民族志学者能够洞察组织中的领导风格、环境气氛、模糊和矛盾、紧张和压力、冲突以及竞争。民族志还发掘了长久以来理所当然地指导人们行动、提供决策知识以及促进或妨碍组织效能的价值和处事方式。

——Michael Owen Jones

(叶鹏飞译　高勇校)

参考文献

Dandridge, T. C., Mitroff, I., & Joyce, W. F. (1980). Organizational symbolism: A topic to expand organizational analysis. *Academy of Management Review*, *5*,77-82.

Georges, R. A., & Jones, M. O. (1995). *Folkloristics: An introduction.* Bloomington: Indiana University Press.

Jones, M. O. (1996). *Studying organizational symbolism: What, how, why?* Thousand Oaks, CA: Sage.

Tommerup, P. (1993). *Adhocratic traditions, experience narratives and personal transformation: An ethnographic study of the organizational culture and folklore of the Evergreen State College, an innovative liberal arts college.* Unpublished doctoral dissertation, University of California, Los Angeles.

Van Maanen, J. (1979). The fact and fiction in organizational ethnography. *Administrative Science Quarterly*, *24*,539-550.

正交旋转(Orthogonal Rotation)

参见旋转【Rotations】。

他者(Other, The)

“他者”这一术语应用在人文科学涉及身份、差异性、自我(selfhood)、识别和伦理等主题的论述中。“他者”既可以表示另一个人，也可以表示作为他人的自身(self)。哲学中长期存在着定位他者的兴趣，但经常会把“他者”简化为“同者(same)”或“自身”。自我发现或自我认知可以被视为一个变化的过程，自我借此认识到自身在客体上的他者性(alterity)[他性(otherness)]。例如，黑格尔指出自我意识和自由只能通过克服他者而获得。

很多论及“他者”概念的当代人文科学文献都受到伊曼努尔·列维纳斯的早期现象学著作的启发。在这里，他者超越自身而不能简化为自身。对于列维纳斯来说，他者的他性首先是一个伦理事件，并且是以无遮掩的和脆弱性的面貌呈现在我们面前。如果我们与一个虚弱或脆弱的人有列维纳斯式的遭遇,那么这个他者就引起了我们的兴趣,我们在反思性地了解它之前已经体验到了一个伦理反应。列维纳斯说:"从一开始,与"他者"的相遇就是我对他的责任(Levinas, 1998, p. 103)。"

西蒙娜·德·波伏娃(de Beauvoir, 1949/1970)在她的经典著作《第二性》(*The Second Sex*)中,通过历史、文学和神话溯源的方式,考查了女性的压迫是如何与系统对象化的父权制过程联系起来的。结果是男性被视为"正常"而女性被看作"他者",这导致了女性社会和个人身份的丧失。在凯特·米利特(Millett, 1970)的《性政治》(*Sexual Politics*)(1970年首次出版,后来进行过修订)一书和当代女性主义者的著作中,女性坚持表现为"他者",来反对社会规范的男性建构。

法国后结构主义者已经发展出一系列关于他者、他性和他化(othering)这些概念的解释。他化是当人们认为自己正常而注意到别人有所不同时的作为。在米歇尔·福柯的作品中,他者是那些受害的和边缘化的人——精神病患者、囚犯、女人、男同性恋、女同性恋和有色人种。谱系分析是要复原将作为我们的他者的那些人制度化和边缘化的实践所依存的社会、文化和历史根源。

保罗·利科在他关于个人和叙事身份的研究中,探讨了自我与他性之间的辩证关系。他对存在于自身身体中的他性的体验特别感兴趣。利科提到,他性存在几种不同的层次。有"我自己作为肉体"的他性、其他人(陌生人)的他性以及道德心"召唤"上体验的他性。这些区分可能会帮助我们理解早期和当代学者的探讨过程。

在朱丽娅·克里斯蒂娃(Kristeva, 1991)的《自我中的陌生人》(*Strangers to Ourselves*)一书中,他者的概念是指我们身边的陌生人、外地人和外国人。她提出问题,如果我们不能与自身内部的他者达成妥协,又如何能与这些陌生人和平相处呢?在她的分析中,旨在呈现隐藏在我们自身中的他者的他者性。表现出藏在我们统一性表面下的他异性。雅克·德里达颇有影响力的著作是其他后结构主义者关于主体间关系研究的典型范例,他认为他者是一个主题,用以提出关于责任、义务和道德选择的问题。他说道:"如果没有牺牲其他的他者,其他的他者们,我就无法回应另一个人的召唤、请求、职责,甚至是爱。"(Derrida, 1995, p. 68)

关于他者和他性的含义问题,突出地展现了在诸如多元文化论、性别研究、酷儿理论、种族区分和后殖民研究此类领域的定性研究。在查尔斯·泰勒有关多元文化论的政治的著述中,根据有时没有共同标准的对自我认同的追求和对社会认同的复杂需求,提出了"重要他者(significant other)"的概念。在哲学中,他者的概念同样成为一个普遍关注的焦点。特别值得一提的是阿洛哈纳·林吉斯(Lingis, 1994b)关于他者的现象学研究,他翻译了列维纳斯的一些主要作品。在他的《相异者的共同体》(*The Community of Those Who Have Nothing in Common*)一书中,林吉斯展开对这一问题的探讨,即我们如何能与那些和我们没有亲属关系,没有共同的语言、宗教和经济利益的人,就文化的他者(cultural others)体验到道德责任和共同性。他在《虐待》(*Abuses*)(Lingis, 1994a)和《律令》(*The Imperative*)(Lingis, 1998)等著作中继续这条研究路线,创造出一种全新的哲学方法。在他的作品中,林吉斯糅合旅行见闻的唤醒回忆法(evocative methods of travelogue)、书信写法、伦理学,以及主题沉思法——诸如刑讯逼供、战争、身份、欲望、激情和他在印度、巴厘岛、孟加拉、拉丁美洲等地"面对面"遇到边缘化他者中的理性。

——Max van Manen

(叶鹏飞译　高勇校)

参考文献

de Beauvoir, S. (1970). *The second sex*. New York: Alfred A. Knopf. (Original work published 1949.)

Derrida, J. (1995). *The gift of death*. Chicago: The University of Chicago Press.

Foucault, M. (1995). *Discipline and punish: The birth of the prison*. New York: Vintage Books.

Kristeva, J. (1991). *Strangers to ourselves*. New York: Columbia University Press.

Levinas, E. (1998). *On thinking-of-the-other: Entre nous*. New York: Columbia University Press.

Lingis, A. (1994a). *Abuses*. Berkeley: The University of California Press.

Lingis, A. (1994b). *The community of those who have nothing in common*. Bloomington: Indiana University Press.

Lingis, A. (1998). *The imperative*. Bloomington: Indiana University Press.

Millett, K. (1970). *Sexual politics*. Garden City, NY: Doubleday.

Ricoeur, P. (1992). *Oneself as another*. Chicago: The University of Chicago Press.

Taylor, C. (1994). The politics of recognition. In C. Taylor & A. Gutmann (Eds.), *Multiculturalism and the politics of recognition* (pp. 25-73). Princeton, NJ: Princeton University Press.

离群值(Outlier)

离群值是一个远离其他值的观察值【Observation】。例如,在社区收入研究中,假设有一个百万富翁的收入为2 000 000美元,远远超过下一个最高收入150 000美元。这个百万富翁就是收入变量上的一个离群值。离群值可能导致推断问题,特别是当它们极端偏离或数量过多时。例如,在一个社区领导者的收入研究中,$N=100$,并有少数人是千万富翁,那么估计的平均值就会歪曲对典型的社区领袖收入的认识。在这种情况下,一个更好的集中趋势量度是中位数【Median】。离群值还会扭曲其他统计量,比如回归系数【Regression Coefficient】。常见的补救措施是将离群值从分析中剔除,但这种方法的缺点在于丢失了信息。离群值的转换【Transformation】可能是理想的解决方案,因为它可以纳入这些极端值,同时能够维持样本的完整。

——Michael S. Lewis-Beck

(叶鹏飞译　高勇校)

*也可参见强影响统计量【Influential Statistics】。

THE
SAGE ENCYCLOPEDIA
OF
SOCIAL SCIENCE RESEARCH METHODS

社会科学研究方法百科全书

（精编版）

P—R

[美]迈克尔·刘易斯-伯克（Michael Lewis-Beck）
[美]艾伦·布里曼（Alan Bryman）
[美]廖福挺（Tim Futing Liao）—主编

沈崇麟　赵　锋　高　勇—主译

重庆大学出版社

版贸核渝字(2017)第 262 号

图书在版编目(CIP)数据

社会科学研究方法百科全书:精编版. P—R /(美)迈克尔·刘易斯-伯克,(美)艾伦·布里曼,(美)廖福挺主编;沈崇麟等译. -- 重庆:重庆大学出版社,2022.10

(万卷方法)

书名原文:The SAGE Encyclopedia of Social Science Research Methods

ISBN 978-7-5689-3468-8

Ⅰ.①社… Ⅱ.①迈… ②艾… ③廖… ④沈… Ⅲ.①社会科学—研究方法 Ⅳ.①C3

中国版本图书馆 CIP 数据核字(2022)第 152838 号

社会科学研究方法百科全书(精编版)

(P—R)

[美]迈克尔·刘易斯-伯克 [美]艾伦·布里曼 [美]廖福挺 主编

沈崇麟 赵 锋 高 勇 主译

策划编辑:雷少波 林佳木

责任编辑:姜 凤 版式设计:雷少波

责任校对:邹 忌 责任印制:张 策

*

重庆大学出版社出版发行

出版人:饶帮华

社址:重庆市沙坪坝区大学城西路 21 号

邮编:401331

电话:(023)88617190 88617185(中小学)

传真:(023)88617186 88617166

网址:http://www.cqup.com.cn

邮箱:fxk@cqup.com.cn(营销中心)

全国新华书店经销

重庆升光电力印务有限公司印刷

*

开本:787mm×1092mm 1/16 印张:16.5 字数:404 千

2022 年 10 月第 1 版 2022 年 10 月第 1 次印刷

ISBN 978-7-5689-3468-8 总定价:750.00 元(共 5 册)

编委会

配套数字资源

◣ 译　者（按姓氏拼音排序）

高　勇（中国政法大学）
李　洋（北京社会科学院）
马　妍（中国社会科学院）
沈崇麟（中国社会科学院）
王　玥（首都师范大学）
杨　可（中国社会科学院）
叶鹏飞（中国劳动关系学院）
赵　锋（中国社会科学院）
郑晓娟（北京大学）

◣ 词条审定专家（按姓氏拼音排序）

郭金华（北京大学）
郭志刚（北京大学）
何江穗（中国政法大学）
柯惠新（中国传媒大学）
李　原（中国社会科学院）
渠敬东（北京大学）
沈崇麟（中国社会科学院）
夏传玲（中国社会科学院）

导　言

社会科学方法学可以说是在19世纪末进入我们视野的，那时埃米尔·涂尔干撰写了《社会学方法的规则》(*The Rules of Sociological Method*)一书，这是系统理解和分析社会现象的奠基之作。从那时起，它便一直在成长发展，在20世纪的最后几十年更是呈现出一种指数式发展之势。这种发展涉及方法学的专门知识和技能的广度及深度两个方面。应用于各种社会科学学科的方法，其涵盖范围及某些分析路数和技术的复杂与高深程度，都是在数十年之前想象不到的。例如，焦点小组和浓描实际上已经变成了社会科学研究者(不论其学科取向是什么)的通用语言。再举另外一个例子，处理缺失数据和无回答的方法取得了长足的进步，以至于如这样的问题的专业工作坊一个接着一个开展，成为抽样调查数据分析者的最爱。

自然，在21世纪之初，我们有必要全面盘点一下社会科学方法学的知识，但试图使我们的盘点包含社会科学中曾经使用过的**每一种**方法，是不可能和不切实际的。这本《百科全书》的主要目的是给我们的读者(他们可能是高校的本科生、研究生、学术研究者或实际应用者)遨游浩瀚的研究方法之海提供一个引导。本《百科全书》对各种方法的目的、原理、发展和实际应用都作了简明扼要的介绍，总共有1 000多个词条，其中许多都对涉及的论题作了详尽的介绍，并包含了最新的发展，对初学者或有经验的研究者可能都有很大的用处。

为了达到这一目的，我们给读者提供了两种类型的词条：一些词条只含有一条定义，长度只有一段或两段。这些词条给了读者一个方法学词汇的简要解释。为了忠实于《百科全书》的行文形式，许多其他的词条都作为论题或论文来处理，长短不一，经常都附有实例，有时还有图表，对涉及的方法的性质、历史、应用和使用的含义进行讨论。这些词条的大多数也给出了建议的阅读书目和参考材料，以满足有进一步提高愿望的读者的需要。这些都是《百科全书》的精义所在，对那些想要对奇妙的研究方法世界进行不懈探索的读者而言都是很宝贵的。

需要撰写如此大量的专业文章，仅仅靠我们三位是无法完成的，幸运的是我们得到了编委和作者的大力支持，他们才智过人，写出来的方法介绍连贯、明了而

又透彻。有时,作者的行文如同新奇的小说,使得阐述的论题不仅能给读者以愉悦感,而且发人深省。

例如,达摩达尔·古雅拉提教授撰写的计量经济学的词条的文字给人以惊喜。他不是仅仅介绍计量经济学家使用的方法和模型的类型,而是触类旁通,带领我们从平常处渐入佳境,进行了一次计量经济学的旅行。他用三个阐明计量经济学涉及的广泛范围的定义作为自己论述的开头,在这里他使用了简单而平常的方式,用引文释例完成了对计量经济学家的用武之地加以定义这一看似不能完成的任务。然后,他带领我们做了一个研究(从经济理论到数据,从模型到分析),先是说明原理,然后是实例验证。这样的过程也是我们中的许多人在平常反复讲述的过程,但我们几乎想不到在撰写《百科全书》的词条时可以这样用。古雅拉提用在经济学研究中常用的普通过程,给读者以出人意料的、意义深远的影响,令读者去深思,而不只是记住计量经济学的方法和模型以及基本目的。

词条的多样性是本《百科全书》的又一特点。例如,我们的词条中有些论及了哲学问题,例如,后结构主义,这样的内容似乎超出了本《百科全书》的范围,而还有一些词条则讨论了高级的统计技术,这似乎同样也不能被视为社会科学方法学的一部分。然而我们却认为二者都是必要的。一方面,所有的研究者都应该意识到,认识论问题影响着研究问题的性质并支撑研究过程方面的假定;另一方面,我们都需要了解分析定量数据的全套武器,这样才能在不同的场合使用最为恰当和稳健的技术。只有在我们对可供利用的各种选择——无论是认识论的、统计学的或其他什么知识都了如指掌时,作为社会研究者,我们才能完整地开发出精巧的社会科学研究的方法。

本《百科全书》的许多词条都有精当的例子。将各种适用于不同研究目的的词条汇编成一册百科全书,我们,本《百科全书》的编辑者,固然希望读者诸君将会折服于社会科学方法学的博大精深,但我们更希望读者诸君能从这些方法学的专业知识中有所斩获,推动自己的研究更上一层楼。

迈克尔·刘易斯-伯克
艾伦·布里曼
廖福挺

(沈崇麟译校)

本册目录

P

Q

R

P

p 值(p Value)

统计假设检验中的 p 值可以定义为概率【Probability】,是由样本数据计算出的在特定方向虚无假设【Null Hypothesis】为真的前提下,出现观察样本以及特定方向上更极端情况的概率。这个特定的方向是由单尾【One-Tailed】(或单侧【One-Sided】)方向决定的。例如,用符号检验【Sign Test】来检验原假设"抛硬币后正反面朝上的概率相等"是否为真。我们抛 10 次,结果 9 次正面朝上。样本量就是 $n=10$,检验统计量是 S,定义为上述样本中正面朝上的次数。我们观察到的样本结果 $S = 9$。这个样本结果是一个事实。问题是这个样本结果是否符合原假设中的说法,即抛硬币后正反面朝上的概率相等。如果不符合,那么这个说法一定是错误的,因此可以拒绝原假设。为了确定样本结果是否与虚无假设一致,需要计算当抛硬币后正反面朝上的概率相等的情况下,抛 10 次硬币中有 9 次或更多次正面朝上的概率。这个概率由 $n = 10$ 和 $p = 0.50$(当虚无假设为真时,硬币正面朝上的概率为 0.50)的二项分布计算如下

$$
\begin{aligned}
p\text{ 值} &= p(S \geqslant 9) \\
&= \sum_{t=9}^{10} \binom{10}{t} (0.50)^{t}(0.50)^{10-t} \\
&= 0.002\,0
\end{aligned}
$$

由计算结果得知虚无假设为真的概率是 0.002 0,这是一个很小的概率。因此,需要拒绝虚无假设,认为抛硬币后正反面朝上的概率是不等的,硬币似乎正面朝上的可能性更大,即 $p>0.50$。

传统经典的假设检验方法是预先设定一个数值 α,即犯第 I 类错误【Type I error】的概率,根据 α 值判定 S 是否属于拒绝域;例如,如果 $S \geqslant c$ 则拒绝虚无假设(c 为常数)。这个预先设定的 α 值通常是任意的(习惯上选择 0.05),但它对最后的结果判断有很大影响。

报告 p 值是虚无假设检验结果的一种表达方式。与只报告在预先选定的 α 水平上是否拒绝虚无假设的确定性结论相比,研究者报告 p 值可以让读者或用户基于此 p 值的大小作出自己的判断。读者可以选择他们自己的 α 水平,若 $p \leqslant \alpha$,拒绝虚无假设;反之,不拒绝。

如果备择假设【Alternative Hypothesis】不是一个特定方向的预测,即选择的是双尾【Two-Tailed】(或双侧【Two-Sided】),那么 p 值的定义就不是唯一的。实际上,p 在两个可能的方向上有不同的值。其中较小的 p 值是有意义的。因此,我们既可以报告比较小的那个 p 值,表示是单侧的 p 值,也可以将这个单侧 p 值乘以 2。

—Jean D. Gibbons

(叶鹏飞译　高勇校)

配对相关(Pairwise Correlation)

参见相关【Correlation】。

成对删除(Pairwise Deletion)

成对删除这一术语应用于计算机软件程序(如 SPSS)对于缺失数据【Missing Data】的处理过程中。缺失值的成对删除是指仅删除与分析相关的有缺失值的样本。考虑以下的情景:我们有 200 个样本和 10 个变量,现在想要进行皮尔逊相关分析【Pearson's Correlation Coefficient】。我们先取前三个变量。变量 1 有 4 个缺失值,变量 2 有 8 个缺失值,变量 3 有 2 个缺失值。假设每个样本缺失的变量都不同,即变量 1 的 4 个缺失值和变量 2 的 8 个缺失值没有重合。(这种情况在实践中不常见,因为有些参与者可能同时缺失变量 1 和变量 2 的值,即变量 1 和变量 2 的缺失值可能出现在同一个样本中)当我们分析 10 个变量时,变量 1 和变量 2 之间的相关分析是基于 188 个样本的分析(因为在变量 1 和变量 2 中有 12 个缺失值)。变量 1 和变量 3 的相关分析是基于 194 个样本的分析(因为这两个变量中有 6 个缺失值)。以此类推,变量 2 和变量 3 的相关分析是基于 190 个样本的分析(因为这两个变量中有 10 个缺失值)。

——Alan Bryman

(叶鹏飞译　高勇校)

* 也可参见删除【Deletion】、整条删除【Listwise Deletion】。

定群(Panel)

定群指的是对同一分析单位进行至少两次数据收集的研究设计【Research Design】。通常情况下,分析单位为调查【Survey】中的某一个体。在两层定群研究中,会对 t 时刻的响应对象在 $t+1$ 时刻再次访问;同样,在三层定群研究中,将会在 $t+2$ 时对其再一次访问。有时,定群中的分析单位具有一定聚集性,例如国家。比如,来自欧洲某些国家的样本可以在 t 时进行测量后又在 $t+1$ 时再一次测量。定群研究的一个特殊价值在于它考虑因果【Causal】推断中的时间性,因为潜在的因果变量 X 能够在 Y 发生前真正地测量到。除此之外,定群研究可以校正社会因素的改变。例如,通过一段长时间的重复访谈【Interviewing】,定群研究(不同于同期群【Cohort】设计)可以区分年龄效应、时期效应【Period Effects】以及同期群效应。

定群研究的一个主要缺点是在不同时点的研究中存在数据损耗【Attrition】,特别是在定群研究中个体的退出。由此带来的问题是人口特征随时间而变化,或许会导致原始的定群已经无法代表最初抽样的总体【Population】,这也是定群研究相关的一个问题。例如,随着移民的迁入,定群需要新的样本加入才能反映改变后的人群。

——Michael S. Lewis-Beck
（叶鹏飞译 高勇校）

定群数据分析(Panel Data Analysis)

定群数据是指对每个抽样单元进行多次观察得到的数据集。这样的数据可以通过对一系列横断面单位进行的时间序列观察得到，横断面单位可以为国家、州、地区、公司或随机抽取到的个人或家庭。研究包含了纵向数据分析，其重点在于研究个体的历史。两个著名的美国定群数据分别是收入动态定群研究(Panel Study of Income Dynamics, PSID)，由密歇根大学社会研究学院收集；全国劳动力市场经验纵向调查(National Longitudinal Surveys of Labor Market Experience, NLS)，由俄亥俄州立大学人力资源研究中心创立。通过相关网址可以访问使用定群数据的国家级研究项目列表，包括比利时家庭定群调查、荷兰社会经济定群研究、卢森堡家庭定群研究以及欧洲社区家庭定群研究。收入动态定群研究创始于1968年的4 802个家庭，并包含了过度抽样的贫困家庭。每年进行的访问记录了每个家庭的社会经济特征以及在这些家庭中的大约31 000个体，其中收集的全部变量超过5 000个。NLS跟踪了五种不同劳动力人群。最初的样本包括了1996年45~59岁男性5 020名，1966年14~24岁男性5 225名，1967年30~44岁女性5 083名，1968年14~24岁女性5 159名，以及1979年14~21岁青年12 686名。在青年研究中存在对黑人、西班牙裔、贫穷白人以及军人的过度抽样。所收集的变量高达数千。定群数据集的例子还有美国当前人口调查(Current Population Survey, CPS)，这是由美国人口统计局开展的全国家庭月度调查。CPS统计了失业率和其他劳动力统计数据。与NLS和PSID这两个数据集相比，CPS包含的变量较少，时间跨度更短，并且没有纳入流动人口。然而，它覆盖了更多的样本，能够代表所有人口统计群体。

1986年，萧提出了关于定群数据的优势以及局限性。明显的优点包括了一个较大的数据，因为定群数据包含了对同一个体多次观察的结果，这意味着变量当中相比传统的横断面研究与时间序列研究存在更多的可变性以及更少的共线性【Collinearity】。例如，在一个已知货物(如汽油)的需求方程中，货物的价格以及收入可能在某一国家的年度观察期内会有非常强的相关性。然而，通过将不同国家的数据堆积或合并，数据的变异得到增加，而共线性将会减弱。另外，利用更丰富的数据，我们可以得到更可靠的估计和测试更复杂的行为模型，模型假设的限制也可以放宽。定群数据的另一个优势在于控制个体的异质性的能力。没有控制那些未被观察到的个体效应会导致估计结果时偏差的产生。例如，在一个收入方程中，一个人的工资是基于各种个体属性的回归估计，如教育、经验、性别、种族等，但是误差项可能还包括未被观察到的个人特征，如能力，并与一些解释变量相关，比如教育。横断面研究通过收集难以获得的双胞胎资料，企图对这种未被观察到的信息加以控制，然而通过定群个体资料，我们可以对个体进行多次测量，然后消灭个体中未被观察到的不变的特征。定群资料的另一个优势是可以更好地识别并且估计那些在单纯的横断面研究与单纯的时间序列数据中难以探测到的效应。尤其是定群数据能够更好地研究较为复杂的动力学行为问题,例如,通过横断面研究,可以估计某一个时点的失业率;而重复的横断面研究可以得到失业率在一定时期内的变化;只有定群研究可以估计在某一时点失业的人群在另一时点仍然失业的比例。

定群数据集的局限性主要有几个方面:设计中的问题、数据收集问题以及定群研究中数据管理的问题(参见 Kasprzyk et al.,1989)。这些问题包括:涵盖范围问题(所关心的人群没有完全纳入)、无响应问题(由于缺乏合作或采访失误造成的无应答)、回忆问题(被访问者回忆出现偏差)、采访频率问题、采访时间跨度问题、参考期问题、防止回忆期外事件被纳入回忆期内的问题,以及抽样时机引起的偏倚。定群数据的另外一个局限性是来自测量误差,不清晰的问题、回忆错误、故意给出错误信息、不合适的被调查者、信息的错误记录以及采访者效应都可能造成测量误差的放大。尽管这些问题也可能发生在横截面的研究中,但是在定群数据的研究中会更突出。定群数据集还可能会由于样本选择问题而呈现出偏倚。在初始的定群中,被调查者可能会拒绝参与,或者访问者在家中找不到人,这样的样本可能会导致在推断中存在偏倚。尽管这种无应答也能发生在横断面研究中,但是在定群研究中却更为严重,因为后续的定群调查仍然会被这样的样本所限制。受访者可能会去世、搬家或者发现应答的代价过大,最终可能失访。不同定群的损耗率是不一样的,通常情况下会是后一次采访比本次高,但增长速率会下降。经典的定群会每年都去访问每个人,询问的却只是一年中某一小段时间中的情况。这意味着只有访问的人数接近无穷大时,相应的估计才能渐进准确。增加定群的时间跨度是无法不计成本的。实际上,每一次新的定群都增加了损耗的机会,同时也增加了估计定群数据模型中定性有限因变量的计算难度(Baltagi,2001)。

尽管随机系数模型【Random-Coefficient Model】可以应用于估计以及设定定群数据模型(Hsiao,1986),大多数定群数据模型采用的是有多个误差扰动项的简单回归形式,如下所示:

$$y_{it}=\mathbf{x}'_{it}\boldsymbol{\beta}+\mu_i+v_{it},i=1,\cdots,N;t=1,\cdots,T$$

方程中 y_{it} 代表了第 i 个个体在时间 t 的工资对数值,$\mathbf{x}'_{it}$ 是一个表示观察了 k 个解释变量的向量,包括教育、经历、种族、性别、婚姻状态、工会成员和工作时间等。此外,$\boldsymbol{\beta}$ 是一个表示未知系数的 k 向量,μ_i 为未观测到的个体效应,v_{it} 为一个均值为 0,方差为 σ_v^2 的随机干扰项。误差因素遵循单因素方差分析(ANOVA)。如果 μ_i 表示需要估计的固定参数,这个模型就被称为固定效应模型【Fixed-Effects(FE)Model】。$\mathbf{x}_{it}$ 被假定为对于所有的 i 和 t 都是独立于 v_{it}。这里的推断取决于特定的 N 个观测个体。这种情况实际上相当于引入($N-1$)个虚拟变量(individual dummies)来估计这些个体效应。这导致了自由度的大量损失,并加重了回归量之间的多重共线性【Multicollinearity】问题。而且,对于 N 很大的定群数据,这在计算上是不可行的。在这种情况下,我们可以通过对 $\bar{y}_{it}=y_{it}-\bar{y}_i$ 在同样定义的 $\bar{\mathbf{x}}_{it}$ 上运用最小二乘,来消掉 μ_i 估计 $\boldsymbol{\beta}$ 值,这里字母上的点表示该指标上的总和,横条表示求均值。这种转换被称为内转换,相应的估计量 $\boldsymbol{\beta}$ 被称为内估计值或者固定效应估计值。必须注意,固定效应估计量无法估计任何不随时间变化的变量效应,如性别、种族、信仰或工会参与。这些变量在内转换中没有被纳入。当需要考虑这些变量对收入的影响时,这就是一个主要的弊端。忽略个体未被观察到的效应(例如,不引入虚拟变量进行最小二乘)会导致偏倚的出现,得到的回归系数也并非一致估计量。

如果 μ_i 代表了均值为 0,方差为 σ_μ^2 的独立随机变量,这个模型就被称为随机效应模型。模型前面的部分取决于 $\mathbf{x}_{it}$。另外,μ_i 与 v_{it} 被假定为条件性独立。随机效应(RE)模型可通过广义最小二乘法(GLS)进行估计,可通过对 $y_{it}^*=y_{it}-\theta\bar{y}_i$ 在同样定义的 $\mathbf{x}_{it}^*$ 上运用最小二乘回归来获得,这里的 θ 是方差成分 σ_μ^2 和 σ_v^2 的一个简单函数(Baltagi,2001)。相应的 GLS 估计量 $\boldsymbol{\beta}$ 就是 RE 估计量。对于这个 RE 模型,我们可以估计个体恒量变量(individual-invariant variables)的效应。方差成分的最佳二次无偏(BQU)估计量是基于真实干扰的方差分析型估计量(ANOVA-type estimators),并且在干扰是正态的情况下,它们也是最小方差无偏(MVU)估计量。通过使用 OLS 或者固定效应残差替代真实干扰,我们可以获得方差成分的合适估计值。对于随机效应模型,OLS 仍然是无偏且一致的,但并不有效。

固定效应与随机效应何者更优,在生物统计学和计量经济学文献中对此有过激烈争论。在一些应用中,随机效应与固定效应得到了不同的估计结果,尤其是当 T 很小而 N 很大时。豪斯曼(Hausman,1978)根据两者估计的差异开展了一项设定检验,虚无假设是个体效应与 $\mathbf{x}_{it}$ 不相关。这个检验的基本思想是固定效应的估计量 $\bar{\boldsymbol{\beta}}_{FE}$ 是一致的,无论个体的效应与 $\mathbf{x}_{it}$ 是否相关。这是正确的,因为由 $\tilde{y}_{it}$ 描述的固定效应转换将 μ_i 的效应排除在模型之外。实际上,这是对固定效应模型的现代计量经济学的解释,μ_i 是随机的,但是却与所有的 $\mathbf{x}_{it}$ 相关。然而,如果虚无假设为真,则固定效应估计量在随机效应的设定下并不有效,因为它仅仅依赖于数据中个体的内部变化。另一方面,随机效应估计量 $\bar{\boldsymbol{\beta}}_{RE}$ 在虚无假设前提下是有效的,但是当效应与 $\mathbf{x}_{it}$ 相关时,它存在偏倚以及不一致性。两个估计量的差值 $\hat{q}=\bar{\boldsymbol{\beta}}_{FE}-\hat{\boldsymbol{\beta}}_{RE}$ 在虚无假设成立时趋向于 0,而在备择假设中不为 0。在虚无假设成立时该差值的方差等于方差之差,即 $\operatorname{var}(\hat{q})=\operatorname{var}(\bar{\boldsymbol{\beta}}_{FE})-\operatorname{var}(\bar{\boldsymbol{\beta}}_{RE})$,因为 $\operatorname{cov}(\hat{q},\hat{\beta}_{RE})=0$。Hausman 检验统计量是基于 $m=\hat{q}'[\operatorname{var}(\hat{q})]^{-1}\hat{q}$,并且在虚无假设前提下,渐近地服从自由度为 k 的卡方分布。

对于定群模型估计的最大似然和广义矩方法,请参考 Baltagi(2001)。由于篇幅所限,对定群数据模型的讨论并没有展开,包括缺失值的处理、动态分析、测量误差、定性受限因变量、内生变量以及回归变量非平稳性。但是,我们还是要讨论一些经常遇到的特定的定群数据集,例如伪定群与轮换定群。伪定群指的是定群数据来源于横断面的重复,尤其是在某些国家中不存在定群但是存在多次独立的研究。例如,英国家庭支出研究调查了每年大约 7 000 个家庭。这些都是独立的调查,因为无法做到像定群研究一样,追踪到在调查过程中同样的家庭。但是,我们可以追踪同期群并基于同期群均值来估计经济关系。伪定群中不存在使真正的定群研究头痛的样本损耗问题,并且可以历时更长。一个重要的问题是关于同期群的最佳数量问题。同期群越多,每个同期群的规模就越小,从中抽取出来的样本也就越少。相对的,同期群越少,样本同期群的均值估计就越准确,但是定群的有效样本量却会因此越少。

轮换定群试图通过取代在每一时期都会存在一部分的缺失家庭的方法来保持同样数量的家庭。这种方法在一个高损耗的定群研究中是非常必要的。轮换定群可以让研究者对抽样时机引起的偏倚效应的存在进行检测。如果我们期望得到相同响应时,两次不同时点进行的访谈结果却有着显著差异,这就表明存在抽样时机引发的偏倚效应。

随着越来越多地使用多个时点的跨国数据来研究购买力平价(purchasing power parity)、增长收敛性和国际研发溢出效应,定群数据计量经济学的焦点转移到研究拥有大量 N(国家数量)和大 t(时间序列的长度)的宏观定群数据的渐近性质,而不是通常的那种拥有大量 N 和小 t 的微观定群数据的渐近性质。研究人员认为,变量的时间序列成分如人均国内生产总值的增长具有强烈的非平稳性。非平稳定群得到的一些特殊结果是,很多检验统计量和估计量存在正态极限分布。这与文献中非平稳时间序列研究相反,那些文献中的极限分布是韦氏过程(Weiner processes)的复杂函数。几个应用于时间序列文献的单位根检验已经扩展到了定群数据(Baltagi,2001)。然而,也有人对使用定群数据的方法进行了批评,认为定群数据单位根检验不能解决购买力平价(PPP)。实际上,定群数据中 PPP 的结果是依据研究的国家、研究时期以及单位根检验类型三者进行混合的结果。更为严重的问题是,对于购买力平价,定群数据检验并不能解决单一时间序列中单位根检验低效的问题。毕竟,单一单位根的虚无假设有别于定群单位根关于购买力问题的虚无假设。同样的,定群单位根检验并没有解决各国经济增长收敛性问题。然而,它有助于促进对动态定群数据模型的深入研究。

在过去的 20 年里,定群数据方法文献表现出显著的增长。我们还不能涉及众多理论和经验上的最新贡献。篇幅所限,不能讨论很多有价值的贡献。有些主题仍然在起步阶段,但是发展迅速,比如非平稳定群的使用,半参数和非参数方法在定群数据中的应用。希望这一介绍会激起读者的兴趣并鼓励更多关于此类主题的阅读。

——Badi H. Baltagi

(叶鹏飞译　高勇校)

参考文献

Baltagi, B. H. (2001). *Econometric analysis of panel data*. Chichester, UK: Wiley.

Hausman, J. A. (1978). Specification tests in econometrics. *Econometrica*, *46*, 1251-1271.

Hsiao, C. (1986). *Analysis of panel data*. Cambridge, UK: Cambridge University Press.

Kasprzyk, D., Duncan, G. J., Kalton, G., & Singh, M. P. (1989). *Panel surveys*. New York: John Wiley.

范式(Paradigm)

在日常使用中,范式是指要遵从的一个模型或一个范例,或是指一种做事的现成体系或方式。这一概念由托马斯·库恩(Kuhn,1970)在他讨论科学进步的本质时引入科学哲学。

库恩反对合宜的科学方法可以事先确定这样的科学哲学观点,如波普尔的证伪主义【Falsificationism】。库恩(Kuhn,1970)聚焦于科学家共同体的实践。他发现这一共同体共享一种范式或者“学科基体(disciplinematrix)”,这包括他们研究的现实本质是什么(他们的本体论【Ontology】),包括组成的要素以及它们是如何相互关联的;适合调查这一现实的方法(他们的认识论【Epistemology】)以及过去科学成就的公认范例,这些范例既提供了深入实践的基础,也为未来希望成为共同体成员的学生提供了模型。他认为,一门成熟的科学是由单一范式所主导的。

根据库恩(Kuhn,1970)的观点,科学家在大多数时间里从事常规科学(normal science),研究被“解决谜题(puzzle-solving)”活动和严格基于范式的假设和规则所左右。常规科学通过检验它的预测从而进一步阐明和丰富其推论扩展了范式中的知识;它不以发现意想不到的新奇事实或理论为目标。在常规科学的过程中,范式不会受到挑战或者检验;未能解决一个难题将被视为科学家的失败,而不是范式的失败。

时常会出现一些无法解决的难题,或范式的预期与现实观察的差异。最初这些异常可能被忽略,因为恪守范式会对他们的认识产生内在阻力。库恩(Kuhn,1970)认为范式是感知的先决条件,我们的理解不仅依赖于我们看见的,还有赖于我们以前的视觉经验和概念经验,它们会教我们去看哪些东西。坚持范式类似于坚持一种信仰,认为其中有问题的话就会被视作异端。

异常现象可能会导致范式的信任危机。伴随着竞争性学说的扩散、尝试任何事的意愿、不满的表达、对哲学的求助和对基本原理的争论,出现了一个时期的非常科学(extraordinary science)。这种情况为新范式和新理论的出现作好准备。

库恩(Kuhn,1970)描述了一个新范式取代旧范式的科学革命(scientific revolution)过程。新范式可能被提议取代现有的范式——新范式可以解决异常现象引起的新难题,也可以处理以前范式已解决的难题。然而,这样的革命发生很缓慢,需要一代人或许更久的努力。根据库恩的说法,科学家从旧范式转变到新范式的过程类似于宗教的皈依;它不仅需要采用一种完全不同的观察世界的方式,而且还要生活在一个不同的世界。一旦新的范式建立起来,常规科学的新阶段将会出现。最后,新的异常现象将会出现,而进一步的革命也将发生。

库恩(Kuhn,1970)认为竞争的范式是不可通约的。这是因为一个科学共同体提出的观念和理论主张是基于对他们有特殊意义的范式中的假设和信念而产生的。由于范式体现不同的和不兼容的世界观,它很难在不同的科学共同体中进行有效沟通,进而不可能就相互竞争的理论进行裁决。因为它们之间没有中立的观察语言,没有共同的词汇,没有解决争端的公共平台。

对于库恩来说,科学进步不是通过观察(归纳【Induction】)或者通过对新假设的决定性检验(演绎/证伪主义)来概括积累的——它是通过科学革命改变科学家共同体看待世界以及定义和解决难题的方式来实现的(参见 Blaikie, 1993, pp. 105-110; Riggs, 1992, pp. 22-59)。

库恩的成果催生了大量的研究文献,并且受到来自科学哲学家和科学史学家的详细批评,例如卡拉托什和劳丹(综述参见 Riggs, 1992)。在 1960 年代和 1970 年代,它被作为理解社会学危机的一个框架(参见,如 Friedricks, 1970),那时在各个竞争性范式之间存在着激烈的争论。

——Norman Blaikie

(叶鹏飞译　高勇校)

参考文献

Blaikie, N. (1993). *Approaches to social enquiry.* Cambridge, UK: Polity.

Friedricks, R. (1970). *A sociology of sociology.* New York: Free Press.

Kuhn, T. S. (1970). *The structure of scientific revolutions* (2nd ed.). Chicago: University of Chicago Press.

Riggs, P. J. (1992). *Whys and ways of science.* Melbourne, Australia: Melbourne University Press.

Ritzer, G. (1980). *Sociology: A multiple paradigm science.* Boston: Allyn & Bacon.

参数(Parameter)

参数是一个揭示总体【Population】某些特征的量。总体是包含研究者感兴趣的所有结果的集合。然而,在统计学中,总体被更技术性地定义为从一次随机试验【Experiment】中得到的所有可能结果的集合。例如,随机试验可能由对美国公民个人的纳税观察构成。总体包含每个美国公民的税单。总体就可以被一个随机变量【Random Variable】X(例如纳税)及其相关概率分布(例如纳税的概率函数或密度函数)所描述。当我们清楚随机变量 X 的概率【Probability】分布 $f(x)$ 时,总体被认为是已知的。如果总体已知,参数可以很容易地从总体数据中计算出来。因此,参数是代表总体特征的固定量。

描述性分析的两个常用参数是总体的均值【Mean】和方差【Variance】。总体均值显示总体的数值平均,而总体方差表示观测值偏离均值的平均平方偏差。例如,在上述税收试验中,有美国公民的平均税收和税收方差。其他参数的例子可以是总体的偏度【Skewness】、峰度【Kurtosis】、相关性【Correlation】和回归偏斜率参数(regression partial slope parameter)。

参数没有变异性,因为它们可以从一个已知总体计算出来。然而,通常使用总体是不方便或不可能的。总体可能会相当大,如上述纳税人的例子,获得或输入这些数据太过困难。在社会科学中获取总体往往很困难。对于研究者来讲,这个数据可能并不能直接获取,或根本不存在。

在社会科学研究的大部分时候,总体是不可获得的,所以参数是一种未知的理论构念。参数存在于真实世界的某个地方,但是研究者必须从一个样本中估计其值。在样本数据估计参数的过程中,样本中所有条目可以看作通过随机试验从总体中获取的对随机变量(random variables)的观测。它们被认为有相同的概率分布并相互独立地被抽取。样本统计量(sample statistics)揭示样本的某些特征,它们通过这些随机变量来估计总体参数。例如,在上述税收试验中,样本均值可以通过将所有样本条目的样本观测值求和,再与它们各自的概率相乘而获得。这被认为是总体均值的一个估计量。

——B. Dan Wood
Sung Ho Park
(叶鹏飞译　高勇校)

参考文献

Blalock, H. M., Jr. (1979). *Social statistics.* New York: McGraw-Hill.

Casella, G., & Berger, R. L. (2001). *Statistical inference* (2nd ed.). New York: Wadsworth.

Spiegel, M. R., Schiller, J., & Srinivasan, R. A. (2000). *Schaum's outline of probability and statistics* (2nd ed.). New York: McGraw-Hill.

参数估计(Parameter Estimation)

参数估计是要从样本统计量中发现总体参数的值。总体参数是固定的并且一般是未知量。如果我们知道某一总体的所有可能条目及它们各自的概率【Probability】,我们就能够计算总体的参数值。然而,我们通常只有总体中的某一样本,所以我们必须通过样本统计量估计总体参数。体现样本特征的样本统计量(sample statistics)可被认为是相应总体参数的估计量【Estimator】。注意,因为样本统计量是基于对总体的抽样样本,所以样本统计量是随机变量【Random Variable】。

样本统计量用于对固定的总体参数的估计。例如,样本均值可作为总体均值的估计值。然而,由于抽样误差【Sampling Error】的存在,并不能保证依据统计量得出的所有参数估计都能准确地反映总体参数。然而,我们能通过好的估计量最小化参数估计的不确定性。一个好的估计量应满足一定的统计特性,例如无偏性【Unbiasedness】、有效性【Efficiency】、渐近有效性或者一致性。前两个属于有限样本的性质,后两个属于渐近性质。

无偏性要求估计量的期望值应该等于总体参数的真值。即无偏性要求 $E(\hat{\theta})=\theta$,θ 是总体参数,$\hat{\theta}$ 是参数估计值。再次注意,这并不意味着一个特定的估计量将等于参数的真值。相反,它体现重复抽样的特征。我们期望来自重复抽样样本的估计值均值等于参数的真值。有效性要求估计量的方差小于或等于其他相同参数的无偏估计量。即 $\mathrm{Var}(\hat{\theta}_1)\leqslant \mathrm{Var}(\hat{\theta}_2)$,$\hat{\theta}_2$ 是来自除 $\hat{\theta}_1$ 外的任一估计量。有时有偏的估计量却比无偏的估计量的方差小。在这种情况下,可采用最小均方误差【Mean Square Error, MSE】标准。计算公式如下:$\mathrm{MSE}(\hat{\theta}\mid\theta)=\mathrm{Var}(\hat{\theta})+\mathrm{Bias}(\hat{\theta}\mid\theta)^2$。不考虑偏倚,具有最小均方误差的估计量通常被认为是更佳的估计量。

一个好的估计量能满足无偏性和有效性的要求。然而,小样本的估计量难以达到这些要求,但随着样本量的增加,估计量可以获得理想的统计特性。这样的估计量就具有渐近有效性或一致性。渐近有效性(asymptotic efficiency)意味着估计量的渐近分布的方差小于其他渐近无偏估计量的方差。一致性(consistency)意味着当样本容量趋于无穷大时,估计量依概率收敛于总体参数的真实值。这两个性质相当于有限样本中的有效性和无偏性。

——B. Dan Wood

Sung Ho Park

(叶鹏飞译　高勇校)

参考文献

Blalock, H. M., Jr. (1979). *Social statistics.* New York: McGraw-Hill.

Casella, G., & Berger, R. L. (2001). *Statistical inference* (2nd ed.). New York: Wadsworth.

Judge, G. G., Hill, R. C., Griffiths, W. E., Lutkepohl, H., & Lee, T. (1988). *Introduction to the theory and practice of econometrics.* New York: John Wiley.

Spiegel, M. R., Schiller, J., & Srinivasan, R. A. (2000). *Schaum's outline of probability and statistics* (2nd ed.). New York: McGraw-Hill.

部分相关(Part Correlation)

部分相关系数 $r_{y(1\cdot2)}$,也被海斯(Hays, 1972)称为半偏相关系数,与偏相关系数 $r_{y1\cdot2}$的区别在于:它能将控制变量 X_2的影响从变量 X_1中去除而不从 Y 中去除。

偏相关【Partial Correlation】分析中的三个步骤现在被缩减为两步:第一步,计算 X_1在 X_2上的二元回归【Regression】分析的残差 $X_1-\hat{X}_1$;第二步和最后一步,计算残差 $X_1-\hat{X}_1$ 与原始 Y 之间的零阶【Zero-Order】相关系数,即部分相关系数 $r_{y(1\cdot2)}$。对高阶【Higher-Order】系数,如 $r_{y(1\cdot23)}$,以同样的方式,将控制变量 X_2和 X_3的影响从变量 X_1中去除而不是从因变量 Y 中去除。一个关于 $r_{y(1\cdot2)}$的例子是,控制学生的学习成绩(X_2)后,课外活动(变量 X_1)和学生声望(变量 Y)之间的相关性。为阐明部分相关的原理,我们以 5 名学生的简单样本(虚构)为例,以上三个变量值如下,Y :1,3,2,6,4;X_1:0,1,3,6,8;X_2:4,4,1,2,0。通过残差 $X_1-\hat{X}_1$ 的值-0.70,0.30,-2.53,2.08,0.86 和原始的 Y 值 1,3,2,6,4 的零阶相关系数计算得到部分相关系数 $r_{y(1\cdot2)}=0.83$。这就是声望与课外活动之间的相关性,其中已经排除了学习成绩对课外活动的影响。

在处理相关内容时,部分相关应用较少。当从因变量 Y 中去除控制变量 X_2的影响时,因变量 Y 的方差基本消失,以至于几乎没有进一步去解释的必要,而这是部分相关在实证研究中优于偏相关的原因之一。当然,控制变量在这个例子中很特别,因为这个控制变量几乎完全与其中一个考虑的变量共享了它的方差。

一个关于部分相关系数更合理运用的例子是科尔森(Colson, 1977, p. 216)的研究,关注的是一个国家样本中的平均年龄(A)对粗出生率(B)的影响。但是粗出生率不独立于年龄结构;反之亦然,因为平均年龄 A 也包括生育成分,由此出现了混杂问题。如果我们纳入总和(周期)生育率作为一个变量,它可以通过总的年龄别生育率(F)来衡量并独立于年龄结构,那么这个问题可以有两种方式来解决:第一种方式,计算 A 和 F 之间的相关系数(即平均年龄和生育率的相关);第二种方式,也就是作者所选的方式,计算粗出生率(B)和排除生育影响的年龄(移除 F 影响后 A 的残差值)之间的部分相关系数 $r_{B(A\cdot F)}$。

这里去除混杂变量后不清楚哪部分变量被保留,这样的案例适合采用部分相关分析。如果可以,应该在原始概念(年龄结构和出生率)之间保持概念性距离以避免混杂。

偏相关和部分相关的计算

在上文中,我们试图依据内容来解释部分相关。然而它的作用显然是本身固有的。许多公式可以用来得到部分相关系数,并且对每一个公式,推算出的偏相关系数都是等价的。这里我们将做一些 $r_{y(1\cdot23)}$的推导,其中 Y 与控制 X_2和 X_3后的 X_1相关。

部分相关的平方即将 X_1加入$\{X_2,X_3\}$时对 Y 的总的解释方差比例的增量:

$$r^2_{y(1\cdot23)}=R^2_{y\cdot123}-R^2_{y\cdot23}$$

按如下公式,更便于理解:

$$R^2_{y\cdot123}=R^2_{y\cdot23}+r^2_{y(1\cdot23)}$$

多重决定系数 $R^2_{y\cdot123}$是指因变量 Y 被所

有自变量 X_1,X_2 和 X_3 解释的方差比例。它由两部分组成:第一部分 $R^2_{y\cdot23}$ 是因变量 Y 由 X_2 和 X_3 解释的方差比例。第二部分是指排除了 X_2 和 X_3 的影响后仅仅 X_1 解释的方差比例,即为部分相关系数的平方 $r^2_{y(1\cdot23)}$。

一方面,如果 X_1 与 X_2,X_3 都不相关,那么 R^2 中的增量等于 r^2_{y1}。另一方面,如果 X_1 与 X_2,X_3 的相关性很强,那么部分相关的平方就与原平方相关 r^2_{y1} 完全不同。

如果变量 X_2 和 X_3 解释了 Y 方差的很大比例,X_1 能够解释的便所剩无几。在这种情况下,部分相关很小并且在控制变量大部分不能解释的情况下几乎没有可比性。因此,将 R^2 中的"绝对"增量除以不能被 X_2 和 X_3 解释的那部分 Y 的方差,我们得到偏相关系数的平方,而这等于将 X_1 加入 $\{X_2, X_3\}$ 中后,Y 的可解释的那部分方差比例的"相对"增加量为:

$$r^2_{y1\cdot23}=\frac{R^2_{y\cdot123}-R^2_{y\cdot23}}{1-R^2_{y\cdot23}}$$

因此,偏相关等于部分相关的平方除以控制变量不能解释的部分:

$$r^2_{y1\cdot23}=\frac{r^2_{y(1\cdot23)}}{1-R^2_{y\cdot23}}$$

于是

$$r_{y1\cdot23}=\frac{r_{y(1\cdot23)}}{\sqrt{1-R^2_{y\cdot23}}}$$

显著性检验

部分相关系数和偏相关系数的显著性检验与回归分析中偏回归系数的显著性检验是一致的。

——Jacques Tacq

(叶鹏飞译　高勇校)

参考文献

Blalock, H. M. (1972). *Social statistics*. Tokyo: McGraw-Hill Kogakusha.

Brownlee, K. (1965). *Statistical theory and methodology in science and engineering*. New York: John Wiley.

Colson, F. (1977). *Sociale indicatoren van enkele aspecten van bevolkingsgroei*. Doctoral dissertation, Katholieke Universiteit Leuven, Department of Sociology, Leuven.

Hays, W. L. (1972). *Statistics for the social sciences*. New York: Holt.

Tacq, J. J. A. (1997). *Multivariate analysis techniques in social science research: From problem to analysis*. London: Sage.

偏相关(Partial Correlation)

偏相关是两个变量在其他一个或多个变量的效应保持不变的条件下的一种相关。一个经常被引用的例子是:一个地区样本中鹳的数量与婴儿数量的相关性,当乡村化程度保持不变时,这种相关就消失了。这意味着在鹳的数量上有差别的地区,同样也存在出生率的差别,但这种共变完全是由于乡村化的不同。对于乡村化程度评分相等的地区,鹳和婴儿之间的这种关系应该就会消失。这种相关就被称为"虚假"相关。

相关系数不一定会因此变为零,而是可能发生方向上的变化,我们举一个偏相关的例子,即在控制学生的学习成绩(变量 X_2)之后,学生课外活动(变量 X_1)与学生声望(变量 Y)之间的相关性。为了说明偏相关的原理，我们给出一个虚拟的样本，五个学生三个变量的得分见表 1。

表 1

Y	X_1	X_2
1	0	4
3	1	4
2	3	1
6	6	2
4	8	0

为了计算偏相关系数，我们排除 X_2对 X_1和 Y 的影响，这样偏相关系数就变成了关于残差项 $X_1-\hat{X}_1$ 与 $Y-\hat{Y}$ 的简单零阶【Zero-Order】相关。这个原理主要有以下三步：

第一，进行 X_1在 X_2上的二元回归分析。计算出估计值 $\hat{X}_1$，且由 $X_1-\hat{X}_1$ 之差得到残差值，不受控制变量 X_2的干扰。

第二，进行 Y 在 X_2上的二元回归分析。计算出估计值 $\hat{Y}$，并得到残差 $Y-\hat{Y}$。

第三，$X_1-\hat{X}_1$ 与 $Y-\hat{Y}$ 是相关的。这两个残差间的零阶相关就是偏相关系数 $r_{y1\cdot2}$（即变量 Y 和 X_1在去除变量 X_2干扰后的零阶积矩相关系数）。

这个偏相关系数因为只控制了一个变量，所以是一个一阶系数。这个模型可以针对多个控制变量扩展到高阶【Higher-Order】偏相关。在三阶系数 $r_{y1\cdot234}$中，Y 与 X_1的偏相关系数是在控制变量 X_2，X_3 和 X_4 之后计算的，第一步不是一个二元回归分析而是一个 X_1 对 X_2，X_3和 X_4的多元回归分析，得到残差项 $X_1-\hat{X}_1$。第二步是 Y 对 X_2，X_3和 X_4 的多元回归分析，得到残差项 $Y-\hat{Y}$。然后 $X_1-\hat{X}_1$ 与 $Y-\hat{Y}$ 的零阶相关就是相关系数 $r_{y1\cdot234}$。

对于总体，我们用希腊字母代替拉丁字母。样本的相关系数是 $r_{y1\cdot2}$和 $r_{y1\cdot234}$，这样总体相关系数就可以写成 $p_{y1\cdot2}$和 $p_{y1\cdot234}$。

偏相关的计算

上述所有操作都汇集于表 2 中。

在这里我们可以看出，偏相关分析的原理不应该单纯地理解为当控制第三个因素时一种关系的消失。在这个案例中，Y 与 X_1 的原始相关是 $r_{y1}=0.75$，而偏相关是 $r_{y1\cdot2}=0.89$。所以，课外活动与学生声望之间的关系初看起来就很强烈，而当控制了学习成绩之后则变得更强。

表 2

第一步：$\hat{X}_1=7.14-1.61X_2$				第二步：$\hat{Y}=4.09-0.41X_2$			
X_1	X_2	$\hat{X}_1$	$X_1-\hat{X}_1$	Y	X_2	$\hat{Y}$	$Y-\hat{Y}$
0	4	0.70	−0.70	1	4	2.45	−1.45
1	4	0.70	0.30	3	4	2.45	0.55
3	1	5.53	−2.53	2	1	3.68	−1.68
6	2	3.92	2.08	6	2	3.27	2.73
8	0	7.14	0.86	4	0	4.09	−0.09
第三步：			$r_{(x_1-\hat{x}_1)(y-\hat{y})}$		=	$r_{y1\cdot2}=0.89$	

当控制 X_1 来计算 Y 与 X_2 的偏相关时(请读者练习),我们能清楚地看到这一原理的强烈反差。原始相关是 $r_{y2}=-0.38$,而偏相关是 $r_{y2\cdot1}=0.77$,这意味着结果已经改变。学习成绩与学生声望之间的最初关系是中等并且是负向的(成绩越好,名声越差),但对于课外活动处于相同水平的学生来说,二者关系则很强并且是正向的(成绩越好,名声越好)。这种相关与偏相关之间的巨大差别,原因是控制变量 X_1 与 X_2 和 Y 均有很强的关联($r_{12}=-0.86$,$r_{1y}=0.75$)。

偏相关系数的计算

容易推出,偏相关系数($r_{y1\cdot2}$)等于一个分数,分子是原始相关(r_{y1})与边缘关系乘积($r_{y2}r_{12}$)的差值,分母是原始变量 Y 和 X_1 不能被控制变量 X_2 解释的方差比例(即剩余方差 $1-r_{y2}^2$ 和 $1-r_{12}^2$)之乘积的几何均值(乘积开根号):

$$r_{y1\cdot2}=\frac{r_{y1}-r_{y2}r_{12}}{\sqrt{(1-r_{y2}^2)(1-r_{12}^2)}}$$

我们可以用很多方法得到这个公式。肯德尔和斯图尔特的矩阵符号方法(Kendall & Stuart,1969, pp. 317-318)和布朗利更详细的代数算记法(Brownlee,1965, pp. 429-430)中都有这个推导。肯德尔和斯图尔特(Kendall & Stuart,1969,pp.328-329)还成功地在矢量模型中用几何学推导出该公式,对于喜欢智力艺术的读者,我们诚挚地推荐这一方法。另一种计算 $r_{y1\cdot2}$ 公式的方式是路径分析【Path Analysis】。路径系数是标准化的偏回归系数,可以表示为零阶相关系数的函数,如下所示:

$$b_{y1\cdot2}^*=\frac{r_{y1}-r_{y2}r_{12}}{1-r_{12}^2}$$

当 X_1 为因变量,Y 为自变量时,则表示为:

$$b_{1y\cdot2}^*=\frac{r_{y1}-r_{y2}r_{12}}{1-r_{y2}^2}$$

正如零阶相关系数 r_{y1} 是两个回归系数 b_{y1} 和 b_{1y} 的几何均值,一阶偏相关系数 $r_{y1\cdot2}$ 是两个偏回归系数 $b_{y1\cdot2}$ 和 $b_{1y\cdot2}$(或表示为它们的标准化形式 $b_{y1\cdot2}^*$ 和 $b_{1y\cdot2}^*$)的几何均值,如下所示:

$$b_{y1\cdot2}^*b_{1y\cdot2}^*=\sqrt{\frac{(r_{y1}-r_{y2}r_{12})}{(1-r_{12}^2)}\frac{(r_{y1}-r_{y2}r_{12})}{(1-r_{y2}^2)}}$$
$$=\frac{r_{y1}-r_{y2}r_{12}}{\sqrt{(1-r_{12}^2)(1-r_{y2}^2)}}=r_{y1\cdot2}$$

该公式可扩展到高阶系数。例如,如果我们探索 X_1 与 Y 之间的关系,在控制变量 X_2 之外,再引入控制变量 X_3,那么我们可以先直接写出 $r_{y1\cdot2}$ 的公式,然后在公式中的每个零阶相关中加入控制变量 X_3。或者颠倒顺序,我们可以先写出 $r_{y1\cdot3}$ 的公式,然后在每一处添加控制变量 X_2:

$$r_{y1\cdot23}=\frac{r_{y1\cdot3}-r_{y2\cdot3}r_{12\cdot3}}{\sqrt{(1-r_{12\cdot3}^2)(1-r_{y2\cdot3}^2)}}$$
$$=\frac{r_{y1\cdot2}-r_{y3\cdot2}r_{13\cdot2}}{\sqrt{(1-r_{13\cdot2}^2)(1-r_{y3\cdot2}^2)}}$$

可以看出,二阶偏相关系数是一阶系数的一个函数。每一个高阶系数都可以通过这一方式(即根据它的低阶系数)写出。

显著性检验

偏相关系数和相应的偏回归系数的显著性检验是相同的。详细讨论参见回归分析【Regression Analysis】。

——Jacques Tacq

(叶鹏飞译　高勇校)

参考文献

Blalock, H. M. (1972). *Social statistics*. Tokyo: McGraw-Hill Kogakusha.

Brownlee, K. (1965). *Statistical theory and methodology in science and engineering*. New York: John Wiley.

Hays, W.L. (1972). *Statistics for the social sciences*. New York: Holt.

Kendall, M., & Stuart, A. (1969). *The advanced theory of statistics: Vol. 2. Inference and relationship*. London: Griffin.

Tacq, J. J. A. (1997). *Multivariate analysis techniques in social science research: From problem to analysis*. London: Sage.

偏最小二乘回归(Partial Least Squares Regression)

偏最小二乘(PLS)回归是根据并结合了主成分分析【Principal Components Analysis, PCA】和多元回归【Multiple Regression】的一项新的方法。当我们需要根据大量的自变量(即预测因子)来预测一系列的因变量时,这种方法是非常有效的。它起源于社会科学(特别是经济学;Wold, 1966),但首次在化学计量学(部分归功于沃尔德的儿子斯万特)(参见,如 Geladi & Kowalski, 1986)和感官评价(Martens & Naes, 1989)中得以大量使用。但是 PLS 回归也成了社会科学中实验和非实验数据的多元计算方法(如神经影像学;参见 McIntosh, Bookstein, Haxby, & Grady, 1996)。它最早是作为类似一种幂方法(用于计算特征向量)的算法提出来的,但很快得到一种统计框架下的解释(Frank & Friedman, 1993; Helland, 1990; Höskuldsson, 1988; Tenenhaus, 1998)。

先决条件的概念和符号

由 K 个因变量描述的 I 个样本被写成 $I\times K$ 矩阵记作 $\mathbf{Y}$,I 个样本的 J 个预测因子的值被汇集在 $I\times J$ 矩阵 $\mathbf{X}$ 中。

目标

PLS 回归的目标是从 $\mathbf{X}$ 中预测 $\mathbf{Y}$ 值,并描述它们共同的结构。当 $\mathbf{Y}$ 是一个向量,$\mathbf{X}$ 是满秩,这个目标可以通过最小二乘【Ordinary Least Squares】来完成。当预测因子的数量比观测样本的数量大时,$\mathbf{X}$ 可能是奇数的,回归方法就不再可行(原因是多重共线性【Multicollinearity】)。几种方法可以解决这一问题。一种方法是剔除一些预测因子(例如采用逐步【Stepwise】法);另一种方法称为主成分回归,是进行 $\mathbf{X}$ 矩阵上的主成分分析,然后将 $\mathbf{X}$ 的主成分作为 $\mathbf{Y}$ 的回归变量。

主成分的正交性消除了这些多重共线性的问题。但选择预测因子最佳子集的问题仍然存在。一种可能的策略是只保留前几个主成分。但它们是被选择用来解释 $\mathbf{X}$ 而不是 $\mathbf{Y}$,因此无法保证这些“解释”$\mathbf{X}$ 的主成分是与 $\mathbf{Y}$ 相关的。

相比之下,PLS 回归从 $\mathbf{X}$ 中发现那些同样与 $\mathbf{Y}$ 相关的成分。特别是 PLS 回归探寻一组成分[称为潜在向量(latent vectors)],这些成分同时分解 $\mathbf{X}$ 和 $\mathbf{Y}$ 的约束,能够尽可能地解释 $\mathbf{X}$ 与 $\mathbf{Y}$ 之间的协方差。这一步骤推广了 PCA。其后紧接着一个回归过程,

用 **X** 的分解来预测 **Y**。

预测因子和因变量的同时分解

PLS 回归将 **X** 和 **Y** 分解为同一组正交因子与其特定载荷的乘积。所以,自变量分解为 $\mathbf{X}=\mathbf{T}\mathbf{P}^{\mathrm{T}}$,其中 $\mathbf{T}^{\mathrm{T}}\mathbf{T}=\mathbf{I}$,**I** 是单位矩阵(在该方法的某些衍生方法中,**T** 不需要具有单位范数)。以此类推,对于 PCA,**T** 称为得分矩阵,**P** 为载荷矩阵(在 PLS 回归中,载荷不是正交的)。同样,**Y** 被估计为 $\hat{\mathbf{Y}}=\mathbf{T}\mathbf{B}\mathbf{C}^{\mathrm{T}}$,其中 **B** 是一个"回归权重"为对角元素的对角矩阵(更多权重的细节请见下文)。**T** 的列是潜在向量。当其数量等于 **X** 的秩时,它们进行的是对 **X** 的精确分解。需要注意的是,它们仅仅是估计 **Y**(即一般来讲,$\hat{\mathbf{Y}}$ 不等于 **Y**)。

PLS 回归和协方差

潜在向量的选择方法有很多。实际上,在先前的公式中,任何一组能够生成 **X** 列空间的正交向量都可被用来充当 **Y**。为了得到 **T**,还需要其他条件。对 PLS 回归,这相当于寻找到两组权重 **w** 和 **c** 来建立(分别)**X** 和 **Y** 列的线性组合,使它们的协方差最大。具体地说,目标是要在约束条件 $\mathbf{w}^{\mathrm{T}}\mathbf{w}=1$,$\mathbf{t}^{\mathrm{T}}\mathbf{t}=1$ 和 $\mathbf{t}^{\mathrm{T}}\mathbf{u}$ 最大的情况下,获得第一对向量 $\mathbf{t}=\mathbf{X}\mathbf{w}$ 和 $\mathbf{u}=\mathbf{Y}\mathbf{c}$。当找到第一个潜在向量时,它被同时从 **X** 和 **Y** 中剥离出来(这保证了潜在向量的正交性),并且该过程一直持续到 **X** 变成一个零矩阵(细节请见算法部分)。

一种 PLS 回归的算法

PLS 回归的性质可以从原来的算法中得到。第一步是建立两个矩阵:$\mathbf{E}=\mathbf{X}$ 和 $\mathbf{F}=\mathbf{Y}$。然后将这两个矩阵进行列中心化和标准化(即转化为 *Z* 分数)。这些矩阵的平方和表示为 SS_{X} 和 SS_{Y}。在开始迭代处理之前,向量 **u** 用随机值进行初始化(在下文中,符号 ∝ 表示"对运算结果进行标准化")。

第一步:$\mathbf{w}\propto\mathbf{E}^{\mathrm{T}}\mathbf{u}$(估计 **X** 权重);

第二步:$\mathbf{t}\propto\mathbf{E}\mathbf{w}$(估计 **X** 因子得分);

第三步:$\mathbf{c}\propto\mathbf{F}^{\mathrm{T}}\mathbf{t}$(估计 **Y** 权重);

第四步:$\mathbf{u}=\mathbf{F}\mathbf{c}$(估计 **Y** 得分)。

如果 **t** 不收敛,就转到第一步;如果 **t** 收敛,则计算 *b* 值,$b=\mathbf{t}^{\mathrm{T}}\mathbf{u}$,用于通过 **t** 预测 **Y** 值,并计算 **X** 上的因子载荷 $\mathbf{p}=\mathbf{E}^{\mathrm{T}}\mathbf{t}$。接着将 **t** 的效应从 **E** 和 **F** 中剥离出来:$\mathbf{E}=\mathbf{E}-\mathbf{t}\mathbf{p}^{\mathrm{T}}$ 和 $\mathbf{F}=\mathbf{F}-b\mathbf{t}\mathbf{c}^{\mathrm{T}}$。然后将向量 **t**,**u**,**w**,**c** 和 **p** 存放到相应的矩阵,标量 *b* 存储为 **B** 的对角元素。被潜在向量解释的 **X**(或者对于 **Y**)的平方和计算为 $\mathbf{p}^{\mathrm{T}}\mathbf{p}$(对应 *Y* 的 b^2),解释的方差比例则通过解释的方差除以相应的总平方和(即 SS_{X} 和 SS_{Y})来计算。

如果 **E** 是一个零矩阵,那么就找到了整个潜在向量的集合;否则,从步骤 1 重新开始计算过程。

PLS 回归和离群值分解

上述迭代算法与幂方法相似,也用来寻找特征向量。所以 PLS 回归与特征值和离群值分解密切相关。例如,如果我们从步骤 1 开始,计算 $\mathbf{w}\propto\mathbf{E}^{\mathrm{T}}\mathbf{u}$,反复替换最右边的项,我们可以得到一连串等式:$\mathbf{w}\propto\mathbf{E}^{\mathrm{T}}\mathbf{u}\propto\mathbf{E}^{\mathrm{T}}\mathbf{F}\mathbf{c}\propto\mathbf{E}^{\mathrm{T}}\mathbf{F}\mathbf{F}^{\mathrm{T}}\mathbf{t}\propto\mathbf{E}^{\mathrm{T}}\mathbf{F}\mathbf{F}^{\mathrm{T}}\mathbf{E}\mathbf{w}$。这表明第一权重向量 **w** 是矩阵 $\mathbf{X}^{\mathrm{T}}\mathbf{Y}$ 的第一右奇异向量。同样的,第一权重向量 **c** 是矩阵 $\mathbf{X}^{\mathrm{T}}\mathbf{Y}$ 的第一左奇异向量。同理可以得到,第一向量 **t** 和 **u** 是 $\mathbf{X}\mathbf{X}^{\mathrm{T}}\mathbf{Y}\mathbf{Y}^{\mathrm{T}}$ 和 $\mathbf{Y}\mathbf{Y}^{\mathrm{T}}\mathbf{X}\mathbf{X}^{\mathrm{T}}$ 的第一特征向量。

因变量的预测

因变量使用多元回归方程进行预测:$\hat{\mathbf{Y}}=\mathbf{T}\mathbf{B}\mathbf{C}^{\mathrm{T}}=\mathbf{X}\mathbf{B}_{\mathrm{PLS}}$,其中 $\mathbf{B}_{\mathrm{PLS}}=(\mathbf{P}^{\mathrm{T}+})\mathbf{B}\mathbf{C}^{\mathrm{T}}$

(P^{T+}是 P^{T}的 Moore-Penrose 伪逆)。如果使用了所有 **X** 的潜在变量,该回归等价于主成分回归。当仅仅使用了潜在变量的一个子集时,这个特定数量的预测因子对 **Y** 的预测是最佳的。

一个明显的问题是,找到能使新观察值的预测实现最佳一般化所需要的潜在变量个数。这通常可以通过交叉验证方法(如自举法【Bootstrapping】)来实现。

潜在变量的解释通常通过绘图来进行,这种图类似于 PCA 表(即将观察值绘制在 $\mathbf{t}_1\times \mathbf{t}_2$的空间中)。

一个实例

我们想预测对一组五瓶葡萄酒的主观评价。要预测的因变量是每种酒的受欢迎程度,以及它搭配肉类与甜点的口感(由一个专家小组认定),见表 1。预测因子是每一种酒的价格、糖含量、酒精度和酒的酸度,见表 2。

表 1　因变量的 Y 矩阵

酒	受欢迎度	与肉类搭配	与甜点搭配
1	14	7	8
2	10	7	6
3	8	5	5
4	2	4	7
5	6	2	4

表 2　预测因子的 X 矩阵

酒	价 格	糖含量	酒精度	酸 度
1	7	7	13	7
2	4	3	14	7
3	10	5	12	5
4	16	7	11	3
5	13	3	10	3

PLS 回归建立的不同矩阵见表 3 至表 11。从表 11 中我们可以看出两个潜在向量解释了 **X** 的 98%的方差和 **Y** 的 85%的方差。这表示最终方案是保留这两个维度。二维回归系数(即 $\mathbf{B}_{PLS}$,见表 8)的检查,表明糖含量主要影响如何选择甜点酒,而价格与酒的受欢迎程度呈现负相关(至少在这个例子中是这样的)。潜在向量显示,$\mathbf{t}_1$ 表示的是价格,$\mathbf{t}_2$反映的是糖含量。

表 3　矩阵 T

酒	$\mathbf{t}_1$	$\mathbf{t}_2$	$\mathbf{t}_3$
1	0.453 8	−0.466 2	0.571 6
2	0.539 9	0.494 0	−0.463 1
3	0	0	0
4	−0.430 4	−0.532 7	−0.530 1
5	−0.563 3	0.504 9	0.421 7

表 4　矩阵 U

	$\mathbf{u}_1$	$\mathbf{u}_2$	$\mathbf{u}_3$
1	1.945 1	−0.761 1	0.619 1
2	0.934 7	0.530 5	−0.538 8
3	−0.232 7	0.608 4	0.082 3
4	−0.915 8	−1.157 5	−0.613 9
5	−1.731 3	0.779 7	0.451 3

表 5　矩阵 P

	$\mathbf{p}_1$	$\mathbf{p}_2$	$\mathbf{p}_3$
价格	−1.870 6	−0.684 5	−0.179 6

续表

	$\mathbf{p}_1$	$\mathbf{p}_2$	$\mathbf{p}_3$
糖度	0.046 8	−1.997 7	0.082 9
酒精度	1.954 7	0.028 3	−0.422 4
酸度	1.987 4	0.055 6	0.217 0

表 6　矩阵 W

	$\mathbf{w}_1$	$\mathbf{w}_2$	$\mathbf{w}_3$
价格	−0.513 7	−0.337 9	−0.349 2
糖度	0.201 0	−0.940 0	0.161 2
酒精度	0.570 5	−0.018 8	−0.821 1
酸度	0.608 5	0.042 9	0.421 8

表 7　当三个潜在向量被使用时的矩阵 $\mathbf{B}_{PLS}$

	受欢迎度	与肉类搭配	与甜点搭配
价格	−1.060 7	−0.074 5	0.125 0
糖度	0.335 4	0.259 3	0.751 0
酒精度	−1.414 2	0.745 4	0.500 0
酸度	1.229 8	0.165 0	0.118 6

表 8　当两个潜在向量被使用时的矩阵 $\mathbf{B}_{PLS}$

	受欢迎度	与肉类搭配	与甜点搭配
价格	−0.266 2	−0.249 8	0.012 1
糖度	0.061 6	0.319 7	0.790 0
酒精度	0.296 9	0.367 9	0.256 8
酸度	0.301 1	0.369 9	0.250 6

表 9　矩阵 C

	$\mathbf{c}_1$	$\mathbf{c}_2$	$\mathbf{c}_3$
受欢迎度	0.609 3	0.051 8	0.967 2
与肉类搭配	0.702 4	−0.268 4	−0.218 1
与甜点搭配	0.368 0	−0.961 9	−0.130 1

表 10　向量 b

$\mathbf{b}_1$	$\mathbf{b}_2$	$\mathbf{b}_3$
2.756 8	1.627 2	1.119 1

表 11　用潜在向量解释的 X 与 Y 的方差

潜在向量	解释 **X** 方差的%	解释 **X** 方差的累积%	解释 **Y** 方差的%	解释 **Y** 方差的累积%
1	70	70	63	63
2	28	98	22	85
3	2	100	10	95

与其他方法的关系

PLS 回归明显与典型相关【Canonical Correlation】和多元因子分析【Factor Analysis】有关(Escofier & Pagès, 1988)。特嫩豪斯(Tenenhaus,1998)、帕热斯和特嫩豪斯(Pagès & Tenenhaus,2001)详细探讨了这些关系。PLS 回归的主要创造性在于保留了预测因子和因变量之间关系的不对称性，而其他方法将其看作是对称的。

软件

PLS 回归需要复杂的计算，它的应用依赖于可利用的软件。在化学中有两个主要软件:第一个叫 SIMCA-P,是由沃尔德最初开发的;第二个叫 UNSCRAMBLER,是由马滕斯首先开发的,他是这个领域的另一位先驱人物。在脑成像领域,SPM 是应用最广泛的软件之一,最近(2002)集成了 PLS 回归模块。这些领域之外,SAS PROC PLS 可能是最容易获得的程序。另外,感兴趣的读者可以从作者主页下载一组 MATLAB 程序。公共版的 MATLAB 程序及其教程和案例,可以从 N-Way 项目的主页获得。最后,EIGENRESEARCH 公司也开发了商用 MATLAB 程序包。

——Hervé Abdi

(叶鹏飞译　高勇校)

参考文献

Escofier, B., & Pagès, J. (1988). *Analyses factorielles multiples* [Multiple factor analyses]. Paris: Dunod.

Frank, I. E., & Friedman, J. H. (1993). A statistical view of chemometrics regression tools. *Technometrics*, *35*, 109-148.

Geladi, P., & Kowalski, B. (1986). Partial least square regression: A tutorial. *Analytica Chemica Acta*, *35*, 1-17.

Helland, I. S. (1990). PLS regression and statistical models. *Scandinavian Journal of Statistics*, *17*, 97-114.

Höskuldsson, A. (1988). PLS regression methods. *Journal of Chemometrics*, *2*, 211-228.

Martens, H., & Naes, T. (1989). *Multivariate calibration*. London: Wiley.

McIntosh, A. R., Bookstein, F. L., Haxby, J. V., & Grady, C. L. (1996). Spatial pattern analysis of functional brain images using partial least squares. *Neuroimage*, *3*, 143-157.

Pagès, J., & Tenenhaus, M. (2001). Multiple factor analysis combined with PLS path modeling: Application to the analysis of relationships between physicochemical variables, sensory profiles and hedonic judgments. *Chemometrics and Intelligent Laboratory Systems*, *58*, 261-273.

Tenenhaus, M. (1998). *La régression PLS* [PLS regression]. Paris: Technip.

Wold, H. (1966). Estimation of principal components and related models by iterative least squares. In P. R. Krishnaiaah (Ed.), *Multivariate analysis* (pp. 391-420). New York: Academic Press.

偏回归系数(Partial Regression Coefficient)

偏回归系数,又称回归系数【Regression Coefficient】、回归权重、偏回归权重、斜率系数或偏斜率系数。它用于多元线性回归(MLR)分析中,是当一个自变量【Independent Variable】增加一个单位,同时其他自变量保持不变时,因变量【Dependent Variable】所增加的量。此系数之所以被称为偏系数,是因为它的数值通常取决于其他自变量。特别是一个自变量的偏系数的数值变化,取决于回归方程式中其他自变量。

多元回归框架

多元线性回归的目的,是从 N 个题目收集的测量值中,通过一组 K 个自变量 $\{X_1, \cdots, X_k, \cdots, X_K\}$ 来预测【Predict】因变量 Y 的值。我们用 $\mathbf{X}$ 表示 $N\times(K+1)$ 增强矩阵【Matrix】,收集自变量数据(此矩阵之所以被称为增强,是因为第一列仅仅由 1 组成),同时用 $\mathbf{y}$ 表示因变量的 $N\times1$ 观察向量

(图 1)：

$$\mathbf{X}=\begin{pmatrix} 1 & x_{11} & \cdots & x_{1k} & \cdots & x_{1K} \\ \vdots & \vdots & & \vdots & & \vdots \\ 1 & x_{n1} & \cdots & x_{nk} & \cdots & x_{nK} \\ \vdots & \vdots & & \vdots & & \vdots \\ 1 & x_{N1} & \cdots & x_{Nk} & \cdots & x_{NK} \end{pmatrix}$$

$$\mathbf{y}=\begin{pmatrix} y_1 \\ \vdots \\ y_n \\ \vdots \\ y_N \end{pmatrix}$$

图 1 X 和 y 矩阵的结构

多元回归有一系列偏回归系数 b_k，这样，因变量就能够尽可能地接近自变量的线性组合(b_k成为组合的权重)。因此，因变量的预测值 $\hat{Y}$ 的获得方式为：

$$\hat{Y}=b_0+b_1X_1+b_2X_2+\cdots+b_kX_k+\cdots+b_KX_K \quad (1)$$

偏回归系数的数值计算采用最小二乘【Ordinary Least Squares，OLS】。通常比较方便地用矩阵符号来表示 MLR 等式。在这个框架中，因变量的预测值 $\hat{Y}$ 被收集在向量 $\hat{y}$ 中，并且通过 MLR 得到：

$$\hat{\mathbf{y}}=\mathbf{Xb},\mathbf{b}=(\mathbf{X}^{\mathrm{T}}\mathbf{X})^{-1}\mathbf{X}^{\mathrm{T}}\mathbf{y} \quad (2)$$

预测值的质量是采用多元相关系数的平方 $R^2_{Y,1,\cdots,k,\cdots,K}$ 来进行评估的，即因变量(Y)和预测的因变量($\hat{Y}$)之间相关系数的平方。每个自变量对回归方程的贡献是通过与每个自变量有关的偏相关系数进行评估的。与偏回归系数密切联系，这一系数与在包含其他所有自变量后，在回归方程中加入此变量所获得的解释方差的增加量是一致的。

偏回归系数和回归系数

当自变量两两正交时，每一个自变量在回归中的效应是通过计算自变量和因变量之间的回归斜率来估算的。在这种情况下(也就是自变量之间的正交性)，偏回归系数等同于回归系数。在所有其他情况下，回归系数将不同于偏回归系数。

表 1 一组数据：从 X_1和 X_2来预测 Y

Y(记忆广度)	14	23	30	50	39	67
X_1(年龄)	4	4	7	7	10	10
X_2(语速)	1	2	2	4	3	6

资料来源：Abdi, Dowling, Valentin, Edelman, & Posamentier (2002).

注：Y 是一个儿童短时间内能够记住的数字数量(“记忆广度”)，X_1 是儿童的年龄，X_2 是儿童的语速(在规定时间内该儿童能够拼读多少单词)。6 个儿童参加测试。

例如，考虑表 1 给出的数据，通过自变量 X_1 和 X_2预测因变量 Y。在这个案例中，Y 是一个儿童的记忆广度(即一个孩子在短时间记忆的任务中能记住的单词数量)，我们希望通过儿童的年龄(X_1) 和语速(X_2)来进行预测。预测方程[采用方程(2)]为 $\hat{Y}=1.67+X_1+9.50X_2$，其中 b_1 等于 1，b_2 等于 9.50。这意味着儿童记忆广度的增加，是每年一个单词和每拼读一个额外单词就增加 9.50个单词(即他们说得越快，能记忆的单词也就越多)。

这个数据集的多元线性回归分析产生了一个多元相关系数的平方 $R^2_{Y\cdot1,2}=0.986\,6$。X_1 和 X_2之间的相关系数为 $r_{1,2}=0.750\,0$，X_1 和 Y 之间的相关系数为 $r_{Y,1}=0.802\,8$，X_2 和 Y 之间的相关系数 $r_{Y,2}=0.989\,0$，X_1和 Y 之间偏回归系数的平方计算为 $r^2_{Y\cdot1|2}=R^2_{Y\cdot12}-r^2_{Y,2}=0.986\,6-0.989\,0^2=0.008\,5$；同样的，$r^2_{Y\cdot2|1}=R^2_{Y\cdot12}-r^2_{Y,1}=$

$0.9866-0.8028^2=0.3421$。

偏回归系数的 F 和 t 检验

偏回归系数为 0 的虚无假设【Null Hypothesis】可以使用标准的 F 检验【F Test】,它原是用来检验相应的偏相关系数为 0 的虚无假设。这个 F 检验的自由度为 $\nu_1=1,\nu_2=N-K-1$(N 为观察的数量,K 为预测因子的数量)。因为自由度 ν_1 等于 1,F 的平方根给出一个学生 t 检验。F 的计算最好用一个例子描述,在我们的案例中,变量 X_1 的 F 值公式如下:

$$
\begin{aligned}
F_{Y\cdot 1,2}&=\frac{r^2_{Y\cdot 1|2}}{1-R^2_{Y\cdot 1,2}}\times df_{\text{回归}}\\
&=\frac{r^2_{Y\cdot 1|2}}{1-R^2_{Y\cdot 1,2}}\times(N-K-1)\\
&=\frac{0.0085}{1-0.9866}\times 3\\
&=1.91
\end{aligned}
$$

对于给定的显著性水平 0.05,当自由度 $\nu_1=1,\nu_2=N-K-1=3$ 时,F 值小于临界值 10.13。因此,b_1(以及 $r^2_{Y\cdot 1|2}$)不能被认为不等于 0。

标准误和置信区间

偏回归系数的标准误【Standard Error】对置信区间【Confidence Interval】的计算以及对实施其他统计检验是有用的。系数 b_k 的标准误表示为 S_{b_k}。它可以直接通过 F 值计算,$S_{b_k}=b_k\times\sqrt{1/F_k}$,其中 F_k 是 b_k 的 F 检验值。例如,我们得到第一个变量的值:$S_{b_k}=1\times\sqrt{1/1.91}=0.72$。

b_j 的置信区间为 $b_k\pm S_{b_k}\sqrt{F_{\text{临界值}}}$,$F_{\text{临界值}}$ 是 F 检验的临界值。例如,b_1 的置信区间等于 $1\pm0.72\times\sqrt{10.13}=1\pm2.29$,因此 b_1 的 95% 置信区间是从 $-1.29\sim+3.29$。这个区间包含了 0 值,也表示不能拒绝虚无假设。

β 权重和偏回归系数

这里有一些困惑,因为根据此文,β 是通过 b 值来估计的参数,然而在其他文章中,β 是当回归中所有变量以 Z 得分(Z-scores)形式表示时得到的回归权重。在后一种情况中,β 被称为标准化偏回归系数或 β 权重。这些权重有一个优势,就是一个自变量的权重与另一个自变量的权重是可以相互比较的,原因是测量单位的影响已经被排除。β 权重可以很容易地用 b 计算出来,$\beta_k=\frac{S_k}{S_y}b_k$($S_k$ 为第 k 个自变量的标准偏差,S_y 为因变量的标准偏差)。

——Hervé Abdi

(叶鹏飞译　高勇校)

参考文献

Abdi, H., Dowling, W. J., Valentin, D., Edelman, B., & Posamentier, M. (2002). *Experimental design and research methods.* Unpublished manuscript, University of Texas at Dallas, Program in Cognition and Neuroscience.

Cohen, J., & Cohen, P. (1984). *Applied multiple regression/correlation analysis for the behavioral sciences* (2nd ed.). Hillsdale, NJ: Lawrence Erlbaum.

Darlington, R. B. (1990). *Regression and linear models.* New York: McGraw-Hill.

Draper, N. R., & Smith, H. (1998). *Applied regression analysis.* New York: John Wiley.

Pedhazur, E. J. (1997). *Multiple regression in behavioral research* (3rd ed.). New York: Wadsworth.

参与观察(Participant Observation)

参与观察是这样一种资料搜集方法,研究者在一个持续性的区域社会生活中通过参与来观察它。研究者之前可能是也可能不是这个被研究的社会环境的自然成员。参与者常用的经典形式是成为一个小规模面对面团体中相对长期的成员,但是也可能延伸到匿名加入某个群体。因此,参与者和非参与者之间的分界线并不明显。雷蒙德·戈尔德(Gold,1969)对于几种可能的田野角色的区分——从完全的参与者到作为观察者的参与者/作为参与者的观察者/完全的观察者——已经广泛地被用来说明可能的范围。参与观察者的实际行为可以变化很大,有时可能会选择对他们各自合适的相互分离的方法,比如非结构访谈【Unstructured Interview】、对物理环境特征的观察或书面材料的收集。

将参与观察归类为定性方法已经成为惯例,但是它的数据有时候是可以量化的,尽管所观察环境经常会为标准化材料的收集带来困难。同样,它通常假设观察者不会去检验假设,而是以开放的态度进入田野去观察生活的面貌。这种数据收集模式并不妨碍假设的检验,但是如果对某一情境及其中成员的意义不能足够熟悉,就无法建立适当的假设。参与观察通常用于研究工作环境中的团队、小型社区中的非正式组群或朋友群体的社会生活等;这些都是可以发展面对面互动的情境,而且单独一个研究者或一个小型工作团队容易接近并确立角色。然而,举例来说,参与式观察也用于研究足球爱好者、右翼政治团体和学校。这种方法不太适合大规模总体的研究或预设变量之间因果关系的代表性数据的收集;运用的是个案研究【Case Study】的逻辑而不是随机样本【Random Sampling】。

历史

"参与观察"的实践历史需要与这一术语的使用历史和它在现代意义上的应用区分开来。在该术语出现之前,甚至远在社会科学成为一个学术领域之前,观察者就通过个人参与来报告他们的发现。1924 年,该术语第一次在社会学的文献中使用,用于说明那些参加会议并向调查者陈述情况的被调查者的作用(第一次世界大战期间在特罗布里恩群岛[Trobriand islands]上,马林诺夫斯基创造了这种形式,运用在社会人类学的田野工作中,尽管人类学和社会学的传统在很大程度上是独立的)。1920 年代和 1930 年代在芝加哥大学由罗伯特·帕克领导进行的大量工作,通常被认为是社会学中第一个现代意义上的参与观察范例,尽管他们当时并不这样称呼它。在这些作品中,一些是帕克鼓励他的学生详细记载过去的经验,一些是在他们的日常生活中自然产生,而不是为了研究目的写作的。这些研究利用了多种资料,并没有认为参与才是理解意义的最佳途径。只是在第二次世界大战以后,再次由芝加哥和那里的学者如霍华德·贝克尔带领,相关的方法论著作取得很大发展。贝克尔关注参与观察,将其作为一种主要的数据收集模式。这些著作中提供的理解现实社会行为及其意义的直接移情法,与最近占支配地位的问卷调查形成对比,并且它的资料看上去比那些仅仅描述行为的标准化问题的答案更优越。

现实与伦理问题

参与观察的使用在研究中产生了一些特殊的实践和伦理问题。参与需要获得进入研究场所的方式。与看门人协商,可以解决公开研究中的进入问题。但是与其他资料收集方法相比,研究者在参与观察中要更多依赖于他们的个人特征;男性和女性,或者黑人和白人研究者,并不拥有相同的进入机会,尽管这种传统的边界有时会被超越。隐蔽性地进行研究可以解决进入问题,却提出了严重的伦理问题,此外还可能引发研究者的持续焦虑;然而,还有一些不能公开进行的重要工作是隐蔽性地完成的。即使当参与观察是公开进行时,一旦研究者成为一个朋友,研究对象也会忘记他们之间的互动将被收集为资料;随后造成的观察者困境是,持续地重申知情同意,会破坏关系的自然性并因此损害到资料收集。这是两个更广泛问题的一部分:如何心平气和地为了研究目的运用自我而没有土著化【Going Native】;以及如何处理这一现实,即在某种程度上,研究者的存在必然会改变研究的情境。抽样问题本身很少会在参与观察中提及,但是要避免过度依赖于某个没有代表性的知情人,同时也要注意在不同时间和地点去观察研究对象互动的各个侧面。记录资料的工作必须在观察完成后及时完成;可以每天晚上通过回忆补写笔记,也可以频繁地去卫生间做笔记,或者使用袖珍计数装置。这些方法的合适程度,取决于当时的社会情境以及寻求的资料性质。

举例

该方法有三个著名的范例,分别是威廉·怀特(Whyte,1943/1955)的《街角社会》(*Street Corner Society*),霍华德·贝克尔、埃弗里特·休斯和安塞尔姆·斯特劳斯(Hughes & Strause, 1961)的《白衣男孩》(*Boys in White*, Becker),以及劳德·汉弗莱斯(Humphreys,1970)的《茶室交易》(*Tearoom Trade*)。怀特对波士顿一个街头帮派的研究非常吸引人,而且因为在后来版本中增加的详细方法附录而更加重要,这促进了此类工作中涉及的实践议题的讨论。《白衣男孩》是一项关于医科学生的研究,其观察和分析方法极其系统,写得也很清晰有条理。《茶室交易》因其在公共卫生间对同性恋行为的观察而声名狼藉,引发伦理问题的是汉弗莱斯识别同性恋参与者的间接方法。

——Jennifer Platt

(叶鹏飞译　高勇校)

参考文献

Becker, H. S., Hughes, E. C., & Strauss, A. L. (1961). *Boys in white*. Chicago: University of Chicago Press.

Gold, R. L. (1969). Roles in sociological field observations. In G. J. McCall & J. L. Simmons (Eds.), *Issues in participant observation* (pp. 30-38). Reading, MA: Addison-Wesley.

Humphreys, L. (1970). *Tearoom trade*. Chicago: Aldine.

Whyte, W. F. (1955). *Street corner society*. Chicago: University of Chicago Press. (Original work published in 1943.)

参与行动研究(Participatory Action Research)

参与行动研究(PAR)涉及地方社区、组织或联盟(在解决直接影响它们的问题中具有合法个人利益)与作为促进者的外部专家之间的合作。他们一起定义问题,学习如何研究它,设计研究方案,分析研究成果,以及设计和实施必要的行动。参与行动研究基于一种信念,相信地方知识的重要性以及所有社会环境中的人们都有能力为了自身的利益采取行动,以使他们生活的环境民主化。

参与行动研究的关键要素包括这些信念:研究的目的是要通过增强人们规划自身未来发展的能力促进民主化的社会变革;内部-外部合作既是可能的也是值得期望的;地方知识对于任何社会变革项目的成功都是必不可少的,以及权力失衡如果不能在某种程度上得到改善,就不会有重大意义的事件发生。参与行动研究还旨在增强地方利益相关者的能力,以便独立承担更多的改革项目,而不是依赖外部专家。

很多思想立场和方法论实践都与参与行动研究有关。有些实践者信奉外部领导的强硬模式,甚至包括挑衅。其他人则认为,如果给予一个受到良好保护的工作空间,人们可以有效地自我组织起来。有些人把激进的社会变革视为参与行动研究的典型特征,但另一些人则认为,任何能够增进福祉、可持续性或公平的变革都是足够的。

参与行动研究的术语众多且复杂。各种各样的行动主义研究彼此之间都存在一些联系(更多内容参见行动研究【Action Research】的词条)。其中包括行为研究、行为科学、行为学习、协同探究、扎根理论【Grounded Theory】的方法论传统以及一般系统理论。这些方法在运用的学科背景上存在较大不同(教育、社会学、社会运动分析、应用人类学、心理学、社会工作)。它们在好成果的定义上存在不同,对变革过程中外部专家作用大小的期望也有所不同。

参与行动研究长期与学术规范和通常的学院派之间关系不和。参与行动研究拒绝思想和行动的分离,而其他学院派的社会科学和人文学科则依赖于这种分离,参与行动研究还从根本上质疑客观性、控制、距离和质量控制等概念。

参与行动研究应用于很多不同的情境——社区、组织、商业单位、志愿者联盟等,因此,单一的案例都无法公正地处理该方法的多样性。启动一个项目有多种方式:被邀请作为一个团体或联盟的外部顾问;成为一个针对特定议题的专题组织成员;被邀请与社区伙伴一起工作;等等。一个项目如何启动非常重要,但是最重要的却不是如何开始,而是它发展出的民主化过程的质量——它的开放性、灵活性与民主目标的一致性。尽管大不相同,在我自己的研究中,有一个简明的例子会有助于阐明这些项目是如何开始和发展的。

在西班牙中南部的一个小镇里,农业经济已变得越来越脆弱。有 300 多个男性每天离开小镇,去马德里从事建筑业工作,数百名女性从事计件缝纫工作。这是一个拥有阶级冲突历史的高度分层的社区,但这座小镇面临着大部分年轻人向其他城市的流失,一些因素影响了这个极其重视家庭关系的社会当中所有的阶层。为解决这个问题,我们召集了一个包括市政官员、公立和私立学校的教师在内的计划小组,筹备召开一个

40 人的行动研究研讨会,这些人是从所有的年龄段、阶层、性别和意识形态中挑选出来的。这个两天的活动,对于社区的历史、理想的未来和可能的未来达成了共识;提出了改善年轻人未来前景的计划;以及创建了志愿行动团队以解决不同的问题。此后几个月该团队聚集在一起精心策划,寻找资源,通过电子邮件与外部促进者联系,与他们一起采取行动,且每 3 个月都亲自参加会议。

拥有完全不同的社会地位、财富和意识形态的人们一起合作的能力经验,每一个都构成了“一块拼图”,是对项目的持久性贡献。一些小的行动项目非常成功,但也有一些失败了。现在,那些从初始行动中获得的要素和过程,都已合并到创建人文博物馆、市民中心的公众倡议以及促进旅游业发展的努力中。

——Davydd J. Greenwood
(叶鹏飞译 高勇校)

参考文献

Fals-Borda, O., & Anisur Rahman, M. (Eds.). (1991). *Action and knowledge: Breaking the monopoly with participatory action-research.* New York: Apex.

Greenwood, D., & Levin, M. (1998). *Introduction to action research: Social research for social change.* Thousand Oaks, CA: Sage.

Horton, M., & Freire, P. (2000). *We make the road by walking* (Bell, B., Gaventa, J., & Peters, J., Eds.). Philadelphia: Temple University Press.

Reason, R., & Bradbury, H. (Eds.). (2001). *The handbook of action research.* London: Sage.

Whyte, W. F. (Ed.). (1991). *Participatory action research.* Newbury Park, CA: Sage.

参与性评估(Participatory Evaluation)

参与性评估是一类项目评估方法,它会积极地将项目工作人员和参与者纳入评估研究的计划和执行中。参与的程度在一个连续体上变动,从分担评估问题和行动的责任,包括数据收集和分析,到完全控制评估过程及其结果,这里评估者充当一名辅导者的角色,以确保工作的质量。一个相关的术语是合作性评估(collaborative evaluation),它是参与性评估的一种形式,近于连续体的中心位置;项目参与者承担一种积极的角色,如在设计问题和数据收集工作中,但是项目评估者在这个过程中保持伙伴角色而不是一名辅导者。

所有形式的参与性评估共有的特征是,项目参与者有目的和明确地参与到评估过程中,在一个项目或当地组织或更广泛的社会中引起变化。如果没有专业评估者的协助,很多人也会寻求建立起一个组织或团体从事额外评估的能力。韦弗和卡曾斯(Weaver & Cousins, 2001)提供了分析参与性评估研究的五个维度:利益相关者控制评估决策的程度,挑选参与讨论的个人的多样性,参与者的权力关系,研究能够实施的容易度,以及人们的参与深度。

参与性评估的起源反映了该术语的一般性质,其根源来自世界各地的不同传统。根据卡曾斯和惠特莫尔(Cousins & Whitmore, 1998)的著作,理论家在两类方法之间进行了区分:实践的参与性评估(P-PE)和变化的参与性评估(T-PE)。实践的参与性评估是由这样的方法发展而来的,即通过将项目工作人员和参与者纳入评估过程,寻求强化评估结果的所有权和使用权。迈克尔·奎因·巴顿(Patton,1997)聚焦于应用的评估,突出了“个人因素”的重要性(也就是说,联系那些对评估感兴趣的个人,并向他们提供有用的信息)。组织发展和组织学习指出了不断的循环过程对于提问、收集和分析数据、思考数据以及作出适当改变所具有的价值。在 P-PE 中,评估者能够提供对评估过程的领导,因为他们让其他人参与进来并对其进行指导。

相比之下,在 T-PE 中,项目参与者(至少在理论上)成为评估工作的领导者,通过公民赋权来支持社会变革和社会正义。P-PE 可通过使项目更具作用或更有效率来改善现状(例如,在心理健康项目中改善服务提供),而 T-PE 是一个过程,力求使被剥夺公民权者和受压迫者的生活世界变得更好(例如,减少一个发展中国家农村社区中的贫困)。这一类型包括了过去 50 年间发展起来的众多以公民为基础的评估和研究方法,如包括参与行动研究、参与性农村评价(更名为参与式学习和行动)、参与性监测与评估,以及最近的强能评估。

——Jean A. King

(叶鹏飞译 高勇校)

参考文献

Cousins, J. B. (2003). Utilization effects of participatory evaluation. In T. Kellaghan, D. L. Stufflebeam, & L. A. Wingate (Eds.), *International handbook of educational evaluation* (pp. 245-266). Dordrecht, The Netherlands: Kluwer Academic.

Cousins, J. B., & Whitmore, E. (1998). Framing participatory evaluation. *New Directions in Evaluation*, *80*, 5-23.

King, J. A. (1998). Making sense of participatory evaluation practice. *New Directions for Evaluation*, *80*, 57-67.

Patton, M. Q. (1997). *Utilization-focused evaluation* (3rd ed.). Thousand Oaks, CA: Sage.

Weaver, L., & Cousins, B. (2001, November). *Unpacking the participatory process*. Paper presented at the annual meeting of the American Evaluation Association, St. Louis, MO.

Pascal 分布(Pascal Distribution)

Pascal 分布用于对独立伯努利【Bernoulli】试验中,获得特定成功次数(r)所需要的试验次数(x)进行模型化。离散型随机变量【Random Variable】X 可以取从 r 到无穷大的任何整数值。如果有幸每次试验结果均是成功的,那么 $X=r$。若使 $X=x$,那么第 x 个试验必须成功,并且之前的 $x-1$ 次试验中恰好$r-1$次成功。这个定义与二项分布【Binomial Distribution】是相反的。也就是说,Pascal 分布中的随机变量是达到一定成功次数时的试验次数;而在二项分布中的随机变量是特定试验次数中出现的成功次数。由于这个原因,Pascal 分布也被称为负二项分布【Negative Binomial Distribution】。虽然这两个分布常常同义地使用,但是 Pascal 分布实际上是在随机变量 X 为整数这一特殊情况下的负二项分布。Pascal 分布的一种特殊情况是:当$r=1$时为几何分布,即获得第一次成功时所必需的试验次数。

Pascal 分布的概率质量函数(PMF)为:

$$P(X=x \mid r,p)=\binom{x-1}{r-1}p^{r}(1-p)^{x-r}$$

其中,$x=r,r+1,r+2,\cdots,0\leqslant p\leqslant 1,0<r\leqslant\infty$。

Pascal 分布的随机变量均值为:

$$\mu=\frac{r}{p}$$

以及方差为：

$$\sigma^{2}=\frac{r(1-p)}{p^{2}}$$

Pascal 分布是泊松分布【Poisson Distribution】的一种扩展，即放松了泊松分布参数 λ 的限制。Pascal 分布假定在一个观察时期内，事件的发生率依据伽马分布而变化，而不要求事件的发生率是恒定的。因此，Pascal 分布比泊松分布更灵活，经常用来模型化过度分散的事件计数【Event Count】数据或方差超过均值的数据。

例如，Pascal 分布可用于对通过 10 个议案前必须向立法机构提出的议案数量进行建模。或者，这一试验结果也可用于确定第 r 次成功之前的失败数量。

——Ryan Bakker

（叶鹏飞译　高勇校）

参考文献

Johnson, N. L., & Kotz, S. (1969). *Discrete distributions*. Boston: Houghton-Mifflin.

King, G. (1998). *Unifying political methodology: The likelihood theory of statistical inference*. Ann Arbor: University of Michigan Press.

路径分析(Path Analysis)

尽管"相关关系并不意味着因果关系"这一说法在社会科学的研究方法课中不断被提及，但它的逆命题却是路径分析和结构方程模型【Structural Equation Modeling, SEM】等定量数据分析方法（还包括多元回归分析【Multiple Regression Analysis】、验证性因子分析【Confirmatory Factor Analysis】）的基础。也就是说，在适当的情况下，"因果关系意味着相关关系的存在"。也就是说，如果一个变量和另一个变量有因果关系，那么在统计上和/或实验上控制了所有其他相关变量的情况下，数据中应该能观察到一种相关【Correlation】（或协方差【Covariance】）。这样，正如常在路径图中所见，路径分析可以在一定程度上被描述为这一过程：假设被测量的变量之间符合因果（结构）关系模型，然后检验观察数据的关系符合最初假设的期望关系的程度。

大多数现代路径分析方法都源于生物统计学家休厄尔·赖特的研究（例如，Wright, 1918），他首次将路径分析应用于分析骨骼测量数据间的相关关系。奥迪斯·邓肯（Duncan, 1966）首次将这种方法引入社会学研究中，之后在社会科学学科中逐渐受到重视。在 1970 年代到 1980 年代，受约雷斯括格、沃德·基斯林、大卫·威利、达格·瑟尔布姆、彼得·本特勒和本特·木滕等学者在方法论、计算机技术和应用方面所取得的进展的推动，无数应用研究出现在社会和行为科学中。例如，随着观察数据与假设模型符合程度的统计检验方法的发展，研究的焦点从相关转向协方差。此外，将潜在（如未被观察到的）因子引入路径模型的可能性以及更多一般估计技术的发展（如最大似然估计【Maximum Likelihood】、渐近自由分布【Distribution-Free】），解决了传统相关路径分析的大部分不足。在整个 1980 年代、1990 年代和今天，专业计算机软件的持续改进（如 LISREL, EQS, AMOS, Mplus），导致了技术复杂性和使用简易性的同时增加，这促进了路径分析的发展，使 SEM 在过去 30 年中得到更多应用。

在本词条中，将通过理论和实例来介绍路径分析的典型步骤。这些步骤包括模型概念化、参数识别和估计、效应分解、数据模型拟合评估、可能的模型修正和交叉验证（关于路径分析和 SEM 的详细说明可参考 Bollen，1989；Kaplan，2000；Kline，1998；Mueller，1996）。

基本原则

例如，一个教育研究者可能有一种关于 4 个概念之间关系的理论：数学自我概念（mathematics self-concept，MSC）、阅读自我概念（reading self-concept，RSC）、任务目标取向（task goal orientation，TGO）和数学能力（mathematics proficiency，MP）。前三个概念可通过等级量表工具操作化为得分，而后者则可以操作化为标准化测验得分。使用这些测量变量分别代表各自的概念，该理论可表达为图 1 的形式。每个方框代表一个测量变量，标作 V，单向箭头表示有正式理论证明，箭头尾部的变量是箭头前面的变量的原因（反之不一定成立）。如图 1 所示，假设 RSC 直接影响 TGO，MSC 直接影响 TGO 和 MP，TGO 直接影响 MP。模型中没有原因输入的变量称为自变量或外生变量（MSC 和 RSC），而有原因输入的变量称为因变量或内生变量（TGO 和 MP）。图中还有另外两个单向箭头，一个指向 TGO，另一个指向 MP。这些表示所有无关的剩余因子（“Errors”，记为 E）对每个内生变量的影响。最后，双向箭头表示这些变量除因果关系外，还由于其他原因相互关联（如同时受到模型之外的其他变量的影响）。MSC 和 RSC 之间就假定存在这种关联。需要注意的是，双向箭头并不表示互为因果（即变量之间互相有直接或间接的因果关系）。那属于非递归模型，超出本章讨论范围（参见 Berry，1984；Kline，1998）。

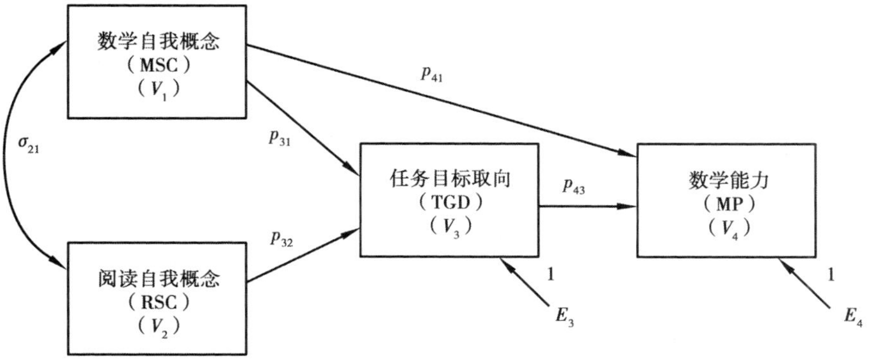

图 1 假设的路径模型

每个单向箭头上标注的是总体中的非标准化路径系数 p，表示相关变量之间因果关系的方向和大小。这类似于，但并不一定等同于非标准化偏回归权重。至于双向箭头，因为它代表两个变量之间的协方差，所以箭头上的符号就是熟悉的 σ。运用这些符号，可以将图 1 中的关系用两种方式表示：结构方程和模型-隐含关系（model-implied relations）。结构方程是以回归方程的形式将内生变量表示为其自变量的函数。假设变量是均值中心化的（由此消除了截距项），当前模型的结构方程表示如下：

$$V_3 = p_{31}V_1 + p_{32}V_2 + 1E_3$$
$$V_4 = p_{41}V_1 + p_{43}V_3 + 1E_4$$

这些方程连同模型中包含的非因果关系（即双箭头），提示我们应当观察数据中的方差和协方差。尤其是，如果总体中这个假设模型成立，那么对此结构方程的期望值【Expected Value】进行代数运算，就可以得到如下总体中的方差（Var）和协方差（Cov）：

$$\mathrm{Var}(V_1) = \sigma_1^2$$
$$\mathrm{Var}(V_2) = \sigma_2^2$$
$$\mathrm{Var}(V_3) = p_{31}^2\sigma_1^2 + p_{32}^2\sigma_2^2 + 2p_{31}\sigma_{21}p_{32} + \sigma_{E_3}^2$$
$$\mathrm{Var}(V_4) = p_{41}^2\sigma_1^2 + 2p_{43}p_{31}p_{41}\sigma_1^2 + 2p_{43}p_{32}\sigma_{21}p_{41} + p_{43}^2(p_{31}^2\sigma_1^2 + p_{32}^2\sigma_2^2 + 2p_{31}\sigma_{21}p_{32} + \sigma_{E_3}^2) + \sigma_{E_4}^2$$
$$\mathrm{Cov}(V_1, V_2) = \sigma_{21}$$
$$\mathrm{Cov}(V_1, V_3) = p_{31}\sigma_1^2 + p_{32}\sigma_{21}$$
$$\mathrm{Cov}(V_1, V_4) = p_{41}\sigma_1^2 + p_{31}p_{43}\sigma_1^2 + p_{32}p_{43}\sigma_{21}$$
$$\mathrm{Cov}(V_2, V_3) = p_{32}\sigma_2^2 + p_{31}\sigma_{21}$$
$$\mathrm{Cov}(V_2, V_4) = p_{32}p_{43}\sigma_2^2 + p_{41}\sigma_{21}$$
$$\mathrm{Cov}(V_3, V_4) = p_{43}(p_{31}^2\sigma_1^2 + p_{32}^2\sigma_2^2 + 2p_{31}\sigma_{21}p_{32} + \sigma_{E_3}^2) + p_{31}p_{41}\sigma_1^2 + p_{32}p_{41}\sigma_{21}$$

这 10 个方程式组成了模型的协方差结构，右侧有 9 个未知的总体参数（$p_{31}, p_{32}, p_{41}, p_{43}, \sigma_{21}, \sigma_1^2, \sigma_2^2, \sigma_{E_3}^2, \sigma_{E_4}^2$）。如果得到这 4 个变量之间的总体方差和协方差，那么这些数值就可以放在方程左边，然后即可求出方程右边的未知参数（如果这个假设模式是正确的）。如果仅仅知道样本（协）方差，例如，表 1 中列出的 1 000 个九年级学生的假设样本数据，它们同样可以放在方程左侧，然后通过推导得出右侧参数的估计值。为了实现这一点，模型中的每个参数都必须可以表达为观察变量（协）方差的函数形式。当只有唯一一种关系式能求得未知参数时，该模型是恰好识别（just-identified）的。当对于一个或多个参数来说有多种表达方式，该模型是过度识别（overidentified）的；在这种情况下，可以导出每个参数估计的最佳拟合（虽然不是唯一的）。然而，如果至少一个参数不能被表示为观察变量（协）方差的函数，该模型就是不足识别的（underidentified），一些参数或全部参数无法仅靠数据进行估计。不足识别的产生，可能是因为研究者试图强加一个相对于观察变量（协）方差个数来说过于复杂的模型（即有太多参数需要估计）。幸运的是，不足识别在大多数路径分析中非常罕见，只在不常见的模式特征中出现（如非递归关系）。

表 1　方差和协方差的样本矩阵

	V_1	V_2	V_3	V_4
V_1（数学自我概念）	1.951			
V_2（阅读自我概念）	−0.308	1.623		
V_3（任务目标取向）	0.262	0.242	1.781	
V_4（数学能力）	28.795	−4.317	17.091	1 375.460

图 1 中的模型是包括 10 个观察（协）方差、9 个待估参数的过度识别模型：1 个协方差，4 个直接路径，2 个变量方差和 2 个误差方差。其自由度为 $10-9=1(df)$。已知一个模型是恰好或（最好是）过度识别的，参数估计可通过多种不同的估计方法获得。这包括最大似然和广义最小二乘法，二者都假设多元正态，并且是渐近等价和渐近分布无关的估计方法，通常需要大样本量。这些方法迭代地最小化某个差异的函数，该差异是指观察（协）方差和反复用参数估计代替模型-隐含关系而再生的（协）方差之间的差异。在当前的模型中，使用任意 SEM 软件包，可得出关键路径的最大似然估计如下（按照变量的原始单位）：$\hat{p}_{31}=0.163$，$\hat{p}_{32}=0.180$，$\hat{p}_{41}=13.742$，$\hat{p}_{43}=7.575$ 和 $\hat{\sigma}_{21}=-0.308$

(它们的统计显著性水平均为 0.05)。标准化路径系数,类似于多元回归中的 β 权重,分别是 0.170,0.172,0.518,0.273 和−0.173。但是,在聚焦这些重要参数之前,我们应该考虑是否有任何的证据表明数据模型(data-model)是不适合的,以及是否有任何统计的(和理论上的证明)原理可以修正假设的模型。

数据模型拟合评估和模型修正

现代路径分析的一个优点是它能评估数据和模型之间的拟合程度。许多方法能帮助研究者决定是否拒绝或者暂时保留一个先验的特定的过度识别模型。一般情况下,由数据观察到的(协)方差和由模型及其参数估计而再生的(协)方差之间拟合度的评估,可分为三类:绝对拟合、简约拟合和增量拟合。绝对拟合(absolute fit)指数越高,观察的(协)方差和根据模型计算出的(协)方差之间的差异就越小,即参数值就越接近于非冗余(协)方差的观察值。这种指数的例子包括:用来检验在总体中没有数据模型不适合这一严格虚无假设的卡方检验统计模型,粗略评估观察(协)方差和再生(协)方差之间平均标准化差异的标准化残差均方根(the standardized root mean square residual,SRMR),以及用于评估能够被模型解释的观察(协)方差信息数量的拟合优度指数(goodness-of-fit index, GFI)。

简约拟合(parsimonious fit)指数考虑的不只是整体的绝对拟合,还要考虑实现这种拟合所要求的模型复杂程度(即参数个数)。诸如此类的指数,如调整拟合优度指数(adjusted goodness-of-fit index, AGFI)、简约拟合优度指数(parsimonious goodness-of-fit index, PGFI)和近似均方根误差(root mean square error of approximation, RMSEA),在模型相对简单(参数较少)且数据拟合较为成功时,取值会更大。最后,增量拟合(incremental fit)指数,如赋范拟合指数(normed fit index, NFI)和比较拟合指数(comparative fit index, CFI),是评估一个假设模型相对于只含很少几个参数的基线模型的数据模型拟合程度。

这三种类型的拟合指数共同帮助研究者对路径模型的可接受性进行评估。胡和本特勒(Hu & Bentler,1999)建议对模型的可接受性使用联合标准,如 CFI 值为 0.96 或更大,同时 SRMR 值小于 0.09(或 RMSEA 值小于0.06)。在目前的例子中,不显著的模型卡方值 2.831(自由度为 1),表示如果我们的模型正确地描述了真实的总体关系,那么观察的(协)方差很可能出现。对目前的模型来说这是好消息,但是这个统计量常常会被忽略,因为在大样本的条件下,只要模型中有一点误设,它就会变得显著。由此,一般会使用其他拟合指数来进行模型评估。对目前的模型,当应用上面提出的标准:CFI = 0.997,SRMR = 0.013 及 RMSEA = 0.043,则不存在明显的数据模型不一致。

经过数据模型拟合评估后,必须就该模型的价值得出结论。可接受的拟合指数通常得到的结论是,没有证据表明能够拒绝这个模型或理论。这并不是说,模型和理论已经被证实,更不能说证明它们是正确的;更确切的说法应该是,当前路径模型是能很好地解释观察变量之间关系的众多方法之一。另一方面,当拟合指数表明一个数据模型无法拟合时,人们可能不愿意完全拒绝该模型。相反,通常会尝试着修改模型,通过添加路径,得到可接受的拟合指数。大多数路径分析软件包会通过提供修正指数[拉格朗日乘数检验(Lagrange multiplier tests)]来帮助实现这种模型"改善",这里的修正指数表明模型中的变化可能在绝对拟合中获得最大的增加,也就是说,减少模型的卡方统计量。尽管这些指数构成了一个潜在的有用工具,能用于补救错误设定的模型,但也需要警惕得到一个与理论无关却有着最好拟合度的模型。许多替代模型都可以很好地解释观察到的数据，因此，模型的修正必须依据对模型背后特定理论的正确理解。此外，如果仅仅在数据模型无法拟合的信息基础上进行修正和再分析，那么随后的拟合结果可能主要是随机造成的，而不是真正来自模型的改进。因此，只要可能，修正后的模型都应在一个独立样本中进行交叉验证。从目前的分析来看，我们的模型不需要修正指数来提高数据模型拟合的统计显著性（即模型卡方统计量的显著减少）；实际上，因为整体模型的卡方值是 2.831（显著性水平>0.05），已经没有提高统计显著性的空间。因此，这里没有要报告的模型修正信息。

最后，给出令人满意的数据模型拟合后，可以得出对于特定模型关系的结论。路径系数的解释类似于回归系数，但通常带有因果倾向。例如，依据假设模型，$\hat{p}_{31}=0.163$ 意味着保持所有其他因素固定不变，MSC 的数值增加 1 个单位，将直接导致 TGO 的数值平均增加 0.163 个单位。回想一下，这是一个统计上显著的影响。或者，可以解释标准化路径系数，如 0.170 的对应值，这表示在假设模型中，保持所有其他因素固定不变时，MSC 数值增加 1 个标准差，直接导致 TGO 数值平均增加 0.170 个标准差。其他非标准化和标准化的直接路径，同样解释了假设模型中一个变量对另一个变量的直接效应（direct effect）。

除了直接效应，也可以得到其他的效应系数。考虑 RSC 和 MP 之间的模型关系。RSC 对 MP 没有直接的影响，但它确实对 TGO 有直接影响，而 TGO 对 MP 有直接影响。这样，RSC 对 MP 就有了间接效应（indirect effect），操作上，可以追踪相同方向一系列的两个或更多的单箭头来获得一个变量到另一个变量的间接效应。采用非标准化的方法，间接效应的大小是构成它的直接效应的乘积：$(0.180)\times(7.575)\approx 1.364$。在保持所有其他固定不变的条件下，这种非标准化的间接效应值意味着 RSC 数值增加 1 个单位，会间接导致 MP 测试值将平均增加 1.364 个单位。同样，对于标准化方法，标准化间接效应是 $(0.172)\times(0.273)\approx 0.047$，表示在保持所有其他固定不变的条件下，RSC 数值增加 1 个标准差，将间接导致 MP 测试值平均增加 0.047 个标准差。

最后，值得注意的是 MSC 对 MP 既有直接效应也有间接效应。除了非标准化和标准化的直接效应分别是 13.742 和 0.518 外，非标准化的间接效应可计算为 $(0.163)\times(7.575)\approx 1.235$，标准化的间接效应可计算为 $(0.170)\times(0.273)=0.046$。这意味着 MSC 对 MP 的总的因果影响，即总效应（total effect），是直接效应和间接效应的加总。对非标准化的方法，总效应是 $13.742+1.235\approx 14.977$，表示在保持所有其他固定不变的条件下，MSC 数值增加 1 个单位，总体上会导致 MP 测试值平均增加14.977个单位。同样的，对于标准化方法，总效应为 $0.518+0.046=0.564$，即保持在所有其他固定不变的条件下，MSC 数值增加 1 个标准差，总体上 MP 测试值的标准差将增加0.564个单位。这样，与仅仅提供相关系数和协方差系数相比，通过完整地使用假设模型进行效应分解（effect decomposition），我们可以了解到更多变量之间的关系。

总结

路径分析已成为社会和行为科学众多领域中的一种重要分析工具。它属于结构方程模型技术的体系，允许探究一个先验的理论推导模型中观察变量和潜变量之间的因果关系。路径分析的主要优势在于它能够帮助研究者弥合理论和观察之间常常出现的差距。正如本词条所强调的,路径分析最好被理解为一个要以理论为引导,以统计为工具的过程。如果理论基础不牢靠,那么其后所有统计学的解释都将是没有说服力的。更多关于路径分析的细节以及 SEM 方法体系的扩展,可以参考的资源如 Bollen, 1989; Kaplan, 2000; Kline, 1998; Mueller, 1996。读者也可能对其他涉及分类变量、以对数线性模型【Log-Linear Model】为基础的类似方法感兴趣(参见 Goodman, 1973; Hagenaars,1993)。

——Gregory R. Hancock
Ralph O. Mueller
(叶鹏飞译 高勇校)

参考文献

Berry, W. D. (1984). *Nonrecursive causal models*. Beverly Hills, CA: Sage.

Bollen, K. A. (1989). *Structural equations with latent variables*. New York: John Wiley.

Duncan, O. D. (1966). Path analysis: Sociological examples. *American Journal of Sociology*, *72*, 1-16.

Goodman, L. A. (1973). The analysis of multidimensional contingency tables when some variables are posterior to others: A modified path analysis approach. *Biometrika*, *60*, 179-192.

Hagenaars, J. A. (1993). *Loglinear models with latent variables*. Newbury Park, CA: Sage.

Hu, L., & Bentler, P. M. (1999). Cutoff criteria for fit indexes in covariance structure analysis: Conventional criteria versus new alternatives. *Structural Equation Modeling: A Multidisciplinary Journal*, *6*, 1-55.

Kaplan, D. (2000). *Structural equation modeling: Foundations and extensions*. Thousand Oaks, CA: Sage.

Kline, R. B. (1998). *Principles and practice of structural equation modeling*. New York: Guilford.

Mueller, R. O. (1996). *Basic principles of structural equation modeling: An introduction to LISREL and EQS*. New York: Springer.

Wright, S. (1918). On the nature of size factors. *Genetics*, *3*, 367-374.

路径系数(Path Coefficient)

参见路径分析【Path Analysis】。

路径依赖(Path Dependence)

路径依赖的概念最初用于经济学,现在在其他社会科学领域出现的频率越来越高,特别是历史社会学和政治学。它是用来解释事件的特定序列如何产生特定结果,以及这种独特序列是如何影响未来选择的。

当一个结果是由于路径依赖产生的,可以观察到一些关于结果的发展过程的特点。第一,存在不可预测性。这意味着,尽管具有对特定期望结果的先验知识,也会发生一些无法预见的事件,它们从历史上看是偶然的。第二,路径依赖强调小事件的重要性。经济学家布瑞恩·亚瑟(Arthur, 1994)指出,"很多结果是可能的,非均匀性、小的不可分性或偶然相遇,会通过将它们加入实际结果中得到的正反馈而被放大”(p.27)。但最重要的是第三个因子,即“锁定(lock-in)”。当很小的、看似无关紧要的决定沿着一个结果路径产生时,这些决定正在被不断地再造和加强。这是收益递增的逻辑。一旦作出一个决定(例如,关于一种新技术或新制度),最初的决定将很难改变。因为它是被不断使用和改进的,所以它是被“锁定”的。这样,路径依赖过程是无情的:在作出一个决定后,改变的代价非常大,而且随着时间的推移代价会越来越大。这种持久性往往导致出现次优结果,这是路径依赖轨迹的另一个标志。

路径依赖的事例有利于充分理解这个概念。经济学家保罗·大卫(David,1985)在“QWERTY”键盘排列的研究中首次表述了路径依赖。大卫提出,我们现在熟悉的打字机按键顺序是一个随机决定的结果,一旦打字机被按照那种特定的排列制造出来,并且人们开始学习使用它,这种排列就很难再改变。尽管对于QWERTY键盘有很多种可能的替代选择(它们中有一些或许更有效率),但是最初决定使用的那个按键排列随着时间的推移而变成是“锁定”的,并且使用它的人越来越多。结果是改变按键的排列目前在事实上已不太可能。

对路径依赖解释的一个经常性批判是它们简单地宣称历史的重要性。然而,保罗·皮尔逊(Pierson,2000)强调指出,“不是过去本身,而是事件随时间的演变才是理论上最重要的”(p.264)。这种观点得到其他路径依赖支持者的重申,特别是詹姆斯·马哈尼(Mahoney,2000)提出了一个路径依赖分析框架,指出所有路径依赖的论点必须证明:(a)调查的结果对早期发生事件的历史顺序特别敏感;(b)这些早期事件是历史偶然的(不可预测的);(c)这些历史事件必须呈现出实现结果之“路径”的相对惯性或确定性(Mahoney, 2000, pp. 510-511)。这种分析明确地解释了例如特定的制度是如何出现、持续和变得难以改变的。

——Tracy Hoffmann Slagter

(叶鹏飞译　高勇校)

参考文献

Arthur, W. B. (1994). *Increasing returns and path dependence in the economy*. Ann Arbor: University of Michigan Press.

David, P. (1985). Clio and the economics of QWERTY. *American Economic Review*, *75*, 332-337.

Mahoney, J. (2000). Path dependence in historical sociology. *Theory and Society*, *29*, 507-548.

Pierson, P. (2000). Increasing returns, path dependence, and the study of politics. *American Political Science Review*, *94*, 251-267.

路径图(Path Diagram)

参见路径分析【Path Analysis】。

皮尔逊相关系数(Pearson's Correlation Coefficient)

皮尔逊相关系数(记为 r_{xy})是现代用简单相关【Simple Correlation】评估两个变量之间线性【Linear】关系的最佳代表。该系数能表示关系的强度,绝对值为 0~1。数值越大,则变量间的关系越强。系数的符号代表关系的方向,可以是零、正数或负数。变量 X 和 Y 之间的关系为零,表示变量 X 的增加会同时伴有变量 Y 的增加和减少,反之亦然。正相关表示变量 X 的增加(或减少)同时会出现变量 Y 的增加(或减少);反之,负相关表示变量 X 的增加(或减少)同时会出现变量 Y 的减少(或增加)。

皮尔逊相关系数的起源

在 19 世纪,达尔文的进化论激发了对生物体进行多样化测量的兴趣。高尔顿爵士是当时最著名的贡献者之一,除了遗传定律,他还提出了相关的统计概念。在他 1888 年发表的文章(引自 Stigler,1986)《相关及其测量:基于人种测量学数据》中,高尔顿证明了当两个变量使用相同测量尺度时,前臂和头部长度的回归线具有相同的斜率(记为 r)。他将 r 作为相关(co-relation)的一个指数,并称它为回归系数【Regression Coefficient】。co-relation 的拼写是有意区别于其他学科已经使用的 correlation,一年之内在拼写上却又改成了 correlation。然而,皮尔逊相关系数是在皮尔逊使用后才得以为人熟知的。

皮尔逊相关系数也被称为皮尔逊积矩相关,定义如下:

$$\frac{\sum z_{X_i} z_{Y_i}}{n}$$

它是先将两个变量的 z 分数【z-Scores】相乘(即乘积),然后再取这些乘积的平均值(即矩)。各种皮尔逊相关系数的计算公式都可以从上面的公式中导出(Chen & Popovich,2002),如下所示:

$$\frac{\sum z_{X_i} z_{Y_i}}{n} = \frac{\sum \left(\frac{X_i - \bar{X}}{s_X}\right)\left(\frac{Y_i - \bar{Y}}{s_Y}\right)}{n}$$

$$= \frac{\frac{1}{s_X s_Y} \sum (X_i - \bar{X})(Y_i - \bar{Y})}{n}$$

$$= \frac{\sum \frac{(X_i - \bar{X})(Y_i - \bar{Y})}{n}}{s_X s_Y}$$

$$= \frac{\sum X_i Y_i - \frac{\sum X_i \sum Y_i}{n}}{\sqrt{\left(\sum X_i^2 - \frac{\sum X_i^2}{n}\right)\left(\sum Y_i^2 - \frac{(\sum Y_i)^2}{n}\right)}}$$

皮尔逊相关系数的解释

皮尔逊相关系数并不表示两个变量之间的因果关系。它不能被解释为一个比例,也不代表关系成比例的强度。例如,一个 0.4 的相关并不是在强度上等于 0.2 相关的两倍。与皮尔逊相关系数相比,r_{xy}^2(也称为决定系数【Coefficient of Determination】)应当被解释为一个比例。例如,课程成绩和智力之间的皮尔逊相关系数是 0.7。r_{xy}^2 值为0.49,意味着成绩和智力的共享方差是 49%。也可以解释为智力 49%的方差可以由成绩来解释或预测,反之亦然。

皮尔逊相关系数的特殊情况

有几个著名的简单相关系数，如点二列相关系数（the point-biserial correlation coefficient）、Phi 相关系数、斯皮尔曼相关系数【Spearman Correlation Coefficient】、Eta 系数【Eta Coefficient】，它们都是皮尔逊相关系数的特殊情况。假设我们使用皮尔逊相关系数来测量一个二分变量（如性别）和连续型变量（如收入）之间的关系，这种相关通常被称为点二列相关系数，也可用它来测量两个二分变量（如性别和感染）之间的关系，这个系数被称为 Phi 相关系数。如果两个变量在定序层次上测量，并且被分配了等级，那么皮尔逊相关系数也可用于这种关系的测量。这个系数经常被称为斯皮尔曼相关系数。最后，当皮尔逊相关系数被用于测量一个多分类变量（如种族、学校、颜色）和一个连续型变量之间的关系时，被称为 Eta 系数（Wherry, 1984）。

皮尔逊相关系数的用途

皮尔逊相关系数能够以多种形式用于多个目标。它可以发挥但不局限于以下功能：(a)作为描述统计量描述两个变量之间的关系；(b)作为一种推断统计【Inferential Statistics】检验总体【Population】中两个变量之间的关系；(c)提供各种信度估计方法，如 Cronbach α【Cronbach's Alpha】、重测信度【Test-Retest Reliability】和折半信度【Split-Half Reliability】；(d)评估效度【Validity】证据；(e)测量干预项目的效应强度。当运用皮尔逊相关系数来对总体 ρ 进行推断时，二元正态分布【Normal Distribution】的假设是必需的。两个变量 X 和 Y 遵循二元正态分布的充分必要条件是每个可能的线性组合 W 的分布是正态的，$W=c_1X+c_2Y$，其中两个 c 值都不能为零（Hays, 1994）。图 1 所示为二元正态分布当 $\rho=0$ 时的一个例子。

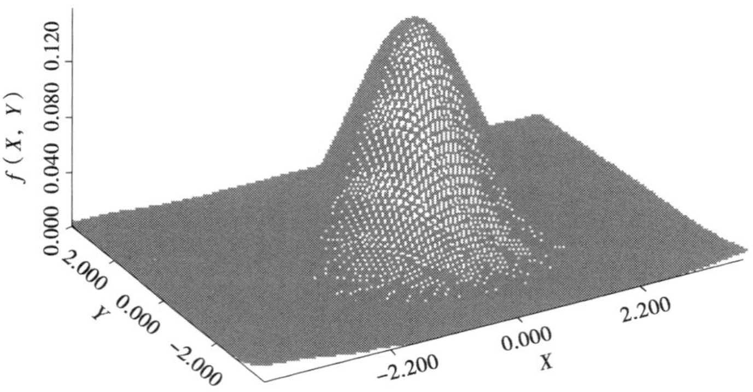

图 1　二元正态分布，设 $\rho=0$ 且 $N=1\ 000$

皮尔逊相关系数的抽样分布

皮尔逊相关系数的抽样分布【Sampling Distribution】的形状是随着总体 ρ 和样本量的函数而变化的，但是当样本量特别大时，其影响是很小的。当总体 ρ 等于零时，其抽样分布是对称的 t 分布【t-Distribution】，如图 2 所示。如下文所述，基于 1 000 个随机产生的样本，当 $\rho=0$ 并且 $n=20$ 时，抽样分布总体上是对称的。因此，为了检验 $\rho=0$ 的虚无假设【Null Hypothesis】，可以进行 t

检验【t-Test】，$t=\frac{r\sqrt{n-2}}{\sqrt{1-r^2}}$，自由度【Degrees of Freedom】为 $n-2$。

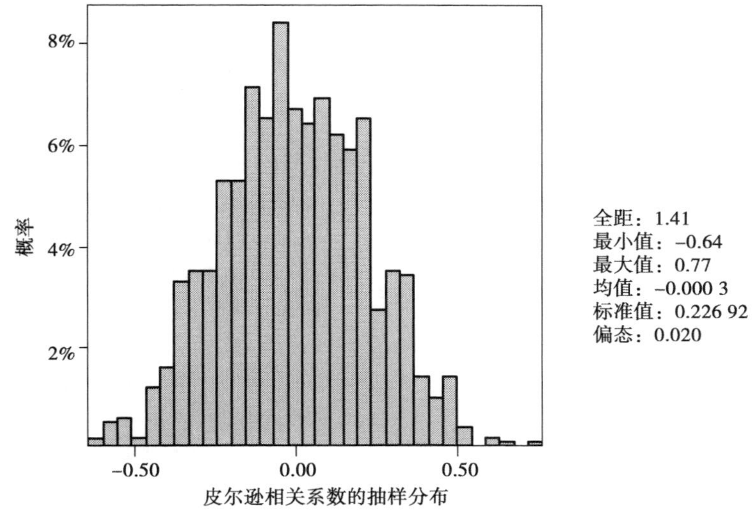

图 2　1 000 个样本的皮尔逊相关系数抽样分布，设 $n=20$ 且 $\rho=0$

然而，对于给定的小样本量，当 $|\rho|$ 增大时，抽样分布会变成负偏斜的【Skewed】，如图 3 所示。如果分布中的每个皮尔逊相关系数都根据 $0.5\times\ln\left(\frac{1+r}{1-r}\right)$ 转换【Transformed】成另一个新变量费希尔的 z（记作 z_r）时，该分布就会变得正态，ln 为自然对数【Logarithm】函数。因此，要检验虚无假设 ρ 等于任何非零值(记为 ρ_ϕ)，可以运用 z 检验，$z=(z_r-z_\phi)\sqrt{(n-3)}$，其中 z_r 是样本皮尔逊相关系数的转换值，而 z_ϕ 是 ρ_ϕ 的转换值。

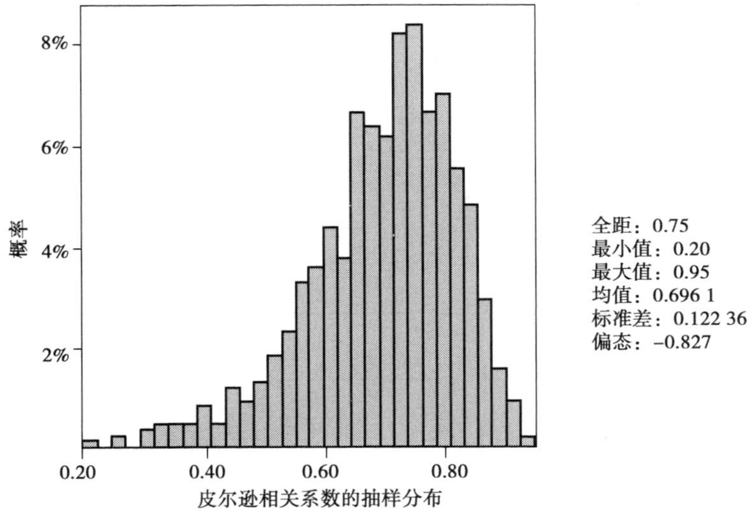

图 3　1 000 个样本的皮尔逊相关系数抽样分布，设 $n=20$ 且 $\rho=0.7$

皮尔逊相关系数的影响因素

皮尔逊相关系数的大小会受到许多因素的影响。首先,只有当两个变量的分布是对称的,并且有相同的形式或形状时,系数的大小才可能是1或-1。它还可能受线性程度和小样本量的影响,尤其是当存在离群值【Outlier】时。此外,由于全距【Range】的限制,系数大小可能会增大或者减小。当任一变量的全距在分布的任一端被限制时,皮尔逊相关系数往往会减小。相反的,当分布的中矩(middle range)受到限制时,则它会增大。此外,当系数的计算是基于不均匀样本时,它的大小可能是误导性的。最后,它还会受变量测量误差的影响。测量变量包含越多的误差【Error】,变量之间的相关就越小。

——Peter Y. Chen

Autumn D. Krauss

(叶鹏飞译　高勇校)

参考文献

Chen, P. Y., & Popovich, P. M. (2002). *Correlation: Parametric and nonparametric measures*. Thousand Oaks, CA: Sage.

Hays, W. L. (1994). *Statistics* (5th ed.). New York: Harcourt Brace College.

Stigler, S. M. (1986). *The history of statistics*. Cambridge, MA: Belknap Press of Harvard University Press.

Wherry, R. J., Sr. (1984). *Contributions to correlational analysis*. New York: Academic Press.

皮尔逊 *r* 系数(Pearson's *r*)

参见皮尔逊相关系数【Pearson's Correlation Coeffieient】。

百分比频次分布(Percentage Frequency Distribution)

百分比频次分布是相对频次分布【Relative Frequency Distribution】的一种形式,其中 *Y* 轴是变量【Variable】每个类别所包含个案的百分比(而不是绝对次数)刻度。例如,在美国,某大学某个春季学期注册的22 000名本科生中,30%是大学一年级新生,27%是大学二年级学生,20%是大学三年级学生,以及23%是最高年级的学生。

——Tim Futing Liao

(叶鹏飞译　高勇校)

*也可参见相对频次分布【Relative Frequency Distribution】。

百分位数(Percentile)

与变量的绝对数值相反,百分位数可以被定义为一种基于百分比的测量系统。百分比建立在100的尺度(即有100个分割出来的部分)基础上,每个部分是一个百分比或百分位数。

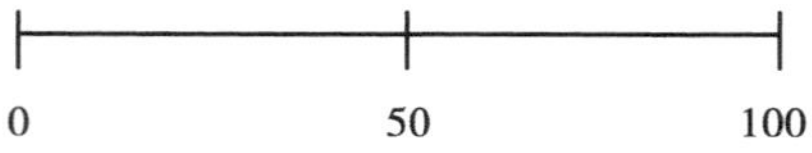

图1　一条线段中的部分

图 1 中的线段可以分为 100 个相等的部分。到中间一半是直线相等的 50 个部分。这个位置是直线总长度的 50%,也被称为第 50 百分位数。如果我们停在第 75 个部分,这是直线总长度的 75%,也就是第 75 百分位数。如果停在第 62 个部分,是直线总长度的 62%,也就是第 62 百分位数。

很显然,当我们所测量的变量按照 100 份进行测量时,应用绝对值测量系统和百分比测量系统得出的结果完全是相同的。也就是说,绝对值测量系统有 100 个相等的部分,而百分比测量系统也是如此。一次考试得分为 42,代表百分比分数为 42%,而且可以被认为是第 42 百分位数。

当两种测量系统不一样时会发生什么?如果试卷的满分为 30,我们怎样得出百分位数?答案是将绝对值分数换算成百分比。

例如,应试者 1 在满分为 30 分的统计学考试中获得 25 分。

我们需要把 30 分中的实际分数 25 转换成百分比,这时用下面的公式来进行:

百分比分数=(实际分数/满分)×100/1

从上面的例子来计算,结果如下(记住数学运算规则——首先进行括号中的计算):

百分比分数=(25/30)×100/1=83.33%或第 83.33 百分位数

25 的得分是第 83 百分位数(四舍五入到最近的整数)。应试者和主考官现在就能更好地作出解释和得出结论。

我们可以通过对百分位数进行等级排序来作稍为深入的百分位数分析。要做到这一点,需要知道由我们感兴趣变量的得分引起的频次。一个百分位数的等级是一个分布【Distribution】中得分的百分比,等于或大于一个特定的绝对分值。

如果这个统计学考试的主考官知道参加考试的 46 人中有 40 人的得分等于或大于 25,那么可以通过将绝对数变换为百分比来计算百分位数的等级,即

(40/46)×100/1=86.95%

也就是说,所有的学生中有 86.95% 的学生取得了 25 分或以上的成绩,这个学生是在第 87 百分位数(四舍五入到最接近的整数)。百分位数的等级为 87。

通过把一个变量的分布【Distribution】划分成百分位数,就有可能将每个百分位数作为一组来分析,检验这些组之间的异同。通常,把变量按照十分位【Decile】和四分位【Quartile】分组来进行这类分析。或者,通过计算百分位数的等级【Rank】,我们可以表明在这个研究中,某个人相对【Relative】于其他人的等级。

假设我们已经收集了关于薪酬、性别、商品和服务上的消费等数据。通过将薪酬范围变换为百分位数,可以分析每个百分位数上的组群来探究受访者在性别和薪酬上的异同。此外,还可以研究薪酬与商品和服务消费模式之间的关系。运用十分位和四分位,我们可以减少组数,扩大薪酬间距,这样更容易区分出异同。

排序百分位数让我们可以清晰地看到我们在 100 位当中所占据的位置,第 100 百分位数为最高位置。在上述统计学考试的例子中,某学生取得 25 分(相当于第 83 百分位数),这告诉我们,该学生在这次考试中排列的等级是 83。我们可以产生所有学生的百分位数等级,由此可以看到这名学生与他人相比较的情况。或者,我们可以选择一名学生个体,计算他所有考试的百分位数等级,由此可以看到这名学生的各个成绩等级。这让我们可以发现学生个体的优势与不足。

——Paul E. Pye

(叶鹏飞译　高勇校)

参考文献

Collican, H. (1999). *Research methods and statistics in psychology*. London: Hodder & Staughton.

Saunders, M. N. K., & Cooper, S. A. (1993). *Understanding business statistics: An active learning approach*. London: DP Publications.

时期效应(Period Effects)

个人主体和其他实体包括如城市或国家,可以被认为存在两个时间维度,即主观的和客观的。一个个体的主观时间维度始于出生,这对于其他实体来讲也是相似的。客观时间维度以个体或实体外部的事件来测量,可以追溯到宇宙的开始,或者更适当地说,是一项研究的开始。我们称主观时间维度为年龄(age),客观时间维度为历史(history)。主观时间开始于同一客观时间的实体属于相同的同期群(cohort)。

在纵贯研究【Longitudinal Research】中,变量的变化模式和变量间的关系模式都是从年龄和历史两个方面来进行研究的。当忽略历史时间维度时,年龄对变量或变量间关系的影响被称为发展效应或年龄效应。年龄效应包括语言习得和其他认知能力的发展。当忽略年龄时间维度时,生活在某个历史时期对变量或变量间关系的影响被称为时期效应或者历史效应。时期效应包括计算机、手机和其他设备的应用,它们依赖于历史时期的技术水平,而不是这段时期的个体年龄。它还依赖于政治和军事事件所塑造出来的态度,诸如在珍珠港被炸或世贸中心被摧毁后,在美国表达更多的爱国态度或更频繁地展示美国国旗。在某个时期处于某个年龄(换句话说,在某一年出生)的影响被称为同期群效应(cohort effect)。在纵贯研究中,一个首要的问题是分离年龄、时期和同期群的影响(Menard, 2002)。因为如果我们使用年龄、时期和同期群作为预测因子,并假设它们与因变量存在线性关系,那么当同期群是通过出生年份来测量时,根据相关方程:时期=年龄+同期群,这些预测因子就会是完全共线的。

梅纳德(Menard, 2002)就时期效应与年龄和同期群效应分离的不同方法进行了总结。霍布克莱夫特、门肯和普里斯顿(Hobcraft, Menken, & Preston, 1982)提出:“时期效应背后是这样一种解释方式,即‘是什么年份’并不重要,真正重要的是那一年中或者是那年之前某个重大时期所发生的事件。”梅纳德(Menard, 2002)建议,在这个意义上,纵贯分析的时期效应应该被替换为历史事件或它们代表的趋势。在总体水平上,还可通过考察与年龄有关的指标(age-specific indicators)来分离时期效应与年龄或同期群效应。这在社会指标研究中经常被采用,例如,运用婴儿死亡率的趋势或16~64岁的劳动力参与率,作为国民健康和雇用条件趋势的指标。

——Scott Menard

(叶鹏飞译　高勇校)

参考文献

Hobcraft, J., Menken, J., & Preston, S. (1982). Age, period, and cohort effects in demography: A review. *Population Index*, *42*, 4-43.

Menard, S. (2002). *Longitudinal research* (2nd ed.). Thousand Oaks, CA: Sage.

周期性(Periodicity)

周期性变化是一个时间概念,长期以来让普通人深感困惑,给哲学家带来启发,让数学家感到受挫。几千年来,饥荒与繁荣轮替,战争与和平,冰河时代与气候变暖,以及其他,都以一种循环的方式存在。一次循环是一种"周期性和规律性的不断重复"模式(Granger,1989,p. 93)。借助于三角函数,一个时间序列 z_t 的循环分量(the cyclical component)可以表示如下:

$$z_t = A\ \sin(2\pi ft+\varphi)+u_t$$

其中,A 为振幅,f 为频率,φ 为周期性变化的初始相位,u_t 为白噪声【White-Noise】误差。振幅表示一个循环期间(从峰值到谷底的距离)某个系列摆动的宽度,而频率 f 测量循环运动的速度,即

$$f=\frac{1}{P}$$

其中,P 是一个循环周期,即完成一个循环所需要的时间单位数。因此,一个 4 年循环会以 0.25(每个单位时间里的循环数)的频率运行。对于任何给定的数据,可检测到的最短循环应有两个时间单位的周期。这对应一个 0.5 的频率,是最快的一种可能。任何小于两个时间单位的循环是检测不到的。循环越长,也就是它使用的时间单位越多,则频率越低。没有循环的时间序列,其频率为零,对应着一个无限长的周期。

频谱分析【Spectral Analysis】是识别时间序列中循环分量的主要工具(Gottman,1981;Jenkins & Watts,1968)。频谱密度函数的典型图表,特征是频谱密度沿纵轴分布,频率(范围从 0~0.5)在横轴上。一个 4 年循环的时间序列(年是该序列的时间单位),会在 1/4 或 0.25 频率处显示出密度峰值。问题是,很少有时间序列会以它们这种频谱密度函数如此完美循环的方式发生。

除了严格的季节性现象,许多明显的循环并不是根据恒定的规则重复自身。例如,经济的衰退,并不是每 7 年发生一次。每一次造成的经济伤害也是不相同的。虽然繁荣与萧条依然交替出现,但这种"循环"周期是不固定的,而且"幅度"也不固定。缺乏恒定性,破坏了如正弦曲线之类的确定模型【Deterministic Model】的效用。作为替代方法,耶尔(Yule,1927/1971)提出了概率【Probabilisty】模型,用于循环周期和振幅不规则的时间序列。他这一开创性的想法是构建一个二阶自回归模型,模拟 175 年的跨度中,太阳黑子观察值的周期性波动,尽管这个周期不规则。耶尔的 AR(2)模型的形式如下:

$$z_t = b_1 z_{t-1} - b_2 z_{t-2} + u_t$$

这个模型只有两个参数【Parameter】和不超过两个滞后【Lag】,成功地估计了太阳黑子波动的周期(10.6 年)。该模型还提供了对不断影响波动幅度和相位的随机干扰的估计。Box-Jenkins 建模法【Box-Jenkins Modeling】扩展了概率模型的应用,用一组针对季节性波动的特定模型来识别和估计时间序列中的周期分量。

——Helmut Norpoth

(叶鹏飞译　高勇校)

参考文献

Gottman, J. M. (1981). *Time-series analysis: A comprehensive introduction for social scientists*. Cambridge, UK: Cambridge University Press.

Granger, C. W. J. (1989). *Forecasting in business and economics*. Boston: Academic Press.

Jenkins, G. M., & Watts, D. G. (1968). *Spectral analysis and its applications*. San Francisco: Holden-Day.

Yule, G. U. (1971). On a method of investigating periodicities in disturbed series with special reference to Wolfer's sunspot numbers. In A. Stuart & M. Kendall (Eds.), *Statistical papers of George Udny Yule* (pp. 389-420). New York: Hafner. (Original work published 1927)

排列检验(Permutation Test)

排列检验是一种运用重抽样方法的非参数【Nonparametric】检验。其基本步骤如下:

①设定一个假设。

②选择一个检验统计量并计算原始样本的统计量 $T(T_0)$。

③重新排列样本,再计算重新排列后的样本的检验统计量($T_1, T_2, \cdots, T_x$)。重复该步骤,直到穷尽所有可能的排列方式,或者直到排列数量足够多,以此得到检验统计量的分布。

④将 T_0 与从 T_1 到 T_x 的排列分布进行比较,并计算 p 值。然后判断是否接受假设。

排列检验与自举法【Bootstrapping】相似:同样是基于当前数据进行大量计算机运算。但两种方法的重抽样方法不同:在排列检验中,我们用重排样本来构建分布,但在自举法中,我们从整体样本中有放回地抽样得到一系列样本。

当需要比较来自两个总体的样本时,排列检验的唯一要求是,在虚无假设下,实验组数据的分布应与对照组数据的分布相一致。

排列检验提供一个精确的统计量,而非近似的。当样本量非常大时,排列检验与参数检验一样强效,而在样本量较小的情况下则比参数检验更有效。因此,当难以获得大样本时,比如,一个小群体中的社会经济数据,排列检验是非常有用的。

让我们来看一种控制血压的新药的假设数据。新药物的效果与安慰剂进行比较。数据收集自 20 个血压在 165 上下的个体。这 20 人被均匀地分成两组(每组 10 人)。第一组 10 人使用安慰剂,剩余 10 人使用新药。使用一段时间后,安慰剂组的血压数据为{132, 173, 162, 168, 140, 165, 190, 199, 173, 165},实验组的血压数据为{150, 124, 133, 162, 190, 132, 158, 144, 165, 152}。这两组数据能否证明,新药能够真正有效地降低血压?我们计算两组平均值。对安慰剂组,平均血压是 166.7;而对于实验组,平均血压是 151.0。差别为 15.7。现在,我们转置这 20 人的数据。共有 $\binom{20}{10} = 184\ 756$ 种不同的组合。我们不必考虑所有可能的情况,因为这样做过于费时。所以,我们随机重排这 20 个数据足够多次,比如说 100 次,并计算转置后数据的前 10 个样本均值和后 10 个样本均值的差。然后,计算原始样本的两组均值之差为 15.7,大于转置样本两组均值之差的次数。如果在 100 次转置中出现了 4 次($p=0.04$),那么在 $\alpha<0.05$ 的显著性水平下,我们得到的结论是新药能有效地降低血压。

排列检验可以应用于包括各种数据的众多社会科学研究;一个这样的例子是重要的社会经济(网络)数据。我们定义 i 和 j 之间的对称度为 $s_{ij} = |A_{ij} - A_{ji}|$,其中 A 是一个关系的邻接矩阵,A_{ij} 是从 i 到 j 的关系程度。

较大的 s 意味着该关系偏离对称性或对称性较小。我们还定义整个群体中的对称性为：

$$S = \frac{1}{\binom{N}{2}} \sum_{i=1}^{N-1} \sum_{j>i}^{N} s_{ij}$$

我们可以计算 S，但由于 S 的分布是未知的，我们不知道与其他组的对称性相比，它是大还是小。因此，我们可以对检验统计量 S 的对称性进行排列检验。

使用排列检验处理社会经济数据时有几个实践方针：首先，我们不转置对角值(diagonal value)，因为它们通常有一个理论上的定义值，如 0 或 1。其次，我们需要决定如何转置矩阵。例如，我们可以选择转置整个矩阵，或在每一行中进行转置等，这取决于你的兴趣。一般情况下，通过限制更多的排列，我们可以进行更好的检验。在 S 对称性的例子中，在各行内进行重新排列更有意义，因为我们可以计算 s(由此估计 S)，同时保留每个个体的属性，诸如均值和方差。

对于对称性和传递性(transitivity)检验，相关网站可以提供计算机程序 PermNet。

你可以用一些常见的统计软件包执行排列检验。SAS 软件可以使用一个宏程序。SPSS，StatXact 和 LogXac 的精确检验程序包都可进行排列检验。

——Ryuhei Tsuji

（叶鹏飞译　高勇校）

参考文献

Boyd, J. P., & Jonas, K. J. (2001). Are social equivalences ever regular? Permutation and exact tests. *Social Networks*, *23*, 87-123.

Good, P. (1994). *Permutation tests: A practical guide to resampling methods for testing hypotheses*. New York: Springer.

Tsuji, R. (1999). Trusting behavior in prisoner's dilemma: The effects of social networks. *Dissertation Abstracts International Section A: Humanities & Social Sciences*, *60*(5-A), 1774. (UMI No. 9929113)

个人文档(Personal Documents)

参见文档类型【Documents，Types of】。

现象学(Phenomenology)

从最有影响的哲学意义上来讲，现象学是关于事物如何出现在意识中的描述性研究，目的通常是识别出决定我们对世界如何体验的基本结构。在社会科学方法论的语境下，这个术语常常意指一种方法，主要关注被研究的人们如何体验世界。它反对使用任何直接的手段来评估这种体验(例如，通过与科学知识相比较得出是真或假)乃至因果性地解释人们为什么用他们正在做的方式来体验世界。从现象学的视角看，这两种趋势都不能把握人们关于自身和世界理解的复杂性和内在逻辑。现象社会学与人类学相对主义有共同之处，坚持“用行动者自己的词语”研究其他文化；以及运用符号互动论【Symbolic Interactionism】的方法，强调人们持续理解发生的情况，而且这个过程产生了多样的视角和“世界”。

哲学中的现象学运动是由胡塞尔在19世纪末期发起的，后由海德格尔、梅洛-庞蒂、萨特，以及（对社会科学最有影响的）舒茨发展成多个方向。现象学的基本论点是意识的意向性（intentionality）：我们总是会意识到某些事。其含义是体验主体与被体验的客体本质上是相关联的；它们彼此不能分离而存在。现象学的影响格外地吸引了某类社会科学家，他们反对实证主义【Positivism】将自然科学方法作为理性探究的唯一模式，以及所有推理性的社会理论化形式。现象学既是一种针对它们的反对观点，也充当了一种适合于严格的调查研究的替代性模型。

在社会科学中最有影响的一个现象学概念被称作“自然态度”。胡塞尔认为，人们并非是以传统经验主义者【Empiricism】所宣称的那样对世界的体验是一些零散的感觉。在绝大多数时间里，人们体验着一个熟悉的世界，这个世界包含的各种各样的客体都是可辨认的，人的特征和行为都是已知的（除非另有说明）。虽然我们对世界的体验中还有不确定的领域，而且有些我们的期望得不到满足，但是这些问题背后都有一些我们视为理所当然的背景。现象学探究的任务，特别是由后来的现象学家（如舒茨）所构想的，是描述自然态度的建构特征：我们将这个世界体验为一个理所当然的和共享的现实的社会过程。他们认为，如果我们要为任何一种科学提供可靠基础，这就必须要得到解释。

凭借伯杰和拉克曼（Berger & Luckmann, 1967）的工作——他们激发了很多种社会建构论【Constructionism】以及常人方法论【Ethnomethodology】，现象学或许已经对社会研究产生了最直接的影响。

——Martyn Hammersley

（叶鹏飞译　高勇校）

参考文献

Berger, P., & Luckmann, T. (1967). *The social construction of reality*. Harmondsworth, UK: Penguin.

Embree, L., Behnke, E. A., Carr, D., Evans, J. C., Huertas-Jourda, J., Kockelmans, J. J., et al. (Eds.). (1996). *The encyclopedia of phenomenology*. Dordrecht, The Netherlands: Kluwer.

Hammond, M., Howarth, J., & Keat, R. (1991). *Understanding phenomenology*. Oxford, UK: Blackwell.

Schutz, A. (1973). *Collected papers* (4 vols.). Dordrecht, The Netherlands: Kluwer.

Phi 系数(Phi Coefficient)

参见对称量度【Symmetric Measures】。

社会研究哲学(Philosophy of Social Research)

社会研究哲学是社会科学哲学【Philosophy of Social Science】的一个分支。

它不但涉及社会研究的不同部分及其关系，还包含了对社会研究实践的一种批判性检视。

社会研究者在设计和实施社会研究的过程中，往往面临很多选择。这包括研究难题；探究这一难题的研究问题【Research Question】；回答这些问题的研究策略；伴随这些策略的社会调查方法；指导调查的概念和理论；资料的来源、形式和类型；从这些资料来源中进行选择的方法；以及收集和分析资料以回答研究问题的方法（Blaikie，2000）。在研究过程中的每个节点，要认真评估每个可能的选项，最终有理有据地做出选择，就都会涉及哲学议题。对于社会研究者来说，通过简单地、不加批判地遵循与一种特定范式【Paradigm】相关联的做法来回避这些议题已变得越来越困难。

哲学议题

与研究实践中的选择有关的哲学议题，包括各种类型的本体论和认识论假设、解释【Explanation】的本质、理论【Theory】类型和建构方法、语言的角色、研究者的角色、客观性【Objectivity】和真理，以及结果是否具有跨时空的普适性（Blaikie，2000）。这些议题是相互联系的，根据若干议题作出的选择也会影响根据其他议题作出的选择。这里只对这些议题进行简要讨论，更详尽的分析请参见本书的其他相关词条。

本体论和认识论假设

理论家和研究者们认为这个世界中真实存在的到底是哪些东西，我们又如何认识这些东西，这是科学哲学家要去考察的核心内容。无论是否认识到，社会研究者都不得不提出关于这两个问题的假设，以推进他们的工作。对此有各种各样的立场。为了捍卫已选择的立场，社会研究者需要了解支持和反对每种立场的争论，并且能将自己选择的立场正当化（参见本体论【Ontology】和认识论【Epistemology】关于立场问题的讨论）。

理论类型及其建构

哲学对理论采取的形式和理论产生的过程给予了大量关注。在社会科学中，区分两种类型的理论是非常有用的：理论家理论和研究者理论。前者运用抽象的概念和观点在宏观和微观两个层次上理解社会生活。后者在范围上更具体，是在社会研究的情境中发展和/或检验的。尽管这两类理论是相互关联的，但它们的形式和抽象层次是不同的（Blaikie，2000，pp. 142-143，159-163）。这里涉及的主要是研究者理论。

有些研究者理论是由相互关联成网络的一般规律所组成，这些规律是从资料中归纳【Induction】而来的。其他研究者理论则表现为一组具有不同普遍性层次的命题形式，这些命题来自演绎的论点。它们的起源无关紧要，但它们的经验检验被看作至关重要的（参见证伪主义【Falsificationism】）。有些理论是由关于生成结构或机制的描述所组成的，被认为可以解释一些现象，并且是通过应用对问题的合乎情理的想象（informed imagination）而获得的（参见回溯推理【Retroduction】）。其他由丰富的描述或抽象组成的理论，可能的形式包括行动者的理想类型、行动步骤和情境。它们都来源于社会行动者的概念和阐释（参见常情诠释【Abduction】和诠释主义【Interpretivism】）。社会科学哲学家已经对所有的四种形式理论建构都提出了论证和批评。

解释的本质

社会科学中最难解决的问题之一是如何解释社会生活。争论的中心集中在解释的来源上,是基于社会结构还是基于个体动机,即整体主义还是个体主义。问题就是这个来源是从社会行动者的外部还是他们的内部去寻找。

相关的争论涉及解释的类型,需要区分因果解释和动机解释。前者可以采取多种形式,遵循自然科学中使用的解释逻辑,但后者不认为自然科学的逻辑适合社会科学,而代之以社会行动者赋予行动的道理或动机。道理或动机,是否可以作为解释,还是仅仅提供理解,是某些争论的焦点。

无论是在自然科学还是社会科学中,因果解释都具有三种主要形式:模式解释、演绎解释和回溯推理解释。在模式解释(参见归纳【Induction】和实证主义【Positivism】)中,一个确定的普遍化的社会生活规律可以提供最根本的解释。例如,如果确定了"少年罪犯出自破裂家庭",就可以用它来解释为什么一些年轻人会犯罪,原因是他们的家庭背景。演绎解释(参见证伪主义【Falsificationism】)从一个或多个抽象的理论假设出发,并运用演绎逻辑和其他命题,得出一个推论,将它作为一个假设或作为对一个研究问题"为什么"的回答。回溯推理解释(参见回溯推理【Retroduction】和批判实在论【Critical Realism】)用背后的因果结构或机制来解释我们所观察的现象的特征。

语言的角色

这里的哲学议题是科学语言与世界上的事物之间如果有关系,应该是一种什么样的关系。在这个问题上采取的立场依赖于采用的本体论假设。例如,在实证主义中,运用理论中立(theory-neutral)的观察语言被认为是不成问题的,但是在证伪主义中,这是被拒绝的,原因是所有观察都依赖于理论。

在实证主义中,语言被看作描述世界的媒介,并且假定语言的结构形式与语言用来描述的对象世界之间具有同构性。然而,在诠释主义的某些分支中,语言被认为是日常社会行动实践的媒介。这里的议题是这种非专业性的语言与社会科学语言之间的关系,一些作者主张,后者应当通过常情诠释从前者中产生。选择在于是对社会世界强加技术语言还是从日常语言中引申出技术语言。

研究者的角色

社会研究者如何对待研究过程和参与者,对此有各种不同基本立场。有人主张彻底超脱,有人主张全心投入。社会科学哲学家已对这些立场的可行性及其对于研究结果的影响进行了批判性的检视。

每一种立场都与社会调查和研究策略的特定方法相关。独立观察者(detached observer)的角色关注客观性【Objectivity】,并与实证主义以及归纳和演绎逻辑有关。忠实报告者(faithful reporter)的角色关注社会行动者的观点,并与阐释论的某些分支有关。语言媒介者(mediator of languages)的角色关注理解的产生,并与诠释学【Hermeneutics】的某些分支以及常情诠释的逻辑有关。反思性伙伴(reflective partner)的角色关注解放,并与批判理论和女性主义有关。最后,对话性促进者(dialogic facilitator)的角色与后现代主义

【Postmodernism】有关,并关注通过容许被压抑的各种“声音”来减少研究者的权威影响力。

客观性

没有哪一个与社会研究相关的概念比客观性更能引发人们的情感和困惑。研究者的目的通常是希望得到客观的结果,而当他们得不到时会经常受到批评。一些研究方法因为看上去比较客观而受到赞赏,而其他一些方法则因为不客观而受到批评。这里的哲学议题是:“客观”到底意味着什么?什么样的方法和结果才是客观的?

在实证主义中,客观意味着坚持事实与价值的分离,也就是说,不允许研究的价值和偏见影响数据。这是一个具有欺骗性的简单想法,而且被证明是不可能实现的。首先,“事实”的概念非常复杂,并且事实与价值之间的区别并不是界限分明的。对某些哲学家来说,坚持事实与价值的分离,可能意味着在研究的议题上不偏袒任何一方。但是,一些研究者喜欢某种特定的观点(在女性主义中,女性的观点)。价值本身也可以是一个研究的主题。

对一些哲学家而言,客观性可以通过运用那些被科学共同体认为是适合的方法来获得。当然,这本身就意味着一种特定的价值标准。也有人把客观性等同于结果是可重复的,其他研究者能够重复研究的程序,从而实现对结果的验证。特定方法的可接受性是评判的标准。

一些阐释的社会科学家回避对客观性的关注,认为研究者应当尽可能是主观的。意思是研究者应将自身完全融入他们所研究的人群的生活中,因为这似乎是理解另一种生活形式的唯一方式。他们的目标是理解那一生活形式的真实意义,即一种忠实于社会行动者观点的意义。

真理

哲学家发展出若干理论来捍卫他们关于“真理”本质的观点。真理符合论(the correspondence theory of truth)要求从“客观的”观察中获得证据。它假定一位没有偏见的观察者将能够看到世界的本来面目,并且能够用理论中立的语言报告这些观察结果。它假定一个理论为真的基础是该理论与事实一致(参见实证主义【Positivism】)。当然,要实现这一点,必须就什么是事实达成一致。真理暂时论(the tentative theory of truth)认为,观察的理论依赖和证伪主义逻辑本质意味着从理论中演绎而来的检验永远不会获知真理。尽管发现真理是目的所在,但是演绎理论检验的结果通常要服从于未来的修正。与此相反,真理共识论(the consensus theory of truth)是建立在理性探讨的理念基础上,前提是要摆脱了所有限制和诱导的影响。尽管证据可能是重要的,但是理性的争论可以确认真理。然后是真理实用论(the pragmatic theory of truth),认为如果某个事物是有用的,能够融合到一个群体的经验中并能得到验证,那么它就是真的。在符合论中,真理被认为是永久性建立起来的。在共识论中,任何人无偏的合乎逻辑的论证都会获得相同的真理。然而,在暂时论中,真理被认为是随着检验过程而改变的,在实用论中则是随着经验的改变而变化。最后,在真理相对论(the relativist theory of truth)中,存在众多的真理,因为它假定存在多样的社会现实。正如没有人拥有特权的或中立的立场来判定多样的真理,我们不可能决定哪一个是“最真实的”。这种立场范围使真理的概念更少稳定性，而不是像常识认为的那样。

概推

所有科学工作者似乎都有一种愿望，希望超越他们得出研究结果的情境来推广他们的成果，这样他们的理论应用就能跨越空间和时间（参见概推性【Generalization】）。这对实证主义而言是特别适当的，其中使用的是归纳逻辑。尽管事实是建立在有限的观察基础上，但目标却是要建构普遍规律，比如“少年罪犯出自破裂家庭”。很多哲学家认为这一目标是不可能实现的，并建议少一点这种过于宏大的愿望。例如，证伪主义者承认其理论的暂时性，认为理论可能会在将来被更好的理论替代。此外，在他们的理论中，不仅会以一般形式来陈述一些命题，而且也包括了影响理论适用性的限制条件。事实上，很多科学活动正是致力于探索这类条件。例如，尽管“少年罪犯出自破裂家庭”这个一般命题可能列在一个演绎理论的前面，但诸如“在某些破裂家庭中，儿童没有充分社会化到社会规范中”这类限制条件，将这一理论限制在特定类型的破裂家庭。批判实在论【Critical Realism】对潜在机制的探寻，是建立在这一假设的基础上，即它们是现实的而不只是科学家的创造。然而，这些研究者认为他们的任务不仅是要发现适当的机制，而且是要确立这些机制运作的条件和情境。机制可以是普遍的，但它们的运作过程通常依赖于环境。因此，这些理论通常受限于时间和空间。在阐释论中，普遍接受的是，任何关于社会生活的社会科学描述必须依据时间和空间加以限定。任何理解必须限制在其本身常情诠释所依存的那个情境。同一类型的理解在其他社会情境中是否也是适当的，这将依赖于更进一步的调查研究。无论如何，所有理解都是有时效性的。

概推导致相当大困惑的一个方面，是人们经常混淆理论命题的概推与抽样调查中的概推（参见抽样调查【Survey】）。如果一个概率样本【Probability Sample】来自一个确定的总体【Population】，并且回答率是符合要求的，那么从样本中等到的结果就能够在统计上推广到从中抽取样本的总体中。在这个总体之外，所有推广性必须依据其他的证据和论据基础，而不是统计程序。就此而言，超出抽样总体的概化，本质上等同于从非概率样本【Nonprobability Sampling】和个案研究【Case Study】中进行概括。

社会研究的几个方面

社会研究实践的若干方面与前面讨论的几个议题有关。这里讨论的是如何从各种选项中进行选择。

社会探究的途径

在抽象层次上，社会研究有着不同的理论和方法论视角，也就是社会探究的不同路数。这些路数可以用不同方式来表述，通常包括实证主义、证伪主义（或批判理性主义）、诠释学、阐释论、批判理论、批判实在论、结构化理论和女性主义（Blaikie, 1993）。每一种途径都有自己的本体论和认识论假定（参见 Blaikie, 1993, pp. 94-101）。选择哪种路数和研究策略，会对研究设计【Research Design】计划和具体研究项目的实施产生较大的影响。

研究策略

社会研究中可以采取四种基本策略，它

们是基于归纳、演绎、回溯推理和常情诠释的逻辑(Blaikie, 1993, 2000)。每一种研究策略都有一个不同的出发点,并得出不同的结果。归纳策略是从数据收集出发,从中作出推广性结论,用此作为基本解释。演绎策略是从对研究问题的“为什么”提供一种可能答案的某个理论出发。从该理论逻辑演绎而出的结论,是我们需要的答案。该理论要在研究问题的情境中通过收集相关数据来进行检验。回溯推理策略是从一个假定的机制模型出发,该模型能解释调查研究中现象的发生。然后必须进行研究以论证这一机制的存在。常情诠释策略是从非专业性的概念和意义出发,这些概念和意义包含在社会行动者关于与研究问题相关的行动的陈情【Account】中。然后这些陈述会在社会科学家的叙述中运用技术语言进行重新描述。后者提供了一种对现象的理解,并可作为更复杂的理论化的基础。

四种研究策略都有不同的本体论假设。归纳和演绎策略共享相同的本体论假设(参见实证主义【Positivism】、归纳【Induction】、证伪主义【Falsificationism】和演绎【Deduction】);回溯推理策略使用的现实概念是分层次的,明确地区分了现实(domains of the actual,我们能观察到的东西)与实在(the real,深层结构和机制)(参见批判实在论【Critical Realism】和回溯推理【Retroduction】)。常情诠释策略采取了一种关于社会现实的社会建构论观点(参见诠释主义【Interpretivism】和常情诠释【Abduction】)。上述差异会影响到研究中的其他选择和结果阐释,因此了解不同策略之间的差异非常重要。

归纳策略对于回答“是什么”的研究问题非常有用,但基于资料推广已被证明不能充分地回答“为什么”的问题。演绎和回溯推理策略主要用于回答“为什么”的问题,尽管两者都要求首先建立起对观察特征的描述。常情诠释策略能同时用于回答“是什么”和“为什么”的问题。

对于每一种策略,都有大量哲学上的批评以及对它们优缺点的争论。没有哪一种是十全十美的。最后,社会研究者必须评估这些争论,然后判断哪一种适合手中研究的问题,同时认清它们的局限性。

结论

所有这些表明,对于社会研究中的哲学议题的理解,对于任何社会科学家而言都是必要的。在进行社会研究时必须作出诸多选择,因此社会科学家必须在哲学议题上选择立场。如果对作出这些选择所涉及的哲学议题缺少理解,就会导致幼稚的和自相矛盾的研究实践。

——Norman Blaikie

(叶鹏飞译　高勇校)

参考文献

Blaikie, N. (1993). *Approaches to social enquiry*. Cambridge, UK: Polity.

Blaikie, N. (2000). *Designing social research: The logic of anticipation*. Cambridge, UK: Polity.

Hughes, J. A. (1990). *The philosophy of social research* (2nd ed.). Harlow, UK: Longman.

Williams, M., & May, T. (1996). *Introduction to the philosophy of social research*. London: UCL Press.

社会科学哲学(Philosophy of Social Science)

社会科学哲学是科学哲学的一个分支,是哲学的一个重要领域。哲学学科是很难进行精确定义的。原始的希腊语含义是爱智慧,而今天则与批判性的分析方法相关联。虽然哲学没有自己的具体研究对象,也不生产关于世界的新事实,但哲学家们能够提供对已知事实的新理解。通过揭示概念和理论所指以及探索它们的内涵,他们澄清了知识的首要原则。通过分析我们用来讨论世界的语言,哲学家可以帮助我们理解它。特别是,哲学家们对我们认为理所当然的对现实的解读方式提供了一种批判性的反思。

在科学哲学中,关键的分析聚焦于这类主题,即本体论【Ontology】和认识论【Epistemology】的议题"什么是现实"和"什么构成了关于现实的知识"。更明确地说,哲学的这一领域探讨的是科学的本质、用来发展知识的科学探究的逻辑,以及观点背后的理据。

社会科学哲学主要关心三个议题:各种各样的本体论和认识论假设以及这些假设的正当理据何在,这些假设是社会研究者在他们的理论和社会探究方法中采用的;用来产生研究问题【Research Question】答案的各种探究逻辑;某一特定探究逻辑中使用的资料收集和分析方法的适当性。

自然科学哲学中处理的很多议题在社会科学哲学中也非常重要。然而,近 100 多年,哲学家和方法论学者一直在争论的一个问题是,成功运用于自然科学的方法和探究逻辑,是否也应当应用于社会科学中。该争论的麻烦之处在于,自然科学内部对于何种探究逻辑最有道理也是众说纷纭——归纳【Induction】、演绎【Deduction】还是其他方式?

对所有社会科学家来说,一个基本的选择是,使用这些探究逻辑中的一种,还是使用被一些哲学家认为是更适合社会科学中特定主题的逻辑。我们采用的本体论假设,将决定社会现实是被看作与自然现实在本质上是一致的,还是与自然现实根本不同。如果两者根本不同,我们就得采用不同的逻辑(常情诠释【Abduction】),资料收集和分析方法也会有根本不同。

这一争论的焦点是如何解释人类行为。采用自然科学中运用的逻辑,需要注重建立起因果解释,辨识产生特定情境下这些行为的原因和机制(参见因果关系【Causality】)。然而,那些赞成不同逻辑的社会科学家则认为应当把行动者自己对行为提供的理据作为理解的基础。

因此,社会科学家选择哪些研究问题,选择哪种探究逻辑来回答这些问题,都表明了他们在深刻而复杂的哲学议题上选择的立场。

——Norman Blaikie

(叶鹏飞译　高勇校)

参考文献

Blaikie, N. (1993). *Approaches to social enquiry*. Cambridge, UK: Polity.

Chalmers, A. (1982). *What is this thing called science?* St. Lucia, Australia: University of Queensland Press.

O'Hear, A. (1989). *Introduction to the philosophy of science*. Oxford, UK: Clarendon.

Rosenberg, A. (1988). *Philosophy of social science*. Oxford, UK: Clarendon.

研究中的相片(Photographs in Research)

相片在社会科学研究中扮演着有限但重要的角色。近年来,这个角色得到了加强。首先,摄影克服了社会科学通常依赖于加总数据分析的倾向,它明显聚焦于具体情况。其次,文化研究和符号理论家已经成为可视化社会层面最具活力的焦点,他们研究如传媒、建筑学和其他可视化社会形式中的支配、抵制和其他文化主题。这不是指运用相片来收集资料,而是用它来分析可视的结构化世界。

相片在社会学中的首次使用,是用来对物质文化或社会互动的不同方面进行展示。在《美国社会学期刊》(*American Journal of Sociology*)的前 20 卷中,即 1896—1916 年,社会学家使用相片研究诸如办公室和工厂中的工作条件以及工业化社会中的生活环境等问题。当社会学寻求一种更科学的形式时,相片在半个世纪的时间中都在很大程度上被抛弃。

人类学家也在摄影发展的数十年中大量运用它来记述和分类人类的群体。当人类学抛弃以种族类型的分类为基础的范式时,摄影的重要性就下降了。

摄影在民族志中的全面发展归功于格雷戈里·贝特森和玛格丽特·米德(Bateson & Mead,1942)关于巴厘岛文化的研究。他们通过大量的影像资料研究巴厘岛的社会仪式、日常行为和物质文化。后来,摄影在人类学民族志【Ethnography】中被广泛应用。

霍华德·贝克尔是第一位将摄影与社会学联系起来的现代社会学家(Becker, 1974)。贝克尔注意到,摄影和社会学自其起始阶段,都涉及对社会的批判性观察。20世纪早期的摄影师们,比如海因和雅各布·里斯,记录了城市化和工业化、劳工剥削和移民状况等社会学家所关心的所有主题。贝克尔建议,视觉社会学(visual sociology)应当使得纪录片实践和社会学理论联姻,而相片在社会学中的运用也在关注效度【Validity】、信度【Reliability】和抽样【Sampling】的背景下得到发展。

在此期间,社会学家证明了相片对于研究社会变迁(Rieger, 1996)和其他一些传统社会学主题的实用性。然而,相片仍然难以进入经验研究的主流,而是一种例外。也有人使用相片在宏观或结构层次上来探索社会,比如在德博拉·巴恩特(Barndt,1997)关于全球化与西红柿生产和消费的相片拼图/田野研究中。

研究者可以通过相片引导出文化信息。这个过程被称为照片启迪(photo elicitation)法,利用相片在访谈中激发出与文化相关的反应(Harper, 2002)。这些相片可以是研究者在田野观察中制作的,或者是来自历史或个人的档案中。在哈普尔(Harper,2001)近期的研究中,其照片来自一个档案馆,是50年前拍出来的,描绘了当时工作、社区生活和家庭互动的日常状态,它们被用来鼓励老年农民去反思农业社区变革的意义。

照片启迪法可以揭示出研究者和被访者头脑中视为理所当然的一些假定。此外,由于照片诱导鼓励基于视觉材料分析的反思,所以记忆和反思的质量要高于单独用语言访谈。最后,照片启迪法挑战了研究者的权威,并且将研究项目重新定义为一种对意义的合作式探寻,而不是对信息的挖掘。这使照片启迪法明确成为"新民族志"或"后现代研究方法"的新兴实践。

摄影用于社会科学研究,这至少存在三个伦理挑战。首先涉及匿名问题,其次涉及知情同意【Informed Consent】问题,最后是"讲述视觉事实(telling the visual truth)"的压力。

在传统研究中,个体是用文字或者表格和图形来表示的,真实身份被隐去了。因此,研究对象的身份很容易得到保护。然而,在摄影研究中,保护对象的隐私【Privacy】通常是不可能的。因此,摄影研究挑战了社会科学研究的一个基本原则。对这一问题的探讨仍在继续。

视觉研究者【Visual Research】面临的另一个问题是知情同意。如果可能,必须让研究对象了解在社会科学研究中公布他们的肖像所可能带来的影响,且他们同意参加的意见应当非常明确并以书面形式确认。然而,当社会科学的摄影者在诸如公园、城市景观和其他非正式互动场所的公共集会拍摄照片时,知情同意就变得不太可能。对这个问题的探讨也还在继续。

视觉研究者必须维护"讲述视觉事实"这一坚定承诺,不能修改图像来改变它们的意义,要呈现一个与对当时的情境进行科学理解的现实相一致的视觉图像现实。这个指导原则是高于一切的伦理规范,超越上面所列的所有技术性注意事项。

新的方法,比如以计算机为基础的多媒体、万维网、CD 出版物和虚拟现实,所有这些都为相片作为社会科学方法的创新应用提供了可能。社会研究中相片的未来,将部分依赖于这些新的技术如何能够更好地整合进社会科学方法和思维中。然而,致力于视觉研究的新期刊以及运用相片作为资料和交流的主要形式的书籍不断增加,意味着在社会科学中即将迎来相片大量使用的前景。

——Douglas Harper

(叶鹏飞译　高勇校)

参考文献

Barndt, D. (1997). Zooming out/zooming in: Visualizing globalization. *Visual Sociology*, *12*(2), 5-32.

Bateson, G., & Mead, M. (1942). *Balinese character: A photographic analysis*. New York: New York Graphic Society.

Becker, H. S. (1974). Photography and sociology. *Studies in the Anthropology of Visual Communication*, *1*(1), 3-26.

Harper, D. (2001). *Changing works: Visions of a lost agriculture*. Chicago: University of Chicago Press.

Harper, D. (2002). Talking about pictures: A case for photo elicitation. *Visual Studies*, *17*(1), 13-26.

Rieger, J. (1996). Photographing social change. *Visual Sociology*, *11*(1), 5-49.

饼图(Pie Chart)

饼图是一个圆形被分成多个部分,每个部分表示在总体中的份额或百分比;每一部分被称为这个"饼"的"切片"。条形图可以应用于相同目的,但假如只有相对较少的类别,饼图则更容易让人理解个案是如何在类别间"分配"的(直方图【Histogram】或条形图在需要显示变量的变化趋势时优于饼图,例如,随着时间的变化或比较几个区域)。

例如,图 1 描述了住在一个市镇中心的人们如何评价他们的区域以及什么东西比较好。

饼图还可以用于类别之间的简单对比。这里的条形图也可以应用于相同目的,并且在存在数个不同群组需要比较时更为合适,但饼图能够给出两个群组间的形象对比,更容易理解且直观。例如,图 2 中的饼图,展示了不同族群利用市民咨询局(Citizens' Advice Bureau)的不同原因。市民咨询局是遍布英国的志愿者机构,主要是为那些没有能力的穷人提供建议和引导,如何处理与中央和地方政府、税款、房东、购物相关的以及其他财务和法律事项,并且他们也提供了关于债务和财务管理方面的咨询。如图 2 所示,在米德尔斯堡,不出所料,移民和国籍是亚洲人经常提出的问题,但很少被白人关心。白人对住房和福利(政府承担)的关注比亚洲人稍多一点,并且更多的是讨论债务问题。

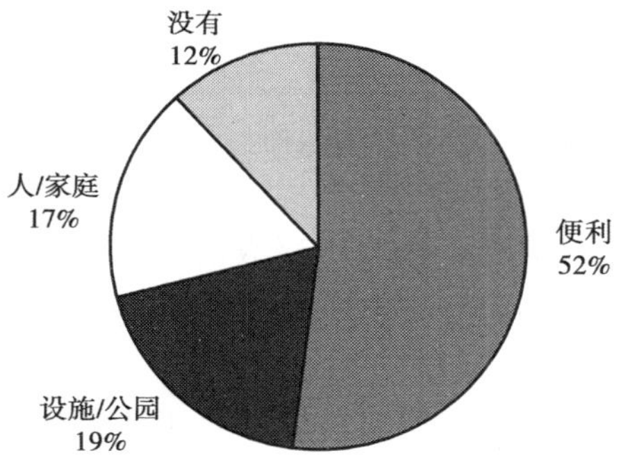

图 1 你的区域在生活方面哪些东西比较好?
资料来源:Hobson-West & Sapsford(2001).

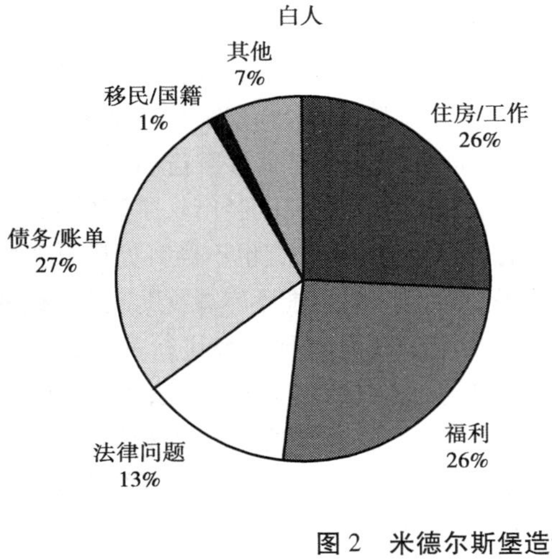

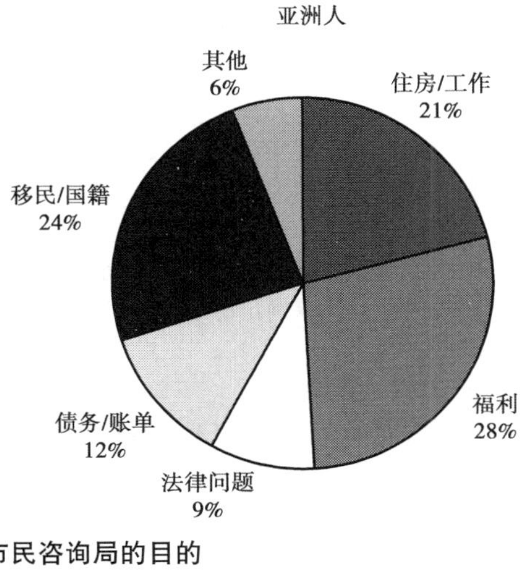

图 2 米德尔斯堡造访市民咨询局的目的
资料来源:McGuinness & Sapsford (2002).

——Roger Sapsford
(叶鹏飞译 高勇校)

参考文献

Hobson-West, P., & Sapsford, R. (2001). *The Middlesbrough Town Centre Study: Final report*. Middlesbrough, UK: University of Teesside, School of Social Sciences.

McGuinness, M., & Sapsford, R. (2002). *Middlesbrough Citizens' Advice Bureau: Report for 2001*. Middlesbrough, UK: University of Teesside, School of Social Sciences.

分段回归(Piecewise Regression)

参见样条回归【Spline Regression】。

预研究(Pilot Study)

预研究是指在主研究的准备阶段实施的可行性研究或小规模研究,以及一个特定研究工具的前测。

良好的预研究可以提升主研究成功的可能性。预研究可以提醒项目失败的可能、与设定方案的偏差或者拟用方法和工具的问题,以及希望发现可能影响研究的地方政治或问题(表 1)。

表 1　实施预研究的原因

- 开发和测试研究工具的适当性
- 评估(全面)研究的可行性
- 设计研究方案
- 评估研究方案是否现实和可行
- 建立有效的抽样框和抽样技术
- 评估拟用招募方法的成功可能性
- 识别使用拟用方法可能出现的逻辑问题
- 估计结果的变异性以确定样本量
- 收集原始资料
- 确定研究所需的资源
- 评估拟用的资料分析技术以发现潜在的问题
- 提出研究问题和/或研究计划
- 对研究者进行研究过程各要素的培训
- 使资助者相信研究团队是称职的和知识渊博的
- 使资助者相信研究是可行的和值得资助的
- 使项目小组相信研究是值得投入的

预研究可以建立在定量(定量研究【Quantitative Research】)和/或定性(定性研究【Qualitative Research】)方法的基础上,而大规模研究可能同时采取多个预研究。一项问卷【Questionnaire】调查的预研究可以从访谈或焦点小组开始,以便设计在问卷中需要询问的议题。然后,再就用词、问题的排序和可能的选项进行试调查。最后,研究过程可能要进行检验,例如,分发和回收问卷的不同方式,以及设计用来克服诸如难以记录和回答率(回答偏倚【Response Bias】)等问题的预防程序或安全系统。

实施一项预研究可能会出现的困难:

- 样本污染:曾经参加过预研究的受访者和从未参加过预研究的受访者,回答是有差异的。
- 已经在预研究上进行了大量投入后,研究者很难接受研究有可能是根本不可行的,而只愿意对现有方案进行一定改进。
- 如果预研究已经产生了实质成果,资助者会认为再深入研究也不会有更具原创性的结果,那么资助者可能不愿意资助这个主研究。

很少有人对预研究进行完整的报告,只是用来说明使用的研究方法和/或工具的有效性。然而,预研究的过程和结果可能对其他人使用类似方法或工具开展项目非常有用。研究者有这样的伦理义务,即通过报告所有研究的部分,包括预研究中出现的问题,以充分利用他们的研究经验。

——Edwin R. van Teijlingen
Vanora Hundley
(叶鹏飞译　高勇校)

参考文献

De Vaus, D. A. (1995). *Surveys in social research* (4th ed.). Sydney, Australia: Allen & Unwin.

Peat, J., Mellis, C., Williams, K., & Xuan, W. (2002). *Health science research: A handbook of quantitative methods*. London: Sage.

van Teijlingen, E., & Hundley, V. (2002). The importance of pilot studies. *Nursing Standard*, *16* (40), 33-36.

安慰剂(Placebo)

安慰剂的使用与实验【Experiment】相关。它的主要作用是在医学研究中,引导控制组【Control Group】相信他们得到了治疗,例如提供一种药物,但事实上治疗是虚假的。安慰剂有时也被使用在不需要产生实际效果的控制组中。由此而言,它的主要角色是作为治疗组或实验组的一个比较点。如果人们因为相信安慰剂确实会有一定的疗效从而导致自身行为或健康情况发生改变,比如安慰剂使人感觉更平静,这种情况被称为"安慰剂效应"。

——Alan Bryman

(叶鹏飞译　高勇校)

计划比较(Planned Comparisons)

参见多重比较【Multiple Comparisons】。

诗学(Poetics)

诗学认为语言既是一种达到各种交流目的的工具,同时也具有自身独有的本质。以语言为中心的行为均具有这种特点,只有根据当时的目的或者被强调,或者被忽略。在诗学中,作品的聚焦点和语言的特殊陈列形式是理解它的关键,而不只是作品的形式(例如,诗化散文,善于用隐喻和寓言;诗可以作为散文或韵文;吟诵,歌唱)或者传递的各种信息(例如,美的、说教的、神话的、仪式化的)。社会科学中对它的兴趣目前越来越浓,尤其是在社会科学将文本作为文化产品的关注中。部分根源于后现代主义【Postmodernism】的争论,部分根源于对文化尽管多元仍存共性的认知不断增加,这种"文学转向(literary turn)"拓展了对符号行为、话语中的意义生产、文本建构、行动中权威的研究,以及更普遍地,与任何形式的经验表达和交流相关的哲学和批判性的问题中诗学领域的研究。它包括广泛的研究主题:批判性对话中观点的相互建构、世界上诗歌的历史和形式(从部落社会到现代剧场)、仪式和世界观以及它们与语言和文化的关系研究,以及自传式民族志和民族志田野工作中自觉收集的档案。它对社会科学具有丰富的含义。

人类学诗学

人类学诗学面临的特殊挑战包括发展既敏感又如实的跨文化翻译技巧,以及一种能够系统地体现启发性的诗意又不牺牲民族志责任性本质的叙述体裁。我们需要从行动者的视角出发来了解这种本质及其在不同语言和文化中的意义，同时，也需要找到联合和沟通这些差异的途径。假设所有人都对探索和互相移情的沟通持有足够类似的开放态度，人类学诗学试图通过让读者（或听众）接触文本来唤起类似的体验。民族志研究者对这类论点感兴趣，因为他们有助于界定关于自我意识研究和写作的限制条件。这种日益增长的“文学性”，也导致了一些社会科学家痴迷于线、标点和空格，简言之，即将诗歌作为另一种表达形式。

诗是迄今为止诗意沟通中最著名的类别。它在概念和内容上否认身心分离，它与人的体验本身最为接近。它同时发生在思想和观点形成的意识层面和内心深处，诗人是有文化的、敏感的、有历练的人。它是一种自我展示、自我建构的探索方式，大体上就像写作和基本的人类活动“讲故事”。它从外来事物、日常事物和我们的梦想中获得动力和素材，在这个过程中创造并占据感觉和意义空间。人类所做的一切都有其意义，从挖红薯到登上月球，每个意义最终都锚定在感觉上。不过，通常只有诗人才会始终如一地从感觉的角度来书写经历——集中、解码、重构以及准确地讲述，如同“身体力行（embodied）”的参与观察者，富于触觉、嗅觉、味觉、听觉和视觉感，直面日常生活中的烦恼与欢乐、汗水与眼泪、情爱与焦虑。诗人展示出来的关于世界的看法，有时近似一棵植物之上的昆虫之眼，有时又深远到极点和宇宙。在民族志工作中，诗人希望通过相互创作来揭示这个世界对自己和对其他人的意义，特别是获得无法产生在单一语言或文化内的内容。这些内容牵涉不同的模式和困扰，却可以被共同参与者所共享。但是这样做的最终方式，是通过细致审视将看似陌生者的他者性消解掉。诗强调我们所有人的特质。但是将其纳入社会科学方法的体系则问题重重。它要求这些学科要面对整个复杂的美学领域以及在民族志陈述中富有智慧但违反直觉的论点，包括语言（和作者的感觉）在科学著述中的地位。

科学与诗学

科学探索让我们通过小规模和大规模的模式能或多或少窥见事物和行为之间的因果关系。它为我们展示的并不是日常现实，不是我们直观体验到的现实。诗人并非仅仅通过抽象概念来书写或谈论关于他们的经历，就像一个人在应用创造出来的科学理论时可能会做的一样，尽可能地聚焦于科学表达的对象而不让语言喧宾夺主；诗人的描述是具体的，他把自己置身于与其他事物的关系框架中，尤其是物理环境、情感处境与社会环境中。他们的目标是在不同人的内心世界中寻找到共通的表达方式，采取的方式是利用他们的语言、激发我们内心的事物、发现日常生活中的惊奇，以及暂时将我们带出自身，以便能向我们展示自身的本质，而不是就事论事。诗学使人们可以避免不经思考就接受那些有关文化的标准答案，同时又使人们在这一过程中感受到人性的共通之处。它兼具辩证的视角和比较的视角。

隐喻作为一种探索工具有与此类似之处。祖父是一棵橡树或原子内粒子最好概念化为运动中的台球，这样的思路可能被证明是解开最困扰我们的事物的源头，并且这种洞察力无法通过任何其他方式加以获得。知道这一点，并且有意识地利用类比和隐喻，这将所有的经验诠释黏合起来（对科学家和诗人都一样，只是科学家对此不承认而已)，诗人认为最富成效的探索形式取决于要解决的问题本质。正如《芬尼根的守灵夜》(*Finnegan's Wake*)不能简化为共济会或河流之旅的主题，不能简化为其形式特征和灵感的关键概要，加利福尼亚的原住民，其跨文化特质分布的统计表达式也无法产生诗性表述或精彩隐喻中所常见的精准表达和修辞效果。这其中的含义非常重要，不仅可以帮助我们解释一个共享世界的文化建构，这个共享世界根据不同的标准和环境既有区分又有联合，而且正如维特根斯坦(Wittgenstein，1974)所言，因为改变了我们的描述语言，从而改变了"分析游戏"本身，包括改变了研究的切入点。因此，诗学并不能被认为是现有定量分析方法的一个简单补充。它是一种完全不同的诠释形式，因此也是认知和叙述的不同形式，它明显属于定性的范围，它绝不仅仅是其他类型研究的补充。

诗学探究可以为我们提供关于世界的本质以及我们在世界中所处的位置令人振奋和启发性的知识，其中有些根本无法通过其他手段得到同样的深度和同样的形式。除了确保在自我意识基础上进行诠释，它的目的还在于避免思考的武断结束，鼓励研究和报告中的创造性。需要提醒的是，尽管存在许多共同特征，但科学和诗学所做的工作不同；没有任何单一的流派或方法可以捕获它的全貌；我们所说的一切都不可能被套进全新的事物中，而且在某种程度上，对我们所有人来说，经验和表达的领域都是受文化所限的和不完整的。如果我们总是要理解我们所研究人群的日常现实——他们所知道和解释的宇宙以及作为有情众生的行动，那么缓和或解决此类问题(例如，通过超越分析类别的方法，这些类别只存在于研究者自身的思想和认同中)就很重要。忽略这些现实，我们就无法理解自身，我们是如何社会性地和符号性地被表达出来，我们是如何在我们的意识中和与他人的比较中将我们的自我建构成富于意义的实体，以及如何在同一个星球上频繁的互动过程中促进负责任的行动。认为某种方法在任何时候都优于其他方法，是真理的唯一来源，这就相当于混淆了苹果和榔头——认为存在适合所有工作的一种工具。包容是更好的。民族学科学和人类学诗学的结合，能够更可靠而完整地解释我们这样一种存在：一种创造意义也渴求意义的生物。

——Ivan Brady

(叶鹏飞译　高勇校)

参考文献

Brady, I. (2000). Anthropological poetics. In N. K. Denzin & Y. S. Lincoln (Eds.), *Handbook of qualitative research* (2nd ed., pp. 949-979). Thousand Oaks, CA: Sage.

Brady, I. (2003). *The time at Darwin's Reef: Poetic explorations in anthropology and history*. Walnut Creek, CA: AltaMira.

Rothenberg, J., & Rothenberg, D. (Eds.). (1983). *Symposium of the whole: A range of discourse toward an ethnopoetics*. Berkeley: University of California Press.

Tedlock, D. (1999). Poetry and ethnography: A dialogical approach. *Anthropology and Humanism*, *24*(2), 155-167.

Wittgenstein, L. (1974). *On certainty* (G. E. M. Anscombe & G. H. Von Wright, Eds.). Oxford, UK: Blackwell.

点估计(Point Estimate)

点估计是通过样本【Sample】对一个总体参数【Parameter】作出的估计值。点估计是很适用的汇总统计量,在定量【Quantitative】分析报告中无处不在。点估计的实例包括回归【Regression】分析中获得的这类系数值,如截距【Intercept】和斜率【Slope】。点估计与区间估计(interval estimate)形成对比,后者又被称为置信区间【Confidence Interval】。置信区间反映了点估计的不确定性或误差范围。一个点估计提供了总体参数的单个值,而置信区间提供了一系列总体参数的可能值。虽然真正的参数是未知的,但点估计是最佳近似的。

点估计便于变量【Variable】之间关系的描述。这种关系可能有统计显著性【Statistical Significance】,但这种关系的大小也是我们感兴趣的。点估计能提供被检验关系的更多信息。这里提供一个假设的简单回归分析以说明点估计的概念。给定自变量【Independent Variable】X 和因变量【Dependent Variable】Y 的回归方程是 $Y=a+bX+e$,令 X 等于考试之前夜间睡眠的小时数,Y 等于考试成绩(以百分比的形式),b 为斜率,a 为 y 轴的截距,e 为误差。假设数据的分析产生下列回归方程:$\hat{Y}=-2+9.4X$。点估计是从样本统计量中获得的值;在这里,我们感兴趣的是截距和斜率值。斜率表明,平均而言,额外增加 1 个小时的睡眠与考试成绩增加 9.4 个百分点是联系在一起的。如果斜率估计也是显著的,那么点估计表明,学生考试前一晚睡眠时间越长,则考试表现更好。另一方面,如果斜率估计是非常小的,比如说 0.5——那么两者的关联性就不会显得有实质性意义,尽管具有统计显著性。这个例子说明点估计提供了有关被检验关系的有价值的信息。

截距的值也是我们感兴趣的。对于这个例子,截距的值是-2。截距表明,平均来说,学生睡眠时间为 0 小时的成绩得分为-2 个百分点;但是,该值没有意义,因为考试得分范围为 0~100。而且,如果我们要沿 x 轴和 y 轴绘制这些数据点,我们会看到,没有或只有几个学生在测试前一夜睡得很少(0~2 小时)。由于数据点如此之少,应当避免对这些睡眠时间小的数据点的考试成绩进行预测【Prediction】(在这种情况下,我们得到的结果毫无意义)。点估计对于说明更多具体条件下的关系和进行预测是非常有用的,但是基于相对较小的数据所得到的点估计会包含更多的误差。在这种情况下,y 轴截距的点估计必须谨慎使用。

这里给出的假设的例子,是采用最小二乘【Ordinary Least Squares】估计量来说明点估计的概念;然而,参数的点估计也可使用其他估计方法,如最大似然法【Maximum Likelihood】。实际上,点估计,或者说由样本统计量获得的数值,部分地取决于研究者选择的估计量。因此,对研究问题给定的特定属性选择适当或最佳估计量对研究者来说是很重要的(Kennedy, 1998, pp. 5-6)。点估计也对模型的设定【Specification】、测量误差、样本容量和样本抽取方式比较敏感。

——Jacque L. Amoureux

(叶鹏飞译　高勇校)

参考文献

Kennedy, P. (1998). *A guide to econometrics.* Cambridge: MIT Press.

Lewis-Beck, M. S. (1980). *Applied regression: An introduction* (Sage University Paper Series on

Quantitative Applications in the Social Sciences, 07-022). Newbury Park, CA: Sage.

Lewis-Beck, M. S. (1995). *Data analysis: An introduction* (Sage University Paper Series on Quantitative Applications in the Social Sciences, 07-103). Thousand Oaks, CA: Sage

泊松分布(Poisson Distribution)

泊松分布是用来测量某个离散【Discrete】正变量在一段观察时期内取特定值的概率【Probability】。在一个给定的时间内,我们在接近无限次的试验中观察“成功”的总数。这个总数没有上限。试验或事件之间相互独立且不能同时发生。例如,在给定的1小时内,我们可能接到10次推销电话;在这种情况下,泊松变量取值为10。我们定义一个泊松随机变量的期望值【Expected Value】($E[Y]$)为 λ,或者下一个时期内预期的发生率。在计算了 λ 值后(通过以往时期得到的结果),也可以应用泊松概率密度函数【Probability Density Function】来判断 Y 取值为 k 的概率:

$$\Pr(Y=k)=\frac{e^{-\lambda}\lambda^{k}}{k!}$$

尽管西莫恩-德尼·泊松(Siméon-Denis Poisson,1781—1840)最初提出泊松分布是将其作为二项概率分布函数的近似方法,但后来学者们也从一系列命题中推导出泊松分布。

泊松分布与二项分布【Binomial Distribution】非常相似,二项分布概括了 n 次伯努利试验的结果。当试验次数(n)很大时,成功机会(p)就很小,并且 $\lambda=np$ 大小适中,即在稀有事件的情况下,泊松导出函数可作为二项随机变量取特定值时其概率的一种逼近方式(推导参见 Ross,2002)。泊松分布的方差公式也遵循二项分布:当 n 很大且 p 很小时,$\mathrm{Var}(Y)=np(1-p)\approx\lambda$。二项分布和泊松分布的关键差别是我们知道二项分布试验(n)的次数,但泊松分布的试验次数未知且趋向无穷大。

社会科学家已经开始将泊松分布作为概率分布独立地用于描述每年战争次数和给定人群内特定罕见行为的发生率等多种现象。我们来考虑一个给定年份中总统否决权的使用数量。这个例子满足更普遍的泊松推导假设(参见 King,1998)。在不同议案中否决票是相互独立的。同一时间内不可能产生两次否决。设定 λ 为3.5(前一年总统否决率的平均值),我们能够计算总统在接下来的一年中至少三次议案中投否决票的概率:

$$\begin{aligned}\Pr(k\geqslant 3)&=1-P(k=0)-P(k=1)-P(k=2)\\&=1-e^{-3.5}-3.5e^{-3.5}-\frac{(3.5)^{2}}{2}e^{-3.5}\\&=1-10.625e^{-3.5}\\&=0.864\ 1\end{aligned}$$

当改变间隔的长度时,我们需要对方程式进行调整,将 t(间隔的长度)设定为附加参数【Parameter】。在这个例子中,我们将要计算的是总统在接下来两年中至少在三个议案中投否决票的概率(图1):

$$\Pr(Y=k)=\frac{e^{-\lambda t}(\lambda t)^{k}}{k!}$$

$$\begin{aligned}\Pr(k\geqslant 3)&=1-P(k=0)-P(k=1)-P(k=2)\\&=1-e^{-7}-7e^{-7}-\frac{(7)^{2}}{2}e^{-7}\\&=1-32.5e^{-7}\\&=0.970\ 4\end{aligned}$$

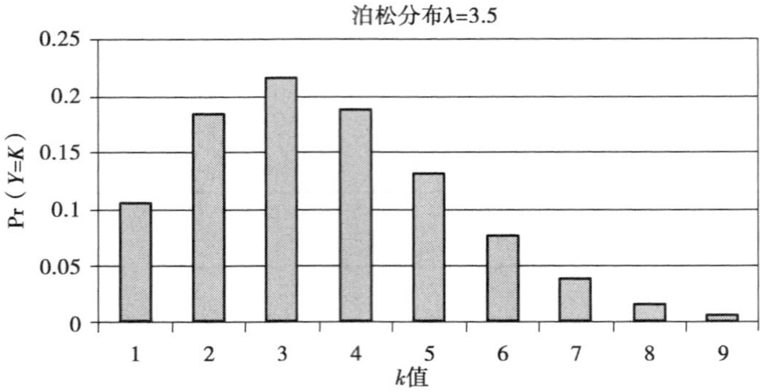

图 1　泊松分布

尽管上述泊松分布适用于单一观测值，但社会科学家已经发展出泊松回归【Poisson Regression】技术来对一组观测值的 λ 进行估计。

——Alison E. Post

（叶鹏飞译　高勇校）

参考文献

King, G. (1998). *Unifying political methodology*. Ann Arbor: University of Michigan Press.

Larsen, R. J., & Marx, M. L. (1990). *Statistics*. Englewood Cliffs, NJ: Prentice Hall.

Ross, S. (2002). *A first course in probability*. Upper Saddle River, NJ: Prentice Hall.

泊松回归(Poisson Regression)

泊松回归是一种回归模型【Regression Model】,其中由计数组成的因变量采用泊松分布【Poisson Distribution】的形式进行建模。计数因变量,只能取非负整数值,出现在许多社会科学情境中。例如,一个社会学家可能会对研究个体犯罪行为次数的影响因素感兴趣。在该例中,数据集中每个个体都与一个数值相联系,用来表明他或她在给定时间段内犯罪行为的次数。没有此类行为的个体计数为 0,有一次犯罪行为的个体计数为 1,以此类推。该问题中的社会学家可采用泊松回归来判断哪些给出的自变量(如个体受教育程度)与通过犯罪行为计数来测量的个体犯罪活动显著相关。

正如上面介绍的,泊松回归是以泊松分布为基础的。这种单参数一元分布【Distribution】支持非负整数,因此,在研究由计数组成的因变量时,适合使用这种分布。

模型设定

泊松回归的模型设定【Model Specification】基于如下假设,对于自变量向量 $\mathbf{x}_i$,计数因变量 y_i 对于每个观测 i 均独立服从泊松分布,其均值为 μ_i 且服从概率分布函数:

$$f(y_i \mid \mathbf{x}_i) = \frac{e^{-\mu_i}\mu_i^{\ y_i}}{y_i!} \qquad (1)$$

μ_i 与 x_i 之间的关系被假定为:

$$\mu_i = \exp(\mathbf{x}_i'\boldsymbol{\beta}) \quad (2)$$

其中，$\boldsymbol{\beta}$ 是待估计的参数向量（与 $\mathbf{x}_i$ 的维度相同）。注意 μ_i 和 $\mathbf{x}_i$ 之间的指数连接函数保证了 μ_i 只能是正数。这是很必要的，因为泊松分布的均值不可能是负的。基于一组 n 个观测值（y_i，$\mathbf{x}_i$），方程（1）和方程（2）联合产生对数似然函数

$$\log L = \sum_{i=1}^{n} [y_i \mathbf{x}_i'\boldsymbol{\beta} - \exp(\mathbf{x}_i'\boldsymbol{\beta}) - \log(y_i!)] \quad (3)$$

其中，log（·）表示自然对数。这个对数似然函数的一阶条件——每一个元素 $\boldsymbol{\beta}$ 都有一个这种形式——是非线性的【Nonlinear】且没有闭合解。因此，必须应用数值方法来估计 $\hat{\boldsymbol{\beta}}$ 的值以使方程（3）最大化。

泊松回归结果的解释与其他非线性回归模型的解释类似。如果给定元素 $\hat{\boldsymbol{\beta}}$ 为正，那么 y_i 计数值会随着相应元素 $\mathbf{x}_i$ 的增加变大。然而，泊松回归模型中这种相对变化幅度计算起来很复杂，因为对于方程（2），μ_i 对某个 $\mathbf{x}_i$ 的导数依赖于 $\mathbf{x}_i$ 中的所有元素（对不同元素 $\mathbf{x}_i$，μ_i 的交叉偏导数不为 0，这和在最小二乘【Ordinary Least Squares】回归中有所不同），因此，对于估计值 $\hat{\boldsymbol{\beta}}$ 向量，可以改变 $\mathbf{x}_i$ 中的某个元素，以及在方程（2）中以 $\hat{\boldsymbol{\beta}}$ 代替 $\boldsymbol{\beta}$，基于改变的 $\mathbf{x}_i$ 向量产生一系列估计的 μ_i 值。然后应用方程（2）中的链接函数，直接产生一个非负整数概率分布——一个对于 y_i 的估计分布。需要指出的是，这一分布是以 $\mathbf{x}_i$ 中的其他元素不变为条件的。

方程（3）中的对数似然比（log likelihood）满足标准正则性条件，并且对 $\hat{\boldsymbol{\beta}}$ 的推导可采用标准渐近理论。因此，显著性检验、似然比检验等，可以很容易地根据 $\hat{\boldsymbol{\beta}}$ 和每个参数向量的估计方差矩阵来进行计算。泊松回归模型是一般线性模型【Generalized Linear Models】的特例（McCullagh & Nelder，1989）。因此，一般线性模型理论可以应用于泊松回归。

扩展

标准泊松回归模型——方程（1）和方程（2）中概括的——可以被扩展成多种形式，其中很多形式由卡麦伦和特里维迪（Cameron & Trivedi，1998）进行了阐述，其在计数回归方面非常详细并被广泛参考。泊松模型一个非常普遍的扩展是为了反映这一事实：计数因变量 y_i 在 $\mathbf{x}_i$ 给定时的方差往往比它服从泊松分布时本该有的方差值更大。注意均值为 λ 的泊松随机变量方差也是 λ。这意味着方程（2）中 y_i 的均值模拟同时也限定了 y_i 的方差。

对于给定观测值（y_i，$\mathbf{x}_i$），因为未观测到的异质性【Heterogeneity】，y_i 的方差超过 μ_i，于是 y_i 可以说产生过度离散（即产生比给定 y_i 和 $\mathbf{x}_i$ 期望更大的方差）。过度离散计数因变量可以使用负二项回归模型进行研究；标准泊松模型不应该被应用于过度离散的数据，因为基于这一模型的结果可能是误导性的。

此外，泊松回归模型是负二项模型的特例。因此，当应用负二项回归模型处理计数数据集时，它会直接检验以关联 $\mathbf{x}_i$ 向量中的自变量为条件的数据集是不是过度扩散的，如果是，就意味着不应该使用标准泊松模型进行分析。

标准泊松模型的另一个扩展归功于兰伯特（Lambert，1992）的研究，其目的是模拟

含有过多零观测值的计数因变量(即大量的 y_i 值是 $y_i=0$)。这样的因变量数值的集合可以称为零膨胀,兰伯特的零膨胀泊松回归模型假设一些观测值 y_i 来自标准泊松回归模型(或负二项模型),一些来自"总是零"模型("always zero" model)。因此,每个观测值是0的 y_i,是来自"总是零"模型的潜在概率,以及相应地来自给零及所有正整数赋予正权重的常规泊松模型的潜在概率。标准泊松回归不是兰伯特零膨胀泊松模型的特例,且正如格林(Greene,2000)对于计数回归的讨论和研究中指出的,对过多零值的检验需要非嵌套假设检验。

泊松回归模型的其他扩展可参见卡麦伦和特里维迪(Cameron & Trivedi,1998)以及格林(Greene,2000)的著作。以卡麦伦和特里维迪为例,他们讨论了泊松模型的时间序列【Time-Series】扩展以及推广,允许对计数向量进行建模。

——Michael C. Herron

(叶鹏飞译　高勇校)

参考文献

Cameron, A. C., & Trivedi, P. K. (1998). *Regression analysis of count data*. New York: Cambridge University Press.

Greene, W. H. (2000). *Econometric analysis* (4th ed.). Upper Saddle River, NJ: Prentice Hall.

Lambert, D. (1992). Zero-inflated Poisson regression with an application to defects in manufacturing. *Technometrics*, *34*, 1-14.

McCullagh, P., & Nelder, J. A. (1989). *Generalized linear models* (2nd ed.). London: Chapman & Hall.

政策导向研究(Policy-Oriented Research)

政策导向研究的目的是报告或者理解公众政策和社会政策过程的一个或多个方面,包括决策以及政策制订、实施和评估。需要区分的是为(for)政策的研究和对(of)政策的研究。为政策的研究是力图影响政策过程的各个阶段的研究(从政策形成之前直至政策的实施)。对政策的研究涉及问题如何界定、如何设置议程、政策如何制度化、如何作出决策,以及如何实施、评估和改变政策(Nutley & Webb, 2000, p.15)。政策导向研究可以同时是这两种类型。

政策导向研究在实际中如何影响政策(如果真是如此)是一个有争议的议题。扬、阿什比、博阿兹和格雷森(Young,Ashby,Boaz,& Grayson,2002)确定了多种模式来帮助我们理解这一个过程。知识驱动模式中,研究(由专家开展的)引导政策。问题解决模式中,研究跟随政策,并且政策议题决定了研究重点。互动模式将研究和政策描述为相互的影响和作用。政治/策略模式认为政策是政治过程的结果,研究主题是政治驱动的。启蒙模式认为研究间接地服务于政策,讨论决策制订的情境,为理解和解释政策提供更宽广的框架。每一种模式都能帮助我们理解政策导向研究与特定政策发展之间的联系。扬与其同事(Young,Ashby,Boaz,& Grayson,2002)认为,政策研究的角色"不只是解决问题,而是阐明议题并激发更广泛的公共讨论"(p.218)。

因此,政策导向研究可以具有多项功能,能拥有多种类型的受众。它提供了一种专家功能,能够影响政策过程,并理解政策如何运作以及针对决策者、政策网络和社区、熟知研究的实践者和学术界人士等目标受众来说怎样做才管用;它还提供了一种民主功能,研究结论有助于推动开明的知识型社会发展和更广泛的民主进程。这里,研究的使用者将包括拥有既得利益的组织团体、服务使用者以及整个公众。

决策者和政策执行者(例如,社会工作者、医护人员)越来越将他们的政策和实践建立在"证据"的基础上,特别是在有效性和"哪些有用"上的证据。将哪些视为证据(以及谁这样说)是存在高度争议的领域。虽然政策导向研究可以成为"证据"的一个关键来源,但其他来源也往往在实际中被当作证据使用,尤其是在影响政策和实践方面。

政策导向研究可以采用各种不同的研究设计和方法(Becker & Bryman, 2004)。有时,根据要解决的特定研究问题只会应用一种方法。其他情况下,在一个单一研究或者作为跨地区或全国性大范围研究项目的一个部分,也可能会综合不同的方法。尽管每一种方法和设计都有自己的优势和局限,随机化控制试验【Randomized Controlled Trial】,然后是系统综述【Systematic Review】和统计元分析【Meta-Analysis】,都被很多人视为"黄金标准"。这在医疗卫生政策研究中特别明显,并且围绕哪些研究设计和方法最适合社会福利、教育、刑事司法以及其他公共和社会政策领域,存在持续的争论。

——Saul Becker

(叶鹏飞译　高勇校)

参考文献

Becker, S., & Bryman, A. (Eds.). (2004). *Understanding research for social policy and practice: Themes, methods and approaches*. Bristol, UK: Policy Press.

Nutley, S., & Webb, J. (2000). Evidence and the policy process. In H. Davies, S. Nutley, & P. Smith (Eds.), *What works? Evidence-based policy and practice in public services* (pp. 13-41). Bristol, UK: Policy Press.

Young, K., Ashby, D., Boaz, A., & Grayson, L. (2002). Social science and the evidence-based policy movement. *Social Policy and Society*, *1*(3), 215-224.

研究的政治(Politics of Research)

当研究涉及政治时,问题是研究是否应当追求或者能在多大程度上保持价值中立。早期的传统观点认为,社会研究应通过效法自然科学的实践和假定,力求科学性和客观性【Objectivity】,即哲学立场所称的实证主义【Positivism】。其关键特征在于运用价值中立的方法,作出合乎逻辑的论证,用观察到的社会事实来检验各种理念。这些原则一直饱受争议。但它们在19世纪和20世纪的大部分阶段都占据主流思想的地位。

最近,另一种观点开始流行。实证主义被人认为不适合于社会科学而受到挑战,社会科学关注的是社会行动者的意义、信念和价值观。对诸如调查【Survey】之类定量方法的依赖已得到修正,更大的合法性被赋予深入的定性研究。社会研究与政策和实践之间的界限已经很模糊(Hammersley, 2000)。结果,社会科学能够产生客观知识的假定也已经受到挑战。

哈默斯利(Hammersley, 1995)提出,有

必要就社会研究是不是政治的提出三个问题。研究可能是非政治的吗？研究在实践中是否倾向于政治化？研究应该是政治性的吗？一些社会科学家认为，研究不可能不牵涉政治层面。所有研究必然会受到社会因素的影响，比如研究课题如何设计，怎样才能联系到参与者，以及研究过程中研究者的角色。资助者也在决定资助什么项目和与此相关的条件方面有重要影响。

还有人认为，社会科学家对社会世界采取漠然中立的态度既不可能也不必要。例如，社会学通常基于对“弱者”的关心，乐于向现状挑战。现在，女权主义和反种族主义的研究明确地以改变现实为目标。然而，仍然有人主张研究应该直接关注于创造知识而不是其他任何目标。根据这种观点，研究对推动重大政治变革的能力是有限的，而且此类追求也限制了研究本身的价值(Hammersley，1995)。

走出这一难题的可能方法，是将知识创造过程中的政治与客观性区别开来。根据政治的或伦理的观点提出的问题，不能阻碍研究者在实际研究中对客观性的追求。这涉及将严格而系统的程序贯穿于研究全过程，包括分析期间和产生一种解释时。研究者们主张，即使并不存在社会科学家的绝对客观性的理想国，但仍然会有一种渴望去创造可靠的知识和理解(Christians，2000)。

——Mary Maynard

(叶鹏飞译　高勇校)

参考文献

Christians，C.（2000）. Ethics and politics in qualitative research. In N. K. Denzin & Y. S. Lincoln（Eds.），*The handbook of qualitative research*（pp. 133-155）. Thousand Oaks，CA：Sage.

Hammersley，M.（1995）. *The politics of social research*. London：Sage.

Hammersley，M.（2000）. *Taking sides in social research*. London：Routledge.

多边图(Polygon)

多边图是图表的一种类型，在 x 轴上显示一个定序、定距或分组比率尺度的变量，在 y 轴上表示另一个感兴趣的、通常是观测值频数的变量。

——Tim Futing Liao

(叶鹏飞译　高勇校)

＊也可参见频数分布多边图【Frequency Polygon】。

多项式方程(Polynomial Equation)

当方程右边包含幂次大于 1 的变量时，我们称为多项式方程。在社会科学研究中，多项式方程较常见于经济学研究。例如，边际成本理论表明产量和边际成本之间呈 U 形关系。因此，当我们增加商品的产量，规模经济(因经营规模扩大而得到的经济节约)使得生产一个单位商品中的边际成本降低。然而，假如产量超出一定数量，由于生产设备的饱和度，成本将趋向于增加。在数学上，这种关系可以用二次方程式表示：$\hat{Y}=\beta_0+\beta_1X+\beta_2X^2$。

多项式方程的随机形式

统计设定中，有时会用随机【Stochastic】形式来表达与多项式方程相关的理论。例如，上述方程的随机形式为：$Y=\beta_0+\beta_1X+\beta_2X^2+\varepsilon$。若扩展讨论至更一般的情况，若干变量为二次幂以上，则随机多项方程式的一般表达式如下：

$$Y=\beta_0+\sum_{i=1}^{m}\beta_iX^i+\cdots+\sum_{j=1}^{n}\zeta_jZ^j+\varepsilon$$

在本节的其余部分，我们将考虑随机环境下的多项方程式。

例如，回归【Regression】模型的多项表达式是非线性【Nonlinear】模型的特殊情况，它可以更一般地表示为：

$$\begin{aligned}Y&=\alpha g_1(\mathbf{z})+\beta g_2(\mathbf{z})+\cdots+\zeta g_k(\mathbf{z})+\varepsilon\\&=\alpha X_1+\beta X_2+\cdots+\zeta X_k+\varepsilon\end{aligned}$$

此外，$\mathbf{z}$ 是由若干自变量组成的向量。一系列转换【Transformation】函数，诸如 $g_1(\mathbf{z}),g_2(\mathbf{z}),\cdots,g_k(\mathbf{z})$，指明了向量 $\mathbf{z}$ 中各变量之间的非线性关系。需要注意的是，我们以自变量的非线性表达开始，但通过自变量的转变，最终用经典的线性回归方程，即右边的类似表达为 $\alpha X_1+\beta X_2+\cdots+\zeta X_k+\varepsilon$ 来结束。这显示了模型的固有线性。如果我们发现非线性性质的关系，通常可将复杂模型转化为简单的线性形式。多项式方程是转换函数的可能表达之一。对数【Logarithm】、指数或倒数方程都是可选的，这取决于非线性的性质。

多项式回归的估计

我们可以用经典的最小二乘【Ordinary Least Squares】估计多项式回归。这是因为自变量的非线性不违反参数的线性假设。我们可以仅把自变量的转换值代入方程。然后，得到线性回归【Linear Regression】的简化形式。多项式回归中通常会存在多重共线性【Multicollinearity】问题，因为二次项和三次项的变量往往是相关的。然而，如果所有回归假设都满足，多项式回归方程的估计是最佳线性无偏估计量。

多项式关系的检测

鉴于多项式回归方程的基本定义及特点，一个自然的问题是，如何发现和确定多项式的关系。有两种方法可以回答这个问题。第一种是基于理论的；第二种是基于统计学的检验。基于现有研究的完备理论，比如前面提到的边际成本理论，我们可以给变量指定先验的关系，然后检验系数的统计显著性【Statistical Significance】。显然，这种显著性的检验是理论的自然检验。然而，在许多情况下，理论太薄弱不足以明确特定多项式或非线性形式。

因此，我们也可以从统计学上解决确定和检测多项式关系的问题。常用的方法有三种：

首先，可以用图形分析简单线性回归的残差。我们考虑只有一个变量的简单多项式方程。假设真实模型是$Y=\beta_0+\beta_1X+\beta_2X^2+\varepsilon$，但通过样本估计的回归方程为 $Y=\hat{\beta}_0+\hat{\beta}_1X+\varepsilon$。因此，残差将反映 β_2X^2 和 ε。换言之，残差中除了真正的随机扰动之外，还包括真实模型中的系统变异。如果将观测的

x 值按升序重新排列，很容易就会发现残差的某种特征。

其次，可以采用分段线性回归。同样以残差分析为例，将观测值按升序重新排列，并将样本分为若干个亚组。如果对各个亚组分别进行回归，那么基于 β_2 的符号为正或负，得到的系数估计值会持续增加或减少。

最后，如果在非线性的更一般的情况下来处理设定和检测问题，那么就可以使用 Box-Cox 设定。根据 Box-Cox 变换，可以明确自变量的非线性函数形式为：

$$X=\frac{Z^{\lambda}-1}{\lambda}$$

这里的 λ 是一个未知参数，所以对应不同的 λ 值，函数形式可能是多种多样的。我们目前兴趣的关键点是在 $\lambda=1$ 的情况下，X 是 Z 的线性函数。通常似然比【Likelihood Ratio】检验用于考察在有无 $\lambda=1$ 的限制情况下，其似然比统计量是否有差异。如果两者之间的差异有统计学意义，就拒绝变量符合线性的虚无假设。鉴于以上统计过程的结果，可以判断是否存在非线性。然而，非线性存在本身并没有告诉我们关于非线性的真实性质和形式。在非线性的一般设定中，可以运用 Box-Cox 变换公式来估算 λ 值。λ 值是非线性性质的标示。然而，Box-Cox 方法并不涵盖所有非线性关系的可能形式。此外，Box-Cox 方法并不只是针对基于多项式的非线性。

结论

综上所述，非线性的确定和检测，包括多项式的形式，应当基于理论，并通过统计学检验证实。纯理论的确定可能会弄错非线性的确切形式。单纯用统计学来确定非线性，则可能无法为非线性形式的运用提供坚实的基础。因此，明确多项式和其他非线性形式需要相当审慎的判断。

——B. Dan wood

Sung Ho Park

（叶鹏飞译　高勇校）

参考文献

Greene, W. H. (2003). *Econometric analysis* (5th ed.). Mahwah, NJ: Prentice Hall.

Gujarati, D. N. (1995). *Basic econometrics* (3rd ed.). New York: McGraw-Hill.

多分类变量(Polytomous Variable)

多分类变量拥有两个以上的不同类别，与二分【Dichotomous】变量形成对比。一般而言，任何包括两个以上观测值的连续【Continuous】变量、定距【Interval】变量或定比【Ratio】变量，都是多分类变量，但是，这个术语通常是用来表示定类【Nominal】和定序【Ordinal】变量，称为无序和有序多分类变量。当应用于定序变量时，该术语通常用于涉及具有相对较少的(如小于 10)不同类别的定序变量；拥有大量类别(如超过 20)的定序变量，有时被说成是连续的定距或定比变量，或者经常被当作与此相同。而且，尽管原则上此术语都适用于任何分析中的自变量【Independent Variable】或因变量【Dependent Variable】，但通常是用于 Logit 回归【Logit Regression】和 Logistic 回归【Logistic Regression】模型中的因变量。其他用于多分类变量的术语还有多分(只是另外一种书写,也对应于二分变量)和多项(对应于二项)。因为二项和多项的概念既可以指特定概率分布,也可以指具有这些分布的变量,所以当指涉的并不是变量的分布时,可能更倾向于使用多分的概念。

——Scott Menard

(叶鹏飞译 高勇校)

合并调查(Pooled Surveys)

合并调查是指将多个不同的调查【Survey】合并到一个数据集。这些调查通常采用同一种测量工具,只是在不同时间重复实施。例如,分析人员可以结合或综合总统选举的历次调查(如1952—2000年),来进行美国国家选举的研究。这意味着在48年的时间段内,有一个由13次截面调查组成的集合。合并调查的优点是样本【Sample】量和方差【Variance】得到大幅度的增加。但由于将时间序列【Time-Series】和横截面设计【Cross-Sectional Design】混合在一起,分析的复杂性也随之而来。而且,研究可能不得不局限在所有调查都涉及的范围狭窄的事项上。

——Michael S. Lewis-Beck

(叶鹏飞译 高勇校)

总体(Population)

总体是研究者要对其进行推论的分析单位的全集,在此分析单位可以是个人、社会群体、社会组织、社会产物等。在研究过程中,研究者会收集关于某一总体的可测量数据【Data】。在一项研究中,组成总体的分析单位被称为对象(subjects)。尽管研究的目标是对总体进行推论,但大多数情况下都不可能收集到研究者感兴趣的全部总体数据。因为诸如大学生或印第安人这样的总体都非常大,完整列举出所有案例是太费时间了,数据收集中也容易出现误差。收集总体的代表性子集通常比全部列举更可取,这种代表性子集被称为样本【Sample】。使用统计推论方法,研究者就可以基于总体的随机样本【Random Sampling】而对总体特征进行推论。

有些社会研究关注的总体确实存在,如纽约大学的新生。但一项研究也可以关注概念性总体,它们在现实中并不存在,只是在概念上假设出来的,如年龄在45岁及以上的离异的中产阶级男性。

总体的特征一般称为参数。惯例上,参数【Parameter】通常是用希腊字母表示的,例如μ表示总体均值,σ表示总体标准差。总体参数是固定值,而且在大多数情况下是未知的。例如,犹他州支持堕胎的人口比例是未知的,但是如果几个研究者在某个时点测量这个参数,理论上讲他们会得出同一个数字。相反,不同样本中得到的样本统计量是不同的。用几个随机样本来测量支持堕胎合法化的犹他居民比例,几乎不可能得到同一个数字。不同于总体参数,某一样本的统计量取值是已知的,也可以计算出来。我们所不知道的是,这个样本在多大程度上能代表总体,或者说样本统计量能多准确地代表总体参数。

在进行实际研究之前,研究者通常要对欲推论的总体以及研究所使用的抽样方法作出假定【Assumption】。这些假定通常可分为两类:(a)研究者确信或愿意接受的假定;(b)要对之争论、需要经验证据的假定,因而也是研究者最感兴趣的假定。第一类假定称为模型【Model】,第二类假定称为假设【Hypothesis】。在研究过程中,对未知的总体参数进行假定后,研究者要进行假设检验,以便确定如果这些假定实际上为真,得到目前的样本统计量的可能性有多大。

——Alexei Pavlichev

(李洋译　高勇校)

参考文献

Agresti, A., & Finlay, B. (1997). *Statistical methods for social sciences* (3rd ed.). Upper Saddle River, NJ: Prentice Hall.

Babbie, E. R. (1995). *The practice of social research* (7th ed.).Belmont, CA: Wadsworth.

Blalock, H. M., Jr. (1979). *Social statistics* (Rev. 2nd ed.). New York: McGraw-Hill.

人口金字塔(Population Pyramid)

人口【Population】的年龄性别构成通常用一种称为人口金字塔的格式化图表示,从图1中可以看出,按性别划分的分年龄组的人口绝对数量、百分比或者比例。这个称谓来自典型的三角形或金字塔形的人口分布图,这种样式表示人口在相当一段时期内保持了高生育水平而不断增长。如果人口增长非常缓慢或者规模稳定,则人口金字塔会呈蜂窝状;如果由于生育率很低而人口规模下降,人口金字塔会在底部显示出明显的收缩。

人口金字塔的优点在于能够清晰地展现年龄(或者出生年份)群组的规模,因此就能展现一些重要的有年龄限定的群体的相对规模,比如潜在的劳动力群体或诸如儿童和老年人的抚养人口群体。人口金字塔还可以显示出人口变动率(尤其是生育率)在当下和既往的趋势及波动对人口年龄结构的影响。由于人口金字塔可以同时显示出男女两种性别,因此从中也可以看出出生性别比的影响,在大多数国家中出生性别比是105名男性比100名女性,同时也能看出在死亡率和迁移率中性别差异的影响。人口金字塔有时也能显示分年龄统计的误差模式。国家统计机构在网上公布绘制人口金字塔所必需的年龄-性别统计表,这种做法已非常普遍。

图1的人口金字塔显示了1990年厄瓜多尔共和国人口的年龄性别结构,其中年龄用年来表示。从图中可以看出发展中国家的人口金字塔的典型特征。它的总体形状是三角形的,这是历史上人口生育率较高的结果。它在性别上并不对称:金字塔的底部男性略多,这是因为出生性别比偏于男性;顶部则女性略多,这是因为女性死亡率更低。有确凿证据表明在分年龄统计中存在"年龄堆积(age heaping)"形成的误差,这是年龄误报的常见模式,人们报出的年龄的尾数更可能是某些数字(通常是0和5,这里也是如此)而非其他数字(此类误差常常会被掩盖,因为人们通常会将5年作为时段来汇总年龄或出生年份)。金字塔的底部向内收缩,这里反映出来的要么是人口普查中有儿童漏报了,要么是厄瓜多尔在20世纪80年代生育率降低了。比较1990年人口普查中0~9岁年龄组的人口规模与2000年人口普查中10~19岁年龄组的人口规模,可以看出金字塔底部的收缩主要是由于1990年人口普查中有儿童漏报了。

——Gillian Stevens

(李洋译　高勇校)

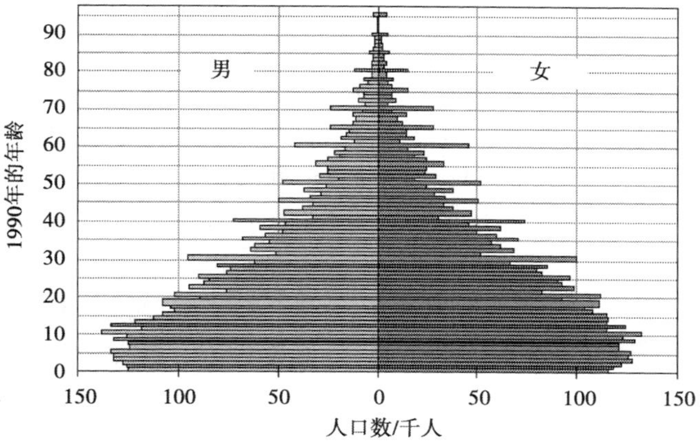

图1 1990年厄瓜多尔人口金字塔

资料来源:Instituto Nacional de Estadistica *y* Censos, 1990.

实证主义(Positivism)

实证主义是一种科学哲学,它拒斥形而上学的推测,主张用人的诸种感觉(senses)进行系统观察。此种观察如果能够有足够数量且彼此一致,就可认为得到了现象如何并存或相续发生的法则,对世界的"实证"知识就基于对观测的概推【Generalization】。在19世纪,实证主义不仅仅是一门科学哲学,它表达了崇尚科学成就的一种世界观。

中心原则

有很多人试图提出实证主义的中心原则,但如下方面被公认是其主要特征。

1.*现象论*。知识必须基于经验,必须基于观察者能够用诸种感觉感知到的东西。这种感知过程中不可掺杂认知(cognitive)过程的主观成分,它必须是意识清空后的"纯粹经验"。

2.*唯名论*。在科学解释中使用的任何抽象概念也必须来自经验,无法进行观测的形而上学概念并不是正当的存在,只不过是名称或字眼而已。因此,用来描述观察的语言不可被理论概念所影响。

3.*原子论*。经验(观察)的对象被认为是离散的、独立的、原子式的对事件的印象,它们构成了世界的、最终的基本元素。这些原子式的印象可以用来进行概推,但概推指涉的并不是世界上的抽象对象,只是离散事件中存在的规则性。

4.*普遍法则*。科学理论被认为是一组高度概括的法则性表述;科学的目标就是建立这样的普遍法则。这些法则说明了现象之间存在着简单关系或固定关联,由此来对观察进行概括。解释【Explanation】就是把个体案例纳入合宜的法则之下。这些法则在范围上是普遍的,因为它涵盖了广泛的观察;这些法则在形式上是普适的,因为它可以无一例外地适用于不同时空。

5.*价值判断和规范表述*。"事实"和"价值"必须要分清,因为价值不是知识。价值表述没有可基于观察检验其正确性的经验内容。

6.*验证*。任何科学表述的对与错都可以用可观察的事件状态来评判。科学法则可以用支持性证据的积累来验证。

7. 因果。实际上不存在因果关系【Causality】,只存在事件之间的规律性和恒定关联,如某一事件之后另一种事件相续发生。如果我们有的只是不同类型事件之间的规律性,那么解释只不过是把一个事件置于更广泛的规律性中。

实证主义的各种类别

哈夫彭尼(Halfpenny,1982)认为实证主义可能有 12 种类别,而乌思怀特(Outhwaite,1987)认为可以精简为三大类。

第一种由奥古斯特·孔德(August Comte,1798—1857)提出,是不同于神学和形而上学的理解世界的方式。他认为所有科学形成了一个由彼此相关的不同层级构成的统一的等级结构,最基础的是数学,然后是天文学、物理学、化学、生物学,最后是社会学。

第二种是逻辑实证主义,创立于 1920 年代的维也纳。这些哲学家们的招牌观点是,任何无法与某种事件状态对应(也就是说不能被经验证实)的概念或命题都是无意义的(现象论)。同时,他们认为较高层次科学的概念或命题可以化约为较低层次科学的概念或命题。换言之,他们持还原论立场,认为社会科学的命题最终可以还原为物理命题来分析。

第三种源于第二种,在科学哲学中有时被称为"标准观点",它在第二次世界大战后的英语世界中占主导地位。它的基本宗旨是,包括社会科学在内的所有科学都会重视以普适法则或普遍化的形式来进行解释。表明某一现象是某些法则的特例,这一现象就得到了解释。这些法则指涉的是事件之间存在的"恒定关联",或者在社会科学中,指涉的是统计相关或规则性("普遍法则")。

第三种实证主义相信对人和社会可以进行自然科学式的研究,这种信条也被称为科学方法的统一性(unity of scientific method)。它认为各种科学学科(包括自然科学和社会科学)虽然研究对象各有不同,但是可以采用相同的方法或解释逻辑,尽管每门科学都要以与其研究目标相适宜的方式来具体应用这些方法。

从最宽泛的意义上讲,实证主义是关于科学的本质、全能性及统一性的理论。在最极端的实证主义形式中,它认为只是科学知识才是有效的(非分析性)知识,认为此类知识存在于对可观察现象在空间上共存、在时间上相续的固定模式的描述中。它坚持科学的统一性,否定任何背离科学的知识,这就使其厌恶形而上学,坚持价值/事实的二分法,倾向于坚信科学指引下历史进步的必然性(Bhaskar,1986,p.226)。

社会科学中的实证主义

经过奥古斯特·孔德和埃米尔·涂尔干的努力,实证主义被引入社会科学中。各种形式的实证主义已经主导了社会学,尤其是在第二次世界大战后的数十年间,在诸如心理学和经济学的许多学科中的影响仍在继续上升。但是在最近实证主义遭受到了严厉的抨击(可以回顾 Blaikie,1993,pp.101-104;Bryant,1985)。

批评意见

主要的几个争论点集中于实证主义的如下观点:经验是科学知识的合理基础,科学只能处理可观察的现象而不能处理抽象的或者假设的存在,可以区分非理论的观察语言与理论的语言,理论概念与观察到的"现实"是一一对应的,科学法则是基于世界上诸多事件之间的恒定联系,“事实”和“价值”可以割裂。

实证主义已经受到多方抨击,包括诠释主义【Interpretivism】、证伪主义【Falsificationism】以及批判实在论【Critical Realism】。诠释主义的批判重点是实证主义的本体论【Ontology】,认为实证主义对社会现实的本质的观点是不充分的。诠释主义视社会建构的世界为社会现实,而实证主义则对此置之不论。实证主义者从社会世界对他们自己的意义出发建构了虚拟的社会世界,而忽略了社会世界对社会行动者的意义。

证伪主义的批判核心是实证主义“发现”知识的过程,以及为此知识辩护的基础。首先,证伪主义者认为经验作为知识的来源是不完备的,所有的经验都会牵涉诠释,故而他们认为不可能区分观察陈述和理论陈述;所有关于世界的陈述至少在一定程度上都是理论的。其次,他们认为经验作为评判知识有效的基础是不完备的,因为这导致了循环论证。除了再次诉诸经验以外,经验对知识的评判又是建立在什么基础上的?

实证主义认为,现实可以使用人的诸种感觉来直接感知,但这种观点已经被彻底驳倒。就算有一个独立于观察者的单独的、唯一的物质世界(这一假定并非无可置疑),观察它的过程中也必然会有意无意地进行诠释。观察是“饱含理论(theory laden)”的。无论是在日常生活中还是为了科学目的,人类观察周围世界的过程都不同于拍照。要“读出”哪些东西影响了我们的感受,我们不得不投身于一个复杂的过程,这个过程既要用到某一文化的语言中独有的概念,也会持有“那里”存在什么的期待。此外,我们在观察时并不是孤立的个体,而是文化群体或亚文化群体的成员,我们的本体论假定皆来自这些群体。因此,观察者是积极的主体,而非被动的容器。

观察和描述的本质皆是饱含理论的,对此实在论的解决方案是区分“与物相连(transitive)”的科学对象和“与物无涉(intransitive)”的科学对象。我们对经验领域的描述可能有赖于理论,但是实在领域的结构和机制独立于我们对它们的描述而存在。实在并不是实证主义认为的那样是被观察到的存在,也不只是一种社会建构;它就是存在(it is just there)。因而,从实在论者来看,在彼此竞争的各种理论中何者更成功地表现了这一现实,这是可以用理性判断来裁决的(见实在论【Realism】和批判实在论【Critical Realism】)。

批判实在论不仅认为实证主义的本体论是不完备的,它还批评了实证主义在事件之间建立固定关联的解释方法。即便看到两类现象有规律地同时出现,仍有需要回答为什么如此的问题。从批判实在论来看,确定可观察事件之间的规律性仅仅是科学发现过程的起点。事件之间的固定关联只会发生在实验条件下产生的封闭系统之中,而实证主义却将自然世界视为一个封闭系统。在像自然和社会的这种开放系统中,大量的生成机制会同时发挥作用、产生影响。因此,所观察到的“经验”关联并不能反映实际运行的机制的复杂性。

——Norman Blaikie

(李洋译　高勇校)

参考文献

Bhaskar, R. (1986). *Scientific realism and human emancipation*. London: Verso.

Blaikie, N. (1993). *Approaches to social enquiry*. Cambridge, UK: Polity.

Bryant, C. G. A. (1985). *Positivism in social theory*

and research. London: Macmillan.
Halfpenny, P. (1982). *Positivism and sociology: Explaining social life*. London: Allen & Unwin.
Outhwaite, W. (1987). *New philosophies of social science: Realism, hermeneutics and critical theory*. London: Macmillan.

事后比较(Post Hoc Comparison)

参见多重比较【Multiple Comparisons】。

后经验主义(Postempiricism)

很长时间以来,经验主义【Empiricism】一直是科学的同义词。毕竟,如果科学不能洞察现实,那什么能呢?在经验主义的历史中,约翰·洛克提出我们对世界的理解来自我们的经验。他同时强调分类必须基于对事物本质特性的了解。因而对事物自身的理解是没有特权通道的(privileged access),能直接了解的只有事物的属性(颜色、形状、感觉等)。经验主义哲学家大卫·休谟的观点更像一个怀疑论者,他认为我们只能了解外表,除此之外别无其他。

在一段复杂的历史中,经验主义为诸门科学的方法的统一性提供了基础。它还在社会科学和自然科学之间进行了严格划分,围绕的议题包括观察过程的中立性、经验无可争议的性质、资料【Data】和理论【Theory】的严格区分、达到知识基础的普适方法。托马斯·库恩、保罗·费耶拉本德和玛丽·赫西以其不同方式提出了后经验主义的观点,对上述理想主义假设提出了批评,以此将科学引向了更为社会化和历史性的理解,这种理解根源于解释【Explanations】和理解渗透于知识生产、发展和应用中的各种条件。

库恩(Kuhn,1970)在《科学革命的结构》(*The Structure of Scientific Revolutions*)中为了简化其论证,认为科学是由多个"常规科学"时期组成的,此时科学家的工作就是在特定范式【Paradigm】的背景下进行"解谜(puzzle solving)"。范式由某一科学共同体的学术标准和实践构成,有着共同的理论假定。但是异常(anomalies)迟早会出现,关键理论将会被证伪。如果出现这种情况,重要的科学家就会开始挑战传统观点,危机就会发生。然后这一状况会继续扩散,最终发生科学革命,一种新的范式随之建立,然后以此类推。

从库恩的开创性著作以及后经验主义者的著作中,可以得到诸多推论。首先,逻辑实证主义【Logical Positivism】者认为必须将理论语言和观察【Observation】语言严格区分开来。卡尔·波普尔(Popper,1959)已经对此提出过批评,库恩的批评则更进一步。社会科学和自然科学之间的区分不能再被简单地认为是事实和价值之间的区分。后经验主义者的反本质主义,促使他们致力于基于生产的社会情景进行详尽分析,这种生产是植根于特定环境中的实践活动。因此,社会活动并不是一个外在于科学探索的活动,其本质上就是科学探索的一部分。保罗·费耶拉本德(Feyerabend,1978)比持保守倾向的库恩更进一步,不仅认为局部因素决定了科学如何进展,而且因为这一点,没有理由认为科学实践会有任何规则。

后经验主义批判开启了科学社会研究的一个丰富的传统。它也遗留下了一个核心问题,詹姆斯·博曼(Bohman,1991)将之简洁地表述为:“在不重新落入非历史的、本质主义的认识论前提下,如何找到标准来比较和评估各种竞争性解释和研究计划。”(p.4)

——Tim May

(李洋译 高勇校)

参考文献

Bohman, J. (1991). *New philosophy of social science: Problems of indeterminacy*. Cambridge, UK: Polity.

Feyerabend, P. (1978). *Against method*. London: Verso.

Kuhn, T. (1970). *The structure of scientific revolutions*. Chicago: University of Chicago Press.

Popper, K. R. (1959). *The logic of scientific discovery*. London: Hutchinson.

Williams, M., & May, T. (1996). *Introduction to the philosophy of social research*. London: Routledge Kegan Paul.

后验分布(Posterior Distribution)

后验分布 $p(\theta|\mathbf{x})$ 是用来描述人们在观察一个数据集 $\mathbf{x}$ 后对未知量 θ 的主观信念的概率分布。后验分布是使用贝叶斯规则来构建的,并且在贝叶斯推理【Bayesian Inference】中占据核心地位。将先验分布表示为 $p(\theta)$,似然函数表示为 $p(\mathbf{x}|\theta)$。贝叶斯规则通常写成:

$$p(\theta|\mathbf{x}) \propto p(\mathbf{x}|\theta)p(\theta)$$

贝叶斯规则描述了从数据中学习的过程。它解释了两个有着不同先验信念的个人在观察到 $\mathbf{x}$ 后为何会得出相似的结论。$p(\theta|\mathbf{x})$ 是一个概率分布,因此它在 θ 的所有可能取值上的积分必然等于 1,由此贝叶斯定理中的成比例性(proportionality)也可以得到解决。除了少数特例外,比例常数通常很难甚至不可能计算出来。在很难进行分析计算时,经常可用蒙特卡罗模拟方法(Monte Carlo simulation methods)来计算 $p(\theta|\mathbf{x})$ 的边缘分布或其他低维度的汇总分布。当 $p(\mathbf{x}|\theta)$ 和 $p(\theta)$ 是共轭分布时,可以很容易得到精确的分析计算值。如果似然函数和先验分布结合起来得到的后验函数具有与先验函数相同的函数形式,这一似然函数和先验分布就是共轭的。先验分布【Prior Distribution】的词条中列出了几对共轭的先验分布和似然函数。

例如,假设一人投掷一枚硬币 n 次,观测到 Y 次正面朝上,希望推断每次投掷硬币出现正面朝上的概率 θ。似然函数是二项似然:

$$p(Y|\theta) = \binom{n}{Y}\theta^Y(1-\theta)^{n-Y}$$

如果假设先验分布为 $\beta(a,b)$:

$$p(\theta) = \frac{\theta^{a-1}(1-\theta)^{b-1}}{\beta(a,b)},\ \theta \in (0,1)$$

这与二项似然是共轭的,于是后验分布为:

$$p(\theta|Y) \propto \binom{n}{Y}\theta^Y(1-\theta)^{n-Y}\frac{\theta^{a-1}(1-\theta)^{b-1}}{\beta(a,b)}$$
$$\propto \theta^{Y+a-1}(1-\theta)^{n-Y+b-1}$$

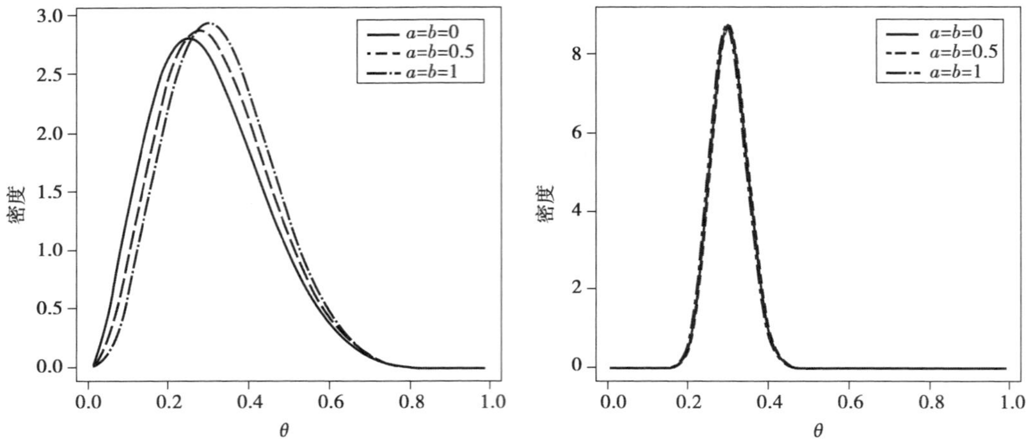

（a）3次成功，7次失败　　（b）30次成功，70次失败

图 1　给定不同的成功和失败数以及不同 β 先验分布时 θ 的后验分布

后验分布与 $\beta(a+Y,b+n-Y)$ 分布是成比例的。由于先验分布是共轭的，就没有必要再进行复杂的积分计算了，因为后验分布族是已知的。只需要考察非标准化分布即可决定其参数。

β 分布的参数可以解释为成功和失败的数目。贝叶斯规则的修正只是将成功次数加到了 a 上面，将失败次数加到了 b 上面。将参数解释为先验的观测值，也是理解后验分布对先验分布的敏感度的一种方法。先验分布 $\beta(a,b)$ 会把 $a+b$ 个观测值的信息添加到数据中。贝叶斯分析需要先设定 a 和 b，但如果数据集中的成功与失败数目比 a 和 b 大得多，那么先验参数的选择对后验分布的影响就很小了。在小样本中，先验参数的选择则会显著地影响后验分布。

图 1 绘制的是给定不同的成功和失败数以及不同先验分布的 θ 的后验分布。这些分布可用来构造 θ 的后验均值、中位数或众数等点估计。θ 的区间估计（即置信区间）可通过确定相应 β 分布中 $\alpha/2$ 和 $1-\alpha/2$ 的分位点，或通过最高后验密度（highest posterior density，HPD）的方法来获得。图 1(a) 中 θ 的后验分布展现出良好的品质，虽然它对于先验分布更加敏感。它是单峰的，被约束在 (0,1) 区间之内，偏度反映了成功和失败次数的不对称。对先验分布的敏感度通常意味着数据只能提供有限的信息，因此频率学派的方法会遇到困难。例如，对于图 1(a)，标准的频率学派方法的点估计为 $\hat{\theta}=0.3$，标准误差约为 0.15。如果 $\alpha<0.05$，那么频率学派近似得到的置信区间还会包括负值。

更多关于贝叶斯推理中后验分布的运用，请参阅 Gelman, Carlin, Stern, & Rubin (1995)；Carlin & Louis (1998)。

——Steven L. Scott

（叶鹏飞译　高勇校）

参考文献

Carlin, B. P., & Louis, T. A. (1998). *Bayes and empirical Bayes methods for data analysis*. London: Chapman & Hall/CRC.

Gelman, A., Carlin, J. B., Stern, H. S., & Rubin, D. B. (1995). *Bayesian data analysis*. London: Chapman & Hall.

后现代民族志(Postmodern Ethnography)

后现代民族志是在传统民族志的基础上对其反身性【Reflexivity】及其对所研究群体的责任进行了扩展的民族志【Ethnography】;它质疑传统民族志对真理性的宣称,并尝试采用新的报告模式。后现代民族志的新目标来自后现代主义。后现代主义【Postmodernism】包括一系列信条,涵盖从建筑学到文学批判主义、从人类学到社会学等多个学科。它拒绝宏大叙事和现代主义的元理论及其先入为主和一概而论的叙述。后现代主义提出要"打碎"这些叙述,研究其中的每个碎片。在社会学中,它主张研究日常生活的互动和细节,并基于其背景和脉络来单独分析每个部分。

反身性是后现代民族志的核心关注点,它认为长久以来民族志学者忽略了研究者的角色和权力。研究者会选择去观察什么,何时去观察,什么是重要的,什么才值得报告。在引用社会成员的话时,它们都会是剪裁出来的零星片段,用来支持研究者所提出的论证。但是,研究却忽略了这些问题,宣称自己具有中立性和客观性,用让"本地人"(研究对象)自己说话来隐藏这一切。后现代民族志尝试报告研究者的角色及其决策,以解决这些问题。这样尽管民族志学者仍然控制着选择过程,至少读者被告知了这个过程是如何进行的。此外,后现代民族志试图让"本地人"的声音能够更多地被听到。下面要讨论的各种报告模式都是为了这一目的。

责任(commitment)是后现代民族志中的另一个重要因素。传统民族志学者倾向于研究弱者和受压迫者,但是所获得的信息却很少用来减轻研究群体的痛苦。后现代民族志学者公开提出对研究对象的政治责任,许诺要分享他们的研究结果,以某种方式来帮助被研究者。因此,研究者不是为了自己的目的来控制研究和利用研究对象,而是与被研究者结为伙伴,共同致力于改善被研究者的境遇。

后现代民族志关注的第三个问题是对真理性的宣称。传统民族志倾向于采用"我在那里"的体例来书写(Geertz, 1988; Van Maanen, 1988)。也就是说,研究的合法性和可信性是通过研究者"亲眼目睹"来实现的。研究者通过对研究对象的关切进行总结和分类来讲述民族志。民族志学者会从田野笔记中摘取适当的示例性引语来加强自己的论题,从而制造出"本地人"自己说话的假象。后现代民族志质疑了与被访者越接近就离"真理"越近的这种观点。实际上,它质疑绝对真理这一概念,认为我们能得到的只是相对的、暂时的视角,这种视角是受限于情境与历史的。我们在民族志中能够得到的只是对我们所见和被访者所讲的生活片段的理解。

认为民族志是相对的、有偏见的,这种信念影响了后现代的报告模式。后现代民族志学家不会依赖研究者(即作者)的权威,而是将其尽可能地降低。一些后现代民族志让许多研究对象表达他们自己的关注,尽量减少作者的评论(Krieger, 1983)。其他人则将民族志资料扩展到电影、电视、民谣、民间传说、绘画、梦及其他。一些人提出了自我民族志【Autoethnography】,用现在的眼光来审视过去,关注研究者对互动过程的感受和反应。一些人尝试用诗歌作为民族志的报告形式。戏剧和表演也成了后现代民族志流行的报告方式。此外,后现代民族志中还流行短故事的形式。所有这些形式都在尝试吸引更多听众,用更直接和引人入胜的方式来描述事件。

有一类后现代民族志是基于米歇尔·福柯的思想的。在福柯(Foucault,1985)看来,社会利用其权力来控制社会成员的方法就是为社会成员创造出用于理解现实的正规知识体系,例如,地图册是理解和描述苍穹的一种方式,牙科图表用来对我们口腔里的釉状物体进行命名和排序等。这些民族志学者的关注点是各种群体如何为其成员创造和控制现实。

一些女权主义者也在追求后现代民族志。她们拒绝男性主导下的传统民族志,批评传统的民族志显示了以男性为中心的立场和偏见(Clough,1998)。她们支持由女性研究女性,以摒弃男性主导的研究视角,从而允许女性自由表达自己。她们会拒斥她们所认为的男性研究人员的利用,倡导所研究的女性进行支持和合作。

最后一种后现代民族志是虚拟民族志【Virtual Ethnography】。一些研究者使用因特网来研究各种亚文化,他们会成为不同聊天室的成员或加入网络群组。这种民族志不再依赖面对面的交流,而是研究那些其存在只能通过电子媒介来理解的研究对象。

最后,后现代研究者还试图解决他们的另类民族志的信度【Reliability】和效度【Validity】问题。尽管尚未达成清晰的共识,但似乎已经出现了一系列基于美学信念和政治信念相结合的灵活原则。后现代民族志学者追求的范式连他们自己也承认有乌托邦色彩,这种范式的基础是认为写作并不是中立的而是政治性的,写作不仅要描述世界而且要改变世界。后现代民族志希望用一种参与的方式去描述世界;它想要改善所研究的不利群体的境遇,与此同时它还想尽可能地忠实于所研究的个体对社会现实的看法。

——Andrea Fontana

(李洋译　高勇校)

参考文献

Clough, T. P. (1998). *The end(s) of ethnography: From realism to social criticism.* New York: Peter Lang.

Foucault, M. (1985). *Power/knowledge: Selected interviews and other writings: 1972-1977* (C. Gordon, Ed.). New York: Pantheon.

Geertz, C. (1988). *Works and lives: The anthropologist as author.* Stanford, CA: Stanford University Press.

Krieger, S. (1983). *The mirror's dance: Identity in a women's community.* Philadelphia: Temple University Press.

Markham, A. N. (1998). *Life online: Researching real experience in virtual space.* Walnut Creek, CA: AltaMira.

Van Maanen, J. (1988). *Tales of the field: On writing ethnography.* Chicago: University of Chicago Press.

后现代主义(Postmodernism)

后现代主义这一术语在诸多学术和文化领域中以相当不同的方式被人使用。使用同一词汇造成了一种令人困惑不解的、颇具误导性的印象,让人误以为它在社会、学术、文化领域的发展具有一致性和统一性。有三种讨论后现代主义的方式:作为建筑和艺术中的一种取向、作为描述当代(西方的或全球的)社会的一种方式、作为一种哲学。本词条主要关注第三种意义上的后现代主义(也就是作为一种哲学或者社会科学中的一种学术风格),但是也有必要对其他用法进行简单回顾,因为各种用法通常被认为是相关联的。后现代主义很难去定义;定义后现代主义本身就违反了后现代主义的精神。但是,许多人用后现代主义这个词来指涉一种重视意义的碎片化及不稳定性的思想取向和文化取向:对知识、理性、社会制度、语言的剖析。

"后现代主义"一词在1970年代开始被人用来指称建筑中的一种从传统与本土中激发灵感的取向,这与非历史的、超理性的功能主义取向截然不同。后现代主义也意味着对不同建筑风格混合。在艺术领域,后现代主义既部分地继承了现代主义,同时又部分地突破了现代主义。艺术领域中的后现代主义摒弃了回溯推理(representation)的观念,强调的是挑战和新奇(如毕加索),它实际上与后现代哲学有着密切关系。后现代的理念是要在诸如雅文化和俗(大众)文化的不同领域之间"去差异化",是要与艺术只局限于特定空间和特定功能的精英思想决裂,这可能构成了后现代主义的总体特征,这样一个总体标签似乎可以适用于多个领域:

> 消除艺术和日常生活之间的界限;瓦解高雅文化和大众/流行文化之间的等级差异;创作风格上兼收并蓄、进行各种规则的混搭;进行恶搞、戏仿、嘲讽、戏谑来颂扬文化的"肤浅性";艺术生产者的原创或天赋降低,认为艺术只能是重复而已。(Featherstone,1988,p.203)

有怀疑者认为后现代主义只在某些艺术批评家那里盛行,而没有在更大的艺术家群体中得到认同。但是如果说艺术领域中的这种趋势是更广泛的社会发展的表现,那么就可以认为后现代主义代表了一个新的社会或者社会发展的一个阶段。

后现代主义在1970年代晚期开始借助于法国和某些盎克鲁—撒克逊哲学家和社会科学家(如德里达、福柯、鲍德里亚、利奥塔、詹姆逊、哈维和鲍曼)进入社会科学中。其中有些人拒绝使用后现代主义这个词;福柯也反对"后现代社会或时期"这种提法。社会发展的一个新阶段的理念是在詹姆逊和哈维的影响下形成的,一定程度上利奥塔对此也有影响。

我们如果谈论到一个社会阶段,就把后现代主义从文化领域拓展到了社会科学领域。许多学者谈论的是后现代性而不是后现代主义,我们在此也这样做。关于这一时期的意义,有好多种看法。有人认为,后现代性意味着后工业主义和后资本主义,但是也有人认为后现代性是资本主义内部的文化变迁。这种阶段划分的观念表明其是有序列的:后现代主义(后现代性)是现代主义(现代性)之后出现的,但是人们仍在争论到底是何时出现的:有人认为是在1920年代,有人认为是在第二次世界大战之后,还有人认为是在更近的时候。

> 一位有影响力的学者詹姆逊提到人们普遍感受在第二次世界大战之后一种新的社会开始出现(被描述为后工业社会、跨国资本主义、消费者社会、传媒社会等)。新类型的消费,有计划的淘汰;时尚和风格更加快速地转变;广告、电视和传媒以前所未有的程度渗透整个社会;城市和乡村、中央和外省之间的传统对立差异被取代为普遍而标准化的郊区生活方式;超级高速公路网络的发展和汽车文化的到来——这些特征都标志着新的社会与旧的战前社会完全不同了。(Jameson,1983,pp.124-125)

后现代性针对的是与启蒙运动相关的现代性思潮。在谈论现代性(以及后现代性)时,理性被视为指导原则和现代化方案中的可致目标,这是最常见的出发点。理性尤其体现在科学和知识提供的确定性和精确性上,以及知识所带来的对自然的广泛控制和操纵。而后现代性代表的社会思潮和广泛的文化取向则通常质疑这种在科学、正规组织(科层体制)和社会工程学中所体现出的理性化方案的可能性和益处。“后现代社会”因此是反对现代性所宣称的确定性、客观性和发展取向的。

现代性和后现代性之间是彼此相续的还是彼此重叠的,对此有不同看法。人们仍然争论后现代性的出现意味着对现代性的取代,还是意味着出现了一个与之并行且相悖的流派。对于很多评论者来说,后现代性最好应被视为对现代主义的一种回应或者评论,而非现代主义之后取代了现代主义的一个发展阶段。可以说,现代性的原则和实践在当代西方社会中仍占有主导地位。

后现代性有时是一种思考世界的基本方式,从而与后现代主义有所联系。有人认为,社会发展需要敏锐的词汇和思想,以对当下发展和现代社会发表有趣的论述。传统(现代主义的)社会科学及其语言被认为是过时的,无法表达精细而普遍的社会发展。但是反对意见认为,应当区分对后现代性的讨论和对后现代主义的讨论,以免混淆两者:社会趋势的时期划分和辨识是经验议题,而后现代主义的基础是哲学思想和学术风格的偏好,这和如何描述当代社会和社会变迁是两回事。什么时候谈论的是后现代性,什么时候作为后现代主义者谈论,这必须要清楚。

谈完了后现代性以及历史分期和学术风格的关系之后,我们继续考察与传统社会理论和方法截然不同的框架和思想。在这个意义上,后现代主义与所谓的后结构主义高度重合,在学术议题和宗旨上两者基本上是同义词。但是后现代主义倾向于指涉社会或文化情境(如 Lyotard,1984),而后结构主义倾向于哲学,尤其是语言议题上。两种“主义”的渊源也有所差异,如利奥塔(Lyotard,1984)的后现代主义论述是从知识生产的条件的变化出发的,而后结构主义者则是对法国结构主义(如索绪尔)思想的背离。但是在社会科学中,后现代主义和后结构主义逐渐被视为同一个学术议题,只是后现代主义是一个更为流行的表达方式。

简而言之,后现代主义可以描述为“对统一性的抨击”(Power,1990)。对于后现代主义者来说,社会科学是一项粗陋和主观的事业,以试探性、碎片化和不确定性为特征。事实上,许多后现代主义者都不愿称其著作为社会科学。那些持极端后现代主义立场的人会贬低甚至拒斥社会与科学的部分。对于后现代主义者来说,诸如系统、结构、能动者、共享意义、主导性社会秩序这些对社会的传统理解已经被传播过程中的话语(有强烈建构效应的语言)、图像和模仿所取代。

在社会科学中,后现代主义通常可以总结为如下五个假设和焦点(Alvesson & Deetz,2000;Smart,2000):

- 话语的中心性(文本性):强调语言的建构权力,“自然”对象被视为话语生成的。这意味着,没有对象或现象可以外在于语言或独立于语言。语言是形塑世界的活跃力量。不同话语意味着不同的社会现实。
- 碎片化的身份:强调主体性(subjectivity)是一个过程,个体的、自主、创造意义的主体消亡了。对个体的话语生产取代了对人的“本质主义的”传统理解。传统的“现代主义的”观点将人看作整合的整体,是意图、动机和意义的起源;与此不同,后现代主义者认为主体是去中心化的、碎片化的和受话语驱动的。例如,作为一个“女人”的意义与经验到底如何,对此没有一个绝对真实的答案,主导话语会生成“女性”

的不同侧面(如母亲、工人、选民、性感的个体),对不同时间的主体性有不同的影响。

● 对回溯推理(representation)观念的批判:语言具有不可判定性(indecidabilities),而不只是反映现实的镜子和传递意义的工具。径直地回溯推理客观现实是不可能的。不可能进行纯粹的描述,不可能将记录和分析分离开来。我们无法控制语言,但必须与语言的情境依赖性、隐喻性和建构性特性进行斗争(或者接受上述特性)。在社会科学中,围绕文本和作者身份的议题就变得(与在其他文化研究中一样)很重要。

● 放弃宏大叙事的基础和力量:强调多元发声(multiple voices)和局部政治,而不是理论框架和大规模的政治事业。不再有获取有效的普遍真理来指导长期、广泛的社会和科学事业的野心,知识和政治被视为都是局部的,由短期的、绩效导向的标准所决定的。有时更加重视多元发声和多元化。

● 权力与知识的关系:将权力与知识分离开来是不可能的,知识不是纯粹而中立的。权力和知识并不相同,但是他们彼此纠缠、互相依赖。知识总是具有权力效应,它能通过人们的接受来影响人们与其世界的关联方式,从而生成某一种现实并形塑现实。

严肃对待这五个观点,就会对社会研究的意义有彻底的重新认识。有人期待并希望"后现代转向"能够让社会科学更强调"社会现实的社会建构、自我身份的流动性而非固定性、真理的片面性,从而将替代那种客观现实的现代主义假定"(Lincoln & Guba,2000,p.178)。

后现代主义思想在多少与此不同的方向上被加以推进。大致可分为怀疑派后现代主义和肯定派后现代主义(Rosenau,1992)。怀疑派后现代主义主张一种"负面"议程,基本理念是不可能建立任何真理。回溯推理只是对事物强加的一种武断意义的过程。研究成为一种解构,要去发现各种矛盾、被压抑的各种意义、潜藏在表面的可靠和可信之下的脆弱性,从而颠覆文本。这种方法不利于经验主义工作,至少是不利于传统的和实证的那种经验主义工作。

肯定派后现代主义同样质疑真理和效度的理念,但对社会研究持有积极态度。戏谑、嘲讽、幽默、拼搭、方法多元主义被加以赞赏。地方性知识(包括对情境知识的偏好和对寻求抽象普遍真理的拒斥)也被重视。这一派并不反对经验主义工作和经验主义立场,但是对描述、阐释、研究者权威等议题提出质疑。这已在社会和行为科学的许多领域引发了深入的方法争论,尤其是在人类学(Clifford & Marcus,1986)和女权主义(Nicholson,1990)领域。

后现代主义可以被看作"语言学转向"的一个重要部分,"语言学转向"是哲学和社会科学中更广泛的一种趋势。这意味对语言进行彻底的重新认识:语言不是被动的意义传输媒介,不是社会生活和组织中无可置疑的部分,不只是能干的社会科学家熟练掌握的工具。相反,语言(话语)是社会研究者需要去研究的关键性的基础社会力量,社会研究者本身也被迫纠缠于回溯推理和作者身份等基础问题。

上述观点对于社会研究来说有着重要意义,但如前所述,这并不会终结经验社会科学而是会对经验社会科学有所启发并激发其活力(Alvesson,2002)。例如,访谈就不再被简单地视为对现实的反映或者被访者表达意义与经验的场合而已 访谈其实是主导话语建构研究对象及其回答的局部环境。民族志不再被视为是基于详细田野工作的对其他文化的权威报告而是一种虚构文本,在这个文本中作者身份与研究对象的身份建构与要研究的就在“那里的”现象一样重要,甚至比其更重要。在后现代主义启发下的社会研究不是要捕捉意义、发现模式并得出确定的结论,而是要表现意义的不确定性,让多元声音发声,并向其他解读方式开放。

——Mats Alvesson

(李洋译　高勇校)

参考文献

Alvesson, M. (2002). *Postmodernism and social research*. Buckingham, UK: Open University Press.

Alvesson, M., & Deetz, S. (2000). *Doing critical management research*. London: Sage.

Clifford, J., & Marcus, G. E. (Eds.). (1986). *Writing culture*. Berkeley: University of California Press.

Featherstone, M. (1988). In pursuit of the postmodernism: An introduction. *Theory, Culture & Society*, *5*, 195-215.

Jameson, F. (1983). Postmodernism and consumer society. In H. Foster (Ed.), *Postmodern culture*. London: Pluto.

Lincoln, Y., & Guba, E. (2000). Paradigmatic controversies, contradictions, and emerging confluences. In N. Denzin & Y. Lincoln (Eds.), *Handbook of qualitative research* (2nd ed., pp. 163-188). Thousand Oaks, CA: Sage.

Lyotard, J.-F. (1984). *The postmodern condition: A report on knowledge*. Minneapolis: University of Minnesota Press.

Nicholson, L. (Ed.). (1990). *Feminism/postmodernism*. New York: Routledge Kegan Paul.

Power, M. (1990). Modernism, postmodernism and organisation. In J. Hassard & D. Pym (Eds.), *The theory and philosophy of organisations*. London: Routledge Kegan Paul.

Rosenau, P. M. (1992). *Post-modernism and the social sciences: Insights, inroads and intrusions*. Princeton, NJ: Princeton University Press.

Smart, B. (2000). Postmodem Social theory. In B. Turner (Ed.), *The Black well companion to social theory* (pp.447-480). Oxford. UK: Blackwell.

后结构主义(Poststructuralism)

第二次世界大战后的法国学术思潮不仅包括存在主义、现象学【Phenomenology】、马克思主义、心理分析,还包括索绪尔的结构主义。结构主义【Structuralism】与其他传统的区别在于它认为知识无法扎根于个体或者个体被历史给定的情境中。结构主义也反对经验主义,认为它无法区分一个现象的表象与其潜在“现实”。它是一种“关系的科学”,基于整体结构主义而强调社会中不同社会关系之间的相互联系或相互依赖。

被称为后结构主义的思潮反对结构主义在诸如列维-斯特劳斯的著作中体现出来的普遍主义追求。但是,与很多此类术语相同,后结构主义在界定了一种社会思潮的独特传统的同时,也具有使研究者降低敬业水平的副作用。

这个思想流派之下包括形形色色的思想家,而德国哲学家弗里德里希·尼采具有最显著的影响。他提倡视角主义

(perspectivism)的原则:也就是不存在用于审视真相的先验的优势视角,外部世界可以根据不同的信念和思想来进行诠释,而这些信念和思想都同样有效【Validity】。

后结构主义思潮的成员包括米歇尔·福柯、雅克·德里达、雅克·拉康、让-弗朗索瓦·利奥塔、吉尔·德勒兹、西克苏、露西·伊利格瑞以及朱丽娅·克里斯蒂娃。这一思潮在反人文主义和反本质主义的旗帜下批判性地审视公认的智慧,拒斥历史发展是理性的信念。随之而来的对主体一致性的批判,招致了强烈的批判性回应。要更好地理解这一点及其对社会研究的意义,可以参阅雅克·德里达和米歇尔·福柯这两位思想家的著作,他们都投入了这场争论中。

德里达的解构主义【Deconstructionism】的研究动力在于,要揭露西方哲学力图寻找透明主体的"梦想"。索绪尔认为,符号由"能指(signifier)"(声音)和"所指(signified)"(声音所指的思想或概念)两部分组成。通过语言这样一个自我指涉的系统,词汇的意义被确定下来。但是德里达认为,我们看到一个符号时并不能马上明了其意义。不仅符号指涉的内容是缺失的,符号意义也是缺失的。意义是在一系列能指中流动的,导致意义永远不会是固定的,也不会是透明的。无法找到一个固定点是基于延异(différance)的理念:也就是说,意义永远在逃避我们的理解,因为必须进行持续的澄清和界定。为此目的我们需要更多的语言,但是语言永远不能成为最终的裁决者。结果,符号只能用其他符号来研究,而其他符号意义不断在逃避我们的理解。这使得德里达对那些希望通过将"先验的所指(transcendental signified)"掺杂其中而获得直接真理的人心怀警惕。

牢记这些批判,就可以对方法进行另类的解读。例如,科学可以解读为导致混淆的一系列尝试,而非通过心智觉悟而获得解放。价值与利益在原本认为其不存在之处被揭示出来,表明在原先假定中潜藏的是视角主义而绝非普遍主义。修辞将自身的预设潜藏于表面之下,而要识破这种伎俩就得在修辞学门下度过漫长的学徒期,我们也不能指望语言来解决这个问题,因为"不可裁决性(undecidability)"原则永远成立。质疑"在场的形而上学(the metaphysics of presence)"的理念影响了社会研究实践,例如传统的对人际关系的研究会使用"意识性(consciousness)"和"意向性(intentionality)"来作为解释框架,而现在的研究则关注社会世界是如何通过所谓"互文性(intertextuality)"而编织出来的。文本【Text】被视为社会实践,观察成为书写的行为,而非对独立现实的报道。

超越"意向性"来进行研究又陷入结构主义中去,这就把我们带到了福柯所提出的"阐释解析法(interpretive analytics)"的领域中。话语研究摒弃了表象(representations)的形成基础,摒弃了语言与现实之间达成透明关系的可能性,真理的政治交织起来构成了主体与客体。以这种方法来分析话语,就要秉持社会世界无法分成物质和精神两个领域的观念。话语既限制了经验的可能范围,也赋予了这些经验以意义。从这些角度来看,社会研究者不仅要考察话语的使用形式,也要考察话语的使用限度(后者在受福柯影响的研究中被忽视了)。

"事件化(eventalization)"的概念是福柯著作从考古学到谱系学构成的整体策略的一个部分,他认为一个事件的非凡突出(singularity)并不在于它在历史中的恒久或人类学眼中的不曾改变。福柯的方法是一种颠覆性的策略,它将看似不证自明的东西打碎,表明“事情”何以可能是其他样子。一系列可能性就会随之涌现,而不必暗中认定历史之中有一个统一的主题或原因等待发现。社会研究者因此被要求去“发掘(rediscover)”可能性,而不是从事超越性的批判:“在某一时刻建立起来的关联、邂逅、支持、障碍、角力、策略等,随后会被认为是不证自明的、普遍的、必需的。在这个意义上,事实上你在使得多个诱因发生。”(Foucault,1991,p.76)

毋庸置疑,后结构主义提供了一个丰富的思想脉络,可以为社会生活提供新的洞见。同时,有些著作并不是总能够帮助社会研究者进行研究。这并不是说它不重要,只是说必须在其思想中寻求启发、澄清、契合的可能性。

——Tim May

(李洋译　高勇校)

参考文献

Foucault, M. (1991). Questions of method. In G. Burchell, C. Gordon, & P. Miller (Eds.), *The Foucault effect: Studies in governmentality* (pp. 73-86). London: Harvester Wheatsheaf.

Game, A. (1991). *Undoing the social: Towards a deconstructive sociology*. Buckingham, UK: Open University Press.

Kendall, G., & Wickham, G. (1999). *Using Foucault's methods*. London: Sage.

检验的统计效力(Power of a Test)

在对假设【Hypothesis】的显著性检验【Significance Testing】中,分析人员可能会犯两类错误:第一类错误【Type Ⅰ Error】和第二类错误【Type Ⅱ Error】。1 减去某一统计检验的第二类错误,就是这一检验的统计效力。检验的统计效力与真实的总体参数【Population Parameter】、与此检验有关的分布的总体方差【Variance】、样本【Sample】量、检验的显著性水平【Level of Significance】相关。

——Tim Futing Liao

(李洋译　高勇校)

幂转换(Power Transformations)

参见多项式方程【Polynomial Equation】。

实用主义(Pragmatism)

实用主义这个词的学术意义不同于其日常意义,指的是在美国 19 世纪下半叶出现,影响力一直延续到整个 20 世纪的一场哲学运动。实用主义的核心思想是任何概念的意义都是由其实践后果决定的;无论是在科学情境中还是在更广泛的生活中,任何判断的真实性都要在实践活动中并通过实践活动来判定。

这些核心思想通常与其他一些思想立场有所关联。一个思想立场是拒斥许多理性主义者【Rationalism】和经验主义者【Empiricism】共同持有的一个假定,他们假定我们能够找到一些明确无疑的基础,然后基于此来建立知识。因此,对于实用主义的创建者皮尔士来说,探究总是始于先前经验中产生的问题,总是要把多数经验视为当然:只去质疑当怀疑之处,而非所有可怀疑之处。同样,探究得来的知识也难免犯错;它并不是绝对无疑的正确。但是长期来看,探究是自我修正的:它不断发现和矫正错误来进行调整。

实证主义的另一个核心观点是,所有认知都是个体有机体与其环境之间持续进行的交易(transaction)的一个部分。这与古希腊颇有影响力的观点不一致,后者认为真正的知识来自与人类日常生活相脱离的旁观者。因此,另一个有影响力的实用主义哲学家威廉·詹姆斯认为,认知的功能不是完全复制现实,而是满足个体有机体的需求和利益,使之与其环境之间建立起生机勃勃的关系。对他来说,真理只是方便权宜之事。事实上,实用主义者认为哲学和科学从起源和功能上说也是实用主义的。因而,约翰·杜威认为科学探究过程是民主理念的核心,也是社会发展的适当基础。

除了共通之处外,实用主义传统内部也有分歧之处。有人认为科学才是理性思考的典范,也有人采用了更为包容性的路数。有人采纳实在论【Realism】的立场,也有人认为我们只能接触事物在经验中的表象而非其后的现实。

在整个20世纪,很多有影响力的哲学家推动了实用主义思想的发展,著名的有刘易斯、奎因、帕特南、罗蒂和哈克。特别是罗蒂的研究引发了众多争议,尤其是它到底是一种真正的实用主义形式还是对之前传统的决裂。

实用主义对社会研究方法产生了相当大的影响力,尤其是通过社会学中的芝加哥学派,当然影响不限于此。卡普兰的《调查行为》(*The Conduct of Inquiry*,Kaplan,1964)受实用主义的很大影响,是一本颇有价值的早期文献。

——Martyn Hammersley

(李洋译　高勇校)

参考文献

Haack, S. (1993). *Evidence and inquiry: Toward a reconstruction of epistemology*. Oxford, UK: Blackwell.

Kaplan, A. (1964). *The conduct of inquiry*. New York: Chandler.

Mounce, H. O. (1997). *The two pragmatisms: From Peirce to Rorty*. London: Routledge and Kegan Paul.

预编码(Precoding)

编码是数据文件中记录的一个数字(或字母或单词),它代表一项定量研究中某一被访者或回答人对某一封闭式问题【Close-Ended Questions】的回答。一项有效的研究在数据采集之时就对大部分信息进行编码，这被称为预编码。访谈员（或是自填问卷的受访者）会根据回答情况在相应数字上画圈，这个数字无须进一步加工或编码就可输入数据文件中。例如，图1显示了一个预编码的“就业状况”变量。

下列哪一项最能描述你当前的就业状况？
（请选择一项并画圈）
1.就业
2.自雇用
3.全日制教育/培训
4.失业
5.退休

图1　就业状况的预编码变量

预编码程序要有效，以下两点是必须的：

（1）类别必须明确清晰，彼此不能重叠。图1中的编码设计在这方面就有问题：一个人有可能同时就业而且接受全日制教育（如获得军方奖学金去上大学），或者同时就业而且接受全日制培训（如学徒工）。

（2）类别必须是穷尽的，覆盖全部范围。图1在这方面也存在问题：没有一个类别能涵盖全职家庭主妇。一些全职家庭主妇可能认为自己是“失业”；另一些可能认为自己是“退休”。认为做家务和照顾孩子本身也是一种工作的那些人，则被迫选择上述两个选项，或者会误导性地选择“已就业”类别。换句话说，调查问题对社会世界的建构方式是某些被访者所不能接受的，这种错误在预编码的调查问题中并不少见。

解决这个问题的一种方法是提供一个“其他”选项，如果受访者状况无法归为任何一个选项时就可以选择“其他”项。这些回答将在事后不得不进行“办公室编码（office coded）”，或者将其划到一个现有选项中，或者另制订一个新的选项，或者归入一个包罗万象的“其他”选项。但是这会花费额外的时间和精力，所以如果可能尽量避免。

通常，我们采用单一编码变量，受访者被要求从一组编码中选择一个且只选择一个选项（图2）。可以进行多选的多编码变量（如“从图2中选出符合你情况的所有选项”）处理，但是这需要在数据录入阶段进行特殊处理，以便分析时可以解释这些变量。

请圈出表示你最高受教育水平的数字。	
GCE或同等水平	1
“O”或同等水平	2
AS或同等水平	3
A+或同等水平	4
低于荣誉学士学位的高等教育	5
荣誉学士学位或同等水平	6
高于荣誉学士学位	7

图2　关于教育水平的一个问题

——Roger Sapsford

（李洋译　高勇校）

＊也可参见访谈安排【Interview Schedule】、问卷【Questionnaire】。

先决变量（Predetermined Variable）

联立方程模型【Simultaneous Equations】中包含的外生变量和滞后内生变量【Endogenous Variable】通常被称为先决变量。变量的分类对模型识别来说至关重要，因为在联立方程组中,自变量(或解释变量)中有很多是内生变量。

要介绍先决变量的概念,必须区分内生变量和外生变量。内生变量(或共同决定变量)的结果值要在模型之内决定。换句话说,内生变量的取值是通过在模型内与其他变量的相互作用来决定的。一个人对内生变量的行为感兴趣,是因为它们能被模型的其余部分解释。内生性(或联立性)术语反映了决定这些变量的模型的联立特征和反馈机制。

外生变量与内生变量的不同之处在于它们是为内生变量的行为提供解释。这些变量影响内生变量的结果值,但它们自己的取值完全是在模型之外决定的。从这个意义上讲,外生变量是表示原因的,塑造了决定内生变量的模型特征,但外生变量的取值并不相互【Reciprocal】影响。换句话说,不存在关于外生变量之间反馈互动或联立性的假设。

考虑一个非常简单的宏观经济模型,设定为有三个方程式的联立方程模型:

$$C_t = \alpha_0 + \alpha_1 Y_t + \alpha_2 Y_{t-1} + \alpha_3 R_t + \varepsilon_{C_t} \quad (1a)$$

$$I_t = \beta_0 + \beta_1 R_t + \varepsilon_{It} \quad (1b)$$

$$Y_t = C_t + I_t + G_t \quad (1c)$$

在该方程组中,同时期的消费(C_t)、投资(I_t)和收入(Y_t)是内生的,因为它们的数值是由其他变量解释的并在方程组内决定的。在内生变量之间存在反馈机制,因为在行为方程(1a)中,C_t 取决于 Y_t,而 Y_t 则通过恒等式(1c)取决于 C_t。利率(R_t)和政府支出(G_t)是外生变量,因为它们解释内生变量的行为,但它们的值是由方程组之外的因素决定的。可以看到这两个外生变量之间没有反馈机制。

在这个简单的宏观经济模型中,有一个滞后【Lag】内生变量 Y_{t-1}。这个滞后内生变量的值是由它过去的值来决定的。对于当前的收入值(Y_t),它的过去值(Y_{t-1})是观察到的和先决的。因此,过去的内生变量可以放到外生变量的相同类别中。换句话说,滞后内生变量与外生变量是先决变量的两个子集。关于识别和估计联立方程的变量分类,更多的相关信息参考 Kmenta (1986); Judge, Griffiths, Hill, Lütkepohl, & Lee (1985); Wooldridge (2003)。

——Cheng-Lung Wang

(叶鹏飞译　高勇校)

参考文献

Judge, G. G., Griffiths, W. E., Hill, R. C., Lütkepohl, H., & Lee, T.-C. (1985). *The theory and practice of econometrics* (2nd ed.). New York: John Wiley.

Kmenta, J. (1986). *Elements of econometrics* (2nd ed.). New York: Macmillan.

Wooldridge, J. M. (2003). *Introductory econometrics: A modern approach* (2nd ed.). Cincinnati, OH: South-Western College Publishing.

预测(Prediction)

预测涉及从已知到未知事件的推理,无论过去、现在还是将来。在自然科学中,理论常常先预测实体的存在,然后发现它。在社会科学中,预测通常是指关于未来结果的陈述。科学的预测不只是一个侥幸的猜测,而是需要经验证据的支持,并且必须以大量的理论为基础。因此,兰德尔·柯林斯(Collins,1995)基于地缘政治理论,证明自己成功地预测了东欧的巨变。

经济学家一般使用预测【Forecasting】多于预测(prediction),二者有时是同义的。预测(forecasting)也被用在更严格的意义上,特指针对具体情况的预测,限定在一个既定的地点和时间范围,例如,预测未来5年中美国的汽车销售量。这个狭义上的预测超出特定的情境是不能进行推广的。

预测的一种形式是外推【Extrapolation】的,通过过去的趋势来设想未来的状况。为获得成功的预测,外推假设引发趋势的原因和社会过程是保持不变的。外推在短期内通常是准确的。然而,并不是所有的外推都可以被确定为预测。它们也许会成为可能发生的情形,告诫我们要改变行为以免发生不希望的结果。因此,关于全球变暖影响的外推,不一定是作为预测,而是作为劝勉,以减少对矿物燃料的消耗。

追溯涉及从结果出发反过来寻找原因,说明为什么一个已知的结果是可以预料到的。虽然追溯也许只是虚假的事后智慧,但追溯仍然可能是有效的,尽管预测是困难的或不可能的。铁木尔·库兰(Kuran,1995)指出,预测革命是否会发生的一个问题是伪造偏好(preference falsification),即人们会因为社会压力而歪曲自己的偏好。一个专制政权的公民,可能不愿意对一名社会研究者表达不满。在革命发生之后,预先存在不满的证据就变得很丰富。为了改善对革命的预测,我们可能因此需要分析标准社会调查之外的信息来源(如日记和回忆录、密函以及秘密档案)。

社会预测的一个关键问题是预测经常与他们预测的现象之间存在相互作用。在一个自我实现预言中,预测的实现恰恰是由于人们对预测的解读;相反,一个自我否定预言的阐述确定了它将是错误的。一种实际的解决方案是将预测与可能对其作出反应的受众隔离开来。在某些情况下,宣称自我实现或自我否定的预言,可能是一种影响事件的有意尝试,以避免或减轻不良后果,或者增加预期结果的概率。

从某个系统的初始状态来预测其未来状态,要求初始状态中的微小变化对未来状态的影响是有限的。这在混沌系统(混沌理论【Chaos Theory】)中是不适用的,比如在气象学中,初始条件下无法觉察的差异会产生大相径庭的结果。

一个主要的困难是未来知识的必然不可预测性(Popper, 1957)。我们无法理性地宣称拥有那些尚未被概念化或发现的全部预测知识。

——Alan Aldridge

(叶鹏飞译 高勇校)

参考文献

Collins, R. (1995). Prediction in macrosociology: The case of the Soviet collapse. *American Journal of Sociology*, *100*(6), 1552-1593.

Kuran, T. (1995). The inevitability of future revolutionary surprises. *American Journal of Sociology*, *100*(6), 1528-1551.

Popper, K. R. (1957). *The poverty of historicism.* Boston: Beacon.

预测方程(Prediction Equation)

任何回归【Regression】类型的分析都提供两类信息:第一,它告诉我们一个或多个自变量【Independent Variable】对因变量【Dependent Variable】的估计效果。系数【Coefficient】和标准误差【Standard Error】估计值显示效果的相对强度及其估计精度。第二,回归类分析可以预测因变量的值。预测方程涉及第二类信息。更具体地,预测方程是连接自变量与因变量预测值的等式。在线性回归【Linear Regression】分析中,预测方程是通过只取模型的系统部分来生成的,$\hat{Y}=\hat{\beta}_0+\hat{\beta}_1X_1+\cdots+\hat{\beta}_kX_k$,并用来计算因变量的预测值。在其他形式的分析中,如对数【Logit】、概率及其他潜在指数模型,预测方程以非线性【Nonlinear】方式连接到可以预测的概率【Probability】函数。

一般地,样本内的平均预测误差是评估总体中模型拟合的实用标准。平均而言,有效的预测方程的预测值应接近样本因变量的实际值。然后,我们可以检验平均预测误差的显著性,以便将样本的模型拟合应用到总体。

预测方程也可以作为一种预测【Forecasting】工具,用于预测样本内(或外)的因变量个体值(individual values)。例如,假设我们要预测线性回归 $\hat{y}_i^0$ 的值,即样本内(或外)的单个观测值。那么我们会使用预测方程 $\hat{y}_i^0=\hat{\beta}_0+\hat{\beta}_1x_{1i}^0+\cdots+\hat{\beta}_kx_{ki}^0$。有效的预测方程应能准确地预测个体观测值,无论其位于样本内部还是外部。因此,个体观测值的预测是评价模型质量的替代方法。

平均预测误差

在使用预测方程评估线性回归的平均预测误差时,有两种公认的标准:R^2 和估计标准误【Standard Error, SEE】(也可表示为 $\hat{\sigma}_e$)。R^2 统计量计算公式为:

$$R^2=1-\frac{\sum_{i=1}^{n}(Y_i-\hat{Y}_i)^2}{\sum_{i=1}^{n}(Y_i-\bar{Y})^2}$$

注意,该计算需要预测误差的平方和(用预测方程计算),然后再与最简单的预测方法相比来对预测误差进行标准化。从1中减去这个量,产生一个0~1的拟合度量值。在度量的0值端,我们可以得出结论,该模型没有预测能力;在度量的1值端,我们可以得出结论,该模型可以无误地预测每一个观测。0和1之间的值是对平均预测能力的定量评估。

R^2 用于评估模型平均预测误差的缺点是,它不能显示以分析的测量单位表示的预测误差是多少。R^2 统计量的取值范围为0~1,但对于中间数值,实际发生的预测误差大小是未知的。因此,一些分析者更喜欢使用估计标准误【Standard Error of Estimate】。其计算公式为:

$$\text{SEE}=\sqrt{\frac{\sum_{i=1}^{n}(Y_i-\hat{Y}_i)^2}{N-k}}$$

注意,SEE 计算需要预测误差方差的平方根,还是使用上述预测方程进行计算。结果是按因变量的测量单位表示出的平均预测误差。SEE 统计量的数值,告诉分析者在使用上述预测方程时,预测的误差平均是多少(以因变量的度量单位表示)。这提供了对模型的预测能力更直观的描述。

从样本中计算出来的 R^2 或 SEE 也可以用来推断总体的平均预测误差,分析者通常计算 F 统计量,虚无假设为模型没有预测能力。对 R^2 而言,虚无假设为 R^2 统计量值等于零。对 SEE 而言,虚无假设为平均预测误差等于观测值与均值的平均偏差。这两个假设是等价的,从同一总体重复抽样时,分析人员可以借此推断预期平均预测误差的大小。

个体预测

用 R^2 和 SEE 衡量的平均预测误差,提供了对总体模型拟合的度量。然而,如果分析者想使用预测方程来预测因变量的特定值,则这些统计量就没法准确地估计这时的预测误差。其中一个原因是靠近自变量分布末端的随机观测值变得越来越异常。朝向 X 分布的两端,数据变少,因而个体预测的不确定性更大。X 的观测值离典型值越远,个体预测误差就变得越大。例如,假设我们感兴趣的是通过预测方程 $\hat{y}_i^0=\hat{\beta}_0+\hat{\beta}_1 x_i^0$ 来预测因变量的个体观测值。使用该方程,个体观测的预测误差为:

$$\mathrm{SE}[y_i^0 - \hat{y}_i^0]$$

$$= \mathrm{SEE}\sqrt{1 + \frac{1}{n} + \frac{(x_i^0 - \bar{X})^2}{\sum_{i=1}^{n}(X_i - \bar{X})^2}}$$

注意,这个统计量通过函数获得预测值距离分布中心的距离,对平均预测误差(前面讨论的 SEE)进行加权。此统计量的多元形式需要使用线性代数,参见 Greene (2003)。

如果我们想对多个个体进行预测,那么个体预测中的平均误差可以用来衡量预测准确率。这就是所谓的均方根【Root Mean Square】误差(RMSE)或 Theil's U 统计量。该统计量表示为:

$$\mathrm{RMSE} = \sqrt{\frac{1}{m}\sum_{i=1}^{m}(y_i^0 - \hat{y}_i^0)^2}$$

其中,m 是个体预测的数量。注意,这正好是预测误差平方和的均值的平方根。RMSE 值越小,意味着预测方程的预测能力越强。

——B. Dan Wood
Sung Ho Park
(叶鹏飞译 高勇校)

参考文献

Greene, W. H. (2003). *Econometric analysis* (5th ed.). Mahwah, NJ: Prentice Hall.

King, G. (1990). Stochastic variation: A comment on Lewis-Beck and Skalaban's "The *R*-squared." *Political Analysis*, *2*, 185-200.

Lewis-Beck, M. S., & Skalaban, A. (1990). The *R*-squared: Some straight talk. *Political Analysis*, *2*, 153-171.

预测变量(Predictor Variable)

在每一个研究设计【Research Design】中,一系列自变量【Independent Variable】可以被认为是影响一个因变量【Dependent Variable】的前提条件。这些变量可以由研究人员实际操作得到(如在实验【Experiment】的情况下得到的数据),或仅由研究人员观察得到(如调查数据的二次分析【Secondary Analysis of Survey Data】)。如果是由研究人员简单观察得到的前提条件(即不进行实验干预),那么它通常被称为预测变量。

预测变量和自变量之间的区别要取决于具体研究设计。在实验研究中,两者的意义是不同的,因为自变量被认为是在研究者的控制下(即它是实验中的操作或处理方式和手段),而预测变量被简单地视为一个前提条件(如对象的性别),从而判断其对因变量的预测情况。但是,在非实验研究(如相关性【Correlation】研究)中,因为研究人员没有操控模型中的任何变量,所以这种区分没有实际意义。

考虑下面两个研究设计:研究者感兴趣的是评估竞选广告对选民投票选择的影响。在第一种情况下,研究人员从选民的一个随机样本【Random Sampling】中收集以下变量的数据:(a)选民是否有可能把票投给候选人史密斯;(b)性别;(c)年龄;(d)政党认同;(e)是否接触过候选人史密斯的竞选广告。然后研究者利用这些数据,得出以下回归方程:

$$\text{候选人史密斯所得选票} = \beta_0 + \beta_1(\text{性别}) + \beta_2(\text{年龄}) + \beta_3(\text{政党认同}) + \beta_4(\text{竞选广告}) + \varepsilon \quad (1)$$

在第二种情况下,研究人员从一个选民的随机样本中收集数据,只涉及(a)性别,(b)年龄,(c)政党认同三个变量。然后投票者被随机地分为对照组和实验组。对实验组选民播放史密斯候选人的竞选广告,而对照组选民只观看产品广告。在对两组进行干预后(是否观看竞选广告),两组选民被问及他们是否可能会投票给候选人史密斯。以研究结果为基础,研究人员给出(1)的回归方程。

通常,在第一个设计中,回归方程右边的所有变量被称为自变量(或回归量【Regressor】)。然而,在第二个设计中,我们可以对自变量和预测变量加以区分。在这种情况下,自变量是选民是否看到了候选人的广告。这是研究者最关心的关键的解释变量【Explanatory Variable】,也是由研究者进行干预的。这个模型中的预测变量是:(a)年龄,(b)性别,(c)政党认同。在研究中,每个对象在研究人员干预之前都对这些变量有一个取值(因此它们被正确地视为先行条件),这些取值被认为是对因变量上回答者得分的预测(因此命名为"预测"变量)。

因为预测变量和自变量之间的区别在数据的统计分析中是无关紧要的(注意,在上面的例子中,从第一种设计到第二种设计,在统计学分析技术上没有发生变化),所以在实践中经常忽略它。但是,这种区别对于研究的设计以及结果的诠释和解释都非常重要。

——Charles H. Ellis

(叶鹏飞译　高勇校)

参考文献

Frankfort-Nachmias, C., & Nachmias, D. (1996).

Research methods in the social sciences (5th ed.). New York: St. Martin's.
Howell, D. C. (1999). *Fundamental statistics for the behavioral sciences* (4th ed.). Belmont, CA: Duxbury.
Jaeger, R. M. (1993). *Statistics: A spectator sport* (2nd ed.). Newbury Park, CA: Sage.

试测(Pretest)

一个实地试测是一项调查【Survey】的预演。这些预研究【Pilot】是极其有用的工具,使研究者能够在实地研究之前,识别调查项目和/或数据收集协议【Protocol】中的潜在问题。尽管所有调查在启动之前都应当经过试验,但试测对于一个大型调查和/或复杂调查来说尤其是有价值的。它们在任何涉及计算机辅助数据收集【Computer-Assisted Data Collection】的调查中都是必不可少的。在这一调查阶段可能会发现一些潜在的重大失误并进行补救。

大致说来,一个试测是指运用研究设定的数据收集程序,从一个相对较小数量的被调查者【Respondent】中收集数据。理想的试测样本是从研究的抽样框【Sampling Frame】中进行选取的。当这种情况不符合实际或者不可行时,通常根据便利性和可得性来选择被调查者。不管怎样,试测样本越能反映研究样本的特征,其效果越好。因为研究需要访问员来实施,所以最好要有至少三名访问员参与试测问卷。

试测回答要制成表格,并且回答的边缘分布是检查潜在问题的指标,例如回答中的变差【Variation】太小(包括针对整体的变量以及子群)或不正确的跳转模式。对于那些很多被调查者表示不知道答案或者拒绝回答的项目,很可能需要进行修改和复测。

尽管试测可以用在各种调查模式中,无论是访问员实施(通过电话或当面)还是自填式(通过邮寄或电子方式),但是访问员介入的研究为研究者提供了考虑访问员与受访者之间互动的机会,并识别不能很好询问的问题。一旦访问员简要了解关于总体项目和具体问题的研究目标,他们就会在模拟大型调查要遵循的条件之下来与一个小规模演练样本的成员进行接触。

访谈在被调查者明确表示允许的情况下进行录音。随后,受过专业训练的编码人员收听录音带,将访问员与受访者之间的互动进行"行为编码"。对每一个询问的问题、互动的双方都进行编码。对访问员一方,注意问题是否以准确的措辞读出,对特定受访者不适用的项目是否正确地处理,以及是否进行了追问【Probing】和说明。对受访者一方,记录受访者在问题完全读完之前打断访问员或者要求说明和解释的频率,以及他们提供的答案是否符合可供选择的选项。行为编码【Behavior Coding】可以对有问题的题项进行识别,即访问员发现很难按照标准化方式实施,以及问题或用词不能一致地为被调查者所理解。如果发现任何问题,这一工具或草案可以在实地调查之前进行修改。

——Patricia M. Gallagher

(叶鹏飞译　高勇校)

参考文献

Fowler, F. J., Jr. (1995). *Improving survey questions*. Thousand Oaks, CA: Sage.
Oksenberg, L., Cannell, C., &Kalton, G. (1991). New strategies for pretesting survey questions. *Journal of Official Statistics*, *7*(3), 349-365.

前测的敏感性(Pretest Sensitization)

当参与者在一项实验【Experiment】中接受前测时,会存在一种风险,即他们对前测要测量的变量是警惕的或敏感的,如此一来,他们的后测得分将会受到影响。换句话说,受前测敏感性影响的实验对象会对实验内容变得敏感,而这会影响他们的行为。所罗门四组实验【Solomon Four-Group Design】有时就被用来处理这一问题。

——Alan Bryman

(叶鹏飞译　高勇校)

启动(Priming)

个体在环境中的经验会临时地激活一些心理概念。这些概念,包括特性、图式、态度、刻板印象、目标、心境、情绪和行为,在激活之后会更容易被想起。这时我们称概念被启动,即它们变得更有可能影响后续的思考、情感、判断和行为。启动也指涉那些被用来模拟在真实世界的经验中经常会发生激活的实验技术。

启动的术语是由卡尔·拉什利(Lashley,1951)首先用于指反应倾向的临时内部激活。启动过程开始时,某个心理概念通过在环境中的经历激活。被激活后的水平不可能马上回到它原来的水平;相反,它随着时间而消逝。这漫长的激活状态会影响随后的反应行为。因此,最近使用的概念反应更加的快速和简单,因为他们更容易被想起。通过这种机理,启动创造了一个内部的临时准备状态。更重要的是,启动是一个被动、认知的过程,不需要内部的动机和意图。

心理学研究中有几种常用的启动技巧(参见 Bargh & Chartrand, 2000)。最简单的也许是概念启动(conceptual priming)。在这项技巧中,研究者的第一任务是悄悄地激活一个概念。然后激活的概念很快会自动地影响个人的响应,随后的任务超出了他们的意识和意图范围。社会心理学中的一项开创性实验运用概念启动展示出激活的概念能够影响未来的社会判断(Higgins, Rholes, & Jones, 1977)。参与者在一开始就被积极的或消极的特质所启动。那些由积极特质所启动的人,比由消极特质所启动的人更能对行为模棱两可的目标个体形成良好的印象。概念启动有两种类型:在阈上启动(supraliminal priming)中,个体有意识地了解启动刺激,但并不知道启动刺激对其随后响应的影响;在阈下启动(subliminal priming)中,个体既不了解启动刺激,也不知道刺激对后续反应的影响。

第二个启动技巧是延滞启动(carryover priming)。在这种类型的启动中,研究者首先让参与者审慎地和有意地利用启动的概念。这包括让参与者思考或写出目标、心态、记忆、人物或其他激发启动构想的主题。然后个体从事第二个、不相关的任务。在第一个任务中启动的构想,影响个人在第二个任务中的响应。重要的是,个人并没有意识到这种影响。通常情况下,延滞启动被用于当关键概念过于抽象或精细以至于无法进行概念启动时。

第三个启动技巧是顺序启动(sequential priming)。这种方法测试了不同精神表现之间的关联。研究者提供一个启动刺激,紧跟着是一个目标刺激。参与者必须以某种方式对目标作出响应(例如,拼出它的读音,确定它是不是一个词,对它进行评价)。就启动促进对目标的响应而言,两个构想之间存在一种记忆上的联结。所有关于启动的研究最后必须要对启动的影响进行评估。

——Tanya L. Chartrand
Valerie E. Jefferis
(叶鹏飞译　高勇校)

参考文献

Bargh, J. A., & Chartrand, T. L. (2000). Mind in the middle: A practical guide to priming and automaticity research. In H. T. Reis & C. M. Judd (Eds.), *Handbook of research methods in social and personality psychology* (pp. 253-285). New York: Cambridge University Press.

Higgins, E. T., Rholes, W. S., & Jones, C. R. (1977). Category accessibility and impression formation. *Journal of Experimental Social Psychology*, *13*, 141-154.

Lashley, K. S. (1951). The problem of serial order in behavior. In L. A. Jeffress (Ed.), *Cerebral mechanisms in behavior: The Hixon symposium* (pp. 112-136). New York: John Wiley.

主成分分析(Principal Components Analysis,PCA)

主成分分析是探索性多元数据分析的主要工具,特别是当研究人员希望深入了解一组变量之间的关系以及评估与这些变量相关的个体时。这一基本技术是针对连续变量设计的,但目前已发展出新的变体,以满足定类和定序测量层次的变量,以及能够处理不同类型的测量层次相混合的变量。此外,该技术还可与其他技术如回归分析【Regression Analysis】结合使用。在本词条中,我们将集中在标准的主成分分析方法,而主成分分析在不同条件下的应用概览可参见 Joliffe(1986)和 Jackson(1991);针对不同测量层次相混合变量的 PCA 陈述可参见 Meulman & Heiser(2000)。

理论

假设我们有 I 个个体在 J 个变量上的计分,并且这些变量之间的关系是,没有一个变量可以完全地被其他所有的变量预测到。于是这些变量构成了 J 维空间的各个轴,并且个体在这 J 个变量上的得分可以在此 J 维空间中进行描述。然而,观察一个高维的空间是不易的;而且,个体在高维空间排列中的大多数变异可以在低维空间中进行展示而没有多大变异性的损失。例如,图 1 是样本 A 得分的二维椭圆图形,能够通过第一主成分在一个维度上很好地表示,并且只需沿着这一维度解释变异性。然而,对于样本 B 的得分,一个维度上的表示要差很多(即在样本 B 中由第一主成分所解释的方差要比个案 A 中低很多,由此解释了单一维度在样本 B 上是不充分的)。

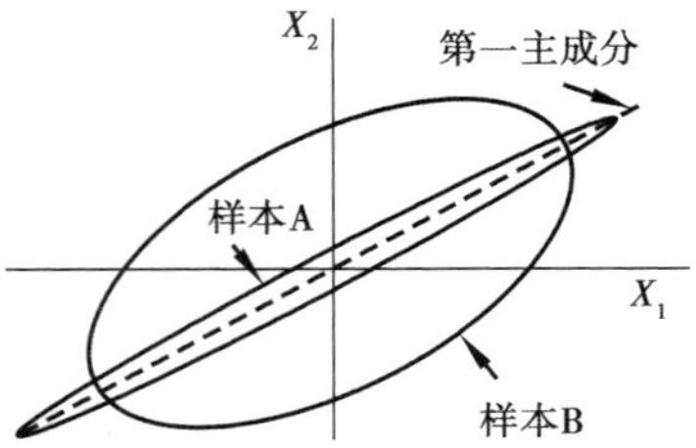

图 1　两个样本 A 和 B,在 X_1 和 X_2 变量上的得分

注:椭圆表示样本点的近似轮廓。第一主成分是样本 A 得分优良的一维近似值,但对样本 B 并非如此。

低维空间的坐标轴通常被称为成分。如果这些成分能够依次解释数据中的多数变异性,那么它们就被称为主成分。个体在这些成分上的坐标被称为成分得分(component scores)。为了解释成分,还需得到变量在这些成分上的坐标,常见的方法是通过特征值【Eigenvalues】—特征向量【Eigenvector】技术。如果变量和成分都是标准化的,变量坐标即为变量与成分之间的相关性。通过检查这些通常被称为成分载荷(component loadings)的相关性,可以评估成分在多大程度上反映了某个变量的取值。特别是当一组变量与一个成分具有高度相关性,此成分就与所有这些变量具有共同点,并且在变量实质内容的基础上,可以试着去确定这些变量之间的共同要素可能是什么,并且假设这个成分就是在测量这个共同要素。

但是,主成分并不总是与一组特定的变量有着较高的相关性,因为主成分是用来顺次解释这些变量的最大方差,而不是产生最佳的解释。这也可以在由这些成分所决定的空间中对这些变量的绘图上看出(图2)。这样的图形表明,在这个空间中还有其他方向的与成群变量相对应的成分,能够提供相对简单的解释。因此,主成分通常沿此方向进行旋转或变换。由于只限于主成分的空间,所以这种变换并不影响这些成分对数据的联合拟合。当旋转导致相关的轴发生变化(斜交旋转,参见示例)时,这些变量的系数就不再是相关系数,并且通常被称为模式系数(pattern coefficients)。当(旋转的)成分互不相关时,每一个变量—成分相关的平方是由该成分解释变量方差的大小决定,而一个变量在所有成分上的相关平方和是用所得的成分预测该变量时的多重相关平方(通常称为公因子方差【Communality】)。

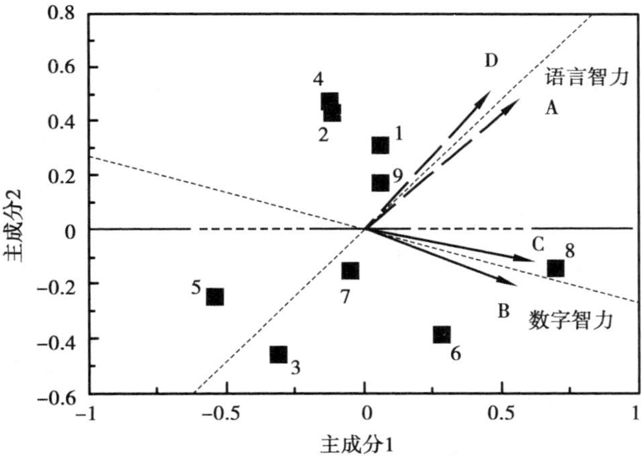

图2　4个测试子项和9个儿童的双标图示例,有两个主成分

注:测试子项A和D测量语言智力,测试子项B和D测量数字智力。斜交旋转成分穿过每个测试子项组。

任何成分分析的一个基本部分是通过一个双标图【Biplots】来联合描绘变量和样本得分之间的关系。就目测而言,这样的绘图最多是三维的,但是如果存在更多的维度,就需要构造几个图形(例如,为前两个维度绘制一个图形,再为第三和第四个维度进行绘图)。

举例

作为一个极其简化的例子,假设我们有9个孩子在包含4个测试子项的智力测验上的得分,主成分分析表明,两个成分就足以对变异性进行充分描述。图 2(一个双标图)给出了一个二维解的结果,描述了作为向量的测试子项 A,B,C 和 D,并且将孩子标识为从 1~9 的点。很明显,测试子项构成了两组,通过检查这两个分组可知,A 和 D 呈现的是语言智力,而 B 和 C 则是数字智力。子项与主成分并不完全对应,但是一个斜交变换使两个轴正好穿过两组的中间,因此它们可以被假设为分别代表数字智力和语言智力。旋转轴之间的角度表示它们是相关的,考虑到所有测试子项都是用来测量智力的,所以这并不奇怪。由于靠近数字智力轴的正向一侧,6 号和 8 号孩子在数字测试子项上的成绩特别好,而 3 号和 5 号孩子语言子项的成绩得分明显低于平均水平。由于 7 号孩子接近原点,所以他的得分接近所有子项成绩的平均分数(读图的规则,另请参阅双标图【Biplots】词条)。

——Pieter M. Kroonenberg

(叶鹏飞译　高勇校)

参考文献

Jackson, J. E. (1991). *A user's guide to principal components*. New York: John Wiley.

Joliffe, I. T. (1986). *Principal component analysis*. New York: Springer.

Meulman, J. J., & Heiser, W. J. (2000). *Categories*. Chicago: SPSS.

先验分布(Prior Distribution)

先验分布 $p(\theta)$ 是在对数据集 $\mathbf{x}$ 进行观察之前描述关于未知量 θ 的主观信念的概率分布。贝叶斯推论【Bayesian Inference】将先验分布与数据的似然性结合,形成后验分布【Posterior Distribution】用于对 θ 进行推断。本词条将从四个方面来描述贝叶斯推论中先验分布的作用:主观概率、客观贝叶斯、惩罚似然和层级模型。

基本的贝叶斯推论是一种用观察到的 $\mathbf{x}$ 更新关于 θ 的主观信念的理论。主观论者使用概率分布来描述个体的信念。研究者会考察个体在假设情境中愿意为 θ 的各个取值下注多少来得出每个个体的先验分布。这一过程得出的分布要适用于连续性参数空间,就需要设定模型。因为计算方便,经常使用共轭(conjugate)先验。如果先验分布和后验分布属于同一族,那么该模型就有一个共轭先验。表 1 列出了几个指数族成员的共轭似然先验关系。许多共轭似然先验族中的先验参数可能会被认为是先验数据,它提供了一种简单的方法来衡量先验分布的强度(例如,“某一个观察的先验信息的价值”)。使用共轭先验的计算实例参见后验分布【Posterior Distribution】词条。

表 1　几个普通似然的共轭先验分布

似　然	共轭先验
单变量正态	正态(均值参数)γ(gamma)(逆方差参数)
多变量正态	多元正态(均值向量)Wishart(逆方差矩阵)
二项式	β(Beta)
泊松/指数式	γ(gamma)
多项式	Dirichlet 分布

任何较弱的先验对后验分布的影响是可以忽略的。然而也存在反例,此外,贝叶斯方法的批评者发现先验分布的获取存在

巨大困难（Efron, 1986）。客观贝叶斯（objective Bayesians）通过参照先验分布（reference priors）尝试在标准情况下对先验未知进行建模来回应这种批评。卡斯和瓦塞尔曼（Kass & Wasserman, 1996）在大量的文献基础上，对参照先验分布进行了研究。许多参照先验分布是积分反常的（improper）（也就是说，它们积分趋于∞）。例如，如果 θ 的参数空间是无限的，均值参数的常见“无信息”先验分布（“noninformative” prior）是均匀先验分布（uniform prior）$p(\theta)\propto 1$，这显然是积分反常的。只要后验分布是适当的，似然性得到足够好的表现，那么积分反常的先验并不会造成困难，这通常发生在频率论过程表现良好的简单问题中。然而，当复杂的模型中使用积分反常的先验分布时，后验分布的适当性就难以检查（Hobert & Casella, 1996）。

参照先验分布的一个困难是，变量经过变换之后，单一尺度上的无信息先验分布变成了信息先验。例如，采用雅可比介绍的对数变换，在 $\log \sigma^2$ 上的均匀先验分布变成 $p(\sigma^2)\propto 1/\sigma^2$。Jeffrey 先验是一个重要的参照先验族，它们不因变量变化而改变。模型 $p(\mathbf{x}\mid\theta)$ 的一般 Jeffrey 先验分布为 $p(\theta)\propto \det(J(\theta))^{1/2}$，其中 $J(\theta)$ 是从单一观测中得到的 Fisher 信息。

虽然客观贝叶斯力求最小化先验的影响，惩罚似然的支持者仍然积极寻找可以改进高维模型中高变异的参数估计的先验分布（Hastie, Tibshirani, & Friedman, 2001）。例如，对于回归模型 $\mathbf{y}\sim N(\mathbf{X}\beta,\sigma^2 I_n)$，其中，$\mathbf{X}$ 是 $n\times p$ 设计矩阵，$\mathbf{y}$ 是 $n\times 1$ 响应向量。如果 $\mathbf{X}$ 不符合模型的假设条件，那么 β 的最小二乘估计是不可靠的。这种情况的出现，可能是由于数据集中存在明显的共线性，或者因为添加了多个交互作用项、多项式或其他类似样条函数的非线性基础函数而导致的。

由先验分布 $\beta\sim N(0,\tau^2 I_p)$ 产生等价于岭回归的 β 的后验分布：

$$p(\beta\mid\mathbf{X},\mathbf{y},\tau,\sigma^2)=N(B,\Omega^{-1})$$

后验分布的精度（逆方差）$\Omega=(\mathbf{X}^{\mathrm{T}}\mathbf{X}/\sigma^2+I_p/\tau^2)$ 是先验分布精度 $\Omega_0=I_p/\tau^2$ 与数据精度 $\Omega_1=\mathbf{X}^{\mathrm{T}}\mathbf{X}/\sigma^2$ 之和。如果 $\hat{\beta}$ 是 β 的最小二乘估计，那么后验分布的均值 B 可以表示为：

$$B=\Omega^{-1}\Omega_1\hat{\beta}$$

因此，B 是 β 和先验零均值的精度加权平均数。它是先验信息与似然信息之间的一个折中。先验分布确保 Ω 是正定的。当 $\mathbf{X}$ 不符合模型的假设条件时，先验分布起到稳定 Ω 逆矩阵的作用，这极大地减少了 β 的后验方差。

最后，先验分布可作为模拟复杂数据结构之间关系的方法。常被用来模拟嵌套数据的层级（非）线性模型【Hierarchical (non) Linear Model】就是一个很好的例子。层级模型认为在某一亚组的参数给定时，该亚组中的观测（例如，同一所学校中的学生考试成绩）是条件独立的。不同亚组的参数通过一个先验分布而连接起来，这个先验分布的参数被称为“超参数”。该先验分布允许亚组的参数向其他亚组“借力”来使得稀疏亚组的参数可以被准确估计。

举例说明，用 y_{ij} 表示学生 j 在学校 i 中的分数。假设同一所学校中的学生考试成绩在给定学校参数下是条件独立的，$y_{ij}\sim N(\theta_i,\sigma^2)$。假定存在先验分布 $\theta_i\sim N(\alpha,\tau^2)$ 由此可以得到同一所学校中的学生的后验相关性。例如，在上述前提下，同一所学校中任何两个人的分数之间的相关系数是 $\tau^2/(\sigma^2+\tau^2)$。图 1 提供了模型的图形化描述[著名的有向无环图(directed acyclic graph, DAG)]。

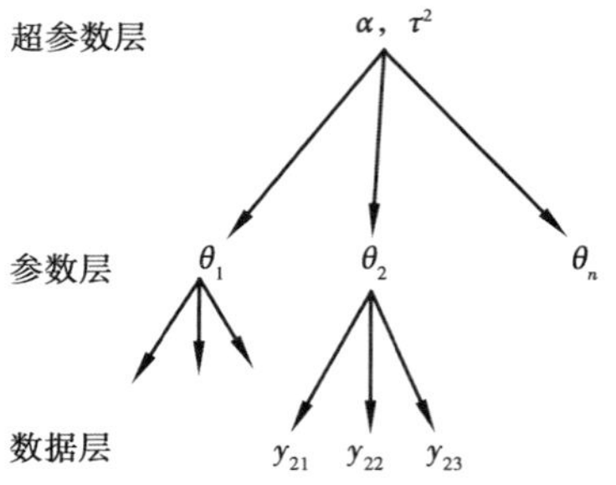

图 1 层级模型的图形表示

注:每个变量在给定上一级元素的情况下,与非下一级元素是条件独立的。

若要查看先验分布如何允许一个亚组向总体子集"借力",要从数据层向上可视化(α,τ^2)的信息。然后,在给出了数据和所有其他参数的情况下,θ_i 的后验均值为:

$$E(\theta_i \mid \mathbf{y},\alpha,\sigma^2,\tau^2)=\frac{\frac{n_i}{\sigma^2}\bar{y}_i+\frac{1}{\tau^2}\alpha}{\frac{n_i}{\sigma^2}+\frac{1}{\tau^2}}$$

由于基于数据的估计向先验分布收缩,所以此表达式被称为收缩估计(shrinkage estimate)。它结合了从全部样本中获得的信息以及依据(α,τ^2)汇总的特定子集 i 的数据信息。由 τ^2 测量的子集之间的变异,决定了收缩的数量。如果 $\tau^2\to\infty$,那么可以从子集 i 的样本均值来估计 θ_i,但如果 $\tau^2\to 0$,那么所有子集都共享一个相同的均值 α。θ_i 的后验方差为:

$$\mathrm{Var}(\theta_i \mid \mathbf{y},\alpha,\tau^2,\sigma^2)=\left(\frac{n_i}{\sigma^2}+\frac{1}{\tau^2}\right)^{-1}$$

用语言来表述,后验精度是数据精度与先验精度之和。当 n_i 很小时,相比于独立估计每个 θ_i,收缩估计可以大大减少 θ_i 的后验方差。关于层级模型的完整讨论,参阅 Carlin & Louis(1998)。

——Steven L. Scott

(叶鹏飞译 高勇校)

参考文献

Carlin, B. P., & Louis, T. A. (1998). *Bayes and empirical Bayes methods for data analysis*. London: Chapman & Hall/CRC.

Efron, B. (1986). Why isn't everyone a Bayesian? *The American Statistician*, *40*, 1-5.

Hastie, T., Tibshirani, R., & Friedman, J. (2001). *The elements of statistical learning*. New York: Springer.

Hobert, J. P., & Casella, G. (1996). The effect of improper priors on Gibbs sampling in hierarchical linear mixed models. *Journal of the American Statistical Association*, *91*, 1461-1473.

Kass, R. E., & Wasserman, L. (1996). The selection of prior distributions by formal rules. *Journal of the American Statistical Association*, *91*, 1343-1370.

先验概率(Prior Probability)

所谓先验概率,是这样一种概率【Probability】的推论,即利用观察数据来更新在数据收集之前存在的概率。这种方法被称为贝叶斯推论【Bayesian Inference】,它与现有的其他方法即频率论形成了鲜明的对比。在频率论方法中,概率本身被认为是固定的但也是未知的量,可通过相对频次【Relative Frequency】进行观测。如果将贝叶斯方法应用到某一事件,假定研究者对该事件的概率(先验概率)有一些了解,运用贝叶斯定理【Bayes' Theorem】,就能转化成后验概率。先验概率表示在实际观察资料完全得到之前就可以获得的知识,而后验概率则综合了先验概率和数据中的信息。这一变更过程运用了贝叶斯因子【Bayes Factor】。

先验概率相当于平常所说的概率,而且只有在我们的目标是运用新数据对它们进行更新时,才将其称为先验概率。当先验概率来自普查或一个早期的大型调查,我们要基于近期的较小调查对其更新时,就会出现这种情况。虽然在大多数情况下,普查数据被认为比调查数据更可靠,但也会变得过时,而新的调查数据则能反映普查实施以来的社会变化。在这种情况下,通过考虑从普查资料中计算出来的作为先验概率的某一事实的概率,并运用最新调查资料对它进行更新,就可实现新旧信息片段的结合。当先验概率来自一个大型调查时,类似的情况也会发生。

例如,假设根据完成再培训项目的失业者在一段时间内找到工作的机会(概率)来研究项目的效率。当项目开始后,详细地监测项目效率,数据被用来确定不同组失业者的再就业概率。在第一年实施之后,为降低成本,停止了详细的监测,仅使用小规模调查来提供项目效率的数据。在该案例中,通过完整监测得到的概率要比通过后续调查计算出来的概率更加可靠。另一方面,在此期间,项目效率可能会因为一些原因而改变,并且调查结果可能会反映出这种变化。因此,有必要将原先的概率作为先验概率,并利用新的数据来对它们进行更新。

最简单的更新过程是使用所谓的贝叶斯定理,还可用来更新不可能同时发生的某些事件(如不同的宗教归属)的先验概率,并且可以适合进一步发生的事件(如同意政教分离的某种陈述)。如果前者事件的(先验)概率(如来自普查数据)已知,并且属于某一种宗教信仰的人同意政教分离陈述的条件概率是已知的,那么如果一位被调查者被观察到同意陈述,则对于该调查者而言,不同宗教归属的概率也可以被更新而产生新的概率。

——Tamás Rudas

(叶鹏飞译 高勇校)

参考文献

Iversen, G. R. (1984). *Bayesian statistical inference* (Quantitative Applications in the Social Sciences, 07-043). Beverly Hills, CA: Sage.

囚徒困境(Prisoner's Dilemma,PD)

囚徒困境是用来研究人们彼此追求个人利益时的动机与行为的一种博弈。在一个典型的囚徒困境博弈中,两个玩家各自在两种行为之间选择:合作与背叛。每个玩家得到的收益不仅取决于他自己的选择,还取决于另一个玩家的选择。在他们都作出选择之前,谁也不知道另一个选择了什么。收益是结构化的,所以无论另一个玩家怎样做,选择背叛总是可能会对选择者产生最高的回报;但是,如果两个玩家都选择背叛,每个人得到的收益要少于两人合作的情况——因此出现困境。

表 1 囚徒困境中的典型收益

		玩家 2 的选择	
		C_2	D_2
玩家 1 的选择	C_1	3,3	0,5
	D_1	5,0	1,1

资料来源:改编自 Rapoport & Chammah (1965)。

注:每个单元格中第一个数字是玩家 1 的收益;第二个数字是玩家 2 的收益。C_1 和 C_2 分别表示玩家 1 和玩家 2 作出的合作选择;D_1 和 D_2 表示背叛选择。

囚徒困境这一名称来自一个虚构的情形,其中两名犯人共同犯下重罪,但是当局只有他们犯有轻罪的证据。当局为每个囚犯提供了一项交易:检举另一位以获取从轻处罚。如果只有一个囚犯检举,那么他将得到非常轻的刑罚,而另一位则判重刑。如果两个人都检举,他们都将获得中度重判。如果没有人检举,每个人都将获得适度轻判。

在研究中,囚徒困境的收益通常是正的而不是负的。表 1 给出了标准的收益。

重复的囚徒困境博弈有过反复试验,两名玩家在每次试验结束时获悉另一位的做法。在一个重复的囚徒困境中,玩家可以策略性地运用自己的行为来影响另一位玩家的行为。对自然资源的社会竞争也被认为是一种重复的囚徒困境,试验中产生最高收益的策略应该是受自然选择偏爱的。于是,阿克塞尔罗德和汉密尔顿(Axelrod & Hamilton,1981)邀请了经济学、社会学、政治学和数学中的博弈理论家来提出策略,然后在重复的囚徒困境博弈中彼此竞争。在他们提议的 14 个常用的相当复杂的策略中,最好的策略被证明是以牙还牙。这个策略很简单,它包括在第一次试验中合作,然后采取另一位玩家在前一个试验中的行动方式。以牙还牙的成功导致一些人认为,报复的倾向是我们进化过程中遗产的一部分。

单次囚徒困境博弈试验是用来研究社会动机,而不是策略。博弈理论假定每个人的唯一动机是个人利益最大化,预测人们在一次囚徒困境试验中普遍是背叛的。然而,实际上当人们被放置在一个囚徒困境试验中,有 1/3 到 1/2 的合作(Poundstone, 1992)。这一发现对个人利益最大化是人际行为唯一动机的假设产生质疑。

——C. Daniel Batson

(叶鹏飞译 高勇校)

参考文献

Axelrod, R., & Hamilton, W. D. (1981). The evolution of cooperation. *Science*, *211*, 1390-1396.

Poundstone, W. (1992). *Prisoner's dilemma.* New York: Doubleday.

Rapoport, A., & Chammah, A. M. (1965). *Prisoner's dilemma.* Ann Arbor: University of Michigan Press.

隐私(Privacy)

参见伦理准则【Ethical Codes】、伦理原则【Ethical Principles】。

隐私和保密(Privacy and Confidentiality)

A 孤身一人,是位孤独的老人,并且健康状况每况愈下。她很高兴有一位礼貌地说普通话的研究者来访,询问她的健康和住房状况。A 准备了茶水和饼干,诉说她的健康问题,直到她想到城市财政问题可能会通过减少健康恶化的贫困老人的福利来解决。为了防止这种情况发生在她的身上,她解释说她的(不存在的)孩子负责她的医疗卫生需求,并且她可以根据自己的需要自由选择是否与他们一起生活。然而,研究者只不过是一个想要了解 A 所在社区需求的博士生。

A 采取什么方式来控制访谈者与她的接触?什么造成了 A 最初接受访问后来又缩短接触时间?A 关于保密的认知是什么?知情同意的内涵又是什么?

隐私和保密有多种不同的界定。这里的隐私是指个人及其对他人接近自己的方式的控制。保密是指个人自身的资料以及谁可以利用这些信息的协议。这些定义考虑了隐私的主观性质。有人乐意将自己的行为公开展示给他人,其他人则希望对他人隐藏行为,关于这些行为的资料也是如此。

有效的和合乎道德的研究需要对影响研究参与者判断隐私的因素具有敏感性。不能识别和尊重这些因素,可能会导致拒绝参与研究或影响回答的真实性,而很多敏感的或个人的问题需要进行研究。研究者如何学会充满尊敬地调查这些问题?关于人的研究的规则似乎是普适性的,很少提供明确的或程序上的指引。但是,这些规则引导研究者去寻找解决隐私问题的方法。根据研究的背景,涉及隐私的困境可能是具体的,需要特别的洞察力来了解特定研究总体的隐私利益,并且需要找到尊重这些利益的方式。下文旨在指引对这种洞察力的追求。

隐私

隐私的意义取决于个体的文化和个人环境、研究的性质以及研究所处的社会和政治环境。劳弗和沃尔夫(Laufer & Wolfe, 1977)提出一个关于个人隐私的理论,辨识出个体用来精心管理其隐私的各种因素,包括多重文化的、发展的和情景的因素。该理论认识到人们渴望控制在何时何地向他人提供何种信息,渴望控制他人提供给自己何种信息和经验。这一理论体现了以下四种隐私维度。

1.自我维度

自我维度是指自主发展和个人尊严。年幼的儿童不喜欢独自一人或者与他们的父母分开。在研究场景中,他们将父母看作受欢迎的存在,而不是对其隐私的侵犯。到了童年中期,儿童寻求独处的时间来建立自我意识和培育新想法,这成为自尊、人格力量和尊严的基础;他们要求隐私,有时表现为秘密的藏身处和贴在卧室门上的“禁止入内”。青少年具有强烈的私人、自我和自恋意识,他们制造一种与父母相分离的身份。当有外人尤其是他们的父母在场时,访谈涉及个人私事会让他们感到尴尬。成年人也保持对独处时间的需求,而且会在巧妙地保护隐私方面变得更熟练(在前面的故事中,当 A 决定那样做是她的最大利益时,就转向了礼貌的谎言)。

2.环境维度

环境维度包括社会物质、文化和生命周期维度。社会物质要素是提供隐私的物质和技术要素(如私人空间、电话)。文化要素包括实现隐私的标准(如善意谎言的文化可接受性)。生命周期要素随着年龄、职业、可利用的技术和不断发展的经济和社会文化模式而变化。

3.人际维度

人际维度是指互动和信息是如何管理的。社会场景及其物理特征为管理社会互动提供了选择;物理和社会边界可以用来控制人们与他人的接近。

4.控制选择维度

控制选择维度产生于其他三个维度。人们逐步学会运用个人、文化和物质资源来管理他们的隐私。在控制/选择过程发展的早期可能会威胁人们隐私的事件,后来就容易控制并且不会对隐私造成威胁。

用上述维度来指引调查,与熟悉研究总体的人际网络进行讨论可以提供有用的信息。这种网络可能包括相关的当地研究人员、教育工作者和社会服务人员(如社会工作者、农场代理人、公共卫生护士和其他专业人员)。焦点小组和其他形式的团体会议是非常有效的方法,可以用来学习如何使一个特定社区形成对研究的正确认知,如何使那些本来为他们所反感的研究能够为大家所接受,以及如何征集和通知预期的被访者(参见 Melton, Levine, Koocher, Rosenthal, & Thompson, 1988)。与正式的或临时的守门人及利益相关者交谈,志愿参与相关的社区服务活动,或者运用民族志的方法,也都能为研究总体的隐私关注提供有益的洞察力。就像上面列举的 A 的故事,理解和尊重被访对象的隐私利益有助于做好研究项目,因为人们有大量的技巧来秘密地保护他们的隐私,进而干扰研究者的目标。

保密

保密是隐私概念的扩展。它是指可辨认的资料(如被访者的录像带、实名的调查数据、包含足够的描述可以辨认出被访者的资料)和如何利用这些资料的协议。研究计划应考虑保密的需要以及哪些人有权获得这些资料。这应包括方法计划、机构审查委员会(Institutional Review Board, IRB)协议、知情同意、资料管理、研究助理培训和所有后续资料使用者的合约协议。可能的话,保密问题应通过以匿名方式收集资料,换言之,绝不记录下被访者的身份。身份标识包括可以把资料和一个特定的人联系起来的所有信息,诸如地址、车牌号码或社会保险号码。当个人资料汇集以后,被访者可能对接下来的防止其信息泄露的步骤尤其感兴趣。

然而,保密承诺不一定能增强一些人参加研究的意愿,对一些不敏感的研究作出广泛的保密承诺实际上反而增加了人们的怀疑,减少了参与的意愿(Singer, von Thurn, & Miller, 1995)。许多被调查者,尤其是少数民族,并不相信对保密的承诺(Turner, 1982)。被访者不信任问题的创造性解决方案,在于与研究相关的有益服务中与可信任的社区领导人进行协商与合作。

保密应当涉及谁或什么内容?关于人的研究的规则将人类受访者(human subjects)界定为独特的可辨认的(非匿名的)生命个体。然而,研究者因为诸多目标,也会考虑整个社区、组织甚至是死者及其亲属的隐私利益(参见 Andrews & Nelkin, 1998)。职业礼貌和保持与研究守门人之间的友善关系,也许和保护个体被访者一样,对科学和个体研究者非常重要。

保密的问题有很多意想不到的后果,就

像下面的小故事所说明的:为了回应资助机构的要求,弗雷谢尔教授在他的计划中申明,一旦他的研究成果出版,就将自己的资料向其他科学家开放。这样,其他人可以在他的资料的基础上进行研究,也许能把它们与来自相同样本的相关资料连接起来,或者采用不同的方法对他的原始资料进行再分析。

“不要那么快,弗雷谢尔教授!”他的IRB说,“你的项目说明中有一个麻烦的矛盾之处。在你的知情同意声明中,你承诺了保密,但是如果其他科学家要连接你的数据,你就必须附上唯一标识符。数据共享的确提高了效率并且减少了研究成本,但这并不能证明违反保密原则是正当的。”

弗雷谢尔教授对他的协议进行了以下修订:将使用更严格的保密标准来识别共享的数据,采用由美国人口普查局和其他联邦机构提出的复杂方法,允许将资料公布给学术研究者和一般公众以便进行更深入的分析。可以共享的数据资料有两类:列表数据(分组资料的列表)和微观数据(个体被访者的数据文件,显示每个入选变量的值)。同时,也有确保保密的各种方法:(a)在资料公开或存档之前进行去识别化(受限资料);(b)对随后资料使用的人、时间和地点进行限制(限制访问);(c)或者上述两种方法的结合。预计微观数据文件会在仔细审核之后向其他合格的科学家开放,使用保密和数据存取委员会(Confidentiality and Data Access Committee, CDAC)制订的建议公开数据的可能披露清单(Checklist on Disclosure Potential of Proposed Data Releases)。使用统计方法联邦委员会(Federal Committee on Statistical Methodology, FCSM)“入门书”(Chapter 2, FCSM, 1994)中阐述的适当技术,执行对数据资料的限制。如果合格的科学家因为研究需要提出使用唯一标识符,将专门雇用统计人员根据“限制访问”的安排在这所大学中进行必要的分析,他们熟悉这些资料并且为二手用户组织和进行这些分析。

问题

为了防止被访者的信息被草率地泄露,要求对全体研究人员进行培训,并做好确保原始资料安全的计划。唯一标识符要尽快从资料中移走,而且必要的话,用代码来替代;代码的关键连接名称应保存在其他安全地点。

除了研究者自身的疏忽而致信息泄露以外,还存在各种各样威胁保密的可能性:

(1)基于资料中包含的人口学信息推断身份;

(2)个体被访者独特特征的识别(如来自录像带、定性的描述、个案研究);

(3)黑客入侵存储有唯一标识符的计算机数据文件;

(4)资料的传唤;

(5)调查者法律强制的报告(如关于虐待老人或儿童);

(6)相关数据集的连接(从不同的来源或纵贯性的序列);

(7)研究资助者对数据的审核。

研究者有责任识别对他们计划收集的数据的保密可能存在的威胁,使用适当的方法确保保密,并向潜在的被访者告知如何实现保密的信息或者是否还存在影响保密的风险。研究者不能承诺他们不能保证的保密。

解决方法

有文献描述了确保保密的方式。下文概述确保保密的主要途径。每种途径都伴有两个信息来源：(a)关键的参考书目；(b)在线搜索引擎上采用的关键词，诸如谷歌。随着新的保密问题和解决方法的出现，网络已变成了一种快速发展的来源。

1.并入大类和掺杂误差

当某个人了解一个个体独特的识别性的人口学特征(如年龄、收入、医疗状况、邮政编码)，希望探知该个体的其他信息，那么推断出身份是可能的。这可以通过并入大类以使独特个体的资料变得模糊来进行防止(例如，一个亿万富翁可以被包含在标签为“年收入超过 $100 000”的分类中)，或者资料可以被“掺杂误差”以至于没有个案是必然适当的。(Johnson, 1982；保密原始资料)

2.个体被访者的独特特征或个案描述和录像带中的场景

这些可以通过各种方法进行伪装，但是消除所有可能的识别性特征，会破坏资料的科学价值。假设身份是能够被猜测到的，因此就要避免使用贬义词或不必要的个人语言。(Johnson, 1982；保密定性资料)

3.资料的传唤

资料有可能被当作是法律诉讼的材料。在美国，如果国家卫生机构的研究者人员事先收集了可能被传唤的资料，他们可以用保密证书阻止传唤。很明显，被访者犯罪活动的资料需要一个保密证书。与未来集体诉讼案、儿童监护纠纷或其他公民法律行为有关的资料是否需要保密证书则不易判断；这些对保密的威胁不可能预料到。保护传唤资料的一个更加安全的方式，是尽可能快地移除唯一标识符。(National Institutes of Health, 2003；保密资料传唤)

4.资料和唯一标识符之间的连接

如果可能，匿名是最好的做法。然而，与标识符之间的连接可能是需要的，例如需要对抽样效度进行后续检验或开展纵贯性调查。临时性地识别回答者，代理人、化名或文件链接系统的应用，这些都能够既不泄露被访者身份又实现资料的连接。(Campbell, Boruch, Schwartz, & Steinberg, 1977；保密文件连接)

5.资料审核

研究资助者的资料审核，要求资助者能够再次接触被访者，以确保数据确实是从相应的被访者收集起来的。为满足这一要求同时又要保护被访者的隐私利益，研究者(或研究机构)可能要围绕如何确保保密与这类二级用户签订合约协议。研究者应该在知情同意中公开这些协议，这样潜在的被访者就能了解研究者在项目之后将会如何处理这些资料。(Boruch & Cecil, 1979；保密资料共享)

6.法律强制报告的要求

法律强制报告有关虐待儿童的事件，但是关于什么构成虐待和谁应当强制报告，这在美国各个州和县是有差异的。这些要求通常针对的是能够提供帮助的专业人士(治疗师、医师、教师)；很多研究者恰好也正是这类人。此外，在九个州——佛罗里达州、印第安纳州、肯塔基州、明尼苏达州、内布拉斯加州、新罕布什尔州、新泽西州、新墨西哥州和北卡罗来纳州——任何人只要有理由怀疑虐待儿童就可以举报。虐待儿童可能包括各种不同的行为，例如疏忽、身体伤害、心理伤害、性虐待和儿童色情作品。研究的知情同意中可能会透露可报告的事件，所以应当陈述保密的承诺，除非研究者对儿童受到虐待有合理怀疑。对儿童受到虐待有合理怀疑的研究者，在向地方当局报告事件之前，应当咨询对报告要求有更深理解的专业

人士（如护士、社会工作者、医师）。（Kalichman，1999；报告虐待儿童）

关于预防和报告虐待老人的法律正在迅速完善中。大多数虐待老人的行为都是家庭成员犯下的。它包括拍打、伤害、性虐待或行为控制；为了其他人的利益而未经他们同意的经济剥削；没有提供必要的物品和服务来避免老人的身体伤害、精神创伤或精神疾病。（Bonnie & Wallace，2002；报告虐待老人）

7.计算机文件的保护

研究者通常将电子资料存储在他们机构的服务器上。这些数据容易受到黑客、冒充者、局域网用户和计算机病毒等的攻击。将带有唯一标识符的数据存储在未授权用户可以获得访问权限的地方是不明智的。对这些风险和相关防护措施的了解也在迅速发展；当前最好的信息来源是网络。（Skoudis，2002；计算机文件黑客，保密）

8.在线研究

调查、焦点小组、人格研究、实验、民族志和其他各种社会和行为研究正越来越多地在网上进行，这使研究者能够迅速地接触遥远的被访者，并且花费不多、可以连续进行以及不需要额外的研究人员。保密议题所伴随的问题和解决方案会随着新技术的发展而迅速改变。保护通信和个人身份的新技术以及技术高明的隐私保护团队开始出现。然而，数据资料保护的政策和方法发展不够迅速，难以应对新出现的问题。目前已出现全球范围内的数字通信网络；黑客们利用一台笔记本电脑和网络技术就可下载到存储在世界各地任何服务器的任何电子数据。（Nosek，Banaji，& Greenwald，2002；网络基础的研究）

启示

社会科学内部存在一种固有的认识，即被访者的隐私应当会得到尊重，应当适当限制获取可识别资料的途径。但是什么是被访者的隐私利益？什么样的限制才是适当的？如果存在特殊的隐私利益，那么可能需要特殊预防措施（如保密证书、错误移植）以及应当与被访者和守门人商谈。当被访者与研究者处境不同时，这个问题会更复杂，因为很难洞察被访者的处境及其隐私利益。例如，被访者会相信研究者的保密承诺吗？有没有“好事者”会去推断识别被访者或者谁将会传唤数据？澄清此类问题是很困难的，并且很难用标准的语言或在条款中明确地解决。这些议题需要研究者熟知其研究对象的文化和情境。

——Joan E. Sieber

（叶鹏飞译　高勇校）

参考文献

Andrews，L.，& Nelkin，D.（1998）. Do the dead have interests? Policy issues of research after life. *American Journal of Law & Medicine*，*24*，261.

Bonnie，R. J.，& Wallace，R. B.（2002）. *Elder mistreatment：Abuse，neglect，and exploitation in an aging America*. Washington，DC：Joseph Henry Press.

Boruch，R. F.，& Cecil，J. S.（1979）. *Assuring the confidentiality of social research data*. Philadelphia：University of Pennsylvania Press.

Campbell，D. T.，Boruch，R. F.，Schwartz，R. D.，& Steinberg，J.（1977）. Confidentiality-preserving modes of access to files and to interfile exchange for useful statistical analysis. *Evaluation Quarterly*，*1*，269-300.

Confidentiality and Data Access Committee.（1999）. *Checklist on disclosure potential of proposed data* releases. Washington, DC: Office of Management and Budget, Office of Information and Regulatory Affairs, Statistical Policy Office. Retrieved from www. fcsm. gov/committees/cdac/ checklist 799.doc.

Federal Committee on Statistical Methodology. (1994). *Report on statistical disclosure limitation methodology* (Statistical Policy Working Paper #22). Prepared by the Subcommittee on Disclosure Limitation Methodology. Washington, DC: Office of Management and Budget, Office of Information and Regulatory Affairs, Statistical Policy Office. Retrieved from www. fcsm. gov/working-papers/ wp22.html.

Johnson, C. (1982). Risks in the publication of fieldwork. In J. E. Sieber (Ed.), *The ethics of social research: Fieldwork, regulation and publication* (pp. 71-92). New York: Springer-Verlag.

Kalichman, S. C. (1999). *Mandated reporting of suspected child abuse: Ethics, law and policy.* Washington, DC: American Psychological Association.

Laufer, R. S., & Wolfe, M. (1977). Privacy as a concept and a social issue: A multidimensional developmental theory. *Journal of Social Issues*, *33*, 44-87.

Melton, G. B., Levine, R. J., Koocher, G. P., Rosenthal, R., & Thompson, W. (1988). Community consultation in socially sensitive research. *American Psychologist*, *43*, 573-581.

National Institutes of Health. (2003, July 22). *Certificates of confidentiality.* Retrieved from http://grants1. nih. gov/grants/ policy/coc/ index.htm.

Nosek, B. A., Banaji, M. R., & Greenwald, A. G. (2002). E-research: Ethics, security, design, and control in psychological research on the Internet. *Journal of Social Issues*, *58*, 161-176.

Singer, E., von Thurn, D., & Miller, E. (1995). Confidentiality assurances and response. *Public Opinion Quarterly*, *59*, 66-77.

Skoudis, E. (2002). *Counter Hack: A step-by-step guide to computer attacks and effective defenses.* Upper Saddle, NJ: Prentice Hall.

Turner, A. C. (1982). What subjects of survey research believe about confidentiality. In J. E. Sieber (Ed.), *The ethics of social research: Surveys and experiments* (pp. 151-165). New York: Springer-Verlag.

概率的(Probabilistic)

如果一个模型或命题是随机的【Stochastic】(即包含不确定性)并运用了概率【Probability】的概念,那么它就是概率的。当研究者没有足够的信息运用确定性的【Deterministic】方法,而可获得的信息最便于根据概率进行描述时,在科学研究中通常使用概率模型和命题。一个社会现象的概率模型是这样一组假设,根据人际关系、关联、因果关系或其他具有自身概率的概念来描述各个实体的可能行为。概率命题通常基于概率模型,其目的不在于证明一个特定事实是真实的或者这个事实是所讨论行为或发展的结果,而是对特定后果和结果的概率进行评估。

应用在概率模型或命题中的概率可能是主观考虑、既有知识或经验的结果,或者模型分析的结果,以及通常用来评估概率是否有现实依据的那些命题的结果。在这种情况下,概率命题被用来论证概率命题。

在社会科学中,概率模型和命题的应用有两种主要情况。其一,支配两个特定变量之间关系的确定规则未被精确了解。例如,在大多数社会中,父亲受过高水平教育的孩子相对于父亲受教育水平较低的孩子,有更好的机会接受更高水平的教育。基于教育流动数据,一个给定父亲教育水平的孩子获得基础教育、中等教育或者高水平教育的条件概率可以被估计出来。根据其他潜在地影响教育获得的因素,诸如母亲的教育水平、种族或家庭宗教背景、家庭生活居住地的类型等,这些概率可以得到进一步的修正。通过考虑这几个因素的影响,概率可以得到完善,产生一个对真实情况的良好近似。这是一个概率模型,因为并不是所有因素都被考虑进去,并且其影响也无法精确了解;更确切地说,它们是用概率来描述的。从概率模型作出的预测可以与现实进行比较,以获得对模型中的概率更好的估计并且找出是否需要深入考虑的因素。

概率模型和命题的应用另一个主要情况是,确切的因素及其影响只是次要的关注,研究者更加关心基于样本【Sample】数据来预测【Predicting】整个总体【Population】的行为。一个典型的例子是,运用民意调查的数据预测选举结果。例如,如果总体中25%的人愿意投票选择某一候选人,那么在样本容量为2 500时,民意测验专家有0.95的概率得到一个23%~27%的结果。基于这一事实,如果民意调查结果是该候选人有26%的欢迎度,那么民意测验专家能够得出真实值为95%的置信区间【Confidence Interval】(24%,28%)。

——Tamás Rudas

(叶鹏飞译　高勇校)

参考文献

Bennett, D. J. (1998). *Randomness*. Cambridge, MA: Harvard University Press.

概率性的哥特曼度量(Probabilistic Guttman Scaling)

概率性的哥特曼度量是经典的确定性的哥特曼度量【Guttman Scaling】方法的扩展。这种方法中存在随机性,它有很多类型,其中最突出和最早的是由普罗克特(Proctor,1970)提出的方法。

——Alan Bryman

(叶鹏飞译　高勇校)

*也可参见哥特曼度量【Guttman Scaling】。

参考文献

Proctor, C.H. (1970). Aprobabilistic formulation and statistical analysis of Guttman scaling. *Psychometrika*, *35*, 73-78.

概率(Probability)

现代概率论是数学领域最广泛的应用之一。由于抽样【Sampling】,对实际过程或观察现象的支配规则理解不足,或其他原因,任何一个经验调查都会涉及不确定性,因而可能应用到概率的概念。一般而言,概率被认为是特定观察事件发生的可能性大小的数字表示。

历史

概率的概念发端于对各种游戏特性的调查,比如掷骰子,但除了弄清楚如何获胜这一非常实用的愿望以外,其中也蕴含着深刻的哲学思想。首先,关于赌博中特定结果出现的机会问题的计算,引导出有关概率规则的计算,但概率本身的概念并没有界定。很长一段时间后,人们才意识到概率背景或框架的存在并不是不言自明的,“概率是什么?”变成一个核心问题。在19世纪晚期,哲学家和数学家广泛接受的是,用来定义一个精确理论(不仅是对概率而且针对很多其他目前我们作为科学思维基础的概念)基本原理的正确方法是公理化方法。公理化方法的目的不是精确地定义什么是概率;确切地说,它先对其属性做出假定并从中推导出整个理论。柯尔莫哥洛夫在20世纪初提出了概率的公理化理论。虽然关于概率本质的哲学思考持续到现在,但柯尔莫哥洛夫的理论一直能够涵盖最新的发展,并且这一理论在统计学中引导出广泛的应用成果。

例子和公理

通常,若干结构拥有在公理体系中假定的属性,它们可以作为概念的模型,但概念本身并非来自于此,而只是由这些构念【Construct】来说明。对于概率,一个简单的例子就是掷骰子,所有结果出现的可能性是相等的。每个结果的概率都等于1/6,结果小于4(即1,2,3)的概率是1/2,而出现偶数结果(即2,4,6)的概率也是1/2。要求结果小于4且为偶数的概率等于1/6,那么这个数只能是2。然而,有些事件可能出现但是不可能同时发生。例如,要求小于4且大于5的值是不可能的。不可能发生的事件被称为不可能事件,记为0。

另一个例子是所谓的几何概率,它是通过打靶的方式,射中任一点都具有相同的概率而得到的模型。这里,射中右半部分的概率是1/2,正如射中左半部分或上半部分的概率一样。要求同时射中右半部分和上半部分的概率是1/4。

在一个精确理论中,与一次实验的观察相关的事件具有概率。要定义概率的性质,就必须定义这些事件的特定运算。如果同时出现A和B,A和B两个事件的乘积记作AB。例如,在掷一枚骰子时,一个事件的取值可能小于4,另一个可能是偶数值。那么,两者的乘积就是既小于4又是偶数值,也就是2。或者,一个事件可能是射中靶子的右半部分,另一个可能是射中它的上半部分,那么乘积是射中右上半部分1/4的范围。如果两个事件不能同时发生,它们的乘积就是不可能事件。另一个运算是两个事件之和,记为$A+B$。只有当两个事件中至少有一个发生时,这个事件的和才会出现。小于4的事件与具有偶数值的事件之和,是来自于1,2,3,4,6中的任何事件。靶子的右半部分与它的上半部分之和是靶子的3/4,可通过排除左下方1/4获得。

我们还可以考虑事件的更复杂运算。例如,将靶子的右上角表示为A_1,直接在其之下的靶子的1/8表示为A_2,A_2下面的1/16表示为A_3,A_3下面的1/32表示为A_4,以此类推。这里会有无限多的事件,并且直观上看它们也有一个和,即靶子的左半部分。如图1所示。这些无限多的事件之和可以用$A_1+A_2+A_3+A_4+\cdots$表示。概率论也同样适用于这些更一般的运算。

现在我们来用公式表示概率的公理。概率是分配给与一个实验相关联的事件的一个数字(概率)系统。事件的概率分配方式为:

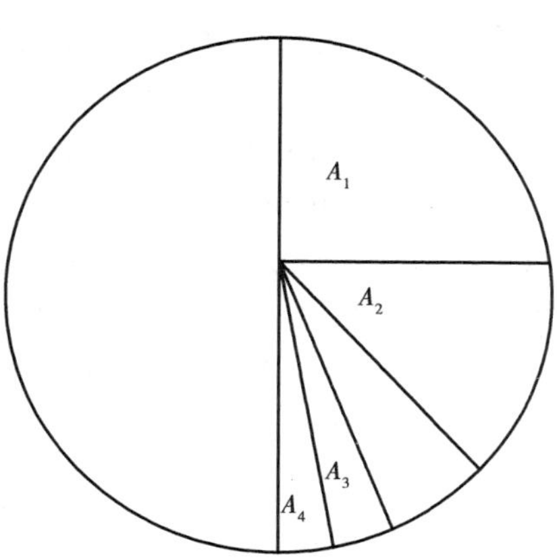

图 1 一个靶子上呈现的无限多的事件之和

①一个事件的概率总是在 0 和 1 之间：

$$0 \leqslant P(A) \leqslant 1$$

②如果一个事件始终（肯定地）发生，它的概率是 1：

$$P(S)=1$$

③如果两个事件不可能同时发生，那么它们和的概率等于它们的概率之和：

$$P(A+B)=P(A)+P(B)\text{，如果 } AB=\varnothing$$

最后一个性质可以扩展到无限多事件之和，正如在射中靶子特定部分的例子中一样。公理 3 的一般式假定如下：

④如果一个事件序列 $A_1, A_2, A_3, \cdots$ 中，任何两个事件都不可能同时发生，那么它们和的概率就是它们的概率之和。

$$P(A_1+A_2+A_3+\cdots) = P(A_1)+P(A_2)+P(A_3)+\cdots$$

如果 $A_iA_j=\varnothing, i\neq j$。

独立性

概率的所有性质都可以从公理 1 到公理 3（或 1～3′）中推导出，而且概率论中更深入的概念正是在这个框架中进行定义的。概率论中一个常用的概念是独立性。如果

$$P(AB)=P(A)P(B)$$

那么事件 A 和 B 是独立的。

需要注意的是，此公式不是在独立性为真时用来计算联合概率的；它是独立性的定义。在投骰子的例子中，出现偶数值的事件与数值小于 5 的事件是独立的，因为前者（2,4,6）的概率为 1/2，后者（1,2,3,4）的概率为 2/3，而交集（2,4）的概率为1/3，即为两者的乘积。另一方面，出现偶数的事件与小于 4 的事件并不是独立的，因为前者的概率为 1/2，后者的概率也为 1/2，而它们乘积的概率是 1/6。这一事实的解释可能是，前三个数字中偶数出现的可能性，要比前六个数字中偶数出现的可能性低。确实，在前六个数字中有三个是偶数，但在前三个数字中只有一个偶数。

条件概率

事实上，后者的解释指向另一个与概率相关的有用概念，称为条件概率。条件概率表示在知道一个事件发生后，另一个事件变化的概率。例如，在掷骰子时，出现偶数的概率是 1/2，因为所有可能结果的一半是偶数。然而，如果一个人知道小于 4 的事件已经发生，那么知道这一点后，发生偶数值的事件概率是不同的，这个新的概率被称为给定数字小于 4 的情况下，出现一个偶数的条件概率。为便于理解，来看一个实验的可能结果的列表：

可能的结果：1,2,3,4,5,6
其中出现的偶数：2,4,6
出现一个偶数的概率：1/2
数字小于 4 的可能结果：1,2,3
其中出现的偶数：2
数字小于 4 后出现偶数的条件概率：

1/3。

给出 B 后 A 的条件概率记为 $P(A|B)$，可以精确地定义为：

$$P(A|B)=\frac{P(AB)}{P(B)}$$

即事件乘积的概率除以作为条件的事件概率。在上面的示例中，我们已经看到，出现的数字是偶数且小于 4 的概率是 1/6，出现的数字小于 4 的概率是 1/2，它们的比率为 1/3。

从定义直接推断，如果 A 与 B 是独立的，那么 $P(A|B)=P(A)$；也就是说，如果它们是独立的，那么以 B 的发生作为条件，不会改变 A 发生的概率。事实上，如果 A 和 B 是独立的，那么

$$\begin{aligned}P(A|B)&=\frac{P(AB)}{P(B)}\\&=\frac{P(A)P(B)}{P(B)}\\&=P(A)\end{aligned}$$

其中，第一个等式是条件概率的定义，第二个等式是以独立性的定义为基础的。因此，事件的独立性意味着彼此之间没有相关性。如果 A 与 B 是独立的，无论 B 是否发生，A 的概率都是相同的。

在打靶的例子中，通过类似掷骰子的例子中提出的论证方法很容易看出，射中右半部分和下半部分的事件是彼此独立的。这在很大程度上依赖于这样一个事实，这两个例子是相似的，其中所有结果出现的可能性都是一样的。在投掷一个骰子的案例中，结果是数字 1，2，3，4，5，6；在打靶的例子中，结果是靶子上的落点。尽管人们倾向于接受这两个例子中的所有结果都具有同样的可能性，但是这一假设对于掷骰子中的 6 个结果来说更为直观，而对于打靶中无限多的可能结果来说不太明显。这显示了基础性数学理论的力量，这种假设可以精确地纳入概率模型。在社会科学中，具有无限多实验结果的模型是经常使用的，例如，基于正态分布【Normal Distribution】的近似法假定一个变量可以取任何数字作为它的值，并且存在无限多的不同数字，正如靶子上无限多的点。在这种情况下，人们采用所谓的密度函数来描述概率行为。

应用

上述的简单例子并不意味着公式化概率模型和应用概率模型总是那么简单直接。有时，即使是相对简单的模型分析起来也相当复杂，但是，更重要的是，人们很容易在基本概念层面上犯错。下面的例子说明了一些这样的危险。一个公司 CEO 面试三个申请秘书职位的应聘者。应聘者为 A，B 和 C，他们只知道有三个应聘者，并没有彼此资历的相关信息，可以假设他们都有同等的机会获得这份工作。因此，他们都认为每个人被录用的概率是 1/3。面试之后，CEO 作出了决定，但这个决定还没有告知应聘者。应聘者 A 打电话跟 CEO 说：“由于只有三个面试者，而其中一人将获得职位，可以肯定的是 B 和 C 之中至少将有一人落选。”CEO 没有给出 A 获得职位可能性的信息，而是说出 B 和 C 中哪一个没有获得职位。CEO 告诉 A，C 肯定不会得到职位。通话结束后，A 现在认为，C 已经退出竞争，由于只剩下两个候选人 A 和 B，每人就有 1/2 的概率获得这个职位，也就是说，概率从1/3变为 1/2。关于 A 的机会，CEO 是否通过指明一个不会得到这份工作的人（如果有这样的人存在）而给出了信息？A 得到这份工作的正确概率是 1/3 还是 1/2？这种情况是有点矛盾，因为人们可以同意也可以反对这两个问题的两个可能的回答。这里重要的一

点是,假设有三个应聘者(概率是1/3)或假定有两个应聘者(概率是1/2)是两个不同的概率模型,因此不能直接进行比较。更确切地说,追问1/3或1/2哪个才是正确的概率,只有当他们在同一个模型中计算时才有意义(在这种情况下才有一个明确的答案)。在第一个模型(三个应聘者)中,指明那个没有得到工作职位的应聘者确实没有多大信息量。但是,当CEO指出那个没有得到工作职位的应聘者,A就可以根据这一信息,定义一个新的概率模型,并且在新的模型(两个应聘者)中,正确的概率是1/2。要使基于概率模型的推断(这也适用于任何类型的统计推论【Statistical Inference】)是适当的,前提是除了模型本身的正确分析外,还要以模型恰当地描述了相关事实为基础。结果将在很大程度上取决于模型的选择。

概率论在社会科学领域有许多应用。它是随机抽样【Random Sampling】的基础,在随机抽样中,感兴趣的总体中的单元(通常是人)是以事先指定的概率被选取到样本中。最简单的情况是简单随机抽样【Simple Random Sampling】,其中每个人都有相同的机会被选进样本,并且每个人被选择的过程是相互独立的。在这种情况下,概率模型的所有可能结果都具有相等概率,模型可能是适当的,但在实践中运用更复杂的抽样方案往往需要其他模型。概率方法也被用来对测量误差的影响进行建模,更普遍的情况是用来对没有测量到的或未知因素的影响进行建模。

——Tamás Rudas

(叶鹏飞译　高勇校)

参考文献

Bennett, D. J. (1998). *Randomness*. Cambridge, MA: Harvard University Press.

Feller, W. (1968). *An introduction to probability theory and its applications* (3rd ed.). New York: John Wiley.

Wonnacott, T. H., & Wonnacott, R. J. (1990). *Introductory statistics for business and economics* (4th ed.). San Francisco: Jossey-Bass.

概率密度函数(Probability Density Function)

连续变量【Continuous Variable】的概率行为最好是用它的概率密度函数来描述。尽管对于离散变量【Discrete Variable】,其对应于不同值的概率可以分别指定,但这对于连续变量来说是不可能的。连续变量所有可能值对应的概率【Probability】是0,因此,指定单个概率没有什么意义。有用的以及事实上能够完整刻画一个连续变量行为的,是在一个任意区间内取值的概率。一个观察值出现在一个区间内的概率可以通过概率密度函数在这个区间上的积分确定,也就是概率密度函数在这段区间上的面积。图1可以说明这个过程。阴影部分面积就是一个观察值落在区间(a, b)上的概率。其他区间的概率同样也可以确定。这个概率取决于区间的长度[更长的区间(c, d)有更大的概率]和区间的位置。例如,区间(e, f)和区间(a, b)有相同的长度,但是观察值落在区间(e, f)上的可能性要比落在区间(a, b)上的可能性大。很容易看出,通过这种方法确定的区间概率具有概率的性质。例如,如果一个区间是由两个非重叠区间合并起来的,那么与它相关的面积是这两个区间的相关面积之和。

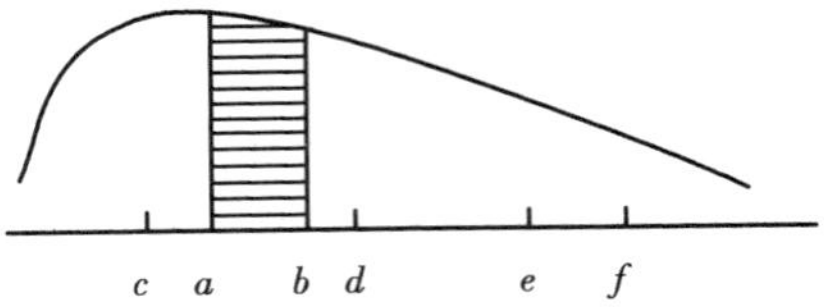

图 1 概率密度函数

通过计算相关的面积,密度函数也可以用来确定一个变量大于或小于某个特定值的概率。密度函数除了其他性质以外,必须是非负的,而且函数曲线下的总面积等于 1。

密度函数可以被认为是直方图【Histogram】的理论化扩展,通过将直方图的区间变得越来越窄而得到。与此同时,随着区间的数量增加,直方图的边界变得越来越细。

密度函数的名字源于一个事实,即某个区间上的概率确定了这个区间上预期观察值的密度。当观察一个变量时,在某个区间上预期观察值的数量与该区间的概率是成比例的:在一个概率较高的区间上,观察值的出现要比在较低概率的区间上更密集。

变量某个可能取值的密度函数值被称为似然值(likelihood of the value)。例如,取值 a 的似然值要比 e 的似然值大。在日常用语中,概率(probability)和似然(likelihood)可以互换使用,但在概率和统计中,它们具有不同的含义。a 和 e 这两个值的概率均为零,但它们具有不同的似然值。这种差异的一个准确解释是,在 a 附近的值要比在 e 附近的值更有可能发生。还有一个事实是,以 a 为中心的一段小区间要比以 e 为中心的同等长度的区间有更大的概率。

——Tamás Rudas

(叶鹏飞译　高勇校)

参考文献

Chatfield, C. (1983). *Statistics for technology* (3rd ed.). London: Chapman & Hall.

概率抽样(Probability Sampling)

参见随机抽样【Random Sampling】。

概率值(Probability Value)

概率值(或 p 值)或得到的概率水平测量的是数据能够提供多少证据用以拒绝统计假设【Hypothesis】。它表示如果假设成立,观察到这种极端数据的可能性有多大。p 值本质上就是能够观察到和实际数据一样极端以及比实际数据更为极端的情况的概率。假设检验通常是以 p 值为基础的。如果得到的概率水平小于一个指定的值——通常是 0.05 但有时是 0.01 或 0.10,那么就拒绝原假设。大多数软件包通常都会输出 p 值,通过将这些 p 值与期望的显著性水平【Significance Level】相比较,可以进行显著性检验【Significance Testing】。

举一个简单的例子,考虑这样的二项检验【Binomial Test】,其中观察数量 $n=10$,原假设是成功的概率 $p=0.5$。观察值的一些属性中只有成功的次数与检验假设有关。表 1 列出了所有可能的结果及其对应的概率。如果数据包含 7 次成功(3 次失败),那么比当前结果更有可能的结果是成功 6 次、5 次或 4 次。可能性与实际结果相等或比其更小的结果包括 0,1,2,3,7,8,9 或 10 次成功;它们的联合概率是 0.347 5,这就是与数据和检验相关的 p 值。因此,实际数据(7 次成功)不属于最小可能的 5% 观察值,不能拒绝原假设。另外,如果观察数据仅包含 1 次成功,那么可能性与实际结果相等或比其更小的结果包括 0,1,9 或 10 次成功,它们的联合概率是 0.021 484。这个概率水平小于 0.05,可以拒绝原假设,因为在假设成立的情况下,观察到这些数据的可能性极小。

表 1　二项检验的可能结果($n=10$, $p=0.5$)

成功的次数	概　率
0	0.000 977
1	0.009 766
2	0.043 95
3	0.117 188
4	0.205 078
5	0.246 094
6	0.205 078
7	0.117 188
8	0.043 95
9	0.009 766
10	0.000 977

另一个例子是考虑 2 × 2 的列联表【Contingency Table】,原假设是变量独立【Independence】。数据见表 2。在这个例子中,存在很多个可能的无关表格,样本的概率取决于哪一个表是真实的分布。在这种情况下,可以运用最大似然估计【Maximum Likelihood Estimation】来选择使实际观察值具有最大概率的分布,并依据这个分布确定 p 值。为了确定概率值,我们先要计算卡方【Chi-Square】统计量。那些比实际数据具有更小似然值的样本,计算出来的统计量是一个更大的值。这些样本出现的概率(即 p 值)等于该统计量的取值大于它的实际值的概率。对目前的数据,皮尔逊卡方统计量的值是0.793 651;统计量超过该值的概率是0.37,这就是该数据的 p 值。

表 2　2×2 表中假定的观察值

10	20
30	40

——Tamás Rudas

(叶鹏飞译　高勇校)

参考文献

Schervish, M. J. (1996). *P*-values: What they are and what are they not. *American Statistician*, *50*, 203-206.

追问(Probing)

追问是一个在现场访谈期间用于获取额外信息的技术,即在问了一个开放式问题【Open-ended Question】之后进一步要求更多的解释或说明。它补充了访谈协议中的具体问题。这项技术可以使调查者获得研究项目重点关注的准确信息。

研究设计可采用不同类型的访谈形式,这些形式在结构程度上存在差异。在连续谱的一端,是高度结构化访谈【Structured Interview】表,访谈员向所有被调查者询问相同的直接性问题;这些类型的访谈协议在设计上非常类似于邮寄调查。一个著名的例子是全国选举调查(National Election Survey)。在另一端,是更为自由的焦点访谈形式,访谈员询问一些一般性的问题,然后让访谈从这些问题中发展出来;这样的访谈有一种自然对话的感觉。在结构化较低的访谈中,往往需要更多的追问。访谈员会询问一些一般性的问题,然后在谈话过程中追问被调查者以掌握感兴趣的信息。

与基本的访谈问题一样,追问绝不能引导或建议被访者的回答。追问应该简单地促使被访者去详细说明他或她的初始反应。在访谈中需要牢记,有时最适当的追问是一段时间的沉默;一个停顿往往能够促使被访者发现要点。被访者总是有区别的,有些人比其他人更为健谈,不需要太多的追问,其他人可能会相当沉默。例如,如果一个被调查者被问到他或她的组织是否会使用多种制度化的方法来公开组织信息,被访者简单地回答"哦,我们使用书本上记载的每一种方法,凡是你能想到的我们都尝试过",那么可以简单地追问,"比如?"或者"你能描述一下这个过程吗?"促使被访者作出更深入的解释。

——Christine Mahoney

(叶鹏飞译　高勇校)

参考文献

Berry, J. (2002). Validity and reliability issues in elite interviewing. *PS—Political Science and Politics*, *35*, 679-682.

Dexter, L. A. (1970). *Elite and specialized interviewing*. Evanston, IL: Northwest University Press.

Probit 分析(Probit Analysis)

Probit 分析起源于分析只有两种可能性的(二分的)响应的方法。在仅有两种可能性的响应(quantal responses)涉及的情况中,针对一个刺激只有一个可能的响应,有时被称为"有或无(all-or-nothing)"。Probit 分析早期应用于生物学实验。一个经典的例子是当某种昆虫暴露在某种杀虫剂时的死亡测定。虽然理论上来讲,杀虫剂的量越大,昆虫的健康水平越恶化,但是测量的局限性或只关注某一特定结果使得我们有必要使用二分变量【Dichotomous Variables】代表仅有两种可能性的响应。目前该分析在社会科学中经常应用于个体层面行为,诸如一名国会议员是否赞成或反对一项法案,或者一名法官什么时候会肯定或撤销下级法院的判决。

社会科学的分析工作经常使用线性回归分析的形式(如最小二乘【Ordinary Least Squares, OLS】)。回归分析的一个基本假设是因变量【Dependent Variable】是连续的,这样才允许建立线性模型。然而,许多研究问题涉及二分因变量的情况(如人类活动中的决策行为,最基本的例子是个人投票行为)。当因变量是二分变量时,由于违背了线性回归的假设,因而可能会导致推断【Inference】中出现严重错误,二分变量的分析一般需要非线性的估计过程,Probit 是一个常见的选择。

回归的概念方法是在给定自变量值的情况下,估计因变量的观察值和预测值之间的误差平方和最小的线性模型的回归系数。相比之下,Probit 的方法是在给定自变量值的情况下，去估计能使观测到的因变量值似然性最大化的非线性模型的系数。因此，Probit 估计是通过最大似然估计【Maximum Likelihood Estimation】方法来获得的。

Probit 模型有四个基本假设。第一，误差项服从正态分布。在这一假设下，Probit 估计与 OLS 有一系列相似的特性（如无偏性、正态分布、最小方差）。第二，因变量取值为 1（给出的选择是 0 和 1）的概率是一个关于自变量的函数。第三，因变量的观察值是统计独立的。这排除了序列相关【Serial Correlation】。第四，在自变量中没有完美的线性相关。正如 OLS 一样，较强的线性相关可能会导致多重共线性【Multicollinearity】。

尽管 Probit 估计看上去类似于 OLS 回归估计，但它们的解释却不那么直接。Probit 估计是指对某一特定观察，在给定自变量值的前提下，观察到因变量值为 0 或 1 的概率。每一自变量的系数估计值是因变量取值为 1 的概率的增加值（如果估计值为负值，则是减少），但是这一增加值是用累积正态概率分布中的标准离差（即 Z 值）形式表达的。因此，对给定的观察，$y=1$ 的估计概率为：

$$P(y=1)=\Phi\left(\sum_{i=1}^{n}\hat{\beta}_0+\hat{\beta}_i x_i\right)$$

其中，$\hat{\beta}_0$ 为常数项的估计系数；$\hat{\beta}_i$ 为 n 个自变量（x_i）的估计系数；Φ 为累积正态概率分布。

表 1 显示了包括三个自变量的模型简单的 Probit 结果，每一个自变量都是二分（0/1）测量。对一个特定观察，$y=1$ 的概率为：

$$P(y=1)=\Phi[(2.31)\times 常数+(-2.16)\times x_1+(-1.06)\times x_2+(-2.27)\times x_3]$$

表 1 Probit 估计的简单结果

因变量 y		
自变量	估计系数	标准误差
常数	2.31	0.56
x_1	−2.16	0.42
x_2	−1.06	0.45
x_3	−2.27	0.80
N	107	
$-2LLR$ 3 df	65.28	

如果所有三个自变量 x_i 的取值均为 1，Z 分数为−3.18。计算机程序会自动计算概率，或者可以查表确定，对这个观察 $y=1$ 的概率仅为 0.000 7。如果全部三个 x_i 取值均为 0，Z 分数为 2.31，$y=1$ 的概率为0.989 6。

其中一个 x_i 值的改变所产生的边际效应，通常可以通过控制其他 x_i 的值不变，并基于相关变量来计算概率的变化而得到。其他 x_i 值的选择可以是它们的均值，尽管当变量实际上不能取这样的值或某些代表性的组合值时，这在理论上会存在问题。例如，如果我们想知道 x_1 的效应，那么可以设定 $x_2=0$ 和 $x_3=1$，当 $x_1=1$ 时，$y=1$ 的概率为 0. 017 0，而当 $x_1=0$ 时，概率增加到 0.516 0。注意，当 Z 分数接近于 0 时，所观察的特定变量的表面效应将显得更大。例如，如果其他变量的 Z 分数等于 0，那么一个标准差的改变将使概率从 0.5 增加到 0.841 3。相比之下，如果开始时 Z 分数为 2.0，那么同样一个标准差的改变只会使概率从 0.977 2 增加到 0.998 7。

估计系数的显著性检验是通过 t 统计量来实现的，t 统计量是把估计值除以标准误得到的。在前面的例子中,第一个变量的结果是$-2.16/0.56=-5.14$,这在$p<0.001$时是显著的。对数似然比可以用来检验模型的整体显著性。具体来说,在$-2(\ln L_0-\ln L_1)$中,$\ln L_1$是全模型似然值的自然对数,$\ln L_0$为除常数项以外的全部变量为0时的值。对数似然比通常记为$-2LLR$,是在除常数项以外的所有系数为0时,对假设进行检验的卡方值。自由度是自变量的个数。

Probit结果的拟合优度量度【Goodness-of-fit Measures】有两种基本类型,第一种是伪R^2,试图评估模型解释了多少方差。这类测量的一个问题是,它们没有考虑模型可以成功地将因变量的观察值正确地归为两个类别。当每种类别的观察数目悬殊时,问题会变得尤其严重。此时,即便是一个高度显著的模型,也很难将观察值正确地进行归类。另一种测量考虑的是如果根据模型对每个观察进行归类,会减少多少归类误差。例如,一个样本容量为100的样本,如果有70个观察值为众数类别,而模型正确地归类了80个观察值,那么误差就减少33%(即如果按照众数类别进行猜测,我们会犯30次错误,而按照模型进行猜测,我们会犯20次错误,模型减少了30次犯错可能中的10次)。

——Timothy M. Hagle

(叶鹏飞译　高勇校)

参考文献

Aldrich, J. H., & Cnudde, C. F. (1975). Probing the bounds of conventional wisdom: A comparison of regression, probit, and discriminant analysis. *American Journal of Political Science*, *19*, 571-608.

Aldrich, J. H., & Nelson, F. D. (1984). *Linear probability, logit and probit models.* Beverly Hills, CA: Sage.

Hagle, T. M., & Mitchell, G. E., II. (1992). Goodness-of-fit measures for probit and logit. *American Journal of Political Science*, *36*, 762-784.

Liao, T. F. (1994). *Interpreting probability models: Logit, probit, and other generalized linear models.* Thousand Oaks, CA: Sage.

Maddala, G. S. (1983). *Limited-dependent and qualitative variables in econometrics.* Cambridge, UK: Cambridge University Press.

McKelvey, R. D., & Zavoina, W. (1975). A statistical model for the analysis of ordinal level dependent variables. *Journal of Mathematical Sociology*, *4*, 103-120.

投射技术(Projective Techniques)

投射技术被定义为一种工具,要求被试去看一个模糊的刺激并说出它的结构——例如,说出他或她在墨迹上看到了什么。研究者认为被试会将自己的人格"投射"进这个回答中。

将投射技术与客观测验进行对比是非常有用的。前者接收到模糊的刺激,被试可以在墨迹上看到从土豚到斑马的任何东西。这种响应的巨大自由提高了回答的投射性质,但很难对其进行量化。在客观测验中,被试可能必须在关于自我陈述的"是"或"否"两个答案中选择一个。这种限制性的回答提高了统计分析的可能性。因此我们可以说,根据它们的优势和劣势,投射和客观测验是相互对立的。这将导致一些心理学家认为，它们提供了不同类型的信息，投射测验更多地提供个体的独特性是什么(参见特殊知识【Idiographic】)，而客观测验更多地告诉我们在人格特质方面，个体与一个群体如何进行比较(参见通则知识【Nomothetic】)。

投射技术提供的信息类型的一个例子是，病人在看过墨迹上的"四只粉色鹅"之后的联想。"小时候，我在叔叔的农场工作，他把鹅杀死之后，鹅的羽毛会随着血液变成粉红。最近我想起了他折磨过我。有趣的是——他有四个女儿。"客观测验提供信息的例子是，在与常态样本进行对比时，发现在测量抑郁的项目上得分非常高，表明病人当前患有临床抑郁症。

投射技术通常由于在心理测量方面较弱而受到学术心理学家的批评。尽管如此，它们在临床方向的心理学家中仍然很受欢迎。

还有一些更知名的投射技术，第一知名的是罗夏技术(Rorschach technique)，它是由 10 个墨迹组成，被试必须说出在上面看到了什么。第二个受欢迎的投射技术是主题统觉测验(thematic apperception test, TAT)，被试必须针对人际交往场景的模糊画面建构故事。尽管 TAT 和类似技术都有计分方法，但通常还是凭印象作出分析而不是使用计分。第三个常见的投射技术是 DAP 测验(画人测验，draw-a-person)，被试画出一个人以及房屋、树和家庭等这类事物。第四个投射技术是不完整语句测验(incomplete sentences test)，被试必须完成一个句干，比如"大多数女人……"。这种项目的答案通常是凭印象进行分析的(参见语句完成测验【Sentence Completion Test】)。

投射技术研究的一些近期趋势，包括不同计分方法的标准化和同时作出的使投射技术更具心理测量学特点的努力(Exner, 2002)，为少数人群体设计的替代技术的发展(Costantino, Malgady, & Vazquez, 1981)，以及将这些技术运用于心理治疗过程的一个实际部分(Aronow, Reznikoff, & Moreland, 1994)。

——Edward Aronow

(叶鹏飞译　高勇校)

参考文献

Aronow, E., Reznikoff, M., & Moreland, K. (1994). *The Rorschach technique*. Needham Heights, MA: Allyn & Bacon.

Costantino, G., Malgady, R. G., & Vazquez, C. (1981). A comparison of the Murray-TAT and a new Thematic Apperception Test for urban Hispanic children. *Hispanic Journal of Behavior Sciences*, *3*, 291-300.

Exner, J. E. (2002). *The Rorschach: A comprehensive system* (Vol. 1). New York: John Wiley.

校验步骤(Proof Procedure)

校验步骤是谈话分析【Conversation Analysis, CA】的一个主要特征，在校验步骤中，对谈话中某个话轮(turn)表达什么的分析，是基于或是涉及它在下一个说话者话轮中是如何被响应的。因此，一句话被认定是一个"要求"，并不是因为它的内容或语法，也不是因为分析者直觉上认定如此,而是因为它在下一个话轮中被如此对待。它是在互动中被建构成一个“要求”的,是通过对方的遵从或不遵从或质疑或其他反应,才被建构为“要求”的。

校验步骤不只是一种对已作出的分析的效度进行检查的方法。更确切地说,它是对话分析最初如何开展的一个基本原则。它能够作为对话分析方法论的组成部分,因为它首先是一个参与者的步骤,对于对话参与者自身完成对话并检查他们关于自身言行的理解来说是不可或缺的。参与者基于他们前一个话轮中的言行而开展下一轮的表现,分析员因此有理由使用下一个话轮来开展分析(Sacks, Schegloff, & Jefferson, 1974)。因此,校验步骤是与对话中的话轮转换这一基本现象联系在一起的,包括“条件性关联(conditional relevance)”和“修正”(Schegloff, 1992)。

这里需要注意的重要一点是,校验步骤不是建立或证明说话者可能“实际上意图”表达什么的方法。下一个话轮可以被理解为显示或暗示参与者对前一个话轮的聆听,但是这种聆听可能会改变或颠覆任何意图,而不是单纯地站在听众立场以最大努力去理解所闻(参见 Schegloff, 1989, p. 200, 关于“下一个行动如何能够重铸先前行为”)。但这并非下一个话轮校验步骤的失败,因为对话分析的目标不是心理学地理解说话者的意图,而是对话中的互动如何运作的方法(在常人方法论【Ethnomethodology】的意义上)。此外,在已经听到第一个话轮是如何被回应之后,参与者可以选择“修正”在随后的“第三个话轮”中表现出来的理解。于是,我们了解到对话分析的研究目标——不是说话者试图表达的意义,而是他们实现有序谈话的互动过程。意义被看作是互动的完成,而检验步骤直接将我们带入参与者表达意义的互动的偶然性特征,这也是对谈话记录中的细节进行经验研究的基础。

——Derek Edwards

(叶鹏飞译　高勇校)

参考文献

Sacks, H., Schegloff, E. A., & Jefferson, G. (1974). A simplest systematics for the organization of turn-taking for conversation. *Language*, *50*(4), 696-735.

Schegloff, E. A. (1989). Harvey Sacks—lectures 1964-1965: An introduction/memoir. *Human Studies*, *12*, 185-209.

Schegloff, E. A. (1992). Repair after next turn: The last structurally provided defence of intersubjectivity in conversation. *American Journal of Sociology*, *97*(5), 1295-1345.

倾向值(Propensity Scores)

倾向值被定义为在一系列协变量取值给定的条件下,一个个体进入实验组而非对照组的概率【Probability】。倾向值通常被用于因果【Causal】推断的情况,目的是通过比较两组被试的结果:暴露在干预因素中的一组(实验组)和未暴露的另一组(对照组),来评估某种干预因素(新的实验)的效果。

罗森鲍姆和鲁宾(Rosenbaum & Rubin, 1983)创造了倾向值这一术语,指出了对倾向值的子分类、成对匹配【Matching】和基于模型调整都会得到实验效果的无偏【Unbiased】估计,只要实验分配是基于倾向值中的协变量【Covariation】。子分类涉及在倾向值的基础上,将观察值(实验组和对照组)分成数据块。在每一个数据块中,所有协变量分布在实验组和对照组中是一样的,至少在大样本【Sample】中是如此。这个结果可以通过统计检验(如 t 检验【t-Tests】)来进行检查。随机化【Randomized】研究中的因果推断方法可以用在每一个数据块内部。成对匹配法是为每一个实验组成员选取一个倾向值的数值最接近的对照组成员。然后对匹配样本进行分析。在匹配组中,由于外推【Extrapolation】较少,所以建模所需要的假设(如线性)要比在全部实验和控制样本中会得到更好的满足。

在倾向值给定的条件下,实验分配独立于协变量,这意味着在相同的倾向值数值上,观察到的协变量的分布在实验组和对照组中是一样的。这个结果表明,在匹配或子分类中单维倾向值的作用取代了多维的全部协变量。

在随机化试验中,倾向值是已知的。但是在观察研究中,则必须从数据中进行估计。倾向值通常用 Logistic 回归【Logistic Regrssion】来估计。也可使用其他分类方法如分类回归树【CART】或判别分析【Discriminant Analysis】。德赫贾和沃赫拜(Dehejia & Wahba,1999)提供了一个使用倾向值的观察研究实例,包括估计的细节。

通过运用倾向值中的子分类和/或划分数据块来设计的观察研究【Observational Research】,在两个重要方面都与随机化试验类似。第一,分析都在观察到的协变量分布是相似的实验组和对照组中完成。在随机化试验中,作为随机化的直接后果,所有协变量的分布在实验组和对照组中都是一样的。倾向值则是在观察研究中复制这种情况。

运用倾向值来设计的观察研究类似于随机化试验的另一个方面,是在设计阶段不使用结果变量的数据。倾向值的估计和评估、匹配样本和/或子类的形成,都没有涉及结果。鲁宾(Rubin,2001)更详细地讨论了在观察研究如何使用倾向值。

——Elizabeth A. Stuart

(叶鹏飞译　高勇校)

参考文献

Dehejia, R. H., & Wahba, S. (1999). Causal effects in nonexperimental studies: Reevaluating the evaluation of training programs. *Journal of the American Statistical Association*, *94*, 1053-1062.

Rosenbaum, P. R. (2002). *Observational studies.* New York: Springer-Verlag.

Rosenbaum, P. R., & Rubin, D. B. (1983). The central role of the propensity score in observational studies for causal effects. *Biometrika*, *70*, 41-55.

Rubin, D. B. (2001). Using propensity scores to help design observational studies: Application to the tobacco litigation. *Health Services and Outcomes Research Methodology*, 2, 169-188.

Winship, C., & Morgan, S. L. (1999). The estimation of causal effects from observational data. *Annual Reviewof Sociology*, *25*, 659-706.

误差减少比例(Proportional Reduction of Error,PRE)

假设我们有两个模型来预测变量 Y,并且对每一个模型,我们对预测【Prediction】的不精确度都有一些测量。同时,假设模型1更为"简单"或信息更少,例如,对 Y 进行预测时不知道任何 Y 的预测因子的信息;模型2有更多的信息,运用 Y 的一个或多个预测因子的信息来预测 Y 值。关于模型1不精确度的测量即 E_1,可以是一个对于 Y 的观测值与 Y 的预测值之间变差【Variation】的测量,这是一个误差【Error】数量的实际计数,或者,当相同(简单的)规则下(例如,给出每个类别中的个案数,随机猜测哪个个案属于哪种类别)不同的预测会产生 E_1 的不同数值时,也可以是基于模型1中预测规则的误差期望值。对模型2不精确度的测量即 E_2,是第二个模型中 Y 的估计值的变差,或者是用第二个模型作出预测的误差实际值(不是期望值,因为信息更多的模型2应该产生每个个案的唯一预测)。

误差比例的改变是 $(E_1-E_2)/E_1$ 这一比率。正如梅纳德(Menard,2002)所描述的,由于某些测量的错误,简单的模型1预测可能会比信息更多的模型2预测更好,在这种情况下,误差比例是增加的。然而,如果 $(E_1-E_2)/E_1$ 的值是正数,表明我们使用模型2能够比模型1更好地预测 Y 值,运用模型2产生的结果是误差减少比例 $\mathrm{PRE}=(E_1-E_2)/E_1$。将PRE乘以100可以得到一个误差减少的百分比,这是运用模型2代替模型1进行预测能减少的误差百分比。对PRE测量的清晰解释让科斯特纳(Costner,1965)及其他人认为,在社会科学研究中,PRE测量应优先于其他相关测量方法。

PRE测量实例包括适用于名义变量之间双变量关联的Goodman-Kruskal的 τ_{YX} 和 λ_{YX},其中 Y 为被预测的变量,X 为预测因子(Reynolds, 1984);适用于定序【Ordinal】变量之间双变量关联的Kendall系数 τ_b 的平方 $(\tau_b)^2$;以及适用于定比变量的皮尔逊 r 系数的平方 r^2。对由诸如Logistic回归【Logistic Regression】或判别分析【Discriminant Analysis】所产生的预测表,PRE测量包括 λ_p,τ_p 和 φ_p,类似于列联表【Contingency Table】的相应测量但并不完全相同(Menard, 2002)。对特殊的2×2列联表(不针对更一般的),几个这样的PRE测量会得到相同的数值:$r^2=\tau_b^2=\tau_{YX}^2$。在一个因变量有超过1个预测因子的模型中,大家所熟悉的最小二乘【Ordinary Least Squares】回归分析的 R^2 以及Logistic回归分析的似然比【Likelihood Ratio】R_L^2 也都是PRE测量(Menard, 2002)。

——Scott Menard

(叶鹏飞译　高勇校)

参考文献

Costner, H. L. (1965). Criteria for measures of association. *American Sociological Review*, *30*, 341-353.

Menard, S. (2002). *Applied logistic regression analysis* (2nd ed.). Thousand Oaks, CA: Sage.

Reynolds, H. T. (1984). *Analysis of nominal data* (2nd ed.). Beverly Hills, CA: Sage.

Wilson, T. P. (1969). A proportional reduction in error interpretation for Kendall's tau-b. *Social Forces*, *47*, 340-342.

协议(Protocol)

在社会科学方法文献中,协议有几种用法,但是一般而言所有这些用法的核心含义都是"对一项研究或分析工作的程序进行的详尽陈述"。从精神病学到社会学,从政治学到传染病学,所有这些领域中都会遇到这个核心含义(但是在计算机和信息科学文献中,协议也是一个常见的术语,但在这些文献中,它的意义是不同的,是指在不同的处理单元中进行信息交换的一套规则。在此处理单元通常是指计算机,但也可以指有感知能力的人)。

这个术语在社会科学中早期的用法之一是在用问卷进行的研究中(无论是在广泛的抽样调查中或者焦点小组访谈中),在此访谈协议指的就是问卷【Questionnaire】或访谈安排【Interview Schedule】。当然这里对程序的详尽陈述只限于问题的顺序和措辞。

另一种较早的用法是在对解决问题的人工智能【Artificial Intelligence】模型中,其中"出声思维协议"或言语协议【Verbal Protocol】被首先用来比较人的行为和模型行为,之后对于理解人们怎样思维提供了帮助(Ericsson & Simon, 1984; Newell & Simon, 1961, 1971)。出声思维协议,再现了参与者在解题过程中是如何一步一步进行思考的。这些叙述就是调查研究的原始资料。也许因为对言语协议的详尽分析工作量太大,我们在多数社会科学中发现这些协议很少被使用。但是在心理学的某些领域中,它们相当重要(Carroll, 1997)。

目前"协议"一词在社会科学中越来越多的用法是从医药学中借用来的,它常用来和处理【Treatment】或研究一起使用。这种意义和研究设计【Research Design】很相近,虽然医药学中的处理协议比社会科学中的非实验研究设计复杂得多。特别是在临床实验中,一个协议涵盖了所有程序的方方面面,以便让不同时点进行的资料收集都能够标准化。与此不同,社会科学中非实验研究设计中标准化的领域多数集中在测量程序上。例如,在许多实地研究中会努力地把提问和答案进行标准化,在文本处理中也会对编码【Coding】进行详尽的标准化。

实验【Experiment】的本质就要求有详尽的研究协议或设计协议,以便调查者能够在尽可能稳定的情况下进行多个实验活动。因此,在社会科学中实验方法的广泛使用也会使得研究协议被广泛地应用。这些协议的发表也会使得精确的复制【Replication】比以往更加常见,这也是对研究工作的重要贡献。

——Douglas Madsen

(高勇译校)

参考文献

Carroll, J. M. (1997). Human-computer interaction: Psychology as a science of design. *Annual Review of Psychology*, *48*, 61-83.

Ericsson, K. A., & Simon, H. A. (1984). *Protocol analysis: Verbal reports as data.* Cambridge: MIT Press.

Newell, A., & Simon, H. A. (1961). Computer simulation of human thinking. *Science*, *134*, 2011-2017.

Newell, A., & Simon, H. A. (1971). *Human problem solving.* Englewood Cliffs, NJ: Prentice Hall.

代理回答(Proxy Reporting)

代理回答指的是进行社会调查时遇到的两种彼此相关的情况。如果调查研究者按照某些事先规定的标准,某个被抽中的人不能回答调查问题,那就要用代理人来代替他回答。更一般而言,让一个人讲述其他人的信息,这种情况都可以被定义为代理回答。

——Tim Futing Liao

(高勇译校)

代理变量(Proxy Variable)

代理变量就是用来测量一个无法直接观察的量的变量。虽然代理变量不是对这个数量的直接测量,但是一个好的代理变量和不可观察的变量是有密切关联的。在社会科学中代理变量非常重要,经常被使用,因为对某些数量进行直接测量非常困难或根本不可能。

用一个例子可以说明代理变量的重要性以及存在的问题。假如一个研究者想考察智力对收入的影响,同时控制年龄的影响。如果可以知道人的智力,而且假定两者的关系是线性的,那么这种关系就可以用如下多元回归【Multiple Regression】来进行估计:

$$收入_i=\alpha+\beta_1\times 智力_i+\beta_2\times 年龄_i+\varepsilon_i$$

不同于年龄,智力不是一个可以直接观察的量。因此对上述关系感兴趣的研究者必须用和智力相关的其他测量,例如教育年数或标准化的测试结果。用教育年数作为智力的代理变量:$智力_i=教育年数_i+\delta_i$。这样,研究者就要估计下面的式子:

$$收入_i=\alpha+\beta_1\times 教育年数_i+\beta_2\times 年龄_i+\varepsilon_i$$

严格地说,β_1 测量的并不是智力和收入之间的协变关系,除非对于所有的 i 来说,$\delta_i=0$。但是因为不可能知道代理变理在多大程度上测量了那个不可观察的量(即 δ_i 的取值是多少),并且因为收入和教育年数的关系能帮助我们理解收入和智力的关系,因此 β_1 通常在解释中被等同于后者。有人建议如果有多种测量办法(如上面的例子所示),就应该去比较不同的设定方法来选择最佳的代理变量(Leamer, 1978)。

统计上,决定是否要用代理变量取决于对两个可能的后果进行的权衡。如果要用代理变量,研究者就必然会遇到与“变量中的误差”相关的传统问题(即所有的参数估计【Parameter Estimation】是没有一致性的)。但是如果不用代理变量,而且无法测量的量又和设定相关,那么没有使用代理变量将会导致遗漏变量偏倚(参见遗漏变量【Omitted Variable】和偏倚【Bias】)。对这种权衡的计量经济学分析表明,一般来说,包括代理变量更为可取,甚至代理变量相对较弱时也是如此。

——Joshua D. Clinton

(高勇译校)

参考文献

Fuller, W. A. (1987). *Measurement error models.*

New York: John Wiley.

Kinal, T., & Lahiri, K. (1983). Specification error analysis with stochastic regressors. *Econometrica*, *54*, 1209-1220.

Leamer, E. (1978). *Specification searches: Ad hoc inferences with nonexperimental data*. New York: John Wiley.

Maddala, G. S. (1992). *Introduction to econometrics*. Englewood Cliffs, NJ: Prentice Hall.

伪 *R* 方(Pseudo-*R*-Squared)

回归【Regression】分析中常用的拟合优度量度【Goodness-of-fit Measures】就是(多元)决定系数【Coefficient of (Multiple) Determination】,也被称为 *R* 方【*R*-Squared】或者 R^2。R^2 本质上测量的是因变量【Dependent Variable】的方差中能够由多元回归【Multiple Regression】模型解释的比例。虽然对于 R^2 的效用仍然存在争议,但是它确实是对模型表现的一种常用测量。

回归分析者有一系列诊断工具和拟合优度测量。这些工具和测量对 Probit 模型和 Logit 模型则不再适用。特别是,不存在可以类比于 R^2 的拟合优度测量。有几种替代测量被称为伪 R^2,在许多计算机程序结果中也会提供。Probit 和 Logit 分析者面临的一个困难是在多个伪 R^2 中如何选择。在选择伪 R^2 时,首要问题是要用这个伪 R^2 测量来干什么(如对方差【Variance】的解释,假设【Hypothesis】检验,对因变量进行归类等)。

最常见的用法是测量模型能够解释多少因变量的变异。一种常用的方法是由麦凯尔维和扎沃伊纳(McKelvey & Zavoina, 1975)提出的,是用 Probit 或 Logit 系数来计算潜变量【Latent Variable】的预测值的方差,用 $\mathrm{var}(\hat{y}_i)$ 表示。扰动项的方差为 1,因此总方差就是解释方差加 1。这样,伪 R^2 就可用下式来计算:

$$R^2=\frac{\mathrm{var}(\hat{y}_i)}{1+\mathrm{var}(\hat{y}_i)}$$

另一种常见的伪 R^2 是由奥尔德里奇和纳尔逊(Aldrich & Nelson, 1984)提出的,使用的是卡方统计量 $-2LLR$,即 $-2\ \ln(L_0/L_1)$,自由度【Degrees of Freedom】为 k,即用来估计的自变量数量。这个测量需要对数据进行两次拟合,第一次只用常数来估计得到 L_0,第二次用全模型来估计得到 L_1。伪 R^2 用下式计算为:

$$R^2=\frac{-2LLR}{N-2LLR}$$

其中,N 为观察数。

哈格尔和米切尔(Hagle & Mitchell, 1992)使用模拟【Simulation】数据进行了检验,证明这两种测量都是一般最小二乘【Ordinary Least Squares】R^2 的良好估计。奥尔德里奇和纳尔逊(Aldrich & Nelson, 1984)提出的测量方法误差略小一些,如果因变量的正态分布【Nornal Distribution】假设不成立时,这种测量也更为稳健【Robust】。奥尔德里奇和纳尔逊提出的测量在理论上的局限性在于,它与处于众数类别的观察比例相关。

Probit 和 Logit 中伪 R^2 的用处是基于一个假定,即存在一个不可观察的连续变量,但它只能表现为一个可观察的二分变量。

例如,不可观察的变量可以是某个投票者选择候选人 A 而非候选人 B 的概率,而可观察的变量是它在 A 和 B 之间的真实选择。不可观察的变量不同,但相对应的可观察变量则可能是相同的,因此分析者更加强调模型对观察进行正确分类的能力。使用正确分类率来作为拟合优度测量的问题在于,如果处于众数类别的观察比例较高时,Probit 和 Logit 就很难将观察正确地归类到非众数类别中。总体而言,综合使用多个测量能够更好地理解模型的表现。

——Timothy M. Hagle

(高勇译校)

参考文献

Aldrich, J. H., & Nelson, F. D. (1984). *Linear probability, logit and probit models.* Thousand Oaks, CA: Sage.

Hagle, T. M., & Mitchell, G. E., II. (1992). Goodness-of-fit measures for probit and logit. *American Journal of Political Science*, *36*, 762-784.

McKelvey, R. D., & Zavoina, W. (1975). A statistical model for the analysis of ordinal level dependent variables. *Journal of Mathematical Sociology*, *4*, 103-120.

心理分析方法(Psychoanalytic Methods)

心理分析既是一种临床心理治疗的实践活动,也是一种关于人们精神世界的一套理论体系,包括精神世界的发展及其在各种活动和关系中的表现。经验发现是心理分析的基础,但是这些发现并不认为自己具有客观性,而被认为是病人和分析者的主观产物。有人反对精神分析的资料具有科学性,其理由是精神分析的方法是在咨询室而不是在实验里实现的,得到的是孤立的个案而不是具有普遍性的结果。但是,随着社会科学研究中对于实证方法的挑战,语言学的、定性的、解释学的转向为心理分析在定性方法中开辟了立足之地。

社会科学家通常假设他们的研究对象是理性的、统一的、有明确意向的主体,但心理分析理论有力地质疑了这种明智的主体。这些访谈研究、调查研究、态度量表研究的基本理念认为,被访者是充分了解自己的、无话不谈的,但是心理分析理论认为存在着无意识的冲突和防御,这些对前面的理念提出了怀疑(Hollway & Jefferson, 2000)。这些无意识的内容必定需要人的解释,心理分析概念可以帮助进行这样的解释(例如,如果回忆一件事很痛苦,人们就会否认这件事情)。这类概念已通过临床的心理分析实践得以建立和完善(Dreher, 2000)。

心理分析方法如果要扩展到咨询室以外就需要进行一些修正,在咨询室中研究发现是服从于治疗的目的。临床应用和研究应用都会使用心理分析的解释。在咨询室中,分析者的解释是他们临床方法的一部分,直接提供给病人,病人的情绪反应本身就可检验这个解释是否正确。在用心理分析方法得到解释和研究资料时,需要寻求其他方法来验证这些解释是否有效(例如,在全部文本中寻求正面的例子和反面的例子,或者察觉到可以识别的防御模式)。

自由联想方法是心理分析的一个基础,

它鼓励病人毫无保留地说出自己的想法，其假定是没有经过审查的思想才能引出重要的东西。使用自由联想有助于得到和分析访谈资料（参见自由联想访谈【Free Association Interviewing】），可以接触到社会生活的某些方面，而那些认为研究对象是了解自己的、无话不谈的方法没有意识到这些侧面（例如，影响家庭和工作关系的一些欲望和焦虑）。移情的概念是指愿望无意识地从一个早期的人（如父母）身上转移到了分析者身上，他们当时在这个人身上体验到这种情感。虽然在非临床的情况下会有所淡化，对自己和参与者的移情和反移情敏感的研究者可以使用这些作为研究资料，例如 Walkerdine，Lucey，& Melody（2001）。从认识论上讲，这些概念对客观性提出了批评，代之以研究者对反思性的理解，这是一个在定量社会科学中很重要但没有被理论化的概念。

访谈和观察都会包括心理分析的影响。克沃勒（Kvale，1999）认为精神分析访谈中得到的知识，对于研究来说是重要的。有两种观察研究使用了心理分析方法，具体而言是民族志的实地研究（Hunt，1989）和婴儿观察（Miller，Rustin，Rustin，& Shuttleworth，1989）。在德国，心理分析也被用来进行文化研究。心理分析式的观察最早可以追溯到 1940 年代的英国，在塔维斯托克研究所对婴儿每周进行一次详细的观察是他们训练的一部分，现在心理分析观察已扩展到更广泛的研究领域中。

——Wendy Hollway

（高勇译校）

参考文献

Dreher，A. U.（2000）. *Foundations for conceptual research in psychoanalysis*（Psychoanalytic Monograph 4）. London：Karnac.

Hollway，W.，& Jefferson，T.（2000）. *Doing qualitative research differently：Free association，narrative and the interview method.* London：Sage.

Hunt，J. C.（1989）. *Psychoanalytic aspects of fieldwork*（University Paper Series on Qualitative Research Methods 18）. Newbury Park，CA：Sage.

Kvale，S.（1999）. The psychoanalytic interview as qualitative research. *Qualitative Inquiry*，*5*（1），87-113.

Miller，L.，Rustin，M.，Rustin，M.，& Shuttleworth，J.（1989）. *Closely observed infants.* London：Duckworth.

Walkerdine，V.，Lucey，H.，& Melody，J.（2001）. *Growing up girl：Psychosocial explorations of gender and class.* Basingstoke，UK：Palgrave.

心理测量学（Psychometrics）

心理测量学是对人与人之间的个体差异进行的测量。测量使用的工具可以是心理测验、问卷、人格量表、观察清单。测量给出的值，既可以是一种心理特质的水平，也可以是对这种水平的排序。这些心理特质包括能力（如语言智力、分析推理、空间感）、技能（如操控指挥交通用的仪表盘，在工作情境中主持会议）、人格特点（如内向、友善、神经质）、态度（如对堕胎、政治右翼、北约的武装干涉的态度）。“约翰比玛丽更内向”这是对一个人格特点进行的排序。“卡罗尔的智商足够高，能够参加这个课程”,这是在比较卡罗尔的认知水平和参加这个课所需要的绝对水平。

通过测验、问卷或其他工具得到的测量值必须是有信度和有效度的。一个测量是有信度的,是说同一种测量程序进行重复测试能够具有稳定性。广义地说,在不同的测量单元中(一个测验的不同题项),在不同的测量场合中(时点),对评估学生和客户的不同心理学家,这种稳定性也应当存在。一个测量是有构念效度【Construct Validity】的,是说它对要测量的特质进行了充分的操作化。这意味着,一个测量工具测量的是人的内向性,它就不应该测量回答者的理想自我。预测效度指的是测量能够对人的未来行为进行准确预测的程度(例如,分析推理能力能够预测一个人是否适合成为一个计算机程序员)。

心理测量学研究和提出了许多数学和统计测量工具。比较老的心理测量工具包括斯皮尔曼提出的经典测验理论;评估量表数据的李克特量表【Likert Scaling】;斯皮尔曼、瑟斯通、汤姆森在 1920 年代和 1930 年代提出的因子分析【Factor Analysis】;瑟斯通提出的分析成对比较数据的方法;哥特曼提出的分析有导向数据(dominance data)的量图分析(scalogram analysis);库姆斯提出的分析偏好数据的展开方法(unfolding method)。概化理论【Generalizability Theory】主要应归功于克隆巴赫,这一方法使用方差分析来对检验结果的来源进行分解。项目反应理论【Item Response Theory】模型是由洛德、伯恩鲍姆、拉施、莫肯等人在 1950 年代和 1960 年代最早提出的一组现代心理测量模型。自此以后,许多研究者接受了这一理论模型,在随后的几十年中项目反应理论主导了心理测量学。

从传统上讲,多元分析【Multivariate Analysis】方法一直是心理测量学的一部分。具体而言,因子分析和聚类分析【Cluster Analysis】用来探索构念效度,回归方法用来建立测量题组进行预测。生理心理测量法,如确定视觉阈限和听觉阈限,主要目标是建立行为的一般法则而不是测量个体差异。

心理测量学还包括建立各种测量工具的技术,如标准的纸笔测试,再如建立题库进行计算机化的测量程序,以便进行更有效的测量。其他应用还包括确定使某些少数群体处于不利的题项(题项运作差异分析),确定在题项得分上具有异常模式的回答人(拟合分析)。应用还包括对回答人在测验中用来解题的认知过程和解题策略的研究(认知建模)。

——Sijtsma Klaas

(高勇译校)

*也可参见项目反应理论【Item Response Theory】。

心理生理测量(Psychophysiological Measures)

心理生理测量指的是心理构念(如心理状态或心理过程)的生理测量方法。研究者在 20 世纪早期开始用科学方法探索身和心的关系。但是直到 20 世纪中期生理心理学才从生理学倾向的心理学中独立出来,成为独立的分支学科,在此之前,生理学倾向的心理学家探索的是生理变化(特别是精神生理变化)对行为和精神的影响,他们通常用动物来做实验。与此不同的是,心理生理学家探索的是心理变化对生理结果的影响,他们通常是用人来做实验。现在心理生理学和生理学倾向的心理学之间的区别已经模糊。两者都被归到更广泛的神经科学中。

然而,生理心理学家已对心理学和行为科学作出了影响深远的贡献,对心理状态提供了很多重要和有用的生理测量方法。对心理状态进行生理测量基于一个假定,即对生物过程或生理过程(特别是那些无法用意识来控制的过程)进行观察和记录在方法上更可靠。

生理测量和心理生理测量通常是即时的、隐秘的、连续的。即时的生理测量可以在时间上非常精确。它们可以马上和测量的预期要发生的心理状态或过程联系起来,从而能够马上提供证据,证明这种心理状态或过程的强度或运作,而其他一些事后的测量则存在缺陷,因为记忆是有偏差的。例如,对于快乐进行即时的生理测量,就能避免由回忆而导致的测量误差。

外在的观察者和被评估的参与者都不能很容易地看到隐秘的生理测量的结果,这样就增强了其真实性。由于生理测量是隐秘的,参与者得不到有意识的反馈,因此参与者也就没有办法控制他们的反应。由于它们具有隐秘性,生理测量就避免了参与者用各种策略来进行印象管理,而这在实验情境中却是可能发生的。例如,对快乐进行隐秘的测量就避免了参与者表现得比他们实际的更快乐或更不快乐。

连续的生理测量能够准确地描绘出起伏变化。实验者可以以非常高的频率来不断进行生理测量。事实上在计算机技术的帮助下生理测量的记录可以达到接近完美的保真度。因此研究者可以记录下生理的起伏变化,这样增加了信息却并没有增加成本。例如,记录下快乐的起伏变化,这样研究者能够考察快乐在一段时期内的趋势变化。即使测量时的集中趋势【Central Tendency】是相同的(如均值、中位值、众值),起伏变化的差异也能够给出重要的心理信息。图1中参与者的反应有着相同的中心趋势,但起伏变化各不相同。

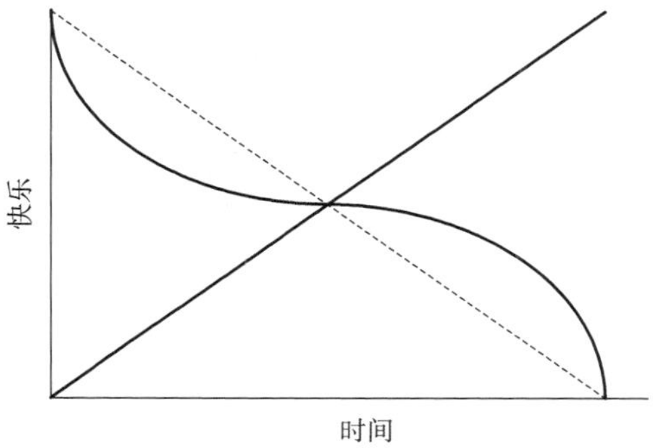

图1　心理生理测量

但是生理测量给出的资料是即时的、隐秘的、连续的,资料具有即时性、真实性、能记录下起伏变化,上述事实并不意味着它们具有构念效度【Construct Validity】。因此,心理生理测量在方法上仍存争议。事实上,上面提到的关于快乐的例子并没有具体说明所用到的生理指标或测度。即使对于快乐研究进行文献梳理也会得到很多用到的生理测量,例如肌电活动、心率、大脑皮层的血流量等,把这些生理测量和快乐联系在一起的理论并不是那么清楚。

和心理研究中所用到的测量相似,生理测量也必须具有构念效度。其他学者也已讲过(Blascovich, 2000; Cacioppo, Tassinary, & Berntson, 2000),心理构念和其指标之间的关联应具有恒定性(invariance),无论这个指标是心理指标还是生理指标。也就是说,这种构念和指标应一起发生,一个东西出现另一个东西也要随之出现,反之亦然。但是心理构念和生理指标之间的恒定性是很难达到的,因为有些心理构念(如快乐、感情、冒险、偏见、好学)是很难界定清楚的,而身体是一个服务于一般目的的系统而不是服务于单个目的的系统。

因此和非生理测量一样，研究者需要一种测量理论来建立恒定性假设。对于生理测量来说，测量理论必须基于心理生理理论，把这种构念及其指标联系起来。这绝非易事，但是已经有一些有力的理论为许多心理构念提供了必要的支持，包括如感情、动机和认知等心理领域中的一些构念（相关评论，请参见 Blascovich, 2000; Cacioppo, Tassinary, & Berntson, 2000）。

例如，卡乔波等人（Cacioppo et al., 1986）建议用肌电图（electromyographic, EMG）技术捕捉颧大肌和皱眉肌的反应来辨别正面感情和负面感情。其心理生理基础涉及达尔文的理论，认为用于社会互动的脸部表情在进化过程中非常重要。他们推理说，正面感情会伴随着颧大肌（微笑肌）肌电的增加，也会伴随着皱眉肌肌电的减少；负面感情则有相反的模式。随后他们用实验证明了这种模式的存在。

布拉斯科维及其同事（如 Blascovich & Tomaka, 1996）建议用心电图（electrocardiographic, ECG）、心电阻抗（impedance cardiographic, ZKG）、血压监控技术来捕捉心血管反应模式，用于表明人遇到挑战和威胁的动机和状态。这种做法的心理生理基础涉及丁斯特比尔（Dienstbier, 1989）提出的生理僵硬的精神内分泌理论。布拉斯科维及其同事将挑战界定为一种良性动机状态（即资源足以应付情境要求），挑战会伴随着交感肾上腺髓质（sympathetic adrenal medullary, SAM）促发的心肌收缩和心输出量（cardiac output）的增加，与此同时血管舒张；而威胁是一种恶性的动机状态（即资源不足以应付情境要求），威胁会伴随着垂体—肾上腺皮质（pituitary adrenal cortical, PAC）对于 SAM 的抑制，结果导致心肌收缩增加，但是心输出量和血管张力（vasomotor tone）不会发生变化。

许多基于理论的对心理构念的生理指标不断出现，这类测量越来越多。随着诸如脑成像这样的新技术不断出现，人们越来越认识到生理测量对于心理研究的用处，我们期待会出现越来越多、越来越好的生理测量指标。

——Jim Blascovich

（高勇译校）

参考文献

Blascovich, J. (2000). Psychophysiological indexes of psychological processes. In H. T. Reis & C. M. Judd (Eds.), *Handbook of research methods in social and personality psychology* (pp. 117-137). Cambridge, UK: Cambridge University Press.

Blascovich, J., & Tomaka, J. (1996). The biopsychosocial model of arousal regulation. In M. Zanna (Ed.), *Advances in experimental social psychology* (pp. 1-51). New York: Academic Press.

Cacioppo, J. T., Petty, R. E., Losch, M. E., & Kim, H. S. (1986). Electromyographic specificity during simple physical and attitudinal tasks: Location and topographical features of integrated EMG responses. *Biological Psychology*, *18*, 85-121.

Cacioppo, J. T., Tassinary, L. G., & Berntson, G. G. (2000). *Handbook of psychophysiology* (2nd ed.). Cambridge, UK: Cambridge University Press.

Dienstbier, R. A. (1989). Arousal and physiological toughness: Implications for mental and physical health. *Psychological Review*, *96*, 84-100.

民意研究(Public Opinion Research)

民意研究涉及对人们的想法和行为的概念化【Conceptualization】与测量。自从这个领域伴随调查研究共同发展起来之后,从业者对于民意的意义和测量就有着不同看法,对于“民意研究”的研究至今仍然是一个活跃和充满争议的领域。当然,也可以认为“民意”除了回答调查问题以外,也可以通过诸如罢工和示威游行等集体运动表达出来,但调查【Survey】和测验仍然是测量和报告民意最重要的方式。

在概念上,最关键的一点是,民意是一个个体概念还是一个聚集【Aggregation】概念。虽然个人会有自己的态度和观点并且表达出来,但民意是不是就是这些个人观点的汇总呢?如果每个人都有自己的观点,但是这些观点没有被测量和汇总,他们也没有和别人交流这些观点,那么事实上还会基于这些观点发生集体行动吗?另一个关键之处在于,如果民意没有被表达,它是否还存在。这个道理被用来区分“测量出”的民意和“考虑过”的民意。有这样的可能,不管问题的质量如何,提问的群体是谁,个人对这个问题进行了多少考虑,用一个调查问卷测量出来的东西,就被人称为“民意”。测量出的民意反映的是个人面对问卷作出的回答,无论他们对这个问题是否关注,而考虑过的民意是经过长时间深思熟虑的最终结果。

通常民意都是调查的结果,要从一个相关总体【Population】中抽取代表性样本【Representative Sample】进行测量。通常它要反映的是社会中或某个选区中所有成人的态度。有些研究者认为,对于民意还有其他测量方法,如投票、示威或者给报纸写信。

民意研究关注两个重点领域:民意的概念维度和调查方法对意见表达的影响。从民意的角度看,大多数人群是分层的,有一小部分政治精英,对问题有复杂和精心组织的观点。他们对调查问题的回答,在意识形态上是一致而周详的(Converse,1964)。研究表明,这些精英除了通过媒体表达他们的话语外,还潜移默化地影响大众对具体问题重要性的看法以及应该在什么领域来考虑这些问题。一般市民在评估这些事情时,精英的政党倾向和政治意识形态的信息很有用,有助于他们不用费力气学习和吸收新的信息就能进行判断(Lupia, McCubbins, & Popkin, 1998; Popkin, 1991)。但是信息不是民意的唯一基础;其他社会心理因素,如刻板印象也会影响民意的形成。对种族和性别的态度尤其如此,对依靠福利生活的穷人的看法也是如此。

民意的另一个方面是态度的强度,在政治领域,少数人的强烈感受比所有人的意见分布更能解释政策和立法的变化。如果这种态度强度和某些政治行为有关,如抗议、投票、写信,这一点就尤其重要。

从方法的角度看,民意研究者关心的一点是,被访者经常出于礼貌或者社会惯例来回答问题。结果他们就会随便作答。使用封闭式问题【Closed-Ended Questions】,尤其是,如果不提供“不知道”或“不清楚”这样的选项时,最容易得到这样的一些回答。

在选择回答对象时可能会出现偏差【Bias】,越来越多的方法问题与此有关。这些问题包括在网页上回答问题的被访者是自我选择的,标准的随机拨号抽样【Random Digit Dialing,RDD】中没有包括普遍使用的手机号码,回答率越来越低等。

由于人们关心民意的意义和调查方法如何影响民意测量,民意研究在未来将是在实质上和方法上都得到关注的一个领域。

——Michael W. Traugott

(高勇译校)

参考文献

Converse, P. E. (1964). The nature of belief systems in mass publics. In D. Apter (Ed.), *Ideology and discontent* (pp. 206-261). New York: Free Press.

Lupia, A., McCubbins, M. D., & Popkin, S. L. (Eds.). (1998). *Elements of reason*. Cambridge, UK: Cambridge University Press.

Popkin, S. L. (1991). *The reasoning voter*. Chicago: University of Chicago Press.

Price, V. (1992). *Public opinion*. Newbury Park, CA: Sage.

Zaller, J. R. (1992). *The nature and origins of mass opinion*. Cambridge, UK: Cambridge University Press.

目的抽样(Purposive Sampling)

定性研究中的目的抽样是指根据分析和理论需要,有意选取有某种特征的研究对象。因为在研究开始时,研究者并没有充分掌握这个现象,样本的性质并不总是能够提前确定。通常是在资料分析的过程中,研究者会意识到它需要去访问当初认为与此无关的被访者。例如,马丁在研究婴儿猝死综合征时发现,有必要研究首先应对问题的人群之间(急诊科大夫和急救人员)的责任划分问题。他需要去访问这些专业人员,而不只是像当初想的那样,只访问孩子的父母就够了。

目的抽样的类型包括提名抽样、滚雪球抽样【Snowball Sampling】(已经参加研究的人会帮助找人来参加研究)和理论抽样【Theoretical Sampling】(随着研究进展根据分析获得的信息来有意寻找合适的参与者)。

在提名抽样或滚雪球抽样中,研究者会找到一个"合适"的参与者,在访谈结束之时请求参与者推荐另一个可能参与研究的人。这样的抽样是沿着一个社会网络进行的。如果研究的人群很难找,或者不会自愿参与研究,或者对招聘参与者的广告有反应,这时提名抽样或滚雪球抽样就特别有用。参与者可能因为有非法行为(如吸毒)而感到羞愧或害怕惩罚,参与者可能是属于一个封闭的群体(如飞车帮),参与者可能有隐私行为或者有某种病而可能会被污名化,这时用其他方式很难找到这种被访者,滚雪球抽样就是非常有用的策略。取得第一个参与者的信任,让他向其他群体成员保证这个研究没问题,就能接触到用其他方式接触不到的被访者。

使用理论抽样的研究者也会用到提名抽样。他们会用一个提名抽样表来请人推荐有特定经历或特定知识的参与者,以便推进他们的分析。

——Janice M. Morse

(高勇译校)

参考文献

Martin, K. (1998). *When a baby dies of SIDS: The parents' grief and searching for a reason.* Edmonton, Canada: Qual Institute Press.

皮格马利翁效应(Pygmalion Effect)

皮格马利翁效应有广义和狭义之分。广义的皮格马利翁效应是指人际期待效应或者人际自我实现预言。这些术语指的是研究发现,一个人期待其他人有什么样的行为,事实上其他人就会有什么样的行为。狭义的是指教师对学生表现的期待效应。

对皮格马利翁效应最早的实验【Experiment】研究是用人来作为研究参与者的。实验者要求参与实验的人对于一些肖像照片进行打分,其中一半的实验者被引导期待得到很高的照片得分,另一半被引导期待得到较低的照片得分。在许多研究中,期待得到很高的照片得分的实验者,结果就得到了很高的照片得分;期待得到较低的照片得分的实验者,结果就得到了较低的照片得分(Rosenthal, 1976)。

研究者为了在实验室中调查这种人际期待效应的普遍性,用动物做了两个实验(Rosenthal, 1976)。有一半的实验者被告知,他们的小白鼠特别擅长走迷宫(斯金纳盒子);另一半被告知,他们的小白鼠不擅长走迷宫。在两个实验中,如果研究者被引导认为他们的小白鼠更善于学习,结果他们的小白鼠学习能力就更强。

“皮格马利翁实验”是上述研究的直接产物。如果给予小白鼠较高的期待,它们都能变聪明,那么理所当然,老师给予孩子更高的期待时,他们也能变得更聪明。在一个研究中(Rosenthal & Jacobson, 1968, 1992),所有的孩子都进行了非语言能力的智力测试,并伪称这个测试能够预测智力“发展”。学校一共 18 个班,6 个年级,每个年级 3 个班。这 3 个班分别由能力强的、一般的、能力弱的孩子组成。从每个班随机选取了 20%的孩子组成了实验组。然后告诉每位老师他们班上进入实验组的孩子的姓名,并且说这些孩子在智力发展测试中得分很高,他们会在未来八个月中智力上有很大的进步。但实际上,实验组和参照组的孩子们之间的唯一区别只存在于老师的头脑中。

八个月后,学年结束时,对所有的孩子进行了相同的智力测试。整体而言,那些被老师认为会有很大进步的孩子,比其他孩子得到了更大的进步。

共有约 500 个实验,对于人际期待效应现象或广义的皮格马利翁效应进行了研究,通常得到的效应强度是很明显的:如果我们被引导期待别人会有某种行为,65%的情况下我们会得到这种结果,如果我们不被引导期待这种行为,则只有 35%会得到相应的结果。

——Robert Rosenthal

(高勇译校)

*也可参见实验者期望效应【Experimenter Expectancy Effect】、调查者效应【Investigator Effects】。

参考文献

Blanck, P. D. (Ed.). (1993). *Interpersonal expectations: Theory, research, and applications.* New York: Cambridge University Press.

Eden, D. (1990). *Pygmalion in management: Productivity as a self-fulfilling prophecy.* Lexington, MA: D. C. Heath.

Rosenthal, R. (1976). *Experimenter effects in behavioral research: Enlarged edition.* New York: Irvington.

Rosenthal, R., & Jacobson, L. (1968). *Pygmalion in the classroom.* New York: Holt, Rinehart & Winston.

Rosenthal, R., & Jacobson, L. (1992). *Pygmalion in the classroom: Expanded edition.* New York: Irvington.

Q

Q 方法论(Q Methodology)

Q 方法论为研究主观性科学提供了一个框架,它结合了数据收集(Q 分类技术)程序和分析(因子分析【Factor Analysis】)程序。Q 方法论由威廉·史蒂芬森提出,首先需要就某个主题(如环境行动主义)汇集一个观点总体【Universe】,再从中选出 30~50 个陈述作样本,例如,“无论何种原因,也没有人可以凌驾于法律之上”“我有一点怀疑他们的动机”等。接着,请二三十个参与者对这些题项依据同意(+5) 到不同意(-5) 予以排序。Q 序列是相关的,因此,可以使用 PQ 法或 PCQ 软件包(可从相关网站获取)作因子分析,从而揭示在研议题的主观多样性。同陈述关联的因子分构成了解释因子的基础。

例如,在环境行动主义研究中,将上述陈述分发给 36 位英国公众,他们的 Q 排序揭示出 7 个不同的叙述,例如,遵守法律、自由人文主义、激进的行动主义等(Capdevila & Stainton Rogers, 2000)。分离性障碍的单案例研究中,有多重人格的几个成员,就他们与小组中其他成员的关系,给出自己的 Q 排序。Q 排序的因子分揭示了人格的组织形态(Smith, 2000, pp. 336-338)。

如史蒂芬森的《心理学记录》(*Psychological Record*,1986—1988)在 5 篇系列文章中总结的一样,Q 方法论在概念和数学方面与量子力学相似。在人类努力的诸领域中,如文学、政治、决策、心理治疗、报纸阅读,主观行为都是概率的【Probabilistic】、不确定的、可传递的,但是当运用 Q 排序时,就有了明确的形式,其中的意义和测量都与 Q 分类者的判断行为密不可分。因子数目不是预先给定的,而是存在于互补的关系中。

Q 方法论产自行为主义【Behaviorism】领域,而后被后现代主义者、社会建构主义者【Constructionism】、女性主义者、话语【Discourse】和叙事分析者、认知科学家、心理分析学家、地理学家,以及定量和定性研究者广泛采用。它也被政策分析者采用,因为它可以揭示利益相关者(stakeholder)的视角(Brown, Durning, & Selden, 1999),还被那些关心新兴的民主认同的人所采用(Dryzek & Holmes, 2002)。在主观性科学研究国际协会的《操作性主观性》(*Operant Subjectivity*)杂志、《人的主观性》(*Human Subjectivity*)杂志,以及韩国主观性科学研究协会的韩语杂志《Q 方法论和理论》(*Q-Methodology and Theory*)上不断出现这方面的文章。

——Steven R. Brown

(王玥译　赵锋校)

参考文献

Brown, S. R., Durning, D. W., & Selden, S. C. (1999). Q methodology. In G. J. Miller & M. L.

Whicker (Eds.), *Handbook of research methods in public administration* (pp. 599-637). New York: Dekker.

Capdevila, R., & Stainton Rogers, R. (2000). If you go down to the woods today ...: Narratives of Newbury. In H. Addams & J. Proops (Eds.), *Social discourse and environmental policy: An application of Q methodology* (pp. 152-173). Cheltenham, UK: Elgar.

Dryzek, J. S., & Holmes, L. T. (2002). *Post-communist democratization*. Cambridge, UK: Cambridge University Press.

Smith, N. W. (2000). *Current systems in psychology*. Belmont, CA: Wadsworth.

Q 排序(Q Sort)

参见 Q 方法论【Q Methodology】。

二次方程(Quadratic Equation)

二次方程是用以求解未知项为乘方变量的初级代数方法。它是一种获得“根”(未知项与 x 轴的交点)的有用方法。

更确切地说,一个二次方程是一个二阶代数方程。它可能包含一个或多个变量,而单变量 x 的标准形式如下:

$$ax^2 + bx + c = 0 \qquad (1)$$

式中,a,b 和 c 是方程的常数(也称为系数)。当系数为 0 时,方程可以简化;但当 $a \neq 0$ 时,二次方程仍然保持同样的形式,例如:

$$x^2 - 3x + 2 = 0 \quad 和 \quad 2x^2 - x - 3 = 0 \qquad (2)$$

是典型的二次方程。一个二次方程的解可以通过解如下二次方程求得:

$$x^2 + \frac{b}{a}x = -\frac{c}{a}$$

$$x + \frac{b^2}{2a} = -\frac{c}{a} + \frac{b^2}{4a^2} = \frac{b^2 - 4ac}{4a^2}$$

$$x + \frac{b}{2a} = \frac{\pm\sqrt{b^2 - 4ac}}{2a}$$

$$x = \frac{-b \pm \sqrt{b^2 - 4ac}}{2a} \qquad (3)$$

方程(3)被称为二次方程式,有助于求解未知项的方程根。

回到方程(2),二次方程式分析如下:

$$2x^2 - x - 3 = 0 \rightarrow a = 2, b = -1, c = -3$$

有解:

$$x = \frac{-(-1) \pm \sqrt{(-1)^2 - [4 \times 2 \times (-3)]}}{2 \times 2}$$

$$= \frac{1 \pm 5}{4} = \frac{3}{2} 或 -1$$

其中,算式 b^2-4ac 称作判别式,通常以希腊字母 δ 表示。二次方程的判别式决定解(也称为根)的性质,例如,如果

$$b^2 - 4ac > 0$$

二次方程有两个不相等的实根:

$$x = \frac{-b \pm \sqrt{b^2 - 4ac}}{2a}$$

反之,若

$$b^2 - 4ac = 0$$

二次方程仅有一个实根

$$x = -\frac{b}{2a}$$

如果

$$b^2 - 4ac < 0$$

那么 x 没有实根,方程的解为复数根。

二次方程的根可通过对应的二次曲线函数图来呈现。试看,

$$y = ax^2 + bx + c$$

式中,a,b 和 c 是方程的常数,且 $a \neq 0$。x 对 y 的二次函数图称作抛物线,像碗形一样对称于一垂线。原二次方程($ax^2 + bx + c = 0$)的根是抛物线与 x 轴的交点处的 x 值。一个二次方程可能有一个(原二次方程有两个相等的实根)、两个(原二次方程有两个不相等的实根)或没有与 x 轴的截距(原二次方程没有实根),如前文所述,不同的结果最终取决于二次方程的判别式。

二次方程更一般的形式如下:

$$ax^2 + by^2 + cxy + dx + ey + f = 0 \quad (4)$$

式中,a, b, c, d, e 和 f 是方程的常数,且 a, b 和 c 中至少有一个不等于 0,例如:

$$4x^2 + y^2 - 4xy - 2x + y + 1 = 0$$

是 x 和 y 的一个一般二次方程。该二次方程的图称作圆锥曲线。它可以是一条双曲线、一条抛物线、一个椭圆形、两条交线、一个点、两条平行线或两条重合线。下述方法可用于确定一个一般的二次方程将产生哪一种类型的圆锥曲线(Zwillinger, 1995):

$$\Delta = \begin{vmatrix} a & \frac{c}{2} & \frac{d}{2} \\ \frac{c}{2} & b & \frac{e}{2} \\ \frac{d}{2} & \frac{e}{2} & f \end{vmatrix} \qquad J = \begin{vmatrix} a & \frac{c}{2} \\ \frac{c}{2} & b \end{vmatrix}$$

$$I = a + b \quad K = \begin{vmatrix} a & \frac{d}{2} \\ \frac{d}{2} & f \end{vmatrix} + \begin{vmatrix} b & \frac{c}{2} \\ \frac{c}{2} & f \end{vmatrix}$$

表 1 所示的各类别表示了各参数值所对应的几何形式。

表 1

Δ	J	Δ/I	K	圆锥图形式
≠0	<0			双曲线
≠0	0			抛物线
≠0	>0	<0		椭圆线
0	<0			两条交线
0	>0			点
0	0		<0	两条平行线
0	0		0	两条重合线

通过增加额外的变量,二次方程可以变得更具一般性,但是,所形成的多维图形可能产生相当复杂的表面。

——Zhen Li

(马妍译 赵锋校)

参考文献

Zwillinger, D. (1995). *CRC standard mathematical tables and formulae* (30th ed.). Boca Raton, FL: CRC Press.

定性内容分析(Qualitative Content Analysis)

当文本的内容不适于定量技术时,定性内容分析可用于检验文本的意义。这类定量技术测量了大量文本中的频次和规律模式,但是,正如西格弗里德·克拉劳尔(Kracauer, 1952—1953)在一篇重要论文中所论证,某篇文本的核心意义可能不适于量化。或者,文本的某些特征不能被轻易地计数,即便可以量化,也不能告诉我们诸特征在文本中或文本间如何发挥作用。反量的文本特征和功能包括:讽刺、两可、隐喻;交流语和陈述模式;民俗主题、美学符号、文学规范;修辞、风格,如共鸣、隐喻及其他言谈特征;以及可能隐含于信息之中,并使得某些概念或观念在意义上显得自然或绝对的立场、假设和价值。

举个例子,某些前提和价值预设会联合起来改变一个特定的范畴,使其附属于其他范畴的原型和概念。于是,当分析一个原型或概念的构建、操作时,既需要形成言之有据的理论论证,也需要结合多种方法程序(Pickering, 2001)。

当统计描述达到其限度时,定性内容分析就登场了,其目的在于揭示重要的文本特征的意义——潜在或隐藏于表面内容之下,或揭示直接的、表面的内容的深层含义。即使是一个单独的词汇选择,例如,一份报纸上的一个标题或一份政府报告中的富有意涵的术语,都可能通过与文本的其他内容发生一系列相互关联,通篇发生作用。同时,一份特定的文本可能引出一条发展和反应的意义链,而在词语频次的定量模式中,则不能发现该意义链。对于克拉劳尔来说,文本的此类特质造就了它的暗指和隐义的结构。

研究媒介内容和文化文本的两种最重要的定性方法是符号学【Semiotics】和批判话语分析【Critical Discourse Analysis】(Deacon, Pickering, Golding, & Murdock, 1999, Chaps.7, 8)。两种方法均提供了各种可以打开一份档案或人造物品中的暗指和隐义结构的概念工具,从而显出其在生产和传播的文化过程中所具有的广泛意涵。两种方法还能显出,通过不同的意义和价值流,某些特定的意义和表象怎样被反复强调或交织在一起。此类形式的定性内容分析并不把文化文本当作孤立的实体,而是把它们当作意义生产过程和意义阐释过程的互动场所。正因如此,文化文本虽然具有确定的生产印记,但其意义却不固定。它们给出了阐释的线索,并允许多种解读。定性分析最适于追踪上述视角(文化文本从其开始)和导向(引向它们被建构和重复建构的方向),以及由此产生的意义——它们一贯具有的、暂时性的意义内容,即便它们总是看上去要求一种固定的、唯一的、合法的解释。

——Michael J. Pickering

(王玥译 赵锋校)

*也可参见内容分析【Content Analysis】。

参考文献

Deacon, D., Pickering, M., Golding, P., & Murdock, G. (1999). *Researching communications*. London: Arnold.

Kracauer, S. (1952-1953). The challenge of qualitative content analysis. *Public Opinion Quarterly*, *16*, 631-642.

Pickering, M. (2001). *Stereotyping: The politics of representation*. Basingstoke, UK: Palgrave.

定性资料管理(Qualitative Data Management)

在一个成功的定性研究中,资料管理是其中一个有挑战性的、不可或缺的、关键的组成部分。好的资料管理被认为是促进项目连贯有序的必备条件(Huberman & Miles, 1994)。管理好资料“有益于解释,就好像好的配器法有助于好的舞曲”(Meadows & Dodendorf, 1999, p. 196)。从一开始,研究者就要有一个计划,去分类、总结、分析和储存项目资料,还需要把这些工作的重复进行也包括在计划中。定性研究的往复前进意味着资料管理和资料分析是互不可缺的。

定性研究中的资料管理始于项目的概念化。尽管依据既有传统,构成资料的内容会有所不同,但是,做定性研究,并做好它,则意味着研究者的反思是项目资料的组成部分。根据反思和现有文献(和潜在理论)的考察,围绕某个兴趣主题,形成研究问题的系统表述是项目的核心。一个全面的文献回顾是定性研究的第一步(Morse & Richards, 2002)。研究问题指明将要收集的资料:没有好的资料,就不可能有好的研究。在研究设计阶段,关于抽样、调查对象征召、资料收集技术以及分析过程所做的决策是资料管理中的一个个步骤,其中每一步都需要记录下来,归入项目资料。

资料的来源各种各样,形式也相当丰富,包括文档、图片、新闻片段、文字转录,以及研究初期的田野笔记和反思性日志。这些资料需要尽早且经常地存档、转成可溯源的文本,或其他可以被分析和使用的形式。研究者必须记得备份项目中使用的所有资料。编码、类别或主题的描述,以及反映了资料从描述到分析前进过程和最终的解释及/或理论构建过程的备忘录,也都是一个项目中所有资料的组成部分。

定性分析软件是这个过程的必备组成,可以以下述方式助益于研究项目的管理,即容许研究者把时间花在资料的分析和解释上,而不是用在寻找重要的引述或寻找带有重要编码却难以查找的文件上。资料可以放在文件柜的抽屉中手工管理,但是示意图、信息图表、模型和其他表格可能难以如此管理,否则会妨碍研究团队与资料的紧密联系。分析软件还可协助对已编码的资料提出问题、发展理论,或是有助于解释过程。

最后,管理还包括坚守伦理标准,其中包括资料的匿名化,确保只有研究团队成员可以接触资料,还要确保在项目全过程中各种形式的资料都被安全地保存。在研究项目的起始阶段,仔细地规划资料管理可以对定性研究的严谨和成功作出重要的贡献。

——Lynn M. Meadows

(王玥译　赵锋校)

＊也可参见数据管理【Data Management】。

参考文献

Huberman, M. A., & Miles, M. B. (1994). Data management & analysis methods. In N. K. Denzin & Y. S. Lincoln (Eds.), *Handbook of qualitative research* (pp. 428-444). Thousand Oaks, CA: Sage.

Meadows, L. M., & Dodendorf, D. M. (1999). Data management and interpretation: Using computers to assist. In B. F. Crabtree & W. L. Miller (Eds.), *Doing qualitative research* (pp. 195-218). Thousand Oaks, CA: Sage.

Morse, J. M., & Richards, L. (2002). *Read me first for a user's guide to qualitative methods*. Thousand Oaks, CA: Sage.

定性评估(Qualitative Evaluation)

判断一个项目的有效性时,评估者常使用开放式访谈、观察、文献回顾和个案研究方法。这些方法构成了定性评估。

定性评估强调用项目参与者自己的语言来报告他们的经验。评估者通常收集统计数据,但是理解实际构造数字的人的故事和看法也很重要。定性评估不仅要评估目标的达成,还要了解那些意想不到的影响和连锁反应,还要阐明预期结果中难以量化的部分,如对参与者来说实现目标意味着什么。

定性方法尤其适用于成果因人而异的项目。这些项目提供的服务能满足个别参与者的不同需要。在此类项目中,对不同服务对象,成果可以有性质不同的内容。定性评估则可通过单个的个案研究,记录各个结果的变化。

过程评估通常使用定性方法来研究一个项目如何产生成果。过程评估旨在通过调查以下几种问题来解释和理解项目操作的内在动力:人们经历了什么事情让项目变成现在这样?服务对象如何被带进项目,以及一旦成为参与者他们是如何经历这个过程的?人们所做的与他们想要完成或实际完成的有何关联?从参与者和项目工作者的视角看项目的优势和劣势是什么?

定性评估非常适合研究项目的实施过程,因为:(a)描述过程要求细致地描述人们如何参与其中;(b)参与者参与过程的经验通常是不同的,所以需要抓住他们不同的视角;(c)过程是流动、动态的,不可用某一时点的简单的等级标准来概括。过程评估要考察正式的活动和非正式或非计划的互动。

定性方法也可用在执行评估中,以记录一个项目是如何发展,以及项目如何又为什么会偏离初始计划和期望。其他评估关心的是哪一种定性方法特别适合,包括比较不同项目、记录历时发展、调查系统变迁,以及个人化和人性化的评估(Patton,2002)。

参与式评估常常严重依赖于定性方法,因为它们比统计数字更容易理解。在参与式评估中,评估者与项目工作人员和/或参与者一起来评估项目的有效性。开放式的访谈是参与式评估的一种常用方法,因为参与者可以在评估者的帮助和指导下学习收集和分析资料。将参与者吸收入合作之中可以增加评估的实用性(Patton,1997)。

定性方法既可以单独使用,也可以通过混合研究方法设计(mixed-methods design)结合定量技术一起使用。尽管有过争议,但是定性方法在评估研究中不仅已经被广泛应用,其应用价值也在不断提升。

——Michael Quinn Patton

(王玥译　赵锋校)

＊也可参见评估研究【Evaluation Research】。

参考文献

Patton, M. Q. (1997). *Utilization-focused evaluation: The new century text* (3rd ed.). Thousand Oaks, CA: Sage.

Patton, M. Q. (2002). *Qualitative research and evaluation methods*. Thousand Oaks, CA: Sage.

定性元分析(Qualitative Meta-Analysis)

定性元分析,也指定性元综合(qualitative metasynthesis)(Sandelowski, Docherty, & Emden, 1997)、定性元资料分析(qualitative meta-data-analysis)(Paterson, Thorne, Canam, & Jillings, 2001)和元民族志【Meta-Ethnography】(Noblit & Hare, 1988),它是一种特别的综合类型,即来自某个研究领域的所有定性研究的研究发现被正式地组合在一起。类似于定量元分析,定性元分析既是一项分析过程,也是一项阐释成果,其目的在于系统地、全面地、清楚地查明某一研究领域的知识状况。作为一种研究方法,部分由于其早期的发展,定性元分析被描绘成一种内含于或等价于其他类型定性综合的形式,例如,扎根理论【Grounded Theory】、元研究和定性资料的二次分析【Secondary Analysis of Qualitative Data】。

开展定性研究的兴趣之所以逐渐增长,其主要原因在于健康、社会科学、实践学科中大量定性研究的涌现。与之相应,得自这些研究中的重要发现并未充分地用于实践和政策讨论之中。此外,研究者也迫切地想把描述的证据和以证据为基础的实践过程完全当作实验研究的结果。由于强调通则的知识甚于独特的知识,强调形式的一般甚于有限的个案,定性元分析旨在提升定性研究的关联和效用。因为,相较于任意定性研究所遵循的典型样本规则,定性元分析置细致的、个案取向的现象研究于更大且更富于变化的样本中。然而,定性元分析还要保存个别研究中具体的经验。尤其在实践和政策讨论中,一般通则在用于个别情形时经常失效,而细节的知识则可作为一般通则的有效补充。

正是定性研究强调细节才造成整合研究结果的巨大困难。定性研究方法的多种多样、定性研究议程的品类繁多也使定性研究发现的综合性变得复杂。实施定性元分析的其他挑战包括:界定研究的实质限度;获取相关研究;确定方法的诸特性是否,以及在多大程度上影响研究发现;判断一项研究的质量高低;确定一项研究是否属于定性研究;基于要报告的定性研究风格上的不同,发现其中的结果。此外,问题还包括:哪种分析的、解释的、呈现的技术最适于综合各个研究的发现;应当如何向各种受众汇报定性元分析的结果。

尽管存在诸多挑战,但整合的努力在不断增长。最显著的标志是:定性元分析研究的出版物不断增多;相关的研究基金持续增加;坎贝尔和科克伦研究综述数据库(Campbell and Cochrane databases of reviews of research)中纳入了定性研究。

——Margarete Sandelowski

(王玥译　赵锋校)

*也可参见元分析【Meta-Analysis】。

参考文献

Noblit, G. W., & Hare, R. D. (1988). *Meta-ethnography: Synthesizing qualitative studies.* Newbury Park, CA: Sage.

Paterson, B. L., Thorne, S. E., Canam, C., & Jillings, C. (2001). *Meta-study of qualitative health research: A practical guide to meta-analysis and meta-synthesis.* Thousand Oaks, CA: Sage.

Sandelowski, M., Docherty, S., & Emden, C. (1997). Qualitative metasynthesis: Issues and techniques. *Research in Nursing & Health*, *20*, 365-371.

定性研究(Qualitative Research)

定性研究是一个泛称,包含了一系列的实施质询(inquiry)的态度和策略,而这些质询旨在探究人类如何理解、体验和解释,以及形成社会世界(Mason, 1996)。尽管定性研究通常与定量研究并列,然而定性研究并非是一种明显有别于定量研究【Quantitative Research】的统一的调查研究的形式,而更像是来自科学、人文和实践学科的不同学者的家园,这些学者致力于不同的哲学和方法论立场,有时这些哲学和方法论立场可能是有所冲突的。

这些哲学立场包括阐释主义【Interpretivism】、诠释学【Hermeneutics】、社会建构论【Social Constructionism】,以及批判理论【Critical Theory】,但不限于此,因为这些哲学立场也有不同的界定。方法论的途径包括现象学【Phenomenology】、扎根理论【Grounded Theory】、民族志【Ethnography】、参与式调查、叙事分析【Narrative Analysis】和话语分析【Discourse Analysis】,也不限于上述几种,因为它们的界定多种多样(Denzin & Lincoln, 2000a)。历史、文学批判、伦理学、文化和物质文化研究,这些学科通常被完全界定为定性研究。然而,如人口史,大部分是定量研究,这个领域的学者通常不认为他们自己是定性研究者,也不认为他们的工作是定性研究,甚至根本不认为是研究。社会科学领域的定性研究者转向艺术和人文学科,学习如何像艺术家和人文学者那样去阅读和完成文本;而人文学科的定性研究者转向社会科学,学习如何像社会科学家那样理论化以及如何开展实地调查研究。简而言之,定性研究是一个在其差异性和同质性上都很模糊的术语。简单地通过与定量研究作对比,是不能理解定性研究的,而实际上我们经常这样做,这样会误解和曲解定性研究。相应的,试图减少定性研究的多样性和复杂性,这种做法同样也会曲解定性研究。

定性研究与定性资料和技术

应当将定性研究同那些仅仅包含定性资料的其他研究和其他工作区别开,例如,描述性的抽样调查【Sampling Survey】和新闻报道。还应当将定性研究同那些通常作为定性研究技术的资料收集和分析技术区别开,例如,焦点小组【Focus Group】和内容分析【Content Analysis】。虽然焦点小组和内容分析都源自定量研究,且依然在定量研究中有广泛的使用。但是,在这些技术中,定性研究的基本观点和策略并不是其内在构成。此外,所有关于人类主体的行为科学和社会科学的定量研究都要依赖所用问卷【Questionaire】中的定性资料。因此,仅仅由于这一事实,即某个项目中使用了字词,或者使用字词多于数字,并不能使该项目成为一个定性研究,就像是仅凭如下事实,即某个项目中使用数字或生产数字,也不能使该项目成为定量研究。

界定定性研究的特征

一个称得上定性研究的研究,它明显地致力于创造丰富的、相对细节性的描述,特别是对于人的、社会的、语言的、物质的,以及其他由这些构成的实践和事件的阐释。定性研究通常包括辨明人们的视角,或是那些常被称作行动者的立场的东西,当然不限于此。尽管在哲学和方法论上,定性研究是一种相当多样化的实在,但是某些确定的必要特征使其显著不同于其他研究,包括它的个案(与变量相反)导向,对于文化和历史背景的敏感,以及反身性【Reflexivity】。在它的许多面向下,定性研究是一种经验质询的方式,而这一方式常含有下列必要程序:某种形式的目的抽样【Purposive Sampling】,以获得丰富信息的个案;深度访谈【In-Depth Interview】和开放式访谈,长期参与/实地观察,以及/或者档案研究或实物研究;还有相关的资料分析和阐释技术——能超越所得资料【Data】和资料的表层意义。定性研究通常趋向于生产特殊【Idiographic】(与通则【Nomothetic】相反)的知识,因为它强调的是对特别现象、事件或个案的富有洞察力的理解。

相较于定量研究的共有特征——将客观主义【Objectivity】原则贯彻于他们对研究对象的态度和收集与处理数据的态度之中,定性研究则追求受训的主观主义,即它拥抱偏见——即便要清楚地说明所有质询中固有的偏见。在所谓的定量研究的共有特征中,重点是对于研究条件的控制——使得那些能影响研究发现的效度的偏差和威胁最小化,以及在进入研究的调查实地之前,先致力于发展研究设计【Research Design】。相反,一般定性研究的重点是强调自然主义【Naturalism】,此即,在不操控任何条件的情况下,观察事件以及进入调查研究的实地之后,对研究设计的持续发展和改进。正如梅森(Mason,1996)深刻地指出,定性研究要求人们能够"有策略地思考和行动",与此同时,能够自由地、富有创造性地"将智力的、哲学的、技术的、实践的(伦理的)考量结合起来"(p. 2)。定性研究的特征还包括坚持一组多样化的研究取向和研究策略,从而使得研究的程序和结果取得最大的效度【Validity】或可信度,以及使用有表现力的语言和更富有文学表现力的风格来发布研究发现。

多种方式,一种基调

尽管我们不赞成用简单的定义来囊括"定性研究"一词中丰富的共同特征,但是,它依然传递了一个"基调"(Sapir,1951,p.308)。这一基调崇尚个别的、多样的、日常的生活。这一基调还希望在被分隔开的人之间建立起桥梁。

——Margarete Sandelowski

(王玥译　赵锋校)

参考文献

Denzin, N. K., & Lincoln, Y. S. (Eds.). (2000a). *Handbook of qualitative research* (2nd ed.). Thousand Oaks, CA: Sage.

Denzin, N. K., & Lincoln, Y. S. (2000b). The discipline and practice of qualitative research. In N. K. Denzin & Y. S. Lincoln (Eds.), *Handbook of qualitative research* (2nd ed., pp. 1-28). Thousand Oaks, CA: Sage.

Mason, J. (1996). *Qualitative researching*. London: Sage.

Sapir, E. (1951). Culture, genuine and spurious. In D. G. Mandelbaum (Ed.), *Selected writings of Edward Sapir in language, culture and personality* (pp. 308-331). Berkeley: University of California Press.

定性变量(Qualitative Variable)

一个变量的值随其属性和特征而变化,即称它为定性变量。定性变量的测量尺度是一组无序的(unordered)或名义的(nominal)类别。例如,性别(女性、男性)、党派身份(民主党、共和党、无党派)、婚姻状况(单身、已婚、离婚、丧偶)、种族(白人、黑人、西班牙裔、亚裔和其他)、就业状况(未就业、在业、退休),以及宗教归属(天主教、犹太教、新教、伊斯兰教、佛教、无宗教信仰),都是定性变量。

不同于定量变量,定性变量不是根据数量或大小,而是依照性质或属性来分类。换句话说,不假定任一类别大于或小于其他任一类别。例如,“男性”和“女性”仅仅是性别的标签。这两个标签不表示数量和大小方面的差异。类似地,“卫理公会”“天主教”“长老派”“伊斯兰教”和“佛教”是识别某人宗教归属的标签。它们都不表示变量“宗教归属”的数量是大还是小。

在社会研究中,人们可以根据某种特征用定性变量来对数据进行分类,也可以判断哪些元素最相似和最不相似。因此,定性变量的测量层次是定类尺度。术语“定类(nominal)”意味着类别间没有数值差异。如果一个变量在一个样本【Sample】或总体【Population】的不同主体有数值上的变化,那么这个变量是一个定量变量,而非定性变量。定量变量【Quantitive Variable】依定距尺度测定,因为同一尺度的任一数据对之间有数值差或间距。例如,一个被访者的年龄可以用定距尺度来测量。30 岁和 50 岁的间距是 20 岁。因此,可以通过比较两个人的年龄来判断一个人比另一个人大多少或小多少。然而,对定性变量而言,此类比较既不可能也无意义。

我们很有必要了解位于定距和定类尺度间的第三种测量层次。如果一个变量的值在定序尺度上具有自然的排序,但在任一对类别间没有确定的间隔距离,就称它为一个定序变量。例如,可以用非常自由的、比较自由的、温和的、比较保守的和非常保守的排序来测定一个人的政治意识。这个有序类别的集合具有一个明确的顺序,但是类别之间的距离无法确定。比如,尽管我们知道一个认为自己“非常自由的”人比一个被归为“保守”的人更自由,但是我们无法获知那个人更加自由的具体数值。

定序变量和定性变量通常被合称为分类变量。然而,分析定序变量和定性变量的统计方法通常是不同的。数据分析者需要知道定距-定序-定类尺度分类法和定量-定性分类法,因为每一种统计方法都对应特定的数据类型。例如,总计一个变量的均值【Mean】和标准差【Standard Deviation】仅适用于定量数据,而不适用于分析定性数据。我们注意到,研究者常出于编码【Coding】的目的,把离散数字分配给一个定性变量的类别和标签(例如,白人 = 1,黑人 = 2,西班牙裔 = 3,亚裔 = 4,其他 = 5)。然而,赋予数据特定类别的数字不能像分析定量变量和定序变量一样去计算。关于分类【Categorical】变量统计方法更详尽的内容可以在艾伦·阿格雷斯蒂(Agresti, 2002)、斯科特·朗(Long, 1997)、丹尼尔·鲍尔斯和谢宇(Powers & Xie, 2000)的书中找到。

——Cheng-Lung Wang

(马妍译　赵锋校)

参考文献

Agresti, A. (2002). *Categorical data analysis* (2nd ed.). New York: Wiley Interscience.

Long, J. S. (1997). *Regression models for categorical and limited dependent variables*. Thousand Oaks, CA: Sage.

Powers, D., & Xie, Y. (2000). *Statistical methods for categorical data analysis*. San Diego, CA: Academic Press.

分位数(Quantile)

一个分位数是低于给定值的数据点的比例(或百分比)。例如,0.25(或25%)指25%的观测值位于该点之下,同时,75%的观测值高于这个值。分位数有许多应用,既可用于分位数-分位数图(*p-p* 图),也可用于分位数回归【Regression】。

——Tim Futing Liao

(马妍译　赵锋校)

定量和定性研究论争(Quantitative and Qualitative Research, Debate About)

定量和定性研究论争所考虑的问题是:两种研究策略是否应该被视作对立的认识论立场,或者它们是否可以更好地被定义成,仅指两种不同的资料收集和资料分析的技术簇。这个问题对于多策略研究【Multistrategy Research】的前景有着非常重要的意义。一方面,如果定量和定性研究被视作特别的且极不协调的认识论,多策略研究就难以想象。另一方面,如果它们被视作资料收集和分析的不同方法,结合定量和定性方法的研究(如多策略研究)就比较容易设想了。

这一论争的认识论说法有两个主要的形式(Bryman, 2001)。一个是嵌入方法(embedded methods)说。这一论点断言,任何研究方法都植根于认识论承诺(epistemological commitments)。因此,选择使用自填式问卷【Self-Administered Questionnaire】做研究,不只是用某种方式来寻求研究问题的答案;这个选择同时伴随着对与之相关的(如实证主义【Positivism】)认识论(及本体论)原则的一个承诺。当休斯(Hughes, 1990)写道:"每一个研究工具或程序都无可避免地嵌入在对特定的世界观以及对那个世界认识的承诺中"(p.11),他便是彻底地采用了嵌入方法说。

关于这一论争的另一种认识论说法就是范式说。借用库恩(Kuhn, 1970)的范式【Paradigm】概念,这一论点将定量和定性研究描绘成不同的范式。如此一来,认识论的假设、价值和方法都被认为与两种范式密不可分。另外,因为相信范式不能调和,定量和定性研究即不可调和。这种认识论说法与嵌入方法说一致认为,研究方法联系于认识论立场,但是这种认识论说法则进一步把定量和定性研究看作不可比。

尽管关于定量和定性研究的论争的认识论说法还有拥护者——他们反对两种研究策略可以更深层次地结合在一起的观念(如Sale, Lohfeld, & Brazil, 2002),但是这种立场逐渐让位给论争的技术说。技术说的作者承认,定量和定性研究与认识论和本体论假设有关联,但并不将它们的关联视为必然的。换言之,研究方法可以服务于不同的主人,因此"出自一种研究策略的研究方法被认为可以塞入另一种研究策略中"(Bryman, 2001, p. 446)。

多数作者已不再坚持定量和定性研究的极端对立,逐渐接受争论的技术说,而这无疑促进了多策略研究的接受和增长。

——Alan Bryman

(王玥译　赵锋校)

参考文献

Bryman, A. (2001). *Social research methods*. Oxford,

UK: Oxford University Press.

Hughes, J. A. (1990). *The philosophy of social research* (2nd ed.). Harlow, UK: Longman.

Kuhn, T. S. (1970). *The structure of scientific revolutions* (2nd ed.). Chicago: University of Chicago Press.

Sale, J. E. M., Lohfeld, L. H., & Brazil, K. (2002). Revisiting the quantitative-qualitative debate: Implications for mixed-methods research. *Quality and Quantity*, *36*, 43-53.

定量研究(Quantitative Research)

可以将研究分成两类:定量研究和定性研究。二者的区别在于,用什么方式收集数据,以及数据有多少观测值。抽样调查是定量研究的实例,而小规模的民族志个案研究是定性研究的实例。

一项定量方案的特点是,有一个研究者期望从中获得结论的总体,但又不可能收集整个总体的数据。就一项观测研究而言,必须选出一个适量的统计随机样本【Random Sampling】,并运用统计推论【Statistical Inference】的方法,获得相关总体的推论。就一项实验研究而言,要使用统计推论的方法,必须对进入实验组和对照组的受试者进行随机分配【Random Assignment】。

在定量研究的三个阶段都要运用统计方法。首先,在观测研究中,收集数据要运用统计抽样理论;然后,运用描述性统计分析来分析样本数据;最后,运用统计推论获得从样本数据到整个总体的一般推论。在实验研究中,首先,运用随机化方法分配受试者到实验组和对照组;然后,运用描述性统计分析去分析实验数据;最后,类似于分析观测数据,作出更大的总体的一般推论。

历史记录

在20世纪,抽取统计随机样本的理论和方法都有了长足的发展。英国的统计学家罗纳德·弗希尔是在收集数据时应用随机性的先驱,特别是在实验时。在实验研究中,有关实验进行的设计领域也有了较大发展。每种实验设计都有自己的计算方法,并且在统计教科书和统计软件中,它们都更便于应用。

20世纪后半叶出现了大规模的、国家级的抽样研究。由乔治·盖洛普及其合作者开展的研究是这类研究的著名实例,当然,还有许多同类的早期研究,Roper系列研究就是其中之一。广为人知的学术研究包括:由最初成立于芝加哥大学的全国民意研究中心(National Opinion Research Center, NORC)和密歇根大学社会研究所的调查研究中心完成的系列研究。NORC通过综合社会调查(General Social Survey)收集了多年的数据;密歇根的研究群体则在经济行为和选举投票的研究上有较长的历史传统。

应用

抽取一个回答者的全国样本是一项艰巨的任务,因为不存在一份可用的全国居民名录。当下,主要使用各种比较成熟的电话抽样方法,同时一系列专门的统计公式也被开发出来,用以分析此类数据。在所有介绍性统计学课本和多数统计软件包中的公式都以回答者的简单随机抽样【Simple Random Sampling】作为前提。但是,当样本是通过应用更复杂的方法获取时,例如用于大规模的、全国研究的样本,根据简单随机抽样而计算得到的标准误【Standard Error】是不正确的。

例子

在运用抽样【Sampling】或实验的方法得到数据后，统计学就用于分析数据。典型的做法包括制作统计表、制作数据图，或者计算数据的汇总统计量。通常，会用其中的两种或所有的方法。有的方法既适用于定量研究，也适用于定性研究。在定量研究中，为了弥补数据收集方式导致的误差，通常还需用各种方法对数据加权。

定量研究和定性研究的最大差别就在于此。因为数据是随机收集的，所以只有定量研究可以使用统计推断的方法。我们尚不明确，如何在定性研究的基础上进行总体推论。定性研究的结果可以获得事例性的证据，但无论是点估计还是置信区间【Confidence Interval】和 p 值【p Values】都无法使用。然而，通过定性研究累积的洞见常常比定量研究所能得到的结果更深刻。此外，定性研究还可作为后续定量研究的基础。

在计算 p 值和置信区间时，重要的是使用那些可以反映数据收集方法的公式。在实验研究中，通常要计算数据的各种平方和，并用这些平方和计算 F 值，进而得到 p 值。类似的公式并不总是可以方便地应用于更复杂的抽样调查。

如其名称所暗示的那样，定量研究的结果体现为各种量的计算，大多数具有数值特征。对于恰当的随机数据，可以计算相应的汇总统计量，诸如均值和中位数。之后，这些统计量可以帮助我们理解数据中相应的变量。p 值和统计推断的推论功能也是类似的。

有批评指出，此类汇总的量的信息可能太局限，并不能如实地反映真实的情况。许多统计谬误和统计笑料反映了这点。为了得到对数据的更好理解，即便在定量研究中，也有必要考虑特殊个案的影响，如离群值【Outlier】。当从统计汇总转向个别观测值时，我们就从定量研究转向了定性研究的丰富性。这种对个别数据点的研究，模糊了两种研究方法的界限。一个可能暴露定量研究缺陷的特定领域是对变量间关系的回归【Regression】研究。一个远离观测值集中区域的数据点，可能对回归线和相关系数都有很大的影响。不过，诸如中位数这类统计量对离群值并不敏感。

——Gudmund R. Iversen

（马妍译　赵锋校）

参考文献

Bickman, L., & Rog, D. J. (1998). *Handbook of applied social research methods*. Thousand Oaks, CA: Sage.

Brown, S. R., & Melamed, L. E. (1998). *Experimental design and analysis* (Sage University Paper Series on Quantitative Applications in the Social Sciences, 07-074). Thousand Oaks, CA: Sage.

Kalton, G. (1983). *Introduction to survey sampling* (Sage University Paper Series on Quantitative Applications in the Social Sciences, 07-035). Beverly Hills, CA: Sage.

定量变量(Quantitative Variable)

统计分析中的变量可以依照渐增的复杂度排列。定量变量最复杂，因为它们使用一定的计量单位来测量。就某一定量变量的任意两个观测而言，它们有相等或不等的值，如用定类变量【Nominal Variable】来测量。同样，它们的取值也可能从低到高排序,如用定序变量来测量。然而,因为定量变量具有计量单位,两个观测值不仅可能不等,还可以对它们的差异程度予以衡量。定量变量可以是定距变量【Interval Variable】或定比变量。与定类和定序变量相比,更多和更有力的统计方法可用于分析定量变量,回归【Regression】分析即是其中最重要的一种。

定量变量的例子包括年龄、收入和家庭子女数。这类变量的值都有相应的计量单位。年龄的单位通常为岁。以一年为单位,若某人 32 岁,另一人 25 岁,那么,后者比前者年轻 7 岁。收入的单位通常是元,也可以使用千元作单位。家庭子女数是一个计数变量,常用单位为个。

然而,任何一个如年龄似的变量,并非必然是定量变量。这一变量的复杂性取决于它的测量方式。年龄可用青年、中年和老年来测量。依此方式,年龄就不是定量变量,而是定序变量。同样,也可用中年和非中年测量它。依此,年龄就是一个定类变量。因此,在使用统计方法时,不仅要知道变量的名称,还必须同时了解变量的测量方式。

定量变量的一个次级特征是它可以是离散的【Discrete】或是连续的【Continuous】。在一个离散变量上,可以找到中间没有值存在的两个取值。计数变量就是离散的;没有任何一个家庭子女数会在 2 个孩子和 3 个孩子之间。类似地,在一个连续变量上,任意两个取值之间总存在着其他的取值。例如,年龄就是一个随时间移动的连续变量,即使这个变量通常以此前一个生日达到的岁数来测量。有时,定量变量也被称为连续变量。

定量变量优于定类变量和定序变量,因为它们可以累加或倍乘,进而为进行多种统计计算和分析提供可能。定量变量既可以计算均值,也可以进行双变量分析和多变量分析。

——Gudmund R. Iversen

(马妍译　赵锋校)

参考文献

JMP Introductory Guide. (2000). Cary, NC: SAS Institute.

Moore, D. S., & McCabe, G. P. (1998). *Introduction to the practice of statistics*. New York: W. H. Freeman.

SPSS base 10.0 user's guide. (1999). Chicago: SPSS.

四分位数(Quartile)

观测值【Oberservation】根据其排序【Rank Order】可被分为四组规模相等的集。这四组集中的每一个集形成一个四分位数,即一个分位数【Quantile】的特例。

——Tim Futing Liao

(马妍译　赵锋校)

*也可参见分位数【Quantile】。

准实验(Quasi-Experiment)

准实验通过操控假定的原因来探明它们的效应,与此同时,研究者并不以随机的方式将受试单元分入各个实验条件中。由于随机分配并不总是可能的,因此准实验就是必需的。伦理的制约不允许在没有恰当知情同意的前提下,根据机会分配处理,不给需要治疗的人以有效的治疗;那些执行实验的人可能拒绝给予随机化分配以应有的重视;或者某一处理已被实施后,人们开始质疑项目的效应;等等。以上诸类问题都会使得随机化变得不可能。因此,准实验将设计特征、实践逻辑和统计分析结合在一起,去证明处理可能是效应的一个可信原因。据此得出的因果推论通常比随机实验条件下的推论更不确定。非随机实验等同于准实验加观测研究(observational study),再加非实验设计(nonexperimental design),通常准实验仅是其子集之一。

准实验设计的种类

准实验设计包括(但不限于)以下种类:(a)非等价控制组设计。在这种设计中,研究者研究那些暴露于两种或更多种条件的试验结果,但是实验者并不根据实验条件进行控制分配。(b)中断的时间序列设计【Interrupted Time-Series Design】。在这种设计中,对某一结果变量予以历时的多次连续观测(以100次为基型),并在观测的中段引入处理,从而通过处理后时间序列过程的一次中断来表明处理对结果变量的影响。(c)回归中断设计(regression discontinuity designs)。在这种设计中,实验者使用某个被测变量上的一个划界分(a cutoff scor)来决定接受处理的资格,同时,如果处理组上分配变量对结果变量的回归线与比较组上的回归线存在断点,就说明存在着处理效应。(d)单个案设计(single-case designs)。在这种设计中,对一位参与者进行历时的重复观测(通常仅涉及有限的场合,而不构成时间序列),与此同时,操控处理的周期和处理的剂量,由此来证明处理对结果变量有支配作用。

在这类设计中,处理是被操控的,其后结果被观测。还有另外两种设计有时也被包括在准实验中,但是原因项并没有被操控。(e)在个案控制设计(case control designs)中,将出现有意思的结果的一组与没有出现有意思的结果的一组相比,并看看两组之所以不同,是否由于一组受到了可能原因的影响,而另一组没有。(f)在相关设计(correlational designs)中,常通过一次抽样调查,同时对可能的处理和结果进行观测,进而看两者是否相关。因为这些设计并不保证原因先于效应,即如因果逻辑所要求的那样,所以通常它们会得出更加不可靠的因果推论。

历史发展

1920年代前做的大部分实验都是准实验。例如,林德(Lind,1753)描述了针对坏血症的六种医疗处理的一次准实验比较;1850年前后,流行病学家使用个案控制法发现伦敦霍乱的原因是供应水的污染;而在1898年,特里普利特使用了非等价控制组设计表明观众和竞争对手的在场提升了自行车骑手的表现。

1963年,坎贝尔和斯坦利创造了"准实验"这个词来描述以上类型的设计。坎贝尔和他的同事(Cook & Campbell, 1979; Shadish, Cook, & Campbell, 2002)从三个方面扩展了这些设计的理论和实践。

第一,他们给出了数量更多的此类设计。例如,有些准实验设计本身即具有纵贯性(例如,时间序列设计和单个案设计),即历时地观测参与者;而有些设计则是通过在处理前或处理后加入更多观测,从而将设计变成纵贯的。类似地,可以使用多个处理组或控制组,也可以将不同的设计结合在一起,比如将一个非等价控制组加入一个时间序列中。

第二,坎贝尔发展了一种逻辑,而此种逻辑能够评估由准实验设计得出的因果推论的质量——一种在库克和坎贝尔(Cook & Campbell, 1979)与沙迪什等人(Shadish et al., 2002)的著作中得到详细论述的效度【Validity】分类体系。这一分类体系包括四种效度类型,以及对每种效度类型的威胁因素。这些威胁因素即研究者所得因果推论可能是错的常见原因。统计结论的效度涉及推论,在多大程度上假定的原因和效应存在共变关系;而对此构成威胁的一个因素是低的统计检力【Statistical Power】。内在效度【Internal Validity】涉及以下推断,即观测到的共变关系是否可归之于处理对结果的影响;威胁因素之一是历史(即那些同样能引起效应的外来事件)。构念效度【Construct Validity】涉及对研究操作表现出来的更高阶序上的概念的推断;威胁因素之一是实验者期望效应【Experimenter Expectancy Effect】,即参与者以他们认为实验者想要观测到的方式作出反应,而不是对预期的处理作反应。外在效度【External Validity】涉及对如下事项的推断,即随着人群、环境、处理变量和测量变量的变化,因果关系是否仍然存在;威胁因素包括处理同设计的其他特征间的交互作用,因为正是由于交互作用的存在才产生了独特的效应,否则效应就不会被观测到。

第三,坎贝尔使用设计特征来说明效度的威胁因素——即研究者可以操控的诸事项,而通过对这些事项的操控,研究者可以阻止某个威胁因素的出现,或诊断它是否存在,以及它对研究结果的影响,见表1。例如,人们可以假定,成熟(随着时间的正常发展)即是一个可预料到的效度的威胁因素,因为它可以像处理一样,导致一个前测—后测的变化。在处理前进行几次连续的前测可以表明,处理前的成熟率是否相似于处理期间和处理后的变化率。如果是相似的,那么成熟就是一个威胁因素。所有准实验都是这些设计特征的组合,而研究者需要在特定的背景下,对设计特征作出选择,并以此来诊断或剔除效度的威胁因素。对于用统计调整的方法处理已经发生的威胁因素,坎贝尔持有怀疑的态度,因为统计调整需要作出假定,而这些假定通常是可疑的,或者根本不能检验。

表1　建构准实验的设计要素

分配(控制分配策略以增加组间可比性)
• 划界为基础的分配(Cutoff-Based Assignment)。以一个或多个充分测量的协变量为基础,有控制地将受试者分入各种实验条件。这种策略会产生一个无偏的效应估计值。
• 其他非随机分配(Other Nonrandom Assignment)。有时近似于随机化分配的各种形式的"偶然"分配(例如,交替将受试者分入一个具有两种条件的准实验中,即将受试者每隔一个单元分入同一条件中,等等)。
• 匹配和分层(Matching and Stratifying)。努力根据观测的协变量,并以稳健且不会导致回归伪造(regression artifacts),又同结果变量有相关关系的方式创建出等价的群组。
测量(运用测量来了解因果推论的威胁因素是否发生实际作用)
后测观测(Posttest Observations)
• 非等价的因变量(Nonequivalent Dependent Variables)。测量对处理的因力(cause forces)不灵敏,但是对所有或大部分混杂的因力灵敏,而这会导致关于处理效应的虚假结论(如果这类测量显示没有效应,但是结果变量的测量显示出一个效应,因果推论就得到了支持,因为显示出的效应不可能归因于混杂)。

续表

- 多次实质后测(Multiple Substantive Posttests)。用于估计处理是否对那些在理论上可以被预测到,并具有复杂模式的结果存在影响。

前测观测(Pretest Observations)

- 单一前测(Single Pretest)。对结果变量的一个处理前测量,有助于对选择偏倚的诊断。
- 回溯性前测(Retrospective Pretest)。如果实际的前测不具有可行性,就以统计的方式重新构建前测——就其自身而言,这是一种非常不牢靠的设计特征,但有时好过没有前测。
- 代理前测(Proxy Pretest)。如果一个真正的前测不可行,就代之以对某个同结果变量相关的变量实施前测——本身常不可靠。
- 对结果变量的多次时间点前测(Multiple Pretest Time Points on the Outcome)。帮助揭示那些可能把因果推论变得复杂的处理前趋势(pretreatment trends)或回归伪造。
- 对独立样本的前测(Pretests on Independent Samples)。如果不可能对被处理的样本实施前测,那么可代之以对某个可行的等价样本的前测。
- 如预测到的交换作用一类的复合预测项(Complex Predictions Such as Predicted Interaction)。被成功预测到的交互作用能够支持因果推论,因为备择解释变得更不可信。
- 对内在效度的威胁因素的测量(Measurement of Threats to Internal Validity)。帮助诊断对 A 导致 B 这样的推论的特定威胁因素是否存在,如某些受试单元是否积极地寻求实验外的额外处理。

比较组(选择那些"较少非不等价"控制组,或那些可将处理组包括在前测中的控制组)

- 单一非等价组(Single Nonequivalent Groups)。相比于没有控制组的研究,使用一个非等价的控制组则有助于辨识多种效度的潜在威胁因素。
- 多个非等价组(Multiple Nonequivalent Groups)。具有几项功能。如尽可能地选出几个同处理组相似的组,但是至少有一组在开始时表现得优于处理组,同时至少有一组的初始表现不如处理组,由此将处理组限定在这些组中。
- 同期群(Cohorts)。比较来自同一机构的不同周期上的群体(例如,同一家庭中的兄弟姐妹或学校里最后一年的学生)。
- 内部(对外部)控制组[Internal (*vs.* External) Controls]。似乎可以从同一人群中选取控制组(例如,在同一学校内选择,而非选择不同学校的)。

处理(操控处理,以证明处理的变异度影响结果的变异度)

- 移除处理(Removed Treatments)。如果将处理移除,将显示出效应消减。
- 重复处理(Repeated Treatments)。当处理被从某些群组中移除后,重新引入处理——常见于实验室科学或具有短期效应的处理实验中。
- 反复转换(Switching Replications)。颠倒处理组和控制组的角色,即当一组接受处理时,另一组即作为控制组,但是仅当原处理组不再接受进一步的处理或已经被移除处理之后,控制组才接受处理。
- 反向处理(Reversed Treatments)。给予一个概念上相似,但具有相反效应的处理(例如,减少某些学生对计算机接触的同时,增加其他学生对计算机的接触)。
- 剂量变化(Dosage Variation)。用以证明结果变量有规律地对不同水平的处理作出反应。

这个时期也有一些其他学者同样对准实验的因果推论感兴趣,特别是统计学界的威廉·科克伦、经济学界的詹姆斯·赫克曼、流行病学界的奥斯汀·布拉德福德·希尔爵士。当然,坎贝尔的工作是独一无二的,这既由于他更多地强调设计而非统计分析,也缘于他如何评估因果推断的理论,以及过去 40 年间对准实验理论和方法的持久推动。

例子

1966 年,加拿大安大略省发起了一个正式的项目,其目的在于为阻止新生儿发育迟缓而筛查和治疗患有苯丙酮尿症(PKU)的新生儿。项目开始之后,44 个患有 PKU 的新生儿没有出现发育迟缓,而 3 个新生儿出现发育迟缓。这 3 个新生儿中的两个在筛查项目中没有被检查出来(Webb et al., 1973)。以前的统计数据表明很大比率的发育迟缓是 PKU 造成的。尽管这个研究缺少控制组,作者仍得出结论认为,项目成功治疗了患有 PKU 疾病的婴儿。基于这类实验结果,该项目在加拿大和美国被广泛开展。这个研究就是一个没有控制组的前测—后测准实验。

1982 年 7 月,亚利桑那州开始执行对酒驾严厉惩罚的法令;通过对 1976 年 1 月到 1982 年 7 月每月交通事故致死人数(控制条件)与 1982 年 7 月到 1984 年 5 月每月交通事故致死人数(处理条件)的比较,发现新法生效后交通致死率有所下降。圣地亚哥市于 1982 年 1 月开始执行加利福尼亚州的法律,也开始惩罚酒驾,而该市的月度数据也呈现出类似趋势。以得克萨斯州的埃尔巴索市为一个控制的时间序列——该市在同一时期没有进行驾驶法律上的相关改革,该市的月度致死趋势表明在 1982 年 1 月和 1982 年 7 月两个月没有出现明显的变化。相较于埃尔巴索市的无明显变化,在圣地亚哥市和亚利桑那州发生的历时的趋势变化说明,新的法令降低了交通致死率 (West, Hepworth, McCall, & Reich, 1989)。这个研究是一个中断的时间序列准实验。

统计学和准实验设计

统计学家如保罗·霍兰、保罗·罗森鲍姆和唐纳德·鲁宾,既强调研究者要去测量接受处理的参与者若没接受处理会出现何种状况(即反事实),还致力于研究相关的统计方法,即这种统计方法可以改善缺少随机化处理情况下对反事实的估计。一个主要方法是使用倾向值【Propensity Scores】,即通过做实际的群组成员资格对结果的预测变量或影响参与者接受处理的预测变量的 Logistic 回归【Logistic Regression】,获得一个群组成员资格的预测概率。匹配【Matching】、分层或倾向值上的共变,可以在那些预测项上平衡非等价群组,但是这些方法不可能就未观测到的变量平衡群组,因此,隐藏的偏倚依旧存在。从此以后,这些统计学家已经发展出一些灵敏的分析技术,用以测量隐藏的偏倚会在多大程度上必然严重地改变一种效应。

经济学家詹姆斯·赫克曼和他的同事努力于另一项发展,即选择性偏倚【Selection Bias】模型,其目的在于通过对选择过程建模,从准实验中去除隐藏的偏倚。遗憾的是,在同随机化实验的结果相对照时,这些模型并不十分成功。最近,经济学家通过结合选择偏差模型和倾向值已得出了更好的结果。这一主题还在持续发展。

第三项发展是使用结构方程模型【Structural Equation Modeling, SEM】研究准实验的因果关系;而这一努力只取得了部分成功(Bollen, 1989)。SEM 模型潜变量的能力有时可减少不可信的测量带来的偏倚,但是由于同样缺乏关于选择过程的知识——这一知识上的匮乏妨碍了选择偏倚模型的应用,SEM 还不具备生成无偏的效应估计的能力。一份更新的相关文献提出,可以使用因果方向图(directed graphs)来帮助理解这个问题(Pearl, 2000)。

结论

准实验很难像随机化的实验一样可以

给予因果推论以坚定的信心，因此，在一些领域中过度信赖准实验是一个严重的问题。尽管如此，下列三项重要因素已经为改善准实验创造了条件。第一，基于准实验设计进行的大量实践经验已为研究者提供了一个数据库，从中可以开展对理论的经验研究(Shadish，2000)。第二，经过几十年对随机设计的倾力研究，统计学家和经济学家已将注意力投向准实验设计的改进。第三，计算机革命同时给予理论家和实践者以更强的能力去发明和应用更加复杂、计算要求更高的方法，以改进准实验设计。

——William R. Shadish
M. H. Clark
(王玥译　赵锋校)

参考文献

Bollen，K. A. (1989). *Structural equations with latent variables*. New York：Wiley.

Campbell，D. T.，& Stanley，J. C. (1963). *Experimental and quasi-experimental designs for research*. Chicago：Rand-McNally.

Cochran，W. G. (1965). The planning of observational studies in human populations. *Journal of the Royal Statistical Society*，*Series A*，*128*，134-155.

Cook，T. D.，& Campbell，D. T. (1979). *Quasi-experimentation*：*Design and analysis issues for field settings*. Chicago：Rand-McNally.

Heckman，J. J. (1979). Sample selection bias as a specification error. *Econometrica*，*47*，153-161.

Hill，A. B. (1953). Observation and experiment. *New England Journal of Medicine*，*248*，995-1001.

Lind，J. (1753). *A treatise of the scurvy*：*Of three parts containing an inquiry into the nature*，*causes and cure of that disease*. Edinburgh，UK：Sands，Murray and Cochran.

Pearl，J. (2000). *Causality*，*models*，*reasoning and inference*. New York：Cambridge University Press.

Rosenbaum，P. R. (1995). *Observational studies*. New York：Springer-Verlag.

Schlesselman，J. J. (1982). *Case-control studies*：*Design*，*conduct*，*analysis*. New York：Oxford University Press.

Shadish，W. R. (2000). The empirical program of quasi-experimentation. In L. Bickman (Ed.)，*Validity and social experimentation*：*Donald Campbell's legacy* (pp. 13-35). Thousand Oaks，CA：Sage.

Shadish，W. R.，Cook，T. D.，& Campbell，D. T. (2002). *Experimental and quasi-experimental designs for generalized causal inference*. Boston：Houghton-Mifflin.

Triplett，N. (1898). The dynamogenic factors in pacemaking and competition. *American Journal of Psychology*，*9*，507-533.

Webb，J. F.，Khazen，R. S.，Hanley，W. B.，Partington，M. S.，Percy，W. J. L.，& Rathborn，J. C. (1973). PKU screening—is it worth it? *Canadian Medical Association Journal*，*108*，328-329.

West，S. G.，Hepworth，J. T.，McCall，M. A.，& Reich，J. W. (1989). An evaluation of Arizona's July 1982 drunk driving law：Effects on the City of Phoenix. *Journal of Applied Social Psychology*，*19*，1212-1237.

Winship，C.，& Morgan，S. L. (1999). The estimation of causal effects from observational data. *Annual Review of Sociology*，*25*，659-707.

问卷(Questionnaire)

所有科学家都使用“工具”来测量对他们的学科有意思的现象，社会科学家也不例外。因此，就像望远镜之于天文学家，显微镜之于微生物学家，问卷对于大多数社会科学家而言是他们的基本测量工具。这些研究者面对的挑战是如何校准问卷，以使其尽可能精确且高效率地收集数据。

从“总误差”的视角出发,制作不良的问卷可能让收集到的数据出现偏倚【Bias】和较大的方差【Variance】(Groves, 1989)。特别是,糟糕的措辞、糟糕的题序,和/或成问题的问题格式都可能导致明显的测量误差,并表现在偏倚和方差上;同时/或者就某个题项,产生以偏倚形式表现出来的无回答【Nonresponse】误差。

一份问卷的确定特征之一在于,它是自填式【Self-Administered】调查,如其在邮寄调查或网络调查【Internet Survey】中一样,还是访谈员实施型问卷(interviewer-administered)调查,如其在电话调查或在场调查中一样。如果问卷是自填式的,那么“最终使用者”是回答人。在这种情况下,准确地完成问卷所需的所有填答说明都必须清楚且明确地陈述于问卷之中。或者,在计算机辅助的自填式问卷中,可以通过录音念出填答说明。当然,问卷是自填式的还是网络调查,还会影响许多其他设计特征;具体讨论可以参见迪尔曼(Dillman,2000)的论述。

在创制一条具体的问卷题项(item)时,需考虑四个结构要素:(a)题干(question stem)的措辞;(b)回答选项(response option[s])是开放式的还是封闭式的;以及如果是封闭式的,那么它们是(c)迫选的(forced-choice)且/或(d)平衡的。在为题干选择适当的措辞时(即提出的疑问),最好用尽可能少且尽可能简单的字词来表达所测概念的意义。同时,在以措辞的方式操作化概念时,研究者也必须注意回答人的教育水平。如果问卷是自填式的,还须考虑回答人的读写能力。

开放式问题容许回答人用他或她自己的语汇来回答问题,从而能就所要测量的内容,给出更加丰富、更加具体的答案,特别是当调查由访谈员来实施时,他可以以无偏见和无引导的方式,探测出更完整的答案(参见 Fowler & Mangione, 1990)。然而,在能系统地分析这些答案前,还需要给开放式回答编码,而要以可靠的方式完成这项工作,这将会是一项既费力又费钱的事。

封闭式回答常表现为有多个选项的样式,同时,这些回答选项给予回答人一系列穷尽(exhaustive)且互斥(mutually exclusive)的选择,并请他们从中选出一个。如果调查由访谈员实施,有时封闭式问题本身就隐含着回答选项,如那些“是或否”之类的问题。有些问题类型还可以有多个答案(例如,问人们喜欢的三种休闲活动)。那些对回答人的认知过程——一个回答人用以感知一个调查问题,然后决定如何作答的心理过程——感兴趣的读者,可以参见图朗若、里普斯和拉辛斯基(Tourangeau, Rips, & Rasinski, 2000)的著作。

在为多数封闭式题项设计回答选项时,研究者必须考虑,这一选项集是否包含一个“中性点”和/或“不确定”(如不知道)的回答项。如果回答选项集不容许回答人使用一个中性点(例如,下列回答选项集中的中间项:同意、既不同意也不反对、不同意),或者不让回答人表明他或她是“不确定”的,这样的题项就被称为迫选题。非迫选题给予回答人一个清晰的“在……之外”的选择,如回答人可以简单地表明他或她是“不确定”的。选择何种方式去措辞一个调查题项应考虑:(a)要测量的现象,以及(b)回答人给出包含细微差别的答案的能力和意愿(关于如何“满足”回答人的讨论,参见 Krosnick, 1999)。

问题设计中的另一个结构要素的考虑是,回答的量尺是平衡的还是不平衡的。一个平衡的回答选项集有一个真正的中点,不管这个中点本身是否作为一个选项被给出。以此,强烈同意、同意、不同意和强烈不同意这一组回答选项就是平衡的,即便其中没有明白地给出一个真正的中点。相反,如极好、较好、一般、较差,这样的回答选项集就是不平衡的,因为其中有两个选项是正向的,有一个是中立的,还有一个是负向的。

问卷中问题的题序或问题的题区可以影响所得数据(Schuman & Presser, 1981)。一般而言,问卷的组织最好是从容易回答、可以建立良好关系的题项开始,即使这些题项可能不会用于分析。这样做会降低回答人在开始填答后,又马上拒绝完成问卷的概率。后面可以摆放测量观点和态度的题项,再随之以测量行为和知识的问题。这样做的原因在于,相对于观点和态度的问题,对行为和知识问题的回答据认为较少受题序的影响。问卷应以个人背景信息和人口学信息做结尾。一份问卷的内容如此安排的理由在于,就极小化无回答可能性而言,这样做最恰当,同时,也使得所有类型的题项都不太可能影响后续问题的作答。

强烈建议,在收集实际的研究数据之前,对所有的问卷实施试调查。试调查能给出一些很重要的反馈信息,如回答人对问题措辞理解的程度、问卷的长度,以及回答人的负担。在许多时候,聪明的做法是进行一组认知访谈,即同试调查回答人进行一对一的"出声思考(think aloud)"会谈,其中回答人要清楚地讲出他们在努力理解和回答每一个问题时进行的思考过程。

最后,在设计问卷时,研究者还应当有一个针对数据减损和如何处理缺失数据【Missing Data】的事前计划。数据减损包括用几个不同题项的数据生成新变量的过程中产生的数据损耗,如将几个量表【Scale】合并在一起时出现的数据损耗。而缺失数据可以用几种方式来处理,包括用统计的办法给每一个缺失数据赋值。

——Paul J. Lavrakas

(王玥译　赵锋校)

参考文献

Dillman, D. A. (2000). *Mail and Internet surveys: The tailored design method*. New York: Wiley.

Fowler, F. J., Jr., & Mangione, T. W. (1990). *Standardized survey interviewing*. Newbury Park, CA: Sage.

Groves, R. M. (1989). *Survey errors and survey costs*. New York: Wiley.

Krosnick, J. A. (1999). Survey methodology. *Annual Review of Psychology*, *50*, 537-567.

Schuman, H., & Presser, S. (1981). *Questions and answers in attitude surveys*. New York: Academic Press.

Tourangeau, R., Rips, L. J., & Rasinski, K. (2000). *The psychology of survey response*. Cambridge, UK: Cambridge University Press.

排队论(Queueing Theory)

社会科学家常研究这样一种情境:存在着对有限资源的过度需求。排队论是随机的【Stochastic】建模的一个分支,也是一个假定对特定服务或资源有需求的人等待协调的过程。许多文献都广泛使用这种方法来描述完成时间不确定的流水线式的过程和服务。该理论最初用来分析电话占线和工业吞吐量(Brockmeyer, Halstrom, & Jensen, 1960; Erlang, 1935),它利用一组描述供给的三个方面的规则来解释结果:需求者进入服务系统的方式;供给者的供给能力和资源量;个体相对于其他个体被对待的方式。

模型的第一部分规定:业务根据假定的

参数形式随机到达。如果我们可以声称业务的到达是独立的和顺序的(不同时到达),那么排队论模型是非常容易描述的。它并不要求这些业务在接受服务以前,都驻留在分配的或选定的队列中;它们可能因为队列长度而立即离开(终止);或者在等待了一段时间仍未被服务后离开(放弃);或者可能换到系统里另一个有空闲的队列(移动);参数化的到达率可能随时间指标变化(不平稳),或者随时间固定不变(平稳)。此外,业务可以被赋予不同的特性。这些特性可以用来表示优先级、复杂性或标志某行为曾在系统中出现过。

模型的第二个主要部分是对系统服务资源的描述。其属性包括服务队列(或渠道)的数量、优先队列存在与否、服务要求的层级,以及缓冲或存储的容量。这些特征及其安排方式决定了系统处理待服务业务的效能。

模型的第三个也是最后一个部分,是一组管理队列纪律的规则。它们包括排队业务的服务顺序、优先级的安排,以及对潜在"插队"的容许度。两种最常见的业务服务安排是"先到先出"和"先到后出"。此外,优先级的安排可以界定为当重要业务进入系统后马上对其进行服务,即通过取代正在接受服务的业务,同时将非特权优先的个案置于队列的前端,使其成为下一个被服务的对象。

Kendall 记号法(以大卫·肯德尔爵士命名的)描述了任何给定的排队论模型的假设。其形式为:$A/B/\sigma/k/M/Z$。其中,A 表示到达时间的分布;B 表示服务时间的分布;σ 表示服务者的数量;k 表示队列中待服务或可容纳的业务总量;M 表示业务来源的总体规模;Z 表示对描述排队纪律的描述。

例如,$M/D/3/8/40\ 000/\text{FIFO}$ 描述了一家理发店的服务:M=顾客到达时间呈指数分布,D=确定型的服务(同时减少),3 = 3 个理发师,8 = 有 5 个位置给等候的顾客,40 000=在一个中等规模的小镇,FIFO = 按照到达顺序进行服务。然而,常规的做法是:删去最后 3 项假设,若根据问题的背景,它们很明显,特别是总体规模,因为通常它既无法控制,也不影响模型设定。

最简单和通用的模型设定是 $M/M/\sigma$,指数分布的到达时间间隔(因此,泊松分布的达到时间间隔是 t),指数分布的服务时间,并且有 σ 个服务者。大多数教材(Gross & Harris, 1998)都始于该设定,因为,使用宽泛的假设,许多共同的经验情境才能被有效地描述。

——Jeff Gill

(马妍译 赵锋校)

参考文献

Brockmeyer, E., Halstrom, H. L., & Jensen, A. (1960). *The life and works of A. K. Erlang.* Kobenhavn: Akademiet for de Tekniske Videnskaber.

Erlang, A. K. (1935). *Fircifrede logaritmetavler og andre regnetavler til brug ved undervisning og i praksis.* Kobenhavn: G. E. C. Gads.

Gross, D., & Harris, C. M. (1998). *Fundamentals of queueing theory* (3rd ed.). New York: Wiley.

配额样本(Quota Sample)

配额样本是一种为调查选取回答人的方法。调查实施者分配给访谈员一定的配额,让他们根据一定量关键的人口学特征来确定回答人的组别。访谈员则选取那些同所给特征相匹配的个体作为回答人,进而完成配额。当所有回答人的回答被结合在一起时,样本的特征精确地同具体调查总体的人口学特征相匹配。例如,一名访谈员可能被分给如下配额,即样本中包含四名非裔美国人、八名白人、两名西班牙裔美国人,还有两名亚裔美国人;同时,他们中的一半生活在中心城区,另一半生活在郊区。当所有访谈完成后,就作为访谈标准的人口学特征而言,样本【Sample】的总和统计数和研究总体【Population】的总和统计数将完全一致。然而,总和统计数上的一致并不保证样本会在研究感兴趣的变量上准确地反映出总体特征。

出现在配额抽样中的最令人诟病的偏差【Bias】是 1948 年为总统选举进行的民意调查。这次选举不利于杜鲁门,他是民主党的候选人且在罗斯福总统去世时被指定为总统;他的对手是共和党候选人托马斯·杜威。三个民意调查公司(Roper, Gallup 和 Crossley)根据用配额抽样方法开展的访谈调查,都宣布杜威是赢家。当然,杜鲁门最终以高于杜威近 5 个百分点的选票击败了杜威,并以略低于 50%的选票赢得大选。虽然配额样本已经很仔细地在年龄、种族、性别、租金支出、居住条件诸方面同普查数据相匹配,访谈员却选取了过多的共和党选民。共和党选民更容易接受访谈,这或者是因为他们更愿意参加访谈,或者因为他们更容易接触,于是,在访谈中,民主党选民的代表人数则不够充分。选举后,报纸中充斥了关于民意公司和许多广播公司失败的故事。随后,三家民意调查公司都放弃了配额抽样技术。

这一事件(没能准确预测 1948 年大选结果)推动了概率样本【Probability Sampling】的使用,还极大地限制了配额样本在社会科学研究和民意调查中的应用。目前,大多数选前民意调查依赖于随机数字拨号【Random Digit Dialing, RDD】来选择家庭,再从中随机选取成年回答人,或者依赖于从一份自动生成的资格选民的清单中,由计算机随机生成一份选中的样本。具体的个体由这些调查程序予以辨识,并且不容许访谈员替换回答人,进而杜绝了访谈员的自行决断和选择偏差。

偏差和配额抽样

配额样本之所以不能提供关于总体的准确信息,其主要原因在于,访谈员拥有访谈谁的自行决断权。无论何时只要容许人为判断能决定谁被选中,即便这时访谈员必须满足人口学配额,无意识的偏差总会溜进选择过程。虽然偏差是无意识的,它仍能在研究数据和数据生成的估计值(例如,均值、比例或回归系数【Regression Coefficient】)上引起显著的误差。

配额样本是非概率样本(nonprobability samples),有时也被称作目的【Purposive】或方便抽样【Convenience Sample】。非概率样本的共同特征在于,人为判断在决定选择哪一个人来回答访谈员的问题时发挥作用。非概率样本常被当作概率样本(probability samples)的反面,而后者则要求研究总体中的每个个体都有一个(已知的)非零的概率被选作回答人【Respondent】。概率样本依赖某种随机机制从研究总体中找出向访谈员作答的个体成员。回答人一旦被找出,就不容许访谈员替换回答人(Hess, 1985)。如果找到的个体不能接触到或拒绝回答,这个个案就被视作缺失数据,同时将其计入研究的无回答偏倚【Nonresponse Bias】。若使用配额抽样,一次拒绝就会导致访谈员去寻找另一名具有一定特征的个体,再访谈新找到的人,以填补他或她的配额。由于配额样本既不始于研究总体的清单,也不保留拒绝调查的记录,这就不可能去分析其最终样本中的潜在偏差。不过,人们已经进行了许多研究,并发展了一些分析程序来估计由概率样本调查中的无回答产生的偏差(Keeter, Miller, Kohut, Groves, & Presser, 2000)。

与配额抽样相关的抽样方法

尽管配额样本在当代社会科学中使用得相当少,有几种相似的抽样方法却常被使用。有一种概率抽样方法,即比例分层抽样【Stratified Sample】(Henry, 1990; Kish, 1965),有时会被混同于配额抽样,因为两者都可以精确地复制研究总体的一些人口学特征。不过,比例分层抽样使用一种随机选择程序,而不是让访谈员去选择回答人。要使用比例分层抽样,就要得到一份研究总体的清单,其中还要包含有用于进行匹配【Matching】的变量信息。而后,研究者根据关键变量,将所有个体分进互斥的组或层。研究的抽样分数即被抽作样本的人数占总体的百分比($f = n/N$,其中,f 是抽样分数【Sampling Fraction】;n 是样本量;N 是总体规模)——被施用于每一个层,并由此确定每一个层的样本量($n_s = fN_s$)。最后,通过一种随机过程从每一个层中选取所需的回答人(n_s)。这一过程可以确保,所选样本和研究总体在关键变量上保持一致,同时摒除了作为一种偏差的访谈员选择。

为了利用配额样本的快速和低成本的优点,有些调查研究者试图将配额抽样和比例分层抽样结合到一种被称作"配额概率抽样"的技术中(Sudman, 1976)。这一技术将访谈员分入特定的邻里社区中去实施访谈,通常是某个特定时段上的某一特定的街区,同时,要求他们根据包含了该特定街区的普查区的若干人口学特征进行样本匹配。通过加强对访谈员的控制和记录保存,就可能估计和减少由拒绝参访带来的偏差。

另一种在抽样中使用配额的方式是,在一个分层的样本中,为来自每一层的访谈数量设定限制。通常,这样做是为了给予那些被过低代表的群体以更多的样本量,如少数族裔。所有回答人都通过概率抽样的方法选出,但是一旦某一层的配额达到限度,在获得了能识别它们是该层成员的信息后,针对该层成员的访谈即终止。

有时,定性研究和其他研究为了从研究总体中获取一个异质群体的数据,也会使用配额。尽管这些研究会产生有偏的总体估计,它们却能增加将对立个案纳入研究的可能性,而这些个案间的差异可通过研究得到探查。

——Gary T. Henry

(王玥译　赵锋校)

参考文献

Henry, G. T. (1990). *Practical sampling*. Newbury Park, CA: Sage.

Hess, I. (1985). *Sampling for social research surveys 1947-1980*. Ann Arbor, MI: Institute for Social Research.

Keeter, S., Miller, C., Kohut, A., Groves, R. M., & Presser, S. (2000). Consequences of reducing nonresponse in a national telephone survey. *Public Opinion Quarterly*, *64*, 125-148.

Kish, L. (1965). *Survey sampling*. New York: Wiley.

Sudman, S. (1976). *Applied sampling*. New York: Academic Press.

R

R

R 是多元相关系数【Multiple Correlation Coefficient】的符号。双变量相关系数是反映两个变量(如 *X* 和 *Y*)之间的相关程度。多元相关系数反映了两个或多个自变量【Independent Variable】(如 X_1, X_2 和 X_3)同因变量【Dependent Variable】*Y* 之间的相关程度。在这一例子中,该系数将告诉我们三个自变量如何共同与因变量 *Y* 线性地相关。*R* 的理论值为 0~1。大的取值表示高度线性相关,小的取值表示低度线性相关,但这并不排除高度的非线性【Nonlinearity】。需要注意的是,*R* 也用作一个统计软件的名称,与 S-plus 有许多类似性,且在社会科学领域日益普及。

——Michael S. Lewis-Beck

(马妍译　赵锋校)

r

r 是皮尔逊相关系数【Pearson's Correlation Coefficient】的符号,由样本【Sample】予以估计。重要的是要将它与总体参数 rho (ρ) 区别开。*r* 是测量两个定量变量【Quantitative Variable】之间相关度的主要指标,可用来估计线性关系的强度,取值范围为-1~+1。

——Michael S. Lewis-Beck

(马妍译　赵锋校)

随机分配(Random Assignment)

随机分配是指将研究对象分配到某一实验【Experiment】中的各试验组的方式。一个试验组是典型的控制组【Control Group】,还可以有一个或多个实验组。这个方法能够抵消所有其他变量的系统效应,从而更好地估计处理【Treatment】变量的效应。随机分配使应用统计推论方法获得数据所来自的总体的结论成为可能。

许多关于如何做实验的主要观念源自英国统计学家罗纳德·费希尔爵士。他做了大量的农业实验。在用许多块田块做实验时,问题在于人们如何将不同的田块分入控制组和实验组,同时使得其他非处理的变量的影响最小。他希望分配能够做到,不存在能够解释实验结果的潜在因素。除了实验变量,所有其他变量的效应应该抵消。虽然这些变量的效应不可能完全消除,但是它们的效应不应系统地存在于数据中。无论所有其他变量的效应是什么,它们都将被归入残余变量中。

费希尔对这个问题的回答是,以随机的方式把不同的要素(田块、人、动物、植物等)分配到不同的处理中。随机分配意味着将要素分入不同的处理组,而这些处理组除了实验变量的影响外,还存在所有其他变量的系统性的影响。当只有一个控制组和一个实验组时,实现随机分配的一个方法是为每种要素投掷硬币。出现"背面"就将某个要素分入控制组,出现"头面"则分入实验组。完成分配后,在每一组中应有数量相同的要素,同时,也不会存在对实验结果的所有其他变量的系统影响。

掷硬币是一种相当原始的将要素分入处理组中的方法。另一种是使用随机数表【Random Number Table】。选定一个随机起点后,人们可以使用奇数或偶数。一些计算机软件包生成随机数码,据此,人们可以把要素随机地分入控制组和实验组。

当不是只有一个实验组时,也能进行要素的随机分配。如果费希尔打算比较四种不同类型的谷物,要依类似的随机方式,将田块分入四个实验组和一个控制组中。

应用随机分配的目的与观测研究中的随机抽样【Sampling】方法相同。之所以要随机分配和随机抽样是为了实施统计假设检验【Hypothesis Testing】和进行置信区间【Confidence Interval】的构建。

——Gudmund R. Iversen

(王玥译　赵锋校)

参考文献

Brown, S. R., & Melamed, L. E. (1998). *Experimental design and analysis* (Sage University Paper Series on Quantitative Applications in the Social Sciences, 07-074). Thousand Oaks, CA: Sage.

Cobb, G. W. (1998). *Introduction to design and analysis of experiments*. New York: Springer-Verlag.

Fisher, R. A. (1935). *The design of experiments* (7th ed.). New York: Hafner.

随机数字拨号(Random Digit Dialing)

随机数字拨号是用于电话调查【Telephone Survey】的一种抽样技术。代之以使用可能不完整的或过时的电话号码簿,研究者使用随机数字来组成电话号码。目标地区的数字代码不是随机拨通的,而是简单地放在随机生成的数码的起始位置。在美国,这一般意味着将一个随机生成的四位数码加到一个三位的地区交换代码之后。

——Alan Bryman

(王玥译　赵锋校)

随机误差(Random Error)

随机性是统计推论【Statistical Inference】的核心。随机性基于如下观念:如果重复一项观测或测量,那么在绝大多数情况下,将得到一个不同的观测值。

在一次调查【Survey】或实验【Experiment】中,若不可能预测下一次观测的结果,即存在随机性。因此可以认为,如果一个变量具有随机性,那么观测值中会呈现随机变差【Random Variation】,该变量称为随机变量。随机性的大小由随机误差来衡量。

随机变量观测值的变化会引起由数据算得的所有样本【Sample】统计量的变化。此即,一个样本均值【Mean】随样本的变化而变化,如同支持某一候选人的投票者的比例会随投票群体的变化而变化。

若抽取多个样本,从一个样本到另一个样本的样本统计量的变化就会显现。一个专门的民调机构不会重复进行抽样,但在任何一个重大选举之前,几个民调机构会开展自己的研究,他们报告的比例则各不相同。差异的原因之一在于每一抽样过程中固有的随机性。我们可以用适当的统计软件模拟此类变化。例如,模拟抽取样本量 n =1 000,并以 0.5 的概率从"1"和"0"两个数字中随机取样,那么最初几个样本中抽得"1"的比例可能是 50.4%,50.4%,48.4%和 51.4%。

此类变异即所谓的与比例相关的随机误差。这类变化本身虽无任何"错误"可言,但不幸的是,"误差【Error】"一词同这类变化联系在一起。不过,就某种程度而言,由于总体中存在一个真实的比例值,那么任何一个样本比例值相对于此一真实总体【Population】参数的任何偏离都可被视为一项误差。

历史说明

物理学家一直都在考虑如何测量物理对象的特征。即使我们清楚地知道一把码尺(给定固定的问题等)只有唯一的、固定的长度,对该码尺长度的重复测量也会得到不同的结果。最终,物理学家接受了这种变异,并用"误差"一词来命名一个观测值与真值(潜在值)之间的差异。当观察到一个统计量由于不同的样本间而有不同的值时,统计学家继承了这一术语,不过,此类差异则源于抽样效应。

应用

随机误差的存在引出关于此类误差的大小问题。若随机误差的大小是已知的,那么人们就可以说某个特定的样本统计量是否超过了随机误差。还可预测一个样本的百分比在真实参数值周围多大范围内变动。统计学家发展了许多计算随机误差大小的公式。如果这些公式不存在,通常可用适当的软件模拟出多次重复的样本,再计算随机误差的大小。

例子

测量随机误差大小的一种方法是获得某个样本统计量在多个不同样本中的标准差【Standard Deviation】。这一标准差通常被称为样本统计量的标准误【Standard Error】,以此区别从一组单个观测值计算得到的标准差。假设从一个 50 对 50 的总体中抽取一个规模为 1 000 的样本,得到样本比例的标准误为 1.6。在大多数情况下,两倍的标准差或者两倍的标准误能包括样本比例值的绝大部分。$2\times1.6=3.2$,因此,大多数从各个样本算得的样本比例值,将介于 46.8($50-3.2=46.8$)和 53.2($50+3.2=53.2$)之间。

然而,最令我们感兴趣的是,某个特定的样本统计量是否位于抽样过程产生的随机误差范围内,或者是否样本统计量远离推定的总体参数值。设想一下,假设一个总体的比值等于 50%。根据一个样本量为1 000 的样本观测值,算得的样本比值为56.7%。样本比值 56.7%位于总体参数值 50%的随机误差范围内吗?抑或,由于抽样程序的问题,56.7%超出了随机误差的范围吗?

现在可以得出如下结论,即样本比例值超出了抽样误差的范围。可以将样本比例值换算为一个标准正态变量值。若该值大于1.96,我们则推论,样本统计量同假定的总体参数值的偏差超出了基于随机误差所能期待的差值。这里,$z=(56.7-50.0)/1.58\approx4.24$。在10 000个不同的样本中,也未必能得到一个样本,其样本统计量的标准正态变量值有如此之大或更大。由此,我们进而推论,总体中有50%的人支持候选人的假定是错误的。因为观测到的样本值应位于总体比例值的随机误差范围内,所以总体比例值必定位于接近样本观测值56.7%附近。

任何样本统计量都有其随机误差,即它的标准误。可通过选定样本收集的方式和特定研究中所需要的变量来控制随机误差的量值。减小随机误差的一个方法是抽取一个更大规模的样本。样本中观测值的数目通常直接进入样本统计量标准误的计算。它的一个缺点是样本量常以平方根的形式出现在计算公式中,因此需要大得多的样本量来获得预期的效应。由于是平方根,所以就需要将样本量扩大四倍才能得到比原来小一半的标准误。在多元回归【Multiple Regression】中,共线性【Collinearity】会增大回归系数的标准误。

——Gudmund R. Iversen

(马妍译　赵锋译)

参考文献

Agresti, A., & Finley, B. (1997). *Statistical methods for the social sciences* (3rd ed.). Upper Saddle River, NJ: Prentice Hall.

Iversen, G., & Gergen, M. (1997). *Statistics: The conceptual approach*. New York: Springer-Verlag.

Moore, D. S., & McCabe, G. P. (1998). *Introduction to the practice of statistics*. New York: W. H. Freeman.

随机因子(Random Factor)

因子是变量的另一种说法。因子这一术语常用于对实验【Experiment】数据的分析中。在实验中,“干预”一词也用来代替因子或变量。对于观测数据而言,干预【Treatment】通常不是一个恰当的术语。在宗教归属研究中,对于天主教、犹太教、新教、其他宗教这一定类变量而言,干预不是一个好的术语。因为,不能像根据施肥量划分地块一样,人为地将人们划入不同的宗教团体中。

然而,如果一项实验研究,欲考察某个定类变量【Nominal Variable】对一个定量变量【Quantitative Variable】的效应,那么术语“干预”和“因子”是可以互换的,而且这两个术语都很常用。此类研究可称为方差分析【Analysis of Variance】,由于它同实验研究的历史联系,干预或因子两个术语常用于代替更中性的术语——变量。在此类研究中,自变量【Independent Variable】(干预、因子)具有不同的水平,而非有不同的值。

方差分析中的因子可以是两类之一:固定的(fixed)或者随机的(random)。我们使用一个因子的所有可能类别,该因子就被视作固定的。如性别,当我们用男和女作类别时,就是一个固定因子。就大多数研究目的而言,此变量再无其他类别。一个因子若我们只有它的几个类别的数据,则是随机因子。在一项关于50个州的差异研究中,首先选出一个随机样本,比如说,10个州,再从每个被选的州中收集因变量【Dependent Variable】的数据。

随机因子是一类典型的变量，带有大量的类别，以至于对每个类别收集因变量的数据，或者不可能，或者不经济。于是，首先从所有类别中选取一个随机样本，再将研究限制在这些类别中，研究才成为可行的。

以固定因子作为自变量的方差分析可记作方差分析模型Ⅰ【Model Ⅰ ANOVA】；类此，使用随机因子的分析记作方差分析模型Ⅱ【Model Ⅱ ANOVA】。在仅有一个因子的情形中，两类模型计算出的平方和与 F 值【F Value】均相同。但若含有两个或更多的因子，无论使用模型 Ⅰ 还是模型 Ⅱ，平方和与 F 值的计算结果都不同。例如，在一个双向方差分析中，用模型 Ⅰ 作分析，用行、列和交互项的均平方去除残差的均平方，以获得 p 值【p Value】。但用模型Ⅱ作分析，则用行和列的均平方去除交互项的均平方来获得 p 值。

分析中也可包含混合因子，一部分是固定的，另一部分是随机的。因为有必要区分一个因子是固定的还是随机的，在分析数据时，人们就应当确定相关的统计软件中是否已经考虑了此项区别。

——Gudmund R. Iversen

（马妍译 赵锋校）

参考文献

Agresti, A., & Finley, B. (1997). *Statistical methods for the social sciences* (3rd ed.). Upper Saddle River, NJ: Prentice Hall.

Box, G. E. P., Hunter, W. G., & Hunter, J. S. (1978). *Statistics for experimenters.* New York: Wiley Interscience.

Jackson, S., & Brashers, D. E. (1994). *Random Factors in ANOVA* (Sage University Paper Series on Quantitative Applications in the Social Sciences, 07-098). Thousand Oaks, CA: Sage.

随机数生成器(Random Number Generator)

随机数生成器是产生一组无法预测的数值序列的程序。随机数生成器广泛地用于模拟【Simulation】、蒙特卡罗统计技术和密码技术。真实的随机数产生于自然过程，如放射性衰变或天电噪声。然而，大多数应用使用虚拟随机数。它们是由一个决定方程生成的一组具有类似于真实随机序列的统计属性的数值序列组成的。虚拟随机数生成器已被纳入大多数计算机语言和数值软件包之中，如电子表格和统计软件包。

在生成虚拟随机数的生成器中，最常用的技术是线性同余发生器：

$$y_{n+1} = (ay_n + b) \bmod m$$

例如，在 ANSI C 计算机语言中，rand( ) 作为随机数函数，有 $m=2^{31}$，$a=1\ 103\ 515\ 245$，$b=12\ 345$。出于计算效率的考虑，m 通常是 2 的幂；a 和 b 基于该方程所生成的序列特征，试验地选取。线性同余函数产生 $[0,m-1]$ 间的整数；若 y_n 被 $m-1$ 除，于是可以得到 $[0,1]$ 区间的均匀分布的随机数列。均匀分布数列进而可用于产生满足其他概率【Probability】分布的随机数列，如使用专门的算法【Algorithm】或倒转合适的累积概率分布函数生成正态分布随机数列。

因为线性同余发生器只用 y_n 决定 y_{n+1}，所以一旦某个数值不止一次出现，其后序列中的后序数值即以该数值第一次出现后相同的顺序重现。生成的非重复的数值的数量被称为生成器的“循环”或“周期”。这个数必然小于 m，在造得不好的生成器中，这个周期可能相当短。

一个备选的方法称为滞后 Fibonacci 生成器(the lagged Fibonacci generator),其形式如下:

$$y_{n+1} = (y_{n-i} + y_{n-j}) \bmod m$$

就某些正整数 i 和 j,Fibonacci 生成器可以有相当长的周期,一般为 $10^{200} \sim 10^{500}$。

用在某个线性生成器的初始数值被称为“种子”,依此数值可以产生不同的序列。在某些应用中,相同的种子被重复使用,以便每次有相同的序列产生;在另一些应用中,常用某些随机变化的物理过程,随机设置种子,如计算机开启后的秒数。

发展高质量的虚拟随机数生成器被证明是计算机科学中相当困难的问题;努斯(Knuth,1997)在此问题上作出了权威性的工作。用一组统计检验可以估计生成器的质量;高质量生成器的关键特征是长周期,y_n 和 y_{n-k} 之间缺乏序列相关,且均匀地填充在区间[0,$m-1$]之间。最后,因为计算应用常常需要有数以万亿的虚拟随机数的产生,所以计算效率很重要。

真实随机数常用于专门的计算应用,如密码技术,其中,序列中的任何模式都可能弱化整个系统。一些网页提供了基于物理过程的真实随机数,如用 Geiger 计数器(Geiger counter)检测放射性衰变,参见相关网站。无理数中小数位位数,如 π 或 2 的平方根也可形成真实随机序列。网站相关内容给出了来自各种无理数的若干百万位的随机数序列。不同于虚拟随机数,真实随机数序列从不循环。

——Philip A. Schrodt

(赵锋译校)

参考文献

Knuth, D. E. (1997). *The art of computer programming, volume 2: Seminumerical algorithms*. Reading, MA: Addison-Wesley.

随机数表(Random Number Table)

我们都见过为了确定谁是奖项的赢家而从帽子中抽取一个或多个号码的情形。例如,先将入场券的票根置入一个碗中摇晃,随机抽出一个票根,读出中奖号码。事实上,这一功能可由随机数表完成。表 1 简要地摘录了某随机数表中一页的两行数字(五位一组的数之间的间隙只是为了方便阅读,因此,在翻页阅读随机数表时,应当忽略)。

表 1 从随机数表中摘录

77 921	06 907	11 008	42 751	27 756	53 498	18 602	70 659	90 655	15 053	21 916	81 825	44 394	42 880
99 562	72 905	56 420	69 994	98 872	31 016	71 194	18 738	44 013	48 840	63 213	21 069	10 634	12 952

随机数表中的数字要满足两个基本属性:

1.任一数位上的数字从 0~9 应有相同出现的概率(出现的等可能性)。

2.任一给定数的概率不受其先行和后续数值的影响(独立性)。

抽出一组适于统计分析的随机样本是随机数表的一个主要用途。假设有一个由 N 项构成的总体,且希望选出一个由 n 项组成的随机抽样【Random Sampling】样本。我们首先分配一组数码给 N 项总体中的每一个元素,如整数 $0,1,\cdots,N-1$。从随机数表读取的数码与这些数码对应的那些总体中的项将构成样本的元素。步骤一,在表中选取一个随机起点。例如,你可以闭上眼,随意翻开书的一页,用手指点中一个起始数。以此数为起点,可以从左至右(或从右至左,或从上至下,或对角,等等)一个接一个地读取。如果 $N-1$ 有 x 位,我们依次相继读取 x 位数码,并忽略任一数字之间的间隙。

例如,假设我们有 683 项的总体,以上面表格的摘录作随机起点,从表格的左上角开始。由此,从左至右读数,包含于样本的项目数码依次是 779,210,690,711,008,427,512,775,653,498,以此类推。同时,必须滤去大于 683 的数码。我们持续依次读取三位一组的数码直至获得 n 个选项。样本既可以重复选取(如果总体项目号 328 不止一次出现在随机数码清单上,那么该选项就不止一次入选样本),也可以无重复选取(如果项目号 328 出现超过一次,第一次选取后的重复都被滤除)。

重要的是在每次使用随机数表时,要确保从表中不同的起始点开始。有时,人们希望用随机数表本身选取起始点。例如,我们可以从上面的节录中读取数值 56,表示我们应从第 5 页的第 6 位开始。

第一张随机数表产生于 1947 年。1995 年,RAND 公司出版了一本题为《百万随机数》(*A Million Random Digits*)的书;该书仍在售,也可以登录相关网站查阅其数字版。2002 年该书还发行了平装本。

——Jean D. Gibbons

(赵锋译校)

随机抽样(Random Sampling)

随机抽样是指能够满足必要标准,从而容许应用以随机化为基础的统计推断【Statistical Inference】的调查抽样设计。术语概率抽样【Probability Sampling】是其同义词。一种随机抽样设计的确切特征如下:

1.对研究总体有全面的界定。

2.设计是详定的。

3.设计是客观的。

4.设计是可重复的。

5.总体中的每一个单元都有一个已知的被选中的概率。所有的选取概率都是非零的。

这些标准还需进一步说明。第一个标准似乎很明白,却常被忽视。必须精确地界定调查的兴趣单元和总体边界。例如,"所有成年人"这种说法是不充分的。定义中应包含地理区域、时间、公民身份、年龄范围及其他相关因素。更好的定义可能是"所有 18 岁及以上,在 2003 年 7 月 10 日,他们唯一或主要的居所是位于美国 48 个大陆州之一的一所私人住宅"。如果调查在一段较长时间内开展,我们还应说明,如何处理常住人口和流动人口之间的区别。

详定(标准 2)指必须对选取样本的过程有一个清楚且全面的描述。

客观性要求每一次选取——以及选取过程的每一个阶段(由于一些设计是多阶段的)——都由某种随机机制来控制。不允许任何能影响样本单位选取的主观判断。这可能是随机抽样定义的核心。许多研究显示,无论是专家还是非专家,如果请他们有目的地选出一个他们认为有代表性的样本,他们得到的样本都会在某些重要的特征上存在严重误差。教抽样的老师在课堂练习中也经常观察到这一现象。利用某种机会机制选取样本是唯一可以避免系统误差【Systematic Error】(同时也可以衡量变量误差)的方法。

可重复性【Replicability】要求,在给定同样条件下,另外的研究者能够照样实施同一设计。这并不意味着他或她必须再次得到选中的样本(实际上,这是极不可能发生的),而仅指他或她能重现抽样设计,也就是再现抽样过程的诸阶段,并在恰当的阶段再次应用同样的随机机制。

标准5表明,有必要知道总体中每个单元的选中概率。实际上,从做估计这一目的出发,仅需要知道那些实际上被选中的单元的概率——不必包括未选中的单元。这一标准的关键在于,在原则上,必须能够计算出总体中任一单元的选中概率。要满足这一要求,首先就必须有一个详定且客观的设计,此外,还必须在样本选取的整个过程中收集和记录必要的信息。例如,如果设计涉及从一份清单中选取居住地址,随后从每一个选中的地址中随机选出一个人来访问,就必须记下每一个样本地址内符合条件的人数。

最后的标准是总体的每一个单元必须有一个被选中的机会。不允许将任何一个单元完全排除于选择过程。如果出现了这种情况,同时,被排除的单元以某种系统的方式不同于被包含的单元,就会发生"覆盖偏差(coverage bias)"。

随机抽样被广泛地认为是从中可以产生描述性统计量的公共部门暨学术定量调查唯一可接受的方法。当不存在其他来源的系统误差(如无回答偏差【Nonresponse Bias】和测量偏差)时,它可以为无偏【Unbiased】估计提供基础。然而,基于模型的推论【Inference】方法认为,随机化不必然保证,样本结构中的系统误差源能够在模型中被反映出来(如作为模型的协变量)。由此逐渐增多的做法是,研究者以随机抽样为基础,通过使用模型辅助的推论,将两种方法结合起来(Brewer, 2002)。

许多政府和学术性社会调查都要求随机抽样。在一些协议中,如欧洲劳动力调查(the European Labour Force Surveys)(Eurostat, 1998)协议、欧洲社会调查(European Social Survey)(ESS-CCT, 2001)协议,以及国际社会调查项目(International Social Survey Programme)(Park & Jowell, 1997)协议,对这点有清楚的规定。然而,人们常常发现,有些声称使用随机抽样的调查实际上在一些重要方面背离上述标准——可能允许在第一阶段有目的【Purposive】地选取样本区域,或者在家庭户内使用配额抽样【Quota Sampling】或其他随便选中的单元。

一组广泛的抽样设计都可能符合随机抽样的定义,包括使用多阶抽样【Multistage Sampling】、比例或不成比例分层抽样【Stratified Sampling】、整群抽样【Cluster Sampling】和系统抽样【Systematic Sampling】。

实施随机抽样,还必须作出相当大的努力来极大化调查回答率。若没有这样做,抽样偏差【Sampling Bias】就可能轻易地被无回答偏差代替。有时,这被看作随机抽样的一个弱点,因为每份调查响应的成本通常比非随机方法要高很多(特别在面对面访谈的情况下)。随机抽样法的替代选项是目的抽样法,其中配额抽样法最为人知晓。

——Peter Lynn

(王玥译　赵锋校)

参考文献

Barnett, V. (1974). *Elements of sampling theory*. Sevenoaks, UK: Hodder & Stoughton.

Brewer, K. (2002). *Combined survey sampling inference: Weighing Basu's elephants*. London: Arnold.

European Social Survey Central Co-ordinating Team. (2001). *European Social Survey (ESS): Specification for participating countries*. London: Author.

Eurostat. (1998). *Labour force survey: Methods and definitions* (1998 ed.). Luxembourg: Author.

Moser, C. A., & Kalton, G. (1971). *Survey methods in social investigation* (2nd ed.). Aldershot, UK: Gower.

Park, A., & Jowell, R. (1997). *Consistencies and differences in a cross-national survey*. London: SCPR.

随机变量(Random Variable)

在统计中,一个变量既可以是固定的也可以是随机的。随机变量是一个不能预测其观测值或重复观测时必然得到相同值的变量。一个固定变量则不因为重复测量而改变取值。两类变量的区别可能相当灵活,但根据具体的背景,还是可以清楚地判断一个变量是固定的还是随机的。统计推论(假设检验【Hypothesis Testing】和置信区间【Confidence Interval】)估计仅适用于随机变量。

我们可能认为一把码尺的长度是一个固定变量,因为长度不变。但是,物理学家很早就确认:同一把码尺经多次测量,每次测得的结果不同。因此,长度是一个随机变量,且实际长度(无论其如何得到)同观测长度间的差值可当作测量误差。

在变量关系的研究中,自变量【Independent Variable】常被视为固定变量,而因变量【Dependent Variable】则被视为随机变量。在一项教育程度(以已完成的教育年限来测量)与收入关系的研究中,教育程度被视为固定变量,而收入被视为随机变量。无论测量多少次,某人的教育程度保持不变;受教育 16 年的人始终取相同的值(除非他们去读研究生)。教育程度相同的人则可能有不同的收入,并且,对每个具有特定受教育水平的群体而言,他们的收入值将散布于某个收入均值两侧。

在一个回归【Regression】分析中,因变量(随机变量)的取值会围绕每一个自变量(固定变量)的取值在回归线上对应的点呈现高低变化。原因是,我们使得围绕回归线分布的因变量同回归线的垂直均方和【Sum of Squares】的值最小,而非使得散点图上因变量的取值在水平方向或垂线方向上具有最小的均方和。最小化因变量的均方和使我们能够将回归分析的机理应用于这些数据【Data】,以获得相应的结果,如回归线、相关【Correlation】系数和 p 值【p Value】。通行统计软件包中所有普通回归分析的公式,其自变量都是固定变量,因变量则是随机变量。

如果回归分析中的自变量和因变量都被视作随机变量,那么会发生什么呢? 因为有时有理由将自变量和因变量都视作随机变量。在这种情况下,所需公式的数学推导就变得更加困难,而且也不能得到与固定的自变量和随机的因变量相似的简单公式。于是,大多数情况下,人们会忽视这个问题,使用适于普通回归的公式,并假定这样做不会对分析和结果产生根本影响。

——Gudmund R. Iversen

(马妍译　赵锋校)

参考文献

Iversen, G., & Gergen, M. (1997). *Statistics: The conceptual approach*. New York: Springer-Verlag.

Moore, D. S. (1997). *Statistics: Concepts and controversies*. New York: W. H. Freeman.

Utts, J. M. (1996). *Seeing through statistics*. Belmont, CA: Duxbury.

随机变差(Random Variation)

变差的研究是统计的核心观念。变差意味着若再次测量某对象,会得到一个不同的结果,而且我们无法预测未来任何一次观测的结果。只要存在随机变量【Random Variable】,根据定义,就存在与之相应的变差。

因此产生了两个问题:一是我们应当怎样测量变差?二是一个变量中的变差有多大比例是由其他变量引起的?测量变差的一个简单方法是计算它的标准差或者其他相关的统计量。其他变量对变差的贡献度,通常用平方和或者多元相关系数【Multiple Correlation】来衡量。

获知一变量变差量级的一种方法是将其作为因变量【Dependent Variable】,并引入一个或多个自变量【Independent Variable】,也就是说,设立一个回归【Regression】分析。这类分析将得到各种平方和。总平方和即因变量方差【Variance】中的分子,测定了因变量的总变差。两个原因导致了因变量取值的不同:一是因变量方差中包含了自变量的不同取值;二是除了自变量以外,还有其他变量对因变量的效应。所有其他变量的联合效应被称为残差【Residual】变量(或误差【Error】变量)的效应。

总变差的部分可归之于自变量。可以使用估得的回归方程算出一组因变量的预测值。那么,为什么这些预测值各不相同?它们之所以不同是因为它们由自变量计算得出,而自变量有不同的观测值。因此,因变量预测值的变差是由于自变量的变化。该变差的量可通过计算回归平方和【Regression Sum of Squares】来衡量。依据由自变量产生的因变量的变差大小,回归平方和给出了自变量对因变量的效应。

总平方和减去回归平方和的差值给出了残差变量的效应,或者说,由所有其他变量产生的总变差的量。这个差值被称为残差平方和【Residual Sum of Squares】,或误差平方和(即使它没有任何错误可言)。残差平方和也可以这样计算:先计算因变量的观测值与预测值之间的差值,再将这些差值的平方累加。

每次我们在模型中新增一个带有参数的变量,残差平方和将保持不变或缩小。但是,参数越多,模型就越不俭省(parsimonious)。在极端的情况下,当引入的参数数目等于观测数目时,残差平方和等于零。然而,由于只是以另外的 n 个量(参数)代替了现有的 n 个量(数据点),我们实际并无所获。

——Gudmund R. Iversen

(马妍译　赵锋校)

参考文献

Iversen, G., & Gergen, M. (1997). *Statistics: The conceptual approach*. New York: Springer-Verlag.

Moore, D. S. (1997). *Statistics: Concepts and controversies*. New York: W. H. Freeman.

Utts, J. M. (1996). *Seeing through statistics*. Belmont, CA: Duxbury.

随机游走(Random Walk)

随机游走是一个随机的【Stochastic】过程,有时用于分析时间序列【Time-Series】数据模型。也许,随机游走最著名的应用是连续多日的股票市场价格。

假设函数[u_t]是一个相互独立且同分布的随机变量【Random Variable】序列。于是,[u_t]有固定的均值μ和方差σ^2,并且u_t和u_{t+k}($k = \pm1, \pm2, \cdots$)的协方差等于0。由上述属性的随机变量生成的过程被称为一个"纯随机过程"或者白噪声【White Noise】。

根据凯特菲尔德(Chatfield, 1996)的精确阐述,一组随机变量[y_t]被视作一次随机游走,假设:

$$y_t = y_{t-1} + u_t \quad (1)$$

在实践中,假定时间序列从0开始,即$t=0$。于是,$y_1 = u_1$, $y_t = \sum_{i=1}^{t} u_i$。

相应的,期望值$E(y_t) = t\mu$,方差$\mathrm{Var}(y_t) = t\sigma^2$。由于均值和方差随$t$变化,因此随机游走是非静止的。然而,通过一阶差分,可以得到$(y_t - y_{t-1}) = u_t$,这是一个纯随机过程。

当式(2)中$\alpha = 1$时,随机游走就是一阶自回归【Autoregression】过程的一个特例。

$$y_t = \alpha y_{t-1} + u_t \quad (2)$$

关于随机游走和整合移动平均自回归模型(autoregressive integrated moving average, ARIMA)间的联系详见博克斯、詹金斯和赖因泽尔(Box, Jenkins, & Reinsel, 1994)的论述。

——Richard A. Berk

(马妍译 赵锋校)

参考文献

Box, G. E. P., Jenkins, G. M., & Reinsel, G. C. (1994). *Time series analysis: Forecasting and control* (3rd ed.). New York: Prentice Hall.

Chatfield, C. (1996). *The analysis of time series: An introduction*. New York: Chapman & Hall.

随机系数模型(Random-Coefficient Model)

参见混合效应模型【Mixed-Effects Model】、多层次分析【Multilevel Analysis】。

随机效应模型(Random-Effects Model)

方差分析【Analysis of Variance, ANOVA】可用于研究因变量Y如何依赖于一个或多个因子。这里,一个因子被界定为一个类别的自变量,或是一个具有定类测量层次【Level of Measurement】的解释变量。在一个随机效应方差分析模型(也称为第二类方差分析模型)中,每个因子的类别效应被设定为随机变量,也就是一个带有随机参数的模型。具体而言,当数据集中一个给定的因子的取值为 1,2,⋯,K 时,对于个案 i,该因子的取值记作 $k(i)$,相应的,在 Y_i 的线性模型中,该因子在个案 i 上的随机效应定义为 $U_{k(i)}$,同时假定 U_1, ⋯ , U_K是独立同分布的随机变量【Random Variable】。通常,假定这些随机变量服从一个正态分布。如果这个因子的所有类别被视为来自某个总体的随机样本,并且如果统计推论的目的在于获得这个总体的结论,这样的模型就是恰当的。该模型与在其他词条中介绍的固定效应模型【Fixed Effects Model】截然不同。随机效应方差分析模型也被称为方差成分模型【Variance Components Model】。

适于应用随机效应模型的有两类实例:一类是小学生教育成就的研究,其中教师是一个重要的因素,同时,研究者的兴趣主要在于了解教师总体的影响,而非研究数据涵盖的教师的影响;另一类是应用概化理论【Generalizability Theory】框架和评判者信度【Interrater Reliability】的研究,其中对个体的评分得自几个观测者,研究的兴趣之一在于考察观测者(从观测者总体中随机抽选)对测量变异度的影响,而测量变异度则得自所有观测者对某个人的评分的均值。

随机效应同样出现在其他更复杂的模型中,如广义线性模型【Generalized Linear Models】或非线性回归模型中。它们的定义相同:每个因子的各个类别的效应被设定为随机变量。

随机效应模型这一术语仅用于所有因子都有随机效应的模型。同时包含随机效应和固定效应的模型被称为混合效应模型【Mixed-Effect Model】,这类模型比单纯的随机效应模型更常用。上文定义的随机效应可以被视作一个给定因子的各个水平的随机主效应。它可一般化为一个数值型解释变量的随机系数(参见随机系数模型【Random-Coefficient Model】)。对嵌套层次的因子来说,包含随机系数及固定效应的模型也被称为分层线性模型【Hierarchical Linear Model】。这些模型是多层次分析【Multilevel Analysis】的基石。

——Tom A. B. Snijders

(马妍译　赵锋校)

参考文献

Cobb, G. W. (1998). *Introduction to design and analysis of experiments*. New York: Springer-Verlag.

Jackson, S., & Brashers, D. E. (1994). *Random factors in ANOVA* (Sage University Paper Series on Quantitative Applications in the Social Sciences, 07-098). Thousand Oaks, CA: Sage.

Neter, J., Kutner, M., Nachtsheim, C., & Wasserman, W. W. (1996). *Applied linear regression models*. New York: Irwin.

Scheffé, H. (1959). *The analysis of variance*. New York: Wiley.

随机区组设计(Randomized-Blocks Design)

作为实验【Experiment】的结果,在各个实验单元彼此之间,因变量【Dependent Variable】(响应变量)的值可能是不同的。正是这些值的方差给我们提供了关于自变量【Independent Variable】(处理变量)和或许存在的其他变量的效应的线索。一般可通过用每个观测值减去均值,再对所有的差值取平方,最后加总平方项的方式,测得响应变量的值的方差。这一方法给出了总平方和, TSS = $\sum(y-\bar{y})^2$。

使用不同的设计,可以以不同的方式建立实验。然而,任一设计的目标都在于从其他变量中分离出处理【Treatment】变量的效应。我们希望,响应变量的值的方差是由处理变量引起的,而不是其他的无关变量。在随机区组设计中,相似的实验单元被集中在称为区块的各组内。实验组和控制组【Control Group】都包含区块。

说明和例子

例如,心理学家可能怀疑性别变量会影响知觉实验的结果。不使用区块,实验包括一个实验组和一个控制组。实验后,得到一个实验组的均值和一个控制组的均值。从两组均值之间的差值,以及它们与总均值的差值可以了解处理的影响。测量这种影响的一种方法是计算处理的总平方和。

所有实验单元的总平方和同处理的总平方和间的差值即残差平方和。这一总和给出了所有其他非处理变量的联合影响,其中包括性别的影响。为了确定统计显著【Statistical Significance】,通常的做法是,将处理平方和与残差平方和除以各自的自由度,从而得到各自的均方和。两个均方和可用于计算 F 统计量的值,即 F=处理均方和/残差均方和。F 值越大,p 值【p Value】越小,结果就越显著。

要得到较大 F 值的一个方法是有一个大的分子,而另一种方法是有一个小的分母。我们难以改变分子的大小,但是可以减小分母。因变量的值有所不同的部分原因可能是人的性别不同。如果性别的影响在某种程度上是存在的,那么从残差平方和中取出此一方差来源的方差量,就可能得到一个更小的、新的残差平方和,并由此得到一个更小的 F 分母,从而也将得到一个更大的 F 值。

区块设计的想法即源于此。通过指明每个受试主体的性别,可能安排每类性别的平均知觉得分,以及处理组/控制组的平均知觉得分,见表 1。

表 1 区块和处理的平均得分

区块	处理组	控制组	均值
女性	$\bar{y}_{ft}$	$\bar{y}_{fc}$	$\bar{y}_f$
男性	$\bar{y}_{mt}$	$\bar{y}_{mc}$	$\bar{y}_m$
均值	$\bar{y}_t$	$\bar{y}_c$	$\bar{y}$

对均值的上述安排不会改变处理的平方和的计算。它仍只包含处理组的均值和控制组的均值。因此,F 的分子同没有区块化所计算的结果是一致的。然而,现在有可能计算出区块的平方和。该值可根据两个性别组的均值、每一区块观测的数量,以及总均值获得。区块的平方和同处理的平方和非常相似。从下面的公式可得:区块的平方和 $=\sum n_f(\bar{y}_f-\bar{y})^2+\sum n_m(\bar{y}_m-\bar{y})^2$。接下来,用旧的残差平方和减去区块的平方和,得到一个新的、比原来小的残差平方和。再适当地调整各平方和的自由度【Degrees of Freedom】,得到一个新的,比没有区块化时更小的 F 分母。这就得到了一个更大的 F 值和更小的 p 值。

此处,关键在于可以"提纯"残差平方和。残差变量可以被视为所有其他变量的净效应,区块变量是其中的一个,而我们已经可以取出这个变量的效应。因此,现在的残差就由每一个观测值同适当的双下标(处理/控制,女性/男性)均值之间的差值确定;而在没有采用区块设计时,残差等于每一个观测值同处理组的均值或同控制组的均值间的差值。

历史的说明

实验计划背后的很多思考可以追溯到罗纳德·费希尔爵士关于农业数据的著作

中开拓性的想法。他指出,在将田块分成不同的实验单元时,由于海拔的差异和阳光照射量的差异,田地中某一部分的实验单元可能不同于田地中另一部分的实验单元。如果不以某种方式将这些因素纳入考虑,它们将可能影响不同实验单元的产量,同时影响产量值的方差。解决这个问题的一个方法是通过使用随机区组设计。不是简单地把实验单元分入实验组和控制组,而是先把相似的土地单元归入不同的组(他称为区块)。

应用

没有区块化,分析只包含一个简单的、单因方差分析;使用区块设计和表1中计算的区块变量的均值,分析就是一个没有考虑处理-区块交换效应的二维方差分析。

——Gudmund R. Iversen

(王玥译 赵锋校)

参考文献

Agresti, A., & Finley, B. (1997). *Statistical methods for the social sciences* (3rd ed.). Upper Saddle River, NJ: Prentice Hall.

Cobb, G. W. (1998). *Introduction to design and analysis of experiments*. New York: Springer-Verlag.

Moore, D. S., & McCabe, G. P. (1998). *Introduction to the practice of statistics*. New York: W. H. Freeman.

随机对照试验(Randomized Control Trial)

随机对照试验(RCT)是一种用于评估的研究设计。RCT处理的问题是,介入是否会"起作用",以及在多大程度上会"起作用"。一次试验即一次检验,而术语有"控制(control)"表明研究设计中包含一组或多组比较组,此外,随机化(randomized)是指用一种随机分配的方法来产生介入组和比较组。随机分配的应用是RCT同其他可行的评估设计相区别的唯一特征。RCT的作用在于,就介入的影响减少被误导的机会——即由于用其他方式选取介入组和控制组而带来的未被测量的因素所产生的误导。

RCT何以有用

对研究者、科学家、政策制定者和一般大众而言,评估不同类型介入的有效性是一项主要的挑战。对有行为问题的儿童的密集社会工作介入是否实际帮助了这些儿童和他们的家庭?计算机辅助学习对儿童读写能力有怎样的影响?把犯人介绍给受害者能否确保更低的再犯率?乳腺癌和前列腺癌的筛查项目是否减少了这些疾病的死亡率?回答这些问题需要使用一种有效的研究设计,而这种设计能够使得问题中的介入影响尽可能地同其他影响——包括介入接受者的社会特征,以及一定时期中和一定社会背景下持续存在的影响要素——分解开来。RCT可以为政策和实践决策,就各种介入的相对有效性提供严格的证据。然而,如同在任何研究中一样,一项好的研究设计,仅当它陈述了一个重要的问题,且有很好的操作时,才会有最佳的效果。

RCT的历史

控制估计介入效应中存在的偏差的努力至少可以回溯到3个世纪前,同时发生于医学和社会科学领域,而当时努力的基础在于,人们认识到意图良好的介入却可能带来伤害。从17世纪开始，医生建议抽签决定哪个病人将接受某种特定治疗。而进行同类相比这一需要在18世纪获得了广泛的认可，比如，海军外科医生詹姆斯·林德针对坏血病的著名研究，在这个研究中，具有相同状况的病人被分别施以不同的治疗手段，而那些拿到橙子和柠檬的病人恢复得最快。1920年后不久，运用交替或“随机”分配产生比较组的方式变得更加普遍，而对随机分配过程的第一个详细描述则出现于1930年代。术语“控制”一词自1870年代开始用于实验心理学，以指称进行比较的一个标准，即为检验得自某项实验的推论而实施的比较的标准；该词来自“反向-登记”，指用以核查官方账目的重复簿录。

尽管当前RCT主要与健康照料领域有关，社会科学家也同样考虑过，设计介入评估，从而能够可靠地回答影响效果的问题。1920年代、1930年代以及1940年代中，研究者，特别是在北美教育、社会福利和公共政策领域内的研究者，广泛地使用了实验研究设计，同时，实验社会学成了一个重要的研究领域。随后是1960年代到1980年代的“评估的黄金时代”，在此期间，美国的评估者——通常有政府背景，开始运用RCT来评估范围宽广的公共政策，其中包括收入维系和住房津贴方案、弱势工人支持项目，以及对刑满释放人员的介入。

RCT和其他评估有效性的研究设计

一项RCT可以通过比较两个群体的确定结果(变量)来检验某种介入的效应，其中，一个群体被施以一种介入，而另一个群体则没被给予。设计中，使用某种随机分配(机会)的方法，如抛掷硬币或利用一种计算机随机化程序，将一项介入的潜在接受者分为介入组或控制组。无论个体还是群体(如学校、医院或社区)都可以成为随机分配的对象(“整群”随机化试验)。整群RCT在社会科学领域可能特别有用。

经验上，RCT的结论通常不同于那些非随机化或非控制研究的结论(例如，常见的只对一个组做前测和后测的设计)。RCT通常比其他类型的研究产生更低的有效性估计。在社会科学和政策中，还有很多例子表明RCT的结论与观察研究的结论不同。如针对幼儿日间照顾的一项RCT，即佩里幼儿园项目(the Perry Preschool Project)，通过27年的追踪研究，表明这一介入在教育成就、未计划怀孕、犯罪行为等被测变量上均有良好的长期效应，而与之相反的是，许多观测研究发现日间照顾具有有害效应。

目前关于RCT的论争

关于RCT方法论的最近工作是由那些联系在Cochrane协作网(the Cochrane Collaboration，以流行病学家阿奇·科克伦[Archie Cochrane]命名的协作网络，他本人强烈地主张基于RCT的研究证据的综合)之下的研究者间开展的。一个同类网络，Cambell协作网(the Campbell Collaboration)，建立于2000年，使用同样的原则来分析社会介入的证据。该网络得名于唐纳德·坎贝尔，他是一名方法论专家，并且在1966年与斯坦利的著作中，建立了在社会科学中应用RCT的原则和程序。

遗憾的是，由于“RCT”一词同医学的联系，导致一些社会科学家放弃了这一方法。然而，对RCT的伦理的异议忽略了不能适当回答研究问题的研究设计的不道德性。这些异议同样也疏于承认无控制实验的常规，即这些常规使得人们可能受到带有未知的，也许有害的效应的专业或其他介入的伤害。成千上万次已经实施的社会介入的RCT显示，即使在复杂的社会环境中,这一方法也是有效的。对于解决当前某些最紧迫的社会问题而言,一项开展良好的 RCT 是用以评估相关策略的一种强有力的方法。

——Ann Oakley

(王玥译　赵锋校)

参考文献

Boruch, R. F. (1997). *Randomized experiments for planning and evaluation: A practical guide*. Thousand Oaks, CA: Sage.

Campbell, D. T. (1988). *Methodology and epistemology for social science: Selected papers* (E. S. Overman, Ed.). Chicago: University of Chicago Press.

Oakley, A. (2000). *Experiments in knowing: Gender and method in the social sciences*. Cambridge, UK: Polity.

Orr, L. L. (1999). *Social experiments: Evaluating public programs with experimental methods*. Thousand Oaks, CA: Sage.

随机化应答(Randomized Response)

在一个调查【Survey】情形中,当问及敏感的或有威胁的问题时,尽管有保密的保证,回答人还是经常会说谎。实际上,对大多数人而言,推进社会科学研究的理由并不足以促使他们透露那些令其尴尬,甚或可令其成为罪犯的信息。

随机化应答是一种旨在保护回答人而将某种隐瞒结合到调查工具中的数据收集策略。这就是根据某些随机过程,鼓励回答人给出不明确的答案。好像流行的游戏节目《危险边缘》(*Neopardy*),访谈员知道回答人的答案,但是不确知与之关联的问题。这一方法最简单的形式(Warner, 1965)是根据某种随机设置(randomizing device)的结果,比如掷骰子,请回答人回答一个敏感的问题或它的反面问题。例如:

掷出 1~2:在过去的一个月中,你用过毒品吗?

掷出 3~6:在过去的一个月中,你戒除了毒品吗?

要点在于,只有回答人自己知道掷骰子的结果,因此,回答"是"或"否"既可以是对毒品使用的承认,也可以是否认,而只有回答人才知道确切的答案。不过,在总计中,毒品使用的普及率可以从作出肯定回答的样本【Sample】百分比中估计出来(其中一部分人承认使用毒品,剩余部分声称戒除毒品)。

肯定回答的比例(π)是 $\lambda = p\pi + (1-p)(1-\pi)$,其中,$p$ 是上述随机设置的二项【Binary】概率(如出现 1 个或 2 个点的概率为$p=1/3$,λ 是所求的普及率参数,例如,过去一个月中使用毒品的百分比)。然后,可根据肯定回答的样本比例,对考查的普及率的敏感度作出估计,即

$$\hat{\pi} = \frac{\hat{\lambda} + p - 1}{2p - 1}$$

尽管其简单性使其显得灵巧,但是,将一个敏感问题与它的反面问题配成一对可能引起回答人对于这种统计策略的怀疑。一个更有效的,被称作无关问题法的策略(Horvitz, Shah, & Simmons, 1967),则通过包含一个无威胁的备选问题来增强回答人的心理安慰。回答人仍然依据某种随机设置(如投硬币)的结果,被要求回答一个敏感性的问题或另一备择问题。例如:

头面:过去一个月中,你用过毒品吗?

背面:你的社会保险号码最后一位是奇数吗?

在总计中,若已知半数回答人会被引导回答社会保险号码的问题,同时,其中一半人会回答"是",我们可以分别计算出相应的回答分布。为了估计毒品使用的普及率,要从观测到的回答分布中剔除对非敏感问题作出肯定回答的期望数。

自沃纳的开创性论文发表以来,许多使用多个问题、多组别及不同随机设置的备选方法已经不断被提出来(进一步讨论参见:Fox & Tracy, 1986; Chadhuri & Mukerjee, 1987)。当然,诸方法的目标都在于,设计出一个能让回答人对敏感部分产生免疫的调查问题,这样的设计既要令回答人信服,还要兼具统计上的效率。为了减少规避回答的偏差,由随机设置和多问题使用产生的不确定可能在统计精度上引起一定程度的损失。

随机化应答法也已经扩展到数量型答案上。例如,请回答人先从一个罐子中挑出一个有颜色的球,再根据球的颜色,请他回答下述两个问题中的一个:

蓝球:过去一个星期中,有几天你用过毒品?

红球:你的社会保险号码的最后一位是?

观测到的回答的均值(Z)是对敏感问题(X)回答的频次均值和对替代问题(Y)回答的数字均值的加权平均,其权数是与随机设置相关的概率(p)。由此可以很容易得出敏感问题的估计均值,即

$$\hat{\mu}_X = \frac{\overline{Z} - (1 - p)\mu_Y}{p}$$

根据非敏感特征分布的知识,以及随机设置的知识,人们可以很容易地从完整的答案汇集中得出敏感问题的均值和百分比分布。

在所有设计中,只有随机化应答策略允许在无须暴露个体回答人的任何确切特征的前提下,对总和参数作出估计。即便没有个体水平的得分,通常施用于个体得分的各种多变量【Multivariate】技术实际上仍然有效。而通过将随机应答数据作为具有已知(或可估)分布属性的测量误差的一个特例,相关【Correlation】和其他以关联【Association】为基础的统计量都是可以估出的。

自这一技术引入以来,随机化应答已经成功地用于许多社会科学领域,实现了对诸多敏感行为的估计,如学术欺诈、堕胎、组织内不当行为及举报、不良商业行为、性侵犯、儿童性骚扰犯罪、有艾滋病风险的性行为、药物滥用,以及其他形式的犯罪活动(Daniel, 1993)。

尽管有其统计上的吸引力,但是随机应答技术并没有真正地为应用研究共同体所热情接受。虽然这一技术在数学上看起来是合理的,但是有研究者却对回答人在这一技术实施过程中的理解和信任提出了疑虑。不过,几个不同领域的确证已经给出了肯定的结果。许多研究检验了随机化应答技术相对于已知数据的表现,还对比了由随机化应答得到的估计值和其他相关方法得到的结果,如直接提问(Armacost, Hosseini, Morris & Rehbein, 1991; Stem & Lamb, 1981; Tracy & Fox, 1981; Van der Heijden, van Gils, Bouts, & Hox, 2000)。随机化应答技术始终表现得优于传统访谈技术,即针对社会反对的或不法行为的发生率得出较高的估计值。

虽然在减少回答偏倚(倾向于给出不真实的回答)方面,随机化应答技术已经表明是有效的,但是就这种技术是否能帮助减少无回答偏倚【Nonresponse Bias】(拒绝参与回答),仅有混合的证据。当没有人知道他

们正在回答哪一个问题时,回答人可能会更加放心地去诚实回答问题,不过,认为这个技术太复杂或太费力,这也会成为拒绝参与的理由。在最终的分析中,随机化应答技术也许最适用于相对有教养的人群——这些人群中的回答人能够理解和欣赏这一技术给予他们的保护。即使如此,有些回答人还是会像担心他们自己的隐私一样,担心他们的回答(即以总计的形式)对他们所在的组织或职业产生影响。

无论何时要成功地应用随机化应答法,都有一些需要注意的重要考量。第一,为了平衡更大的不确定性(即抽样误差【Sampling Error】)——源于该技术本身带来的随机误差,样本量就必须相对大些。第二,由于增加的误差,不建议运用这一技术来考察罕见事件,特别是那些普及率不到10%的事件。尽管有如上顾虑,还是存在一些社会科学质询,由于它们处理的问题如此棘手,以至于像随机化应答这样的一种方法是完全不可或缺的。

——James Alan Fox
Maria Tcherni
(王玥译　赵锋校)

参考文献

Armacost, R. L., Hosseini, J. C., Morris, S. A., & Rehbein, K. A. (1991). An empirical comparison of direct questioning, scenario, and randomized response methods for obtaining sensitive business information. *Decision Sciences*, *22*, 1073-1090.

Chadhuri, A., & Mukerjee, R. (1987). *Randomized response: Theory and techniques*. New York: Marcel Dekker.

Daniel, W. W. (1993). *Collecting sensitive data by randomized response: An annotated bibliography* (2nd ed.). Atlanta: Georgia State University Business Press.

Fox, J. A., & Tracy, P. E. (1986). *Randomized response: A method for sensitive surveys*. Beverly Hills, CA: Sage.

Horvitz, D. G., Shah, B. U., & Simmons, W. R. (1967). The unrelated question randomized response model. In E. D. Goldfield (Ed.), *Proceedings of the Social Statistics Section* (pp. 65-72). Washington, DC: American Statistical Association.

Stem, D. E., Jr., & Lamb, C. W., Jr. (1981). The marble-drop technique: A procedure for gathering sensitive information. *Decision Sciences*, *12*, 702-707.

Tracy, P. E., & Fox, J. A. (1981). The validity of sensitive measurements: A comparison of two measurement strategies. *American Sociological Review*, *46*, 187-200.

Van der Heijden, P. G. M., van Gils, G., Bouts, J., & Hox, J. J. (2000). A comparison of randomized response, computer assisted self-interview, and face-to-face direct questioning: Eliciting sensitive information in the context of welfare and unemployment benefit. *Sociological Methods & Research*, *28*, 505-537.

Warner, S. L. (1965). Randomized response: A survey technique for eliminating evasive answer bias. *Journal of the American Statistical Association*, *60*, 63-69.

随机性(Randomness)

在统计学里,随机性是一个基本概念,而在此基础上,统计推论【Statistical Inference】得以建立。利用适当的随机性,可以进行假设检验【Hypothesis Testing】,并为未知参数设定置信区间【Confidence Interval】。

当一次试验或一次观测的结果在实施前不可能被预测到时,随机性即存在。

这一概念本身存在的范围要超过它在统计学中的应用。许多简单的例子都有随机性的存在,如赌博、掷硬币或骰子,以及玩纸牌。在掷硬币前,我们不能准确地说出,出现的是头面还是背面。这就使得“掷硬币”成了一个有两个值的随机变量【Random Variable】,除非我们特别精于掷硬币这种游戏。统计分析中的大多数因变量都是随机变量。

随机变量的反面是其值为固定值的变量。大多数自变量【Independent Variable】被认为是有固定值的变量。我们把教育(比如说受教育年限)看作是固定的。同时,收入被认为是一个随机变量。只有通过随机抽样,才能获得具有固定受教育年限的人群,进而研究各受教育年限群组的收入分布【Distribution】。

说明

在统计学里,有两件事情需要随机性,即数据【Data】收集和统计推论的应用。对于观察数据而言,一个样本【Sample】中的诸单元(居民、市民等)都必须从更大的总体【Population】中随机地选取。选取样本可以使用不同的抽样方案,例如简单随机抽样【Simple Random Sampling】、分层抽样【Stratified Sampling】、整群抽样【Cluster Sampling】。只有在使用随机抽样的情况下,才能运用统计公式计算 p 值【p Value】或置信区间。因为,这些公式的数学推导所根据的假设是,数据是根据适当的统计抽样程序而汇集的。实际上,流行的统计计算包中的大部分公式仅在简单随机抽样的假设下适用。

实验【Experiment】数据也需要随机性。受试单元必须以随机的方式被分入实验组和控制组。多种实验设计均能保证所得数据具有适当的随机性。

历史说明

早在《旧约全书》和《维京传奇》中就有提到随机性。书中提到运用某些随机机制来作决定。对随机性更集中的研究始于17世纪,那时有些绅士赌徒想要为用纸牌和骰子作工具的机会游戏建立相应的投注规则。这一企图催生了致力于发展相应数学工具——我们今天称之为概率【Probability】理论——的数学家们。

随机性在科学哲学中不但有其基础,还引发出若干议题。例如,有理由认为,存在着随机性程度的差别。比如,对某个现象知道得越多,它就越少具有随机性。在贝叶斯统计中,这点引出了具有减少不确定范围的后验分布。

同时,一个真正擅长掷硬币的人可能以这样一种方式投掷硬币,即可以对他每次投掷的结果,出现头面还是背面,作出准确预测。相似地,在多元变量【Multivariate】统计分析中,我们可以在一个回归【Regression】分析中增加变量,从而减少剩余变量的效应——正是剩余变量被认为代表着因变量的随机性。如果可以增加变量,致使多元相关【Multiple Correlation】系数 R 等于 1,那么就不存在随机性了。

应用

在纯真空的世界中,一个物体落下一定距离所用的时间就不存在随机性,而物理学也已经有了相关变量的方程。若不存在随机性,变量间的关联就被表示成一种自然规律的样式。此类规律常令那些试图以相似方式建立变量间关系的社会科学家称羡，不过，他们的努力至今也没有成功。

随机性赋予概率理论以基础。当我们不知道一项试验或一次观测的结果时，可以尝试把不同的结果同各自的概率连在一起。实际上可以说，概率理论构成了对随机性的研究。反过来，概率理论又为统计推论提供了基础。

我们如何才能设计出随机性，并由此收集随机数据？这点说起来容易，做起来却很难。样本必须用以随机数为基础的方法来抽取，比如，简单随机抽样，或是多阶分层抽样。一个极端缺少随机性的例子是美国越战期间的第一轮征兵抽签，其中对生日的选取不是随机进行的，而是出生年靠后的年轻人比那些出生年较早的人更有可能被抽中。

例子

我们怎样知道随机数真的是随机的？我们说一组数字是一个随机数集合是什么意思？如果随机数仅用于抽取随机样本，上述疑问就不是一个非常重要的问题。但是，随机数也会用于其他背景中，其中最重要的是创制秘密代码的密码工作。同样，国家彩票也利用随机性，这时，任何号码，只要它不是随机中奖号码，都不会为公众接受。

这意味着，计算机科学家和其他科学家在试图确定有一个真正的随机数集的真正意义的同时，已经就如何造出随机数集这一问题进行了许多思考。一个真正的随机数生成程序应当如此，即如果用此程序第二次生成一个随机数序列，那么我们应当得到一个与第一次生成的随机数序列完全不同的数列。但是，大多数计算机程序有赖于所谓的种子数(seed number)来生成随机数。如果将同一种子数用于第二次生成过程，我们就会得到同样的数字集合，也就意味着这些数并不随机。同时，在数列中，0~9 中的任意一个数应当同其他数出现得一样频繁。但是，即便 0~9 的所有数序都是等可能的，我们还是可能得到一个，比如说，全都是 2 的序列。即使这个序列是随机产生的，我们还是会犹豫最好不要使用这样一个序列。

人类并不擅长预测未来，即使只是几分钟后的未来。这意味着，我们发现我们生活在一个随机的世界中。为了理解这种随机性，需要在随机性中发现规律性，进而创造出某种程度的秩序。

——Gudmund R. Iversen

（王玥译　赵锋校）

参考文献

Beltrami, E. J. (1999). *What is random? Chance and order in mathematics and life*. New York: Copernicus.

Bennet, D. J. (1998). *Randomness*. Cambridge, MA: Harvard University Press.

Keren, G., & Lewis, C. (Eds.). (1993). *A handbook for data analysis in the behavioral sciences: Methodological issues*. Hillsdale, NJ: Lawrence Erlbaum.

全距(Range)

全距是一个变量【Variable】最大值和最小值之间的距离。例如，设变量为年龄，研究中最年轻的是 26 岁，最年长的是 93 岁，那么年龄变量的全距为 26～93，或表示为 67（93−26=67）。全距是一个变量离散【Dispersion】度的最方便的量度。然而，它却并非离散度的最终量度，因为它极易受到离群值【Outlier】的影响。在例中，设若低于最高年龄 93 岁的次高年龄是 61 岁，那么年龄 93 的出现增大了变量的全距，这一数据所暗示的高龄人口数要多于数据实际给出的高龄人口数。

——Michael S. Lewis-Beck

（马妍译　赵锋校）

等级排序（Rank Order）

等级排序是指一组分数的属性，这组分数可以从最低排到最高，或相反，从最高排到最低。一组分数 15，14，8，11，12 的等级排序可以按照从最低到最高，排列为 8，11，12，14，15，或者按照从最高到最低，排列为 15，14，12，11，8。从形式上说，若将一组分数按照从最低到最高的方式予以等级排序，那么对任意给定分数 X_j 总有 $X_{j-1} \leqslant X_j \leqslant X_{j+1}$；若按照从最高到最低等级的方式，对任意给定分数 X_j，总有 $X_{j-1} \geqslant X_j \geqslant X_{j+1}$。

有时，依据一组分数的等级排序，可以为每个分数分配一个秩（rank）。秩是连续的有序数码（通常是整数）。这些数码反映了一个分数在一组依等级排序的分数上的相对位置。例如，可以赋予分数 8，11，12，14 和 15 如下的秩：

表 1

得分	秩
15	5
14	4
12	3
11	2
8	1

若最低的分数被给予秩 1，秩 3 就意指该分数相对于最低分数是第三高的分数。秩 4 意指该分数相对于最低分数是第四高的。有时，也可以赋予最高分数的秩为 1，最低分数的秩为 N，其中 N 是所有排序分数的总数目。

一组分数中，相同的分数可以出现两次，如 8，11，15，14，8，12。仍然可将该组分数按照从最低到最高，排序为 8，8，11，12，14，15；或者，按照从最高到最低，排序为 15，14，12，11，8，8。在给重复得分赋秩时，传统的做法是以重复分数所得秩的均值为秩值，见表 2。

表 2

得分	秩
15	6
14	5
12	4
11	3
8	1.5
8	1.5

其中，赋予两个相同的分数 8 的秩为 $(1+2)/2=1.5$。

——James J. Jaccard

（马妍译　赵锋校）

融洽关系(Rapport)

融洽关系是指这样一种访谈情形,即访谈员和受访者都感觉舒适且相互之间协调一致。一种融洽关系能够促使每一方了解对方正在叙说的内容。

——Tim Futing Liao

(王玥译 赵锋校)

Rasch 模型(Rasch Model)

Rasch 模型是题项反应模型族中的一个专门且结构简单的模型。对一个题项的二分【Binary】响应[即正确(得分 1),不正确(得分 0)]依赖于一个人的潜特征值和题项的难度。联系得分 1 和潜特征值之间的函数是 Logistic 函数,对每个题项有唯一的位置(难度)参数,但有相同的区别效力。

——Klaas Sijtsma

(马妍译 赵锋校)

* 也可参见项目反应理论【Item Response Theory】。

率的标准化(Rate Standardization)

自社会科学家开始注视经验世界以来,他们就多少明确地进行比率的比较。但直到 19 世纪末和 20 世纪初,学者才真正开始尝试将可观测到的比率间的差异归之于一些混杂【Confounding】因素的分布差异。例如,我们可能想比较两个地区的犯罪率。如果这两个地区的年龄分布【Distribution】有显著差异,且如果已知问题中的犯罪率随年龄变化,那么两个地区的犯罪率就必然随两个地区年龄分布差异的程度而变化。此即,所有可观测到的犯罪率的差异,其中有一部分必然可归之于年龄分布的差异。而其中这部分的犯罪率差异不能归因于地区间促进或抑制犯罪的固有属性。当然,在为相关的社会政策提供决策信息时,这也会产生明显不同的后果。由此,在比较比率时,一个重要的问题是:可观测到的比率差异在多大程度上可归之于被比较的总体间的所谓组分差异(compositional differences)?

在 20 世纪前半叶,部分解决此难题的方法是考虑,如果被比较的总体具有相同的组分[可以任意确定,但通常根据年龄、种族和(或)性别的分布],那么两个或多个比率间的差异会是什么。为此,研究者经常将某一总体作为组分分布的标准,而这个标准既可以是被比较总体之一,也可以是比较研究以外的其他总体。

然后,剩余比较总体的比率将根据剩余总体和标准总体间的组分差异,予以调整和控制。被调整后的比率就被称为标准化的比率(standardized rates)。标准化的比率,用当前的语言形容是对数线性的。此即,它们不是实际能观测到的,而是被构造出来的,好像可以观测发现它们具有相同的,即所谓标准的组分分布。因此,标准化的比率差异不能再归之于被比较总体间在组分分布上的差异。

20 世纪早期,研究人员通过比较标准化(反事实的)比率与非标准化(观测的或粗的)比率的差异来计算观测到的差异可归之于组分差异的比例(Groves & Ogburn, 1928)。然而,直到1940年代后期和1950年代早期,此类应用都还是非正式的,直至伊夫林·基塔嘎娃和她在芝加哥大学的同事将这一比较规范化。这项由基塔嘎娃在1955年出版,并被称作“两个比率间差异组成”的技术,成为一项重要的技术突破,精确地表明观测到的未处理的比率可以怎样被表示为,组分差异和特别组分的观测比率的函数。

自伊夫林·基塔嘎娃(Kitagawa, 1955)的奠基性成果以来,许多学者为我们理解比率的标准化和比较作出了有益的方法改进。最重要的一项是克洛格(Clogg, 1978)运用对数线性模型【Log-Linear Models】发展的一般方法,即他称为混杂影响的净化率(purging rates)。克洛格的净化方法——会同克洛格和伊莱亚森(Clogg & Eliason, 1988),廖福挺(Liao, 1989),谢宇(Xie, 1989),克洛格、肖基和伊莱亚森(Clogg, Shockey, & Eliason, 1990)的改进和扩展——提供了一个有效的模型方法,以统计推论工具为基础,以便比较观测到的、标准化的或更一般的净化率,以及计算这些比率的函数关系。

——Scott R. Eliason

(马妍译　赵锋校)

参考文献

Clogg, C. C. (1978). Adjustment of rates using multiplicative models. *Demography*, *15*, 523-539.

Clogg, C. C., & Eliason, S. R. (1988). A flexible procedure for adjusting rates and proportions, including statistical methods for group comparisons. *American Sociological Review*, *53*, 267-283.

Clogg, C. C., Shockey, J. W., & Eliason, S. R. (1990). A general statistical framework for adjustment of rates. *Sociological Methods & Research*, *19*, 156-195.

Groves, E. R., & Ogburn, W. F. (1928). *American marriage and family relationships*. New York: Holt.

Kitagawa, E. (1955). Components of a difference between two rates. *Journal of the American Statistical Association*, *50*, 1168-1194.

Liao, T. F. (1989). A flexible approach for the decomposition of rate differences. *Demography*, *26*, 717-726.

Xie, Y. (1989). An alternative purging method: Controlling the composition-dependent interaction in an analysis of rates. *Demography*, *26*, 711-716.

定比尺度(Ratio Scale)

史蒂文斯(Stevens, 1946)依最低至最高精确度,确定了四个测量层次:定类、定序、定距和定比。定类、定序和定距尺度在本书的其他部分有介绍。

定比尺度与定距尺度有几项共同特性。它们都能区别数量的大小。任意两个相邻数字间的间距所代表的量都是相等的。

定比尺度的独有特征是存在一个绝对的原点或零点。零点能使研究者明确一个量比另一个量大多少或者小多少。定距尺度则无法得出此论断[也有人主张定距和定比尺度间的区分无关紧要(Wright, 1997)]。

例如,我的体重是180磅,我妻子重120磅。在比较我们两个人的体重时,可以说,我较重,即一个定序层次的区别。或者,可以说,我比妻子重60磅,一个体重的定距测量结果。或者,我可以指出,体重是一个定比变量,进而断言,我是妻子体重的 1.5 倍(我是 90 磅重的儿子体重的 2 倍)。此外,如果我们将今天 30 ℉的寒冷同昨天 60 ℉的温暖相比较(使用华氏度量法),可以断言今天低于昨天 30 ℉,但我们肯定不能说,今天只有昨天一半的温暖。

区分测量层次更精细的方法是判别每一种测量层次隐含的不变性。定序尺度可以进行单调【Monotonic】变换,而保留原尺度的信息。定距尺度可以进行线性变换【Linearly Transformed】。定比尺度只能通过乘以常量【Constant】加以变换。此即,只有乘以一个常数项 ($X' = aX$)时,它们才能保存原有信息。仅在此种情形下,比值相同。若我增重 180 磅(体重加倍),我妻子增重 120 磅(原来体重乘以 2),我们俩体重的比值保持一致(1.5)。

传统的观点接受了史蒂文斯的论断,认为在每一个测量层次上,都有与之相应的特定的统计方法。例如,适用于定类数据的集中趋势【Central Tendency】的唯一度量是众数【Mode】,中位数【Median】可用于描述定序数据,此外,若数据以定距尺度测得,则用算数均值【Mean】。

定比尺度的数据似乎有内在的价值,但在很多情形中,社会科学家并不追求如此精确。探索性研究通常关注定类和定序测量层次的现象。大多数相关【Correlation】/成因研究寻求定距层次的数据。对定比数据最常见的断言来自对模型交互项【Interaction】的检验。一个自有的原点赋予这些交互项以固定的解释,而以任意设定的零点为中心点的定距数据则难以解释。

尽管,对史蒂文斯的测量层次的分类有表面上的共同接受——至少作为本科生的教学工具——但也有大量的不同观点,认为测量层次不应成为放弃使用特定统计工具的理由(Baker, Hardyck, & Petrinovich, 1966; Borgatta & Bohrnstedt, 1980; Gaito, 1980; Mitchell, 1986; Townsend & Ashby, 1984; Velleman & Wilkinson, 1993)。

一个适当的理由是,测量层次并不是被测对象的固有特征。此即,一个对象的同一测量可由史蒂文斯划分的任何一个测量层次表示出来。同样地,一旦我们承认任何测量中都存在误差【Error】——系统的【Systematic】或随机的【Random】——的可能性就会发现,很难严格地断言某一特定的测量层次就是某对象的确定特征。在确定所研究现象的测量层次时,测量工具也会起作用。

测量的史蒂文斯分类,尽管最常见,但并非唯一的分类框架。例如,莫斯特勒和图基(Mosteller & Tukey, 1977),以及克里斯曼(Chrisman, 1997)对史蒂文斯的分类提出了许多增补和修正。替代方案的重要性并不在于它们一定就优于或劣于原来的分类,而在于它们清楚地说明,史蒂文斯的分类并不是完全的。

——John P. McIver

(马妍译　赵锋校)

参考文献

Baker, B. O., Hardyck, C. D., & Petrinovich, L. F. (1966). Weak measurement vs. strong statistics: An empirical critique of S. S. Stevens' proscriptions on statistics. *Educational and Psychological Measurement*, *26*, 291-309.

Borgatta, E. F., & Bohrnstedt, G. W. (1980). Level of measurement—Once over again. *Sociological Methods & Research*, *9*, 147-160.

Chrisman, N. (1997). *Exploring geographic information systems*. New York: Wiley.

Gaito, J. (1980). Measurement scales and statistics: Resurgence of an old misconception. *Psychological Bulletin*, *87*, 564-567.

Koch, W., Schulz, E. M., Wright, R., Smith, R. M., Lang, S. (1996). What is a ratio scale? *Rasch*

Measurement Transactions, *9*, 457.

Mitchell, J. (1986). Measurement scales and statistics: A clash of paradigms. *Psychological Bulletin*, *100*, 398-407.

Mosteller, F., & Tukey, J. W. (1977). *Data analysis and regression*. Reading, MA: Addison-Wesley.

Stevens, S. S. (1946). On the theory of scales of measurement. *Science*, *103*, 677-680.

Stevens, S. S. (1951). *Handbook of experimental psychology*. New York: Wiley.

Townsend, J. T., & Ashby, F. G. (1984). Measurement scales and statistics: The misconception misconceived. *Psychological Bulletin*, *96*, 394-401.

Velleman, P. F., & Wilkinson, L. (1993). Nominal, ordinal, interval and ratio typologies are misleading. *American Statistician*, *47*, 65-72.

Wright, B. D. (1997). S. S. Stevens revisited. *Rasch Measurement Transactions*, *11*, 552-553.

理性主义(Rationalism)

理性主义这一术语既指一种普遍的哲学立场,也指一组人类行动和社会关系的理论。在西方哲学中,理性主义与经验主义【Empiricism】之间的长期对立在于,我们的知识源自理性还是经验,抑或两者中谁居首。在现代科学哲学中,理性主义者宣称,科学的规律必然是真的,同时,这种必然性的观念有时让他们更接近于实在论和对因果关系【Causality】的实在论说明。然而,理性主义更常用来指称此一原则,即大多数的人为了好的理由而去做,或者可以假定为了好的理由而去做;同时,社会解释应当依据(通常是个体的)理性行动。这就在经济学和其他社会科学领域产生了一项强有力的研究纲领:如果我们认为,卖东西而求最高价是理性的,可以预言,在其他情况都相同时,人们都将这样做。正如哲学家马丁·霍利斯(Hollis,1977)所说:"理性行动是它自己的解释"(p. 21)。仅当人们没能理性地去做时,我们才需要一个关于他们的举动的专门解释。当然,存在着理性解释的不同层面:以最低的价格买香烟是理性的,将它们抽完则是非理性的。理性行动和理性选择并不必然是自私的;人们可能因为火车对环境破坏更少,理性地选择乘火车而非汽车或飞机去旅行。

关于理性行动和理性选择的解释的有效性存在着相当大的争议,尽管它们在政治科学和国际关系领域已经变得越来越突出,甚至在社会学和社会人类学也能发现它们。一方面,在作选择时,真的如模型所说的那样计算吗?比如,选择婚姻伴侣、政治政党或宗教信仰?理性行动理论似乎忽略了人类文化和意识形态的丰富特征。另一方面,他们又为社会科学提供了一些有用的工具和解释范式,诸如"搭便车(free rider)",囚徒困境【Prisoner's Dilemma】,以及来自博弈论【Game Theory】的模型。一般来说,理解【Verstehen】是社会研究中的一项核心元素,即对人们理解自身处境的方式的理解和对人们何以如此这般行事的理由的理解,即便它最终由更多结构化的解释来补充或排除。要记住的是,当我们被认为做错某事时,我们最常被要求去"自我辩解"。

——R. William Outhwaite

(王玥译　赵锋校)

参考文献

Elster, J. (Ed.). (1986). *Rational choice*. Oxford, UK: Basil Blackwell.

Elster, J. (1989). *Nuts and bolts for the social sciences*. Cambridge, UK: Cambridge University

Press.
Hollis, M. (1977). *Models of man*. Cambridge, UK: Cambridge University Press.
Hollis, M., & Smith, S. (1990). *Explaining and understanding international relations*. New York: Oxford University Press.

原始数据(Raw Data)

我们常哀叹道,“要做的太多,时间则太少”。相同的抱怨也可用于数据【Data】。我们经常发现自己面对着“如此多(原始)的数据,以及这么少(有用)的信息”的状况。对于大多数收集和分析数据的研究者而言,挑战在于从原始材料中萃取出有用的信息。

让我们从一系列描述原始数据的必要区分开始吧。

第一,“数据”是一个复数名词。数据即许多个单个数据。

第二,所有的数据汇集都是不完整的。因为各种各样的限制,总有数据未予收集。时间、金钱,以及两者之合——效率,是我们难以收集能够回答所有问题的可用原始数据的三个常见原因。然而,数据收集逐渐变得更加容易、更加有效率,因此,越来越多的数据被收集。由于缺乏处理这些额外的原始数据的能力,更多的数据并不能增加知识,不过得到提高的计算能力已赋予人们更有效地处理更多数据的能力。

第三,“原始数据”这一表述含有数据处理水平的意思,即人们不能期望,在没有进一步努力的情况下,当前的数据就能提供有用的信息。“原始”暗示着数据还没有以特定的方式得到概括或分析,从而能根据它们被收集的目的释出相应的信息。

第四,原始数据可能是以另一种呈现格式被汇集起来,而这种格式会影响研究者思考该如何处理它们。也许考虑这个问题的最简单方式是,想一想用在计算机处理信息中的各种符号样式。在计算机中,数据常以二进制、十六进制或十进制数字系统的方式呈现出来,或者呈现作(ASCII)文本。数据的组织也同样会有影响:信息可能是以位(bits)、四位组(nibbles)、字节(bytes)、字(words)等组织起来的。

一个人处理过的数据可能是另一个人的原始数据。收集数据的方法和收集到的数据的聚合水平,在分析者决定要如何分析作为原始数据而被聚集起来的材料时,起着重要的作用。

例如,我们可以考虑一下,有一个调查【Survey】问题的答案汇集,而该调查共有5个问题构成一组,目的在于测量公众对堕胎的态度。这些数据最分散的样式是对5个问题中每个问题的个人回答——常见的形式是代表各个答案的数字。一名调查研究者可根据调查问题,利用这些数据建立起个体回答的模式或一致性。这种努力将引出第二个水平上的数据聚合,即造出一个量表【Scale】,以表现对这组问题的回答综合,亦即给每个个体回答人赋予一个回答分数。就所有被访个体的子样本或各个群组,通过总计他们的个体量表分,就可以达到第三个水平上的数据聚合。这些数据聚合的第四个水平可能要报告佩奇和夏皮罗(Page & Shapiro,1992)所说的“集体民意”,还要报告整个样本【Sample】的平均量表分——通常与另一个在不同时间点从同一个总体【Population】中获得的样本作比较,或与同一时间点从不同的总体中抽取的样本作比较。

比收集数据使用的方法更关键的是,要回答的研究问题【Research Question】或要检验的理论【Theory】。原始数据必须多于(实际上少于)可从世界中得到的所有信息的简单集合。原始数据同沙堆有何种区别? 数据必须依据一个目的而被辨识和收集。正是研究问题驱动着在所有可能的数据中收集其中某些子集,并排除其他信息。

最后,所有数据应该受到各种各样的评估,包括根据数据被收集的目的,判断数据中包含的误差程度。这类评估包括确定数据的信度【Reliability】和效度【Validity】,还包括给出舍弃数据的合理理由,以及对缺失数据【Missing Data】问题的考量。

本书中同样描述了数据的词条包括档案研究【Archival Research】、自传【Autobiography】、分类数据分析【Categorical Data】、截删数据【Censored Data】、计算机辅助数据收集【Computer-Assisted Data Collection】、横截面数据【Cross-Sectional Data】、数据【Data】、实验【Experiment】、网络调查【Internet Survey】、口述史【Oral History】、定群数据分析【Panel Data Analysis】、个人档案【Personal Documents】、二手数据【Secondary Data】、时间序列【Time-Series】。

——John P. McIver

(王玥译 赵锋校)

参考文献

Coombs, C. H. (1964). *A theory of data*. New York: Wiley.

Diesing, P. (1991). *How does social science work?* Pittsburgh, PA: University of Pittsburgh Press.

Hyde, R. (2003). *The art of assembly language*. San Francisco: No Starch Press.

Page, B. I., & Shapiro, R. Y. (1992). *The rational public*. Chicago: University of Chicago Press.

RC(M)模型(RC[M] Model)

参见关联模型【Association Model】。

反应性测量(Reactive Measures)

参见反应性【Reactivity】。

反应性(Reactivity)

反应性这一术语,简单地指行为的观察或测量会影响行为本身,从而作出的解释会受误差的影响。可以将反应性问题理解为研究中的"人为要素(artifacts)"(Rosnow & Rosenthal, 1997),这一更普遍且有众多表现形式的难题的一个方面。例如,罗伯特·罗森塔尔(Rosenthal,1966)观察到,实验员对女性实验对象微笑多于男性实验对象,他还颇具想象力地将其解释成"骑士精神在心理学实验中没有消失"。罗森塔尔警告说,实验员的微笑影响实验对象的反应,这在心理学上是有趣的,但它的方法论后果则令人困惑。他将实验员导致的偏差效应归之于未控制的心理社会和生理社会的因素，同时，他也指出，非人类对象的实验研究也容易受到反应性效应的影响。例如，他陈述了这样一个发现，即在动物实验室中有经验的观察者能够根据老鼠跑迷宫或被抓起时的行为，猜测出哪几个实验员曾经摆弄过老鼠。

当研究中使用自我报告的人格测量法时，反应性问题有时表现为社会赞许性偏见【Social Desirability Bias】。这意味着，受访者不愿意显露他们真实的情感和信念，而是以他们认为能给他们带来好印象的方式作答。识别这类偏见的一个标准方法是，将个性测量的响应和社会赞许的测量作相关分析。目前，已有一系列关于自我报告测量的研究和理论，既包括检测反应性的程序，也包括控制的方法（Stone et al.，2000）。

另一种区分是反应性测量和非反应性测量的分别，后者指那些不影响行为的测量（Webb，Campbell，Schwartz，Sechrest，& Grove，1981）。社会学研究者使用的各类非反应性测量方法包括：物理痕迹（physical traces）法、隐秘工具（covert instruments）法和故意隐踪观察（contrived unobtrusive observations）法。例如，韦布等人引证，一些研究者使用绘有婴幼儿的艺术品的照片来研究社会历史的相似与差异。虽然隐秘【Deception】工具（如隐蔽的麦克风或隐藏的相机）在被使用时经常引起伦理的担忧，但是，韦布等人主张多数社会研究中进行的隐秘测量并不足以产生危害，也不会引起严重的伦理问题。应用故意的、隐踪的观察法的研究，如在某些田野试验【Field Experiment】中，不仅使用隐藏的测量工具，还会使用一些操控（manipulation）工具。

——Ralph L. Rosnow

（马妍译　赵锋校）

参考文献

Rosenthal, R. (1966). *Experimenter effects in behavioral research*. New York: Appleton-Century-Crofts.

Rosnow, R. L., & Rosenthal, R. (1997). *People studying people: Artifacts and ethics in behavioral research*. New York: W. H. Freeman.

Stone, A. A., Turkkan, J. S., Bachrach, C. A., Jobe, J. B., Kurtzman, H. S., & Cain, V. S. (Eds.). (2000). *The science of self-report: Implications for research and practice*. Mahwah, NJ: Lawrence Erlbaum.

Webb, E. J., Campbell, D. T., Schwartz, R. D., Sechrest, L., & Grove, J. B. (1981). *Nonreactive measures in the social sciences* (2nd ed.). Boston: Houghton Mifflin.

实在论（Realism）

实在论者坚信某些值得怀疑的、实体的、实际的或可能的存在。这些实体可能是亚原子粒子、某一社会结构或世界及宇宙本身。作为一种普遍的哲学立场，实在论常对立于怀疑论——该学说认为我们无法知道事物（或任何东西）是否存在，也对立于如下立场，即把对实体的参照仅视作使得观察有意义的实用的虚构。实在论倾向于和唯物主义连同起来对抗唯心论【Idealism】，同时，就类词（general terms）的“普遍特征”或所指事物，实在论还对立于唯名论（nominalism）。在后一意义上，它与唯心论相接近，都断言某些东西的真实存在，比如说，与其在具体的红色对象中所显示的式样有别,红性的真实存在。在现代科学哲学中,实在论主要拒斥实证主义【Positivism】,以及由“逻辑实证主义(logical positivism)”或“逻辑经验主义(logical empiricism)”提出的主张,即认为关于对象——好像能够脱离我们对它们的观察而实存——的形而上学问题,是无意义的。最近,随着实证主义(参见后经验主义【Postempiricism】)的没落,实在论者,特别是那些认同批判实在论【Critical Realism】的,已经把他们的反对点更多转向社会建构主义【Constructionism】和后现代主义【Postmodernism】。当然,也有其他实在论者把实在论的科学概念同说明人类社会的社会建构主义结合起来。

实在论的论证分为两大类别:第一类,是从科学的汇归(convergence)而来的归纳论证。如果科学家们对于经过多年精练的解释逐渐地取得一致,就有理由认为我们正在接近于一个实在的可靠表象。第二类,是关于原则的论证,即为了使得科学成为可能或有意义所需立基于其上的原则——特别是世界以一种有序的和可预测的方式存在。在社会科学中,两组论证都是问题重重:不仅不存在对一致认可的范式【Paradigm】的汇归,甚至就社会科学的可能性(参见自然主义【Naturalism】)都缺乏完全一致的认可。更可能的是,社会科学家在参照(现实的种种)社会结构和社会机制之前,已经有了一个含蓄的“好像是……”。

实在论并不将自己托付给任何关于社会世界的特定理论,或任何特定的研究方法。然而,如同“反经验主义(antiempiricism)”或“后经验主义(postempiricism)”的立场,它贬低了作为成功的解释标准的重复观察和预测的重要性。尽管理论分析和实验能表明实体的存在,但是那些只有在其效应中才能被观测的实体,如磁场和社会结构,却可能与其他实体互相影响,以至于效应相抵。比如,在地球的表面,就同时受到重力吸引的作用和地球旋转的离心力的作用;其结果是仍留在原地。社会力无论个人的还是结构的,都可能以相似的方式互相影响,可是它们却更难获得普遍满意的证明。反实在论者(antirealists)认为一种明显的不受控制的实体的激增是有问题的,而这些实体被赋予了像人一样的因能(causal powers)(参见因果关系【Causality】),同时,他们还责难实在论者的本质主义【Essentialism】。

——William Outhwaite

(王玥译　赵锋校)

参考文献

Outhwaite, W. (1987). *New philosophies of social science: Realism, hermeneutics and critical theory.* Basingstoke, UK: Macmillan.

Sayer, A. (1992). *Method in social science: A realist approach* (2nd ed.). London: Routledge.

Sayer, A. (2000). *Realism and social science.* London: Sage.

双向关系(Reciprocal Relationship)

双向关系是指一组假设的关系,其中某事件 X 影响第二个事件 Y,反之亦然。几项统计技术可用于判定双向关系是否存在:包括 F 比值【F Ratio】、间接最小二乘(indirect least squares, ILS)、工具变量【Instrumental Variable】、三阶最小二乘(three-stage least squares, 3SLS),以及二阶最小二乘【Two-Stage Least Squares】(也称作非递归因果模型)。双向关系常出现在因果模型【Causal Modeling】或者结构方程估计中。

考察一下,工具变量法的一个特例,二阶最小二乘(2SLS)(Kennedy, 1998, p.165)。若要实施最小二乘,就要接连估计两个方程。第一个方程"以所有内生变量【Endogenus Variable】为回归项,建立其与联立方程系统中所有外生变量【Exogenous Variable】的回归关系……进而计算这些内生变量的估计值"(Kennedy,1998,p.165)。第二个方程当"将这些估计值作为内生变量的工具变量,或者仅使用这些估计值,并将外生变量作为回归项,建立一个最小二乘【Ordinary Least Squares, OLS】方程"(Kennedy, 1998, p. 165)。此方法先在一个联立方程系统中,逐个地将内生变量回归于外生变量,再将估计值当作回归项,带入最小二乘方程中计算,以此来检验双向关系的可能性。

一个双向关系的示例便于更充分地理解这个概念。政治科学家丹·伍德用一个例子说明了在他的环境政治学(environmental politics)研究中,双向关系如何发挥作用。伍德主张,涉及清洁空气的美国环境法在联邦层面的执行依赖于国家和地方两个层面对这些法律的执行(Wood, 1992)。通过使用工具变量法,即他设计的第一个方程预测了州层面的法律执行,他检验了他的观点。他的第二个方程以第一个方程所得的预测值为新的自变量【Independent Variable】,进而预测联邦层面对环境法的执行。在这个示例中,存在一个双向关系。因为州层面的法律执行依赖于美国联邦环保部对州项目的财政支持,同时,州的行动又影响了它们所获支持的程度(Wood, 1992, p. 50)。这个双向关系很重要,伍德(Wood,1992)必须明确两件事,以确定这一双向关系的存在:一是联邦财政支持的水平对州执行水平的效应;二是州执行的水平对每个州能获得多少联邦财政支持的效应。伍德用工具变量法得到的结果推论,在州执行水平和联邦环保部给予的财政支持度间存有双向关系。

——Kenneth W. Moffett

(马妍译 赵锋校)

参考文献

Kennedy, P. (1998). *A guide to econometrics* (4th ed.). Cambridge: MIT Press.

Kmenta, J. (1997). *Elements of econometrics* (2nd ed.). Ann Arbor: University of Michigan Press.

Wood, B. D. (1992). Modeling federal implementation as a system: The clean air case. *American Journal of Political Science*, *36*, 40-67.

再编码(Recode)

"再编码"一词,描述了改变变量【Variable】的值的过程。在收到或集齐一份数据集后,研究者不可能将其直接进行数据分析。通常必须先改变变量的值,才能用于分析。再编码一个变量的原因有很多,罗列如下:

1.数据的原始编码【Coding】存在必须改正的错误。就某一变量,计算其频次分布【Frequency Distribution】或描述性统计量,可以帮助研究者查出必须通过再编码予以纠正的潜在错误。

2.通常收集到的数据中总是包含了尽

可能多的信息，但是必须再编码这些数据才能获得更具解释力的结果。如在调查中，回答人可能按要求报告他们的出生日期。将这些值再编码成年龄（以年为单位），研究者就能以更直观的方式解释该变量。

3.如果一个变量中某些值的编码不便于分析，也必须再编码。如在调查中，回答“不知道”和“拒绝回答”常被编码为 8 和 9。研究者需要再编码这些值，使得所用的计算机软件程序能将其识别为缺失值。保持这些值不变将产生错误的结果。

4.给变量再编码的另一个常见原因是变原编码成序数的编码。在调查中，回答人的党派认同可能被编码为 1=民主党，3=共和党，5=独立；可以重新将其编码为 1=民主党，2=独立，3=共和党，由此编码就变成序数的编码。

5.还可以用再编码把一个变量的值归并成较少的类别。如回答人的收入可能是以 10 000 为区间分类记录的，其中，1 = \$0 到 \$10 000，2 = \$10 001 到 \$20 000，3 = \$20 001到 \$30 000，依次下去，共计 10 个类别。现在可以将收入再编码为低收入、中等收入、高收入，即将原来的编码 1，2，3 再编码为新的值 1（低收入），将原编码 4，5，6 再编码为新的值 2（中等收入），以此类推。

6.再编码某个变量的另一个原因是为了显出两个变量之间的真实关系而变换该变量的值（如一个对数变换）。

7.此外，如果在原来的编码过程中，给缺失值赋了一个数值，那么研究者需要在分析数据前再编码这些缺失值。建议对再编码的变量计算一次它的频次或描述性统计量，以确保再编码符合要求。

——Charles Tien

（王玥译　赵锋校）

＊也可参见编码【Coding】。

参考文献

Nagler, J. (1995). Coding style and good computing practices. *Political Methodologist*, *6*, 2-8.

Norusis, M. J. (1990). *SPSS base system user's guide*. Chicago: SPSS.

记录-核实研究（Record-Check Studies）

记录-核实研究通过两个来源获取同一个事实的数据，通常一个来源是家庭调查，另一个来源是某种行政记录。很多时候，其目标在于评估家庭调查的测量误差；这类研究也常被称作确认研究（validation studies），一般还假定记录资料是没有错误的。有时，在计算调查的估计值时，还用记录的数据代替家庭调查报告中的数据。如马克林和泰勒（Machlin & Taylor，2000）所描述的，医疗支出追踪调查（the Medical Expenditure Panel Survey）中的医疗供应者调查（the Medical Provider Survey）部分就是一个数据置换记录核查的例子。

马奎斯（Marquis，1984）和格罗夫斯（Groves，1989）各自提供了确认型记录-核实研究的具体定义。马奎斯以一个二乘二的矩阵，根据一个二分变量的值（例如，某种慢性病状况的存在或不存在），为记录-核实研究划定了一个基本类别。就同一疾病状况,两个数据源可均予以肯定(矩阵的 A 格);两者均否定(矩阵的 D 格);或者记录为肯定,调查为否定(矩阵的 B 格);抑或调查为肯定,记录为否定(矩阵的 C 格)。一种完全设计(full-design)的记录-核实要容许所有四个格子的定量测量。在某些"对角记录核实(reverse record check)"研究中,仅当调查回答人报告肯定的答案时,才对记录予以核实(即一个"AC"设计)。在某些"前向记录核实(forward record check)"研究中,仅对那些在记录中肯定地确认的个体才进行调查(即一种"AB"设计)。

一个完全设计的记录-核实研究的例子是由爱德华兹等人(Edwards et al.,1994)给出的。他们在研究中使用了美国国家家庭访谈调查(National Household Interview Survey,NHIS)问卷,调查了从一个职员型健康维护组织(Health Maintenance Organization,HMO)的成员中选取的回答人。他们用 Kappa 统计量报告了两个来源数据的一致度,同时发现,在某些慢性病状况(如糖尿病和高血压)上,数据有极佳的一致度,而在另一些慢性病状况(如慢性支气管炎、心脏杂音)上,数据的一致度很差。他们还比较了根据每一来源计算的总体估计值,发现家庭调查的估计值同得自记录的估计值相比,即存在高报(如心脏杂音和耳鸣),也存在低报(如皮炎和心脏病)。

格罗夫斯发现确认型记录-核实的两个限制:(a)假定记录是无误的,而事实上,记录系统经常会出现同调查同类的错误;而且(b)在比较两个数据源之前,必须将家庭报告的数据同记录数据匹配起来,而这是另一个容易导致疑问和错误的过程。例如,在爱德华兹等人的研究中,一种"真的"疾病状况可能没有记录,或者因为病人从没有提及它,或者因为在病人加入 HMO 之前已经得到了诊治,或者由于医务人员的失误。如马克林和泰勒就 MEPS 所做的描述,由于匹配特征时会发生错误,如病人的姓名、事件的数据、事件的类型,还有事件的缘由,因此匹配医疗事件是受概率支配的过程。

——W. Sherman Edwards

(王玥译　赵锋校)

参考文献

Edwards, W. S., Winn, D. M., Kurlantzick, V. et al. (1994). *Evaluation of National Health Interview Survey diagnostic reporting*. National Center for Health Statistics. Vital Health Stat 2(120).

Groves, R. M. (1989). *Survey errors and survey costs*. New York: Wiley.

Machlin, S. R., & Taylor, A. K. (2000). *Design, methods, and field results of the 1996 Medical Expenditure Panel Survey Medical Provider Component* (MEPS Methodology Report No. 9, AHRQ Pub. No. 00-0028). Rockville, MD: Agency for Healthcare Research and Quality.

Marquis, K. (1984). Record checks for sample surveys. In T. Jabine, E. Loftus, M. Straf et al. (Eds.), *Cognitive aspects of survey methodology: Building a bridge between disciplines*. Washington, DC: National Academy Press.

递归的(Recursive)

许多社会科学理论【Theory】设定的模型含有多个方程。一个递归方程组是联立方程【Simultaneous Equations】组的一类。递归方程组由因变量的因果链结合在一起。在递归模型中,(a)模型中影响的方向是单向的(没有双向因果或者反馈回路);(b)方程的误差项不相关。若一个方程组被认作是递归的,两个条件就必须同时得到满足。

考察下面的递归方程组:

$$y_1 = \gamma_{11}x_1 + u_1$$
$$y_2 = \beta_{21}y_1 + \gamma_{21}x_1 + \gamma_{22}x_2 + u_2$$
$$y_3 = \beta_{31}y_1 + \beta_{32}y_2 + \gamma_{32}x_2 + u_3$$

其中,$\mathrm{Cov}(u_1, u_2) = \mathrm{Cov}(u_1, u_3) = \mathrm{Cov}(u_2, u_3) = 0$。

在方程组中,内生变量【Endogenous Variable】标作 y,外生变量【Exogenous Variable】标作 x。β 表示一个内生变量对另一个内生变量的影响,同时,γ 表示一个外生变量对一个内生变量的影响。方程中的误差由 u 表示。

模型可以用路径图【Path Diagram】画出来,以图示的方法呈现出变量间的关系(图 1)。

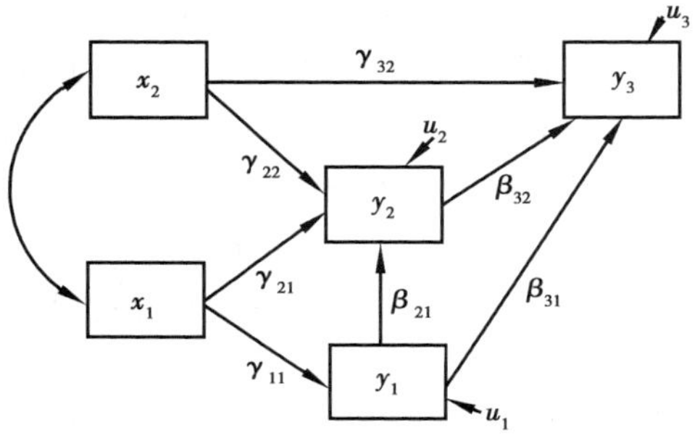

图 1

模型【Model】也可以用系数矩阵【Matrix】表示。注意,方程中的下角标表示矩阵中系数的位置。

$$\begin{bmatrix} y_1 \\ y_2 \\ y_3 \end{bmatrix} = \begin{bmatrix} 0 & 0 & 0 \\ \beta_{21} & 0 & 0 \\ \beta_{31} & \beta_{32} & 0 \end{bmatrix} \begin{bmatrix} y_1 \\ y_2 \\ y_3 \end{bmatrix} + \begin{bmatrix} \gamma_{11} & 0 \\ \gamma_{21} & \gamma_{22} \\ 0 & \gamma_{32} \end{bmatrix} \begin{bmatrix} x_1 \\ x_2 \end{bmatrix} + \begin{bmatrix} u_1 \\ u_2 \\ u_3 \end{bmatrix}$$

如所有递归方程组一样,可将上文的模型看作因果的序列(y_1影响 y_2,y_1和 y_2影响 y_3),并且一个方程的扰动项与另一个方程的扰动项不相关。在递归模型中,形式上,β 可以写成下三角矩阵(系数只出现在对角线以下的位置),方程中误差(u)的方差-协方差矩阵是一个对角阵。如果模型中有任何反向的因果关系,如 y_3对 y_1的影响(直接的或是通过其他变量链),或者,如果任意一个或所有的误差项相关,该模型就是非递归的【Nonrecursive】。

一个递归模型中的每一个方程都可以分别用最小二乘【Ordinary Least Squares, OLS】回归予以估计。

——Pamela Paxton

(马妍译　赵锋校)

* 也可参见结构方程模型【Structural Equation Modeling】。

参考文献

Bollen, K. A. (1989). *Structural equations with latent variables*. New York: Wiley.

Greene, W. H. (1997). *Econometric analysis* (3rd ed.). Upper Saddle River, NJ: Prentice Hall.

Heise, D. R. (1975). *Causal analysis*. New York: Wiley.

简化论(Reductionism)

在科学哲学中,"简化论"一词一般指下述观念,即复杂的解释可以或应当化约成简单的。例如,生物现象可以由它们的化学成分来解释,而其化学成分转而可以由它们的原子或亚原子属性来解释。在社会科学中,简化论在不同的层次上发生作用,但遵循着相同的原则,也寻求复杂现象的简单解释。这是一个富有争议的策略,同时,有些人从事于此,却极少用这个词,而偏好(例如)方法论个体主义【Methodological Individualism】这样的表述。

简化论通常是比个体主义更加极端的策略,可以用于范围更广的现象。简化论曾是众多社会科学追寻的目标,特别是经济学、政治学、人类学和社会学。简化论的维多利亚式热情,即将社会现象的解释化约成个体的、遗传的生物特征在当代的复兴,可能作为这一理论的一个范例。它的现代表述可在进化心理学学科中找到。在多大程度上个体的生物特征决定了他们的社会特征和形式,这在各种进化理论的拥护者之间有很大的差别,但是,最常采用的解释则依赖于基因遗传。

这一理论有两个要点——其一是遗传学,它越出了公认的观点,即认为我们的基因遗传预先影响了某些生物特征(疾病,如癌症),进而认为,我们的心理特征(如智力)或特定的行为模式(如越轨、空间能力、社交能力等),全部地或部分地归因于我们的基因。其二,进化心理学家主张人类基因组源自人类物种的自然选择。达尔文的自然选择原理排除了习得特征向后代的传递;只有繁衍的传递可以传递产生生活和行为特征的基因。自开化以来,人类在生理结构上少有变化,特别在脑的能力和特征上。因此,可以说,当大脑开始以不同于灵长类近亲的方式进化时,我们目前的基因禀赋就形成了。这一解释并不排除环境的交互作用,但是该理论认为,要想对人类行为作出解释,就必须先考虑开化前已定型的行为特征的基因遗传。

诸如此类的简化论解释已引发出一些非常有争议的社会研究。最著名的是赫恩斯坦和默里(Herrnstein & Murray,1994)的《钟形曲线》(*The Bell Curve*)。他们的核心论点是,美国大多数的社会和经济问题源于那些饱受贫困、失业和教育失败的人的低下智力。因此,他们推论,无论多少社会介入(例如 Head Start 项目)都不可能根本改变个体的生活机遇,也不可能改变这些个体生活的社会环境。他们的论证基于对全国青年追踪调查的 IQ 资料的分析,同时他们宣称,分析证明了 IQ 测验是生活成功的可靠的预测指标(Dickens, 2000, p. 67)。他们的研究既因为引出结论的相关关系的微弱而受到批评,也因为 IQ 的规范定义而受到批评。

更一般地说,对生物简化论的批评集中于支撑论点的数据缺陷,以及引用辅助假设解释经验不一致的倾向(Dupré, 2001, p. 68)。然而,对那些在社会科学中排除行为的所有生物学前提的人的挑战是,需要说明社会行为如何从生物学中独立出来。

——Malcolm Williams

(王玥译　赵锋校)

参考文献

Dickens, P. (2000). *Social Darwinism*. Buckingham, UK: Open University Press.

Dupré, J. (2001). *Human nature and the limits of*

science. Oxford, UK: Oxford University Press.
Herrnstein, R., & Murray, C. (1994). *The bell curve: Intelligence and class structure in American life*. New York: Free Press.

反身性(Reflexivity)

反身性是一个有着不同用法的术语(Bourdieu & Waquant, 1992; Lynch, 2000)。对某些作者而言,例如,米德和加芬克尔,反身性是人类社会生活的中心特征,尽管他们两人给予这个词不同的意思。对于米德而言,个体由于能采用他人的态度,以及由此能反思他或她的行为,而变成自我(参见符号互动论【Symbolic Interactionism】)。对于加芬克尔而言,反身性指称如下事实,即社会行动在本质上是可说明的,在这个意义上,社会行动即是在行动之中且通过行动所展示的东西,也是行动的参与者所理解的东西(参见常人方法论【Ethnomethodology】)。在此,我们主要关注反身性的另一种用法,即社会研究实践的一项特征。它既是事实,也可能且应当成为一种品行。一种观点认为,研究者总是他们所研究的社会世界的一部分;他们不可能越出其中,以获得超然世外的视角(olympian perspective),或步出其外,从而达到一种"自无而观(view from nowhere)"的境地。沿着上述论点,研究者应当持续地反思他们自己在研究过程中的角色,以及研究过程所发生的广阔背景。这种反思应引导研究的进程;同样,在撰写他们的研究发现时,研究者应给出研究过程细致的说明,从而允许读者根据背景来评判他们的研究发现(Hammersley & Atkinson, 1995)。

人们提出了几项支持研究者反身性的论点,不过,其中某些观点与其他观点相互矛盾。最根本和最率直的观点认为,研究是一项复杂且困难的活动,不能被简化为遵循一套预先设定的规则。研究者不可能决定怎样做才最好,而是需要持续地反思已经做了什么、有多成功,以及未来怎样更好地继续。这是一个相对普遍认可的观念。这一论点的改进版是,为了记录和追踪反身性,并使得任何对研究发现的扭曲影响变得最小,研究者必须反思自己如何影响被研究的情境和人。

关于反身性的另一个论点要求把社会学的理论应用于社会研究自身。一个例子是贝克尔将标签理论应用于研究偏倚的问题(Becker, 1967)。还有一个相当不同的例子是古尔德纳的"反身社会学(reflexive sociology)",即社会学被视作一种具有改造作用的社会运动,而这一运动持续地构建、应用并发展着对世界(以及它自身)的理解,从而促进人类集体目标的实现(Gouldner, 1973)。

对反身性的另一种解释与怀疑论的认识论【Epistemology】观念相联系。这一观点始于以下坚持,即知识从不只是存在于事物的表象,而总是等同于一项社会建构,并由此反映了研究者的视角和社会位置。这一论点的几种版本认可如下观念,即通过反身性,研究可以成为一种透明的、产生真知的活动(Alvesson & Sköldberg, 2000)。对于其他人,反身性的优点完全存在于它持续地颠覆了所有倾向于相信说明可以表现世界的观点。这里,反身性等同于一项伦理的或政治的承诺,持续地提醒读者,所有的说明,甚至包括那些建构主义研究者的,都是各种人为的构造而不是表象(Woolgar, 1988)。根据这种立场,说明不能依效度而评判,至少不能被视作与实在相符合,反而必须根据政治的、伦理的或审美的标准来评估。实际上,首要的标准可能只是研究者反思自身的程度。

尽管对反身性的思考有不同的方式，但是根据以上所有的论点，反身性成为研究中的关键品行，而且，在某些情况下，也是唯一可有的。然而，不仅对这种观念存在着批评，而且在那些倡导反身性的不同解释的学者间，甚至自称以同一方法进行反思研究的研究者间，也存在着争论（Czyzewski，1994）。一些批评同时来自经验主义和反经验主义两个方向，例如，常人方法学（Lynch，2000）。一方面，批评说，对研究过程的反思本身不会增加研究发现的预期效度。另一方面，某些常人方法学者批评反身性的观念，因为它本身暗含着研究者多少可以超越这个被反身地构建的世界，而研究者和他们所研究的事物其实都必然是其中的一分子。

还有的批评拒绝此观念，即反身性能够提供一个基础，而在此基础上，可以以一种方式，例如，古尔德纳提出的方式，给出某种对社会世界的单一、全面的理解（Hammersley，1999）。对于要求研究者的反思式说明所产生的后果，有人也提出了担忧。有学者提出，这样做可能让年轻的研究者处于被监控的状态，等同于处于一种被支配的形式中（Paechter，1996；Troyna，1994）。

由于术语反身性容许各种解释，因此，尽管其中特定的解释作为后实证主义研究方法论的重要组成，得到某些人强烈的提倡，它们的价值还是为他人所挑战。

——Martyn Hammersley

（王玥译　赵锋校）

参考文献

Alvesson, M., & Sköldberg, K. (2000). *Reflexive methodology*. London: Sage.

Becker, H. S. (1967). Whose side are we on? *Social Problems*, *14*, 239-247.

Bourdieu, P., & Waquant, L. J. D. (1992). *An invitation to reflexive sociology*. Chicago: University of Chicago Press.

Czyzewski, M. (1994). Reflexivity of actors versus reflexivity of accounts. *Theory, Culture and Society*, *11*, 161-168.

Gouldner, A. V. (1973). *For sociology*. Harmondsworth, UK: Penguin.

Hammersley, M. (1999). Sociology, what's it for? A critique of the grand conception. *Sociological Research Online*, *4* (3). Retrieved from http://www.socresonline.org.uk/socreson line/4/3/hammersley.html.

Hammersley, M., & Atkinson, P. (1995). *Ethnography: Principles in practice*. London: Routledge.

Lynch, M. (2000). Against reflexivity as an academic virtue and source of privileged knowledge. *Theory, Culture and Society*, *17*(3), 26-54.

Paechter, C. (1996). Power, knowledge and the confessional in qualitative research. *Discourse: Studies in the Politics of Education*, *17*(1), 75-84.

Troyna, B. (1994). Reforms, research and being reflexive about being reflective. In D. Halpin & B. Troyna (Eds.), *Researching education policy*. London: Falmer.

Woolgar, S. (Ed.). (1988). *Knowledge and reflexivity*. London: Sage.

回归（Regression）

在非实验的社会科学中，回归是运用最广泛的数据分析技术。在一个回归模型中，一个因变量【Dependent Variable】（常标作 *Y*）是一个或多个自变量【Independent

Variable】的函数(常标作 X_1,X_2等)。自变量被假定解释或至少预测了因变量测量的现象。最简单的回归模型断言只存在一个自变量:$Y = a + b_1X_1 + e$。这个双变量回归模型表示变量 Y 是变量 X_1 的线性累加函数,再加上一个常数项(记作 a 的固定值)和一个误差项(记作 e)。主要兴趣在 X_1 对 Y 的影响,即记作 b_1的回归系数。为了获得 a 和 b_1的数值估计,运用最小二乘【Ordinary Least Squares,OLS】方法,用一条直线拟合 X_1对 Y 的观测值。一个更复杂的回归模型断言存在两个自变量:$Y = a + b_1X_1 + b_2X_2 + e$。这个多元回归模型表示,$Y$ 是 X_1 和 X_2 的线性函数(加上一个常数项和一个误差项)。一个多元回归分析【Multiple Regression Analysis】方程总是有两个或多个自变量。在下文中,将用一个数据实例来审查双变量和多变量回归技术。然后讨论相关的假定、历史和最新的进展。

双变量回归

社会科学家通常需要检验两个变量之间的关系。为了举例说明,下面将展示一个经验的例子。想象一下教育社会学家们在一个中西部的小的大学中寻求相关信息,试图了解他们的学生在毕业后的收入。他们想了解很多事情,包括基本的人口学因素的影响,如学生家庭的社会经济背景。特别的,如果可能,他们试图建立如下联系,即父母的受教育年限和子女后来的工作收入之间的关系。为了收集关于这些和其他研究问题的必要数据,他们从 15 年前毕业的 350 名学生的校友名录中抽取了一个随机样本【Random Sampling】。出于研究经费的考虑,他们在每 10 个人中抽取一个人,得到了一个样本量为 35 人的样本。表 1 包含了他们调查的部分数据。第一列是学生的编码【Code】;第二列是父母教育变量,以父母中受教育年限较高的一方所完成的正规教育年限测量;第三列是学生的收入变量,以学生所报告的毕业 15 年后年收入(单位是千美元)测量;第四列是学生的性别,值 1 = 男性,0 = 女性。在通用统计软件【Statistical Package】中,这些数据列示见表 1。

表 1 三个变量的数据集

个案	变量 1	变量 2	变量 3
	受教育年限	收入	性别
1	6	18	0
2	6	30	0
3	8	21	0
4	8	24	0
5	8	33	1
6	9	27	0
7	9	30	0
8	10	36	1
9	10	45	1
10	10	21	0
11	11	35	0
12	11	45	1
13	11	31	0
14	11	30	1
15	11	36	0
16	12	42	0
17	12	51	1
18	12	54	1
19	12	38	1
20	12	46	0
21	12	42	1
22	13	39	0
23	14	52	1
24	14	39	0
25	15	57	1
26	15	49	1

续表

个案	变量 1 受教育年限	变量 2 收入	变量 3 性别
27	16	60	1
28	16	47	0
29	16	59	1
30	16	54	0
31	17	61	1
32	17	53	1
33	18	47	0
34	19	67	1
35	20	75	0

目前的研究问题是父母的受教育年限（变量 X_1）是否有助于解释学生后来的收入（变量 Y）。核心假设【Hypothesis】是它们是正相关的。成长在父母受教育年限较高的环境中，孩子有更多的学习和进步的机会及动力，在工作中也会获得更高的收入。数据分析是否支持这一假设？在双变量回归中，第一步是审查散点图【Scatterplot】，如图 1 所示。

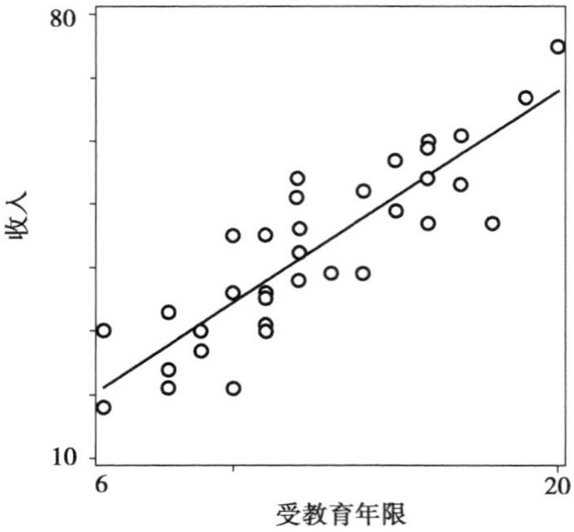

图 1　有回归线的散点图

图 1 中的每一个圆点或点代表一个特定的学生在变量 X_1 和 Y 上的取值。例如，第 35 号学生的父母受教育年限取值为 20 年，自己的收入为 75 000 美元。右上角的点就代表她。实际上，代表每个学生的点位于从他或她的 Y 值（在纵坐标上）发出的假想垂直线和从他或她的 X 值（在横坐标上）发出的假想垂直线的交点上。对这些点的分散情况的审查显示 X_1 与 Y 正相关；也就是说，低的 X_1 取值趋向于有低的 Y 取值，出现在图的左下角；高的 X_1 取值趋向于有高的 Y 取值，出现在图的右上角。总之，点的陈列，即诸点呈现的几何形状，表明存在着一条直线。换言之，一条直线似乎比其他可能的曲线能触到更多的点。一条直线的公式是 $Y= a+ bX$。字母 a 是常数【Constant】，即直线与 y 轴的截距；而字母 b 表示直线的斜率。在图 1 中，给出了对散点图的实际拟合线，其回归方程为，预测的 $Y = 0.88 + 3.35X_1$。

图 1 中的回归线不是随意绘制的。相反，它是依据最小二乘【Least Squares】计算的最佳拟合线。可以观察到一部分点落在回归线上，其他的则没有。人们可以看到正的误差（落在回归线上）和负的误差（落在回归线下）。如果将所有这些误差（每个点到回归线的垂直距离）进行简单加总，由于正负（+和-）相消，它们的和为 0。然而，如果对这些误差取平方，就不会出现抵消，进而产生了总误差的一个量度，即这些误差的平方和（SSE）。这些误差的平方和是"最小的"，可能取得的最小值，亦即"最小二乘"表达的意思。根据微积分，可以计算使得 SEE 有最小值的截距（a）和斜率（b）的唯一值，而它们则构成了回归方程的最小二乘解。在该例中，其他截距【Intercept】和斜率的取值组合都不能像组合（0.88, 3.35）一样产生一条对数据拟合得如此好的线。

回归线可以充当一个预测方程【Prediction Equation】。如果 Y 的预测值标

作 $\hat{Y}$,且 $X=12$,那么,

$$\begin{aligned}\hat{Y} &= 0.88 + 3.35X \\ &= 0.88 + 3.35 \times 12 \\ &= 0.88 + 40.2 \\ &= 41.08\end{aligned}$$

模型预测出,如果学生父母的最高受教育年限是 12 年,那么学生每年可以挣到 41 000美元。如果 $X=13$,那么

$$\begin{aligned}\hat{Y} &= 0.88 + 3.35 \times 13 \\ &= 0.88 + 43.55 \\ &= 44.43\end{aligned}$$

人们可以发现,如果受教育年限变量增加一年,收入的预测值相应增加 3.35 倍,即斜率值。这说明了斜率的一般性解释:b 表示一单位 X_1 的变化伴随的 Y 的期望变化。截距也有一般性解释:a 表示当 $X_1=0$ 时 Y 的期望值【Expected Value】。当不存在 X_1为 0 的取值时,即如上述数据,那么截距只具有一个数学角色(它是为了完成预测所必须添加的一个恒量),而没有实际意义。

回归线可以用来预测,但是,正如那些远离回归线的数据点所表明的,它们并不完美。线性模型对数据的实际拟合程度用 R^2 来衡量,而 R 方【R-Squared】估计了因变量上的变差可由自变量解释掉的比率。它是一个概括统计量,取值从 1 到 0。在该例中,$R^2=0.76$,表明父母的教育背景解释了学生收入上 76%的变差。

多元回归

多元回归分析允许方程中有多个自变量,从而扩展了简单线性回归。这是一项重要的扩展,有两个原因:首先,对一个现象的更复杂的解释成为可能,因为可以同时考察多种原因、预测因素或决定因素。其次,可以更好地理解特定的变量 X 对 Y 的具体效应,因为其他变量或者是混杂【Confounding】变量的影响可通过统计控制被排除。以前文的例子为例,除了父母受教育年限之外的其他因素无疑有助于决定学生的收入。多元回归模型是为了将这些其他变量纳入考虑。这些其他变量之一是性别。于是,修正的理论是,学生的收入(Y)受到父母受教育年限(X_1)和性别(X_2)的影响。以下是这一多元回归模型的最小二乘估计:

$$\hat{Y} = 0.44 + 3.12X_1 + 6.9X_2$$

根据回归结果,解释也需略加调整。同前面双变量的结果相比,父母受教育年限每增加一年的影响似乎稍微减小了($3.12<3.35$)。斜率的减小可以归之于统计上"保持 X_2不变"。此外,性别自身似乎对收入有独立的影响。具体影响:如果控制父母受教育年限的差异,男性能够期望比女性多挣 7 000美元。总体来说,$R^2=0.82$,表明这两个自变量共同解释了收入变量上 82%的变差。从双变量到多变量模型,R^2上升了 6 个百分点(调整的 R 方【Adjusted R-Squared】会稍微小一些)。

假定

对非实验的社会科学数据的回归分析旨在揭示真实世界中变量之间的结构性联系——因果的、解释性的和预测性的联系。更学术地说,目标是估计总体【Population】参数,即固定的截距值,以及始终同所研究的变量连在一起的斜率值。这些估计要精确到能够满足关键假定的程度。如果假定被忽略,回归结果就仅有纸上的价值,而无现实意义。若表 1 数据是真实的,那么给出的回归估计值是否揭示了学生收入、父母受教育年限和性别之间的真实联系?是的,在某种程度上,它们得到了下面列出的假定支持。

绝大部分回归分析是根据一个样本【Sample】计算的,而不是根据作为整体的目标总体。基于样本方程的估计,如 $Y=a+b_1X_1+b_2X_2+e$,可以对总体方程中的参数进行推断,如 $Y=\alpha+\beta_1X_1+\beta_2X_2+\varepsilon$。样本必须依赖一个有足够规模的科学的概率抽样【Probability Sampling】。此外,由于样本只是样本,必须进行显著性检验【Significance Testing】以排除机会结果。例如,根据从 350 名学生总体中抽选出 35 个样本,我们观察到多元回归方程中的斜率系数是 3.12。对回归系数的显著性检验(0.05,双尾)可以让我们拒绝总体中父母受教育年限与收入之间没有关系的虚无假设【Null Hypothesis】,亦即$\beta_1=0$的假设。

回归假定中除了有关于恰当抽样的假定以及与显著性检验有关的假定,还有许多经典的线性多元回归假定。大致而言,它们包括:没有设定【Specification】误差、没有测量误差、没有完全共线性【Collinearity】,且没有误差项问题。关于模型设定,根本的想法是模型具有正确的自变量,并且它们和因变量的关系是线性的。关于测量,要求变量应当是定量的且有准确的赋值。关于共线性,则要求没有任何自变量是所有其他自变量的一个完全的线性函数。关于误差项,要求它作为方差同所有的自变量都不相关(以保证同方差性【Homoskedasticity】);作为一个变量(因为数据是非实验的数据),它应当同自身不相关(以避免自相关【Autocorrelation】)。当这些假定被满足时,OLS 估计量是最佳线性无偏估计量【Best Linear Unbiased Estimator,BLUE】。某些分析者倾向于认为经典的线性回归假定形成了一个连续统,比如,从 1~10 的连续统,其中 1 表示完全没有满足,10 表示完美地满足。从这个角度看,越接近 10,推断就越接近现实。

旧的方向和新的进展

弗朗西斯·高尔顿(Francis Galton,1822—1911)也许能被视为回归分析的创立者,因为他是第一个认识到可以用一条直线赋予一幅散点图上混乱的点以意义的人。他和他的弟子卡尔·皮尔逊(Karl Pearson,1857—1936)对父亲和儿子的特征的散点图作了大量考察。例如,皮尔逊考察了1 078 对父亲和儿子的身高组合,发现很高的父亲倾向于有一个较矮的儿子。这就是"向均值回归",或者高尔顿称为"向平常回归"。描述这一回归效应的直线被命名为"回归线"。现代回归和相关的方法发端于《生物计量》(*Biometrika*)杂志上发表的关于遗传学的论文,特别是皮尔逊在 1903 年发表的成果。

OLS 曾是回归估计的核心方法。最小二乘是由法国数学家阿德里安·勒让德(Adrien Marie Lefendre,1752—1833)和德国数学家卡尔·高斯(Carl Friedrich Gauss,1777—1855)各自独立发现的。当经典的多元回归假定被满足时,OLS 估计量无法加以改进。此后,特别是从 1960 年代开始,大量的工作涉及回归诊断,即试图检验假定是否得到满足,同时给出补救的方法。然而,某些模型本质上是非线性的,而且它们的参数不能用 OLS 予以有效估计。其中一种情形是:因变量是二分类变量,如"是"和"否"的投票选择。对此,一般倾向于最大似然估计【Maximum Likelihood Estimation】,如在 Logistic 回归【Logistic Regression】中。Logistic 回归方法,包括多分类【Polytomous】的 Logistic 回归,曾是一个备受关注的研究领域。尽管这些方法在某些方面与 OLS 迥异,但是无论建模的逻辑,还是由于违背假定而产生的许多推断问题都是相同的。

——Michael S. Lewis-Beck

(马妍译　赵锋校)

参考文献

Kmenta, J. (1997). *Elements of econometrics* (2nd

ed.). Ann Arbor: University of Michigan Press.
Lewis-Beck, M. S. (1980). *Applied regression: An introduction*. Beverly Hills, CA: Sage.
Neter, J., Kutner, M., Nachtsheim, C., & Wasserman, W. W. (1996). *Applied linear regression models*. New York: Irwin.

回归系数(Regression Coefficient)

回归【Regression】是一组普遍应用的方法,其目标在于用一组 k 个自变量【Independent Variable】(X_k)解释一个因变量【Dependent Variable】(Y)的变异。在最小二乘【Ordinary Least Squares,OLS】的前提下,回归系数($\hat{\beta}_k$)不仅与自变量(X_1,X_2,…,X_k)一一关联,还给出了在保持其他自变量不变的情况下,相应的自变量的一个单位的变化对因变量的期望的直接效应。回归系数用因变量的单位来表示。此外,截距项($\hat{\beta}_0$)通常也被估计,而它是所有自变量取值为 0 时,因变量的期望值。

在有两个自变量(X_1和 X_2)和 n 个观测值的 OLS 估计中,计算截距和回归系数的公式如下:

$$\hat{\beta}_0 = \bar{Y} - \hat{\beta}_1\bar{X}_1 - \hat{\beta}_2\bar{X}_2$$

$$\hat{\beta}_i = \frac{\left(\sum_{i=1}^{n}(y_i-\bar{y})(x_{1i}-\bar{x}_1)\right)\left(\sum_{i=1}^{n}(x_{2i}-\bar{x}_2)^2\right) - \left(\sum_{i=1}^{n}(y_i-\bar{y})(x_{2i}-\bar{x}_2)\right)\left(\sum_{i=1}^{n}(x_{1i}-\bar{x}_1)(x_{2i}-\bar{x}_2)\right)}{\left(\sum_{i=1}^{n}(x_{1i}-\bar{x}_1)^2\right)\left(\sum_{i=1}^{n}(x_{2i}-\bar{x}_2)^2\right) - \left(\sum_{i=1}^{n}(x_{1i}-\bar{x}_1)(x_{2i}-\bar{x}_2)\right)^2}$$

考查下面的假想案例:

表 1 回归系数的计算

I	y	x_1	x_2	
1	22	39	6	$\bar{y}=24.6$
2	21	40	22	$\bar{x}_1=35.2$
3	24	39	20	$\bar{x}_2=14.6$
4	24	34	8	$\sum_{i=1}^{n}(y_i-\bar{y})(x_{1i}-\bar{x}_1) = -82.1$
5	26	33	21	$\sum_{i=1}^{n}(y_i-\bar{y})(x_{2i}-\bar{x}_2) = 21.2$
6	32	27	20	$\sum_{i=1}^{n}(x_{1i}-\bar{x}_1)(x_{2i}-\bar{x}_2) = -31.1$
7	20	31	16	$\sum_{i=1}^{n}[(x_{1i}-\bar{x}_1)(x_{2i}-\bar{x}_2)]^2 = 967.9$
8	27	32	8	$\sum_{i=1}^{n}(x_{1i}-\bar{x}_1)^2 = 197.6$
9	25	41	10	$\sum_{i=1}^{n}(x_{2i}-\bar{x}_2)^2 = 338.2$

根据这些数据和上面的公式，我们可以得到如下的模型估计：

$$\hat{y} = 38.7 - 0.412x_1 + 0.025x_2$$

截距项表示，如果 x_1 和 x_2 都为 0，我们可以预测 Y 等于 38.7。在实际研究中，这个值或许有实质的意义，也可能没有。x_1 的系数表示，在保持 x_2 不变的前提下，变量 x_1 上一个单位的变化，可以预计因变量将减少 0.412个单位。同样，变量 x_2 的系数表示，当保持 x_1 不变时，它的一个单位的变化，可以预计因变量将增加 0.025 个单位。如果 OLS 模型的所有假定【Assumption】都没有被违反，系数的估值是无偏的【Unbiased】，也是对真实总体参数的最大有效估计(maximally efficient estimates)。此外，所有的回归系数都有与之相应的标准误【Standard Error】，因此，可据此检验它们统计上不为零的统计假设。

上例显示了回归系数背后的直观含义，还展示了如何计算和解释一个简单模型的回归系数。在更复杂的模型中，回归系数的计算和解释都有所不同，例如，带有交互项【Interaction】的模型，或自变量之间有非线性【Nonlinear】关系的模型，或带有受限因变量(limited dependent variable)的模型。当模型的因变量为受限因变量时，回归系数通常由最大似然估计【Maximum Likelihood Estimation】加以计算，也不能将它们解释成对因变量的线性效应(Greene, 2003)。然而，基本的直觉是一致的——一个回归系数告诉我们，一个变量，在保持其他解释变量不变的前提下，如何作用于另一个变量。

——Kevin J. Sweeney

(马妍译　赵锋校)

参考文献

Achen, C. H. (1982). *Interpreting and using regression*. Beverly Hills, CA: Sage.

Greene, W. H. (2003). *Econometric analysis* (5th ed.). Englewood Cliffs, NJ: Prentice Hall.

Gujarati, D. N. (1995). *Basic econometrics* (3rd ed.). New York: McGraw-Hill.

回归诊断(Regression Diagnostics)

常见的违反最小二乘【Least Squares】回归假定的事项包括：非线性、异方差性【Heteroskedasticity】，以及非正态分布的误差项。异常观测值也可能对回归方程的估值有过度的影响，同时，多重共线性【Multicollinearity】可能产生不稳定的估计。如果这些问题未经矫正，OLS 的估计值就不再是最佳线性无偏估计量【Best Linear Unbiased Estimator】，所以实施模型诊断十分必要。

在简单回归中，非线性能较容易地通过检视因变量 Y 对自变量 X 的散点图【Scatterplot】来评估。然而，在多元回归中，简单的散点图就不再适用。因为，简单的散点图显示的只是变量 Y 和第 s 个自变量 X 之间的边缘关系，而模型给出的则是偏回归系数【Partial Regression Coefficient】。因此，在多变量的条件下，常用偏残差图[partial residual plots，也称成分残差图(component-plus-residual plots)]评估模型的线性。第 j 个自变量的偏残差 $E_{(j)}$ 只是因变量 Y 对自变量 X_j 的偏回归加最小二乘残差的线性组合。绘制 $E_{(j)}$ 对 X_j 的散点图，再以简单回归的散点图同样的方式判定模型的线性。

非线性关系能够通过变换 Y 和(或)变换 X(非线性是简单且单调的),也可用多项式方程【Polynomial Equations】(关系是非单调的,但在方向上仅有较少的变化),或者用局部回归【Local Regression】(非线性关系非常复杂),予以解决。

异常观测值是一些离群值【Outlier】(如给定的 X 值对应一个异常的 Y 值),并且具有大的杠杆作用(以异常的 X 值为特征),能对回归模型的系数产生过度的影响。

离群值的统计检验通常基于学生化残差(studentized residuals,有时也称为标准化残差)。"均值漂移(mean shift)"回归模型,只包括一个虚拟变量【Dummy Variable】,以 1 作为异常观测值的编码,0 作为其他观测值的编码,是一种用于识别某个离群值的学生化残差的常用方法。如果虚拟变量的系数具有统计显著性,那么观测值显然偏离了其余数据的模式。然而,因为选取的是最远端的离群值,而不是随机选择的观测值,所以单独的 t 检验是不恰当的。p 值的 Bonferroni 校正【Bonferroni adjustment】可以弥补相应缺陷。最大离群值的 Bonferroni p 值的公式为 $p = 2np'$,其中,p'是 t 检验中自由度为 $n-k-2$ 的未调整 p 值。

杠杆率(leverage)由帽值(hat value)h_i 测定,该值反映出观测值 Y_i对预测 $\hat{Y}$ 的影响有多大。在简单回归中,帽值

$$h_i = \frac{1}{n} + \frac{(X_i - \overline{X})^2}{\sum_{j=1}^{n}(X_j - X)^2} \text{⑦}$$

取值范围为 $1/n \sim 1$,均值为$(k+1)/n$。若帽值接近平均帽值的两倍,就认为杠杆率是显著的。

诊断强影响点【Influential Cases】的最常用的方法是 Cook 氏距离(Cook's Distance)(或更简单地称作 Cook's D)。该方法度量了某个异常观测值对斜率系数的影响。Cook's D 的计算如下:

$$D_i = \frac{E_j^{*2}}{k+1} \times \frac{h_i}{1-h_i}$$

目前,尚无一致认可的 Cook's D 的临界值,但一条宽松的经验法则是,如果 Cook's D 的值大于 $4/(n-k-1)$,就应当做进一步的检查。

在识别异常个案时,用图形检视数据很有帮助。在简单回归的条件下,散点图很有效。在多元回归中,加变量图(added-variable plots,也称为偏回归图)可用于估计联合影响。此外,无论在哪种回归条件下,影像图(influence plots,也称气泡图【Bubble Plots】)——将帽值、学生化残差和 Cook's D 绘制在一张图上——都是非常有效的方法。

异常观测值可能反映了数据的错误编码,这时,可修正或删除相应的观测值。然而,一个离群值可能有实质上的意义,因此,可能决定将它从其余的数据中分离出来,单独地予以处理。许多离群值的出现可能说明某个重要的解释变量没有纳入模型。如果不存在去除离群值的强烈理由,那么可用稳健的【Robust】回归(可降低强影响数据的权重)代替 OLS 回归。

---

⑦ 原文的公式为 $h_i = \sum_{j=1}(X_j - \overline{X})^2$ 是错误的。—— 译者注

异方差性【Heteroskedasticity】通常可以使用残差图评估,即绘制残差 E_i(或者学生化残差,E_i^*)对 $\hat{Y}$(Y 的预测值)的图。如果所有的 Y 值都为正,则可以使用散布水平图(spread-level plot),即绘制 log $|E_i^*|$(散布对数)对 log$\hat{Y}$(水平对数)的图。将斜率为 B 的回归线同散布水平图相对照,会给出有稳定方差作用(variance-stabilizing)的、变量 Y 的幂变换值(power transformation) p,而 $p = 1-B$。如果误差项方差与特定的 X 成比例,那么,加权最小二乘【Weighted Least Squares】可以有效地代替 OLS。

非正态性可以用分位数比较图(quantile comparison plots)进行诊断。该图绘制了学生化残差 E_i^* 的分布对单位正态分布的分位数,或对 t 分布的分位数。如果分布是不偏斜的,那么自变量同因变量的关系大致是线性的。峰态(modality)则可以用残差直方图或者残差的密度估计给出最佳评估。变量 Y 或变量 X 的变换均可用于修正重尾的误差分布,同时,模型重设(即纳入一个缺省的离散的预测变量)有时可以弥补多峰的问题。

多重共线性可通过两个自变量之间一个较高的配对相关系数(0.8 或更高)来识别。但是,在没有出现高的配对相关系数的情况下,多重共线性也可能存在,因为它反映的是模型中每个自变量 X 同所有其他自变量 X 间的多重相关。因此,更有效的方法是,考察每个自变量 X 对所有其他自变量 X 的回归所得到的 R^2($R^2 = 0.6$ 或者更高才有意义)。每个自变量的方差膨胀因子【Variance Inflation Factors, VIF】,一个同 R^2 有关的指标,定义为 VIF= $1/(1-R_j^2)$,给出了共线性对斜率【Slope】 B_j 的精度影响。VIF 的平方根是标准误由于多重共线性的影响而膨胀的膨胀因子。

——Robert Andersen

(马妍译　赵锋校)

参考文献

Cleveland, W. S. (1993). *Visualizing data*. Summit, NJ: Hobart.

Cook, D. (1994). On the interpretation of regression plots. *Journal of the American Statistical Association*, *89*(425), 177-189.

Cook, D. R., & Weisberg, S. (1999). *Applied regression including computing and graphics*. New York: Wiley.

Fox, J. (1991). *Regression diagnostics* (Sage University Paper Series on Quantitative Applications in the Social Sciences, 07-079). Newbury Park, CA: Sage.

Fox, J. (1997). *Applied regression analysis, linear models, and related methods*. Thousand Oaks, CA: Sage.

Fox, J. (2002). *An R- and S-PLUS companion to applied regression*. Thousand Oaks, CA: Sage.

定序数据的回归模型(Regression Models for Ordinal Data)

在社会科学中,定序层次变量(如调查问卷中的李克特量表【Likert Scale】,社会阶级的测量等)常会被用作因变量【Dependent Variable】。在回归【Regression】框架内,此类数据能用几种方式生成模型:(a)可以忽略类别的排序,使用二分的(binary)或多项

Logit【Multinomial Logit】(多项对数单位模型);(b)可以把类别当作定距尺度的变量,从而能够使用最小二乘【Ordinary Least Squares,OLS】;(c)使用专为定序因变量设计的模型。上述每种方法既有其优势,也有其局限。

第一种策略(忽视因变量的序次特征)。当因变量类别很少时,这种策略是比较可行的。如果因变量的类别能够合理地压缩为两类而没有损失太多的信息,那么可以使用简单的二分 Logit 模型(二分对数单位模型)(Logistic 回归【Logistic Regression】)。对于这些模型而言,可以使用优势比【Odds Ratios】来确定类别之间的差异。然而,这种方法的不足在于,经过压缩分类,可能损失了关于因变量的重要信息。如果选择不压缩类别,虽然可以使用多项对数单位模型,但是这些模型是无效率的,并且随着因变量类别的增加,由于存在大量的被估参数,所以解释的难度也不断增加。

第二种策略。使用 OLS 的优势在于参数估计很容易理解(参见斜率【Slope】)。当因变量的分布近似于正态分布并且排序的类别确切地代表一个潜在连续分布时,使用 OLS 是合理的。一方面,如果变量具有很多类别,可通过直方图【Histogram】对其分布做粗略的估计。另一方面,如果变量只运用了很少的几个类别测量,变量就会表现出相当高的测量误差水平,从而不能合理地评估这一假定。如果预测是研究的一个主要目标,这类模型也可能存在问题,因为预测值可能会落在变量范围之外。然而,如果研究的主要目的是确定变量的关系,而不是预测的,那么即使已知变量的测量值落在允许的范围之外,也不一定成为问题,因为变量的测量总是存在误差。

由于我们通常不能假定定序变量各类别之间的距离是定距的,这就意味着它们无法满足 OLS 的准则(特别是误差项方差恒定的假定),因此,人们发展了专门用于定序数据的回归模型。这些模型包括定序对数单位模型(ordered logit model),即 Logistic 回归的一个一般化,以及定序概率单位分析【Probit Analysis】模型,即二分概率单位模型的一个一般化。在此,我们介绍最常用的定序对数单位模型:比例-优势比模型(proportional-odds model)。

对数单位(logits)可以直接包含一个因变量上各类别的序次,其结果是,由此得到的模型同多项对数单位模型(常用于无序次的类别因变量)相比,容许有更简单的解释,并且具有潜在的更大的统计效力。设想有一个潜在的连续变量 ξ,它是一组解释变量 X 加随机误差项的线性函数,即

$$\xi_i = \alpha + \beta_1 X_{i1} + \cdots + \beta_k X_{ik} + \varepsilon_i$$

假定 ξ 在这里代表对流产的态度,β 是一组回归斜率。还假定只有一个单一的 5 点李克特量表对流产的态度,即因变量 Y。在这个例子中,潜在的连续变量 ξ 被分成 5 个类别,$m=5$,因此,有 $m-1=4$ 分界点,$\alpha_1<\alpha_2<\cdots<\alpha_{m-1}$:

$$Y_i = \begin{cases} 1 & \text{如果 } \xi_i \leqslant \alpha_1 \\ 2 & \text{如果 } \alpha_1 < \xi_i < \alpha_2 \\ \vdots & \\ m-1 & \text{如果 } \alpha_{m-2} < \xi_i \leqslant \alpha_{m-1} \\ m & \text{如果 } \alpha_{m-1} < \xi_i \end{cases}$$

进而,很容易发现 Y 的累积概率分布为:

$$\Pr(Y_i \leqslant j) = \Pr(\xi_i \leqslant \alpha_j)$$

$$= \Pr(\alpha + \beta_1 X_{i1} + \cdots + \beta_k X_{ik} + \varepsilon_i \leqslant \alpha_j)$$
$$= \Pr(\varepsilon_i \leqslant \alpha_j - \alpha - \beta_1 X_{i1} - \cdots - \beta_k X_{ik})$$

由此，可以发现定序对数单位模型【Logit Model】：

$$\text{logit}[\Pr(Y_i > j)] = \ln \frac{\Pr(Y_i > j)}{\Pr(Y_i \leqslant j)} = (\alpha - \alpha_j) + \beta_1 X_{i1} + \cdots + \beta_k X_{ik}$$

这里的对数单位是累积的对数单位，其对比项是类别 j 以上的诸类别与类别 j 和 j 以下的诸类别。诸自变量 X 只有一个斜率系数，但是每一个类别有各自的截距项。第一个类别（或者最后一个类别，取决于软件）被设定为所有截距都与之相关的参照类。

定序对数单位模型的系数的解释与二分对数单位模型相似，不过，二分对数单位模型参照于一个单一的基线类别，在定序对数单位模型中，我们用每一个类别及其下的类别同所有序次高于它的类别相比较。换言之，对数单位告诉我们，Y 落于某个类别和其下类别的概率与处于该类别之上的概率的优势比的对数。

尽管比例-优势比模型由于简洁而富有魅力，但是务必谨慎地使用它。该模型假定，诸自变量的回归斜率相等（被称为比例-优势比假定或平行斜率假定），而这在实践中通常难以成立，特别是在大样本的情况下。检验是否满足这个假定的一个简易方法是，将该模型的拟合与多项对数单位模型的拟合相比较，因为后者可以被视为一种更一般的模型。两个模型背离真实模型的差异给出了一个广义的似然比【Likelihood Ratio】检验，该统计量呈卡方分布，其自由度【Degrees of Freedom】等于多项对数单位模型参数数目和比例-优势比模型参数数目之差。

——Robert Andersen

（马妍译　赵锋校）

参考文献

Agresti, A. (1984). *An introduction to categorical data analysis*. New York: Wiley.

Fox, J. (1997). *Applied regression analysis, linear models, and related methods*. Thousand Oaks, CA: Sage.

McCullagh, P. (1980). Regression models for ordinal data. *Journal of the Royal Statistical Society, Series B, 42*, 109-142.

Menard, S. (2002). *Applied logistic regression analysis* (Sage University Paper Series on Quantitative Applications in the Social Sciences, 07-106). Thousand Oaks, CA: Sage.

回归于……(Regression on...)

短语“回归于”是指将因变量【Dependent Variable】向量（有时称为归依项）投射到由自变量【Independent Variable】（有时统称为回归量【Regressor】）结构的欧几里得子空间的行为。虽然这个短语涉及最小二乘的潜在几何形状，但也常用它来表示模型因变量上观测到的变化的自变量组。

例如，若一研究者的兴趣在于简单线性回归【Linear Regression】$Y = b_0 + b_1 X + e_1$，我们可以说“Y 对 X 的回归”，而这句话的意思是，这一简单回归从系数集 $\{b_0, b_1\}$ 取得系

数，亦即，Y 向 X 构成的子空间的投射(projection)(在该例中是一条直线)由b_0+b_1X 给定。由于 b_0和 b_1有不同的取值(比如 b_0'和 b_1')，Y 向 X 构成的子空间的投射(即 $b_0'+b_1'X$)也不同，所以存在着许多(无限的)可能的投射或回归。要确定哪个投射或回归是最佳的，研究者必须根据某个给定的标准评估"吻合(fit)"。一个常用的标准是最小二乘【Least Squares】，它表示当 $|Y-(b_0+b_1X)|^2$ 有最小值时，有选择$\{b_0, b_1\}$的"最佳"投射。

在多元回归分析【Multiple Regression Analysis】的背景下，"回归于"指因变量向量向一组自变量构成的子空间的投射——而回归面【Regression Plane】确定了相应的面，即该面使得因变量观测值和它在回归面上的投射之间的差值的平方取最小值。

——Joshua D. Clinton

(马妍译　赵锋校)

参考文献

Davidson, R., & MacKinnon, J. G. (1993). *Estimation and inference in econometrics.* New York: Oxford University Press.

回归面(Regression Plane)

回归(超)面代表因变量到由自变量集所围成的欧氏子空间的投影。

运用最小二乘【Least Squares】准则的多元回归【Multiple Regression】旨在找到一个超面，该面能够使得因变量的观测值同因变量到该面的投影间的差值平方和取得极小值。这个能极小化此一差值的超面即称作回归(超)面。

一个例子可以帮助澄清这个概念。设想一位研究者对因变量 Z 与自变量 X 和 Y 之间的(线性)关系感兴趣。进而有如下方程：

$$Z = b_0 + b_1X + b_2Y + e$$

考虑一下被拟合数据的性质——每个观测值 i 确定了三维空间(X_i,Y_i,Z_i)中的一个点。直观地说，上例中，回归面即能够"最佳拟合"三维数据点集的二维平坦的表面——而"最佳拟合"意味着回归面能够极小化面的表面(代表给定 X 和 Y 时，Z 的预测值)和观测到的 Z 值的差值平方和。就该例而言，回归面确定了一个二维的平面，而该平面能极小化因变量 Z 和平面间的残差平方和。一般而言，如果存在着 k 个自变量(不包括常数项)，回归(超)面是 k 维平坦的表面，而这 k 维表面代表了因变量 Y 到由 k 个自变量加因变量所围成的(k+1)维空间上的最佳线性投影。回归面是当 k=2 时的特例。

回归系数【Regression Coefficients】确定了回归面在由各个自变量所定义的维度上的斜率。例如，在上文界定的三维空间中，b_0表示当 $X = Y = 0$ 时，回归面在第三维(即 Z)上的"高度"；b_1表示回归面在第一维度的斜率(即该面与 Z-X 面相交的角度)；而 b_2表示回归面在第二维度的斜率(即该面与 Z-Y 面相交的角度)。回归面的方程是 $b_0+b_1X+b_2Y$。换言之，正如简单回归在于找到最佳拟合线，多元回归的一般目的在于找到最佳拟合面。

举例说明，图 1 中的面是以回归方程 $Z=0.3-0.5X+2Y$ 的特征绘制的。因为回归面描述了 Z 向 X 和 Y 的投影，所以对于(X, Y)的任意组合可能产生一个 Z 的预测

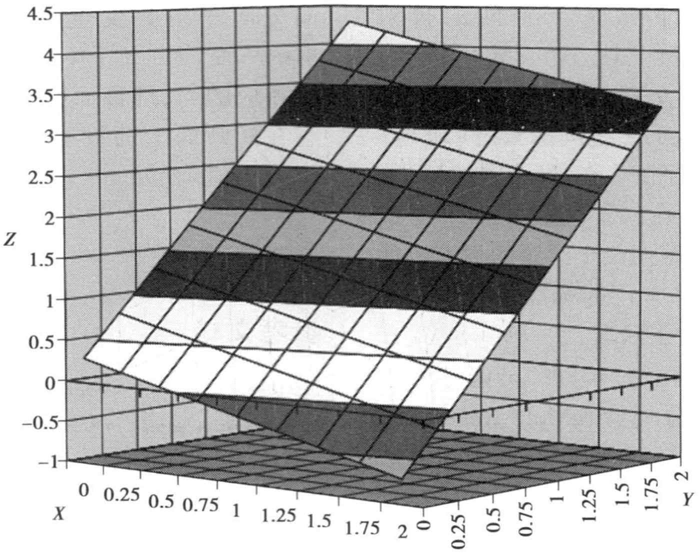

图 1 回归面

值。回归面即刻画了这些预测值。斜率系数的几何解释也能从图上得到清楚的呈现。X 的回归系数为-0.5,表示图中平面向左侧抬起;X 的取值越高导致 Z 的预测值越低。相比之下,平面在后部"抬升",因为 Y 的斜率系数为正。截距(在本例中是 0.3)由 $X=Y=0$时,平面"高度"给出。

——Joshua D. Clinton

(马妍译 赵锋校)

参考文献

Davidson, R., & MacKinnon, J. G. (1993). *Estimation and inference in econometrics*. New York: Oxford University Press.

回归平方和(Regression Sum of Squares)

在线性回归【Linear Regression】分析中,有必要报告回归线在多大程度上拟合了数据。就线性回归模型而言,一个典型的拟合优度【Goodness-of-Fit】量度是响应变量(或因变量 Y)上的样本变差可以由自变量(X)上的变差解释掉的部分。回归平方和(RSS)是线性回归模型的总体拟合优度量度的关键部分。RSS 能告诉数据分析者变量 Y 上观测到的变差有多少可以归之于变量集 X 上的变差。换言之,RSS 表示变量集 X 对变量 Y 的变差的联合估计效应。

为了解释 RSS 的概念,就有必要界定因变量【Dependent Variable】Y 的样本【Sample】变差。对一个特定的观测值 Y_i,它在变量 Y 上观测到的变差即是它与均值的离差,或用符号表示为 $Y_i-\overline{Y}$。由于我们想要知道所有观测值的变差,一个合适的综括量度是所有观测值的离差的平方和。这就给出了变量 Y 的总变差或者总平方和(total sum of squares,TSS),即

$$\text{TSS}(\text{总变差 } Y)=\sum_i (Y_i-\overline{Y})^2$$

现在的问题是如何分解变量 Y 的总变

差，亦即记作 TSS 的“总平方和”，由此我们才能度量变量 Y 的总变差的多大部分能归之于变量集 X 的变差。可以思考以下这个适用于所有观测值的等式：

$$Y_i - \overline{Y} = (Y_i - \hat{Y}_i) + (\hat{Y}_i - \overline{Y}) \qquad (1)$$

其中，$\hat{Y}_i$ 是用一个等于 X_i 的自变量对变量 Y 的一个特定观测值的拟合值。就一个简单回归【Simple Regression】模型而言，即有 $\hat{Y}_i = \hat{\beta}_0 + \hat{\beta}_1 X_i$。

已经定义了方程式等号左边的部分为一个特定的值 Y（即 Y_i）对 Y 的均值的离差。方程右边的第一部分给出了残差【Residual】e_i，因为，根据定义，$Y_i = \hat{\beta}_0 + \hat{\beta}_1 X_i + e_i = \hat{Y}_i + e_i$，所以，$Y_i - \hat{Y}_i = e_i$。方程右边的第二部分给出了 Y 的拟合值（或预测值）和 Y 的均值的差。由于 $\hat{Y}_i$ 是用自变量的值（X_i）预测得到的，右边的第二项即代表变量 Y 上的变差可以由变量 X 的变差解释掉的部分。一个简单回归（即只有一个自变量）中对变量 Y 的变差的分解展示在图 1 中。

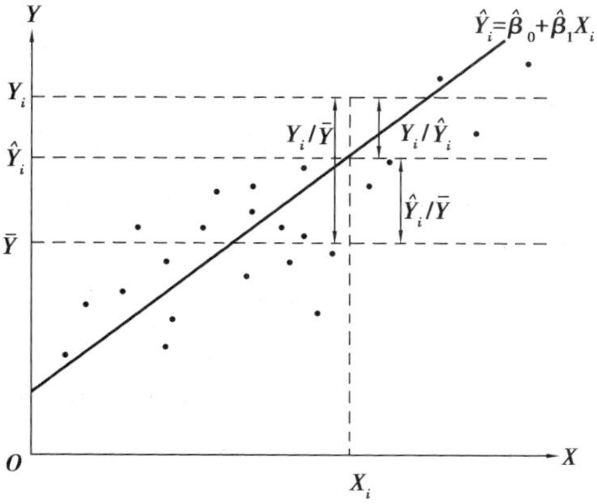

图 1　Y 的变差的分解

正如前文所述，方程（1）只适用于一个单一的观测值。对所有的数据，可以通过取等式两边的平方，再加总所有的样本观测值，从而得到一个综括量度。这就得出如下方程：

$$\sum_{i=1}^{n} (Y_i - \overline{Y})^2 = \sum_{i=1}^{n} (Y_i - \hat{Y}_i)^2 + \sum_{i=1}^{n} (\hat{Y}_i - \overline{Y})^2 + 2\sum_{i=1}^{n} (Y_i - \hat{Y}_i)(\hat{Y}_i - \overline{Y}) \qquad (2)$$

基于经典正态线性回归【Regression】模型的两个假定【Assumption】：扰动项均值为 0［$E(e_i \mid X_i) = 0$］；以及扰动项与自变量的协方差为 0［$\operatorname{cov}(e_i, X_i) = E(e_i X_i) = 0$］，方程（2）的末项等于 0。进而方程（2）可以改写为：

$$\sum_{i=1}^{n} (Y_i - \overline{Y})^2 = \sum_{i=1}^{n} (Y_i - \hat{Y}_i)^2 + \sum_{i=1}^{n} (\hat{Y}_i - \overline{Y})^2$$

总平方和 = 误差项平方和 + 回归平方和

（TSS） = （ESS） + （RSS）

（3）

方程（3）表明，就所有观测值 $i = 1, 2, \cdots, n$ 而言，回归平方和（RSS）能被定义为因变量的预测值（$\hat{Y}_i$）同因变量的均值（$\overline{Y}$）的差的平方和。方程（3）也表明变量 Y 的变差一部分是由于随机扰动项的效应［即误差项平方和（ESS）］，另一部分是由于变量 X 的变化［即回归平方和（RSS）］。

变量 Y 上的总变差［或总平方和（TSS）］可以归之于变量 X 的变差的比例是一个常用的拟合优度量度，也被称为（样本）决定系数【Coefficient of Determination】，并记作 R 方【R-Squared，R^2】。

注意，R^2 是一个非负的量，且不能大于 1（即 $0 \leq R^2 \leq 1$）。关于 R^2 的其他属性的更多信息和关于怎样获得方程（3）的技术推导，详见福克斯等人的著作（Fox，1997；Rawlings et al.，1999；Kmenta，1986；Johnston & Dinardo，1997）。

——Cheng-Lung Wang

（马妍译　赵锋校）

参考文献

Fox, J. (1997). *Applied regression analysis: Linear models and related methods.* Thousand Oaks, CA: Sage.

Johnston, J., & Dinardo, J. (1997). *Econometric methods* (4th ed.). New York: McGraw-Hill.

Kmenta, J. (1986). *Elements of econometrics* (2nd ed.). New York: Macmillan.

Rawlings, J. O., Pantula, S. G., & Dickey, D. A. (1999). *Applied regression analysis: A research tool.* New York: Springer.

向均值回归(Regression Toward the Mean)

向均值回归(Regression Toward the Mean, RTM)是由弗朗西斯·高尔顿(Francis Galton, 1822—1911)首先关注到的,一种发生在任意两个不完全相关的变量之间的统计现象。这些变量可以是完全不同但同时测量的两个变量(如身高和体重),也可以是在不同时点上测量的同一变量(时点 t 和时点 $t+1$)。无论是哪种情况,第一个变量上的极端观测值很可能在第二个变量上不那么极端,亦即更接近于均值。高尔顿的工作聚焦于豌豆种子和人类的遗传规模。他发现两类对象都"归向于普通",即体格较大的父代有略矮小的子代,而体格较小的父代则有略高大的子代。如果忽略了 RTM 的存在,这就会成为实验的内在效度【Internal Validity】的一个威胁。

当两个变量不完全相关时($\rho<1$),RTM 就会出现。如果两个变量都是标准化【Standardized】的(两者都有均值=0,方差=1),且是正态分布【Normally Distributed】的,我们可以使用它们的相关系数来估计期望的 RTM:

$$E(Z_Y|Z_X)=\rho Z_X$$

例如,如果母亲和女儿的体重都是标准化的,且她们的体重的相关系数为 0.8,我们可以期望,一个体重高于"母亲"均值两个标准差【Standard Deviation】的母亲会有一个女儿的体重将高于"女儿"均值 1.6 个标准差。重要的是,公式表明 RTM 的期望值会随着变量之间相关系数的减小而增加。RTM 也是双向的:

$$E(Z_X|Z_Y)=\rho Z_Y$$

因此,可以期望,一个体重高于"女儿"均值两个标准差的女儿会有一个体重仅高于"母亲"均值 1.6 个标准差的母亲。

虽然上文给出的公式对估计一个个体 RTM 的期望值很有用,但是 RTM 本质上是一种群体现象。任意一个特定个体在第二次观测时都可能远离均值,但只要两个变量之间的相关关系是不完全的,群体将总是向均值回归。更进一步,一个群体越是极端,它就越是以绝对的条件向均值回归。群体均值接近于样本均值的群体并没有太多可回归的,而均值远离于样本均值的群体,就有很大的回归空间。这一点对许多社会科学实验的内在效度具有重要的隐含意义。通常,受试者的选取是因为他们有特别好或特别差的表现。特别是在后一种情形下,干预好似解决了问题,因为受试者总是显得有所改善。然而,如果该群体是极端的,改善将可以用 RTM 单独予以解释。

——Kevin J. Sweeney

(马妍译　赵锋校)

参考文献

Campbell, D. T., & Kelly, D. A. (1999). *A primer on regression artifacts*. New York: Guilford.

Galton, F. (1886). Regression toward mediocrity in hereditary stature. *Journal of the Anthropological Institute*, *15*, 246-263.

Smith, G. (1997, Winter). Do statistics test scores regress toward the mean? *Chance*, pp. 42-45.

回归量(Regressor)

回归量是一个描述回归方程中用以解释因变量【Dependent Variable】变差【Variation】的自变量【Independent Variable】的术语。回归量也被称为解释变量【Explanatory Variable】或者外生变量【Exogenous Variable】。在一个方程系统中,一个变量在某个方程中是回归量,可能在另一个方程中则是回归因变量,从而使得外生的(exogenous)这个术语的应用变得复杂。

一个回归量可能是一个定量变量【Quantitative Variable】(即以定距或定比尺度测量的变量),或者是一个定性变量【Qualitative Variable】(即具有名义或类别属性的观测变量)。在经典的线性回归模型中,为了方便起见,回归量被假定为非随机的或者"在重复样本中固定的"。这一假定可以放松,而不会产生太大的统计问题,特别是在样本规模较大的情况下。

——Brian M. Pollins

(马妍译　赵锋校)

参考文献

Greene, W. H. (2003). *Econometric analysis* (5th ed.). Upper Saddle River, NJ: Prentice Hall.

Gujarati, D. N. (2003). *Basic econometrics* (4th ed.). Boston: McGraw-Hill.

Koutsoyiannis, A. (1978). *Theory of econometrics: An introductory exposition of econometric methods* (2nd ed.). London: Macmillan.

关系(Relationship)

关系是两个或多个概念【Concept】或变量【Variable】之间的联系。例如,如果两个变量相关,那么它们就会以某种非随机、系统的方式共同变化。比如,随着 X 得分上升,Y 得分也上升。X 和 Y 之间的这一联系可以用某种关联量度【Measure of Association】给予量的表示,至于使用哪一种关联量度则部分地取决于 X 和 Y 的测量层次。最常用的关联量度是皮尔逊相关系数【Pearson's Correlation Coefficient】,它可以衡量两个假定以定距尺度测量的变量 X 和 Y 之间的线性关系。一个关系也可能存在于三个或更多变量之间。例如,三个变量(X_1, X_2 和 X_3)都与变量 Y 相关。如果所有的变量都是定距的,那么可以计算多元相关【Multiple Correlation】系数 R 来估计这一关系。

——Michael S. Lewis-Beck

(马妍译　赵锋校)

相对分布法(Relative Distribution Method)

一个变量分布上的组间差异或历时的变化是社会科学研究的共同关注点。传统的参数模型仅限于对条件均值【Mean】和方差【Variance】的分析,遗留了关于分布的大量信息未予处理。

相对分布法的目标在于,绕开以均值为基础的比较,对分布差异进行细致的分析。因此,它们给出了一个用以比较分布分析的一般框架。

相对分布给出了一个能够简化探索性数据分析的图形展示,一个统计有效的基础,该基础可用于发展统计假设驱动的综括量度、位置和形态,以及能够辨识组内和组间的分布变化来源的协变分解(covariate decompositions)。

相对分布法的主要思想可以通过其在收入比较中的一个应用来了解。图1(a)中的概率密度函数(probability density functions,PDF)显示了1997年全年全职工作的男性和女性的对数化的年收入。女性的分布明显偏左,但这个图形展示并没有给出任何额外的信息能用于比较。

相对分布(relative distribution)是一个分布中的观测值被放置到另一个分布中百分位等级的集。在这个例子中,它是将女性收入者放置在男性收入的分布上百分位等级的集。

图1(b)显示了女性收入相对于男性收入的相对分布密度。图中的平滑线代表在收入尺度的每个水平上,女性对男性的相对频、相应的比值显示在纵坐标上;顶部的横轴显示了对数化收入的美元值,底部的横轴显示了男性分布的百分位等级。直方图代表了女性落在男性收入分布的每一个十分位区间内的部分。我们可以从直方图上看出,20%的女性落在男性收入分布的最底部的十分位区间内,同时,18%的女性位于第二个十分位区间内。总的来说,75%的女性赚的少于处于中点的男性(前5个十分位区间的总和)。相比而言,不到5%的女性收入达到了男性收入分布的最高一个十分位数。

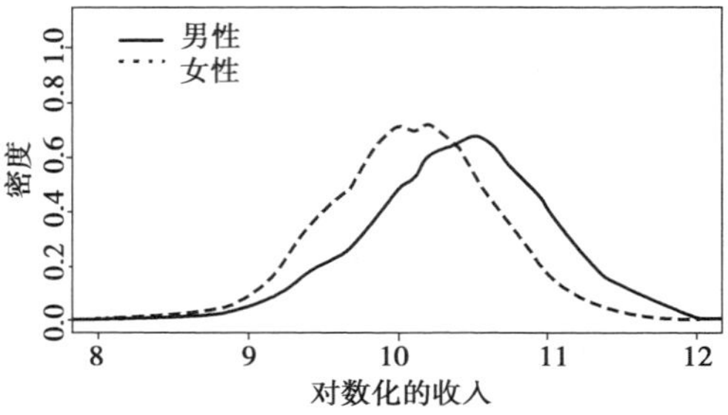

(a)1997年男性和女性对数化收入的概率密度函数

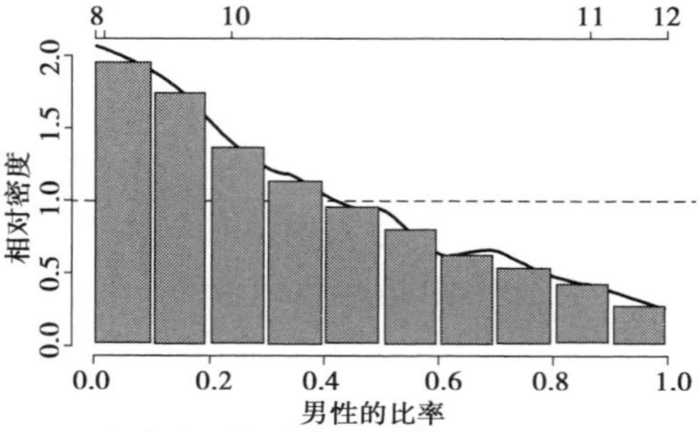

(b)相对概率密度函数,女性:男性

图1

男性和女性分布的差异可以分成两个基本构成:位置的差异和形态的差异。如果女性的收入分布仅是男性分布的简单下移,那么在匹配了中位数(或其他位置参数)后,两个分布应当相同。在进行了位置校准后,还遗留的差异即分布形态上的差异。

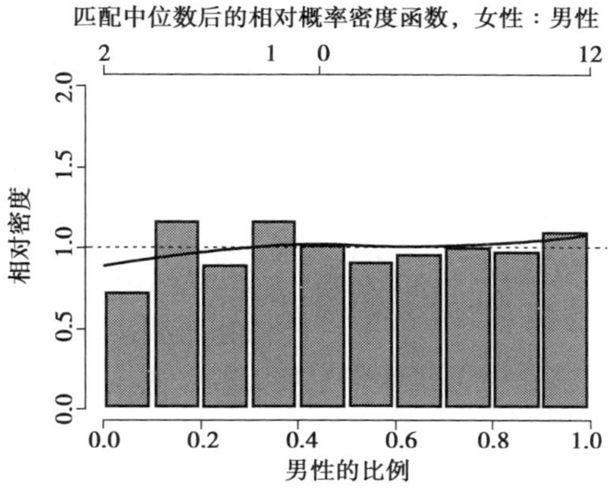

图 2

相对分布能被分解为这些位置和形态的成分,图 2 显示了男性和女性收入残余的形态差异。通过将女性收入分布对男性的收入进行中位数匹配(中位数收入比值大约为 1.4),进而构建新的相对分布,可以构建残余的形态差异图。进行中位数差异的校准后,新的相对分布几乎是平的,而这表示,两个组间的大多数差异可归之于女性收入的中位数下移。然而,仍存在残余差异。

在低尾处,女性收入有相对小的密度(因为在最低的十分位区间上,女性数量相对男性数量的比值小于 1),而在高尾处,有较高的密度(图 2)。这或许反映了在过去 20 年中,低收入男性的急剧减少,以及高收入女性的相应增加。低尾部分的差异也可能标志着最低工资的效应,因为,最初女性的中位收入较低,同男性的情况相比,她们的最低收入则更接近于她们的中位收入。关于这种趋势的更多内容可以在莫里斯和韦斯顿(Morris & Western, 1999)的评论文章中找到。汉德科克和莫里斯(Handcock & Morris, 1999)以一本专著的篇幅处理了相对分布的理论,并囊括了相应的历史文献。

——Mark S. Handcock

Martina Morris

(马妍译　赵锋校)

参考文献

Handcock, M. S., & Morris, M. (1999). *Relative distribution methods in the social sciences*. New York: Springer-Verlag.

Morris, M., & Western, B. (1999). Inequality in earnings at the close of the 20th century. *Annual Review of Sociology*, *25*, 623-657.

相对频次(Relative Frequency)

运用统计方法的两个主要原因之一是综括和描述数据【Data】(另一个原因是用数据进行统计推论【Inference】)。相对频次是通过计算落入某个区间(适用于定量变量【Quantitative Variable】)或者属于某个类别(适用于分类【Categorical】变量)的观测值的比率来综括复杂数据的一个简单工具。

某个区间(或某个类别)的相对频次等

于这个区间(或类别)内的观测值数量除以观测值的总数。一系列区间或类别,以及它们的相对频次被称为相对频次分布。如果将数据归入不同类别或区间的方式是恰当的,那么,呈现一个变量的相对频次分布可以给出该数据分布的一个完整面貌。表 1 是一个定量变量——智商的相对频次分布示例。表 2 是一个定性变量【Qualitative Variable】——职业地位的相对频次分布示例。

表 1 智商的相对频次
(以 5 个单位为分组间隔)

智商	频次	相对频次	百分比
81~85	1	0.01	1.0
86~90	1	0.01	1.0
91~95	9	0.09	9.0
96~100	14	0.14	14.0
101~105	12	0.12	12.0
106~110	11	0.11	11.0
111~115	39	0.39	39.0
116~120	7	0.07	7.0
121~125	1	0.01	1.0
126~130	1	0.01	1.0
131~135	3	0.03	3.0
136~140	1	0.01	1.0
总计	100	1.00	100.0

表 2 职业地位的相对频次

职业	频次	相对频次	百分比
专业人员	33	0.33	33.0
蓝领	21	0.21	21.0
手工艺者	25	0.25	25.0
白领	12	0.12	12.0
佣工	9	0.09	9.0
合计	100	1.00	100.0

表 1 中第一个区间的相对频次是 1/100=0.01。此即,就相对频次为 0.01 而言,在 100 个人中有 1 个人为 81~85 分。注意到这个假想分布是以 5 个单位的互斥间隔来安排数据的。同样,表 2 中第一个类别的相对频次是 33/100=0.33。可以将其解释为“0.33 的相对频次,意味着 100 个人中有 33 个人从事专业人员的工作”。

数据分析者通常会以报告某个间距或者类别的百分比来代替相对频次。某个间距或者类别的百分比就是其相对频次乘以 100。表 1 和表 2 中最右边一列报告了每个类别和分组间距的百分比。因为相对频次是比值,所以相对频次的总和应等于 1。很显然百分比的总和应等于 100。然而,有时取整过程可能导致稍有出入的总和,如 0.998(相对频次)或者 100.01(百分比)。

注意,使用相对频次或百分比意味着数据具有相当的稳定性。因此,如果个案的总数非常小,比如 15 个,那么必须谨慎地使用相对频次分布。布莱洛克(Blalock,1979)提出了两条经验法则:一是,在报告相对频次或百分比的同时也报告观测值数量(如频次);二是,除非总的观测值接近或超过 50,否则不要报告百分比或者相对频次。

同样值得注意的是定量数据分组的间距宽度会对相对频次分布的外形有重要的影响。例如,将表 1 中的数据以 25 个单位为间距重新分组,会根本改变相对频次的形态,与表 1 相比,给出的信息也更少。

然而,对“我是应当使用一个较窄的间距以得到更多的细节,还是应该使用一个大一些的间距以得到更加浓缩的数据”这样一个问题并没有固定的答案。它通常取决于数据的性质和研究的目的。一个惯例,即 10~20 的间距数可以在浓缩和细节间获得很好的平衡。在海斯(Hays,1994)及约翰逊和巴塔查理亚(Johnson & Bhattacharyya, 2001)的书中可以得到更多报告相对频次的信息。

最后,无论数据的测量层次是什么,数据分析者都能进一步使用直方图【Histogram】,以图形的方式呈现所有类别频次分布。直方图及其变化的样式,如条形图【Bar Graph】和饼图【Pie Chart】都是刻画相对频次的有效方式。关于创建直方图的一般原则的讨论详见 Cleveland(1993)。

——Cheng-Lung Wang

(赵锋译校)

参考文献

Blalock, H. M. (1979). *Social statistics* (rev. 2nd ed.). New York: McGraw-Hill.

Cleveland, W. S. (1993). *Visualizing data*. Summit, NJ: Hobart.

Hays, W. L. (1994). *Statistics* (5th ed.). Fort Worth, TX: Harcourt.

Johnson, R. A., & Bhattacharyya, G. K. (2001). *Statistics: Principles and methods* (4th ed.). New York: Wiley.

相对频次分布(Relative Frequency Distribution)

一个相对频次【Relative Frequency】分布是几种用于描述一个相对较大数据集的图之一。图 1 和图 2 给出了相应的例子。图 1 是以英寸为单位测量的 20~25 岁男性的身高变量。图 2 是常用于美国教育系统,以字母 A~E 划分的课程评定等级。这些图被称为"相对"频次分布,因为 y 轴是一个百分比量尺,而不是一个频次量尺。如果 200 个学生中有 20 个得 A 等,那么这一组的相对频次是 0.10。

要制作这些图,首先需将整个数据集分成不同的间隔或组别。间隔或组别画在图的 x 轴上,同时标出间隔中点或组别标签。条形(或柱形)在 x 轴上的垂直方向延伸到 y 轴代表间隔或组别相对频次的点。

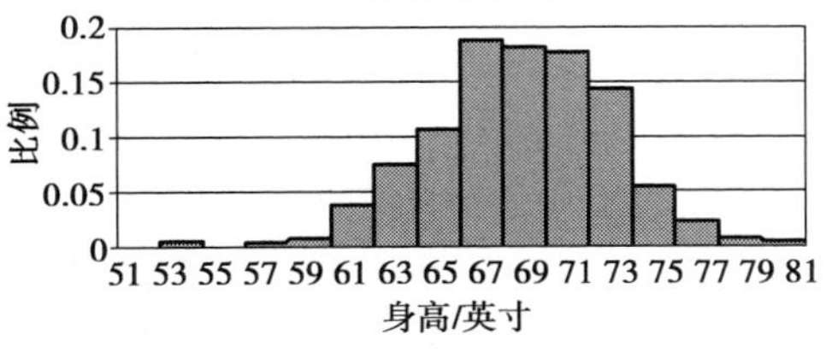

图 1 男性身高分布的相对频次分布(从 52~82 英寸,以 2 英寸为间隔)

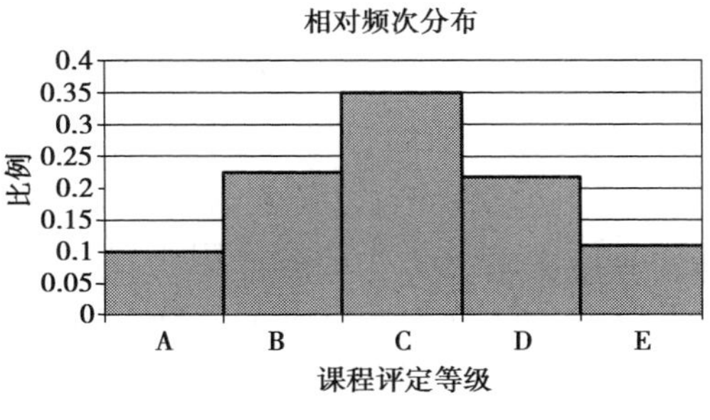

图 2 课程评定等级的相对频次分布

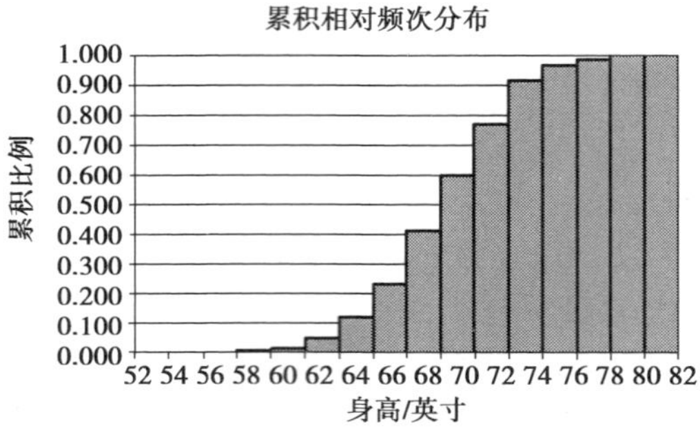

图 3　图 1 中身高数据的累积分布；
***y* 轴取值×100 即为百分比**

相对频次分布的一种变化样式是累积比例图。使用这种方法时，将比例乘以 100 即为百分比。图 3 是身高的相对频次数据的一个累积频次图。要注意的是，*x* 轴的取值是间隔的上限，而不是之前间隔的中点。

——Kenneth O. McGraw

（马妍译　赵锋校）

相对变异（度）(Relative Variation [Measure of])

相对变异系数（coefficient of relative variation，CRV）是一个变量的标准差【Standard Deviation】除以其均值【Mean】所得到的标准化。这个量度常用于反映标准差的大小。耶尔和肯德尔（Yule & Kendall，1968，pp. 143-144）将其视为分散度的一个绝对量度，因为用均值除就控制了变量的测量单位。

相对变异系数的计算公式是 $CRV=s/\overline{X}$，其中 s 是变量的标准差，$\overline{X}$ 是变量的均值（参见变异系数【Coefficient of Variation】）。这个统计量只适用于定比变量，因为一个定距变量量尺的变换会改变其均值，进而改变 CRV。除以临近 0 的值会得到一个很大的值，所以当均值非常接近于 0 时，相对变异系数被认为是不可靠的。公式的一种变化样式是用均值的绝对值作分母，这样 CRV 的值总是正的。第 i 个观测值的相对变异度可定义为：第 i 个值 x_i 与其均值的偏差【Deviation】除以均值，即 $RV_i=(X_i-\overline{X})/\overline{X}$。那么相对变异系数等于平方的观测值的相对变异度之平均数的开方。

$$CRV=\sqrt{\frac{\sum(RV_i)^2}{N}}$$

在比较均值不同的变量的差异度时，相对变异系数比较有效。例如，试想有一组城市具有非常不同的平均犯罪数量，同时欲比较各城市一年中各月份犯罪率的方差。仅仅因为纽约的犯罪率高很多，纽约市各月份间的犯罪率方差就一定要比皮奥利亚市大很多。然而，用它们各自的均值去除各自的标准差会得到一个标准化的结果，而这个结果会更好地反映出纽约市一年中各月份间的犯罪率是否比皮奥利亚市更具可变性。

表 1 假想的年龄和教育数据

人	年龄	受教育年限
1	20	15
2	30	21
3	40	18
4	50	12
5	60	9
6	70	6
7	80	3
均值	50	12
标准差	20	6
相对变异系数	0.40	0.50

这个系数对比较以不同单位测量的变量的差异度也很有效。例如,人们的年龄是不是比受教育年限有更大的变异度?成年人年龄的方差确实大于他们受教育年限的方差,但是,当用标准差除以均值进行标准化后,情况可能就不同了。比如,有一组成年人,他们的年龄均值是 50,标准差是 20,年龄的相对变异度是 0.40。如果他们平均受教育年限是 12 年,标准差是 6,那么受教育年限的相对变异度是 0.50(表 1)。在这个例子中,年龄的方差大于受教育年限的方差,但是一旦将均值纳入计算,教育实际上有更大的相对变异度。

——Herbert F. Weisberg

(马妍译 赵锋校)

参考文献

Blalock, H. M. (1979). *Social statistics* (rev. 2nd ed.). New York: McGraw-Hill.

Snedecor, G.W. (1956). *Statistical methods*. Ames: Iowa State College Press.

Weisberg, H. F. (1992). *Central tendency and variability*. Newbury Park, CA: Sage.

Yule, G. U., & Kendall, M. G. (1968). *An introduction to the theory of statistics*. New York: Hafner.

相对主义(Relativism)

相对主义是对客观主义【Objectivism】、本质主义【Essentialism】、基础立场的系统一种彻底地怀疑的姿态。它不太像某种反立场(antiposition)或某种元立场(metaposition)。相对主义者的论点强调在将科学主张做成客观的和基本的过程中,修辞学【Rhetoric】具有不可或缺的作用,同时,强调那些被宣称能保证客观基础的科学事物的偶然性,如检验、准则、规则、实验,以及其他程序的偶然性。相对主义者不否认判断的可能性(如其经常宣称的),但是,强调判断与更广泛的人类价值、文化、生活方式及政治观联系在一起,不能简化为客观的标准。在社会科学领域,相对主义与更广泛的理论发展相联系;它可以被视为后现代主义【Postmodernism】和建构主义,以及言语转向的哲学的相关物。

在社会科学领域,相对主义曾是最具争议,也最常被鄙视的立场之一。说一种分析的方法或形式"滑向相对主义",常被认为是足以摈除它的意思。作为一个相对主义者曾被认为是等同于支持(或至少不批评)大屠杀或虐待配偶,即站在一种认为不可能作出判断和"任何事情均可发生"的立场上。

近来,关于相对主义的争论常集中于实在论【Realism】和政治的或伦理的批评之间的关联上。有些实在论者论说,相对主义不具备充分的手段,以发展政治主张。另一些人则鼓动"死亡和家具"的辩论,即或是强调人们熟知的惊人暴行(如 1991 年在巴士拉路上对正在逃跑的伊拉克士兵的屠杀)或是突然拍打桌面(Edwards, Ashmore, & Potter, 1995)。类似的争论也出现在女性主义中,其中不同的观点,就性别、真理的性质及政治诸论题,常发生争议(Hepburn, 2000)。

罗蒂(Rorty,1991)沿着更倾向于相对主义的路线,就认识论、伦理学和政治哲学中的问题进行了再思考。他借用雅克·德里达的解构论哲学(deconstructive philosophy)来说明写作在构建某种观点、下定义以及构建立场,使其显得坚实且永恒的过程中所起的作用。他的反基础主义(antifoundationalism)的论点认为,判断被植入断言的方式本身在社会性上是偶然的。芭芭拉·赫恩斯坦·史密斯(Smith,1997)论说,借助于对真理、理性和其他客观主义的核心观念的失效的相对主义的确认,政治学、道德体系及文化评价将变得更充实,而不会被损害。

哈利·柯林斯主张,对科学知识的研究如果要具有逻辑上的一致性,方法论上的相对主义就是必要的。它是一场新的对科学的社会学研究运动之主力。这一主张的要点在于,不把任何领域中流行的科学正统视作研究起点,无论这些科学正统看起来多么有道理。因为,只有这样做才能不再进行非对称的分析(即把科学正统看作得到科学观测保证的知识,替代做法则要求对正统作出社会解释)。例如,在研究引力辐射的科学理论时,柯林斯研究了修辞术和说服术扮演的角色。正是通过两种技术的运用,某些实验被做成了可以重复实现的样子,一些断言则人为地被做成不可信的样子。柯林斯试着将主张和反对重力波理论的研究者放在同一天平上考察,而不是根据传统的观点,在开始时,就认为研究者已经发现重力波并不存在。就此类分析而言,研究者不认为,科学争论可以由一组中立于社会之外的规则和准则来决断,反而是把重复、可检验(testability)的这类准则变成争论的属性。

相对主义在科学知识的社会学中的核心地位是它在当代社会科学领域占据巨大重要性的原因之一。在此基础上,马尔科姆·阿什莫尔(Ashmore,1989)发展了反身性的立场,反复要求一种比柯林斯的立场更加彻底的相对主义。在科学知识社会学中,方法论相对主义现在已经被广泛接受。乔纳森(Potter,1996)论说,在分析科学领域之外的"对事实的说明"时,需要类似的考量;否则,偏袒一方,强化认知现状的同一问题会再次出现。

关于相对主义思考的道德和政治后果的热议还在持续。

——Jonathan A. Potter

(王玥译 赵锋校)

参考文献

Ashmore, M. (1989). *The reflexive thesis: Wrighting sociology of scientific knowledge*. Chicago: University of Chicago Press.

Collins, H. M. (1985). *Changing order: Replication and induction in scientific practice*. London: Sage.

Edwards, D., Ashmore, M., & Potter, J. (1995). Death and furniture: The rhetoric, politics, and theology of bottom line arguments against relativism. *History of the Human Sciences*, *8*, 25-49.

Hepburn, A. (2000). On the alleged incompatibility between feminism and relativism. *Feminism and Psychology*, *10*, 91-106.

Potter, J. (1996). *Representing reality: Discourse, rhetoric and social construction*. London: Sage.

Rorty, R. (1991). *Objectivity, relativism, and truth: Philosophical papers volume 1*. Cambridge, UK: Cambridge University Press.

Smith, B. H. (1997). *Belief and resistance: Dynamics of contemporary intellectual controversy*. Cambridge, MA: Harvard University Press.

信度(Reliability)

自查尔斯·斯皮尔曼在1904年奠定了该理论的基础后,信度理论主要在心理学相关学科领域首先得到了发展。然而,这些领域对信度的强调并不意味着这个问题与其他学科无关。信度能告诉研究者,个体对某一测量(measure)的反应的随机不一致性(random inconsistency)或者非系统波动(unsystematic fluctuation)的相对量。一个量表的信度是一个量表的构念效度【Construct Validity】获得支持的诸证据中一项必要的证据,虽然一个可靠的量表并不必然是一个有效的量表。因此,任何量表的信度都为构念效度设定了一个上限。

个体对一个量表的反应倾向于随环境的不同而非系统的变化。这些非系统的变化被称为随机误差【Random Error】或随机的测量误差,会造成回答人不一致的反应。测量的随机误差源于多种因素,而这些因素既不可预知,也不具有规律的模式。这些因素包括测验接受者的心理状态和生理状况、测验环境的特征、测验实施的不同场合、测试实施者的特征或测验题项(其中某些题项措辞模糊或措辞不当)的不同样本。由此以来,一个结果是,如果个体被多次测量,上述因素之一或其中的多个因素的组合就会导致个人的反应出现不可预知的波动。

测量误差的类型

可以说绝大部分(如果不是全部)的量表都是不完美的。根据测量理论最近的发展,任何被测变量的分值可能由三个可区别的成分构成:目标概念、非目标概念、随机的测量误差(Judd & McClelland, 1998)。其中,后面两个成分都属于测量误差,它们虽然不是所想要测量的内容,但是在实践中却无法排除。测量分中代表非目标概念的部分被视为系统误差【Systematic Error】。在回答人的分值上,这类误差会产生规整的但无关的变化。相反,一个量表的随机测量误差不会将任何规律性模式加于回答人的分值上。应当注意的是,对于个体而言,一个分值的测量误差并不一定是一个完全随机的事件(比如,某学生的测验焦虑);不过,如果面对的是非常多的回答人的得分,测量误差的成因可能会随机地变化,其行为好似随机变量【Random Variable】。因此,可将这类测量误差假定为随机的。信度理论试图理解、量化和控制的正是随机的测量误差。

一个量表上随机误差的效应

量表的非一致反应(inconsistent responses)对科学质询和实践应用具有重要含义。吉赛利、坎贝尔和泽德克(Ghiselli, Campbell, & Zedeck, 1981)指出,对某个量表的非一致反应无甚价值,无论研究者的计划是以同一量表为基础比较两个或多个个体,或根据受试人的能力将其归于某一组中,或预测一个人的行为,或评估某一干涉的效应,还是发展相关理论。试想一下,一个大学的招生官员想根据一次入学考试,从两名入学申请者中选出一名合适的入学者。如果就此项测验,申请人的回答从这一次到下一次之间倾向于有20分的波动,那么两个申请人之间在一次测验中实际发生的10分差值就可能是由随机测量误差带来的。于是,仅根据两者间的10分差值所作出的推论,即在大学期间,一个申请人比另一个更有能力取得成功，可能就是错误的。同样，如果一个人在接受了发怒管理治疗后，在某一发怒量表上的得分减少了 10 分，这也可能源于对量表的随机反应。源自一种或多种因素的随机测量误差的量可以用各种信度系数予以测定，而这正是下一部分要讨论的。

经典的真实分理论

自 1904 年以来，发展出两种主要的信度理论：以平行测验模型为基础的经典真实分理论和以范畴抽样（domain sampling）模型为基础的概化理论【Generalizability Theory】。就历史发展而言，斯皮尔曼（1904，1910）首先开始发展经典真实分【True Score】理论，而后瑟斯通（1931）、格利克森（1950）和吉尔福德推进了该理论的发展。概化理论是一个新理论，由杰克逊和特赖恩提出，而后由洛德和诺维克（1968）以及克龙巴赫和他的同事（1972）将其推向深入。传统的信度系数，如平行复本（parallel-form）信度和备择复本（alternate-form）信度、再测信度【Test-Retest Reliability】、内在一致性信度、折半信度【Split-Half Reliability】、评分者信度【Interrater Reliability】，以及编码者内（intra-coder）信度，都是以经典的真实分理论为基础的信度估计量，尽管这些系数也可以用概化理论（详见 Judd & McClelland，1998）进行估计。由于概化理论及其应用在本书的其他部分有叙述，在余下的部分仅集中讨论经典的真实分理论。

经典的真实分理论是一个描述和量化随机测量误差的简单、有效且广为应用的理论。一般而言，经典理论的推理基于如下假定：

1.$X_i = T + E_i$

2.$E(X_i) = T$

3.$F(X_1) = F(X_2) = F(X_3) = \cdots = F(X_k)$

4.$\rho_{X_1X_2} = \rho_{X_1X_3} = \rho_{X_1X_k} = \cdots = \rho_{X_{(k-1)}X_k}$

5.$\rho_{X_1Z} = \rho_{X_2Z} = \rho_{X_3Z} = \cdots = \rho_{X_kZ}$

6.$\rho_{E_1E_2} = \rho_{E_1E_3} = \rho_{E_1E_k} = \cdots = \rho_{E_{(k-1)}E_k} = 0$

7.$\rho_{E_1T} = \rho_{E_2T} = \cdots = \rho_{E_kT} = 0$

假定 1，$X_i = T+E_i$，宣称，一次测验 i（X_i）中的一个测得分数（observed score）（或者易错分数，fallible score）由两部分组成，即真实分数（T）和随机的测量误差（E_i）。由前文提及的各种因素的组合引起的随机测量误差在不同的平行复本测验中或是正的或是负的，因此，这就使得测得的分数或者高于真实分数，或者低于真实分数。

一项测验中的一个真实分数并不代表一个人的某种特质的真实水平。换言之，由于它来自诸多因素的一个组合，因此它代表的是对该测验的一致的（consistent）反应。注意，诸多因素的不同组合会引出多种多样的一致的反应。例如，在潮湿、嘈杂和经常被打断的环境中，对一个智力量表的一致的反应完全不同于在凉爽、安静和可控环境中，对同一量表的一致的反应。前一种一致的回答代表艰难环境中的智力的真实分数，而后一反应是愉悦条件下的智力的真实分数。

假定 2，$E(X_i) = T$，宣称，如果对个体进行无限次平行的测验，真实分数是该人所有测得分数的期望值（均值）。例如，假设某个人接受了 k 次（很多次）平行复本测验，这个人每次测验的测得分数可以表示如下：

$$X_1 = T + E_1$$
$$X_2 = T + E_2$$
$$\vdots$$
$$X_k = T + E_k$$

因为测量误差或者是正的或者是负的，所以在一个很长的序列中，这些误差的和为0，即测量误差的期望，$E(E_i)=0$。因此，所有测得分数的期望值等于真实分数。

假定3到假定5，涉及平行复本测验的特征，而这些假定既有理论意义，也有实践意义。假定3，$F(X_1)=F(X_2)=F(X_3)=\cdots=F(X_k)$，宣称，就一群数目众多的应试者而言，他们在每一次平行复本的测验中测得分数的分布都是同一的。根据同分布(identical distributions)假定，我们期望，$T_1=T_2=\cdots=T_k$，并且$\sigma_{X_1}^2=\sigma_{X_2}^2=\cdots=\sigma_{X_k}^2$。此外，$k$次平行复本测验的测得分数之间的相关系数相同，即表示为$\rho_{X_1X_2}=\rho_{X_1X_3}=\rho_{X_1X_k}=\cdots=\rho_{X_{(k-1)}X_k}$(假定4)。最后，假定5，$\rho_{X_1Z}=\rho_{X_2Z}=\rho_{X_3Z}=\cdots=\rho_{X_kZ}$，宣称，在$k$次平行复本测验上的测得分数与任意其他量表$Z$(不同于这$k$次测验的量表)之间，有相等的相关系数。

假定6和假定7，实质上宣称，测量误差是完全随机的。因此，一个大的应试者总体【Population】在各k次测验上的测量误差之间，以及测量误差和真实分数之间，其相关系数都等于零。基于假定7，σ_X^2，σ_T^2和σ_E^2之间的方差【Variance】关系能够进一步表示为$\sigma_X^2=\sigma_T^2+\sigma_E^2$。换句话说，在一个应试者总体中，测得分数的方差等于真实分数的方差加测量误差的方差。将上述方差关系同假定3结合起来，可推知，k次平行复本测验的测量误差的方差彼此相等，$\sigma_{E_1}^2=\sigma_{E_2}^2=\cdots=\sigma_{E_k}^2$。

信度的理论定义

根据方差关系$\sigma_X^2=\sigma_T^2+\sigma_E^2$，当随机误差不存在(如$\sigma_E^2=0$或$\sigma_X^2=\sigma_T^2$)时，会出现一个完全可信的量表。如果增大，一个量表上观测到的差值将同时反映回答人之间的真实分数的差值和随机误差的差值。当$\sigma_X^2=\sigma_E^2$时，所有观测到的差值反映的只是随机的测量误差，这表明对这一量表的反应是完全随机的和不可信的。

如果在上述等式的两边同时除以σ_X^2，方差关系即变为：

$$1=\frac{\sigma_T^2}{\sigma_X^2}+\frac{\sigma_E^2}{\sigma_X^2}$$

一个量表的信度可定义为：

$$\frac{\sigma_T^2}{\sigma_X^2}$$

可以将它解释为测得分数和真实分数之间的相关系数的平方(ρ_{XT}^2)。在概念上，信度可以解释为测得分数的方差可以由真实分数的方差解释掉或可归之于真实分数方差的比例。依据上述假定可进一步证明，两个平行复本测验之间的相关系数等于$\frac{\sigma_T^2}{\sigma_X^2}$。此即，

$$\rho_{X_1X_2}=\frac{\sigma_{T_1}^2}{\sigma_{X_1}^2}=\frac{\sigma_{T_2}^2}{\sigma_{X_2}^2}$$

如果两个平行复本测验之间的相关系数是0.80，那么它表明测得分数的方差的80%可以归于真实分数的方差。下面，将使用通行记号$\rho_{XX'}$和$r_{XX'}$，分别表示总体和样本【Sample】的信度。

估计信度的方法

各种信度系数都是以经典的真实分理论为基础的，如再测信度、内在一致性信度、评分者间信度或编码者内信度，而这些信度系数在本书的其他部分有介绍。我们在此只集中讨论另外三种信度系数：备择复本信

度、差值分(difference scores)信度和复合分(composite scores)信度。

备择复本信度系数,也称为等价系数,其估计是通过计算同一量表的两个相似的测量形式(具有相似的均值、标准差【Standard Deviation】以及与其他变量的相关系数)所得到的测得分数间的相关系数。通常,一组回答人会在一次测验中,在一段较短的时间内以随机顺序接受两种形式的测量,尽管两次测验实施间的时间间隔可能稍长。

在进行干预或评估心理和生理的发展时,研究者通常的兴趣在于前测和后测得分上的变化。同一量表或两个可比量表在两个不同时点上测得分数的差值常被称作一个变化分或差值分(记作 D)。一个样本的差值分信度可用如下方程估计:

$$r_{DD'} = \frac{s_X^2 r_{XX'} + s_Y^2 r_{YY'} - 2s_X s_Y r_{XY}}{s_X^2 + s_Y^2 - 2s_X s_Y r_{XY}}$$

其中,s_X^2 和 s_Y^2 是前测和后测的方差,$r_{XX'}$ 和 $r_{YY'}$ 是测验的信度,而 r_{XY} 是两次测验之间的相关系数。如果两个量表的方差相等,上述等式可改写为:

$$r_{DD'} = \frac{\dfrac{r_{XX'} + r_{YY'}}{2} - r_{XY}}{1 - r_{XY}}$$

假定 $r_{XX'}$ 和 $r_{YY'}$ 是常量,那么较强的 r_{XY} 会导致 $r_{DD'}$ 较弱。此外,当 r_{XY} 趋近于两个量表的平均信度时,$r_{DD'}$ 趋向于 0,实际上,因为两个量表是类似的,所以 r_{XY} 的强度通常较强。其结果是:即使两个量表各自相对可信,差值分也倾向于有低的信度。

对应于差值分,研究者有时需要使用一个复合分——即 k 个量表的原始得分的一个线性组合。例如,一位人事心理学家可能会根据一项智力测验、一项心理运动能力测验、一份兴趣清单,以及一个个性量表的复合分来选取工作申请人。这一复合分(C)的信度可以估计如下:

$$r_{CC'} = 1 - \frac{\sum_{i=1}^{k} s_i^2 - \sum_{i=1}^{k} (r_{ii'} s_i^2)}{s_C^2}$$

其中,s_C^2 和 s_i^2 是复合分的方差,而 $r_{ii'}$ 是第 i 个量表的信度。在实践中,研究者可能用 k 个量表的标准分【Standardized Scores】的一个线性组合作为复合分。这个复合分的信度可用简化的公式进行估计:

$$r_{CC'} = 1 - \frac{k - k\bar{r}_{XX'}}{k + (k^2 - k)\bar{r}_{XY}}$$

其中,$\bar{r}_{XX'}$ 是 k 个量表的平均信度,而 $\bar{r}_{XY}$ 是各测验之间平均的两两相关系数。假设测验之间的两两相关系数是常量,复合分的信度就比各量表的平均信度大。因此,一个复合分的信度倾向于相对地更可靠。

测量的标准误

如前所述,信度系数只给出个体对某一量表的反应的随机不一致度的相对量。一项 Cronbach 系数为 0.90 的检验表明该检验比另一个 Cronbach 系数为 0.70 的检验具有更高的内在一致性。然而,两个信度估计系数都表明测验分并非绝对精确。例如,斯坦福-比纳(Stanford-Binet)智力量表是一个非常可靠的量表,具有 0.95~0.99 的内在一致性信度。虽然这一测验高度可信,但我们不能肯定地说 60 的得分确实比平均得分 50 要高出 10 分。更实际地说,这 10 分反映的是智力的真实差值加随机的测量误差。

为了准确地解释测验得分,研究者需要将不可信性(unreliability)纳入考虑,即通过测量误差方差的平方根或者测量的标准误(σ_E)来测定不可靠性。根据公式

$$1=\frac{\sigma_T^2}{\sigma_X^2}+\frac{\sigma_E^2}{\sigma_X^2}$$

可得,一个总体中的测量标准误 $\sigma_E=\sigma_X\sqrt{1-\rho_{XX'}}$,而这一总体标准误 $\sigma_E=S_E=S_X\sqrt{1-r_{XX'}}$可予以估计。从概念上讲,测量标准误揭示了就此一测验而言,若给定测量误差的量级,那么可以期望一个测得分数有多大范围的变化。当 σ_E 已知时,研究者可用它来建构测得分数的置信区间【Confidence Intervals】。具体而言,一个样本中的测得分数(X)分别具有大约 68%、95%和 99%的信心落入 $X\pm1\hat{\sigma}_E$、$X\pm2\hat{\sigma}_E$ 和 $X\pm3\hat{\sigma}_E$的置信区间内。

影响信度估计的因素

在估计一个量表的信度时,研究者难以分离回答人的特征和量表自身的特征。例如,一项代数测验的测验表现部分地取决于测验题目的难易。与此同时,测验题目难易的一个决定因素又有赖于测验接受者的能力(比如,大学生与初中生相比;同质群体与异质群体相比)。当一个群体较为同质时,比如说,其成员具有类似或相同的代数能力,测得分数的方差就会受到约束,即使测验本身完全可靠,这也会产生一个较低的信度。这个例子清晰地表明,基于经典的真实分理论的信度估计值会随测验接受者群体的情况及(或)测验题目的情况而发生变化。具体而言,估计信度的传统方法是受试者群组依赖的和测验内容依赖的,而这就暗示着,对于各种水平的回答人而言,一个量表的测量标准误(及信度)并不相同。实证证据显示,极端得分的测量标准误倾向于比普通得分的测量标准误小。

量表的其他特征也会影响信度。首先,根据斯皮尔曼-布朗预测公式(Spearman-Brown prophesy formula)假定一个量表已经包含了恰当的题项,那么随着该量表长度的增加,该量表的信度趋向于增加。斯皮尔曼-布朗预测公式界定如下:

$$\hat{\rho}_{XX'}=\frac{n\times\rho_{XX'}}{1+(n-1)\rho_{XX'}}$$

其中,n 是一个原测验量表被加长的因子数,$\hat{\rho}_{XX'}$ 和 $\rho_{XX'}$ 分别是测验延长后和原测验的信度估计。其次,经验发现表明,若一量表的回答选项增加,信度系数也趋于增加。蒙特卡洛【Monte Carlo】研究揭示出:一个包含 10 个题项的量表的整个信度估计,如再测信度或 Cronbach α【Cronbach's Alpha】系数,会随着回答选项从一个 2 点量尺逐步增加到一个 5 点量尺而逐步增强。而后,信度估计变得稳定。测验的内容也会影响信度。例如,如果测验的时间不够充分,能力测验的信度可能被人为地放大。能力测验指的是那些用以检验回答人就某个主题的知识的测验。如果测验的时间很短,大多数回答人就不能在规定时间内答完所有问题。其结果是在各个测验题项上,他们的回答变得人为地一致。

最后,信度还会受到研究者所选择使用的估计方法的影响。如前文所述,基于经典的真实分理论的信度系数可以估计某一种或某两种测量误差。例如,内在一致性估计的是,那些由题项的异质引起的反应变化,或由测验内容的不同带来的反应变化;与此同时,再测信度估计的是,由于历时的变化,包括延时效应所引起的反应变化。相应的,具有长时间间隔(如四个月)的备择复本信度估计的是两类随机误差,即那些由历时变化引起的和由测验内容的不同引起的。尽管所有基于经典真实分理论的信度系数估计的都是测量误差的相对量,但是用不同信度系数估计的误差在质上互不相同。因此,比较两种不同类型的信度估计是不符合逻辑的。

当研究者纠正(correct)由于不可靠性产生的信度系数的衰减(attenuation)时,不同的随机误差需由不同的信度系数予以估计,这一事实具有重要意义。根据经典的真实分理论假定,两个真实分之间的一个总体相关系数($\rho_{T_X T_Y}$)会受到量表(X 和 Y)的不可靠性的反向影响。该反向效应可根据量表 X 和量表 Y 的总体相关系数同各自总体信度($\rho_{XX'}$和$\rho_{YY'}$)的关系推出,即界定如下:

$$\rho_{T_X T_Y} = \frac{\rho_{XY}}{\sqrt{\rho_{XX'}\rho_{YY'}}}$$

通常,研究者可能想指出的是,如果两个量表都完全可信,那么样本的相关系数$\hat{r}_{XY}$会怎样。两个量表间未衰减的相关系数可由上述公式的修正公式得到,即

$$\hat{r}_{XY} = \frac{r_{XY}}{\sqrt{r_{XX'}r_{YY'}}}$$

当两个量表之一或两个量表变得更不可信时,$\hat{r}_{XY}$和 r_{XY}之间的差会增加。例如,若 $r_{XX'} = r_{YY'} = 1$。然而,当 $r_{XX'} = r_{YY'} = 0.50$ 时,$\hat{r}_{XY}$的值会变为 r_{XY}的 2 倍。在实践中,对于衰减的修正趋于高估两个量表间实际的相关度。首先,这一假设,即假设 $r_{XX'}$ 和 $r_{YY'}$处理的是同一类测量误差,是经不起推敲的。此外,存在着许多不同类型的,不适宜用经典的真实分理论予以估计的测量误差。例如,研究者的兴趣可能在于发现一项成就测验的可信度,而该测验是由男性实施者和女性实施者在两个不同时点以及三个不同的场所实施的。

——Peter Y. Chen
Autumn D. Krauss
(马妍译　赵锋校)

参考文献

Crocker, L., & Algina, J. (1986). *Introduction to classical & modern test theory*. New York: Harcourt Brace Jovanovich.

Feldt, L. S., & Brennan, R. L. (1989). Reliability. In R. L. Linn (Ed.), *Educational measurement* (3rd ed., pp. 105-146). New York: Macmillan.

Ghiselli, E. E., Campbell, J. P., & Zedeck, S. (1981). *Measurement theory for the behavioral sciences*. San Francisco: W. H. Freeman.

Hambleton, R. K., Swaminathan, H., & Rogers, H. J. (1991). *Fundamentals of item response theory*. Newbury Park, CA: Sage.

Judd, C. M., & McClelland, G. H. (1998). Measurement. In D. T. Gilbert, S. T. Fiske, & G. Lindzey (Eds.), *The handbook of social psychology* (4th ed., Vol. 1). Boston: McGraw-Hill.

Nunnally, J. C., & Bernstein, I. H. (1994). *Psychometric theory* (3rd ed.). New York: McGraw-Hill.

定性研究的信度和效度(Reliability and Validity in Qualitative Research)

定性研究者【Qualitative Research】对信度【Reliability】和效度【Validity】的概念并没有单一或固定的定义。如同对定性研究的理解发展出不同的方向一样,特别是过去的 20 多年,对这两个概念的理解也是如此。

信度

在定量研究者那里,信度的原本表述是,如果一个研究可以被其他研究者重复开

展,那么这个研究被认为是可靠的。在定性研究者这里,对下面的问题,即重复研究或再生成研究结果的可能性对判定定性研究的价值是否仍有相当的重要性有着不同的思考。有些人说,例如基尔克和马克·米勒(Kirk & Millar,1986)在观察的可重复性这个意义上,信度在定性研究中仍然扮演着重要的认识论角色。他们争辩,对于一个被判定为好的或有效的研究而言,研究所做的观察必须是经久可靠的,同时,不同的方法(如访谈和观察)应当产生相似的结果。

其他人提出,特别是埃贡·古巴和伊冯娜·林肯(Guba & Lincoln,1994),由于定性研究潜在的哲学假设(如现实是建构出来的),信度的概念应由一个类似的可靠性(dependability)的观念所代替。他们争辩,对于定性研究而言,重复是不可能的;对一个研究者所能期待的或应该期待的是,关于她或他是如何获得和分析资料的细致说明。

最后,当下有些人认为,继续把信度作为一个判断研究质量的标准是没有价值的。尽管一个研究者在某一情境下可能重复另一个研究者在那个情境中所做的观察和发现,但是,如果这种情况没发生,人们也不应该去担心。这种主张的基础源自以下认识,即理论无涉的观察是不可能的,或者研究者只能从所在世界的某个特定位置观察世界(Smith & Deemer, 2000)。如果是这样的,那么信度就没有特殊的认识论的地位,也无须成为定性研究者的一个重要议题。

效度

对于定量研究者来说,效度是一个主要的具有认识论价值的概念。说一个研究是有效的就意味着它是一个好的研究,即研究者在研究中准确地呈现了所考察的现象或现实。各种相关原因,特别是由于摈弃朴素的或直接的实在论和认识论的基础主义(foundationism),定性研究者发现这种效度是不可接受的。定性研究者提出了许多不同的立场,以取代实在论和基础主义,其范围从间接的或微妙的实在论及认识论的准基础主义(非确真论,fallibilism),到其间伴随各种变化主题的非实在论和非基础主义(Smith, 1993)。于是,定性研究者努力去替换关于效度的传统理解,而这些努力导出了一系列相当令人困惑的定义和相应的变体。

马丁·哈默斯利(Hammersley,1990)是其中的一个代表。他基于一种微妙的或间接的实在论,并结合以准基础主义或非确真论的认识论,推进了对效度的理解。对于他来说,效度的判定不在于一项说明能在多大程度精确地再现现实,而在于判定一项说明在多大程度上忠实于所考察的特殊情境。这意味着,即使我们没有直接接触到现实,并且我们的判断也总是可能出错,但也总是可以提出好的理由,从而能够宣称一项说明是真的。这些思索导出了关于一项有效研究的下述定义,即一项有效研究的结果经过似真性(plausibility)和可信性(credibility)的检验。似真性是指基于既有的关于所说明的情境的知识,对情境的说明是否可能为真。可信度考虑基于所研究现象的性质、研究的客观条件、研究者的特质等情况,研究者的判断是否准确。

第二个大方向,也在某种程度上,基于间接的实在论和准基础主义,涵盖了相当多样的、被称作"混编的"效度的定义。许多词,如催化的、情境的、撩人的、越界的、讽刺的及质问的,都作为修饰词加在效度上。大卫·阿什德和约翰·约翰逊(Altheide & Johnson,1994)以及帕蒂·拉瑟(Lather, 1993)都讨论过上述词汇,以及其他的词汇。最后,有些定性研究者以为无须再为效度的概念烦恼。因为这些人接受了非实在论和非基础主义的观点,所以他们也没兴趣继续讨论对世界的真实说明,以及对独立的既存现实的精确描述。他们声称,我们所能得到的一切都是以语言为中介,对现实的社会构建。于是,对于效度来说,最多可以说它是一项社会的一致同意,而此种一致同意不是认识论的,而是政治的和道德的(参见Schwandt, 1996; Smith & Deemer, 2000)。

——John K. Smith

(王玥译　赵锋校)

参考文献

Altheide, D., & Johnson, J. (1994). Criteria for assessing interpretive validity in qualitative research. In N. Denzin & Y. Lincoln (Eds.), *Handbook of qualitative research* (1st ed., pp. 485-499). Thousand Oaks, CA: Sage.

Guba, E., & Lincoln, Y. (1994). Competing paradigms in qualitative research. In N. Denzin & Y. Lincoln (Eds.), *Handbook of qualitative research* (1st ed., pp. 105-117). Thousand Oaks, CA: Sage.

Hammersley, M. (1990). *Reading ethnographic research*. London: Longman.

Kirk, J., & Millar, M. (1986). *Reliability and validity in qualitative research*. Beverly Hills, CA: Sage.

Lather, P. (1993). Fertile obsession: Validity after poststructuralism. *Sociological Quarterly*, *35*, 673-694.

Schwandt, T. (1996). Farewell to criteriology. *Qualitative Inquiry*, 2, 58-72.

Smith, J. (1993). *After the demise of empiricism: The problem of judging social and educational inquiry*. Norwood, NJ: Ablex.

Smith, J., & Deemer, D. (2000). The problem of criteria in the age of relativism. In N. Denzin & Y. Lincoln (Eds.), *Handbook of qualitative research* (2nd ed., pp. 877-922). Thousand Oaks, CA: Sage.

信度系数(Reliability Coefficient)

信度系数是应用一种测量方案(如一项测验、一个量表、一次专家评定等)对个体总体予以测量,测量的真实方差相对于总的观测分方差的比例的一个量度。

对某个给定属性的任一测量操作都会给出此一属性的一个观测分,同时,在原则上,这一观测分可被分解为一个真实分【True Score】部分加一个测量误差部分。真实分部分被视为每个个体的一个未知常数,而误差部分被模型化为一个随机变量,同时假定它同真实分和其他误差部分都不相关。基于这些特性,代数上可以证明,对于一个给定总体,观测分同真实分的相关系数的平方等于真实分方差与观测分方差之比,亦即信度系数(参见信度【Reliability】)。因此,一个完全可信的信度评估意味着观测分的方差完全可由真实分方差抵消,并且信度系数为1。相反,若是一个完全不可信的信度评估,观测分方差与被测属性上的实际差异毫无关系,同时信度系数为0。虽然不存在信度系数的绝对标准,就群体比较和个体判定而言,0.7和0.9被视为各自最低可接受的信度值。

到目前为止,根据观测分和真实分的变异来界定信度系数。然而,在任何测量操作后我们总可以获得观测分,但根据定义,真实分不可能直接获得。尽管如此,通过检验各次重复测量所得观测分的一致度,就可以间接地得到信度系数。检验观测分的一致度最常用的方法包括:(a)再测信度【Test-Retest

Reliability】;(b)复本信度(alternate-form or equivalent-form reliability);(c)折半信度【Split-Half Reliability】,以及(d)Cronbach α【Cronbach's Alpha】系数。

方法(a)和方法(b)处理这样的问题,将一项测验或一项测验在统计上等效的复本给同一组对象做两次,两次测验所得观测分是不是同一组观测分。而方法(c)和方法(d)解决的问题是,在某一次测验中,用于测量某个单一理论概念的两个统计上等价的经验指标组是否具有相关关系。

某些研究设计涉及由专家根据事先确定的量表或编码方案对行为进行评定。评分者信度【Interrater Reliability】和评分者内(intrarater)信度系数代表了用于评估这些测量方案信度的另外类型的信度系数。

一旦运用以上任何一种方法估出了信度系数,就可以使用它计算测量的标准误,而测量的标准误又可用以从一个人的观测分估出(点估计或置信区间【Confidence Interval】估计)他的真实分。

影响信度系数的因素包括测验的长度(即测验中题项越多,信度系数越高)、受测者的异质性(即随着被测属性上个体差异的增加,信度增加),以及测验的难度(即一个适中难度的测验可增加识别个体差异的可能性)。

——Marco Lauriola

(马妍译 赵锋校)

参考文献

Lord, F. M., & Novick, M. R. (1968). *Statistical theories of mental test scores.* Reading, MA: Addison-Wesley.

Nunnally, J. C., & Bernstein, I. H. (1994). *Psychometric theory.* New York: McGraw-Hill.

重复测量(Repeated Measures)

重复测量是指这样一种数据收集的设计方式,即在每一单元上,收集到的数据超过一个。例如,儿科医生每天对儿童体重予以测量,这个单元就是一个儿童;如果几年测一次通货膨胀,单元即一个国家;或者是一对夫妇,如对丈夫和妻子收入的测量。重复测量经常涉及历时的数据收集。但当前的问题在于,像许多单元的每一个观测值之间存在的那种独立性,在某一单元的多个观测值之间是不存在的。

重复测量可以仅包含两次数据收集。即配对数据设计(paired data design),而由此可以进行配对数据的 t 检验【t-Test】。丈夫和妻子的收入数据就是这种类型,就像有前测和后测设计的实验数据。针对这类数据,很容易想到的是就两个性别间的差异做一个简单的 t 检验,但这样做没有考虑数据的配对性质。两组均值差的 t 检验和配对 t 检验的分子是一致的,都等于两组均值的差值,两种检验的差别在于分母。假设夫妻中一方的收入高,另一方的收入低。这种变异会包含在标准差【Standard Deviation】之中,从而增大两组均值检验中的分母,亦即得出一个较小的 t 值和一个更大的 p 值【p Value】。在配对检验中,重要的是丈夫和妻子间的收入差,而无须考虑原始值是高还是低。由于去除了此类变异来源,分母变得更小,t 值变得更大,相应的 p 值也变得更小和更显著了。唯一的调整在于自由度【Degrees of Freedom】。两组均值差检验有 n_1+n_2-2 个自由度,而配对检验只有 $n-1$ 个自由度。

配对 t 检验等价于双因素方差分析【Analysis of Variance】,其中每格单元只有一个观测值,同时用于计算 F 统计量的分母不是残差均值平方,而是交互项均值平方。一个因子是性别,有两个值;另一个因子是夫妻,有 n 个值。在排除了夫妻的效应后,我们得到性别的效应。在数字上,性别的方差分析中自由度为 1 和 $n-1$ 的 F 值等于配对 t 检验的平方 t^2。

如果某个因子的类别超过两类,配对 t 检验可一般化为一个双因素方差分析,其中每格只有一个观测值,并用交互项均值平方作分母计算 F 统计量。在这种情况下,没有相应的 t 检验。若仅就一个单元在已知的时点上做多次观测,重复测量分析即变为时间序列【Time-Series】分析。

——Gudmund R. Iversen

(马妍译　赵锋校)

参考文献

Cobb, G. W. (1998). *Introduction to design and analysis of experiments*. New York, Springer-Verlag.

Girden, E. R. (1992). *ANOVA: Repeated measures* (Sage University Paper Series on Quantitative Applications in the Social Sciences, 07-084). Newbury Park, CA: Sage.

Hays, W. L. (1988). *Statistics*. New York: Holt, Rinehart and Winston.

凯利方格技术(Repertory Grid Technique)

凯利方格技术源于凯利的人格构念心理学(Fransella & Bannister, 1977),是一种用于表现和探索个人对事物的理解的方法。就人们先前思考很少,或很难表达的话题,请他们清楚地表明他们关于话题的知识时,这个技术特别有效。表 1 给出了一个简化的方格,它由四个特征组成:

①一个焦点:在表 1 中,焦点是在一个制造业组织中团队成员的技能。

②元素:它们是思考的对象。元素通常是人,但也可能是地点、观点或无生命的物。

③构念:它们是人们用来描述和区别不同元素的性质。构念是两极的并且具有正极和负极。

④一个连接机制:指元素如何与构念相关。它可能是一个分类的、二分的或连续的尺度。

表 1　一个简化的凯利方格展示了一个制造业管理者对其团队成员技能的看法

构念(正极)	元素						构念(负极)
	熟练操作者 Leslie	熟练操作者 Ann	一般熟练操作者 Frank	一般熟练操作者 Denise	非熟练操作者 Julie	非熟练操作者 David	
节约时间	√	√	√	×	√	√	不节约时间
灵活的	√	√	√	√	×	×	不愿使用技能
质量意识	×	×	√	√	×	×	缺乏质量意识

续表

构念（正极）	元素						构念（负极）
	熟练操作者 Leslie	熟练操作者 Ann	一般熟练操作者 Frank	一般熟练操作者 Denise	非熟练操作者 Julie	非熟练操作者 David	
善于与管理者沟通	√	√	×	√	×	×	沟通不畅
提出观点	√	√	√	×	×	×	不愿改进绩效
有竞争性	√	×	×	×	×	×	无竞争性
自行解决问题	√	√	√	√	×	×	总是寻求帮助

资料来源：Easterby-Smith, Thorpe, & Holman(1996).

对于研究者而言，首先，完成一项方格的通常方式是给出方格的焦点。其次，参与者被要求选出元素的事例，比如一个你认识的技术熟练的团队成员。构念则由“三元比较”产生，即选出三个元素，并说明同第3个相比，其中两个相似的地方。每个构念的正向和负向都是设定好的。三元比较重复进行，直至没有新的构念生成。参与者个人则通过对元素和构念之间的关系的评分方式，将两者联系在一起。格子完成过程的变化包括通过简单地比较和对照两个元素（二元比较）来产生构念，还可以给出不同的元素和（或）构念。然而，有些人认为提供元素或构念有违格子的目标（即探寻“个人”的理解）。

既可通过考查构念的意义，还可通过考查构念间的关系［如构念是否可以聚集成一个更高维度（a super-ordinate factor）的因子］、元素间的关系，以及构念与元素间的关系（如哪些构念与哪些元素关联）来分析格子。定性和定量的分析方法既可以分别使用，也可以结合使用。方格的复杂性意味着定量技术是特别有用的（Leach, Freshwater, Aldridge, & Sunderland, 2001）。然而，有学者提出定量分析有损或者违背潜在于凯利方格技术中的解释论假定，而其他人认为定量分析会忽略访谈本身所产生的丰富数据。因此，有研究者推荐对构念的意义和访谈使用定性分析。

最后，使用方格法也存在一些局限。对于所有参与者而言，它是一个耗时的过程。访谈的过程可能带来个人和敏感问题，同时，访谈者需要有技巧地化解这些问题。除非变迁本身就是一个具体的焦点，否则，凯利方格访谈并不适于阐明变化过程（如事物怎样改变和为什么改变）。

——David J. Holman

（马妍译　赵锋校）

参考文献

Easterby-Smith, M., Thorpe, R., & Holman, D. (1996). Using repertory grids in management. *Journal of European Industrial Training*, *20*, 1-30.

Fransella, F., & Bannister, D. (1977). *A manual for repertory grid technique*. London: Academic Press.

Leach, C., Freshwater, K., Aldridge, J., &

Sunderland, J. (2001). Analysis of repertory grids in clinical practice. *British Journal of Clinical Psychology*, *40*, 225-248.

重复(Replication)

一项社会科学实验【Experiment】的目的在于估计:(a)就一个给定总体【Population】的成员而言,某些处理对特定结果变量的效应;(b)在某些变量上,两个或更多总体之间的差异;(c)在某些特定的总体中,两个或多个变量之间的关系或相关【Correlation】。如果测量是无效的,如果样本不能代表特定的总体,如果有外来的未经确认的因素影响了因变量,那么所有这类实验都可能得出错误的结论。因此,在把任何这类实验的结论确定为一个经验事实之前,此类实验应当被重复或者复制(replicated)。

最接近字面的重复(literal replication)的一种重复,可能是由原来的作者从同一总体中抽出多个具有相同样本量的额外样本,并使用同第一次所用相同的技术、测量工具和分析方法。原初的显著性检验【Significance Testing】结果(如在抽样总体中,测量 A 和测量 B 是正相关的概率为 $p \leqslant 0.01$)即预测了(只是)这一真正字面重复的结果。只要字面重复可能达到目标,那么它实际的不可能实现就不会是很大的损失,不仅当原发现有效的时候如此,即便原发现是无效的而作者又持续地犯同样的关键错误时也如此。

当一位新的研究者尽可能原本地依照第一个作者在其方法部分提供的"实验方案",重复第一项研究时,操作重复(operational replication)即发生。一次成功的操作重复给予了某些保证,即第一位作者的发现不是某些未知变量和未控制变量的结果。

操作重复的局限性在于它的成功并不必然支持这样的宣称,例如,"在总体中,概念 X 和 Y 呈正相关",而只能说:"使用测量 A 和测量 B 得到的分数在根据某一特定方式从总体 Z 中抽得的样本中呈正相关。"这些得分可能不是对概念的好的测量,同时(或者)抽样方法可能没有产生能够代表总体 Z 的样本。此外,心理学文献的作者和编辑都学会在研究报告的方法部分,仅限于包括那些第一作者认为能够获得研究发现的必要且充分的程序细节。

最冒险也最有价值的重复形式是建构重复(constructive replication)。在建构重复中,除了特定的经验事实或宣称已经证实的事实以外,第二位作者将忽视第一份报告中的所有内容。重复者将选择他或她认为适合于研究问题的抽样、测量和数据分析方法。

一项宣称已经证实了一项理论预测的实验可以以两种方式被有效地复制:预测的效度可以被建构地重复,或者理论的递增效度可以通过实验方式检验从同一理论得出的新的且独立的预测内容被建构地重复。比如,吕肯(Lykken, 1957, 1995)根据相关理论,即原发性精神病开始生活于遗传恐惧的钟形曲线【Bell-Shaped Curve】的底端处,检验了三项预测内容。有几位研究者建构地重复了原来的研究发现,但是,黑尔(Hare, 1966)、帕特里克(Patrick, 1994)以及其他人以实验方式证实了从同一理论得出的新的预测内容。

——David T. Lykken

(马妍译　赵锋校)

参考文献

Hare, R. D. (1966). Temporal gradient of fear arousal in psychopaths. *Journal of Abnormal and Social Psychology*, *70*, 442-445.

Lykken, D. T. (1957). A study of anxiety in the sociopathic personality. *Journal of Abnormal and Social Psychology*, *55*, 6-10.

Lykken, D. T. (1995). *The antisocial personalities*. Mahwah, NJ: Lawrence Erlbaum.

Patrick, C. J. (1994). Emotion and psychopathy: Startling new insights. *Psychophysiology*, *31*, 415-428.

定性研究的重复/可重复性(Replication/Replicability in Qualitative Research)

与信度类似,这个概念是指一个研究操作在多大程度上是一致的,可反复的。如果研究者之间的一致是可达成的,就可以赋予研究发现的真实性以更大的信心。重复【Replication】指一项再研究(re-study)能再现初始研究的发现的程度。可重复性指在提供了初始研究的研究过程的充足信息的前提下,再次研究可实行的程度。

这些理念依赖于一些不为所有定性研究者共享的哲学假定。例如,认同唯心主义的研究者认为语言建构了现实,通常把他们自己的文本(研究报告等)看作他们对研究客体的建构,而不是用传统的实在论的风格来报告真理。如果采用了这一相对主义的、社会建构论的观点,追寻重复就是没有意义的,因为每一个说明都仅仅是一个较多的"部分的真实"(Clifford & Marcus, 1986)。

即便认可实在论的假设,定性研究的重复也是困难的。消除研究者的个人特质是自然科学的世界观和定量的社会研究的某些观照的基础,而这对定性研究而言几乎是不可能的。在田野研究中,所出现的大量事物依赖于研究者的个人品质、分析的洞察力和研究者的社会技巧,而这些不可能为任何一个二次研究者所共有。定性研究的很大优势在于对特定案例的深入考察,在这些案例(有时是独特的)背景的丰富性中有所发现。案例既不会历时而不变,也不会同那些在其他层次上被断定为相同的案例有太多共同点。若干时间之后,着眼于"相同"案例的,或试图研究"相似"案例的观察者,可能实际上正在研究不同的事物,而且他们用不同的工具(即他们自身)做研究。在定性社会研究中,尝试重复一些比较著名的研究(米德和弗里曼在萨摩亚;刘易斯和雷德菲尔德在墨西哥;怀特和博伦在波士顿,参见 Seale, 1999)就遇到了这些问题。现在回顾起来,这些尝试(和他们在各自领域中所引起的尴尬)又显得太过天真。

然而,可重复性是一个更现实的目标,也许,考虑到操作上的困难,它应当被重命名为"方法论会计学(methodological accounting)"。研究程序的档案文件,以及对研究项目的前提假设和个人偏好的影响的反思,都能够帮助读者评估研究者的论点所获支撑的适当性。林肯和古巴(Lincoln & Guba, 1985)概述了审核【Auditing】一个研究项目的框架,其中,为了评估项目的方法上的适当性(methodological adequacy),相应的档案文件和反思都由一队研究同行予以审查,直至研究项目的结束。

——Clive Seale

(赵锋译校)

参考文献

Clifford, J., & Marcus, G. E. (Eds.). (1986). *Writing culture: The poetics and politics of ethnography*. Berkeley: University of California Press.

Lincoln, Y. S., & Guba, E. (1985). *Naturalistic inquiry*. Beverly Hills, CA: Sage.

Seale, C. F. (1999). *The quality of qualitative research*. London: Sage.

呈现危机(Representation, Crisis of)

短语呈现危机是指社会研究者不能直接地呈现或描绘他们所研究的人的体验【Lived Experiences】。该说法有两层含义:第一,这个词是说那些在研究者心中长期处于支配地位的,关于社会研究的性质的核心观念。关于客观性【Objectivity】、效度【Validity】、真理即符合等经典准则不再适用于我们对质询的理解。第二,为了回应这些观念的消亡,进一步的理解是,人们的体验不是由研究者所发现,并如其所是地被描述;毋宁,这些体验,如其在研究者写就的社会文本中所呈现的样子,是经由研究者在他们对他人阐释的解释中被构建出的。这一转向的含义,即从发现或找出到构建或做成,仍不断地被引申。

即使这个短语不是由马库斯和费斯切尔在 1986 年“杜撰”的,但确实是由于他们才引起了许多社会研究者的关注。无论如何,在此之前,这一观念即由研究者直接或客观地呈现人们的体验是一项不可能的事业,历经 20 世纪或更早的年代,经历着持续的认知上的发酵。例如,可以在 19 世纪末和 20 世纪初,各类德国学者的反实证主义著作中,在 20 世纪中叶由许多哲学家给出的领悟中——即不可能有“理论—无涉”的观察,以及在 20 世纪 70 年代和 80 年代早期的认识中——人类学的著作是阐释之阐释,社会科学和人文学科的边界已经模糊了,都可以发现这一考量的踪影(Smith, 1989)。

今天,呈现危机作为一个“危机”有着更多的历史趣味,而不再是当代的兴趣。尽管研究者可能会说,表现他者或为他者讲话仍然是个问题,但是危机感已然减弱。原因在于这样一些观念,客观性是不可能的,符合并非是一个恰当的真理的理论,不存在“理论—无涉”的知识,诸如此类,都已经获得了社会研究者的广泛认可。于是,当前的任务是要发挥和探究此类领悟的内涵。在这个意义上,诺曼·邓津和伊冯娜·林肯(Denzin & Lincoln, 2000)指出,标示出第四期定性研究的呈现危机已经过渡到第五期(后现代)、第六期(后实验的研究),以及正在发展的第七期——将道德言谈(moral discourse)作为研究的焦点。

——John K. Smith

(王玥译　赵锋校)

参考文献

Denzin, N., & Lincoln, Y. (2000). Introduction: The discipline and practice of qualitative research. In N. Denzin & Y. Lincoln (Eds.), *Handbook of qualitative research* (2nd ed., pp. 1-28). Thousand Oaks, CA: Sage.

Marcus, G., & Fischer, M. (1986). *Anthropology as cultural critique*. Chicago: University of Chicago Press.

Smith, J. K. (1989). *The nature of social and educational inquiry: Empiricism versus interpretation*. Norwood, NJ: Ablex.

代表性样本(Representative Sample)

抽样设计的目的在于,从某个总体【Population】中选出其要素或成员的子集,以使得来自样本【Sample】的统计量【Statistics】代表总体所呈现的值。为了得到一个有代表性的样本,必须使用一种选取的概率【Probability】方法,此即,总体的每一个要素必须有一个已知的、非零的选中概率。如果这种方法使用得当,那么研究者可以确信得自样本的统计量在确定的范围内且以确定水平的信心对应于总体。

相关的总体是在具体的研究假设【Hypothesis】基础上理论界定的。总体由包括全部人口的一组要素构成,例如,"住在美国的成年人"。抽取一个概率样本的最简单的方式是有一个包含总体所有成员的清单,一个所谓的抽样框【Sampling Frame】,再把一个概率设计用于抽样框,从而生成一个代表性样本。

对于许多抽样问题来说,存在一个所有总体成员(或至少有非常接近它)的清单。为了估计上一年发生事故的司机的比例,研究者要访问司机,问他们在过去的12个月内是否出过事故。例如,为了生成一个司机的样本,研究者可以首先列出所有有驾照的人的清单。这个清单实际上可能包括了截至最近某日的所有有驾照的人,因此这个清单必须要更新,以包括所有那一天之后得到驾照的人。

另一个例子,研究者可能有兴趣去估计有多少美国成年人持有信用卡。因为不存在一个所有美国成年人的清单,所以这个清单必须在研究过程中被开发出来或者找到一个近似的。对于那些开展电话抽样调查【Telephone Survey】的人而言,这是一个典型的问题。在这种情况下,通常使用多阶抽样【Multistage Sampling】过程,即从电话号码的样本开始。电话号码常由计算机生成,从而解决不在电话簿上的号码和新分配的号码问题。这些号码被拨打,同时当一位住户被接通时,所有住在那里的成年人都进入清单。通过这一多阶段的过程,可以生成一个住在这一电话家庭户(telephone households)的成年人的整群抽样【Cluster Sampling】;最后一步,随机选择一个人作为回答者。这个人会被问及他或她有没有信用卡。

对于研究者来说,关键问题是样本估计值(上一年发生交通事故的司机的比例或拥有信用卡的成年人的比例)能在多大程度上代表总体的值。这是样本的两个属性的函数:它的置信区间【Confidence Interval】和置信水平。使用概率方法的一个主要的好处就是它允许研究者利用正态分布【Normal Distribution】,而该分布可以通过以某种既定方式从同一总体重复抽取样本而得到。这一抽样分布【Sampling Distribution】的特性在于包括了以下信息,分布的标准差【Standard Deviation】和样本量之间的关系,以及作为结果的样本估计值的分布。

基于上述特征,如果从一个对1 000名司机的简单随机样本的访问中估出,其中14%的司机在上一年出过事故,那么将有95%的信心说,包含所有司机的整个总体的"真值"落在11%~17%(14%的估计值+/-3个百分点的边缘误差)。将概率设计用于一个好的抽样框才能保证得到一个具有已知参数(即意味着它的相对精度)的代表样本。

——Michael W. Traugott

(王玥译 赵锋校)

参考文献

Kish, L. (1965). *Survey sampling*. New York: Wiley.

Levy, P. S. (1999). *Sampling of populations: Methods and applications*. New York: Wiley.

研究设计(Research Design)

一项研究项目中数据的逻辑结构构成了该项目的研究设计。它的目的是要产生能从中得出相对明确的结论的经验数据。

一项研究设计的目的在于检验和排除结果的替代解释。例如,要想检验如下命题,婚姻会伤害女性的精神健康,而有利于男性的,就需要认真留意研究设计。一项设计可能仅仅比较已婚女性的和已婚男性的抑郁发生率。如果已婚女性的抑郁发生率高于已婚男性的,这一发现虽然同命题一致,但不会提供新的信息,以排除此发现的替代解释。如果未结婚的女性比未结婚的男性更容易抑郁,那么已婚女性的抑郁高发生率(相对于已婚男性)就很难归因于婚姻。相似地,如果婚后女性的抑郁率低于婚前的,那么已婚女性的更高抑郁水平(相对于已婚男性)就不能归因于婚姻。

一个好的研究设计能收集到可以检验每一种替代解释的数据。在经验上排除掉的替代解释越多,最后的结论也就越有根据。

大部分社会研究设计依赖于群间比较(comparing groups)的逻辑(Stouffer, 1950)。这些比较可以增强对命题的检验、对替代解释的检验,给予由数据所得结论和解释的可信性以直接的支持。例如,上述例子提到了三种不同的比较:

①已婚男性与已婚女性。

②未婚男性与未婚女性。

③婚前女性与婚后女性。

仅仅基于第一对比较的设计只能产生薄弱且含糊的结论,容许有许多替代的解释。如果设计包含有基于其他对比群体的数据,就可得出不甚含糊的结论。

不仅是所要比较的内容,而且被比较群体的性质、群组成员的招募方式,都会改变研究设计。

在社会研究中,四种主要的研究设计类型如下(de Vaus, 2001):

①实验的。

②纵贯的。

③横截面的。

④个案研究。

尽管有些作者使用"研究设计"一词来表述研究项目的步骤,或者是收集资料的方法(如访谈、观察等),但这是误导(Yin, 1989)。研究设计不只是收集信息的一个研究计划或一种信息——设计是一项逻辑操作,而不是一种后勤活动。这种活动类似于设计一栋建筑的建筑师的任务,而不像建立一个项目管理规划表的项目经理。

所有的研究,不论数据收集的方法,也不论它是着重于定量,还是着重于定性,都要有一个研究设计。研究设计可能是隐含的或明确的。如果它是隐含的,这些设计就经常缺乏将有用的比较群体纳入研究的意识,这样从数据中得到的结论就缺乏有力支持。

——David A. de Vaus

(王玥译　赵锋校)

参考文献

de Vaus, D. A. (2001). *Research design in social research*. London: Sage.

Stouffer, S. A. (1950). Some observations on study design. *American Journal of Sociology*, *55*, 355-361.

Yin, R. K. (1989). *Case study research: Design and methods*. Newbury Park, CA: Sage.

研究假设(Research Hypothesis)

做经验研究是为了认识我们周围的世界。它源于一般的关于行为的直觉和理论——社会的、生物的、生理的,诸如此类。大部分研究关注变量之间可能的关系,而直觉和理论要转变成关于变量的具体陈述。此类说明即陈述研究者认为变量是如何相联系的研究假设。因为不知道这些陈述是真还是假,所以可将它们当作对世界的提问。然而研究者可以希望通过收集和分析经验数据获得答案。

"共和党人比民主党人赚的钱多吗?"可能就是一个属于更大的政治行为理论的问题,同时,可能的研究假设是,"共和党人比民主党人赚钱多"。可以进行一次抽样调查,从而获得人们的投票行为和年收入的数据。

一个研究假设需要转成一个统计虚无假设【Null Pypothesis】。统计推论系统不能直接使用研究假设。因此,研究者要确定一个或多个统计参数,并给出参数【Parameter】的可能值,从而替代研究假设。这就产生了一个统计虚无假设,可以使用统计推论的方法分析它,即使用经典的统计假设检验【Hypothesis Testing】。贝叶斯【Bayesian】方法可以避免一些与频次论假设检验相关的难题。

把研究假设转成一个更具体的统计虚无假设可能存在困难。用我们的例子,一个可能的虚无假设是共和党人的人均收入与民主党人的人均收入相等,即 $H_0: \mu_r = \mu_d$。如此一来,原来的问题就变为关于均值的问题,而这可能是也可能不是研究者所想回答的。

同样,统计虚无假设说,两个群体的均值是相等的,而研究假设说,一个群体在某种程度上高于另一个群体。虽然研究假设指出,一个群体比另一个群体赚得更多,但是虚无假设的焦点却相等。其原因是:大部分研究的目标是要证明无差异或无关系的虚无假设是错误的。如果可以排除两个均值相等的可能,我们就已经表明它们一定不同。这就是以一个双重否定的方式来证明研究假设为真。

即使数据表明一个研究假设是真的,数据仅仅涉及变量的统计关联或差异,并不涉及变量间的因果【Causal】模式。要建立因果关系(causality)是极其困难的,而且绝大多数情况下,它只限于实验数据。观测数据本身不易确定变量间的因果关系。基于观测数据建立因果关系的稀少例子之一是每包香烟上的告诫:吸烟有害健康。

——Gudmund R. Iversen

(王玥译　赵锋校)

参考文献

Bickman, L., & Rog, D. J. (1998). *Handbook of applied social research methods*. Thousand Oaks, CA: Sage.

Crano, W. D., & Brewer, M. B. (2002). *Principles and methods of social research* (2nd ed.). Mahway, NJ: Lawrence Erlbaum.

Henkel, R. E. (1976). *Tests of significance* (Sage University Paper Series on Quantitative Applications in the Social Sciences, 07-004). Beverly Hills, CA: Sage.

研究管理(Research Management)

成功管理一个研究项目或一个研究机构包含很多方面。本质上,一名研究管理者的首要目标是利用可用的资源,最高程度地提高一个研究或一个研究机构所收集到的资料的质量(例如信度【Reliability】和效度【Validity】)。这个过程既不简单也不容易,占据研究管理位置的人如果让富有经验的研究者根据他们自己的权利从事研究,将受益匪浅。归根结底,研究管理者必须能够就许多研究设计和研究操作上的妥协——在任何研究的计划和执行中都会遇到的——帮助作出明智的决策。此即,就任何研究而言,仅有有限的资源可用,因此,资源必须得到明智的配置(从成本效益的立场)。

除了对即将开展的研究方法论和统计方面有经验和专长,一个成功的管理者或管理团队很可能还需要募集资金、财务、人事管理、沟通和公共关系,以及研究伦理的知识和技能。没有充分的财务和人力资源,一个研究项目就不可能收集到能够满足研究目标的相应质量的数据。因此,需要募集资金的技能,以吸引可用于收集有效数据【Data】和可用于分析、解释和传播研究发现的必要资源。要维持正常的研究工作,管理者还要负责研究成员的招募、雇用、激励、评估和挽留。沟通技能也是必需的,这样研究产生的新知识才能得到传播(很多时候,研究发现的传播有助于吸引未来的资金募集)。管理者还必须慎重对待研究中的伦理问题,尤其是那些涉及人、动物的健康和/或环境问题,以及那些需经机构审查委员会核准的问题。

——Paul J. Lavrakas

(王玥译　赵锋校)

研究问题(Research Question)

如果一个研究议题具有可考察的形式,其内容和范围也得到界定,就成为一个研究问题。正是通过使用这些问题,才能作出关于研究的关注点和方向的选择,才能清楚地界定研究的边界,才能使得研究具有可操作性,也才能期望有成功的结果。一个或多个研究问题提供了一个研究计划得以成立的基础。它们的选择和措辞决定了要研究什么、研究到什么程度,以及怎样研究。

研究问题的主要类型有三种:是何(what)、为何(why)和如何(how)。"是何"问题需要一个描述性的答案;这些问题引导研究者去发现和描述某个社会现象的特征和规律(如个体的类别、社会群体的各种规模以及社会过程)。"为何"问题要求回答特征或规律存在的原因或理由。它们关注的是理解或解释事件之间的关系,或社会行动和社会过程内部的关系。"如何"问题关注的是引起改变,以及实际的后果和介入(Blaikie, 2000, pp. 60-62)。

这三种类型的研究问题形成一个序列："是何"问题通常在"为何"问题之前，"为何"问题通常在"如何"问题之前。在我们能作出解释前，要知道发生了什么；此外，在我们能有信心提出一种介入手段去改变它之前，要知道它为何以此方式发生作用。然而，大部分研究项目仅包括其中的一类或两类研究问题。最常见的是，"是何"和"为何"问题，甚至有些研究只处理"是何"问题（Blaikie, 2000, pp. 61-62）。

有些作者举出了超过这三种类型的研究问题，如"何人""是何""何处""何时""何多""何甚""如何""为何"（Yin, 1989）。然而，除了"为何"和"如何"问题是真正的不同类型外，其他所有类型都可以换成"是何"问题："何人"在"何处"、在"何时"、以"何其多的数或量"，以及"何种方式"。

依据研究项目在起始阶段产生精确的研究问题的可能性，研究项目会有所不同。在研究前，首先开展一些探索性的研究可能是必要的。另外，在实施研究过程中，可能要根据发现的内容，不时地重新考虑研究问题。

系统地陈述研究问题是所有研究设计【Research Design】中最关键的，也许是最困难的部分。然而，很少有研究方法的教科书花精力去讨论它们，有些教科书甚至完全遗漏了研究过程的这一核心部分；真正讨论它们的人则偏向于定性研究（Flick, 1998; Mason, 2002）。

传统的见解认为研究应该由一个或多个假设来引导。这种立场的支持者认为，研究当始于问题的系统陈述，随之以一个或多个假设的设定、概念的测量，以及对所测变量的分析以检验假设。然而这个过程只切合于使用演绎【Deduction】逻辑的定量研究。尽管在此类研究中假设有着重要的角色，但它们既没有为研究设计提供基础，对于界定研究问题的关注点和方向也没有帮助。

在某些类型的研究中，或者没有可能，或者没有必要从假设出发。所需要的是建立一个或多个研究问题。假设的作用在于给出"为何"问题，有时也包括"如何"问题的尝试性回答。它们是对答案的最好猜测。然而，它们不适于"是何"问题。冒险去猜测事物的可能状态是没有依据的。随着研究的开展，一段时间之后，研究自会给出"是何"问题的答案，而就将要发现的内容的所有猜测对真正的发现不会有所帮助（Blaikie, 2000, pp. 69-70）。

——Norman Blaikie

（王玥译　赵锋校）

参考文献

Blaikie, N. (2000). *Designing social research: The logic of anticipation*. Cambridge, UK: Polity.

Flick, U. (1998). *An introduction to qualitative research*. London: Sage.

Mason, J. (2002). *Qualitative researching* (2nd ed.). London: Sage.

Yin, R. K. (1989). *Case study research: Design and method* (rev. ed.). Newbury Park, CA: Sage.

残差(Residual)

残差用于量度任一估计量的实测值与预测值之间的距离。如果 $\hat{y}$(读为 y)是 y 的估计值,那么可以简单地用 y 的估计值减去它的真实值来计算残差($\hat{u}$):$\hat{u}=\hat{y}-y$。残差可有多种使用方式。它们能被用于计算回归【Regression】线、估计拟合优度【Goodness-of-Fit Measures】,还可以作为数据分析中的一种诊断技术。

最小二乘【Ordinary Least Squares,OLS】用平方的残差进行回归估计。OLS 会拟合一条对于数据而言其残差平方和具有最小值的回归线。因此,OLS 要生成一条具有尽可能小的残差的回归线。同时,由 OLS 导出的正规方程组(normal equations)会生成具有特定属性的残差。首先,残差的期望值为 0,但这并不意味所有残差值为 0,而是所有残差的平均数为 0。其次,每个自变量【Independent Variable】与 OLS 残差的样本协方差【Covariance】为 0。此外,OLS 残差与拟合值的样本协方差也为 0(Wooldridge,2003)。

残差也用于估计回归模型的拟合优度。通过判断实际观测值与估计的回归线之间的接近程度来评估拟合的优越,即实际观测值越接近,拟合得越好。可用残差计算几种不同的拟合优度指标,其中 R 方【R-Squared】和均方根【Root Mean Square】是两种不同的用残差计算的拟合优度。

残差也可以告诉人们数据和模型的很多情况。在数据分析过程中,会多次检验残差。可以通过检视它们同回归线的残差图来实现。如果残差是负的,那么可得知回归方程高估了因变量【Dependent Variable】的值;如果残差是正的,那么回归线低估了因变量的值。用这种方式检验残差还可以知道,是否存在某些用模型不能很好予以拟合的观测值类型。达摩达尔·古雅拉提(Gujarati,2003)提出残差图是一种有效实践。在横截面数据【Cross-Sectional Data】中,残差图可以反映出模型的误设【Misspecification】和异方差【Heteroskedasticity】问题。如果一个模型缺失了一个重要变量,或者设定了错误的函数形式,那么残差将呈现出独特的模式。在时间序列【Time-Series】中,检验残差是一种可识别出异方差和自相关【Autocorrelation】的有效实践。

——Heather L. Ondercin

(马妍译 赵锋校)

参考文献

Gujarati, D. N. (2003). *Basic econometrics* (3rd ed.). New York: McGraw-Hill.

Wooldridge, J. M. (2003). *Introductory econometrics: A modern approach*. Cincinnati, OH: South-Western.

残差平方和(Residual Sum of Squares)

方差分析【Analysis of Variance, ANOVA】、线性【Linear】和多元回归【Regression】的一个关键成分是残差平方和,也称为误差项平方和或误差平方和。残差平方和是因变量观测值和预测值之间的差异,反映了因变量上的未由线性回归模型解释掉的方差。

在最小二乘回归中,将每一个残差的值取平方,再加总所有观测到的残差平方,即得到残差平方和,记作 SSE。残差平方和表示未被线性模型解释掉的平方和。它描述了观测值到预测线的变差。以数学来表示,残差平方和(SSE)即 $\sum(Y_i - \hat{Y}_i)^2$,其中,Y_i=观测值,$\hat{Y}_i$=预测值。

下面给出了一个数值例子,说明如何使用残差平方和。在一项包含四个人的体重减轻的假想研究中,因变量是体重的减少量(Y),自变量是运动(X)。四个人中的每一个人在2周中减轻的体重数(以磅为单位)都反映在表1的Y列中。X列反映了观测到每个人在2周的课程中完成的运动量(以小时为单位)。$\hat{Y}$列是根据预测线得到的Y的预测值。$(Y-\hat{Y})$列表示Y的每个观测值和预测值之间的个体残差。最后,$(Y-\hat{Y})^2$列给出了残差的平方。将所有残差的平方相加即可得到残差平方和。在这个例子中,其值为677。

表1 残差平方和示例

观测值	X	Y	$\hat{Y}$	$(Y-\hat{Y})$	$(Y-\hat{Y})^2$
1	7	28	14	14	196
2	15	12	30	−18	324
3	8	5	16	−11	121
4	10	14	20	−6	36

残差平方和可用于衡量回归预测的精度。随着预测方程的改善,即预测值更接近于观测值,每个观测值的残差都趋向减少,相应地,残差平方和也变小。

残差平方和可以用来确定决定系数【Coefficient of Determination】,在两变量模型中记作r^2。该系数表示使用线性预测方程代替样本均值来预测因变量的值,从而获得误差消减的比例。决定系数的方程是(TSS-SSE)/TSS,其中,TSS=总平方和,SSE=残差平方和。就多元回归而言,可以使用同样的公式计算多元决定系数,记作R^2。

在确定决定系数的意义时,残差平方和起重要作用。相关的检验统计量被称为F比率【F Ratio】,其计算公式为:

$$\frac{\frac{R^2}{k}}{\frac{1-R^2}{n-(k+1)}}$$

其中,R^2为决定系数;k为模型中解释变量的数量;n为样本量。更进一步,在多元回归中,残差平方和可用来比较完整模型和简化模型。该检验统计量也是F检验,其计算公式为:

$$\frac{\frac{SSE_r - SSE_c}{k-g}}{\frac{SSE_c}{n-(k+1)}}$$

其中,SSE_r为简化模型的残差平方和;SSE_c为完整模型的残差平方和;k为完整模型中解释变量的数量;g为简化模型中解释变量的数量;n为样本量。这个检验允许使用者确定,就精确地预测因变量的值而言,哪个模型更好。

——Shannon Howle Schelin

(马妤译 赵锋校)

*也可参见误差平方和【Sum of Squared Errors】。

参考文献

Agresti, A., & Finlay, B. (1997). *Statistical methods for the social sciences* (3rd ed). Upper Saddle River, NJ: Prentice Hall.

Lewis-Beck, M. S. (1995). *Data analysis: An introduction* (Sage University Paper Series on Quantitative Applications in the Social Sciences, 07-103). Thousand Oaks, CA: Sage.

回答人(Respondent)

回答人即被选作回答调查问题的人。在许多情况下,在抽样框【Sampling Frame】中的抽样单位、回答人,以及研究者想要报告的研究总体【Population】的成员或单位之间,存在着一一对应的关系。在这种情况下,研究者可以从符合参与研究项目条件的研究总体的个体成员清单中选出一个样本。这时,抽样过程即识别回答人的过程。例如,在调查校长的态度和行为时,通过对学校清单的抽样,可以将特定的公立学校的校长认作回答人,因为,一般而言,每所学校都有且只有一位校长。这时,抽样单位、回答人和分析单位【Unit of Analysis】即完全一致。

回答人可能与抽样单位不同的原因有三点:

1.抽样单位是个体分析单位的群组或集合。

2.调查实施的方式不允许回答人直接回答问题,即使回答人有能力提供答案。

3.研究总体的部分或全部没有能力作出回答。

下面就上述三点原因及其解决方法展开陈述。

抽样单位是集合

许多调查,如那些使用随机数字拨号【Random Digit Dialing】的电话抽样调查或区域概率抽样【Probability Sampling】的个人访谈(Henry, 1990; Lavrakas, 1987),首先找出家庭户或其他形式的个体组合,再从中选取一个具体的回答人。如果选取那些接电话或应门的人作回答人就会产生有偏差的样本,因为某类家庭成员(通常是女性)比家庭中的其他人更可能作出上述回应。因此,社会科学家设计了几种客观的程序,以选出适合的家庭成员(通常是 18 岁及以上,且住在家里的成员)回答调查问题。通常使用三种方法来极小化系统偏差:Kish 法、Trodahl-Carter 法和最近生日法(Czaja, Blair, & Sebestile, 1982; O'Rourke & Blair, 1983)。例如,全国选举研究(National Election Studies,NES)使用 Kish 法,通过一定的抽样程序,从每一个选中的家庭户中,选出一名具有投票资格的人作为回答人。一旦有投票资格的回答人被选中,NES 的访问程序则不允许替换。

在某些情况下,可以依据某些对研究而言重要的标准,系统地选出回答人,如选择那些最了解家庭情况的成员或家庭中的一位特定成员。这种情况经常出现在回答人被问的不是与他或她自己有关的态度和行为,而是与其他个体或整个集体(如家庭)有关的事项。例如,赫斯(Hess,1985)指出:

> 对于消费者财务状况而言,比较偏爱的回答人是那些关心财务数据汇集的人,也就是财务支出单位的户主;仅当访谈持续期,无法接触到户主时,才对户主的妻子进行访谈。(p. 53)

调查程序排除了某种回答人

有些调查的实施预先就将样本研究总体成员的某些人排除在应答之外。比如,用英语展开的访谈事先排除了不说英语的回答人。这种情况下,研究者可以作出选择,或者让代理人来回答问题,例如,如果可能,请一个说英语的家庭成员来为那位不说英语的研究总体成员做翻译,或者对不说英语的人不予访谈。任何一种选择都可能使回答发生偏差,因此,研究者必须决定哪一种方式可以让研究偏差最小,或是必须考虑用其他非英语语言做调查。调查的局限不仅体现在语言的差异上,也体现在研究总体成员的听力障碍或表达障碍上。

研究总体成员不能回答

通常,研究总体成员或者某些被选作样本的成员不能回答调查问题。例如,对幼小儿童的研究经常要依靠他们的父母或老师来提供回答。某些情况下,样本的目标总体成员中的一些人,如老年人或严重疾病患者,可能不能回答问题。研究者必须决定是否允许其他人代替或帮助他们回答,或是将那些不能为自己提供答案的应答全部省去,并将之归入无回答偏差【Nonresponse Bias】。

在大多数调查中,如果存在样本清单,而且抽样单位就是回答人,就不需要额外的程序来指定回答人。然而,社会科学中最常用的两种抽样形式,区域概率抽样和随机数字拨号都需要额外的程序选取回答人,因为这两种抽样程序选出的只是家庭户,而非个体。还有些时候,调查研究者面临着一些调查总体成员,他们虽然是有被调查的资格,但是由于没有某种类型的临时居所而被排除在调查之外。近年来,英语国家中不说英语的人的比例在增加,而调查者也已经投入了许多努力来增加那些可能提供调查应答的个体的数量。社会研究者既要决定对那些临时居民实施调查,还要考虑针对临时居民发展相应调查程序、翻译调查工具和实施调查的诸项成本和能力。

——Gary T. Henry

(王玥译　赵锋校)

参考文献

Czaja, R., Blair, J., & Sebestile, J. P. (1982). Respondent selection in a telephone survey: Comparison of three techniques *Journal of Marketing Research*, *21*, 381-385.

Henry, G. T. (1990). *Practical sampling*. Newbury Park, CA: Sage.

Hess, I. (1985). *Sampling for social research surveys 1947-1980*. Ann Arbor, MI: Institute for Social Research.

Lavrakas, P. J. (1987). *Telephone survey methods*. Newbury Park, CA: Sage.

O'Rourke, D., & Blair, J. (1983). Improving random respondent selection in telephone surveys. *Journal of Marketing Research*, *20* 428-432.

回答人确认(Respondent Validation)

参见成员确认和审核【Member Validation and Check】。

回答偏倚(Response Bias)

在一份心理学评定量表和自我报告中,一个回答偏倚是一个人在他或她的判断中带入特殊的系统性偏倚的一种倾向。这些偏倚引入了主观性,会歪曲判断。如果这类偏倚【Bias】同时出现在不同变量的测量中，它们将扭曲变量之间被观测到的关系(参见方法方差【Method Variance】)。应当注意，人们的倾向会改变，从而展现出不同的回答偏倚。

在涉及自我的量表中，研究最充分的回答偏倚或许是社会期许【Social Desirability】。这是在回答有关自我的题项时，不顾真实情况，而循着某种社会期许的方向作答的倾向。社会期许回答偏倚只会出现在那些具有社会敏感性的题项上，而不会出现在所有题项上。例如，人们通常更可能在心理调试的评定中而不是在工作满意度的评定中看到这种偏倚(Spector, 1987)。除了回答偏倚外，社会期许也被视为需要获得认可的人格变量。那些对获得他人的认可有高度需要的个体倾向于依照某种社会期许的方向回答问卷。

在涉及对别人进行判断的评定量表中，最常见的回答偏倚是荣光(halo)，即就同一个体的所有维度予以同样评定的倾向，而不顾真实存在的变异。因此，呈现这种偏倚的个人会就某个人在所有维度上给出高的评定，而给另一个人的所有维度低的评定，即便每个人在诸测量维度上可能是有变化的。这可能是由于评估者先对每个人做了一个总判断，再假定这个人在所有测量维度上都符合总判断。这类回答偏倚与反应定势【Response Sets】(比如，宽容和严格)不同，因为后者不依于评定的题项或评定的对象。例如，教师在给学生评分时，一种反应定势可能是倾向于给所有的学生相同的评分(比如，宽容地给所有学生高分)。而回答偏倚可能是倾向于对每个人的评分中加入主观性，给喜欢的学生偏高的分数，给不喜欢的学生偏低的分数。

评定偏倚可以根据参与者的回答模式进行推断，但不总是可能精确地将偏倚和准确的判断区别开。例如，就荣光偏倚而言，人们已经认识到，在许多情况下，不同的测量维度间可能存在真实的关系。在员工工作绩效领域，研究者已从包含了评级偏倚的虚假荣光(illusory halo)中区分出了真实荣光(true halo)，或者说工作表现的诸测量维度间的真实关系。

——Paul E. Spector

(马妍译　赵锋校)

参考文献

Rohrer, L. G. (1965). The great response-style myth. *Psychological Bulletin*, *63*, 129-156.

Spector, P. E. (1987). Method variance as an artifact in selfreported affect and perceptions at work: Myth or significant problem? *Journal of Applied Psychology*, *72*, 438-443.

回答效应(Response Effects)

回答效应是一个一般的术语，涵盖了一系列对抽样调查【Survey】问题的响应，而这些响应独立于调查所问问题的目的。因此，像某个问题的背景效应(即调查中相关问题的其他类型是什么)、顺序效应【Order Effects】(即回答的问题位于相关问题之前还是之后)、记忆效应(即从问题到问题，回答者有多好的记忆)、措辞效应(即变换问题的措辞能否引发出不同的回答)、社会期待【Social Desirability】效应(即回答者给出的是他们认为"正确"的答案吗),以及反应定势【Response Set】(即不管问题是什么,都喜欢一个特定的回答选项),都是回答效应的例子。从一定意义上讲,这类回答效应都是误差的来源。

——Michael S. Lewis-Beck

(王玥译 赵锋校)

反应定势(Response Set)

在一项心理学自我报告或评定量表中,反应定势是不依于所问的问题或需要判断的刺激(人),而表现出某种特定反应模式的倾向。例如,就一组多项选择的测验题,反应定势可能是喜欢选取某个特定选项,如选"3"或者"C"。

存在着几种可辨识的反应定势。在自我报告的量表中,默许(acquiescence)是指无论题项内容如何,都说"是"(是或否题)或表示同意(同意或不同意题)的倾向。极端情况下,展现出此种定势的人可以对所有赞同和不赞同题项都表示赞同,即使这意味着他或她的答案存在矛盾。也可能存在非默许(nonacquiescence)定势,即无论题项内容如何,该人都表示不同意。

在人们被要求对他人行为的几个维度作出评价的量表中,发现存在3种反应定势,比如评估员工的年度表现,或者评估申请研究生学习的学生能力。宽大(leniency)是在测量的目标维度上,给所有个体以高评的倾向。例如,可以发现,一个评定人倾向于只用一个五级评定量表中最高的两个选项,如教师在打分时仅使用"A"和"B"两个等级。严格(severity)正好相反,评价者仅给予低评,如教师只给学生"D"等或"F"等成绩。中等倾向(central tendency)是只使用量表的中间选项的倾向,如老师倾向于给大多数人"C"等成绩,而很少人得到"A"等或者"F"等。

虽然在理论上反应定势是不依于所问题项或被评判的事物的真实水平的反应模式,但是这种定势似乎并不是真正地不依赖于内容。例如,罗勒(Rohrer,1965)能够证明,默许反应定势并非不依赖于内容,而是出现在同一测量工具的诸题项上,不会同时出现在不同的测量工具上。换句话说,一个就某一测量工具表现出某种反应定势的个体,就其他测量工具则不会显出同一倾向。斯佩克特(Spector,1987)表示,对于赞同和不赞同的题项都表示赞同的倾向非常少见。人们更可能展现回答偏倚【Response Bias】,即他们回答的模式会受到所问题目和被判断对象的影响。

——Paul E. Spector

(马妍译 赵锋校)

参考文献

Rohrer, L. G. (1965). The great response-style myth. *Psychological Bulletin*, *63*, 129-156.

Spector, P. E. (1987). Method variance as an artifact in selfreported affect and perceptions at work: Myth or significant problem? *Journal of Applied Psychology*, *72*, 438-443.

回溯推理(Retroduction)

在哈雷(Harré, 1961)和巴斯卡尔(Bhaskar,1979)的实在论【Realism】观点中,以及那些被称作超越的或批判实在论【Critical Realism】观点中,可以发现这一质问的逻辑。哈雷和巴斯卡尔认为,回溯推理被认为能够克服归纳和演绎逻辑的缺陷,从而给予因果解释。他们还主张,它曾是过去重大的科学解释的基础。

回溯推理伴随着这样一种观念,即从已发现的模式或规律性退回到它们的下面或后面,以发现产生它们的事物。哈雷和巴斯卡尔都拒绝实证主义【Positivism】的解释模式,即可通过设立规律或恒定的联系,而得到解释。对于他们来说,建立这类规律只是研究过程的开始。之后需要的是去确定产生规律的结构或机制。这些结构和机制是事物以特定方式表现的趋势或力量。事物表现其力量的能力或它可能表现其力量的可能性,依赖于环境是否有利。

巴斯卡尔(Bhaskar,1979)指出,新的机制属于一个尚未被观察到的实在的领域。为了发现这些机制,就必须建立它们的假设模型。如果这些机制存在并以假定的方式表现,就可以用它们说明被考察的现象。这些模型构成假设的描述,而这些描述,依其希望将揭示潜在的机制。此即,只有先构建关于这些机制的想法,它们才能被认识。回溯推理等同于这一过程。

建立这些假设模型是一项创造性的活动,既需要经过训练的科学想象力,也需要运用类比和隐喻。一旦构建起了模型,研究者的任务则要去确定假定的结构或机制是否实际存在。这将涉及假设机制存在,以检验它的预测力,或者发明新的工具去观测它。假设模型的主要价值在于它给研究指明方向;不像归纳性的研究者,回溯推理的研究者已经知道要去找什么。

回溯推理的逻辑已经在自然科学中用于发现过去未知的因果机制,如原子和病毒。哈雷将其用于他的行为发生学【Ethogenics】方法以研究社会心理学(参见Harré & Secord, 1972);波森则结合哈雷和巴斯卡尔的观点,将其变成社会解释的一种实在论形式(Pawson & Tilley, 1997)。布莱基(Blaikie,1993, 2000)评论了回溯推理的观念及其在社会科学中的应用。

因为回溯推理是一个社会科学中相对新的观念,它还没有引起严肃的批评。然而,由于以批判实在论为基础,所以对后者的批判也将指向回溯推理这一概念。在大多数情况下,这些批评很可能来自其他范式【Paradigm】的信徒。

——Norman Blaikie

(王玥译　赵锋校)

参考文献

Bhaskar, R. (1979). *The possibility of naturalism*. Brighton, UK: Harvester.

Blaikie, N. (1993). *Approaches to social enquiry*. Cambridge, UK: Polity.

Blaikie, N. (2000). *Designing social research: The logic of anticipation*. Cambridge, UK: Polity.

Harré, R. (1961). *Theories and things*. London: Sheed & Ward.

Harré, R., & Secord, P. F. (1972). *The explanation of social behaviour*. Oxford, UK: Basil Blackwell.

Pawson, R., & Tilley, N. (1997). *Realistic evaluation*. London: Sage.

修辞学(Rhetoric)

“修辞学”一词既指言语的说服特征,又指长期确立的研究演讲术的传统。例如,政治演说,即修辞学在第一种意义下的例证,因为它们是有目的地劝导他人的交流。同样,人们可根据修辞训练来研究政治演说,其目的在于示范,演讲者如何使用论说工具以期说服听众。

对修辞学的研究可以追溯到古代。例如,亚里士多德和西塞罗分析了雄辩术的性质,并试图为有志成为公共演说家的人提供系统的、实践的指导。在中世纪的欧洲,修辞学与数学和语法并列,是学校课程的3门基本学科。到了文艺复兴时期,修辞学成为对书面文学的研究,与此同时,修辞学家付出很多努力编纂语言的各种修饰应用准则。直至19世纪末,新的语言学、心理学和社会学开始取代修辞学在语言和说服研究中的显要地位。

经典的修辞学本质上是前方法论的,因为它没有给予分析者一套现代意义上的方法论程序。这是何以修辞学传统似乎走向衰亡的原因之一。然而,思想家[如肯尼斯·伯克(Kenneth Bunke)和哈伊姆·佩雷尔曼(Chaim Perelman)]使经典修辞学传统在20世纪中叶得以复苏。这一新的修辞学对人文和社会科学有一个非常重要的影响——新修辞学家拓展了修辞学,使其超出传统的演讲术和文学文本的传统论题,涵盖所有言语的研究,包括学术和科学的写作。

尤其“修辞学研究”试图证明科学和社会科学是深度的修辞事业(Nelson, Megill, & McCloskey, 1987)。甚至是那些标榜自己为“事实的(factual)”和“科学的(scientific)”学科也在他们的技术报告中使用修辞工具。例如,麦克洛斯基(McCloskey,1986)在她的重要著作《经济学的修辞术》(*The Rhetoric of Economics*)中将伯克的修辞学理论用于经济学。她认为经济学家习惯用形象的说话方式,如隐喻和借代,而且,他们征用数学公式作为说服的装饰工具。经济学家使用此类工具让读者相信他们结论的事实性和科学性。其他一些研究者考查了心理学、社会学、数学和生物学著作中的修辞惯例。

研究的修辞学显示,在人类事务中修辞术无处不在(Billig, 1996)。对学术著作中修辞术的揭露,不可避免地对那些公开宣称自己是事实的,且因此据信是非修辞的学科具有批判意味。而且,研究的修辞学证明,科学和社会科学不只是由方法论和理论构成的,写作实践也是关键,尽管其实践者常常不刻意于此。迄今,就写作实践,也就是个别学科的特有修辞术,影响理论内容及方法实践的程度仍在讨论中。

——Michael Billig

(王玥译　赵锋校)

参考文献

Billig, M. (1996). *Arguing and thinking*. Cambridge, UK: Cambridge University Press.

McCloskey, D. N. (1986). *The rhetoric of economics*. Madison: University of Wisconsin Press.

Nelson, J. S., Megill, A., & McCloskey, D. N. (Eds.). (1987). *The rhetoric of the human sciences*. Madison: University of Wisconsin Press.

总体相关系数(RHO)

总体相关系数是一个总体参数,表示皮尔逊相关系数【Pearson's Correlation Coefficient】的总体相关系数。设想有一个包含 N 个个案的总体,同时,在随机变量【Random Variable】X 和随机变量 Y 上,每个个案都有一个取值。换言之,存在着一个包含有 N 对 (X, Y) 的总体。变量 X 和变量 Y 之间的总体相关系数(记作 ρ_{XY})定义如下:

$$\frac{\mathrm{Cov}(X,Y)}{\sigma_X\sigma_Y}$$

或者,

$$\frac{\sum z_{X_i}z_{Y_i}}{N}$$

两者在数学上是等价的。σ_X^2 和 σ_Y^2 是变量 X 和变量 Y 的真实方差,可以通过以下公式获得:

$$\sigma_X^2 = \frac{\sum (X_i - \mu_X)^2}{N}$$

和

$$\sigma_Y^2 = \frac{\sum (Y_i - \mu_Y)^2}{N}$$

其中,μ_X和 μ_Y分别是变量 X 和变量 Y 的总体均值。$\mathrm{Cov}(X, Y)$ 是总体的真实协方差,定义为:

$$\frac{\sum (X_i - \mu_X)(Y_i - \mu_Y)}{N}$$

z_{X_i}和 z_{Y_i}是个案 i 在变量 X 和变量 Y 上的 z 分数【z-Scores】,定义为:

$$z_{X_i} = \frac{X_i - \mu_X}{\sigma_X}$$

和

$$z_{Y_i} = \frac{Y_i - \mu_Y}{\sigma_Y}$$

总体相关系数可能在-1~1 变动。ρ_{XY}的正值表示,变量 X 的一个增量伴随有变量 Y 的一个增量,反之亦然。相反,ρ_{XY}的负值表示,变量 X 的一个增量伴随有变量 Y 的一个减量,反之亦然。ρ_{XY}取值为 0 表明变量 X 和变量 Y 之间没有线性关系。要注意,ρ_{XY}取值为 0 只是变量 X 和变量 Y 相互独立的必要条件而非充分条件。因此,ρ_{XY}取值为 0 并不意味着变量 X 和变量 Y 一定相互独立。然而,如果两个变量是相互独立的,那么 ρ_{XY} 必然等于 0。

从总体中选取的样本的相关系数(r)通常与它的总体相关系数(ρ)不同。试想一下,随机地从一个总体中抽选了一个样本【Sample】,其中有 20 对 (X, Y),并给定 $\rho_{XY}=0$,再根据以下公式计算皮尔逊相关系数:

$$\frac{\sum X_iY_i - \frac{\sum X_i \sum Y_i}{n}}{\sqrt{\left[\sum X_i^2 - \frac{(\sum X_i)^2}{n}\right]\left[\sum Y_i^2 - \frac{(\sum Y_i)^2}{n}\right]}}$$

运用相同的程序,可以重复 1 000 次抽选出包含 20 对 (X, Y) 的样本,再分别抽选包含 40 对、80 对、160 对、500 对和 1 000 对 (X, Y) 的样本各 1 000 次。6 种不同样本量的 1 000 次抽样的相关系数的频次分布显示在图 1 中。虽然 6 个分布总体上都是对称的而且彼此相似，但是随着样本量的缩小，样本相关系数的全距在扩大。正如表 1 所示，当样本量从 20 扩大到 1 000 时，样本相关系数的全距从[-0.71,0.72]下降到[-0.08,0.09]。此外，给定 $\rho_{XY}=0$，当样本量扩大时，样本相关系数的均值更趋近于总体相关系数。当 ρ_{XY} 等于非 0 取值时，这些分布之间的比较将会在皮尔逊相关系数中得到详细描述。

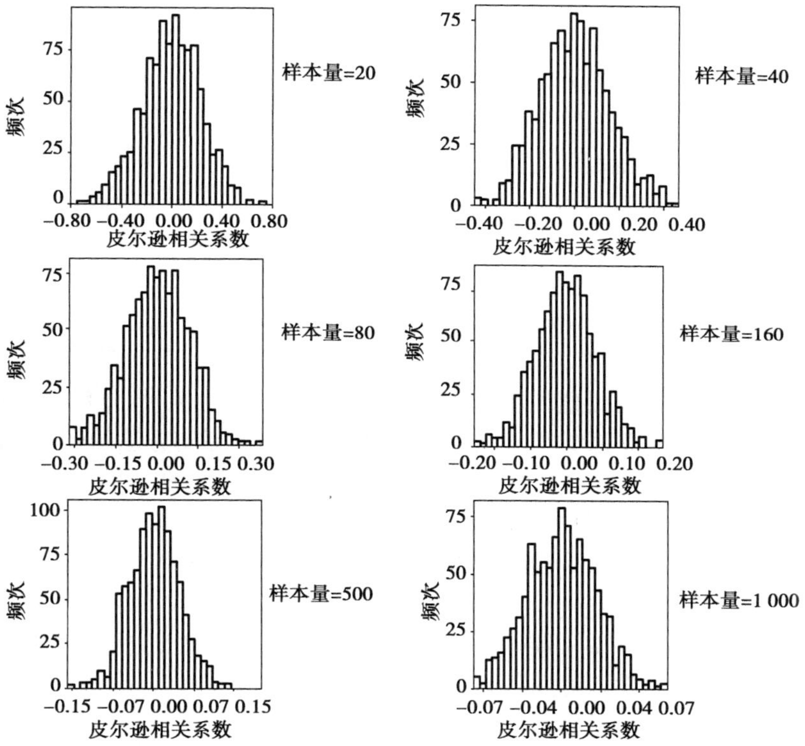

图 1　给定 $\rho_{XY}=0$，6 个不同样本量的样本相关系数的频次分布

表 1　基于 6 种样本量的蒙特卡洛模拟的描述结果

样本量	标准差	最小值	最大值	全距	第 20 位百分位数	第 50 位百分位数	均值	第 75 位百分位数
20	0.229 620 2	−0.711 616 0	0.727 046 8	1.438 662 8	−0.159 442 00	0.004 433 800	−0.004 665	0.154 351 575
40	0.153 872 1	−0.449 122 0	0.462 963 4	0.912 085 4	−0.107 914 25	0.007 544 000	−0.000 989	0.098 734 075
80	0.113 721	−0.321 685 0	0.384 818 2	0.706 503 2	−0.077 509 50	−0.000 134 150	0.000 292 6	0.076 961 525
160	0.081 559 1	−0.257 724 0	0.269 273 5	0.526 997 5	−0.057 190 25	−0.001 642 500	−0.001 815	0.048 942 200
500	0.045 105 7	−0.158 407 0	0.198 534 1	0.356 941 1	−0.029 016 75	0.001 465 750	0.001 655 1	0.031 811 050
1 000	0.030 490 1	−0.078 449 0	0.094 403 1	0.172 852 1	−0.022 423 50	0.000 527 350	0.000 091 2	0.021 553 250

——Peter Y.Chen and Autumn D.Krauss
（马妍译　赵锋校）

参考文献

Chen, P. Y., & Popovich, P. M. (2002). *Correlation: Parametric and nonparametric measures*. Thousand Oaks, CA: Sage.

Hays, W. L. (1994). *Statistics* (5th ed.). New York: Harcourt Brace.

稳健的(Robust)

在统计估计中,稳健意味着对一个估计量【Estimator】取得最佳值的理想假定的小偏离的不敏感。"小"既可能表示对所有或几乎所有的数据点的小偏离,也可以表示对一小部分数据点的大偏离。

——Tim Futing Liao
（马妍译　赵锋校）

稳健标准误(Robust Standard Errors)

统计推论是以变量的观测值及关于变量的潜在分布和变量之间关系的假设为基础的。如果一个模型对于这些假设【Assumption】的小偏离相对不敏感,那么它的参数估计【Parameter Estimation】和标准误【Standard Error】都被认为是稳健的。在某些情况下,对某个假设的背离只会影响标准误。例如,对最小二乘【Ordinary Least Squares,OLS】的恒定误差方差假设和独立假设的违背虽然会得出无偏的【Unbiased】参数估计,但也会得出不一致的标准误。换句话说,通常的OLS的标准误是不可靠的,而这又会引发对统计显著性检验的疑问。克服这个问题的一种方法是使用稳健标准误。

稳健标准误的最初发展是为了补偿一种模式未知,又无法根本剔除的异方差性【Heteroskedasticity】的存在。存在着几种方法,可以计算一致的异方差性(heteroskedasticity-consistent)标准误;它们被分别称为White, Eicker或Huber标准误。这些标准误之大部分都是怀特(White, 1980)提出的最初方法的变式,而怀特的方法使用的是一致的异方差性协方差矩阵(heteroskedasticity-consistent covariance matrix, HCCM)。HCCM矩阵估计量是:

$$V(b)=(X'X)^{-1}X'\hat{\Phi}X(X'X)^{-1}$$

其中,$\hat{\Phi}=\mathrm{diag}[e_i^2]$,$e_i$是OLS残差。

因为HCCM被找出并不是根据一个形式的异方差性模型,而是仅仅用源自OLS的回归项和残差作它的计算,所以怀特修正法可以很容易地被改写,以适于许多不同的目的。例如,针对来自整群抽样的数据,稳健标准误也可以用于放松独立假设。此外,稳健标准误(比如Newey-West标准误)也可以用来增进带有自相关【Autocorrelated】误差的合并的时间序列【Time-Series】数据和定群【Panel】数据的统计推论。

这里必须提及关于稳健标准误使用的

一些注意事项。首先,就小的样本量而言,不是所有的方差的稳健估计量都能有一致的上佳表现(详细讨论参见 Long & Ervin, 2000)。也许更重要的是,稳健标准误不应被视为审慎的模型设定的替代品。特别是如果异方差性的模式是已知的,那么运用加权最小二乘【Weighted Least Squares】通常可以更有效地对其作出修正,而且估得的模型也会更有效。同样,尽管稳健标准误能用于整群数据,但有关此类数据中存在模式的更多信息——如可归之于群集效应的方差,可用多层次【Multilevel】模型求得。

最后,带有稳健标准误的回归【Regression】不应与"稳健回归(robust regression)"相混淆,后者是指回归模型能够承受偏斜分布和有影响的个案干扰。使用此类稳健回归模型,所得出的估计值和标准误不同于那些由 OLS 回归得出的估计值和标准误。

——Robert Andersen

(马妍译　赵锋校)

参考文献

Huber, P. (1981). *Robust statistics*. New York: Wiley.

Long, J. S., & Ervin, L. H. (2000). Using heteroskedasticity consistent standard errors in the linear regression model. *American Statistician*, *54*, 217-224.

Newey, W. K., & West, K. D. (1987). A simple, positive semidefinite, heteroskedasticity and autocorrelation consistent covariance matrix. *Econometrica*, *55*, 703-708.

White, H. (1980). A heteroskedasticity-consistent covariance matrix estimator and a direct test for heteroskedasticity. *Econometrica*, *48*, 817-838.

角色扮演(Role Playing)

角色扮演是研究人际间行为的研究者常用的技术。使用该技术时,研究者给研究参与者分配特定的角色,指示参与者把一组假定的条件当作真实的情境,并采取行动。

在社会科学研究中,角色扮演的应用已有很长的历史。库尔特·卢因(Lewin,1939/1997)、斯坦利·米尔格拉姆(Milgram,1963)和菲利普·津巴多在一些早期的经典的社会心理学实验中就使用了(Haney, Banks, & Zimbardo, 1973)。例如,津巴多和同事在斯坦福心理学系的地下室设立了一个模拟监狱,随机地指派大学生志愿者去扮演犯人或看守的角色。为了增加角色任务的真实性,那些被安排做犯人的人在寝室或课堂上被"逮捕",被要求穿上犯人的制服,被关进模拟监狱的临时"牢房"里。那些被指派为看守的人,穿着平时穿的衣服,还被分配了道具,如太阳镜、哨子和警棍。这一角色分配的反应是戏剧性的。那些被指派为看守的人的行为变得更加专横和更有攻击性,而那些被指派为犯人的人的行为变得更被动和更顺从。最终,当几个模拟的犯人开始出现非常痛苦的心理症状时,研究者提前终止了研究。在一个更近期的例子中,约翰逊(Johnson, 1994)利用一个角色扮演实验显示出,被指派为一个模拟组织的管理者表现出不同于被指派为下属的对话行为。

在一项社会研究中,角色扮演的过程可以被比作一项计算机模拟【Computer Simulation】,其中人的心灵像处理器一样工作,而不像一台计算机。这些技术将人类能力当作资本,将之投入创造性的角色扮演中——去实现某些思想规则、感觉和行为。在一定的既定条件下,人类也许能有效地扮演任意指派的角色得到了戈夫曼(Goffman, 1959)的观点——所有社会行为都是一种戏剧表演形式的支持。在研究中应用角色扮演假定,个人有能力有效地想象在一组给定的环境下,他们可能如何行动。他还假定,个体在模拟的环境下如何感知和行动,同他们在实际环境(他们正模拟的)中可能如何感知和行动之间存在着一种关系。然而,角色扮演在社会科学研究中的效度【Validity】并不依赖于个人的(表演)能力,即准确地按照他们可能在被模拟的真实环境下行为的方式去做。毋宁,大多数利用角色分配的研究的效力在于个体间行为的比较,而这些个体被随机分配去占据不同角色。因此,更多情况下,在占据不同角色的个体之间的行为、思想和感觉中,观察到的差异比基于角色的行为的实际特征更有意思。

——Dawn T. Robinson

(王玥译 赵锋校)

参考文献

Goffman, E. (1959). *Presentation of self in everyday life*. Garden City, NY: Doubleday.

Haney, C., Banks, C., & Zimbardo, P. (1973). Interpersonal dynamics in a simulated prison. *International Journal of Criminology and Penology*, *1*, 69-97.

Johnson, C. (1994). Gender, legitimate authority, and leadersubordinate conversations. *American Sociological Review*, *59*, 122-135.

Lewin, K. (1997). Experiments in social space. In G. W. Lewin (Ed.), *Resolving social conflicts: Field theory in social science* (pp. 59-67). Washington, DC: American Psychological Association. (Originally published in 1939)

Milgram, S. (1963). Behavioral study of obedience. *Journal of Abnormal and Social Psychology*, *67*, 371-378.

均方根(Root Mean Square)

均方根误差(root mean square error, RMSE)是衡量某个估计量估计程度的一个量度。如果$\hat{\beta}$是β的一个估计量,那么$\hat{\beta}$的RMSE可以表示为:

$$\mathrm{RMSE}(\hat{\beta}) = E[(\hat{\beta}-\beta)^2] \quad (1)$$

我们会注意到,如果$\beta = E[\hat{\beta}]$,那么它就等于$\hat{\beta}$的方差。将式(1)进行改写,并对等式的右边进行简化,可得到如下的分解:

$$\begin{aligned}\mathrm{RMSE}(\hat{\beta}) &= E[(\hat{\beta}-E[\hat{\beta}]+E[\hat{\beta}]-\beta)^2]\\ &= E[(\hat{\beta}-E[\hat{\beta}])^2+(E[\hat{\beta}]-\beta)^2-2(\hat{\beta}-E[\hat{\beta}])(E[\hat{\beta}]-\beta)]\\ &= E[(\hat{\beta}-E[\hat{\beta}])^2]+E[(E[\hat{\beta}]-\beta)^2]-2E[(\hat{\beta}-E[\hat{\beta}])(E[\hat{\beta}]-\beta)] \quad (2)\end{aligned}$$

最后一项表达式趋于0,最后有:

$$\mathrm{RMSE}(\hat{\beta}) = \mathrm{Var}(\hat{\beta}) + [\mathrm{bias}(\hat{\beta})]^2 \quad (3)$$

再次注意,如果 $\hat{\beta}$ 是 β 的无偏估计量,那么 $\mathrm{RMSE}(\hat{\beta}) = \mathrm{Var}(\hat{\beta})$。

这就导致了对两个估计量的根本比较:即有两个 β 的估计量 $\hat{\beta}$ 和 $\hat{\beta}^*$,其中,$\hat{\beta}$ 是 β 的无偏【Unbiased】估计量,而 $\hat{\beta}^*$ 是 β 的有偏【Biased】估计量,但是 $\hat{\beta}^*$ 的方差比 $\hat{\beta}$ 的方差小。在这种情形中,根据两个估计量的相对方差,以及 $\hat{\beta}^*$ 的偏倚程度,$\hat{\beta}^*$ 的 RMSE 可能比 $\hat{\beta}$ 的要小。这时,要想极小化 RMSE,就可能偏好有偏的估计量,而不是无偏的估计量。

RMSE 和 OLS

RMSE 还有另一个常见用法。有些统计软件包在给出最小二乘【Ordinary Least Squares, OLS】回归结果时,还会列出 RMSE 的值。这个值就是最常说的回归标准误:

$$\mathrm{RMSE} = \sqrt{\frac{\sum(\hat{Y} - Y)^2}{n - k}} \quad (4)$$

这是总体【Population】扰动项的标准差【Standard Deviation】的一个估计量。或者,如果我们有一个典型的 OLS 设定,如:

$$Y = \beta_0 + \beta_1 X_1 + \beta_2 X_2 + \cdots + \beta_k X_k + \varepsilon \quad (5)$$

那么,RMSE 是对 σ 的估计,其中 σ^2 是 ε 的方差。

因此,在用方程的估计值预测时,RMSE 提供了预测所产生的误差的成分信息:它是对误差的随机【Stochastic】构成的一个量度。在知道模型的真实参数【Parameter】的前提下,它给我们提供了一个用以衡量模型对数据生成过程(data-generating process)的拟合度的量度。RMSE 的较大值意味着因变量上有大量的方差未被模型所解释。而且它意味着,即使我们获得了对模型参数非常精确的估计,我们所做的任何预测【Prediction】根据 RMSE 仍将有很大程度的不确定性。

RMSE 是使用模型【Model】估计值进行预测产生的任意点预测值误差的一个组成部分。就某个点预测值的不确定性【Uncertainty】考察还需要考虑所使用的参数估计值的估计误差。因此,在计算任意点估计 $\hat{Y}_i$ 的不确定性时,进入 Y_i 预测中并存在于估计值 $\hat{\beta}$ 上的不确定性可能会缩小包含在 RMSE 中的随机不确定性。

RMSE 也是一个拟合优度【Goodness-of-Fit】的量度。但它是对模型的拟合优度的量度,而不是估计值的量度。它通常被拿来和另一个拟合优度量度 R 方【R-Squared】进行比较。然而,R^2 包含了与 RMSE 不同的信息。RMSE 是方差的随机构成的一个估计量,而 R^2 是对样本中 Y 的预测值和估计值间的拟合的一个量度。从数学上讲,两者的关联如下:

$$\mathrm{RMSE}^2 = \mathrm{Var}(Y) - \mathrm{Var}(\hat{Y}) \quad (6)$$

$$R^2 = \frac{\mathrm{Var}(\hat{Y})}{\mathrm{Var}(Y)} \quad (7)$$

所以,如果想知道我们对给定样本的数据拟合得怎样,R^2 就可能是一个有效的量度。但是,如果想了解出现的随机方差的量,就需考察 RMSE。R^2 会随着不同的样本中 Y 的方差而变化,而 RMSE 本身是不同样本中随机方差的一个一致的估计量。RMSE 和 R^2 之间的差异在阿肯(Achen, 1977)和金(King, 1990)的论文中有更详细的描述。

——Jonathan Nagler

(马妍译　赵锋校)

参考文献

Achen, C. H. (1977). Measuring representation: Perils of the correlation coefficient. *American Journal of Political Science*, *21*, 805-815.

King, G. (1990). Stochastic variation: A comment on Lewis-Beck and Skalaban's "The R-Squared". *Political Analysis*, *2*, 185-200.

旋转因子(Rotated Factor)

参见因子分析【Factor Analysis】。

旋转(Rotations)

因子分析【Factor Analysis】的不同方法首先都需要从一个数据集中萃取一组因子。这些因子几乎总是正交的,并且按照它们解释掉原始数据的方差【Variance】的比率依次排列。一般而言,仅保留下一个所有因子的(小的)子集用于进一步的考察,而剩余的因子要么被当作无关的,要么被当作不存在的(即假定它们反映的只是测量误差或测量噪声)。

为了解释那些据认为是相关的因子,通常,在第一次选取步骤后,随之要进行对所保留下的因子的旋转。常用的两个主要旋转类型是正交的(orthogonal)(即新的轴之间也彼此是正交的)和斜交的(oblique)(即新的轴彼此之间不需要是正交的)。由于旋转总是在一个子空间进行(即所谓的因子空间),新的轴将比原来的因子(根据最佳原则计算得到)解释掉较少的方差,但是,在旋转后,总的子空间解释掉的方差部分同旋转前的部分相等(变化的只是方差的分割方式)。由于旋转后的轴不再根据某一统计准则来确定,因此它们的存在理由即在于方便解释。

在本词条中,用经主成分分析【Principal Components Analysis, PCA】(也称为 *R* 模式)得到的变量的负荷作为旋转程序的示例说明,不过,此处描述的方法对其他类型的分析,以及对受试者得分(所谓的 *Q* 模式)的分析,同样是有效的。

在继续介绍之前,要特别强调:因为旋转总是发生在一个子空间中(即被留下的因子的空间),所以该子空间的旋转会强烈地影响旋转的结果。因此,在因子分析的旋转实践中,强烈建议尝试用若干规模不等的余留因子的子空间,以便评估旋转解释的稳健性。

记号法

为了使讨论更具体,先要介绍主成分分析框架内的旋转。主成分分析始于一个数据矩阵,记作 $\mathbf{Y}$,该矩阵有 I 行 J 列,其中每一行代表用 J 个测量描述的一个单元(一般而言,即一个受试者),而 J 个测量常表示为 z 分数。随后这个数据矩阵被分解为(受试者的)得分或成分和变量的负荷(通常,负荷是原始变量和由分析所萃取的成分之间的相关系数)。形式上,主成分分析等价于数据矩阵的离群值分解,如下:

$$\mathbf{Y} = \mathbf{P}\Delta\mathbf{Q}^{\mathrm{T}} \tag{1}$$

有约束条件 $\mathbf{Q}^{\mathrm{T}}\mathbf{Q}=\mathbf{P}^{\mathrm{T}}\mathbf{P}=\mathbf{I}$(其中 $\mathbf{I}$ 是单位矩阵),其中 $\boldsymbol{\Delta}$ 是在对角线上具有所谓离群值的对角矩阵(diagonal matrix)。正交矩阵 $\mathbf{Q}$ 是一个负荷矩阵(或原始变量对成分的预测),其中一行代表一个原始变量,而一列代表一个新的因子。通常,有受试者得分矩阵 $\mathbf{F}=\mathbf{P}\boldsymbol{\Delta}$(有的作者用 $\mathbf{P}$ 代表得分)。

旋转:何时和为何?

因子旋转的大部分原理来自瑟斯通和卡特利,而他们的辩护理由是:因为该程序可以简化因子结构,进而使得因子结构的解释更容易、更可信(即易于用不同的数据样本进行重复)。

瑟斯通提出了可以识别一个简单结构的五项准则。根据这些仍然在文献中报告的准则,当下述条件满足时,一个负荷矩阵(其中行对应于原始变量,而列对应于因子)是简单的。具体包括:

①每一行至少包含一个零。

②就每一列而言,至少有与列数(即余留的因子数量)同样多的零。

③就任意一对因子而言,有些变量在一个因子上有零负荷,而在另一个因子上则有大的负荷。

④就任意一对因子而言,存在着相当大比率的零负荷。

⑤就任意一对因子而言,仅存在着少量的大的负荷。

因子旋转可以(也常常)以作图的方式完成,但是大部分通过数学分析完成,为了用计算机软件包完成它,还必须有简单结构的数学设定。

正交旋转

一个正交旋转可以设定为一个旋转矩阵,记作 $\mathbf{R}$,其中行代表原来的因子,列代表新的(旋转的)因子。在 m 行和 n 列的交叉处,有一个原始轴和新轴的夹角的余弦函数:$r_{m,n}=\cos\theta_{m,n}$。例如,例示在图 1 中的旋转可由下列矩阵予以刻画:

$$\mathbf{R}=\begin{bmatrix}\cos\theta_{1,1} & \cos\theta_{1,2}\\ \cos\theta_{2,1} & \cos\theta_{2,2}\end{bmatrix}=\begin{bmatrix}\cos\theta_{1,1} & -\sin\theta_{1,1}\\ \sin\theta_{1,1} & \cos\theta_{1,1}\end{bmatrix}\qquad(2)$$

有 $\theta_{1,1}=15°$。一个旋转矩阵具有正交的重要属性,因为它对应于一个方向余弦函数矩阵,因此有 $\mathbf{R}^{\mathrm{T}}\mathbf{R}=\mathbf{I}$。

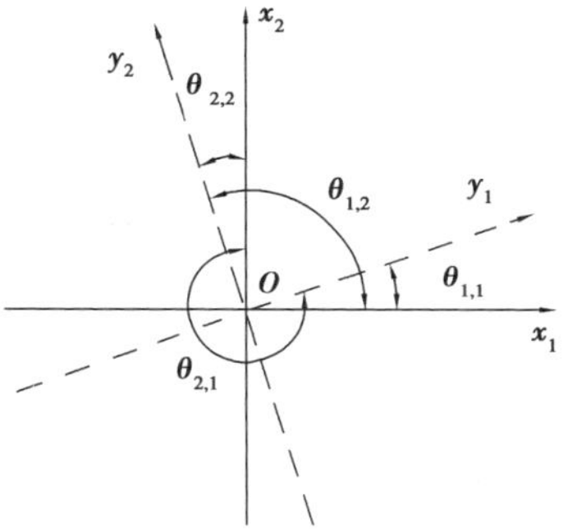

图 1　在二维空间中一个正交旋转;一个原始轴 m 和一个新轴 n 之间的旋转角度记作 $\theta_{m,n}$

方差最大法

由凯泽发展出的方差最大法(VARIMAX),无疑是迄今为止最通行的旋转方法。就方差最大法而言,一个简单的解意味着每一个因子具有一组数量少的大负荷和数量多的零(或小)负荷。这就简化了因子解释,因为在一次方差最大法的旋转后,每一个原初的变量倾向于同一个(或数量较少)的因子相关,同时,每一个因子只代表数量较少的一组变量。此外,因子常可以根据少数带有正负荷的变量同少数带有负负荷的变量对立,而予以解释。

形式上,方差最大法即找到一个原始因子的旋转(即原始因子的一个线性组合),从而使得负荷的方差是极大的,这相当于极

大化，

$$V = \sum (q_{j,l}^2 - \bar{q}_{j,l}^2) \quad (3)$$

$q_{j,l}^2$是第j个变量在第l个因子上的负荷的平方，而$\bar{q}_{j,l}^2$是负荷平方的均值（为了计算的稳定性，在最大化程序前，负荷矩阵中的每个负荷通常以长度1为标准）。

其他正交旋转法

还有其他几种正交旋转方法，比如四方最大旋转（quartimax rotation），该方法极小化了用于解释每个变量所需的因子数；以及均等最大旋转（equimax rotation），该方法是方差最大法和四方最大法的一个折中。还有其他方法，但是没有一种方法像方差最大法这样普及。

正交方差最大旋转的一个例子

为了用示例说明方差最大旋转的程序，设想有5种葡萄酒，以及一组专家对于它们的享受度、某种酒多适合配肉来享用，以及某种酒多适合配甜点来享用的平均评定分；相关描述还包括每瓶酒的价格、糖度、酒精度和酸度。各项数据都显示在表1中。

表1 一个关于PCA和旋转的（虚构）例子；以7个变量描述的5种葡萄酒

	享受度	配肉	配甜点	价格	糖度	酒精度	酸度
葡萄酒1	14	7	8	7	7	13	7
葡萄酒2	10	7	6	4	3	14	7
葡萄酒3	8	5	5	10	5	12	5
葡萄酒4	2	4	7	16	7	11	3
葡萄酒5	6	2	4	13	3	10	3

表1中的PCA提取了4个因子（特征值分别是4.762 7，1.810 1，0.352 7和0.074 4），其后，解释了94%的方差的一个两因子的解（对应于特征值大于1的成分）被保留下来用于旋转。表2给出了两因子解的负荷。

表2 葡萄酒案例：7个变量对最初的两个成分的原始负荷

	享受度	配肉	配甜点	价格	糖度	酒精度	酸度
因子1	−0.396 5	−0.445 4	−0.264 6	0.416 0	−0.048 5	−0.438 5	−0.454 7
因子2	0.114 9	−0.109 0	−0.585 4	−0.311 1	−0.724 5	0.055 5	0.086 5

用于负荷表的方差最大旋转程序给出了一个15°的顺时针旋转（其对应的余弦值为0.97）。见表3，这就生成了一组新的旋转因子。旋转程序示例于图2、图3和图4上。在该例子中，解释的简洁性的改进较为有限，这可能是因为如此小的数据集的因子结构已经非常简单了。第一个维度仍然与价格有关，而第二个维度作为糖度的维度现在看上去更清晰了。

表 3　葡萄酒案例:方差最大法旋转后,7 个变量对最初的两个成分的负荷

	享受度	配肉	配甜点	价格	糖度	酒精度	酸度
因子 1	−0.412 5	−0.405 7	−0.114 7	0.479 0	0.128 6	−0.438 9	−0.462 0
因子 2	0.015 3	−0.213 8	−0.632 1	−0.201 0	−0.714 6	−0.052 5	−0.026 4

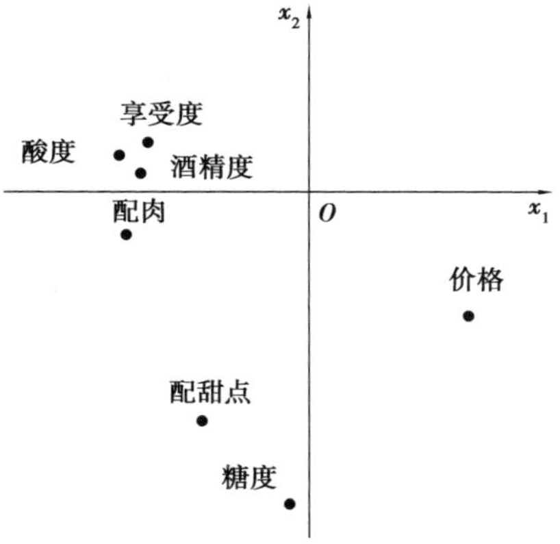

图 2　葡萄酒案例中 7 个变量的原始负荷,PCA

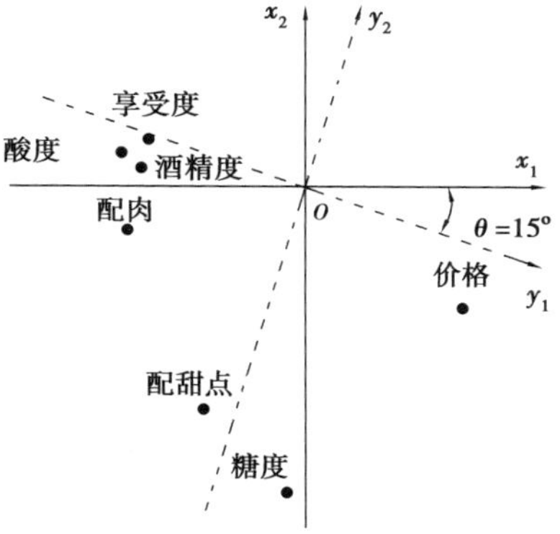

图 3　葡萄酒案例中 7 个变量的负荷,原始轴和得自于方差最大法的新(旋转)轴,PCA

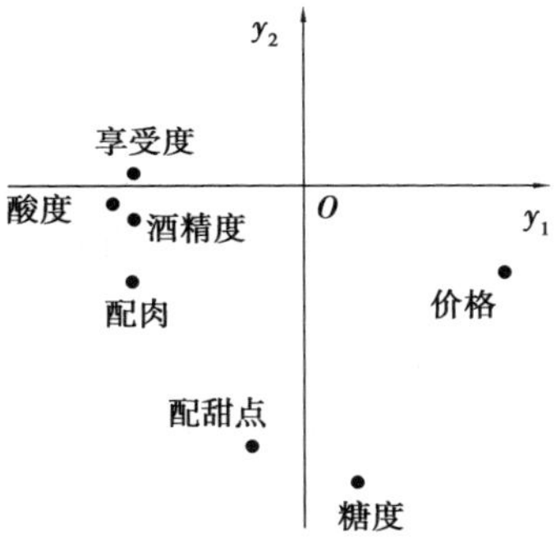

图 4　葡萄酒案例中 7 个变量在方差最大法旋转后的负荷,PCA

斜交旋转

在斜交旋转中,新轴可以自由地选取因子空间中的任何位置,但是,由于两个高度相关的因子最好被解释成唯一的因子,因此因子间容许的相关程度一般都很小。因为,为了获得解释上的简洁性,斜交旋转放松了正交限定(orthogonality constraint)。虽然瑟斯通强烈推荐这种方法,但是与它们的竞争者正交旋转相比,斜交旋转更少被使用。

对于斜交旋转,promax 旋转的优势是快速并且概念上简单。其名字源于强制旋转(procrustean rotation),因为它试图拟合一个具有简单结构的目标(target)矩阵。promax 旋转包含两个必要的步骤:第一步是界定目标矩阵,而该矩阵几乎总是得自于一个方差最大旋转的结果,即将方差最大旋转的解幂乘(通常介于 2~4),以此“迫使”目标矩阵的负荷结构成为两级的。第二步的结果则得自于计算从方差最大解到目标矩阵的一个最小二乘拟合。

即使原则上斜交旋转的结果可以用图形呈现,它们也几乎总是通过检查旋转后的轴同原始变量间的相关来解释。这些相关被解释成因子负荷。就葡萄酒案例而言,首先将方差最大解幂乘以 4,从而得到目标矩阵,而 promax 旋转得到的负荷见表 4。从这些负荷中可以发现:第一个维度再次分离出了价格(同因子正相关),同时对立于其他变量——酒精度、酸度、配肉及享受度。而第二个轴显示出它与第一个轴只有非常微弱的相关($r=-0.02$)。它对应于“甜美\配甜品”因子。再次,这一解释与原来的 PCA 很相似,因为小规模数据集本身就倾向有结构简单的解。

表 4 葡萄酒案例:promax 斜交旋转解;7 个变量对最初的两个成分的相关

	享受度	配肉	配甜点	价格	糖度	酒精度	酸度
因子 1	−0.878 3	−0.943 3	−0.465 3	0.956 2	0.027 1	−0.958 3	−0.998 8
因子 2	−0.155 9	−0.475 6	−0.939 3	−0.076 8	−0.950 7	−0.262 8	−0.236 0

斜交旋转不及它的竞争对手正交旋转受欢迎,但是这个趋势可能因为新技术的出现而改变,如独立成分分析(independent component analysis)的发展。这一新近的技术最初创发自信号处理和神经网络【Neural Network】领域,可直接从数据矩阵中求出一个使得统计独立性极大化的斜交解。

——Hervé Abdi

(马妍译　赵锋校)

参考文献

Hyvärinen, A., Karhunen, J., & Oja, E. (2001). *Independent component analysis*. New York: Wiley.

Kim, J. O., & Mueller, C. W. (1978). *Factor analysis: Statistical methods and practical issues*. Beverly Hills, CA: Sage.

Kline, P. (1994). *An easy guide to factor analysis*. Thousand Oaks, CA: Sage.

Mulaik, S. A. (1972). *The foundations of factor analysis*. New York: McGraw-Hill.

Nunnally, J. C., & Bernstein, I. H. (1994). *Psychometric theory* (3rd ed.). New York: McGraw-Hill.

Reyment, R. A., & Jöreskog, K. G. (1993). *Applied factor analysis in the natural sciences*. Cambridge, UK: Cambridge University Press.

Rummel, R. J. (1970). *Applied factor analysis*. Evanston, IL: Northwestern University Press.

取整误差(Rounding Error)

人们通常习惯于对估计量进行四舍五入。如果一个估计量被四舍五入,那么它的位数会减少。例如,一个收入估计量为 67 542.67美元,它会被四舍五入为 67 543 美元,因此,减少了两位小数。我们注意到收入被向上入了一位,末尾的 67 美分被入为 1 美元。当然如果最初的估计量是 67 542.38美元,我们会将其下舍为 67 542 美元。在所有四舍五入的例子中,无论是上入或是下舍,都产生了一些误差。在第一个例子中,误差是 0.67;在第二个例子中,误差是 0.38。取整误差出现的一个常见情形是,当我们加总一张表中的列百分比时,结果经常是 99% 或者 101%,而非正确的总和 100%。当出现这种情况时,分析者通常在脚注中说明比例总和不等于 100%是由于取整误差。取整误差的存在是常有的事,并非不可避免,而且很少造成麻烦,因为误差很小并且是随机的。当然,也有可能出现取整过多的情况。例如,假定将前文例子中的收入取整为 70 000 美元,那么收入估计量中包含的取整误差几乎是 2 500 美元。取整误差因此增加了,但这是一个很大的误差吗?这个问题的答案取决于所要回答的研究问题【Research Question】和分析者想要达到的精度。在另一种极端的情况下,也可能出现取整不充分的情况。例如,在大部分收入研究中,我们无须知道以美分为测量单位的收入。事实上,那种声称能够将收入估计到美分的说法,可能造成一种虚假的精确感,而否认了测量中固有的更大误差。

——Michael S. Lewis-Beck

(马妍译　赵锋校)

行关联(Row Association)

参见关联模型【Association Model】。

行-列关联(Row-Column Association)

参见关联模型【Association Model】。

R 方(*R*-Squared)

R 方衡量了一个回归模型的解释力或预测力。它是一个拟合优度【Goodness-of-Fit】量度,表明线性回归方程拟合数据的好坏。

在回归分析中,评估估得的回归方程的表现非常重要。它在多大程度上说明了所研究的现象?对一个简单的或多元回归【Multiple Regression】模型而言,*R* 方是首要的方程表现的量度。设想一个政策分析者正在研究美国 50 个州公立学校的支出。分析者设定了一个简单的回归模型,$Y = a + bX + e$,其中 Y 是因变量【Dependent Variable】——2000 年,每个州每一名学生的公立学校支出(千美元),X 是自变量【Independent Variable】——城市化水平(根据 2000 年人口普查,人口数大于 25 000 的城市中城市人口的百分比),而 e 是误差项。该模型认为,公立学校的花费可以部分地由城市化水平来解释。假设用最小二乘【Ordinary Least Squares,OLS】估计得到如下结果:$Y= 2.11 + 0.60X+e$,这就表明了城市人口每增加百分之一,一个州的期望支出会增加 600 美元。这个方程的 *R* 方或者确定系数是0.42,它表示城市化水平解释了或者至少预测了州公立学校支出中 42%的方差。

R 方给出了,同未知 X 相比,已知 X 时,预测 Y 所得精度的增量。设若分析者已知 Y 的取值,但并不知道这些取值属于哪些州,还想预测每个州的学校支出。最佳推测(即极小化误差)就是 Y 的均值,即 Y_m。这个推测与绝大部分州有很大差异,亦即观测

的支出值与平均的支出值之间($Y-Y_m$)有很大差距。将所有这些距离合在一起(在取平方以排除加号和减号互相抵消的影响之后),它们就代表了未知 X 时的总预测误差,亦即总离差平方和(total sum of squared deviations,TSS) $TSS = \sum(Y - Y_m)^2$。

回归分析承诺,对 X 的知识和它对 Y 的线性关系可以减少这一预测误差。例如,已知一个州的 X 取值是30%的城市化率,Y 的预测值 $\hat{Y}$ 就是20.12($\hat{Y} = 2.11 + 18.10 = 20.21$),而不是 Y_m。Y 的预测值与 Y 的均值之间的距离($\hat{Y}-Y_m$)是由于已知 X 而得到的超过基准预测的增量。这一距离(对所有观测值,先平方后求和)是可归于应用回归线而得到的预测误差的减量;此即,回归平方和(regression sum of squared,RSS)$RSS = \sum(\hat{Y} - Y_m)^2$。除非回归线对每个个案都有完美的预测,否则总会遗留一些误差:Y 的观测值与预测值之间的距离。这些距离(先平方再加总)代表了变量 Y 上未被解释掉的方差;此即,误差平方和(error sum of squared,ESS)$ESS = \sum(Y - \hat{Y})^2$。

于是,因变量上的总方差 TSS 有两个独一无二的部分:由回归解释掉的 RSS 和未被回归解释掉的 ESS。R 方反映了回归掉的部分同总误差的比率,即 $RSS/TSS = R$ 方。R 方的统计范围是0~1;当所有的方差都被解释掉时为1,当没有方差被解释掉时为0。就现实世界的数据而言,R 方很少达到这些极限值。在前文的例子中,可以说公立学校支出上42%的方差被城市化水平解释了。重要的是,这个解释可能更多地属于"统计的"解释而非"因果的"。可能是城市化水平有助于预测公立学校的支出,但没有在一定的理论意义上解释它。在这种情况下,更谨慎的,同时也许更正确的说法是,X 只是"说明了"变量 Y 上如此多的方差。在双变量回归的例子中,R 方等于相关【Correlation】系数的平方(r^2)。

在一个多元回归方程中,R 方被称作多重确定系数。它衡量了模型的线性拟合优度,其范围也是从1到0。例如,当我们用 OLS 估计多元回归模型 $Y=a+bX+cZ+e$ 时,R 方表示一个平面对一个三维空间中的点的拟合程度。当自变量超过2个时,则会拟合一个超平面。多重相关【Multiple Correlation】系数,记作 R,是 R 方的平方根,表示全体自变量和因变量的相关系数。

如果一个自变量被加入一个回归模型中,R 方总是会增加。增量部分可归于机会,即由于增加自变量使用了自由度【Degrees of Freedom】。特别是随着自变量的数量不断接近样本量,R 方的估计将会夸大模型对数据的真实拟合。对于多元回归模型,绝大多数分析者在报告 R 方的同时也报告调整的 R 方【Adjusted *R*-Squared】,或者以后者取代前者。调整的 R 方在数值上小于 R 方,但不会小太多。与 R 方不同,随着新的自变量被加入模型,调整的 R 方可能下降(极少的情况下,如果未调整的拟合度极低时,调整的 R 方可能是负的。而未调整的 R 方只有当常数项被迫为0时,才有可能是负的)。

分析者通常偏好一个较高的 R 方,认为一个较好的拟合意味着一个更佳的解释。然而,这可能是真的,也可能不是。R 方的最大化不应当成目的本身。将那些同因变量有高相关的变量盲目地加入回归模型的变量之中,这将产生一个高的 R 方值。但是,根据一个后来的样本估计该模型时,原本高的拟合很可能骤然下降,因为原本高的 R 方中的大部分拟合来自第一个样本中的机会方差。一个适度的甚至是较低的 R 方并不必然不好。某些类型的数据,如民意测验,一般不会有较高的拟合。不管是何种数据,一个低的拟合只是意味着仅有小部分的

Y能被解释,其余部分是随机的。有一种情况,低的 R 方可能是一个不好的标志,即非线性【Nonlinearity】的情况。如果两变量间的关系更接近一条曲线而非一条直线,那么线性设定和用 R 方评估模型的拟合表现都是不恰当的。最后,对于所有模型而言,一个低的 R 方表明模型有较差的预测。

R 方备受批评。有人认为,用于预测比较的基线 Y_m 太缺乏可比性。然而,通常很难提出一个更好的替代基线。同样,有人提出异议,认为 R 方只能评估线性模型的拟合程度。可是在实践中,通常很难改进线性设定。进一步的问题是,不同模型的 R 方是否能检验它们之间差异的统计显著性,以便评估竞争的模型设定。这点仅当一个模型是另一个较大模型的嵌套子模型时才能实现。合理地运用这类显著性检验部分取决于 R 方是被当作一个描述统计量,还是一个推断统计量。少数分析者完全拒绝 R 方,而喜欢用 Y 的估计标准误【Standard Error of Estimate,SEE】作为拟合优度的量度。单独使用 SEE 量度的困难在于,它不具有传统的理论边界的上限(如 1.0)。随着 SEE 变大,人们知道存在着更多的预测误差,但是人们并不知道它是否已经达到了它的最大值。总之,应当同时报告这两个拟合度量度,因为它们反映了不同的东西。

——Michael S. Lewis-Beck

(马妍译　赵锋校)

*也可参见决定系数【Coefficient of Determination】。

参考文献

Lewis-Beck, M. S., & Skalaban, A. (1990). The *R*-squared: Some straight talk. *Political Analysis*, 2, 153-170.

Pindyck, R. S., & Rubinfeld, D. L. (1991). *Econometric models and economic forecasts* (3rd ed.). New York: McGraw-Hill.

Weisberg, S. (1985). *Applied linear regression*. New York: Wiley.

THE
SAGE ENCYCLOPEDIA
OF
SOCIAL SCIENCE RESEARCH METHODS

社会科学研究方法百科全书

（精编版）

S—Z

[美]迈克尔·刘易斯–伯克（Michael Lewis-Beck）
[美]艾伦·布里曼（Alan Bryman）
[美]廖福挺（Tim Futing Liao）—主编

沈崇麟 赵 锋 高 勇 —主译

重庆大学出版社

版贸核渝字(2017)第 262 号

图书在版编目(CIP)数据

社会科学研究方法百科全书:精编版. S—Z / (美)迈克尔·刘易斯-伯克,(美)艾伦·布里曼,(美)廖福挺主编;沈崇麟等译. -- 重庆:重庆大学出版社,2022.10

(万卷方法)

书名原文:The SAGE Encyclopedia of Social Science Research Methods

ISBN 978-7-5689-3468-8

Ⅰ.①社… Ⅱ.①迈… ②艾… ③廖… ④沈… Ⅲ.①社会科学—研究方法 Ⅳ.①C3

中国版本图书馆 CIP 数据核字(2022)第 152836 号

社会科学研究方法百科全书(精编版)

(S—Z)

[美]迈克尔·刘易斯-伯克 [美]艾伦·布里曼 [美]廖福挺 主编

沈崇麟 赵 锋 高 勇 主译

策划编辑:雷少波 林佳木

责任编辑:姜 凤 版式设计:雷少波

责任校对:邹 忌 责任印制:张 策

*

重庆大学出版社出版发行

出版人:饶帮华

社址:重庆市沙坪坝区大学城西路 21 号

邮编:401331

电话:(023)88617190 88617185(中小学)

传真:(023)88617186 88617166

网址:http://www.cqup.com.cn

邮箱:fxk@cqup.com.cn(营销中心)

全国新华书店经销

重庆升光电力印务有限公司印刷

*

开本:787mm×1092mm 1/16 印张:17.5 字数:428 千

2022 年 10 月第 1 版 2022 年 10 月第 1 次印刷

ISBN 978-7-5689-3468-8 总定价:750.00 元(共 5 册)

本书如有印刷、装订等质量问题,本社负责调换

配套数字资源

◣ 译　者（按姓氏拼音排序）

高　勇（中国政法大学）
李　洋（北京社会科学院）
马　妍（中国社会科学院）
沈崇麟（中国社会科学院）
王　玥（首都师范大学）
杨　可（中国社会科学院）
叶鹏飞（中国劳动关系学院）
赵　锋（中国社会科学院）
郑晓娟（北京大学）

◣ 词条审定专家（按姓氏拼音排序）

郭金华（北京大学）
郭志刚（北京大学）
何江穗（中国政法大学）
柯惠新（中国传媒大学）
李　原（中国社会科学院）
渠敬东（北京大学）
沈崇麟（中国社会科学院）
夏传玲（中国社会科学院）

导　言

社会科学方法学可以说是在19世纪末进入我们视野的，那时埃米尔·涂尔干撰写了《社会学方法的规则》(*The Rules of Sociological Method*)一书，这是系统理解和分析社会现象的奠基之作。从那时起，它便一直在成长发展，在20世纪的最后几十年更是呈现出一种指数式发展之势。这种发展涉及方法学的专门知识和技能的广度及深度两个方面。应用于各种社会科学学科的方法，其涵盖范围及某些分析路数和技术的复杂与高深程度，都是在数十年之前想象不到的。例如，焦点小组和浓描实际上已经变成了社会科学研究者(不论其学科取向是什么)的通用语言。再举另外一个例子，处理缺失数据和无回答的方法取得了长足的进步，以至于如这样的问题的专业工作坊一个接着一个开展，成为抽样调查数据分析者的最爱。

自然，在21世纪之初，我们有必要全面盘点一下社会科学方法学的知识，但试图使我们的盘点包含社会科学中曾经使用过的**每一种**方法，是不可能和不切实际的。这本《百科全书》的主要目的是给我们的读者(他们可能是高校的本科生、研究生、学术研究者或实际应用者)遨游浩瀚的研究方法之海提供一个引导。本《百科全书》对各种方法的目的、原理、发展和实际应用都作了简明扼要的介绍，总共有1 000多个词条，其中许多都对涉及的论题作了详尽的介绍，并包含了最新的发展，对初学者或有经验的研究者可能都有很大的用处。

为了达到这一目的，我们给读者提供了两种类型的词条：一些词条只含有一条定义，长度只有一段或两段。这些词条给了读者一个方法学词汇的简要解释。为了忠实于《百科全书》的行文形式，许多其他的词条都作为论题或论文来处理，长短不一，经常都附有实例，有时还有图表，对涉及的方法的性质、历史、应用和使用的含义进行讨论。这些词条的大多数也给出了建议的阅读书目和参考材料，以满足有进一步提高愿望的读者的需要。这些都是《百科全书》的精义所在，对那些想要对奇妙的研究方法世界进行不懈探索的读者而言都是很宝贵的。

需要撰写如此大量的专业文章，仅仅靠我们三位是无法完成的，幸运的是我们得到了编委和作者的大力支持，他们才智过人，写出来的方法介绍连贯、明了而

又透彻。有时,作者的行文如同新奇的小说,使得阐述的论题不仅能给读者以愉悦感,而且发人深省。

例如,达摩达尔·古雅拉提教授撰写的计量经济学的词条的文字给人以惊喜。他不是仅仅介绍计量经济学家使用的方法和模型的类型,而是触类旁通,带领我们从平常处渐入佳境,进行了一次计量经济学的旅行。他用三个阐明计量经济学涉及的广泛范围的定义作为自己论述的开头,在这里他使用了简单而平常的方式,用引文释例完成了对计量经济学家的用武之地加以定义这一看似不能完成的任务。然后,他带领我们做了一个研究(从经济理论到数据,从模型到分析),先是说明原理,然后是实例验证。这样的过程也是我们中的许多人在平常反复讲述的过程,但我们几乎想不到在撰写《百科全书》的词条时可以这样用。古雅拉提用在经济学研究中常用的普通过程,给读者以出人意料的、意义深远的影响,令读者去深思,而不只是记住计量经济学的方法和模型以及基本目的。

词条的多样性是本《百科全书》的又一特点。例如,我们的词条中有些论及了哲学问题,例如,后结构主义,这样的内容似乎超出了本《百科全书》的范围,而还有一些词条则讨论了高级的统计技术,这似乎同样也不能被视为社会科学方法学的一部分。然而我们却认为二者都是必要的。一方面,所有的研究者都应该意识到,认识论问题影响着研究问题的性质并支撑研究过程方面的假定;另一方面,我们都需要了解分析定量数据的全套武器,这样才能在不同的场合使用最为恰当和稳健的技术。只有在我们对可供利用的各种选择——无论是认识论的、统计学的或其他什么知识都了如指掌时,作为社会研究者,我们才能完整地开发出精巧的社会科学研究的方法。

本《百科全书》的许多词条都有精当的例子。将各种适用于不同研究目的的词条汇编成一册百科全书,我们,本《百科全书》的编辑者,固然希望读者诸君将会折服于社会科学方法学的博大精深,但我们更希望读者诸君能从这些方法学的专业知识中有所斩获,推动自己的研究更上一层楼。

迈克尔·刘易斯-伯克
艾伦·布里曼
廖福挺

(沈崇麟译校)

本册目录

S

T

U

V

W

X

Y

Z

S

样本(Sample)

样本是总体【Population】的要素或成员的一个子集。它用于收集来自或关于要素的信息,而所得信息可以代表被抽取的总体。抽样是一种有效的、节约成本的收集数据【Data】的方式,即它既可以降低成本,也能提升所得数据的质量。

降低成本源于仅对较少的分析单位收集信息。在美国典型的民意调查中,1 000个样本量只代表美国公民的1/288 400。这个容量的代表样本允许研究者以一定的精度估出美国人的平均年龄,同时,相对于对全部人口普查【Census】,也可以更迅捷地收集到信息。

使用样本而节省的经费还可用于提高数据质量。省得的经费可以通过减少无回答【Nonresponse】来增加实施原抽样设计的覆盖面(coverage)。多余的资源可用来做访员培训【Interviewer Training】以改进问卷【Questionnaire】调查的执行;也可用于增加问卷长度,对特定的概念提出更多问题,从而增加概念测量的信度【Reliability】和效度【Validity】。

每个样本都依据两个关键的属性得到评估,即它的设计和它的执行。为了调用抽样分布【Sampling Distribution】、应用置信区间【Confidence Interval】和置信水平,研究者必须使用某种概率设计,即总体的每个要素都有一个已知的、非零的被选中的机会。非概率设计,如配额样本【Quota Sample】、方便样本【Convenience Sample】或目的样本【Purposive Sampling】则不能使用上述统计技术。

每个样本设计必须得到有效的执行,投入资源去联系每一个要素,以便从中收集数据。覆盖率或回答率反映了:在样本中,已获得信息的要素数量同要素的原始数量的比率。即使使用概率设计,低的覆盖率也能使得样本估计的应用无效,因为要考虑信息的损失是系统的且非随机的。例如,在一个政府用的样本中,社会经济状况或住房状况常代表了误差【Error】的系统来源,因为低收入或无家可归的人可能难以找到。在公共舆论调查中,那些对政治不感兴趣的个体比那些对政治感兴趣的个体,更可能拒绝参与电话调查【Telephone Survey】,所以结果可能反映了那些态度强烈的人的情况,而不是总人口的情况。

——Michael W. Traugott

(王玥译　赵锋校)

参考文献

Kish, L. (1995). *Survey sampling*. New York: Wiley.

Lavrakas, P. (1993). *Telephone survey methods: Sampling, selection, and supervision*. Newbury Park, CA: Sage.

Levy, P. S., & Lemeshow, S. (1999). *Sampling of populations: Methods and applications*. New York: Wiley.

抽样(Sampling)

抽样的基本观念是从部分到总体的统计外推【Extrapolation】——从"样本"到"总体"[总体有时被神秘地称为"全体(universe)"]。一个最紧要的定理是:样本的选取必须能公正地代表总体。

选取样本的方法被称为"设计"。好的设计要使用概率方法,在选取调查单元的过程中要极小化主观判断。使用概率方法抽取的样本被称为"概率样本"。

在实际工作中,偏倚【Bias】是一项严重的问题;概率样本则可极小化偏差。然而,最终用于从概率样本外推到总体的方法应当将抽取样本的方法纳入考量之中;否则,偏差还是会从后门进来。

抽样的观念可用对人群的抽样或对商业记录的抽样来说明,不过它可以有更广泛的应用。比如,存在着对建筑物、农场、法律案件、学校、树木、当地工会及其他各种总体的抽样调查。

样本设计

应当区别概率样本与"方便样本"[也称为"偶遇样本(grab samples)"]。一个典型的方便样本可能是上研究者的导论课的学生。一个"购物中心样本"则由那些某几天中在特定购物中心购物并愿意参与访谈的人群组成。使用这一术语的原因很明显,它的含义也很明确:这种样本除了它自己以外不代表任何确定的更大总体。

为抽取一个概率样本,首先要界定目标总体。接下来要造出一个"抽样框",即一个从中抽取样本单元的清单。一种简要的设计是简单随机抽样【Simple Random Sampling】。例如,抽取由 100 个单元构成的简单随机样本,可以从样本框中随机选出一个单元,将它放到样本中;然后,再从样本框中剩余的单元中随机地选出另一个单元,以此进行,直至选出 100 个单元为止。整个过程的每一步骤上,池中所有单元都有同样的被选中的机会。

简单随机抽样经常把商业记录当作总体,即便这种总体的数量巨大。当它用于人时,特别是在开展面对面访谈的情况下,简单随机抽样很少切实可行:我们从哪里获得抽样框?因此需要更复杂的设计。例如,如果想要抽取城市中的人,可以列一张包含城市内的所有街区的清单,造出街区的样本框,从中抽取一个街区的简单随机样本,再访谈被选街区内所有住宅单元中的人。这就是一个"整群样本",群即街区。

注意,必须十分谨慎地界定总体:它由那些抽样发生时城市中住宅单元内生活的人组成。还有一些变化形式,例如,可以只访谈家庭户中的一个人来获得整个家庭户的信息。或者,可以在家庭户内随机地选取一个人。可以限定回答人的年龄等特征。如果开展电话访问,通常随机数字拨号【Random Digit Dialing】可以作为简单随机抽样的合理近似——其目标总体是有电话的人。

误差的种类

因为样本只是总体的一部分,所以统计外推会不可避免地引起误差【Error】。误差有两种:抽样误差(随机误差)和非抽样误差(系统误差)。非抽样误差也常被称为"偏差",当然其中不含有偏见的意思。

抽样误差【Sampling Error】来自抽取一个样本时的抽取机会,结果是:我们得到的某一类单元太多,而另一类的则不足。抽样误差可能的影响常使用“SE”或标准误【Standard Error】来加以量化。如果样本是概率样本【Probability Sampling】，标准误可以用样本设计和样本数据来估计。

随着“样本量”(样本中的单元数目)的增加，标准误也逐渐下降，尽管下降得相当缓慢。如果总体是相对同质的，标准误会很小；而总体的异质性程度通常可用标准差或某种类似的统计量，从样本数据中估计出来。整群样本，特别是有很多群时，倾向于产生大的标准误，尽管此类设计通常具有成本效率。

在实际工作中，非抽样误差【Non-Sampling Error】通常是更加严重的问题，但是同抽样误差相比，它更难以量化，受到的重视也更少。非抽样误差不可能通过增加样本量来控制。实际上，更大的样本量也更加难以控制。增加样本容量从抽样误差的角度看是有利的，但是从非抽样误差的角度看可能适得其反。

非抽样误差本身可能分为 3 种，即选择偏倚【Selection Bias】、无回答偏倚【Nonresponse Bias】和回答偏倚【Response Bias】。我们依次讨论如下。

①选择偏倚是一种从样本中排除某种总体单元的系统趋向。在方便抽样中，选择偏倚是一个主要的问题。如果是一个设计良好的概率抽样，就会有最小的选择偏倚。这就是概率样本最主要的优点。

②一般而言，那些挂断你电话的人与那些愿意接受访谈的人是有区别的。这一区别即表明了无回答偏倚。由于无回答偏倚，从回答人外推到无回答人是有问题的。如果回答率高(完成了大部分访谈)，无回答偏倚就会很小；如果回答率低，无回答偏倚就是一个需要考量的问题。

在本文写作期间，美国政府的调查——容许家庭户内的任意一位作为回答人——有超过 95%的应答率。美国最好的面对面的调查研究，即从家庭户中随机选取一名成年人进行访谈，可以有超过 80%的应答率。最好的电话调查【Telephone Survey】可以有接近 60%的应答率。而许多商业调查的应答率更低，足以令人担心其推论的可靠性。

③回答人可能很容易因访谈员的态度、问题的烦琐措辞，甚至两个问题的并列而不说真话。这是回答偏倚的常见来源。

就概率抽样而言，抽样误差有明确的界定。但是这个概念可以延展到方便样本吗？对此是有争议的(见下文)。概率样本成本很高，但是可以极小化选择偏倚，还可以为估计样本误差的可能影响提供基础。不过，回答偏倚和无回答偏倚同时会影响概率样本和方便样本。

用回答人替换无回答人

许多调查都有计划好的样本量，如果遇到了一位无回答人，即用一位回答人作替换。这可能有助于控制抽样误差，但是对于减少偏倚没有任何帮助。如果调查准备要从回答人外推到无回答人，就必须要知道遇到了多少位无回答人。

样本应为多大？

就这一常见问题，并没有一个确切的统计学上的答案。大样本有更小的抽样误差。另一方面，小样本更容易实施，会有更少的非抽样误差。大样本比小样本花费更多，一般而言，资源限制会决定样本量。如果做了试调查，就可能据此判断样本量大小对于最终的估计精度的意义。

如果研究的关注点在于相对误差，总体大小就很难成为一个决定因素。例如，对美国总统选举的民众选票的百分比统计分析——有 2 亿潜在的投票者——用一个有几千人的样本，就可以获得相当好的估计。当然，比起从在爱达荷州(Idaho)波伊西市

(Boise)的20万人中选取一个样本,从全美2亿人中选取一个样本需要付出更多的努力。

分层和权重

通常,还可以把样本框按“层”分割为不同的群组,再从每个层中各自抽出一个简单随机样本。如果层内的单元是相对同质的,这样做就会得到统计效率上的增益。其他种类的效率也会由此产生。如果我们对一个城市中的街区抽样,那么有些街区的人口可能是分散的。为了节约访谈者的时间,明智的做法是以一个比大密度人口集中街区低的比率选取此类街区作为样本。如果目标在于研究贫困决定因素,那么更好的做法是从位于更穷的邻里地区中抽出更多的街区作为样本。

如果用不同的比率从不同的层中抽取样本,分析过程也必须考虑抽样率。例如,Horvitz-Thompson估计量就是以每个样本单元的选取概率的倒数作为每个单元的权重。这个估计量是无偏的,尽管它的方差可能很高。如果没能使用适当的权重,这通常就会引致偏倚,而在某些情况下,偏倚还会相当大(就方便样本而言,通过运用权重控制偏倚是不可能的)。

针对同一目标总体,相较于以同量的简单随机样本为基础的估计量【Estimator】,基于某种复杂设计的估计量通常会有更大的方差:分群(层)是一个原因,权重的变异是另一个原因。复杂设计的方差同简单随机抽样的方差之比称为设计效应【Design Effects】。

比率和差值估计量

假设我们必须对大量的赔付申请进行稽核,进而确定它们总的过审价值,并将其同簿记价值(book value)相比较。对总的申请进行稽核会花费巨大,因此,我们只有取一个样本。同时,申请价值中相当大的百分比可能存在于一堆占比很小的申请之中。因此,我们可能需要给予那些大额申请更大的选取概率,给予小额申请更小的选取概率,然后运用权重进行调整。不过就目前而言,让我们只考虑一个简单随机样本。

假设,我们取样本申请中总的过审价值与总的簿记价值的比,再乘以所有申请的总的簿记价值。这就是一个对总申请中总的过审价值的“比率估计量”。比率估计量是有偏的,因为它们的分母是随机的,但是偏倚的大小可以从数据中估计出来,并且常常可以通过减少抽样易变性获得抵消。比率估计量有广泛的应用。

较不常见的是差值估计量(difference estimator)。在上述赔付申请的例子中,我们可以就每一个样本的赔付申请,取其过审价值与簿记价值之差。再将样本平均数,即每一赔付申请钱数的均值,乘以所有赔付申请的总数目。这一估计量,即过审价值与簿记价值的总差值是无偏的,同比率估计量一样有用。

比率估计量及相似的估计量依赖于对取样的总体有额外的信息。在我们的例子中,要知道总体中赔付申请的数目,以及每个申请的簿记价值;而过审价值仅适用于样本。就分层而言,还需要总体的其他信息。可以用赔付申请的数目和赔付申请的簿记价值,根据申请额的大小分出几个不同的层。如果存在关于总体的相关额外信息,分层会增进估计精度。

计算标准误

就简单随机样本而言,样本的平均值是总体平均值的一个无偏估计值——假定回答偏倚和无回答偏倚可以忽略不计。样本平均值的标准误一般可通过用样本的标准差除以样本量的平方根得到很好的近似。

就复杂设计而言,不存在方差的简单公式;但是,可以用刀切(jackknife)法这类方法获得近似的方差(标准误是方差的平方根)。对于像比率估计量一类的非线性统计量,可以使用 delta 法。

抽样分布

此处我们仅考虑概率样本,并暂时搁置回答偏倚和无回答偏倚。一个估计量可以采用由不同样本(抽样变异)得到的不同的值;采用某个特定值的概率,在原则上可以由样本设计决定。该估计量的概率分布即它的抽样分布。该估计量的期望值即它的抽样分布的中心点,而该估计量的标准误即该分布的散布程度。从技术上讲,一个估计量中的偏倚即其期望值与被估量的真值的差。

几个例子

1936 年,罗斯福进行第二次竞选,对手是艾尔弗·兰登。很多观察者期待罗斯福击败艾尔弗·兰登——但是《读者文摘》(*Literary Digest*)不作此期待,它预测罗斯福只能得到 43%的选票(选举中,罗斯福得到了 62%的选票)。文摘预测的基础是一个有 240 万人的巨大样本。其中,问题不在于抽样误差。问题来自无回答误差,而要找到它的来源,就需要考虑样本是如何被选出的。

文摘邮寄出了 1 000 万份调查问卷,得到了 240 万份的回复——为无回答偏倚留下了相当大的余地。此外,据以邮寄问卷的邮寄地址清单根据汽车所有者和电话号码簿编辑而成,这就产生了另一偏倚源。1936 年,在美国汽车和电话还不像今天这样普及,所以文摘的邮寄地址清单中记录了过多的在大萧条时期能支付得起奢侈品的人。这就构成了选择偏倚。

现在我们回到 1948 年,其时主要民意调查机构(包括盖洛普和罗珀)调查结果是杜威当选总统,而不是杜鲁门。其中一个庆祝获胜的新闻标题是:

统计学告诉罗珀,杜威当选!

样本很大——几万名回答人。问题仍是非抽样误差,即问题出在选取样本的方法上。它使用了配额抽样【Quota Sampling】。访谈员可以任意地选取他们喜欢的对象作为访谈对象,但是事先规定了某种数字配额。例如,一位访谈员必须选取 7 名男性和 6 名女性;男性中有 4 名必须是 40 岁以上的;等等。

配额的设定方式:在总计上,样本在性别、年龄和其他控制变量上非常接近于总体。但是问题在于谁会投票给杜威?在每一个样本类别中,总有一些人比其他人更可能投票给共和党人。没有可能为可能的共和党投票人设置相应配额,因为在调查发生时期,他们的数量是未知的。而最终的结果是,访谈员更偏爱访谈共和党投票人而不是民主党投票人,这不仅在 1948 年是如此,在所有先前使用了同样方法的选举中,情况也都是如此。

访谈员偏爱共和党投票人是选择偏倚的另一个例子。1936 年、1940 年和 1948 年,罗斯福赢得连续的胜利,民意调查中的选择偏倚并不足以改变预测的方向。但 1948 年的选举是一场势均力敌的竞选,选择偏倚使得民意调查的结果偏向了另一边。配额抽样看上去有道理,而且至今被广泛地使用。不过 1948 年以来,概率抽样的优势应是众所周知了。

我们的最后一个例子是一项针对美国人口普查的校正方案。这是一个复杂的议题，但是简单地说，这个方案的内容是，在普查之后做一个特别的样本调查［事后确查调查（post enumeration survey）］，以估计人口普查中的误差率。如果可以以充分的精度估出误差率，就能纠正它们。事后确查调查的是一个分层街区样本，即依上文描述的方法选取的样本。样本量是巨大的（2000年是70万人），同时抽样误差在合理的控制范围内。不过，相对人口普查中需要修补的小误差来说，非抽样误差仍然是个问题。对这一问题的各种讨论，可参见因伯的著作（Imber，2001）。

超总体模型

某些时候，人们分析方便样本的方式，就好像它们是从某个很大，但界定不甚明确的总体中选出的简单随机样本。这一不受支持的假定有时被称为超总体模型。过去人们常常做出这一假定，但是假定的频繁不能成为仍旧如此假定的合理依据，而其夸张的名称也不是如此假定的理由。假定总有其后果，因此，在深思后可能做出的假定是，默许方式不可能解决归纳问题。更多讨论，可参见伯克和弗里德曼的文章（Berk & Freedman，1995）。

一个方便样本的标准误（SE）最好被视作一个没有意义的误差估计值：如果与事实相反，将其当作一个简单随机样本，其不确定性就会像SE一样被归之于随机性。然而，对SE的计算不应当将人们的注意力从非抽样误差中移开，因为后者仍然是抽样的首要考量（标准误测量的是抽样误差，一般不涉及偏倚）。

一些实践上的建议

抽样调查研究并不容易，在下面的参考文献中可以找到一些有益的建议。调查者要在设计阶段下一番功夫。研究假设和目标总体都应当清楚地界定。如果对人实施访谈，访谈员需要得到培训和督导。调查过程的质量控制是根本。因此，相关文档和记录的保存也是关键。调查工具本身要有好的设计。问题应当简短、清晰；问题的措辞要能引出真实的答案，而不是迎合的回答。强烈建议调查前实施一次或多次试调查。有必要极小化无回答偏倚；如果无回答是可察觉到的，就应选取一个无回答人的样本，并对之进行访谈。在最大的可能范围内，使用概率方法抽取样本。

——David A. Freedman

（王玥译　赵锋校）

参考文献

Berk, R. A., & Freedman, D. A. (1995). Statistical assumptions as empirical commitments. In T. G. Blomberg and S. Cohen (Eds.), *Law, punishment, and social control: Essays in honor of Sheldon Messinger* (pp. 245-258). New York: Aldine de Gruyter. 2nd ed. (2003) pp. 235-254.

Cochran, W. G. (1977). *Sampling techniques*, 3rd ed. New York: John Wiley & Sons.

Diamond, S. S. (2000). Reference guide on survey research. In *Reference manual on scientific evidence*, 2nd ed. (pp. 229-276). Washington, D. C.: Federal Judicial Center.

Freedman, D. A., Pisani, R., & Purves, R. A. (1998). *Statistics*, 3rd ed. New York: W. W. Norton, Inc.

Hansen, M. H., Hurwitz, W. N. & Madow, W. G. (1953). *Sample survey methods and theory*. New York: John Wiley & Sons.

Imber, J. B. (Ed.). (2001). Symposium: Population politics. *Society*, *39*, 3-53.

Kish, L. (1987). *Statistical design for research*. New York: John Wiley & Sons.

Sudman, S. (1976). *Applied sampling*. New York: Academic Press.

Zeisel, H. & Kaye, D. H. (1997). *Prove it with figures*. New York: Springer.

抽样偏倚(Sampling Bias)

参见抽样误差【Sampling Error】。

抽样分布(Sampling Distribution)

一个特定统计量的抽样分布是以一定抽样设计条件下的所有可能的样本为基础的该统计量的可能值的频次分布【Frequency Distribution】。这个分布很重要,因为若给定仅实施一次抽样调查,抽样分布即等同于一个概率分布【Probability Distribution】。因此,唯一实现的调查统计量就是得自于抽样分布的一个随机观测值。抽样分布的知识容许研究者去计算该统计量的值落在某一特定范围内的概率。

一个抽样分布的两个重要特征是它的位置和它的分散度【Dispersion】。如果分布【Distribution】的均值落在总体参数【Parameter】(样本统计量即是它的一个估计值)的真实值上,那么即说样本统计量是总体参数的一个无偏【Unbiased】估计量。

换言之,"平均"的样本估计值正好等于总体的参数值,但它不必是每一次抽样的结果。分布的分散度越大,某个实现的统计量(即便它是一个无偏估计量)就越可能偏离总体参数到某个给定的量级。测量分散度的一种常见方式是计算分布的方差。样本设计者要努力极小化估计量的方差,因为这样就能极小化选中不适当样本——该样本会产生一个同总体参数有相当差异的估计值——的概率。总之,估计量的抽样分布在理想上应当是无偏的,还要有很小的方差。

抽样分布只有在使用了随机抽样【Random Sampling】的设计中才可以估出。如果是非概率设计,概率分布的概念就不适用。如果是随机抽样设计,(根据随机化推论)估计量就被视为是无偏的,所以就只需考量抽样分布的方差。

实践中,就众多调查统计量而言,假设样本量不是太小,抽样分布最终会趋近于正态分布【Normal Distribution】。结果是,可以利用正态分布的已知属性来构建估计值的大致的置信区间【Confidence Interval】。例如,95%的可能的估计值会落在分布均值的正负 1.96 个标准差的范围内(图 1)。

因此,只需估计抽样分布的标准差【Standard Deviation】——更常见的说法是估计值的标准误【Standard Error】。然而,正态近似不一定普遍适用。特别是特定类型的估计值可能倾向于产生非对称的抽样分布。这种情况下,就必须使用其他方法来估计置信区间,如再抽样方法。

还需要认识到的一个要点是,在某个单独的抽样设计中,不同的样本统计量有不同的抽样分布。因此,即便在开展调查前就可能估出均值和方差的抽样分布,也不太可能选择一个对所有统计量都最理想的设计。抽样设计通常是一种妥协,其判断标准在于被选中的抽样设计所生产的抽样分布对所需估计的大多数估计值是否可能足够好。

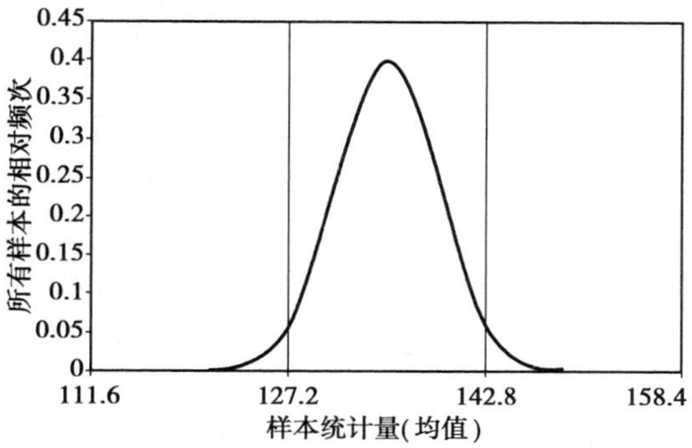

图 1 抽样分布

注:抽样分布的均值(期望值)是 135.0。两条垂直线分别表示均值的正负 1.96 个标准差(标准差为 3.98)。在可能获得的所有估计值中,2.5% 的值小于 127.2,2.5% 的值大于 142.8,剩下的 95%位于这两个值之间。

——Peter Lynn

(王玥译　赵锋校)

参考文献

Mohr, L. B. (1990). *Understanding significance testing*. Newbury Park, CA: Sage.

Moser, C. A., & Kalton, G. (1971). *Survey methods in social investigation* (2nd ed.). Aldershot, UK: Gower.

Stuart, A. (1984). *The ideas of sampling*. London: Griffin.

抽样误差(Sampling Error)

任何将抽样调查【Survey】作为研究某个较大兴趣总体【Population】的手段的尝试都会冒着选取的样本同总体特征不完全一致的风险。结果是,以样本为基础的估计值与它们所估计的总体参数【Parameter】所取得的数值并不一定相同。术语抽样误差即指这种样本估计值不同于真实的总体值的一般趋势。抽样设计的主要目标在于使得出现样本特征值非常不同于总体特征值的风险降到最小。

在使用随机抽样方法(参见随机抽样【Random Sampling】)进行定量样本调查的背景下,抽样误差还有更专门的意义。它是指根据某个特别设定的样本设计、某个特定的样本统计量同相应的总体参数间的期望的离差(expected deviation)。这一期望的离差由两部分组成:一部分可归之于随机的抽样误差(变异度,或方差【Variance】);还有一部分可归之于系统的抽样误差(偏倚【Bias】)。因此,对于无偏的样本设计(或严格地说,以样本为基础的无偏估计量)来说,抽样误差即等同于抽样方差。通常,把调查估计值(survey estimates)的标准误【Standard Error】(抽样方差的平方根)作为抽样误差的估计值的估计和表示。标准误可以用于构建置信区间【Confidence Interval】。更一般的情况下,均方误差【Mean Squared Error, MSE】被用来作为抽样误差的一个量度。均方误差定义为:

$$\begin{aligned} \mathrm{MSE}(y) &= E[y - E(y)]^2 + [E(y) - Y]^2 \\ &= \mathrm{Var}(y) + \mathrm{Bias}^2(y) \end{aligned} \quad (1)$$

其中,样本统计数 y 被用于估计总体参数

Y。MSE 是方差和估计值的偏倚平方的合计。

当然，这个量仅适用于某种特定样本设计下某个特定的估计值。实践中，就大多数抽样估计值而言，由于偏倚的大小是未知的（如果它是已知的，就可以从抽样估计值中去除它，而无须使用一个偏倚的估计量），这个量也就是未知的。很大程度上由于这个原因，对抽样误差的估计通常就限于对某个估计值的方差的估计。同样，在许多情况下，可以合理地假定抽样偏倚为零，或可以将其忽略。假如关于调查数据的重要的设计特征，如整群、分层及设计权重等，不仅被指明，且已被适当地纳入计算的考量中，估计值的方差可以很容易地从调查数据中估得。对多数常用的样本设计而言，方差的形式是已知的，因此，可以用标准化的估计方法。对于那些特别复杂的设计，或缺乏清楚说明的设计，就有必要使用某种再抽样【Replication】方法，对样本统计量的方差予以经验估计。这类方法，如刀切法【Jackknife Method】、自助抽样推论法【Bootstrapping】以及平衡的多次再抽样，正越来越多地出现在统计软件包中。

抽样误差只是总调查误差的一个组成部分。一个统计量的总调查误差是该统计量与相应的总体参数间的期望的偏差。它不仅混有抽样带来的误差，还包括可归之于无覆盖、无回答【Nonresponse】带来的误差以及测量（访谈员误差、回答人误差、测量工具误差、操作误差）的误差。在许多情况下，尽管抽样偏倚可能是可以忽略不计的，但是其他来源的偏倚可能有很大影响。由此，将标准误作为抽样估计值的精度的指针可能是有误导性的。

——Peter Lynn

（王玥译　赵锋校）

参考文献

Scheaffer, R. L., Mendenhall, W., & Ott, L. (1990). *Elementary survey sampling*. Boston: PWS-Kent.

Stuart, A. (1984). *The ideas of sampling*. London: Griffin.

抽样分数（Sampling Fraction）

抽样分数是指被选出的构成调查样本的单位占抽样框【Sampling Frame】的分数或比例。如果抽样框中有 N 个单位，n 个在样本中，那么抽样分数就是 n/N。

抽样分数有时会与“选中概率（selection probability）”混淆。抽样分数为 n/N 并不一定意味着每个单位的选中概率是 n/N。可能 N 中不同单位有不同的选中概率。抽样分数仅指最终组成样本的全体单位所占的整体分数，并不涉及它们被选取的方式。

一些调查对总体【Population】的不同部分（层）使用不同的抽样分数。这就是“不定比分层抽样（disproportionate stratified sampling）”。它常被用于增加某些群体的样本【Sample】量，而这些群体是总体中的少数，且具有特别的分析价值。给予具有较大总体方差的层以更大的抽样分数还能增加估计值的精度（参见分层样本【Stratified Sample】）。

在系统抽样的情况下，抽样分数既反映出抽样过程的结果，也反映出过程本身，同时，它也等同于选中概率。抽样分数 $1/A$ 意味着抽样清单上的每一个第 A 个单位是被（或将被）选中的。A 为抽样分数的倒数，被称作抽样间距(参见系统抽样【Systematic Sampling】)。

除非它非常大(例如,超过 0.05),抽样分数对于抽样估计值的精度的作用是可以忽略的。令人惊讶的结果是:例如,无论是对一个有 10 亿人口的总体,还是对 100 万人口的总体的特征做估计,1 000 个样本有同样好的效果。

——Peter Lynn

(王玥译 赵锋校)

参考文献

Barnett, V. (1974). *Elements of sampling theory*. Sevenoaks, UK: Hodder & Stoughton.

Cochran, W. G. (1973). *Sampling techniques* (3rd ed.). New York: Wiley.

Moser, C. A., & Kalton, G. (1971). *Survey methods in social investigation* (2nd ed.). Aldershot, UK: Gower.

抽样框(Sampling Frame)

抽样框是一个用以确定研究者的目标总体【Population】的清单或其他的类似设计。抽样框确定了一个被抽取单元的集合,从中研究者可以选出目标总体的样本【Sample】。在社会科学研究中,因为一名研究者很少会直接接触到全部的兴趣总体,所以他必须依赖于一个抽样框来代表兴趣总体的全部单元。

一般而言,抽样框可分为两种:清单式的和非清单式的。清单式抽样框的例子包括一个城镇的注册选民的清单、列于某一地方电话号码簿上的居民,或注册一门课程的学生的花名册。非清单式抽样框的例子包括用于随机数字拨号【Random Digit Dialing, RDD】的一组电话号码,以及用于地区概率抽样【Probability Sampling】的某个确定范围内的所有住宅单元。随机数字拨号的抽样框是专门为电话调查【Telephone Survey】研究——访谈员会致电给电话号码被选中的家庭,并进行访谈——而设计的。地区概率抽样框主要用于访谈员在场的抽样调查【Survey】,即访谈员登门拜访每个被抽中的住宅单元,进而完成访谈。大部分清单式样本可以用于任意一种数据收集模式,包括访谈员在场调查、电话调查和邮寄调查。

一个好的抽样框最重要的两个目标是全面(comprehensiveness)和准确。全面是指抽样框覆盖整个目标总体的程度。例如,地方电话号码簿上的居民清单一般不是一个能代表这一地区全体居民的适当的抽样框。电话号码簿并没有包括那些电话号码未被列入的居民,或那些近期才开始使用电话服务的居民。相反,RDD 抽样框可以提供一组当下的、同某一给定电话交换机相连的、所有列入或非列入的电话号码。尽管 RDD 抽样框在这一点上要优于电话号码簿,但是这两个抽样框都不包括那些没有使用电话服务的居民。

准确是指抽样框包括其所覆盖目标总体单元的正确信息的程度。由于数据记录的错误、过期信息以及其他问题,电话号码簿、城镇清单和其他种类的清单经常包括那些不准确的信息。即便某个抽样框可能是全面的,这类清单所提供的信息的准确度也会影响该抽样框的质量。

缺少十分全面和准确的抽样框可能是任何一个研究项目中偏倚的一个主要来源。当抽样框排除了那些属于目标总体的单元或包括了那些不属于目标总体的单元时,偏倚就会产生。当不正确地被排除或被包括的单元同目标总体的区别达到一定程度时，这种差别就会产生偏倚。如果研究者可以识别那些被错误地包括在抽样框中的单元，那么研究者就可以简单地将它们从抽样过程剔除。然而，关于那些被排除于样本框单元的目标总体成员，研究者通常仅有很少的信息。那些不能被识别且再次被覆盖的丢失的样本框单元就并没有被选入样本的机会。这样的一个后果是，从带有丢失单元的抽样框中抽取的样本通常不能充分代表目标总体。

——Douglas B. Currivan

（王玥译　赵锋校）

参考文献

Fowler, F. J., Jr. (2002). *Survey research methods* (3rd ed.). Thousand Oaks, CA: Sage.

Kalton, G. (1983). *Introduction to survey sampling*. Beverly Hills, CA: Sage.

定性研究的抽样（Sampling in Qualitative Research）

抽样【Sampling】是根据参与者的特征，以满足研究的理论需要的方式，有意选择最适合的参与者到研究中。在定性研究中，注意样本的选取不仅对研究的严谨度有重要意义，还须在研究的全程一以贯之。

样本的类型

样本可以根据从总体中选取参与者的方式予以分类。在定性调查中，选取的过程是有意的（deliberate），而不是随机的。

方便样本

方便样本是通过纳入那些易于接触且符合研究标准的参与者而选取的样本。在调查开始时，当调查者不知道样本选择的适当的特征标准时，可使用方便样本【Convenience Sample】，或者当能接触到的参与者数量很少时，也可以使用它。例如，想要系统地研究一下曾做过心脏手术的儿童的经历，或是依赖呼吸器的中小学生，在既定地理区域这一病患总体数目很低。如果所有可接触的参与者都已被纳入研究（例如，在一间特定教室中的所有儿童），这就是完全样本。

选取某人作为参与者，将其纳入一个定性访谈时，最低限度要求参与者必须愿意且能够对经验进行反思，明白地表达他们的经验，还要有充分的时间，在访谈时不被打扰。若是完全样本，可能出现的问题是：如果一名参与者受到邀请，或志愿参与访谈时，研究者不知道参与者是否符合“好的”参与者的最低标准。如果将所有的访谈参与者都纳入初始样本，我们就没使用任何筛选程序。另一方面，如果研究者开始进行访谈，却发现一个参与者不是一个好的知情人，即没有预期的经验，对正在寻求的信息也一无所知，我们就不得不进行二次选取（Morse, 1989）。在这种情况下，研究者要礼貌地完成访谈。事后，将录音带做好标记放在一旁。研究者不必浪费时间和研究经费转录【Transcription】这些录音带。既不要将访谈资料并入数据集，也无须删除录音。如果录音带还有意义，以后可能用得上，就将它保存下来。

理论样本

这是根据研究的理论需要选取参与者。如果研究者已经确认一个需要比较的研究问题，并知道所需展开比较的维度，就可以在资料收集的开始阶段使用理论抽样

【Theoretical Sampling】。举个例子，研究者可能用一个两组设计来比较参与者，比如，比较连续领取失业救济的单亲母亲和那些阶段性工作偶尔申请救济的单亲母亲。理论抽样可用于两组资料的比较及两组人之间差异的辨识。

在分析过程中，类别和主题逐渐形成，而某些分析领域可能比其他充实得慢些，或显得较为单薄。一份理论样本是有意寻求的参与者，即那些具有特定知识或特征，而他们的知识和特征将有助于完善带有不充分资料的类别，也就是所谓的分析的稀薄领域，为其补充资料。另一种情况是调查者想要检验某一推测或假设【Hypothesis】，就可以寻找和访谈那些特征可以与其他参与者比较或对照的参与者。一个例子可能是，单亲失业母亲的先前研究发现，那些反复工作的母亲比那些一直失业的母亲有更强的适应力。因为这个样本的参与者太少不足以证明突现的研究发现，所以研究者必须有意地寻找符合标准的参与者，以充实这些类别。这一类型的理论抽样，即根据个人特征而有意地寻找参与者，有时也被称为目的抽样【Purposive Sampling】。

负面个案

负面个案的抽样是有意寻找那些对正在发展的理论框架而言属于例外的参与者。如果我们继续以失业单亲母亲为例子，一个可能出现的负面个案是，一个母亲，阶段性地返回岗位，但是没有表现出适应力的明显特征。为了正在发展的理论的完整和有效，必须有目的地选取负面个案，直到否定类别变得充实，而且这些例外的逻辑解释也被纳入理论。

定性抽样的进程

如前所述，在定性研究中，抽样持续于整个研究过程，从而在资料收集和分析之间形成了一条反应链。起初，调查者可能实行开放抽样（open sampling）——在有限的主题内，有意寻找尽可能大的变异度。这种变异度使得问题或现象的范围被勾勒出。以后，随着抽样的进行、理解的获得，以及类别的浮现，抽样策略可能改作理论抽样，以期证实突现的理论陈述。于是，抽样一直持续直至理论变得深厚、稠密、饱和。

至此，我们都是把抽样当作选取研究参与者的过程。在定性研究中，抽样也出现在分析过程中对特定资料的选取和注意上。在定性分析中，无须同样地对待所有的资料——研究者需留意某些资料，因为这些资料可能更加丰富，或可以提供更多有助于发展理论洞见的解释。其他资料可能被用于支持或反驳这些正在发展的概念，也有些其他资料可能不包含任何相关的信息，因此在分析的某一特定阶段上可以不必留意，甚至将其忽略。在写作阶段，研究者则有意选择最佳引语作为例子，以此说明正在论证的观点。

为什么随机样本不适合

随机性意味着一个确定群体中的所有人都是研究的潜在参与者。然而，定性研究者知道并非所有的参与者都是好的参与者。我们知道有些参与者可能同他人相比不甚愿意参与研究（他们可能没有时间，可能不愿意考虑相关主题，可能生病了，诸如此类），还有些人同他人比，可能表述更清楚，更善于反思。最重要的是，不是所有的参与者都有同样的生活经历能引起访谈者的兴趣。因为定性资料的获得代价高昂（访谈非常费时），还必须转录；文本分析起来既不方便也耗费时间，所以定性研究者不可能冒险去收集同主题关联不密切或脱离主题的资料。

另外，随机化过程也不能给予研究者机会，以控制他们欲收集的有用资料的总量。因为关于某一主题的知识在人群中不是随机分布的,所以根据机会来收集资料可能导致在通常已知的主题上收集了过多的资料,而在少有涉及的主题上资料则不够充分。于是,在某些领域拥有的资料过多,另一些领域则不足。因此,人们常发现,大量资料在这些主题上频繁地出现,可能压制和弱化了某些稀见但同样重要的特征,从而在实际上使分析出现偏倚和失去效度。

样本的评估

定性研究的新手会有如下问题:需要多少参与者?需要多少观察个案?需要多少组资料?资料的数量依赖许多的因素,包括资料的质量、现象的性质及研究的范围。认真考虑以下原则:

1.研究的范围越广,所需资料的数量越大。

调查新手的一个常见困境是,研究开始前,没有界定问题,以致他或她试图研究所有的事情。当然,这就意味着需要更多的参与者和更多的资料才能达到饱和。另一方面,草率地规定主题可能导致排除了问题的重要方面或简单化了问题,同样是无效的。

2.访谈的质量越高,需要的访谈就越少。

理想情况下,应当就一个合适的样本实施访谈。如果样本是仔细选取的,同时,如果所获信息是极少与主旨无关的,又能启发洞见,且富于细节,那么这名调查者就可以相较于另一种情况更快地结束抽样——另一种情况是,他或她得到的访谈意思含混、不切主题、答案模棱两可或矛盾。

3.在每名参与者提供的资料数量同参与者的数量间存在着反向关系。

相对于使用半结构化访谈【Semistructured Interview】,即只去问参与者一定数量的主干问题,深度访谈法之类的方法,如对同一访谈参与者进行 3 次、每次 1 小时以上的互动访谈,用很少的参与者,就可以很快实现饱和。

如何分辨抽样已经足够了?

一句箴言说,当定性研究者感觉厌倦时,他或她就会停止抽样(Morse & Richards, 2002)。或者,若没有新的资料出现,或研究者已经"听过这一切"了,饱和就实现了。如果样本充分且适当,研究的主题又有限,饱和就会更快地出现。

充分

充分指足够多的资料。在资料集中,资料必须重复出现。此即,只在某人那里听过一次的东西是不能令人满意的,这些想法应当得到他人的印证,或通过其他途径(档案资料、观察资料等)予以印证。这些印证可能形式相同或形式不同,比如,不同的故事,它们例示了研究者想要制造出的相似点。充分的资料对于概念和理论的构建是必需的。实际上,用单薄的、不充分的资料去发展类别比用充分的资料更加困难,因为,在没有重复【Replication】的情况下,看出模式是困难的,同时,如果资料存在缺口,也难以看出其中的主旨。

适当

适当指有意选取最佳参与者参与研究。在定性研究中,适当的抽样(使用上文的目的抽样和理论抽样)持续于整个研究过程。

——Janice M. Morse

(王玥译　赵锋校)

参考文献

Morse, J. M. (1989). Strategies for sampling. In J. Morse (Ed.), *Qualitative nursing research: A contemporary dialogue* (pp. 117-131). Rockville, MD: Aspen.

Morse, J. M., & Richards, L. (2002). *Read me first*

for a qualitative guide to qualitative methods. Thousand Oaks, CA: Sage.

抽样变异(Sampling Variability)

参见抽样误差【Sampling Error】。

放回(无放回)抽样(Sampling With [or Without] Replacement)

简单随机样本【Simple Random Sampling】按照惯例是指无放回抽取的样本。无放回抽样【Sampling】意指,从总体选择一个单位放进样本时,这个单位不会再放回样本池。在无放回抽样过程中,总体的每个单位被选作样本的机会有且仅有一次。例如,如果我们要从 999 个球中抽取 10 个球做样本,我们可以把所有的球放入一个箱子,同时在每个球上都标上 1 ~ 999 中的一个唯一的数码。然后,摇晃箱子,以公平的程序抽取第一个球。如果我们要抽一个 10 个球的样本,第一个球的数码——此例中,即 071——被记下来,然后把这个球放在一边。使用同样的程序抽取其他 9 个球,而且每次都把选中的球放在一边。因为被选作样本的球都放在一边,这就是一个无放回抽样。传统上,多数以社会科学研究为目的的样本都假定是无放回抽样。

尽管这一程序看起来符合常识,但是其作用在于勿使所研究总体中的某个成员在一个单独的样本中出现不止一次,然而另一种替代的程序,放回抽样则具有一些非常好的性质,而且对统计理论来说,实际上非常重要。像先前的例子一样,同样使用摇晃球的箱子放回抽样,首先选出一个球——这次,比如说,第一个是 802——记下这个号码,再将球放回箱子。如此一来,802 就有再次被选取的资格。从统计理论的观点出发,这种程序的一个好处在于,为选取每一个样本成员的每次抽取相对于所有其他总体单位的选取都是完全独立的。在每次抽取中,总体的每个成员都可能被选中,因此,对每次抽取而言,选中的概率【Probability】相同。

在无放回抽样中,第一次抽取后的每一次抽取都依赖于先前的抽取。在选取无放回概率样本时,尽管未来选取对先前抽取的依赖度相对较小,有些问题仍应予以考虑。例如,在随机的实验【Experiment】中选取一个控制组【Control Group】时,这样做就会产生独立性的问题。如果先选取处理【Treatment】组,那么,从技术角度来讲,控制组样本的选取就依赖于处理组的选取。如果随机化程序并不是完全没有偏倚的,好像 1969 年美国军队乐透开奖出现的状况一样(McKean, 1987, p. 75),这就可能产生偏倚。在大多数情况下,通过检验处理组和控制组在某些特征上的差异——根据一定的理论,这些特征与结果变量有关联——可以核查此类偏倚是否出现。这些差异可以说明,偏倚有可能影响实验结果,但是不能确定地被否证。

另一个具有实践含义的考量是计算无放回样本的标准误【Standard Error】。从技术上讲,当抽取一个无放回样本时,为计算样本的标准误,需要一个有限总体限制(finite population control, FPC)。简单随机样本的标准误公式如下:

$$s_{(e)}=(1-f)^{\frac{1}{2}}s/n^{\frac{1}{2}}$$

其中：

$s_{(e)}$——估计量 e 的标准误；

$1-f$——有限总体纠正因子；

f——抽样分数，或 n/N；

s——标准离差的估计值；

n——样本量。

有限总体限制的影响依赖于总体的规模和样本相对于总体的规模。一般而言，当样本占总体比例少于 5%时，FPC 没有实际重要性(Henry, 1990; Kish, 1965)。例如，假如从一个学区中的 1 万名学生总体中抽取 1 200 个样本，FPC 会减少抽样误差到大约0.94，这是一个相当大的量。然而，假如同样数量的样本是从某个州的 140 万名学生中抽取，FPC 会减少抽样误差到0.999 6，而这是一个极小的量，实际上，可以认为 FPC = 1。社会科学研究的多数情形中，FPC 是可以忽略的，但是，从某个小总体抽取一个样本时，它可以显著地减少无放回样本的抽样误差。

——Gary T. Henry

（王玥译　赵锋校）

参考文献

Henry, G. T. (1990). *Practical sampling*. Newbury Park, CA: Sage.

Kish, L. (1965). *Survey sampling*. New York: Wiley.

McKean, K. (1987, January). The orderly pursuit of pure disorder. *Discover*, pp. 72-81.

SAS

SAS(统计分析系统)是一个广泛用于各种学科(包括社会科学)的通用软件包。更多信息可参见软件相关的网站。

——Tim Futing Liao

（马妍译　赵锋校）

饱和模型(Saturated Model)

饱和模型与数据值有同样多的参数。饱和模型的预测值或拟合值等于数据值；此即，饱和模型可以完全再制数据。单个观测值或单个数据点可被视为一条信息。因此，在一个有 n 个数据点的样本中，存在着 n 条信息。根据 n 个数据点算出的每一个统计量或每一参数都会用去一条信息。当一个模型的参数数量与数据中的信息条数相等时，该模型即是饱和的，而且可以说这个模型有 0 个自由度【Degrees of Freedom】。

举个例子，设想一下我们从某个总体中得到了一个含有 3 个观测值的样本：$x_1=3$，$x_2=5$，$x_3=10$，然后，想用模型 $x_i=\mu+\hat{\beta}_i$ 拟合数据，其中，μ 和 $\hat{\beta}_i$ 是模型的参数。β_i 对每个观测值可能有不同的取值(如 $i=1, 2, 3$)，而 μ 的一个合理估计是样本的均值，亦即，$\bar{x}=(3+5+10)/3=6$，这里用掉了一条信息，还留下了两条信息来估计 $\hat{\beta}_i$。利用剩余的两条信息，我们可以通过取一个数据值与样本均值的差来估计两个 $\hat{\beta}_i$。比如，$\hat{\beta}_1=x_1-\bar{x}=3-6=-3$ 和 $\hat{\beta}_2=x_2-\bar{x}=5-6=-1$。现在我们有 3 个估计参数：$\bar{x}$，$\hat{\beta}_1$ 和 $\hat{\beta}_2$，它们消耗了数据的所有信息。最后一个参数 $\hat{\beta}_3$ 的值运用 $\hat{\beta}_1$ 和 $\hat{\beta}_2$ 来计算，根据数据值和它们均值的差的和为 0 来计算。此即

$$\sum_{i=1}^{3}(x_i-\bar{x})=(x_1-\bar{x})+(x_2-\bar{x})+(x_3-\bar{x})$$
$$=\hat{\beta}_1+\hat{\beta}_2+\hat{\beta}_3=0$$

解这个等式得到 $\hat{\beta}_3$，$\hat{\beta}_3=-(\hat{\beta}_1+\hat{\beta}_2)=-(-3-1)=4$。利用模型估得的参数，可以得到同数据值完全相等的预测值，如下：

$$\hat{x}_1=6-3=3$$
$$\hat{x}_2=6-1=5$$
$$\hat{x}_3=6+4=10$$

模型可用以拟合数据，从而给出数据的综括统计或数据描述，也可以生成一个能预测未来值的方程，还可以用来检验关于总体（数据即从中抽取）的假设。一般而言，人们偏爱更加简单的模型，因为它们平滑掉了数据中存在的非系统的变化，而这些非系统的变化则源于数据仅是一个总体的一个样本。虽然饱和模型极其精确，但是它们无法区分数据中的非系统的变化和系统的变化。

对非饱和模型的整体拟合优度【Goodness-of-Fit】的统计检验，饱和模型发挥着重要作用。所有的非饱和模型都是饱和模型的特例。考虑检验模型对数据的拟合优度的两个常用统计量：皮尔逊卡方统计量【Pearson's Chi-Square Statistic】

$$\chi^2=\sum_{i=1}^{N}\frac{(x_i-\hat{x}_i)^2}{\hat{x}_i}$$

和似然比统计量（likelihood ratio statistic）

$$L^2=\sum_{i=1}^{N}x_i\log\left(\frac{x_i}{\hat{x}_i}\right)$$

其中，x_i 等于个案 i 的一个观测值；$\hat{x}_i$ 等于从一个非饱和模型计算的预测值或者模型的测量值，而 N 等于观测值总量。在两个例子中，非饱和模型的预测值都被用来同数据值比较，而后者是饱和模型的预测值。

——Carolyn J. Anderson

（马妍译　赵锋校）

参考文献

Agresti, A. (1996). *An introduction to categorical data analysis.* New York: Wiley.

Agresti, A. (2002). *Categorical data analysis* (2nd ed.). New York: Wiley.

Powers, D. A., & Xie, Y. (2000). *Statistical methods for categorical data.* San Diego, CA: Academic Press.

量表（Scale）

一份量表是对某些潜在概念【Concept】的一个复合量尺。社会科学中的许多现象涉及无法用一个单一变量【Variable】直接测量的理论构念【Construct】。为了理解这些现象的原因、效应和含义，研究者必须发展出这些构念的一组有效且可信的经验指标。这一经验指标称作量表。在这个意义上，量表由一组能经验地捕捉到理论构念的本质意义的可测题项构成。

好的量表是数据简化的工具，即简化了数据中的信息，并用一个复合的量衡量一个构念的方向和强度。量表通常以定序

【Ordinal】测量层次来构建，当然也有部分量表可能是定距【Interval】层次的。因为量表由某个特定现象的多个指标构成，所以它们会同时增加信度和效度，而这是将单个变量用于分析所难以达到的。

有几种可能的模型可用于将诸题项合并到一张量表中。这些模型包括瑟斯通【Thurstone】量表、李克特【Likert】量表和哥特曼【Guttman】量表。方法的选择取决于量表想要达到的目的。

度量【Scaling】有 3 项相关但又有所区别的目的。首先，度量的意图可能在于检验某个特定假设【Hypothesis】（如假设一个单一的维度，政党身份认同会影响选举人对总统候选人的选择）。在这种情况下，度量模型被用作一个标准，以评估一个给定的观测数据集对于一个特定的模型的相对拟合。

度量的另一个目的是描述一个数据的结构。如果一个政治学家试图发现美国选举制度的潜在维度（如社会的、经济的、文化的等），这就是一个解释性研究而非假设检验法。

度量的第三种目的是构建一个量尺，从而使得个体能够被置于这把量尺之上，并能将他们在该量表上的得分与其他感兴趣的测量联系在一起。

度量模型可能用来测量人群、刺激或者同时测量两者。李克特量表是一种只测量受试者的度量模型。广义地说，任何通过累加诸题项的回答得分的量表均被称为李克特量表或者“累加”量表，或者一个线性复合量。数学课的一次测验就是一个线性复合量的示例。量表（测验）得分是通过累加对个别题项（问题）正确回答的数量得到的。与任何单一题目（问题）相比，量表（测试）中的复合得分是一个更好的学生对知识掌握程度的指标。

当各种刺激中没有明显的逻辑结构时，瑟斯通度量的兴趣在于衡量和比较诸刺激。瑟斯通量表模型试图识别诸刺激间的一个经验结构。为了达到该目的，瑟斯通量表运用人们的判断。受试者个体会被给予一组陈述，可能多达 100 个。这些“法官”根据一个潜在的维度对陈述进行排序。那些在“法官”中得到最大多数一致同意的陈述被选中作为量表的题项。这些保留下的题项（如 20 个）应当涵盖整个潜在的连续统。接着，这些题项会呈给受试者，并请受试者找出那些他们接受或同意的陈述。这些被选中的题项的平均量表分值代表了个人对问题中对象的态度。

最后要讨论的量表类型是哥特曼量表（或者称为由易到难分析或渐增度量）。它是根据某些潜在的渐增维度同时对题项和受试者进行排序的一种程序。其发展目的在于就一组题项的单维性给出一个经验检验。这一方法的潜在逻辑是渐增的逻辑，此即，知道了一位受试者在量表上的得分，就知道了受试者对每个题项的回答。如果受试者的得分是 3，那么研究者不仅知道受试者正确地回答了 3 道题，还知道这 3 道题是第一题、第二题和第三题。多数哥特曼量表分析在于考虑是什么导致了从完美量尺的偏离。

这里仅是对量表的粗略讨论，包括它们是什么以及用它们来达到什么目的。量表在社会研究中有广泛应用，同时对它们的构建和解释也有许多研究。

——Edward G. Carmines

James Woods

（马妍译　赵锋校）

参考文献

Carmines, E. G., & McIver, J. P. (1981). *Unidimensional scaling* (Sage University Paper Series on Quantitative Applications in the Social Sciences, 07-024). Beverly Hills, CA: Sage.

Guttman, L. L. (1944). A basis for scaling qualitative data. *American Sociological Review*, *9*, 139-150.

Likert, R. (1932). A technique for the measurement of attitudes. *Archives of Psychology*, *140*, 44-53.

Nunnally, J. C. (1978). *Psychometric theory*. New York: McGraw-Hill.

Thurstone, L. L. (1927). A law of comparative judgment. *Psychological Review*, *34*, 273-286.

Thurstone, L. L. (1929). Fechner's law and the method of equalappearing intervals. *Journal of Experimental Psychology*, *12*, 214-224.

Thurstone, L. L., & Chave, E. J. (1929). *The measurement of attitudes*. Chicago: University of Chicago Press.

度量(Scaling)

度量方法由给物的属性或特征赋以数值的过程组成。就这一点而言,"度量"似乎非常相似于"测量"(测量通常也界定为"给物赋以数值")。两者之间的差异是微妙的,但仍是重要的:测量常可简化为某类物理计数操作。例如,将一定数量统一长度的杆子(即有间隔一致的刻度的一根木棒)置于一个物体边,跨过物的一端到另一端的整个距离,从而根据杆的数量确定该物的宽度。同样,可以将一个物体放在天平的一侧,并根据平衡天平另一侧所需统一的砝码的数量,确定该物的质量。

一般目的

与此相反,度量用于量化那些无法直接计数的现象。例如,度量技术被用于测量调查回答人的态度、犯罪的严重性、职业声望以及立法者的意识形态。在上述每一种情况下,我们相信问题中的现象(如态度、严重性、声望、意识形态)确实存在。但是,这些东西中没有一个可以像估算一把尺子或一架天平上的刻度那样"被数出"。度量方法的存在就是为了这类现象。

没有一种单一的技术被称为"度量"。不过存在着各种各样的度量模型。这些模型的共同特征是,它们都试图通过把输入数据矩阵(the input data matrix)中的元素(即矩阵中的观测、刺激、变量等)描绘成一个几何空间(geometric space)中的对象(一般是点或向量),来复现真实世界的观测中存在的系统结构(systematic structure)。因此,一个量尺就是数据的一个抽象模型,而数据自身则通过经验观测收集而来。这一路径,即研究者从观测到数据,再到几何模型的逐步进展要依赖于具体的度量策略。

概言之,实施一个度量分析类似于做一个拼图游戏。像拼图中的小块,单个的数据点仅提供了零碎和有限的信息。当我们把一个个图块拼到一起时,结果是一幅观测者可以领悟和理解的图。同样,当观测值被合成某种几何结构时,作为结果的"图"会显出物在数据矩阵中的相对位置,从而有助于分析者理解数据本身的内容和含义。

数据和度量方法

针对一种特定的数据分析条件,人们应当如何选择一个具体的度量模型呢?答案取决于研究者对输入数据矩阵中包含的信息的解释,以及他或她想要构建并以此呈现这些信息的模型类型。两种最常见的数据矩阵类型是多元(multivariate)和相似(similarities)。多元数据是指一个数据矩阵其上的行和列分别代表不同的事物(通常,行代表第几个观测对象,列代表变量),而矩阵格的输入给出了两个事物交汇的一个集合的得分(如某一观测对象在某个变量上的取值)。例如,调查回答人对现任总统10个特征的逐一评定即一个多元数据的例子(数据矩阵上的行代表回答人——观测对象,列代表总统的某一特征——变量)。

就相似数据而言,矩阵的行和列代表同一事物(因此,矩阵实际上是正方形的),同时,矩阵格的输入表示行输入和列输入同彼此相似的程度。例如,一个实验受试者对10种食物的口味的相似程度的看法。但是相似数据,除了事物间实际的相似度以外,还可以呈现许多其他的东西。从度量的目的出发,诸多现象,如距离、协方差以及不同对象间享有共同特征的程度等,都可解释为相似数据。也许我们最熟悉的相似数据类型是相关【Correlation】系数矩阵(它测度诸变量间的两两"相似度")。

如果研究者拥有多元数据并且想获得关于行或列的一个单维尺度,那么李克特量表【Likert Scale】(也称为累加评级量表【Summated Rating Scale】)会比较适合。如果目的是行和列的一个单维呈现,那么哥特曼度量【Guttman Scaling】将会是一种有效的技术。如果分析者的兴趣在于在多维空间上定位行和列的输入,那么可以使用主成分分析【Principal Components Analysis】。再看相似数据,如果输入是一个相关系数矩阵【Matrix】,那么因子分析【Factor Analysis】通常是适宜的模型:相关系数被模型为向量(向量代表变量)之间角度的函数。多维度量【Multidimensional Scaling, MDS】常用于绝大多数其他类型的相似数据:在这种情况下,相似度被模型为某个几何空间上的点间距离(较小的距离对应较大的相似度)。

虽然不太常见,但除了多元和相似数据之外还有多种其他类型的数据——还有许多适于它们的其他度量方法。例如,有一个数据矩阵,它的行和列代表同一事物,而矩阵格的输入则给出在某一具体特征上,行事物超过列事物的程度(或者相反),这种数据有时被称为刺激比较(stimulus comparison)数据。这类信息可以使用几种瑟斯通度量【Thurstone Scaling】技术中的任一种来度量。一个矩阵的行和列代表不同的事物,而矩阵格的输入表示每个行元素对每个列元素的接近度,这种数据有时被称为优先选择(preferential choice)数据。这种矩阵也可用作进一步分析的数据输入。

数据精炼

基于4个互补的理由,研究者倾向于使用度量过程。第一,为了数据精炼。分析者经常面对大量的信息,而且信息经常多得不易理解。因此,度量方法可用于"萃取"信息,并以一种更有效的形式表现出它最基本的构成。这样做时,最终的量尺常会生成一个综括量,而这个量要优于组成这个量的各成分变量中的任意一个。所以会出现这个结果是因为量表中某个题项的强度可以弥补其他题项的不足。因此,测量误差的效应被极小化了。

例如,美国一项民意测验可能就回答人对现任总统的态度,问他们几个问题。然后,可以将这些问题的回答组合成一个对总统态度的单一量尺。这么做的动机在于:(1)单一变量比多个变量更容易进行分析;以及(2)相比较于任意一个单独的问题,这一量尺或许能给出回答人对总统的所有感受的一个更准确的呈现。

维数

第二,度量方法也可用于估计数据的维数。从实质的角度看,"维数"是指存在于所考察的事物之中,诸种分离且令人感兴趣的变异源的数目。从分析的角度看,维数是指为了给出一个几何元素(还是点或向量)的精确图示——用以再现所考察的事物,所需要的坐标轴的数目。此外,所有的度量方法都试图用一个几何空间再现事物。空间的维对应潜在事物之下的变异性来源。

有时,事物间的变异性来源是事先已知的。因此,研究者可以在确定事物的点的位置之前,设定空间的维数。不仅就物理测量而言,情况如此,就所有其他的情况——在预先确定的标准的基础上,将事物予以对比,相对而言,情况也同样如此。例如,一项算术测验可被视为试图沿着某个单一维度,确定一组事物(学生)的位置的一个度量分析。

在其他情况下,度量方法被用于识别所需维度的数量。在社会科学和行为科学中,这点特别重要,因为研究者通常对他们观测中潜在的变异来源事先没有认识。例如,可根据一个单一的连续量,将世界上各种政治体系划分为民主系统和威权系统吗?或者说,这样做过度简化了世界上各种社会政治结构间实际存在的一组更复杂的区别吗?

在一个度量分析中,可以通过检验一个特定的度量解的拟合优度来估计维数。实际的拟合量在各种技术之间不同。例如,对一个总加评定量表,可以用信度系数【Reliability Coefficient】估计拟合。在因子分析中,可用特征值【Eigenvalues】的数目和或共通度(communalities)作为一个总拟合(overall fit)的度量。在非标准单位的(nonmetric)多维度量中,可用应力系数(stress coefficient)估计拟合。无论具体细节如何,拟合优度通常意味着用抽象模型(由度量技术所构建的)的各组成能够预测原始数据的程度。维数通常定义为对数据仍然具有适当拟合,又有最小的维度数目的度量解。

测量

利用度量方法的第三个原因是测量。从实质的角度看,这意味着获得事物在相关变异维度上的相对位置的数值估计。根据度量模型,测量包括在由测量方法所复现的几何空间上,找到所度量的事物(仍是点或向量)的坐标。一旦实现了这一点,数值(或"量表得分")就能够作为经验变量用于后续的分析。当我们用这种方式使用度量方法时,它为本质上无法观测到的现象提供了现象的操作再现。

例如,将一组关于总统的调查问题的回答得分加总起来,可以造出一个李克特量尺,而该量尺可用于测量回答人对总统的态度。或者,一项 MDS 分析可能需要受试者评估一组职业间的相似度。在最终的 MDS 解中,点的坐标可以解释为各职业在各种认知标准(受试者用于评估职业相似度的标准)上的位置。在另一种应用中,一位研究者可能运用因子来分析州政府在一组具体公共政策中的支出。可以计算各州的因子得分,并且将其理解为各个州政府赋予各种政策领域(与不同的因子相对应)的优先性。无论情况属于哪一种,要点在于研究者假定,相较于原始变量的测量,对量表的分析能给予被考察现象更好的测量。

当度量解被用于测量的目的时,可能会面临几个问题。首先,研究者必须确认量表得分的效度【Validity】,即量表得分是他或她想要测量的属性的经验再现。这是一个棘手的问题,确切地说,因为量表经常被用来测量不可观测的现象,因此,确定两者之间的一致性可能相当困难。常用的方法是根据某些单独的、外在的标准来检验量表——这些标准或者是对同一属性的另一种测量方案,或者是其他的变量,而这些变量同量表所测量的属性有理论上可预测的关系。如果量表得分同其他变量显示出一种经验上适当的相关模式,这就是支持研究者解释的一个有力证据。如果预测的关系没有出现,那么在数据中,量表可能同其他来源的变化混在了一起,而这些变化源同分析者努力测量的属性是不同的。

同某些度量策略相关的另一个问题是,度量解与所考察的事物的一个数量巨大(通常是无限的),但其维度又不相同的数组(arrays)相一致。而一项因子分析或多维度量分析的最终结果即在于,在一个设定维数的空间中,确定向量或点(各自地)的位置。然而,用以界定空间的坐标轴的方向通常是任意的。如果严格地保持向量或点彼此之间的相对位置,那么坐标轴可以围绕点或向量的图形旋向其他任意位置。当然,改变一个轴的方向即改变了向量或点在那个轴上的坐标。如果向量/点的坐标具有实质意义的解释,上述旋转就是有问题的,因为随着坐标轴的旋转,量尺分的值也随之变化。就大多数度量方法而言,不存在解决这一问题的办法。因此,研究者必须根据同度量技术本身无关的因素(如简洁的解释、忠实于实质理论、与外部标准的一致),论证最终的度量解的合理性。

图形显示

实施度量分析的第四个原因需要考虑最终结果的呈现:因为度量方法试图在一个较低维度的空间内生成数据的几何模型,所以通常能够创建一个对最终的度量解的图形描述。例如,因子分析生成了一个包含向量的空间(希望用较少的维度),而空间中的向量则代表了所有被分析的变量上的共同变化。同样,多维度量可以产生一个点状图,而点之间的距离则对应于输入数据矩阵上各个事物间测量到的不相似度(dissimilarities)。此外,即使那些本质上是单维的方法(如李克特或哥特曼量表)也可以用图形显示。使用这类方法的原因之一是相比于对每个题项作图,量尺能提供所考查的属性更具体的解。此即,参照于相关的属性,一个量尺得分的直方图比任意单个题项的得分的直方图能提供多得多的关于事物分布的信息。

大多数度量分析产生的图形展示,对于梳理出分析的实质含义非常有用。解释属于研究者的一个创造性活动,它的实现有赖于研究者在由度量技术所造出的几何模型上,找出有意义的系统结构。一般来说,通过对统计结果的视觉检视达到这个目的很方便,因为相比较于数字化的信息,模式化的规律通常更容易在图形中被识别出来。

结论

总之,度量方法论提供了可用以模型数据矩阵中存在的系统性结构的相应策略。如果这些结构被认为可归之于数据中存在的某些潜在的或不能直接观测到的变化源,这类方法就尤其适用。后一项特征恰恰是度量在社会科学和行为科学中如此重要的原因:实质理论中的核心概念本质上是不能直接观测到的;而度量方法为概念的操作化提供了工具。然而,量尺仅能生成模型,它们本身并无所谓“对”或“错”。它们仅仅代表了分析者关于某些过程的性质的理论,而正是那些过程产生出经验观测。度量分析可能产生相关的理论洞见和有用的经验变量。但是如同其他所有理论,它们还只是对实在的性质的试验性表述,因此,如果针对同一数据,一个不同的度量模型能生成一个具有同等程度的俭省、解释力,以及分析上有效的几何表示,原模型的有效性即受到质疑。

——William G. Jacoby

(马妍译　赵锋校)

参考文献

Coombs, C. H. (1964). *A theory of data*. New York: Wiley.

Jacoby, W. G. (1991). *Data theory and dimensional analysis*. Newbury Park, CA: Sage.

Torgerson, W. S. (1958). *Theory and methods of scaling*. New York: Wiley.

Young, F. W., & Hamer, R. M (1987). *Multidimensional scaling: History, theory, and applications*. Hillsdale, NJ: Lawrence Erlbaum.

散点图(Scatterplot)

散点图是展示两个定量变量【Quantitative Variable】之间关系【Relationship】的二维坐标图,即将一个数据集中的每个观测值都表示为图上的一个点。尽管在正式的出版物中,它们的使用频率比其他统计图低,但有理由认为散点图是数据分析中最重要的图。散点图不仅可以直接画出变量的变化,还能用于检验导出的量,如一个回归模型【Regression Model】中的残差【Residual】。

散点图的先驱者至少可以追溯到17世纪,诸如费马和笛卡尔对坐标平面的发展,以及伽利略对运动的研究。散点图的第一次统计学运用可能来自19世纪的高尔顿爵士,同时,散点图与他对相关【Correlation】、回归和双变量正态分布【Normal Distribution】的前沿工作紧密联系在一起。

图1中给出了一个示例性散点图的若干样式,展示了50个发展中国家中生育率同避孕品使用间的关系。总和生育率是一位存活过其开始生育年之后的妇女在当前年龄段的生育水平上期望的活产婴儿数。根据惯例,解释变量(避孕品使用)出现在横轴,而响应变量(生育率)出现在纵轴。

①图1(a)显示了传统的散点图。

②在图1(b)中,国家的名字显示在数据点旁边。为了最小化重叠现象,名字以随机角度出现,但是许多名字仍然难以识别。如果放大图像,但不按照比例同时放大图上的文字,这个问题能得到一定的缓解。

③图1(c)展示了更现代式的散点图:取消了网格线;刻度线不再放入图中;数据被绘制为空心圆而不是实心圆,以便更容易辨别部分重合的点;坐标轴画的只是围住数据。图中的实曲线代表一个稳健的【Robust】非参数回归【Nonparametric Regression】平滑;两根虚线是根据非参数回归的正残差和负残差作出的平滑,也是在每个方向上残差的标准差【Standard Deviation】的稳健估计。生育率和避孕品使用之间的关系几乎是线性的【Linear】;残差具有接近常数的散布,并且围绕回归线呈对称分布。关于平滑散点图的更多信息可以在福克斯(Fox, 2000)的文章中找到。

④图1(d)展示了如何将一个第三个类别变量的值编码在散点图上。图中用不同的字母对地区作了编码。相似地,还可以使用不同的颜色或图示符号进行编码。

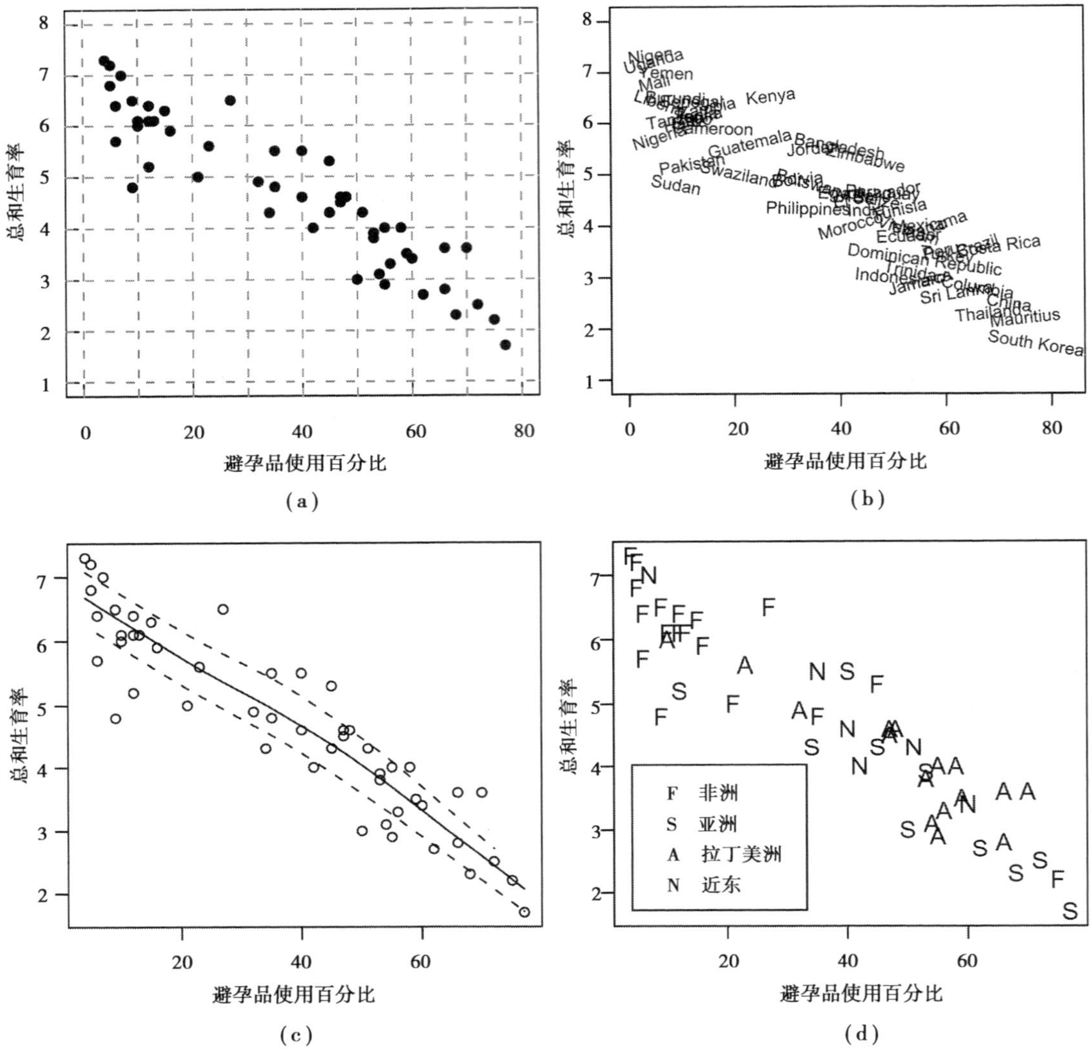

图1　4种样式的总和生育率(每个妇女的期望生育数)对育龄期已婚妇女避孕品使用百分比的散点图,50个发展中国家

除了图1中的例子,简单的二变量散点图还有许多重要的变化样式和扩展样式:三维动态散点图可以在计算机屏幕上旋转,以检验3个变量之间的关系;散点图矩阵可以显示一组变量中所有成对的边缘关系;而交互式统计图可以用来识别散点图中的点,并可以将散点图同另一个其他的散点图,以及其他的图形展示联系在一起。这些内容以及其他的方法在克利夫兰(Cleveland,1993)和雅各比(Jacoby,1997)的书中均有讨论。

——John Fox

(马妍译　赵锋校)

参考文献

Cleveland, W. S. (1993). *Visualizing data*. Summit, NJ: Hobart.

Fox, J. (2000). *Nonparametric simple regression: Smoothing scatterplots*. Thousand Oaks, CA: Sage.

Jacoby, W. G. (1997). *Statistical graphics for univariate and bivariate data*. Thousand Oaks, CA: Sage.

Robey, B., Rutstein, S. O., & Morris, L. (1992). The reproductive revolution: New survey findings (Technical Report M-11). *Population Reports*. Baltimore, MD: Johns Hopkins University Center for Communication Programs.

Scheffé 检验(Scheffé's Test)

亨利·谢菲(Scheffé,1953)发展了该检验,其目的在于确定在一个方差分析【Analysis of Variance】中(其中各个组的得分并不相关),哪些均值或均值的组合显著地不同于另一些均值或均值的组合,而其检验条件在于,已知在此方差分析中,对这些均值或均值组合的总的 F 比率【F Ratio】检验是显著的,但是在分析前,对于那些均值或均值组合间具有显著差异并无预测。这类检验通常被称为事后(post hoc)或者后验检验(posteriori test),或者是多重比较检验(multiple comparison test)。它考虑到一个事实,即做得比较越多,一个显著的差异就越可能出现。它比较适宜对规模不等的组进行比较。与其他事后检验相比,由于更不可能基于机遇获得一个显著的差异,它是一种更加保守的检验(Toothaker, 1991)。

在方差分析中,若两个以上组别的某个因子或两个及更多因子间的交互效应具有显著的 F 比值,这只能说明组间的方差显著地不同于基于机会而预期的方差,但不能说明哪些均值或均值组合之间有显著的不同。如果存在着预测特定均值或均值组合间差值的强有力的理由,那么可以用一个先验检验来确定这些差值的统计显著性,如用一个单尾的 t 检验【t-Test】。如果不存在预测特定差值的强有力的理由,通常可能作出的比较的数目就会更多。例如,可用下面的公式计算,均值两两相比的总数:$[J\times(J-1)]/2$,其中 J 是均值的数量。因此,如果有 4 个均值,可能的配对比较总数是 6,即$[4\times(4-1)]/2=6$ 次。如果发现一个显著差异的概率被设定为通常的 0.05 的水平,那么发现一对或更多的比较对在这一水平上显著的概率,可由公式 $1-(1-0.05)^J$ 算得。这个概率水平被称为总推断错误率(familywise error rate),如果进行 4 次比较,这个值大约是0.17(即 $1-(1-0.05)^4=0.17$)。然而,除了均值的配对比较,还存在着其他比较,而这些比较必然增加潜在比较的总数目。例如,可以将第一和第二组均值合并在一起,同第三组或第四组的均值,或同第三和第四组均值的组合相比较。

Scheffé 检验通过用一个因子或交互效应的 F 比值的临界值乘以减 1 的被比较群组数目,来控制包括配对比较以外的其他比较的总推断错误率。假如有 4 个组,每组有 5 个个案,在 0.05 的显著水平下 F 值的临界值是 3.24,其分子的自由度为 3,分母的自由度为 16。因此,对这 4 组均值的任意比较而言,Scheffé 检验的 F 比值的临界值为9.72[$(4-1)\times3.24=9.72$]。如果方差分析的 F 比值仍然显著,那么,在所有均值或均值组合的比较中至少有一组必然是统计显著的。

——Duncan Cramer

(马妍译　赵锋校)

参考文献

Scheffé, H. (1953). A method for judging all contrasts in the analysis of variance. *Biometrika*, *40*, 87-104.

Toothaker, L. E. (1991). *Multiple comparisons for researchers*. Newbury Park, CA: Sage.

碎石图(Scree Plot)

雷蒙德·卡特利(Cattell,1996)开发出了碎石检验,来代替如 Kaiser-Guttman 一类的检验,用以确定一个因子分析【Factor Analysis】中的因子数目,即那些能够解释在多个变量间共享的或共有的某个具有一定量级的方差的因子数目。这一检验方法的首要观点在于,一个因子解释掉的方差量似乎与后续的一系列因子解释掉的方差量非常相似,然而,这些量一般而言会逐渐变小,由此表明这些后续因子是可以忽略的。碎石是一个地质术语,用来描述出现在斜坡地基中的瓦砾和石块,这些碎石掩盖了斜坡真正的地基。在这个意义上,这一检验常用于确定哪些因子可以被视为碎石或碎片,亦即哪些因子对变量的任何潜在结构没有实质性的贡献。

在碎石检验中,由因子解释掉的方差的量被做成如图 1 一样的图。图的纵轴表示一个因子解释掉的方差量。横轴按照因子解释掉的方差量不断减少的方式,给出了该因子的序号也就是该因子出现的顺序。一个因子所解释掉的方差量常被称作特征值【Eigenvalues】或特征根(latent root)。特征值是每个变量与那个因子间的因子负荷的平方和或每个变量与那个因子间的相关系数的平方和。图 1 显示了对 13 个变量的一个主成分分析的特征值,该分析得到了 13 个因子或成分。碎石看上去出现在成分 3。换句话说,检验建议 13 个因子中有 2 个能被保留。碎石开始的点可以由一条直线确定,该线穿过或非常接近碎石所代表的各个点,如图 1 所示。位于该线之上的因子代表保留下来的因子数目。

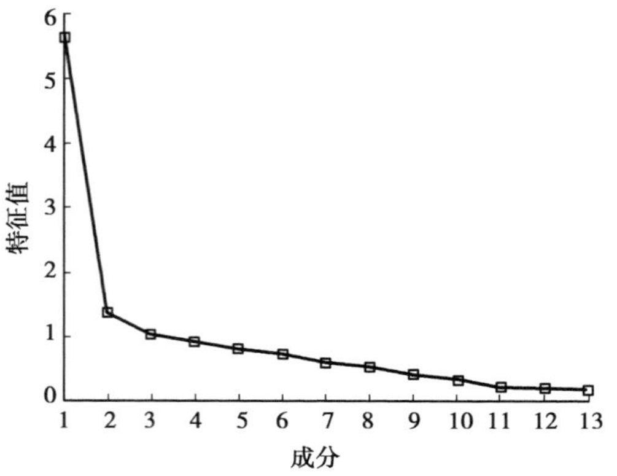

图 1 碎石图

一个因子分析或主成分分析总会产生与变量数同样多的因子数或成分数。然而,因子分析的目标在于确定诸变量是否能够组合在一起,从而构成一组数目较少的可称为因子(factors)的聚合变量或超变量。在诸因子中,第一个因子总会解释掉最大数量的方差。后续因子所解释掉的方差量会逐渐变小。这就需要建立一条标准用以确定多少后续的因子是可以忽略的,因为它们解释掉的方差太小。Kaiser-Guttman 检验判定,如果因子的特征值为 1 或小于 1,该因子应当被忽略,因为该因子至多解释了一个单一变量所能解释掉的方差量。以卡特利的经验而言,这项标准会导致变量少则因子也少,而变量多因子也多,虽然他没有具体说明这些形容词指的数字是多少。兹维克和韦利瑟(Zwick & Velicer,1986)提出当变量数目为 36~72 时,该标准会高估因子数目,其估出的因子数目会远多于碎石检验给出的因子数目。

——Duncan Cramer
(马妍译 赵锋校)

参考文献

Cattell, R. B. (1966). The scree test for the number of factors. *Multivariate Behavioral Research*, *1*, 245-276.

Zwick, W. R., & Velicer, W. F. (1986). Comparison of five rules for determining the number of components to retain. *Psychological Bulletin*, *99*, 432-442.

定性资料的二次分析(Secondary Analysis of Qualitative Data)

定性资料的二次分析,也称作定性二次分析(qualitative secondary analysis),是为了探究与原来的研究不同的研究问题,再次考查一个或多个即存的由定性方式取得的资料集。定性研究常涉及使用诸如半结构化访谈【Semistructured Interview】、参与观察【Participant Observation】及田野工作【Field】方式收集到的大量资料集,而以这些方法产生的资料集通常包含相当丰富的信息,以致很难将它们都包含在初次的报告中。而且,随着时机的成熟,新出现的问题常会将即存的资料集变成产生切合实际的知识的一个有效且适当的来源。

二次分析也提供了一种机制,透过这种机制,在相似的田野条件下工作的研究者就可以将不同来源的资料结合成更大的资料集,并以此去回答某个比较性质的问题或考查那些在小样本背景下意义模糊的主题。当得自不同人群、地理区域、时期或情境条件的资料集适于二次研究时,二次研究就能以说明原研究方法的隐含意义的方式,更准确地呈现出感兴趣的现象。例如,安戈斯特和迪特里克(Angst & Deatrick, 1996)对比了各自先前对患有囊性纤维化的儿童生活的研究和对那些将接受脊柱侧弯手术的儿童生活的研究,并通过这种比较的二次分析,引发我们注意到患慢性病的儿童的日常生活与重大的治疗决策之间的矛盾。

虽然定性研究【Qualitative Research】者过去常在一个资料集的基础上写就多个报告,但是明确地将二次分析作为一个独特的定性研究方法则是相对近期的现象(Heaton, 1998)。由于二次分析的目的在于澄清理论的、方法的参照框架——定性研究者以此进行初始研究,因此方法论的精确和透明对一个二次分析在认识论上的一致性和可靠性就至关重要(Thorne, 1994)。无论资料集的数量有多少,也无论二次研究者在构造资料集时的涉入水平有多深,一个二次分析本身包含了用以理解抽样、资料汇集程序及资料汇集与分析间交互的特有方法(Hinds et al., 1997)。

定性二次分析可能以一种富有效率和效果的方式提出那些超出任何单个研究团体解决能力的问题,考查那些在初次研究时没有考虑的现象,或者探索那些仅当处于同一研究领域的研究者互相考查其研究发现时才会显出理论潜力的研究主题。

——Sally E. Thorne

(王玥译　赵锋校)

参考文献

Angst, D. B., & Deatrick, J. A. (1996). Involvement in health care decisions: Parents and children with chronic illness. *Journal of Family Nursing*, *2*(2), 174-194.

Heaton, J. (1998). Secondary analysis of qualitative data [Online]. *Social Research Update*, *22*. Retrieved April 28, 2002, from http://www.soc.

surrey.ac.uk/sru/SRU22.html.

Hinds, P. S., Vogel, R. J., & Clarke-Steffen, L. (1997). The pos-sibilities and pitfalls of doing a secondary analysis of a qualitative data set. *Qualitative Health Research*, *7*, 408-424.

Thorne, S. (1994). Secondary analysis in qualitative research: Issues and implications. In J. Morse (Ed.), *Critical issues in qualitative research methods* (pp. 263-279). Thousand Oaks, CA: Sage.

定量数据的二次分析(Secondary Analysis of Quantitative Data)

二次分析指为了不同的目的,分析由其他研究者收集的原始数据。本词条集中讨论对来自抽样调查【Survey】和人口普查【Census】的定量数据的二次分析。有关二次分析的各种界定及其广泛的数据源,可参见海曼(Hyman,1972)、哈基姆(Hakim,1982)以及戴尔等人(Dale, Arber & Procter,1988)的讨论。

在经常受有限资金限制的研究者那里,高质量数据的二次分析可以成为一种极具经济效率的工具,即可以用很少的额外花费获得很大的收益。完全避免了去计划和实施一次抽样调查,以及清理和存档数据这类既耗时又费钱的过程。然而,由于数据是由其他研究者收集的,二次分析者就没有机会去影响调查中所提的问题或所用的编码框【Coding Frames】,因此,分析者也需要在分析的全过程中将这一重要的因素铭记在心。

历史发展

随着计算机在1950年代和1960年代的发展,定量数据的二次分析成为可能。计算机化意味着数据可以以压缩的方式储存,且方便移动,而最重要的是,可以对数据作匿名处理,从而在不泄露数据源身份的前提下由他人使用。用于统计分析的计算机软件包,如SPSS,使得更多的人能以更方便且更复杂的方式分析调查数据,而在此之前这几乎是不可能的。

作为对这些发展的回应,以机器可读的数据的积累、归类、储存和散布为目的的数据库【Data Archives】得以建立。1960年代,美国建起了一些数据库如罗珀舆情研究中心(Roper Public Opinion Research Center)、位于密歇根大学的政治和社会研究校际协会(the Inter-university Consortium for Political and Social Research, University of Michigan)。欧洲和英国也建起了各自的数据库,如位于艾塞克斯大学的英联邦数据库(UK Data Archives, University of Essex)。从这开始,使用者的数量和累积的研究数量都在稳步增长。此外,数据类型也在扩展,不仅涵盖了行政记录,还汇集了来自地区水平的普查统计数据。

应用

在英国和美国,大规模政府调查数据的可得性是另一个对二次分析的发展有相当重要性的因素。政府调查可以提供带有自身特性,而难以由其他途径获取的数据。这些调查通常具有全国的代表性;有很大的样本量;通过人际访谈来获得资料;同时,最重要的是,由那些在抽样【Sampling】、问卷设计、田野工作【Field】,以及抽样调查工作的所有其他方面都相当专业的固定职员来实现。最终结果是,这些调查可以提供涵盖更广、质量更高的数据,要超过那些大多数学者都可以申请到的基金所能提供的。在下述领域,二次分析有其特殊价值。

针对广泛主题的全国层面的概推

二次分析能够提供一个基础，在此基础上，研究者可以将全体居民【Population】作为整体作出概推。这时，大规模的政府调查就特别重要，因为它们通常以相当的深度覆盖范围广泛的主题，而且拥有大的足以给出很高精度估计的样本。

历史比较

二次分析可能是可以作历史比较的唯一手段，特别是当信息不能通过回想的方式来收集时，例如，收入和花费，或态度。数据库容许研究者回到过去，就人们想了些什么、如何投票、挣了多少钱等问题，也许是20年前的情况，找到相应的信息资源。许多政府调查始于1970年代或更早，从而为历史的变迁分析提供了条件，例如，过去20年间女性在家庭中的经济角色。

纵贯分析

人们逐渐认识到纵贯数据对检验假设【Hypothesis】和确立因果【Causal】过程的价值。然而，对大多数研究者而言，由于建立和维护一个长期的纵贯分析较困难，二次分析就是他们的唯一选择。在英国，许多纵贯研究［如全英家庭追踪调查（the British Household Panel Survey）］就是作为国家资源而专门设计的。在美国，如收入变迁的追踪研究（the Panel Study of Income Dynamics）和全国青年的纵贯研究（the National Longitudinal Study of Youth）一类的纵贯研究都为学术研究提供了类似的丰富资源。

国际比较

国际比较虽然极具研究的重要性，但是带来了大量费用和组织方面的问题，这就给二次分析提供了另一个可以发挥关键作用的领地。有时，研究者可以就某些主题和问题，找到具有充分相似性的源自不同国家的数据，以便进行比较研究，例如，英国、法国和瑞典间的社会流动研究（Erikson, Goldthorpe, & Portocarero, 1979）。还有些时候，抽样调查的设计就是为了国际比较，例如，欧洲社会调查（European Social Survey）的设计就是为了量化地描绘和解释正在变化的欧洲各成员单位间的互动，以及各成员单位的居民态度、信仰和行为模式。

少数群体的代表性数据

二次分析同样为那些缺乏明确的抽样框【Sampling Frame】的少数群体提供一种获取数据的方式。许多人口调查都拥有一个相当大的样本，从而为相对小的子群体的分析提供了条件。例如，一项对老年群体的研究，为了确定一个合适的样本，可能需要进行相当严格的筛选，而这可以通过二次分析轻松地实现。来自普查的微数据（microdata）样本通常也大得足以支持对少数族裔群体的分析（Dale, Fieldhouse, & Holdsworth, 2000）。

作为定性研究的背景数据

把一个有全国代表性的维度纳入一个定性研究，以便确立研究现象的规模和分布，这样做通常很有价值。例如，一项关于单亲父母的开支决策的定性研究，通过将他们的背景信息，如单亲父母的居住地，以及他们在整个居民中所处的收入和开支水平包括到研究中，可能得到相当程度的品质提升。通常，经由二次分析获取这种背景信息既廉价又相当方便，而在同等条件下，一项具有全国代表性的抽样调查的成本就大得不用考虑了。应用二次分析来辨识兴趣群体的社会和人口统计特征也会有助于定性研究者选择所要调查的样本。

反过来说，二次分析可以突显那些需要通过定性方法去求解的令人感兴趣的关系。

数据的保密

尽管数据的保密【Confidentiality】是所有社会研究的一项基本考量，但是，当为某一特定目的收集的数据可以为其他人的分析所用时，这点就尤为重要。因此，必须采取一些标准的预防措施来确保个人身份不被识别，其中包括对数据作匿名处理，即勿使数据带有调查对象的姓名和地址，将数据中的地理区位信息限制在不能辨识个人身份的水平上，以及消除数据中使得某个回答人成为唯一可辨识的任何特别或不一般的特征。

——Angela Dale

（王玥译　赵锋校）

参考文献

Dale, A., Arber, S., & Procter, P. (1988). *Doing secondary analysis*. London: Unwin Hyman.

Dale, A., Fieldhouse, E., & Holdsworth, C. (2000). *Analyzing census microdata*. London: Arnold.

Erikson, R., Goldthorpe, J. H., & Portocarero, L. (1979). Inter-generational mobility in three Western European societies. *British Journal of Sociology*, *30*, 415-441.

Hakim, C. (1982). *Secondary analysis of social research*. London: George Allen and Unwin.

Hyman, H. H. (1972). *Secondary analysis of sample surveys*. Glencoe, IL: Free Press.

调查数据的二次分析（Secondary Analysis of Survey Data）

调查数据的二次分析是以不同于原始研究问题的新研究问题为目的，对现存的抽样调查回答的再分析。随着可为研究者所用的数据集的不断增加，在社会研究中，抽样调查的作用已然扩大，同时，随着数据质量的提高和获取机会的增多，数据的二次分析也被赋予日益中心的地位。二手调查数据可用于诸多主题，包括健康、态度、人口特征、犯罪行为、老龄化等，而且许多现成的数据集既可用于截面分析，也可用于时序分析。二次调查分析的一个主要优势是节省资源。既节约了时间和金钱，也不需要大量人手。因为数据已经存在，所以分析通常不会对调查对象有所伤害，尽管相关讨论，即二次分析对人类主体的牵连还在持续进行。因为有多组数据集可用，这就简化了比较分析——通常有国家间的比较或历时的比较。

这个方法的局限通常在于效度【Validity】的问题，即现成数据用于特定研究问题的适当性。因为二手研究者并不设计原始调查，所以数据集中未必包含所有感兴趣的变量。即便有所有的变量，它们也可能是以不那么有效的方式测量的。使用现成的数据，研究者必须确保样本代表了目标总体，需要研究的子样本包含充足的个案，且容易提取。分析单位【Unit of Analysis】也必须与研究相一致。尽管许多现存的数据有特定的关注，人们已付出了许多努力，以促进综合调查，即涵盖有广泛主题的调查。最广为人知的是由芝加哥大学的国家舆情研究中心（the National Opinion Research Center，NORC）开展的综合社会调查，含有一系列的社会指标数据。

二次调查数据现在多数存储于硬盘、光

碟和网络上，便于取用。人们还设立了许多数据库，其中一些数据库收集了大量数据，涵盖众多的主题，另一些则小而专门。不仅学术资料库、政府机构和民意研究中心（例如罗珀和盖洛普）是二次调查数据的便利来源，任何存有此类数据的组织（如私有研究公司、基金会、慈善组织）都可视为二次分析者的数据来源。密歇根大学的政治与社会研究的校际协会（the Inter-university Consortium for Political and Social Research，ICPSR）是学术性的社会科学研究者的一个主要数据来源，可以从相关网址进入。ICPSR 是寻找所需数据好的起点。除了它们自有的大量数据，该网站给出了其他数据库的链接。

为了最大限度地使用现成的调查数据，研究者应该把一般的实质研究兴趣与对现成数据的熟悉融合起来，能够根据数据的调查设计和实施、抽样的问题，以及数据库的局限来评估主要的数据来源。研究者还必须以他们富于创造性的方法去合并一个调查或多个调查中的数据，以及通过整合来自其他数据集的数据。尽管使用现成的调查数据总会遇到内在的挑战，但是对社会研究而言，机遇同样巨大。

——Laura Nathan

（王玥译　赵锋校）

二手数据（Secondary Data）

分析者可通过实施抽样调查【Survey】、做实验【Experiment】、对新闻材料进行内容分析【Content Analysis】，或者对观察到的行为进行编码【Coding】等方式来收集数据，并且所有这些方法产生的都是原始数据。相反，二手数据由他人收集，而非分析者自己。社会科学工作的相当一部分是处理二手数据。例如，一个社会研究者可能去图书馆收集由美国人口普查局最初收集整理的数据。或者，一个心理学家为了开展某一研究的元分析【Meta-Analysis】，可能收集大量已发表的检验某一特定假设的实验数据。另一个例子是使用存于数据库中的数据，例如政治与社会研究校际协会这一数据库。越来越多的二手数据可以通过网络获取。二手数据的优势在于它们的成本比原始数据小很多，因为你不需要自己去收集。它们的劣势在于二手数据可能不包括特定的观测【Observation】或变量【Variable】，而你会将这些观测或变量纳入你实施的研究中。越来越多的情况是，综合社会抽样调查（例如美国综合社会抽样调查）在每一次的调查中并没有一个特定的主研究目标，其目的则在于方便研究者将其作为“二手”的原始数据予以应用。

——Michael S. Lewis-Beck

（王玥译　赵锋校）

二阶（Second-Order）

参见阶【Order】。

相依回归(Seemingly Unrelated Regression)

当两个或多个拥有不同自变量【Independent Variable】集的回归【Regression】方程,通过相关的扰动项【Disturbance Term】而彼此发生关联时,可以使用相依回归或相依回归方程(seemingly unrelated regression equations,SURE)。特别是当各回归方程的扰动项高度相关,而各自变量集不存在高度相关时,用SURE进行估计会比用单独的回归估计得出更有效的系数。SURE估计方法可用于集合的(pooled)时间序列截面【Time-Series Cross-Section】数据,而此类数据或者受时间序列的支配或者受截面的支配。它也可单独用于横截面数据【Cross-Sectional Data】和时间序列数据【Time-Series Data】。如果方程的误差项不相关,那么可用普通最小二乘【Ordinary Least Squares,OLS】回归处理各方程。

一个关于联邦机构预算的模型可以说明SURE方法的应用。如果因变量【Dependent Variable】是各联邦机构的支出水平,同时,若根据不同的机构类型设立各个模型,那么各个模型的扰动项很可能相关。此即,不同类型机构的支出水平很可能都受到共同的外生约束的影响。例如,美国对恐怖主义的战争会产生对预算的大量需求,从而影响了各非防御机构的支出水平。

当方程组中的每个方程有不同的自变量集时,SURE也是最佳选择。在预算的案例中,这能让研究者认识到并非所有的机构都是类似的,从而根据类型将各机构归组到不同的模型中,并且按类型将机构分组为不同的模型。按类型将各机构归组,并将之置入各个方程中,这样的做法容许各机构既受一组相同自变量的不同影响,也受不同自变量的影响。

例如,失业对诸如核监管机构这类监管机构预算的影响,不同于对劳动部下属的就业和培训司预算的影响。而失业对于联邦通信委员会这样的监管机构的预算可能完全没有影响,这就意味着不要将这类机构放在模型中。与之相反,对集合机构数据的OLS或广义最小二乘【Generalized Least Squares,GLS】估计假定所有的机构都以同样的方式受到同一组自变量的影响。这样做就不仅将数据集合在一起,还将估计值都集合在一起了。

OLS或者GLS对混合机构数据的估计假定所有的机构都以同样的方式受到同样的自变量影响,也就是说,不仅数据是混合的,估计的结果也混为一谈。

——Charles Tien

(马妍译　赵锋校)

参考文献

Kmenta, J. (1986). *Elements of econometrics* (2nd ed.). New York: Macmillan.

Pindyck, R., & Rubinfeld, D. (1991). *Econometric models and economic forecasts* (3rd ed.). New York: McGraw-Hill.

Zellner, A. (1962). An efficient method of estimating seemingly unrelated regressions and tests for aggregation bias. *American Statistical Association Journal*, *57*, 348-368.

选择性偏倚(Selection Bias)

选择性偏倚是任何社会科学研究设计的一个重要的影响因素,因为它的出现一般会导致不准确的估计。当样本的观测值依赖于目标变量的取值时,就会出现选择性偏倚。这时,样本就不再是从研究总体中随机抽取的,因此,根据这一样本所做的总体推论就是有偏倚的。尽管研究者应该通过细致的研究设计来减少非随机的选择,但是许多情况下,这一问题难以避免。当数据的生成过程不由研究者本人控制时,问题尤其严重。由此,研究者发展出一些方法试图修正与选择性偏倚相关的问题。总体来说,这些方法包括将选择过程模型化,从而在评估结果变量时控制这个过程。

举例说明选择对推论【Inference】的影响。请考察 SAT 分数对大学成绩的影响。如果假设较高的 SAT 分数对应大学的成绩,人们就期望能够发现,在被最好的大学录取的学生中,两者间(SAT 分数和大学成绩)存在着强的正向关系。然而,以低的 SAT 分数而被录取的学生必然有其他一些优势才能被录取。因此,与那些 SAT 分数相同,但没被录取的学生相比,这部分学生会取得非常高的成绩。这就使得 SAT 分数对大学成绩的估计发生偏倚,即认为影响趋于零。要注意,如果样本中的大部分学生都有高的 SAT 成绩,就不会发生选择性偏倚;但是,因为样本中有低 SAT 分数的学生不能代表所有低 SAT 分数的学生,且在所有低 SAT 分数的学生中,他们在一些与大学成绩相关但未被测量的因素中肯定有较高的得分,所以就会发生选择性偏倚。

关于选择性偏倚的一个常见的误解是,认为如果只试图得出所分析的样本的推论,而不试图推论目标总体,就可以不考虑选择性偏倚,类似地说,正确地估计所有被录取者的 SAT 分数和大学成绩之间的关系。这个想法是错误的:因为在我们的例子中,样本学生的大学成绩既不代表所有的大学申请者,也不代表所有有相同 SAT 分数的学生。换言之,我们的样本不是一个以所有学生的 SAT 分数为条件的随机样本。因此,估出的关系是不准确的。这个例子中,由于选择过程,回归系数会被偏估而趋于零。然而,一般而言,偏倚可能趋向任意方向,此外,在更加复杂的(多变量)回归中,将无法获知偏倚的方向。

尽管选择性偏倚可以有不同的形式,但是它一般可以分为两种不同的类型:截删和删节【Censoring and Truncation】数据。截删之所以发生,是当每一个被观测对象的所有特征均被观测了,但是目标因变量有缺失。删节之所以发生,是因为当某些个体被屏蔽于样本之外时,他们的特征没有被观测到,于是所有的观测值不是完全存在就是完全缺失。一般而言,截删更容易处理,因为有数据可用于直接估计选择过程。处理删节的统计模型则更多依赖于相应的假设,即选择过程同影响结果变量的过程是如何发生联系的。

最著名的用于自选择过程(self-selectivity)的模型是詹姆斯·赫克曼的估计量【Estimator】,该估计量用于一个连续的、存在截删问题的目标因变量(Heckman,1979)。该估计量可以修正线性回归背景下的选择性偏倚,已广泛地用于社会科学之中。赫克曼的修正尝试通过使用一个 Probit 方程来模型化选择过程,即将自变量的观测值是否被截删当作指标,进而估计选择偏倚。然后,估计目标方程的误差项的条件期望值,因为,如果目标方程的误差项同选择方程的误差项相关,条件期望值就不为零。

一个被称为迷 Mills 比率(inverse Mills' ratio)的变量会被作为额外的回归项带入目标方程,并用 OLS 法做估计。如果以此方式估计模型,就需要调整标准误,因为模型的标准误低估了模型中的不确定性。另一种方式是,对于两个方程同时用最大似然技术予以估计,并无须调整标准误。在满足假设的情况下,赫克曼估计量给出了方程的无偏且一致的估计值,同时,也给出了两个方程误差项间的相关估计值。

在赫克曼模型中,通过对选择项系数的显著性检验,或者,更一般地,通过似然比检验【Likelihood Ratio Test】,即考察选择模型相对于无关联模型的拟合度,可以检验是否存在选择性偏倚。在解释自变量对目标因变量的效应时必须谨慎,因为某些因素既可通过选择方程间接地发生影响,也可能直接地影响目标方程。另一个重要的考量是,是否存在相应的因素,它们影响选择方程,但不直接地影响目标方程。尽管在没有这些因素的情况下,赫克曼模型是可判定的(仅就函数形式而言),但是,将这些仅属于选择方程而同目标方程无关的因素加入模型,通常会增进模型的信度,因此,它们能够增加迷 Mills 比率的变异度。

针对更复杂的情况,发展出了许多高级的统计技术,其中包括不可能直接估计选择方程的被删节数据,以及目标因变量是两分的,而不是持续的数据(Dubin & Rivers, 1989)。对这些方法的概要介绍,可参见马达拉的著作(Maddala, 1983);更高级的方法包括放松分布假设的半参数方法,可参见温希普和梅尔的论文(Winship & Mare, 1992)。总之,由于发现标准的选择性偏倚模型常对修正的假设(assumptions of the correction)很敏感,特别是关于两个误差项呈双变量正态分布的假设很敏感,统计专家已经发展出了许多高级的方法。

——Frederick J. Boehmke

(王玥译　赵锋校)

参考文献

Dubin, J. A., & Rivers, D. (1989). Selection bias in linear regression, logit and probit models. *Sociological Methods & Research*, *18*, 360-390.

Heckman, J. J. (1979). Sample selection bias as a specification error. *Econometrica*, *47*, 153-161.

Maddala, G. G. (1983). *Limited dependent and qualitative variables in econometrics*. Cambridge, UK: Cambridge University Press.

Winship, C., & Mare, R. D. (1992). Models for sample selection bias. *Annual Review of Sociology*, *18*, 327-350.

自填式问卷(Self-Administered Questionnaire)

自填式问卷是研究中最常用的收集数据【Data】的方法之一。此外,自填式问卷还出现在我们许多的生活场景中。比如,从幼儿园到研究院一直都在用的大多数课堂测验。课堂测验是一种自填式问卷。相似的,为了获取驾照及死亡证明这类东西,我们也需要填写各种表格或问卷。

自填式问卷之所以在日常生活的各个场景中大量出现,并为人所熟悉,其常见的原因在于,人们自以为可以一夜之间就设计出一份真正的问卷,可以立即用其收集数据。但是,如同任何一项研究努力,如果研究者想要最大限度地收集到完整、可信和有效的数据,就需要在自填式问卷的设计上花费时间和投入思考。

自填式问卷的类型

问卷既可以完成于有督导的环境,也可完成于无督导的环境。在有督导的环境下,有人负责回答填答人可能会有的问题,监督填答人在填写问卷时是否相互交谈,以及督促填答人完成问卷,并将问卷交回研究者或其他人。在课堂上分发问卷是有督导的群体填写的一个例子。问卷也可以在结构松散的环境中发给个人,如注册登记的等候队列,这时,虽然有数据收集者,但并不明显。

邮寄给回答人的问卷是最常见的无督导填写的例子,不过,越来越多的问卷通过电子邮件、互联网和其他在线方法【Online Research Methods】进行填写。无论处于何种环境,自填式问卷都必须独立使用,或完全是自说明的,当使用无督导的填写程序时,这点尤为重要。

优点和弱点

自填式问卷的一个最大优点是,相对于其他数据收集方法,它的成本较低。邮寄问卷有 3 个与样本相关的优点,即更广的地理覆盖、更大的样本,以及对某个样本总体的更大的覆盖率。同时,所有自填式问卷都更容易实施,因为数据收集、操作和分析需要的人力更少。不像大多数其他数据收集方法,当问卷通过邮寄或网络分发时,可以假定调查样本中的所有成员大致能同时收到问卷。许多研究者认为,就敏感话题【Sensitive Topics】而言,通过自填式问卷可以获得更完整且更可信的信息。

邮寄和自填式问卷也有很多弱点,而这些弱点会限制或阻碍它在许多研究环境中的使用。如果使用邮寄或网络分发问卷,就必须有可用的地址清单。邮寄问卷的一个最大且被研究最多的弱点是低回答率。如果没有努力通过额外的邮件或电话联系来追踪原初的邮件,那么一个普通的社区样本的预期回答率在 20%左右。目前,网络调查回答率似乎更低。如果总体的 20%据推测是未受教育的文盲,或者总体中有相当比例的回答人不能阅读研究使用的语言,就不能使用自填式问卷。老年人或其他有视力问题的人群也可能有填答问卷的困难,或根本无法填写。

只有当研究目标清晰且不复杂时,才可使用自填式问卷。一个清晰且不复杂的数据收集目标需要就如何制作问卷以及防止使用那些常用于访谈中的许多典型的问卷设计策略,注意以下诸点。第一,问卷必须简短,因此必须减少所提问题的数目和所收集数据的总量。一般认为一份自填式问卷的上限不超过 12 页,但是长度需视回答人的动机而变。如果话题对回答人而言特别重要,那么他们可以容忍较长的问卷。第二,问题必须是封闭式【Closed-Ended】的。尽管有些动机高的回答人可能愿意回答几个开放式问题,但是,如果研究者在设计问卷时以开放式问题【Open-ended Question】为主,那么他就会发现很少有问卷能完成并返回,而那些返回的问卷仍可能有大量的缺失数据【Missing Data】或无关数据。第三,问卷必须独立使用。换言之,由于没有访问员帮助澄清填答说明或提供额外信息,在问卷上就必须给出可能的回答人用以回答问题所需的所有信息。第四,为了简化回答人的填答,调查者就不能使用分支问题或跳答。每个问题都应包含回答选项,而这些回答选项能让每位回答人可以轻松地用来描述自己的态度、行为、知识或特征。在一些场合下,这意味着在回答选项中必须包含一个"不适用(not applicable)"的选项。

无督导的自填式问卷的最大填答弱点在于,一旦问卷离开了研究者的办公室,研究者就失去了对问卷的控制,包括问卷到底由谁完成,以及在完成问卷时回答人是否咨询了其他人。同样,研究者也无法控制问题的回答顺序。结果就是,当一组问题很可能对另一组问题产生混淆、偏倚【Bias】或影响其回答时,就不能使用自填式问卷。

自填式问卷的设计

在决定数据是否可以通过邮寄或其他自填式问卷收集时,必须评估 3 种信息——目标群体的读写水平、目标群体的填答动机及研究问题【Research Question】的特征是否适合使用自填式问卷去收集数据。读写水平通常相当容易评估,填答动机则相当难以确定。要适应于研究,问卷的话题必须是那种可以在相当程度上由一份相对简短且集中的问卷承载的,并且它的问题要同样本中的每个人都有关。然而,自填式问卷特别不适用于以下情形:探索性研究,或者,当调查者正处在发展某个研究问题和确定所要研究问题的过程时。

对自填式问卷而言,尤其重要的是要做到使用者友好。而这既要通过问卷的写作方式,也要通过问卷的呈现样式,才能达到最佳程度。问题务必简短、具体,不能泛泛而言。这可能意味着必须问连锁问题,而不是单个问题。回答选项必须穷尽且互斥。有时,这意味着尽量以标准的方式制作问题,以便让回答人能选择多个答案来描述自己,也意味着必须在回答选项中列入一个"其他(residual other)"选项。当研究者认为可能列出的回答选项并没有穷尽时,其他选项尤为重要。

设计问卷的最大错误之一是试图让它们看上去简短,认为这样可以增加回答率、减少邮寄费用。这样的做法包括,所有的问题压缩到两页纸上、压缩或取消问题的间距,以及使用小号字。实际上,这些做法只会减少回答率。把问题压缩到很少的几页纸上一般意味着使用小号字和不给问题留间距。小号字会造成回答人阅读问卷的困难。间距的合理使用能让回答人更容易看清问题和相关的问题选项,且更方便回答人快速地完成整个问卷。

——Linda B. Bourque

(王玥译　赵锋校)

参考文献

Bourque, L. B., & Fielder, E. P. (2003). *How to conduct selfradministered and mail surveys* (2nd ed.). Thousand Oaks, CA: Sage.

Couper, M. P. (2000). Web surveys: A review of issues and approaches. *Public Opinion Quarterly*, *64*, 464-494.

Dillman, D. A. (1978). *Mail and telephone surveys: The total design method*. New York: Wiley.

自填答问卷(Self-Completed Questionnaire)

参见自填式问卷【Self-Administered Questionnaire】。

自陈式测量(Self-Report Measure)

与个体有关的信息既可以通过观测【Observation】得到,也可以通过调查问卷由调查对象报告自己的行为或态度。在某些情况下,研究者可能要选择使用哪一种观测方法，但是在许多情况下，自陈式测量是唯一能够使用的方法。研究者可以请个体站到秤上去称他们的体重，也可以在一份调查【Survey】问卷中问他们有多重。在这种情形下，秤更可能给出正确的值。对投票行为感兴趣的研究者则可能核对官方的记录，或在调查问卷中询问回答人在最近的选举中是否投票来获得投票信息。有些投票研究同时使用两种测量方法，以确保对回答人实际行为的效度【Validity】更有把握。

自陈式测量的潜在问题是它们可能包含一种或多种系统误差【Systematic Error】或者偏倚【Bias】。这可能源于问题的措辞方式、给予回答人的回答选项、所问问题的顺序、回答人与访问员【Interviewer】的互动，或者特定社会环境下回答人对"可接受(acceptable)"答案的看法。

回答人用自己的词汇作答的开放式问题【Open-Ended Question】，通常比回答人必须从所给选项中回答一个封闭式问题【Closed-Ended Questions】会给出更多不同的答案。给予回答人一个明确的机会说"我不知道"，或选项中有"我还未真正想过"，相较于不给这类选项而言，常产生不同的回答模式。量尺的范围以及在不同问题间它们的差别也能解释回答人所给答案的差异(Schwarz et al., 1985)。

所问问题的顺序可能导致回答人在一系列问题中的最后一个题目给出一个无可避免的答案。询问一组同意或不同意式样的问题可能引致反应定势【Response Set】偏倚，因为回答人乐于同意呈现于他们面前的态度陈述（Schuman & Presser, 1996）。

一种最重要的自陈式偏倚与社会期望偏倚【Social Desirability Bias】有关，即相比于其他答案，回答人倾向于给出让人感觉更能为社会接受的回答。这是对一种普遍观察到的倾向，即人们说他们投票了，但记录核实表明他们中的许多人没有投票的最常见的解释。由于同种原因，种族主义态度通常会被低报。这些自陈的回答模式还关联于回答人的社会特征与访谈员的社会特征之间的关系性质，诸如两者间的人种关系和性别关系。

——Michael W. Traugott

（马妍译　赵锋校）

参考文献

Schuman, H., & Presser, S. (1996). *Questions & answers in attitude surveys*. Thousand Oaks, CA: Sage.

Schwarz, N., Hippler, H.-J., Deutsch, B., & Strack, F. (1985). Response scales: Effects of category range on reported behavior and comparative judgments. *Public Opinion Quarterly*, *49* (3), 388-395.

Traugott, M. W., & Katosh, J. P. (1979). Response validity in surveys of voting behavior. *Public Opinion Quarterly*, *43*(3), 359-377.

语义差异量表(Semantic Differential Scale)

语义差异(semantic differential, SD)是由奥斯古德在1940年代和1950年代发展的一项旨在定量的测量语言意义的技术。对不同的个体，词汇作为他们在世界上的经历的函数可能有不同的含义。例如，"贫穷"对于7～70岁的人有不同的含义，对于富裕的人和无家可归的人也有不同的含义。他们对贫穷理解的表达受到他们经历的调节。SD 通过赋予我们对词汇的不同理解以某些精确的内容来捕捉这些不同的意义。

典型的语义差异测试要求一个受试者依据一系列描述性的两级(如好与坏)量尺来估计一个刺激词。受试者被要求在两个极端和对立的形容词之间(它们界定了量尺的端点)给刺激评分。通常,这些两级量尺有 5 个或 7 个点。奇数的点允许受试者选择一个中点或者中立点(如果使用偶数选项,就不容许作这种选择)。各种量尺的位置可能是未标记的、数字化的或者标签化的,见表 1。

表 1

好	[ ]	[ ]	[ ]	[ ]	[ ]	坏
好	-2	-1	0	1	2	坏
好	非常好	相当好	两者都不是	相当好	非常好	坏

回答者似乎偏好标签化的样式。

通常,一个刺激将依据大量如下这类两级量尺而予以评估。例如:

好—坏	硬—软
粗糙—光滑	快—慢
新鲜—陈旧	嘈杂—安静
小—大	年轻—年老
强—弱	紧张—轻松
主动—被动	有价值—无价值
冷—热	不公平—公平
诚实—不诚实	空的—满的
苦—甜	残酷—仁慈

对这些两级量尺的响应模式确定了受试者赋予刺激词的意义。

奥斯古德对语义差异技术的实用性的早期研究指出,回答人在这些两级量尺上对刺激的评分趋向于具有相关性。奥斯古德论说,虽然语义空间是多维的【Multidimensionality】,但是可以通过有限数量的正交维度【Dimension】而予以代表。通常来说,三维正交即可说明出现在对一组个别的两级量尺的响应中大部分共变。

这三个维度被标记为评估、潜能和行动(evaluation, potency and activity, EPA),已被运用于许多不同的研究中。对这一发现的一种解释是,虽然两极量尺的意义有变化,但是许多量尺的意义是基本等价的,因此,可由一组数量少的维度予以代表。在不同的群体、空间或时间之间,这些意义多大程度上是等价的,即群体、文化和时代的相似性和差异性是可以检验的。

在实践中,语义差异可以用于发展对态度的具有辨识力的理解。例如,美国人经常对他们的国家机构和政治领导持有模糊的见解。然而,通常只用一个简单的问题,请市民对某一政治制度或某个民选官员作出评价。用来调查公众对美国总统认知的一个常见问题是"你是否同意或反对(现任总统的名字)作为一个总统处理其工作的方式?”运用语义差异方法,通过要求被访者在一系列两极量尺中评价总统,可能发展出一个更复杂的舆论评定,见表2。

表2 请在以下每一个方面评价乔治·布什

好	[ ]	[ ]	[ ]	[ ]	[ ]	坏
弱	[ ]	[ ]	[ ]	[ ]	[ ]	强
主动	[ ]	[ ]	[ ]	[ ]	[ ]	被动
公平	[ ]	[ ]	[ ]	[ ]	[ ]	不公平
有益的	[ ]	[ ]	[ ]	[ ]	[ ]	无益的
不诚实	[ ]	[ ]	[ ]	[ ]	[ ]	诚实
尖锐	[ ]	[ ]	[ ]	[ ]	[ ]	平淡
无效率	[ ]	[ ]	[ ]	[ ]	[ ]	有效率
快	[ ]	[ ]	[ ]	[ ]	[ ]	慢
有价值	[ ]	[ ]	[ ]	[ ]	[ ]	无价值
无权力	[ ]	[ ]	[ ]	[ ]	[ ]	有权力
勇敢	[ ]	[ ]	[ ]	[ ]	[ ]	懦弱

对每个量尺的回答既可以个别地予以检验,也可以运用数据缩减技术(如因子分析【Factor Analysis】),在EPA维度上来探测公众对总统的评价。

语义差异在社会学、沟通研究、认知心理学和市场研究中都有广泛应用。

批评者发现了语义研究方法在测量态度时的一个逻辑陷阱:基于语义差异研究的最初假定,对一个刺激项(即一个词),人们持有不同的态度/知觉。但是SD技术又假定,被选中用以代表两级量尺的端点的形容词对每位评分者具有相同的意义。

——John P. McIver

(马妍译 赵锋校)

参考文献

Heise, D. (1971). The semantic differential and attitude research. In G. F. Summers (Ed.), *Attitude measurement* (pp. 235-253). Chicago: Rand McNally.

Osgood, C. E. (1952). The nature of and measurement of meaning. *Psychological Bulletin*, *49*, 197-237.

Osgood, C. E., Suci, G. J., & Tannenbaum, P. H. (1957). *The measurement of meaning*. Urbana: University of Illinois Press.

Osgood, C. E., & Tzeng, O. C. S. (Eds.). (1990). *Language, meaning, and culture: The selected papers of C. E. Osgood.* New York: Praeger.

Snider, J. G., & Osgood, C. E. (Eds.). (1969). *Semantic differential technique: A sourcebook.* Chicago: Aldine.

半对数的(Semilogarithmic)

参见对数【Logarithm】。

符号学(Semiotics)

宽泛地界定,符号学是关于意义的理论,即意义和交流(communication)系统的结构和功能的科学领域,以及由它们所构建起的含意(有意义的)整体的理论。“符号学”(semiotics)一词源自semiotic(符号的),由现代符号学的两个创立者之一,美国哲学家查尔斯·桑德斯·皮尔士(Charles Sanders Peirce,1839—1914)首先使用。另一个竞争词是符号科学(semiology),由符号学的另一个创立者瑞士的语言学家费尔迪南·德·索绪尔(Ferdinand de Saussure,1857—1913)发明。1964年在伯明顿的印第安纳大学召开了一个会议之后,符号学为人们所普遍使用(尽管索绪尔派传统的一些符号学家继续在两个词之间做区分)。

根据这一定义,符号学不是一个独立的科学,而是一个科学的领域。实际上,符号学的目标,即含意整体与系统,涉及面太广,而不能界定为一门科学;确实,它跨越了众多已有的科学(如语言学、人类学)和学科(如文学、建筑学、音乐)。

就索绪尔派结构语言学【Structural Linguistics】、皮尔士式的符号学,以及其他大部分的符号学理论而言,符号学的基本单位是单位示号(sign)(尽管有一些理论针对更广的含意实体)。单位示号是任何只要能被用作一个物以表现(意指)另一物的事物。"树(tree)"这个词,就是一个单位示号,指向一些确定类别的植物(有树干、树枝、树叶等)。因此,单位示号是含意单位,由一项能指(signifier)(索绪尔的术语)——意义的媒介——和一项所指(signified)——意义本身所构成。符号学研究两个层面(至少)间的关系——能指和所指,而这一事实使符号学有别于信息理论,因为后者仅涉及能指层面。皮尔士根据一个三元结构关系,对示号做了区分,包括:示号,即任何传递意义的事物;对象,示号予以说明的事物;以及解释项,由对象引起的想法。解释项本身可以由其他示号命名,引出它自身的解释项,如此这般(理论上)形成一个无限进行的"无限示意(unlimited semiosis)"过程。对皮尔士而言,示号的最基本区分有图示、指示、意示。其中指示和图示与他们意指的东西实际上相关或存在相似性,有别的是,意示仅仅是约定俗成的。在这一点上,皮尔士的意示类似于索绪尔约定的和任意的符号,此即,在符号和它们所代表的东西之间没有天然的关联,同样,这一原则适用于能指和所指间的关系。

在交流过程中,示号被合入含意整体(signifying wholes),诸如信息、言语或文本【Text】。一个含意整体是根据确定的句法规则(syntactic rules)组合起来的一群示号。一座建筑就是一个含意总体的例子;某一确定类型的建筑(带尖顶、塔和一系列其他特征)标志着"哥特式教堂(gothic cathedral)",而由后者可能令人想起"神圣之地(sacred place)"和"崇高(transcendence)"等含义。这一例子同样显示了一个示号的两层意义:字面的意义或显意(denotation),以及间接的或象征的意义,隐意(connotation)。

含意整体预设了意义系统的存在。索绪尔称意义系统为语言(langue)[通常译作"语言系统(the language system)",用在符号学中,指所有示号的系统]。该系统是共时的(synchronic),此即,它代表了语言的一个特定的静止状态[与它的历时的(diachronic)变化相反];它本质上是社会性的,对索绪尔而言,相对于自然语言的研究,它是首先被认可的观点。"结构"(structure)一词经常被用作系统(system)的对等物,尽管它也用来指统摄系统的规则。

系统是索绪尔符号学的关键概念。若依照示号的任意性原则,意义则不源于任何示号同真实世界之间的关系,而是在某个抽象的、纯粹形式的、具有代数性质的系统之内,示号之间的相互关系。能指(和所指)通过它们与系统的其他能指(或所指)之间的差异而构成。意义的区别性质是索绪尔派结构语言学的基础原则之一。最后,否认所指有确切的内容,因为意义随示号同系统中其他示号的关系而变化其值(value)。值——以及整个系统——是通过指者间两种关系的互动而确定的:词意(paradigmatic)关系,源自示号的分类集(索绪尔的一个集的例子是

“教学”“指导”“学徒”“教育”），以及句意（syntagmatic）关系，从各种词形表中选出示号，再将它们组合成线性的语言结构单位（syntagms）（如句、篇章）。

语言（langue）是与言语（说话）相对的，而后者是由个人对语言系统的使用。语言系统在社会使用，并在社会中发挥功能。它们的核心功能在于交流，尽管这并不是唯一功能。含意整体建立在言语的层面上。语用学（广义上）是符号学的分支，旨在研究含意整体的生产过程和作用过程，即它们的使用；它们对于接受者的认知、情感或行为—身体的影响；以及它们与交流情境的动态互动。

历史发展

尽管古希腊和其他古文化关注过意义的问题，但是现代符号学源自皮尔士和索绪尔的工作。在美国，符号学通过查尔斯·威廉·莫里斯的工作获得了广泛的认可。他把符号分析分解为句法学、符号学和语用学——他将其定义为关于示号和对话者之间关系的研究。美国的一个主要的趋势是把符号学从对人类意指系统的研究扩展到动物交流（动物符号学），以及进一步扩展到所有生物有机体的自然过程（生物符号学），而这些在很大程度上要归功于托马斯·谢伯克的工作。

俄罗斯语言学家罗曼·雅格布森对欧洲符号学的形成有决定性的影响。1920 年代，在索绪尔派传统下工作的雅格布森，参与了俄罗斯的两个符号学团体的创立。这两个团体形成了俄罗斯形式主义的核心。1930 年代，他推进了布拉格语言学圈的建立，而这个学圈恰标志了欧洲语言学的结构主义【Structuralism】的成立。雅格布森和布拉格学圈的工作在于，将自然语言设想为多种示号系统之一，而许多示号系统共同构成了文化，形成了一个复杂的交流系统（这一观点后来在第二次世界大战后由 Moscow-Tartu 符号学派继承）。丹麦语言学家路易斯·耶尔姆斯勒夫也对欧洲符号学的发展作出重要的贡献，他在 1931 年与他人共同建立了哥本哈根语言学圈。

第二次世界大战期间，雅格布森遇到并影响了一位法国的人类学家，克劳德·列维-斯特劳斯。克劳德·列维-斯特劳斯的结构人类学对符号学在 1960 年代和 1970 年代的兴盛至关重要。1964 年，文学学者罗兰·巴尔特发表了第一篇当代的符号学论文，《符号学基础》（*Eléments de Sémiologie*），很快其他知名的符号学家也发表他们的主要著作，例如，巴黎学派的创始人阿尔吉尔达斯·格雷马斯和意大利哲学家安贝托·艾柯。与此同时，这一趋势在巴黎继续发展，即后来著名的后结构主义【Poststructuralism】；其中杰出的作者有哲学家雅克·德里达和弗朗西斯·利奥塔，心理分析家雅克·拉康，知识［“言语（discourses）”］历史学家米歇尔·福柯，以及社会学家让·鲍德里亚。

方法论和应用

与两种现在最常使用的意义分析的方法——内容分析【Content Analysis】和语义差异【Semantic Differential】——相比较，则可以理解符号学方法。两种方法都预设了定性类别的创造，并且其结果都体现于定量的统计分析；然而，它们采纳了相当有限的文本观，也缺少任何实质性的理论营造，从而能够从它们的方法论成果中获得其价值，更不必说技术了。与此相反，符号学方法以非常成熟的理论为基础，涉及一个文本的所有或几乎所有面向，已被确立为首要的定性方法。

意义分析的传统方法一般不处理结构

段的或线性的文本维度。另一方面,符号学容纳了一个相当完备的主要由格雷马斯构想的叙事(narrative)理论。格雷马斯将一个文本分解为各种“做(doing)”的单位。这些“做”的单位又通过联系或分离多种主体和客体,从而形成诸“状态(state)”的单位。这一基础的叙事程序,动作(the act)产生或改变一种状态,动作影响了一种状态到另一种状态的过渡。这些动作的结构段组织(syntagmatic organization)带来了行动(action)。每一个言语——不仅是叙事言语——都是一个从初始状态走向最终状态的过程,并且可以通过变换的算法【Algorithm】予以形式地模拟。

巴尔特(Barthes,1977)给出了符号学方法的一个最早的实例,即对意大利食品生产商 Panzani 的广告的语用学分析。语用学分析的目标类似于内容分析和语义微分的目标。巴尔特区分了广告中两种互补的信息(messages)类型,即图示的和语言的。在图示的信息中,他识别出两个层次,字面的或外延的信息(例如图像中的对象),以及象征的或内涵的信息;语言的信息服务于引导对象征的解释。

巴尔特观察到作为结构段的字面信息是象征信息的必要支撑,因为前者的某些不连续性的元素引起“强(strong)”的示号出现,而“强”的示号是第二层面意义的载体。他识别出此一类型的 4 种主要意义:半开的网兜中载满了溢出来的新采购的产品和家庭用品,兴高采烈地“从市场回家”;“italicity”(Panzani 的缩写名字),一种所有意大利事物的精髓——从意大利面到画,由 3 种颜色绘出,并伴以(地中海的)蔬菜、番茄和青椒(绿色、白色和红色是意大利国旗的颜色);由于汇集了许多不同的食物,含意是“完全的烹饪服务”;以及由整个组合,即画面的怀旧情调显示的“宁静生活(still life)”。这 4 种象征意义对应于 4 种语用学准则(codes),即巴尔特所说的实践的、民族的、文化的和审美的。

尽管符号学分析通常是定性的,然而偶尔也可以同定量的分析结合在一起。在研究希腊北部 4 个地区的区域空间(regional space)概念时,亚历山德罗斯·拉戈普罗斯和卡林·拉戈普罗将他们访谈内容析分为 32 个语用学准则,再组成 8 个主要的集,即“有关空间的言语”的特征。他们使用频率计数和列联表来研究一组广泛地含有准则的语义(概念的)变量,以及这些变量同社会学的变量(社会阶级、性别、年龄、教育)和社会地理学的变量(城乡、社区等级)的关系,以及各种语义数据间的关系。

今日符号学

如今,符号学已经遍布所有社会和人类科学,是我们这个时代的支配范式——后现代主义【Postmodernism】——的重要组成。在语言学和文学研究中,它助力了词汇学、话语分析【Discourse Analysis】(特别是修辞学)、叙事学以及文体学的发展。它还深刻地影响了人类学和神话学的研究。它同样也渗透到符号学中,为非言语和混合系统的研究作出重要贡献,引出了各种符号学的创造,例如行为、绘画与摄影、音乐、建筑学、城市空间、烹饪习惯、竞技活动、时尚、广告、电影、戏剧等诸多符号学。最重要的是,符号学为文化现象的比较研究提供了一个统一的理论框架,极大地促进了当今无比繁荣的含意结构的多学科和跨学科研究,以及各种实践的兴盛。

——Karin Boklund-Lagopoulos
Alexandros Lagopoulos
(王玥译　赵锋校)

参考文献

Barthes, R. (1967). *Elements of semiology*. London:

Jonathan Cape.

Barthes, R. (1977). Rhetoric of the image. In *Image, music, text* (S. Heath, Trans.). London: Fontana.

de Saussure, F. (1979). *Cours de linguistique générale* (T. de Mauro, Ed.). Paris: Payot.

Eco, U. (1976). *A theory of semiotics*. Bloomington: Indiana University Press.

Greimas, A. J., & Courtés, J. (1982). *Semiotics and language: An analytical dictionary*. Bloomington: Indiana University Press.

Lagopoulos, A. Ph., & Boklund-Lagopoulos, K. (1992). *Meaning and geography: The social conception of the region in northern Greece*. Berlin: Mouton de Gruyter.

Peirce, C. S. (1931-1958). *Collected papers of Charles Sanders Peirce*. Cambridge, MA: Harvard University Press.

半偏相关(Semipartial Correlation)

半偏相关是一个统计量,其作用在于衡量控制分析中其他预测变量的效应,一个因变量【Dependent Variable】(或准则)同一个调整后的自变量【Independent Variable】(或预测变量)的关系。类似于偏相关【Partial Correlation】,在多元回归分析【Multiple Regression Analysis】的过程中,需要计算半偏相关。

图1说明了半偏相关同偏相关和皮尔逊相关在概念上的区别。图中灰色的圆圈(A 和 B)代表预测变量,而黑色的圆圈(Y)代表效标变量。盒形代表减去了 B 对 A 和 Y 的影响后,A 和 Y 的残差。曲线箭头代表图中每对变量之间的相关关系(或协方差【Covariance】),而直线箭头代表一条连接 B 到 Y 的回归路径。

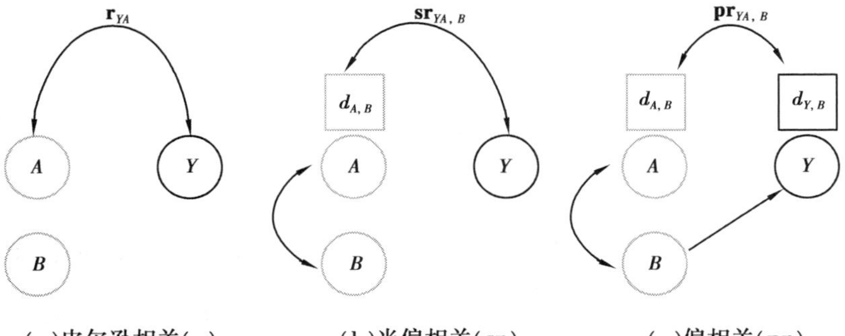

图1 偏相关和皮尔逊相关之间概念差异的说明图

在图1(a)中,曲线箭头 $\mathbf{r}_{YA}$ 代表一个零阶的皮尔逊相关系数,而它在不考虑第三个变量 B 的效应的前提下,衡量了 A 和 Y 之间相关的程度。在图1(b)中,曲线箭头 $\mathbf{sr}_{YA,B}$ 表示一个半偏相关系数。它衡量了效标变量 Y 和 A 的残差【Residual】(即 $d_{A,B}$)(通过从 A 的方差中减去 A 与 B 的协方差得到)彼此的相关程度。在图1(c)中,曲线箭头 $\mathbf{pr}_{YA,B}$ 代表一个偏相关系数。它衡量了 Y 的残差(即 $d_{Y,B}$)与 A 的残差(即 $d_{A,B}$)彼此相关的程度。

很清楚,如果在一个多元回归分析中,Y 是通过预测变量 A 和 B 进行预测的效标变量,那么,从 A 和 B 得到的半偏相关和偏

相关都会同 A 和 B 对 Y 的具体（或唯一）贡献分别联系在一起。特别是，A 的半偏相关的平方是 Y 的总方差中唯一的由 A 解释掉的比率，即 A 从中除去 A 与 B 的共享方差后，A 中残留的方差同 Y 的总方差之比。不同地，A 的偏相关系数的平方是 Y 的残差唯一的由 A 解释掉的比率，即同时从 A 和 Y 中除去 B 的效应后的比值。

对任意给定的两个变量之间的偏相关和半偏相关系数，都可以根据下列算术式，用这对变量的零阶皮尔逊相关系数进行计算：

$$\mathbf{sr}_{YA,B} = \frac{\mathbf{r}_{AY} - \mathbf{r}_{AB} \times \mathbf{r}_{YB}}{\sqrt{1 - \mathbf{r}_{AB}^2}} \quad (1)$$

$$\mathbf{pr}_{YA,B} = \frac{\mathbf{r}_{AY} - \mathbf{r}_{AB} \times \mathbf{r}_{YB}}{\sqrt{1 - \mathbf{r}_{YB}^2} \times \sqrt{1 - \mathbf{r}_{AB}^2}} \quad (2)$$

比较等式（1）和等式（2），半偏相关系数（如 $\mathbf{sr}_{YA,B}$）的计算在分母的构成上不同于偏相关系数（如 $\mathbf{pr}_{YA,B}$）的计算。偏相关等式的分母项要小于半偏相关等式的分母项（亦即，就偏相关而言，其分母项是两个小于 1 的项的乘积，而半偏相关的分母项只包括一个小于 1 的项）。两者的差异使得半偏相关系数总是小于偏相关系数，除非 A 和 B 是相互独立或者不相关的。

——Marco Lauriola

（马妍译　赵锋校）

参考文献

Darlington, R. B. (1990). *Regression and linear models.* New York: McGraw-Hill.

Pedhazur, E. J. (1982). *Multiple regression in behavioral research* (2nd ed.). New York: Holt, Rinehart and Winston.

半结构化访谈（Semistructured Interview）

半结构化访谈是一个涵盖广泛的术语，常用于描述与定性研究【Qualitative Research】相关的一系列不同形式的访谈。不同于结构化访谈【Structured Interview】——其中包含了一个以同样的方式向所有访谈对象提出问题的固定次序，半结构化访谈的确定特征在于它们具有一个弹性的和可变动的结构。半结构化访谈的结构常依照一个辅助的备忘录或访谈提纲【Interview Guide】而加以组织。这一结构涉及贯穿访谈全过程的话题、主题或各个部分，而不是一个依次排列的标准化问题的问卷。其目的常在于要确保访谈的弹性，即根据具体情况确定提问的方式和提问的顺序，根据不同的访谈对象确定某一部分问题是否适用于他们，是否需要他们进一步作答。这就是为什么访谈对象自身的理解可以同研究者的兴趣一道塑造访谈，也是非预期的主题得以突现的缘由。

半结构化访谈的逻辑和基础

半结构化访谈与社会科学领域的诠释主义【Interpretivism】、符号互动论【Symbolic Interactionism】、建构主义【Constructionism】、女性主义【Feminism】、心理分析【Psychoanalytic】、口述【Oral】或生活史【Life History】的传统紧密相连。它反映出同人的知识、理解、解释、经验及互动相关的一种本体论【Ontology】立场。在当前的半结构化访谈实践中，人们可以辨识出不同传统的要素。而这些实践，根据珍妮弗·梅森的建议，具有以下广泛的特征：互动式的对话；相对非正式的风格；主题性的、以话题为中心的、传记式的或叙事的实施方式；以及相信知识有其情境和背景，因此访谈的功能在于确保能将相关的背景置入研究的关注点，并由此生成情境化的知识（Mason，2002，p. 62）。

大多数评论者同意，半结构化访谈的逻辑是要以互动的方式生成研究资料，而克沃勒还把定性研究访谈描述为“一个知识的构建场所”（Kvale，1996，p. 2）。这意味着在知识构建过程中，不仅是访谈对象，访谈者也被视作一个积极的、反身性的（reflexive）角色。于是，资料就被视为源自访谈者和访谈对象间的互动，而研究者要去分析的是这种互动，而不仅仅是访谈对象给予的“答案（answers）”。

这种以相对开放、弹性和互动方式形成的访谈结构的通常目的是要生成访谈对象对他们自己的视角、感受、经验、理解、解释及互动的说明。更加标准化的和结构化的方式可能过度地把研究者自己的意义和理解框架强加在之后的资料中。此外，它还可能忽略由访谈对象的观点看具有重要性的事件和经验，而它们虽然同研究相关，却不在研究预期中，或是忽略那些对访谈对象自己的传记或他们知觉事物的方式具有特殊意义的事件和经验。

有时，半结构化访谈还暗含一种对研究伦理【Ethics】的特殊处理，即尽可能平等地安排访谈者和访谈对象间的权力关系，也就是让访谈对象有充分的机会用自己的方式讲自己的故事。尽管这可能让半结构化访谈显得比标准的或结构的方法更加符合伦理，但也必须承认，生成的资料可能是非常私人的和敏感的，特别是当它们来自访谈者与访谈对象间的信任和亲密融洽【Rapport】的关系时。因此，在这个背景下，保密和伦理问题并不简单。

半结构化访谈的类型

实践上，存在着相当不同类型的半结构化访谈。不同类型间的差异在于：在何种程度上，访谈者负责组织和指导访谈互动；访谈的组织逻辑的性质，比如是一个生命故事、自传，还是一个或一组松散的话题；在何种程度上，可以将后续资料视作互动的结果或访谈对象的说明而加以分析；以及在何种程度上，访谈资料可以为自身讲话，或需要由谁及经由何种机制而予以解释。下面是3种不同类型的半结构化访谈：

1.*民族志访谈*通常是涵盖更广的田野研究的一个组成部分。民族志访谈的实施经常伴随着田野中不断发展的关系，因此各种形式的资料既有得自访谈之内的，也有得自访谈之外的。这种访谈能将访谈者与访谈对象之间一段时期内的持续联系作为访谈的基础，并因此可以增加知识的互动合作生产以及融洽双方关系的可能性。在分析后续资料时，它也非常强调访谈对象自己的解释和理解。

2.*心理分析访谈*有时被当作一项治疗活动的组成部分，尽管这不是访谈的必要构成。其目的通常是既要去探寻访谈对象的意识又要去探寻他们的潜意识理解。温蒂·霍尔韦和托尼·杰斐逊（Hollway & Jefferson，2000）建议使用自由联想叙事法（the free association narrative method），即使用一种最低限度的访谈者—施加的结构（interviewer-imposed structure），并通过分析访谈对象自由联想的模式，从而促进研究者对潜意识的主体间性和心理社会主体的理解。因此，研究者并不将访谈对象自己的解释当作事实的解释，而是动用心理分析理论去分析资料。

3.生活史或口述史访谈包括编纂自传和生活故事。研究者可以用多种方式编纂生活史,包括使用文献法或可视方法,如对日记、信件及照片的分析。它们都可以构成访谈的一部分,例如,请访谈对象就家庭的照片聊一聊。其中,有些生活史以一种完全不加解释的方式,即依照访谈对象的讲述,使用相关方法来记录他们的生活。另一些则强调生活史知识的构建过程中解释和互动的成分。像民族志访谈一样,生活史访谈有时也随着一段时期内不断发展的关系而同时开展。

对半结构化访谈的评价

已经证明半结构化访谈是一种有价值的获取阐释性资料的方法。有些批评认为,由于它所生成的资料是非标准化的,所以这些资料不容许进行访谈间的比较,而这些批评是错误的。因为访谈资料比较的逻辑要求将比较建立在对每个个案全面理解的基础上,而不是基于所有案例数据的标准化。然而,单独使用半结构化访谈可能生成的只是片面的阐释性理解,而其他方法能够成为有益的补充,如那些能拓展知识的情境维度的方法,包括参与观察【Participant Observation】和可视方法【Visual Research】。

——Jennifer Mason

(王玥译　赵锋校)

参考文献

Hollway, W., & Jefferson, T. (2000). *Doing qualitative research differently*. London: Sage.

Kvale, S. (1996). *InterViews: An introduction to qualitative research interviewing*. London: Sage.

Mason, J. (2002). *Qualitative researching* (2nd ed.). London: Sage.

Plummer, K. (2001). *Documents of life 2: An invitation to a critical humanism*. London: Sage.

研究敏感话题(Sensitive Topics, Researching)

研究者常常必须以某种方式研究那些敏感话题。然而,并不存在一个敏感话题的确定清单。通常,敏感性似乎经常产生于要研究的话题与所研究的话题之间的关系。有些看似困难的话题可以毫无问题地被研究,而有些表面上无害的话题却可能是高度敏感的。因此,那些起初看上去陌生、古怪甚至是令人恐怖的群体,有时会感到被广大社会所误解,同时,会平静地看待一位研究者的出现,并认为这位研究者可以将他们的世界观传递给更广大的听众。另一方面,一些表面上正常的环境可能隐藏了那些参与者希望规避审视的越轨模式。在这些情况下,调查通道【Access】和田野关系【Field Relations】都可能成为预期之外的问题。

敏感话题经常包含所研究对象面临一定程度的威胁或风险,即信息提供者质疑研究数据的收集、保存,以及(或是)发布。这些威胁经常产生于研究者对社会生活特定领域的兴趣。当研究触及生活的如下方面时,它可能是敏感的,如性活动、失去亲人,或被强烈保有的、私人的、折磨人的或神圣的个人信念。被研究者眼中的如下可能性也是敏感性的一个常见来源,即研究可能暴露研究参与者的相关信息,而这些信息会以某种方式导致污名或加罪。当研究撞上了有权力的人或机构的既得利益,或者压制或统治的活动时,研究也常是敏感的。研究也可能对研究者有威胁。那些研究越轨群体的研究者,有时要共享那些贴在被研究者身上的社会污名。朋友、同事,以及大学的行政人员有时认为,调查性行为问题的研究者也拥有他们的研究对象的偏好。在暴烈的社会冲突环境中,或者当要研究的群体处于暴力经常发生的环境中,即可能出现身体的危险。

因为它们通常涉及那些其他研究中不常见的意外情况,所以敏感话题既提出了困难的方法论问题,也提出了技术问题。进入田野是常见的问题。那些控制进入田野的人经常拒绝给研究者提供帮助,或设置进入田野的条件或约定。在敏感的背景下,研究者与被研究者之间的关系可能以种种方式受到不信任、隐瞒和掩饰的阻挠,而这又会影响数据的信度和效度。在这些情况下,对研究者的接纳通常要依赖于同研究参与者的信任关系的长期培育。就这些由研究过程的威胁特征而导致的问题,找到技术上或方法上的解是可能的,如在极强的匿名条件下收集数据。尽管会涉及严肃的伦理问题,一些研究者还是采用了某些强健的调查策略,其中包括为了克服有权力的人群隐瞒他们的活动,不被外界审视,使用隐蔽调查法或说服式访谈策略。

敏感话题有时会出现与研究伦理、政治和法律方面相关的难题。那些研究敏感话题的人可能需要比研究那些一般无害话题的人,更加敏锐地意识到他们对研究参与者的伦理责任。需要特别留意,例如,匿名化和数据保护。研究参与者已经逐渐加强了针对研究者的法律权利。许多国家现在有法律体系,有权对社会研究予以事先的伦理审查。不过,有时,法律框架阻碍研究敏感话题的方式,恰同制定这一框架的精神相背离。目前,研究者常常进入合作式的研究关系中,而这些关系容许无权力的或处于边缘的人群就他们的担忧和渴望发出自己的声音。参与行动研究【Participatory Action Research】方法容许发展研究者同研究参与者之间平等的和互惠的关系。不过,这种关系并不能免于研究者和被研究者之间的紧张,或是免于面对共同选择的压力。

敏感话题考验研究者的才智,还可能对他们作出实质性的个人要求。技术、毅力和想象力都是成功解决敏感话题引发的问题所需要的。尽管这些已经鼓励研究者在某些领域中的创新,如在问卷调查中询问敏感问题、保护敏感数据,不过,研究中方法或技术的决策同伦理的、法律的或政治的考量之间的关系通常是复杂的。尽管有些研究者在研究敏感话题时,通过整个地退出该话题领域来应对研究中的难点,然而,敏感话题始终是社会研究中既富于挑战性又具有必要性的活动。

——Raymond M. Lee

(王玥译 赵锋校)

*也可参见行动研究【Action Research】、匿名【Anonymity】、隐蔽研究【Covert Research】、研究中的危险【Danger in Research】、田野关系【Field Relations】、研究的政治【Politics of Research】。

参考文献

Lee, R. M. (1993). *Doing research on sensitive topics*. London: Sage.

敏化概念(Sensitizing Concept)

美国社会学家赫伯特·布卢默是符号互动论【Symbolic Interactionism】的创立者,他将敏化概念同一些定量社会研究者所坚持的确定概念对立起来。敏化概念不涉及用"固定的和具体的程序"去辨别一组现象,而代之以给予"用以接近经验事实的一个一般参照和指导的感觉"。所以,确定概念"提供了看什么的处方,而敏化概念只是建议随着它去看的方向"(Blumer, 1969, p.148)。

布卢默承认理论概念的模糊性可能是个问题。然而,他否认问题的解决方法在于去发展确定概念,正如那些在1930年代、1940年代和1950年代曾经影响了美国社会学(参见操作化论【Operationism】)的实证主义【Positivism】科学哲学所建议的那样。他所为之奋斗的敏化概念反映的是实用主义【Pragmatism】哲学,而他自己对方法论的思考正源于此种哲学。著名的实用主义者杜威主张,概念是以使用为目的的工具,同时,应根据它们的工具价值——是否能促使人们去理解世界,是否能让人们对世界采取行动——而予以判断。就布卢默的论证而言,同样关键的是如下观念:概念,如果要去抓住同它们相关的现象的性质,就必须在研究的过程中去发展、去界定。他提出,通过精确地表述概念的内涵来开始研究,就像许多实证主义者所提倡的一样,等同于一种虚假的科学性,同时,这种做法很可能会阻碍获取社会世界的真正知识这一任务的实现。与此同时,布卢默的著作中以更加激进的观点建议:在某种意义上,模糊性可能是社会科学概念的一个无可避免的特征。一个原因在于,把握社会现象的多样性、过程性和偶然性的困难。布卢默提出,这似乎意味着不可避免地依赖于默许的文化知识,即依赖于理解【Verstehen】。因此他写道,只有物理对象可以"被转变到一个时空框架内,或被带入乔治·米德所说的触—视领域(touch-sight field)",然而,社会现象的观察需要"观察者对行为情境中的关系有所感知,并以此为基础,运用观察者经验中的社会规范来做判断"。(Blumer, 1969, p. 178)。

布卢默承认,社会学的多数核心概念都满足一个重要的敏化角色。然而他坚持,只要有可能,研究者还要通过丰富他们在社会世界中相关领域的一手经验,来澄清这些概念。首先要做的是,通过他所说的自然主义的研究(定性的或民族志研究),在这些研究中,经验实例在它们的自然背景中,受到"一双能够分离(概念的)类属性质的眼睛"的"细致而又有弹性的审视"(Blumer, 1969, p. 44)。

——Martyn Hammersley

(王玥译　赵锋校)

参考文献

Blumer, H. (1969). *Symbolic interactionism*. Englewood Cliffs, NJ: Prentice Hall.

Hammersley, M. (1989). The problem of the concept: Herbert Blumer on the relationship between concepts and data. *Journal of Contemporary Ethnography*, *18*, 133-160.

语句完成测验(Sentence Completion Test)

语句完成测验需要填写语句中缺失的一个或多个词语。下面是一个简单的例子:

她给他倒了一杯咖啡并给他一片________。

选择出语义上恰当的完形词汇的能力

被视为语言能力水平的体现。另一种测验样式要求给出两个缺失的单词或用一段带有多个缺失单词的段落做测验,以便测试受试者对因果关系或逻辑关系的理解水平。

语句完成或"完形填空"测验在教育测验中有广泛使用(例如,作为美国 SAT 测验,Graduate Record Exams 和 the Test of English as a Foreign Language 的一部分)。测验中,给学生一组可能的完形词汇。所有的词汇在语法上都是合理的,但是只有一个在语义上是恰当的。完形作为语言能力的一种测量的效度依赖于此一假设,即在自然语言中理解一个词语的意义需要许多其他语义相关词语的支持结构。如果上述假设未能满足,受试者就不能参加考试,因为可信的完形表现依赖于事先已经安排好的整体结构的程度,否则测验就没有可信性了。

在心理学研究中,很少给受试者提供多种完成语句,而是让他们按照他们认为恰当的方式完成句子。研究所关注的因变量【Dependent Variable】是他们对词语的选择,或者是他们完成语句的时间。

心理学的应用分为两种类型,其分类依据是:完形是被用作非语言心理状态的间接测量(如人格的一个面向),还是作为研究语言过程本身的考察工具(如测验语句理解的理论)。在非语言的研究中,只有同先前收集到的完形规范(已经证明对测量受试者的心理状态是有效的)相比较,完形才提供了关于受试者心理状态的信息。

在心理语言学中,语句完形常与自由联想和触发任务配合使用,以期量化那些平时难以获得和无意识的语言预期(Garman, 1990)。在一项联想任务中,受试者被给予一个单一的词语提示,再请他们说出脑海中所有出现的词语。在一个语言中,每一个词在一个提示词后出现在首批反应词中的概率可以通过一个很大的文本估计出来。而受试者倾向于给出那些在给定提示词条件下具有很高条件概率的词汇。有时,研究者会在测试词前,给受试者一个提示词。这个提示词可能与测试词有语义关联,也可能同测试词无语义关联。触发指同用无语义关联的词作提示词相比,用有语义关联的词作提示词带来的对测试词认识所费时间的减少。触发效应可以通过要认识的词汇同触发词汇之间的替代性水平来很好地预测。替代性是一个词语在不造成语句语义上的不协调的条件下被另一个词替代的容易程度的一个量度,此外,通过测量词汇的分布的类似性,可以将词汇的替代性予以量化(Redington & Chater, 1997)。替代性说明,意义具有内在的关系,同时,它能形式化地检验如下假定,即对意义的理解预先要求实质的、周边的语言结构的存在(Cruse, 1986)。

生理上,在触发任务和不协调替换语句上下文中的不相关的词语会触发 400 组大脑事件相关电位,拉长注视的时间,增加反应的时间。

因为联想任务是语句完形的压缩形式,触发结果是通过与语句完形紧密相关的替代性测量来预测的,语句完形很可能根本地依赖于语言背景的统计测量。从这个角度看,第二种语言语句完形任务的应用可测量受试者内化替代性直觉的程度,而替代性直觉是由潜在的第二种语言的统计学特征产生的,同时,它还是学习第二种语言必需的副产品。

——Will Lowe

(王玥译　赵锋校)

参考文献

Cruse, D. A. (1986). *Lexical semantics*. Cambridge, UK: Cambridge University Press.

Garman, M. (1990). *Psycholinguistics*. Cambridge, UK: Cambridge University Press.

Redington, M., & Chater, N. (1997). Probabilistic and distributional approaches to language acquisition. *Trends in the Cognitive Sciences*, *1*(7), 273-281.

序贯分析(Sequential Analysis)

在社会科学研究背景下,序贯分析是指组织和分析行为数据的方式,其目的在于揭示观测到的行为中存在的序次模式或规律性。因此,不像对数线性【Log-Linear】或多元回归分析【Multiple Regression Analysis】,序贯分析不是一项特定的统计技术,而是既有统计技术的特定应用。

序贯分析的数据通常来自系统观测【Systematic Observation】(Bakeman & Gottman, 1997),其性质是定类的,并且可能数量巨大。用于分析序次数据的许多统计分析技术包括那些通常适用于定类数据分析【Categorical Data Analysis】的技术,如卡方或对数线性分析,不过,就序次分析而言,通常一项有效的策略是先从数据中得出序次模式的指标,再用适当的统计方法予以分析(Bakeman & Quera, 1995)。因此,一个序贯分析可以就观测到的行为的顺序提供基本的描述信息。与此同时,它还可以将此类数据简化为一组少量的具有理论针对性的序次过程的指标集,然后再用任何恰当的分析技术分析这些指标集。

历史演进

序贯分析的发展受到1960年代人类和动物行为学【Ethology】的影响和激发,而且在很大程度上由对动物行为和人类发展感兴趣的研究者主导。与行为学方法一致,序贯分析通常也被视为一种归纳事业:观测者将创建一份习性谱(ethogram,一份关于一个动物可能发生的行为的清单),然后记录行为出现的顺序。这类数据由事件序次构成:如果习性谱(或编码方案)由5个码(如A,B,C,D,E)组成,一个数据序次可能是A B C B C D E C E C D A,诸如此类。其观念是,如果有充足的数据和正确的分析,模式就会突显出来。

由此,研究者创建了交叉分类表:行代表给定的或当前的码(滞后0),列代表目标的或下一个码(滞后1),序次中码的接续对被一一统计于表中(第一个 c_1c_2,然后 c_2c_3,c_3c_4 等,其中 c_i 代表第 i 个位置的码),同时将观测频次超过期望频次的单元格标记出来。观测频次超过期望频次的程度能用调整的 z 分数——一个常见的列联表【Contingency Table】统计量——予以量度。当码很多且没有针对性的假设限制所要检验的码时,这种方法会变得极不易处理。例如,在1960年代中期,计算机革命之前的一篇有影响的文章中,斯图尔特·阿尔特曼描述到,为了寻找出模式,他的手和膝盖下满是矩阵的纸张,这些纸张每张上都绘制有数以百计的行和列的矩阵,它们交叠在一起,铺满了整个地板。

滞后的事件序贯

就事件序贯而言,通常滞后1的表格被

证实是最有用的,但是也可以考虑将滞后2、滞后3等(列代表现有行为之后的第二序次的行为、第三序次的行为等)排在当前序次后,即吉恩·萨基特(Sackett,1979)所谓的滞后序贯分析(lag-sequential analysis)。例如,如果在A的滞后1的位置上,B显著多地出现,同时,在A的滞后2的位置上,C显著多地出现,那么这表示ABC是一个常见的序次,如果在B的滞后1的位置上,C显著多地出现,这就更是如此。当事件的持续期没有太多变化且分析的首要考虑是事件的顺序而不是时间变化时,这类分析最有效。

计时的序贯:一个例子

前文的例子假定事件按顺序进行编码,但是记录它们的开始或结束的时间。当有可用的计时信息时——并且当前的数字革命使得计时信息更容易记录了——序次由此获得了新的分析机会,以无法用于事件序次的方式获得呈现和分析。假定以精确到秒的精度记录时间。那么,计时的序次可以由任意数量的互斥的或同时发生的行为构成,同时在创建列联表时,使用时间单位,而不是事件次数作为计算单位。这样做可能很有用。通常,研究者想要知道相对于另一种行为,某种行为是否会在一个特定的时间中出现,并且他们并不特别关心它的滞后位置,亦即他们并不关心其他行为是否会介入。

例如,德克内、亚当森和巴克曼(Deckner, Adamson, & Bakeman, 2003)想知道,母亲与她们初学走路的孩子的节奏发声(rhythmic vocalizations)是否能相互匹配,并因此针对母亲和孩子的节奏发声的开始和结束时间进行了编码。表1显示了一对母子的匹配结果。

表1 学步期儿童节奏发声的开始时间是否发生在母亲开始发声后的5秒内的交叉表

母亲开始发声后的5秒内	学步期儿童的开始时间		总计
	是	否	
是	11	189	200
否	29	971	1 000
总计	40	1 160	1 200

注:这一对母子的观测期为1 200秒,亦即20分钟;计算单位为秒。

对于表中的行而言,时段被划入一个5秒的时窗内,即由母亲开始一次节奏发声或不发声的那一秒开始计算的5秒持续期;而对于表中的列而言,时段是按每一秒划分的,即学步期儿童开始一次节奏发声或不发声的那一秒。就此一2×2的表而言,一个有效的综括是,计算学步期儿童在他或她的母亲开始发声的5秒内开始节奏发声的概率,即0.058 2∶1或1∶17.2,或者相应的不发声的概率,即0.029 9∶1或1∶33.5。于是,优势比【Odds Ratio】(一个在流行病学领域比其他社会科学领域有更多应用的统计量)为1.95。

优势比在两个方面是有用的:首先,可以用它来描述一种行为在某一个特定的时窗内发生的概率同其不发生的概率相比有多大。其次,优势比的自然对数的取值范围介于负无穷到正无穷之间;当取值为0时,表示没有影响,是一个极适于标准统计分析的分(优势比本身不具有这种特性,它的取值范围介于0到正无穷;当取值为1时,表示没有影响)。据此,德克内等人可以说,24个月大的女孩比同龄男孩或者18个月大的男孩或女孩更有可能跟随她们母亲的节奏发声。

总之,德克内等人的研究提供了如何用

序次分析处理计时序次的优秀示例。首先，记录事件开始和结束的时间；其次，用一种计算机程序（Bakeman & Quera, 1995）计数时段，同时针对单独个案，计算相应的序次过程的指标（在这里即一个优势比）；最后，一个标准的统计技术（这里是混合方差分析【Analysis of Variance】模型）可用于分析序次分（这里是优势比的自然对数）。

——Roger Bakeman

（马妍译　赵锋校）

参考文献

Bakeman, R., & Gottman, J. M. (1997). *Observing interaction: An introduction to sequential analysis* (2nd ed.). New York: Cambridge University Press.

Bakeman, R., & Quera, V. (1995). *Analyzing interaction: Sequential analysis with SDIS and GSEQ*. New York: Cambridge University Press.

Deckner, D. F., Adamson, L. B., & Bakeman, R. (2003). Rhythm in mother-infant interactions. *Infancy*, *4*, 201-217.

Sackett, G. P. (1979). The lag sequential analysis of contingency and cyclicity in behavioral interaction research. In J. D. Osofsky (Ed.), *Handbook of infant development* (1st ed., pp. 623-649). New York: Wiley.

顺序抽样(Sequential Sampling)

顺序抽样是：先抽取多个样本【Sample】，再一个接一个地实施调查，直至累计的样本满足调查目标为止。经常发生的情况是，很难事先知道一个具体的抽样调查的回答率和每个访问的成本，特别是针对特殊总体【Population】或当回答模式不断变化时。在这些情况下，很难准确规划出要满足研究目标而必须抽取的样本量，如要获得完成回答所需的样本数目、数据收集所需的预算。顺序抽样依赖的原则是：从同一研究总体中抽取的多个概率【Probability】样本，就像一次性抽取的单一样本一样，可以被组合在一起，并做统计估计。顺序抽样允许研究者在不过渡地损坏概率选样的标准或减少无回答【Nonresponse】的情况下，精确地控制一项调查获得的完全回答的数量（Kish, 1965）。

顺序抽样通常抽取 3 个样本：具有一半样本量的一个初始样本，而该样本量在乐观期待下能满足研究目标；从同一总体中抽取的、同第一次取样量相同的另一个样本；以及一个最终的补充样本，也取自同一研究总体。乐观期待下能满足研究目标的样本量可根据某个较为保守的回答率来计算。一般而言，这个样本量等于用调查所需的完成回答的数据除以保守的回答率，并以这个样本量作为数据收集的乐观样本量（即 $n_0 = n/r$，其中 n_0 是数据收集所需的乐观样本量，n 是所需的完成回答数目，r 是对回答率的一个乐观估计）。在实践中，第一个样本（$n_0/2$）通过使用调查设计所指定的所有回收程序而予以完全实施。当第一个样本的数据收集几乎完成时，开始抽出第二个样本，数据收集按计划进行。研究者根据第一个样本计算无回答率和每个访谈的成本。用这些估计量计算第三个样本量，再从同一调查总体中抽取第三个样本；然后，根据调查设计，对它们进行数据收集。顺序抽样允许研究者避开障碍，以免发生不确定的结果。

尽管顺序抽样有明显的益处，但是它增加了田野工作的花费，也让调查实施更加困难。顺序抽样的一个常见问题是:当第一个样本的结果正在被列表计算时,田野工作会中断。在上述的若干步骤中,第二个样本的使用能极大地缩短田野操作的中断。此外,现在访谈员通常直接将数据输入自动化的档案中,减少了确定最终样本的样本量所需的计算时间。

尽管上面描述的 3 个样本,即顺序样本,一般适合于获取横截面调查数据,而这一技术已经在以下两个方面得到了扩展。第一,电话调查实施者常从商业抽样公司得到多个样本或重复样本,并将它们作为序列样本来实施调查。通常的做法是,在调查开始时,对若干重复样本实施调查,而当回答率从第一批样本中估出后,为了收集数据,再对额外的样本实施调查。因为商业抽样公司会不断地更新可用的电话号码档案,并对每个独立的样本索取设立费,所以许多电话调查单位会例行地在若干重复样本中得到额外的样本,从而一面控制调查成本,一面最大限度地控制数据收集的不确定性。

第二,顺序抽样技术还被用于追踪民意测验或滚动的样本调查,而这些调查既容许对研究总体做横截面的估计,也容许做时间序列【Time-Series】的估计。追踪的民意调查主要由候选人、媒体和学者用于政治选举(John, 1989; Moore, 1999; Rhee, 1996)。追踪的民意调查可以估计出一个候选人目前的支持度,以及支持度的历时变化(Green et al., 1999)。通常,每天使用一个重复样本来收集数据,而估计候选人的支持度由 3 天或 5 天的移动平均数【Moving Average】来估计。滚动的样本调查使用同样的技术来调查更广泛的社会科学研究问题,如意见的动态变化(Henry & Gordon, 2001)。

——Gary T. Henry

(王玥译　赵锋校)

参考文献

Green, D. P., Gerber, A. S., & De Boef, S. L. (1999). Tracking opinion over time: A method for reducing sampling error. *Public Opinion Quarterly*, *63*, 178-192.

Henry, G. T., & Gordon, C. S. (2001). Tracking issue attention: Specifying the dynamics of the public agenda. *Public Opinion Quarterly*, *65*(2), 157-177.

John, K. E. (1989). The polls—A report. *Public Opinion Quarterly*, *53*, 590-605.

Kish, L. (1965). *Survey sampling*. New York: Wiley.

Moore, D. W. (1999, June/July). Daily tracking polls: Too much "noise" or revealed insights? *Public Perspective*, pp. 27-31.

Rhee, J. W. (1996). How polls drive campaign coverage. *Political Communication*, *13*, 213-229.

序列相关(Serial Correlation)

当一个时间序列【Time-Series】过程的接续取值给出非零的协方差【Covariance】时,即存在着序列相关。术语序列相关的用法常等同于自相关,而后者指更一般的同变量自身或一段时期后同自身相关的情形,比如,今天总统的支持率同昨天他的支持率是相关的(序列相关),或者在一定空间内,如帮派成员间在他们的居住地同某个城市低收入区的物理距离上存在相关关系(空间【Spatial】相关)。空间相关的普及性不及序列相关,并且空间相关在教科书关于自相关的部分很少有讨论。序列相关是时间序列过程的一个共同特征，而且它对于动态模型设定【Specification】具有若干含义。在一个回归模型误差项上，序列（或空间）相关的存在违背了高斯-马尔科夫【Gauss-Markov】回归假定，同时使得源于最小二乘估计的推断无效。

如果一个时间序列过程在时点 t 的取值是它自己先前若干(p)个取值的一个线性【Linear】函数，这一时间序列过程是序列相关的：

$$y_t = a + b_1 y_{t-1} + b_2 y_{t-2} + \cdots + b_p y_{t-p} + \mu_t$$

如果 y_t 仅同 y_{t-1} 相关，那么我们说，有一个一阶序列相关或一阶自相关，通常记作 ρ_1。如果 y_t 同 y_{t-1} 和 y_{t-2} 都相关，那么我们有一个二阶自相关，记作 ρ_2，诸如此类。自相关系数 ρ 给出了相关【Correlation】的强度。序列相关并不依赖于时间周期自身，仅依赖于时间周期间的间隔数量（即滞后【Lag】的长度），而相关估计的就是两个时点间的关系。y_t 和 y_t 之间的相关是完美的或者等于 $1(\rho_0=1)$。估得的序列相关可以告诉我们 y_t 过程中内在固有的时间依赖的性质和程度。就一阶序列相关，也是对最常见的一种序列相关而言，接续的两个滞后间的相关将以某个确定的速率 ρ_1 衰减，而大的相关系数表明更强的时间依赖及更慢的衰减。

如果一个序列是协方差平稳的(stationary)［均值、方差和滞后的协方差(lagged covariances)不随时间变化］，那么可以将 y_t 和 y_{t-p} 之间的自相关定义为 y_t 和 y_{t-p} 间的协方差除以 y_t 的自协方差（方差）。此外，对于一个平稳的序列，相关系数的取值范围介于$-1.0\sim1.0$，较大的数值表示较强的跨时依赖性。

例子

通常，社会过程会展现出确向的(positive)序列相关，而非不定向的(negative)序列相关：接续的观测值倾向于朝同一方向移动——或者向上，或者向下。思考以下的例子。

(1)政府或机构的预算以以往的预算为基础，而不是一年一更新，因此这一过程中的预算变化是递增的。两个临近期的预算相关将是强的和正的。

(2)总计的党派平衡（如民主党的比例）倾向于缓慢地朝某一方向移动，而这或许是因为政治体系的某些特征能保持党派成员的平衡，使其不随时间发生剧烈波动。这将在党派平衡上产生强的确向序列相关。

(3)由于女性平均受教育程度的上升，在专业或管理岗位上工作的女性比例趋于历时的缓慢增加，从而在两个邻近的比例值之间出现强的确向相关。

相反，如果某个过程的当前取值同它的过去取值关联，在上文 b 取值的正负号上出现震荡时，即出现不定向序列相关。如果一个过程会随时间对过去实现中出现的某些错误发生调整，那么这一过程将造出不定向相关，即在一段时期中，过程朝向上，在下一个时期过程朝向下。

含义

序列相关对于建模有两项含义：其一，分析者在选择一个模型设定时，必须对诸种时间序列的动力过程保持警觉。我们所关注的过程中存在的序列相关可通过将滞后的因变量和可能的自变量直接纳入过程的回归模型而予以建模。其二，分析者也必须意识到在一个动态回归模型中，误差过程自身可能也是序列相关的；亦即即使在模型中已经直接考虑了动力过程，一个时间周期中的误差也会以一种系统的方式同过去的误差相关联。最典型的情况是，预测【Prediction】

误差系统性地太高或太低,从而在模型的误差项上,出现确向序列相关。一个回归模型误差项上的序列相关违背了误差不相关的回归假设,同时,由于估得的标准误【Standard Error】是有偏的,致使统计推论变得无效。偏差的方向随相关系数的符号变化,即正的相关系数会缩小标准误,负的相关系数会放大它们。由于社会科学过程倾向于呈现正相关,通常方差将被低估(我们会放大对估计值的精度的估计),从而可能使分析者去拒绝一个真的虚无假设。此外,在这种情况下,R^2 会被高估。更普遍的情况是,如果存在着序列相关的误差项,那么 t 检验和 F 检验就不再有效而且还会产生误导(Gujarati,2002)。

鉴于从误差序列相关的模型中获取推断【Inference】有较高的成本,在估计涉及时间序列数据的回归【Regression】模型时,恰当的做法包括针对误差过程中可能存在的序列相关,做估后诊断检验(postestimation diagnostic tests)。这类检验中最常见的是针对一阶自相关的 Durbin-Watson【Durbin-Watson】检验。

误差项上出现序列相关的原因可能有几种。首先,它的出现可能是由于动态误设【Misspecification】。这里又有几种情况,如:

(1)如果变量的行为方式具有时间依赖性,没能将这些变量纳入模型会导致回归误差项上出现序列相关;亦即模型的误差项中将包括遗漏的时间-因变量。例如,如果我们在布什总统的支持率模型中遗漏了 9 月 11 日,那么将系统地低估了他在那段时期之后的支持率。在这种情况下,误差项上会出现强的正自相关。

(2)不正确的函数【Function】形式可能产生序列相关。如果在我们的模型中 X 和 Y 呈线性关系,而实际上,Y 线性地与 X 的平方相关,那么就会系统地高估一系列连续的 Y 值,然后再连贯地低估另一系列的 Y 值。

(3)如果因变量是惯性的,那么遗漏一个滞后项将产生序列相关。

纠正动态误设的最好办法是更正模型中动力过程的设定。

此外,有些隐藏的误差本身可能是序列相关的。比如,由数据带来的问题。数据操纵(data manipulation)——插入缺失值【Interpolation】、通过平滑【Smoothing】时间序列处理数据中的随机【Random】波动(对接续的观测值取平均值)或者取几个历时的观测值的和——都可能导致模型的扰动项上出现系统的模式。

随时间推移汇总,这些都可能导致模型中的干扰出现系统模式。在这些情况下,欲得到有效的统计推论,就需要如(可行的)广义最小二乘【Generalized Least Squares, GLS】法之类的补救措施。

其他问题

上文的讨论集中于平稳的时间序列过程背景下的序列相关。平稳过程代表了时间序列过程的一个重要类别,而这类过程是稳定的,因为就所有的时间周期而言,它有一个恒定的均值、方差和协方差。对于稳定的时间序列,序列相关的模式显现为迅速的衰减,即时间序列中近期的值比远期的值与当前的值有更强的相关,同时,相关强度上的衰减率是可预测的和快速的。但是序列相关可以采取多种形式。如果序列是不平稳的,两个接续的滞后间的序列相关系数可能等于或者大于 1。在序列相关系数等于 1 的情况下,过去的效应不会衰减,而是随时间的推移发生累积。相关系数没有出现衰减的序列相关过程被称为单位根(unit root)或者随机游走【Random Walk】过程。那些在更长的两个滞后之间显现出更强的相关关系的序列相关模式被称为爆裂过程(explosive processes)。这两类过程都是堆积过程(integrated processes)的实例。此外,序列相关虽然可能历时地衰减,但是衰减得很慢以至于效应持续存在于一系列较长的滞后中,这类过程则被称为轻微堆积。由于传统的概率【Probability】理论不能用于任一类型的非平稳过程,因此,在进行假设检验及就社会过程做统计推论之前,必须通过某种方式的变换,将此类序列变成稳定的。

——Suzanna De Boef

(马妍译 赵锋校)

*也可参见【ARIMA】。

参考文献

Gujarati, D. N. (2002). *Basic econometrics* (4th ed.). New York: McGraw-Hill.

Shapiro-Wilk 检验(Shapiro-Wilk Test)

Shapiro-Wilk 检验(通常称为"*W* 检验")是一种用以检验一个随机变量【Random Variable】是否为正态分布【Normal Distribution】的方法。直观地说,该检验统计量即标准的正序统计量(standard normal-order statistics)的线性【Linear】组合的平方同样本方差的比值(或者,换言之,即样本值同它们标准化的、期望的标准正序统计量之间的皮尔逊相关系数【Pearson's Correlation Coefficient】的平方)。计算公式如下:

$$W=\frac{\left(\sum_{i=1}^{N}a_iX_i\right)^2}{\sum_{i=1}^{N}(X_i-\bar{X})^2} \tag{1}$$

其中,X_i 是样本数据 **X**(从最小值到最大值)的排序值,a_i 是带有方差-协方差矩阵 $\boldsymbol{V}$ 的标准化的正序统计量 $\boldsymbol{m}'=(m_1\cdots m_N)$,由此 $\boldsymbol{a}'=(a_1\cdots a_N)=\boldsymbol{m}'\boldsymbol{V}^{-1}[(\boldsymbol{m}'\boldsymbol{V}^{-1})(\boldsymbol{V}^{-1}\boldsymbol{m})]^{-\frac{1}{2}}$ 是非对称的,同时,根据概念有 $\boldsymbol{a}'\boldsymbol{a}=1$。在正态性的虚无假设前提下,$W$ 渐进收敛于夏皮罗和威尔克(Shapiro & Wilk,1965)给出的分布。低的检验统计量取值支持拒绝数据是正态分布的虚无假设【Null Hypothesis】。

原初的 Shapiro-Wilk 检验是针对样本规模为 3~50 的样本设计的;最近通过修正,该检验扩展了其适用性,可用于检验样本量为 2 000 的样本(参见 Royston, 1993 了解概况),而 Shapiro-Francia W' 检验对样本量为 5 000 的样本也是有效的。该检验是尺度不变和原点不变的,同时,对非正态性的背离也非常稳健;基于这些原因,它被视为其他绝大部分正态性检验(如 Bera-Jarque 检验、Kolmogorov-Smirnov 检验【Kolmogorov-Smirnov Test】的 Lilliefors 修正)的卓越替代。

例如,考虑吉尔提供的来自 81 个国家总计的 IQ 数据(Gill, 2002, p.103)。测试工具设计的回答均值为 100,方差为 15;相比而言,样本数据的均值为 88,方差为 12。Shapiro-Wilk 统计量 W 等于 0.944,而 Shapiro-Francia W' 等于 0.950;两个值都能让我们在 $p<0.01$ 的水平上拒绝正态性的虚无假设。

——Christopher Zorn

(马妍译 赵锋校)

参考文献

Gill, J. (2002). *Bayesian methods: A social and behavioral sciences approach.* London: Chapman & Hall.

Royston, J. P. (1993). A toolkit for testing for non-normality in complete and censored samples. *The Statistician*, *42*, 37-43.

Shapiro, S. S., & Wilk, M. B. (1965). An analysis of variance test for normality (complete samples). *Biometrika*, *52*, 591-611.

显示卡片(Show Card)

一张显示卡片是一个视觉工具,常用于标准化的、面对面的定量调查访谈【Interviewing】。之所以这样称呼它,是因为传统上它由卡纸做成,常用来向受访者展示特定信息。通常,卡片上的信息由对一个问题的一组可能的答案列表构成,同时,被访者被要求从中选择一个或多个合适的答案。使用卡片的主要理由是要克服如下困难:如果访问员只是读出选项,而没有提供视觉帮助,那么许多被访者就只能在他们的头脑中保留回答选项。

在缺乏一张显示卡片的情况下,这些困难有时会导致临近效应(recency effects),即由于早先的选项记不清了,被访者可能倾向于选择最后一个或后面的若干选项之一(即最近被读出来的选项)。因此,如果有许多个回答选项时(例如超过3个或4个),就可以使用卡片,或者如果选项很长或很复杂(如用来对某一话题加以描述的一组可能的观点)。然而,显示卡片不能克服同回答选项的预先列表相关的所有问题。在某些情况下,回答可能易受首位效应(primacy effects)的影响,即被访者倾向于选择第一个选项,以节省认知负担和读完整个卡片的时间。

一张显示卡片的另一个用途是作为开放性问题【Open-Ended Question】的一个记忆触发器。例如,一个问题问被访者在过去7天里是否从事过任何志愿活动。这个问题就可以使用卡片列出一些志愿活动的例子,从而给出研究者有兴趣了解的活动种类。这个技术可以帮助促进对那些可能会被忽略的回答的记忆,但是它也可能导致受访者只关注列出来的选项。换言之,受访者可能将列表视作穷尽的选项,而不只是一些例子。

显示卡片也常用于展示那些不适合语言交流的物品。例如,可能给受访者看一个报纸广告,问他是否可以回忆出看到的内容。实际上,用这种方式展示的物品,与那些文本的记忆触发器之间并没有非常大的不同。它可能促进认知,而如果访问员只是用语言描述这些广告,这些认知就可能不会出现,但是另一方面,它也可能触发错误的认知。

能够使用显示卡片(和其他视觉辅助)经常被视作面对面调查访谈优于电话调查访谈的一个重要优势。然而,显示卡片也不是没有问题。与口头提问不同,他们需要受访者有一定程度的阅读能力,而这可能成为回答偏倚【Response Bias】的来源,也存在着首位效应的风险。需要注意的是,这些问题也适用于自填答调查【Self-Completed Questionnaire】。使用卡片的逻辑方面也是很重要的。制作卡片必须可以轻松地从一张轮换传到下一张,还必须有(以及能保持）正确的顺序（活页卡片不是一个好点子）。卡片应该有清楚的标注，还应当给访谈员提供清楚的使用指示，即哪一张卡片用在访谈的哪一个问题上（如"现在看卡片C……"）。

——Peter Lynn

（王玥译　赵锋校）

符号检验（Sign Test）

符号检验最简单的形式是对两类结果的概率的比较。同样的程序也可用来推论一个差值总体的均值。

设想有一个包含22个登记选民的随机样本【Random Sampling】，其中他们被询问在即将到来的选举中倾向于投票给候选人A还是候选人B。7名选民说他们喜欢候选人A，12个偏好候选人B，其余3人则不确定。这是否表明，相对于候选人A，对候选人B有显著的偏爱？我们可以忽略3个未作决定的选民，并假定他们有相等的可能在最终投票中选择任意一位候选人，从而仅考虑剩下的$n=19$位选民，以及其中对候选人B的12次"成功"。检验的基础是样本中的成功数S。如果选民对候选人的偏好是同等的，就每一位投票而言，候选人B获得成功的概率将是0.5，候选人A的情形也一样。对候选人B而言，$S=12$或获得更多成功数的概率可根据二项分布【Binomial Distribution】计算如下：

$$P(S \geqslant 12)=\sum_{S=12}^{19}\binom{19}{S}(0.5)^{S}(0.5)^{19-S}$$
$$=0.179\ 6$$

这个值并不是非常小，因此，我们认为这个样本没有提供足够的证据，让我们推论说，选民显著地偏爱候选人B。对于更大的样本量，可根据二项分布的正态【Normal】近似（有连续校正）计算检验统计量：

$$Z=\frac{S-0.5-\frac{n}{2}}{0.5\sqrt{n}}=0.92$$

这一正态近似给出$P=0.178\ 8$，而这个值与确切值极为接近。

符号检验的另一种运用是：设若我们有一个取自某个二元分布，包含n对观测值的一个随机样本(X_1,Y_1)，(X_2,Y_2)，…，(X_n,Y_n)。我们想要推论总体中X_S和Y_S的差值之均值。第一步取每一对观测值X和Y的差值，即$D_i=X_i-Y_i$。因为X和Y总体均值之差等于差值总体$D=X-Y$的均值μ_D，所以有虚无假设$H_0:\mu_D=0$。

为了进行符号检验，我们先求得差值$D_1,D_2,\cdots,D_n$，然后记下这些差值中取正号的数目S。如果备择假设是$H_1:\mu_D>0$，那么S值很大的话，检验就会拒绝虚无假设，或者等价地说，p值将落在成功概率$p=0.5$的二项分布的右尾部。符号检验的此类应用是二项检验【Binomial Test】的一个特例，而二项检验的虚无假设是$p=p_0$，备择假设是$p>p_0$。

例如，设想随机选择出10对夫妇，并判断丈夫和妻子的评级之间的关系，评级的内容涉及冷冻的新月形比萨的口味、便利性和价格。答案是一个0（极糟的产品）到100（极好的产品）的量度上的得分。数据见表1。丈夫对该产品的喜爱甚于妻子吗？

表 1 偏好数据

夫妇	1	2	3	4	5	6	7	8	9	10
丈夫	76	83	60	90	100	55	62	69	75	43
妻子	71	81	62	84	65	44	61	67	75	40
差值	+	+	−	+	+	+	+	+	0	+

我们忽略其中有相同评分的夫妇。在剩余的 9 对夫妇中，有 8 对丈夫比他们的妻子更喜欢该产品。在等偏好虚无假设的前提下，这种情况发生的概率是 $P(S \geqslant 8) = 0.019\ 5$。由于 p 值如此小，我们拒绝虚无假设，并推论丈夫的偏好评分均值大于妻子的评分均值。

——Jean D. Gibbons

（马妍译 赵锋校）

显著性水平（Significance Level）

参见 Alpha（α）检验的显著水平【Alpha，Significance Level of a Test】。

显著性检验（Significance Testing）

显著性检验提供了客观的规则，以确定一位研究者的假设【Hypothesis】是否得到了数据的支持。对于客观性的需求源于这样一个事实：假设与目标总体【Population】的值有关，而数据源于在代表总体的信度上有所不同的诸样本【Sample】。例如，兴趣总体可能是大学年龄的人群，而样本可能是在数据收集时可用的一个特定班级。当然，这可能不是一个理想的随机抽样【Random Sampling】，而是一个经常在社会科学研究中使用的方便样本。

（在决定从一个方便样本获得的数据的结论在多大程度上可推论至样本之外时，就需要运用特别的统计考量。例如，根据一个大学生的方便样本获得的视觉感知的研究结果应当是可以做一般性推论的）为了推论一个特定变量【Variable】对行为的影响，研究者必须在获取和记录数据时遵循好的研究设计原则。否则，对数据进行再多的统计“按摩”也无法挽救一个设计不佳的研究。

即使数据源于一个设计良好的研究，但只说明两组取值之间有差异是不够的。研究者必须证明两组行为之间的差值是可信的【Reliability】，此即，它们大于那些可归之于机会的差值。

机会或（更正式的）机会抽样效应是指预先存在于样本个体之间的差异，而这些差异同研究中如何将其归类或处理都没有关系。在一项关于人类行为的研究中，机会抽样效应可能是实质性的，即受试者先天的基因遗传和环境影响过程是不在研究者控制范围之内的。为了消除分配受试者带来的所有系统偏倚，即根据未受控制的因素，将受试者分入不同的条件，从而产生系统偏倚，研究者通常使用随机化方法，将受试者分入不同的条件，即所有受试者都具有同等机会被分入任意一组条件。相比于从某个未精确定义的总体中选取受试者而言，这是更为严格的随机性【Randominess】的应用。

然而，就算使用了随机性，一个像样本均值【Mean】这样的量度也会随样本的不同而有相当大的变化,即便从中取样的总体是等价的。变差可归之于这一事实,即不同的个体进入了不同的样本,同时每个个体都具有唯一的特征。以致不可避免地,样本之间会有变化。当样本量较小,且少量有差异的取值就会扭曲结果时,尤其如此。后面,我们会设计一个具体的例子,其中会发现样本量在显著性检验中发挥关键作用。事先说明这个示例的结论,样本量越小,为了证明组间均值差是一个统计显著的差值,就要求这个差值本身更大。

研究者确定一个差值是否是“统计显著的”正式过程,亦即,这是否表示该差值不只是机会变差,被称作假设检验【Hypothesis Testing】。

假设检验

社会科学中的绝大部分研究问题可归结为两个竞争性假设。这两个竞争性假设被称为虚无假设和备择假设。虚无假设【Null Hypothesis, H_0】是最初假定为真的假设。大多数情况下,H_0 假定没有差异(如实验处理没有效应);而备择假设【Alternative Hypothesis, H_a】一般断言实验条件之间存在差异。虚无假设通常与实验的实际预测不一致。它更像一个研究者希望质疑它的“稻草人”。然而,因为虚无假设陈述的是相等(如实验组和控制组的总体均值的差为0),而备择假设陈述的是不相等(如均值差不等于0),但是,只有 H_0 可以直接检验,这也就是我们从虚无假设开始的原因,即便它不是真正的研究假设。

关于虚无假设的示例包括如下陈述:一种药没有效果;无论是单独的还是在小组内的,个体都将作出同样的决定;收入和政党归属之间没有关系;男性和女性同工同酬。为了断言一个效应或一种关系【Relationship】的存在,研究者必须首先拒绝 H_0 或使其无效(这就是为什么称它为“空”假设的原因),即通过给出同没有效应的假设不一致的数据,使虚无假设失效。因此,人们使用了间接证明(indirect proof)或间接支持(indirect support)这类术语。

在检验这些假设的过程中,特定统计检验(如 t 检验【t-Test】、方差分析【Analysis of Variance】、回归【Regression】、卡方检验【Chi-Square Test】)的使用取决于用来生成被检验数据的特征。这包括所设计的研究是用于检验实验条件之间的差值,还是衡量不同组的观测值之间的关联【Association】强度、所收集数据的类型(如数值型数据或频数),以及实验设计【Experimental Design】中因子(变量)的数量。引自莱文(Levin, 1999)的流程图(图1),例示了基于上述考量的检验选择路径(也可参见 Howell, 2002;Tabachnick & Fidell, 2001)。

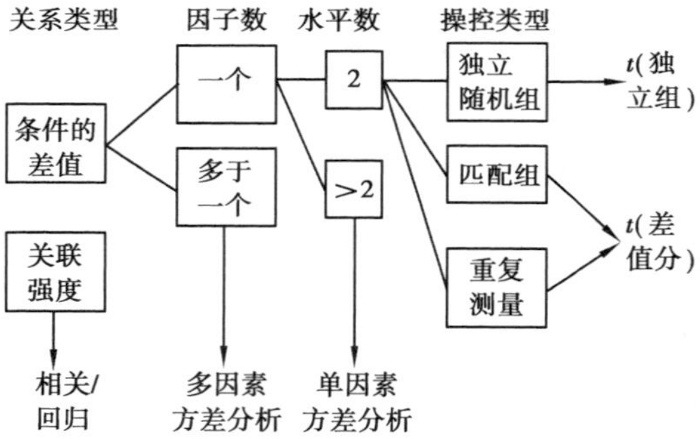

图1 检验的选择

资料来源:Levin(1999)。

无论特定的统计检验是否适合于一个给定的数据集,逻辑总是相似的。根据样本数据中实际观测到的诸条件之间的差值或关联度,计算一个量度。再将这个量度同虚无假设为真时的期望值相比较,而所谓虚无假设为真,即诸条件间不存在差异,或观测集之间没有关联,仅有机会因素影响数据。

观测到的差异超过基于机会预期到的差异越多,就越不可能将差值归之于机会,也就越不可能将它们归之于其他因素。在一个设计良好的实验研究中,那些“其他因素”可能是自变量【Independent Variable】的操控对因变量【Dependent Variable】的效应。而在一项设计良好的观测【Observation】研究中,“其他因素”可能是不同类型人群之间的差异,如民主党人和共和党人在给政治候选人捐款数额上的行为差异。

现代计算方法容许我们计算一个给定的数据可能仅是机会因素的后果的概率【Probability】(也称为 p 值【p Value】),亦即虚无假设实际为真的情况下,一个给定数据出现的概率。这个概率越小,虚无假设就越不可能为真。因此,当 p 值较小时,拒绝 H_0 而支持 H_a;而当 p 值较大时,则保留 H_0。但是哪些特质说明 p 值的“小”和“大”? 我们之前说过,显著性检验为检验假设提供了客观规则。

在此,仍要用到一些主观性。无疑,如果 $p<0.01$,那么我们希望拒绝 H_0,因为,如果虚无假设为真,那么在 100 次中,得到这样一个数据的机会不到 1 次。同样的,如果 $p>0.25$,那么会保留 H_0,因为,结果很可能是由于机会,那么在这两个值之间的 p 值又如何呢?

这时需要考虑检验统计假设过程中可能犯的推论错误的类型。当 H_0 为真时,你却拒绝了它而支持 H_a;或者当 H_0 为假时,你却保留了它,都会犯错误。按照惯例,这两类错误分别被称为第一类错误【Type Ⅰ Error】和第二类错误【Type Ⅱ Error】。第一类错误的概率(称为 Alpha,记作 α)和第二类错误的概率(称为 Beta,记作 β)成反向相关。如果为拒绝 H_0 设定了一个严格的标准,那么 H_0 为真时它几乎不会被拒绝;但是,由于一个低水平的 α 和一个相对高水平的 β,当 H_0 为假时,就倾向于保留它。为拒绝 H_0 设定一个宽松的标准,就会出现相反的情况。

这个标准被称为显著性水平【Level of Significance】,同时,事先既可以将其设定得相当低,以减少犯第一类错误的概率,也可以将它设定得足够高,以减少犯第二类错误的概率。这一决策必须立足于权衡第一类错误和第二类错误的相对严重性。例如,在医学研究中,第一类错误意味着一种无效的药或者无效的治疗被认为有效果;而第二类错误意味着一种有效的药物或有效的治疗被认为没有效果。因此,一位检验一种新药有效性的医学研究者可能希望设定 $\alpha=0.01$,以避免一种未经证实的药物过早地进入市场。在实践中,通常使用一个水平适中的显著性水平,即 $\alpha=0.05$。

一个例子

t 检验最常用来比较两个组或两种条件的均值。虚无假设使两种条件下的总体均值得分相等。换言之,如果能够比较两种条件下整个总体的得分,将不会发现两者的均值有差异,即 $H_0: \mu_1-\mu_2=0$,其中 μ_1 和 μ_2 分别表示两种条件下的总体均值。但是数据来自样本而非整个总体。例如,在一项有关儿童攻击行为的研究中,一个组或一个条件可能是一组频繁观看电视中的暴力画面的样本,而另一组则是一组少量观看的样本。备择假设是两组之间有差异,即 $H_a: \mu_1-\mu_2\neq 0$(如果事先预测了差异的方向,可以设定 H_a 的一个单尾【One-Tailed】样式,如 $\mu_1-\mu_2>0$)。

检验假设,在每种条件中,得分的分布是正态【Normal】的,并且两个分布具有相等的方差。然而,有大量的证据表明,当样本量相等时,这些假设的适度偏离对 t 检验相对地没有影响。在研究中,要针对两个样本的得分计算如下统计量:均值 $\overline{X}_1$ 和 $\overline{X}_2$,标准差【Standard Deviation】s_1 和 s_2,以及样本量 n_1 和 n_2(注意:希腊字母常用来表示总体的值,而拉丁字母则常用来表示样本的值。这是为了明确区分样本和总体。假设是就目标总体陈述的;但它们是用样本数据来检验的）。当样本量相等时，即 $n_1 = n_2 = n$，可用下列公式计算 t 值：

$$t = \frac{\overline{X}_1 - \overline{X}_2}{\sqrt{(s_1^2 + s_2^2)/n}}$$

注意，公式中的分子是样本均值实际差异的一个量度，而分母则包含了那些代表机会的影响的变化性的量度。比值越大，结果越有可能代表的不仅仅是机会变差。

接着，根据选定的 α 水平和恰当的自由度【Degrees of Freedom】，在当前情形中，$df = (n_1 - 1) + (n_2 - 1) = 2(n - 1)$，将 t 的结果值与 t 统计量表中的临界值【Critical Value】相比较。临界值确定了 t 统计量的分布上单尾或双尾所占面积的比率，即代表了一个等于 α 的区域。这个区域被称作临界区。如果由数据计算得到的 t 的绝对值大于表中的数值，那么决定是拒绝 H_0，同时支持 H_a。

如果计算得到的 t 的绝对值小于表中的值，那么必须保留 H_0 作为一个可行的选项。保留 H_0 的理由是，观测到的差值的量并未足够大，以至于可以推论两种条件是不同的。而拒绝 H_0 的理由是，两个样本均值之间观测到的差值很大，以至于无法将其归因于机会，因此研究者可以推论，两个组的得分确实是不同的。这常被称为一个统计显著【Statistical Signifcance】的差值。

这里提供一个数字实例，假设家长和老师根据一个 1~7 的量表给每个孩子的攻击行为评分，频繁观看组的平均评分是 0.5，轻度观看组的平均评分是 3.6。进一步假定每一组得分的标准差是 2。为了强调样本量的重要性，让我们先设想，这些数据来自一个每组中有 10 个孩子的样本，然后再考虑样本量为 25 的情形。

在样本量为 10 的例子中，t 值是 1.57；由于自由度为 18，所以在传统的 0.05 的显著性水平上，它不显著（没有超过临界值）。在样本量为 25 的例子中，t 值是 2.47，自由度是 48，该 t 值是显著的。因此，只有在后一个例子中，研究者可以得出这样的结论：结果在统计上是显著的，可以拒绝虚无假设，即认为观看电视的类型对孩子攻击性行为无影响；并接受备择假设，即在电视上观看了许多暴力画面的儿童组比在电视上观看较少暴力画面的儿童组会有更多的攻击性行为。

小结

显著性检验【Significance Testing】旨在根据某种概率或可能性的估计，给出一种决策规则，而这种概率或可能性是一组给定的研究结果，完全可归之于在不同的条件下随机变化的机会因素。当估得的仅由于机会得到一组结果的可能性小于一个预先确定的显著水平时，最合理的推论是，结果不能仅归之于机会，同时，决定拒绝没有效应的假设。如果研究设计和实施得当，那么研究可以得出这样的结论：感兴趣的因素（如被操控的自变量）可能影响了行为。

——Irwin P. Levin

（马妍译　赵锋校）

参考文献

Howell, D. C. (2002). *Statistical methods for psychology* (5th ed.). Pacific Grove, CA: Duxbury.

Levin, I. P. (1999). *Relating statistics and experimental design: An introduction* (Sage University Paper Series on Quantitative Applications in the Social Sciences, 07-125). Thousand Oaks, CA: Sage.

Tabachnick, B. G., & Fidell, L. S. (2001). *Computer-assisted research design and analysis*. Boston: Allyn and Bacon.

简单相加指数(Simple Additive Index)

参见多题项量度【Multi-Item Measures】。

简单相关(回归)(Simple Correlation [Regression])

简单相关【Correlation】是一个用来确定变量 X 和变量 Y 之间关系的强度和方向的量度。一个简单相关系数的取值范围为 -1~1。然而,某些简单相关的最大值(或最小值)不可能达到绝对(即 1 或-1)。给定有两组观测值:$x_1,x_2,\cdots,x_n$ 和 $y_1,y_2,\cdots,y_n$,都偏离各自的均值,一个一般的简单相关(r_{xy})可以定义如下:

$$\frac{\sum_{i=1}^{n} x_i y_i}{\sqrt{\sum_{i=1}^{n} x_i^2 \sum_{i=1}^{n} y_i^2}}$$

或

$$\frac{\mathrm{Cov}(X,Y)}{s_X s_Y}$$

其中,s_X^2 和 s_Y^2 是变量 X 和变量 Y 的方差【Variance】,而 Cov(X,Y)是变量 X 和变量 Y 的协方差【Covariance】。一般简单相关的实例包括 Kendall 的 Tau 系数【Tau】、斯皮尔曼相关系数【Spearman Correlation Coefficient】和皮尔逊相关系数【Pearson's Correlation Coefficient】。

变量 X 和变量 Y 之间的简单相关并不意味着两者之中的任何一个变量是自变量【Independent Variable】或者因变量【Dependent Variable】。工作满意度和工作绩效之间观测到的关系并不表明,满意度高的员工是否有动机取得更好的工作绩效,或者相反,那些表现好的员工是否会因为对自己感到自豪而更满意自己的工作。更进一步,一个简单相关可能或可能不反映两个变量之间的真实关联,因为它们之间的关系可能受一个或几个第三种变量的影响。例如,就一群小学生而言,其学校成绩和其智力间观测到的关系可能受学生的社会经济地位的影响。

假设变量 X 和变量 Y 之间存在线性关系,通过两个回归【Regression】方程 $Y=a_1+b_{y.x}X+e_1$ 和 $X=a_2+b_{x.y}Y+e_2$,我们可以用变量 X 来预测变量 Y,也可以用变量 Y 来预测变量 X。$b_{y.x}$ 和 $b_{x.y}$ 是回归系数【Regression Coefficient】,a_1 和 a_2 是截距【Intercept】,而 e_1 和 e_2 分别是变量 Y 上不能由变量 X 解释掉的残差【Residual】和变量 X 上不能由变量 Y 解释掉的残差。因为 $b_{y.x}=r_{xy}\frac{s_y}{s_x}$,$b_{x.y}=r_{xy}\frac{s_x}{s_y}$,所以 $r_{xy}=\sqrt{b_{y.x}b_{x.y}}$。从概念上讲,在这种情形下,一个简单相关即两个回归系数 $b_{y.x}$ 和 $b_{x.y}$ 的几何均值。此外,r_{xy}^2 代表了使用变量 X 预测变量 Y 或使用变量 Y 预测变量 X,从而解释掉的方差比率。

不同特征的关系可以用不同的简单相关度量。例如,可以用斯皮尔曼相关系数度量一个单调的【Monotonic】关系,用皮尔逊相关系数度量一个线性关系【Linear Relationship】,用 Somers 的 d 系数度量一个非对称关系【Asymmetric Relationship】。一个正向的或负向的单调关系表明,两个变量朝着同一个方向或者相反的方向变动。一个线性关系是单调性关系的一种特例,表明根据某种线性函数规则(如$Y=a+bX$)X能够相当好地预测Y(或者反之亦然);当变量Y相当好地预测了变量X,而反向的预测不可能时,即出现一个非对称关系。

简单相关可以推广到两个以上的变量,比如多重相关【Multiple Correlation】系数或典型相关【Canonical Correlation】。其中,前者估计一个变量(即准则)和一组其他变量(即预测变量)之间的关系;而后者衡量两组变量之间的关系。此外,简单相关可用于任意测量层次【Level of Measurement】的变量。例如,可以估计年龄(定比【Ratio】尺度)和性别(定类【Nominal】尺度)之间的关系,华氏温度(定距【Interval】尺度)和电量消耗(定比尺度)之间的关系,或者字母等级(定序【Ordinal】尺度)和宗教信仰(定类尺度)之间的关系。

——Peter Y. Chen
Autumn D. Krauss
(马妍译　赵锋校)

参考文献

Bobko, P. (1995). *Correlation and regression: Principles and applications for industrial organizational psychology and management*. New York: McGraw-Hill.

Chen, P. Y., & Popovich, P. M. (2002). *Correlation: Parametric and nonparametric measures*. Thousand Oaks, CA: Sage.

Hays, W. L. (1994). *Statistics* (5th ed.). New York: Harcourt Brace.

简单观察(Simple Observation)

简单观察技术可以生成直接的和第一手的研究资料,此即,那些没有通过解释、人工实验的【Experiment】条件、记忆或其他因素产生或染色的资料。观察的资料可能带有观察者所持有的某种观点,或者之后它们可能被用来帮助发展理论。简单观察技术常常在那些还没有发展得很好的研究领域使用,而对这些领域仔细的观察可能产生未来的研究假设【Hypothesis】。

一些陷阱会影响观察研究中的资料收集和资料诠释,例如,罗森塔尔(Rosenthal, 1976)的著作和社会科学方法的教科书(Lee, 2000)中所描述的。第一个陷阱是一个硬性的问题,亦即是否对观察到的行为实施了记录,以及观察是否可以在没有偏差【Bias】、没有研究参与者的同意或研究参与者没有意识到,或没有禁止性的伦理的【Ethical】困难的情况下进行。

第二个陷阱是观察资料的问题,即如果资料不是可为研究使用的标准化的或永久记录的(这样才可以经得起重复的检查和确证【Verification】),那么就可能产生不可靠的资料,例如,当多个见证者对一个事件提供资料,或者当未经训练的人令人可疑地描述那里"发生了什么"时。因此,社会科学中存在许多例子,其中就同一行为或事件给予不同的说明;这些说明非常类似于由竞争的体育团队的支持者给予一场体育赛事的不同说明和描述。

第三个陷阱是观察者差异这一事实。也就是说,除了解释上的偏差问题,观察者间的差异不可避免地导致资料的方差【Variance】。例如,在时间间隔的估计、频次计数或者一个行为或事件可能的客观特征上都会出现观察者间的变差。有时,这个问题可以通过几个判别人或多个个体观察者给予即时的(和之后平均的)观察来补救,而且其中每个观察者都根据标准化的指令独立地观察,同时,他们既不知道彼此的身份,也不熟悉所做研究的背景或研究目的。

第四个陷阱与观察者自身成为被观察事件的隐秘参与者的可能性有关,即有时那些行为被观察的人不知道研究者参与其中。例如罗森汉恩(Rosenhan,1973)安排了一组参与观察者【Participant Observation】("假病人")分别独立地进入12个不同的美国精神病医院,也就是他们是在真实的病人和医院的职员不知情的情况下进入的。除了由于解释偏差或理论偏好带来的更具色彩的信息外,这种方法具有能够就特定环境中的行为,收集到客观的和事实的观察资料。然而,无疑的是,这些操作也会带来伦理的困境,在某种程度上,为了在不受参与者知识和意识的影响下开展生态上有效的观察研究,这是一种不得不承受的代价。

在一个新的或前人未踏进的领域中,观察方法的最大用途是产生纯粹的、第一手的资料,尤其当观察资料有永久记录时,更是如此。这类资料(以及其中产生的可用于未来研究的想法)的信度【Reliability】和解释不仅可以被评估、被验证,还可以被扩展到其他研究中。

——Stewart Page

(王玥译 赵锋校)

参考文献

Lee, R. (2000). *Unobtrusive methods in social research*. Buckingham, UK: Open University Press.

Rosenhan, D. (1973). On being sane in insane places. *Science*, *179*, 250-258.

Rosenthal, R. (1976). *Experimenter effects in behavioral research* (rev. ed.). New York: Irvington.

简单随机抽样(Simple Random Sampling)

简单随机抽样(SRS)是随机抽样【Random Sampling】的一个特例。它通过一种随机机制来选取被调查单位,而每个单位都有相同且独立的被选中的机会。区别SRS和其他随机抽样形式的两个特征是:选中概率的相等和独立。结果要求,在由 N 个单位构成的一个总体中,由 n 个特定单位构成的每一种组合都有相同的机会成为被选中的样本。

从一个充分混合均匀的袋子中抽选小球常被视作SRS的一个很好的类似。抽取彩票号码的机制就设计为等价于SRS。简单随机抽样很少用于社会调查,因为存在着一些常见的能够结合到设计特征中的好理由,如分层(参见分层样本【Stratified Sample】)、分群(参见多阶抽样【Multistage Sampling】),以及不成比例抽样分数(参见抽样分数【Sampling Fraction】)。然而,它可以提供有效的用以比较备选的样本设计的基准,特别是在偏倚问题和估计量【Estimator】的方差【Variance】问题上(参见设计效应【Design Effects】)。

简单随机抽样在抽样教科书和课程中通常有着重的叙述,因为它提供了一种简单条件,从中可以发展出理论和代数。相应的结果可以进一步地扩展到其他的、更具现实性的样本设计中。

——Peter Lynn

(王玥译 赵锋校)

参考文献

Barnett, V. (1974). *Elements of sampling theory*. Sevenoaks, UK: Hodder & Stoughton.

Scheaffer, R. L., Mendenhall, W., & Ott, L. (1990). *Elementary survey sampling*. Boston: PWS-Kent.

模拟(Simulation)

大部分社会科学研究都需要发展或使用某种理论或模型,例如,一种关于认知的理论或一个关于阶层系统的模型。一般来说,这些理论是用文本的形式来陈述的,当然有时理论也可以用方程式的形式表达(如回归分析【Regression Analysis】)。随着1980年代个人计算机变得更加普遍,研究者开始探索用计算机程序表达理论的可能性。这种方式的优势在于社会过程可以用计算机来模拟,同时,在某些情况下,甚至可以在人造的社会系统中开展实验,而这种实验在人类群体中或者不可能开展,或者不符合伦理标准。

最早是使用纸笔(或用卡在棋盘格上)来尝试模拟社会过程,但是随着强大的计算机、更加有力的计算机语言,以及更多可用数据的出现,把模拟作为一种方法来发展和验证社会理论的兴趣也在增加。

模拟方法论潜在的逻辑是,一个模型即是通过对那些实际存在的社会过程的理论抽象过程建构出来的(如用计算机程序或回归方程的形式)。而后这一模型被用于生成那些同经验数据相比的预期值。统计模型和模拟的最主要区别在于,模拟模型自身可以"运行",以产生结果,而统计模式要使用统计分析程序去生成预期值。正如这个描述所暗示的,模拟倾向于暗含一种实在论【Realism】的科学哲学。

模拟的优势

要建立有用的模拟模型,需要十分清楚地思考它的理论预设。要模拟的每一个关系都需要有精确的设定,同时,每一个参数都需要赋值,否则是不可能完成模拟的。这一原则意味着假设不可能是含糊不清的。这就意味着,这一模型的所有细节对于其他研究者都是潜在的、开放的、可以检验的。然而,这些清晰和精确的要求也有不利的一面。因为复杂社会过程的模拟包含许多参数的估计值,而要获取充分的资料来作出估计是困难的。

模拟的另一个好处是在一些情况下,可以用它来洞察从微观层面的行动中"突显"的宏观层面的现象。例如,对互动个体的模拟,在一个社会尺度上予以考察时,可能揭示出清晰的影响模式。例如,诺瓦克和拉塔内(Nowak & Latané, 1994)的模拟展示了一个简单的规则(个人影响他人的态度的方式)是如何产生一个社会水平上的态度变迁,同时,阿克塞尔罗德(Axelrod, 1995)的一个模拟显示,政治统治的诸模式如何可能从民族国家所遵循的少量规则中涌现出来。谢林(Schelling, 1971)使用一个模拟来说明,当个人所要居住的邻里社区住着的大部分人都是不同民族时,高度的居住隔离将可能出现。

在这个模拟中,人们的住宅以方块的形式呈现在一个大的网格上。每一个网格或者有一个模拟的住户(或者是“黑”住户,或者是“白”住户)占领,或者还没有住户占领这个网格。当模拟进行时,每一个模拟的住户依次察看 8 个邻居的住宅方块,看看有多少邻居是与自己相同的种族,多少是其他种族。如果相同种族的数量不够高(例如,少于 3 个邻居是自己的种族),这个住户可以随意选择搬去那些没有被占领的其他网格方块。然后,下一个住户再考虑自己的邻居,这样一直进行下去,直到每一个住户都对自己的邻居的种族平衡感到满意。

谢林注意到,当模拟达到一个停顿点时,即住户不再想搬家的时候,总是存在着一个同一颜色的邻里家庭的聚合模式。他提出,这个模拟模仿了白人从那些被黑人占领的社区逃离的行为,同时,他从他的模拟实验中观察到,即使当白人同意住在一个黑人邻居占大多数的社区时,聚合现象仍会出现;甚至当住户准备要与其他种族做邻居时,居住隔离仍可能出现。

行动者为基础的模拟

社会模拟的领域已经被一种称为行动者为基础的模拟(agent-based simulation,也称为多行动者模拟,multiagent simulation)所支配。尽管其他类型的模拟仍在发展之中,如那些以系统动力学模型(使用几组差分方程)为基础的模拟和微模拟【Microsimulation】(通过模拟一个调查样本的衰老来了解它在未来的特征),但是现在大部分的模拟研究使用行动者。

行动者是设计用来在一个模拟的环境中相对自主地行动的计算机程序(或程序的组成部分)。在模型中,行动者可以代表个体或组织。行动者一般通过程序而被赋予能够去“感知”情境并对情境作出“反应”,能够去追求他们被设定的目标,以及能够与其他行动者互动,例如,给其他行动者发送信息。行动者通常是由面对对象的编程语言创造出来的,并通过使用条件-活动规则的集合而予以构建。

行动者为基础的模型已经被用于考查领导的基础、规范的功能、组织环境改变的意义、土地使用计划限制对人口的影响、语言的进化,以及很多其他议题。可以从期刊《人工社会和社会模拟》(*Journal of Artificial Societies and Social Simulation*)中找到当前研究。

尽管多数情况下,人们用行动者为基础的模拟方法来构建真实社会现象的模型,然而也可能去模拟那些并不存在于我们的世界的情境,以理解是否存在关于社会生活的可能性的普遍限制(例如,如果社会成员完全是自利的和理性的,这个社会还可以运行吗?)。模拟的连续谱的一端是完全想象出来的社会,另一端是以极大的细节再现具体的环境。

行动者为基础的建模的一个变化样式是用人代替一些或所有的计算机行动者。这就把模型转变成为一种多玩家的计算机游戏,它的价值在于可以让多个玩家学习更多关于社会环境的动力学(例如,商学院学生使用这种类型的游戏来学习商业策略的影响)。这种游戏被称为参与式模拟。

模拟的潜力

尽管计算机模拟被简单地看作另一种呈现社会过程的模型方法,但是它鼓励一种理论视角,即强调突显,强调寻找那些能够产生复杂现象的简单规律,以及强调一种社会发展的进化观点。这一视角与复杂理论联系在一起,而复杂理论是一种试图确定可用于所有系统的一般原理,并显现自主行为(即包括人类社会,也包括生物和物理现象)的理论。

——Nigel Gilbert

(王玥译 赵锋校)

参考文献

Axelrod, R. (1995). A model of the emergence of new political actors. In N. Gilbert & R. Conte (Eds.), *Artificial societies*. London: UCL.

Carley, K., & Prietula, M. (Eds.). (1994). *Computational organization theory*. Hillsdale, NJ: Lawrence Erlbaum.

Epstein, J. M., & Axtell, R. (1996). *Growing artificial societies: Social science from the bottom up*. Cambridge: MIT Press.

Gilbert, N., & Troitzsch, K. G. (1999). *Simulation for the social scientist*. Milton Keynes, UK: Open University Press.

Nowak, A., & Latané, B. (1994). Simulating the emergence of social order from individual behaviour. In N. Gilbert & J. Doran (Eds.), *Simulating societies: The computer simulation of social phenomena* (pp. 63-84). London: UCL.

Schelling, T. C. (1971). Dynamic models of segregation. *Journal of Mathematical Sociology*, *1*, 143-186.

联立方程(Simultaneous Equations)

许多理论设定变量间具有相当复杂的关系,难以用一个单独的方程予以建模。因此,联立方程系统设定了多个方程,其中每个方程都与其他方程关联。各方程间的可能关系包括:因变量【Dependent Variable】间的因果关系,因变量间的双向关系【Reciprocal Relationship】,或者方程误差项间的相关【Correlation】。联立方程模型可被视为结构方程模型【Structural Equation Modeling】的一个子集,即模型仅考虑测得(observed)变量。

联立方程两个主要的类别包括:递归【Recursive】系统,其中影响的方向朝着单一方向前行;非递归【Nonrecursive】系统,其中包括双向因果关系(reciprocal causation)、反馈环路(feedback loops)或误差项相关等情形。联立方程模型可用以下 3 种方式中的任意一种来设定:一个方程组、一个路径图【Path Diagram】或系数矩阵。

联立方程系统的方程可以设定成如下递归联立方程系统:

$$y_1 = \gamma_{11}x_1 + u_1$$
$$y_2 = \beta_{21}y_1 + \gamma_{21}x_1 + \gamma_{22}x_2 + u_2$$
$$y_3 = \beta_{31}y_1 + \beta_{32}y_2 + \gamma_{32}x_2 + u_3$$

其中,$\mathrm{Cov}(u_1, u_2) = \mathrm{Cov}(u_1, u_3) = \mathrm{Cov}(u_2, u_3) = 0$。

在方程系统中,内生变量【Endogenous Variable】记作 y,外生变量【Exogenous Variable】记作 x。β 表示一个内生变量对另一个内生变量的效应,而 γ 表示一个外生变量对一个内生变量的效应。u 表示方程中的误差项。

完成模型设定后,我们必须确定模型不存在识别问题【Identification Problem】。此即,必须确定模型的参数是否是可估计的。有很多规则和条件可用来判定模型的可识别性,包括零 beta 规则(the null-beta rule),即不含有 beta 矩阵的模型(看上去像不相关的回归模型)是可识别的;递归规则(the recursive rule),即所有递归模型都是可识别的;顺序条件(the order condition)以及秩条件(the rank condition)(Bollen, 1989, pp. 98-103)。里格登(Rigdon, 1995)提供了一种直接的方法来确定多种类型模型的可识别性,而无须依据上述规则。

递归方程系统的估计是直接的,可以用普通最小二乘【Ordinary Least Squares, OLS】法对每一个方程作回归来求解。非递归方程系统的估计需要在估计某个方程时考虑系统中其他方程的信息。因此,如果将OLS回归用于非递归联立方程系统,那么估计的结果可能是有偏的【Biased】和不一致的。此外,有多种替代的估计技术可用于求解非递归联立方程模型,包括二阶最小二乘(two-stage least squares)、三阶最小二乘(three-stage least squares),以及最大似然估计【Maximum Likelihood Estimation】。以上所有这些估计量都可被视为工具变量【Instrumental Variable】估计量。

——Pamela Paxton

(马妍译　赵锋校)

参考文献

Bollen, K. A. (1989). *Structural equations with latent variables*. New York: Wiley.

Greene, W. H. (1997). *Econometric analysis* (3rd ed.). Upper Saddle River, NJ: Prentice Hall.

Heise, D. R. (1975). *Causal analysis*. New York: Wiley.

Rigdon, E. E. (1995). A necessary and sufficient identification rule for structural models estimated in practice. *Multivariate Behavioral Research*, *30*, 359-383.

偏斜的(Skewed)

某一具有偏斜分布的变量其值的多数聚集在变量值的分布【Distribution】的一端。该变量的各种集中趋势【Central Tendency】变量不相等。偏斜的后果可能很严重,特别对普通最小二乘【Ordinary Least Squares, OLS】回归分析而言。

为便于说明,设想一个对民主的测量,有一个从0(不民主)到100(完全民主)的量表,而该量表构建的依据是判断国家在符合民主概念的各类别上得分的高低(比如,公民权和自由,行为自由和选举公正)。如果北半球国家被选中,那么结果将显示经济合作与发展组织(OECD)集中在民主得分的高端,从90~100。这将呈现民主分布上的负偏斜,且意味着分布的极值位于量表左侧90~100的连续统上。如果南半球国家被选中,由于有更多的威权政权,就会有许多国家得分在0~10的水平上。这将呈现正偏斜,意味着分布的极值在量表右侧0~10的连续统上。

极端偏斜的分布迫使社会科学家在解释统计分析时必须谨慎,尤其是普通最小二乘回归的结果。因为,普通最小二乘回归的一项假设是自变量【Independent Variable】同因变量【Dependent Variable】有线性关系。另一假设是回归的误差项呈正态分布;在大样本($N>30$)且因变量正态分布时,该假设自然成立。偏斜分布的因变量可能导致违反正态性假设。偏斜分布的自变量则难以产生最佳线性无偏估计【Best Linear Unbiased Estimation, BLUE】,至少当样本量较小时如此。

如下统计量可用以测定任意变量的偏斜度

$$y=\frac{\sum\left(\frac{y_i-\bar{y}}{s_y}\right)^3}{N}$$

其中,$\sum$ 为求和符号,s 为标准离差,N 为变量的观测数量。变量分布越接近正态,偏斜度统计量越趋近于0。

偏斜分布是可以补救的。标准的纠正技术涉及变量的算术变换。最常用的变换是对数【Logarithm】变换。其效果是破除变量值在少量数值周围的聚集，增加变量的散布。其他变换包括抛物线变换，即求该变量的平方，或双曲线变换，其算法是$1/y$。然而，在某些情况下，不存在实际的补救方案，研究者将不得不接受非正态分布的变量。

——Ross E. Burkhart

（赵锋译校）

参考文献

Weisberg, H. F. (1992). *Central tendency and variability* (Sage University Paper Series on Quantitative Applications in the Social Sciences, 07-083). Newbury Park, CA: Sage.

偏斜(Skewness)

参见峰态【Kurtosis】。

斜率(Slope)

一条直线方程是$Y=A+BX$，其中Y是自变量，A是y的截距，B是斜率，而X是自变量。斜率的计算可通过选取直线上的任意两点，再用两点间的纵向变化除以横向变化，其中横向变化是在X轴上两点间的增量，纵向变化是在Y轴上两点间的增量（或减量），如图1所示。两个变量之间的正向关系表现为一个正的斜率，而负向关系表现为一个负的斜率。

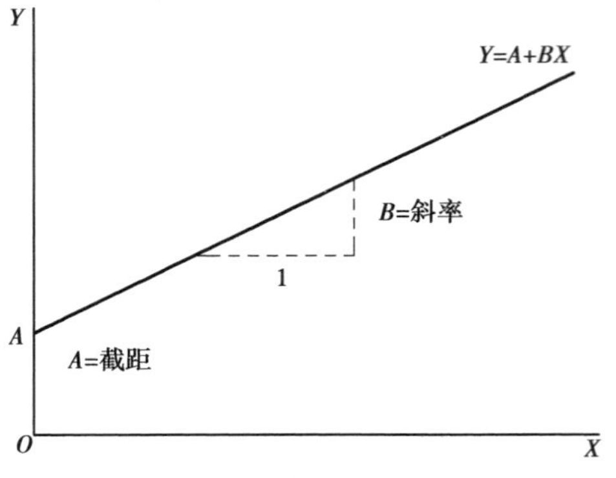

图1　描绘了一条直线的斜率的图

当我们在社会科学研究中运用回归分析【Regression Analysis】时，数据从不会完美地拟合一条直线，而这就意味着预测存在误差。常见的简单回归方程是$Y=A+BX+E$，其中E代表用给定的变量X预测变量Y时产生的误差。斜率则可解释成，在自变量上的一单位的变化伴随因变量变化的平均速率。在简单回归中（即方程只有一个自变量），斜率能够告诉我们收入和教育间的边际关系。举个例子，假设我们做收入（以美元为单位）对教育（以受教育年限为单位）的回归，并得到了一个值为5 000的斜率。如此一来，我们可以主张教育上一年的增量将伴随着平均5 000美元收入的增加。

在多元回归分析【Multiple Regression Analysis】中（即方程中有多个自变量），单个的斜率估计了每个自变量的偏相关关系。换言之，每个斜率反映了在控制模型中其他所有自变量后，某一单个自变量对因变量的效应。例如，假设我们做收入（还是以美元为单位）对教育年限和性别的回归，并得到教育的斜率为4 000。这一斜率就可以解释为：保持性别不变，伴随着受教育年限每增加一年收入将平均增加4 000美元。

当两个定量变量之间的函数形式是线性时，通常报告斜率系数就可以了，因为它很容易解释。但是如果两个变量之间的函数形式是非线性的（即在自变量的取值范围内，回归线的斜率不是常量），那么一个单一的斜率系数就不能综括两个变量的关系。在这种情形下，就需要有几个斜率的估计值，通常还需要图表来辅助对关系的完全理解。例如，在多项式回归中（参见多项式方程【Polynomial Equation】），自变量有比回归线的方向变化的数量多1的斜率系数。在非参数回归中（如局部回归【Local Regression】），不存在斜率系数，而变量间的关系只能展示在一张图上。

斜率的概念也可以推广到线性模型的一般领域，如广义线性模型【Generalized Linear Models】和多层次分析【Multilevel Analysis】。在非线性模型中，如Logistic回归【Logistic Regression】中，通常来说，斜率最好通过计算拟合的概率来予以解释。

——Robert Andersen

（马妍译　赵锋校）

参考文献

Allison, P. D. (1999). *Multiple regression: A primer*. Thousand Oaks, CA: Pine Forge.

Lewis-Beck, M. S. (1989). *Applied regression: An introduction* (Sage University Paper Series on Quantitative Applications in the Social Sciences, 07-022). Newbury Park, CA: Sage.

平滑（Smoothing）

平滑大致可以视为一种从数据中综括或提取重要特征的工具。在数据分析中，这一有效工具有很多应用。相对于条块的直方图【Histogram】，可以仅仅用平滑技术创建一个能够揭示一个连续【Continuous】变量的更多分布细节的直方图。在非参数【Nonparametric】估计中，同一平滑过程还常用于创建分布【Distribution】的函数【Function】形式。在考虑双变量【Bivariate】关系时，平滑技术还是一个有价值的工具，用以辨识非线性【Nonlinearity】情况下关系的函数形式（参见局部回归【Local Regression】）。在单一变量的（单变量【Univariate】）时间序列分析中，在解释性研究中，为了综括变量中的长期变化，可以运用平滑技术。对一个时间序列的未来值的预测【Forecasting】，如通货膨胀或增长率，平滑技术也特别有用。如果数据点有一个不规则的分布，无论是归之于历时测量的一个变量的白噪声【White Noise】部分，即一个变量的密度函数上的突然变化，还是一个非线性的双变量关系，平滑技术通过取出数据的系统变化或模式，可以提供有用的信息。

直方图平滑

相较于条块的使用，一个直方图的平滑能更好地揭示一个连续变量分布的特性。条块的缺点在于，由于条块宽度和条块原点选择的随意性，条块直方图会掩盖变量分布的连续性，进而可能错误地呈现数据。作为一种常规的分析实践，平滑容许更好地检查分布，在使用专门的估计量【Estimator】时，还容许更好地评估正态性【Normal】假定。

设若有一个非正态分布的连续数据，直方图平滑还常用在非参数估计中，以创建该分布的函数形式。当有理由认为参数估计量的假定未被满足时,如数据是非正态分布的,常会使用非参数估计。当变量的潜在分布缺乏理论设定【Specification】时,样本数据可提供分布的函数形式。

对一个变量分布的常规分析,以及在非参数估计中,为了探测分布的函数形式,一项平滑技术可以获得分布形态的最佳表现。就一个变量 X 而言,平滑技术本质上使用接近于变量的特定值 x_i 的若干观测点来构造直方图的密度。平滑的程度同平滑参数(也称为“带宽”)的量级正相关。平滑参数即观测值相对平滑操作所施用的值的比率。一个相对小的平滑参数值会导致较为不平滑,因为相较于离变量值 x_i 较远的观测值,越接近于值 x_i 的观测值相对地被给予更大的权数。相反的,一个相对大的平滑参数值会带来更佳的平滑,因为给予临近观测值的权数相对于更远的观测值趋于一致。应注意避免“平滑不足”或“过度平滑”,因为两者的结果都是引入了偏倚。若数据中保留了过多的噪声,以至于直方图不能揭示分布的有意义的特征时,即出现平滑不足,也称为“过度拟合”。过度平滑或“拟合不足”指一个掩盖了数据重要特征的直方图。为确保选出的分布对平滑参数的量级上小变化不是非常敏感,一个有效的实践是用各种平滑参数进行试验。

双变量或散点图平滑

在探查双变量关系的函数形式时,平滑也很有用。通常,可以绘制一个散点图,来探查双变量关系(线性的【Linear】、曲线的【Curvilinearity】等)的函数形式。遗憾的是,函数形式经常不清晰。平滑诸系列的数据点可以综括“变量 Y 的分布的集中趋势如何在变量 X 的分布不同位置上变化”(Jacoby, 1997, p. 63)。就如同在非参数估计中探查单变量分布的函数形式,平滑一个双变量分布的目的是允许数据指明关系的函数形式。有关常见的双变量平滑方法的说明,参见词条局部回归【Local Regression】。再次注意,要避免过度平滑或平滑不足。雅各比(Jacoby,1997)提出了一些有用的策略来避免这些错误。例如,密度线没有穿过一组观测点或者在平滑后的残差中留有的结构都表示过度平滑(或拟合不足)。图 1 分别给出了双变量分布的平滑不足、过度平滑和恰当平滑的例子(即一个假设的班级,X=以百分比计算的成绩,Y=学生对教授的评分)。

时间序列平滑

当平滑一个时间序列的变量时,数据从本质上被视为由真实的潜在模式部分加残差【Residual】噪声构成,或者由“平滑的”部分加“粗糙的”部分构成。与一般平滑类似,时间序列平滑的目标是:既不是过度平滑的(由于过度的平滑,失去了时间序列的潜在模式的变化方式),也不是平滑不足的(一个显示了过量噪声的时间序列,以至于无法从噪声中识别其潜在模式)取出时间序列的真正潜在模式。在两种情况下,潜在模式都不容易识别。在时间序列预测中,过度平滑或平滑不足会显现为一个较大的预测误差。

就单一变量的时间序列数据,存在着几种不同的平滑技术(Jacoby, 1997; Mills, 1990)。在某种程度上,所需的技术取决于分析的目的。例如,指数平滑(exponential smoothing)可能适合于预测分析,因为这种技术赋予较近的观测值的权数远大于较远

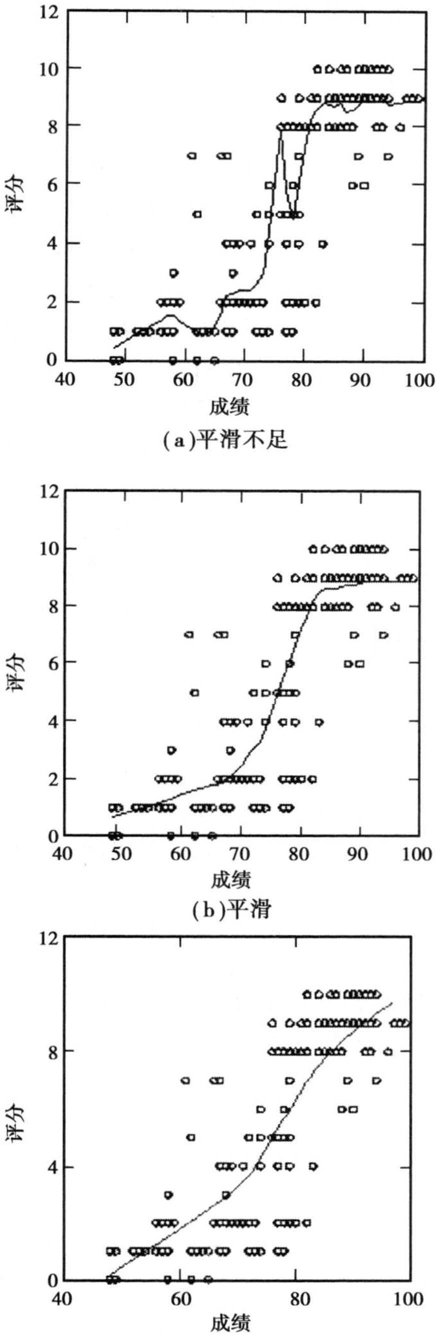

(a)平滑不足

(b)平滑

(c)过度平滑

图 1 平滑示例

的观测值。就探索的目的而言，一个简单的方法，如移动中位数（running medians）或移动加权平均（running weighted averages）就足以满足要求。本质上，这些技术通过用临近的多个数据点的中位数或加权平均值替代每一个数据点，从而平滑时间序列。用于校准每个观测值的最小的序列，或临近数据点的数量是3。例如，为确定数据点 x_t 的平滑值，使用序列3的加权平均公式如下：

$$s_t = (w_i)x_{t-1} + (w_i)x_t + (w_i)x_{t+1}$$

其中，s_t 是平滑值，而 w_i 是分配给每个观测值的权数（围绕 x_t 对称）。然后对每一个 x 值重复运用这个公式。部分的，恰当的序列取决于所需的平滑程度。

幅度较大的平滑也可能通过重复迭代同一项平滑技术或者顺序运用不同的平滑技术实现。当然，阶数越大且（或者）平滑处理的次数越多，过度平滑的敏感度就越高。

——Jacque L. Amoureux

（马妍译　赵锋校）

参考文献

Jacoby, W. J. (1997). *Statistical graphics for univariate and bivariate data.* Thousand Oaks, CA: Sage.

Kennedy, P. (1998). *A guide to econometrics* (4th ed.). Cambridge: MIT Press.

Mills, T. C. (1990). *Time series techniques for economists.* Cambridge, UK: Cambridge University Press.

滚雪球抽样(Snowball Sampling)

滚雪球抽样可以被定义为这样一种收集研究对象的技术,即通过确认一个最初的研究对象,再请他提供其他参与者的名单,进而收集整个研究对象。这些人自己可以为扩展联络和调查的网络提供可能性。这一策略曾经主要用来克服隐蔽总体的理解和抽样问题,如离轨者和社会孤立人群(Faugier et al., 1997)。滚雪球抽样可以放在这样一组更广泛的方法论的范围内,即充分利用已有回答者的社会网络,为研究者提供不断增加的潜在联系群体。

滚雪球抽样有时是对这样一种技术的一个误称,而该技术在传统上更多地与定性研究【Qualitative Research】联系在一起,并作为接近隐藏总体的一种权益策略。由于与传统的随机选样和代表性相关的许多假定相矛盾,这一方法在社会科学领域中遭遇到形象问题。然而,这一技术有利于接触到那些被社会污名化的,或者精英人群。桑德斯在他的关于伦敦南部的政治权力和影响的研究中,使用了一种声望法,即让他的联系人给他指出那些在这一地区被视作拥有权力的人(Saunders, 1979)。通过这种方法,就可以得到各种相当重要但又是潜在地自我包含的社会交往系统,而这些社会交往系统还能够让我们洞见到政治权力的知觉基础。

滚雪球抽样作为一种技术也有所发展,相关的文献显示,这一技术有朝着更加成熟的抽样框和误差估计发展的趋势,也显示出它正逐渐作为研究者工具箱中的一项被采纳的工具。肖等(Shaw et al.,1996)用示例说明,他们使用滚雪球抽样来估计难以寻找到的群体的现状,例如无家可归者。现在,这一被视作有局限性的定性工具成为一项系统的调查方法,在社会科学研究领域获得了新的应用。然而,尽管选择性偏倚可能通过生成更大样本量和结果的重复【Replication】来解决,也还是有看门人偏倚的问题,即联系人群被阻止与研究者接触。然而,其他群体可能自身就由那些高度原子化且高度孤立的个体(他们的社会网络相对薄弱,与他人联系困难)构成。

滚雪球抽样可以用于两个主要目的:第一,作为一种非正式的方式找到一个目标总体,而这时,一项研究的目的可以是探索性的或是新奇的;第二,作为一种较正式的方法,对那些难以使用传统方法(如家庭抽样调查)抽取个体的总体作统计推论。这一技术早期的例子可在怀特(Whyte, 1955)的《街角社会》(*Street Corner Society*)中看到。在这本著作中,怀特用最初的联系人产生可以用于研究帮派动态的背景脉络和关系(尽管这包含了从参与观察【Participant Observation】到为了更近期的访谈研究而使用滚雪球抽样技术的方法转换)。

尽管一些人把滚雪球策略视为琐碎的或意义不明确的,但是这一方法的主要价值在于能够克服获取回答人的困难,当调查的回答人或者数量很少,或者由于信任的问题难以取得初始联络时。在这些情况下,这类"传递链"技术可以让研究者渗透到内部或成为团体成员,从而进入用那些传统方法很难进入的环境。

——Rowland Atkinson
John Flint
(王玥译　赵锋校)

参考文献

Faugier, J., & Sargeant, M. (1997). Sampling hard to reach populations. *Journal of Advanced Nursing*, *26*, 790-797.

Saunders, P. (1979). *Urban politics: A sociological interpretation*. London: Hutchinson.

Shaw, I., Bloor, M., Cormack, R., & Williamson, H. (1996). Estimating the prevalence of hard-to-reach populations: The illustration of mark-recapture methods in the study of homelessness. *Social Policy and Administration*, *30*(1), 69-85.

Whyte, W. F. (1955). *Street corner society: The social structure of an Italian slum* (2nd ed). Chicago: University of Chicago Press.

社会期望偏倚(Social Desirability Bias)

社会期望偏倚是,当人们报告有关自己的情况时,根据一种可为社会接受的方向,对问题予以回答的倾向。这一回答偏倚【Response Bias】主要发生在那些涉及个人的或社会的敏感内容的题项或问题上。社会期望被认为是一个随个体而变化的人格变量(Crowne et al., 1964),同时,只有某些个人会表现出这种偏倚。克朗尼和马洛认为,社会期望是个体对赞同的需要的一个指标,而这一需要会导致一项回答偏倚,但是这一需要本身不是一项回答偏倚。

人们最常用克朗尼和马洛(Crowne & Marlowe,1964)的社会期望量表估计作为一个人格变量的社会期望。该量表由关于自我陈述的一组是/否问题组成,其中每个问题反映出的事项,或者是期望的,或者是不期望的(如"我总是在投票前核实候选人的资格")。由于极端的措辞"我总是"及"我从来不",所以,就个人而言,在一组题项中,几乎不可能有很多的陈述在字面上是真的。高分反映出个人的企图,即无论有意地,抑或无意地,将自己置于一个受到认可的光照下,同时让自己表现得可以为社会所接受。也有其他的量表可用于估计社会期望,例如,保卢斯(Paulhus,1984)量表可以估计两个维度的社会期望:欺他和自欺。

尽管有普遍的担忧,然而没有很多证据表明社会期望是那些有赖于自我报告的研究中普遍存在的问题。例如,穆尔曼和波德萨可夫(Moorman & Podsakoff, 1992) 研究了组织研究中的社会期望的普遍程度和效应。他们的结论指出,社会期望同被考察的变量间的关联显得相当小,而且同其他变量相比,社会期望对结果只有很少的偏倚效应。然而,也存在一些研究领域,其中社会期望是一项潜在的问题,如心理调试领域。这一领域关注的是内在的心理学状态(如焦虑和自我评价),而这些状态被认为是社会期望的,同时,最好能通过自我报告给予估计。

有两种方法可以处理社会期望偏倚。一种是通过设计工具和方法来减少它对估计的影响。这种方法可以通过精心选择那些同社会期望没有关联的量表题项来实现。不过,这种方法只适用于某些概念,而非所有感兴趣的概念。第二种是估计社会期望独立于其他变量的效应,并控制它。通过把那些在社会期望量表上获得高分的个体排除在分析之外,或通过统计控制【Statistical Control】(求偏相关系数),将社会期望的效应排除在其他变量之外,即可以实现。然而,这种方法可能导致方法本身带来的偏倚效应。因为人们不能确定,社会期望同其他变量的关系是否能完全归之于偏倚,还是反映了需要赞同的人格变量同其他兴趣变量之间的真实关系。

——Paul E Spector

(王玥译 赵锋校)

参考文献

Crowne, D., & Marlowe, D. (1964). *The approval motive: Studies in evaluative dependence*. New York: Wiley.

Moorman, R. H., & Podsakoff, P. M. (1992). A meta-analytic review and empirical test of the potential confounding effects of social desirability response sets in organizational behaviour research. *Journal of Occupational and Organizational Psychology*, *65*, 131-149.

Paulhus, D. L. (1984). Two-component models of socially desirable responding. *Journal of Personality and Social Psychology*, *46*, 598-609.

社会关系模型(Social Relations Model)

社会关系模型(Kenny & La Voie, 1984)用于分析源于两人之间的互动或者小组成员之间的互相评分的成对的(dyadic)或者关系的数据。不同于社会测量【Sociometry】研究,社会关系模型的测量层次【Level of Measurement】是定距的(如7点刻度),且是非类别的(如是或否)。一般而言,数据以人群作为收集对象,但是也可以有其他收集单元(如机构)。该模型可被视为一种复杂的多层次【Multilevel】模型。

最常见的社会关系设计是循环研究设计。在这种研究设计中,小组中的每个人都与其他个人互动,并对每一个他人评分,而数据则收集自每个成员对的两个成员。通常进行的是多组循环。其他设计也有可能。最低限度是每个人都对多个他人进行评价或者与之互动,并且每个人都被其他多个人评价或与之互动。

社会关系模型有三种主要的效应类型。行动者效应是指在一组不同的同伴面前,一种给定的行为的个人平均水平。例如,汤姆在信任变量上的行动者效应测量了他趋向于信任他人的一般程度。同伴效应是指一个人从一组不同的同伴那里引出的某种反应的平均水平。汤姆的同伴效应测量了其他人倾向于信任他的平均程度。关系效应是指一个人对其他某个特定个体,高过和超出行动者效应和同伴效应之上的行为。例如,汤姆对玛丽在信任变量上的关系效应测量了在控制汤姆信任他人的一般倾向和玛丽被其他人信任的一般倾向后,汤姆对玛丽的信任。关系效应是有方向性的或非对称的,比如,汤姆对玛丽的信任可能多于或者少于玛丽对他的信任。为了将关系效应从误差方差中区别出来,就需要有所测概念的多个指标,或者是历时的,或者使用不同的量度工具。

社会关系模型的关注点不在于估计特定人和特定关系的效应,而在于估计各类效应的方差。因此,就一项关于聪明人如何看待彼此的研究而言,其兴趣点在于是否存在着行动者、同伴和关系方差。行动者方差评估人们是否视他人为具有相似的智力水平;同伴方差评估在进行对他人的智力评分过程中,人们之间是否同意彼此;关系方差评估在多大程度上对智力的知觉与配对(dyad)唯一相关。

社会关系模型也能用于相互作用(reciprocity)的具体研究。例如,可以用该模型研究那些倾向于喜欢他人的行动者是否也会被他人喜欢(一般的相互作用),以及是否存在着关系效应的相互作用(成对的相互作用)。

已经有大量的研究使用该模型。最集中的应用则出现在人际知觉领域(Kenny, 1994)。同时,就揭露的相互作用、小群体过程,以及裁判准确性中的个体差异等议题都有该模型的应用。

——David A. Kenny

(马妍译　赵锋校)

参考文献

Kenny, D. A. (1994). *Interpersonal perception: A social relations analysis*. New York: Guilford.

Kenny, D. A., & La Voie, L. (1984). The social relations model. In L. Berkowitz (Ed.), *Advances in experimental social psychology* (Vol. 18, pp. 142-182). Orlando, FL: Academic Press.

交往图(Sociogram)

一张交往图即通过一张图呈现个体(或者任意一个可能的分析单位)间的关系。交往图有助于映射出关系的结构。它们通常是网络分析【Network Analysis】或社会测量【Sociometry】体系下的研究结果。

——Alan Bryman

(马妍译　赵锋校)

社会测量(Sociometry)

这一术语偶尔用来指社会科学中与通过量表【Scale】进行测量有关的测量方式。它更常见的用法涉及一种强调绘制分析单位(个体、群组、组织等)间的关系图的研究方法。越来越多地,社会测量被称作网络分析【Network Analysis】,而巨大多数原来被称作社会测量的研究也已经纳入这一领域。

——Alan Bryman

(马妍译　赵锋校)

软系统分析(Soft Systems Analysis)

软系统分析(SSA)是一种在复杂系统中调查问题和计划变革的方法。它也可以用来设计新的系统。它最初是由兰卡斯特大学(Lancaster University)的彼得·切克兰德发展出来的(Checkland, 1981)。这一方法最好被视为一个实践的工作工具,虽然它也广泛地用在应用研究中。一个核心的问题是相对于"硬"系统,"软"的意义是什么。软系统思维的核心理念是,人们看世界和解释世界的方式是不同的。个人在观点上的差异并非是无效的来源,也不是数据中的"噪声";相反,区别反映了实在的本质。多元主义是规范。在复杂的系统中,个人或群体很可能对系统是如何运作的,系统出现了什么问题,以及应该怎样去改变系统,构建出非常不同的观点。

尽管认识到 SSA 可以有不同的使用方式,然而最简单的方式是用最直接的形式去描述(Naughton, 1984)。这种方法通过一系列相对正式和有较好结构的不同阶段组织起来,从而可以让使用者使用。在实践中,在不同阶段可能有一定的重复。分析者最初收集关于问题的境况(第1阶段),接着以图片式的方式("丰富的画面")呈现(第2阶段)。方法的使用者(即分析者和系统的参与者)明确地试图以多种不同的方式来审视系统,以期发现那些可以带来新意(一个"相关的系统")的观点(第3阶段)。他们选择与问题境况有关的新的视角,发展出一个概念模型,即系统在逻辑上应该做些什么才能满足这些新观念的要求(第4阶段)。然后将这个模型与现存的问题境况作比较,看看是否有任何改变的经验教训(第5阶段)。参与者讨论这些经验教训,以决定哪些可以使用(第6阶段)。获得同意的变革于是被执行(第7阶段)。如果新的观念(来自第3阶段)看起来无法帮助参与者,再尝试另外一种视角(返回到第3阶段)。

用一个例子可以帮助说明这个方法的重要组成部分。西蒙和克莱格(Symon & Clegg,1991)在英国一个大的航天公司研究一种计算机辅助设计系统和计算机辅助生产系统(Computer Aided Design Computer Aided Manufacturing,CADCAM)的实施。这个研究是在1988—1990年开展的,在1996年又开展了追踪研究。经过了广泛的资料收集阶段(第1阶段和第2阶段),研究者认为公司对实施过程采取了不适当的(并且是很局限的)观点(或相关系统),同时还提供了一个不同的观点(第3阶段)。旧的相关系统把实施过程看作一个简单的技术实施项目,而新的系统则强调组织变革。新的概念模型就产生了,其中一项要求满足CADCAM实施的新观念的需要(第4阶段)。新的模型强调,资源、计划、参与、教育,以及支持和评估的诸项需要。这些需要与实际的实施活动相匹配,可以帮助发现实践中的一些重要的缺口。这样就带动产生一系列的行动建议(第5阶段)。经过讨论(第6阶段),一些建议被公司采纳并执行(第7阶段)。

研究者继续他们的工作,并在CADCAM已经有非常广泛的使用时,进一步评估它产生的影响,再次将概念模型与实践进行匹配(回到第4阶段)。进一步的缺口被识别出来,并给公司提出第二轮的行动建议(第5阶段)。其中一些被再次认可和执行(第6和第7阶段)。

随后6年的追踪研究揭示出CADCAM的执行获得了成功,因为技术已经有全面的实施,广泛的使用且很受欢迎。其中大多数初始目标都已经得到实现。研究者发起的不同行动(例如组成CADCAM用户小组)持续发挥功能。然而,CADCAM实施还没有达到设计和生产之间想要追求的整合水平,主要是因为并没有尝试去实现这两个强大的功能之间整合所必需的结构变革。

从这个例子可以看到,SSA与行动研究【Action Research】有着明显的相似性。在这个例子中,我们可以把SSA看作一种特别的行动研究。当然,行动研究还包括不同的方法(如调查反馈)。而且,一些SSA改变项目更加关心的是行动而不是研究,因此严格地讲不应该把SSA标为行动研究的范例。

SSA有一些基本特征(Clegg & Walsh,1998)。SSA是高度参与性的,同时,它提供了在一个复杂系统中分析问题和计划变革过程的相关结构和组织框架。在这个过程的不同阶段,它积极促进创新思维,要求仔细的分析和逻辑的建模。随着它的应用,该方法可以被内化,同时,在我们看来,对于参与研究和应用的技术人员来说,它可以成为一个非常有效的附加工具。

——Chris Clegg
Susan Walsh
(王玥译　赵锋校)

参考文献

Checkland, P. B. (1981). *Systems thinking, systems practice*.Chichester, UK: Wiley.

Clegg, C. W., & Walsh, S. (1998). Soft systems analysis. In G. Symon & C. M. Cassell (Eds.), *Qualitative methods and analysis in organisational research: A practical guide*. London: Sage.

Naughton, J. (1984). *Soft systems analysis: An introductory guide*. Milton Keynes, UK: Open University Press.

Symon, G. J., & Clegg, C. W. (1991). Technology-led change: A study of the implementation of CADCAM. *Journal of Occupational Psychology*, *64*, 273-290.

所罗门四组实验(Solomon Four-Group Design)

所罗门四组实验(Solomon, 1949)是一种用于评估前测敏感性【Pretest Sensitization】效应——即是否仅仅由于实施一项前测就影响了后续测验得分——的合理(plausibility)方法。例如,在一项词汇实验中,接受了前测的参与者可能会决定通过查字典来掌握前测中出现的一些不熟悉的单词。在后测中,他们在词汇测验中的得分将会高于他们没有接受前测情况下的得分。元分析【Meta-Analysis】的结果表明,前测敏感性确实存在,尽管相比于其他的测量,该效应更普遍地出现于某些类型的测量中;同时,前测敏感性的出现依赖于前测和后测间的时间跨度(Willson & Putnam, 1982)。

在所罗门四组设计中,研究者随机地将参与者分配入四个组别之一,而这四个组别则根据两个完全交叉的因素进行构建——处理(如处理【Treatment】或控制组【Control Group】)和是否实施前测。因此,四个组分别是:(1)有前测的处理组;(2)无前测的处理组;(3)有前测的控制组;(4)无前测的控制组。随后的分析要检验:处理组的效果是否比控制组好;接受了前测的组的得分是否不同于没有接受前测的组的得分;以及是否存在前测与处理的交互效应。

所罗门四组设计同时提供了与内在效度【Internal Validity】和外部效度【External Validity】相关的信息。例如,考虑内在效度,许多单组准实验【Quasi-Experiment】同时使用前测和后测。如果出现了前测敏感性效应,那么对处理效应的判断就可能是错误的,因为即使处理没有任何效应,从前测到后测的得分也会出现变化。然而,在随机化的实验【Experiment】中,前测敏感性效应不会影响内在效度,因为它们在不同的条件上是随机分布的;但是如果效应的大小取决于是否进行了前测,那么前测敏感性效应就可能同外在效度相关。

计算机文献搜索发现有102项研究使用了该方法或者该方法的修订样式,其中有超过半数(55项)的研究是在过去10年以内发表的。其中许多研究发现不存在前测效应(如 Haight et al., 1998)。杜克斯、厄尔曼和斯坦(Dukes, Ullman, & Stein, 1995)在他们所使用的四个因变量【Dependent Variable】中的一个因变量(对同辈压力的抵抗)上发现了前测效应,并由此建议在比较组有前测和无前测的情况下,处理效应潜在地缺乏概推性。

——William R. Shadish
M. H. Clark
(马妍译 赵锋校)

参考文献

American Psychological Association. (2002, October 28). *PsycINFO database records* [electronic database]. Washington, DC: Author.

Campbell, D. T., & Stanley, J. C. (1963). *Experimental and quasi-experimental designs for research*. Chicago:RandMcNally.

Dukes, R. L., Ullman, J. B., & Stein, J. A. (1995). An evaluation of D. A. R. E. (Drug Abuse Resistance Education), using a Solomon four-group design with latent variables. *Evaluation Review*, *19*(4), 409-435.

Haight, B. K., Michel, Y., & Hendrix, S. (1998). Life review: Preventing despair in newly relocated nursing home residents: Short-and long-term effects. *International Journal of Aging and Human Development*, *47*(2), 119-142.

Michel, Y., & Haight, B. K. (1996). Using the Solomon four design. *Nursing Research*, *45*(6), 367-369.

Shadish, W. R., Cook, T. D., & Campbell, D. T. (2002). *Experimental and quasi-experimental designs for generalized causal inference*. Boston: Houghton Mifflin.

Solomon, R. L. (1949). An extension of control group design. *Psychological Bulletin*, *46*, 137-150.

Walton Braver, M., & Braver, S. L. (1996). Statistical treatment of the Solomon four-group design: A meta-analytic approach. *Psychological Bulletin*, *104*(1), 150-154.

Willson, V. L., & Putnam, R. R. (1982). A meta-analysis of pretest sensitization effects in experimental design. *American Educational Research Journal*, *19*, 249-258.

分拣(Sorting)

在分拣方法中,回答人被呈予一组对象,并被要求将对象分入一些群组中。作为一种数据收集方法,分拣假定研究者已经挑选出一个特定的范围或领域,并且以一张示例清单(由一个单词、短语、照片、图片、题项或现实的物构成)对该范围或领域进行了界定。这些对象通常已经事先由某些程序挑选出来,诸如自由列表或分类学构建。通常用一张卡片,向回答人呈现这些对象,再要求回答人将它们分入不同组或堆(即成堆分拣),以便相似的对象被放入相同的组。于是,这些分组代表了领域内独特的类别或种类,并且共同组成一个定类尺度。

分拣方法尤其常用于语言学研究(欲研究类别形成的过程),以及社会和文化世界的知觉研究(为了考察参与者使用哪些意义类别和意义划分)。分拣法既具有能处理数量众多的对象的优点,同时也是回答人表示乐于进行的一项任务。

基本分拣中的变化样式

在基本形式(自由分拣)中,可能形成任意的组数和任意的规模。对分组数量和种类的限定界定了分拣的变化样式。

- 当存在预先设定的群组数量时,是确定分拣。
- 当群组的数量,以及群组之间的等级序列都固定时,是分级分拣,好似在一张李克特量表【Likert Scale】上。
- 除了有固定和序列的群组,还要求在所有群组中的对象服从一个特定的正态分布,这是 Q 分类。

一旦形成了群组,即邀请回答人命名和

(或)描述它们,从而就类别的语义给出有价值的解释数据。

更复杂的分拣类型包括如下:

- 多重(multiple)或连续分拣(successive sortings)(Boster, 1994)。在这种方法中,回答人根据同样的或不同的准则对对象进行若干次分拣。
- 细化(finer)/粗化(coarser)分拣(或称为群组、分割、附加分拣,GPA:Group-, Partition-, Additive-sorting)(Bimler & Kirkland, 1999)。这种分拣出现在,当最终的分拣类别(a)被合并在一起,从而形成一个更加粗略的分拣,以及(b)被进一步分解时,从而形成一个具有更细致的分类的类别。一种流行的分拣形式是汇聚层级分拣(agglomerative hierarchical sorting;或层级聚类法,hierarchical clustering method)(Coxon, 1999),在这种方法中,回答人开始将每个对象分入一个单一的群组("分离器"分割),再形成一系列连续的更为一般的分拣,直至所有的对象都进入一个唯一的群组("打包者"分割)。
- 重叠分拣(overlapping sorting)。在这种方法中,回答人可能被允许将同一对象划入不止一个群组中,但是在这种情形下,将不能使用传统的统计方法,因为数据将不再形成一种分割的状态。

分拣数据的分析

一旦完成数据收集,分拣数据就能根据对象的相似性而予以分析,或者使用共现量度(co-occurrence measures)(Burton, 1975)来衡量一组对象在回答人的群组中一并出现的频率;或者用最少移动分割量度,衡量分拣的相似性(Arabie et al., 1973)。这些量度是用多维度量【Multidimensional Scaling】和层级聚类法来表现的,同时,就这类数据,塔卡宁(Takane,1981)还发展出联合的和三维度量的模型。

——Anthony P. M. Coxon

(马妍译 赵锋校)

参考文献

Arabie, P., & Boorman, S. A. (1973). Multidimensional scaling of measures of distance between partitions. *Journal of Mathematical Psychology*, *10*, 148-203.

Bimler, D., & Kirkland, J. (1999). Capturing images in a net: Perceptual modeling of product descriptors using sorting data. *Marketing Bulletin*, *10*, 11-23.

Boster, J. S. (1994). The successive pile sort. *Cultural Anthropology Methods*, *6*(2), 7-8.

Burton, M. L. (1975). Dissimilarity measures for unconstrained sorting data. *Multivariate Behavioral Research*, *10*, 409-424.

Coxon, A. P. M. (1999). *Sorting data: Collection and analysis* (Sage University Paper Series on Quantitative Applications in the Social Sciences, 07-127). Thousand Oaks, CA: Sage.

Takane, Y. (1981). Multidimensional scaling of sorting data. In Y. P. Chaubey & T. D. Dwivedi (Eds.), *Topics in applied statistics*. Montreal: Concordia University Press.

稀疏表(Sparse Table)

稀疏表是一种由两个或多个离散变量构成的观测值的交叉分类表,且表中有许多单元格仅有很小或为零的频次。稀疏的列联表【Contingency Table】经常出现在观测值的总数相对于单元格的数量较小的时候。例如,考虑有一张表格含有 $N=4$ 个单元格,且有 $n=12$ 个观测值。如果观测值均匀地分布在 4 个单元格里,那么每个格子的最大可能频次就较小(即,$n/N=3$)。更进一步,如果在 4 个单元格的一个单元格中观测值的出现是一个罕见事件,那么要在这个单元格中得到观测值就需要一个很大的样本。再考虑第二个例子,有一个由 4 个变量构成的交叉分类表,每个变量有 7 个类别,因此表格有 $N=7^4=2\ 401$个单元格。要保证所有的单元格都有非零的频次,就需要有远大于 2 401 的样本量,同时,要保证所有单元格内的频次都大得足以应用统计检验和统计模型,就需要有更大更多的样本量。

单元格稀疏会使标准的统计假设检验变得无效,例如独立性或模型拟合优度的卡方检验。对于一个卡方分布而言,比较检验统计量[如皮尔逊卡方统计量(Pearson's Chi-Square statistic)或似然比统计量(likelihood ratio statistic)]的合理理由主要依赖于有“大的”样本,而“大”意味着就每个单元格而言,有大于或等于 5 的期望值(频次)。在缺乏大样本的情况下,检验统计量欲与之比较的概率分布是未知的。解决这个问题可能的方法包括:使用一个替代统计量进行精确检验,或者运用再抽样或蒙特卡洛方法来趋近检验统计量的概率分布。

稀疏表经常包括单元格为零的频次,而这可能导致估计问题,包括偏倚的描述统计量(如优势比【Odds Ratio】)、对数线性模型【Log-Linear Model】参数的估计,以及用于拟合模型的计算算法的难题。一个估计问题是否存在依赖于数据中非零频次的模式和所要估计的特定模型。当表格的边缘上存在零频次的单元时,参数是无法估出的。例如,表 1 包含了 1996 年综合社会调查中由以下两个问题及其答案选项构成的交叉分类表:(a)“据你所知,你认为基因检测是利大于弊吗?”答案选项是“利大于弊”“弊大于利”和“视情况而定”;(b)“关于基因筛查你认为自己听到或看到了多少?”答案选项是“很多”“不太多”“一无所知”。就第一个问题,没有人回答“视情况而定”。就独立对数线性模型而言,“视情况而定”的边缘效应的参数无法进行估计。估计这个参数所需要的信息是没有观测值的列边缘值。

表 1 带有零频次的二维表示例

		基因检验:利弊如何?			合计
		利大于弊	弊大于利	视情况而定	
对基因检验了解多少?	很多	54	10	0	64
	不太多	170	88	0	258
	一无所知	17	14	0	31
合计		241	112	0	353

在较大的数据集中,要侦测一个估计问题则更加困难。存在一个估计问题的标志是,标准误的极大的估计值,或者,在计算机输出上出现类如“收敛失败”的错误消息。解决估计问题的方法包括:在模型中增加参数,使得导致问题产生的空单元格恰好被拟合;给表中所有单元格加上一个非常小的值(如 1×10^{-8});或者使用另一种备选的估计方法。当空单元格的存在是因为它们在理

论上本不可能存在时(如一个男性有月经问题),那么应当在对数线性模型中为每一个空单元格增加一个额外的参数。增加的参数会将这些空单元格从分析中排除。

——Carolyn J. Anderson

(马妍译　赵锋校)

参考文献

Agresti, A. (1996). *An introduction to categorical data analysis*. New York: Wiley.

Agresti, A. (2002). *Categorical data analysis* (2nd ed.). New York: Wiley.

空间回归(Spatial Regression)

空间回归分析由一些具体的方法构成,其目的在于把握由于将回归方法用于空间(地理)数据或用回归方法去模拟空间交互作用所引起的复杂状况。存在两个涵盖广泛的空间效应类别。一个被称作空间异质性【Heterogeneity】。当在整个观测值上,模型的参数(回归系数、误差项方差)、函数形式自身,或两者同时都不稳定时,它即出现。这是结构不稳定的一个特例,可以用常用的方法(模型异质性、改变系数、随机化系数)予以处理。当变化呈现出一种空间结构时,这就成为空间异质性,而利用这种空间结构能更有效地建模这类异质性。例如,在暴力犯罪的决定因素分析中,发现美国南部州有着不同于其他州的回归系数。由于这些州具有确定的地理位置,这就被称作一个空间政体,即空间异质性的一个具体形式。

空间效应的另一种形式被称作空间依赖(spatial dependence)(或空间自相关【Autocorrelation】)。当回归模型中的误差项是空间相关的,或当空间交互作用作为解释变量被纳入回归设定中时,这种效应即出现。空间误差项自回归是带有非零对角元素的误差项协方差矩阵的一个特例。当非零元素的模型遵循一个空间交互作用的模型时,它即是"空间的"。通常,这涉及一个观念,比起较远的一些位置,邻近的区域相关性更强。例如,在不动产分析中,一栋房屋的出售价格通常被认为部分地由邻里效应决定。然而,后者不可能被量化,从而只能被并入回归的误差项中。因为邻近的房屋会受到同样的邻里效应的影响,回归误差项就将是空间相关的。

空间相关的模式的形式设定需要额外的结构。有两种一般的方式可以满足要求。其一被称作地理统计模型(geostatistical modeling),即成对观测值间的相关被表示成它们之间距离的一个递减函数。这一模型形式上被并入地理统计学的半方差图(semivariogram)。另一个被称作格子或区域模型,即相关遵循一个空间的随机【Stochastic】过程,其中在某个随机变量一个给定位置的值通过一个空间加权矩阵,被表示成在其他位置的其他随机变量的一个函数。该空间加权矩阵是一个正的矩阵,其中相邻元素的相关具有一个非零的值(根据惯例,对角线上的元素被设定为0)。相邻元素的界定是相当一般的,无须根据地理上的考虑(如社会网络)。

除了误差项相关以外,空间交互作用也能被合并到一个空间滞后的因变量(或空间滞后,spatial lag)中,其本质上是因变量在邻近位置上的一个加权平均值。所得到的混合的回归—空间自回归模型(mixed regressive-spatial autoregressive model)是用于横截面背景下空间外部性和空间交互作用的最常见的模型设定。例如,在研究地方公共财政的模型中，一个地区的税率集可以表示为邻近地区的税率的函数（一个空间滞后的因变量）。

忽视空间效应会影响最小二乘【Ordinary Least Squares，OLS】估计量【Estimator】的性质。忽视一个空间滞后会使得OLS的估计结果不一致，而忽视一个空间上相关的误差项会导致无效（但仍是无偏的）的估计。根据最大似然估计法则、工具变量和广义矩量法（general method of moments），已经研发了专门的估计方法。对空间自回归的诊断则是根据Moran的自相关统计量Ⅰ（Moran's Ⅰ autocorrelation statistic），以及拉格朗日乘数原理（Lagrange multiplier principle）的应用。最新的扩展包括以层级设定的形式，将潜变量的和计数数据的空间相关并入模型。对这类模型的估计通常需要应用模拟【Simulation】估计量，如Gibbs抽样【Gibbs Sampling】模拟器。

——Luc Anselin

（马妍译　赵锋校）

参考文献

Anselin，L.（1988）. *Spatial econometrics*. Boston：Kluwer Academic.

Anselin，L.，& Bera，A.（1998）. Spatial dependence in linear regression models，with an introduction to spatial econometrics. In A. Ullah & D. Giles（Eds.），*Handbook of applied economic statistics*（pp. 237-289）. New York：Marcel Dekker.

Cressie，N.（1993）. *Statistics for spatial data*. New York：Wiley.

斯皮尔曼相关系数（Spearman Correlation Coefficient）

作为皮尔逊相关系数【Pearson's Correlation Coefficient】的一个特例，斯皮尔曼相关系数（r_s）是一个使用最广泛的非参数相关系数，其作用在于衡量两个定序层次变量的关系。假设有某个经理评估 n 个下属的创造力（记作 X）和生产力（记作 Y）。经理根据每个雇员的创造力和生产力，分别为每一个人评定一个等级（即 $1,2,\cdots,n$）。假定两个变量都没有并列的等级，那么可以使用斯皮尔曼相关系数来估计创造力和生产力间的关系。

$$r_s = 1 - \frac{6\sum d^2}{n^3 - n}$$

其中 d 是 X 和 Y 的差值。这个公式实际上是从皮尔逊相关系数公式简化而来的（Chen & Popovich，2002）。

仔细考查简化的公式可以发现，所有 n 个主体上两个变量之间的差越大，即 $\sum d^2$ 的值越大，相关系数的值就越小。表1给出了一个关于20位钢琴家比赛结果的虚构案例。每位钢琴家都根据技术难度和艺术表现得到评估。假设一位裁判就每一个参赛者的技术难度和艺术表现两个方面分别确定一个1到20的等级，等级1表示最佳表现。假定不存在并列的等级，那么由斯皮尔曼相关系数或皮尔逊相关系数所计算出的两类成绩间的关系为0.85。需要强调的是，如果存在着并列的等级，那么使用上文提及的简化公式就不能正确地计算斯皮尔曼相关系数。计算斯皮尔曼相关系数最简便的方法是，无论是否存在并列的等级，都用皮尔逊相关系数予以计算。

表 1 由一位裁判给出的 20 位钢琴家在技术难度和艺术表现上的等级

技术难度 (X)	艺术表现 (Y)	X^2	Y^2	XY	$d^2=(X-Y)^2$
1	2	1	4	2	1
6	4	36	16	24	4
3	6	9	36	18	9
4	3	16	9	12	1
5	1	25	1	5	16
2	5	4	25	10	9
7	7	49	49	49	0
8	9	64	81	72	1
9	12	81	144	108	9
17	10	289	100	170	49
11	8	121	64	88	9
12	11	144	121	132	1
13	13	169	169	169	0
14	15	196	225	210	1
15	14	225	196	210	1
16	20	256	400	320	16
10	18	100	324	180	64
18	16	324	256	288	4
19	19	361	361	361	0
20	17	400	289	340	9
$\sum X=210$	$\sum Y=210$	$\sum X^2=2\ 870$	$\sum Y^2=2\ 870$	$\sum XY=2\ 768$	$\sum d^2=204$

$$r=\frac{2\ 768-\frac{210\times 210}{20}}{\sqrt{2\ 870-\frac{210^2}{20}}\sqrt{2\ 870-\frac{210^2}{20}}}=0.85$$

$$r_s=1-\frac{6\sum d^2}{n^3-n}=1-\frac{6\times 204}{20^3-20}=0.85$$

注：皮尔逊相关系数(r)计算和展示在左边。注意，r 和 r_s 的计算结果相等。

如果将斯皮尔曼相关系数运用到定距或定比尺度测量的变量，那么变量的等级需要首先进行人工分配。表 2 列示了 10 个机构年度的专利申请数(X)和季度销量(Y)。两个变量都以定比尺度测量。在使用斯皮尔曼相关系数之前，两个变量的值都应当转换成相应的等级，其中等级 10 表示最高级别。转换后，可以运用之前描述的步骤得到斯皮尔曼相关系数。注意，在季度销量变量上有并列的等级(机构 A 和机构 E)。因此，

$$r_s=1-\frac{6\sum d^2}{n^3-n}$$

这个公式不再适用，需要通过皮尔逊相

关系数的公式来获得斯皮尔曼相关系数。以原始数值计算的皮尔逊相关系数的数值倾向于大于以转换后的等级计算的斯皮尔曼相关系数,尽管表 2 的示例显示了一个例外。

表 2 年度专利申请数和季度销量(百万)的关系

机构	专利申请数(X)	季度销量(Y)	X 的等级(RX)	Y 的等级(RY)
A	20	5.60	5.0	6.5
B	9	1.10	2.0	1.0
C	50	6.60	9.0	9.0
D	33	7.20	8.0	10.0
E	17	4.30	3.0	4.0
F	25	5.60	6.0	6.5
G	79	6.30	10.0	8.0
H	5	2.90	1.0	2.0
I	27	4.90	7.0	5.0
J	19	3.70	4.0	3.0
相关	根据未转换的数据(X 和 Y)计算的皮尔逊相关系数是 0.68		根据转换的数据(RX 和 RY)计算的斯皮尔曼相关系数是 0.89	

注:机构 A 和机构 F 的季度销量具有并列的等级,等级 6 和等级 7 的均值是 6.5,因此两个机构的等级均为 6.5。

$\rho_s=0$ 的虚无假设检验可以计算如下:

$$t = r_s\sqrt{\frac{n-2}{1-r_s^2}}$$

当样本量是 $19 \leqslant n<30$ 时 $df=n-2$。然而,当 $n>35$ 时,$\rho_s=0$ 的检验可以通过 $z=r_s\sqrt{n-1}$ 进行更精确的计算(Kendall & Gibbons, 1990)。如果对于两个公式 n 都较小,由于带有小样本的 r_s 的抽样分布既不服从 t 分布,也不服从 z 分布,就需要使用精确的临界值。当 n 较大时,两种检验并无明显区别(Siegel & Castellan, 1988)。

——Peter Y. Chen

Autumn D. Krauss

(马妍译 赵锋校)

参考文献

Chen, P. Y., & Popovich, P. M. (2002). *Correlation: Parametric and nonparametric measures*. Thousand Oaks, CA: Sage.

Kendall, M., & Gibbons, J. D. (1990). *Rank correlation methods* (5th ed.). New York: Oxford University Press.

Siegel, S., & Castellan, N. J. (1988). *Nonparametric statistics for the behavioral sciences* (2nd ed.). New York: McGraw-Hill.

斯皮尔曼-布朗公式(Spearman-Brown Formula)

该公式由查尔斯·斯皮尔曼和威廉·布朗(Spearman & Brown, 1910)创建,用来估计多题项测量或指数【Index】的信度【Reliability】,为测量的统计理论提供了重要的基础。如果同一属性的更多指标【Indicator】用于测量时,斯皮尔曼-布朗公式也可以计算信度上期望的增量。由于具有上述两种功能,斯皮尔曼-布朗公式经常用于社会科学研究中,特别是在那些使用多题项指标的社会学、心理学和教育学有广泛的应用。

为了清晰地说明,让我们依着布朗(Brown, 1910)的研究,设定 x_1 和 x_2 是对某个具体特征 x 的两项测量,它们共同组成了一项"测验",同时,在该测验中 x_1 和 x_2 具有相等的权重。而 x_1' 和 x_2' 是同一特征的另

外两项测量,两者结合在一起,给出了对特征的一个平行 x 的测验。假定所有的测量都同样可信,或者说:

$$\sigma_{x_1}=\sigma_{x_2}=\sigma_{x_1'}=\sigma_{x_2'}=\sigma_x$$

其中,σ_{x_1}是 x_1 的标准差,并且它们的相互关系是相当的:

$$\sigma_{x_1x_1'}=\sigma_{x_1x_2'}=\sigma_{x_2x_1'}=\sigma_{x_2x_2'}=n\sigma_x^2 r$$

其中,$\sigma_{x_1x_1'}$是 x_1 和 x_1'的协方差,r 是每个测验信度的一个量度,n 是测验的数量(在这个例子中,$n=2$)。在实践中,如农纳利和伯恩斯坦(Nunnally & Bernstein,1994)所建议的,r 可能是构成一项测验中所有被观测的测量的平均相关【Correlation】(在这个例子中,即 x_1 和 x_2 的相关系数)。于是,可以使用一个调整的相关系数来估计指标的信度,根据布朗(Brown,1910)得:

$$\begin{aligned}r_{\mathrm{SB}}&=\frac{\sigma_{(x_1+x_2)(x_1'+x_2')}}{n\sigma_{(x_1+x_2)}\sigma_{(x_1'+x_2')}}\\&=\frac{\sigma_{x_1x_1'}+\sigma_{x_1x_2'}+\sigma_{x_2x_1'}+\sigma_{x_2x_2'}}{n(\sigma_{x_1}^2+\sigma_{x_2}^2+2r\sigma_{x_1}\sigma_{x_2})}\\&=\frac{4n\sigma_x^2 r}{n(2\sigma_x^2+2r\sigma_x^2)}\\&=\frac{4n\sigma_x^2 r}{2n\sigma_x^2(1+r)}\\&=\frac{2r}{1+r}\end{aligned}$$

更一般地讲,斯皮尔曼-布朗系数可以计算如下:

$$r_{\mathrm{SB}}=\frac{nr}{1+(n-1)r}$$

上式中,r 是信度的一个量度(或是诸平行测验之间的平均相关),而 n 是平行测验的数目。

以下面的示例为示范:威廉·希韦尔(Sewell,1942)的兴趣在于发展出一项对农业家庭的社会经济地位的测量。从一个有 123 个项目的初始清单中,希韦尔构造出一个包含了 36 个指标的指数,而他认为该指数可以测量一个家庭的地位。接着,希韦尔依据诸指标项的序号(偶数和奇数),将整个指标集分成两个“半数测验(half-tests)”,并估计两个测验的相关为 0.83。使用斯皮尔曼-布朗公式,希韦尔调整了两个半数测验间的相关估计,从而产生了对他的测量信度的一个估计,而该估计将整个测验的长度纳入考量:

$$\begin{aligned}r_{\mathrm{SB}}&=\frac{nr}{1+(n-1)r}\\&=\frac{2\times0.83}{1+(2-1)\times0.83}\\&=0.91\end{aligned}$$

因为斯皮尔曼-布朗系数的范围是 0 到 1,其中 1 表示信度可能的最高水平,所以希韦尔对所得结果表示满意。然而 如果希韦尔想要增加他的测量信度,那么斯皮尔曼-布朗公式预测,通过指标数目的倍增,使得每个半数测验成为 4 个平行测验中的一个(在原来假定不变的情况下),可以获得信度的增加:

$$\begin{aligned}r_{\mathrm{SB}}&=\frac{nr}{1+(n-1)r}\\&=\frac{4\times0.83}{1+(4-1)\times0.83}\\&=0.95\end{aligned}$$

相似地,斯皮尔曼-布朗“预言”公式可以用于估计一项测量到达某个要求的信度水平所需要的指标数量。

分析者应该注意,在斯皮尔曼-布朗公式的推导过程中做了两个假定:第一,假定在所有的测量中,每一测量的期望值和方差均相等。第二,正如前文所述,假定所有的成对的测量之间的协方差均相等。换言之,所有的测量平均起来要能生成相同的均值分,应当是同等精确,还应当同等地彼此相关。这些假定——描述了“经典平行论”或一个“可交换的协方差结构”的假定(Li, Rosentha et al., 1996)——是重要的,因为它们容许分析者用一个指数的诸构成部分之间的相关系数的一个调整的量度来估计一个指数的信度。

然而,在社会科学中,这些条件似乎极少满足。认识到这一点,一些研究者提出一般化的斯皮尔曼-布朗公式,而新的公式可以容易地整合具有不同精度水平的测量,特别是克龙巴赫、弗雷德里克·库德和马里奥·理查森追随斯皮尔曼和布朗,已经逐步建立了测量的统计理论的重要基础。参见词条 Cronbach α【Cronbach's Alpha】。

——Karen J. Long

(马妍译　赵锋校)

参考文献

Brown, W. (1910). Some experimental results in the correlation of mental abilities. *British Journal of Psychology*, *12*, 296-322.

Li, H., Rosenthal, R., & Rubin, D. (1996). Reliability of measurement in psychology: From Spearman-Brown to maximal reliability. *Psychological Methods*, *1*(1), 98-107.

Nunnally, J., & Bernstein, I. (1994). *Psychometric theory* (3rd ed.). New York: McGraw-Hill.

Sewell, W. H. (1942). The development of a sociometric scale. *Sociometry*, *5*(3), 279-297.

Spearman, C. (1910). Correlation calculated from faulty data. *British Journal of Psychology*, *12*, 271-295.

设定(Specification)

模型设定是指对自变量【Independent Variable】生成因变量【Dependent Variable】的过程的描述。因此,设定包括自变量(及因变量)的选择,以及连接自变量和因变量的函数形式的选择。设定也可能包括同模型【Model】的随机【Stochastic】构成相关的所有假设【Assumption】。由此,设定先于估计【Estimation】。人们熟知的一个模型设定的简单例子是简单线性模型,其中假定某个变量 Y 是一个随机【Random】变量 X 的线性函数【Linear Function】,且有一个随机扰动项 ε:

$$Y = \alpha + \beta X + \varepsilon \qquad (1)$$

还有许多替代的设定,可以关联 Y 与 X,如:

$$Y = \alpha + \beta X^2 + \varepsilon \qquad (2)$$

或

$$Y = \alpha + \beta X^3 + \varepsilon \qquad (3)$$

一旦设定了一个模型,一项估计技术就只是一个确定模型中参数值——根据模型设定,确定最能拟合观测数据——的工具。然而,没有正确的模型设定,任何估计实践都只是不能做出有效统计推论【Statistical Inference】的曲线拟合。为了从观测的样本【Sample】数据推断总体【Population】,就需要我们假设,总体中所有的 Y 值都经由产生样本的观测值的同一过程产生。换言之,我们必须假定,设定是正确的。在著名的高斯-马尔科夫定理【Gauss-Markov Theorem】中,这一般被表述为“模型是正确设定的”。

模型设定应当根据某些相关理论。如果模型的被估参数具有统计显著性【Statistical Significance】,可能会被认为模型是对理论的确证。但事实上,它仅是对设定的模型相对于零模型(一个假定模型的自变量和因变量没有关系的模型)的一个技术上的检验。如果我们对上面的三个模型中的任意一个进行估计,并且能够在95%的水平上拒绝$\beta=0$的虚无假设【Null Hypothesis】,我们仍然不能说,我们所估计的设定就是正确的,同时另外两个提议的设定都是错误的。

尽管有无限多种形式的设定错误(specification error),但只有几种常见的设定错误需要留意。其中最普遍的是遗漏变量【Omitted Variable】问题。如果设定的模型遗漏了一个自变量,而这个变量实际上是生成数据的真实模型的组成部分,那么该模型即是误设的。这类设定错误的后果很严重。即使在最小二乘【Ordinary Least Squares】的简单情形和线性模型中,其他诸变量的估计参数可能是偏倚的,进而我们可能作出无效的统计推论。

没有任何检验可以确定我们有绝对正确的模型设定。然而,我们通常可以用统计检验来比较我们的设定和诸备择设定。最简单的检验涉及那些嵌套在其他模型中的模型设定。如果一个设定与另一个设定有同一函数形式,且前者的变量是后者变量的子集,那么该设定即嵌套在另一个模型设定中。例如,模型$Y=\alpha_0+\beta_1X_1+\varepsilon$嵌套在模型$Y=\alpha_0+\beta_1X_1+\beta_2X_2+\varepsilon$中,但是模型$Y=\alpha_0+\beta_3X_3+\varepsilon$并未嵌套在模型$Y=\alpha_0+\beta_1X_1+\beta_2X_2+\varepsilon$中。就线性模型而言,通常用线性约束的$F$检验(或邹氏检验【Chow Test】),检验嵌套模型中一个设定对另一个设定的有效性,而对数似然比检验则适用于最大似然【Maximum Likelihood】模型。在所有计量经济学教材中,此类检验都有叙述。在两种情况下,人们先估计两个模型中的每一个,再根据每个模型的拟合结果,生成一个检验统计量。然后,可以运用经典的假设检验,而这让人们可以拒绝一个模型而接受另一个。在用F检验比较两个线性设定(其中一个嵌套在另一个中)的情况下,检验统计量如下:

$$F=\frac{(R_{UR}^2-R_R^2)/m}{(1-R_{UR}^2)/(n-k)} \tag{4}$$

该统计量服从自由度【Degrees of Freedom】为$(m,n-k)$的F分布,其中m是线性约束的数量,n是观测值的数量,而k是等式右边变量的总数。

非嵌套设定的检验通常更难进行。然而也存在相应的检验。Cox检验可以进行两个非嵌套模型的统计检验;而Vuong检验也可以在非嵌套模型之间进行比较。

在竞争性模型设定中进行选择的另一种方式是使用模型选择准则。模型选择准则(criteria)并不提供一项统计检验,来表明偏好某个模型胜于另一个。它们是从诸竞争模型中选出最适当模型的公认标准。现实中,模型选择准则通常是拟合优度【Goodness-of-Fit】(在所有条件相同的前提下,我们偏好能解释更多方差的模型而非解释更少的模型)和简约(几乎所有的选择准则都科罚那些包括了额外变量的模型设定)之间的一种权衡。常用的准则包括Akaike信息量准则(Akaike Information Criterion, AIC)、Schwartz准则(Schwartz Criteria, SC)及Bayes信息量准则(Bayes Information Criteria, BIC)。就线性模型而言,AIC的计算很简单:

$$\mathrm{AIC}(k)=e^{\frac{2k}{n}}\frac{\sum e_i^2}{n} \tag{5}$$

通常会给出它的对数形式:

$$\ln \mathrm{AIC}(k)=\frac{2k}{n}+\ln\left(\frac{\sum e_i^2}{n}\right) \tag{6}$$

那些准则虽然是合理的,但终归还要涉及随意的权衡。在缺乏真正统计检验的前提下，研究者不能就他或她有多少信心在诸模型中做出了正确的选择给予任何类型的概率陈述。我们拥有正确模型的假设是计量经济学【Econometrics】中最有争议的争论之一。它催生了利默(Leamer,1983)的著名论文“让我们把骗子赶出计量经济学(Let's Take the Con out of Econometrics)”，在文中，他建议抛开假设，代之以检查右侧变量的所有合理的组合，并报告参数的范围。由于这类范围一般很大，所以这是一个没有实践者采纳的建议。但是，这里要建议研究者检验模型设定，以达到使扰动保持稳健的目的。

——Jonathan Nagler

(马妍译　赵锋校)

参考文献

Leamer, E. E. (1983). Let's take the con out of econometrics. *American Economic Review*, *73*(1), 31-43.

频谱分析(Spectral Analysis)

频谱分析是一种识别时间序列【Time-Series】数据的循环成分的方法。循环是那些常可表示为一个三角正弦函数、余弦函数或者正弦曲线的波形的周期事件，其图形和数学的表示如图 1 所示。

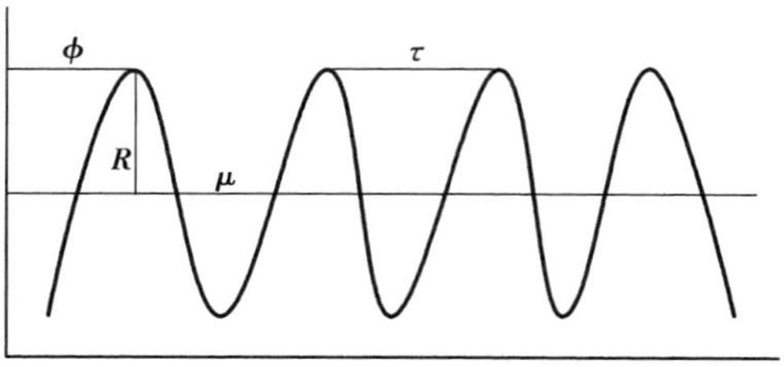

$X_t = \mu + R\cos[2\pi/(\tau+\phi)]$

图 1　频谱分析

其中τ表示波形的周期，或者从循环的一个顶点到另一个顶点的距离；μ 表示波形最高点和最低点的均值；ϕ 表示波的初始阶段；而 R 表示振幅，或者从波形的顶点到均值线的距离。

正弦曲线是周期分析中的一个重要成分，因为它常用于为这些循环的形状建模【Modeling】。如果存在复合的波形，研究者和统计软件包可以使用几个正弦曲线成分为循环建模。即便循环实质性地背离正弦曲线，为数据建模仍是可能的，不过这类方法在数学上很复杂而且比本文提出的模型更难以处理。

一旦数据中的时间趋势被移除，即通过将一个时间序列上那些不能归之于数据中的一个线性或曲线【Curvilinearity】趋势的残余方差分解出来，就可以近似地得到时间序列数据的循环性质。总平方和【Sum of Squares】被分入组数为 $N/2$ 的平方和成分，每个成分的自由度【Degrees of Freedom】为 2。为了创建强度估计值，从计算中得出的估计值被转成由每一周期部分解释掉的平方和。

为了收缩常常伴随着强度估计值的较宽的置信区间【Confidence Interval】，频谱分析需要平滑强度估计值，从而创建一个能谱。平滑【Smoothing】程序是用几个邻近的频次计算强度估计值的加权平均。由于不同平滑技术的使用，在包含于加权平均中的邻近频次数量(或宽度)上的变化，以及所应用的权数的变化，都能产生可靠的数据的循环性质的估计值。例如，Daniell(相等的权数)平滑技术，即用宽度(或 M)3 来代替频次 i 的强度估计值，亦即使用 3 个坐标 $i-1$，i 和 $i+1$ 的均值代替频次 i 的强度估计值。相等的权数(或 $1/M$)被用于新的估计值，以获得循环的一个平滑估计值，即

(1/3)×在频率($i-1$)处的强度+(1/3)×在频率 i 处的强度+(1/3)×在频率($i+1$)处的强度。值得注意的是，随着邻近频次数量的增加，置信区间的宽度变窄。过度平滑可能扭曲数据，并且难以对数据中周期的长度(或τ)作出明确的判断。

一旦计算出了能谱，就可以用它除以能的总量或方差的总量，从而产生一个频谱密度函数。通常，结果会被绘制在图上，其中 y 轴代表频谱密度，x 轴代表频率($1/\tau$)。一个以 4 年为周期的数据会在一个频率的 1/4 或 0.25 的位置上标记它的峰值，而这可以清楚地表现在一张平滑图上。根据卡方分布【Chi-Square Distribution】，通过置信区间的估计，可以确定统计显著性。

$$下限 = [edf^{*} s(f_1)]/X^2.99$$
$$上限 = [edf^{*} s(f_1)]/X^2.01$$

其中，edf 是平滑前初始自由度(即 2)和平滑技术的宽度的乘积，而 $s(f_1)$ 表示一个给定频率的频谱估计。如果置信区间与能的平均水平(或者频谱估计的均值)重叠，那么我们可能得出这样一个结论：峰值并不显著地不同于基于机会所能期望的峰值。替代方案是，针对未平滑的峰值，用所有最大的平方和(最大峰值的平方和)或所有最大的强度估计值除以总平方和之和($\sum$ 总平方和)。

——Erika Moreno

(马妍译　赵锋校)

参考文献

Granger, C. W. J. (1964). *Spectral analysis of economic time series*. Princeton, NJ: Princeton University Press.

Warner, R. M. (1998). *Spectral analysis of time-series data*. New York: Guilford.

球形假定(Sphericity Assumption)

球形假定是针对受试者内设计【Within-Subject Design】使用单变量(或者混合模型)方差分析【Analysis of Variance】进行统计推论所必需的。简略地说，球形假定假设重复测量的任意线性组合的方差【Variance】是相等的。特别地，各处理水平间的差值具有相等的方差。如果这一假定未被满足，就有必要采用统计修正，或者使用多元方差和协方差的分析【Multivariate Analysis of Variance and Covariance】。

用一个例子来阐明该假定。设想有 3 个人接受了 3 种治疗，得到了表 1 所示的数据(和差值)。

表 1

治疗 1	治疗 2	治疗 3	1−2	1−3	2−3
5	7	2	−2	3	5
3	7	4	−4	−1	3
6	8	6	−2	0	2
方差			1.33	2.33	2.33

如要合理地将数据当作一个两因素设计(即双因素方差分析【Two-Way ANOVA】)，处理间差值的方差就必须是相等的。就上述假设的例子而言，正如最后 3 列所示，球形假定未予满足，因为差值的方

差不相等。注意,如果只有两种处理,根据定义,球形假定得到满足。

错误地忽视对球形假定的背离会导致一个检验效力【Power of a Test】的损失。当球形假定未被满足时,犯第一类错误【Type Ⅰ Error】的实际概率比用标准计算暗含的概率高。换句话说,研究者会冒风险作出不为数据支持的统计推论,因为相比于正常的可能性,不存在处理差异的虚无假设会更经常地被拒绝(但是更可能的量的大小是未知的)。注意,如果无差异的虚无假设没有被拒绝,就没必要作出修正,因为同这一概率相比,未调整的检验统计量是有偏的。

如果球形假定未被满足,研究者有两种选择:一种选择是人们可以试着调整检验统计量,从而消解假定的背离。有许多调整方法可供使用,这些方法在其他地方有具体阐述(如 Maxwell & Delaney, 1990)。另一种选择是采用方差和协方差的多元分析。除非样本量非常小,多数人都推荐使用多元方法。

——Joshua D. Clinton

(马妍译　赵锋校)

参考文献

Bogartz, R. S. (1994). *An introduction to the analysis of variance*. Westport, CT: Praeger.

Field, A. (1998). A bluffer's guide to ... sphericity. *British Psychological Society: Mathematical, Statistical & Computing Newsletter*, *6*, 13-22.

Maxwell, S. E., & Delaney, H. D. (1990). *Designing experiments and analyzing data: A model comparison perspective*. Belmont, CA: Wadsworth.

Winer, B. J., Brown, D. R., & Michels, K. M. (1991). *Statistical principles in experimental design* (3rd ed.). New York: McGraw-Hill.

样条回归(Spline Regression)

样条回归是在称作分段节点的具体的连接点上连接在一起的一系列回归【Regression】线段。根据定义,在一条样条组成的线上,不存在突然的中断。然而,在它们的节点处,样条可能突然改变方向(即斜率【Slope】),或者,像曲线一样,在斜率的变化率上发生更加细微的变化。

样条线被用来取代二次方【Quadratic】、三次方或者更高阶的多项式【Polynomial】回归曲线,因为样条线更灵活,且较少受多重共线性【Multicollinearity】的影响,而这种影响正是多项式回归的顽疾。样条回归可生成比中断【Interrupted】回归更平滑的曲线,而后者则容许在线上发生中断或跳跃。

若政策上的一项变化,在政策引入的时刻,仅影响了回归线的斜率,而没有导致回归线的一个中断或跳跃,这时就可以使用样条。例如,对更多的住宅隔热项目,宣布一项能源课税抵扣政策会降低能源消费曲线的斜率,而不导致能源消费上的一个突然减少。税收安排通常分为不同的纳税等级,当随着收入的增加,代表纳税额的回归线从一个纳税等级过渡到另一个纳税等级时,这条回归线不会发生突然的变化,而是在这些样条的节点处发生斜率的变化。

诸段的线性样条好像带有钮结(kinks)的直线。这些钮结即节点位置斜率的变化。当年龄小于等于 21 岁时,定义 $D=0$,由此,样条 D(年龄−21) = 0 表示年龄为 0 到 21 岁的回归线;当年龄大于 21 岁时,定义 $D=$

1，由此，样条 D(年龄−21)= 1, 2, 3,…表示年龄为 22,23,24 等的回归线；因此，当年龄超过 21 岁时，直线在钮结处(即在样条的节点位置)转向一个新的斜率，而不发生回归线的跳跃或中断。

如果事先知道样条节点数和它们的位置，样条回归是非常容易估计的。宣布的政策变动和纳税等级是最好的例子。用最小二乘【Ordinary Least Squares】可以容易地估计此类样条回归。

然而，有时节点位置无法准确获知。例如，人们的收入通常随着年龄的增加而上升，然后，在某个未知的点开始普遍地下降。可以更精确地估计出这个点吗？这类未知的样条节点的位置可以用非线性【Nonlinear】最小二乘予以估计。

如果样条节点的数量未知会如何？可以使用逐步回归【Stepwise Regression】来搜寻未知样条节点的数量和位置。一份潜在的样条节点清单，作为纳入回归方程的可能变量，以变量的形式被创建出来。如果在所有设定的样条节点的备选集中，一个样条的节点位置和校准度(斜率、斜率的变化率等)给出了最大限度的统计显著【Statistical Significance】，这一特定的样条节点即被引入回归方程。

分段变量可能是时间变量或者某些截面【Cross-Sectional】变量，如个人的年龄或生产水平。样条可用于估计三维平面。例如，在控制了多元列表卡上的诸变量(卧室、浴室、学区等)后，一个三维的样条回归能用于估计一栋住宅的位置价值。

——Lawrence C. Marsh

(马妍译　赵锋校)

参考文献

Marsh, L. C., & Cormier, D. R. (2001). *Spline regression models*. Thousand Oaks, CA: Sage.

Pindyck, R. S., & Rubinfeld, D. L. (1998). *Econometric models and economic forecasts* (4th ed.). New York: McGraw-Hill.

折半信度(Split-Half Reliability)

在经典的测验分理论中，有 $X=T+e$(其中，X= 观测得分，T= 真实分数，e= 误差)。其中有些误差是降低测验效度的常量，而有些误差是导致得分不一致的变量。信度是测验免于变量误差影响的程度。形式上，给定 $\sigma_x^2=\sigma_t^2+\sigma_e^2$，信度是真实分数的方差对误差分数的方差的比，即

$$\frac{\sigma_t^2}{\sigma_x^2}=\frac{\sigma_x^2-\sigma_e^2}{\sigma_x^2}\text{ 或 }=1-\frac{\sigma_e^2}{\sigma_x^2}$$

因为测验题项必定是被测领域的一个样本，所以它们本身构成了变量误差的一个来源。可以通过比较来自不同时点上两个测验的等价(备择)形式的得分，估计测验题项对变量误差的影响，但是，第二次测验的成绩可能受第一次测验的影响。折半信度只要求一次测量实施，因此参与者不会知道比较的发生。将所有题项分成两个等价的部分，再计算两部分得分的相关系数(皮尔逊积矩系数，r)，即可得到折半信度。有多种方法可以用来分拆题项，但是其中有些分拆方法无法形成等价的题项集合。例如，题目难度可能在两个随机选择的题项集合中不同，也可能在两个由测验的第一半部分和第二半部分造成的题项集合中不同。两半部分的得分也可能由于实

践或疲劳而不同,由此人为地降低了折半估计。

由于任一种折半信度的值都不是唯一的,所以至少应当计算两种类型的折半信度。甚至,存在着用以获得最大的真实信度的算法。然而,最常见的技术是将奇数项和偶数项进行分组。这种技术可以克服疲劳和实践效应,同时,如果题项难度随测验而增加,还可以使得两组题项的难度取得对等。遗憾的是,如果题项的不同种类交替出现,如那些要求回答真/假,或是/否的问题,奇/偶分拆法未必能保证题项的等价。最佳的方法是通过题目的内容、难度和回答类型对题目进行匹配,系统地创建两个等价的题项集合(即平行分拆)。两个题项集合的均值和方差应相等。

因为测验信度是一个题项数量的正的递减函数,折半 r 将低估整体测验信度。因此,用斯皮尔曼-布朗【Spearman-Brown】校正公式 $r'=2r/(1+r)$ 来对它进行修正。整体测量信度也可以用如 Rulon 公式 $r''=1-\sigma_d^2/\sigma_x^2$(其中 σ_d^2 是测验的两部分的分数差值的方差)直接进行估计。显然,这反映了信度的经典定义($1-\sigma_e^2/\sigma_x^2$, 其中 $\sigma_e^2=\sigma_d^2$)。当 $\sigma_1^2=\sigma_2^2$ 时,它将产生与斯皮尔曼-布朗校正同样的值;但是当 $\sigma_1^2\neq\sigma_2^2$ 时,它的值低于斯皮尔曼-布朗的校正值。

折半信度不适用于快速完成的测验,因为人们在两个题项集合上的得分或者都很低,或者都很高,从而导致一种虚假的高度相关。它也不适用于多维测验,因为不同的部分可能不相关。对于一个同质测验而言,它则是一个方便的技术。尽管不存在判断可信的通行标准,但是折半信度(源于测验题项的误差)通常应超过 0.80 或者 0.85,而且它通常也比再测信度【Test-Retest】(源于时间的误差)和复本信度(源于不同的题项和时间的误差)高。

例 1:一个由 148 人参加的,有 24 道题的测验(均值 $M=11.20$,方差 $s^2=20.20$)被分为两个题项集合,每个集合中有 12 道题。两个题项集合的均值(5.38 和 5.89)和方差(7.12 和 5.57)没有显著差异,表明两个题项集合是等价的。两集合的 r 值为 0.626,$s_d^2=4.81$。使用斯皮尔曼-布朗校正公式 $r'=2\times0.626/(1+0.626)=0.770$;使用 Rulon 公式 $r''=1-4.81/20.20=0.762$。两个值都表明折半信度低于要求的信度值。

例 2:一个由 59 人参加的,有 20 道题(5 分制量表)的测验(均值 $M=56.61$,方差 $s^2=240.449$)被分为奇数题项集和偶数题项集。两个集合的均值(28.37 和 28.24)和方差(68.96 和 59.25)没有显著差异,表明两个集合是等价的。两组的 r 值为 0.878,$s_d^2=15.98$。使用斯皮尔曼-布朗校正公式 $r'=2\times0.878/(1+0.878)=0.935$,使用 Rulon 公式 $r''=1-15.98/240.449=0.934$。两个值都表明折半信度非常理想。

——Stuart J. McKelvie

(马妍译　赵锋校)

参考文献

Callendar, J. C., & Osburn, H. G. (1977). A method for maximizing split-half reliability coefficients. *Educational and Psychological Measurement*, *37*, 819-825.

Cronbach, L. J. (1943). On estimates of test reliability. *Journal of Educational Psychology*, *34*, 485-494.

Cronbach, L. J. (1946). A case study of the split-half reliability coefficient. *Journal of Educational Psychology*, *37*, 473-480.

Gulliksen, H. (1950). *The theory of mental tests*. New York: Wiley.

Lord, F. M. (1956). Sampling error due to choice of split in split-half reliability coefficients. *Journal of Experimental Education*, *24*, 245-249.

裂区设计(Split-Plot Design)

裂区设计是一种研究设计,其中实验【Experiment】的单元(如消费者、父母、学生)在接受或被分配到一个因子(如因子 B)的所有处理中,只接受另一个因子(如因子 A)的一种处理。在裂区设计中,因子 A 被称为“受试者间”因子,而因子 B 被称为“受试者内”因子。例如,一个人想要研究互联网搜索策略(因子 A)对于大学生在健康和历史两个领域内信息搜索效率(自变量)的影响(因子 B 的水平)。在一个州立学院随机抽取了 100 名大学新生,并将他们随机分入因子 A 的两个条件中:50 名学生分到“线性搜索”的条件下,剩下 50 人分入“非线性搜索”的条件下。所有受试者都被指示就两个主题(健康和历史)搜索适当的信息。搜索的成功度由三个标准来判断:完整性、相关性和速度。下面的表格例示了这一研究设计。

		因子 B:主题			
		受试者	健康	历史	原始均值
因子 A:互联网搜索策略	处理 1 线性搜索	S_1 ⋮ S_{50}	$\overline{Y}_{11}$	$\overline{Y}_{12}$	$\overline{Y}_{1.}$
	处理 2 非线性搜索	S_{51} ⋮ S_{100}	$\overline{Y}_{21}$	$\overline{Y}_{22}$	$\overline{Y}_{2.}$
列均值			$\overline{Y}_{.1}$	$\overline{Y}_{.2}$	总均值 $=\overline{Y}_{..}$

在表格和研究设计中,因子 A 和因子 B 都是完全交叉的。由于两个因子的交叉性质,这个设计是一个技术上的裂区因子(或 SPF)设计。而且,分配到因子 A 的每种条件的受试者的数目是相等的,这使得设计成为一个平衡的 SPF 设计。否则,就是一个不平衡的 SPF 设计。因为因子 A 有两个层次(线性搜索策略与非线性搜索策略),因子 B 也有两个层次(健康与历史),这个设计在教科书中被称为 $SPF_{2.2}$ 设计。受试者间因子的层次数目总是在点号(.)之前写出来,受试者内因子的层次数目在点号之后写出来,都是下标。裂区设计的变化样式有更复杂的设计形式,例如 $SPF_{pq.r}$ 设计,有两个受试者间因子和一个受试者内因子;$SPF_{p.qr}$ 设计有一个受试者间因子和两个受试者内因子;$SPF_{pq.rt}$ 设计有两个受试者间因子和两个受试者内因子等。就这些变化样式的细节,读者应查阅基尔克(Kirk,1995)以及马克斯韦尔和德莱尼(Maxwell & Delaney,1990)的著作。

请注意,在上面的 SPF 设计中,受试者(在表格中表示为 *S*)在整个研究中是嵌入在因子 A(或受试者间的因子)的处理条件中的。这样,一个 SPF 设计也是一个嵌套设计,因为受试者被认为是嵌套在因子 A(或受试者间因子)的层次中的。而且,一个 SPF 设计也是一个区块设计,因为主体在因子 B(或受试者内因子)的所有层次中受他们自己的控制;于是,根据随机区块设计的原理,他们也被认为是“区块”。

裂区设计是社会科学中最流行的研究设计之一。它起源于农业研究,一块块的土地被称为区。区被分到次区中以调查化肥、土壤条件和这类处理的影响。林德奎斯特(Lindquist,1953)在心理学和教育学领域促进了这种设计的普遍使用,并重新命名它为混合设计【Mixed Design】。混合设计这个词反映出设计中受试者间因子和受试者内因子的独特混合。裂区设计也被作为模型

Ⅲ【Model Ⅲ】设计(Hays, 1994),在这个意义上,区块(或上面的例子中的受试者)通常被作为一个随机因子处理,从而因子 A 或因子 B(或两者)是一个混合因子。在同一个 SPF 设计中包含随机和固定因子,要求统计模型是一个混合模型,如下所示:

$$Y_{ijk} = \mu + \alpha_j + \pi_{i(j)} + \beta_k + (\alpha\beta)_{jk} + \beta\pi_{ki(j)} + \varepsilon_{ijk}$$

$$(i = 1, \cdots, n; j = 1, \cdots, p; k = 1, \cdots, q)$$

其中,

Y_{ijk}是第 i 个区块(也是观察和分析的单元)在因子 A 的第 j 个水平上和因子 B 的第 k 个水平上的得分。

μ 是所有观测总体的总均值,亦即一个常数。

α_j 是因子 A 的第 j 个处理条件的效应;代数上,它等于总体均值($\mu_{j.}$)和总均值(μ)的离差。对所有在第 j 个条件下的观测值的因变量得分而言,它是一个常数,其约束条件是所有因子 A 的处理条件 α_j的和等于零。

$\pi_{i(j)}$是嵌套在因子 A 的第 j 个条件下,与每个区块 i(例如上面图表中的主体)相关的总体效应。它的潜在总体分布被假定为是正态的,并在每个区块中有相等的方差。

β_k 是因子 B 的第 k 个处理条件下的效应。代数上,它等于总体均值 ($\mu_{.k}$)同总均值(μ)的离差。对于第 k 个条件下的所有受试者的因变量得分而言,它是一个常数,且服从约束条件,对于因子 B 的所有处理条件,所有 β_k 之和为零。

$(\alpha\beta)_{jk}$是由于因子 A 的 j 层次和因子 B 的 k 层次的联合效应。它服从于约束条件,在因子 A 和因子 B 的所有处理条件下,所有的$(\alpha\beta)_{jk}$的和为零。

$(\beta\pi)_{ki(j)}$是因子 B 的 k 层次和区块 i 的联合效应,两者都嵌入因子 A 的第 j 个条件中。假定 $(\beta\pi)_{ki(j)}$的潜在分布是正态分布,同时在每个区块和因子 B 的每个层次上有相等的方差。此外,还假定$(\beta\pi)_{ki(j)}$统计上独立于效应 $\pi_{i(j)}$。

ε_{ijk}是与嵌套在因子 A 的第 j 个层次和因子 B 的第 k 个条件相关的随机误差效应。它是一个随机变量,在潜在总体中呈正态分布,且独立于效应 $\pi_{i(j)}$。

要检验因子 A 的效应、因子 B 的效应或 A 和 B 的交互效应的统计假设,需要两个误差项。第一个误差项用于检验受试者因子(即 A),可以在忽略因子 B 的条件下,计算因子 A 的各层次间的平均的(上列中是两个层次)均平方而得到。第二个误差项用于检验受试者因子(即 B)以及它与受试者之间因子(即 A 与 B)的交互效应。通过计算与 B 联合在一起的 A 的各层次的平均的均平方,可以得到第二项误差。技术上,它是因子 B 以及那些被包括在因子 A 的每个层次内的所有区块的汇聚的交互效应。所有的统计检验都是在相等方差假定下,通过 F 统计来实现的。受试者内因子的 F 检验以及它同受试者间因子的交互效应的 F 检验需要另一个额外的假定,即受试者内得分的方差和协方差的球形假定。球形假定是使得 F 检验有效的必要且充分条件(Huynh & Feldt, 1970)。

——Chao-Ying Joanne Peng

(王玥译　赵锋校)

*也可参见重复测量【Repeated Measures】、嵌套设计【Nested Design】、分组设计【Block Design】。

参考文献

Hays, W. L. (1994). *Statistics*. Fort Worth, TX: Holt, Rinehart and Winston.

Huck, S. (2003). *Reading statistics and research* (4th ed.). New York: Pearson Education Inc.

Huynh, H., & Feldt, L. S. (1970). Conditions under

which mean square ratios in repeated measurements designs have exact *F*-distributions. *Journal of the American Statistical Association*, *65*, 1582-1589.

Kirk, R. E. (1995). *Experimental design: Procedures for the behavioral sciences* (3rd ed.). Belmont, CA: Brooks/Cole.

Lindquist, E. F. (1953). *Design and analysis of experiments in psychology and education*. Boston: Houghton Mifflin.

Maxwell, S. E., & Delaney, H. D. (1990). *Designing experiments and analyzing data: A model comparison perspective*. Belmont, CA: Wadsworth.

S-Plus

S-Plus 是一款以通用为目的并依赖于面向对象编程的统计软件包。它是一款强大且灵活的计算机程序,易于根据个人目的进行定制。更多信息可参见相关网站。

——Tim Futing Liao

(马妍译　赵锋校)

离散(Spread)

数据的离散是指数据是如何分布的。离散的量度指标包括全距【Range】、方差【Variance】和标准差【Standard Deviation】。

——Tim Futing Liao

(马妍译　赵锋校)

*参见离中趋势【Dispersion】。

SPSS

SPSS(社会科学统计软件包)是一款以通用为目的的软件包,不仅为社会科学家所广泛运用,还能满足他们诸多计算需求。更多信息可参见相关网站。

——Tim Futing Liao

(马妍译　赵锋校)

虚假关系(Spurious Relationship)

虚假关系指,尽管两个或两个以上的变量是相关的,但这些变量的关系不是因果相关。相关【Correlation】分析仅仅确立协变关系,即两个或两个以上的现象一起发生变化的程度;而因果关系【Causality】要推论,一个现象引起了另一个现象。尽管社会科学家对相关感兴趣,但是大部分社会科学家也想推论因果关系。例如,尽管我们知道吸烟与肺癌相关,我们还想推论出吸烟引发肺癌的可能性。但是当寻求因果推论时,社会科学家必须要小心虚假关系的可能性,即那些隐含了虚假的因果关系的相关关系。

设想我们要估计 r_{xy} 的相关系数,其中 x 是个人的婚姻状态,y 是个人每年消费的红酒数量。我们发现在婚姻状态和红酒消费之间存在很高的正相关。如果我们要推论因果关系,我们可能假定消费红酒引发人们结婚。我们也可以假定婚姻驱动个人去喝红酒。这些解释在逻辑上都没有道理。很可能是红酒消费与婚姻状态之间的关系是虚假的,而第三个变量才是引发这两个变量正相关的变量。

虚假关系意味着随着第三个变量的引入,前两个变量之间的关系会消失。理论或逻辑应该明确说明第三个变量可以解释前两个变量之间观察到的相关关系。就上面的例子而言,我们怀疑变量 z,即年龄,可能同时影响婚姻状态和红酒消费。我们发现在婚姻状态和年龄之间有很高的正相关,r_{xz};同时,红酒消费和年龄之间也有很高的正相关,r_{yz}。这些强相关关系提供了最初的证据,证明年龄变量解释了婚姻状态和红酒消费之间的关系。为了检验虚假关系,我们计算控制年龄变量时婚姻状态和红酒消费之间的偏相关【Partial Correlation】系数 $r_{xy\times z}$,从而有 $r_{xy\times z}=r_{xz}\times r_{yz}$。我们发现 $r_{xy\times z}$ 接近于零,而这意味着当控制了年龄变量后,婚姻状态与红酒消费之间的关系消失了。于是我们推断,婚姻状态与红酒消费之间的关系来自年龄变量上变差的联合效应。换言之,婚姻状态与红酒消费之间的关系可能是虚假的。

因为 $r_{xy\times z}$ 的值接近于零,我们也可能得出结论:z 是 x 和 y 之间的中介变量【Mediating Variable】。在上面的例子中,这意味着婚姻导致人变老,而变老则引起更多的红酒消费。对于我们的例子来说,这是一个荒谬的结论,但是在其他情况下,可能没有这么清楚地区分。实践中,只能由研究者就因果关系的方向作出逻辑假定,然后使用这些假定来推论 x 和 y 是虚假相关的,抑或 z 是一个中介变量。统计证据本身无法区分这两种可能性。

——Megan L. Shannon

(王玥译　赵锋校)

参考文献

Blalock, H. M., Jr. (1979). *Social statistics* (2nd ed.). New York: McGraw-Hill.

Simon, H. A. (1954). Spurious correlation: A causal interpretation. *Journal of the American Statistical Association*, *49*, 467-479.

稳定系数(Stability Coefficient)

在社会科学中,稳定系数是一个术语,用来指当被测主体和测量工具都确切地保持相同时,得自于时间 1 的测量结果同得自于时间 2 的测量结果的相关度。如果系数是高的[且没有工具反应性(instrument reactivity)出现],那么这一般地指示了测量的信度【Reliability】和响应的连续性(response continuity)。如果系数低,则很难得出一个正确的解释。

个人历史或行为的测量有低的稳定系数,这无疑来自测量的不可信性。如果回答人第一次报告了某些特征的个人背景或过往行为,然后又否定了他的报告,那么人们不能将这一变化解释为"不连续性"。然而,就态度和意见而言,低的系数缺少确定的意义。如果测试与再测的间隔短暂,那么这一系数通常会被当作不可信性的一个指标(Carmines & Zeller, 1979; Litwin, 1995);如果间隔较长,通常则将其当作不连续性的一个指标(Converse & Markus, 1979)。两个解释都不具有不证自明的正确性,因此,将一个稳定系数的可信性部分和连续性部分分解开可能既复杂又重要(Achen, 1975)。实际上,如果不知道测量的不可信性水平,又不根据不可信水平加以修正,就不可能确定连续性的精确估计值。

一个仅有几天或几周时间间隔的再测试【Test-Retest】显然会增强如下假设,即低的稳定性是由测量问题引起的,而非态度变化的结果。然而,即便如此,其他因素也可能发生干扰。例如,在动荡的时期,有可能存在相当程度的真实意见的短期混乱。同时,无论在动荡的时期还是在和平的时期,就不熟悉或考虑欠周的话题,准确地陈述意见都会显出实质性的短期的不稳定性。态度的瞬间变化不代表真正的测量误差,尽管人们抱持着一种"态度"定义,强调其具有持久的性质,而将这类瞬间变化视作"非态度"。

在估计连续性时,使用相关【Correlation】系数,无论是积矩的(product-moment)抑或秩序的(rank-order),有时都会是有问题的。就标准化的数据和排序的数据而言,都可能存在测量时间 1 和测量时间 2 之间的系统变化,而这些变化没有反映在相关系数上。响应的分布可能朝上移动或朝下移动,也可能更加集中或更加分散,与此同时,稳定系数则始终保持较高。基于这个原因,就有必要通过检视定距数据的散点图,或排序数据的列联表,进一步审查相关关系,找出分布变化的迹象。

——Douglas Madsen

(马妍译 赵锋校)

参考文献

Achen, C. H. (1975). Mass political attitudes and the survey response. *American Political Science Review*, *69*, 1218-1231.

Carmines, E. G., & Zeller, R. A. (1979). *Reliability and validity assessment*. Beverly Hills, CA: Sage.

Converse, P. E., & Markus, G. B. (1979). Plus ça change ...: The new CPS Election Study Panel. *American Political Science Review*, *73*, 32-49.

Litwin, M. S. (1995). *How to measure survey reliability and validity*. Thousand Oaks, CA: Sage.

稳定人口模型(Stable Population Model)

当前的人口学模式保持了一个较长时期后,其长期的隐含意义是什么?艾尔弗雷德·洛特卡从种群更新的生物学模型到年龄别率(age-specific rates)的领域的拓展给出了许多可能的答案(Lotka, 1939/1998)。当下述非常接近于许多历史人口总体的长期条件的三项特征存在时,一个具有恒定的出生率和年龄分布的稳定人口总体即出现了,并在较长时期内持续存在:

1.年龄别生育率是恒定的;

2.年龄别死亡率(即生命表【Life Table】)是恒定的;

3.年龄别迁移率为零。

潜在于稳定人口总体之下的简单人口学属性构成了人口预测和人口学成分(年龄分布、死亡率和生育率)分析的基础。其特别的重要性在于遍历性(ergodicity)特征,即长期的年龄分布、出生率、死亡率以及稳定人口的增长率都取决于它们当前的生育率和死亡率模式,而与当前年龄分布无关。

一个稳定等价的人口总体的长期规模、人口分布和生命率可以从当前的生命率来预测(更多内容参见人口学方法【Demographic

Methods】)。在每一年龄上的人口比率（${}_nK_x^{\text{stable}}$）可以用生命表的生存函数（${}_nL_x$）、出生人数（B）和人口增长率（r）来表示：

$$ {}_nK_x^{\text{stable}} = B\,{}_nL_x e^{-r\cdot x} $$

总的出生人数 B 会随初始的人口年龄分布变化，但是长期的粗出生率和每年的出生数量的增长仅是生育率和妇女死亡率模式的函数。内在增长率（intrinsic growth rate）r 或者当前生命率中隐含的稳定增长率可用于对净再生产率（net reproduction rate，NRR）做直接且简单的估计，其中 NRR 指基于当前的出生率和死亡率，每个妇女平均生育的女儿数：

$$ \mathrm{NRR} = e^{rT} $$

其中 T 是世代之间的平均间隔时长。

图 1 通过一个简单的假设人口预测描绘了稳化过程（参见 Leslie 矩阵【Leslie's Matrix】）。根据 1995 年意大利的生命率（其特征是低生育率和低死亡率）对 1995 年意大利的年龄分布（一个相对老龄化的社会）进行了预测，同时还预测了尼日利亚的（一个年轻的社会）。在一个中期时段（2030—2060 年）内，它们的年龄分布显得相当不同，因为，几个大队列的非常年轻的尼日利亚人步入了他们的生育期，即便以低的生育率也生育了若干相对大队列的儿童。经过较长的时期（2100—2200 年），年龄分布变得在统计上趋同，因为在出生人口上的较早的队列的连锁效应（ripple effect）已经消失。

尽管它们的年龄分布到 2200 年趋同，但是尼日利亚的整个人口增长将会更多。我们可以运用稳定人口模型来测量人口动量（population momentum），即当一个有着年轻的年龄分布的人口总体出现生育率下降时发生的人口增长和暂时的人口学变化（Keyfitz，1985）。尽管尼日利亚的人口比意大利的人口会有更加实质性的增长，但是由于它过去最大的那些队列已经步入生育期，亦即当这些队列的年龄超过平均生育年龄时，所有这些增长都已经发生；而在给定如此低的生育率的条件下，新的队列只可能比老的队列规模小。

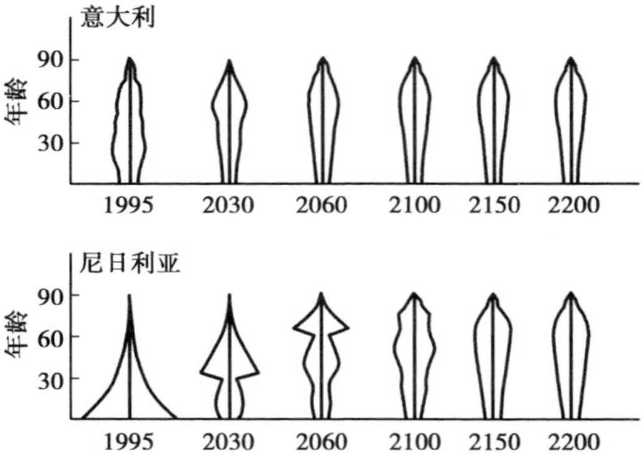

图 1　意大利和尼日利亚的相对年龄分布，均以 1995 年意大利的生命率作预测得出

资料来源：Preston，Heuveline，& Guillot（2001）；United Nations（1995，1996）.

源于稳定人口模型简化了人口学会计法对于人口学变化的复杂的中期和长期的隐含意义有更加经验性的解释。具体而言，通过提高生育的平均年龄，由于被推迟的生育年龄对未来人口规模的实质影响（如更晚、更长、更少），计划生育策略已经受到了影响。由于相比于死亡率下降，生育率下降对人口老龄化、老年依存人口（与年轻成人相比的老年人口的相对规模）的更大影响，以及迅速的人口老龄化的周期性经济效应，政府的养老金计划也已经受到了影响。

更多的方法革新源于放松稳定人口模型的主要假定。变量 r 法将稳定人口的属性推广到非稳定人口的属性，从而产生了更加广泛的人口预测和修正技术（Preston & Coale，1982）。将稳定模型推广到具有恒定的、非零的年龄别迁移率的人口则促进了多国家和多地区稳定人口模型的发展（Rogers，1995）。更多讨论和示例，参见普里斯顿的著作（Preston et al.，2001）。

——Randall Kuhn

（马妍译　赵锋校）

参考文献

Keyfitz，N.（1985）. *Applied mathematical demography*（2nd ed.）. New York：Wiley.

Lotka，A. J.（1998）. *Analytical theory of biological populations：Part Ⅱ：Demographic analysis with particular application to human populations*（D. P. Smith & H. Rossert，Trans.）. New York：Plenum.（Original work published 1939）

Preston，S. H.，& Coale，A. J.（1982）. Age structure，growth，attrition and accession：A new synthesis. *Population Index*，*48*(2)，217-259.

Preston，S. H.，Heuveline，P.，& Guillot，M.（2001）. *Demography：Measuring and modeling population processes*. Oxford，UK：Blackwell.

Rogers，A.（1995）. *Multiregional demography*. Chichester，UK：Wiley.

United Nations.（1995）. *World population prospects：The 1994 revision*. New York：Author.

United Nations.（1996）. *Demographic yearbook 1994*. New York：Author.

标准差（Standard Deviation）

一组数字和得分的主要特性之一是它的变异度或分散度【Dispersion】——各得分之间的差值有多大。标准差或许是一组得分变异度的最常用的量度。它之所以普及，一是因为它考虑了每一得分的确切数值，二是因为它的单位即得分的单位。此即，如果高度的测量单位是英寸，那么标准差的单位也用英寸表示。

通常，标准差还被视为平均数量度的一个补充，如算数均值【Mean】的补充。例如，许多城市在一年中有相同的平均气温，但是在不同季节中它们的气温变异度有很大的差异。在描述和比较这些城市的天气时，既比较它们的全年平均气温，同时也根据全年气温的变化程度，将各个城市分组比较，这样做能给出更丰富的信息。

同样，在研究中，为了对人们的行为作出恰当的推论，标准差可能与均值同样重要。例如，设想有一个项目，其目的在于提高学生测试成绩。当然，随着项目的开展，你期望看到平均成绩的提高。不过，这一提高可能以几种形式出现。如果项目以大致相等的程度帮助了每位学生，那么平均分将比项目实施前提高，但是标准差可能是相等的。如果项目只帮助了最好的学生，而其余的学生保持不变，那么你仍将获得均值的提高但标准差也随之增加（即最好的学生和最差的学生之间差距更大）。对于一些教育工作者而言，如果仅考查均值的证据，就不会认为后一个结果是他们所期待的。增加的标准差还给出了一个关于项目如何影响得分的重要线索。

某一整组或一总体得分的标准差 σ 可定义为每一得分 X 与得分均值 μ 之差的平方之和除以得分的数目 N 的平方根，即

$$\sigma = \sqrt{\frac{\sum (X - \mu)^2}{N}}$$

之所以使用差值的平方是因为,若不然,正的差值和负的差值就会相互抵消。未取平方根时,量度 σ^2 即称为方差【Variance】,但它用单位的平方(如平方英寸)而不是单位本身来表示。在计算一个样本得分的标准差 s,即总体标准差的一个估计值时,需要对公式进行微小的校正:

$$s = \sqrt{\frac{\sum (X - \overline{X})^2}{N - 1}}$$

其中,$\overline{X}$ 是样本得分的均值,N 被 $N-1$ 取代,这是对一个总偏差——基于样本数据量计算导致对总体标准差的低估——的校正。

同一方程的另一计算公式如下:

$$s = \frac{\sum X^2 - \frac{\left(\sum X\right)^2}{N}}{N - 1}$$

为了说明这个公式,设想如下包含 10 个得分的样本:

8,26,15,9,13,20,21,10,15,12

对于上述得分,有 $\sum X = 149$;$(\sum X)^2 = 22\ 201$;$\sum X^2 = 2\ 525$;同时 $s = 5.82$。就这 10 个得分的样本而言,一个较好的统计汇总是它的均值为 14.90,标准差为 5.82。如果没有标准差,这一描述就会不完整。

——Irwin P. Levin

(马妍译 赵锋校)

标准误(Standard Error)

一个统计量的标准误是该统计量的抽样分布【Sampling Distribution】的标准差【Standard Deviation】,同时,它也被用来度量该统计量围绕它所估计的参数【Parameter】的随机变差【Random Variation】。例如,一个均值【Mean】的标准误是在给定样本量 n 的情况下,进行无限次抽样,所得各次样本的均值所生成的一个分布的标准差。标准误的大小部分取决于样本量,同时基于大数定律,随着样本量的增加,标准误减小。此外,如果一个统计量是其参数的无偏估计量【Unbiased Estimator】,那么样本量越大,所估得的统计量越紧密地聚集在被估参数周围。

一个统计量的真实标准误一般情况下是未知的,因此标准误这个术语通常指对真实标准误的一个估计。虽然标准误可以由重复抽样获得的一个频次分布【Frequency Distribution】进行估计,但是,它们通常从一个单一样本中估得,并且代表了一个统计量的期望的标准差,就好像已经得到了大量的同类样本似的。从一个单一样本中估计标准误是可能的,因为某些统计量的抽样分布的性质已经是确定的。从一个单一样本估计标准误的方法展示如下,包括两个统计量的标准误:样本均值 $\overline{X}$ 和回归系数【Regression Coefficient】$\hat{\beta}_1$。

样本均值 $\overline{X}$ 的标准误

中心极限定理【Central Limit Theorem】确定,如果样本抽取自一个自身是正态分布的总体,那么即便样本量小,样本均值 $\overline{X}$ 的抽样分布也是正态分布的。更进一步,如果样本量大,即使总体不是正态分布的,样本均值 $\overline{X}$ 的抽样分布也是正态分布的。因此,基于中心极限定理,几乎每一个样本均值 $\overline{X}$ 都被假定具有一个正态分布的抽样分布,并且因为 $\overline{X}$ 是总体均值 μ 的一个无偏估计量,抽样分布的均值即等于 μ,同时,标准误 $\sigma_{\bar{x}}$ 等于 X 的总体标准差 σ 除以样本量的平方根:

$$\sum_{\overline{X}} = \frac{\sigma}{\sqrt{n}}$$

一般情况下,当总体标准差未知时,用样本的标准差 s 来估计标准误:

$$s_{\overline{X}} = \frac{x}{\sqrt{n}}$$

换句话说,$\sigma_{\overline{X}}$是 $\overline{X}$ 的标准误,$s_{\overline{X}}$是 $\overline{X}$ 的估计标准误。

回归系数$\hat{\beta}_1$的标准误

如果一个回归【Regression】模型中的因变量【Dependent Variable】(Y) 是一个抽取自独立且同一分布的正态分布的观测值的样本,那么参数的普通最小二乘【Ordinary Least Squares】估计即具有正态分布的抽样分布。在一个只有单个自变量【Independent Variable】的简单回归模型 $Y=\beta_0-\beta_1X+\varepsilon$ 中,β_1 的估计记作$\hat{\beta}_1$。$\hat{\beta}_1$的抽样分布呈正态分布,其均值等于参数 β_1,同时,估计的方差 $s^2_{\hat{\beta}_1}$等于随机误差【Random Error】项的估计方差 s^2 除以 X 的偏差的平方和。于是,$\hat{\beta}_1$的估计标准误等于 $s^2_{\hat{\beta}_1}$的平方根,

$$s_{\hat{\beta}_1} = \sqrt{\frac{s^2}{\sum (X - \overline{X})^2}}$$

公式中的分子项表明,误差项方差越小,$\hat{\beta}_1$ 的标准误越小;而分母项表明,较大的 X 的方差会得到一个较小的 $\hat{\beta}_1$ 的标准误,或者说一个更精确的估计量。

——Jani S. Little

(马妍译　赵锋校)

参考文献

Devore, J. L. (1991). *Probability and statistics for engineering and the sciences* (3rd ed.). Pacific Grove, CA: Brooks/Cole.

Hamilton, L. C. (1990). *Modern data analysis: A first course in applied statistics*. Pacific Grove, CA: Brooks/Cole.

Kmenta, J. (1986). *Elements of econometrics* (2nd ed.). New York: Macmillan.

Sokal, R. R., & Rohlf, F. J. (1981). *Biometry* (2nd ed.). San Francisco: W. H. Freeman.

估计标准误(Standard Error of the Estimate)

大致来说,估计标准误(SEE)是根据估得的回归线计算因变量【Dependent Variable】(Y)的预测值所犯的平均"错误"。对于所有 X 的取值,假定 SEE 为常数。因此,当 $X=x_i, X=x_j, x_i \neq x_j$ 时,预测的 Y 值的平均误差是相等的。在经典的线性回归模型(classical linear regression model, CLRM)中,上述假定隐含在误差项方差为常数[$\mathrm{Var}(u_i \mid X_i)=\sigma^2$]的假设中。

SEE 和一个随机变量【Random Variable】的标准差【Standard Deviation】之间具有直观上的相似性。一个随机变量的标

准差只是该变量与其均值【Mean】的偏差的均方根。在一个回归框架中,这些偏差由扰动项【Disturbance Term】[$\hat{u}_i=(y_i-\hat{y}_i)$]代表。因此,SEE可以被理解为扰动项的抽样分布【Sampling Distribution】的标准差,而该抽样分布根据假设以0为中心。SEE也被称为回归的均方根误差【Mean Square Error】。

就一个有k个被估参数的回归而言,其中k是回归模型中自变量加常数项的数目,SEE由以下公式给出:

$$\hat{\sigma}=\sqrt{\frac{\sum_{i=1}^{n}(y_i-\hat{y}_i)^2}{n-k}}$$

SEE是估得的回归线对数据的拟合优度【Goodness-of-Fit】的一个量度。SEE越小,回归线对数据的拟合越好。如果回归线完美地拟合了数据,那么数据中的每个观测值将会恰好落在回归线上,同时SEE为0。一些研究者将SEE视为一个回归模型所偏好的拟合量度,认为该统计量具有许多优点。首先,它以因变量的单位为单位,可以在具有相同因变量的回归之间进行有意义的比较。其次,与另一个常用的拟合优度量度R^2类似,它不依赖于模型中自变量【Independent Variable】的方差【Variance】。

举一个例子来看如何计算SEE。一位教师有兴趣预测学生在一门基础统计课程中的成绩。教师认为学生的最终考试成绩是如下自变量的线性【Linear】累加函数:(1)平均学分等级(grade point average, GPA);(2)学术能力评估测试(scholastic assessment test, SAT);(3)性别(gender);(4)在校年限(year)。使用有15个学生的随机样本【Random Sampling】,该教师得到了如下的预测方程【Prediction Equation】:

$$\hat{Y}_i=9.14+1.78GPA+0.11SAT-2.67GENDER+2.10YEAR$$

然后这些估计值被用于计算样本中每个学生的成绩(Y)的预测值(详见表1)。

表1 期末得分、预测得分和预测误差

序号	期末得分(Y_i)	$\hat{Y}$	$u_i=y_i-\hat{y}_i$	u_i^2
1	82	85.02	−3.02	9.11
2	90	85.43	4.57	20.90
3	78	81.39	−3.39	11.46
4	68	65.50	2.50	6.27
5	76	78.51	−2.51	6.630
6	69	74.93	−5.93	35.14
7	91	89.62	1.38	1.90
8	82	83.00	−1.00	1.00
9	91	88.69	2.31	5.33
10	66	66.69	−0.69	0.48
11	77	75.53	1.47	2.16
12	58	58.23	−0.23	0.05
13	75	69.64	5.36	28.78
14	85	82.64	2.36	5.59
15	74	77.20	−3.20	10.23
			$\sum_{i=1}^{n}u_i=0$	$\sum_{i=1}^{n}u_i^2=144.69$

估得的回归线对观测数据拟合得如何?为了回答这个问题,教师运用表1中的数据和上文给出的公式计算了SEE。

$$\hat{\sigma} = \sqrt{\frac{144.69}{15-5}} = \sqrt{14.47} = 3.80$$

平均地，模型将会产生 3.80 分的预测误差。回顾前文内容，一个小的标准误意味着一个较好的拟合（同时注意到 Y 的标准差是 9.68），我们可以得出结论：在这个例子中，估得的回归线较好地拟合了数据。

——Charles H. Ellis

（马妍译　赵锋校）

参考文献

Achen, C. H. (1982). *Interpreting and using regression*. Beverly Hills, CA: Sage.

Agresti, A., & Finlay, B. (1997). *Statistical methods for the social sciences* (3rd ed.). Upper Saddle River, NJ: Prentice Hall.

Gujarati, D. N. (1995). *Basic econometrics* (3rd ed.). New York: McGraw-Hill.

标准分（Standard Scores）

标准分能使我们更容易地理解一个特定分数的含义。例如，如果知道一个学生在一项有 30 道题目的数学测验中答对了 20 道题目，这只能让我们对该学生的成绩有非常粗略的了解。若不了解同年级其他学生的成绩，我们就很难判断这个分数究竟有多好或者多不好。如果我们能获知同年级所有其他学生在同样的环境下参加该测验的平均得分是 17 分，那么我们可以知道得更多。至少我们可以知道这个学生的成绩"略微高于平均水平"。如果我们也能获知所有学生得分的标准差是 3，那么我们就能够更明确地知道该学生的成绩"高出平均值多少"，即高出均值 1 个标准差。假设我们已知同一学生在一项有 50 道题的口语能力测验中答对了 35 道题，同时测验的均值为 40，标准差为 5，那么我们可以知道这个学生在口语能力测验中的分数低于均值 1 个标准差。

正如上例所表明的，通过用整组的均值和标准差【Standard Deviation】对每个分数进行校准，从而标准化测验分数的集合，这样的做法起到以下两个重要功用：（1）它能让我们将一个学生的测验成绩与所有可比学生成绩的整个集合联系在一起；（2）它能让我们比较同一个学生在一个测验中和另一个测验中的成绩。后一功用尤其能够用来判定一个学生的相对优势和劣势。

有多种方式可以做成标准分。例如，某些人格测量将结果校准至均值为 50 和标准差为 10，而有些智力测试则将评分校准至均值为 100 和标准差为 15。然而，社会科学家最常用的标准分的形式是 z 分数【z-Score】，即用分数 X 减去其均值 $\bar{X}$ 的差除以其标准差 s：$z=(X-\bar{X})/s$，来转换每个得分 X。

每一个转换得分都可以直接表示其高于或者低于均值多少个标准差。$z=+1$ 表示分数高于均值 1 个标准差；$z=-1$ 表示分数低于均值 1 个标准差；而 $z=0$ 表示该分数恰好精确地落在算术均值上，如此等等。若分数的原初分布形式已知，这些标准分还可以进一步转为百分位数【Percentile】。例如，在一项正态分布【Normal Distribution】中，只有 16%的分数高于均值 1 个标准差，因此，一个值为+1 的 z 分数会落在第 84 位的百分位数上(绝大部分统计书中都包含一张将正态分布的标准分转为百分位数的表)。

z 分数和其他用均值和标准差校准而得的标准分的另一个有用的特性是,它们与测量单位无关。例如,一个人身高的标准分与其身高用英寸还是厘米测量无关。类似地,相关系数也是用标准分计算的。所以,我们就可以比较不同文化地区间受教育年限同收入的相关系数,而无须考虑不同国家的货币单位。暗含在标准分中的标准化具有很多实用的优点。

——Irwin P. Levin

(马妍译　赵锋校)

标准化回归系数(Standardized Regression Coefficients)

在最小二乘【Ordinary Least Squares, OLS】的多元回归【Multiple Regression】分析中,一个未标准化【Unstandardized】的回归系数 b,以变量的初始测量单位(如美元、千克、量表得分、年)描述了一个因变量【Dependent Variable】和一个自变量【Independent Variable】之间的关系。每一单位自变量的变动预计会产生 b 单位的因变量的变化。例如,受教育年限每增加 1 年可能引起年收入增长 $b=1\ 024$ 美元。

而一个标准化的系数 b^*,以标准差【Standard Deviation】为单位表达了同样的关系:受教育年限每增加 1 个标准差,可能引起年收入 $b^*=0.275$ 个标准差的增加。在 OLS 回归中,可以用两种方法计算标准化系数 b^*。一种方法是在回归【Regression】分析前,将所有的变量转换为 z 分数【z-Score】或者标准化变量【Standardized Variable】(就每个变量而言,用原值减去变量均值,再除以变量的标准差)。另一种方法是,就每一个自变量,用未标准化的系数乘以这个自变量的标准差,再除以因变量的标准差,即 $b^*=(b)(s_x)/(s_y)$,其中 y 是因变量,x 是自变量,s_y 是 y 的标准差,s_x 是 x 的标准差,而 b 和 b^* 分别是未标准化系数和标准化系数。

标准化系数常用于两个主要目的。其一,当自变量用不同的单位进行测量时(例如,一个变量是受教育年限,另一个变量是 IQ 得分等),只根据未标准化系数很难判断两个或多个自变量之中哪一个对因变量有更大的影响。用不同单位测量(厘米、米或千米)的同一变量将会有一个更大的或者更小的未标准化回归系数。因为使用标准化系数将所有系数转化为一个共同的测量单位(标准差),所以标准化系数的单位是同样的,而无论变量最初的测量单位是什么。

如果一个自变量与第二个自变量相比具有更大的标准化系数,那么我们可以推论第一个自变量比第二个自变量有更大的影响,即使这两个自变量最初以不同的单位进行测量。其二,标准化系数也用于路径分析【Path Analysis】,去计算一个自变量对因变量的间接效应、总效应以及直接效应。在一个完全递归【Recursive】的路径模型中,可能把自变量和因变量的相关系数"分解"为自变量的直接效应和间接效应(即自变量先影响其他自变量,后者转而影响因变量)。在只有一个自变量的特例中,标准化回归系数等于两个变量之间的相关系数。

戈德曼(Goodman, 1973a, 1973b)试图将标准化系数推到 OLS 多元回归之外,他用 Logit 模型【Logit Models】的未标准化系数除以它的标准差,构建了他所谓的 Logit 模型的“标准化”系数,但是,这一系数不过是 Wald 统计量(常用于检验 Logistic 回归【Logistic Regression】系数的统计显著性【Statistical Significance】)的一个变体。戈德曼还试图用 Logit 模型,构建同路径分析相似的模型,但是他所提出的路径分析的类似模型并不允许计算自变量对因变量的间接效应或因变量同自变量间相关系数的分解(Fienberg, 1980)。

最近,梅纳德(Menard,1995)回顾了其他一些尝试构建标准化 Logistic 回归系数的研究,并且为完全标准化 Logistic 回归系数提出了一种方法,即区别于只将自变量进行标准化的部分标准化 Logistic 回归系数,将因变量和自变量都进行标准化。梅纳德(Menard,1995)和梅纳德所推进的工作表明,这种完全标准化 Logistic 的回归系数可以用解释标准化的 OLS 回归系数的方式予以解释,同时,它还可用于带有 Logistic 回归的路径分析,包括计算自变量对因变量的间接效应以及自变量和因变量之间相关系数的分解。

——Scott Menard

(马妍译　赵锋校)

参考文献

Fienberg, S. E. (1980). *The analysis of cross-classified categorical data* (2nd ed.). Cambridge: MIT Press.

Goodman, L. A. (1973a). The analysis of multidimensional contingency tables when some variables are posterior to others: A modified path analysis approach. *Biometrika*, *60*, 179-192.

Goodman, L. A. (1973b). Causal analysis of data from panel studies and other kinds of surveys. *American Journal of Sociology*, *78*, 1135-1191.

Menard, S. (1995). *Applied logistic regression analysis*. Thousand Oaks, CA: Sage.

Menard, S. (in press). *Logistic regression.* Thousand Oaks, CA: Sage.

标准化测验(Standardized Test)

标准化测验常用于测量认知技能、能力、天资和成就,在心理学、教育学和其他社会学科领域有多种应用。标准化测量也被发展用来评定人格、态度和其他非认知特征。然而,本条目的重点落在对认知特征的测量上,也就是通常所说的测验。

一项标准化测验是对一个清晰表述的构念【Consturct】的一个量具;具有清晰陈述的目的;通过使用高度结构化的程序发展而来;在严密控制的条件下予以实施;具有一个用于得分解释的系统基础;还拥有不同的技术特性。

构念定义

标准化测验是对构念的测量。AERA/APA/NCME (1999) 的测验标准 (test standards)把构念界定为“广义上是一项设计的测验所要测量的概念或特征”(p. 5)。在天资测验中,测验可能被构建来测量构念——空间能力。在成就测验中,测验可能被发展来测量构念——数学成绩。标准化测验的主要组成部分是构念定义,即对所要测量的构念的一种清晰陈述。构念定义为发展待测构念的测验和评估测验的效度提供了基础。

测验的发展

系统化的程序被用来发展标准化的测验。就一项测验如何评估构念，测验的发展程序帮助提供一个操作化的定义。对于标准化的天资测验，包含在测验中的不同题项类型被具体指明，同时也具体指明了用以制作题项的规则。对于标准化的成就测验，要制作细节化的详述说明表格，以指出包含的题项类型、内容领域和题项的认知技能水平。这类测验的详述说明为发展测验的人提供了一个用以测验构念的蓝图。

标准化测验也有统计上的详细说明。在测验题项被纳入测验的操作版本之前，前测程序常用来理解测验题项对应试者起多大作用。题项难度和题项区分度的统计指数通常根据前测来计算。统计上的详细说明表明，测验包含了许多不同难度和区分度水平的题项。

具体的内容和统计上的详述说明是发展备选测验的前提条件，而后者是不同的测验题项的集合——可以期望它们能以非常相似的意义和统计属性生成测验得分。备选形式强化了测验的安全性，容许对应试者实施多次测试。

测验的实施

标准化测验有严格控制的实施条件：应试者被给予清楚的测验说明；以相同的方式给予所有应试者测验手册或其他测验材料；测验的时间也要仔细控制；所有应试者要使用同样的回答记录工具或程序；还要控制和指定其他工具的使用，如计算器和草稿纸。

应试者的回答

一些标准化测验使用多个回答选项的样式，即要求应试者从一组可能的答案中指出正确的一个。也有其他的客观评分样式，如对错题。在一些测验中，可能要求应试者对问题给予简短的答案或扩展的答案，如一篇短文测验；而在另一些测验中，要观测应试者的行为。

评分程序

在标准化测验中，常使用清楚定义的评分程序。就客观化的评分测验而言，原始分通常被定义为应试者正确回答的题项的数量。另外，有时也使用更复杂的原始分数，如部分信用评分。就那些应试者要给出简短或扩展答案的测验而言，则要使用人类判断来为回答评分。在这种情况下，要使用具体的评分说明，即对于回答评分的判断给出清晰的指导。

分数量尺

标准化测验的原始分被转换为量尺【Scale】分数以便于分数的解释。分数换算可能是规范的。例如，针对智力测验实施规范的研究，其中一群据认为能代表一个特定总体的应试者（如美国的 14 周岁的儿童）被施以测验。从规范的研究中得到的原始分数的均值被设定为一个 100 的量尺分数。其他的规范点被用于设定分数量尺上的其他点。

熟练水平评分有时被用于教育成就测验。在实施于一个标准场景的熟练水平评分中，评分人是根据应试者在某个熟练水平上还是高于特定水平来确定他们的原始得分。一组经常使用的熟练水平是基本（basic）、熟练（proficient）和高级（advanced）。

规范和熟练水平为测验的使用者提供了解释分数的基础。就其本身而言，它们是标准化测验的主要组成部分。

测验的保护

测验的分数代表要测量的构念是很重要的。然而,如果测验的问题让未来应试者知道了,他们的表现可能不能反映应试者对那个构念的熟识程度。由于这一原因,许多标准化测验项目都有详细制订的保护程序。这些程序包括使用备选形式、严格控制测验材料,有时在测验实施完成后,进行统计分析来发现保护中的不端行为。

信度

为了作出重要决策,标准化测验的制作要能产生有足够信度【Reliability】的分数。关于测验时间,要对测验包括的问题的数目、问题的类型作出决策,以确保分数对于它们的预期目的有充分的信度。

效度

测验的效度【Validity】是证据在多大程度上支持对测验分数的解释。一项测验的效度评估过程包括收集那些能够为分数的解释提供一种似乎科学的基础证据。效度评估始于对被测构念的陈述、测验的目的以及分数构成的解释。要收集不同类型的证据来支持测验的效度。效度证据的来源可以以测验的内容、应试者回答的过程以及对测验的内在心理测量学结构的一项研究为基础,也可以以测验分数同其他变量的关联为基础。那些说明测验没有被外在所测构念的变量影响的证据是效度评估过程的一个重要组成部分。合理的效度评估过程要整合不同来源的证据以支持特定使用目的下测验分数的解释。

特别议题

近年来,一些标准化测验的实施已经转移到计算机上,从而对发展标准化测验造成新的挑战。心理测量学【Psychometric】的测验理论,如项目反应理论【Item Response Theory】和概化理论【Generalizability Theory】,近年来都有重要的发展,推进了对标准化测验的技术特性的更好理解,同时,发展了用于实施和评分标准化测验的新程序。

——Michael J. Kolen

(王玥译　赵锋校)

参考文献

American Educational Research Association, American Psychological Association, National Council on Measurement in Education. (1999). *Standards for educational and psychological testing.* Washington, DC: American Educational Research Association.

Anastasi, A., & Urbina, S. (1996). *Psychological testing* (7th ed.). New York: Prentice Hall.

Linn, R. L. (Ed.). (1989). *Educational measurement* (3rd ed.). New York: Macmillan.

Plake, B. S., & Impara, J. C. (Eds). (2001). *The fourteenth mental measurements yearbook.* Lincoln, NE: Buros Institute of Mental Measurements.

标准化变量(Standardized Variable)

参见 *z* 分数【*z*-Score】、标准分【Standard Scores】。

认识论立场(Standpoint Epistemology)

认识论立场是从女性主义对社会科学中女性地位的缺失或女性的边缘地位的批判中发展而来的。尽管社会科学按说是客观的【Objectivity】和价值中立的,但是女性主义者认为社会科学大部分是从男性的视角和男性的利益出发的。为了让女性的生命意义更加可见,必须从她们的视角来分析。认识论立场的重要性在于,它挑战了那些根据普遍论的男性假定而作出的对社会生活的描述和分类。关键的理念是,女性和男性的生活有着不同的轮廓,创造不同种类的知识。女性的压迫经验产生特定且具有特权的理解。对不同知识的接近能够揭示其他形式人类关系的存在,而从占据支配的男性位置看,这点是不可见的。因此,认识论立场为新的且更可信的对性别权力和关系的洞见提供了可能性。这对于女性主义研究【Feminist Research】的实践非常重要。例如,强调倾听女性声音的重要性。这也为扩展对其他群体(如少数族群、民族和残障群体)的理解提供了可能性。

相关理念的差异存在于,一个女性主义的立场应当如何被思考,以及它对知识的隐含意义,如有些人使用词语理论(theory),而不使用认识论(epistemology),因为后者是同确定性及中立性连在一起的。也有人提出,立场是一个实践的成果而不是一种归属的状态;被支配本身并不带来对于不平等和压迫的觉醒。立场方法的一个主要困难是,存在着用概化的女性视角取代概化的男性视角的风险。近来,女性主义者质疑一种观点,就是女性的本质是基础性的或是固有的吗?女性的压迫是普遍的、同质的、共享的吗?她们转向强调女性之间的差异和不同,特别是聚焦于那些源于民族、性别、残障、阶级和年龄的结构地位产生的差异。这导致不同立场的激增,例如,一些黑人女性主义者和同性恋女性主义者的立场。然而,这一方法也产生出多种不可比较的立场和相对主义【Relativism】立场的共存问题。它假定,一种结构位置而不是多种位置——这可能引起矛盾或紧张——只能提供特定的知识。还存在另一种风险。此即围绕特定立场发展出正统学说,以及存在和观察的方式,据此就可能判定某些女性偏离了既定规范。

认识论立场的有效性和意义已经被广泛地讨论,分歧也比比皆是。然而,也存在着一些共识,即它突出了女性的经验同女性主义知识之间的关系以及知识同权力之间的关系。不存在同利益关系无涉的知识,而正是立场的采纳将研究者的关注投向位于知识生产中心的主题。

——Mary Maynard

(王玥译　赵锋校)

参考文献

Collins, P. H. (1997). Comment on Heckman's "Truth and method: Feminist standpoint theory revisited": Where's the power? *Signs*, *22*(21), 375-381.

Hartsock, N. C. M. (1998). *The feminist standpoint revisited and other essays*. Boulder, CO: Westview.

Smith, D. (1997). Comment on Heckman's "Truth and method: Feminist standpoint theory revisited." *Signs*, *22*(21), 392-397.

Stata

Stata 是一种以通用为目的的统计软件。该软件近年来在社会科学领域获得了广泛应用,其部分原因在于它易于执行许多由用户自己写作且便于维护的宏。如欲获取更多信息,请参见该软件的相关资料。

——Tim Futing Liao

(赵锋译校)

统计量(Statistic)

一个统计量只是样本数据的数值汇总。数据分析者经常使用,又为大家所熟知的样本统计量,包括均值、样本方差【Variance】和标准差【Standard Deviation】,样本百分位数【Percentile】和中位数【Median】及此类数值。这些数值综括了样本的定量数据。就类别【Categorical】数据样本而言,样本比例、百分比和比率都是典型的样本统计量,可用于汇总数据信息。换言之,一个统计量只是从样本数据中计算出的综括的量。

就整个调查总体【Population】而言,统计量的对应部分被称作参数【Parameter】。一个统计量至少在以下两个方面区别于总体参数。第一,一个统计量描述或汇总样本的特征,而参数是指从中抽取该样本的总体的数值汇总。请注意,样本统计量的值依赖于抽取到的样本。由于样本统计量的值在样本间变化,样本统计量有时被称作随机变量【Random Variable】,以此反映它们的值随抽取到的样本而变化的特性。

第二,参数值通常是未知且不易获得的量,而统计量可以由样本数据直接计算得到。大多数社会研究的首要兴趣是总体的参数,而非从选取的观测值中计算得到的样本统计量。因此,如果某个研究所感兴趣的总体很小且数据来自整个总体,那么研究者与其考察样本的统计量,不如直接考察总体参数。

不过,在大部分社会研究中,研究者需要使用样本统计量来推论总体的参数值,有如下原因:(a)社会研究的总体通常非常大,以致没有实际可能收集整个总体的数据;(b)如果使用了恰当的抽样技术和统计方法,研究者在推论(或猜测)总体参数的真实值时可以获得很好的精度。例如,由专门的民意调查公司和研究机构,比如盖洛普(Gallup),一般社会调查(General Social Survey)和国家选举研究(National Election Study)所抽取的样本,通常包括1 000~2 000个被调查主体。

用一个样本统计量去估计或推论参数值的一个主要问题是,该估计精确到何种程度。换言之,数据分析者需要知道用样本统计量来预测【Prediction】参数值可能的精确度。传统用以表示预测的不确定程度的方法是报告参数点估计的置信区间【Confidence Interval】。人们通常令样本统计量等于总体参数的点估计【Point Estimate】(此即,样本均值等于总体均值,样本方差等于总体方差)。此外,研究者在数据收集之前还需设定估计的"欲得精度(desired precision)"。这一欲得精度(也被定义作误差界限)转而可以帮助研究者确定获取可信样本统计量所需要的样本量。关于样本统计量的置信区间,以及样本量与使用样本统计量估计参数精度之间的关系问题,读者可以参见威廉·海斯(Hays,1994),艾伦·阿格雷斯蒂和芭芭拉·芬利(Agresti & Finlay, 1997),以及理查德·约翰逊和古里·巴塔查里亚(Johnson & Bhattacharyya, 2001)等人的书籍。

——Cheng-Lung Wang

(赵锋译校)

参考文献

Agresti, A., & Finlay, B. (1997). *Statistical methods for the social sciences*. Englewood Cliffs, NJ: Prentice Hall.

Hays, W. L. (1994). *Statistics* (5th ed.). Fort Worth, TX: Harcourt Brace.

Johnson, R. A., & Bhattacharyya, G. K. (2001). *Statistics: Principles and methods* (4th ed.). New York: Wiley.

统计比较(Statistical Comparison)

大多数社会科学家会同意社会科学的目的之一是比较,而比较可以给予我们通过其他方法无法得到的洞见。比较的传统可以追溯至社会科学的起源,在涂尔干和韦伯的著作中都可以找到相应的证据。目前,具有比较性质的社会研究涵盖了从社会和民族-国家的比较研究【Comparative Research】到使用比较方法【Comparative Method】的小样本量 n 的个案研究。只要比较研究者使用某种形式的数值数据,他们通常会使用某种统计比较。在因特网上搜索"统计比较(statistical comparsion)"就会找到成百上千条包含此术语的线索,其中有些属于社会科学研究。但是,研究需要做哪些类型的统计比较呢?其中,有些只是两组数字的列表比较,比如来自两群人的比率和平均数,另一些可能包括某些形式的显著性检验【Significance Testing】,其目的在于提供样本【Sample】统计量所来自总体【Population】的推论【Inference】。本词条的目的在于概要式地介绍众多可能的统计比较。

均值的比较

通常,研究者有兴趣了解是否一群人比另一群人在某个更高的水平上具有某些属性。这就是两个均值【Mean】的比较。例如,人们可能有兴趣比较 a 和 b 两个群体的收入均值[$E(Y_a)$ 和 $E(Y_b)$]。虚无假设【Null Hypothesis】陈述 $E(Y_a)=E(Y_b)$,同时,当分析的是样本数据时,通常会应用t 检验【t-Test】。此类比较是实验【Experiment】的核心。想要了解与此相关的更多内容,可以参见安德森等人(Anderson et al., 1980)的著作。

尽管在一项实验中,选取主体进入处理【Treatment】组和控制组【Control Group】是随机的,但是,在多数社会科学研究中,比较中的组变量是固定的(比如性别、人种和国别),无论个体是否抽取自同一样本或不同的样本。

两组均值比较的观念可以扩展到多组比较【Multiple Comparisons】。有多种方法可以比较多组均值,比如 Bonferroni 技术【Bonferroni Technique】、Scheffé 检验

【Scheffé' e Test】以及 Tukey 法。单因子方差分析【Analysis of Variance】的一个主要目的也是用以估计来自多个组别的回答均值是否存在差异。

方差的比较

如果人们有兴趣估计两个分布在方差上的差异,比如收入,人们就是考虑两个方差的等值性;或者换一种表述形式,即虚无假设是 $\mathrm{var}(Y_a)=\mathrm{var}(Y_b)$。$F$ 检验【F Test】可以用于方差相等的估计。这是一项有用的检验,特别是当两个收入均值可能一致,但是一个收入分布可能代表一个完美的中产阶级社会,其中每个人的收入水平都位于均值附近,而另一个分布来自一个非常不平等的社会,其中收入能力相差很大。想要分析多个群组间的方差不等性,Levene 检验【Levene's Test】是适当的选择。

分布的比较

尽管方差是分布的一项属性,但是还存在着几种正式的比较分布的方法,即可以通过研究它们的比例分布、相对分布和理论分布来比较分布。上述所有的比较分布的方法考虑的都是两个(或多个)分布之间形状和一般的差异,完全不同于两个(或多个)参数间的值的差异,比如均值和方差。

应用洛伦兹曲线和基尼系数【Gini Coefficient】的方法显示了第一种方法的应用,其中研究者询问关于变量 Y(或收入)的累积比例,即由累积的总体份额所显现出的比例。这一方法通常用于研究收入不平等,而两个(或多个)交叠的洛伦兹曲线可以直接比较两个(或多个)分布,同时,与之相应的基尼系数可用于估计比较的程度。

基于所谓的相对分布,相对分布法【Relative Distribution Method】考察的是整个分布的比较。相对分布可以简单地定义为通过包含两个被考查的分布的计算而得到的一个分布。可以研究相对分布的累积分布函数或概率密度函数【Probability Density Function,PDF】。例如,两个收入分布的相对分布的 PDF 是均匀的。当然也可以针对某个理论分布来比较分布。例如,研究者可能有兴趣知道是否两个分布都服从正态分布【Normal Distribution】。存在着这样的可能,即来自一个样本的分布服从正态分布,而来自另一个样本的分布服从对数-正态分布。在判别一个类似广义线性模型【General Linear Model】的统计假设【Assumption】是否可能被违背时,可能同样要进行这类比较。

比率的比较

有时研究者的兴趣在于比较事件发生的比率,而不是某个变量的均值。例如,一项研究可能想比较两个总体的失业率。因为存在着潜在的混杂【Confounding】因子的效应,所以,不经过某种调整【Adjustment】,两个比率可能不能直接相比。这时,一个可选的方法是比率的标准化【Rate Standardization】,即与一个标准的总体构成相比,来标准化比率(也就是,清洗混杂效应的比率)。

回归参数的比较

当执行一项多元回归分析【Multiple Regression Analysis】,以及研究某些自变量【Independent Variable】对因变量【Dependent Variable】的影响时,研究者常常有兴趣比较不同样本或群组间的相关参数。例如,在研究收入时,人们可能想要比较男性(m)和女性间(f),在年龄(β_1)和受教育程度(β_2)的效应上的差异。于是可能有这样三项虚无假设:

1. H_0:$\beta_{1m}=\beta_{1f}$;
2. H_0:$\beta_{2m}=\beta_{2f}$;
3. H_0:$\beta_{1m}=\beta_{1f}$和$\beta_{2m}=\beta_{2f}$。

这里有几种方法可以检验假设1和假设2。一个通行的方法是基于合并的样本,计算一个带有两个交互项的回归分析,其中一个是年龄和性别虚拟变量【Dummy Variable】间的交互项,而另一个是受教育程度和性别虚拟变量间的交互项。对两个交互项之一做 t 检验可以估计假设1或假设2。用其他方法则可以估计假设3。一种方法是计算两个回归模型,其中一个带有两个交互项,而另一个没有交互项;然后,进行 R 方【R-Squared】增量的 F 检验。假设3的一个变化是不仅仅检验年龄和教育的参数的等值性,还同时检验性别虚拟变量的参数的等值性。估计的方法是邹氏检验【Chow Test】,即评估两个性别组的收入水平是否完全不同。

广义线性模型的比较

上述讨论的假设可以容易扩展至其他回归类型的模型,比如Logit【Logit】、Probit【Probit】、多项Logit【Multinomial Logit】以及泊松回归【Poisson Regression】模型,而它们都是广义线性模型的成员。尽管假设的陈述可能很相似,但是检验会很不同。有兴趣的读者可以参看廖福挺(Liao, 2002)的著作。

其他统计模型的比较

相似地,人们还可以用更高级的模型,比如潜类分析【Latent Class Analysis】、结构方程模型【Structural Equation Modeling】以及多层次分析【Multilevel Analysis】来进行比较。一个人的赚钱能力可能更适于当作一个潜变量【Latent Variable】来研究。属于同一较高水平单位的个体有更多相似的地方,而他们的行为方式可以被当作因变的观测值【Dependent Observations】,这时,社会结构的多水平性质不仅可以而且也应当被纳入考量。这类方法以及其他类似方法的统计比较在廖福挺(Liao,2002)的著作中有非常详尽的讨论。

——Tim Futing Liao

(赵锋译校)

参考文献

Anderson, S., Auquier, A., Hauck, W. W., Oakes, D., Vandaele, W., & Weisberg, H. I. (1980). *Statistical methods for comparative studies: Techniques for bias reduction*. New York: Wiley.

Liao, T. F. (2002). *Statistical group comparison*. New York: Wiley.

统计控制(Statistical Control)

统计控制是指在多元分析【Multivariate Analysis】中将某个特定的自变量【Independent Variable】对因变量【Dependent Variable】的效应从其余自变量对因变量的效应中分离出来的技术。在统计分析中,此项技术对于作出有效推论【Inference】极为重要。因为人们只有保持其他变量不变才能将某个具体的效应归之于某一自变量。在统计文献中，语汇，如“保持不变”“控制住”“解释了”或“纠正了……的影响”都用于指统计控制技术，常常可以互换使用。统计控制能帮助我们更好地理解某一自变量的效应。例如，在多元分析中，由于可能存在混杂【Confounding】变量或压抑【Suppression】变量 $X_j(j>1)$ 对自变量 Y 的影响，X_1 对因变量的影响就可以通过保持其他变量恒定而分离出来。

当我们在估计一个特定模型【Model】时，技术上如何实现统计控制呢？假设我们发现竞选开销（X_1）增加特定选区层面上的投票率（Y）。为了估计竞选开销效应，如果我们将作为备择解释的控制变量引入我们的模型，我们就会知道这一关系是否被其他变量所混杂、压抑或者就是虚假【Spurious】关系。比如，某个选区族群被期望的封闭程度（X_2）就可能是一个备择解释。预计封闭的族群尤其会动员投票者在选举日参加投票。考虑下面的线性回归模型，即

$$Y = \beta_0 + \beta_1 X_1 + \beta_2 X_2 + \varepsilon$$

竞选开销对投票率的独特效应 β_1 在经典回归【Regression】框架下可被估作

$$\hat{\beta}_1 = \frac{\sum (X_1 - \hat{X}_1)(Y - \hat{Y})}{\sum (X_1 - \hat{X}_1)^2}$$

其中 $\hat{X}_1=\alpha_0+\alpha_1 X_2$ 表示 X_1 对 X_2 的回归预测；$\hat{Y}=\gamma_1+\gamma_2 X_2$ 表示 Y 对 X_2 的回归预测。由此，竞选开销的效应 $\hat{\beta}_1$ 仅依赖于 X_1 同 Y 的同时变化。因为 X_2 在计算项 $X_1-\hat{X}_1$ 和 $Y-\hat{Y}$的线性影响已经被减去了。结果是 $\hat{\beta}_1$ 所据以计算的项与 X_2 无关。在估计 X_1 对 Y 的特殊效应时，使得任何可能归之于 X_2 的可能干扰保持恒定，以致 X_1 和 Y 的关系不再依赖于 X_2。统计控制通过纠正 X_2 的影响分离出 X_1 对 Y 的独立效应 $\hat{\beta}_1$。同时，统计控制也解除了 X_1 的所有影响，分离出 X_2 对 Y 的独立效应 $\hat{\beta}_2$。这就是说，这项技术在处理关键的解释变量与其他（控制）变量时并无区别。统计控制背后的逻辑可以应用到更多的自变量上，甚而可以用在广义线性模型【Generalized Linear Models】上。

然而，统计控制伴随着假定【Assumption】的简化。理想条件下，研究者希望内在地保持混杂因素不变，比如通过随机化实现的实验控制。但是对于观测数据而言这是不可能的，研究者在统计控制之前，必须清晰地指明混杂因素。而且，统计控制假定可能的混杂效应是线性且可累加的，此即，它们独立于模型中任何其他变量的特定水平。回到前面的例子，不管所期望的族群封闭程度到底有多大，它对竞选开销和投票率的影响都是相同的。如果这些假定被证明是错误的，研究者可以将自变量的乘积项带入模型，以此控制可能的条件效应、交互效应【Interaction Effect】，或在某个子总体上假定成立的情况下，针对该子总体获得模型的约束估计量。

——Thomas Gschwend

（赵锋译校）

参考文献

Gujarati, D. N. (2003). *Basic econometrics* (4th ed.). Boston: McGraw-Hill.

Lewis-Beck, M. S. (1995). *Data analysis: An introduction*. Thousand Oaks, CA: Sage.

Mosteller, F., & Tukey, J. W. (1977). *Data analysis and regression*. Reading, MA: Addison-Wesley.

统计推论(Statistical Inference)

统计推论是当我们仅有样本【Sample】统计量时,对总体参数作出概率【Probability】陈述的过程。总体参数是难以确知的固定量。假如我们知道总体,我们可以计算(而非估计)总体参数。然而,我们通常不知道总体的情况,因此我们必须从样本估计总体参数。由于存在着抽样误差【Sampling Error】,此类参数估计【Parameter Estimation】总伴随着某种程度的不确定性。由此,我们对反映总体参数的可能性作出统计推论。

理解统计推论需要理解抽样分布【Sampling Distribution】的概念。抽样分布是从某总体中抽取所有可能的样本量为 N 的随机样本计算得到的样本统计量的概率分布。通常,抽样分布用两维的图表示,横轴上排列了样本统计量的所有可能的值,纵轴上给出了每个样本统计量的可能值的概率。现实中,社会科学研究者一般仅从抽样分布上抽取单一样本。然而,抽样分布的知识使得我们能够对与真实总体参数关联的样本统计量作出概率陈述。

我们依赖统计学的基本定理来对某个样本统计量是否反映真实的总体参数作出概率陈述。例如,统计推论的一项相当弱的工具是 Chebychev 定理。该定理称某个估值落于其抽样分布均值 k 个标准离差之外的概率是 $1/k^2$。比如,设若我们从任意形状的分布上随机抽样,并得到某总体的一个点估计【Point Estimate】。那么,Chebychev 定理称这一估值落于被估参数的抽样分布的真实均值两个标准差【Standard Deviation】之外的概率仅有 1/4。

作出统计推论的一组更有用的定理集合是中心极限定理族。中心极限定理【Central Limit Theorem】的 Lindberg-Levy 变式称,若样本量 N 的重复样本取自均值为 μ,方差为 σ^2 的任意形状的概率分布,那么随着 N 变大,样本均值的抽样分布逐渐接近总体均值为 μ,其方差等于 $\sigma^2/\sqrt{N}$ 的正态分布。这一结果非常重要,因为该定理说,无论总体分布有何种分布形态,其样本均值的抽样分布都将呈正态分布,且抽样分布的均值就等于真实的总体参数值,抽样分布的方差也可由总体方差和样本量 N 计算得出。根据此信息,研究者可根据样本统计量和它的方差作出总体参数的概率陈述。

还有许多其他的分布可用于统计推论。不过,它们依赖于所要推论的统计量的性质和分析者作出的预设。例如,将总体方差视作已知可能是不现实的。在此情形下,研究者经常使用 t 分布。其他广泛使用的分布有卡方分布和 F 分布。卡方分布常适用的情形是该统计量包含多个呈正态分布的变量的平方和。F 分布常用以估计两个独立的卡方变量的比值。

——B. Dan Wood
Sung Ho Park
(赵锋译校)

参考文献

Blalock, H. M., Jr. (1979). *Social statistics*. New York: McGraw-Hill.

Casella, G., & Berger, R. L. (2001). *Statistical inference* (2nd ed.). New York: Wadsworth.

Judge, G. G., Hill, R. C., Griffiths, W. E., Lutkepohl, H., & Lee, T. (1988). *Introduction to the theory and practice of econometrics*. New York: Wiley.

Spiegel, M. R., Schiller, J., & Srinivasan, R. A. (2000). *Schaum's outline of probability and statistics* (2nd ed.).New York: McGraw-Hill.

统计交互(Statistical Interaction)

对数理统计学家而言,统计交互指下列情形,即在多元分析【Multivariate Analysis】中变量间的关系随变量的取值不同而变化。在最简单的三变量情形中,两个变量 *A* 和 *B* 的关系根据第三个变量 *C* 的取值而变。假如不存在交互作用,变量间的关系是可累加的——就单个因变量的情形而言,此即意味着,我们可以总和自变量的效应,从而得出所有自变量对因变量的总效应。这一总效应是恒定的,不随各自变量的取值发生变化。交互效应表示,统计关系是非加性的【Nonadditive】。物理学家将可累加的效应视作叠加(superposition)。如果存在交互效应,那么叠加瓦解。此类叠加失败是非线性【Nonlinear】系统的一个特征。

有多种统计程序可用于探测交互效应。方差分析【Analysis of Variance, ANOVA】技术常允许有包含交互项的模型设定。此外,还有同方差分析技术类似的探索性统计分析技术。在报告交互效应时有两类变化的样式:一种是将交互项写到线性方程中;另一种是报告模型的决定要素,而决定要素设定交互效应是显著的。例如,在研究住房和健康关系时,研究发现所有年龄低于 65 岁的群体,住房质量和健康质量的关系都是正向的。对那些高于 65 岁的人,这一关系是负相关。其因果过程是,不健康的状态是给老年家庭分配非常高质量居住条件的决定要素。一般而言,住房条件是健康状况的因。而对老年人而言,健康则是住房条件的因(Byrne et al., 1986)。然而,此类直接的解释并非总是可行的。

马什(Marsh, 1982)指出"从技术的观点看交互效应是令人头痛的,但是从实际的社会学理论出发,交互效应则是激动人心的"(p.91)。从实在论【Realism】视角看,交互效应的存在挑战了指导传统统计推理的整个分析方案。如果我们用变量【Variable】的语言,正是交互效应的存在证明因果过程是局部和条件的,而非普遍的。换言之,不可能指明一般规律,因为"情况[交互变量的值]随条件而变"。另一种说法是,我们需要处理复杂和偶然的生成机制。此外,交互效应同样可能意味着突生(emergence)的存在——概述此思想的科学表达是"总体大于部分之和"。如果我们处理的是带有突生性质的复杂系统,那么其中一项论争是,变量的效应是具体的而非现实的,因此,我们需要陈述整个系统的特性,而不是仅报告系统的人为的非现实的抽象属性。至少,交互效应的存在提醒我们复杂关系的可能性,而且我们可以论证,在多元分析中对交互效应的探测使得任何用"线性(linear)"方法对所研究系统的因果关系的推理变得无效。

——David Byrne

(赵锋译校)

参考文献

Byrne, D. (2002). *Interpreting quantitative data*. London: Sage.

Byrne, D. S., McCarthy, P., Harrison, S., & Keithley, J. (1986). *Housing and health*. Aldershot, UK: Gower.

Marsh, C. (1982). *The survey method*. London: Allen and Unwin.

统计软件(Statistical Package)

统计软件是所有旨在帮助统计分析和数据探索的软件的集合。定量和统计分析中的主要工作需要统计软件完成。要想正确、有效地使用定量统计方法,就必须掌握统计软件的使用。尽管研究者有时可以使用通用的汇编语言,如 FORTRAN,C++还有 Java 来执行统计分析,然而统计软件比起此类的"人工编码"有许多潜在优势。第一,统计软件可以节省研究者的时间和精力:统计软件提供了一组分析工具,而这样一组分析工具可能会耗费单个程序员几年的功夫去编写。第二,统计软件能够赋予数据管理、数据可视化和统计分析统一的操作框架和共同的交互模式。最好的情况下,统计软件中的工具可以被方便地组合和扩展,从而研究者可以在先前研究工作的基础上发展新的工具。此外,即便统计程序简单得足以实现手工编写或者由于太专门而需要手工编写,统计软件所提供的交互模式可以让其他使用者更容易地使用新程序。第三,统计软件比起汇编程序生成正确结果的可能性更大。即使是简单的任务,如计算标准差,若想通过编写生成可靠而精确的结果,也会相当棘手。统计软件可以就其中的程序缺陷和数值问题进行反复检测,同时现代数值方法的研究者比起通常的研究者更熟悉软件的编写工作。第四,统计软件的运行可能要快于一般的编写运行:在编写工作中,相当的精力和改进工作投入为某个特殊分析或统计工具选择算法上,以及为更好地适应具体的计算机架构而改写软件上。

当研究者使用统计软件时,他面临的主要问题是在几百种软件中选出合适的软件,从而确保用软件得到的结果既正确又可以复得。显然,尽管在多数大型软件中有相当部分的重合,然而每一软件根据它所支持的性能而相互区别。商业巨人,如 SAS,SPSS 以及大型开源软件"R",提供了几千种用于数据管理、数据可视化和统计分析的工具。这些软件的交互模式相当完善:从 SPSS 的"点-击风格(point-and-click style)"到 SAS 和 R 的基于命令行的交互。在不必坚持某种软件的专属性能的前提下,研究者可以考虑由现代统计语言"S"所写成的软件。这类软件功能全面,既有商业软件"S+",也有开源软件"R"(作为入门参考,读者可参见 Venables & Ripley, 2002)。

其次,软件在速度、精确性和扩展性上也显著地相互区别。当研究者使用某个统计软件时,他应当提出这样的问题:该软件检验过其精确性吗?它是否提供了相关统计分析的算法以及其他研究者感兴趣的量的说明文件?它是否可以有效地处理拟议的研究方案所要求的数据量和数据结构?软件中有哪些编程工具可以使用?编程语言是否支持好的编程实践,如面向对象设计的编程模式?软件的内部程序可以审阅和扩写吗?软件使用外部程序库的易用程度如何,或者软件是否易于作为更大的程序编写和数据分析环境的组成部分?

尽管统计软件被视为统计分析的必要工具,然而人们常认为它们是可以高度互换的。由此,研究者一旦得到了统计结果,便常常疏于在之后的出版物中报告所使用的软件。实际上,统计软件在精度和可靠度上有显著不同,因此,报告的统计结果可能取决于特定的软件和版本以及分析时所用到的计算选项(McCullough & Vinod, 1997)。

有几种方法可以确保精确的结果。研究者可以试着用不同的软件和不同的算法,看能否得到重复的结果。当软件支持额外的精度选择时,分析时增加计算的数值精度可用于避免某些特定类型的数值误差。另一种方法是敏感度分析。其中,可将少量的干扰引入计算、数据和(或)初始值中,以此检验所得到的解在数值上是否稳健(Altman et al., 2003)。

最后,应采取以下三个步骤来增加统计结果的可重复性。第一,因为复杂分析可能依赖特定的计算策略(可以是研究者选定的,也可以是内在于统计软件中的),所以报告(或保存)用于执行分析的编码、软件名称和软件版本以及运行时的所有计算选项是确保重复结果的必要条件。在某些情况下,当确切的重复极重要的时候,保存统计软件的拷贝可能需要获得授权;尽管一些软件可以重复旧版本的编程句法和计算选项,然而多数软件随时间的推移不仅会改变其编程句法,还会改变其编写方式。第二,许多社会科学数据组难以或不可能重新生成——在此情况下,公开地存档所有用于分析的唯一数据常是成功重复的必要条件。第三,统计软件使用的数据格式常常是专门的且易随时间推移而变化,从而给后来者的使用造成极大的障碍。研究者导出数据为纯文本格式,同时以恰当的方式记录缺失值、权重和其他具体的数据编码,可以确保即便统计软件的专门格式发生了改变,数据仍然可用。

——Micah Altman

(赵锋译校)

参考文献

Altman, M., Gill, J., & McDonald, M. P. (2003). *Numerical methods in statistical computing for the social sciences*. New York: Wiley.

Gentle, J. (2003). *Computational statistics*. New York: Springer-Verlag.

McCullough, B. D., & Vinod, H. D. (1997). The numerical reliability of econometric software. *Journal of Economic Literature*, *37*(2), 633-665.

Venables, W. N., & Ripley, B. D. (2002). *Modern applied statistics with S* (4th ed.). New York: Springer-Verlag.

统计检力(Statistical Power)

用样本数据对总体【Population】值的假设【Hypothesis】做检验时,其中一个可能:由数据推论维持虚无假设【Null Hypothesis】的判断,然而这个判断却是伪的。这是第二类错误【Type Ⅱ Error】(β)。然而,为了强调检验的正效力而非负效力,特将术语检力定义为第二类错误的反置:统计检验的检力是否定错误假设的概率或$P=1-\beta$。统计检力是极其重要的概念,因为多数社会科学研究是设计来证明某一具体的变量对某种行为有实际的影响的。在实际研究中,我们着手找出证据,证明"无效应假设(hypothesis of no effect)"(即虚无假设)确实是伪假设。我们想证明的是,某种具体的治疗是有效的,一种教育方案是可行的,世界事件会影响政治舆论,以及诸如此类。为此,我们就需要有高水平的统计检力。

尽管,当α的值,即犯第一类错误【Type Ⅰ Error】(否定真实假设)的概率,被设定得较低时,统计检力会降低,然而一些好的实验设计【Experimental Design】原则会提高检力:使用大样本,设计可靠的响应测量,选取同质的回答总体,就同一主题运用重复的测量,以及使用标准的、定义清晰的作业内容和作业说明。然而,有一个因素我们无法控制,即统计检验所欲估计的总体参数的真值。虚无假设同真值间的差越大,统计检力就越高。逻辑上(也很幸运的是),我们更易于判定强(有效)处理的效应而非弱处理的。有些研究者给出了检力函数或检力曲线,以说明统计检验的检力随虚无假设的错误度变化的关系(Cohen, 1988)。相反,一些研究者会求助于早前的研究工作或通过他们自己的前测工作,预先估计研究的试验效应的级别,然后确定样本量,以此确保他们的研究能满足预定的统计检力,比如0.90[读者可参看科恩(Cohen,1988)对此的具体说明]。

海斯(Hays,1994)将统计检力比作显微镜的功效。正如一台高倍显微镜有助于增加我们发现某些低倍显微镜无法看到的事物的机会,高检力的检验则有助于否定错误的虚无假设。然而,即使一台高倍显微镜也会受限于所欲发现的对象的级别。同理,在研究中我们欲发现的效应越大,发现此效应的检验的检力也越大。好的研究技术同样可以增加发现效应的可能性。

——Irwin P. Levin

(赵锋译校)

参考文献

Cohen, J. (1988). *Statistical power analysis for the behavioral sciences* (2nd ed.). New York: Academic Press.

Hays, W. L. (1994). *Statistics* (5th ed.). Fort Worth, TX: Harcourt Brace.

统计显著(Statistical Significance)

当某估计得到统计显著时,估计值就可能是非零的,而该值也值得予以特别关注。统计检验有时会用于单变项【Univariate】统计量,如均值;或双变项【Bivariate】统计量,如皮尔逊相关系数【Pearson's Correlation Coefficient】;或多变项统计量,如多元回归【Multiple Regression】方程的斜率系数。例如,若变量*X*和变量*Y*间的皮尔逊相关系数在0.05的水平(最常用的显著水平)上统计显著,那么就否定关于研究总体中*X*和*Y*无关联的虚无假设【Null Hypothesis】。然而,若该相关在0.05的水平上不显著,我们倾向于认为,至少初步地判断,*X*和*Y*的联系不值得进一步研究。因此,统计显著起到门卫的功能,若"通过此门",对此系数就要有进一步的考量;若没能"通过此门",对此系数就无须或暂缓考量。

——Michael S. Lewis-Beck

(赵锋译校)

*也可参见显著性检验【Significance Testing】。

茎叶图(Stem-and-Leaf Display)

茎叶图由约翰·图基发明,是一种图示化的展示数据分布【Distribution】的方式。茎表示归组值的主要单位,叶表示此单位上值的细分。在图上,须将每个可能的茎值都标记出来,即便其上并无个案。然后,可据此图观察数据分布的聚合和缺口以及分布是否是偏态的【Skewed】。茎叶图也可以标识出异常的值。要以最恰当的方式呈现数据的分布,就须为茎值选取合适的单位,既不能选得太大,以至于过度压缩数据,也不能选得太小,过度分割茎的单位,从而表现不出数据的分布模式。可将茎值除以2,5

或 10,从而延展所给分布的汇总;也可将茎值乘以 2,5 或 10,从而压缩所给分布的汇总。例如,表 1 给出了一组来自 1990 年代后期英国调查的 30 户家庭的收入值。

若设定茎值的单位为 10,随后由原始值得到的茎和叶的值显示在表 1 的第二列,其茎叶图如图 1 所示。

表 1　某个英国调查的收入分布中的 30 个样本个案及标在茎叶图上的值

收入/英镑	茎值=10 上的茎叶值	茎值=20 上的茎叶值	茎值=50 上的茎叶值
61	61	0s6	0.6
63	63	0s6	0.6
74	74	0s7	0.7
74	74	0s7	0.7
80	80	0.8	0.8
84	84	0.8	0.8
85	85	0.8	0.8
86	86	0.8	0.8
88	88	0.8	0.8
95	95	0.9	0.9
99	99	0.9	0.9
107	107	1*0	1*0
120	120	1t2	1*2
121	121	1t2	1*2
122	122	1t2	1*2
123	123	1t2	1*2
131	131	1t3	1*3
133	133	1t3	1*3
133	133	1t3	1*3
135	135	1t3	1*3
136	136	1t3	1*3
139	139	1t3	1*3
142	142	1f4	1*4
144	144	1f4	1*4
150	150	1f5	1.5
156	156	1f5	1.5
171	171	1s7	1.7
188	188	1.8	1.8
200	200	2*0	2*0
274	274	2s7	2.7

```
    6 | 13
    7 | 44
    8 | 04568
    9 | 59
   10 | 7
   11 |
   12 | 0123
   13 | 133569
   14 | 24
   15 | 06
   16 |
   17 | 1
   18 | 8
   19 |
   20 | 0
      :
最大值   274
```

图 1　表 1 中数据的茎叶图

注:茎值单位为 10 英镑;叶值单位为 1 英镑。

由图 1 可知,分布的峰值为 130~139,尽管在值 80 上也有一个较矮的峰。可以看出在值 110,160 和 190 上都有缺口。这可能表示分离的分布上的断点,当然也可能是样本量过少造成的。同时,没有值大于 200,小于 274,这并不表示一串空的茎点,反而把茎图变得更长、更散乱,同时,最大值 274 直接被作为离群值【Outlier】标注在图的底端。

0s	6677
0.	8888899
1*	0
1t	2222333333
1f	4455
1s	7
1.	8
2*	0
:	
最大值	274

图 2 表 1 中数据的茎叶图

注:茎值单位为 20 英镑;叶值单位涵盖(x_0 ~ x_9)英镑。

在此茎叶图中,原始数据的确切值得以保留:我们知道最小值是 61,最大值为 188。如果不是以 10 等分来分割茎,而是减少茎上分割的数目,原来的数据值就会被简化。例如,若茎上的每个点表示间距 20,那么叶上就只能根据点是否落于 2 个间距为 10 的范围予以区分。图 2 给出表 1 中第三列数值的茎叶图。此处,茎点的数值是一个百位数,其后的符号表示 20 等分所参照的数值范围:“ * ”表示数值为 0 ~ 19;“t”表示 20 ~ 39;“f”表示 40 ~ 59;“s”表示 60 ~ 79;“.”表示 80 ~ 99。叶上的数字仅表示两个 10 间距中的哪一个包含了该数据。

.0	66778888899
1*	0222233333344
1.	5578
2*	0
2.	7

图 3 表 1 中数据的茎叶图

注:茎值单位为 50 英镑;叶值单位涵盖(x_0 ~ x_9)英镑。

这里,尽管分布的形状没有给出更多的细节,但是清楚地显示了两个峰和一个长尾。在此例中,若进一步收缩标尺,如以 50 作为分位,如图 3 所示,茎叶图就无法给出有效的信息了。

——Lucinda Platt

(赵锋译校)

参考文献

Marsh, C. (1988). *Exploring data: An introduction to data analysis for social scientists*. Cambridge, UK: Polity.

Tukey, J. W. (1977). *Exploratory data analysis*. Reading, MA: Addison-Wesley.

阶梯函数(Step Function)

参见干预分析【Intervention Analysis】。

逐步回归(Stepwise Regression)

给定一组可包含于线性回归【Linear Regression】方程中的可能的解释变量【Explanatory Variable】,当缺乏选择变量先后次序的理论和主观知识时,发展出选取合适的变量进入回归方程的自动方法。逐步回归是一组建构模型的算法。这组算法【Algorithm】基于自变量对因变量的回归拟合的贡献大小,或者包含某些变量进入方程,或者将某些变量从方程中剔除。尽管数据驱动的自动模型【Model】选择程序在大部分统计软件都可选用,似乎也很有吸引力,但是由逐步回归选出的模型一般而言缺乏最优特性,并且不能给出正确的统计推论。通常,由逐步算法选取的模型既不是正确的模型,也不是最佳的拟合模型和基于样本的好的预测模型。

虽然存在多种逐步算法(stepwise algorithms),但是每种算法的逻辑是相同的。逐步算法基于变量的贡献能否满足特定的拟合准则(fit criterion),而逐一筛选某个变量或某组变量是否纳入回归模型。就线性累加模型而言,最常用的准则是保持每一步上残差平方和最小。基于对数似然统计量(log-likelihood statistics)的更一般的方法应用了相同的逻辑,适用于类别【Categorical】数据及其他类型的数据。当预先决定的最大数量的变量选择完成或模型拟合指标的变化小于预先确定的加入或排除额外变量的阈限时,选取“更佳”模型的工作停止。

两种最常用的实现方式是前向选取(forward selection)和后向选取(backward selection)。前向选取更多用在潜在回归项(regressor)的数量(k)接近或超过数据集中观测值的数量(n)。前向选取中,初始模型(initial model)通常只以均值拟合,即

$$Y_i = \beta_0 + e_i$$

在随后的每第 p 步上,从剩余的潜在的解释回归项($x_1, x_2, \cdots, x_k$)中选取变量 $x_{(p)}$ 加入模型,即

$$y_i = \beta_0 + \beta_1 x_{(1)i} + e_i$$
$$\cdots$$
$$y_i = \beta_0 + \beta_1 x_{(1)i} + \beta_2 x_{(2)i} + \cdots + \beta_p x_{(p)i} + e_i$$

使用最小二乘【Least Squares】估计参数 $\hat{\beta}_J$,p 个变量的残差平方和【Residual Sum of Squares】为

$$\mathrm{RSS}_p = \sum_{i=1}^{n}\left(y_i - \hat{\beta}_0 - \sum_{j=1}^{p}\hat{\beta}_j x_{(j)1}\right)^2$$

在第 p 步,剩余的 $k-p-1$ 个被排除的变量逐一地加入当前模型中,同时,计算和保留这 $k-p-1$ 个回归方程的残差平方和。纳入回归方程中的变量是引起残差平方和的最大增量变化的那个。

$$F = \frac{\mathrm{RSS}_{p-1} - \mathrm{RSS}_p}{\dfrac{\mathrm{RSS}_p}{n-p-2}}$$

对逐步回归的描述可以另表述为,选取程序使用下列等效准则之一,选定进入方程的变量。这些等效准则包括:(a)增加 R^2 最多;(b)得到最大的 t 统计量;(c)与因变量有最大的偏相关(partial correlation)。变量被逐步加入回归方程中,直到变量的增加无法得出显著的 F 统计量,或者达到了使用者选定变量数量的上限(p)。注意,在逐步搜寻的条件下,F 统计量实际上并非得自某个 F 分布【F Distribution】。

后向选取正同前向选取相反,先从包括全部变量的回归方程开始,然后等效地排除变量。(a)减少 R^2 最少的;(b)有最小的 F 统计量或 t 统计量;(c)与因变量有最小的偏相关。某个变量一旦从方程中去除,即不再考虑将其纳入模型中。注意,如果观测值的数量少于变量的数量,要把所有的变量加入回归方程是不可能的。当 $n<k$ 时,或者避免使用后向选取方法,或者研究者在开始计算前预先确定排除至少 $k-n-1$ 个变量。

无论基于理论的还是实践的原因,逐步回归作为模型选择的工具都难以胜任。当同一数据用于模型建立和模型选择以及假设检验【Hypothesis Testing】时,对照由逐步回归选出的最终模型,该方法使得多数标准的统计推论理论无效(Miller,1990)。实际上,由于程序的选择性偏倚【Selection Bias】,选取变量的参数估计会偏大。基于选取模型的统计推论也是不正确的,一方

面因为回归系数的置信区间【Confidence Interval】会太小；另一方面参数子集的 F 检验会虚假显著，因为残差方差会被低估。而且，逐步回归通常无法找出生成数据的正确模型，甚至不能发现最佳的拟合模型。在极端条件下，如所有潜在回归项一一正交，逐步回归的问题才降至最低；随着变量间的相关【Correlation】增加，相应的问题变得严重。

存在着其他的像逐步回归那样从大量竞争的解释变量中筛选变量的方法。如果多个解释变量确认是少量共同潜在测量的表征（manifestations），那么较佳的做法是把这些潜在测量的综括量（summaries）作为解释变量纳入回归方程。例如，可以通过只用多个解释变量的主成分【Principal Components】作为回归项【Regressor】，以减少它们的维度。如果存在多个解释变量，每组代表竞争的理论，那么最好形成多个非嵌套（non-nested）的假设检验，直接估计竞争理论间差异的显著水平。研究者最好根据理论和数据的实际知识来指导建模，而不要依赖如逐步回归那类通常容易产生误导的自动筛选程序。

——Jonathan Wand

（赵锋译校）

参考文献

Miller, A. J. (1990). *Subset selection in regression*. New York: Chapman Hall.

随机的（Stochastic）

不能完全控制或决定其值的变量是随机的。若某个变量测量一项实验的 N 次试验的结果，同时，在观测前不能决定或预测这些结果，该变量即是随机变量。试验结果的随机变化（random variation）源于机会，此即，随机变量由概率分布定义，而非确切的或决定函数。一般而言，一个随机的因变量 $y=g(\mathbf{X})+\varepsilon$，由决定函数 $g(\mathbf{X})$，简单情况下也可是某个常数和一个随机扰动项或误差【Error】项 ε 构成。

重要性

在社会科学方法论中，随机是一个基本概念，因为所有的因果过程（因变量）都假定是随机的。在自然科学中，因果关系是确定的而非随机的，所以研究者可以通过设计一个控制实验——实施试验，以涵盖解释变量取得的所有值，从而计算方程的参数【Parameter】，确定变量间的关系。当因果关系确定时，实验的试验结果就是决定函数上的值，而不是得自以该函数为中心的概率分布【Probability Distribution】上的一个样本，因为若因变量是非随机的，则不存在抽样误差【Sampling Error】。相反地，社会科学的研究者必须使用准实验设计【Quasi-Experiment】，面对更多的测量限制，考察涉及人类行为的更复杂的因果过程，而不是物理要素的相互影响。因此，社会科学中所有的因果过程被假设为本质上是随机的，即必须通过抽样【Sampling】和统计推论【Statistical Inference】才能考察。就某个随机因变量 $y=g(\mathbf{X})+\varepsilon$，思考预测其值的假设的含义。即便决定部分 $g(\mathbf{X})$ 已知，但是因为随机部分 ε 影响因变量的值围绕给定 $\mathbf{X}$ 下 y 的条件均值[由 $g(\mathbf{X})$ 确定]发生变化，所以预测始终伴随着误差。

假设所有因变量是随机的，一般有三种合理的解释：第一，随机扰动解释了被忽略的无数小的、独特的影响因素。这些被忽略的影响因素对因变量的净效应(net effect)被假设随观测随机变化。第二,在社会科学中,因变量通常有测量误差,即便不总是如此。第三,人类行为本身是随机【Random】的。在经济、政治和社会条件下,这些影响因素从不完全信息(incomplete information)到复杂决策的策略行为阻止人们以完全确定的方式行事。此项合理性常常基于这样的论证,即社会科学的总体是无限的,因为若人类行为是随机的,即便当下的历史也只是所有可能发生的历史的一个样本。

在重复的样本中,解释变量常常假定是非随机的或固定的。当解释变量是随机的时,关键问题是它们是否同干扰项相关。如果相关,它们会导致有偏的参数估计【Parameter Estimation】;如果无关,解释变量代表辅助的回归项【Regressor】(即回归项的边缘概率分布不依赖感兴趣的参数)。在动力模型(dynamic models)的情况下,这一条件被称为弱的外部性(exogeneity)。当随机回归项是辅助的或弱外部性的,可以通过调整它们的观测值从而将其作为固定项对待。

历史

“随机的”(stochastic)一词来自希腊词“stokhos”,意为“靶心”或目标。掷飞镖过程产生的结果可以模型化为围绕靶心的一个概率分布。随机结果的正式理论始于布莱世·帕斯卡和皮埃尔·费马在1654年的关于骰子游戏的一系列信函往来。这组信函提出了概率【Probability】理论的许多基本概念。然而,随机过程理论的发展却始于20世纪早期,直到安德烈·马尔科夫提出了马尔科夫链的概念。马尔科夫链【Markov Chain】是一个随机变量序列,在该序列中,未来变量的值(状态)取决于当前变量的值(状态),但独立于序列中当前变量的值(状态)所来自的前向变量的值(状态)的影响。将这一概念从离散扩展到一个连续的状态空间(可能的变量值的集)定义了一个一般的随机过程(也称为马尔科夫过程)。

应用举例

思考抛硬币这样的随机事件,其中 H 和 T 表示两种可能的结果。设若硬币是公正的,两个事件是等可能的,即 $P(H)=P(T)=0.5$。不过已知事件结果的概率分布并不能使人们确切地预测任意一次试验的结果。假设 p_N 是 N 次试验中结果为 H 的比率。当 $N=6$ 时,p_N 等于真实参数($\pi=0.5$)的似然仅为31.25%。事件的随机性质使得 p_N 围绕真实值 π 变化,从而妨碍参数计算,需要使用统计推论。

在回归分析的条件下,请思考另一个例子。假设有一感兴趣的因果过程,被模型成一组外生变量和一个随机扰动项的线性函数,记为 $y=\mathbf{X}\beta+\varepsilon$,其中 $\mathbf{X}$ 是外生变量矩阵,β 是未知参数的向量,ε 是扰动项。函数关系的决定部分记作 $\mathbf{X}\beta$,而 ε 表示随机部分。回归分析使用样本数据估计 β,把因变量 y 的变化分解成可以由 $\mathbf{X}$ 解释的部分(即决定函数引起的变化)和可归之于 ε 而未解释掉的部分(即随机扰动项引起的变化)。作为因变量的函数,β 的估值是一个带有某个抽样分布【Sampling Distribution】的随机变量,给定 $\mathbf{X}$ 对 y 的预测是有误差【Error】的,因为其不确定性既来自随机扰动项,也来自参数的共同估计。为简化统计推论,常常在普通最小二乘估计【Ordinary Least Squares Estimation】中假定随机扰动项的概率分布形式。

——Harvey D. Palmer

(赵锋译校)

参考文献

Kennedy, P. (1998). *A guide to econometrics* (4th ed.).Cambridge: MIT Press.

Zaman, A. (1996). *Statistical foundations for econometric techniques*. New York: Academic Press.

分层样本(Stratified Sample)

抽样调查【Survey】的样本通常在设计时需要考虑有关总体【Population】结构的知识。这可能包括,试图确保样本【Sample】在某些重要的方面同总体具有同样的结构,或者,试图有意识地偏离总体结构,从而增加某些子群体的代表性。此类样本设计被称作分层抽样(stratified sampling),而实施该设计的结果即为一个分层样本【Stratified Sample】。

有两类分层抽样:成比例的(proportionate)和不成比例的(disproportionate)。成比例分层抽样包括控制样本在每一层上的比例,使其等于总体的比例。如果层与调查的量度相关,这样的设计就会具有增进调查估计值精度的效应(见设计效应【Design Effects】)。通过创造清楚的层,分别从每个层中抽样的方法,或者是,先根据某个有意义的顺序排列抽样框【Sampling Frame】的单位,然后从排列的列表中系统地抽样(见系统抽样【Systematic Sampling】)的方法,都可以实现成比例的分层。这两种方法分别被称作"清楚的分层抽样"和"隐含的分层抽样"。成比例的分层不可能对估计值的精度有相反的效应。最不利的情况是所获得的层同某个特定的调查量度完全不相关,这时,分层对精度就没有任何效应,而所得的样本也等价于一个简单随机样本(见简单随机抽样【Simple Random Sampling】)。同时,选取的概率不受成比例分层的影响,所以不会由于拙劣的层的选择而引入偏倚【Bias】。

不成比例的分层需要在不同的层上,使用不同的抽样分数【Sampling Fraction】。其目的时常在于,对那些需要独立估计的一个或若干重要的子群体,增加其样本量。这时,不成比例的分层通常会减少与总的研究总体相关的估计值的精度(见设计效应【Design Effects】),但是会增加被过量抽取的某层或几个层的估计值的精度。然而,当各层间内在的变异度相差很大,且各内在变异度可以被进一步地估计时,不成比例的分层也可以提高总的总体估计值的精度。在这种情况下,可以使用内曼的最优分配(Neyman optimum allocation)规则,以取得最大的精度。

$$\frac{n_h}{N_h} \propto \frac{s_h}{\sqrt{C_h}} \qquad (1)$$

最优分配规则陈述:在层 h 上的抽样分数$\frac{n_h}{N_h}$应当同层的标准差 s_h 成正比,而同层上数据收集的单位成本的平方根 C_h 成反比。

在定量调查中,成比例的或不成比例的抽样选择是研究设计的一个重要且需要详细说明的部分。而在定性研究中,因为目的不在于量化样本同总体间的关系,所以成比例抽样和不成比例抽样的区分无关紧要。但是,如果样本被有意识地设计以反映总体结构的某些特征，那么一个样本仍然可以被认为是分层的。

——Peter Lynn

（赵锋译校）

参考文献

Moser, C. A., & Kalton, G. (1971). *Survey methods in social investigation* (2nd ed.). Aldershot, UK: Gower.

Scheaffer, R. L., Mendenhall, W., & Ott, L. (1990). *Elementary survey sampling*. Boston: PWS-Kent.

Stuart, A. (1984). *The ideas of sampling*. London: Griffin.

关联强度（Strength of Association）

关联强度显示两个变量共变【Covary】的程度以及自变量【Independent Variable】影响因变量【Dependent Variable】的程度。

关联强度将两个变量【Variable】的关系概括成一个总和的统计量【Statistic】，其取值为 0~1。关联度的绝对值越大，两个变量间的联系越强。据所使用的关联模型，取值 1 表示变量间完全关联，取值 0 表示变量间无关系。就定序和定距数据而言，当一个变量较大的值对应另一变量较小的值时，则有负值出现。

两个变量间的关联强度可以对应于实验【Experiment】中的处理【Treatment】差异。在此情形下，可以使用非对称量度【Asymmetric Measures】予以测量。尽管通常会用对称的系数测量，不过对称的系数不依赖自变量的选择，其取值相同。

许多关于关系的统计量度已被提出，但是它们在估计关联强度上是有区别的。“好的标准”是用于定距数据的皮尔逊的 R 统计量，其值的平方和表示一个变量的方差可以被另一个变量通过线性【Linear】预测而予以解释的比例。还有一些用于非定距变量的量度也可以相似地解释为误差减少比例【Proportional Reduction of Error】（Costner，1965）。其中一些量度当变量间存在着强的单调【Monotonic】关系时，会取值 1，而另一些（如 Yule Q）仅要求弱的单调关系就可取值 1，即一个变量上的较大值对应另一变量上相同或较大的值时。

当变量间没有关系时，皮尔逊的 R 统计量，如同其他此类系数，例如 Goodman-Kruskal τ 和 Yule Q，可以解释成两变量间统计独立【Independence】。韦斯伯格（Weisberg，1974）就一些系数区分了其他的零条件。例如，定距变量的 Lamda（λ），当自变量上的每个类别都对应于因变量的众类时，有零值。

尽管一般认为系数大于 0.70 就表明变量间的关联相当大，而小于 0.30 则表明关联相当小，然而没有严格的标准用以估计一个关联的大小。

关联强度的概念可以被推广至多于两个变量的情形。例如，典型相关【Canonical Correlation】表示两组变量间的关联强度。统计量 R 方【R-Squared】则表示由回归方程【Regression Equation】所刻画的关联强度。

——Herbert F. Weisberg

（赵锋译校）

参考文献

Costner, H. L. (1965). Criteria for measures of association. *American Sociological Review*, *30*,

341-353.

Goodman, L. A., & Kruskal, W. H. (1954). Measures of association for cross classifications. *Journal of the American Statistical Association*, *49*, 732-764.

Kruskal, W. H. (1958). Ordinal measures of association. *Journal of the American Statistical Association*, *53*, 814-861.

Weisberg, H. F. (1974). Models of statistical relationship. *American Political Science Review*, *68*, 1638-1655.

结构系数(Structural Coefficient)

术语结构系数常用于路径分析【Path Analysis】和结构方程模型【Structural Equation Modeling】(Duncan, 1975)的讨论,以示其区别于回归分析的讨论术语——回归系数。为便于讨论这一术语,一个常用的做法是以路径图的形式来呈现结构方程组。图 1 给出用于学生水平的科学成绩模型的路径图。这幅图曾在卡普兰(Kaplan,2000)的书中用于讨论路径分析。路径图是特别有效的绘图工具,因为,如果绘制精确,那么图和结构系数组间就存在一对一的关系。

图 1 中呈现的模型结构方程系统可以写成

$$\mathbf{y} = \boldsymbol{\alpha} + \mathbf{B}\mathbf{y} + \boldsymbol{\Gamma}\mathbf{x} + \boldsymbol{\varsigma} \qquad (1)$$

其中,**y** 是观测到的内生变量【Endogenous Variable】的向量,**x** 是观测到的外生变量【Exogenous Variable】的向量,$\boldsymbol{\alpha}$ 是结构截距的向量,**B** 是联系着每个内生变量的结构系数矩阵,$\boldsymbol{\Gamma}$ 是将内生变量联系到外生变量的结构系数矩阵,而 $\boldsymbol{\varsigma}$ 是干扰项的向量,其中 $\mathrm{Var}(\boldsymbol{\varsigma}) = \boldsymbol{\Psi}$ 是干扰项的协方差矩阵。最后,设 $\mathrm{Var}(\mathbf{x}) = \boldsymbol{\Phi}$ 是外生变量间的协方差矩阵。

B 和 $\boldsymbol{\Gamma}$ 中的元素是结构系数,代表变量间的关系。这些矩阵中零和非零元素的模式则由潜在的实质理论设定。例如,如图 1 的模型所示,**B** 中的一个结构系数可能是联系 10 年级的科学成绩(SCIGRA10)同学生认为他们的科学课所具有的挑战性(CHALLG)间的路径。$\boldsymbol{\Gamma}$ 中的一个结构系数可能是联系 SCIGRA10 与社会经济地位(socioeconomic status,SES)间的路径。

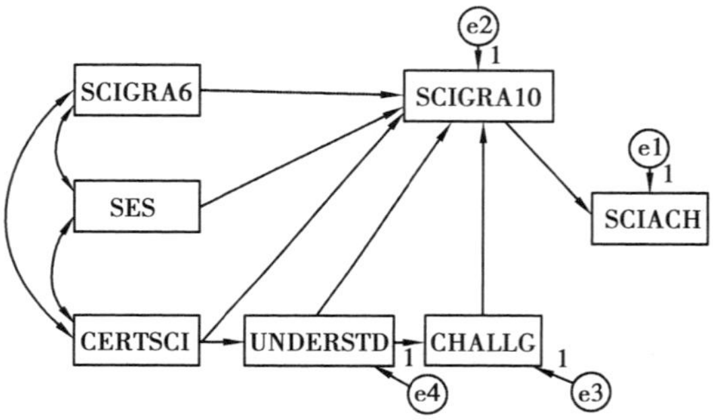

图 1 教育指标模型:初始设定

资料来源:Kaplan(2000)。

在 **B** 和 $\boldsymbol{\Gamma}$ 中,我们可以分辨出三类结构系数。第一类是那些待估的系数。这类系数常被称作自由参数。因此,在图 1 的模型中,可见的路径就是自由参数。

第二类参数是在估计中事先被设定为常量的参数。这些参数常被称为固定参数。大多数情形下,固定参数被设定为等于零,以表示两个变量间不存在关系。根据图 1 的模型,我们在理论上设定科学成绩(SCIACH)同 SES 间没有直接关系。因此,这一结构系数就固定为零。最后,在模型中,也可限定某些参数等于其他参数。这类元素被称为限定参数。限定参数的一个例子可能是要求 SCIGRA6 对 SCIGRA10 的效应等于 SES 对 SCIGRA10 的效应。

结构系数还有三项另外的性质值得注意。第一,如同一般的回归系数一样,结构系数也可以做显著性检验。第二,若结构系数是标准化的,它们就被称为路径系数(Duncan, 1975; Wright, 1934)。第三,结构系数可以相乘和相加,从而形成间接效应和总效应的系数(Duncan, 1975)。

——David W. Kaplan

(赵锋译校)

参考文献

Duncan, O. D. (1975). *Introduction to structural equation models*. New York: Academic Press.

Kaplan, D. (2000). *Structural equation modeling: Foundations and extensions*. Thousand Oaks, CA: Sage.

Wright, S. (1934). The method of path coefficients. *Annals of Mathematical Statistics*, *5*, 161-215.

结构方程模型(Structural Equation Modeling)

结构方程模型(SEM)可以定义为一组方法论,其目的在于根据一组较少数量的、由假定的潜在概念或理论模型所确定的"结构"参数来表示关于观测数据的均值、方差和协方差的假设。从历史的角度看,结构方程模型源自两个独立的统计传统的结合。第一个传统是自计量心理学发展而来的因子分析。第二个传统是主要从计量经济学发展而来的联立方程模型。联立方程模型在遗传学领域也有其早期的历史,并以路径分析【Path Analysis】的名义被引入社会学领域。关于结构方程模型的历史更加翔实的论述可以参见卡普兰(Kaplan, 2000)的文章。

一般模型

由约雷斯括格(Jöreskog, 1973)所概述的一般结构方程模型包括两个部分:一部分是经由联立方程系统连接了各个潜变量的结构部分;另一部分是经由一个限定的(证实性)因子模型,将观测变量同潜变量连接在一起的测量部分。模型的结构部分可以写作

$$\boldsymbol{\eta} = \boldsymbol{\alpha} + \mathbf{B}\boldsymbol{\eta} + \boldsymbol{\Gamma}\boldsymbol{\xi} + \boldsymbol{\varsigma} \qquad (1)$$

其中,$\boldsymbol{\eta}$ 是内生(准则)潜变量的向量,$\boldsymbol{\alpha}$ 是结构截距的向量,$\boldsymbol{\xi}$ 是外生(预测)潜变量的向量,$\mathbf{B}$ 是联系每一个内生潜变量的回归系数矩阵,$\boldsymbol{\Gamma}$ 是将内生变量和外生变量联系在一起的回归系数的矩阵,而 $\boldsymbol{\varsigma}$ 是干扰项向量。

无论对内生变量还是外生变量,潜变量都可由测量方程与观测变量相连接。这些方程可以定义为

$$\mathbf{y} = \boldsymbol{\Lambda}_y\boldsymbol{\eta} + \boldsymbol{\varepsilon} \qquad (2)$$

和

$$\mathbf{x} = \boldsymbol{\Lambda}_x\boldsymbol{\xi} + \boldsymbol{\delta} \qquad (3)$$

其中,$\boldsymbol{\Lambda}_y$ 和 $\boldsymbol{\Lambda}_x$ 是各个方程的"因子负荷(factor loadings)"阵,而 $\boldsymbol{\varepsilon}$ 和 $\boldsymbol{\delta}$ 是各方程的特性(uniqueness)向量。此外,一般模型还设定了 $\boldsymbol{\xi}$,$\boldsymbol{\varsigma}$,$\boldsymbol{\varepsilon}$ 和 $\boldsymbol{\delta}$ 的方差和协方差,分别记作 $\boldsymbol{\Phi}$,$\boldsymbol{\Psi}$,$\boldsymbol{\Theta}_\varepsilon$ 和 $\boldsymbol{\Theta}_\delta$。一个原型的结构方程模型的路径图如图 1 所示。

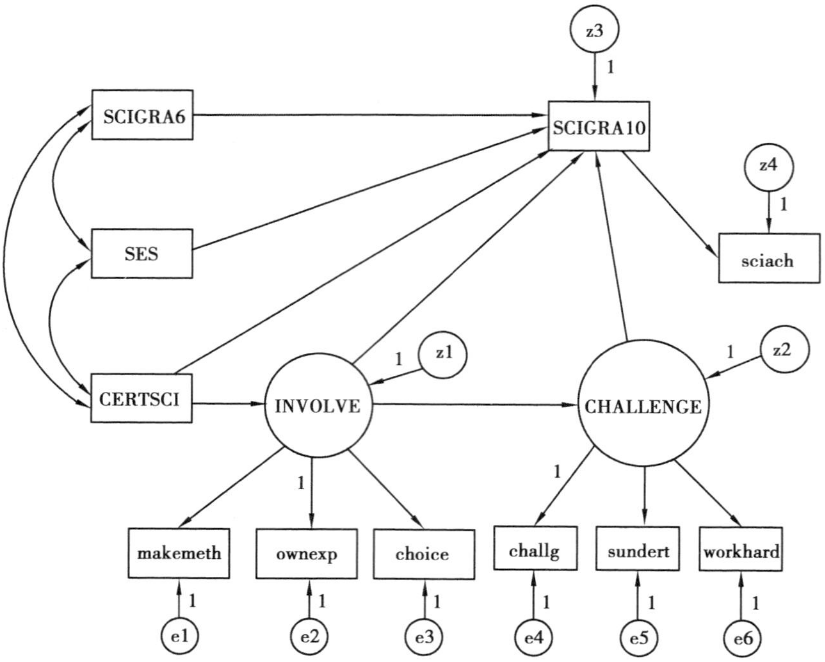

图 1　科学成绩模型的结构方程模型

资料来源：Kaplan(2000)。

结构方程模型作为一种方法论，其设计的首要目的在于检验实质的理论。因此，理论必须充分地得到发展，以便能够指明某些构念(constructs)不影响另一些构念，某些变量并没有负荷于某些因子上，以及某些干扰项和测量误差不存在协变。这就隐含着 $\mathbf{B}$，$\boldsymbol{\Gamma}$，$\boldsymbol{\Lambda}_y$，$\boldsymbol{\Lambda}_x$，$\boldsymbol{\Phi}$，$\boldsymbol{\Psi}$，$\boldsymbol{\Theta}_\varepsilon$ 和 $\boldsymbol{\Theta}_\delta$ 中的某些元素可以根据假设固定为零。剩余的参数即为自由的待估参数。从这个角度讲，结构方程模型可以被视作更一般的“协方差结构模型(covariance structure model)”的一个特例，而协方差结构模型可以定义作 $\Sigma = \Sigma(\boldsymbol{\Omega})$，其中 Σ 是总体的协方差阵，$\Sigma(\boldsymbol{\Omega})$ 则是包含了所有模型参数的“参数向量(parameter vector)” $\boldsymbol{\Omega}$ 的待估的矩阵函数。

结构方程模型的判定

欲估计模型的参数，一项先决条件是确定参数是否是可判定的(identified)。判定性(identification)的定义可通过自协方差结构模型的视角思考问题而给出。总体协方差阵 Σ 包含了总体的方差和协方差，同时，假定这些方差和协方差服从由 $\boldsymbol{\Omega}$ 中一组参数所定义的模型。我们知道，Σ 中的方差和协方差可根据样本协方差阵 $\mathbf{S}$ 中的它们的样本对应部分予以估计，而直接使用公式就可以计算样本的方差和协方差来得到样本的协方差阵 $\mathbf{S}$。因此，Σ 中的参数是可判定的。先于估计所要确定的是，$\boldsymbol{\Omega}$ 中的未知参数是否可以根据 Σ 中的元素加以判定。

我们说 $\boldsymbol{\Omega}$ 中的元素是可判定的，如果它们可根据协方差阵 $\sum$ 的元素唯一地表示出。如果 $\mathbf{\Omega}$ 中的所有元素是可判定的，则模型是可判定的。用以确立模型判定性的多个必要和充分条件在卡普兰（Kaplan，2000）的书中有具体的描述，其中关于判定性的秩条件和序条件来自计量经济学传统。

结构方程模型的估计

在结构方程模型中，参数估计的问题考量的是在满足模型的固定参数所设定的限定条件下，获得模型的自由参数的估计值。其目标在于，将模型应用于样本协方差阵 **S**，而它是被设定服从某个结构方程模型的总体协方差阵 $\sum$ 的估计值。当估得的协方差阵 $\hat{\sum} = \sum(\hat{\mathbf{\Omega}})$ 同样本协方差阵 **S** 的差值尽可能小时，可得到参数的估计值。

参数的估计【Estimation】需要在多种“拟合函数（fitting functions）”间选取适当的拟合函数。拟合函数具有下列属性：（a）函数的值大于或等于 0；（b）当且仅当模型完美地拟合数据时，函数值等于 0；（c）函数是连续的。在满足观测数据的多变量正态性条件下，可以使用最大似然估计【Maximum Likelihood Estimation】来进行参数估计，若放宽关于数据分布的假定，那么一般加权最小二乘估计可用于连续的非正态的和/或定类的数据。

检验

一旦模型的参数得到估计，就可以检验模型对数据的全拟合（global fit）。虚无假设陈述，设定的模型对总体成立。对应的替代假设是：总体协方差阵是任意的对称（及正定义）矩阵。在最大似然估计的条件下，用以检验模型拟合总体的虚无假设统计量被称为似然比【Likelihood Ratio，LR】检验。似然比检验的大样本抽样分布是卡方分布，其自由度由总体协方差阵中的非冗余元素的数量同模型中自由参数的数量的差值给出。

除了用以检验模型是否确实地在总体中成立的全检验，人们还可以检验模型中个别的固定参数和自由参数。这些检验包括 Lagrange 乘数检验（也称为修正指标）和 Wald 检验。前者验证若设定某个固定参数为自由参数是否会增进模型的拟合，而后者检验若将某个自由参数设定为固定参数是否会降低模型的拟合。这些方法的使用策略在萨里斯等人（Saris，1987）和卡普兰（Kaplan，1990）的书中都有详细的讨论。

模型拟合的备选方法

超过 20 年的时间里，人们致力于替代指标的发展，而这些指标则能提供关于结构方程模型拟合相对不同的视角。这些指标的发展，是由于部分地认识到似然比卡方统计量对大样本量的敏感性所受到的鼓动。由此，人们发展了相应的指标，用以将所提出的模型的拟合同变量完全独立的基准模型相比，还包括增加了一个针对估计太多参数的处罚函数（penalty function）的指标。例如，非标准的拟合指标（non-normed fit index）和比较拟合指标（comparative fit index）。

其他种类指标的发展动机源于需要重新思考对总体的精确拟合的检验观念——在大多数实践的情形中，有些人认为这一想法不切实际。可用于检验对总体的近似拟合的指标是根均方误（root mean square error）的近似。后来人们还发展了另一类替代指标，其关注点在于模型交叉验证的适当性（cross-validation adequacy）。其中包括 Akaike 信息准则（Akaike information criterion）和期望的交叉验证指标（expected cross validation index）。值得指明的是，对这些指标的应用并不是不存在着争论(例证可参见 Kaplan,2000;Sobel et al.,1985)。

SEM 的潜在统计假定

如同所有统计方法,结构方程模型也依赖一组潜在的统计假定。与结构方程模型相关的主要统计假定包括多变量正态性、非系统的缺失数据、充分大的样本量,以及正确的模型设定。

多变量正态性

潜在于结构方程模型的标准应用之下的一项基本假定是观测值抽取自连续的、多变量正态的总体。这一假定对于最大似然估计尤为重要,因为最大似然估计量直接得自针对多变量正态分布的表达式。如果数据服从连续的多变量正态分布,最大似然就可以获得最佳的渐近属性,即估计值是正态的、无偏的和有效的。

关于非正态性对估计值、标准误和模型拟合检验的影响已经有充分的认识。目前的文献认为非正态性不会影响模型参数的估计值。相反地,相对于经验的估计值的标准差,标准误似乎会被低估。就拟合优度而言,研究表明非正态性会导致似然比卡方统计量的实质被高估,而高估的程度似乎同模型自由度的数量相关。

非正态数据的估计量

结构方程模型中的一项主要的突破在于发展出了那些不基于连续多变量正态数据假定的估计方法。布朗(Browne,1984)根据加权最小二乘理论,发展了一个渐近的免分布的(asymptotic distribution free,ADF)估计量,其中加权矩阵采用了一种特定的形式。具体而言,当数据不是多变量正态的时,可以扩展加权矩阵以整合关于数据的偏斜和峰态的信息。模拟研究显示,同最大似然【Maximum Likelihood,ML】和广义最小二乘【Generalized Least Squares,GLS】相比,ADF 估计有相当好的表现;然而,如果模型相对于样本量而言过大(根据模型的自由度),ADF 则会遇到计算上的困难。在应用实际中,这些约束限制了 ADF 的使用。

与 ADF 估计量相关的另一个困难是社会和行为科学的数据很少是连续的。毋宁,我们会更多地遇到定类的数据,而且常常在具体的分析中发现有多种测量层次的混合。当遇到这样的情形时,可能同时会背离连续性和多变量正态性的假定。通过提出用以估计含有测量层次混合的模型的统一方法,木滕(Muthén,1984)为估计此类现实条件下的结构方程模型做出了主要的贡献。

缺失数据

一般而言,统计方法如结构方程模型,假定每个分析单位都有完整的数据。然而,出于多种原因,用以分析的单位可能在一个变量或多个变量上有缺失值。有许多特定的方法可以处理缺失数据,包括整条删除【Listwise Deletion】和配对删除【Pairwise Deletion】。然而,这些方法都假定,缺失数据【Missing Data】因有缺失数据的变量,或任何模型中的其他变量都不相关,即完全随机的缺失(missing completely at random,MCAR)——最理想情形下的假定。用以处理缺失数据的更成熟的方法来自利特尔和鲁宾(Little & Rubin,1987)的核心思想。

使用利特尔和鲁宾的框架,艾利森(Allison,1987)和木滕、卡普兰及霍利斯(Muthén,Kaplan, & Hollis,1987)同时作出了突破,给出了结构方程模型背景下处理缺失数据的模型(model-based)方法。他们说明了当缺失数据是随机的缺失(missing at random,MAR)时,比 MCAR 假定更放宽的假定,应当如何使用结构方程模型。

同木滕等人的近似估计量有关的主要限制条件是，它限定于只能对相对少数量的、具有确定模式的缺失数据予以模型。在社会和行为科学应用中，少数量，又具有确定模式的缺失数据是非常罕见的。然而，近年来，已经能够将基于 MAR（Little & Rubin，1987）的模型缺失数据的方法加入标准的 SEM 软件中，同时还能缓解木滕等人的方法带来的问题。具体而言，在假定 MAR 的不完全数据条件下，已经可以将插值法用于结构模型参数的最大似然估计。在 MCAR 和 MAR 条件下，同成列剔除法和配对剔除法相比，模拟研究已经证实了这些方法的效率。目前，在统计软件 LISREL，AMOS 和 Mplus 中，已经可以使用 MAR 条件下的最大似然估计。

设定错误

结构方程模型还假定模型被正确地设定。设定【Specification】错误是指在结构方程模型确定的方程系统中，任一方程上存在着相关变量的遗漏。这既包括测量模型的方程组，也包括结构模型的方程组。

1980 年代中期，关于结构方程模型中设定错误的问题有大量的研究。根据卡普兰和其他人的基础工作，一般的发现是遗漏变量的设定错误可能导致实质的参数估计偏倚。在抽样变化的条件下，对少量的设定错误而言，标准误的估计是相对稳健的。然而，在模型中自由参数的检验会以这样的方式受到影响，即某个参数的设定错误可能扩散开来，从而影响模型中其他参数的检验效力。

"第二代"结构方程模型的现代发展

多层次结构方程模型

近年来，人们一直致力于将多层次【Multilevel】模型同结构方程模型整合在一起，以便提出一个一般的方法论，既能用于解决测量误差的问题，还能解决多阶段抽样的问题。

多层次结构方程模型假定组内的内生变量和外生变量的水平在不同群组单位间变动。而且，人们可以设定一个模型，假定它在群组间的水平上成立，同时，用它解释组内变量在群组间的变化。关于多层次结构方程模型的概述和应用可以参见卡普兰（Kaplan，2000）的著作。

结构方程模型视角下的增长曲线模型

多年来，一些研究者一直致力于推荐应用增长曲线模型【Growth Curve Model】来研究个体间在变化上的差异。增长模型的设定可以被视作多层次线性模型的子类（Raudenbush & Bryk，2002），其中水平-1 代表同一个体（intra-individual）在初始位置和增长上的差值，而水平-2 是个体间差值的函数，模拟了不同个体初始位置和增长参数。最近的研究则表明如何利用现有的结构方程模型软件将增长曲线模型整合进结构方程模型框架之中。相对于增长曲线模型，结构方程模型框架的优点是在根据实质的兴趣设定模型时，具有非常大的灵活性。

最后，近年来，木滕（Muthén，2002）及其同事还推进了增长曲线模型同潜类模型的结合，以便分离出由独特的增长模式所确定的独特总体。这一方法论构成了增长混合模型（growth mixture model）。增长混合模型的扩展，称为一般增长混合模型（general growth mixture model），容许根据个体的特征来预测潜在的类别归属。

——David W. Kaplan

（赵锋译校）

参考文献

Allison, P. D. (1987). Estimation of linear models

with incomplete data. In C. C. Clogg (Ed.), *Sociological methodology 1987*. San Francisco: Jossey-Bass.

Browne, M. W. (1984). Asymptotic distribution free methods in the analysis of covariance structures. *British Journal of Mathematical and Statistical Psychology*, *37*, 62-83.

Jöreskog, K. G. (1973). A general method for estimating a linear structural equation system. In A. S. Goldberger & O. D. Duncan (Eds.), *Structural equation models in the social sciences* (pp. 85-112). New York: Academic Press.

Kaplan, D. (1990). Evaluation and modification of covariance structure models: A review and recommendation. *Multivariate Behavioral Research*, *25*, 137-155.

Kaplan, D. (2000). *Structural equation modeling: Foundations and extensions*. Thousand Oaks, CA: Sage.

Little, R. J. A., & Rubin, D. B. (1987). *Statistical analysis with missing data*. New York: John Wiley & Sons.

Muthén, B. (1984). A general structural equation model with dichotomous, ordered categorical, and continuous latent variable indicators. *Psychometrika*, *49*, 115-132.

Muthén, B., Kaplan, D., & Hollis, M. (1987). On structural equation modeling with data that are not missing completely at random. *Psychometrika*, *51*, 431-462.

Muthén, B. O. (2002). Beyond SEM: General latent variable modeling. *Behaviormetrika*, *29* (1), 81-117.

Raudenbush, S. W., & Bryk, A. S. (2002). *Hierarchical linear models: Applications and data analysis methods* (2nd ed.). Thousand Oaks, CA: Sage.

Saris, W. E., Satorra, A., & Sörbom, D. (1987). The detection and correction of specification errors in structural equation models. In C. C. Clogg (Ed.), *Sociological methodology 1987* (pp. 105-129). San Francisco: Jossey-Bass.

Sobel, M., & Bohrnstedt, G. W. (1985). Use of null models in evaluating the fit of covariance structure models. In N. B. Tuma (Ed.), *Sociological methodology 1985* (pp. 152-178). San Francisco: Jossey-Bass.

结构语言学(Structural Linguistics)

结构语言学不是把语言作为过程,而是把语言作为结构或系统来研究。1960 年代,它是结构主义【Structuralism】在社会科学和人文学科领域内快速发展的基础,它的影响可以追溯到 1990 年代的许多哲学和理论争论中。

结构语言学的创立者是费尔迪南 · 德 · 索绪尔。他与涂尔干的写作几乎同时,而他把语言作为一个社会事实,即存在于一个语言社区的个人成员之中和之上,且强加于成员之上的某种东西。我们不能通过去考察个体言谈行为来研究或理解语言,因为个体言谈行为是独特的,不能作为科学的客体。我们必须审视使得言谈行为成为可能的语言。索绪尔认为一种语言由一定有限数量的发生和将这些发生组合在一起的规则构成,不只是语法的规则,还包括那些在更基础的水平上工作的规则(Saussure, 1974)。语言的基本单位是符号,而符号由一个能指(即发声或纸上的记号)和一个所指(即概念)构成。需要强调的是,所指是概念而不是客体。词和物之间的关系是约定俗成的,而不是必然的;也就是,如果我们想要成为我们的语言社区的一部分,我们就不得不接受此类关系,例如"腿"这个词和我们身体下部的(最)长的东西之间的关系。实际上,它们可以被用于称呼任何事物。这种观念既打破了我们在词和物之间的常识关系,也为 20 世纪社会理论和哲学的“语言学转向”做出了贡献。

语言符号与其他符号一起被组合进一个系统中,因此,我们可以通过一种伴随(concomitant)变换,或改变每一个要素,直至我们发现一个能够改变符号意义的要素,来发现一种语言的意义要素。例如,如果我们把“cat”中的“c”改成“m”,我们得到一个非常不同的意义,从而把对立“c/m”确立为一个意义要素。这些要素可以在两条轴线上分析:组合(syntagmatic)层面,即考察一个句子中何者可以随在何者之后的规则;词形变化(paradigmatic)层面,即考虑在一个句子中,何者可以被何者替代。

这意味着在传统的语言系统中,每个符号在与其他符号的关系中获得自己的意义;意义不存在于词中,而存在于词之间。简言之,结构主义运动的理念是我们经验的世界是潜在结构的产物。这一理念在分析文化系统时特别有用,而它的变体则从克劳德·列维-斯特劳斯(Lévi-Strauss,1969)的皇皇巨著《亲属制度的基本结构》(*The Elementary Structures of Kinship*)直到威廉·赖特(Wright,1975)对不同类型的西方电影的潜在叙事结构的分析。

——Ian Craib

(王玥译 赵锋校)

参考文献

Lévi-Strauss, C. (1969). *The elementary structures of kinship*. London: Eyre and Spottiswoode.

Saussure, F. de (1974). *Course in general linguistics*. London: Fontana/Collins.

Wright, W. (1975). *Six guns and society*. Berkeley: University of California Press.

结构主义(Structuralism)

结构主义根源于这一理念,认为语言是从语言系统中并置的要素来获取意义的。作为社会科学中向文本转型的先行者,通过研究系统的规则和潜在于文本的模型,结构主义为文化研究提供了严密客观的特征。结构主义分析的标志在于强调语言是使得个人话语和行动变得有序的社会权力。尽管结构主义被批评为反人性的和决定论的,其核心观点仍旧被包含到符号学【Semiotics】、后结构主义【Poststructuralism】、后现代主义【Postmodernism】和结构理论之中。

结构语言学【Structural Liguistics】之父索绪尔提出,研究语言的正确方法是去研究语言系统潜在的规则和模型,因为潜在的规则和模型使得真实生活的话语运转成为可能。索绪尔忽视语言的历史演变和个人使用的重要性,认为语言是集体规则(语言系统)的静止系统,而不是一系列的话语行动(言语)。而且,语言的意义要在语言系统的要素之间的关系中发现,而不是任何语言之外的考量。这些智识进展为以集体的、系统的、规则为本的语言学研究和其他的文化研究铺平了道路。

作为文化系统自主性的强纲领,结构主义被认为是对唯物论视角的唯心论【Idealism】替代,如马克思主义。随后人类学家将这一方法扩大范围到神话、宗教、亲属系统。列维-斯特劳斯发现神话可以通过探查结构化叙事形式和社会生活本身的潜在次序来研究。最有意义的方法论概念是二元对立,在一组词汇中一种不断再现的两极化差别——如男—女、生—熟、神圣—世俗、纯洁—危害以及自己—他人——列维-斯特劳斯将其归因于思维本身的结构。这些对立关系通过差别和排斥原则,为经验性的基础资料加上了一种可理解的次序。二元对立词汇间无法解决的冲突激发了神话的产生,而神话的潜在的目的正是探寻并解决结构的张力。

结构主义的主要发展是它在符号学——符号的科学——中的变形。这一发展的关键是实现了非语言系统也可以用结构主义的原则作有效的分析。批评家和哲学家罗兰·巴尔特把结构主义的原则应用于广泛不同的西方文化器物,如知名的时尚、饮食、摔跤等。巴尔特首先从研究出发孤立出一个系统,然后去勾勒该系统得以运作的符号学法则,例如时尚,巴尔特认为时尚的符号学逻辑构造了一个自治的"时尚系统"。

1960年代出现的后结构主义视角,作为对结构主义文化决定论观点的部分批判,突出强调意外事件、行动和文化系统的改变。这一激烈的批判反应(reaction),首要的贡献者包括雅克·德里达(解构主义【Deconstructionism】)和米歇尔·福柯谱系学【Genealogy】,其目的在于理解语言和符号的历史建构和社会建构。安东尼·吉登斯批判地继承了后结构主义关于结构的结构化的洞见,并以此为基础,构造了他颇具影响的结构化理论。吉登斯论证了在行动赋予结构以现实性的同时,结构也限制了行动——包含在实践概念下的一个动力过程。结构主义对文本和符号的偏爱也影响了后现代主义。例如,让·鲍德里亚对于消费文化符码的探讨,就借助了结构主义研究意义的方法。

——George Ritzer
Todd Stillman
(王玥译　赵锋校)

参考文献

Barthes, R. (1967). *Elements of semiology*. London: Jonathan Cape.

Baudrillard, J. (1998). *The consumer society*. London: Sage. (Originally published in 1970)

Giddens, A. (1979). *Central problems in social theory*. Berkeley: University of California Press.

Lévi-Strauss, C. (1963). *Structural anthropology*. New York: Basic Books.

Saussure, F. de (1966). *Course in general linguistics*. New York: McGraw-Hill. (Originally published in 1915)

结构化访谈(Structured Interview)

结构化访谈是这样一种访谈,即在访谈开始之前,访谈员所要问的问题以及多数情况下回答者所需使用的回答选项,不仅已经完全形成了固定的格式,而且写在访谈表【Interview Schedule】中。结构化访谈,有时也被称作标准化访谈(standardized interviews),普遍地应用于社会调查之中,其目的在于生成关于总体的描述。

结构化访谈可以与半结构访谈【Semistructured Interview】和无结构访谈【Unstructured Interview】比照。访谈员在实施半结构访谈时,他或她有一份所要谈论的话题或问题的列表,但是问题的具体措辞则留给了访谈员。此外,访谈员还可以根据自己的意愿询问那些没有事先列在访谈提纲上的额外话题或问题。而在非结构访谈中,访谈员根据自己的意愿,在访谈过程中确定询问哪些问题,以及应当如何措辞。

如果访谈的目标在于形成统计数据，那么结构化访谈的应用就是必需的。因为除非所有的回答者回答同一个问题，否则问题的答案就不能有意义地被制成统计表。

例：您赞成或反对美国总统履行其职责的方式吗？

上面（如例示）的问题经常被用于形成关于总统赞成评定的统计表。人们可以计算回答了这一问题的民众样本以及回答“赞同”的民众的百分比。赞成的百分比可以根据时间制成统计表，并通过对比总统执政的其他时间以及其他总统的执政情况，来考察民众对总统的相对满意或不满意感。

设想一下，如果那些民众被问的不是有关总统的，而是他们是否赞同或不赞同处理政务的方式。再设想一下，如果那些民众被问的不是他们是赞同或是不赞同，而是他们是支持还是反对总统所做的事。虽然这些措辞上的变化似乎表示民众被问了相同的问题，但是研究已经显示，在问题或回答选项的措辞上的细微变化可能会对所获得的答案产生明显的影响。简言之，如果在民众回答问题的措施上有此类变化，那么他们的答案的统计表将是不可解释的。

结构化访谈的发展

在调查研究的早期阶段，半结构访谈是规范的方法。访谈员带着一份话题列表就被派出去了，而他们可以根据自己的意愿设计他们自己的问题，引出人们的回答。基于下面三项考量导致调查方法获得了新的发展，进而使得结构化访谈普遍地被应用：

1.研究显示在问题或给予的回答选项的措施上的细微变化对人们给出的答案有明显的影响。

2.当访谈员可以根据自己的意愿确定问题的措辞时，毋庸置疑，他们会以不同的方式组织词汇，形成问题，来达成相同的目的。其结果是，调查所获得的答案常常同那个访谈员实施访谈相关。

3.当容许回答者用他们自己的话回答问题时，通常难以比较他们回答的内容。例如，若一个回答者用“不太坏”来描述她的健康状况，而另一个人用“相当好”来描述她的健康状况，那么我们能够有把握地说，第一个人的健康状况是好于、差于，还是同等于第二个人的健康状况吗？研究者发现，如果他们迫使回答者从同一组回答选项中作选择，他们就可以更加可靠地制作答案的统计表，并比较不同回答者的答案。

因此，为了确保人们给出的答案上的差异来自于他们必须作答的内容的差异，而不是基于他们被问问题的差异，或是他们用以回答问题的措辞方式的差异，现在，按照常规，研究者都会使用结构化访谈，即无论是问题的措辞，还是回答选项的措辞都有事先的设计，且对所有的回答者都一样。

用于结构化访谈的标准

就半结构和无结构的访谈而言，访谈员可以自由地根据特定的情形以及他们对与之谈话的回答者的特征的知觉，来确定问题措辞的适宜方式。而在结构化访谈中，访谈表的设计必须形成一组“适宜”应用于所有回答者的问题和回答选项。这就意味着访谈表的设计必须予以认真细致地完成；为了有效地达成这一目标，一份结构化访谈表必须满足若干标准：

1.问题和回答选项的用词须有一致的理解，即所有回答者以同一种方式来理解。如果问题中包含有意义不明或意义模棱两可的词，就会产生质量较差的数据。这是因为，实际上，回答者回答的不是同一个问题，而是按各自对问题的理解作答。

2.应当对那些所有或几乎所有回答者都能够根据自己的知识情况予以作答的事

物提问。如果访谈员试图收集的信息是人们无法回忆的,或他们从来没有的经验,那么所得结果的质量不会很好。

3.问题的措辞需要非常确定,以致访谈员可以确切地逐词地阅读问题,而无须增加、减少或变动词语。如果访谈员为了理解问题,而不得不改变它们,那么,实际上,不同的访谈员将问出不同的问题,进而结构化访谈的主要目的也会被破坏。

4.问题的前后次序必须形成合理的方案,适宜于访谈的互动。问卷的设计必须考量问题的顺序,这样回答者才会不被重复地问同一个问题,同样,访谈者才能知道那些问题适用于或不适用于回答者。

5.当回答者从回答选项列表中选择答案作答时,回答选项必须适合问题;此即,回答选项必须给出详尽的、互斥的,包含有回答者可能想要给出的所有可能的答案的列表。

6.最后,如果一项结构化访谈准备以多种语言来实施,访谈的设计者需要思考他们所写问题和回答选项翻译成新的语言会多大程度上不同于原来的语言。

访谈步骤

结构化访谈的目的在于尽可能一致地向所有回答者询问问题。为实现这点,访谈员在实施结构化访谈时,需要遵循特定步骤。

1.他们要以问题出现在访谈表上的顺序来提问,同时,他们要确切地按照问题措辞的方式来提问。

2.当一个回答者没能完整地回答某个问题时,访谈员要询问接下来的问题(被称作非直接探询),这样就不会增加一个答案凌驾于另一个之上的可能性。

3.访谈员不加质疑地记录下回答者的答案,即如回答者所给出的那样,确切地记录。

4.访谈员需要给予最少的个人的或判断性的反馈,努力形成一种专业的关系,把提供精确的答案置于首要位置。

检验一份结构化访谈

因为一份结构化访谈必须符合如此多的标准,所以在将它应用于实际的调查之前,评估访谈表就很重要。有三种常用的评估。

1.对访谈的主题素有研究的专家可以就问题是否提的正确,以及是否涵盖了需要涵盖的材料,而提出意见。精于调查问题设计的专家常常可以就哪些问题可能产生疑惑,哪些问题难以回答,或难以用标准化的方式实施,提供有用的信息。阅读方面的专家可以评估结构化访谈表,以确认将问题放置在能使其更清楚、更简单或更易被理解的位置上。双语评估者可以确认那些可能难于译成其他语言的问题。

2.问题的认知检验在 1990 年代开始广泛应用。尽管认知检验有许多种形式,但是基本的方案是让回答者回答一些测验问题。接着,回答者被要求就他们如何理解问题,以及如何思考回答问题的方式作出解释。通过这一过程,研究者可以确认问题措辞中的模棱两可,回答者在形成问题的答案时遇到的困难,以及多大程度上答案正确地反映了回答者必须作答的内容。

3.先于一项实际的调查,对结构化访谈进行田野前测是第三种用以评估结构化访谈表的主要方式。通常,有经验的调查者会先就一批实施结构的访谈,而这批人同实际的调查参与者很相似。访谈员报告有疑问的问题是确认调查问题的疑问的一种方式。另一种方法是在回答者的容许下,录音记录下前测的访谈过程,并倾听这些录音,系统地统计那些被逐字地阅读的问题的比率,那些回答者在回答问题时有困难的比率，以及那些回答者请求澄清的比率。

因为访谈期间，访谈员不能任意地改变问题，所以在结构化访谈表被使用之前，彻底地检验它们就尤为重要。

结论

结构化访谈的发展是调查研究和社会科学领域在 20 世纪中叶的一项重要进步。在一项有上佳实施的社会科学调查中，结构化访谈的设计和评估是最重要的要素之一。在数据收集之前，对结构化访谈中的问题，缺乏仔细认真的设计和评估可能成为调查中误差和不可信的一个重要来源。

——Floyd J. Fowler, Jr.

（赵锋译校）

参考文献

Converse, J. (1987). *Survey research in the United States*. Berkeley: University of California Press.

Fowler, F. J., & Mangione, T. W. (1990). *Standardized survey interviewing*. Newbury Park, CA: Sage.

Schuman, H., & Presser, S. (1981). *Questions and answers in attitude surveys*. New York: Academic Press.

结构化观察(Structured Observation)

结构化观察（有时也称为系统化观察）是一种数据收集技术。它有两个确定特征：第一，它是包含范围广泛的观察技术家族的一个组成部分，其中调查员直接收集资料而不借助回答人、访谈员等中介；第二，它是结构化的或系统化的技术，即根据仔细界定的规则和事先设定的程序来收集数据。它可以在广泛的社会背景下用于行为和互动的不同方面。像任何观察技术一样，它是选择性的：研究者试图聚焦于被观察的情境中的一些与特定调查目的相关的要素。

结构化观察的直接性意味着研究者可以收集到那些调查对象难以通过其他方法——如访谈【Interviewing】和问卷【Questionnaire】——给予的数据。这可能是由于需要的信息的性质和细节（教师在一堂课中提问的次数，一段对话中被打断的次数）。这也可能是由于有限的语言技能（如小孩子）。直接性也与观察的方式有关，观察可以在自然的情境下发生，这种情境不是为研究目的而创造的，不会因测量而打断情境。

结构化观察的本质源于使用了观察表【Observation Schedule】，借由观察表，依据事先仔细界定好的标准记录观察，而这些标准就是变量的类别，并可用于统计分析。这些变量和类别必须界定清楚才能让不同的观察者以同样的方式使用它们，从而消除源于不同观察者的特别兴趣和认知而产生的陈述差异。从这个有限但很重要的意义上看，结构化观察可以被描述为数据收集的客观方法。就像在其他类型的研究中一样，研究焦点和工具设计都会受到研究者的兴趣和价值取向的影响。然而，数据收集过程应当独立于这些价值和兴趣，同时，变量操作化的方式还应当是开放的且是可以审查的。当一种方法仅要求对一个基本的事实属性有低推论性的测量，且仅涉及很少的观察者的判断时，结构化观察通常是最成功的方法。高推论性测量，如那些涉及评分量表，以及联合了观察者的判断和评估的测量，不可能很容易地被操作化。

观察的时间维度

结构化观察的关键要素是数据包含了一个时间维度:观察是在真实时间里被编码的,可以根据各种时间特性来分析。调查者需要考虑四种与时间相关的信息:

1. 持续时间:一类行为发生的时间总量。

2. 频次:一类行为发生的次数。

3. 时点:在一天、一周或一个观察时间段上,一次发生所处的位置。

4. 次序:行为一个接一个的方式。

研究者对上述各类信息的需求程度决定了所用观察系统的类型。

观察者的一致性

确保所有观察者都用同样的方式使用观察表是结构化观察的关键,而观察者的一致性可以通过两个观察者同时对同一事件的编码来计算。观察者一致性的最简单的量度是大小指数(S/L)。当两个观察者对同一个观察片段进行编码时,用较低的频次或持续时间除以较高的频次或持续时间。这个值可能在 1 和 0 之间。非常重要的是要注意这个指数说明了观察者对于全面的发生率的一致性,而不是他们对于个别情况的一致性;即它显示了边际的,而不是绝对的一致性。因此,它并不能确定观察表的清晰性和明确性,尽管它可以表明整个计数(但不必是共同出现的不同变量的类别)是被一致估计的。

一个绝对一致性的量度是比率一致性指数(PAI)。可以用一对观察者对个别观察的一致观察数量除以他们所做的观察总量,来得到该指数。它的可能值是在 1.0(完全一致)和 0.0(不一致)之间。PAI 是最常用的观察者一致性指数,通常建议的满意水平的值是 0.7 或 0.8。一些研究者基于如下事实校正了这个指数,即观察者可能由于机会而对某个编码取得一致,即使他们实际上是以不同的方式使用观察表。关于这些校正和观察者之间一致性的更全面的讨论可以参见克罗尔(Croll,1986)以及苏恩和阿里(Suen & Ary,1989)的论述。在长期研究的情况下,调查者可以在常规间距上重新建立观察者之间一致性的水平以确保观察者不发生偏差。

一些实践考量

结构化观察是一种消耗资源的收集数据的方法。观察的程序需要广泛的发展和前测,观察者也需要认真培训和监督。一个重要的问题是反应性【Reactivity】。大部分结构化观察的研究目的是,消除或至少是最小化观察的过程对被观察事物的任何影响。这通常包含田野工作的预备期,其时观察者已经在场,但是还没有开始收集用于分析的数据,而这就会让研究对象能够适应观察者的在场。评估反应性可能既要询问观察者,也要询问研究对象(在研究结束时),从而将研究对象对观察者的反应作为观察系统的一个类别。传统上,结构化观察已经成为笔纸(pencil-and-paper)技术,即观察的表单不但要现场完成,还要为后来的计算机分析(如 SPSS)作准备。近来,已经发展出使用手提计算机的编码观察,而这种观察则更易于使用专门的软件作复杂的分析(如 Noldus et al., 2000)。

——Paul Croll

(王玥译　赵锋校)

参考文献

Croll, P. (1986). *Systematic classroom observation.* Lewes, UK: Falmer.

Noldus, L. P. J. J., Trienes, R. J. H., Hendriksen, A. H. M., Jansen, H., & Jansen, R. G. (2000).

The Observer Video-Pro: New software for the collection, management, and presentation of time-structured data from videotapes and digital media files. *Behavior Research Methods, Instruments & Computers*, *32*, 197-206.

Suen, H. K., & Ary, D. (1989). *Analyzing quantitative behavioural observation data*. London: Lawrence Erlbaum.

结构的、聚焦的比较(Structured, Focused Comparison)

亚历山大·乔治创造的表达“结构的、聚焦的比较”是指在定性研究和小样本研究中理论发展的一般方法(George, 1979; 也参见 George & McKeown, 1985; George & Smoke, 1974)。这个方法是“聚焦的,因为它只选择性地讨论历史个案的特定方面”(George, 1979, p. 61),它是“结构的,因为在这个历史个案中,它使用一般的问题来引导资料收集和分析”(p.62)。

结构的、聚焦的比较是为了应对乔治认为的个案研究【Case Study】的缺点而发展出来的。他认为个案研究通常缺乏清晰理论目标的引导,同时,个案研究过于强调独特性,不能为累积的知识生产提供坚实的基础。相反,结构的、聚焦的比较强调分析者围绕个案提出一系列“标准化的、一般化的问题”。关于标准化,研究者使用对照比较“从几个个案中确认获得可比较的资料”(George, 1979, p. 62)。这一方法使得研究者可以从两个或更多个案中系统化地收集可比较的变量的资料。对于一般化的问题,研究者在一个高度抽象的层面概念化变量,从而系统地测量不同个案的变量。只有当使用这些一般化的概念时,分析者才有望提出那些可以用于多个个案的问题。同时,标准化和一般化问题的使用并不意味着分析者不能问关于特定个案的具体特性的问题。

结构的、聚焦的比较更明确地被应用在国际关系领域中。乔治在他的关于国际威慑的研究中有效地使用了它,并说明国际危机中至少有三种不同特征的威慑失败模式(George & Smoke, 1974)。这些模式是通过对国际危机的实际个案的密切分析而发现的。乔治对于威慑失败的复杂原因的总结挑战了其他理论,而这些理论,包括理性威慑理论,并没有以严密的个案作为证据的基础。最近,乔治的学生和其他学者在研究中使用这些方法,包括瓦尔特(Walt, 1987)和本内特(Bennett, 1999)。

社会科学领域呼吁结构的、聚焦的比较,以及更加普遍的趋势是,脱离单一个案研究,而朝向小样本研究设计。尽管“结构的、聚焦的比较”这一表述在今天很少使用,特别是国际关系理论之外的领域,但是,专注于少量个案,为定性研究建立严格的程序的一般考量已经为学者广泛接受。当代小N方法论学者经常把他们的研究描述为,使用了“系统化的和情境化的比较”,而这与乔治原来的说法是非常接近的。

——James Mahoney

(王玥译　赵锋校)

参考文献

Bennett, A. (1999). *Condemned to repetition? The rise, fall, and reprise of Soviet-Russian military interventionism, 1973-1996*. Cambridge: MIT Press.

George, A. L. (1979). Case studies and theory development: The method of structured, focused comparison. In P. G. Lauren (Ed.), *Diplomacy: New approaches in history, theory, and policy* (pp. 43-68). New York: Free Press.

George, A. L., & McKeown, T. J. (1985). Case

studies and theories of organizational decision making. *Advances in Information Processing in Organizations*, *2*, 21-58.

George, A. L., & Smoke, R. (1974). *Deterrence in American foreign policy: Theory and practice*. New York: Columbia University Press.

Walt, S. M. (1987). *The origins of alliances*. Ithaca, NY: Cornell University Press.

实质显著(Substantive Significance)

实质显著指观测到的效应是否大到足够具有意义的程度。实质显著的概率之所以得到发展是因为统计显著性检验【Significance Testing】可以发现非常小的效应是显著的,即便它们小到无足轻重。实质显著(也称实际的显著)代之以关注是否一个观测到的关系【Relationship】、差值或系数大到足以具有重要性。实质显著通常靠直觉来衡量,在不同的实质领域内有不同的标准。

例如,一个思考两个百分比的差值的实质显著的方法是根据该差值可能达到的程度。使用两种不同罪犯假释程序的监狱间,在再犯罪率上的最大可能差值可能是100%。若发现再犯罪率的差值为40%,50%或60%很可能被当作实质显著的,然而,得到一个2%,3%或4%的差值很可能被当作不甚重要的,即便这一差值可以通过常规的统计显著检验。

思考实质显著的另一种方法是以均值水平为最大的可能差值作比较。例如,如果再犯罪率的均值为30%,那么最多它可以被降低30%。少于该值($0.10\times0.30=3\%$)的10%的重要性可能被当作太小而无足轻重,无论它是否是统计显著的。在某些领域,人们期望研究者事先设定他们所要求的实质显著效应的量级。

统计显著【Statistical Significance】检验的发展在于检验小样本中获得的效应是否有可能是真实的。然而,当应用于大样本时,统计显著检验可以发现非常小的效应是显著的。例如,当个案【Case】的数量达到数万时,0.01%的差值(比如,一种实验条件下的12.23%对另一种条件下的12.24%)可能被发现是显著的。然而,在大多数的实质领域,这样小的差值不太可能有重要意义。因此,人们提出实质显著的概念,用以唤起人们注意这一事实,即统计显著难以满足研究要求。由此,实质显著的准则就比统计显著的概念更为紧迫,即拒绝某个可能通过了传统的显著性检验的关系的重要性。

在衡量变量间关系的重要性时,相似的逻辑同样成立。如果一个0.03的相关【Correlation】是以几千个观测值为基础的,那么它可能是统计显著的,但是在许多应用领域中,它未必大到足以被当作实质重要的。

福勒(Fowler,1985)主张防止报告一个虽然统计显著但是无足轻重的效应的防卫措施是检验一项设定有非零效应的虚无假设【Null Hypothesis】。如果虚无假设设定以实质重要为根据的最小的效应量【Effect Size】,显著性检验则可以检查观测到的效应是否显著地大于这个最小的效应量。

——Herbert F. Weisberg

(赵锋译校)

参考文献

Fowler, R. L. (1985). Testing for substantive significance in applied research by specifying non-zero effect nullhypotheses. *Journal of Applied Psychology*, *70*, 215-218.

误差平方和(Sum of Squared Errors)

许多统计方法需要使用各种类型的平方和,其中之一是平方的误差【Error】之和,即误差平方和(SSE)。可以用于该平方和【Sum of Squares】的另一名称是残差平方和【Residual Sum of Squares】。其和常常缩写成 SSE,ESS,RSS 和 SSR,其中 SS 表示平方和,E 表示误差,R 表示残差【Residual】。

这个术语源自简单物理量的测量,比如长度或质量。当这一测量重复多次时,人们通常不能得到同先前测量相同的值。然而,人们认为被测项目具有一个固定的、真实的,但是可能未知的值,同时,一个测量值同另一个的差源于测量中的误差。

设被测项目的真值记作 μ,第 i 个测量值记作 y_i。于是,观测值同真值的差 $y_i-\mu$ 即为测量中的误差。这一差值的量可能是未知的,但是它仍旧适用于思考测量值重复变动时的误差。

这一推理逻辑也适用于回答关于某个统计模型,比如回归【Regression】或方差分析【Analysis of Variance】拟合手头数据的程度的问题。根据这样的一个模型,人们可以由自变量的观测值和被估的参数值来计算因变量的预测值。借用"误差(error)"这一术语的早期测量意义,观测值同预测值间的差值被认为度量了由模型所产生的误差。就简单回归而言,该误差项可以表示成

$$e_i = y_i - \hat{y}_i = y_i - a - bx_i$$

字母 e 表示误差,两个 y 值分别是对自变量的第 i 个观测的观测值和预测值,a 是被估截距,b 是回归线的被估斜率,而 x 值是对该个体的自变量的值。对许多统计模型都可以计算相似的误差。

接着,我们想要整体地把握这些误差的量。然而,误差的和等于零,因为在求和时,同均值的正误差和负误差会相互抵消。当然,我们可以取每个误差的绝对值,这样,所有的误差即为正并可以求和,或是使用这些绝对值的均值或中位数。数学上,绝对值不像平方那样易于操作。因此,人们选择平方每个误差,使得每项都为正数,再累加这些平方。这就是所谓的误差平方和。

误差的一个更现代的名称是残差。观测值同预测值间的差值可以被认为是由于所有其他没有包括在抽样数据中的变量的净效应,不过,这些差值并无任何"错误(wrong)"的意思。由此,代之以误差平方和,我们得到残差平方和。

——Gudmund R. Iversen

(赵锋译校)

*也可参见残差平方和【Residual Sum of Squares】。

参考文献

Cobb, G. W. (1998). *Introduction to design and analysis of experiments*. New York: Springer-Verlag.

Iversen, G. R., & Norpoth, H. (1987). *Analysis of variance* (Sage University Paper Series on Quantitative Applications in the Social Sciences, 07-001, 2nd ed.). Newbury Park, CA: Sage.

Lewis-Beck, M. (1980). *Applied regression: An introduction* (Sage University Paper Series on Quantitative Applications in the Social Sciences, 07-022). Beverly Hills, CA: Sage.

平方和(Sum of Squares)

许多统计计算都涉及这种或那种平方和的计算。这类和主要用于两个不同的目的:度量一组数据内每个观测值间的差异程度,或是作为一个估计总体参数的工具。如其名称所意味的,平方和是一组平方的数的总和。例如,数 1,2,3 和 4 的平方和等于 $1^2+2^2+3^2+4^2=30$。

当平方和用于度量一组数据内各个观测值间的差异程度时,我们通常用每个观测值减去观测值的均值【Mean】,再取各个差值的平方,最后累加所有的平方。上面四个观测值 n 有均值 2.5,其差值分别为 $n-2.5=-1.5,-0.5,0.5$ 和 1.5。对这些差值取平方再累加,可得平方和为 5.00。因此,这就是由平方和所度量的四个观测值间差异的程度。该平方和可以除以其适当的自由度【Degrees of Freedom】,即得观测值的方差【Variance】($s^2=1.67$),以及标准差【Standard Deviation】($s=1.29$)。这两个统计量都与观测值的数量有关,而且它们可以和有不同观测值数量的其他数据组相比较。对一个因变量而言,其平方和不为零的原因是该变量受到了其他变量的影响。

平方和也用于参数【Parameter】的估计【Estimation】,以替代最大似然方法。用平方和的目的在于写出数据和未知参数的和。例如,可以认为观测值为 1,2,3 和 4 的样本的总体均值位于这些观测值中间的某一处。发现该数的一个方法是问哪一个常量值 c,可以使得平方和 $(1-c)^2+(2-c)^2+(3-c)^2+(4-c)^2$ 取得其能够达到的最小值。

当 $c=0$ 时,我们已知该平方和等于 30。但是有其他的 c 值可以给出更小的和吗?使用不同的 c 值来试验是一种可行的方法。另一种方法是使用微积分,可以发现 c 值应当等于观测值的均值,即 2.5。于是,平方和等于 5.00 且不存在其他的可以得到更小的平方和的常数值。不必奇怪,根据普通最小二乘【Ordinary Least Squares】法,使用平方和可以得出样本均值即总体均值的估计值。

更为重要的是,无论方差分析还是回归分析都使用这一最小二乘来获得方差分析中效应参数和回归分析中回归系数的估计值。例如,用以计算简单回归方程的斜率和截距的公式可以通过最小化残差平方和得到:

$$\sum(y_i - a - bx_i)^2$$

这就要求根据 a 和 b 取该数据函数的导数,并设定结果表达式等于零,再求解 a 和 b。

——Gudmund R. Iversen

(赵锋译校)

参考文献

Cobb, G. W. (1998). *Introduction to design and analysis of experiments*. New York: Springer-Verlag.

Iversen, G. R., & Norpoth, H. (1987). *Analysis of variance* (Sage University Paper Series on Quantitative Applications in the Social Sciences, 07-001, 2nd ed.). Newbury Park, CA: Sage.

Lewis-Beck, M. (1980). *Applied regression: An introduction* (Sage University Paper Series on Quantitative Applications in the Social Sciences, 07-022). Beverly Hills, CA: Sage.

累加评级量表(Summated Rating Scale)

参见李克特量表【Likert Scale】。

抑制效应(Suppression Effect)

霍斯特(Horst,1941)指出,在一个有两个预测项的情况下,一个传统的抑制效应指,通过增加一个同准则完全无关,但同其他预测项(记作 P)有关的一个预测项(记作 S),所带来的预测中某个准则(记作 C)的一个增量。预测项 S 被称为一个抑制项,因为它会抑制(或清除)预测项 P 中与准则无关的方差。具体来说,一个抑制项是"一个由于将其加入一个回归方程,而能增加另一个变量(或变量组)的预测效力的变量。仅仅对那些回归权重被增加了的变量而言,这一变量才是一个抑制项"(Conger, 1974, p. 36)。一般而言,抑制效应倾向于在预测项之间存在高度关联的时候出现。

策尔戈弗和赫尼克(Tzelgov & Henik, 1991)进一步界定了上面的定义,他们认为当另一个预测项 $P(\beta_P)$ 的标准化回归系数【Standardized Regression Coefficient】比它相应的效度【Validity】系数(r_{CP})大的时候(并假定预测项 P 的赋值方向同准则是正相关的),一个预测项才被认为是一个抑制项(S)。此即,$\beta_P > r_{CP}$,而它还可以进一步表示为 $\frac{r_{CP}-r_{CS}r_{PS}}{1-r_{PS}^2}-r_{CP}>0$ 或 $1-\frac{r_{PS}}{k}>1-r_{PS}^2$,当 $k=\frac{r_{CP}}{r_{CS}}$ 时,后一个不等式意味着抑制效应是由 r_{PS} 和两个效度系数 $\left(\frac{r_{CP}}{r_{CS}}\right)$ 的比值决定的。

文献中讨论过三种类型的抑制效应:经典抑制、负抑制和相互抑制。经典抑制的特征是抑制与准则之间不存在关系(即 $r_{CS}=0$),如表 1 显示的那样。当抑制项具有一个负的回归系数【Regression Coefficient】(即表 2 中显示的-0.07)时,负抑制即出现,尽管它同准则是正相关的(即 0.15)。相互抑制表现在,抑制项同预测项的回归系数(用它们的绝对值)高于它们各自与准则的关系(见表 3)。与前面两种抑制情况相反,相互抑制中没有清楚的特征与抑制项相关,如抑制项与准则之间的零关系或抑制项的负回归系数。策尔戈弗和赫尼克(Tzelgov & Henik, 1991)建议,相互抑制可以更好地界定为"这些变量对于它们所抑制的变量的回归权重的效应"(p. 528)。

表 1　经典抑制的例子

	效度系数	标准化回归系数
预测项(P)	0.20	0.27
抑制项(S)	0.00	−0.13

注:$r_{PS}=0.5$,$n=400$。

表 2　负抑制的例子

	效度系数	标准化回归系数
预测项(P)	0.40	0.43
抑制项(S)	0.15	−0.07

注:$r_{PS}=0.5$,$n=400$。

表 3 相互抑制的例子

	效度系数	标准化回归系数
预测项 1	0.50	0.65
抑制项 2	0.20	-0.43

注：$r_{PS}=-0.35$，$n=400$。

所讨论的抑制效应的前提是 $\beta_P>r_{CP}$，也可以用到有三个以上变量以及多个变量的情况，如典型相关分析【Canonical Correlation Analysis】或判别分析【Discriminant Analysis】（具体讨论参见 Tzelgov & Henik, 1991）。在这些复杂的情况下，尽管可以证实有抑制效应的存在，但是研究者不能辨识哪一个预测项是抑制项，哪一个预测项是被抑制的。

与传统的智慧相反，策尔戈弗和赫尼克（Tzelgov & Henik,1991）提供了有力证据说明抑制效应频繁出现。因为预测项（或一组预测项）中与准则无关的变量在回归分析中被抑制，抑制效应增加了可预测性。如果抑制效应出现在有两个以上外生变量【Exogenous Variable】的情况下，那么这些变量的理论机制应该非常谨慎地解释。让我们使用表 2 中的双预测项的例子来说明这一点。我们选择两个预测项作例子，因为可以很容易地发现抑制。假定程序员的工作表现是准则，相应的编程技能和过去的计算机经验是预测项和抑制项。尽管过去的经验与工作表现是正相关的，负的回归权重意味着有更多计算机的经验实际上与工作表现的下降相关。由于负抑制效应的性质，很清楚过去的经验没有对工作表现产生负面影响。正是对过去经验的测量抑制了编程技能的测量中与准则无关的方差，从而人为地推高了编程技能的回归系数。

——Peter Y. Chen
Autumn D. Krauss
（王玥译 赵锋校）

参考文献

Conger, A. J. (1974). Revised definition for suppressor variables: A guide to their identification and interpretation. *Educational and Psychological Measurement*, *34*, 35-46.

Horst, P. (1941). The role of the predictor variables which are independent of the criterion. *Social Science Research Council*, *48*, 431-436.

Tzelgov, J., & Henik, A. (1991). Suppression situations in psychological research: Definitions, implications, and applications. *Psychological Bulletin*, *109*, 524-536.

抽样调查（Survey）

抽样调查是为学术、政府和商业研究收集和分析社会数据的一种广为应用的方法。

抽样调查的特征

抽样调查由两个基本元素刻画其特征（Marsh, 1982）：数据形式和分析方法。

数据形式

抽样调查可以产生一组由个案分列变量（variable-by-case）的表格型数据。在表格中，通常行代表个案【Case】，列代表变量【Variable】。每个单元格含有某个个案在相关变量上的属性【Attribute】的信息。

问卷【Questionnaire】广泛地用于抽样调查，因为它们以相同的方式向每个人提问，并由此为建立一个有结构的数据组提供了一个简单而有效的途径。然而，在原则上，数据表格中的单元格可以填入任何数字，或者任何数据收集方法所得到的信息，比如访谈、观测以及来自记录的数据（如个人档案）。

尽管数据表格中的行通常代表人群，但是它们也可以代表不同的分析单位【Unit of Analysis】，比如年、国别或组织。无论使用的是哪一种分析单位的类型，表格中每一列（变量）上的信息反映的都是同分析单位的类型相匹配的信息（例如，特定年、国别或组织的特征）。

分析方法

抽样调查的第二项特征是分析数据的方式。调查分析的一个功能是描述一组个案的特征。一个由个案分列变量的表格，就每个个案收集了相同的信息，从而简化了统计描述的工作。不过，调查研究者通常还有意于解释【Explanation】——识别因果关系。这就要通过考察因变量【Dependent Variable】（假定的效应项）中的变差和选择一个能够解释此种变差的自变量【Independent Variable】（假定的原因项）达成目标。分析包括检验，是否自变量上的变差（如收入）可以被系统地归于自变量上的变差（如教育水平）。尽管任何此种协变关系【Covariation Relationship】都不证明因果关系【Causality】的存在，此种协变关系却是因果关系的先决条件。

不同于实验研究，其中个案间的变差由试验者所产生，社会调查依赖于个案中的既存变差。这就意味着调查分析采取相对消极的方法来进行因果推论（Marsh，1982，p. 6）。一个调查可能提问“婚前同居提高还是降低了婚后婚姻关系的稳定性?”这就不太可能采纳实验方法，即随机地将人分配进两种实验条件（婚前同居和没有婚前同居）之一，然后看婚后哪一种关系更有利于婚姻关系的稳定。抽样调查采取了消极的方法，先识别婚前同居和没有婚前同居的配偶，然后比较他们的离异率。

抽样调查的问题是两组间婚姻离异率上的任何差值都可以归之于两组间除婚前同居以外的其他差异（如年龄、宗教背景、种族、人种、婚姻史）。调查分析试图通过统计控制或通过使用不同的多元分析技术消除其他变量的影响，来控制群组间的其他有关差异（Rosenberg，1968）。

历史

作为一种社会研究的方法，抽样调查已经从19世纪英国社会改革者的原始方法发展成一种有着广泛应用的、成熟的调查工具。早期的抽样调查由英国的社会改革者实施，而他们致力于研究受迅速工业化影响的穷人的条件。这些调查在今天可能就不会被认可为社会调查。

由于需要对1930年代大萧条时期和第二次世界大战时期的贫困、失业和消费模式有更好的认知，现代调查承受了相当大的冲击。这些巨大的社会解组导致在英国和美国实施了一系列的政府调查（如英国的战后社会调查和劳动力调查）以及主要调查研究机构的建立，如美国的国家普查局和国家健康统计中心。第二次世界大战期间，美国陆军的研究机构征召了斯图弗尔、梅尔、拉扎斯菲尔德、李克特和哥特曼等作为研究者，而正是这样一些人成了调查研究的著名人物，同时也成了调查分析领域的伟大创新者。战后，这些人建立起以创新为主的基于大学的调查研究中心，从而发展了调查的方法，并指导它们广泛地应用于商业和政治研究。

抽样方法论的发展对调查研究的接受是关键性的。在20世纪的早期，统计学家推进了抽样理论，但是即便是出现了1936年和1948年两次美国总统大选预测的失败,抽样理论对调查实践还只有很少的影响。从1950年代开始,非概率抽样【Non-Probability Sampling】的失误导致概率抽样【Probability Sampling】方法被广泛采纳。尽管结构的、面对面的访谈一直是人们偏爱的收集调查信息的方法,但是逐渐降低的回答率、上涨的成本和安全的考虑已经促进人们发展出替代的数据收集方法。这些发展包括计算机和电话的广泛普及促进了计算机辅助电话访谈(computerized assisted telephone interviews,CATI)的广泛应用、计算机辅助个人访谈(computerized assisted personal interviews,CAPI)的发展,以及最近的、基于网络的调查管理方法。

抽样调查的评估

尽管抽样调查作为一种收集有关总体描述性、事实性信息的手段已经被广泛接受,但是作为了解社会现象和获得社会过程和模式的解释的手段,还是面临着许多批评。

下面给出了其中几项较为重要的批评:

- 收集抽样调查数据的方法易于受抽样问题、有缺陷的数据收集工具和方法的影响,而产生相当大的误差。
- 由于是以离散变量的形式来收集个体的信息,抽样调查将个体个案的"完整性"割裂开来,无法把握所涉及的个体的态度和行为的意义,进而鼓励了理解社会的原子论方式——作为分离个案的集合(Blumer, 1956)。
- 社会调查依赖于社会实在的实证主义【Positivism】理解,同时,因为实证主义已经不再为研究者所喜爱,所以抽样调查法也连带地被谴责。
- 在横断调查中,实验控制和时间维度的缺乏意味着抽样调查研究不能建立起适当的因果链和因果机制。

尽管所有这些批评可以准确地应用于每个特定的调查,但是这些缺点是否是调查方法的固有组成仍然是值得讨论的。实际的研究已经采取了许多方法来最小化调查误差的来源(Groves, 1989)。马什(Marsh, 1982)主张对于调查的一般批评只是对拙劣调查的批评,而好的抽样调查研究能够提供对社会因果关系和意义的理解。

——David A. de Vaus

(赵锋译校)

参考文献

Blumer, H. (1956). Sociological analysis and the "variable." *American Sociological Review, 21*, 683-690.

de Vaus, D. (Ed.). (2002). *Social surveys* (4 vols.). London: Sage.

Groves, R. M. (1989). *Survey errors and survey costs.* New York: Wiley.

Marsh, C. (1982). *The survey method: The contribution of surveys to sociological explanation.* London: Allen & Unwin.

Rosenberg, M. (1968). *The logic of survey analysis.* New York: Basic Books.

存活率分析(Survival Analysis)

在计量生物学中,存活率分析是对时间到事件(即持续期)数据的分析。

——Christopher Zorn

(赵锋译校)

*也可参见事件史分析【Event History Analysis】。

符号互动论(Symbolic Interactionism)

符号互动论是人文研究的主要传统,强调与经验世界的亲密熟悉。借鉴了实用主义【Pragmatism】,并与后现代主义【Postmodernism】相近,符号互动论避开抽象,支持用本土的、扎根的、日常的观察来整合真理。“符号互动论”一词由赫伯特·布卢默在1937年创造,并对定性研究【Qualitative Research】作出主要贡献。这一词与乔治·赫伯特·米德的自我理论以及芝加哥社会学派的研究传统(特别是布卢默、帕克和休斯)紧密联系在一起。评论者认为在符号互动论的发展中有许多阶段,即从1890年代到1930年代典范的逐渐建立,经由其他阶段,直至最近的多样性阶段,以及同后现代研究有着强烈亲缘关系的新理论的出现。

符号互动论社会学家们之间尽管有分歧,但是他们大部分都专注于三个交织的主题,每个主题都有其方法论的意义。第一个主题认为,人类区别于其他动物的是他们高度发展的符号生产的能力,这使得他们可以产生历史、故事、文化和复杂的沟通网络。这些也是互动论学者研究的问题,因为这些意义从来不是固定和永恒不变的,而总是转变的、突生的、模糊的,所以传统的访谈或问卷研究工具可能不是最适合的研究方法。相反,符号互动论要求研究者沉入到鲜活的经验世界之中。

这就点出了第二个主题:关于改变、流动、突生和过程。生活、情境甚至社会,到处总是在演变、调整和变化。这个持续的过程让互动论者关注以下诸项研究策略:获取自我意义的策略、发展自传的策略、根据他人调整的策略、组织时间感的策略、协商秩序的策略、建构文明的策略。这是对社会世界非常积极的观点,即认为,人类不断从事自己的事业,将许多并行的努力结合在一起,并通过这些互动来建构社会。

这就提出了第三个主题:互动。所有互动论著作的焦点,既不是个人,也不是社会本身;而是联合的行动,即通过联合的行动组织起生活,聚合成社会。它关注的是“集体行为”。它最基础的概念是自我,而自我暗含着“他者”的观念总是出现在一个生命之中:我们不可能单独有“自我”。但是它的所有核心观点和概念都强调这个社会他者,而这个社会他者总是影响个人:“个人”这个概念实际上也是通过他者构建出来的。从根本上,互动论关注的是“人们如何一起做事情”(Becker, 1986)。

与其他社会理论可以飙升到理论的天堂不同,符号互动论者停留在实地。互动论的理论可以指导研究关于社会的任何和所有的东西,尽管它发现的总是关于经验研究的问题。但是原则上,互动论可以研究和探索社会世界的任何方面。

互动论的一些分支(经常被确定为Iowa学派以及与测量联系的例如二十陈述测验),试图让理论在操作上更严格。其他分支主张它是一种不同的科学(例如安塞尔姆·斯特劳斯的扎根理论【Grounded Theory】),寻求在保持符号互动论特色的同时,让它更加严格。还有其他分支(通常与诺曼·邓津相关的以及后现代主义)常把理论看作需要采取更加政治化和批评性的立场。

——Ken Plummer

(王玥译　赵锋校)

*也可参见扎根理论【Grounded Theory】、人文主义和人本主义研究【Humanism and Humanistic Research】、诠释互动论【Interpretive Interactionism】、诠释主义【Interpretivism】、后现代民族志【Postmodern Ethnography】、实用主义【Pragmatism】、定性研究【Qualitative Research】、二十陈述测验

【Twenty Statements Test】。

参考文献

Becker, H. S. (1986). *Doing things together.* Evanston, IL: Northwestern University Press.

Blumer, H. (1969). *Symbolic interactionism: Perspective and method.* Englewood Cliffs, NJ: Prentice Hall.

Denzin, N. (1992). *Symbolic interactionism: The politics of interpretation* Oxford, UK: Blackwell.

Gubrium, J. F., & Holstein, J. A. (1997). *The new language of qualitative method.* New York: Oxford University Press.

对称量度(Symmetric Measures)

关联【Association】的对称量度描述了两个不区分前项(或自变量)和后项(或因变量)的变量 X 和 Y 间的关系。对称量度的例子包括皮尔逊相关系数【Pearson's Correlation Coefficient】、斯皮尔曼相关系数【Spearman Correlation Coefficient】、Goodman-Kruskal 的 γ 以及点双列相关系数,此外还包括下述五种量度。

表 1 性别(X)和成功记录(Y)的分布

例示 A

	失败($Y=0$)	成功($Y=1$)	总 计
女性($X=1$)	$20=a$	$5=b$	$25=(a+b)$
男性($X=0$)	$10=c$	$15=d$	$25=(c+d)$
总计	$30=(a+c)$	$20=(b+d)$	$50=a+b+c+d$

$$\phi=\frac{bc-ad}{\sqrt{(a+c)(b+d)(a+b)(c+d)}}=\frac{5\times10-20\times15}{\sqrt{30\times20\times25\times25}}=-0.41$$

例示 B

X	Y	X	Y	X	Y	X	Y	X	Y	X	Y	X	Y	X	Y	X	Y	X	Y
1	1	1	0	1	0	1	0	1	0	0	1	0	1	0	1	0	0	0	0
1	1	1	0	1	0	1	0	1	0	0	1	0	1	0	1	0	0	0	0
1	1	1	0	1	0	1	0	1	0	0	1	0	1	0	1	0	0	0	0
1	1	1	0	1	0	1	0	1	0	0	1	0	1	0	1	0	0	0	0
1	1	1	0	1	0	1	0	1	0	0	1	0	1	0	1	0	0	0	0

$\sum XY = 5,\ \sum X = 25,\ \sum X^2 = 25,\ \sum Y = 20,\ \sum Y^2 = 20$

$$\phi = \frac{\sum XY - \frac{\sum X \sum Y}{n}}{\sqrt{\left(\sum X^2 - \frac{(\sum X)^2}{n}\right)\left(\sum Y^2 - \frac{(\sum Y)^2}{n}\right)}} = \frac{5 - \frac{25 \times 20}{50}}{\sqrt{25 - \frac{25^2}{50}}\sqrt{20 - \frac{20^2}{50}}} = -0.41$$

注:$X=1$(女性),$X=0$(男性);$Y=1$(成功),$Y=0$(失败)。

Phi 系数

Phi 系数(ϕ)是皮尔逊相关系数的特例。当两个变量 X 和 Y 自然地两分(比如,男/女,成功/失败,存活/死亡)时,习惯上皮尔逊相关系数就被称作 Phi 系数。因为同皮尔逊相关系数有直接的关系,所以用于皮尔逊相关的虚无假设的计算公式也可以用于 Phi 系数。

设有两个两分变量(比如,性别和成功与否),性别和成功与否的分布可以排列在通常称为列联表【Contingency Table】的带有 4 个格子的表中,如表 1 的例示 A 所示。在例示 A 中,有 20 个成功的女性,5 个失败的女性,10 个成功的男性和 15 个失败的男性。根据简化的皮尔逊相关公式,

$$\phi = \frac{bc - ad}{\sqrt{(a+c)(b+d)(a+b)(c+d)}}$$

[假定$(a+c)(b+d)(a+b)(c+d) \neq 0$],如果就变量 X 而言,女性被编码【Coding】作 1,男性编码作 0,同时,就变量 Y 而言,成功被编码作 1,失败被编码作 0,那么性别(X)和成功与否(Y)间的系数为-0.41。字母 a,b,c 和 d 代表列联表的每格中的频次。我们也可以根据传统的皮尔逊相关公式来计算 Phi 系数。如表 1 的例示 B 所示范的,性别和成功与否间的相关为-0.41。负相关说明“性别”的取值(0~1)越高,则“成功与否”的取值(1~0)越低。换言之,女性比男性更少成功。

四分相关

如果 Phi 系数的计算是基于两个人为的两分变量,而实际上它们是带有变量正态分布【Normal Distribution】的连续变量【Continuous Variable】,Phi 系数则可能低估变量间的关系。为了估计两个变量间的实际关系,而不是像人为的两分变量那样,我们就应当应用四分相关公式。例如,两个变量——睡眠(X)和学习成绩(Y)是人为地两分的,这样睡眠或者被归类为短睡眠(如果一个人睡眠时间短于 7 小时),或者被归类作长睡眠(如果一个人睡眠等于或长于 7 小时),同时,学习成绩可以被归类作差(如果等级的平均分低于 2.5),或者被归类作好(如果等级的平均分等于或大于 2.5)。两个变量的频次汇总于列联表,见表 2。

表 2 睡眠(X)和学习成绩(Y)的分布

	成绩差($Y=0$)	成绩好($Y=1$)	总 计
长睡眠($X=1$)	$60=a$	$40=b$	$100=(a+b)$
短睡眠($X=0$)	$40=c$	$60=d$	$100=(c+d)$
总计	$100=(a+c)$	$100=(b+d)$	$200=a+b+c+d$

Tetrachoric 相关公式可以定义为

$$r_{\text{tet}} = \frac{bc - ad}{\lambda_X \lambda_Y n^2}$$

其中,n 是总的样本【Sample】量,λ_X 是标准正态分布在$\frac{a+b}{a+b+c+d}$处的纵坐标(即在变量 X 上主体取值为 1 的比例),而 λ_Y 是标准正态分布在$\frac{b+d}{a+b+c+d}$处的纵坐标(即在变量 Y 上取值为 1 的比例)。根据表 2 中的数据,

四分相关可以作如下计算：

$$r_{\text{tet}} = \frac{40 \times 40 - 60 \times 60}{0.398\ 942 \times 0.398\ 942 \times 200^2} = -0.31$$

同 r_{tet} 相比，基于相同数据的 ϕ 小了许多（$\phi = -0.20$）。值得注意的是，r_{tet} 只是当样本量大于 400 的情况下对某个关系的近似估值。

在下面两节中，将描述两个相关的关联量度，列联系数和 Cramér 氏 V。两个量度都不需要对变量的性质作任何假定（如正态的对偏斜的【Skewed】、连续的对离散的【Discrete】、定序的对非有序的）。尽管有这一优点，但是任何一对列联系数或 Cramér 氏 V 系数都不能相互比较，除非在两个列联表中 $\min(r,c)$ 的值相等，而 $\min(r,c)$ 指列联表中的行数（r）或列数（c）的最小数量。

列联系数

我们常常实施卡方检验【Chi-Square Test，χ^2】，以估计两个以列联表形式呈现的类别变量间是否存在着关联。例如，一位汽车经销商有意根据她的顾客数据库检查汽车颜色的偏好（如白色、黑色、金色、蓝色）和购买者的种族（如高加索人、西班牙裔、非裔美国人）间是否存在着关联。尽管她可以应用 χ^2 检验来查看两个变量是否存在任何关联，但是 χ^2 值无法提供关于关系的量级的信息，因为不同的 χ^2 值可能表示同一关联的量级。为了解决这一限制，列联系数 C 已经有了长期的应用，即

$$C = \sqrt{\frac{\chi^2}{n + \chi^2}}$$

其中，n 是列联表中的总的观测频次。如果仔细地考察该公式，很明显列联系数不可能趋近于单位 1，即便存在完全的关联。假定存在着完全的关联，如果列联表有相同的列数（c）和行数（r），该系数则等于 $\sqrt{\frac{c-1}{c}}$。

Cramér 氏 V

Cramér 氏 V 被发展出来，用以解决列联系数不能取得单位 1 的限制。概念上，Cramér 氏 V 系数 $V = \sqrt{\frac{\chi^2}{n \times [\min(r,c) - 1]}}$，被视作观测的统计量同它可能的最大统计量的比值。因此，这个系数可以在 0～1 取值。属于 Cramér 氏 V 系数和列联系数的虚无假设检验可以基于独立的 χ^2 检验来实施，其自由度【Degrees of Freedom】等于 $(r-1)(c-1)$。

Kendall 氏 Tau

斯皮尔曼相关系数的一个竞争者是 Kendall 氏 tau（τ）系数，它基于个案数 n 来估计两个定序变量 X 和 Y 的关系。概念上，它估计同序对和逆序对的数量差异的比例，即

$$\tau = \frac{P - Q}{\frac{n(n-1)}{2}}$$

P 是同序对的数量，Q 是逆序对的数量。对于个案 i，有 (X_i, Y_i)；对于个案 j，有 (X_j, Y_j)；如果当 $X_i<X_j$，有 $Y_i<Y_j$，或者如果当 $X_i>X_j$，有 $Y_i>Y_j$，或者如果 $(X_i-X_j)(Y_i-Y_j)>0$，则两个个案为同序对。相似地，如果当 $X_i>X_j$，有 $Y_i<Y_j$，或者如果当 $X_i<X_j$，有 $Y_i>$

Y_j，或者如果$(X_i-X_j)(Y_i-Y_j)<0$，(X_i,Y_i)和(X_j,Y_j)则被视作逆序对。Kendall 氏系数τ可以从-1(当$P=0$时)到1(当$Q=0$时)取值。如果变量X或变量Y上有同分秩，Kendall 氏系数τ的最大绝对值将小于1。在这种情况下，研究者可以使用 Kendall 氏τ_b系数或者 Stuart 氏τ_c系数。这两个指标的区别在于处理同分秩的方式。在陈和波波维奇(Chen & Popovich，2002)的书中有应用这三个系数的例子。

如果样本量大于10，$\tau=0$的虚无假设【Null Hypothesis】检验可以通过一个z检验来实现，即

$$z=\frac{\tau}{\frac{\sqrt{2(2n+5)}}{3\sqrt{n(n-1)}}}$$

相反，则需要执行t检验来检视τ_b和τ_c的虚无假设(Kendall & Gibbons, 1990)。

——Peter Y. Chen

Autumn D. Krauss

(赵锋译校)

参考文献

Chen, P. Y., & Popovich, P. M. (2002). *Correlation: Parametric and nonparametric measures*. Thousand Oaks, CA: Sage.

Glass, G. V, & Hopkins, K. D. (1996). *Statistical methods in education and psychology* (3rd ed.). Boston: Allyn & Bacon.

Kendall, M., & Gibbons, J. D. (1990). *Rank correlation methods* (5th ed.). New York: Oxford University Press.

Siegel, S., & Castellan, N. J. (1988). *Nonparametric statistics for the behavioral sciences* (2nd ed.). New York: McGraw-Hill.

对称(Symmetry)

对称指一个分布的形状的一般属性，或者指一个不在自变量【Independent Variable】和因变量【Dependent Variable】间做区分的系数。一个正态分布【Normal Distribution】是对称的，具有钟形形状，且在均值之上和之下有相同的数量的个案记分。一个对称的分布既不向右也不向左偏斜【Skewed】。如果一个系数在其计算过程中，不需要指明自变量和因变量，它就是对称的。皮尔逊相关系数【Pearson's Correlation Coefficient】是对称的，即当估计两个变量Q和Z的相关系数时，无论Q被当成自变量，Z被当成因变量，或是相反，其结果都是同一个值。相反，Lambda(λ)系数就是非对称的【Asymmetric】，因为随着两个变量中的任意一个被当作自变量，其值都会发生变化。最后，值得指出的是，有时，对称也用以指称一个社会结构的形状，比如在"网络对称(nerwork symmetry)"的情形下。

——Michael S. Lewis-Beck

(赵锋译校)

共时的(Synchronic)

共时性描绘了在某一时点上的现象,隐含着研究者应用一个截面的、快照的或静态的视角(参见历时的【Diachronic】)。

——Tim Futing Liao
(王玥译　赵锋校)

系统误差(Systematic Error)

系统误差是一贯地对一个参数【Parameter】高估或低估。当系统误差的效应未予以说明或被忽略时,分析者可能从他们的研究中得出不正确的结论。

用以下方式,分析者可以区别系统误差和随机误差【Random Error】(Walker & Lev, 1953):假设对一个带有一个真值 μ 的特征实施了多次测量。其中一些测量会产生很大的估计值,而另一些有很小的估计值。如果测量工具是无偏的,那么正和负的误差将会相互抵消,同时,平均估计值将是正确的,且集中于 μ(图 1)。

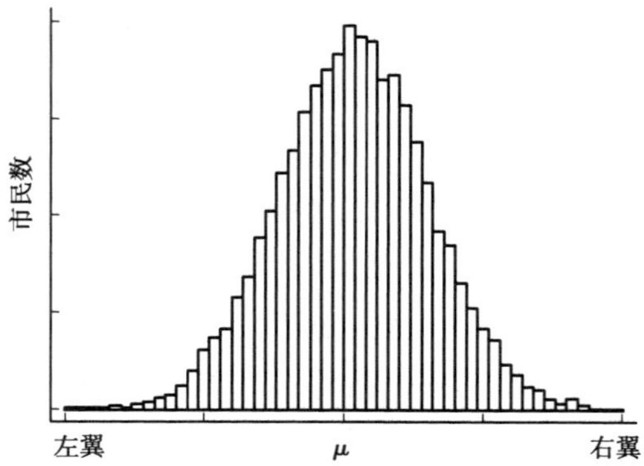

图 1　随机误差

另一方面,一个有缺陷的测量工具会给出平均而言大于(或小于)μ 的测量,从而生成系统误差(图 2)。

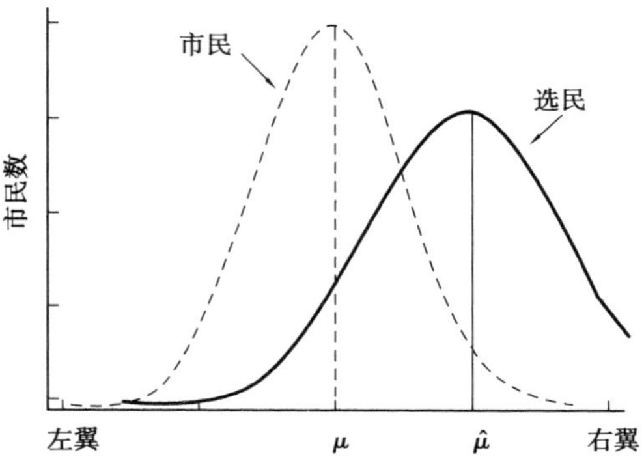

图 2　系统误差

重复测量的结果不集中于 μ,而是集中于高估了的值 $\hat{\mu}$。分析者应当注意,系统误差可能影响所有实施的测量,或部分实施的测量;也可能不同程度地影响观测值的不同子集(Nunnally & Bernstein, 1994)。在系统误差发生的每一个情形中,一个研究者的诸次测量都是有误导性的:随机误差会影响估计的精度,而系统误差使得参数估计本身是有偏的。

为了清楚地说明,考虑如下示例:在民主国家中,通过选举来测量一个总体人口的政党偏好。图 1 报告了两党制下的偏好分布:横坐标表示对特定政党的认同强度("右翼"),而纵坐标报告了特定认同水平上的市民数。μ 表示市民偏爱其他政党的比率,即"左翼"对"右翼"的比率。不过,选举是测量一个总体人口偏好的不完美的工具。假设,偏好左翼的选民比偏好右翼的选民更少参加投票。在这种情况下,选民的分布将会类似于图 2 中的实线描绘的样子,其中均值趋向于$\hat{\mu}$(Franzese, 2002),而不像虚线的均值趋向于μ。根据这次选举,推论一个总体人口的偏好分布很可能过高地估计右翼的受欢迎程度。

这个例子显示了系统误差的一种类型,即选择性偏倚【Selection Bias】。对观测对象的选择(选民而非市民)导致了对总体人口中右翼支持率的错误计算。然而,在社会科学研究中,还会出现其他几种类型的系统误差。当使用了有缺陷的测量工具时,会产生测量误差,例如,在问卷调查研究中,回答选项的顺序的随机化是为了限制调查回答中的测量误差,因为已有研究表明,参与者的答案依赖于回答选项的呈现顺序(如 Wiseman, Moriarty, & Schafer, 1975—1976)。当两个目标变量间的关系的一个估计由于某个第三个变量(也许是未观测到的变量,或"混杂者")的排除而估计有偏时,会出现另一类系统误差,即混杂【Confounding】误差。例如,如果右翼的支持者平均地年长于那些认同于左翼的支持者,那么在年龄和政府政策支持度之间就可能显得有一个相关关系。然而,当政党认同被纳入考虑时(图 3),这就会清楚地表明,政党归属同对政府政策的态度相关联,而不是年龄。

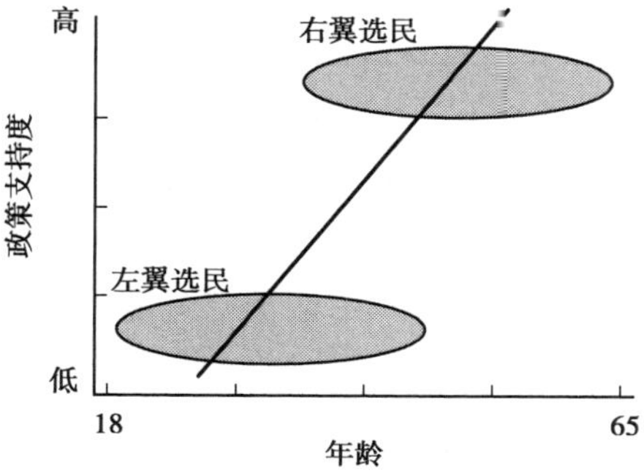

图 3　系统误差的类型:混杂误差

因此,在构建模型时,建议分析者特别要考虑不同来源的系统误差,或者在作出结论时,预先处理系统误差的影响。

——Karen J. Long

(马妍译　赵锋校)

参考文献

Franzese, R. (2002). *Macroeconomic policy of developed democracies*. Cambridge, UK: Cambridge University Press.

Nunnally, J., & Bernstein, I. (1994). *Psychometric theory* (3rd ed.). New York: McGraw-Hill.

Walker, E., & Lev, J. (1953). *Statistical inference*. New York: Henry Holt.

Wiseman, F., Moriarty, M., & Schafer M. (1975-1976). Estimating public opinion with the randomized response model. *Public Opinion Quarterly*, *39*(4), 507-513.

系统观察(Systematic Observation)

参见结构化观察【Structured Observation】。

系统综述(Systematic Review)

系统综述说明了做文献回顾的一种特别的方法。该方法要求,以明确的、可重复的和透明的过程来校核对具体问题的回答的最佳可用证据。尤其是它要求运用有力的技术查询和确认早期的研究,评估其研究质量,选取其中的研究予以评述,从研究中提取数据,以及用讲述的方式综合研究发现,同时/或者通过汇集适当的定量数据,进行元分析【Meta-Analysis】来综合研究发现。系统综述的发展是为了因应传统的“叙事式”回归中出现的问题,即任意无序且受综述者个人特性影响的技术——如文献辨识的非系统方法及不拘形式的摘要——可能带来偏倚。在健康照顾研究领域,这些问题导致有效治疗手段的延迟引入以及无有效治疗手段的延续施用。系统综述逐渐从对介入手段的评估发展到对多种多样的研究问题的评估。

系统综述得益于电子数据库的发展,正是由于此发展,我们才能更广泛且更精确地搜索备选文章。重要的是,系统回顾还会寻求未发表的研究,从而减少已发表文献中存在的偏倚的风险。

系统综述批判地评估相关的前期研究的质量,有时还辅以表单和评分体系。随机化对照试验【Randomized Control Trials,RCT】常被视为用以评估介入手段的研究设计的“黄金标准”,而且常常处于“证据等级”的顶端,因此,它可用以划定研究设计的等级,即根据研究设计可能产生的证据的信度。然而,由于操作的、伦理的或经济的原因,开展 RCT 并无绝对的可能性;有时,也许使用非 RCT 的证据是更适合的或者不可避免的。

一旦选好要纳入综述里的研究并提取相关的数据,就可以试着进行某些形式的综合。元分析是将来自不同研究的定量结果汇集到一起的统计方法(Egger et al., 2001)。有时,元分析还被当作系统综述的同义词。一般来说,元分析仅构成了系统综述的一个部分,还有许多系统综述不包括元分析。近来,人们已开始探索使用贝叶斯统计方法把元分析扩展到定性证据的可行性。更通行的做法是,以叙事的方式,而非元分析方式,综括定性证据和定量证据。

自 1980 年代系统综述推出以来,它已经成为健康科学领域中以证据为本的实践运动的核心。它是 Cochrane 协作网(一个生成健康介入的系统综述的群体的国际网络)的核心行动。最近,Campbell 协作网还将在社会的、行为的、教育的、犯罪学的介入领域开展系统综述。

好的系统综述已经产生了许多十分有益的成果。这一方法论虽然发展短暂,但未来它还会获得进一步的发展和改良。时常将某些相关数据源(如来自观察和定性研究的数据)排除于系统综述的做法已受到批评(Dixon-Woods, Fitzpatrick, & Roberts, 2001)。在近期的关于实施系统综述的指导手册中,研究者已经认识到了相关问题,同时相关的方法目前正迅速发展,以便将更多样形式的证据结合在一起。

——Mary Dixon-Woods
Alex Sutton
(赵锋译校)

参考文献

Dixon-Woods, M., Fitzpatrick, R., & Roberts, K. (2001). Including qualitative research in systematic reviews: Problems and opportunities. *Journal of Evaluation in Clinical Practice*, *7*, 125-133.

Egger, M., Davey Smith, G., & Altman, D. G. (2001). *Systematic reviews in health care: Meta-analysis in context* (2nd ed.). London: BMJ Books.

NHS Centre for Reviews and Dissemination. (2001).

Undertaking systematic reviews of research on effectiveness: CRD's guidance for those carrying out or commissioning reviews (Report number 4, 2nd ed.). York, UK: CRD.

系统抽样(Systematic Sampling)

系统抽样需要以固定的间距选取单位。有两种通行的应用方式:第一种方式是存在一份调查总体的单位的列表,它可以当作抽样框【Sampling Frame】来使用。随后的程序是选取列表中的每个第 A 个单位。第二种方式是不存在列表,但是可以在田野中对人流实施抽样(人流的例子包括一个博物馆的参观者、到达车站的旅客以及跨越边界的车辆)。随后的程序是选取通过某个指定点的每个第 A 个单位。这在概念上等价于根据人群通过指定点的顺序来建立一个单位的列表,然后从列表中系统地抽样,所以系统抽样的原则可以通过仅仅考查列表抽样来予以说明。

系统抽样的第一步是计算抽样间距,$A=\frac{N}{n}$。例如,从 $N=1\ 512$ 个单位的列表中选取一个 $n=100$ 的样本,那么 $A=15.12$。第二步是生成一个随机的起点。这步将确定列表上第一个被抽中的单位。事实上,它也将确定全部的样本,因为剩余的选项可以通过重复地累加固定间距来获得,并不再涉及任何进一步的随机机制。随机起点应当是 1 到 $1+A$ 之间的一个数字。第三步是将随机起点累加 A。因此,如果随机起点是 4.86,随后得到的数字就是:19.98,35.10,50.22,…,1 501.74。最后一步是忽略小数项——被抽中的单位是列表中的第 4 项、第 19 项、第 35 项、第 50 项……第 1 501 项。这一程序将生成确定的 n 个单位的样本。在人流抽样的情况下,N 是未知的,所以通常需要根据实际的情况来选择 A。

使用系统抽样的共同理由在于其实践上的简单性。人流抽样的情形是一个很好的例证。在许多情形下,没有其他的方法可以从一群人流中抽取一个随机样本,因为没有列表,也不可能以其他的方式造出一个列表,以便随后从中抽样。实践的考量也适用于其他情形。例如,想象一下,从放在一排文件柜的卡片文件组中抽取样本。系统抽样避免了将卡片从文件柜中移出来,再重新排序,或是给所有的卡片编号。人们所要做的只是计算所有卡片的数量。

如果被抽选的单位是以一种有意义的方式排序的,那么系统抽样具有实现隐含分层(见分层样本【Stratified Sample】)的(通常是有益的)效应。这点通常被认为是系统抽样相对于简单随机抽样【Simple Random Sampling】的一项优点。许多抽样调查在清楚的层内采用系统抽样。此外,同样的理由也适用于系统的人流抽样。如果一项抽样调查需要对一个博物馆的参观者抽样,而且,存在着一种倾向,即具有不同特征的参观者在一天的不同时段中以不同的比例出现,那么,相比当天参观者的等样本量的简单随机样本,历时一整天的系统抽样将获得更高估计精度。

——Peter Lynn

(王玥译　赵锋校)

参考文献

Levy, P. S., & Lemeshow, S. (1991). *Sampling of populations: Methods and applications*. New York: Wiley.

Scheaffer, R. L., Mendenhall, W., & Ott, L. (1990). *Elementary survey sampling*. Boston: PWS-Kent.

T

Tau(τ)

参见对称量度【Symmetric Measures】。

分类法(Taxonomy)

分类法是一个与生物学联系特别密切的词汇,指划分类别的体系。分类法(如社会的类型、政治体系的类型)常在一些问题上产生争议,诸如划分的类别是固有的,还是由分类者制造出来的。

——Alan Bryman

(王玥译　赵锋校)

Tchebechev 不等式(Tchebechev's Inequality)

Tchebechev 有时也拼作 Chebyshev 不等式。该不等式允许在仅知一随机变量【Random Variable】的均值【Mean】和方差【Variance】的情况下,推论概率范围。这个不等式的主要作用在于以此为工具导出更丰富的理论成果(如弱的大数定律【Law of Large Number】)。

数学上,若随机变量 X 有有限均值 μ 和方差 σ^2,那么对任意 $y>0$,Tchebechev 不等式(双侧的)指出:

$$P\{|X-\mu| \geqslant y\} \leqslant \frac{\sigma^2}{y^2}$$

直觉上,Tchebechev 不等式表明,如果随机变量的方差 σ^2 较小,那么变量 X 会非常趋近均值 μ。

为说明 Tchebechev 不等式如何用以计算未知分布的随机变量的概率范围,让我们考察一个假设的例子。假如一个班级的平均分是 75,方差为 20,那么随意选择一学生,其得分低于 65 或高于 85 的概率上界为:

$$P\{|X-75| \geqslant 10\} \leqslant \frac{20}{100} = 0.20$$

因为缺乏相应的分布信息以计算界限,上界必然不会特别精确。例如,假设我们已知班级分数的分布是正态分布【Normal

Distribution】,那么上述事件的精确概率近似于 0.026——同由 Tchebechev 不等式提供的 0.20 的界限有相当的差距。

定义 $y=t\sigma$,由 Tchebechev 不等式可以推出变量 X 同均值 μ 之差不大于 t 个标准误的概率:

$$P\{|X-\mu|\geqslant t\sigma\}\leqslant\frac{1}{t^2}$$

继续上面的例子,随意选择一名学生,其得分多于班级均值两个标准误的概率上界小于或等于 0.25。

对于任意 $y>0$,也可以推导出单侧的不等式:

$$P\{|X|\geqslant y\}\leqslant\frac{\sigma^2}{\sigma^2+y^2}$$

尽管 Tchebechev 不等式能用于计算未知概率分布情况下随机变量的概率界限,它最主要的作用在于作为工具推论弱的大数定律以及用以证明均值平方的收敛隐含着概率收敛。

——Joshua D. Clinton

(赵锋译校)

参考文献

Amemiya, T. (1994). *Introduction to statistics and econometrics*. Cambridge, MA: Harvard University Press.

Rice, J. A. (1995). *Mathematical statistics and data analysis* (2nd ed.). Belmont, CA: Duxbury.

Ross, S. (1997). *A first course in probability* (5th ed.). Upper Saddle River, NJ: Prentice Hall.

t 分布(*t*-Distribution)

t 分布是 t 变量的分布【Distribution】。1900 年前后,英国统计学家兼酿酒师威廉·戈塞特引入了 t 变量。他通过使用今天我们称作模拟【Simulation】的方法发现了其分布形式。他就其计算出的 750 个数据做直方图,并观察到该直方图【Histogram】不同于正态分布【Normal Distribution】。因此,他冠以新的分布 t 分布之名,并称这个变量为 t 变量。其后,罗纳德·费希尔爵士推导出此分布的数据公式。t 检验就是运用统计变量 t 而获取 p 值的统计检验。

t 变量是一变量族,变量族的任一变量有其独立的分布形态。所有 t 分布都是对称且呈钟形的,只是同正态分布相比更向两侧延展。t 变量及其分布被编号作 1,2,3,…。这数字就是变量的自由度【Degrees of Freedom】。自由度越大,分布的形态越相似于正态分布。

t 检验可用于多种不同的虚无假设。最常用的 t 检验针对单个均值【Mean】,两均值差或回归系数【Regression Coefficient】。就所有上述情形而言,检验统计量是因变量【Dependent Variable】的观测值之线性组合。

单个总体均值的 t 检验。虚无假设【Null Hypothesis】陈述 $H_0:\mu=\mu_0$。总体均值表示为 μ,假设表明总体均值等于数值 μ_0。检验统计量 t 可根据下述公式计算为:

$$t=\frac{\bar{y}-\mu_0}{\frac{s}{\sqrt{n}}}$$

此处,$\bar{y}$ 是变量的样本【Sample】均值,s 是变量的简单标准离差【Standard Deviation】,n 是样本观测值的数量。由此公

式计算所得的 t 变量值同自由度为 $n-1$ 的 t 变量分布相较。使用 t 值和自由度，可以从 t 分布表或通过统计软件查出对应的 p 值【p Value】。

当样本较小时，如少于 30 个观测值，只有变量 Y 服从正态分布，上述计算公式才有最佳结果。就大样本而言，无须此要求。

两总体均值 μ_1 和 μ_2 之差的均值检验。虚无假设陈述 H_0 ：$\mu_1-\mu_2=0$（或任一其他数值）。

对应 t 值具有 n_1+n_2-2 个自由度。对两均值之间的任一数值差，不仅是 0，检验都是有效的。t 统计量的公式可以在任一统计课本中找到且已被植入几乎所有的统计计算软件中。

当任一总体中变量都服从正态分布且两个分布的方差【Variance】相等时，检验效力最佳。当样本量较大，即大于 30 时，上述要求不甚重要。

回归系数 β 的 t 检验。在自变量 X 同因变量 Y 的回归研究中，我们可验证假设 H_0 ：$\beta=0$。对应 t 值有 $n-2$ 个自由度。当 Y 值围绕回归线呈正态分布时，检验结果最佳。

——Gudmund R. Iversen

（赵锋译校）

参考文献

Iversen, G., & Gergen, M. (1997). *Statistics: The conceptual approach*. New York: Springer-Verlag.

Moore, D. S. (1997). *Statistics: Concepts and controversies*. New York: W. H. Freeman.

Utts, J. M. (1996). *Seeing through statistics*. Belmont, CA: Duxbury.

团队研究（Team Research）

团队研究指这样一种研究，两人或多人充分合作，共同发表研究成果（大多数通过学术出版物），并共享发现的署名权。团队研究可能包含一个或一系列项目。它有别于单一作者的研究，也有别于有他人协助开展调查但研究的署名权归于一人的研究，因为，在团队研究中，从初始的概念化到研究发现的发表，整个研究项目的责任，在一定程度上由合作的研究者共同承担。

团队研究可能采用多种多样的形式。最标准的形式包括两名或多名学者一起实施一个研究项目，就此研究发表一篇或多篇主题不同的论文。学者可能来自同一个机构和学术领域，或不同的机构不同的学术领域；他们可能是教师、学生或学者型专业人士；他们可能在同一地点或多个地点；他们可能有着相同的或不同的概念的和方法论的优势。

更复杂的形式包括两名或多名学者作为一个团队，在一段较长的时期中，一起作一系列的研究。即便研究系列中某些个别的研究由个别人或个别人同团队外的他人发表，他们仍可能把自己看作一个团队。

另一个更复杂的形式包括，某个实践领域的专业从业者与一名或多名学者共担责任，以研究该实践领域并在该实践领域的内部或外部发表研究发现。这种研究可能采取行动研究【Action Research】的形式，即研究同时致力于处理实践领域中特定的实践考量，同时根据问题的解决发表学术发现。

开展团队研究既有成果动机也有社会动机。成果动机包括以下信念，即多个作者的贡献（常伴随着不同类型的知识）对充分地、创造性地解决特定研究问题是必需的。社会动机包括，同朋友一起工作的需要，以及通过把年轻学者带到研究中来帮助他们发展的需要。行动研究的动机是可以就某一实践领域的特定问题同时给予实践的和学术的贡献。

历史发展

18 世纪末,法国最先出现学者之间的研究合作,特别是在一些硬科学和医学领域中。第一次世界大战后,这类合作大量发展。至少从 1940 年代开始,社会科学领域的团队研究,既有学术的也有行动研究的形式,已被当作一种不同的研究形式,尽管社会科学领域的团队合作要少于硬科学领域(Bayer & Smart, 1991)。

所需的特质和技能

团队合作要激发所有团队成员的动力,包括促进角色、领袖、规范、团结以及任务和社会维度的平衡发展(Del Monte, 2000)。团队研究要想成功,需要团队成员有一些技巧和行动力。特别的,这类研究涉及相当的社交能力,尤其是处理潜在冲突和协商一致的能力。

团队成员达成一致有关键的几方面。其中包括预期的研究成果、在个别研究或系列研究中如何划分工作和职责、要探索的研究问题、如何收集和分析资料、谁拥有收集的资料、如何解释结果的意义、资料的保密及关于在研究参与者间分享信息的决策、研究成果的发表方式、研究结果发表的署名次序。在行动研究中,需要就实现实践的和学术的目的的方式达成一致。

当有下列情况时,就以上诸方面达成一致尤其重要和困难:研究团队包括抱持有不同文化价值(例如,实践 vs.学术,着重于定性的方法 vs.定量的方法)的成员时;队员在权力、地位及关于所涉工作的类型如何做的知识上有差异时;以及/或者他们在主要目标上有差异时。而且,在整个研究过程中,可能需要在某一持续的基础上,就上述问题和获得新的一致同意保持沟通。对于那些期望不只在个别项目上实现联合研究的研究团队,这点尤为适用。

可能的好处

团队研究有几个可能的好处。一是,多种且不同立场的优势,即在其他条件相等时,一般会引出更富有创造性的研究方式。二是,相比于如果研究者自己独立做研究,他们可以处理更大的问题。三是,研究的团队方式常能取得更好的研究成果。例如,在许多领域,知名期刊中的合作署名论文的比例远高于其他期刊(Bayer & Smart, 1991)。同样,在共同署名(相对于单一署名)同论文的接受可能性及论文的引用率之间趋向一种正向关系。此外,即便团队研究可能存在困难,它也会是充满挑战并令人振奋的,至少在处理好群体协力时如此。

可能的问题

尽管有多种潜在的好处,但是在团队研究中也存在许多潜在的问题。通常,这需要解决关于署名次序或包括哪些作者的争议,以及更一般地,如何在不同成员间公平分配荣誉的争议。有时,还要考虑社会性闲散(social loafing)的问题,即研究团队的部分成员没有承担相应的职责。另外,特别是当多个学科或多种文化出现在团队中时,成员间在价值、经验、规范和不同沟通风格上的差异可能引起冲突,而其中一些冲突可能无法以合作的方式来解决。如果研究团队成员之间存在权力和地位的区别,所有这些潜在问题都会恶化。如果这些问题没有得到合理的解决,团队研究的预期好处也将无法实现。

例子

实际上,两名或多名学者共同合作的团队研究的例子在所有社会科学领域无所不在。柯克曼、罗森、吉布森、泰斯卢克和麦克弗森(Kirkman, Rosen, Gibson, Tesluk, & McPherson, 2003)带着其他人,展示了一个从事系列研究的团队——他们反映的是一个真正的团队。巴图内克和路易斯(Bartunek & Louis, 1996)给出了许多在教育、社区环境及工作组织的内部成员与外部的研究者合作研究的例子。此类合作可能含有行动研究的成分,但这并不是必有的。

——Jean M. Bartunek

(王玥译　赵锋校)

参考文献

Bartunek, J. M., & Louis, M. R. (1996). *Insider-outsider team research*. Thousand Oaks, CA: Sage.

Bayer, A. E., & Smart, J. C. (1991). Career publication patterns and collaborative "styles" in American academic science. *Journal of Higher Education*, *62*, 613-636.

Del Monte, K. (2000). Partners in inquiry: Ethical challenges in team research. *International Social Science Review*, *75*, 3-14.

Kirkman, B. L., Rosen, B., Gibson, C. B., Tesluk, P. E., & McPherson, S. O. (2003). Five challenges to virtual team success: Lessons from Sabre, Inc. *Academy of Management Executives*, *16* (3), 67-79.

电话调查(Telephone Survey)

通过电话实施的抽样调查在美国和其他国家仍旧是最常用的询问一组标准化问题的技术,其目的在于就出于各种目的的几乎任何主题,从无论大还是小的总体【Population】中收集信息。学术组织、政府机构和商业组织常规地出于市场营销、政策评估、媒体研究、公共舆论、价值评判、人口背景、影响评估以及许多其他目的,实施电话调查。电话调查已经取代面对面的入户调查成为最常用的抽样调查技术,因为它具有改善了的概率抽样技术;强化了人口覆盖率,实践上可以覆盖每个有电话的家庭;经过测试和检验的问题措辞和问卷建构技术;改善了数据收集过程的质量控制;以及电话技术本身的进步。这些改善,配合以调查研究的消费者对于即刻回馈调查结果的需求,电话研究的较低的成本以及面对面调查中逐渐降低的回答率,使得通过电话实施的抽样调查成为有显著优势的调查技术。

优点

几项技术有利于电话调查的流行。第一,电话的应用受到某些社会规范的强化,即它要求一个人在电话铃响 3~4 声内作出应答,同时,打电话的人(也就是访谈员)也是结束谈话的人。第二,因为有更低的田野和人员成本,所以电话调查的成本低于面对面实施的调查,同邮寄调查的成本大致相当。第三,完成一项电话调查,将调查结果给予研究者或发起者所用的时间相对于其他类型的调查而言相当少。事实上,"即时民意测验"——经常为政客所使用,其目的在于寻求对某个政策提案的公众反应——可以在 24 小时内给出第一轮访谈的结果。第四,因为电话访谈员比起其他调查中的访谈员更少能够了解回答者的身份信息,通常只有一个电话号码,所以电话调查加强了回答者身份及其应答内容的保密

【Confidentiality】。第五,访谈员的特征对于应答的效应要低于面对面访谈员的,因为在电话调查中,只有声音的联系,访谈员和回答者的人种和年龄一般是不可识别的。由于这些物理上的特点,电话调查的回答者较少受社会期许的应答模式的影响。第六,电话调查,特别是随着实施计算机辅助电话访谈(computer-assisted telephone interviewing, CATI)的电话调查中心的设立,为整个数据收集过程的质量控制提供了机会,因为督导员可以给予访谈员直接的反馈。此外,这些设备几乎总是有能力通过一个卫星计算机终端监控访谈。第七,覆盖率不再成为问题,因为实际上100%的家庭拥有电话机,同时,随机数拨号【Random Digit Dialing, RDD】程序使得接通每个电话号码成为可能,而无须依赖一份列出地址或姓名的抽样框。针对家庭内抽样的现有技术,如最后一个/第一个生日法或家庭成员枚举法,都可以持续地实现回答者的概率选取。第八,电话调查可能就几乎任何给定的话题,敏感的或不敏感的,询问问题。因为电话已经成为一种标准的沟通手段,而且多数国家都可以具有"访谈社会"的特征,即访谈,通常由电话进行的访谈,是普遍的调查机制,所以回答者惯于向他人,即便是他们不认识的人,提供信息。

缺点

尽管有许多因素促进了电话调查的使用,但是仍然存在着不利的因素。第一,比起将某人拒之于门外,挂掉一通电话更为容易。因此,更容易的拒访使得电话调查的回答率略低于面对面调查中的回答率。改变拒访是可能的,但是这既耗时,又昂贵,而且只能有15%~20%的成功率。第二,一次电话访谈的时间受限于20~25分钟,而面对面访谈通常可以进行更长时间,因此也能问得更深入、更细致。尽管在电话调查中有可能询问开放式问题【Open-Ended Question】,但是重新给应答编码,以及探询更深入的内容会更加困难。因此,电话调查的问卷倾向于使用结构化的封闭式问题【Closed-Ended Questions】,因为与开放式的、无结构的题项相比,这类问题看起来更易于通过电话作答。第三,因为访谈员和回答者没有身体上的显现,因此电话访谈员不能观察到被访者的周围环境,或是获得非口头的线索,而只能依赖声音的特性。电话访谈员也不能像面对面的访谈员那样有可能使用视觉辅助工具。第四,电话技术的发展曾经确实使得实施调查变得更加容易,但是最近的创新则将这项工作变得更加困难。几乎所有的家庭都拥有应答机,或来电等待,或来电显示,或是用调制解调器接入家庭线,而这其中的任何一项都会成为达至回答者的障碍。预想中的回答者几乎从不会根据电话答录机上的留言回电给访谈员,或者是中断一通电话交谈,接听来自调查机构的来电。在这些条件下重复地去电会增加总的调查成本。第五,通过电话的合法调查受到公众对调查一般的负面评价的削弱,还受到令人厌烦的电话市场营销或通话后的上门推销(利用调查想法获得"入户"的机会,以便贩卖产品)的削弱。这也被称作"诱售(sugging)"(以市场研究作幌子的销售)。以合法的民意测验作幌子的强制投票或政治宣传,以及"诱募",即以调查作幌子的基金筹募,也都助长了此种氛围,鼓励了对任何访问(包含最合法的调查)的习惯性拒绝。

抽样

RDD抽样技术的发展使得将电话接入某个地区或社区的每一个拥有电话的家庭成为可能,无论他们的电话号码是否被列在地区的电话号码簿上。因为,在某些社区,最多可能有40%的家庭电话号码或是因为家庭的选择,或是因为号码还没有进入到印制的号码簿中,而没有被列在表中,从而必须找到能克服未列表问题的方法。RDD依赖交换机使用的号码清单。因此,可能知道哪台交换机(如735,542)在某地区处于使用状态,同时也能知道每台交换机在用的四位号码的范围。每台交换机仅可能有10 000个号码。使用一个随机号码程序,就可以生成和呼叫适当的号码集。但是,这种方法的一个问题是,它没有能力摒除商业号码或移动电话的号码,从而使得接通一户合格的家庭更加困难。同时,许多家庭现在拥有不止一部电话的事实也使得这些回答者的选中概率大于仅有一部电话的家庭的选中概率。最后,尽管交换机在一个城市或地区有地理上的分布,它们却不能配置到更小的住宅项目或村社。在更小地理区域内找出符合调查资格的家庭使得抽样更加困难和昂贵,即便是能够从商业抽样卖家那里买到为顾客定制的样本。

结论

问题的顺序、问题的措辞、应答的模式、访谈关系的确立、问题的复杂程度以及编码的问题,对所有类型的抽样调查都是类似的。对上述这些以及其他类似问题已有相当数量的研究,而这些研究指出经过检验的关于问卷构造和问题写作的技术也适用于电话调查,而且还有利于减少问题回答过程中可归之于这些因素的变差。就电话调查而言,数据质量与其他类型的调查相比,处于同等水平上,甚至由于减少了可归于访谈员的身体在场的"需求"因素而有所提高。如前述所指出的,访谈过程的质量控制和最终的数据质量,会因为使用CATI系统而提高,因为系统会将问卷以一种自动的、受控的提问顺序呈现给访谈员,从而减少访谈员发生错误的可能性。由于CATI系统受到青睐,笔加纸(pencil-and-paper)式的电话访谈几乎已经消失。尽管CATI系统很昂贵,但是它们几乎可以给出即时结果,此外还强化了根据一份随机时间表安排再呼叫的能力,以及控制样本池的分布能力。目前,电话调查正被用作"混合模式"研究的组成部分——其中几种数据收集技术被用于同一个研究项目。这就有可能增加回答率和整个样本的覆盖率。现在,在世界各国,实施调查都是大生意,而通过电话的调查则是该项事业中重要的组成部分。

——James H. Frey

(王玥译　赵锋校)

*也可参见计算机辅助个人访谈【Computer-Assisted Personal Interviewing】。

参考文献

Bickman, L., & Rog, D. J. (Eds.). (1998). *Handbook of applied social research methods.* Thousand Oaks, CA: Sage.

Frey, J. H. (1989). *Survey research by telephone* (2nd ed.). Newbury Park, CA: Sage.

Frey, J. H., & Oishi, S. M. (1995). *How to conduct interviews by telephone and in person.* Thousand Oaks, CA: Sage.

Lavrakas, P. J. (1993). *Telephone survey methods* (2nd ed.). Newbury Park, CA: Sage.

Lavrakas, P. J. (1998). Methods for sampling and interviewing in telephone surveys. In L. Bickman & D. J. Rog (Eds.), *Handbook of applied social research methods* (pp. 429-472). Thousand Oaks, CA: Sage.

证词(Testimonio)

证词一般被界定为对于有社会意义的经验的第一人称的叙述,其中叙述的声音来自一位典型的或特别的目击者或主角,这些人把他们自己当作了他人的代表,而这些被代表者虽然曾经历过相似的生活处境,但是很少与其书面表达。因此,证词是"非文艺的文学(literature of the nonliterary)",既包括电子复制品——通常辅之以一位访谈者/编辑的声音,也包括创造性地重新安排历史事件,使其有典型性和"真实"性的印象,也使其常常映射出社会转型。在1970年代和1980年代,出现许多证词,特别是在整个拉丁美洲,包括了本土代表、劳动者和游击队领袖的叙事。在1990年代,证词转向非政府组织和各类社会运动的代表,他们既支持人权、女性权和同性恋权,也支持生态运动和反全球化运动。《我,里戈伯塔·门楚》(*I, Rigoberta Menchú*)成为许多证词中最著名的一个,而最近对这一文本的抨击已使得作为一种可行的表达形式的证词成为有问题的概念。

证词暗指有证明作用或支持作用的宗教或法律的证言,同时,整个叙事单元通常就是一种生活或一段有意义的生活经历。许多评论已经将其视为那些被资本主义现代化所边缘化的人的一种表达形式。证词也被看作有教养的知识分子的介入或调停。埃尔兹别塔·斯克洛多夫斯卡(Sklodowska,1992)以一种文学的方式给予证词最细致的分析,约翰·贝弗利(Beverley, 1989; Beverley & Zimmerman, 1990)则呈现了对证词的社会维度最有影响的阐释。对于贝弗利和齐默尔曼(Beverley & Zimmerman,1990,p.173)而言,"证词通常是由主角或目击者对事件的详述而形成的中篇小说长度的第一人称的叙事"。此外,证词既能映射出社会和文学形态的整体转型,也能映射出跨国生产模式的整体转型。

请注意,证词类的文本长期处于文学的边缘地位,贝弗利(Beverley,1989)论证说,证词的突出特征在于它同已经建立起的文学的、美学的标准以及文学自身的规范体系的冲突关系。证词于是可以被定义为"非小说的、大众—民主式的传奇叙事,因为叙事有一种转喻的功能——意味着任何被叙述的生活可以有一种代表",能够唤起一个含蓄的"关于其他可能的声音、生活和经历的多声部合唱"(Beverley & Zimmerman, 1990, p. 175)。

证词中呈现了"真正的(real)"大众声音,在不同程度上,是一种虚幻的或不确定的"现实效应(reality effect)"——很容易就能被推翻(参考大卫·斯托尔对里戈伯塔·门楚其人和其书的质疑, Stoll,1999),但是效应的持存却有助于解释证词的特别力量。一份证词文本同时代表了某些被假定为真的视角和问题,但它从不是"真相(truth)"。

近年来,伴随着产生关键事例的社会动荡,证词已经不流行了。然而,作为性别和其他身份—外形差别的一种表达方式,证词,无论其自身还是它在小说、诗歌和戏剧中的使用,仍将作为一种可以为那些同底层社会和社会运动相联系的个体所用的、漫无边际的模式,长期地保留在拉丁美洲和全球文学中。

——Marc Zimmerman

(王玥译　赵锋校)

参考文献

Beverley, J. (1989). The margin at the center: On testimonio. *Modern Fiction Studies*, 35(1), 11-28.

Beverley, J., & Zimmerman, M. (1990). *Literature*

and politics in the Central American revolutions. Austin: University of Texas Press.

Menchú, R. (1984). *I, Rigoberta Menchú: An Indian woman in Guatemala.* Ed. and intro. Elisabeth Burgos-Debray. Trans. Ann Wright. London: Verso.

Sklodowska, E. (1992). *Testimonio hispanoamericano: Historia, teoría, poética.* New York: Peter Lang.

Stoll, D. (1999). *Rigoberta Menchú and the story of all poor Guatemalans.* Boulder, CO: Westview.

Zimmerman, M. (2001-2002). Rigoberta Menchú, David Stoll, subaltern narrative and testimonial truth: A personal testimony. *Antípodas: Journal of Hispanic and Galician Studies, 13/14*, 103-124.

再测信度(Test-Retest Reliability)

在一个测量上,由于回答人状态的暂时变化,个体回答或观测得分趋向于波动。再测信度给出了对同一量具历时响应的稳定性(或不稳定性)的一个估计。换言之,它估计了在整个逝去的时间周期内,由于某些因素(如成熟、记忆和紧张事件)的出现而导致的测量误差【Error】的量。估计【Estimation】再测信度的步骤如下:在两个间隔一定时间长度的不同时点上,对同一组参与者实施同样的测量;再用以下的公式,计算量得的两组得分的相关系数:

$$r_{XX'} = \frac{\sum (X_i - \bar{X})(X'_i - \bar{X}')}{n s_X s_{X'}}$$

其中,X 和 X' 分别代表同一测量的两次执行,s_X 和 $s_{X'}$ 是 X 和 X' 的标准差【Standard Deviation】,n 是样本中回答人的数量。这个相关【Correlation】系数代表了对再测信度的估计,也被称作稳定性系数。

理论上,再测信度估计值的范围是 0~1,尽管由于测量受波动的反应影响,也可能观测到负值。一般而言,并不存在能够表明一个再测信度具有可接受水平的公认的最小值。此外,再测信度的期望大小可能依赖于被评估概念的性质。例如,就一个用以估计短暂特征(如心情)的测量而言,期望有很高的再测信度是不现实的。因此,相比于态度测量或民意测验,对那些被认为用以估计更稳定构念的能力测验或人格测量而言,再测信度倾向于有更高的信度。

测验与再测方法是一个恰当的信度估计技术,当:(a)在两次实施的间隔中,被估计的特征没有变化或者变化很小时;(b)测验内容不会影响对随后呈现的刺激的响应。关于第一种情形,两次实施间逝去时间的量是一个重要但常被忽视的问题。时间间隔的量应当足够长,以避免任何来自于记忆或实践的效应,但是,不应当长得以至于参与者身上令人感兴趣的特征的水平实际已经变化了。提示读者,两次测量实施的时间间隔的确定应当以相应构念的理论为指导。根据智力发展理论,在 20~25 岁,成人的智力得分不会出现大幅变化。以 5 年为时间间隔的高再测信度(如 0.80)相较于以 2 周为时间间隔的同样再测信度,前者给出的证据更有效【Validity】。另一方面,就婴儿而言,如果测量时间间隔期长于一年,一项可能可信的智力测量就可能有很小的再测信度。

关于第二种情形,相关研究已经表明,一项再测信度估计可能受到心理因素的影响,如认知测试的练习效应或态度测量的延续效应。例如,参加同样认知能力测验的人可能由于第二次阅读而更好地理解了问题,或者,人们仅仅因为记住了他们对先前题目的回答,而可能对调查问题有相当一致的反应。这些偏倚【Bias】都可能膨胀信度估计值,比如当参与者以一种虚假一致的方式作答时;但是,它们也可能导致一个更低的再测信度估计值,即如当参与者在一项认知能力测验的第二次测验中得分更高,从而导致两次测验得分间缺少一致性时。

——Autumn D. Krauss

Peter Y. Chen

(马妍译　赵锋校)

参考文献

Crocker, L., & Algina, J. (1986). *Introduction to classical & modern test theory*. New York: Harcourt Brace Jovanovich.

Feldt, L. S., & Brennan, R. L. (1989). Reliability. In R. L. Linn (Ed.), *Educational measurement* (3rd ed., pp. 105-146). New York: Macmillan.

Pedhazer, E. J., & Schmelkin, L. P. (1991). *Measurement, design, and analysis: An integrated approach*. Hillsdale, NJ: Lawrence Erlbaum.

四分相关(Tetrachoric Correlation)

参见对称量度【Symmetric Measures】。

文本(Text)

术语文本是一个魅惑的词,其意义已经极度宽泛。历史上,最初它同书面的沟通形式联系在一起,特别是那些来自圣经和法律的原始材料,伴有一种权威性和权威意义的意思。这一意思转化成一个作者的观念,即作者被认为是某一文本之意义的唯一根据。因此,以文本为本的批评将其基本理论根据立基于确定和注解作者意图的意义。此种文本概念已经在一些主要方面被彻底革新了。当下的问题不仅是作者意图的意义是否可知,而且还在于我们是否能够谈论某个文本的唯一的、最终的或"真正的"意义。读者要从文本中解读出他们自己的意义,而这些意义总是背景依赖的。在一个极端上,这导向了历史主义和文化相对主义【Relativism】的还原,但是拒绝狭隘地专注于对著作权的研究,以及拒绝文本的单一意义的观念则是有充分理由的。文本,无论是在一段时期内,还是超出了一段时期之外,其意义都是多重的和可变的。正如一个文本是由特定的符码和惯例所构建,它也由此而得到阐释和理解;这就是它的内在的语义不稳定性(semantic instability)。一个文本当然不可能仅仅意味我们给予其的意义,尽管如此,我们总是必须从呈现在页面上的内容,获得我们的阐释线索。如今,在这个框架下,它不仅是书面的或由词语进行的沟通,文本这一术语已然拓展到如此多样的文化形式中,诸如电视、电影、摄影、流行歌曲和音乐、体育和时尚、广告、家用电器和建筑。完全地关注于上述文化形式的文本性会导致形式主义的和反实在主义的立场,如某些后结构主义【Poststructuralism】的分支,即认为文本处在一个无尽的意义生成和互文性的游戏之中,除了其自身和其他文本,无现实的参照。更为普遍接受的观点是,文本同它们的社会、文化和历史的背景之间的关系,由叙事、类型(genres)及言语所中介,即它们不仅运作于这些中介之中,而且还通过这些中介获得它们的广泛意涵。虽然所有主要的人文和社会科学学科当下都不得不向上述观点的多种含义妥协,但是,仅仅或主要地基于文本分析(textual analysis)的阐释和理解的适当性已经受到了普遍的质疑。当我们参加到不同形式的沟通之中时——它们可能通过页面、屏幕或扬声器传达给我们,为了获得对给予我们的意义的广泛理解,分析文本不可或缺,但是,这样做并不能告诉我们包含在文本的生产和消费中的所有内容。除了文本分析,广泛的理解还需要其他的研究方法。自我限定式文本分析的危险在于假定,它能够涵盖有益于一个文本的建构和阐释的所有事项,似乎所有的东西真的可以仅从文本中“读出来”。这引起了进一步的危险。声称一个文本,就广义而言,是结构的和聚合的,中介了它所说的世界,这是一回事;但是无论何时何地,断言这个世界仅仅建立在文本和文本的相似品之中,就是另一回事了。于是,危险在于把世界文本化。这意味着,仅仅依据文本来看世界,以为文本之外无物存在。相反——虽然我们仅仅在文化文本中将这个世界变得有意义,但是,它们的意义在于,它们为这个世界建立了参照,而文本之外,世界存在。

——Michael J. Pickering

(王玥译　赵锋校)

参考文献

Hoey, M. (2001). *Textual interaction*. London: Routledge.

Lehtonen, M. (2000). *The cultural analysis of texts*. London: Sage.

Titscher, S., Meyer, M., Wodak, R., & Vetter, R. (2000). *Methods of text and discourse analysis*. London: Sage.

理论抽样(Theoretical Sampling)

资料和理论之间的关系位于经验社会科学的中心,抽样【Sampling】则有助于界定这种关系。随机抽样【Random Sampling】生成的数据【Data】能够验证既有理论【Theory】的假设。相反,包含在扎根理论【Grounded Theory】方法(Glaser & Strauss,1967)中的理论抽样是一种分析过程,即决定下一步收集何种资料,以及应当在何处找到它。它是分析式归纳【Analytic Induction】的一种变体,其重点在于,为了发展理论,使理论系统地从资料中浮现出来,分析者将搜集、编码【Coding】和分析资料的工作结合在一起。

此过程的中心问题集中于搜集新资料的理论目的,以及决定为此目的需要何种资料。这个过程同持续比较法【Constant Comparison】一同进行,而且这一过程要求研究者在整个研究期间持续地追索类别、情境和分析的维度。通过结合理论抽样和持续比较,可以更有效地发展出相当完整且受支持资料约束的理论。

一个正在发展的理论的综合可以由几种方式获得,但是重点在于两个主要的机制。第一个机制是选择搜集新资料的地点,而这些地点具体地表达了基于数据所做的暂时假设。马伊内斯(Maines,1992)在纽约地铁乘客的研究中展示了这一过程。为了解释乘客的分布,他先从地铁车厢中的乘客搜集观察资料,进而引出的假设建议应该从在地铁月台上等地铁的乘客中搜集观察资料,又从此引出新的假设,建议从在地铁车厢内移动的乘客中搜集观察数据。最后引出的假设要求比较两类乘客的访谈资料：一类乘客进车厢后就待在车厢中；另一类是走到别的车厢找座位的乘客。在研究过程的每一个阶段，研究者构建其暂时的理论，以解释现存的资料；同时，那些暂时理论的性质提示出，为改善正在发展的理论的解释力所需新资料的种类和来源。

第二个机制是编码【Coding】。斯特劳斯(Strauss，1987，Chap.3)确认了三种与理论发展相关的编码程序。第一个是开放编码(open coding)，即为了发现类别和中心主题而去探究资料的过程。这一过程通常出现在研究过程的早期。第二个是主轴编码(axial coding)，着重于核心类别及其属性的辨识，以及提出相关的理论，说明属性(或维度)出现的条件，以及它们与其他类别和属性的关系。第三个是选择编码(selective coding)，即就类别和子类别间的关系，做出更具理论目的的专门说明。

苏利耶、布里特和马伊内斯(Soulliere, Britt, & Maines，2001)示范了，怎样结合起理论抽样和对核心类别的编码使其与概念建模相兼容。通过专注于"专业化(professionalism)"这一类别，他们展示了如何在新资料的基础上，重新设立一个概念—指标项模型，以及如何将其作为一个概念—概念模型呈现出来。这一建模过程是对于扎根理论宗旨的一个清楚的应用，而扎根理论的宗旨是将理论从具体推向更抽象和更一般的系统表述。

——David R. Maines

(王玥译　赵锋校)

参考文献

Glaser, B., & Strauss, A. (1967). *The discovery of grounded theory*. Chicago: Aldine.

Maines, D. R. (1992). Theorizing movement in an urban transportation system by use of the constant comparative method in field research. *Social Science Journal*, *29*, 283-292.

Soulliere, D., Britt, D. W., & Maines, D. R. (2001). Conceptual modeling as a toolbox for grounded theorists. *Sociological Quarterly*, *42*, 233-251.

Strauss, A. (1987). *Qualitative analysis for social scientists*. New York: Cambridge University Press.

理论饱和(Theoretical Saturation)

理论饱和是定性资料分析的一个阶段，即在这个阶段上，研究者持续地抽样和分析资料，直到没有新的资料出现，而且理论中所有的概念都很饱满。形成理论的概念及概念间的联系已得到验证，且不再需要其他资料。理论的所有方面都不再是假设性的。所有概念的界限都是明确的，联合的概念都已被识别和勾勒出来。反面案例【Negative Cases】必定已被辨识、被验证、被充实并被纳入理论框架中。

理论饱和的基础是理论敏感性(theoretical sensitivity)概念。理论敏感性的主要假设是，资料分析是资料驱动的(data driven)。此即，除非类别"为自己争取到了"进入理论框架的价值，它们将不会出现(Glaser, 2002)。这意味着，某些总是存在于研究中的类别，如性别，将不会在研究中取得一定的位置，直到资料分析显示这一概念需要被纳入理论框架。一旦这些概念出现，抽样需要持续进行，直至这些概念实现饱和。

理论饱和这个术语主要使用于同扎根

理论【Grounded Theory】相连的研究,但也可以应用到任何以发展一个定性驱动的理论(qualitatively derived theory)为最终目标的定性研究中。定性驱动的理论有别于用于定性研究的理论——如果说定量研究中的理论基于并得自先前的研究(而目前的项目是此前工作计划的一个延伸),那么定性研究中的理论则是从资料中系统地发展来的。

尽管结果仍然是一个理论(在其中它是对资料的概念抽象),定性驱动的理论与定量调查中的理论区别在于,前者的理论更贴近现实。定性驱动的理论是研究的产品或结果,而不是待检验的一个概念框架,如其在定量质研究一样。在定性驱动的理论中,概念必须得到充分的发展,而且它们与其他概念的连接必须被清楚地描述(Morse, 1997)。用以评估突显的理论的准则是,它必须是可理解的、俭省的及完整的;它必须有把手;它必须是有用的(Glaser, 1978)。

应用理论饱和发展一个理论的一个例子是,斯特劳斯和他的同事的经典专著。在这个扎根理论的研究中,他们描述了患慢性病的个体经验的诸多方面,包括生病和就医的轨迹、对于家庭的影响,以及社区服务的使用,如自助团体。例如,他们提及了病患的基本策略,不是以症状控制或维持生命为目标,而是以正常化为目标。在这个研究中,尽可能正常地过他们自己的生活(和过家庭生活)的过程不仅依赖于医疗的处置,也依赖于"病症的侵扰程度、养生法、对于他人患有同样疾病及疾病的潜在致命性的知识"(Strauss et al., 1984, p. 79)。如果这些疾病因素变得有侵入性,人们不得不"非常努力地为自己创造与一些正常生活的相似之处"(p. 79)。斯特劳斯等人的描述,即术语"生活的异常化与正常化",是定性驱动理论丰富性和复杂性的一个卓越的示例,而这只有当考察者在资料搜集和分析期间运用理论敏感性的原则才能获得。

——Janice M. Morse

(王玥译　赵锋校)

参考文献

Glaser, B. G. (1978). *Theoretical sensitivity*. Mill Valley, CA: Sociology Press.

Glaser, B. G. (2002). Grounded theory and gender relevance. *Health Care for Women International*, *23*, 786-793.

Morse, J. M. (1997). Considering theory derived from qualitative research. In J. Morse (Ed.), *Completing a qualitative project: Details and dialogue* (pp. 2163-2188). Thousand Oaks, CA: Sage.

Strauss, A. L., Corbin, J., Fagerhaugh, S., Glaser, B., Maines, D., Suczek, B., & Weiner, C. (1984). *Chronic illness and the quality of life*. St. Louis, MO: Mosby.

理论(Theory)

在社会科学领域,几乎没有哪个术语比"理论"一词有更多样的且常常模糊的意义。这里至少涉及三组对照实例:与实践,与事实,与证据。相对于"实践","理论"常指被阐明的原则,而不是实际所做的。在此,存在着一项重要的含义且可以有两种解释。理论可以被当作一个令参与者相形见绌的典范,或者类似的事物,而如果人们仿效它,将能改变实践。另一种解释是理论可能是非现实的或仅仅理性的产物,而不被接受。更加调和的解释是:理论由规范性的原则组成,而这些原则给予实践以不带具体指示的一般的指导。

第二组与事实的对照也可以有不同方向的价值倾向。理论可能因为是可疑的且是某种被避免的事物而被拒绝接受。这是一些经验主义者的态度。相反,"事实"可以指呈现了普通性的且具有系统误导作用的,由历史构建起的表象。基于此,理论化的角色在于穿过事实的表面,以识别出潜在的生成结构,并由此显现出根本的社会变迁是可能的。理论的这一含义主要来自马克思主义(Marxism)和批判理论【Critical Theory】。

理论的第三种意义涉及与经验或资料的对照。此处,理论是事实性的,既不含有价值判断的意义,也不含有思索的意义。尽管如此,其意义也有相当的变化。在谱序的一端是理论框架或方法,例子包括行为主义【Behaviorism】、功能主义、理性选择理论和符号互动论【Symbolic Interactionism】。另一端是关于特定类型现象及其发生条件的几组专门的解释原则。一个例子是教育社会学中的差化—极化(differentiation-polarization)理论。这个理论宣称,学生的分化——例如,通过班级编排、成绩分组、学生组合或学生选派——产生出他们对学校态度上的极化,即那些排序高的学生变得更积极,而那些排在底部的学生则更消极。当然,其他的理论处在两个极端之间。一个可能的例子是越轨社会学中的标签理论。具体地说,该理论认为,与一般的信念相反,给违规者贴标签和惩罚他们可能增加而非减少他们未来再次做违规的事的机会。然而,标签理论也可以作理论框架来使用,比如,有一种就强调研究贴标签的人同研究被贴标签的人同样重要,同时,要求暂时搁置关于对错的传统观点。

有时,一些修饰词会附着于理论。它们可能用以修饰一种特定的理论方法,如"批判的"或"理性选择"理论。其他的修饰词则标示出所涉及的抽象水平的对比,如"宏大"和"中层"理论的对比(Merton, 1968, p.1)。还有些修饰词是方法论的,指理论是如何产生的(如扎根理论【Grounded Theory】)。

——Martyn Hammersley

(王玥泽 赵锋校)

参考文献

Hammersley, M. (1995). Theory and evidence in qualitative research. *Quality and Quantity*, *29*, 55-66.

Merton, R. K. (1968). *Social theory and social structure* (3rd ed.). New York: Free Press.

浓描(Thick Description)

人类学家克利福德·格尔茨使得浓描这一借自哲学家罗伯特·赖尔的术语,成为社会科学家们的通行术语(Geertz, 1973; Ryle, 1971)。两位作者都拒绝"淡"描,或那些试图将人类行动还原成可观察的行为的描述。浓描的需要来自下述事实,即行动由文化意义所界定,而非其物理特征。例如,可以将神经抽动与眨眼相对照:表面的行为可能都一样,但是,第二个是一项行动,而第一个则不是。而且,一个眨眼可能既不同于对某一眨眼的模仿,也不同于某人反复进行的眨眼。如这些例子清楚地表明行动是有意义的,而意义依赖于背景——依赖于谁在做什么、何时、怎样、为何、对何种行动或事件的回应、带来何种后果等。因此，格尔茨论说，合理的描述必须包括蕴含于所描述行动中的意义网。

他不仅将浓描与人类行动的行为主义【Behaviorism】的记录相对照，使其对照于将意义从其地域背景中抽象出来的结构主义者【Structuralist】的说明。他在人类学著作中写入了下面的话，“理论陈述附着于它们所支配的阐释之上，离开了阐释，理论既没有意义，也会变得乏味。”（Geertz, 1973, p. 25）。浓描的任务既要去捕捉特定事件的复杂性，也要去指出它们更一般的文化意义。也许，浓描的最著名的例子是格尔茨的文章“奥戏：关于巴厘岛斗鸡的说明（Deep Play: Notes on a Balinese Cockfight）”（Geertz, 1973）。在这篇文章中，他用对一件目击事件的细致分析，解释了巴厘岛文化的特征。

格尔茨提出，生产浓描应该是人类学研究的首要目标。他坚持认为，这样的阐释人类学不比物理或化学更少具科学性，但它确实是一种不同类型的科学。同时，他认为人类学家的任务类似于文学批评。据此，他建议，民族志【Ethonography】类似于尝试构造一个手稿的一种阅读，而这种阅读是“异文化的、缺乏原本的活力，同时，充满了省略、不连贯、可疑的校正和有偏见的评论”（Geertz, 1973, p. 10）。

浓描这一术语已经为许多定性研究者所采纳，将其作为一种标示出他们作品的特征倾向的方式。同时，浓描还被用于说明定性研究的发现如何能够被概化。因此，古巴和林肯论说，定性研究的读者们也需要用浓描来评估研究发现对于其他背景的可转移性（transferability）（Guba et al., 1985；也可参见 Gomm et al., 2000）。

——Martyn Hammersley

（王玥译　赵锋校）

参考文献

Geertz, C. (1973). *The interpretation of cultures.* New York: Basic Books.

Gomm, R., Hammersley, M., & Foster, P. (2000). Case study and generalisation. In R. Gomm, M. Hammersley, & P. Foster (Eds.), *Case study method: Key issues, key texts.* London: Sage.

Guba, E. G., & Lincoln, Y. S. (1985). *Naturalistic inquiry.* Beverly Hills, CA: Sage.

Ryle, G. (1971). Thinking and reflecting. In G. Ryle, *Collected papers, Volume* 2. London: Hutchinson.

三阶（Third-Order）

参见阶【Order】。

阈效应（Threshold Effect）

若两个变量间的关系在达到其中一个变量的某个特定值或两个变量的特定值时发生重要的改变，阈效应即出现。分析者如想正确地描述两个变量间的关系，建立阈效应模型极为重要。

阈效应的一个示例是一个国家的经济

系统与该国的民主表现水平间的关系。假定人们可以测量一个国家的资本主义程度。这个测量可以是定序水平的，如由弗雷泽研究所之类机构提出的“经济自由（economic freedom）”指数。它也可以是定距测量，如政府开支占国民生产总值的百分比。以资本主义作为自变量【Independent Variable】，进一步假定民主作为因变量【Dependent Variable】可以用一个 0～100 的量表予以测量，其中，低分数表明该国较不民主（例如，缺乏对公民权和自由的尊重），而高分数显示该国是一个比较民主的国家（例如，更可能推行自由和公平的选举）。那些相信在资本主义和民主的关系间存在阈效应的人，在理论上会认为资本主义仅在某个点以内有其作用，越过了这个点，一国越具有资本主义性质，它就越不民主。这里的理论是，高度发展的资本主义国家，即政府对经济的干预有较低的水平，将不能提供社会服务、社会安全网的福利开支或容许在该国进行全面的民主表达的法律执行。

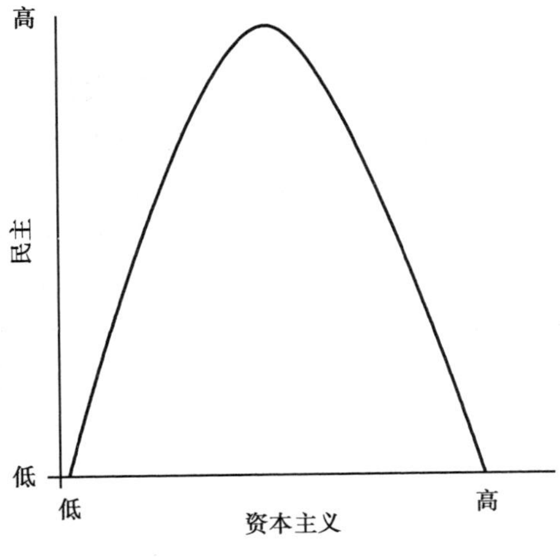

图 1　资本主义对民主的抛物线关系

使用最小二乘回归模型技术的经验研究显示，确实存在着一个统计显著【Statistical Significance】的资本主义对民主的阈效应，即超过这个阈效应，资本主义就会对一个国家的民主表现产生负面影响。图 1 显示，阈效应是一个倒 U 形曲线，即在一个较低的范围内随着资本主义水平的增长，经济自由促进民主表现直至某一点。越过了该点，关系出现反转，图中的正关系变为负关系，即更高水平的资本主义实际会降低民主表现，并形成倒 U 形曲线右侧的下行部分。

建模这个阈效应的正确方式是取自变量的平方——在此例中是资本主义——再将其作为第二个自变量加入模型。如果存在阈效应，那么线性项和平方项都会获得传统的统计显著水平（$p< 0.05$，双侧检验）。计算发生阈效应时的自变量值——图中从正的斜率到负的斜率的斜率变化［称为“反转点（tipping point）”］——的数学公式可使用公式 $-b_1/2b_2$，其中，b_1 是自变量的线性项的最小二乘系数【Regression Coefficient】；b_2 是自变量平方项的最小二乘回归系数。

布林（Breen，1996，p. 50）给出了另一个阈效应的例子。仅当货币兑换率落在一个较高值和一个较低值的范围内时，它们才可以直接观察到；换句话说，有一个较高和较低的阈限。如果分析者试图解释货币兑换率，那么它同样是一个删截回归模型的例子。分析者可以使用 Tobit 估计量来估计删截回归模型。

无论例子怎样，如果分析者没有恰当地设定阈效应的模型，那么，他们在解释参数估计的结果时都可能误入歧途。

——Ross E. Burkhart

（王玥译　赵锋校）

参考文献

Breen, R. (1996). *Regression models: Censored, sample selected, or truncated data* (Sage University Paper Series on Quantitative Applications in the Social

Sciences, 07-111). Thousand Oaks, CA: Sage.
Brunk, G. G., Caldeira, G. A., & Lewis-Beck, M. S. (1987). Capitalism, socialism, and democracy: An empirical inquiry. *European Journal of Political Research*, *15*, 459-470.
Burkhart, R. E. (2000). Economic freedom and democracy: Post-cold war tests. *European Journal of Political Research*, *37*, 237-253.

瑟斯通度量(Thurstone Scaling)

瑟斯通度量是一个统称,涵盖了由心理计量学家路易斯·瑟斯通在1920年代研发的三项技术组成的系列。这些度量方法通常被称为:

1.等似间隔(equal appearing intervals)法。

2.连续间隔(successive intervals)法。

3.配对比较(paired comparisons)法。

在所有这些度量技术之下存在着一个关于态度测量的共同视角——比较判断律(the law of comparative judgment)(Thurstone, 1927)。

试想一下,你想比较多个物体的质量,但是没有现代的天平或者一套标准砝码。然而不必认为这样就不能精确地判断质量,人们可以估计物体的相对质量——从轻到重给物体质量排序。就每一个物体,一次比较它同其他物体的质量,再根据配对比较判断它们的相对质量,即可实现排序。在平衡横杆的两端各放一个物体,然后识别出较重的物体。一个完全系列的比较当可生成一个根据质量排序的物体集合。瑟斯通第一次有意识且系统地将同样的比较应用于心理对象,而不是物理对象。

一种旨在为心理学对象的值或强度赋予数值的度量方法必须反映出个体在判断多个刺激过程中做出的区分。潜在于比较判断度量法之下的要点是,相比于那些难于区分的对象,那些易于区分的对象应当被放置得更开(远)。

配对比较法包括,由所有受试者对对象的每一种组合作出明确的判断。随着对象数量的增加,这一任务变得十分艰巨,因为配对比较的总数呈几何增长。换言之,假定一组配对A和B等价于配对B和A,比较总数等于$N(N-1)/2$。4个对象会有6种配对方式,5个对象有10种,10个对象有45种。如果考虑顺序,比较总数的增长将更快:$N(N-1)$。4个对象将产生12组比较,5个对象需要20组,而10个对象需要90组。大量对象的排序会变得难以处理。

等似间隔法是一项在无须进行所有可配对的比较的前提下,捕捉个体对态度对象估计的技术。判别人被邀请来标定一组题项的刻度,而后用校准后的量尺来研究总体。

该技术起始于一个数量较大的陈述集,而这组陈述反映了对某一对象的不同观点。将这些陈述呈现给一个判别人小组,请其中的每一个人将所有的陈述分别放入11个编号(从1~11)排序的堆(从"最赞成"到"中立"到"最不赞成")中的一个,从而确定对对象赞成(或反对)的程度。这些初始的判断为最终量表的题项选择奠定了基础。

按照项目的平均赞同得分(中位数【Median】)和赞同得分的变差(四分位距【Interquartile Range】)对所有题项进行排序。舍弃判别人评定不一致的项目,最终的量表包括5~20个挑选出的题项,而这些题项不仅涵盖了整个赞同的范围,还以近似均匀的间隔被依次排列(依照判别人给出的中位估计数)。

等似间隔量表趋向于排除极值点处的变差。而连续间隔法是作为等间隔度量法所做的假定(即实际上所有的间隔都是相对的假定)的纠正而得到发展的。连续间隔法为了捕捉极端的位置,允许存在不相等的间隔。

瑟斯通度量法在以下诸方面存在局限:

- 单维性假定。这些量表不能说明态度的多维度性质,反而将回答限定于单维结构。
- 劳动密集。在探索对于一个刺激对象的态度时,研究者首先必须创建一个巨大的,可以表现对对象的一系列意见的题项库。对那些移动题项,以构建最终量表的判别人而言,量表的创建涉及大量的工作。
- 判别人和受试者之间假定的相似性。如果从总体中选出的判断人有别于所要研究的受试者,这可能造成量表不能应用于研究总体。

由于瑟斯通方法潜在的弱点,今天这些度量技术更多成为历史研究的兴趣所在,而少有实践的应用。

——John P. McIver

(马妍译　赵锋校)

参考文献

Edwards, A. L. (1957). *Techniques of attitude construction*. New York: Appleton-Century-Crofts.

McIver, J. P., & Carmines, E. G. (1980). *Unidimensional scaling*. Beverly Hills, CA: Sage.

Scott, W. A. (1968). Attitude measurement. In G. Lindzey & E. Aronson (Eds.), *The handbook of social psychology*. Reading, MA: Addison-Wesley.

Thurstone, L. L. (1925). A method of scaling psychological and educational tests. *Journal of Educational Psychology*, *16*, 433-451.

Thurstone, L. L. (1926). The scoring of individual performance. *Journal of Educational Psychology*, *17*, 446-457.

Thurstone, L. L. (1927). A law of comparative judgment. *Psychological Review*, *34*, 273-286.

Thurstone, L. L. (1928). Attitudes can be measured. *American Journal of Sociology*, *23*, 529-554.

Thurstone, L. L. (1929). Fechner's Law and the Method of Equal-Appearing Intervals. *Journal of Experimental Psychology*, *12*, 214-224.

Thurstone, L. L. (1931). Measurement of social attitudes. *Journal of Abnormal and Social Psychology*, *26*, 249-269.

Thurstone, L. L., & Chave, E. J. (1929). *The measurement of attitudes*. Chicago: University of Chicago Press.

时间日记(Time Diary)

参见时间测量【Time Measurement】。

时间测量(Time Measurement)

时间是一社会产物。我们知道,所有的人类生活都与一定的节律联系在一起,而这些节律则来自某些多少具有规律性的"时间给予者"(它们既可能是自然的,也可能是人为的:天上的星座、太阳和月亮、教堂的钟、工厂的哨子、电视节目、家庭仪式)。不同的时间给予者还化身于不同的权威结构、支配结构或互惠结构之中,而正是这些结构生成了每个个体在一天之中必须历经的多种混合的时间结构。因此,随着背景和环境的变化,每个人将以不同的方式体验到时间的历程。尽管如此,还是存在着一个大家公认的物理学时间,例如,用一个钟摆的摆动或一个铯晶体的周期震荡计数时间。不过,我们习惯于用日记【Diary】法,通过将活动与钟表时间相对照的方式来测量各种活动的持续。“时间预算调查”涉及样本【Sample】的日记,从而容许研究者据此估计一个给定总体在某个给定日历周期内的时间使用模式。超过 80 个国家已经收集了具有全国代表性的时间日记数据。绍洛伊(Szalai,1972)提供了一个涵盖 12 个国家的跨国日记数据;目前,多国时间使用研究(multinational time use study)为二手研究提供了 25 个国家的最近历史时期的微观数据(Gershuny, 2000)。

日记法可以反映日常活动的结构。日记簿是完整的和连续的,这样就使得所有试图掩饰某些活动的回答者必须刻意努力用其他的活动替代他想要掩饰的活动。日记容许考察活动发生的序列,或考察一天中活动发生的时间。日记上不仅可以记录下同时发生的活动,并且研究者还可以用它们来考察人们共同在场、相互依赖及共同合作的模式。然而,时间日记方法并非毫无问题。特别地,它会对于某些“社会不期许的、尴尬的和敏感的”行为予以低报,其中,包括个人卫生行为、性行为和洗浴行为(Robinson & Godbey, 1997,p.115)。

在时间日记工具的设计上存在着众多变化的样式(Harvey, 1999;就一般目的的设计给出了许多建议)。正如所有介入的(obtrusive)调查方法一样,在被访者因更大量和详细的日记而承受的负担(形成较好的数据但是较低的回答率)和通过所谓轻型日记工具实现的高回答率之间存在着冲突(然而,无论哪种方法,其综括的统计结果似乎都相当稳定,Harvey, 1999)。特殊的问题源于个体活动中的日记变异。一个简短的(如一天的)日记会在人际变化方面给人一种伪造的印象,而实际只是个人内心的变化。一个较长的(如 7 天的)日记会透露更多的内容,但是也需要回答者付出更多。

日记的实施有两种可供选择的模式,分别是“昨日”法和“明日”法,“昨日”法是访谈员主导的过程,而“明日”法使用自填式工具。昨日法日记通常涵盖先前的几天,尽管记忆会变模糊,但在 2 天或 3 天的间隔之后,它仍可能收集到有用的信息;有时在访谈过程中,还需要克服由于经过了一个周末或短假带来的记忆困难。明日法的自填式日记是访谈员留给回答人自行记录的日记,同时,访谈员还指示回答人在整个日记周期中尽可能频繁地做记录,以取得最佳的记忆成效。这些明日法日记通常只包括 1 天或 2 天,但是荷兰和英国在 7 天日记方面已经具有相当成功的经验。有时研究会将由访谈员主导的昨日法和由回答人寄回自填式工具的明日法结合在一起使用。在这种情况下,明日法显示出较低的回答率,以及某种程度上有偏的回答。对于明日法日记,如果由访谈员来收回日记,那么回答会有实质性的改善。

进一步的设计问题涉及记录活动的时间框架。昨日法日记经常采用一种以事件为基础的记录(“你什么时候起床?”“你首先做什么?”“你接下来做什么?”)。对于自我记录,更合适的做法是使用一个日程表,而日程表以 5~15 分钟为一个时间间隔(不过,也曾使用过多达 30 分钟的时间间隔,而且间隔的长度可以随白天和夜晚的不同发生变化);回答人用直线、箭头或重复的符号在日程表上标出每项活动的持续时间。

活动可以根据一个包罗的、"封闭的"预编码的活动清单予以报告,或者用一种"开放的"("自己的话")方式来报告。封闭的方法可能会过度限制回答人,活动类别的选项还会在一定程度上影响报告的水平。但是开放式会产生一个对应的问题:回答人会以不同的细节水平报告其活动内容,从而难以将回答人之间存在的真正的个体间差异分离出来。

在一天中的大部分时间内,回答人都会从事多项并行的活动。常规的做法是要回答人以一种主辅的方式记录活动:[先问,"你(那时)正在做什么?"再问,"在同一时间,你还做了其他事吗?"]有的研究则要求回答人以非主辅的方式记录所有活动,但回答人倾向于选择使用一种叙事的模式("首先我做了这个,然后我做了那个……"),而叙事的模式自然地包括了主辅的方式。这种主辅结构还能简化过程的分析。虽然主要活动是最常见的分析焦点,但是,不分主辅地将所有活动合并在一起呈现也是可以的,这依然可以覆盖全天的1 440分钟。

其他辅助信息包括在日记表的行或列中包含共同在场("谁和你一起参加了这项活动?")和当前位置(或移动模式)的信息。专门的日记研究还包括与每个事件或每个活动联系在一起的解释性信息或情感信息(如"这有用吗?"或"你有多么喜欢这个?")。

除了日记工具的设计,还存在着各种具体的抽样问题。季节性影响可能很重要;时间使用的代表性样本需要对一年有一个完整的覆盖。传统的明日法研究还包括了年龄低至10岁的孩子。

测量时间使用的一个可供选择的方法包括将"概略的估计"("你在……上花了多少时间?")作为问卷调查的一部分。这种方法不但是收集关于人们如何使用时间的信息最简单和最廉价的方法,在其他方面还有着广泛的使用(如在全国劳动力调查中)。但这种方法也有重大缺陷。针对由这种方法作出的有偿工作时间的估计的研究表明,估计存在着系统偏差,特别是高估了有偿工作时间(Robinson et al., 1997, pp. 58-59)。

民族志【Ethnography】的研究经常涉及由研究者直接观察人群,并记录他们的活动。而当前,新的技术已经拓展了直接观察的作用,包括使用个体定位监视系统,以及闭路式或因特网摄像系统作为非介入的观察手段。观察方法有其优势,但是它们既昂贵又要求大量劳动投入,同时它们还可能危害个人隐私。此外,当人们对持续的监控有所察觉时,他们就会主动审查或扭曲自己的正常行为模式。

——Jonathan Gershuny

(马妍译 赵锋校)

参考文献

Gershuny, J. (2000). *Changing times: Work and leisure in postindustrial societies* Oxford, UK: Oxford University Press.

Harvey, A. S. (1999). Guidelines. In W. E. Pentland, A. S. Harvey, M. P. Lawton, & M. A. McColl (Eds.), *Time use research in the social sciences* (pp. 19-45). New York: Kluwer.

Robinson, J. P., & Godbey, G. (1997). *Time for life.* University Park: Pennsylvania State University Press.

Szalai, A. (Ed.). (1972). *The use of time.* The Hague: Mouton.

时间序列截面(TSCS)模型(Time-Series Cross-Section [TSCS] Models)

时间序列截面模型(TSCS模型)的目标在于查明时间序列截面数据(TSCS数据,常称为定群【Panel】数据)潜在的因果过程。人们可以以三维“数据立方体(data cube)”的形式呈现此类数据。在此立方体中,个案、变量和时点构成了三个不同的维度(参见图1)。相比于(a)横截面数据【Cross-Sectional Data】组和(b)时间序列【Time-Series】数据组,TSCS数据组含有更多信息,横截面数据组由单一时刻各个个案的变量的信息构成,而时间序列数据组由单一个案在不同时刻上的变量的信息构成(例如,图1立方体最上一层)。

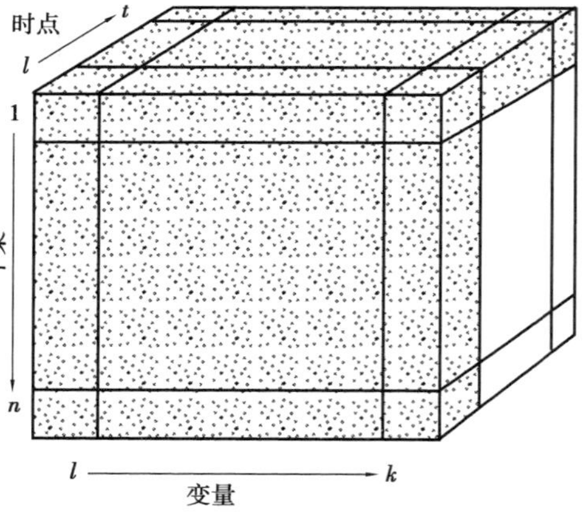

图1　呈现一组时间序列截面数据的数据立方体

研究者有时不得不因为目标群体的个案数量少而收集TSCS数据组。例如,任何关于欧洲国家的截面研究都受这样的事实制约,即它的个案数少于30,这就相当严重地限制了人们运用多元统计分析的能力。通过在7个不同时点而非一个时点上收集这些个案数据,研究者可能获取充分的额外观测值以便更好地统计分析。

TSCS数据组也因为其分析能力而受到关注。例如,使用TSCS数据,人们可以估计一个自变量是否随时间的变动影响因变量(对横截面数据不可能有此分析),或者是否一个自变量随个案的不同,效应也不同(对单一个案时间序列数据不可能有此分析)。此外,研究者还常常使用TSCS数据以便控制基于个案的未测量到的变量(case-stable unmeasured variables),在多元分析中,此类未测量到的变量是未测量到的异质性中的重要类型。

然而,TSCS数据提供的分析便利并非无限制。要从时间序列和横截面数据的汇聚中得益,其前提需假设某种自变量效应(包括非线性和非累加的效应)的不变性。这些效应需要在不同的样本上,不同的时点上或者两者同时保持恒定(实践中,多数研究者同时假定两者不变)。此外,在TSCS分析中,异方差性【Heteroskedasticity】和自相关【Autocorrelation】都是统计推论【Statistical Inference】的潜在威胁,前者主要被视作截面统计分析的潜在问题,而后者主要被视作时间序列统计推论的主要问题。

大 n,小 t 的TSCS模型

TSCS数据提供了多种分析的可能,于是有许多可用的TSCS模型。然而,有两个一般类型的模型,分别对应于个案(n)的数量是否实际超过时点(t)的数量,或者相反。大 n 定群研究,如美国国家青年的纵贯研究和美国家庭收入动态变化的定群研究,都有成千上万的个案,而时点相对较少(如 <15)。使用这类数据的研究一般视个案中未测量到的异质性为估计偏倚和估计不一致的最主要的潜在来源,并运用固定效应【Fixed Effcts, FE】或随机效应【Random Effects, RE】解决这个问题。两组估计方法

都来源于分析模型：

$$Y_{it} = \beta_0 + \beta_1 X_{1it} + \beta_2 X_{2it} + \cdots + \beta_k X_{kit} + \alpha_i + \varepsilon_{it}$$

其中，i 表示个案号；t 代表时点，数值下标表示测定的自变量（X）；β_0 代表方程的截距；ε_{it}代表均值为零，方差【Variance】恒定，同方程中的自变量无关联【Association】的干扰项【Disturbance Term】；α_i代表未测量到的变量的效应，该效应就每个个案而言不随时点变化，但是随个案的不同而变化。例如，在个人是个案的研究中，这项代表稳定的但未测量到的变量，如一个人的天生能力或外表的吸引力，并影响个案在因变量上的取值。

模型的 FE 估计项中包含有对处于方程自变量的 α_i 的估计。分析者既可以通过作出 n-1 个虚拟变量表示 n 个个案，直接估计 α_i，也可以通过分析被测变量在每个个案上的“时间减损”效应，间接估计 α_i（Wooldridge, 2000, pp. 441-446）。因为 α_i 代表每个个案随时间稳定的变量，所以使用固定效应估计项使得估计稳定的，已测的自变量的偏效应成为不可能，例如性别和人种/民族。不过，多数研究者同意这是为了控制众多未测量到的变量的效应而必须付出的微弱代价。［尽管一阶差分估计项（参见 Wooldridge, 2000, pp. 419-425）同固定效应估计项很接近，却不经常使用，即使在某些情况下，它可能有更好的统计属性；Wooldridge, 2000, pp. 447-448。］

对大 n，小 t 的 TSCS 数据组，RE 估计项假定 α 为随机变量，同时将其置于方程的误差项，因此产生了一混合的误差项 $u_{it} = \alpha_i + \varepsilon_{it}$。这一方法有三项重要的隐含意义。第一，除非在分析中由 α 代表的变量同测得的自变量不相关，否则 RE 估计项就是有偏的且不一致的。许多研究者发现难以假定 α 满足此项条件，进而偏向 FE 模型。例如，外在吸引力（通常未测量）就很可能同个人收入（通常已测）正相关。第二，当基于个案的变量被置于混合误差项，人们必须使用可行的广义最小二乘估计技术（feasible generalized least squares estimation techniques, FGLS）将下列事实纳入考量，即就每个个案而言干扰项可能在时间维上相关。幸运的是，许多统计软件（如 SAS，STATA）包含有执行此类 FGLS 方法的程序。第三，在混合误差项中包含 α 使得估计随个案变化的已测自变量的偏效应成为可能，当时还不能估计随时间变化的偏效应，因为在使用 FE 模型时，这是不可能的。

如果在分析中 α 同已测得的变量不相关，那么 RE 模型比 FE 模型会更有效，因为除了标准的普通最小二乘估计之外，它仅需估值一个额外的量（α 的方差）。相反，当 FE 要估计每个 α_i 的值时，就需要估计额外的 n-1 个量。研究者常用 Hausman 检验来确定 α 是否同分析中已测得的变量不相关（Wooldridge, 2002, pp. 288-291），进而确定使用可能更有效的 RE 估计项是否合理。类似于未测量的个案效应，上面的模型还可以扩展以包含一个未测量的时间效应项。这时，模型写为：

$$Y_{it} = \beta_0 + \beta_1 X_{1it} + \beta_2 X_{2it} + \cdots + \beta_k X_{kit} + \alpha_i + \nu_t + \varepsilon_{it}$$

其中，ν_t 代表在给定时点上随个案不同而恒定的未测量变量的效应。服从上述仅包含 α_i 项模型相同的优点和缺点，人们可以使用 FE，RE 或合并 FE 和 RE 来估计此模型。

小 n，大 t 的 TSCS 模型

研究者分析带有少量个案和众多时点的 TSCS 数据组，一般把异方差与自回归的干扰项视作有效推论的主要威胁，同时利用

每个个案的众多观测值来估计 FGLS 模型,进而调整这些威胁。最少,这类模型合并了以个案为单位的异方差性和不同个案共有的自相关模式,但是还有其他许多可能的模型。例如,一个流行的替代模型 Parks-Kmenta 模型,合并了以个案为单位的异方差性,基于具体个案 AR1 水平上的自相关,以及针对不同个案,干扰项在具体时点间的相关。复杂数据结构的估计要求在众多时点上有数据,然而,蒙特卡罗试验说明当时点的数量小于 40 时(Beck & Katz, 1995),Parks-Kmenta 模型会产生严重的有误导的统计检验。大多数统计软件包含有一组用以分析小 n,大 t 的 TSCS 数据的备选模型。

——Lowell L. Hargens
(赵锋译校)

参考文献

Beck, N., & Katz, J. N. (1995). What to do (and not to do) with time-series cross-section data. *American Political Science Review*, *89*, 634-647.

Kmenta, J. (1986). *Elements of econometrics* (2nd ed.). New York: Macmillan.

Wooldridge, J. M. (2000). *Introductory econometrics: A modern approach*. Cincinnati, OH: South-Western.

Wooldridge, J. M. (2002). *Econometric analysis of cross section and panel data*. Cambridge: MIT Press.

时间序列数据(分析/设计)(Time-Series Data [Analysis/Design])

时间序列数据常出现在政治经济学、宏观经济学、宏观政治社会学等相关领域的研究中。时间序列数据是对某个实体(如一个国家),在规则的间隔期间重复地观测。它们不同于横截面数据【Cross-Sectional Data】,后者由对一组实体(可能是个人或国家)样本在一个时间点上的观测构成。尽管有些分析者分析单一时间序列[参见 Box-Jenkins 建模法(Box-Jenkins Modeling)],大多数研究者则运用时间序列数据研究一个因变量同一个或多个自变量间的关系,类似于典型的回归【Regression】。这篇介绍仅考虑单个自变量,不过,这里所说的一切很容易推广到多元回归【Multiple Regression】的情形。因为时间序列模型是回归模型的一个类别,所以与回归模型相关的所有问题也都适用,包括检验、设定【Specification】等。本词条首先通过讨论一些时间序列数据的例子指明时间序列数据分析的具体问题;最后指出模型设定和解释的一些问题[也可参见滞后结构【Lag Structure】],并在结论部分扼要讨论时间序列数据分析的未来方向。

时间序列数据的例子

宏观经济学家是时间序列数据最常见的应用者。一般,他们拥有对多种经济现象的月度或季度观测,并且他们有兴趣将某些政策工具(如货币供给)同某些经济利益变量,如 GDP 的增长联系起来。政治经济学家和社会学家也从事相似的分析,他们的兴趣在于政治变量,如权力联盟的政治取向对经济产出的关系,或者经济变量,如失业率或通货膨胀,对政治后果的关系,如对总统的拥护或选举结果。时间序列数据也出现在许多其他领域,如冲突研究,它分析防御支出随时间变化的原因。在所有这些研究中,分析者需要清楚地了解手中数据的频次,每日的、月度的、季度的还是年度的;不同的模型适用于较高或较低频次的数据。

本篇介绍仅限讨论固定式时间序列(stationary time series)。换言之,如果该时间序列的各种统计属性不随时间变化,它就是固定式的;并且,固定式序列的最佳长期预测是它的总均值。非固定式序列涉及更艰深的数学,非固定性的原因常包括某种时间趋势。分析者需谨慎,他们要限制自己仅用固定式方法分析固定式时间序列数据。

尽管时间序列数据指对单一单位的观测,但它们可以被推广至时间序列截面数据【Time-Series Cross-Sectional Data】,其中,分析者研究多个单位的时间序列,通常有一组国家的年度观测数据。时间序列截面数据有许多时间序列的属性,因此许多同时间序列模型估计相关的问题也与之有关。定群【Panel】数据也与时间序列数据有关;此处,分析者通常仅有对大量个体的少量重复观测。尽管定群数据表现的估计问题同时间序列的问题有关,它的数据还是充分的不同,从而必须应用不同的模型和方法。

估计

固定式时间序列数据应用标准回归方法予以估计。如果数据满足所有此类模型的假定,那么普通最小二乘【Ordinary Least Squares】具有其通常的最佳属性。但是时间序列数据通常难以满足一项关键假定,即每项观测值相互独立(或者,等价地,每个观测值的误差项独立)。在较短的间隔期(如1个月)观测的时间序列数据一般高度相依;在相当大的间隔期(如10年)观测的数据可能相互独立。

相依为估计带来严重的后果。幸而,检验数据的相依和纠正相依的问题都很简单。但是,若不检验和纠正相依问题则会导致严重的无效估计和高度不精确的标准误。尽管违背某些假设不会有严重的后果,但是违背误差项独立的假设可以轻易地产生几百个百分点错误。因此,时间序列分析者必须非常谨慎地检验和纠正观测值间的相依。典型的假定是观测值同下一个时期的观测值间有最大关联,随着观测期的间距增大,两个观测值间的关系衰减。在某个时期的观测值的误差项记作 ε_t,假设简单回归模型:

$$y_t = \alpha + \beta x_t + \varepsilon_t$$

关于误差项最简单的假设是它们服从一阶自回归(a first-order, autoregressive, AR1)模式,即

$$\varepsilon_t = \rho\varepsilon_{t-1} + \nu_t$$

其中,假定 ν_t 之间相互独立,ρ 表示误差项之间关联的程度。

分析者可通过估计回归模型并计算残差【Residual】来检验假设 $H_0: \rho = 0$,即误差项是独立的。然而,可以用有名的 Durbin-Watson 统计量【Durbin-Watson Statistic】来判定独立,或者更简单地,通过做 OLS 的残差同它们的滞后期,加上所有其他自变量的回归,再判定这个辅助回归的系数的显著。这是 Lagrange 乘数检验最简单的例证,此类检验在时间序列分析中非常有效。

如果独立的虚无假设没被拒绝,就可用 OLS(假设其他的假定得到满足)估计时间序列数据。反之,如果独立的虚无假设被拒绝,似通常的情形,OLS 估计将发生严重的缺陷。一个好的备选方法是广义最小二乘【Generalized Least Squares】。就带有一阶自回归误差项的时间序列数据而言,广义最小二乘实际上就是有名的 Cochrane-Orcutt 方法。这种方法有五个步骤:

步骤1:应用 OLS 于基础回归方程。

步骤2:应用从回归中得到的残差估计

ρ(通过做当期残差项对滞后残差项的回归)。

步骤3:将该估计值用于获得观测值间的"伪差值(pseudo-difference)"(此即,用当前的观测值减去估得的 ρ 乘以前期观测值)。

步骤4:以观测值间的"伪差值"为因变量,重做OLS,估计新的 ρ 值。

步骤5:重复步骤3和步骤4,直至 ρ 的估计值不再变化。

这一方法给出了 α 和 β 很好的估计,以及正确的标准误。

通常,我们将上一期 y 的观测值,滞后的因变量 y_{t-1} 加入设定,给出

$$y_t = \alpha + \beta x_t + \overline{\omega} y_{t-1} + \varepsilon_t$$

尽管 Durbin-Watson 检验对于滞后的因变量不再有效,但是上面讨论过的 Lagrange 乘数检验依然是一个检验误差项是否独立的好方法。通常情况下,在滞后因变量模型中,误差项是独立的,这时,用OLS对模型有很好的估计。不过,分析者必须使用 Lagrange 乘数检验检查独立假设:如果误差项相依,OLS不再有一致的结果。

如果 x 和 y 不再固定,那么所有的标准方法都失效。简言之,分析者可通过做变量 x 对它的第一滞后项的回归,再检查回归系数的估值来估定固定性(对变量 y 亦然)。如果系数接近1(单位根【Unit Root】),那么分析者必须应用更加复杂的方法,远超本篇介绍的范围。然而,有一个模型通常对这类数据很有效,即误差校正模型【Error Correction Models】。该模型假设变量 x 和变量 y 间如同它们之间的短期关系一样,存在长期均衡的关系,由此,被估模型写为

$$\Delta y_t = \alpha + \beta \Delta x_t - \phi(y_{t-1} - \gamma x_{t-1}) + \varepsilon_t$$

方程圆括号中的量表示系统背离均衡的程度,而 ϕ 是系统调整回向均衡状态的速率。在许多条件下,此模型可以用OLS予以估计。然而,非固定式序列是复杂的,因此,分析者必须非常谨慎地使用合适的方法和模型于此类高技术领域。

最后,值得注意的是上述陈述限于这些模型,其中的效应或者都被间接地感受,或者作用于一期滞后项。当然,将其推广到更复杂的滞后结构【Lag Structure】是容易的。通常,一期滞后项可用于年度数据,不过,季度或月度数据常常要求更加复杂的滞后结构。这时检验的原则依然相似。还有许多额外的工具可用,如相关图,可以辅助分析者确定有多少滞后项包含在模型中。

模型设定和解释

在简单回归中,回归斜率 β 告诉我们,如果变量 x 变化一个单位,可以期望变量 y 变化 β 个单位。就简单时间序列模型而言,这是正确的,但是这类模型也可有更复杂的设定。例如,在滞后因变量模型中,变量 x 上1个单位的变化联系着变量 y 上 β 个单位初始变化,但是变量 x 变化的效应会持续。假设变量 x 在下一个时期回到初始值。尽管如此,在这个时期,因为滞后的 y 现在已高出 β 个单位,所以当前的 y 会高出 $\beta\omega$ 个单位。在更下一个时期,滞后的 y 会高出 $\beta\omega$ 个单位,因此,当期的 y 将高出 $\beta\omega^2$ 个单位,以此类推。该函数的曲线被称为脉冲响应函数。

作为选择,我们可以允许变量 x 变化1个单位,并永远保持在新水平上(水平变化分析)。接下来,变量 y 如何响应?最初,变量 y 随之变化 β 个单位。在下一个时期,滞后的 y 高出 β 个单位,但是变量 x 保持高出1个单位,所以当期的 y 高出 $\beta+\omega\beta$ 个单位。接下来的时期,变量 x 仍然高出1个单位,而滞后的 y 现在高出 $\beta+\omega\beta$ 个单位,因此,当

期的 y 现在高出 $\beta+\omega(\beta+\omega\beta)=\beta+\omega\beta+\omega^2\beta$ 个单位。这一几何级数如此持续下去，运用简单的算术可知，变量 x 上 1 个单位的变化最终关系到变量 y 上 $\beta/(1-\omega)$ 个单位的变化（假设 $\omega<1$，这是固定性的必要条件）。因此，如果 ω 较大（比如 0.9），那么变量 x 上 1 个单位变化长期影响 10 倍于其短期影响 β。必须将这一解释牢记。所有时间序列模型都一贯需要联系脉冲响应和水平变化分析给予解释（要谨记所有使用的系数都是估计得到的，因此估得的效应有置信区间）。

这种分析非常有益于考虑时间序列模型的恰当设定（不同于前面部分讨论的估计的计算障碍）。由此，尽管上面讨论过的广义最小二乘可以正确地处理估计问题，脉冲响应分析却显示这一模型的潜在缺陷。尤其变量 x 的 1 个单位变化对变量 y 有 β 个单位的直接影响，同时，此种影响即刻消失。但是，误差项 ε 上 1 个单位的变化对变量 y 有 1 个单位的直接影响，而这种影响在每个周期上以 $(1-\rho)$ 的速率衰减。因此，误差项有非常复杂的动力机制，感兴趣的变量 x 却被设定仅有直接影响，而不存在动力机制。尽管这可能是对过程的正确描述，表面上看起来却难以置信。另外，滞后因变量模型显示在变量 x 和误差项上存在相同的动力机制和衰减率；表面上这种设定更加合理。

显然有许多可能的模型设定需要分析者予以考虑。这些模型可以根据它们的理论属性以及它们拟合数据的程度而加以比较。无论哪一种比较，带滞后因变量的模型总是有力的竞争者。因此，重要的是记住包含滞后因变量和相依误差项的模型根本不能用 OLS 予以一致的估计（同样，任何起始于 OLS 估计的广义最小二乘也将是错误的）。所幸，应用 Lagrange 乘数检验可以容易地检查在带滞后因变量的模型中误差项是否相关；恰好，此类检验的工作方式带有 OLS 残差。即便这类检验常会显示没有遗留的误差项相关，分析者在进行下一步工作前，也要严格地应用它们。

新方向

对单个固定式时间序列的分析目前已有很好的理解。通常 OLS 对此类序列可以发挥很好的作用，同时，严格的 Lagrange 乘数检验策略总是能指出何时 OLS 不能很好地适用。一旦 OLS 可以很好地发挥作用时，时间序列模型就容易估计，而且分析者可以专注于发现恰当的滞后结构（有时是理论地，通常则是经验地），以及通过脉冲响应和水平变化分析来研究被估模型的属性。理论兴趣依赖于待估的特定滞后结构的选择。

在过去 10 年间，许多研究注意非固定式时间序列，尤其是那些带有单位根的。经济学家致力于应用这些模型把时间序列分解成趋势和循环，而这些分解很久以来就吸引着宏观经济学家。研究者的注意力也聚集在分析多个时间序列上，例如多国之间的汇率，以便考察它们所显出的趋势和循环是否是共有的抑或有区别。所有这些模型的估计都存在技术困难，但是目前标准的时间序列软件都可以实现相应的估计。就那些试图解释单个非固定的因变量的分析者而言，简单误差校正模型通常足以满足要求（而且相应的检验可以显出它是否满足要求）。误差校正模型的优势在于它可以由 OLS 估计。

最近，许多注意力聚集于分析定群数据和时间截面数据上。定群数据通常对同一个体具有相对少量的重复观测，因此，应用成熟的时间序列模型于此类数据常常行不通。但是，研究者必须将注意力引向同一个体随时间变化的观测值间的相依。而时间序列截面模型通常在每个单位上有重复的观测值,进而可以应用某些时间序列方法和模型来分析数据。对有志于比较方法的分析者而言,无论是经济学、社会学还是政治科学的,这都是一个极富吸引力的领域。最近,分析带有两分或其他限制的因变量的时间序列截面数据形成了一股风潮;这股风潮主要发生在政治冲突的研究中。以上所述都是研究的热点领域,但此类研究的大多数都始于单一时间序列分析。

——Nathaniel Beck

(赵锋译校)

参考文献

Beck, N., & Katz, J. N. (1995). What to do (and not to do) with time-series cross-section data. *American Political Science Review*, *89*, 634-647.

Hamilton, J. D. (1994). *Time series analysis*. Princeton, NJ: Princeton University Press.

Harvey, A. (1990). *The econometric analysis of time series* (2nd ed.). Cambridge: MIT Press.

Mills, T. C. (1990). *Time series techniques for economists*. Cambridge, UK: Cambridge University Press.

Tobit 分析(Tobit Analysis)

在定义 Tobit 时,詹姆斯·托宾(Tobin, 1958)应用了一段关于无可能少于无的文字。Tobit 容许分析来自删截数据【Censored Data】,从而带有以零为最低值的自变量【Dependent Variable】,同时避免违背普通最小二乘【Ordinary Least Squares, OLS】关于自变量连续和非有界的假设。就此类自变量,OLS 可能产生负的预测值,并预测出不存在的值。应用 OLS 的其他后果包括有偏的系数和错误地得出统计上不显著的系数。获得负的预测值是 Tobit 解决的最普遍问题,此外,Tobit 可以分析带上限、上限和下限及中段界限的自变量。

Tobit 结合了 Probit 分析【Probit Analysis】和 OLS。它的系数容许辨识对某个因变量的两种效应:(a)对于超过其极限值的概率的效应;(b)对于超出极限的变化值的效应。例如,邻区的犯罪率不可能小于零,但是它们可以有任意正值。少量地区可能有零犯罪率。OLS 会预测出荒谬的负的犯罪率。操控 Tobit 系数容许辨识自变量对那些犯罪率为零的邻区有犯罪发生的概率的影响,以及自变量对有非零犯罪率地区的犯罪变化的影响。就那些超出某个限度,而不能予以测量的因变量取值,Tobit 对之作出调整,同时给出自变量效应的无偏估计。

Tobit 是大样本技术。个案对变量的比率应当大于等于 10。该技术对自变量的测量敏感。自变量应有相似的范围,即使变量的转换是必需的。它对异方差性的敏感可以由程序(如 LIMDEP)予以检验和调整。尽管有时 Tobit 模型比泊松回归【Poisson Regression】能更精确地构建计数变量的分布模型,但它要求因变量在极值外保持连续。Tobit 要求给予它所给出的效应以相同的符号。在一个无犯罪地区内发生一项犯罪的概率的期望变化必须相同于在有犯罪地区内发生犯罪的期望变化。否则,就要应用不同的技术。

回归截距与 Tobit 系数同它们的自变量之积的和可能为负。Tobit 系数是对观测到的（"潜在的"）变量的效应。它们的分解容许对因变量的观测值的效应作出解释，系数的大小则依赖于自变量的测量尺度，更大的系数意味着相应的自变量更重要。修正龙斯克（Roneck，1992）的伪标准化系数，即通过 Tobit 系数乘以相应自变量的标准误，可以对测量尺度作出调整。用每个系数除以因变量的标准误或 Tobit 模型的标准误都是无效的调整。

——Dennis W. Roncek

（赵锋译校）

参考文献

McDonald, J. F., & Moffitt, R. A. (1980). The uses of Tobit analysis. *Review of Economics and Statistics*, *62*, 318-321.

Roncek, D. W. (1992). Learning more from Tobit coefficients. *American Sociological Review*, *57*, 503-507.

Tobin, J. (1958). Estimation of relationships for limited dependent variables. *Econometrica*, *26*, 24-36.

容差（Tolerance）

容差是一个帮助判定某个回归【Regression】模型中多重共线性【Multicollinearity】程度的量。它表示某个自变量【Independent Variable】的变化量统计上不能由模型中其他自变量的变化予以解释的程度。如果容差 = 1.0，那么问题中的自变量同模型中的其他自变量完全线性独立。如果容差 = 0.0，问题中的自变量则同模型中的自变量完全线性相依【Linear Dependence】。容差值越高，多重共线性则越不可能存在。在许多统计软件中，容差都是常规的计算内容。通常，分析者可以做自变量 j 对模型中所有其他非 j 的自变量的回归，获得能说明 X_j 变化的 R 方【R-Squared】。然后，根据这个辅助回归，再计算 $R^2_{X_j} = 1 -$ 容差。例如，如果$R^2_{X_j} = 0.65$，那么容差 = 0.35。

——Michael S. Lewis-Beck

（赵锋译校）

* 也可参见方差膨胀因子【Variance Inflation Factors】。

总体调查设计（Total Survey Design）

总体调查设计是能够影响一项社会调查的估计结果的所有要素：调查中备选的人群样本【Sample】，那些实际被收集了数据的人的特征，问题的设计，以及用于提出问题和得到答案的程序。

总体调查设计的概念适用于设计目的在于产生某些总体【Population】的统计描述的社会调查。这类调查通常具有如下特点：（a）有一个被描述的总体的样本，而非整个总体，被选中以给予信息；（b）实际上，仅有部分被请求给予信息的人这样做，他们就是回答者【Respondent】；（c）数据由被选回答者给出被问问题的答案构成；以及（d）问题和回答（question-and-answer）的过程或者通过一个访谈员问问题，然后记录答案，或者通过让回答者自己读纸面或计算机屏显的问题，然后将答案记录在纸面上或直接记入计算机中的方式来完成。社会调查诸要素中的每一项都能潜在地影响调查结果描述被研总体的完善程度。例如：

a.谁实际上有机会被选入样本，它们是怎样被选中的对于样本反映其所取自的总体的可能性特别重要。

b.那些实际上回答问题的人可能会系统地以同那些不能作答或选择作答的人不同的方式影响调查结果（参见无回答【Nonresponse】）。

c.样本量，实际参与回答的人数将影响由样本结果做出的估计精度。

d.哪些问题被问、问题设计的完善程度都将对问题答案提供有效信息的程度，即调查所欲测量的内容，具有重要影响。

e.如果访谈员也是数据收集要素之一，那么访谈【Interviewing】的质量——他们多大程度上发挥了他们的作用——会影响最终数据的精度。

f.如果问题是自填式的，由回答者自己阅读问题，并给出答案，那么问题的形式和顺序设计的好坏会影响调查数据的质量。

总体调查设计的基本假设是，来自一项抽样调查的数据由所用方法中设计最差的项目决定。设计抽样调查时，实施调查时，或是评估调查数据时，重要的是检视所有能够影响数据质量的要素，即总体调查设计。

——Floyd J. Fowler, Jr.

（王玥译 赵锋校）

参考文献

Fowler, F. J. (2002). *Survey research methods* (3rd ed.). Thousand Oaks, CA: Sage.

Groves, R. M. (1989). *Survey errors and survey costs*. New York: Wiley.

录音转录、转录（Transcription, Transcript）

尽管现在可以用数字形式储存、编码和检索音频和视听（audiovisual）资料，然而大部分以访谈为基础的定性研究【Qualitative Research】仍然依赖于录音资料到文本形式的转录。因此，准确的、高质量的、逐字逐句的转录是建立定性研究可靠性和可信性（严格的）所必需的。最大的问题在于此种错误，即颠倒和严重地改变录音所说的意义，因为它们可能导致研究者产生错误的诠释和错误的引用访谈回答。一篇对转录错误来源的评论文章（Poland, 1995）提出，最常见的转录错误来自改变措辞，即使是最表面的改变，仍可能产生原意的改变。这些错误可能发生于，例如，某些不同意义的词被他人误会有同样的发音，［例如，“咨询（consultation）”和“对抗（confrontation）”］；在模糊的上下文中插入标点（例如，句子“I hate it, you know. I do.”与句子“I hate it. You know I do.”）；或者人们模仿其他人的说话（或他们在脑海中的对话），因此，观点并不真的像它们表面显示的那样。转录者的疲劳、低质量的录音（由于背景嘈杂、使用低质量的录音设备和手机、话筒放置的位置不好）以及难懂的口音和文化上特定短语表达，都可能产生转录错误。当录音资料由专业的转录员转录而非开展访谈的研究者做时，由于缺乏对主题的熟悉，或对访谈回答者及访谈过程本身的熟悉通常会造成另外的问题。

增强转录质量的措施，包括用高质量录音录制；注意转录者的选择和培训；使用记号系统来标识犹豫、强调以及口头互动的其他方面；成员确认【Member Validation】；以及对转录质量的后续检查程序。原声转录所需要的时间和精力（实际是关于原声的程度的决定）依赖于研究者的要求。例如，那些进行谈话分析【Conversation Analysis】者的需要通常超过那些兴趣只在录音内容的主旨的定性研究者,因为前者要分析自然发生的谈话的结构和形式。

对转录质量问题的关注不能走向极端,因为研究者应当理解在一种介质到另一种介质的转换过程中,必定会产生某些损失。纸上的文本不可能再造出访谈的整个要旨和感觉,而那些根据访谈录音带来衡量转录准确性的人,可能清楚地记得大部分非言语(和一些言语)的交流已经从访谈录音中消失了。确实,在关于转录的很少但不断增加的文献中,一些声音已经开始认为,对"原声"转录的共同强调存在问题。他们主张更加反思的立场,强调把转录视为解释行为(包括资料的选择性强调和编码)的重要性,而不仅仅是一个最大化准确性的技术问题。

最后,由于口头语言和书面语言间在交流能力的标准上存在着的固有差异,坚持原声转录,即在出版的研究中使用引号,还可能不经意间将回答者表现成缺乏清晰表达能力的人,而如果是回答者自己写出相关主题,则不会这样。特别是在跨文化和阶级间研究中,这点有着重要的政治和伦理后果。

——Blake D. Poland

(王玥译　赵锋校)

参考文献

Lapadat, J. C., & Lindsay, A. C. (1999). Transcription in research and practice: From standardization of technique to interpretive positionings. *Qualitative Inquiry*, *5*(1), 64-86.

Mishler, E. G. (1991). Representing discourse: The rhetoric of transcription. *Journal of Narrative and Life History*, *1*(4), 255-280.

Poland, B. D. (1995). Transcript quality as an aspect of rigor in qualitative research. *Qualitative Inquiry*, *1*(3), 290-310.

Poland, B. (2001). Transcription quality. In J. Gubrium & J. Holstein (Eds.), *Handbook of interview research*. Thousand Oaks, CA: Sage.

转换函数(Transfer Function)

参见 Box-Jenkins 建模法【Box-Jenkins Modeling】。

变换(Transformations)

变换常用于改变变量【Variable】的特征,如通过减少变量的类别数,合并两个或多个变量,或者改变变量的公制。在执行实际的数据【Data】分析之前,相当数量的时间要花在数据处理过程中。数据处理的主要过程就涉及变量的变换。

变换常用于重新归组定类或定序数据,以获得更少量、更有用的类别数。如果单变量统计学显示只有极少观测值落入变量的某些类别上,那么有理由将它们同相似的类别合并起来。就定类数据而言,任意类别都可以合并在一起,但是,对定序数据,只有毗邻类别才可以归并。重新归组的决策要在两种情形间达成妥协:一是变量有多个类别,其中某些类别只有极少观测值;二是请将数据并入较少的类别,从而导致有用信息的损失。

变换也常用于改变变量的编码

【Coding】,而无须重新归组变量。例如,如果两分类别被转换作 0 和 1 的编码,对数线性分析会更易于解释。带有三类或更多类别的定类变量常常被转换成一系列仅有两种结果(0 或 1)的虚拟变量【Dummy Variable】,以便用于多元分析【Multivariate Analysis】(Afifi et al., 1999)。此外,变换也常用于改变定距或定比数据的单位,加总或合并变量以生成新的尺度或者其他的总和分,生成几个变量的合并,以及综括跳跃模式。

最简单的运算之一是算术变换。所有用于数据处理和分析的软件都可以执行加(+)、减(-)、乘(*)、除(/)以及指数(**)(变量的乘幂,如取平方)运算。除了算术运算,大多数软件包还有众多的函数,可用于数据的筛选、变换和统计分析。通常使用的函数包括取变量的对数;计算变量的均值;判定变量的极大值和极小值;分配随机数;重新编码日期;还有生成常用分布【Distribution】的累积分布函数,如正态分布的累积分布函数。这些函数可以同算术运算合并使用。例如,"$z = \log(y+100)$"可以通过计算 y 加 100 的和的对数,生成称作 z 的新变量。

比较算子也经常被用于转换变量或个案的选择。这些算子可以比较两个或多个变量、常量或函数。它们常用在 if-then 或 if-then-else 语句中。通常使用的比较算子包括 gt, >(大于);ge, ≥(大于等于);lt, <(小于);le, ≤(小于等于);eq, =(等于);ne, ≠(不等于);and, &(同真);or, |(或真)。

最后,变换也常常用于从偏态【Skewed】的或非正态的分布中得到近似的单变量正态性。这有几个策略用以判断适当的变换。例如,平方根变换常常用在服从泊松分布【Poisson Distribution】的数据上。当研究者不知道数据服从的理论分布时,应当考虑幂变换(Hoaglin et al., 1977)。

——Linda B. Bourque

(赵锋译校)

参考文献

Afifi, A. A., & Clark, V. A. (1996). *Computer-aided multivariate analysis* (3rd ed.). Boca Raton, FL: Chapman & Hall.

Bourque, L. B., & Clark, V. A. (1992). *Processing data: The survey example* (Sage University Paper series on Quantitative Applications in the Social Sciences, 07-085). Newbury Park, CA: Sage.

Hoaglin, D. C., Mosteller, F., & Tukey, J. W. (Eds.). (1983). *Understanding robust and exploratory data analysis.* New York: Wiley.

Tukey, J. W. (1977). *Exploratory data analysis.* Reading, MA: Addison-Wesley.

转移率(Transition Rate)

转移率,也称为"转移强度"和"转移的瞬时速率",是当研究者进行生存分析【Survival Analysis】或事件史分析【Event History Analysis】而试图区分竞争风险【Competing Risks】时,会首先遇到的一个概念。人们对于区分竞争风险的兴趣源自对死亡原因和失败原因的研究。毫不奇怪,转移率的等价旧名是"死亡率(失败)的定因力(cause-specific force for mortality)"和"定因死亡(失败)率"。因为转移率的数学定义紧密联系于风险率【Hazard Rate】的定义，所以有些作者在两个术语间不作区分。

形式上，在某个特定的时间 t，某个事件从给定的原始状态 j 到某个目的状态 k 的转移率被定义为

$$r_{jk}(t) = h_j(t)m_{jk}(t)$$

其中，$h_j(t)$ 是时间 t 上事件从状态 j 转移的风险率，而 $m_{jk}(t)$ 是在时间 t 由某个变化构成的转移（即事件）或从状态 j 变动到状态 k 的条件概率。相似于风险率，转移率由时间的倒数（如每月或每天）测定。同样类似于风险率，转移率不能为负，但是可能超过 1。

举几个例子，如果 j 代表已婚，k 象征离异，而时间 t 指一个人的年龄，那么 $r_{jk}(t)$ 表示一个当前已婚的人在年龄 t 离婚的每年瞬时发生率。另一个例子，如果 j 表示失业，k 代表作为一名技术工人而有份工作，t 指以月计的个人失业持续期，那么 $r_{jk}(t)$ 象征一个已经失业了 t 时间长度的人作为技术工人而被雇用的每月瞬时发生率。

转移率的估计【Estimation】需要对估计任何事件发生的风险率公式作出少量调整。传统的人口学转移率估计量联系着某个具体的时间区间 $[u,v)$，被称为生命表或保险估计量【Estimator】；其定义为

$$\widehat{r_{jk}(t)} = \frac{d_{jk}(u,v)}{(v-u)\{n_j(u) - \frac{1}{2}[d_{jk}(u,v) + c_j(u,v)]\}}, \quad u \leqslant t < v$$

其中，$d_{jk}(u,v)$ 是在时间区间 $[u,v)$ 上从 j 到 k 转移的数量；$n_j(u)$ 是 j 直到时间 u 还持续维持其状态的数量；$c_j(u,v)$ 是在时间 u 维持状态 j 但在时间 v 右侧被删截的数量。方程中，分母右手边乘数 1/2 来自假定转移的观测值和被删截的观测值均匀地散布在区间上 $[u,v)$。通常，现代估计量基于整合的风险率 Nelson-Aalen 估计量：

$$\widehat{r_{jk}(t)} = \frac{d_{jk}(u,v)}{(v-u)n_j(u)}, \quad u \leqslant t < v$$

欲了解这些以及其他转移率估计量的数学介绍，可参见 Cox & Oakes（1984，Chap. 9）；还可参见 Tuma & Hanna（1984，Chap. 3），该著作针对社会科学工作者，内容更加详细，而较少有技术的讨论。

通常，转移率用一个比例风险率模型的变体来模拟（参见 Tuma & Hannan，1984，Chaps. 5-8），

$$r_{jk}(t) = q_{jk}(t)\exp[\beta_{jk}' x_{jk}(t)]$$

其中，$q_{jk}(t)$ 或者是（在一个完全的参数模型中）一个设定的时间函数，或者（在一个部分的参数 Cox 模型中）一个未设定的冗余函数；$x_{jk}(t)$ 是一个影响转移率并随时间变化的可能的解释变量集，而 β_{jk} 是表示解释变量相应影响的参数集。此类模型通常由最大似然【Maximum Likelihood】估计法或（在 Cox 模型的情形下）由部分似然估计法估值。很多时候，非参数模型也是恰当的选择，但是在经验应用中很少被使用；相关的例子，可参见 Wu & Martinson（1993）。

——Nancy Brandon Tuma

（赵锋译校）

参考文献

Cox, D. R., & Oakes, D. (1984). *Analysis of survival data*. New York: Chapman and Hall.

Tuma, N. B., & Hannan, M. T. (1984). *Social dynamics: Models and methods*. Orlando, FL: Academic Press.

Wu, L. L., & Martinson, B. C. (1993). Family structure and the risk of a premarital birth. *American Sociological Review*, *58*(2), 210-232.

处理(Treatment)

这个主题来自实验【Experiment】设计和分析领域。这一术语有两个用法:一个是作为自变量【Independent Variable】,用以研究某个变量对一个因变量【Dependent Variable】的效应;或者,作为某个自变量的一个特定值。无论取其双重意义中的哪一个,该术语不仅过去植根于实验领域的文献,且仍将用于其中。通常,根据这个词的使用背景可以清楚地判断它是用作一个自变量还是某个变量的一个值。

另一个是作为一个变量,处理常是一个定类尺度的变量。当仅有一个实验组和一个控制组时,实验组的每个受试单元都会得到处理,而控制组的每个受试单元都不接受处理。当然,自变量的值超过两个也是可能的。如有两种不同的教学法,第一组儿童用 A 方法处理,第二组儿童用 B 方法处理,同时控制组的儿童不作处理。这时,处理即被用作定类变量【Nominal Variable】的一个值。结果变量可以是某种阅读得分,即一个定量变量。

得自此类实验的数据常用方差分析【Analysis of Variance】来分析。这也是罗纳德·费希尔先生就农业实验的设计和分析所做的开创性的工作和所处理的数据类型。

在一项实验中,处理也可以是一个定量变量【Quantitative Variable】。例如,在一项医学实验中,处理可能是药剂的注射量。第一组可能是给病人注射 5 毫克的药剂,第二组病人的剂量为 10 毫克,以此类推。同样,控制组不注射任何药剂,但有时可能注射一定量的糖水作为安慰剂。结果变量可能是某种类型的一个定量的血液检测。这时,术语处理就用上述的第二种含义,即某个自变量的特定值。一种特别的教学法是一个处理,同样,某种药剂的一个特定剂量也是一个处理。

得自后一类型的实验数据常用回归【Regression】作分析。散点图【Scatterplot】能显示数据是否拟合一个线性模型,或者其他的模型更合适。

术语处理有一个含义,即在研究中存在着某种可以被操控的事物。由于此种操控不能用于观测数据,因而在由样本调查和其他方式得到的观测数据中,无论是针对其自变量,还是自变量的值,我们都看不到这一术语的应用。

除了心理学的某些领域,实验并不常用于社会科学研究,因此"处理"一词也很少用在这些科学中。

——Gudmund R. Iversen

(王玥译　赵锋校)

参考文献

Box, G. E. P., Hunter, W. G., & Hunter, J. S. (1978). *Statistics for experimenters*. New York: Wiley.

Cobb, G. W. (1998). *Introduction to design and analysis of experiments*. New York: Springer-Verlag.

Moore, D. S., & McCabe, G. P. (1999). *Introduction to the practice of statistics*. New York: W. H. Freeman.

树图(Tree Diagram)

在图论中,树被定义作无环的完全连接图。像任何其他的图一样,一个树图由一组弧连在一起的节点集构成。在一张树图中，有些节点是内节点，有两条或多条弧从其发散出去。其他的节点是外节点或树的“叶”，仅带有一条发散出的弧。例如，图 1(a)中，节点 A，B，C 和 D 是叶，而节点 e，f 和 g 是内节点。有时，为了构图方便，树图会以平行的形式表示，如图 1(b)所示。这时，树的弧只由图中的平行线代表，而垂直线仅用于连接弧。

在社会科学中，树图常用于呈现概念或实体间的关系。例如，树图可以用于表现某种社会网络【Network】的结构(Wasserman，1994)。可能更常见的是，树被用来表现层级聚类分析【Cluster Analysis】的结果。在这些图中，树的叶通常表示被聚类的个别实体，而树图的内节点表示实体(即聚类)之集。

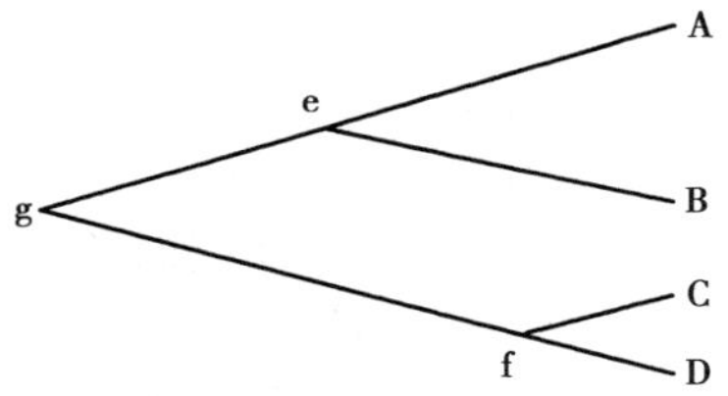

(a)

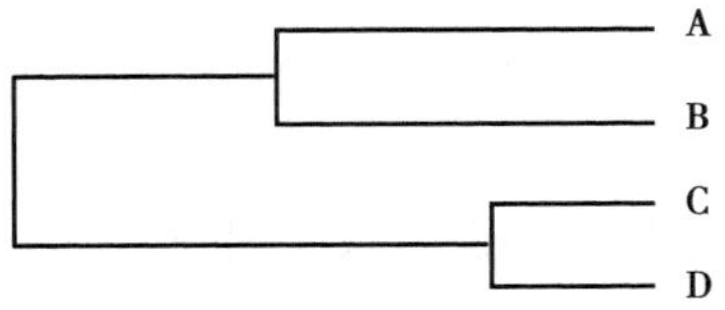

(b)

图 1　一个超公制树的两种展示

树图还特别适用于呈现实体间嵌套的层级关系。在这个世界上，此类层级关系可能以多种方式出现。当概念或实体在普遍性的几个不同水平上被归组时就可能出现。一个具体的例子，人们可以根据概念将亲属称谓归入不同的称谓类别，如核心家庭、其他直系亲属、旁系亲属(Rosenberg et al.，1975)。当类似进化的连续分化过程出现在实体间的关系中，而这些关系又可以由一个枝出的树结构表示时，就会出现另一种层级嵌套关系，如语言的历史发展(例证，Corter，1996)。

树图有时用于模型 N 个实体集合内的邻近关系，这时，树中的距离(模型距离)近似于实体对间的邻近关系(观测到的相似或不相似)。两种不同类型的树结构可用于模型邻近关系：超公制树和累加树(Corter，1996)。

图 1 中的树是一个超公制树。在一个超公制树中，距离满足超公制不等式，这表明对任何三项客体 x，y 和 v，如果 x 和 y 在树中相邻(相对于 v)，则有 $d_{x,y} \leqslant d_{x,v} = d_{y,v}$。从图上看，一个超公制树的叶都等距于图上的一个定点，该点称作树的根。在图 1(a)中，节点 g 即树的根。

累加树[图 2(a)]是更一般的结构。一个累加树中的距离满足累加不等式，这表示对于任意四个客体 x，y，u 和 v，如果(x，y)和(u，v)在树结构上相对邻近，则有

$$d_{x,y} + d_{u,v} \leqslant d_{x,v} + d_{y,u} = d_{x,u} + d_{y,v}$$

这就容许累加树表现特征不同的实体。例如，在图 2 中，B 和 C 相对较长的叶茎表示，两者都相对地缺乏典型性。累加树有时如图 2(b)所示，以无根的形式呈现。

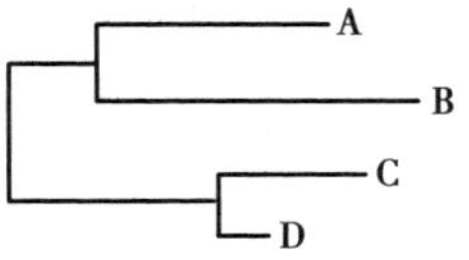

(a)

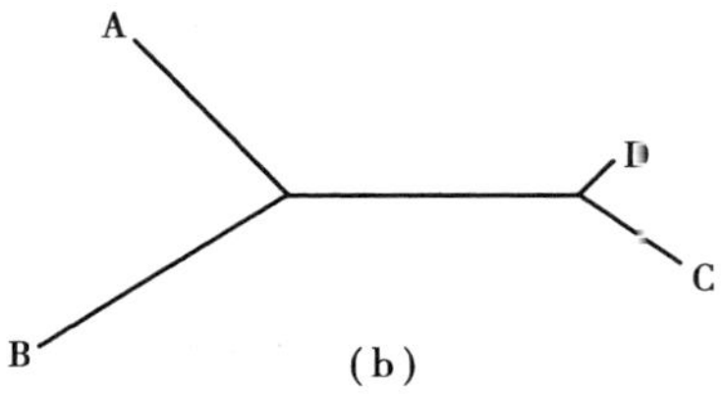

(b)

图 2　一个累加树的两种展示

——James E. Corter

(赵锋译校)

参考文献

Corter, J. E. (1996). *Tree models of similarity and association* (Sage University Paper series on Quantitative Applications in the Social Sciences, 07-112). Thousand Oaks, CA: Sage.

Rosenberg, S., & Kim, M. P. (1975). The method of sorting as a data-gathering method in multivariate research. *Multivariate Behavioral Research*, *10*, 489-502.

Wasserman, S. (1994). *Social network analysis: Methods and applications.* Cambridge, UK: Cambridge University Press.

趋势分析(Trend Analysis)

许多时间序列【Time-Series】变量的首要特征是它们随时间而趋向上行或下行。这一趋向可以定义为一个趋势。两个模型常用于刻画趋势数据。第一个模型是决定论趋势，$Y_t=\lambda_0+\lambda_1T+\varepsilon_t$，其中 Y_t 是时间序列，T 是时间，λ_0 和 λ_1 是参数【Parameter】，而 ε_t 是随机的【Stochastic】震荡 $\sim N(0,\sigma^2)$。若该模型生成 Y_t，Y_t 对 T 回归【Regression】的残差则构成一个趋势平稳的过程。

第二个模型是随机趋势，$Y_t=\beta_0+\beta_1Y_{t-1}+\varepsilon_t$，其中 Y_{t-1} 是滞后一期的时间序列，β_0 和 β_1 是参数，而 ε_t 是随机震荡。如果 $\beta_0=0$ 且 $\beta_1=1$，则该模型是一个随机游走【Random Walk】；否则，就是一个带漂移的随机游走。递归替代显示一个随机游走等于其初值 Y_0，加上所有随机震荡之和 $\sum\varepsilon_i$。带漂移的随机游走还包括 β_0T，从而加入一个决定论部分于该过程中。随机游走或带漂移的随机游走的一阶差分(即 $\Delta Y_t=Y_t-Y_{t-1}$)产生一个差分固定过程。

趋势变量是非平稳的，因为它们缺少恒定的均值、方差和协方差。一个非平稳变量对其他变量的回归会危及统计推论[“伪回归(spurious regressions)”]。因此，关键是发现时间序列数据中的趋势(非平稳性)。一个趋势序列当其与自身的滞后项相关时，便具有一个“特征的识别标志”。几个此类相关就构成一个自相关函数【Autocorrelation Function, ACF】。一个趋势序列的自相关在小滞后期有大的相关系数，而在更长的滞后期相关系数则缓慢地衰减。正式的统计检验(单位根【Unit Root】检验)也广泛地用于探测非平稳性。

如果非平稳性被质疑，传统的实践是求数据的差分(假定是随机的而非决定论的趋势)。欲确定变量是否长期同时移动，则要执行协整【Cointegration】检验。协整变量可以用误差【Error】校正的形式予以模型，例如，$\Delta Y_t=\beta_0+\beta_1\Delta X_t-\alpha(Y_{t-1}-\lambda X_{t-1})+\varepsilon_t$，其中，$\Delta Y_t$ 是变量 Y 的一阶差分；ΔX_t 是变量 X 的一阶差分；$(Y_{t-1}-\lambda X_{t-1})$ 是变量 Y 和变量 X 间长期关系的误差校正机制；ε_t 是随机震荡；而 β_0,β_1,α 和 λ 是参数。α 测度了对于系统的震荡由于变量 Y 和变量 X 间协同关系而被侵蚀的速率。α 应当为负且绝对值小于 1.0。

为保证平稳性而求差分的方法的理论和统计基础都受到了评判。相关的宣称是许多社会科学的时间序列或者是“接近求和的”(随机游走模型中的 β_1 略小于 1.0)或是“分数求和的”。一个分数求和的序列具有“长记忆”且可能是非平稳的。因为单位根检验的统计效力低，所以就可能无法发现接近或分数求和过程。在竞争的 ARFIMA(自回归的、分类求和的、滑动平均的)模型中，估计分数差分参数(d)是考察接近或分数求和过程的一条有效途径。最近,协整和误差校正的概化则容许分析者为分数协整过程建模。

——Harold D. Clarke
(赵锋译校)

参考文献

Baillie, R. T. (1996). Long memory processes and fractional integration in econometrics. *Journal of Econometrics*, *73*, 5-59.

DeBoef, S., & Granato, J. (2000). Testing for cointegrating relationships with near-integrated data. *Political Analysis*, *8*, 99-117.

Franses, P. H. (1998). *Time series models for business and economic forecasting*. Cambridge, UK: Cambridge University Press.

Hendry, D.F. (1995). *Dynamic econometrics*. Oxford, UK: Oxford University Press.

三角测量(Triangulation)

三角测量,指为了增强对于相继出现的研究发现的信心,使用一种以上的方法对研究问题开展调查。因为许多社会研究都是以单一研究方法的使用为基础,也因此而可能受到同这一方法相关的局限或受到这一方法具体应用的不良影响,三角测量提供了增强信心的前景。三角测量是多方法研究(multimethod research)的几项基本原理之一。这个词来自土地测量,指使用一组三角形来绘出一个地区的地图。

三角系和测量

三角测量的想法同社会与行为研究中的测量实践有紧密关联。三角测量的早期出处涉及韦布、坎贝尔、施瓦茨、西克里斯特(Webb, Campbell, Schwartz, & Sechrest, 1966)提出的非介入方法【Unobtrusive Method】的想法,他们提出,"一旦一个命题由两个或多个独立测量过程而被确认,该命题解释的不确定性就大为减少。最有说服力的证据来自一个测量过程的三角部分"(p. 3)。因此,如果我们为某个概念设计出一个新的以抽样为基础的测量,如情绪劳动,同时,根据新的测量,如果能确认由使用其他方法,如结构化观察,得到的情绪劳动的分布形态和相关关系,那么我们对新测量的信心将增大。当然,两组发现不一致的情况也是可能的,但是,正如韦布等人所说,这种情况的出现恰恰突出了仅依赖一次测量或一种方法所存在的问题。同样,两组结果不能收敛的情况还会促成新的质询路向,或者联系于相关的方法,或者联系于所涉及的实质领域。与此有关的一点是,即使三角测量的实施产生了收敛的研究发现,我们仍应当警惕作出以下结论,即这意味着研究发现是无可争论的。这可能因为两组数据都有缺陷。

三角测量的类型

邓津(Denzin,1970)拓展了三角测量的理念,使其超出了它同研究方法与设计的传统联系。他区分出四种三角测量的形式:

1.数据三角测量,即要求使用多种抽样策略来收集数据,从而获得多个人群在不同时间和不同社会条件下的数据。

2.调查者三角测量,即指在调查中使用多名研究者收集和解释数据。

3.理论三角测量,即指用多种理论立场解释数据。

4.方法三角测量,即指使用多种方法收集数据。

第四种类型,如前面的讨论所指的,是“三角测量”一词最通用的意义。邓津区别了方法内的三角测量与方法间的三角测量。前者涉及使用同一方法的多种样式来考察某一研究议题;例如,一份自填问卷可能包括两个对照的量表来测量情绪劳动。方法间的三角测量涉及使用互相对照的研究方法,如问卷和观察。有时,这种意义的三角测量还包括混合使用定量研究【Quantitative Research】和定性研究【Qualitative Research】,以确定它们在多大程度上能取得收敛的研究发现。例如,休斯等人(Hughes et al.,1997)在英国的一个关于青年人对“设计师饮料”的消费研究中,同时使用了结构化访谈和焦点小组访谈。两组数据相互印证,显示出一个清晰的模式,即同这类酒精饮料的态度相关的年龄差异。

三角测量有时用来指所有使用两种或多种研究方法的情况。因此,它可能被用于指称多方法研究,即结合定量和定性研究方法,以给出一个比单独应用其中一种方法所能获得的、更加完整的研究发现。然而,有人可能论说,有理由将这个词留给那些专门的场合,即研究者寻求通过用另一种方法做交叉核验的方式,以核证研究发现的效度【Validity】。

三角测量的检验

三角测量的想法的几项基础已受到批评。第一项批评是,有人指责它赞成粗率的实在论【Realism】,即认为存在着对社会世界唯一的、确定的解释。此种实在论的立场遭到认同建构主义【Constructionism】的作者的攻击,同时,他们还论说,研究发现应当仅被视为对社会生活多种可能的译文中的一种。另外,在建构主义框架下研究的作者并不否认三角测量的潜力;相反,他们认为它的用处在于能够增添一项质询的丰富感和复杂感。如此一来,三角测量成为一个用以提升研究解释的可信度和说服力的工具。第二项批评是,三角测量假定,几个得自不同研究方法的数据不仅可以确定无疑地相互比较,还具有处理某一研究问题的同等能力。这一观点没能考虑到不同研究方法各自所要求的特定的社会环境,特别是那些与方法间的三角测量相关联的社会环境的差别(使用邓津的区分,1970)。例如,如果从某一结构化访谈【Structured Interview】的实施中得到的研究发现同焦点小组【Focus Group】的发现明显不合,那么,这可能是因为前者记录了私人的观点,后者记录了在焦点小组中公开的观点,所以前一观点同更一般的观点是有冲突的。

三角测量已发展出了多种意义,可是,其最常用的意义是,在一个具有收敛效度的策略下,结合使用两种或多种研究方法。近年来,由于三角测量明显赞同于一种粗率的实在论立场,它已受到诸多批评。

——Alan Bryman

(王玥译　赵锋校)

参考文献

Denzin, N. K. (1970). *The research act in sociology.* Chicago: Aldine.

Hughes, K., MacKintosh, A. M., Hastings, G., Wheeler, C., Watson, J., & Inglis, J. (1997). Young people, alcohol, and designer drinks: A quantitative and qualitative study. *British Medical Journal*, *314*, 414-418.

Webb, E. J., Campbell, D. T., Schwartz, R. D., & Sechrest, L. (1966). *Unobtrusive measures: Nonreactive measures in the social sciences.* Chicago: Rand McNally.

齐整(Trimming)

样本均值的基本问题是轻微的背离于正态性就能导致相当低的效力(Staudte et al., 1990; Wilcox, 2003)。图基(Tukey, 1960)首先在其研讨论文中报道了这一发现。概言之,样本方差可能完全因一个异常大或小的值(称作离群值【Outlier】)而大大地膨胀,这一结果反过来会导致在用均值而非其他可用的集中趋势量做检验时低效力的产生。

有两个一般的策略可用以处理该问题。两个策略各有其优缺点。第一个策略是检查离群值,丢弃发现的离群值,并用余下的数据计算位置量。第二个策略是丢弃固定比例的最大和最小观测值,再平均其余。后一策略被称作齐整的均值。它不同于前一个策略,无须做是否存在离群值的经验检查。

10%的齐整均值可通过移除观测值上最小的10%和最大的10%,再平均余下的值计算得出。欲计算20%的齐整均值,则需移除最小的20%和最大的20%,再用剩余数据计算通常的样本均值。样本均值和通常的中位值都是特例,代表两个极端:无齐整和最大的量。

一个基本问题是确定应当齐整去多少数据。相对于其他可能使用的中心趋势量,要获得一个低的标准误,罗森伯格和加什科(Rosenberger & Gasko, 1983)建议20%的齐整,然而当样本量小时,他们建议以25%代之。这一建议部分地源于目标——当从一个正态分布抽样时,得到一个相对小的标准误。例如,在正态性下,中位值有相对大的标准误,这反过来又意味着在检验假设时,有相对低的效力。根据人们接受的标准训练,上述建议是反自觉的,但是可以在威尔科克斯(Wilcox, 2001, 2003)的著作中发现其简单的解释。而且,理论和模拟显示,随着齐整的量增加,均值的问题在检验假设过程中逐渐消失。这并不是说20%总是最优解;虽然它不是,但对于一般应用而言,它是合理的选择。

观测值被齐整之后,必须使用专门的方法来检验假设(在丢弃离群值的情况下,亦如此)。此即,应用针对均值的标准方法于剩余的数据会违背用于得出这些技术的基本原则(Wilcox, 2003)。

齐整的观念,用以避免离群值和非正态性的问题,也已经用在回归分析中。关于这一方法对其他稳健回归估计量的相对优点之评论已有讨论(Wilcox, 2003)。

——Rand R. Wilcox

(赵锋译校)

参考文献

Rosenberger, J. L., & Gasko, M. (1983). Comparing location estimators: Trimmed means, medians, and trimean. In D. C. Hoaglin, F. Mosteller, & J. W. Tukey (Eds.), *Understanding robust and exploratory data analysis*. New York: Wiley.

Staudte, R. G., & Sheather, S. J. (1990). *Robust estimation and testing*. New York: Wiley.

Tukey, J. W. (1960). A survey of sampling from contaminated normal distributions. In I. Olkin et al. (Eds.), *Contributions to probability and statistics*. Stanford, CA: Stanford University Press.

Wilcox, R. R. (2001). *Fundamentals of modern statistical methods*. New York: Springer.

Wilcox, R. R. (2003). *Applying contemporary statistical techniques*. San Diego, CA: Academic Press.

真实分(True Score)

在测量理论中,人们设想存在着真实分,并假定每个被测变量 X 由两部分构成:应答者的真值或真实分,以及随机误差。此即 $X=T+e$。这一概念与信度【Reliability】联系在一起。一个没有随机误差的度量,同它的真实分完全一致,即有完美的信度。相反,一个仅有随机误差的度量,同它的真实分完全不一致,则具有零信度。

——Tim Futing Liao
(赵锋译校)

删节(Truncation)

参见截删和删节【Censoring and Truncation】。

真确准则(Trustworthiness Criteria)

真确准则给出了一些衡量标准,而通过这些标准,所用定性研究方法和发现的严格性、有效性【Validity】和系统性可以得到评判。该名称所包含的准则适用于自然的、解释的、非实证的和非实验的研究模式,而这些研究模式常常被标志作建构主义的、批判理论、行动研究、现象学个案研究【Case Study】,或者自然主义范式。这些准则最初被提出(Guba, 1981; Lincoln & Guba, 1985)用以回应一系列严肃的质疑,即根据新的范式,形塑定性研究的合理性、可信性【Reliability】和严格性。

严格性的传统(实证主义的)准则已得到很好的确立,且易于理解。它包括:内在效度【Internal Validity】、外在效度【External Validity】、信度(可重复性)和客观性【Objectivity】。这四个严格性范畴分别同研究发现的现实性、概括性和稳定性(也即任何给定研究可被重复的能力)以及避免调查者偏倚具有同等结构。然而,现象学的或是新范式的研究明确地拒绝这四个范畴中的任何一个,认为它们既难以达到(无论是实践上,还是根据哲学理由),也是不适宜的(基于范式的理由)。由此,人们提出了四项替代的准则,更加对应于现象学研究的公理要求和方法论要求,同时,研究设计的策略则更适宜于那些常常,但并非总是发生于自然场景下的定性研究、定性评估或政策分析。

为了设定用于评判非定量的和自然-范式的研究的标准,早期提出了真确准则:确实性(credibility)、移植性(transferability)、可靠性(dependability)和验证性(confirmability)。这些准则被当作"真确准则",对应于传统研究的四个准则。对"真确准则"的关注显示出人们对研究发现的严格性颇具信心。这些被设计出并平行适用于实验模式的准则还被批评,被认为是"基础的",因为它们同源自传统研究的基础相联系,而不是源于现象学(建构主义的)研究的内在特征。如同传统的严格性准则,这些准则首先关涉方法论的考量。因此,在考察个案研究的方法论的适当性时,这些准则仍旧是非常有用的。

确实性指一项说明(一项个案研究)的似真性:它可信吗?报告是否被那些具有报告的生活经验【Lived Experience】的人认为是一项准确的陈述?移植性指报告能够被用于(移植到)其他同原来个案发生的场景相似的情形的能力。然而,在某个重要的方面,对移植性的判断不同于对概括性的判断。在传统的研究中,概括性的估值由研究者做出。但是,在估计移植性时,结果有用性的判断由"容纳的背景"给出(Guba & Lincoln, 1989; Lincoln & Guba, 1985),比如研究发现的使用者和消费者,以及那些希望在自己的情境中使用发现的个体。可靠性指所用研究过程的稳定性、可追溯性及其内在的逻辑。通过对研究过程的审查,即分析方法论决策的制定,并证明其合理性来评定可靠性。验证性证明个案中报告的数据完全可追溯到原始数据源(比如,田野笔记【Fieldnotes】、档案、原始记录、观察日志等)。

真确准则首先是方法论的准则,它们回应的是方法[尽管某些建议的方法(Guba & Lincoln, 1989)——直接联系到现象学前提,比如通过成员审定来查明研究者是否已经理解回答者的社会建构],而非直接同范式假定相关联。然而,因为新的范式研究常需要非传统的、定性的方法,还因为真确准则同这些方法的使用紧密地联系在一起,所以它们在判定突显-范式研究(emergent-paradigm inquiry)的基本元素和方法的严格性(如内容的吻合和持续的水平)上仍然有效。

——Yvonna S. Lincoln

(赵锋译校)

参考文献

Guba, E. G. (1981). Criteria for assessing the trustworthiness of naturalistic inquiries. *Educational Communications and Technology Journal*, *29*, 75-92.

Guba, E. G., & Lincoln, Y. S. (1989). *Fourth generation evaluation.* Newbury Park, CA: Sage.

Lincoln, Y. S., & Guba, E. G. (1985). *Naturalistic inquiry.* Beverly Hills, CA: Sage.

t 比率(*t*-Ratio)

参见 *t* 检验【*t*-Test】。

t 统计量(*t*-Statistic)

参见 *t* 分布【*t*-Distribution】。

t 检验(*t*-Test)

威廉·戈塞特在位于都柏林的 Guinness 啤酒酿造厂从事质量控制工作时,以笔名"学生(student)"写作了多篇数理统计学文章。在他 1908 年题为"均值的可能误差”的文章中给出了学生 t 检验之基础。将他的学生 t 分布【*t*-Distribution】用在许多实际应用中对于分析数理统计学中的小样本是一项重要的贡献。

单均值的学生 t 检验

此类应用的例子之一是单个均值的检验。当 σ 未知且样本量大时,我们可以有把握地说,均值的估计标准误 $\hat{\sigma}_{\overline{X}}$(满足 H_0 时,均值的抽样分布之标准差)将等于其真值 $\sigma_{\overline{X}}$,同时,我们评估的比值,参照正态抽样分布,有标准分 $z=[\overline{X}-E(\overline{X})]/\sigma_{\overline{X}}$。然而,当样本小时,我们不能对我们的标准误估计抱有信心;此外,我们所要用的比值不再是 z 分数,而是 $t=[\overline{X}-E(\overline{X})]/\hat{\sigma}_{\overline{X}}$,公式中的分母不再是常数,而是一个随机变量,它随样本量而变化,亦即随自由度【Degrees of Freedom】变化。

t 分布呈均值为 0 对称且单峰的形状,但是与正态分布【Normal Distribution】相比,其中部较平,两端更密。随样本量 n 增大,t 分布趋向标准正态分布。

现在,我们假设某个特殊群体,如化学家的平均收入为每月大于 2 000 欧元(H_a: $\mu>2\ 000$),不同于虚无假设 $H_0:\mu=2\ 000$,且标准差未知。我们抽取了一个 $n=26$ 的随机样本【Random Sample】,得到 $\overline{X}=2\ 040$,且 $s=100$。我们对 $\hat{\sigma}_{\overline{X}}$ 的估值为 $\frac{\hat{\sigma}}{\sqrt{n}}=\frac{s}{\sqrt{n-1}}$,由此,$t$ 比值为 $t=\frac{2\ 040-2\ 000}{100/\sqrt{25}}=2$。根据 t 表,我们查询单侧检验且 $\alpha=0.05$,得到 t 的临界值 $t^*=1.706$。我们的样本值大于临界值,此即,化学家的平均收入显著地高于 2 000。即便样本量如此小,我们仍可得到显著的结果。然而,如果我们实施双尾检验($t^*=2.056$),那么结果将不再显著。

均值差的 t 检验

对学生 t 检验的另一种应用是均值差【Difference of Mean】的 t 检验。我们可以设想一实验设计中有两个群体,例如,一组男性和一组女性,就这两组考量其在某个定量变量【Quantitative Variable】上的得分,比如说他们的吸烟行为,可由每天吸烟的数量测量。在此例中,因变量 Y(吸烟量)是连续的【Continuous】,而自变量 X(代表两个不同的组)是二分的【Dichotomous】。我们可以给试验组和控制组各自编码作 $X=1$ 和 $X=2$。我们想考察是否男性组($X=1$)的平均吸烟数显著地不同于(双尾检验)或显著地少于(单尾检验)女性组($X=2$)的平均吸烟数。虚无假设陈述均值差等于零。两组各取 5 人,即 $n_1=n_2=5$。设总样本的得分序列为 2 2 3 4 4 5 6 7 8 9,均值为 5,方差为 54。男性组的得分为 2 2 3 4 4,均值为 3,方差为 4。女性组的分数是 5 6 7 8 9,均值 7,方差 10。两组散布程度不同:方差分别为 4 和 10。欲合理地实施 t 检验,分布应当近似正态,且方差必须没有显著不同。就这两个条件而言,有两项检验程序,正态性检验和同方差检验【Levene's Test】,分别对应于上述要求。假定两个条件都满足,可计算如下:

两方差的均值(合并的平均数)之计算:

$$s_w^2=\frac{\text{组 1 的变异}+\text{组 2 的变异}}{(n_1-1)+(n_2-1)}$$
$$=\frac{4+10}{(5-1)+(5-1)}=1.75$$

欲获得抽样分布,我们需考虑所有理论可能的随机且独立的样本对(各自的样本量为 n_1 和 n_2),这些样本对都抽取自一个理论总体(即 H_0 之下的总体,就其而言,两样本均值差为零或至少纯然随机)。对无数个样本对的每一个，我们考量吸烟数的均值差。据此，得到一个均值差的抽样分布。该抽样分布的方差似乎等于两个独立的抽样分布的方差之和（其中一个样本量为 n_1，另一个样本量为 n_2）。由此，

$$\sigma_{\text{diff}}^2 = \frac{\sigma^2}{n_1} + \frac{\sigma^2}{n_2}$$

公式中的 σ^2 项，即理论总体（根据 H_0，两个样本得以从中抽取）的方差未知，因此，需要估计而得。使用的估计量是合并的平均数 s_ω^2，如上计算。为了能够应用统计表，我们要实施标准化：对于每一个均值差，需要减去均值差的抽样分布的均值（根据 H_0，这里等于 0），其结果被标准误 σ_{diff} 除（其值等于抽样分布的估计方差的平方根）。由此，我们获得 t 分数而非 z 分数；其理由是样本量小，进而总体方差必须被估，这又源于对正态分布的背离。如果这里就我们的样本对计算 t 分数，就可以将之置于抽样分布之中，从而得出结果：

$$t = \frac{|\bar{Y}_{(1)} - \bar{Y}_{(2)}| - 0}{\left(\frac{s_\omega^2}{n_1} + \frac{s_\omega^2}{n_2}\right)^{1/2}} = \frac{|3-7| - 0}{\left(\frac{1.75}{5} + \frac{1.75}{5}\right)^{1/2}} = 4.78$$

针对先前假设的一类错误，$\alpha = 0.05$，以及自由度 $(n_1 - 1) + (n_2 - 1) = (5-1) + (5-1) = 8$，并应用单尾检验（即猜想当下女性吸烟多于男性），我们在 t 表上找到临界值 $t^* = 1.86$。我们已计算的 t 的绝对值更高，因而，在虚无假设成立的情况下有低于 5%的出现概率，亦即，结果位于拒绝域之内。于此，以大于 95%不会犯错误的可能性，女性和男性平均的吸烟行为间存在着显著的差异，即女性吸烟多于两性的平均数。

一些考量

这里使用的均值差检验的例子与条目中关于 F 比值的例子一样，此外，读者可以证明那里得到的 F 值 22.86（计入舍入误差）等于查到的 t 值 4.78 的平方，因为当自由度为 1 时，$F = t^2$。

针对两个均值间差的检验的虚无假设表明其差为零。当然，也可使用其他一些非零的数值，还可以假设均值差不同于那个数值。

当多于两个样本被考察时，就不容许用几个 t 检验的办法来比较所有的组别；因此，必须实施一个 F 检验。如果我们真想实现被称为对比检验的多元比较，那么就必须更保守地做检验，此即，以更低的第一类错误【Type I Error】的概率（参见方差分析【Analysis of Variance】和相关的话题）。

读者不应忘记 t 分布只能被用在当总体分布是正态的要求被满足的情况下。这点不仅对单个均值的检验有效，对均值差的检验也有效。在大多数情形下，没有关于总体分布的信息，所以必须对样本做正态性检验。

在我们的例子中，假定方差齐性。然而，这一假定可以由一个 F 检验验定。如果这项检验论断方差 s_1^2 和 s_2^2 间有显著差异，那么，计算两个方差的合并平均数 s_ω^2（用来作为 σ^2 的估计值）的方法必须代之以从每个样本中计算各自标准误的方法。然后，自由度的适当数值也必须予以校正。此方法的公式可以在某些教科书中找到，如海斯（Hays，1972）和布莱洛克（Blalock，1972）的著作。

应当说明的是，例子中的两个样本必须是独立样本。当观测值是配对的，如当个体由研究者配对时，或者，假设组 1 中的男性和组 2 中的女性是夫妻时，必须选用不同的方法。这时，我们的陈述 $\sigma_{\text{diff}}^2 = \frac{\sigma^2}{n_1} + \frac{\sigma^2}{n_2}$ 不再

有效，但是一个协方差可能会加入 $\sigma_{\mathrm{diff}}^{2}$ 的计算中。相应的方法把数据看作来自配对总体的一个样本，进而实施单个均值的 t 检验。

最后的一项评论是 t 检验可用于更高级的分析，如用于多元回归【Multiple Regression】的参数显著度检验。这时，也可由一个 F 检验代替，而 F 将是 t 的平方。我们也要提一下霍特林发展了 t 的高级版本，即 Hotelling T^2 检验，它可用于针对两个群体和多个变量的判别分析【Discriminant Analysis】。

——Jacques Tacq

（赵锋译校）

参考文献

Blalock, H. M. (1972). *Social statistics*. Tokyo: McGraw-Hill Kogakusha.

Hays, W. L. (1972). *Statistics for the social sciences*. New York: Holt.

Student. (1908). *The probable error of a mean*. In E. S. Pearson & J.Wishart (Eds.), *Student's collected papers*. London: University College.

Tacq, J. J. A. (1997). *Multivariate analysis techniques in social science research: From problem to analysis*. London: Sage.

二十陈述测验(Twenty Statements Test)

自我和认同是心理学和社会学共同关心的两个概念，因为它们让研究者得以理解人们如何把自己放在不同的社会类别中，以及如何反思他们是谁。二十陈述测验（有时称作"我是谁"测验）是多种用来测量自我概念的工具之一。它由符号互动论社会学家曼弗雷德·库恩和托马斯·麦克帕兰（Kuhn & McPartland, 1954）引入，其目的在于使乔治·赫伯特·米德（一位主要的实用主义哲学家）的自我概念更加严密和操作化。

在回答"我是谁"的问题时，受试者被要求写下首先进入他脑海中的 20 个句子。他们还被告知答案没有正确或错误之分。测验是一个开放式的工具，其中既可列出名词，也可列出形容词。在库恩和麦克帕兰的早期工作中，他们预测随着年龄的增加以及社会变迁，比起实际的名词回答（例如，妻子、学生、男人）、形容词回答（例如，兴高采烈的、虔信的、意识到存在的）可能更频繁地被使用。

自我理论特别有兴趣了解自我的观念如何变化。在传统世界中，"前现代的认同"可能通常被视为当然。人们作为世界的一分子，通过传统和宗教的确认，带着同他人分享和共有的身份，知道他们自己是谁。这种身份不仅不被视为问题，还常常被视为当然。相反，随着现代性的开展，人类个体和个体的身份认同变得更加重要。逐渐地，关于一个人是谁的自我反观成为一个问题。二十陈述测验即是用以研究此类问题的一个有价值的研究工具。

这个工具是众多的测量自我概念的工具之一，不过近年来却少有使用。尽管它容许对某种自我感作广泛的、概略的描述，但它太基础了。此外，对这种方法的批评认为它没有考虑：（a）自我的情境性，即自我随处境的变化而改变；（b）重要他人在影响所陈述内容中扮演的角色；（c）编码和内容分析的问题，而这些问题通常与开放式问卷的问题有关。

——Ken Plummer

（王玥译　赵锋校）

＊也可参见自陈式测量【Self-Report Measure】、符号互动论【Symbolic Interactionism】。

参考文献

Bracken, B. (Ed.). (1995). *Handbook of self concept: Developmental, social and clinical consequences*. New York: Wiley.

Hewitt, J. (1989). *Dilemmas of the American self*. Philadelphia: Temple University Press.

Kuhn, M., & McPartland, T. S. (1954). An empirical investigation of self attitudes. *American Sociological Review*, *19*, 68-76.

Wylie, R. (1974). *The self concept: A review of methodological considerations and measuring instruments*. Lincoln: University of Nebraska Press.

双侧检验(Two-Sided Test)

参见双尾检验【Two-Tailed Test】。

二阶段最小二乘(Two-Stage Least Squares)

二阶段最小二乘【TLS 或 2SLS】是一般用于估计联立方程【Simultaneous Equation】模型的参数【Parameter】的程序。当面临互为因果时,给定一般联立方程模型,其中变量相互影响,普通最小二乘【Ordinary Least Squares】将产生偏倚【Bias】的估值。然而,二阶段最小二乘,一个工具变量的方法将在此情形下产生一致的参数估计【Estimation】。设想下列模型:

$$Y_1 = b_0 + b_1X_1 + b_2Y_2 + e \qquad (1)$$
$$Y_2 = a_0 + a_1Y_1 + a_2X_2 + u \qquad (2)$$

TLS 估计循阶段而推进,在一个时刻估计一个方程的参数。让我们估计方程(1)。在第一阶段,系统中所有的外生变量(X_1, X_2)【Exogenous Variable】成为自变内生变量(Y_2)【Endogenous Variable】的回归项。这就构造了一个工具变量,预测的 Y_2 它完全是外生变量的函数。在第二阶段,预测的 Y_2 代替观测的 Y_2 进入方程(1),且该方程以普通最小乘方法估计。这些第二阶段的估计值是一致的,因为方程中所有自变量【Independent Variables】是有效地外生的。相同的二阶段程序再用于方程(2)以获得方程的参数估值。

——Michael S. Lewis-Beck

(赵锋译校)

* 也可参见因果建模【Causal Modeling】、工具变量【Instrumental Variable】。

双尾检验(Two-Tailed Test)

虚无假设【Null Hypothesis】经常用一个特定的值设定总体参数【Parameter】,即便我们不必然相信这个值就是参数的真值。在研究两个变量间的关系时,用回归【Regression】分析做例子,最常用的虚无假设是两个变量间不存在关系。这可以翻译

为虚无假设 $H_0:\beta=0$,其中 β 是总体回归线的斜率【Slope】。最常见的是,我们为了证明两个变量间存在关系而研究两个变量间的关系【Relationship】。而如果我们能够拒绝关于不存在关系的虚无假设就能实现这一目标。

如果我们能显示总体回归线的斜率不等于零——通过拒绝虚无假设——那么这一斜率有一正值还是负值呢? 如果我们没有关于斜率任何额外的信息,那么替代的假设可写成 $H_a:\beta\neq0$,意味着斜率可以是负,也可以是正。这样一个替代假设使得检验成为一个双尾【Two-Tailed】检验,也称双侧【Two-sided】检验。

在最初处理该问题的方法中,如罗纳德·费希尔爵士和其他人所发展的,他们选择一个预设的显著水平【Significance Level】,比如说,$\alpha=0.05$,因为缺少更好的值。依据分析的性质,他们选择相应的统计量,常用的有 z,t,卡方【Chi-Square】或 F。就正态 Z 变量而言,2.5%的值小于-1.96,同时,2.5%的值大于 1.96。因此,对于正态 z 变量,如果观测到的 Z 值小于-1.96 或大于 1.96,则拒绝虚无假设,意味着该值落入分布的两个尾部之一。

这意味着对于一个真的虚无假设重复研究许多次,我们将得到一组样本,并有一组 z 分数,其中的 5%或者小于-1.96,或者大于 1.96。就这些样本而言,我们可能错误地拒绝虚无假设。之所以名为"双尾检验(two-tailed test)"是因为通常较大或较小的检验统计量 z 或 t 才会拒绝虚无假设。根据卡方检验和 F 统计量检验的性质,两者都被设定为双尾检验。

由于使用统计软件来分析数据,于是就不再从先于分析选择的置信水平 α 开始检验,而是使用作为分析的一部分计算出的 p 值【p Value】开始。就 z 和 t 而言,如果我们见到绝对值符号 $|z|$ 或 $|t|$,那么相应的 p 值代表双尾检验。如果我们开始分析前决定做双尾检验,而软件给出一个单尾的 p 值,那么我们必须加倍该 p 值。

当然也可以只是报告算得的 p 值,而让读者确定检验是双尾的,抑或单尾的。

——Gudmund R. Iverson

(赵锋译校)

参考文献

Mohr, L. B. (1990). *Understanding significance testing* (Sage University Paper series on Quantitative Applications in the Social Sciences, 07-073). Newbury Park, CA: Sage.

Morrison, D. E., & Henkel, R. (Eds.). (1970). *The significance test controversy*. Chicago: Aldine.

双因素方差分析(Two-Way ANOVA)

双因素方差分析也即方差的双因素分析,是一种用于分析来自特定研究数据【Data】的检验,在此种研究中,调查者希望检验两个变量【Variable】对某个行为的量的独立和联合的效应。数据来自因子实验或研究,其中两个变量或因子(如因子 A 和因子 B)的每一个独立的水平都被识别出且所有的组合也被构造出。因子 A 和因子 B 可能是被操控的自变量【Independent Variable】,如动机的水平或在小组中个人表现的状况,或者是主体变量的被测水平,如年龄和性别。那些在社会科学中更令人感兴趣的应用常包括一个被操控的自变量因子 A 和一个主体变量因子 B。主要兴趣在于,因子 A 对响应变量是否随因子 B 的不同水平而有所不同。

例如,考虑这样一个研究,由于受到暴力视频游戏的感染对年轻的男孩和女孩随后发起攻击行为的效应。让我们设定被编码的行为——因变量【Dependent Variable】——是一个孩子在 15 分钟的嬉戏期间打、踢或推其他孩子的次数。以某个年龄的儿童为总体(设 6~7 周岁),孩子们被随机地分入一种情形,其中他们在同其他孩子嬉戏前,一部分先玩 30 分钟的暴力视频游戏,另一部分玩 30 分钟无暴力的视频游戏。这构成了对自变量的操控。针对男孩和女孩分别实施随机分配【Random Assignment】,于是得到一个 2×2 的设计,其中两个视频游戏类别的水平同两个性别水平相交叉。

由此得到的数据和双因素方差分析可以用于回答下列研究问题:(a)男孩比女孩更有攻击性吗?(b)有了暴力视频游戏的经验,儿童变得更有攻击性吗?(c)暴力视频游戏的效应在男孩和女孩上不同吗?在方差分析的用语中,主效应【Main Effect】检验表述了前两个问题,即根据实验条件做平均,平均攻击得分对男孩而言显著地高于女孩吗?以及根据性别做平均,暴力视频游戏的平均攻击分显著地高于无暴力视频游戏的平均攻击分吗?第三个问题,可能是最有兴趣的问题之一,由交互效应【Interaction】的检验表述——在男孩和女孩之间,暴露于视频游戏的效应有显著的区别吗?

展示结果

这三个检验,即两个主效应和一个交互效应,在双因素方差分析中是相互独立的,而这意味着任何显著的和不显著的结果之组合都是可能的(相应的计算程序可参见 Hays, 1994; Jaccard, 1998; Levin, 1999)。一个 ANOVA 表,配之以因子 A 和因子 B 的每种组合的均值结果图,给出了完整的景象。上面例示了两个有趣的、假设的结果。在第一个例子中,方差表显示两个主效应都显著,而交互效应不显著(表 1)。图 1 显示男孩和女孩有近似平行的线,说明虽然男孩比女孩更有攻击性,同时男孩和女孩暴露于暴力视频游戏同暴露于无暴力视频游戏相比,攻击行为的数量有相似的增加(图 1)。在第二个例子中,两个主效应都再次显著且交互效应也显著(表 2)。

表 1　显著的主效应同不显著的交互效应的情形

类型	DF	SS	MS	F	p
性别	1	122.51	122.51	33.56	<0.000 1
游戏	1	103.51	103.51	28.35	<0.000 1
性别×游戏	1	1.01	1.01	0.28	<0.600

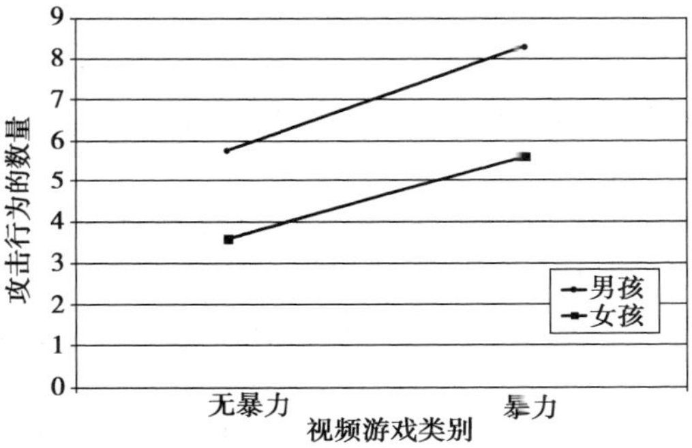

图 1　攻击行为作为性别和视频游戏类别的函数

表 2　显著的主效应同显著的交互效应的情形

类型	DF	SS	MS	F	p
性别	1	137.81	137.81	50.76	<0.000 1
游戏	1	103.51	103.51	38.12	<0.000 1
性别×游戏	1	37.81	37.81	13.93	<0.000 4

相应的图显示,两条线在暴力端的间隔大于它们在无暴力端的间隔(图 2)。这表明,男孩比女孩受到暴力视频游戏更强烈的影响。探明和描述交互效应能让我们区分两种结果的区别内容。结合因子研究,应用双因素方差分析容许研究者在一个单项研究中考察两个变量分别的和联合的效应。相同的原则可以扩展至有三个变量的三因素方差分析,以及更多维的情况。

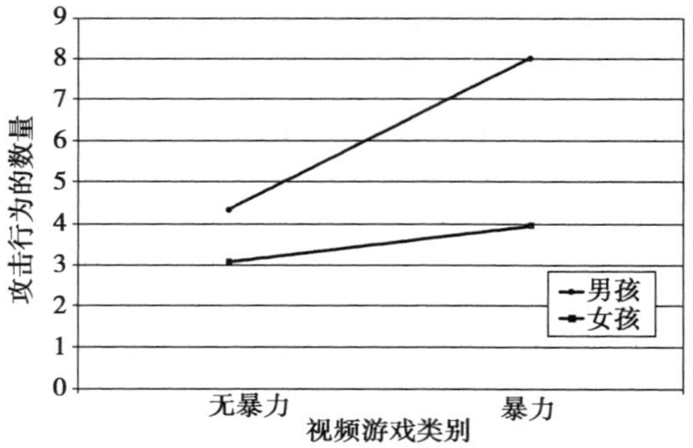

图 2 攻击行为作为性别和视频游戏类别的函数

——Irwin P. Levin

(赵锋译校)

参考文献

Hays, W. L. (1994). *Statistics* (5th ed.). Fort Worth, TX: Harcourt Brace.

Jaccard, J. (1998). *Interaction effects in factorial analysis of variance* (Sage University Paper Series on Quantitative Applications in the Social Sciences, 07-118). Thousand Oaks, CA: Sage.

Levin, I. P. (1999). *Relating statistics and experimental design: An introduction* (Sage University Paper Series on Quantitative Applications in the Social Sciences, 07-125). Thousand Oaks, CA: Sage.

第一类错误(Type Ⅰ Error)

第一类和第二类错误是可能发生于假设检验【Hypothesis Testing】中的错误。即便数据只是对随机抽样【Random Sampling】的观测值有效,而不是对于整个总体【Population】的观测,样本数据仍然可用于作出关于更大总体的推论。这意味着从小样本到大总体的外推,因此,我们可能犯错误。有两类主要的错误,分别称为第一类错误和第二类错误。

从样本至总体的外推可由虚无假设【Null Hypothesis】完成。我们可以设定一个或多个值作为总体参数。这里有几个关于虚无假设的例子:H_0 : μ = 100(总体均值【Mean】等于 100);H_0 : $\sigma^2 \geqslant 25$(总体方差【Variance】大于等于 25),H_0 : $\beta=0$(总体的回归系数【Regression Coefficient】等于 0)。我们想要了解总体参数的值,但由于这些值是未知的,虚无假设就给问题以额外的信息。就第一个虚无假设而言,总体均值可能等于 100 吗?

考虑这样的情形,即虚无假设实际是正确的。如果样本数据导致我们拒绝虚无假设,并得出它非真的结论,那么我们就犯了一个错误。因为虚无假设实际为真,所以它不应当被拒绝。这就是第一类错误,即便虚无假设实际为真,仍然拒绝它。

我们根本不知道是否犯了这一错误,因为总体参数的真值永远保持未知。我们所能做的仅是,在虚无假设为真且数据拒绝虚无假设时,去查看有何事发生。一个可能是猜想我们会多频繁地犯第一类错误。设若,终其一生,我们检查 1 000 个不同的虚无假设,其中 800 个是错误的,另 200 个是正确的。如果有 5%的时间犯第一类错误,那么在 200 个真假设案例中,就可能有 10 个案例犯了错误(10/200 是 5%)。另外,800 个虚无假设与此无关,因为我们仅处理虚无假设为真的案例。

欲确定我们是否拒绝一个虚无假设,要使用样本数据来计算所谓的 p 值【p Value】。大多数统计软件会为我们计算这一数值。它告诉我们,在虚无假设为真的情形下,有多频繁地获得我们的样本数据或者更极端的数据。例如,设 H_0 : $\beta=0$,且根据数据 $b=4.56$,相应的 $p=0.001$。因此,如果总体回归线真正地水平(两变量间没有关系),我们在 1 000 次重复的该研究中,仅会得到一次回归系数为 4.56 或更大系数的样本。

——Gudmund R. Iversen

（赵锋译校）

参考文献

Iversen, G., & Gergen, M. (1997). *Statistics: The conceptual approach*. New York: Springer-Verlag.

Moore, D. S., & McCabe, G. P. (1998). *Introduction to the practice of statistics*. New York: W. H. Freeman.

Utts, J. M. (1996). *Seeing through statistics*. Belmont, CA: Duxbury.

第二类错误(Type Ⅱ Error)

统计推论【Statistical Inference】方法被用于推论未知参数【Parameters】的值。在假设检验【Hypothesis Testing】中，一个虚无假设【Null Hypothesis】被设立，其中设定一个或多个关于参数的值：$H_0: \mu = 100$（总体均值【Mean】等于 100），$H_0: \sigma^2 \geq 25$（总体方差【Variance】大于等于 25）或 $H_0: \beta = 0$（总体回归系数【Regression Coefficient】等于 0）。因为参数值未知，所以虚无假设成为关于参数的可能值的陈述。这如同我们询问，参数是否会取如虚无假设所设定的值。

样本【Sample】数据被用于回答虚无假设所提出的问题。根据数据，我们作出决定，拒绝还是不拒绝虚无假设。因为这一决定是从有限样本数据至更大总体的外推，所以作决定时可能犯错误。如果实际的参数值是虚无假设所设定的值，那么虚无假设为真。若我们仍然拒绝虚无假设，则我们犯下第一类错误【Type Ⅰ Error】。

然而，也可能实际的参数值不等于虚无假设所设定的值。在这种情形下，虚无假设是错误的，而且应当被拒绝。但是，如果数据导致我们没能捕捉到虚无假设为伪的事实，那么我们就犯了错误。这是第二类错误——没有拒绝一个错误的虚无假设。

是否犯此类错误取决于两件事：第一，取决于参数的真值距离虚无假设的设定值有多远。如果真正的总体参数均值 $\mu = 101$，而虚无假设陈述总体均值 $\mu = 100$，那么虚无假设是错误的且应当被拒绝。但是由于两者间的差值太小，这就很难发现虚无假设是错误的。在多次重复的研究中。样本均值将聚集在 101 周围，而非 100 周围。即使这样，这种差异可能小到对我们手头的问题无关紧要的地步。

第二，数据是否能发现虚无假设为伪还取决于样本中观测值的多少。若是小样本，就比大样本更难发现虚无假设为为；若是大样本，在多次重复的研究中，样本统计量将更紧密地聚集在真正的参数值周围，进而可以更频繁地拒绝虚无假设。就一个国家的参数和给定的样本量而言，我们可以计算，得到一个虚无假设被错误拒绝的数据的频繁度（概率【Probability】）。检验的效力（power）即被定义为一减犯第一类错误的概率。

——Gudmund R. Iversen

（赵锋译校）

参考文献

Iversen, G., & Gergen, M. (1997). *Statistics: The conceptual approach*. New York: Springer-Verlag.

Moore, D. S., & McCabe, G. P. (1998). *Introduction to the practice of statistics*. New York: W. H. Freeman.

Utts, J. M. (1996). *Seeing through statistics*. Belmont, CA: Duxbury.

U

非平衡设计(Unbalanced Designs)

非平衡设计(有时称为非正交设计)是与定性自变量【Independent Variable】相关的因子【Factor】研究设计。这一情况很像回归【Regression】分析中的多重共线性【Multicollinearity】,难以对相互关联的自变量的效应作出准确的估计。一般而言,当样本量不相等时,即每格中受试者的数量不等时,设计就是不平衡的。其特例是存在空格。

叶芝(Yates,1934)证明,在分析来自非平衡设计的数据时,就大多数目的而言,通常的方差分析【Analysis of Variance,ANOVA】会引致错误。使用类型Ⅰ平方和【Sum of Squares,SS】,ANOVA会根据变量在模型中的次序,将解释权重分给各个自变量。第一个变量会得到所有与之混合的方差,无论这个方差是该变量单独具有的,还是与其他某个或多个自变量共同享有的。位于第一个自变量后的自变量仅会被给予一个额外增加的解释权重,后序的变量依次如此。

为了解决Type Ⅰ SS的这种任意性,叶芝发现了一种被称为加权均值平方和的方法,现在一般被称为Type Ⅲ SS,而这种方法已成为处理非平衡数据的常规分析选择。在这种方法中,每一个自变量都被当作一个Type Ⅰ模型中最后的自变量,被分予平方和;此即,一个变量的权重是当其他因子的解释权重都被考虑过后,由其对整个解释掉的方差的唯一贡献所确定。因此,一个自变量的平方和实际上是它的偏平方和。请注意,与其他自变量混合在一起的平方和在这里被遗留下来,未予分配。

内尔德和莱恩(Nelder & Lane,1995)认为,这个方法是不切实际的,因为除了其他问题,这一模型可能产生带有交互效应【Interaction】但缺乏相应的主效应【Main Effect】的模型。于是,他们提议使用Type Ⅱ分析(也被称作Yates拟合常数法)。仅当其他因子不包含被估值的变量时,Type Ⅱ法才对其他因子予以调整。因此,变量X_1将由于$X_1 \times X_2$的存在不予调整,因为后者包含前者。若一个模型仅包含主效应,Type Ⅱ分析则与Type Ⅲ分析没有区别。在其他情形下,Type Ⅱ要求从待处理模型中选出应当剔除的因子。

若一个因子模型中,一个或多个格子是空的,得自Type Ⅰ,Type Ⅱ或Type Ⅲ分析的结果常无法解释。这时,可以使用技术上更复杂的第四种方法。Type Ⅳ SS需要构建一个假想的、平衡的数据格矩阵,并以此为基础,来估计各自变量的效应。然而它的解可能不唯一,因此在解释其结果时需要格外谨慎。

——Douglas Madsen

(王玥译校)

* 也可参见方差分析模型 I【Model Ⅰ ANOVA】。

参考文献

Nelder, J. A., & Lane, P. W. (1995). The computer analysis of factorial experiments: In memoriam—Frank Yates. *The American Statistician*, *49*, 382-385.

Yates, F. (1934). The analysis of multiple classifications with unequal numbers in the different classes. *Journal of the American Statistical Association*, *29*, 51-66.

无偏的(Unbiased)

当估计量【Estimator】$\hat{\beta}$ 的期望值等于参数【Parameter】的真值,即 β : $E(\hat{\beta})=\beta$ 时,估计值被称作是无偏的。就一个估计量而言,无偏性是一个期望的属性,因为它可以给予我们这样的信心,即一个参数的平均估计值等于真实的参数值。当参数的期望值不等于其真值时,即 $E(\hat{\beta})\neq\beta$ 时,这一估计是有偏的。偏倚【Bias】程度可以用估计的期望值减去参数的真值计算得出:偏倚 $=E(\hat{\beta})-\beta$。

思考无偏估计量的一种方式是通过想象两个人射箭和试图命中靶心。每个人是一个不同的估计量,而靶心代表被估参数的真值。个体 1 射出 100 支箭;箭支命中点的平均击中靶心。个体 2 也射出 100 支箭。然而,个体 2 击中目标的能力并没那么好,箭支略微偏左。个体 2 的箭支命中点的平均距靶心约有 1 码。箭支的平均落点可以代表由两个估计量产生的估计的期望值。个体 1 就是一个无偏的估计量,因为,平均而言,他或她能够命中靶心。个体 2 是一个有偏的估计量,因为箭支平均走向真值的左侧。

值得注意的是,无偏性是生成估计值的概率分布【Probability Distribution】的属性。一种无偏估计技术不会每次都给予我们待估参数的真值。毋宁,只有在重复抽样【Sampling】后,被估参数的平均值等于参数的真值。

不能因为估计量是无偏的就说它是理想的估计量(Wooldridge, 2002)。反而,估计量如果是一个无效的估计量(见效率【Efficiency】),这一无偏估计量并不能告诉我们有用的信息。一个无效的估计量的概率分布具有大的方差,从而导致任何一个给出的估计值等于参数的真值在概率上有高的不确定性。个别情况下,我们会使用有偏的估计量,因为它们有其他理想的属性。

无偏性是普通最小二乘【Ordinary Least Square, OLS】作为估计技术的一个有力特性。伍尔德里奇(Wooldridge, 2002)解释到,当四个条件得到满足时,OLS 是无偏的。第一,因变量和自变量间的关系在函数形式上是线性【Linear】的。第二,观测值抽取自一个随机样本【Random Sample】。第三,零条件均值的假定【Assumption】。零条件均值陈述,给定 x,误差项的期望值为零。第四,被研变量上存在变化。当这些条件得到满足时,OLS 是一个无偏的估计量。当一个估计量表现出是有效的、有最小的方差且是无偏的时,它就是一类特殊的估计量,被称为最佳线性无偏估计量【Best Linear Unbiased Estimator, BLUE】。

——Heather L. Ondercin

(赵锋译校)

参考文献

Wooldridge, J. M. (2002). *Introductory econometrics: A modern approach*. Cincinnati, OH: South-Western College Publishing.

不确定性(Uncertainty)

社会科学家双重地关注不确定性。当人们试图建立关于一个不完全可预测的社会世界的模型时,不确定性就出现了,而形式研究方法则被设计来量化这种不确定性。但是,需要运用这些方法的人类行为中的大多数易变特征来源于个体社会成员根据他们自身的不确定性作出的判断。

经济学中的理性期待理论是上述两种考虑清楚相关的鲜有情形:股票的价格,这一个社会-水平的现象,被预知为随时间随机波动,因为所有有效的系统信息都已为个体投资者用来极小化关于股票价格的不确实性。任何剩余的价格变动反映的是其余投资者的不确定性。

概率【Probability】提供了相应的基础,以表述对不确定性的两种考量:大多数经济学和政治学理论假定,概率推断是一个关于在一个不确定的世界上个体决策制定的合理的行为模型。与特定社会科学理论有关的不确定性也应用概率和相关的统计学工具予以表述。但是概率不是量化不确定性的唯一选择,因此,值得思考的是,为什么这是个好的选择。

关于个人运用概率理论来管控不确定性的动机,有几种认证。"荷兰赌(Dutch Book)"论证说明在赌博的情境中,那些面对不确定性而以同他们可用的概率理论不一致的方式行事的个体总是被诈取(Ramsey, 1960)。求助概率理论的另一更一般的动机由理查德·考克斯(Cox,1946/1990)提出。考克斯说明,对于任何关于在一个可能构造的命题A上的确定性,似真或置信的数值测量,它都必须是这样的概率的简单再测,即如果它具有下列直觉的属性,A则是正确的:

1.传递性:如果A比B更似真,且B比C更似真,则A比C更似真。

2.A的似真度是非A的似真度的函数(例如,A越似真,则非A越不可能真)。

3.A和B同时的似真度是A的似真度与当A为真时B的似真度的函数。

如果这些属性应用于相应的量,那么我们分配给A的数值将是A的概率的常数倍。如果原则1~3被接受为最低的要求,那么,概率理论就是量化不确定性的正确方式。因为考克斯的论证不依赖被量化的不确定性是个人的抑或社会科学的,所以他的论证给用概率量化不确定性以一般的驱动。尽管在经济学中理性期望理论有广泛的应用,但是大多数心理学家怀疑概率理论是个体在不确定情况下推理的一个好的描述模型(Tversky & Kahneman, 1974)。例如,相对于既有的数据,人们过于自信,而且当他们做预测时,部分地忽略事件的先验概率(基本一比率忽略)。对理性期望理论而言,这些心理事实不是必然成问题的,因为个体期望只需要平均地同概率理论一致。它们也不会妨碍基于概率理论的个人推论理论;人们可能对于一个不正确的内在模型作出概率上正确的推论,或者考虑相应的因果限制(Cheng,1997)。人们似乎也以这样一种方式处理信息,即付出某些概率上正确推理【Inference】优势的损失,运用不正确,但是较少计算需要,仅仅接近正确的推理过程而取得速度优势(Gigerenzer & Goldstein, 1996)。

科学的不确定性是否应当以个人的不确定性同样的方式予以量化的问题确立了统计学上频次论者和贝叶斯论者间的争论。我们用一个熟悉的例子的两个解释来讨论这一问题。

关于某个量 Y 和两个潜在的解释变量 X_1 和 X_2 间的关系的线性回归【Linear Regression】模型可以写作

$$Y = X_1 b_1 + X_2 b_2 + e$$
$$e \sim N(0, \sigma^2) \qquad (1)$$

在该模型的贝叶斯分析中,参数值是不确定的且这一不确定性由先验概率【Prior Probability】分布 $p(b_1, b_2, \sigma^2)$ 予以描述。即使已知参数确定,结果 Y 也可能是不确定的。这一不确定性被分解成一个确定性的【Determinstic】部分,累加关系 $X_1b_1+X_2b_2$ 和一个随机的【Stochastic】部分,即假定随机变量【Random Variable】e 有一个特定的概率分布。关于 Y 的不确定性可通过观测 X_1 和 X_2 部分地减少,直到由 e 所确定的最小水平;e 可能代表一个真正随机的社会过程的效果或者我们的确信,其中存在着与 Y 相关但没有被包含进模型中的变量。方程(1)关于结果的概率 $p(Y \mid b_1, b_2, \sigma^2)$,即基于特定的参数值【Parameter】和解释变量(忽略已知的解释变量)的条件概率。贝叶斯定理【Bayes Theorem】结合这两个分布入一个后验概率分布 $p(b_1, b_2, \sigma^2 \mid Y)$。这一后验概率分布结合了参数值的不确定性和 Y 值的不确定性,而后者的不确定性始终存在,即便其他条件都已知。后验值的顶峰是参数最可能的取值,而一个 95%的区间具有 0.95 的包含真值的概率。

后验概率是基于 Y 的条件概率,因为在得到观测数据之后,它们的值已经确知。以观测数据为条件是唯一的可能,因为存在一个先验分布。对频次论者而言,应用先验分布于科学研究是不合适的,因为这会降低科学推论的客观性。在此情形下,概率被严格限于描述客观的随机机制,而不确定性被限于完全无知的状态。根据这一解释,e 描述了一个客观的、物理的或社会的随机过程,且参数固定,但完全未知。

为推论参数值,频次论者选择有效的 Y 值的函数作为估计量【Estimator】,然后计算点估计【Point Estimate】和置信区间【Confidence Interval】。Y 由于包含 e 而有概率分布,所以参数估计(而不是参数自身)作为客观的随机变量 Y 的函数,也有其概率分布。置信区间通过仅仅间接地使用概率而反映不确定性:这是一个区间构造的方法,同一个概率(如 0.95)相联系,意味着在重复抽样中,以这种方式构造的 95%的区间将包含真实的参数值。因为观测到的 Y 值不可能作为条件,一个置信区间依赖于无数假设的结果——Y 值,这无法实际地出现,而是假设已经实现。

尽管根据重复样本的概率定义容许频次论者避免量化不确定的水平,但是这可能是有问题的。例如,许多社会科学研究关注于解释本质的唯一情境,其中重复样本的想法没有意义。相反,把 e 解释作一个不确实性的量度同任何关于重复抽样的可能性的观点是一致的,因为在两种情形下都存在着不确定性。

至于由参数的先验概率所表现的不确定性,重要的是看到后验分布表述,给定一组先验的信心,以观测数据为基础更新相应的信心是合理的。如果给出一组不同的先验值,那么合理的信心很可能不同。尽管先验概率不可避免地是主观的,但是它也有清晰的表达,且无歧义地被引入推论,同时,改变它的后果可能提供关于数据信心内容的有效信息。

频次论者和贝叶斯论者对社会科学推论的争论转到了新的方向,即概率是否是不确定性的最佳表现形式。换言之,以实际观测数据为条件取得的知识增益(排除、抽样理论的局限,并认同概率是不确定性的量度这一基本论断)是否比下述命题更有价值,即只有将主观要素加进来,才能促进与社会世界有关的科学知识的进步。

——Will Lowe

(赵锋译校)

参考文献

Berger, J. O., & Wolpert, R. L. (1984). *The likelihood principle: A review, generalizations, and statistical implications.* Hayward, CA: Institute of Mathematical Statistics.

Cheng, P. W. (1997). From covariation to causation: A causal power theory. *Psychological Review, 104* (2), 367-405.

Cox, R. T. (1990). Probability, frequency, and reasonable expectation. In G. Shafer & J. Pearl (Eds.), *Readings in uncertain reasoning* (pp. 353-365). New York: Morgan Kaufmann. (Original work published 1946)

Edwards, A. W. F. (1972). *Likelihood: An account of the statistical concept of likelihood and its application to scientific inference.* Cambridge, UK: Cambridge University Press.

Gigerenzer, G., & Goldstein, D. G. (1996). Reasoning the fast and frugal way: Models of bounded rationality. *Psychological Review, 103*, 650-669.

Ramsey, F. P. (1960). Truth and probability. In R. B. Braithwaite (Ed.), *The foundations of mathematics and other logical essays.* New York: Harcourt Brace.

Tversky, A., & Kahneman, D. (1974). Judgement under uncertainty: Heuristics and biases. *Science, 185*, 1124-1131.

均匀关联(Uniform Association)

参见关联模型【Association Model】。

单峰分布(Unimodal Distribution)

这是一个单变量【Variable】的值的分布【Distribution】,仅有一个众数和单个"峰(peak)"。众数是三个用于确定一个变量的"典型分(typical score)"的常用量度之一,是一个给定变量最常出现的值(Lewis-Beck, 1995, p. 8)。

单峰分布的一个例子是标准正态分布【Normal Distribution】。该分布均值【Mean】为零,标准差【Standard Deviation】为 1。在此例中,均值等于中位数【Median】和众数。而且,标准正态分布是唯一的分布,有相等的均值、中位数和众数。因此,它是一个单峰分布,因为它只有一个众数。

然而,一个单峰分布并不必须像标准正态分布一样有对称性【Symmetry】。一个单峰分布可以同时是偏斜【Skewed】的、左偏或右偏。此类分布的一个例子如美国的收入。

图 1 列出美国总体的、分类别的年度收入(DeNavas-Walt & Cleveland, 2002, p. 20)。收入的中位数,其中收入值的一半大于它,另一半小于它,落在类别 $42 228 上。这一数字说明美国家庭收入分布略微向左侧偏斜,因为中位数更接近于底部的 10%(类别 $10 913),而非顶部的 10%(类别 $150 499)。此外,众数类是 $42 228。

与其他类别相比，有更大百分比的家庭（大约 50%）在这一类别上，表示这个分布无疑是单峰的。

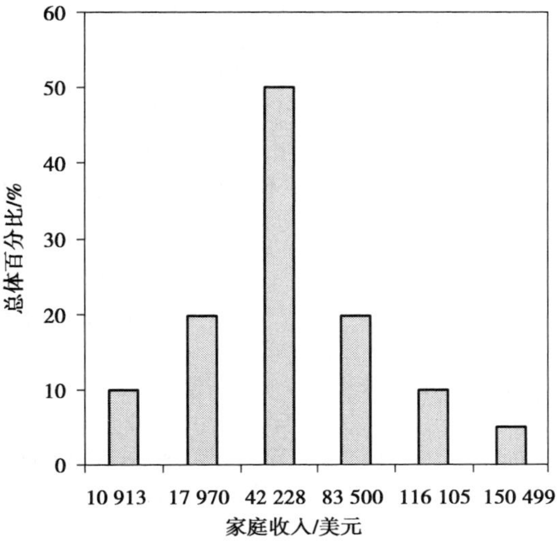

图 1　位于不同被选分位数上的家庭收入直方图

无论一个单峰分布是偏斜的还是对称的，它必须只有一个“峰”。一个有单一“峰”的分布是这样一种，即对于任何给定的变量而言，只有一个最常出现的值，如它的频数分布【Frequency Distribution】所显示的那样。如果一个分布有两个‘峰”，那么它是一个双峰分布【Bimodal Distribution】。最后，如果一个分布超过两个“峰”，它就是一个多峰分布（multimodal distribution）。

——Kenneth W. Moffett

（赵锋译校）

参考文献

DeNavas-Walt，C.，& Cleveland，R. W.（2002）. *Money income in the United States*（United States Census Bureau，Current Population Reports，P60-218）. Washington，DC：Government Printing Office. Available：www. census. gov/prod/2002pubs/p60-218.pdf

Kennedy，P.（1998）. *A guide to econometrics*（4th ed.）. Cambridge：MIT Press.

Lewis-Beck，M. S.（1995）. *Data analysis：An introduction.* Thousand Oaks，CA：Sage.

分析单位（Unit of Analysis）

分析单位是科学研究方案的最基本要素。它是研究的主题（谁或什么），而分析者要形成关于它的概念。在社会科学中，国家、国际联盟、学校、社区、利益群体和投票者是经济发展、战争、教育策略、社会资本、政策结果和投票研究中常用的分析单位。

分析单位可能同观测单位不一致。例如，政治科学家可通过估计关于政治参与测量的均值分，在国家的水平上聚合调查数据，并分配同样的分给相应的国家，以此来辨识跨国间参与模式的不同。在这种情况下，观测单位是个体的被调查者，而分析单位是国家。与此相似，学生的成绩也常被聚合起来，使其可以在学校间相比。这时，国家和学校是分析者所要进行概化的对象，而不是市民或学生（见聚集【Aggregation】中的慎重提示）。

在上述例子中，有过多的细节信息可用，甚至超过分析者的研究需要。然而，在社会科学中，这不是常例，常例是研究者常常检视未观测到的单位行为。例如，如阿肯和夏夫利那样，分析者可能希望考察个体的某个社会属性同投票行为间的关系，但是仅有地区水平上聚合的数据可用。也就是，他或她有的是居住在此地区，具有这一社会属性的人群的比例，以及支持该政党的比例。这种跨水平的推论其中分析单位同观测单位不一致，会产生错误的结论，因此，应避免这种推论(见区位谬误【Ecological Fallacy】)。

然而,即便分析单位同观测单位相匹配,社会单位的特征还是会令科学推论变得复杂。布克(Boucke,1923)提示了两点社会单位区别于自然科学中常用分析单位的差别:第一,社会科学研究单位不能直接测量,或是不能在一个确定的标尺上测量。常见的是,社会现象上相当比例的方差可以归之于测量误差(见系统误差【Systematic Error】)。此外,某些研究者有兴趣的单位只在它们的因果效应上是可观测的(见Blalock,1961)。第二,如前述例子所表明的,社会科学中的分析单位总是可以被分作多个子单位:社会可以被分作家或家庭、地理的邻里或者个体成员。布克论断社会科学中分析单位不是"事物(things)",而是将家庭、邻里或个体利益(最基础的水平上)联在一起的关系或网络。社会科学中的子单位鲜有如自然科学的子单位所有的实质意义或混合【Confounding】效应。此外,社会科学子单位间关系的变异度使得科学推论成为一项困难工作:社会研究中分析单位的混合性质产生"有风险的预测,而且越是这样,研究者就越过分关注心理的关系,而不是物质的关系"(Boucke, 1923, p.460)。社会科学的分析者需有效地开展工作,以便容纳他们所选分析单位的隐含意义于他们的研究设计。

——Karen J. Long

(赵锋译校)

参考文献

Achen, C., & Shively, W. P. (1995). *Cross-level inference*. Chicago: University of Chicago Press.

Blalock, H. M. (1961). Theory, measurement and replication in the social sciences. *American Journal of Sociology*, *66*(1), 342-347.

Boucke, O. F. (1923). The limits of social science: Ⅱ. *American Journal of Sociology*, *28*(4), 443-460.

单位根(Unit Root)

一个时间序列可以模型成自身过去的函数,即一个自回归。在它最简单的形式中,这样一个序列可写作 $y_t=\alpha+\beta y_{t-1}+\varepsilon_t$,其中所有 ε_t 项被假定互相独立。如果 $\beta=1$,则该序列有单位根。单位根的存在对于解释和估计【Estimation】,无论是对简单的自回归,还是对带有一个滞后的因变量和其他自变量的更复杂的模型而言,都具有决定性的后果。关键是要检验一个自回归序列是否有单位根,如果有,还要在模型参数的估计中说明这点。

如果一个序列有单位根,那么可以将自回归形式重写为 $y_t=\alpha+\varepsilon_t+\varepsilon_{t-1}+\varepsilon_{t-2}+\cdots$,因此,当前的 y 是所有此前误差的和[积分只是总和的一种形式,这也是此类序列被称作"可积的(integrated)"的原因]。因为误差项独立,所以 y 的方差随时间增大。因此,所有通常使得回归【Regression】的渐进理论有效的假定不再成立,而且所有标准的方法都不正确。特别地,如果自回归序列有单位根,但我们试着用普通最小二乘【Ordinary Least Squares】估计 β,那么我们将低估 β 且误估它的标准误。解释也受到极度的影响:若带有单位根,那么对于序列的小扰动将持续存在,而不是如其在固定序列(其中 $\beta<1$)上那样逐渐消失。对于可积的序列而言,中心极限定理【Central Limit Theorem】也不再成立,而且在这种情形下,所有的标准分布

理论也由此失去作用。

迪基和富勒是首先为虚无假设(即一个时间序列有单位根)设计了正确检验的人。这一检验由两步构成,使用普通最小二乘估计β,然后形成 Dickey-Fuller 统计量$(1-b)/SE$,其中b是用普通最小二乘估计的β,SE是该估计的普通最小二乘标准误。若是固定时间序列,该统计量有t分布【t-Distribution】;在单位根的虚无假设下,必须用艰深的数学来得出该统计量的适当分布。因此,使用者可以计算 Dikey-Fuller 统计量,然后将其值与 Dikey-Fuller 的制表分布相比较。现在,这一检验有许多现代的改进,但是它们都是基于迪基和富勒原来的想法。在应用 Dickey-Fuller 检验时,重要的是记住虚无假设是序列、是可积的。如果虚无假设被拒绝,标准方法就可以应用。若虚无假设未被拒绝,这也不意味序列有单位根——它只意味着我们没有充分的信息拒绝该假设。不幸的是,没有假设可以翻转上述逻辑,因此,如果 Dickey-Fuller 检验没能拒绝虚无假设,研究者通常假定序列有单位根。

如果序列有单位根,那么标准的普通最小二乘方法不再能应用。一个解决方案是取一阶差分并予以模型,因为一阶差分通常不会显示单位根。实质上,这仅仅等于模型一个序列的短期行为,而忽略该序列的任何长期行为。另一个解决方案是面对单位根的分析者可以应用共积【Cointegration】方法论。

——Nathaniel Beck

(赵锋译校)

参考文献

Engle, R. F., Granger, C. W. J. (1991). *Long run relationships: Readings in cointegration.* New York: Oxford University Press.

Mills, T. C. (1990). *Time series techniques for economists.* Cambridge, UK: Cambridge University Press.

单变量分析(Univariate Analysis)

单变量分析是对单变量的统计特征的分析,包括它的分布【Distribution】、中心趋势【Central Tendency】和离散【Spread】。

单变量分析中,第一步是将观测值绘制成表格或图,进而检视变量的分布。定类【Nominal】变量可以用饼图【Pie Chart】或条形图【Bar Graph】呈现。在一个饼图中,饼中的每一角代表变量的一个类别。在一个条形图中,每个条的高度表示观测值在变量每个对应的类别上的数量或比例。定距【Interval】和定比【Ratio】数据常以直方图【Histogram】、盒形图【Boxplot】或分位数【Quantile】图来呈现。有些变量有对称【Symmetry】的分布,另一些变量可能有带离群值的偏斜的【Skewed】分布,而离群值【Outlier】会扭曲根据这些分布计算的统计量【Statistics】。

单变量的总结性统计量常被称为描述统计量【Descriptive Statistics】。集中趋势量综括了变量的典型值。算术平均称作均值【Mean】,常作为数值变量的集中趋势的量度。中位数【Median】表示中间位次观测值的变量值,用于定序【Ordinal】变量。众数【Mode】是最常出现的值,用于定类数据。当数据中存在离群值或变量的分布极端偏斜时,中位数常常用于代替数值数据的均值。

离中趋势【Dispersion】的量度表示一个

变量的观测值中变化的量。就定类或定序数据而言,离中趋势的简单量度包括类别数和众数类别上观测值的数量。对数值变量来说,离中趋势的最简单量度是极差【Range】,即最大观测值同最小观测值的差。因为离群值会扭曲极差,所以一个替代量度是四分位距【Interquartile Range】,即第75个百分位数同第25个百分位数之差。在盒形图上,四分位差被明显地表示出来。就定距和定比数据而言,标准差【Standard Deviation】和方差【Variance】(标准差的平方)是离中趋势的通用量度。标准差和方差的较大值表示观测值间有更大的离中趋势。

我们还可以检视单个变量的分布,以确定其接近一个对称,钟形的正态分布【Normal Distribution】的程度。对称分布在中位数的两侧有相同的形状。偏斜度统计量表明一个分布背离对称的程度。峰态【Kurtosis】统计量表明多大程度上,一个分布围绕众数有高且瘦的峰形或是矮而平的峰形。

——David C. Kimball
Herbert F. Weisberg
(赵锋译校)

参考文献

Fox, W. (1998). *Social statistics* (3rd ed.). Bellevue, WA: MicroCase.

Jacoby, W. G. (1997). *Statistical graphics for univariate and bivariate data.* Thousand Oaks, CA: Sage.

Lewis-Beck, M. S. (1995). *Data analysis: An introduction.* Thousand Oaks, CA: Sage.

Weisberg, H. F. (1992). *Central tendency and variation.* Newbury Park, CA: Sage.

全体(Universe)

参见总体【Population】。

未观测到的异质性(Unobserved Heterogeneity)

未观测到的异质性是指观测值中潜在的或隐藏的特征。这些特征是没有测量到的或研究中未予测量的个体或子群体的属性。一般而言,个体或群体的特征会作为协变量【Covariate】(或自变量【Independent Variable】)纳入统计模型。当未测量到的特征影响被考察的过程时,我们说观测值中存在未观测到的异质性。

就某些统计模型而言,未能说明个体或群体间的异质性会导致有偏参数估计【Parameter Estimation】、结果的错误解释或虚假【Spurious】的时间-协变量交互。因此,明确地纳入未测量到的异质性,使其成为模型的组成部分的统计技术已经得到了发展。结果是模型中加入一个或多个参数,以描述在样本所取自的总体中,未测量到的特征是如何分布的。

例子

1985年孟加拉国农村地区的结婚年龄(图1)。粗线表示不考虑性别(或未予测量)时,结婚年龄的分布。假设一个对数正态分布被确认是结婚年龄的合适分布。拟合观测值到一个对数正态分布（不参照性别）产生模型参数，结婚年龄均值【Mean】为23.3 岁（标准差【Standard Deviation】为5.9）。未能考虑性别的因素会掩饰实质的子群体差异。实际上，一个设定性别的分析产生男性结婚年龄均值为 27.3（5.5），女性结婚年龄均值为19.5（3.4）。子群体的差异非常大，以致对任何协变量（比如，教育对结婚年龄的影响）的参数估计都可能由于缺少性别的信息而是有偏的。

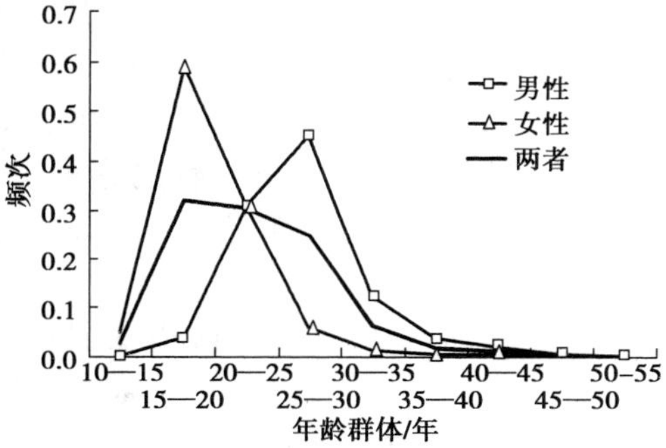

图 1　1985 年孟加拉国 Matlab 地区的结婚年龄

资料来源：国际腹泻疾病研究中心，孟加拉国（1992）。

在没有性别信息的情况下，一个解决方案是估计一个有限混合模型的参数。假定男性和女性数量相等，可以估计四个参数的混合模型，并得到一个子组的结婚年龄估计值为 25.4（7.1），另一个子组的结婚年龄估计值为 21.4（4.0）。两个子组各自对应于男性和女性。

风险模型中的“曲折动力学”

对生存分析和相关的方法而言——处理事件的持续时间（风险模型或事件史分析【Event History Analysis】），未能说明未观测到的异质性会导致严重的解释问题。就这些模型而言，未观测到的异质性是指观测单位中在它们“失败（failure）”（即经历所考察的事件的风险）的风险上存在的未测量到的差异。忽略失败风险上未测量到的异质性会导致风险随时间的下行偏倚。

思考婴儿的死亡风险，最初这种风险非常高，过了第一年后，又迅速下降。就字面意义讲，这一观测意味着婴儿经历的是反向衰老：随时间推移个体“变得更好（get better）”。部分而言，这一模式可反映已知的生物过程，如免疫系统的成熟。另一方面，相同的“婴儿死亡”模型可以在其他复杂系统中看到，如计算机和汽车。人们不太可能真的认为个人计算机在早期服务期间经历了失败风险上的下降。表面的反向衰老是随时间变化的样本构成所产生的人为效应，“年龄同期群的曲折动力学”的产品（Vaupel & Yashin，1985a，1985b）。

图 2 显示出聚合的风险作为未观测到的异质性的结果，如何随时间而向下偏斜。两个子组出现在图上，一个位于高且恒定的失败风险上，另一个位于低且恒定的失败风险上。子群体最初含有相同数量的个体。当子群体被合并在一起且被当作一个单一同质的总体处理时，就会随时间变化观察到一个失败风险上的下降趋势。这一下降趋势之所以出现是因为属于高风险子群体的个体以更高的比率发生意外。而随着时间的展开，生存总体逐渐由低风险个体组成。

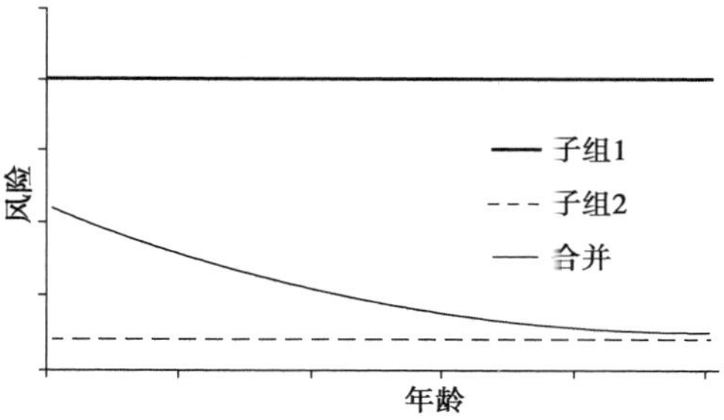

图 2　两个同质子群体的混合，每个子群体有固定的失败（风险）率

注：当子群体被合并后，风险随年龄呈下降趋势。

异质性的一个重要特例是潜在子群体之一的所有个体都不存在失败风险,例如,研究夫妻生育率的人口学者可能进行多次观测,从结婚直到每一对夫妇生育第一胎。其中有部分夫妇既不可能生育,也不会生育。而困难之处在于,某些能生育的夫妇,在第一个孩子出生前,就退出了研究或没能被持续观测。这些未能观测到他们第一次生育的夫妇来自两个根本不同的子群体:被右删的可生育个体和不能生育的个体。特定的分析模型被称为不育模型、免疫模型或移动者-驻留者模型(mover-stayer models),可用于估计第一胎之前等待时间的无偏分布,以及不育个体的初始比例。在许多社会科学研究中这类过程都会出现,包括结婚研究、离婚研究、生育跨度、复发倾向、职业流动和居住流动。

缺陷模型

在失败风险上未观测到的异质性可在个体间呈现一种接近一个连续分布的分布形态。一个重要的示例是由死亡率的人口研究所发展出的缺陷(frailty)概念(Vaupel, Manton, & Stallard, 1979)。个体会有无法观测的(或未观测到的)遗传的、环境的或行为的倾向或缺陷,而这些倾向或缺陷会以特有的方式调整他们的死亡率,使其偏离某个基线分布。某个个体缺陷可以由量 z_i 描述,但是因为 z_i 是不可测的,一个替代方案是估计参数的概率分布,而该分布描述了 z 是怎样在个体间分布的。

对许多类型的缺陷模型而言,z 对失败风险的效应可被设定成一个比例的风险模型,因此,对于时间 t 有 $h(t \mid z)=h(t)z$。选取的缺陷分布有均值 1,方差参数描述了缺陷在总体中分布的方式,也是待估的。最常用的参数型缺陷分布是 Gamma 分布。有时,当 z 的分布有均值零时,则使用模型设定$h(t \mid z)=h(t)e^{z}$;同时,常常应用正态分布【Normal Distribution】。

来自缺陷模型的结果可能对缺陷分布选择很敏感。另一种方法是将异质性的分布设定成一个配对的离散密度函数(Heckman & Singer, 1982)。众数点的数量和位置是由经验确定的。当理论无法建议一个合适的 z 分布时,这种方法可能特别适用。即使如此,这一策略可能对用于风险函数的参数模型是敏感的(参见 Trussell & Rodríguez, 1990)。

除了缺陷模型,还有许多其他可用的未观测到的异质性的参数模型。例如,二项分布【Binomial】和几何【Geometric】分布可用作所考察事件发生率(p)的异质性的分布。当且仅当分布位于0~1 时,常用一个 Beta 分布作为 p 的分布。

——Darry J. Holman

(赵锋译校)

*也可参见异质性【Heterogeneity】。

参考文献

Heckman, J., & Singer, B. (1982). Population heterogeneity in demographic models. In K. Land & A. Rogers (Eds.), *Multidimensional mathematical demography* (pp. 567-599). New York: Academic Press.

Heckman, J., & Singer, B. (1994). A method for minimizing the impact of distributional assumptions in econometric models for duration data. *Ecomometrica*, *52*(2), 271-320.

International Centre for Diarrhoeal Disease Research, Bangladesh (ICDDRB). (1992). *Demographic surveillance system—Matlab: Registration of demographic events—1985* (Scientific Report 68). Dhaka, Bangladesh: Author.

Manton, K. G., Singer, B., & Woodbury, M. A. (1992). Some issues in the quantitative characterization of heterogeneous populations. In J. Trussell, R. Hankinson, & J. Tilton (Eds.), *Demographic application of event history analysis* (pp.

9-37). Oxford, UK: Clarendon.

Moreno, L. (1994). Frailty selection in bivariate survival models: A cautionary note. *Mathematical Population Studies*, *4*, 225-233.

Trussell, J., & Rodríguez, G. (1990). Heterogeneity in demographic research. In J. Adams, D. A. Lam, A. I. Hermalin, & P. E. Smouse (Eds.), *Convergent issues in genetics and demography* (pp. 111-132). Oxford, UK: Oxford University Press.

Vaupel, J. W. (1990). Relatives' risks: Frailty models of life history data. *Theoretical Population Biology*, *37*, 220-234.

Vaupel, J. W., Manton, K. G., & Stallard, E. (1979). The impact of heterogeneity in individual frailty on the dynamics of mortality. *Demography*, *16*, 439-454.

Vaupel, J. W., & Yashin, A. I. (1985a). The deviant dynamics of death in heterogenous populations. In N. B. Tuma (Ed.), *Sociological methodology* (pp. 179-211). San Francisco: Jossey-Bass.

Vaupel, J. W., & Yashin, A. I. (1985b). Heterogeneity's ruses: Some surprising effects of selection on population dynamics. *American Statistician*, *39*, 176-185.

Vermunt, J. K. (1997). *Log-linear models for event histories.* Thousand Oaks, CA: Sage.

Wood, J. W., Holman, D. J., Yashin, A., Peterson, R. J., Weinstein, M., & Chang, M.-C. (1994). A multistate model of fecundability and sterility. *Demography*, *31*, 403-426.

Wood, J. W., & Weinstein, M. (1990). Heterogeneity in fecundability: The effect of fetal loss. In J. Adams, D. A. Lam, A. I. Hermalin, & P. E. Smouse (Eds.), *Convergent issues in genetics and demography* (pp. 171-188). Oxford, UK: Oxford University Press.

非介入测量(Unobtrusive Measures)

非介入测量是韦布、坎贝尔、施瓦茨和西克里斯特对非介入研究程序的经典参考书的书名(1966;也参见Webb 1981年的修订版)。李(Lee,2000)也出版了一本极好的概论;也请参见非介入方法【Unobtrusive Methods】。非介入方法替换了“测量”一词,是涵盖更广的术语,成为当前更常用的术语,因为它包含了除韦布等人专注的定量方法之外的其他方法。

“非介入测量”是一套研究程序,其设计目的在于避免许多社会科学研究中的一个主要问题,即反应性【Reactivity】问题(Webb et al., 1966)。研究参与者一般对他们的情境作出反应;此即,他们觉察或怀疑到他们正在以某种方式被观测或评估。如果一个人用尺子测量长度,测量过程不会影响观测的精度或效度。然而,如果使用问卷、抽样调查或访谈程序评价对一个问题的态度时,数据很可能是“不纯的(impure)”,也就是说,受参与者的反应和特质的影响。例如,关于种族包容或性问题的问卷【Questionnaire】或调查可能引起参与者对于研究目的的反应性顾虑(例如,谁会看到这些数据及什么样的回答会被视为适当的)。数据对研究人员的某些因素也是敏感的,例如性别、种族、年龄或其他特征。而且,有些研究参与者还想“帮助(help)”研究者,而另一些则不太合作,甚至极不合作。尽管有时他们的猜测不太准确,但是参与者常依照这些猜测进行回答。

另一种常见的情况是,研究者自己也想或希望他们的研究能有圆满的结果。我们知道这些期望可能影响研究如何开展(Rosenthal, 1976),以及后续的结果。

与之不同的是,非介入方法是那些参与者没有觉察到他们正在被观察或被当作数据源的方法。这里,研究者确信重要的是要避免如下常规要求,即获得参与者的事前同意,也就是说,他们的积极合作。非介入研究经常或者彻底地避免人的卷入,而使用历史的或档案的资料,或者使用如隐藏录音机、麦克风,甚至隐藏的观察者等研究策略。还有部分研究则以研究"说和做(say and do)"为特征,此即,他们将某些情境下参与者会说的或会做的同他们实际被观测到的行为进行对比。比如,一个人可以打电话给那些刊登了出租房间或公寓广告的房东,提出一些简单的求租征询,然后将征询结果同基于其他条件的征询结果相比较。李(Lee,2000)认为可以把互联网作为非介入研究的领域,如对主页(home page)的分析。

因为非强行测量的数据没有获得参与者的积极合作或知情同意,所以这些方法不可避免地遭遇伦理困难。然而,社会科学的一个主要目标是收集、比较和对比观测数据,而无论其数据源自强行的还是非介入的测量。

——Stewart Page

(王玥译 赵锋校)

参考文献

Lee, R. (2000). *Unobtrusive methods in social research.* Buckingham, UK: Open University Press.

Rosenthal, R. (1976). *Experimenter effects in behavioral research* (Rev. ed.). New York: Irvington.

Webb, E., Campbell, D., Schwartz, R., & Sechrest, L. (1966). *Unobtrusive measures: Nonreactive research in the social sciences.* Chicago: Rand McNally.

Webb, E., Campbell, D., Schwarz, R., Sechrest, L, & Grove, J. (1981). *Nonreactive measures in the social sciences.* Dallas: Houghton-Mifflin.

非介入方法(Unobtrusive Methods)

多年来,社会科学家一直强调研究的形式方面——因此,我们有许多关于统计学和研究设计【Research Design】的教科书。但有一个遗留的问题:我们对于研究应该如何开展的认识比对于它实际的开展要全面得多。在心理学中,许多研究假定,如人们会直接写下或口头告诉我们他们的所思、所感或将要做的,或者假定他们只会对研究的"刺激"自动地作出"反应"。然而,我们经常发现,人们所说的(或他们对他们作为的述说)与他们实际做的形成鲜明对照。一个对照是,当他们知道他们正在被观察时他们的行事方式,与当他们假定他们的行为是私人的、不被知晓的、不被他人观察时的所做所为是不相同的。非介入方法(unobtrusive methods)是一组研究方法的名称,而这组研究方法既不依赖也不寻求研究的人类参与者的积极卷入或知情同意,还常常以参与者不察觉的方式开展研究。一些方法,例如内容分析【Content Analysis】,从非人来源中收集数据和观察资料,如杂志、图书、报纸、网络材料、媒体演示或历史文献。

背景

一个使用非介入方法观察人类行为的例子是美国电视系列片《偷拍》(*Candid Camera*),它虽然恶名昭彰,却仍为社会科学家所重视。这个系列片的基石是对那些处于各种真实的社会情境,又不知晓自己被观察的人的非介入摄录。这些被摄录的人径直地"做自己(be themselves)"——而后常常陷入尴尬。例如,*Candid Camera* 的职员,在大山顶上把引擎从汽车中搬出。然后汽车在没有动力的情况下被“开(driven)”下山,直接滑到山下的服务站。当(女)司机说她觉得引擎“抛锚(running rough)”了,几名(男)服务站工作人员打开车盖仔细地查看,然后显出一副被他们发现的引擎问题难倒的样子,即便实际上并无可看的引擎。

非介入(unobtrusive)指无干扰、无声息或在背景中。因此,非介入方法指出的是一个简单却经常被遗忘的教训。此即,只要情况许可,我们就应考虑使用那些不掺杂自身要素,或者不以某种方式影响或改变待收集数据的性质的研究方法。然而,并不存在可以唯一界定非介入研究方法的特定类型的定量或定性数据分析。而且,对于如何界定它们,既不存在限定条件,也不存在严格的界限。“非介入”一词仅指一个一般的方法种类。

非介入方法的历史发展源自1960年代以来一个不断增强的认识,即多种形式的社会研究,特别是那些涉及研究者与研究参与者间的社会互动的研究,常常受到许多不可靠和偏差来源的影响。这些方法的共同目标是要避免韦布、坎贝尔、施瓦茨和西克里斯特(Webb, Campbell, Schwartz, & Sechrest, 1966)提出的反应性【Reactivity】,即许多传统(介入)方法趋向于向参与者泄露或与参与者沟通研究的内容,比如,研究者正在寻找什么。然后,参与者作出“反应(react)”,即他们以不同于下述条件的方式行事——设若他们的资料通过非介入的方式或没有察觉到自己是某个研究的焦点。反应性的一个形式是参与者在数据收集时根据相应的线索,觉察或正确地猜出研究的目标或假设的内容。而且,我们知道,有许多参与者或者以制造出“好印象(good impression)”的方式,或者根据其他形式的偏差,来回答问卷【Questionnaire】或调查【Survey】中的题项。另一些情况下,参与者对研究内容的猜测可能不确定或不准确,但仍会影响他们的回答和行为。事实上,存在着数据反应性的多重来源,不仅有参与者对于研究的性质和目的的知觉和假设,还包括由研究者和研究情境本身的特征造成的影响。

韦布等人(1966;也可参见Webb等人1981年的修订版)就此类问题的认识发表了《非介入测量》(*Unobtrusive Measures*)一书。社会科学领域从这些作者那里受益匪浅,因为我们对于这些程序的知识和意识大部分都可以追溯到他们的著作。李(Lee, 2000)就这一领域给出了令人赞许的概述和许多最近的例子。

韦布等人强调他们并不完全反对传统的研究方法。这点却常被忽略。不过,他们指出,这些测量有时是必需的,经常以轻信且独自的方式为人所用,此即,没有用可以考察同一研究问题或议题的非介入方法做补充或去验证。基于此种情况,社会科学就难以建立其研究发现的效度界限和概推界限。我们也很少知道,比如,传统的检验或数据收集程序能多精确地预测真实生活(不同于实验的或实验室的)情境中的行为。前面提到的传统方法为人所熟悉的有访谈、心理测验、定性研究、等级量表、抽样调查以及许多一次性的,基于简单的——常常非常明显或透明的——问卷测量的研究。因此,在社会科学中,我们经常发现,显微镜的存在和特征实际上会造成所研究材料或有机体的行为的改变。

非介入方法的例子

至此,我们可以把非介入或非反应方法描述为试图避免反应性,且不要求或寻求所涉参与者的积极合作、意识或知情同意的一类方法。而许多这样的研究被称为“说和做(say and do)”研究,或更准确地,“说对做”研究。其实,李(Lee, 2000)把这类研究划归为田野实验【Field Experiment】。下面列举了几个例子,相关的参考文献和进一步的细节可参见佩奇(Page,2000)的文章:

1.通过非介入的测量,而后比较不同展品的周围楼层表面,每单位时间内表面损坏的程度来衡量图书馆的资料或博物馆的藏品的流行度。

2.根据瞳孔扩大的程度表明顾客对购买特定商品的兴趣度。

3.通过观测正在做广告出租房间或公寓的房东就某些个体能否租住给予虚假信息的程度,估计一个给定地区的种族偏见度。在观测中,使得房东相信与之沟通的个体属于某个特定人群或具有某种特征。这一基本方法的不同变体已被用于争取公民权和废除种族隔离的努力中,此即,在调查中,由黑人作为潜在租户去寻求那些已知没有租出且可租住的房间,有时要亲自拜访户主家收集这一信息。

4.通过分析非介入获取的(在参与者不知情的情况下)录音记录,如在线的、电话的或现场的互动的录音,估计临床治疗师或悲痛中心咨询师表现出他们对案主的同情程度,以及相关的帮助技能水平。

5.在何种程度上,那些实际上对黑人低接纳和低容忍的回答人会表现出对黑人的高接纳和高容忍。例如,通过访谈、心理测验或调查问卷确定回答人报告的接纳度和容忍度,再经过一段时间后,通过非介入的观测,即在自助餐厅,他们更多地光顾白人收银员而非黑人收银员,或者在服务过程中,显出细微的(如非言语的或姿态上的)拒斥或敌意,估计他们实际的接纳度和容忍度。

6.在何种程度上,相比于没有患过精神疾病的人,潜在的社区雇主会把岗位给予或不给予那些宣称曾经患有精神疾病的人。康涅狄格大学的阿梅里戈·法里纳教授和同事已用这种方法做了几项研究,有时还使用了隐藏的录音设备。

7.在何种程度上,具信是写给某个精神病患,而被意外"遗失(lost)"在各种地点的信会被其发现者转给(寄给)收件人。

8.在何种程度上,可以发现学生对其课程或教授的两种评估方式间的差异,一种基于访谈或介入性的书面评估,一种来自对学生在等候室或自助餐厅的对话的非介入记录。

9.在何种程度上,通过非介入观察可以发现,黑人顾客可能在商店受到的服务比白人糟糕,或者在购买旧车或其他商品时,相比于白人,被给予更高的报价。

10.在何种程度上,一段时间后,大学生的品行和校风的变化,可以反映在大学书店里所售服饰或其他商品上印制的大学的校色、校标或校名的变化上。

11. 可以依据"精神疾病(mental illness)"这个标签,检查报纸上的文章和新闻的内容,来判断一个社会对待精神疾病的态度的性质以及一段时间内的变化。人们可以如此开展此项研究,例如,在加拿大报纸索引中,依照此标题(精神疾病),查看所有存档的加拿大报纸的新闻和故事,然后比较其近期和前期的内容。使用存档的或"持续的(running)"记录(Lee, 2000)或内容分析【Content Analysis】(例如,从即存资料中获取观测数据)——而不是直接引入或观察参与者——是当下一种流行的非介入数据收集方式。

12.最后一个例子涉及使用吸引力不断增强的互联网去收集非介入获取的数据和观察资料。互联网呈现了一种数据资源,并且容许以非介入研究的方式探查在线用户的自我表达的内容和方法。另外,这一领域的研究者极大地摆脱了通常研究在时间、空间和费用上的限制。李(Lee,2000)的文献是对互联网为基础的(internet-based)研究的极佳讨论,列述了互联网研究的诸要点,还给出了许多例子。例如,对主页(home page)风格和内容的研究可以成为了解个人、群体或组织的一种手段。有时,关于敏感主题的研究信息可以通过建立可靠的和保密的在线联系来收集。许多互联网行为(behavior)的匿名性让我们有机会可以研究那些处于虚拟环境中,完全不在乎他人如何"看(look)"的在线用户。同样,可以研究计算机的使用和沟通模式以及聊天室(chat rooms)中的在线发帖模式、在线讨论模式或新闻组模式。

伦理考量和非介入方法的现状

此外,欲评估非介入方法的现状还要考虑获得参与者的知情同意【Informed Consent】的问题。首先,我们注意到许多在韦布等人(Webb et al.,1966)著作第一本书的时代流行的通用研究方法,现在仍然很受欢迎并被普遍使用。这一点能反映出对同意问题的普遍重视;此即,它们之所以仍然盛行,不是因为它是效度的固有的或绝对的保证,而是因为通常研究者获取和记录参与者愿意参加的同意书并不困难。这一观点与现在流行的社会建构论(social constructionism)是一致的,即研究参与者必须被看作真正参与到其提供数据的研究之中。由此,建构主义观点把参与者看作帮助研究者创造结果,好像他们同研究者之间具有的研究关系(research relationship),是一种共存类型。基于此种观点,事实和知识并不是被发现的(像我们一般假定的那样),而是被发明的或是由社会共识创造出来的。(心理学的研究参与者直到最近,被称为受试者,这一词对于社会建构主义者来说,意味着他们是被动的,像物体一样,而不是帮助研究者创造知识的人。)

于是,非介入方法由于通常在没有研究参与者的合作或知晓的情况下进行资料收集,所以很难在研究的方法论或认识论上取得当下的盛行。当然,对于韦布等人(Webb et al.,1966)来说,尽管在某些背景下,参与者的积极参与、知情同意及合作仍然是适用的,但是它们不是研究的根本目标。相反,它们代表了要去避免的反应性的来源或至少需要由其他测量来补充。大体上,非介入测量的真正目的和目标在于有效地拒绝对特定类型数据的依赖和寻求——此种数据需要积极获得研究参与者知情同意(和合作)(Page, 2000)。尽管我们关注反应性方法的概推性和效度,但是在当下学生的研究课程或研究工作中,非介入方法很少获得强调。据韦布等人在他们先前著作的修订版(Webb et al.,1981)中所作报告及李(Lee, 2000)的转引,尽管大部分的社会科学家看似都承认非介入测量的价值,但目前这种方法的实际应用并不常见。

非介入测量确实涉及伦理陷阱,同时,在一些情形下,它们的使用甚至在法律上是不妥当的。在参与者不知情的情况下,记录或观测特定行为,或者如一些已经实施的研究,在公共场所创造模拟的突发情境,并观测公众的反应,这些做法可能是有问题的或令人难堪的。有时,从非介入方法得到的数据可能并不比由其他方法得到的数据更可靠或更容易解释,因此,在某些场合,人们必须慎重地考虑它们。另一个问题是,如果替代的方法并没有受到反应性的过度影响,且可以获得参与者的知情同意,那么,一项研究是否应避免非介入测量。李(Lee,2000)还描述了几项由于使用互联网进行非介入研究带来的伦理问题。这些问题都涉及在公共的和私人的领域间划定界限的困难,以及保护在线参与者的秘密,而这点至为关键。这里,我们提请读者注意,韦布等人(Webb et al.,1966)没有把非反应性方法视作天然的非伦理的,实际上,把它们看作可以让研究者高枕无忧的方法,即在不引发参与者生活上的不便、担忧或搅扰的情况下收集资料。同韦布等人(Webb et al.,1966,1981)和其他人的著作相一致,关于非介入方法不断增多的考量认为,这种方法具有补充传统方法并引导我们走出对反应性数据依赖的潜力,从而有效地让我们再次认识到研究观测的概推性这一基本问题以及实施三角测量【Triangulation】的必要性——使用不同类型的测量来研究某个特定的问题或假设。我们还提请读者注意,唐纳德·坎贝尔确信社会科学研究最终应该为了他人而开展,即出于共同体和社会的利益。应用某种方式的非反应方法的研究,虽然有时还涉及具有一定科学合理性的对参与者的某种欺骗,但是具有生成惊人的、意料外的,常常也是反自觉的结果的潜力——也因此具有特别的兴味和价值。

——Stewart Page

(王玥译　赵锋校)

参考文献

Lee, R. (2000). *Unobtrusive methods in social research*. Buckingham, UK: Open University Press.

Page, S. (2000). The lost art of unobtrusive measures. *Journal of Applied Social Psychology*, *30* (10), 2126-2128.

Webb, E., Campbell, D., Schwartz, R., & Sechrest, L. (1966). *Unobtrusive measures: Nonreactive research in the social sciences*. Chicago: Rand-McNally.

Webb, E., Campbell, D., Schwartz, R., Sechrest, L., & Grove, J. (1981). *Nonreactive measures in the social sciences*. Dallas: Houghton-Mifflin.

非标准化的(Unstandardized)

非标准化的概念可以同术语标准化的相对照而获得最佳理解。标准化是将不同公制的统计量转换到一个共同的公制上,从而允许比较。换言之,如果统计量是非标准化的(有不同的测量条件),它们就不能相比。以多元回归方程的非标准化的偏回归系数【Partial Regression Coefficient】或斜率为例。考察这样一个有关巴西的时间序列数据,1970—1990(World Bank,1997):$\hat{Y}=-5\,764+110X_1+28X_2$,其中 $\hat{Y}$ 是以美元计算的人均国民生产总值(Gross National Product,GNP),X_1 是城市人口的百分比,而 X_2 是以10亿美元为单位的资本净流入。两个变量,X_1 和 X_2,检验都显著。结果表示巴西城市人口百分比增加1%,平均而言,伴随有110美元人均GNP的增加,而增加10亿美元流入巴西的净资本则伴随有28美元人均GNP的增加。然而,非标准化的偏回归系数或斜率,并不说明哪个变量,城市人口还是资本净流入,对因变量,即人均GNP有更大的影响。尽管,就城市人口百分比而言,其斜率值更大,清楚地表明城市人口增加1%完全不同于资本净流入增加10亿美元。事实上,可以将资本净流入的测量单位从10亿美元变为兆美元,进而人为地增大资本净流入的斜率(非标准化的偏回归系数)。斜率的大小,即非标准化的回归系数,并不意味那个自变量同因变量上的更大变化相关联。

为便于比较自变量【Independent Variable】对因变量【Dependent Variable】的影响,我们可以在一个共同的标尺上将变量标准化,从而产生标准化回归系数【Standardized Regression Coefficient】,也称之为Beta权。计算自变量和因变量距离各自均值相对于标准差【Standard Deviation】的位置,可以将它们标准化。这一程序会产生新的变量值,然后用这些新的值重新估计回归方程(在分析数据时,该程序可以由统计软件实现)。Beta 权或标准化的回归系数是"保持其他自变量不变的情况下,伴随着变量 X 上一个标准差的变化,变量 Y 上平均的标准差的变化"(Lewis-Beck, 1980, p. 65)。这一转换现在容许估计哪一个自变量同 Y 上的更大变化相联系。在该例中,我们发现城市人口上 1 个标准差的变化伴随着人均 GNP 上 0.99 个标准差的变化,相比之下,资本净流入上 1 个标准差的变化只在人均 GNP 上伴随有 0.17 个标准差的变化。无疑,城市人口对于解释人均 GNP 的变化似乎更重要,资本净流入则不太重要。

标准化程序利用了正态分布【Normal Distribution】的已知属性,从而容许比较一个模型的自变量。然而,偏回归系数的标准化仅仅容许同一个样本内的比较。Beta 权不能跨样本比较,例如,确定城市人口百分比在阿根廷是否伴随有相似大的人均 GNP 的变化,假定巴西和阿根廷之间自变量和因变量的方差【Variance】不同。因此,跨样本的 Beta 权的比较可能人为地改变 Beta 权的值,进而可能导致错误的结论。相反,如果在两个样本中有相同的公制,用非标准化的回归系数,跨样本地比较一个变量,如城市人口对人均 GNP 的效应是适当的,因为非标准化系数对不同的 X 的方差不敏感。

标准化的概念还用在其他统计量度和概念上,如标准正态分布、标准分【Standard Scores】和相关系数【Correlation Coefficient】。相关系数是两个变量间关联【Association】强度的量度。这一量度不会随测量单位的变化而改变,而测量单位的改变会影响协方差【Covariance】的量,因为相关系数只是通过使用每个变量的标准差计算其标准分,再得到标准化的协方差。协方差的标准化给出了一个关联的统计量,它更符合直觉,比起协方差统计量也更有用。因为协方差统计量缺少上界和下界,所以它不能提供关联强度的量度。我们不知道,协方差值的巨大是否反映了一个强的关联,抑或只是变量的测量单位的结果。标准化通过迫使关联的量度位于-1 和 1 的区间内,以-1 或 1 表示完全的线性关联,从而取消了上述问题。

标准正态分布和标准分为许多统计技术的实施提供了基础。这里,关于 Beta 权和相关系数的例子同时使用了这两个概念。标准分(也称作 Z 分数或标准化的变量)可以通过使用标准正态分布的概念,标准化相关变量而获得。某个变量 X 的标准分可以表示成变量值 x_i 减去样本均值,再除以标准差 s,其结果是一个带有标准正态分布(均值为零,方差为 1)的变量。如上述例子所示,标准化的本质是发现一个共同的公制,以此为基础,有不同公制的统计量或变量可以被评估。

——Jacque L. Amoureux

(赵锋译校)

* 也可参见标准化回归系数【Standardized Regression Coefficients】。

参考文献

Lewis-Beck, M. S. (1980). *Applied regression: An introduction* (Sage University Paper Series on Quantitative Applications in the Social Sciences, 07-022). Beverly Hills, CA: Sage.

Lewis-Beck, M. S. (1995). *Data analysis: An introduction* (Sage University Paper Series on Quantitative Applications in the Social Sciences, 07-103). Thousand Oaks, CA: Sage.

World Bank, International Economics Department. (1997). *World tables of economic and social indicators, 1950-1992* [Computer file]. Ann Arbor, MI: Interuniversity Consortium for Political and Social Science Research.

非结构访谈(Unstructured Interview)

非结构访谈包括不同的类型:创造性的、积极的、后现代的和女性主义访谈。他们享有共同的关注,允许被访者尽可能自由地回答开放式问题【Open-Ended Question】,并在自己的指导下回答。访谈被视作在访谈者与被访者间完成的一项互动。

非结构访谈,也被称为深度访谈,并不依赖于封闭式【Closed-Ended】或结构化的问题。访谈者通过提开放性的问题或只是提示被访者,求取某个既定主题的信息。访谈可能被录音,或者在访谈期间,极少在访谈刚结束后,访谈者做访谈记录。

为了访谈取得成功,访谈者必须获得回答者的信任。访谈者可通过自己的学术地位或研究领域获得信任,或通过暂时成为被观察群体的一员而获得信任;有时,可以付费给回答者让他们参与访谈(比照 Malinowski, 1989)。非结构访谈常与参与观察【Participant Observation】一起开展;实际上,芝加哥学派对1930年代的许多经典研究几乎完全依赖于非结构访谈(Harvey, 1987)。

近年来,非结构访谈出现了许多互相有别的形式。它们可以分为以下子类:

创造性访谈。在创造性访谈中,根据他自己以及他的研究生的研究,杰克·道格拉斯(Douglas,1985)提出了非结构访谈的不同技术。传统上,访谈者试图保持中立,不以任何方式影响研究。因此,作为个体,访谈者是谁同访谈是没有关系的。道格拉斯感觉不是这样的。他论证说,在非结构访谈中,一项无根据的假设是,回答者将如实地去回答。然而,道格拉斯扪心自问,如果人类在日常生活中总是撒谎,那么为什么回答者就有所不同呢?为了实现最大限度的真实和全面公开,道格拉斯认为访谈者要给予补偿。访谈者必须向回答者揭示自己私生活中的一点隐私,从而真正地成为一个人,而不是一个没有人情味的、中立的访谈者,这样才能希望获得回答者的信任。此外,道格拉斯指出,通过回答者获取的信息必须通过使用其他知情人不断地检查其真实性。知情人最好是所研究群体的边缘成员,并因此心怀不满,才可能去泄露他们群体的信息。

积极访谈【Active Interview】。詹姆斯·霍尔斯坦和贾布尔·古布里乌姆(Holstein & Gubrium,1995)不再把访谈当作单向的事务——访谈者利用技术,最大限度地从被访者那里收集最大量的信息。代之,霍尔斯坦和古布里乌姆把非结构访谈看作访谈者与回答者间的积极互动。所得资料远不是中性的。毋宁,访谈是两个个体或更多个体共同达成的协商结果。该结果依赖于双方(两方共同创造了一个故事——访谈)合作的水平和互动的能力。访谈不发生在真空中,而是受它发生的背景的影响。对霍尔斯坦和古布里乌姆而言,访谈的另外的相关维度取决于,结果是如何达成的(对影响访谈的要素的反思性分析),以及达成了何种(what)结果(访谈的实质发现)。

后现代访谈。后现代访谈是非结构访谈的另一个子类。后现代主义【Postmodernism】是一系列渗透在许多学科中的哲学观念。尽管大可争议,但是它已然给非结构访谈带来了一些重要的思考。后现代主义拥护元理论和范式【Paradigm】之终结,希望应该转向对日常生活的细枝末节的研究和理解——像社会成员自身那样去看。显然,由后现代的观念,非结构访谈可以获得新的理解,特别是在表述对于非结构访谈的权力结构的关注时。传统上,访谈者控制访谈——提出问题、决定什么是相关的、确定访谈持续的时间以及选择如何使用

访谈结果。后现代主义者认为,回答者被利用了,而且以无利于他们的目的去用他们和他们的信息是不道德的。后现代社会学家拒绝此种访谈模式,而偏向于公开的政治合作式的访谈。他们提倡对无特权群体的研究,辅之以帮助他们的开放议程。这是对于中立和客观性【Objectivity】的传统社会学观念的直接抗议。因为访谈结果将以帮助受研究群体的方式而被应用,所得结果就是公开的派性偏见(partisanship)。

女性主义访谈。最后一个子类来自女性主义访谈。通常,女性主义访谈联系着长期的口述史【Oral History】方法。女性主义者把传统的非结构访谈看作高度家长作风的(paternalistic)和有偏见的。传统访谈中,访谈者和研究的关注点均倾向于完全地以男性为中心。对于女性主义者而言,应该留意受访女性的关注点。同时,通过引入女性访谈者,访谈中的紧张得到极大缓解。女性对女性的访谈打开了一扇门,带来更加开放的信息流露,因为被访者摆脱了他们在传统的男—女访谈中的从属地位。于是,她们可以无所顾忌地讲出那些先前难以启齿的问题和议题。女性主义的访谈目的在于帮助被研究的女性,而不是利用她们和她们的信息。

总之,记住上述所有的变种,非结构访谈是探索社会学知识的基础工具。提出问题和获取答案的方法论允许社会学家去理解日常生活对其成员的意义。访谈的无结构特质并不排除可能的回答,却保留了一个完全开放的领域,从而培育对社会更广泛的理解。

——Andrea Fontana

(王玥译 赵锋校)

参考文献

Douglas, J. D. (1985). *Creative interviewing*. Beverly Hills, CA: Sage.

Harvey, L. (1987). *Myths of the Chicago school of sociology*. Aldershot, England: Avebury.

Holstein, J., & Gubrium, J. (1995). *The active interview*. Thousand Oaks, CA: Sage.

Malinoswki, B. (1989). *A diary in the strict sense of the term*. Stanford, CA: Stanford University Press.

专注于效用的评估(Utilization-Focused Evaluation)

专注于效用评估的前提是,评估【Evaluation】应根据效用和实际应用来评判;因此,评估者应通过从头至尾、仔细地检讨政策实施过程中的每一件事将怎样影响其应用,来促进评估过程和进行评估设计。关注点在于目标用户的预期应用。评估者需要发展同目标用户的关系,以帮助他们确定需要哪种评估。专注于效用的评估不建议任何特定的评估内容、模式、方法、理论甚或应用。毋宁,它是一个针对主要目标用户的特殊处境,帮助他们去选择最适当的内容、模型、方法、理论和应用的过程。评估者同确认的主要用户群合作,共同努力于对他们的预期应用的评估。

——Michael Quinn Patton

(王玥译 赵锋校)

参考文献

Patton, M. Q. (1997). *Utilization-focused evaluation: The new century text* (3rd ed.). Thousand Oaks, CA: Sage.

V

V

参见对称量度【Symmetric Measures】。

效度(Validity)

社会科学研究中最重要的步骤之一是对理论构念【Construct】进行测量【Measure】。为了能够经验地验证和检验研究中的现象,将理论【Theory】所描述的抽象概念【Concept】同那些概念的经验指标【Indicator】联系在一起是极重要的。一个抽象的理论概念同它的经验显现的关联是效度的核心。

一般而言,效度被定义为,测量工具在多大程度上测量了它所要测量的内容。然而,严格地讲,一位研究者能够估计一次测量的效度的唯一方式即通过验定"得自于一个具体程序的数据的一项解释"的有效性。此处清楚地隐含着,一个测量工具可能对测量某个现象是相对有效的,但是对于测量另一现象则可能是无效的。因此,测量工具本身是不用效度确认的,但是要确认测量工具同它所用于的目的的关系的效度。

在此我们要考察三种基本效度类型:效标效度【Criterion-Related Validity】、内容效度和构念效度【Construct Validity】。每一种类型以不同的方式评估效度,同时每种都有其用途和局限。

效标效度或称为预测效度是最接近上文效度定义的一种。如果一个量具对于某些其他的、外在的测量或准则有精确的预测,该量具即被认为相对有效。例如,通过表明一项书面的航空飞行员考试对于一群人能实际驾驶飞机的水平有精确的预测,人们可以确认该考试的有效性。效标效度的程度由测验和效标之间的对应程度来表示。事实上,这种相关【Correlation】是唯一一种与效标效度相联系的证据。

效标效度有两种具体的类别。一方面,如果效标当下已经存在,并且与一个当前的测量相关,那么我们即在运用并行效度(concurrent validity);另一方面,预测效度聚焦于一种情形,即测量预测了一个未来的效标或结果。于是,这两类效标效度的差异在于考虑效标的时间位置——当下或是将来。

内容效度是另一种基本效度类型。这类效度专注于一项具体的经验测量多大程度上反映了一个专门领域的内容。例如,一项对世界历史的测验如果只关注了美国或者欧洲的历史,那么它就不具备内容效度。在评估内容效度时,一个研究者必须考虑以下几个方面。首先,研究者必须能够指明相关内容的整个领域。在上文的例子中,一项对世界历史的测验需要涵盖世界的所有地区,以及有记载的整个历史时期。对于社会科学研究中发现的许多抽象理论概念而言,通常难以指明内容的整个领域。其次,研究者必须取得测验领域的一个适当的样本。这里的难点在于,并不总是能够从整个内容领域得到样本。最后,关于内容的样本必须以适宜测验的形式呈现。因此,虽然直觉上内容效度具有吸引力,但是在社会科学中内容效度通常难以估计。

效度的第三种基本类型是构念效度。从根本上说,构念效度关注于根据理论期望,一个量具表现得有多好。评估一个量具的构念效度包括三个特定但又相互关联的步骤。首先,我们必须指明两个或更多理论构念之间的理论关系。其次,必须考察构念的量具之间的经验关系。最后,经验关系的证据必须依据它如何厘清特定量具的构念效度而予以解释。因此,如果基于理论思考,可以预见种族歧视在受教育程度较低的人群中的普遍程度比在受教育程度高的人群中高,人们可以通过检查一个种族论的测量是否同教育负相关,来评估它的构念效度。这个例子表明,构念效度只能在一个给定的理论背景内进行评估,因为这一生成相关理论预测的背景才是此类效度的核心。因为构念效度评估被直接地编织在社会科学理论的网中,所以,在社会科学中,它被视为比效标效度或内容效度都更符合效度的概念。

——Edward G. Carmines

Jame Woods

(马妍译　赵锋校)

参考文献

Carmines, E. G., & McIver, J. P. (1981). *Reliability and validity assessment* (Sage University Paper Series on Quantitative Applications in the Social Sciences, 07-017). Newbury Park, CA: Sage.

Nunnally, J. C. (1978). *Psychometric theory*. New York: McGraw-Hill.

Spector, P. E. (1992). *Summated rating scale construction: An introduction* (Sage University Paper Series on Quantitative Applications in the Social Sciences, 07-082). Newbury Park, CA: Sage.

变量(Variable)

一个变量是其值会变化的事物,同常量——总是有同一值——相反(如数字 2)。变量是事物可观测的特征,可以取几个不同的值,或者可以被置入几个不同的类别。例如,学生在某项测验上的得分就是变量,因为它们有不同的取值,同时,宗教也可以被当作变量,因为可以有多个种类。科学家有时对确定的常量感兴趣,如 π,圆周的面积同其半径平方之比。然而,统计学主要研究变量而非常量。

如果,对于任意数 a,当 X 小于或等于 a 时,存在一个概率 p,则量 X 是一个随机变量。一个离散随机变量是只取得若干确定值的随机变量,例如,某次选举中新候选人的数量。相反,连续随机变量则是可以在某个范围内取任意值的随机变量,例如,一个人的身高[用 1 英寸(1 英寸 = 2.54 厘米)的最小可能的分数予以测量]。

数据分析常常包括关于变量间关系的假设【Hypothesis】,例如"如果 X 的值增大,那么 Y 的值也趋于增大(或减少)"。如果假设涉及潜变量间的关系,即抽象概念间的关系。这些概念还必须化成显变量,以便它们在实际研究中可以被测量。

在统计分析中一个基本的区分是因变量【Dependent Variable】和自变量【Independent Variable】间的区分,前者是研究者欲以解释的,而后者则作为因变量的预示变量。例如,在回归【Regression】中,因变量是 Y 变量【Y Variable】,位于回归方程 $Y=a+bX$ 的左侧,而 X 是自变量,位于方程的右侧。

统计分析的起点常常是逐一检视感兴趣变量的分布,包括计算适当的单变量统计量。变量随时间的变化还可用时间序列分析【Time-Series Analysis】予以检视。而单变量分析通常只是双变量分析【Bivariate Analysis】或多元分析【Multivariate Analysis】的起点。例如,在方差分析【Analysis of Variance】中,研究者考察在多大程度上实验条件会影响因变量的方差。

——Herbert F. Weisberg

(赵锋译校)

参考文献

Lewis-Beck, M. S. (1995). *Data analysis: An introduction.* Thousand Oaks, CA: Sage.

变量参数模型(Variable Parameter Models)

人们通常假定在联系自变量【Independent Variable】和因变量【Dependent Variable】的回归【Regression】方程中,参数 beta(β)对于所有的观测值都是恒定的。但是对于时间序列【Time-Series】数据,人们可能将参数 β 模型成随时间变化的,并假定这一变化遵从某些共同且连续的时间序列过程。因此,最简单的时间序列变量参数模型可写作 $Y_t=\beta_t X_t+\varepsilon_t$,其中 $\beta_t=\rho\beta_{t-1}+v_t$。

这样的模型可以由最大似然估计【Maximum Likelihood Estimation】法经过 Kalman 过滤器(Kalman filter)来估计。人们也可以检验参数是否随时间变化(或者如上面的模型呈连续的变化,或者以更加离散的方式变化)。这些模型也被称作随机参数回归模型(stochastic parameter regression model)。

——Michael S. Lewis-Beck

(赵锋译校)

* 也可参见随机系数模型【Random-Coefficient Model】。

参考文献

Newbold, P., & Bos, T. (1985). *Stochastic parameter regression models* (Sage University Paper Series on Quantitative Applications in the Social Sciences, 51-001). Beverly Hills, CA: Sage.

方差(Variance)

参见离中趋势【Dispersion】。

方差成分模型(Variance Components Models)

统计模型,如回归【Regression】或方差分析【Analysis of Variance】将观测到的变异分解成一个同解释变量或实验处理相连的系统部分和一个随机部分。通常,随机变异由单个误差项代表。当两个或多个随机变异的来源影响某个现象,变异的随机部分可以用一个方差成分模型来表示。

方差成分模型在社会科学中的应用包括,对来自多阶抽样【Multistage Sampling】设计的数据分析,用以估计测量质量的概化研究(见概化理论【Generalizability Theory】),包括随机因子的实验以及带有重复测量的纵贯研究。方差成分模型构成了多层次分析【Multilevel Analysis】或层级线性模型【Hierarchical Linear Model】的随机部分。

考察一下这样一个简单的模型,观测值为 y_{ij},来自两阶段样本:$y_{ij}=\mu_y+a_i+e_{ij}$;μ_y 是总体均值,a_i 是第一阶段的误差项,而 e_{ij} 是第二阶段的误差项。第一阶段的误差项 a_i 被称作随机效应。在教育研究中,一阶抽样单位可能是学校,第二阶段的阶抽样单位就是校内的学生,而量 y_{ij} 表示第 i 个学校中被抽中的第 j 个学生的数学成绩。这时,一种来源的随机变异(学生)内嵌于另一种(学校)之中。对应的方差成分模型是 $\mathrm{Var}(y_{ij})=\sigma_a^2+\sigma_e^2$,其中 σ_a^2 是来自第一阶段抽样单位(学校)的方差成分,而 σ_e^2 是第二阶段抽样单位(校内学生)的方差成分。

方差成分测量了 y_{ij} 中可归之于不同误差来源的随机变异组成。例如,量

$$\rho=\frac{\sigma_a^2}{\sigma_a^2+\sigma_e^2}$$

给出了总随机变异中属于第一阶段单位(学校)的比例。ρ 称作组内相关【Intraclass Correlation】,也测量了聚集于第一阶段单位内的第二阶段单位间同质的程度。

在做统计推论时,应用方差成分模型可以将观测值间的相互依赖纳入解释。在上述例子中,人们可以从每个 M 学校的 n_i 个学生所构成样本,或者根据总的观测值 $N=\sum_{i=1}^{M}n_i$,来估计 μ_y。某个学校内学生的 n_i 个观测值并不独立,因为它们共享一个学校水平的误差值 a_i。在分析样本时,若假设它含有 N 个独立的观测值,会导致对 μ_y 的估计有太小的标准误,即 μ_y 的信度区间太窄,同时,与 μ_y 的假设检验相连的 p 值也会太低。

方差成分的估计通常假设随机效应呈均值为 0 的独立且相同的分布,并据此进行。方差分析(ANOVA)法利用如下事实,即在方差分析中期望均值的平方可以表示作方程成分的线性组合,从而将方差成分作为观测所得的均值平方的函数来估计。最大似然【Maximum Likelihood, ML】法和受限的最大似然(REML)法通过取得某个似然函数的最大值,获得方差成分的估值。这就要求关于随机效应分布形式的假设,而通常都设定其为正态分布。ML 和 REML 已经成为估计方差成分的首选。而这些估计值通常由迭代技术获得。

作为一个例子,上述模型可以应用到 1993 年一般社会调查的样本上,其中包含对来自 111 个初始抽样单位(PSU)的 1 015 名回答者的 10 项词汇测验。REML 参数估计值分别是 $\hat{\mu}_y=6.00$,$\hat{\sigma}_a^2=0.44$ 和 $\hat{\sigma}_e^2=4.09$。总方差为 4.53,而被估的组间相关系数是 0.10:大约 10%的词汇分的方差存在于 PSU 之间,而剩余的 90%的方差在 PSU 之内。$\hat{\mu}_y$ 的估计标准误是 0.09,因此,均值 95%的置信区间是(5.82, 6.18)。如果假定1 015

个观测值是独立的，从而忽略回答者在 PSU 内的聚集再分析数据，均值的标准误为 0.07，而 μ_y 的置信区间也相应地变得更窄。

研究若多于两个随机变异来源，就需要更复杂的方差成分模型。根据随机变异来源的数量以及它们相互交叉或嵌套的方式，这些模型还将采取不同的形式。例如，在一项关于工作表现评定的概化研究中，几个评分者可能根据若干项工作内容来对几个雇员的工作质量分别打分。评分者、工作内容和雇员在评定过程中是随机变异的交叉来源。若假定三个来源间不存在交互效应，对于评分 y_{ijk}，即由第 j 个评分者对第 i 个雇员在第 k 项工作上打分的模型是 $y_{ijk}=\mu_y+a_i+b_j+c_k+e_{ijk}$，其中 μ_y 是评分的均值，而 a_i，b_j 和 c_k 分别是雇员、评分者和工作内容的随机效应。方差 $\mathrm{Var}(y_{ijk})$ 模型作 $\sigma_a^2+\sigma_b^2+\sigma_c^2+\sigma_e^2$，其中四个方差成分分别指雇员、评分者、工作内容和误差。这些方差成分可用于计算概化系数（相似于组间相关系数），以此来反映评分过程的可靠程度。

在多元回归模型中，参数中的随机变异会导向其他的方差成分模型。一个例子是在第 i 个学校的样本中第 j 个学生的数学成绩（y_{ij}）对其 IQ（x_{ij}）的简单线性回归：$y_{ij}=a_i+b_ix_{ij}+e_{ij}$。具体学校的截距 a_i 围绕某个平均的截距随机地变化，如 $a_i=a+\mu_i$，而具体学校的斜率 b_i 则围绕某个平均的斜率 b 随机变化，如 $b_i=b+v_i$。对于学校水平的回归参数的随机效应 u_i 和 v_i 是得分 y_{ij} 中的随机变量源，因此，回归方程可以重写作 $y_{ij}=a+bx_{ij}+u_i+v_ix_{ij}+e_{ij}$。由此，给定 IQ 下成绩的方差，即 $\mathrm{Var}(y_{ij}\mid x_{ij})=\sigma_u^2+x_{ij}^2\sigma_v^2+2x_{ij}\sigma_{uv}+\sigma_e^2$，其中，$\sigma_u^2$ 是学校水平对截距的方差成分，σ_v^2 是学校水平对斜率的方差成分，σ_e^2 是来源于学校内学生的方差成分，而 σ_{uv} 是学校水平对截距和斜率的随机效应的协方差。在带有多个嵌套水平和多个随机系数的模型中，可能出现相当复杂的随机变异结构。

——Peter V. Marsden

（赵锋译校）

参考文献

Searle, S. R., Casella, G., & McCulloch, C. E. (1992). *Variance components*. New York: Wiley.

Shavelson, R. J., & Webb, N. M. (1991). *Generalizability theory: A primer*. Newbury Park, CA: Sage.

Snijders, T. A. B., & Bosker, R. J. (1999). *Multilevel analysis: An introduction to basic and advanced multilevel modeling*. London: Sage.

方差膨胀因子（Variance Inflation Factors）

方差膨胀因子（VIF）测量了回归【Regression】分析中预测变量间的多重共线性【Collinearity】对估计【Estimation】精度的影响。问题中的方差是回归系数【Regression Coefficient】的抽样【Sampling】方差。方差膨胀因子这一术语可能由唐纳·马夸特（Marquardt, 1970）造出。

思考一下线性回归模型

$$y_i=\alpha+\beta_1x_{1i}+\beta_2x_{2i}+\cdots+\beta_kx_{ki}+\varepsilon_i$$

其中，y_i 是 n 个观测值中第 i 个因变量的值；x_{1i}，x_{2i}，…，x_{ki} 是预测变量【Predictor Variable】；ε_i 是误差项，通常假定不同观测值的误差项相互独立且服从均值零，恒定方差 σ^2 的分布；α 是回归常量；而（在预测变量是数量型的模型中）$\beta(s)$ 是各个斜率系数。

β_j 的最小二乘【Least-Squares】估计值 b_j 的抽样方差是

$$V(b_j) = \left[\frac{\sigma^2}{(n-1)s_j^2}\right]\left[\frac{1}{1-R_j^2}\right] \quad (1)$$

其中，$s_j^2 = \sum(x_{ji}-\bar{x})^2/(n-1)$ 是第 j 个预测变量的方差，而 R_j^2 是 x_j 对其他 x 回归所得的多元相关的平方。方程（1）右侧的第二个因子 $1/(1-R_j^2)$ 被称作 b_j 的方差膨胀因子或 VIF_j，表示多大程度上预测变量间的共线性降低了 b_j 的估计精度，即相对于有类似散布，但不相关的预测变量而言。方差膨胀因子的平方根表示共线性对 β_j 的置信区间的影响大小。

这里需要提醒的是，方程（1）还包括其他的、更普遍存在的、估计的不精确的来源：大的误差项方差 σ^2；小的样本量 n；以及带有小离散值 s_j^2 的预测变量。这里还需指出，共线性必须非常强才能导致回归估计精度实质地降低。图 1 画出了方差膨胀因子的平方根对多元相关 R_j 的曲线图；如图 1 所示，即便 R_j 大到 0.8，VIF 的平方根仍然小于 2。而预测变量间的多元相关要大到0.8，在社会科学数据中是鲜见的。

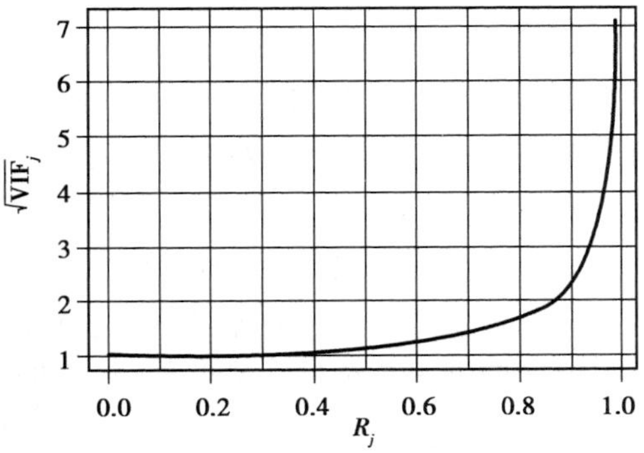

图 1 方差膨胀因子 VIF_j 的平方根，作为来自变量 x_j 对其他预测变量回归的多元系数 R_j 的函数

方差膨胀因子适用于线性模型中的单一系数（one-coefficient）项，如带线性效应的数量型预测变量。多系数（multiple-coefficient）项，如用以代表某个类别预测变量的一组二分回归项——需要更一般的方法，因为一组关联的回归项间的相关受到对模型无关紧要的变化的影响（如对一组二分回归项而言，改变其基准类别）。约翰·福克斯和乔治·莫内特（Fox & Monette，1992）通过比较两个回归系数子集（相关的预测变量和不相关的预测变量）的联合置信区间的大小，为此类情形提供了方差膨胀因子的一个一般解。

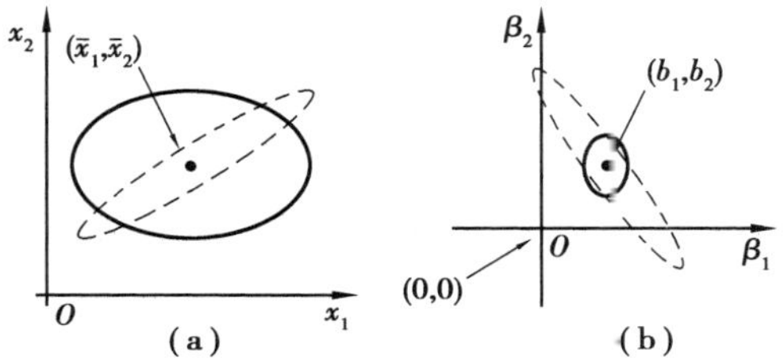

图 2 （a）无关（实线）预测项及高度相关（虚线）预测项的数据椭圆；（b）对应的 95%的置信椭圆

两个回归系数的联合置信区间由一个椭圆所限定；对于三个系数，它是椭圆体的，而对于三个以上的系数，它就是超椭圆体的。图 2（a）给出两个“数据椭圆”：实线椭圆用以表示不相关的预测项 x_1 和 x_2；椭圆的两个轴则分别平行于数轴 x_1 和数轴 x_2。虚线椭圆用以表示高度相关的两个预测项，其 $r_{12}=0.95$；椭圆的倾斜反映了两个预测项的正相关。两个椭圆都是标量的，因此，它们在数轴 x_1 和 x_2 之上的投影是预测项的标准差；同时注意，两个椭圆都以预测项的均值为中心。就两变量的正态预测项而言，数据椭圆也是一个恒定的概率密度等高线，但是无论 X 的联合分布是什么形式的，数据椭圆是预测项的散布和相关的绘图呈现。

图 2（b）中的椭圆给出了回归参数 β_1 和 β_2 的 95%的置信区间——假定等于样本回归系数 b_1 和 b_2，这些置信椭圆是对应数据椭圆 90°旋转后的再标量。注意，高度相关的预测项的置信椭圆远大于无关预测项

的椭圆，同时前一个椭圆对于 β_1 和 β_2 而言，各自含有 0 值（尽管不必同时）。

现在，思考一下，把模型中的回归项分成两个子集：子集 $\mathbf{x}_1$，其系数是所有感兴趣的集合，补充的子集 $\mathbf{x}_2$，包含剩余的回归项。一般方差膨胀因子（generalized variance inflation factor，GVIF）比较了同子集 $\mathbf{x}_1$ 相连的联合置信区大小的平方和同子集 $\mathbf{x}_2$ 无关的、类似的、剩余的、回归项的联合置信区大小的平方：

$$\mathrm{GVIF}_1 = \frac{\det \mathbf{R}_{11} \det \mathbf{R}_{22}}{\det \mathbf{R}}$$

其中 $\mathbf{R}_{11}$是子集 $\mathbf{x}_1$ 中的回归项间的相关矩阵；$\mathbf{R}_{22}$是子集 $\mathbf{x}_2$ 中回归项间的相关矩阵；$\mathbf{R}$ 是所有 x 的相关矩阵；而 det 是矩阵行列式。当只有一个回归项在子集 $\mathbf{x}_1$ 中，GVIF 退化为通常的 VIF。

——John Fox

（赵锋译校）

参考文献

Marquardt, D. W. (1970). Generalized inverses, ridge regression, biased linear estimation, and nonlinear estimation. *Technometrics*, *12*, 591-612.

Fox, J., & Monette, G. (1992). Generalized collinearity diagnostics. *Journal of the American Statistical Association*, *87*, 178-183.

变差（Variation）

术语变差指一个变量【Variable】的离差或散布性【Spread】。如果在这个变量上所有的观测值只有同一个值，就不存在变差。当观测值都不相同时，即有变差。变差可被视作该变量异质性的程度。

如果不存在变差，就不必有统计学这一领域。人们感兴趣的变量是有变差的那一类，而统计学则试图估计变差的来源。中心趋势【Central Tendency】量显示，就一个变量而言，哪个值是典型的，而变差量则用以显示该值的典型程度。

就数值数据而言，变差定义作观测值偏离均值【Mean】的平方之和（Blalock，1979，p. 338）。如果 X_i 是变量 X 上的第 i 个观测值，且设 $\bar{X}$ 是均值（见 X-条形图），那么，变差 $= \sum (X_i - \bar{X})^2$。一变量的方差【Variance】则定义为该变量的变差除以观测值的数量 N，并将标准误【Standard Deviation】定义为方差的平方根。

一变量的变差可以归之于系统力（如影响感兴趣的变量的其他变量）或误差【Error】（如测量该变量的误差）。许多统计技术，如回归【Regression】和方差分析【Analysis of Variance】，试图分解因变量【Dependent Variable】上变差的来源。在回归分析中，总变差被分入来自回归的变差和可归之于误差的变差。例如，如果所有的数据点都落于线性回归【Linear Regression】的直线上。那么，所有的变差都归之于回归，而没有变差来自误差项。回归中 R 方【R-Squared】的值是归之于回归的变差同因变量上的总变差之比。在方差分析中，总变差被分解入归之于各个自变量的部分，可能归之于自变量的交互效应【Interaction】的部分和未解释的变差。应用这些技术时，研究者试图寻找能最小化未解释的误差项变差的自变量——受限于使用最少可能且有效数量的预测变量【Predictor Variable】的简省

(parsimony)要求。

就非数值变量而言,变差涉及检查值的散布性。例如,变差比【Variation Ratio】即是几个可用量度之一,可用以估计类别数据中观测值的散布度。

——Herbert F. Weisberg

(赵锋译校)

参考文献

Blalock, H. M. (1979). *Social statistics* (rev. 2nd ed.). New York: McGraw-Hill.

Lewis-Beck, M. S. (1995). *Data analysis: An introduction.* Thousand Oaks, CA: Sage.

变差系数(Variation [Coefficient of])

一个变量的变差系数量度了一个连续变量的标准差【Standard Deviation】与同该变量样本均值的比。保罗·艾利森(Allison,1978)提出变差系数可用于比较两个或多个组别的相对变差。这一系数通常标记作 *CV*,并定义为

$$CV = \frac{s_x}{\overline{X}}$$

除了传统的样本变差量度,如样本方差和标准误外,研究者还可使用多个组别的变差系数,参照某个变量,比如说 *X*,来比较它们的相对变化程度和同质程度。*CV* 上的较高值表示该组别有相对更大的异质性;相反,*CV* 上的较低值则意味着该组别更加同质。

应用变差系数的基本理念是传统的变差量度,如方差【Variance】(或同等的标准差),是标尺-依赖的(scale-dependent)。从根本上说,如果数据被再标尺,方差和标准差也会被再标尺。例如,如果将某个变量的值倍增,亦即倍增其方差,其标准差也随之倍增。如果将年度收入的标尺从元(如36 000元)变到千元(如 36.0 千元),那么,标准差也将相应缩减 1 000 倍(如55 000~5.5)。

标准差和方差的标尺依赖性使得在用它们作跨组比较时会产生错误。变差系数给出了此问题的一个合理解。因为 *CV* 定义中的分子(即 *X* 的标准差,s_x)和分母(即 *X* 的均值,$\overline{X}$)都对标尺敏感,所以当计算变差系数时,标尺的因素即被排除。由此,*CV* 是标尺不敏感的,并且通常会报告成一个比值或一个简单的十进位数值。

为了说明应用 *CV* 作跨组比较的优点,可以假设有一研究者关注两个社区在年收入上的统计同质性。在一个社区里,收入均值是 26 000 美元,标准差为 3 000 美元。另一个社区中,平均收入是 39 000 美元,标准差为 5 000 美元。我们发现,收入均值高的同时有大的标准差。因此,在试图比较这两个组别时,估计年收入的标准差相对于收入均值的大小是有益的。这样可得出两个变差系数:第一个社区为 3 000/26 000 = 0.115;第二个社区为 5 000/39 000 = 0.128。注意两个 *CV* 间的差比两个标准差间的差小很多。

尽管变差系数给出了一个相对散布的量度,在社会科学文献中还是很少报告该系数。杰斯珀·索伦森(Sørensen,2002)指出了应用变差系数的几项缺点。他主张将均值和标准差合并到一个量中,有时可能模糊这两个因子的真正效应,假如标准差和均值对同一项因变量有独立的效应。他建议研

究者在应用变差系数时，需要谨慎。艾利森（Allison，1978）也对几个可供选择的变差量度间的比较给出了更多信息，如变差系数和Theil 指标。

——Cheng-Lung Wang

（赵锋译校）

＊也可参见相对变异（度）【Relative Variation (Measure of)】。

参考文献

Allison, P. D. (1978). Measures of inequality. *American Sociological Review*, *43*, 865-880.

Sørensen, J. B. (2002). The use and misuse of the coefficient of variation in organizational demography research. *Sociological Methods & Research*, *30*, 475-491.

变差比（Variation Ratio）

变差比是针对定类变量【Nominal Variable】的离中趋势【Dispersion】的一个量度。它反映了众数【Mode】在多大程度上代表了数据。它可以用不在众数类别内的个案的比例来计算。变差比在 0～1 变化，越大的值表示变量有越大的散布性：

$$变差比 = 1 - \frac{f_{众数}}{N}$$

其中，$f_{众数}$是众数类别的频次，而 N 是个案的总数。

变差比的下界为 0，当所有个案都在同一个类别时，取得该值。因此，零值显示变量上不存在散布性。

当众数的频次为 1 时，变差比的上界是最大的，意味着每个类别只有 1 个频次，因此，在该变量上，有完全的散布。这时，方差比为 1-(1/N)，随着个案数量的增加，其值接近 1。例如，可能的 9 位社会安全码的变差比为 1-(1/1 000 000 000)= 0.999 999 999，因为每个可能的社会安全码都是唯一的。

如果说一个带有 k 个类别的变量呈均匀分布【Distribution】，即每个类别上存在相等的频次N/k。这时，变差比等于 1-(1/k)。因此，在均匀分布的情况下，变差比的值取决于变量类别的数量。

变差比作为散布性的一个量度，其优点是便于计算。缺点是忽略了数据中的许多信息，因为它没能将个案的完整分布纳入解释。多样性指标、质性变差指标和基于信息理论的熵量都是受所有类别上个案分布影响的散布量度（Weisberg, 1992, pp. 69-74）。

例如，可以思考宗教归属在不同国家内的分布。在美国，大约 60% 的人是新教徒，所以，在美国，宗教上的变差比就是 0.40。与之相比，在波兰，变差比即是 0.10，因为，这个国家有大约 90% 的罗马天主教徒。因此，变差比显示，宗教上的散布性在美国比在波兰更大。然而，这些值并没有反映出其他宗教在这些国家内的散布程度。

——Herbert F. Weisberg

（赵锋译校）

参考文献

Blalock, H. M. (1979). *Social statistics* (rev. 2nd ed.). New York: McGraw-Hill.

Weisberg, H. F. (1992). *Central tendency and variability*. Newbury Park, CA: Sage.

方差极大旋转(Varimax Rotation)

参见旋转【Rotations】。

向量(Vector)

向量是几何空间中有大小和方向的对象。图示上,向量的量通常由线段的长度表示,其方向则由线段终点的箭头表示。文字上,向量可由其上带有箭形符号表示方向的起点和终点来表示。例如,$\overrightarrow{\mathbf{AB}}$表示向量起于 A 终于 B。

在矩阵代数【Matrix Algebra】中,若一个矩阵仅有一列就被称作列向量。与此类似,若一个矩阵仅有一行则被称作行向量。向量的一个常见应用是在回归分析(见普通最小二乘【Ordinary Least Squares】)中,其中,例如它们用以表示在某个 $1\times n$ 的列向量中,n 个因变量的观测值的集合。特征向量和它们对应的特征值【Eigenvector】也可能被用在回归诊断【Regression Diagnostics】中(见因子分析【Factor Analysis】)。

——Timothy M. Hagle

(赵锋译校)

向量自回归(Vector Autoregression,VAR)

参见 Granger 因果关系【Granger Causality】。

Venn 图(Venn Diagram)

在一个 Venn 图中,几何图形重叠的区域具有意义,可以促进对相互关联的概念的理解。鲁斯基(Ruskey,2001)纵览了 Venn 图的历史和它们作为一个技术概念的技术细节。肯尼迪(Kennedy,2002)详细阐明了在它们同社会科学研究方法相关的背景下,Venn 图的应用如何加强了对多元回归分析【Multiple Regression Analysis】的理解。

图 1 给出了一个经典的 Venn 图,其中记作 y 的圆表示因变量 y 上的"变差",而记作 x 和 w 的圆分别表示解释变量 x 和 w 上的"变差"。当做 y 对 x 的回归时,图中蓝区加红区表示可由普通最小二乘【Ordinary Least Squares,OLS】公式用以产生 x 的斜率系数估计值的"信息"。如果这一信息表示 y 上的变差由 x 上的变差唯一地解释,所得的估计值就是无偏的【Unbiased】。更多的信息,由更大的重叠区域代表,将产生有更小方差的估计值(无论这一信息的"真实性"!)。在多元回归背景下,若 y 同时回归于 x 和 w,OLS 估计量用蓝区中的信息去估计 x 的斜率系数,同时,用绿区中的信息估计 w 的斜率系数,而舍弃了红区中的信息。因为红区中的信息并不对应于 y 上唯一可

归之于 x 或 w 的变差,所以没有使用它。估计的结果是 x 和 w 斜率的无偏估计值。

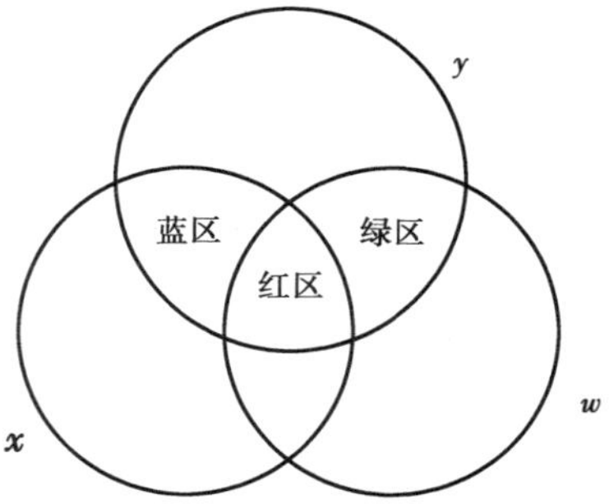

图 1 Venn 图,标注颜色的区域表示可由 OLS 回归生成系数估值的信息

在回归背景下,Venn 图的解释可用于具体说明几项有趣的结果,下面有两个例子:

1.x 和 w 间重叠区域的增加即增加多重共线性【Multicollinearity】的程度。这导致蓝区和绿区的缩减,而红区则相应增大。因为 OLS 公式只应用蓝区和绿区的信息去估计 x 和 w 的斜率,这些估计值仍旧是无偏的,但由于如今只有更少的可用信息,它们的方差则会增加。

2.遗漏相关的解释变量 w 将导致 OLS 公式使用蓝区和红区去估计 x 的斜率。这就会产生由红区的加入而带来的偏倚,但是由于有更多的信息可用,估计值的方差会减少。一个显然的例外是,如果 x 和 w 是正交的(即没有重叠,从而不存在红区),正如一项设计的实验【Experiment】中的情形,即无偏倚生成。

——Peter E. Kennedy

(赵锋译校)

参考文献

Kennedy, P. E. (2002). More on Venn diagrams for regression. *Journal of Statistics Education*, *10*(1) [online]. Retrieved from http://www.amstat.org/publications/jse/v10n1/ kennedy.html.

Ruskey, F. (2001). A survey of Venn diagrams. *The Electronic Journal of Combinatorics*, Dynamic Survey #5 [online]. Retrieved from http://www.combinatorics.org/Surveys/ds5/ VennEJC.html.

口头报告分析(Verbal Protocol Analysis)

口头报告分析是典型的预研究【Pilot Study】,其目的在于,通过对研究主体(特别是消费者)所做决策过程的口头表述进行系统编码,来实施内容分析【Content Analysis】(Kuusela et al., 1998)。

口头报告分析将分析的重点直接放在认知事件(发生在信息刺激的引入和决定结果之间)的序列上。通过设置实验操作或者仅设置一项任务,引入选择情境,再引导受试对象口头报告所有的涉及了任务判断/选择的个人想法,由此收集到数据。这些想法通常会被录音,接着被转录,然后被划入一个任务-相关的陈述序列(报告片段)中,最后使用一个带类别的编码【Coding】方案,如对选项的配对比较,予以内容分析。因此,反映了短期记忆过程和内心深思熟虑的想法会有助于判断以下问题,如选择的标准、决定的策略以及规律性。呈现基本信息过程的不同侧面的报告片段,也可定性和定量地予以分析。

与其他信息处理方法相比,口头报告的每单位资料可以提供更多的信息(Arch et al., 1978)。而且,通过追踪决策过程,口头报告还可作出解释。在没有很好的理论来指导对目标过程的调查时,这一方法在探索性研究中很有用。此外,报告片段的简单编码可用以计算与理论问题有关的描述性统计量，例如，人们在何时以及多频繁地使用了非补偿性决策规则。

这一方法有些弱点。提供口头报告的需要可能改变刺激中被关注的信息内容（特别是，在可视呈现条件下，可能引起注意力缺乏），以及/或者利用被试对象可得的认知资源（混合过去和当下，产生精度和效度问题），从而根本地改变用于作出决策或判断的潜在过程。同样，这里还存在着传达误差、委托（commission）误差和省略的错误。由于某个不准确的词汇或者在有效回应能力上的不充分训练，就会出现传达不准确。当受试主体为了让研究者留下印象认为他们的行为看起来更合理，而系统地误报他们的认知过程时，就会发生委托误差。当希望口头报告是全面的，但受试主体可能歪曲或省略了特别的要素（诸如眼睛的固着模式等提示性线索可能有帮助）时，遗漏即出现。当报告分析被用于确定人类行为是否受自我-生成的规则管理时，此类问题可以得到部分的缓解（Hayes et al., 1998）。为把握潜在的认知过程，人们可以衡量下述三个标准：

1.相关性。参与者应当谈论手头的任务，而不涉及无关的议题。

2.一致性。口头表达，要切题，应当同它们之前的口头表达有逻辑上的内在联系。

3.记忆。任务执行期间留意到的信息的子集应当被记住。

报告引导方法在以下方面有区别：

- 情境或决策任务同何种报告资料被收集有关；
- 方向和引导的总量由访谈员规定；
- 报告收集的时机（并行的与回顾的）。

比回顾报告产生更多报告片段的并行报告能反映出信息处理的方式（何种、何故、怎样）。因为焦点在于过程，所以这个方法适合于预研究。在理想情况下，回顾报告是在任务完成之后立即收集的，这时大部分的信息仍然在短时记忆中，可直接回想起来。研究显示，这时受试主体通常会关注最终的选择，因此，这一方法适用于那些关注任务结果的研究。

——Pallab Paul
Kausiki Mukhopadhyay
（王玥译　赵锋校）

参考文献

Arch, D. C., Bettman, J. R., & Kakkar, P. (1978). Subjects' information processing in information display board studies. In K. Hunt (Ed.), *Advances in consumer research*, *Vol. 5* (pp. 555-559). Ann Arbor, MI: Association for Consumer Research.

Hayes, S. C., White, D., & Bissett, R. T. (1998). Protocol analysis and the "silent dog" method of analyzing the impact of self-generated rules. *Analysis of Verbal Behavior*, *15*, 57-63.

Kuusela, H., Spence, M. T., & Kanto, A. J. (1998). Expertise effects on prechoice decision processes and final outcomes: A protocol analysis. *European Journal of Marketing*, *32*, 5-6, 559.

确证（Verification）

确证是指使用经验数据、观察、检验或实验来确认某一假设的真实性或具有理性正当性。科学信念必须由经验数据予以评估和支持。这要求什么呢？在讨论科学方法时，两个概念是基本的：真实和证明正当（理据）。如果一个假设同世界所示的方式相符合,它就是真的。证明正当必然涉及我们根据的基础,而正是以此基础,才能相信某一给定陈述为真。如果某一假设得到了一组经验和推论的支持,那么它是合理地被证实的。理论上,一个陈述经合理地证实的事实应当使这个陈述为真具有可能性。[这种处理明显地呈现了贝叶斯理论对科学推论的适用。问题不得不涉及合理可靠性(rational credibility)从一组信念到另一组信念的转移。]哲学家已引入了一些概念和理论,并以此为基础,去分析经验数据和科学假设之间的逻辑和推论关系。这些概念和理论包括观察、证伪、确认以及实验【Experiment】方法。这些延伸的、复杂的争论的最重要的后果之一是下述推定,即理论【Theory】不可能是"证明为真的",但是它们可能是"经确认的""经证实的"或"证明为假的"。

科学推论的一般问题可用下面的术语予以形式的表达:给定一组证据 E 和一个假设【Hypothesis】或理论 T,我们如何衡量给定 E 是 T 的证明正当(warrant)? 存在着回答这个问题的逻辑基础吗?(对一个科学方法的理论而言,这没有界定其全部的任务,因为科学方法还应当给我们一些指引,以发现一组相关的证据。)对一个科学假设而言,依此方法,它极少能经得起直接的和确定的经验确认:给定 E,H 确定是真的。此即,极少情况下,存在一组有限的观察,其足以确立某个给定科学假设的真实性。所以如此的原因有二:其一,因为科学假设正常情况下涉及直接观察不到的实体、机制或过程;其二,因为假设和理论正常情况下要作出普遍断言(规律),而这些断言超出任一组数量有限的观察。反而,在正常情况下采用间接归纳或假设-演绎的形式去支持假设:给定 E,H 可能为真。

假定 H 推论隐含着 O,同时,一组证据 E 包含"非 O"。此种情况下,E 证明 H 为假。在这些假定下,证据组包含了表明 H 为假的观察。(例如,设定假设 H 必得出,当被加热到 500 ℃时,这种金属即熔化。我们做相关试验,金属没熔化,从而断定 H 是假的。)假定现在 H 包含了一系列观察 O_1, O_2,⋯,O_n,而 E 包含{O_1}(此即,发现理论的观察结果中的一些为真)。E 确认 H 吗? 在多大程度上? 这是归纳逻辑和科学方法的基本问题。对一个理论的显著性检验和确认由何组成? 几项逻辑点是重要的。没有有限数量的观察清单能穷尽地确认一个含有普遍概括的理论,而且,不同类型的附加证据对理论的可靠性有非常不同的增量效应。例如,同一类型的附加观察比一个附加的、意外观察有更小的认识论权重。

何谓一项观察? 这是科学哲学的一个主要的争议源。在科学哲学中,很久以来就承认,观察和理论之间并没有清晰且永久的区别。实际上,所有的科学观察都是理论-承载的。但是基本观点是,基于可信的数据收集技术(对其我们可以赋予高度合理的可靠性),一项经验观察即一条科学信心,即相信感官证据和陈述的真值条件间具有一种相对直接的关系。此处,比如,让我们考虑一下直接的感官观察、使用工具的观察、访谈、价格数据的记录等。其中大部分既不是"直接的"也不是"确定的"。但是,它们也相对地免予受当前有争议的理论的困扰。这一描述提出了一项经验确认(empirical confirmation)的方法,而该方法可以被描述成"系鞋带"法,其中某些信念的可靠性通过赋予其他信念暂时的可靠性而得到增强;然后,根据更广泛的理论信念集,我们转回来再估计暂时信念的可靠性。

在过去的世纪里,针对科学假设的经验评估,已给出了几种一般的方法。第一种主要是经卡尔·亨普尔深入探研的想法,此即,我们应当引出某一理论的推导结果,使用观察和工具来评估其中一些后果的真实性，再根据观察后果的量，赋予理论一定程度的证明正当。这一方法构成了假设-推演的确认理论，还阐明了实验方法的逻辑基础。第二种是由卡尔·波普尔提出的想法，此即，科学方法主要通过勤奋且严肃的努力致力于拒绝科学假设。研究者需要指出最不可能预见的假设的后果，并全力以赴去证实这些预见是没有证据支持的——由此问题中的理论“证明为假”。仅当一个理论或假想已经依此方法成功经历了各种严肃检验后，才具有相信它的合理基础。两种方法在逻辑上是相似的，即它们都试图根据假设的推导结果的真或假，赋予某一假设一定程度的经验的证明正当。但是，关于如何实施确认和检验的潜在假设却相当不同。确认理论在很大程度上假定，经由真实结果的逐渐累积，证明正当的程度会增加；而证伪理论假定，只有一个我们没能拒绝问题中的假设的结果出现时，证明正当的程度才增加。两个方法都带来了大量的批评讨论。关于经典的确认理论的批判反思指出，提出一组能够用以增强理论的证明正当程度的，某一理论的推导结果的纯形式的详细说明，不仅是困难的甚至是不可能的。关于证伪理论的进一步讨论也指出，在发展科学理论的过程中，太容易发现反常现象，同时，相关讨论还试图根据“科学研究纲领”理论，给出对科学信念的一个更具历史性的适当说明。

——Daniel Little

（王玥译　赵锋校）

参考文献

Brown, H. I. (1987). *Observation and objectivity*. New York: Oxford University Press.

Glymour, C. N. (1980). *Theory and evidence*. Princeton, NJ: Princeton University Press.

Hempel, C. (Ed.). (1965a). *Aspects of scientific explanation, and other essays in the philosophy of science*. New York: Free Press.

Hempel, C. (1965b). Confirmation, induction, and rational belief. In C. Hempel (Ed.), *Aspects of scientific explanation*. New York: Free Press.

Lakatos, I. (1978). *The methodology of scientific research programmes: Philosophical papers. Vol. 1*. Cambridge, UK: Cambridge University Press.

Laudan, L. (1977). *Progress and its problems: Toward a theory of scientific growth*. Berkeley: University of California Press.

Popper, K. (1965). *Conjectures and refutations: The growth of scientific knowledge* (2nd ed.). New York: Basic Books.

理解(Verstehen)

这个德语词常译作“解释”，且常与“说明(erklaren)”一词相对。这一组对立的词用于19世纪德国对人文科学【Geisteswissenschaften】的特征之讨论，人文科学同自然科学相对立。在此背景下，理解常指从行为者的内心去理解，而不是通过外在行为的研究，同时，它也常被视作人文科学的独特方法。同样重要的是，它产出的是一种不同于自然科学产生的知识。

这一想法的源头可能是维科的提议，即我们能够对其他人有更深层次的理解，包括那些活在过去的人，而我们不可能对物理现象有此种理解。这是因为我们具有共同的人性。然而，此种人性不是一组固定的特质，而是一种想象的能力，一种既能产生也能被用于理解过去的思维模式和生活方式的能力。维科的著作在18世纪中被大大忽略了，却被德国的浪漫主义拾起。

狄尔泰是19世纪最重要的关于理解的理论家。在漫长的学术生涯中,他消耗了其中绝大部分努力去澄清和发展这一概念,使其成为社会和历史科学的关键方法。他最早的系统表述将理解描述成一种心理学过程,即历史学家想象地把他们自己投入到过去人们的生活中重新创造出他们的经验,并以同样的方式去把握被具体地表达在文本和人造物中的意义。他相信,需要一门哲学心理学(philosophical psychology)或诠释学【Hermeneutics】,因为它将为编史(historiography)提供基础,而他则开始创立它。狄尔泰后来对理解的说明将其描述成文化解释,而不是一种主观过程。它涉及根据构成所要理解的事物背景的客观文化意义,确定何种内容要被理解。同这里相关的狄尔泰的理论部分是承认历史多样性而抵制方法论的实在论。

犹尔泰的想法在社会科学领域中已具有相当大的影响,特别是通过韦伯的理解社会学(见理想类型【Ideal Type】)。不过,他们也遭遇到严峻的挑战。在20世纪,实证主义者【Positivism】论说,充其量理解也只能生成仍需检验的假设,因为它不包括任何严格形式的验证。另一方面,也有来自伽达默尔的批判,而他提出一项被他称为哲学诠释学(philosophical hermeneutics)的新想法。如果说狄尔泰视理解为一种对社会研究的科学特征具本质性的方法,伽达默尔则将它换为人在世间(human-being-in-the-world)的基本方面。从这一立场出发,它没有就理解(understanding)的基础形式提出不同意见,同时,它也没有一种包含程序性的、固定特征的方法。随后,结构主义【Structuralism】和后结构主义【Poststructuralism】中的某些版本则从各自的角度质疑理解的可能性。

——Martyn Hammersley

(王玥译　赵锋校)

参考文献

O' Hear, A. (Ed.). (1996). *Verstehen and humane understanding.* Supplement to *Philosophy*, Royal Institute of Philosophy Supplement 41. Cambridge, UK: Cambridge University Press.

Palmer, R. E. (1969). *Hermeneutics.* Evanston, IL: Northwestern University Press.

Truzzi, M. (1974). *Verstehen: Subjective understanding in the social sciences.* Reading, MA: Addison-Wesley.

素描技术(Vignette Technique)

素描由呈现给研究参与者的刺激构成。它们的目的在于选择性地描绘出现实的不同方面,从而要求参与者对此予以回应。它们采用多种形式,包括书面的和口头的叙事、可视图像、影像和声音。

像任何研究方法一样,素描只能解决清楚界定的研究问题,同时,它们的形式和应用也受所提的研究问题、研究的主题及参与群体的类型的引导。场景的简单性可以帮助辨识、澄清及理顺真实世界过程的复杂性。它们也给予研究参与者标准化的背景,以理解人们对特定情境的反应。

思考一下休斯(Hughes,1998)探索毒品注射者的感染风险行为的定性研究【Qualitative Research】,它给出了应用素描方法的一个例子。先前的研究表明,毒品注射者的风险行为受到所处背景的极大影响。素描被用来部分地把握其中的某些情境。

研究者创作了一个简短的故事书形式的素描,叙述的情节包括两名假设的毒品注射者面临的风险行为。研究者将毒品注射者对素描的回应设置在一个深度访谈提纲【Interview Guide】中,从而展示了素描在多方法研究中的效用。休斯观察到,毒品注射者与素描有很好的关联,其中有些人喜欢这个故事,并有自信心去预计素描人物的可能后果。此外,参与者还从中得出一系列视角,为素描人物、他们的伙伴和他们自己作答。这些不同的视角有助于最小化研究的潜在敏感话题【Sensitive Topics】和社会期望偏倚【Social Desirability Bias】。在应用时,素描还暴露了某些包含在素描情节中的风险行为的构成要素,其中包括与人们所相信的毒品注射者生活中可能有的现实反应相比,人们认为应当发生什么事情。

素描不可能完全把握人们生活的现实,而且,像所有研究方法一样,它们的应用取决于研究目的。对素描的方法论争论集中在下述差别,即人们在真实生活情境中实际可能做的,与勾勒于"素描世界"中的真实生活的选择呈现诱导出的参与者反应之间的差别。

有关该方法的批评,包括帕金森和曼斯泰德(Parkinson & Manstead, 1993)的论说,素描资料只能在具体背景(人们对特定情节的反应)中理解,而不容许抽象概括,以理解真实生活。其他评论者,如洛曼和拉津(Loman & Larkin, 1976),主张某些素描形式,如影像和电影,相对其他形式来说,如书面叙事,更贴近于真实生活。尽管存在诸多批评,素描仍在增强社会洞察力方面发挥着重要作用,也很适合多方法研究。在整个社会科学领域中,它们都有助于理解人们的感知、信念、态度和行为。

——Rhidian Hughes

(王玥译　赵锋校)

参考文献

Hughes, R. (1998). Considering the vignette technique and its application to a study of drug injecting and HIV risk and safer behaviour. *Sociology of Health and Illness*, *20*, 381-400.

Loman, L. A., & Larkin, W. E. (1976). Rejection of the mentally ill: An experiment in labeling. *Sociological Quarterly*, *17*, 555-560.

Parkinson, B., & Manstead, A. S. R. (1993). Making sense of emotion in stories and social life. *Cognition and Emotion*, *7*, 295-323.

虚拟民族志(Virtual Ethnography)

虚拟民族志这个词表示对以信息和沟通技术为中介的、文化活动的参与观察【Participant Observation】。这些网络活动本身被看作以自身特有的方式进行的文化交换(cultural interchanges),因此,民族志学者可以参与其中进行观察,并对其文化形式和过程作整体描述,就如同在面对面的情景中进行的民族志工作。民族志学者可能研究认同的形成、地位等级结构、权力关系、文化价值及行为的准则。民族志可以描述一个网络环境如何被参与者变成一个独特的文化空间,例如科雷尔(Correll, 1995)描述的女同性恋吧(电子吧)。虚拟民族志可以使用以定性为基础的身临其境的方法或者还可以扩展到对互动模式更加复杂的图示化和量化。实地调查地点可能是一个不同步的讨论论坛,例如,一个新闻组或公共留言板,或者是一个同步的环境,例如,聊天室或多用户环境(文本为基础或有图形的)。在每个情况下,研究者可以保留信息或互动的记录,以及自己的观察和反应的田野笔记。

在一些网络环境中,研究者在没有参与者的许可或参与者不知情的情况下,也能够观察互动,这就产生了伦理上的困境。一些研究者可能主张:在投入一个观察研究前,应当仔细考虑所讨论的话题的敏感性,以及应当对参与者所可能使用的词语有合理的预期。运用虚拟民族志的其他问题包括:无法获得信息人线下生活的确切证据;分析仅局限于那些积极的参与者,而那些只阅读信息而不发信息的人(潜水的人)的反应是看不见的(Paccagnella, 1997)。如果目标是描述网络文化本身,这不是一个问题,但是如果目标是要说明更广泛的文化现象,那么这就是有问题的。一种借鉴更加公开的反身性【Reflexivity】的方法强调,民族志学者可以从他们自己通过技术与信息人互动的经验中学到许多,同时,这一方法更加强调理解以技术为中介的在场(the technological mediation of presence)的经验。

虚拟民族志与在线社区视角(the online community perspective)紧密关联,而该视角认为,建于在线基础上的社会形态,例如互联网新闻组,本身可以被看作社区(Baym, 2000)。尽管缺少面对面的互动,以及潜在的长期责任的缺失,线上的社会形态对于参与者有深层意义。海因(Hine,2000)认为,在线社区视角鼓励对民族志方法的保守诠释。虚拟民族志的另一个概念为空间创新方法论的方法提供了可能性,即利用民族志的敏感性去探索多种多样的线上和线下环境间的文化联系。这样,虚拟民族志就成了一种有着广泛应用前景的方法论,可以包含更广泛的研究主题,而不只是网络文化。

——Christine M. Hine

(王玥译　赵锋校)

参考文献

Baym, N. (2000). *Tune in, log on: Soaps, fandom and online community*. Thousand Oaks, CA: Sage.

Correll, S. (1995). The ethnography of an electronic bar: The lesbian cafe. *Journal of Contemporary Ethnography*, *24*(3), 270-298.

Hine, C. (2000). *Virtual ethnography*. London: Sage.

Paccagnella, L. (1997). Getting the seats of your pants dirty: Strategies for ethnographic research on virtual communities. *Journal of Computer Mediated Communication*, *3*(1). Retrieved from http://www.ascusc.org/jcmc/vol3/issue1/ paccagnella.html

可视研究(Visual Research)

可视研究涵盖了一系列的方法和实践,而它们都将可视媒体和技术用于研究的所有阶段。自 1990 年代早期以来,在社会科学研究中,可视研究应用的迅速增多有两个原因:第一,社会科学领域中理论转换使得研究者承认可视材料并不一定比口头或书面资料更主观;第二,质量不断提高、成本不断降低、易用性不断增强的新可视媒体和技术唾手可得。因此,越来越多的研究者在他们的研究工作中使用了视频、摄影、绘图和多媒体。

尽管"可视研究"一词已变得通俗,但是可视研究很少是纯视觉的,而是在做研究和将研究成果呈现给他人的过程中,结合了视觉的、口头的和书写的方法。因此,可视方法不应脱离既有的方法孤立使用,而是一组用以认识和说明日常生活中和人类知觉过程中视觉经验、知识和交流的重要性的工具。可视研究包括以下内容:

1.分析现有可视图像的内容、生产过程

或使用方式,包括定性或定量的内容分析【Content Analysis】(Rose, 2001)。

2.将可视图像的生产作为研究项目的一部分,以可视的方式记录活动和事件,或者与被调查者合作来生产图像,以呈现特定的观念、理解或世界观(Banks, 2001; Pink, 2001)。

3.在访谈中使用图像,从而引起被调查者的反应(Banks, 2001; Pink, 2001)。

4.对时间和活动的可视观察(Emmison & Smith, 2000)。

通常,个别研究者会在一个研究项目中混用可视方法与其他方法,如结合书面文本的分析,深度访谈【In-Depth Interview】或参与观察【Participant Observation】。

根据所用的媒介和研究目标,可视研究有多种呈现方式。这包括在图书出版物中使用照片;摄影展示或摄影集;民族志研究中的影像【Film and Video】;还有发布在网络、CD-ROM 或 DVD 上,使用多媒体交互式的超媒体项目。

可视研究的历史

在 20 世纪初,可视方法首次用于社会学和人类学。这主要包括早期关于欧洲贫民、海外殖民地的"民族志摄影",以及在人类学和探险考察中制作的关于其他文化的电影。这一阶段内许多科学图像的生产近来已受到严厉的批评,并被视为他者化过程(exoticising)及压迫性殖民工程的一部分。然而,这些图像毕竟是有价值的研究记录。20 世纪末,两个里程碑式的项目标志着可视研究的进一步发展。《北方的纳努克》(*Nanook of the North*)被称作第一部民族志电影。为了表现北美爱斯基摩人日常生活的挑战和欢欣,纳努克设置了许多有争议的场景,而这些争议在整个 20 世纪的民族志电影制作中一直延续。1942 年,米德和贝特森的摄影研究《巴厘人物》(*Balinese Character*)发表。为了试图以可视的方式记录巴厘岛人的行为,这个作品承载着那个时代社会科学家们的目标——生产出人类活动的、客观的可视资料。而可视图像是否是客观的问题成了 20 世纪争论的关键议题。

1980 年代和 1990 年代,不断变化的理论氛围借势促进可视研究的发展。关于客观性【Objectivity】是否真的能够实现,这一观念在社会科学领域,特别是在定性研究者中,遭遇挑战。反而,反身性【Relexivity】的观念——研究者对他们的主体性的自我意识以及这点如何影响产生的资料的类型——在定性研究【Qualitative Research】中变得愈益重要。在这种氛围之下,有一点变得很清楚,即可视资料同其他资料比,不再是太过主观而不能产生可靠知识的材料,同时,研究者可以为在他们的研究和作品发表中运用可视方法提出有说服力的论证。

当代可视研究的应用

当代的可视研究者主要使用摄影、视频、绘图和超媒体于他们的作品中。关于哪一种可视方法或媒体是最合适的,通常没有严格的规则。通常,方法的设计是专门的,以适应更广泛的研究目的,同时也要适于研究者与之工作的特定人群。例如,班克斯叙述了在印度的一个节日期间,他如何把摄影作为参与观察的一部分。他的被调查人让他给关键的人和活动拍照,从而向他表明在这一事件中什么事物对他们来说是最重要的。

通过这种方式,他证实他自己对这些人和行动的重要性的理解是正确的(Banks, 2001, pp. 45-47)。在研究西班牙斗牛时,我体验了相似的"知情人-导演的摄影"——我的知情人让我拍照片,由此我认识到我自己以及他们关于斗牛的理解(Pink, 2001)。

这种情况下产生的照片也可能用于照片-诱引的访谈(photo-elicitation interviews),而这种访谈容许研究者和知情人讨论可视材料的意义和内容。深度访谈也可能成为生产图像的背景。例如,在研究人与他们的家的关系时,我用录像记录了整个访谈过程,而访谈由对每个知情人的家巡回构成,同时,摄像以我的问题清单为指导,由被调查人主导。这使得我可以与我的知情人共同探索他们的家的可视方面,以及不同的对象、图像和他们在家中占据的不同区域的意义。在这些例子中,可视方法不是作为同既有方法不同的特殊方法而使用;相反,它们被结合到参与观察或深度访谈中。

然而,这种结合完全不是简单的。应用可视方法产生了新的伦理问题。不像仅以书面形式呈现的研究,知情人的匿名性在可视材料中无法得到保证。因此,这些研究要求在研究开始之前,与研究中的被调查人和其他利益相关者充分商讨,仔细商议。

可视研究方法在研究者中逐渐变得流行。它们的应用和理解必定在社会科学的不同领域中稍有不同,因为,在每一领域中,它们都充满了相关学科的理论和方法论的特性。

——Sarah Pink

(王玥译　赵锋校)

参考文献

Banks, M. (2001). *Visual methods in social research*. London: Sage.

Emmison, M., & Smith, P. (2000). *Researching the visual*. London: Sage.

Pink, S. (2001). *Doing visual ethnography: Images, media and representation in research*. London: Sage.

Rose, G. (2001). *Visual methodologies*. London: Sage.

自愿受试者(Volunteer Subjects)

在1960年代和1970年代早期,由于发现自愿者的回答可能不同于一般总体中非自愿者的回答,自愿受试者(自愿参加调查研究的人)成为关注的焦点。拉尔夫·罗斯诺和罗伯特·罗森塔尔(Rosnow & Rosenthal,1970)提出,源自自愿者偏倚的系统误差【Systematic Error】,尽管不易识别,仍可能对实验或非实验的社会科学研究产生微妙影响。通过实验研究,以及对既有文献的系统梳理,罗森塔尔和罗斯诺(Rosenthal & Rosnow,1975)证明自愿者和非自愿者在至少17个特征上存在差异(包括教育、社会阶级、智力、社交性及社会认可动机等),自愿受试者对研究需求特征【Demand Characteristics】既过度敏感又过度适应。

据罗斯诺和罗森塔尔(Rosnow & Rosenthal,1997,pp.89-91)的论证,这些发现对社会科学家至少有3项实践上的含义。第一个含义只使用自愿受试者可能会削弱研究中的科学模型的解释力,因为自愿者效应通常不是模型中一个被清晰表述的变量。第二个含义与将研究结果概论【Generalization】到总体有关,因为总体一般包括非自愿者。第三个含义正如贝尔蒙报告所陈述的属于伦理的考量。贝尔蒙报告是一项为保护生物医学和行为科学研究中的研究参与者权利和福利的指导方针,于1974年由美国的一个国家委员会(National Commission, 1979)负责制定。该指导方针指出,在大多数研究性的调查中,只可使用自愿受试者。实际上,此方针的提出意味着在研究设计【Research Design】中,不可能消除自愿者问题,只能去控制或修正它。即使如此,精确估计偏倚的程度是一个困难的任务,因为难以知晓总体参数。大多数情况下,科学家能做的最多的是去推测偏倚的方向,并据此解释结果。值得庆幸的是,罗斯诺和罗森塔尔(Rosnow & Rosenthal,1997, pp.95-98)列举了我们对自愿者的信度特征及自愿参与各种研究信度的知识,而这些知识可用于偏倚的推测。

与自愿受试者相关的一个问题是伪自愿者,即一个口头上表示参加,但实际没有赴约的自愿者。早期的研究已表明,研究结论包括那些自愿者和非自愿者之间差异的研究,很显著地依赖于伪自愿者是否被包括进自愿组或非自愿组。通过对研究报告的元分析,罗森塔尔和罗斯诺(Rosenthal & Rosnow,1975)发现,平均而言,接近 1/3 的自愿者没有遵守约定;更多的近期研究确认伪自愿者比率的中位数【Median】从 1975 年以来没有显著变化。

——Ram N. Aditya
Ralph L. Rosnow
(王玥译　赵锋校)

参考文献

National Commission for the Protection of Human Subjects of Biomedical and Behavioral Research. (1979). *The Belmont Report: Ethical principles and guidelines for the protection of human subjects of research.* Washington, DC: Government Printing Office.

Rosenthal, R., & Rosnow, R. L. (1975). *The volunteer subject.* New York: Wiley.

Rosnow, R. L., & Rosenthal, R. (1970). Volunteer effects in behavioral research. In K. H. Craik, B. Kleinmuntz, R. L. Rosnow, R. Rosenthal, J. A. Cheyne, & R. H. Walters (Eds.), *New directions in psychology* (pp. 213-277). New York: Holt, Rinehart and Winston.

Rosnow, R. L., & Rosenthal, R. (1997). *People studying people: Artifacts and ethics in behavioral research.* New York: W. H. Freeman.

W

Wald-Wolfowitz 检验(Wald-Wolfowitz Test)

Wald-Wolfowitz 检验是一种快速、易行的用以检验两个相互独立的随机样本抽取自同一总体【Population】的虚无假设【Null Hypothesis】的方法。该检验完全是普遍适用的,并不专门针对总体间差异的特定类别。

为实施检验,两个样本数据集,比如说,m 个 X 样本和 n 个 Y 样本被合并在一起,并按照从最小值到最大值排列成由 $m+n=N$ 个观测值组成的单一数列,同时,标识出哪个样本生成了该观测值。然后,用 X 和 Y 来替代数列上的观测值,以表示各观测值的总体来源。如果样本 X 和样本 Y 在该合并数列上充分混合,就没有理由认为两个总体有任何形式的差别。如果样本 X 和样本 Y 显示出一个模式,这就表示存在着一个差别。例如,如果样本 X 中的多数或全部先于样本 Y 中的多数,这就表明,Y 总体比 X 总体倾向于有更多量大的值。

在这个由 m 个 X 样本和 n 个 Y 样本合并的数列中,一个样本 X 的链被定义为一个 X 样本的序列,而在这一序列之前或之后,有一个或多个 Y 样本,或者根本没有样本。Y 样本的链有相似的定义。Wald-Wolfowitz 检验统计量 t 是样本 X 和样本 Y 的链的总数。当样本 X 和样本 Y 混合充分时,会有大量的链,因此,t 的大值趋于支持同一总体的虚无假设。少量的表示存在着模式,也就是总体不相同。因此,对于小的 t 值,应当拒绝虚无假设。有关 t 在虚无假设为真的情况下的精确分布表及/或 t 的临界值【Critical Value】可以在某些非参数统计学书籍中找到。就较大样本量(m 和 n 不少于 10)而言,基于标准正态分布【Normal Distribution】,可以有一个近似的检验。下面的统计量是 t 的函数,还加入了一个连续的修正项,以增加精确度。

$$Z = \frac{T + 0.5 - 1 - \dfrac{2mn}{N}}{\sqrt{\dfrac{2mn(2mn - N)}{N^2(N - 1)}}}$$

例如,假设有一个由 6 名政府经济学家(G)和 7 名学院经济学家(A)组成的随机样本,他们都被要求预测同上年相比 CPI 总的百分比变化。数据如下:

G:3.1,4.8,2.3,5.6,0.1,2.9
A:4.4,5.8,3.9,8.7,6.3,10.5,10.8

两组预测值来自同一总体吗?

我们按下面的方式将数据合并成一个单一数列,其中政府数据以斜体表示。

0.1,*2.3*,*2.9*,*3.1*,3.9,4.4,
4.8,*5.6*,5.8,6.3,8.7,10.5,10.8

以 G 代表政府，A 代表学院，这一排列可以写作 GGGGAAGGAAAAA，共有 4 个链，即 $T=4$。在吉本斯（Gibbons，1997，p. 483）表中，当 $m=6$，$n=7$ 时，左尾 p 值【p Value】为 0.043。使用大样本近似，我们可得 $Z=-1.73$。从标准正态分布表可查知，其左尾 p 值为0.041 8。这个值非常接近于精确值。在0.05的置信水平上，我们拒绝虚无假设，同时推定两个总体分布不相同。

注意并不必须以实际的测量值来实施该检验，只要能够形成合并的数列即可。Wald-Wolfowiz 两样本检验已经包含在统计软件 STATXACT 中。

——Jean D. Gibbons

（赵锋译校）

参考文献

Gibbons, J. D. (1997). *Nonparametric methods for quantitative analysis* (3rd ed.). Columbus, OH: American Sciences Press.

Wald, A., & Wolfowitz, J. (1940). On a test whether two samples are from the same population. *Annals of Mathematical Statistics*, *11*, 147-162.

加权最小二乘（Weighted Least Squares）

加权最小二乘（WLS）是普通最小二乘【Ordinary Least Squares，OLS】回归的一个扩展，即根据某些准则，比如估计值精度或误差项方差上的差异，为每个观测值加权。在常规的 OLS 中，斜率【Slope】的估计值由最小化平方和得到，即 $\sum E_i^2$，其中 E 表示距回归的残差。此即，最小化实测值的平方同回归方程预测值的差值的平方。WLS 通过最小化加权的最小乘方 $\sum \omega_i^2 E_i^2$ 扩展了这一模型，其中 ω 表示应用于每个观测值的权。根据 WLS 回归得到的估计值同 OLS 法得到的估计值的解释方式完全相同。在统计推论时，WLS 同样有效且同 OLS 有相同的标准程序（例如，置信区间【Confidence Interval】和假设检验）。

在社会科学中，WLS 最常用于当回归分析中出现异方差性【Heteroskedasticity】（非恒定的误差项方差）。与异方差性相关的两个问题，即无效的估计值和有偏的标准误，可以因加权最小二乘的使用得到控制。无论函数的关系形式是线性的还是非线性的，都可以使用 WLS。

然而，在执行 WLS 矫正异方差性之前，人们必须知道误差项方差是系统地同自变量之一相关。因为这点在拟合回归模型之前是未知的，所以必须先行拟合一个普通最小二乘回归，再考察模型的残差，从而得到 WLS 回归中的权。异方差性一个常见的模式是随着某个自变量 X 的增加，误差项方差也随之增加。在这种情况下，误差项的方差同 X 成比例，由此，$1/X$ 常是用以计算加权最小二乘估计值的一个有效的权。学生化残差的自然对数（the log of the studentized residuals）同拟合值的图示可以帮助人们查明此现象。

应用 WLS 来矫正异方差性的缺点是需要关于误差项和某个特定自变量间关系的知识。由于人们不是总能查明这点，因此，带稳健标准误的 OLS 常用作备选方法。不同于 WLS，稳健标准误的使用不会改变 OLS 回归系数，只是增加标准误的大小。换言之，OLS 和稳健标准误的使用会增进统计检验，但它不会必然地给出可靠的系数的估计值。其结果是，如果异方差性的模式可以被查明，那么 WLS 是较带稳健标准误的 OLS

更好的选择。

当误差项方差的非随机模式出现在一个时间序列【Time Series】中时，一个相关的方法，广义最小二乘【Generalized Least Squares】就被用来代替加权最小二乘。迭代的加权最小二乘（也称作迭代的再加权最小二乘）也可用于拟合广义线性模型【Generalized Linear Models】。最后，加权最小二乘也用在局部回归【Local Regression】和稳健【Robust】回归中，前者用以得出局部的估计值，后者则用以减少有影响力的个案对回归估计值的影响力。

——Robert Andersen

（赵锋译校）

参考文献

Fox, J. (1997). *Applied regression analysis, linear models, and related methods*. Thousand Oaks, CA: Sage.

Neter, J., Wasseman, W., & Kutner, M. H. (1989). *Applied linear regression models* (2nd ed.). Boston: Irwin.

加权(Weighting)

加权是当数据取自一个样本时，用以估计总体的某个特征值的一个方法。加权一个样本主要通过附加一个乘数因子（称为权或个案权）给每个样本观测值来实现。某个总体特征值的估计值是样本观测值之和，其中每个观测值都与它的权成比例地被纳入计算。从这个意义上说，加权是用以实现样本到总体的统计推论的方便办法。权的常用同义词有加码(raising)、通胀(inflation)或膨胀因子(expansion factor)。这些术语都是描述性的，因为权将样本抬高至总体的水平。

概率样本的加权

某些加权方法用以针对几乎所有样本来分析观测值。即使某个样本的非加权的分析也是一个所有个案权等于 1 的加权方案。根据应用的需要，加权程序不同。在概率抽样【Probability Sampling】的情况下，加权观测值会产生无偏的或接近无偏的总体特征值的估计值，而无偏【Unbiased】意味着根据所有可能样本计算的估计值的平均数等于总体的特征值。例如，根据取自总体为 N 的一个样本量为 n 的简单随机样本，计算总体的无偏估计值，每个观测值的权就是 N/n。一般而言，在一个概率样本中，选取调查单位的概率之倒数常被称为基权(the base weight)。

基权可以作出调整，以对那些无回答的调查单位或在抽样中没涵盖到的调查单位作出补偿。例如，在电话调查【Telephone Survey】中，可以调整基权，以便对无回答的家庭户和没有电话的家庭户作出说明。另一个调整基权的理由是执行一项更加成熟的估计技术，比如，在估计比率和回归估计量时，利用附加数据来增进估计值的精度。

观测样本的加权

对选自没有使用概率抽样的观测样本加权的主要目标也包括减少偏倚，但是在此情况下，选择性偏倚【Selection Bias】是主要的考量。例如，在一项选民的观测研究中，权或平衡因子必须得到发展，以使得加权的样本同已登记的选民总体的年龄、性别和人种相匹配。加权的目的是减少估计值中的偏倚，而这种偏倚可能由于样本同总体分布不相匹配。

标准化作为一项分析工具,常用于分析流行病学的研究。当样本来自不同成分构成的总体时,为了便于比较,也常使用标准化。基什(Kish,1987, pp. 113-115)指出了标准化作为观测研究中的一种加权方法,可以减少选取偏倚。他说明标准化是一项加权技术,它消除了不等子组样本量的效应以及由这些不等样本量带来的偏倚。例如,设想有一群相等数量的男性和女性病患就某项疾病获得治疗,但是用以估计治疗效果的样本中,女性比男性多。这时,可以将权加之于抽样的病患,以使得加权后的男性数量等于加权后的女性数量。

历史的发展

在高速计算机得以应用之前,用个案权来加权既费时又易出错。其结果是,自加权样本——其中每个被抽取的单位有相同的选取概率和相同的个案权——非常通行。随着计算机的引入,包含来自观测值数据的机器可读卡可被复制,以便适当地代表以不相等的选取概率选出的单位。例如,如果某些观测值以 1/10 的概率被抽取,而另一些则以 1/20 的概率被抽取,就可以复制对应于那些以 1/20 的概率被抽取的卡。

被抽取单位 i 的基权 ω_i 是选取概率的倒数,而且是 1 与 N 间的一个数。相应地,人们自然会认为被抽取的单位 i 代表了总体中的 ω_i 个单位。尽管这样的思考可能对于理解抽样和加权有所帮助,但是当考虑更高级的加权方法时,这就失去了效力。例如,一个回归估计量是基权乘以一个调整因子,同时,对于某些个案,受调整的权可能小于零。负的回归权不意味着被抽取的观测值代表了总体中某个负量的单位。在这种情况下,将权简单地视作一个用以计算总体的某个估计值的工具可能更为恰当。

例示

假设有一个学校的简单分层【Stratified】随机样本被选取。根据在册儿童的数量,总体中所有学校的清单被分作 5 层。在层 $h(h=1,2,\cdots,5)$ 中,每个学校的选取概率等于 n_h/N_h,其中 N_h 是层 h 中学校的总数,而 n_h 是层 h 中抽中学校的数量。层 h 中的第 i 个学校的基权是 $\omega_{hi}=N_h/n_h$,即选取概率的倒数。如果仅 r_h 个被选中的学校有回答,那么对基权的加权校正是 n_h/r_h,即层内回答率的倒数。对于层 h 中的第 i 个学生,基权同无回答校正之积即无回答校正权 $\omega'_{hi}=N_h/r_h$。

假如总体中,根据对学校的普查,公立学校和私立学校的总数已知(比如说,X_1 是公立学校的数量,X_2 是私立学校的数量),人们就可以计算后分层(poststratified)或比率估计量。后分层估计量的加权同计算标准化的加权方式非常相似。所有回答的公立学校的校正因子是 $X_1/\hat{X}_1$,其中 $\hat{X}_1=\sum\omega'_{hi}\delta_{hi}$,而当层 h 中的第 i 个学校是公立时,有 $\delta_{hi}=1$,否则即为零。私立学校的因子为 $X_2/\hat{X}_2$,其中 $\hat{X}_2=\sum\omega'_{hi}(1-\delta_{hi})$。于是,用以计算后分层估计量的权记作 $\omega''_{hi}=\omega'_{hi}X_k/\hat{X}_k$,其中,就公立学校有 $k=1$,就私立学校有 $k=2$。因此,无论是无回答校正权还是后分层权都可用于得出总体的估计值,所以上述例子说明加权方案不是唯一的。

——J. Michael Brick

(赵锋译校)

参考文献

Babbie, E. (1979). *The practice of social research.* Belmont, CA: Wadsworth.

Kalton, G. (1983). *Introduction to sampling.* Beverly Hills, CA: Sage.

Kish, L. (1987). *Statistical design for research.* New York: Wiley.

Särndal, C. E., Swensson, B., & Wretman, J. (1992). *Model assisted survey sampling.* New York: Springer-Verlag.

Welch 检验(Welch Test)

两个独立样本均值相等的 t 检验【t-Test】对于方差齐性(同方差性【Homoskedasticity】)和每个样本分布的正态性假定之违背是相对稳定的(Wilcox, 引自 Algina et al., 1994; Winer, 1962)。然而,如果两个样本的样本量和两个总体的方差不相等时,t 检验的结果可能导致错误的判断。如果较小的样本有更大的方差,普通的 t 检验会倾向于接受 H_1 假设;如果较大样本有更大的方差,H_0 则更可能被接受。Welch 检验(Welch,1947)校正了普通 t 检验的相关偏差。如果样本量相等,普通 t 检验和修正后的 Welch t 检验的检验统计量有相同的值,只是自由度【Degrees of Freedom】有区别。一般而言,Welch 的近似值会有较低的自由度。

Welch 检验的检验统计量记作

$$t_{\text{Welch}} = \frac{\bar{x}_1 - \bar{x}_2}{\sqrt{\dfrac{s_1^2}{n_1} + \dfrac{s_2^2}{n_2}}}$$

自由度的计算公式为

$$df_{\text{Welch}} = \frac{1}{[c_1^2/(n_1 - 1)] + [c_2^2/(n_2 - 1)]}$$

其中,$c_i = (s_i^2/n_i)/[(s_1^2/n_1)+(s_2^2/n_2)]$,$i=1$ 或 2。

如果两总体方差不相等(异方差性),则应使用 Welch 检验。方差齐性的假设可通过 Levene 的 F 检验【F Test】予以验证。

示例:比较两个组(表 1)。组 1 由 10 个个案组成,在变量 X_1 的均值为 10.0。组 2 由 40 个个案组成,变量 X_1 的均值为 12.0。

两组的方差显著不同(表 2)。Levene 的 F 检验的值为 8.598 3(100 次模拟的平均数)。

表 1 组的统计量

	组	N	均值	标准差
X_1	1	10	10.026 3	0.943 8
	2	40	11.980 5	2.963 5

注:这是一项模拟研究的结果,其中运行了 100 次的模拟。假定第一组来自均值为 10,方差为 1 的正态分布;而第二组来自均值为 12,方差为 3 的正态分布。

表 2 独立样本检验

		方差相等的 Levene 检验		均值相等的 t 检验		
		F	sig.	t	df	sig.(2-tailed)
X_1	假定等方差	8.598 3	0.012 4	−2.045 4	48	0.046 3
	不假定等方差			−3.517 6	44.981 3	0.001 0

注:这是一项模拟研究的结果。研究设定已经描述于表 1。报告的值是平均数。F 值是 100 次模拟的平均数,F 值的显著水平也是 100 次模拟的平均数(并非真的是值 8.598 3),其他类此。

计算的误差水平为 0.012 4(100 次模拟的平均数),低于所选显著水平 $p<0.05$ 的阈值。因此,应当使用 Welch 检验。Welch 检验的结果记录于表 2 的第 2 行。检验统计量为−3.517 6,自由度为 44.981 3。如果以 $p<0.01$ 做显著性水平,检验统计量是显著的。相反,普通 t 检验的结果不显著。之所

以有这样的差异是因为当较大的样本有更大的方差时,普通的 t 检验偏向于 H_0。这个例子是基于模拟的,此即,确切的检验统计量是已知的。它的值为-3.51,而且对所选 $p<0.05$ 的阈值是显著的。然而,如果两组样本量都增加,组 2 的方差减少,或者个案数被更均匀地分入两个组,两个检验间的差异则消失。例如,如果组 1 由 20 个个案组成,组 2 有 80 个个案,两个检验都会得出有显著差异的结果[普通的 t 检验:$t=-2.902\ 6(p<1\%)$,Welch 检验:$-4.974\ 6(p<0.1\%)$]。

在一般的统计软件如 SPSS 或 SAS 中,都可执行 Welch 检验。如果潜在的分布变得更长,且样本量减少(比如每组从 20 减少到 10)(Yuen,1974),检验就变得非常保守,即偏向 H_0。同普通的 t 检验一样,如果潜在的分布是(非常)偏态的(Algina et al., 1994),特别由于不同方向上的偏态【Skewness】导致的问题,Welch 检验可能在两个方向(偏向 H_0 或 H_1)上都产生偏倚的结果。取决于偏态的程度和类型,为了得到有效的结果,可能需要有 40 或 80 合计的或总的样本量,在非常极端的情况下,需要 200 个个案。

好的教科书经常建议,如果样本量小,需要检验每个组中观测到的分布是否偏离正态分布(见 Kolmogorov-Smirnov 检验【Kolmogorov-Smirnov Test】);如果正态性假定被违背,则要使用非参数检验(比如,Mann-Whitney U 或 Wilcoxon 秩和检验)。在教科书和研究方法书籍中,有时也会出现一种错误解释,认为总的分布应是正态的。其实,偏离于正态性不必然等同于 t 检验或 Welch 检验的不佳表现。例如,元(Yuen, 1974)记录了在潜在分布为均匀分布且小样本(如每组 $n=10$)的情况下,Welch 检验的优越表现。

偏态,而非背离于正态性,似乎是一个重要的影响因素。因此,建议如果合计的样本量少于 200,人们应当作偏态检验;如果数据是偏斜的,则做 t 检验或 Welch 检验,以及非参数检验,并比较两种检验的结果除非有更多的信息可用。在更小样本的情况下,离群值可能导致异方差性和偏态。因此,应当检查数据是否有离群值。

——Johann Bacher

(赵锋译校)

* 也可参见均值差【Difference of Means】。

参考文献

Algina, J., Oshina, T. C., & Lin, W.-Y. (1994). Type Ⅰ error rates for Welch's test and James's second order test under non-normality and inequality of variance when there are two groups. *Journal of Educational and Behavorial Statistics*, *19*, 275-291.

Welch, B. L. (1947). The generalization of student's problem when several different population variances are involved. *Biometrika*, *34*, 28-35.

Winer, B. J. (1962). *Statistical principles in experimental designs*. New York: McGraw-Hill.

Yuen, K. K. (1974). The two-sample trimmed t for unequal populations variances. *Biometrika*, *61*, 165-170.

白噪声(White Noise)

一般而言,白噪声是一个非系统的变量,代表了未测量的属性。这一用语最常用在其中有自相关【Autocorrelation】(即变量的当期值同前期值相关)的时间序列【Time-Series】变量的研究中。最常见的是一阶过程,其中变量在时点 t 的值与在时点 $t-1$ 的值相关。可以以 1995—2002 年的美国年度失业率为例。不难设想本年度的失业率可以根据前一年的失业率近似地预测。当然,某些时间序列可能显示或经过转换后显示,在任何水平的滞后【Lag】上,都不存在相关。于是,滞后的值就不能用于预测后来的值,变量似乎由被当作白噪声的随机【Stochastic】过程所驱动。如果所研究的变量实际上是来自回归【Regression】方程的残差【Residual】,可能就需要检验它作为白噪声的可能性。巴特利特提出过一种白噪声检验方法。假定回归残差被发现是白噪声,就无须用通常的自相关技术来获取更有效的估计值。

——Michael S. Lewis-Beck

(赵锋译校)

Wilcoxon 检验(Wilcoxon Test)

Wilcoxon 检验,也被称作 Wilcoxon 符号-秩检验,是用于单样本情况下均值的学生 t 检验【t-Test】和配对样本情况均值差的配对样本学生 t 检验的非参数对等物。这里只在配对样本的背景下讨论该方法,因为这是最常见的应用背景。

设$(X_1,Y_1),(X_2,Y_2),\cdots,(X_n,Y_n)$是抽取自某个双变量分布的 n 对随机样本【Random Sample】。我们欲推论样本 X 和样本 Y 的总体【Population】间的均值差。第一步是计算每一对中 X 和 Y 的观测值间的差值,$D_i=X_i-Y_i$。因为 X 总体均值与 Y 总体均值间的差值等同于差值总体 $D=X-Y$ 的均值 μ_D,所以有虚无假设【Null Hypothesis】$H_0:\mu_D=0$。

欲实行 Wilcoxon 检验,首先要按从最小值到最大值的顺序排列差值 $D_1,D_2,\cdots,D_n$ 的绝对值,同时保留每个差值的原有符号。然后,从 $1\sim n$ 分配给这些绝对值相应的整数秩。检验统计量 t 是原来为正的差值的秩之和。大的 t 值表示 X 的总体均值大于 Y 的总体均值,即,要求拒绝 H_0 假设,代之以正的备择假设 $H_1:\mu_D>0$。或者,可计算等于或大于测得的 t 值的右尾概率的 p 值【p Value】。可用于小样本的 t 的精确虚无假设分布表和/或临界值【Critical Value】(Gibbons,1993,1997)。就大样本而言,可以用基于标准正态分布【Normal Distribution】的近似检验,其检验统计量如下,它是 t 的函数,同时加入了一个连续的校正项以改进精度:

$$Z=\frac{T-0.5-[n(n+1)/4]}{\sqrt{n(n+1)(2n+1)/24}}$$

忽略任一等于零的差值,相应地减少 n 的数值。如果任一差值的绝对值相等,那么分配给所有同数值的绝对差值相同的中位-秩,即假定这些绝对差值不相等时,它们可能取得的秩的平均数。

例如,假定有 10 个驾车人构成的随机样本被选出,用以检验酒精是否对反应时间有逆效应。分别测量驾驶员饮用 2 盎司 80 度的酒精饮品前和后的反应时间。数据及反应的秒数显示在表 1 中。如果酒精对反应时间有逆效应,样本的差值——饮后-饮前,将倾向于有大且正的值。这些差值,它们的绝对值以及秩也在表 1 中给出。

表 1 Wilcoxon 检验统计量的计算

被试对象	饮前	饮后	差值	绝对值	秩	正差值的秩	负差值的秩
1	0.68	0.73	0.05	0.05	5.5	5.5	
2	0.64	0.63	-0.01	0.01	1.0		-1.0
3	0.68	0.66	-0.02	0.02	2.0		-2.0
4	0.82	0.92	0.10	0.10	9.5	9.5	
5	0.58	0.68	0.10	0.10	9.5	9.5	
6	0.80	0.87	0.07	0.07	8.0	8.0	
7	0.72	0.77	0.05	0.05	5.5	5.5	
8	0.66	0.70	0.04	0.04	3.5	3.5	
9	0.88	0.84	-0.04	0.04	3.5		-3.5
10	0.73	0.79	0.06	0.06	7.0	7.0	
						48.5	

样本 $n=10$ 的检验统计量的值为 $t=48.5$。根据吉本斯(Gibbons,1993,p.68),其精确的右尾 p 值为 0.016 5。大样本近似给出 $z=2.08$,其左尾 p 值为 0.018 8。两个检验的结论都是拒绝虚无假设,并论断酒精对反应时间有逆效应。

在满足假定差值的总体分布是对称且连续的条件下,Wilcoxon 检验才是有效的。当样本量不少于 10 时,正态近似才相当精确,同时,通过在 z 统计量中加入同数值的修正项,可以增进近似的精度。对正态分布而言,该检验几乎同学生 t 检验同样有效,而对其他分布,则可能更有效。许多计算机统计检验软件都包含这一检验。

一个不同的检验,也常称作 Wilcoxon 检验,其实是 Wilcoxon 秩和检验,用以检验两个相互独立的随机样本中等均值的虚无假设,而等价于所谓的 Mann-Whitney U 检验【Mann-Whitney U-Test】。

——Jean D. Gibbons

(赵锋译校)

参考文献

Gibbons, J. D. (1993). *Nonparametric statistics: An introduction*. Newbury Park, CA: Sage.

Gibbons, J. D. (1997). *Nonparametric methods for quantitative analysis* (3rd ed.). Columbus, OH: American Sciences Press.

Wilcoxon, F. (1945). Individual comparisons by ranking methods. *Biometrics*, *1*, 80-83.

WinMAX

WinMAX 是一个用于定性资料分析的计算机软件包。它能够对文本资料做扎根理论取向的定性分析,也能做定量类型的内容分析【Content Analysis】。欲获得更多相关信息,请参见该软件的相关网址。

——Tim Futing Liao

(王玥译 赵锋校)

样本内平方和(Within-Samples Sum of Squares)

方差分析【Analysis of Variance】常用于确定不同组间在某个变量上是否存在差异。这一问题也可以表述成是否存在一个定类变量【Nominal Variable】对一个定量变量

【Quantitative Variable】的效应。如果组均值不同,这必定可归之于某个变量的效应。

理解方差分析的关键在于这一事实,即因变量上的观测值相互区别。如果观测值都相同,那么就不可能有任意变量的效应。如果类别的自变量是唯一对因变量【Dependent Variable】有效应的变量,那么每个组内的观测值就当一致。假如性别是影响收入的唯一变量,那么所有的女性当有相同的收入,所有的男性也当有相同的收入,而且当不同于女性的收入。可以简要地说,所有女性当有同女性收入均值相等的收入,同时,所有男性当有同男性收入均值相等的收入。

但是多数情况下,因变量的观测值是互相不同的,而且也不等于组均值。此一事实,即不是所有的女性都有相同的收入,意味着存在除性别之外的一个或多个变量也对收入有效应。因此,某个组内的观测值的变差【Variation】告诉我们数据中存在其他变量的效应。此外,变差的量级告诉我们这些效应是大还是小。

接着,我们怎样才能测量组内观测值的变差的量级呢?一个可行的做法是看每个观测值同组均值的差异有多大,平方观测值同组均值的差,再总和这些平方。例如,如果某个特定组的观测值是7,9,10和14,其均值为10。组均值的离差为-3,-1,0和4,这些数的平方为9,1,0和16,于是,这些平方的和等于26。这就是用平方和量度某个特定组内观测值的变差的量级。

接着,可以发现每一个组内变差的量级,并将所有组的这些平方和累加。这一累加的和被称为样本内平方和。它也被称为组内平方和,或者简单地称为内平方和或误差平方和。因为组内变差可归之于所有其他的,不同于确定组别的类别变量的变量,所以这一平方和还可以被称为残差平方和。使用平方和而非其他方法的理由既有历史的原因,也有数学的原因。

——Gudmund R. Iversen

(赵锋译校)

参考文献

Cobb, G. W. (1998). *Introduction to design and analysis of experiments*. New York: Springer-Verlag.

Iversen, G. R., & Norpoth, H. (1987). *Analysis of variance* (Sage University Paper Series on Quantitative Applications in the Social Sciences, series 07-001, 2nd ed.). Beverly Hills, CA: Sage.

Moore, D. S., & McCabe, G. P. (1998). *Introduction to the practice of statistics*. New York: W. H. Freeman.

受试者内设计(Within-Subject Design)

在统计软件普及之前,人们以易于心算的方式发展实验设计【Experimental Design】。由于确定的公式难以使用,人们便努力简化必要的计算。但是这让我们难以发现设计之间的相似点。受试者内分析非常像重复测量【Repeated Measures】设计。这两种分析其最简单的样式都可以当作每格仅有一个观测值的双向方差分析【Analysis of Variance】予以处理。

受试者内设计用于在不同的条件下,从几个不同的受试者那里获得相应的测量值,如测验分数。问题是这些测量值间是否存在变化。而变化意味着不同受试者得分的方差更多地应归之于不同的条件,而不是预期的随机变化。

首先找到某一受试者的均值，再用该受试者的每一测量值减去它的均值，取每一差值的平方，再累加平方，就可以计算出该受试者在测量值上的总方差。由此给出了某一特定受试者在得分上的变异度，也是这一设计名称的由来。在计算出每一受试者的内平方和后，我们累加所有受试者的平方和【Sum of Squares】得到所有的受试者内方差。以符号表示，受试者内平方和等于 $\sum\sum(y_{ij}-\bar{y}_i)^2$，其中 y_{ij} 是第 i 个主体的第 j 个测量值，$\bar{y}_i$ 是第 i 个主体的均值。这一总和包含了所有的条件和所有的受试者。若每一受试者有 k 个测量，那么某一受试者的内平方和有 $k-1$ 个自由度【Degrees of Freedom】。若 n 个个体上有数据，那么上述总的受试者内平方和有 $n(k-1)$ 个自由度。

受试者间方差有两个原因：一个可归之于不同条件的效应；另一个可归之于残差变量。

第 i 个主体的第 j 个测量的残差变量的值由下列公式计算得出：

$$(y_{ij}-\bar{y})-(\bar{y}_{i.}-\bar{y})-(\bar{y}_{.j}-\bar{y})=y_{ij}-\bar{y}_{i.}-\bar{y}_{.j}+\bar{y}$$

从第 i 个受试者的第 j 个测量对总均值的离差中，减去受试者的效应（受试者均值减去总均值），再减去特定条件的效应（条件均值减去总均值）。在去除这两个效应后，剩下的就是残差变量的效应（我们承认，最后的表达式等同于双向方差分析中的交互效应，而当每格只有一个观测值时，则被视作残差效应）。残差平方和有 $(n-1)(k-1)$ 个自由度。

现在，不同条件的平方和可以由受试者内平方和与残差间的差值计算出。它的自由度等于 $n(k-1)-(n-1)(k-1) = k-1$。

如果条件平方和的值较大，那么就存在着由一个条件到下一个条件下测量值上的变化。可通过比较它的均平方和与残差均平方和估得相应的量，其结果是 F 变量上的一个值以及一个 p 值。

——Gudmund R. Iversen

（王玥译　赵锋校）

参考文献

Cobb, G. W. (1998). *Introduction to design and analysis of experiments*. New York: Springer-Verlag.

Sheskin, D. J. (1997). *Handbook of parametric and nonparametric statistical procedures*. Boca Raton, FL: CRC Press.

Wilcox, R. R. (1996). *Statistics for the social sciences*. San Diego, CA: Academic Press.

书写(Writing)

像所有的语言一样，书写是一种建构的力量，它能创造现实的特定视角，铭记特定的价值。书写的风格可以反映历史的转换范式；社会科学的书写，如所有其他书写，是一种社会历史的建构，既非一成不变，也非客观公正。社会科学中的书写是一个竞技场。一个人如何写、写什么以及为谁写，都成为理论的、伦理的以及方法论的议题，有时被称为"呈现危机"（Clifford & Marcus, 1986）。

历史发展

17 世纪伊始，西方世界的书写被分入两种类型：文学的和科学的。文学作品与虚构、修辞、主观性以及一种含混的（诠释性的)声音联系在一起,而科学与事实、真理、客观性以及一种明晰的声音联系在一起。整个18世纪,对文学书写的攻击愈加严苛。杰里米·边沁提出,理想的语言应当没有文字,只有符号;大卫·休谟把诗人描绘成职业骗子;塞缪尔·约翰逊试图通过他的字典永久地固定词义。走入这一语言世界,孔多塞引入"社会科学"一词,声称如果一种关于道德和社会议题的精确语言被采纳,那么错误的想法和行动将几乎不再可能。直至19世纪,文学和科学彼此并立,如两个分离的领域。文学与"艺术"和"文化"结盟,都包含有品位、审美、伦理、人道和道德的价值,而科学与精确和客观性结盟。因为科学的地位高于文学,所以一些文学作家尝试让文学成为科学的一部分。至19世纪末,"现实主义"统治了科学和小说的书写,后者以奥诺雷·德·巴尔扎克和埃米尔·左拉为先锋。

随着20世纪的发展,社会科学书写和文学书写之间的关系变得更加复杂。"现实/虚构""主观/客观""真实/想象"间的界限模糊了。"新报道风格(New Journalists)"让他们自己成为他们书写的主体;英语系把少数民族和后殖民地的小说列为"民族志小说";陷于"呈现危机"的社会科学家,开始用文学形式发表他们的研究,包括诗歌、故事、戏剧(参见创作式分析性实践民族志【Creative Analytical Practice Ethonography】)。1970年代,两种写作的交叉产生了对饰的(oxymoronic)类型,仅举几例,"创造性非小说(creative nonfiction)""纪实文学(faction)""民族志戏剧(ethnographic drama)"和"真的小说(true novel)"。而在1980年代,范梅南(Van Maanen,1988)辨识出三种类型的民族志故事【Ethnographic Tales】——实在论、自白的和印象派的。直至1990年代,在社会科学内部,两类人之间的分裂扩大了,其中一些人坚持科学的书写模式,而另一些人选择借用文学世界的工具,以弥补科学模式的不足。这一分裂没显示出缩小的迹象。

明确选用文学工具的社会科学家中之大部是定性研究者。不像定量研究者用图和表来表现他们的研究发现,定性研究者必须依靠文字。因为当代定性研究的一个目标是,为了读者,从而使其所研究的世界,依其全部的复杂性生动起来。所以,比之于研究论文的惯例和格式,文学工具(如场景设置、对话、多样的立场、风格)和文体(散文、诗歌、信函、对话体等)被证明对此是有帮助的。

尽管大部分定性研究者有意识地选用文学手段,然而还是有一些人继续在社会科学的一般传统下写作。其中许多人把书写简单地看作实际工作或"实地调查"之后的"肃清"活动、"伏案工作"。他们致力于科学模型,同时,其中一些人则借助计算机程序来分析他们的数据。但是,逐渐地,定性研究者把写作本身界定为一种"求知"的方式——不只是"讲",一种发现、研究和分析的方法。

书写作为研究的方法

作为一种研究方法的书写背离于标准的社会科学实践。它提供了另一种——或备选的——研究实践。作为一种发现方法,书写的目标是去认识某人项目中的新事物、某人自己以及两者之间的关系。由于心存这一目标,作者探求不同的书写文体、声音、立场以及风格。由于在某种程度上,类似于与一位可信的朋友进行一场自由自在的对话,一场对其结果没有预设概念的对话,这种书写探索为新的洞见创造了条件——这种洞见在权威文体下是不可能出现的。

作为研究方法的书写与后结构主义【Poststructuralism】的核心是一致的,即怀疑任何一个理论或方法、言语或类型、传统或新颖都含有对权威性知识的普遍且一般的权利主张。更确切些,后结构主义鼓励地方的、历史的和部分的知识所具有的权利。此外,这种知识随着一个人的生活背景的转换,变换其所依赖的声音、文体、风格等某人写作的此类事项。了解一个人的研究和了解研究者自身是密不可分的,且不可避免地是部分的知识。自我和社会科学是“双生的”。

后结构主义支持三种书写策略。第一,总是出现书面的“我”,不管被承认与否,都应该被作者反思性地探求和质询。例如,作者要问,“我为什么要写这一文本?我的潜在利益是什么?”第二,因为一个人的主体性——书面的“我”——是在一种竞争对话和地方争吵的背景中被造出的,所以一个人的主体性不是固定的、死板的,而在变动着。因此,作者所写的脱离不开作者的生命处境。作者被鼓励,将他们的研究放进不同的框架背景中,如学科的、部门的和家庭的关系(Richardson, 1997)。第三,因为知识是部分的,作者不可能在一个文本中、在一次发声中、在一种文体里说出所有的东西。毋宁,作者被鼓励去从多种立场,并以不同的文体去探求材料,形塑它、剪裁它。多种方式处理民族志材料的例子有卡罗琳·埃利斯和阿瑟·博克纳主编的《民族志撰写:定性写作的替代形式》(*Composing Ethnography: Alternative Forms of Qualitative Writing*)、帕蒂·拉瑟和克里斯汀·史密斯的《困扰天使:携带艾滋病毒或患有艾滋病的女性》(*Troubling the Angels: Women Living With HIV/AIDS*)、玛丽·兰格维的《阅读奥斯威辛》(*Reading Auschwitz*)、约翰·范梅南的《田野故事说:论民族志写作》(*Tales of the Field: On Writing Ethnography*)、劳雷尔·理查森和欧内斯特·洛克里奇的《跟着欧内斯特去旅行:跨越文学/民族志之分野》(*Travels with Ernest: Crossing the Literary-Ethnographic Divide*)、沃尔夫的《三重故事:女性主义、后现代主义和民族志的责任》(*A Thrice Told Tale: Feminism, Postmodernism and Ethnographic Responsibility*;在这本书里,沃尔夫通过一个虚构的故事、她的田野笔记和一篇传统的社会科学文章,讲述了她在台湾地区的研究)。

——Laurel Richardson

(王玥译校)

参考文献

Clifford, J., & Marcus, G. E. (Eds.). (1986). *Writing culture as cultural critique*. Berkeley: University of California Press.

Ellis, C., & Bochner, A. P. (Eds.). (1996). *Composing ethnography: Alternative forms of qualitative writing*. Walnut Creek, CA Altamira.

Richardson, L. (1997). *Fields of play: Constructing an academic life*. New Brunswick, NJ: Rutgers University Press.

Richardson, L., & Lockridge, E. (in press). *Travels with Ernest: Crossing the literary-ethnographic divide*. Walnut Creek, CA: Altamira.

Van Maanen, J. (1988). *Tales of the field: On writing ethnography*. Chicago: University of Chicago Press.

Wolf, M. (1992). *A thrice told tale: Feminism, postmodernism and ethnographic responsibility*. Stanford, CA: Stanford University Press.

X

变量 X(X Variable)

在回归【Regression】分析中,一个自变量【Independent Variable】会被冠以变量 X,因为它通常以图示的方式被描述成沿某个散点图【Scatterplot】的水平轴[x 轴(x-axis)]变化。有时,它也被称作右侧变量,当它出现在回归方程的右手边时。在某个因果关系中,变量 X 代表假定的因,而变量 Y 则表示果。

设一个标准的回归方程为 $Y=a+bX$。方程右手一侧中的 X 代表一个自变量。思考一下这样一个分析,即城市中人口密度对犯罪率的影响。人口密度就是变量 X,它可能被认为影响犯罪率,即因变量【Dependent Variable】。

相似地,在一个均值差【Difference of Means】检验中,变量 X 是二分变量【Dichotomous Variable】,并被用以计算自变量的均值。例如,如果想要看一下男性和女性在他们的投票参与上是否显著的不同,那么性别就是变量 X。男性和女性的参与率将据此计算,其后,一个均值差【Difference of Means】检验将用于印证该差值是否统计显著。

推广至交叉表【Cross-Tabulations】上,人们通常根据变量 X 内的各个类别计算百分比,并将它们在变量 X 的各类别间作比较,由此来估计自变量对因变量的效应。例如,要比较不同宗教教派的礼拜出席率,教派就是变量 X。定期参加礼拜的天主教徒的比例就可以同相应的新教徒的比例以及其他宗教定期参加宗教服务的教徒的比例相比较。

——Herbert F. Weisberg

(赵锋译校)

均值 X($\bar{X}$)

$\bar{X}$ 是一个变量【Variable】的算术均值【Mean】的记号法。如果变量记作 X,变量 X 上的第 i 个观测值记作 X_i,且 N 为观测值的总数,那么 $\bar{X}=\sum X_i/N$。图 1 给出了美国 50 个州在小学和初中教育阶段开支的密度图,其均值也标注在图上。

若数据是数值的,均值就最适宜作集中趋势量【Measures of Central Tendency】,而当变量中有离群值【Outlier】时,中位数【Median】可能更适宜。二分变量

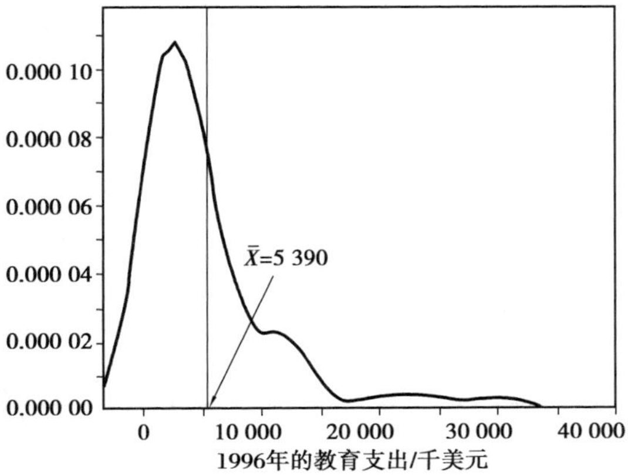

图1 带均值标注的密度图

资料来源:国家政治学与政策季度数据中库(State Politics & Policy Quarterly Data Resource)。

【Dichotomous Variables】(计分作“1”或“0”)也可以计算其均值。在这种情况下,均值只是类别“1”中个案的比例。尽管存在争论,但是人们也经常计算定序量度【Ordinal】的均值。例如,格兰诺威特和沃尔诺(Gravetter & Wallnau,2000)反对就定序变量计算其均值以及其他传统的统计量,因为观测值间的距离以及由此而得的均值很难予以明确的定义。然而,博加塔和博恩施泰特(Borgatta & Bohrnstedt,1980)则坚称在定序变量之下存在着连续变量【Continuous Variables】,所以得到的以整数计分的结果可能相当接近于那些可能得自真正未知的计数类别。

$\overline{X}$ 有几项特定的属性可用于解释均值。第一,围绕均值的计正负号的离差【Deviations】和为零。此即 $\sum(X_i-\overline{X})=0$。此外,围绕任意非均值的计正负号的离差和较大。因此,均值被认为是一个“最佳猜测(best guess)”统计量,即在猜测一个观测值的值时,均值将给出比其他猜测值更小的总误差。

第二,由均值计算的正的离差和等于负的离差和(此即围绕均值的计正负号的离差和为零的原因)。根据这一属性,均值有时也被看作变量分布的支点(或平衡点)。在某种程度上某些值高于 $\overline{X}$,相应地就会被某些低于 $\overline{X}$ 的值平衡。

第三,围绕 $\overline{X}$ 的离差平方和小于围绕任意值的离差平方和。均值的最小乘方【Least Squares】属性是根据均值计算方差【Variances】的缘由。

此外,$\overline{X}$ 是变量的总体均值的一个一致的、无偏的【Unbiased】和有效的估计量。它是一致的,因为当观测值的数量接近无穷大时,$\overline{X}$ 减去总体【Population】均值的概率小于任意趋近于 1 的值(δ)。它是无偏的,因为它的期望就是总体均值。同时,因为根据样本【Sample】均值计算的方差要小于由其他总体均值估计量计算的方差,所以它又是有效的。

——David C. Kimball
Herbert F. Weisberg
(赵锋译校)

参考文献

Borgatta, E. F., & Bohrnstedt, G.W. (1980). Level of measurement: Once over again. *Sociological Methods and Research*, *9*, 147-160.

Gravetter, F. J., & Wallnau, L. B. (2000). *Statistics for the behavioral sciences* (5th ed.). Belmont, CA: Wadsworth.

Y

Y 截距(*Y*-Intercept)

在简单回归【Simple Regression】模型中，*y* 截距是当自变量【Independent Variable】等于零时，因变量【Dependent Variable】的期望值。在回归方程 $Y=a+bX$ 中，*a* 即 *y* 截距。图 1 中，在一个带有一条回归线的二维散点图【Scafferplot】中，*y* 截距是回归线同纵轴交叉处的 *y* 值。在多元回归【Multiple Regression】模型中，截距是当所有自变量等于零时，因变量的期望值。

思考下面的例子，其中研究者有兴趣了解能够减少心脏病或者减少心脏病最致命的后果因素。在特定情况下，研究者希望检查红酒消费(变量 *X*【*X* Variable】)和心脏病导致的死亡(变量 *Y*【*Y* Variable】)间的关系【Relationship】。主要的假设【Hypothesis】是增加红酒消费可以降低心脏病的风险。研究者从几个国家收集年度红酒消费(每人的升数)和心脏病死亡数(每100 000人口)。由数据估得回归模型为 $Y=261-23X$。在该例中，*y* 截距为 261，表示在某个假设的没有红酒消费的国家中，模型预测该国每100 000人中有 261 人死于心脏病。下面图 1给出了相应的数据图，模型的回归线也包含在图中。*y* 截距的值标注在图上。

因为当 $X=0$ 时，$Y=a$，所以 *y* 截距也被称为回归方程的“常数项(constant)”。在某些实际情况下，研究者可能出于理论原因，决定自变量为零时，因变量应当始终为零。在这时，可以计算不带常数项(也就是 *a* 为零)的回归方程，进而简单回归方程变成 $Y=bX$。从图 1 上看，这对应于一条经过原点的回归线。

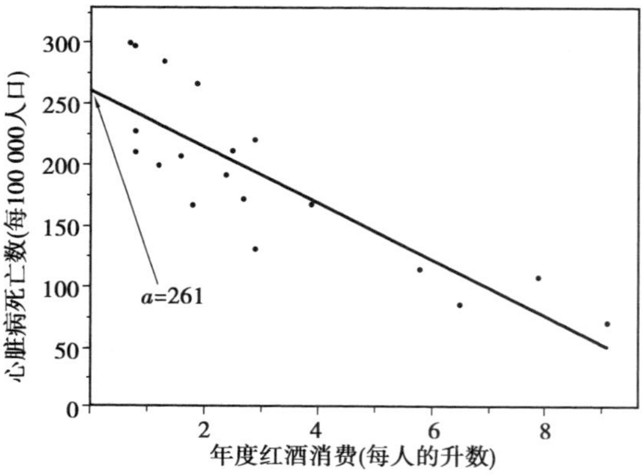

图 1　标有 *y* 截距的散点图

资料来源：Moore(1998)，p.314。

——David C. Kimball
Herbert F. Weisberg
(赵锋译校)

参考文献

Gujarati, D. N. (1995). *Basic econometrics* (3rd ed.). New York: McGraw-Hill.

Lewis-Beck, M. S. (1995). *Data analysis: An*

introduction. Thousand Oaks, CA: Sage.
Moore, D. S. (1998). *Statistics: Concepts and controversies* (4th ed.). New York: W. H. Freeman.

变量 *Y*(*Y* Variable)

在回归分析中变量 *Y* 是因变量【Dependent Variable】,之所以如此命名是因为它习惯上被描绘为表现两个变量间关系【Relationship】的散点图【Scatterplot】中的纵(y)轴。在一个因果关系中,变量 *Y* 代表效应或结果,而变量 *X* 常表示因或自变量。变量 *Y* 通常出现在回归方程的左手一侧;因此,有时又被称为左侧变量。例如,一个简单回归方程常被写成 $Y=a+bX+e$。图 1 给出了一个假想的受教育年限和收入间的关系,其中收入是变量 *Y*,因为我们假设它受到个体受教育年限的影响。

在两个变量的交叉表【Cross-Tabulations】中,人们通常会计算百分比,以确定一个给定的自变量类别落入因变量的每个类别上的百分比。在均值差【Difference of Means】检验中,变量 *Y* 上的均值【Mean】会根据预测变量【Predictor Variable】的每个类别予以计算,并通过显著性检验【Significance Test】来确定所得到的变量 *Y* 均值间的差值是否大于以机会为基础的期望值。

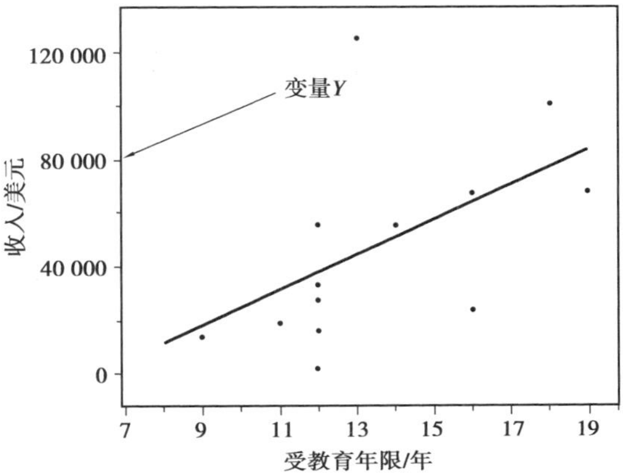

图 1　标示变量 *Y* 的散点图

例如,为了确定不同因素对一辆汽车的油耗的相对贡献,这时,汽车的每加仑英里数就是变量 *Y*,而它的车重、汽缸的数量以及车龄即为合理的预测变量。由此,多元回归模型可以写作 $Y=a+bX+cW+dZ+e$,其中 *Y* 代表因变量(油耗),而 *X*,*W* 和 *Z* 表示预测变量。

——David C. Kimball
Herbert F. Weisberg
(赵锋译校)

Yates 校正(Yates' Correction)

同卡方【Chi-Square】统计量相关的一个校正量。它常用于 2 × 2 的列联表【Contingency Table】中,有时也用于增进带小频次格【Cell】的表的精度。由于认识到该量度可能实际上增加犯第二类错误【Type Ⅱ Error】的概率,现在这一量度已不常用。从根本上说,这一校正会产生较小的卡方值,同时因为它使得统计显著【Statistical Significance】更难确立,所以是对卡方的一个更保守的近似。

——Alan Bryman
(赵锋译校)

Yule Q(Yule's Q)

一个用以表示定类或更高水平的两分变量间关联【Association】强度的量度。Yule Q 也是优势比【Odds Ratio,OR】的函数,其值介于-1～+1。由 OR 得到 Yule Q 的公式(Walsh & Ollenburger, 2001)如下:

$$Q=\frac{\mathrm{OR}-1}{\mathrm{OR}+1}$$

表 1 例示了由一组假设的社会科学数据计算的 Q。在此例中,自变量是性别,因变量是政党。从此数据而得的一项工作假设是男性相对女性更可能成为共和党人。Q 系数可以根据表 1 中格的频次计算。首先以下列方式计算 OR:

$$\mathrm{OR}=\frac{ad}{bc}$$

$$\mathrm{OR}=\frac{10\times 12}{2\times 4}=\frac{120}{8}=15$$

然后计算 Q 系数如下:

$$Q=\frac{15-1}{15+1}=\frac{14}{16}=0.875$$

表 1　性别对政党选择的关系

	男性	女性
共和党人	$a=10$	$b=2$
民主党人	$c=4$	$d=12$

Q 系数也可根据数据中顺序对与逆序对之差除以顺序对与逆序对之和计算。计算时无须考虑数据中同行对。由此方法计算的数值是顺序对和逆序对的总比值,其数值同由 OR 计算出的结果相同。Q 系数的顺序对/逆序对计算公式(Garson, 2002)如下:

$$Q=\frac{P-Q}{P+Q}$$

当从数据对中的第一个数据转到第二个数据时,自变量和因变量的值都发生变化,且同设定的假设相一致时,数据对是同序的。逆序对也包括两个变量上值的变化,但是数据同假设不一致。同行对有相同的自变量的值,不是计算的组成部分。

$$Q=\frac{ad-bc}{ad+bc}$$

$$Q=\frac{(10\times 12)-(2\times 4)}{(10\times 12)+(2\times 4)}$$

$$Q=0.875$$

由这些数据得到的结果显示数据组中的两个变量间有较强的关联。因为在此例中变量是类别的,所以,0.875 的符号是变量排序的结果。颠倒变量的顺序同时会颠倒结果的符号,但是关联强度的量级保持不变。Q 是一个对称的量度,所以选择哪一个变量作为自变量是没有差别的。

Q 可以被解释为减少误差的比例【Proportionatal Reduction of Error,PRE】,例如,已知某人的性别可以使我们减少 87.5%的预测因变量的秩的错误。换言之,若已知个体是男性,人们可以猜测他的政党归属为共和党人,而这一猜测很可能是正确的,同时也印证了工作假设。在 Q 等于 0 的情况下,两个变量间的关系是统计独立的,因此,第二个变量(自变量)的知识就不能帮助我们预测第一个变量(因变量)的值。

应用 Q 时存在一个注意事项。理解数据分布而非完全依赖于量度自身是很重要的一点。如果频次格中的任何一格为零,那么所计算的 Q 表明变量间完全相关(White, 1999)。以相同的方式,根据表 2 计算 Q,即

$$Q=\frac{(10\times 0)-(2\times 4)}{(10\times 0)+(2\times 4)}$$

$$Q=-1.0$$

在这个特别的例子中,-1.0 的完全关联是误导性的,因为在数据组中仅有两个女性回答人。

表 2 性别对政党选择的关系

	男性	女性
共和党人	$a=10$	$b=2$
民主党人	$c=4$	$d=0$

Q 通常也被当作 Gamma 系数予以报告,因为对 2 × 2 的列联表而言,它有其特殊的应用。然而,Q 的值通常小于 Gamma 的值,因为两分的数据会导致数据损失,进而弱化关联的强度。

——Irvin B. Vann

(赵锋译校)

参考文献

Garson, G. D. (2002, June). *Statnotes An online textbook* [online]. Retrieved from http://www2.chass.ncsu.edu/ garson/pa765/statnote.htm.

Walsh, A., & Ollenburger, J. C. (2001). *Essential statistics for the social and behavioral sciences: A conceptual approach*. Upper Saddle River, NJ: Prentice Hall.

White, L. (1999). *Political analysis: Technique and practice* (4th ed.). Orlando, FL: Harcourt Brace.

Z

z 分数(z-Score)

z 分数可以通过用变量值减去均值【Mean】,再除以变量的标准差【Standard Deviation】得出。这样一个标准化的分数是一个个案的值离开均值的标准差的数量。它给出了该得分在分布【Distribution】上的相对位置。

在社会科学中,我们常用新的得分代替原来的测量分,即一个被称为变换【Transformation】的方法。原来的得分被称为原始分(raw scores),新的得分被称为变换分。我们可以分别将它们记作 x 和 x'。如果变换是线性的,如 $x'=ax+b$,那么可以肯定无论就均值还是标准差而言,原始分和变换分之间都有固定的关系。就均值而言,有 $\bar{x}'=a\bar{x}+b$,而对标准差来说,有 $s_{x'}=as_x$。于是有,$a=s_{x'}/s_x$,$b=\bar{x}'-a\bar{x}=\bar{x}'-(s_{x'}/s_x)\bar{x}$。据此,变换分可以写成 $x'=ax+b=(s_{x'}/s_x)x+\bar{x}'-(s_{x'}/s_x)\bar{x}=(s_{x'}/s_x)(x-\bar{x})+\bar{x}'$。在此公式中,原始分的均值和方差($\bar{x}$ 和 s_x)根据数据都是已知的。在变换前,我们决定变换分的均值和标准差的值。一个通行的选择是 $\bar{x}'=0$,$s_{x'}=1$。然后,变换分可写成 $x'=(s_{x'}/s_x)(x-\bar{x})+\bar{x}'=(1/s_x)(x-\bar{x})+0=(x-\bar{x})/s_x$。该变换分被称为标准分或 z 分数,而该变换被称作 z 变换:$z=(x-\bar{x})/s_x$。如果用总体【Population】代替样本,再用希腊字母代替拉丁字母,由此可得 $z=(x-\mu)/\sigma$。

例示

假设你正在研究学生的睡眠行为,同时,你被告知弗朗西斯每晚睡 10 小时。在均值为 8、标准差为 2 的情况下和在均值为 12、标准差为 4 的情况下,这一得分给出的图像是不同的。在第一个分布中,该得分有 $z=(10-8)/2=1$,表示弗朗西斯比均值多睡一个标准差,而在第二个分布中,该得分有 $z=(10-12)/4=-0.5$,表示他比均值少睡半个标准差。因此,在一个分布中,他可能是一个贪睡的人,而在另一个分布中,则略微睡眠不足。

标准化吗?

标准化是有用的,因为它可以给出一组新的、能够加以比较的得分。例如,两个心理试验的得分很难作比。变换到标准分就可以比较了,这样就可以判定一个人在一项试验中的表现是好于还是差于他在另一项试验中的表现。然而,另一方面,标准化作为一种方法,为了获得可比性,它的变量方差被人为地变作了单位 1,同时,人们似乎可以争辩这是一种过激的操作,因为一个个体的得分——比如弗朗西斯的教育水平——在有着不同教育变差量的社会中有不同的意义。在这种情况下,非标准化的得分(带有标准差的)可能更适用。一般而言,在需要一个统计模型或相同的统计模型中的多个变量具有可比性时,应当使用标准分,而如果目标是比较用于不同样本的统计模型中的一个或多个变量,则不宜使用标准分。当我们做标准化时,必须报告变量的标准差。

确保可比性的其他方式

最后要说的是,标准化不是为获得不同变量上得分的可比性而变换得分的唯一方式。另一种方式是变换成百分位数【Percentile】。

还应注意的是,在上面给出的所有例子中,变量都假定近似地服从一个正态分布【Normal Distribution】。对于偏斜的分布以及对于具有不同分布形式的变量的比较,*z* 分作为一个表示个体在某一变量分布上相对位置的指标就不再有效。在这种情形下,非正态的(如偏斜的)分布被变换为一个正态分布。这种变换于是被称为正态化【Normalization】,而不是线性变换。

——Jacques Tacq

(赵锋译校)

参考文献

Blalock, H. M. (1972). *Social statistics*. Tokyo: McGraw-Hill Kogakusha.

Hays, W. L. (1972). *Statistics for the social sciences*. New York: Holt International Edition.

Tacq, J. J. A. (1997). *Multivariate analysis techniques in social science research: From problem to analysis*. London: Sage.

Van den Ende, H. W. (1971). *Beschrijvende Statistiek voor Gedragswetenschappen*. Amsterdam/Brussel: Agon Elsevier.

z 检验(*z*-Test)

z 检验用 *z* 分数【*z*-Scores】来实施大样本的显著性检验【Significance Testing】。在抽样分布【Sampling Distribution】具有正态概率密度函数形式的情况下,存在着多种显著性检验。由于正态密度函数会被变换成标准正态概率密度函数【Probability Density Function】,因此检验分就变为 *z* 分数。一个简单的例子是关于总体均值,如 IQ 得分的均值检验。若虚无假设【Null Hypothesis】宣称均值为 100(H_0 : $\mu=100$),那么这是一项精确的假设。若虚无假设宣称均值不大于 100(H_0 : $\mu\leqslant100$),这就是一项不精确的假设。就后一项假设而言,备择假设可能是均值大于 100(H_a : $\mu>100$)。这时,检验即为单尾的,因为我们假定,样本所来自的人群比平均 IQ 为 100 的人群更聪明。若是双尾检验,备择假设可能是 H_a : $\mu\neq100$。将一个不精确的备择假设同精确的虚无假设结合在一起也是常见的。例如,用备择假设,某个总体的 IQ 均值大于 100(H_a : $\mu>100$)来检验均值等于 100(H_0 : $\mu=100$)的虚无假设。

单个均值的 *z* 检验

当我们想要检验前述总体 IQ 的均值假设时,通过评估比值 $(\bar{x}-\mu)/\sigma_{\bar{x}}$ 可以实施 *Z* 检验——其中 $\bar{x}$ 是样本均值【Mean】,μ 是虚无假设 H_0 下的总体均值,而 $\sigma_{\bar{x}}$ 是均值的标准误【Standard Error】(虚无假设 H_0 下均值的抽样分布的标准差【Standard Deviation】)。这一比值将一个均值差变换成 *z* 分数。现在假设在一个 $n=900$ 的样本(有回置地随机抽取的)中,$\bar{x}=102$,$s=10$。

样本充分地大，并根据中心极限定理【Central Limit Theorem】，抽样分布呈正态分布，其均值等于总体均值 μ，其方差等于 $\sigma_{\bar{x}}=\sigma^2/n$。由于 σ 未知，抽样分布的方差可以估计作 $\hat{\sigma}_{\bar{x}}^2=s^2/n$（以替代 σ^2/n），其平方根记作 $\hat{\sigma}_{\bar{x}}$。我们的样本统计量 $\bar{x}=102$，可以被置于均值为 100、方差为 $s^2/n=10^2/900=0.111$ 的抽样分布之中。于是，它的 z 分数为 $z=(102-100)/\sqrt{0.111}=6$。针对该 z 分数值或更高的值而言，我们在标准正态表中可以查到其概率为 0.000 001，而这个概率是非常小的（远远小于作出第一类错误【Type Ⅰ Error】的概率，即 $\alpha=0.05$，比 $\alpha=0.001$ 还小），所以在虚无假设成立的情况下，发现此样本是非常不可能的。由此，虚无假设被拒，同时，我们有经验证据支持 $\mu>100$ 的备择假设。还需要指出的是，我们不知道犯第二类错误【Type Ⅱ Error】β 的概率有多大，但是在大样本量（$n=900$）的情况下，我们可以有把握认为 β 会很小。

z 检验的其他应用

z 检验还有许多其他的应用。其中之一是比率的检验。以总统选举为例，决定胜选的比率通常是 $\pi=0.50$。所以，我们可以检验这样一个假设，某个候选人有超过半数的选票，即 H_a：$\pi>0.50$。这将与虚无假设 H_0：$\pi=0.50$ 相对。现在，总体的比率记作希腊字母 π，而样本的比率用拉丁字母 p 表示。给定虚无假设为真的情况下，现在，抽样分布就是比率的分布（而非均值的）。这时，该抽样分布具有二项分布【Binomial】的形式。对于大样本，可以再次证明可由正态分布【Normal Distribution】予以替代，因为在大样本的情况下，二项分布的概率和正态分布的概率会趋于一致。比率的抽样分布的均值为总体比率 π（在虚无假设的情况下），而它的方差为 $\pi(1-\pi)/n$，其中 n 为样本量。现在，假设在选取前，以有置回的方式随机抽取，得到一个 $n=900$ 的样本，而且我们发现有 $p=53\%$ 的选票投给了该候选人。给定大样本的情况下，比率的抽样分布具有均值为 $\pi=0.50$、方差为 $\pi(1-\pi)/n=(0.50)(0.50)/900=0.000\ 277\ 7$ 的正态分布形式。由此，可得 $z=(p-\pi)/\sqrt{\pi(1-\pi)/n}=(0.53-0.50)/\sqrt{0.000\ 277\ 7}=1.8$。对于这样一个 z 值或更高的 z 值，在标准正态表中，我们发现其概率为 0.035 9，小于 $\alpha=0.05$，所以在虚无假设成立的条件下，我们将不太可能得到这样一个样本结果。据此，以 $1-\alpha=0.95$ 的可能性，虚无假设被拒，同时，我们有经验证据支持备择假设，即该候选人的选票可能显著地高于 50%。

这里必须指出一项需要注意的事项。二项分布，一个离散分布是由连续的正态分布近似的。因此实际上，p 的值是一个区间的中点，同时，一个"用于连续的校正项"还必须给出。在计算 z 分数时，如果 p 恰好大于 π，我们就从 p 中减去 $0.5/n$；如果 p 恰好小于 π，我们则需要给 p 加上 $0.5/n$。就我们的例子来说，样本比率 p 的 z 分数可以计算为 $z=[p-(0.5/n)-\pi]/\sqrt{\pi(1-\pi)/n}=[0.53-(0.5/900)-0.50]/\sqrt{0.000\ 277\ 7}=1.767$，不同于先前得到的值 1.8。由于样本量很大，这一校正相当小。一般而言，在样本量小的情况下，应当使用连续的校正项。

——Jacques Tacq

（赵锋译校）

参考文献

Blalock, H. M. (1972). *Social statistics*. Tokyo: McGraw-Hill Kogakusha.

Hays, W. L. (1972). *Statistics for the social sciences*. New York: Holt International Edition.

Tacq, J. J. A. (1997). *Multivariate analysis techniques in social science research: From problem

to analysis. London: Sage.
Van den Ende, H. W. (1971). *Beschrijvende Statistiek voor Gedragswetenschappen*. Amsterdam/Brussel: Agon Elsevier.

零阶(Zero-Order)

参见阶【Order】。